2024

法律法规全书系列

中华人民共和国金融法律法规全书

（含相关政策）

中国法制出版社

CHINA LEGAL PUBLISHING HOUSE

出 版 说 明

　　随着中国特色社会主义法律体系的建成,中国的立法进入了"修法时代"。在这一时期,为了使法律体系进一步保持内部的科学、和谐、统一,会频繁出现对法律各层级文件的适时清理。目前,清理工作已经全面展开且取得了阶段性的成果,但这一清理过程在未来几年仍将持续。这对于读者如何了解最新法律修改信息、如何准确适用法律带来了使用上的不便。基于这一考虑,我们精心编辑出版了本书,一方面重在向读者展示我国立法的成果与现状,另一方面旨在帮助读者在法律文件修改频率较高的时代准确适用法律。

　　本书独具以下四重价值:

　　1. **文本权威,内容全面**。本书涵盖金融领域相关的常用法律、行政法规、国务院文件、部门规章、规范性文件、司法解释,及最高人民法院公布的典型案例、示范文本,独家梳理和收录人大代表建议、政协委员提案的重要答复;书中收录文件均为经过清理修改的现行有效文本,方便读者及时掌握最新法律文件。

　　2. **查找方便,附录实用**。全书法律文件按照紧密程度排列,方便读者对某一类问题的集中查找;重点法律附加条旨,指引读者快速找到目标条文;附录相关典型案例、文书范本,其中案例具有指引"同案同判"的作用。同时,本书采用可平摊使用的独特开本,避免因书籍太厚难以摊开使用的弊端。

　　3. **免费增补,动态更新**。为保持本书与新法的同步更新,避免读者因部分法律的修改而反复购买同类图书,我们为读者专门设置了以下服务:(1)扫码添加书后"法规编辑部"公众号→点击菜单栏→进入资料下载栏→选择法律法规全书资料项→点击网址或扫码下载,即可获取本书每次改版修订内容的电子版文件;(2)通过"法规编辑部"公众号,及时了解最新立法信息,并可线上留言,编辑团队会就图书相关疑问动态解答。

　　4. **目录赠送,配套使用**。赠送本书目录的电子版,与纸书配套,立体化、电子化使用,便于检索、快速定位;同时实现将本书装进电脑,随时随地查。

修 订 说 明

本书自出版以来，深受广大读者喜爱。此次修订再版，在保持上一版分类及文件排列的情况下，根据法律文件的最新修改情况对本书进行了相应的增删和修改，具体修订情况如下：

一、更新的文件：

《银行间外汇市场做市商指引》《个人外汇管理办法实施细则》《银行办理结售汇业务管理办法实施细则》等。

二、增加的文件：

《非银行支付机构监督管理条例》《商业银行资本管理办法》《非银行金融机构行政许可事项实施办法》《汽车金融公司管理办法》《商业银行金融资产风险分类办法》《银行保险监管统计管理办法》《银行保险机构消费者权益保护管理办法》《金融控股公司关联交易管理办法》等。

三、删除的文件：

《商业银行资本管理办法（试行）》《商业银行杠杆率管理办法》《中国银保监会非银行金融机构行政许可事项实施办法》等。

总目录

一、金融监管 ·············· (1)
  1. 综合监管 ·············· (1)
  2. 中央银行 ·············· (120)
    （1）综合管理 ·············· (120)
    （2）现金、人民币、货币政策管理 ····· (147)
    （3）金银与国库管理 ·············· (161)

二、金融机构 ·············· (175)
  1. 商业银行 ·············· (175)
    （1）机构管理 ·············· (175)
    （2）公司治理 ·············· (204)
    （3）资本与风险管理 ·············· (267)
  2. 政策性银行与非银行金融机构 ····· (339)
  3. 外资及境外金融机构 ·············· (499)

三、金融业务 ·············· (539)
  1. 存款、借款业务 ·············· (539)
  2. 同业拆借业务 ·············· (557)
  3. 金融债券业务 ·············· (568)
  4. 信贷业务 ·············· (593)
  5. 信托业务 ·············· (666)
  6. 授信业务 ·············· (687)
  7. 不良资产管理 ·············· (695)
  8. 支付结算业务 ·············· (699)
  9. 外汇业务 ·············· (773)

四、金融犯罪 ·············· (822)

五、人大代表建议、政协委员提案答复 ····· (848)

目录[*]

一、金融监管

1. 综合监管

中华人民共和国银行业监督管理法 …………（1）
　　（2006年10月31日）
中华人民共和国反洗钱法 ……………………（4）
　　（2006年10月31日）
中华人民共和国反电信网络诈骗法 …………（7）
　　（2022年9月2日）
防范和处置非法集资条例 ……………………（12）
　　（2021年1月26日）
非银行支付机构监督管理条例 ………………（15）
　　（2023年12月9日）
金融机构反洗钱规定 …………………………（21）
　　（2006年11月14日）
金融机构反洗钱和反恐怖融资监督管理办法 ……（24）
　　（2021年4月15日）
银行业金融机构反洗钱和反恐怖融资管理办法 …（27）
　　（2019年1月29日）
互联网金融从业机构反洗钱和反恐怖融资管理
　　办法（试行） ………………………………（31）
　　（2018年9月29日）
金融违法行为处罚办法 ………………………（34）
　　（1999年2月22日）
银行保险违法行为举报处理办法 ……………（37）
　　（2019年12月25日）
金融机构大额交易和可疑交易报告管理办法 ……（39）
　　（2018年7月26日）
中国银保监会现场检查办法（试行） ………（42）
　　（2019年12月24日）
征信业管理条例 ………………………………（46）
　　（2013年1月21日）

征信业务管理办法 ……………………………（50）
　　（2021年9月27日）
金融机构撤销条例 ……………………………（53）
　　（2001年11月23日）
中国人民银行金融消费者权益保护实施办法 ……（56）
　　（2020年9月15日）
银行业保险业消费投诉处理管理办法 ………（62）
　　（2020年1月14日）
银行保险机构消费者权益保护管理办法 ……（65）
　　（2022年12月12日）
中国银保监会行政处罚办法 …………………（69）
　　（2020年6月15日）
中国银保监会行政许可实施程序规定 ………（77）
　　（2020年5月24日）
中国银保监会信访工作办法 …………………（80）
　　（2020年1月14日）
银行业金融机构协助人民检察院公安机关国家
　　安全机关查询冻结工作规定 ………………（84）
　　（2014年12月29日）
银行保险机构许可证管理办法 ………………（87）
　　（2021年4月28日）
银行保险机构涉刑案件风险防控管理办法 …（89）
　　（2023年11月2日）
银行保险监管统计管理办法 …………………（92）
　　（2022年12月25日）
银行业金融机构销售专区录音录像管理暂行
　　规定 …………………………………………（95）
　　（2017年8月23日）
银行业金融机构从业人员行为管理指引 ……（97）
　　（2018年3月20日）

---

[*] 编者按：本目录中的时间为法律文件的公布时间或最后一次修正、修订公布时间。

银行业金融机构国别风险管理办法 …………… (99)
　　(2023 年 11 月 24 日)
银行保险机构应对突发事件金融服务管理办法…… (104)
　　(2020 年 9 月 9 日)
银行保险机构董事监事履职评价办法（试行） … (107)
　　(2021 年 5 月 20 日)
中国银行保险监督管理委员会派出机构监管职责
　　规定 …………………………………………… (112)
　　(2021 年 7 月 30 日)
系统重要性银行附加监管规定（试行） ……… (114)
　　(2021 年 9 月 30 日)
全球系统重要性银行总损失吸收能力管理办法…… (117)
　　(2021 年 10 月 27 日)

2. 中央银行

（1）综合管理

中华人民共和国中国人民银行法 ……………… (120)
　　(2003 年 12 月 27 日)
中国人民银行行政许可实施办法 ……………… (123)
　　(2020 年 3 月 20 日)
中国人民银行行政处罚程序规定 ……………… (129)
　　(2022 年 4 月 14 日)
中央银行存款账户管理办法 …………………… (134)
　　(2023 年 6 月 27 日)
中国人民银行行政复议办法 …………………… (139)
　　(2001 年 2 月 1 日)
中国人民银行执法检查程序规定 ……………… (143)
　　(2022 年 4 月 14 日)

（2）现金、人民币、货币政策管理

现金管理暂行条例 ……………………………… (147)
　　(2011 年 1 月 8 日)
中华人民共和国人民币管理条例 ……………… (149)
　　(2018 年 3 月 19 日)

中华人民共和国国家货币出入境管理办法 …… (152)
　　(1993 年 1 月 20 日)
人民币图样使用管理办法 ……………………… (152)
　　(2019 年 10 月 15 日)
中国人民银行残缺污损人民币兑换办法 ……… (154)
　　(2003 年 12 月 24 日)
中国人民银行货币鉴别及假币收缴、鉴定管理
　　办法 …………………………………………… (154)
　　(2019 年 10 月 16 日)
人民币利率管理规定 …………………………… (157)
　　(1999 年 3 月 2 日)
中国人民银行关于建立场外金融衍生产品集中
　　清算机制及开展人民币利率互换集中清算业
　　务有关事宜的通知 …………………………… (160)
　　(2014 年 1 月 28 日)

（3）金银与国库管理

中华人民共和国金银管理条例 ………………… (161)
　　(2011 年 1 月 8 日)
中华人民共和国金银管理条例施行细则 ……… (163)
　　(1983 年 12 月 28 日)
对金银进出国境的管理办法 …………………… (166)
　　(1984 年 2 月 1 日)
中华人民共和国国家金库条例 ………………… (166)
　　(2020 年 11 月 29 日)
中华人民共和国国库券条例 …………………… (167)
　　(2011 年 1 月 8 日)
商业银行、信用社代理国库业务管理办法 …… (168)
　　(2001 年 1 月 9 日)
中央国库现金管理暂行办法 …………………… (172)
　　(2006 年 5 月 26 日)

二、金融机构

1. 商业银行

（1）机构管理

中华人民共和国商业银行法 …………………… (175)
　　(2015 年 8 月 29 日)
商业银行服务价格管理办法 …………………… (182)
　　(2014 年 2 月 14 日)

商业银行收费行为执法指南 …………………… (184)
　　(2016 年 6 月 5 日)
商业银行绩效评价办法 ………………………… (187)
　　(2020 年 12 月 15 日)
银行业金融机构外部审计监管指引 …………… (190)
　　(2010 年 8 月 11 日)

中国银保监会中资商业银行行政许可事项实施
　　办法 ……………………………………（191）
　　（2022年9月2日）
（2）公司治理
银行保险机构公司治理准则 …………………（204）
　　（2021年6月2日）
金融控股公司监督管理试行办法 ……………（214）
　　（2020年9月11日）
金融控股公司关联交易管理办法 ……………（222）
　　（2023年2月1日）
金融控股公司董事、监事、高级管理人员任职
　　备案管理暂行规定 ……………………（228）
　　（2021年3月31日）
国有重点金融机构监事会暂行条例 …………（232）
　　（2000年3月15日）
商业银行股权管理暂行办法 …………………（234）
　　（2018年1月5日）
商业银行股权托管办法 ………………………（239）
　　（2019年7月12日）
中国银监会办公厅关于规范商业银行股东报告
　　事项的通知 ……………………………（241）
　　（2018年2月28日）
商业银行理财子公司管理办法 ………………（242）
　　（2018年12月2日）
理财公司内部控制管理办法 …………………（249）
　　（2022年8月22日）
银行保险机构关联交易管理办法 ……………（253）
　　（2022年1月10日）
商业银行信息披露办法 ………………………（260）
　　（2007年7月3日）
商业银行信息披露特别规定 …………………（262）
　　（2022年1月5日）
银行保险机构公司治理监管评估办法 ………（264）
　　（2022年11月28日）
（3）资本与风险管理
商业银行资本管理办法 ………………………（267）
　　（2023年10月26日）
国家金融监督管理总局关于实施《商业银行资
　　本管理办法》相关事项的通知 ………（288）
　　（2023年10月26日）
商业银行金融资产风险分类办法 ……………（290）
　　（2023年2月10日）

理财公司理财产品流动性风险管理办法 ……（293）
　　（2021年12月10日）
商业银行并购贷款风险管理指引 ……………（297）
　　（2015年2月10日）
银行业金融机构全面风险管理指引 …………（300）
　　（2016年9月27日）
商业银行风险监管核心指标（试行） ………（304）
　　（2005年12月31日）
商业银行市场风险管理指引 …………………（306）
　　（2004年12月29日）
商业银行流动性风险管理办法 ………………（317）
　　（2018年5月23日）
商业银行操作风险管理指引 …………………（324）
　　（2007年5月14日）
商业银行合规风险管理指引 …………………（327）
　　（2006年10月20日）
商业银行大额风险暴露管理办法 ……………（330）
　　（2018年4月24日）
商业银行银行账簿利率风险管理指引 ………（333）
　　（2018年5月23日）
商业银行房地产贷款风险管理指引 …………（336）
　　（2004年8月30日）

2. 政策性银行与非银行金融机构
国家开发银行监督管理办法 …………………（339）
　　（2017年11月15日）
中国进出口银行监督管理办法 ………………（344）
　　（2017年11月15日）
中国农业发展银行监督管理办法 ……………（350）
　　（2017年11月15日）
融资担保公司监督管理条例 …………………（355）
　　（2017年8月2日）
融资担保公司监督管理补充规定 ……………（358）
　　（2021年6月21日）
金融资产管理公司条例 ………………………（359）
　　（2000年11月10日）
金融资产管理公司监管办法 …………………（361）
　　（2014年8月14日）
金融资产管理公司资本管理办法（试行） …（376）
　　（2017年12月26日）
金融资产管理公司资产处置管理办法 ………（383）
　　（2008年7月9日）

金融资产管理公司资产处置公告管理办法 …… （387）
　　（2008 年 7 月 11 日）
金融资产投资公司管理办法（试行）………（389）
　　（2018 年 6 月 29 日）
金融资产投资公司资本管理办法（试行）…（395）
　　（2022 年 6 月 17 日）
中国银保监会关于金融资产投资公司开展资产
　　管理业务有关事项的通知 ……………（400）
　　（2020 年 4 月 16 日）
银行卡清算机构管理办法 …………………（402）
　　（2016 年 6 月 6 日）
信托公司管理办法 …………………………（406）
　　（2007 年 1 月 23 日）
信托公司股权管理暂行办法 ………………（410）
　　（2020 年 1 月 20 日）
信托公司治理指引 …………………………（418）
　　（2007 年 1 月 22 日）
中国银保监会信托公司行政许可事项实施办法 …（421）
　　（2020 年 11 月 16 日）
中国银保监会关于规范信托公司异地部门有关
　　事项的通知 ……………………………（429）
　　（2023 年 3 月 28 日）
信托公司监管评级与分级分类监管暂行办法 …（430）
　　（2023 年 11 月 7 日）
非银行金融机构行政许可事项实施办法 …（433）
　　（2023 年 10 月 9 日）
中国银保监会农村中小银行机构行政许可事项
　　实施办法 ………………………………（462）
　　（2022 年 9 月 2 日）

消费金融公司试点管理办法 ………………（478）
　　（2013 年 11 月 14 日）
消费金融公司监管评级办法（试行）………（481）
　　（2020 年 12 月 30 日）
汽车金融公司管理办法 ……………………（482）
　　（2023 年 7 月 10 日）
融资租赁公司监督管理暂行办法 …………（487）
　　（2020 年 5 月 26 日）
关于进一步明确国有金融企业直接股权投资
　　有关资产管理问题的通知 ……………（491）
　　（2014 年 6 月 6 日）
网络借贷信息中介机构业务活动管理暂行
　　办法 ……………………………………（492）
　　（2016 年 8 月 17 日）
中国银保监会办公厅关于加强小额贷款公司
　　监督管理的通知 ………………………（496）
　　（2020 年 9 月 7 日）

3. 外资及境外金融机构
中华人民共和国外资银行管理条例 ………（499）
　　（2019 年 9 月 30 日）
中华人民共和国外资银行管理条例实施细则 …（504）
　　（2019 年 12 月 18 日）
外资金融机构驻华代表机构管理办法 ……（513）
　　（2002 年 6 月 13 日）
中国银保监会外资银行行政许可事项实施
　　办法 ……………………………………（516）
　　（2022 年 9 月 2 日）

三、金融业务

1. 存款、借款业务
储蓄管理条例 ………………………………（539）
　　（2011 年 1 月 8 日）
存款保险条例 ………………………………（541）
　　（2015 年 2 月 17 日）
个人存款账户实名制规定 …………………（543）
　　（2000 年 3 月 20 日）
对储蓄存款利息所得征收个人所得税的实施
　　办法 ……………………………………（544）
　　（2007 年 7 月 20 日）

人民币单位存款管理办法 …………………（544）
　　（1997 年 11 月 15 日）
通知存款管理办法 …………………………（546）
　　（1999 年 1 月 3 日）
同业存单管理暂行办法 ……………………（546）
　　（2017 年 8 月 30 日）
关于完善商业银行存款偏离度管理有关事项的
　　通知 ……………………………………（547）
　　（2018 年 6 月 8 日）

中国银监会关于进一步规范银行业金融机构吸收公款存款行为的通知 ……（548）
（2017年6月21日）
个人养老金实施办法 ……（549）
（2022年10月26日）
商业银行和理财公司个人养老金业务管理暂行办法 ……（552）
（2022年11月17日）

2. 同业拆借业务

同业拆借管理办法 ……（557）
（2007年7月3日）
全国银行间同业拆借市场夜盘交易操作细则 …（561）
（2018年4月27日）
全国银行间同业拆借中心回购违约处置实施细则（试行）……（561）
（2019年6月16日）
全国银行间同业拆借中心同业存款交易指引 …（563）
（2020年10月25日）
关于规范金融机构同业业务的通知 ……（566）
（2014年4月24日）

3. 金融债券业务

全国银行间债券市场债券交易管理办法 ……（568）
（2000年4月30日）
全国银行间债券市场债券远期交易管理规定 …（569）
（2005年5月11日）
银行间债券市场债券借贷业务管理办法 ……（570）
（2022年1月30日）
银行间债券市场债券估值业务管理办法 ……（572）
（2023年12月1日）
关于完善银行间债券市场现券做市商管理有关事宜的公告 ……（573）
（2020年12月23日）
全国银行间债券市场柜台业务管理办法 ……（574）
（2016年2月14日）
银行间债券市场非金融企业债务融资工具管理办法 ……（577）
（2008年4月9日）
全国银行间债券市场金融债券发行管理操作规程 …（578）
（2009年3月25日）
银行间债券市场债券登记托管结算管理办法 …（580）
（2009年3月26日）

内地与香港债券市场互联互通合作管理暂行办法 ……（583）
（2017年6月21日）
关于国有金融企业发行可转换公司债券有关事宜的通知 ……（584）
（2013年11月16日）
商业银行次级债券发行管理办法 ……（585）
（2004年6月17日）
储蓄国债（凭证式）管理办法 ……（588）
（2021年1月20日）
国债做市支持操作规则 ……（590）
（2016年9月30日）
国债做市支持操作现场管理办法 ……（591）
（2017年1月20日）

4. 信贷业务

中华人民共和国民法典（节录）……（593）
（2020年5月28日）
最高人民法院关于适用《中华人民共和国民法典》合同编通则若干问题的解释 ……（610）
（2023年12月4日）
最高人民法院关于适用《中华人民共和国民法典》有关担保制度的解释 ……（619）
（2020年12月31日）
动产和权利担保统一登记办法 ……（627）
（2021年12月28日）
城市房地产抵押管理办法 ……（629）
（2021年3月30日）
证券质押登记业务实施细则 ……（633）
（2020年4月3日）
商业银行押品管理指引 ……（635）
（2017年4月26日）
贷款风险分类指引 ……（637）
（2007年7月3日）
商业银行委托贷款管理办法 ……（639）
（2018年1月5日）
个人贷款管理暂行办法 ……（641）
（2010年2月12日）
流动资金贷款管理暂行办法 ……（643）
（2010年2月12日）
商业银行贷款损失准备管理办法 ……（646）
（2011年7月27日）
银团贷款业务指引 ……（647）
（2011年8月1日）

单位定期存单质押贷款管理规定 …………（651）
　（2021 年 6 月 21 日）
固定资产贷款管理暂行办法 ……………（653）
　（2009 年 7 月 23 日）
凭证式国债质押贷款办法 ………………（656）
　（1999 年 7 月 9 日）
个人定期存单质押贷款办法 ……………（657）
　（2021 年 6 月 21 日）
中国银监会、国土资源部关于金融资产管理公
　司等机构业务经营中不动产抵押权登记若干
　问题的通知 ……………………………（658）
　（2017 年 5 月 15 日）
商业银行互联网贷款管理暂行办法 ……（659）
　（2021 年 6 月 21 日）
中国银保监会办公厅关于进一步规范商业银行
　互联网贷款业务的通知 ………………（664）
　（2021 年 2 月 19 日）
中国人民银行、中国银行保险监督管理委员会
　关于建立银行业金融机构房地产贷款集中度
　管理制度的通知 ………………………（665）
　（2020 年 12 月 28 日）

5. 信托业务

中华人民共和国信托法 …………………（666）
　（2001 年 4 月 28 日）
信托登记管理办法 ………………………（670）
　（2017 年 8 月 25 日）
信托公司净资本管理办法 ………………（673）
　（2010 年 8 月 24 日）
信托公司集合资金信托计划管理办法 …（675）
　（2009 年 2 月 4 日）
银行与信托公司业务合作指引 …………（679）
　（2008 年 12 月 4 日）
信托投资公司信息披露管理暂行办法 …（681）
　（2020 年 2 月 4 日）
慈善信托管理办法 ………………………（684）
　（2017 年 7 月 7 日）

6. 授信业务

商业银行实施统一授信制度指引（试行） ……（687）
　（1999 年 1 月 20 日）
商业银行授权、授信管理暂行办法 ……（689）
　（1996 年 11 月 11 日）

银行业金融机构联合授信管理办法（试行）…（691）
　（2018 年 5 月 22 日）

7. 不良资产管理

商业银行不良资产监测和考核暂行办法 …（695）
　（2004 年 3 月 25 日）
金融企业准备金计提管理办法 …………（696）
　（2012 年 3 月 30 日）
最高人民法院关于审理金融资产管理公司利用
　外资处置不良债权案件涉及对外担保合同效
　力问题的通知 …………………………（698）
　（2010 年 7 月 1 日）

8. 支付结算业务

中华人民共和国票据法 …………………（699）
　（2004 年 8 月 28 日）
票据管理实施办法 ………………………（705）
　（2011 年 1 月 8 日）
票据交易管理办法 ………………………（707）
　（2016 年 12 月 5 日）
支付结算办法 ……………………………（711）
　（1997 年 9 月 19 日）
非银行支付机构客户备付金存管办法 …（729）
　（2021 年 1 月 19 日）
支付机构预付卡业务管理办法 …………（734）
　（2012 年 9 月 27 日）
国内信用证结算办法 ……………………（737）
　（2016 年 4 月 27 日）
银行卡收单业务管理办法 ………………（743）
　（2013 年 7 月 5 日）
商业汇票承兑、贴现与再贴现管理办法 …（747）
　（2022 年 11 月 11 日）
最高人民法院关于审理信用证纠纷案件若干问
　题的规定 ………………………………（749）
　（2020 年 12 月 29 日）
最高人民法院关于审理票据纠纷案件若干问题
　的规定 …………………………………（750）
　（2020 年 12 月 29 日）
最高人民法院关于审理银行卡民事纠纷案件若
　干问题的规定 …………………………（755）
　（2021 年 5 月 24 日）
人民币银行结算账户管理办法 …………（756）
　（2020 年 4 月 29 日）

人民币银行结算账户管理办法实施细则 ……… (763)
  （2020 年 6 月 2 日）
非金融机构支付服务管理办法 …………… (766)
  （2020 年 4 月 29 日）
支付结算违法违规行为举报奖励办法 ……… (770)
  （2016 年 4 月 5 日）
中国人民银行关于支持外贸新业态跨境人民币
  结算的通知 ……………………………… (772)
  （2022 年 6 月 16 日）

9. 外汇业务

中华人民共和国外汇管理条例 …………… (773)
  （2008 年 8 月 5 日）
银行间外汇市场管理暂行规定 …………… (776)
  （1996 年 11 月 29 日）
银行间外汇市场做市商指引 ……………… (778)
  （2023 年 3 月 23 日）
个人外汇管理办法 ………………………… (779)
  （2006 年 12 月 25 日）
个人外汇管理办法实施细则 ……………… (781)
  （2023 年 3 月 23 日）
离岸银行业务管理办法 …………………… (784)
  （1997 年 10 月 23 日）
离岸银行业务管理办法实施细则 ………… (786)
  （1998 年 5 月 13 日）
境内机构境外直接投资外汇管理规定 …… (788)
  （2009 年 7 月 13 日）
境内外汇账户管理规定 …………………… (790)
  （1997 年 10 月 7 日）
跨境担保外汇管理规定 …………………… (793)
  （2014 年 5 月 12 日）

结汇、售汇及付汇管理规定 ……………… (795)
  （1996 年 6 月 20 日）
银行办理结售汇业务管理办法 …………… (799)
  （2014 年 6 月 22 日）
银行办理结售汇业务管理办法实施细则 … (800)
  （2023 年 3 月 23 日）
银行外汇业务合规与审慎经营评估办法 … (806)
  （2019 年 5 月 15 日）
境内银行涉外及境内收付凭证管理规定 … (808)
  （2020 年 10 月 23 日）
支付机构外汇业务管理办法 ……………… (809)
  （2019 年 4 月 29 日）
个人财产对外转移售付汇管理暂行办法 … (813)
  （2004 年 11 月 8 日）
中国人民银行关于银行间外汇市场交易汇价和
  银行挂牌汇价管理有关事项的通知 …… (814)
  （2014 年 7 月 1 日）
国家外汇管理局关于调整金融机构进入银行间
  外汇市场有关管理政策的通知 ………… (815)
  （2014 年 12 月 5 日）
内地与香港利率互换市场互联互通合作管理暂
  行办法 …………………………………… (815)
  （2023 年 4 月 28 日）
境外机构投资者投资中国债券市场资金管理
  规定 ……………………………………… (817)
  （2022 年 11 月 10 日）
中国人民银行、国家外汇管理局关于境外机构
  境内发行债券资金管理有关事宜的通知 … (819)
  （2022 年 11 月 23 日）

四、金融犯罪

中华人民共和国刑法（节录） …………… (822)
  （2020 年 12 月 26 日）
全国人民代表大会常务委员会关于《中华人民
  共和国刑法》有关信用卡规定的解释 … (827)
  （2004 年 12 月 29 日）
银行保险机构涉刑案件管理办法（试行） … (827)
  （2020 年 5 月 22 日）

最高人民法院关于审理骗购外汇、非法买卖外
  汇刑事案件具体应用法律若干问题的解释 … (832)
  （1998 年 8 月 28 日）
最高人民法院、最高人民检察院关于办理非法
  从事资金支付结算业务、非法买卖外汇刑事
  案件适用法律若干问题的解释 ………… (833)
  （2019 年 1 月 31 日）

最高人民法院关于审理洗钱等刑事案件具体应
　用法律若干问题的解释 …………………（834）
　（2009年11月4日）
最高人民法院、最高人民检察院关于办理妨害信用
　卡管理刑事案件具体应用法律若干问题的解释 …（835）
　（2018年11月28日）
最高人民法院关于审理非法集资刑事案件具体
　应用法律若干问题的解释 ………………（837）
　（2022年2月23日）
最高人民法院关于非法集资刑事案件性质认定
　问题的通知 ………………………………（839）
　（2011年8月18日）
最高人民法院、最高人民检察院、公安部关于
　办理非法集资刑事案件若干问题的意见 …（839）
　（2019年1月30日）

最高人民检察院关于拾得他人信用卡并在自动
　柜员机（ATM机）上使用的行为如何定性问
　题的批复 …………………………………（842）
　（2008年4月18日）
最高人民法院、最高人民检察院、公安部、司
　法部关于办理"套路贷"刑事案件若干问题
　的意见 ……………………………………（842）
　（2019年2月28日）
最高人民法院、最高人民检察院关于办理利用
　未公开信息交易刑事案件适用法律若干问题
　的解释 ……………………………………（844）
　（2019年6月27日）
最高人民法院、最高人民检察院关于办理操纵
　证券、期货市场刑事案件适用法律若干问题
　的解释 ……………………………………（845）
　（2019年6月27日）

五、人大代表建议、政协委员提案答复

对十三届全国人大四次会议第2992号建议的
　答复 ………………………………………（848）
　——关于出台中小企业中长期流动资金
　　贷款政策的建议
　（2021年7月16日）
对政协十三届全国委员会第四次会议第0070
　号提案的答复 ……………………………（849）
　——关于建立完善商业银行服务小微企
　　业发展机制的提案
　（2021年7月16日）
对十三届全国人大四次会议第3395号建议的
　答复 ………………………………………（851）
　——关于完善商业银行市场化债转股的建议
　（2021年7月24日）

对十三届全国人大五次会议第5798号建议的
　答复 ………………………………………（852）
　——关于大力发展绿色金融的建议
　（2022年11月7日）
对政协十三届全国委员会第五次会议第
　04710号（财税金融类318号）提案的答
　复 …………………………………………（854）
　——关于促进银行业金融机构服务乡村
　　振兴的提案
　（2022年11月10日）
对十三届全国人大五次会议第7127号建议
　的答复 ……………………………………（855）
　——关于推进乡村金融深度赋能的建议
　（2022年11月10日）

一、金融监管

1. 综合监管

中华人民共和国银行业监督管理法

- 2003年12月27日第十届全国人民代表大会常务委员会第六次会议通过
- 根据2006年10月31日第十届全国人民代表大会常务委员会第二十四次会议《关于修改〈中华人民共和国银行业监督管理法〉的决定》修正

第一章 总 则

第一条 为了加强对银行业的监督管理,规范监督管理行为,防范和化解银行业风险,保护存款人和其他客户的合法权益,促进银行业健康发展,制定本法。

第二条 国务院银行业监督管理机构负责对全国银行业金融机构及其业务活动监督管理的工作。

本法所称银行业金融机构,是指在中华人民共和国境内设立的商业银行、城市信用合作社、农村信用合作社等吸收公众存款的金融机构以及政策性银行。

对在中华人民共和国境内设立的金融资产管理公司、信托投资公司、财务公司、金融租赁公司以及经国务院银行业监督管理机构批准设立的其他金融机构的监督管理,适用本法对银行业金融机构监督管理的规定。

国务院银行业监督管理机构依照本法有关规定,对经其批准在境外设立的金融机构以及前二款金融机构在境外的业务活动实施监督管理。

第三条 银行业监督管理的目标是促进银行业的合法、稳健运行,维护公众对银行业的信心。

银行业监督管理应当保护银行业公平竞争,提高银行业竞争能力。

第四条 银行业监督管理机构对银行业实施监督管理,应当遵循依法、公开、公正和效率的原则。

第五条 银行业监督管理机构及其从事监督管理工作的人员依法履行监督管理职责,受法律保护。地方政府、各级政府部门、社会团体和个人不得干涉。

第六条 国务院银行业监督管理机构应当和中国人民银行、国务院其他金融监督管理机构建立监督管理信息共享机制。

第七条 国务院银行业监督管理机构可以和其他国家或者地区的银行业监督管理机构建立监督管理合作机制,实施跨境监督管理。

第二章 监督管理机构

第八条 国务院银行业监督管理机构根据履行职责的需要设立派出机构。国务院银行业监督管理机构对派出机构实行统一领导和管理。

国务院银行业监督管理机构的派出机构在国务院银行业监督管理机构的授权范围内,履行监督管理职责。

第九条 银行业监督管理机构从事监督管理工作的人员,应当具备与其任职相适应的专业知识和业务工作经验。

第十条 银行业监督管理机构工作人员,应当忠于职守,依法办事,公正廉洁,不得利用职务便利牟取不正当的利益,不得在金融机构等企业中兼任职务。

第十一条 银行业监督管理机构工作人员,应当依法保守国家秘密,并有责任为其监督管理的银行业金融机构及当事人保守秘密。

国务院银行业监督管理机构同其他国家或者地区的银行业监督管理机构交流监督管理信息,应当就信息保密作出安排。

第十二条 国务院银行业监督管理机构应当公开监督管理程序,建立监督管理责任制度和内部监督制度。

第十三条 银行业监督管理机构在处置银行业金融机构风险、查处有关金融违法行为等监督管理活动中,地方政府、各级有关部门应当予以配合和协助。

第十四条 国务院审计、监察等机关,应当依照法律规定对国务院银行业监督管理机构的活动进行监督。

第三章 监督管理职责

第十五条 国务院银行业监督管理机构依照法律、行政法规制定并发布对银行业金融机构及其业务活动监督管理的规章、规则。

第十六条 国务院银行业监督管理机构依照法律、行政法规规定的条件和程序,审查批准银行业金融机构的设立、变更、终止以及业务范围。

第十七条　申请设立银行业金融机构，或者银行业金融机构变更持有资本总额或者股份总额达到规定比例以上的股东的，国务院银行业监督管理机构应当对股东的资金来源、财务状况、资本补充能力和诚信状况进行审查。

第十八条　银行业金融机构业务范围内的业务品种，应当按照规定经国务院银行业监督管理机构审查批准或者备案。需要审查批准或者备案的业务品种，由国务院银行业监督管理机构依照法律、行政法规作出规定并公布。

第十九条　未经国务院银行业监督管理机构批准，任何单位或者个人不得设立银行业金融机构或者从事银行业金融机构的业务活动。

第二十条　国务院银行业监督管理机构对银行业金融机构的董事和高级管理人员实行任职资格管理。具体办法由国务院银行业监督管理机构制定。

第二十一条　银行业金融机构的审慎经营规则，由法律、行政法规规定，也可以由国务院银行业监督管理机构依照法律、行政法规制定。

前款规定的审慎经营规则，包括风险管理、内部控制、资本充足率、资产质量、损失准备金、风险集中、关联交易、资产流动性等内容。

银行业金融机构应当严格遵守审慎经营规则。

第二十二条　国务院银行业监督管理机构应当在规定的期限，对下列申请事项作出批准或者不批准的书面决定；决定不批准的，应当说明理由：

（一）银行业金融机构的设立，自收到申请文件之日起六个月内；

（二）银行业金融机构的变更、终止，以及业务范围和增加业务范围内的业务品种，自收到申请文件之日起三个月内；

（三）审查董事和高级管理人员的任职资格，自收到申请文件之日起三十日内。

第二十三条　银行业监督管理机构应当对银行业金融机构的业务活动及其风险状况进行非现场监管，建立银行业金融机构监督管理信息系统，分析、评价银行业金融机构的风险状况。

第二十四条　银行业监督管理机构应当对银行业金融机构的业务活动及其风险状况进行现场检查。

国务院银行业监督管理机构应当制定现场检查程序，规范现场检查行为。

第二十五条　国务院银行业监督管理机构应当对银行业金融机构实行并表监督管理。

第二十六条　国务院银行业监督管理机构对中国人民银行提出的检查银行业金融机构的建议，应当自收到建议之日起三十日内予以回复。

第二十七条　国务院银行业监督管理机构应当建立银行业金融机构监督管理评级体系和风险预警机制，根据银行业金融机构的评级情况和风险状况，确定对其现场检查的频率、范围和需要采取的其他措施。

第二十八条　国务院银行业监督管理机构应当建立银行业突发事件的发现、报告岗位责任制度。

银行业监督管理机构发现可能引发系统性银行业风险、严重影响社会稳定的突发事件的，应当立即向国务院银行业监督管理机构负责人报告；国务院银行业监督管理机构负责人认为需要向国务院报告的，应当立即向国务院报告，并告知中国人民银行、国务院财政部门等有关部门。

第二十九条　国务院银行业监督管理机构应当会同中国人民银行、国务院财政部门等有关部门建立银行业突发事件处置制度，制定银行业突发事件处置预案，明确处置机构和人员及其职责、处置措施和处置程序，及时、有效地处置银行业突发事件。

第三十条　国务院银行业监督管理机构负责统一编制全国银行业金融机构的统计数据、报表，并按照国家有关规定予以公布。

第三十一条　国务院银行业监督管理机构对银行业自律组织的活动进行指导和监督。

银行业自律组织的章程应当报国务院银行业监督管理机构备案。

第三十二条　国务院银行业监督管理机构可以开展与银行业监督管理有关的国际交流、合作活动。

第四章　监督管理措施

第三十三条　银行业监督管理机构根据履行职责的需要，有权要求银行业金融机构按照规定报送资产负债表、利润表和其他财务会计、统计报表、经营管理资料以及注册会计师出具的审计报告。

第三十四条　银行业监督管理机构根据审慎监管的要求，可以采取下列措施进行现场检查：

（一）进入银行业金融机构进行检查；

（二）询问银行业金融机构的工作人员，要求其对有关检查事项作出说明；

（三）查阅、复制银行业金融机构与检查事项有关的文件、资料，对可能被转移、隐匿或者毁损的文件、资料予以封存；

（四）检查银行业金融机构运用电子计算机管理业务数据的系统。

进行现场检查，应当经银行业监督管理机构负责人批准。现场检查时，检查人员不得少于二人，并应当出示合法证件和检查通知书；检查人员少于二人或者未出示合法证件和检查通知书的，银行业金融机构有权拒绝检查。

第三十五条 银行业监督管理机构根据履行职责的需要，可以与银行业金融机构董事、高级管理人员进行监督管理谈话，要求银行业金融机构董事、高级管理人员就银行业金融机构的业务活动和风险管理的重大事项作出说明。

第三十六条 银行业监督管理机构应当责令银行业金融机构按照规定，如实向社会公众披露财务会计报告、风险管理状况、董事和高级管理人员变更以及其他重大事项等信息。

第三十七条 银行业金融机构违反审慎经营规则的，国务院银行业监督管理机构或者其省一级派出机构应当责令限期改正；逾期未改正的，或者其行为严重危及该银行业金融机构的稳健运行、损害存款人和其他客户合法权益的，经国务院银行业监督管理机构或者其省一级派出机构负责人批准，可以区别情形，采取下列措施：

（一）责令暂停部分业务、停止批准开办新业务；

（二）限制分配红利和其他收入；

（三）限制资产转让；

（四）责令控股股东转让股权或者限制有关股东的权利；

（五）责令调整董事、高级管理人员或者限制其权利；

（六）停止批准增设分支机构。

银行业金融机构整改后，应当向国务院银行业监督管理机构或者其省一级派出机构提交报告。国务院银行业监督管理机构或者其省一级派出机构经验收，符合有关审慎经营规则的，应当自验收完毕之日起三日内解除对其采取的前款规定的有关措施。

第三十八条 银行业金融机构已经或者可能发生信用危机，严重影响存款人和其他客户合法权益的，国务院银行业监督管理机构可以依法对该银行业金融机构实行接管或者促成机构重组，接管和机构重组依照有关法律和国务院的规定执行。

第三十九条 银行业金融机构有违法经营、经营管理不善等情形，不予撤销将严重危害金融秩序、损害公众利益的，国务院银行业监督管理机构有权予以撤销。

第四十条 银行业金融机构被接管、重组或者被撤销的，国务院银行业监督管理机构有权要求该银行业金融机构的董事、高级管理人员和其他工作人员，按照国务院银行业监督管理机构的要求履行职责。

在接管、机构重组或者撤销清算期间，经国务院银行业监督管理机构负责人批准，对直接负责的董事、高级管理人员和其他直接责任人员，可以采取下列措施：

（一）直接负责的董事、高级管理人员和其他直接责任人员出境将对国家利益造成重大损失的，通知出境管理机关依法阻止其出境；

（二）申请司法机关禁止其转移、转让财产或者对其财产设定其他权利。

第四十一条 经国务院银行业监督管理机构或者其省一级派出机构负责人批准，银行业监督管理机构有权查询涉嫌金融违法的银行业金融机构及其工作人员以及关联行为人的账户；对涉嫌转移或者隐匿违法资金的，经银行业监督管理机构负责人批准，可以申请司法机关予以冻结。

第四十二条 银行业监督管理机构依法对银行业金融机构进行检查时，经设区的市一级以上银行业监督管理机构负责人批准，可以对与涉嫌违法事项有关的单位和个人采取下列措施：

（一）询问有关单位或者个人，要求其对有关情况作出说明；

（二）查阅、复制有关财务会计、财产权登记等文件、资料；

（三）对可能被转移、隐匿、毁损或者伪造的文件、资料，予以先行登记保存。

银行业监督管理机构采取前款规定措施，调查人员不得少于二人，并应当出示合法证件和调查通知书；调查人员少于二人或者未出示合法证件和调查通知书的，有关单位或者个人有权拒绝。对依法采取的措施，有关单位和个人应当配合，如实说明有关情况并提供有关文件、资料，不得拒绝、阻碍和隐瞒。

第五章 法律责任

第四十三条 银行业监督管理机构从事监督管理工作的人员有下列情形之一的，依法给予行政处分；构成犯罪的，依法追究刑事责任：

（一）违反规定审查批准银行业金融机构的设立、变更、终止，以及业务范围和业务范围内的业务品种的；

（二）违反规定对银行业金融机构进行现场检查的；

（三）未依照本法第二十八条规定报告突发事件的；

（四）违反规定查询账户或者申请冻结资金的；

（五）违反规定对银行业金融机构采取措施或者处罚的；

（六）违反本法第四十二条规定对有关单位或者个人进行调查的；

（七）滥用职权、玩忽职守的其他行为。

银行业监督管理机构从事监督管理工作的人员贪污受贿，泄露国家秘密、商业秘密和个人隐私，构成犯罪的，依法追究刑事责任；尚不构成犯罪的，依法给予行政处分。

第四十四条 擅自设立银行业金融机构或者非法从事银行业金融机构的业务活动的，由国务院银行业监督管理机构予以取缔；构成犯罪的，依法追究刑事责任；尚不构成犯罪的，由国务院银行业监督管理机构没收违法所得，违法所得五十万元以上的，并处违法所得一倍以上五倍以下罚款；没有违法所得或者违法所得不足五十万元的，处五十万元以上二百万元以下罚款。

第四十五条 银行业金融机构有下列情形之一，由国务院银行业监督管理机构责令改正，有违法所得的，没收违法所得，违法所得五十万元以上的，并处违法所得一倍以上五倍以下罚款；没有违法所得或者违法所得不足五十万元的，处五十万元以上二百万元以下罚款；情节特别严重或者逾期不改正的，可以责令停业整顿或者吊销其经营许可证；构成犯罪的，依法追究刑事责任：

（一）未经批准设立分支机构的；

（二）未经批准变更、终止的；

（三）违反规定从事未经批准或者未备案的业务活动的；

（四）违反规定提高或者降低存款利率、贷款利率的。

第四十六条 银行业金融机构有下列情形之一，由国务院银行业监督管理机构责令改正，并处二十万元以上五十万元以下罚款；情节特别严重或者逾期不改正的，可以责令停业整顿或者吊销其经营许可证；构成犯罪的，依法追究刑事责任：

（一）未经任职资格审查任命董事、高级管理人员的；

（二）拒绝或者阻碍非现场监管或者现场检查的；

（三）提供虚假的或者隐瞒重要事实的报表、报告等文件、资料的；

（四）未按照规定进行信息披露的；

（五）严重违反审慎经营规则的；

（六）拒绝执行本法第三十七条规定的措施的。

第四十七条 银行业金融机构不按照规定提供报表、报告等文件、资料的，由银行业监督管理机构责令改正，逾期不改正的，处十万元以上三十万元以下罚款。

第四十八条 银行业金融机构违反法律、行政法规以及国家有关银行业监督管理规定的，银行业监督管理机构除依照本法第四十四条至第四十七条规定处罚外，还可以区别不同情形，采取下列措施：

（一）责令银行业金融机构对直接负责的董事、高级管理人员和其他直接责任人员给予纪律处分；

（二）银行业金融机构的行为尚不构成犯罪的，对直接负责的董事、高级管理人员和其他直接责任人员给予警告，处五万元以上五十万元以下罚款；

（三）取消直接负责的董事、高级管理人员一定期限直至终身的任职资格，禁止直接负责的董事、高级管理人员和其他直接责任人员一定期限直至终身从事银行业工作。

第四十九条 阻碍银行业监督管理机构工作人员依法执行检查、调查职务的，由公安机关依法给予治安管理处罚；构成犯罪的，依法追究刑事责任。

第六章 附 则

第五十条 对在中华人民共和国境内设立的政策性银行、金融资产管理公司的监督管理，法律、行政法规另有规定的，依照其规定。

第五十一条 对在中华人民共和国境内设立的外资银行业金融机构、中外合资银行业金融机构、外国银行业金融机构的分支机构的监督管理，法律、行政法规另有规定的，依照其规定。

第五十二条 本法自2004年2月1日起施行。

中华人民共和国反洗钱法

- 2006年10月31日第十届全国人民代表大会常务委员会第二十四次会议通过
- 2006年10月31日中华人民共和国主席令第56号公布
- 自2007年1月1日起施行

第一章 总 则

第一条 为了预防洗钱活动，维护金融秩序，遏制洗钱犯罪及相关犯罪，制定本法。

第二条 本法所称反洗钱，是指为了预防通过各种方式掩饰、隐瞒毒品犯罪、黑社会性质的组织犯罪、恐怖活动犯罪、走私犯罪、贪污贿赂犯罪、破坏金融管理秩序犯罪、金融诈骗犯罪等犯罪所得及其收益的来源和性质的洗钱活动，依照本法规定采取相关措施的行为。

第三条 在中华人民共和国境内设立的金融机构和按照规定应当履行反洗钱义务的特定非金融机构，应当依法采取预防、监控措施，建立健全客户身份识别制度、客户身份资料和交易记录保存制度、大额交易和可疑交易报告制度，履行反洗钱义务。

第四条 国务院反洗钱行政主管部门负责全国的反洗钱监督管理工作。国务院有关部门、机构在各自的职责范围内履行反洗钱监督管理职责。

国务院反洗钱行政主管部门、国务院有关部门、机构和司法机关在反洗钱工作中应当相互配合。

第五条 对依法履行反洗钱职责或者义务获得的客户身份资料和交易信息，应当予以保密；非依法律规定，不得向任何单位和个人提供。

反洗钱行政主管部门和其他依法负有反洗钱监督管理职责的部门、机构履行反洗钱职责获得的客户身份资料和交易信息，只能用于反洗钱行政调查。

司法机关依照本法获得的客户身份资料和交易信息，只能用于反洗钱刑事诉讼。

第六条 履行反洗钱义务的机构及其工作人员依法提交大额交易和可疑交易报告，受法律保护。

第七条 任何单位和个人发现洗钱活动，有权向反洗钱行政主管部门或者公安机关举报。接受举报的机关应当对举报人和举报内容保密。

第二章 反洗钱监督管理

第八条 国务院反洗钱行政主管部门组织、协调全国的反洗钱工作，负责反洗钱的资金监测，制定或者会同国务院有关金融监督管理机构制定金融机构反洗钱规章，监督、检查金融机构履行反洗钱义务的情况，在职责范围内调查可疑交易活动，履行法律和国务院规定的有关反洗钱的其他职责。

国务院反洗钱行政主管部门的派出机构在国务院反洗钱行政主管部门的授权范围内，对金融机构履行反洗钱义务的情况进行监督、检查。

第九条 国务院有关金融监督管理机构参与制定所监督管理的金融机构反洗钱规章，对所监督管理的金融机构提出按照规定建立健全反洗钱内部控制制度的要求，履行法律和国务院规定的有关反洗钱的其他职责。

第十条 国务院反洗钱行政主管部门设立反洗钱信息中心，负责大额交易和可疑交易报告的接收、分析，并按照规定向国务院反洗钱行政主管部门报告分析结果，履行国务院反洗钱行政主管部门规定的其他职责。

第十一条 国务院反洗钱行政主管部门为履行反洗钱资金监测职责，可以从国务院有关部门、机构获取所必需的信息，国务院有关部门、机构应当提供。

国务院反洗钱行政主管部门应当向国务院有关部门、机构定期通报反洗钱工作情况。

第十二条 海关发现个人出入境携带的现金、无记名有价证券超过规定金额的，应当及时向反洗钱行政主管部门通报。

前款应当通报的金额标准由国务院反洗钱行政主管部门会同海关总署规定。

第十三条 反洗钱行政主管部门和其他依法负有反洗钱监督管理职责的部门、机构发现涉嫌洗钱犯罪的交易活动，应当及时向侦查机关报告。

第十四条 国务院有关金融监督管理机构审批新设金融机构或者金融机构增设分支机构时，应当审查新机构反洗钱内部控制制度的方案；对于不符合本法规定的设立申请，不予批准。

第三章 金融机构反洗钱义务

第十五条 金融机构应当依照本法规定建立健全反洗钱内部控制制度，金融机构的负责人应当对反洗钱内部控制制度的有效实施负责。

金融机构应当设立反洗钱专门机构或者指定内设机构负责反洗钱工作。

第十六条 金融机构应当按照规定建立客户身份识别制度。

金融机构在与客户建立业务关系或者为客户提供规定金额以上的现金汇款、现钞兑换、票据兑付等一次性金融服务时，应当要求客户出示真实有效的身份证件或者其他身份证明文件，进行核对并登记。

客户由他人代理办理业务的，金融机构应当同时对代理人和被代理人的身份证件或者其他身份证明文件进行核对并登记。

与客户建立人身保险、信托等业务关系，合同的受益人不是客户本人的，金融机构还应当对受益人的身份证件或者其他身份证明文件进行核对并登记。

金融机构不得为身份不明的客户提供服务或者与其进行交易，不得为客户开立匿名账户或者假名账户。

金融机构对先前获得的客户身份资料的真实性、有效性或者完整性有疑问的，应当重新识别客户身份。

任何单位和个人在与金融机构建立业务关系或者要求金融机构为其提供一次性金融服务时，都应当提供真实有效的身份证件或者其他身份证明文件。

第十七条 金融机构通过第三方识别客户身份的，

应当确保第三方已经采取符合本法要求的客户身份识别措施;第三方未采取符合本法要求的客户身份识别措施的,由该金融机构承担未履行客户身份识别义务的责任。

第十八条 金融机构进行客户身份识别,认为必要时,可以向公安、工商行政管理等部门核实客户的有关身份信息。

第十九条 金融机构应当按照规定建立客户身份资料和交易记录保存制度。

在业务关系存续期间,客户身份资料发生变更的,应当及时更新客户身份资料。

客户身份资料在业务关系结束后、客户交易信息在交易结束后,应当至少保存五年。

金融机构破产和解散时,应当将客户身份资料和客户交易信息移交国务院有关部门指定的机构。

第二十条 金融机构应当按照规定执行大额交易和可疑交易报告制度。

金融机构办理的单笔交易或者在规定期限内的累计交易超过规定金额或者发现可疑交易的,应当及时向反洗钱信息中心报告。

第二十一条 金融机构建立客户身份识别制度、客户身份资料和交易记录保存制度的具体办法,由国务院反洗钱行政主管部门会同国务院有关金融监督管理机构制定。金融机构大额交易和可疑交易报告的具体办法,由国务院反洗钱行政主管部门制定。

第二十二条 金融机构应当按照反洗钱预防、监控制度的要求,开展反洗钱培训和宣传工作。

第四章 反洗钱调查

第二十三条 国务院反洗钱行政主管部门或者其省一级派出机构发现可疑交易活动,需要调查核实的,可以向金融机构进行调查,金融机构应当予以配合,如实提供有关文件和资料。

调查可疑交易活动时,调查人员不得少于二人,并出示合法证件和国务院反洗钱行政主管部门或者其省一级派出机构出具的调查通知书。调查人员少于二人或者未出示合法证件和调查通知书的,金融机构有权拒绝调查。

第二十四条 调查可疑交易活动,可以询问金融机构有关人员,要求其说明情况。

询问应当制作询问笔录。询问笔录应当交被询问人核对。记载有遗漏或者差错的,被询问人可以要求补充或者更正。被询问人确认笔录无误后,应当签名或者盖章;调查人员也应当在笔录上签名。

第二十五条 调查中需要进一步核查的,经国务院反洗钱行政主管部门或者其省一级派出机构的负责人批准,可以查阅、复制被调查对象的账户信息、交易记录和其他有关资料;对可能被转移、隐藏、篡改或者毁损的文件、资料,可以予以封存。

调查人员封存文件、资料,应当会同在场的金融机构工作人员查点清楚,当场开列清单一式二份,由调查人员和在场的金融机构工作人员签名或者盖章,一份交金融机构,一份附卷备查。

第二十六条 经调查仍不能排除洗钱嫌疑的,应当立即向有管辖权的侦查机关报案。客户要求将调查所涉及的账户资金转往境外的,经国务院反洗钱行政主管部门负责人批准,可以采取临时冻结措施。

侦查机关接到报案后,对已依照前款规定临时冻结的资金,应当及时决定是否继续冻结。侦查机关认为需要继续冻结的,依照刑事诉讼法的规定采取冻结措施;认为不需要继续冻结的,应当立即通知国务院反洗钱行政主管部门,国务院反洗钱行政主管部门应当立即通知金融机构解除冻结。

临时冻结不得超过四十八小时。金融机构在按照国务院反洗钱行政主管部门的要求采取临时冻结措施后四十八小时内,未接到侦查机关继续冻结通知的,应当立即解除冻结。

第五章 反洗钱国际合作

第二十七条 中华人民共和国根据缔结或者参加的国际条约,或者按照平等互惠原则,开展反洗钱国际合作。

第二十八条 国务院反洗钱行政主管部门根据国务院授权,代表中国政府与外国政府和有关国际组织开展反洗钱合作,依法与境外反洗钱机构交换与反洗钱有关的信息和资料。

第二十九条 涉及追究洗钱犯罪的司法协助,由司法机关依照有关法律的规定办理。

第六章 法律责任

第三十条 反洗钱行政主管部门和其他依法负有反洗钱监督管理职责的部门、机构从事反洗钱工作的人员有下列行为之一的,依法给予行政处分:

(一)违反规定进行检查、调查或者采取临时冻结措施的;

(二)泄露因反洗钱知悉的国家秘密、商业秘密或者个人隐私的;

(三)违反规定对有关机构和人员实施行政处罚的;

（四）其他不依法履行职责的行为。

第三十一条　金融机构有下列行为之一的，由国务院反洗钱行政主管部门或者其授权的设区的市一级以上派出机构责令限期改正；情节严重的，建议有关金融监督管理机构依法责令金融机构对直接负责的董事、高级管理人员和其他直接责任人员给予纪律处分：

（一）未按照规定建立反洗钱内部控制制度的；

（二）未按照规定设立反洗钱专门机构或者指定内设机构负责反洗钱工作的；

（三）未按照规定对职工进行反洗钱培训的。

第三十二条　金融机构有下列行为之一的，由国务院反洗钱行政主管部门或者其授权的设区的市一级以上派出机构责令限期改正；情节严重的，处二十万元以上五十万元以下罚款，并对直接负责的董事、高级管理人员和其他直接责任人员，处一万元以上五万元以下罚款：

（一）未按照规定履行客户身份识别义务的；

（二）未按照规定保存客户身份资料和交易记录的；

（三）未按照规定报送大额交易报告或者可疑交易报告的；

（四）与身份不明的客户进行交易或者为客户开立匿名账户、假名账户的；

（五）违反保密规定，泄露有关信息的；

（六）拒绝、阻碍反洗钱检查、调查的；

（七）拒绝提供调查材料或者故意提供虚假材料的。

金融机构有前款行为，致使洗钱后果发生的，处五十万元以上五百万元以下罚款，并对直接负责的董事、高级管理人员和其他直接责任人员处五万元以上五十万元以下罚款；情节特别严重的，反洗钱行政主管部门可以建议有关金融监督管理机构责令停业整顿或者吊销其经营许可证。

对有前两款规定情形的金融机构直接负责的董事、高级管理人员和其他直接责任人员，反洗钱行政主管部门可以建议有关金融监督管理机构依法责令金融机构给予纪律处分，或者建议依法取消其任职资格、禁止其从事有关金融行业工作。

第三十三条　违反本法规定，构成犯罪的，依法追究刑事责任。

第七章　附　则

第三十四条　本法所称金融机构，是指依法设立的从事金融业务的政策性银行、商业银行、信用合作社、邮政储汇机构、信托投资公司、证券公司、期货经纪公司、保险公司以及国务院反洗钱行政主管部门确定并公布的从事金融业务的其他机构。

第三十五条　应当履行反洗钱义务的特定非金融机构的范围、其履行反洗钱义务和对其监督管理的具体办法，由国务院反洗钱行政主管部门会同国务院有关部门制定。

第三十六条　对涉嫌恐怖活动资金的监控适用本法；其他法律另有规定的，适用其规定。

第三十七条　本法自2007年1月1日起施行。

中华人民共和国反电信网络诈骗法

· 2022年9月2日第十三届全国人民代表大会常务委员会第三十六次会议通过
· 2022年9月2日中华人民共和国主席令第119号公布
· 自2022年12月1日起施行

第一章　总　则

第一条　为了预防、遏制和惩治电信网络诈骗活动，加强反电信网络诈骗工作，保护公民和组织的合法权益，维护社会稳定和国家安全，根据宪法，制定本法。

第二条　本法所称电信网络诈骗，是指以非法占有为目的，利用电信网络技术手段，通过远程、非接触等方式，诈骗公私财物的行为。

第三条　打击治理在中华人民共和国境内实施的电信网络诈骗活动或者中华人民共和国公民在境外实施的电信网络诈骗活动，适用本法。

境外的组织、个人针对中华人民共和国境内实施电信网络诈骗活动的，或者为他人针对境内实施电信网络诈骗活动提供产品、服务等帮助的，依照本法有关规定处理和追究责任。

第四条　反电信网络诈骗工作坚持以人民为中心，统筹发展和安全；坚持系统观念、法治思维，注重源头治理、综合治理；坚持齐抓共管、群防群治，全面落实打防管控各项措施，加强社会宣传教育防范；坚持精准防治，保障正常生产经营活动和群众生活便利。

第五条　反电信网络诈骗工作应当依法进行，维护公民和组织的合法权益。

有关部门和单位、个人应当对在反电信网络诈骗工作过程中知悉的国家秘密、商业秘密和个人隐私、个人信息予以保密。

第六条　国务院建立反电信网络诈骗工作机制，统筹协调打击治理工作。

地方各级人民政府组织领导本行政区域内反电信网络诈骗工作，确定反电信网络诈骗目标任务和工作机制，开展综合治理。

公安机关牵头负责反电信网络诈骗工作，金融、电信、网信、市场监管等有关部门依照职责履行监管主体责任，负责本行业领域反电信网络诈骗工作。

人民法院、人民检察院发挥审判、检察职能作用，依法防范、惩治电信网络诈骗活动。

电信业务经营者、银行业金融机构、非银行支付机构、互联网服务提供者承担风险防控责任，建立反电信网络诈骗内部控制机制和安全责任制度，加强新业务涉诈风险安全评估。

第七条 有关部门、单位在反电信网络诈骗工作中应当密切协作，实现跨行业、跨地域协同配合、快速联动，加强专业队伍建设，有效打击治理电信网络诈骗活动。

第八条 各级人民政府和有关部门应当加强反电信网络诈骗宣传，普及相关法律和知识，提高公众对各类电信网络诈骗方式的防骗意识和识骗能力。

教育行政、市场监管、民政等有关部门和村民委员会、居民委员会，应当结合电信网络诈骗受害群体的分布等特征，加强对老年人、青少年等群体的宣传教育，增强反电信网络诈骗宣传教育的针对性、精准性，开展反电信网络诈骗宣传教育进学校、进企业、进社区、进农村、进家庭等活动。

各单位应当加强内部防范电信网络诈骗工作，对工作人员开展防范电信网络诈骗教育；个人应当加强电信网络诈骗防范意识。单位、个人应当协助、配合有关部门依照本法规定开展反电信网络诈骗工作。

第二章 电信治理

第九条 电信业务经营者应当依法全面落实电话用户真实身份信息登记制度。

基础电信企业和移动通信转售企业应当承担对代理商落实电话用户实名制管理责任，在协议中明确代理商实名制登记的责任和有关违约处置措施。

第十条 办理电话卡不得超出国家有关规定限制的数量。

对经识别存在异常办卡情形的，电信业务经营者有权加强核查或者拒绝办卡。具体识别办法由国务院电信主管部门制定。

国务院电信主管部门组织建立电话用户开卡数量核验机制和风险信息共享机制，并为用户查询名下电话卡信息提供便捷渠道。

第十一条 电信业务经营者对监测识别的涉诈异常电话卡用户应重新进行实名核验，根据风险等级采取有区别的、相应的核验措施。对未按规定核验或者核验未通过的，电信业务经营者可以限制、暂停有关电话卡功能。

第十二条 电信业务经营者建立物联网卡用户风险评估制度，评估未通过的，不得向其销售物联网卡；严格登记物联网卡用户身份信息；采取有效技术措施限定物联网卡开通功能，使用场景和适用设备。

单位用户从电信业务经营者购买物联网卡再将载有物联网卡的设备销售给其他用户的，应当核验和登记用户身份信息，并将销量、存量及用户实名信息传送给号码归属的电信业务经营者。

电信业务经营者对物联网卡的使用建立监测预警机制。对存在异常使用情形的，应当采取暂停服务、重新核验身份和使用场景或者其他合同约定的处置措施。

第十三条 电信业务经营者应当规范真实主叫号码传送和电信线路出租，对改号电话进行封堵拦截和溯源核查。

电信业务经营者应当严格规范国际通信业务出入口局主叫号码传送，真实、准确向用户提示来电号码所属国家或者地区，对网内和网间虚假主叫、不规范主叫进行识别、拦截。

第十四条 任何单位和个人不得非法制造、买卖、提供或者使用下列设备、软件：

（一）电话卡批量插入设备；

（二）具有改变主叫号码、虚拟拨号、互联网电话违规接入公用电信网络等功能的设备、软件；

（三）批量账号、网络地址自动切换系统，批量接收提供短信验证、语音验证的平台；

（四）其他用于实施电信网络诈骗等违法犯罪的设备、软件。

电信业务经营者、互联网服务提供者应当采取技术措施，及时识别、阻断前款规定的非法设备、软件接入网络，并向公安机关和相关行业主管部门报告。

第三章 金融治理

第十五条 银行业金融机构、非银行支付机构为客户开立银行账户、支付账户及提供支付结算服务，和与客户业务关系存续期间，应当建立客户尽职调查制度，依法识别受益所有人，采取相应风险管理措施，防范银行账户、支付账户等被用于电信网络诈骗活动。

第十六条 开立银行账户、支付账户不得超出国家有关规定限制的数量。

对经识别存在异常开户情形的，银行业金融机构、非银行支付机构有权加强核查或者拒绝开户。

中国人民银行、国务院银行业监督管理机构组织有关清算机构建立跨机构开户数量核验机制和风险信息共享机制，并为客户提供查询名下银行账户、支付账户的便捷渠道。银行业金融机构、非银行支付机构应当按照国家有关规定提供开户情况和有关风险信息。相关信息不得用于反电信网络诈骗以外的其他用途。

第十七条 银行业金融机构、非银行支付机构应当建立开立企业账户异常情形的风险防控机制。金融、电信、市场监管、税务等有关部门建立开立企业账户相关信息共享查询系统，提供联网核查服务。

市场主体登记机关应当依法对企业实名登记履行身份信息核验职责；依照规定对登记事项进行监督检查，对可能存在虚假登记、涉诈异常的企业重点监督检查，依法撤销登记的，依照前款的规定及时共享信息；为银行业金融机构、非银行支付机构进行客户尽职调查和依法识别受益所有人提供便利。

第十八条 银行业金融机构、非银行支付机构应当对银行账户、支付账户及支付结算服务加强监测，建立完善符合电信网络诈骗活动特征的异常账户和可疑交易监测机制。

中国人民银行统筹建立跨银行业金融机构、非银行支付机构的反洗钱统一监测系统，会同国务院公安部门完善与电信网络诈骗犯罪资金流转特点相适应的反洗钱可疑交易报告制度。

对监测识别的异常账户和可疑交易，银行业金融机构、非银行支付机构应当根据风险情况，采取核实交易情况、重新核验身份、延迟支付结算、限制或者中止有关业务等必要的防范措施。

银行业金融机构、非银行支付机构依照第一款规定开展异常账户和可疑交易监测时，可以收集异常客户互联网协议地址、网卡地址、支付受理终端信息等必要的交易信息、设备位置信息。上述信息未经客户授权，不得用于反电信网络诈骗以外的其他用途。

第十九条 银行业金融机构、非银行支付机构应当按照国家有关规定，完整、准确传输直接提供商品或者服务的商户名称、收付款客户名称及账号等交易信息，保证交易信息的真实、完整和支付全流程中的一致性。

第二十条 国务院公安部门会同有关部门建立完善电信网络诈骗涉案资金即时查询、紧急止付、快速冻结、及时解冻和资金返还制度，明确有关条件、程序和救济措施。

公安机关依法决定采取上述措施的，银行业金融机构、非银行支付机构应当予以配合。

第四章 互联网治理

第二十一条 电信业务经营者、互联网服务提供者为用户提供下列服务，在与用户签订协议或者确认提供服务时，应当依法要求用户提供真实身份信息，用户不提供真实身份信息的，不得提供服务：

（一）提供互联网接入服务；

（二）提供网络代理等网络地址转换服务；

（三）提供互联网域名注册、服务器托管、空间租用、云服务、内容分发服务；

（四）提供信息、软件发布服务，或者提供即时通讯、网络交易、网络游戏、网络直播发布、广告推广服务。

第二十二条 互联网服务提供者对监测识别的涉诈异常账号应当重新核验，根据国家有关规定采取限制功能、暂停服务等处置措施。

互联网服务提供者应当根据公安机关、电信主管部门要求，对涉案电话卡、涉诈异常电话卡所关联注册的有关互联网账号进行核验，根据风险情况，采取限期改正、限制功能、暂停使用、关闭账号、禁止重新注册等处置措施。

第二十三条 设立移动互联网应用程序应当按照国家有关规定向电信主管部门办理许可或者备案手续。

为应用程序提供封装、分发服务的，应当登记并核验应用程序开发运营者的真实身份信息，核验应用程序的功能、用途。

公安、电信、网信等部门和电信业务经营者、互联网服务提供者应当加强对分发平台以外途径下载传播的涉诈应用程序重点监测、及时处置。

第二十四条 提供域名解析、域名跳转、网址链接转换服务的，应当按照国家有关规定，核验域名注册、解析信息和互联网协议地址的真实性、准确性，规范域名跳转，记录并留存所提供相应服务的日志信息，支持实现对解析、跳转、转换记录的溯源。

第二十五条 任何单位和个人不得为他人实施电信网络诈骗活动提供下列支持或者帮助：

（一）出售、提供个人信息；

（二）帮助他人通过虚拟货币交易等方式洗钱；

（三）其他为电信网络诈骗活动提供支持或者帮助的行为。

电信业务经营者、互联网服务提供者应当依照国家有关规定，履行合理注意义务，对利用下列业务从事涉诈支持、帮助活动进行监测识别和处置：

（一）提供互联网接入、服务器托管、网络存储、通讯传输、线路出租、域名解析等网络资源服务；

（二）提供信息发布或者搜索、广告推广、引流推广等网络推广服务；

（三）提供应用程序、网站等网络技术、产品的制作、维护服务；

（四）提供支付结算服务。

第二十六条 公安机关办理电信网络诈骗案件依法调取证据的，互联网服务提供者应当及时提供技术支持和协助。

互联网服务提供者依照本法规定对有关涉诈信息、活动进行监测时，发现涉诈违法犯罪线索、风险信息的，应当依照国家有关规定，根据涉诈风险类型、程度情况移送公安、金融、电信、网信等部门。有关部门应当建立完善反馈机制，将相关情况及时告知移送单位。

第五章 综合措施

第二十七条 公安机关应当建立完善打击治理电信网络诈骗工作机制，加强专门队伍和专业技术建设，各警种、各地公安机关应当密切配合，依法有效惩处电信网络诈骗活动。

公安机关接到电信网络诈骗活动的报案或者发现电信网络诈骗活动，应当依照《中华人民共和国刑事诉讼法》的规定立案侦查。

第二十八条 金融、电信、网信部门依照职责对银行业金融机构、非银行支付机构、电信业务经营者、互联网服务提供者落实本法规定情况进行监督检查。有关监督检查活动应当依法规范开展。

第二十九条 个人信息处理者应当依照《中华人民共和国个人信息保护法》等法律规定，规范个人信息处理，加强个人信息保护，建立个人信息被用于电信网络诈骗的防范机制。

履行个人信息保护职责的部门、单位对可能被电信网络诈骗利用的物流信息、交易信息、贷款信息、医疗信息、婚介信息等实施重点保护。公安机关办理电信网络诈骗案件，应当同时查证犯罪所利用的个人信息来源，依法追究相关人员和单位责任。

第三十条 电信业务经营者、银行业金融机构、非银行支付机构、互联网服务提供者应当对从业人员和用户开展反电信网络诈骗宣传，在有关业务活动中对防范电信网络诈骗作出提示，对本领域新出现的电信网络诈骗手段及时向用户作出提醒，对非法买卖、出租、出借本人有关卡、账户、账号等被用于电信网络诈骗的法律责任作出警示。

新闻、广播、电视、文化、互联网信息服务等单位，应当面向社会有针对性地开展反电信网络诈骗宣传教育。

任何单位和个人有权举报电信网络诈骗活动，有关部门应当依法及时处理，对提供有效信息的举报人依照规定给予奖励和保护。

第三十一条 任何单位和个人不得非法买卖、出租、出借电话卡、物联网卡、电信线路、短信端口、银行账户、支付账户、互联网账号等，不得提供实名核验帮助；不得假冒他人身份或者虚构代理关系开立上述卡、账户、账号等。

对经设区的市级以上公安机关认定的实施前款行为的单位、个人和相关组织者，以及因从事电信网络诈骗活动或者关联犯罪受过刑事处罚的人员，可以按照国家有关规定记入信用记录，采取限制其有关卡、账户、账号等功能和停止非柜面业务、暂停新业务、限制入网等措施。对上述认定和措施有异议的，可以提出申诉，有关部门应当建立健全申诉渠道、信用修复和救济制度。具体办法由国务院公安部门会同有关主管部门规定。

第三十二条 国家支持电信业务经营者、银行业金融机构、非银行支付机构、互联网服务提供者研究开发有关电信网络诈骗反制技术，用于监测识别、动态封堵和处置涉诈异常信息、活动。

国务院公安部门、金融管理部门、电信主管部门和国家网信部门等应当统筹负责本行业领域反制技术措施建设，推进涉电信网络诈骗样本信息数据共享，加强涉诈用户信息交叉核验，建立有关涉诈异常信息、活动的监测识别、动态封堵和处置机制。

依据本法第十一条、第十二条、第十八条、第二十二条和前款规定，对涉诈异常情形采取限制、暂停服务等处置措施的，应当告知处置原因、救济渠道及需要提交的资料等事项，被处置对象可以向作出决定或者采取措施的部门、单位提出申诉。作出决定的部门、单位应当建立完善申诉渠道，及时受理申诉并核查，核查通过的，应当即时解除有关措施。

第三十三条 国家推进网络身份认证公共服务建设，支持个人、企业自愿使用，电信业务经营者、银行业金融机构、非银行支付机构、互联网服务提供者对存在涉诈异常的电话卡、银行账户、支付账户、互联网账号，可以通过国家网络身份认证公共服务对用户身份重新进行核验。

第三十四条 公安机关应当会同金融、电信、网信部门组织银行业金融机构、非银行支付机构、电信业务经营者、互联网服务提供者等建立预警劝阻系统，对预警发现的潜在被害人，根据情况及时采取相应劝阻措施。对电信网络诈骗案件应当加强追赃挽损，完善涉案资金处置制度，及时返还被害人的合法财产。对遭受重大生活困难的被害人，符合国家有关救助条件的，有关方面依照规定给予救助。

第三十五条 经国务院反电信网络诈骗工作机制决定或者批准，公安、金融、电信等部门对电信网络诈骗活动严重的特定地区，可以依照国家有关规定采取必要的临时风险防范措施。

第三十六条 对前往电信网络诈骗活动严重地区的人员，出境活动存在重大涉电信网络诈骗活动嫌疑的，移民管理机构可以决定不准其出境。

因从事电信网络诈骗活动受过刑事处罚的人员，设区的市级以上公安机关可以根据犯罪情况和预防再犯罪的需要，决定自处罚完毕之日起六个月至三年以内不准其出境，并通知移民管理机构执行。

第三十七条 国务院公安部门等会同外交部门加强国际执法司法合作，与有关国家、地区、国际组织建立有效合作机制，通过开展国际警务合作等方式，提升在信息交流、调查取证、侦查抓捕、追赃挽损等方面的合作水平，有效打击遏制跨境电信网络诈骗活动。

第六章 法律责任

第三十八条 组织、策划、实施、参与电信网络诈骗活动或者为电信网络诈骗活动提供帮助，构成犯罪的，依法追究刑事责任。

前款行为尚不构成犯罪的，由公安机关处十日以上十五日以下拘留；没收违法所得，处违法所得一倍以上十倍以下罚款，没有违法所得或者违法所得不足一万元的，处十万元以下罚款。

第三十九条 电信业务经营者违反本法规定，有下列情形之一的，由有关主管部门责令改正，情节较轻的，给予警告、通报批评，或者处五万元以上五十万元以下罚款；情节严重的，处五十万元以上五百万元以下罚款，并可以由有关主管部门责令暂停相关业务、停业整顿、吊销相关业务许可证或者吊销营业执照，对其直接负责的主管人员和其他直接责任人员，处一万元以上二十万元以下罚款：

（一）未落实国家有关规定确定的反电信网络诈骗内部控制机制的；

（二）未履行电话卡、物联网卡实名制登记职责的；

（三）未履行对电话卡、物联网卡的监测识别、监测预警和相关处置职责的；

（四）未对物联网卡用户进行风险评估，或者未限定物联网卡的开通功能、使用场景和适用设备的；

（五）未采取措施对改号电话、虚假主叫或者具有相应功能的非法设备进行监测处置的。

第四十条 银行业金融机构、非银行支付机构违反本法规定，有下列情形之一的，由有关主管部门责令改正，情节较轻的，给予警告、通报批评，或者处五万元以上五十万元以下罚款；情节严重的，处五十万元以上五百万元以下罚款，并可以由有关主管部门责令停止新增业务、缩减业务类型或者业务范围、暂停相关业务、停业整顿、吊销相关业务许可证或者吊销营业执照，对其直接负责的主管人员和其他直接责任人员，处一万元以上二十万元以下罚款：

（一）未落实国家有关规定确定的反电信网络诈骗内部控制机制的；

（二）未履行尽职调查义务和有关风险管理措施的；

（三）未履行对异常账户、可疑交易的风险监测和相关处置义务的；

（四）未按照规定完整、准确传输有关交易信息的。

第四十一条 电信业务经营者、互联网服务提供者违反本法规定，有下列情形之一的，由有关主管部门责令改正，情节较轻的，给予警告、通报批评，或者处五万元以上五十万元以下罚款；情节严重的，处五十万元以上五百万元以下罚款，并可以由有关主管部门责令暂停相关业务、停业整顿、关闭网站或者应用程序、吊销相关业务许可证或者吊销营业执照，对其直接负责的主管人员和其他直接责任人员，处一万元以上二十万元以下罚款：

（一）未落实国家有关规定确定的反电信网络诈骗内部控制机制的；

（二）未履行网络服务实名制职责，或者未对涉案、涉诈电话卡关联注册互联网账号进行核验的；

（三）未按照国家有关规定，核验域名注册、解析信息和互联网协议地址的真实性、准确性，规范域名跳转，或者记录并留存所提供相应服务的日志信息的；

（四）未登记核验移动互联网应用程序开发运营者的真实身份信息或者未核验应用程序的功能、用途，为其提供应用程序封装、分发服务的；

（五）未履行对涉诈互联网账号和应用程序，以及其他电信网络诈骗信息、活动的监测识别和处置义务的；

（六）拒不依法为查处电信网络诈骗犯罪提供技术支持和协助，或者未按规定移送有关违法犯罪线索、风险信息的。

第四十二条 违反本法第十四条、第二十五条第一款规定的,没收违法所得,由公安机关或者有关主管部门处违法所得一倍以上十倍以下罚款,没有违法所得或者违法所得不足五万元的,处五十万元以下罚款;情节严重的,由公安机关并处十五日以下拘留。

第四十三条 违反本法第二十五条第二款规定,由有关主管部门责令改正,情节较轻的,给予警告、通报批评,或者处五万元以上五十万元以下罚款;情节严重的,处五十万元以上五百万元以下罚款,并可以由有关主管部门责令暂停相关业务、停业整顿、关闭网站或者应用程序,对其直接负责的主管人员和其他直接责任人员,处一万元以上二十万元以下罚款。

第四十四条 违反本法第三十一条第一款规定的,没收违法所得,由公安机关处违法所得一倍以上十倍以下罚款,没有违法所得或者违法所得不足二万元的,处二十万元以下罚款;情节严重的,并处十五日以下拘留。

第四十五条 反电信网络诈骗工作有关部门、单位的工作人员滥用职权、玩忽职守、徇私舞弊,或者有其他违反本法规定行为,构成犯罪的,依法追究刑事责任。

第四十六条 组织、策划、实施、参与电信网络诈骗活动或者为电信网络诈骗活动提供相关帮助的违法犯罪人员,除依法承担刑事责任、行政责任以外,造成他人损害的,依照《中华人民共和国民法典》等法律的规定承担民事责任。

电信业务经营者、银行业金融机构、非银行支付机构、互联网服务提供者等违反本法规定,造成他人损害的,依照《中华人民共和国民法典》等法律的规定承担民事责任。

第四十七条 人民检察院在履行反电信网络诈骗职责中,对于侵害国家利益和社会公共利益的行为,可以依法向人民法院提起公益诉讼。

第四十八条 有关单位和个人对依照本法作出的行政处罚和行政强制措施决定不服的,可以依法申请行政复议或者提起行政诉讼。

第七章 附 则

第四十九条 反电信网络诈骗工作涉及的有关管理和责任制度,本法没有规定的,适用《中华人民共和国网络安全法》《中华人民共和国个人信息保护法》《中华人民共和国反洗钱法》等相关法律规定。

第五十条 本法自2022年12月1日起施行。

防范和处置非法集资条例

- 2020年12月21日国务院第119次常务会议通过
- 2021年1月26日中华人民共和国国务院令第737号公布
- 自2021年5月1日起施行

第一章 总 则

第一条 为了防范和处置非法集资,保护社会公众合法权益,防范化解金融风险,维护经济秩序和社会稳定,制定本条例。

第二条 本条例所称非法集资,是指未经国务院金融管理部门依法许可或者违反国家金融管理规定,以许诺还本付息或者给予其他投资回报等方式,向不特定对象吸收资金的行为。

非法集资的防范以及行政机关对非法集资的处置,适用本条例。法律、行政法规对非法从事银行、证券、保险、外汇等金融业务活动另有规定的,适用其规定。

本条例所称国务院金融管理部门,是指中国人民银行、国务院金融监督管理机构和国务院外汇管理部门。

第三条 本条例所称非法集资人,是指发起、主导或者组织实施非法集资的单位和个人;所称非法集资协助人,是指明知是非法集资而为其提供帮助并获取经济利益的单位和个人。

第四条 国家禁止任何形式的非法集资,对非法集资坚持防范为主、打早打小、综合治理、稳妥处置的原则。

第五条 省、自治区、直辖市人民政府对本行政区域内防范和处置非法集资工作负总责,地方各级人民政府应当建立健全政府统一领导的防范和处置非法集资工作机制。县级以上地方人民政府应当明确防范和处置非法集资工作机制的牵头部门(以下简称处置非法集资牵头部门),有关部门以及国务院金融管理部门分支机构、派出机构等单位参加工作机制;乡镇人民政府应当明确牵头负责防范和处置非法集资工作的人员。上级地方人民政府应当督促、指导下级地方人民政府做好本行政区域防范和处置非法集资工作。

行业主管部门、监管部门应当按照职责分工,负责本行业、领域非法集资的防范和配合处置工作。

第六条 国务院建立处置非法集资部际联席会议(以下简称联席会议)制度。联席会议由国务院银行保险监督管理机构牵头,有关部门参加,负责督促、指导有关部门和地方开展防范和处置非法集资工作,协调解决防范和处置非法集资工作中的重大问题。

第七条　各级人民政府应当合理保障防范和处置非法集资工作相关经费，并列入本级预算。

第二章　防　范

第八条　地方各级人民政府应当建立非法集资监测预警机制，纳入社会治安综合治理体系，发挥网格化管理和基层群众自治组织的作用，运用大数据等现代信息技术手段，加强对非法集资的监测预警。

行业主管部门、监管部门应当强化日常监督管理，负责本行业、领域非法集资的风险排查和监测预警。

联席会议应当建立健全全国非法集资监测预警体系，推动建设国家监测预警平台，促进地方、部门信息共享，加强非法集资风险研判，及时预警提示。

第九条　市场监督管理部门应当加强企业、个体工商户名称和经营范围等商事登记管理。除法律、行政法规和国家另有规定外，企业、个体工商户名称和经营范围中不得包含"金融"、"交易所"、"交易中心"、"理财"、"财富管理"、"股权众筹"等字样或者内容。

县级以上地方人民政府处置非法集资牵头部门、市场监督管理部门等有关部门应当建立会商机制，发现企业、个体工商户名称或者经营范围中包含前款规定以外的其他与集资有关的字样或者内容的，及时予以重点关注。

第十条　处置非法集资牵头部门会同互联网信息内容管理部门、电信主管部门加强对涉嫌非法集资的互联网信息和网站、移动应用程序等互联网应用的监测。经处置非法集资牵头部门组织认定为用于非法集资的，互联网信息内容管理部门、电信主管部门应当及时依法作出处理。

互联网信息服务提供者应当加强对用户发布信息的管理，不得制作、复制、发布、传播涉嫌非法集资的信息。发现涉嫌非法集资的信息，应当保存有关记录，并向处置非法集资牵头部门报告。

第十一条　除国家另有规定外，任何单位和个人不得发布包含集资内容的广告或者以其他方式向社会公众进行集资宣传。

市场监督管理部门会同处置非法集资牵头部门加强对涉嫌非法集资广告的监测。经处置非法集资牵头部门组织认定为非法集资的，市场监督管理部门应当及时依法查处相关非法集资广告。

广告经营者、广告发布者应当依照法律、行政法规查验相关证明文件，核对广告内容。对没有相关证明文件且包含集资内容的广告，广告经营者不得提供设计、制作、代理服务，广告发布者不得发布。

第十二条　处置非法集资牵头部门与所在地国务院金融管理部门分支机构、派出机构应当建立非法集资可疑资金监测机制。国务院金融管理部门及其分支机构、派出机构应当按照职责分工督促、指导金融机构、非银行支付机构加强对资金异常流动情况及其他涉嫌非法集资可疑资金的监测工作。

第十三条　金融机构、非银行支付机构应当履行下列防范非法集资的义务：

（一）建立健全内部管理制度，禁止分支机构和员工参与非法集资，防止他人利用其经营场所、销售渠道从事非法集资；

（二）加强对社会公众防范非法集资的宣传教育，在经营场所醒目位置设置警示标识；

（三）依法严格执行大额交易和可疑交易报告制度，对涉嫌非法集资资金异常流动的相关账户进行分析识别，并将有关情况及时报告所在地国务院金融管理部门分支机构、派出机构和处置非法集资牵头部门。

第十四条　行业协会、商会应当加强行业自律管理、自我约束，督促、引导成员积极防范非法集资，不组织、不协助、不参与非法集资。

第十五条　联席会议应当建立中央和地方上下联动的防范非法集资宣传教育工作机制，推动全国范围内防范非法集资宣传教育工作。

地方各级人民政府应当开展常态化的防范非法集资宣传教育工作，充分运用各类媒介或者载体，以法律政策解读、典型案例剖析、投资风险教育等方式，向社会公众宣传非法集资的违法性、危害性及其表现形式等，增强社会公众对非法集资的防范意识和识别能力。

行业主管部门、监管部门以及行业协会、商会应当根据本行业、领域非法集资风险特点，有针对性地开展防范非法集资宣传教育活动。

新闻媒体应当开展防范非法集资公益宣传，并依法对非法集资进行舆论监督。

第十六条　对涉嫌非法集资行为，任何单位和个人有权向处置非法集资牵头部门或者其他有关部门举报。

国家鼓励对涉嫌非法集资行为进行举报。处置非法集资牵头部门以及其他有关部门应当公开举报电话和邮箱等举报方式、在政府网站设置举报专栏，接受举报，及时依法处理，并为举报人保密。

第十七条　居民委员会、村民委员会发现所在区域有涉嫌非法集资行为的，应当向当地人民政府、处置非法集资牵头部门或者其他有关部门报告。

第十八条 处置非法集资牵头部门和行业主管部门、监管部门发现本行政区域或者本行业、领域可能存在非法集资风险的,有权对相关单位和个人进行警示约谈,责令整改。

第三章 处 置

第十九条 对本行政区域内的下列行为,涉嫌非法集资的,处置非法集资牵头部门应当及时组织有关行业主管部门、监管部门以及国务院金融管理部门分支机构、派出机构进行调查认定:

(一)设立互联网企业、投资及投资咨询类企业、各类交易场所或者平台、农民专业合作社、资金互助组织以及其他组织吸收资金;

(二)以发行或者转让股权、债权,募集基金,销售保险产品,或者从事各类资产管理、虚拟货币、融资租赁业务等名义吸收资金;

(三)在销售商品、提供服务、投资项目等商业活动中,以承诺给付货币、股权、实物等回报的形式吸收资金;

(四)违反法律、行政法规或者国家有关规定,通过大众传播媒介、即时通信工具或者其他方式公开传播吸收资金信息;

(五)其他涉嫌非法集资的行为。

第二十条 对跨行政区域的涉嫌非法集资行为,非法集资人为单位的,由其登记地处置非法集资牵头部门组织调查认定;非法集资人为个人的,由其住所地或者经常居住地处置非法集资牵头部门组织调查认定。非法集资行为发生地、集资资产所在地以及集资参与人所在地处置非法集资牵头部门应当配合调查认定工作。

处置非法集资牵头部门对组织调查认定职责存在争议的,由其共同的上级处置非法集资牵头部门确定;对跨省、自治区、直辖市组织调查认定职责存在争议的,由联席会议确定。

第二十一条 处置非法集资牵头部门组织调查涉嫌非法集资行为,可以采取下列措施:

(一)进入涉嫌非法集资的场所进行调查取证;

(二)询问与被调查事件有关的单位和个人,要求其对有关事项作出说明;

(三)查阅、复制与被调查事件有关的文件、资料、电子数据等,对可能被转移、隐匿或者毁损的文件、资料、电子设备等予以封存;

(四)经处置非法集资牵头部门主要负责人批准,依法查询涉嫌非法集资的有关账户。

调查人员不得少于2人,并应当出示执法证件。与被调查事件有关的单位和个人应当配合调查,不得拒绝、阻碍。

第二十二条 处置非法集资牵头部门对涉嫌非法集资行为组织调查,有权要求暂停集资行为,通知市场监督管理部门或者其他有关部门暂停为涉嫌非法集资的有关单位办理设立、变更或者注销登记。

第二十三条 经调查认定属于非法集资的,处置非法集资牵头部门应当责令非法集资人、非法集资协助人立即停止有关非法活动;发现涉嫌犯罪的,应当按照规定及时将案件移送公安机关,并配合做好相关工作。

行政机关对非法集资行为的调查认定,不是依法追究刑事责任的必经程序。

第二十四条 根据处置非法集资的需要,处置非法集资牵头部门可以采取下列措施:

(一)查封有关经营场所,查封、扣押有关资产;

(二)责令非法集资人、非法集资协助人追回、变价出售有关资产用于清退集资资金;

(三)经设区的市级以上地方人民政府处置非法集资牵头部门决定,按照规定通知出入境边防检查机关,限制非法集资的个人或者非法集资单位的控股股东、实际控制人、董事、监事、高级管理人员以及其他直接责任人员出境。

采取前款第一项、第二项规定的措施,应当经处置非法集资牵头部门主要负责人批准。

第二十五条 非法集资人、非法集资协助人应当向集资参与人清退集资资金。清退过程应当接受处置非法集资牵头部门监督。

任何单位和个人不得从非法集资中获取经济利益。

因参与非法集资受到的损失,由集资参与人自行承担。

第二十六条 清退集资资金来源包括:

(一)非法集资资金余额;

(二)非法集资资金的收益或者转换的其他资产及其收益;

(三)非法集资人及其股东、实际控制人、董事、监事、高级管理人员和其他相关人员从非法集资中获得的经济利益;

(四)非法集资人隐匿、转移的非法集资资金或者相关资产;

(五)在非法集资中获得的广告费、代言费、代理费、好处费、返点费、佣金、提成等经济利益;

(六)可以作为清退集资资金的其他资产。

第二十七条 为非法集资设立的企业、个体工商户和农民专业合作社,由市场监督管理部门吊销营业执照。为非法集资设立的网站、开发的移动应用程序等互联网应用,由电信主管部门依法予以关闭。

第二十八条 国务院金融管理部门及其分支机构、派出机构,地方人民政府有关部门以及其他有关单位和个人,对处置非法集资工作应当给予支持、配合。

任何单位和个人不得阻挠、妨碍处置非法集资工作。

第二十九条 处置非法集资过程中,有关地方人民政府应当采取有效措施维护社会稳定。

第四章 法律责任

第三十条 对非法集资人,由处置非法集资牵头部门处集资金额20%以上1倍以下的罚款。非法集资人为单位的,还可以根据情节轻重责令停产停业,由有关机关依法吊销许可证、营业执照或者登记证书;对其法定代表人或者主要负责人、直接负责的主管人员和其他直接责任人员给予警告,处50万元以上500万元以下的罚款。构成犯罪的,依法追究刑事责任。

第三十一条 对非法集资协助人,由处置非法集资牵头部门给予警告,处违法所得1倍以上3倍以下的罚款;构成犯罪的,依法追究刑事责任。

第三十二条 非法集资人、非法集资协助人不能同时履行所承担的清退集资资金和缴纳罚款义务时,先清退集资资金。

第三十三条 对依照本条例受到行政处罚的非法集资人、非法集资协助人,由有关部门建立信用记录,按照规定将其信用记录纳入全国信用信息共享平台。

第三十四条 互联网信息服务提供者未履行对涉嫌非法集资信息的防范和处置义务的,由有关主管部门责令改正,给予警告,没收违法所得;拒不改正或者情节严重的,处10万元以上50万元以下的罚款,并可以根据情节轻重责令暂停相关业务、停业整顿、关闭网站、吊销相关业务许可证或者吊销营业执照,对直接负责的主管人员和其他直接责任人员处1万元以上10万元以下的罚款。

广告经营者、广告发布者未按照规定查验相关证明文件、核对广告内容的,由市场监督管理部门责令改正,并依照《中华人民共和国广告法》的规定予以处罚。

第三十五条 金融机构、非银行支付机构未履行防范非法集资义务的,由国务院金融管理部门或者其分支机构、派出机构按照职责分工责令改正,给予警告,没收违法所得;造成严重后果的,处100万元以上500万元以下的罚款,对直接负责的主管人员和其他直接责任人员给予警告,处10万元以上50万元以下的罚款。

第三十六条 与被调查事件有关的单位和个人不配合调查,拒绝提供相关文件、资料、电子数据等或者提供虚假文件、资料、电子数据等的,由处置非法集资牵头部门责令改正,给予警告,处5万元以上50万元以下的罚款。

阻碍调查人员依法执行职务,构成违反治安管理行为的,由公安机关依法给予治安管理处罚;构成犯罪的,依法追究刑事责任。

第三十七条 国家机关工作人员有下列行为之一的,依法给予处分:

(一)明知所主管、监管的单位有涉嫌非法集资行为,未依法及时处理;

(二)未按照规定及时履行对非法集资的防范职责,或者不配合非法集资处置,造成严重后果;

(三)在防范和处置非法集资过程中滥用职权、玩忽职守、徇私舞弊;

(四)通过职务行为或者利用职务影响,支持、包庇、纵容非法集资。

前款规定的行为构成犯罪的,依法追究刑事责任。

第五章 附 则

第三十八条 各省、自治区、直辖市可以根据本条例制定防范和处置非法集资工作实施细则。

第三十九条 未经依法许可或者违反国家金融管理规定,擅自从事发放贷款、支付结算、票据贴现等金融业务活动的,由国务院金融管理部门或者地方金融管理部门按照监督管理职责分工进行处置。

法律、行政法规对其他非法金融业务活动的防范和处置没有明确规定的,参照本条例的有关规定执行。其他非法金融业务活动的具体类型由国务院金融管理部门确定。

第四十条 本条例自2021年5月1日起施行。1998年7月13日国务院发布的《非法金融机构和非法金融业务活动取缔办法》同时废止。

非银行支付机构监督管理条例

· 2023年11月24日国务院第19次常务会议通过
· 2023年12月9日中华人民共和国国务院令第768号公布
· 自2024年5月1日起施行

第一章 总 则

第一条 为了规范非银行支付机构行为,保护当事人合法权益,防范化解风险,促进非银行支付行业健康发展,根据《中华人民共和国中国人民银行法》《中华人民共和国电子商务法》等法律,制定本条例。

第二条 本条例所称非银行支付机构,是指在中华人民共和国境内(以下简称境内)依法设立,除银行业金融机构外,取得支付业务许可,从事根据收款人或者付款人(以下统称用户)提交的电子支付指令转移货币资金等支付业务的有限责任公司或者股份有限公司。

中华人民共和国境外(以下简称境外)的非银行机构拟为境内用户提供跨境支付服务的,应当依照本条例规定在境内设立非银行支付机构,国家另有规定的除外。

第三条 非银行支付机构开展业务,应当遵守法律、行政法规的规定,遵循安全、高效、诚信和公平竞争的原则,以提供小额、便民支付服务为宗旨,维护国家金融安全,不得损害国家利益、社会公共利益和他人合法权益。

第四条 非银行支付机构的监督管理,应当贯彻落实党和国家路线方针政策、决策部署,围绕服务实体经济,统筹发展和安全,维护公平竞争秩序。

中国人民银行依法对非银行支付机构实施监督管理。中国人民银行的分支机构根据中国人民银行的授权,履行监督管理职责。

第五条 非银行支付机构应当遵守反洗钱和反恐怖主义融资、反电信网络诈骗、防范和处置非法集资、打击赌博等规定,采取必要措施防范违法犯罪活动。

第二章 设立、变更与终止

第六条 设立非银行支付机构,应当经中国人民银行批准,取得支付业务许可。非银行支付机构的名称中应当标明"支付"字样。

未经依法批准,任何单位和个人不得从事或者变相从事支付业务,不得在单位名称和经营范围中使用"支付"字样,法律、行政法规和国家另有规定的除外。支付业务许可被依法注销后,该机构名称和经营范围中不得继续使用"支付"字样。

第七条 设立非银行支付机构,应当符合《中华人民共和国公司法》的规定,并具备以下条件:

(一)有符合本条例规定的注册资本;

(二)主要股东、实际控制人财务状况和诚信记录良好,最近3年无重大违法违规记录;主要股东、实际控制人为公司的,其股权结构应当清晰透明,不存在权属纠纷;

(三)拟任董事、监事和高级管理人员熟悉相关法律法规,具有履行职责所需的经营管理能力,最近3年无重大违法违规记录;

(四)有符合规定的经营场所、安全保障措施以及业务系统、设施和技术;

(五)有健全的公司治理结构、内部控制和风险管理制度、退出预案以及用户权益保障机制;

(六)法律、行政法规以及中国人民银行规章规定的其他审慎性条件。

第八条 设立非银行支付机构的注册资本最低限额为人民币1亿元,且应当为实缴货币资本。

中国人民银行根据非银行支付机构的业务类型、经营地域范围和业务规模等因素,可以提高前款规定的注册资本最低限额。

非银行支付机构的股东应当以自有资金出资,不得以委托资金、债务资金等非自有资金出资。

第九条 申请设立非银行支付机构,应当向中国人民银行提交申请书和证明其符合本条例第七条、第八条规定条件的材料。

第十条 中国人民银行应当自受理申请之日起6个月内作出批准或者不予批准的决定。决定批准的,颁发支付业务许可证并予以公告;决定不予批准的,应当书面通知申请人并说明理由。

支付业务许可证应当载明非银行支付机构可以从事的业务类型和经营地域范围。

第十一条 申请人收到支付业务许可证后,应当及时向市场监督管理部门办理登记手续,领取营业执照。

非银行支付机构设立后无正当理由连续2年以上未开展支付业务的,由中国人民银行注销支付业务许可。

第十二条 非银行支付机构的主要经营场所应当与登记的住所保持一致。非银行支付机构拟在住所所在地以外的省、自治区、直辖市为线下经营的特约商户提供支付服务的,应当按照规定设立分支机构,并向中国人民银行备案。

本条例所称特约商户,是指与非银行支付机构签订支付服务协议,由非银行支付机构按照协议为其完成资金结算的经营主体。

第十三条 非银行支付机构办理下列事项,应当经中国人民银行批准:

(一)变更名称、注册资本、业务类型或者经营地域范围;

(二)跨省、自治区、直辖市变更住所;

(三)变更主要股东或者实际控制人;

(四)变更董事、监事或者高级管理人员;

(五)合并或者分立。

非银行支付机构申请变更名称、注册资本的，中国人民银行应当自受理申请之日起1个月内作出批准或者不予批准的书面决定；申请办理前款所列其他事项的，中国人民银行应当自受理申请之日起3个月内作出批准或者不予批准的书面决定。经批准后，非银行支付机构依法向市场监督管理部门办理相关登记手续。

第十四条 非银行支付机构拟终止支付业务的，应当向中国人民银行申请注销支付业务许可。非银行支付机构申请注销支付业务许可或者被中国人民银行吊销支付业务许可证、撤销支付业务许可的，应当按照规定制定切实保障用户资金和信息安全的方案，并向用户公告。非银行支付机构解散的，还当依法进行清算，清算过程接受中国人民银行的监督。

非银行支付机构办理支付业务许可注销手续后，方可向市场监督管理部门办理变更或者注销登记手续。

第三章 支付业务规则

第十五条 非银行支付业务根据能否接收付款人预付资金，分为储值账户运营和支付交易处理两种类型，但是单用途预付卡业务不属于本条例规定的支付业务。

储值账户运营业务和支付交易处理业务的具体分类方式和监督管理规则由中国人民银行制定。

第十六条 非银行支付机构应当按照支付业务许可证载明的业务类型和经营地域范围从事支付业务，未经批准不得从事依法需经批准的其他业务。

非银行支付机构不得涂改、倒卖、出租、出借支付业务许可证，或者以其他形式非法转让行政许可。

第十七条 非银行支付机构应当按照审慎经营要求，建立健全并落实合规管理制度、内部控制制度、业务管理制度、风险管理制度、突发事件应急预案以及用户权益保障机制。

第十八条 非银行支付机构应当具备必要和独立的业务系统、设施和技术，按照强制性国家标准以及相关网络、数据安全管理要求，确保支付业务处理的及时性、准确性和支付业务的连续性、安全性、可溯源性。

非银行支付机构的业务系统及其备份应当存放在境内。

第十九条 非银行支付机构为境内交易提供支付服务的，应当在境内完成交易处理、资金结算和数据存储。

非银行支付机构为跨境交易提供支付服务的，应当遵守跨境支付、跨境人民币业务、外汇管理以及数据跨境流动的有关规定。

第二十条 非银行支付机构应当与用户签订支付服务协议。非银行支付机构应当按照公平原则拟定协议条款，并在其经营场所、官方网站、移动互联网应用程序等的显著位置予以公示。

支付服务协议应当明确非银行支付机构与用户的权利义务、支付业务流程、电子支付指令传输路径、资金结算、纠纷处理原则以及违约责任等事项，且不得包含排除、限制竞争以及不合理地免除或者减轻非银行支付机构责任、加重用户责任、限制或者排除用户主要权利等内容。对于协议中足以影响用户是否同意使用支付服务的条款，非银行支付机构应当采取合理方式提示用户注意，并按照用户的要求对该条款予以说明。

非银行支付机构拟变更协议内容的，应当充分征求用户意见，并在本条第一款规定的显著位置公告满30日后方可变更。非银行支付机构应当以数据电文等书面形式与用户就变更的协议内容达成一致。

第二十一条 非银行支付机构应当建立持续有效的用户尽职调查制度，按照规定识别并核实用户身份，了解用户交易背景和风险状况，并采取相应的风险管理措施。

非银行支付机构不得将涉及资金安全、信息安全等的核心业务和技术服务委托第三方处理。

第二十二条 非银行支付机构应当自行完成特约商户尽职调查、支付服务协议签订、持续风险监测等业务活动。非银行支付机构不得为未经依法设立或者从事非法经营活动的商户提供服务。

第二十三条 从事储值账户运营业务的非银行支付机构为用户开立支付账户的，应当遵守法律、行政法规以及中国人民银行关于支付账户管理的规定。国家引导、鼓励非银行支付机构与商业银行开展合作，通过银行账户为单位用户提供支付服务。

前款规定的非银行支付机构应当建立健全支付账户开立、使用、变更和撤销等业务管理和风险管理制度，防止开立匿名、假名支付账户，并采取有效措施保障支付账户安全，开展异常账户风险监测，防范支付账户被用于违法犯罪活动。

本条例所称支付账户，是指根据用户真实意愿为其开立的，用于发起支付指令、反映交易明细、记录资金余额的电子簿记载体。支付账户应当以用户实名开立。

任何单位和个人不得非法买卖、出租、出借支付账户。

第二十四条 从事储值账户运营业务的非银行支付机构应当将从用户处获取的预付资金及时等值转换为支付账户余额或者预付资金余额。用户可以按照协议约定提取其持有的余额,但是非银行支付机构不得向用户支付与其持有的余额有关的利息等收益。

第二十五条 非银行支付机构应当将收款人和付款人信息等必要信息包含在电子支付指令中,确保所传递的电子支付指令的完整性、一致性、可跟踪稽核和不可篡改。

非银行支付机构不得伪造、变造电子支付指令。

第二十六条 非银行支付机构应当以清算机构、银行业金融机构、其他非银行支付机构认可的安全认证方式访问账户,不得违反规定留存银行账户、支付账户敏感信息。

第二十七条 非银行支付机构应当根据用户发起的支付指令划转备付金,用户备付金被依法冻结、扣划的除外。

本条例所称备付金,是指非银行支付机构为用户办理支付业务而实际收到的预收待付货币资金。

非银行支付机构不得以任何形式挪用、占用、借用备付金,不得以备付金为自己或者他人提供担保。

第二十八条 非银行支付机构净资产与备付金日均余额的比例应当符合中国人民银行的规定。

第二十九条 非银行支付机构应当将备付金存放在中国人民银行或者符合中国人民银行要求的商业银行。

任何单位和个人不得对非银行支付机构存放备付金的账户申请冻结或者强制执行,法律另有规定的除外。

第三十条 非银行支付机构应当通过中国人民银行确定的清算机构处理与银行业金融机构、其他非银行支付机构之间合作开展的支付业务,遵守清算管理规定,不得从事或者变相从事清算业务。

非银行支付机构应当向清算机构及时报送真实、准确、完整的交易信息。

非银行支付机构应当按照结算管理规定为用户办理资金结算业务,采取风险管理措施。

第三十一条 非银行支付机构应当妥善保存用户资料和交易记录。有关机关依照法律、行政法规的规定,查询用户资料、交易记录及其持有的支付账户余额或者预付资金余额,或者冻结、扣划用户资金的,非银行支付机构应当予以配合。

第三十二条 非银行支付机构处理用户信息,应当遵循合法、正当、必要和诚信原则,公开用户信息处理规则,明示处理用户信息的目的、方式和范围,并取得用户同意,法律、行政法规另有规定的除外。

非银行支付机构应当依照法律、行政法规、国家有关规定和双方约定处理用户信息,不得收集与其提供的服务无关的用户信息,不得以用户不同意处理其信息或者撤回同意等为由拒绝提供服务,处理相关信息属于提供服务所必需的除外。

非银行支付机构应当对用户信息严格保密,采取有效措施防止未经授权的访问以及用户信息泄露、篡改、丢失,不得非法买卖、提供或者公开用户信息。

非银行支付机构与其关联公司共享用户信息的,应当告知用户该关联公司的名称和联系方式,并就信息共享的内容以及信息处理的目的、期限、方式、保护措施等取得用户单独同意。非银行支付机构还应当与关联公司就上述内容以及双方的权利义务等作出约定,并对关联公司的用户信息处理活动进行监督,确保用户信息处理活动依法合规、风险可控。

用户发现非银行支付机构违反法律、行政法规、国家有关规定或者双方约定处理其信息的,有权要求非银行支付机构删除其信息并依法承担责任。用户发现其信息不准确或者不完整的,有权要求非银行支付机构更正、补充。

第三十三条 非银行支付机构相关网络设施、信息系统等被依法认定为关键信息基础设施,或者处理个人信息达到国家网信部门规定数量的,其在境内收集和产生的个人信息的处理应当在境内进行。确需向境外提供的,应当符合法律、行政法规和国家有关规定,并取得用户单独同意。

非银行支付机构在境内收集和产生的重要数据的出境安全管理,依照法律、行政法规和国家有关规定执行。

第三十四条 非银行支付机构应当依照有关价格法律、行政法规的规定,合理确定并公开支付业务的收费项目和收费标准,进行明码标价。

非银行支付机构应当在经营场所的显著位置以及业务办理途径的关键节点,清晰、完整标明服务内容、收费项目、收费标准、限制条件以及相关要求等,保障用户知情权和选择权,不得收取任何未予标明的费用。

第三十五条 非银行支付机构应当及时妥善处理与用户的争议,履行投诉处理主体责任,切实保护用户合法权益。

国家鼓励用户和非银行支付机构之间运用调解、仲裁等方式解决纠纷。

第四章　监督管理

第三十六条 非银行支付机构的控股股东、实际控制人应当遵守非银行支付机构股权管理规定,不得存在以下情形：

（一）通过特定目的载体或者委托他人持股等方式规避监管；

（二）通过违规开展关联交易等方式损害非银行支付机构或者其用户的合法权益；

（三）其他可能对非银行支付机构经营管理产生重大不利影响的情形。

同一股东不得直接或者间接持有两个及以上同一业务类型的非银行支付机构10%以上股权或者表决权。同一实际控制人不得控制两个及以上同一业务类型的非银行支付机构，国家另有规定的除外。

第三十七条 非银行支付机构应当按照规定向中国人民银行报送支付业务信息、经审计的财务会计报告、经营数据报表、统计数据，以及中国人民银行要求报送的与公司治理、业务运营相关的其他资料。

第三十八条 中国人民银行按照规定对非银行支付机构进行分类评级，并根据分类评级结果实施分类监督管理。

中国人民银行依法制定系统重要性非银行支付机构的认定标准和监督管理规则。

第三十九条 中国人民银行依法履行职责，有权采取下列措施：

（一）对非银行支付机构进行现场检查和非现场监督管理；

（二）进入涉嫌违法违规行为发生场所调查取证；

（三）询问当事人和与被调查事件有关的单位和个人，要求其对与被调查事件有关的事项作出说明；

（四）查阅、复制当事人和与被调查事件有关的单位和个人的相关文件、资料和业务系统；对可能被转移、隐匿或者毁损的文件、资料和业务系统，可以予以封存、扣押；

（五）经中国人民银行或者其省一级派出机构负责人批准，查询当事人和与被调查事件有关的单位账户信息。

为防范风险、维护市场秩序，中国人民银行可以采取责令改正、监管谈话、出具警示函、向社会发布风险提示等措施。

第四十条 中国人民银行依法履行职责，进行现场检查或者调查，其现场检查、调查的人员不得少于2人，并应当出示合法证件和执法文书。现场检查、调查的人员少于2人或者未出示合法证件和执法文书的，被检查、调查的单位和个人有权拒绝。

中国人民银行依法履行职责，被检查、调查的单位和个人应当配合，如实提供有关文件、资料和业务系统，不得拒绝、阻挠和隐瞒。

第四十一条 非银行支付机构发生对其经营发展、支付业务稳定性和连续性、用户合法权益产生重大影响事项的，应当按照规定向中国人民银行报告。

非银行支付机构的主要股东拟质押非银行支付机构股权的，应当按照规定向中国人民银行报告，质押的股权不得超过该股东所持有该非银行支付机构股权总数的50%。

第四十二条 非银行支付机构不得实施垄断或者不正当竞争行为，妨害市场公平竞争秩序。

中国人民银行在履行职责中发现非银行支付机构涉嫌垄断或者不正当竞争行为的，应当将相关线索移送有关执法部门，并配合其进行查处。

第四十三条 非银行支付机构发生风险事件的，应当按照规定向中国人民银行报告。

中国人民银行可以根据需要将风险情况通报非银行支付机构住所所在地地方人民政府。地方人民政府应当配合中国人民银行做好相关风险处置工作，维护社会稳定。

第四十四条 非银行支付机构发生风险事件影响其正常运营、损害用户合法权益的，中国人民银行可以区分情形，对非银行支付机构采取下列措施：

（一）责令主要股东履行补充资本的监管承诺；

（二）限制重大资产交易；

（三）责令调整董事、监事、高级管理人员或者限制其权利。

第四十五条 中国人民银行及其工作人员对监督管理工作中知悉的国家秘密、商业秘密和个人信息，应当予以保密。

第四十六条 中国人民银行应当依照法律、行政法规和国家有关规定，完善非银行支付机构行业风险防范化解措施，化解非银行支付机构风险。

第五章　法律责任

第四十七条 未经依法批准，擅自设立非银行支付机构、从事或者变相从事支付业务的，由中国人民银行依法予以取缔，没收违法所得，违法所得50万元以上的，并处违法所得1倍以上5倍以下罚款；没有违法所得或者违法所得不足50万元的，单处或者并处50万元以上200万元以下罚款。对其法定代表人或者主要负责人、直接负责的主管人员和其他直接责任人员给予警告，并处10万元以上50万元以下罚款。地方人民政府应当予以配合。

第四十八条 以欺骗、虚假出资、循环注资或者利用非自有资金出资等不正当手段申请设立、合并或者分立非银行支付机构、变更非银行支付机构主要股东或者实际控制人，未获批准的，申请人1年内不得再次申请或者参与申请相关许可。申请已获批准的，责令其终止支付业务，撤销相关许可，没收违法所得，违法所得50万元以上的，并处违法所得1倍以上5倍以下罚款；没有违法所得或者违法所得不足50万元的，并处50万元以上200万元以下罚款；申请人3年内不得再次申请或者参与申请相关许可。

第四十九条 非银行支付机构违反本条例规定，有下列情形之一的，责令其限期改正，给予警告、通报批评，没收违法所得，违法所得10万元以上的，可以并处违法所得1倍以上5倍以下罚款；没有违法所得或者违法所得不足10万元的，可以并处50万元以下罚款；情节严重或者逾期不改正的，限制部分支付业务或者责令停业整顿：

（一）未在名称中使用"支付"字样；

（二）未建立健全或者落实有关合规管理制度、内部控制制度、业务管理制度、风险管理制度、突发事件应急预案或者用户权益保障机制；

（三）相关业务系统、设施或者技术不符合管理规定；

（四）未按照规定报送、保存相关信息、资料或者公示相关事项、履行报告要求；

（五）未经批准变更本条例第十三条第一款第一项、第二项或者第四项规定的事项，或者未按照规定设立分支机构。

第五十条 非银行支付机构违反本条例规定，有下列情形之一的，责令其限期改正，给予警告、通报批评，没收违法所得，违法所得50万元以上的，并处违法所得1倍以上5倍以下罚款；没有违法所得或者违法所得不足50万元的，并处100万元以下罚款；情节严重或者逾期不改正的，限制部分支付业务或者责令停业整顿，直至吊销其支付业务许可证：

（一）未按照规定与用户签订支付服务协议，办理资金结算，采取风险管理措施；

（二）未按照规定完成特约商户尽职调查、支付服务协议签订、持续风险监测等业务活动；

（三）将核心业务或者相关技术服务委托第三方处理；

（四）违规开立支付账户，或者除非法买卖、出租、出借支付账户外，支付账户被违规使用；

（五）违规向用户支付利息等收益，或者违规留存银行账户、支付账户敏感信息；

（六）未按照规定存放、划转备付金；

（七）未遵守跨境支付相关规定；

（八）未按照规定终止支付业务。

第五十一条 非银行支付机构违反本条例规定，有下列情形之一的，责令其限期改正，给予警告、通报批评，没收违法所得，违法所得50万元以上的，并处违法所得1倍以上5倍以下罚款；没有违法所得或者违法所得不足50万元的，并处50万元以上200万元以下罚款；情节严重或者逾期不改正的，限制部分支付业务或者责令停业整顿，直至吊销其支付业务许可证：

（一）涂改、倒卖、出租、出借支付业务许可证，或者以其他形式非法转让行政许可；

（二）超出经批准的业务类型或者经营地域范围开展支付业务；

（三）为非法从事非银行支付业务的单位或者个人提供支付业务渠道；

（四）未经批准变更主要股东或者实际控制人，合并或者分立；

（五）挪用、占用、借用备付金，或者以备付金为自己或者他人提供担保；

（六）无正当理由中断支付业务，或者未按照规定处理电子支付指令；

（七）开展或者变相开展清算业务；

（八）拒绝、阻挠、逃避检查或者调查，或者谎报、隐匿、销毁相关文件、资料或者业务系统。

第五十二条 非银行支付机构违反本条例规定处理用户信息、业务数据的，依照《中华人民共和国个人信息保护法》《中华人民共和国网络安全法》《中华人民共和国数据安全法》等有关规定进行处罚。

第五十三条 非银行支付机构未按照规定建立用户尽职调查制度，履行相关义务，或者存在外汇、价格违法行为的，以及任何单位和个人非法买卖、出租、出借支付账户的，由有关主管部门依照有关法律、行政法规进行处罚。

非银行支付机构未经批准从事依法需经批准的其他业务的，依照有关法律、行政法规进行处罚。

第五十四条 非银行支付机构的控股股东、实际控制人违反本条例规定，有下列情形之一的，责令其限期改正，给予警告、通报批评，没收违法所得，违法所得10万元以上的，并处违法所得1倍以上5倍以下罚款；没有违

法所得或者违法所得不足10万元的,并处10万元以上50万元以下罚款:

(一)通过特定目的载体或者委托他人持股等方式规避监管;

(二)通过违规开展关联交易等方式损害非银行支付机构或者其用户的合法权益;

(三)违反非银行支付机构股权管理规定。

非银行支付机构的主要股东违反本条例关于股权质押等股权管理规定的,依照前款规定处罚。

第五十五条 依照本条例规定对非银行支付机构进行处罚的,根据具体情形,可以同时对负有直接责任的董事、监事、高级管理人员和其他人员给予警告、通报批评,单处或者并处5万元以上50万元以下罚款。

非银行支付机构违反本条例规定,情节严重的,对负有直接责任的董事、监事、高级管理人员,可以禁止其在一定期限内担任或者终身禁止其担任非银行支付机构的董事、监事、高级管理人员。

第五十六条 中国人民银行工作人员有下列情形之一的,依法给予处分:

(一)违反规定审查批准非银行支付机构的设立、变更、终止申请等事项;

(二)泄露履行职责过程中知悉的国家秘密、商业秘密或者个人信息;

(三)滥用职权、玩忽职守的其他行为。

第五十七条 违反本条例规定,构成犯罪的,依法追究刑事责任。

第六章 附 则

第五十八条 支付清算行业自律组织依法开展行业自律管理活动,接受中国人民银行的指导和监督。

支付清算行业自律组织可以制定非银行支付机构行业自律规范。

第五十九条 本条例施行前已按照有关规定设立的非银行支付机构的过渡办法,由中国人民银行规定。

第六十条 本条例自2024年5月1日起施行。

金融机构反洗钱规定

· 2006年11月14日中国人民银行令〔2006〕第1号公布
· 自2007年1月1日起施行

第一条 为了预防洗钱活动,规范反洗钱监督管理行为和金融机构的反洗钱工作,维护金融秩序,根据《中华人民共和国反洗钱法》、《中华人民共和国中国人民银行法》等有关法律、行政法规,制定本规定。

第二条 本规定适用于在中华人民共和国境内依法设立的下列金融机构:

(一)商业银行、城市信用合作社、农村信用合作社、邮政储汇机构、政策性银行;

(二)证券公司、期货经纪公司、基金管理公司;

(三)保险公司、保险资产管理公司;

(四)信托投资公司、金融资产管理公司、财务公司、金融租赁公司、汽车金融公司、货币经纪公司;

(五)中国人民银行确定并公布的其他金融机构。

从事汇兑业务、支付清算业务和基金销售业务的机构适用本规定对金融机构反洗钱监督管理的规定。

第三条 中国人民银行是国务院反洗钱行政主管部门,依法对金融机构的反洗钱工作进行监督管理。中国银行业监督管理委员会、中国证券监督管理委员会、中国保险监督管理委员会在各自的职责范围内履行反洗钱监督管理职责。

中国人民银行在履行反洗钱职责过程中,应当与国务院有关部门、机构和司法机关相互配合。

第四条 中国人民银行根据国务院授权代表中国政府开展反洗钱国际合作。中国人民银行可以和其他国家或者地区的反洗钱机构建立合作机制,实施跨境反洗钱监督管理。

第五条 中国人民银行依法履行下列反洗钱监督管理职责:

(一)制定或者会同中国银行业监督管理委员会、中国证券监督管理委员会和中国保险监督管理委员会制定金融机构反洗钱规章;

(二)负责人民币和外币反洗钱的资金监测;

(三)监督、检查金融机构履行反洗钱义务的情况;

(四)在职责范围内调查可疑交易活动;

(五)向侦查机关报告涉嫌洗钱犯罪的交易活动;

(六)按照有关法律、行政法规的规定,与境外反洗钱机构交换与反洗钱有关的信息和资料;

(七)国务院规定的其他有关职责。

第六条 中国人民银行设立中国反洗钱监测分析中心,依法履行下列职责:

(一)接收并分析人民币、外币大额交易和可疑交易报告;

(二)建立国家反洗钱数据库,妥善保存金融机构提交的大额交易和可疑交易报告信息;

(三)按照规定向中国人民银行报告分析结果;

(四)要求金融机构及时补正人民币、外币大额交易和可疑交易报告;

(五)经中国人民银行批准,与境外有关机构交换信息、资料;

(六)中国人民银行规定的其他职责。

第七条 中国人民银行及其工作人员应当对依法履行反洗钱职责获得的信息予以保密,不得违反规定对外提供。

中国反洗钱监测分析中心及其工作人员应当对依法履行反洗钱职责获得的客户身份资料、大额交易和可疑交易信息予以保密;非依法律规定,不得向任何单位和个人提供。

第八条 金融机构及其分支机构应当依法建立健全反洗钱内部控制制度,设立反洗钱专门机构或者指定内设机构负责反洗钱工作,制定反洗钱内部操作规程和控制措施,对工作人员进行反洗钱培训,增强反洗钱工作能力。

金融机构及其分支机构的负责人应当对反洗钱内部控制制度的有效实施负责。

第九条 金融机构应当按照规定建立和实施客户身份识别制度。

(一)对要求建立业务关系或者办理规定金额以上的一次性金融业务的客户身份进行识别,要求客户出示真实有效的身份证件或者其他身份证明文件,进行核对并登记,客户身份信息发生变化时,应当及时予以更新;

(二)按照规定了解客户的交易目的和交易性质,有效识别交易的受益人;

(三)在办理业务中发现异常迹象或者对先前获得的客户身份资料的真实性、有效性、完整性有疑问的,应当重新识别客户身份;

(四)保证与其有代理关系或者类似业务关系的境外金融机构进行有效的客户身份识别,并可从该境外金融机构获得所需的客户身份信息。

前款规定的具体实施办法由中国人民银行会同中国银行业监督管理委员会、中国证券监督管理委员会和中国保险监督管理委员会制定。

第十条 金融机构应当在规定的期限内,妥善保存客户身份资料和能够反映每笔交易的数据信息、业务凭证、账簿等相关资料。

前款规定的具体实施办法由中国人民银行会同中国银行业监督管理委员会、中国证券监督管理委员会、中国保险监督管理委员会制定。

第十一条 金融机构应当按照规定向中国反洗钱监测分析中心报告人民币、外币大额交易和可疑交易。

前款规定的具体实施办法由中国人民银行另行制定。

第十二条 中国人民银行会同中国银行业监督管理委员会、中国证券监督管理委员会、中国保险监督管理委员会指导金融行业自律组织制定本行业的反洗钱工作指引。

第十三条 金融机构在履行反洗钱义务过程中,发现涉嫌犯罪的,应当及时以书面形式向中国人民银行当地分支机构和当地公安机关报告。

第十四条 金融机构及其工作人员应当依法协助、配合司法机关和行政执法机关打击洗钱活动。

金融机构的境外分支机构应当遵循驻在国家或者地区反洗钱方面的法律规定,协助配合驻在国家或者地区反洗钱机构的工作。

第十五条 金融机构及其工作人员对依法履行反洗钱义务获得的客户身份资料和交易信息应当予以保密;非依法律规定,不得向任何单位和个人提供。

金融机构及其工作人员应当对报告可疑交易、配合中国人民银行调查可疑交易活动等有关反洗钱工作信息予以保密,不得违反规定向客户和其他人员提供。

第十六条 金融机构及其工作人员依法提交大额交易和可疑交易报告,受法律保护。

第十七条 金融机构应当按照中国人民银行的规定,报送反洗钱统计报表、信息资料以及稽核审计报告中与反洗钱工作有关的内容。

第十八条 中国人民银行及其分支机构根据履行反洗钱职责的需要,可以采取下列措施进行反洗钱现场检查:

(一)进入金融机构进行检查;

(二)询问金融机构的工作人员,要求其对有关检查事项作出说明;

(三)查阅、复制金融机构与检查事项有关的文件、资料,并对可能被转移、销毁、隐匿或者篡改的文件资料予以封存;

(四)检查金融机构运用电子计算机管理业务数据的系统。

中国人民银行或者其分支机构实施现场检查前,应填写现场检查立项审批表,列明检查对象、检查内容、时间安排等内容,经中国人民银行或者其分支机构负责人批准后实施。

现场检查时,检查人员不得少于2人,并应出示执法证和检查通知书;检查人员少于2人或者未出示执法证和检查通知书的,金融机构有权拒绝检查。

现场检查后,中国人民银行或者其分支机构应当制作现场检查意见书,加盖公章,送达被检查机构。现场检查意见书的内容包括检查情况、检查评价、改进意见与措施。

第十九条 中国人民银行及其分支机构根据履行反洗钱职责的需要,可以与金融机构董事、高级管理人员谈话,要求其就金融机构履行反洗钱义务的重大事项作出说明。

第二十条 中国人民银行对金融机构实施现场检查,必要时将检查情况通报中国银行业监督管理委员会、中国证券监督管理委员会或者中国保险监督管理委员会。

第二十一条 中国人民银行或者其省一级分支机构发现可疑交易活动需要调查核实的,可以向金融机构调查可疑交易活动涉及的客户账户信息、交易记录和其他有关资料,金融机构及其工作人员应当予以配合。

前款所称中国人民银行或者其省一级分支机构包括中国人民银行总行、上海总部、分行、营业管理部、省会(首府)城市中心支行、副省级城市中心支行。

第二十二条 中国人民银行或者其省一级分支机构调查可疑交易活动,可以询问金融机构的工作人员,要求其说明情况;查阅、复制被调查的金融机构客户的账户信息、交易记录和其他有关资料;对可能被转移、隐藏、篡改或者毁损的文件、资料,可以封存。

调查可疑交易活动时,调查人员不得少于2人,并出示执法证和中国人民银行或者其省一级分支机构出具的调查通知书。查阅、复制、封存被调查的金融机构客户的账户信息、交易记录和其他有关资料,应当经中国人民银行或者其省一级分支机构负责人批准。调查人员违反规定程序的,金融机构有权拒绝调查。

询问应当制作询问笔录。询问笔录应当交被询问人核对。记载有遗漏或者差错的,被询问人可以要求补充或者更正。被询问人确认笔录无误后,应当签名或者盖章;调查人员也应当在笔录上签名。

调查人员封存文件、资料,应当会同在场的金融机构工作人员查点清楚,当场开列清单一式二份,由调查人员和在场的金融机构工作人员签名或者盖章,一份交金融机构,一份附卷备查。

第二十三条 经调查仍不能排除洗钱嫌疑的,应当立即向有管辖权的侦查机关报案。对客户要求将调查所涉及的账户资金转往境外的,金融机构应当立即向中国人民银行当地分支机构报告。经中国人民银行负责人批准,中国人民银行可以采取临时冻结措施,并以书面形式通知金融机构,金融机构接到通知后应当立即予以执行。

侦查机关接到报案后,认为需要继续冻结的,金融机构在接到侦查机关继续冻结的通知后,应当予以配合。侦查机关认为不需要继续冻结的,中国人民银行在接到侦查机关不需要继续冻结的通知后,应当立即以书面形式通知金融机构解除临时冻结。

临时冻结不得超过48小时。金融机构在按照中国人民银行的要求采取临时冻结措施后48小时内,未接到侦查机关继续冻结通知的,应当立即解除临时冻结。

第二十四条 中国人民银行及其分支机构从事反洗钱工作的人员有下列行为之一的,依法给予行政处分:

(一)违反规定进行检查、调查或者采取临时冻结措施的;

(二)泄露因反洗钱知悉的国家秘密、商业秘密或者个人隐私的;

(三)违反规定对有关机构和人员实施行政处罚的;

(四)其他不依法履行职责的行为。

第二十五条 金融机构违反本规定的,由中国人民银行或者其地市中心支行以上分支机构按照《中华人民共和国反洗钱法》第三十一条、第三十二条的规定进行处罚;区别不同情形,建议中国银行业监督管理委员会、中国证券监督管理委员会或者中国保险监督管理委员会采取下列措施:

(一)责令金融机构停业整顿或者吊销其经营许可证;

(二)取消金融机构直接负责的董事、高级管理人员和其他直接责任人员的任职资格,禁止其从事有关金融行业工作;

(三)责令金融机构对直接负责的董事、高级管理人员和其他直接责任人员给予纪律处分。

中国人民银行县(市)支行发现金融机构违反本规定的,应报告其上一级分支机构,由该分支机构按照前款规定进行处罚或者提出建议。

第二十六条 中国人民银行和其地市中心支行以上分支机构对金融机构违反本规定的行为给予行政处罚的,应当遵守《中国人民银行行政处罚程序规定》的有关规定。

第二十七条 本规定自 2007 年 1 月 1 日起施行。2003 年 1 月 3 日中国人民银行发布的《金融机构反洗钱规定》同时废止。

金融机构反洗钱和反恐怖融资监督管理办法

- 2021 年 4 月 15 日中国人民银行令〔2021〕第 3 号公布
- 自 2021 年 8 月 1 日起施行

第一章 总 则

第一条 为了督促金融机构有效履行反洗钱和反恐怖融资义务,规范反洗钱和反恐怖融资监督管理行为,根据《中华人民共和国反洗钱法》《中华人民共和国中国人民银行法》《中华人民共和国反恐怖主义法》等法律法规,制定本办法。

第二条 本办法适用于在中华人民共和国境内依法设立的下列金融机构:

(一)开发性金融机构、政策性银行、商业银行、农村合作银行、农村信用合作社、村镇银行;

(二)证券公司、期货公司、证券投资基金管理公司;

(三)保险公司、保险资产管理公司;

(四)信托公司、金融资产管理公司、企业集团财务公司、金融租赁公司、汽车金融公司、消费金融公司、货币经纪公司、贷款公司、银行理财子公司;

(五)中国人民银行确定并公布应当履行反洗钱和反恐怖融资义务的其他金融机构。

非银行支付机构、银行卡清算机构、资金清算中心、网络小额贷款公司以及从事汇兑业务、基金销售业务、保险专业代理和保险经纪业务的机构,适用本办法关于金融机构的监督管理规定。

第三条 中国人民银行及其分支机构依法对金融机构反洗钱和反恐怖融资工作进行监督管理。

第四条 金融机构应当按照规定建立健全反洗钱和反恐怖融资内部控制制度,评估洗钱和恐怖融资风险,建立与风险状况和经营规模相适应的风险管理机制,搭建反洗钱信息系统,设立或者指定部门并配备相应人员,有效履行反洗钱和反恐怖融资义务。

第五条 对依法履行反洗钱和反恐怖融资职责或者义务获得的客户身份资料和交易信息,应当予以保密,非依法律规定不得对外提供。

第二章 金融机构反洗钱和反恐怖融资内部控制和风险管理

第六条 金融机构应当按照规定,结合本机构经营规模以及洗钱和恐怖融资风险状况,建立健全反洗钱和反恐怖融资内部控制制度。

第七条 金融机构应当在总部层面建立洗钱和恐怖融资风险自评估制度,定期或不定期评估洗钱和恐怖融资风险,经董事会或者高级管理层审定之日起 10 个工作日内,将自评估情况报送中国人民银行或者所在地中国人民银行分支机构。

金融机构洗钱和恐怖融资风险自评估应当与本机构经营规模和业务特征相适应,充分考虑客户、地域、业务、交易渠道等方面的风险要素类型及其变化情况,并吸收运用国家洗钱和恐怖融资风险评估报告、监管部门及自律组织的指引等。金融机构在采用新技术、开办新业务或者提供新产品、新服务前,或者其面临的洗钱或者恐怖融资风险发生显著变化时,应当进行洗钱和恐怖融资风险评估。

金融机构应当定期审查和不断优化洗钱和恐怖融资风险评估工作流程和指标体系。

第八条 金融机构应当根据本机构经营规模和已识别出的洗钱和恐怖融资风险状况,经董事会或者高级管理层批准,制定相应的风险管理政策,并根据风险状况变化和控制措施执行情况及时调整。

金融机构应当将洗钱和恐怖融资风险管理纳入本机构全面风险管理体系,覆盖各项业务活动和管理流程;针对识别的较高风险情形,应当采取强化措施,管理和降低风险;针对识别的较低风险情形,可以采取简化措施;超出金融机构风险控制能力的,不得与客户建立业务关系或者进行交易,已经建立业务关系的,应当中止交易并考虑提交可疑交易报告,必要时终止业务关系。

第九条 金融机构应当设立专门部门或者指定内设部门牵头开展反洗钱和反恐怖融资管理工作。

金融机构应当明确董事会、监事会、高级管理层和相关部门的反洗钱和反恐怖融资职责,建立相应的绩效考核和奖惩机制。

金融机构应当任命或者授权一名高级管理人员牵头负责反洗钱和反恐怖融资管理工作,并采取合理措施确保其独立开展工作以及充分获取履职所需权限和资源。

金融机构应当根据本机构经营规模、洗钱和恐怖融资风险状况和业务发展趋势配备充足的反洗钱岗位人员,采取适当措施确保反洗钱岗位人员的资质、经验、专业素质及职业道德符合要求,制定持续的反洗钱和反恐怖融资培训计划。

第十条 金融机构应当根据反洗钱和反恐怖融资工作需要,建立和完善相关信息系统,并根据风险状况、反洗钱和反恐怖融资工作需求变化及时优化升级。

第十一条 金融机构应当建立反洗钱和反恐怖融资审计机制,通过内部审计或者独立审计等方式,审查反洗钱和反恐怖融资内部控制制度制定和执行情况。审计应当遵循独立性原则,全面覆盖境内外分支机构、控股附属机构,审计的范围、方法和频率应当与本机构经营规模及洗钱和恐怖融资风险状况相适应,审计报告应当向董事会或者其授权的专门委员会提交。

第十二条 金融机构应当在总部层面制定统一的反洗钱和反恐怖融资机制安排,包括为开展客户尽职调查、洗钱和恐怖融资风险管理,共享反洗钱和反恐怖融资信息的制度和程序,并确保其所有分支机构和控股附属机构结合自身业务特点有效执行。

金融机构在共享和使用反洗钱和反恐怖融资信息方面应当依法提供信息并防止信息泄露。

第十三条 金融机构应当要求其境外分支机构和控股附属机构在驻在国家(地区)法律规定允许的范围内,执行本办法;驻在国家(地区)有更严格要求的,遵守其规定。

如果本办法的要求比驻在国家(地区)的相关规定更为严格,但驻在国家(地区)法律禁止或者限制境外分支机构和控股附属机构实施本办法的,金融机构应当采取适当的补充措施应对洗钱和恐怖融资风险,并向中国人民银行报告。

第十四条 金融机构应当按照规定,结合内部控制制度和风险管理机制的相关要求,履行客户尽职调查、客户身份资料和交易记录保存、大额交易和可疑交易报告等义务。

第十五条 金融机构应当按照中国人民银行的规定报送反洗钱和反恐怖融资工作信息。金融机构应当对相关信息的真实性、完整性、有效性负责。

第十六条 在境外设有分支机构或控股附属机构的,境内金融机构总部应当按年度向中国人民银行或者所在地中国人民银行分支机构报告境外分支机构或控股附属机构接受驻在国家(地区)反洗钱和反恐怖融资监管情况。

第十七条 发生下列情况的,金融机构应当按照规定及时向中国人民银行或者所在地中国人民银行分支机构报告:

(一)制定或者修订主要反洗钱和反恐怖融资内部控制制度的;

(二)牵头负责反洗钱和反恐怖融资工作的高级管理人员、牵头管理部门或者部门主要负责人调整的;

(三)发生涉及反洗钱和反恐怖融资工作的重大风险事项的;

(四)境外分支机构和控股附属机构受到当地监管当局或者司法部门开展的与反洗钱和反恐怖融资相关的执法检查、行政处罚、刑事调查或者发生其他重大风险事件的;

(五)中国人民银行要求报告的其他事项。

第三章 反洗钱和反恐怖融资监督管理

第十八条 中国人民银行及其分支机构应当遵循风险为本和法人监管原则,合理运用各类监管方法,实现对不同类型金融机构的有效监管。

中国人民银行及其分支机构可以向国务院金融监督管理机构或者其派出机构通报对金融机构反洗钱和反恐怖融资监管情况。

第十九条 根据履行反洗钱和反恐怖融资职责的需要,中国人民银行及其分支机构可以按照规定程序,对金融机构履行反洗钱和反恐怖融资义务的情况开展执法检查。

中国人民银行及其分支机构可以对其下级机构负责监督管理的金融机构进行反洗钱和反恐怖融资执法检查,可以授权下级机构检查由上级机构负责监督管理的金融机构。

第二十条 中国人民银行及其分支机构开展反洗钱和反恐怖融资执法检查,应当依据现行反洗钱和反恐怖融资规定,按照中国人民银行执法检查有关程序规定组织实施。

第二十一条 中国人民银行及其分支机构应当根据执法检查有关程序规定,规范有效地开展执法检查工作,重点加强对以下机构的监督管理:

(一)涉及洗钱和恐怖融资案件的机构;

(二)洗钱和恐怖融资风险较高的机构;

(三)通过日常监管、受理举报投诉等方式,发现存在重大违法违规线索的机构;

(四)其他应当重点监管的机构。

第二十二条 中国人民银行及其分支机构进入金融机构现场开展反洗钱和反恐怖融资检查的,按照规定可以询问金融机构工作人员,要求其对监管事项作出说明;查阅、复制文件、资料,对可能被转移、隐匿或者销毁的文件、资料予以封存;查验金融机构运用信息化、数字化管理业务数据和进行洗钱和恐怖融资风险管理的系统。

第二十三条 中国人民银行及其分支机构应当根据金融机构报送的反洗钱和反恐怖融资工作信息，结合日常监管中获得的其他信息，对金融机构反洗钱和反恐怖融资制度的建立健全情况和执行情况进行评价。

第二十四条 为了有效实施风险为本监管，中国人民银行及其分支机构应当结合国家、地区、行业的洗钱和恐怖融资风险评估情况，在采集金融机构反洗钱和反恐怖融资信息的基础上，对金融机构开展风险评估，及时、准确掌握金融机构洗钱和恐怖融资风险状况。

第二十五条 为了解金融机构洗钱和恐怖融资风险状况，中国人民银行及其分支机构可以对金融机构开展洗钱和恐怖融资风险现场评估。

中国人民银行及其分支机构开展现场风险评估应当填制《反洗钱监管审批表》（附1）及《反洗钱监管通知书》（附2），经本行（营业管理部）行长（主任）或者分管副行长（副主任）批准后，至少提前5个工作日将《反洗钱监管通知书》送达被评估的金融机构。

中国人民银行及其分支机构可以要求被评估的金融机构提供必要的资料数据，也可以现场采集评估需要的信息。

在开展现场风险评估时，中国人民银行及其分支机构的反洗钱工作人员不得少于2人，并出示合法证件。

现场风险评估结束后，中国人民银行及其分支机构应当制发《反洗钱监管意见书》（附3），将风险评估结论和发现的问题反馈被评估的金融机构。

第二十六条 根据金融机构合规情况和风险状况，中国人民银行及其分支机构可以采取监管提示、约见谈话、监管走访等措施。在监管过程中，发现金融机构存在较高洗钱和恐怖融资风险或者涉嫌违反洗钱和反恐怖融资规定的，中国人民银行及其分支机构应当及时开展执法检查。

第二十七条 金融机构存在洗钱和恐怖融资风险隐患，或者反洗钱和反恐怖融资工作存在明显漏洞，需要提示金融机构关注的，经中国人民银行或其分支机构反洗钱部门负责人批准，可以向该金融机构发出《反洗钱监管提示函》（附4），要求其采取必要的管控措施，督促其整改。

金融机构应当自收到《反洗钱监管提示函》之日起20个工作日内，经本机构分管反洗钱和反恐怖融资工作负责人签批后作出书面答复；不能及时作出答复的，经中国人民银行或者其所在地中国人民银行分支机构同意后，在延长时限内作出答复。

第二十八条 根据履行反洗钱和反恐怖融资职责的需要，针对金融机构反洗钱和反恐怖融资义务履行不到位、突出风险事件等重要问题，中国人民银行及其分支机构可以约见金融机构董事、监事、高级管理人员或者部门负责人进行谈话。

第二十九条 中国人民银行及其分支机构进行约见谈话前，应当填制《反洗钱监管审批表》及《反洗钱监管通知书》。约见金融机构董事、监事、高级管理人员，应当经本行（营业管理部）行长（主任）或者分管副行长（副主任）批准；约见金融机构部门负责人的，应当经本行（营业管理部）反洗钱部门负责人批准。

《反洗钱监管通知书》应当至少提前2个工作日送达被谈话机构。情况特殊需要立即进行约见谈话的，应当在约见谈话现场送达《反洗钱监管通知书》。

约见谈话时，中国人民银行及其分支机构反洗钱工作人员不得少于2人。谈话结束后，应当填写《反洗钱约谈记录》（附5）并经被谈话人签字确认。

第三十条 为了解、核实金融机构反洗钱和反恐怖融资政策执行情况以及监管意见整改情况，中国人民银行及其分支机构可以对金融机构开展监管走访。

第三十一条 中国人民银行及其分支机构进行监管走访前，应当填制《反洗钱监管审批表》及《反洗钱监管通知书》，由本行（营业管理部）行长（主任）或者分管副行长（副主任）批准。

《反洗钱监管通知书》应当至少提前5个工作日送达金融机构。情况特殊需要立即实施监管走访的，应当在进入金融机构现场时送达《反洗钱监管通知书》。

监管走访时，中国人民银行及其分支机构反洗钱工作人员不得少于2人，并出示合法证件。

中国人民银行及其分支机构应当做好监管走访记录，必要时，可以制发《反洗钱监管意见书》。

第三十二条 中国人民银行及其分支机构应当持续跟踪金融机构对监管发现问题的整改情况，对于未合理制定整改计划或者未有效实施整改的，可以启动执法检查或者进一步采取其他监管措施。

第三十三条 中国人民银行分支机构对金融机构分支机构依法实施行政处罚，或者在监管过程中发现涉及金融机构总部的重大问题、系统性缺陷的，应当及时将处罚决定或者监管意见抄送中国人民银行或者金融机构总部所在地中国人民银行分支机构。

第三十四条　中国人民银行及其分支机构监管人员违反规定程序或者超越职权规定实施监管的,金融机构有权拒绝或者提出异议。金融机构对中国人民银行及其分支机构提出的违法违规问题有权提出申辩,有合理理由的,中国人民银行及其分支机构应当采纳。

第四章　法律责任

第三十五条　中国人民银行及其分支机构从事反洗钱工作的人员,违反本办法有关规定的,按照《中华人民共和国反洗钱法》第三十条的规定予以处分。

第三十六条　金融机构违反本办法有关规定的,由中国人民银行或者其地市中心支行以上分支机构按照《中华人民共和国反洗钱法》第三十一条、第三十二条的规定进行处理;区别不同情形,建议国务院金融监督管理机构依法予以处理。

中国人民银行县(市)支行发现金融机构违反本规定的,应报告其上一级分支机构,由该分支机构按照前款规定进行处理或提出建议。

第五章　附　则

第三十七条　金融集团适用本办法第九条第四款、第十一条至第十三条的规定。

第三十八条　本办法由中国人民银行负责解释。

第三十九条　本办法自 2021 年 8 月 1 日起施行。本办法施行前有关反洗钱和反恐怖融资规定与本办法不一致的,按照本办法执行。《金融机构反洗钱监督管理办法(试行)》(银发〔2014〕344 号文印发)同时废止。

附:1. 反洗钱监管审批表(略)
　　2. 反洗钱监管通知书(略)
　　3. 反洗钱监管意见书(略)
　　4. 反洗钱监管提示函(略)
　　5. 反洗钱约谈记录(略)

银行业金融机构反洗钱和反恐怖融资管理办法

· 2019 年 1 月 29 日中国银行保险监督管理委员会令 2019 年第 1 号公布
· 自公布之日起施行

第一章　总　则

第一条　为预防洗钱和恐怖融资活动,做好银行业金融机构反洗钱和反恐怖融资工作,根据《中华人民共和国银行业监督管理法》《中华人民共和国反洗钱法》《中华人民共和国反恐怖主义法》等有关法律、行政法规,制定本办法。

第二条　国务院银行业监督管理机构根据法律、行政法规规定,配合国务院反洗钱行政主管部门,履行银行业金融机构反洗钱和反恐怖融资监督管理职责。

国务院银行业监督管理机构的派出机构根据法律、行政法规及本办法的规定,负责辖内银行业金融机构反洗钱和反恐怖融资监督管理工作。

第三条　本办法所称银行业金融机构,是指在中华人民共和国境内设立的商业银行、农村合作银行、农村信用合作社等吸收公众存款的金融机构以及政策性银行和国家开发银行。

对在中华人民共和国境内设立的金融资产管理公司、信托公司、企业集团财务公司、金融租赁公司、汽车金融公司、货币经纪公司、消费金融公司以及经国务院银行业监督管理机构批准设立的其他金融机构的反洗钱和反恐怖融资管理,参照本办法对银行业金融机构的规定执行。

第四条　银行业金融机构境外分支机构和附属机构,应当遵循驻在国家(地区)反洗钱和反恐怖融资方面的法律规定,协助配合驻在国家(地区)监管机构的工作,同时在驻在国家(地区)法律规定允许的范围内,执行本办法的有关要求。

驻在国家(地区)不允许执行本办法的有关要求的,银行业金融机构应当采取适当的额外措施应对洗钱和恐怖融资风险,并向国务院银行业监督管理机构报告。

第二章　银行业金融机构反洗钱和反恐怖融资义务

第五条　银行业金融机构应当建立健全洗钱和恐怖融资风险管理体系,全面识别和评估自身面临的洗钱和恐怖融资风险,采取与风险相适应的政策和程序。

第六条　银行业金融机构应当将洗钱和恐怖融资风险管理纳入全面风险管理体系,将反洗钱和反恐怖融资要求嵌入合规管理、内部控制制度,确保洗钱和恐怖融资风险管理体系能够全面覆盖各项产品及服务。

第七条　银行业金融机构应当依法建立反洗钱和反恐怖融资内部控制制度,并对分支机构和附属机构的执行情况进行管理。反洗钱和反恐怖融资内部控制制度应当包括下列内容:

(一)反洗钱和反恐怖融资内部控制职责划分;
(二)反洗钱和反恐怖融资内部控制措施;
(三)反洗钱和反恐怖融资内部控制评价机制;
(四)反洗钱和反恐怖融资内部控制监督制度;
(五)重大洗钱和恐怖融资风险事件应急处置机制;
(六)反洗钱和反恐怖融资工作信息保密制度;
(七)国务院银行业监督管理机构及国务院反洗钱

行政主管部门规定的其他内容。

第八条 银行业金融机构应当建立组织架构健全、职责边界清晰的洗钱和恐怖融资风险治理架构，明确董事会、监事会、高级管理层、业务部门、反洗钱和反恐怖融资管理部门和内审部门等在洗钱和恐怖融资风险管理中的职责分工。

第九条 银行业金融机构董事会应当对反洗钱和反恐怖融资工作承担最终责任。

第十条 银行业金融机构的高级管理层应当承担洗钱和恐怖融资风险管理的实施责任。

银行业金融机构应当任命或者授权一名高级管理人员牵头负责洗钱和恐怖融资风险管理工作，其有权独立开展工作。银行业金融机构应当确保其能够充分获取履职所需的权限和资源，避免可能影响其履职的利益冲突。

第十一条 银行业金融机构应当设立反洗钱和反恐怖融资专门机构或者指定内设机构负责反洗钱和反恐怖融资管理工作。反洗钱和反恐怖融资管理部门应当设立专门的反洗钱和反恐怖融资岗位，并配备足够人员。

银行业金融机构应当明确相关业务部门的反洗钱和反恐怖融资职责，保证反洗钱和反恐怖融资内部控制制度在业务流程中的贯彻执行。

第十二条 银行业金融机构应当按照规定建立健全和执行客户身份识别制度，遵循"了解你的客户"的原则，针对不同客户、业务关系或者交易，采取有效措施，识别和核实客户身份，了解客户及其建立、维持业务关系的目的和性质，了解非自然人客户受益所有人。在与客户的业务关系存续期间，银行业金融机构应当采取持续的客户身份识别措施。

第十三条 银行业金融机构应当按照规定建立健全和执行客户身份资料和交易记录保存制度，妥善保存客户身份资料和交易记录，确保能重现该项交易，以提供监测分析交易情况、调查可疑交易活动和查处洗钱案件所需的信息。

第十四条 银行业金融机构应当按照规定建立健全和执行大额交易和可疑交易报告制度。

第十五条 银行业金融机构与金融机构开展业务合作时，应当在合作协议中明确双方的反洗钱和反恐怖融资职责，承担相应的法律义务，相互间提供必要的协助，采取有效的风险管控措施。

第十六条 银行业金融机构解散、撤销或者破产时，应当将客户身份资料和交易记录移交国务院有关部门指定的机构。

第十七条 银行业金融机构应当按照客户特点或者账户属性，以客户为单位合理确定洗钱和恐怖融资风险等级，根据风险状况采取相应的控制措施，并在持续关注的基础上适时调整风险等级。

第十八条 银行业金融机构应当建立健全和执行洗钱和恐怖融资风险自评估制度，对本机构的内外部洗钱和恐怖融资风险及相关风险控制措施有效性进行评估。

银行业金融机构开展新业务、应用新技术之前应当进行洗钱和恐怖融资风险评估。

第十九条 银行业金融机构应当建立反恐怖融资管理机制，按照国家反恐怖主义工作领导机构发布的恐怖活动组织及恐怖活动人员名单、冻结资产的决定，依法对相关资产采取冻结措施。

银行业金融机构应当根据监管要求密切关注涉恐人员名单，及时对本机构客户和交易进行风险排查，依法采取相应措施。

第二十条 银行业金融机构应当依法执行联合国安理会制裁决议要求。

第二十一条 银行业金融机构应当每年开展反洗钱和反恐怖融资内部审计，内部审计可以是专项审计，或者与其他审计项目结合进行。

第二十二条 对依法履行反洗钱和反恐怖融资义务获得的客户身份资料和交易信息，银行业金融机构及其工作人员应当予以保密；非依法律规定，不得向任何单位和个人提供。

第二十三条 银行业金融机构应当将可量化的反洗钱和反恐怖融资控制指标嵌入信息系统，使风险信息能够在业务部门和反洗钱和反恐怖融资管理部门之间有效传递、集中和共享，满足对洗钱和恐怖融资风险进行预警、信息提取、分析和报告等各项要求。

第二十四条 银行业金融机构应当配合银行业监督管理机构做好反洗钱和反恐怖融资监督检查工作。

第二十五条 银行业金融机构应当按照法律、行政法规及银行业监督管理机构的相关规定，履行协助查询、冻结、扣划义务，配合公安机关、司法机关等做好洗钱和恐怖融资案件调查工作。

第二十六条 银行业金融机构应当做好境外洗钱和恐怖融资风险管控和合规经营工作。境外分支机构和附属机构要加强与境外监管当局的沟通，严格遵守境外反洗钱和反恐怖融资法律法规及相关监管要求。

银行业金融机构境外分支机构和附属机构受到当地监管部门或者司法部门现场检查、行政处罚、刑事调查或者发生其他重大风险事项时,应当及时向银行业监督管理机构报告。

第二十七条 银行业金融机构应当对跨境业务开展尽职调查和交易监测工作,做好跨境业务洗钱风险、制裁风险和恐怖融资风险防控,严格落实代理行尽职调查与风险分类评级义务。

第二十八条 对依法履行反洗钱和反恐怖融资义务获得的客户身份资料和交易信息,非依法律、行政法规规定,银行业金融机构不得向境外提供。

银行业金融机构对于涉及跨境信息提供的相关问题应当及时向银行业监督管理机构报告,并按照法律法规要求采取相应措施。

第二十九条 银行业金融机构应当制定反洗钱和反恐怖融资培训制度,定期开展反洗钱和反恐怖融资培训。

第三十条 银行业金融机构应当开展反洗钱和反恐怖融资宣传,保存宣传资料和宣传工作记录。

第三章 监督管理

第三十一条 国务院银行业监督管理机构依法履行下列反洗钱和反恐怖融资监督管理职责:

(一)制定银行业金融机构反洗钱和反恐怖融资制度文件;

(二)督促指导银行业金融机构建立健全反洗钱和反恐怖融资内部控制制度;

(三)监督、检查银行业金融机构反洗钱和反恐怖融资内部控制制度建立执行情况;

(四)在市场准入工作中落实反洗钱和反恐怖融资审查要求;

(五)与其他国家或者地区的银行业监督管理机构开展反洗钱和反恐怖融资监管合作;

(六)指导银行业金融机构依法履行协助查询、冻结、扣划义务;

(七)转发联合国安理会相关制裁决议,依法督促银行业金融机构落实金融制裁要求;

(八)向侦查机关报送涉嫌洗钱和恐怖融资犯罪的交易活动,协助公安机关、司法机关等调查处理涉嫌洗钱和恐怖融资犯罪案件;

(九)指导银行业金融机构应对境外协助执行案件、跨境信息提供等相关工作;

(十)指导行业自律组织开展反洗钱和反恐怖融资工作;

(十一)组织开展反洗钱和反恐怖融资培训宣传工作;

(十二)其他依法应当履行的反洗钱和反恐怖融资职责。

第三十二条 银行业监督管理机构应当履行银行业反洗钱和反恐怖融资监管职责,加强反洗钱和反恐怖融资日常合规监管,构建涵盖事前、事中、事后的完整监管链条。

银行业监督管理机构与国务院反洗钱行政主管部门及其他相关部门要加强监管协调,建立信息共享机制。

第三十三条 银行业金融机构应当按照要求向银行业监督管理机构报送反洗钱和反恐怖融资制度、年度报告、重大风险事项等材料,并对报送材料的及时性以及内容的真实性负责。

报送材料的内容和格式由国务院银行业监督管理机构统一规定。

第三十四条 银行业监督管理机构应当在职责范围内对银行业金融机构反洗钱和反恐怖融资义务履行情况依法开展现场检查。现场检查可以开展专项检查,或者与其他检查项目结合进行。

银行业监督管理机构可以与反洗钱行政主管部门开展联合检查。

第三十五条 银行业监督管理机构应当在职责范围内对银行业金融机构反洗钱和反恐怖融资义务履行情况进行评价,并将评价结果作为对银行业金融机构进行监管评级的重要因素。

第三十六条 银行业监督管理机构在市场准入工作中应当依法对银行业金融机构法人机构设立、分支机构设立、股权变更、变更注册资本、调整业务范围和增加业务品种、董事及高级管理人员任职资格许可进行反洗钱和反恐怖融资审查,对不符合条件的,不予批准。

第三十七条 银行业监督管理机构在市场准入工作中应当严格审核发起人、股东、实际控制人、最终受益人和董事、高级管理人员背景,审查资金来源和渠道,从源头上防止不法分子通过创设机构进行洗钱、恐怖融资活动。

第三十八条 设立银行业金融机构应当符合以下反洗钱和反恐怖融资审查条件:

(一)投资资金来源合法;

(二)股东及其控股股东、实际控制人、关联方、一致行动人、最终受益人等各方关系清晰透明,不得有故意或重大过失犯罪记录;

(三)建立反洗钱和反恐怖融资内部控制制度;

(四)设置反洗钱和反恐怖融资专门工作机构或指

定内设机构负责该项工作；

（五）配备反洗钱和反恐怖融资专业人员，专业人员接受了必要的反洗钱和反恐怖融资培训；

（六）信息系统建设满足反洗钱和反恐怖融资要求；

（七）国务院银行业监督管理机构规定的其他条件。

第三十九条 设立银行业金融机构境内分支机构应当符合下列反洗钱和反恐怖融资审查条件：

（一）总行具备健全的反洗钱和反恐怖融资内部控制制度并对分支机构具有良好的管控能力；

（二）总行的信息系统建设能够支持分支机构的反洗钱和反恐怖融资工作；

（三）拟设分支机构设置了反洗钱和反恐怖融资专门机构或指定内设机构负责反洗钱和反恐怖融资工作；

（四）拟设分支机构配备反洗钱和反恐怖融资专业人员，专业人员接受了必要的反洗钱和反恐怖融资培训；

（五）国务院银行业监督管理机构规定的其他条件。

第四十条 银行业金融机构申请投资设立、参股、收购境内法人金融机构的，申请人应当具备健全的反洗钱和反恐怖融资内部控制制度。

第四十一条 银行业金融机构申请投资设立、参股、收购境外金融机构的，应当具备健全的反洗钱和反恐怖融资内部控制制度，具有符合境外反洗钱和反恐怖融资监管要求的专业人才队伍。

第四十二条 银行业金融机构股东应当确保资金来源合法，不得以犯罪所得资金等不符合法律、行政法规及监管规定的资金入股。银行业金融机构应当知悉股东入股资金来源，在发生股权变更或者变更注册资本时应当按照要求向银行业监督管理机构报批或者报告。

第四十三条 银行业金融机构开展新业务需要经银行业监督管理机构批准的，应当提交新业务的洗钱和恐怖融资风险评估报告。银行业监督管理机构在进行业务准入时，应当对新业务的洗钱和恐怖融资风险评估情况进行审核。

第四十四条 申请银行业金融机构董事、高级管理人员任职资格，拟任人应当具备以下条件：

（一）不得有故意或重大过失犯罪记录；

（二）熟悉反洗钱和反恐怖融资法律法规，接受了必要的反洗钱和反恐怖融资培训，通过银行业监督管理机构组织的包含反洗钱和反恐怖融资内容的任职资格测试。

须经任职资格审核的银行业金融机构境外机构董事、高级管理人员应当熟悉境外反洗钱和反恐怖融资法律法规，具备相应反洗钱和反恐怖融资履职能力。

银行业金融机构董事、高级管理人员任职资格申请材料中应当包括接受反洗钱和反恐怖融资培训情况报告及本人签字的履行反洗钱和反恐怖融资义务的承诺书。

第四十五条 国务院银行业监督管理机构的各省级派出机构应当于每年第一季度末按照要求向国务院银行业监督管理机构报送上年度反洗钱和反恐怖融资工作报告，包括反洗钱和反恐怖融资市场准入工作审核情况、现场检查及非现场监管情况、辖内银行业金融机构反洗钱和反恐怖融资工作情况等。

第四十六条 国务院银行业监督管理机构应当加强与境外监管当局的沟通与交流，通过签订监管合作协议、举行双边监管磋商和召开监管联席会议等形式加强跨境反洗钱和反恐怖融资监管合作。

第四十七条 银行业监督管理机构应当在职责范围内定期开展对银行业金融机构境外机构洗钱和恐怖融资风险管理情况的监测分析。监管机构应当将境外机构洗钱和恐怖融资风险管理情况作为与银行业金融机构监管会谈及外部审计会谈的重要内容。

第四十八条 银行业监督管理机构应当在职责范围内对银行业金融机构境外机构洗钱和反恐怖融资风险管理情况依法开展现场检查，对存在问题的境外机构及时采取监管措施，并对违规机构依法依规进行处罚。

第四章　法律责任

第四十九条 银行业金融机构违反本办法规定，有下列情形之一的，银行业监督管理机构可以根据《中华人民共和国银行业监督管理法》规定采取监管措施或者对其进行处罚：

（一）未按规定建立反洗钱和反恐怖融资内部控制制度的；

（二）未有效执行反洗钱和反恐怖融资内部控制制度的；

（三）未按照规定设立反洗钱和反恐怖融资专门机构或者指定内设机构负责反洗钱和反恐怖融资工作的；

（四）未按照规定履行其他反洗钱和反恐怖融资义务的。

第五十条 银行业金融机构未按本办法第三十三条规定报送相关材料的，银行业监督管理机构可以根据《中华人民共和国银行业监督管理法》第四十六条、四十七条规定对其进行处罚。

第五十一条 对于反洗钱行政主管部门提出的处罚或者其他建议，银行业监督管理机构应当依法予以处理。

第五十二条　银行业金融机构或者其工作人员参与洗钱、恐怖融资等违法犯罪活动构成犯罪的,依法追究其刑事责任。

第五章　附　则

第五十三条　本办法由国务院银行业监督管理机构负责解释。

第五十四条　行业自律组织制定的反洗钱和反恐怖融资行业规则等应当向银行业监督管理机构报告。

第五十五条　本办法自公布之日起施行。

互联网金融从业机构反洗钱和反恐怖融资管理办法(试行)

· 2018年9月29日
· 银发〔2018〕230号

第一条　为了预防洗钱和恐怖融资活动,规范互联网金融行业反洗钱和反恐怖融资工作,根据《中华人民共和国中国人民银行法》、《中华人民共和国反洗钱法》、《中华人民共和国反恐怖主义法》、《国务院办公厅关于印发互联网金融风险专项整治工作实施方案的通知》(国办发〔2016〕21号)、《中国人民银行 工业和信息化部 公安部 财政部 工商总局 法制办 银监会 证监会 保监会 国家互联网信息办公室关于促进互联网金融健康发展的指导意见》(银发〔2015〕221号)等规定,制定本办法。

第二条　本办法适用于在中华人民共和国境内经有权部门批准或者备案设立的,依法经营互联网金融业务的机构(以下简称从业机构)。

互联网金融是利用互联网技术和信息通信技术实现资金融通、支付、投资及信息中介服务的新型金融业务模式。互联网金融业务反洗钱和反恐怖融资工作的具体范围由中国人民银行会同国务院有关金融监督管理机构按照法律规定和监管政策确定、调整并公布,包括但不限于网络支付、网络借贷、网络借贷信息中介、股权众筹融资、互联网基金销售、互联网保险、互联网信托和互联网消费金融等。

金融机构和非银行支付机构开展互联网金融业务的,应当执行本办法的规定;中国人民银行、国务院有关金融监督管理机构另有规定的,从其规定。

第三条　中国人民银行是国务院反洗钱行政主管部门,对从业机构依法履行反洗钱和反恐怖融资监督管理职责。国务院有关金融监督管理机构在职责范围内配合中国人民银行履行反洗钱和反恐怖融资监督管理职责。中国人民银行制定或者会同国务院有关金融监督管理机构制定从业机构履行反洗钱和反恐怖融资义务的规章制度。

中国人民银行设立的中国反洗钱监测分析中心,负责从业机构大额交易和可疑交易报告的接收、分析和保存,并按照规定向中国人民银行报告分析结果,履行中国人民银行规定的其他职责。

第四条　中国互联网金融协会按照中国人民银行、国务院有关金融监督管理机构关于从业机构履行反洗钱和反恐怖融资义务的规定,协调其他行业自律组织,制定并发布各类从业机构执行本办法所适用的行业规则;配合中国人民银行及其分支机构开展线上和线下反洗钱相关工作,开展洗钱和恐怖融资风险评估,发布风险评估报告和风险提示信息;组织推动各类从业机构制定并实施反洗钱和反恐怖融资方面的自律公约。

其他行业自律组织按照中国人民银行、国务院有关金融监督管理机构的规定对从业机构提出建立健全反洗钱内控制度的要求,配合中国互联网金融协会推动从业机构之间的业务交流和信息共享。

第五条　中国人民银行设立互联网金融反洗钱和反恐怖融资网络监测平台(以下简称网络监测平台),使用网络监测平台完善线上反洗钱监管机制、加强信息共享。

中国互联网金融协会按照中国人民银行和国务院有关金融监督管理机构的要求建设、运行和维护网络监测平台,确保网络监测平台及相关信息、数据和资料的安全、保密、完整。

中国人民银行分支机构、中国反洗钱监测分析中心在职责范围内使用网络监测平台。

第六条　金融机构、非银行支付机构以外的其他从业机构应当通过网络监测平台进行反洗钱和反恐怖融资履职登记。

金融机构和非银行支付机构根据反洗钱工作需要接入网络监测平台,参与基于该平台的工作信息交流、技术设施共享、风险评估等工作。

第七条　从业机构应当遵循风险为本方法,根据法律法规和行业规则,建立健全反洗钱和反恐怖融资内部控制制度,强化反洗钱和反恐怖融资合规管理,完善相关风险管理机制。

从业机构应当建立统一的反洗钱和反恐怖融资合规管理政策,对其境内外附属机构、分支机构、事业部的反洗钱和反恐怖融资工作实施统一管理。

从业机构应当按规定方式向中国人民银行及其分支机构、国务院有关金融监督管理机构及其派出机构报备反洗钱和反恐怖融资内部控制制度。

第八条 从业机构应当明确机构董事、高级管理层及部门管理人员的反洗钱和反恐怖融资职责。从业机构的负责人应当对反洗钱和反恐怖融资内部控制制度的有效实施负责。

从业机构应当设立专门部门或者指定内设部门牵头负责反洗钱和反恐怖融资管理工作。各业务条线（部门）应当承担反洗钱和反恐怖融资工作的直接责任，并指定人员负责反洗钱和反恐怖融资工作。从业机构应当确保反洗钱和反恐怖融资管理部门及反洗钱和反恐怖融资工作人员具备有效履职所需的授权、资源和独立性。

第九条 从业机构及其员工对依法履行反洗钱和反恐怖融资义务获得的客户身份资料和交易信息应当予以保密。非依法律规定，不得向任何单位和个人提供。

从业机构及其员工应当对报告可疑交易、配合中国人民银行及其分支机构开展反洗钱调查等有关反洗钱和反恐怖融资工作信息予以保密，不得违反规定向任何单位和个人提供。

第十条 从业机构应当勤勉尽责，执行客户身份识别制度，遵循"了解你的客户"原则，针对具有不同洗钱或者恐怖融资风险特征的客户、业务关系或者交易采取合理措施，了解建立业务关系的目的和意图，了解非自然人客户的受益所有人情况，了解自然人客户的交易是否为本人操作和交易的实际受益人。

从业机构应当按照法律法规、规章、规范性文件和行业规则，收集必备要素信息，利用从可靠途径、以可靠方式获取的信息或数据，采取合理措施识别、核验客户真实身份，确定并适时调整客户风险等级。对于先前获得的客户身份资料存疑的，应当重新识别客户身份。

从业机构应当采取持续的客户身份识别措施，审核客户身份资料和交易记录，及时更新客户身份识别相关的证明文件、数据和信息，确保客户正在进行的交易与从业机构所掌握的客户资料、客户业务、风险状况等匹配。对于高风险客户，从业机构应当采取合理措施了解其资金来源，提高审核频率。

除本办法和行业规则规定的必备要素信息外，从业机构应当在法律法规、规章、规范性文件允许的范围内收集其他相关信息、数据和资料，合理运用技术手段和理论方法进行分析，核验客户真实身份。

客户属于外国政要、国际组织的高级管理人员及其特定关系人的，从业机构应当采取更为严格的客户身份识别措施。

从业机构不得为身份不明或者拒绝身份查验的客户提供服务或者与其进行交易，不得为客户开立匿名账户或者假名账户，不得与明显具有非法目的的客户建立业务关系。

第十一条 从业机构应当定期或者在业务模式、交易方式发生重大变化、拓展新的业务领域、洗钱和恐怖融资风险状况发生较大变化时，评估客户身份识别措施的有效性，并及时予以完善。

第十二条 从业机构在与客户建立业务关系或者开展法律法规、规章、规范性文件和行业规则规定的特定类型交易时，应当履行以下客户身份识别程序：

（一）了解并采取合理措施获取客户与其建立业务关系或者进行交易的目的和意图。

（二）核对客户有效身份证件或者其他身份证明文件，或者按照法律法规、规章、规范性文件和行业规则要求客户提供资料并通过合法、安全、可信的渠道取得客户身份确认信息，识别客户、账户持有人及交易操作人员的身份。

（三）按照法律法规、规章、规范性文件和行业规则通过合法、安全且信息来源独立的外部渠道验证客户、账户持有人及交易操作人员的身份信息，并确保外部渠道反馈的验证信息与被验证信息之间具有一致性和唯一对应性。

（四）按照法律法规、规章、规范性文件和行业规则登记并保存客户、账户持有人及交易操作人员的身份基本信息。

（五）按照法律法规、规章、规范性文件和行业规则保存客户有效身份证件或者其他身份证明文件的影印件或者复印件，或者渠道反馈的客户身份确认信息。

第十三条 从业机构应当提示客户如实披露他人代办业务或者员工经办业务的情况，确认代理关系或者授权经办业务指令的真实性，并按本办法第十二条的有关要求对代理人和业务经办人采取客户身份识别措施。

第十四条 从业机构应当执行大额交易和可疑交易报告制度，制定报告操作规程，对本机构的大额交易和可疑交易报告工作做出统一要求。金融机构、非银行支付机构以外的其他从业机构应当由总部或者总部指定的一个机构通过网络监测平台提交全公司的大额交易和可疑交易报告。

中国反洗钱监测分析中心发现从业机构报送的大额

交易报告或者可疑交易报告内容要素不全或者存在错误的,可以向提交报告的从业机构发出补正通知,从业机构应当在接到补正通知之日起5个工作日内补正。

大额交易和可疑交易报告的要素内容、报告格式和填写要求等由中国人民银行另行规定。

第十五条 从业机构应当建立健全大额交易和可疑交易监测系统,以客户为基本单位开展资金交易的监测分析,对客户及其所有业务、交易及其过程开展监测和分析。

第十六条 客户当日单笔或者累计交易人民币5万元以上(含5万元)、外币等值1万美元以上(含1万美元)的现金收支,金融机构、非银行支付机构以外的从业机构应当在交易发生后的5个工作日内提交大额交易报告。

中国人民银行根据需要调整大额交易报告标准。非银行支付机构提交大额交易报告的具体要求由中国人民银行另行规定。

第十七条 从业机构发现或者有合理理由怀疑客户及其行为、客户的资金或者其他资产、客户的交易或者试图进行的交易与洗钱、恐怖融资等犯罪活动相关的,不论所涉资金金额或者资产价值大小,应当按本机构可疑交易报告内部操作规程确认为可疑交易后,及时提交可疑交易报告。

第十八条 从业机构应当按照中国人民银行、国务院有关金融监督管理机构的要求和行业规则,建立交易监测标准和客户行为监测方案,定期或者在发生特定风险时评估交易监测标准和客户行为监测方案的有效性,并及时予以完善。

从业机构应当按照法律法规、规章、规范性文件和行业规则,结合对相关联的客户、账户持有人、交易操作人员的身份识别情况,对通过交易监测标准筛选出的交易进行分析判断,记录分析过程;不作为可疑交易报告的,应当记录分析排除的合理理由;确认为可疑交易的,应当在可疑交易报告理由中完整记录对客户身份特征、交易特征或者行为特征的分析过程。

第十九条 从业机构应当对下列恐怖组织和恐怖活动人员名单开展实时监测,有合理理由怀疑客户或者其交易对手、资金或者其他资产与名单相关的,应当立即提交可疑交易报告,并依法对相关资金或者其他资产采取冻结措施:

(一)中国政府发布的或者承认执行的恐怖活动组织及恐怖活动人员名单。

(二)联合国安理会决议中所列的恐怖活动组织及恐怖活动人员名单。

(三)中国人民银行及国务院有关金融监督管理机构要求关注的其他涉嫌恐怖活动的组织及人员名单。

对于新发布或者新调整的名单,从业机构应当立即开展回溯性调查,按照本条第一款规定提交可疑交易报告。对于中国人民银行或者其他有权部门要求纳入反洗钱、反恐怖融资监控体系的名单,从业机构应当参照本办法相关规定执行。

法律法规、规章和中国人民银行对上述名单的监控另有规定的,从其规定。

第二十条 从业机构应当按照法律法规和行业规则规定的保存范围、保存期限、技术标准,妥善保存开展客户身份识别、交易监测分析、大额交易报告和可疑交易报告等反洗钱和反恐怖融资工作所产生的信息、数据和资料,确保能够完整重现每笔交易,确保相关工作可追溯。

从业机构终止业务活动时,应当按照相关行业主管部门及中国人民银行要求处理前款所述信息、数据和资料。

第二十一条 从业机构应当依法接受中国人民银行及其分支机构的反洗钱和反恐怖融资的现场检查、非现场监管和反洗钱调查,按照中国人民银行及其分支机构的要求提供相关信息、数据和资料,对所提供的信息、数据和资料的真实性、准确性、完整性负责,不得拒绝、阻挠、逃避监督检查和反洗钱调查,不得谎报、隐匿、销毁相关信息、数据和资料。金融机构、非银行支付机构以外的其他从业机构通过网络监测平台向中国人民银行报送反洗钱和反恐怖融资报告、报表及相关信息、数据和资料。

从业机构应当依法配合国务院有关金融监督管理机构及其派出机构的监督管理。

第二十二条 从业机构违反本办法的,由中国人民银行及其分支机构、国务院有关金融监督管理机构及其派出机构责令限期整改,依法予以处罚。

从业机构违反相关法律、行政法规、规章以及本办法规定,涉嫌犯罪的,移送司法机关依法追究刑事责任。

第二十三条 本办法相关用语含义如下:

中国人民银行分支机构,包括中国人民银行上海总部、分行、营业管理部、省会(首府)城市中心支行、副省级城市中心支行。

金融机构是指依法设立的从事金融业务的政策性银行、商业银行、农村合作银行、农村信用社、村镇银行、证券公司、期货公司、基金管理公司、保险公司、保险资产管理公司、保险专业代理公司、保险经纪公司、信托公司、金融资产管理公司、企业集团财务公司、金融租赁公司、汽车金融公司、消费金融公司、货币经纪公司、贷款公司以及中国人民银行确定并公布的从事金融业务的其他机构。

非银行支付机构是指依法取得《支付业务许可证》，获准办理互联网支付、移动电话支付、固定电话支付、数字电视支付等网络支付业务的非银行机构。

行业规则是指由中国互联网金融协会协调其他行业自律组织，根据风险防控需要和业务发展状况，组织从业机构制定或调整，报中国人民银行、国务院有关金融监督管理机构批准后公布施行的反洗钱和反恐怖融资工作规则及相关业务、技术标准。

第二十四条 本办法由中国人民银行会同国务院有关金融监督管理机构负责解释。

第二十五条 本办法自 2019 年 1 月 1 日起施行。

金融违法行为处罚办法

· 1999 年 1 月 14 日国务院第 13 次常务会议通过
· 1999 年 2 月 22 日中华人民共和国国务院令第 260 号发布
· 自发布之日起施行

第一条 为了惩处金融违法行为，维护金融秩序，防范金融风险，制定本办法。

第二条 金融机构违反国家有关金融管理的规定，有关法律、行政法规有处罚规定的，依照其规定给予处罚；有关法律、行政法规未作处罚规定或者有关行政法规的处罚规定与本办法不一致的，依照本办法给予处罚。

本办法所称金融机构，是指在中华人民共和国境内依法设立和经营金融业务的机构，包括银行、信用合作社、财务公司、信托投资公司、金融租赁公司等。

第三条 本办法规定的行政处罚，由中国人民银行决定；但是本办法第二十四条、第二十五条规定的行政处罚，由国家外汇管理机关决定。

本办法规定的纪律处分，包括警告、记过、记大过、降级、撤职、留用察看、开除，由所在金融机构或者上级金融机构决定。

金融机构的工作人员依照本办法受到开除的纪律处分的，终身不得在金融机构工作，由中国人民银行通知各金融机构不得任用，并在全国性报纸上公告。金融机构的高级管理人员依照本办法受到撤职的纪律处分的，由中国人民银行决定在一定期限内直至终身不得在任何金融机构担任高级管理职务或者与原职务相当的职务，通知各金融机构不得任用，并在全国性报纸上公告。

本办法所称高级管理人员，是指金融机构的法定代表人和其他主要负责人，包括银行及其分支机构的董事长、副董事长、行长、副行长、主任、副主任；信用合作社的理事长、副理事长、主任、副主任；财务公司、信托投资公司、金融租赁公司等金融机构的董事长、副董事长、总经理、副总经理等。

第四条 金融机构的工作人员离开该金融机构工作后，被发现在该金融机构工作期间违反国家有关金融管理规定的，仍然应当依法追究责任。

第五条 金融机构设立、合并、撤销分支机构或者代表机构的，应当经中国人民银行批准。

未经中国人民银行批准，金融机构擅自设立、合并、撤销分支机构或者代表机构的，给予警告，并处 5 万元以上 30 万元以下的罚款；对该金融机构直接负责的高级管理人员，给予撤职直至开除的纪律处分。

第六条 金融机构有下列情形之一的，应当经中国人民银行批准：

（一）变更名称；
（二）变更注册资本；
（三）变更机构所在地；
（四）更换高级管理人员；
（五）中国人民银行规定的其他变更、更换情形。

金融机构未经中国人民银行批准，有前款所列情形之一的，给予警告，并处 1 万元以上 10 万元以下的罚款；有前款第（四）项所列情形的，对该金融机构直接负责的高级管理人员，给予撤职直至开除的纪律处分。

第七条 金融机构变更股东、转让股权或者调整股权结构的，应当经中国人民银行批准；涉及国有股权变动的，并应当按照规定经财政部门批准。

未经依法批准，金融机构擅自变更股东、转让股权或者调整股权结构的，给予警告，没收违法所得，并处违法所得 1 倍以上 3 倍以下的罚款，没有违法所得的，处 5 万元以上 30 万元以下的罚款；对该金融机构直接负责的高级管理人员，给予撤职直至开除的纪律处分。

第八条 金融机构不得虚假出资或者抽逃出资。

金融机构虚假出资或者抽逃出资的，责令停业整顿，并处虚假出资金额或者抽逃出资金额 5% 以上 10% 以下的罚款；对该金融机构直接负责的高级管理人员给予开除的纪律处分，对其他直接负责的主管人员和直接责任人员给予记过直至开除的纪律处分；情节严重的，吊销该金融机构的经营金融业务许可证;构成虚假出资、抽逃出资罪或者其他罪的,依法追究刑事责任。

第九条 金融机构不得超出中国人民银行批准的业务范围从事金融业务活动。

金融机构超出中国人民银行批准的业务范围从事金融业务活动的,给予警告,没收违法所得,并处违法所得1倍以上5倍以下的罚款,没有违法所得的,处10万元以上50万元以下的罚款;对该金融机构直接负责的高级管理人员给予撤职直至开除的纪律处分,对其他直接负责的主管人员和直接责任人员给予记过直至开除的纪律处分;情节严重的,责令该金融机构停业整顿或者吊销经营金融业务许可证;构成非法经营罪或者其他罪的,依法追究刑事责任。

第十条 金融机构的代表机构不得经营金融业务。

金融机构的代表机构经营金融业务的,给予警告,没收违法所得,并处违法所得1倍以上3倍以下的罚款,没有违法所得的,处5万元以上30万元以下的罚款;对该金融机构直接负责的高级管理人员给予撤职直至开除的纪律处分,对其他直接负责的主管人员和直接责任人员给予降级直至开除的纪律处分;情节严重的,撤销该代表机构。

第十一条 金融机构不得以下列方式从事账外经营行为:

(一)办理存款、贷款等业务不按照会计制度记账、登记,或者不在会计报表中反映;

(二)将存款与贷款等不同业务在同一账户内轧差处理;

(三)经营收入未列入会计账册;

(四)其他方式的账外经营行为。

金融机构违反前款规定的,给予警告,没收违法所得,并处违法所得1倍以上5倍以下的罚款,没有违法所得的,处10万元以上50万元以下的罚款;对该金融机构直接负责的高级管理人员、其他直接负责的主管人员和直接责任人员,给予开除的纪律处分;情节严重的,责令该金融机构停业整顿或者吊销经营金融业务许可证;构成用账外客户资金非法拆借、发放贷款罪或者其他罪的,依法追究刑事责任。

第十二条 金融机构不得提供虚假的或者隐瞒重要事实的财务会计报告、统计报告。

金融机构提供虚假的或者隐瞒重要事实的财务会计报告、统计报告的,给予警告,并处10万元以上50万元以下的罚款;对该金融机构直接负责的高级管理人员给予撤职直至开除的纪律处分,对其他直接负责的主管人员和直接责任人员给予记大过直至开除的纪律处分;情节严重的,责令该金融机构停业整顿或者吊销经营金融业务许可证;构成提供虚假财会报告罪或者其他罪的,依法追究刑事责任。

第十三条 金融机构不得出具与事实不符的信用证、保函、票据、存单、资信证明等金融票证。

金融机构弄虚作假,出具与事实不符的信用证、保函、票据、存单、资信证明等金融票证的,给予警告,没收违法所得,并处违法所得1倍以上5倍以下的罚款,没有违法所得的,处10万元以上50万元以下的罚款;对该金融机构直接负责的高级管理人员、其他直接负责的主管人员和直接责任人员,给予开除的纪律处分;构成非法出具金融票证罪或者其他罪的,依法追究刑事责任。

第十四条 金融机构对违反票据法规定的票据,不得承兑、贴现、付款或者保证。

金融机构对违反票据法规定的票据,予以承兑、贴现、付款或者保证的,给予警告,没收违法所得,并处违法所得1倍以上3倍以下的罚款,没有违法所得的,处5万元以上30万元以下的罚款;对该金融机构直接负责的高级管理人员、其他直接负责的主管人员和直接责任人员,给予记大过直至开除的纪律处分;造成资金损失的,对该金融机构直接负责的高级管理人员,给予撤职直至开除的纪律处分;构成对违法票据承兑、付款、保证罪或者其他罪的,依法追究刑事责任。

第十五条 金融机构办理存款业务,不得有下列行为:

(一)擅自提高利率或者变相提高利率,吸收存款;

(二)明知或者应知是单位资金,而允许以个人名义开立账户存储;

(三)擅自开办新的存款业务种类;

(四)吸收存款不符合中国人民银行规定的客户范围、期限和最低限额;

(五)违反规定为客户多头开立账户;

(六)违反中国人民银行规定的其他存款行为。

金融机构有前款所列行为之一的,给予警告,没收违法所得,并处违法所得1倍以上3倍以下的罚款,没有违法所得的,处5万元以上30万元以下的罚款;对该金融机构直接负责的高级管理人员给予撤职直至开除的纪律处分,对其他直接负责的主管人员和直接责任人员给予降级直至开除的纪律处分;情节严重的,责令该金融机构停业整顿或者吊销经营金融业务许可证。

第十六条 金融机构办理贷款业务,不得有下列行为:

(一) 向关系人发放信用贷款;

(二) 向关系人发放担保贷款的条件优于其他借款人同类贷款的条件;

(三) 违反规定提高或者降低利率以及采用其他不正当手段发放贷款;

(四) 违反中国人民银行规定的其他贷款行为。

金融机构有前款所列行为之一的,给予警告,没收违法所得,并处违法所得1倍以上5倍以下的罚款,没有违法所得的,处10万元以上50万元以下的罚款;对该金融机构直接负责的高级管理人员、其他直接负责的主管人员和直接责任人员,给予撤职直至开除的纪律处分;情节严重的,责令该金融机构停业整顿或者吊销经营金融业务许可证;构成违法向关系人发放贷款罪、违法发放贷款罪或者其他罪的,依法追究刑事责任。

第十七条 金融机构从事拆借活动,不得有下列行为:

(一) 拆借资金超过最高限额;

(二) 拆借资金超过最长期限;

(三) 不具有同业拆借业务资格而从事同业拆借业务;

(四) 在全国统一同业拆借网络之外从事同业拆借业务;

(五) 违反中国人民银行规定的其他拆借行为。

金融机构有前款所列行为之一的,暂停或者停止该项业务,没收违法所得,并处违法所得1倍以上3倍以下的罚款,没有违法所得的,处5万元以上30万元以下的罚款;对该金融机构直接负责的高级管理人员、其他直接负责的主管人员和直接责任人员,给予记大过直至开除的纪律处分。

第十八条 金融机构不得违反国家规定从事证券、期货或者其他衍生金融工具交易,不得为证券、期货或者其他衍生金融工具交易提供信贷资金或者担保,不得违反国家规定从事非自用不动产、股权、实业等投资活动。

金融机构违反前款规定的,给予警告,没收违法所得,并处违法所得1倍以上5倍以下的罚款,没有违法所得的,处10万元以上50万元以下的罚款;对该金融机构直接负责的高级管理人员给予开除的纪律处分,对其他直接负责的主管人员和直接责任人员给予撤职直至开除的纪律处分;情节严重的,责令该金融机构停业整顿或者吊销经营金融业务许可证;构成非法经营罪、违法发放贷款罪或者其他罪的,依法追究刑事责任。

第十九条 金融机构应当遵守中国人民银行有关现金管理的规定,不得允许单位或者个人超限额提取现金。

金融机构违反中国人民银行有关现金管理的规定,允许单位或者个人超限额提取现金的,给予警告,并处5万元以上30万元以下的罚款;对该金融机构直接负责的高级管理人员、其他直接负责的主管人员和直接责任人员,给予记大过直至开除的纪律处分。

第二十条 金融机构应当遵守中国人民银行有关信用卡管理的规定,不得违反规定对持卡人透支或者帮助持卡人利用信用卡套取现金。

金融机构违反中国人民银行有关信用卡管理的规定,对持卡人透支或者帮助持卡人利用信用卡套取现金的,给予警告,并处5万元以上30万元以下的罚款;对该金融机构直接负责的高级管理人员、其他直接负责的主管人员和直接责任人员,给予记大过直至开除的纪律处分。

第二十一条 金融机构应当遵守中国人民银行有关资产负债比例管理的规定。

金融机构违反中国人民银行有关资产负债比例管理规定的,给予警告,没收违法所得,并处违法所得1倍以上3倍以下的罚款,没有违法所得的,处5万元以上30万元以下的罚款;对该金融机构直接负责的高级管理人员,给予记大过直至开除的纪律处分。

第二十二条 金融机构不得占压财政存款或者资金。

金融机构占压财政存款或者资金的,给予警告,没收违法所得,并处违法所得1倍以上3倍以下的罚款,没有违法所得的,处5万元以上30万元以下的罚款;对该金融机构直接负责的高级管理人员给予撤职直至开除的纪律处分,对其他直接负责的主管人员和直接责任人员给予降级直至开除的纪律处分。

第二十三条 金融机构应当依法协助税务机关、海关办理对纳税人存款的冻结、扣划。

金融机构违反前款规定,造成税款流失的,给予警告,并处10万元以上50万元以下的罚款;对该金融机构直接负责的高级管理人员、其他直接负责的主管人员和直接责任人员,给予撤职直至开除的纪律处分;构成违反治安管理行为的,依法给予治安管理处罚;构成妨害公务罪或者其他罪的,依法追究刑事责任。

第二十四条 经营外汇业务的金融机构应当遵守国家外汇管理规定。

经营外汇业务的金融机构违反国家外汇管理规定的，依照外汇管理条例的规定，给予行政处罚；对该金融机构直接负责的高级管理人员、其他直接负责的主管人员和直接责任人员，给予记过直至开除的纪律处分；情节严重的，对该金融机构直接负责的高级管理人员，给予撤职直至开除的纪律处分；构成犯罪的，依法追究刑事责任。

第二十五条 经营外汇业务的金融机构，不得有下列行为：

（一）对大额购汇、频繁购汇、存取大额外币现钞等异常情况不及时报告；

（二）未按照规定办理国际收支申报。

经营外汇业务的金融机构有前款所列行为之一的，给予警告，并处5万元以上30万元以下的罚款；对该金融机构直接负责的高级管理人员、其他直接负责的主管人员和直接责任人员，给予记过直至开除的纪律处分；情节严重的，对该金融机构直接负责的高级管理人员，给予撤职直至开除的纪律处分；构成签订、履行合同失职被骗罪或者其他罪的，依法追究刑事责任。

第二十六条 商业银行不得为证券、期货交易资金清算透支或者为新股申购透支。

商业银行为证券、期货交易资金清算透支或者为新股申购透支的，给予警告，没收违法所得，并处违法所得1倍以上5倍以下的罚款，没有违法所得的，处10万元以上50万元以下的罚款；对该商业银行直接负责的高级管理人员给予开除的纪律处分，对其他直接负责的主管人员和直接责任人员给予撤职直至开除的纪律处分。

第二十七条 财务公司不得有下列行为：

（一）超过中国人民银行批准的规模发行财务公司债券；

（二）吸收非集团成员单位存款或者向非集团成员单位发放贷款；

（三）违反规定向非集团成员单位提供金融服务；

（四）违反中国人民银行规定的其他行为。

财务公司有前款所列行为之一的，给予警告，没收违法所得，并处违法所得1倍以上5倍以下的罚款，没有违法所得的，处10万元以上50万元以下的罚款；对该财务公司直接负责的高级管理人员、其他直接负责的主管人员和直接责任人员，给予记过直至开除的纪律处分；情节严重的，责令该财务公司停业整顿，对直接负责的高级管理人员给予撤职直至开除的纪律处分；构成非法吸收公众存款罪、擅自发行股票、公司企业债券罪或者其他罪的，依法追究刑事责任。

第二十八条 信托投资公司不得以办理委托、信托业务名义吸收公众存款、发放贷款，不得违反国家规定办理委托、信托业务。

信托投资公司违反前款规定的，给予警告，没收违法所得，并处违法所得1倍以上5倍以下的罚款，没有违法所得的，处10万元以上50万元以下的罚款；对该信托投资公司直接负责的高级管理人员、其他直接负责的主管人员和直接责任人员，给予记大过直至开除的纪律处分；情节严重的，暂停或者停止该项业务，对直接负责的高级管理人员给予撤职直至开除的纪律处分；构成非法吸收公众存款罪、集资诈骗罪或者其他罪的，依法追究刑事责任。

第二十九条 金融机构缴纳的罚款和被没收的违法所得，不得列入该金融机构的成本、费用。

第三十条 对中国人民银行所属从事金融业务的机构的金融违法行为的处罚，适用本办法。

第三十一条 对证券违法行为的处罚，依照国家有关证券管理的法律、行政法规执行，不适用本办法。

对保险违法行为的处罚，依照国家有关保险管理的法律、行政法规执行，不适用本办法。

第三十二条 本办法自发布之日起施行。

银行保险违法行为举报处理办法

·2019年12月25日中国银行保险监督管理委员会令2019年第8号公布

·自2020年3月1日起施行

第一条 为规范中国银行保险监督管理委员会及派出机构（以下统称银行保险监督管理机构）对银行保险违法行为举报处理工作，维护经济金融秩序，根据《中华人民共和国银行业监督管理法》《中华人民共和国商业银行法》《中华人民共和国保险法》等有关法律、行政法规，制定本办法。

第二条 自然人、法人或者其他组织（以下简称举报人），对被举报人违反相关银行保险监管法律、行政法规、部门规章和其他规范性文件的行为向银行保险监督管理机构举报，请求银行保险监督管理机构依法履行查处职责，银行保险监督管理机构对该举报的处理，适用本办法。

本办法所称被举报人，包括银行业金融机构及从业人员，保险机构、保险中介机构及从业人员，银行保险监督管理机构负责监管的其他主体，以及涉嫌非法设立银行业金融机构、保险机构、保险中介机构和非法经营银行业务、保险业务、保险中介业务的自然人、法人或者其他组织。

第三条 举报处理工作应当遵循统一领导、属地管理、分级负责的原则。

银行保险监督管理机构应当明确举报处理工作的管理部门和承办部门，分别负责对举报处理工作进行管理和办理。

第四条 银行保险监督管理机构应当遵循依法、公正、及时的原则，建立健全举报处理工作机制。

第五条 银行保险监督管理机构应当在官方网站公开受理举报的通信地址、联系电话、举报受理范围等信息。

第六条 银行保险监督管理机构对被举报人违法行为的管辖，根据银行保险监督管理机构对被举报人的直接监管职权管辖范围确定。

不同银行保险监督管理机构对同一举报事项的管辖权有争议的，报请共同的上级机构确定。

第七条 举报分为实名举报和匿名举报。在举报时提供本人真实姓名（名称）、有效身份信息和有效联系方式、身份证复印件等信息并签字（盖章）的，为实名举报。

对举报人采取书面邮寄方式向银行保险监督管理机构提出举报的，银行保险监督管理机构应当依据书面举报材料进行处理。对采取面谈方式提出举报的，银行保险监督管理机构应当予以记录并经本人签字确认后提交。对采取电话方式提出举报的，举报人应当补充提交书面举报材料。拒绝签字确认或补充提交书面材料的，视为匿名举报。

五名以上举报人拟采取面谈方式共同提出举报的，应当推选一至二名代表。

对于实名举报，银行保险监督管理机构需按本办法要求，履行相关告知程序。对于匿名举报，银行保险监督管理机构根据举报内容及举报人提供的相关证明材料等情况依法进行处理，不受本办法规定的期限限制，也不履行本办法规定的相关告知程序。

第八条 举报同时符合下列条件的，予以受理：
（一）举报事项属于本机构的监管职责范围；
（二）有明确的被举报人；
（三）有被举报人违反相关银行保险监管法律、行政法规、部门规章和其他规范性文件行为的具体事实及相关的证明材料。

第九条 有下列情形之一的，银行保险监督管理机构不予受理：
（一）不符合本办法第八条规定的受理条件的；
（二）已经受理的举报，举报人在处理期间再次举报，且举报内容无新的事实、证明材料的；
（三）已经办结的举报，举报人再次举报，且举报内容无新的事实、证明材料的；
（四）已经或依法应当通过诉讼、仲裁、行政复议等法定途径予以解决的；
（五）反映的被举报人银行保险违法行为已由其他银行保险监督管理机构依法处理，或已由本机构通过举报以外的途径发现并依法处理的；
（六）已经或者依法应当由其他国家机关处理的；
（七）其他依法不应当受理的情形。

银行保险监督管理机构经审核认为举报材料中部分事项或诉求属于受理范围，部分事项或诉求不属于受理范围的，可作部分受理，并书面告知举报人。

银行保险监督管理机构在受理举报材料后发现存在本条所列情形的，可作出撤销举报材料受理的决定，并书面告知举报人。

第十条 银行保险监督管理机构应当在收到举报之日起15日内审查决定是否受理，并书面告知举报人。

举报材料不符合本办法第八条第二项、第三项规定，或举报人提供的身份信息等材料不符合实名举报的要求的，银行保险监督管理机构可以要求举报人在合理期限内补充提供有关材料。受理审查时限自收到完整材料之日起计算。举报人无正当理由逾期未补充提供符合本办法第八条第二项、第三项规定的举报材料的，视为放弃举报。举报人无正当理由逾期未补充提供符合实名举报要求的身份信息等材料的，视为匿名举报。

第十一条 对于不属于本机构负责处理，但属于其他银行保险监督管理机构负责处理的举报，应当在收到举报之日起15日内转交其他有职责的单位，同时将举报转交情形告知举报人。

接受转交举报的银行保险监督管理机构，应当在收到转交举报之日起15日内审查决定是否受理，并书面告知举报人。

对于不属于银行保险监督管理机构负责处理的举报，应当在收到举报之日起15日内书面告知举报人向有权机关提出。

第十二条 银行保险监督管理机构应当在受理后及时开展对举报的调查工作。自受理之日起60日内，对被举报的违法行为作出书面调查意见，并及时书面告知举报人,但不得泄露国家秘密、商业秘密和个人隐私。举报人在办理期限内针对已经受理的同一举报事项提出新的事实、证明材料和理由,并需要查证的,或多个举报人就同一事项提出举报的,可以合并处理。举报办理期限自收到新材料之日起重新计算,并书面告知举报人。法律、行政法规另有规定的,从其规定。

银行保险监督管理机构决定或协调组织开展鉴定以及需要其他行政机关进行协查等工作的,所需时间不计入前款规定的期限。

银行保险监督管理机构依法对被举报的违法行为进行调查后,如发现存在违法违规行为,但无法在受理之日起60日内作出行政处罚、监管强制措施等决定的,在书面调查意见中应当告知举报人将依法予以处理。

在本条规定的60日期限内发现情况复杂,需要延长调查期限的,经批准可以适当延长,一般不超过30日,并应当书面告知举报人。

上级机构可以将本机构受理的举报事项交由下级机构调查。接受交办的下级机构应当及时向上级机构反馈有关情况。

第十三条 在举报调查期限内,举报人主动提出撤回举报申请的,视为放弃举报。银行保险监督管理机构不再将调查处理情况告知举报人。

第十四条 被举报人应当配合银行保险监督管理机构调查,如实提供相关材料。

第十五条 银行保险监督管理机构及其工作人员在举报处理工作中,应当依法对举报人的个人隐私及举报材料中需要保密的内容或有关情况履行必要的保密义务,未经批准,不得随意对外泄露。

银行保险监督管理机构工作人员与举报事项、举报人或者被举报人有直接利害关系的,应当回避。

第十六条 举报人提出举报,应当实事求是,遵守法律、行政法规、部门规章,对所提供材料内容的真实性负责。举报人捏造、歪曲事实,诬告陷害他人的,依法承担法律责任。

第十七条 中国银行保险监督管理委员会建立举报处理工作年度报告制度,各省级派出机构应当于每年4月30日前向中国银行保险监督管理委员会报告上一年度举报处理工作情况。

各派出机构发生重大举报事项的,应当及时向上一级机构报告。

第十八条 对有重大社会影响的银行保险违法行为举报典型案例,银行保险监督管理机构可以向社会公布,但涉及国家秘密、商业秘密和个人隐私的除外。

第十九条 银行保险监督管理机构可以使用举报处理专用章办理本办法规定的举报事项。

第二十条 对银行保险违法违规问题的举报,相关法律、行政法规和国务院文件有专门规定的,按相关规定处理。

第二十一条 本办法所称"日"为自然日。

本办法所称"书面告知",包括纸质告知以及通过平台短信等电子信息形式进行的告知。

第二十二条 各省级派出机构可以根据本办法制定实施细则。

第二十三条 本办法由中国银行保险监督管理委员会负责解释。

第二十四条 本办法自2020年3月1日起施行。《保险违法行为举报处理工作办法》和《保险消费投诉处理管理办法》同时废止。原中国银监会、原中国保监会以前发布的规定与本办法不一致的,以本办法为准。

金融机构大额交易和可疑交易报告管理办法

· 2016年12月28日中国人民银行令〔2016〕第3号公布
· 根据2018年7月26日《中国人民银行关于修改〈金融机构大额交易和可疑交易报告管理办法〉的决定》修正

第一章 总 则

第一条 为了规范金融机构大额交易和可疑交易报告行为,根据《中华人民共和国反洗钱法》、《中华人民共和国中国人民银行法》、《中华人民共和国反恐怖主义法》等有关法律法规,制定本办法。

第二条 本办法适用于在中华人民共和国境内依法设立的下列金融机构:

(一)政策性银行、商业银行、农村合作银行、农村信用社、村镇银行。

(二)证券公司、期货公司、基金管理公司。

(三)保险公司、保险资产管理公司、保险专业代理公司、保险经纪公司。

(四)信托公司、金融资产管理公司、企业集团财务公司、金融租赁公司、汽车金融公司、消费金融公司、货币经纪公司、贷款公司。

(五)中国人民银行确定并公布的应当履行反洗钱义务的从事金融业务的其他机构。

第三条 金融机构应当履行大额交易和可疑交易报告义务,向中国反洗钱监测分析中心报送大额交易和可疑交易报告，接受中国人民银行及其分支机构的监督、检查。

第四条 金融机构应当通过其总部或者总部指定的一个机构，按本办法规定的路径和方式提交大额交易和可疑交易报告。

第二章 大额交易报告

第五条 金融机构应当报告下列大额交易：

（一）当日单笔或者累计交易人民币5万元以上（含5万元）、外币等值1万美元以上（含1万美元）的现金缴存、现金支取、现金结售汇、现钞兑换、现金汇款、现金票据解付及其他形式的现金收支。

（二）非自然人客户银行账户与其他的银行账户发生当日单笔或者累计交易人民币200万元以上（含200万元）、外币等值20万美元以上（含20万美元）的款项划转。

（三）自然人客户银行账户与其他的银行账户发生当日单笔或者累计交易人民币50万元以上（含50万元）、外币等值10万美元以上（含10万美元）的境内款项划转。

（四）自然人客户银行账户与其他的银行账户发生当日单笔或者累计交易人民币20万元以上（含20万元）、外币等值1万美元以上（含1万美元）的跨境款项划转。

累计交易金额以客户为单位，按资金收入或者支出单边累计计算并报告。中国人民银行另有规定的除外。

中国人民银行根据需要可以调整本条第一款规定的大额交易报告标准。

第六条 对同时符合两项以上大额交易标准的交易，金融机构应当分别提交大额交易报告。

第七条 对符合下列条件之一的大额交易，如未发现交易或行为可疑的，金融机构可以不报告：

（一）定期存款到期后，不直接提取或者划转，而是本金或者本金加全部或者部分利息续存入在同一金融机构开立的同一户名下的另一账户。

活期存款的本金或者本金加全部或者部分利息转为在同一金融机构开立的同一户名下的另一账户内的定期存款。

定期存款的本金或者本金加全部或者部分利息转为在同一金融机构开立的同一户名下的另一账户内的活期存款。

（二）自然人实盘外汇买卖交易过程中不同外币币种间的转换。

（三）交易一方为各级党的机关、国家权力机关、行政机关、司法机关、军事机关、人民政协机关和人民解放军、武警部队，但不包含其下属的各类企事业单位。

（四）金融机构同业拆借、在银行间债券市场进行的债券交易。

（五）金融机构在黄金交易所进行的黄金交易。

（六）金融机构内部调拨资金。

（七）国际金融组织和外国政府贷款转贷业务项下的交易。

（八）国际金融组织和外国政府贷款项下的债务掉期交易。

（九）政策性银行、商业银行、农村合作银行、农村信用社、村镇银行办理的税收、错账冲正、利息支付。

（十）中国人民银行确定的其他情形。

第八条 金融机构应当在大额交易发生之日起5个工作日内以电子方式提交大额交易报告。

第九条 下列金融机构与客户进行金融交易并通过银行账户划转款项的，由银行机构按照本办法规定提交大额交易报告：

（一）证券公司、期货公司、基金管理公司。

（二）保险公司、保险资产管理公司、保险专业代理公司、保险经纪公司。

（三）信托公司、金融资产管理公司、企业集团财务公司、金融租赁公司、汽车金融公司、消费金融公司、货币经纪公司、贷款公司。

第十条 客户通过在境内金融机构开立的账户或者境内银行卡所发生的大额交易，由开立账户的金融机构或者发卡银行报告；客户通过境外银行卡所发生的大额交易，由收单机构报告；客户不通过账户或者银行卡发生的大额交易，由办理业务的金融机构报告。

第三章 可疑交易报告

第十一条 金融机构发现或者有合理理由怀疑客户、客户的资金或者其他资产、客户的交易或者试图进行的交易与洗钱、恐怖融资等犯罪活动相关的，不论所涉资金金额或者资产价值大小，应当提交可疑交易报告。

第十二条 金融机构应当制定本机构的交易监测标准，并对其有效性负责。交易监测标准包括并不限于客户的身份、行为，交易的资金来源、金额、频率、流向、性质等存在异常的情形，并应当参考以下因素：

（一）中国人民银行及其分支机构发布的反洗钱、反恐怖融资规定及指引、风险提示、洗钱类型分析报告和风险评估报告。

（二）公安机关、司法机关发布的犯罪形势分析、风险提示、犯罪类型报告和工作报告。

（三）本机构的资产规模、地域分布、业务特点、客户群体、交易特征，洗钱和恐怖融资风险评估结论。

（四）中国人民银行及其分支机构出具的反洗钱监管意见。

（五）中国人民银行要求关注的其他因素。

第十三条 金融机构应当定期对交易监测标准进行评估，并根据评估结果完善交易监测标准。如发生突发情况或者应当关注的情况的，金融机构应当及时评估和完善交易监测标准。

第十四条 金融机构应当对通过交易监测标准筛选出的交易进行人工分析、识别，并记录分析过程；不作为可疑交易报告的，应当记录分析排除的合理理由；确认为可疑交易的，应当在可疑交易报告理由中完整记录对客户身份特征、交易特征或行为特征的分析过程。

第十五条 金融机构应当在按本机构可疑交易报告内部操作规程确认为可疑交易后，及时以电子方式提交可疑交易报告。

第十六条 既属于大额交易又属于可疑交易的交易，金融机构应当分别提交大额交易报告和可疑交易报告。

第十七条 可疑交易符合下列情形之一的，金融机构应当在向中国反洗钱监测分析中心提交可疑交易报告的同时，以电子形式或书面形式向所在地中国人民银行或者其分支机构报告，并配合反洗钱调查：

（一）明显涉嫌洗钱、恐怖融资等犯罪活动的。

（二）严重危害国家安全或者影响社会稳定的。

（三）其他情节严重或者情况紧急的情形。

第十八条 金融机构应当对下列恐怖活动组织及恐怖活动人员名单开展实时监测，有合理理由怀疑客户或者其交易对手、资金或者其他资产与名单相关的，应当在立即向中国反洗钱监测分析中心提交可疑交易报告的同时，以电子形式或书面形式向所在地中国人民银行或者其分支机构报告，并按照相关主管部门的要求依法采取措施。

（一）中国政府发布的或者要求执行的恐怖活动组织及恐怖活动人员名单。

（二）联合国安理会决议中所列的恐怖活动组织及恐怖活动人员名单。

（三）中国人民银行要求关注的其他涉嫌恐怖活动的组织及人员名单。

恐怖活动组织及恐怖活动人员名单调整的，金融机构应当立即开展回溯性调查，并按前款规定提交可疑交易报告。

法律、行政法规、规章对上述名单的监控另有规定的，从其规定。

第四章　内部管理措施

第十九条 金融机构应当根据本办法制定大额交易和可疑交易报告内部管理制度和操作规程，对本机构的大额交易和可疑交易报告工作做出统一要求，并对分支机构、附属机构大额交易和可疑交易报告制度的执行情况进行监督管理。

金融机构应当将大额交易和可疑交易报告制度向中国人民银行或其总部所在地的中国人民银行分支机构报备。

第二十条 金融机构应当设立专职的反洗钱岗位，配备专职人员负责大额交易和可疑交易报告工作，并提供必要的资源保障和信息支持。

第二十一条 金融机构应当建立健全大额交易和可疑交易监测系统，以客户为基本单位开展资金交易的监测分析，全面、完整、准确地采集各业务系统的客户身份信息和交易信息，保障大额交易和可疑交易监测分析的数据需求。

第二十二条 金融机构应当按照完整准确、安全保密的原则，将大额交易和可疑交易报告、反映交易分析和内部处理情况的工作记录等资料自生成之日起至少保存5年。

保存的信息资料涉及正在被反洗钱调查的可疑交易活动，且反洗钱调查工作在前款规定的最低保存期届满时仍未结束的，金融机构应将其保存至反洗钱调查工作结束。

第二十三条 金融机构及其工作人员应当对依法履行大额交易和可疑交易报告义务获得的客户身份资料和交易信息，对依法监测、分析、报告可疑交易的有关情况予以保密，不得违反规定向任何单位和个人提供。

第五章　法律责任

第二十四条 金融机构违反本办法的，由中国人民银行或者其地市中心支行以上分支机构按照《中华人民共和国反洗钱法》第三十一条、第三十二条的规定予以处罚。

第六章　附则

第二十五条 非银行支付机构、从事汇兑业务和基金销售业务的机构报告大额交易和可疑交易适用本办法。银行卡清算机构、资金清算中心等从事清算业务的机构应当按照中国人民银行有关规定开展交易监测分析、报告工作。

本办法所称非银行支付机构，是指根据《非金融机构支付服务管理办法》（中国人民银行令〔2010〕第2号发布）规定取得《支付业务许可证》的支付机构。

本办法所称资金清算中心，包括城市商业银行资金清算中心、农信银资金清算中心有限责任公司及中国人民银行确定的其他资金清算中心。

第二十六条 本办法所称非自然人，包括法人、其他组织和个体工商户。

第二十七条 金融机构应当按照本办法所附的大额交易和可疑交易报告要素要求（要素内容见附件），制作大额交易报告和可疑交易报告的电子文件。具体的报告格式和填报要求由中国人民银行另行规定。

第二十八条 中国反洗钱监测分析中心发现金融机构报送的大额交易报告或者可疑交易报告内容要素不全或者存在错误的，可以向提交报告的金融机构发出补正通知，金融机构应当在接到补正通知之日起5个工作日内补正。

第二十九条 本办法由中国人民银行负责解释。

第三十条 本办法自2017年7月1日起施行。中国人民银行2006年11月14日发布的《金融机构大额交易和可疑交易报告管理办法》（中国人民银行令〔2006〕第2号）和2007年6月11日发布的《金融机构报告涉嫌恐怖融资的可疑交易管理办法》（中国人民银行令〔2007〕第1号）同时废止。中国人民银行此前发布的大额交易和可疑交易报告的其他规定，与本办法不一致的，以本办法为准。

附：金融机构大额交易和可疑交易报告要素内容（略）

中国银保监会现场检查办法（试行）

- 2019年12月24日中国银行保险监督管理委员会令2019年第7号公布
- 自2020年1月28日起施行

第一章 总则

第一条 为全面贯彻落实党中央、国务院对金融工作的决策部署，加强对银行业和保险业的监督管理，规范现场检查行为，提升现场检查质效，促进行业健康发展，根据《中华人民共和国银行业监督管理法》《中华人民共和国保险法》《中华人民共和国商业银行法》等有关法律法规，制定本办法。

第二条 本办法所称现场检查，是指中国银行保险监督管理委员会（以下简称"银保监会"）及其派出机构依法对银行业和保险业机构经营管理情况进行监督检查的行政执法行为。

第三条 现场检查是银保监会及其派出机构监督管理的重要组成部分，通过发挥查错纠弊、校验核实、评价指导、警示威慑等作用，督促银行业和保险业机构贯彻落实国家宏观政策及监管政策，提高经营管理水平、合法稳健经营，落实银行业和保险业机构风险防控的主体责任，维护银行业和保险业安全，更好服务实体经济发展。

第四条 银保监会及其派出机构开展现场检查应当依照法律、行政法规、规章和规范性文件确定的职责、权限和程序进行。

第五条 银保监会及其派出机构和实施现场检查的人员（以下简称检查人员）应当依法检查，文明执法，严格落实中央八项规定精神，遵守保密和廉政纪律。银保监会及其派出机构应当加强现场检查纪律和廉政制度建设，加强对检查人员廉洁履职情况的监督。

第六条 银保监会及其派出机构依法开展现场检查，被查机构及其工作人员应当配合，保证提供的有关文件资料及相关情况真实、准确、完整、及时。对于被查机构及其工作人员存在不配合检查、不如实反映情况或拒绝、阻碍检查等行为的，银保监会及其派出机构可以根据情节轻重，对相关机构和个人依法采取监管措施和行政处罚。

检查期间，被查机构应当为现场检查工作提供必要的办公条件和工作保障。

被查机构及其工作人员未经银保监会及其派出机构同意，不得将检查情况和相关信息向外透露。

第七条 本办法所指现场检查包括常规检查、临时检查和稽核调查等。

常规检查是纳入年度现场检查计划的检查。按检查范围可以分为风险管理及内控有效性等综合性检查，对某些业务领域或区域进行的专项检查，对被查机构以往现场检查中发现的重大问题整改落实情况进行的后续检查。

临时检查是在年度现场检查计划之外，根据重大工作部署或临时工作任务开展的检查。

稽核调查是适用简化现场检查流程对特定事项进行专门调查的活动。

第八条 银保监会及其派出机构应当建立和完善现场检查管理信息系统，实现检查资源共享，提高现场检查效率。

第九条　银保监会及其派出机构应当严格按照法律法规规定的程序编制现场检查项目经费预算,强化预算管理,合规使用检查费用。

第十条　银保监会及其派出机构应当配备与检查任务相适应的检查力量,加强现场检查专业人才培养,建立完善随机检查人员名录库,细化人才的专业领域,提升现场检查水平,将现场检查作为培养银行业和保险业监管队伍和提高监管能力的重要途径。

第十一条　银保监会各部门、各派出机构在现场检查工作中应当加强沟通协调,建立有效的现场检查联动机制。

第二章　职责分工

第十二条　根据监管职责划分,银保监会及其派出机构现场检查工作实行分级立项、分级实施,按照"谁立项、谁组织、谁负责"的工作机制,开展现场检查。

第十三条　银保监会负责统筹全系统现场检查工作,根据监管职责划分,组织对相关银行业和保险业机构的现场检查,组织全系统重大专项检查、临时检查和稽核调查,对派出机构的现场检查进行统筹指导和考核评价。

第十四条　各派出机构负责统筹辖内现场检查工作,根据监管职责划分,组织对辖内银行业和保险业机构的现场检查,完成上级部门部署的现场检查任务,对下级部门的现场检查工作进行指导、考核和评价。

第十五条　根据需要,银保监会可以对银保监局监管的机构、银保监局可以对辖内银保监分局监管的机构直接开展现场检查。

第十六条　银保监会及其派出机构现场检查部门负责现场检查的归口管理。

银保监会及其派出机构承担现场检查任务的部门负责现场检查的立项和组织实施,提出整改、采取监管措施和行政处罚的建议,通过约谈、后续检查和稽核调查等方式对被查机构整改情况进行评价,并就现场检查情况及时与相关部门进行沟通。

银保监会及其派出机构的其他机构监管和功能监管等部门积极配合开展现场检查工作,负责提出现场检查立项建议,加强信息共享,提供现场检查所需的数据、资料和相关信息。

第十七条　银保监会及其派出机构应当加强与政府相关部门的工作联动,沟通检查情况,依法共享检查信息,积极探索利用征信信息、工商登记信息、纳税信息等外部数据辅助现场检查工作。配合建立跨部门双随机联合抽查工作机制,必要时可以联合其他部门开展对银行业和保险业机构相关业务领域的现场检查。

第十八条　银保监会及其派出机构应当根据监管备忘录等合作协议规定和对等原则,开展对中资银行业和保险业机构境外机构及业务的检查,并加强与境外监管机构的沟通协作,配合境外监管机构做好外资银行业和保险业机构境内机构及业务的检查。

第三章　立项管理

第十九条　根据监管职责划分,银保监会及其派出机构实行分级立项。银保监会及其派出机构应当加强现场检查立项管理,根据银行业和保险业机构的依法合规情况、评级情况、系统重要性程度、风险状况和以往检查情况等,结合随机检查对象名录库及随机抽查事项清单,确定现场检查的频率、范围,确保检查项目科学、合理、可行。未经立项审批程序,不得开展现场检查。

第二十条　银保监会现场检查部门应当在征求机构监管、功能监管等部门以及各银保监局意见基础上,结合检查资源情况,制定年度现场检查计划,报委务会议或专题主席会议审议决定,由银保监会主要负责人签发。各银保监局制定辖内的年度现场检查计划,按相关规定向银保监会报告。

第二十一条　银保监会按年度制定现场检查计划,现场检查计划一经确定原则上不作更改。列入年度计划的个别项目确需调整的,应当说明调整意见及理由,每年中期集中调整一次。调整时,对于银保监会负责的项目,应当经银保监会负责人审批;对于派出机构负责的项目,应当经银保监局负责人审批同意后,按要求向银保监会报告。

第二十二条　经银保监会或银保监局主要负责人批准,银保监会或银保监局可以立项开展临时检查。各银保监局应当在临时立项后10个工作日内,将立项情况向银保监会报告。银保监会相关部门针对重大风险隐患或重大突发事件拟按照现场检查流程开展的检查,原则上应当按照职责分工和分级立项要求,会签相应的现场检查部门。

第二十三条　稽核调查可以纳入年度现场检查计划,也可以适用临时检查立项程序。

第四章　检查流程

第二十四条　现场检查工作分为检查准备、检查实施、检查报告、检查处理和检查档案整理五个阶段。

第二十五条　银保监会及其派出机构组织实施现场

检查可以采取以下方式：

（一）由立项单位组织实施；

（二）由上级部门部署下级部门实施；

（三）对专业性强的领域，可以要求银行业和保险业机构选聘符合条件的第三方机构进行检查，并将检查结果报告监管部门；

（四）必要时可以按照相关程序，聘请资信良好、符合条件的会计师事务所等第三方机构参与检查工作，具体办法由银保监会另行制定；

（五）采用符合法律法规及规章规定的其他方式实施。

第二十六条 银保监会及其派出机构依法组织实施现场检查时，检查人员不得少于二人，并应当出示执法证或工作证等合法证件和检查通知书。检查人员少于二人或未出示合法证件和检查通知书的，被检查单位和个人有权拒绝检查。

第二十七条 存在影响或者可能影响依法公正履行职责情况的，现场检查人员应当按照履职回避的相关规定予以回避，并且不得参加相关事项的讨论、审核和决定，不得以任何方式对相关事项施加影响。被查机构认为检查人员与其存在利害关系的，有权申请检查人员回避。

第二十八条 银保监会及其派出机构应当在实施现场检查前组成检查组，根据检查任务，结合检查人员业务专长，合理配备检查人员。检查组实行组长负责制。检查组组长在检查组成员中确定主查人，负责现场检查工作的具体组织和实施。

第二十九条 检查组根据检查项目需要，开展查前调查，收集被查机构检查领域的有关信息，主要包括被查机构内外部审计报告及其对内外部检查和审计的整改和处罚情况，被查机构的业务开展情况、经营管理状况，监管部门掌握的被查机构的情况等，并进行检查分析和模型分析，制定检查方案，做好查前培训。

第三十条 检查组应当提前或进场时向被查机构发出书面检查通知，组织召开进点会谈，并向被查机构提出配合检查工作的要求。同时由检查组组长或负责人宣布现场检查工作纪律和有关规定，告知被查机构对检查人员履行监管职责和执行工作纪律、廉政纪律情况进行监督。

第三十一条 检查人员应当按要求做好工作记录、检查取证、事实确认和问题定性。

第三十二条 检查过程中，应当加强质量控制，做到检查事实清楚、问题定性准确、责任认定明晰、定性依据充分、取证合法合规。

第三十三条 检查组通过事实确认书、检查事实与评价等方式，就检查过程中发现的问题与被查机构充分交换意见，被查机构应当及时认真反馈意见。承担现场检查任务的部门应当与相关部门加强对检查情况的沟通。

第三十四条 检查结束后，检查组应当制作现场检查工作报告，并向被查机构出具现场检查意见书。必要时，可以将检查意见告知被查机构的上级管理部门或被查机构的董事会、监事会、高级管理层或主要股东等。

第三十五条 检查人员应当按照相关规定认真收集、整理检查资料，将记录检查过程、反映检查结果、证实检查结论的各类文件、数据、资料等纳入检查档案范围。

第三十六条 稽核调查参照一般现场检查程序，根据工作要求和实际情况，可以简化流程，可以不与调查对象交换意见，可以不出具检查意见书，以调查报告作为稽核调查的成果。调查过程中如发现涉及需要采取监管措施或行政处罚的事项，应当按照相关要求收集证据，依程序进行处理。

第三十七条 对于有特殊需要的现场检查项目，经检查组组长确定，可以适当简化检查程序，包括但不限于不进行查前培训、不组织进点会谈等。

第五章 检查方式

第三十八条 检查过程中，检查人员有权查阅与检查事项有关的文件资料和信息系统、查看经营管理场所、采集数据信息、测试有关系统设备设施、访谈或询问相关人员，并可以根据需要，收集原件、原物，进行复制、记录、录音、录像、照相等。对可能被转移、隐匿或者毁损的文件、资料，可以按照有关法律法规进行封存。

根据工作需要，可以采取线上检查、函询稽核等新型检查方法。线上检查是运用信息技术和网络技术分析筛查疑点业务和机构并实施的穿透式检查。函询稽核是对重大风险或问题通过下发质询函等方式检查核实的活动。

第三十九条 银保监会及其派出机构应当持续完善检查分析系统，充分运用信息技术手段，开展检查分析，实施现场检查，提高现场检查质效。银行业和保险业机构应当按照银保监会及其派出机构要求，加强数据治理，按照监管数据标准要求，完成检查分析系统所需数据整理、报送等工作，保证相关数据的全面、真实、准确、规范和及时。银保监会及其派出机构应当加强对银行业和保险业机构信息科技外包服务等工作的监督检查。

第四十条　检查人员可以就检查事项约谈银行业和保险业机构外聘审计机构人员，了解审计情况。银行业和保险业机构外聘审计机构时，应当在相关合同或协议中明确外聘审计人员有配合银保监会及其派出机构检查的责任。对外聘审计机构审计结果严重失实、存在严重舞弊行为等问题的，银保监会及其派出机构可以要求被查机构立即评估该外审机构的适当性。

第四十一条　必要时，银保监会及其派出机构可以要求银行业和保险业机构内审部门对特定项目进行检查。内审部门应当按照监管要求实施检查、形成报告报送监管部门。银保监会及其派出机构应当加强检查指导，对检查实行质量控制和评价。

第四十二条　检查过程中，为查清事实，检查组需向除被查机构以外的其他银行业和保险业机构了解情况的，可以要求相关机构予以配合。经银保监会承担现场检查任务部门的负责人批准，检查人员可以向相关银行业和保险业机构了解情况，也可以委托相关机构所在地银保监局或检查组予以协助。涉及跨银保监局辖区的协查事项，经银保监局负责人批准，可以发函要求相关机构所在地银保监局予以协助。银保监局辖内的协查事项，由各银保监局自行确定相关程序和要求。协查人员负责调取相关资料，查明相关情况，检查责任由检查组承担。

第四十三条　银保监会及其派出机构依法对银行业和保险业机构进行检查时，为了查清涉嫌违法行为，可以根据《中华人民共和国银行业监督管理法》第四十二条、《中华人民共和国保险法》第一百五十四条的规定对与涉嫌违法事项有关的单位和个人进行调查。

第四十四条　银保监会及其派出机构行使相关调查权应当符合以下条件：

（一）在检查中已获取银行业和保险业机构或相关人员涉嫌违法的初步证据；

（二）相关调查权行使对象限于与涉嫌违法事项有关的单位和个人。

第四十五条　与涉嫌违法事项有关的单位和个人包括与涉嫌违法行为有直接关系的民事主体，也包括没有参与违法行为，但掌握违法行为情况的单位和个人。主要指：

（一）银行业和保险业机构的股东、实际控制人、关联方、一致行动人及最终受益人等；

（二）银行业和保险业机构的客户及其交易对手等；

（三）为银行业和保险业机构提供产品和服务的企业、市场中介机构和专业人士等；

（四）通过协议、合作、关联关系等途径扩大对银行业和保险业机构的控制比例或巩固其控制地位的自然人、法人或其他组织；

（五）其他与银行业和保险业机构涉嫌违法事项有关的单位和个人。

第四十六条　调查人员依法开展相关调查时，被调查单位和个人应当配合，如实说明有关情况，并提供有关文件、资料，不得拒绝、阻碍和隐瞒。阻碍银保监会及其派出机构工作人员依法执行调查任务的，由银保监会及其派出机构提请公安机关依法给予治安管理处罚，涉嫌构成犯罪的，依法移送司法监察机关等部门。

第六章　检查处理

第四十七条　银保监会及其派出机构可以将现场检查情况通报被查机构的上级部门或主要股东，可以与被查机构的董事、监事、高级管理人员进行监管谈话，要求其就检查发现的问题作出说明和承诺，也可以对相关责任人进行谈话提醒、批评教育或者责令书面检查等。

第四十八条　对于检查中发现的问题，银保监会及其派出机构应当在检查意见书中责令被查机构限期改正。被查机构应当在规定时间内提交整改报告。

第四十九条　对于被查机构在现场检查前反馈的自查情况中主动发现并及时纠正相关问题，符合《中华人民共和国行政处罚法》第二十七条规定的相关情形的，应当依法提出从轻、减轻或不予行政处罚的意见建议。

第五十条　银保监会及其派出机构在检查中发现被查机构存在违反法律法规、审慎经营规则和偿付能力监管规则等情形的，应当依法采取《中华人民共和国银行业监督管理法》《中华人民共和国保险法》规定的监管措施。

第五十一条　银保监会及其派出机构应当对现场检查中发现涉及行政处罚的违法违规行为及时启动行政处罚立案调查程序，按照《中华人民共和国银行业监督管理法》《中华人民共和国保险法》及银保监会行政处罚有关规定办理。

第五十二条　立案前现场检查中已经依法取得的证据材料，符合行政处罚证据要求的可以作为认定违法、违规事实的证据。审查过程中确需补充证据材料的，应当按照有关规定开展补充立案调查。

第五十三条　银保监会及其派出机构在现场检查中发现银行业和保险业机构及其工作人员、客户以及其他相关组织、个人涉嫌犯罪的，应当根据有关规定，依法向司法监察机关等部门移送。

第五十四条 检查结束后,承担现场检查任务的部门应当将现场检查意见书及时抄送机构监管部门及其他相关部门。机构监管部门应当根据检查意见,督促被查机构落实整改要求。必要时,可以设立一定的整改观察期。

第五十五条 承担现场检查任务的部门负责对被查机构整改情况进行评价。评价过程中,可以查阅被查机构的整改报告、要求被查机构补充相关材料、约谈被查机构相关人员、听取机构监管部门等相关部门意见,必要时可以通过后续检查、稽核调查等方式进行。

第五十六条 被查机构未按要求整改的,银保监会及其派出机构可以根据《中华人民共和国银行业监督管理法》《中华人民共和国保险法》规定采取进一步监管措施或进行行政处罚。

第五十七条 银保监会及其派出机构应当加强对检查情况和整改情况的统计分析,建立现场检查信息反馈和共享机制。对于检查中发现的普遍性、典型性风险和问题,应当及时采取监管通报、风险提示等措施;对于检查中发现的系统性风险苗头,应当及时专题上报;对于检查中发现的监管机制和制度存在的问题,应当及时提出修订和完善监管机制与制度的建议。

第五十八条 银保监会及其派出机构应当将现场检查发现的情况和问题,在被查机构的监管评级和风险评估中反映,必要时相应调整被查机构的监管评级和风险评估,并依照相关规定在市场准入工作中予以考虑。

第五十九条 银保监会及其派出机构有权按照规定披露相关检查情况,但涉及国家秘密、商业秘密、个人隐私以及公布后可能危及国家安全、公共安全、经济安全和社会稳定的除外。

第七章 考核评价

第六十条 银保监会及其派出机构应当建立现场检查工作质量控制和考核评价机制,对检查立项的科学性、检查实施的合规性、检查成果的有效性以及现场检查人员的履职尽责情况等进行质量控制和考核评价。

第六十一条 银保监会及其派出机构可以建立现场检查正向激励机制,对于检查能力突出、查实重大违法违规问题、发现重大案件或重大风险隐患的检查人员,可以给予表彰奖励。

第六十二条 银保监会及其派出机构应当按照权责一致、宽严适度、教育与惩戒相结合的原则,完善现场检查工作问责和免责机制。对于在现场检查工作中不依法合规履职的,应当在查清事实的基础上依照有关法律法规及银保监会履职问责有关规定,对相关检查人员予以问责。对于有证据表明检查人员已履职尽责的,免除检查人员的责任。

第六十三条 对于滥用职权、徇私舞弊、玩忽职守、泄露所知悉的被查机构商业秘密等严重违反现场检查纪律的人员,依法给予纪律处分;涉嫌构成犯罪的,依法移送司法监察机关等部门。

第八章 附则

第六十四条 银保监会及其派出机构根据日常监管需要,开展的信访举报和投诉核查、监管走访、现场调查、核查、督查或调研等活动,不属于本办法规定的现场检查,具体办法由银保监会另行制定。

第六十五条 本办法所称银行业和保险业机构,包括:

(一)在中华人民共和国境内依法设立的政策性银行和商业银行、农村信用社等吸收公众存款的金融机构、外国银行在华代表处;

(二)在中华人民共和国境内依法设立的保险集团(控股)公司、保险机构、保险资产管理机构、保险中介机构、外国保险公司驻华代表处;

(三)在中华人民共和国境内依法设立的信托机构、金融资产管理公司、企业集团财务公司、金融租赁公司、汽车金融公司、消费金融公司、货币经纪公司以及经银保监会及其派出机构批准设立的其他非银行金融机构;

(四)经银保监会及其派出机构批准在境外设立的金融机构。

第六十六条 银保监会可以依照本办法制定现场检查规程及相关实施细则。各派出机构可以依照本办法制定辖内现场检查实施细则。

第六十七条 本办法由银保监会负责解释。

第六十八条 本办法自 2020 年 1 月 28 日起施行。《中国银监会现场检查暂行办法》同时废止。本办法施行前有关规定与本办法不一致的,以本办法为准。

征信业管理条例

·2012 年 12 月 26 日国务院第 228 次常务会议通过
·2013 年 1 月 21 日中华人民共和国国务院令第 631 号公布
·自 2013 年 3 月 15 日起施行

第一章 总则

第一条 为了规范征信活动,保护当事人合法权益,引导、促进征信业健康发展,推进社会信用体系建设,制定本条例。

第二条 在中国境内从事征信业务及相关活动，适用本条例。

本条例所称征信业务，是指对企业、事业单位等组织（以下统称企业）的信用信息和个人的信用信息进行采集、整理、保存、加工，并向信息使用者提供的活动。

国家设立的金融信用信息基础数据库进行信息的采集、整理、保存、加工和提供，适用本条例第五章规定。

国家机关以及法律、法规授权的具有管理公共事务职能的组织依照法律、行政法规和国务院的规定，为履行职责进行的企业和个人信息的采集、整理、保存、加工和公布，不适用本条例。

第三条 从事征信业务及相关活动，应当遵守法律法规，诚实守信，不得危害国家秘密，不得侵犯商业秘密和个人隐私。

第四条 中国人民银行（以下称国务院征信业监督管理部门）及其派出机构依法对征信业进行监督管理。

县级以上地方人民政府和国务院有关部门依法推进本地区、本行业的社会信用体系建设，培育征信市场，推动征信业发展。

第二章 征信机构

第五条 本条例所称征信机构，是指依法设立，主要经营征信业务的机构。

第六条 设立经营个人征信业务的征信机构，应当符合《中华人民共和国公司法》规定的公司设立条件和下列条件，并经国务院征信业监督管理部门批准：

（一）主要股东信誉良好，最近3年无重大违法违规记录；

（二）注册资本不少于人民币5000万元；

（三）有符合国务院征信业监督管理部门规定的保障信息安全的设施、设备和制度、措施；

（四）拟任董事、监事和高级管理人员符合本条例第八条规定的任职条件；

（五）国务院征信业监督管理部门规定的其他审慎性条件。

第七条 申请设立经营个人征信业务的征信机构，应当向国务院征信业监督管理部门提交申请书和证明其符合本条例第六条规定条件的材料。

国务院征信业监督管理部门应当依法进行审查，自受理申请之日起60日内作出批准或者不予批准的决定。决定批准的，颁发个人征信业务经营许可证；不予批准的，应当书面说明理由。

经批准设立的经营个人征信业务的征信机构，凭个人征信业务经营许可证向公司登记机关办理登记。

未经国务院征信业监督管理部门批准，任何单位和个人不得经营个人征信业务。

第八条 经营个人征信业务的征信机构的董事、监事和高级管理人员，应当熟悉与征信业务相关的法律法规，具有履行职责所需的征信业从业经验和管理能力，最近3年无重大违法违规记录，并取得国务院征信业监督管理部门核准的任职资格。

第九条 经营个人征信业务的征信机构设立分支机构、合并或者分立、变更注册资本、变更出资额占公司资本总额5%以上或者持股占公司股份5%以上的股东的，应当经国务院征信业监督管理部门批准。

经营个人征信业务的征信机构变更名称的，应当向国务院征信业监督管理部门办理备案。

第十条 设立经营企业征信业务的征信机构，应当符合《中华人民共和国公司法》规定的设立条件，并自公司登记机关准予登记之日起30日内向所在地的国务院征信业监督管理部门派出机构办理备案，并提供下列材料：

（一）营业执照；

（二）股权结构、组织机构说明；

（三）业务范围、业务规则、业务系统的基本情况；

（四）信息安全和风险防范措施。

备案事项发生变更的，应当自变更之日起30日内向原备案机构办理变更备案。

第十一条 征信机构应当按照国务院征信业监督管理部门的规定，报告上一年度开展征信业务的情况。

国务院征信业监督管理部门应当向社会公告经营个人征信业务和企业征信业务的征信机构名单，并及时更新。

第十二条 征信机构解散或者被依法宣告破产的，应当向国务院征信业监督管理部门报告，并按照下列方式处理信息数据库：

（一）与其他征信机构约定并经国务院征信业监督管理部门同意，转让给其他征信机构；

（二）不能依照前项规定转让的，移交给国务院征信业监督管理部门指定的征信机构；

（三）不能依照前两项规定转让、移交的，在国务院征信业监督管理部门的监督下销毁。

经营个人征信业务的征信机构解散或者被依法宣告破产的，还应当在国务院征信业监督管理部门指定的媒体上公告,并将个人征信业务经营许可证交国务院征信业监督管理部门注销。

第三章 征信业务规则

第十三条 采集个人信息应当经信息主体本人同意,未经本人同意不得采集。但是,依照法律、行政法规规定公开的信息除外。

企业的董事、监事、高级管理人员与其履行职务相关的信息,不作为个人信息。

第十四条 禁止征信机构采集个人的宗教信仰、基因、指纹、血型、疾病和病史信息以及法律、行政法规规定禁止采集的其他个人信息。

征信机构不得采集个人的收入、存款、有价证券、商业保险、不动产的信息和纳税数额信息。但是,征信机构明确告知信息主体提供该信息可能产生的不利后果,并取得其书面同意的除外。

第十五条 信息提供者向征信机构提供个人不良信息,应当事先告知信息主体本人。但是,依照法律、行政法规规定公开的不良信息除外。

第十六条 征信机构对个人不良信息的保存期限,自不良行为或者事件终止之日起为5年;超过5年的,应当予以删除。

在不良信息保存期限内,信息主体可以对不良信息作出说明,征信机构应当予以记载。

第十七条 信息主体可以向征信机构查询自身信息。个人信息主体有权每年两次免费获取本人的信用报告。

第十八条 向征信机构查询个人信息的,应当取得信息主体本人的书面同意并约定用途。但是,法律规定可以不经同意查询的除外。

征信机构不得违反前款规定提供个人信息。

第十九条 征信机构或者信息提供者、信息使用者采用格式合同条款取得个人信息主体同意的,应当在合同中作出足以引起信息主体注意的提示,并按照信息主体的要求作出明确说明。

第二十条 信息使用者应当按照与个人信息主体约定的用途使用个人信息,不得用作约定以外的用途,不得未经个人信息主体同意向第三方提供。

第二十一条 征信机构可以通过信息主体、企业交易对方、行业协会提供信息,政府有关部门依法已公开的信息,人民法院依法公布的判决、裁定等渠道,采集企业信息。

征信机构不得采集法律、行政法规禁止采集的企业信息。

第二十二条 征信机构应当按照国务院征信业监督管理部门的规定,建立健全和严格执行保障信息安全的规章制度,并采取有效技术措施保障信息安全。

经营个人征信业务的征信机构应当对其工作人员查询个人信息的权限和程序作出明确规定,对工作人员查询个人信息的情况进行登记,如实记载查询工作人员的姓名、查询的时间、内容及用途。工作人员不得违反规定的权限和程序查询信息,不得泄露工作中获取的信息。

第二十三条 征信机构应当采取合理措施,保障其提供信息的准确性。

征信机构提供的信息供信息使用者参考。

第二十四条 征信机构在中国境内采集的信息的整理、保存和加工,应当在中国境内进行。

征信机构向境外组织或者个人提供信息,应当遵守法律、行政法规和国务院征信业监督管理部门的有关规定。

第四章 异议和投诉

第二十五条 信息主体认为征信机构采集、保存、提供的信息存在错误、遗漏的,有权向征信机构或者信息提供者提出异议,要求更正。

征信机构或者信息提供者收到异议,应当按照国务院征信业监督管理部门的规定对相关信息作出存在异议的标注,自收到异议之日起20日内进行核查和处理,并将结果书面答复异议人。

经核查,确认相关信息确有错误、遗漏的,信息提供者、征信机构应当予以更正;确认不存在错误、遗漏的,应当取消异议标注;经核查仍不能确认的,对核查情况和异议内容应当予以记载。

第二十六条 信息主体认为征信机构或者信息提供者、信息使用者侵害其合法权益的,可以向所在地的国务院征信业监督管理部门派出机构投诉。

受理投诉的机构应当及时进行核查和处理,自受理之日起30日内书面答复投诉人。

信息主体认为征信机构或者信息提供者、信息使用者侵害其合法权益的,可以直接向人民法院起诉。

第五章 金融信用信息基础数据库

第二十七条 国家设立金融信用信息基础数据库,为防范金融风险、促进金融业发展提供相关信息服务。

金融信用信息基础数据库由专业运行机构建设、运行和维护。该运行机构不以营利为目的,由国务院征信业监督管理部门监督管理。

第二十八条　金融信用信息基础数据库接收从事信贷业务的机构按照规定提供的信贷信息。

金融信用信息基础数据库为信息主体和取得信息主体本人书面同意的信息使用者提供查询服务。国家机关可以依法查询金融信用信息基础数据库的信息。

第二十九条　从事信贷业务的机构应当按照规定向金融信用信息基础数据库提供信贷信息。

从事信贷业务的机构向金融信用信息基础数据库或者其他主体提供信贷信息，应当事先取得信息主体的书面同意，并适用本条例关于信息提供者的规定。

第三十条　不从事信贷业务的金融机构向金融信用信息基础数据库提供、查询信用信息以及金融信用信息基础数据库接收其提供的信用信息的具体办法，由国务院征信业监督管理部门会同国务院有关金融监督管理机构依法制定。

第三十一条　金融信用信息基础数据库运行机构可以按照补偿成本原则收取查询服务费用，收费标准由国务院价格主管部门规定。

第三十二条　本条例第十四条、第十六条、第十七条、第十八条、第二十二条、第二十三条、第二十四条、第二十五条、第二十六条适用于金融信用信息基础数据库运行机构。

第六章　监督管理

第三十三条　国务院征信业监督管理部门及其派出机构依照法律、行政法规和国务院的规定，履行对征信业和金融信用信息基础数据库运行机构的监督管理职责，可以采取下列监督检查措施：

（一）进入征信机构、金融信用信息基础数据库运行机构进行现场检查，对向金融信用信息基础数据库提供或者查询信息的机构遵守本条例有关规定的情况进行检查；

（二）询问当事人和与被调查事件有关的单位和个人，要求其对与被调查事件有关的事项作出说明；

（三）查阅、复制与被调查事件有关的文件、资料，对可能被转移、销毁、隐匿或者篡改的文件、资料予以封存；

（四）检查相关信息系统。

进行现场检查或者调查的人员不得少于2人，并应当出示合法证件和检查、调查通知书。

被检查、调查的单位和个人应当配合，如实提供有关文件、资料，不得隐瞒、拒绝和阻碍。

第三十四条　经营个人征信业务的征信机构、金融信用信息基础数据库、向金融信用信息基础数据库提供或者查询信息的机构发生重大信息泄露等事件的，国务院征信业监督管理部门可以采取临时接管相关信息系统等必要措施，避免损害扩大。

第三十五条　国务院征信业监督管理部门及其派出机构的工作人员对在工作中知悉的国家秘密和信息主体的信息，应当依法保密。

第七章　法律责任

第三十六条　未经国务院征信业监督管理部门批准，擅自设立经营个人征信业务的征信机构或者从事个人征信业务活动的，由国务院征信业监督管理部门予以取缔，没收违法所得，并处5万元以上50万元以下的罚款；构成犯罪的，依法追究刑事责任。

第三十七条　经营个人征信业务的征信机构违反本条例第九条规定的，由国务院征信业监督管理部门责令限期改正，对单位处2万元以上20万元以下的罚款；对直接负责的主管人员和其他直接责任人员给予警告，处1万元以下的罚款。

经营企业征信业务的征信机构未按照本条例第十条规定办理备案的，由其所在地的国务院征信业监督管理部门派出机构责令限期改正；逾期不改正的，依照前款规定处罚。

第三十八条　征信机构、金融信用信息基础数据库运行机构违反本条例规定，有下列行为之一的，由国务院征信业监督管理部门或者其派出机构责令限期改正，对单位处5万元以上50万元以下的罚款；对直接负责的主管人员和其他直接责任人员处1万元以上10万元以下的罚款；有违法所得的，没收违法所得。给信息主体造成损失的，依法承担民事责任；构成犯罪的，依法追究刑事责任：

（一）窃取或者以其他方式非法获取信息；

（二）采集禁止采集的个人信息或者未经同意采集个人信息；

（三）违法提供或者出售信息；

（四）因过失泄露信息；

（五）逾期不删除个人不良信息；

（六）未按照规定对异议信息进行核查和处理；

（七）拒绝、阻碍国务院征信业监督管理部门或者其派出机构检查、调查或者不如实提供有关文件、资料；

（八）违反征信业务规则，侵害信息主体合法权益的其他行为。

经营个人征信业务的征信机构有前款所列行为之

一、情节严重或者造成严重后果的，由国务院征信业监督管理部门吊销其个人征信业务经营许可证。

第三十九条 征信机构违反本条例规定，未按照规定报告其上一年度开展征信业务情况的，由国务院征信业监督管理部门或者其派出机构责令限期改正；逾期不改正的，对单位处 2 万元以上 10 万元以下的罚款；对直接负责的主管人员和其他直接责任人员给予警告，处 1 万元以下的罚款。

第四十条 向金融信用信息基础数据库提供或者查询信息的机构违反本条例规定，有下列行为之一的，由国务院征信业监督管理部门或者其派出机构责令限期改正，对单位处 5 万元以上 50 万元以下的罚款；对直接负责的主管人员和其他直接责任人员处 1 万元以上 10 万元以下的罚款；有违法所得的，没收违法所得。给信息主体造成损失的，依法承担民事责任；构成犯罪的，依法追究刑事责任：

（一）违法提供或者出售信息；

（二）因过失泄露信息；

（三）未经同意查询个人信息或者企业的信贷信息；

（四）未按照规定处理异议或者对确有错误、遗漏的信息不予更正；

（五）拒绝、阻碍国务院征信业监督管理部门或者其派出机构检查、调查或者不如实提供有关文件、资料。

第四十一条 信息提供者违反本条例规定，向征信机构、金融信用信息基础数据库提供非依法公开的个人不良信息，未事先告知信息主体本人，情节严重或者造成严重后果的，由国务院征信业监督管理部门或者其派出机构对单位处 2 万元以上 20 万元以下的罚款；对个人处 1 万元以上 5 万元以下的罚款。

第四十二条 信息使用者违反本条例规定，未按照与个人信息主体约定的用途使用个人信息或者未经个人信息主体同意向第三方提供个人信息，情节严重或者造成严重后果的，由国务院征信业监督管理部门或者其派出机构对单位处 2 万元以上 20 万元以下的罚款；对个人处 1 万元以上 5 万元以下的罚款；有违法所得的，没收违法所得。给信息主体造成损失的，依法承担民事责任；构成犯罪的，依法追究刑事责任。

第四十三条 国务院征信业监督管理部门及其派出机构的工作人员滥用职权、玩忽职守、徇私舞弊，不依法履行监督管理职责，或者泄露国家秘密、信息主体信息的，依法给予处分。给信息主体造成损失的，依法承担民事责任；构成犯罪的，依法追究刑事责任。

第八章 附 则

第四十四条 本条例下列用语的含义：

（一）信息提供者，是指向征信机构提供信息的单位和个人，以及向金融信用信息基础数据库提供信息的单位。

（二）信息使用者，是指从征信机构和金融信用信息基础数据库获取信息的单位和个人。

（三）不良信息，是指对信息主体信用状况构成负面影响的下列信息：信息主体在借贷、赊购、担保、租赁、保险、使用信用卡等活动中未按照合同履行义务的信息，对信息主体的行政处罚信息，人民法院判决或者裁定信息主体履行义务以及强制执行的信息，以及国务院征信业监督管理部门规定的其他不良信息。

第四十五条 外商投资征信机构的设立条件，由国务院征信业监督管理部门会同国务院有关部门制定，报国务院批准。

境外征信机构在境内经营征信业务，应当经国务院征信业监督管理部门批准。

第四十六条 本条例施行前已经经营个人征信业务的机构，应当自本条例施行之日起 6 个月内，依照本条例的规定申请个人征信业务经营许可证。

本条例施行前已经经营企业征信业务的机构，应当自本条例施行之日起 3 个月内，依照本条例的规定办理备案。

第四十七条 本条例自 2013 年 3 月 15 日起施行。

征信业务管理办法

· 2021 年 9 月 27 日中国人民银行令〔2021〕第 4 号发布
· 自 2022 年 1 月 1 日起施行

第一章 总 则

第一条 为了规范征信业务及其相关活动，保护信息主体合法权益，促进征信业健康发展，推进社会信用体系建设，根据《中华人民共和国中国人民银行法》《中华人民共和国个人信息保护法》《征信业管理条例》等法律法规，制定本办法。

第二条 在中华人民共和国境内，对法人和非法人组织（以下统称企业）、个人开展征信业务及其相关活动的，适用本办法。

第三条 本办法所称征信业务，是指对企业和个人的信用信息进行采集、整理、保存、加工，并向信息使用者提供的活动。

本办法所称信用信息,是指依法采集,为金融等活动提供服务,用于识别判断企业和个人信用状况的基本信息、借贷信息、其他相关信息,以及基于前述信息形成的分析评价信息。

第四条 从事个人征信业务的,应当依法取得中国人民银行个人征信机构许可;从事企业征信业务的,应当依法办理企业征信机构备案;从事信用评级业务的,应当依法办理信用评级机构备案。

第五条 金融机构不得与未取得合法征信业务资质的市场机构开展商业合作获取征信服务。

本办法所称金融机构,是指国务院金融管理部门监督管理的从事金融业务的机构。

地方金融监管部门负责监督管理的地方金融组织适用本办法关于金融机构的规定。

第六条 从事征信业务及其相关活动,应当保护信息主体合法权益,保障信息安全,防范信用信息泄露、丢失、毁损或者被滥用,不得危害国家秘密,不得侵犯个人隐私和商业秘密。

从事征信业务及其相关活动,应当遵循独立、客观、公正的原则,不得违反法律法规的规定,不得违反社会公序良俗。

第二章 信用信息采集

第七条 采集个人信用信息,应当采取合法、正当的方式,遵循最小、必要的原则,不得过度采集。

第八条 征信机构不得以下列方式采集信用信息:

(一)欺骗、胁迫、诱导;

(二)向信息主体收费;

(三)从非法渠道采集;

(四)以其他侵害信息主体合法权益的方式。

第九条 信息提供者向征信机构提供信用信息的,征信机构应当制定相关制度,对信息提供者的信息来源、信息质量、信息安全、信息主体授权等进行必要的审查。

第十条 征信机构与信息提供者在开办业务及合作中应当遵守《中华人民共和国个人信息保护法》等法律法规,通过协议等形式明确信息采集的原则以及各自在获得客户同意、信息采集、加工处理、信息更正、异议处理、信息安全等方面的权利义务和责任。

第十一条 征信机构经营个人征信业务,应当制定采集个人信用信息的方案,并就采集的数据项、信息来源、采集方式、信息主体合法权益保护制度等事项及其变化向中国人民银行报告。

第十二条 征信机构采集个人信用信息应当经信息主体本人同意,并且明确告知信息主体采集信用信息的目的。依照法律法规公开的信息除外。

第十三条 征信机构通过信息提供者取得个人同意的,信息提供者应当向信息主体履行告知义务。

第十四条 个人征信机构应当将与其合作,进行个人信用信息采集、整理、加工和分析的信息提供者,向中国人民银行报告。

个人征信机构应当规范与信息提供者的合作协议内容。信息提供者应当就个人信用信息处理事项接受个人征信机构的风险评估和中国人民银行的情况核实。

第十五条 采集企业信用信息,应当基于合法的目的,不得侵犯商业秘密。

第三章 信用信息整理、保存、加工

第十六条 征信机构整理、保存、加工信用信息,应当遵循客观性原则,不得篡改原始信息。

第十七条 征信机构应当采取措施,提高征信系统信息的准确性,保障信息质量。

第十八条 征信机构在整理、保存、加工信用信息过程中发现信息错误的,如属于信息提供者报送错误的,应当及时通知信息提供者更正;如属于内部处理错误的,应当及时更正,并优化信用信息内部处理流程。

第十九条 征信机构应当对来自不同信息提供者的信息进行比对,发现信息不一致的,及时进行核查和处理。

第二十条 征信机构采集的个人不良信息的保存期限,自不良行为或者事件终止之日起为5年。

个人不良信息保存期限届满,征信机构应当将个人不良信息在对外服务和应用中删除;作为样本数据的,应当进行匿名化处理。

第四章 信用信息提供、使用

第二十一条 征信机构对外提供征信产品和服务,应当遵循公平性原则,不得设置不合理的商业条件限制不同的信息使用者使用,不得利用优势地位提供歧视性或者排他性的产品和服务。

第二十二条 征信机构应当采取适当的措施,对信息使用者的身份、业务资质、使用目的等进行必要的审查。

征信机构应当对信息使用者接入征信系统的网络和系统安全、合规性管理措施进行评估,对查询行为进行监测。发现安全隐患或者异常行为的,及时核查;发现违法违规行为的,停止提供服务。

第二十三条 信息使用者应当采取必要的措施,保障查询个人信用信息时取得信息主体的同意,并且按照约定用途使用个人信用信息。

第二十四条 信息使用者使用征信机构提供的信用信息,应当基于合法、正当的目的,不得滥用信用信息。

第二十五条 个人信息主体有权每年两次免费获取本人的信用报告,征信机构可以通过互联网查询、营业场所查询等多种方式为个人信息主体提供信用报告查询服务。

第二十六条 信息主体认为信息存在错误、遗漏的,有权向征信机构或者信息提供者提出异议;认为侵害自身合法权益的,可以向所在地中国人民银行分支机构投诉。对异议和投诉按照《征信业管理条例》及相关规定办理。

第二十七条 征信机构不得以删除不良信息或者不采集不良信息为由,向信息主体收取费用。

第二十八条 征信机构提供信用报告等信用信息查询产品和服务的,应当客观展示查询的信用信息内容,并对查询的信用信息内容及专业名词进行解释说明。

信息主体有权要求征信机构在信用报告中添加异议标注和声明。

第二十九条 征信机构提供画像、评分、评级等信用评价类产品和服务的,应当建立评价标准,不得将与信息主体信用无关的要素作为评价标准。

征信机构正式对外提供信用评价类产品和服务前,应当履行必要的内部测试和评估验证程序,使评价规则可解释、信息来源可追溯。

征信机构提供经济主体或者债务融资工具信用评级产品和服务的,应当按照《信用评级业管理暂行办法》(中国人民银行 发展改革委 财政部 证监会令〔2019〕第5号发布)等相关规定开展业务。

第三十条 征信机构提供信用反欺诈产品和服务的,应当建立欺诈信用信息的认定标准。

第三十一条 征信机构提供信用信息查询、信用评价类、信用反欺诈产品和服务,应当向中国人民银行或其省会(首府)城市中心支行以上分支机构报告下列事项:

(一)信用报告的模板及内容;

(二)信用评价类产品和服务的评价方法、模型、主要维度要素;

(三)信用反欺诈产品和服务的数据来源、欺诈信用信息认定标准。

第三十二条 征信机构不得从事下列活动:

(一)对信用评价结果进行承诺;

(二)使用对信用评价结果有暗示性的内容宣传产品和服务;

(三)未经政府部门或者行业协会同意,假借其名义进行市场推广;

(四)以胁迫、欺骗、诱导的方式向信息主体或者信息使用者提供征信产品和服务;

(五)对征信产品和服务进行虚假宣传;

(六)提供其他影响征信业务客观公正性的征信产品和服务。

第五章 信用信息安全

第三十三条 征信机构应当落实网络安全等级保护制度,制定涉及业务活动和设备设施的安全管理制度,采取有效保护措施,保障征信系统的安全。

第三十四条 个人征信机构、保存或者处理100万户以上企业信用信息的企业征信机构,应当符合下列要求:

(一)核心业务信息系统网络安全保护等级具备三级或者三级以上安全保护能力;

(二)设立信息安全负责人和个人信息保护负责人,由公司章程规定的高级管理人员担任;

(三)设立专职部门,负责信息安全和个人信息保护工作,定期检查征信业务、系统安全、个人信息保护制度措施执行情况。

第三十五条 征信机构应当保障征信系统运行设施设备、安全控制设施设备以及互联网应用程序的安全,做好征信系统日常运维管理,保障系统物理安全、通信网络安全、区域边界安全、计算环境安全、管理中心安全等,防范征信系统受到非法入侵和破坏。

第三十六条 征信机构应当在人员录用、离岗、考核、安全教育、培训和外部人员访问管理等方面做好人员安全管理工作。

第三十七条 征信机构应当严格限定公司内部查询和获取信用信息的工作人员的权限和范围。

征信机构应当留存工作人员查询、获取信用信息的操作记录,明确记载工作人员查询和获取信用信息的时间、方式、内容及用途。

第三十八条 征信机构应当建立应急处置制度,在发生或者有可能发生信用信息泄露等事件时,立即采取必要措施降低危害,并及时向中国人民银行及其省会(首府)城市中心支行以上分支机构报告。

第三十九条 征信机构在中华人民共和国境内开展

征信业务及其相关活动,采集的企业信用信息和个人信用信息应当存储在中华人民共和国境内。

第四十条 征信机构向境外提供个人信用信息,应当符合法律法规的规定。

征信机构向境外信息使用者提供企业信用信息查询产品和服务,应当对信息使用者的身份、信用信息用途进行必要的审查,确保信用信息用于跨境贸易、投融资等合理用途,不得危害国家安全。

第四十一条 征信机构与境外征信机构合作的,应当在合作协议签署后、业务开展前将合作协议报告中国人民银行。

第六章 监督管理

第四十二条 征信机构应当将下列事项向社会公开,接受社会监督:

(一)采集的信用信息类别;

(二)信用报告的基本格式内容;

(三)异议处理流程;

(四)中国人民银行认为需要公开的其他事项。

第四十三条 个人征信机构应当每年对自身个人征信业务遵守《中华人民共和国个人信息保护法》《征信业管理条例》的情况进行合规审计,并将合规审计报告及时报告中国人民银行。

第四十四条 中国人民银行及其省会(首府)城市中心支行以上分支机构对征信机构的下列事项进行监督检查:

(一)征信内控制度建设,包括各项制度和相关规程的齐备性、合规性和可操作性等;

(二)征信业务合规经营情况,包括采集信用信息、对外提供和使用信用信息、异议与投诉处理、用户管理、其他事项合规性等;

(三)征信系统安全情况,包括信息技术制度、安全管理、系统开发等;

(四)与征信业务活动相关的其他事项。

第四十五条 信息提供者和信息使用者违反《征信业管理条例》规定,侵犯信息主体合法权益的,由中国人民银行及其省会(首府)城市中心支行以上分支机构依法对其检查和处理。

第七章 法律责任

第四十六条 违反本办法第四条规定,擅自从事个人征信业务的,由中国人民银行按照《征信业管理条例》第三十六条进行处罚;擅自从事企业征信业务的,由中国人民银行省会(首府)城市中心支行以上分支机构按照《征信业管理条例》第三十七条进行处罚。

金融机构违反本办法第五条规定,与未取得合法征信业务资质的市场机构开展商业合作获取征信服务的,由中国人民银行及其分支机构责令改正,对单位处3万元以下罚款,对直接负责的主管人员处1000元以下罚款。

第四十七条 征信机构违反本办法第八条、第十六条、第二十条、第二十七条、第三十二条规定的,由中国人民银行及其省会(首府)城市中心支行以上分支机构按照《征信业管理条例》第三十八条进行处罚。

第四十八条 征信机构违反本办法第十四条、第二十一条、第三十一条、第三十四条、第三十九条、第四十二条规定的,由中国人民银行及其省会(首府)城市中心支行以上分支机构责令改正,没收违法所得,对单位处3万元以下罚款,对直接负责的主管人员处1000元以下罚款。法律、行政法规另有规定的,依照其规定。

第八章 附 则

第四十九条 金融信用信息基础数据库从事征信业务、从事信贷业务的机构向金融信用信息基础数据库报送或者查询信用信息参照本办法执行。

第五十条 以"信用信息服务""信用服务""信用评分""信用评级""信用修复"等名义对外实质提供征信服务的,适用本办法。

第五十一条 本办法施行前未取得个人征信业务经营许可或者未进行企业征信机构备案但实质从事征信业务的机构,应当自本办法施行之日起18个月内完成合规整改。

第五十二条 本办法由中国人民银行负责解释。

第五十三条 本办法自2022年1月1日起施行。

金融机构撤销条例

· 2001年11月14日国务院第47次常务会议通过
· 2001年11月23日中华人民共和国国务院令第324号公布
· 自2001年12月15日起施行

第一章 总 则

第一条 为了加强对金融活动的监督管理,维护金融秩序,保护国家利益和社会公众利益,制定本条例。

第二条 中国人民银行撤销金融机构,依照本条例执行。

本条例所称撤销,是指中国人民银行对经其批准设立的具有法人资格的金融机构依法采取行政强制措施，终止其经营活动，并予以解散。

第三条 中国人民银行及其工作人员以及其他有关人员依照本条例履行职责，应当依法为被撤销的金融机构保守秘密。

第四条 被撤销的金融机构所在地的地方人民政府应当组织有关部门，做好与撤销有关的工作。

第二章 撤销决定

第五条 金融机构有违法违规经营、经营管理不善等情形，不予撤销将严重危害金融秩序、损害社会公众利益的，应当依法撤销。

第六条 中国人民银行决定撤销金融机构，应当制作撤销决定书。

撤销决定自中国人民银行宣布之日起生效。

撤销决定应当在报纸上公告，并在被撤销的金融机构的营业场所张贴。

第七条 自撤销决定生效之日起，被撤销的金融机构必须立即停止经营活动，交回金融机构法人许可证及其分支机构营业许可证，其高级管理人员、董事会和股东大会必须立即停止行使职权。

第三章 撤销清算

第八条 商业银行依法被撤销的，由中国人民银行组织成立清算组；非银行金融机构依法被撤销的，由中国人民银行或者中国人民银行委托的有关地方人民政府组织成立清算组。清算自撤销决定生效之日起开始。清算组向中国人民银行负责并报告工作。

清算组由中国人民银行、财政、审计等有关部门、地方人民政府的代表和被撤销的金融机构股东的代表及有关专业人员组成。清算组组长及成员，由中国人民银行指定或者经中国人民银行同意。

清算期间，清算组行使被撤销的金融机构的管理职权，清算组组长行使被撤销的金融机构的法定代表人职权。

第九条 清算组成立后，被撤销的金融机构的法定代表人及有关负责人应当将被撤销的金融机构的全部印章、账簿、单证、票据、文件、资料等移交清算组，并协助清算组进行清算。

第十条 清算期间，被撤销的金融机构的法定代表人、董事会和监事会成员、部门负责人以上高级管理人员、财务人员及其他有关人员，应当按照清算组的要求进行工作，不得擅离职守，不得自行出境。

第十一条 清算期间，清算组履行下列职责：

（一）保管、清理被撤销的金融机构财产，编制资产负债表和财产清单；

（二）通知、公告存款人及其他债权人，确认债权；

（三）处理与清算被撤销的金融机构有关的未了结业务；

（四）清理债权、债务，催收债权，处置资产；

（五）制作清算方案，按照经批准的清算方案清偿债务；

（六）清缴所欠税款；

（七）处理被撤销的金融机构清偿债务后的剩余财产；

（八）代表被撤销的金融机构参加诉讼、仲裁活动；

（九）提请有关部门追究对金融机构被撤销负有直接责任的高级管理人员和其他有关人员的法律责任；

（十）办理其他清算事务。

第十二条 清算期间，清算组可以将清算事务委托中国人民银行指定的金融机构（以下简称托管机构）办理。

托管机构不承担被撤销的金融机构债务，不垫付资金，不负责被撤销的金融机构人员安置。托管费用列入被撤销的金融机构清算费用。

第十三条 被撤销的金融机构所在地的地方人民政府应当成立撤销工作领导小组，组长由地方人民政府负责人担任。

撤销工作领导小组应当支持、配合清算组催收债权和办理其他清算事务，并组织有关部门依法维护社会治安秩序，处理突发事件，查处违法行为，依法追究有关责任人员的法律责任。

第十四条 清算组应当自成立之日起10日内，书面通知债权人申报债权，并于60日内在报纸上至少公告3次。

债权人应当自接到通知书之日起30日内，未接到通知书的债权人应当自第一次公告之日起90日内，向清算组申报债权。

清算组可以决定小额储蓄存款人可以不申报债权，由清算组根据被撤销的金融机构会计账册和有关凭证，对储蓄存款予以确认和登记。

第十五条 债权人申报债权，应当说明债权性质、数额和发生时间，并提供有关证明材料。清算组应当审查申报债权的证明材料，确认债权有无财产担保及数额，对有财产担保的债权和无财产担保的债权分别登记。

第十六条　债权人未在规定期限内申报债权的，按照下列规定处理：

（一）已知债权人的债权，应当列入清算范围；

（二）未知债权人的债权，在被撤销的金融机构的清算财产分配结束前，可以请求清偿；被撤销的金融机构的清算财产已经分配结束的，不再予以清偿。

第十七条　自撤销决定生效之日起，被撤销的金融机构债务停止计算利息。

第十八条　被撤销的金融机构下列财产，作为清偿债务的清算财产：

（一）清算开始之日起被撤销的金融机构全部财产，包括其股东的出资及其他权益、其全资子公司的财产和其投资入股的股份；

（二）清算期间被撤销的金融机构依法取得的财产；

（三）被撤销的金融机构的其他财产。

撤销决定生效之日前，被撤销的金融机构恶意转移或者变相转移财产的行为无效；由此转移和变相转移的财产由清算组负责追回，并入清算财产。

第十九条　清算组清理被撤销的金融机构财产时，应当依法评估其财产的实际价值；财产有损失的，应当核实损失数额。

第二十条　清算组可以依法变卖被撤销的金融机构的有效资产；拍卖被撤销的金融机构有效资产的，应当按照具有资产评估业务资格的中介机构出具的评估结果确定拍卖底价。

前款所称有效资产，是指被撤销的金融机构经清理、核实后具有实际价值的财产。

第二十一条　被撤销的金融机构财产的清理和处置，免交税收和行政性收费。

第二十二条　被撤销的金融机构财产经清理、核实后，清算组应当制作清算方案。

清算方案应当包括债权人情况、债权数额、清算财产数额、支付个人储蓄存款的本金和合法利息的数额、清偿其他债务的数额等内容，并附资产负债表、财产清单、资产评估报告等材料。

清算方案由清算组与债权人协商后，报中国人民银行确认。

第四章　债务清偿

第二十三条　被撤销的金融机构清算财产，应当先支付个人储蓄存款的本金和合法利息。

第二十四条　被撤销的金融机构的清算财产支付个人储蓄存款的本金和合法利息后的剩余财产，应当清偿法人和其他组织的债务。

第二十五条　被撤销的金融机构的清算财产清偿债务后的剩余财产，经清算应当按照股东的出资比例或者持有的股份比例分配。

第五章　注销登记

第二十六条　清算结束后，清算组应当制作清算报告、清算期内收支报表和各种财务账册，报中国人民银行确认。

第二十七条　清算结束后，清算组应当向工商行政管理机关办理注销登记手续，被撤销的金融机构股东的资格终止，被撤销的金融机构即行解散，由中国人民银行予以公告。

第二十八条　被撤销的金融机构的各种会计凭证、会计账册、会计报表等资料以及有关营业、清算的重要文件，应当在注销登记后由中国人民银行指定的机构负责保管。

第二十九条　审计机关应当对被撤销的金融机构负责人进行审计。

第六章　法律责任

第三十条　被撤销的金融机构的高级管理人员和其他有关人员，利用职务上的便利收受他人财物、违法发放贷款、非法出具金融票证、徇私舞弊造成该金融机构被撤销的，依照刑法关于受贿罪、违法发放贷款罪、非法出具金融票证罪、徇私舞弊造成破产、亏损罪或者其他罪的规定，依法追究刑事责任；尚不够刑事处罚的，给予撤职直至开除的纪律处分，并终身不得在任何金融机构担任高级管理职务或者与原职务相当的职务。

第三十一条　中国人民银行的工作人员违法审批金融机构，对金融机构不依法实施监督管理、不依法查处违法行为，情节严重、导致金融机构被撤销的，依照刑法关于滥用职权罪、玩忽职守罪或者其他罪的规定，依法追究刑事责任；尚不够刑事处罚的，给予记大过、降级或者撤职的行政处分。

第三十二条　任何国家机关工作人员非法干预金融机构的正常经营活动，对该金融机构被撤销负有直接责任的，依照刑法关于滥用职权罪或者其他罪的规定，依法追究刑事责任；尚不够刑事处罚的，给予记大过、降级或者撤职的行政处分。

第三十三条　在撤销清算过程中，被撤销的金融机构工作人员有下列行为之一的，依照刑法关于妨害公务罪、妨害清算罪或者其他罪的规定，依法追究刑事责任；

尚不够刑事处罚的,给予撤职直至开除的纪律处分:

(一)阻挠清算组依法履行职责的;

(二)拒绝提供情况或者提供虚假情况的;

(三)抽逃资金、隐匿财产、逃避债务的;

(四)恶意转移或者变相转移被撤销的金融机构财产的。

第三十四条 被撤销的金融机构在撤销决定生效后非法从事经营活动的,由中国人民银行依照《非法金融机构和非法金融业务活动取缔办法》予以取缔;依照刑法关于非法吸收公众存款罪或者其他罪的规定,依法追究刑事责任;尚不够刑事处罚的,依法给予行政处罚。

第三十五条 清算组的工作人员在清算过程中滥用职权、玩忽职守、徇私舞弊,造成财产损失,损害债权人利益的,依照刑法关于滥用职权罪、玩忽职守罪或者其他罪的规定,依法追究刑事责任;尚不够刑事处罚的,给予降级直至开除的行政处分或者纪律处分。

第三十六条 中国人民银行工作人员及其他有关人员在依照本条例履行职责中,泄露国家秘密或者所知悉的商业秘密的,依照刑法关于泄露国家秘密罪、侵犯商业秘密罪或者其他罪的规定,依法追究刑事责任;尚不够刑事处罚的,给予降级直至开除的行政处分或者纪律处分。

第三十七条 托管机构不履行托管职责,造成被撤销的金融机构财产损失的,应当依法承担民事责任,并对其负有责任的主管人员和其他直接责任人员依法给予纪律处分。

第七章 附 则

第三十八条 本条例自2001年12月15日起施行。

中国人民银行金融消费者权益保护实施办法

· 2020年9月15日中国人民银行令〔2020〕第5号公布
· 自2020年11月1日起施行

第一章 总 则

第一条 为了保护金融消费者合法权益,规范金融机构提供金融产品和服务的行为,维护公平、公正的市场环境,促进金融市场健康稳定运行,根据《中华人民共和国中国人民银行法》《中华人民共和国商业银行法》《中华人民共和国消费者权益保护法》和《国务院办公厅关于加强金融消费者权益保护工作的指导意见》(国办发〔2015〕81号)等,制定本办法。

第二条 在中华人民共和国境内依法设立的为金融消费者提供金融产品或者服务的银行业金融机构(以下简称银行),开展与下列业务相关的金融消费者权益保护工作,适用本办法:

(一)与利率管理相关的。

(二)与人民币管理相关的。

(三)与外汇管理相关的。

(四)与黄金市场管理相关的。

(五)与国库管理相关的。

(六)与支付、清算管理相关的。

(七)与反洗钱管理相关的。

(八)与征信管理相关的。

(九)与上述第一项至第八项业务相关的金融营销宣传和消费者金融信息保护。

(十)其他法律、行政法规规定的中国人民银行职责范围内的金融消费者权益保护工作。

在中华人民共和国境内依法设立的非银行支付机构(以下简称支付机构)提供支付服务的,适用本办法。

本办法所称金融消费者是指购买、使用银行、支付机构提供的金融产品或者服务的自然人。

第三条 银行、支付机构向金融消费者提供金融产品或者服务,应当遵循自愿、平等、公平、诚实信用的原则,切实承担金融消费者合法权益保护的主体责任,履行金融消费者权益保护的法定义务。

第四条 金融消费者应当文明、理性进行金融消费,提高自我保护意识,诚实守信,依法维护自身的合法权益。

第五条 中国人民银行及其分支机构坚持公平、公正原则,依法开展职责范围内的金融消费者权益保护工作,依法保护金融消费者合法权益。

中国人民银行及其分支机构会同有关部门推动建立和完善金融机构自治、行业自律、金融监管和社会监督相结合的金融消费者权益保护共同治理体系。

第六条 鼓励金融消费者和银行、支付机构充分运用调解、仲裁等方式解决金融消费纠纷。

第二章 金融机构行为规范

第七条 银行、支付机构应当将金融消费者权益保护纳入公司治理、企业文化建设和经营发展战略,制定本机构金融消费者权益保护工作的总体规划和具体工作措施。建立金融消费者权益保护专职部门或者指定牵头部门,明确部门及人员职责,确保部门有足够的人力、物力能够独立开展工作,并定期向高级管理层、董(理)事会汇报工作开展情况。

第八条 银行、支付机构应当落实法律法规和相关

监管规定关于金融消费者权益保护的相关要求,建立健全金融消费者权益保护的各项内控制度:

（一）金融消费者权益保护工作考核评价制度。

（二）金融消费者风险等级评估制度。

（三）消费者金融信息保护制度。

（四）金融产品和服务信息披露、查询制度。

（五）金融营销宣传管理制度。

（六）金融知识普及和金融消费者教育制度。

（七）金融消费者投诉处理制度。

（八）金融消费者权益保护工作内部监督和责任追究制度。

（九）金融消费者权益保护重大事件应急制度。

（十）中国人民银行明确规定应当建立的其他金融消费者权益保护工作制度。

第九条 银行、支付机构应当建立健全涉及金融消费者权益保护工作的全流程管控机制,确保在金融产品或者服务的设计开发、营销推介及售后管理等各个业务环节有效落实金融消费者权益保护工作的相关规定和要求。全流程管控机制包括但不限于下列内容:

（一）事前审查机制。银行、支付机构应当实行金融消费者权益保护事前审查,及时发现并更正金融产品或者服务中可能损害金融消费者合法权益的问题,有效督办落实金融消费者权益保护审查意见。

（二）事中管控机制。银行、支付机构应当履行金融产品或者服务营销宣传中须遵循的基本程序和标准,加强对营销宣传行为的监测与管控。

（三）事后监督机制。银行、支付机构应当做好金融产品和服务的售后管理,及时调整存在问题或者隐患的金融产品和服务规则。

第十条 银行、支付机构应当开展金融消费者权益保护工作人员培训,增强工作人员的金融消费者权益保护意识和能力。

银行、支付机构应当每年至少开展一次金融消费者权益保护专题培训,培训对象应当全面覆盖中高级管理人员、基层业务人员及新入职人员。对金融消费者投诉多发、风险较高的业务岗位,应当适当提高培训的频次。

第十一条 银行、支付机构开展考核评价时,应当将金融消费者权益保护工作作为重要内容,并合理分配相关指标的占比和权重,综合考虑业务合规性、客户满意度、投诉处理及时与合格率等,不得简单以投诉数量作为考核指标。

第十二条 银行、支付机构应当根据金融产品或者服务的特性评估其对金融消费者的适合度,合理划分金融产品和服务风险等级以及金融消费者风险承受等级,将合适的金融产品或者服务提供给适当的金融消费者。

第十三条 银行、支付机构应当依法保障金融消费者在购买、使用金融产品和服务时的财产安全,不得挪用、非法占用金融消费者资金及其他金融资产。

第十四条 银行、支付机构应当尊重社会公德,尊重金融消费者的人格尊严和民族风俗习惯,不得因金融消费者性别、年龄、种族、民族或者国籍等不同实行歧视性差别对待,不得使用歧视性或者违背公序良俗的表述。

第十五条 银行、支付机构应当尊重金融消费者购买金融产品或者服务的真实意愿,不得擅自代理金融消费者办理业务,不得擅自修改金融消费者的业务指令,不得强制搭售其他产品或者服务。

第十六条 银行、支付机构应当依据金融产品或者服务的特性,及时、真实、准确、全面地向金融消费者披露下列重要内容:

（一）金融消费者对该金融产品或者服务的权利和义务,订立、变更、中止和解除合同的方式及限制。

（二）银行、支付机构对该金融产品或者服务的权利、义务及法律责任。

（三）贷款产品的年化利率。

（四）金融消费者应当负担的费用及违约金,包括金额的确定方式,交易时间和交易方式。

（五）因金融产品或者服务产生纠纷的处理及投诉途径。

（六）银行、支付机构对该金融产品或者服务所执行的强制性标准、推荐性标准、团体标准或者企业标准的编号和名称。

（七）在金融产品说明书或者服务协议中,实际承担合同义务的经营主体完整的中文名称。

（八）其他可能影响金融消费者决策的信息。

第十七条 银行、支付机构对金融产品和服务进行信息披露时,应当使用有利于金融消费者接收、理解的方式。对利率、费用、收益及风险等与金融消费者切身利益相关的重要信息,应当根据金融产品或者服务的复杂程度及风险等级,对其中关键的专业术语进行解释说明,并以适当方式供金融消费者确认其已接收完整信息。

第十八条 银行、支付机构向金融消费者说明重要内容和披露风险时,应当依照法律法规和监管规定留存相关资料,自业务关系终止之日起留存时间不得少于3年。法律、行政法规另有规定的,从其规定。

留存的资料包括但不限于：

（一）金融消费者确认的金融产品说明书或者服务协议。

（二）金融消费者确认的风险提示书。

（三）记录向金融消费者说明重要内容的录音、录像资料或者系统日志等相关数据电文资料。

第十九条 银行、支付机构不得利用技术手段、优势地位，强制或者变相强制金融消费者接受金融产品或者服务，或者排除、限制金融消费者接受同业机构提供的金融产品或者服务。

第二十条 银行、支付机构在提供金融产品或者服务的过程中，不得通过附加限制性条件的方式要求金融消费者购买、使用协议中未作明确要求的产品或者服务。

第二十一条 银行、支付机构向金融消费者提供金融产品或者服务时使用格式条款的，应当以足以引起金融消费者注意的字体、字号、颜色、符号、标识等显著方式，提请金融消费者注意金融产品或者服务的数量、利率、费用、履行期限和方式、注意事项、风险提示、纠纷解决等与金融消费者有重大利害关系的内容，并按照金融消费者的要求予以说明。格式条款采用电子形式的，应当可被识别且易于获取。

银行、支付机构不得以通知、声明、告示等格式条款的方式作出含有下列内容的规定：

（一）减轻或者免除银行、支付机构造成金融消费者财产损失的赔偿责任。

（二）规定金融消费者承担超过法定限额的违约金或者损害赔偿金。

（三）排除或者限制金融消费者依法对其金融信息进行查询、删除、修改的权利。

（四）排除或者限制金融消费者选择同业机构提供的金融产品或者服务的权利。

（五）其他对金融消费者不公平、不合理的规定。

银行、支付机构应当对存在侵害金融消费者合法权益问题或者隐患的格式条款和服务协议文本及时进行修订或者清理。

第二十二条 银行、支付机构应当对营销宣传内容的真实性负责。银行、支付机构实际承担的义务不得低于在营销宣传活动中通过广告、资料或者说明等形式对金融消费者所承诺的标准。

前款"广告、资料或者说明"是指以营销为目的，利用各种传播媒体、宣传工具或者方式，就银行、支付机构的金融产品或者服务进行直接或者间接的宣传、推广等。

第二十三条 银行、支付机构在进行营销宣传活动时，不得有下列行为：

（一）虚假、欺诈、隐瞒或者引人误解的宣传。

（二）引用不真实、不准确的数据和资料或者隐瞒限制条件等，对过往业绩或者产品收益进行夸大表述。

（三）利用金融管理部门对金融产品或者服务的审核或者备案程序，误导金融消费者认为金融管理部门已对该金融产品或者服务提供保证。

（四）明示或者暗示保本、无风险或者保收益等，对非保本投资型金融产品的未来效果、收益或者相关情况作出保证性承诺。

（五）其他违反金融消费者权益保护相关法律法规和监管规定的行为。

第二十四条 银行、支付机构应当切实承担金融知识普及和金融消费者教育的主体责任，提高金融消费者对金融产品和服务的认知能力，提升金融消费者金融素养和诚实守信意识。

银行、支付机构应当制定年度金融知识普及与金融消费者教育工作计划，结合自身特点开展日常性金融知识普及与金融消费者教育活动，积极参与中国人民银行及其分支机构组织的金融知识普及活动。银行、支付机构不得以营销金融产品或者服务替代金融知识普及与金融消费者教育。

第二十五条 银行、支付机构应当重视金融消费者需求的多元性与差异性，积极支持普惠金融重点目标群体获得必要、及时的基本金融产品和服务。

第二十六条 出现侵害金融消费者合法权益重大事件的，银行、支付机构应当根据重大事项报告的相关规定及时向中国人民银行或其分支机构报告。

第二十七条 银行、支付机构应当配合中国人民银行及其分支机构开展金融消费者权益保护领域的相关工作，按照规定报送相关资料。

第三章 消费者金融信息保护

第二十八条 本办法所称消费者金融信息，是指银行、支付机构通过开展业务或者其他合法渠道处理的消费者信息，包括个人身份信息、财产信息、账户信息、信用信息、金融交易信息及其他与特定消费者购买、使用金融产品或者服务相关的信息。

消费者金融信息的处理包括消费者金融信息的收集、存储、使用、加工、传输、提供、公开等。

第二十九条 银行、支付机构处理消费者金融信息，应当遵循合法、正当、必要原则，经金融消费者或者其监护人明示同意,但是法律、行政法规另有规定的除外。银行、支付机构不得收集与业务无关的消费者金融信息,不得采取不正当方式收集消费者金融信息,不得变相强制收集消费者金融信息。银行、支付机构不得以金融消费者不同意处理其金融信息为由拒绝提供金融产品或者服务,但处理其金融信息属于提供金融产品或者服务所必需的除外。

金融消费者不能或者拒绝提供必要信息,致使银行、支付机构无法履行反洗钱义务的,银行、支付机构可以根据《中华人民共和国反洗钱法》的相关规定对其金融活动采取限制性措施;确有必要时,银行、支付机构可以依法拒绝提供金融产品或者服务。

第三十条 银行、支付机构收集消费者金融信息用于营销、用户体验改进或者市场调查的,应当以适当方式供金融消费者自主选择是否同意银行、支付机构将其金融信息用于上述目的;金融消费者不同意的,银行、支付机构不得因此拒绝提供金融产品或者服务。银行、支付机构向金融消费者发送金融营销信息的,应当向其提供拒绝继续接收金融营销信息的方式。

第三十一条 银行、支付机构应当履行《中华人民共和国消费者权益保护法》第二十九条规定的明示义务,公开收集、使用消费者金融信息的规则,明示收集、使用消费者金融信息的目的、方式和范围,并留存有关证明资料。

银行、支付机构通过格式条款取得消费者金融信息收集、使用同意的,应当在格式条款中明确收集消费者金融信息的目的、方式、内容和使用范围,并在协议中以显著方式尽可能通俗易懂地向金融消费者提示该同意的可能后果。

第三十二条 银行、支付机构应当按照法律法规的规定和双方约定的用途使用消费者金融信息,不得超出范围使用。

第三十三条 银行、支付机构应当建立以分级授权为核心的消费者金融信息使用管理制度,根据消费者金融信息的重要性、敏感度及业务开展需要,在不影响本机构履行反洗钱等法定义务的前提下,合理确定本机构工作人员调取信息的范围、权限,严格落实信息使用授权审批程序。

第三十四条 银行、支付机构应当按照国家档案管理和电子数据管理等规定,采取技术措施和其他必要措施,妥善保管和存储所收集的消费者金融信息,防止信息遗失、毁损、泄露或者被篡改。

银行、支付机构及其工作人员应当对消费者金融信息严格保密,不得泄露或者非法向他人提供。在确认信息发生泄露、毁损、丢失时,银行、支付机构应当立即采取补救措施;信息泄露、毁损、丢失可能危及金融消费者人身、财产安全的,应当立即向银行、支付机构住所地的中国人民银行分支机构报告并告知金融消费者;信息泄露、毁损、丢失可能对金融消费者产生其他不利影响的,应当及时告知金融消费者,并在72小时以内报告银行、支付机构住所地的中国人民银行分支机构。中国人民银行分支机构接到报告后,视情况按照本办法第五十五条规定处理。

第四章 金融消费争议解决

第三十五条 金融消费者与银行、支付机构发生金融消费争议的,鼓励金融消费者先向银行、支付机构投诉,鼓励当事人平等协商,自行和解。

金融消费者应当依法通过正当途径客观、理性反映诉求,不扰乱正常的金融秩序和社会公共秩序。

本办法所称金融消费争议,是指金融消费者与银行、支付机构因购买、使用金融产品或者服务所产生的民事争议。

第三十六条 银行、支付机构应当切实履行金融消费投诉处理的主体责任,银行、支付机构的法人机构应当按年度向社会发布金融消费者投诉数据和相关分析报告。

第三十七条 银行、支付机构应当通过金融消费者方便获取的渠道公示本机构的投诉受理方式,包括但不限于营业场所、官方网站首页、移动应用程序的醒目位置及客服电话主要菜单语音提示等。

第三十八条 银行、支付机构应当按照中国人民银行要求,加强对金融消费者投诉处理信息系统的建设与管理,对投诉进行正确分类并按时报送相关信息,不得迟报、漏报、谎报、错报或者瞒报投诉数据。

第三十九条 银行、支付机构收到金融消费者投诉后,依照相关法律法规和合同约定进行处理,并告知投诉人处理情况,但因投诉人原因导致无法告知的除外。

第四十条 中国人民银行分支机构设立投诉转办服务渠道。金融消费者对银行、支付机构作出的投诉处理不接受的,可以通过银行、支付机构住所地、合同签订地或者经营行为发生地中国人民银行分支机构进行投诉。

通过电子商务、网络交易购买、使用金融产品或者服务的,金融消费者通过银行、支付机构住所地的中国人民银行分支机构进行投诉。

第四十一条 金融消费者通过中国人民银行分支机构进行投诉,应当提供以下信息:姓名,有效身份证件信息、联系方式,明确的投诉对象及其住所地,具体的投诉请求、事实和理由。

金融消费者可以本人提出投诉,也可以委托他人代为提出投诉。以来信来访方式进行委托投诉的,应当向中国人民银行分支机构提交前款规定的投诉材料、授权委托书原件、委托人和受托人的身份证明。授权委托书应当载明受托人、委托事项、权限和期限,并由委托人本人签名。

第四十二条 中国人民银行分支机构对下列投诉不予接收:

(一)投诉人投诉的机构、产品或者服务不属于中国人民银行监管范围的。

(二)投诉人未提供真实身份,或者没有明确的被投诉人、没有具体的投诉请求和事实依据的。

(三)投诉人并非金融消费者本人,也未经金融消费者本人委托的。

(四)人民法院、仲裁机构、其他金融管理部门、行政部门或者依法设立的调解组织已经受理、接收或者处理的。

(五)双方达成和解协议并已经执行,没有新情况、新理由的。

(六)被投诉机构已提供公平合理的解决方案,投诉人就同一事项再次向中国人民银行分支机构投诉的。

(七)其他不符合法律、行政法规、规章有关规定的。

第四十三条 中国人民银行分支机构收到金融消费者投诉的,应当自收到投诉之日起7个工作日内作出下列处理:

(一)对投诉人和被投诉机构信息、投诉请求、事实和理由等进行登记。

(二)作出是否接收投诉的决定。决定不予接收的,应当告知投诉人。

(三)决定接收投诉的,应当将投诉转交被投诉机构处理或者转交金融消费纠纷调解组织提供调解服务。

需要投诉人对投诉内容进行补正的,处理时限于补正完成之日起计算。

银行、支付机构应当自收到中国人民银行分支机构转交的投诉之日起15日内答复投诉人。情况复杂的,经本机构投诉处理工作负责人批准,可以延长处理期限,并告知投诉人延长处理期限的理由,但最长处理期限不得超过60日。

第四十四条 银行、支付机构收到中国人民银行分支机构转交的投诉,应当按要求向中国人民银行分支机构反馈投诉处理情况。

反馈的内容包括投诉基本情况、争议焦点、调查结果及证据、处理依据、与金融消费者的沟通情况、延期处理情况及投诉人满意度等。

银行、支付机构应当妥善保存投诉资料,投诉资料留存时间自投诉办结之日起不得少于3年。法律、行政法规另有规定的,从其规定。

第四十五条 银行、支付机构、金融消费者可以向调解组织申请调解、中立评估。调解组织受理调解、中立评估申请后,可在合理、必要范围内请求当事人协助或者提供相关文件、资料。

本办法所称中立评估,是指调解组织聘请独立专家就争议解决提出参考性建议的行为。

第四十六条 金融消费纠纷调解组织应当依照法律、行政法规、规章及其章程的规定,组织开展金融消费纠纷调解、中立评估等工作,对银行、支付机构和金融消费者进行金融知识普及和教育宣传引导。

第五章 监督与管理机制

第四十七条 中国人民银行综合研究金融消费者保护重大问题,负责拟定发展规划和业务标准,建立健全金融消费者保护基本制度。

第四十八条 中国人民银行及其分支机构与其他金融管理部门、地方政府有关部门建立健全金融消费者权益保护工作协调机制,加强跨市场跨业态跨区域金融消费者权益保护的监管,强化信息共享和部门间沟通协作。

第四十九条 中国人民银行及其分支机构统筹开展金融消费者教育,引导、督促银行、支付机构开展金融知识普及宣传活动,协调推进金融知识纳入国民教育体系,组织开展消费者金融素养调查。

第五十条 中国人民银行及其分支机构会同有关部门构建监管执法合作机制,探索合作开展金融消费者权益保护监督检查、评估等具体工作。

第五十一条 中国人民银行及其分支机构牵头构建非诉第三方解决机制,鼓励、支持金融消费者权益保护社会组织依法履行职责,推动构建公正、高效、便捷的多元化金融消费纠纷解决体系。

第五十二条 中国人民银行及其分支机构协调推进相关普惠金融工作,建立健全普惠金融工作机制,指导、督促银行、支付机构落实普惠金融发展战略,组织开展职责范围内的普惠金融具体工作。

第五十三条 中国人民银行及其分支机构对金融消

费者投诉信息进行汇总和分析,根据汇总和分析结果适时优化金融消费者权益保护监督管理方式、金融机构行为规范等。

第五十四条 中国人民银行及其分支机构可以采取下列措施,依法在职责范围内开展对银行、支付机构金融消费者权益保护工作的监督检查:

(一)进入被监管机构进行检查。

(二)询问被监管机构的工作人员,要求其对有关检查事项作出说明。

(三)查阅、复制被监管机构与检查事项有关的文件、资料,对可能被转移、隐匿或者毁损的文件、资料予以登记保存。

(四)检查被监管机构的计算机网络与信息系统。

进行现场检查时,检查人员不得少于二人,并应当出示合法证件和检查通知书。

银行、支付机构应当积极配合中国人民银行及其分支机构的现场检查和非现场检查,如实提供有关资料,不得拒绝、阻挠、逃避检查,不得谎报、隐匿、销毁相关证据材料。

第五十五条 银行、支付机构有侵害金融消费者合法权益行为的,中国人民银行及其分支机构可以对其采取下列措施:

(一)要求提交书面说明或者承诺。

(二)约见谈话。

(三)责令限期整改。

(四)视情将相关信息向其上级机构、行业监管部门反馈,在行业范围内发布,或者向社会公布。

(五)建议银行、支付机构对直接负责的董事、高级管理人员和其他直接责任人员给予处分。

(六)依法查处或者建议其他行政管理部门依法查处。

(七)中国人民银行职责范围内依法可以采取的其他措施。

第五十六条 中国人民银行及其分支机构组织开展银行、支付机构履行金融消费者权益保护义务情况的评估工作。

评估工作以银行、支付机构自评估为基础。银行、支付机构应当按年度进行自评估,并于次年1月31日前向中国人民银行或其分支机构报送自评估报告。

中国人民银行及其分支机构根据日常监督管理、投诉管理以及银行、支付机构自评估等情况进行非现场评估,必要时可以进行现场评估。

第五十七条 中国人民银行及其分支机构可以根据具体情况开展金融消费者权益保护环境评估工作。

第五十八条 中国人民银行及其分支机构建立金融消费者权益保护案例库制度,按照预防为先、教育为主的原则向银行、支付机构和金融消费者进行风险提示。

第五十九条 中国人民银行及其分支机构对于涉及金融消费者权益保护的重大突发事件,应当按照有关规定做好相关应急处置工作。

第六章 法律责任

第六十条 银行、支付机构有下列情形之一,侵害消费者金融信息依法得到保护的权利的,中国人民银行或其分支机构应当在职责范围内依照《中华人民共和国消费者权益保护法》第五十六条的规定予以处罚:

(一)未经金融消费者明示同意,收集、使用其金融信息的。

(二)收集与业务无关的消费者金融信息,或者采取不正当方式收集消费者金融信息的。

(三)未公开收集、使用消费者金融信息的规则,未明示收集、使用消费者金融信息的目的、方式和范围的。

(四)超出法律法规规定和双方约定的用途使用消费者金融信息的。

(五)未建立以分级授权为核心的消费者金融信息使用管理制度,或者未严格落实信息使用授权审批程序的。

(六)未采取技术措施和其他必要措施,导致消费者金融信息遗失、毁损、泄露或者被篡改,或者非法向他人提供的。

第六十一条 银行、支付机构有下列情形之一,对金融产品或者服务作出虚假或者引人误解的宣传的,中国人民银行或其分支机构应当在职责范围内依照《中华人民共和国消费者权益保护法》第五十六条的规定予以处罚:

(一)实际承担的义务低于在营销宣传活动中通过广告、资料或者说明等形式对金融消费者所承诺的标准的。

(二)引用不真实、不准确的数据和资料或者隐瞒限制条件等,对过往业绩或者产品收益进行夸大表述的。

(三)利用金融管理部门对金融产品或者服务的审核或者备案程序,误导金融消费者认为金融管理部门已对该金融产品或者服务提供保证的。

(四)明示或者暗示保本、无风险或者保收益等,对非保本投资型金融产品的未来效果、收益或者相关情况作出保证性承诺的。

　　第六十二条　银行、支付机构违反本办法规定，有下列情形之一，有关法律、行政法规有处罚规定的，依照其规定给予处罚；有关法律、行政法规未作处罚规定的，中国人民银行或其分支机构应当根据情形单处或者并处警告、处以五千元以上三万元以下罚款。

　　（一）未建立金融消费者权益保护专职部门或者指定牵头部门，或者金融消费者权益保护部门没有足够的人力、物力独立开展工作的。

　　（二）擅自代理金融消费者办理业务，擅自修改金融消费者的业务指令，或者强制搭售其他产品或者服务的。

　　（三）未按要求向金融消费者披露与金融产品和服务有关的重要内容的。

　　（四）利用技术手段、优势地位，强制或者变相强制金融消费者接受金融产品或者服务，或者排除、限制金融消费者接受同业机构提供的金融产品或者服务的。

　　（五）通过附加限制性条件的方式要求金融消费者购买、使用协议中未作明确要求的产品或者服务的。

　　（六）未按要求使用格式条款的。

　　（七）出现侵害金融消费者合法权益重大事件未及时向中国人民银行或其分支机构报告的。

　　（八）不配合中国人民银行及其分支机构开展金融消费者权益保护领域相关工作，或者未按照规定报送相关资料的。

　　（九）未按要求对金融消费者投诉进行正确分类，或者迟报、漏报、谎报、错报、瞒报投诉数据的。

　　（十）收到中国人民银行分支机构转交的投诉后，未在规定期限内答复投诉人，或者未按要求向中国人民银行分支机构反馈投诉处理情况的。

　　（十一）拒绝、阻挠、逃避检查，或者谎报、隐匿、销毁相关证据材料的。

　　第六十三条　对银行、支付机构侵害金融消费者权益重大案件负有直接责任的董事、高级管理人员和其他直接责任人员，有关法律、行政法规有处罚规定的，依照其规定给予处罚；有关法律、行政法规未作处罚规定的，中国人民银行或其分支机构应当根据情形单处或者并处警告、处以五千元以上三万元以下罚款。

　　第六十四条　中国人民银行及其分支机构的工作人员在开展金融消费者权益保护工作过程中有下列情形之一的，依法给予处分；涉嫌构成犯罪的，移送司法机关依法追究刑事责任：

　　（一）违反规定对银行、支付机构进行检查的。

　　（二）泄露知悉的国家秘密或者商业秘密的。

　　（三）滥用职权、玩忽职守的其他行为。

第七章　附　则

　　第六十五条　商业银行理财子公司、金融资产管理公司、信托公司、汽车金融公司、消费金融公司以及征信机构、个人本外币兑换特许业务经营机构参照适用本办法。法律、行政法规另有规定的，从其规定。

　　第六十六条　本办法中除"工作日"以外的"日"为自然日。

　　第六十七条　本办法由中国人民银行负责解释。

　　第六十八条　本办法自 2020 年 11 月 1 日起施行。《中国人民银行金融消费权益保护工作管理办法（试行）》（银办发〔2013〕107 号文印发）与《中国人民银行金融消费者权益保护实施办法》（银发〔2016〕314 号文印发）同时废止。

银行业保险业消费投诉处理管理办法

- 2020 年 1 月 14 日中国银行保险监督管理委员会令 2020 年第 3 号公布
- 自 2020 年 3 月 1 日起施行

第一章　总　则

　　第一条　为了规范银行业保险业消费投诉处理工作，保护消费者合法权益，根据《中华人民共和国银行业监督管理法》《中华人民共和国商业银行法》《中华人民共和国保险法》《中华人民共和国消费者权益保护法》等法律法规，制定本办法。

　　第二条　本办法所称银行业保险业消费投诉（以下简称"消费投诉"），是指消费者因购买银行、保险产品或者接受银行、保险相关服务与银行保险机构或者其从业人员产生纠纷（以下简称"消费纠纷"），并向银行保险机构主张其民事权益的行为。

　　第三条　银行业保险业消费投诉处理工作应当坚持依法合规、便捷高效、标本兼治和多元化解原则。

　　第四条　银行保险机构是维护消费者合法权益、处理消费投诉的责任主体，负责对本单位及其分支机构消费投诉处理工作的管理、指导和考核，协调、督促其分支机构妥善处理各类消费投诉。

　　第五条　各相关行业协会应当充分发挥在消费纠纷化解方面的行业自律作用，协调、促进其会员单位通过协商、调解、仲裁、诉讼等方式妥善处理消费纠纷。

　　第六条　中国银行保险监督管理委员会（以下简称

"中国银保监会")是全国银行业保险业消费投诉处理工作的监督单位，对全国银行业保险业消费投诉处理工作进行监督指导。

中国银保监会各级派出机构应当对辖区内银行业保险业消费投诉处理工作进行监督指导，推动辖区内建立完善消费纠纷多元化解机制。

第二章 组织管理

第七条 银行保险机构应当从人力物力财力上保证消费投诉处理工作顺利开展，指定高级管理人员或者机构负责人分管本单位消费投诉处理工作，设立或者指定本单位消费投诉处理工作的管理部门和岗位，合理配备工作人员。

银行保险机构应当畅通投诉渠道，设立或者指定投诉接待区域，配备录音录像等设备记录并保存消费投诉接待处理过程，加强消费投诉管理信息系统建设，规范消费投诉处理流程和管理。

第八条 银行保险机构应当在官方网站、移动客户端、营业场所或者办公场所醒目位置公布本单位的投诉电话、通讯地址等投诉渠道信息和消费投诉处理流程，开通电子邮件、官网平台等互联网投诉渠道的，应当公布本单位接收消费投诉的电子邮箱、网址等。在产品或者服务合约中，银行保险机构应当提供投诉电话或者其他投诉渠道信息。

第九条 银行保险机构开展消费投诉处理工作应当属地管理、分级负责，充分考虑和尊重消费者的合理诉求，公平合法作出处理结论。及时查找引发投诉事项的原因，健全完善溯源整改机制，切实注重消费者消费体验，提升服务水平。

第十条 银行保险机构应当加强对第三方机构合作业务消费投诉的管理，因合作销售产品或者提供服务而产生消费纠纷的，银行保险机构应当要求相关第三方机构配合处理消费投诉，对消费投诉事项进行核实，及时提供相关情况，促进消费投诉顺利解决。银行保险机构应当将第三方机构对消费投诉处理工作的配合情况纳入合作第三方机构的准入退出评估机制。

第三章 银行业保险业消费投诉处理

第十一条 银行保险机构应当负责处理因购买其产品或者接受其服务产生的消费投诉。

第十二条 银行保险机构可以要求投诉人通过其公布的投诉渠道提出消费投诉。

采取面谈方式提出消费投诉的，银行保险机构可以要求投诉人在其指定的接待场所提出。多名投诉人采取面谈方式提出共同消费投诉的，应当推选代表，代表人数不超过5名。

第十三条 银行保险机构可以要求投诉人提供以下材料或者信息：

（一）投诉人的基本情况，包括：自然人或者其法定代理人姓名、身份信息、联系方式；法人或者其他组织的名称、住所、统一社会信用代码，法定代表人或者主要负责人的姓名、身份信息、联系方式，法人或者其他组织投诉代理人的姓名、身份信息、联系方式、授权委托书；

（二）被投诉人的基本情况，包括：被投诉的银行保险机构的名称；被投诉的银行业保险业从业人员的相关情况以及其所属机构的名称；

（三）投诉请求、主要事实和相关依据；

（四）投诉人提交书面材料的，应当由投诉人签字或者盖章。

银行保险机构已经掌握或者通过查询内部信息档案可以获得的材料，不得要求投诉人提供。

第十四条 投诉人提出消费投诉确有困难的，银行保险机构应当接受投诉人委托他人代为投诉，除第十三条规定材料或者信息外，可以要求提供经投诉人亲笔签名或者盖章的授权委托书原件，受托人身份证明和有效联系方式。

银行保险机构应当接受消费者继承人提出的消费投诉，除第十三条规定材料或者信息外，可以要求提供继承关系证明。

第十五条 银行保险机构可以接受投诉人撤回消费投诉。投诉人撤回消费投诉的，消费投诉处理程序自银行保险机构收到撤回申请当日终止。

第十六条 投诉人提出消费投诉，应当客观真实，对所提供材料内容的真实性负责，不得提供虚假信息或者捏造、歪曲事实，不得诬告、陷害他人。

投诉人在消费投诉过程中应当遵守法律、行政法规和国家有关规定，维护社会公共秩序和消费投诉处理单位的办公经营秩序。

第十七条 银行保险机构应当建立消费投诉处理回避制度，收到消费投诉后，应当指定与被投诉事项无直接利益关系的人员核实消费投诉内容，及时与投诉人沟通，积极通过协商方式解决消费纠纷。

第十八条 银行保险机构应当依照相关法律法规、合同约定，公平公正作出处理决定，对于事实清楚、争议情况简单的消费投诉，应当自收到消费投诉之日起15日内作出处理决定并告知投诉人,情况复杂的可以延长至30日;情况特别复杂或者有其他特殊原因的,经其上级机构或者总行、总公司高级管理人员审批并告知投诉人,可以再延长30日。

消费投诉处理过程中需外部机构进行鉴定、检测、评估等工作的,相关期间可以不计入消费投诉处理期限,但应当及时告知投诉人。

投诉人在消费投诉处理期限内再次提出同一消费投诉的,银行保险机构可以合并处理,如投诉人提出新的事实和理由,处理期限自收到新的投诉材料之日起重新计算。

在消费投诉处理过程中,发现消费投诉不是由投诉人或者其法定代理人、受托人提出的,银行保险机构可以不予办理,并告知投诉提出人。

第十九条 银行保险机构在告知投诉人处理决定的同时,应当说明对消费投诉内容的核实情况、作出决定的有关依据和理由,以及投诉人可以采取的申请核查、调解、仲裁、诉讼等救济途径。

第二十条 投诉人对银行保险机构分支机构消费投诉处理结果有异议的,可以自收到处理决定之日起30日内向其上级机构书面申请核查。核查机构应当对消费投诉处理过程、处理时限和处理结果进行核查,自收到核查申请之日起30日内作出核查决定并告知投诉人。

第二十一条 银行保险机构应当按照本办法的规定向投诉人告知相关事项并保留相关证明资料,投诉人无法联系的除外。

采取书面形式告知的,应当在本办法规定的告知期限内当面递交,或者通过邮寄方式寄出。

采取短信、电子邮件等可以保存的电子信息形式告知的,应当在本办法规定的告知期限内发出。

采取电话形式告知的,应当在本办法规定的告知期限内拨打投诉人电话。

银行保险机构与投诉人对消费投诉处理决定、告知期限、告知方式等事项协商一致的,按照协商确定的内容履行。

第二十二条 银行保险机构在消费投诉处理工作中,应当核实投诉人身份,保护投诉人信息安全,依法保护国家秘密、商业秘密和个人隐私不受侵犯。

第二十三条 银行保险机构在消费投诉处理过程中,可以根据需要向投诉人提出通过调解方式解决消费纠纷的建议。投诉人同意调解的,银行保险机构和投诉人应当向调解组织提出申请。调解期间不计入消费投诉处理期限。

第二十四条 银行保险机构应当充分运用当地消费纠纷调解处理机制,通过建立临时授权、异地授权、快速审批等机制促进消费纠纷化解。

第四章 银行业保险业消费投诉处理工作制度

第二十五条 银行保险机构应当根据本办法健全本单位消费投诉处理工作制度,明确消费投诉处理流程、责任分工、处理时限等要求。

第二十六条 银行保险机构应当建立消费投诉统计分析、溯源整改、信息披露、责任追究制度,定期开展消费投诉情况分析,及时有效整改问题;通过年报等方式对年度消费投诉情况进行披露;对于消费投诉处理中发现的违规行为,要依照相关规定追究直接责任人员和管理人员责任。

第二十七条 银行保险机构应当健全消费投诉处理考核评价制度,综合运用正向激励和负面约束手段,将消费投诉以及处理工作情况纳入各级机构综合绩效考核指标体系,并在各级机构高级管理人员、机构负责人和相关部门人员的薪酬分配、职务晋升等方面设定合理考核权重。

第二十八条 银行保险机构应当建立消费投诉处理登记制度和档案管理制度。消费投诉登记记录、处理意见等书面资料或者信息档案应当存档备查,法律、行政法规对保存期限有规定的,依照其规定执行。

第二十九条 银行保险机构应当依照国家有关规定制定重大消费投诉处理应急预案,做好重大消费投诉的预防、报告和应急处理工作。

重大消费投诉包括以下情形:

(一)因重大自然灾害、安全事故、公共卫生事件等引发的消费投诉;

(二)20名以上投诉人采取面谈方式提出共同消费投诉的群体性投诉;

(三)中国银保监会及其派出机构(以下统称"银行保险监督管理机构")认定的其他重大消费投诉。

第五章 监督管理

第三十条 银行保险监督管理机构应当明确银行保险机构消费投诉处理工作的监督管理部门。

第三十一条 银行保险监督管理机构设立消费投诉转办服务渠道,方便投诉人反映与银行保险机构的消费纠纷。

第三十二条 投诉人反映与银行保险机构的消费纠

纷,同时提出应当由银行保险监督管理机构负责处理的其他事项的,依照有关规定处理。

第三十三条 银行保险监督管理机构的消费投诉处理监督管理部门应当自收到辖区内消费投诉之日起7个工作日内,将消费投诉转送被投诉银行保险机构并告知投诉人,投诉人无法联系的除外。

第三十四条 银行保险监督管理机构应当对银行保险机构消费投诉处理情况进行监督检查。

第三十五条 银行保险机构应当按照银行保险监督管理机构的要求,报告本单位消费投诉处理工作相关制度、消费投诉管理工作责任人名单,以及上述事项的变动情况。

第三十六条 银行保险机构应当按照银行保险监督管理机构的要求,报告本单位消费投诉数据、消费投诉处理工作情况,并对报送的数据、文件、资料的真实性、完整性、准确性负责。

第三十七条 银行保险监督管理机构应当定期将转送银行保险机构的消费投诉情况进行通报和对外披露,督促银行保险机构做好消费者权益保护工作。

第三十八条 银行保险监督管理机构应当将银行保险机构消费投诉处理工作情况纳入年度消费者权益保护监管评价。

第三十九条 银行保险监督管理机构要加强对银行业保险业消费纠纷调解组织建设的指导,推动建立行业调解规则和标准,促进行业调解组织各项工作健康、规范、有序开展。

第四十条 银行保险机构在处理消费投诉中有下列情形之一的,银行保险监督管理机构可以提出整改要求,并监督其限期整改:

(一)未按照本办法第八条规定公布消费投诉处理相关信息的;

(二)未按照本办法规定程序办理消费投诉并告知的;

(三)无正当理由拒绝配合调解工作或者履行调解协议的。

第四十一条 银行保险机构违反本办法规定,有下列情形之一的,银行保险监督管理机构应当责令限期改正;逾期未改正的,区别情形,银行保险监督管理机构可以进行监督管理谈话,并对银行业金融机构依照《中华人民共和国银行业监督管理法》采取暂停相关业务、责令调整高级管理人员、停止批准增设分支机构以及行政处罚等措施,对保险机构、保险中介机构依照《中华人民共和国保险法》采取罚款、限制其业务范围、责令停止接受新业务等措施,对银行保险监督管理机构负责监管的其他主体依照相关法律法规采取相应措施。

(一)未按照本办法规定建立并实施消费投诉处理相关制度的;

(二)未按照本办法规定报告消费投诉处理工作有关情况的;

(三)违反本办法第四十条规定并未按照要求整改的;

(四)其他违反本办法规定,造成严重后果的。

第六章 附 则

第四十二条 本办法所称银行保险机构包括银行业金融机构、保险机构、保险中介机构以及银行保险监督管理机构负责监管的其他主体。

第四十三条 本办法所称的"以内""以上"均包含本数。

本办法中除"7个工作日"以外的"日"均为自然日。

第四十四条 本办法由中国银保监会负责解释。

第四十五条 本办法自2020年3月1日起施行,原《保险消费投诉处理管理办法》(保监会令2013年第8号)和《中国银监会办公厅关于印发银监会机关银行业消费者投诉处理规程的通知》(银监办发〔2018〕13号)同时废止。原中国银监会、原中国保监会发布的规定与本办法不一致的,以本办法为准。

银行保险机构消费者权益保护管理办法

· 2022年12月12日中国银行保险监督管理委员会令2022年第9号公布
· 自2023年3月1日起施行

第一章 总 则

第一条 为维护公平公正的金融市场环境,切实保护银行业保险业消费者合法权益,促进行业高质量健康发展,根据《中华人民共和国银行业监督管理法》《中华人民共和国商业银行法》《中华人民共和国保险法》《中华人民共和国消费者权益保护法》等法律法规,制定本办法。

第二条 本办法所称银行保险机构,是指在中华人民共和国境内依法设立的向消费者提供金融产品或服务的银行业金融机构和保险机构。

第三条 银行保险机构承担保护消费者合法权益的主体责任。银行保险机构应当通过适当程序和措施,在业务经营全过程公平、公正和诚信对待消费者。

第四条 消费者应当诚实守信，理性消费，审慎投资，依法维护自身合法权益。

第五条 中国银行保险监督管理委员会（以下简称银保监会）及其派出机构依法对银行保险机构消费者权益保护行为实施监督管理。

第六条 银行保险机构消费者权益保护应当遵循依法合规、平等自愿、诚实守信的原则。

第二章 工作机制与管理要求

第七条 银行保险机构应当将消费者权益保护纳入公司治理、企业文化建设和经营发展战略，建立健全消费者权益保护体制机制，将消费者权益保护要求贯穿业务流程各环节。

第八条 银行保险机构董事会承担消费者权益保护工作的最终责任，对消费者权益保护工作进行总体规划和指导，董事会应当设立消费者权益保护委员会。高级管理层应当建立健全消费者权益保护管理体系，确保消费者权益保护目标和政策得到有效执行。监事会应当对董事会、高级管理层消费者权益保护工作履职情况进行监督。

银行保险机构应当明确履行消费者权益保护职责的部门，由其牵头组织并督促指导各部门开展消费者权益保护工作。

第九条 银行保险机构应当建立消费者权益保护审查机制，健全审查工作制度，对面向消费者提供的产品和服务在设计开发、定价管理、协议制定、营销宣传等环节进行消费者权益保护审查，从源头上防范侵害消费者合法权益行为发生。推出新产品和服务或者现有产品和服务涉及消费者利益的条款发生重大变化时，应当开展审查。

第十条 银行保险机构应当建立完善消费者权益保护信息披露机制，遵循真实性、准确性、完整性及及时性原则，在售前、售中、售后全流程披露产品和服务关键信息。

银行保险机构应当通过年报等适当方式，将消费者权益保护工作开展情况定期向公众披露。

第十一条 银行保险机构应当建立消费者适当性管理机制，对产品的风险进行评估并实施分级、动态管理，开展消费者风险认知、风险偏好和风险承受能力测评，将合适的产品提供给合适的消费者。

第十二条 银行保险机构应当按照相关规定建立销售行为可回溯管理机制，对产品和服务销售过程进行记录和保存，利用现代信息技术，提升可回溯管理便捷性，实现关键环节可回溯、重要信息可查询、问题责任可确认。

第十三条 银行保险机构应当建立消费者个人信息保护机制，完善内部管理制度、分级授权审批和内部控制措施，对消费者个人信息实施全流程分级分类管控，有效保障消费者个人信息安全。

第十四条 银行保险机构应当建立合作机构名单管理机制，对涉及消费者权益的合作事项，设定合作机构准入和退出标准，并加强对合作机构的持续管理。在合作协议中应当明确双方关于消费者权益保护的责任和义务，包括但不限于信息安全管控、服务价格管理、服务连续性、信息披露、纠纷解决机制、违约责任承担和应急处置等内容。

第十五条 银行保险机构应当建立健全投诉处理工作机制，畅通投诉渠道，规范投诉处理流程，加强投诉统计分析，不断溯源整改，切实履行投诉处理主体责任。

第十六条 银行保险机构应当健全矛盾纠纷多元化解配套机制，积极主动与消费者协商解决矛盾纠纷，在协商不成的情况下，通过调解、仲裁、诉讼等方式促进矛盾纠纷化解。

消费者向银行业保险业纠纷调解组织请求调解的，银行保险机构无正当理由不得拒绝参加调解。

第十七条 银行保险机构应当建立消费者权益保护内部培训机制，对从业人员开展消费者权益保护培训，提升培训效能，强化员工消费者权益保护意识。

第十八条 银行保险机构应当完善消费者权益保护内部考核机制，建立消费者权益保护内部考核制度，对相关部门和分支机构的工作进行评估和考核。

银行保险机构应当将消费者权益保护内部考核纳入综合绩效考核体系，合理分配权重，并纳入人力资源管理体系和问责体系，充分发挥激励约束作用。

第十九条 银行保险机构应当建立常态化、规范化的消费者权益保护内部审计机制，制定消费者权益保护审计方案，将消费者权益保护工作纳入年度审计范围，以5年为一个周期全面覆盖本机构相关部门和一级分支机构。

第三章 保护消费者知情权、自主选择权和公平交易权

第二十条 银行保险机构应当优化产品设计，对新产品履行风险评估和审批程序，充分评估客户可能承担的风险，准确评定产品风险等级。

第二十一条 银行保险机构应当保障消费者的知情权，使用通俗易懂的语言和有利于消费者接收、理解的方

式进行产品和服务信息披露。对产品和服务信息的专业术语进行解释说明，及时、真实、准确揭示风险。

第二十二条 银行保险机构应当以显著方式向消费者披露产品和服务的性质、利息、收益、费用、费率、主要风险、违约责任、免责条款等可能影响消费者重大决策的关键信息。贷款类产品应当明示年化利率。

第二十三条 银行保险机构不得进行欺诈、隐瞒或者误导性的宣传，不得作夸大产品收益或者服务权益、掩饰产品风险等虚假或者引人误解的宣传。

第二十四条 银行业金融机构应当根据业务性质，完善服务价格管理体系，按照服务价格管理相关规定，在营业场所、网站主页等醒目位置公示服务项目、服务内容和服务价格等信息。新设收费服务项目或者提高服务价格的，应当提前公示。

第二十五条 银行保险机构不得允许第三方合作机构在营业网点或者自营网络平台以银行保险机构的名义向消费者推介或者销售产品和服务。

第二十六条 银行保险机构销售产品或者提供服务的过程中，应当保障消费者自主选择权，不得存在下列情形：

（一）强制捆绑、强制搭售产品或者服务；

（二）未经消费者同意，单方为消费者开通收费服务；

（三）利用业务便利，强制指定第三方合作机构为消费者提供收费服务；

（四）采用不正当手段诱使消费者购买其他产品；

（五）其他侵害消费者自主选择权的情形。

第二十七条 银行保险机构向消费者提供产品和服务时，应当确保风险收益匹配、定价合理、计量正确。

在提供相同产品和服务时，不得对具有同等交易条件或者风险状况的消费者实行不公平定价。

第二十八条 银行保险机构应当保障消费者公平交易权，不得存在下列情形：

（一）在格式合同中不合理地加重消费者责任、限制或者排除消费者合法权利；

（二）在格式合同中不合理地减轻或者免除本机构义务或者损害消费者合法权益应当承担的责任；

（三）从贷款本金中预先扣除利息；

（四）在协议约定的产品和服务收费外，以向第三方支付咨询费、佣金等名义变相向消费者额外收费；

（五）限制消费者寻求法律救济；

（六）其他侵害消费者公平交易权的情形。

第四章 保护消费者财产安全权和依法求偿权

第二十九条 银行保险机构应当审慎经营，保障消费者财产安全权，采取有效的内控措施和监控手段，严格区分自身资产与消费者资产，不得挪用、占用消费者资金。

第三十条 银行保险机构应当合理设计业务流程和操作规范，在办理业务过程中落实消费者身份识别和验证，不得为伪造、冒用他人身份的客户开立账户。

第三十一条 银行保险机构应当严格区分公募和私募资产管理产品，严格审核投资者资质，不得组织、诱导多个消费者采取归集资金的方式满足购买私募资产管理产品的条件。

资产管理产品管理人应当强化受托管理责任，诚信、谨慎履行管理义务。

第三十二条 保险公司应当勤勉尽责，收到投保人的保险要求后，及时审慎审核投保人提供的保险标的或者被保险人的有关情况。

保险公司应当对核保、理赔的规则和标准实行版本管理，不得在保险事故发生后以不同于核保时的标准重新对保险标的或者被保险人的有关情况进行审核。

第三十三条 保险公司收到被保险人或者受益人的赔偿或者给付保险金的请求后，应当依照法律法规和合同约定及时作出处理，不得拖延理赔、无理拒赔。

第五章 保护消费者受教育权和受尊重权

第三十四条 银行保险机构应当开展金融知识教育宣传，加强教育宣传的针对性，通过消费者日常教育与集中教育活动，帮助消费者了解金融常识和金融风险，提升消费者金融素养。

第三十五条 金融知识教育宣传应当坚持公益性，不得以营销、推介行为替代金融知识普及与消费者教育。银行保险机构应当建立多元化金融知识教育宣传渠道，在官方网站、移动互联网应用程序、营业场所设立公益性金融知识普及和教育专区。

第三十六条 银行保险机构应当加强诚信教育与诚信文化建设，构建诚信建设长效机制，培育行业的信用意识，营造诚实、公平、守信的信用环境。

第三十七条 银行保险机构应当不断提升服务质量，融合线上线下，积极提供高品质、便民化金融服务。提供服务过程中，应当尊重消费者的人格尊严和民族风俗习惯，不得进行歧视性差别对待。

第三十八条 银行保险机构应当积极融入老年友好型社会建设，优化网点布局，尊重老年人使用习惯，保留和改进人工服务,不断丰富适老化产品和服务。

第三十九条 银行保险机构应当充分保障残障人士公平获得金融服务的权利,加快线上渠道无障碍建设,提供更加细致和人性化的服务。有条件的营业网点应当提供无障碍设施和服务,更好满足残障人士日常金融服务需求。

第四十条 银行保险机构应当规范营销行为,通过电话呼叫、信息群发、网络推送等方式向消费者发送营销信息的,应当向消费者提供拒收或者退订选择。消费者拒收或者退订的,不得以同样方式再次发送营销信息。

第四十一条 银行保险机构应当规范催收行为,依法依规督促债务人清偿债务。加强催收外包业务管理,委托外部机构实施催收前,应当采取适当方式告知债务人。

银行保险机构自行或者委托外部机构催收过程中不得存在下列情形:

(一)冒用行政机关、司法机关等名义实施催收;

(二)采取暴力、恐吓、欺诈等不正当手段实施催收;

(三)采用其他违法违规和违背公序良俗的手段实施催收。

第六章 保护消费者信息安全权

第四十二条 银行保险机构处理消费者个人信息,应当坚持合法、正当、必要、诚信原则,切实保护消费者信息安全权。

第四十三条 银行保险机构收集消费者个人信息应当向消费者告知收集使用的目的、方式和范围等规则,并经消费者同意,法律法规另有规定的除外。消费者不同意的,银行保险机构不得因此拒绝提供不依赖于其所拒绝授权信息的金融产品或服务。

银行保险机构不得采取变相强制、违规购买等不正当方式收集使用消费者个人信息。

第四十四条 对于使用书面形式征求个人信息处理同意的,银行保险机构应当以醒目的方式、清晰易懂的语言明示与消费者存在重大利害关系的内容。

银行保险机构通过线上渠道使用格式条款获取个人信息授权的,不得设置默认同意的选项。

第四十五条 银行保险机构应当在消费者授权同意等基础上与合作方处理消费者个人信息,在合作协议中应当约定数据保护责任、保密义务、违约责任、合同终止和突发情况下的处置条款。

合作过程中,银行保险机构应当严格控制合作方行为与权限,通过加密传输、安全隔离、权限管控、监测报警、去标识化等方式,防范数据滥用或者泄露风险。

第四十六条 银行保险机构应当督促和规范与其合作的互联网平台企业有效保护消费者个人信息,未经消费者同意,不得在不同平台间传递消费者个人信息,法律法规另有规定的除外。

第四十七条 银行保险机构处理和使用个人信息的业务和信息系统,遵循权责对应、最小必要原则设置访问、操作权限,落实授权审批流程,实现异常操作行为的有效监控和干预。

第四十八条 银行保险机构应当加强从业人员行为管理,禁止违规查询、下载、复制、存储、篡改消费者个人信息。从业人员不得超出自身职责和权限非法处理和使用消费者个人信息。

第七章 监督管理

第四十九条 银保监会及其派出机构依法履行消费者权益保护监管职责,通过采取监管措施和手段,督促银行保险机构切实保护消费者合法权益。严格行为监管要求,对经营活动中的同类业务、同类主体统一标准、统一裁量,依法打击侵害消费者权益乱象和行为,营造公平有序的市场环境。

第五十条 银行保险机构发生涉及消费者权益问题的重大事件,应当根据属地监管原则,及时向银保监会或其派出机构消费者权益保护部门报告。

重大事件是指银行保险机构因消费者权益保护工作不到位或者发生侵害消费者权益行为导致大量集中投诉、引发群体性事件或者造成重大负面舆情等。

第五十一条 各类银行业保险业行业协会以及各地方行业社团组织应当通过行业自律、维权、协调和宣传等方式,指导会员单位提高消费者权益保护水平,妥善化解矛盾纠纷,维护行业良好形象。

第五十二条 银保监会及其派出机构指导设立银行业保险业纠纷调解组织,监督银行业保险业消费纠纷调解机制的有效运行。

银行业保险业纠纷调解组织应当优化治理结构,建章立制,提升调解效能,通过线上、现场、电话等途径,及时高效化解纠纷。

第五十三条 银保监会及其派出机构对银行保险机构消费者权益保护工作中存在的问题,视情节轻重依法采取相应监管措施,包括但不限于:

(一)监管谈话;

(二)责令限期整改;

(三)下发风险提示函、监管意见书等;

（四）责令对直接负责的董事、高级管理人员和其他直接责任人员进行内部问责；

（五）责令暂停部分业务，停止批准开办新业务；

（六）将相关问题在行业内通报或者向社会公布；

（七）职责范围内依法可以采取的其他措施。

第五十四条 银行保险机构以及从业人员违反本办法规定的，由银保监会及其派出机构依据《中华人民共和国银行业监督管理法》《中华人民共和国商业银行法》《中华人民共和国保险法》《中华人民共和国消费者权益保护法》等法律法规实施行政处罚。法律、行政法规没有规定，但违反本办法的，由银保监会及其派出机构责令改正；情节严重或者逾期不改正的，区分不同情形，给予以下行政处罚：

（一）通报批评；

（二）警告；

（三）处以10万元以下罚款。

银行保险机构存在严重侵害消费者合法权益行为，且涉及人数多、涉案金额大、持续时间长、社会影响恶劣的，银保监会及其派出机构除按前款规定处理外，可对相关董事会成员及高级管理人员给予警告，并处以10万元以下罚款。

银行保险机构以及从业人员涉嫌犯罪的，依法移交司法机关追究其刑事责任。

第八章 附 则

第五十五条 本办法所称银行业金融机构是指商业银行、农村信用合作社等吸收公众存款的金融机构以及信托公司、消费金融公司、汽车金融公司、理财公司等非银行金融机构。保险机构是指保险集团（控股）公司、保险公司（不含再保险公司）和保险专业中介机构。

银保监会负责监管的其他金融机构参照适用本办法。邮政企业代理邮政储蓄银行办理商业银行有关业务的，适用本办法有关规定。

第五十六条 本办法由银保监会负责解释。

第五十七条 本办法自2023年3月1日起施行。

中国银保监会行政处罚办法

- 2020年6月15日中国银行保险监督管理委员会令2020年第8号公布
- 自2020年8月1日起施行

第一章 总 则

第一条 为规范中国银行保险监督管理委员会（以下简称银保监会）及其派出机构行政处罚行为，维护银行业保险业市场秩序，根据《中华人民共和国行政处罚法》《中华人民共和国银行业监督管理法》《中华人民共和国商业银行法》《中华人民共和国保险法》等相关法律，制定本办法。

第二条 银行保险机构、其他单位和个人（以下简称当事人）违反法律、行政法规和银行保险监管规定，银保监会及其派出机构依法给予行政处罚的，按照本办法实施。法律、行政法规另有规定的除外。

第三条 本办法所指的行政处罚包括：

（一）警告；

（二）罚款；

（三）没收违法所得；

（四）责令停业整顿；

（五）吊销金融、业务许可证；

（六）取消、撤销任职资格；

（七）限制保险业机构业务范围；

（八）责令保险业机构停止接受新业务；

（九）撤销外国银行代表处、撤销外国保险机构驻华代表机构；

（十）要求撤换外国银行首席代表、责令撤换外国保险机构驻华代表机构的首席代表；

（十一）禁止从事银行业工作或者禁止进入保险业；

（十二）法律、行政法规规定的其他行政处罚。

第四条 银保监会及其派出机构实施行政处罚，应当遵循以下原则：

（一）公平、公正、公开；

（二）程序合法；

（三）过罚相当；

（四）维护当事人的合法权益；

（五）处罚与教育相结合。

第五条 银保监会及其派出机构实行立案调查、审理和决定相分离的行政处罚制度，设立行政处罚委员会。

行政处罚委员会下设办公室，行政处罚委员会办公室设在银保监会及其派出机构的法律部门；暂未设立法律部门的，由相关部门履行其职责。

第六条 银保监会及其派出机构在处罚银行保险机构时，依法对相关责任人员采取责令纪律处分、行政处罚等方式追究法律责任。

第七条 当事人有下列情形之一的，应当依法从轻或者减轻行政处罚：

（一）主动消除或者减轻违法行为危害后果的；

（二）受他人胁迫有违法行为的；
（三）配合行政机关查处违法行为有立功表现的；
（四）其他依法从轻或者减轻行政处罚的。

违法行为轻微并及时纠正，没有造成危害后果的，不予行政处罚。

第八条 当事人有下列情形之一的，依法从重处罚：
（一）屡查屡犯的；
（二）不配合监管执法的；
（三）危害后果严重，造成较为恶劣社会影响的；
（四）其他依法从重行政处罚的情形。

第九条 银保监会及其派出机构参与行政处罚的工作人员有下列情形之一的，本人应当申请回避，当事人及其代理人也有权申请其回避：
（一）是案件当事人或其代理人的近亲属的；
（二）与案件有直接利害关系的；
（三）与案件当事人或代理人有其他关系，可能影响案件公正处理的；
（四）根据法律、行政法规或者其他规定应当回避的。

当事人及其代理人提出回避申请的，应当说明理由。回避决定作出前，有关工作人员应当暂停对案件的调查审理，有特殊情况的除外。

第十条 案件调查人员及审理人员的回避由相关人员所在部门负责人决定，行政处罚委员会委员的回避由主任委员决定；主任委员的回避由所在银行保险监督管理机构的主要负责人决定，主要负责人担任主任委员的，其是否回避由上一级机构决定。

第十一条 当事人对银保监会及其派出机构作出的行政处罚，享有陈述权和申辩权。对行政处罚决定不服的，有权依法申请行政复议或者提起行政诉讼。

当事人提出的事实、理由和证据成立的，银保监会及其派出机构应当予以采纳，不得因当事人申辩而加重处罚。

第十二条 银保监会及其派出机构参与行政处罚的工作人员应当保守案件查办中获悉的国家秘密、商业秘密和个人隐私。

第二章 管辖

第十三条 银保监会对下列违法行为给予行政处罚：
（一）直接监管的银行业法人机构及其从业人员实施的；
（二）直接监管的保险业法人机构及其从业人员实施的；
（三）其他应当由银保监会给予行政处罚的违法行为。

第十四条 派出机构负责对辖区内的下列违法行为给予行政处罚：
（一）直接监管的银行业法人机构及其从业人员实施的；
（二）银行业法人机构的分支机构及其从业人员实施的；
（三）保险公司分支机构及其从业人员实施的；
（四）保险中介机构及其从业人员实施的；
（五）非法设立保险业机构，非法经营保险业务的；
（六）其他应由派出机构给予行政处罚的违法行为。

第十五条 异地实施违法行为的，由违法行为发生地的派出机构管辖。行为发生地的派出机构应当及时通知行为主体所在地的派出机构，行为主体所在地的派出机构应当积极配合违法行为的查处。

违法行为发生地的派出机构认为不宜行使管辖权的，可以移交行为主体所在地的派出机构管辖。

违法行为发生地的派出机构或行为主体所在地的派出机构作出行政处罚决定前可以征求对方意见，并应当书面告知处罚结果。

第十六条 因交叉检查（调查）或者跨区域检查（调查）发现违法行为需要给予行政处罚的，应当提请有管辖权的监督管理机构立案查处，并及时移交相关证据材料。

第十七条 派出机构发现不属于自己管辖的违法行为的，应当移送有管辖权的派出机构。两个以上派出机构对同一违法行为都有管辖权的，由最先立案的派出机构管辖。

对管辖权不明确或者有争议的，应当报请共同的上一级机构指定管辖。

第十八条 上级机构可以直接查处应由下级机构负责查处的违法行为，可以授权下级机构查处应由其负责查处的违法行为，也可以授权下级机构查处应由其他下级机构负责查处的违法行为。

授权管辖的，应当出具书面授权文件。

第十九条 派出机构管辖的电话销售保险违法行为，原则上按照下列要求确定具体管辖地：
（一）在对电话销售业务日常监管中发现的违法行为，由呼出地派出机构查处；
（二）在投诉、举报等工作中发现的违法行为，由投保人住所地派出机构查处，经与呼出地派出机构协商一致,也可以由呼出地派出机构查处。

第二十条 吊销银行业机构金融许可证的行政处罚案件,由颁发该金融许可证的监督管理机构管辖,处罚决定抄送批准该机构筹建的监督管理机构及银保监会相关部门。

责令银行业机构停业整顿的行政处罚案件,由批准该银行业机构开业的监督管理机构管辖,处罚决定抄送批准该机构筹建的监督管理机构及银保监会相关部门。

第三章 立案调查

第二十一条 银保监会及其派出机构发现当事人涉嫌违反法律、行政法规和银行保险监管规定,依法应当给予行政处罚且有管辖权的,应当予以立案。

第二十二条 立案应当由立案调查部门填写行政处罚立案审批表,由分管立案调查部门的负责人批准。

立案调查部门应当在立案之日起九十日以内完成调查工作。有特殊情况的,可以适当延长。

第二十三条 调查人员应当对案件事实进行全面、客观、公正的调查,并依法充分收集证据。

行政处罚立案前通过现场检查、调查、信访核查等方式依法获取的证明材料符合行政处罚证据要求的,可以作为行政处罚案件的证据,但应当在调查报告中载明上述情况。

第二十四条 在证据可能灭失或者以后难以取得的情况下,可以采取先行登记保存措施。采取先行登记保存措施,应当填写先行登记保存证据审批表,并由银保监会负责人或者派出机构负责人批准。

第二十五条 先行登记保存证据的,应当签发先行登记保存证据通知书,填写先行登记保存证据清单,由当事人签字或者盖章确认,并加封银保监会或者派出机构先行登记保存封条,就地由当事人保存。

登记保存证据期间,当事人或者有关人员不得损毁、销毁或者转移证据。对于先行登记保存的证据,应当在七日以内作出处理决定。

第二十六条 调查人员进行案件调查时不得少于二人,并应当向当事人或者有关单位和个人出示合法证件和调查(现场检查)通知书。

第二十七条 需要银保监会派出机构协助调查的,调查机构应当出具协助调查函。协助机构应当在调查机构要求的期限内完成调查。需要延期的,协助机构应当及时告知调查机构。

第二十八条 当事人违法行为不属于银保监会及其派出机构管辖的,立案调查部门应当依法及时向有关部门移送处理。

当事人违法行为涉嫌犯罪的,立案调查部门应当依照有关规定及时移送司法机关或者纪检监察机关。

第二十九条 立案调查部门在调查银行保险机构违法行为时,应当对相关责任人员的违法行为及其责任一并进行调查认定。

第三十条 调查终结后,立案调查部门应当制作调查报告。调查报告应当载明以下事项:
(一)案件来源;
(二)当事人的基本情况;
(三)调查取证过程;
(四)机构违法事实和相关证据;
(五)相关责任人员的违法事实、相关证据以及责任认定情况;
(六)行政处罚时效情况;
(七)当事人的陈述意见、采纳情况及理由;
(八)违法行为造成的风险、损失以及违法所得情况;
(九)从重、从轻、减轻的情形及理由;
(十)行政处罚建议、理由及依据。

第四章 取 证

第三十一条 行政处罚证据包括:
(一)书证;
(二)物证;
(三)视听资料;
(四)电子数据;
(五)证人证言;
(六)当事人陈述;
(七)鉴定意见;
(八)勘验笔录、现场笔录;
(九)法律、行政法规规定的其他证据。

第三十二条 调查人员应当全面收集当事人违法行为及其情节轻重的有关证据,证据应当符合以下要求:
(一)与被证明事实具有关联性;
(二)能够真实、客观反映被证明事实;
(三)收集证据行为符合法定程序。

第三十三条 调查人员收集书证,应当符合下列要求:
(一)收集书证的原件,收集原件确有困难的,可以收集与原件核对无误的复印件、扫描件、翻拍件、节录本等复制件;
(二)复印件、扫描件、翻拍件、节录本等复制件应当

注明提供日期、出处,由提供者载明"与原件核对一致",加盖单位公章或由提供者签章,页数较多的可以加盖骑缝章;

(三)收集报表、会计账册、专业技术资料等书证,应当说明具体证明事项。

第三十四条 调查人员收集物证时,应当收集原物。收集原物确有困难的,可以收集与原物核对无误的复制件或证明该物证的照片、录像等其他证据,但是应当附有制作过程、时间、制作人等情况的相关说明。

第三十五条 调查人员提取视听资料应当符合下列要求:

(一)提取视听资料的原始载体,提取原始载体有困难的,可以提取复制件,但是应附有制作过程、时间、制作人等内容的说明,并由原始载体持有人签字或者盖章;

(二)视听资料应当附有声音内容的文字记录。提取视听资料应当注明提取人、提取出处、提取时间和证明对象等。

第三十六条 调查人员可以直接提取电子计算机管理业务数据库中的数据,也可以采用转换、计算、分解等方式形成新的电子数据。调查人员收集电子数据,应当提取电子数据原始载体,并附有数据内容、收集时间和地点、收集过程、收集方法、收集人、证明对象等情况的说明,由原始数据持有人签名或者盖章。

无法提取原始载体或者提取确有困难的,可以提供电子数据复制件,但是应当附有复制过程、复制人、原始载体存放地点等情况的说明。

第三十七条 调查人员可以询问当事人或有关人员,询问应当分别进行,询问前应当告知其有如实陈述事实、提供证据的义务。

询问应当制作调查笔录,调查笔录应当交被询问人核对,对没有阅读能力的,应当向其宣读;笔录如有差错、遗漏,应当允许其更正或者补充,更正或补充部分由被询问人签字或盖章确认;经核对无误后,调查人员应当在笔录上签名,被询问人逐页签名或者盖章;被询问人拒绝签名或者盖章的,调查人员应当在笔录上注明。

第三十八条 当事人或有关人员拒绝接受调查、拒绝提供有关证据材料或者拒绝在证据材料上签名、盖章的,调查人员应当在调查笔录上载明或以录音、录像等视听资料加以证明。必要时,调查人员可以邀请无利害关系的第三方作为见证人。

通过上述方式获取的材料可以作为认定相关事实的证据。

第三十九条 调查人员对涉嫌违法的物品进行现场勘验时,应当有当事人在场,并制作现场勘验笔录;当事人拒绝到场的,应当在现场勘验笔录中注明。

第四十条 抽样取证,应当开具物品清单,由调查人员和当事人签名或者盖章。

第四十一条 现场检查事实确认书记载的有关违法事实,当事人予以确认的,可以作为认定违法事实的证据。现场检查事实确认书应当有相关检查取证材料作为佐证。

第四十二条 对司法机关或者其他行政执法机关保存、公布、移送的证据材料,符合证据要求的,可以作为行政处罚的证据。

第四十三条 调查人员应当制作证据目录,包括证据材料的序号、名称、证明目的、证据来源、证据形式、页码等。

第四十四条 其他有关收集和审查证据的要求,本办法没有规定的,可以按照其他法律、行政法规、规章规定或者参照有关司法解释规定执行。

第五章 审 理

第四十五条 立案调查结束后,需要移送行政处罚委员会的,由立案调查部门提出处罚建议,将案件材料移交行政处罚委员会办公室。

其他案件由立案调查部门根据查审分离的原则,指派调查人员以外的工作人员进行审理,审理程序参照本章规定执行。行政处罚委员会办公室在立案调查部门认定的违法事实基础上,就处罚依据、处罚种类法律适用问题进行审核。

第四十六条 立案调查部门移交行政处罚委员会办公室的案件材料应当包括:

(一)立案审批表;

(二)调查(现场检查)通知等文书;

(三)案件调查报告书;

(四)证据、证据目录及相关说明;

(五)当事人的反馈材料;

(六)拟被处罚机构负责法律文书接收工作的联系人、联系方式;

(七)当事人送达地址确认书;

(八)移交审理表;

(九)其他必要材料。

第四十七条 立案调查部门移交审理的案件材料应当符合下列标准:

(一)材料齐全,内容完整,装订整齐,页码连续;

(二)证据目录格式规范,证据说明清晰,证据材料与违法事实内容一致;

(三)证据应当是原件,不能提供原件的,复制件应与原件一致。

立案调查部门对送审材料的真实性、准确性、完整性,以及执法的事实、证据、程序的合法性负责。

第四十八条　行政处罚委员会办公室收到立案调查部门移交的案件材料后,应当在三个工作日以内进行审查并作出是否接收的决定。

符合规定标准的,行政处罚委员会办公室应当办理接收手续,注明案件接收日期和案卷材料等有关情况。不符合接收标准的,应当退回立案调查部门并说明理由。

第四十九条　行政处罚委员会办公室接收案件材料后,应当基于调查报告载明的违法事实和责任人员,从调查程序、处罚时效、证据采信、事实认定、行为定性、处罚种类与幅度等方面进行审理,对案件审理意见负责。

第五十条　有下列情形之一的,行政处罚委员会办公室应当请立案调查部门书面说明或者退回补充调查:

(一)违法事实不清的;

(二)证据不足或不符合要求的;

(三)责任主体认定不清的;

(四)调查取证程序违法的;

(五)处罚建议不明确或明显不当的。

第五十一条　行政处罚委员会办公室应当自正式接收案件之日起九十日以内完成案件审理,形成审理报告提交行政处罚委员会审议。有特殊情况的,可以适当延长。

立案调查部门根据办公室意见需要补充材料的,自办公室收到完整补充材料之日起重新计算审理期限。

审理报告主要内容应当包括:

(一)当事人的基本情况;

(二)当事人违法事实与有关人员责任认定情况;

(三)拟处罚意见、理由和依据。

审理报告可以对调查报告载明的违法事实认定、行为定性、量罚依据、处罚幅度或种类等事项提出调整或者变更的意见或建议。

第六章　审　议

第五十二条　行政处罚委员会审议会议应当以审理报告为基础对案件进行审议,审议的主要内容包括:

(一)程序是否合法;

(二)事实是否清楚、证据是否确凿;

(三)行为定性是否准确;

(四)责任认定是否适当;

(五)量罚依据是否正确;

(六)处罚种类与幅度是否适当。

第五十三条　行政处罚委员会审议会议由主任委员主持,每次参加审议会议的委员不得少于全体委员的三分之二。

第五十四条　参会委员应当以事实为依据,以法律为准绳,坚持专业判断,发表独立、客观、公正的审议意见。

第五十五条　行政处罚委员会审议会议采取记名投票方式,各委员对审理意见进行投票表决,全体委员超过半数同意的,按照审理意见作出决议,会议主持人当场宣布投票结果。

参会委员应当积极履行职责,不得投弃权票。

第五十六条　行政处罚委员会审议案件,可以咨询与案件无利益冲突的有关法官、律师、学者或专家的专业意见。

第七章　权利告知与听证

第五十七条　银保监会及其派出机构拟作出行政处罚决定的,应当制作行政处罚事先告知书,告知当事人拟作出行政处罚决定的事实、理由及依据,并告知当事人有权进行陈述和申辩。

第五十八条　行政处罚事先告知书应当载明下列内容:

(一)拟被处罚当事人的基本情况;

(二)拟被处罚当事人违法事实和相关证据;

(三)拟作出处罚的理由、依据;

(四)拟作出处罚的种类和幅度;

(五)当事人享有的陈述、申辩或者听证权利;

(六)拟作出处罚决定的机构名称、印章和日期。

第五十九条　当事人需要陈述和申辩的,应当自收到行政处罚事先告知书之日起十个工作日以内将陈述和申辩的书面材料提交拟作出处罚的银保监会或其派出机构。当事人逾期未行使陈述权、申辩权的,视为放弃权利。

第六十条　银保监会及其派出机构拟作出以下行政处罚决定前,应当在行政处罚事先告知书中告知当事人有要求举行听证的权利:

(一)作出较大数额的罚款;

(二)没收较大数额的违法所得;

(三)限制保险业机构业务范围、责令停止接受新业务;

(四)责令停业整顿;

（五）吊销金融、业务许可证；

（六）取消、撤销任职资格；

（七）撤销外国银行代表处、撤销外国保险机构驻华代表机构或要求撤换外国银行首席代表、责令撤换外国保险机构驻华代表机构的首席代表；

（八）禁止从事银行业工作或者禁止进入保险业。

前款所称较大数额的罚款是指：

（一）银保监会对实施银行业违法行为的单位作出的五百万元以上（不含本数，下同）罚款、对实施银行业违法行为的个人作出的五十万元以上罚款，对实施保险业违法行为的单位作出的一百五十万元以上罚款、对实施保险业违法行为的个人作出的十万元以上罚款；

（二）银保监局对实施银行业违法行为的单位作出的三百万元以上罚款、对实施银行业违法行为的个人作出的三十万元以上罚款，对实施保险业违法行为的单位作出的五十万元以上罚款、对实施保险业违法行为的个人作出的七万元以上罚款；

（三）银保监分局对实施银行业违法行为的单位作出的一百万元以上罚款、对实施银行业违法行为的个人作出的十万元以上罚款，对实施保险业违法行为的单位作出的三十万元以上罚款、对实施保险业违法行为的个人作出的五万元以上罚款。

本条第一款所称没收较大数额的违法所得是指银保监会作出的没收五百万元以上违法所得，银保监局作出的没收一百万元以上违法所得，银保监分局作出的没收五十万元以上违法所得。

第六十一条 当事人申请听证的，应当自收到行政处罚事先告知书之日起五个工作日以内，向银保监会或其派出机构提交经本人签字或盖章的听证申请书。听证申请书中应当载明下列内容：

（一）申请人的基本情况；

（二）具体的听证请求；

（三）申请听证的主要事实、理由和证据；

（四）申请日期和申请人签章。

当事人逾期不提出申请的，视为放弃听证权利。

当事人对违法事实有异议的，应当在提起听证申请时提交相关证据材料。

第六十二条 银保监会或者派出机构收到听证申请后，应依法进行审查，符合听证条件的，应当组织举行听证，并在举行听证七个工作日前，书面通知当事人举行听证的时间、地点。

第六十三条 行政处罚委员会办公室可以成立至少由三人组成的听证组进行听证。其中，听证主持人由行政处罚委员会办公室主任或其指定的人员担任，听证组其他成员由行政处罚委员会办公室的工作人员或者其他相关人员担任。

听证组应当指定专人作为记录员。

第六十四条 听证主持人履行下列职责：

（一）主持听证会，维持听证秩序；

（二）询问听证参加人；

（三）决定听证的延期、中止或终止；

（四）法律、行政法规和规章赋予的其他职权。

第六十五条 当事人在听证中享有下列权利：

（一）使用本民族的语言文字参加听证；

（二）申请不公开听证；

（三）申请回避；

（四）参加听证或者委托代理人参加听证；

（五）就听证事项进行陈述、申辩和举证、质证；

（六）听证结束前进行最后陈述；

（七）核对听证笔录；

（八）依法享有的其他权利。

第六十六条 当事人和其他听证参加人应当承担下列义务：

（一）按时参加听证；

（二）依法举证和质证；

（三）如实陈述和回答询问；

（四）遵守听证纪律；

（五）在核对无误的听证笔录上签名或盖章。

第六十七条 当事人可以委托一至二名代理人参加听证。

第六十八条 代理人参加听证的，应当提交授权委托书、委托人及代理人身份证明等相关材料。授权委托书应当载明如下事项：

（一）委托人及其代理人的基本情况；

（二）代理人的代理权限；

（三）委托日期及委托人签章。

第六十九条 调查人员应当参加听证，提出当事人违法的事实、证据和行政处罚建议，并进行质证。

第七十条 需要证人、鉴定人、勘验人、翻译人员等参加听证的，调查人员、当事人应当提出申请，并提供相关人员的基本情况。经听证主持人同意的，方可参加听证。

证人、鉴定人、勘验人不能亲自到场作证的，调查人员、当事人或其代理人可以提交相关书面材料，并当场宣读。

第七十一条　听证应当公开举行,但涉及国家秘密、商业秘密、个人隐私或影响金融稳定的除外。听证不公开举行的,应当由银保监会及其派出机构行政处罚委员会主任委员决定。

第七十二条　听证公开举行的,银保监会或者派出机构应当通过张贴纸质公告、网上公示等适当方式先期公告当事人姓名或者名称、案由、听证时间和地点。

公民、法人或者非法人组织可以申请参加旁听公开举行的听证;银保监会或其派出机构可以根据场地等条件,确定旁听人数。

第七十三条　听证开始前,记录员应当查明听证当事人和其他听证参加人是否到场,并宣布听证纪律。

对违反听证纪律的,听证主持人有权予以制止;情节严重的,责令其退场。

第七十四条　听证应当按照下列程序进行:

(一)听证主持人宣布听证开始,宣布案由;

(二)听证主持人核对听证参加人身份,宣布听证主持人、听证组成员、听证记录员名单,告知听证参加人在听证中的权利义务,询问当事人是否申请回避;

(三)案件调查人员陈述当事人违法的事实、证据、行政处罚的依据和建议等;

(四)当事人及其代理人就调查人员提出的违法事实、证据、行政处罚的依据和建议进行申辩,并可以出示无违法事实、违法事实较轻或者减轻、免除行政处罚的证据材料;

(五)经听证主持人允许,案件调查人员和当事人可以就有关证据相互质证,也可以向到场的证人、鉴定人、勘验人发问;

(六)当事人、案件调查人员作最后陈述;

(七)听证主持人宣布听证结束。

第七十五条　记录员应当制作听证笔录,听证笔录当场完成的,应当交由当事人核对;当事人核对无误后,应当逐页签名或盖章。

当事人认为听证笔录有差错、遗漏的,可以当场更正或补充;听证笔录不能当场完成的,听证主持人应指定日期和场所核对。

当事人拒绝在听证笔录上签名或盖章的,记录员应当在听证笔录中注明,并由听证主持人签名确认。

第七十六条　出现下列情形的,可以延期或者中止举行听证:

(一)当事人或其代理人因不可抗拒的事由无法参加听证的;

(二)当事人或其代理人在听证会上提出回避申请的;

(三)需要通知新的证人到场,调取新的证据,需要重新鉴定、调查,需要补充调查的;

(四)其他应当延期或者中止听证的情形。

第七十七条　延期、中止听证的情形消失后,应当恢复听证,并将听证的时间、地点通知听证参加人。

第七十八条　出现下列情形之一的,应当终止听证:

(一)当事人撤回听证要求的;

(二)当事人无正当理由不参加听证,或者未经听证主持人允许中途退场的;

(三)其他应当终止听证的情形。

当事人撤回听证要求的,听证记录员应当在听证笔录上记明,并由当事人签名或者盖章。

第七十九条　银保监会及其派出机构应当对当事人陈述、申辩或者听证意见进行研究。需要补充调查的,进行补充调查。

第八十条　采纳当事人陈述、申辩或者听证意见,对拟处罚决定作出重大调整的,应当重新对当事人进行行政处罚事先告知。

第八章　决定与执行

第八十一条　银保监会及其派出机构应当根据案件审理审议情况和当事人陈述、申辩情况,以及听证情况拟定行政处罚决定书。

第八十二条　行政处罚决定书应当载明下列内容:

(一)当事人的基本情况;

(二)违法事实和相关证据;

(三)处罚的依据、种类、幅度;

(四)处罚的履行方式和期限;

(五)申请行政复议或者提起行政诉讼的途径和期限;

(六)作出处罚决定的机构名称、印章和日期。

第八十三条　银保监会及其派出机构送达行政处罚决定书等行政处罚法律文书时,应当附送达回证,由受送达人在送达回证上记明收到日期,并签名或者盖章。

受送达人被羁押、留置的,可以通过采取相关措施的机关转交行政处罚法律文书,确保行政处罚程序正常进行。

送达的具体程序本办法没有规定的,参照民事诉讼法的有关规定执行。

第八十四条　行政处罚决定作出后,应当报送相应纪检监察部门,并按要求将相关责任人被处罚情况通报有关组织部门。涉及罚款或者没收违法所得的,同时将行政处罚决定抄送财会部门。

第八十五条 作出取消、撤销相关责任人员任职资格处罚的,应当将行政处罚决定书抄送核准其任职资格的监督管理机构和其所属的银行保险机构。

第八十六条 作出禁止从事银行业工作或者禁止进入保险业处罚的,应当将行政处罚决定书抄送被处罚责任人所属的银行保险机构。

第八十七条 银保监会及其派出机构作出的罚款、没收违法所得行政处罚决定,当事人应当自收到行政处罚决定书之日起十五日以内缴款。银保监会及其派出机构和执法人员不得自行收缴罚款。

第八十八条 银保监会及其派出机构作出停业整顿或者吊销金融、业务许可证行政处罚的,应当在银保监会官方网站或具有较大影响力的全国性媒体上公告,公告内容包括:

(一)银行保险机构的名称、地址;
(二)行政处罚决定、理由和法律依据;
(三)其他需要公告的事项。

第八十九条 立案调查部门负责行政处罚决定的监督执行。

第九十条 当事人确有经济困难,需要延期或者分期缴纳罚款的,经当事人申请,由分管立案调查部门的负责人批准,可以暂缓或者分期缴纳。

第九十一条 当事人逾期不履行行政处罚决定的,作出行政处罚决定的机构可以采取下列措施:

(一)到期不缴纳罚款的,每日按照罚款数额的百分之三加处罚款;
(二)经依法催告后当事人仍未履行义务的,申请人民法院强制执行;
(三)法律、行政法规规定的其他措施。

加处罚款的数额不得超出罚款数额。

第九十二条 行政处罚案件材料应当按照有关法律法规和档案管理规定归档保存。

第九十三条 银保监会及其派出机构应当按照规定在官方网站上公开行政处罚有关信息。

第九十四条 当事人对行政处罚决定不服的,可以在收到行政处罚决定书之日起六十日以内申请行政复议,也可以在收到行政处罚决定书之日起六个月以内直接向有管辖权的人民法院提起行政诉讼。

行政处罚委员会审议并作出处罚决定的案件,当事人申请行政复议或者提起行政诉讼的,法律部门应当做好复议答辩和应诉工作,立案调查部门予以配合。

无需移送行政处罚委员会的案件,当事人申请行政复议或者提起行政诉讼的,立案调查部门应当做好复议答辩和应诉工作,法律部门予以配合。

第九章 法律责任

第九十五条 对于滥用职权、徇私舞弊、玩忽职守、擅自改变行政处罚决定种类和幅度等严重违反行政处罚工作纪律的人员,依法给予行政处分;涉嫌犯罪的,依法移送纪检监察机关处理。

第九十六条 银保监会及其派出机构违法实施行政处罚给当事人造成损害的,应当依法予以赔偿。对有关责任人员应当依法给予行政处分;涉嫌犯罪的,依法移送纪检监察机关处理。

第九十七条 银保监会及其派出机构工作人员在行政处罚过程中,利用职务便利索取或者收受他人财物、收缴罚款据为己有的,依法给予行政处分;涉嫌犯罪的,依法移送纪检监察机关处理。

第十章 附则

第九十八条 银保监会及其派出机构应当为行政处罚工作提供必要的人力资源与财务经费保障。

第九十九条 银保监会建立行政处罚信息管理系统,加强行政处罚统计分析工作。

银保监会及其派出机构应当按照规定及时将行政处罚决定书等有关行政处罚信息录入行政处罚信息管理系统。必要时可向有关部门和机构披露银行保险机构和从业人员的处罚情况。

第一百条 本办法所称银行业机构,是指依法设立的商业银行、农村合作银行、农村信用社、村镇银行等吸收公众存款的金融机构和政策性银行,金融资产管理公司、信托公司、企业集团财务公司、金融租赁公司、汽车金融公司、消费金融公司,以及经银保监会及其派出机构批准设立的其他银行业机构。

本办法所称保险业机构,是指依法设立的保险集团(控股)公司、保险公司、保险资产管理公司、保险代理机构、保险经纪机构、保险公估机构、外国保险机构驻华代表机构,以及经银保监会及其派出机构批准设立的其他保险业机构。

第一百零一条 本办法所称"以内"皆包括本数或者本级。

第一百零二条 执行本办法所需要的法律文书式样,由银保监会制定。银保监会没有制定式样,执法工作中需要的其他法律文书,银保监局可以制定式样。

第一百零三条 本办法由银保监会负责解释。

第一百零四条 本办法自 2020 年 8 月 1 日起施行，《中国银监会行政处罚办法》（中国银监会令 2015 年第 8 号）、《中国保险监督管理委员会行政处罚程序规定》（中国保监会令 2017 年第 1 号）同时废止。

中国银保监会行政许可实施程序规定

- 2020 年 5 月 24 日中国银行保险监督管理委员会令 2020 年第 7 号公布
- 自 2020 年 7 月 1 日起施行

第一章 总则

第一条 为规范中国银行保险监督管理委员会（以下简称银保监会）及其派出机构实施行政许可行为，明确行政许可程序，提高行政许可效率，保护申请人的合法权益，根据《中华人民共和国银行业监督管理法》《中华人民共和国保险法》《中华人民共和国行政许可法》等法律及行政法规，制定本规定。

第二条 银保监会依照本规定的程序，对银行保险机构及银保监会监督管理的其他金融机构实施行政许可。银保监会可以依法授权派出机构实施行政许可，银保监局在银保监会授权范围内，可以依法授权银保监分局实施行政许可。授权实施的行政许可，行政许可决定以被授权机构的名义作出。

银保监局在银保监会授权范围内，依照本规定的程序实施行政许可。银保监分局在银保监会、银保监局授权范围内，依照本规定的程序实施行政许可。

第三条 银保监会实施行政许可应当遵循公开、公平、公正、非歧视、效率及便民的原则。法律、行政法规规定实施行政许可应当遵循审慎监管原则的，从其规定。

第四条 银保监会的行政许可事项包括银行保险机构及银保监会监督管理的其他金融机构设立、变更和终止许可事项，业务许可事项，银行业金融机构董事（理事）和高级管理人员任职资格许可事项，保险业金融机构董事、监事和高级管理人员任职资格许可事项，法律、行政法规规定和国务院决定的其他许可事项。

第五条 行政许可实施程序分为申请与受理、审查、决定与送达三个环节。

第六条 银保监会及其派出机构按照以下操作流程实施行政许可：

（一）由银保监会、银保监局或银保监分局其中一个机关受理、审查并决定；

（二）由银保监分局受理并初步审查，报送银保监局审查并决定；

（三）由银保监局受理并初步审查，报送银保监会审查并决定；

（四）由银保监会受理，与其他行政机关共同审查并决定；

（五）法律、行政法规和银保监会规定的其他情形。

第二章 申请与受理

第七条 申请人应按照银保监会公布的行政许可事项申请材料目录和格式要求提交申请材料。

第八条 申请人向受理机关提交申请材料的方式为当面递交、邮寄或电子传输至银保监会办公厅、银保监局办公室或银保监分局办公室。

申请材料中应当注明详细、准确的联系方式和送达行政许可决定的邮寄地址。当面递交申请材料的，经办人员应当出示授权委托书和合法身份证件。申请人为自然人的应当出示合法身份证件；申请人委托他人提交申请材料的，受托人还应提交申请人的授权委托书及受托人的合法身份证件。

第九条 由下级机关受理、报上级机关决定的申请事项，申请人应向受理机关提交申请材料，并提交受理申请书，简要说明申请事项。

前款提交的申请材料的主送单位应当为决定机关。

第十条 申请事项依法不需要取得行政许可或者申请事项不属于受理机关职权范围的，受理机关应当即时告知申请人不予受理，并出具不予受理通知书。申请事项不属于本机关职权范围的，还应当告知申请人向有关行政机关申请。

第十一条 申请事项属于受理机关职权范围的，受理机关对照行政许可事项申请材料目录和格式要求，发现申请材料不齐全或不符合规定要求的，应在收到申请材料之日起 5 日内向申请人发出补正通知书，一次告知申请人应补正的全部内容，并要求其在补正通知书发出之日起 3 个月内提交补正申请材料。

申请材料齐全并符合规定要求的，受理机关应在收到完整申请材料之日起 5 日内受理行政许可申请，并向申请人发出受理通知书。受理通知书应注明接收材料日期及受理日期，接收材料日期以接收完整材料日期为准。

第十二条 申请人有下列情形之一的，作出不予受理申请决定：

（一）在补正通知书发出之日起 3 个月内，申请人未能提交补正申请材料的；

（二）在补正通知书发出之日起3个月内，申请人提交的补正申请材料仍不齐全或者不符合规定要求的；

（三）法律、行政法规及银保监会规定的其他情形。

决定不予受理申请的，受理机关出具不予受理通知书，并说明不予受理的理由。不予受理申请决定，应当自补正期满后5日内，或接收全部补正申请材料之日起5日内作出。

第十三条　在作出受理申请决定之前，申请人要求撤回申请的，应当向受理机关提交书面撤回申请。受理机关应在登记后将申请材料退回申请人。

第十四条　受理通知书、不予受理通知书、补正通知书应由受理机关加盖本机关专用印章并注明日期，并由受理机关交予、邮寄或电子传输至申请人。

第三章　审　查

第十五条　由下级机关受理、报上级机关决定的申请事项，下级机关应在受理之日起20日内审查完毕并将审查意见及完整申请材料上报决定机关。

第十六条　由银保监会受理的申请事项，涉及银保监局属地监管职责的，银保监会可以征求相关银保监局的意见。

由银保监局受理的申请事项，涉及银保监分局属地监管职责的，银保监局可以征求相关银保监分局的意见。

由银保监局、银保监分局受理的申请事项，涉及同级或上级机关监管职责的，银保监局、银保监分局可以征求同级或上级机关的意见。

各级机关应当及时向征求意见机关提出反馈意见。

第十七条　受理机关或决定机关对行政许可申请进行审查时，发现行政许可事项直接关系他人重大利益的，应当告知该利害关系人。申请人、利害关系人有权进行陈述和申辩。受理机关或决定机关应当听取申请人、利害关系人的意见。

第十八条　受理机关或决定机关在审查过程中，认为需要申请人对申请材料作出书面说明解释的，可以将问题一次汇总成书面意见，并要求申请人作出书面说明解释。决定机关认为必要的，经其相关负责人批准，可以第二次要求申请人作出书面说明解释。

书面说明解释可以通过当面递交、邮寄或电子传输方式提交；经受理机关或决定机关同意，也可以采取传真、电子邮件等方式提交。

申请人应在书面意见发出之日起2个月内提交书面说明解释。未能按时提交书面说明解释的，视为申请人自动放弃书面说明解释。

第十九条　受理机关或决定机关认为需要由申请人对申请材料当面作出说明解释的，可以在办公场所与申请人进行会谈。参加会谈的工作人员不得少于2人。受理机关或决定机关应当做好会谈记录，并经申请人签字确认。

第二十条　受理机关或决定机关在审查过程中，根据情况需要，可以直接或委托下级机关对申请材料的有关内容进行实地核查。进行实地核查的工作人员不得少于2人，并应当出示合法证件。实地核查应当做好笔录，收集相关证明材料。

第二十一条　受理机关或决定机关在审查过程中对有关信访、举报材料认为有必要进行核查的，应及时核查并形成书面核查意见。

第二十二条　决定机关在审查过程中，对于疑难、复杂或者专业技术性较强的申请事项，可以直接或委托下级机关或要求申请人组织专家评审，并形成经专家签署的书面评审意见。

第二十三条　行政许可直接涉及申请人与他人之间重大利益关系的，决定机关在作出行政许可决定前，应当告知申请人、利害关系人享有要求听证的权利；申请人、利害关系人在被告知听证权利之日起5日内提出听证申请的，决定机关应当在20日内组织听证。

第二十四条　在受理机关或决定机关审查过程中，有下列情形之一的，可以作出中止审查的决定，并通知申请人：

（一）申请人或相应行政许可事项直接关系人因涉嫌违法违规被行政机关调查，或者被司法机关侦查，尚未结案，对相应行政许可事项影响重大；

（二）申请人被银保监会依法采取责令停业整顿、接管等监管措施，尚未解除；

（三）对有关法律、行政法规、规章的规定，需要进一步明确具体含义，请求有关机关作出解释；

（四）申请人主动要求中止审查，理由正当。

法律、行政法规、规章对前款情形另有规定的，从其规定。

第二十五条　因本规定第二十四条第一款第（一）（二）（三）项规定情形中止审查的，该情形消失后，受理机关或决定机关恢复审查，并通知申请人。

申请人主动要求中止审查的，应当向受理机关提交书面申请。同意中止审查的，受理机关应当出具中止审查通知。申请人申请恢复审查的，应当向受理机关提交书面申请。同意恢复审查的，受理机关应当出具恢复审查通知。

第二十六条 以下时间不计算在审查期限内：

（一）需要申请人对申请材料中存在的问题作出书面说明解释的，自书面意见发出之日起到收到申请人提交书面说明解释的时间；

（二）需要对有关信访、举报材料进行核查的，自作出核查决定之日起到核查结束的时间；

（三）需要专家评审的，自组织专家评审之日起到书面评审意见形成的时间；

（四）需要组织听证的，自申请人、利害关系人提出听证申请之日起到听证结束的时间；

（五）中止审查的，自中止审查决定作出之日起到恢复审查通知出具的时间；

（六）法律规定不计算在审查期限内的检验、检测等其他时间。

前款扣除的时间，受理机关或决定机关应及时告知申请人。第（二）（三）项所扣除的时间不得超过合理和必要的期限。

第四章 决定与送达

第二十七条 在受理机关或决定机关审查过程中，因申请人死亡、丧失行为能力或依法终止，致使行政许可申请不符合法定条件或行政许可决定没有必要的，受理机关或决定机关应当终止审查。

第二十八条 在受理机关或决定机关审查过程中，申请人主动要求撤回申请的，应当向受理机关提交终止审查的书面申请，受理机关或决定机关应当终止审查。

第二十九条 由一个机关受理并决定的行政许可，决定机关应在规定期限内审查，作出准予或者不予行政许可的书面决定，并在作出决定后10日内向申请人送达书面决定。

由下级机关受理、报上级机关决定的行政许可，决定机关自收到下级机关的初步审查意见及申请人完整申请材料后，在规定期限内审查，作出准予或者不予行政许可的书面决定，并在作出决定后10日内向申请人送达书面决定，同时抄送下级机关。

作出中止审查或终止审查决定的，应于决定作出后10日内向申请人送达书面决定。

第三十条 由银保监会受理，与其他行政机关共同审查并决定的行政许可，由银保监会受理、审查后，将申请材料移送有关行政机关审查，并根据审查意见在规定的期限内，作出准予或者不予行政许可的书面决定。

第三十一条 对于不符合条件的行政许可事项，决定机关应当作出不予行政许可决定。决定机关作出不予行政许可决定的，应当说明理由，并告知申请人依法享有在法定时间内申请行政复议或者提起行政诉讼的权利。

第三十二条 有下列情形之一的，决定机关或者其上级机关，根据利害关系人的请求或者依职权，可以撤销行政许可：

（一）银保监会及其派出机构工作人员滥用职权、玩忽职守作出准予行政许可决定的；

（二）超越法定职权作出准予行政许可决定的；

（三）违反法定程序作出准予行政许可决定的；

（四）对不具备申请资格或者不符合法定条件的申请人准予行政许可的；

（五）依法可以撤销行政许可的其他情形。

申请人以欺骗、贿赂等不正当手段取得行政许可的，应当予以撤销。

依照前两款规定撤销行政许可，可能对公共利益造成重大损害的，不予撤销。

依照本条第一款规定撤销行政许可，申请人的合法权益受到损害的，应当依法给予赔偿。依照本条第二款规定撤销行政许可的，申请人基于行政许可取得的利益不受保护。

第三十三条 行政许可决定文件由决定机关以挂号邮件或特快专递送达申请人，也可电子传输至申请人。采取邮寄方式送达的，决定机关应当及时向邮政部门索取申请人签收的回执。

行政许可决定文件也可应申请人要求由其领取，领取人应出示授权委托书、合法身份证件并签收。

申请人在接到领取通知5日内不领取行政许可文件且受理机关无法通过邮寄等方式送达的，可以通过银保监会外网网站或公开发行报刊公告送达。自公告之日起，经过60个自然日，即视为送达。

第三十四条 决定机关作出准予行政许可决定后，需要向申请人颁发、换发金融许可证、保险许可证的，决定机关应当通知申请人到发证机关领取、换领金融许可证、保险许可证。

发证机关应当在决定作出后10日内颁发、换发金融许可证、保险许可证。

第五章 公 示

第三十五条 银保监会及其派出机构将行政许可的事项、依据、条件、程序、期限以及需要申请人提交的申请材料目录和格式要求等进行公示，方便申请人查阅。

第三十六条 银保监会及其派出机构采取下列一种

或多种方式进行公示：

（一）在银保监会外网网站上公布；

（二）在公开发行报刊上公布；

（三）印制行政许可手册，并放置在办公场所供查阅；

（四）在办公场所张贴；

（五）其他有效便捷的公示方式。

第三十七条 除涉及国家秘密、商业秘密、个人隐私外，银保监会及其派出机构作出的行政许可决定应当通过银保监会外网网站或者公告等方式公布。

第六章 附 则

第三十八条 除特别说明外，本规定中的"日"均为工作日。

第三十九条 本规定由银保监会负责解释。

第四十条 本规定自2020年7月1日起施行。《中国银行业监督管理委员会行政许可实施程序规定》（银监会令2006年第1号）和《中国保险监督管理委员会行政许可实施办法》（保监会令2014年第2号）同时废止。

中国银保监会信访工作办法

· 2020年1月14日中国银行保险监督管理委员会令2020年第2号公布

· 自2020年3月1日起施行

第一章 总 则

第一条 为规范中国银行保险监督管理委员会及其派出机构（以下简称"银行保险监督管理机构"）信访工作，保障信访人合法权益，维护信访秩序，依据《中华人民共和国银行业监督管理法》《中华人民共和国保险法》《信访条例》《信访工作责任制实施办法》等规定，制定本办法。

第二条 本办法所称信访，是指公民、法人或其他组织采用书信、传真、电话、走访等形式，向银行保险监督管理机构反映情况，提出建议、意见或者请求，依法应当由银行保险监督管理机构处理的活动。

本办法所称信访人，指采用前款规定的形式反映情况，提出建议、意见或者请求的公民、法人或者其他组织。

第三条 银行保险监督管理机构应当做好信访工作，认真处理来信、接待来访，倾听人民群众的意见、建议和要求，接受人民群众的监督，努力为人民服务。

第四条 银行保险监督管理机构应当遵循"属地管理、分级负责，谁主管、谁负责，依法、及时、就地解决问题与疏导教育相结合"的工作原则，处理职责范围内的信访事项。

第五条 银行保险监督管理机构应当建立统一领导、分工协调，统筹兼顾、标本兼治，各负其责、齐抓共管的信访工作格局，建立健全信访工作联席会议、信访矛盾纠纷排查调处、信访调查处理、信访应急处置等机制。

第六条 银行保险监督管理机构应当落实信访工作责任制。各级机构及其部门的主要负责人对本单位、本部门信访工作负总责，其他负责人根据工作分工，对职责范围内的信访工作负主要领导责任。

各级领导干部应当阅批群众来信，定期接待群众来访，协调处理复杂疑难信访问题。

第七条 银行保险监督管理机构应当建立健全信访工作考核评价机制，每年对本系统信访工作情况进行考核。考核结果作为对领导班子和领导干部综合考核以及其他有关干部考核、奖评的重要参考。对在信访工作中作出优异成绩的单位或个人，应予以表彰奖励。

第八条 银行保险监督管理机构应当明确信访工作部门和信访承办部门。信访工作部门负责对本单位、本系统信访工作进行管理，具体负责分办本单位信访事项，督查指导本单位信访事项办理，协调本单位重大信访问题处理，督促指导下级机构信访工作，联系同级党委政府信访工作机构。信访承办部门负责职责范围内信访事项的受理、调查、核实、答复意见拟制，配合信访工作部门接谈等。

第九条 银行保险监督管理机构应当从人力物力财力上保证信访工作顺利开展。为信访工作部门配备充足、合格的工作人员，加强对信访干部的培训。设立专门的信访接待场所，配备录音录像等设备设施。加强信访信息系统建设，增强运用效果。

第十条 银行保险监督管理机构应当建立信访工作报告制度和通报制度，加强信访信息工作。

第十一条 银行保险监督管理机构对于可能或者已经造成社会影响的重大、紧急信访事项和信访信息，应当在职责范围内依法及时采取措施，并及时报告情况。

第十二条 银行保险监督管理机构及其工作人员在信访工作中依法保护国家秘密、工作秘密、商业秘密和个人隐私。

第十三条 银行保险监督管理机构处理信访事项的工作人员与信访事项或者信访人有直接利害关系的，应当回避。

第十四条 银行保险监督管理机构应当对信访工作重要资料，按档案管理规定予以立卷保存。

第二章 信访事项的提出

第十五条 银行保险监督管理机构应当通过网站等方式向社会公布信访工作部门的通信地址、信访电话、来访接待时间和地点等信息。

银行保险监督管理机构应当在信访接待场所或网站公布与本单位信访工作相关的主要法律法规、工作制度及处理程序，以及其他为信访人依照法定途径反映诉求提供便利的事项。

第十六条 信访人对银行保险监督管理机构及其工作人员的职务行为反映情况、提出建议、意见，或者不服银行保险监督管理机构及其工作人员的职务行为，可以依照本办法向银行保险监督管理机构提出信访事项。

信访人提出信访事项，一般应当采用书面形式，应载明信访人的姓名（名称）、住址、联系方式，并提供有效的身份信息。信访人提出诉求的，还应当写明被反映单位名称或者人员姓名、诉求事项、主要事实及理由，并附上相关证明材料。

信访人采用传真或书信形式提出信访事项的，应当向被反映单位或人员所在地的本级银行保险监督管理机构提出。

信访人采用走访形式提出信访事项的，应当按照逐级走访的规定，到依法有权处理的本级或上一级银行保险监督管理机构设立或者指定的信访接待场所提出。多人采用走访形式提出共同信访事项的，应当推选代表，代表人数不得超过5人。

信访人采用口头形式提出信访事项的，银行保险监督管理机构信访工作人员应当引导其补充书面材料，或者记录信访人的姓名（名称）、住址、联系方式和诉求、事实及理由，信访人对记录的内容以签字、盖章等适当方式进行确认后提交，信访人拒绝确认的视同放弃信访。

信访人采用电话形式提出信访事项的，银行保险监督管理机构信访工作人员应当引导其补充书面材料，或者告知信访工作部门通讯地址、信访接待场所。

第十七条 信访人提出信访事项，应当客观真实，对其所提供材料内容的真实性负责，不得捏造歪曲事实，不得诬告陷害他人。

信访人捏造歪曲事实，诬告陷害他人，构成犯罪的，依法追究刑事责任；尚不构成犯罪的，由公安机关依法给予治安管理处罚。

银行保险监督管理机构在信访事项办理中发现信访人提出的信访事项及材料内容不符合上述规定的，可以终止信访程序。

第十八条 信访人在信访过程中应当遵守法律、法规，不得损害国家、社会、集体和他人的合法权益，自觉维护社会公共秩序和信访秩序。

信访人在银行保险监督管理机构办公场所周围非法聚集，或在信访接待场所滞留、滋事、扰乱、妨碍社会公共秩序或信访秩序的，银行保险监督管理机构应对信访人进行劝阻、批评或教育；信访人违反治安管理法律法规的，银行保险监督管理机构报请公安机关依法处理。

第三章 信访事项的受理

第十九条 银行保险监督管理机构应当依照规定，制定分类清单和处理程序，依法分类处理信访诉求。

银行保险监督管理机构按照职责范围，分级、按权限受理信访事项。信访事项涉及银行保险监督管理机构和其他有权机关的，可按照职责部分受理。信访事项涉及两个或者两个以上银行保险监督管理机构职责范围的，由所涉及的机构协商受理；受理有争议的，由共同的上级机构指定其中的一个机构受理，其他相关机构配合。

第二十条 银行保险监督管理机构对下列属于职责范围的信访事项应当予以受理，并在收到完备材料之日起15日内向信访人出具受理告知书。

（一）对银行保险监督管理机构制定和实施的银行保险监督管理规章、制度和办法等提出建议、意见和批评的；

（二）对银行保险监督管理机构及其工作人员的职务行为提出建议、意见和批评或者不服银行保险监督管理机构及其工作人员的职务行为的；

（三）其他应当受理的信访事项。

第二十一条 银行保险监督管理机构对下列信访事项不予受理或不再受理，并在收到完备材料之日起15日内告知信访人。

（一）不属于银行保险监督管理机构信访职责范围的；

（二）已经或依法应当通过诉讼、仲裁、行政复议等法定途径解决的；

（三）已经受理或正在办理的，在规定期限内向受理或办理上级机关再提出同一事项或复查、复核申请的；

（四）收到书面答复后，未在规定时限内提出复查、复核申请，仍就同一事项重复信访的；

（五）已经完成复核并答复或已经中国银行保险监督管理委员会答复，仍就同一事项重复信访的；

（六）反映的信访事项已由银行保险监督管理机构

通过信访以外的途径发现并依法依规处理的；

（七）撤回信访事项后仍就同一事项再次信访的；

（八）其他依法依规不予受理或不再受理的信访事项。

银行保险监督管理机构在受理信访事项后发现存在本条所列情形的，可作出撤销受理的决定，并告知材料提交人。

第二十二条 银行保险监督管理机构对下列不属于信访事项的请求，应依照有关规定程序处理并告知材料提交人。

（一）举报银行保险机构或其工作人员违反相关银行保险监管法律、行政法规、部门规章和其他规范性文件；举报公民、法人或者其他组织涉嫌非法设立银行保险机构或从事银行保险业务，要求监管部门查处的，依照有关银行保险违法行为举报处理规定程序处理。

（二）投诉与银行保险机构或其从业人员因购买银行、保险产品或接受银行、保险相关服务，产生纠纷并向银行保险机构主张其民事权益的，应当转本级消费者权益保护部门，依照有关银行保险消费投诉处理管理规定程序处理。

（三）检举、揭发、控告银行保险监督管理机构或其工作人员涉嫌违纪违法行为的，应当转本级纪检监察机构，依照有关纪检监察规定程序处理。

（四）银行保险监督管理机构工作人员对涉及本人的人事处理、行政处分不服的，应当转本级组织人事部门，依照有关规定程序处理；对党纪政务处分不服的，应当转本级纪检监察机构，依照有关规定程序处理。

本条所称银行保险机构指依照《中华人民共和国银行业监督管理法》和《中华人民共和国保险法》，由银行保险监督管理机构负责监管的各类主体。

银行保险监督管理机构在受理信访事项后发现存在本条所列情形的，可作出撤销受理的决定，依照有关规定程序依法分类处理，并告知材料提交人。

第二十三条 银行保险监督管理机构对于收到不属于本机构职责范围处理事项材料的，不作为信访事项予以受理，引导材料提交人向有权机关反映。

第二十四条 银行保险监督管理机构对不属于本机构职责范围，但属于其他银行保险监督管理机构职责范围的信访事项，应当在收到材料之日起 15 日内转交其他有职责的银行保险监督管理机构；有职责的银行保险监督管理机构应当自收到完备材料之日起 15 日内告知信访人相关受理情况。

第二十五条 对于因信访人提交材料反映信访事项不清而不能办理的，银行保险监督管理机构可以在接到信访事项之日起 15 日内告知信访人补充相关材料；有关信访受理、答复等期限自收到完备材料之日起重新计算；信访人拒绝补充材料或不能补充的，视同放弃信访。

信访人在处理期限内针对已经受理的信访事项提出新的事实、证明材料和理由需要查证的，可以合并处理，信访期限自银行保险监督管理机构收到新材料之日起重新计算。

第二十六条 银行保险监督管理机构对属于职责范围的匿名信访事项，应当区别情况，妥善处理，但不进行信访事项的告知、受理、答复等。

信访事项反映对象明确，内容和提供的线索具体清楚的，应当核查处理；反映对象或所反映内容陈述模糊的，可酌情处理。

第二十七条 银行保险监督管理机构对于署名信访事项，但材料提交人提供的联系方式、地址等不明确或存在冒名、假名，联系方式、地址不实，冒用他人联系方式、地址等情形的，按匿名信访事项处理。

第二十八条 信访人可以申请撤回信访事项，信访工作程序自银行保险监督管理机构收到申请当日终止。

第四章　信访事项的办理

第二十九条 银行保险监督管理机构应当依法按程序办理信访事项，恪尽职守、秉公办事，规范细致、及时稳妥，不得推诿、敷衍、拖延。

第三十条 银行保险监督管理机构办理信访事项，可听取或阅悉信访人陈述事实和理由；可要求信访人、相关组织或人员说明情况，需要进一步核实有关情况的，可进行调查。对重大、复杂、疑难的信访事项，可根据利益相关方申请举行听证。

第三十一条 银行保险监督管理机构对已受理的信访事项，经核实、调查，依照相关法律法规和监管规定，针对信访人的诉求事项按程序提出意见，应自受理之日起 60 日内办结并书面答复信访人，但答复内容不得违反相关保密规定。

信访事项办理过程中需其他国家机关协查等所需的时间，不计入前款规定的期限。

在前述 60 日期限内发现情况复杂，需要延长调查期限的，经本单位负责人批准，可以适当延期，但延长期限不得超过 30 日，并告知信访人延期理由。

信访事项办理中，信访人要求查询信访办理进度的，可以告知，但不得涉及保密、敏感性事项或尚未明确的事实、结论等信息。

对匿名信访事项或信访人提供的姓名(名称)、联系方式、地址等不明确的，不适用本条，不予告知或答复。

第三十二条 信访人对银行保险监督管理机构信访事项答复意见不服的，可以自收到书面答复之日起30日内向原办理机构的上一级机构书面提出复查，申请材料应包括原处理意见、不服意见的事实和理由。信访人再次向原办理机构以同一事项提出信访诉求的，原办理机构不予受理。

收到复查请求的机构应当自收到复查请求之日起30日内提出复查意见，对信访人不服意见的事实和理由进行核查，并书面答复信访人。

第三十三条 信访人对银行保险监督管理机构复查意见不服的，可以自收到书面答复之日起30日内向复查机构的上一级机构书面提出复核，申请材料应包括原处理意见、不服意见的事实和理由。信访人再次向原复查机构以同一事项提出重新复查请求的，原复查机构不予受理。

收到复核请求的机构应当自收到复核请求之日起30日内提出复核意见，对信访人不服复查意见的事实和理由进行核查，并书面答复信访人。

第三十四条 银行保险监督管理机构信访工作部门发现有下列情形之一的，应当及时督办信访承办部门，并提出改进建议。

(一)无正当理由未按规定时限受理应当受理的信访事项的；

(二)无正当理由未按规定时限办结已受理的信访事项的；

(三)未按规定反馈信访事项办理结果的；

(四)受理、办理信访事项推诿、扯皮的；

(五)其他需要督办的情形。

第三十五条 银行保险监督管理机构信访承办部门收到信访工作部门改正建议的，应当及时进行改正；收到书面督办意见的，应当书面反馈信访工作部门。

第三十六条 银行保险监督管理机构对转到下级机构办理的信访事项，应当加强督促、指导，要求按规定告知信访人受理情况、按时回答复信访人。

第五章 责任追究

第三十七条 银行保险监督管理机构及其领导干部、工作人员不履行或者未能正确履行信访工作职责，有下列情形之一的，应当按照中国银行保险监督管理委员会相关问责规定追究责任。

(一)因决策失误、工作失职，损害群众利益，导致信访问题产生，造成严重后果的；

(二)未按规定受理、交办、转送和督办信访事项，严重损害信访人合法权益的；

(三)违反群众纪律，对应当依法处理的合理合法诉求消极应付、推诿敷衍，或者对待信访人态度恶劣、简单粗暴，损害党群干群关系或银行保险监督管理机构形象，造成严重后果的；

(四)对发生的集体访或者信访负面舆情处置不力，导致事态扩大，造成严重不良影响的；

(五)对信访工作部门提出的改进工作、完善政策和给予处分等建议重视不够、落实不力，导致问题长期得不到解决，造成严重后果的；

(六)其他应当追究责任的失职失责情形。

第三十八条 对具有本办法第三十七条所列情形，情节较轻的，银行保险监督管理机构对相关责任人进行通报、限期整改。

涉嫌违法犯罪的，按照国家有关法律法规处理。

第三十九条 对在信访工作中失职失责的银行保险监督管理机构相关责任人，应当给予党纪政纪处分的，依纪依法追究责任。

第六章 附 则

第四十条 银行保险监督管理机构应使用信访专用章办理本办法规定的信访事项。

第四十一条 本办法所称"告知"，可采取纸面告知、平台短信、录音电话等适当方式。

第四十二条 各级派出机构可结合工作实际，制定实施细则。

第四十三条 对外国人、无国籍人、外国组织涉及银行保险监督管理机构信访事项的处理，参照本办法执行。

第四十四条 本办法所规定的"以内"包括本数；本办法所称"日"指自然日。

第四十五条 本办法由中国银行保险监督管理委员会负责解释。

第四十六条 本办法自2020年3月1日起施行。《中国银监会信访工作办法》和《中国保险监督管理委员会信访工作办法》同时废止。原中国银监会、原中国保监会发布规定与本办法不一致的，以本办法为准。

银行业金融机构协助人民检察院公安机关国家安全机关查询冻结工作规定

- 2014年12月29日
- 银监发〔2014〕53号

第一条 为规范银行业金融机构协助人民检察院、公安机关、国家安全机关查询、冻结单位或个人涉案存款、汇款等财产的行为，保障刑事侦查活动的顺利进行，保护存款人和其他客户的合法权益，根据《中华人民共和国刑事诉讼法》、《中华人民共和国商业银行法》、《中华人民共和国银行业监督管理法》等法律法规，制定本规定。

第二条 本规定所称银行业金融机构是指依法设立的商业银行、农村信用合作社、农村合作银行等吸收公众存款的金融机构以及政策性银行。

第三条 本规定所称"协助查询、冻结"是指银行业金融机构依法协助人民检察院、公安机关、国家安全机关查询、冻结单位或个人在本机构的涉案存款、汇款等财产的行为。

第四条 协助查询、冻结工作应当遵循依法合规、保护存款人和其他客户合法权益的原则。

第五条 银行业金融机构应当建立健全内部制度，完善信息系统，依法做好协助查询、冻结工作。

第六条 银行业金融机构应当在总部、省、自治区、直辖市、计划单列市分行和有条件的地市级分行指定专门受理部门和专人负责，在其他分支机构指定专门受理部门或者专人负责，统一接收和反馈人民检察院、公安机关、国家安全机关查询、冻结要求。

银行业金融机构应当将专门受理部门和专人信息及时报告银行业监督管理机构，并抄送同级人民检察院、公安机关、国家安全机关。上述信息发生变动的，应当及时报告。

第七条 银行业金融机构在接到协助查询、冻结财产法律文书后，应当严格保密，严禁向被查询、冻结的单位、个人或者第三方通风报信，帮助隐匿或者转移财产。

第八条 人民检察院、公安机关、国家安全机关要求银行业金融机构协助查询、冻结或者解除冻结时，应当由两名以上办案人员持有效的本人工作证或人民警察证和加盖县级以上人民检察院、公安机关、国家安全机关公章的协助查询财产或协助冻结/解除冻结财产法律文书，到银行业金融机构现场办理，但符合本规定第二十六条情形除外。

无法现场办理完毕的，可以由提出协助要求的人民检察院、公安机关、国家安全机关指派至少一名办案人员持有效的本人工作证或人民警察证和单位介绍信到银行业金融机构取回反馈结果。

第九条 银行业金融机构协助人民检察院、公安机关、国家安全机关办理查询、冻结或者解除冻结时，应当对办案人员的工作证或人民警察证以及协助查询财产或协助冻结/解除冻结财产法律文书进行形式审查。银行业金融机构应当留存上述法律文书原件及工作证或人民警察证复印件，并注明用途。银行业金融机构应当妥善保管留存的工作证或人民警察证复印件，不得挪作他用。

第十条 人民检察院、公安机关、国家安全机关需要跨地区办理查询、冻结的，可以按照本规定要求持协助查询财产或协助冻结/解除冻结财产法律文书、有效的本人工作证或人民警察证、办案协作函，与协作地县级以上人民检察院、公安机关、国家安全机关联系，协作地人民检察院、公安机关、国家安全机关应当协助执行。

办案地人民检察院、公安机关、国家安全机关可以通过人民检察院、公安机关、国家安全机关信息化应用系统传输加盖电子签章的办案协作函和相关法律文书，或者将办案协作函和相关法律文书及凭证传真至协作地人民检察院、公安机关、国家安全机关。协作地人民检察院、公安机关、国家安全机关接收后，经审查确认，在传来的协助查询财产或协助冻结/解除冻结财产法律文书上加盖本地人民检察院、公安机关、国家安全机关印章，由两名以上办案人员持有效的本人工作证或人民警察证到银行业金融机构现场办理，银行业金融机构应当予以配合。

第十一条 对于涉案账户较多，办案地人民检察院、公安机关、国家安全机关需要对其集中查询、冻结的，可以分别按照以下程序办理：

人民检察院、公安机关、国家安全机关需要查询、冻结的账户属于同一省、自治区、直辖市的，由办案地人民检察院、公安机关、国家安全机关出具协助查询财产或协助冻结/解除冻结财产法律文书，逐级上报并经省级人民检察院、公安机关、国家安全机关的相关业务部门批准后，由办案地人民检察院、公安机关、国家安全机关指派两名以上办案人员持有效的本人工作证或人民警察证和上述法律文书原件，到有关银行业金融机构的省、自治区、直辖市、计划单列市分行或其授权的分支机构要求办理。

人民检察院、公安机关、国家安全机关需要查询、冻结的账户分属不同省、自治区、直辖市的，由办案地人民检察院、公安机关、国家安全机关出具协助查询财产或协助冻结/解除冻结财产法律文书,逐级上报并经省级人民检察院、公安机关、国家安全机关负责人批准后,由办案地人民检察院、公安机关、国家安全机关指派两名以上办案人员持有效的本人工作证或人民警察证和上述法律文书原件,到有关银行业金融机构总部或其授权的分支机构要求办理。

第十二条 对人民检察院、公安机关、国家安全机关提出的超出查询权限或者属于跨地区查询需求的,有条件的银行业金融机构可以通过内部协作程序,向有权限查询的上级机构或系统内其他分支机构提出协查请求,并通过内部程序反馈查询的人民检察院、公安机关、国家安全机关。

第十三条 协助查询财产法律文书应当提供查询账号、查询内容等信息。

人民检察院、公安机关、国家安全机关无法提供具体账号时,银行业金融机构应当根据人民检察院、公安机关、国家安全机关提供的足以确定该账户的个人身份证件号码或者企业全称、组织机构代码等信息积极协助查询。没有所查询的账户的,银行业金融机构应当如实告知人民检察院、公安机关、国家安全机关,并在查询回执中注明。

第十四条 银行业金融机构协助人民检察院、公安机关、国家安全机关查询的信息仅限于涉案财产信息,包括:被查询单位或者个人开户销户信息、存款余额、交易日期、交易金额、交易方式、交易对手账户及身份等信息、电子银行信息、网银登录日志等信息、POS机商户、自动机具相关信息等。

人民检察院、公安机关、国家安全机关根据需要可以抄录、复制、照相,并要求银行业金融机构在有关复制材料上加盖证明印章,但一般不得提取原件。人民检察院、公安机关、国家安全机关要求提供电子版查询结果的,银行业金融机构应当在采取必要加密措施的基础上提供,必要时可予以标注和说明。

涉案账户较多,需要批量查询的,人民检察院、公安机关、国家安全机关应当同时提供电子版查询清单。

第十五条 银行业金融机构接到人民检察院、公安机关、国家安全机关协助查询需求后,应当及时办理。能够现场办理完毕的,应当现场办理并反馈。如无法现场办理完毕,对于查询单位或者个人开户销户信息、存款余额信息的,原则上应当在三个工作日以内反馈;对于查询单位或者个人交易日期、交易方式、交易对手账户及身份等信息、电子银行信息、网银登录日志等信息、POS机商户、自动机具相关信息的,原则上应当在十个工作日以内反馈。

对涉案账户较多,人民检察院、公安机关、国家安全机关办理集中查询的,银行业金融机构总部或有关省、自治区、直辖市、计划单列市分行应当在前款规定的时限内反馈。

因技术条件、不可抗力等客观原因,银行业金融机构无法在规定时限内反馈的,应当向人民检察院、公安机关、国家安全机关说明原因,并采取有效措施尽快反馈。

第十六条 协助冻结财产法律文书应当明确冻结账户名称、冻结账号、冻结数额、冻结期限等要素。

冻结涉案账户的款项数额,应当与涉案金额相当。不得超出涉案金额范围冻结款项。冻结数额应当具体、明确。暂时无法确定具体数额的,人民检察院、公安机关、国家安全机关应当在协助冻结财产法律文书上明确注明"只收不付"。

人民检察院、公安机关、国家安全机关应当明确填写冻结期限起止时间,并应当给银行业金融机构预留必要的工作时间。

第十七条 人民检察院、公安机关、国家安全机关提供手续齐全的,银行业金融机构应当立即办理冻结手续,并在协助冻结财产法律文书回执中注明办理情况。

对涉案账户较多,人民检察院、公安机关、国家安全机关办理集中冻结的,银行业金融机构总部或有关省、自治区、直辖市、计划单列市分行一般应当在二十四小时以内采取冻结措施。

如被冻结账户财产余额低于人民检察院、公安机关、国家安全机关要求数额时,银行业金融机构应当在冻结期内对该账户做"只收不付"处理,直至达到要求的冻结数额。

第十八条 冻结涉案存款、汇款等财产的期限不得超过六个月。

有特殊原因需要延长的,作出原冻结决定的人民检察院、公安机关、国家安全机关应当在冻结期限届满前按照本规定第八条办理续冻手续。每次续冻期限不得超过六个月,续冻没有次数限制。

对于重大、复杂案件,经设区的市一级以上人民检察院、公安机关、国家安全机关负责人批准,冻结涉案存款、汇款等财产的期限可以为一年。需要延长期限的,应当按照原批准权限和程序,在冻结期限届满前办理续冻手续,每次续冻期限最长不得超过一年。

冻结期限届满,未办理续冻手续的,冻结自动解除。

第十九条　被冻结的存款、汇款等财产在冻结期限内如需解冻，应当由作出原冻结决定的人民检察院、公安机关、国家安全机关出具协助解除冻结财产法律文书，由两名以上办案人员持有效的本人工作证或人民警察证和协助解除冻结财产法律文书到银行业金融机构现场办理，但符合本规定第二十六条情形除外。

在冻结期限内银行业金融机构不得自行解除冻结。

第二十条　对已被冻结的涉案存款、汇款等财产，人民检察院、公安机关、国家安全机关不得重复冻结，但可以轮候冻结。冻结解除的，登记在先的轮候冻结自动生效。冻结期限届满前办理续冻的，优先于轮候冻结。

两个以上人民检察院、公安机关、国家安全机关要求对同一单位或个人的同一账户采取冻结措施时，银行业金融机构应当协助最先送达协助冻结财产法律文书且手续完备的人民检察院、公安机关、国家安全机关办理冻结手续。

第二十一条　下列财产和账户不得冻结：

（一）金融机构存款准备金和备付金；

（二）特定非金融机构备付金；

（三）封闭贷款专用账户（在封闭贷款未清期间）；

（四）商业汇票保证金；

（五）证券投资者保障基金、保险保障基金、存款保险基金、信托业保障基金；

（六）党、团费账户和工会经费集中户；

（七）社会保险基金；

（八）国有企业下岗职工基本生活保障资金；

（九）住房公积金和职工集资建房账户资金；

（十）人民法院开立的执行账户；

（十一）军队、武警部队一类保密单位开设的"特种预算存款"、"特种其他存款"和连队账户的存款；

（十二）金融机构质押给中国人民银行的债券、股票、贷款；

（十三）证券登记结算机构、银行间市场交易组织机构、银行间市场集中清算机构、银行间市场登记托管结算机构、经国务院批准或者同意设立的黄金交易组织机构和结算机构等依法按照业务规则收取并存放于专门清算交收账户内的特定股票、债券、票据、贵金属等有价凭证、资产和资金，以及按照业务规则要求金融机构等登记托管结算参与人、清算参与人、投资者或者发行人提供的、在交收或者清算结算完成之前的保证金、清算基金、回购质押券、价差担保物、履约担保物等担保物，支付机构客户备付金；

（十四）其他法律、行政法规、司法解释、部门规章规定不得冻结的账户和款项。

第二十二条　对金融机构账户、特定非金融机构账户和以证券登记结算机构、银行间市场交易组织机构、银行间市场集中清算机构、银行间市场登记托管结算机构、经国务院批准或者同意设立的黄金交易组织机构和结算机构、支付机构等名义开立的各类专门清算交收账户、保证金账户、清算基金账户、客户备付金账户，不得整体冻结，法律另有规定的除外。

第二十三条　经查明冻结财产确实与案件无关的，人民检察院、公安机关、国家安全机关应当在三日以内按照本规定第十九条的规定及时解除冻结，并书面通知被冻结财产的所有人；因此对被冻结财产的单位或者个人造成损失的，银行业金融机构不承担法律责任，但因银行业金融机构自身操作失误或设备故障造成被冻结财产的单位或者个人损失的除外。

上级人民检察院、公安机关、国家安全机关认为应当解除冻结措施的，应当责令作出冻结决定的下级人民检察院、公安机关、国家安全机关解除冻结。

第二十四条　银行业金融机构应当按照内部授权审批流程办理协助查询、冻结工作。

银行业金融机构应当对协助查询、冻结工作做好登记记录，妥善保存登记信息。

第二十五条　银行业金融机构在协助人民检察院、公安机关、国家安全机关办理完毕冻结手续后，在存款单位或者个人查询时，应当告知其账户被冻结情况。被冻结款项的单位或者个人对冻结有异议的，银行业金融机构应当告知其与作出冻结决定的人民检察院、公安机关、国家安全机关联系。

第二十六条　人民检察院、公安机关、国家安全机关可以与银行业金融机构建立快速查询、冻结工作机制，办理重大、紧急案件查询、冻结工作。具体办法由银监会会同最高人民检察院、公安部、国家安全部另行制定。

人民检察院、公安机关、国家安全机关可以与银行业金融机构建立电子化专线信息传输机制，查询、冻结（含续冻、解除冻结）需求发送和结果反馈原则上依托银监会及其派出机构与银行业金融机构的金融专网完成。

银监会会同最高人民检察院、公安部、国家安全部制定规范化的电子化信息交互流程，确保各方依法合规使用专线传输数据，保障专线运行和信息传输的安全性。

第二十七条　银行业金融机构接到人民检察院、公安机关、国家安全机关查询、冻结账户要求后，应当立即进行办理;发现存在文书不全、要素欠缺等问题,无法办理协助查询、冻结的,应当及时要求人民检察院、公安机关、国家安全机关采取必要的补正措施;确实无法补正的,银行业金融机构应当在回执上注明原因,退回人民检察院、公安机关、国家安全机关。

银行业金融机构对人民检察院、公安机关、国家安全机关提出的不符合本规定第二十一条、第二十二条的协助冻结要求有权拒绝,同时将相关理由告知办案人员。

银行业金融机构与人民检察院、公安机关、国家安全机关在协助查询、冻结工作中意见不一致的,应当先行办理查询、冻结,并提请银行业监督管理机构的法律部门协调解决。

第二十八条 银行业金融机构在协助人民检察院、公安机关、国家安全机关查询、冻结工作中有下列行为之一的,由银行业监督管理机构责令改正,并责令银行业金融机构对直接负责的主管人员和其他直接责任人员依法给予处分;必要时,予以通报批评;构成犯罪的,依法追究刑事责任:

(一)向被查询、冻结单位、个人或者第三方通风报信,伪造、隐匿、毁灭相关证据材料,帮助隐匿或者转移财产;

(二)擅自转移或解冻已冻结的存款;

(三)故意推诿、拖延,造成应被冻结的财产被转移的;

(四)其他无正当理由拒绝协助配合、造成严重后果的。

第二十九条 人民检察院、公安机关、国家安全机关要求银行业金融机构协助开展相关工作时,应当符合法律、行政法规以及本规定。人民检察院、公安机关、国家安全机关违反法律、行政法规及本规定,强令银行业金融机构开展协助工作,其上级机关应当立即予以纠正;违反相关法律法规规定的,依法追究法律责任。

第三十条 银行业金融机构应当将协助查询、冻结工作纳入考核,建立奖惩机制。

银行业监督管理机构和人民检察院、公安机关、国家安全机关对在协助查询、冻结工作中有突出贡献的银行业金融机构及其工作人员给予表彰。

第三十一条 此前有关银行业金融机构协助人民检察院、公安机关、国家安全机关查询、冻结工作的相关规定与本规定不一致的,以本规定为准。

第三十二条 非银行金融机构协助人民检察院、公安机关、国家安全机关查询、冻结单位或个人涉案存款、汇款等财产的,适用本规定。

第三十三条 本规定由国务院银行业监督管理机构和最高人民检察院、公安部、国家安全部共同解释。

第三十四条 本规定所称的"以上"、"以内"包括本数。

第三十五条 本规定自2015年1月1日起施行。

银行保险机构许可证管理办法

· 2021年4月28日中国银行保险监督管理委员会令2021年第3号公布
· 自2021年7月1日起施行

第一条 为了加强银行保险机构许可证管理,促进银行保险机构依法经营,根据《中华人民共和国行政许可法》《中华人民共和国银行业监督管理法》《中华人民共和国商业银行法》《中华人民共和国保险法》等有关法律规定,制定本办法。

第二条 本办法所称许可证是指中国银行保险监督管理委员会(以下简称银保监会)依法颁发的特许银行保险机构经营金融业务的法律文件。

许可证的颁发、换发、收缴等由银保监会及其授权的派出机构依法行使,其他任何单位和个人不得行使上述职权。

第三条 本办法所称银行保险机构包括政策性银行、大型银行、股份制银行、城市商业银行、民营银行、外资银行、农村中小银行机构等银行机构及其分支机构,保险集团(控股)公司、保险公司、保险资产管理公司、金融资产管理公司、信托公司、企业集团财务公司、金融租赁公司、汽车金融公司、货币经纪公司、消费金融公司、银行理财公司、金融资产投资公司以及经银保监会及其派出机构批准设立的其他非银行金融机构及其分支机构,保险代理集团(控股)公司、保险经纪集团(控股)公司、保险专业代理公司、保险经纪公司、保险兼业代理机构等保险中介机构。

上述银行保险机构开展金融业务,应当依法取得许可证和市场监督管理部门颁发的营业执照。

第四条 本办法所称许可证包括下列几种类型:

(一)金融许可证;

(二)保险许可证;

(三)保险中介许可证。

金融许可证适用于政策性银行、大型银行、股份制银行、城市商业银行、民营银行、外资银行、农村中小银行机构等银行机构及其分支机构，以及金融资产管理公司、信托公司、企业集团财务公司、金融租赁公司、汽车金融公司、货币经纪公司、消费金融公司、银行理财公司、金融资产投资公司等非银行金融机构及其分支机构。

保险许可证适用于保险集团（控股）公司、保险公司、保险资产管理公司等保险机构及其分支机构。

保险中介许可证适用于保险代理集团（控股）公司、保险经纪集团（控股）公司、保险专业代理公司、保险经纪公司、保险兼业代理机构等保险中介机构。

第五条 银保监会对银行保险机构许可证实行分级管理。

银保监会负责其直接监管的政策性银行、大型银行、股份制银行、外资银行、保险集团（控股）公司、保险公司、保险资产管理公司、保险代理集团（控股）公司、保险经纪集团（控股）公司、金融资产管理公司、银行理财公司、金融资产投资公司、保险兼业代理机构等银行保险机构许可证的颁发与管理。

银保监会派出机构根据上级管理单位授权，负责辖内银行保险机构许可证的颁发与管理。

第六条 银保监会及其派出机构根据行政许可决定或备案、报告信息向银行保险机构颁发、换发、收缴许可证。

经批准设立的银行保险机构应当自收到行政许可决定之日起10日内到银保监会或其派出机构领取许可证。对于采取备案或报告管理的机构设立事项，银行保险机构应当在完成报告或备案后10日内到银保监会或其派出机构领取许可证。

第七条 许可证载明下列内容：
（一）机构编码；
（二）机构名称；
（三）业务范围；
（四）批准日期；
（五）机构住所；
（六）颁发许可证日期；
（七）发证机关。

机构编码按照银保监会有关编码规则确定。

金融许可证和保险许可证的批准日期为机构批准设立日期。保险中介许可证的批准日期为保险中介业务资格批准日期。对于采取备案或报告管理的机构设立事项，批准日期为发证机关收到完整备案或报告材料的日期。

第八条 银行保险机构领取许可证时，应当提交下列材料：
（一）银行保险机构介绍信或委托书；
（二）领取许可证人员的合法有效身份证明。

第九条 许可证记载事项发生变更的，银行保险机构应当向发证机关缴回原证，并领取新许可证。

前款所称事项变更须经发证机关许可的，银行保险机构应当自收到行政许可决定之日起10日内到发证机关领取新许可证。前款所称变更事项须向发证机关备案或报告的，银行保险机构应当在完成备案或报告后10日内到发证机关领取新许可证。前款所称变更事项无须许可或备案、报告的，银行保险机构应当自变更之日起15日内到发证机关领取新许可证。

第十条 许可证破损的，银行保险机构应当自发现之日起7日内向发证机关缴回原证，并领取新许可证。

第十一条 许可证遗失，银行保险机构应立即报告发证机关，并于发现之日起7日内发布遗失声明公告、重新领取许可证。

报告内容包括机构名称、地址、批准日期，许可证流水号、编码、颁发日期，当事人、失控的时间、地点、事发原因、过程等情况。

发布遗失声明公告的方式同新领、换领许可证。

许可证遗失的，银行保险机构向发证机关领取新许可证时，除应提交本办法第八条规定的材料外，还应当提交遗失声明公告及对该事件的处理结果报告。

第十二条 银行保险机构行政许可被撤销，被吊销许可证，或者机构解散、关闭、被撤销、被宣告破产的，应当在收到银保监会及其派出机构有关文件、法律文书或人民法院宣告破产裁定书之日起15日内，将许可证缴回发证机关；逾期不缴回的，由发证机关在缴回期满后5日内依法收缴。

第十三条 新领、换领许可证，银行保险机构应于30日内进行公告。银行保险机构应采取下列一种或多种方式进行公告：
（一）在公开发行报刊上公告；
（二）在银行保险机构官方网站上公告；
（三）其他有效便捷的公告方式。

公告的具体内容应当包括：事由、机构名称、机构住所、机构编码、联系电话。公告的知晓范围应至少与机构开展业务经营的地域范围相匹配。银行保险机构应保留相关公告材料备查。

第十四条 银行保险机构应当在营业场所的显著位置公示许可证原件。保险中介机构分支机构应当在营业场所的显著位置公示加盖法人机构公章的许可证复印件。

银行保险机构应当依据行政许可决定文件和上级管

理单位授权文件,在营业场所的显著位置以适当方式公示其业务范围、经营区域、主要负责人。通过网络平台开展业务的,应当在相关网络页面及功能模块以清晰、醒目的方式展示上述内容。

上述公示事项内容发生变更,银行保险机构应当自变更之日起10日内更换公示内容。

第十五条 银行保险机构应当妥善保管和依法使用许可证。

任何单位和个人不得伪造、变造、转让、出租、出借银行保险机构许可证。

第十六条 银保监会及其派出机构应当加强银行保险机构许可证的信息管理,建立完善的许可证管理信息系统,依法披露许可证的有关信息。

第十七条 银保监会及其派出机构依法对银行保险机构许可证管理、公告和公示等情况进行监督与检查。

第十八条 银行保险机构违反本办法,有下列情形之一的,依照《中华人民共和国银行业监督管理法》《中华人民共和国商业银行法》《中华人民共和国保险法》有关规定进行处罚;法律、行政法规没有规定的,由银保监会及其派出机构责令改正,予以警告,对有违法所得的处以违法所得一倍以上三倍以下罚款,但最高不超过三万元,对没有违法所得的处以一万元以下罚款;构成犯罪的,依法追究刑事责任:

(一)转让、出租、出借、伪造、变造许可证;
(二)未按规定新领、换领、缴回许可证;
(三)损坏许可证;
(四)因管理不善导致许可证遗失;
(五)遗失许可证未按规定向发证机关报告;
(六)未按规定公示许可证、业务范围、经营区域、主要负责人;
(七)新领、换领许可证等未按规定进行公告;
(八)新领、换领许可证后未按规定向市场监督管理部门办理登记,领取、换领营业执照。

第十九条 银行保险机构许可证由银保监会统一印制和管理。颁发时加盖发证机关的单位印章方可生效。

银保监会及其派出机构应按照行政审批与许可证管理适当分离的原则,对许可证进行专门管理。许可证保管、打印、颁发等职能应相互分离、相互制约,同时建立许可证颁发、收缴、销毁登记制度。

对于许可证颁发管理过程中产生的废证、收回的旧证、依法缴回和吊销的许可证,应加盖"作废"章,作为重要凭证专门收档,定期销毁。

第二十条 银保监会根据电子证照相关法律法规、国家标准和全国一体化在线政务服务平台标准,制定银行保险机构许可证电子证照标准,推进银行保险机构许可证电子化。

银行保险机构许可证电子证的签发、使用、管理等,按国家和银保监会有关规定执行。

第二十一条 本办法规定的有关期限,均以工作日计算。

第二十二条 本办法由银保监会负责解释。本办法自2021年7月1日起施行,《金融许可证管理办法》(银监会令2007年第8号修订)和《保险许可证管理办法》(保监会令2007年第1号)同时废止。

银行保险机构涉刑案件风险防控管理办法

- 2023年11月2日
- 金规〔2023〕10号

第一章 总 则

第一条 为提高银行保险机构涉刑案件(以下简称案件)风险防控水平,促进银行业保险业安全稳健运行,根据《中华人民共和国银行业监督管理法》《中华人民共和国商业银行法》《中华人民共和国保险法》等法律法规和其他相关规定,制定本办法。

第二条 本办法所称银行保险机构包括银行机构和保险机构。

银行机构,是指在中华人民共和国境内依法设立的商业银行、农村合作银行、农村信用合作社、村镇银行等吸收公众存款的金融机构以及政策性银行。

保险机构,是指在中华人民共和国境内依法设立的保险公司。

第三条 银行保险机构案件风险防控的目标是健全案件风险防控组织架构,完善制度机制,全面加强内部控制和从业人员行为管理,不断提高案件风险防控水平,坚决有效预防违法犯罪。

第四条 银行保险机构应当坚持党对金融工作的集中统一领导,坚决落实党中央关于金融工作的决策部署,充分发挥党建引领作用,持续强化风险内控建设,健全案件风险防控长效机制。

第五条 案件风险防控应当遵循以下原则:预防为主、关口前移,全面覆盖、突出重点,法人主责、分级负责,联防联控、各司其职,属地监管、融入日常。

第六条 银行保险机构承担本机构案件风险防控的

主体责任。

第七条 国家金融监督管理总局(以下简称金融监管总局)及其派出机构依法对银行保险机构案件风险防控实施监督管理。

第八条 中国银行业协会、中国保险行业协会等行业自律组织应当通过加强交流沟通、宣传教育等方式,协调、指导会员单位提高案件风险防控水平。

第二章 职责分工

第九条 银行保险机构应当建立与其经营范围、业务规模、风险状况、管理水平相适应的案件风险防控组织体系,明确董(理)事会、监事会、高级管理层等在案件风险防控中的职责分工。

第十条 银行保险机构董(理)事会承担案件风险防控最终责任。董(理)事会的主要职责包括:

(一)推动健全本机构案件风险防控组织架构和制度机制;

(二)督促高级管理层开展案件风险防控工作;

(三)审议本机构年度案件风险防控评估等相关情况报告;

(四)其他与案件风险防控有关的职责。

董(理)事会下设专门委员会的,可以授权专门委员会具体负责案件风险防控相关工作。未设立董(理)事会的银行保险机构,由执行董(理)事具体负责董(理)事会案件风险防控相关工作。

第十一条 设立监事会的银行保险机构,其监事会承担案件风险防控监督责任,负责监督董(理)事会和高级管理层案件风险防控履职尽责情况。

未设立监事会的银行保险机构,由监事或承担监督职责的组织负责监督相关主体履职尽责情况。

第十二条 银行保险机构高级管理层承担案件风险防控执行责任。高级管理层的主要职责包括:

(一)建立适应本机构的案件风险防控组织架构,明确牵头部门、内设部门和分支机构在案件风险防控中的职责分工;

(二)审议批准本机构案件风险防控相关制度,并监督检查执行情况;

(三)推动落实案件风险防控的各项监管要求;

(四)统筹组织案件风险排查与处置、从业人员行为管理工作;

(五)建立问责机制,确保案件风险防控责任落实到位;

(六)动态全面掌握本机构案件风险防控情况,及时总结和评估本机构上一年度案件风险防控有效性,提出本年度案件风险防控重点任务,并向董(理)事会或董(理)事会专门委员会报告;

(七)其他与案件风险防控有关的职责。

银行保险机构应当指定一名高级管理人员协助行长(总经理、主任、总裁等)负责案件风险防控工作。

第十三条 银行保险机构应当明确案件风险防控牵头部门,并由其履行以下主要职责:

(一)拟定或组织拟定案件风险排查与处置、从业人员行为管理等案件风险防控制度,并推动执行;

(二)指导、督促内设部门和分支机构履行案件风险防控职责;

(三)督导案件风险防控相关问题的整改和问责;

(四)协调推动案件风险防控信息化建设;

(五)分析研判本机构案件风险防控形势,组织拟定和推动完成年度案件风险防控重点任务;

(六)组织评估案件风险防控情况,并向高级管理层报告;

(七)指导和组织开展案件风险防控培训教育;

(八)其他与案件风险防控牵头管理有关的职责。

第十四条 银行保险机构内设部门和分支机构对其职责范围内的案件风险防控工作承担直接责任,并履行以下主要职责:

(一)开展本条线、本机构案件风险排查与处置工作;

(二)开展本条线、本机构从业人员行为管理工作;

(三)开展本条线、本机构案件风险防控相关问题的整改工作;

(四)在本条线、本机构职责范围内加强案件风险防控信息化建设;

(五)开展本条线、本机构案件风险防控培训教育;

(六)配合案件风险防控牵头部门开展相关工作。

第十五条 银行保险机构内部审计部门应当将案件风险防控工作纳入审计范围,明确审计内容、报告路径等事项,及时报告审计发现的问题,提出改进建议,并督促问题整改和问责。

第十六条 银行保险机构总部案件风险防控牵头部门应当配备与其机构业务规模、管理水平和案件风险状况相适应的案件风险防控专职人员。

分支机构应当设立案件风险防控岗位并指定人员负责案件风险防控工作。

银行保险机构应当加强专业人才队伍建设,定期开展系统性案件风险防控培训教育，提高相关人员业务素质和履职能力。

第三章 任务要求

第十七条 银行保险机构应当建立健全案件风险防控机制，构建起覆盖案件风险排查与处置、从业人员行为管理、领导干部监督、内部监督检查、追责问责、问题整改、举报处理、考核奖励、培训教育等环节的全链条防控体系。前瞻研判本机构案件风险防控重点领域，针对性完善案件风险防控重点措施，持续加大信息化建设力度，及时开展案件风险防控评估。

第十八条 银行保险机构应当制定案件风险排查与处置制度，确定案件风险排查的范围、内容、频率等事项，建立健全客户准入、岗位准入、业务处理、决策审批等关键环节的常态化风险排查与处置机制。

对于案件风险排查中发现的问题隐患和线索疑点，银行保险机构应当及时规范处置。

发现涉嫌违法犯罪情形的，银行保险机构应当及时移送公安机关等有权部门处理，并积极配合查清违法犯罪事实。

第十九条 银行保险机构应当制定从业人员行为管理制度，健全从业人员职业操守和行为规范，依法依规强化异常行为监测和排查。

银行保险机构应当加强对劳务派遣人员、保险销售人员的管理，并督促合作机构加强第三方服务人员管理。

第二十条 国有和国有控股银行保险机构应当加强对"一把手"和领导班子的监督，严格落实领导干部选拔任用、个人事项报告、履职回避、因私出国（境）、领导干部家属从业行为、经济责任审计、绩效薪酬延期支付和追索扣回等规定。

其他银行保险机构可以参照前款规定加强对董（理）事、监事和高级管理人员的监督。

银行保险机构各级管理人员任职谈话、工作述职中应当包含案件风险防控内容。对案件风险防控薄弱的部门负责人和下级机构负责人，应当及时开展专项约谈。

第二十一条 银行保险机构应当在内部监督检查制度中建立健全监督和检查案件风险防控的相关机制，组织开展相关条线和各级机构案件风险防控内部监督检查，并重点加大对基层网点、关键岗位、案件易发部位和薄弱环节的监督检查力度。

第二十二条 银行保险机构应当健全内部问责机制，坚持尽职免责、失职追责，对案件风险防控相关制度不完善或执行不到位、案件风险应处置未处置或处置不当、管理失职及内部控制失效等违规、失职、渎职行为，严肃开展责任认定，追究相关机构和个人责任。

第二十三条 对于内外部审计、内外部监督检查中发现的案件风险防控问题，银行保险机构应当实行整改跟踪管理，严防类似问题发生。

银行保险机构应当及时系统梳理本机构案件暴露出的规章制度、操作流程和信息系统的缺陷和漏洞，并组织实施整改。

第二十四条 银行保险机构应当在举报处理制度中建立健全案件风险线索发现查处机制，有效甄别举报中反映的违法违规事项，及时采取措施处置和化解案件风险隐患。

第二十五条 银行保险机构应当将案件风险防控作为绩效考核的重要内容，注重过程考核，鼓励各级机构主动排查、尽早暴露、前瞻防控案件风险。对案件风险防控成效突出、有效堵截案件、主动抵制或检举违法违规行为的机构和个人予以奖励。

第二十六条 银行保险机构应当全面加强案件风险防控的业务培训。相关岗位培训、技能考核等应当包含案件风险防控内容。

银行保险机构应当定期组织开展案件警示教育活动。通过以案说法、以案为鉴、以案促治，增强从业人员案件风险防控意识和合规经营自觉，积极营造良好的清廉金融文化氛围。

银行保险机构应当将本机构发生的涉刑案件作为业务培训和警示教育重点内容。

第二十七条 银行保险机构应当依据本机构经营特点，充分识别重点领域案件风险点的表现形式，包括但不限于信贷业务、创新业务、资产处置业务、信用卡业务、保函业务、同业业务、资产管理业务、柜面业务、资本市场业务、债券市场业务、网络和信息安全、安全保卫、保险展业、保险理赔等领域。

第二十八条 银行保险机构应当不断提高内部控制有效性，持续完善案件风险防控重点措施，确保案件风险整体可控，包括但不限于股东股权和关联交易管理、分级授权体系和权限管理、重要岗位轮岗和强制休假管理、账户对账和异常交易账户管理、重要印章凭证管理等。

第二十九条 银行保险机构应当加大案件风险防控信息化建设力度，推动内设部门和分支机构持续优化业务流程，加强大数据分析、人工智能等信息技术应用，强化关键业务环节和内控措施的系统控制，不断提升主动防范、识别、监测、处置案件风险的能力。

第三十条　银行保险机构应当建立健全案件风险防控评估机制，对照本办法要求，结合本机构实际情况，及时、全面、准确评估本机构案件风险防控有效性。评估事项包括但不限于以下内容：

（一）案件风险防控组织架构；

（二）制度机制建设和落实情况；

（三）案件风险重点领域研判情况；

（四）案件风险重点防控措施执行情况；

（五）案件风险排查与处置情况；

（六）从业人员行为管理情况；

（七）案件风险暴露及查处问责情况；

（八）年内发生案件的内设部门、分支机构或所涉业务领域完善制度、改进流程、优化系统等整改措施及成效；

（九）上一年度评估发现问题的整改落实情况，本年度案件风险防控存在的主要问题及改进措施。

银行保险机构应当于每年3月31日前，按照对应的监管权限，将案件风险防控评估情况向金融监管总局或其派出机构报告。

第四章　监督管理

第三十一条　金融监管总局及其派出机构应当将银行保险机构案件风险防控作为日常监管的重要内容，通过非现场监管、现场检查等方式加强案件风险防控监督管理。

第三十二条　金融监管总局及其派出机构案件管理部门承担归口管理和协调推动责任。

金融监管总局机构监管部门、功能监管部门和各级派出机构承担银行保险机构案件风险防控的日常监管职责。

第三十三条　金融监管总局及其派出机构应当采用风险提示、专题沟通、监管会谈等方式，对银行保险机构案件风险防控实施非现场监管，并将案件风险防控情况作为监管评级的重要考量因素。

金融监管总局及其派出机构应当及时研判并跟踪监测银行保险机构案件风险变化趋势，并对案件风险较高的机构实施重点监管。

第三十四条　金融监管总局及其派出机构应当依据银行保险机构的非现场监管情况，对案件风险防控薄弱、风险较为突出的银行保险机构，适时开展风险排查或现场检查。

第三十五条　金融监管总局及其派出机构发现银行保险机构案件风险防控存在问题的，应当依法视具体情况采取以下监管措施：

（一）责令限期改正，并在规定时限内报告整改落实情况；

（二）纳入年度监管通报，提出专项工作要求；

（三）对法人机构或分支机构负责人进行监管约谈；

（四）责令机构开展内部问责；

（五）向有关单位或部门进行通报；

（六）动态调整监管评级；

（七）适时开展监管评估；

（八）其他监管措施。

第三十六条　银行保险机构应当按照本办法开展案件风险防控工作。违反本办法规定，造成不良后果的，由金融监管总局及其派出机构依据《中华人民共和国银行业监督管理法》《中华人民共和国商业银行法》《中华人民共和国保险法》等法律法规和其他相关规定予以行政处罚。

第五章　附　则

第三十七条　有关案件定义，适用《中国银保监会关于印发银行保险机构涉刑案件管理办法（试行）的通知》（银保监发〔2020〕20号）。

第三十八条　在中华人民共和国境内依法设立的信托公司、金融资产管理公司、企业集团财务公司、金融租赁公司、汽车金融公司、货币经纪公司、消费金融公司、保险集团（控股）公司、再保险公司、保险专业中介机构、保险资产管理公司，外国及港澳台银行保险机构，以及金融监管总局批准设立的其他金融机构，参照本办法执行。

第三十九条　本办法由金融监管总局负责解释。金融监管总局派出机构可以依据本办法制定实施细则，并报金融监管总局案件管理部门备案。

第四十条　本办法自2024年1月1日起施行。此前有关规定与本办法不一致的，以本办法为准。《中国银监会办公厅关于印发银行业金融机构案防工作办法的通知》（银监办发〔2013〕257号）同时废止。

银行保险监管统计管理办法

· 2022年12月25日中国银行保险监督管理委员会令2022年第10号公布
· 自2023年2月1日起施行

第一章　总　则

第一条　为加强银行业保险业监管统计管理，规范监管统计行为，提升监管统计质效，落实统计监督职能，促进科学监管和行业平稳健康发展,根据《中华人民共和国银行业监督管理法》《中华人民共和国保险法》《中华人民共和国商业银行法》《中华人民共和国统计法》《中华人民共和国数据安全法》等法律法规,制定本办法。

第二条 本办法所称银行保险机构,是指在中华人民共和国境内依法设立的商业银行、农村信用合作社等吸收公众存款的金融机构以及政策性银行、金融资产管理公司、金融租赁公司、理财公司、保险集团(控股)公司、保险公司和保险资产管理公司等。

第三条 本办法所称监管统计,是指银保监会及其派出机构组织实施的以银行保险机构为对象的统计调查、统计分析、统计信息服务、统计管理和统计监督检查等活动,以及银行保险机构为落实相关监管要求开展的各类统计活动。

本办法所称监管统计资料,是指依据银保监会及其派出机构监管统计要求采集的,反映银行保险机构经营情况和风险状况的数据、报表、报告等。

第四条 监管统计工作遵循统一规范、准确及时、科学严谨、实事求是的原则。

第五条 银保监会对银行保险监管统计工作实行统一领导、分级管理的管理体制。银保监会派出机构负责辖内银行保险机构监管统计工作。

第六条 银保监会及其派出机构、银行保险机构应不断提高监管统计信息化水平,充分合理利用先进信息技术,满足监管统计工作需要。

第七条 监管统计工作及资料管理应严格遵循保密、网络安全、数据安全、个人信息保护等有关法律法规、监管规章和标准规范。相关单位和个人应依法依规严格予以保密,保障监管统计数据安全。

第二章 监管统计管理机构

第八条 银保监会统计部门对监管统计工作实行归口管理,履行下列职责:

(一)组织制定监管统计管理制度、监管统计业务制度、监管数据标准和数据安全制度等有关工作制度;

(二)组织开展监管统计调查和统计分析;

(三)收集、编制和管理监管统计数据;

(四)按照有关规定定期公布监管统计资料;

(五)组织开展监管统计监督检查和业务培训;

(六)推动监管统计信息系统建设;

(七)组织开展监管统计数据安全保护相关工作;

(八)为满足监管统计需要开展的其他工作。

第九条 银保监会相关部门配合统计部门做好监管统计工作,履行下列职责:

(一)参与制定监管统计管理制度、监管统计业务制度和监管数据标准;

(二)指导督促银行保险机构执行监管统计制度、加强监管统计管理和提高监管统计质量;

(三)依据监管责任划分和有关规定,审核所辖银行保险机构监管统计数据;

(四)落实监管统计数据安全保护相关工作;

(五)为满足监管统计需要开展的其他工作。

第十条 银保监会派出机构贯彻银保监会监管统计制度、标准和有关工作要求。派出机构统计部门在辖区内履行本办法第八条第(二)至(八)款之规定职责,以及制定辖区监管统计制度;相关部门履行本办法第九条之规定职责。

第三章 监管统计调查管理

第十一条 银保监会及其派出机构开展监管统计调查应充分评估其必要性、可行性和科学性,合理控制数量,不必要的应及时清理。

第十二条 监管统计调查按照统计方式和期限,分为常规统计调查和临时统计调查。

常规统计调查以固定的制式、内容、频次定期收集监管统计资料,由银保监会归口管理部门统一管理。开展监管统计常规调查,应同时配套制定监管统计业务制度。

临时统计调查以灵活的制式、内容、频次收集监管统计资料,有效期限原则上不超过一年,到期后仍需继续采集的,应重新制定下发或转为常规统计调查。

第十三条 派出机构开展辖内银行保险机构临时统计调查,相关统计报表和统计要求等情况应报上一级统计部门备案。

第十四条 银保监会及其派出机构应建立健全监管统计资料管理机制和流程,规范资料的审核、整理、保存、查询、使用、共享和信息服务等事项,采取必要的管理手段和技术措施,强化监管统计资料安全管理。

第十五条 银保监会建立统计信息公布机制,依法依规定期向公众公布银行保险监管统计资料。派出机构根据银保监会规定和授权,建立辖内统计信息公布机制。

第四章 银行保险机构监管统计管理

第十六条 银行保险机构应按照银保监会及其派出机构要求,完善监管统计数据填报审核工作机制和流程,确保数据的真实性、准确性、及时性、完整性。

银行保险机构应保证同一指标在监管报送与对外披露的一致性。如有重大差异，应及时向银保监会或其派出机构解释说明。

第十七条 银行保险法人机构应将监管统计数据纳入数据治理，建立满足监管统计工作需要的组织架构、工作机制和流程，明确职权和责任，实施问责和激励，评估监管统计管理的有效性和执行情况，推动监管统计工作有效开展和数据质量持续提升，并加强对分支机构监管统计数据质量的监督和管理。

第十八条 银行保险机构法定代表人或主要负责人对监管统计数据质量承担最终责任。

银行保险法人机构及其县级及以上分支机构应分别指定一名高级管理人员（或主要负责人）为监管统计负责人，负责组织部署本机构监管统计工作，保障岗位、人员、薪酬、科技支持等资源配置。

第十九条 银行保险法人机构应明确并授权归口管理部门负责组织、协调和管理本机构监管统计工作，履行下列职责：

（一）组织落实监管统计法规、监管统计标准及有关工作要求；

（二）组织制定满足监管统计要求的内部管理制度和统计业务制度；

（三）组织收集、编制、报送和管理监管统计数据；

（四）组织开展对内部各部门、各分支机构的监管统计管理、考评、检查和培训工作，对不按规定提供或提供虚假监管统计数据的进行责任认定追溯；

（五）推动建设满足监管统计报送工作需要的信息系统；

（六）落实监管统计数据安全保护相关工作；

（七）为满足监管统计需要开展的其他工作。

银行保险法人机构各相关部门应承担与监管统计报送有关的业务规则确认、数据填报和审核、源头数据质量治理等工作职责。

银行保险机构省级、地市级分支机构应明确统计工作部门，地市级以下分支机构应至少指定统计工作团队，负责组织开展本级机构的监管统计工作。

第二十条 银行保险法人机构归口管理部门及其省级分支机构统计工作部门应设置监管统计专职岗位。地市级及以下分支机构可视实际情况设置监管统计专职或兼职岗位。相关岗位均应设立A、B角，人员数量、专业能力和激励机制应满足监管统计工作需要。

银行保险法人机构或其县级及以上分支机构应在指定或者变更监管统计负责人、归口管理部门（或统计工作部门、团队）负责人后10个工作日内，向银保监会或其派出机构备案。

第二十一条 银行保险机构应及时制定并更新满足监管要求的监管统计内部管理制度和业务制度，在制度制定或发生重大修订后10个工作日内向银保监会或其派出机构备案。

管理制度应包括组织领导、部门职责、岗位人员、信息系统保障、数据编制报送、数据质量管控、检查评估、考核评价、问责与激励、资料管理、数据安全保护等方面。

业务制度应全面覆盖常规监管统计数据要求，对统计内容、口径、方法、分工和流程等方面做出统一规定。

第二十二条 银行保险机构应建立包括数据源管理、统计口径管理、日常监控、监督检查、问题整改、考核评价在内的监管统计数据质量全流程管理机制，明确各部门数据质量责任。

第二十三条 银行保险机构应建立满足监管统计工作需要的信息系统，提高数字化水平。

银行保险机构内部业务及管理基础系统等各类信息系统应覆盖监管统计所需各项业务和管理数据。

第二十四条 银行保险机构应加强监管统计资料的存储管理，建立全面、严密的管理流程和归档机制，保证监管统计资料的完整性、连续性、安全性和可追溯性。

银行保险机构向境外机构、组织或个人提供境内采集、存储的监管统计资料，应遵守国家有关法律法规及行业相关规定。

第二十五条 银行保险机构应当充分运用数据分析手段，对本机构监管统计指标变化情况开展统计分析和数据挖掘应用，充分发挥监管统计资料价值。

第五章 监管统计监督管理

第二十六条 银保监会及其派出机构依据有关规定和程序对银行保险机构监管统计工作情况进行监督检查，内容包括：

（一）监管统计法律法规及相关制度的执行；

（二）统计相关组织架构及其管理；

（三）相关岗位人员配置及培训；

（四）内部统计管理制度和统计业务制度建设及其执行情况；

（五）相关统计信息系统建设，以及统计信息系统完备性和安全性情况；

（六）监管统计数据质量及其管理；

（七）监管统计资料管理；

（八）监管统计数据安全保护情况；
（九）与监管统计工作相关的其他情况。

第二十七条 银保监会及其派出机构采取非现场或现场方式实施监管统计监督管理。对违反本办法规定的银行保险机构，银保监会及其派出机构可依法依规采取监督管理措施或者给予行政处罚。

第二十八条 银行保险机构未按规定提供监管统计资料的，分别依据《中华人民共和国银行业监督管理法》《中华人民共和国保险法》《中华人民共和国商业银行法》等法律法规，视情况依法予以处罚。

第二十九条 银行保险机构违反本办法规定，有下列行为之一的，分别依据《中华人民共和国银行业监督管理法》《中华人民共和国保险法》《中华人民共和国商业银行法》等法律法规予以处罚；构成犯罪的，依法追究刑事责任：
（一）编造或提供虚假的监管统计资料；
（二）拒绝接受依法进行的监管统计监督检查；
（三）阻碍依法进行的监管统计监督检查。

第三十条 银行保险机构违反本办法第二十八、二十九条规定的，银保监会及其派出机构分别依据《中华人民共和国银行业监督管理法》《中华人民共和国保险法》《中华人民共和国商业银行法》等法律法规对有关责任人员采取监管措施或予以处罚。

第六章 附 则

第三十一条 银保监会及其派出机构依法监管的其他机构参照本办法执行。

第三十二条 本办法由银保监会负责解释。

第三十三条 本办法自2023年2月1日起施行。《银行业监管统计管理暂行办法》（中国银行业监督管理委员会令2004年第6号）、《保险统计管理规定》（中国保险监督管理委员会令2013年第1号）同时废止。

银行业金融机构销售专区录音录像管理暂行规定

·2017年8月23日
·银监办发〔2017〕110号

第一章 总 则

第一条 为规范银行业金融机构理财及代销产品销售行为，有效防范和治理误导销售、私售"飞单"等市场乱象，切实维护银行业消费者合法权益，根据《中华人民共和国银行业监督管理法》《中华人民共和国商业银行法》及《中国银监会关于规范商业银行代理销售业务的通知》（银监发〔2016〕24号），制定本规定。

第二条 本规定所称销售专区录音录像（简称专区"双录"），是指银行业金融机构在营业场所销售自身依法发行的理财产品（以下简称自有理财产品）及合作机构依法发行的金融产品（以下简称代销产品），应实施专区"双录"管理，即设立销售专区，并在销售专区内装配电子系统，对每笔产品销售过程同步录音录像。

银行业金融机构代销国债及实物贵金属，可根据实际情况自行决定是否纳入专区"双录"管理。

第三条 本规定适用于对个人消费者销售自有理财产品及代销产品的银行业金融机构。信托公司及邮政储蓄银行代理营业机构参照执行。

第二章 产品销售专区管理

第四条 银行业金融机构在营业场所销售自有理财产品及代销产品的，应进行销售专区建设并安装配备录音录像设备。个别面积较小、确实不具备设置独立销售专区条件的营业场所，可设置固定销售专柜，并按照专区"双录"相关规定进行管理。

银行业金融机构在营业场所销售自有理财产品及代销产品，应在销售专区内进行，不得在销售专区外进行产品销售活动。消费者通过自助终端等电子设备进行自主购买的除外。

第五条 银行业金融机构应在销售专区内配备包含"销售专区"（或"销售专柜"）、"录音录像"字样的明显标识，在显著位置以醒目字体提醒消费者可通过信息查询平台、网站或其他媒介了解产品相关信息，并进行明确的风险提示。

第六条 银行业金融机构销售人员应遵循相关监管要求并具有理财及代销业务相应资格，销售人员相关信息及其销售资格应在专区内进行公示，法律法规另有规定的除外。除本机构工作人员外，禁止其他任何人员在营业场所开展营销活动。

第七条 银行业金融机构应建立统一的产品信息查询平台，并由专门部门负责平台的信息录入及管理工作。产品信息查询平台应收录全部在售及存续期内金融产品的基本信息，凡未在平台上收录的产品，一律不得销售。产品信息查询平台应建立产品分类目录，严格区分自有与代销、公募与私募等不同产品类型，充分披露产品信息，产品信息涵盖产品类型、发行机构、风险等级、合格投资者范围、收费标准、收费方式等内容。

银行业金融机构应在营业场所配备可登陆产品信息查询平台的终端或提供纸质产品目录，便于消费者查询、核实产品信息。银行业金融机构不得借助信息查询平台公开宣传私募产品。

第八条 银行业金融机构在销售专区内提供的产品宣传资料应真实、合法,全面反映产品的主要属性,严禁使用诱惑性、误导性的文字夸大收益或隐瞒重要信息。产品宣传资料应包含对产品风险的揭示,并以醒目、浅显易懂的文字表达。其中,代销产品宣传资料首页显著位置还应标明合作机构名称,并包含以下文字声明:"本产品由 XX 机构(合作机构)发行与管理,代销机构不承担产品的投资、兑付和风险管理责任"。

第九条 银行业金融机构应在销售专区内公布本机构咨询举报电话,以便消费者进行产品信息咨询及确认,举报误导销售、私售产品等违规行为。

第三章 录音录像管理

第十条 银行业金融机构应对自有理财产品及代销产品的销售过程进行同步录音录像,完整客观地记录营销推介、相关风险和关键信息提示、消费者确认和反馈等重点销售环节,消费者确认内容应至少包括其充分了解销售人员所揭示的产品风险等。银行业金融机构进行上述录音录像行为应征得消费者同意,如其不同意则不能销售产品。

第十一条 银行业金融机构应在自助终端等电子设备中对产品风险信息进行充分披露,同时还应提示消费者如有销售人员介入进行营销推介,则应停止自助终端购买操作,转至销售专区内购买。严禁销售人员在自助终端等电子设备上代客操作购买产品。

第十二条 银行业金融机构应保障录音录像质量,确保影音资料清晰、完整、连贯。

(一)录像可明确辨认销售人员和消费者的面部特征。

(二)录音可明确辨识销售人员和消费者的语言表述,并与录像画面保持同步。

第十三条 银行业金融机构应将录音录像资料至少保留到产品终止日起 6 个月后或合同关系解除日起 6 个月后,发生纠纷的要保留到纠纷最终解决后。银行业金融机构代销其他非银行业金融机构的产品时,国务院金融监督管理机构对录音录像资料保存期限另有规定的,从其规定。

第十四条 银行业金融机构应对存储的录音录像资料进行严格管理,不可人为更改、涂抹或删除,并确保能够实现快速精准的检索调阅。

第十五条 银行业金融机构应对录音录像数据进行备份,并妥善保管备份数据。

第十六条 银行业金融机构应对录音录像数据存储及管理系统采取有效的信息安全措施,切实保障消费者信息安全权。

第十七条 银行业金融机构应遵照保密管理相关规定,在录音录像资料存储期限届满时按要求对相关资料进行销毁。

第四章 内部管理制度

第十八条 银行业金融机构应建立健全销售专区录音录像管理制度,实现从录制、储存到调阅使用的全流程管理,并对原有的经营管理及内控制度进行补充及修订。

第十九条 银行业金融机构应明确牵头负责部门,建立标准统一的业务管理系统,对销售专区录音录像工作实行统一管理。

第二十条 银行业金融机构应制定销售业务操作流程,注重消费者体验,设计统一的服务话术标准,话术中至少应包括产品类型、发行机构、风险等级、收益类型、产品匹配度等内容,真实、全面反映产品的性质和特征,不得误导消费者购买与其风险承受能力不相匹配的产品。

第二十一条 银行业金融机构内部审计、内控合规管理职能部门和业务、信息科技部门应根据职责分工,建立并有效实施能够涵盖销售专区录音录像工作的内部监督检查制度,加大对高风险产品、投诉多发营业场所的检查力度和频次。

第二十二条 银行业金融机构应将内外部审计检查结果及消费者有效投诉举报等情况纳入销售人员的绩效考核体系,并适当提高考核权重。

第二十三条 银行业金融机构应建立内部责任追究制度,对违反销售专区录音录像管理制度的销售人员及相关责任人,根据情节轻重程度给予相应处分,同时追究上级管理部门的责任。

第二十四条 银行业金融机构应建立应急预案,落实应急保障措施,在录音录像管理系统或设备发生故障等情况下迅速反应,做好应急恢复和应急处理工作。

第五章 监督管理

第二十五条 银监会及其派出机构依法对银行业金融机构销售专区录音录像工作实施监督管理。

第二十六条 银监会派出机构可根据当地实际情况,对确有实施困难的农村中小金融机构分步推进实施专区"双录",并要求其报送实施方案、过渡措施、工作进度等有关情况。

第二十七条 银监会及其派出机构应对银行业金融机构销售专区录音录像工作实施情况进行评估或督察，发现问题的，应督促其及时进行整改，并将相关情况纳入消费者权益保护工作考核评价。

第二十八条 银行业金融机构违反本规定相关要求，导致消费者合法权益受到严重损害或产生恶劣影响的，银监会及其派出机构应根据《中华人民共和国银行业监督管理法》等法律、行政法规及有关规定，依法采取监管措施或实施行政处罚，并追究相关人员责任。

第六章 附 则

第二十九条 本规定由银监会负责解释、修订。

第三十条 本规定自2017年10月20日起施行。

银行业金融机构从业人员行为管理指引

· 2018年3月20日
· 银监发〔2018〕9号

第一章 总 则

第一条 为督促银行业金融机构加强从业人员行为管理，促进银行业安全、稳健运行，根据《中华人民共和国商业银行法》《中华人民共和国银行业监督管理法》等法律法规制定本指引。

第二条 本指引所称银行业金融机构是指在中华人民共和国境内设立的商业银行、农村信用合作社等吸收公众存款的金融机构及政策性银行。

在中华人民共和国境内设立的金融资产管理公司、信托公司、财务公司、金融租赁公司以及经国务院银行业监督管理机构批准设立的其他金融机构适用本指引。

第三条 本指引所称银行业金融机构从业人员（以下简称从业人员）是指按照《中华人民共和国劳动合同法》规定，与银行业金融机构签订劳动合同的在岗人员，银行业金融机构董（理）事会成员、监事会成员及高级管理人员，以及银行业金融机构聘用或与劳务派遣机构签订协议从事辅助性金融服务的其他人员。

第四条 银行业金融机构对本机构从业人员行为管理承担主体责任。银行业金融机构应加强对从业人员行为的管理，使其保持良好的职业操守，诚实守信、勤勉尽责，坚持依法经营、合规操作，遵守工作纪律和保密原则，严格执行廉洁从业的各项规定。

第二章 从业人员行为管理的治理架构

第五条 银行业金融机构应建立覆盖全面、授权明晰、相互制衡的从业人员行为管理体系，并明确董事会、监事会、高级管理层和相关职能部门在从业人员行为管理中的职责分工。

第六条 银行业金融机构董事会对从业人员的行为管理承担最终责任，并履行以下职责：

（一）培育依法合规、诚实守信的从业人员行为管理文化；

（二）审批本机构制定的行为守则及其细则；

（三）监督高级管理层实施从业人员行为管理。

董事会可授权下设相关委员会履行其部分职责。

第七条 监事会负责对董事会和高级管理层在从业人员行为管理中的履职情况进行监督评价。

第八条 高级管理层承担从业人员行为管理的实施责任，执行董事会决议，履行以下职责：

（一）建立覆盖全面的从业人员行为管理体系，明确相关行为管理部门的职责范围；

（二）制定行为守则及其细则，并确保实施；

（三）每年将从业人员行为评估结果向董事会报告；

（四）建立全机构从业人员管理信息系统。

第九条 银行业金融机构应明确从业人员行为管理的牵头部门，负责全机构从业人员的行为管理。除牵头部门外的风险管理、内控合规、内部审计、人力资源和监察部门等行为管理相关部门应根据从业人员行为管理的职责分工，积极配合牵头部门对从业人员的行为进行监测、识别、记录、处理和报告。

第十条 银行业金融机构应配备专人负责从业人员行为管理，该岗位的从业人员应品行端正、业务熟练，并具有与履职相匹配的经验和适当的职级，其联系方式应在全机构公开并可查询。

第十一条 银行业金融机构应建立与本机构业务复杂程度相匹配的从业人员管理信息系统，持续收集从业人员的基本情况、行为评价、处罚等相关信息，支持对从业人员行为开展动态监测。

第三章 从业人员行为管理的制度建设

第十二条 银行业金融机构从业人员行为管理应以风险为本，重点防范从业人员不当行为引发的信用风险、流动性风险、操作风险和声誉风险等各类风险。

第十三条 银行业金融机构应制定与自身业务复杂程度相匹配的行为守则供全体从业人员遵循。行为守则应有利于银行业金融机构的稳健经营和风险防控。行为守则应包括但不限于从业人员的行为规范、禁止性行为及其问责处罚机制等。银行业金融机构应及时对行为守则进行更新和修订,以适应经营环境和监管要求的变化。

第十四条 银行业金融机构应制定覆盖各业务条线的行为细则,各业务条线的行为细则应符合不同业务条线的特点,突出各业务条线中关键岗位的行为要求,并重点关注该业务条线中的不当行为可能带来的潜在风险。银行业金融机构应及时对行为细则进行更新和修订,以适应经营环境和监管要求的变化。

第十五条 银行业金融机构制定的行为守则及其细则应要求全体从业人员遵守法律法规、恪守工作纪律,包括但不限于:自觉抵制并严禁参与非法集资、地下钱庄、洗钱、商业贿赂、内幕交易、操纵市场等违法行为,不得在任何场所开展未经批准的金融业务,不得销售或推介未经审批的产品,不得代销未持有金融牌照机构发行的产品,不得利用职务和工作之便谋取非法利益,未经监管部门允许不得向社会或其他单位和个人泄露监管工作秘密信息等。

第十六条 银行业金融机构应通过培训等方式向全体从业人员清楚传达行为守则及其细则的相关要求,并视情况开展必要的警示谈话和通报教育。

第十七条 银行业金融机构的行为管理牵头部门应每年制定从业人员行为的年度评估规划,定期评估全体从业人员行为,并将评估结果向高级管理层报告。针对评估中发现的从业人员不当行为及其风险隐患,应予以记录并及时提出处理建议。针对评估中发现的共性问题,应提出有效的整改计划,并持续对行为守则及其细则进行完善。

第十八条 银行业金融机构的行为管理牵头部门应完善从业人员行为的长期监测机制,并建立针对重点问题、关键岗位的不定期排查机制。针对监测和排查中发现的问题,应予以记录并及时提出处理建议。

第十九条 银行业金融机构应在从业人员招聘和任职程序中评估其与业务相关的行为,重点考察是否有不当行为记录。对银行业金融机构从业人员的利益相关人员,不得降低招聘录用标准。银行业金融机构应落实任职回避和业务回避制度,应从职责安排上形成有效制衡,避免从业人员滥用职权。

银行业金融机构在招录董事(理事)和高级管理人员时,应向银行业监督管理机构申请在银行业金融机构从业人员处罚信息系统中查询有关行政处罚信息。

第二十条 银行业金融机构应将从业人员行为评估结果作为薪酬发放和职位晋升的重要依据。银行业金融机构应针对高级管理人员及关键岗位人员制定与其行为挂钩的绩效薪酬延期追索、扣回制度。银行业金融机构应明确晋升的基本条件,未达到相关行为要求的从业人员不得晋升。

第二十一条 银行业金融机构应建立举报制度,鼓励从业人员积极抵制、堵截和检举各类违法违规违纪和危害所在机构声誉的行为。银行业金融机构相关职能部门接到举报后,应迅速处理,并视其严重程度向高级管理层汇报,高级管理层应视其严重程度向银行业监督管理机构及其他相关监管机构或执法部门报告。

第二十二条 银行业金融机构应及时对违反行为守则及其细则的从业人员进行处理和责任追究,并视情况追究负有管理职责的相关责任人的责任。对于涉嫌刑事犯罪的行为,银行业金融机构应及时移送司法机关,不得以纪律处分代替法律制裁。与本行解除或终止劳动合同的离职或退休人员,如被发现在银行业金融机构工作期间存在严重违规行为的,仍应追究其责任。

第四章 从业人员行为管理的监管

第二十三条 银行业金融机构应当将本机构制定的从业人员行为守则及其细则报送银行业监督管理机构,并每年至少报送一次本机构从业人员行为评估报告,报告应至少包括本机构从业人员行为管理的治理架构、制度建设、从业人员不当行为等内容。

第二十四条 银行业监督管理机构通过非现场监管和现场检查等对银行业金融机构从业人员行为管理进行评估和监督管理,并在监管评级中考虑上述评估结果。对于不能满足本指引及其他法律法规中关于从业人员行为管理相关要求的银行业金融机构,银行业监督管理机构可以要求其制定整改方案,责令限期改正,并视情况采取相应的监管措施。

第二十五条 银行业金融机构应当根据《银行业金融机构从业人员处罚信息管理办法》的相关要求,将本机构从业人员受刑事处罚、行政处罚、纪律处分、职位处分和经济处理等惩戒措施情况,根据属地监管原则分别向银行业监督管理机构及其派出机构报送相关信息。

第二十六条 银行业监督管理机构在核准银行业金融机构董事(理事)和高级管理人员等任职资格时,应在银行业金融机构从业人员处罚信息系统中查询从业人员处罚信息,并根据查询结果,依照有关规定决定是否予以核准。银行业监督管理机构及银行业金融机构不得违反规定泄露从业人员处罚信息。

第五章　附　则

第二十七条　本指引由中国银行业监督管理机构负责解释和修订。

第二十八条　本指引自印发之日起施行。

银行业金融机构国别风险管理办法

- 2023年11月24日
- 金规〔2023〕12号

第一章　总　则

第一条　为加强银行业金融机构国别风险管理，根据《中华人民共和国银行业监督管理法》《中华人民共和国商业银行法》以及其他有关法律和行政法规，制定本办法。

第二条　本办法所称银行业金融机构是指在中华人民共和国境内依法设立的商业银行、农村信用合作社等吸收公众存款的金融机构以及政策性银行。

第三条　本办法所称国别风险，是指由于某一国家或地区政治、经济、社会变化及事件，导致该国家或地区债务人没有能力或者拒绝偿付银行业金融机构债务，或使银行业金融机构在该国家或地区的商业存在遭受损失，或使银行业金融机构遭受其他损失的风险。

国别风险可能由一国或地区经济状况恶化、政治和社会动荡、资产被国有化或被征用、政府拒付对外债务、外汇管制或货币贬值等情况引发。

国别风险的主要类型包括转移风险、主权风险、传染风险、货币风险、宏观经济风险、政治风险以及间接国别风险（详见附件1）。

第四条　本办法所称国家或地区，是指不同的司法管辖区或经济体。

第五条　本办法所称国别风险暴露，是指银行业金融机构因境外业务形成的所有表内外风险暴露，包括境外贷款、存放同业、存放境外中央银行、买入返售、拆放同业、境外有价证券投资和其他境外投资等表内业务，以及担保、承诺等表外业务。

本办法所称重大国别风险暴露，是指对单一国家或地区超过银行业金融机构集团资本净额25%的国别风险暴露。

第六条　本办法所称风险转移是指境外债务人通过风险转移手段将银行业金融机构持有境外债权的国别风险部分或全部转移的行为。具体包括由第三方提供的有法律效力的保证、保险、信用衍生产品、合格抵质押品等。

国别风险转入方所属国家或地区的国别风险评级必须优于转出国别风险境外债务人的国别风险评级。

第七条　本办法所称国别风险准备，是指银行业金融机构为吸收国别风险导致的非预期损失、在所有者权益项下计提的准备。

第八条　银行业金融机构应当有效识别、计量、监测和控制国别风险，在按照企业财务会计相关规定计提资产减值准备时充分考虑国别风险的影响。

第九条　银行业监督管理机构依法对银行业金融机构的国别风险管理实施监督检查，及时获得银行业金融机构国别风险信息，评价银行业金融机构国别风险管理的有效性。

第二章　国别风险管理

第十条　银行业金融机构应当按照本办法要求，将国别风险管理纳入全面风险管理体系，建立与本机构战略目标、国别风险暴露规模和复杂程度相适应的国别风险管理体系。国别风险管理体系包括以下基本要素：

（一）董事会和高级管理层的有效监控；

（二）完善的国别风险管理政策和程序；

（三）完善的国别风险识别、计量、监测和控制过程；

（四）完善的内部控制和审计。

第十一条　银行业金融机构董事会承担监控国别风险管理有效性的最终责任。主要职责包括：

（一）审核和批准国别风险管理战略、政策和程序；

（二）确保高级管理层采取必要措施识别、计量、监测和控制国别风险；

（三）监控和评价国别风险管理有效性以及高级管理层对国别风险管理的履职情况；

（四）确定内部审计部门对国别风险管理情况的监督职责。

第十二条　银行业金融机构高级管理层负责执行董事会批准的国别风险管理政策。主要职责包括：

（一）制定、审查和监督执行国别风险管理的政策、程序和操作规程；

（二）定期审核和批准国别风险管理限额；

（三）定期审阅国别风险报告，及时了解国别风险水平及管理状况，审阅国别风险压力测试报告及应急预案；

（四）明确界定各部门的国别风险管理职责以及国别风险报告的路径、频率、内容，督促各部门切实履行国别风险管理职责，确保国别风险管理体系的正常运行；

（五）确保具备适当的组织结构、管理信息系统以及足够的资源来有效地识别、计量、监测和控制各项业务所承担的国别风险。

第十三条　银行业金融机构应当指定合适的部门承担国别风险管理职责,制定适用于本机构的国别风险管理政策。

国别风险管理政策应当与本机构跨境业务性质、规模和复杂程度相适应。主要内容包括：

（一）跨境业务战略和主要承担的国别风险类型；

（二）国别风险管理组织架构、权限和责任；

（三）国别风险识别、计量、监测和控制程序；

（四）国别风险的报告体系；

（五）国别风险的管理信息系统；

（六）国别风险的内部控制和审计；

（七）国别风险准备政策和计提方法；

（八）国别风险压力测试和应急预案。

第十四条　银行业金融机构在关注授信、投资、表外业务等存在的国别风险之外,还应对设立境外机构、代理行往来和由境外服务提供商提供的外包服务等经营活动中面临的潜在国别风险予以关注。

银行业金融机构应当确保在单一法人和集团并表层面上,识别、监测潜在国别风险,了解所承担的国别风险类型。

第十五条　银行业金融机构应当确保国际授信与国内授信适用同等原则,包括:严格遵循"了解你的客户"原则,对境外债务人进行充分的尽职调查,确保债务人有足够的资产或收入来源履行其债务;认真核实债务人身份及最终所有权,避免风险过度集中;尽职核查资金实际用途,防止贷款挪用;审慎评估境外抵质押品的合法性及其可被强制执行的法律效力;建立完善的授后管理制度。

第十六条　银行业金融机构在进行客户或交易对手尽职调查时,应当严格遵守反洗钱和反恐融资法律法规,对涉及敏感国家或地区的业务及交易保持高度警惕,建立和完善相应的管理信息系统,及时录入、更新有关高风险和可疑交易客户等信息,防止个别组织或个人利用本机构从事支持恐怖主义、洗钱或其他非法活动。

第十七条　银行业金融机构应当根据本机构国别风险类型、暴露规模和复杂程度选择适当的计量方法。计量方法应当至少满足以下要求:能够覆盖表内外所有国别风险暴露和不同类型的风险;能够在单一法人和集团并表层面按国别计量风险;能够根据有风险转移及无风险转移情况分别计量国别风险。

第十八条　银行业金融机构应当合理利用内外部资源开展国别风险评估和评级,在此基础上做出独立判断。国别风险暴露较低的银行业金融机构,可以主要利用外部资源开展国别风险评估和评级,但最终应当做出独立判断。

第十九条　银行业金融机构应当建立与国别风险暴露规模和复杂程度相适应的国别风险评估体系,对已经开展和计划开展业务的国家或地区定期、逐一进行风险评估。

在评估国别风险时,银行业金融机构应当充分考虑一个国家或地区政治外交、经济金融、制度运营和社会安全环境的定性和定量因素（详见附件2）。在国际金融中心开展业务或设有商业存在的机构,还应当充分考虑国际金融中心的固有风险因素。在特定国家或地区出现不稳定因素或可能发生危机的情况下,应当及时更新对该国家或地区的风险评估。

银行业金融机构在制定业务发展战略、审批授信、评估债务人还款能力、进行国别风险评级和设定国别风险限额时,应当充分考虑国别风险评估结果。

第二十条　银行业金融机构应当建立正式的国别风险内部评级体系并定期开展国别风险评级,反映国别风险评估结果。国别风险应当至少划分为低、较低、中、较高、高五个等级（详见附件3）。其中,风险权重为0%的国际组织或机构可认定为低风险等级;其他风险权重的国际组织或机构应根据其所在国家或者地区、政府间或非政府间性质、缔结形式和主要参与方、缔结条约或法律文件规定的内容等审慎确定风险等级。国别风险暴露较大的机构可以考虑建立更为复杂的评级体系。在极端风险事件情况下,国务院银行业监督管理机构可以统一指定特定国家或地区的风险等级。

银行业金融机构在进行资产风险分类、设立国别风险限额和确定国别风险准备计提水平时应充分考虑国别风险评级结果。

第二十一条　银行业金融机构应当对国别风险实行限额管理,在综合考虑跨境业务发展战略、国别风险评级和自身风险偏好等因素的基础上,按国别合理设定覆盖表内外项目的国别风险限额。有重大国别风险暴露的银行业金融机构应当考虑在总限额下按业务类型、客户或交易对手类型、国别风险类型和期限等设定分类限额。

国别风险限额应当经高级管理层批准,并传达到相关部门和人员。银行业金融机构应当至少每年对国别风险限额进行审查和批准,在特定国家或地区风险状况发生显著变化的情况下,提高审查和批准频率。

银行业金融机构应当建立国别风险限额监测、超限报告和审批程序,至少每月监测国别风险限额遵守情况,持有较多交易资产的机构应当提高监测频率。超限额情况应当及时向相应级别的管理层报告，以获得批准或采取纠正措施。银行业金融机构管理信息系统应当能够有效监测限额遵守情况。

第二十二条 银行业金融机构应当建立与国别风险暴露规模相适应的监测机制，在单一法人和集团并表层面上按国别监测风险，监测信息应当妥善保存于国别风险评估档案中。在特定国家或地区状况恶化时，应当提高监测频率。必要时，银行业金融机构还应当监测特定国际金融中心、某一区域或某组具有类似特征国家或地区的风险状况和趋势。

银行业金融机构可以充分利用内外部资源实施监测，包括要求本机构的境外机构提供国别风险状况报告，定期走访相关国家或地区，从评级机构或其他外部机构获取有关信息等。国别风险暴露较低的银行业金融机构，可以主要利用外部资源开展国别风险监测。

第二十三条 银行业金融机构应当建立与国别风险暴露规模和复杂程度相适应的国别风险压力测试方法和程序，定期测试不同假设情景对国别风险状况的潜在影响，以识别早期潜在风险，并评估业务发展策略与战略目标的一致性。

银行业金融机构应当定期向高级管理层报告测试结果，根据测试结果制定国别风险管理应急预案，及时处理对陷入困境国家或地区的风险暴露，明确在特定风险状况下应当采取的风险缓释措施，以及必要时应当采取的市场退出策略。

第二十四条 银行业金融机构应当为国别风险的识别、计量、监测和控制建立完备、可靠的管理信息系统。管理信息系统功能原则上应当包括：

（一）帮助识别高风险和可疑交易客户及其交易；

（二）支持不同业务领域、不同类型国别风险的计量；

（三）支持国别风险评估和风险评级；

（四）监测国别风险限额执行情况；

（五）为压力测试提供有效支持；

（六）准确、及时、持续、完整地提供国别风险信息，满足内部管理、监管报告和信息披露要求。

第二十五条 银行业金融机构应当定期、及时向高级管理层报告国别风险情况，包括但不限于国别风险暴露、风险评估和评级、风险限额遵守情况、超限额业务处理情况、压力测试、准备计提水平等。不同层次和种类的报告应当遵循规定的发送范围、程序和频率。重大风险暴露和高风险国家或地区暴露应当至少每季度向高级管理层报告。在风险暴露可能威胁到银行盈利、资本和声誉的情况下，银行业金融机构应当及时向董事会和高级管理层报告。国别风险情况应纳入全面风险管理报告。

第二十六条 银行业金融机构应当建立完善的国别风险管理内部控制体系，确保国别风险管理政策和限额得到有效执行和遵守，相关职能适当分离，如业务经营职能和国别风险评估、风险评级、风险限额设定及监测职能应当保持独立。

第二十七条 银行业金融机构内部审计部门应当定期对国别风险管理体系的有效性进行独立审查，评估国别风险管理政策和限额执行情况，确保董事会和高级管理层获取完整、准确的国别风险管理信息。

第三章 国别风险准备

第二十八条 银行业金融机构应当充分考虑国别风险对资产质量的影响，准确识别、合理评估、审慎预计因国别风险可能导致的资产损失。

第二十九条 银行业金融机构应当制定国别风险准备计提政策。

第三十条 银行业金融机构计提资产减值准备应充分考虑国别风险的影响，考虑客户或交易对手所属国家或地区的国别风险评级、经济金融情况等因素。

第三十一条 银行业金融机构应当按本办法对国别风险进行分类，并在考虑风险转移因素后，参照以下标准对国别风险暴露计提国别风险准备，纳入股东权益中的一般准备项下，并符合《金融企业准备金计提管理办法》（财金〔2012〕20号）的相关要求。

（一）计提范围。银行业金融机构应对国别风险评级为中等、较高及高风险级别的国别风险暴露计提国别风险准备。其中，表外国别风险暴露计提范围包含未提取承诺和财务担保合同，并按照商业银行资本相关规定的表外项目信用转换系数进行折算后计提。

（二）计提比例。中等国别风险不低于5%；较高国别风险不低于15%；高国别风险不低于40%。

银行业金融机构建立国别风险内部评级体系的，应当明确该评级体系与本办法规定的国别风险分类之间的对应关系。

银行业监督管理机构可以根据国别风险变化情况、银行业金融机构的经营管理情况等对计提比例等作出调整。

银行业金融机构符合一般准备最低计提要求的，可不计提国别风险准备。

第三十二条 银行业金融机构应当对资产的国别风险进行持续有效的跟踪监测,并根据国别风险的变化动态调整国别风险准备。

第三十三条 银行业金融机构应当要求外部审计机构在对本机构年度财务报告进行审计时,评估所计提资产减值准备及国别风险准备考虑国别风险因素的充分性、合理性和审慎性。

第四章 监督检查

第三十四条 银行业监督管理机构将银行业金融机构国别风险管理情况纳入持续监管框架,对银行业金融机构国别风险管理的有效性进行评估。在审核银行业金融机构设立、参股、收购境外机构的申请时,将国别风险管理状况作为重要考虑因素。

第三十五条 银行业金融机构应当按照非现场监管报表相关要求按时向银行业监督管理机构报送国别风险暴露和准备计提等情况。

银行业监督管理机构可以根据实际情况要求银行业金融机构增加报告范围和频率、提供额外信息、实施压力测试等。

在特定国家或地区发生重大经济、政治、社会事件,并对本行国别风险水平及其管理状况产生重大不利影响时,银行业金融机构应当及时向银行业监督管理机构报告对该国家或地区的风险暴露情况。

第三十六条 银行业金融机构的国别风险管理政策和程序应当向银行业监督管理机构报告。银行业监督管理机构可以对银行业金融机构国别风险管理的政策、程序和做法进行检查评估,主要内容包括:

(一)董事会和高级管理层在国别风险管理中的履职情况;

(二)国别风险管理政策和程序的完善性和执行情况;

(三)国别风险识别、计量、监测和控制的有效性;

(四)国别风险管理信息系统的有效性;

(五)国别风险限额管理的有效性;

(六)国别风险内部控制的有效性。

第三十七条 银行业监督管理机构定期评估银行业金融机构国别风险准备计提的合理性和充分性,可以要求国别风险准备计提不充分的商业银行采取措施,减少国别风险暴露或者提高准备水平。国务院银行业监督管理机构可以针对特定银行业金融机构特定范围的国别风险暴露在一定时期内部分或者完全豁免国别风险准备。

第三十八条 对于银行业监督管理机构在监管中发现的有关国别风险管理的问题,银行业金融机构应当在规定时限内提交整改方案并立即进行整改。对于逾期未改正或导致重大损失的银行业金融机构,银行业监督管理机构可以依法采取监管措施。

第三十九条 银行业金融机构违反本办法国别风险监管要求的,银行业监督管理机构可依据《中华人民共和国银行业监督管理法》等法律法规规定实施行政处罚。

第四十条 银行业金融机构应当严格按照《商业银行信息披露办法》(中国银行业监督管理委员会令2007年第7号)等法律法规的有关规定,定期披露国别风险和国别风险管理情况。

第五章 附 则

第四十一条 金融资产管理公司、信托公司、企业集团财务公司、金融租赁公司、汽车金融公司、外国银行分行等参照本办法执行。

第四十二条 本办法由国务院银行业监督管理机构负责解释。

第四十三条 本办法自发布之日起施行。《银行业金融机构国别风险管理指引》(银监发〔2010〕45号)同时废止。银行业金融机构最迟应当于发布之日起两年内达到本办法第三十一条要求。对由于特殊原因在两年内仍难以达标的银行业金融机构,经国务院银行业监督管理机构同意,采取适当安排妥善处理。

附件:
1. 国别风险主要类型
2. 国别风险评估因素
3. 国别风险分类标准

附件1

国别风险主要类型

一、转移风险

转移风险指债务人由于本国外汇储备不足或外汇管制等原因,无法获得所需外汇偿还其境外债务的风险。

二、主权风险

主权风险指外国政府没有能力或者拒绝偿付其直接或间接外币债务的可能性。

三、传染风险

传染风险指某一国家的不利状况导致该地区其他国家评级下降或信贷紧缩的风险,尽管这些国家并未发生这些不利状况,自身信用状况也未出现恶化。

四、货币风险

货币风险指由于汇率不利变动或货币贬值,导致债务人持有的本国货币或现金流不足以支付其外币债务的风险。

五、宏观经济风险

宏观经济风险指因宏观经济大幅波动导致债务人违约风险增加的风险。

六、政治风险

政治风险指债务人因所在国发生政治冲突、政权更替、战争等情形,或者债务人资产被国有化或被征用等情形而承受的风险。

七、间接国别风险

间接国别风险指某一国家或者地区因上述各类国别风险增高,间接导致在该国或者地区有重大商业关系或利益的本国债务人还款能力和还款意愿降低的风险。

间接国别风险无需纳入正式的国别风险管理程序,银行业金融机构在评估本国债务人的信用状况时,应适当考虑国别风险因素。

附件2

国别风险评估因素

一、政治外交环境

(一)政治稳定性

(二)政治力量平衡性

(三)政府治理状况

(四)地缘政治与外交关系状况

二、经济金融环境

(一)宏观经济运行情况

1. 经济增长水平、模式和可持续性;

2. 通货膨胀水平;

3. 就业情况;

4. 支柱产业状况。

(二)国际收支平衡状况

1. 经常账户状况和稳定性;

2. 跨境资本流动情况;

3. 外汇储备规模。

(三)金融指标表现

1. 货币供应量;

2. 利率;

3. 汇率。

(四)外债结构、规模和偿债能力

(五)政府财政状况

(六)经济受其他国家或地区问题影响的程度

(七)是否为国际金融中心,主要市场功能、金融市场基础设施完备程度和监管能力

三、制度运营环境

(一)金融体系

1. 金融体系完备程度;

2. 金融部门杠杆率和资金来源稳定性;

3. 金融发展水平与实体经济的匹配性;

4. 银行金融机构、非银行金融机构情况;

5. 非金融部门信贷增长情况。

(二)法律体系

(三)投资政策

(四)遵守国际法律、商业、会计和金融监管等标准情况,以及信息透明度

(五)政府纠正经济及预算问题的意愿和能力

四、社会安全环境

(一)社会文明程度和文化传统

(二)宗教民族矛盾

(三)恐怖主义活动

(四)其他社会问题,包括但不限于犯罪和治安状况、自然条件和自然灾害、疾病瘟疫等

附件3

国别风险分类标准

低国别风险:国家或地区政体稳定,经济政策(无论在经济繁荣期还是萧条期)被证明有效且正确,不存在任何外汇限制,有及时偿债的超强能力。目前及未来可预计一段时间内,不存在导致对该国家或地区投资遭受损失的国别风险事件,或即便事件发生,也不会影响该国或地区的偿债能力或造成其他损失。

较低国别风险:该国家或地区现有的国别风险期望值低,偿债能力足够,但目前及未来可预计一段时间内,存在一些可能影响其偿债能力或导致对该国家或地区投资遭受损失的不利因素。

中等国别风险:指某一国家或地区的还款能力出现明显问题,对该国家或地区的贷款本息或投资可能会造成一定损失。

较高国别风险：该国家或地区存在周期性的外汇危机和政治问题，信用风险较为严重，已经实施债务重组但依然不能按时偿还债务，该国家或地区债务人无法足额偿还贷款本息，即使执行担保或采取其他措施，也肯定要造成较大损失。

高国别风险，指某一国家或地区出现经济、政治、社会动荡等国别风险事件或出现该事件的概率较高，在采取所有可能的措施或一切必要的法律程序后，对该国家或地区的贷款本息或投资仍然可能无法收回，或只能收回极少部分。

银行保险机构应对突发事件金融服务管理办法

- 2020年9月9日中国银行保险监督管理委员会令2020年第10号公布
- 自公布之日起施行

第一章 总 则

第一条 为规范银行保险机构应对突发事件的经营活动和金融服务，保护客户的合法权利，增强监管工作的针对性，维护银行业保险业安全稳健运行，根据《中华人民共和国银行业监督管理法》《中华人民共和国商业银行法》《中华人民共和国保险法》《中华人民共和国突发事件应对法》等相关法律法规，制定本办法。

第二条 本办法所称突发事件，是指符合《中华人民共和国突发事件应对法》规定的，突然发生，造成或者可能造成严重社会危害，需要采取应急处置措施予以应对的自然灾害、事故灾难、公共卫生事件和社会安全事件。

本办法所称重大突发事件，是指《中华人民共和国突发事件应对法》规定的特别重大或重大等级的突发事件。

第三条 银行保险监督管理机构应当切实履行应对突发事件的职责，加强与县级以上人民政府及其部门的沟通、联系、协调、配合，做好对银行保险机构的指导和监管，促进银行保险机构完善突发事件金融服务。

第四条 银行保险机构应当做好应对突发事件的组织管理、制度和预案体系建设工作，及时启动应对预案，健全风险管理，确保基本金融服务功能的安全性和连续性，加强对重点领域、关键环节和特殊人群的金融服务。

第五条 应对突发事件金融服务应当坚持以下原则：

（一）常态管理原则。银行保险机构应当建立突发事件应对工作机制，并将突发事件应对管理纳入全面风险管理体系。

（二）及时处置原则。银行保险机构应当及时启动本单位应对预案，制定科学的应急措施、调度所需资源，及时果断调整金融服务措施。

（三）最小影响原则。银行保险机构应当采取必要措施将突发事件对业务连续运行、金融服务功能的影响控制在最小程度，确保持续提供基本金融服务。

（四）社会责任原则。银行保险机构应当充分评估突发事件对客户、员工和经济社会发展的影响，在风险可控的前提下提供便民金融服务，妥善保障员工合法权益，积极支持受突发事件重大影响的企业、行业保持正常生产经营。

第六条 国务院银行保险监督管理机构应当积极利用双边、多边监管合作机制和渠道，与境外监管机构加强信息共享、协调监管行动，提高应对工作的有效性。

第二章 组织管理

第七条 银行保险机构应当建立突发事件应对管理体系。董（理）事会是银行保险机构突发事件应对管理的决策机构，对突发事件的应对管理承担最终责任。高级管理层负责执行经董（理）事会批准的突发事件应对管理政策。

第八条 银行保险机构应当成立由高级管理层和突发事件应对管理相关部门负责人组成的突发事件应对管理委员会及相应指挥机构，负责突发事件应对工作的管理、指挥和协调，并明确成员部门相应的职责分工。

银行保险机构可以指定业务连续性管理委员会等专门委员会负责突发事件应对管理工作。

第九条 银行保险机构应当制定应对突发事件的管理制度，与业务连续性管理、信息科技风险管理、声誉风险管理、资产安全管理等制度有效衔接。银行保险机构在制定恢复处置计划时，应当充分考虑应对突发事件的因素。

第十条 银行保险机构应当根据本机构的具体情况细化突发事件的类型并制定、更新应对预案。银行保险机构应当充分评估营业场所、员工、基础设施、信息数据等要素，制定具体的突发事件应对措施以及恢复方案。

银行保险机构至少每三年开展一次突发事件应对预案的演练，检验应对预案的完整性、可操作性和有效性，验证应对预案中有关资源的可用性，提高突发事件的综合处置能力。银行保险机构对灾难备份等关键资源或重要业务功能至少每年开展一次突发事件应对预案的演练。

第十一条 银行保险机构应当依法配合县级以上人

民政府及法定授权部门的指挥,有序开展突发事件应对工作。

银行保险机构应当在应对突发事件过程中提供必要的相互协助。

第十二条 银行保险机构应当按照关于银行业保险业突发事件信息报告的监管要求,向银行保险监督管理机构报告突发事件信息、采取的应对措施、存在的问题以及所需的支持。

第十三条 行业自律组织应当为银行保险机构应对突发事件、实施同业协助提供必要的协调和支持。

第三章 业务和风险管理

第十四条 银行保险机构应当加强突发事件预警,按照县级以上人民政府及法定授权部门发布的应对突发事件的决定、命令以及银行保险监督管理机构的监管规则,加强对各类风险的识别、计量、监测和控制,及时启动相关应对预案,采取必要措施保障人员和财产安全,保障基本金融服务功能的正常运转。

第十五条 银行保险机构应当按照银行保险监督管理机构的要求,根据县级以上人民政府及法定授权部门响应突发事件的具体措施,及时向处置突发事件的有关单位和个人提供急需的金融服务。

第十六条 受突发事件重大影响的银行保险机构需要暂时变更营业时间、营业地点、营业方式和营业范围等的,应当在作出决定当日报告属地银行保险监督管理机构和所在地人民政府后向社会公众公告。

银行保险监督管理机构可以根据突发事件的等级和影响范围,决定暂时变更受影响的银行保险机构的营业时间、营业地点、营业方式和营业范围等。

第十七条 在金融服务受到重大突发事件影响的区域,银行保险机构应当在保证员工人身和财产安全的前提下,经向银行保险监督管理机构报告后,采用设立流动网点、临时服务点等方式提供现场服务,合理布放自动柜员机(ATM)、销售终端(POS)、智能柜员机(含便携式、远程协同式)等机具,满足客户金融服务需求。

银行保险机构因重大突发事件无法提供柜面、现场或机具服务的,应当利用互联网、移动终端、固定电话等信息技术方式为客户提供服务。

第十八条 银行保险机构应当为受重大突发事件影响的客户办理账户查询、挂失、补办、转账、提款、继承、理赔、保全等业务提供便利。对身份证明或业务凭证丢失的客户,银行保险机构通过其他方式可以识别客户身份或进行业务验证的,应当满足其一定数额或基本的业务需求,不得以客户无身份证明或业务凭证为由拒绝办理业务。

第十九条 银行业金融机构对重大突发事件发生前已经发放、受突发事件影响、非因借款人自身原因不能按时偿还的各类贷款,应当考虑受影响借款人的实际情况调整贷款回收方式,可不收取延期还款的相关罚息及费用。银行业金融机构不得仅以贷款未及时偿还为理由,阻碍受影响借款人继续获得其他针对突发事件的信贷支持。

第二十条 保险公司应当根据突发事件形成的社会风险保障需求,及时开发保险产品,增加巨灾保险、企业财产保险、安全生产责任保险、出口信用保险、农业保险等业务供给,积极发挥保险的风险防范作用。

第二十一条 为切实服务受重大突发事件影响的客户,支持受影响的个人、机构和行业,银行业金融机构可以采取以下措施:

(一)减免受影响客户账户查询、挂失和补办、转账、继承等业务的相关收费;

(二)与受重大影响的客户协商调整债务期限、利率和偿还方式等;

(三)为受重大影响的客户提供续贷服务;

(四)在风险可控的前提下,加快信贷等业务审批流程;

(五)其他符合银行保险监督管理机构要求的措施。

第二十二条 为切实服务受重大突发事件影响的客户,支持受影响的个人、机构和行业,保险公司可以采取以下措施:

(一)适当延长受重大影响客户的报案时限,减免保单补发等相关费用;

(二)适当延长受重大影响客户的保险期限,对保费缴纳给予一定优惠或宽限期;

(三)对因突发事件导致单证损毁遗失的保险客户,简化其理赔申请资料;

(四)对受重大影响的农户和农业生产经营组织,在确保投保意愿真实的前提下,可暂缓其提交承保农业保险所需的相关资料,确定发生农业保险损失的,可采取预付部分赔款等方式提供理赔服务;

(五)针对突发事件造成的影响,在风险承受范围内适当扩展保险责任范围;

(六)其他符合银行保险监督管理机构要求的措施。

第二十三条 银行保险机构应当及时预估受突发事件重大影响的企业恢复生产经营的资金需求情况,加强对受突发事件影响的重点地区、行业客户群体的金融服务,发挥在基础设施、农业、特色优势产业、小微企业等方面的金融支持作用。

第二十四条 银行业金融机构应当加强贷前审查和贷后管理,通过行业自律和联合授信等机制,防范客户不正当获取、使用与应对突发事件有关的融资便利或优惠措施,有效防范多头授信和过度授信,防止客户挪用获得的相关融资。

银行业金融机构对符合贷款减免和核销规定的贷款,应当严格按照程序和条件进行贷款减免和核销,做好贷款清收管理和资产保全工作,切实维护合法金融债权。

第二十五条 银行保险机构应当及时保存与应对突发事件有关的交易或业务记录,及时进行交易或业务记录回溯,重点对金额较大、交易笔数频繁、非工作时间交易等情况进行核查和分析。

银行保险机构应当及时对应对突发事件金融服务措施的实际效果和风险状况进行后评估。

第二十六条 银行保险机构应当加强突发事件期间对消费者权益的保护,确保投诉渠道畅通,及时处理相关咨询和投诉事项。银行保险机构不得利用突发事件进行诱导销售、虚假宣传等营销行为,或侵害客户的知情权、公平交易权、自主选择权、隐私权等合法权利。

银行保险机构应当加强声誉风险管理,做好舆情监测、管理和应对,及时、规范开展信息发布、解释和澄清等工作,防范负面舆情引发声誉风险、流动性风险等次生风险,保障正常经营秩序。

第四章 监督管理

第二十七条 银行保险监督管理机构应当保持监管工作的连续性、有效性、灵活性,并根据突发事件的等级、银行保险机构受影响情况,适当调整监管工作的具体方式。

银行保险监督管理机构应当依法对银行保险机构突发事件应对机制、活动和效果进行指导和监督检查,妥善回应社会关注和敏感问题,及时发布支持政策和措施,加强与同级人民银行及相关政府部门的信息共享和沟通,协调解决应对突发事件过程中的问题。

第二十八条 银行保险监督管理机构应当按照县级以上人民政府及法定授权部门对突发事件的应对要求,审慎评估突发事件对银行保险机构造成的影响,依法履行以下职责:

(一)加强对突发事件引发的区域性、系统性风险的监测、分析和预警;

(二)督促银行保险机构按照突发事件应对预案,保障基本金融服务功能持续安全运转;

(三)指导银行保险机构提供突发事件应急处置金融服务;

(四)引导银行保险机构积极承担社会责任;

(五)协调有关政府部门,协助保障银行保险机构正常经营。

第二十九条 受突发事件重大影响的银行保险机构等申请人在行政许可流程中无法在规定期限内完成办理事项的,可以向银行保险监督管理机构申请延长办理期限。银行保险监督管理机构经评估,可以根据具体情况决定延长有关办理期限。

银行保险监督管理机构可以根据突发事件的等级及影响情况,依法调整行政许可的程序、条件或材料等相关规则,以便利银行保险机构为应对突发事件提供金融服务。

第三十条 受突发事件重大影响的银行保险机构可以根据实际情况向银行保险监督管理机构申请变更报送监管信息、统计数据的时间和报送方式。银行保险监督管理机构经评估同意变更的,应当持续通过其他方式开展非现场监管。

银行保险监督管理机构可以根据突发事件的等级及影响情况,依法决定实施非现场监管的具体方式、时限要求及频率。

第三十一条 受突发事件重大影响的银行保险机构可以根据实际情况向银行保险监督管理机构申请暂时中止现场检查、现场调查及其他重大监管行动或者变更其时间。

银行保险监督管理机构可以按照突发事件的等级及影响情况,根据申请或主动决定暂时中止对银行保险机构进行现场检查、现场调查及采取其他重大监管行动或变更其时间。银行保险监督管理机构应当在突发事件影响消除后重新安排现场检查、现场调查等监管工作。

第三十二条 根据应对重大突发事件和落实国家金融支持政策的需要,国务院银行保险监督管理机构可以依据法律、行政法规的授权或经国务院批准,决定临时性调整审慎监管指标和监管要求。

国务院银行保险监督管理机构可以根据银行保险机构受重大突发事件的影响情况,依法对临时性突破审慎监管指标的银行保险机构豁免采取监管措施或实施行政处罚,但应要求银行保险机构制定合理的整改计划。

银行保险机构不得利用上述情形扩大股东分红或其他利润分配,不得提高董事、监事及高级管理人员的薪酬待遇。

第三十三条 银行保险监督管理机构应当评估银行

保险机构因突发事件产生的风险因素,并在市场准入、监管评级等工作中予以适当考虑。

第三十四条 对于银行保险机构因突发事件导致的重大风险,银行保险监督管理机构应当及时采取风险处置措施,维护金融稳定。

根据处置应对重大金融风险、维护金融稳定的需要,国务院银行保险监督管理机构可以依法豁免对银行保险机构适用部分监管规定。

第三十五条 银行保险机构存在以下情形的,银行保险监督管理机构可以依据《中华人民共和国银行业监督管理法》《中华人民共和国保险法》等法律法规采取监管措施或实施行政处罚;法律、行政法规没有规定的,由银行保险监督管理机构责令改正,给予警告,对有违法所得的处以违法所得1倍以上3倍以下罚款,最高不超过3万元,对没有违法所得的处以1万元以下罚款:

(一)未按照本办法要求建立突发事件应对管理体系、组织架构、制度或预案;

(二)未按照要求定期开展突发事件应对预案的演练;

(三)未采取有效应对措施,导致基本金融服务长时间中断;

(四)突发事件影响消除后,未及时恢复金融服务;

(五)利用突发事件实施诱导销售、虚假宣传等行为,侵害客户合法权利;

(六)利用监管支持政策违规套利;

(七)其他违反本办法规定的情形。

第五章 附 则

第三十六条 本办法所称银行保险机构,是指银行业金融机构和保险公司。

本办法所称银行业金融机构,是指在中华人民共和国境内设立的商业银行、农村信用合作社等吸收公众存款的金融机构以及开发性金融机构、政策性银行。

第三十七条 在中华人民共和国境内设立的金融资产管理公司、信托公司、财务公司、金融租赁公司、汽车金融公司、消费金融公司、货币经纪公司、金融资产投资公司、银行理财子公司、保险集团(控股)公司、保险资产管理公司以及保险中介机构等银行保险监督管理机构监管的其他机构,参照执行本办法的规定。

第三十八条 本办法自公布之日起施行。

银行保险机构应当自本办法施行之日起6个月内,建立和完善突发事件应对管理体系和管理制度,并向银行保险监督管理机构报告。

银行保险机构董事监事履职评价办法(试行)

· 2021年5月20日中国银行保险监督管理委员会令2021年第5号公布
· 自2021年7月1日起施行

第一章 总 则

第一条 为健全银行保险机构公司治理,规范董事监事履职行为,促进银行业保险业稳健可持续发展,根据《中华人民共和国公司法》《中华人民共和国商业银行法》《中华人民共和国银行业监督管理法》《中华人民共和国保险法》等法律法规,制定本办法。

第二条 本办法所称银行保险机构,是指在中华人民共和国境内依法设立的商业银行、保险公司。

第三条 本办法所称董事监事履职评价是指银行保险机构依照法律法规和监管规定,对本机构董事和监事的履职情况开展评价的行为。

第四条 银行保险机构监事会对本机构董事监事履职评价工作承担最终责任。

董事会、高级管理层应当支持和配合董事监事履职评价相关工作,对自身提供材料的真实性、准确性、完整性和及时性负责。

第五条 中国银行保险监督管理委员会(以下简称中国银保监会)及其派出机构依法对银行保险机构董事监事履职评价工作进行监督管理,并将董事监事履职评价情况纳入公司治理监管评估。

第六条 董事监事履职评价应当遵循依法合规、客观公正、标准统一、科学有效、问责严格的原则。

第二章 评价内容
第一节 基本职责

第七条 董事监事应当充分了解自身的权利、义务和责任,严格按照法律法规、监管规定及公司章程要求,忠实、勤勉地履行其诚信受托义务及作出的承诺,服务于银行保险机构和全体股东的最佳利益,维护利益相关者的合法权益。

第八条 董事监事应当具备良好的品行、声誉和守法合规记录,遵守高标准的职业道德准则,具备与所任职务匹配的知识、经验、能力和精力,保持履职所需要的独立性、个人及家庭财务的稳健性。

董事监事不得在履职过程中接受不正当利益,不得利用职务、地位谋取私利或侵占银行保险机构财产,不得为股东利益损害银行保险机构利益,不得损害利益相关者合法权益。

第九条 董事监事任职前应当书面签署尽职承诺，保证严格保守银行保险机构秘密，有足够的时间和精力履行职责。董事监事应当恪守承诺。

第十条 董事监事应当如实告知银行保险机构自身本职、兼职情况，确保任职情况符合监管要求，并且与银行保险机构不存在利益冲突。

第十一条 董事监事应当按照相关规定，及时向董事会、监事会报告关联关系、一致行动关系及变动情况。董事监事应当严格遵守关联交易和履职回避相关规定。

第十二条 董事监事在履行职责时，特别是在决策可能对不同股东造成不同影响的事项时，应当坚持公平原则。董事监事发现股东、其他单位、个人对银行保险机构进行不当干预或限制的，应当主动向董事会、监事会报告或向监管部门反映。

第十三条 董事监事应当持续了解银行保险机构公司治理、战略管理、经营投资、风险管理、内控合规、财务会计等情况，依法合规参会议事、提出意见建议和行使表决权，对职责范围内的事项做出独立、专业、客观的判断，提升董事会决策和监事会监督质效，推动和监督股东（大）会、董事会、监事会决议落实到位。

董事监事应当主动关注监管部门、市场中介机构、媒体和社会公众对银行保险机构的评价，持续跟进监管部门发现问题的整改问责情况。

第十四条 独立董事、外部监事每年在银行保险机构工作的时间不得少于15个工作日。

董事会风险管理委员会、审计委员会、关联交易控制委员会主任委员每年在银行保险机构工作的时间不得少于20个工作日。

第十五条 董事监事每年应当亲自出席三分之二以上的董事会、监事会现场会议。因故不能出席的，应当书面委托其他董事监事代为出席，委托书中应当载明董事监事本人对议案的个人意见和表决意向；独立董事不得委托非独立董事代为出席。

前款所称现场会议，是指通过现场、视频、电话等能够保证参会人员即时交流讨论的方式召开的会议。

第十六条 董事监事任期届满未及时改选、董事在任期内辞职导致董事会成员低于法定人数或者公司章程规定人数的三分之二、监事在任期内辞职导致监事会成员低于法定人数的，在改选出的董事监事就任前，原董事监事仍应当依照法律法规、监管规定及公司章程的规定，履行董事监事职责。独立董事在任期内辞职导致董事会中独立董事人数占比少于三分之一的，在新的独立董事就任前，该独立董事应当继续履职，因丧失独立性而辞职和被罢免的除外。

第十七条 董事监事应当不断提升履职所必需的专业知识和基本素质，了解掌握与银行保险机构经营管理相关的法律法规和监管规定，积极参加监管部门、行业协会和银行保险机构等组织的培训，不断提升履职能力和水平。

第十八条 董事会、监事会专门委员会成员应当持续关注专门委员会职责范围内的相关事项，及时提出专业意见，提请专门委员会关注或审议。担任专门委员会主任委员的董事监事，应当及时组织召开专门委员会会议并形成集体意见提交董事会、监事会。

第十九条 国有银行保险机构应当积极推动党的领导与公司治理有机融合。担任党委成员的董事监事，应当在决策和监督过程中严格落实党组织决定，促进党委会与董事会、监事会之间的信息沟通，确保党组织的领导核心作用得到发挥。

第二十条 董事长、监事会主席应当领导银行保险机构加强董事会、监事会建设，切实提升董事会、监事会运行质效。

董事长、监事会主席除履行董事监事一般职责外，还应当按照法律法规、监管规定及公司章程履行其职务所要求的其他职责。

第二十一条 执行董事应当充分发挥自身特点和优势，维护董事会在战略决策中的核心地位，支持配合监事会的监督工作，确保董事会职责范围内的事项及时提交董事会审议，落实高级管理层向董事会报告制度，支持董事会其他成员充分了解银行保险机构经营管理和风险信息，推动董事会决议的有效执行和及时反馈。

第二十二条 独立董事、外部监事在决策和监督过程中，应不受主要股东、高级管理人员以及其他与银行保险机构存在利害关系的单位和个人的影响，注重维护中小股东与其他利益相关者合法权益。独立董事对股东（大）会、董事会讨论事项，尤其是重大关联交易、利润分配、董事的提名任免、高级管理人员的聘任和解聘以及薪酬等可能存在利益冲突的事项，发表客观、公正的独立意见。

第二十三条 职工董事、职工监事应当积极发挥自身对经营管理较为熟悉的优势，从银行保险机构的长远利益出发，推动董事会、监事会更好地开展工作。职工董事、职工监事应当就涉及职工切身利益的规章制度或者重大事项，听取职工的意见和建议，在董事会、监事会上真实、准确、全面地反映，切实维护职工合法权益。

职工董事、职工监事应当定期向职工（代表）大会述职和报告工作，主动接受广大职工的监督，在董事会、监事会会议上，对职工（代表）大会作出决议的事项，应当按照职工（代表）大会的相关决议发表意见，并行使表决权。

第二节 评价维度和重点

第二十四条 董事监事履职评价应当至少包括履行忠实义务、履行勤勉义务、履职专业性、履职独立性与道德水准、履职合规性五个维度。

履行忠实义务包括但不限于董事监事能够以银行保险机构的最佳利益行事，严格保守银行保险机构秘密，高度关注可能损害银行保险机构利益的事项，及时向董事会、监事会报告并推动问题纠正等。

履行勤勉义务包括但不限于董事监事能够投入足够的时间和精力参与银行保险机构事务，及时了解经营管理和风险状况，按要求出席董事会及其专门委员会、监事会及其专门委员会会议，对提交董事会、监事会审议的事项认真研究并作出审慎判断等。

履职专业性包括但不限于董事监事能够持续提升自身专业水平，立足董事会、监事会职责定位，结合自身的专业知识、从业经历和工作经验，研究提出科学合理的意见建议，推动董事会科学决策、监事会有效监督等。

履职独立性与道德水准包括但不限于董事监事能够坚持高标准的职业道德准则，不受主要股东和内部人控制或干预，独立自主地履行职责，推动银行保险机构公平对待全体股东、维护利益相关者的合法权益、积极履行社会责任等。

履职合规性包括但不限于董事监事能够遵守法律法规、监管规定及公司章程，持续规范自身履职行为，依法合规履行相应的职责，推动和监督银行保险机构守法合规经营等。

第二十五条 银行保险机构应结合董事类型特点及其在董事会专门委员会中的任职情况，从不同维度重点关注董事在下列事项中的工作表现：

（一）制定并推动实施战略规划、年度经营计划；

（二）制定和推动执行风险管理策略、风险偏好、风险限额和风险管理制度；

（三）审查重大投融资和资产处置项目，特别是非计划内的投资、租赁、资产买卖、担保等重大事项；

（四）推动加强资本管理和资本补充；

（五）制订和推动执行利润分配方案；

（六）推动股东（大）会议和董事会决议的落实；

（七）推动银行保险机构完善股权结构和内部治理架构，加强股权管理，提升公司治理的有效性；

（八）提升内部控制、合规管理和内部审计的有效性，落实反洗钱、反恐怖融资相关要求；

（九）提升董事提名和选举流程的规范性和透明度；

（十）选任、监督和更换高级管理人员，加强与高级管理层的沟通；

（十一）评估和完善董事会对高级管理层的授权原则、授权范围和管理机制；

（十二）推动董事、高级管理人员薪酬与银行保险机构和股东长期利益保持一致，且符合监管要求；

（十三）推动协调各治理主体运作，加强与股东及其他利益相关者的沟通，平衡各方利益；

（十四）促进关联交易的合法合规性和关联交易管理的规范性；

（十五）提升财务会计信息的真实性、准确性和完整性；

（十六）提升信息披露的真实性、准确性、完整性和及时性；

（十七）确保监管报送数据的及时性、真实性和完整性；

（十八）推动完善消费者权益保护决策机制，规划和指导消费者权益保护工作；

（十九）推动监管意见落实以及相关问题整改问责；

（二十）关注和依责处理可能或已经造成重大风险和损失的事项，特别是对存款人、投保人、被保险人和受益人、中小股东合法权益产生重大影响的事项；

（二十一）履行法律法规、监管规定及公司章程规定董事应当承担的其他重要职责。

银行保险机构应当结合监管制度关于独立董事职责的特别规定，围绕独立董事应当重点关注和发表独立意见的事项，考察和评价其履职表现。

第二十六条 银行保险机构应当结合监事类型特点及其在监事会专门委员会中的任职情况，从不同维度重点关注监事在下列事项中的工作表现：

（一）对董事会及其成员的履职监督，包括但不限于董事会及其成员遵守法律法规、监管规定及银行保险机构内部制度，完善银行保险机构股权结构、组织架构，制定并推动实施发展战略，完善风险管理、消费者权益保护、内控合规、薪酬考核、内外部审计、信息披露等相关机制的情况，董事会各专门委员会有效运作情况，董事参加会议、发表意见、提出建议情况等。

（二）对高级管理层及其成员的履职监督，包括但不限于高级管理层及其成员遵守法律法规、监管规定及银行保险机构内部制度，执行股东（大）会、董事会和监事会决议，落实发展战略和经营计划，加强风险管理、内控合规管理、消费者权益保护、案件防控、绩效考评管理等情况。

（三）对发展战略和经营理念的科学性、有效性、合理性以及实施情况的监督与评估。

（四）对财务状况的监督，包括但不限于重要财务决策和执行情况；利润分配方案的合规性、合理性；机构定期报告的真实性、准确性和完整性；外部审计工作管理情况。

（五）对内控合规的监督，尤其是新业务、新产品的管理制度、操作流程、关键风险环节和相关信息系统等情况。

（六）对全面风险管理架构及主要风险管控情况的监督。

（七）对激励约束机制科学性、稳健性以及具体实施效果的监督。

（八）对监管报送数据及时性、真实性和完整性的监督。

（九）对落实监管意见以及问题整改问责情况的监督。

（十）对落实股东（大）会决议、董事会决议、监事会决议情况的监督。

（十一）关注和监督其他影响银行保险机构合法稳健经营和可持续发展的重点事项。

（十二）履行法律法规、监管规定及公司章程规定监事应当承担的其他重要职责。

第三章 评价制度、程序和方法

第二十七条 银行保险机构应当建立健全董事监事履职评价制度，并向中国银保监会或其派出机构报告。银行保险机构在建立健全董事监事履职评价制度时，应根据自身具体情况对董事监事的评价内容、评价原则、实施主体、资源保障、评价方式、评价流程、评价等级、结果应用、工作责任等重要内容作出明确规定。履职评价制度应当考虑到不同类型董事监事的特点，作出差异化的规定。

第二十八条 银行保险机构应当建立健全董事监事履职档案，真实、准确、完整地记录董事监事日常履职情况以及履职评价工作开展情况。董事会负责建立和完善董事履职档案，监事会负责建立和完善监事履职档案以及董事监事履职评价档案。

第二十九条 银行保险机构应当每年对董事监事的履职情况进行评价。对于评价年度内职位发生变动但任职时间超过半年的董事监事，应当根据其在任期间的履职表现开展评价。

第三十条 银行保险机构应当优化董事监事特别是独立董事和外部监事的履职环境，保障董事监事履职所必需的信息和其他必要条件。

董事监事认为履职所必需的信息无法得到基本保障，或独立履职受到威胁、阻挠和不当干预的，应当及时向监事会提交书面意见，监事会应当将相关意见作为确定董事监事履职评价结果的重要考虑因素，并将其纳入履职评价档案。

第三十一条 董事履职评价可以包括董事自评、董事互评、董事会评价、外部评价、监事会最终评价等环节。监事履职评价可以包括监事自评、监事互评、外部评价、监事会最终评价等环节。

银行保险机构应当为董事监事履职评价工作提供充分保障，畅通监事会办公室、董事会办公室等办事机构间的沟通交流机制。

鼓励银行保险机构结合自身情况，聘请外部专家或市场中介机构等独立第三方协助本机构开展董事监事履职评价。连续两年公司治理监管评估等级为D级以下的银行保险机构，应当聘请独立第三方协助开展董事监事履职评价工作。

第三十二条 评价方法可以包括资料分析、行为观察、问卷调查、履职测评、座谈访谈等。资料分析指对董事监事履职记录、履职档案等进行分析，静态评判董事监事履职情况。行为观察指根据相关评判人对董事监事日常履职行为的观察进行评价。调查问卷和履职测评表根据各银行保险机构实际情况设计，问卷调查对象可相对广泛，董事监事可通过履职测评表对自身或其他董事监事履职表现评价打分。座谈访谈指通过与董事监事及相关人员直接交谈，对董事监事履职细节进行较为具体深入地了解。

第三十三条 银行保险机构应当依据履职评价情况将董事监事年度履职表现划分为称职、基本称职和不称职三个级别。

银行保险机构应当结合公司治理监管评估、商业银行监管评级、保险公司法人机构风险综合评级等情况，审慎确定相关董事监事的履职评价级别。

第三十四条 董事监事出现下列情形之一的，当年不得评为称职：

（一）该年度内未能亲自出席三分之二以上的董事

会、监事会现场会议的。

（二）董事会审议通过违反法律法规或严重违反监管规定、公司章程的事项，董事投赞成票的；董事会、高级管理层决策事项违反法律法规，或严重违反监管规定、公司章程，监事知悉或应当知悉，但未进行质询或及时提请监事会关注并予以纠正的。

（三）董事会违反公司章程、议事规则和决策程序审议重大事项，董事未提出反对意见的；董事会、高级管理层违反公司章程、议事规则和决策程序决定重大事项，或对股东（大）会、董事会、监事会决议落实不到位，监事知悉或应当知悉，但未进行质询或及时提请监事会关注并予以纠正的。

（四）董事会运作低效，出现长期未换届、长期无法正常召开会议等公司治理问题，董事未能及时反映情况并推动纠正的；监事会运作低效，对董事会、高级管理层及其成员的履职监督严重弱化，监事未及时提出意见并推动有效整改的。

（五）股权和关联交易管理严重违规，经营战略出现重大偏差，风险管理政策出现重大失误，内部控制体系存在明显漏洞，董事未及时提出意见或修正要求的；监事会未能按照要求有效履行在经营战略、风险管理、内部控制、财务会计、激励约束机制等方面的监督职责，监事未及时提出意见并推动有效整改的。

（六）资本充足率、资产质量、偿付能力等主要监管指标未达到监管要求，董事监事未及时提出意见建议并依责推动有效整改的。

（七）知悉或应当知悉符合履职回避情形，而未按规定执行的。

（八）对监管发现并指出的重大违法违规问题，董事监事未依责推动有效整改的。

（九）董事监事个人被监管部门行政处罚或受到纪律处分的。

（十）中国银保监会认定的其他不当履职情形。

第三十五条　董事监事出现下列情形之一的，当年应当评为不称职：

（一）泄露秘密，损害银行保险机构合法权益的；

（二）在履职过程中接受不正当利益，或者利用董事监事地位谋取私利的；

（三）参与或协助股东对银行保险机构进行不当干预，导致银行保险机构出现重大风险和损失的；

（四）隐瞒重要事实、提供虚假材料或参与银行保险机构编造虚假材料的；

（五）对银行保险机构及相关人员重大违法违规违纪问题隐匿不报的；

（六）董事会、监事会决议违反法律法规、监管规定及公司章程，导致银行保险机构重大风险和严重损失，董事监事没有提出异议的；

（七）对履职评价发现的严重问题拒不改正的；

（八）中国银保监会认定的其他严重失职行为。

第三十六条　董事监事发现银行保险机构履职评价工作违反监管规定的，应当向监管部门反映情况。两名以上董事、监事对履职评价程序或结果存在异议并向银行保险机构提出书面意见的，银行保险机构应当在收到书面意见后5个工作日以内向监管部门报告并作出详细解释。

第四章　评价应用

第三十七条　银行保险机构应当把履职评价作为加强董事会、监事会建设的重要抓手，通过对评价结果的有效应用，引导董事监事改进履职行为，推动董事会、监事会规范自身运作。

第三十八条　银行保险机构监事会应当根据评价结果提出工作建议或处理意见，及时将董事监事评价结果和相关意见建议报告股东（大）会，及时将董事评价结果和相关意见建议反馈董事会，并以书面形式正式通知董事监事本人。

对履职评价结果为"基本称职"的董事监事，董事会和监事会应当组织会谈，向董事监事本人提出限期改进要求。董事会和监事会应当为相关董事监事改进履职提供必要的帮助和支持。

对被评为"不称职"的董事监事，银行保险机构董事会、监事会应向其问责。依据本办法相关条款被评为"不称职"的董事监事，可由其主动辞去职务，或由银行保险机构按照有关程序罢免并报告监管部门，同时相应扣减其作为董事监事的部分或全部薪酬。董事监事违法违规履职给银行保险机构造成损失的，银行保险机构应当追偿。董事监事涉嫌犯罪的，银行保险机构应当及时移送司法机关。

第三十九条　银行保险机构应当在每年4月30日前，将董事监事履职情况及评价结果报告中国银保监会或其派出机构。

第四十条　鼓励银行保险机构公开披露董事监事履职评价结果，发挥外部约束作用，探索建立董事监事特别是独立董事和外部监事的声誉机制。

第五章　监督管理

第四十一条　中国银保监会及其派出机构应当对银行保险机构董事监事履职评价工作进行监督，并将其作为监事会履职情况的重要依据。

银行保险机构董事监事履职评价制度、程序、方式、结果不符合监管规定的，中国银保监会及其派出机构应当责令其限期改正，并视情况追究银行保险机构及相关人员的责任。对在评价过程中弄虚作假、徇私舞弊，导致评价结果严重失真的，或利用履职评价打击报复的，监管部门应严肃查处。

对在履职过程中违反法律法规和监管规定的董事监事，监管部门可依法采取监管谈话、责令限期改正、责令银行保险机构调整相关人员等监督管理措施，并视情况采取责令纪律处分、行政处罚等方式追究其相应责任。存在本办法第三十五条情形的，监管部门应从严处理。

监管部门可以根据需要对银行保险机构董事监事履职情况开展监管评价。

第四十二条　中国银保监会及其派出机构可以根据董事监事履职评价结果组织开展专项检查，督促银行保险机构完善公司治理。中国银保监会及其派出机构应当建立银行保险机构董事监事年度履职评价监管档案，在公司治理全面评估、市场准入、非现场监管和现场检查等工作中强化履职评价信息运用。

第六章　附则

第四十三条　本办法所称"商业银行、保险公司""银行保险机构"，是指国有大型商业银行、全国性股份制商业银行、城市商业银行、民营银行、农村商业银行、外资银行、保险集团（控股）公司、财产保险公司、再保险公司、人身保险公司。

未设立监事会的银行保险机构，以及中国银保监会负责监管的其他金融机构参照适用本办法。

法律、行政法规或规章对外资银行、外资保险公司另有规定的，从其规定。

第四十四条　本办法所称"执行董事"指在银行保险机构除担任董事外，还承担高级管理人员职责的董事；"独立董事""外部监事"指在银行保险机构不担任除董事监事以外的其他职务，并且与银行保险机构及其股东、实际控制人不存在可能影响其独立客观判断关系的董事监事；"职工董事""职工监事"指按照相关规定由职工（代表）大会民主选举产生的董事监事。

第四十五条　本办法所称"以上""以下""以内"均含本数，"少于""超过""低于"均不含本数。

第四十六条　本办法由中国银保监会负责解释。

第四十七条　本办法自2021年7月1日起施行。《商业银行董事履职评价办法（试行）》（中国银行业监督管理委员会令2010年第7号）同时废止。此前有关银行保险机构董事监事履职评价的规定与本办法不一致的，按照本办法执行。

中国银行保险监督管理委员会派出机构监管职责规定

· 2021年7月30日中国银行保险监督管理委员会令2021年第9号公布
· 自2021年10月1日起施行

第一条　为明确中国银行保险监督管理委员会（以下简称银保监会）派出机构监管职责，根据《中华人民共和国银行业监督管理法》《中华人民共和国商业银行法》《中华人民共和国保险法》等法律、行政法规，制定本规定。

第二条　本规定所称派出机构，是指银保监会派驻各省（自治区、直辖市）和计划单列市的监管局（以下简称银保监局）、派驻地市（州、盟）的监管分局（以下简称银保监分局）以及设在县（市、区、旗）的监管组。

本规定所称银行保险机构，是指依法由银行保险监督管理机构监管的商业银行、政策性银行、开发性银行、农村合作银行、村镇银行、外国银行分行、外国银行代表处、农村信用社、农村资金互助社、贷款公司、保险集团（控股）公司、保险公司、外国保险机构驻华代表机构、保险资产管理公司、保险代理机构、保险经纪机构、保险公估机构、信托公司、金融资产管理公司、金融资产投资公司、金融租赁公司、企业集团财务公司、消费金融公司、汽车金融公司、银行理财公司、货币经纪公司等机构。

第三条　银保监会对派出机构实行垂直领导。

派出机构监管职责的确立，遵循职权法定、属地监管、分级负责、权责统一的原则。

银保监局在银保监会的领导下，履行所在省（自治区、直辖市）和计划单列市银行业和保险业监督管理职能。银保监局根据银保监会的授权和统一领导，依法依规独立对辖内银行业和保险业实行统一监督管理。

银保监分局在银保监局的领导下，履行所在地市银行业和保险业监督管理职能。银保监分局根据银保监会和省（自治区、直辖市）银保监局的授权和统一领导，依法依规独立对辖内银行业和保险业实行统一监督管理。

县（市、区、旗）监管组在银保监局或银保监分局的授权和统一领导下，依法依规负责所在县市银行保险机构及其业务活动的监管工作，收集所在县市有关金融风险的信息并向上级机构报告，承担交办的其他工作。

第四条 派出机构在履行职责过程中坚持和加强党对银行业和保险业监管工作的集中统一领导，确保党中央关于银行业和保险业监管工作的方针政策和决策部署得到贯彻落实。

第五条 派出机构依法、公开、公正履行对辖内银行业和保险业的监管职责，维护银行业和保险业金融活动当事人的合法权益，促进辖内银行业和保险业合法、稳健运行，防范和化解金融风险等。

第六条 派出机构根据有关规定统计辖内银行保险机构有关数据和信息，跟踪、监测、研判辖内银行业和保险业运行情况，报送辖内银行业和保险业运行情况和风险情况，及时向上级监管机构报告有可能影响当地银行业和保险业稳健运行的重大事项。

第七条 银保监会依照法律法规统一监督管理全国银行业和保险业。银保监会可以根据实际需要，明确银保监会直接监管的机构，并在官方网站公布各银行保险机构法人的监管责任单位。

银保监局、银保监分局根据法律、行政法规及银保监会的规定，负责辖内银行保险机构的直接监管，具体名单由银保监局、银保监分局公布。

第八条 银保监局、银保监分局依照法定权限和程序制定涉及辖内银行业和保险业监管的规范性文件，并负责监督相关法律、行政法规及规章制度在辖内的贯彻实施。

第九条 银保监局、银保监分局根据法律、行政法规和银保监会的规定，依法对辖内银行保险机构及其有关人员实施行政许可。

第十条 银保监局、银保监分局依法对辖内银行保险机构的公司治理、风险管理、内部控制、资本充足、偿付能力、资产质量、业务活动、信息披露、信息科技、第三方合作等实施监督管理，具体监管事项依照法律、行政法规和银保监会的相关规定确定。

第十一条 银保监局、银保监分局依法对辖内银行保险机构实施现场检查、调查和非现场监管，参与防范和处置辖内银行保险机构有关风险。

第十二条 银保监局、银保监分局负责辖内银行业和保险业消费者权益保护工作，督促辖内银行保险机构健全消费者权益保护体制机制，规范经营行为，强化落实消费投诉处理主体责任，做好金融消费者教育宣传等工作。

第十三条 银保监局、银保监分局根据法律、行政法规和银保监会的规定，负责辖内信访、银行保险违法行为举报处理以及消费投诉督查等工作。

第十四条 银保监局、银保监分局依法负责本机构政府信息公开工作。

第十五条 银保监局、银保监分局根据法律、行政法规及银保监会的规定，负责辖内银行业和保险业重大风险事件处置、涉刑案件管理、反保险欺诈、反洗钱和反恐怖融资监督管理，督导银行保险机构做好安全保卫相关工作。

第十六条 银保监局、银保监分局依法督导银行保险机构做好非法集资可疑资金的监测工作，建立健全与非法集资之间的防火墙。

第十七条 银保监局、银保监分局依法查处辖内非法设立银行保险机构、非法以银行业金融机构名义从事业务以及非法经营保险业务的行为。

第十八条 银保监局、银保监分局负责辖内应急管理工作，督促银行保险机构落实突发事件信息报送首报责任，按规定组织开展应急演练，制定应急预案并向上级单位报备。

第十九条 银保监局、银保监分局负责统筹开展辖内新闻宣传工作，指导辖内银行保险机构新闻宣传工作。

银保监局、银保监分局负责督促辖内银行保险机构做好声誉风险管理工作，及时、妥善处置声誉风险事件。

第二十条 银保监局、银保监分局按照银保监会统一部署，推动辖内银行业和保险业信用体系建设工作。

第二十一条 银保监局、银保监分局对违反法律、行政法规、银行保险监管规定的机构和人员，依法实施行政处罚或者监管措施。

第二十二条 上级监管机构发现下级监管机构负责监管的银行保险机构出现下列情形时，应当督促下级监管机构加强监管，情节严重的，可以上收监管权限：

（一）风险状况急剧恶化；

（二）存在重大违法违规问题；

（三）上级监管机构认为需要上收监管权限的其他情况。

第二十三条 上级监管机构可以依法委托下级监管机构实施监管行为，并负责监督委托实施的行为，对委托实施行为的后果承担法律责任。

第二十四条 设有银保监分局的银保监局负责审理以辖内银保监分局为被申请人的行政复议案件。

第二十五条 银保监局、银保监分局负责涉及本机构的各类诉讼的应诉工作。

第二十六条　银保监局、银保监分局在监管职责范围内与辖区司法机关建立协助机制，依法处理司法机关来访、来函等事项。

银保监局、银保监分局负责建立和完善与辖区公安机关、纪检监察机关的协作配合机制，按照规定向公安机关、纪检监察机关通报和移送银行保险机构违法犯罪案件线索，配合公安机关、纪检监察机关开展调查工作。

第二十七条　银保监局、银保监分局按照银保监会的统一部署，支持辖内相关自律组织等发挥金融纠纷调解作用，监督辖区银行业和保险业调解机构规范运行，加强与辖区司法机关、司法行政机关、仲裁机构的联系，推动建立完善多元化金融纠纷解决机制。

第二十八条　银保监局、银保监分局依法依规协同配合做好辖内银行业和保险业风险防范和化解工作，切实承担监管责任，推动落实地方党委党的领导责任、地方国有金融资本股东责任和属地金融风险处置责任。

第二十九条　银保监局、银保监分局指导和监督地方金融监管部门相关业务工作，并有权纠正不符合相关监管规则的行为。

第三十条　银保监局、银保监分局负责与辖区地方人民政府相关部门、其他金融管理机构协同推动当地普惠金融发展，指导辖内银行保险机构推进小微企业、"三农"等普惠金融重点领域工作。

第三十一条　银保监局、银保监分局依照法律、行政法规和银保监会的规定对辖内银行业保险业社团组织进行指导和监督。

第三十二条　银保监会对各级派出机构的监管职责另有规定的，从其规定。

第三十三条　本规定由银保监会负责解释。

第三十四条　本规定自2021年10月1日起施行。《中国银行业监督管理委员会关于印发〈中国银行业监督管理委员会监管职责分工和工作程序的暂行规定〉的通知》（银监发〔2004〕28号）同时废止。

系统重要性银行附加监管规定（试行）

- 2021年9月30日中国人民银行、中国银行保险监督管理委员会令〔2021〕第5号发布
- 自2021年12月1日起施行

第一章　总　则

第一条　为完善我国系统重要性金融机构监管框架，明确系统重要性银行附加监管要求，加强宏观审慎管理，根据《中华人民共和国中国人民银行法》《中华人民共和国银行业监督管理法》《中华人民共和国商业银行法》等法律法规和完善系统重要性金融机构监管的相关要求，制定本规定。

第二条　本规定适用于依据《系统重要性银行评估办法》认定的系统重要性银行。

第三条　人民银行负责系统重要性银行附加监管规则制定、监测分析，视情要求银保监会采取相应监管措施，并在必要时经国务院批准对系统重要性银行进行检查监督。人民银行会同银保监会提出附加监管要求，牵头银保监会等单位组建危机管理小组，组织审查系统重要性银行恢复计划和处置计划建议，开展可处置性评估。

银保监会依法对系统重要性银行实施微观审慎监管，本规定提出的附加监管要求不取代银保监会的日常监管职责。

第二章　附加监管要求

第四条　系统重要性银行在满足最低资本要求、储备资本和逆周期资本要求基础上，还应满足一定的附加资本要求，由核心一级资本满足。

系统重要性银行分为五组，第一组到第五组的银行分别适用0.25%、0.5%、0.75%、1%和1.5%的附加资本要求。若银行同时被认定为我国系统重要性银行和全球系统重要性银行，附加资本要求不叠加，采用二者孰高原则确定。

银行应在进入系统重要性银行名单或者系统重要性得分变化导致组别上升后，在经过一个完整自然年度后的1月1日满足附加资本要求。若银行退出系统重要性银行名单或者系统重要性得分变化导致组别下降，立即适用新的资本要求。

人民银行、银保监会可以根据宏观经济形势、金融风险变化和银行业发展实际对系统重要性银行附加资本要求进行调整，报国务院金融稳定发展委员会审议通过后实施。

系统重要性银行应拥有充足的资本和债务工具，增强总损失吸收能力，在经营困难时能够通过减记或转股的方式吸收损失，实现有序处置。

第五条　系统重要性银行应建立资本内在约束机制，提高资本内生积累能力，切实发挥资本对业务发展的指导和约束作用。人民银行、银保监会在整体资本管理框架下，根据系统重要性银行的业务经营状况和风险情况，结合压力测试结果，定期对系统重要性银行的资本状况进行全面评估，前瞻性、针对性地评估银行在压力情景

下可能出现的资本缺口,并将评估结果作为提出资本监管要求的重要参考。

第六条 系统重要性银行在满足杠杆率要求的基础上,应额外满足附加杠杆率要求。附加杠杆率要求为系统重要性银行附加资本要求的50%,由一级资本满足。

银行应在进入系统重要性银行名单或者系统重要性得分变化导致组别上升后,在经过一个完整自然年度后的1月1日满足附加杠杆率要求。若银行退出系统重要性银行名单或系统重要性得分变化导致组别下降,立即适用新的杠杆率要求。

人民银行、银保监会可以根据宏观经济形势、金融风险变化和银行业发展实际对系统重要性银行附加杠杆率要求进行调整,报国务院金融稳定发展委员会审议通过后实施。

第七条 人民银行会同银保监会基于对实质性风险的判断,对高得分组别系统重要性银行的流动性和大额风险暴露进行评估,根据评估结果提出附加监管要求,报国务院金融稳定发展委员会审议通过后实施。

第三章 恢复与处置计划

第八条 恢复计划应详细说明银行在持续经营能力出现问题等压力情景下,如何通过实施该恢复计划恢复持续经营能力。处置计划应详细说明银行在无法持续经营时,如何通过实施该处置计划实现安全、快速、有效处置,保障关键业务和服务不中断,避免引发系统性金融风险。

首次进入系统重要性银行名单的银行,应当根据自身经营特点、风险和管理状况,按照人民银行、银保监会的要求,制定集团层面的恢复计划和处置计划建议,并于下一年度8月31日前提交危机管理小组审查。系统重要性银行每年更新恢复计划、每两年更新处置计划建议并于更新年度8月31日前报送危机管理小组,并且在内外部经营环境、风险状况发生重大变化时,按照人民银行、银保监会要求进行更新。危机管理小组应自收到恢复计划和处置计划建议之日起2个月内提出书面意见。恢复计划和处置计划建议未获认可的,系统重要性银行应按照要求在危机管理小组规定的时限内完成整改并重新报送。危机管理小组应根据处置计划建议,按照处置的法定权限和分工,综合考虑处置资源配置等因素,形成系统重要性银行的处置计划。

第九条 在系统重要性银行持续经营能力可能或者已经出现问题等压力情景下,满足预先设定的触发条件,系统重要性银行启动并执行恢复计划,快速补充资本和流动性,以度过危机并恢复持续经营能力。恢复计划包括但不限于:

(一)机构概览,恢复计划治理架构与职责划分。

(二)关键功能与核心业务、关键共享服务和重要实体识别,风险领域和薄弱环节。

(三)恢复措施的触发机制,包括触发指标定义及设置等。

(四)压力情景设计、分析及各压力情景下的措施有效性检验。

(五)银行在面临资本不足或流动性困难时可以采取的措施及具体执行方案,包括补充流动性、资产出售、补充资本、暂停或限制分红、压缩经营成本等。

(六)银行向人民银行、银保监会等部门报告和沟通策略等安排。

(七)银行实施恢复计划的障碍及解决障碍的措施。

第十条 处置计划建议应立足于机构自救,落实自救资金来源和制度安排,采取内部纾困模式,落实股东和债权人的风险化解与损失承担责任,具体内容包括但不限于:

(一)机构概览,处置计划治理架构与职责划分。

(二)关键功能与核心业务、关键共享服务和重要实体识别。

(三)处置策略分析,处置权力分析(例如更换负有责任的管理层等相关人员),处置工具分析(例如收购与承接、过桥银行、经营中救助)等。

(四)处置措施的触发机制。

(五)处置措施和方案,包括对实现快速稳定、提升长期生存能力的分析,以及采取的主要措施,例如内部财务纾困、业务转让、部分或全部资产及负债转让等。

(六)保障有效处置的支持性分析,包括处置资金计划和来源、估值能力、关键服务持续运营安排、金融市场基础设施及持续接入安排、消费者权益保护方案等。

(七)与境内外相关部门的协调和信息共享、沟通策略等。

(八)处置实施障碍分析及解决障碍的计划措施。

(九)处置时的损失吸收安排。

第十一条 危机管理小组定期开展可处置性评估,确保处置计划具有可行性和可靠性,并根据评估情况完善处置框架。当系统重要性银行发生兼并、收购、重组等重大变化时,危机管理小组应当及时评估其可处置性的变化情况。若银行退出系统重要性银行名单,危机管理小组不再对其开展可处置性评估。可处置性评估应至少包含以下内容：

（一）处置计划中涉及的处置权力和处置工具是否合法可行。

（二）处置资金来源及资金安排是否充足、明确。

（三）关键功能的识别方法是否合理。

（四）关键功能和关键共享服务是否有合理的安排，以保证处置中的持续运行。

（五）金融市场基础设施能否持续接入，以保证关键功能不中断。

（六）组织架构及管理信息系统能否支持处置。

（七）处置中的跨部门合作和信息共享安排是否可行。

（八）处置影响分析，包括对金融市场的影响、对金融基础设施的影响、对其他金融机构融资行为的影响、对其他金融机构资本充足率的影响、对实体经济的影响、对消费者合法权益的影响。

第十二条 危机管理小组的职责包括但不限于：

（一）定期审查恢复计划和处置计划建议，确保恢复计划和处置计划与银行的系统重要性相匹配，并且有效、可操作。

（二）定期开展可处置性评估，确保系统重要性银行的组织架构、管理水平、基础设施建设和能力能够有效支持处置。

第四章 审慎监管

第十三条 系统重要性银行应执行人民银行牵头制定的系统重要性金融机构统计制度，按要求向人民银行、银保监会报送统计报表。按要求报送财务会计报告、年度业务发展计划、信贷计划和利润计划、压力测试报告和其他资料。每年应当向人民银行、银保监会报送全面风险管理报告，包括对银行风险状况的全面分析、风险防控体系有效性的评估、资产质量报告、改进风险管理水平的具体措施以及人民银行、银保监会要求报送的其他信息。及时向危机管理小组报送审查恢复计划和处置计划建议、开展可处置性评估所需的相关信息，确保自身管理信息系统能够迅速、全面满足相关信息报送要求。发生兼并、收购、重组等重大变化时，及时向危机管理小组报送相关重大变化对恢复计划和处置计划等的影响分析报告。

系统重要性银行应每年通过官方网站或年度报告披露资本充足率、杠杆率、流动性、大额风险暴露等监管指标情况，并说明附加监管要求满足情况。披露时间不得晚于每年4月30日。因特殊原因不能按时披露的，应当至少提前十五个工作日向人民银行、银保监会申请延迟披露。

第十四条 系统重要性银行应当全面梳理经营管理中的风险领域和薄弱环节，建立覆盖所有实质性风险领域的风险数据加总和风险报告体系。风险数据加总应确保风险数据的定义、收集和处理能够真实反映银行的风险容忍度和风险偏好，客观衡量风险调整后的经营表现，满足风险报告的需要。系统重要性银行基于规范的汇报路径和程序，按要求将风险信息及时、准确、清晰、完整地报告给人民银行、银保监会等部门。风险数据加总和风险报告体系包括但不限于：

（一）在集团层面建立风险数据加总和风险报告体系的治理架构，明确董事会、高级管理层和各相关部门职责，确保与集团整体治理架构相适应，并保证相应的资源安排。

（二）在集团层面加强信息技术基础设施建设，统一数据结构，建立精细化的数据分类体系和数据字典，健全各业务条线、法人机构、各类资产、各个行业和地区风险敞口及潜在风险的数据库。

（三）提高数据加总和分类的自动化程度，确保在整个集团范围内全部风险数据加总的及时性和准确性，并能够满足正常、压力和危机情况下的定期、临时或突发性数据需求。

（四）风险报告的内容应当与集团的经营特点、复杂性、关联度等相适应，能够准确反映各类实质性风险的真实状况和发展趋势，风险报告的频率应当随风险变化及时调整，随着压力或危机程度加深相应提高风险报告频率。

第十五条 银行进入系统重要性银行名单后，由董事会承担相关工作的最终责任。董事会的职责包括但不限于：

（一）负责推动系统重要性银行达到附加监管要求，并承担最终责任。

（二）制定有效的资本规划，建立资本内在约束机制，定期审查评估资本规划的实施情况，确保资本水平持续满足监管要求。

（三）负责审批恢复计划和处置计划建议，对恢复计划和处置计划建议的制定与更新承担最终责任。

（四）审批集团风险数据加总和风险报告框架，确保充足的资源支持，定期听取专题汇报，充分了解和掌握风险数据加总和风险报告工作的进展情况。

（五）负责推动落实人民银行、银保监会作出的风险提示和整改要求，并承担最终责任。

高级管理层成立以行长为组长的专门领导工作组，承担相关工作的统筹协调与组织实施职责。

第十六条　人民银行在并表基础上加强对系统重要性银行监测分析和风险评估，包括但不限于：

（一）在并表基础上收集和分析系统重要性银行的财务数据、资本充足情况、流动性、大额风险暴露、关联交易和内部交易等定量信息。

（二）收集系统重要性银行集团层面的公司治理、内部控制、防火墙建设和风险管理等定性信息。

（三）定期评估系统重要性银行集团层面的风险及风险管理状况、跨境经营情况、跨业经营情况以及内部风险交叉传染途径。

银保监会依法对系统重要性银行实行并表监督管理，实施强化性监管要求。

第十七条　人民银行、银保监会及时共享系统重要性银行的统计报表、监管报告以及其他重大风险报告。在对系统重要性银行发生的兼并、收购、重组等重大变化进行审批时，银保监会应及时将相关信息告知人民银行。

第十八条　人民银行、银保监会从防范系统性金融风险的角度，设定不同的压力测试情景，指定压力测试模型和方法，定期对系统重要性银行开展压力测试，评估银行的资本规划及资本充足状况、流动性、大额风险暴露等风险状况，检验恢复计划和处置计划的可行性，并根据压力测试结果对系统重要性银行提出相应的监管要求。

第十九条　人民银行、银保监会可基于监测分析和压力测试结果，评估系统重要性银行的信贷集中度、复杂性、业务扩张速度等关键指标情况，强化事前风险预警，引导银行降低系统性金融风险。

系统重要性银行存在违反审慎经营规则或威胁金融稳定情形的，人民银行可向该银行直接作出风险提示，并抄送银保监会。必要时，人民银行商银保监会按照法定程序对系统重要性银行的业务结构、经营策略和组织架构提出调整建议，并推进有效实施。系统重要性银行应按要求限期整改，并在规定期限内向人民银行和银保监会提交整改报告。

第二十条　系统重要性银行违反附加监管规定的，人民银行、银保监会应当要求其限期整改。对于逾期未完成整改的，人民银行、银保监会可以与银行的董事、高级管理人员进行监督管理谈话，人民银行可以建议银保监会采取审慎监管措施，银保监会积极采纳建议并及时作出回复。

第五章　附　则

第二十一条　本规定由人民银行和银保监会负责解释。

第二十二条　本规定自2021年12月1日起施行。自本规定施行之日起，系统重要性银行附加资本要求不再适用《商业银行资本管理办法（试行）》（中国银行业监督管理委员会令2012年第1号发布）第二十五条的规定。

全球系统重要性银行总损失吸收能力管理办法

· 2021年10月27日中国人民银行、中国银行保险监督管理委员会、中国财政部令〔2021〕第6号发布
· 自2021年12月1日起施行

第一章　总　则

第一条　为确保全球系统重要性银行进入处置阶段时具备充足的损失吸收和资本重组能力，维持关键业务和服务功能的连续性，防范化解系统性金融风险，维护金融稳定，根据《中华人民共和国中国人民银行法》《中华人民共和国银行业监督管理法》《中华人民共和国商业银行法》《存款保险条例》等法律法规，制定本办法。

第二条　本办法适用于在中华人民共和国境内设立的、被金融稳定理事会认定为全球系统重要性银行的商业银行。

第三条　本办法所称总损失吸收能力，是指全球系统重要性银行进入处置阶段时，可以通过减记或转为普通股等方式吸收损失的资本和债务工具的总和。外部总损失吸收能力是指全球系统重要性银行的处置实体应当持有的损失吸收能力，内部总损失吸收能力是指全球系统重要性银行的处置实体向其重要附属公司承诺和分配的损失吸收能力。

处置实体是指根据全球系统重要性银行的处置计划，作为处置工具实施对象的法人实体。处置实体及其附属公司构成处置集团。附属公司是指符合银保监会资本监管规定的由处置实体直接或间接投资的金融机构。

第四条　全球系统重要性银行应当按照本办法规定计算外部总损失吸收能力比率。

第五条　全球系统重要性银行应当同时符合本办法规定的外部总损失吸收能力监管要求和相关资本监管要求。

第六条　全球系统重要性银行应当按照本办法规定披露外部总损失吸收能力的相关信息。

第七条　人民银行、银保监会和财政部依法对全球系统重要性银行总损失吸收能力状况进行监督检查，并按照法律法规规定和职责分工对总损失吸收能力非资本债务工具的发行进行管理。

第二章 外部总损失吸收能力比率要求

第八条 外部总损失吸收能力比率要求适用于并表的全球系统重要性银行处置集团。

第九条 外部总损失吸收能力比率包括外部总损失吸收能力风险加权比率和外部总损失吸收能力杠杆比率。

第十条 全球系统重要性银行应当按照以下公式计算外部总损失吸收能力比率：

外部总损失吸收能力风险加权比率＝（外部总损失吸收能力－扣除项）÷风险加权资产×100%

外部总损失吸收能力杠杆比率＝（外部总损失吸收能力－扣除项）÷调整后的表内外资产余额×100%

第十一条 全球系统重要性银行应当按照本办法第三章和第四章规定计算本办法第十条规定的外部总损失吸收能力及扣除项。

第十二条 全球系统重要性银行应当分别按照银保监会资本监管规定和杠杆率监管规定计算本办法第十条规定的风险加权资产和调整后的表内外资产余额。

第十三条 全球系统重要性银行应当同时满足外部总损失吸收能力比率要求和缓冲资本（储备资本、逆周期资本和系统重要性银行附加资本）监管要求。计算外部总损失吸收能力风险加权比率时，为满足缓冲资本要求计提的核心一级资本工具不能计入外部总损失吸收能力。

第十四条 全球系统重要性银行外部总损失吸收能力比率应当满足以下要求：

（一）外部总损失吸收能力风险加权比率自2025年1月1日起不得低于16%，自2028年1月1日起不得低于18%。

（二）外部总损失吸收能力杠杆比率自2025年1月1日起不得低于6%，自2028年1月1日起不得低于6.75%。

第十五条 除本办法第十四条规定的外部总损失吸收能力比率要求以外，在确有必要的情形下，人民银行、银保监会有权针对单家银行提出更审慎的要求，确保其具备充足的损失吸收能力。

第三章 外部总损失吸收能力构成

第十六条 下列负债不可计入外部总损失吸收能力（以下统称除外负债）：

（一）受保存款。

（二）活期存款和原始期限一年以内的短期存款。

（三）衍生品负债。

（四）具有衍生品性质的债务工具，如结构性票据等。

（五）非合同产生的负债，如应付税金等。

（六）根据《中华人民共和国企业破产法》等相关法律法规规定，优先于普通债权受偿的负债。

（七）根据法律法规规定，难以核销、减记或转为普通股的负债。

第十七条 符合银保监会资本监管规定的监管资本，在满足剩余期限一年以上（或无到期日）的情况下，可全额计入外部总损失吸收能力。

第十八条 满足下列合格标准的全球系统重要性银行外部总损失吸收能力非资本债务工具可全额计入外部总损失吸收能力：

（一）实缴。

（二）无担保。

（三）不适用破产抵销或净额结算等影响损失吸收能力的机制安排。

（四）剩余期限一年以上（或无到期日）。

（五）工具到期前，投资者无权要求提前赎回。

（六）由全球系统重要性银行处置实体直接发行。

（七）工具到期前，如果发行银行赎回将导致其不满足外部总损失吸收能力要求，则未经人民银行批准，发行银行不得赎回该工具。

（八）发行银行及受其控制或有重要影响的关联方不得购买该工具，且发行银行不得直接或间接为其他主体购买该工具提供融资。

（九）外部总损失吸收能力非资本债务工具应当符合以下任意一项要求，以确保其受偿顺序排在本办法第十六条所列的除外负债之后：

1. 外部总损失吸收能力非资本债务工具的发行合同中明确其受偿顺序排在处置实体资产负债表的除外负债之后。

2. 相关法律法规规定外部总损失吸收能力非资本债务工具的受偿顺序排在处置实体资产负债表的除外负债之后。

3. 由满足以下条件的处置实体发行的外部总损失吸收能力非资本债务工具：全球系统重要性银行的控股公司作为处置实体，且该控股公司的资产负债表中不存在受偿顺序等于或劣后于外部总损失吸收能力工具的除外负债。

（十）发行合同中必须含有减记或者转为普通股的条款，当全球系统重要性银行进入处置阶段时，人民银行、银保监会可以强制要求对外部总损失吸收能力非资本债务工具进行减记或者转为普通股。当二级资本工具全部减记或者转为普通股后,再启动对外部总损失吸收能力非资本债务工具的减记或者转为普通股。

第十九条 由存款保险基金管理机构管理的存款保险基金,可以计入全球系统重要性银行的外部总损失吸收能力。当外部总损失吸收能力风险加权比率最低要求为16%时,存款保险基金可计入的规模上限为银行风险加权资产的2.5%;当外部总损失吸收能力风险加权比率最低要求为18%时,存款保险基金可计入的规模上限为银行风险加权资产的3.5%。

第四章 外部总损失吸收能力扣除项

第二十条 全球系统重要性银行可计入外部总损失吸收能力的资本工具的扣除适用银保监会资本监管的扣除规定。

第二十一条 全球系统重要性银行直接或间接持有本银行发行的外部总损失吸收能力非资本债务工具,或人民银行认定为虚增外部总损失吸收能力非资本债务工具的投资,应从自身外部总损失吸收能力中扣除。

第二十二条 全球系统重要性银行之间通过协议相互持有的外部总损失吸收能力非资本债务工具,应从各自二级资本中全额扣除。二级资本小于扣除数额的,缺口部分应依次从更高一级的资本中扣除。

第二十三条 全球系统重要性银行持有其他全球系统重要性银行外部总损失吸收能力非资本债务工具,应当区分小额投资和大额投资两种情形进行扣除:

(一)小额投资,指全球系统重要性银行对其他全球系统重要性银行的各级资本和外部总损失吸收能力非资本债务工具投资(包括直接投资和间接投资)之和占该被投资银行普通股(含溢价)10%(不含)以下的投资。

1. 小额投资中满足以下条件的投资无需从资本中扣除:在交易账簿中持有,持有期限不超过30个交易日,且持有规模在自身核心一级资本净额的5%(不含)以下。

2. 小额投资扣除上述第1目中的部分后,仍超出自身核心一级资本净额10%的部分应从各级监管资本中对应扣除。其中,外部总损失吸收能力非资本债务工具投资从二级资本中对应扣除。全球系统重要性银行某级资本小于应扣除数额的,缺口部分应依次从更高一级的资本中扣除。

3. 不进行资本扣除的投资,应当按照银保监会资本监管的相关规定计算风险加权资产。划入交易账簿的,按市场风险加权资产计量规则计量;划入银行账簿的,按信用风险加权资产计量规则计量,其中按权重法计量的,投资外部总损失吸收能力非资本债务工具的风险权重比照投资二级资本债的风险权重计量。银保监会另有规定的,从其规定。

(二)大额投资,指全球系统重要性银行对其他全球系统重要性银行的各级资本和外部总损失吸收能力非资本债务工具投资(包括直接投资和间接投资)之和占该被投资银行普通股(含溢价)10%(含)以上的投资。

大额投资中,资本工具投资应当按照银保监会资本监管的相关规定扣除,外部总损失吸收能力非资本债务工具投资应从二级资本中全额扣除。全球系统重要性银行某级资本小于应扣除数额的,缺口部分应依次从更高一级的资本中扣除。

第二十四条 全球系统重要性银行以外的其他商业银行对全球系统重要性银行外部总损失吸收能力非资本债务工具的投资,应当按照银保监会资本监管相关规定计算风险加权资产。划入交易账簿的,按市场风险加权资产计量规则计量;划入银行账簿的,按信用风险加权资产计量规则计量,其中按权重法计量的,投资外部总损失吸收能力非资本债务工具的风险权重比照投资二级资本债的风险权重计量。银保监会另有规定的,从其规定。

第五章 监督检查

第二十五条 人民银行、银保监会和财政部依法对全球系统重要性银行实施本办法的情况进行监督检查,确保全球系统重要性银行具备充足的损失吸收能力,能够在处置阶段维持关键业务和服务功能的连续性,不引发系统性金融风险。

第二十六条 人民银行、银保监会和财政部通过非现场监管和现场检查的方式对全球系统重要性银行进行监督检查,包括但不限于以下内容:

(一)评估全球系统重要性银行外部总损失吸收能力管理框架,包括公司治理、内部控制、总损失吸收能力规划等。

(二)审查全球系统重要性银行对外部总损失吸收能力工具的认定,以及外部总损失吸收能力比率的计量方法,评估计量结果的合理性和准确性。

(三)定期组织召开全球系统重要性银行跨境危机管理工作组会议,审查全球系统重要性银行的恢复处置计划,对全球系统重要性银行开展可处置性评估,评估外部总损失吸收能力工具的可执行性。

第二十七条 全球系统重要性银行应当按季度向人民银行、银保监会和财政部报告外部总损失吸收能力比率,如遇影响外部总损失吸收能力比率的重大事项,应当及时向人民银行、银保监会和财政部报告。

第二十八条 全球系统重要性银行应在年度结束后4个月内向人民银行、银保监会和财政部提交上一年度对外部总损失吸收能力监管要求的执行情况。

第六章 信息披露

第二十九条 全球系统重要性银行应当通过公开渠道,向投资者和公众披露相关信息,确保信息披露的集中性、公开性和可访问性,并保证披露信息的真实性、准确性和完整性。

第三十条 全球系统重要性银行应当分别按照以下要求披露相关内容:

(一)外部总损失吸收能力比率应按季度披露。

(二)外部总损失吸收能力规模、构成、期限等信息应每半年披露一次。

(三)人民银行和银保监会规定的其他披露事项按照要求定期披露。

第三十一条 本办法第三十条规定的披露内容是外部总损失吸收能力信息披露的最低要求,全球系统重要性银行应当遵循充分披露的原则,并根据人民银行和银保监会的要求及时调整披露事项。

第三十二条 全球系统重要性银行外部总损失吸收能力信息披露频率分为临时、季度、半年度及年度披露。其中,临时信息应及时披露,季度、半年度信息披露时间为每期期末后30个工作日内,年度信息披露时间为会计年度终了后4个月内。因特殊原因不能按时披露的,应至少提前15个工作日向人民银行、银保监会申请延迟披露。

第三十三条 全球系统重要性银行应当自2025年1月1日起按照本办法和银保监会有关规定披露外部总损失吸收能力相关信息。

第七章 附则

第三十四条 本办法第二十一条、第二十二条和第二十四条规定自2025年1月1日起实施。第二十三条规定自2030年1月1日起实施,2025年1月1日至2029年12月31日,全球系统重要性银行对其他全球系统重要性银行外部总损失吸收能力非资本债务工具的投资,不进行资本扣除,应当按照本办法第二十四条规定计算风险加权资产。

第三十五条 2022年1月1日之前被认定为全球系统重要性银行的商业银行,应当在本办法规定期限内满足外部总损失吸收能力要求。2022年1月1日之后被认定为全球系统重要性银行的商业银行,应当自被认定之日起三年内满足本办法规定的外部总损失吸收能力要求。

第三十六条 在中华人民共和国境外设立、被金融稳定理事会认定为全球系统重要性银行的商业银行,其在中华人民共和国境内的附属公司若被认定为处置实体,对该附属公司的管理参照本办法执行。

第三十七条 进入处置阶段的全球系统重要性银行,若仍被金融稳定理事会认定为全球系统重要性银行,应自处置结束之日起两年内重新满足本办法规定的外部总损失吸收能力要求。

第三十八条 若全球系统重要性银行在采取恢复措施时,与债权人达成协议将债权转为股权,从而在不进入处置阶段的情况下完成资本重组,但仍被金融稳定理事会认定为全球系统重要性银行,应自与债权人签订协议之日起两年内重新满足本办法规定的外部总损失吸收能力要求。

第三十九条 全球系统重要性银行内部总损失吸收能力要求和重要附属公司的认定标准另行规定。

第四十条 本办法由人民银行、银保监会和财政部负责解释。

第四十一条 本办法自2021年12月1日起施行。

2. 中央银行

(1)综合管理

中华人民共和国中国人民银行法

- 1995年3月18日第八届全国人民代表大会第三次会议通过
- 根据2003年12月27日第十届全国人民代表大会常务委员会第六次会议《关于修改〈中华人民共和国中国人民银行法〉的决定》修正

第一章 总则

第一条 为了确立中国人民银行的地位,明确其职责,保证国家货币政策的正确制定和执行,建立和完善中央银行宏观调控体系,维护金融稳定,制定本法。

第二条 中国人民银行是中华人民共和国的中央银行。

中国人民银行在国务院领导下,制定和执行货币政策,防范和化解金融风险,维护金融稳定。

第三条 货币政策目标是保持货币币值的稳定,并以此促进经济增长。

第四条 中国人民银行履行下列职责：

（一）发布与履行其职责有关的命令和规章；

（二）依法制定和执行货币政策；

（三）发行人民币，管理人民币流通；

（四）监督管理银行间同业拆借市场和银行间债券市场；

（五）实施外汇管理，监督管理银行间外汇市场；

（六）监督管理黄金市场；

（七）持有、管理、经营国家外汇储备、黄金储备；

（八）经理国库；

（九）维护支付、清算系统的正常运行；

（十）指导、部署金融业反洗钱工作，负责反洗钱的资金监测；

（十一）负责金融业的统计、调查、分析和预测；

（十二）作为国家的中央银行，从事有关的国际金融活动；

（十三）国务院规定的其他职责。

中国人民银行为执行货币政策，可以依照本法第四章的有关规定从事金融业务活动。

第五条 中国人民银行就年度货币供应量、利率、汇率和国务院规定的其他重要事项作出的决定，报国务院批准后执行。

中国人民银行就前款规定以外的其他有关货币政策事项作出决定后，即予执行，并报国务院备案。

第六条 中国人民银行应当向全国人民代表大会常务委员会提出有关货币政策情况和金融业运行情况的工作报告。

第七条 中国人民银行在国务院领导下依法独立执行货币政策，履行职责，开展业务，不受地方政府、各级政府部门、社会团体和个人的干涉。

第八条 中国人民银行的全部资本由国家出资，属于国家所有。

第九条 国务院建立金融监督管理协调机制，具体办法由国务院规定。

第二章 组织机构

第十条 中国人民银行设行长一人，副行长若干人。

中国人民银行行长的人选，根据国务院总理的提名，由全国人民代表大会决定；全国人民代表大会闭会期间，由全国人民代表大会常务委员会决定，由中华人民共和国主席任免。中国人民银行副行长由国务院总理任免。

第十一条 中国人民银行实行行长负责制。行长领导中国人民银行的工作，副行长协助行长工作。

第十二条 中国人民银行设立货币政策委员会。货币政策委员会的职责、组成和工作程序，由国务院规定，报全国人民代表大会常务委员会备案。

中国人民银行货币政策委员会应当在国家宏观调控、货币政策制定和调整中，发挥重要作用。

第十三条 中国人民银行根据履行职责的需要设立分支机构，作为中国人民银行的派出机构。中国人民银行对分支机构实行统一领导和管理。

中国人民银行的分支机构根据中国人民银行的授权，维护本辖区的金融稳定，承办有关业务。

第十四条 中国人民银行的行长、副行长及其他工作人员应当恪尽职守，不得滥用职权、徇私舞弊，不得在任何金融机构、企业、基金会兼职。

第十五条 中国人民银行的行长、副行长及其他工作人员，应当依法保守国家秘密，并有责任为与履行其职责有关的金融机构及当事人保守秘密。

第三章 人民币

第十六条 中华人民共和国的法定货币是人民币。以人民币支付中华人民共和国境内的一切公共的和私人的债务，任何单位和个人不得拒收。

第十七条 人民币的单位为元，人民币辅币单位为角、分。

第十八条 人民币由中国人民银行统一印制、发行。

中国人民银行发行新版人民币，应当将发行时间、面额、图案、式样、规格予以公告。

第十九条 禁止伪造、变造人民币。禁止出售、购买伪造、变造的人民币。禁止运输、持有、使用伪造、变造的人民币。禁止故意毁损人民币。禁止在宣传品、出版物或者其他商品上非法使用人民币图样。

第二十条 任何单位和个人不得印制、发售代币票券，以代替人民币在市场上流通。

第二十一条 残缺、污损的人民币，按照中国人民银行的规定兑换，并由中国人民银行负责收回、销毁。

第二十二条 中国人民银行设立人民币发行库，在其分支机构设立分库。分库调拨人民币发行基金，应当按照上级库的调拨命令办理。任何单位和个人不得违反规定，动用发行基金。

第四章 业务

第二十三条 中国人民银行为执行货币政策，可以运用下列货币政策工具：

（一）要求银行业金融机构按照规定的比例交存存款准备金；

（二）确定中央银行基准利率；

（三）为在中国人民银行开立账户的银行业金融机构办理再贴现；

（四）向商业银行提供贷款；

（五）在公开市场上买卖国债、其他政府债券和金融债券及外汇；

（六）国务院确定的其他货币政策工具。

中国人民银行为执行货币政策，运用前款所列货币政策工具时，可以规定具体的条件和程序。

第二十四条 中国人民银行依照法律、行政法规的规定经理国库。

第二十五条 中国人民银行可以代理国务院财政部门向各金融机构组织发行、兑付国债和其他政府债券。

第二十六条 中国人民银行可以根据需要，为银行业金融机构开立账户，但不得对银行业金融机构的账户透支。

第二十七条 中国人民银行应当组织或者协助组织银行业金融机构相互之间的清算系统，协调银行业金融机构相互之间的清算事项，提供清算服务。具体办法由中国人民银行制定。

中国人民银行会同国务院银行业监督管理机构制定支付结算规则。

第二十八条 中国人民银行根据执行货币政策的需要，可以决定对商业银行贷款的数额、期限、利率和方式，但贷款的期限不得超过一年。

第二十九条 中国人民银行不得对政府财政透支，不得直接认购、包销国债和其他政府债券。

第三十条 中国人民银行不得向地方政府、各级政府部门提供贷款，不得向非银行金融机构以及其他单位和个人提供贷款，但国务院决定中国人民银行可以向特定的非银行金融机构提供贷款的除外。

中国人民银行不得向任何单位和个人提供担保。

第五章 金融监督管理

第三十一条 中国人民银行依法监测金融市场的运行情况，对金融市场实施宏观调控，促进其协调发展。

第三十二条 中国人民银行有权对金融机构以及其他单位和个人的下列行为进行检查监督：

（一）执行有关存款准备金管理规定的行为；

（二）与中国人民银行特种贷款有关的行为；

（三）执行有关人民币管理规定的行为；

（四）执行有关银行间同业拆借市场、银行间债券市场管理规定的行为；

（五）执行有关外汇管理规定的行为；

（六）执行有关黄金管理规定的行为；

（七）代理中国人民银行经理国库的行为；

（八）执行有关清算管理规定的行为；

（九）执行有关反洗钱规定的行为。

前款所称中国人民银行特种贷款，是指国务院决定的由中国人民银行向金融机构发放的用于特定目的的贷款。

第三十三条 中国人民银行根据执行货币政策和维护金融稳定的需要，可以建议国务院银行业监督管理机构对银行业金融机构进行检查监督。国务院银行业监督管理机构应当自收到建议之日起三十日内予以回复。

第三十四条 当银行业金融机构出现支付困难，可能引发金融风险时，为了维护金融稳定，中国人民银行经国务院批准，有权对银行业金融机构进行检查监督。

第三十五条 中国人民银行根据履行职责的需要，有权要求银行业金融机构报送必要的资产负债表、利润表以及其他财务会计、统计报表和资料。

中国人民银行应当和国务院银行业监督管理机构、国务院其他金融监督管理机构建立监督管理信息共享机制。

第三十六条 中国人民银行负责统一编制全国金融统计数据、报表，并按照国家有关规定予以公布。

第三十七条 中国人民银行应当建立、健全本系统的稽核、检查制度，加强内部的监督管理。

第六章 财务会计

第三十八条 中国人民银行实行独立的财务预算管理制度。

中国人民银行的预算经国务院财政部门审核后，纳入中央预算，接受国务院财政部门的预算执行监督。

第三十九条 中国人民银行每一会计年度的收入减除该年度支出，并按照国务院财政部门核定的比例提取总准备金后的净利润，全部上缴中央财政。

中国人民银行的亏损由中央财政拨款弥补。

第四十条 中国人民银行的财务收支和会计事务，应当执行法律、行政法规和国家统一的财务、会计制度，接受国务院审计机关和财政部门依法分别进行的审计和监督。

第四十一条 中国人民银行应当于每一会计年度结

束后的三个月内,编制资产负债表、损益表和相关的财务会计报表,并编制年度报告,按照国家有关规定予以公布。

中国人民银行的会计年度自公历1月1日起至12月31日止。

第七章 法律责任

第四十二条 伪造、变造人民币,出售伪造、变造的人民币,或者明知是伪造、变造的人民币而运输,构成犯罪的,依法追究刑事责任;尚不构成犯罪的,由公安机关处十五日以下拘留、一万元以下罚款。

第四十三条 购买伪造、变造的人民币或者明知是伪造、变造的人民币而持有、使用,构成犯罪的,依法追究刑事责任;尚不构成犯罪的,由公安机关处十五日以下拘留、一万元以下罚款。

第四十四条 在宣传品、出版物或者其他商品上非法使用人民币图样的,中国人民银行应当责令改正,并销毁非法使用的人民币图样,没收违法所得,并处五万元以下罚款。

第四十五条 印制、发售代币票券,以代替人民币在市场上流通的,中国人民银行应当责令停止违法行为,并处二十万元以下罚款。

第四十六条 本法第三十二条所列行为违反有关规定,有关法律、行政法规有处罚规定的,依照其规定给予处罚;有关法律、行政法规未作处罚规定的,由中国人民银行区别不同情形给予警告,没收违法所得,违法所得五十万元以上的,并处违法所得一倍以上五倍以下罚款;没有违法所得或者违法所得不足五十万元的,处五十万元以上二百万元以下罚款;对负有直接责任的董事、高级管理人员和其他直接责任人员给予警告,处五万元以上五十万元以下罚款;构成犯罪的,依法追究刑事责任。

第四十七条 当事人对行政处罚不服的,可以依照《中华人民共和国行政诉讼法》的规定提起行政诉讼。

第四十八条 中国人民银行有下列行为之一的,对负有直接责任的主管人员和其他直接责任人员,依法给予行政处分;构成犯罪的,依法追究刑事责任:
(一)违反本法第三十条第一款的规定提供贷款的;
(二)对单位和个人提供担保的;
(三)擅自动用发行基金的。

有前款所列行为之一,造成损失的,负有直接责任的主管人员和其他直接责任人员应当承担部分或者全部赔偿责任。

第四十九条 地方政府、各级政府部门、社会团体和个人强令中国人民银行及其工作人员违反本法第三十条的规定提供贷款或者担保的,对负有直接责任的主管人员和其他直接责任人员,依法给予行政处分;构成犯罪的,依法追究刑事责任;造成损失的,应当承担部分或者全部赔偿责任。

第五十条 中国人民银行的工作人员泄露国家秘密或者所知悉的商业秘密,构成犯罪的,依法追究刑事责任;尚不构成犯罪的,依法给予行政处分。

第五十一条 中国人民银行的工作人员贪污受贿、徇私舞弊、滥用职权、玩忽职守,构成犯罪的,依法追究刑事责任;尚不构成犯罪的,依法给予行政处分。

第八章 附 则

第五十二条 本法所称银行业金融机构,是指在中华人民共和国境内设立的商业银行、城市信用合作社、农村信用合作社等吸收公众存款的金融机构以及政策性银行。

在中华人民共和国境内设立的金融资产管理公司、信托投资公司、财务公司、金融租赁公司以及经国务院银行业监督管理机构批准设立的其他金融机构,适用本法对银行业金融机构的规定。

第五十三条 本法自公布之日起施行。

中国人民银行行政许可实施办法

·2020年3月20日中国人民银行令〔2020〕第1号发布
·自2020年6月1日起施行

第一章 总 则

第一条 为了规范中国人民银行及其分支机构实施行政许可的行为,保护公民、法人和其他组织的合法权益,根据《中华人民共和国行政许可法》和《中华人民共和国中国人民银行法》,制定本办法。

第二条 中国人民银行及其分支机构实施行政许可适用本办法。

中国人民银行对其直接管理的事业单位的人事、财务、外事等事项的审批,不适用本办法。

中国人民银行及其分支机构根据相关规定对公民、法人或者其他组织申请接入中国人民银行及其直接管理的事业单位等建设、运营的信息化系统进行审核的,不适用本办法。

第三条 中国人民银行应当在法定职权范围内依法实施行政许可;中国人民银行分支机构应当在中国人民

银行授权范围内依法实施行政许可。

第四条 中国人民银行及其分支机构实施行政许可，应当依照法定的权限、范围、条件和程序，遵循公开、公平、公正、便民、高效、非歧视的原则。

第五条 中国人民银行及其分支机构实施行政许可的依据为法律、行政法规、国务院决定、规章。

规章和规范性文件中不得增设行政许可，不得增设违反法律、行政法规和国务院决定的行政许可条件。

第六条 中国人民银行及其分支机构依法保护申请人的商业秘密和个人隐私。

行政许可的实施和结果，除涉及国家秘密、工作秘密、商业秘密或者个人隐私的外，应当公开。

第七条 中国人民银行及其分支机构推进行政许可电子办理，提高办事效率，提供优质服务。

申请人通过电子政务系统提出申请的，符合相关要求的电子申请材料、电子证照、电子印章、电子签名、电子档案与纸质申请材料、纸质证照、实物印章、手写签名或者盖章、纸质档案具有同等法律效力。

中国人民银行及其分支机构通过电子政务系统向申请人发送的相关文书、颁布的各种决定书和行政许可证，与纸质文件具有同等法律效力。

第二章 行政许可的一般程序
第一节 申请与受理

第八条 中国人民银行及其分支机构依法制作行政许可事项服务指南，按规定在办公场所、互联网站公示行政许可事项及其适用范围、审查类型、审批依据、受理机构和相关职能部门、决定机构、申请条件、申请接受方式和接受地址、办理基本流程和办理方式、办理时限、审批结果和送达方式、收费依据、监督投诉渠道等信息，以及需要提交的全部材料的目录和申请书示范文本。

申请人要求对公示内容予以说明、解释的，中国人民银行及其分支机构应当说明、解释，并提供准确、可靠的信息。

第九条 公民、法人或者其他组织从事特定活动，依法需要取得中国人民银行或其分支机构行政许可的，应当向中国人民银行或其分支机构提出申请。

申请书需要采用格式文本的，该格式文本由中国人民银行统一公布，并通过电子政务系统提供下载，或者由承办行政许可事项的职能部门提供。申请书格式文本中不得包含与申请行政许可事项没有直接关系的内容；不得要求申请人提交与申请的行政许可事项无关的技术

资料和其他材料。

申请人可以当面提交行政许可申请，也可以通过电子政务系统提出，并按照行政许可事项服务指南在指定地点提交或者通过电子政务系统在线提交申请材料。

第十条 申请人提出的行政许可申请，由中国人民银行及其分支机构承办行政许可事项的职能部门负责审查受理。

依法应当由中国人民银行下级行先行审查后报上级行决定的行政许可事项的申请，由下级行承办行政许可事项的职能部门受理；需要多个职能部门办理的申请，由中国人民银行确定一个职能部门统一受理、牵头办理。

第十一条 申请人提交行政许可申请时，应当出示身份证明文件；单位申请的，应当出示单位统一社会信用代码证或者营业执照，以及法定代表人身份证明文件或者主要负责人身份证明文件、授权委托书、被委托人身份证件等身份证明文件。

申请人可以委托代理人提出行政许可申请。申请人委托代理人提出行政许可申请的，还应当提供申请人、代理人的身份证明文件和授权委托书；办理开户许可等事项，由商业银行等机构批量代理提交的除外。

中国人民银行及其分支机构应当核对上述身份证明文件，必要时可以利用技术手段核实申请人身份。

第十二条 申请人向中国人民银行或其分支机构申请行政许可，应当如实提交有关材料和反映真实情况，并对其申请材料实质内容的真实性负责。

中国人民银行及其分支机构有权要求申请人提供申请材料真实性声明。

第十三条 申请人提交申请材料，中国人民银行及其分支机构应当及时办理登记手续，并向申请人出具申请材料接收凭证，载明申请材料接收日期；当场出具行政许可受理通知书、不予受理决定书、补正告知书等的，可以不再出具申请材料接收凭证。

申请人现场办理的，申请材料接收凭证应当由申请人或者其代理人签字确认。

第十四条 中国人民银行及其分支机构收到申请人提出的行政许可申请，发现申请事项依法不需要取得行政许可的，应当即时告知申请人不受理；发现申请事项属于中国人民银行职权范围，但不属于本级机构受理的，应当即时向申请人说明情况，并告知其向有权受理的机构提出申请。

第十五条 中国人民银行及其分支机构收到申请人提出的行政许可申请，发现申请材料存在错误可以当场

更正的,应当允许申请人当场更正。

第十六条 申请材料不齐全、不符合法定形式或者存在错误不能当场更正的,中国人民银行及其分支机构应当当场或者在收到申请材料之日起五日内一次告知申请人需要补正的全部内容,出具加盖本行行政许可专用章并载明日期的补正告知书。逾期不告知的,自收到申请材料之日起即为受理。

申请人拒不补正,或者自补正告知书送达之日起十日内无正当理由未补正的,视为放弃行政许可申请,中国人民银行及其分支机构应当退回已经收到的全部申请材料。

第十七条 申请人提出的行政许可申请存在下列情形之一的,中国人民银行及其分支机构可以不予受理,并出具加盖本行行政许可专用章的不予受理决定书,说明不予受理的理由和依据,退回已经收到的全部申请材料:

(一)申请事项不属于中国人民银行职权范围的;

(二)申请人提供的补正材料不齐全、不符合法定形式的;

(三)申请人补正后仍存在不符合受理条件的其他情形的。

中国人民银行及其分支机构依据前款第一项不予受理的,应当即时作出不予受理的决定,并告知申请人向有关行政机关申请。

依法由中国人民银行下级行先行审查后报上级行决定的行政许可事项的申请,由下级行出具不予受理决定书。

第十八条 申请事项属于中国人民银行职权范围,申请材料齐全、符合法定形式,或者申请人按照要求提交全部补正申请材料的,中国人民银行及其分支机构应当受理行政许可申请。

依前款规定受理行政许可的,中国人民银行及其分支机构应当于收到申请材料或者全部补正申请材料之日起五日内,出具加盖本行行政许可专用章并注明受理日期的行政许可受理通知书。

依法由中国人民银行下级行先行审查后报上级行决定的行政许可事项的申请,由下级行出具行政许可受理通知书。

第二节 审查与决定

第十九条 中国人民银行及其分支机构依法对申请人提交的申请材料进行审查。需要对申请材料的实质内容进行核实的,中国人民银行及其分支机构应当指派两名以上工作人员,根据法定条件和程序进行。

第二十条 行政许可事项依法由中国人民银行下级行先行审查后报上级行决定的,下级行应当将初步审查意见和全部申请材料直接报送上级行。

上级行在审查该行政许可事项时,不得要求申请人重复提供申请材料。

第二十一条 中国人民银行及其分支机构审查行政许可申请时,发现行政许可事项直接关系他人重大利益的,应当告知该利害关系人。

申请人、利害关系人有权进行陈述和申辩,并自被告知之日起三日内提交陈述、申辩意见;对于口头陈述、申辩的,中国人民银行及其分支机构应当做好记录,并交陈述人、申辩人签字确认。

中国人民银行及其分支机构应当听取申请人、利害关系人的意见。

第二十二条 中国人民银行及其分支机构在审查过程中发现申请人提交的申请材料存在实质性问题,可能影响作出行政许可决定的,可以要求申请人限期对申请材料进一步修改、完善,或者解释说明。

申请人在合理期限内拒不修改、完善、解释说明,或者修改、完善、解释说明后仍存在实质性问题的,中国人民银行及其分支机构应当继续审查,不利后果由申请人承担。

第二十三条 中国人民银行及其分支机构可以通过实地调查、面谈等方式对申请材料进行核实。申请人或有关人员应当配合;拒不配合的,应当自行承担相关不利后果。

通过实地调查、面谈等现场方式进行核实的,中国人民银行及其分支机构的工作人员应当出示证件,并制作核实记录。

第二十四条 中国人民银行及其分支机构在审查过程中,有下列情形之一的,可以作出中止审查的决定,并书面通知申请人,法律、行政法规、国务院决定、规章另有规定的除外:

(一)申请人因涉嫌违法违规被中国人民银行或者其他行政机关调查,或者被司法机关侦查,尚未结案,对行政许可事项影响重大的;

(二)申请人被中国人民银行或者其他行政机关依法采取限制业务活动、责令停业整顿等监管措施,尚未解除的;

(三)申请人被中国人民银行或者其他行政机关接管,接管期限尚未届满的;

(四)对有关法律、行政法规、国务院决定、规章的规定,需要进一步明确具体含义,中国人民银行及其分支机

构请求有关机关作出解释的;

(五)申请人主动要求中止审查,且有正当理由的。

因前款第一项至第四项规定情形中止审查的,相关情形消失后,中国人民银行及其分支机构恢复审查,并书面通知申请人。

申请人主动要求中止审查或者申请恢复审查的,应当向受理行政许可申请的中国人民银行或其分支机构提交书面申请。中国人民银行或其分支机构同意的,书面通知申请人。

第二十五条 中国人民银行及其分支机构对行政许可申请进行审查后,应当根据下列情况分别作出处理:

(一)申请符合法定条件、标准,拟准予行政许可的,应当拟定准予行政许可决定书;

(二)申请不符合法定条件、标准,拟不予行政许可的,应当拟定不予行政许可决定书。

第二十六条 中国人民银行及其分支机构按照相关规定对行政许可决定实施法制审核,确保行政许可主体合法、程序合规、证据充分、法律适用准确。

第二十七条 准予行政许可或者不予行政许可决定书由作出行政许可的中国人民银行或其分支机构行长(主任)或者分管副行长(副主任)审查批准。

第二十八条 准予行政许可或者不予行政许可决定书应当统一编号、加盖本行行章,并注明日期。

准予行政许可决定书应当明确行政许可的效力范围、有效期限、变更及延续方式等事项。

不予行政许可决定书应当说明不予行政许可的理由,并告知申请人享有依法申请行政复议或者提起行政诉讼的权利。

第二十九条 中国人民银行及其分支机构作出准予行政许可决定,依照法律、行政法规、国务院决定、规章的规定需要颁发行政许可证的,依法向申请人颁发加盖本行行章的行政许可证,可以不再制作行政许可决定书。

第三十条 中国人民银行及其分支机构作出行政许可决定前,申请人撤回申请的,应当提交正式书面请求,并说明理由。

申请人撤回申请的,中国人民银行及其分支机构应当退回已经收到的全部申请材料。

第三节 期限与送达

第三十一条 除根据本办法适用简易程序作出行政许可决定的外,中国人民银行及其分支机构应当自受理行政许可申请之日起二十日内,作出行政许可决定。二十日内不能作出决定的,经本行行长(主任)批准,可以延长十日,并应当将延长期限的理由告知申请人。但法律、行政法规、国务院决定另有规定的,依照其规定。

第三十二条 依法由中国人民银行下级行审查后报上级行决定的行政许可事项申请,下级行应当自受理申请之日起二十日内审查完毕,并将初步审查意见和申请材料移交上级行。

上级行应当自收到申请材料和下级行初步审查意见之日起二十日内,作出是否准予行政许可的决定。

但法律、行政法规、国务院决定另有规定的,依照其规定。

第三十三条 中国人民银行及其分支机构作出行政许可决定,下列时间不计入本节规定的期限内:

(一)依照法律、行政法规、国务院决定、规章的规定需要检验、检测、鉴定和专家评审,或者需要听证的;

(二)依照法律、行政法规、国务院决定、规章的规定需要公示相关信息的;

(三)依照相关规定需要进行国家安全审查的;

(四)申请材料存在实质性问题,需要进一步修改、完善的,或者需要申请人进一步解释说明的;

(五)需要对行政许可申请进行实地核查,以及听取申请人、利害关系人陈述、申辩的;

(六)在行政许可过程中收到对申请人相关违法违规行为的举报,需要进行核查的;

(七)依据本办法第二十四条规定中止审查的。

发生前款第一项、第二项所列情形的,中国人民银行及其分支机构应当将所需时间书面告知申请人。

第三十四条 对于受理、不予受理或者要求补正申请材料的通知书,除即时告知的外,应当自相关文书作出之日起五日内送达当事人。

第三十五条 中国人民银行及其分支机构作出准予行政许可决定的,应当自作出决定之日起十日内向申请人送达准予行政许可的书面决定或者行政许可证。

中国人民银行及其分支机构作出不予行政许可决定的,应当自作出决定之日起十日内向申请人送达不予行政许可的书面决定。

第三十六条 申请人应当在申请行政许可时,选择相关文书、许可证的送达方式,并如实告知通讯地址、联系方式等信息。

申请人选择邮寄送达的,邮件签收,视为送达;邮件因地址错误、拒收等原因被退回的,到达上述地址,视为送达。

申请人选择自行领取或者代理人领取的，应当按照中国人民银行及其分支机构通知的时间及时领取相关文书、许可证，并应当在领取时参照本办法第十一条的要求出示身份证明文件和授权委托书等，予以签收。

办理开户许可等事项，由商业银行等机构批量代理提交的行政许可申请，中国人民银行及其分支机构一般采取由提交行政许可申请的商业银行等机构代为送达的方式，相关文书、许可证送交提交行政许可申请的商业银行等机构的，视为送达。申请人明确提出通过邮寄、自行领取等方式送达的除外。

申请人或者代理人在接到领取通知十日内不领取相关文书、许可证且无法通过邮寄等方式送达的，可以公告送达，公告期为两个月。公告期满，视为送达。

第三十七条 申请人通过电子政务系统提出行政许可申请的，中国人民银行及其分支机构可以通过电子政务系统，以电子形式出具本办法规定的申请材料接收凭证、补正告知书、行政许可受理通知书、不予受理决定书、准予行政许可决定书、不予行政许可决定书等。

申请人在电子政务系统完成申请书填写，并完成申请材料提交的日期为该行政许可的申请日期；中国人民银行及其分支机构通过电子政务系统以电子形式出具文书并能够被申请人查阅，视为送达。

第四节 听 证

第三十八条 法律、行政法规、国务院决定、规章规定实施行政许可应当听证的事项，或者中国人民银行及其分支机构认为需要听证的其他涉及公共利益的重大行政许可事项，应当向社会公告，并举行听证。

第三十九条 行政许可直接涉及申请人与他人之间重大利益关系的，中国人民银行及其分支机构在作出行政许可决定前，应当告知申请人、利害关系人享有要求听证的权利；申请人、利害关系人在被告知听证权利之日起五日内提出听证申请的，中国人民银行或其分支机构应当在收到听证申请之日起二十日内组织听证。

申请人、利害关系人不承担中国人民银行及其分支机构组织听证的费用。

第四十条 听证由中国人民银行及其分支机构法律事务部门组织，按照下列程序公开举行：

（一）中国人民银行及其分支机构应当于举行听证的七日前将听证的时间、地点通知申请人、利害关系人，必要时予以公告；

（二）听证由中国人民银行及其分支机构法律事务部门工作人员担任主持人，或者由本行行长（主任）或者分管副行长（副主任）指定该行政许可事项承办部门以外的其他部门的工作人员担任主持人；申请人、利害关系人认为主持人与该行政许可事项有直接利害关系的，有权申请回避；听证主持人是否回避，由本行行长（主任）或者分管副行长（副主任）决定；

（三）举行听证时，承办行政许可事项的职能部门应当提供作出审查意见的证据、理由；申请人、利害关系人可以提出证据，并进行申辩和质证；

（四）听证应当由听证主持人指定专人记录并制作听证笔录，笔录的内容包括：举行听证的时间、地点、参加听证的人员、听证事项、听证当事人的意见。

听证笔录应当交听证当事人确认并签字或者盖章。听证当事人拒绝签字或者盖章的，应当记录在案，并由其他听证参加人签字或者盖章证明。

第四十一条 申请人、利害关系人根据本办法第三十九条提出的听证申请，中国人民银行及其分支机构开始听证前，听证申请人可以书面提出撤回听证申请，并说明理由。

听证申请人撤回听证申请的，视为放弃听证权利，不得再次就同一行政许可事项提出听证申请。

第三章 行政许可的特殊程序

第四十二条 行政许可事项简单、审查标准明确，申请人以格式文书提出申请，材料齐全、符合法定形式，且申请事项依据有关规定能够于当场或者五日内确认准予行政许可的，中国人民银行及其分支机构可以适用简易程序作出行政许可。

适用简易程序的行政许可事项，在行政许可事项服务指南中载明，并由中国人民银行公布。

第四十三条 适用简易程序的，由承办行政许可事项的职能部门根据本行行长（主任）或者分管副行长（副主任）的授权，在受理行政许可后及时制作准予行政许可决定书或者依据有关规定制发行政许可证。

适用简易程序作出行政许可决定的，可以不再出具申请材料接收凭证、行政许可受理通知书等过程性文书，并适当简化内部审批流程。

第四十四条 中国人民银行及其分支机构在按照简易程序审查的过程中，发现申请人提交的申请材料存在实质性问题，不能在五日内准予行政许可的，应当告知申请人，并按照本办法第二章的相关规定处理相关行政许可申请。

第四十五条 被许可人拟变更下列事项的，应当向作出行政许可决定的中国人民银行或其分支机构提出申请,法律、行政法规、国务院决定、规章另有规定的除外;符合法定条件、标准的,中国人民银行及其分支机构应当依法办理变更手续:

(一)变更准予行政许可决定书或者行政许可证记载事项的;

(二)变更根据法律、行政法规、国务院决定、规章规定应当经中国人民银行或其分支机构批准变更的事项的。

第四十六条 被许可人需要延续行政许可有效期的,应当在该行政许可有效期届满六个月前向作出行政许可决定的中国人民银行或其分支机构提出申请。但法律、行政法规、国务院决定、规章另有规定的,依照其规定。

第四十七条 中国人民银行及其分支机构应当根据被许可人的申请,按照法律、行政法规、国务院决定、规章规定的行政许可条件,综合被许可人在该行政许可有效期内的合规经营情况,在行政许可有效期届满前作出是否准予延续的决定。

被许可人不符合法律、行政法规、国务院决定、规章规定的行政许可条件,或者在该行政许可有效期内存在重大违法违规行为的,中国人民银行及其分支机构应当不再准予延续。

第四十八条 中国人民银行及其分支机构受理、审查、决定被许可人变更和延续申请的程序,以及适用简易程序的,本章有规定的,适用本章规定;本章没有规定的,适用本办法第二章的有关规定。法律、行政法规、国务院决定、规章另有规定的,依照其规定。

第四章 监督检查

第四十九条 中国人民银行及其分支机构依法对行政许可办理过程进行记录,完善行政许可案卷管理制度。

第五十条 中国人民银行及其分支机构上级行依法对下级行实施行政许可的情况进行监督,及时纠正下级行实施行政许可中的违法违规行为。

第五十一条 中国人民银行及其分支机构可以要求被许可人提供从事行政许可事项活动情况的有关材料,有权对被许可人从事行政许可事项的活动进行现场检查。

中国人民银行及其分支机构有权对涉嫌非法从事应当得到中国人民银行及其分支机构批准的行政许可事项活动的当事人进行现场检查。

第五章 法律责任

第五十二条 申请人隐瞒有关情况或者提供虚假材料申请行政许可的,中国人民银行及其分支机构不予受理或者不予行政许可,并给予警告。

第五十三条 被许可人以欺骗、贿赂等不正当手段取得行政许可的,中国人民银行及其分支机构依据《中华人民共和国行政许可法》第六十九条撤销行政许可,有关法律、行政法规、规章有处罚规定的,依照其规定给予处罚;有关法律、行政法规、规章未作处罚规定的,中国人民银行及其分支机构给予警告,并处三万元以下罚款。

第五十四条 被许可人有下列行为之一,有关法律、行政法规有处罚规定的,中国人民银行及其分支机构依照其规定给予处罚;有关法律、行政法规未作处罚规定的,中国人民银行及其分支机构依据《中华人民共和国中国人民银行法》第四十六条进行处罚:

(一)涂改、倒卖、出租、出借行政许可证,或者以其他形式非法转让行政许可的;

(二)超越许可范围从事经营活动;

(三)向负责监督检查的行政机关隐瞒有关情况、提供虚假材料或者拒绝提供反映其活动情况的真实材料的;

(四)法律、行政法规、国务院决定、规章规定的其他违法违规行为。

第五十五条 其他单位和个人非法从事应当得到中国人民银行及其分支机构批准的行政许可事项活动的,由中国人民银行及其分支机构责令改正,并可以根据经营活动的实际情况,依据《中华人民共和国中国人民银行法》第四十六条进行处罚。拒不改正的,由中国人民银行及其分支机构会同有关行政机关予以取缔;涉嫌构成犯罪的,移送司法机关依法追究刑事责任。法律、行政法规、国务院决定、规章另有规定的除外。

第六章 附则

第五十六条 中国人民银行及其分支机构作出准予行政许可、变更、延续决定,依法撤销、注销行政许可的,应当于决定作出之日起七日内依据行政许可事项服务指南和中国人民银行的相关规定予以公开。

第五十七条 中国人民银行及其分支机构实施行政许可和对行政许可事项进行监督检查,不得收取任何费用。但法律、行政法规另有规定的,依照其规定。

第五十八条 本办法规定的期限以"日"为单位的,均以工作日计算,不含法定节假日。

第五十九条 国家外汇管理局及其分支机构实施行政许可不适用本办法。

第六十条　本办法由中国人民银行负责解释。

第六十一条　本办法自 2020 年 6 月 1 日起施行。《中国人民银行行政许可实施办法》(中国人民银行令〔2004〕第 3 号发布)同时废止。

中国人民银行行政处罚程序规定

· 2022 年 4 月 14 日中国人民银行令〔2022〕第 3 号发布
· 自 2022 年 6 月 1 日起施行

第一章　总　则

第一条　为规范中国人民银行及其分支机构的行政处罚行为,维护当事人合法权益,根据《中华人民共和国中国人民银行法》《中华人民共和国商业银行法》《中华人民共和国行政处罚法》等有关法律、行政法规,制定本规定。

第二条　中国人民银行及其分支机构依法对管辖的法人、非法人组织和自然人违反相关法律、行政法规、中国人民银行规章的行为给予行政处罚的,依照本规定实施。

第三条　中国人民银行及其分支机构应当依照法律、行政法规、中国人民银行规章的规定,公正、公开、合理地实施行政处罚,坚持处罚与教育相结合,与违法行为的事实、性质、情节以及社会危害程度相当。

第四条　中国人民银行及其分支机构实施行政处罚,实行分级管理、分工负责,执法检查、案件调查与案件审理、案件决定相分离。

第五条　中国人民银行及其分支机构依法公开行政处罚决定信息。

除法律、行政法规或者中国人民银行规章另有规定外,中国人民银行及其分支机构在行政处罚案件立案、调查、审理、决定过程中形成的案卷信息不予公开。当事人及其代理人可以按照规定申请查阅相关案卷信息。

第六条　中国人民银行及其分支机构的工作人员对实施行政处罚过程中知悉的国家秘密、工作秘密、商业秘密、个人隐私和个人信息应当依法予以保密,不得违反规定对外提供。

行政处罚决定信息公布之前,当事人、中国人民银行及其分支机构的工作人员、参与案件调查的辅助人员、提供意见的外部专家等对行政处罚情况负有保密义务,不得泄露与行政处罚有关的信息。

第二章　管　辖

第七条　中国人民银行负责对下列违法违规行为实施行政处罚:

(一)法律、行政法规、中国人民银行规章规定由中国人民银行实施行政处罚的违法违规行为;

(二)以中国人民银行名义开展执法检查发现的违法违规行为;

(三)全国范围内有重大影响的违法违规行为;

(四)中国人民银行认为应当由其直接实施行政处罚的其他违法违规行为。

第八条　中国人民银行分支机构负责对下列违法违规行为实施行政处罚:

(一)所监管的法人、非法人组织和自然人的违法违规行为;

(二)发生在辖区内的违法违规行为;

(三)以本单位名义开展执法检查发现的违法违规行为;

(四)中国人民银行授权其开展执法检查发现的违法违规行为;

(五)中国人民银行指定其管辖的其他违法违规行为。

当事人的违法违规行为涉及信息网络等因素,无法确定发生地的,原则上由当事人所在地的中国人民银行分支机构管辖。

第九条　中国人民银行或其分支机构根据需要可以直接对下级行辖区内有重大影响、案情复杂的违法违规行为实施行政处罚。

中国人民银行分支机构认为应当由其实施行政处罚的违法违规行为情节严重、有重大影响的,可以请求上级行实施行政处罚。

第十条　中国人民银行根据实际情况,认为案件不适宜由相关中国人民银行分支机构负责实施行政处罚的,可以自行实施行政处罚,或者指定其上级行、其他同级中国人民银行分支机构负责实施行政处罚。

第十一条　中国人民银行根据履行法定职责的需要,可以决定由特定中国人民银行分支机构集中行使其他中国人民银行分支机构的部分或者全部管辖权,具体方式和集中管辖的案件范围由中国人民银行另行规定。

第十二条　除法律、行政法规另有规定外,《中华人民共和国行政处罚法》第九条第三项、第四项所规定的行政处罚,以及其他涉及许可证件、资质等级、生产经营等行政处罚,由颁发该许可证件、授予该资质等级、准许生产经营的中国人民银行或其分支机构实施。

第十三条 两个以上中国人民银行分支机构对同一违法违规行为均有管辖权的,由最先立案的中国人民银行分支机构管辖。

中国人民银行分支机构对管辖权发生争议的,应当协商解决,协商不成的,逐级报请共同的上级行指定管辖;也可以由共同的上级行直接指定管辖。

作出指定管辖决定的中国人民银行或其分支机构应当出具指定管辖通知书。

第三章 行政处罚委员会

第十四条 中国人民银行及其分支机构设立行政处罚委员会,负责案件审理和审议决定行政处罚、决定涉及行政处罚的其他重大事项。

行政处罚委员会集体行使行政处罚权,接受上级行行政处罚委员会的指导和监督,其他部门和个人不得干涉行政处罚委员会依法独立行使职权。

行政处罚委员会的组成人员、设立方式等事项由中国人民银行另行规定。

第十五条 行政处罚委员会的主任由中国人民银行或其分支机构的行长(主任),或者其授权的副行长(副主任)担任,实行主任负责制;主任因故不能履行职责时,可以委托副主任代行主任职责。

第十六条 行政处罚委员会履行下列职责:

(一)审理行政处罚案件,作出行政处罚决定;

(二)审议案件审理指导意见、本单位涉及行政处罚工作的重要管理制度等;

(三)对下级行行政处罚委员会进行指导和监督;

(四)审议本单位与行政处罚工作相关的其他重大事项。

第十七条 行政处罚委员会下设办公室,行政处罚委员会办公室设在中国人民银行及其分支机构的法律事务部门;暂未设立法律事务部门的中国人民银行分支机构,由具体承担法律事务工作的部门履行其职责。

行政处罚委员会办公室承担行政处罚委员会的日常工作,履行下列职责:

(一)立案审查;

(二)进行法制审核,提出案件处理意见;

(三)组织召开行政处罚委员会会议和组织书面审议;

(四)听取当事人陈述、申辩,组织听证;

(五)制作相关法律文书;

(六)督促行政处罚的执行或者申请人民法院强制执行;

(七)中国人民银行规定的其他职责。

第十八条 行政处罚委员会采取集体审议的方式作出行政处罚决定,可以根据案件具体情况采取会议审议和书面审议两种方式。具体审议程序由中国人民银行另行规定。

第四章 立案和调查

第十九条 除符合《中华人民共和国行政处罚法》第五十一条规定,依法适用简易程序作出行政处罚外,中国人民银行及其分支机构执法职能部门根据下列情形,认为符合立案标准的,依法向本单位行政处罚委员会办公室申请立案:

(一)在现场检查、非现场检查及日常监管中发现当事人存在违法违规行为,或者有违法违规行为确切线索的;

(二)对于公安机关、其他监管部门、行业自律组织等移送的违法违规线索,经初步核实认为当事人存在违法违规行为的;

(三)中国人民银行及其他分支机构发现违法违规行为,移送本单位管辖的;

(四)上级行指定本单位管辖的;

(五)本单位对相关违法违规行为有管辖权的其他情形。

第二十条 中国人民银行及其分支机构立案后,认为需要对违法违规行为进一步调查,了解相关情况,补充证据材料的,可以对当事人开展案件调查。

中国人民银行及其分支机构开展案件调查的,应当向当事人送达案件调查通知书,告知案件调查的依据、内容、调查期限范围、调查开展时间、要求、调查人员名单等事项。

第二十一条 案件调查程序参照《中国人民银行执法检查程序规定》简易现场检查程序进行;案件情况较为复杂、影响较大的,可以参照现场检查程序进行。

调查人员应当按照《中华人民共和国行政处罚法》《中国人民银行执法检查程序规定》等规定全面、客观、公正地调查,充分收集证据材料。

第二十二条 中国人民银行及其分支机构根据案件调查工作需要,可以聘请注册会计师、资产评估人员、律师等专业人员,以及数据分析、信息技术等领域技术人员作为辅助人员协助案件调查,或者邀请上述人员出具专业意见。

第二十三条 当事人应当配合中国人民银行及其分支机构的案件调查,履行下列义务:

(一)不得阻碍、拒绝案件调查,不得提出不合理的要求；

（二）如实回答调查人员的询问，及时就相关事项进行说明；

（三）按照要求及时提供案件调查所需的信息、电子数据、文件和资料等，并对所提供的信息、电子数据、文件和资料等的真实性、准确性、完整性负责。

第五章 案件审理

第二十四条 行政处罚委员会办公室根据相关证据材料，依法提出案件处理意见。

第二十五条 行政处罚委员会办公室提出案件处理意见后，经行政处罚委员会主任批准，组织召开行政处罚委员会会议或者组织书面审议。

行政处罚委员会审议下列事项：

（一）本单位是否具有管辖权，是否超越法定权限；

（二）违法违规事实是否清楚，证据是否合法、充分，定性是否准确；

（三）执法检查、案件调查程序是否合法；

（四）适用法律、行政法规、中国人民银行规章是否正确，裁量基准运用是否适当；

（五）拟作出行政处罚的种类、金额是否适当，拟不予行政处罚或者减轻处罚的理由和依据是否充分。

第二十六条 行政处罚委员会审议案件时，可以听取与案件不存在利害关系的法官、律师、学者等外部专家的意见。

听取意见可以采取当面听取的方式，也可以邀请外部专家提供书面意见。

第二十七条 行政处罚委员会审议通过，拟作出行政处罚决定的，行政处罚委员会办公室制作行政处罚意见告知书，经行政处罚委员会主任或者其授权的副主任批准后，送达当事人。

第二十八条 行政处罚意见告知书应当载明违法违规行为的事实和证据，拟作出行政处罚的种类、金额、理由和依据，以及当事人依法享有提出陈述和申辩的权利；拟作出的行政处罚决定符合《中华人民共和国行政处罚法》第六十三条规定的听证情形的，应当告知当事人依法享有提出听证的权利。其中，"较大数额罚款""没收较大数额违法所得、没收较大价值非法财物"，是指：

（一）中国人民银行对法人、非法人组织拟作出罚款、没收违法所得、没收非法财物合计五百万元及以上的，对单一自然人合计二十万元以上的；

（二）中国人民银行副省级城市中心支行以上分支机构对法人、非法人组织拟作出罚款、没收违法所得、没收非法财物合计三百万元及以上的，对单一自然人合计十万元以上的；

（三）中国人民银行地市中心支行对法人、非法人组织拟作出罚款、没收违法所得、没收非法财物合计一百万元及以上的，对单一自然人合计五万元以上的。

第二十九条 案件调查人员、行政处罚委员会委员、行政处罚委员会办公室从事案件处理工作的人员与当事人存在利害关系，或者有其他可能影响案件公平审理的情形的，应当主动申请回避；应当回避而未主动申请回避，当事人申请回避且理由充分的，行政处罚委员会主任应当要求相关人员回避。

第三十条 当事人可以在中国人民银行及其分支机构立案后、送达行政处罚决定书前书面提出先行整改承诺申请，载明清晰、可查证的整改目标、整改措施和完成时间，或者消除损害、不良影响的措施等。中国人民银行认为当事人通过先行整改能够更好符合金融监管要求且不立即实施行政处罚不会损害社会公共利益、他人合法权益的，可以决定中止审理、暂缓作出行政处罚决定，督促当事人进行整改。当事人按承诺期限完成整改的，中国人民银行或其分支机构可以依法从轻、减轻处罚；到期未实质完成整改工作，或者没有合理理由拖延整改的，恢复审理，并依法从重处罚。

先行整改承诺主要适用于拟作出较大数额罚款、吊销相关许可证、责令停业整顿等重大行政处罚案件，且当事人不存在违法违规行为情节严重、社会影响恶劣等情形。

第三十一条 当事人在中国人民银行及其分支机构作出行政处罚决定前发生金融风险事件，金融管理部门或者存款保险机构依法完成处置的，对当事人在金融风险事件处置完成前实施的违法违规行为，可以按照经批准的金融风险处置方案处理。

第三十二条 中国人民银行及其分支机构对于不适用《中华人民共和国行政处罚法》第五章第二节规定的简易程序，但事实清楚，当事人书面申请、自愿认错认罚，且相关违法违规行为有证据佐证的案件，可以适当简化案件审理程序，及时作出行政处罚决定。

第六章 陈述、申辩和听证

第三十三条 当事人要求陈述和申辩的，应当自收到行政处罚意见告知书之日起五日内将陈述和申辩的书面材料提交至制作行政处罚意见告知书的中国人民银行或其分支机构。

当事人收到行政处罚意见告知书后，可以书面提出放弃陈述和申辩权利;当事人逾期未提交陈述和申辩的书面材料,且没有合理理由的,视为放弃陈述和申辩权利。

第三十四条 当事人根据《中华人民共和国行政处罚法》第六十三条规定要求听证的,应当自收到行政处罚意见告知书之日起五日内,向制作行政处罚意见告知书的中国人民银行或其分支机构提交听证申请书,说明听证的要求和理由;当事人对违法违规事实有异议,或者主张应当从轻、减轻、免除行政处罚的,应当同时提交相关证据材料。

当事人收到行政处罚意见告知书后,可以书面提出放弃听证权利;当事人逾期不提出听证申请,且没有合理理由的,视为放弃听证权利。

第三十五条 当事人申请听证的,中国人民银行或其分支机构应当自收到听证申请之日起三十日内组织听证,并在召开听证会七日前,通知当事人及有关人员举行听证的时间、地点。

除涉及国家秘密、商业秘密或者个人隐私等依法予以保密的情形外,听证应当公开进行。

第三十六条 听证由行政处罚委员会办公室未参与本案案件处理、案件调查的人员担任听证主持人,两名正式工作人员担任听证员,也可以由行政处罚委员会主任指定未参与本案案件处理、案件调查的正式工作人员担任听证主持人。

当事人认为听证主持人、听证员与本案有直接利害关系的,有权申请回避。听证主持人、听证员是否回避,由行政处罚委员会主任决定。

第三十七条 举行听证时,由负责执法检查或者案件调查的执法职能部门说明拟作出行政处罚的事实、证据和行政处罚建议;当事人及其代理人可以进行申辩和质证,并可以出示无违法违规事实、违法违规事实较轻或者应当从轻、减轻、免除行政处罚的证据材料。

听证应当由听证主持人指定专人记录并制作听证笔录,听证笔录的内容包括:举行听证的时间、地点、参加听证的人员、听证事项、听证参与人的意见。

听证笔录应当交当事人或其代理人确认并签字或者盖章。当事人或其代理人拒绝签字或者盖章的,由听证主持人在听证笔录中注明。

第三十八条 听证结束后,听证主持人和听证员应当制作听证报告,提出处理意见,并将听证报告、听证笔录及听证取得的证据,一并报行政处罚委员会办公室。

第三十九条 听证申请人提出延期申请且有合理理由,或者因不可抗力,导致听证无法如期举行的,中国人民银行或其分支机构行政处罚委员会办公室可以决定延期举行听证,并告知听证申请人。

第四十条 听证开始前或者在听证过程中,听证申请人有下列情形的,视为放弃听证权利,不得再次就同一行政处罚事项提出听证申请:

(一)撤回听证申请;

(二)无正当理由拒不参加听证;

(三)听证过程中严重扰乱听证秩序,或者未经听证主持人允许中途退场。

听证申请人可以在听证前书面提出撤回听证申请,也可以在听证过程中书面或者口头提出撤回听证申请。

第四十一条 中国人民银行及其分支机构应当充分听取当事人的意见,不得因当事人进行陈述、申辩或者提出听证而加重处罚。

第七章 处罚决定

第四十二条 行政处罚委员会办公室应当根据案件审议情况,结合当事人的陈述和申辩意见、听证情况制作行政处罚决定书,经行政处罚委员会主任批准后,送达当事人。

第四十三条 行政处罚决定书应当载明下列事项:

(一)当事人的姓名或者名称、地址;

(二)违法违规事实和证据;

(三)行政处罚的种类和依据;

(四)行政处罚的履行方式和期限;

(五)不服行政处罚决定,申请行政复议或者提起行政诉讼的途径和期限;

(六)作出行政处罚决定的中国人民银行或其分支机构的名称、印章和作出决定的日期。

当事人提出陈述和申辩意见或者进行听证的,行政处罚决定书中还应当说明是否采纳当事人的意见及理由。

第四十四条 当事人的违法违规行为涉嫌犯罪,依法需要追究刑事责任的,中国人民银行及其分支机构应当按照《行政执法机关移送涉嫌犯罪案件的规定》,及时向公安机关移送。

中国人民银行及其分支机构在行政处罚过程中发现当事人或其工作人员存在被监察对象涉嫌违反党纪、职务违法或者职务犯罪等问题线索的,应当及时向纪检监察机关移送。

第四十五条 中国人民银行及其分支机构应当在行政处罚决定书制作完成后七日内送达当事人。

第四十六条 中国人民银行及其分支机构可以采取下列方式送达行政处罚意见告知书、行政处罚决定书等文书：

（一）在中国人民银行及其分支机构办公场所当面送达当事人；

（二）派两名以上正式工作人员赴当事人身份证件载明的住址，或者当事人确认的其他地址送达当事人；

（三）根据当事人确认的通讯地址、联系方式等信息邮寄送达，采取邮寄送达的，邮件签收视为送达，邮件因地址错误、拒收等原因被退回之日视为送达；

（四）经当事人同意，使用电子邮件、信息化系统等电子送达方式送达当事人；

（五）采取前述方式向当事人委托的代收人送达；

（六）无法通过前述方式送达的，中国人民银行及其分支机构可以公告送达，公告期为三十日，公告期满，视为送达。

中国人民银行及其分支机构可以委托其他中国人民银行分支机构采取前款第一项、第二项、第五项规定的方式代为送达。

第四十七条 中国人民银行及其分支机构作出罚款、没收违法所得行政处罚决定的，当事人应当自收到行政处罚决定书之日起十五日内按照行政处罚决定书载明的方式缴纳罚款、违法所得。

当事人根据《中华人民共和国行政处罚法》第六十六条的规定，申请延期或者分期缴纳罚款的，应当自收到行政处罚决定书之日起十五日内向作出行政处罚决定的中国人民银行或其分支机构提出书面申请，并提交相关证明材料。

第四十八条 中国人民银行及其分支机构应当自行政处罚决定作出之日起七日内依据中国人民银行的相关规定公开行政处罚决定信息。

第四十九条 当事人逾期不履行行政处罚决定的，中国人民银行及其分支机构可以根据《中华人民共和国行政处罚法》第七十二条的规定，采取相关措施。

第五十条 当事人对行政处罚决定不服的，可以依法申请行政复议或者提起行政诉讼。

第五十一条 中国人民银行及其分支机构应当自行政处罚案件立案之日起九十日内作出行政处罚决定，下列程序所需必要时间不计入行政处罚办理期限：

（一）行政处罚立案后，根据本规定对当事人开展案件调查的；

（二）根据当事人申请组织听证，或者相关证据需要进行检验、鉴定的；

（三）通过公告方式送达行政处罚意见告知书的；

（四）中国人民银行及其分支机构决定中止审理的。

中国人民银行及其分支机构在九十日内确实无法作出行政处罚决定的，经行政处罚委员会主任或者其授权的副主任批准，可以延长九十日。

第五十二条 中国人民银行及其分支机构在作出行政处罚决定前，有下列情形之一的，经行政处罚委员会主任或者其授权的副主任批准，可以作出中止审理的决定：

（一）当事人因涉嫌违法违规被其他行政机关调查，或者被司法机关侦查，尚未结案，对该行政处罚案件影响重大的；

（二）当事人被依法接管或者采取其他金融风险处置措施，接管期限尚未届满或者金融风险处置尚未完成的；

（三）行政处罚决定必须以相关诉讼的审理结果为依据，而相关诉讼未审结的；

（四）对有关法律、行政法规、国务院决定、规章的规定，需要进一步明确具体含义，中国人民银行或其分支机构请求有关机关作出解释的；

（五）当事人按照本规定第三十条的规定，向中国人民银行或其分支机构提出先行整改承诺申请，中国人民银行经审核同意的。

相关情形消失后，中国人民银行及其分支机构应当及时恢复审理，作出行政处罚决定。

第八章 附　则

第五十三条 当事人违反本规定，拒绝、阻碍中国人民银行或其分支机构的案件调查，拒绝提供信息、电子数据、文件和资料等或者提供虚假信息、电子数据、文件和资料等的，有关法律、行政法规和中国人民银行规章有处罚规定的，依照其规定给予处罚；有关法律、行政法规和中国人民银行规章未作处罚规定的，由中国人民银行或其分支机构给予警告，并处十万元以下罚款，视情况给予通报批评。

第五十四条 中国人民银行分支机构包括中国人民银行上海总部，各分行、营业管理部、中心支行和支行。

第五十五条 中国人民银行可以依法与其他监管部门建立执法合作机制，相关办法由中国人民银行会同相关监管部门另行制定。

第五十六条 国家外汇管理局及其分支机构实施行政处罚的程序规定，由国家外汇管理局另行制定。

国家外汇管理局可以参照实施本规定第五十一条、第五十二条的相关规定。

第五十七条 本规定中"五日""七日"均以工作日计算，不含法定节假日。

第五十八条 本规定由中国人民银行负责解释。

第五十九条 本规定自 2022 年 6 月 1 日起施行。《中国人民银行行政处罚程序规定》（中国人民银行令〔2001〕第 3 号发布）同时废止。

中央银行存款账户管理办法

- 2023 年 6 月 27 日
- 银发〔2023〕127 号

第一章 总 则

第一条 为规范和加强中央银行存款账户管理，提高中央银行存款账户服务的质量和效率，根据《中华人民共和国中国人民银行法》《非银行支付机构客户备付金存管办法》（中国人民银行令〔2021〕第 1 号发布）等法律法规规章，制定本办法。

第二条 本办法所称中央银行存款账户，是指中国人民银行为有关单位或者组织（以下统称开户机构）开立的用于资金存放的负债类账户。开户机构具体包括：

（一）经国家金融监督管理部门批准，取得《金融许可证》的金融机构。

（二）经中国人民银行批准，取得《支付业务许可证》的非银行支付机构。

（三）经批准，在中华人民共和国境内设立的，负责建设、运营和维护金融资产登记托管系统、清算结算系统（含开展集中清算业务的中央对手方）、重要支付系统等金融基础设施的运营机构。

（四）境外中央银行或者货币当局、国际组织、主权财富基金等机构（以下统称境外机构）。

（五）中国人民银行内设机构。

（六）因业务办理需要并经中国人民银行同意的其他机构。

第三条 中央银行存款账户的开立、变更、撤销和使用适用本办法。

第四条 中国人民银行开展中央银行存款账户管理与服务遵循以下原则：

（一）规范审慎原则。对中央银行存款账户实施全生命周期管理，推动开户机构规范使用账户，确保账户信息准确、完整、有效，防控支付风险。

（二）高效便捷原则。持续提高账户服务效能，合理精简账户业务办理流程和手续，便利开户机构办理业务。

（三）公正平等原则。对境内外不同类型机构、内外资机构一视同仁，提供公正、平等的账户服务。

第五条 中国人民银行负责制定和完善中央银行存款账户管理制度及协议，统筹中央银行存款账户监督管理，指导中国人民银行分支机构为开户机构提供优质高效的账户服务，对结算账户开立的必要性进行审核。

中国人民银行分支机构负责对开户机构提交的申请材料的真实性、完整性、有效性以及开户机构是否符合开户条件进行审核，根据中国人民银行授权和分工与开户机构法人签订中央银行存款账户管理协议，具体承担中央银行存款账户开立、变更、撤销和使用的日常管理和业务操作。

第二章 账户申请与开立

第六条 中央银行存款账户按照账户用途和资金性质不同，分为准备金存款账户（包括人民币和外币）和专用存款账户（包括人民币和外币）。其中，专用存款账户分为财政存款账户、特种存款账户、备付金集中存管账户、结算账户、其他专用账户和业务专用账户。

中国人民银行根据管理和服务需要，可以调整中央银行存款账户类型。

第七条 开户机构根据业务需要，可以向中国人民银行申请开立相应类型的中央银行存款账户：

（一）实行准备金考核的金融机构因办理法定存款准备金交存、现金存取、资金转账、资金结算以及其他与中国人民银行往来业务，可以申请开立准备金存款账户。

（二）银行业金融机构因向中国人民银行交存本机构代办的预算收入、代理国库存款和代理发行国债款项等财政存款，可以申请开立财政存款账户。

（三）金融机构根据宏观调控要求，需要向中国人民银行交存特种存款，可以申请开立特种存款账户。

（四）非银行支付机构或者其他机构在中国人民银行专门存放客户备付金，可以申请开立备付金集中存管账户。

（五）未实行准备金考核的金融机构或者金融基础设施运营机构因资金结算需要，可以申请开立结算账户。

（六）金融机构因办理结售汇业务需要，境外机构因业务需要，或者符合本办法第二条规定的机构因其他业务需要，可以申请开立其他专用账户，或者使用已经开立的其他专用账户。

（七）中国人民银行内设机构可以申请开立业务专

用账户,业务专用账户包括但不限于执行货币政策、实施宏观审慎管理、维护金融稳定、防范处置金融风险、提供金融服务、经理国库等与依法履职和中央银行业务相关的账户。

中国人民银行内设机构因经费核算等需要,可以申请开立经费类其他专用账户,并按规定级次报财政部门备案。

第八条 开户机构申请开立中央银行存款账户,应当具备以下条件:

(一)机构依法设立,并在规定的经营范围内运营。

(二)具备完善的风险防控制度和机制。

(三)具备明确的账户开立政策文件依据或者确因业务需要。

(四)金融基础设施运营机构除应当满足上述条件外,还应当具备有效的流动性风险管理机制,保障其参与者资金及时足额清算。

第九条 开户机构原则上应当向所在地中国人民银行分支机构申请开立中央银行存款账户,所在地未设立中国人民银行分支机构、未设立中国人民银行发行库或者确因其他业务需要,开户机构可以申请异地开户,由上一级中国人民银行分支机构按照就近、便利原则,组织和指导其在异地开立中央银行存款账户。

第十条 开户机构向中国人民银行申请开立准备金存款账户,应当提交以下材料:

(一)符合开户条件的相关证明文件。

(二)《中央银行存款账户开立申请书》(见附1)。

(三)营业执照(统一社会信用代码证书)正本或者副本原件及复印件。

(四)业务许可证正本或者行业监管部门批准文件的原件及复印件。

(五)法定代表人(单位主要负责人)有效个人身份证件原件及复印件。法定代表人(单位主要负责人)授权他人申请开户的,应当提供法定代表人(单位主要负责人)有效个人身份证件复印件、授权书(加盖单位公章,格式参照附2,下同),经办人有效个人身份证件原件及复印件。

(六)预留印鉴,包括单位公章或者财务专用章,以及法定代表人(单位主要负责人)或者授权代理人的签名或者盖印;预留印鉴为授权代理人的,应当提交法定代表人(单位主要负责人)授权书。

第十一条 开户机构向中国人民银行申请开立专用存款账户,应当提交以下材料:

(一)申请开立财政存款账户、特种存款账户、备付金集中存管账户的,应当提交本办法第十条所列材料。

(二)申请开立结算账户的,除提交本办法第十条所列材料外,还需提交补充材料,说明本单位目前或者预计正式运营后服务的市场范围、交易规模及所占市场份额、机构清算及结算模式、系统参与者的类型和数量,在银行业金融机构开立账户情况和账户用途,以及申请开立结算账户的原因和必要性、拟通过结算账户办理的业务种类和业务流程等情况。

(三)申请开立其他专用账户、业务专用账户,应当提交本办法第十条第二项、第五项、第六项材料,用于结售汇的还应当提交即期结售汇业务经营资格批准文件。

中国人民银行分支机构代理境外机构申请开立其他专用账户的,应当提交本办法第十条第二项材料,相关协议的封面页(如有)、签字页、涉及账户管理条款页的复印件,并预留业务主管部门印鉴。

(四)中国人民银行要求提供的其他相关材料。

开户机构同时申请开立多个类型账户的,应当逐户准备开户申请材料(涉及营业执照、统一社会信用代码证书、业务许可证、行业监管部门批准文件的正本或者副本复印件,法定代表人或者单位主要负责人有效个人身份证件复印件及授权书,经办人有效个人身份证件复印件的除外),并可以指定使用一套预留印鉴;已在开户地中国人民银行分支机构开立过账户的,可以指定使用已有的预留印鉴。开户机构指定使用预留印鉴的,应当对相关预留印鉴的款式和使用方法予以书面明确。

第十二条 开户机构申请开立中央银行存款账户(结算账户除外)的,中国人民银行分支机构在收到开户申请材料后的5个工作日内,对申请材料的真实性、完整性、有效性以及开户机构是否符合开户条件进行审核,审核通过的,为其办理开户手续;审核不通过的,告知其不予开户的原因。

第十三条 未实行准备金考核的金融机构、金融基础设施运营机构申请开立结算账户的,中国人民银行分支机构在收到申请材料后的5个工作日内,对申请材料的真实性、完整性、有效性以及开户机构是否符合开户条件进行审核,审核通过的,将审核意见及本办法第十一条第二项中的补充材料逐级上报至中国人民银行。

中国人民银行应当在收到上述材料后的10个工作日内,对开户机构的开户必要性进行审核和批复,审核通过的,通知中国人民银行分支机构为开户机构办理开户手续,明确账户是否计息及计息规则;审核不通过的,通知中国人民银行分支机构向开户机构告知不予开户的原因。

开户必要性的审核事项包括但不限于:开户机构是否为其他机构提供证券或者资金清结算服务;开户机构在中国人民银行开户并使用中央银行货币结算是否有利于维护金融稳定、防范信用风险、保护消费者合法权益、促进金融市场的竞争和创新等。

第十四条 出现以下情形之一的,中国人民银行不予开户:

(一)非开户机构真实开户意愿的。
(二)开户机构伪造、变造开户申请材料的。
(三)开户机构申请材料不完整的。
(四)经审核认为开户必要性不充分的。
(五)经审核认为不符合开户条件的。

第十五条 中国人民银行授权中国人民银行上海总部、各分行、营业管理部、各省会(首府)城市中心支行、深圳市中心支行与开户机构法人签订中央银行存款账户管理协议,明确双方权利、义务和责任,中国人民银行及其分支机构、开户机构法人及其分支机构均受中央银行存款账户管理协议约束。

境外机构通过中国人民银行分支机构代理开立中央银行存款账户的,如与中国人民银行签订的相关协议中已明确账户服务和管理要求,中国人民银行分支机构留存相关证明材料复印件后,无需与境外机构另行签订中央银行存款账户管理协议。

中国人民银行内设机构开立账户,无需签订中央银行存款账户管理协议。

第十六条 中国人民银行分支机构为开户机构完成账户开立手续后,应当及时将办理结果告知开户机构。

第三章　账户变更与撤销

第十七条 开户机构出现以下情形之一的,应当在相关信息发生变化的10个工作日内或中国人民银行批复要求的时限内申请账户变更:

(一)单位名称发生变化。
(二)法定代表人(单位主要负责人)发生变化。
(三)单位地址、联系人与联系方式等其他基本信息发生变化。
(四)开户机构因开通、变更或者取消资金归集管理、特定交易资金结算、代理结算等业务需要,导致账户用途发生变化。
(五)账户类型发生变化。

第十八条 开户机构申请账户变更,应当区分不同情形分别向中国人民银行分支机构提交相应申请材料:

(一)申请变更单位名称或者法定代表人(单位主要负责人)信息。

1.《中央银行存款账户变更申请书》(见附3)。
2. 营业执照(统一社会信用代码证书)正本或者副本原件及复印件。
3. 业务许可证正本或者行业监管部门批准文件的原件及复印件。
4. 法定代表人(单位主要负责人)有效个人身份证件原件及复印件。法定代表人(单位主要负责人)授权他人办理账户变更的,应当提供法定代表人(单位主要负责人)有效个人身份证件复印件、授权书,以及经办人有效个人身份证件原件及复印件。
5. 如需变更预留印鉴,应当提供原预留印鉴和新预留印鉴。无法提交原预留印鉴的,应当出具加盖单位公章的书面说明。

(二)申请变更单位地址、联系人与联系方式等其他基本信息。

1. 申请变更单位地址、营业执照(统一社会信用代码证书)、业务许可证号码的,提交《中央银行存款账户变更申请书》、相关证照原件及复印件。
2. 申请变更联系人和联系方式的,提交《中央银行存款账户变更申请书》、联系人有效个人身份证件原件及复印件。
3. 除单位名称和法定代表人(单位主要负责人)以外原因申请变更预留印鉴的,提交本条第一项第1目、第4目、第5目申请材料。

(三)申请变更账户用途。

1.《中央银行存款账户变更申请书》。
2. 法定代表人(单位主要负责人)有效个人身份证件原件及复印件。法定代表人(单位主要负责人)授权他人办理账户变更的,应当提供法定代表人(单位主要负责人)有效个人身份证件复印件、授权书,以及经办人有效个人身份证件原件及复印件。
3. 区分不同情形的证明材料,至少包括以下相关内容:

中国人民银行同意开户机构加入、退出支付系统批复;或者中国人民银行同意开户机构办理、变更资金归集管理业务批复;或者开户机构与金融基础设施运营机构签订、变更的特定交易资金结算协议;或者与被代理机构签订、变更的代理资金结算协议。上述协议中应当明确开户机构同意将其指定的中央银行存款账户用于金融基础设施运营机构提交的特定交易资金结算，或者用于为被代理机构代理资金结算；明确开户机构应当对代理结算资金专款专用，加强资金结算风险管理，在中央银行存款账户存放足够资金，保障被代理机构业务及时结算；金融基础设施运营机构、被代理机构同意遵守本办法和中央银行存款账户管理协议的相关规定和条款；以及授权支付或者代理结算等事项中双方的权利、义务和责任。

取消特定交易资金结算或者代理资金结算业务的，需提交证明相关业务终止的协议或文件。

（四）申请变更账户类型。

1.《中央银行存款账户变更申请书》。

2. 法定代表人（单位主要负责人）有效个人身份证件原件及复印件。法定代表人（单位主要负责人）授权他人办理账户变更的，应当提供法定代表人（单位主要负责人）有效个人身份证件复印件、授权书，以及经办人有效个人身份证件原件及复印件。

3. 符合新账户类型开户条件的相关证明材料。

第十九条　中国人民银行分支机构在收到账户变更申请材料后的5个工作日内，对申请材料的真实性、完整性及有效性进行审核，审核通过的，为其办理账户变更手续；审核不通过的，应当告知开户机构不予变更的原因。

第二十条　开户机构发生以下情形之一的，应当在10个工作日内主动向中国人民银行分支机构申请撤销账户：

（一）开户机构因破产、撤并、解散、关闭，以及营业执照（统一社会信用代码证书）或者业务许可证被吊销、注销等导致经营活动终止的。

（二）开户机构与原开户的中国人民银行分支机构管辖关系发生变化的。

（三）不再使用中央银行存款账户办理相关业务的。

第二十一条　开户机构撤销账户前，应当取消指定该账户用于资金归集管理、特定交易资金结算、代理结算等关联业务；结清该账户相关债务、利息和费用；全额转出账户余额；交回尚未使用的重要空白凭证。

开户机构无法完成上述撤销账户准备工作的，应当出具明确、有效的书面说明。

第二十二条　开户机构申请撤销账户，应当提交以下材料：

（一）《中央银行存款账户撤销申请书》（见附4）。

（二）营业执照（统一社会信用代码证书）、业务许可证或者行业监管部门批准文件正本或者副本复印件（营业执照、统一社会信用代码证书或者业务许可证被吊销、注销的除外）。

（三）法定代表人（单位主要负责人）有效个人身份证件原件及复印件。法定代表人（单位主要负责人）授权他人办理撤销账户的，应当提供法定代表人（单位主要负责人）有效个人身份证件复印件及授权书，以及经办人有效个人身份证件原件及复印件。

（四）属于本办法第二十条第一项情形的，还应当提供清算文件等相关证明材料。

第二十三条　中国人民银行分支机构在收到撤销账户申请材料后的5个工作日内，对申请材料的真实性、完整性、有效性，以及开户机构执行本办法第二十一条规定的情况等进行审核，审核通过的，为其办理撤销账户手续；审核不通过的，应当告知其不予撤销的原因。

第二十四条　开户机构账户两年内未发生结息、扣划账户服务费用以外的资金收付活动且无正当理由的，中国人民银行分支机构应当对账户暂停计付利息，通知开户机构按照本办法第二十一条、第二十二条规定办理撤销账户；对于开户机构未按要求办理撤销账户的，将其账户做久悬未取管理。

第二十五条　中国人民银行分支机构为开户机构完成变更或者撤销账户手续后，应当及时将办理结果告知开户机构，并将结算账户的变更或者撤销办理结果逐级抄报中国人民银行。

第二十六条　业务专用账户和其他专用账户发生变更或者撤销的，应当提交本办法第十八条第一项中第1目、第4目、第5目申请材料或者第二十二条第一项、第三项申请材料。

中国人民银行分支机构代理境外机构开立的其他专用账户发生变更或者撤销的，应当提交本办法第十八条第一项中第1目、第5目申请材料或者第二十二条第一项申请材料。

变更审核、撤销审核及办理结果告知程序参照本办法第十九条、第二十三条、第二十五条。

第四章　账户使用

第二十七条　开户机构开立中央银行存款账户后，应当按规定使用账户办理业务，并区分不同业务权限，使用资金转账、现金存取、账务核对、信息查询、余额预警、额度分配和询证回函等账户服务。

第二十八条　开户机构开立中央银行存款账户后，可以指定该账户用于特定交易资金结算、为被代理机构代理资金结算，以及用于为绑定的其他中央银行存款账户进行资金归集管理和对外支付。

第二十九条　开户机构应当按照中国人民银行相关规定或者相关协议约定,向其中央银行存款账户提交支付指令办理资金收付业务,并使用电子签名、数字证书或者预留印鉴作为支付指令的验证方式。

开户机构授权中国人民银行、金融基础设施运营机构、被代理机构或者其他机构(以下统称被授权机构)向其中央银行存款账户提交的支付指令,即视为开户机构真实意愿下发起的支付指令。被授权机构应当采取有效措施,确保授权支付业务满足双方所签订授权支付协议规定的支付场景和条件要求。

开户机构应当建立和完善账户头寸管理机制,确保其中央银行存款账户有足够的资金用于履行支付义务。

第三十条　开户机构使用中央银行存款账户办理相关业务,应当向中国人民银行提交真实、完整、合规的支付指令或者会计凭证及相关资料。

中国人民银行应当规范、正确处理中央银行存款账户相关业务,及时出具业务办理结果或者账务处理回执。

第三十一条　开户机构或者被授权机构业务系统升级改造涉及中央银行存款账户相关业务,或者可能对中国人民银行提供账户服务、实施账户管理造成影响的,应当提前与中国人民银行相关业务系统进行联调测试,在正式实施前的15个工作日内将系统升级实施方案(包括但不限于系统升级具体内容、对中央银行存款账户业务的影响及风险控制措施、应急及回退机制)附测试验收情况报中国人民银行审核,审核通过后方可实施。其中,地方性机构由所在地中国人民银行分支机构审核,其他机构经所在地中国人民银行分支机构审核后向中国人民银行报告。

第三十二条　开户机构应当按规定及时与中国人民银行分支机构进行账务核对。采用纸质对账方式的,中国人民银行分支机构定期打印余额对账单,交开户机构进行对账;采用电子对账方式的,应当每日进行核对。账务核对结果不一致或者有异议的,双方应当及时查找原因并妥善解决。

第三十三条　中国人民银行对应计息的中央银行存款账户存款按日计息,按季结息;计息期间如遇利率调整,分段计息。

中国人民银行对开户机构代办的财政存款等业务按年计付手续费。

中国人民银行对计息和手续费政策另有规定的,从其规定。

第三十四条　中国人民银行对开户机构账户信息和业务办理信息保密,有权拒绝任何单位或者个人查询、冻结和扣划,但法律、行政法规另有规定的除外。

第三十五条　中国人民银行对中央银行存款账户开户资料视同会计档案管理,按规定进行档案的收集、整理、传递、保管、查询和销毁。档案保管期限参照中国人民银行会计档案管理相关规定执行。

第五章　纪律与责任

第三十六条　中国人民银行有权依据本办法和中央银行存款账户管理协议,对开户机构执行中央银行存款账户管理规定情况进行监测评估,并督促其规范办理账户业务,严格防控风险。

第三十七条　开户机构应当严格按照有关法律法规和本办法规定办理中央银行存款账户业务,不得出现以下情形:

(一)伪造、变造相关法律文书或者证明材料骗取开户。

(二)将账户出租、出借给其他单位或者组织。

(三)利用中央银行存款账户从事或者协助从事洗钱、恐怖主义融资、欺诈等违法犯罪活动。

(四)对中央银行存款账户进行透支。

(五)账户应当变更未申请变更、应当撤销未申请撤销;未按规定进行账务核对。

(六)因资金管理不到位,导致代理结算出现风险或者造成资金损失的。

(七)对中国人民银行相关业务运营带来不当信用、清算、结算或者其他风险。

(八)对中国人民银行货币政策实施和金融稳定造成不当影响。

第三十八条　开户机构、被授权机构违反本办法第三十一条规定或者发生第三十七条所列情形之一的,中国人民银行可以视情节严重程度,对开户机构、被授权机构采取约谈、责令整改以及中央银行存款账户管理协议约定的处理措施;涉嫌犯罪的,依法移送司法机关处理。

第三十九条　中国人民银行工作人员有以下情形之一的,按照有关规定给予处理;涉嫌犯罪的,依法移送司法机关处理。

(一)无理由拒绝为开户机构提供账户服务。

(二)挪用或者盗用账户资金。

(三)泄露开户机构账户信息和业务办理信息。

第六章　附　则

第四十条　本办法所称金融机构包括金融机构总部

及其分支机构;所称营业执照如为电子营业执照,视同正本原件,营业执照(统一社会信用代码证书)、业务许可证和其他申请材料的复印件应当加盖单位公章;所称特定交易是指金融基础设施参与机构(包括系统运营机构)之间进行的支付、证券、衍生品或者其他交易。

第四十一条 在中国人民银行及其分支机构国库部门开立存款账户事宜,按照国库管理有关规定办理。

第四十二条 本办法由中国人民银行负责解释。

第四十三条 本办法自 2023 年 8 月 15 日起施行。

附:

1. 中央银行存款账户开立申请书(略)
2. 授权书(略)
3. 中央银行存款账户变更申请书(略)
4. 中央银行存款账户撤销申请书(略)

中国人民银行行政复议办法

· 2001 年 2 月 1 日中国人民银行令〔2001〕第 4 号公布
· 自公布之日起施行

第一章 总 则

第一条 为保障中国人民银行依法行使职责,保护金融机构、其他单位和个人的合法权益,根据《中华人民共和国行政复议法》和《中华人民共和国中国人民银行法》,制定本办法。

第二条 金融机构、其他单位和个人认为中国人民银行及其依法授权的金融机构的具体行政行为侵犯其合法权益,向有管辖权的中国人民银行提出行政复议申请,中国人民银行受理行政复议申请、作出行政复议决定,适用本办法。

第三条 本办法所称行政复议机关,包括中国人民银行总行、营业管理部、分行、分行营业管理部、中心支行、支行。

本办法所称申请行政复议的金融机构,是指经中国人民银行批准,在中华人民共和国境内设立,经营金融业务的商业银行、政策性银行、信用合作社、财务公司、信托投资公司、金融租赁公司、邮政储蓄机构、金融资产管理公司以及中国人民银行批准的其他从事金融业务的机构。

第四条 行政复议机关的法律事务工作部门具体办理行政复议事项,履行下列职责:

(一)受理行政复议申请;

(二)向有关组织和人员调查取证,查阅文件和资料;

(三)审查申请行政复议的具体行政行为是否合法与适当,拟定行政复议决定;

(四)处理或者转送对本办法第八条规定的审查申请;

(五)对中国人民银行下级分支机构违反本办法规定的行为依照规定的权限和程序提出处理意见;

(六)办理因不服行政复议决定提起行政诉讼的应诉事项;

(七)法律、行政法规规定的其他职责。

第五条 行政复议机关履行行政复议职责,应当遵循公正、公开、及时的原则,保障金融法律、行政法规和规章的正确实施。

第六条 金融机构、其他单位和个人对中国人民银行各级行作出的行政复议决定不服的,可以依照行政诉讼法的规定向人民法院提起行政诉讼;对中国人民银行总行的行政复议决定不服的,可以在收到《中国人民银行行政复议决定书》之日起 15 日内向国务院申请裁决,国务院依法作出的裁决为最终裁决。

第二章 行政复议范围

第七条 有下列情形之一的,金融机构、其他单位和个人可以依照本办法申请行政复议:

(一)对中国人民银行作出的警告、罚款、没收违法所得、没收非法财物、暂停或者停止金融业务、责令停业整顿、吊销经营金融业务许可证、撤销金融机构的代表机构等行政处罚决定不服的;

(二)对中国人民银行作出的取消金融机构高级管理人员任职资格的决定不服的;

(三)认为中国人民银行的具体行政行为侵犯其合法的经营自主权的;

(四)认为符合法定条件,申请中国人民银行颁发经营金融业务许可证,或者申请中国人民银行审批有关事项,中国人民银行没有依法办理的;

(五)认为中国人民银行的其他具体行政行为侵犯其合法权益的。

第八条 金融机构、其他单位和个人认为中国人民银行的具体行政行为所依据的金融规章以下的业务规则不合法,在对具体行政行为申请行政复议时,可以一并向行政复议机关提出对该规则的审查申请。对金融规章的审查依照法律、行政法规办理。

前款所称金融规章是指中国人民银行制定,以中国人民银行令形式公开发布的规范性文件;金融规章以下的业务规则是指总行、分行、营业管理部、分行营业管理部、金融监管办事处、中心支行、支行制定并发布的其他规范性文件。

第九条 不服中国人民银行作出的行政处分或者其他人事处理决定的,依照有关法律、行政法规的规定提出申诉。

不服中国人民银行对金融机构之间的金融业务纠纷作出的调解的,可依法就该纠纷向仲裁机关申请仲裁或者向人民法院提起诉讼,不得向中国人民银行提起行政复议。

第三章　行政复议机构和管辖

第十条 中国人民银行中心支行以上各级行政复议机关应当设立行政复议委员会。

行政复议委员会由行长或副行长(主任或副主任)、法律事务工作部门、主要执法职能部门的负责人组成。

行政复议委员会设主任一名,副主任一名,其他委员5—7人。

行政复议委员会的日常工作由行政复议机关的法律事务工作部门承担。

中国人民银行总行行政复议委员会领导、管理人民银行系统的行政复议工作。

第十一条 行政复议委员会实行主任负责制,主任因故不能履行职责时,可以委托副主任代行主任职责。

第十二条 行政复议委员会履行下列职责:

(一)作出行政复议决定;

(二)依法对申请人提出的对金融规章以下规则的审查申请作出处理决定;

(三)依法对被申请人作出的具体行政行为的依据作出处理决定;

(四)行政复议委员会认为依法应当由其决定的其他事项。

第十三条 中国人民银行总行管辖下列行政复议案件:

(一)对中国人民银行总行作出的具体行政行为不服,申请行政复议的;

(二)对中国人民银行分行、营业管理部作出的具体行政行为不服,申请行政复议的;

(三)对中国人民银行省会城市及深圳经济特区中心支行在国库经理、支付清算、现金发行和金融统计方面作出的具体行政行为不服,申请行政复议的;

(四)中国人民银行总行认为应当管辖的其他复议案件。

第十四条 营业管理部管辖对其所辖中心支行、支行作出的具体行政行为不服,申请行政复议的案件。

第十五条 中国人民银行分行管辖下列行政复议案件:

(一)对分行营业管理部、金融监管办事处作出的具体行政行为不服,申请行政复议的;

(二)对分行所在省(区)的中心支行作出的具体行政行为不服,申请行政复议的;

(三)对分行所在省(区)以外的其他所辖省、(区)中心支行作出的具体行政行为不服,申请行政复议的。但具体行政行为涉及国库经理、支付清算、现金发行、金融统计的除外。

第十六条 中国人民银行分行营业管理部管辖对所辖支行作出的具体行政行为不服,申请行政复议的案件。

第十七条 中国人民银行省会城市中心支行管辖下列行政复议案件:

(一)对所辖支行作出的具体行政行为不服,申请行政复议的;

(二)对所在省(自治区)其他中心支行在国库经理、支付清算、现金发行、金融统计方面作出的具体行政行为不服,申请行政复议的。

第十八条 非省会城市中心支行管辖对所辖支行作出的具体行政行为不服申请行政复议的案件。

第十九条 对依法从事现金管理的金融机构作出的具体行政行为不服申请行政复议的,由直接监管该金融机构的人民银行管辖。

对金融机构作出的有关收缴假币的具体行政行为不服申请行政复议的,由直接监管该金融机构的中国人民银行管辖。

第四章　行政复议申请

第二十条 金融机构、其他单位和个人认为中国人民银行的具体行政行为侵犯其合法权益的,可以自知道该具体行政行为之日起60日内提出行政复议申请;但法律规定的申请期限超过60日的除外。

因不可抗力或者其他正当理由耽误法定申请期限的,申请期限自障碍消除之日起继续计算。

第二十一条 依照本办法申请行政复议的金融机构、其他单位和个人是申请人。

有权申请行政复议的公民死亡的,其近亲属可以申请行政复议。有权申请行政复议的公民为无民事行为能力人或者限制民事行为能力人的,其法定代理人可以代为申请行政复议。有权申请行政复议的金融机构或者其他单位终止的,承受其权利的金融机构或者其他单位可以申请行政复议。

金融机构、其他单位和个人对中国人民银行的具体行政行为不服申请行政复议的,作出具体行政行为的中国人民银行是被申请人。

对依法从事币金管理的金融机构作出的具体行政行为不服申请行政复议的,作出具体行政行为的金融机构是被申请人。

对金融机构收缴假币的行为不服申请行政复议的,作出收缴假币决定的金融机构是被申请人。

与申请行政复议的具体行政行为有利害关系的单位和个人,可以作为第三人参加行政复议。

申请人、第三人可以委托代理人代为参加行政复议。

第二十二条　申请人申请行政复议,应当递交《行政复议申请书》。《行政复议申请书》应当载明下列内容:

（一）申请人的名称、地址、法定代表人或主要负责人的姓名、职务(申请人是个人的为姓名、性别、年龄、职业、住址);

（二）被申请人的名称、地址;

（三）申请复议的要求和理由;

（四）提出复议申请的日期;

（五）行政处罚决定书或者其他行政决定的副本及其他证据的附件。

第二十三条　行政复议机关已经依法受理行政复议申请或法律、行政法规规定应当先向行政复议机关申请复议的,在法定行政复议期限内不得向人民法院提起行政诉讼。

申请人向人民法院提起行政诉讼,人民法院已经依法受理的,不得申请行政复议。

第五章　行政复议受理

第二十四条　行政复议机关收到行政复议申请后,应当在5日内进行审查。对符合本办法规定的,予以受理。对不符合本办法规定的行政复议申请,不予受理,并发出《中国人民银行不予受理决定书》,告知申请人。

行政复议申请有下列情形之一的,行政复议机关决定不予受理:

（一）复议申请超过法定期限,且无正当延长期限理由的;

（二）申请人不是具体行政行为直接侵犯其合法权益的金融机构、其他单位和个人;

（三）没有明确的被申请人;

（四）没有具体的复议请求和事实根据;

（五）不属于申请复议的范围;

（六）不属于本行政复议机关管辖。

不属于本机关受理的行政复议申请的,应当告知申请人向有关行政复议机关提出。

除第二、三款规定外,行政复议申请自行政复议机关的法律事务工作部门收到之日起即为受理。

第二十五条　对依法从事现金管理的金融机构作出的行政处罚决定不服的,应当先向人民银行申请行政复议。对行政复议决定不服的,或者行政复议机关决定不予受理的,或者受理后超过行政复议期限不作答复的,申请人可以自收到《中国人民银行行政复议决定书》、《中国人民银行不予受理决定书》之日起或者行政复议期满之日起15日内,依法向人民法院提起行政诉讼。

第二十六条　行政复议机关对申请人依法提出的行政复议申请,无正当理由不予受理的,行政复议机关的上级机关应当责令其受理;必要时,行政复议机关的上级机关也可以直接受理。

第二十七条　行政复议期间除有下列情形之一外,具体行政行为不停止执行。

（一）被申请人认为需要停止执行的;

（二）行政复议机关认为需要停止执行的;

（三）申请人申请停止执行,行政复议机关认为其要求合理,决定停止执行的;

（四）法律规定停止执行的。

第六章　行政复议决定

第二十八条　行政复议原则上采取书面审查的办法,但是申请人提出要求或者行政复议机关的法律事务工作部门认为有必要时,可以向有关组织和人员调查情况,听取申请人、被申请人和第三人的意见。

复议机关在进行调查时,复议人员不得少于两人。调查应当作调查笔录,调查笔录应当由调查人员、被调查人员签字或盖章。委托其他行政机关进行调查的,应当制作委托书。

第二十九条　行政复议机关的法律事务工作部门应当自行政复议申请受理之日起7日内,将《行政复议案件答辩通知书》及行政复议申请书副本发送被申请人。被申请人应当自收到《行政复议案件答辩通知书》及行政复议申请书副本之日起10日内,提出《行政复议答辩书》,并提交当初作出具体行政行为的证据、依据和其他有关材料。《行政复议答辩书》应当载明以下内容:

（一）答辩的被申请人的名称、地址、法定代表人或主要负责人的姓名、职务;

（二）作出具体行政行为的事实、理由和依据的法律、行政法规、规章和其他规范性文件；

（三）被申请人认为应当答辩的其他事实和理由；

（四）作出答辩的日期，并加盖被申请人的印章。

申请人、第三人可以查阅被申请人提出的书面答复、作出具体行政行为的证据、依据和其他有关材料，除涉及国家秘密、商业秘密或者个人隐私外，行政复议机关不得拒绝。

第三十条　在行政复议过程中，被申请人不得自行向申请人和其他有关组织或者个人收集证据，但被申请人有关于案件的重要证据线索的，可以向复议机关提出取证申请，复议机关认为有必要时，可以调查取证。

第三十一条　行政复议决定作出前，申请人要求撤回行政复议申请的，说明理由，可以撤回；撤回行政复议申请的，行政复议终止。

第三十二条　申请人在申请行政复议时，一并提出对金融规章以下的规则审查申请的，行政复议机关对该规则有权处理的，应当在受理之日起 30 日内依法处理；无权处理的，应当在受理之日起 7 日内按照法定程序转送有权处理的行政复议机关依法处理，有权处理的行政复议机关应当在受理之日起 60 日内依法处理。处理期间，中止对具体行政行为的审查。

第三十三条　行政复议机关在对被申请人作出的具体行政行为进行审查时，认为其依据不合法，本机关有权处理的，应当在 30 日内依法处理；无权处理的，应当在 7 日内按照法定程序转送有权处理的行政复议机关依法处理。处理期间，中止对具体行政行为的审查。

第三十四条　行政复议机关的法律事务工作部门应当对被申请人作出的具体行政行为进行审查，提出意见，经行政复议委员会讨论通过或报经主管行长或副行长（主任或副主任）审查批准后，按照下列规定作出行政复议决定：

（一）具体行政行为认定事实清楚，证据确凿，适用依据正确，程序合法，内容适当的，决定维持；

（二）被申请人不履行法定职责的，责令其在一定期限内履行；

（三）具体行政行为有下列情形之一的，决定撤销、变更或者确认该具体行政行为违法；决定撤销或者确认该具体行政行为违法的，可以责令被申请人在一定期限内重新作出具体行政行为：

1. 主要事实不清、证据不足的；
2. 适用依据错误的；

3. 违反法定程序的；
4. 超越或者滥用职权的；
5. 具体行政行为明显不当的。

（四）被申请人不按照本办法第二十九条的规定提出书面答复、提交作出具体行政行为的证据、依据和其他有关材料的，视为该具体行政行为没有证据、依据，决定撤销该具体行政行为。

行政复议机关责令被申请人重新作出具体行政行为的，被申请人不得以同一的事实和理由作出与原具体行政行为相同或者基本相同的具体行政行为。

第三十五条　国家赔偿法规定应当给予赔偿的，行政复议机关在决定撤销、变更具体行政行为或者确认具体行政行为违法时，应当同时决定依法对申请人给予赔偿或返还财产。

第三十六条　行政复议机关应当自受理行政复议申请之日起 60 日内作出行政复议决定；但是法律规定的行政复议期限少于 60 日的除外。情况复杂，不能在规定期限内作出行政复议决定的，经行政复议机关的负责人批准，可以适当延长，并告知申请人和被申请人；但是延长期限最长不超过 30 日。

第三十七条　行政复议机关作出行政复议决定，应当制作《行政复议决定书》，并加盖行政复议机关的印章。

《行政复议决定书》应当载明下列内容：

（一）申请人的名称、地址、法定代表人或主要负责人的姓名、职务（申请人是个人的为姓名、性别、年龄、职业、住址）；

（二）被申请人名称、地址；

（三）申请人提出复议申请的理由和复议要求；

（四）复议机关认定的事实和理由；

（五）行政复议决定的内容；

（六）申请人不服行政复议决定的救济途径；

（七）不履行行政复议决定的法律后果；

（八）行政复议决定的日期和复议机关的印章。

《行政复议决定书》一经送达，即发生法律效力。

第三十八条　被申请人应当履行行政复议决定。

被申请人不履行或者无正当理由拖延履行行政复议决定的，行政复议机关应当责令其限期履行。

第三十九条　申请人逾期不起诉又不履行行政复议决定的，或者不履行国务院最终裁决的，按照下列规定分别处理：

（一）对维持具体行政行为的行政复议决定的，由作出具体行政行为的中国人民银行或金融机构申请人民法院强制执行；

（二）对变更具体行政行为的行政复议决定的，由行政复议机关申请人民法院强制执行。

第七章 法律责任

第四十条 行政复议机关违反本办法规定，无正当理由不予受理依法提出的行政复议申请或者在法定期限内不作出行政复议决定的，对直接负责的主管人员和其他直接责任人员依法给予警告、记过、记大过的行政处分；经责令受理仍不受理行政复议申请，造成严重后果的，依法给予降级、撤职、开除的行政处分。

第四十一条 行政复议机关工作人员在行政复议活动中，徇私舞弊或者有其他渎职、失职行为的，依法给予警告、记过、记大过的行政处分；情节严重的，依法给予降级、撤职、开除的行政处分；构成犯罪的，依法追究刑事责任。

第四十二条 被申请人违反本办法规定，不提出书面答复或者不提交对申请人作出具体行政行为的证据、依据和其他有关材料，或者阻挠、变相阻挠申请人依法申请行政复议的，对直接负责的主管人员和其他直接责任人员依法给予警告、记过、记大过的行政处分；进行报复陷害的，依法给予降级、撤职、开除的行政处分；构成犯罪的，依法追究刑事责任。

第四十三条 被申请人不履行或者无正当理由拖延履行行政复议决定的，对直接负责的主管人员和其他直接责任人员依法给予警告、记过、记大过的行政处分；经责令履行仍拒不履行的，依法给予降级、撤职、开除的行政处分。

第四十四条 中国人民银行的法律事务工作部门发现下级行政复议机关有无正当理由不予受理行政复议申请、不按照规定期限作出行政复议决定、徇私舞弊、对申请人打击报复或者不履行行政复议决定等情形的，应当向监察部门提出处理建议，监察部门应当依照本办法和有关法律、行政法规的规定在2个月内作出处理。

第八章 附 则

第四十五条 行政复议机关受理行政复议申请，不得向申请人收取任何费用。行政复议活动所需经费应当列入本机关的行政经费。

第四十六条 行政复议期间的计算和行政复议文书的送达，依照民事诉讼法第七十五条至第八十四条关于期间、送达的规定执行。

本办法关于行政复议期间有关"5日"、"7日"的规定是指工作日，不含节假日。

第四十七条 本办法所称法律事务工作部门包括中国人民银行总行条法司，各级分支机构法律事务办公室以及未设法律事务办公室的分支机构中承担法律事务工作职能的有关部门。

第四十八条 金融机构、其他单位和个人认为国家外汇管理局及其分支局的具体行政行为侵犯其合法权益，申请行政复议，以及国家外汇管理局及其分支局受理行政复议，作出行政复议决定的事宜，由国家外汇管理局另行规定。

第四十九条 本办法由中国人民银行总行负责解释。

第五十条 本办法自发布之日起施行。1992年3月1日发布施行的《中国人民银行行政复议办法（试行）》同时废止。

中国人民银行执法检查程序规定

· 2022年4月14日中国人民银行令〔2022〕第2号发布
· 自2022年6月1日起施行

第一章 总 则

第一条 为促进中国人民银行及其分支机构依法履行职责，严格规范公正文明执法，保护被检查人合法权益，根据《中华人民共和国中国人民银行法》《中华人民共和国商业银行法》《中华人民共和国行政处罚法》等法律、行政法规，制定本规定。

第二条 中国人民银行及其分支机构依法履行职责，对被检查人进行执法检查的，适用本规定。

本规定所称被检查人，是指根据法律、行政法规、国务院决定和中国人民银行规章规定，中国人民银行及其分支机构有监督管理权限的法人、非法人组织和自然人。

第三条 本规定所称执法检查，是指中国人民银行及其分支机构根据履行职责需要，通过进入被检查人现场、查阅相关材料、询问相关人员、访问计算机信息系统等方式，监督被检查人执行有关金融管理规定情况的行政执法活动。

第四条 中国人民银行及其分支机构开展执法检查，应当遵循合法、公开、公平、公正、合理、效率的原则，加大关系群众切身利益的重点领域执法力度，不断提升执法效能。

第五条 中国人民银行及其分支机构开展执法检

查，可以采取非现场检查、现场检查或者两者相结合的方式。

第六条　中国人民银行及其分支机构根据"分级负责"原则，按照法律、行政法规、国务院决定、中国人民银行规章和有关规定，对本单位负责监管的被检查人和发生在本辖区的违法违规行为开展执法检查。

中国人民银行统筹、指导、协调全系统执法检查工作，根据需要，可以对分支机构负责监管的被检查人开展执法检查，或者委托特定分支机构以中国人民银行的名义开展执法检查。

第七条　中国人民银行可以授权特定分支机构对部分业务类型或者部分被检查人开展执法检查。

第八条　中国人民银行及其分支机构应当配备与执法检查需求相适应的检查力量，建立完善检查人员库。

本规定所称检查人员，是指承担行政执法工作职责、掌握相关法律和业务知识、具备执法检查工作能力，按照规定取得《中国人民银行执法证》的中国人民银行及其分支机构正式工作人员。

第九条　中国人民银行及其分支机构根据执法检查工作需要，可以聘请注册会计师、资产评估人员、律师等专业人员，以及数据分析、信息技术等领域技术人员作为辅助人员协助执法检查，或者邀请上述人员出具专业意见。

第十条　中国人民银行及其分支机构的工作人员、参与执法检查的辅助人员对执法检查中知悉的国家秘密、工作秘密、商业秘密、个人隐私和个人信息应当依法予以保密，不得违反规定对外提供；中国人民银行及其分支机构可以要求上述人员签署保密协议。

执法检查结果公布之前，被检查人及其工作人员对执法检查情况负有保密义务，不得泄露与执法检查有关的信息。

除法律、行政法规或者中国人民银行规章另有规定外，中国人民银行及其分支机构在执法检查过程中形成的案卷信息不予公开。被检查人及其代理人可以按照规定申请查阅证据材料等相关案卷信息。

第十一条　中国人民银行及其分支机构应当加强与其他监管部门的沟通协调，依法共享检查信息，必要时可以与其他监管部门联合组织现场检查。

第十二条　中国人民银行及其分支机构按照相关财务管理规定对执法检查工作给予经费保障。

第二章　非现场检查

第十三条　中国人民银行及其分支机构可以对被检查人的相关活动以及其风险状况进行非现场检查，充分运用互联网、大数据等技术手段，依托国家统一建立的在线监管系统，建立完善监管信息系统，加强监管信息归集共享和关联整合，分析、评价被检查人的风险状况，及时发现被检查人的违法违规行为。

第十四条　中国人民银行及其分支机构可以要求被检查人通过业务管理系统、监管信息系统等信息化系统提供监管所需的信息，并通过对相关信息的汇总、分析了解被检查人的业务开展情况、风险状况等。

第十五条　中国人民银行及其分支机构在日常监管中，或者通过业务管理系统、监管信息系统等信息化系统发现被检查人可能存在违法违规行为的，可以采取线上检查的方式直接通过信息化系统对相关情况进行进一步核实。

线上检查应当由两名以上检查人员实施。检查人员应当全面、客观、完整地记录检查工作情况，并制作执法检查工作底稿。

第十六条　中国人民银行或其分支机构发现被检查人存在违法违规行为问题线索的，可以向被检查人发出函询通知书，要求其限期说明情况，提供相关信息、电子数据、文件和资料等。

被检查人应当书面答复中国人民银行或其分支机构的函询，并按照中国人民银行或其分支机构指定的方式、规定的时间，如实、完整提供相关信息、电子数据、文件和资料等。

第十七条　中国人民银行及其分支机构开展线上检查、函询等非现场检查的，应当立项。

第三章　现场检查
第一节　检查的准备

第十八条　中国人民银行及其分支机构根据执法检查计划、日常监管中发现的问题、非现场检查情况以及其他履行职责的需要，组织实施现场检查。

第十九条　中国人民银行于每年年初统筹制定中国人民银行系统年度执法检查计划，确定本年度拟开展的执法检查项目。

第二十条　中国人民银行副省级城市中心支行以上分支机构根据中国人民银行制定的执法检查计划和本辖区履行职责的需要，对本辖区的执法检查工作作出统一部署。

第二十一条　中国人民银行及其分支机构制定执法检查计划时，应当将防范金融风险与随机抽查相结合,充分利用非现场检查结果和日常监管信息,确定被检查人。

第二十二条 中国人民银行及其分支机构根据日常监管工作的需要、突发风险事件等拟对被检查人开展现场检查的,应当立项、制定检查方案,经法制审核后,报本单位行长或者副行长(主任或者副主任)批准后实施。

已经列入执法检查计划的现场检查项目可以不再立项,在制定检查方案,经法制审核后,报本单位行长或者副行长(主任或者副主任)批准后实施。

第二十三条 中国人民银行及其分支机构应当根据检查方案组成检查组,检查组的组成人员不得少于两人,原则上从本单位检查人员库中随机抽取。

检查组的组成人员与被检查人存在利害关系或者有其他关系可能影响公正执法的,应当回避。

第二十四条 根据现场检查的需要,检查组可以组织检查人员进行法律、业务知识培训和纪律教育。

第二十五条 检查组应当在实施现场检查前,向被检查人送达执法检查通知书,告知现场检查的依据、内容、检查期限范围、检查开展时间、要求、检查组成员名单等事项;因特殊情况需要立即实施现场检查的,检查组应当在进入被检查人现场时送达执法检查通知书。

第二十六条 检查组在实施现场检查前,可以书面通知被检查人提供与现场检查相关的信息、电子数据、文件和资料等,被检查人应当配合,并按照检查组指定的方式、规定的时间,如实、完整提供。

第二十七条 中国人民银行分支机构对管辖权存在争议的案件,应当逐级报请共同上级行指定管辖,或者由共同上级行直接指定管辖。

对重大、特殊案件,中国人民银行可以指定中国人民银行分支机构开展现场检查,或者自行开展现场检查。

作出指定管辖决定的中国人民银行或其分支机构应当出具指定管辖通知书。

第二节 检查的实施

第二十八条 检查组实施现场检查时,检查人员应当向被检查人出示《中国人民银行执法证》,自觉接受监督。

第二十九条 检查组实施现场检查的,应当与被检查人进行进场会谈,说明检查的目的、内容、工作安排和要求;充分听取被检查人的业务情况报告和其他有关情况报告。

检查组实施现场检查前,应当告知被检查人享有的权利和配合检查的义务,并由被检查人签字、盖章确认。

第三十条 检查组在现场检查中需要查阅被检查人的工作制度、业务凭证、会计账目、财务报表等资料的,应当填写执法检查调阅资料清单,并由专人负责接收和退还调阅资料。

第三十一条 检查组可以采取抽样检查的方式核实有关情况。

检查组在实施抽样检查前,应当书面告知被检查人拟采取抽样检查方式的检查项目、抽样方式、拟抽取的最低样本数量或者比例等信息;被检查人有异议的,应当在抽样检查实施前向检查组书面提出。

第三十二条 检查组应当全面、客观、完整地记录检查工作的情况,并制作执法检查工作底稿。

第三十三条 检查组可以根据检查工作的实际需要,变更下列事项,并书面告知被检查人:

(一)执法检查通知书载明检查期限范围可以追溯或者顺延的,调整检查期限范围;

(二)执法检查通知书载明可以对被检查人的分支机构、营业网点开展检查的,增加、变更被检查人的分支机构、营业网点;

(三)增加、变更检查人员;

(四)变更检查开展时间。

第三十四条 现场检查过程中,为进一步查明相关事实,检查组可以向被检查人以外的其他法人、非法人组织和自然人调查情况。

相关法人、非法人组织和自然人不在本地的,检查组经本单位行长或者副行长(主任或者副主任)批准,可以请求其所在地中国人民银行分支机构协助调查。

第三节 简易现场检查程序

第三十五条 中国人民银行及其分支机构为核实较为明确的特定违法违规线索、了解特定情况,可以适用简易现场检查程序对被检查人开展执法检查。

中国人民银行及其分支机构适用简易现场检查程序的,应当立项、制作执法检查通知书,经法制审核后,报本单位行长或者副行长(主任或者副主任)批准后实施。

第三十六条 中国人民银行及其分支机构应当指派两名以上检查人员,参照本规定第二十五条、第三章第二节、第四章规定的具体程序和证据收集规范开展执法检查。

适用简易现场检查程序进行执法检查的,根据实际需要,可以不再拟定检查方案、进行进场会谈和退场会谈等,但应当以适当形式告知被检查人享有的权利和配合检查的义务。

第四章 证 据

第三十七条 检查组应当严格遵守法定程序,根据违法违规行为的不同类别、阶段、环节,合理使用音视频记录和文字记录等多种方式,全面、客观、及时、准确地收集符合法定形式的证据,实现执法全过程留痕和可回溯管理。

第三十八条 检查组在现场检查中可以要求被检查人对相关检查事实进行确认,制作执法检查事实认定书,由被检查人签字、盖章确认。

执法检查事实认定书应当载明被检查人的名称或者姓名、检查开展时间、检查内容、确认的事实等内容。

被检查人对执法检查事实认定书无异议的,视为被检查人认可执法检查事实认定书载明的内容。

第三十九条 检查组在现场检查中收集有关书证、物证、视听资料等证据的,应当尽可能取得原件;无法取得原件的,可以制作复印件、影印件、节录本等复制件。

能够证明合法来源、与原件一致的复制件可以作为认定相关事实的证据使用。

第四十条 检查组可以直接提取被检查人电子计算机数据库及其他信息化系统中的电子数据作为证据,也可以采用抽样、汇总、分解、转换、计算、统计、比对等方式形成新的电子数据。

检查组形成新的电子数据的,应当通过取证说明、音视频记录等方式,记录电子数据的形成方式或者过程。

第四十一条 检查组向被检查人或者其工作人员、其他知悉相关情况的人员询问有关情况的,应当制作执法检查询问笔录,由被询问人进行核对并签字确认;执法检查询问笔录有错误或者有遗漏的,应当允许被询问人提出更正意见或者补充意见。

第四十二条 对可能灭失或者以后难以取得的证据,检查组经本单位行长或者副行长(主任或者副主任)批准,可以根据具体情况依法采取先行登记保存、聘请公证人员进行公证、申请有权机关冻结或者查封等保全措施。

采取保全措施的,检查组应当通知被检查人。先行登记保存证据期间,被检查人或者其他有关人员不得毁损、销毁或者转移证据。

第四十三条 中国人民银行及其分支机构通过函询,或者在线上检查中通过信息化系统获取的信息、电子数据、文件和资料等可以作为认定被检查人是否存在违法违规行为的证据使用。

第五章 检查结果的处理

第四十四条 现场检查结束时,检查组应当与被检查人进行退场会谈,通报现场检查中认定的事实,并制作执法检查退场会谈纪要。被检查人存在异议的,可以在会谈中提出,或者自收到执法检查退场会谈纪要之日起五个工作日内向检查组书面提出。

确因特殊原因难以在现场检查结束时举行退场会谈,或者通过非现场检查方式、适用简易现场检查程序拟认定被检查人存在违法违规行为的,应当及时书面告知被检查人拟认定的事实、理由和依据。被检查人存在异议的,可以自收到书面告知之日起五个工作日内向作出该书面告知的中国人民银行或其分支机构书面提出。

检查组应当听取被检查人的意见,并以适当形式向被检查人反馈。

第四十五条 中国人民银行及其分支机构在现场检查,或者函询、线上检查等非现场检查中发现被检查人存在违反法律、行政法规、国务院决定,以及中国人民银行规章、规范性文件规定的行为的,应当向被检查人出具责令整改通知书,要求被检查人整改;必要时,可以将责令整改通知书抄送被检查人的上级机构。

责令整改通知书应当载明被检查人的名称或者姓名、被检查人违法违规行为情况及认定依据、被检查人应当采取的整改措施、整改期限等。

中国人民银行及其分支机构应当参照《中国人民银行行政处罚程序规定》第四十五条、第四十六条规定的时限和方式送达责令整改通知书。

第四十六条 被检查人应当在责令整改通知书规定的整改期限内完成整改,并向发出责令整改通知书的中国人民银行或其分支机构提交整改报告。

中国人民银行或其分支机构可以采取适当方式对被检查人的整改情况进行核实。

第四十七条 中国人民银行及其分支机构根据非现场检查和现场检查认定的事实,可以约谈被检查人的实际控制人、法定代表人或者主要负责人、董事、监事、高级管理人员以及相关责任人员。

被检查人拒绝、阻碍中国人民银行及其分支机构的非现场检查和现场检查工作,或者未按要求进行整改的,中国人民银行及其分支机构可以采取前款规定的约谈措施。

第四十八条 中国人民银行及其分支机构根据非现场检查和现场检查认定的事实,可以对被检查人采取出具警示函、监管意见书等监管措施。

第四十九条 被检查人有违反法律、行政法规或者中国人民银行规章规定的行为,并且中国人民银行或其分支机构对相关违法违规行为有管辖权的,应当及时依照《中华人民共和国行政处罚法》和《中国人民银行行政处罚程序规定》处理。

第五十条 中国人民银行分支机构在日常监管、执法检查中发现被检查人存在违法违规行为,但不属于本单位管辖的,应当移送有管辖权的中国人民银行分支机构处理;发现属于中国人民银行管辖的,应当逐级报请中国人民银行处理。

中国人民银行及其分支机构在日常监管、执法检查中发现被检查人涉嫌存在应当由其他部门查处的违法违规行为的,应当依法移送有关部门处理。

第五十一条 中国人民银行及其分支机构在执法检查过程中发现被检查人及其工作人员涉嫌犯罪,依法需要追究刑事责任的,应当按照《行政执法机关移送涉嫌犯罪案件的规定》,及时向公安机关移送。

中国人民银行及其分支机构在执法检查过程中发现被检查人的工作人员中存在被监察对象涉嫌违反党纪、职务违法或者职务犯罪等问题线索的,应当及时向纪检监察机关移送。

第五十二条 中国人民银行及其分支机构应当依照有关规定,将执法检查材料整理归档,妥善保存。

第六章 法律责任

第五十三条 中国人民银行及其分支机构的工作人员违反本规定,按照法律、行政法规规定应当给予处分的,依法给予处分;涉嫌犯罪的,依法移送监察机关或者司法机关处理。

第五十四条 被检查人或其工作人员违反本规定,拒绝、阻碍中国人民银行或其分支机构的非现场检查和现场检查工作,拒绝提供信息、电子数据、文件和资料等或者提供虚假信息、电子数据、文件和资料等,拒绝参加或者配合中国人民银行或其分支机构约谈的,有关法律、行政法规和中国人民银行规章有处罚规定的,依据其规定给予处罚;有关法律、行政法规和中国人民银行规章未作处罚规定的,中国人民银行或其分支机构给予警告,并处十万元以下罚款,视情况给予通报批评。

第五十五条 被检查人未按照中国人民银行或其分支机构的要求整改,或者提交的整改报告内容不实,有关法律、行政法规和中国人民银行规章有处罚规定的,依据其规定给予处罚;有关法律、行政法规和中国人民银行规章未作处罚规定,情节严重的,中国人民银行或其分支机构给予警告,并处十万元以下罚款,视情况给予通报批评。

第七章 附 则

第五十六条 本规定所称中国人民银行分支机构包括中国人民银行上海总部,各分行、营业管理部、中心支行和支行。

第五十七条 本规定所称被检查人享有的权利,是指被检查人对检查组工作进行监督、申请检查人员回避、对检查情况提出异议、举报检查人员违法违纪行为等权利。

本规定所称被检查人配合检查的义务,包括:

(一)不得阻碍、拒绝监督检查,不得提出不合理的要求;

(二)如实回复函询或者回答检查人员的询问,及时就相关事项进行说明;

(三)按照要求及时提供执法检查所需的信息、电子数据、文件和资料等,并对所提供的信息、电子数据、文件和资料等的真实性、准确性、完整性负责。

第五十八条 国家外汇管理局及其分支机构实施执法检查的程序规定,由国家外汇管理局另行制定。

第五十九条 中国人民银行及其分支机构与其他行政执法部门联合实施执法检查的,可以参照本规定执行。

中国人民银行可以依法与其他监管部门建立执法合作机制,相关办法由中国人民银行会同相关监管部门另行制定。

第六十条 本规定由中国人民银行负责解释。

第六十一条 本规定自 2022 年 6 月 1 日起施行。《中国人民银行执法检查程序规定》(中国人民银行令〔2010〕第 1 号发布)同时废止。

(2)现金、人民币、货币政策管理

现金管理暂行条例

· 1988 年 9 月 8 日中华人民共和国国务院令第 12 号发布
· 根据 2011 年 1 月 8 日《国务院关于废止和修改部分行政法规的决定》修订

第一章 总 则

第一条 为改善现金管理,促进商品生产和流通,加强对社会经济活动的监督,制定本条例。

第二条 凡在银行和其他金融机构(以下简称开户银行)开立账户的机关、团体、部队、企业、事业单位和其他单位(以下简称开户单位),必须依照本条例的规定收支和使用现金,接受开户银行的监督。

国家鼓励开户单位和个人在经济活动中,采取转账方式进行结算,减少使用现金。

第三条　开户单位之间的经济往来,除按本条例规定的范围可以使用现金外,应当通过开户银行进行转账结算。

第四条　各级人民银行应当严格履行金融主管机关的职责,负责对开户银行的现金管理进行监督和稽核。

开户银行依照本条例和中国人民银行的规定,负责现金管理的具体实施,对开户单位收支、使用现金进行监督管理。

第二章　现金管理和监督

第五条　开户单位可以在下列范围内使用现金:

(一)职工工资、津贴;

(二)个人劳务报酬;

(三)根据国家规定颁发给个人的科学技术、文化艺术、体育等各种奖金;

(四)各种劳保、福利费用以及国家规定的对个人的其他支出;

(五)向个人收购农副产品和其他物资的价款;

(六)出差人员必须随身携带的差旅费;

(七)结算起点以下的零星支出;

(八)中国人民银行确定需要支付现金的其他支出。

前款结算起点定为1000元。结算起点的调整,由中国人民银行确定,报国务院备案。

第六条　除本条例第五条第(五)、(六)项外,开户单位支付给个人的款项,超过使用现金限额的部分,应当以支票或者银行本票支付;确需全额支付现金的,经开户银行审核后,予以支付现金。

前款使用现金限额,按本条例第五条第二款的规定执行。

第七条　转账结算凭证在经济往来中,具有同现金相同的支付能力。

开户单位在销售活动中,不得对现金结算给予比转账结算优惠待遇;不得拒收支票、银行汇票和银行本票。

第八条　机关、团体、部队、全民所有制和集体所有制企业事业单位购置国家规定的专项控制商品,必须采取转账结算方式,不得使用现金。

第九条　开户银行应当根据实际需要,核定开户单位3天至5天的日常零星开支所需的库存现金限额。

边远地区和交通不便地区的开户单位的库存现金限额,可以多于5天,但不得超过15天的日常零星开支。

第十条　经核定的库存现金限额,开户单位必须严格遵守。需要增加或者减少库存现金限额的,应当向开户银行提出申请,由开户银行核定。

第十一条　开户单位现金收支应当依照下列规定办理:

(一)开户单位现金收入应当于当日送存开户银行。当日送存确有困难的,由开户银行确定送存时间;

(二)开户单位支付现金,可以从本单位库存现金限额中支付或者从开户银行提取,不得从本单位的现金收入中直接支付(即坐支)。因特殊情况需要坐支现金的,应当事先报经开户银行审查批准,由开户银行核定坐支范围和限额。坐支单位应当定期向开户银行报送坐支金额和使用情况;

(三)开户单位根据本条例第五条和第六条的规定,从开户银行提取现金,应当写明用途,由本单位财会部门负责人签字盖章,经开户银行审核后,予以支付现金;

(四)因采购地点不固定、交通不便,生产或者市场急需,抢险救灾以及其他特殊情况必须使用现金的,开户单位应当向开户银行提出申请,由本单位财会部门负责人签字盖章,经开户银行审核后,予以支付现金。

第十二条　开户单位应当建立健全现金账目,逐笔记载现金支付。账目应当日清月结,账款相符。

第十三条　对个体工商户、农村承包经营户发放的贷款,应当以转账方式支付。对确需在集市使用现金购买物资的,经开户银行审核后,可以在贷款金额内支付现金。

第十四条　在开户银行开户的个体工商户、农村承包经营户异地采购所需货款,应当通过银行汇兑方式支付。因采购地点不固定、交通不便必须携带现金的,由开户银行根据实际需要,予以支付现金。

未在开户银行开户的个体工商户、农村承包经营户异地采购所需货款,可以通过银行汇兑方式支付。凡加盖"现金"字样的结算凭证,汇入银行必须保证支付现金。

第十五条　具备条件的银行应当接受开户单位的委托,开展代发工资、转存储蓄业务。

第十六条　为保证开户单位的现金收入及时送存银行,开户银行必须按照规定做好现金收款工作,不得随意缩短收款时间。大中城市和商业比较集中的地区,应当建立非营业时间收款制度。

第十七条　开户银行应当加强柜台审查,定期和不定期地对开户单位现金收支情况进行检查,并按规定向当地人民银行报告现金管理情况。

第十八条　一个单位在几家银行开户的,由一家开户银行负责现金管理工作,核定开户单位库存现金限额。

各金融机构的现金管理分工,由中国人民银行确定。

有关现金管理分工的争议,由当地人民银行协调、裁决。

第十九条 开户银行应当建立健全现金管理制度,配备专职人员,改进工作作风,改善服务设施。现金管理工作所需经费应当在开户银行业务费中解决。

第三章 法律责任

第二十条 开户单位有下列情形之一的,开户银行应当依照中国人民银行的规定,责令其停止违法活动,并可根据情节轻重处以罚款:

(一)超出规定范围、限额使用现金的;

(二)超出核定的库存现金限额留存现金的。(2011年1月8日删除)

第二十一条 开户单位有下列情形之一的,开户银行应当依照中国人民银行的规定,予以警告或者罚款;情节严重的,可在一定期限内停止对该单位的贷款或者停止对该单位的现金支付:

(一)对现金结算给予比转账结算优惠待遇的;

(二)拒收支票、银行汇票和银行本票的;

(三)违反本条例第八条规定,不采取转账结算方式购置国家规定的专项控制商品的;

(四)用不符合财务会计制度规定的凭证顶替库存现金的;

(五)用转账凭证套换现金的;

(六)编造用途套取现金的;

(七)互相借用现金的;

(八)利用账户替其他单位和个人套取现金的;

(九)将单位的现金收入按个人储蓄方式存入银行的;

(十)保留账外公款的;

(十一)未经批准坐支或者未按开户银行核定的坐支范围和限额坐支现金的。(2011年1月8日删除)

第二十二条 开户单位对开户银行作出的处罚决定不服的,必须首先按照处罚决定执行,然后可在10日内向开户银行的同级人民银行申请复议。同级人民银行应当在收到复议申请之日起30日内作出复议决定。开户单位对复议决定不服的,可以在收到复议决定之日起30日内向人民法院起诉。(2011年1月8日删除)

第二十三条 银行工作人员违反本条例规定,徇私舞弊、贪污受贿、玩忽职守纵容违法行为的,应当根据情节轻重,给予行政处分和经济处罚;构成犯罪的,由司法机关依法追究刑事责任。

第四章 附 则

第二十四条 本条例由中国人民银行负责解释;施行细则由中国人民银行制定。

第二十五条 本条例自1988年10月1日起施行。1977年11月28日发布的《国务院关于实行现金管理的决定》同时废止。

中华人民共和国人民币管理条例

- 2000年2月3日中华人民共和国国务院令第280号发布
- 根据2014年7月29日《国务院关于修改部分行政法规的决定》第一次修订
- 根据2018年3月19日《国务院关于修改和废止部分行政法规的决定》第二次修订

第一章 总 则

第一条 为了加强对人民币的管理,维护人民币的信誉,稳定金融秩序,根据《中华人民共和国中国人民银行法》,制定本条例。

第二条 本条例所称人民币,是指中国人民银行依法发行的货币,包括纸币和硬币。

从事人民币的设计、印制、发行、流通和回收等活动,应当遵守本条例。

第三条 中华人民共和国的法定货币是人民币。以人民币支付中华人民共和国境内的一切公共的和私人的债务,任何单位和个人不得拒收。

第四条 人民币的单位为元,人民币辅币单位为角、分。1元等于10角,1角等于10分。

人民币依其面额支付。

第五条 中国人民银行是国家管理人民币的主管机关,负责本条例的组织实施。

第六条 任何单位和个人都应当爱护人民币。禁止损害人民币和妨碍人民币流通。

第二章　设计和印制

第七条　新版人民币由中国人民银行组织设计，报国务院批准。

第八条　人民币由中国人民银行指定的专门企业印制。

第九条　印制人民币的企业应当按照中国人民银行制定的人民币质量标准和印制计划印制人民币。

第十条　印制人民币的企业应当将合格的人民币产品全部解缴中国人民银行人民币发行库，将不合格的人民币产品按照中国人民银行的规定全部销毁。

第十一条　印制人民币的原版、原模使用完毕后，由中国人民银行封存。

第十二条　印制人民币的特殊材料、技术、工艺、专用设备等重要事项属于国家秘密。印制人民币的企业和有关人员应当保守国家秘密；未经中国人民银行批准，任何单位和个人不得对外提供。

第十三条　除中国人民银行指定的印制人民币的企业外，任何单位和个人不得研制、仿制、引进、销售、购买和使用印制人民币所特有的防伪材料、防伪技术、防伪工艺和专用设备。有关管理办法由中国人民银行另行制定。

第十四条　人民币样币是检验人民币印制质量和鉴别人民币真伪的标准样本，由印制人民币的企业按照中国人民银行的规定印制。人民币样币上应当加印"样币"字样。

第三章　发行和回收

第十五条　人民币由中国人民银行统一发行。

第十六条　中国人民银行发行新版人民币，应当报国务院批准。

中国人民银行应当将新版人民币的发行时间、面额、图案、式样、规格、主色调、主要特征等予以公告。

中国人民银行不得在新版人民币发行公告发布前将新版人民币支付给金融机构。

第十七条　因防伪或者其他原因，需要改变人民币的印制材料、技术或者工艺的，由中国人民银行决定。

中国人民银行应当将改版后的人民币的发行时间、面额、主要特征等予以公告。

中国人民银行不得在改版人民币发行公告发布前将改版人民币支付给金融机构。

第十八条　中国人民银行可以根据需要发行纪念币。

纪念币是具有特定主题的限量发行的人民币，包括普通纪念币和贵金属纪念币。

第十九条　纪念币的主题、面额、图案、材质、式样、规格、发行数量、发行时间等由中国人民银行确定；但是，纪念币的主题涉及重大政治、历史题材的，应当报国务院批准。

中国人民银行应当将纪念币的主题、面额、图案、材质、式样、规格、发行数量、发行时间等予以公告。

中国人民银行不得在纪念币发行公告发布前将纪念币支付给金融机构。

第二十条　中国人民银行设立人民币发行库，在其分支机构设立分支库，负责保管人民币发行基金。各级人民币发行库主任由同级中国人民银行行长担任。

人民币发行基金是中国人民银行人民币发行库保存的未进入流通的人民币。

人民币发行基金的调拨，应当按照中国人民银行的规定办理。任何单位和个人不得违反规定动用人民币发行基金，不得干扰、阻碍人民币发行基金的调拨。

第二十一条　特定版别的人民币的停止流通，应当报国务院批准，并由中国人民银行公告。

办理人民币存取款业务的金融机构应当按照中国人民银行的规定，收兑停止流通的人民币，并将其交存当地中国人民银行。

中国人民银行不得将停止流通的人民币支付给金融机构，金融机构不得将停止流通的人民币对外支付。

第二十二条　办理人民币存取款业务的金融机构应当按照中国人民银行的规定，无偿为公众兑换残缺、污损的人民币，挑剔残缺、污损的人民币，并将其交存当地中国人民银行。

中国人民银行不得将残缺、污损的人民币支付给金融机构，金融机构不得将残缺、污损的人民币对外支付。

第二十三条　停止流通的人民币和残缺、污损的人民币，由中国人民银行负责回收、销毁。具体办法由中国人民银行制定。

第四章　流通和保护

第二十四条　办理人民币存取款业务的金融机构应当根据合理需要的原则，办理人民币券别调剂业务。

第二十五条　禁止非法买卖流通人民币。

纪念币的买卖，应当遵守中国人民银行的有关规定。

第二十六条　禁止下列损害人民币的行为：

（一）故意毁损人民币；

（二）制作、仿制、买卖人民币图样；

（三）未经中国人民银行批准，在宣传品、出版物或者其他商品上使用人民币图样；

（四）中国人民银行规定的其他损害人民币的行为。

前款人民币图样包括放大、缩小和同样大小的人民币图样。

第二十七条　人民币样币禁止流通。

人民币样币的管理办法，由中国人民银行制定。

第二十八条　任何单位和个人不得印制、发售代币票券，以代替人民币在市场上流通。

第二十九条　中国公民出入境、外国人入出境携带人民币实行限额管理制度，具体限额由中国人民银行规定。

第三十条　禁止伪造、变造人民币。禁止出售、购买伪造、变造的人民币。禁止走私、运输、持有、使用伪造、变造的人民币。

第三十一条　单位和个人持有伪造、变造的人民币的，应当及时上交中国人民银行、公安机关或者办理人民币存取款业务的金融机构；发现他人持有伪造、变造的人民币的，应当立即向公安机关报告。

第三十二条　中国人民银行、公安机关发现伪造、变造的人民币，应当予以没收，加盖"假币"字样的戳记，并登记造册；持有人对公安机关没收的人民币的真伪有异议的，可以向中国人民银行申请鉴定。

公安机关应当将没收的伪造、变造的人民币解缴当地中国人民银行。

第三十三条　办理人民币存取款业务的金融机构发现伪造、变造的人民币，数量较多、有新版的伪造人民币或者有其他制造贩卖伪造、变造的人民币线索的，应当立即报告公安机关；数量较少的，由该金融机构两名以上工作人员当面予以收缴，加盖"假币"字样的戳记，登记造册，向持有人出具中国人民银行统一印制的收缴凭证，并告知持有人可以向中国人民银行或者向中国人民银行授权的国有独资商业银行的业务机构申请鉴定。对伪造、变造的人民币收缴及鉴定的具体办法，由中国人民银行制定。

办理人民币存取款业务的金融机构应当将收缴的伪造、变造的人民币解缴当地中国人民银行。

第三十四条　中国人民银行和中国人民银行授权的国有独资商业银行的业务机构应当无偿提供鉴定人民币真伪的服务。

对盖有"假币"字样戳记的人民币，经鉴定为真币的，由中国人民银行或者中国人民银行授权的国有独资商业银行的业务机构按照面额予以兑换；经鉴定为假币的，由中国人民银行或者中国人民银行授权的国有独资商业银行的业务机构予以没收。

中国人民银行授权的国有独资商业银行的业务机构应当将没收的伪造、变造的人民币解缴当地中国人民银行。

第三十五条　办理人民币存取款业务的金融机构应当采取有效措施，防止以伪造、变造的人民币对外支付。

办理人民币存取款业务的金融机构应当在营业场所无偿提供鉴别人民币真伪的服务。

第三十六条　伪造、变造的人民币由中国人民银行统一销毁。

第三十七条　人民币反假鉴别仪应当按照国家规定标准生产。

人民币反假鉴别仪国家标准，由中国人民银行会同有关部门制定，并协助组织实施。

第三十八条　人民币有下列情形之一的，不得流通：

（一）不能兑换的残缺、污损的人民币；

（二）停止流通的人民币。

第五章　罚　则

第三十九条　印制人民币的企业和有关人员有下列情形之一的，由中国人民银行给予警告，没收违法所得，并处违法所得1倍以上3倍以下的罚款，没有违法所得的，处1万元以上10万元以下的罚款；对直接负责的主管人员和其他直接责任人员，依法给予纪律处分：

（一）未按照中国人民银行制定的人民币质量标准和印制计划印制人民币的；

（二）未将合格的人民币产品全部解缴中国人民银行人民币发行库的；

（三）未按照中国人民银行的规定将不合格的人民币产品全部销毁的；

（四）未经中国人民银行批准，擅自对外提供印制人民币的特殊材料、技术、工艺或者专用设备等国家秘密的。

第四十条　违反本条例第十三条规定的，由工商行政管理机关和其他有关行政执法机关给予警告，没收违法所得和非法财物，并处违法所得1倍以上3倍以下的罚款；没有违法所得的，处2万元以上20万元以下的罚款。

第四十一条　办理人民币存取款业务的金融机构违反本条例第二十一条第二款、第三款和第二十二条规定的，由中国人民银行给予警告，并处1000元以上5000元以下的罚款；对直接负责的主管人员和其他直接责任人

第四十二条 故意毁损人民币的,由公安机关给予警告,并处 1 万元以下的罚款。

第四十三条 违反本条例第二十五条、第二十六条第一款第二项和第四项规定的,由工商行政管理机关和其他有关行政执法机关给予警告,没收违法所得和非法财物,并处违法所得 1 倍以上 3 倍以下的罚款;没有违法所得的,处 1000 元以上 5 万元以下的罚款。

工商行政管理机关和其他有关行政执法机关应当销毁非法使用的人民币图样。

第四十四条 办理人民币存取款业务的金融机构、中国人民银行授权的国有独资商业银行的业务机构违反本条例第三十三条、第三十四条和第三十五条规定的,由中国人民银行给予警告,并处 1000 元以上 5 万元以下的罚款;对直接负责的主管人员和其他直接责任人员,依法给予纪律处分。

第四十五条 中国人民银行、公安机关、工商行政管理机关及其工作人员违反本条例有关规定的,对直接负责的主管人员和其他直接责任人员,依法给予行政处分。

第四十六条 违反本条例第二十条第三款、第二十六条第一款第三项、第二十八条和第三十条规定的,依照《中华人民共和国中国人民银行法》的有关规定予以处罚;其中,违反本条例第三十条规定,构成犯罪的,依法追究刑事责任。

第六章 附 则
第四十七条 本条例自 2000 年 5 月 1 日起施行。

中华人民共和国国家货币出入境管理办法

· 1993 年 1 月 20 日中华人民共和国国务院令第 108 号发布
· 自 1999 年 3 月 1 日起施行

第一条 为了加强国家货币出入境管理,维护国家金融秩序,适应改革开放的需要,制定本办法。

第二条 本办法所称国家货币,是指中国人民银行发行的人民币。

第三条 国家对货币出入境实行限额管理制度。

中国公民出入境、外国人入出境,每人每次携带的人民币不得超出限额。具体限额由中国人民银行规定。

第四条 携带国家货币出入境的,应当按照国家规定向海关如实申报。

第五条 不得在邮件中夹带国家货币出入境。不得擅自运输国家货币出入境。

第六条 违反国家规定运输、携带、在邮件中夹带国家货币出入境的,由国家有关部门依法处理;情节严重,构成犯罪的,由司法机关依法追究刑事责任。

第七条 本办法由中国人民银行负责解释。

第八条 本办法自 1993 年 3 月 1 日起施行。1951 年 3 月 6 日中央人民政府政务院公布的《中华人民共和国禁止国家货币出入国境办法》同时废止。

人民币图样使用管理办法

· 2019 年 10 月 15 日中国人民银行令〔2019〕第 2 号发布
· 自 2019 年 11 月 15 日起施行

第一条 为规范人民币图样使用行为,维护人民币信誉和流通秩序,根据《中华人民共和国中国人民银行法》和《中华人民共和国人民币管理条例》等法律法规,制定本办法。

第二条 本办法所称人民币图样是指中国人民银行发行的货币的完整图案或者局部图案。

第三条 本办法所称使用人民币图样是指通过各种形式在宣传品、出版物或者其他商品上使用放大、缩小和同样大小人民币图样的行为。

第四条 禁止在祭祀用品、生活用品、票券上使用人民币图样。

第五条 在中华人民共和国境内依法设立的法人、其他组织及自然人以弘扬民族优秀文化和反映国内外科学文化成果、宣传爱护人民币和人民币防伪知识、展示人民币设计艺术、促进钱币文化健康发展为目的,可以申请使用人民币图样。

第六条 使用人民币图样实行属地管理、一事一批。中国人民银行上海总部、各分行、营业管理部、省会(首府)城市中心支行、深圳市中心支行是使用人民币图样的审批机构。中国人民银行当地分支机构是使用人民币图样申请的受理机构。

中国人民银行对其分支机构的审批工作进行统一监督管理。

第七条 申请使用人民币图样的申请人,应当向中国人民银行当地分支机构提供以下材料:

(一)《人民币图样使用申请表》(见附件)。
(二)申请人身份证件、营业执照或者法人登记证书。
(三)拟使用人民币图样产品的设计稿。
(四)拟使用人民币图样产品的广告宣传文案。

（五）中国人民银行要求的其他相关材料。

第八条 审批机构应当在《中华人民共和国行政许可法》规定时间内完成人民币图样使用申请的受理及审核工作，作出是否准予使用人民币图样的决定。

第九条 使用人民币图样应当遵守下列规定：

（一）单面使用。

（二）不损害人民币形象、不损害国家利益和社会公共利益。

（三）不使公众误认为是人民币。

（四）保证人民币图样中人物头像、国徽的原有比例，不变形、失真、破坏或者被替换。

（五）使用人民币图样，须在图样中部明显位置标注清晰可辨的"图样"字样。"图样"字样的长度、宽度分别不低于图样长度、宽度的三分之一。以下情形除外：

1. 使用人民币硬币图样；

2. 使用人民币纸币图样单面面积小于原大小的50%；

3. 在有形载体上使用各边长放大和缩小比例超过原边长50%的人民币纸币图样；

4. 在数字载体上使用分辨率小于28像素/厘米（72dpi）的人民币纸币图样。

（六）使用人民币图样制作商品时，不得使用"中国人民银行"行名和货币单位。

第十条 被许可人应当在产品面市前将产品照片及说明产品制作单位、规格材质、宣传方式等情况的材料报审批机构备案。

第十一条 被许可人应当按照许可批准文件核准的范围使用人民币图样，并与申请事项保持一致。被许可人应当在使用人民币图样时注明被许可人名称、许可批准文件号及产品制作单位名称。

第十二条 依法取得的人民币图样使用许可不得转让。不得涂改、倒卖、出租、出借人民币图样使用许可批准文件。

被许可人应当妥善保管图样制作模具和图样源信息，防止人民币图样被非法使用。

第十三条 中国人民银行及其分支机构有权对被许可人进行监督检查，被许可人应当如实提供有关资料，不得拒绝、阻挠、逃避检查，不得谎报、隐匿、销毁相关证据材料。

第十四条 任何单位和个人不得销售非法使用人民币图样的宣传品、出版物或者其他商品。销售经批准使用人民币图样的宣传品、出版物或者其他商品时，不得滥用许可进行虚假宣传和炒作。

第十五条 出于以下目的在宣传品、出版物上使用中国人民银行网站人民币图样库中公布的人民币图样的行为可以不经审批，但必须遵守本办法第九条的规定，并随时接受中国人民银行及其分支机构的监督检查：

（一）中华人民共和国境内依法设立的图书出版、教学研究、新闻媒体、文博机构等单位出于教学、学术研究、人民币知识普及、公益宣传目的使用人民币图样。

（二）银行业金融机构、人民币印制企业出于人民币宣传目的使用人民币图样。

第十六条 有下列行为之一的，由中国人民银行或其分支机构给予警告，并按照《中华人民共和国中国人民银行法》第四十四条的规定予以处罚：

（一）违反本办法规定，未经许可使用人民币图样的。

（二）违反本办法第四条，在祭祀用品、生活用品、票券上使用人民币图样的。

（三）违反本办法第九条，未按规定使用人民币图样的。

（四）违反本办法第十条，未按要求将相关材料报审批机构备案的。

（五）违反本办法第十一条，未按照许可批准文件核准的范围使用人民币图样、使用人民币图样与申请事项不一致或者未在使用人民币图样时注明规定信息的。

（六）违反本办法第十二条第一款，转让人民币图样使用许可，涂改、倒卖、出租、出借人民币图样使用许可批准文件的。

违反本办法第十二条第二款、第十四条规定的，由中国人民银行或其分支机构予以警告，并处5000元以上3万元以下罚款。

第十七条 违反本办法第十三条、第十五条，拒绝、阻挠、逃避中国人民银行及其分支机构检查，或者谎报、隐匿、销毁相关证据材料的，有关法律、行政法规有处罚规定的，依照其规定给予处罚；有关法律、行政法规未作处罚规定的，由中国人民银行或其分支机构予以警告，并处5000元以上3万元以下罚款。

第十八条 本办法由中国人民银行负责解释。

第十九条 本办法自2019年11月15日起施行。原《人民币图样使用管理办法》（中国人民银行令〔2005〕第4号发布）同时废止。

附件：人民币图样使用申请表（略）

中国人民银行残缺污损人民币兑换办法

- 2003年12月24日中国人民银行令〔2003〕第7号公布
- 自2004年2月1日起施行

第一条 为维护人民币信誉，保护国家财产安全和人民币持有人的合法权益，确保人民币正常流通，根据《中华人民共和国中国人民银行法》和《中华人民共和国人民币管理条例》，制定本办法。

第二条 本办法所称残缺、污损人民币是指票面撕裂、损缺，或因自然磨损、侵蚀，外观、质地受损，颜色变化，图案不清晰，防伪特征受损，不宜再继续流通使用的人民币。

第三条 凡办理人民币存取款业务的金融机构（以下简称金融机构）应无偿为公众兑换残缺、污损人民币，不得拒绝兑换。

第四条 残缺、污损人民币兑换分"全额"、"半额"两种情况。

（一）能辨别面额，票面剩余四分之三（含四分之三）以上，其图案、文字能按原样连接的残缺、污损人民币，金融机构应向持有人按原面额全额兑换。

（二）能辨别面额，票面剩余二分之一（含二分之一）至四分之三以下，其图案、文字能按原样连接的残缺、污损人民币，金融机构应向持有人按原面额的一半兑换。

纸币呈正十字形缺少四分之一的，按原面额的一半兑换。

第五条 兑付额不足一分的，不予兑换；五分按半额兑换的，兑付二分。

第六条 金融机构在办理残缺、污损人民币兑换业务时，应向残缺、污损人民币持有人说明认定的兑换结果。不予兑换的残缺、污损人民币，应退回原持有人。

第七条 残缺、污损人民币持有人同意金融机构认定结果的，对兑换的残缺、污损人民币纸币，金融机构应当面将带有本行行名的"全额"或"半额"戳记加盖在票面上；对兑换的残缺、污损人民币硬币，金融机构应当面使用专用袋密封保管，并在袋外封签上加盖"兑换"戳记。

第八条 残缺、污损人民币持有人对金融机构认定的兑换结果有异议的，经持有人要求，金融机构应出具认定证明并退回该残缺、污损人民币。

持有人可凭认定证明到中国人民银行分支机构申请鉴定，中国人民银行应自申请日起5个工作日内做出鉴定并出具鉴定书。持有人可持中国人民银行的鉴定书及可兑换的残缺、污损人民币到金融机构进行兑换。

第九条 金融机构应按照中国人民银行的有关规定，将兑换的残缺、污损人民币交存当地中国人民银行分支机构。

第十条 中国人民银行依照本办法对残缺、污损人民币的兑换工作实施监督管理。

第十一条 违反本办法第三条规定的金融机构，由中国人民银行根据《中华人民共和国人民币管理条例》第四十二条规定，依法进行处罚。

第十二条 本办法自2004年2月1日起施行。1955年5月8日中国人民银行发布的《残缺人民币兑换办法》同时废止。

中国人民银行货币鉴别及假币收缴、鉴定管理办法

- 2019年10月16日中国人民银行令〔2019〕第3号发布
- 自2020年4月1日起施行

第一章 总 则

第一条 为规范货币鉴别及假币收缴、鉴定行为，保护货币持有人的合法权益，根据《中华人民共和国中国人民银行法》、《中华人民共和国商业银行法》、《全国人民代表大会常务委员会关于惩治破坏金融秩序犯罪的决定》和《中华人民共和国人民币管理条例》，制定本办法。

第二条 在中华人民共和国境内设立的办理存取款、货币兑换等业务的银行业金融机构（以下简称金融机构）鉴别货币和收缴假币，中国人民银行及其分支机构和其授权的鉴定机构（以下统称鉴定单位）鉴定货币真伪，适用本办法。

第三条 本办法所称货币是指人民币和外币。人民币是指中国人民银行依法发行的货币，包括纸币和硬币。外币是指在中华人民共和国境内可存取、兑换的其他国家（地区）流通中的法定货币。

本办法所称假币是指不由国家（地区）货币当局发行，仿照货币外观或者理化特性，足以使公众误辨并可能行使货币职能的媒介。

假币包括伪造币和变造币。伪造币是指仿照真币的图案、形状、色彩等，采用各种手段制作的假币。变造币是指在真币的基础上，利用挖补、揭层、涂改、拼凑、移位、重印等多种方法制作，改变真币原形态的假币。

第四条 本办法所称鉴别是指金融机构在办理存取款、货币兑换等业务过程中，对货币真伪进行判断的行为。

本办法所称收缴是指金融机构在办理存取款、货币兑换等业务过程中,对发现的假币通过法定程序强制扣留的行为。

本办法所称鉴定是指被收缴人对被收缴假币的真伪判断存在异议的情况下,鉴定单位根据被收缴人或者收缴假币的金融机构(以下简称收缴单位)提出的申请,对被收缴假币的真伪进行裁定的行为。

本办法所称误收是指金融机构在办理存取款、货币兑换等业务过程中,将假币作为真币收入的行为。

本办法所称误付是指金融机构在办理存取款、货币兑换等业务过程中,将假币付出给客户的行为。

第五条 个人或者单位主动向中国人民银行分支机构上缴假币的,中国人民银行分支机构予以没收。

个人或者单位主动向金融机构上缴假币的,金融机构依照本办法第三章实施。

第六条 中国人民银行及其分支机构依照本办法对货币鉴别及假币收缴、鉴定实施监督管理。

金融机构依照本办法对货币进行鉴别,对假币进行收缴,协助被收缴人向鉴定单位提出鉴定申请。

鉴定单位依照本办法实施鉴定。

第七条 对于贵金属纪念币的鉴定比照本办法实施,具体办法另行制定。

第二章 货币鉴别

第八条 金融机构办理存取款、货币兑换等业务时,应当准确鉴别货币真伪,防止误收及误付。

第九条 金融机构在履行货币鉴别义务时,应当采取以下措施:

(一)确保在用现金机具的鉴别能力符合国家和行业标准;

(二)按照中国人民银行有关规定,负责组织开展机构内反假货币知识与技能培训,对办理货币收付、清分业务人员的反假货币水平进行评估,确保其具备判断和挑剔假币的专业能力;

(三)按照中国人民银行有关规定,采集、存储人民币和主要外币冠字号码。

第十条 金融机构与客户发生假币纠纷的,若相应存取款、货币兑换等业务的记录在中国人民银行规定的记录保存期限内,金融机构应当提供相关记录。

第十一条 金融机构误付假币,由误付的金融机构对客户等值赔付。若发生负面舆情,金融机构应当妥善处理并消除不良影响。

第十二条 金融机构向中国人民银行分支机构解缴的回笼款中夹杂假币的,中国人民银行分支机构予以没收,向解缴单位开具《假人民币没收收据》,并要求其补足等额人民币回笼款。

第十三条 金融机构确认误收或者误付假币的,应当在3个工作日内向当地中国人民银行分支机构报告,并在上述期限内将假币实物解缴至当地中国人民银行分支机构。金融机构所在地没有中国人民银行分支机构的,由该金融机构向其所在地上一级中国人民银行分支机构报告及解缴假币。

第三章 假币收缴

第十四条 金融机构在办理存取款、货币兑换等业务时发现假币的,应当予以收缴。

第十五条 金融机构柜面发现假币后,应当由2名以上业务人员当面予以收缴,被收缴人不能接触假币。对假人民币纸币,应当当面加盖"假币"字样的戳记;对假外币纸币及各种假硬币,应当当面以统一格式的专用袋加封,封口处加盖"假币"字样戳记,并在专用袋上标明币种、券别、面额、张(枚)数、冠字号码(如有)、收缴人、复核人名章等细项。收缴单位向被收缴人出具按照中国人民银行统一规范制作的《假币收缴凭证》,加盖收缴单位业务公章,并告知被收缴人如对被收缴的货币真伪判断有异议,可以向鉴定单位申请鉴定。

金融机构在清分过程中发现假币后,应当比照前款假外币纸币及各种假硬币的收缴方式,由2名以上业务人员予以收缴。假币来源于柜面或者现金自助设备收入的,应当确认为误收差错,假币实物依照第十三条处理。

假币收缴应当在监控下实施,监控记录保存期限不得少于3个月。

第十六条 金融机构在收缴假币过程中有下列情形之一的,应当立即报告当地中国人民银行分支机构和公安机关:

(一)一次性发现假币5张(枚)以上和当地中国人民银行分支机构和公安机关发文另有规定的两者较小者;

(二)利用新的造假手段制造假币的;

(三)获得制造、贩卖、运输、持有或者使用假币线索的;

(四)被收缴人不配合金融机构收缴行为的;

(五)中国人民银行规定的其他情形。

第十七条 金融机构应当对收缴的假币实物进行单独管理,并建立假币收缴代保管登记制度,账实分管,确保账实相符。

第十八条　金融机构应当将收缴的假币每月全额解缴到当地中国人民银行分支机构，不得自行处理。

金融机构所在地没有中国人民银行分支机构的，由其所在地上一级中国人民银行分支机构确定假币解缴单位。

第十九条　现金自助设备发现可疑币后的处置及相关假币收缴的管理办法另行制定。

第二十条　被收缴人对收缴单位作出的有关收缴具体行政行为有异议，可以在收到《假币收缴凭证》之日起60日内向直接监管该金融机构的中国人民银行分支机构申请行政复议，或者依法提起行政诉讼。

第四章　假币鉴定

第二十一条　被收缴人对被收缴货币的真伪有异议的，可以自收缴之日起3个工作日内，持《假币收缴凭证》直接或者通过收缴单位向当地鉴定单位提出书面鉴定申请。鉴定单位应当即时回复能否受理鉴定申请，不得无故拒绝。

鉴定单位应当无偿提供鉴定服务，鉴定后应当出具按照中国人民银行统一规范制作的《货币真伪鉴定书》，并加盖货币鉴定专用章和鉴定人名章。

第二十二条　鉴定单位鉴定时，应当至少有2名具备货币真伪鉴定能力的专业人员参与，并作出鉴定结论。

第二十三条　鉴定单位应当自收到鉴定申请之日起2个工作日内，通知收缴单位报送待鉴定货币。

收缴单位应当自收到鉴定单位通知之日起2个工作日内，将待鉴定货币送达鉴定单位。

第二十四条　鉴定单位应当自受理鉴定之日起15个工作日内完成鉴定并出具《货币真伪鉴定书》。因情况复杂不能在规定期限内完成的，可以延长至30个工作日，但应当以书面形式向收缴单位或者被收缴人说明原因。

第二十五条　对盖有"假币"字样戳记的人民币纸币，经鉴定为真币的，由鉴定单位交收缴单位按照面额兑换完整券退还被收缴人，并收回《假币收缴凭证》，盖有"假币"戳记的人民币按不宜流通人民币处理；经鉴定为假币的，由鉴定单位予以没收，并向收缴单位和被收缴人开具《货币真伪鉴定书》和《假人民币没收收据》。

对收缴的外币纸币和各种硬币，经鉴定为真币的，由鉴定单位交收缴单位退还被收缴人，并收回《假币收缴凭证》；经鉴定为假币的，由鉴定单位将假币退回收缴单位依法收缴，并向收缴单位和被收缴人出具《货币真伪鉴定书》。

第二十六条　鉴定单位应当具备以下条件：

（一）具有2名以上具备货币真伪鉴定能力的专业人员；

（二）满足鉴定需要的货币分析技术条件；

（三）具有固定的货币真伪鉴定场所；

（四）中国人民银行要求的其他条件。

第二十七条　鉴定单位应当公示鉴定业务范围。中国人民银行及其分支机构应当公示授权的鉴定机构名录。中国人民银行及其分支机构授权的鉴定机构应当公示授权证书。

第二十八条　被收缴人对中国人民银行及其分支机构授权的鉴定机构作出的鉴定结果有异议，可以在收到《货币真伪鉴定书》之日起60日内向鉴定机构所在地的中国人民银行分支机构申请再鉴定。

被收缴人对中国人民银行分支机构作出的鉴定结果有异议，可以在收到《货币真伪鉴定书》之日起60日内向中国人民银行分支机构的上一级机构申请再鉴定。

第五章　监督管理

第二十九条　中国人民银行负责组织制定、实施现金机具鉴别能力管理、反假货币培训管理、金融机构冠字号码数据信息管理、假币收缴鉴定等的制度规范。

中国人民银行及其分支机构有权对金融机构执行本办法的情况开展监督检查。

第三十条　金融机构应当按照《中华人民共和国人民币管理条例》和本办法的相关规定，建立货币鉴别及假币收缴、鉴定内部管理制度和操作规范。

第三十一条　金融机构应当按照中国人民银行有关规定，对现金机具、人员培训、冠字号码以及假币收缴鉴定业务等进行数据管理，并将相关数据报送中国人民银行或其分支机构。

第三十二条　金融机构应当定期对本办法及相关内部管理制度和操作规范的执行情况进行自查，并接受中国人民银行及其分支机构的检查。

第六章　法律责任

第三十三条　金融机构开展货币鉴别和假币收缴，中国人民银行及其分支机构授权的鉴定机构开展假币鉴定业务，有下列行为之一，但尚未构成犯罪，涉及假人民币的，按照《中华人民共和国人民币管理条例》第四十四条的规定予以处罚；涉及假外币的，处以1000元以上3万元以下的罚款：

（一）在用现金机具鉴别能力不符合国家和行业标准的；

（二）未按本办法规定组织开展机构内反假货币知识与技能培训，未按本办法规定对办理货币收付、清分业务人员的反假货币水平进行评估，或者办理货币收付、清分业务人员不具备判断和挑剔假币专业能力的；

（三）未按本办法规定采集、存储人民币和主要外币冠字号码的；

（四）未按本办法规定建立货币鉴别及假币收缴、鉴定内部管理制度和操作规范的；

（五）发生假币误付行为的；

（六）与客户发生假币纠纷，在记录保存期限内，金融机构未能提供相应存取款、货币兑换等业务记录的；

（七）发现假币而不收缴的；

（八）未按本办法规定收缴假币的；

（九）未按本办法规定将假币解缴中国人民银行分支机构的；

（十）违反本办法第十六条规定，应当向公安机关报告而不报告的；

（十一）无故拒绝受理收缴单位或者被收缴人提出的货币真伪鉴定申请的；

（十二）未按本办法规定鉴定货币真伪的；

（十三）不当保管、截留或者私自处理假币，或者使已收缴、没收的假币重新流入市场的。

第三十四条 金融机构开展货币鉴别和假币收缴，中国人民银行及其分支机构授权的鉴定机构开展假币鉴定业务，有下列行为之一，但尚未构成犯罪，涉及假人民币的，按照《中华人民共和国中国人民银行法》第四十六条的规定予以处罚；涉及假外币的，处以1000元以上3万元以下的罚款：

（一）发生假币误收行为的；

（二）误付假币，未对客户等值赔付，或者对负面舆情处置不力造成不良影响的；

（三）误收、误付假币，应当向中国人民银行分支机构报告而不报告的；

（四）违反本办法第十六条规定，应当向中国人民银行分支机构报告而不报告的；

（五）向中国人民银行分支机构解缴的回笼款中夹杂假币的；

（六）未按本办法规定对现金机具、人员培训、冠字号码以及假币收缴鉴定业务等进行数据管理，并报送中国人民银行或其分支机构的；

（七）未公示鉴定机构授权证书或者鉴定业务范围的。

第三十五条 拒绝、阻挠、逃避中国人民银行及其分支机构检查，或者谎报、隐匿、销毁相关证据材料的，有关法律、行政法规有处罚规定的，依照其规定给予处罚；有关法律、行政法规未作处罚规定的，由中国人民银行及其分支机构予以警告，并处5000元以上3万元以下的罚款。

第三十六条 中国人民银行及其分支机构工作人员有下列行为之一，但尚未构成犯罪的，对直接负责的主管人员和直接责任人员，依法给予行政处分：

（一）无故拒绝受理收缴单位、被收缴人或者中国人民银行及其分支机构授权的鉴定机构提出的货币真伪鉴定申请的；

（二）未按本办法规定鉴定假币的；

（三）不当保管、截留或者私自处理假币，或者使已收缴、没收的假币重新流入市场的。

第七章 附 则

第三十七条 本办法由中国人民银行负责解释。

第三十八条 本办法自2020年4月1日起施行。《中国人民银行假币收缴、鉴定管理办法》（中国人民银行令〔2003〕第4号发布）同时废止。

人民币利率管理规定

- 1999年3月2日
- 银发〔1999〕77号

第一章 总 则

第一条 为有效发挥利率杠杆对国民经济的调节作用，加强利率管理，维护正常的金融秩序，创造公平有序的竞争环境，根据《中华人民共和国中国人民银行法》、《中华人民共和国商业银行法》及其他相关法律、法规制定本规定。

第二条 凡在中华人民共和国境内（不含香港、澳门、台湾）经营人民币存、贷款业务的金融机构，邮政储蓄部门，其他法人、自然人和其他组织，均遵守本规定。

第三条 中国人民银行是经国务院授权的利率主管机关，代表国家依法行使利率管理权，其他任何单位和个人不得干预。

第四条 中国人民银行制定的各种利率是法定利率。法定利率具有法律效力，其他任何单位和个人均无权变动。

第二章 利率的制定与管理

第五条 中国人民银行制定、调整以下利率：

（一）中国人民银行对金融机构存、贷款利率和再贴现利率；
（二）金融机构存、贷款利率；
（三）优惠贷款利率；
（四）罚息利率；
（五）同业存款利率；
（六）利率浮动幅度；
（七）其他。

第六条 金融机构根据中国人民银行的有关规定确定以下利率：
（一）浮动利率；
（二）内部资金往来利率；
（三）同业拆借利率；
（四）贴现利率和转贴现利率；
（五）中国人民银行允许确定的其他利率。

第七条 中国人民银行总行履行下列利率管理职责：
（一）根据国民经济发展的需要和货币政策要求，制定利率政策和利率管理法规并组织实施；
（二）领导中国人民银行分支机构的利率管理工作；
（三）监督、检查金融机构执行国家利率政策、法规的情况；
（四）协调、处理金融机构的利率纠纷和利率违规行为；
（五）宣传、解释国家的利率政策及相关法规；
（六）研究、制定、实施国家的利率改革规划；
（七）监测、调控金融市场利率；
（八）其他利率管理工作。

第八条 中国人民银行分支机构在中国人民银行总行授权的范围内履行下列利率管理职责：
（一）实施对辖区内金融机构的利率管理，指导下级行的利率管理工作；
（二）及时转发中国人民银行总行的有关文件，对有关利率调整等内容的重要文件，应在生效日之前传送到辖区内金融机构，并严守机密；
（三）监督、检查辖区内金融机构执行利率政策的情况，处理利率违规行为，并及时向上级行报告本辖区内利率政策执行情况；
（四）建立和完善利率违规举报制度，加强社会监督；
（五）宣传、解释国家的利率政策及相关法规；
（六）组织有关利率政策的调查研究；

（七）完成上级行安排的其他利率管理工作。

第九条 金融机构履行下列职责：
（一）协助和配合中国人民银行进行利率管理工作，宣传、贯彻、执行国家利率政策；
（二）系统内发布的有关利率的文件必须抄送辖区内中国人民银行，凡与中国人民银行有关规定不一致的内容，以中国人民银行的规定为准；
（三）严格执行国家的利率政策和相关法规，加强自身及所辖分支机构的利率管理，发现问题应主动处理；
（四）自觉接受并主动配合中国人民银行的利率管理和检查，提供真实的相关资料；
（五）在营业场所挂牌公告法定利率水平；
（六）对利率政策执行过程中出现的问题及时向中国人民银行报告。

第十条 利率管理人员应当坚持原则，依法办事，不得徇私舞弊，泄露机密，玩忽职守。

第三章 存款的结息

第十一条 城乡居民储蓄存款的计息和结息按《储蓄管理条例》有关条款办理。

活期储蓄存款每年结息一次，6月30日为结息日，结息后的利息并入本金起息，元以下尾数不计息。未到结息日清户时，按清户日挂牌公告的利率计息到清户前一日止。

定期储蓄存款按存入日挂牌公告的利率计息，利随本清，遇利率调整不分段计息。

定活两便储蓄存款按支取日挂牌公告的一年期以内（含一年）相应档次的定期整存整取存款利率打折计息，打折后低于活期存款利率时，按活期存款利率计息。

通知存款的计息和结息按《通知存款管理办法》执行。

大额可转让定期存单在存期内按照存单开户日银行挂牌公告的利率计息，利随本清，遇利率调整不分段计息，逾期期间不计息。

第十二条 单位存款的计息和结息按《人民币单位存款管理办法》的有关条款办理。

活期存款按季结息，每季末月的20日为结息日。

单位通知存款计息和结息按《通知存款管理办法》执行。

单位协定存款按结息日或清户日挂牌公告的利率计息，按季结息。

第十三条 金融机构经中国人民银行批准收取的保证金，按照单位存款计息、结息。

第十四条 职工个人住房公积金存款,当年归集的按结息日挂牌公告的活期存款利率计息,结息后转入上年结转户;上年结转的按结息日挂牌公告的3个月定期整存整取存款利率计息。公积金存款的结息日为每年的6月30日。

第十五条 金融机构的准备金存款按季结息,每季度末月的20日为结息日,按结息日的利率计息,遇利率调整不分段计息。

对欠交准备金的金融机构,从欠交之日起按罚息利率计收罚息,直至交足准备金止,遇罚息利率调整分段计息。

第十六条 邮政储蓄转存款,按季结息,每季度末月的20日为结息日,遇利率调整分段计息。

第十七条 保险公司在中国人民银行的保证金存款按金融机构准备金存款利率计息,在其他金融机构的存款按单位存款利率计息。

第十八条 金融机构按规定全额划缴中国人民银行的财政存款一律不计息,不划缴的部分按单位存款利率计息。

第十九条 金融机构同业存款利率,最高不得超过准备金存款利率,计息和结息同第十五条。

第四章 贷款的结息

第二十条 短期贷款(期限在1年以下,含1年),按贷款合同签订日的相应档次的法定贷款利率计息。贷款合同期内,遇利率调整不分段计息。

短期贷款按季结息的,每季度末月的20日为结息日;按月结息的,每月的20日为结息日。具体结息方式由借贷双方协商确定。对贷款期内不能按期支付的利息按贷款合同利率按季或按月计收复利,贷款逾期后改按罚息利率计收复利。最后一笔贷款清偿时,利随本清。

第二十一条 中长期贷款(期限在1年以上)利率实行1年一定。贷款(包括贷款合同生效日起一年内应分笔拨付的所有资金)根据贷款合同确定的期限,按贷款合同生效日相应档次的法定贷款利率计息,每满1年后(分笔拨付的以第一笔贷款的发放日为准),再按当时相应档次的法定贷款利率确定下一年度利率。中长期贷款按季结息,每季度末月20日为结息日。对贷款期内不能按期支付的利息按合同利率按季计收复利,贷款逾期后改按罚息利率计收复利。

第二十二条 贴现按贴现日确定的贴现利率一次性收取利息。

第二十三条 信托贷款利率由委托双方在不超过同期同档次法定贷款利率水平(含浮动)的范围内协商确定;租赁贷款利率按同期同档次法定贷款利率(含浮动)执行。

第二十四条 贷款展期,期限累计计算,累计期限达到新的利率期限档次时,自展期之日起,按展期日挂牌的同档次利率计息;达不到新的期限档次时,按展期日的原档次利率计息。

第二十五条 逾期贷款或挤占挪用贷款,从逾期或挤占挪用之日起,按罚息利率计收罚息,直到清偿本息为止,遇罚息利率调整分段计息。对贷款逾期或挪用期间不能按期支付的利息按罚息利率按季(短期贷款也可按月)计收复利。如同一笔贷款既逾期又挤占挪用,应择其重,不能并处。

第二十六条 借款人在借款合同到期日之前归还借款时,贷款人有权按原贷款合同向借款人收取利息。

第二十七条 个人住房贷款利率及其计结息办法按《个人住房贷款管理办法》有关规定执行,贷款逾期按本规定第二十五条办理。

第二十八条 中国人民银行对金融机构再贷款按合同利率计息,遇利率调整不分段计息。按季结息,每季度末月20日为结息日。对贷款期内不能按期支付的利息按合同利率计收复利。

再贷款展期,贷款期限不累计计算,按展期日相应档次的再贷款利率计息。再贷款逾期,按逾期日的罚息利率计收罚息,直到归还本息,遇罚息利率调整分段计息。对逾期期间不能按期支付的利息按罚息利率按季计收复利。

第二十九条 再贴现按再贴现日的再贴现利率一次性收取利息。

第五章 罚 则

第三十条 有下列行为之一的,属于利率违规行为:
(一)擅自提高或降低存、贷款利率的;
(二)变相提高或降低存、贷款利率的;
(三)擅自或变相以高利率发行债券的;
(四)其他违反本规定和国家利率政策的。

第三十一条 对存在上述利率违规行为的金融机构,中国人民银行将视其情节及所致后果轻重,依照有关法律法规给予相应处罚。

第三十二条 金融机构违反国家法律法规和利率政策而多收的贷款利息或少付的存款利息,以及个人、法人及其他组织因金融机构违规而多收的存款利息或少付的贷款利息,不受法律保护。

第三十三条 金融机构因非不可抗力拖延或拒绝支

付存款人已到期合法存款的,未付期间按该笔存款原存单利率对存款人支付利息。

第三十四条 对违反《企业债券管理条例》,擅自或变相以高利率发行债券的企业,辖区内中国人民银行有权制止,并会同有关部门依照《企业债券管理条例》等有关法规进行处罚。

第三十五条 对违反本规定的金融机构的主要负责人、业务部门负责人及直接业务人员,视情节轻重和造成危害的程度,按照中国人民银行《关于对金融机构违法违规经营责任人的行政处分规定》给予相应处分。

第三十六条 违反利率管理规定的当事人,对中国人民银行做出的处罚不服的,可以按《行政复议条例》有关规定向上一级人民银行申请复议。

第六章 附 则

第三十七条 本规定由中国人民银行总行负责解释、说明和修改。

第三十八条 本规定自1999年4月1日起实行。此前凡与本规定相抵触的,皆以本规定为准。

中国人民银行关于建立场外金融衍生产品集中清算机制及开展人民币利率互换集中清算业务有关事宜的通知

· 2014年1月28日
· 银发〔2014〕29号

中国人民银行上海总部,各分行、营业管理部,各省会(首府)城市中心支行,副省级城市中心支行;国家开发银行,各政策性银行、国有商业银行、股份制银行、中国邮政储蓄银行;中国银行间市场交易商协会;全国银行间同业拆借中心,银行间市场清算所股份有限公司:

为促进场外金融衍生产品市场健康规范发展,建立场外金融衍生产品集中清算机制,全国银行间债券市场参与者(以下简称市场参与者)达成的人民币利率互换等场外金融衍生产品交易,应按要求进行集中清算,银行间市场清算所股份有限公司(以下简称上海清算所)提供集中清算服务。现就有关事宜通知如下:

一、本通知所称人民币利率互换集中清算业务,是指市场参与者将其达成的人民币利率互换交易,提交上海清算所进行集中清算,由上海清算所作为中央对手方(CCP)承继交易双方的权利及义务,并按照多边净额方式计算市场参与者在相同结算日的利息净额,建立相应风险控制机制,保证合约履行、完成利息净额结算的处理过程。

人民币利率互换交易应通过全国银行间同业拆借中心(以下简称同业拆借中心)交易系统确认。

二、市场参与者参加人民币利率互换集中清算业务,应与上海清算所签订《人民币利率互换集中清算协议》。

由上海清算所进行集中清算的人民币利率互换交易,适用市场参与者与上海清算所签订的《人民币利率互换集中清算协议》。

三、自本通知发布之日起,上海清算所应开始为市场参与者提供人民币利率互换交易的集中清算服务。

自2014年7月1日起,金融机构之间新达成的,以FR007、Shibor_ON和Shibor_3M为参考利率的,期限在5年以下(含5年)的人民币利率互换交易,凡参与主体、合约要素符合上海清算所有关规定的,均应提交上海清算所进行集中清算。不能进行集中清算的,应向中国人民银行说明。

四、上海清算所应从制度、人员、系统等多方面入手,建立严格的人民币利率互换集中清算风险管理机制,包括但不限于:

制订集中清算业务参与者标准,建立参与者信用风险监测和评估体系;

建立保证金、清算基金、风险准备金等风险管理制度,合理测算集中清算参与者头寸的盯市价值和风险敞口,定期开展回归测试和压力测试;

建立集中清算业务参与者违约处理机制,落实银行授信等流动性支持措施,确保清算业务安全平稳运行。

五、市场参与者因参与集中清算业务而向上海清算所提交的保证金、清算基金等,属于所提交的机构所有,应仅用于履行集中清算所产生的债权债务及其违约处理。

上海清算所应将人民币利率互换集中清算参与机构提交的保证金、清算基金与自有资产相隔离,严禁挪作他用。

六、人民币利率互换集中清算参与机构应确保相应的资金账户有足够余额用于资金结算和保证金结算。

处于结算过程中的资金或保证金只能用于该笔结算,结算一旦完成不可撤销。

七、中国人民银行将按照《金融市场基础设施原则》等规定的合格中央对手方的标准,对上海清算所进行持续有效的监督和管理。

市场成员应根据有关监管要求,对由上海清算所集中清算的人民币利率互换交易,按照合格中央对手方标准计算相应的风险加权资产。

八、同业拆借中心、上海清算所应加强协调配合，分别做好人民币利率互换交易、清算的日常监测工作，并于每月前10个工作日内，将上月人民币利率互换集中清算业务相关情况以书面方式向中国人民银行报告，抄送中国银行间市场交易商协会。发现异常情况应及时处理并报告。

九、上海清算所应定期向中国人民银行上海总部，各分行、营业管理部、省会(首府)城市中心支行、副省级城市中心支行提供其辖区内机构参与人民币利率互换集中清算的有关信息。

中国人民银行各分支机构应加强对辖区内机构参与人民币利率互换集中清算业务的日常管理。

十、同业拆借中心、上海清算所应根据本通知要求制订具体的交易、清算业务规则，报中国人民银行批准后实施。

十一、中国人民银行将根据场外金融衍生产品的风险敞口情况、交易活跃程度、定价机制完善情况、标准化程度及指定集中清算机构的准备充分性等情况，决定其他场外金融衍生产品进行集中清算的类别及具体品种。

十二、本通知自发布之日起施行。

(3) 金银与国库管理

中华人民共和国金银管理条例

· 1983年6月15日国务院发布
· 根据2011年1月8日《国务院关于废止和修改部分行政法规的决定》修订

第一章　总　则

第一条　为加强对金银的管理，保证国家经济建设对金银的需要，特制定本条例。

第二条　本条例所称金银，包括：

(一) 矿藏生产金银和冶炼副产金银；

(二) 金银条、块、锭、粉；

(三) 金银铸币；

(四) 金银制品和金基、银基合金制品；

(五) 化工产品中含的金银；

(六) 金银边角余料及废渣、废液、废料中含的金银。

铂(即白金)，按照国家有关规定管理。

属于金银质地的文物，按照《中华人民共和国文物保护法》的规定管理。

第三条　国家对金银实行统一管理、统购统配的政策。

中华人民共和国境内的机关、部队、团体、学校、国营企业、事业单位，城乡集体经济组织(以下统称境内机构)的一切金银的收入和支出，都纳入国家金银收支计划。

第四条　国家管理金银的主管机关为中国人民银行。

中国人民银行负责管理国家金银储备；负责金银的收购与配售；会同国家物价主管机关制定和管理金银收购与配售价格；会同国家有关主管机关审批经营(包括加工、销售)金银制品、含金银化工产品以及从含金银的废渣、废液、废料中回收金银的单位(以下统称经营单位)，管理和检查金银市场；监督本条例的实施。

第五条　境内机构所持的金银，除经中国人民银行许可留用的原材料、设备、器皿、纪念品外，必须全部交售给中国人民银行，不得自行处理、占有。

第六条　国家保护个人持有合法所得的金银。

第七条　在中华人民共和国境内，一切单位和个人不得计价使用金银，禁止私相买卖和借贷抵押金银。

第二章　对金银收购的管理

第八条　金银的收购，统一由中国人民银行办理。除经中国人民银行许可、委托的以外，任何单位和个人不得收购金银。

第九条　从事金银生产(包括矿藏生产和冶炼副产)的厂矿企业、农村社队、部队和个人所采炼的金银，必须全部交售给中国人民银行，不得自行销售、交换和留用。

前款所列生产单位，对生产过程中的金银成品和半成品，必须按照有关规定加强管理，不得私自销售和处理。

第十条　国家鼓励经营单位和使用金银的单位，从伴生金银的矿种和含金银的废渣、废液、废料中回收金银。

前款所列单位必须将回收的金银交售给中国人民银行，不得自行销售、交换和留用。但是，经中国人民银行许可，使用金银的单位将回收的金银重新利用的除外。

第十一条　境内机构从国外进口的金银和矿产品中采炼的副产金银，除经中国人民银行允许留用的或者按照规定用于进料加工复出口的金银以外，一律交售给中国人民银行，不得自行销售、交换和留用。

第十二条　个人出售金银，必须卖给中国人民银行。

第十三条　一切出土无主金银，均为国家所有，任何单位和个人不得熔化、销毁或占有。

单位和个人发现的出土无主金银，经当地文化行政管理部门鉴定，除有历史文物价值的按照《中华人民共和国文物保护法》的规定办理外,必须交给中国人民银行收兑,价款上缴国库。

第十四条 公安、司法、海关、工商行政管理、税务等国家机关依法没收的金银,一律交售给中国人民银行,不得自行处理或者以其他实物顶替。没收的金银价款按照有关规定上缴国库。

第三章 对金银配售的管理

第十五条 凡需用金银的单位,必须按照规定程序向中国人民银行提出申请使用金银的计划,由中国人民银行审批、供应。

中国人民银行应当按照批准的计划供应,不得随意减售或拖延。

第十六条 中华人民共和国境内的外资企业、中外合资企业以及外商,订购金银制品或者加工其他含金银产品,要求在国内供应金银者,必须按照规定程序提出申请,由中国人民银行审批予以供应。

第十七条 使用金银的单位,必须建立使用制度,严格做到专项使用、结余交回。未经中国人民银行许可,不得把金银原料(包括半成品)转让或者移作他用。

第十八条 在本条例规定范围内,中国人民银行有权对使用金银的单位进行监督和检查。使用金银的单位应当向中国人民银行据实提供有关使用金银的情况和资料。

第四章 对经营单位和个体银匠的管理

第十九条 申请经营(包括加工、销售)金银制品、含金银化工产品以及从含金银的废渣、废液、废料中回收金银的单位,必须按照国家有关规定和审批程序,经中国人民银行和有关主管机关审查批准,在工商行政管理机关登记发给营业执照后,始得营业。

第二十条 经营单位必须按照批准的金银业务范围从事经营,不得擅自改变经营范围,不得在经营中克扣、挪用和套购金银。

第二十一条 金银质地纪念币的铸造、发行由中国人民银行办理,其他任何单位不得铸造、仿造和发行。

金银质地纪念章(牌)的出口经营,由中国人民银行和中华人民共和国对外经济贸易部分别办理。

第二十二条 委托、寄售商店,不得收购或者寄售金银制品、金银器材。珠宝商店可以收购供出口销售的带有金银镶嵌的珠宝饰品,但是不得收购、销售金银制品和金银器材。金银制品由中国人民银行收购并负责供应外贸出口。

第二十三条 边疆少数民族地区和沿海侨眷比较集中地区的个体银匠,经县或者县级以上中国人民银行以及工商行政管理机关批准,可以从事代客加工和修理金银制品的业务,但不得收购和销售金银制品。

第二十四条 国家允许个人邮寄金银饰品,具体管理办法由中国人民银行会同中华人民共和国邮电部制定。

第五章 对金银进出国境的管理

第二十五条 携带金银进入中华人民共和国国境,数量不受限制,但是必须向入境地中华人民共和国海关申报登记。

第二十六条 携带或者复带金银出境,中华人民共和国海关凭中国人民银行出具的证明或者原入境时的申报单登记的数量查验放行;不能提供证明的或者超过原入境时申报登记数量的,不许出境。

第二十七条 携带在中华人民共和国境内供应旅游者购买的金银饰品(包括镶嵌饰品、工艺品、器皿等)出境,中华人民共和国海关凭国内经营金银制品的单位开具的特种发货票查验放行。无凭据的,不许出境。

第二十八条 在中华人民共和国境内的中国人、外国侨民和无国籍人出境定居,每人携带金银的限额为:黄金饰品1市两(31.25克),白银饰品10市两(312.50克),银质器皿20市两(625克)。经中华人民共和国海关查验符合规定限额的放行。

第二十九条 中华人民共和国境内的外资企业、中外合资企业,从国外进口金银作产品原料的,其数量不限;出口含金银量较高的产品,须经中国人民银行核准后放行。未经核准或者超过核准出口数量的,不许出境。

第六章 奖励与惩罚

第三十条 有下列事迹的单位或者个人,国家给予表彰或者适当的物质奖励:

(一)认真执行国家金银政策法令,在金银回收或者管理工作中做出显著成绩的;

(二)为保护国家金银与有关违法犯罪行为坚决斗争,事迹突出的;

(三)发现出土无主金银及时上报或者上交,对国家有贡献的;

(四)将个人收藏的金银捐献给国家的。

第三十一条 违反本条例的下列行为,根据情节轻重,分别由中国人民银行、工商行政管理机关和海关按照各自的职责权限给予以下处罚:

(一)违反本条例第八、九、十、十一条规定,擅自收购、销售、交换和留用金银的,由中国人民银行或者工商行政管理机关予以强制收购或者贬值收购。情节严重的,工商行政管理机关可并处以罚款,或者单处以没收。违反本条例第八、九、十、十一条规定的,工商行政管理机关可另处以吊销营业执照。

(二)违反本条例第十三条规定,私自熔化、销毁、占有出土无主金银的,由中国人民银行追回实物或者由工商行政管理机关处以罚款。

(三)违反本条例第十七条规定擅自改变使用用途或者转让金银原材料的,由中国人民银行予以警告,或者追回已配售的金银。情节严重的,处以罚款直至停止供应。

(四)违反本条例第十九、二十、二十一、二十二、二十三条规定,未经批准私自经营的,或者擅自改变经营范围的,或者套购、挪用、扣克金银的,由工商行政管理机关处以罚款或者没收。情节严重的,可并处以吊销营业执照、责令停业。

(五)违反本条例第七条规定,将金银计价使用、私相买卖、借贷抵押的,由中国人民银行或者工商行政管理机关予以强制收购或者贬值收购。情节严重的,由工商行政管理机关处以罚款或者没收。

(六)违反本条例第五章有关金银进出国境管理规定或者用各种方法偷运金银出境的,由海关依据本条例和国家海关法规处理。

(七)违反本条例第十四条规定的,由中国人民银行予以收兑。对直接责任人员由有关单位追究行政责任。

第三十二条 违反本条例规定,已构成犯罪行为的,由司法机关依法追究刑事责任。

第七章 附 则

第三十三条 本条例的施行细则,由中国人民银行会同国务院有关部门制定。

第三十四条 边疆少数民族地区的金银管理需要作某些变通规定的,由有关省、自治区人民政府会同中国人民银行根据本条例制定。

第三十五条 本条例自发布之日起施行。过去有关部门制定的金银管理办法即行废止。

中华人民共和国金银管理条例施行细则

· 1983年12月28日
· [83]银发字第381号

为了贯彻执行《中华人民共和国金银管理条例》,特制定本细则。

一、根据《中华人民共和国金银管理条例》(以下简称《条例》)第四条规定,中国人民银行是国家授权管理金银的主管机关,按照《条例》及本细则的规定行使职权。在未设中国人民银行的地方可由中国人民银行各省、市、自治区分行(以下简称分行)委托有关专业银行(以下简称受托机构)根据授权范围具体办理金银管理的各项工作。

二、根据《条例》第二条,按照国家有关规定,中国人民银行收购的铂(即白金)应由各省、市、自治区分行转售给物资部门。

文物部门不得将收购、收藏的金银用作出口或内销,如需组织出口或内销时,须向中国人民银行申请,由中国人民银行审批、供应。

三、根据《条例》第三条规定,国家对金银实行统一管理、统购统配的政策。凡经营金银生产、冶炼、加工、回收、销售的国营企事业单位、城乡集体经济组织一切金银的收入和支出,以及侨资企业、外资企业、中外合资经营企业单位一切金银的收入和支出,均应严格遵守《条例》和本细则的规定,纳入国家金银收支计划,由中国人民银行管理。

四、《条例》第六条规定国家保护个人持有合法所得的金银,是指依法继承遗产、接受亲友馈赠、合法购买、有关部门奖励以及其他正当所得的金银。

五、根据《条例》第七条关于一切单位和个人不得计价使用金银,禁止私相买卖和借贷抵押的规定,凡单位之间、个人之间、单位和个人之间发生的债权债务,也一律不得以金银实物清偿。

六、根据《条例》第八条规定,金银的收购统一由中国人民银行办理。委托机构收购的金银,必须按原收购价格全部转售给中国人民银行。

七、根据《条例》第十条规定,凡有含金银废渣、废液、废料(以下简称含金银"三废")的境内机构,应积极从含金银"三废"中回收金银。回收有困难的,可委托或交售专业回收单位回收,回收的金银除经中国人民银行许可重新利用的外,其余必须全部交售中国人民银行或其委托机构。

对既不积极回收,又不委托或交售给专业单位回收者,可酌情减少金银的供应。

侨资企业、外资企业、中外合资经营企业以及外商不得经营回收金银业务。

八、《条例》第十三条所称无主金银,是指任何单位和个人凡在开凿、建筑、施工、耕作等活动中发掘出土的金银。

九、根据《条件》第十四条规定,公安、司法、海关、工商行政管理、税务等国家机关依法没收的金银,要及时全部交售给中国人民银行。属于伪造的金银,由中国人民银行或由中国人民银行会同有关部门作变形处理。

《条例》第十三、十四条规定价款"上缴国库",是指上缴当地财政部门。

十、根据《条例》第十五条规定,有关申请使用金银计划的报批程序:

1. 凡需用金银作原料的生产单位和科研单位,必须按照国家下达的生产计划,根据节约使用金银的原则,编制年度金银使用计划(附式1),经主管部门签署意见后,报送所在地中国人民银行或其委托机构。

2. 中国人民银行各级分支机构或其委托机构,必须对申请使用金银单位的生产计划、产品质量、产品销路、金银消耗定额、产品合格率、金银库存以及含金银"三废"回收等情况,进行审核,逐级上报。由中国人民银行总行统一平衡后,下达年度金银配售计划。

3. 中国人民银行各级分支机构或其委托机构,根据中国人民银行总行批准下达的年度金银配售计划指标,分批组织供应。各级中国人民银行或其委托机构不得超计划供应,也不得随意减售或拖延。

4. 军工单位的年度使用金银计划,直接报送所在地中国人民银行分行审查上报,由总行批准下达。

5. 在中国人民银行总行下达年度金银配售计划指标之前,各分行可根据使用金银单位的生产进度,对所需金银酌情预拨供应。

6. 凡需要使用金银作为生产原材料的新建、扩建单位或新增加的产品,必须事先经当地中国人民银行或委托机构审查并转报中国人民银行分行批准,否则不予供应。

7. 金银配售计划指标,当年有效,跨年作废。

十一、《条例》第十七条所称的金银原料(包括半成品)是指:中国人民银行配售的金银;经过加工的各种金银材料;含金银化工产品;生产过程的金银边角余料以及从含金银"三废"中回收的金银。

使用金银单位多余的金银材料,经当地中国人民银行或其委托机构同意,可调剂给其他需用的单位使用,同时相应核减需用单位的配售指标。跨省、市、自治区调剂的,须经双方所在地中国人民银行分行同意后,才能办理。

军工单位的金银调剂,须经当地中国人民银行分行同意,才能办理。

十二、《条例》第十九条规定,申请经营(包括加工、销售)金银制品,含金银化工产品以及从含金银"三废"中回收金银的单位(以下简称经营单位),是指包括经营下列业务的单位:

1. 金银制品:包括金银饰品、器皿等工艺品;丝、管、棒、片、箔、化验坩埚、触头、用具、镀件、零部件等生产器材;科研设备、医疗器械以及金基、银基合金制品等。

2. 含金银化工产品:包括氯化金、氰化金钾、金水、硝酸银、氧化银、氯化银、碘化银、溴化银等。

3. 含金银"三废":包括含金银的冶炼废坩埚、炉渣、地灰、阳极泥、阴沟泥、定影液、冲洗水、胶片、相纸、废旧电器开关、废旧电子元件等。

凡申请经营金银制品、含金银化工产品以及从金银"三废"中回收金银的单位,必须报其主管部门审查同意,经中国人民银行分行审查批准,在当地工商行政管理机关登记核发营业执照,始得营业。

凡是没有按照上述审批程序有关规定办理登记的经营单位,必须重新申请办理审批和登记手续,未经批准和登记的,一律不许营业。各级中国人民银行或委托机构有权对有关经营单位进行监督和检查。经营单位应向当地中国人民银行分行或委托机构据实提供有关经营情况和资料。

十三、根据《条例》第二十条经营单位必须按照批准的金银业务范围从事经验的规定,各经营单位在业务经营上必须受到下列的限制:

1. 经营含金银化工产品以及银焊条、片的单位,必须按照中国人民银行有关分行批准的配售计划供应,不得超售。

2. 经营单位在接受使用金银单位委托加工产品时,必须经中国人民银行有关分行办理金银指标转移手续,由经营单位所在地的中国人民银行供应金银,不得直接接受委托加工单位的金银原料。

3. 经营从金银"三废"中回收金银的单位,未经当地和对方中国人民银行许可,不得到外地采购或回收含金银的废渣、废液、废料。

4. 禁止境内机构和个人接受外商委托回收含金银的废渣、废液、废料出口。

5. 中国人民银行分行可以指定含金银"三废"的回收单位接受使用金银单位委托熔化、提炼金银加工业务。

十四、《条例》第二十二条规定珠宝商店可以收购供出口销售的带有金银镶嵌的珠宝饰品,是指以珠宝为主要价值的镶嵌饰品。对拆下的金银胎,必须全部交售给当地中国人民银行或其委托机构。

十五、《条例》第二十三条关于边疆少数民族地区和沿海侨眷比较集中地区的个体银匠,经批准可以从事代客加工和修理金银制品的业务的规定,也适用于内地少数民族聚居的自治州(县)。其他地区严禁个体银匠从事代客加工和修理金银制品的业务。

个体银匠不得接受外商委托的来料加工贸易业务。

十六、根据《条例》第二十四条规定,个人要求在国内邮寄金银饰品,邮电部门凭寄件人交验的本人证明或国内经营金银制品单位开具的发货票、特种发货票办理邮寄手续。

前款规定交验的本人证明,是指本人工作证、学生证、离退休证、户口簿等足以证明本人身份的合法证件。

境内机构出具证明,可在国内邮寄金银。

十七、根据《条例》第二十五条规定,携带金银进入中华人民共和国国境,数量不受限制,但是必须向入境地中华人民共和国海关申报登记金银品名、件数、重量等内容。凡入境时未向海关申报登记的,不许复带出境。

十八、根据《条例》第二十六条有关携带或者复带金银出境的规定:

1. 凡因探亲、旅游、出访、派出国外或港澳地区工作或学习的人员,携带金银及其制品出境时,必须向海关申报登记,注明回程时带回原物。每人携带金银的限额为:黄金饰品5市钱(16两制、下同,折合15.625克)、白银饰品5市两(156.25克)以下的,由海关查验放行。

2. 入境人员复带金银出境,海关凭原入境时申报登记的数量查验放行;超过原入境时申报登记数量的,不许携带出境。

3. 凡不属前两款规定又确有正当理由的,必须持有所在单位或城镇街道办事处、乡(农村公社)人民政府以上机关证明,经当地中国人民银行验明所带金银名称、数量,并开具批准出境证明(附式2),海关凭以登记查验放行。

4. 凡外贸部门以及侨资企业、外资企业、中外合资经营企业和外商,携带由中国人民银行供应金银所加工的金银制品出境时,由所在地中国人民银行开具证明,海关查验放行。

十九、《条例》第二十七条规定的"特种发货票",由中国人民银行总行统一印制(附式3),经由有关分行发给指定的金银制品经营单位使用。

二十、根据《条例》第二十八条规定,出境定居的人员(包括到港澳定居),每人携带金银的限额为:黄金饰品1市两(31.25克)白银饰品10市两(312.50克),银质器皿20市两(625克)。超过限额部分可退回国内亲友,或交当地中国人民银行收兑。在特殊情况下确有正当理由的必须持有所在单位或城镇街道办事处、乡(农村公社)人民政府以上机关证明,经当地中国人民银行验明,所带金银名称、数量,并开具批准出境证明(附式2),海关凭以登记查验放行。

二十一、根据《条例》第二十九条的规定:

1. 中华人民共和国境内的侨资企业、外资企业、中外合资经营企业,从国外进口金银作产品原料的,必须向海关申报登记重量、成色和用途。

2. 前款所列企业必须将进口金银的申报单和加工合同报送所在地中国人民银行审查备案。

3. 加工的产品出境前,所在地中国人民银行应检查产品所含金银重量,并核对合同,逐次登记,开具证明。

4. 产品出境时,海关凭前款开具的证明查验放行。未经中国人民银行核准证明或超过核准数量的,不许出境。

5. 侨资企业、外资企业、中外合资企业经营从国外进口金银作产品原料加工金银饰品,未经中国人民银行批准,不能在国内销售。

二十二、根据《条例》第三十条规定,需要对有贡献的单位和个人给予表彰或者适当物质奖励的,由中国人民银行各分行会同有关部门根据贡献大小,具体研究审定。

对符合第一款应给予奖励的单位或个人,其物质奖励由中国人民银行各分行或有关的主管部门奖给或者在回收价款中提取适当奖金予以奖励;对符合第二款应给予奖励的单位或个人,可在没收或者交售金银价款中提取百分之十以内的奖金(最多不超过一千元),予以奖励。对符合第三款应给予奖励的单位或个人,可在金银变价款中提取百分之二十以内的奖金(最多不超过二千元)予以奖励;对符合第四款应给予奖励的单位或个人,由接受捐献的部门酌情给予奖励。

二十三、本细则由中国人民银行公布施行。解释权属于中国人民银行。

附件一:申请黄金、白银、硝酸银(工业)计划表(略)
附件二:中国人民银行(略)
附件三:中国人民银行(略)
附件四:汇票挂失电报格式(略)

对金银进出国境的管理办法

- 1984年2月1日
- 〔84〕银发字第13号

第一条 为了贯彻执行《中华人民共和国金银管理条例》第二十五条至第二十九条对金银进出国境的管理规定，特制定本办法。

第二条 旅客或者受、发货人或者代理人携运金银及其制品（产品）进出中华人民共和国国境，必须向入、出境地海关申报。凡隐瞒不报或者用其他方法逃避海关监管偷运金银及其制品（产品）出境，以走私论处。

第三条 入境旅客带进金银及其制品，数量不受限制，但是，必须向入境地海关申报，由海关登记金银的品名、件数、重量等内容后予以放行；如复带金银及其制品出境时，海关凭原入境时的申报单登记的数量、重量查核放行。凡入境时未向海关申报登记的，或者超过原入境时申报登记数量、重量的，不许携带出境。

第四条 入境旅客用带进的外汇在中华人民共和国境内购买的金银饰品（包括镶嵌饰品、器皿等新工艺品）携带、托运、邮寄出境，海关凭国内经营金银制品的单位开具的《特种发货票》（由中国人民银行统一印制，各地分行分发）查核放行。不能交验《特种发货票》的，不许携运、邮寄出境。

第五条 居住在中华人民共和国境内的中国公民、外国侨民和其他出境旅客携带金银及其制品出境，按以下规定办理：

一、因出访、探亲、旅游以及前往国外或者港澳地区工作和学习的，每人携带金银的限额为：黄金饰品五市钱（15.625克）、白银饰品五市两（156.25克）。经海关查验符合规定限额的，准予登记放行；回程时，必须将原物带回。

二、迁居国外和港澳地区的，每人携带金银的限额为：黄金饰品一市两（31.25克）、白银饰品十市两（312.50克）、银质器皿二十市两（625克）。经海关查验符合规定限额的，准予放行。

三、超出上述规定限额的，必须在出境前，持旅客所在单位或者城镇街道办事处、乡（农村公社）人民政府以上机关证明，到当地中国人民银行或其委托机构，验明所带金银及其饰品名称、数量后，申领《携带金银出境许可证》，海关凭以查验放行。不能提供《携带金银出境许可证》的，不许携带出境。

第六条 中华人民共和国境内的外贸公司、工贸公司、侨资企业、外资企业、中外合资经营企业进口金银作产品原料、出口含金银产品的，按以下规定办理：

一、从国外或者港澳地区进口金银作产品原料的，海关不限数量，迳予放行。

二、上述企业、公司必须将进口金银的申报单和加工合同报送所在地中国人民银行办理登记重量、成色和用途的审查手续。

三、加工销售的产品，不论用进口金银或者是用中国人民银行供应的金银作原料，不论含金量高低，出厂前，应由所在地中国人民银行检查产品所含金银重量，并核对合同，逐次登记，制发《金银产品出口准许证》。

四、海关对出境产品所含金银成分不论高低，一律凭前款规定的证明以及有关的报关单证予以核放。未取得中国人民银行制发的证明或者超过核准数量的，不准出口。

第七条 本办法自1984年2月15日起实施。

中华人民共和国国家金库条例

- 1985年7月27日国务院发布
- 根据2020年11月29日《国务院关于修改和废止部分行政法规的决定》修订

第一章 总 则

第一条 为了统一组织国家财政收支，健全国家金库制度，特制定本条例。

第二条 国家金库（以下简称国库）负责办理国家预算资金的收入和支出。在执行任务中，必须认真贯彻国家的方针、政策和财经制度，发挥国库的促进和监督作用。

第三条 中国人民银行具体经理国库。组织管理国库工作是人民银行的一项重要职责。

第四条 各级国库库款的支配权，按照国家财政体制的规定，分别属于同级财政机关。

第五条 各级人民政府应加强对同级国库的领导，监督所属部门、单位、不得超越国家规定的范围动用国库库款。

第二章 国库的组织机构

第六条 国库机构按照国家财政管理体制设立，原则上一级财政设立一级国库。中央设立总库；省、自治区、直辖市设立分库；省辖市、自治州设立中心支库；县和相当于县的市、区设立支库。支库以下经收处的业务，由专业银行的基层机构代理。

第七条 各级国库的主任，由各该级人民银行行长兼任,副主任由主管国库工作的副行长兼任。不设人民银行机构的地方,国库业务由人民银行委托当地专业银行办理,工作上受上级国库领导,受委托的专业银行行长兼国库主任。

第八条 国库业务工作实行垂直领导。各省、自治区、直辖市分库及其所属各级支库,既是中央国库的分支机构,也是地方国库。

第九条 各级国库应当设立专门的工作机构办理国库业务。机构设置按照本条例第六条规定,四级国库分别为司、处、科、股。人员应当稳定,编制单列。业务量不大的县支库,可不设专门机构,但要有专人办理国库业务。

第三章 国库的职责权限

第十条 国库的基本职责如下:

(一)办理国家预算收入的收纳、划分和留解。

(二)办理国家预算支出的拨付。

(三)向上级国库和同级财政机关反映预算收支执行情况。

(四)协助财政、税务机关督促企业和其他有经济收入的单位及时向国家缴纳应缴款项,对于屡催不缴的,应依照税法协助扣收入库。

(五)组织管理和检查指导下级国库的工作。

(六)办理国家交办的同国库有关的其他工作。

第十一条 国库的主要权限如下:

(一)督促检查各经收处和收入机关所收之款是否按规定全部缴入国库,发现违法不缴的,应及时查究处理。

(二)对擅自变更各级财政之间收入划分范围、分成留解比例,以及随意调整库款账户之间存款余额的,国库有权拒绝执行。

(三)对不符合国家规定要求办理退库的,国库有权拒绝办理。

(四)监督财政存款的开户和财政库款的支拨。

(五)任何单位和个人强令国库办理违反国家规定的事项,国库有权拒绝执行,并及时向上级报告。

(六)对不符合规定的凭证,国库有权拒绝受理。

第十二条 各级国库应加强会计核算工作,严密核算手续,健全账簿报表,保证各项预算收支数字完整、准确。

第十三条 国库工作人员要忠于职守,热爱本职工作,严格保守国家机密。对坚持执行国家方针、政策和财经制度,敢于同违反财经纪律行为作斗争的,要给予表扬和鼓励;对打击报复国库人员的,要严肃处理。

第四章 库款的收纳与退付

第十四条 国家的一切预算收入,应按照规定全部缴入国库,任何单位不得截留、坐支或自行保管。

第十五条 国家各项预算收入,分别由各级财政机关、税务机关和海关负责管理,并监督缴入国库。缴库方式由财政部和中国人民银行总行另行规定。

第十六条 国库收纳库款以人民币为限。以金银、外币等缴款,应当向当地银行兑换成人民币后缴纳。

第十七条 预算收入的退付,必须在国家统一规定的退库范围内办理。必须从收入中退库的,应严格按照财政管理体制的规定,从各该级预算收入的有关项目中退付。

第五章 库款的支拨

第十八条 国家的一切预算支出,一律凭各级财政机关的拨款凭证,经国库统一办理拨付。

第十九条 中央预算支出,采取实拨资金和限额管理两种方式。中央级行政事业经费,实行限额管理。地方预算支出,采用实拨资金的方式;如果采用限额管理,财政应随限额拨足资金,不由银行垫款。

第二十条 各级国库库款的支拨,必须在同级财政存款余额内支付。只办理转账,不支付现金。

第六章 附则

第二十一条 本条例实施细则,由财政部和中国人民银行总行共同制定。

第二十二条 专业银行代办国库业务的具体办法,由中国人民银行总行另行制定。

第二十三条 本条例自发布之日起施行。1950年3月3日中央人民政府政务院公布的《中央金库条例》同时废止。

中华人民共和国国库券条例

- 1992年3月18日中华人民共和国国务院令第95号发布
- 根据2011年1月8日《国务院关于废止和修改部分行政法规的决定》修订

第一条 为了筹集社会资金,进行社会主义现代化建设,制定本条例。

第二条 国库券的发行对象是:居民个人、个体工商户、企业、事业单位、机关、社会团体和其他组织。

第三条 国库券以人民币元为计算单位。

第四条 每年国库券的发行数额、利率、偿还期等,经国务院确定后,由财政部予以公告。

第五条 国库券发行采取承购包销、认购等方式。国家下达的国库券发行计划,应当按期完成。

第六条 国库券按期偿还本金。国库券利息在偿还本金时一次付给,不计复利。

第七条 国库券的发行和还本付息事宜,在各级人民政府统一领导下,由财政部门和中国人民银行组织有关部门多渠道办理。

第八条 国库券可以用于抵押,但是不得作为货币流通。

第九条 国库券可以转让,但是应当在国家批准的交易场所办理。

第十条 发行国库券筹集的资金,由国务院统一安排使用。

第十一条 对伪造国库券的,依法追究刑事责任。对倒卖国库券的,按照投机倒把论处。(2011年1月8日删除)

第十二条 国库券的利息收入享受免税待遇。

第十三条 本条例由财政部负责解释。实施细则由财政部商中国人民银行制定。

第十四条 本条例自发布之日起施行。

商业银行、信用社代理国库业务管理办法

· 2001年1月9日中国人民银行令〔2001〕第1号公布
· 自2001年2月1日起施行

第一章 总 则

第一条 为进一步加强对商业银行代理国库支库和商业银行、信用社办理国库经收处业务的监督和管理,规范国库代理和国库经收业务,确保国库资金安全,根据《中华人民共和国中国人民银行法》、《中华人民共和国国家金库条例》和《金融违法行为处罚办法》等法规有关国库管理的规定,制定本办法。

第二条 人民银行可以按照机构分布情况委托商业银行代理国库支库(以下简称"代理支库")业务。经收预算收入的商业银行分支机构和信用社均为国库经收处。

第三条 人民银行依法对商业银行代理支库和商业银行、信用社国库经收处所办国库业务实施垂直管理。

第四条 代理支库机构的设置与财政管理体制相适应,原则上一级财政设立一级国库。

本办法所称商业银行包括国有独资商业银行、股份制商业银行和城市商业银行;信用社包括城市信用社和农村信用社。

第五条 代理支库业务的商业银行(以下简称"代理行")必须严格按国库业务的各项规定,加强国库业务管理,准确、及时地办理国库业务;负责对辖内各分支机构和其他金融机构办理的乡(镇)国库及国库经收业务进行监督、管理、检查和指导。

第六条 商业银行代理支库和商业银行、信用社办理国库经收业务的会计核算手续,按照《中国人民银行关于国库会计核算管理与操作的规定》办理。

第二章 国库经收处的业务管理

第七条 国库经收处必须准确、及时地办理各项预算收入的收纳,完整地将预算收入划转到指定收款国库。

第八条 国库经收处必须接受上级国库及当地代理支库和乡(镇)国库的监督、管理、检查和指导,不得以任何理由拒绝。

第九条 国库经收处应认真履行国库经收职责。在收纳预算收入时,国库经收处应对缴款书的以下内容进行认真审核:

(一)预算级次、预算科目、征收机关和指定收款国库等要素是否填写清楚;

(二)大小写金额是否相符,字迹有无涂改;

(三)纳税人(包括缴款单位或个人)名称、账号、开户银行填写是否正确、齐全;

(四)印章是否齐全、清晰;与预留印鉴是否相符;

(五)纳税人存款账户是否有足够的余额。纳税人以现金缴税时,应核对票款是否相符。

对不符合要求的缴款书,应拒绝受理。

第十条 国库经收处不得无理拒收纳税人缴纳或征收机关负责组织征收的预算收入。

第十一条 国库经收处在受理缴款书后,必须及时办理转账,不得无故压票,在各联次上加盖收(转)讫业务印章的日期必须相同。

第十二条 凡代理国库业务和办理国库经收业务的商业银行、信用社均应设立"待结算财政款项"一级科目。国库经收处收纳的预算收入,一律使用"待结算财政款项"科目下的"待报解预算收入"专户进行核算,不得转入其他科目。

第十三条 国库经收处收纳的预算收入,应在收纳当日办理报解入库手续,不得延解、占压和挪用;如当日确实不能报解的,必须在下一个工作日报解。

第十四条 国库经收处收纳的预算收入属代收性质,不是正式入库。国库经收处不得办理预算收入退付。

国库经收处收纳的预算收入在未上划以前,如发现错误,应将缴款书退征收机关或纳税人更正,重新办理缴纳手续。

第十五条 代理支库的商业银行,以及办理国库经收业务的商业银行和信用社不得违规为征收机关开立预算收入过渡账户。违反规定为征收机关设立过渡账户的,人民银行有权责令其撤销过渡账户,并将预算收入在过渡账户中滋生的利息及罚没款项缴入当地中央国库;预算收入资金按预算级次缴入相关国库。

第十六条 纳税人缴纳小额税款,凡在商业银行开有存款账户的,应直接通过银行办理转账缴税;未开立存款账户、用现金缴税的,各商业银行不得以任何理由拒收。

第三章 代理支库的组织机构和人员管理

第十七条 代理行应按照《中华人民共和国国家金库条例》及其《中华人民共和国国家金库条例实施细则》的规定,设立专门的国库工作机构。

代理支库年业务量在30万笔以上或年预算收入3亿元以上的代理行,必须设立国库科(股)专门办理国库业务。业务量较小、预算收入较少的代理行,经上一级人民银行批准,可设立国库专柜办理国库业务,但至少应配备3名以上人员专职办理国库业务。

第十八条 京、津、沪、渝等大城市中,代理支库业务量大且又集中于一家或几家代理行的,人民银行可以要求这些代理行的市分行专门设立机构,配备专门人员,负责对下属支行代理支库业务进行管理。

第十九条 代理支库的国库主任由代理行行长兼任,副主任由分管国库工作的副行长兼任。

第二十条 代理行应在现行国库法规和规章框架下,制定代理支库业务的内部规章制度,并报批准其办理代理支库业务的人民银行审查、备案。

第二十一条 代理支库应设置记账、复核、事后监督和国库会计主管等岗位,以确保准确、及时、完整地办理预算收入收纳、划分、报解、入库、更正、退付和预算支出的拨付等国库业务。

第二十二条 代理行应配备政治素质好、具有高中或中专以上学历,持有国家颁发的会计从业资格证书的人员,经国库专业知识培训合格后,方可正式上岗办理国库业务。国库业务人员应保持相对稳定,人员变动情况应报人民银行备案。

第二十三条 代理支库的负责人要以身作则,严格遵守各项规章制度,敢抓敢管,杜绝风险隐患。

第四章 代理支库的职责和权限

第二十四条 代理支库的基本职责如下:

(一)根据政府预算收入科目以及现行的财政管理体制确定的预算收入级次、分成和留解比例,准确、及时、完整地办理各级预算收入的收纳、划分、报解、入库;

(二)按照《中华人民共和国国家金库条例》及其《中华人民共和国国家金库条例实施细则》等法规和规章的规定,为同级财政机关开立预算存款账户。根据同级财政机关填发的预算拨款凭证及时办理同级预算支出的拨付;

(三)按照国家政策、法规规定的退库范围和审批程序,凭财政机关或其授权单位开具的预算收入退还凭证,审核办理预算收入的退付;

(四)对各级预算收入和本级预算支出进行会计账务核算;按照人民银行的要求,定期向上一级国库和同级财政、征收机关报送或提供有关报表;定期与财政、征收机关对账签证,保证数字准确一致;

(五)协助同级财政、征收机关督促纳税人及时缴纳预算收入,组织预算收入及时入库。根据征收机关开具的缴款凭证核收滞纳金。按照国家税法协助征收机关扣收屡催不缴纳税人应缴的预算收入;

(六)监督管理和检查指导辖区内各分支机构和其他金融机构办理的乡(镇)国库及国库经收处的工作,及时解决存在的问题;

(七)办理上级国库交办的与国库有关的其他工作。

第二十五条 代理支库的主要权限如下:

(一)有权督促检查辖区内各乡(镇)国库和国库经收处办理国库业务的情况,以及征收机关所收预算收入款项是否按规定及时、足额缴入指定收款国库;

(二)对于任何单位或个人擅自变更财政机关规定的各级预算收入划分办法、范围和分成留解比例,以及随意调整库款账户之间存款余额的,有权拒绝执行;

(三)对不符合国家政策、法规规定的范围、项目和审批程序,要求办理预算收入退付的,有权拒绝办理;

(四)对违反有关规定,要求办理预算收入汇总更正的,有权拒绝受理;

(五)对违反财经制度规定的同级财政存款的开户和预算资金的支拨,有权拒绝拨付;

(六)对不符合规定的凭证,有权拒绝受理;

(七)对任何单位和个人强令办理违反国家规定的事项,有权拒绝执行并及时向上级国库报告。

第二十六条 同级财政预算资金应存入同级代理支库为财政开立的地方财政预算存款账户,所有的预算支出均通过此账户拨付。

第二十七条 代理支库办理的拨款、退付业务实行三级审核制度。代理支库的经办人员、国库部门负责人（或国库会计主管）和国库主任，按照规定的审核权限，履行审核手续，及时、准确地办理拨款、退付业务。

第二十八条 代理支库应加强对同级财政预算拨款的监督和管理，发现有下列情况之一的，一律拒绝受理：

（一）凭证要素不全的；

（二）擅自涂改凭证的；

（三）大小写金额不符的；

（四）小写金额前不写人民币符号的；

（五）大写金额与"人民币"字样间留有空白的；

（六）前后联次填写内容不一致的；

（七）拨款金额超过库存余额的；

（八）"预算拨款凭证"第一联及信、电汇凭证的第二联未加盖拨款专用印鉴，或所盖印鉴与预留印鉴不符的；

（九）拨款用途违反财经制度规定的；

（十）拨往非预算单位又无正式文件或书面说明的；

（十一）超预算的；

（十二）预算级次有误或所填科目与政府预算收支科目不符的。

第二十九条 代理支库办理预算资金拨付，应于接到拨付指令当日及时办理，不得延误、积压；如当日确实不能办理，最迟在下一个工作日办理。如遇特殊情况不能在规定时间内拨付的，必须向国库主任（副主任）报告，并在"柜面监督登记簿"的"其他事项"栏中注明，由国库主任（副主任）签字。

第三十条 代理支库应加强对各级预算收入退付的监督和管理。除按规定加强对退库申请书和预算收入退还书的要素进行审核外，有以下情况之一的，也不予受理，并将有关凭证退还签发机关：

（一）地方政府、财政部门或其他未经财政部授权的机构，要求国库办理中央预算收入、中央与地方共享收入退库的；

（二）未经上级财政部门授权的机构，要求国库办理上级地方预算收入或共享收入退库的；

（三）退库款项退给非退库申请单位或申请人的；

（四）口头或电话通知要求国库办理退库的；

（五）要求国库办理退库，但拒不提供有关文件或依据、退库申请书和原缴款凭证复印件的；

（六）超计划又无追加文件要求退库的；

（七）其他违反规定要求国库办理退库的。

第三十一条 代理支库除做好自身业务工作外，还应持上级人民银行核发的"中国人民银行国库业务检查证"定期或不定期检查、辅导辖区内各分支机构和其他金融机构办理乡（镇）国库和国库经收处执行国库制度的情况。并配合上级国库部门对辖区内在国库业务中发生的重大问题进行核查。

代理支库应将检查辖区乡（镇）国库和国库经收处办理国库业务情况，每半年汇总一次，分别在当年7月31日和次年1月31日前报上一级人民银行。人民银行每年对代理支库检查过的乡（镇）国库和国库经收处进行抽查。

第五章 代理支库审批、设立和撤销的管理

第三十二条 代理支库原则上应设在国有独资商业银行。未设国有独资商业银行分支机构的地区，经人民银行商当地财政部门选择审定，代理支库也可设在其他商业银行。

第三十三条 代理支库业务的商业银行，必须严格执行《中华人民共和国国家金库条例》及其《中华人民共和国国家金库条例实施细则》和《中国人民银行关于国库会计核算管理与操作的规定》等法规、制度，认真办理各项国库业务。

第三十四条 代理支库名称定为：中华人民共和国国家金库××县（市）支库（代理）或中华人民共和国国家金库××市××区支库（代理）。

第三十五条 代理支库的设立条件。代理支库的金融机构必须是经过人民银行批准设立，具有良好的信誉，较好的经营业绩，配备专职人员，内控机制健全，资金结算渠道畅通，核算工具先进，认真履行国库职责，并能按规定设置国库工作机构的金融机构。

第三十六条 设立代理支库的审批权限。商业银行分支机构代理支库的，由各省、自治区、直辖市及计划单列市分库商同级财政部门后，由分库审批。已经办理代理支库业务的商业银行必须补办审批手续。

第三十七条 代理支库的审批程序。凡要求代理支库的商业银行，应向上一级人民银行提出书面申请。上一级人民银行审议后，附书面审议意见报分库。

代理申请中必须包含本商业银行对代理支库业务的机构、岗位设置和人员配备情况，对办理国库业务的承诺和内控管理措施等内容，并必须提供以下书面资料：

（一）人民银行颁发的经营金融业务许可证复印件一份；

（二）上两年度的资产负债表和损益表复印件各一份；

(三)相关的内部管理制度和资金结算情况报告；

(四)金融机构负责人、拟设国库机构负责人或办理国库业务负责人、主要经办人员情况简介。

分库对上述材料审查后，认为符合代理支库条件的，由分库向商业银行颁发"代理支库资格证书"，并与其签定"代理支库业务协议书"，明确商业银行代理支库业务的有关问题，具体填制内容由各分库确定。分库将上述审批资料按代理行归档保存。

商业银行凭"代理支库资格证书"和"代理支库业务协议书"办理当年代理支库业务。"代理支库业务协议书"一式三份，一份分库留存，一份当地人民银行留存，一份代理行留存。

第三十八条 代理支库的年审。每年年度终了后，代理行必须在新年度一月底之前以该行正式文件形式，向上一级人民银行报告上年度的代理情况。收到代理行提交的年审材料后，人民银行必须在十个工作日内完成审查，并提出对代理行的年审意见。

年审合格的，上一级人民银行批准代理行继续代理国库支库业务的，经上一级人民银行颁发新的年度代理资格证书，并与其签定新年度代理支库业务协议书后，代理行方可继续办理国库业务。年审期间，不论代理行年审是否合格，在人民银行下发新年度代理资格证书前，其支库业务仍由原代理行办理。

年审报告的内容主要包括：

(一)年国库业务量；

(二)年预算收、支情况；

(三)年内国库业务人员和主管国库工作的各级领导人员及变动情况；

(四)年内自身国库工作开展情况；

(五)年内对辖区内乡(镇)国库或国库经收处的检查情况；

(六)同级财政、征收机关对代理行办理国库业务的书面意见；

(七)年内审计、检查部门的审计、检查结论；

(八)年内国库工作中出现的问题；

(九)相关问题的解决措施及取得的成效；

(十)今后改进和努力方向。

第三十九条 代理支库有下列情况之一的，即为年审不合格：

(一)机构不健全、人员不到位、内部管理不严、制度不落实，存在风险隐患的；

(二)发生国库资金挪用、盗窃案件的；

(三)存在严重的税款延解、占压现象的；

(四)对财政、税务等部门签发的拨款、退库凭证审核不严，造成资金损失，有连带责任的；

(五)国库业务核算质量低，屡次发生差错又无改进措施或改进无成效的；

(六)对自身或辖区内乡(镇)国库和国库经收处发生的重大问题隐匿不报的。

第四十条 上一级人民银行建立"代理支库年审登记表"，将代理支库上报的年审资料，按年度，附"代理支库年审登记表"后装订存档。并将代理支库的年审情况和违纪、违规、违法情况送人民银行监管部门，记入人民银行金融监管档案和金融机构高级管理人员任职资格档案。

第六章 罚 则

第四十一条 代理支库在业务检查中，发现辖区内乡(镇)国库和国库经收处有占压、挪用税款等违规、违法问题，应及时向上一级人民银行报告，上一级人民银行核实后，视情节轻重，按有关法规、制度的规定，对有关商业银行、信用社进行处罚。行政处罚决定书由上一级人民银行下达。有关违规行为的处罚标准如下：

(一)商业银行、信用社占压、挪用所收纳税款的，按《金融违法行为处罚办法》予以处罚；

(二)国库经收处不按规定设置"待结算财政款项"科目核算其经收税款的，视情节轻重，处1000元以上、5000元以下的罚款；

(三)国库经收处将经收税款转入"待结算财政款项"以外其他科目或账户的，视同挪用预算收入处理。并视情节轻重，处5000元以上、20000元以下的罚款；

(四)国库经收处拒收纳税人缴纳的现金税款或纳税人存款账户余额充足而拒绝划转税款的，视情节轻重，处5000元以上、20000元以下的罚款；

(五)乡(镇)国库和国库经收处压票不按规定入账的，按《违反银行结算制度处罚规定》的有关条款进行处罚；

(六)对上述违法、违规业务的直接责任人员和主管领导视情节轻重给予相应的纪律处分；构成犯罪的，依法追究刑事责任。

第四十二条 代理支库在业务检查中，发现辖区内乡(镇)国库或国库经收处有占压、挪用税款等违法、违规问题而隐匿不报的，除对乡(镇)国库或国库经收处按前条所列标准予以处罚外，对代理行要视情节轻重处5000元以上、20000元以下的罚款，直至取消其代理资格。

第四十三条 对代理行在办理国库业务中的违法、违规问题,由上一级人民银行按本办法第四十一条所列处罚标准进行处罚。

凡有以下情况之一者,代理行的上级行应要求代理行限期改正,并对直接责任人员予以纪律处分。人民银行可对代理行提出警告,并要求限期整改,情节严重的,可撤销其代理资格,并依法追究直接责任人员和主管领导的责任:

(一)未按规定切实履行国库职责、发挥国库在预算执行中的促进、反映、监督作用的;

(二)违反国库有关规章制度,影响国库资金安全的;

(三)利用代理支库业务之便,截留、占压、挪用、拖欠、转存国库资金的;

(四)擅自为征收机关开立预算收入过渡账户或将预算收入存入征收机关在该行设立的经费账户或其他账户的;

(五)其他违反国库规定的行为。

第七章 附 则

第四十四条 代理支库的代办业务费,按受理各种原始凭证的笔数,以适当标准计付。具体计付标准和拨付办法由上一级人民银行与当地财政部门商定后,由当地财政拨付至人民银行,再由人民银行拨付至代理行。

商业银行经收预算收入计付代办业务费的标准、办法,由基层人民银行商当地财政部门确定。

第四十五条 代办业务费主要用于代理行办理国库业务的机器、设备的配置,以及代办人员的培训、奖励等费用的支出。

第四十六条 本办法中涉及的罚款收入,应按规定就地缴入中央国库。

第四十七条 代理支库应按规范名称统一对外挂牌。其代理支库业务所用印章,由各分库按规定样式统一刻制。

第四十八条 代理支库资格证书由中国人民银行统一印制,各省、自治区、直辖市及计划单列市分库领取、下发。代理支库业务协议书由各分库印制,辖区内统一。

第四十九条 本办法自2001年2月1日起执行。1989年12月27日中国人民银行与中国工商银行、中国农业银行、中国银行、中国建设银行联合发布的《专业银行办理国库业务管理办法》同时废止。

中央国库现金管理暂行办法

- 2006年5月26日
- 财库〔2006〕37号

第一章 总 则

第一条 为深化财政国库管理制度改革,规范中央国库现金管理行为,提高国库现金的使用效益,并加强财政政策与货币政策的协调配合,根据《中华人民共和国预算法》《中华人民共和国国家金库条例》等有关规定,制定本办法。

第二条 本办法所称中央国库现金,是指财政部在中央总金库的活期存款。

中央国库现金管理(以下简称国库现金管理),是指在确保中央财政国库支付需要前提下,以实现国库现金余额最小化和投资收益最大化为目标的一系列财政管理活动。

第三条 国库现金管理遵循安全性、流动性和收益性相统一的原则,从易到难、稳妥有序地开展。

第四条 国库现金管理的操作方式包括商业银行定期存款、买回国债、国债回购和逆回购等。在国库现金管理初期,主要实施商业银行定期存款和买回国债两种操作方式。

第五条 财政部会同中国人民银行开展国库现金管理工作。

财政部主要负责国库现金预测并根据预测结果制定操作规划,中国人民银行主要负责监测货币市场情况,财政部与中国人民银行协商后签发操作指令;中国人民银行进行具体操作。

第六条 财政部、中国人民银行在明确相关职责分工的前提下,建立必要的协调机制,包括季度、月度例会制度以及在每期操作之前进行必要的沟通。

第二章 商业银行定期存款操作

第七条 本办法所称商业银行定期存款,是指将国库现金存放在商业银行,商业银行以国债为质押获得存款并向财政部支付利息的交易行为。

商业银行定期存款期限一般在1年(含1年)以内。

第八条 国库现金管理定期存款操作通过中国人民银行"中央国库现金管理商业银行定期存款业务系统",面向国债承销团和公开市场业务一级交易商中的商业银行总行公开招标进行。

第九条 每期商业银行定期存款招标前,财政部依据月度例会拟定的计划,经与中国人民银行协商后签发操作指令,操作指令包括招标方式、招标时间、招标金额、存款期限等要素。

中国人民银行于招标日的三个工作日前,按照财政部操作指令以"中央国库现金管理操作室"名义向社会发布招标信息。

第十条 商业银行定期存款招标结束当日,中国人民银行以"中央国库现金管理操作室"名义向社会公布经财政部、中国人民银行确认的招标结果,包括总投标金额、中标利率、实际存款额等。

第十一条 为保证中央国库现金安全,国库现金管理存款银行(以下简称存款银行)在接受国库存款时,必须以可流通国债券作为质押,质押国债的面值数额为存款金额的120%。

财政部会同中国人民银行可根据债券市场的变化情况调整质押比例。

第十二条 财政部依据国库现金定期存款招标结果,向中国人民银行开具"中央预算拨款电汇凭证",该凭证为划款指令。

中国人民银行于招标次一工作日,在足额冻结存款银行用于质押的国债后,根据划款指令向存款银行划拨资金。

第十三条 中国人民银行向存款银行划拨资金后,负责向财政部提供存款证明,存款证明应当记录存款银行名称、存款金额、利率以及期限等要素。

第十四条 在国库现金商业银行定期存款期限内,中国人民银行定期监测存款银行质押国债的市值变化,督促存款银行确保质押足额。

第十五条 国库现金商业银行定期存款到期后,存款银行应按照约定将存款本息划入中央总金库,款项入库时,存款证明自动失效,同时,存款银行质押的国债相应解冻。

存款银行未将到期定期存款本息足额划入中央总金库的,中国人民银行在催缴差额本息款项的同时,对存款银行收取罚息。

第十六条 财政部、中国人民银行与存款银行签定国库现金管理商业银行定期存款年度主协议,进一步明确各方的权利和义务。

第十七条 除法律法规另有规定外,任何单位不得扣划、冻结国库现金商业银行定期存款。

第三章 买回国债操作

第十八条 本办法所称买回国债,是指财政部利用国库现金从国债市场买回未到期的可流通国债并予以注销或持有到期的交易行为。

第十九条 买回国债操作由财政部通过公开招标的方式面向记账式国债承销团公开进行。

中国人民银行观察员在招标现场观察。

第二十条 每期买回国债招标,财政部提前五个工作日向社会发布招标信息,包括招标方式、招标时间、买回国债的期限、品种等要素。

第二十一条 买回国债招标结束当日,财政部向社会公布经财政部、中国人民银行确认的招标结果,包括总投标额、买回国债价格、实际买回额等。

第二十二条 财政部依据买回国债招标结果,以及中央国债登记结算有限责任公司(以下简称中央国债公司)对买回国债的冻结成功信息,向中国人民银行开具"中央预算拨款电汇凭证",该凭证为划款指令。

中国人民银行于招标次一工作日,根据划款指令向记账式国债承销团成员支付买回国债资金。

第二十三条 财政部在中央国债公司设立乙类债券账户,用于记录买回国债的债权。财政部交付买回国债资金后,即拥有买回国债的债权,并根据需要注销或继续持有买回国债。

第二十四条 买回国债操作应按照品种结构合理、规模适当的原则进行,以有利于国债市场稳定发展。

第四章 监督检查

第二十五条 财政部、中国人民银行负责对市场机构参与国库现金管理活动进行监督检查。

第二十六条 在商业银行定期存款操作中,存款银行出现以下行为,财政部将会同中国人民银行根据后果严重程度,给予警告、劝退、直至解除国库现金管理商业银行定期存款协议关系:

(一)出现重大违法违规情况或财务恶化;
(二)进行严重不正当投标;
(三)不能按照规定提供足额的质押国债;
(四)不能及时将到期存款本息足额缴入国库;
(五)其他妨害国库资金安全的行为。

第二十七条 在买回国债操作中,记账式国债承销团成员出现以下行为,财政部将会同中国人民银行根据后果严重程度,给予警告、劝退、直至解除记账式国债承销协议关系:

(一)本办法第二十六条规定的(一)、(二)及(五)款行为;
(二)不能按时足额向财政部交付卖出的国债额度。

第五章 附 则

第二十八条 参与国库现金管理操作的市场机构须在财政部预留印鉴。

第二十九条 国库现金管理操作涉及的账务处理，继续按照现行有关规定和程序执行。

第三十条 国债回购、逆回购等其他国库现金管理操作方式另行规定。

第三十一条 本办法由财政部会同中国人民银行解释。

第三十二条 本办法自2006年1月1日起施行。

二、金融机构

1. 商业银行

(1) 机构管理

中华人民共和国商业银行法

- 1995年5月10日第八届全国人民代表大会常务委员会第十三次会议通过
- 根据2003年12月27日第十届全国人民代表大会常务委员会第六次会议《关于修改〈中华人民共和国商业银行法〉的决定》第一次修正
- 根据2015年8月29日《全国人大常委会关于修改〈中华人民共和国商业银行法〉的决定》第二次修正

第一章 总 则

第一条 【立法宗旨】为了保护商业银行、存款人和其他客户的合法权益,规范商业银行的行为,提高信贷资产质量,加强监督管理,保障商业银行的稳健运行,维护金融秩序,促进社会主义市场经济的发展,制定本法。

第二条 【商业银行的定义】本法所称的商业银行是指依照本法和《中华人民共和国公司法》设立的吸收公众存款、发放贷款、办理结算等业务的企业法人。

第三条 【业务范围】商业银行可以经营下列部分或者全部业务:
(一)吸收公众存款;
(二)发放短期、中期和长期贷款;
(三)办理国内外结算;
(四)办理票据承兑与贴现;
(五)发行金融债券;
(六)代理发行、代理兑付、承销政府债券;
(七)买卖政府债券、金融债券;
(八)从事同业拆借;
(九)买卖、代理买卖外汇;
(十)从事银行卡业务;
(十一)提供信用证服务及担保;
(十二)代理收付款项及代理保险业务;
(十三)提供保箱服务;
(十四)经国务院银行业监督管理机构批准的其他业务。

经营范围由商业银行章程规定,报国务院银行业监督管理机构批准。

商业银行经中国人民银行批准,可以经营结汇、售汇业务。

第四条 【商业银行的经营原则和经营方针】商业银行以安全性、流动性、效益性为经营原则,实行自主经营,自担风险,自负盈亏,自我约束。

商业银行依法开展业务,不受任何单位和个人的干涉。

商业银行以其全部法人财产独立承担民事责任。

第五条 【商业银行与客户的业务往来应当遵循的基本原则】商业银行与客户的业务往来,应当遵循平等、自愿、公平和诚实信用的原则。

第六条 【存款人的合法权益的保障】商业银行应当保障存款人的合法权益不受任何单位和个人的侵犯。

第七条 【商业银行信贷业务法定权利与义务】商业银行开展信贷业务,应当严格审查借款人的资信,实行担保,保障按期收回贷款。

商业银行依法向借款人收回到期贷款的本金和利息,受法律保护。

第八条 【商业银行业务合法性要求】商业银行开展业务,应当遵守法律、行政法规的有关规定,不得损害国家利益、社会公共利益。

第九条 【商业银行业务竞争公平性要求】商业银行开展业务,应当遵守公平竞争的原则,不得从事不正当竞争。

第十条 【商业银行的监管机构】商业银行依法接受国务院银行业监督管理机构的监督管理,但法律规定其有关业务接受其他监督管理部门或者机构监督管理的,依照其规定。

第二章 商业银行的设立和组织机构

第十一条 【商业银行设立的审批机构及其禁止性规定】设立商业银行,应当经国务院银行业监督管理机构审查批准。

未经国务院银行业监督管理机构批准,任何单位和个人不得从事吸收公众存款等商业银行业务,任何单位不得在名称中使用"银行"字样。

第十二条 【商业银行设立的必备条件】设立商业银行,应当具备下列条件:

(一)有符合本法和《中华人民共和国公司法》规定的章程;

(二)有符合本法规定的注册资本最低限额;

(三)有具备任职专业知识和业务工作经验的董事、高级管理人员;

(四)有健全的组织机构和管理制度;

(五)有符合要求的营业场所、安全防范措施和与业务有关的其他设施。

设立商业银行,还应当符合其他审慎性条件。

第十三条 【商业银行设立的注册资本】设立全国性商业银行的注册资本最低限额为十亿元人民币。设立城市商业银行的注册资本最低限额为一亿元人民币,设立农村商业银行的注册资本最低限额为五千万元人民币。注册资本应当是实缴资本。

国务院银行业监督管理机构根据审慎监管的要求可以调整注册资本最低限额,但不得少于前款规定的限额。

第十四条 【商业银行设立应提交的文件资料】设立商业银行,申请人应当向国务院银行业监督管理机构提交下列文件、资料:

(一)申请书,申请书应当载明拟设立的商业银行的名称、所在地、注册资本、业务范围等;

(二)可行性研究报告;

(三)国务院银行业监督管理机构规定提交的其他文件、资料。

第十五条 【商业银行设立的正式申请文件】设立商业银行的申请经审查符合本法第十四条规定的,申请人应当填写正式申请表,并提交下列文件、资料:

(一)章程草案;

(二)拟任职的董事、高级管理人员的资格证明;

(三)法定验资机构出具的验资证明;

(四)股东名册及其出资额、股份;

(五)持有注册资本百分之五以上的股东的资信证明和有关资料;

(六)经营方针和计划;

(七)营业场所、安全防范措施和与业务有关的其他设施的资料;

(八)国务院银行业监督管理机构规定的其他文件、资料。

第十六条 【商业银行经营许可证的颁发和营业执照的领取】经批准设立的商业银行,由国务院银行业监督管理机构颁发经营许可证,并凭该许可证向工商行政管理部门办理登记,领取营业执照。

第十七条 【商业银行的组织形式和组织机构】商业银行的组织形式、组织机构适用《中华人民共和国公司法》的规定。

本法施行前设立的商业银行,其组织形式、组织机构不完全符合《中华人民共和国公司法》规定的,可以继续沿用原有的规定,适用前款规定的日期由国务院规定。

第十八条 【国有独资商业银行的监事会】国有独资商业银行设立监事会。监事会的产生办法由国务院规定。

监事会对国有独资商业银行的信贷资产质量、资产负债比例、国有资产保值增值等情况以及高级管理人员违反法律、行政法规或者章程的行为和损害银行利益的行为进行监督。

第十九条 【商业银行分支机构的设立】商业银行根据业务需要可以在中华人民共和国境内外设立分支机构。设立分支机构必须经国务院银行业监督管理机构审查批准。在中华人民共和国境内的分支机构,不按行政区划设立。

商业银行在中华人民共和国境内设立分支机构,应当按照规定拨付与其经营规模相适应的营运资金额。拨付各分支机构营运资金额的总和,不得超过总行资本金总额的百分之六十。

第二十条 【设立商业银行分支机构的申请文件】设立商业银行分支机构,申请人应当向国务院银行业监督管理机构提交下列文件、资料:

(一)申请书,申请书应当载明拟设立的分支机构的名称、营运资金额、业务范围、总行及分支机构所在地等;

(二)申请人最近二年的财务会计报告;

(三)拟任职的高级管理人员的资格证明;

(四)经营方针和计划;

(五)营业场所、安全防范措施和与业务有关的其他设施的资料;

(六)国务院银行业监督管理机构规定的其他文件、资料。

第二十一条 【分支机构经营许可证的颁发与营业执照的领取】经批准设立的商业银行分支机构,由国务院银行业监督管理机构颁发经营许可证,并凭该许可证向工商行政管理部门办理登记,领取营业执照。

第二十二条 【商业银行对其分支机构的管理及商业银行分支机构的法律地位】商业银行对其分支机构实行全行统一核算,统一调度资金,分级管理的财务制度。

商业银行分支机构不具有法人资格,在总行授权范围内依法开展业务,其民事责任由总行承担。

第二十三条 【商业银行及其分支机构的设立公告及逾期开业的法律后果】经批准设立的商业银行及其分支机构,由国务院银行业监督管理机构予以公告。

商业银行及其分支机构自取得营业执照之日起无正当理由超过六个月未开业的,或者开业后自行停业连续六个月以上的,由国务院银行业监督管理机构吊销其经营许可证,并予以公告。

第二十四条 【商业银行的变更】商业银行有下列变更事项之一的,应当经国务院银行业监督管理机构批准:

(一)变更名称;
(二)变更注册资本;
(三)变更总行或者分支行所在地;
(四)调整业务范围;
(五)变更持有资本总额或者股份总额百分之五以上的股东;
(六)修改章程;
(七)国务院银行业监督管理机构规定的其他变更事项。

更换董事、高级管理人员时,应当报经国务院银行业监督管理机构审查其任职资格。

第二十五条 【商业银行的分立、合并】商业银行的分立、合并,适用《中华人民共和国公司法》的规定。

商业银行的分立、合并,应当经国务院银行业监督管理机构审查批准。

第二十六条 【经营许可证的使用管理】商业银行应当依照法律、行政法规的规定使用经营许可证。禁止伪造、变造、转让、出租、出借经营许可证。

第二十七条 【商业银行高级管理人员的消极任职条件】有下列情形之一的,不得担任商业银行的董事、高级管理人员:

(一)因犯有贪污、贿赂、侵占财产、挪用财产罪或者破坏社会经济秩序罪,被判处刑罚,或者因犯罪被剥夺政治权利的;
(二)担任因经营不善破产清算的公司、企业的董事或者厂长、经理,并对该公司、企业的破产负有个人责任的;
(三)担任因违法被吊销营业执照的公司、企业的法定代表人,并负有个人责任的;
(四)个人所负数额较大的债务到期未清偿的。

第二十八条 【购买商业银行股份总额百分之五以上的事先批准】任何单位和个人购买商业银行股份总额百分之五以上的,应当事先经国务院银行业监督管理机构批准。

第三章 对存款人的保护

第二十九条 【对个人储蓄存款的法律保护】商业银行办理个人储蓄存款业务,应当遵循存款自愿、取款自由、存款有息、为存款人保密的原则。

对个人储蓄存款,商业银行有权拒绝任何单位或者个人查询、冻结、扣划,但法律另有规定的除外。

第三十条 【对单位存款的法律保护】对单位存款,商业银行有权拒绝任何单位或者个人查询,但法律、行政法规另有规定的除外;有权拒绝任何单位或者个人冻结、扣划,但法律另有规定的除外。

第三十一条 【存款利率的确定和公告】商业银行应当按照中国人民银行规定的存款利率的上下限,确定存款利率,并予以公告。

第三十二条 【存款准备金和备付金】商业银行应当按照中国人民银行的规定,向中国人民银行交存存款准备金,留足备付金。

第三十三条 【存款本金和利息的支付义务】商业银行应当保证存款本金和利息的支付,不得拖延、拒绝支付存款本金和利息。

第四章 贷款和其他业务的基本规则

第三十四条 【商业银行开展贷款业务的基本原则】商业银行根据国民经济和社会发展的需要,在国家产业政策指导下开展贷款业务。

第三十五条 【商业银行的贷款审查】商业银行贷款,应当对借款人的借款用途、偿还能力、还款方式等情况进行严格审查。

商业银行贷款,应当实行审贷分离、分级审批的制度。

第三十六条 【担保贷款与信用贷款】商业银行贷款,借款人应当提供担保。商业银行应当对保证人的偿还能力,抵押物、质物的权属和价值以及实现抵押权、质权的可行性进行严格审查。

经商业银行审查、评估,确认借款人资信良好,确能偿还贷款的,可以不提供担保。

第三十七条　【书面贷款合同的订立】商业银行贷款,应当与借款人订立书面合同。合同应当约定贷款种类、借款用途、金额、利率、还款期限、还款方式、违约责任和双方认为需要约定的其他事项。

第三十八条　【贷款利率】商业银行应当按照中国人民银行规定的贷款利率的上下限,确定贷款利率。

第三十九条　【商业银行贷款的资产负债比例管理制度】商业银行贷款,应当遵守下列资产负债比例管理的规定:

(一)资本充足率不得低于百分之八;

(二)流动性资产余额与流动性负债余额的比例不得低于百分之二十五;

(三)对同一借款人的贷款余额与商业银行资本余额的比例不得超过百分之十;

(四)国务院银行业监督管理机构对资产负债比例管理的其他规定。

本法施行前设立的商业银行,在本法施行后,其资产负债比例不符合前款规定的,应当在一定的期限内符合前款规定。具体办法由国务院规定。

第四十条　【向关系人发放信用贷款的禁止】商业银行不得向关系人发放信用贷款;向关系人发放担保贷款的条件不得优于其他借款人同类贷款的条件。

前款所称关系人是指:

(一)商业银行的董事、监事、管理人员、信贷业务人员及其近亲属;

(二)前项所列人员投资或者担任高级管理职务的公司、企业和其他经济组织。

第四十一条　【强令商业银行发放贷款或提供担保行为的禁止】任何单位和个人不得强令商业银行发放贷款或者提供担保。商业银行有权拒绝任何单位和个人强令要求其发放贷款或者提供担保。

第四十二条　【借款人的还本付息义务】借款人应当按期归还贷款的本金和利息。

借款人到期不归还担保贷款的,商业银行依法享有要求保证人归还贷款本金和利息或者就该担保物优先受偿的权利。商业银行因行使抵押权、质权而取得的不动产或者股权,应当自取得之日起二年内予以处分。

借款人到期不归还信用贷款的,应当按照合同约定承担责任。

第四十三条　【商业银行投资业务的限制】商业银行在中华人民共和国境内不得从事信托投资和证券经营业务,不得向非自用不动产投资或者向非银行金融机构和企业投资,但国家另有规定的除外。

第四十四条　【商业银行的结算业务】商业银行办理票据承兑、汇兑、委托收款等结算业务,应当按照规定的期限兑现,收付入账,不得压单、压票或者违反规定退票。有关兑现、收付入账期限的规定应当公布。

第四十五条　【商业银行发行金融债券、到境外借款的批准】商业银行发行金融债券或者到境外借款,应当依照法律、行政法规的规定报经批准。

第四十六条　【商业银行的同业拆借业务】同业拆借,应当遵守中国人民银行的规定。禁止利用拆入资金发放固定资产贷款或者用于投资。

拆出资金限于交足存款准备金、留足备付金和归还中国人民银行到期贷款之后的闲置资金。拆入资金用于弥补票据结算、联行汇差头寸的不足和解决临时性周转资金的需要。

第四十七条　【商业银行存贷业务中不正当手段的禁止】商业银行不得违反规定提高或者降低利率以及采用其他不正当手段,吸收存款,发放贷款。

第四十八条　【账户的开立和禁止公款私存】企业事业单位可以自主选择一家商业银行的营业场所开立一个办理日常转账结算和现金收付的基本账户,不得开立两个以上基本账户。

任何单位和个人不得将单位的资金以个人名义开立账户存储。

第四十九条　【商业银行的营业时间】商业银行的营业时间应当方便客户,并予以公告。商业银行应当在公告的营业时间内营业,不得擅自停止营业或者缩短营业时间。

第五十条　【商业银行办理业务、提供服务时手续费的收取】商业银行办理业务,提供服务,按照规定收取手续费。收费项目和标准由国务院银行业监督管理机构、中国人民银行根据职责分工,分别会同国务院价格主管部门制定。

第五十一条　【商业银行有关资料的保存】商业银行应当按照国家有关规定保存财务会计报表、业务合同以及其他资料。

第五十二条　【商业银行工作人员行为的限制】商业银行的工作人员应当遵守法律、行政法规和其他各项业务管理的规定,不得有下列行为:

(一)利用职务上的便利,索取、收受贿赂或者违反国家规定收受各种名义的回扣、手续费;

(二)利用职务上的便利,贪污、挪用、侵占本行或者客户的资金；

（三）违反规定徇私向亲属、朋友发放贷款或者提供担保；

（四）在其他经济组织兼职；

（五）违反法律、行政法规和业务管理规定的其他行为。

第五十三条 【商业银行工作人员保守国家秘密、商业秘密的义务】商业银行的工作人员不得泄露其在任职期间知悉的国家秘密、商业秘密。

第五章 财务会计

第五十四条 【商业银行的会计制度】商业银行应当依照法律和国家统一的会计制度以及国务院银行业监督管理机构的有关规定，建立、健全本行的财务、会计制度。

第五十五条 【商业银行的财务管理制度】商业银行应当按照国家有关规定，真实记录并全面反映其业务活动和财务状况，编制年度财务会计报告，及时向国务院银行业监督管理机构、中国人民银行和国务院财政部门报送。商业银行不得在法定的会计账册外另立会计账册。

第五十六条 【商业银行经营业绩和审计报告的公布】商业银行应当于每一会计年度终了三个月内，按照国务院银行业监督管理机构的规定，公布其上一年度的经营业绩和审计报告。

第五十七条 【商业银行的呆账准备金】商业银行应当按照国家有关规定，提取呆账准备金，冲销呆账。

第五十八条 【会计年度】商业银行的会计年度自公历1月1日起至12月31日止。

第六章 监督管理

第五十九条 【商业银行内部管理制度】商业银行应当按照有关规定，制定本行的业务规则，建立、健全本行的风险管理和内部控制制度。

第六十条 【商业银行内部稽核、检查制度的建立、健全】商业银行应当建立、健全本行对存款、贷款、结算、呆账等各项情况的稽核、检查制度。

商业银行对分支机构应当进行经常性的稽核和检查监督。

第六十一条 【商业银行财务会计报表和资料的定期报送】商业银行应当按照规定向国务院银行业监督管理机构、中国人民银行报送资产负债表、利润表以及其他财务会计、统计报表和资料。

第六十二条 【银监会对商业银行的现场检查以及中国人民银行的检查】国务院银行业监督管理机构有权依照本法第三章、第四章、第五章的规定，随时对商业银行的存款、贷款、结算、呆账等情况进行检查监督。检查监督时，检查监督人员应当出示合法的证件。商业银行应当按照国务院银行业监督管理机构的要求，提供财务会计资料、业务合同和有关经营管理方面的其他信息。

中国人民银行有权依照《中华人民共和国中国人民银行法》第三十二条、第三十四条的规定对商业银行进行检查监督。

第六十三条 【商业银行的审计监督】商业银行应当依法接受审计机关的审计监督。

第七章 接管和终止

第六十四条 【接管的条件和目的】商业银行已经或者可能发生信用危机，严重影响存款人的利益时，国务院银行业监督管理机构可以对该银行实行接管。

接管的目的是对被接管的商业银行采取必要措施，以保护存款人的利益，恢复商业银行的正常经营能力。被接管的商业银行的债权债务关系不因接管而变化。

第六十五条 【接管的决定】接管由国务院银行业监督管理机构决定，并组织实施。国务院银行业监督管理机构的接管决定应当载明下列内容：

（一）被接管的商业银行名称；

（二）接管理由；

（三）接管组织；

（四）接管期限。

接管决定由国务院银行业监督管理机构予以公告。

第六十六条 【接管的实施】接管自接管决定实施之日起开始。

自接管开始之日起，由接管组织行使商业银行的经营管理权力。

第六十七条 【接管期限】接管期限届满，国务院银行业监督管理机构可以决定延期，但接管期限最长不得超过二年。

第六十八条 【接管的终止】有下列情形之一的，接管终止：

（一）接管决定规定的期限届满或者国务院银行业监督管理机构决定的接管延期届满；

（二）接管期限届满前，该商业银行已恢复正常经营能力；

（三）接管期限届满前，该商业银行被合并或者被依法宣告破产。

第六十九条 【商业银行的解散】商业银行因分立、合并或者出现公司章程规定的解散事由需要解散的,应当向国务院银行业监督管理机构提出申请,并附解散的理由和支付存款的本金和利息等债务清偿计划。经国务院银行业监督管理机构批准后解散。

商业银行解散的,应当依法成立清算组,进行清算,按照清偿计划及时偿还存款本金和利息等债务。国务院银行业监督管理机构监督清算过程。

第七十条 【商业银行的撤销】商业银行因吊销经营许可证被撤销的,国务院银行业监督管理机构应当依法及时组织成立清算组,进行清算,按照清偿计划及时偿还存款本金和利息等债务。

第七十一条 【商业银行的破产】商业银行不能支付到期债务,经国务院银行业监督管理机构同意,由人民法院依法宣告其破产。商业银行被宣告破产的,由人民法院组织国务院银行业监督管理机构等有关部门和有关人员成立清算组,进行清算。

商业银行破产清算时,在支付清算费用、所欠职工工资和劳动保险费用后,应当优先支付个人储蓄存款的本金和利息。

第七十二条 【商业银行的终止】商业银行因解散、被撤销和被宣告破产而终止。

第八章 法律责任

第七十三条 【商业银行违反客户业务规则的法律责任】商业银行有下列情形之一,对存款人或者其他客户造成财产损害的,应当承担支付迟延履行的利息以及其他民事责任:

(一)无故拖延、拒绝支付存款本金和利息的;

(二)违反票据承兑等结算业务规定,不予兑现,不予收付入账,压单、压票或者违反规定退票的;

(三)非法查询、冻结、扣划个人储蓄存款或者单位存款的;

(四)违反本法规定对存款人或者其他客户造成损害的其他行为。

有前款规定情形的,由国务院银行业监督管理机构责令改正,有违法所得的,没收违法所得,违法所得五万元以上的,并处违法所得一倍以上五倍以下罚款;没有违法所得或者违法所得不足五万元的,处五万元以上五十万元以下罚款。

第七十四条 【商业银行违反国务院银行业监管机构监管的法律责任】商业银行有下列情形之一,由国务院银行业监督管理机构责令改正,有违法所得的,没收违法所得,违法所得五十万元以上的,并处违法所得一倍以上五倍以下罚款;没有违法所得或者违法所得不足五十万元的,处五十万元以上二百万元以下罚款;情节特别严重或者逾期不改正的,可以责令停业整顿或者吊销其经营许可证;构成犯罪的,依法追究刑事责任.

(一)未经批准设立分支机构的;

(二)未经批准分立、合并或者违反规定对变更事项不报批的;

(三)违反规定提高或者降低利率以及采用其他不正当手段,吸收存款,发放贷款的;

(四)出租、出借经营许可证的;

(五)未经批准买卖、代理买卖外汇的;

(六)未经批准买卖政府债券或者发行、买卖金融债券的;

(七)违反国家规定从事信托投资和证券经营业务、向非自用不动产投资或者向非银行金融机构和企业投资的;

(八)向关系人发放信用贷款或者发放担保贷款的条件优于其他借款人同类贷款的条件的。

第七十五条 【商业银行拒绝和规避国务院监管的法律责任】商业银行有下列情形之一,由国务院银行业监督管理机构责令改正,并处二十万元以上五十万元以下罚款;情节特别严重或者逾期不改正的,可以责令停业整顿或者吊销其经营许可证;构成犯罪的,依法追究刑事责任:

(一)拒绝或者阻碍国务院银行业监督管理机构检查监督的;

(二)提供虚假的或者隐瞒重要事实的财务会计报告、报表和统计报表的;

(三)未遵守资本充足率、资产流动性比例、同一借款人贷款比例和国务院银行业监督管理机构有关资产负债比例管理的其他规定的。

第七十六条 【商业银行违反中央银行监管的法律责任】商业银行有下列情形之一,由中国人民银行责令改正,有违法所得的,没收违法所得,违法所得五十万元以上的,并处违法所得一倍以上五倍以下罚款;没有违法所得或者违法所得不足五十万元的,处五十万元以上二百万元以下罚款;情节特别严重或者逾期不改正的,中国人民银行可以建议国务院银行业监督管理机构责令停业整顿或者吊销其经营许可证;构成犯罪的,依法追究刑事责任:

(一)未经批准办理结汇、售汇的;

(二)未经批准在银行间债券市场发行、买卖金融债券或者到境外借款的;

(三)违反规定同业拆借的。

第七十七条　【商业银行拒绝和规避中央银行监管的法律责任】商业银行有下列情形之一,由中国人民银行责令改正,并处二十万元以上五十万元以下罚款;情节特别严重或者逾期不改正的,中国人民银行可以建议国务院银行业监督管理机构责令停业整顿或者吊销其经营许可证;构成犯罪的,依法追究刑事责任:

(一)拒绝或者阻碍中国人民银行检查监督的;

(二)提供虚假的或者隐瞒重要事实的财务会计报告、报表和统计报表的;

(三)未按照中国人民银行规定的比例交存存款准备金的。

第七十八条　【商业银行有关责任人员的法律责任】商业银行有本法第七十三条至第七十七条规定情形的,对直接负责的董事、高级管理人员和其他直接责任人员,应当给予纪律处分;构成犯罪的,依法追究刑事责任。

第七十九条　【违反国务院行业管理规定的单位或个人的法律责任】有下列情形之一,由国务院银行业监督管理机构责令改正,有违法所得的,没收违法所得,违法所得五万元以上的,并处违法所得一倍以上五倍以下罚款;没有违法所得或者违法所得不足五万元的,处五万元以上五十万元以下罚款:

(一)未经批准在名称中使用"银行"字样的;

(二)未经批准购买商业银行股份总额百分之五以上的;

(三)将单位的资金以个人名义开立账户存储的。

第八十条　【违反监管机构资料文件报送要求的法律责任】商业银行不按照规定向国务院银行业监督管理机构报送有关文件、资料的,由国务院银行业监督管理机构责令改正,逾期不改正的,处十万元以上三十万元以下罚款。

商业银行不按照规定向中国人民银行报送有关文件、资料的,由中国人民银行责令改正,逾期不改正的,处十万元以上三十万元以下罚款。

第八十一条　【违反法定设立和许可证规定的法律责任】未经国务院银行业监督管理机构批准,擅自设立商业银行,或者非法吸收公众存款、变相吸收公众存款,构成犯罪的,依法追究刑事责任;并由国务院银行业监督管理机构予以取缔。

伪造、变造、转让商业银行经营许可证,构成犯罪的,依法追究刑事责任。

第八十二条　【借款人骗贷的刑事责任】借款人采取欺诈手段骗取贷款,构成犯罪的,依法追究刑事责任。

第八十三条　【违反设立许可规定和借款人骗贷的行政责任】有本法第八十一条、第八十二条规定的行为,尚不构成犯罪的,由国务院银行业监督管理机构没收违法所得,违法所得五十万元以上的,并处违法所得一倍以上五倍以下罚款;没有违法所得或者违法所得不足五十万元的,处五十万元以上二百万元以下罚款。

第八十四条　【商业银行工作人员受贿行为的法律责任】商业银行工作人员利用职务上的便利,索取、收受贿赂或者违反国家规定收受各种名义的回扣、手续费,构成犯罪的,依法追究刑事责任;尚不构成犯罪的,应当给予纪律处分。

有前款行为,发放贷款或者提供担保造成损失的,应当承担全部或者部分赔偿责任。

第八十五条　【商业银行工作人员贪污、挪用、侵占行为的法律责任】商业银行工作人员利用职务上的便利,贪污、挪用、侵占本行或者客户资金,构成犯罪的,依法追究刑事责任;尚不构成犯罪的,应当给予纪律处分。

第八十六条　【商业银行工作人员玩忽职守、徇私发放贷款或者提供担保的法律责任】商业银行工作人员违反本法规定玩忽职守造成损失的,应当给予纪律处分;构成犯罪的,依法追究刑事责任。

违反规定徇私向亲属、朋友发放贷款或者提供担保造成损失的,应当承担全部或者部分赔偿责任。

第八十七条　【商业银行工作人员泄露国家秘密、商业秘密的责任】商业银行工作人员泄露在任职期间知悉的国家秘密、商业秘密的,应当给予纪律处分;构成犯罪的,依法追究刑事责任。

第八十八条　【单位或者个人强令商业银行发放贷款或者提供担保的责任与商业银行工作人员对前述强令行为不予拒绝的责任】单位或者个人强令商业银行发放贷款或者提供担保的,应当对直接负责的主管人员和其他直接责任人员或者个人给予纪律处分;造成损失的,应当承担全部或者部分赔偿责任。

商业银行的工作人员对单位或者个人强令其发放贷款或者提供担保未予拒绝的,应当给予纪律处分;造成损失的,应当承担相应的赔偿责任。

第八十九条　【国务院银行业监督管理机构对商业银行直接负责人员的处罚措施】商业银行违反本法规定的,国务院银行业监督管理机构可以区别不同情形,取消其直接负责的董事、高级管理人员一定期限直至终身的任职资格,禁止直接负责的董事、高级管理人员和其他直接责任人员一定期限直至终身从事银行业工作。

商业银行的行为尚不构成犯罪的,对直接负责的董事、高级管理人员和其他直接责任人员,给予警告,处五万元以上五十万元以下罚款。

第九十条 【商业银行及其工作人员提起行政诉讼的权利】商业银行及其工作人员对国务院银行业监督管理机构、中国人民银行的处罚决定不服的,可以依照《中华人民共和国行政诉讼法》的规定向人民法院提起诉讼。

第九章 附 则

第九十一条 【本法的溯及力】本法施行前,按照国务院的规定经批准设立的商业银行不再办理审批手续。

第九十二条 【本法对外资商业银行、中外合资商业银行及外国商业银行分行的适用】外资商业银行、中外合资商业银行、外国商业银行分行适用本法规定,法律、行政法规另有规定的,依照其规定。

第九十三条 【本法对城乡信用合作社办理存款、贷款和结算等业务的适用】城市信用合作社、农村信用合作社办理存款、贷款和结算等业务,适用本法有关规定。

第九十四条 【本法对邮政企业办理商业银行有关业务的适用】邮政企业办理商业银行的有关业务,适用本法有关规定。

第九十五条 【本法的施行时间】本法自 1995 年 7 月 1 日起施行。

商业银行服务价格管理办法

- 2014 年 2 月 14 日中国银行业监督管理委员会、国家发展和改革委员会令 2014 年第 1 号公布
- 自 2014 年 8 月 1 日起施行

第一章 总 则

第一条 为规范商业银行服务价格管理活动,保护客户合法权益,促进商业银行健康发展,根据《中华人民共和国银行业监督管理法》、《中华人民共和国商业银行法》、《中华人民共和国价格法》等法律法规,制定本办法。

第二条 依据《中华人民共和国商业银行法》和《中华人民共和国外资银行管理条例》设立的商业银行,适用本办法有关规定。

经中国银行业监督管理委员会依法批准设立的其他银行业金融机构,适用本办法有关规定。

第三条 本办法所称商业银行服务,是指商业银行向客户提供的各类服务。

本办法所称客户,是指商业银行的服务对象,包括自然人、法人和其他组织。

本办法所称服务价格,是指商业银行提供服务时收取的费用。

第四条 商业银行服务价格行为应当严格遵守国家法律、法规、规章和有关监管规定,遵循公开、公平、诚实、信用的原则,接受社会监督。

第五条 商业银行应当建立科学有效的服务价格管理体系,加强内部控制,充分披露服务价格信息,保障客户获得服务价格信息和自主选择服务的权利。

第六条 根据服务的性质、特点和市场竞争状况,商业银行服务价格分别实行政府指导价、政府定价和市场调节价。

第七条 中国银行业监督管理委员会和国务院价格主管部门依照有关法律、法规及本办法的规定对商业银行服务价格管理活动进行监督管理。

第二章 政府指导价、政府定价的制定和调整

第八条 对客户普遍使用、与国民经济发展和人民生活关系重大的银行基础服务,实行政府指导价或政府定价。

第九条 国务院价格主管部门会同中国银行业监督管理委员会,根据商业银行服务成本、服务价格对个人或企事业单位的影响程度、市场竞争状况,制定和调整商业银行政府指导价、政府定价项目及标准。

第十条 制定和调整政府指导价、政府定价,按照以下程序执行:

(一)组织商业银行等相关机构进行成本调查;
(二)征求相关客户、商业银行和有关方面的意见;
(三)做出制定或调整相关服务价格的决定,向社会公布。

第三章 市场调节价的制定和调整

第十一条 除实行政府指导价、政府定价的服务价格以外,商业银行服务价格实行市场调节价。

第十二条 实行市场调节价的商业银行服务价格,应当由商业银行总行制定和调整。分支机构不得自行制定和调整服务价格。

商业银行分支机构因地区性明显差异需要实行差别化服务价格的,应当由总行统一制定服务价格,并由总行按照本办法规定统一进行公示。

外国银行分行根据其总行(或地区总部)的授权制定和调整服务价格,按照本办法规定进行公示。

第十三条 商业银行制定和调整市场调节价,按照以下程序执行:

(一)制定相关服务价格的定价策略和定价原则;

(二)综合测算相关服务项目的成本和收入情况;

(三)进行价格决策;

(四)形成统一的业务说明和宣传材料;

(五)在各类相关营业场所的醒目位置公示;

(六)设有商业银行网站的,应当在网站主页醒目位置公示。

第十四条 商业银行制定和调整实行市场调节价的服务价格,应当合理测算各项服务支出,充分考虑市场因素进行综合决策。

第十五条 商业银行总行向有关部门报送的本机构服务价格工作报告,包括以下内容:

(一)服务价格管理的组织架构和服务价格管理总体情况;

(二)服务收费项目设置、调整情况和相应的收入变化情况;

(三)免费服务项目设置情况、调整情况、相应的收入变化情况,在服务价格方面承担社会责任的情况;

(四)服务项目的收入结构和评估情况;

(五)服务价格的信息披露情况,包括信息公示的方式和渠道;

(六)与服务价格相关的投诉数量、分类和处理情况;

(七)对客户反馈意见的解释说明情况和意见采纳情况;

(八)附表:本行服务的分类、具体项目、价格水平等情况;

(九)与服务价格相关的其他情况。

第十六条 商业银行按照市场化原则接受相关单位的委托,办理代收水、电、燃气、通讯、有线电视、交通违章罚款等费用以及代付工资、社会保险金、住房公积金等代收代付业务,应当按照"谁委托、谁付费"的原则收取委托业务相关手续费,不得向委托方以外的其他单位和个人收取费用。

第十七条 客户因商业银行调整服务价格或变更服务合同,要求终止或变更银行服务的,商业银行应当根据客户要求、相关服务合同或其他已签署的法律文件采取合理有效的措施,依法及时终止或变更相关银行服务和对应的服务合同。

第十八条 商业银行向客户收取的服务费用,应当对应明确的服务内容。

第四章 服务价格信息披露

第十九条 商业银行应当按规定进行服务价格信息披露。

商业银行应当在其营业场所醒目位置,设有网站的应当在其网站主页醒目位置,及时、准确公示实行政府指导价、政府定价和市场调节价的服务项目、服务内容、服务价格、适用对象、政府指导价或政府定价的文件文号、生效日期、咨询(投诉)的联系方式等。公示的各类服务价格项目应当统一编号。

第二十条 商业银行应当采取以下措施保护客户相关权益:

(一)在营业场所的醒目位置提供相关服务价格目录或说明手册等,供客户免费查阅,有条件的商业银行可采用电子显示屏、多媒体终端、电脑查询等方式披露服务价格信息;

(二)设有商业银行网站的,应当在网站主页醒目位置公示服务价格目录或说明手册等,供客户免费查阅;

(三)使用电子银行等自助渠道提供服务的,应当在收取服务费用之前,提示客户相关服务价格,并保证客户对相关服务的选择权;

(四)明确界定各分支机构同城业务覆盖的区域范围,通过营业场所公示、宣传手册、网站公示等方式告知客户,并提供24小时查询渠道。同城业务覆盖的区域范围应当不小于地级市行政区划,同一直辖市、省会城市、计划单列市应当列入同城范畴。

第二十一条 商业银行应当提醒客户提供真实有效的联系信息并在相关信息变更后及时通知银行,以便商业银行调整服务价格时按照合同约定方式及时告知客户。

第二十二条 商业银行关于服务价格信息的公示涉及优惠措施的,应当明确标注优惠措施的生效和终止日期。

第二十三条 商业银行提高实行市场调节价的服务价格,应当至少于实行前3个月按照本办法规定进行公示,必要时应当采用书面、电话、短信、电子邮件、合同约定的其他形式等多种方式通知相关客户。

商业银行设立新的实行市场调节价的服务收费项目,应当至少于实行前3个月按照本办法规定进行公示。

第二十四条 商业银行接受其他单位委托开展代理

业务收费时,应当将委托方名称、服务项目、收费金额、咨询(投诉)的联系方式等信息告知客户,并在提供给客户的确认单据中明确标注上述信息。

第二十五条 商业银行应当严格执行服务价格信息披露的有关规定,在为客户提供服务之前,应当告知相关服务项目、服务价格、优惠措施(含生效和终止日期),客户确认接受该服务价格后,方可提供相关服务;客户在使用服务前明确表示不接受相关服务价格的,不得强制或变相强制客户接受服务。

第二十六条 对于需要签署服务章程、协议等合同文件的银行服务项目,商业银行应当在相应的合同文件中以通俗易懂、清晰醒目的方式明示服务项目或服务内容、服务价格、优惠措施及其生效和终止日期、与价格相关的例外条款和限制性条款、咨询(投诉)的联系方式等信息。

第五章 内部管理

第二十七条 商业银行应当按照审慎经营原则,建立健全服务价格管理制度和内部控制机制,建立清晰的服务价格制定、调整和信息披露流程,严格执行内部授权管理。

第二十八条 商业银行服务价格管理制度应当严格遵守国家法律法规,明确价格行为违规的问责机制和内部处罚措施。

第二十九条 商业银行应当指定一个部门牵头负责服务价格管理工作,建立服务价格内部审批制度,适时对服务价格管理进行评估和检查,及时纠正相关问题,并组织开展服务价格相关宣传、解释、投诉处理等工作。

第三十条 商业银行应当建立服务价格投诉管理制度,明确客户投诉登记、调查、处理、报告等事项的管理流程、负责部门和处理期限,确保对客户投诉及时进行调查处理。

第三十一条 商业银行应当设立统一的投诉电话、书面投诉联系方式等渠道,并在营业场所和网站醒目位置进行公示,以便及时受理客户对服务价格的相关投诉。

第三十二条 商业银行应当认真处理和及时答复客户投诉。

商业银行应当建立相应的投诉自查机制,对投诉管理制度的落实情况、投诉处理情况进行定期或不定期自查。

第三十三条 除国家法律、法规、委托代理合同有相关规定和要求的情况以外,商业银行应当拒绝任何单位和个人利用银行渠道直接向客户收取任何费用。

第六章 服务价格监督管理

第三十四条 商业银行违反本办法规定,有下列行为之一的,由中国银行业监督管理委员会、国务院价格主管部门按照各自法定职责,依据《中华人民共和国银行业监督管理法》、《中华人民共和国价格法》、《价格违法行为行政处罚规定》等法律法规处理:

(一)擅自制定属于政府指导价、政府定价范围的服务价格的;

(二)超出政府指导价浮动幅度的;

(三)提前或推迟执行政府指导价、政府定价的;

(四)擅自对明令禁止收费的服务项目继续收费的;

(五)未按照规定程序制定和调整市场调节价的;

(六)商业银行分支机构擅自制定或调整市场调节价的;

(七)未按照规定进行服务价格信息披露的;

(八)未按照规定开展服务价格相关内部管理工作的;

(九)其他违反本办法规定的行为。

第三十五条 鼓励有关单位和个人对商业银行服务价格违法行为进行监督。

有关单位和个人发现商业银行服务价格行为存在侵害其合法权益问题的,可依照法律、法规规定采取相关法律措施或投诉。

第三十六条 行业协会等自律组织应当在规范商业银行服务价格行为方面充分发挥自律协调作用。

第七章 附 则

第三十七条 本办法自 2014 年 8 月 1 日起施行。《商业银行服务价格管理暂行办法》(中国银行业监督管理委员会 国家发展和改革委员会令 2003 年第 3 号)同时废止。

第三十八条 本办法生效后,此前有关商业银行服务价格或收费的规定与本办法规定不一致的,按照本办法执行。

商业银行收费行为执法指南

· 2016 年 6 月 5 日
· 发改办价监〔2016〕1408 号

一、本指南所称收费,是商业银行与客户约定俗成的叫法,实际含义与《商业银行服务价格管理办法》所称服务价格一致,是指商业银行提供服务时收取的费用。收费行为可能发生在服务期开始前、服务期过程中或者服务期结束后。

本指南所称客户,是指接受商业银行服务的自然人、法人和其他组织。

本指南所称执法机构,是指县级以上人民政府价格主管部门。

二、本指南根据《中华人民共和国价格法》、《价格违法行为行政处罚规定》等法律法规、党中央国务院治理乱收费的相关规定、金融服务实体经济和缓解融资难融资贵的相关政策(文件目录附后)以及规范商业银行收费行为的执法实践制定。

三、在中华人民共和国境内发生的商业银行收费行为,适用本指南。各级价格主管部门开展商业银行收费检查时,应当参考本指南。

四、本指南不对现有法律法规体系进行扩展,不干涉经营者的自主定价权,不额外增加经营者的义务和负担,目的是规范价格行政执法工作,合理引导经营者行为。

五、各级价格主管部门要认真履行价格监管责任,不越位、不缺位,严肃查处商业银行违规收费行为。规范价格行政处罚权,对查实的违规收费问题严格依法处理。

六、价格行政执法人员应当严格按照"八项规定"精神,遵守党中央廉洁从政的各项规定和《价格执法人员廉洁自律规定》,严禁利用工作之便谋取利益,严禁利用检查之机接受任何影响公正执法的宴请、礼品、礼金、有价证券以及娱乐活动安排,树立价格行政执法队伍清正廉洁、文明执法的良好形象。

七、各级价格主管部门要针对新情况、新问题研究新举措,及时完善监管政策,推动商业银行收费管理做到三"实":

推动商业银行设定收费项目和标准时,充分考虑客户的实际需求和自身的业务能力,收费标准与服务内容和业务成本相匹配,做到"项目实"。

推动商业银行给客户提供实质性服务,做到"服务实"。

推动商业银行强化对分支机构收费行为的内部监管,引导分支机构合规经营,确保收费行为依法合规,做到"管理实"。

八、商业银行应当严格执行政府指导价、政府定价,合理确定市场调节价领域的收费项目和标准。

政府指导价、政府定价的项目和标准由《商业银行服务价格政府指导价政府定价目录》确定。

市场调节价的收费项目和标准,由各商业银行总行依据相关规定设定。商业银行分支机构应当严格执行价目表的收费项目、标准、范围、对象和内容。

九、商业银行收费行为应当遵循依法合规、平等自愿、息费分离、质价相符的原则。

依法合规,是指收费行为应当遵循法律法规的要求。

平等自愿,是指商业银行与客户法律地位平等,应当在双方自愿基础上提供服务,不应以融资或者其他交易条件为前提,强制或者变相强制提供服务、收取费用。

息费分离,是指商业银行应当严格区分收息与收费业务,不以"息转费"的形式虚增中间业务收入,不将利息或者投资收益转化为收费。

质价相符,是指商业银行应当根据客户的实际需要,提供价格合理的服务。顾问与咨询类、资金监管类、资产托管类、融资安排类等业务,特别应当体现实质性服务的要求。

十、商业银行应当严格执行明码标价的规定,在其营业场所醒目位置及时、准确公示服务项目、服务内容、收费标准、适用对象、生效日期、投诉方式等。

商业银行设立新的市场调节价收费项目,或者提高市场调节价的收费标准,应当按照《商业银行服务价格管理办法》的规定进行公示。

阶段性优惠措施无法及时在价目表中体现的,应当以书面形式向客户公示,并明确标注优惠措施的生效和终止日期。

十一、商业银行应当认真落实已经出台的各项优惠措施。

需要客户申请的优惠措施,应当主动履行告知义务。

十二、对于实行政府指导价、政府定价的收费项目,商业银行有下列情形之一的,认定为违规收费行为:

(一)超出政府指导价浮动幅度的;

(二)高于或者低于政府定价的;

(三)擅自制定属于政府指导价、政府定价范围内的收费项目或者标准的;

(四)提前或者推迟执行政府指导价、政府定价的;

(五)对明令取消的收费项目继续收费的;

(六)法律、法规禁止的其他违规收费行为。

十三、对于实行市场调节价的收费项目,商业银行有下列情形之一的,认定为违规收费行为:

(一)在价目表外自立收费项目的;

(二)收费标准超出价目表规定的;

(三)收费对象与价目表规定不符的;

(四)对总行减免优惠政策没有执行到位的;

（五）法律、法规禁止的其他违规收费行为。

十四、商业银行未给客户提供实质性服务，或者未能按照价目表、服务规程及与客户约定的服务内容提供服务，擅自减少服务内容的，认定为只收费不服务。

十五、执法机构认定只收费不服务，可以综合考虑服务时间、业务类型、服务内容、档案管理等方面，重点关注顾问与咨询类、资金监管类、资产托管类、融资安排类等业务，考虑因素具体包括但不限于：

（一）服务内容是否体现出针对性，如是否仅提供了商业银行的产品或者业务介绍、仅提供了从公开渠道获得，未经加工整理的信息等；

（二）服务内容是否达到服务协议约定的服务标准；

（三）所提供服务是否已经涵盖在同一客户的其他收费项目中；

（四）服务记录是否完整；

（五）服务人员是否符合总行规定的资格和资质。

十六、商业银行以信贷方式提供融资时，应当区分工作职责和有偿服务。对于根据相关规定，在信贷业务中开展的尽职调查、贷款发放、支付管理、贷后管理等应尽的工作内容，不属于实质性有偿服务。

十七、伪造服务记录、服务成果的，认定为只收费不服务。

十八、对于使用本行表内资金、以企业融资为目的，与信托、证券、融资租赁等非银行业金融机构或者其他商业银行开展业务合作，向同业金融机构或者客户收取费用但未提供实质性服务的，认定为只收费不服务。

十九、商业银行违背平等自愿原则，强制要求客户购买服务的，认定为违规收费行为，考虑因素具体包括但不限于：

（一）在发放贷款或者以其他方式提供融资时，是否强制服务并收费；

（二）在发放贷款或者以其他方式提供融资时，是否强制搭售理财、基金、贵金属等金融产品；

（三）在发放贷款或者以其他方式提供融资时，是否使用虚假的或者使人误解的价格手段诱骗消费者购买保险等金融产品；

（四）是否强制客户到指定企业办理评估、保险等业务。

二十、商业银行同意给予客户流动资金贷款后，在业务操作过程中违背客户真实意愿，强制以承兑汇票形式提供融资，不合理增加客户负担，虚增中间业务收入的，认定为违规收费行为。

二十一、商业银行应当承担合理的业务成本，不得转嫁。认定转嫁成本的考虑因素具体包括但不限于：

（一）是否以协议等形式将法律、法规、规章规定应当由商业银行承担的费用转嫁给客户承担；

（二）融资过程中需要办理公证、登记、保险、评估等业务时，按照法律、法规、规章规定或者合同约定应由商业银行承担费用的，是否将相关费用转嫁给客户承担。

二十二、商业银行办理委托贷款业务，应当向价目表规定的对象收取手续费，不得向委托方以外的第三方收取费用，委托方与借款人达成协议的情况除外。价目表没有明确规定收费对象的，遵循"谁委托、谁付费"的原则。

二十三、商业银行违规收费行为的产生，与其内部管理不到位和制度不健全直接相关，对违规收费行为的认定，还应综合考虑相关因素。其中，有利于规范收费行为的积极因素具体包括但不限于：

（一）收费项目明确。商业银行价目表中公示的收费项目，尽可能细化了收费标准、适用对象、服务内容等。

（二）制定服务规程。对涉及具体服务内容及服务流程的收费项目，商业银行总行或者授权分行制定了服务规程，明确了服务内容、范围和质量要求，细化了服务流程。制定了规范的服务协议范本，明确约定服务期限、服务内容、服务方式、收费金额、与价格相关的例外条款和限制性条款、咨询（投诉）的联系方式等信息，并对实质性服务内容提出具体要求。

（三）提高服务专业化水平。商业银行明确了需要专业人员提供服务的收费项目，并对服务人员资格和资质提出具体要求。

（四）服务档案健全。对顾问与咨询类、资金监管类、资产托管类、融资安排类等服务，商业银行在提供服务后，保存了书面或者电子资料，建立了完善的档案并统一编号管理。档案包括服务协议、服务记录、收费票据等。服务记录完整（如：服务人员、服务时间、服务内容、客户指令、资金记录等），并由服务人员和客户确认。对通过网上银行、手机银行、电子邮件、电话、传真等向客户提供服务的，能够以适当方式证明客户已确认服务。

（五）有完善的收费投诉处理制度。健全客户投诉处理机制，加强收费行为的自查自纠。发现违规收费的，能够及时退还客户。

二十四、可能造成或者加重违规收费行为的消极因素具体包括但不限于：

（一）不合理的中间业务收入增长目标和绩效考核指标；

（二）收费项目对应的服务内容不明确、过于笼统；

（三）对已查出的违规收费问题整改不到位或者屡查屡犯。

二十五、商业银行违反《反垄断法》规定，构成价格垄断行为的，依据《反价格垄断规定》、《反价格垄断行政执法程序规定》依法查处。

二十六、本指南自印发之日起施行。

附件：

1. 商业银行收费检查文件汇编目录（略）
2. 商业银行违规收费典型案例（略）

商业银行绩效评价办法

· 2020年12月15日
· 财金〔2020〕124号

第一章 总则

第一条 为进一步发挥市场机制作用，完善商业银行绩效评价体系，推动商业银行更加有效响应国家宏观政策、服务实体经济、服务微观经济，引导商业银行高质量发展，增强活力，提高运营效率，做优做强国有金融资本，根据《中共中央 国务院关于完善国有金融资本管理的指导意见》、《金融企业财务规则》等有关规定，制定本办法。

第二条 本办法适用于国有独资及国有控股商业银行（含国有实际控制商业银行）、国有独资及国有控股金融企业实质性管理的商业银行。其他商业银行可参照执行。

本办法所称商业银行，是指执业需取得银行业务许可证的国有大型商业银行、全国性股份制商业银行、城市商业银行、农村商业银行、农村合作银行、农村信用合作社等。

第三条 本办法所称绩效评价，是指财政部门根据商业银行功能特点建立评价指标体系，运用适当评价方法和评价标准，对商业银行一个会计年度响应国家宏观政策、服务实体经济、防控金融风险情况，以及发展质量、经营效益情况进行的综合评价。

第四条 商业银行绩效评价遵循以下原则：

（一）坚持服务国家宏观政策和服务实体经济导向。商业银行绩效评价要为国家宏观政策实施提供强有力的保障支撑，体现更好服务实体经济、服务微观经济的导向，促进商业银行与实体经济的良性互动、共生共荣。

（二）坚持高质量发展和创新驱动导向。商业银行绩效评价以新发展理念为指导，以供给侧结构性改革为主线，以可持续发展为目标，引导商业银行加快转变发展理念和发展方式，加大自主创新力度，优化资源配置，提升投入产出效率，增强核心竞争力，强化金融服务功能，有效防范金融风险。

（三）坚持市场机制和政府引导相统一。商业银行绩效评价遵循市场经济和企业发展规律，坚持市场配置资源的决定性作用。政府通过制定规则，发挥宏观指导作用，维护经济金融安全。财政部门依法履行金融企业出资人职责，以管资本为主加强引导，促进国有金融资本保值增值。

（四）坚持统一规制和分级管理相结合。财政部负责分类制定全国金融企业绩效评价管理办法，负责采集数据，计算并发布行业标准值，并负责组织实施中央管理的商业银行绩效评价。省级人民政府财政部门（以下简称省级财政部门）依据本办法组织实施本地区商业银行的绩效评价工作。

第五条 为确保绩效评价工作客观、公正、及时、有效与公平，商业银行要提供全面、真实的绩效评价数据。绩效评价工作以独立审计机构按中国审计准则审计后的财务会计报告为基础，其中，财务报表应当是按中国会计准则编制的合并财务报表。绩效评价数据应由负责商业银行年度财务报告审计的独立审计机构进行复核并单独出具审计报告。商业银行相关业务数据应与按照监管要求报送的最终结果保持一致，相互印证。

第六条 商业银行绩效评价结果是商业银行整体运行综合评价的客观反映，应当作为商业银行改善经营管理和负责人综合考核评价的重要依据，是确定商业银行负责人薪酬和商业银行工资总额的主要依据。

第二章 评价导向和指标体系

第七条 商业银行绩效评价维度包括服务国家发展目标和实体经济、发展质量、风险防控、经营效益等四个方面，评价重点是服务实体经济、服务经济重点领域和薄弱环节情况，以及经济效益、股东回报、资产质量等。

第八条 商业银行绩效评价指标体系：

（一）服务国家发展目标和实体经济：包括服务生态文明战略情况、服务战略性新兴产业情况、普惠型小微企业贷款"两增"完成情况、普惠型小微企业贷款"两控"完成情况4个指标，主要反映商业银行服务国家宏观战略、服务实体经济、服务微观经济情况。

（二）发展质量：包括经济增加值、人工成本利润率、人均净利润、人均上缴利税4个指标，主要反映商业银行高质量发展状况和人均贡献水平。

（三）风险防控：包括不良贷款率、不良贷款增速、拨备覆盖水平、流动性比例、资本充足率5个指标，主要反映商业银行资产管理和风险防控水平。

（四）经营效益：包括（国有）资本保值增值率、净资产收益率、分红上缴比例3个指标，主要反映商业银行资本增值状况和经营效益水平。

第九条　商业银行绩效评价指标体系保持相对稳定，并根据国家宏观政策、实体经济需求、金融发展趋势等客观情况适时进行动态调整。

各单项指标的权重，依据指标的重要性和引导功能确定，具体见《商业银行绩效评价指标体系》（附件2）。各单项指标计分加总形成商业银行绩效评价综合指标得分。

第三章　评价方法

第十条　财政部门根据商业银行绩效评价指标特性，可以采用适当的单一或综合评价方式。其中，单一评价方式包括行业对标、历史对标、监管标准对标、定性打分等。行业标准值由财政部统一测算并公布；其他标准值，按照分级管理原则，由财政部和省级财政部门分别组织测算和确定。

第十一条　对采用综合方式的绩效评价指标，由财政部和省级财政部门根据指标特性，选择至少两种评价方法，分别设置评价方法权重（见附件3），从不同维度综合评价同一指标。

第十二条　对采用行业对标方法的绩效评价指标，由财政部根据中央管理的商业银行和省级财政部门报送的快报资料，对商业银行数据进行筛选，剔除不适合参与测算的商业银行数据，保留符合测算要求的数据，建立样本库，测算行业标准值（见附件3）。

第十三条　对采用历史对标方法的指标标准值，按照分级管理原则，由财政部和省级财政部门根据商业银行基础数据进行测算，其中样本平均值作为"中等值"。其他五档标准值按照合理方法确定（见附件3）。

第十四条　对采用定性打分方法的绩效评价指标，由财政部门、监管部门或受托履行出资人职责的机构，依据商业银行提供的证据，结合监管情况各自打分，以平均值作为该项指标得分。

第十五条　评价计分是将商业银行调整后的评价指标实际值对照商业银行所处标准值，按照以下计算公式，计算各项基本指标得分：

绩效评价指标总得分＝∑单项指标得分

单项指标得分＝本档基础分＋调整分

本档基础分＝指标权数×本档标准系数

调整分＝功效系数×（上档基础分－本档基础分）

上档基础分＝指标权数×上档标准系数

功效系数＝（实际值－本档标准值）/（上档标准值－本档标准值）

本档标准值是指上下两档标准值中居于较低的一档标准值。

第十六条　对被评价商业银行评价期间（年度）发生的属于加、减分事项，经核实后，予以加分或降级、扣分（见附件3）。

第四章　评价数据

第十七条　为了确保绩效评价工作的真实、完整、合理，商业银行可以按照重要性和可比性原则对评价期间的账面数据申请适当调整或还原，申请调整事项经审计师出具鉴定意见后，有关财务指标相应加上客观减少因素、减去客观增加因素。可以进行调整的事项主要包括：

（一）商业银行因重大自然灾害、突发公共卫生事件等不可抗力因素导致行业性营业收入、盈利下降的，可在计算行业标准值时统筹考虑影响因素；

（二）商业银行在评价期间损益中消化处理以前年度资产或业务损失，可把损失金额作为当年利润的客观减少因素；

（三）商业银行承担经国务院批准的政策性业务或落实国务院批准的调控要求对经营成果或资产质量产生重大影响的，可把影响部分作为当年利润或资产的客观减少因素；

（四）商业银行会计政策与会计估计变更对经营成果产生重大影响的，可把影响金额作为当年利润或资产的客观影响因素；

（五）商业银行并表范围、并表比例发生变动，应将变动影响绩效评价结果的部分作为客观影响因素；

（六）商业银行被出具非标准无保留意见审计报告的，应当根据审计报告披露影响经营成果的重大事项，调整评价账面数据；

（七）财政部门认可的其他客观因素。

第十八条　商业银行要确保各项绩效评价数据资料及时、真实、可获得。数据来源为监管报表的，应将监管报表作为证明材料一并报送；数据来源为内部业务统计的，应对业务统计口径进行详细说明。具体包括：

（一）商业银行绩效评价基础数据表；

（二）商业银行的年度财务会计报告；

（三）会计师事务所出具的年度财务会计报告审计报告和绩效评价数据专项审计报告；

（四）对各项绩效评价基础数据和调整情况的说明材料以及数据来源；

（五）财政部门认为需要的其他材料。

第十九条 财政部门对被评价商业银行提供的绩效评价数据资料进行审查、复核和确认。

第五章 评价结果及应用

第二十条 绩效评价结果以评价得分、评价类型和评价级别表示。评价得分用百分制表示，最高100分。

评价类型是根据评价分数对企业综合绩效所划分的水平档次，用文字和字母表示，分为优（A）、良（B）、中（C）、低（D）、差（E）五种类型。

评价级别是对每种类型再划分级次，以体现同一评价类型的不同差异，采用在字母后重复标注该字母的方式表示（见附件3）。

第二十一条 商业银行当年未实现国有资本保值增值的，在已计算的绩效评价结果上，下调一档确认。

第二十二条 财政部门审核确定绩效评价结果后，及时反馈商业银行，抄报负责商业银行领导班子和领导人员综合考核评价的组织人事部门和行业监管部门，并以适当方式对社会公开。

第二十三条 对于年度绩效评价结果为中档及以下（不含）的，商业银行要对照绩效评价结果计分表，及时总结原因，分析差距，加强管理，改进考核。

第二十四条 当期评价后发现财务数据不实或有误，财政部门可追溯调整评价结果，并追溯调整与评价结果联动挂钩的其他事项结果。

第二十五条 对于绩效评价加分事项，按照审慎从严的原则，如确有符合加分条件的事项，需依据充足，论证充分。对于绩效评价减分事项，一经核实，从严确认。

第六章 工作要求

第二十六条 中央管理的商业银行应当于每年4月15日前，一式两份向财政部报送全套绩效评价数据资料。地方商业银行向本级财政部门报送绩效评价材料的具体内容和时间要求，由省级财政部门确定。

第二十七条 商业银行应当提供真实、全面的绩效评价数据资料，商业银行主要负责人、主管财务会计工作的负责人或总会计师应当对提供的数据资料的真实性、完整性负责。

商业银行在报送绩效评价材料中，存在故意漏报、瞒报以及提供虚假材料等情况的，由本级财政部门依据《金融企业财务规则》等规定要求商业银行进行整改和给予处罚。

第二十八条 财政部门应当根据商业银行国有资本保值增值结果确认要求和年度财务决算工作安排，做好国有资本保值增值结果确认工作。

第二十九条 财政部根据中央管理的商业银行和省级财政部门报送的资料，于每年4月底前印发行业标准值。

第三十条 省级财政部门按本办法规定做好本地区商业银行的绩效评价工作。对属于地方监管职责范围内的商业银行，确有需要的，省级财政部门可根据本地区特点，按照从严掌握的原则对评价方法进行适当调整。

省级财政部门于每年11月30日前，将本地区商业银行的绩效评价结果汇总报送财政部。

第三十一条 财政部门的相关工作人员组织开展商业银行绩效评价工作应当恪尽职守、规范程序、加强指导。

各级财政部门及其工作人员在商业银行绩效评价工作中，存在滥用职权、玩忽职守、徇私舞弊等违法违纪行为的，依法追究相应责任。

第三十二条 受托开展商业银行审计业务的机构及其相关工作人员应严格执行商业银行绩效评价工作的规定，规范技术操作，确保评价过程独立、客观、公正，评价结论适当，并严守商业银行的商业秘密。

对参与造假、违反程序和工作规定，导致评价结论失实以及泄露商业银行商业秘密的，财政部门将责令不再委托其承担商业银行审计业务，并将有关情况通报其行业主管部门，建议给予相应处罚。

第三十三条 财政部门适时组织对商业银行绩效评价工作进行监督检查，对于违规行为，依据《金融企业财务规则》等规定要求商业银行进行整改和给予处罚。

第七章 附 则

第三十四条 因股权发生变更等原因，导致原由中央管理的商业银行转为地方商业银行，或者原地方商业银行转为由中央管理的商业银行的，财政部门应按照分级管理的原则及时调整绩效评价结果确认部门。

第三十五条 本办法自2021年1月1日起施行，商业银行绩效评价按照本办法执行。除商业银行外，其他金融企业绩效评价暂继续执行《财政部关于印发〈金融企业绩效评价办法〉的通知》（财金〔2016〕35号）。

银行业金融机构外部审计监管指引

- 2010年8月11日
- 银监发〔2010〕73号

第一章 总 则

第一条 为充分发挥外部审计对银行业监管的补充作用，促进银行业金融机构稳健经营，根据《中华人民共和国银行业监督管理法》等法律法规，制定本指引。

第二条 本指引所称银行业金融机构是指依法在中国境内设立的各类银行业金融机构法人，以及外国银行业金融机构在中国境内设立的分支机构。

本指引所称外部审计是指外部审计机构对银行业金融机构的年度财务报告审计；外部审计机构是指接受银行业金融机构委托对其进行外部审计的会计师事务所，以下简称外审机构。本指引所称银行业监管机构，是指中国银监会及其派出机构。

第三条 银行业金融机构应当建立健全委托外审机构的相关规章制度。

银行业金融机构董事会对外部审计负最终责任。

第二章 审计委托

第四条 银行业金融机构应当委托具有独立性、专业胜任能力和声誉良好的外审机构从事审计业务。对合格外审机构的评估包括但不限于以下因素：

（一）在形式和实质上均保持独立性；

（二）具有与委托银行业金融机构资产规模、业务复杂程度等相匹配的规模、资源和风险承受能力；

（三）拥有足够数量的具有银行业金融机构审计经验的注册会计师，具备审计银行业金融机构的专业胜任能力；

（四）熟悉金融法规、银行业金融机构业务及流程、内部控制制度以及各种风险管理政策；

（五）具有完善的内部管理制度和健全的质量控制体系；（六）具有良好的职业声誉，无重大不良记录。

第五条 银行业金融机构应当完整保存委托外审计机构过程中的档案，银行业监管机构可以对上述档案进行检查。

第六条 外审机构存在下列情况之一的，银行业金融机构不宜委托其从事外部审计业务：

（一）专业胜任能力、从事银行业金融机构审计的经验、风险承受能力明显不足的；

（二）存在欺诈和舞弊行为，在执业经历中受过行政处罚、刑事处罚且未满三年的；

（三）与被审计机构存在关联关系，可能影响审计独立性的。

第三章 审计质量控制

第七条 银行业金融机构应当了解外部审计程序及质量控制体系，配合外审机构开展审计工作，为外审机构实施适当的审计程序提供便利。

第八条 银行业金融机构应当与外审机构充分沟通，了解审计进展情况，及时将审计过程中出现的重大事项报告银行业监管机构。

第九条 银行业金融机构应当对外审机构的审计报告质量及审计业务约定书的履行情况进行评估。

第十条 银行业监管机构可以对外审机构的审计报告质量进行评估，并对存在重大疑问的事项要求银行业金融机构委托其他外审机构进行专项审计。

第十一条 外审机构同一签字注册会计师对同一家银行业金融机构进行外部审计的服务年限不得超过五年；超过五年的，银行业金融机构应当要求外审机构更换签字注册会计师。

第十二条 银行业金融机构不宜委托负责其外部审计的外审机构提供咨询服务。

第四章 终止审计委托

第十三条 银行业金融机构发现外审机构存在下列情形之一的，应予以特别关注，并可以终止委托其审计工作：

（一）未履行诚信、勤勉、保密义务，并造成严重不良后果的；

（二）将所承担的审计业务分包或转包给其他机构的；

（三）审计人员和时间安排难以保障银行业金融机构按期披露年度报告的；

（四）审计报告被证实存在严重质量问题的。

第十四条 银行业监管机构发现外审机构存在下列问题时，可以要求银行业金融机构立即评估委托该外审机构的适当性：

（一）审计结果严重失实的；

（二）存在严重舞弊行为的；

（三）严重违背中国注册会计师审计准则，存在应发现而未发现的重大问题。

对因上述原因被终止委托的外审机构，银行业金融机构二年内不得委托其从事审计业务。

第十五条 银行业金融机构或外审机构单方要求终止审计委托时，银行业金融机构应当及时报告银行业监管机构。

第五章 与外审机构的沟通

第十六条 银行业监管机构、银行业金融机构、外审机构应当适时举行双方或三方会谈,及时交流有关信息。

第十七条 外审机构根据审计准则向银行业监管机构报告银行业金融机构以下情况的,银行业金融机构不得阻挠:

(一)严重违反法律法规、行业规范或章程;

(二)影响持续经营的事项或情况;

(三)出具非标准审计报告;

(四)管理层有重大舞弊行为;

(五)决策机构内部发生严重冲突或关键职能部门负责人突然离职。

第十八条 银行业监管机构应当鼓励外审机构依法根据审计准则开展外部审计,并纠正银行业金融机构对外部审计质量存在严重负面影响的行为。

第六章 审计结果的利用

第十九条 银行业金融机构应当在收到外审机构出具的审计报告和管理建议书后及时将副本报送银行业监管机构。

第二十条 银行业监管机构应当建立银行业金融机构外部审计结果、整改建议等审计信息系统,充分利用外部审计相关信息。

第二十一条 银行业金融机构应当重视并积极整改外部审计发现的问题,并将整改结果报送银行业监管机构。

第七章 附则

第二十二条 本指引由中国银监会负责解释。

第二十三条 本指引自公布之日起施行。

中国银保监会中资商业银行行政许可事项实施办法

- 2015年6月5日中国银行业监督管理委员会令2015年第2号公布
- 根据2017年7月5日《中国银监会关于修改〈中资商业银行行政许可事项实施办法〉的决定》第一次修正
- 根据2018年8月17日《中国银保监会关于废止和修改部分规章的决定》第二次修正
- 根据2022年9月2日《中国银保监会关于修改部分行政许可规章的决定》第三次修正

第一章 总则

第一条 为规范银保监会及其派出机构实施中资商业银行行政许可行为,明确行政许可事项、条件、程序和期限,保护申请人合法权益,根据《中华人民共和国银行业监督管理法》《中华人民共和国商业银行法》和《中华人民共和国行政许可法》等法律、行政法规及国务院的有关决定,制定本办法。

第二条 本办法所称中资商业银行包括:国有控股大型商业银行、中国邮政储蓄银行(以下分别简称国有商业银行、邮政储蓄银行)、股份制商业银行、城市商业银行等。

第三条 银保监会及其派出机构依照银保监会行政许可实施程序相关规定和本办法,对中资商业银行实施行政许可。

第四条 中资商业银行以下事项须经银保监会或其派出机构行政许可:机构设立,机构变更,机构终止,调整业务范围和增加业务品种,董事和高级管理人员任职资格,以及法律、行政法规规定和国务院决定的其他行政许可事项。

第五条 申请人应当按照银保监会行政许可事项申请材料目录及格式要求相关规定提交申请材料。

第二章 机构设立

第一节 法人机构设立

第六条 设立中资商业银行法人机构应当符合以下条件:

(一)有符合《中华人民共和国公司法》和《中华人民共和国商业银行法》规定的章程;

(二)注册资本为实缴资本,最低限额为10亿元人民币或等值可兑换货币,城市商业银行法人机构注册资本最低限额为1亿元人民币;

(三)有符合任职资格条件的董事、高级管理人员和熟悉银行业务的合格从业人员;

(四)有健全的组织机构和管理制度;

(五)有与业务经营相适应的营业场所、安全防范措施和其他设施;

(六)建立与业务经营相适应的信息科技架构,具有支撑业务经营的必要、安全且合规的信息科技系统,具备保障信息科技系统有效安全运行的技术与措施。

第七条 设立中资商业银行法人机构,还应当符合其他审慎性条件,至少包括:

(一)具有良好的公司治理结构;

(二)具有健全的风险管理体系,能有效控制各类风险;

(三)发起人股东中应当包括合格的战略投资者;

（四）具有科学有效的人力资源管理制度，拥有高素质的专业人才；

（五）具备有效的资本约束与资本补充机制；

（六）有助于化解现有金融机构风险，促进金融稳定。

第八条 设立中资商业银行法人机构应当有符合条件的发起人，发起人包括：境内金融机构、境外金融机构、境内非金融机构和银保监会认可的其他发起人。

前款所称境外金融机构包括香港、澳门和台湾地区的金融机构。

第九条 境内金融机构作为中资商业银行法人机构的发起人，应当符合以下条件：

（一）主要审慎监管指标符合监管要求；

（二）公司治理良好，内部控制健全有效；

（三）最近3个会计年度连续盈利；

（四）社会声誉良好，最近2年无严重违法违规行为和因内部管理问题导致的重大案件；

（五）银保监会规章规定的其他审慎性条件。

第十条 境外金融机构作为中资商业银行法人机构的发起人或战略投资者，应当符合以下条件：

（一）银保监会认可的国际评级机构最近2年对其长期信用评级为良好；

（二）最近2个会计年度连续盈利；

（三）商业银行资本充足率应当达到其注册地银行业资本充足率平均水平且不低于10.5%；非银行金融机构资本总额不低于加权风险资产总额的10%；

（四）内部控制健全有效；

（五）注册地金融机构监督管理制度完善；

（六）所在国（地区）经济状况良好；

（七）银保监会规章规定的其他审慎性条件。

境外金融机构作为发起人或战略投资者入股中资商业银行应当遵循长期持股、优化治理、业务合作、竞争回避的原则。

银保监会根据金融业风险状况和监管需要，可以调整境外金融机构作为发起人的条件。

外商独资银行、中外合资银行作为发起人或战略投资者入股中资商业银行，参照本条关于境外金融机构作为发起人或战略投资者入股中资商业银行的相关规定。

第十一条 境外金融机构投资入股的中资商业银行，按照入股时该中资商业银行的机构类型实施监督管理。境外金融机构还应遵守国家关于外国投资者在中国境内投资的有关规定。

第十二条 境内非金融机构作为中资商业银行法人机构发起人，应当符合以下条件：

（一）依法设立，具有法人资格；

（二）具有良好的公司治理结构或有效的组织管理方式；

（三）具有良好的社会声誉、诚信记录和纳税记录，能按期足额偿还金融机构的贷款本金和利息；

（四）具有较长的发展期和稳定的经营状况；

（五）具有较强的经营管理能力和资金实力；

（六）财务状况良好，最近3个会计年度连续盈利；

（七）年终分配后，净资产达到全部资产的30%（合并会计报表口径）；

（八）权益性投资余额原则上不超过本企业净资产的50%（合并会计报表口径），国务院规定的投资公司和控股公司除外；

（九）入股资金为自有资金，不得以委托资金、债务资金等非自有资金入股，法律法规另有规定的除外；

（十）银保监会规章规定的其他审慎性条件。

第十三条 有以下情形之一的企业不得作为中资商业银行法人机构的发起人：

（一）公司治理结构与机制存在明显缺陷；

（二）关联企业众多、股权关系复杂且不透明、关联交易频繁且异常；

（三）核心主业不突出且其经营范围涉及行业过多；

（四）现金流量波动受经济景气影响较大；

（五）资产负债率、财务杠杆率高于行业平均水平；

（六）代他人持有中资商业银行股权；

（七）其他对银行产生重大不利影响的情况。

第十四条 中资商业银行法人机构设立须经筹建和开业两个阶段。

第十五条 国有商业银行法人机构、股份制商业银行法人机构的筹建申请，应当由发起人各方共同向银保监会提交，银保监会受理、审查并决定。银保监会自受理之日起4个月内作出批准或不批准的书面决定。

城市商业银行法人机构的筹建申请，应当由发起人各方共同向拟设地省级派出机构提交，拟设地省级派出机构受理并初步审查，银保监会审查并决定。银保监会自受理之日起4个月内作出批准或不批准的书面决定。

第十六条 中资商业银行法人机构的筹建期为批准决定之日起6个月。

国有商业银行、股份制商业银行法人机构未能按期筹建的，该机构筹建组应当在筹建期限届满前1个月向银保监会提交筹建延期报告。筹建延期不得超过一次，筹建延期的最长期限为3个月。

城市商业银行法人机构未能按期筹建的，该机构筹建组应当在筹建期限届满前1个月向所在地省级派出机构提交筹建延期报告。筹建延期不得超过一次，筹建延期的最长期限为3个月。

该机构筹建组应当在前款规定的期限届满前提交开业申请，逾期未提交的，筹建批准文件失效，由决定机关办理筹建许可注销手续。

第十七条 国有商业银行、股份制商业银行法人机构的开业申请应当向银保监会提交，由银保监会受理、审查并决定。银保监会自受理之日起2个月内作出核准或不予核准的书面决定。

城市商业银行法人机构的开业申请应当向所在地省级派出机构提交，由所在地省级派出机构受理、审查并决定。省级派出机构自受理之日起2个月内作出核准或不予核准的书面决定，抄报银保监会。

第十八条 中资商业银行法人机构应当在收到开业核准文件并按规定领取金融许可证后，根据工商行政管理部门的规定办理登记手续，领取营业执照。

国有商业银行、股份制商业银行法人机构应当自领取营业执照之日起6个月内开业。未能按期开业的，应当在开业期限届满前1个月向银保监会提交开业延期报告。开业延期不得超过一次，开业延期的最长期限为3个月。

城市商业银行法人机构应当自领取营业执照之日起6个月内开业。未能按期开业的，应当在开业期限届满前1个月向所在地省级派出机构提交开业延期报告。开业延期不得超过一次，开业延期的最长期限为3个月。

中资商业银行法人机构未在前款规定期限内开业的，开业核准文件失效，由决定机关办理开业许可注销手续，收回其金融许可证，并予以公告。

第二节 境内分支机构设立

第十九条 中资商业银行设立的境内分支机构包括分行、分行级专营机构、支行、分行级专营机构的分支机构等。中资商业银行设立境内分支机构须经筹建和开业两个阶段。

第二十条 中资商业银行申请设立分行，申请人应当符合以下条件：

（一）具有良好的公司治理结构；
（二）风险管理和内部控制健全有效；
（三）主要审慎监管指标符合监管要求；
（四）具有拨付营运资金的能力；
（五）具有完善、合规的信息科技系统和信息安全体系，具有标准化的数据管理体系，具备保障业务连续有效安全运行的技术与措施；
（六）监管评级良好；
（七）最近2年无严重违法违规行为和因内部管理问题导致的重大案件；
（八）银保监会规章规定的其他审慎性条件。

第二十一条 中资商业银行申请设立信用卡中心、小企业信贷中心、私人银行部、票据中心、资金营运中心、贵金属业务部等分行级专营机构，申请人除应当符合第二十条有关规定外，还应当符合以下条件：

（一）专营业务经营体制改革符合该项业务的发展方向，并进行了详细的可行性研究论证；
（二）专营业务经营体制改革符合其总行的总体战略和发展规划，有利于提高整体竞争能力；
（三）开办专营业务2年以上，有经营专营业务的管理团队和专业技术人员；
（四）专营业务资产质量、服务等指标达到良好水平，专营业务的成本控制水平较高，具有较好的盈利前景；
（五）银保监会规章规定的其他审慎性条件。

第二十二条 国有商业银行、邮政储蓄银行、股份制商业银行的一级分行、分行级专营机构筹建申请由其总行向银保监会提交，银保监会受理、审查并决定。银保监会自受理之日起4个月内作出批准或不批准的书面决定。

国有商业银行、邮政储蓄银行、股份制商业银行的二级分行筹建申请由其一级分行向拟设地省级派出机构提交，省级派出机构受理、审查并决定。省级派出机构自受理之日起4个月内作出批准或不批准的书面决定。

城市商业银行分行筹建申请由其总行向拟设地省级派出机构提交，省级派出机构受理、审查并决定。省级派出机构自受理之日起4个月内作出批准或不批准的书面决定。

第二十三条 分行、分行级专营机构的筹建期为批准决定之日起6个月。未能按期筹建的，其筹建申请人应当在筹建期限届满前1个月向筹建申请受理机关提交筹建延期报告。筹建延期不得超过一次，筹建延期的最长期限为3个月。

申请人应当在前款规定的期限届满前提交开业申请，逾期未提交的，筹建批准文件失效，由决定机关办理筹建许可注销手续。

第二十四条 中资商业银行分行、分行级专营机构的开业申请由其筹建申请人向所在地省级派出机构提交，省级派出机构受理、审查并决定。省级派出机构自受理之日起2个月内作出核准或不予核准的书面决定。分行、分行级专营机构开业应当符合以下条件：

（一）营运资金到位；

（二）有符合任职资格条件的高级管理人员和熟悉银行业务的合格从业人员；

（三）有与业务发展相适应的组织机构和规章制度；

（四）有与业务经营相适应的营业场所、安全防范措施和其他设施；

（五）有与业务经营相适应的信息科技部门，具有必要、安全且合规的信息科技系统，具备保障本级信息科技系统有效安全运行的技术与措施。

第二十五条　分行、分行级专营机构应当在收到开业核准文件并按规定领取金融许可证后，根据工商行政管理部门的规定办理登记手续，领取营业执照。分行、分行级专营机构应当自领取营业执照之日起6个月内开业，未能按期开业的，申请人应当在开业期限届满前1个月向所在地省级派出机构提交开业延期报告。开业延期不得超过一次，开业延期的最长期限为3个月。

分行、分行级专营机构未在前款规定期限内开业的，原开业核准文件失效，由决定机关办理开业许可注销手续，收回其金融许可证，并予以公告。

第二十六条　中资商业银行申请设立支行，应当符合以下条件：

（一）国有商业银行、邮政储蓄银行、股份制商业银行在拟设地所在省、自治区、直辖市内设有分行、视同分行管理的机构或分行以上机构且正式营业1年以上，经营状况和风险管理状况良好；城市商业银行在拟设地同一地级或地级以上城市设有分行、视同分行管理的机构或分行以上机构且正式营业1年以上，经营状况和风险管理状况良好；

（二）拟设地已设立机构具有较强的内部控制能力，最近1年无严重违法违规行为和因内部管理问题导致的重大案件；

（三）具有拨付营运资金的能力；

（四）已建立对高级管理人员考核、监督、授权和调整的制度和机制，并有足够的专业经营管理人才；

（五）银保监会规章规定的其他审慎性条件。

第二十七条　拟设立支行的中资商业银行分行、视同分行管理的机构或城市商业银行总行应在支行筹建3日前向开业决定机关提交筹建报告，开始筹建工作。

第二十八条　拟设立支行的中资商业银行分行、视同分行管理的机构或城市商业银行总行应在提交筹建报告之日起9个月内完成筹建工作，并向开业决定机关提交开业申请。

申请人逾期未提交开业申请的，应及时向拟设地地市级派出机构或所在城市省级派出机构报告。

第二十九条　支行的开业申请由拟设地地市级派出机构或所在城市省级派出机构受理、审查并决定。受理机关自受理之日起2个月内作出核准或不予核准的书面决定。

支行开业应当符合以下条件：

（一）营运资金到位；

（二）有符合任职资格条件的高级管理人员和熟悉银行业务的合格从业人员；

（三）有与业务经营相适应的营业场所、安全防范措施和其他设施。

第三十条　支行应当在收到开业核准文件并按规定领取金融许可证后，根据工商管理部门的规定办理登记手续，领取营业执照。

支行应当自领取营业执照之日起6个月内开业。未能按期开业的，申请人应当在开业期限届满前1个月向开业申请受理机关提出开业延期报告。开业延期不得超过一次，开业延期的最长期限为3个月。

支行未在规定期限内开业的，原开业核准文件失效，由决定机关办理开业许可注销手续，收回其金融许可证，并予以公告。

中资商业银行设立专营机构的分支机构，参照中资商业银行设立相应分支机构的行政许可条件和程序实施。

第三十一条　中资商业银行收购其他银行业金融机构设立分支机构的，应当符合以下条件：

（一）主要审慎监管指标符合监管要求，提足准备金后具有营运资金拨付能力；

（二）收购方授权执行收购任务的分行经营状况良好，内部控制健全有效，合法合规经营；

（三）按照市场和自愿原则收购；

（四）银保监会规章规定的其他审慎性条件。

第三十二条　中资商业银行收购其他银行业金融机构设立分支机构须经收购和开业两个阶段。收购审批和开业核准的程序同中资商业银行设立分行或支行的筹建审批和开业核准的程序。

第三节　投资设立、参股、收购境内法人金融机构

第三十三条　中资商业银行申请投资设立、参股、收

购境内法人金融机构的,应当符合以下条件:

(一)具有良好的公司治理结构;

(二)风险管理和内部控制健全有效;

(三)具有良好的并表管理能力;

(四)主要审慎监管指标符合监管要求;

(五)权益性投资余额原则上不超过其净资产的50%(合并会计报表口径);

(六)具有完善、合规的信息科技系统和信息安全体系,具有标准化的数据管理体系,具备保障业务连续有效安全运行的技术与措施;

(七)最近2年无严重违法违规行为和因内部管理问题导致的重大案件,但为落实普惠金融政策等,投资设立、参股、收购境内法人金融机构的情形除外;

(八)最近3个会计年度连续盈利;

(九)监管评级良好;

(十)银保监会规章规定的其他审慎性条件。

第三十四条 国有商业银行、邮政储蓄银行、股份制商业银行申请投资设立、参股、收购境内法人金融机构由银保监会受理、审查并决定。银保监会自受理之日起6个月内作出批准或不批准的书面决定。

城市商业银行申请投资设立、参股、收购境内法人金融机构由申请人所在地省级派出机构受理、审查并决定。所在地省级派出机构自受理之日起6个月内作出批准或不批准的书面决定。

前款所指设立、参股、收购境内法人金融机构事项,如需另经银保监会或省级派出机构批准设立,或者需银保监会或省级派出机构进行股东资格审核,则相关许可事项由银保监会或省级派出机构在批准设立或进行股东资格审核时对中资商业银行设立、参股和收购行为进行合并审查并作出决定。

第四节 投资设立、参股、收购境外机构

第三十五条 中资商业银行申请投资设立、参股、收购境外机构,申请人应当符合以下条件:

(一)具有良好的公司治理结构,内部控制健全有效,业务条线管理和风险管控能力与境外业务发展相适应;

(二)具有清晰的海外发展战略;

(三)具有良好的并表管理能力;

(四)主要审慎监管指标符合监管要求;

(五)权益性投资余额原则上不超过其净资产的50%(合并会计报表口径);

(六)最近3个会计年度连续盈利;

(七)申请前1年年末资产余额达到1000亿元人民币以上;

(八)具备与境外经营环境相适应的专业人才队伍;

(九)银保监会规章规定的其他审慎性条件。

本办法所称境外机构是指中资商业银行境外一级分行、全资附属或控股金融机构、代表机构,以及境外一级分行、全资子公司跨国(境)设立的机构。

第三十六条 国有商业银行、邮政储蓄银行、股份制商业银行申请投资设立、参股、收购境外机构由银保监会受理、审查并决定。银保监会自受理之日起6个月内作出批准或不批准的书面决定。

城市商业银行申请投资设立、参股、收购境外机构由申请人所在地省级派出机构受理、审查并决定。所在地省级派出机构自受理之日起6个月内作出批准或不批准的书面决定。

第三章 机构变更

第一节 法人机构变更

第三十七条 法人机构变更包括:变更名称,变更股权,变更注册资本,修改章程,变更住所,变更组织形式,存续分立、新设分立、吸收合并、新设合并等。

第三十八条 国有商业银行、邮政储蓄银行、股份制商业银行法人机构变更名称由银保监会受理、审查并决定;城市商业银行法人机构变更名称由所在地省级派出机构受理、审查并决定。

第三十九条 中资商业银行股权变更,其股东资格条件同第九至十三条规定的新设中资商业银行法人机构的发起人入股条件。

国有商业银行、邮政储蓄银行、股份制商业银行变更持有资本总额或股份总额5%以上股东的变更申请、境外金融机构投资入股申请由银保监会受理、审查并决定。

城市商业银行变更持有资本总额或股份总额5%以上股东的变更申请、境外金融机构投资入股申请由所在地省级派出机构受理、审查并决定。

国有商业银行、邮政储蓄银行、股份制商业银行变更持有资本总额或股份总额1%以上、5%以下的股东,应当在股权转让后10日内向银保监会报告。

城市商业银行变更持有资本总额或股份总额1%以上、5%以下的股东,应当在股权转让后10日内向所在地省级派出机构报告。

投资人入股中资商业银行,应当按照银保监会有关规定,完整、真实地披露其关联关系。

第四十条 中资商业银行变更注册资本,其股东资格应当符合本办法第九条至第十三条规定的条件。国有商业银行、邮政储蓄银行、股份制商业银行变更注册资本,由银保监会受理、审查并决定;城市商业银行变更注册资本,由所在地省级派出机构受理、审查并决定。

中资商业银行通过配股或募集新股份方式变更注册资本的,在变更注册资本前,还应当经过配股或募集新股份方案审批。方案审批的受理、审查和决定程序同前款规定。

第四十一条 中资商业银行公开募集股份和上市交易股份的,应当符合国务院及中国证监会有关的规定条件。向中国证监会申请之前,应当向银保监会申请并获得批准。

国有商业银行、邮政储蓄银行、股份制商业银行公开募集股份和上市交易股份的,由银保监会受理、审查并决定;城市商业银行发行股份和上市的,由所在地省级派出机构受理、审查并决定。

第四十二条 国有商业银行、邮政储蓄银行、股份制商业银行修改章程,由银保监会受理、审查并决定;城市商业银行修改章程,由所在地省级派出机构受理、审查并决定。

中资商业银行变更名称、住所、股权、注册资本或业务范围的,应当在决定机关作出批准决定6个月内修改章程相应条款并报告决定机关。

第四十三条 中资商业银行变更住所,应当有与业务发展相符合的营业场所、安全防范措施和其他设施。

国有商业银行、邮政储蓄银行、股份制商业银行变更住所,由银保监会受理、审查并决定;城市商业银行变更住所,由所在地省级派出机构受理、审查并决定。

第四十四条 中资商业银行因行政区划调整等原因导致的行政区划、街道、门牌号等发生变化而实际位置未变化的,不需进行变更住所的申请,但应当于变更后15日内报告为其颁发金融许可证的银行业监督管理机构,并重新换领金融许可证。

中资商业银行因房屋维修、增扩建等原因临时变更住所6个月以内的,不需进行变更住所申请,但应当在原住所、临时住所公告,并提前10日向为其颁发金融许可证的银行业监督管理机构报告。临时住所应当符合公安、消防部门的相关要求。中资商业银行回迁原住所,应当提前10日将公安部门对回迁住所出具的安全合格证明及有关消防证明文件等材料抄报为其颁发金融许可证的银行业监督管理机构,并予以公告。

第四十五条 中资商业银行变更组织形式,应当符合《中华人民共和国公司法》、《中华人民共和国商业银行法》以及其他法律、行政法规和规章的规定。

国有商业银行、邮政储蓄银行、股份制商业银行变更组织形式,由银保监会受理、审查并决定;城市商业银行变更组织形式,由所在地省级派出机构受理并初步审查,银保监会审查并决定。

第四十六条 中资商业银行分立,应当符合《中华人民共和国公司法》、《中华人民共和国商业银行法》以及其他法律、行政法规和规章的规定。

国有商业银行、邮政储蓄银行、股份制商业银行分立,由银保监会受理、审查并决定;城市商业银行分立由所在地省级派出机构受理并初步审查,银保监会审查并决定。

存续分立的,在分立公告期限届满后,存续方应当按照变更事项的条件和程序通过行政许可;新设方应当按照法人机构开业的条件和程序通过行政许可。

新设分立的,在分立公告期限届满后,新设方应当按照法人机构开业的条件和程序通过行政许可;原法人机构应当按照法人机构解散的条件和程序通过行政许可。

第四十七条 中资商业银行合并,应当符合《中华人民共和国公司法》、《中华人民共和国商业银行法》以及其他法律、法规和规章的规定。

合并一方为国有商业银行、邮政储蓄银行、股份制商业银行的,由银保监会受理、审查并决定;其他合并由所在地省级派出机构受理并初步审查,银保监会审查并决定。

吸收合并的,在合并公告期限届满后,吸收合并方应当按照变更事项的条件和程序通过行政许可;被吸收合并方应当按照法人机构终止的条件和程序通过行政许可。被吸收合并方改建为分支机构的,应当按照分支机构开业的条件和程序通过行政许可。

新设合并的,在合并公告期限届满后,新设方应当按照法人机构开业的条件和程序通过行政许可;原法人机构应当按照法人机构解散的条件和程序通过行政许可。

第四十八条 本节变更事项,决定机关自受理之日起3个月内作出批准或不批准的书面决定。

第二节 境内分支机构变更

第四十九条 中资商业银行境内分支机构变更包括变更名称、机构升格等。

第五十条 省级派出机构所在城市的中资商业银行分支机构变更名称由省级派出机构受理、审查并决定;地市级派出机构所在地中资商业银行分支机构变更名称由地市级派出机构受理、审查并决定。

第五十一条 中资商业银行支行升格为分行或者二级分行升格为一级分行，应当符合以下条件：

（一）总行内部控制和风险管理健全有效；

（二）总行拨付营运资金到位；

（三）拟升格支行内部控制健全有效，最近 2 年无严重违法违规行为和因内部管理问题导致的重大案件；

（四）拟升格支行有符合任职资格条件的高级管理人员和熟悉银行业务的合格从业人员；

（五）拟升格支行连续 2 年盈利；

（六）有与业务发展相适应的组织机构和规章制度；

（七）有与业务经营相适应的营业场所、安全防范措施和其他设施；

（八）有与业务经营相适应的信息科技部门，具有必要、安全且合规的信息科技系统，具备保障本级信息科技系统有效安全运行的技术与措施；

（九）银保监会规章规定的其他审慎性条件。

国有商业银行、邮政储蓄银行、股份制商业银行分支机构升格为一级分行的，由其总行向升格后机构所在地省级派出机构提出申请，省级派出机构受理并初步审查，银保监会审查并决定。

国有商业银行、邮政储蓄银行、股份制商业银行分支机构升格为二级分行，城市商业银行分支机构升格为分行的，由其总行或一级分行向升格后机构所在地省级派出机构提出申请，省级派出机构受理、审查并决定。

第五十二条 支行以下机构升格为支行的，应当符合以下条件：

（一）拟升格机构经营情况良好；

（二）拟升格机构内部控制健全有效，最近 2 年无严重违法违规行为和因内部管理问题导致的重大案件；

（三）拟升格机构有符合任职资格条件的高级管理人员和熟悉银行业务的合格从业人员；

（四）拟升格机构有与业务经营相适应的营业场所、安全防范措施和其他设施；

（五）银保监会规章规定的其他审慎性条件。

中资商业银行支行以下机构升格为支行的申请人应当是商业银行分行或总行。省级派出机构所在城市支行以下机构升格为支行的申请，由省级派出机构受理、审查并决定；地市级派出机构所在地支行以下机构升格为支行的申请，由地市级派出机构受理、审查并决定。

第五十三条 本节变更事项，决定机关自受理之日起 3 个月内作出批准或不批准的书面决定。

第三节 境外机构变更

第五十四条 中资商业银行境外机构升格、变更营运资金或注册资本、变更名称、重大投资事项、变更股权、分立、合并以及银保监会规定的其他事项，须经银行业监督管理机构许可。

前款所称重大投资事项，指中资商业银行境外机构拟从事的投资额为 1 亿元人民币以上或者投资额占其注册资本或营运资金 5%以上的股权投资事项。

第五十五条 国有商业银行、邮政储蓄银行、股份制商业银行境外机构变更事项应当向银保监会申请，由银保监会受理、审查并决定。银保监会自受理之日起 3 个月内作出批准或不批准的书面决定。

城市商业银行境外机构变更事项应当由城市商业银行总行向总行所在地省级派出机构申请，由省级派出机构受理、审查并决定。省级派出机构自受理之日起 3 个月内作出批准或不批准的书面决定。

第四章 机构终止

第一节 法人机构终止

第五十六条 中资商业银行有下列情形之一的，应当申请解散：

（一）章程规定的营业期限届满或者出现章程规定的其他应当解散的情形；

（二）股东大会决议解散；

（三）因分立、合并需要解散。

第五十七条 国有商业银行、邮政储蓄银行、股份制商业银行解散由银保监会受理、审查并决定。银保监会自受理之日起 3 个月内作出批准或不批准的书面决定。

城市商业银行解散由所在地省级派出机构受理并初步审查，银保监会审查并决定。银保监会自受理之日起 3 个月内作出批准或不批准的书面决定。

第五十八条 中资商业银行因分立、合并出现解散情形的，与分立、合并一并进行审批。

第五十九条 中资商业银行法人机构有下列情形之一的，在向法院申请破产前，应当向银保监会申请并获得批准：

（一）不能支付到期债务，自愿或应其债权人要求申请破产；

（二）因解散而清算，清算组发现该机构财产不足以清偿债务，应当申请破产。

申请国有商业银行、邮政储蓄银行、股份制商业银行破产的，由银保监会受理、审查并决定。银保监会自受理之日起 3 个月内作出批准或不批准的书面决定。

申请城市商业银行破产的,由所在地省级派出机构受理并初步审查,银保监会审查并决定。银保监会自受理之日起 3 个月内作出批准或不批准的书面决定。

第二节 分支机构终止

第六十条 中资商业银行境内外分支机构终止营业的(被依法撤销除外),应当提出终止营业申请。

第六十一条 中资商业银行境内一级分行终止营业申请由银保监会受理、审查并决定,银保监会自受理之日起 3 个月内作出批准或不批准的书面决定。二级分行终止营业申请由所在地省级派出机构受理、审查并决定。所在地省级派出机构自受理之日起 3 个月内作出批准或不批准的书面决定。

中资商业银行境内支行及以下分支机构的终止营业申请,由所在地地市级派出机构或所在城市省级派出机构受理、审查并决定,自受理之日起 3 个月内作出批准或不批准的书面决定。

国有商业银行、邮政储蓄银行、股份制商业银行境外机构的终止营业申请,由银保监会受理、审查并决定。银保监会自受理之日起 3 个月内作出批准或不批准的书面决定。

城市商业银行境外机构的终止营业申请,由城市商业银行总行所在地省级派出机构受理、审查并决定。省级派出机构自受理之日起 3 个月内作出批准或不批准的书面决定。

第五章 调整业务范围和增加业务品种

第一节 开办外汇业务和增加外汇业务品种

第六十二条 中资商业银行申请开办除结汇、售汇以外的外汇业务或增加外汇业务品种,应当符合以下条件:

(一)主要审慎监管指标符合监管要求;

(二)依法合规经营,内控制度健全有效,经营状况良好;

(三)有与申报外汇业务相应的外汇营运资金和合格的外汇业务从业人员;

(四)有符合开展外汇业务要求的营业场所和相关设施;

(五)银保监会规章规定的其他审慎性条件。

第六十三条 国有商业银行、邮政储蓄银行、股份制商业银行申请开办除结汇、售汇以外的外汇业务或增加外汇业务品种,由银保监会受理、审查并决定。银保监会自受理之日起 3 个月内作出批准或不批准的书面决定。

城市商业银行申请开办外汇业务或增加外汇业务品种,由机构所在地地市级派出机构或所在城市省级派出机构受理,省级派出机构审查并决定。省级派出机构自受理之日起 3 个月内作出批准或不批准的书面决定。

第二节 募集发行债务、资本补充工具

第六十四条 中资商业银行募集次级定期债务、发行次级债券、混合资本债、金融债及依法须经银保监会许可的其他债务、资本补充工具,应当符合以下条件:

(一)具有良好的公司治理结构;

(二)主要审慎监管指标符合监管要求;

(三)贷款风险分类结果真实准确;

(四)拨备覆盖率达标,贷款损失准备计提充足;

(五)银保监会规章规定的其他审慎性条件。

第六十五条 国有商业银行、邮政储蓄银行、股份制商业银行申请资本工具(含全球系统重要性银行总损失吸收能力非资本债务工具)计划发行额度,由银保监会受理、审查并决定。银保监会自受理之日起 3 个月内作出批准或不批准的书面决定。

城市商业银行申请资本工具计划发行额度,由所在地省级派出机构受理、审查并决定。所在地省级派出机构自受理之日起 3 个月内作出批准或不批准的书面决定。

商业银行可在批准额度内,自主决定具体工具品种、发行时间、批次和规模,并于批准后的 24 个月内完成发行;如在 24 个月内再次提交额度申请,则原有剩余额度失效,以最新批准额度为准。

国有商业银行、邮政储蓄银行、股份制商业银行应在资本工具募集发行结束后 10 日内向银保监会报告。城市商业银行应在资本工具募集发行结束后 10 日内向所在地省级派出机构报告。银保监会及省级派出机构有权对已发行的资本工具是否达到合格资本标准进行认定。

国有商业银行、邮政储蓄银行、股份制商业银行应在非资本类债券募集发行结束后 10 日内向银保监会报告。城市商业银行应在非资本类债券募集发行结束后 10 日内向所在地省级派出机构报告。

第三节 开办衍生产品交易业务

第六十六条 中资商业银行开办衍生产品交易业务的资格分为以下两类:

(一)基础类资格:只能从事套期保值类衍生产品交易;

(二)普通类资格:除基础类资格可以从事的衍生产品交易之外,还可以从事非套期保值类衍生产品交易。

第六十七条　中资商业银行申请开办基础类衍生产品交易业务,应当符合以下条件:

(一)具有健全的衍生产品交易风险管理制度和内部控制制度;

(二)具有接受相关衍生产品交易技能专门培训半年以上、从事衍生产品或相关交易 2 年以上的交易人员至少 2 名,相关风险管理人员至少 1 名,风险模型研究人员或风险分析人员至少 1 名,熟悉套期会计操作程序和制度规范的人员至少 1 名,以上人员均需专岗专人,相互不得兼任,且无不良记录;

(三)有适当的交易场所和设备;

(四)具有处理法律事务和负责内控合规检查的专业部门及相关专业人员;

(五)主要审慎监管指标符合监管要求;

(六)银保监会规章规定的其他审慎性条件。

第六十八条　中资商业银行申请开办普通类衍生产品交易业务,除符合本办法第六十七条规定的条件外,还应当符合以下条件:

(一)完善的衍生产品交易前、中、后台自动联接的业务处理系统和实时风险管理系统;

(二)衍生产品交易业务主管人员应当具备 5 年以上直接参与衍生产品交易活动或风险管理的资历,且无不良记录;

(三)严格的业务分离制度,确保套期保值类业务与非套期保值类业务的市场信息、风险管理、损益核算有效隔离;

(四)完善的市场风险、操作风险、信用风险等风险管理框架;

(五)银保监会规章规定的其他审慎性条件。

第六十九条　国有商业银行、邮政储蓄银行、股份制商业银行申请开办衍生产品交易业务,由银保监会受理、审查并决定。银保监会自受理之日起 3 个月内作出批准或不批准的书面决定。

城市商业银行申请开办衍生产品交易业务,由所在地省级派出机构受理、审查并决定。所在地省级派出机构自受理之日起 3 个月内作出批准或不批准的书面决定。

第四节　开办信用卡业务

第七十条　中资商业银行申请开办信用卡业务分为申请发卡业务和申请收单业务。申请人应当符合下列条件:

(一)公司治理良好,主要审慎监管指标符合监管要求,具备与业务发展相适应的组织机构和规章制度,内部控制、风险管理和问责机制健全有效;

(二)信誉良好,具有完善、有效的内控机制和案件防控体系,最近 3 年无严重违法违规行为和因内部管理问题导致的重大案件;

(三)具备符合任职资格条件的董事、高级管理人员和熟悉银行业务的合格从业人员。高级管理人员中具有信用卡业务专业知识和管理经验的人员至少 1 人,具备开展信用卡业务必须的技术人员和管理人员,并全面实施分级授权管理;

(四)具备与业务经营相适应的营业场所、相关设施和必备的信息技术资源;

(五)已在境内建立符合法律法规和业务管理要求的业务系统,具有保障相关业务系统信息安全和运行质量的技术能力;

(六)开办外币信用卡业务的,应当具有经国务院外汇管理部门批准的结汇、售汇业务资格;

(七)银保监会规章规定的其他审慎性条件。

第七十一条　中资商业银行申请开办信用卡发卡业务除应当具备本办法第七十条规定的条件外,还应当符合下列条件:

(一)具备办理零售业务的良好基础,最近 3 年个人存贷款业务规模和业务结构稳定,个人存贷款业务客户规模和客户结构良好,银行卡业务运行情况良好,身份证件验证系统和征信系统的连接和使用情况良好;

(二)具备办理信用卡业务的专业系统,在境内建有发卡业务主机、信用卡业务申请管理系统、信用评估管理系统、信用卡账户管理系统、信用卡交易授权系统、信用卡交易监测和伪冒交易预警系统、信用卡客户服务中心系统、催收业务管理系统等专业化运营基础设施,相关设施通过了必要的安全监测和业务测试,能够保障客户资料和业务数据的完整性和安全性;

(三)符合中资商业银行业务经营总体战略和发展规划,有利于提高总体业务竞争能力,能够根据业务发展实际情况持续开展业务成本计量、业务规模监测和基本盈亏平衡测算等工作。

第七十二条　中资商业银行申请开办信用卡收单业务除应当具备本办法第七十条规定的条件外,还应当符合下列条件:

(一)具备开办收单业务的良好业务基础,最近 3 年企业贷款业务规模和业务结构稳定,企业贷款业务客户

规模和客户结构较为稳定,身份证件验证系统和征信系统连接和使用情况良好;

(二)具备办理收单业务的专业系统支持,在境内建有收单业务主机、特约商户申请管理系统、账户管理系统、收单交易监测和伪冒交易预警系统、交易授权系统等专业化运营基础设施,相关设施通过了必要的安全检测和业务测试,能够保障客户资料和业务数据的完整性和安全性;

(三)符合中资商业银行业务经营总体战略和发展规划,有利于提高业务竞争能力,能够根据业务发展实际情况持续开展业务成本计量、业务规模监测和基本盈亏平衡测算等工作。

第七十三条 国有商业银行、邮政储蓄银行、股份制商业银行申请开办信用卡业务,由银保监会受理、审查并决定。银保监会自受理之日起3个月内作出批准或不批准的书面决定。

城市商业银行申请开办信用卡业务,由所在地省级派出机构受理、审查并决定。所在地省级派出机构自受理之日起3个月内作出批准或不批准的书面决定。

第五节　开办离岸银行业务

第七十四条 中资商业银行申请开办离岸银行业务或增加业务品种,应当符合以下条件:

(一)主要审慎监管指标符合监管要求;

(二)风险管理和内控制度健全有效;

(三)达到规定的外汇资产规模,且外汇业务经营业绩良好;

(四)外汇从业人员符合开展离岸银行业务要求,且在以往经营活动中无不良记录,其中主管人员应当从事外汇业务5年以上,其他从业人员中至少50%应当从事外汇业务3年以上;

(五)有符合离岸银行业务开展要求的场所和设施;

(六)最近3年无严重违法违规行为和因内部管理问题导致的重大案件;

(七)银保监会规章规定的其他审慎性条件。

第七十五条 国有商业银行、邮政储蓄银行、股份制商业银行申请开办离岸银行业务或增加业务品种,由银保监会受理、审查并决定。银保监会自受理之日起3个月内作出批准或不批准的书面决定。

城市商业银行申请开办离岸银行业务或增加业务品种,由所在地省级派出机构受理、审查并决定。所在地省级派出机构自受理之日起3个月内作出批准或不批准的书面决定。

第六节　申请开办其他业务

第七十六条 国有商业银行、邮政储蓄银行、股份制商业银行申请开办现行法规明确规定的其他业务和品种的,由银保监会受理、审查并决定。银保监会自受理之日起3个月内作出批准或不批准的书面决定。

城市商业银行申请开办现行法规明确规定的其他业务和品种的,由机构所在地地市级派出机构或所在城市省级派出机构受理,省级派出机构审查并决定。省级派出机构自受理之日起3个月内作出批准或不批准的书面决定。

第七十七条 中资商业银行申请开办现行法规未明确规定的业务和品种的,应当符合以下条件:

(一)公司治理良好,具备与业务发展相适应的组织机构和规章制度,内部制度、风险管理和问责机制健全有效;

(二)与现行法律法规不相冲突;

(三)主要审慎监管指标符合监管要求;

(四)符合本行战略发展定位与方向;

(五)经董事会同意并出具书面意见;

(六)具备开展业务必需的技术人员和管理人员,并全面实施分级授权管理;

(七)具备与业务经营相适应的营业场所和相关设施;

(八)具有开展该项业务的必要、安全且合规的信息科技系统,具备保障信息科技系统有效安全运行的技术与措施;

(九)最近3年无严重违法违规行为和因内部管理问题导致的重大案件;

(十)银保监会规章规定的其他审慎性条件。

国有商业银行、邮政储蓄银行、股份制商业银行申请开办本条所述业务和品种的,由银保监会受理、审查并决定。银保监会自受理之日起3个月内作出批准或不批准的书面决定。

城市商业银行申请开办本条所述业务和品种的,由机构所在地省级派出机构受理、审查并决定。省级派出机构自受理之日起3个月内作出批准或不批准的书面决定。

第六章　董事和高级管理人员任职资格许可

第一节　任职资格条件

第七十八条 中资商业银行董事长、副董事长、独立董事、其他董事会成员以及董事会秘书,须经任职资格许可。

中资商业银行行长、副行长、行长助理、风险总监、合规总监、总审计师、总会计师、首席信息官以及同职级高级管理人员，分行行长、副行长、行长助理，分行级专营机构总经理、副总经理、总经理助理等高级管理人员，须经任职资格许可。

中资商业银行从境内聘请的中资商业银行境外机构董事长、副董事长、行长（总经理）、副行长（副总经理）、首席代表，须经任职资格许可。

其他虽未担任上述职务，但实际履行本条前三款所列董事和高级管理人员职责的人员，总行及分支机构管理层中对该机构经营管理、风险控制有决策权或重要影响力的人员，须经任职资格许可。

中资商业银行内审部门、财务部门负责人，支行行长、专营机构分支机构负责人等其他管理人员应符合相关拟任人任职资格条件。

持牌营业部总经理（负责人）的任职资格条件和程序按照同级机构负责人相关条件和程序执行。

第七十九条 申请中资商业银行董事和高级管理人员任职资格，拟任人应当符合以下基本条件：

（一）具有完全民事行为能力；

（二）具有良好的守法合规记录；

（三）具有良好的品行、声誉；

（四）具有担任拟任职务所需的相关知识、经验及能力；

（五）具有良好的经济、金融从业记录；

（六）个人及家庭财务稳健；

（七）具有担任拟任职务所需的独立性；

（八）履行对金融机构的忠实与勤勉义务。

第八十条 拟任人有下列情形之一的，视为不符合本办法第七十九条第（二）项、第（三）项、第（五）项规定的条件，不得担任中资商业银行董事和高级管理人员：

（一）有故意或重大过失犯罪记录的；

（二）有违反社会公德的不良行为，造成恶劣影响的；

（三）对曾任职机构违法违规经营活动或重大损失负有个人责任或直接领导责任，情节严重的；

（四）担任或曾任被接管、撤销、宣告破产或吊销营业执照的机构的董事或高级管理人员，但能够证明本人对曾任职机构被接管、撤销、宣告破产或吊销营业执照不负有个人责任的除外；

（五）因违反职业道德、操守或者工作严重失职，造成重大损失或恶劣影响的；

（六）指使、参与所任职机构不配合依法监管或案件查处的；

（七）被取消终身的董事和高级管理人员任职资格，或受到监管机构或其他金融管理部门处罚累计达到2次以上的；

（八）不具备本办法规定的任职资格条件，采取不正当手段以获得任职资格核准的。

第八十一条 拟任人有下列情形之一的，视为不符合本办法第七十九条第（六）项、第（七）项规定的条件，不得担任中资商业银行董事和高级管理人员：

（一）截至申请任职资格时，本人或其配偶仍有数额较大的逾期债务未能偿还，包括但不限于在该金融机构的逾期贷款；

（二）本人及其近亲属合并持有该金融机构5%以上股份，且从该金融机构获得的授信总额明显超过其持有的该金融机构股权净值；

（三）本人及其所控股的股东单位合并持有该金融机构5%以上股份，且从该金融机构获得的授信总额明显超过其持有的该金融机构股权净值；

（四）本人或其配偶在持有该金融机构5%以上股份的股东单位任职，且该股东单位从该金融机构获得的授信总额明显超过其持有的该金融机构股权净值，但能够证明授信与本人及其配偶没有关系的除外；

（五）存在其他所任职务与其在该金融机构拟任、现任职务有明显利益冲突，或明显分散其在该金融机构履职时间和精力的情形。

第八十二条 申请中资商业银行董事任职资格，拟任人除应当符合本办法第七十九条规定条件外，还应当具备以下条件：

（一）5年以上的法律、经济、金融、财务或其他有利于履行董事职责的工作经历；

（二）能够运用金融机构的财务报表和统计报表判断金融机构的经营管理和风险状况；

（三）了解拟任职机构的公司治理结构、公司章程和董事会职责。

申请中资商业银行独立董事任职资格，拟任人还应当是法律、经济、金融或财会方面的专家，并符合相关法规规定。

第八十三条 除不得存在第八十条、第八十一条所列情形外，中资商业银行拟任独立董事还不得存在下列情形：

（一）本人及其近亲属合并持有该金融机构1%以上

股份或股权；

（二）本人或其近亲属在持有该金融机构1%以上股份或股权的股东单位任职；

（三）本人或其近亲属在该金融机构、该金融机构控股或者实际控制的机构任职；

（四）本人或其近亲属在不能按期偿还该金融机构贷款的机构任职；

（五）本人或其近亲属任职的机构与本人拟任职金融机构之间存在因法律、会计、审计、管理咨询、担保合作等方面的业务联系或债权债务等方面的利益关系，以致妨碍其履职独立性的情形；

（六）本人或其近亲属可能被拟任职金融机构大股东、高管层控制或施加重大影响，以致妨碍其履职独立性的其他情形。

第八十四条　申请中资商业银行董事长、副董事长和董事会秘书任职资格，拟任人除应当符合第七十九条、第八十二条规定条件外，还应当分别符合以下条件：

（一）拟任国有商业银行、邮政储蓄银行、股份制商业银行董事长、副董事长，应当具有本科以上学历，从事金融工作8年以上，或从事相关经济工作12年以上（其中从事金融工作5年以上）。拟任城市商业银行董事长、副董事长，应当具有本科以上学历，从事金融工作6年以上，或从事相关经济工作10年以上（其中从事金融工作3年以上）；

（二）拟任国有商业银行、邮政储蓄银行、股份制商业银行董事会秘书的，应当具备本科以上学历，从事金融工作6年以上，或从事相关经济工作10年以上（其中从事金融工作3年以上）。拟任城市商业银行董事会秘书的，应当具备本科以上学历，从事金融工作4年以上，或从事相关经济工作8年以上（其中从事金融工作2年以上）；

（三）拟任中资商业银行境外机构董事长、副董事长，应当具备本科以上学历，从事金融工作6年以上，或从事相关经济工作10年以上（其中从事金融工作3年以上），且能较熟练地运用1门与所任职务相适应的外语。

第八十五条　申请中资商业银行各类高级管理人员任职资格，拟任人应当了解拟任职务的职责，熟悉拟任职机构的管理框架、盈利模式，熟知拟任职机构的内控制度，具备与拟任职务相适应的风险管理能力。

第八十六条　申请中资商业银行法人机构高级管理人员任职资格，拟任人除应当符合第七十九条、第八十五条规定的条件外，还应当符合以下条件：

（一）拟任国有商业银行、邮政储蓄银行、股份制商业银行行长、副行长的，应当具备本科以上学历，从事金融工作8年以上，或从事相关经济工作12年以上（其中从事金融工作4年以上）；

（二）拟任城市商业银行行长、副行长的，应当具备本科以上学历，从事金融工作6年以上，或从事相关经济工作10年以上（其中从事金融工作3年以上）；

（三）拟任国有商业银行、邮政储蓄银行、股份制商业银行行长助理（总经理助理）的，应当具备本科以上学历，从事金融工作6年以上，或从事相关经济工作10年以上（其中从事金融工作3年以上）；拟任城市商业银行行长助理的，应当具备本科以上学历，从事金融工作4年以上，或从事相关经济工作8年以上（其中从事金融工作2年以上）；

（四）拟任中资商业银行境外机构行长（总经理）、副行长（副总经理）、代表处首席代表的，应当具备本科以上学历，从事金融工作6年以上，或从事相关经济工作10年以上（其中从事金融工作3年以上），且能较熟练地运用1门与所任职务相适应的外语；

（五）拟任风险总监的，应当具备本科以上学历，并从事信贷或风险管理相关工作6年以上；

（六）拟任合规总监的，应当具备本科以上学历，并从事相关经济工作6年以上（其中从事金融工作2年以上）；

（七）拟任总审计师或内审部门负责人的，应当具备本科以上学历，取得国家或国际认可的审计专业技术高级职称（或通过国家或国际认可的会计、审计专业技术资格考试），并从事财务、会计或审计工作6年以上（其中从事金融工作2年以上）。其中，拟任内审部门负责人没有取得国家或国际认可的审计专业技术高级职称（或通过国家或国际认可的会计、审计专业技术资格考试）的，应当从事财务、会计或审计工作7年以上（其中从事金融工作5年以上）；

（八）拟任总会计师或财务部门负责人的，应当具备本科以上学历，取得国家或国际认可的会计专业技术高级职称（或通过国家或国际认可的会计专业技术资格考试），并从事财务、会计或审计工作6年以上（其中从事金融工作2年以上）。其中，拟任财务部门负责人没有取得国家或国际认可的会计专业技术高级职称（或通过国家或国际认可的会计专业技术资格考试）的，应当从事财务、会计或审计工作7年以上（其中从事金融工作5年以上）；

(九)拟任首席信息官的,应当具备本科以上学历,并从事信息科技工作 6 年以上(其中任信息科技高级管理职务 4 年以上并从事金融工作 2 年以上)。

实际履行前述高级管理职务的人员,应当分别符合相应条件。

第八十七条 申请中资商业银行分支机构高级管理人员任职资格,拟任人除应当符合第七十九条、第八十五条规定的条件外,还应当符合以下条件:

(一)拟任国有商业银行、邮政储蓄银行一级分行(直属分行)行长、副行长、行长助理,分行级专营机构总经理、副总经理、总经理助理的,应当具备本科以上学历,从事金融工作 6 年以上或从事经济工作 10 年以上(其中从事金融工作 3 年以上);

(二)拟任国有商业银行、邮政储蓄银行二级分行行长、副行长、行长助理的,应当具备大专以上学历,从事金融工作 5 年以上或从事经济工作 9 年以上(其中从事金融工作 2 年以上);

(三)拟任股份制商业银行分行(异地直属支行)行长、副行长、行长助理,分行级专营机构总经理、副总经理、总经理助理的,应当具备本科以上学历,从事金融工作 5 年以上或从事经济工作 9 年以上(其中从事金融工作 2 年以上);

(四)拟任城市商业银行分行行长、副行长、行长助理,分行级专营机构总经理、副总经理、总经理助理的,应当具备本科以上学历,从事金融工作 4 年以上或从事经济工作 8 年以上(其中从事金融工作 2 年以上);

(五)拟任中资商业银行支行行长或专营机构分支机构负责人的,应当具备大专以上学历,从事金融工作 4 年以上或从事经济工作 8 年以上(其中从事金融工作 2 年以上)。

第八十八条 拟任人未达到上述学历要求,但取得国家教育行政主管部门认可院校授予的学士以上学位的,视同达到相应学历要求。

第八十九条 拟任人未达到上述学历要求,但取得注册会计师、注册审计师或与拟任职务相关的高级专业技术职务资格的,视同达到相应学历要求,其任职条件中金融工作年限要求应当增加 4 年。

第二节 任职资格许可程序

第九十条 国有商业银行、邮政储蓄银行、股份制商业银行法人机构董事和高级管理人员的任职资格申请,由法人机构向银保监会提交,由银保监会受理、审查并决定。银保监会自受理之日起 30 日内作出核准或不予核准的书面决定。

第九十一条 国有商业银行、邮政储蓄银行、股份制商业银行一级分行(直属分行)、分行级专营机构高级管理人员的任职资格申请,由拟任人的上级任免机构向拟任职机构所在地省级派出机构提交,由省级派出机构受理、审查并决定。省级派出机构自受理之日起 30 日内作出核准或不予核准的书面决定。

第九十二条 国有商业银行、邮政储蓄银行、股份制商业银行二级分行高级管理人员的任职资格申请,由拟任人的上级任免机构向拟任职机构所在地地市级派出机构提交,由地市级派出机构受理、审查并决定。地市级派出机构自受理之日起 30 日内作出核准或不予核准的书面决定。

本条第一款拟任职机构所在地未设地市级派出机构的,由拟任人的上级任免机构向拟任职机构所在地省级派出机构提交任职资格申请。由省级派出机构受理、审查并决定。

第九十三条 城市商业银行法人机构、分行、分行级专营机构董事和高级管理人员任职资格申请,由法人机构向拟任职机构所在地地市级派出机构或所在城市省级派出机构提交,由其受理并初步审查,省级派出机构审查并决定。省级派出机构自受理之日起 30 日内作出核准或不予核准的书面决定。

第九十四条 国有商业银行、邮政储蓄银行、股份制商业银行内审部门、财务部门负责人应在任职后 5 日内向银保监会报告。城市商业银行内审部门、财务部门负责人应在任职后 5 日内向任职机构所在地地市级派出机构或所在城市省级派出机构报告。

中资商业银行支行行长、专营机构分支机构负责人等其他管理人员应在任职后 5 日内向任职机构所在地地市级派出机构或所在城市省级派出机构报告。

任职人员不符合任职资格条件的,监管机构可以责令中资商业银行限期调整该任职人员。

第九十五条 国有商业银行、邮政储蓄银行、股份制商业银行从境内聘请的中资商业银行境外机构董事长、副董事长、行长(总经理)、副行长(副总经理)的任职资格申请,由法人机构向银保监会提交,银保监会受理、审查并决定。银保监会自受理之日起 30 日内作出核准或不予核准的书面决定。

城市商业银行从境内聘请的中资商业银行境外机构董事长、副董事长、行长(总经理)、副行长(副总经理)的任职资格申请,由法人机构向其所在地省级派出机构提交,省级派出机构受理、审查并决定。所在地省级派出机构自受理之日起30日内作出核准或不予核准的书面决定。

第九十六条 拟任人曾任金融机构董事长或高级管理人员的,申请人在提交任职资格申请材料时,还应当提交该拟任人离职情况的审计报告。

第九十七条 具有高管任职资格且未连续中断任职1年以上的拟任人在同质同类银行间平级调动职务(平级兼任)或改任(兼任)较低职务的,不需重新申请核准任职资格。拟任人应当在任职后5日内向银保监会或任职机构所在地银保监会派出机构备案。

第九十八条 中资商业银行董事长、行长、分行行长、分行级专营机构总经理,中资商业银行从境内聘请的中资商业银行境外机构董事长、行长(总经理)、代表处首席代表的任职资格未获核准前,中资商业银行应当指定符合相应任职资格条件的人员代为履职,并自指定之日起3日内向负责任职资格审核的机关报告。代为履职的人员不符合任职资格条件的,监管机构可以责令中资商业银行限期调整代为履职的人员。

代为履职的时间不得超过6个月。中资商业银行应当在6个月内选聘具有任职资格的人员正式任职。

第七章 附 则

第九十九条 机构变更许可事项,中资商业银行应当自作出行政许可决定之日起6个月内完成变更并向决定机关和当地银保监会派出机构报告。董事和高级管理人员任职资格许可事项,拟任人应当自作出行政许可决定之日起3个月内到任并向决定机关和当地银保监会派出机构报告。

未在前款规定期限内完成变更或到任的,行政许可决定文件失效,由决定机关办理行政许可注销手续。

第一百条 中资商业银行机构设立、变更和终止事项,涉及工商、税务登记变更等法定程序的,应当在完成相关变更手续后1个月内向银保监会或其派出机构报告。

第一百零一条 政策性银行的机构许可、董事和高级管理人员任职资格许可的条件和程序,参照本办法国有商业银行有关规定执行。

第一百零二条 中资商业银行从境外聘请的中资商业银行境外机构董事长、副董事长及其他高级管理人员不纳入本办法管理,中资商业银行依照属地监管国家(地区)有关法律法规做好相关工作,人员任职后应当在5日内向银保监会报告。

第一百零三条 本办法所称一级分行是指在商业银行法人机构的直接授权下开展工作,在机构管理、业务管理、人员管理等日常经营管理中直接或主要接受法人机构指导或管辖并对其负责的分行;二级分行是指不直接接受商业银行法人机构指导或授权开展工作,在机构管理、业务管理、人员管理等日常经营管理中直接或主要接受上级分行的指导或管辖并对其负责的分行。

第一百零四条 中资商业银行发起人和股东除应符合本办法对于投资入股的相关规定外,还应符合银保监会关于持股比例的规定。境内外银行投资入股中资商业银行的持股比例不受限制。

第一百零五条 本办法中的"日"均为工作日,本办法中"以上"均含本数或本级。

第一百零六条 本办法由银保监会负责解释。

第一百零七条 本办法自公布之日起施行。

(2)公司治理

银行保险机构公司治理准则

- 2021年6月2日
- 银保监发〔2021〕14号

第一章 总 则

第一条 为推动银行保险机构提高公司治理质效,促进银行保险机构科学健康发展,根据《中华人民共和国公司法》《中华人民共和国商业银行法》《中华人民共和国银行业监督管理法》《中华人民共和国保险法》和其他相关法律法规,制定本准则。

第二条 本准则所称银行保险机构,是指在中华人民共和国境内依法设立的股份有限公司形式的商业银行、保险公司。

第三条 银行保险机构应当按照公司法、本准则等法律法规及监管规定,建立包括股东大会、董事会、监事会、高级管理层等治理主体在内的公司治理架构,明确各治理主体的职责边界、履职要求,完善风险管控、制衡监督及激励约束机制,不断提升公司治理水平。

第四条 银行保险机构应当持续提升公司治理水平,逐步达到良好公司治理标准。

良好公司治理包括但不限于以下内容:
(一)清晰的股权结构;
(二)健全的组织架构;
(三)明确的职责边界;
(四)科学的发展战略;

（五）高标准的职业道德准则；
（六）有效的风险管理与内部控制；
（七）健全的信息披露机制；
（八）合理的激励约束机制；
（九）良好的利益相关者保护机制；
（十）较强的社会责任意识。

第五条 银行保险机构股东、董事、监事、高级管理人员等应当遵守法律法规、监管规定和公司章程，按照各司其职、各负其责、协调运转、有效制衡的原则行使权利、履行义务，维护银行保险机构合法权益。

股东、董事、监事、高级管理人员等治理主体或相关人员不得以干扰股东大会、董事会、监事会会议正常召开等方式妨碍公司治理机制的正常运行，不得损害公司利益。

第六条 银行保险机构应当按照法律法规及监管规定，制定并及时修改完善公司章程。银行保险机构章程对公司、股东、董事、监事、高级管理人员具有约束力。

银行保险机构应当在公司章程中对股东大会、董事会、监事会、高级管理层的组成和职责等作出安排，明确公司及其股东、董事、监事、高级管理人员等各方权利、义务。

银行保险机构应当在公司章程中规定，主要股东应当以书面形式向银行保险机构作出在必要时向其补充资本的长期承诺，作为银行保险机构资本规划的一部分，并在公司章程中规定公司制定审慎利润分配方案时需要考虑的主要因素。

商业银行应当在公司章程中规定股东在本行授信逾期时的权利限制。主要股东在本行授信逾期的，应当限制其在股东大会的表决权，并限制其提名或派出的董事在董事会的表决权。其他股东在本行授信逾期的，商业银行应当结合本行实际情况，对其相关权利予以限制。

第七条 中国银行保险监督管理委员会（以下简称中国银保监会）及其派出机构通过实施行政许可、现场检查、非现场监管、评估等方式，对银行保险机构公司治理实施持续监管。

监管机构可以根据银行保险机构的不同类型及特点，对其公司治理开展差异化监管。

监管机构可以派员列席银行保险机构股东大会、董事会、监事会等会议。银行保险机构召开上述会议，应当至少提前三个工作日通知监管机构。因特殊情况无法满足上述时间要求的，应当及时通知监管机构并说明理由。

银行保险机构应当将股东大会、董事会和监事会的会议记录和决议等文件及时报送监管机构。

第八条 监管机构定期对银行保险机构公司治理情况开展现场或非现场评估。

监管机构反馈公司治理监管评估结果后，银行保险机构应当及时将有关情况通报给董事会、监事会、高级管理层，并按监管要求及时进行整改。

第二章 党的领导

第九条 国有银行保险机构应当按照有关规定，将党的领导融入公司治理各个环节，持续探索和完善中国特色现代金融企业制度。

第十条 国有银行保险机构应当将党建工作要求写入公司章程，列明党组织的职责权限、机构设置、运行机制、基础保障等重要事项，落实党组织在公司治理结构中的法定地位。

第十一条 国有银行保险机构应当坚持和完善"双向进入、交叉任职"领导体制，符合条件的党委班子成员可以通过法定程序进入董事会、监事会、高级管理层，董事会、监事会、高级管理层中符合条件的党员可以依照有关规定和程序进入党委。党委书记、董事长一般由一人担任，党员行长（总经理）一般担任副书记。

第十二条 国有银行保险机构党委要切实发挥把方向、管大局、保落实的领导作用，重点管政治方向、领导班子、基本制度、重大决策和党的建设，切实承担好从严管党治党责任。重大经营管理事项必须经党委研究讨论后，再由董事会或高级管理层作出决定。

第十三条 国有银行保险机构要持续健全党委领导下以职工代表大会为基本形式的民主管理制度，重大决策应当听取职工意见，涉及职工切身利益的重大问题必须经过职工代表大会或者职工大会审议，保证职工代表依法有序参与公司治理。

第十四条 民营银行保险机构要按照党组织设置有关规定，建立党的组织机构，积极发挥党组织的政治核心作用，加强政治引领，宣传贯彻党的路线方针政策，团结凝聚职工群众，维护各方合法权益，建设先进企业文化，促进银行保险机构持续健康发展。

第三章 股东与股东大会

第一节 股 东

第十五条 银行保险机构股东按照公司法等法律法规、监管规定和公司章程行使股东权利。

第十六条 银行保险机构股东除按照公司法等法律法规及监管规定履行股东义务外，还应当承担如下义务：

（一）使用来源合法的自有资金入股银行保险机构，不得以委托资金、债务资金等非自有资金入股，法律法规或者监管制度另有规定的除外；

（二）持股比例和持股机构数量符合监管规定，不得委托他人或者接受他人委托持有银行保险机构股份；

（三）按照法律法规及监管规定，如实向银行保险机构告知财务信息、股权结构、入股资金来源、控股股东、实际控制人、关联方、一致行动人、最终受益人、投资其他金融机构情况等信息；

（四）股东的控股股东、实际控制人、关联方、一致行动人、最终受益人发生变化的，相关股东应当按照法律法规及监管规定，及时将变更情况书面告知银行保险机构；

（五）股东发生合并、分立、被采取责令停业整顿、指定托管、接管、撤销等措施，或者进入解散、清算、破产程序，或者其法定代表人、公司名称、经营场所、经营范围及其他重大事项发生变化的，应当按照法律法规及监管规定，及时将相关情况书面告知银行保险机构；

（六）股东所持银行保险机构股份涉及诉讼、仲裁、被司法机关等采取法律强制措施、被质押或者解质押的，应当按照法律法规及监管规定，及时将相关情况书面告知银行保险机构；

（七）股东转让、质押其持有的银行保险机构股份，或者与银行保险机构开展关联交易的，应当遵守法律法规及监管规定，不得损害其他股东和银行保险机构利益；

（八）股东及其控股股东、实际控制人不得滥用股东权利或者利用关联关系，损害银行保险机构、其他股东及利益相关者的合法权益，不得干预董事会、高级管理层根据公司章程享有的决策权和管理权，不得越过董事会、高级管理层直接干预银行保险机构经营管理；

（九）银行保险机构发生风险事件或者重大违规行为的，股东应当配合监管机构开展调查和风险处置；

（十）法律法规、监管规定及公司章程规定股东应当承担的其他义务。

银行保险机构应当在公司章程中列明上述股东义务，并明确发生重大风险时相应的损失吸收与风险抵御机制。

第十七条 银行保险机构应当支持股东之间建立沟通协商机制，推动股东相互之间就行使权利开展正当沟通协商。

银行保险机构应当在公司与股东之间建立畅通有效的沟通机制，公平对待所有股东，保障股东特别是中小股东对公司重大事项的知情、参与决策和监督等权利。

股东有权依照法律法规的规定，通过民事诉讼或其他法律手段维护其合法权益，并可以向监管机构反映有关情况。

第二节　股东大会

第十八条 银行保险机构股东大会应当在法律法规和公司章程规定的范围内行使职权。

除公司法规定的职权外，银行保险机构股东大会职权至少应当包括：

（一）对公司上市作出决议；

（二）审议批准股东大会、董事会和监事会议事规则；

（三）审议批准股权激励计划方案；

（四）依照法律规定对收购本公司股份作出决议；

（五）对聘用或解聘为公司财务报告进行定期法定审计的会计师事务所作出决议；

（六）审议批准法律法规、监管规定或者公司章程规定的应当由股东大会决定的其他事项。

公司法及本条规定的股东大会职权不得授予董事会、其他机构或者个人行使。

第十九条 银行保险机构应当按照法律法规及监管规定，在公司章程中列明股东大会职权，股东大会召集、提案、会议通知、表决和决议、会议记录及其签署等内容。

第二十条 股东大会会议分为年度股东大会和临时股东大会。

银行保险机构应当于每一会计年度结束后六个月内召开年度股东大会。银行保险机构应当按照公司法有关规定，召开临时股东大会。二分之一以上且不少于两名独立董事提议召开临时股东大会的，银行保险机构应当在两个月内召开临时股东大会。

年度股东大会或临时股东大会未能在公司法及本准则规定期限内召开的，银行保险机构应当向监管机构书面报告并说明原因。

银行保险机构应当制定股东大会议事规则。股东大会议事规则由董事会负责制订，经股东大会审议通过后执行。

第二十一条 股东大会会议应当以现场会议方式召开。

银行保险机构应当建立安全、经济、便捷的网络或采用其他方式，为中小股东参加股东大会提供便利条件。

第二十二条 股东大会作出决议，必须经出席会议的股东所持表决权过半数通过。

但下列事项必须经出席会议股东所持表决权三分之

二以上通过：
（一）公司增加或者减少注册资本；
（二）发行公司债券或者公司上市；
（三）公司合并、分立、解散、清算或者变更公司形式；
（四）修改公司章程；
（五）罢免独立董事；
（六）审议批准股权激励计划方案；
（七）法律法规、监管规定或者公司章程规定的，需要经出席会议股东所持表决权三分之二以上通过的其他事项。

第二十三条　鼓励银行保险机构股东大会就选举董事、监事进行表决时，实行累积投票制。

第二十四条　股东大会应当将所议事项的决定作成会议记录，会议记录保存期限为永久。

第四章　董事与董事会
第一节　董　事

第二十五条　银行保险机构董事为自然人，由股东大会选举产生、罢免。

鼓励银行保险机构设立职工董事，职工董事由职工民主选举产生、罢免。

第二十六条　银行保险机构应当在公司章程中规定董事的提名及选举制度，明确提名主体资格、提名及审核程序、选举办法等内容。

第二十七条　单独或者合计持有银行保险机构有表决权股份总数百分之三以上的股东、董事会提名委员会有权提出非独立董事候选人。

同一股东及其关联方提名的董事原则上不得超过董事会成员总数的三分之一。国家另有规定的除外。

董事会提名委员会应当避免受股东影响，独立、审慎地行使董事提名权。

第二十八条　董事每届任期不得超过三年，任期届满，可以连选连任。

第二十九条　董事在任期届满前提出辞职的，应当向董事会提交书面辞职报告。

因董事辞职导致董事会人数低于公司法规定的最低人数或公司章程规定人数的三分之二时，在新的董事就任前，提出辞职的董事应当继续履行职责。正在进行重大风险处置的银行保险机构董事，未经监管机构批准不得辞职。

除前款所列情形外，董事辞职自辞职报告送达董事会时生效。

因董事被股东大会罢免、死亡、独立董事丧失独立性辞职，或者存在其他不能履行董事职责的情况，导致董事会人数低于公司法规定的最低人数或董事会表决所需最低人数时，董事会职权应当由股东大会行使，直至董事会人数符合要求。

第三十条　董事任期届满，或董事会人数低于公司法规定的最低人数或公司章程规定人数的三分之二时，银行保险机构应当及时启动董事选举程序，召开股东大会选举董事。

第三十一条　银行保险机构董事履行如下职责或义务：
（一）持续关注公司经营管理状况，有权要求高级管理层全面、及时、准确地提供反映公司经营管理情况的相关资料或就有关问题作出说明；
（二）按时参加董事会会议，对董事会审议事项进行充分审查，独立、专业、客观地发表意见，在审慎判断的基础上独立作出表决；
（三）对董事会决议承担责任；
（四）对高级管理层执行股东大会、董事会决议情况进行监督；
（五）积极参加公司和监管机构等组织的培训，了解董事的权利和义务，熟悉有关法律法规及监管规定，持续具备履行职责所需的专业知识和能力；
（六）在履行职责时，对公司和全体股东负责，公平对待所有股东；
（七）执行高标准的职业道德准则，并考虑利益相关者的合法权益；
（八）对公司负有忠实、勤勉义务，尽职、审慎履行职责，并保证有足够的时间和精力履职；
（九）遵守法律法规、监管规定和公司章程。

第三十二条　董事应当每年至少亲自出席三分之二以上的董事会现场会议；因故不能亲自出席的，可以书面委托其他董事代为出席，但独立董事不得委托非独立董事代为出席。

一名董事原则上最多接受两名未亲自出席会议董事的委托。在审议关联交易事项时，非关联董事不得委托关联董事代为出席。

第二节　独立董事

第三十三条　独立董事是指在所任职的银行保险机构不担任除董事以外的其他职务，并与银行保险机构及其股东、实际控制人不存在可能影响其对公司事务进行独立、客观判断关系的董事。

第三十四条 银行保险机构应当建立独立董事制度,独立董事人数原则上不低于董事会成员总数三分之一。

第三十五条 单独或者合计持有银行保险机构有表决权股份总数百分之一以上股东、董事会提名委员会、监事会可以提出独立董事候选人。已经提名非独立董事的股东及其关联方不得再提名独立董事。

第三十六条 独立董事在一家银行保险机构累计任职不得超过六年。

第三十七条 独立董事应当保证有足够的时间和精力有效履行职责,一名自然人最多同时在五家境内外企业担任独立董事。同时在银行保险机构担任独立董事的,相关机构应当不具有关联关系,不存在利益冲突。

一名自然人不得在超过两家商业银行同时担任独立董事,不得同时在经营同类业务的保险机构担任独立董事。

第三十八条 独立董事辞职导致董事会中独立董事人数占比少于三分之一的,在新的独立董事就任前,该独立董事应当继续履职,因丧失独立性而辞职和被罢免的除外。

第三十九条 独立董事应当对股东大会或者董事会审议事项发表客观、公正的独立意见,尤其应当就以下事项向股东大会或董事会发表意见:

(一)重大关联交易;

(二)董事的提名、任免以及高级管理人员的聘任和解聘;

(三)董事和高级管理人员的薪酬;

(四)利润分配方案;

(五)聘用或解聘为公司财务报告进行定期法定审计的会计师事务所;

(六)其他可能对银行保险机构、中小股东、金融消费者合法权益产生重大影响的事项;

(七)法律法规、监管规定或者公司章程规定的其他事项。

第四十条 独立董事享有与其他董事同等的知情权,银行保险机构应当保障独立董事的知情权,及时完整地向独立董事提供参与决策的必要信息,并为独立董事履职提供必需的工作条件。

第四十一条 独立董事应当诚信、独立、勤勉履行职责,切实维护银行保险机构、中小股东和金融消费者的合法权益,不受股东、实际控制人、高级管理层或者其他与银行保险机构存在重大利害关系的单位或者个人的影响。

银行保险机构出现公司治理机制重大缺陷或公司治理机制失灵的,独立董事应当及时将有关情况向监管机构报告。独立董事除按照规定向监管机构报告有关情况外,应当保守银行保险机构秘密。

第四十二条 独立董事连续三次未亲自出席董事会会议的,视为不履行职责,银行保险机构应当在三个月内召开股东大会罢免其职务并选举新的独立董事。

第四十三条 银行保险机构独立董事可以推选一名独立董事,负责召集由独立董事参加的专门会议,研究履职相关问题。

第三节 董事会

第四十四条 董事会对股东大会负责,董事会职权由公司章程根据法律法规、监管规定和公司情况明确规定。

除公司法规定的职权外,银行保险机构董事会职权至少应当包括:

(一)制订公司增加或者减少注册资本、发行债券或者其他证券及上市的方案;

(二)制订公司重大收购、收购本公司股份或者合并、分立、解散及变更公司形式的方案;

(三)按照监管规定,聘任或者解聘高级管理人员,并决定其报酬、奖惩事项,监督高级管理层履行职责;

(四)依照法律法规、监管规定及公司章程,审议批准公司对外投资、资产购置、资产处置与核销、资产抵押、关联交易、数据治理等事项;

(五)制定公司发展战略并监督战略实施;

(六)制定公司资本规划,承担资本或偿付能力管理最终责任;

(七)制定公司风险容忍度、风险管理和内部控制政策,承担全面风险管理的最终责任;

(八)负责公司信息披露,并对会计和财务报告的真实性、准确性、完整性和及时性承担最终责任;

(九)定期评估并完善银行保险机构公司治理;

(十)制订章程修改方案,制订股东大会会议事规则、董事会议事规则,审议批准董事会专门委员会工作规则;

(十一)提请股东大会聘用或者解聘为公司财务报告进行定期法定审计的会计师事务所;

(十二)维护金融消费者和其他利益相关者合法权益;

(十三)建立银行保险机构与股东特别是主要股东

之间利益冲突的识别、审查和管理机制；

（十四）承担股东事务的管理责任；

（十五）公司章程规定的其他职权。

董事会职权由董事会集体行使。公司法规定的董事会职权原则上不得授予董事长、董事、其他机构或个人行使。某些具体决策事项确有必要授权的，应当通过董事会决议的方式依法进行。授权应当一事一授，不得将董事会职权笼统或永久授予其他机构或个人行使。

第四十五条 银行保险机构董事会应当建立并践行高标准的职业道德准则。职业道德准则应当符合公司长远利益，有助于提升公司的可信度与社会声誉，能够为各治理主体间存在利益冲突时提供判断标准。

第四十六条 银行保险机构董事会由执行董事、非执行董事（含独立董事）组成。

执行董事是指在银行保险机构除担任董事外，还承担高级管理人员职责的董事。

非执行董事是指在银行保险机构不担任除董事外的其他职务，且不承担高级管理人员职责的董事。

第四十七条 银行保险机构董事会人数至少为五人。

银行保险机构应当在公司章程中明确规定董事会构成，包括执行董事、非执行董事（含独立董事）的人数。董事会人数应当具体、确定。

第四十八条 董事会设董事长一人，可以设副董事长。董事长和副董事长由全体董事过半数选举产生。

第四十九条 董事会会议分为定期会议和临时会议。定期会议每年度至少召开四次，每次会议应当至少于会议召开十日前通知全体董事和监事。

有下列情形之一的，银行保险机构应当召开董事会临时会议：

（一）代表十分之一以上表决权的股东提议时；

（二）三分之一以上董事提议时；

（三）两名以上独立董事提议时；

（四）监事会提议时；

（五）董事长认为有必要的。

银行保险机构应当制定董事会议事规则。董事会议事规则应当由董事会制订，股东大会批准。

第五十条 董事会会议应有过半数的董事出席方可举行。

董事会决议可以采用现场会议表决和书面传签表决两种方式作出。

董事会表决实行一人一票。董事会作出决议，必须经全体董事过半数通过。

利润分配方案、薪酬方案、重大投资、重大资产处置方案、聘任或解聘高级管理人员、资本补充方案等重大事项不得采取书面传签方式表决，并且应当由三分之二以上董事表决通过。

第五十一条 董事会应当将现场会议所议事项的决定作成会议记录，出席会议的董事应当在会议记录上签名。董事对会议记录有不同意见的，可以在签字时附加说明。会议记录保存期限为永久。

银行保险机构应当采取录音、录像等方式记录董事会现场会议情况。

第五十二条 银行保险机构应当及时将监管机构对公司的监管意见及公司整改情况向董事、董事会、监事、监事会通报。

第五十三条 银行保险机构应当设立董事会秘书。董事会秘书由董事长提名，董事会聘任和解聘，对董事会负责。

第五十四条 银行保险机构董事会负责制定发展战略。

发展战略应当具备科学性、合理性和稳健性，明确市场定位和发展目标，体现差异化和特色化。

第四节 董事会专门委员会

第五十五条 银行保险机构董事会应当根据法律法规、监管规定和公司情况，单独或合并设立专门委员会，如战略、审计、提名、薪酬、关联交易控制、风险管理、消费者权益保护等专门委员会。

保险公司董事会应当根据监管规定设立资产负债管理委员会。

第五十六条 专门委员会成员由董事组成，应当具备与专门委员会职责相适应的专业知识或工作经验。

审计、提名、薪酬、风险管理、关联交易控制委员会中独立董事占比原则上不低于三分之一，审计、提名、薪酬、关联交易控制委员会应由独立董事担任主任委员或负责人。

审计委员会成员应当具备财务、审计、会计或法律等某一方面的专业知识和工作经验。

第五十七条 董事会专门委员会议事规则和工作程序由董事会制定。各专门委员会可以制定年度工作计划并定期召开会议。

第五章 监事与监事会

第一节 监事

第五十八条 银行保险机构监事为自然人，由股东大会或职工民主选举产生、罢免。

董事、高级管理人员不得兼任监事。

第五十九条 监事每届任期不得超过三年,任期届满,可以连选连任。外部监事在一家银行保险机构累计任职不得超过六年。

第六十条 银行保险机构应当在公司章程中规定监事的提名及选举制度,明确提名主体资格、提名及审核程序、选举办法等内容。

第六十一条 非职工监事由股东或监事会提名,职工监事由监事会、银行保险机构工会提名。

已经提名董事的股东及其关联方不得再提名监事,国家另有规定的从其规定。

第六十二条 监事任期届满未及时改选,或者监事在任期内辞职导致监事会成员低于法定人数的,在改选出的监事就任前,原监事仍应当依照法律法规和公司章程的规定,继续履行监事职责。

第六十三条 银行保险机构监事履行如下职责或义务:

(一)可以列席董事会会议,并对董事会决议事项提出质询或者建议;

(二)按时参加监事会会议,对监事会决议事项进行充分审查,独立、专业、客观发表意见,在审慎判断的基础上独立作出表决;

(三)对监事会决议承担责任;

(四)积极参加公司和监管机构等组织的培训,了解监事的权利和义务,熟悉有关法律法规,持续具备履行职责所需的专业知识和能力;

(五)对公司负有忠实、勤勉义务,尽职、审慎履行职责,并保证有足够的时间和精力履职;

(六)监事应当积极参加监事会组织的监督检查活动,有权依法进行独立调查、取证,实事求是提出问题和监督意见;

(七)遵守法律法规、监管规定和公司章程。

第六十四条 监事应当每年至少亲自出席三分之二以上的监事会现场会议,因故不能亲自出席的,可以书面委托其他监事代为出席。

第二节 监事会

第六十五条 监事会对股东大会负责,监事会职权由公司章程根据法律法规、监管规定和公司情况明确规定。

监事会除依据公司法等法律法规和公司章程履行职责外,还应当重点关注以下事项:

(一)监督董事会确立稳健的经营理念、价值准则和制定符合公司情况的发展战略;

(二)对公司发展战略的科学性、合理性和稳健性进行评估,形成评估报告;

(三)对公司经营决策、风险管理和内部控制等进行监督检查并督促整改;

(四)对董事的选聘程序进行监督;

(五)对公司薪酬管理制度实施情况及高级管理人员薪酬方案的科学性、合理性进行监督;

(六)法律法规、监管规定和公司章程规定的其他事项。

第六十六条 银行保险机构监事会由股东监事、外部监事和职工监事组成。

外部监事是指在银行保险机构不担任除监事以外的其他职务,并且与银行保险机构及其股东、实际控制人不存在可能影响其独立客观判断关系的监事。

第六十七条 银行保险机构监事会成员不得少于三人,其中职工监事的比例不得低于三分之一,外部监事的比例不得低于三分之一。

银行保险机构应当在公司章程中明确规定监事会构成,包括股权监事、外部监事、职工监事的人数。监事会人数应当具体、确定。

第六十八条 监事会设主席一人,可以设副主席。监事会主席和副主席由全体监事过半数选举产生。

第六十九条 银行保险机构可以根据本公司情况,在监事会设立提名委员会、监督委员会等专门委员会。

第七十条 监事会会议每年度至少召开4次,监事可以提议召开监事会临时会议。

监事会决议可以采用现场会议表决和书面传签表决两种方式作出。

监事会作出决议,必须经全体监事过半数通过。

银行保险机构应当制定监事会议事规则。监事会议事规则应当由监事会制订,股东大会批准。

第七十一条 监事会应当将现场会议所议事项的决定作成会议记录,出席会议的监事应当在会议记录上签名。会议记录保存期限为永久。

第六章 高级管理层

第七十二条 银行保险机构应当根据法律法规、监管规定和公司情况,在公司章程中明确高级管理人员范围、高级管理层职责,清晰界定董事会与高级管理层之间的关系。

第七十三条 高级管理层对董事会负责,同时接受监事会监督，应当按照董事会、监事会要求，及时、准确、完整地报告公司经营管理情况，提供有关资料。

高级管理层根据公司章程及董事会授权开展经营管理活动，应当积极执行股东大会决议及董事会决议。

高级管理层依法在其职权范围内的经营管理活动不受股东和董事会不当干预。

第七十四条 银行保险机构应当严格依照有关法律法规、监管规定和公司章程，选聘高级管理人员。

鼓励银行保险机构采用市场化选聘机制，以公开、透明的方式选聘高级管理人员，持续提升高级管理人员的专业素养和业务水平。

银行保险机构的控股股东、实际控制人及其关联方不得干预高级管理人员的正常选聘程序，不得越过董事会直接任免高级管理人员。

第七十五条 银行保险机构高级管理人员应当遵守法律法规、监管规定和公司章程，具备良好的职业操守，遵守高标准的职业道德准则，对公司负有忠实、勤勉义务，善意、尽职、审慎履行职责，并保证有足够的时间和精力履职，不得怠于履行职责或越权履职。

第七十六条 银行保险机构应当设立行长（总经理）。行长（总经理）对董事会负责，由董事会决定聘任或解聘。银行保险机构董事长不得兼任行长（总经理）。

银行保险机构应当根据法律法规、监管规定和公司情况，在公司章程中明确行长（总经理）职权。

第七十七条 银行保险机构董事会应当建立并执行高级管理层履职问责制度，明确对失职和不当履职行为追究责任的具体方式。

第七章 利益相关者与社会责任

第七十八条 银行保险机构应当尊重金融消费者、员工、供应商、债权人、社区等利益相关者的合法权益，与利益相关者建立沟通交流机制，保障利益相关者能够定期、及时、充分地获得与其权益相关的可靠信息。

银行保险机构应当为维护利益相关者合法权益提供必要的条件，当权益受到损害时，利益相关者有机会和途径依法获得救济。

第七十九条 银行保险机构应当加强员工权益保护，保障员工享有平等的晋升发展环境，为职工代表大会、工会依法履行职责提供必要条件。

银行保险机构应当积极鼓励、支持员工参与公司治理，鼓励员工通过合法渠道对有关违法、违规和违反职业道德准则的行为向董事会、监事会或监管机构报告。

第八十条 银行保险机构应当强化金融消费者权益保护，建立并完善消费者权益保护工作机制、决策机制和监督机制。

第八十一条 银行保险机构应当树立高质量发展的愿景，推行诚实守信、开拓创新的企业文化，树立稳健合规的经营理念，遵守公平、安全、有序的行业竞争秩序。

第八十二条 银行保险机构应当贯彻创新、协调、绿色、开放、共享的发展理念，注重环境保护，积极履行社会责任，维护良好的社会声誉，营造和谐的社会关系。

银行保险机构应当定期向公众披露社会责任报告。

第八章 激励约束机制

第八十三条 银行保险机构应当建立与发展战略、风险管理、整体效益、岗位职责、社会责任、企业文化相适应的科学合理的薪酬管理机制。

第八十四条 银行保险机构应当按照收益与风险兼顾、长期与短期激励并重的原则，建立指标科学完备、流程清晰规范的绩效考核机制。

银行保险机构绩效考核指标应当包括合规经营指标、风险管理指标、经济效益指标和社会责任指标等，且合规经营指标和风险管理指标权重应当高于其他指标。

第八十五条 银行保险机构应当建立绩效薪酬延期支付和追索扣回制度。

银行保险机构执行董事、高级管理人员和关键岗位人员绩效薪酬应当实行延期支付。

前款所称"关键岗位人员"，是指对银行保险机构经营风险有直接或重要影响的人员。

银行保险机构应当在薪酬管理制度中明确关键岗位人员范围。

银行保险机构发生风险损失超常暴露的，应当按照绩效薪酬追索扣回制度的相关规定，停止支付有关责任人员绩效薪酬未支付部分，并将对应期限内已发放的绩效薪酬追回。关于追索、扣回的规定同样适用于离职人员和退休人员。

第八十六条 银行保险机构绩效薪酬支付期限应当充分考虑相应业务的风险持续时期，且不得少于三年，并定期根据业绩实现和风险变化情况对延期支付制度进行调整。

第八十七条 银行保险机构可以根据国家有关规定，建立市场化的中长期激励机制，不断优化薪酬结构。

鼓励银行保险机构依法合规探索多种非物质激励方式。

第八十八条 银行保险机构薪酬管理及中长期激励约束机制应当兼顾业务人员与党务、风险管理、合规管理、内部审计等管理、监督人员。

银行保险机构内部审计、内控合规和风险管理部门员工的薪酬应独立于业务条线，且薪酬水平应得到适当保证，以确保能够吸引与其职责相匹配的专业人员。

第八十九条 银行保险机构应当制定董事、监事薪酬制度，明确董事、监事的薪酬或津贴标准，经股东大会审议通过后实施。

第九十条 银行保险机构应当建立健全董事、监事及高级管理人员履职评价制度，对董事、监事、高级管理人员开展履职评价。

第九章 信息披露

第九十一条 银行保险机构应当按照法律法规和监管规定，披露公司重要信息，包括财务状况、重大风险信息和公司治理信息等。

前款所称"重要信息"，是指如果发生遗漏或虚假陈述，将对信息使用者决策产生重大影响的信息。

银行保险机构披露的信息应当真实、准确、完整、及时，简明清晰，通俗易懂，不得有虚假记载、误导性陈述或重大遗漏。

第九十二条 银行保险机构应当按照法律法规和监管规定，在年度信息披露报告中披露公司基本信息、财务会计报告、风险管理信息、公司治理信息、重大事项信息等。银行保险机构半年度、季度信息披露应当参照年度信息披露要求披露。

公司治理信息主要包括：

（一）实际控制人及其控制本公司情况的简要说明；

（二）持股比例在百分之五以上的股东及其持股变化情况；

（三）股东大会职责、主要决议，至少包括会议召开时间、地点、出席情况、主要议题以及表决情况等；

（四）董事会职责、人员构成及其工作情况，董事简历，包括董事兼职情况；

（五）独立董事工作情况；

（六）监事会职责、人员构成及其工作情况，监事简历，包括监事兼职情况；

（七）外部监事工作情况；

（八）高级管理层构成、职责、人员简历；

（九）薪酬制度及当年董事、监事和高级管理人员薪酬；

（十）公司部门设置情况和分支机构设置情况；

（十一）银行保险机构对本公司治理情况的整体评价；

（十二）外部审计机构出具的审计报告全文；

（十三）监管机构规定的其他信息。

第九十三条 银行保险机构公司治理方面发生下列重大事项的，应当编制临时信息披露报告，披露相关信息并作出简要说明：

（一）控股股东或者实际控制人发生变更；

（二）更换董事长或者行长（总经理）；

（三）当年董事会累计变更人数超过董事会成员总数的三分之一；

（四）公司名称、注册资本、公司住所或者主要营业场所发生变更；

（五）经营范围发生变化；

（六）公司合并、分立、解散或者申请破产；

（七）撤销一级分行（省级分公司）；

（八）对被投资企业实施控制的重大股权投资；

（九）公司或者董事长、行长（总经理）受到刑事处罚；

（十）公司或者一级分行（省级分公司）受到监管机构行政处罚；

（十一）更换或者提前解聘为公司财务报告进行定期法定审计的会计师事务所；

（十二）监管机构要求披露的其他信息。

第九十四条 银行保险机构应当建立公司网站，按照监管规定披露相关信息。

银行保险机构年度信息披露报告应当于每年四月三十日前在公司网站发布。临时信息披露报告应当自事项发生之日起十个工作日内在公司网站发布。

银行保险机构网站应当保留最近五年的年度信息披露报告和临时信息披露报告。

第九十五条 银行保险机构应当建立信息披露管理制度。信息披露管理制度应当包括下列内容：

（一）信息披露的内容和基本格式；

（二）信息的审核和发布流程；

（三）信息披露的豁免及其审核流程；

（四）信息披露事务的职责分工、承办部门和评价制度；

（五）责任追究制度。

第九十六条 银行保险机构董事会负责本机构信息披露，董事会秘书负责组织和协调公司信息披露事务。

第十章 风险管理与内部控制

第一节 风险管理

第九十七条 银行保险机构应当按照监管规定，建立覆盖所有业务流程和操作环节，并与本公司风险状况相匹配的全面风险管理体系。

第九十八条 银行保险机构董事会承担全面风险管理的最终责任。

第九十九条 银行保险机构应当设立首席风险官或指定一名高级管理人员担任风险责任人。

首席风险官或风险责任人应当保持充分的独立性，不得同时负责与风险管理有利益冲突的工作。

第一百条 银行保险机构应当设立独立的风险管理部门负责全面风险管理。

银行保险机构应当在人员数量和资质、薪酬和其他激励政策、信息系统访问权限、专门的信息系统建设以及内部信息渠道等方面给予风险管理部门足够的支持。

第一百零一条 银行保险机构应当及时向监管机构报告本公司发生的重大风险事件。

第二节 内部控制

第一百零二条 银行保险机构应当建立健全内部控制体系，明确内部控制职责，完善内部控制措施，强化内部控制保障，持续开展内部控制评价和监督。

第一百零三条 银行保险机构董事会应当持续关注本公司内部控制状况，建立良好的内部控制文化，对公司内部控制的健全性、合理性和有效性进行定期研究和评价。

第一百零四条 银行保险机构应当建立健全内部控制制度体系，对各项业务活动和管理活动制定全面、系统、规范的制度，并定期进行评估。

第一百零五条 银行保险机构应当建立健全贯穿各级机构、覆盖所有业务和全部流程的信息系统，及时、准确记录经营管理信息，确保信息的完整、连续、准确和可追溯。

第三节 内外部审计

第一百零六条 银行保险机构应当按照法律法规和监管规定，建立健全内部审计体系，开展内部审计工作，及时发现问题，有效防范经营风险，促进公司稳健发展。

第一百零七条 银行保险机构应当建立与公司目标、治理结构、管控模式、业务性质和规模相适应的内部审计体系，实行内部审计集中化管理或垂直管理，内部审计工作应独立于业务经营、风险管理和内控合规。

第一百零八条 银行保险机构董事会对内部审计体系的建立、运行与维护，以及内部审计的独立性和有效性承担最终责任。

银行保险机构监事会对内部审计工作进行指导和监督，有权要求董事会和高级管理层提供审计方面的相关信息。

第一百零九条 银行保险机构应当按照有关监管规定，设立首席审计官或审计责任人。首席审计官或审计责任人对董事会负责，由董事会聘任和解聘，定期向董事会及其审计委员会报告工作。

第一百一十条 银行保险机构应当设立独立的内部审计部门，负责开展内部审计相关工作。内部审计部门向首席审计官或审计责任人负责并报告工作。

银行保险机构应当按照有关监管规定，配备充足的内部审计人员。内部审计人员应当具备履行内部审计职责所需的专业知识、职业技能和实践经验。

第一百一十一条 银行保险机构应当聘请独立、专业、具备相应资质的外部审计机构进行财务审计，并对公司内部控制情况进行定期评估。

第一百一十二条 外部审计机构应当独立、客观、公正、审慎地履行审计职责。

外部审计机构对财务会计报告出具非标准审计报告的，银行保险机构董事会应当对该审计意见及涉及事项作出专项说明并公开披露。

第一百一十三条 银行保险机构应当将外部审计报告及审计机构对公司内部控制有效性的审计意见及时报送监管机构。

第十一章 附则

第一百一十四条 本准则所称"商业银行、保险公司""银行保险机构"，是指股份有限公司形式的国有大型商业银行、全国性股份制商业银行、城市商业银行、民营银行、农村商业银行、外资银行、保险集团（控股）公司、财产保险公司、再保险公司、人身保险公司。

本准则所称"主要股东"，是指持有或控制银行保险机构百分之五以上股份或表决权，或持有资本总额或股份总额不足百分之五但对银行保险机构经营管理有重大影响的股东。

前款所称"重大影响"，包括但不限于向银行保险机构提名或派出董事、监事或高级管理人员，通过协议或其他方式影响银行保险机构的财务和经营管理决策以及监管机构认定的其他情形。

本准则所称"控股股东"，是指其持有的股份占公司股本总额百分之五十以上的股东，或持有股份虽然不足百分之五十，但依其股份所享有的表决权已足以对股东大会的决议产生重大影响的股东。

本准则所称"实际控制人",是指虽不是公司的股东,但通过投资关系、协议或者其他安排,能够实际支配公司行为的人。

本准则所称"关联方",是指根据监管机构关于关联交易的监管规定,被认定为具有关联关系的法人或自然人。国家控股的企业之间不因为同受国家控股而具有关联关系。

本准则所称"一致行动人",是指通过协议、其他安排,与该投资者共同扩大其所能够支配的一个公司股份表决权数量的行为或者事实,达成一致行动的相关投资者。

本准则所称"最终受益人",是指实际享有银行保险机构股权收益的人。

本准则所称"高级管理人员",是指在银行保险机构高级管理人员任职资格监管制度范围内的,在总行(总公司)任职的人员。

本准则所称"监管机构",是指中国银保监会及其派出机构。

本准则所称"公司治理机制失灵"的情形,包括但不限于:董事会连续一年以上无法产生;公司董事之间长期冲突,董事会无法作出有效决议,且无法通过股东大会解决;公司连续一年以上无法召开股东大会;股东大会表决时无法达到法定或者公司章程规定的比例,连续一年以上不能作出有效的股东大会决议;因资本充足率或偿付能力不足进行增资的提案无法通过;公司现有治理机制无法正常运转导致公司经营管理发生严重困难;监管机构认定的其他情形。

本准则所称"现场会议",是指通过现场、视频、电话等能够保证参会人员即时交流讨论方式召开的会议。

本准则所称"书面传签",是指通过分别送达审议或传阅送达审议方式对议案作出决议的会议方式。

本准则所称"以上"均含本数,"低于""少于""超过"不含本数。

第一百一十五条 公司组织形式为有限责任公司的银行保险机构,参照适用本准则,公司法等法律法规及监管制度另有规定的从其规定。

除银行保险机构外,中国银保监会负责监管的其他金融机构参照适用本准则,法律法规及监管制度另有规定的从其规定。

相互保险社、自保公司可以结合机构自身的特殊性,参照适用本准则,法律法规及监管制度另有规定的从其规定。

独资银行保险机构可以不适用本准则关于董事长、副董事长、董事(包括独立董事)提名和选举、监事提名选举、监事会人数及构成、监事会主席等相关规定。

法律法规及监管制度对外资银行保险机构另有规定的从其规定。

第一百一十六条 本准则由中国银保监会负责解释。

第一百一十七条 本准则自发布之日起施行。《商业银行公司治理指引》(银监发〔2013〕34号)、《关于规范保险公司治理结构的指导意见(试行)》(保监发〔2006〕2号)同时废止。

本准则施行前中国银保监会、原中国银行业监督管理委员会、原中国保险监督管理委员会发布的其他监管规定与本准则相冲突的,以本准则为准。

金融控股公司监督管理试行办法

· 2020年9月11日中国人民银行令〔2020〕第4号公布
· 自2020年11月1日起施行

第一章 总 则

第一条 为规范金融控股公司行为,加强对非金融企业等设立金融控股公司的监督管理,防范系统性金融风险,根据《中华人民共和国中国人民银行法》、《中华人民共和国公司法》、《中华人民共和国商业银行法》、《中华人民共和国证券法》、《中华人民共和国证券投资基金法》、《中华人民共和国保险法》、《中华人民共和国银行业监督管理法》、《中华人民共和国信托法》等法律、行政法规以及《国务院关于实施金融控股公司准入管理的决定》(国发〔2020〕12号),制定本办法。

第二条 本办法所称金融控股公司是指依法设立,控股或实际控制两个或两个以上不同类型金融机构,自身仅开展股权投资管理、不直接从事商业性经营活动的有限责任公司或股份有限公司。

本办法适用于控股股东或实际控制人为境内非金融企业、自然人以及经认可的法人的金融控股公司。金融机构跨业投资控股形成的金融集团参照本办法确定监管政策标准,具体规则另行制定。

本办法所称金融机构包括以下类型:
(一)商业银行(不含村镇银行)、金融租赁公司。
(二)信托公司。
(三)金融资产管理公司。
(四)证券公司、公募基金管理公司、期货公司。

（五）人身保险公司、财产保险公司、再保险公司、保险资产管理公司。

（六）国务院金融管理部门认定的其他机构。

本办法所称金融控股公司所控股金融机构是指金融控股公司控股或实际控制的境内外金融机构。本办法将控股或实际控制统称为实质控制。金融控股集团是指金融控股公司及其所控股机构共同构成的企业法人联合体。

第三条 投资方直接或间接取得被投资方过半数有表决权股份的，即对被投资方形成实质控制。计算表决权时应当综合考虑投资方直接或间接持有的可转换工具、可执行认股权证、可执行期权等潜在表决权。

投资方未直接或间接取得被投资方过半数有表决权的股份，有以下情形之一的，视同投资方对被投资方形成实质控制：

（一）投资方通过与其他投资方签订协议或其他安排，实质拥有被投资方过半数表决权。

（二）按照法律规定或协议约定，投资方具有实际支配被投资方公司行为的权力。

（三）投资方有权任免被投资方董事会或其他类似权力机构的过半数成员。

（四）投资方在被投资方董事会或其他类似权力机构具有过半数表决权。

（五）其他属于实质控制的情形，包括按照《企业会计准则第33号——合并财务报表》构成控制的情形。

两个或两个以上投资方均有资格单独主导被投资方不同方面的决策、经营和管理等活动时，能够主导对被投资方回报产生最重大影响的活动的一方，视为对被投资方形成实质控制。

投资方在申请设立金融控股公司时，应当书面逐层说明其股权结构，直至最终的实际控制人、受益所有人，以及与其他股东的关联关系或一致行动人关系。

第四条 中国人民银行依法对金融控股公司实施监管，审查批准金融控股公司的设立、变更、终止以及业务范围。

国务院金融管理部门依法按照金融监管职责分工对金融控股公司所控股金融机构实施监管。

财政部负责制定金融控股公司财务制度并组织实施。

建立金融控股公司监管跨部门联合机制。中国人民银行与国务院银行保险监督管理机构、国务院证券监督管理机构、国家外汇管理部门加强对金融控股公司及其所控股金融机构的监管合作和信息共享。中国人民银行、国务院银行保险监督管理机构、国务院证券监督管理机构、国家外汇管理部门与发展改革部门、财政部门、国有资产管理部门等加强金融控股公司的信息数据共享。

第五条 中国人民银行会同相关部门按照实质重于形式原则，对金融控股集团的资本、行为及风险进行全面、持续、穿透监管，防范金融风险跨行业、跨市场传递。

第二章 设立和许可

第六条 非金融企业、自然人及经认可的法人实质控制两个或两个以上不同类型金融机构，并具有以下情形之一的，应当设立金融控股公司：

（一）实质控制的金融机构中含商业银行，金融机构的总资产规模不少于5000亿元的，或金融机构总资产规模少于5000亿元，但商业银行以外其他类型的金融机构总资产规模不少于1000亿元或受托管理资产的总规模不少于5000亿元。

（二）实质控制的金融机构不含商业银行，金融机构的总资产规模不少于1000亿元或受托管理资产的总规模不少于5000亿元。

（三）实质控制的金融机构总资产规模或受托管理资产的总规模未达到第一项、第二项规定的标准，但中国人民银行按照宏观审慎监管要求，认为需要设立金融控股公司的。

符合前款规定条件的企业集团，如果企业集团内的金融资产占集团并表总资产的比重达到或超过85%的，可申请专门设立金融控股公司，由金融控股公司及其所控股机构共同构成金融控股集团；也可按照本办法规定的设立金融控股公司的同等条件，由企业集团母公司直接申请成为金融控股公司，企业集团整体被认定为金融控股集团，金融资产占集团并表总资产的比重应当持续达到或超过85%。

第七条 申请设立金融控股公司的，除应当具备《中华人民共和国公司法》规定的条件外，还应当具备以下条件：

（一）实缴注册资本额不低于50亿元人民币，且不低于直接所控股金融机构注册资本总和的50%。

（二）拟设金融控股公司的股东、实际控制人符合相关法律、行政法规、国务院决定和本办法规定。

（三）有符合任职条件的董事、监事和高级管理人员。

（四）有健全的组织机构和有效的风险管理、内部控制制度。

（五）有能力为所控股金融机构持续补充资本。

设立金融控股公司，还应当符合其他审慎性条件。

第八条 非金融企业、自然人持有金融控股公司股权不足5%且对金融控股公司经营管理无重大影响的，应当符合以下条件：

（一）非金融企业应当依法设立，股权结构清晰，公司治理完善。

（二）非金融企业和自然人最近三年无重大违法违规记录或重大不良信用记录；没有因涉嫌重大违法违规正在被调查或处于整改期间；不存在对所投资企业经营失败负有重大责任未逾三年的情形；不存在因故意犯罪被判处刑罚、刑罚执行完毕未逾五年的情形。

（三）非金融企业不存在长期未实际开展业务、停业、破产清算、治理结构缺失、内部控制失效等影响履行股东权利和义务的情形；不存在可能严重影响持续经营的担保、诉讼、仲裁或其他重大事项。

通过证券交易所、全国中小企业股份转让系统交易取得金融控股公司5%以下股份的股东，不适用本条前述规定。

金融产品可以持有上市金融控股公司股份，但单一投资人、发行人或管理人及其实际控制人、关联方、一致行动人控制的金融产品持有同一金融控股公司股份合计不得超过该金融控股公司股份总额的5%。

第九条 非金融企业、自然人申请设立或投资入股成为金融控股公司主要股东、控股股东或实际控制人的，应当在符合本办法第八条规定的同时，还符合以下条件：

（一）非金融企业和自然人应当具有良好的信用记录和社会声誉。

（二）非金融企业应当核心主业突出，资本实力雄厚，投资金融机构动机纯正，已制定合理的投资金融业的商业计划，不盲目向金融业扩张，不影响主营业务发展。

（三）非金融企业应当公司治理规范，股权结构和组织架构清晰，股东、受益所有人结构透明，管理能力达标，具有有效的风险管理和内部控制机制。

（四）非金融企业应当财务状况良好。成为主要股东的，应当最近两个会计年度连续盈利。成为控股股东或实际控制人的，应当最近三个会计年度连续盈利，年终分配后净资产达到总资产的40%（母公司财务报表口径），权益性投资余额不超过净资产的40%（合并财务报表口径）。

（五）持有金融控股公司5%以上股份的自然人，应当具有履行金融机构股东权利和义务所需的知识、经验和能力。

金融控股公司主要股东、控股股东和实际控制人不得以发行、管理或通过其他手段控制的金融产品持有该金融控股公司股份。

金融控股公司股东或实际控制人为经认可的法人的，应具备的条件另行规定。

第十条 非金融企业、自然人及经认可的法人存在下列情形之一的，不得成为金融控股公司的主要股东、控股股东或实际控制人：

（一）股权存在权属纠纷。

（二）曾经委托他人或接受他人委托持有金融控股公司或金融机构股权。

（三）曾经虚假投资、循环注资金融机构，或在投资金融控股公司或金融机构时，有提供虚假承诺或虚假材料行为。

（四）曾经投资金融控股公司或金融机构，对金融控股公司或金融机构经营失败或重大违规行为负有重大责任。

（五）曾经投资金融控股公司或金融机构，拒不配合中国人民银行或国务院银行保险监督管理机构、国务院证券监督管理机构、国家外汇管理部门监管。

第十一条 金融控股公司的控股股东或实际控制人不得存在以下情形：

（一）通过特定目的载体或委托他人持股等方式规避金融控股公司监管。

（二）关联方众多，股权关系复杂、不透明或存在权属纠纷，恶意开展关联交易，恶意使用关联关系。

（三）滥用市场垄断地位或技术优势开展不正当竞争。

（四）操纵市场、扰乱金融秩序。

（五）五年内转让所持有的金融控股公司股份。

（六）其他可能对金融控股公司经营管理产生重大不利影响的情形。

第十二条 金融控股公司股东应当以合法自有资金投资金融控股公司，确保投资控股金融控股公司资金来源真实、可靠。

金融控股公司股东不得以委托资金、债务资金等非自有资金以及投资基金等方式投资金融控股公司，不得委托他人或接受他人委托持有金融控股公司的股权，法律、行政法规另有规定的除外。

金融控股公司应当以合法自有资金投资控股金融机构，不得对金融机构进行虚假注资、循环注资，不得抽逃金融机构资金。

中国人民银行对金融控股公司的资本合规性实施穿透管理,向上核查投资控股金融控股公司的资金来源,向下会同其他国务院金融管理部门核查金融控股公司投资控股金融机构的资金来源。

第十三条 设立金融控股公司,应当经中国人民银行批准,依照金融机构管理。

本办法实施前已具备第六条情形的机构,拟申请成为金融控股公司的,应当在本办法实施之日起12个月内向中国人民银行提出申请。

本办法实施后,拟控股或实际控制两个或两个以上不同类型金融机构,并具有本办法第六条规定设立金融控股公司情形的,应当向中国人民银行申请。

申请设立金融控股公司应当提交以下文件、资料:

(一)章程草案。
(二)拟任职的董事、高级管理人员的资格证明。
(三)法定验资机构出具的验资证明。
(四)股东名册及其出资额、股份。
(五)持有注册资本5%以上的股东的资信证明和有关资料。
(六)经营方针和计划。
(七)经营场所、安全防范措施和与业务有关的其他设施的资料。
(八)其他需专门说明的事项及申请材料真实性声明。

中国人民银行应当自受理申请之日起六个月内作出批准或不予批准的书面决定;决定不批准的,应当说明理由。

设立许可的实施细则由中国人民银行另行制定。

中国人民银行批准后,应当颁发金融控股公司许可证,并由金融控股公司凭该许可证向市场监督管理部门办理登记,领取营业执照。未经中国人民银行批准,不得注册登记为金融控股公司。

金融控股公司名称应包含"金融控股"字样,未取得金融控股公司许可证的,不得从事本办法第六条所规定的金融控股公司业务,不得在名称中使用"金融控股"、"金融集团"等字样。

第十四条 申请设立金融控股公司或企业集团母公司申请作为金融控股公司时,发起人或控股股东应当就以下内容出具说明或承诺函:

(一)投资设立金融控股公司的目的。
(二)金融控股公司的真实资本来源,金融控股公司投资控股金融机构的真实资金来源。
(三)金融控股公司的组织架构和管理模式。
(四)金融控股公司的控股股东、实际控制人、受益所有人、一致行动人以及关联方。
(五)在金融控股公司设立之时,金融控股公司的股东之间无关联关系。
(六)金融控股公司与关联方之间、关联方相互之间不进行不当关联交易。
(七)必要时向金融控股公司补充资本。
(八)必要时金融控股公司向所控股金融机构及时补充资本金。
(九)承诺遵守本办法规定。

以上事项发生变化的,应当重新出具说明或承诺函。

第十五条 金融控股公司有下列事项之一的,应当经中国人民银行批准:

(一)变更名称、住所、注册资本。
(二)修改公司章程。
(三)变更持有5%以上股权的主要股东、实际控制人。
(四)投资控股其他金融机构。
(五)增加或减少对所控股金融机构持股或出资比例,导致金融控股公司实际控制权益变更或丧失的。
(六)金融控股公司分立、合并、终止或解散。

中国人民银行自受理上述事项申请之日起三个月内作出批准或不予批准的决定。

金融控股公司依法终止其业务活动,应当注销其金融控股公司许可证。

第十六条 金融控股公司除对所控股的金融机构进行股权管理外,还可以经中国人民银行批准,对所控股的金融机构进行流动性支持。金融控股公司应当严格规范该资金使用,并不得为其主要股东、控股股东和实际控制人提供融资支持。

金融控股公司开展跨境投融资活动,应当遵守国家有关跨境投融资及外汇管理规定。

第十七条 金融控股公司可以投资经国务院金融管理部门认定与金融业务相关的机构,但投资总额账面价值原则上不得超过金融控股公司净资产的15%。国家另有规定的除外。

第三章 公司治理与协同效应

第十八条 金融控股公司应当具有简明、清晰、可穿透的股权结构,实际控制人和最终受益人可识别,法人层级合理,与自身资本规模、经营管理能力和风险管控水平相适应。本办法实施前,已经存在的、股权结构不符合本条要求的企业集团,应当在国务院金融管理部门认可的期限内,降低组织架构复杂程度,简化法人层级。本办法实施后,新增的金融控股公司,金融控股公司和所控股金融机构法人层级原则上不得超过三级。金融控股公司股权结构或法人层级发生变化时,应当向中国人民银行说明情况,对属于应当申请批准的事项,应当依法履行审批程序。

金融控股公司所控股金融机构不得反向持有母公司股权。金融控股公司所控股金融机构之间不得交叉持股。金融控股公司所控股金融机构不得再成为其他类型金融机构的主要股东,但金融机构控股与其自身相同类型的或属业务延伸的金融机构,并经国务院金融管理部门认可的除外。本办法实施前,金融控股公司所控股金融机构已经成为其他类型金融机构的主要股东的,鼓励其将股权转让至金融控股公司。企业集团整体被认定为金融控股集团的,集团内的金融机构与非金融机构之间不得交叉持股。国家另有规定的除外。

在本办法实施前已经存在的企业集团,股权结构不符合本条第一款、第二款要求的,应当在提出申请设立金融控股公司时,向中国人民银行提交持股整改计划,明确所涉及的股份和整改时间进度安排,经中国人民银行会同国务院银行保险监督管理机构、国务院证券监督管理机构认可后实施,持股整改计划完成后由国务院金融管理部门予以认定。

实施经中国人民银行会同国务院银行保险监督管理机构、国务院证券监督管理机构认可的持股整改计划时,企业集团内部的股权整合、划转、转让涉及的资产评估增值等,符合税收政策规定的,可以享受相应的税收优惠政策;因改制接收相关股权环节,涉及证券登记结算机构变更登记的,免收过户费;涉及金融控股公司成为金融机构股东需要重新进行股东资格核准的,国务院金融管理部门应当适用与金融控股公司相适应的股东资格条件,对于新设的金融控股公司,按监管程序豁免连续盈利要求。

第十九条 同一投资人及其关联方、一致行动人,作为主要股东参股金融控股公司的数量不得超过两家,作为控股股东和实际控制人控股金融控股公司的数量不得超过一家。

根据国务院授权持有金融控股公司股权的投资主体,以及经中国人民银行认可参与金融控股公司风险处置的投资主体,不受本条前款规定限制。

第二十条 金融控股公司应当完善公司治理结构,依法参与所控股机构的法人治理,促进所控股机构安全稳健运行。

金融控股公司不得滥用实质控制权,干预所控股机构的正常独立自主经营,损害所控股机构以及其相关利益人的合法权益。金融控股公司滥用实质控制权或采取不正当干预行为导致所控股机构发生损失的,应当对该损失承担责任。

第二十一条 金融控股公司的董事、监事和高级管理人员的任职条件由中国人民银行规定。金融控股公司变更董事、监事和高级管理人员,应当符合任职条件,并向中国人民银行备案。

金融控股公司的高级管理人员原则上可以兼任所控股机构的董事或监事,但不能兼任所控股机构的高级管理人员。所控股机构的高级管理人员不得相互兼任。

第二十二条 金融控股公司与其所控股机构之间、其所控股机构之间在开展业务协同,共享客户信息、销售团队、信息技术系统、运营后台、营业场所等资源时,不得损害客户权益,应当依法明确风险承担主体,防止风险责任不清、交叉传染及利益冲突。

第二十三条 金融控股公司及其所控股机构在集团内部共享客户信息时,应当确保依法合规、风险可控并经客户书面授权或同意,防止客户信息被不当使用。

金融控股公司所控股机构在提供综合化金融服务时,应当尊重客户知情权和选择权。

第四章 并表管理与风险管理

第二十四条 金融控股公司应当对纳入并表管理范围内所控股机构的公司治理、资本和杠杆率等进行全面持续管控,有效识别、计量、监测和控制金融控股集团的总体风险状况。企业集团整体被认定为金融控股集团的,应当对集团内从事金融活动的机构实行并表管理。

第二十五条 不属于金融控股公司所控股机构,但具有以下情形的,应当纳入并表管理范围:

(一)具有业务同质性的各类被投资机构,其资产规模占金融控股公司并表资产规模的比例较小,但加总的业务和风险足以对金融控股公司的财务状况及风险水平造成重大影响的。

(二)被投资机构所产生的风险和损失足以对金融控股公司造成重大影响的,包括但不限于流动性风险、法律合规风险、声誉风险等。

(三)通过境内外所控股机构、空壳公司及其他复杂股权设计成立的、有证据表明金融控股公司实质控制或对该机构的经营管理存在重大影响的其他被投资机构。

属于金融控股公司所控股机构，但其股权被金融控股公司短期持有，不会对金融控股公司产生重大风险影响的，包括准备在一个会计年度之内出售或清盘、权益性资本在50%以上的，经中国人民银行认可后，可以不纳入金融控股公司并表管理范围。

以企业会计准则和资本监管规定等为基础进行并表管理，具体规则由中国人民银行会同相关部门另行制定。

第二十六条 金融控股公司、所控股金融机构以及集团整体的资本应当与资产规模和风险水平相适应，资本充足水平应当以并表管理为基础计算，持续符合中国人民银行和国务院银行保险监督管理机构、国务院证券监督管理机构规定。具体办法由中国人民银行另行制定。

第二十七条 金融控股公司应当建立资本补充机制，当所控股金融机构资本不足时，金融控股公司应当及时补充资本。

金融控股公司可以依法发行合格资本工具，保持金融控股集团整体资本充足。

第二十八条 金融控股公司应当严格控制债务风险，保持债务规模和期限结构合理适当。

金融控股公司应当加强资产负债管理，严格管理资产抵押、质押等行为，定期对资产进行评估，逐步实现动态评价，并按照企业会计准则相关规定计提减值准备。

第二十九条 金融控股公司应当建立与金融控股集团组织架构、业务规模、复杂程度和声誉影响相适应的全面风险管理体系。

全面风险管理体系应当覆盖金融控股公司所控股的、由地方政府依法批设或监管的从事金融活动的机构。

金融控股公司应当建立健全声誉风险监测、评估和应急处置机制，加强品牌等方面的管理，降低声誉风险事件对集团整体稳健性的负面影响。

第三十条 金融控股公司应当要求所控股金融机构限期建立全面风险管理体系，督促所控股金融机构采取定性和定量相结合的方法，识别、计量、评估、监测、报告、控制或缓释所控股金融机构所承担的各类风险。

各类风险包括信用风险、市场风险、流动性风险、操作风险、声誉风险、战略风险、信息科技风险以及其他风险。

第三十一条 金融控股公司应当建立与服务实体经济相适应的金融控股集团风险偏好体系，明确集团在实现其战略目标过程中愿意并能够承担的风险水平，确定风险管理目标，确定集团对各类风险的风险容忍度和风险限额。

金融控股公司应当将风险管理要求嵌入集团经营管理流程和信息科技系统中，依据所控股金融机构发展战略和风险偏好，将各类风险指标和风险限额分配到所控股金融机构，建立超限额处置机制，及时监控风险管理制度执行情况。

第三十二条 金融控股公司应当在并表基础上管理集团风险集中与大额风险暴露。金融控股公司应当建立大额风险暴露的管理政策和内控制度，实时监控大额风险暴露，建立大额风险暴露的预警报告制度，以及与风险限额相匹配的风险分散措施等。

集团风险集中与大额风险暴露是指集团并表后的资产组合对单个交易对手或一组有关联的交易对手、行业或地理区域、特定类别的产品等超过集团资本一定比例的风险集中暴露。

第三十三条 金融控股公司应当统筹协调集团对同一企业（含企业集团）授信工作，提升集团信用风险防控水平。

金融控股公司应当主动掌握集团对同一企业融资情况，对融资余额较大的企业，金融控股公司应当牵头建立集团内信息共享和联合授信机制，主要包括协调所控股机构共同收集汇总企业信息，识别隐性关联企业和实际控制人，联合设置企业融资风险预警线等。

金融控股公司应当要求所控股金融机构定期上报从其他金融机构获得的授信额度和使用情况。

第三十四条 金融控股公司应当建立健全集团整体的风险隔离机制，包括金融控股公司与其所控股机构之间、其所控股机构之间的风险隔离制度，强化法人、人事、信息、财务和关联交易等"防火墙"，对集团内部的交叉任职、业务往来、信息共享，以及共用销售团队、信息技术系统、运营后台、营业设施和营业场所等行为进行合理隔离，有效防控风险，保护客户合法权益。

第三十五条 金融控股公司与其所控股金融机构之间、所控股金融机构之间以及所控股金融机构与集团内其他机构之间的集团内部交易，应当遵守法律、行政法规和中国人民银行、国务院银行保险监督管理机构、国务院证券监督管理机构的相关规定，并按照企业会计准则进行会计处理。其中的"关联方"、"关联方交易"等概念，以法律、行政法规和财政部有关财务、会计规定为准。

金融控股公司与其所控股金融机构之外的其他关联方之间发生的关联交易应当遵循市场原则，不得违背公平竞争和反垄断规则。

金融控股公司应当加强关联交易管理。金融控股公司与其所控股金融机构、其他关联方不得通过各种手段隐匿关联交易和资金真实去向，不得通过关联交易开展不正当利益输送、损害投资者或客户的消费权益、规避监管规定或违规操作。

金融控股公司股东应当遵守法律、行政法规和中国人民银行的相关规定，不得与金融控股公司进行不当的关联交易，不得利用其对金融控股公司经营管理的影响力获取不正当利益。

第三十六条　金融控股公司及其所控股机构不得进行以下关联交易：

（一）利用其实质控制权损害其他股东和客户的合法权益。

（二）通过内部交易进行监管套利。

（三）通过第三方间接进行内部交易，损害金融控股公司稳健性。

（四）金融控股公司所控股金融机构（财务公司除外）向金融控股公司提供融资，或向金融控股公司的股东、其他非金融机构关联方提供无担保融资等。

（五）金融控股公司所控股金融机构（财务公司除外）向金融控股公司其他关联方提供的融资或担保，超过提供融资或担保的所控股金融机构资本净额的10%，或超过接受融资或担保的金融控股公司关联方资本净额的20%，国务院银行保险监督管理机构、国务院证券监督管理机构另有规定的除外。

（六）金融控股公司所控股金融机构（财务公司除外）和所控股非金融机构接受金融控股公司的股权作为质押标的。

（七）金融控股公司对金融控股集团外的担保余额超过金融控股公司净资产的10%。

（八）中国人民银行禁止的其他行为。

第三十七条　金融控股公司应当按照法律、行政法规和中国人民银行要求，遵循真实、准确、完整的原则，及时进行信息披露。对信息披露中的虚假记载、误导性陈述及重大遗漏等依法承担责任。

第五章　监督管理

第三十八条　中国人民银行会同相关部门依照法律、行政法规、国务院决定及本办法，制定对金融控股公司及其业务活动实施监督管理的实施细则。

第三十九条　中国人民银行依照法律、行政法规、国务院决定及本办法，对金融控股公司实施并表监管，在并表基础上，通过报告制度、现场检查、监管谈话、风险评估和预警等方式，监控、评估、防范和化解金融控股公司整体层面的资本充足、关联交易、流动性、声誉等风险，维护金融体系整体稳定。金融控股公司符合系统重要性金融机构认定标准的，应当遵守关于系统重要性金融机构的监管规定。

第四十条　中国人民银行对金融控股公司主要股东和控股股东进行审查，对其真实股权结构和实际控制人实施穿透监管。

第四十一条　中国人民银行对金融控股公司主要股东和控股股东的入股资金进行穿透监管，严格审查入股资金来源、性质与流向。

第四十二条　中国人民银行根据履行职责的需要，建立统一的金融控股公司监管信息平台和统计制度，有权要求金融控股公司按照规定报送资产负债表、利润表和其他财务会计、统计报表、经营管理资料以及注册会计师出具的审计报告。具体报送要求由中国人民银行另行规定。

中国人民银行与相关部门之间建立信息共享机制，中国人民银行提供金融控股公司相关监管信息，其他部门提供本领域内的关于金融控股公司的信息。各方应确保信息用于履职需要，遵循保密要求。中国人民银行可以请国务院银行保险监督管理机构、国务院证券监督管理机构提供金融控股公司所控股机构的风险状况、检查报告和监管评级等监督管理信息，所获信息不能满足对金融控股公司监管需要的，中国人民银行可以要求金融控股公司所控股机构直接报送相关信息。

第四十三条　中国人民银行根据履行职责的需要，可以对金融控股公司进行现场检查，询问工作人员，查阅、复制相关文件、资料，检查电子数据系统等。

为促进金融控股公司稳健经营，中国人民银行可以建议国务院银行保险监督管理机构、国务院证券监督管理机构、国家外汇管理部门对金融控股公司所控股金融机构进行现场检查，必要时经国务院批准，可以会同国务院银行保险监督管理机构、国务院证券监督管理机构、国家外汇管理部门对所控股金融机构进行现场检查。国务院银行保险监督管理机构、国务院证券监督管理机构、国家外汇管理部门根据监管需要，可以建议中国人民银行对金融控股公司进行现场检查。

第四十四条　中国人民银行根据履行职责的需要，可以与金融控股公司董事、监事、高级管理人员进行监督管理谈话，要求金融控股公司董事、监事、高级管理人员就金融控股公司业务活动和风险管理的重大事项作出说明。

第四十五条 中国人民银行会同相关部门建立和完善金融控股集团的风险评估体系,综合运用宏观审慎政策、金融机构评级、反洗钱、反恐怖融资监测等政策工具,评估金融控股集团的经营管理与风险状况。中国人民银行可以根据风险评估结果动态调整对金融控股公司的监管要求,区别情形采取风险警示、早期纠正、风险处置措施。

第四十六条 金融控股公司所控股金融机构违反审慎经营规则,财务状况显著恶化,严重危及自身稳健运行、损害客户合法权益,金融控股公司有义务帮助其所控股金融机构恢复正常营运。金融控股公司未主动履行上述义务的,中国人民银行有权会同国务院银行保险监督管理机构、国务院证券监督管理机构要求金融控股公司采取注资、转让股权等适当措施进行自救。金融控股公司在开展救助时,应当做好风险隔离,防范风险传染和蔓延。

第四十七条 金融控股公司应当事前对风险处置作出合格的计划并报告中国人民银行。

金融控股公司违反本办法及相关规定,或自身经营不善,对所控股金融机构、金融控股集团造成重大风险,中国人民银行可以要求其限期整改。所造成的风险状况可能影响金融稳定、严重扰乱金融秩序、损害公众利益的,中国人民银行可以要求金融控股公司采取下列措施:

(一)限制经营活动。
(二)限制向股东分红,限制董事、监事、高级管理人员的薪酬和其他收入。
(三)限期补充资本。
(四)调整负有责任的董事、监事、高级管理人员或限制其权利。
(五)转让所控股金融机构的股权。

金融控股公司有本条第二款规定情形的,中国人民银行可以要求其股东转让股权或限制股东权利;必要时,中国人民银行可以提请国务院反垄断部门启动反垄断调查,依法作出处理决定。

第四十八条 金融控股公司难以持续经营,若不市场退出将严重危害金融秩序、损害公众利益的,应当依法实施市场退出。

第四十九条 为维护金融稳定,中国人民银行有权要求金融控股公司制定金融控股集团整体恢复和处置计划,并报中国人民银行备案。

第五十条 按照本办法第六条规定应当设立金融控股公司,但未获得金融控股公司许可的,由中国人民银行会同国务院银行保险监督管理机构、国务院证券监督管理机构责令改正,逾期不改正的,中国人民银行可以会同国务院银行保险监督管理机构、国务院证券监督管理机构对其采取以下措施:

(一)要求其部分转让对金融机构的股权至丧失实质控制权。
(二)要求其全部转让对金融机构的股权。
(三)其他纠正措施。

经批准设立的金融控股公司在存续期内,不再符合金融控股公司设立条件的,中国人民银行可以对金融控股公司采取本条前款规定的纠正措施。

第六章 法律责任

第五十一条 金融控股公司的发起人、控股股东、实际控制人违反本办法规定,有下列行为之一的,由中国人民银行责令限期改正,没收违法所得,并处违法所得1倍以上5倍以下罚款。没有违法所得或违法所得不足50万元的,处50万元以上500万元以下罚款。情节严重的,依据《中华人民共和国行政许可法》的规定,撤销行政许可;涉嫌构成犯罪的,移送有关机关依法追究刑事责任:

(一)提供虚假的承诺函。
(二)虚假出资、循环注资、利用委托资金、债务资金等非自有资金出资。
(三)通过委托他人或接受他人委托等方式违规持有金融控股公司股权。
(四)提供虚假的或隐瞒重要事实的资料。
(五)违反本办法规定的其他情形。

第五十二条 金融控股公司违反本办法规定,有下列行为之一的,由中国人民银行责令限期改正,没收违法所得,对单位处违法所得1倍以上10倍以下罚款,没有违法所得或违法所得不足100万元的,处100万元以上1000万元以下罚款;对直接负责的董事、高级管理人员和其他直接责任人员,处违法所得1倍以上10倍以下罚款,没有违法所得或违法所得不足10万元的,处10万元以上100万元以下罚款;涉嫌构成犯罪的,移送有关机关依法追究刑事责任:

(一)对金融机构虚假出资、循环注资、利用委托资金、债务资金等非自有资金出资。
(二)违规开展关联交易。
(三)干预所控股金融机构经营造成重大风险或重大风险隐患。
(四)提供虚假的或隐瞒重要事实的财务会计报告、

报表、统计报表及经营资料。

（五）拒绝或阻碍中国人民银行现场检查。

（六）违反本办法的其他情形。

第七章 附 则

第五十三条 本办法所称金融控股公司主要股东是指持有或控制金融控股公司股份总额5%以上股份或表决权，或持有股份总额不足5%但对金融控股公司经营管理有重大影响的股东。

本办法所称金融控股公司控股股东是指其出资额占金融控股公司资本总额50%以上或其持有的股份占金融控股公司股本总额50%以上的股东；出资额或持有股份的比例虽不足50%，但依其出资额或持有的股份所享有的表决权已足以对股东会、股东大会的决议产生重大影响或能够实际支配公司行为的股东。

本办法所称实际控制人是指通过投资关系、协议或其他安排，能够实际支配公司行为的人。

第五十四条 本办法实施前已经存在的、具备金融控股公司设立情形的机构，如果未达到本办法规定的监管要求，经国务院金融管理部门同意，可以在一定期限内进行整改，并由国务院金融管理部门进行验收。

第五十五条 本办法由中国人民银行负责解释。

第五十六条 本办法自2020年11月1日起施行。

金融控股公司关联交易管理办法

- 2023年2月1日中国人民银行令〔2023〕第1号公布
- 自2023年3月1日起施行

第一章 总 则

第一条 为规范金融控股公司关联交易行为，防止不当利益输送、风险集中、风险传染和监管套利，促进金融控股公司稳健经营，根据《中华人民共和国公司法》、《国务院关于实施金融控股公司准入管理的决定》（国发〔2020〕12号）以及《金融控股公司监督管理试行办法》（中国人民银行令〔2020〕第4号发布）等法律法规和部门规章，制定本办法。

第二条 本办法适用于经中国人民银行批准设立的金融控股公司，以及金融控股公司及其附属机构共同构成的金融控股集团。

本办法所称金融控股公司附属机构是指纳入金融控股公司并表管理范围的所有机构。金融控股公司应当遵循实质重于形式原则，综合考虑实质控制和风险相关性，根据《金融控股公司监督管理试行办法》等规定，审慎确定并表管理范围。

第三条 金融控股公司开展关联交易应当遵守法律、行政法规、企业财务制度和中国人民银行、国务院金融监督管理机构的有关规定，并按照企业会计准则进行会计处理，遵循诚实信用、穿透识别、合理公允、公开透明和治理独立的原则，强化金融控股集团不同法人主体之间的风险隔离。

第四条 金融控股公司应当建立健全关联交易管理、报告和披露制度，强化金融控股公司和附属机构关联交易、金融控股集团内部交易和金融控股集团对外关联交易管理，提升集团风险管理和内部控制水平。

金融控股公司承担对金融控股集团关联交易管理的主体责任，按照实质重于形式和穿透原则，准确、全面、及时识别关联方和关联交易，推动金融控股集团规范开展关联交易。附属机构积极配合金融控股公司对金融控股集团开展关联交易管理。

金融控股公司或其附属机构是上市公司的，关联方的认定和关联交易的管理、报告和披露应当符合国务院证券监督管理机构和证券交易所的有关规定。附属机构是金融机构的，关联方的认定和关联交易的管理、报告和披露应当符合国务院金融监督管理机构的有关规定。

第五条 中国人民银行依法对金融控股公司的关联交易实施监督管理。中国人民银行副省级城市中心支行以上分支机构（以下简称中国人民银行分支机构）可以依照本办法开展相关工作。

第二章 金融控股公司的关联方

第六条 金融控股公司的关联方，是指与金融控股公司存在一方控制另一方，或对另一方施加重大影响，以及与金融控股公司同受一方控制或重大影响的自然人、法人、非法人组织或中国人民银行认定的其他主体等。金融控股公司的关联方包括股东类关联方、内部人关联方以及所有附属机构。

第七条 金融控股公司的股东类关联方包括：

（一）金融控股公司的控股股东、实际控制人，及其一致行动人、受益所有人。

（二）金融控股公司的主要股东及其控股股东、实际控制人、一致行动人、受益所有人。

（三）本条第一项、第二项所列关联自然人的配偶、父母、成年子女及兄弟姐妹，以及所列关联法人或非法人组织的董事、监事、高级管理人员。

（四）本条第一项所列关联方控制或施加重大影响的法人或非法人组织，本条第二项所列关联方控制的法人或非法人组织,以及本条第一项、第二项所列关联自然人的配偶、父母、成年子女及兄弟姐妹控制的法人或非法人组织。

第八条　金融控股公司的内部人关联方包括:

(一)金融控股公司的董事、监事、高级管理人员以及具有投融资等核心业务审批或决策权的人员。

(二)本条第一项所列关联方的配偶、父母、成年子女及兄弟姐妹。

(三)本条第一项、第二项所列关联方控制的法人或非法人组织。

第九条　金融控股公司按照实质重于形式和穿透原则,可以认定以下自然人、法人或非法人组织为金融控股公司的关联方:

(一)在过去十二个月内或者根据相关协议安排在未来十二个月内存在本办法第七条、第八条规定情形之一的。

(二)本办法第七条第一项、第二项以及第八条第一项所列关联方的其他关系密切的家庭成员。

(三)本办法第七条第二项,以及第八条第一项所列关联方可以施加重大影响的法人或非法人组织。

(四)金融控股公司附属机构的重要关联方,即可能对金融控股集团经营产生重大影响的附属机构股东、董事、监事、高级管理人员、合营企业、联营企业以及其他可能导致利益不当转移的自然人、法人或非法人组织。

(五)对金融控股公司有影响,与金融控股公司或其附属机构发生或可能发生未遵守商业合理原则、有失公允的交易行为,并可以从交易中获得利益的自然人、法人或非法人组织。

第十条　中国人民银行及其分支机构可以根据实质重于形式和穿透原则,认定可能导致金融控股公司或其附属机构利益不当转移的自然人、法人或非法人组织为金融控股公司的关联方。

第三章　金融控股集团的关联交易

第十一条　金融控股公司及其附属机构应当按照实质重于形式和穿透原则,识别、认定、管理关联交易并计算关联交易金额。

计算关联自然人与金融控股公司的关联交易金额时,其配偶、父母、成年子女、兄弟姐妹等与金融控股公司的关联交易应当合并计算;计算关联法人或非法人组织与金融控股公司的关联交易金额时,与其存在控制关系的法人或非法人组织与该金融控股公司的关联交易应当合并计算。

中国人民银行及其分支机构可以按照实质重于形式和穿透原则,识别、认定金融控股公司的关联交易。

第十二条　按照交易主体的不同,金融控股集团的关联交易包括:

(一)金融控股公司的关联交易,指金融控股公司与其关联方之间发生的转移资源、劳务或义务的行为。

(二)金融控股公司附属机构的关联交易,指金融控股公司附属机构与其关联方之间发生的转移资源、劳务或义务的行为。

第十三条　按照管理目标的不同,金融控股集团的关联交易至少包括:

(一)集团内部交易,指金融控股公司与其附属机构之间以及金融控股公司各附属机构之间发生的转移资源、劳务或义务的行为,或者联合提供服务的行为。

(二)集团对外关联交易,指金融控股公司及其附属机构与金融控股公司的关联方(除附属机构外)之间发生的转移资源、劳务或义务的行为。

第十四条　按照交易类型的不同,金融控股集团的关联交易包括:

(一)投融资类:包括贷款(含贸易融资)、融资租赁、融资融券、买入返售、票据承兑和贴现、透支、债券投资、金融衍生品交易、特定目的载体投资、投资于关联方发行的金融产品且基础资产涉及其他关联方的交易、证券回购、拆借、开立信用证、保理、担保、保函、贷款承诺以及其他实质上由金融控股公司或其附属机构承担信用风险的业务,投资股权、不动产及其他资产,与关联方共同投资等。

(二)资产转移类:包括自用动产与不动产买卖,信贷资产及其收(受)益权买卖,抵债资产的接收和处置,其他出售资产交易等。

(三)提供服务类:包括征信、信用评级、资产评估、法律、审计、精算、咨询等服务;软件和信息技术服务、互联网数据服务;非金融机构支付服务;金融信息服务,包括但不限于客户信息共享、金融交易风险控制、金融决策分析;信息展示、销售推介、委托或受托销售;有价证券交易经纪服务和承销服务;自用动产与不动产租赁、其他租赁资产交易等。

(四)其他类型关联交易,包括存款、保险业务、投资于关联方发行的金融产品且基础资产不涉及其他关联方的交易以及按照实质重于形式原则认定的其他可能导致金融控股公司及其附属机构利益转移的事项。

第十五条　金融控股集团的关联交易金额以交易对

价或转移的利益计算,计算方式如下:

(一)投融资类关联交易以投融资金额计算交易金额。其中,投资于关联方发行的金融产品且基础资产涉及其他关联方的,以投资金额计算交易金额;投资于关联方发行的金融产品且基础资产不涉及其他关联方的,以管理费或服务费计算交易金额。

(二)资产转移类关联交易以交易价格或公允价值计算交易金额。

(三)提供服务类关联交易以业务收入或支出金额计算交易金额。

(四)中国人民银行确定的其他计算口径。

第十六条 按照交易金额的不同,金融控股公司的关联交易包括:

(一)金融控股公司的重大关联交易是指金融控股公司与其关联方之间单笔交易金额达到金融控股公司上一年度末经审计的法人口径净资产1%以上或超过10亿元,或一个会计年度内对单个关联方交易金额累计达到金融控股公司上一年度末经审计的法人口径净资产5%以上或超过50亿元的交易。

一个会计年度内金融控股公司与单个关联方的累计交易金额达到上述标准后,其后发生的关联交易每累计达到金融控股公司上一年度末经审计的法人口径净资产1%以上,应当重新认定为重大关联交易。

(二)金融控股公司的一般关联交易是指除重大关联交易以外的其他关联交易。

金融控股公司附属机构的重大关联交易和一般关联交易由附属机构依据或参照有关规定进行认定。

第四章 内部管理
第一节 总体要求

第十七条 金融控股公司应当建立有效的关联交易管理制度,明确事前、事中、事后的全流程管控措施,降低关联交易的复杂程度,提升金融控股集团整体关联交易管理水平,确保金融控股集团各层面关联交易管理制度有效衔接。金融控股公司的关联交易管理制度包括但不限于:

(一)管理架构和相应职责分工。

(二)金融控股公司关联交易的管理流程、定价指引、限额管理、禁止行为、内部审计和责任追究等。

(三)金融控股公司关联方的识别、报告、核验、信息收集与管理。

(四)金融控股公司关联交易的发起、定价、审查、回避、报告和披露等。

(五)指导和督促金融控股公司附属机构完善关联交易管理。

(六)金融控股集团内部交易及其风险敞口的识别、评估和报告。

(七)金融控股集团对外关联交易及其风险敞口的识别、评估和报告。

(八)金融控股公司关联交易、金融控股公司附属机构关联交易、金融控股集团内部交易和对外关联交易可能产生的风险传染以及对金融控股集团经营稳健性影响的评估检查。

金融控股公司的关联交易管理制度应当在经由董事会批准并正式发布后十五个工作日内向中国人民银行备案,同时抄送住所地中国人民银行分支机构。

第十八条 金融控股公司应当建立完善的关联交易管理架构,包括:

(一)董事会对金融控股公司的关联交易管理承担最终责任。

(二)董事会下设关联交易管理委员会,负责制订关联交易管理的总体目标、基本原则和管理制度,并提交董事会审议决策;统筹关联交易管理、审议、批准和风险控制以及董事会授权的其他事宜。关联交易管理委员会由三名以上董事组成,由具备相关专业经验的独立董事担任负责人,确保关联交易管理委员会的客观性和独立性。

(三)金融控股公司应当设立跨部门的关联交易管理办公室,负责金融控股公司关联交易管理体系的建立和完善以及日常关联交易管理的协调工作,审查关联方清单、关联交易以及关联交易相关报告。关联交易管理办公室成员包括合规、业务、风控、财务等相关部门负责人。

(四)金融控股公司应当明确关联交易管理的牵头部门,并设置专岗,负责维护关联方清单、拟定关联交易管理制度、开展日常关联交易管理等工作。

金融控股公司关联交易管理委员会、关联交易管理办公室及相关业务部门负责人对金融控股公司关联交易的合规性承担管理责任,对附属机构关联交易承担指导和督促责任。

第十九条 金融控股公司应当建立关联方信息档案,至少每半年更新一次,并向中国人民银行及其住所地分支机构报送。关联交易管理办公室负责关联方信息档案的更新、维护、分类和汇总等工作,通过多种方式对有关信息进行必要的核实验证,并及时在集团内进行信息共享,确保金融控股公司附属机构能够及时识别集团内部交易和集团对外关联交易。

金融控股公司应当在董事、监事和高级管理人员任职资格备案时,向中国人民银行及其住所地分支机构报告其关联方情况。金融控股公司应当明确具有投融资等核心业务审批或决策权的人员范围,并且自相关人员任职之日起十五个工作日内,向中国人民银行及其住所地分支机构报告其关联方情况。

自然人、法人或其他非法人组织应当在持有或控制金融控股公司5%以上股权之日起十五个工作日内,向金融控股公司、中国人民银行及其住所地分支机构报告其关联方情况,并提交不与金融控股公司或其附属机构进行不当关联交易的承诺函。相关报告人应如实报告,不得瞒报、漏报、错报。

金融控股公司附属机构负责建立本机构的关联方信息档案,并及时向金融控股公司报送,配合做好金融控股公司的关联交易管理工作。

第二十条 金融控股公司应当建立关联交易管理信息系统,提高关联方和关联交易管理的信息化和智能化水平,按照交易金额、交易频率、交易时间等因素对关联方的重要性进行排序,并及时向中国人民银行及其住所地分支机构报送关联方、重大关联交易、季度关联交易情况等信息,保证数据的真实性、准确性和完整性。

第二十一条 金融控股公司及其附属机构开展关联交易应当按照商业合理原则,具有真实的业务背景、条件合理、定价公允,明确交易对价的确定原则及定价方法。关联交易定价应当以明确、公允的市场价格为基础;无法获取市场价格的,可以参考与独立第三方交易的条件和价格;因交易特殊性而无法按照前述方法进行定价的,应当对该定价的公允性和条件设定的合理性作出说明。必要时关联交易管理委员会可以聘请财务顾问等独立第三方出具报告,作为判断的依据。

第二十二条 金融控股公司应当根据金融控股集团实际业务和风险状况,控制关联交易的数量和规模,按照交易类型、单一关联方、全部关联方等不同分类,审慎设置关键业务领域关联交易量化限制指标,每年对交易限额的有效性和合理性进行评估,经充分论证后可以适度调整,避免风险过度集中。包括:

(一)金融控股公司的关联交易限额。

(二)金融控股公司附属机构的关联交易限额,国务院金融监督管理机构另有规定的,从其规定。

(三)金融控股集团内部交易的限额。

(四)金融控股集团对外关联交易的限额。

金融控股公司的上述限额应当在经由董事会批准后十五个工作日内向中国人民银行及其住所地分支机构报告,并详细说明限额设置的有效性和合理性。

第二十三条 金融控股公司及其附属机构不得进行以下关联交易:

(一)通过金融控股集团内部交易虚构交易、转移收入与风险或进行监管套利,或者通过第三方间接进行内部交易,损害金融控股公司及其附属机构的稳健性。

(二)通过金融控股集团对外关联交易进行不当利益输送,损害金融控股公司及其附属机构的稳健性。

(三)通过隐匿关联关系、拆分交易、设计复杂交易结构等各种隐蔽方式规避内部审查、外部监管以及报告披露义务,为关联方违规提供融资、隐藏风险等。

(四)关联交易协议条件显著偏离与非关联方进行的同类交易,以及采用明显偏离市场价格或缺乏合理依据的定价基准。

(五)金融控股公司附属金融机构(财务公司除外)向金融控股公司提供融资。

(六)金融控股公司附属机构(财务公司除外)接受金融控股公司的股权作为质押标的。

(七)通过互联网数据服务、金融信息服务等交易规避有关规定,或利用规则、数据、算法等各种手段实施价格控制、利益输送或不当转移风险。

(八)金融控股公司及其附属机构以不正当竞争的方式向关联方提供服务。

第二十四条 金融控股公司每年至少对金融控股集团的关联交易进行一次专项审计,并将审计结果报董事会和监事会。金融控股公司不得聘用关联方控制的会计师事务所、专业评估机构、律师事务所为其提供审计、评估等服务。

第二十五条 对于未按规定报告关联方、金融控股集团内部交易和对外关联交易,以及违规开展关联交易等情形,金融控股公司应当按照内部问责制度对相关人员进行问责。

第二节 金融控股公司关联交易管理

第二十六条 金融控股公司关联交易应当订立书面交易协议,按照商业合理原则,以不优于对非关联方同类交易的条件进行。关联交易协议安排应具有真实商业背景,结构清晰,避免多层嵌套。

金融控股公司与同一关联方之间长期持续发生的、需要反复签订交易协议的关联交易,可以签订统一交易协议,协议期限一般不超过三年。统一交易协议的签订、续签、实质性变更,应按照重大关联交易进行内部审查、报告和信息披露。统一关联交易协议下发生的关联交易无需逐笔进行审查、报告和披露,但应当在季度报告中说明执行情况。统一交易协议应当明确或预估关联交易金额。

第二十七条 金融控股公司应当完善关联交易内控机制和管理流程,关键环节的审查意见以及关联交易管理委员会、董事会等会议决议、记录应当清晰可查。

金融控股公司的一般关联交易按照金融控股公司内部管理制度和授权程序审查,报关联交易管理委员会备案。金融控股公司的重大关联交易经由关联交易管理委员会审查后,提交董事会批准。关联交易管理委员会应重点关注关联交易的合规性和公允性。

董事会关于关联交易的会议所作决议须经非关联董事三分之二以上通过。出席董事会的非关联董事人数不足三人的,应当提交股东(大)会审议。金融控股公司关联交易管理委员会、董事会及股东(大)会对关联交易进行表决或决策时,与该关联交易有利害关系的人员应当回避。金融控股公司未设立股东(大)会,或者因回避原则而无法召开股东(大)会的,仍由董事会审议且不适用本条关于回避的规定,但关联董事应出具不存在利益输送的声明。

金融控股公司独立董事应当逐笔对重大关联交易的合规性、公允性和必要性以及内部审批程序履行情况发表书面意见。独立董事认为有必要的,可以聘请会计师事务所、专业评估机构、律师事务所等独立第三方提供意见,费用由金融控股公司承担。

第二十八条 金融控股公司进行的下列关联交易,可以免予按照关联交易的方式进行审议和披露,但在统计关联交易金额与比例时应当合并计算:

(一)与关联自然人单笔交易额在50万元以下或与关联法人单笔交易额在500万元以下的关联交易,且交易后累计未达到重大关联交易标准的。

(二)一方以现金认购另一方公开发行的股票、公司债券或企业债券、可转换债券或其他衍生品种。

(三)活期存款业务。

(四)同一自然人同时担任金融控股公司和其他法人的独立董事且不存在其他构成关联方情形的,该法人与金融控股公司进行的交易。

(五)交易的定价为国家规定的。

(六)法律、行政法规及国务院金融管理部门认可的其他情形。

第三节 金融控股公司附属机构关联交易管理

第二十九条 为统筹管理金融控股集团的关联交易,金融控股公司应当充分了解附属机构所在行业以及上市公司的关联交易管理要求,督促附属机构满足有关规定。金融控股公司应当指导和督促未上市且未受行业监管的附属机构,建立有效的关联交易管理体系。

金融控股公司应当维护附属机构尤其是上市公司和受监管实体的独立运作,通过公司治理程序参与附属机构关联交易管理,指导和督促附属机构指定或设置专门的组织,履行该机构关联交易内部控制和管理职责,并承担相应的责任。

第三十条 金融控股公司应当及时收集附属机构的关联方、重大关联交易、季度关联交易情况等信息,按照交易金额、交易频率、交易时间等因素对附属机构以及附属机构关联方的重要性进行排序,按季对附属机构关联交易及其风险敞口进行汇总分析和监测预警,每年对附属机构关联交易管理情况进行评估检查,形成综合评价报告并提交董事会批准。附属机构应当配合向金融控股公司提供所需的相关信息。

第四节 金融控股集团内部交易管理

第三十一条 金融控股公司应当统筹管理集团内部交易,及时对金融控股集团内部交易及其风险敞口进行收集汇总、监测分析和评估预警,重点关注金融控股集团内部交易的合理性和公允性,提高金融控股集团内部交易的透明度,及时充分、结构清晰地披露金融控股集团内部交易的定性与定量信息,有效促进利益相关方对金融控股集团业务运作和风险状况的分析与评估。

第三十二条 金融控股公司每季度应当对金融控股集团内部交易进行分析评估,包括但不限于:

(一)金融控股集团内部交易的总体情况、重点机构和集中程度等。

(二)交易背景的真实性和必要性,是否存在虚构交易问题。

(三)是否存在转移收入或隐藏风险,以及是否存在监管套利问题。

(四)金融控股公司和其附属机构之间以及不同附属机构之间的交易依赖关系,以及各附属机构经营的独立性。

(五)金融控股集团内部交易可能产生的风险传染以及对集团和附属机构经营稳健性的影响。

(六)有助于理解金融控股集团业务运作和风险状况的其他信息。

第五节 金融控股集团对外关联交易管理

第三十三条 金融控股公司应当统筹管理集团对外关联交易,及时对金融控股集团对外关联交易及其风险敞口进行收集汇总、监测分析和评估预警,重点关注金融控股集团对外关联交易的合规性和公允性,提高金融控股集团对外关联交易的透明度,及时充分、结构清晰地披露金融控股集团对外关联交易的定性与定量信息。

第三十四条 金融控股公司应当重点防范金融控股公司及其附属机构向金融控股公司的控股股东、实际控制人及其关联方进行利益输送的风险。

金融控股公司应当加强对金融控股公司及其附属机构与金融控股公司所属企业集团内其他机构之间关联交易的监测分析和风险管理,防止金融风险和实业风险之间的交叉传染。

第三十五条 金融控股公司每季度应当对金融控股集团对外关联交易进行分析评估,包括但不限于:

(一)金融控股集团对外关联交易的总体情况、重点机构和集中程度等。

(二)交易架构、交易目的、交易条件或对价、定价政策与依据等要素。

(三)是否存在大股东控制、内部人控制以及不当利益输送等问题。

(四)金融控股集团对外关联交易可能产生的风险集中、风险传染和风险外溢。

(五)有助于理解金融控股集团业务运作和风险状况的其他信息。

第五章 报告和披露

第三十六条 金融控股公司应当按照本办法规定,真实、准确、完整、及时地报告并披露金融控股公司关联交易、金融控股集团内部交易和对外关联交易信息,不得存在任何虚假记载、误导性陈述或重大遗漏。

关联交易管理委员会应当统筹管理关联交易信息报告和披露工作,提高金融控股公司关联交易、金融控股集团内部交易和对外关联交易的透明度。

金融控股公司附属机构的关联交易由附属机构依法或参照有关规定进行报告和披露。

第三十七条 金融控股公司应当在签订重大关联交易协议后十五个工作日内逐笔向中国人民银行及其住所地分支机构报送有关情况,内容至少包括:

(一)关联交易概述。

(二)交易对手情况,包括关联自然人基本情况,关联法人或非法人组织的名称、经济性质或类型、主营业务或经营范围、法定代表人、住所地、注册资本及其变化,与金融控股公司存在的关联关系。

(三)关联交易的具体情况,包括关联交易类型、穿透的交易架构图、交易目的、交易条件或对价、定价政策与依据、关联交易金额及相应比例等。

(四)关联交易的风险提示,以及对财务状况、经营成果的影响。

(五)交易协议,交易涉及的有关法律文件和审批文件,以及中介服务机构出具的专业报告(如有)。

(六)股东(大)会、董事会决议,关联交易管理委员会的意见或决议情况,独立董事发表意见情况。

第三十八条 金融控股公司应当按本办法规定,在每季度结束后四十日内向中国人民银行及其住所地分支机构报送关联交易整体情况,包括金融控股公司关联交易、金融控股集团内部交易和对外关联交易的交易类型、交易金额、限额管理情况、交易评估、分析评估报告等。

金融控股公司关联交易、金融控股集团内部交易和对外关联交易的年度评估报告应当提交董事会批准。金融控股公司董事会应当每年向股东(大)会就金融控股公司关联交易、金融控股集团内部交易和对外关联交易整体情况作出专项报告,并向中国人民银行及其住所地分支机构报送。

第三十九条 金融控股公司应当在公司年报中披露当年金融控股公司关联交易的总体情况。金融控股公司应当在签订关联交易协议后十五个工作日内在公司网站逐笔披露本办法第三十七条规定须逐笔报告的重大关联交易。一般关联交易应当在每季度结束后四十日内按照关联方和交易类型在公司网站合并披露。

金融控股公司应当在每季度结束后四十日内在公司网站披露本季度金融控股集团内部交易和对外关联交易的定性与定量信息,并在公司年报中作出专项说明,提高金融控股集团运作的透明度。

金融控股公司的关联交易、金融控股集团内部交易和对外关联交易信息涉及国家秘密、商业秘密或者国务院金融管理部门认可的其他情形,金融控股公司可以向中国人民银行申请豁免按照本办法披露或履行相关义务。

国务院金融监督管理机构另有规定的,从其规定。

第六章 监督管理

第四十条 中国人民银行与相关部门之间建立监管合作与信息共享机制,加强金融控股公司及其附属机构的关联交易监管,及时共享相关关联方及关联交易信息,在必要时依据职责分工采取相应的监管措施。

第四十一条 金融控股公司违反本办法规定，未按要求管理、报告、披露关联交易相关信息，或者违规开展关联交易的，中国人民银行应当要求其限期改正。

逾期未改正的，中国人民银行可以对金融控股公司的董事、监事、高级管理人员进行监督管理谈话，并要求金融控股公司采取限制经营活动等措施。

金融控股公司违反本办法规定，违规开展关联交易的，中国人民银行可以依据《金融控股公司监督管理试行办法》第五十二条实施处罚。

附属金融机构违反本办法规定的，中国人民银行应当将发现的线索、证据移交国务院金融监督管理机构依法采取措施。

第四十二条 金融控股公司董事、监事、高级管理人员或其他相关人员违反本办法规定的，中国人民银行可以要求其限期改正；逾期未改正的，中国人民银行可以采取记入履职记录、要求金融控股公司进行问责等措施；情节严重的，中国人民银行可以要求金融控股公司调整董事、监事、高级管理人员或者限制其权利。

第四十三条 金融控股公司股东、实际控制人利用关联交易损害金融控股公司利益的，中国人民银行可以要求其限期改正；对逾期未改正的，可以要求金融控股公司采取限制该股东的权利或者要求其转让股权等措施。

金融控股公司的其他关联方违反本办法规定的，中国人民银行可以采取通报批评等措施。

第四十四条 会计师事务所、专业评估机构、律师事务所、税务师事务所等服务机构违反诚信及勤勉尽责原则，出具文件存在虚假记载、误导性陈述或重大遗漏的，中国人民银行可以将发现的线索、证据移交有关主管部门依法处理。

第七章 附 则

第四十五条 本办法所称控股股东，是指其出资额占金融控股公司资本总额50%以上或其持有的股份占金融控股公司股本总额50%以上的股东；出资额或持有股份的比例虽不足50%，但依其出资额或持有的股份所享有的表决权已足以对股东（大）会的决议产生控制性影响或能够实际支配公司行为的股东。

实际控制人，是指通过投资关系、协议或其他安排，能够实际支配公司行为的人。

一致行动人，是指通过协议、合作或其他途径，在行使表决权或参与其他经济活动时采取相同意思表示的自然人、法人或非法人组织。

受益所有人，是指最终拥有或实际控制市场主体，或者享有市场主体最终收益的自然人。

主要股东，是指持有或控制金融控股公司股份总额5%以上股份或表决权，或持有股份总额不足5%但对金融控股公司经营管理有重大影响的股东。

其他关系密切的家庭成员，是指除配偶、父母、成年子女及兄弟姐妹以外的包括配偶的父母、子女的配偶、兄弟姐妹的配偶、配偶的兄弟姐妹以及其他可能产生利益转移的家庭成员。

控制，包括直接控制、间接控制，是指有权决定一个企业的财务和经营决策，并能据以从该企业的经营活动中获取利益。

重大影响，是指对法人或组织的财务和经营政策有参与决策的权力，但并不能够控制或者与其他方共同控制这些政策的制定。

关联方不包括国家行政机关、政府部门，中央汇金投资有限责任公司，全国社会保障基金理事会，梧桐树投资平台有限责任公司，以及依据法律、行政法规等豁免认定的关联方。国家控股的企业之间不因为仅同受国家控股而构成关联方。

关联董事、股东，是指交易的一方，或者在审议关联交易时可能影响该交易公允性的董事、股东。

受监管实体，是指受到国务院金融管理部门或者境外金融监管当局监管的机构。

"以上"含本数，"以下"不含本数，年度为会计年度。

第四十六条 本办法实施后，金融控股公司应当在中国人民银行认可的期限内完善各项制度和治理架构，稳妥有序落实本办法有关要求，确保过渡期满关联交易管理合规。

第四十七条 本办法由中国人民银行负责解释。

第四十八条 本办法自2023年3月1日起施行。

金融控股公司董事、监事、高级管理人员任职备案管理暂行规定

· 2021年3月31日中国人民银行令〔2021〕第2号公布
· 自2021年5月1日起施行

第一章 总 则

第一条 为了加强对金融控股公司董事、监事、高级管理人员的任职管理，规范金融控股公司运作，防范经营风险，根据《国务院关于实施金融控股公司准入管理的决定》（国发〔2020〕12号）、《金融控股公司监督管理试行

办法》(中国人民银行令〔2020〕第 4 号发布)及有关法律法规,制定本规定。

第二条 对金融控股公司董事、监事、高级管理人员的任职管理,适用本规定。

本规定所称高级管理人员,是指对金融控股公司经营管理、风险控制具有决策权或者重大影响的人员,包括:总经理、副总经理、总经理助理、董事会秘书、风险管理负责人、合规负责人、财务负责人、审计负责人、同职级的其他高级管理人员,以及实际履行上述职务职责的人员。

第三条 中国人民银行负责对金融控股公司董事、监事、高级管理人员的任职进行备案和监督管理。

中国人民银行副省级城市中心支行以上分支机构(以下简称中国人民银行分支机构)依照本规定开展相关工作。

第四条 金融控股公司董事、监事、高级管理人员应当符合法律、行政法规的相关规定以及中国人民银行规定的任职条件。

金融控股公司不得任用不符合任职条件的人员担任董事、监事、高级管理人员,不得授权不符合任职条件的人员实际行使董事、监事、高级管理人员的相关职权。

第五条 金融控股公司董事、监事、高级管理人员应当遵守法律、行政法规和中国人民银行有关规定,遵守金融控股公司章程,遵循诚信原则,切实履行职责,不得利用职务之便牟取非法利益。

第二章 任职条件

第六条 担任金融控股公司董事、监事、高级管理人员的,应当具备下列条件:

(一)具有完全民事行为能力;

(二)具有良好的守法合规记录;

(三)具有良好的品行、声誉;

(四)具有大学本科以上学历或者学士以上学位;

(五)从事金融工作 5 年以上,或者从事相关经济工作等与其履行职责相适应的工作 8 年以上,并具有良好的从业记录;

(六)具有与职务相适应的知识、经验和能力。

第七条 担任金融控股公司董事长、副董事长、监事会主席、总经理、副总经理或者实际履行上述职务职责的人员,应当从事金融工作 8 年以上,或者从事相关经济工作 10 年以上,并具有良好的从业记录。

金融控股公司董事长、监事会主席、总经理或者实际履行上述职务职责的人员,原则上在同一家金融控股公司任同一职务时间累计不得超过 10 年。

第八条 金融控股公司高级管理人员还应当具有下列任职经历之一:

(一)担任金融控股公司等金融机构部门负责人同等及以上职务不少于 2 年,其中担任总经理或者实际履行其职务职责的人员,该任职经历应当不少于 5 年;

(二)担任金融管理部门相当管理职务不少于 2 年,其中担任总经理或者实际履行其职务职责的人员,该任职经历应当不少于 5 年;

(三)其他证明其具有该职务所需知识、能力、经验的任职经历。

第九条 担任金融控股公司财务负责人的,还应当取得高级会计师以上职称或者注册会计师资格,并从事财务、会计或者审计相关工作 2 年以上。没有取得高级会计师以上职称或者注册会计师资格的,应当从事财务、会计或者审计相关工作 10 年以上。

担任金融控股公司风险管理负责人的,还应当从事风险管理相关工作 2 年以上。

担任金融控股公司合规负责人的,还应当从事法律合规相关工作 2 年以上。

担任金融控股公司审计负责人的,还应当从事财务、会计或者审计相关工作 2 年以上。

第十条 金融控股公司所实质控制金融机构中包含商业银行(不含村镇银行)的,其董事、高级管理人员中应当分别至少有 1 人在商业银行(不含村镇银行)担任部门负责人同等及以上职务不少于 3 年,或者在相应金融管理部门担任相当管理职务不少于 3 年。

金融控股公司所实质控制金融机构中包含证券公司的,其董事、高级管理人员中应当分别至少有 1 人在证券公司担任部门负责人同等及以上职务不少于 3 年,或者在相应金融管理部门担任相当管理职务不少于 3 年。

金融控股公司所实质控制金融机构中包含保险公司的,其董事、高级管理人员中应当分别至少有 1 人在保险公司担任部门负责人同等及以上职务不少于 3 年,或者在相应金融管理部门担任相当管理职务不少于 3 年。

第十一条 有下列情形之一的,不得担任金融控股公司董事、监事、高级管理人员:

(一)因犯有危害国家安全、恐怖主义、贪污、贿赂、侵占财产、挪用财产、黑社会性质犯罪或者破坏社会主义经济秩序罪,被判处刑罚,自执行期满之日起未逾 5 年;或者因犯罪被剥夺政治权利,自执行期满之日起未逾 5 年;或者涉嫌从事重大违法活动,被相关部门调查尚未作出处理结论。

（二）对曾任职机构违法违规行为、重大损失负有个人责任或者直接领导责任，情节严重的，或者对曾任职机构被接管、撤销、宣告破产或者吊销营业执照负有个人责任，自该机构被接管、撤销、宣告破产或者吊销营业执照之日起未逾 3 年。

（三）不配合或者指使他人不配合依法监管或者案件查处而受到处罚未逾 3 年。

（四）被金融管理部门取消、撤销任职资格未逾 3 年，或者被金融管理部门禁止进入市场期满未逾 3 年，或者被金融管理部门处罚未逾 3 年。

（五）被国家机关开除公职，自作出处分决定之日起未逾 3 年。

（六）本人或者其配偶有数额较大的逾期债务未能偿还的，或者被司法机关列入失信被执行人名单。

（七）本人或者其近亲属存在妨碍履职独立性的情形，包括但不限于：本人与其近亲属合并持有该金融控股公司 5% 以上股份，且从该金融控股集团获得的授信总额明显超过其持有的该金融控股集团股权净值的；本人及其所控股的股东单位合并持有该金融控股公司 5% 以上股份，且从该金融控股集团获得的授信总额明显超过其持有的该金融控股集团股权净值的；本人或者其配偶在持有该金融控股公司 5% 以上股份的股东单位任职，且该股东单位从该金融控股集团获得的授信总额明显超过其持有的该金融控股集团股权净值的，但能够证明相应授信与本人或者其配偶没有关系的除外。

（八）有违反社会公德、职业道德等不良行为，或者造成重大损失或者恶劣影响的其他情形。

第十二条 金融控股公司独立董事除不得存在第十一条所列情形外，还不得存在下列情形：

（一）本人及其近亲属合并持有该金融控股公司或者其所控股单个机构 1% 以上股份或者股权；

（二）本人或者其近亲属在持有该金融控股公司 1% 以上股份或者股权的股东单位任职；

（三）本人或者其近亲属在该金融控股公司或者其所控股机构任职，其中不包括本人在金融控股公司担任独立董事；

（四）本人或者其近亲属任职的机构与该金融控股公司之间存在因法律、会计、审计、管理咨询、担保合作等方面的业务联系或者债权债务等方面的利益关系，以致于妨碍其履职独立性的情形；

（五）本人或者其近亲属可能被该金融控股公司主要股东、高级管理层控制或者施加重大影响，以致于妨碍其履职独立性的其他情形。

第十三条 独立董事在同一家金融控股公司任职时间累计不得超过 6 年，且同时最多只能在两家金融控股公司兼任独立董事。

第十四条 金融控股公司董事、监事、高级管理人员的兼任行为不得违反法律、行政法规及金融管理部门有关规定，不得存在利益冲突，或者明显分散其在该金融控股公司履职的时间和精力。

金融控股公司董事长和总经理应当分设。金融控股公司高级管理人员除在本公司参股或者在其控股的机构担任董事、监事之外，不得在其他营利性机构兼任职务。法律法规和中国人民银行另有规定的除外。

第三章 任职备案

第十五条 金融控股公司任命董事、监事、高级管理人员或者授权相关人员履行董事、监事、高级管理人员职责，应当确认其符合相应的任职条件，并自决定作出之日起 5 个工作日内向中国人民银行提交下列备案材料，同时抄送住所地中国人民银行分支机构：

（一）备案报告书，内容至少包含所任职务、职责范围、权限及该职务在本金融控股公司组织架构中的位置，并对照本规定的任职条件逐项进行说明；

（二）中国人民银行统一制作的任职备案表；

（三）身份、学历、学位和相关专业技术资格等材料的复印件；

（四）关于任职人员品行、专业知识、业务能力、工作业绩等方面的综合鉴定；

（五）股东（大）会、董事会关于董事、监事、高级管理人员的任职决议；

（六）金融控股公司董事、监事、高级管理人员的个人信用报告；

（七）最近 3 年内曾担任金融机构董事长或者高级管理人员的，还应当提交最近职务的离任审计报告或者经济责任审计报告；

（八）不存在任何不符合任职条件情形的书面承诺；

（九）其他证明任职人员符合任职条件的材料。

金融控股公司以及备案的董事、监事、高级管理人员应当对材料的真实性、完整性负责，不得有虚假记载、误导性陈述和重大遗漏。申请设立金融控股公司的机构应当在申请时提交前款所列拟任董事、监事、高级管理人员的材料。

第十六条 本规定第十五条所规定的备案材料应当

分别加盖单位公章,纸质材料提交一式两份。备案材料正本的电子扫描光盘一张(PDF 格式文件),随纸质材料一同报送。

第十七条 金融控股公司董事、监事、高级管理人员改任的,高级管理人员兼任其他高级管理职务的,以及董事与高级管理人员相互兼任的,除本条第二款所述情形外,应当按规定备案。

金融控股公司应当在作出下列改任、兼任决定之日起 5 个工作日内向中国人民银行及其分支机构书面报告:

(一)已备案的金融控股公司董事长、副董事长、监事会主席,在同一金融控股公司内改任除独立董事之外其他董事、监事;除董事长、副董事长、监事会主席、独立董事之外的已备案的董事、监事,在同一金融控股公司内由董事改任监事或者由监事改任董事。

(二)已备案的金融控股公司总经理、副总经理,在同一金融控股公司内改任除独立董事之外其他董事、监事,以及兼任除独立董事之外其他董事;除总经理、副总经理之外的已备案的金融控股公司高级管理人员,在同一金融控股公司内改任除董事长、副董事长、监事会主席、独立董事之外其他董事、监事,以及兼任除董事长、副董事长、独立董事之外的其他董事。

(三)已备案的金融控股公司高级管理人员兼任金融控股公司所控股机构董事、监事;金融控股公司董事、监事在金融控股公司所控股机构兼职的。

第十八条 金融控股公司董事长、总经理职务存在人员空缺时,金融控股公司应当按照公司章程等有关规定,确定符合任职条件的人员代为履职,并在确定之日起 5 个工作日内向中国人民银行及其分支机构书面报告。

代为履职时间不得超过 6 个月,金融控股公司应当在 6 个月内选聘符合任职条件的人员,并向中国人民银行备案。

第十九条 金融控股公司聘任或者解聘董事、监事、高级管理人员的,应当自作出决定之日起 20 个工作日内通过公司官方网站和其他媒体向社会公告有关情况。

第四章 监督管理

第二十条 中国人民银行及其分支机构通过审核备案材料、考察谈话、调查从业经历等方式对相关人员的任职条件进行核查。

材料不齐全、不符合规定形式或者存在错误的,金融控股公司应当在收到补充或者完善材料的通知之日起 10 个工作日内向中国人民银行提交符合要求的材料,同时抄送住所地中国人民银行分支机构。

未达到中国人民银行规定的任职条件的,以及隐瞒有关情况或者提供虚假材料的,中国人民银行应当要求金融控股公司进行限期调整,并自完成调整之日起 3 个工作日内向中国人民银行及其分支机构书面报告。

第二十一条 金融控股公司应当制定符合本规定的董事、监事、高级管理人员任职管理制度,并及时向中国人民银行及其分支机构书面报告。

中国人民银行及其分支机构对金融控股公司制定的董事、监事、高级管理人员任职管理制度进行评估和指导,并对其任职管理制度执行情况进行检查。

第二十二条 中国人民银行及其分支机构通过现场检查及非现场监管等方式对金融控股公司及其董事、监事、高级管理人员执行本规定的情况进行监督检查。

中国人民银行建立和完善金融控股公司董事、监事、高级管理人员管理信息系统。中国人民银行及其分支机构在该系统中记录关于金融控股公司董事、监事、高级管理人员的有关信息,包括但不限于下列内容:

(一)任职备案材料的基本内容及职务变更情况;

(二)受到的刑事处罚、主管部门的行政处罚、行政处分或者纪律处分;

(三)与其相关的风险提示函和监管谈话记录;

(四)被金融管理部门书面认定为不适合担任董事、监事、高级管理人员职务,或者被金融管理部门撤销、取消任职资格的情况;

(五)审计发现的重大问题。

中国人民银行向有关董事、监事、高级管理人员的任免机构或者组织告知上述相关情况。

第二十三条 出现下列情形时,金融控股公司应当自发生之日起 5 个工作日内向中国人民银行及其分支机构书面报告:

(一)停止担任金融控股公司董事、监事、高级管理人员职务的,其书面报告包括免职决定文件、相关会议的决议等材料;

(二)金融控股公司调整高级管理人员职责分工;

(三)董事、监事、高级管理人员在金融控股公司之外的机构兼任职务;

(四)董事、监事、高级管理人员受到刑事处罚、主管部门的行政处罚、行政处分或者纪律处分;

(五)董事、监事、高级管理人员出现不符合任职条件情形。

第二十四条 金融控股公司董事长、高级管理人员离任或者改任的，金融控股公司应当于该人员离任或者改任之日起3个月内向中国人民银行及其分支机构提交离任审计报告。

金融控股公司董事长的离任审计报告应当至少包括对下列情况及其所负领导责任和直接责任的评估结论：

（一）贯彻执行国家法律法规、各项规章制度的情况；

（二）董事会运作是否合法有效；

（三）金融控股公司的风险管理与内部控制是否有效；

（四）金融控股公司是否发生重大案件、重大损失或者重大风险；

（五）被审计对象是否涉及所在金融控股集团的重大关联交易，以及重大关联交易是否依法披露；是否存在受到刑事处罚、主管部门的行政处罚、行政处分或者纪律处分等情形。

金融控股公司高级管理人员的离任审计报告应当至少包括对下列情况及其所负领导责任和直接责任的评估结论：

（一）贯彻执行国家法律法规、各项规章制度的情况；

（二）金融控股公司或者分管部门的经营是否合法合规；

（三）金融控股公司或者分管部门的风险管理与内部控制是否有效；

（四）金融控股公司或者分管部门是否发生重大案件、重大损失或者重大风险；

（五）被审计对象是否涉及所在金融控股集团的重大关联交易，以及重大关联交易是否依法披露；是否存在受到刑事处罚、主管部门的行政处罚、行政处分或者纪律处分等情形。

金融控股公司对董事长、高级管理人员进行年度审计的，董事长、高级管理人员任期内的年度审计报告视为其离任审计报告。上述审计报告应当包含本条前款规定的离任审计报告的基本内容，否则不得作为离任审计报告使用。

第二十五条 金融控股公司出现下列情形之一的，中国人民银行应当要求其改正，并对直接负责的董事、监事、高级管理人员出具风险提示函，进行监管谈话，并要求其就相关事项作出说明：

（一）在股权投资管理、公司治理结构或者内控制度等方面存在重大隐患；

（二）董事、监事、高级管理人员不符合中国人民银行规定的任职条件，未按规定进行任职备案，未按规定履行报告义务，未按规定进行离任审计，违反规定授权其他人员实际行使董事、监事、高级管理人员相关职权，以及未按照中国人民银行的要求调整董事、监事、高级管理人员的；

（三）违反本规定的其他情形。

第二十六条 金融控股公司所控股金融机构出现重大违法违规问题或者重大风险隐患，金融监管部门可以建议中国人民银行对金融控股公司负有直接责任的董事、监事、高级管理人员进行监管谈话；认为其不适宜继续履职的，可以建议中国人民银行要求金融控股公司限期调整。

第五章 附 则

第二十七条 本规定所称近亲属包括配偶、父母、子女、兄弟姐妹、祖父母、外祖父母、孙子女、外孙子女。

第二十八条 本规定由中国人民银行负责解释。

第二十九条 本规定自2021年5月1日起施行。

国有重点金融机构监事会暂行条例

·2000年1月10日国务院第25次常务会议通过
·2000年3月15日中华人民共和国国务院令第282号发布
·自发布之日起施行

第一条 为了健全国有重点金融机构监督机制，加强对国有重点金融机构的监督，根据《中华人民共和国商业银行法》《中华人民共和国保险法》等有关法律的规定，制定本条例。

第二条 本条例所称国有重点金融机构，是指国务院派出监事会的国有政策性银行、商业银行、金融资产管理公司、证券公司、保险公司等（以下简称国有金融机构）。

国务院派出监事会的国有金融机构名单，由国有金融机构监事会管理机构（以下简称监事会管理机构）提出建议，报国务院决定。

第三条 国有金融机构监事会（以下简称监事会）由国务院派出，对国务院负责，代表国家对国有金融机构的资产质量及国有资产保值增值状况实施监督。

第四条 监事会的日常管理工作由监事会管理机构负责。

第五条 监事会以财务监督为核心，根据有关法律、行政法规和财政部的有关规定，对国有金融机构的财务活动及董事、行长(经理)等主要负责人的经营管理行为进行监督,确保国有资产及其权益不受侵犯。

监事会与国有金融机构是监督与被监督的关系,不参与、不干预国有金融机构的经营决策和经营管理活动。

第六条 监事会履行下列职责:

(一)检查国有金融机构贯彻执行国家有关金融、经济的法律、行政法规和规章制度的情况;

(二)检查国有金融机构的财务,查阅其财务会计资料及与其经营管理活动有关的其他资料,验证其财务报告、资金营运报告的真实性、合法性;

(三)检查国有金融机构的经营效益、利润分配、国有资产保值增值、资金营运等情况;

(四)检查国有金融机构的董事、行长(经理)等主要负责人的经营行为,并对其经营管理业绩进行评价,提出奖惩、任免建议。

第七条 监事会一般每年对国有金融机构定期检查两次,并可以根据实际需要不定期地对国有金融机构进行专项检查。

第八条 监事会开展监督检查,可以采取下列方式:

(一)听取国有金融机构主要负责人有关财务、资金状况和经营管理情况的汇报,在国有金融机构召开有关监督检查事项的会议;

(二)查阅国有金融机构的财务报告、会计凭证、会计账簿等财务会计资料以及与经营管理活动有关的其他资料;

(三)核查国有金融机构的财务、资金状况,向职工了解情况,听取意见,必要时要求国有金融机构主要负责人作出说明;

(四)向财政、工商、税务、审计、金融监管等有关部门调查了解国有金融机构的财务状况和经营管理情况。

监事会主席根据监督检查的需要,可以列席或者委派监事会其他成员列席国有金融机构董事会会议和其他有关会议。

第九条 监事会指导国有金融机构的内部审计、稽核、监察等内部监督部门的工作,国有金融机构内部监督部门应当协助监事会履行监督检查职责。

第十条 监事会每次对国有金融机构进行检查后,应当及时作出检查报告。

检查报告的内容包括:财务、资金分析以及经营管理评价;主要负责人的经营管理业绩评价以及奖惩、任免建议;存在问题的处理建议;国务院要求报告或者监事会认为需要报告的其他事项。

监事会不得向国有金融机构透露前款所列检查报告内容。

第十一条 检查报告经监事会成员审核,并征求有关部门意见后,由监事会主席签署,经监事会管理机构报国务院。

监事会成员对检查报告有原则性不同意见的,应当在检查报告中说明。

第十二条 监事会在监督检查中发现国有金融机构的经营行为有可能危及金融安全、造成国有资产流失或者侵害国有资产所有者权益以及监事会认为应当立即报告的其他紧急情况,应当及时向监事会管理机构提出专项报告,也可以直接向国务院报告。

第十三条 国有金融机构应当定期、如实向监事会报送财务报告、资金营运报告,并及时报告重大业务经营活动情况,不得拒绝、隐匿、伪报。

第十四条 监事会根据对国有金融机构进行监督检查的情况,可以建议国务院责成审计署和财政部、中国人民银行、中国证券监督管理委员会、中国保险监督管理委员会依据各自的职权依法对国有金融机构进行审计或者检查。

监事会应当加强同财政部、中国人民银行、中国证券监督管理委员会、中国保险监督管理委员会的联系,相互通报有关情况。

第十五条 监事会由主席1人、监事若干人组成。

监事分为专职监事与兼职监事:从有关部门和单位选任的监事,为专职;监事会中财政部和中国人民银行、中国证券监督管理委员会、中国保险监督管理委员会等派出代表担任的监事,监事会管理机构聘请的经过资格认证的专业会计公司的专家和国有金融机构工作人员的代表担任的监事,为兼职。

监事会可以聘请必要的工作人员。

第十六条 监事会主席人选按照规定程序确定,由国务院任命。监事会主席由副部级国家工作人员担任,为专职,年龄一般在60周岁以下。

专职监事由监事会管理机构任命。专职监事由司(局)、处级国家工作人员担任,年龄一般在55周岁以下。

监事会成员每届任期3年,其中监事会主席和专职监事、派出监事不得在同一国有金融机构监事会连任。

第十七条 监事会主席应当具有较高的政策水平,坚持原则,廉洁自持,熟悉金融工作或者经济工作。

监事会主席履行下列职责:

(一)召集、主持监事会会议;

（二）负责监事会的日常工作；
（三）审定、签署监事会的报告和其他主要文件；
（四）应当由监事会主席履行的其他职责。

第十八条 监事应当具备下列条件：
（一）熟悉并能贯彻执行国家有关金融、经济的法律、行政法规和规章制度；
（二）具有财务、金融、审计或者宏观经济等方面的专业知识，比较熟悉金融机构经营管理工作；
（三）坚持原则，廉洁自持，忠于职守；
（四）具有较强的综合分析和判断能力，并具备独立工作能力。

第十九条 监事会主席和专职监事、派出监事、专家监事实行回避原则，不得在其曾经工作过的或者其近亲属担任高级管理职务的国有金融机构的监事会中任职。

第二十条 监事会开展监督检查工作所需费用由国家财政拨付，由监事会管理机构统一列支。

第二十一条 监事会成员不得接受国有金融机构的任何馈赠，不得参加国有金融机构安排、组织或者支付费用的宴请、娱乐、旅游、出访等活动，不得在国有金融机构中为自己、亲友或者其他人谋取私利。

监事会主席和专职监事、派出监事、专家监事不得接受国有金融机构的任何报酬或者福利待遇，不得在国有金融机构报销任何费用。

第二十二条 监事会成员必须对检查报告内容保密，并不得泄露国有金融机构的商业秘密。

第二十三条 监事会成员在监督检查工作中成绩突出，为维护国家利益做出重要贡献的，给予奖励。

第二十四条 监事会成员有下列行为之一的，依法给予行政处分或者纪律处分；构成犯罪的，依法追究刑事责任：
（一）对国有金融机构的重大违法违纪问题隐匿不报或者严重失职的；
（二）与国有金融机构串通编造虚假报告的；
（三）有违反本条例第二十一条、第二十二条所列行为的。

第二十五条 国有金融机构有下列行为之一的，对直接负责的主管人员和其他直接责任人员依法给予纪律处分，直至撤销职务；构成犯罪的，依法追究刑事责任：
（一）拒绝、阻碍监事会依法履行职责的；
（二）拒绝、无故拖延向监事会提供财务状况和经营管理情况等有关资料的；

（三）隐匿、伪报有关资料的；
（四）有阻碍监事会监督检查的其他行为的。

第二十六条 国有金融机构发现监事会成员有违反本条例第二十一条、第二十二条所列行为时，有权向监事会管理机构报告，也可以直接向国务院报告。

第二十七条 本条例自发布之日起施行。1997年10月20日国务院批准、1997年11月12日中国人民银行发布的《国有独资商业银行监事会暂行规定》同时废止。

商业银行股权管理暂行办法

· 2018年1月5日中国银行业监督管理委员会令2018年第1号公布
· 自公布之日起施行

第一章 总 则

第一条 为加强商业银行股权管理，规范商业银行股东行为，保护商业银行、存款人和其他客户的合法权益，维护股东的合法利益，促进商业银行持续健康发展，根据《中华人民共和国公司法》《中华人民共和国银行业监督管理法》《中华人民共和国商业银行法》等法律法规，制定本办法。

第二条 本办法适用于中华人民共和国境内依法设立的商业银行。法律法规对外资银行变更股东或调整股东持股比例另有规定的，从其规定。

第三条 商业银行股权管理应当遵循分类管理、资质优良、关系清晰、权责明确、公开透明原则。

第四条 投资人及其关联方、一致行动人单独或合计拟首次持有或累计增持商业银行资本总额或股份总额百分之五以上的，应当事先报银监会或其派出机构核准。对通过境内外证券市场拟持有商业银行股份总额百分之五以上的行政许可批复，有效期为六个月。审批的具体要求和程序按照银监会相关规定执行。

投资人及其关联方、一致行动人单独或合计持有商业银行资本总额或股份总额百分之一以上、百分之五以下的，应当在取得相应股权后十个工作日内向银监会或其派出机构报告。报告的具体要求和程序，由银监会另行规定。

第五条 商业银行股东应当具有良好的社会声誉、诚信记录、纳税记录和财务状况，符合法律法规规定和监管要求。

第六条 商业银行的股东及其控股股东、实际控制人、关联方、一致行动人、最终受益人等各方关系应当清晰透明。

股东与其关联方、一致行动人的持股比例合并计算。

第七条 商业银行股东应当遵守法律法规、监管规定和公司章程，依法行使股东权利，履行法定义务。

商业银行应当加强对股权事务的管理，完善公司治理结构。

银监会及其派出机构依法对商业银行股权进行监管，对商业银行及其股东等单位和人员的相关违法违规行为进行查处。

第八条 商业银行及其股东应当根据法律法规和监管要求，充分披露相关信息，接受社会监督。

第九条 商业银行、银监会及其派出机构应当加强对商业银行主要股东的管理。

商业银行主要股东是指持有或控制商业银行百分之五以上股份或表决权，或持有资本总额或股份总额不足百分之五但对商业银行经营管理有重大影响的股东。

前款中的"重大影响"，包括但不限于向商业银行派驻董事、监事或高级管理人员，通过协议或其他方式影响商业银行的财务和经营管理决策以及银监会或其派出机构认定的其他情形。

第二章 股东责任

第十条 商业银行股东应当严格按照法律法规和银监会规定履行出资义务。

商业银行股东应当使用自有资金入股商业银行，且确保资金来源合法，不得以委托资金、债务资金等非自有资金入股，法律法规另有规定的除外。

第十一条 主要股东入股商业银行时，应当书面承诺遵守法律法规、监管规定和公司章程，并就入股商业银行的目的作出说明。

第十二条 商业银行股东不得委托他人或接受他人委托持有商业银行股权。

商业银行主要股东应当逐层说明其股权结构直至实际控制人、最终受益人，以及其与其他股东的关联关系或者一致行动关系。

第十三条 商业银行股东转让所持有的商业银行股权，应当告知受让方需符合法律法规和银监会规定的条件。

第十四条 同一投资人及其关联方、一致行动人作为主要股东参股商业银行的数量不得超过2家，或控股商业银行的数量不得超过1家。

根据国务院授权持有商业银行股权的投资主体、银行业金融机构，法律法规另有规定的主体入股商业银行，以及投资人经银监会批准并购重组高风险商业银行，不受本条前款规定限制。

第十五条 同一投资人及其关联方、一致行动人入股商业银行应当遵守银监会规定的持股比例要求。

第十六条 商业银行主要股东及其控股股东、实际控制人不得存在下列情形：

（一）被列为相关部门失信联合惩戒对象；

（二）存在严重逃废银行债务行为；

（三）提供虚假材料或者作不实声明；

（四）对商业银行经营失败或重大违法违规行为负有重大责任；

（五）拒绝或阻碍银监会或其派出机构依法实施监管；

（六）因违法违规行为被金融监管部门或政府有关部门查处，造成恶劣影响；

（七）其他可能对商业银行经营管理产生不利影响的情形。

第十七条 商业银行主要股东自取得股权之日起五年内不得转让所持有的股权。

经银监会或其派出机构批准采取风险处置措施、银监会或其派出机构责令转让、涉及司法强制执行或者在同一投资人控制的不同主体之间转让股权等特殊情形除外。

第十八条 商业银行主要股东应当严格按照法律法规、监管规定和公司章程行使出资人权利，履行出资人义务，不得滥用股东权利干预或利用其影响力干预董事会、高级管理层根据公司章程享有的决策权和管理权，不得越过董事会和高级管理层直接干预或利用影响力干预商业银行经营管理，进行利益输送，或以其他方式损害存款人、商业银行以及其他股东的合法权益。

第十九条 商业银行主要股东应当根据监管规定书面承诺在必要时向商业银行补充资本，并通过商业银行每年向银监会或其派出机构报告资本补充能力。

第二十条 商业银行主要股东应当建立有效的风险隔离机制，防止风险在股东、商业银行以及其他关联机构之间传染和转移。

第二十一条 商业银行主要股东应当对其与商业银行和其他关联机构之间董事会成员、监事会成员和高级管理人员的交叉任职进行有效管理，防范利益冲突。

第二十二条 商业银行股东应当遵守法律法规和银监会关于关联交易的相关规定，不得与商业银行进行不当的关联交易，不得利用其对商业银行经营管理的影响力获取不正当利益。

第二十三条 商业银行股东质押其持有的商业银行股权的，应当遵守法律法规和银监会关于商业银行股权质押的相关规定，不得损害其他股东和商业银行的利益。

第二十四条 商业银行发生重大风险事件或重大违法违规行为，被银监会或其派出机构采取风险处置或接管等措施的，股东应当积极配合银监会或其派出机构开展风险处置等工作。

第二十五条 金融产品可以持有上市商业银行股份，但单一投资人、发行人或管理人及其实际控制人、关联方、一致行动人控制的金融产品持有同一商业银行股份合计不得超过该商业银行股份总额的百分之五。

商业银行主要股东不得以发行、管理或通过其他手段控制的金融产品持有该商业银行股份。

第三章 商业银行职责

第二十六条 商业银行董事会应当勤勉尽责，并承担股权事务管理的最终责任。

商业银行董事长是处理商业银行股权事务的第一责任人。董事会秘书协助董事长工作，是处理股权事务的直接责任人。

董事长和董事会秘书应当忠实、诚信、勤勉地履行职责。履职未尽责的，依法承担法律责任。

第二十七条 商业银行应当建立和完善股权信息管理系统和股权管理制度，做好股权信息登记、关联交易管理和信息披露等工作。

商业银行应当加强与股东及投资者的沟通，并负责与股权事务相关的行政许可申请、股东信息和相关事项报告及资料报送等工作。

第二十八条 商业银行应当将关于股东管理的相关监管要求、股东的权利义务等写入公司章程，在公司章程中载明下列内容：

（一）股东应当遵守法律法规和监管规定；

（二）主要股东应当在必要时向商业银行补充资本；

（三）应经但未经监管部门批准或未向监管部门报告的股东，不得行使股东大会召开请求权、表决权、提名权、提案权、处分权等权利；

（四）对于存在虚假陈述、滥用股东权利或其他损害商业银行利益行为的股东，银监会或其派出机构可以限制或禁止商业银行与其开展关联交易，限制其持有商业银行股权的限额、股权质押比例等，并可限制其股东大会召开请求权、表决权、提名权、提案权、处分权等权利。

第二十九条 商业银行应当加强对股东资质的审查，对主要股东及其控股股东、实际控制人、关联方、一致行动人、最终受益人信息进行核实并掌握其变动情况，就股东对商业银行经营管理的影响进行判断，依法及时、准确、完整地报告或披露相关信息。

第三十条 商业银行董事会应当至少每年对主要股东资质情况、履行承诺事项情况、落实公司章程或协议条款情况以及遵守法律法规、监管规定情况进行评估，并及时将评估报告报送银监会或其派出机构。

第三十一条 商业银行应当建立股权托管制度，将股权在符合要求的托管机构进行集中托管。托管的具体要求由银监会另行规定。

第三十二条 商业银行应当加强关联交易管理，准确识别关联方，严格落实关联交易审批制度和信息披露制度，及时向银监会或其派出机构报告关联交易情况。

商业银行应当按照穿透原则将主要股东及其控股股东、实际控制人、关联方、一致行动人、最终受益人作为自身的关联方进行管理。

第三十三条 商业银行对主要股东或其控股股东、实际控制人、关联方、一致行动人、最终受益人等单个主体的授信余额不得超过商业银行资本净额的百分之十。商业银行对单个主要股东及其控股股东、实际控制人、关联方、一致行动人、最终受益人的合计授信余额不得超过商业银行资本净额的百分之十五。

前款中的授信，包括贷款（含贸易融资）、票据承兑和贴现、透支、债券投资、特定目的载体投资、开立信用证、保理、担保、贷款承诺，以及其他实质上由商业银行或商业银行发行的理财产品承担信用风险的业务。其中，商业银行应当按照穿透原则确认最终债务人。

商业银行的主要股东或其控股股东、实际控制人、关联方、一致行动人、最终受益人等为金融机构的，商业银行与其开展同业业务时，应当遵守法律法规和相关监管部门关于同业业务的相关规定。

第三十四条 商业银行与主要股东或其控股股东、实际控制人、关联方、一致行动人、最终受益人发生自用动产与不动产买卖或租赁；信贷资产买卖；抵债资产的接收和处置；信用增值、信用评估、资产评估、法律、信息、技术和基础设施等服务交易；委托或受托销售以及其他交易的，应当遵守法律法规和银监会有关规定，并按照商业原则进行，不应优于对非关联方同类交易条件，防止风险传染和利益输送。

第三十五条　商业银行应当加强对股权质押和解押的管理，在股东名册上记载质押相关信息，并及时协助股东向有关机构办理出质登记。

第四章　信息披露

第三十六条　商业银行主要股东应当及时、准确、完整地向商业银行报告以下信息：

（一）自身经营状况、财务信息、股权结构；

（二）入股商业银行的资金来源；

（三）控股股东、实际控制人、关联方、一致行动人、最终受益人及其变动情况；

（四）所持商业银行股权被采取诉讼保全措施或者被强制执行；

（五）所持商业银行股权被质押或者解押；

（六）名称变更；

（七）合并、分立；

（八）被采取责令停业整顿、指定托管、接管或撤销等监管措施，或者进入解散、破产、清算程序；

（九）其他可能影响股东资质条件变化或导致所持商业银行股权发生变化的情况。

第三十七条　商业银行应当通过半年报或年报在官方网站等渠道真实、准确、完整地披露商业银行股权信息，披露内容包括：

（一）报告期末股票、股东总数及报告期间股票变动情况；

（二）报告期末公司前十大股东持股情况；

（三）报告期末主要股东及其控股股东、实际控制人、关联方、一致行动人、最终受益人情况；

（四）报告期内与主要股东及其控股股东、实际控制人、关联方、一致行动人、最终受益人关联交易情况；

（五）主要股东出质银行股权情况；

（六）股东提名董事、监事情况；

（七）银监会规定的其他信息。

第三十八条　主要股东相关信息可能影响股东资质条件发生重大变化或导致所持商业银行股权发生重大变化的，商业银行应及时进行信息披露。

第三十九条　对于应当报请银监会或其派出机构批准但尚未获得批准的股权事项，商业银行在信息披露时应当作出说明。

第五章　监督管理

第四十条　银监会及其派出机构应当加强对商业银行股东的穿透监管，加强对主要股东及其控股股东、实际控制人、关联方、一致行动人及最终受益人的审查、识别和认定。商业银行主要股东及其控股股东、实际控制人、关联方、一致行动人及最终受益人，以银监会或其派出机构认定为准。

银监会及其派出机构有权采取下列措施，了解商业银行股东及其控股股东、实际控制人、关联方、一致行动人及最终受益人信息：

（一）要求股东逐层披露其股东、实际控制人、关联方、一致行动人及最终受益人；

（二）要求股东报送资产负债表、利润表和其他财务会计报告和统计报表、公司发展战略和经营管理材料以及注册会计师出具的审计报告；

（三）要求股东及相关人员对有关事项作出解释说明；

（四）询问股东及相关人员；

（五）实地走访或调查股东经营情况；

（六）银监会及其派出机构认为可以采取的其他监管措施。

对与涉嫌违法事项有关的商业银行股东及其控股股东、实际控制人、关联方、一致行动人及最终受益人，银监会及其派出机构有权依法查阅、复制有关财务会计、财产权登记等文件、资料；对可能被转移、隐匿、毁损或者伪造的文件、资料，予以先行登记保存。

第四十一条　银监会及其派出机构有权要求商业银行在公司章程中载明股东权利和义务，以及股东应当遵守和执行监管规定和监管要求的内容；有权要求商业银行或股东就其提供的有关资质条件、关联关系或入股资金等信息的真实性作出声明，并承诺承担因提供虚假信息或不实声明造成的后果。

第四十二条　银监会及其派出机构有权评估商业银行主要股东及其控股股东、实际控制人、关联方、一致行动人、最终受益人的经营活动，以判断其对商业银行和银行集团安全稳健运行的影响。

第四十三条　银监会及其派出机构有权根据商业银行与股东关联交易的风险状况，要求商业银行降低对一个或一个以上直至全部股东及其控股股东、实际控制人、关联方、一致行动人、最终受益人授信余额占其资本净额的比例，限制或禁止商业银行与一个或一个以上直至全部股东及其控股股东、实际控制人、关联方、一致行动人、最终受益人开展交易。

第四十四条　银监会及其派出机构根据审慎监管的需要，有权限制同一股东及其关联方、一致行动人入股商业银行的数量、持有商业银行股权的限额、股权质押比例等。

第四十五条 银监会及其派出机构应当建立股东动态监测机制，至少每年对商业银行主要股东的资质条件、执行公司章程情况和承诺情况、行使股东权利和义务、落实法律法规和监管规定情况进行评估。

银监会及其派出机构应当将评估工作纳入日常监管，并视情形采取限期整改等监管措施。

第四十六条 商业银行主要股东为金融机构的，银监会及其派出机构应当与该金融机构的监管机构建立有效的信息交流和共享机制。

第四十七条 商业银行在股权管理过程中存在下列情形之一的，银监会或其派出机构应当责令限期改正；逾期未改正，或者其行为严重危及该商业银行的稳健运行、损害存款人和其他客户合法权益的，经银监会或其省一级派出机构负责人批准，可以区别情形，按照《中华人民共和国银行业监督管理法》第三十七条规定，采取相应的监管措施：

（一）未按要求及时申请审批或报告的；
（二）提供虚假的或者隐瞒重要事实的报表、报告等文件、资料的；
（三）未按规定制定公司章程，明确股东权利义务的；
（四）未按规定进行股权托管的；
（五）未按规定进行信息披露的；
（六）未按规定开展关联交易的；
（七）未按规定进行股权质押管理的；
（八）拒绝或阻碍监管部门进行调查核实的；
（九）其他违反股权管理相关要求的。

第四十八条 商业银行股东或其控股股东、实际控制人、关联方、一致行动人、最终受益人等存在下列情形，造成商业银行违反审慎经营规则的，银监会或其派出机构根据《中华人民共和国银行业监督管理法》第三十七条规定，可以责令商业银行控股股东转让股权；限制商业银行股东参与经营管理的相关权利，包括股东大会召开请求权、表决权、提名权、提案权、处分权等：

（一）虚假出资、出资不实、抽逃出资或者变相抽逃出资的；
（二）违规使用委托资金、债务资金或其他非自有资金投资入股的；
（三）违规进行股权代持的；
（四）未按规定进行报告的；
（五）拒绝向商业银行、银监会或其派出机构提供文件材料或提供虚假文件材料、隐瞒重要信息以及迟延提供相关文件材料的；
（六）违反承诺或公司章程的；
（七）主要股东或其控股股东、实际控制人不符合本办法规定的监管要求的；
（八）违规开展关联交易的；
（九）违规进行股权质押的；
（十）拒绝或阻碍银监会或其派出机构进行调查核实的；
（十一）不配合银监会或其派出机构开展风险处置的；
（十二）其他滥用股东权利或不履行股东义务，损害商业银行、存款人或其他股东利益的。

第四十九条 商业银行未遵守本办法规定进行股权管理的，银监会或其派出机构可以调整该商业银行公司治理评价结果或监管评级。

商业银行董事会成员在履职过程中未就股权管理方面的违法违规行为提出异议的，最近一次履职评价不得评为称职。

第五十条 银监会及其派出机构建立商业银行股权管理和股东行为不良记录数据库，通过全国信用信息共享平台与相关部门或政府机构共享信息。

对于存在违法违规行为且拒不改正的股东，银监会及其派出机构可以单独或会同相关部门和单位予以联合惩戒，可通报、公开谴责、禁止其一定期限直至终身入股商业银行。

第六章 法律责任

第五十一条 商业银行未按要求对股东及其控股股东、实际控制人、关联方、一致行动人、最终受益人信息进行审查、审核或披露的，由银监会或其派出机构按照《中华人民共和国银行业监督管理法》第四十六条、第四十八条的规定，责令改正，并处二十万元以上五十万元以下罚款；对负有责任的董事长、董事会秘书和其他相关责任人员给予警告，处五万元以上五十万元以下罚款。

第五十二条 商业银行存在本办法第四十七条规定的情形之一，情节较为严重的，由银监会或其派出机构按照《中华人民共和国银行业监督管理法》第四十六条、第四十七条、第四十八条规定，处二十万元以上五十万元以下罚款；情节特别严重或者逾期不改正的，可以责令停业整顿或者吊销其经营许可证。对负有责任的董事长、董事会秘书和其他相关责任人员给予警告，处五万元以上五十万元以下罚款,情节严重的,取消其董事和高管任职资格。

第五十三条 投资人未经批准持有商业银行资本总额或股份总额百分之五以上的,由银监会或其派出机构按照《中华人民共和国商业银行法》第七十九条规定,责令改正,有违法所得的,没收违法所得,违法所得五万元以上的,并处违法所得一倍以上五倍以下罚款;没有违法所得或违法所得不足五万元的,处五万元以上五十万元以下罚款。

第五十四条 商业银行股东或其控股股东、实际控制人、关联方、一致行动人、最终受益人等以隐瞒、欺骗等不正当手段获得批准持有商业银行资本总额或股份总额百分之五以上的,由银监会或其派出机构按照《中华人民共和国行政许可法》的规定,对相关行政许可予以撤销。

第七章 附 则

第五十五条 本办法所称"以上"均含本数,"以下""不足"不含本数。

第五十六条 本办法中下列用语的含义:

(一)控股股东,是指根据《中华人民共和国公司法》第二百一十六条规定,其出资额占有限责任公司资本总额百分之五十以上或者其持有的股份占股份有限公司股本总额百分之五十以上的股东;出资额或者持有股份的比例虽然不足百分之五十,但依其出资额或者持有的股份所享有的表决权已足以对股东会、股东大会的决议产生重大影响的股东。

(二)实际控制人,是指根据《中华人民共和国公司法》第二百一十六条规定,虽不是公司的股东,但通过投资关系、协议或者其他安排,能够实际支配公司行为的人。

(三)关联方,是指根据《企业会计准则第36号关联方披露》规定,一方控制、共同控制另一方或对另一方施加重大影响,以及两方或两方以上同受一方控制、共同控制或重大影响的。但国家控制的企业之间不仅因为同受国家控股而具有关联关系。

(四)一致行动,是指投资者通过协议、其他安排,与其他投资者共同扩大其所能够支配的一个公司股份表决权数量的行为或者事实。达成一致行动的相关投资者,为一致行动人。

(五)最终受益人,是指实际享有商业银行股权收益的人。

第五十七条 在中华人民共和国境内依法设立的农村合作银行、农村信用社、贷款公司、农村资金互助社、金融资产管理公司、信托公司、企业集团财务公司、金融租赁公司、汽车金融公司、货币经纪公司、消费金融公司以及经银监会批准设立的其他金融机构,参照适用本办法,银监会另有规定的从其规定。

第五十八条 本办法由银监会负责解释。

第五十九条 本办法自公布之日起施行。本办法施行前,银监会有关商业银行股权管理的规定与本办法不一致的,按照本办法执行。

商业银行股权托管办法

- 2019年7月12日中国银行保险监督管理委员会令2019年第2号公布
- 自公布之日起施行

第一章 总 则

第一条 为规范商业银行股权托管,加强股权管理,提高股权透明度,根据《中华人民共和国银行业监督管理法》《中华人民共和国商业银行法》,制定本办法。

第二条 中华人民共和国境内依法设立的商业银行进行股权托管,适用本办法。法律法规对商业银行股权托管另有规定的,从其规定。

第三条 本办法所称股权托管是指商业银行与托管机构签订服务协议,委托其管理商业银行股东名册,记载股权信息,以及代为处理相关股权管理事务。

第四条 股票在证券交易所或国务院批准的其他证券交易场所上市交易,或在全国中小企业股份转让系统挂牌的商业银行,按照法律、行政法规规定股权需集中存管到法定证券登记结算机构的,股权托管工作按照相应的规定进行;其他商业银行应选择符合本办法规定条件的托管机构托管其股权,银保监会另有规定的除外。

第五条 托管机构应当按照与商业银行签订的服务协议,为商业银行提供安全高效的股权托管服务,向银保监会及其派出机构报送商业银行股权信息。

第六条 银保监会及其派出机构依法对商业银行的股权托管活动进行监督管理。

第二章 商业银行股权的托管

第七条 商业银行应委托依法设立的证券登记结算机构、符合下列条件的区域性股权市场运营机构或其他股权托管机构管理其股权事务:

(一)在中国境内依法设立的企业法人,拥有不少于两年的登记托管业务经验(区域性股权市场运营机构除外);

（二）具有提供股权托管服务所必须的场所和设施，具有便捷的服务网点或者符合安全要求的线上服务能力；

（三）具有熟悉商业银行股权管理法律法规以及相关监管规定的管理人员；

（四）具有健全的业务管理制度、风险防范措施和保密管理制度；

（五）具有完善的信息系统，能够保证股权信息在传输、处理、存储过程中的安全性，具有灾备能力；

（六）具备向银保监会及其派出机构报送信息和相关资料的条件与能力；

（七）能够妥善保管业务资料，原始凭证及有关文件和资料的保存期限不得少于二十年；

（八）与商业银行股权托管业务有关的业务规则、主要收费项目和收费标准公开、透明、公允；

（九）最近两年无严重违法违规行为或发生重大负面案件；

（十）银保监会认为应当具备的其他条件。

第八条 商业银行选择的股权托管机构应具备完善的信息系统，信息系统应符合以下要求：

（一）能够完整支持托管机构按照本办法规定提供各项股权托管服务，系统服务能力应能满足银行股权托管业务的实际需要；

（二）股权托管业务使用的服务器和存储设备应自主维护、管理；

（三）系统安全稳定运行，未出现重大故障且未发现重大安全隐患；

（四）业务连续性应能满足银行股权管理的连续性要求，具有能够全面接管业务并能独立运行的灾备系统；

（五）能够保留完整的系统操作记录和业务历史信息，并配合银保监会及其派出机构的检查；

（六）能够支持按照本办法的要求和银保监会制定的数据标准报送银行股权托管信息。

第九条 商业银行选择的托管机构应对处理商业银行股权事务过程中所获取的数据和资料予以保密。

第十条 商业银行应当与托管机构签订服务协议，明确双方的权利义务。服务协议应当至少包括以下内容：

（一）商业银行应向托管机构完整、及时、准确地提供股东名册、股东信息以及股权变动、质押、冻结等情况和相关资料；

（二）托管机构承诺勤勉尽责地管理股东名册，记载股权的变动、质押、冻结等状态，采取措施保障数据记载准确无误，并按照约定向商业银行及时反馈；

（三）托管机构承诺对在办理托管事务过程中所获取的商业银行股权信息予以保密，服务协议终止后仍履行保密义务；

（四）商业银行与托管机构应约定股权事务办理流程，明确双方职责；

（五）托管机构承诺按照监管要求向银保监会报送相关信息；

（六）商业银行股权变更按照规定需要经银保监会或其派出机构审批而未提供相应批准文件的，托管机构应拒绝办理业务，并及时向银保监会或其派出机构报告；

（七）有下列情形之一的，托管机构应向银保监会或其派出机构报告：

1. 托管机构发现商业银行股权活动违法违规的；

2. 托管机构发现商业银行股东不符合资质的；

3. 因商业银行原因造成托管机构无法履行托管职责的；

4. 银保监会要求报告的其他情况。

（八）如托管机构不符合本办法规定的相关要求，或因自身不当行为被银保监会或其派出机构责令更换或列入黑名单，商业银行解除服务协议的，相应的责任由托管机构承担。

商业银行在本办法发布前已与托管机构签订服务协议，且服务协议不符合本办法要求的，需与托管机构签订补充协议，并将上述要求体现于补充协议中。

第十一条 商业银行应当自与托管机构签订服务协议之日起五个工作日内向银保监会或其派出机构报告。报告材料应包括与托管机构签订的服务协议以及托管机构符合本办法第七条、第八条所规定资质条件的说明性文件等。

商业银行与托管机构重新签订、修改或者补充服务协议的，需重新向银保监会或其派出机构报告。

第十二条 商业银行应当在签订服务协议后，向托管机构及时提交股东名册及其他相关资料。商业银行选择的托管机构，应能够按照服务协议和本办法的要求办理商业银行股东名册的初始登记。

第十三条 商业银行选择的托管机构，应能在商业银行股权发生变更时，按照服务协议和本办法的要求办理商业银行股东名册的变更登记。商业银行股权被质押、锁定、冻结的，托管机构应当在股东名册上加以标记。

商业银行选择的托管机构，在办理商业银行股权质押登记时，应符合工商管理部门的相关要求。

第十四条　商业银行可以委托托管机构代为处理以下股权管理事务：

（一）为商业银行及商业银行股东提供股权信息的查询服务；

（二）办理股权凭证的发放、挂失、补办，出具股权证明文件等；

（三）商业银行的权益分派等；

（四）其他符合法律法规要求的股权事务。

第十五条　有下列情形之一的，商业银行应及时更换托管机构：

（一）因在合法交易场所上市或挂牌，按照法律法规规定必须到其他机构登记存管股权的；

（二）托管机构法人主体资格消亡，或者发生合并重组，且新的主体不符合本办法规定的资质条件的；

（三）托管机构违反服务协议，对商业银行和商业银行股东的利益造成损害的；

（四）托管机构被银保监会列入黑名单的；

（五）银保监会或其派出机构认为应更换托管机构的其他情形。

发生前款规定情形的，托管机构应当妥善保管商业银行股权信息，并根据商业银行要求向更换后的托管机构移交相关信息及资料。

第三章　监督管理

第十六条　商业银行有下列情形之一的，银保监会或其派出机构应当责令限期改正；逾期未改正的，银保监会或其派出机构可以区别情形，按照《中华人民共和国银行业监督管理法》第三十七条的规定采取相应的监管措施；情节严重的，可根据《中华人民共和国银行业监督管理法》第四十六条、第四十八条的规定实施行政处罚：

（一）未按照本办法要求进行股权托管的；

（二）向托管机构提供虚假信息的；

（三）股权变更按照规定应当经银保监会或其派出机构审批，未经批准仍向托管机构报送股权变更信息的；

（四）不履行服务协议规定，造成托管机构无法正常履行协议的；

（五）银保监会责令更换托管机构，拒不执行的；

（六）其他违反股权托管相关监管要求的。

第十七条　托管机构有下列情形之一的，银保监会或其派出机构可责令商业银行更换托管机构：

（一）不符合本办法第七条、第八条规定的资质条件；

（二）服务协议不符合本办法第十条规定和其他监管要求；

（三）股权变更按照规定应当经银保监会或其派出机构审批，未见批复材料仍为商业银行或商业银行股东办理股权变更；

（四）办理商业银行股权信息登记时未尽合理的审查义务，致使商业银行股权信息登记发生重大漏报、瞒报和错报；

（五）未妥善履行保密义务，造成商业银行股权信息泄露；

（六）未按照本办法和服务协议要求向银保监会或其派出机构提供信息或报告；

（七）银保监会或其派出机构认为应更换托管机构的其他情形。

第十八条　银保监会建立托管机构黑名单制度，通过全国信用信息共享平台与相关部门或政府机构共享信息。

第四章　附　则

第十九条　在中华人民共和国境内依法设立的其他银行业金融机构，参照适用本办法。银保监会另有规定的，从其规定。

第二十条　本办法由银保监会负责解释。

第二十一条　本办法自公布之日起施行。

中国银监会办公厅关于规范商业银行股东报告事项的通知

· 2018年2月28日
· 银监办发〔2018〕49号

各银监局，各大型银行、股份制银行，邮储银行：

为贯彻落实《商业银行股权管理暂行办法》（银监会令2018年第1号）关于股东报告事项的相关规定，现就有关事项通知如下：

一、报告范围和要求

商业银行股东及其关联方、一致行动人单独或合计持有商业银行资本总额或股份总额百分之一以上、百分之五以下（"以上"含本数，"以下"不含本数，下同）的，应当在取得相应股权后十个工作日内通过商业银行向银监会或其派出机构报告。上市商业银行股东应当在知道或应知道单独或合计持有商业银行股份总额百分之一以上、百分之五以下之日起十个工作日内通过商业银行向银监会或其派出机构报告。

二、报告材料目录

（一）关于股东基本信息和证明材料。基本登记信息、行业信息、经营状况、财务信息、企业状态等，是否被采取停业整顿、指定托管、接管或撤销等措施，或者进入解散、破产、清算程序。

（二）关于股东穿透信息和证明材料。股权结构，逐层说明直至实际控制人、最终受益人，披露股东真实背景，说明持股真实目的。

（三）关于股东入股信息和证明材料。入股时间、入股价格、入股比例、入股资金来源；股东及其关联方、一致行动人入股商业银行或其他金融机构的情况（包括所持股份与股份比例）。

（四）关联交易信息。股东的控股股东、实际控制人、关联方、一致行动人、最终受益人，以及股东集团与商业银行关联交易信息。

（五）股权状态信息。股东单独或合并持有的商业银行资本或股份是否被质押或冻结，是否被采取诉讼保全措施或被强制执行。

（六）股东负面信息。可能对商业银行经营管理产生不利影响的各类情形。

（七）股东履约情况。股东履行承诺事项，落实商业银行公司章程或协议条款以及遵守法律法规、监管规定的情况。

（八）股东主动承诺。股东承诺所提供的证明文件和材料真实、有效、完整、准确，保证不存在虚假记录或重大遗漏。

三、重点关注事项

（一）股东是否使用自有资金入股商业银行，且资金来源合法。

（二）股东是否存在委托他人或接受他人委托持有商业银行股权的情况。

（三）股东及其关联方、一致行动人作为主要股东入股商业银行的数量是否符合规定。

（四）股东作为主要股东的，股东及其控股股东、实际控制人是否存在《商业银行股权管理暂行办法》第十六条规定的不适宜担任商业银行主要股东及其控股股东、实际控制人的相关情形。

（五）股东是否真实、准确、完整地向商业银行、银监会或其派出机构提供文件材料。

（六）股东是否遵守承诺、公司章程以及监管规定。

（七）股东及其控股股东、实际控制人、关联方、一致行动人、最终受益人与商业银行开展关联交易的，是否依法合规，交易价格是否公允，交易条件是否优于其他交易。

（八）股东进行股权质押的，是否依法合规。

（九）其他对商业银行经营管理有重大影响的事项。

四、报告流程

国有商业银行、邮政储蓄银行、股份制商业银行有关股东信息的报告，由银监会接收。

城市商业银行、农村商业银行、村镇银行关于股东信息的报告，由所在城市银监局或银监分局接收。

五、证券市场投资者特别规定

自然人、金融产品等投资主体及其关联方、一致行动人单独或合计通过证券市场购买上市商业银行股份总额百分之一以上、百分之五以下的，参照本通知有关报告材料目录和重点关注事项的相关规定进行报告。

商业银行理财子公司管理办法

· 2018 年 12 月 2 日中国银行保险监督管理委员会令 2018 年第 7 号公布
· 自公布之日起施行

第一章 总 则

第一条 为加强对商业银行理财子公司的监督管理，依法保护投资者合法权益，根据《中华人民共和国银行业监督管理法》等法律、行政法规以及《关于规范金融机构资产管理业务的指导意见》（以下简称《指导意见》）、《商业银行理财业务监督管理办法》（以下简称《理财业务管理办法》），制定本办法。

第二条 本办法所称银行理财子公司是指商业银行经国务院银行业监督管理机构批准，在中华人民共和国境内设立的主要从事理财业务的非银行金融机构。

本办法所称理财业务是指银行理财子公司接受投资者委托，按照与投资者事先约定的投资策略、风险承担和收益分配方式，对受托的投资者财产进行投资和管理的金融服务。

第三条 银行理财子公司开展理财业务，应当诚实守信、勤勉尽职地履行受人之托、代人理财职责，遵守成本可算、风险可控、信息充分披露的原则，严格遵守投资者适当性管理要求，保护投资者合法权益。

第四条 银行业监督管理机构依法对银行理财子公司及其业务活动实施监督管理。

银行业监督管理机构应当与其他金融管理部门加强监管协调和信息共享，防范跨市场风险。

第二章 设立、变更与终止

第五条 设立银行理财子公司,应当采取有限责任公司或者股份有限公司形式。银行理财子公司名称一般为"字号+理财+组织形式"。未经国务院银行业监督管理机构批准,任何单位不得在其名称中使用"理财有限责任公司"或"理财股份有限公司"字样。

第六条 银行理财子公司应当具备下列条件:

(一)具有符合《中华人民共和国公司法》和国务院银行业监督管理机构规章规定的章程;

(二)具有符合规定条件的股东;

(三)具有符合本办法规定的最低注册资本;

(四)具有符合任职资格条件的董事、高级管理人员,并具备充足的从事研究、投资、估值、风险管理等理财业务岗位的合格从业人员;

(五)建立有效的公司治理、内部控制和风险管理体系,具备支持理财产品单独管理、单独建账和单独核算等业务管理的信息系统,具备保障信息系统有效安全运行的技术与措施;

(六)具有与业务经营相适应的营业场所、安全防范措施和其他设施;

(七)国务院银行业监督管理机构规章规定的其他审慎性条件。

第七条 银行理财子公司应当由在中华人民共和国境内注册成立的商业银行作为控股股东发起设立。作为控股股东的商业银行应当符合以下条件:

(一)具有良好的公司治理结构、内部控制机制和健全的风险管理体系;

(二)主要审慎监管指标符合监管要求;

(三)财务状况良好,最近3个会计年度连续盈利;

(四)监管评级良好,最近2年内无重大违法违规行为,已采取有效整改措施并经国务院银行业监督管理机构认可的除外;

(五)银行理财业务经营规范稳健;

(六)设立理财业务专营部门,对理财业务实行集中统一经营管理;理财业务专营部门连续运营3年以上,具有前中后台相互分离、职责明确、有效制衡的组织架构;

(七)具有明确的银行理财子公司发展战略和业务规划;

(八)入股资金为自有资金,不得以债务资金和委托资金等非自有资金入股;

(九)在银行理财子公司章程中承诺5年内不转让所持有的股权,不将所持有的股权进行质押或设立信托,经国务院银行业监督管理机构批准的除外;

(十)国务院银行业监督管理机构规章规定的其他审慎性条件。

第八条 境内外金融机构作为银行理财子公司股东的,应当具备以下条件:

(一)具有良好的公司治理结构;

(二)具有良好的社会声誉、诚信记录和纳税记录;

(三)经营管理良好,最近2年内无重大违法违规经营记录;

(四)财务状况良好,最近2个会计年度连续盈利;

(五)入股资金为自有资金,不得以债务资金和委托资金等非自有资金入股;

(六)在银行理财子公司章程中承诺5年内不转让所持有的股权,不将所持有的股权进行质押或设立信托,经国务院银行业监督管理机构批准的除外;

(七)符合所在地有关法律法规和相关监管规定要求;境外金融机构作为股东的,其所在国家或地区金融监管当局已经与国务院金融监督管理部门建立良好的监督管理合作机制;

(八)国务院银行业监督管理机构规章规定的其他审慎性条件。

第九条 境内非金融企业作为银行理财子公司股东的,应当具备以下条件:

(一)具有良好的公司治理结构;

(二)具有良好的社会声誉、诚信记录和纳税记录;

(三)经营管理良好,最近2年内无重大违法违规经营记录;

(四)财务状况良好,最近2个会计年度连续盈利;

(五)入股资金为自有资金,不得以债务资金和委托资金等非自有资金入股;

(六)在银行理财子公司章程中承诺5年内不转让所持有的股权,不将所持有的股权进行质押或设立信托,经国务院银行业监督管理机构批准的除外;

(七)最近1年年末总资产不低于50亿元人民币,最近1年年末净资产不得低于总资产的30%,权益性投资余额原则上不超过其净资产的50%(含本次投资资金,合并会计报表口径);

(八)国务院银行业监督管理机构规章规定的其他审慎性条件。

第十条 有以下情形之一的企业不得作为银行理财子公司的股东:

(一)公司治理结构与机制存在明显缺陷;

(二)关联企业众多、股权关系复杂且不透明、关联交易频繁且异常;

(三)核心主业不突出且其经营范围涉及行业过多;

(四)现金流量波动受经济景气影响较大;

(五)资产负债率、财务杠杆率明显高于行业平均水平;

(六)代他人持有银行理财子公司股权;

(七)其他可能对银行理财子公司产生重大不利影响的情况。

第十一条　银行理财子公司的注册资本应当为一次性实缴货币资本,最低金额为10亿元人民币或等值自由兑换货币。

国务院银行业监督管理机构根据审慎监管的要求,可以调整银行理财子公司最低注册资本要求,但不得少于前款规定的金额。

第十二条　同一投资人及其关联方、一致行动人参股银行理财子公司的数量不得超过2家,或者控股银行理财子公司的数量不得超过1家。

第十三条　银行理财子公司机构设立须经筹建和开业两个阶段。

第十四条　筹建银行理财子公司,应当由作为控股股东的商业银行向国务院银行业监督管理机构提交申请,由国务院银行业监督管理机构按程序受理、审查并决定。国务院银行业监督管理机构应当自收到完整申请材料之日起4个月内作出批准或不批准的书面决定。

第十五条　银行理财子公司的筹建期为批准决定之日起6个月。未能按期完成筹建的,应当在筹建期限届满前1个月向国务院银行业监督管理机构提交筹建延期报告。筹建延期不得超过一次,延长期限不得超过3个月。

申请人应当在前款规定的期限届满前提交开业申请,逾期未提交的,筹建批准文件失效,由决定机关注销筹建许可。

第十六条　银行理财子公司开业,应当由作为控股股东的商业银行向银行业监督管理机构提交申请,由银行业监督管理机构受理、审查并决定。银行业监督管理机构自受理之日起2个月内作出核准或不予核准的书面决定。

第十七条　银行理财子公司应当在收到开业核准文件并领取金融许可证后,办理工商登记,领取营业执照。

银行理财子公司应当自领取营业执照之日起6个月内开业。不能按期开业的,应当在开业期限届满前1个月向国务院银行业监督管理机构提交开业延期报告。开业延期不得超过一次,延长期限不得超过3个月。

未在前款规定期限内开业的,开业核准文件失效,由决定机关注销开业许可,发证机关收回金融许可证,并予以公告。

第十八条　银行理财子公司董事和高级管理人员实行任职资格核准制度,由银行业监督管理机构参照《中国银监会非银行金融机构行政许可事项实施办法》规定的行政许可范围、条件和程序对银行理财子公司董事和高级管理人员任职资格进行审核,国务院银行业监督管理机构另有规定的除外。

第十九条　银行理财子公司应当严格控制分支机构的设立。根据需要设立分支机构的,应当具备以下条件:

(一)具有有效的公司治理、内部控制和风险管理体系,具备支持理财产品单独管理、单独建账和单独核算等业务管理的信息系统,具备保障信息系统有效安全运行的技术与措施;

(二)理财业务经营规范稳健,最近2年内无重大违法违规行为;

(三)具备拨付营运资金的能力;

(四)国务院银行业监督管理机构规章规定的其他审慎性条件。

银行理财子公司设立分支机构,由银行业监督管理机构受理、审查并决定,相关程序应当符合《中国银监会非银行金融机构行政许可事项实施办法》相关规定,国务院银行业监督管理机构另有规定的除外。

第二十条　银行理财子公司有下列变更事项之一的,应当报经国务院银行业监督管理机构批准:

(一)变更公司名称;

(二)变更注册资本;

(三)变更股权或调整股权结构;

(四)调整业务范围;

(五)变更公司住所或营业场所;

(六)修改公司章程;

(七)变更组织形式;

(八)合并或分立;

(九)国务院银行业监督管理机构规章规定的其他变更事项。

银行理财子公司股权变更后持股5%以上的股东应当经股东资格审核。银行理财子公司变更持股1%以上、5%以下股东的,应当在10个工作日内向银行业监督管理机构报告。变更股权后的股东应当符合本办法规定的股东资质条件。

第二十一条 银行理财子公司有下列情况之一的，经国务院银行业监督管理机构批准后可以解散：

（一）公司章程规定的营业期限届满或者公司章程规定的其他解散事由出现；

（二）股东会议决议解散；

（三）因公司合并或者分立需要解散；

（四）依法被吊销营业执照、责令关闭或者被撤销；

（五）其他法定事由。

第二十二条 银行理财子公司因解散、依法被撤销或被宣告破产而终止的，其清算事宜按照国家有关法律法规办理。银行理财子公司不得将理财产品财产归入其自有资产，因依法解散、被依法撤销或者被依法宣告破产等原因进行清算的，理财产品财产不属于其清算财产。

第二十三条 银行理财子公司的机构变更和终止、调整业务范围及增加业务品种等行政许可事项由国务院银行业监督管理机构受理、审查并决定，相关许可条件和程序应符合《中国银监会非银行金融机构行政许可事项实施办法》相关规定，国务院银行业监督管理机构另有规定的除外。

第三章 业务规则

第二十四条 银行理财子公司可以申请经营下列部分或者全部业务：

（一）面向不特定社会公众公开发行理财产品，对受托的投资者财产进行投资和管理；

（二）面向合格投资者非公开发行理财产品，对受托的投资者财产进行投资和管理；

（三）理财顾问和咨询服务；

（四）经国务院银行业监督管理机构批准的其他业务。

第二十五条 银行理财子公司开展业务，应当遵守《指导意见》和《理财业务管理办法》的总则、分类管理、业务规则与风险管理、附则以及附件《商业银行理财产品销售管理要求》的相关规定，本办法另有规定的除外。

银行理财子公司开展理财业务，不适用《理财业务管理办法》第二十二条、第三十条第二款、第三十一条、第三十六条第一款、第三十九条、第四十条第一款、第四十二条第一款、第四十八条第二款、第四十九条、第七十四条至第七十七条、附件《商业银行理财产品销售管理要求》第三条第（三）项的规定。

第二十六条 银行理财子公司发行公募理财产品的，应当主要投资于标准化债权类资产以及上市交易的股票，不得投资于未上市企业股权，法律、行政法规和国务院银行业监督管理机构另有规定的除外。

第二十七条 银行理财子公司销售理财产品的，应当在非机构投资者首次购买理财产品前通过本公司渠道（含营业场所和电子渠道）进行风险承受能力评估；通过营业场所向非机构投资者销售理财产品的，应当按照国务院银行业监督管理机构的相关规定实施理财产品销售专区管理，在销售专区内对每只理财产品销售过程进行录音录像。银行理财子公司不得通过电视、电台、互联网等渠道对私募理财产品进行公开宣传。

银行理财子公司可以通过商业银行、农村合作银行、村镇银行、农村信用合作社等吸收公众存款的银行业金融机构，或者国务院银行业监督管理机构认可的其他机构代理销售理财产品。代理销售银行理财子公司理财产品的机构应当遵守国务院银行业监督管理机构关于代理销售业务的相关规定。

第二十八条 银行理财子公司理财产品不得直接投资于信贷资产，不得直接或间接投资于主要股东的信贷资产及其受（收）益权，不得直接或间接投资于主要股东发行的次级档资产支持证券，面向非机构投资者发行的理财产品不得直接或间接投资于不良资产受（收）益权。

银行理财子公司发行的理财产品不得直接或间接投资于本公司发行的理财产品，国务院银行业监督管理机构另有规定的除外。银行理财子公司发行的理财产品可以再投资一层由金融监督管理部门依法监管的其他机构发行的资产管理产品，但所投资的资产管理产品不得再投资公募证券投资基金以外的资产管理产品。

银行理财子公司主要股东是指持有或控制银行理财子公司5%以上股份或表决权，或持有资本总额或股份总额不足5%但对银行理财子公司经营管理有重大影响的股东。

前款所称"重大影响"包括但不限于向银行理财子公司派驻董事、监事或高级管理人员，通过协议或其他方式影响银行理财子公司的财务和经营管理决策以及国务院银行业监督管理机构认定的其他情形。

第二十九条 银行理财子公司理财产品投资于非标准化债权类资产的，应当实施投前尽职调查、风险审查和投后风险管理。银行理财子公司全部理财产品投资于非标准化债权类资产的余额在任何时点均不得超过理财产品净资产的35%。

第三十条 同一银行理财子公司全部开放式公募理

财产品持有单一上市公司发行的股票,不得超过该上市公司可流通股票的15%。

第三十一条 银行理财子公司发行分级理财产品的,应当遵守《指导意见》第二十一条相关规定。

分级理财产品的同级份额享有同等权益、承担同等风险,产品名称中应包含"分级"或"结构化"字样。

银行理财子公司不得违背风险收益相匹配原则,利用分级理财产品向特定一个或多个劣后级投资者输送利益。分级理财产品不得投资其他分级资产管理产品,不得直接或间接对优先级份额投资者提供保本保收益安排。

银行理财子公司应当向投资者充分披露理财产品的分级设计及相应风险、收益分配、风险控制等信息。

第三十二条 银行理财子公司的理财投资合作机构包括但不限于银行理财子公司理财产品所投资资产管理产品的发行机构、根据合同约定从事理财产品受托投资的机构以及与理财产品投资管理相关的投资顾问等。

银行理财子公司公募理财产品所投资资产管理产品的发行机构、根据合同约定从事理财产品受托投资的机构应当是具有专业资质并受金融监督管理部门依法监管的金融机构,其他理财投资合作机构应当是具有专业资质,符合法律、行政法规、《指导意见》和金融监督管理部门相关监管规定并受金融监督管理部门依法监管的机构。

银行理财子公司可以选择符合以下条件的私募投资基金管理人担任理财投资合作机构:

(一)在中国证券投资基金业协会登记满1年、无重大违法违规记录的会员;

(二)担任银行理财子公司投资顾问的,应当为私募证券投资基金管理人,其具备3年以上连续可追溯证券、期货投资管理业绩且无不良从业记录的投资管理人员应当不少于3人;

(三)金融监督管理部门规定的其他条件。

银行理财子公司所发行分级理财产品的投资顾问及其关联方不得以其自有资金或者募集资金投资于该分级理财产品的劣后级份额。

第三十三条 银行理财子公司可以运用自有资金开展存放同业、拆放同业等业务,投资国债、其他固定收益类证券以及国务院银行业监督管理机构认可的其他资产,其中持有现金、银行存款、国债、中央银行票据、政策性金融债券等具有较高流动性资产的比例不低于50%。

银行理财子公司以自有资金投资于本公司发行的理财产品,不得超过其自有资金的20%,不得超过单只理财产品净资产的10%,不得投资于分级理财产品的劣后级份额。

银行理财子公司应当确保理财业务与自营业务相分离,理财业务操作与自营业务操作相分离,其自有资产与发行的理财产品之间不得进行利益输送。

银行理财子公司不得为理财产品投资的非标准化债权类资产或权益类资产提供任何直接或间接、显性或隐性的担保或回购承诺。

第三十四条 银行理财子公司发行投资衍生产品的理财产品的,应当按照《银行业金融机构衍生产品交易业务管理暂行办法》获得相应的衍生产品交易资格,并遵守国务院银行业监督管理机构关于衍生产品业务管理的有关规定。

银行理财子公司开展理财业务涉及外汇业务的,应当具有开办相应外汇业务的资格,并遵守外汇管理的有关规定。

第三十五条 银行理财子公司发行理财产品的,应当在全国银行业理财信息登记系统对理财产品进行集中登记。

银行理财子公司不得发行未在全国银行业理财信息登记系统进行登记并获得登记编码的理财产品。

第四章 风险管理

第三十六条 银行理财子公司应当建立组织健全、职责清晰、有效制衡、激励约束合理的公司治理结构,明确股东(大)会、董事会、监事会、高级管理层、业务部门、风险管理部门和内部审计部门风险管理职责分工,建立相互衔接、协调运转的管理机制。

第三十七条 银行理财子公司董事会对理财业务的合规管理和风险管控有效性承担最终责任。董事会应当充分了解理财业务及其所面临的各类风险,根据本公司经营目标、投资管理能力、风险管理水平等因素,审核批准理财业务的总体战略和重要业务管理制度并监督实施。董事会应当监督高级管理层履行理财业务管理职责,评价理财业务管理的全面性、有效性和高级管理层的履职情况。

董事会可以授权其下设的专门委员会履行以上部分职能。

第三十八条 银行理财子公司高级管理层应当充分了解理财业务及其所面临的各类风险,根据本公司经营目标、投资管理能力、风险管理水平等因素,制定、定期评估并实施理财业务的总体战略和业务管理制度,确保具备从事理财业务及其风险管理所需要的专业人员、业务处理系统、会计核算系统和管理信息系统等人力、物力资源。

第三十九条 银行理财子公司监事会应当对董事会和高级管理层的履职情况进行监督评价并督促整改。监事长(监事会主席)应当由专职人员担任。

第四十条 银行理财子公司应当根据理财业务性质和风险特征，建立健全理财业务管理制度，包括产品准入管理、风险管理和内部控制、人员管理、销售管理、投资管理、合作机构管理、产品托管、产品估值、会计核算和信息披露等。

第四十一条 银行理财子公司与其主要股东之间、同一股东控股、参股或实际控制的其他机构之间，以及国务院银行业监督管理机构认定需要实施风险隔离的其他机构之间，应当建立有效的风险隔离机制，通过隔离资金、业务、管理、人员、系统、营业场所和信息等措施，防范风险传染、内幕交易、利益冲突和利益输送，防止利用未公开信息交易。风险隔离机制应当至少包括以下内容：

（一）确保机构名称、产品和服务名称、对外营业场所、品牌标识、营销宣传等有效区分，避免投资者混淆，防范声誉风险；

（二）对银行理财子公司的董事会成员和监事会成员的交叉任职进行有效管理，防范利益冲突；

（三）严格隔离投资运作等关键敏感信息传递，不得提供存在潜在利益冲突的投资、研究、客户敏感信息等资料。

第四十二条 银行理财子公司发行的理财产品投资于本公司或托管机构的主要股东、实际控制人、一致行动人、最终受益人、托管机构，同一股东或托管机构控股的机构，或者与本公司或托管机构有重大利害关系的机构发行或承销的证券，或者从事其他关联交易的，应当符合理财产品投资目标、投资策略和投资者利益优先原则，按照商业原则，以不优于对非关联方同类交易的条件进行，并向投资者充分披露信息。

银行理财子公司应当遵守法律、行政法规和金融监督管理部门关于关联交易的相关规定，全面准确识别关联方，建立健全理财业务关联交易内部评估和审批机制。理财业务涉及重大关联交易的，应当提交有权审批机构审批，并向银行业监督管理机构报告。

银行理财子公司不得以理财资金与关联方进行不正当交易、利益输送、内幕交易和操纵市场，包括但不限于投资于关联方虚假项目、与关联方共同收购上市公司、向本公司注资等。

第四十三条 银行理财子公司应当将投资管理职能与交易执行职能相分离，实行集中交易制度。

银行理财子公司应当建立公平交易制度和异常交易监控机制，对投资交易行为进行监控、分析、评估、核查，监督投资交易的过程和结果，不得开展可能导致不公平交易和利益输送的交易行为。

银行理财子公司应当对不同理财产品之间发生的同向交易和反向交易进行监控。同一理财产品不得在同一交易日内进行反向交易。确因投资策略或流动性等需要发生同日反向交易的，应当要求相关人员提供决策依据，并留存书面记录备查。国务院银行业监督管理机构另有规定的除外。

第四十四条 银行理财子公司应当按照理财产品管理费收入的10%计提风险准备金，风险准备金余额达到理财产品余额的1%时可以不再提取。风险准备金主要用于弥补因银行理财子公司违法违规、违反理财产品合同约定、操作错误或者技术故障等给理财产品财产或者投资者造成的损失。

第四十五条 银行理财子公司应当遵守净资本监管要求。相关监管规定由国务院银行业监督管理机构另行制定。

第四十六条 银行理财子公司应当建立健全内部控制和内外部审计制度，完善内部控制措施，提高内外部审计有效性，持续督促提升业务经营、风险管理、内控合规水平。

银行理财子公司应当按照国务院银行业监督管理机构关于内部审计的相关规定，至少每年对理财业务进行一次内部审计，并将审计报告报送董事会。董事会应当针对内部审计发现的问题，督促高级管理层及时采取整改措施。内部审计部门应当跟踪检查整改措施的实施情况，并及时向董事会提交有关报告。

银行理财子公司应当按照国务院银行业监督管理机构关于外部审计的相关规定，委托外部审计机构至少每年对理财业务和公募理财产品进行一次外部审计，并针对外部审计发现的问题及时采取整改措施。

第四十七条 银行理财子公司应当建立健全从业人员的资格认定、培训、考核评价和问责制度，确保理财业务人员具备必要的专业知识、行业经验和管理能力，充分了解相关法律法规、监管规定以及理财产品的法律关系、交易结构、主要风险及风险管控方式，遵守行为准则和职业道德标准。

银行理财子公司的董事、监事、高级管理人员和其他理财业务人员，其本人、配偶、利害关系人进行证券投资，应当事先向银行理财子公司申报，并不得与投资者发生利益冲突。银行理财子公司应当建立上述人员进行证券投资的申报、登记、审查、处置等管理制度，并报银行业监督管理机构备案。

银行理财子公司的董事、监事、高级管理人员和其他理财业务人员不得有下列行为：

（一）将自有财产或者他人财产混同于理财产品财产从事投资活动；

（二）不公平地对待所管理的不同理财产品财产；

（三）利用理财产品财产或者职务之便为理财产品投资者以外的人牟取利益；

（四）向理财产品投资者违规承诺收益或者承担损失；

（五）侵占、挪用理财产品财产；

（六）泄露因职务便利获取的未公开信息，利用该信息从事或者明示、暗示他人从事相关的交易活动；

（七）玩忽职守，不按照规定履行职责；

（八）法律、行政法规和国务院银行业监督管理机构规定禁止的其他行为。

第四十八条 银行理财子公司应当建立有效的投资者保护机制，设置专职岗位并配备与业务规模相匹配的人员，根据法律、行政法规、金融监管规定和合同约定妥善处理投资者投诉。

第五章 监督管理

第四十九条 银行理财子公司应当按照规定，向银行业监督管理机构报送与理财业务有关的财务会计报表、统计报表、外部审计报告、风险准备金使用情况和银行业监督管理机构要求报送的其他材料，并于每年度结束后2个月内报送理财业务年度报告。

第五十条 银行理财子公司在理财业务中出现或者可能出现重大风险和损失时，应当及时向银行业监督管理机构报告，并提交应对措施。

第五十一条 银行业监督管理机构应当按照规定对银行理财子公司业务进行现场检查。

第五十二条 银行业监督管理机构应当基于非现场监管和现场检查情况，定期对银行理财子公司业务进行评估。

第五十三条 银行理财子公司违反本办法规定从事理财业务活动的，应当根据国务院银行业监督管理机构或者其省一级派出机构提出的整改要求，在规定的时限内向国务院银行业监督管理机构或者其省一级派出机构提交整改方案并采取整改措施。

第五十四条 对于在规定的时限内未能采取有效整改措施的银行理财子公司，或者其行为严重危及本公司稳健运行、损害投资者合法权益的，国务院银行业监督管理机构或者其省一级派出机构有权按照《中华人民共和国银行业监督管理法》第三十七条的规定，采取下列措施：

（一）责令暂停发行理财产品；

（二）责令调整董事、高级管理人员或限制其权利；

（三）《中华人民共和国银行业监督管理法》第三十七条规定的其他措施。

第五十五条 银行理财子公司从事理财业务活动，有下列情形之一的，由银行业监督管理机构依照《中华人民共和国银行业监督管理法》第四十六条的规定，予以处罚：

（一）提供虚假的或者隐瞒重要事实的报表、报告等文件、资料的；

（二）未按照规定进行风险揭示或者信息披露的；

（三）根据《指导意见》经认定存在刚性兑付行为的；

（四）拒绝执行本办法第五十四条规定的措施的；

（五）严重违反本办法规定的其他情形。

第五十六条 银行理财子公司从事理财业务活动，未按照规定向银行业监督管理机构报告或者报送有关文件、资料的，由银行业监督管理机构依照《中华人民共和国银行业监督管理法》第四十七条的规定，予以处罚。

第五十七条 银行理财子公司从事理财业务活动的其他违法违规行为，由银行业监督管理机构依照《中华人民共和国银行业监督管理法》等法律法规予以处罚。

第五十八条 银行理财子公司从事理财业务活动，违反有关法律、行政法规以及国家有关银行业监督管理规定的，银行业监督管理机构除依照本办法第五十五条至第五十七条规定处罚外，还可以依照《中华人民共和国银行业监督管理法》第四十八条和《金融违法行为处罚办法》的相关规定，对直接负责的董事、高级管理人员和其他直接责任人员进行处理；涉嫌犯罪的，依法移送司法机关处理。

第六章 附 则

第五十九条 本办法中"以上"均含本数，"以下"不含本数。

第六十条 本办法所称控股股东是指根据《中华人

民共和国公司法》第二百一十六条规定，其出资额占有限责任公司资本总额50%以上，或其持有的股份占股份有限公司股本总额50%以上的股东；出资额或者持有股份的比例虽然不足50%，但依其出资额或者持有的股份所享有的表决权已足以对股东(大)会的决议产生重大影响的股东。

第六十一条 本办法由国务院银行业监督管理机构负责解释。

第六十二条 本办法自公布之日起施行。

理财公司内部控制管理办法

· 2022年8月22日中国银行保险监督管理委员会令2022年第4号公布
· 自公布之日起施行

第一章 总 则

第一条 根据《中华人民共和国银行业监督管理法》等法律法规，以及《人民银行 银保监会 证监会 外汇局关于规范金融机构资产管理业务的指导意见》(银发〔2018〕106号，以下简称《指导意见》)，制定本办法。

第二条 本办法适用于理财公司，包括在中华人民共和国境内依法设立的商业银行理财子公司，以及中国银行保险监督管理委员会(以下简称银保监会)批准设立的其他主要从事理财业务的非银行金融机构。

第三条 本办法所称内部控制是指理财公司为防范化解风险，保证依法合规经营和持续稳健运行而建立的组织机制、制度流程和管控措施等。

第四条 理财公司内部控制应当至少符合以下要求：

(一)贯穿决策、执行、监督和反馈全过程，覆盖各项业务流程和管理活动，覆盖所有部门、岗位和人员；

(二)形成合理制约、相互监督、切实有效的治理结构和运行机制；

(三)根据本机构发展战略、管理模式、业务规模和复杂程度、风险管理水平等及时动态优化调整；

(四)坚持审慎经营、防范风险和投资者利益优先理念，诚实守信、勤勉尽职地履行受人之托、代人理财职责，保护投资者合法权益。

第五条 银保监会及其派出机构依法对理财公司内部控制活动实施监督管理。

第二章 内部控制职责

第六条 理财公司应当建立分工合理、职责明确、相互制衡的内部控制组织架构。

理财公司应当针对内部控制风险较高的部门和业务环节，制定专门的内部控制要点和管理流程。

第七条 理财公司董事会对内部控制的有效性承担最终责任，监事会(或者不设监事会的理财公司监事，下同)履行监督职责，高级管理层负责具体执行。

理财公司董事长、监事长和高级管理人员原则上不得由理财公司股东、实际控制人及其关联方的人员兼任。

第八条 理财公司应当在高级管理层设立首席合规官。首席合规官直接向董事会负责，对本机构内部控制建设和执行情况进行审查、监督和检查，并可以直接向董事会和银保监会及其派出机构报告。首席合规官应当对理财公司内部控制相关制度、重大决策、产品、业务等进行审查，并出具书面审查意见。首席合规官不得兼任和从事直接影响其独立性的职务和活动。

首席合规官应当由理财公司董事会聘任、考核和解聘。首席合规官应当参照银保监会关于非银行金融机构行政许可事项的相关规定获得任职资格。

理财公司应当保障首席合规官开展工作所需的知情权和调查权等，确保首席合规官能够充分履职。

第九条 理财公司董事会应当指定专门部门作为内部控制职能部门，牵头内部控制体系的统筹规划、组织落实、检查评估和督促整改。

内部控制职能部门原则上由首席合规官分管。分管内部控制职能部门的高级管理人员，不得同时分管与内部控制存在利益冲突的部门。

理财公司应当在人员数量和资质、薪酬和其他激励政策、信息系统访问权限、信息系统建设以及内部信息渠道等方面，给予内部控制职能部门足够的支持。

第十条 理财公司内部审计部门应当对内部控制制度建设、执行情况和有效性进行审计，及时向董事会、监事会报告发现问题并监督整改。内部审计工作应当独立于业务经营、风险管理和内控合规。

第十一条 理财公司各部门应当对内部控制制度建设、执行情况等开展自查自评，及时向董事会、监事会、高级管理层或相关部门报告发现问题并进行整改。

第三章 内部控制活动

第十二条 理财公司应当建立健全内部控制制度体系，对各项业务活动和管理活动制定全面、系统、规范的业务制度和管理制度，并至少每年进行一次全面评估。

第十三条 理财公司应当建立理财产品设计管理制度，发行理财产品前应当严格履行内部审批程序。涉及发行创新产品、对现有产品进行重大改动、拓展新的业务领域以及其他可能增加风险的产品或业务，应当获得董事会或者董事会授权的专门委员会批准。

第十四条 理财公司应当建立产品存续期管理制度，持续跟踪每只理财产品风险监测指标变化情况，定期或者不定期开展压力测试，并及时采取有效措施。

第十五条 理财公司应当建立理财账户管理制度，理财账户用于登记投资者持有的本机构发行的所有理财产品份额及其变动情况。理财公司应当在完整准确获取投资者身份信息，采取有效措施核实其真实性的基础上，为每位投资者开立独立唯一的理财账户，提供理财账户信息查询服务。

理财产品销售、投资、收益分配等全部业务活动、业务环节涉及的资金归集、收付和划转等全部流程，应当通过银行账户及银行清算结算渠道办理。理财公司和理财业务相关机构应当严格执行银行账户管理相关规定，加强资金全流程管理监测，并实行每日登记对账，保障投资者资金安全。

理财公司不得违规开立和使用账户，不得将理财账户、银行账户与其他账户混同使用。理财公司应当至少每年跟踪监测各类账户风险及合规状况，并出具分析报告。

第十六条 理财公司应当建立理财产品销售管理制度，要求理财产品销售机构按照实名制要求，采取联网核查、生物识别等有效措施，对投资者身份进行核验并留存记录，确保投资者身份和销售信息真实有效。

理财公司应当严格隔离理财产品销售结算资金与其他资金。理财产品赎回、分红及认（申）购不成功的相应款项，应当划入投资者认（申）购时使用的银行账户；无法退回原银行账户的，理财公司和理财产品销售机构应当在验证投资者身份和意愿后，将上述款项退回投资者指定的其他同名账户。

理财产品销售信息和数据交换原则上应当通过银保监会认可的技术平台进行。参与信息和数据交换的相关机构应当符合技术平台相关规范要求，采取切实措施保障信息数据传输和存储的保密性、完整性、准确性、及时性、安全性。

第十七条 理财公司应当建立投资决策授权管理制度，合理划分投资决策职责和权限，明确授权对象、范围和期限等内容，严禁越权操作。

理财公司应当建立投资决策授权持续评价和反馈机制，至少每年评估一次授权执行情况和有效性，及时调整或者终止不适用的授权。

第十八条 理财公司应当建立理财资金投资管理制度，明确投资不同类型资产的审核标准、投资决策流程、风险控制措施和投后管理等内容，并对每笔投资进行独立审批和投资决策，保证资金投向、比例严格符合国家政策和监管要求。

理财公司应当针对理财资金投资的资产，建立风险分类标准和管理机制，及时动态调整资产风险分类结果，确保真实准确反映资产质量。

第十九条 理财公司应当建立理财产品投资账户管理制度，按照相关法律法规为不同理财产品分别设置相关投资账户，并在资金清算、会计核算、账户记录等方面确保独立、清晰与完整。

第二十条 理财公司应当建立理财投资合作机构管理制度，明确准入标准与程序、责任与义务、存续期管理、利益冲突防范机制、信息披露义务、退出机制等内容。

理财公司应当对理财投资合作机构的资质条件、专业服务能力和风险管理水平等开展尽职调查，实行名单制管理，并通过签订书面合同，明确约定双方的权利义务和风险承担方式。

理财公司应当审慎确定各类理财投资合作机构的合作限额，以及单一受托投资机构受托资产占理财公司全部委托投资资产的比例，逐笔记录委托投资有关交易信息，妥善保存相关材料，并由内部控制职能部门组织核查。

第二十一条 理财公司开展投资交易活动，应当至少采取以下内部控制措施：

（一）建立交易监测系统、预警系统和反馈系统；

（二）实行集中交易制度和投资指令审核制度，投资人员不得直接向交易人员下达投资指令或者直接进行交易；

（三）实行公平交易制度，不得在理财业务与自营业务、理财顾问和咨询服务等业务之间，理财产品之间，投资者之间或者与其他主体之间进行利益输送；

（四）实行交易记录制度，及时记录和定期核对交易信息，确保真实、准确、完整和可回溯，交易记录保存期限不得少于20年；

（五）建立投资人员、交易人员名单；

（六）建立投资人员信息公示制度，在本机构官方网站或者行业统一渠道公示投资人员任职信息，并在任职情况发生变化之日起2个工作日内完成公示。

第二十二条 理财公司应当建立异常交易监测制度，有效识别以下异常交易行为：

（一）大额申报、连续申报、频繁申报或者频繁撤销申报；

（二）短期内大额频繁交易；

（三）虚假申报或者虚假交易；

（四）偏离公允价格的申报或者交易；

（五）违反公平原则的交易；

（六）交易市场或者托管机构提示的异常交易；

（七）投资于禁止或者限制的投资对象和行业；

（八）与禁止或者受限的交易对手进行交易；

（九）与理财产品投资策略不符的交易；

（十）超出理财产品销售文件约定投资范围的交易；

（十一）法律、行政法规和银保监会规定的其他涉嫌异常交易行为。

理财公司应当及时对发现的异常交易行为进行分析说明，留存书面记录；没有合理说明的，应当立即取消或者终止交易，并采取应对措施。

第二十三条 理财公司应当建立内幕信息管理制度，严格设定最小知悉范围。理财公司及其人员不得利用内幕信息开展投资交易或者建议他人开展投资交易，牟取不正当利益。内幕信息的范围，依照法律、行政法规的规定确定。

第二十四条 理财公司及其人员不得利用资金、持仓或者信息等优势地位，单独或者通过合谋操纵、影响或者意图影响投资标的交易价格和交易量，损害他人合法权益。

第二十五条 理财公司应当建立利益冲突防控制度，不得向任何机构或者个人进行利益输送，不得从事损害投资者利益的活动。

理财公司应当要求全体人员及时报告可能产生利益冲突的情况，并对全体人员及其配偶、利害关系人建立证券投资申报、登记、审查、管理、处置制度。

理财公司投资人员和交易人员不得直接持有、买卖境内外股票，实施股权激励计划或者员工持股计划的除外；不得从事与本机构有利益冲突的职业或者活动，未经本机构批准不得在其他经济组织兼职；不得违规为其他机构或者个人提供投资顾问、受托管理等服务，不得利用职务便利为自己或者他人牟取不正当利益。

第二十六条 理财公司应当按照《指导意见》，以及银保监会关于关联交易管理和理财公司管理的相关规定，建立健全关联交易管理制度，全面准确识别关联方，完善关联交易内部评估和审批机制，规范管理关联交易行为。

理财公司以自有资金及理财产品投资本公司或托管机构的主要股东、实际控制人、一致行动人、最终受益人、托管机构、同一股东或托管机构控股的机构，或者与本公司或托管机构有重大利害关系的机构，以及银保监会关于关联交易管理相关规定中涉及的其他关联方发行或承销的证券、发行的资产管理产品，或者从事其他关联交易的，应当按照商业原则，以不优于对非关联方同类交易的条件进行。

理财公司以自有资金及理财产品开展关联交易的，应当在本机构官方网站或者行业统一渠道披露关联交易信息，在本机构年报中披露当年关联交易总体情况。以理财产品开展关联交易的，还应当符合理财产品投资目标、投资策略和投资者利益优先原则，并向投资者充分披露信息。

理财公司应当合理审慎设定重大关联交易判断标准。涉及重大关联交易的，理财公司应当提交董事会审批，并向银保监会及其派出机构报告。银保监会可以根据审慎监管原则，要求理财公司调整重大关联交易判断标准。

理财公司不得以自有资金或理财资金与关联方进行不正当交易、利益输送、内幕交易和操纵市场，包括但不限于投资关联方虚假项目、与关联方共同收购上市公司、向本机构注资等。

第二十七条 理财公司应当建立信息隔离制度，全面覆盖存在利益冲突的各项业务。

理财公司应当加强敏感信息识别、评估和管理，防止敏感信息不当传播和使用。敏感信息包括内幕信息和可能对投资决策产生重大影响的未公开信息等。

第二十八条 理财公司应当建立理财产品第三方独立托管制度，与托管机构签订书面合同，明确约定托管机构应当依法依规提供账户开立、财产保管、清算交割、会计核算、资产估值、信息披露、投资监督以及托管合同约定的相关服务。理财公司应当在本机构官方网站或者行业统一渠道公示托管机构信息。

第二十九条 理财公司应当建立风险准备金管理制度，按照规定计提风险准备金并进行单独管理。理财公司应当开立专门的风险准备金账户，用于风险准备金的归集、存放与支付。风险准备金账户不得与其他类型账户混用，不得存放其他性质资金。风险准备金属于特定用途资金，理财公司不得以任何形式擅自占用、挪用或借用。

理财公司应当保证风险准备金的安全性和流动性。

风险准备金可以投资于银行存款、国债、中央银行票据、政策性金融债券以及银保监会认可的其他资产,其中持有现金和到期日在一年以内的国债、中央银行票据合计余额应当保持不低于风险准备金总额的10%。

第三十条 理财公司岗位管理应当至少符合以下要求:

(一)建立岗位责任制度,明确各部门、岗位职责及权限,重点业务环节实施双人、双责复核制;

(二)实施不相容岗位分离措施,形成相互制约的岗位安排;

(三)明确重要岗位清单,重要岗位人员实行轮岗或者强制休假制度;

(四)严格执行银保监会关于银行保险机构员工履职回避相关规定。

第三十一条 理财公司交易场所和设施安全管理应当至少符合以下要求:

(一)确保交易场所相对独立,配备门禁系统和监控设备,无关人员未经授权不得进入;

(二)投资人员、交易人员只能使用本机构统一管理的通讯工具开展投资交易,并应当监测留痕;

(三)交易人员的手机及其他通讯工具在交易时间集中存放保管,严禁在交易时间和交易场所违规使用手机或其他通讯工具。

第三十二条 理财公司应当建立印章印鉴管理制度,指定专人保管印章印鉴,严格用印审批流程,妥善保存用印后的书面合同,防止越权和不规范用印。

第三十三条 理财公司应当建立健全投资者权益保护制度,设置专职岗位并配备与业务规模相匹配的人员,严格实施事前协调、事中管控和事后监督,确保有效落实投资者权益保护。

理财公司应当建立有效的投资者投诉处理机制,在本机构官方网站、移动客户端、营业场所或者行业统一渠道公布投诉电话、通讯地址等投诉渠道信息和投诉处理流程,在理财产品销售文件中提供投诉电话或者其他投诉渠道信息,及时、妥善处理投资者投诉。

理财公司内部控制职能部门应当定期研究、分析信访事项中与内部控制有关的信息和问题,及时向董事会、监事会和高级管理人员报告转送、督办情况,提出处理或改进建议。

第三十四条 理财公司应当根据反洗钱、反恐怖融资及非居民金融账户涉税信息尽职调查等法律法规要求履行相关职责。

第四章 内部控制保障

第三十五条 理财公司应当加强各项业务环节管理的信息化、流程化、自动化,建立健全安全、合规、高效、可靠并且与内部控制相匹配的业务和管理等系统,为内部控制有效性提供技术保障和系统支持。

第三十六条 理财公司应当按照国家法律法规和银保监会关于信息科技监管的相关规定,加强网络安全和数据安全管理,采取身份鉴权、访问控制、日志审计、数据备份、交易反欺诈等技术措施,有效防范网络入侵、信息泄露、数据篡改、系统不可用等风险,确保各项业务环节数据的保密性、完整性、真实性和抗抵赖性。

理财公司应当建立健全投资者信息处理管理制度,依法处理投资者个人信息,严格审批程序,明确处理范围,规范处理行为,保存处理记录,确保信息处理行为可回溯,保护投资者个人信息安全。

第三十七条 理财公司应当健全数据质量控制制度和流程,指定专门部门负责数据质量管理,确保数据信息真实、完整、连续、准确和可追溯,不得迟报、漏报、错报或瞒报。

第三十八条 理财公司应当建立健全会计核算和估值系统,严格执行《企业会计准则》和《指导意见》等规定,真实准确反映各项业务交易,确认和计量理财产品净值。

理财公司发行的每只理财产品应当作为单独的会计主体独立进行会计处理,定期编制包括资产负债表、利润表、产品净值变动表、会计报表附注在内的完整财务会计报告,保证不同理财产品之间在投资者信息登记、账户设置、资金划拨、账簿记录等方面相互独立。

理财公司应当对自营业务、理财产品实施分账管理、独立核算,确保会计信息真实、可靠、完整。

第三十九条 理财公司应当合理设定内部控制考评标准,内部控制职能部门至少每年对各部门和人员内部控制活动开展一次考评,考评结果纳入绩效考核指标体系,并及时报送董事会、监事会和高级管理人员。

理财公司应当对内部控制职能部门和内部审计部门建立区别于其他部门的绩效考核机制和薪酬管理制度,以有利于其有效履行内部控制管理和监督职能。

第四十条 理财公司应当将内部控制纳入培训计划,确保每人每年接受不少于20小时的内部控制培训。

第五章 内部控制监督

第四十一条 理财公司内部审计部门应当至少每年开展一次内部控制审计评估,并将审计评估报告报送董事会、监事会,同时与高级管理人员及时沟通审计发现问题。

内部审计部门应当跟踪审计发现问题的整改落实情况,并及时向董事会报告。

第四十二条 理财公司应当于每年 4 月 30 日前向银保监会及其派出机构报送经董事会审议通过的上一年度内部控制报告。内容包括:内部控制执行情况、评价结果、整改情况、审计评估报告和银保监会及其派出机构要求报送的其他材料。

第四十三条 银保监会及其派出机构应当对理财公司内部控制执行情况和有效性进行持续监管,逐步建立理财公司评价体系。

银保监会及其派出机构应当将理财公司内部控制执行情况,作为非现场监管、现场检查、现场调查和有关股东监管评级的重要考虑因素。

第四十四条 理财公司及相关人员违反本办法规定的,银保监会及其派出机构应当责令限期整改,并依法采取监管措施或者实施行政处罚。

第六章 附 则

第四十五条 本办法由银保监会负责解释。

第四十六条 本办法自公布之日起施行。过渡期为本办法施行之日起六个月。不符合本办法规定的,应当在过渡期内完成整改。

银行保险机构关联交易管理办法

· 2022 年 1 月 10 日中国银行保险监督管理委员会令 2022 年第 1 号公布
· 自 2022 年 3 月 1 日起施行

第一章 总 则

第一条 为加强审慎监管,规范银行保险机构关联交易行为,防范关联交易风险,促进银行保险机构安全、独立、稳健运行,根据《中华人民共和国公司法》《中华人民共和国银行业监督管理法》《中华人民共和国商业银行法》《中华人民共和国保险法》《中华人民共和国信托法》等法律法规,制定本办法。

第二条 本办法所称银行保险机构包括银行机构、保险机构和在中华人民共和国境内依法设立的信托公司、金融资产管理公司、金融租赁公司、汽车金融公司、消费金融公司。

银行机构是指在中华人民共和国境内依法设立的商业银行、政策性银行、村镇银行、农村信用合作社、农村合作银行。

保险机构是指在中华人民共和国境内依法设立的保险集团(控股)公司、保险公司、保险资产管理公司。

第三条 银行保险机构开展关联交易应当遵守法律法规和有关监管规定,健全公司治理架构,完善内部控制和风险管理,遵循诚实信用、公开公允、穿透识别、结构清晰的原则。

银行保险机构不得通过关联交易进行利益输送或监管套利,应当采取有效措施,防止关联方利用其特殊地位,通过关联交易侵害银行保险机构利益。

银行保险机构应当维护经营独立性,提高市场竞争力,控制关联交易的数量和规模,避免多层嵌套等复杂安排,重点防范向股东及其关联方进行利益输送的风险。

第四条 银保监会及其派出机构依法对银行保险机构的关联交易实施监督管理。

第二章 关联方

第五条 银行保险机构的关联方,是指与银行保险机构存在一方控制另一方,或对另一方施加重大影响,以及与银行保险机构同受一方控制或重大影响的自然人、法人或非法人组织。

第六条 银行保险机构的关联自然人包括:

(一)银行保险机构的自然人控股股东、实际控制人,及其一致行动人、最终受益人;

(二)持有或控制银行保险机构 5% 以上股权的,或持股不足 5% 但对银行保险机构经营管理有重大影响的自然人;

(三)银行保险机构的董事、监事、总行(总公司)和重要分行(分公司)的高级管理人员,以及具有大额授信、资产转移、保险资金运用等核心业务审批或决策权的人员;

(四)本条第(一)至(三)项所列关联方的配偶、父母、成年子女及兄弟姐妹;

(五)本办法第七条第(一)(二)项所列关联方的董事、监事、高级管理人员。

第七条 银行保险机构的关联法人或非法人组织包括:

(一)银行保险机构的法人控股股东、实际控制人,及其一致行动人、最终受益人;

(二)持有或控制银行保险机构 5% 以上股权的,或者持股不足 5% 但对银行保险机构经营管理有重大影响的法人或非法人组织,及其控股股东、实际控制人、一致行动人、最终受益人;

(三)本条第(一)项所列关联方控制或施加重大影

响的法人或非法人组织,本条第(二)项所列关联方控制的法人或非法人组织;

(四)银行保险机构控制或施加重大影响的法人或非法人组织;

(五)本办法第六条第(一)项所列关联方控制或施加重大影响的法人或非法人组织,第六条第(二)至(四)项所列关联方控制的法人或非法人组织。

第八条 银行保险机构按照实质重于形式和穿透的原则,可以认定以下自然人、法人或非法人组织为关联方:

(一)在过去十二个月内或者根据相关协议安排在未来十二个月内存在本办法第六条、第七条规定情形之一的;

(二)本办法第六条第(一)至(三)项所列关联方的其他关系密切的家庭成员;

(三)银行保险机构内部工作人员及其控制的法人或其他组织;

(四)本办法第六条第(二)(三)项,以及第七条第(二)项所列关联方可施加重大影响的法人或非法人组织;

(五)对银行保险机构有影响,与银行保险机构发生或可能发生未遵守商业原则、有失公允的交易行为,并可据以从交易中获取利益的自然人、法人或非法人组织。

第九条 银保监会或其派出机构可以根据实质重于形式和穿透的原则,认定可能导致银行保险机构利益转移的自然人、法人或非法人组织为关联方。

第三章 关联交易

第十条 银行保险机构关联交易是指银行保险机构与关联方之间发生的利益转移事项。

第十一条 银行保险机构应当按照实质重于形式和穿透原则,识别、认定、管理关联交易及计算关联交易金额。

计算关联自然人与银行保险机构的关联交易余额时,其配偶、父母、成年子女、兄弟姐妹等与该银行保险机构的关联交易应当合并计算;计算关联法人或非法人组织与银行保险机构的关联交易余额时,与其存在控制关系的法人或非法人组织与该银行保险机构的关联交易应当合并计算。

第十二条 银保监会或其派出机构可以根据实质重于形式和穿透监管原则认定关联交易。

银保监会可以根据银行保险机构的公司治理状况、关联交易风险状况、机构类型特点等对银行保险机构适用的关联交易监管比例进行设定或调整。

第一节 银行机构关联交易

第十三条 银行机构的关联交易包括以下类型:

(一)授信类关联交易:指银行机构向关联方提供资金支持,或者对关联方在有关经济活动中可能产生的赔偿、支付责任作出保证,包括贷款(含贸易融资)、票据承兑和贴现、透支、债券投资、特定目的载体投资、开立信用证、保理、担保、保函、贷款承诺、证券回购、拆借以及其他实质上由银行机构承担信用风险的表内外业务等;

(二)资产转移类关联交易:包括银行机构与关联方之间发生的自用动产与不动产买卖,信贷资产及其收(受)益权买卖,抵债资产的接收和处置等;

(三)服务类关联交易:包括信用评估、资产评估、法律服务、咨询服务、信息服务、审计服务、技术和基础设施服务、财产租赁以及委托或受托销售等;

(四)存款和其他类型关联交易,以及根据实质重于形式原则认定的可能引致银行机构利益转移的事项。

第十四条 银行机构关联交易分为重大关联交易和一般关联交易。

银行机构重大关联交易是指银行机构与单个关联方之间单笔交易金额达到银行机构上季末资本净额1%以上,或累计达到银行机构上季末资本净额5%以上的交易。

银行机构与单个关联方的交易金额累计达到前款标准后,其后发生的关联交易,每累计达到上季末资本净额1%以上,则应当重新认定为重大关联交易。

一般关联交易是指除重大关联交易以外的其他关联交易。

第十五条 银行机构关联交易金额计算方式如下:

(一)授信类关联交易原则上以签订协议的金额计算交易金额;

(二)资产转移类关联交易以交易价格或公允价值计算交易金额;

(三)服务类关联交易以业务收入或支出金额计算交易金额;

(四)银保监会确定的其他计算口径。

第十六条 银行机构对单个关联方的授信余额不得超过银行机构上季末资本净额的10%。银行机构对单个关联法人或非法人组织所在集团客户的合计授信余额不得超过银行机构上季末资本净额的15%。银行机构对全部关联方的授信余额不得超过银行机构上季末资本净额的50%。

计算授信余额时,可以扣除授信时关联方提供的保证金存款以及质押的银行存单和国债金额。

银行机构与关联方开展同业业务应当同时遵守关于同业业务的相关规定。银行机构与境内外关联方银行之间开展的同业业务、外资银行与母行集团内银行之间开展的业务可不适用本条第一款所列比例规定和本办法第十四条重大关联交易标准。

被银保监会或其派出机构采取风险处置或接管等措施的银行机构，经银保监会批准可不适用本条所列比例规定。

第二节 保险机构关联交易

第十七条 保险机构的关联交易包括以下类型：

（一）资金运用类关联交易：包括在关联方办理银行存款；直接或间接买卖债券、股票等有价证券，投资关联方的股权、不动产及其他资产；直接或间接投资关联方发行的金融产品，或投资基础资产包含关联方资产的金融产品等。

（二）服务类关联交易：包括审计服务、精算服务、法律服务、咨询顾问服务、资产评估、技术和基础设施服务、委托或受托管理资产、租赁资产等。

（三）利益转移类关联交易：包括赠与、给予或接受财务资助，权利转让，担保，债权债务转移，放弃优先受让权、同比例增资权或其他权利等。

（四）保险业务和其他类型关联交易，以及根据实质重于形式原则认定的可能引致保险机构利益转移的事项。

第十八条 保险机构关联交易金额以交易对价或转移的利益计算。具体计算方式如下：

（一）资金运用类关联交易以保险资金投资金额计算交易金额。其中，投资于关联方发行的金融产品且基础资产涉及其他关联方的，以投资金额计算交易金额；投资于关联方发行的金融产品且基础资产不涉及其他关联方的，以发行费或投资管理费计算交易金额；买入资产的，以交易价格计算交易金额。

（二）服务类关联交易以业务收入或支出金额计算交易金额。

（三）利益转移类关联交易以资助金额、交易价格、担保金额、标的市场价值等计算交易金额。

（四）银保监会确定的其他计算口径。

第十九条 保险机构关联交易分为重大关联交易和一般关联交易。

保险机构重大关联交易是指保险机构与单个关联方之间单笔或年度累计交易金额达到 3000 万元以上，且占保险机构上一年度末经审计的净资产的 1% 以上的交易。

一个年度内保险机构与单个关联方的累计交易金额达到前款标准后，其后发生的关联交易再次累计达到前款标准，应当重新认定为重大关联交易。

保险机构一般关联交易是指除重大关联交易以外的其他关联交易。

第二十条 保险机构资金运用关联交易应符合以下比例要求：

（一）保险机构投资全部关联方的账面余额，合计不得超过保险机构上一年度末总资产的 25% 与上一年度末净资产二者中的金额较低者；

（二）保险机构投资权益类资产、不动产类资产、其他金融资产和境外投资的账面余额中，对关联方的投资金额不得超过上述各类资产投资限额的 30%；

（三）保险机构投资单一关联方的账面余额，合计不得超过保险机构上一年度末净资产的 30%；

（四）保险机构投资金融产品，若底层基础资产涉及控股股东、实际控制人或控股股东、实际控制人的关联方，保险机构购买该金融产品的份额不得超过该产品发行总额的 50%。

保险机构与其控股的非金融子公司投资关联方的账面余额及购买份额应当合并计算并符合前述比例要求。

保险机构与其控股子公司之间，以及控股子公司之间发生的关联交易，不适用前述规定。

第三节 信托公司及其他非银行金融机构关联交易

第二十一条 信托公司应当按照穿透原则和实质重于形式原则，加强关联交易认定和关联交易资金来源与运用的双向核查。

信托公司关联交易分为重大关联交易和一般关联交易。重大关联交易是指信托公司固有财产与单个关联方之间、信托公司信托财产与单个关联方之间单笔交易金额占信托公司注册资本 5% 以上，或信托公司与单个关联方发生交易后，信托公司与该关联方的交易余额占信托公司注册资本 20% 以上的交易。一般关联交易是指除重大关联交易以外的其他关联交易。

第二十二条 金融资产管理公司、金融租赁公司、汽车金融公司、消费金融公司（下称其他非银行金融机构）的关联交易包括以下类型：

（一）以资产为基础的关联交易：包括资产买卖与委托（代理）处置、资产重组（置换）、资产租赁等；

（二）以资金为基础的关联交易：包括投资、贷款、融资租赁、借款、拆借、存款、担保等；

（三）以中间服务为基础的关联交易：包括评级服务、评估服务、审计服务、法律服务、拍卖服务、咨询服务、业务代理、中介服务等；

（四）其他类型关联交易以及根据实质重于形式原则认定的可能引致其他非银行金融机构利益转移的事项。

第二十三条 其他非银行金融机构的关联交易分为重大关联交易和一般关联交易。

其他非银行金融机构重大关联交易是指其他非银行金融机构与单个关联方之间单笔交易金额达到其他非银行金融机构上季末资本净额1%以上，或累计达到其他非银行金融机构上季末资本净额5%以上的交易。金融租赁公司除外。

金融租赁公司重大关联交易是指金融租赁公司与单个关联方之间单笔交易金额达到金融租赁公司上季末资本净额5%以上，或累计达到金融租赁公司上季末资本净额10%以上的交易。

其他非银行金融机构与单个关联方的交易金额累计达到前款标准后，其后发生的关联交易，每累计达到上季末资本净额1%以上，应当重新认定为重大关联交易。金融租赁公司除外。

金融租赁公司与单个关联方的交易金额累计达到前款标准后，其后发生的关联交易，每累计达到上季末资本净额5%以上，应当重新认定为重大关联交易。

一般关联交易是指除重大关联交易以外的其他关联交易。

第二十四条 其他非银行金融机构的关联交易金额以交易对价或转移的利益计算，具体计算方式如下：

（一）以资产为基础的关联交易以交易价格计算交易金额；

（二）以资金为基础的关联交易以签订协议的金额计算交易金额；

（三）以中间服务为基础的关联交易以业务收入或支出金额计算交易金额；

（四）银保监会确定的其他计算口径。

第二十五条 金融资产管理公司及其非金融控股子公司与关联方之间发生的以资金、资产为基础的交易余额应当合并计算，参照适用本办法第十六条相关监管要求，金融资产管理公司与其控股子公司之间、以及控股子公司之间发生的关联交易除外。

金融资产管理公司应当参照本办法第二章规定，将控股子公司的关联方纳入集团关联范围。

第二十六条 金融租赁公司对单个关联方的融资余额不得超过上季末资本净额的30%。

金融租赁公司对全部关联方的全部融资余额不得超过上季末资本净额的50%。

金融租赁公司对单个股东及其全部关联方的融资余额不得超过该股东在金融租赁公司的出资额，且应同时满足本条第一款的规定。

金融租赁公司及其设立的控股子公司、项目公司之间的关联交易不适用本条规定。

汽车金融公司对单个股东及其关联方的授信余额不得超过该股东在汽车金融公司的出资额。

第四节 禁止性规定

第二十七条 银行保险机构不得通过掩盖关联关系、拆分交易等各种隐蔽方式规避重大关联交易审批或监管要求。

银行保险机构不得利用各种嵌套交易拉长融资链条、模糊业务实质、规避监管规定，不得为股东及其关联方违规融资、腾挪资产、空转套利、隐匿风险等。

第二十八条 银行机构不得直接通过或借道同业、理财、表外等业务，突破比例限制或违反规定向关联方提供资金。

银行机构不得接受本行的股权作为质押提供授信。银行机构不得为关联方的融资行为提供担保（含等同于担保的或有事项），但关联方以银行存单、国债提供足额反担保的除外。

银行机构向关联方提供授信发生损失的，自发现损失之日起二年内不得再向该关联方提供授信，但为减少该授信的损失，经银行机构董事会批准的除外。

第二十九条 保险机构不得借道不动产项目、非保险子公司、信托计划、资管产品投资，或其他通道、嵌套方式等变相突破监管限制，为关联方违规提供融资。

第三十条 金融资产管理公司参照执行本办法第二十八条规定，且不得与关联方开展无担保的以资金为基础的关联交易，同业拆借、股东流动性支持以及金融监管机构另有规定的除外。非金融子公司负债依存度不得超过30%，确有必要救助的，原则上不得超过70%，并于作出救助决定后3个工作日内向董事会、监事会和银保监会报告。

金融资产管理公司及其子公司将自身形成的不良资产在集团内部转让的，应当由集团母公司董事会审批，金融子公司按规定批量转让的除外。

第三十一条 金融租赁公司与关联方开展以资产、资金为基础的关联交易发生损失的，自发现损失之日起二年内不得与该关联方新增以资产、资金为基础的关联交易。但为减少损失，经金融租赁公司董事会批准的除外。

第三十二条　信托公司开展固有业务,不得向关联方融出资金或转移财产,不得为关联方提供担保。

信托公司开展结构化信托业务不得以利益相关人作为劣后受益人,利益相关人包括但不限于信托公司及其全体员工、信托公司股东等。

信托公司管理集合资金信托计划,不得将信托资金直接或间接运用于信托公司的股东及其关联方,但信托资金全部来源于股东或其关联方的除外。

第三十三条　公司治理监管评估结果为E级的银行保险机构,不得开展授信类、资金运用类、以资金为基础的关联交易。经银保监会或其派出机构认可的除外。

第三十四条　银行保险机构违反本办法规定的,银保监会或其派出机构予以责令改正,包括以下措施：

(一)责令禁止与特定关联方开展交易；

(二)要求对特定的交易出具审计报告；

(三)根据银行保险机构关联交易风险状况,要求银行保险机构缩减对单个或全部关联方交易金额的比例要求,直至停止关联交易；

(四)责令更换会计师事务所、专业评估机构、律师事务所等服务机构；

(五)银保监会或其派出机构可依法采取的其他措施。

第三十五条　银行保险机构董事、监事、高级管理人员或其他有关从业人员违反本办法规定的,银保监会或其派出机构可以对相关责任人员采取以下措施：

(一)责令改正；

(二)记入履职记录并进行行业通报；

(三)责令银行保险机构予以问责；

(四)银保监会或其派出机构可依法采取的其他措施。

银行保险机构的关联方违反本办法规定的,银保监会或其派出机构可以采取公开谴责等措施。

第三十六条　持有银行保险机构5%以上股权的股东质押股权数量超过其持有该银行保险机构股权总量50%的,银保监会或其派出机构可以限制其与银行保险机构开展关联交易。

第四章　关联交易的内部管理

第三十七条　银行保险机构应当制定关联交易管理制度。

关联交易管理制度包括关联交易的管理架构和相应职责分工,关联方的识别、报告、信息收集与管理,关联交易的定价、审查、回避、报告、披露、审计和责任追究等内容。

第三十八条　银行保险机构应对其控股子公司与银行保险机构关联方发生的关联交易事项进行管理,明确管理机制,加强风险管控。

第三十九条　银行保险机构董事会应当设立关联交易控制委员会,负责关联交易管理、审查和风险控制。银保监会对设立董事会下设专业委员会另有规定的,从其规定。

董事会对关联交易管理承担最终责任,关联交易控制委员会、涉及业务部门、风险审批及合规审查的部门负责人对关联交易的合规性承担相应责任。

关联交易控制委员会由三名以上董事组成,由独立董事担任负责人。关联交易控制委员会应重点关注关联交易的合规性、公允性和必要性。

银行保险机构应当在管理层面设立跨部门的关联交易管理办公室,成员应当包括合规、业务、风控、财务等相关部门人员,并明确牵头部门、设置专岗,负责关联方识别维护、关联交易管理等日常事务。

第四十条　银行保险机构应当建立关联方信息档案,确定重要分行、分公司标准或名单,明确具有大额授信、资产转移、保险资金运用等核心业务审批或决策权的人员范围。

银行保险机构应当通过关联交易监管相关信息系统及时向银保监会或其派出机构报送关联方、重大关联交易、季度关联交易情况等信息,保证数据的真实性、准确性,不得瞒报、漏报。

银行保险机构应当提高关联方和关联交易管理的信息化和智能化水平,强化大数据管理能力。

第四十一条　银行保险机构董事、监事、高级管理人员及具有大额授信、资产转移、保险资金运用等核心业务审批或决策权的人员,应当自任职之日起15个工作日内,按本办法有关规定向银行保险机构报告其关联方情况。

持有银行保险机构5%以上股权,或持股不足5%但是对银行保险机构经营管理有重大影响的自然人、法人或非法人组织,应当在持股达到5%之日或能够施加重大影响之日起15个工作日内,按本办法有关规定向银行保险机构报告其关联方情况。

前款报告事项如发生变动,应当在变动后的15个工作日内向银行保险机构报告并更新关联方情况。

第四十二条　银行保险机构关联方不得通过隐瞒关联关系等不当手段规避关联交易的内部审查、外部监管以及报告披露义务。

第四十三条　银行保险机构应当主动穿透识别关联

交易,动态监测交易资金来源和流向,及时掌握基础资产状况,动态评估对风险暴露和资本占用的影响程度,建立有效的关联交易风险控制机制,及时调整经营行为以符合本办法的有关规定。

第四十四条 关联交易应当订立书面协议,按照商业原则,以不优于对非关联方同类交易的条件进行。必要时关联交易控制委员会可以聘请财务顾问等独立第三方出具报告,作为判断的依据。

第四十五条 银行保险机构应当完善关联交易内控机制,优化关联交易管理流程,关键环节的审查意见以及关联交易控制委员会等会议决议、记录应当清晰可查。

一般关联交易按照公司内部管理制度和授权程序审查,报关联交易控制委员会备案。重大关联交易经由关联交易控制委员会审查后,提交董事会批准。董事会会议所作决议须经非关联董事2/3以上通过。出席董事会会议的非关联董事人数不足三人的,应当提交股东(大)会审议。

第四十六条 银行保险机构关联交易控制委员会、董事会及股东(大)会对关联交易进行表决或决策时,与该关联交易有利害关系的人员应当回避。

如银行保险机构未设立股东(大)会,或者因回避原则而无法召开股东(大)会的,仍由董事会审议且不适用本条第一款关于回避的规定,但关联董事应出具不存在利益输送的声明。

第四十七条 银行保险机构与同一关联方之间长期持续发生的,需要反复签订交易协议的提供服务类、保险业务类及其他经银保监会认可的关联交易,可以签订统一交易协议,协议期限一般不超过三年。

第四十八条 统一交易协议的签订、续签、实质性变更,应按照重大关联交易进行内部审查、报告和信息披露。统一交易协议下发生的关联交易无需逐笔进行审查、报告和披露,但应当在季度报告中说明执行情况。统一交易协议应当明确或预估关联交易金额。

第四十九条 独立董事应当逐笔对重大关联交易的公允性、合规性以及内部审批程序履行情况发表书面意见。独立董事认为有必要的,可以聘请中介机构等独立第三方提供意见,费用由银行保险机构承担。

第五十条 对于未按规定报告关联方、违规开展关联交易等情形,银行保险机构应当按照内部问责制度对相关人员进行问责,并将问责情况报关联交易控制委员会。

第五十一条 银行保险机构应当每年至少对关联交易进行一次专项审计,并将审计结果报董事会和监事会。

银行保险机构不得聘用关联方控制的会计师事务所、专业评估机构、律师事务所为其提供审计、评估等服务。

第五章 关联交易的报告和披露

第五十二条 银行保险机构及其关联方应当按照本办法有关规定,真实、准确、完整、及时地报告、披露关联交易信息,不得存在任何虚假记载、误导性陈述或重大遗漏。

第五十三条 银行保险机构应当在签订以下交易协议后15个工作日内逐笔向银保监会或其派出机构报告:

(一)重大关联交易;

(二)统一交易协议的签订、续签或实质性变更;

(三)银保监会要求报告的其他交易。

信托公司关联交易逐笔报告另有规定的,从其规定。

第五十四条 银行保险机构应当按照本办法有关规定统计季度全部关联交易金额及比例,并于每季度结束后30日内通过关联交易监管相关信息系统向银保监会或其派出机构报送关联交易有关情况。

第五十五条 银行保险机构董事会应当每年向股东(大)会就关联交易整体情况做出专项报告,并向银保监会或其派出机构报送。

第五十六条 银行保险机构应当在公司网站中披露关联交易信息,在公司年报中披露当年关联交易的总体情况。按照本办法第五十三条规定需逐笔报告的关联交易应当在签订交易协议后15个工作日内逐笔披露,一般关联交易应在每季度结束后30日内按交易类型合并披露。

逐笔披露内容包括:

(一)关联交易概述及交易标的情况。

(二)交易对手情况。包括关联自然人基本情况,关联法人或非法人组织的名称、经济性质或类型、主营业务或经营范围、法定代表人、注册地、注册资本及其变化,与银行保险机构存在的关联关系。

(三)定价政策。

(四)关联交易金额及相应比例。

(五)股东(大)会、董事会决议,关联交易控制委员会的意见或决议情况。

(六)独立董事发表意见情况。

(七)银保监会认为需要披露的其他事项。

合并披露内容应当包括关联交易类型、交易金额及相应监管比例执行情况。

第五十七条 银行保险机构进行的下列关联交易,可以免予按照关联交易的方式进行审议和披露:

（一）与关联自然人单笔交易额在50万元以下或与关联法人单笔交易额在500万元以下的关联交易，且交易后累计未达到重大关联交易标准的；

（二）一方以现金认购另一方公开发行的股票、公司债券或企业债券、可转换债券或其他衍生品种；

（三）活期存款业务；

（四）同一自然人同时担任银行保险机构和其他法人的独立董事且不存在其他构成关联方情形的，该法人与银行保险机构进行的交易；

（五）交易的定价为国家规定的；

（六）银保监会认可的其他情形。

第五十八条 银行保险机构关联交易信息涉及国家秘密、商业秘密或者银保监会认可的其他情形，银行保险机构可以向银保监会申请豁免按照本办法披露或履行相关义务。

第六章 关联交易的监督管理

第五十九条 银行机构、信托公司、其他非银行金融机构的股东或其控股股东、实际控制人，通过向机构施加影响，迫使机构从事下列行为的，银保监会或其派出机构应当责令限期改正；逾期未改正的，可以限制该股东的权利；对情节严重的控股股东，可以责令其转让股权。

（一）违反本办法第二十七条规定进行关联交易的；

（二）未按本办法第四十四条规定的商业原则进行关联交易的；

（三）未按本办法第四十五条规定审查关联交易的；

（四）违反本办法规定为关联方融资行为提供担保的；

（五）接受本公司的股权作为质押提供授信的；

（六）聘用关联方控制的会计师事务所等为其提供服务的；

（七）对关联方授信余额或融资余额等超过本办法规定比例的；

（八）未按照本办法规定披露信息的。

第六十条 银行机构、信托公司、其他非银行金融机构董事、高级管理人员有下列情形之一的，银保监会或其派出机构可以责令其限期改正；逾期未改正或者情节严重的，银保监会或其派出机构可以责令机构调整董事、高级管理人员或者限制其权利。

（一）未按本办法第四十一条规定报告的；

（二）做出虚假或有重大遗漏报告的；

（三）未按本办法第四十六条规定回避的；

（四）独立董事未按本办法第四十九条规定发表书面意见的。

第六十一条 银行机构、信托公司、其他非银行金融机构有下列情形之一的，银保监会或其派出机构可依照法律法规采取相关监管措施或进行处罚：

（一）违反本办法第二十七条规定进行关联交易的；

（二）未按本办法第四十四条规定的商业原则进行关联交易的；

（三）未按本办法第四十五条规定审查关联交易的；

（四）违反本办法规定为关联方融资行为提供担保的；

（五）接受本行的股权作为质押提供授信的；

（六）聘用关联方控制的会计师事务所等为其提供服务的；

（七）对关联方授信余额或融资余额等超过本办法规定比例的；

（八）未按照本办法规定披露信息的；

（九）未按要求执行本办法第五十九条和第六十条规定的监督管理措施的；

（十）其他违反本办法规定的情形。

第六十二条 银行机构、信托公司、其他非银行金融机构未按照本办法规定向银保监会或其派出机构报告重大关联交易或报送关联交易情况报告的，银保监会或其派出机构可依照法律法规采取相关监管措施或进行处罚。

第六十三条 银行机构、信托公司、其他非银行金融机构有本办法第六十一条所列情形之一的，银保监会或其派出机构可以区别不同情形，依据《中华人民共和国银行业监督管理法》等法律法规对董事、高级管理人员和其他直接责任人员采取相应处罚措施。

第六十四条 保险机构及其股东、控股股东，保险机构的董事、监事或高级管理人员违反本办法相关规定的，银保监会或其派出机构可依照法律法规采取相关监管措施或进行处罚。涉嫌犯罪的，依法移送司法机关追究刑事责任。

第七章 附 则

第六十五条 本办法中下列用语的含义：

本办法所称"以上"含本数，"以下"不含本数。年度为会计年度。

控制，包括直接控制、间接控制，是指有权决定一个企业的财务和经营决策，并能据以从该企业的经营活动中获取利益。

持有，包括直接持有与间接持有。

重大影响，是指对法人或组织的财务和经营政策有参与决策的权力,但不能够控制或者与其他方共同控制这些政策的制定。包括但不限于派驻董事、监事或高级管理人员、通过协议或其他方式影响法人或组织的财务和经营管理决策,以及银保监会或其派出机构认定的其他情形。

共同控制,指按照合同约定对某项经济活动所共有的控制,仅在与该项经济活动相关的重要财务和经营决策需要分享控制权的投资方一致同意时存在。

控股股东,是指持股比例达到50%以上的股东;或持股比例虽不足50%,但依享有的表决权已足以对股东(大)会的决议产生控制性影响的股东。

控股子公司,是指对该子公司的持股比例达到50%以上;或者持股比例虽不足50%,但通过表决权、协议等安排能够对其施加控制性影响。控股子公司包括直接、间接或共同控制的子公司或非法人组织。

实际控制人,是指虽不是公司的股东,但通过投资关系、协议或者其他安排,能够实际支配公司行为的自然人或其他最终控制人。

集团客户,是指存在控制关系的一组企事业法人客户或同业单一客户。

一致行动人,是指通过协议、合作或其他途径,在行使表决权或参与其他经济活动时采取相同意思表示的自然人、法人或非法人组织。

最终受益人,是指实际享有银行保险机构股权收益、金融产品收益的人。

其他关系密切的家庭成员,是指除配偶、父母、成年子女及兄弟姐妹以外的包括配偶的父母、子女的配偶、兄弟姐妹的配偶、配偶的兄弟姐妹以及其他可能产生利益转移的家庭成员。

内部工作人员,是指与银行保险机构签订劳动合同的人员。

关联关系,是指银行保险机构控股股东、实际控制人、董事、监事、高级管理人员等与其直接或者间接控制的企业之间的关系,以及可能导致利益转移的其他关系。

关联董事、关联股东,是指交易的一方,或者在审议关联交易时可能影响该交易公允性的董事、股东。

书面协议的书面形式包括合同书、信件和数据电文(包括电报、电传、传真、电子数据交换和电子邮件)等法律认可的有形的表现所载内容的形式。

本办法所称关联法人或非法人组织不包括国家行政机关、政府部门,中央汇金投资有限责任公司,全国社保基金理事会,梧桐树投资平台有限责任公司,存款保险基金管理有限责任公司,以及经银保监会批准豁免认定的关联方。上述机构派出同一自然人同时担任两家或以上银行保险机构董事或监事,且不存在其他关联关系的,所任职机构之间不构成关联方。

国家控股的企业之间不仅因为同受国家控股而构成关联方。

第六十六条 银保监会批准设立的外国银行分行、其他金融机构参照适用本办法,法律、行政法规及银保监会另有规定的从其规定。

自保公司的自保业务、企业集团财务公司的成员单位业务不适用本办法。

银行保险机构为上市公司的,应同时遵守上市公司有关规定。

第六十七条 本办法由银保监会负责解释。

第六十八条 本办法自2022年3月1日起施行。《商业银行与内部人和股东关联交易管理办法》(中国银行业监督管理委员会令2004年第3号)、《保险公司关联交易管理办法》(银保监发〔2019〕35号)同时废止。本办法施行前,银保监会有关银行保险机构关联交易管理的规定与本办法不一致的,按照本办法执行。

商业银行信息披露办法

· 2007年7月3日中国银行业监督管理委员会令2007年第7号公布
· 自公布之日起施行

第一章 总 则

第一条 为加强商业银行的市场约束,规范商业银行的信息披露行为,有效维护存款人和其他客户的合法权益,促进商业银行安全、稳健、高效运行,依据《中华人民共和国银行业监督管理法》、《中华人民共和国商业银行法》等法律法规,制定本办法。

第二条 本办法适用于在中华人民共和国境内依法设立的商业银行,包括中资商业银行、外资独资银行、中外合资银行、外国银行分行。

本办法对商业银行的规定适用于农村合作银行、农村信用社、村镇银行、贷款公司、城市信用社,本办法或银监会另有规定的除外。

本办法所称农村信用社包括农村信用合作社、县(市、区)农村信用合作联社、县(市、区)农村信用合作社联社、地(市)农村信用合作联社、地(市)农村信用合作社联社和省(自治区、直辖市)农村信用社联社。

第三条　商业银行应按照本办法规定披露信息。本办法规定为商业银行信息披露的最低要求。商业银行可在遵守本办法规定基础上自行决定披露更多信息。

第四条　商业银行披露信息应当遵守法律法规、国家统一的会计制度和中国银行业监督管理委员会的有关规定。

第五条　商业银行应遵循真实性、准确性、完整性和可比性的原则，规范地披露信息。

第六条　商业银行披露的年度财务会计报告须经具有相应资质的会计师事务所审计。

资产规模少于10亿元人民币的农村信用社可不经会计师事务所审计。

第七条　中国银行业监督管理委员会根据有关法律法规对商业银行的信息披露进行监督。

第二章　信息披露的内容

第八条　商业银行应按照本办法规定披露财务会计报告、各类风险管理状况、公司治理、年度重大事项等信息。

第九条　商业银行财务会计报告由会计报表、会计报表附注和财务情况说明书组成。

第十条　商业银行披露的会计报表应包括资产负债表、利润表（损益表）、现金流量表、所有者权益变动表及其他有关附表。

第十一条　商业银行应在会计报表附注中说明会计报表编制基础不符合会计核算基本前提的情况。

第十二条　商业银行应在会计报表附注中说明本行的重要会计政策和会计估计，包括：会计报表编制所依据的会计准则、会计年度、记账本位币、记账基础和计价原则；贷款的种类和范围；投资核算方法；计提各项资产减值准备的范围和方法；收入确认原则和方法；衍生金融工具的计价方法；外币业务和报表折算方法；合并会计报表的编制方法；固定资产计价和折旧方法；无形资产计价及摊销政策；长期待摊费用的摊销政策；所得税的会计处理方法等。

第十三条　商业银行应在会计报表附注中说明重要会计政策和会计估计的变更；或有事项和资产负债表日后事项；重要资产转让及其出售。

第十四条　商业银行应在会计报表附注中披露关联方交易的总量及重大关联交易的情况。

第十五条　商业银行应在会计报表附注中说明会计报表中重要项目的明细资料，包括：

（一）按存放境内、境外同业披露存放同业款项。

（二）按拆放境内、境外同业披露拆放同业款项。

（三）按信用贷款、保证贷款、抵押贷款、质押贷款分别披露贷款的期初数、期末数。

（四）按贷款风险分类的结果披露不良贷款的期初数、期末数。

（五）贷款损失准备的期初数、本期计提数、本期转回数、本期核销数、期末数；一般准备、专项准备和特种准备应分别披露。

（六）应收利息余额及变动情况。

（七）按种类披露投资的期初数、期末数。

（八）按境内、境外同业披露同业拆入款项。

（九）应付利息计提方法、余额及变动情况。

（十）银行承兑汇票、对外担保、融资保函、非融资保函、贷款承诺、开出即期信用证、开出远期信用证、金融期货、金融期权等表外项目，包括上述项目的年末余额及其他具体情况。

（十一）其他重要项目。

第十六条　商业银行应在会计报表附注中披露资本充足状况，包括风险资产总额、资本净额的数量和结构、核心资本充足率、资本充足率。

第十七条　商业银行应披露会计师事务所出具的审计报告。

商业银行在会计师事务所出具审计报告前，应与会计师事务所、银行业监督管理机构进行三方会谈。

第十八条　财务情况说明书应当对本行经营的基本情况、利润实现和分配情况以及对本行财务状况、经营成果有重大影响的其他事项进行说明。

第十九条　商业银行应披露下列各类风险和风险管理情况：

（一）信用风险状况。商业银行应披露信用风险管理、信用风险暴露、信贷质量和收益的情况，包括产生信用风险的业务活动、信用风险管理和控制政策、信用风险管理的组织结构和职责划分、资产风险分类的程序和方法、信用风险分布情况、信用风险集中程度、逾期贷款的账龄分析、贷款重组、资产收益率等情况。

（二）流动性风险状况。商业银行应披露能反映其流动性状况的有关指标，分析影响流动性的因素，说明本行流动性管理策略。

（三）市场风险状况。商业银行应披露其市场风险状况的定量和定性信息，包括所承担市场风险的类别、总体市场风险水平及不同类别市场风险的风险头寸和风险水平；有关市场价格的敏感性分析；市场风险管理的政策和程序；市场风险资本状况等。

(四)操作风险状况。商业银行应披露由于内部程序、人员、系统的不完善或失误，或外部事件造成的风险，并对本行内部控制制度的完整性、合理性和有效性作出说明。

(五)其他风险状况。其他可能对本行造成严重不利影响的风险因素。

第二十条 商业银行应从下列四个方面对各类风险进行说明：

(一)董事会、高级管理层对风险的监控能力。

(二)风险管理的政策和程序。

(三)风险计量、检测和管理信息系统。

(四)内部控制和全面审计情况。

第二十一条 商业银行应披露下列公司治理信息：

(一)年度内召开股东大会情况。

(二)董事会的构成及其工作情况。

(三)监事会的构成及其工作情况。

(四)高级管理层成员构成及其基本情况。

(五)银行部门与分支机构设置情况。

商业银行应对独立董事的工作情况单独披露。

第二十二条 商业银行披露的本行年度重要事项，至少应包括下列内容：

(一)最大十名股东名称及报告期内变动情况。

(二)增加或减少注册资本、分立合并事项。

(三)其他有必要让公众了解的重要信息。

第二十三条 外国银行分行的信息由主报告行汇总后披露。

外国银行分行无须披露本办法规定的仅适用于法人机构的信息。

外国银行分行应将其总行所披露信息摘要译成中文后披露。

第二十四条 商业银行应按本办法规定的内容进行信息披露。本办法没有规定的，但若遗漏或误报某个项目或信息会改变或影响信息使用者的评估或判断时，商业银行应将该项目视为关键性项目予以披露。

第三章 信息披露的管理

第二十五条 商业银行应将信息披露的内容以中文编制成年度报告，于每个会计年度终了后的四个月内披露。因特殊原因不能按时披露的，应至少提前十五日向中国银行业监督管理委员会申请延迟。

第二十六条 商业银行应将年度报告在公布之日五日以前报送中国银行业监督管理委员会。

第二十七条 商业银行应确保股东及相关利益人能及时获取年度报告。

商业银行应将年度报告置放在商业银行的主要营业场所，并按银监会相关规定及时登载于互联网网络，确保公众能方便地查阅。中国银行业监督管理委员会鼓励商业银行通过媒体向公众披露年度报告的主要信息。

第二十八条 商业银行董事会负责本行的信息披露。未设立董事会的，由行长(单位主要负责人)负责。

商业银行的董事会、行长(单位主要负责人)应当保证所披露的信息真实、准确、完整，并就其保证承担相应的法律责任。

第二十九条 对在信息披露中提供虚假的或者隐瞒重要事实的财务会计报告的商业银行，由中国银行业监督管理委员会按照《中华人民共和国商业银行法》第七十五条给予行政处罚，对有关责任人按照《中华人民共和国银行业监督管理法》第四十八条采取相应措施。

对出具虚假审计报告的会计师事务所及有关责任人员，按照有关法律、法规采取相应措施。

第四章 附则

第三十条 资产总额低于10亿元人民币或存款余额低于5亿元人民币的商业银行，按照本办法规定进行信息披露确有困难的，经说明原因并制定未来信息披露计划，报中国银监会批准后，可免于信息披露。

第三十一条 本办法由中国银行业监督管理委员会负责解释。

第三十二条 本办法自公布之日起施行。本办法公布之前有关规定与本办法相抵触的，以本办法为准。

商业银行信息披露特别规定

· 2022年1月5日
· 中国证券监督管理委员会公告〔2022〕12号

第一条 为了规范公开发行证券并上市的商业银行(以下简称商业银行)的信息披露行为，保护投资者的合法权益，依据《中华人民共和国公司法》《中华人民共和国证券法》《中华人民共和国商业银行法》《上市公司信息披露管理办法》等法律、行政法规和部门规章，制定本规定。

第二条 商业银行除应遵循中国证券监督管理委员会有关定期报告和临时报告等信息披露的一般规定外，还应遵循本规定的要求。

第三条 商业银行应在定期报告中披露截至报告期末前三年的主要会计数据，包括资产总额及结构、负债总额及结构、股东权益、存款总额及结构、贷款总额及结构、资本净额及结构(包括核心一级资本、其他一级资本和二级资本)、加权风险资产净额、贷款损失准备。

第四条 商业银行应在定期报告中披露截至报告期末前三年合并财务报表口径的主要财务指标,包括营业收入、利润总额、归属于本行股东的净利润、归属于本行股东的扣除非经常性损益后的净利润、资本充足率、一级资本充足率、核心一级资本充足率、不良贷款率、存贷比、流动性比例、单一最大客户贷款比率、最大十家客户贷款比率、正常类贷款迁徙率、关注类贷款迁徙率、次级类贷款迁徙率、可疑类贷款迁徙率、拨备覆盖率、拨贷比、成本收入比。

第五条 商业银行应根据自身经营管理特点在定期报告中合理确定并披露分级管理情况及各层级分支机构数量和地区分布,包括名称、地址、职员数、资产规模等。

第六条 商业银行应在定期报告中披露报告期信贷资产质量情况,包括按五级分类中的正常类贷款、关注类贷款、次级类贷款、可疑类贷款和损失类贷款的数额和占比,以及与上年末相比的增减变动情况。还应披露报告期公司重组贷款、逾期贷款的期初、期末余额以及占比情况。商业银行应对上述增减变动情况进行分析。

第七条 商业银行应在定期报告中披露报告期内贷款损失准备的计提和核销情况,包括贷款损失准备的计提方法、贷款损失准备的期初余额、本期计提、本期转出、本期核销、期末余额、回收以前年度已核销贷款损失准备的数额。

第八条 商业银行应在定期报告中披露报告期应收利息的增减变动情况,包括期初余额、本期增加数额、本期收回数额和期末余额,应收利息坏账准备的提取情况、坏账核销程序与政策。商业银行应对应收利息和坏账准备的增减变动情况进行分析。

第九条 商业银行应在定期报告中披露报告期营业收入中贷款利息净收入、拆放同业利息收入、存放中央银行款项利息收入、存放同业利息收入、债券投资利息收入、手续费及佣金净收入及其他项目的数额、占比及同比变动情况并予以分析。

第十条 商业银行应在定期报告中披露贷款投放的前十个行业和主要地区分布情况、贷款担保方式分布情况、金额及占比,前十大贷款客户的贷款余额以及占贷款总额的比例。

第十一条 商业银行应在定期报告中披露截至报告期末抵债资产情况,包括抵债资产金额、计提减值准备情况等。

第十二条 商业银行应在定期报告中分类披露计息负债的平均余额和平均利率,生息资产的平均余额和平均利率。包括但不限于企业活期存款、企业定期存款、储蓄活期存款、储蓄定期存款的平均余额和利率以及合计数;企业贷款、零售贷款;一般性短期贷款利率、中长期贷款利率;存放中央银行款项、存放同业、债券投资的平均利率和平均利率;同业拆入、已发行债券平均成本。

第十三条 商业银行应在定期报告中披露持有的金融债券的类别和金额,面值最大的十只金融债券的面值、年利率及到期日,计提减值准备情况。

第十四条 商业银行应在定期报告中披露报告期理财业务、资产证券化、托管、信托、财富管理等业务的开展和损益情况,包括但不限于披露为开展该业务而设立的载体的性质、目的、融资方式以及是否将该载体纳入合并范围的判断原则,并区分是否纳入合并财务报表的合并范围和业务类型,披露所涉及业务的规模。对于未纳入合并范围的载体,还应披露在该载体中权益的最大损失敞口及其确定方法。

第十五条 商业银行应在定期报告中披露对财务状况和经营成果造成重大影响的表外项目余额,包括但不限于信贷承诺(不可撤消的贷款承诺、银行承兑汇票、开出保函、开出信用证)、租赁承诺、资本性支出承诺等项目的具体情况。

第十六条 商业银行应在定期报告中披露下列各类风险的计量方法,风险计量体系的重大变更,以及相应的资本要求变化:

(一)信用风险状况。商业银行应披露信用风险管理、信用风险暴露、逾期贷款总额、信用风险资产组合缓释后风险暴露余额、信贷资产质量和收益的情况,包括产生信用风险的业务活动、信用风险管理和控制政策、信用风险管理的组织结构和职责划分、资产风险分类的程序和方法、信用风险分布情况、信用风险集中程度、不良贷款分析、贷款重组、不良贷款的地区分布和行业分布等情况。

(二)流动性风险状况。商业银行应披露能反映其流动性状况的有关指标,分析资产与负债在期限、结构上的匹配情况,分析影响流动性的因素,说明本行流动性管理策略。

(三)市场风险状况。商业银行应披露其市场风险状况的定量和定性信息,包括所承担市场风险的类别、总体市场风险水平及不同类别市场风险的风险头寸和风险水平;所承担各类市场风险的识别、计量和控制方法;有关市场风险的敏感性分析,包括利率、汇率、股票及其他价格变动对商业银行经济价值或财务状况和盈利能力的影响;市

（四）操作风险状况。商业银行应披露由于内部程序、人员、系统的不完善或失误，或外部事件造成损失的风险。

（五）其他风险状况。其他可能对本行造成严重不利影响的风险因素。

第十七条 商业银行董事会应向年度股东大会就关联交易管理制度的执行情况，关联交易控制委员会的运作情况，以及当年发生关联交易情况作出专项报告并披露。

第十八条 除日常经营范围的对外担保外，商业银行的对外担保事项，单笔担保金额超过经审计的上一年度合并财务报表中归属于上市公司股东的净资产金额百分之五或单笔担保金额超过二十亿元的，公司应及时公告。

第十九条 商业银行涉及的诉讼事项，单笔金额超过经审计的上一年度合并财务报表中归属于本行股东的净资产金额百分之一的，公司应及时公告。

第二十条 商业银行发生的股权投资、收购和出售资产等事项，单笔金额超过经审计的上一年度合并财务报表中归属于本行股东的净资产金额百分之五或单笔金额超过二十亿元的，公司应及时公告。

商业银行发生的资产和设备采购事项，单笔金额超过经审计的上一年度合并财务报表中归属于本行股东的净资产金额百分之一的，公司应及时公告。

第二十一条 商业银行发生重大突发事件（包括但不限于银行挤兑、重大诈骗、分支机构和个人的重大违规事件），涉及金额达到最近一期经审计的合并财务报表中归属于本行股东的净利润百分之一以上的，公司应按要求及时进行公告。

第二十二条 商业银行的关联交易包括与关联方之间发生的各类贷款、信贷承诺、证券回购、拆借、担保、债券投资等表内、外业务，资产转移和向商业银行提供服务等交易。

商业银行应在定期报告中披露与关联自然人发生关联交易的余额及其风险敞口。还应当及时披露与关联法人发生的交易金额占商业银行最近一期经审计净资产的百分之零点五以上的关联交易，应当及时披露。如果交易金额在三千万元以上且占最近一期经审计净资产百分之一以上的关联交易，除应当及时披露外，还应当提董事会审议。如果交易金额占商业银行最近一期经审计净资产百分之五以上的关联交易，除应当及时披露外，还应当将该交易提交股东大会审议。商业银行的独立董事应当对关联交易的公允性以及内部审批程序履行情况发表书面意见。如商业银行根据相关规则，对日常发生的关联交易进行了合理预计，并履行了相应的董事会或股东大会审批和披露程序，则在预计范围内无需重复履行董事会和股东大会审批和披露程序。

第二十三条 商业银行的信用风险状况、流动性风险状况、市场风险状况、操作风险状况和其他风险状况发生变动，对公司的经营或盈利能力造成重大影响的，商业银行应及时进行公告。

第二十四条 商业银行应在定期报告中披露推出的创新业务品种情况。对银行有重大影响的业务创新，在得到有关部门批准之日起，应在两个工作日内按要求进行公告。

第二十五条 利率、汇率、税率发生变化以及新的政策、法规对商业银行经营业务和盈利能力构成重大影响的，商业银行应按要求及时公告政策、法规的变化对商业银行业务和盈利能力所造成的影响。

第二十六条 本规定要求披露的部分内容如与财务报表附注相同的，在不影响信息披露完整性和不妨碍阅读的情况下，公司可采取相互印证的方法对年度报告进行合理的技术处理，避免不必要的重复。

第二十七条 本规定所提及的监管指标和该等指标的计算口径，如中国银行业监督管理机构有相应规定规范的，按照中国银行业监督管理机构的标准执行。

第二十八条 商业银行信息披露违反本规定的，依照《中华人民共和国证券法》第一百九十七条、《上市公司信息披露管理办法》第五章的有关规定，依法追究法律责任。

第二十九条 本规定自公布之日起施行。2014 年 1 月 6 日施行的《公开发行证券的公司信息披露编报规则第 26 号——商业银行信息披露特别规定》（证监会公告〔2014〕3 号）同时废止。

银行保险机构公司治理监管评估办法

· 2022 年 11 月 28 日
· 银保监规〔2022〕19 号

第一章 总 则

第一条 为推动银行保险机构提升公司治理有效性，促进银行业和保险业长期稳健发展，根据《中华人民共和国公司法》《中华人民共和国商业银行法》《中华人民共和国银行业监督管理法》《中华人民共和国保险法》等法律法规及监管规定，制定本办法。

第二条 本办法所称公司治理监管评估，是指中国银保监会及其派出机构依法对银行保险机构公司治理水平和风险状况进行判断、评价和分类,并根据评估结果依法实施分类监管。

第三条 本办法适用于中华人民共和国境内依法设立的商业银行、商业保险机构和其他非银行金融机构(法人机构),包括:国有大型商业银行、股份制商业银行、城市商业银行、民营银行、农村商业银行、农村合作银行、外资银行、保险集团(控股)公司、财产保险公司、再保险公司、人身保险公司、相互保险社、自保公司、金融资产管理公司、金融租赁公司、企业集团财务公司、汽车金融公司、消费金融公司及货币经纪公司。

第四条 银行保险机构公司治理监管评估应当遵循依法合规、客观公正、标准统一、突出重点的原则。

第二章 评估内容和方法

第五条 银行保险机构公司治理监管评估内容主要包括:党的领导、股东治理、关联交易治理、董事会治理、监事会和高管层治理、风险内控、市场约束、利益相关者治理等方面。

第六条 公司治理监管评估包括合规性评价、有效性评价、重大事项调降评级三个步骤。

(一)合规性评价。满分100分,主要考查银行保险机构公司治理是否符合法律法规及监管规定,监管机构对相关指标逐项评价打分。

(二)有效性评价。重点考查银行保险机构公司治理机制的实际效果,主要关注存在的突出问题和风险。监管机构在合规性评价得分基础上,对照有效性评价指标进行扣分;对银行保险机构改善公司治理有效性的优秀实践,可予以加分。

(三)重大事项调降评级。当机构存在公司治理重大缺陷甚至失灵情况时,监管机构对前两项综合评分及其对应评估等级进行调降,形成评估结果。

合规性指标或有效性指标存在问题持续得不到整改的,可以视情况加大扣分力度。第二年未整改的,可按该指标分值两倍扣分;第三年未整改的,可按该指标分值四倍扣分;第四年未整改的,可按该指标分值八倍扣分;以此类推。

第七条 公司治理监管评估总分为100分,评估等级分为五级:90分以上为A级,90分以下至80分以上为B级,80分以下至70分以上为C级,70分以下至60分以上为D级,60分以下为E级。

第八条 存在下列情形的,可以直接评定为E级:

(一)拒绝或者阻碍公司治理监管评估;

(二)通过提供虚假材料等方式隐瞒公司治理重要事实、资产质量等方面的重大风险;

(三)股东虚假出资、出资不实、循环注资、抽逃出资或变相抽逃出资,或与银行保险机构开展违规关联交易,严重影响银行保险机构资本充足率、偿付能力充足率真实性;

(四)股东通过隐藏实际控制人、隐瞒关联关系、隐形股东、股权代持、表决权委托、一致行动约定等行为规避监管审查,控制或操纵银行保险机构经营管理;

(五)公司治理机制失灵,股东(大)会、董事会长期(一年以上)无法正常召开或做出决策;

(六)出现兑付危机、偿付能力严重不足的情形;

(七)监管机构认定的其他公司治理机制失灵的情形。

第九条 银保监会可以根据公司治理监管工作需要,修订完善银行保险机构公司治理监管评估内容、评价指标及评分规则,并及时告知银行保险机构。

第三章 评估程序和分工

第十条 公司治理监管评估原则上每年开展一次。对评估结果为B级及以上的机构可适当降低评估频率,但至少每2年开展一次。

公司治理监管评估主要评估上一年度公司治理状况。在公司治理监管评估过程中,监管机构可结合实际,适当向前追溯或向后延伸。

第十一条 公司治理监管评估工作办公室设在银保监会公司治理监管部,负责统筹指导银行保险机构公司治理监管评估工作;各机构监管部门、各银保监局具体实施公司治理监管评估工作。

第十二条 公司治理监管评估程序主要包括年度评估方案制定、机构自评、监管评估、监管复核、结果分析与反馈、督促整改等环节。

第十三条 银保监会每年根据宏观经济金融形势、行业公司治理风险特征、监管规则和关注重点等因素的变化情况,制定年度公司治理监管评估方案,明确当年评估对象、评估要点、评分标准和具体安排。

第十四条 银行保险机构按照规定开展公司治理自评估,形成本机构公司治理自评估报告,每年2月底前将自评估报告及相关证明材料报送监管机构。

第十五条 银保监会直接监管的银行保险机构,由相关机构监管部门组织实施监管评估;银保监局监管的银行保险机构,由银保监局组织实施监管评估。监管评估应于每年5月底前完成。

第十六条 监管评估采取非现场评估和现场评估相结合的方式。机构监管部门、银保监局根据工作需要,确定当年的评估对象和评估方式。现场评估应每3年对所监管机构实现全覆盖。

现场评估采取现场调阅材料、查询系统,以及与董事、监事和高管人员谈话等方式,结合日常非现场监管、前期现场检查等掌握的情况开展。非现场评估重点结合银行保险机构自评估报告、机构提交的相关证明材料,以及日常非现场监管、前期现场检查等掌握的情况开展。

监管机构应当坚持"实质重于形式"原则,对相关机构按照公司治理评分要素逐项评分,审慎核实评分依据的事实和材料,对发现的重大问题予以确认,形成监管评估报告。

第十七条 机构监管部门结合日常监管信息、机构风险状况等情况,对银保监局监管的银行保险机构的评估结果进行监管复核。监管复核应当于每年6月底前完成,机构监管部门应当将复核结果反馈相关银保监局。

第十八条 机构监管部门、银保监局对年度评估开展情况和评估结果进行分析,总结评估发现的风险问题,提出相关政策建议,并将相关情况报公司治理监管评估工作办公室。

公司治理监管评估工作办公室可以联合相关机构监管部门和银保监局,在评估过程中或评估结束后,选取一定比例的被评估机构,进行监管评估抽查,进一步提高监管评估标准的一致性。

第十九条 评估结果的反馈由负责监管评估的机构监管部门或银保监局实施,反馈采取"一对一"的形式,内容包括公司治理监管评估结果、公司治理存在的主要问题及整改要求。评估结果反馈原则上应当于每年7月底前完成。相关机构监管部门和银保监局应当持续督促银行保险机构完成问题的整改。

第二十条 相关机构在收到监管机构的反馈结果后,应当及时将有关情况通报给董事会、监事会和高级管理层,通报内容包括但不限于:评估结果、监管机构反馈的主要问题、整改要求等,并按监管要求及时进行整改。

第二十一条 负责监管评估的机构监管部门和银保监局应当根据评估结果对相关机构采取相应的监管措施。在公司治理监管评估过程中发现银行保险机构存在违法违规行为,符合行政处罚情形的,应当及时启动立案调查程序。

第二十二条 银保监会结合监管评估工作实际,适时对监管评估工作及效果进行后评价,持续改进完善银行保险机构公司治理监管评估体系。

第二十三条 银保监会建立银行保险机构公司治理监管评估信息系统,加强评估全过程的信息化管理。

第四章 评估结果和运用

第二十四条 公司治理监管评估结果是衡量银行保险机构公司治理水平的重要标准。

评估等级为A级(优秀),表示相关机构公司治理各方面健全,未发现明显的合规性及有效性问题,公司治理机制运转有效。

评估等级为B级(较好),表示相关机构公司治理基本健全,同时存在一些弱点,相关机构能够积极采取措施整改完善。

评估等级为C级(合格),表示相关机构公司治理存在一定缺陷,公司治理合规性或有效性需加以改善。

评估等级为D级(较弱),表示相关机构公司治理存在较多突出问题,合规性较差,有效性不足,公司治理基础薄弱。

评估等级为E级(差),表示相关机构公司治理存在严重问题,合规性差,有效性严重不足,公司治理整体失效。

第二十五条 银保监会将公司治理监管评估结果作为配置监管资源、采取监管措施和行动的重要依据,并在市场准入、现场检查立项、监管评级、监管通报等环节加强对评估结果的运用。

第二十六条 银保监会根据公司治理监管评估结果,对银行保险机构依法采取不同监管措施:

(一)对A级机构,开展常规监管,督促其保持良好公司治理水平。

(二)对B级机构,关注公司治理风险变化,并通过窗口指导、监管谈话等方式指导机构逐步完善公司治理。

(三)对C级机构,除可以采取对B级机构的监管措施外,还可以视情形依法采取下发风险提示函、监管意见书、监管通报,要求机构限期整改等措施。

(四)对D级机构,除可以采取对C级机构的监管措施外,还可以在市场准入中认定其公司治理未达到良好标准。同时,可以根据《中华人民共和国银行业监督管理法》《中华人民共和国保险法》等法律法规,依法采取责令调整相关责任人、责令暂停部分业务、停止批准开办新业务、停止批准增设分支机构、限制分配红利和其他收入等监管措施。

(五)对E级机构,除可以采取对D级机构的监管措施外,应当按照《银行保险机构关联交易管理办法》(中国银行保险监督管理委员会令2022年第1号）有关规定，限制其开展授信类、资金运用类、以资金为基础的关联交易，还可以结合评估发现的问题和线索，对相关机构进行现场检查，并根据《中华人民共和国银行业监督管理法》《中华人民共和国保险法》等法律法规，对机构及责任人进行处罚。

第二十七条 监管机构应当将公司治理监管评估等级为D级及以下的银行保险机构列为重点监管对象，根据其存在的公司治理问题，提出明确的监管措施和整改要求，对其存在的重大公司治理风险隐患及时纠正，坚决防止机构"带病运行"，防止风险发酵放大。

监管机构应当将前款规定情况向相关国有银行保险机构的上级党组织、有关纪检监察部门进行通报。

第五章 附 则

第二十八条 公司治理监管评估的具体信息仅供监管机构内部使用。必要时，监管机构可以采取适当方式与有关政府部门共享公司治理监管评估结果和具体信息。公司治理监管评估的具体信息是指评估过程中使用的监管信息等材料。

第二十九条 机构监管部门和银保监局可以参照本办法，对未纳入公司治理监管评估的银行保险机构开展试评估，推动机构提高公司治理有效性。

第三十条 监管机构工作人员开展公司治理监管评估工作时，应当恪尽职守，秉持公平、公正的原则，不得滥用职权、玩忽职守，不得对评估工作及结果施加不当影响。

第三十一条 本办法所称监管机构，是指中国银保监会及其派出机构。

本办法所称"以上"含本数，"以下"不含本数。

第三十二条 本办法由银保监会负责解释和修订。

第三十三条 本办法自发布之日起施行。《银行保险机构公司治理监管评估办法（试行）》（银保监发〔2019〕43号）同时废止。

(3) 资本与风险管理

商业银行资本管理办法

- 2023年10月26日国家金融监督管理总局令第4号公布
- 自2024年1月1日起施行

第一章 总 则

第一条 为加强商业银行资本监管，维护银行体系安全、稳健运行，保护存款人利益，根据《中华人民共和国银行业监督管理法》《中华人民共和国商业银行法》《中华人民共和国外资银行管理条例》等法律法规，制定本办法。

第二条 本办法适用于在中华人民共和国境内依法设立的商业银行。

第三条 商业银行资本应抵御其所面临的风险，包括个体风险和系统性风险。

第四条 商业银行应符合本办法规定的资本监管要求。

系统重要性银行应同时符合相关办法规定的附加资本监管要求。

第五条 资本监管指标包括资本充足率和杠杆率。

本办法所称资本充足率，是指商业银行持有的、符合本办法规定的资本净额与风险加权资产之间的比率。

一级资本充足率，是指商业银行持有的、符合本办法规定的一级资本净额与风险加权资产之间的比率。

核心一级资本充足率，是指商业银行持有的、符合本办法规定的核心一级资本净额与风险加权资产之间的比率。

杠杆率，是指商业银行持有的、符合本办法规定的一级资本净额与调整后表内外资产余额之间的比率。

第六条 商业银行应按照本办法规定的机构档次划分标准，适用差异化的资本监管要求。其中，第一档和第二档商业银行应满足本办法各章节和相应附件的监管规定，第三档商业银行应满足本办法附件23的监管规定。

（一）第一档商业银行是指符合以下任一条件的商业银行：

1. 并表口径调整后表内外资产余额5000亿元人民币（含）以上。

2. 境外债权债务余额300亿元人民币（含）以上且占并表口径调整后表内外资产余额的10%（含）以上。

（二）第二档商业银行是指符合以下任一条件的商业银行：

1. 并表口径调整后表内外资产余额100亿元人民币（含）以上，且不符合第一档商业银行条件。

2. 并表口径调整后表内外资产余额小于100亿元人民币但境外债权债务余额大于0。

（三）第三档商业银行是指并表口径调整后表内外资产余额小于100亿元人民币且境外债权债务余额为0的商业银行。

调整后表内外资产余额按照本办法第二十三条的规定计算。

境外债权债务，是指银行境外债权和境外债务之和，其中境外债权是指银行持有的对其他国家或地区政府、中央银行、公共部门实体、金融机构、非金融机构和个人的直接境外债权扣除转移回境内的风险敞口之后的最终境外债权；境外债务是指银行对其他国家或地区政府、中央银行、公共部门实体、金融机构、非金融机构和个人的债务。

国家金融监督管理总局有权根据银行业整体情况适时调整上述机构档次划分标准。国家金融监督管理总局及其派出机构有权根据单家银行经营管理和风险水平等情况，结合监管判断调整其所属的机构档次。

第七条 商业银行资本监管指标计算应建立在充分计提贷款损失准备等各项减值准备的基础之上。

第八条 商业银行应按照本办法建立全面风险管理架构和内部资本充足评估程序。

第九条 国家金融监督管理总局及其派出机构依照本办法对商业银行资本监管指标、资本管理状况进行监督检查，并采取相应的监管措施。

第十条 商业银行应按照本办法要求进行信息披露。

第二章 资本监管指标计算和监管要求

第一节 资本监管指标计算范围

第十一条 商业银行未并表资本监管指标的计算范围应包括商业银行境内外所有分支机构。并表资本监管指标的计算范围应包括商业银行以及符合本办法规定的其直接或间接投资的金融机构。商业银行及被投资金融机构共同构成银行集团。

第十二条 商业银行计算并表资本监管指标，应将以下境内外被投资金融机构纳入并表范围：

（一）商业银行直接或间接拥有50%以上表决权的被投资金融机构。

（二）商业银行拥有50%以下（含）表决权的被投资金融机构，但通过与其他表决权持有人之间的协议能够控制50%以上表决权的。

（三）商业银行拥有50%以下（含）表决权的被投资金融机构，但综合考虑下列事实和情况后，判断商业银行持有的表决权足以使其有能力主导被投资金融机构相关活动的：

1. 商业银行持有的表决权相对于其他投资方持有的表决权份额的大小，以及其他投资方持有表决权的分散程度。

2. 商业银行和其他投资方持有的被投资金融机构的潜在表决权，如可转换公司债券、可执行认股权证等。

3. 其他合同安排产生的权利。

4. 被投资金融机构以往的表决权行使情况等其他相关事实和情况。

（四）其他证据表明商业银行实际控制被投资金融机构的情况。

控制，是指投资方拥有对被投资方的权力，通过参与被投资方的相关活动而享有可变回报，并且有能力运用对被投资方的权力影响其回报金额。

第十三条 商业银行未拥有被投资金融机构多数表决权或控制权，具有下列情况之一的，应纳入并资本监管指标计算范围：

（一）具有业务同质性的多个金融机构，虽然单个金融机构资产规模占银行集团整体资产规模的比例较小，但该类金融机构总体风险足以对银行集团的财务状况及风险水平造成重大影响。

（二）被投资金融机构所产生的合规风险、声誉风险造成的危害和损失足以对银行集团的声誉造成重大影响。

第十四条 符合本办法第十二条、第十三条规定的保险公司不纳入并表范围。

商业银行计算并表资本监管指标，应按照本办法第三十七条、第三十八条规定的方法扣除对保险公司的资本投资。

商业银行计算未并表资本监管指标，应按照本办法第十六条的规定扣除对保险公司的资本投资。

第十五条 商业银行拥有被投资金融机构50%以上表决权或对被投资金融机构的控制权，但被投资金融机构处于以下状态之一的，可不纳入并表范围：

（一）已关闭或已宣布破产。

（二）因终止而进入清算程序。

（三）受所在国外汇管制及其他突发事件的影响，资金调度受到限制的境外被投资金融机构。

商业银行应从各级资本中对应扣除对有前款规定情形的被投资金融机构的资本投资。若被投资金融机构存在资本缺口，还应扣除相应的资本缺口。

第十六条 商业银行计算未并表资本监管指标，应从各级资本中对应扣除其对符合本办法第十二条和第十三条规定的金融机构的所有资本投资。若这些金融机构存在资本缺口，还应扣除相应的资本缺口。

第十七条 商业银行应根据本办法制定并表和未并

表资本监管指标计算内部制度。商业银行调整并表和未并表资本监管指标计算范围的,应说明理由并及时向国家金融监督管理总局或其派出机构报告。

第十八条　国家金融监督管理总局及其派出机构有权根据商业银行及其附属机构股权结构变动、业务类别及风险状况确定和调整其并表资本监管指标的计算范围。

第二节　资本监管指标计算公式

第十九条　商业银行资本充足率计算公式为:

$$资本充足率 = \frac{总资本 - 对应资本扣除项}{风险加权资产} \times 100\%$$

$$一级资本充足率 = \frac{一级资本 - 对应资本扣除项}{风险加权资产} \times 100\%$$

$$核心一级资本充足率 = \frac{核心一级资本 - 对应资本扣除项}{风险加权资产} \times 100\%$$

第二十条　商业银行杠杆率计算公式为:

$$杠杆率 = \frac{一级资本 - 一级资本扣除项}{调整后表内外资产余额} \times 100\%$$

第二十一条　商业银行总资本包括一级资本和二级资本。其中,一级资本包括核心一级资本和其他一级资本。商业银行应按照本办法第三章的规定计算各级资本和扣除项。

第二十二条　商业银行风险加权资产包括信用风险加权资产、市场风险加权资产和操作风险加权资产。商业银行应按照本办法第四章、第五章和第六章的规定分别计量信用风险加权资产、市场风险加权资产和操作风险加权资产。

第二十三条　商业银行调整后表内外资产余额计算公式为:

调整后表内外资产余额 = 调整后表内资产余额(不包括表内衍生工具和证券融资交易) + 衍生工具资产余额 + 证券融资交易资产余额 + 调整后表外项目余额 - 一级资本扣除项

从调整后表内外资产余额中扣减的一级资本扣除项不包括商业银行因自身信用风险变化导致其负债公允价值变化带来的未实现损益。

调整后表内外资产余额按照本办法附件19规定的方法计算。

第二十四条　商业银行在计算调整后表内外资产余额时,除本办法附件19另有规定外,不考虑抵质押品、保证和信用衍生工具等信用风险缓释因素。

第三节　资本监管要求

第二十五条　资本充足率监管要求包括最低资本要求、储备资本和逆周期资本要求、系统重要性银行附加资本要求以及第二支柱资本要求。

第二十六条　商业银行各级资本充足率不得低于如下最低要求:

(一)核心一级资本充足率不得低于5%。

(二)一级资本充足率不得低于6%。

(三)资本充足率不得低于8%。

第二十七条　商业银行应在最低资本要求的基础上计提储备资本。储备资本要求为风险加权资产的2.5%,由核心一级资本来满足。国家金融监督管理总局有权根据宏观经济金融形势、银行业整体风险状况以及单家银行经营管理和风险水平等情况,对储备资本要求进行调整。

商业银行应在最低资本要求和储备资本要求之上计提逆周期资本。逆周期资本的计提与运用规则由中国人民银行会同国家金融监督管理总局另行规定。

第二十八条　除本办法第二十六条和第二十七条规定的最低资本要求、储备资本和逆周期资本要求外,系统重要性银行还应计提附加资本。

国内系统重要性银行的认定标准及其附加资本要求由中国人民银行会同国家金融监督管理总局另行规定。

若商业银行同时被认定为国内系统重要性银行和全球系统重要性银行,附加资本要求不叠加,采用二者孰高原则确定。

第二十九条　除本办法第二十六条、第二十七条和第二十八条规定的资本要求以外,国家金融监督管理总局及其派出机构有权在第二支柱框架下提出更审慎的资本要求,确保资本充分覆盖风险,包括:

(一)根据风险判断,针对部分资产组合提出的特定资本要求。

(二)根据监督检查结果,针对单家银行提出的特定资本要求。

国家金融监督管理总局及其派出机构有权确定第二支柱资本要求应由核心一级资本、其他一级资本或二级资本来满足。

第三十条　除上述资本充足率监管要求外,商业银行的杠杆率不得低于4%。

系统重要性银行在满足上述最低杠杆率要求的基础上,还应满足附加杠杆率要求。

国内系统重要性银行的附加杠杆率要求由中国人民银行会同国家金融监督管理总局另行规定。

第三章 资本定义

第一节 资本构成

第三十一条 商业银行发行的资本工具应符合本办法附件1规定的合格标准。

第三十二条 核心一级资本包括：
（一）实收资本或普通股。
（二）资本公积。
（三）盈余公积。
（四）一般风险准备。
（五）未分配利润。
（六）累计其他综合收益。
（七）少数股东资本可计入部分。

第三十三条 其他一级资本包括：
（一）其他一级资本工具及其溢价。
（二）少数股东资本可计入部分。

第三十四条 二级资本包括：
（一）二级资本工具及其溢价。
商业银行发行的二级资本工具在距到期日前最后五年，可计入二级资本的金额，应按100%、80%、60%、40%、20%的比例逐年减计。
（二）超额损失准备。
1. 商业银行采用权重法计量信用风险加权资产的，超额损失准备可计入二级资本，但不得超过信用风险加权资产的1.25%。
前款所称超额损失准备是指商业银行实际计提的损失准备超过损失准备最低要求的部分。损失准备最低要求由国家金融监督管理总局另行规定。
2. 商业银行采用内部评级法计量信用风险加权资产的，超额损失准备可计入二级资本，但不得超过信用风险加权资产的0.6%。
前款所称超额损失准备是指商业银行实际计提的损失准备超过预期损失的部分。
（三）少数股东资本可计入部分。

第二节 资本扣除项

第三十五条 计算资本充足率时，商业银行应从核心一级资本中全额扣除以下项目：
（一）商誉。
（二）其他无形资产（土地使用权除外）。
（三）由经营亏损引起的净递延税资产。
（四）损失准备缺口。
1. 商业银行采用权重法计量信用风险加权资产的，损失准备缺口是指商业银行实际计提的损失准备低于损失准备最低要求的部分。
2. 商业银行采用内部评级法计量信用风险加权资产的，损失准备缺口是指商业银行实际计提的损失准备低于预期损失的部分。
（五）资产证券化销售利得。
（六）确定受益类的养老金资产净额。
（七）直接或间接持有本银行的股票。
（八）对资产负债表中未按公允价值计量的项目进行套期形成的现金流储备，若为正值，应予以扣除；若为负值，应予以加回。
（九）商业银行自身信用风险变化导致其负债公允价值变化带来的未实现损益。
（十）审慎估值调整。

第三十六条 商业银行之间通过协议相互持有的各级资本工具，或国家金融监督管理总局认定为虚增资本的各级资本投资，应从相应监管资本中对应扣除。

商业银行直接或间接持有本银行发行的其他一级资本工具和二级资本工具，应从相应监管资本中对应扣除。

对应扣除是指从商业银行自身相应层级资本中扣除。商业银行某一级资本净额小于应扣除数额的，缺口部分应从更高一级的资本净额中扣除。

第三十七条 商业银行对未并表金融机构的小额少数资本投资，合计超出本银行核心一级资本净额10%的部分，应从各级监管资本中对应扣除。

小额少数资本投资是指商业银行对金融机构各级资本投资（包括直接和间接投资）之和，占该被投资金融机构实收资本（普通股加普通股溢价）10%（不含）以下，且不符合本办法第十二条、第十三条规定的资本投资。

第三十八条 商业银行对未并表金融机构的大额少数资本投资中，核心一级资本投资合计超出本银行核心一级资本净额10%的部分应从本银行核心一级资本中扣除；其他一级资本投资和二级资本投资应从相应层级资本中全额扣除。

大额少数资本投资是指商业银行对金融机构各级资本投资（包括直接和间接投资）占该被投资金融机构实收资本（普通股加普通股溢价）10%（含）以上，且不符合本办法第十二条、第十三条规定的资本投资。

第三十九条 除本办法第三十五条第三款规定的递延税资产外，其他依赖于本银行未来盈利的净递延税资产，超出本银行核心一级资本净额10%的部分应从核心一级资本中扣除。

第四十条 根据本办法第三十八条、第三十九条的规定,未在商业银行核心一级资本中扣除的对金融机构的大额少数资本投资和相应的净递延税资产,合计金额不得超过本银行核心一级资本净额的15%。

第四十一条 商业银行持有的外部总损失吸收能力非资本债务工具的扣除规则,由中国人民银行会同国家金融监督管理总局另行规定。

第三节 少数股东资本的处理

第四十二条 商业银行附属公司适用于资本监管的,附属公司直接发行且由第三方持有的少数股东资本可以部分计入监管资本。

第四十三条 附属公司核心一级资本中少数股东资本用于满足核心一级资本最低要求和储备资本要求的部分,可计入并表核心一级资本。

最低要求和储备资本要求为下面两项中较小者:

(一)附属公司核心一级资本最低要求加储备资本要求。

(二)母公司并表核心一级资本最低要求与储备资本要求归属于附属公司的部分。

第四十四条 附属公司一级资本中少数股东资本用于满足一级资本最低要求和储备资本要求的部分,扣除已计入并表核心一级资本的部分后,剩余部分可以计入并表其他一级资本。

最低要求和储备资本要求为下面两项中较小者:

(一)附属公司一级资本最低要求加储备资本要求。

(二)母公司并表一级资本最低要求与储备资本要求归属于附属公司的部分。

第四十五条 附属公司总资本中少数股东资本用于满足总资本最低要求和储备资本要求的部分,扣除已计入并表一级资本的部分后,剩余部分可以计入并表二级资本。

最低要求和储备资本要求为下面两项中较小者:

(一)附属公司总资本最低要求加储备资本要求。

(二)母公司并表总资本最低要求与储备资本要求归属于附属公司的部分。

第四章 信用风险加权资产计量

第一节 一般规定

第四十六条 商业银行可以采用权重法或内部评级法计量信用风险加权资产。商业银行采用内部评级法计量信用风险加权资产的,应符合本办法的规定,并经国家金融监督管理总局或其派出机构验收通过。内部评级法未覆盖的风险暴露应采用权重法计量信用风险加权资产。

未经国家金融监督管理总局或其派出机构认可,商业银行不得变更信用风险加权资产计量方法。

第四十七条 商业银行采用权重法,应按照本办法规定的机构划分标准,实施差异化的银行账簿信用风险暴露分类和信用风险加权资产计量规则。

(一)第一档商业银行应按照本办法附件2的规定对银行账簿信用风险暴露进行分类,按照本章第二节的规定计量信用风险加权资产。

(二)第二档商业银行应按照本办法第六十五条第五款、第六十六条第二款、第六十七条第二款、第六十八条第三款、第六十九条第三款、第七十一条第三款、第七十二条第三款、第七十四条、第七十九条第三款、第八十条第三款的规定,对商业银行风险暴露、其他金融机构风险暴露、公司风险暴露、个人风险暴露、房地产风险暴露、存在币种错配情形的个人风险暴露和向个人发放的居住用房地产风险暴露、合格资产担保债券、已违约风险暴露进行划分和计量。

第四十八条 商业银行采用权重法,可以按照本办法附件3的规定审慎考虑信用风险缓释工具的风险抵补作用。

第四十九条 商业银行申请采用内部评级法计量信用风险加权资产的,提交申请时内部评级法资产覆盖率应不低于50%。

前款所称内部评级法资产覆盖率按以下公式确定:

内部评级法资产覆盖率=按内部评级法计量的风险加权资产/(按内部评级法计量的风险加权资产+按权重法计量的内部评级法未覆盖信用风险暴露的风险加权资产)×100%

第五十条 商业银行采用内部评级法,应按照本办法附件4的规定对银行账簿信用风险暴露进行分类,按照本办法附件5的规定建立内部评级体系,按照本办法附件6的规定计量信用风险加权资产。

商业银行采用内部评级法,可以按照本办法附件7的规定审慎考虑信用风险缓释工具的风险抵补作用。

商业银行采用内部评级法,可以按照本办法附件8的规定采用监管映射法计量专业贷款信用风险加权资产。

第五十一条 商业银行应按照本办法附件9的规定计量银行账簿和交易账簿的交易对手信用风险加权资产,按照本办法附件10的规定计量中央交易对手风险暴露的信用风险加权资产。

第五十二条　商业银行应按照本办法附件11的规定计量银行账簿资产证券化风险暴露的信用风险加权资产。

第五十三条　商业银行应按照本办法附件12的规定计量银行账簿资产管理产品的信用风险加权资产

第二节　权重法

第五十四条　权重法下信用风险加权资产为银行账簿表内资产信用风险加权资产与表外项目信用风险加权资产之和。

第五十五条　商业银行计量各类表内资产的风险加权资产，应首先从资产账面价值中扣除相应的减值准备，然后乘以风险权重。

第五十六条　商业银行计量各类表外项目的风险加权资产，应将表外项目名义金额乘以信用转换系数得到等值的表内资产，再按表内资产的处理方式计量风险加权资产。

第五十七条　现金及现金等价物的风险权重为0%。

第五十八条　商业银行对境外主权和公共部门实体风险暴露的风险权重，以所在国家或地区的外部信用评级结果为基准。

（一）对其他国家或地区政府及其中央银行风险暴露，该国家或地区的评级为AA-（含）以上的，风险权重为0%；AA-以下，A-（含）以上的，风险权重为20%；A-以下，BBB-（含）以上的，风险权重为50%；BBB-以下，B-（含）以上的，风险权重为100%；B-以下的，风险权重为150%；未评级的，风险权重为100%。

（二）对境外公共部门实体风险暴露，注册地所在国家或地区的评级为AA-（含）以上的，风险权重为20%；AA-以下，A-（含）以上的，风险权重为50%；A-以下，B-（含）以上的，风险权重为100%；B-以下的，风险权重为150%；未评级的，风险权重为100%。

第五十九条　商业银行对国际清算银行、国际货币基金组织、欧洲中央银行、欧盟、欧洲稳定机制和欧洲金融稳定机制风险暴露的风险权重为0%。

第六十条　商业银行对多边开发银行风险暴露的风险权重。

（一）对经巴塞尔委员会认定的合格多边开发银行风险暴露的风险权重为0%。

（二）对其他多边开发银行风险暴露的风险权重，以其自身外部信用评级结果为基准。评级为AA-（含）以上的，风险权重为20%；AA-以下，A-（含）以上的，风险权重为30%；A-以下，BBB-（含）以上的，风险权重为50%；BBB-以下，B-（含）以上的，风险权重为100%；B-以下的，风险权重为150%；未评级的，风险权重为50%。

第六十一条　商业银行对我国中央政府和中国人民银行风险暴露的风险权重为0%。

第六十二条　商业银行对视同我国主权的公共部门实体风险暴露的风险权重。

（一）对我国中央政府投资的金融资产管理公司为收购国有银行不良贷款而定向发行的债券的风险权重为0%。

（二）对省（自治区、直辖市）及计划单列市人民政府风险暴露的风险权重根据债券类型确定。一般债券风险权重为10%，专项债券风险权重为20%。

（三）对除财政部和中国人民银行外，其他收入主要来源于中央财政的公共部门实体风险暴露的风险权重为20%。

商业银行对前款所列视同我国主权的公共部门实体投资的工商企业的风险暴露不适用上述风险权重。

第六十三条　商业银行对经国家金融监督管理总局认定的我国一般公共部门实体风险暴露的风险权重为50%。

商业银行对我国一般公共部门实体投资的工商企业的风险暴露不适用50%的风险权重。

第六十四条　商业银行对我国开发性金融机构和政策性银行风险暴露（不含次级债权）的风险权重为0%。

第六十五条　商业银行对境内外其他商业银行风险暴露（不含次级债权）的风险权重，以本办法附件2规定的标准信用风险评估结果为基准。

（一）对A+级商业银行风险暴露的风险权重为30%，A级商业银行风险暴露的风险权重为40%，其中原始期限三个月（含）以内，或因跨境货物贸易而产生的原始期限六个月（含）以内风险暴露的风险权重为20%。

（二）对B级商业银行风险暴露的风险权重为75%，其中原始期限三个月（含）以内，或因跨境货物贸易而产生的原始期限六个月（含）以内风险暴露的风险权重为50%。

（三）对C级商业银行风险暴露的风险权重为150%。

（四）商业银行对境外其他商业银行风险暴露（不含次级债权）的风险权重，应不低于其注册地所在国家或地区的主权风险暴露对应的风险权重，其中原始期限三个月（含）以内，或因跨境货物贸易而产生的原始期限六个月(含)以内风险暴露,不受上述底线约束。

(五)第二档商业银行不对境内外其他商业银行划分级别。对境内外其他商业银行风险暴露的风险权重为40%,其中原始期限三个月(含)以内,或因跨境货物贸易而产生的原始期限六个月(含)以内风险暴露的风险权重为20%。

第二档商业银行对境外其他商业银行风险暴露的风险权重应满足本条第(四)款的规定。

第六十六条 商业银行对境内外其他金融机构风险暴露(不含次级债权)的风险权重为100%,其中符合本办法附件2规定的投资级其他金融机构风险暴露的风险权重为75%。

第二档商业银行不单独划分投资级其他金融机构风险暴露,按照一般其他金融机构风险暴露的风险权重计量。

第六十七条 商业银行对一般公司风险暴露的风险权重为100%,其中符合本办法附件2规定的投资级公司风险暴露的风险权重为75%,中小企业风险暴露的风险权重为85%,小微企业风险暴露的风险权重为75%。

第二档商业银行不单独划分投资级公司风险暴露,按照一般公司风险暴露的风险权重计量。

第六十八条 商业银行对专业贷款的风险权重。

(一)对物品融资和商品融资的风险权重为100%。

(二)对项目融资的风险权重。

1. 对运营前阶段项目融资的风险权重为130%。

2. 对运营阶段项目融资的风险权重为100%。

(三)第二档商业银行不单独划分专业贷款,按照一般公司风险暴露的风险权重计量。

第六十九条 商业银行对个人风险暴露的风险权重。

(一)对符合本办法附件2规定的监管零售个人风险暴露的风险权重为75%,其中符合标准的合格交易者个人风险暴露的风险权重为45%。

(二)对其他个人风险暴露的风险权重为100%。

(三)第二档商业银行对个人住房抵押贷款的风险权重为50%。对已抵押房产,商业银行以再评估后的净值为抵押追加贷款并用于房地产投资的,追加部分的风险权重为150%。

第七十条 商业银行对房地产开发风险暴露的风险权重为150%,其中符合本办法附件2第八部分(三)规定的审慎要求的,风险权重为100%。

第七十一条 商业银行对居住用房地产风险暴露的风险权重。

(一)对还款不实质性依赖于房地产所产生的现金流的风险暴露的风险权重。

1. 对符合本办法附件2第八部分(五)规定的审慎要求的,贷款价值比为50%(含)以下的,风险权重为20%;50%至60%(含)的,风险权重为25%;60%至70%(含)的,风险权重为30%;70%至80%(含)的,风险权重为35%;80%至90%(含)的,风险权重为40%;90%至100%(含)的,风险权重为50%;100%以上的,按照交易对手风险权重计量。

2. 对不符合本办法附件2第八部分(五)规定的审慎要求的,按照交易对手风险权重计量。

(二)对还款实质性依赖于房地产所产生的现金流的风险暴露的风险权重。

1. 对符合本办法附件2第八部分(五)规定的审慎要求的,贷款价值比为50%(含)以下的,风险权重为30%;50%至60%(含)的,风险权重为35%;60%至70%(含)的,风险权重为45%;70%至80%(含)的,风险权重为50%;80%至90%(含)的,风险权重为60%;90%至100%(含)的,风险权重为75%;100%以上的,风险权重为105%。

2. 对不符合本办法附件2第八部分(五)规定的审慎要求的,风险权重为150%。

(三)第二档商业银行不单独划分居住用房地产风险暴露,按照交易对手风险权重计量。

第七十二条 商业银行对商用房地产风险暴露的风险权重。

(一)对还款不实质性依赖于房地产所产生的现金流的风险暴露的风险权重。

1. 对符合本办法附件2第八部分(五)规定的审慎要求的,贷款价值比为60%(含)以下的,风险权重为65%;60%(不含)以上的,按照交易对手风险权重计量。

2. 对不符合本办法附件2第八部分(五)规定的审慎要求的,按照交易对手风险权重计量。

(二)对还款实质性依赖于房地产所产生的现金流的风险暴露的风险权重。

1. 对符合本办法附件2第八部分(五)规定的审慎要求的,贷款价值比为60%(含)以下的,风险权重为75%;60%至80%(含)的,风险权重为90%与交易对手风险权重中的较大值;80%以上的,风险权重为110%。

2. 对不符合本办法附件2第八部分(五)规定的审慎要求的,风险权重为150%。

(三)第二档商业银行不单独划分商用房地产风险暴露,按照交易对手风险权重计量。

第七十三条 商业银行自用不动产的风险权重为100%,商业银行非自用不动产的风险权重为400%。

商业银行因行使抵押权等方式而持有的非自用不动产在法律规定处分期限内的风险权重为100%。

第七十四条 商业银行对存在币种错配情形的个人风险暴露和向个人发放的居住用房地产风险暴露的风险权重,分别为第六十九条、第七十一条中对应风险权重的1.5倍,最高不超过150%。

币种错配是指风险暴露与债务人收入币种不同。

第二档商业银行不单独划分存在币种错配情形的个人风险暴露和向个人发放的居住用房地产风险暴露,按照交易对手风险权重计量。

国家金融监督管理总局有权根据实际风险水平对商业银行存在币种错配情形且未对冲的公司风险暴露的风险权重进行调整。

第七十五条 租赁业务的租赁资产余值的风险权重为100%。

第七十六条 商业银行对工商企业股权投资的风险权重。

(一)被动持有的对工商企业股权投资在法律规定处分期限内的风险权重为250%。

(二)对因市场化债转股持有的工商企业股权投资的风险权重为250%。

(三)对获得国家重大补贴并受到政府监督的股权投资的风险权重为250%。

(四)对工商企业其他股权投资的风险权重为1250%。

第七十七条 商业银行对次级债权(不含我国开发性金融机构和政策性银行)和全球系统重要性银行发行的外部总损失吸收能力非资本债务工具(未扣除部分)的风险权重为150%。

商业银行对我国开发性金融机构和政策性银行的次级债权(未扣除部分)的风险权重为100%。

第七十八条 下列资产适用250%风险权重:

(一)对金融机构的股权投资(未扣除部分)。

(二)依赖于银行未来盈利的净递延税资产(未扣除部分)。

第七十九条 商业银行对合格资产担保债券的风险权重。

(一)债券自身具有外部信用评级的,以债券自身的外部信用评级结果为基准。债券评级为AA-(含)以上的,风险权重为10%;AA-以下、BBB-(含)以上的,风险权重为20%;BBB-以下、B-(含)以上的,风险权重为50%;B-以下的,风险权重为100%。

(二)债券自身不具有外部信用评级的,以债券发行银行的标准信用风险评估结果为基准。债券发行银行为A+级的,风险权重为15%;A级的,风险权重为20%;B级的,风险权重为35%;C级的,风险权重为100%。

(三)第二档商业银行不单独划分合格资产担保债券,按照交易对手风险权重计量。

第八十条 商业银行对已违约风险暴露的风险权重。

(一)以居住用房为抵押、还款不实质性依赖于房地产所产生的现金流的已违约风险暴露,风险权重为100%。

(二)对其他已违约风险暴露,损失准备低于资产账面价值的20%的,风险权重为150%;损失准备不低于资产账面价值的20%的,风险权重为100%。

(三)第二档商业银行不单独划分已违约风险暴露,按照交易对手风险权重计量。

第八十一条 商业银行其他资产的风险权重为100%。

国家金融监督管理总局有权根据实际风险水平对其中部分资产的风险权重进行调整。

第八十二条 商业银行各类表外项目的信用转换系数。

(一)等同于贷款的授信业务的信用转换系数为100%。

(二)贷款承诺的信用转换系数为40%,其中可随时无条件撤销的贷款承诺的信用转换系数为10%。满足本办法附件3规定的特定条件的可随时无条件撤销的贷款承诺可豁免计量信用风险加权资产。

(三)未使用的信用卡授信额度的信用转换系数为40%,但符合以下条件的未使用的信用卡授信额度的信用转换系数为20%。

1. 授信对象为自然人,授信方式为无担保循环授信。

2. 对同一持卡人的授信额度不超过100万元人民币。

3. 商业银行应至少每年一次评估持卡人的信用程度,按季监控授信额度的使用情况;若持卡人信用状况恶化,商业银行有权降低甚至取消授信额度。

（四）票据发行便利和循环认购便利的信用转换系数为50%。

（五）银行借出的证券或用作抵押物的证券，信用转换系数为100%。

（六）与贸易直接相关的短期或有项目，信用转换系数为20%，其中基于服务贸易的国内信用证的信用转换系数为50%。

（七）与交易直接相关的或有项目，信用转换系数为50%。

（八）信用风险仍在银行的资产销售与购买协议，信用转换系数为100%。

（九）远期资产购买、远期定期存款、部分交款的股票及证券，信用转换系数为100%。

（十）其他表外项目的信用转换系数均为100%。

第八十三条 商业银行应按照本办法附件3的规定对因证券、商品、外汇清算形成的风险暴露计量信用风险加权资产。

第八十四条 商业银行采用权重法计量信用风险加权资产时，可按照本办法附件3的规定考虑合格质物、合格保证或合格信用衍生工具的风险缓释作用。

（一）合格质物质押的风险暴露（含证券融资交易形成的风险暴露），取得与质物相同的风险权重，或取得对质物发行人或承兑人直接风险暴露的风险权重。部分质押的风险暴露（含证券融资交易形成的风险暴露），受质物保护的部分获得相应的较低风险权重。

（二）合格保证主体提供全额保证的风险暴露，取得对保证人直接风险暴露的风险权重。部分保证的风险暴露，被保证部分获得相应的较低风险权重。

（三）合格信用衍生工具提供信用保护的风险暴露，取得对信用保护提供方直接风险暴露的风险权重。部分受信用保护的风险暴露，被保护部分获得相应的较低风险权重。

第八十五条 合格保证的剩余期限短于风险暴露剩余期限的，不具备风险缓释作用。合格质物、合格信用衍生工具的剩余期限短于风险暴露剩余期限时，商业银行应按照本办法附件3的规定对合格信用风险缓释工具与风险暴露之间的期限错配进行调整。

第八十六条 商业银行应按照本办法附件3的规定对合格信用风险缓释工具与风险暴露之间的币种错配进行调整。合格质物与风险暴露之间的币种错配无需调整。

第八十七条 合格质物质押的风险暴露的风险权重应不低于20%，满足本办法附件3规定的特定条件的风险暴露不受上述底线约束。

第三节 内部评级法

第八十八条 商业银行应对银行账簿信用风险暴露进行分类，并至少分为以下六类：

（一）主权风险暴露。

（二）金融机构风险暴露。

（三）公司风险暴露，包括中小企业风险暴露、专业贷款和一般公司风险暴露。

（四）零售风险暴露，包括个人住房抵押贷款、合格循环零售风险暴露和其他零售风险暴露。合格循环零售风险暴露包括合格交易者循环零售风险暴露和一般循环零售风险暴露。

（五）股权风险暴露。

（六）其他风险暴露，包括购入应收账款、资产证券化风险暴露及资产管理产品。

主权风险暴露、金融机构风险暴露和公司风险暴露统称为非零售风险暴露。

第八十九条 商业银行对股权风险暴露不得采用内部评级法计量信用风险加权资产，对以下风险暴露不得采用高级内部评级法计量信用风险加权资产：

（一）金融机构风险暴露。

（二）企业年营业收入（近三年营业收入的算术平均值）超过30亿元人民币或符合以下情形之一的一般公司风险暴露：

1. 此类企业或其全资子公司直接控股超过50%的企业。

2. 两个以上此类企业或其全资子公司直接控股超过50%的企业。

3. 与此类企业或其全资子公司的法定代表人为同一自然人的企业。

第九十条 商业银行应分别计量未违约和已违约风险暴露的风险加权资产：

（一）未违约非零售风险暴露的风险加权资产计量基于单笔信用风险暴露的违约概率、违约损失率、违约风险暴露、相关性和有效期限。

未违约零售风险暴露的风险加权资产计量基于单个资产池风险暴露的违约概率、违约损失率、违约风险暴露和相关性。

（二）已违约风险暴露的风险加权资产计量基于违约损失率、预期损失率和违约风险暴露。

第九十一条 商业银行应按照以下方法确定违约

概率:

(一)主权风险暴露的违约概率为商业银行内部估计的1年期违约概率。

(二)公司和金融机构风险暴露的违约概率为商业银行内部估计的1年期违约概率与0.05%中的较大值。

由主权提供合格保证担保覆盖的风险暴露部分,违约概率不受0.05%底线约束。

(三)零售风险暴露的违约概率为商业银行内部估计的1年期违约概率与0.05%中的较大值,其中一般循环零售风险暴露的违约概率为商业银行内部估计的1年期违约概率与0.1%中的较大值。

(四)对于提供合格保证或信用衍生工具的风险暴露,商业银行可以使用保证人或信用保护提供方的违约概率替代债务人的违约概率。

第九十二条 商业银行应按照以下方法确定违约损失率:

(一)商业银行采用初级内部评级法,主权和金融机构风险暴露中没有合格抵质押品的高级债权和次级债权的违约损失率分别为45%和75%,公司风险暴露中没有合格抵质押品的高级债权和次级债权的违约损失率分别为40%和75%。对于提供合格抵质押品的高级债权和从属于净额结算主协议的回购交易,商业银行可以根据风险缓释效应调整违约损失率。

(二)商业银行采用高级内部评级法,应使用内部估计的单笔非零售风险暴露的违约损失率。

1. 主权风险暴露的违约损失率为商业银行内部估计的违约损失率。

2. 对于没有合格抵质押品的公司风险暴露,违约损失率为商业银行内部估计的违约损失率与25%中的较大值。对于提供合格抵质押品的公司风险暴露,采用金融质押品质押的,违约损失率为商业银行内部估计的违约损失率;采用应收账款质押、商用房地产和居住用房地产抵押的,违约损失率为商业银行内部估计的违约损失率与10%中的较大值;采用其他抵质押品担保的,违约损失率为商业银行内部估计的违约损失率与15%中的较大值。

由主权提供合格保证担保覆盖的风险暴露部分,违约损失率不受上述底线约束。

(三)商业银行应使用内部估计的零售资产池的违约损失率。

1. 个人住房抵押贷款的违约损失率为商业银行内部估计的违约损失率与10%中的较大值。

2. 合格循环零售风险暴露的违约损失率为商业银行内部估计的违约损失率与50%中的较大值。

3. 对于没有合格抵质押品的其他零售风险暴露,违约损失率为商业银行内部估计的违约损失率与30%中的较大值。对于提供合格抵质押品的其他零售风险暴露,采用金融质押品质押的,违约损失率为商业银行内部估计的违约损失率;采用应收账款质押、商用房地产和居住用房地产抵押的,违约损失率为商业银行内部估计的违约损失率与10%中的较大值;采用其他抵质押品担保的,违约损失率为商业银行内部估计的违约损失率与15%中的较大值。

第九十三条 商业银行应按照以下方法确定违约风险暴露:

违约风险暴露应不考虑减值准备的影响。表内资产的违约风险暴露应不小于以下两项之和:(1)违约风险暴露被完全核销后,银行监管资本下降的数量;(2)各项减值准备的数量。

如果商业银行估计的违约风险暴露超过以上两项之和,超过部分可视为折扣。风险加权资产的计量不受该折扣的影响,但比较预期损失和损失准备时,可将该折扣计入损失准备。

(一)商业银行采用初级内部评级法,应按风险暴露名义金额计量表内资产的违约风险暴露,但可以考虑合格净额结算的风险缓释效应。

(二)商业银行采用初级内部评级法,各类表外项目的信用转换系数按照本办法第八十二条的规定。

(三)商业银行采用高级内部评级法,应使用内部估计的非零售违约风险暴露。对于可循环类表外项目,应按照商业银行内部估计的信用转换系数计量违约风险暴露。对于不可循环类表外项目,以及商业银行未达到本办法附件5规定的违约风险暴露估计要求时,应按照本办法第八十二条规定的信用转换系数计量违约风险暴露。对于按照本办法第八十二条规定信用转换系数为100%的表外项目,应使用100%的信用转换系数计量违约风险暴露。

公司风险暴露的违约风险暴露为商业银行内部估计的违约风险暴露与以下两项之和中的较大值:(1)表内资产风险暴露;(2)按照本办法第八十二条规定的信用转换系数计算的表外项目风险暴露的50%。

由主权提供合格保证担保覆盖的风险暴露部分,违约风险暴露不受上述底线约束。

(四)商业银行应使用内部估计的零售违约风险暴

露。对于可循环类表外项目,应按照商业银行内部估计的信用转换系数计量违约风险暴露。对于不可循环类表外项目、包含外汇和利率承诺的表外项目,以及商业银行未达到本办法附件5规定的违约风险暴露估计要求时,应按照本办法第八十二条规定的信用转换系数计量违约风险暴露。对于按照本办法第八十二条规定信用转换系数为100%的表外项目,应使用100%的信用转换系数计量违约风险暴露。

第九十四条 商业银行应按照以下方法确定有效期限:

(一)商业银行采用初级内部评级法,非零售风险暴露的有效期限为2.5年。回购类交易的有效期限为0.5年。

(二)商业银行采用高级内部评级法,有效期限为内部估计的有效期限与1年中的较大值,但最大不超过5年。中小企业风险暴露的有效期限可以采用2.5年。

(三)对于下列短期风险暴露,有效期限为内部估计的有效期限与1天中的较大值:

1. 原始期限1年以内全额抵押的场外衍生品交易、保证金贷款、回购交易和证券借贷交易。交易文件中必须包括按日重新估值并调整保证金,且在交易对手违约或未能补足保证金时可以及时平仓或处置抵押品的条款。

2. 原始期限1年以内自我清偿性的贸易融资,包括开立的和保兑的信用证。

3. 原始期限3个月以内的其他短期风险暴露,包括:场外衍生品交易、保证金贷款、回购交易、证券借贷、短期贷款和存款,证券和外汇清算而产生的风险暴露,以电汇方式进行现金清算产生的风险暴露等。

第五章 市场风险加权资产计量

第一节 一般规定

第九十五条 本办法所称市场风险是指因市场价格(利率、汇率、股票价格和商品价格)的不利变动而使商业银行表内和表外业务发生损失的风险。

第九十六条 市场风险资本计量应覆盖商业银行交易账簿中的违约风险、一般利率风险、信用利差风险、股票风险,以及全账簿汇率风险和商品风险。

商业银行可不对结构性外汇头寸、资本扣除项对应的外汇头寸计量汇率风险资本要求。

从商业银行监管资本中扣除的资本工具,不纳入市场风险资本计量范围。

在特定情况下,国家金融监督管理总局有权要求商业银行采用审慎的方式加总计量并表口径的市场风险资本要求,即不考虑各法人机构之间风险头寸的抵消和净额结算。

第九十七条 本办法所称交易账簿包括以交易目的或对冲交易账簿其他项目的风险而持有的金融工具、外汇和商品头寸及经国家金融监督管理总局认定的其他工具。除交易账簿工具外,其他工具应划入银行账簿。

前款所称以交易目的持有的头寸是指短期内有目的地持有以便出售,或从实际或预期的短期价格波动中获利,或锁定套利的头寸,包括自营业务、做市业务、为满足客户需求提供的对客交易及对冲前述交易相关风险而持有的头寸。

第九十八条 商业银行应按照本办法附件13的规定划分交易账簿和银行账簿。

国家金融监督管理总局或其派出机构有权要求商业银行提供账簿划分的依据,对划分依据不合理的银行,有权要求其作出调整。

第九十九条 商业银行从银行账簿到交易账簿的内部风险转移,应满足本办法附件13的要求。

第一百条 商业银行可以采用标准法、内部模型法或简化标准法计量市场风险资本要求。未经国家金融监督管理总局或其派出机构认可,商业银行不得变更市场风险资本计量方法,另有规定的从其规定。

第一百零一条 商业银行应以交易台为单位申请使用内部模型法计量市场风险资本要求。

前款所称交易台是指由商业银行设定,在清晰的风险管理框架中执行明确交易策略的一组交易员或一套会计账目。

第一百零二条 商业银行采用内部模型法,内部模型法覆盖率应不低于10%。商业银行应按季评估内部模型法覆盖率,若不满足标准,应采用标准法计量资本要求。重新满足标准后,当季末应恢复采用内部模型法计量资本要求。商业银行应及时向国家金融监督管理总局或其派出机构报告上述方法变更情况。

前款所称内部模型法覆盖率按以下公式确定:

内部模型法覆盖率 = 按内部模型法计量的资本要求/(按内部模型法计量的资本要求 + 按标准法计量的资本要求)×100%

第一百零三条 商业银行市场风险加权资产为市场风险资本要求的12.5倍,即市场风险加权资产 = 市场风险资本要求×12.5。

第二节 标准法

第一百零四条 商业银行采用标准法,应按照本办法附件14的规定分别计量基于敏感度方法的资本要求、违约风险资本要求和剩余风险附加资本要求。

第一百零五条 基于敏感度方法的资本要求为得尔塔、维伽和曲度三项风险资本要求之和。风险类别包括一般利率风险、非证券化信用利差风险、非相关性交易组合证券化信用利差风险、相关性交易组合证券化信用利差风险、股票风险、商品风险和汇率风险。

第一百零六条 违约风险资本要求的风险类别包括非证券化违约风险、非相关性交易组合证券化违约风险和相关性交易组合证券化违约风险。

第一百零七条 标的为奇异性资产的工具和承担其他剩余风险的工具应计量剩余风险附加资本要求。

第三节 内部模型法

第一百零八条 商业银行采用内部模型法,应符合本办法附件15的规定,并经国家金融监督管理总局或其派出机构验收通过。商业银行采用内部模型法的,应同时按标准法计量和报送所有交易台的资本要求。

第一百零九条 商业银行采用内部模型法,其市场风险总资本要求(ACRtotal)为:

$$ACRtotal = \min(IMA_{G,A} + C_u + 资本附加, SA_{all\ desk}) + \max(0, IMA_{G,A} - SA_{G,A})$$

其中:

(一)$IMA_{G,A}$ 为经验收通过使用内部模型法且符合内部模型法使用条件的交易台资本要求。

(二)C_u 为未经验收通过使用内部模型法或不符合内部模型法使用条件的交易台按标准法计量的资本要求。

(三)资本附加为根据损益归因测试结果相应增加的资本要求。

(四)$SA_{all\ desk}$ 为所有交易台按标准法计量的资本要求,$SA_{G,A}$ 为经验收通过使用内部模型法且符合内部模型法使用条件的交易台按标准法计量的资本要求。

具体计量要求见本办法附件15。

第一百一十条 商业银行应使用单独的内部模型计量违约风险资本要求。内部模型未达到合格标准或未覆盖违约风险的,应按标准法计量违约风险资本要求。

第四节 简化标准法

第一百一十一条 商业银行采用简化标准法应符合本办法附件16的要求。商业银行应按照本办法附件16的规定分别计量利率风险、汇率风险、商品风险和股票风险的资本要求,并单独计量以各类风险为基础的期权风险的资本要求。

第一百一十二条 简化标准法市场风险资本要求为利率风险、汇率风险、商品风险、股票风险和以各类风险为基础的期权风险的资本要求经相应的调整后加总,公式如下:

资本要求=利率风险资本要求(含利率类期权资本要求)×1.3+汇率风险资本要求(含汇率类期权资本要求)×1.2+商品风险资本要求(含商品类期权资本要求)×1.9+股票风险资本要求(含股票类期权资本要求)×3.5

利率风险资本要求和股票风险资本要求为一般市场风险资本要求和特定市场风险资本要求之和。期权风险资本要求纳入其标的对应风险类别进行资本要求汇总。

第六章 操作风险加权资产计量

第一节 一般规定

第一百一十三条 本办法所称操作风险是指由于内部程序、员工、信息科技系统存在问题以及外部事件造成损失的风险,包括法律风险,但不包括战略风险和声誉风险。

第一百一十四条 商业银行可以采用标准法或基本指标法计量操作风险资本要求。

第一档商业银行应采用标准法计量操作风险资本要求,并符合本办法附件18的规定。

第二档商业银行应采用基本指标法计量操作风险资本要求。

第一百一十五条 商业银行操作风险加权资产为操作风险资本要求的12.5倍,即操作风险加权资产=操作风险资本要求×12.5。

第二节 标准法

第一百一十六条 商业银行采用标准法,应按照以下公式计量操作风险资本要求:

$$K_{TSA} = BIC \times ILM$$

其中:

(一)K_{TSA} 为按标准法计量的操作风险资本要求。

(二)BIC 为业务指标部分。

(三)ILM 为内部损失乘数。

第一百一十七条 业务指标部分(BIC)等于商业银行的业务指标(BI)乘以对应的边际资本系数 α_i。

第一百一十八条 业务指标(BI)为利息、租赁和股

利部分(ILDC),服务部分(SC)及金融部分(FC)之和,即 BI=ILDC+SC+FC。其中:

$$ILDC = min(\overline{abs(利息收入-利息支出)}, 2.25\% \times \overline{生息资产}) + \overline{股利收入}$$

$$SC = max(\overline{其他经营性收入}, \overline{其他经营性支出}) + max(\overline{手续费和佣金收入}, \overline{手续费和佣金支出})$$

$$FC = abs(\overline{交易账簿净损益}) + abs(\overline{银行账簿净损益})$$

每个项目上方的横线表示近三年的算术平均值,各部分的具体项目定义见本办法附件 18。

第一百一十九条 商业银行采用标准法,应根据业务指标(BI)规模适用累进边际资本系数。业务指标 80 亿元人民币(含)以下的部分,边际资本系数为 12%;80 亿元人民币以上,2400 亿元人民币(含)以下的部分,边际资本系数为 15%;2400 亿元人民币以上的部分,边际资本系数为 18%。

第一百二十条 内部损失乘数(ILM)是基于商业银行操作风险平均历史损失数据与业务指标部分的调整因子,计算公式为:

$$ILM = ln\left(exp(1) - 1 + \left(\frac{LC}{BIC}\right)^{0.8}\right)$$

其中:

损失部分(LC)为近十年操作风险损失金额的算术平均值的 15 倍。损失数据识别、收集和处理的标准见本办法附件 18。

第一百二十一条 商业银行采用标准法,经国家金融监督管理总局或其派出机构验收通过后,可采用自身损失数据自行计算内部损失乘数;未经国家金融监督管理总局或其派出机构验收通过的,应采用本办法附件 18 中给定的内部损失乘数。

第三节 基本指标法

第一百二十二条 商业银行采用基本指标法,应以总收入为基础计量操作风险资本要求。商业银行应按照本办法附件 18 的规定确认总收入。

总收入为净利息收入与净非利息收入之和。

第一百二十三条 商业银行采用基本指标法,应按照以下公式计量操作风险资本要求:

$$K_{BIA} = \frac{\sum_{i=1}^{n}(GI_i \times \alpha)}{n}$$

其中:

(一)K_{BIA} 为按基本指标法计量的操作风险资本要求。

(二)GI 为近三年中每年正的总收入。

(三)n 为近三年中总收入为正的年数。

(四)α 为 15%。

第七章 商业银行内部资本充足评估程序

第一节 一般规定

第一百二十四条 商业银行应按照国家金融监督管理总局关于全面风险管理的相关监管要求和本办法规定,建立完善的风险管理框架和稳健的内部资本充足评估程序,明确风险治理结构,审慎评估各类风险、资本充足水平和资本质量,制定资本规划和资本充足率管理计划,确保银行资本能够充分抵御其所面临的风险,满足业务发展的需要。

第一百二十五条 商业银行内部资本充足评估程序应实现以下目标:

(一)确保主要风险得到识别、计量或评估、监测和报告。

(二)确保资本水平与风险偏好及风险管理水平相适应。

(三)确保资本规划与银行经营状况、风险变化趋势及长期发展战略相匹配。

第一百二十六条 商业银行应将压力测试作为内部资本充足评估程序的重要组成部分,结合压力测试结果确定内部资本充足率目标。压力测试应覆盖各业务条线的主要风险,并充分考虑经济周期对资本充足率的影响。

第一百二十七条 商业银行应将内部资本充足评估程序作为内部管理和决策的组成部分,并将内部资本充足评估结果运用于资本预算与分配、授信决策和战略规划。

第一百二十八条 商业银行应制定合理的薪酬政策,确保薪酬水平、结构和发放时间安排与风险大小和风险存续期限一致,反映风险调整后的长期收益水平,防止过度承担风险,维护财务稳健性。

第一百二十九条 商业银行可根据本银行业务规模和复杂程度,采用适合自身风险特点的内部资本充足评估程序,并至少每年实施一次,在银行经营情况、风险状况和外部环境发生重大变化时,应及时进行调整和更新。

第二节 治理结构

第一百三十条 商业银行董事会承担本行资本管理的最终责任,履行以下职责:

(一)设定与银行发展战略和外部环境相适应的风险偏好和资本充足目标,审批银行内部资本充足评估程序,确保资本充分覆盖主要风险。

(二)审批资本管理制度,确保资本管理政策和控制措施有效。

(三)监督内部资本充足评估程序的全面性、前瞻性和有效性。

(四)审批并监督资本规划的实施,满足银行持续经营和应急性资本补充需要。

(五)至少每年一次审批资本充足率管理计划,审议资本充足率管理报告及内部资本充足评估报告,听取对资本充足率管理和内部资本充足评估程序执行情况的审计报告。

(六)审批第三支柱信息披露政策、程序和内容,并保证披露信息的真实、准确和完整。

(七)确保商业银行有足够的资源,能够独立、有效地开展资本管理工作。

第一百三十一条 商业银行采用资本计量高级方法的,董事会还应负责审批资本计量高级方法的管理体系实施规划和重大管理政策,监督高级管理层制定并实施资本计量高级方法的管理政策和流程,确保商业银行有足够资源支持资本计量高级方法管理体系的运行。

第一百三十二条 商业银行高级管理层负责根据业务战略和风险偏好组织实施资本管理工作,确保资本与业务发展、风险水平相适应,落实各项监控措施。具体履行以下职责:

(一)制定并组织执行资本管理的规章制度。

(二)制定并组织实施内部资本充足评估程序,明确相关部门的职责分工,建立健全评估框架、流程和管理制度,确保与商业银行全面风险管理、资本计量及分配等保持一致。

(三)制定和组织实施资本规划和资本充足率管理计划。

(四)定期和不定期评估资本充足率,向董事会报告资本充足率、资本充足率管理情况和内部资本充足评估结果。

(五)组织开展压力测试,参与压力测试目标、方案及重要假设的确定,推动压力测试结果在风险评估和资本规划中的运用,确保资本应急补充机制的有效性。

(六)组织内部资本充足评估信息管理系统的开发和维护工作,确保信息管理系统及时、准确地提供评估所需信息。

第一百三十三条 商业银行采用资本计量高级方法的,高级管理层还应定期评估方法和工具的合理性和有效性,定期听取资本计量高级方法验证工作的汇报,履行资本计量高级方法体系的建设、验证和持续优化等职责。

第一百三十四条 商业银行监事会应对董事会及高级管理层在资本管理和资本计量高级方法管理中的履职情况进行监督评价,并至少每年一次向股东大会报告董事会及高级管理层的履职情况。

第一百三十五条 商业银行应指定相关部门履行以下资本管理职责:

(一)制定资本总量、结构和质量管理计划,编制并实施资本规划和资本充足率管理计划,向高级管理层报告资本规划和资本充足率管理计划执行情况。

(二)持续监控并定期测算资本充足率水平,开展资本充足率压力测试。

(三)组织建立内部资本计量、配置和风险调整资本收益的评价管理体系。

(四)组织实施内部资本充足评估程序。

(五)建立资本应急补充机制,参与或组织筹集资本。

(六)编制第三支柱信息披露文件。

第一百三十六条 商业银行采用资本计量高级方法的,相关部门还应履行以下职责:

(一)设计、实施、监控和维护资本计量高级方法。

(二)健全资本计量高级方法管理机制。

(三)向高级管理层报告资本计量高级方法的计量结果。

(四)组织开展各类风险压力测试。

第一百三十七条 商业银行采用资本计量高级方法的,应建立验证部门(团队),负责资本计量高级方法的验证工作。验证部门(团队)应独立于资本计量高级方法的开发和运行部门(团队)。

第一百三十八条 商业银行应明确内部审计部门在资本管理中的职责。内部审计部门应履行以下职责:

(一)评估资本管理的治理结构和相关部门履职情况,以及相关人员的专业技能和资源充分性。

(二)至少每年一次检查内部资本充足评估程序相关政策和执行情况。

(三)至少每年一次评估资本规划的执行情况。

(四)至少每年一次评估资本充足率管理计划的执行情况。

(五)检查资本管理的信息系统和数据管理的合规性和有效性。

(六)向董事会提交资本充足率管理审计报告、内部资本充足评估程序执行情况审计报告、资本计量高级方法管理审计报告。

第一百三十九条 商业银行采用资本计量高级方法的,内部审计部门还应评估资本计量高级方法的适用性和有效性,检查计量结果的可靠性和准确性,检查资本计量高级方法的验证政策和程序,评估验证工作的独立性和有效性。

第三节 风险评估

第一百四十条 商业银行应按照国家金融监督管理总局相关要求和本办法附件20的规定,设立主要风险的识别和评估标准,确保主要风险得到及时识别、审慎评估和有效监控。

主要风险包括可能导致重大损失的单一风险,以及单一风险程度不高、但与其他风险相互作用可能导致重大损失的风险。风险评估应至少覆盖以下各类风险:

(一)本办法第四章、第五章和第六章中涉及且已覆盖的风险,包括信用风险、市场风险和操作风险。

(二)本办法第四章、第五章和第六章中涉及但没有完全覆盖的风险,包括集中度风险、剩余操作风险等。

(三)本办法第四章、第五章和第六章中未涉及的风险,包括银行账簿利率风险、流动性风险、声誉风险、战略风险和对商业银行有实质性影响的其他风险。

(四)外部经营环境变化引发的风险。

第一百四十一条 商业银行应采用定量和定性相结合的方法,有效评估和管理各类主要风险。

(一)对能够量化的风险,商业银行应开发和完善风险计量技术,确保风险计量的一致性、客观性和准确性,在此基础上加强对相关风险的缓释、控制和管理。

(二)对难以量化的风险,商业银行应建立风险识别、评估、控制和报告机制,确保相关风险得到有效管理。

第一百四十二条 商业银行应建立风险加总的政策和程序,确保在不同层次上及时识别风险。商业银行可以采用多种风险加总方法,但应至少采取简单加总法,并判断风险加总结果的合理性和审慎性。

第一百四十三条 商业银行进行风险加总,应充分考虑集中度风险及风险之间的相互传染。若考虑风险分散化效应,应基于长期实证数据,且数据观察期至少覆盖一个完整的经济周期。否则,商业银行应对风险加总方法和假设进行审慎调整。

第四节 资本规划

第一百四十四条 商业银行制定资本规划,应综合考虑风险评估结果、压力测试结果、未来资本需求、资本监管要求和资本可获得性,确保资本水平持续满足监管要求。资本规划应至少设定内部资本充足率三年目标。

第一百四十五条 商业银行制定资本规划,应确保目标资本水平与业务发展战略、风险偏好、风险管理水平和外部经营环境相适应,兼顾短期和长期资本需求,并考虑各种资本补充来源的长期可持续性。

第一百四十六条 商业银行制定资本规划,应审慎估计资产质量、利润增长及资本市场的波动性,充分考虑对银行资本水平可能产生重大负面影响的因素,包括或有风险暴露,严重且长期的市场衰退,以及突破风险承受能力的其他事件。

第一百四十七条 商业银行应优先考虑补充核心一级资本,增强内部资本积累能力,完善资本结构,提高资本质量。

第五节 压力测试

第一百四十八条 商业银行应按照国家金融监督管理总局关于压力测试的相关监管要求和本办法附件20的规定,通过严格和前瞻性的压力测试,测算不同压力条件下的资本需求和资本可获得性,并制定资本应急预案以满足计划外的资本需求,确保银行具备充足资本应对不利的市场条件变化。

第一百四十九条 商业银行应将压力测试作为风险识别、监测和评估的重要工具,并根据压力测试结果评估银行所面临的潜在不利影响及对应所需持有的资本。

对于轻度压力测试结果,商业银行应将轻度压力测试下资本缺口转换为资本加点,并将其视为第二支柱资本要求的组成部分。

对于重度压力测试结果,商业银行应在应急预案中明确相应的资本补充政策安排和应对措施,并充分考虑融资市场流动性变化,合理设计资本补充渠道。商业银行的资本应急预案应包括紧急筹资成本分析和可行性分析、限制资本占用程度高的业务发展、采用风险缓释措施等。

第一百五十条 商业银行高级管理层应充分理解压力条件下商业银行所面临的风险及风险间的相互作用、资本工具吸收损失和支持业务持续运营的能力,并判断资本管理目标、资本补充政策安排和应对措施的合理性。

第六节 监测报告

第一百五十一条 商业银行应建立内部资本充足评估程序的报告体系,定期监测和报告银行资本水平和主要影响因素的变化趋势。报告应至少包括以下内容:

(一)评估主要风险状况及发展趋势、战略目标和外部环境对资本水平的影响。

(二)评估实际持有的资本是否足以抵御主要风险。

(三)提出确保资本能够充分覆盖主要风险的建议。

根据重要性和报告用途不同,商业银行应明确各类报告的发送范围、报告内容及详略程度,确保报告信息与报送频率满足银行资本管理的需要。

第一百五十二条 商业银行应建立用于风险和资本的计量和管理的信息管理系统。商业银行的信息管理系统应具备以下功能:

(一)清晰、及时地向董事会和高级管理层提供总体风险信息。

(二)准确、及时地加总各业务条线的风险暴露和风险计量结果。

(三)动态支持集中度风险和潜在风险的识别。

(四)识别、计量并管理各类风险缓释工具以及因风险缓释带来的风险。

(五)为多角度评估风险计量的不确定性提供支持,分析潜在风险假设条件变化带来的影响。

(六)支持前瞻性的情景分析,评估市场变化和压力情形对银行资本的影响。

(七)监测、报告风险限额的执行情况。

第一百五十三条 商业银行应系统性地收集、整理、跟踪和分析各类风险相关数据,建立数据信息系统和数据管理系统,以获取、清洗、转换和存储数据,并建立数据质量控制政策和程序,确保数据的真实性、完整性、全面性、准确性和一致性,满足资本计量和内部资本充足评估等工作的需要。

第一百五十四条 商业银行的数据管理系统应达到资本充足率非现场监管报表和第三支柱信息披露的有关要求。

第一百五十五条 商业银行应建立完整的文档管理平台,为内部审计部门及国家金融监督管理总局对资本管理的评估提供支持。文档应至少包括:

(一)董事会、高级管理层和相关部门的职责、独立性以及履职情况。

(二)关于资本管理、风险管理等政策流程的制度文件。

(三)资本规划、资本充足率管理计划、内部资本充足评估报告、风险计量模型验证报告、压力测试报告、审计报告以及上述报告的相关重要文档。

(四)关于资本管理的会议纪要和重要决策意见。

第八章 监督检查

第一节 监督检查内容

第一百五十六条 资本充足率监督检查是国家金融监督管理总局审慎风险监管体系的重要组成部分。

第一百五十七条 国家金融监督管理总局根据宏观经济运行、产业政策和信贷风险变化,识别银行业重大突出风险,对相关资产组合提出特定资本要求。

第一百五十八条 国家金融监督管理总局及其派出机构对商业银行实施资本充足率监督检查,督促银行确保资本能够充分覆盖所面临的各类风险。资本充足率监督检查包括但不限于以下内容:

(一)评估商业银行全面风险管理框架。

(二)审查商业银行对合格资本工具的认定,以及各类风险加权资产的计量方法和结果,评估资本充足率计量结果的合理性和准确性。

(三)检查商业银行内部资本充足评估程序,评估公司治理、资本规划、内部控制和审计等。

(四)评估商业银行的信用风险、市场风险、操作风险、银行账簿利率风险、流动性风险、声誉风险以及战略风险等各类风险及风险间的关联性。

(五)对商业银行压力测试组织架构、资源投入、情景设计、数据质量、测算模型、测试结果、结果应用等情况开展监督检查。

第一百五十九条 商业银行采用资本计量高级方法,应按本办法附件21的规定向国家金融监督管理总局或其派出机构提出申请。操作风险标准法申请采用自身损失数据自行计算内部损失乘数适用本办法附件21。

第一百六十条 国家金融监督管理总局或其派出机构依照本办法附件21的规定对商业银行进行评估,根据评估结果决定是否验收通过商业银行采用资本计量高级方法、对操作风险标准法采用自身损失数据自行计算内部损失乘数;并对商业银行资本计量高级方法的使用情况以及验证工作、操作风险标准法自行计算内部损失乘数的情况进行持续监督检查。

第一百六十一条 商业银行不能持续达到本办法规定的资本计量高级方法、对操作风险标准法采用自身损失数据自行计算内部损失乘数的运用要求,国家金融监督管理总局或其派出机构有权要求其限期整改。

商业银行在规定期限内未达标,国家金融监督管理总局或其派出机构有权取消其采用资本计量高级方法、对操作风险标准法采用自身损失数据自行计算内部损失乘数的资格。

第二节 监督检查程序

第一百六十二条 国家金融监督管理总局建立资本监管工作机制，履行以下职责：

（一）根据评估银行业面临的重大突出风险，提出针对特定资产组合的第二支柱资本要求的建议。

（二）制定商业银行资本充足率监督检查总体规划，协调、组织和督促对商业银行资本充足率监督检查的实施。

（三）审议并决定对商业银行的监管资本要求。

（四）受理商业银行就资本充足率监督检查结果提出的申辩，确保监督检查过程以及评价结果的公正和准确。

第一百六十三条 国家金融监督管理总局及其派出机构通过非现场监管和现场检查的方式对商业银行资本充足率进行监督检查。

除对资本充足率的常规监督检查外，国家金融监督管理总局及其派出机构可根据商业银行内部情况或外部市场环境的变化实施资本充足率的临时监督检查。

第一百六十四条 商业银行应在年度结束后的四个月内向国家金融监督管理总局或其派出机构提交内部资本充足评估报告。

第一百六十五条 国家金融监督管理总局及其派出机构实施资本充足率监督检查应遵循以下程序：

（一）审查商业银行内部资本充足评估报告，制定资本充足率检查计划。

（二）依据本办法附件20规定的风险评估标准，实施资本充足率现场检查。

（三）根据检查结果初步确定商业银行的监管资本要求。

（四）与商业银行高级管理层就资本充足率检查情况进行沟通，并将评价结果书面发送商业银行。

（五）监督商业银行持续满足监管资本要求的情况。

第一百六十六条 商业银行可以在接到资本充足率监督检查评价结果后60日内，以书面形式向国家金融监督管理总局或其派出机构提出申辩。在接到评价结果后60日内未进行书面申辩的，将被视为接受评价结果。

商业银行提出书面申辩的，应提交董事会关于进行申辩的决议，并对申辩理由进行详细说明，同时提交能够证明申辩理由充分性的相关资料。

第一百六十七条 国家金融监督管理总局或其派出机构受理并审查商业银行提交的书面申辩，视情况对有关问题进行重点核查。

国家金融监督管理总局或其派出机构在受理书面申辩后的60日内做出是否同意商业银行申辩的书面答复，并说明理由。

第一百六十八条 国家金融监督管理总局或其派出机构审查商业银行的书面申辩期间，商业银行应执行资本充足率监督检查所确定的监管资本要求，并落实国家金融监督管理总局或其派出机构采取的相关监管措施。

第一百六十九条 商业银行应至少每季度向国家金融监督管理总局或其派出机构报告未并表和并表后的资本监管指标信息。

如遇影响资本监管指标的特别重大事项，商业银行应及时向国家金融监督管理总局或其派出机构报告。

第三节 第二支柱资本要求

第一百七十条 商业银行已建立内部资本充足评估程序并经国家金融监督管理总局或其派出机构评估认可达到本办法要求的，国家金融监督管理总局或其派出机构根据其内部资本充足评估程序结果确定第二支柱资本要求。

商业银行尚未建立内部资本充足评估程序，或经国家金融监督管理总局或其派出机构评估未达到本办法要求的，国家金融监督管理总局或其派出机构根据对商业银行风险状况的评估结果、监督检查结果、监管评级情况、监管压力测试结果等，确定商业银行的第二支柱资本要求。

第二支柱资本要求应建立在最低资本要求、储备资本和逆周期资本要求及系统重要性银行附加资本要求之上。

第一百七十一条 国家金融监督管理总局及其派出机构有权根据单家商业银行操作风险管理水平及操作风险事件发生情况，提高操作风险的监管资本要求。

第一百七十二条 国家金融监督管理总局及其派出机构有权通过调整风险权重、相关性系数、有效期限、违约损失率等风险参数，设置或调整风险加权资产底线等方法，提高特定资产组合的资本要求，包括但不限于以下内容：

（一）根据区域风险差异，确定地方政府融资平台贷款的集中度风险资本要求。

（二）通过期限调整因子，确定中长期贷款的资本要求。

（三）针对贷款行业集中度风险状况，确定部分行业的贷款集中度风险资本要求。

（四）根据区域房地产运行情况、个人住房抵押贷款用于购买非自住用房的风险状况，提高个人住房抵押贷款资本要求。

第四节 监管措施

第一百七十三条 国家金融监督管理总局及其派出机构有权对资本监管指标未达到监管要求的商业银行采取监管措施，督促其提高资本充足水平。

第一百七十四条 根据资本充足状况，国家金融监督管理总局及其派出机构将商业银行分为四类：

（一）第一类商业银行：资本充足率、一级资本充足率和核心一级资本充足率均达到本办法规定的各级资本要求。

（二）第二类商业银行：资本充足率、一级资本充足率和核心一级资本充足率未达到第二支柱资本要求，但均不低于其他各级资本要求。

（三）第三类商业银行：资本充足率、一级资本充足率和核心一级资本充足率均不低于最低资本要求，但未达到其他各级资本要求。

（四）第四类商业银行：资本充足率、一级资本充足率和核心一级资本充足率任意一项未达到最低资本要求。

第一百七十五条 对第一类商业银行，国家金融监督管理总局及其派出机构支持其稳健发展业务。为防止其资本充足率水平快速下降，国家金融监督管理总局及其派出机构应采取以下部分或全部预警监管措施：

（一）要求商业银行加强对资本充足率水平下降原因的分析及预测。

（二）要求商业银行制定切实可行的资本充足率管理计划。

（三）要求商业银行提高风险控制能力。

第一百七十六条 对第二类商业银行，除本办法第一百七十五条规定的监管措施外，国家金融监督管理总局及其派出机构还应采取以下部分或全部监管措施：

（一）与商业银行董事会、高级管理层进行审慎性会谈。

（二）下发监管意见书，监管意见书内容包括：商业银行资本管理存在的问题、拟采取的纠正措施和限期达标意见等。

（三）要求商业银行制定切实可行的资本补充计划和限期达标计划。

（四）增加对商业银行资本充足的监督检查频率。

（五）要求商业银行对特定风险领域采取风险缓释措施。

第一百七十七条 对第三类商业银行，除本办法第一百七十五条、第一百七十六条规定的监管措施外，国家金融监督管理总局及其派出机构还应采取以下部分或全部监管措施：

（一）限制商业银行分配红利和其他收入。

（二）限制商业银行向董事、高级管理人员实施任何形式的激励。

（三）限制商业银行进行股权投资或回购资本工具。

（四）限制商业银行重要资本性支出。

（五）要求商业银行控制风险资产增长。

第一百七十八条 对于资本充足率、一级资本充足率和核心一级资本充足率均满足最低资本要求，但不满足储备资本要求的商业银行，其利润留存比例不得低于以下标准：

核心一级资本充足率区间	最低利润留存比例要求（占可分配利润的百分比）
5%—5.625%（含）	100%
5.625%—6.25%（含）	80%
6.25%—6.875%（含）	60%
6.875%—7.5%（含）	40%

全球系统重要性银行最低利润留存比例要求适用本办法第一百八十一条。

若商业银行没有足够的其他一级资本或二级资本，而使用核心一级资本来满足一级资本充足率或资本充足率最低要求，核心一级资本净额扣除用于满足核心一级资本充足率最低要求的部分后、用于满足一级资本充足率或资本充足率最低要求的部分，不能计入上表的核心一级资本充足率区间。

国家金融监督管理总局有权根据实际情况对最低利润留存比例要求进行调整。

第一百七十九条 对第四类商业银行，除本办法第一百七十五条、第一百七十六条和第一百七十七条规定的监管措施外，国家金融监督管理总局及其派出机构还应采取以下部分或全部监管措施：

（一）要求商业银行大幅降低风险资产的规模。

（二）责令商业银行停办一切高风险资产业务。

（三）限制或禁止商业银行增设新机构、开办新业务。

（四）强制要求商业银行对资本工具进行减记或转为普通股。

（五）责令商业银行调整董事、高级管理人员或限制其权利。

（六）依法对商业银行实行接管或者促成机构重组，直至予以撤销。

在处置此类商业银行时，国家金融监督管理总局及其派出机构还将综合考虑外部因素，采取其他必要措施。

第一百八十条 对于杠杆率未达到最低监管要求的商业银行，国家金融监督管理总局及其派出机构应采取以下部分或全部监管措施：

（一）要求商业银行限期补充一级资本。

（二）要求商业银行控制表内外资产规模。

对于逾期未改正，或者其行为严重危及商业银行稳健运行、损害存款人和其他客户的合法权益的，国家金融监督管理总局及其派出机构应根据《中华人民共和国银行业监督管理法》的规定，区别情形，采取以下部分或全部措施：

（一）责令暂停部分业务、停止批准开办新业务。

（二）限制分配红利和其他收入。

（三）停止批准增设分支机构。

（四）责令控股股东转让股权或者限制有关股东的权利。

（五）责令调整董事、高级管理人员或者限制其权利。

（六）法律规定的其他措施。

第一百八十一条 对于资本充足率、一级资本充足率和核心一级资本充足率均满足最低资本要求，并满足最低杠杆率要求和总损失吸收能力要求，但不满足储备资本要求、逆周期资本要求、附加资本要求或附加杠杆率要求中任一要求的全球系统重要性银行，其利润留存比例不得低于以下标准：

全球系统重要性银行附加资本要求	核心一级资本充足率区间	杠杆率区间	最低利润留存比例要求（占可分配利润的百分比）
3.50%	5%—6.5%（含）	4%—4.4375%（含）	100%
	6.5%—8%（含）	4.4375%—4.875%（含）	80%
	8%—9.5%（含）	4.875%—5.3125%（含）	60%
	9.5%—11%（含）	5.3125%—5.75%（含）	40%

续表

全球系统重要性银行附加资本要求	核心一级资本充足率区间	杠杆率区间	最低利润留存比例要求（占可分配利润的百分比）
2.50%	5%—6.25%（含）	4%—4.3125%（含）	100%
	6.25%—7.5%（含）	4.3125%—4.625%（含）	80%
	7.5%—8.75%（含）	4.625%—4.9375%（含）	60%
	8.75%—10%（含）	4.9375%—5.25%（含）	40%
2%	5%—6.125%（含）	4%—4.25%（含）	100%
	6.125%—7.25%（含）	4.25%—4.5%（含）	80%
	7.25%—8.375%（含）	4.5%—4.75%（含）	60%
	8.375%—9.5%（含）	4.75%—5%（含）	40%
1.50%	5%—6%（含）	4%—4.1875%（含）	100%
	6%—7%（含）	4.1875%—4.375%（含）	80%
	7%—8%（含）	4.375%—4.5625%（含）	60%
	8%—9%（含）	4.5625%—4.75%（含）	40%
1%	5%—5.875%（含）	4%—4.125%（含）	100%
	5.875%—6.75%（含）	4.125%—4.25%（含）	80%
	6.75%—7.625%（含）	4.25%—4.375%（含）	60%
	7.625%—8.5%（含）	4.375%—4.5%（含）	40%

若全球系统重要性银行没有足够的其他一级资本或二级资本，而使用核心一级资本来满足一级资本充足率、资本充足率最低要求或总损失吸收能力要求，核心一级资本净额扣除用于满足核心一级资本充足率最低要求的部分后，用于满足一级资本充足率、资本充足率最低要求或总损失吸收能力要求的部分，不能计入上表的核心一级资本充足率区间。

全球系统重要性银行核心一级资本充足率或杠杆率任意一项处于上表的指标区间，其利润留存比例不得低于相应的标准；若核心一级资本充足率和杠杆率均处于上表的指标区间，其利润留存比例应采用二者孰高原则确定。

国家金融监督管理总局有权根据实际情况对最低利润留存比例要求进行调整。

第一百八十二条 商业银行未按本办法规定提供监管资本报表或报告、未按规定进行信息披露或提供虚假的或者隐瞒重要事实的报表和统计报告的，国家金融监督管理总局依据《中华人民共和国银行业监督管理法》《中华人民共和国商业银行法》的相关规定责令改正，逾期不改正或情节严重的，依法实施行政处罚。

第一百八十三条 除上述监管措施外，国家金融监督管理总局可依据《中华人民共和国银行业监督管理法》《中华人民共和国商业银行法》以及相关法律、行政法规和部门规章的规定，采取其他监管措施。

第九章 信息披露

第一百八十四条 商业银行应通过公开渠道，以简明清晰、通俗易懂的方式向投资者和社会公众披露第三支柱相关信息，确保信息披露的集中性、可获得性和公开性。

第一百八十五条 商业银行第三支柱信息披露的详尽程度应与银行的业务复杂度相匹配。

第一百八十六条 对国内系统重要性银行，信息披露内容应至少包括：

（一）风险管理、关键审慎监管指标和风险加权资产概览。

（二）不同资本计量方法下的风险加权资产对比。

（三）资本和总损失吸收能力的构成。

（四）利润分配限制。

（五）财务报表与监管风险暴露间的联系。

（六）资产变现障碍。

（七）薪酬。

（八）信用风险。

（九）交易对手信用风险。

（十）资产证券化。

（十一）市场风险。

（十二）信用估值调整风险。

（十三）操作风险。

（十四）银行账簿利率风险。

（十五）宏观审慎监管措施。

（十六）杠杆率。

（十七）流动性风险。

对非国内系统重要性银行（除第三档商业银行外），信息披露内容应至少包括风险管理、关键审慎监管指标和风险加权资产概览，资本构成，杠杆率的相关定性和定量信息等。

对第三档商业银行，信息披露内容应至少包括关键审慎监管指标和资本构成。

第一百八十七条 商业银行应确保披露信息的真实性、准确性、完整性、一致性和可比性。

第一百八十八条 商业银行应建立完善的信息披露治理结构，由董事会批准并由高级管理层实施有效的内部控制流程，对信息披露内容进行合理审查，确保第三支柱披露信息真实、可靠。相关流程的核心内容应在商业银行年度第三支柱信息披露报告中予以体现。

第一百八十九条 商业银行第三支柱相关信息可独立披露或与同期财务报告合并披露。商业银行各期（季度、半年和年度）第三支柱信息披露报告均应经董事会或高级管理层签字，并在官方网站披露。

第一百九十条 本办法规定的披露内容是第三支柱信息披露的最低要求，商业银行应遵循充分披露的原则，并根据监管政策变化及时调整披露事项。

第一百九十一条 商业银行可以不披露专有信息或保密信息的具体内容，但应解释原因，并进行一般性披露。

第一百九十二条 商业银行第三支柱信息披露频率分为临时、季度、半年及年度披露。商业银行应分别按照本办法附件22和附件23中各披露表格要求的内容和频率，充分披露第三支柱相关信息。

临时信息应及时披露，季度信息披露时间为每个会计年度的第三个月和第九个月结束后的一个月内，半年度信息披露时间为每个会计年度的上半年结束后的两个月内，年度信息披露时间为每个会计年度结束后的四个月内。季度、半年及年度的第三支柱信息披露应不晚于同期的财务报告发布。因特殊原因不能按时披露的，应至少提前15个工作日向国家金融监督管理总局或其派出机构申请延迟披露。

第十章 附 则

第一百九十三条 开发性金融机构和政策性银行、农村合作银行、村镇银行、农村信用社、农村资金互助社、贷款公司、企业集团财务公司、消费金融公司、金融租赁公司、汽车金融公司参照本办法执行，另有规定的从其规定。

外国银行在华分行参照本办法规定的风险权重计量人民币风险加权资产。

金融资产管理公司执行本办法杠杆率相关规定。

第一百九十四条 商业银行季末并表口径调整后表内外资产余额和境外债权债务余额发生变化，连续四个季度符合本办法第六条相关机构档次划分标准的，应在第四个季度结束后的一个月内向国家金融监督管理总局或其派出机构报告。

国家金融监督管理总局或其派出机构根据单家银行经营管理和风险水平等情况，结合监管判断决定是否调整其所属的机构档次，相应设立不超过一年的实施准备期。

准备期结束后，商业银行应调整所属的机构档次，适用对应的信用风险和操作风险加权资产计量规则、资本充足率监管要求和信息披露规定，并向国家金融监督管理总局或其派出机构报告实施情况。

第一百九十五条 采用简化标准法或标准法计量市场风险资本要求的商业银行，若连续四个季度不再满足相关方法适用条件，应在第四个季度结束后的一个月内向国家金融监督管理总局或其派出机构报告。

国家金融监督管理总局或其派出机构根据单家银行经营管理和风险水平等情况，结合监管判断决定是否调整其市场风险资本计量方法，相应设立不超过一年的实施准备期。

准备期结束后，商业银行应采用调整后的市场风险资本计量方法，并向国家金融监督管理总局或其派出机构报告实施情况。

第一百九十六条 本办法所称的资本计量高级方法包括信用风险内部评级法和市场风险内部模型法。商业银行采用资本计量高级方法，应按照本办法附件24的规定建立资本计量高级方法验证体系。

第一百九十七条 获得国家金融监督管理总局或其派出机构验收通过采用资本计量高级方法的商业银行应按照本办法规定的资本计量高级方法和其他方法并行计量资本充足率，并遵守本办法附件21规定的资本底线要求。

第一百九十八条 国家金融监督管理总局或其派出机构对采用资本计量高级方法的商业银行设立并行期，并行期自验收通过采用资本计量高级方法当年底开始，至少持续三年。操作风险标准法采用自身损失数据自行计算内部损失乘数的商业银行，适用并行期安排。

并行期内，商业银行实际计提的损失准备超过预期损失的，低于不良资产余额的1.5倍的超额损失准备计入二级资本的数量不得超过信用风险加权资产的0.6%；高于不良资产余额的1.5倍的超额损失准备可全部计入二级资本。

第一百九十九条 商业银行计量并表资本充足率，应按照集团统一的计量方法对附属机构资本计量结果进行调整后，进行资本并表。

第二百条 2029年1月1日前，第一档商业银行计量并表资本充足率可按照以下规则适当简化资本并表处理方式，鼓励有条件的商业银行按照集团统一的计量方法进行资本并表。

（一）对符合第二档商业银行标准的附属机构，可按照第二档商业银行信用风险和操作风险计量规则所计量的风险加权资产结果直接并表。

（二）对满足市场风险简化标准法适用条件的附属机构，可按照市场风险简化标准法的风险加权资产计量结果直接并表。

对符合第三档商业银行标准的附属机构，按照附件23规定的计量规则所计量的风险加权资产结果直接并表。

第二百零一条 第一档商业银行应及时制定并实施切实可行的并表资本充足率计量分步达标规划，并报国家金融监督管理总局或其派出机构。

国家金融监督管理总局或其派出机构根据商业银行并表资本充足率计量达标规划实施情况，采取相应的监管措施。

第二百零二条 第二档商业银行计量并表资本充足率，可按照以下规则适当简化资本并表处理方式，鼓励有条件的商业银行按照集团统一的计量方法进行资本并表。

（一）对符合第三档商业银行标准的附属机构，可按照附件23规定的计量规则计量的信用风险和操作风险加权资产结果直接并表。

（二）对满足市场风险简化标准法适用条件的附属机构，可按照市场风险简化标准法的风险加权资产计量结果直接并表。

第二百零三条 本办法中采用标准普尔的评级符号，但对商业银行选用外部信用评级公司不作规定；商业银行使用外部评级公司的评级结果应符合本办法附件25的规定，并保持连续性。

第二百零四条 附件1至附件25是本办法的组成部分。

（一）附件1：资本工具合格标准。

（二）附件2：信用风险权重法风险暴露分类标准。

（三）附件3：信用风险权重法表内资产风险权重、表外项目信用转换系数及合格信用风险缓释工具。

（四）附件4：信用风险内部评级法风险暴露分类标准。

（五）附件5：信用风险内部评级体系监管要求。

（六）附件6：信用风险内部评级法风险加权资产计量规则。

（七）附件7：信用风险内部评级法风险缓释监管要求。

（八）附件8：信用风险内部评级法专业贷款风险加

权资产计量规则。

（九）附件9：交易对手信用风险加权资产计量规则。

（十）附件10：中央交易对手风险暴露资本计量规则。

（十一）附件11：资产证券化风险加权资产计量规则。

（十二）附件12：资产管理产品风险加权资产计量规则。

（十三）附件13：账簿划分和名词解释。

（十四）附件14：市场风险标准法计量规则。

（十五）附件15：市场风险内部模型法监管要求。

（十六）附件16：市场风险简化标准法计量规则。

（十七）附件17：信用估值调整风险加权资产计量规则。

（十八）附件18：操作风险资本计量监管要求。

（十九）附件19：调整后表内外资产余额计算方法。

（二十）附件20：商业银行风险评估标准。

（二十一）附件21：资本计量高级方法监督检查。

（二十二）附件22：商业银行信息披露内容和要求。

（二十三）附件23：第三档商业银行资本监管规定。

（二十四）附件24：资本计量高级方法验证要求。

（二十五）附件25：外部评级使用规范。

第二百零五条 国家金融监督管理总局有权根据宏观经济金融形势、商业银行经营管理和风险水平等情况，对本办法相关内容进行调整。

第二百零六条 本办法由国家金融监督管理总局负责解释。

本办法自2024年1月1日起施行。《商业银行资本管理办法（试行）》（中国银行业监督管理委员会令2012年第1号）、《中国银监会关于印发商业银行资本监管配套政策文件的通知》（银监发〔2013〕33号）、《商业银行杠杆率管理办法》（中国银行业监督管理委员会令2015年第1号）、《商业银行全球系统重要性评估指标披露指引》（银监发〔2014〕1号）、《中国银监会关于印发衍生工具交易对手违约风险资产计量规则的通知》（银监发〔2018〕1号）同时废止。本办法施行前出台的有关规章及规范性文件与本办法不一致的，按照本办法执行。

附件：略

国家金融监督管理总局关于实施《商业银行资本管理办法》相关事项的通知

· 2023年10月26日
· 金规〔2023〕9号

各监管局，机关各部门，各政策性银行、大型银行、股份制银行、外资银行：

2023年11月1日，金融监管总局发布了《商业银行资本管理办法》（以下简称《资本办法》）。为稳妥推进《资本办法》实施，现将有关事项通知如下：

一、权重法下损失准备相关要求

（一）对计入资本净额的损失准备设置2年的过渡期。过渡期内，商业银行应分别计算贷款损失准备和非信贷资产损失准备。

（二）对于贷款损失准备，最低要求为不良贷款余额100%对应的损失准备。

实际计提低于最低要求的部分为损失准备缺口，超过最低要求的部分为超额损失准备。缺口部分以负数表示，超额部分以正数表示。

（三）对于非信贷资产损失准备，最低要求第一年为非信贷不良资产余额50%对应的损失准备，第二年为75%，第三年起为100%。

实际计提低于上述最低要求的部分为损失准备缺口，超过最低要求但未达到非信贷不良资产余额100%的部分不可计入超额损失准备，超过非信贷不良资产余额100%的部分才能计入超额损失准备。缺口部分以负数表示，超额部分以正数表示。

（四）商业银行应将贷款损失准备和非信贷资产损失准备的缺口部分和超额部分进行加总，加总结果为负数应扣减核心一级资本，为正数可计入二级资本，但不得超过《资本办法》规定的上限。

（五）过渡期结束后，商业银行损失准备最低要求是指不良资产余额100%对应的损失准备。金融监管总局对损失准备最低要求另有规定的从其规定。

（六）商业银行应充分评估并持续监测损失准备口径调整对资本充足率的影响。

存在缺口的银行应制定达标规划，经董事会批准后，于2024年6月底前报金融监管总局或其派出机构并认真执行，每半年报告达标进展。

二、信息披露相关要求

（一）商业银行应根据《资本办法》确定的所属档次、国内系统重要性以及上市情况，适用不同的信息披露要求。

（二）对第一档商业银行中的国内系统重要性银行，设置 5 年的信息披露过渡期。过渡期内应至少披露《附件 22：商业银行信息披露内容和要求》第六部分"国内系统重要性银行披露概览"全套表格中的 34 张。过渡期结束后，原则上应披露全套 70 张表格。

第一档商业银行中的非国内系统重要性银行，自《资本办法》实施之日起，应披露《附件 22：商业银行信息披露内容和要求》第七部分"非国内系统重要性银行披露概览"全套 8 张表格。

（三）对第二档商业银行中的非上市银行，设置 5 年的信息披露过渡期。过渡期内应至少披露《附件 22：商业银行信息披露内容和要求》第七部分"非国内系统重要性银行披露概览"全套表格中的 2 张，包括监管并表关键审慎监管指标（KM1）表格和资本构成（CC1）表格。过渡期结束后，原则上应披露全套 8 张表格。

第二档商业银行中的上市银行，自《资本办法》实施之日起，应披露《附件 22：商业银行信息披露内容和要求》第七部分"非国内系统重要性银行披露概览"全套 8 张表格。

（四）第三档商业银行自《资本办法》实施之日起，应按照《附件 23：第三档商业银行资本监管规定》中的相关要求进行披露，共计 2 张表格。

（五）商业银行首次进行信息披露时，对以下 4 张表格：监管并表关键审慎监管指标（KM1）、处置集团的总损失吸收能力监管要求（KM2）、风险加权资产概况（OV1）、杠杆率（LR2），可仅披露当期数据，无需追溯披露前期数据，但应从第二次披露起逐期追溯并披露前期数据。

除上述表格外，商业银行应自首次披露起按规定频率完整披露其余表格。

三、计量方法相关要求

（一）商业银行首次确定本行所属档次及适用的计量方法时，应以 2022 年末数据计算：

1. 境外债权债务余额，以及符合《附件 19：调整后表内外资产余额计算方法》的并表口径表内外资产余额，确定本行所属档次及适用的信用风险和操作风险加权资产计量方法。

2. 简化标准法下市场风险加权资产、非中央交易对手衍生工具名义本金，并结合《附件 16：市场风险简化标准法计量规则》中的相关标准，确定本行适用的市场风险加权资产计量方法。

（二）商业银行应于 2024 年 1 月 31 日前，向金融监管总局或其派出机构报送其所属档次和适用的计量方法。

商业银行不得以市场事件、金融工具流动性改变或单纯交易目的改变为由进行账簿转换。确因账簿划分要求调整导致存量业务账簿转换的，应在上述日期前向金融监管总局或其派出机构作出书面说明。

（三）商业银行应密切监测上述指标变动情况，连续四个季度满足计量方法切换条件的，应于第四个季度后的一个月内向金融监管总局或其派出机构报告。

（四）《商业银行资本管理办法（试行）》下已获准实施资本计量高级方法的银行，《资本办法》下信用风险可按照已实施范围向金融监管总局事前报告，无需重新提交实施申请，市场风险应回退至标准法。

（五）拟申请实施资本计量高级方法，或自行计算操作风险内部损失乘数的商业银行，应按照相关规定向金融监管总局或其派出机构提出实施申请，接受监管验收，并执行《附件 21：资本计量高级方法监督检查》中并行期相关要求。

四、监管报表报送要求

（一）自《资本办法》实施之日起至 2024 年年底，商业银行应按照新旧《资本办法》相关要求，分别计算并报送资本监管非现场监管报表。其中，市场风险相关报表首次报送从 2024 年一季度末开始。

（二）首次填报时，金融监管总局机构监管部门应汇总并确认所辖机构所属档次及适用的计量方法，并于 2024 年 2 月底前报送统计信息管理部门。

后续计量方法如需切换，金融监管总局机构监管部门应在商业银行实施准备期结束后 15 日内，将计量方法变更情况报送统计信息管理部门，确保银行正确填报相应报表。

（三）商业银行应提升填报自动化水平，确保报表报送的及时性、完整性、准确性。

五、切实做好实施工作

（一）各商业银行应充分认识实施《资本办法》的重要意义，做好实施工作的组织领导，制定清晰可行的实施规划，明确相关部门责任分工，统筹好资源配置，确保实施工作有序开展。

（二）商业银行应按照《资本办法》要求，切实完善相关管理制度，优化业务流程，提升数据治理水平，加快信息系统建设，全面增强风险管理有效性。

（三）商业银行应科学制定发展战略和资本规划，充实资本实力，强化资本约束，转变发展方式，深化资本在银行经营管理中的应用。

六、加强监督检查

（一）金融监管总局及其派出机构应指导辖内商业银行做好实施工作，指导银行充分利用过渡期安排落实各项达标要求。

（二）金融监管总局及其派出机构应加强对商业银行实施《资本办法》的监督检查，包括资本规划的制定和落实、资本充足率的计量和报送，以及风险管理的全面性和有效性等。

（三）金融监管总局及其派出机构应根据《资本办法》和商业银行实施资本计量高级方法相关规定，结合拟实施商业银行的准备情况，适时开展验收工作，并监督商业银行持续满足监管要求。

七、其他事项

对实施中存在的部分操作性问题，详见附件《资本监管政策问答》。

附件：资本监管政策问答（略）

商业银行金融资产风险分类办法

- 2023年2月10日中国银行保险监督管理委员会、中国人民银行令2023年第1号公布
- 自2023年7月1日起施行

第一章　总　则

第一条　为促进商业银行准确评估信用风险，真实反映金融资产质量，根据《中华人民共和国银行业监督管理法》《中华人民共和国商业银行法》等法律法规，制定本办法。

第二条　本办法适用于中华人民共和国境内依法设立的商业银行。

第三条　商业银行应对表内承担信用风险的金融资产进行风险分类，包括但不限于贷款、债券和其他投资、同业资产、应收款项等。表外项目中承担信用风险的，应按照表内资产相关要求开展风险分类。

商业银行交易账簿下的金融资产以及衍生品交易形成的相关资产不包括在本办法之内。

第四条　本办法所称风险分类是指商业银行按照风险程度将金融资产划分为不同档次的行为。

第五条　商业银行应按照以下原则进行风险分类：

（一）真实性原则。风险分类应真实、准确地反映金融资产风险水平。

（二）及时性原则。按照债务人履约能力以及金融资产风险变化情况，及时、动态地调整分类结果。

（三）审慎性原则。金融资产风险分类不确定的，应从低确定分类等级。

（四）独立性原则。金融资产风险分类结果取决于商业银行在依法依规前提下的独立判断。

第二章　风险分类

第六条　金融资产按照风险程度分为五类，分别为正常类、关注类、次级类、可疑类、损失类，后三类合称不良资产。

（一）正常类：债务人能够履行合同，没有客观证据表明本金、利息或收益不能按时足额偿付。

（二）关注类：虽然存在一些可能对履行合同产生不利影响的因素，但债务人目前有能力偿付本金、利息或收益。

（三）次级类：债务人无法足额偿付本金、利息或收益，或金融资产已经发生信用减值。

（四）可疑类：债务人已经无法足额偿付本金、利息或收益，金融资产已发生显著信用减值。

（五）损失类：在采取所有可能的措施后，只能收回极少部分金融资产，或损失全部金融资产。

前款所称金融资产已发生信用减值指根据《企业会计准则第22号——金融工具确认和计量》（财会〔2017〕7号）第四十条，因债务人信用状况恶化导致的金融资产估值向下调整。

第七条　商业银行对非零售资产开展风险分类时，应加强对债务人第一还款来源的分析，以评估债务人履约能力为中心，重点考察债务人的财务状况、偿付意愿、偿付记录，并考虑金融资产的逾期天数、担保情况等因素。对于债务人为企业集团成员的，其债务被分为不良并不必然导致其他成员也被分为不良，但商业银行应及时启动评估程序，审慎评估该成员对其他成员的影响，并根据评估结果决定是否调整其他成员债权的风险分类。

商业银行对非零售债务人在本行的债权超过10%被分为不良的，对该债务人在本行的所有债权均应归为不良。经国务院金融管理部门认可的增信方式除外。

第八条　商业银行对零售资产开展风险分类时，在审慎评估债务人履约能力和偿付意愿基础上，可根据单笔资产的交易特征、担保情况、损失程度等因素进行逐笔分类。

零售资产包括个人贷款、信用卡贷款以及小微企业债权等。其中，个人贷款、信用卡贷款、小微企业贷款可采取脱期法进行分类。

第九条 同一笔债权不得拆分分类，符合本办法第十六条规定的情形除外。

第十条 商业银行应将符合下列情况之一的金融资产至少归为关注类：

（一）本金、利息或收益逾期，操作性或技术性原因导致的短期逾期除外（7天内）；

（二）未经商业银行同意，擅自改变资金用途；

（三）通过借新还旧或通过其他债务融资方式偿还债券，符合条件的小微企业续贷业务除外；

（四）同一非零售债务人在本行或其他银行的债务出现不良。

第十一条 商业银行应将符合下列情况之一的金融资产至少归为次级类：

（一）本金、利息或收益逾期超过90天；

（二）金融资产已发生信用减值；

（三）债务人或金融资产的外部评级大幅下调，导致债务人的履约能力显著下降；

（四）同一非零售债务人在所有银行的债务中，逾期超过90天的债务已经超过20%。

第十二条 商业银行应将符合下列情况之一的金融资产至少归为可疑类：

（一）本金、利息或收益逾期超过270天；

（二）债务人逃废银行债务；

（三）金融资产已发生信用减值，且预期信用损失占其账面余额50%以上。

第十三条 商业银行应将符合下列情况之一的金融资产归为损失类：

（一）本金、利息或收益逾期超过360天；

（二）债务人已进入破产清算程序；

（三）金融资产已发生信用减值，且预期信用损失占其账面余额90%以上。

第十四条 商业银行将不良资产上调至正常类或关注类时，应符合正常类或关注类定义，并同时满足下列要求：

（一）逾期的债权及相关费用已全部偿付，并至少随后连续两个还款期或6个月内（按两者孰长原则确定）正常偿付；

（二）经评估认为，债务人未来能够持续正常履行合同；

（三）债务人在本行已经没有发生信用减值的金融资产。

其中，个人贷款、信用卡贷款、小微企业贷款可按照

脱期法要求对不良资产进行上调。

第十五条 因并购导致偿债主体发生变化的，并购方和被并购方相关金融资产风险分类在6个月内不得上调，其中的不良金融资产不纳入第七条、第十（四）、第十一（四）等相关条款的指标计算。

6个月后，商业银行应重新评估债务人风险状况，并对其全部债权进行风险分类。涉及不良资产上调为正常类或关注类的，应满足第十四条相关要求。

第十六条 商业银行对投资的资产管理产品或资产证券化产品进行风险分类时，应穿透至基础资产，按照基础资产风险状况进行风险分类。对于无法完全穿透至基础资产的产品，应按照可穿透的基础资产中风险分类最差的资产确定产品风险分类。

对于以零售资产、不良资产为基础资产的信贷资产证券化产品，分层的信贷资产证券化产品以及其他经银保监会认可的产品，商业银行应在综合评估最终债务人风险状况以及结构化产品特征的基础上，按照投资预计损益情况对产品进行风险分类。

第三章 重组资产风险分类

第十七条 重组资产是指因债务人发生财务困难，为促使债务人偿还债务，商业银行对债务合同作出有利于债务人调整的金融资产，或对债务人现有债务提供再融资，包括借新还旧、新增债务融资等。

对于现有合同赋予债务人自主改变条款或再融资的权利，债务人因财务困难行使该权利的，相关资产也属于重组资产。

第十八条 债务人财务困难包括以下情形：

（一）本金、利息或收益已经逾期；

（二）虽然本金、利息或收益尚未逾期，但债务人偿债能力下降，预计现金流不足以履行合同，债务有可能逾期；

（三）债务人的债务已经被分为不良；

（四）债务人无法在其他银行以市场公允价格融资；

（五）债务人公开发行的证券存在退市风险，或处于退市过程中，或已经退市，且对债务人的履约能力产生显著不利影响；

（六）商业银行认定的其他情形。

第十九条 合同调整包括以下情形：

（一）展期；

（二）宽限本息偿还计划；

（三）新增或延长宽限期；

（四）利息转为本金；

（五）降低利率，使债务人获得比公允利率更优惠的利率；

（六）允许债务人减少本金、利息或相关费用的偿付；

（七）释放部分押品，或用质量较差的押品置换现有押品；

（八）置换；

（九）其他放松合同条款的措施。

第二十条 商业银行应对重组资产设置重组观察期。观察期自合同调整后约定的第一次还款日开始计算，应至少包含连续两个还款期，并不得低于1年。观察期结束时，债务人已经解决财务困难并在观察期内按照合同约定及时足额还款的，相关资产可不再被认定为重组资产。

债务人在观察期结束时未解决财务困难的，应重新计算观察期。债务人在观察期内没有及时足额还款的，应从未履约时点开始，重新计算观察期。

第二十一条 对于重组资产，商业银行应准确判断债务人财务困难的状况，严格按照本办法进行分类。重组前为正常类或关注类的资产，以及对现有债务提供的再融资，重组后至少归为关注类；观察期内符合不良认定标准的应下调为不良资产，并重新计算观察期；观察期内认定为不良资产后满足第十四条要求的，可上调为关注类。

重组前为次级类、可疑类或损失类的，观察期内满足第十四条要求的，可上调为关注类；观察期内资产质量持续恶化的应进一步下调分类，并重新计算观察期。

第二十二条 重组观察期内债务人未按照合同约定及时足额还款，或虽足额还款但财务状况未有好转，再次重组的资产应至少归为次级类，并重新计算观察期。

第二十三条 债务人未发生财务困难情况下，商业银行对债务合同作出调整的金融资产或再融资不属于重组资产。

第四章 风险分类管理

第二十四条 本办法是金融资产风险分类的最低要求，商业银行应根据实际情况完善分类制度，细化分类方法，但不得低于本办法提出的标准和要求，且与本办法的风险分类方法具有明确的对应和转换关系。商业银行制定或修订金融资产风险分类制度后，应在30日内报银保监会及其派出机构备案。

第二十五条 商业银行应健全金融资产风险分类管理的治理架构，明确董事会、高级管理层和相关部门的风险分类职责。

第二十六条 董事会对金融资产风险分类结果承担最终责任，监督高级管理层履行风险分类职责。

第二十七条 高级管理层应制定金融资产风险分类制度，推进风险分类实施，确保分类结果真实有效，并定期向董事会报告。

第二十八条 金融资产风险分类管理制度的内容包括但不限于分类流程、职责分工、分类标准、分类方法、内部审计、风险监测、统计报告及信息披露等。

第二十九条 商业银行应按照金融资产类别、交易对手类型、产品结构特征、历史违约情况等信息，结合本行资产组合特征，明确各类金融资产的风险分类方法。分类方法一经确定，应保持相对稳定。

第三十条 商业银行应完善金融资产风险分类流程，明确"初分、认定、审批"三级程序，加强各环节管理要求，建立有效的制衡机制，确保分类过程的独立性，以及分类结果的准确性和客观性。

第三十一条 商业银行应至少每季度对全部金融资产进行一次风险分类。对于债务人财务状况或影响债务偿还的因素发生重大变化的，应及时调整风险分类。

第三十二条 商业银行应至少每年对风险分类制度、程序和执行情况进行一次内部审计，审计结果应及时向董事会书面报告，并报送银保监会及其派出机构。

第三十三条 商业银行应开发并持续完善金融资产风险分类相关信息系统，满足风险管理和审慎监管要求。

第三十四条 商业银行应加强对金融资产风险的监测、分析和预警，动态监测风险分布和风险变化，深入分析风险来源及迁徙趋势，及时根据风险状况采取防范措施。

第三十五条 商业银行应依据有关信息披露的规定，及时披露金融资产风险分类方法、程序、结果，以及损失准备计提、损失核销等信息。

第三十六条 商业银行应持续加强金融资产风险分类档案管理，确保分类资料信息准确、连续、完整。

第五章 监督管理

第三十七条 银保监会及其派出机构依照本办法规定对商业银行金融资产风险分类进行监督检查，并采取相应监管措施。

第三十八条 商业银行应按照规定向银保监会及其派出机构报送与金融资产风险分类有关的统计报表和分析报告。

商业银行应于每年初30个工作日内向银保监会及

其派出机构报告上一年度金融资产风险分类管理情况。

第三十九条 商业银行应向银保监会及其派出机构及时报告有关金融资产风险分类的重大事项。

第四十条 银保监会及其派出机构定期或不定期评估商业银行金融资产风险分类管理状况及效果。同时，将评估意见反馈商业银行董事会和高级管理层，并将评估结果作为监管评级的重要参考。

第四十一条 商业银行违反风险分类监管要求的，银保监会及其派出机构可以采取以下措施：

（一）与商业银行董事会、高级管理层进行审慎性会谈；

（二）印发监管意见书，内容包括商业银行金融资产风险分类管理存在的问题、限期整改意见和拟采取的纠正措施等；

（三）要求商业银行加强金融资产风险分类管理，制订切实可行的整改计划，并报银保监会及其派出机构备案；

（四）根据违规程度提高其拨备和监管资本要求；

（五）责令商业银行采取有效措施缓释金融资产风险。

第四十二条 商业银行违反本办法规定的监管要求的，银保监会及其派出机构除采取本办法第四十一条规定的措施外，还可依据《中华人民共和国银行业监督管理法》等法律法规规定采取监管措施或实施行政处罚。

第六章 附则

第四十三条 对于已实施资本计量高级方法的商业银行，应明确风险分类标准和内评体系违约定义之间的稳定对应关系。

第四十四条 商业银行可按照相关规定对信用卡贷款及符合条件的小微企业续贷类业务确定其风险分类。

银保监会对金融资产风险分类另有规定的，适用其规定。

第四十五条 国家开发银行及政策性银行、农村合作银行、村镇银行、农村信用社和外国银行分行、银保监会及其派出机构监管的其他银行业金融机构参照本办法执行。另有规定的从其规定。

第四十六条 本办法由银保监会会同中国人民银行负责解释。

第四十七条 本办法自2023年7月1日起施行。

第四十八条 商业银行自2023年7月1日起新发生的业务应按本办法要求进行分类。对于2023年7月1日前发生的业务，商业银行应制订重新分类计划，并于2025年12月31日前，按季度有计划、分步骤对所有存量业务全部按本办法要求进行重新分类。鼓励有条件的商业银行提前完成存量业务的重新分类。过渡期内，尚未按照本办法重新分类的存量业务，按照《贷款风险分类指引》（银监发〔2007〕54号）相关规定进行分类。

理财公司理财产品流动性风险管理办法

· 2021年12月10日中国银行保险监督管理委员会令2021年第14号公布
· 自2022年5月10日起施行

第一章 总则

第一条 根据《中华人民共和国银行业监督管理法》等法律、行政法规，以及《关于规范金融机构资产管理业务的指导意见》《商业银行理财业务监督管理办法》《商业银行理财子公司管理办法》，制定本办法。

第二条 本办法所称理财公司是指在中华人民共和国境内依法设立的商业银行理财子公司，以及银保监会批准设立的其他主要从事理财业务的非银行金融机构。

本办法适用于理财公司及其发行的理财产品。

第三条 本办法所称流动性风险是指理财产品无法通过变现资产等途径以合理成本及时获得充足资金，用于满足该理财产品的投资者赎回需求、履行其他支付义务的风险。

第四条 理财公司承担理财产品流动性风险管理的主体责任，应当按照本办法建立健全理财产品流动性风险管理体系，专业审慎、勤勉尽责地管理理财产品流动性风险，确保理财产品投资运作稳健、净值计价公允，保障投资者的合法权益不受损害并得到公平对待。

理财公司开展理财产品流动性风险管理，应当建立有效风险隔离机制，防范流动性风险传染。理财公司应当按照公平交易和价格公允原则，严格本公司理财产品之间、理财产品与本公司及其关联方之间的交易管理，并对相关交易行为实施专门的监控、分析、评估、授权、审批和核查，有效识别、监测、预警和防范各类不正当交易。

第五条 银保监会及其派出机构依法对理财公司的理财产品流动性风险管理活动实施监督管理。

第二章 治理架构与管理措施

第六条 理财公司应当建立组织健全、职责清晰、有效制衡、激励约束合理的理财产品流动性风险管理治理结构，指定部门设立专门岗位，配备充足的具备胜任能力的人员负责理财产品的流动性风险评估与监测,监督流动性风险管理制度的执行情况。理财产品流动性风险管理相关部门、岗位与人员应当独立于投资管理部门,具有明确且独立的报告路径。

第七条 理财公司中承担理财产品投资运作管理职责的部门负责人应当对该理财产品的流动性风险管理承担主要责任。

第八条 理财公司应当针对理财产品流动性风险管理建立严格的考核问责机制,将流动性风险管理状况纳入该理财产品投资运作管理人员的考核评价标准。

第九条 理财公司应当根据理财产品性质和风险特征,建立健全理财产品流动性风险管理制度,并定期评估完善,包括但不限于:

(一)投资者集中度管理,认购和赎回限制,出现对投资者重大不利影响事项时的应对措施,对巨额赎回的监测、管控和评估;

(二)投资组合的事前评估,对高流动性资产的投资比例设定下限,对低流动性资产的投资比例设定上限,投资资产的集中度限制,高风险资产的投资限制;

(三)压力测试;

(四)应急计划。

第十条 理财公司可以依照法律法规及理财产品合同的约定,综合运用以下理财产品流动性风险应对措施:

(一)认购风险应对措施,包括:设定单一投资者认购金额上限、设定理财产品单日净认购比例上限、拒绝大额认购、暂停认购,以及银保监会规定的其他措施。

(二)赎回风险应对措施,包括:设置赎回上限、延期办理巨额赎回申请、暂停接受赎回申请、延缓支付赎回款项、收取短期赎回费、暂停理财产品估值、摆动定价,以及银保监会规定的其他措施。

理财公司应当明确各类流动性风险应对措施的实施条件、发起部门、决策程序、业务流程等事项,确保相关措施实施的及时、有序、透明及公平。

第十一条 理财公司运用延缓支付赎回款项、暂停理财产品估值、摆动定价等措施后,应当在 3 个工作日内向银保监会或其派出机构报告,说明面临的赎回压力情况、市场流动性状况、已采取的措施、恢复正常业务所需的时间、采取相关措施对理财产品的影响等。

理财公司运用本办法第十条所列流动性风险应对措施的,应当在当月结束后 5 个工作日内,在全国银行业理财信息登记系统提交相关信息。

第十二条 理财公司应当指定部门负责理财产品流动性风险压力测试的实施与评估。相关部门应当与投资管理部门保持相对独立。

理财公司在设置压力测试情景时,应当充分考虑不同压力情景下各类资产投资策略和方式对资产变现能力的影响、变现所需时间和可能的价格折损,以及除投资者赎回外对债权人、交易对手及其他第三方的支付义务,并关注市场风险、声誉风险等对理财产品流动性风险的影响。

理财公司针对开放式理财产品还应专门建立以压力测试为核心的流动性风险监测与预警框架。

第十三条 理财公司应当制定并定期测试、完善理财产品流动性风险应急计划,审慎评估各类流动性风险应对措施的可行性、有效性和可能影响。应急计划的内容包括但不限于触发应急计划的各种情景、应急资金来源、应急程序和措施,董事会、高级管理层及相关部门实施应急程序和措施的权限与职责等。

第十四条 理财公司应当依照理财产品信息披露相关规定,向投资者披露理财产品面临的主要流动性风险及其管理方法。

(一)在理财产品销售文件中披露开放式理财产品认购、赎回安排,主要拟投资市场、资产的流动性风险评估等信息。

(二)针对理财产品特点确定拟运用的流动性风险应对措施,并在理财产品销售文件中与投资者事先约定相关措施的使用情形、处理方法、程序及对投资者的潜在影响等,确保相关措施在必要时能够及时、有效运用。

(三)理财产品持续运作过程中,应当在理财产品季度、半年和年度报告中披露理财产品组合资产情况及其流动性风险分析等;在发生涉及理财产品认购、赎回事项调整或潜在影响投资者赎回等事项时,及时发布临时公告。

(四)理财公司应当按照理财产品销售文件中约定的信息披露方式,在运用收取短期赎回费、摆动定价等措施后,3 个交易日内告知该理财产品的相关投资者;在运用暂停认购、延期办理巨额赎回申请、暂停接受赎回申请、延缓支付赎回款项、暂停理财产品估值等措施后,3 个交易日内告知该理财产品的投资者,并说明运用相关措施的原因、拟采取的应对安排等。

第三章 投资交易管理

第十五条 理财公司应当在理财产品设计阶段,在综合评估投资策略、投资范围、投资资产流动性、投资限制、销售渠道、投资者类型与风险偏好、投资者结构等因素的基础上,审慎确定开放式、封闭式等产品运作方式,合理设计认购和赎回安排,制定相应的流动性风险应对措施。

理财产品拟采用开放式运作的，组合资产的流动性应当与理财产品合同约定的认购、赎回安排相匹配，投资策略应当能够满足不同市场情形下投资者的赎回需求，理财产品投资者结构、估值计价等方面安排能够充分保障投资者得到公平对待。

理财公司应当按照本办法规定评估每只开放式理财产品的流动性风险，评估结论至少经相关高级管理人员同意，由承担该理财产品投资运作管理职责的部门负责人签字，并在全国银行业理财信息登记系统对理财产品进行集中登记时同步提交。

第十六条 理财公司应当持续监测开放式理财产品流动性风险，审慎评估该产品所投资各类资产的估值计价和变现能力，充分考虑声誉风险、信用风险、市场风险、交易对手风险等的可能影响，并提前作出流动性风险应对安排。

第十七条 单只理财产品同时存在以下情形的，应当采用封闭或定期开放运作方式，且定期开放周期不得低于90天，该理财产品销售文件还应当作出充分披露和显著标识：

（一）计划投资不存在活跃交易市场，并且需要采用估值技术确定公允价值的资产；

（二）计划投资上述资产的比例达到理财产品净资产50%以上。

对于其他理财产品，非因理财公司主观因素导致突破前款规定比例限制的，该理财产品不得新增投资上述资产。

第十八条 单只开放式公募理财产品和每个交易日开放的私募理财产品直接投资于流动性受限资产的市值在开放日不得超过该产品资产净值的15%。单只定期开放式私募理财产品直接投资于流动性受限资产的市值在开放日不得超过该产品资产净值的20%。

面向单一投资者发行的私募理财产品可不受前款比例限制。

因证券市场波动、上市公司股票停牌、理财产品规模变动等因素导致理财产品不符合本条规定比例限制的，该理财产品不得主动新增投资流动性受限资产。

第十九条 开放式理财产品所投资资产的流动性应当与投资者赎回需求相匹配，确保持有足够具有良好流动性的资产，以备支付理财产品投资者的赎回款项。

定期开放周期不低于90天的公募理财产品，应当在开放日及开放日前7个工作日内持有不低于该理财产品

资产净值5%的现金或者到期日在一年以内的国债、中央银行票据和政策性金融债券。

其他开放式公募理财产品均应当持续符合前款比例要求。

第二十条 单只理财产品允许单一投资者持有份额超过总份额50%的，应当采用封闭或定期开放运作方式，定期开放周期不得低于90天（现金管理类理财产品除外）。该理财产品销售文件应当作出充分披露和显著标识，不得向个人投资者公开发售。

对于其他理财产品，非因理财公司主观因素导致突破前款规定比例限制的，在单一投资者持有比例降至50%以下之前，理财公司不得再接受该投资者对该理财产品的认购申请。

第二十一条 定期开放周期低于90天的私募理财产品应当主要投资于标准化债权类资产以及上市交易的股票，法律、行政法规和银保监会另有规定的除外。

对于每个交易日开放的私募理财产品，其投资范围、投资比例、认购和赎回安排等参照银保监会关于开放式公募理财产品的相关规定执行。

第二十二条 理财公司应当加强理财产品同业融资的流动性风险、交易对手风险等风险管理，做好期限管理和集中度管控，按照穿透原则对交易对手实施尽职调查和准入管理，设置适当的交易限额并根据需要进行动态调整。

理财公司理财产品可以按照国务院金融管理部门相关规定开展回购业务，但应当事先在理财产品销售文件中与投资者作出明确约定。

第二十三条 理财公司应当建立健全理财产品买入返售交易押品的管理制度，与交易对手开展买入返售交易的，可接受押品的资质要求应当与理财产品合同约定的投资范围保持一致。

第四章 认购与赎回管理

第二十四条 理财公司应当加强理财产品认购管理，合理控制投资者集中度，审慎分析评估大额认购申请。当接受认购申请可能对理财产品存量投资者利益构成重大不利影响时，或者基于投资运作与风险控制需要，理财公司可以采取本办法第十条所列认购风险应对措施。

第二十五条 理财公司应当对开放式理财产品7个工作日可变现资产的可变现价值进行审慎评估与测算，确保每日确认且需当日支付的净赎回申请不超过前一工作日该理财产品7个工作日可变现资产的可变现价值，银保监会另有规定的除外。

在开放日前一工作日内,开放式理财产品7个工作日可变现资产的可变现价值应当不低于该产品资产净值的10%。

面向单一投资者发行的私募理财产品可不受本条规定限制。

第二十六条 理财公司应当强化开放式理财产品巨额赎回的事前监测、事中管控与事后评估。当开放式理财产品发生巨额赎回且现金类资产不足以支付赎回款项时,应当在充分评估该产品组合资产变现能力、投资比例变动与理财产品单位份额净值波动的基础上,审慎接受、确认赎回申请。

开放式理财产品发生巨额赎回的,理财公司当日办理的赎回份额不得低于前一日终理财产品总份额的10%,对其余赎回申请可以暂停接受或延期办理。对该产品单个份额持有人的赎回申请,可以按照其申请占当日申请赎回总份额的比例,确定该份额持有人当日办理的赎回份额。

理财产品份额持有人可以在申请赎回时选择将当日未获办理部分予以撤销。理财产品份额持有人未选择撤销的,理财公司可以延迟至下一个开放日办理,赎回价格为下一个开放日的价格。

第二十七条 开放式理财产品连续2个以上开放日发生巨额赎回的,除采取本办法第二十六条措施外,对于已经接受的赎回申请,理财公司还可以延缓支付赎回款项,但延缓期限不得超过20个工作日。

第二十八条 开放式理财产品的单个份额持有人在单个开放日申请赎回理财产品份额超过该理财产品总份额合同约定比例的,理财公司可以暂停接受其赎回申请;已经接受的赎回申请可以延缓支付赎回款项,但延缓期限不得超过20个工作日。

第二十九条 理财公司可以按照事先约定,向连续持有少于7日的开放式理财产品(现金管理类理财产品除外)投资者收取赎回费,并将上述赎回费全额计入理财产品财产。

第三十条 理财公司应当按照相关规定开展理财产品估值,加强极端市场条件下的估值管理。

开放式理财产品在前一估值日内,产品资产净值50%以上的资产不具备活跃交易市场或者在活跃市场中无报价,且不能采用估值技术可靠计量公允价值的,理财公司应当暂停该产品估值,并采取延缓支付赎回款项或暂停接受理财产品认购、赎回申请等措施。

第三十一条 开放式公募理财产品(现金管理类理财产品除外)发生大额认购或赎回时,理财公司可以采用摆动定价机制。

理财公司应当在理财产品销售文件中与投资者事先约定摆动定价机制的相关原理与操作方法,并履行相关信息披露义务。

第五章 合作机构管理

第三十二条 理财公司应当采取有效措施确保各方合作行为持续满足理财产品流动性风险管理需要。

本办法所称合作机构包括理财投资合作机构和理财产品代销机构。理财投资合作机构应当符合《商业银行理财子公司管理办法》等规定。理财产品代销机构应当符合银保监会关于理财公司理财产品销售的相关规定。

第三十三条 理财公司理财产品投资合作机构发行的资产管理产品,理财公司应当及时、充分了解该理财产品所投资资产管理产品的认购、赎回安排和流动性风险状况,合理评估理财产品所投资资产管理产品底层资产的流动性风险。

第三十四条 理财公司应当采取有效措施督促理财产品受托投资机构按照合同约定开展理财产品受托投资活动,确保理财产品受托投资机构的相关业务行为持续满足理财产品流动性风险管理要求,其受托投资资产的管理符合理财产品的投资策略、目标和赎回安排。

第三十五条 理财公司应当自主审慎判断理财产品投资顾问的投资管理建议与理财产品投资策略和目标、认购和赎回安排的一致性,有效评估相关建议对理财产品流动性风险管理的影响。

第三十六条 理财公司通过代销机构销售理财产品的,应当充分考虑代销行为和销售渠道对理财产品流动性的影响,要求代销机构充分、准确提供与该产品流动性风险管理相关的投资者信息和变化情况,包括但不限于投资者数量、类型、结构、风险承受能力等级等。

第六章 监督管理

第三十七条 理财公司应当按照规定,向银保监会或其派出机构报送与理财产品流动性风险有关的统计报表、外部审计报告和银保监会及其派出机构要求报送的其他材料。

银行业理财登记托管中心应当加强对理财产品流动性风险情况的监测分析,并定期向银保监会报送。

第三十八条 理财公司应当将理财产品总体流动性风险管理情况纳入理财业务年度报告,于每年度结束后2个月内向银保监会或其派出机构报送。

理财公司对理财产品流动性风险管理制度、程序和措施进行重大调整的，应当在1个月内向银保监会或其派出机构书面报告调整情况。

第三十九条 理财公司的理财产品出现或者可能出现重大流动性风险时，应当及时向银保监会或其派出机构报告，并提交应对措施。

第四十条 理财公司违反本办法规定的，银保监会及其派出机构可依照法律法规提出整改要求，采取相关监管措施或者进行处罚。

第七章 附 则

第四十一条 其他银行业金融机构发行理财产品，参照本办法执行。

第四十二条 除本办法规定外，现金管理类理财产品还应当符合《关于规范现金管理类理财产品管理有关事项的通知》等规制要求。

第四十三条 本办法中"以上"均含本数，"以下"不含本数。

本办法所称巨额赎回，是指理财公司开放式理财产品单个开放日净赎回申请超过前一日终理财产品总份额的10%的赎回行为，银保监会另有规定的除外。

本办法所称摆动定价机制，是指当开放式公募理财产品遭遇大额认购或赎回时，通过调整理财产品份额净值的方式，将理财产品调整投资组合的市场冲击成本分配给实际认购、赎回的投资者，从而减少对存量理财产品份额持有人利益的不利影响。

本办法所称定期开放式理财产品，是指自产品成立日至终止日期间，理财产品份额总额不固定，具有多个确定开放期，开放期内投资者可以按照协议约定进行认购或者赎回，其他时间内产品封闭运作的理财产品。本办法所称定期开放周期是指定期开放式理财产品2个开放期的最短间隔天数。

本办法所称流动性受限资产，是指由于法律法规、监管、合同或操作障碍等原因无法以合理价格予以变现的资产，包括到期日在10个交易日以上的逆回购与银行定期存款(含协议约定有条件提前支取的银行存款)、距可赎回日在10个交易日以上的资产管理产品、停牌股票、流通受限的新股及非公开发行股票、资产支持证券(票据)、因发行人债务违约无法进行转让或交易的债券和非金融企业债务融资工具，以及其他流动性受限资产。

本办法所称7个工作日可变现资产，包括可在交易所、银行间市场正常交易的股票、债券、非金融企业债务融资工具、期货及期权合约以及同业存单，7个工作日内到期或可支取的买入返售、银行存款，7个工作日内能够确认收到的各类应收款项等。

第四十四条 本办法由银保监会负责解释。

第四十五条 本办法自2022年5月10日起施行。

本办法施行前存续的开放式理财产品不符合本办法第二十条要求的，在单一投资者持有份额占理财产品总份额比例降至50%以下之前，理财公司不得再接受该单一投资者对该理财产品的认购申请。

商业银行并购贷款风险管理指引

- 2015年2月10日
- 银监发〔2015〕5号

第一章 总 则

第一条 为规范商业银行并购贷款经营行为，提高商业银行并购贷款风险管理能力，加强商业银行对经济结构调整和资源优化配置的支持力度，促进银行业公平竞争，维护银行业合法稳健运行，根据《中华人民共和国银行业监督管理法》、《中华人民共和国商业银行法》等法律法规，制定本指引。

第二条 本指引所称商业银行是指依照《中华人民共和国商业银行法》设立的商业银行法人机构。

第三条 本指引所称并购，是指境内并购方企业通过受让现有股权、认购新增股权，或收购资产、承接债务等方式以实现合并或实际控制已设立并持续经营的目标企业或资产的交易行为。

并购可由并购方通过其专门设立的无其他业务经营活动的全资或控股子公司(以下称子公司)进行。

第四条 本指引所称并购贷款，是指商业银行向并购方或其子公司发放的，用于支付并购交易价款和费用的贷款。

第五条 开办并购贷款业务的商业银行法人机构应当符合以下条件：

(一)有健全的风险管理和有效的内控机制；

(二)资本充足率不低于10%；

(三)其他各项监管指标符合监管要求；

(四)有并购贷款尽职调查和风险评估的专业团队。

商业银行开办并购贷款业务前，应当制定并购贷款业务流程和内控制度，并向监管机构报告。商业银行开办并购贷款业务后，如发生不能持续满足上述条件之一的情况，应当停止办理新的并购贷款业务。

第六条 商业银行开办并购贷款业务应当遵循依法

合规、审慎经营、风险可控、商业可持续的原则。

第七条　商业银行应制定并购贷款业务发展策略，充分考虑国家产业、土地、环保等相关政策，明确发展并购贷款业务的目标、客户范围、风险承受限额及其主要风险特征，合理满足企业兼并重组融资需求。

第八条　商业银行应按照管理强度高于其他贷款种类的原则建立相应的并购贷款管理制度和管理信息系统，确保业务流程、内控制度以及管理信息系统能够有效地识别、计量、监测和控制并购贷款的风险。

商业银行应按照监管要求建立并购贷款统计制度，做好并购贷款的统计、汇总、分析等工作。

第九条　银监会及其派出机构依法对商业银行并购贷款业务实施监督管理，发现商业银行不符合业务开办条件或违反本指引有关规定，不能有效控制并购贷款风险的，可根据有关法律法规采取责令商业银行暂停并购贷款业务等监管措施。

第二章　风险评估

第十条　商业银行应在全面分析战略风险、法律与合规风险、整合风险、经营风险以及财务风险等与并购有关的各项风险的基础上评估并购贷款的风险。商业银行并购贷款涉及跨境交易的，还应分析国别风险、汇率风险和资金过境风险等。

第十一条　商业银行评估战略风险，应从并购双方行业前景、市场结构、经营战略、管理团队、企业文化和股东支持等方面进行分析，包括但不限于以下内容：

（一）并购双方的产业相关度和战略相关性，以及可能形成的协同效应；

（二）并购双方从战略、管理、技术和市场整合等方面取得额外回报的机会；

（三）并购后的预期战略成效及企业价值增长的动力来源；

（四）并购后新的管理团队实现新战略目标的可能性；

（五）并购的投机性及相应风险控制对策；

（六）协同效应未能实现时，并购方可能采取的风险控制措施或退出策略。

第十二条　商业银行评估法律与合规风险，包括但不限于分析以下内容：

（一）并购交易各方是否具备并购交易主体资格；

（二）并购交易是否按有关规定已经或即将获得批准，并履行必要的登记、公告等手续；

（三）法律法规对并购交易的资金来源是否有限制性规定；

（四）担保的法律结构是否合法有效并履行了必要的法定程序；

（五）借款人对还款现金流的控制是否合法合规；

（六）贷款人权利能否获得有效的法律保障；

（七）与并购、并购融资法律结构有关的其他方面的合规性。

第十三条　商业银行评估整合风险，包括但不限于分析并购双方是否有能力通过以下方面的整合实现协同效应：

（一）发展战略整合；

（二）组织整合；

（三）资产整合；

（四）业务整合；

（五）人力资源及文化整合。

第十四条　商业银行评估经营及财务风险，包括但不限于分析以下内容：

（一）并购后企业经营的主要风险，如行业发展和市场份额是否能保持稳定或增长趋势，公司治理是否有效，管理团队是否稳定并且具有足够能力，技术是否成熟并能提高企业竞争力，财务管理是否有效等；

（二）并购双方的未来现金流及其稳定程度；

（三）并购股权（或资产）定价高于目标企业股权（或资产）合理估值的风险；

（四）并购双方的分红策略及其对并购贷款还款来源造成的影响；

（五）并购中使用的债务融资工具及其对并购贷款还款来源造成的影响；

（六）汇率和利率等因素变动对并购贷款还款来源造成的影响。

商业银行应当综合考虑上述风险因素，根据并购双方经营和财务状况、并购融资方式和金额等情况，合理测算并购贷款还款来源，审慎确定并购贷款所支持的并购项目的财务杠杆率，确保并购的资金来源中含有合理比例的权益性资金，防范高杠杆并购融资带来的风险。

第十五条　商业银行应在全面分析与并购有关的各项风险的基础上，建立审慎的财务模型，测算并购双方未来财务数据，以及对并购贷款风险有重要影响的关键财务杠杆和偿债能力指标。

第十六条　商业银行应在财务模型测算的基础上，充分考虑各种不利情形对并购贷款风险的影响。不利情形包括但不限于：

（一）并购双方的经营业绩（包括现金流）在还款期内未能保持稳定或增长趋势；

（二）并购双方的治理结构不健全，管理团队不稳定或不能胜任；

（三）并购后并购方与目标企业未能产生协同效应；

（四）并购方与目标企业存在关联关系，尤其是并购方与目标企业受同一实际控制人控制的情形。

第十七条　商业银行应在全面评估并购贷款风险的基础上，确认并购交易的真实性，综合判断借款人的还款资金来源是否充足，还款来源与还款计划是否匹配，借款人是否能够按照合同约定支付贷款利息和本金等，并提出并购贷款质量下滑时可采取的应对措施或退出策略，形成贷款评审报告。

第三章　风险管理

第十八条　商业银行全部并购贷款余额占同期本行一级资本净额的比例不应超过50%。

第十九条　商业银行应按照本行并购贷款业务发展策略，分别按单一借款人、集团客户、行业类别、国家或地区对并购贷款集中度建立相应的限额控制体系，并向银监会或其派出机构报告。

第二十条　商业银行对单一借款人的并购贷款余额占同期本行一级资本净额的比例不应超过5%。

第二十一条　并购交易价款中并购贷款所占比例不应高于60%。

第二十二条　并购贷款期限一般不超过七年。

第二十三条　商业银行应具有与本行并购贷款业务规模和复杂程度相适应的熟悉并购相关法律、财务、行业等知识的专业人员。

第二十四条　商业银行应在内部组织并购贷款尽职调查和风险评估的专业团队，对本指引第十一条到第十七条的内容进行调查、分析和评估，并形成书面报告。

前款所称专业团队的负责人应有3年以上并购从业经验，成员可包括但不限于并购专家、信贷专家、行业专家、法律专家和财务专家等。

第二十五条　商业银行应在并购贷款业务受理、尽职调查、风险评估、合同签订、贷款发放、贷后管理等主要业务环节以及内部控制体系中加强专业化的管理与控制。

第二十六条　商业银行受理的并购贷款申请应符合以下基本条件：

（一）并购方依法合规经营，信用状况良好，没有信贷违约、逃废银行债务等不良记录；

（二）并购交易合法合规，涉及国家产业政策、行业准入、反垄断、国有资产转让等事项的，应按相关法律法规和政策要求，取得有关方面的批准和履行相关手续；

（三）并购方与目标企业之间具有较高的产业相关度或战略相关性，并购方通过并购能够获得目标企业的研发能力、关键技术与工艺、商标、特许权、供应或分销网络等战略性资源以提高其核心竞争能力。

第二十七条　商业银行可根据并购交易的复杂性、专业性和技术性，聘请中介机构进行有关调查并在风险评估时使用该中介机构的调查报告。

有前款所述情形的，商业银行应建立相应的中介机构管理制度，并通过书面合同明确中介机构的法律责任。

第二十八条　并购方与目标企业存在关联关系的，商业银行应当加强贷前调查，了解和掌握并购交易的经济动机，并购双方整合的可行性、协同效应的可能性等相关情况，核实并购交易的真实性以及并购交易价格的合理性，防范关联企业之间利用虚假并购交易套取银行信贷资金的行为。

第二十九条　商业银行原则上应要求借款人提供充足的能够覆盖并购贷款风险的担保，包括但不限于资产抵押、股权质押、第三方保证，以及符合法律规定的其他形式的担保。以目标企业股权质押时，商业银行应采用更为审慎的方法评估其股权价值和确定质押率。

第三十条　商业银行应根据并购贷款风险评估结果，审慎确定借款合同中贷款金额、期限、利率、分期还款计划、担保方式等基本条款的内容。

第三十一条　商业银行应在借款合同中约定保护贷款人利益的关键条款，包括但不限于：

（一）对借款人或并购后企业重要财务指标的约束性条款；

（二）对借款人特定情形下获得的额外现金流用于提前还款的强制性条款；

（三）对借款人或并购后企业的主要或专用账户的监控条款；

（四）确保贷款人对重大事项知情权或认可权的借款人承诺条款。

第三十二条　商业银行应通过本指引第三十一条所述的关键条款约定在并购双方出现以下情形时可采取的风险控制措施：

（一）重要股东的变化；

（二）经营战略的重大变化；

（三）重大投资项目变化；

（四）营运成本的异常变化；

（五）品牌、客户、市场渠道等的重大不利变化；
（六）产生新的重大债务或对外担保；
（七）重大资产出售；
（八）分红策略的重大变化；
（九）担保人的担保能力或抵质押物发生重大变化；
（十）影响企业持续经营的其他重大事项。

第三十三条 商业银行应在借款合同中约定提款条件以及与贷款支付使用相关的条款，提款条件应至少包括并购方自筹资金已足额到位和并购合规性条件已满足等内容。

商业银行应按照借款合同约定，加强对贷款资金的提款和支付管理，做好资金流向监控，防范关联企业借助虚假并购交易套取贷款资金，确保贷款资金不被挪用。

第三十四条 商业银行应在借款合同中约定，借款人有义务在贷款存续期间定期报送并购双方、担保人的财务报表以及贷款人需要的其他相关资料。

第三十五条 商业银行在贷款存续期间，应加强贷后检查，及时跟踪并购实施情况，定期评估并购双方未来现金流的可预测性和稳定性，定期评估借款人的还款计划与还款来源是否匹配，对并购交易或者并购双方出现异常情况的，及时采取有效措施保障贷款安全。

并购方与目标企业存在关联关系的，商业银行应加大贷后管理力度，特别是应确认并购交易得到实际执行以及并购方对目标企业真正实施整合。

第三十六条 商业银行在贷款存续期间，应密切关注借款合同中关键条款的履行情况。

第三十七条 商业银行应按照不低于其他贷款种类的频率和标准对并购贷款进行风险分类和计提拨备。

第三十八条 并购贷款出现不良时，商业银行应及时采取贷款清收、保全，以及处置抵质押物、依法接管企业经营权等风险控制措施。

第三十九条 商业银行应明确并购贷款业务内部报告的内容、路线和频率，并应至少每年对并购贷款业务的合规性和资产价值变化进行内部检查和独立的内部审计，对其风险状况进行全面评估。当出现并购贷款集中度趋高、贷款风险分类趋降等情形时，商业银行应提高内部报告、检查和评估的频率。

第四十条 商业银行在并购贷款的不良贷款额或不良率上升时应加强对以下内容的报告、检查和评估：
（一）并购贷款担保的方式、构成和覆盖贷款本息的情况；
（二）针对不良贷款所采取的清收和保全措施；
（三）处置质押股权的情况；
（四）依法接管企业经营权的情况；
（五）并购贷款的呆账核销情况。

第四章 附　则

第四十一条 商业银行贷款支持已获得目标企业控制权的并购方企业，为维持对目标企业的控制权而受让或者认购目标企业股权的，适用本指引。

第四十二条 政策性银行、外国银行分行和企业集团财务公司开办并购贷款业务的，参照本指引执行。

第四十三条 本指引所称并购双方是指并购方与目标企业。

第四十四条 本指引由中国银监会负责解释。

第四十五条 本指引自印发之日起施行。《中国银监会关于印发〈商业银行并购贷款风险管理指引〉的通知》（银监发〔2008〕84号）同时废止。

银行业金融机构全面风险管理指引

· 2016年9月27日
· 银监发〔2016〕44号

第一章 总　则

第一条 为提高银行业金融机构全面风险管理水平，促进银行业体系安全稳健运行，根据《中华人民共和国银行业监督管理法》《中华人民共和国商业银行法》等法律法规，制定本指引。

第二条 本指引适用于在中华人民共和国境内依法设立的银行业金融机构。

本指引所称银行业金融机构，是指在中华人民共和国境内设立的商业银行、农村信用合作社等吸收公众存款的金融机构、政策性银行以及国家开发银行。

第三条 银行业金融机构应当建立全面风险管理体系，采取定性和定量相结合的方法，识别、计量、评估、监测、报告、控制或缓释所承担的各类风险。

各类风险包括信用风险、市场风险、流动性风险、操作风险、国别风险、银行账户利率风险、声誉风险、战略风险、信息科技风险以及其他风险。

银行业金融机构的全面风险管理体系应当考虑风险之间的关联性，审慎评估各类风险之间的相互影响，防范跨境、跨业风险。

第四条 银行业金融机构全面风险管理应当遵循以下基本原则：
（一）匹配性原则。全面风险管理体系应当与风险状况和系统重要性等相适应,并根据环境变化进行调整。

(二)全覆盖原则。全面风险管理应当覆盖各个业务条线,包括本外币、表内外、境内外业务;覆盖所有分支机构、附属机构、部门、岗位和人员;覆盖所有风险种类和不同风险之间的相互影响;贯穿决策、执行和监督全部管理环节。

(三)独立性原则。银行业金融机构应当建立独立的全面风险管理组织架构,赋予风险管理条线足够的授权、人力资源及其他资源配置,建立科学合理的报告渠道,与业务条线之间形成相互制衡的运行机制。

(四)有效性原则。银行业金融机构应当将全面风险管理的结果应用于经营管理,根据风险状况、市场和宏观经济情况评估资本和流动性的充足性,有效抵御所承担的总体风险和各类风险。

第五条 银行业金融机构全面风险管理体系应当包括但不限于以下要素:

(一)风险治理架构;

(二)风险管理策略、风险偏好和风险限额;

(三)风险管理政策和程序;

(四)管理信息系统和数据质量控制机制;

(五)内部控制和审计体系。

第六条 银行业金融机构应当推行稳健的风险文化,形成与本机构相适应的风险管理理念、价值准则、职业操守,建立培训、传达和监督机制,推动全体工作人员理解和执行。

第七条 银行业金融机构应当承担全面风险管理的主体责任,建立全面风险管理制度,保障制度执行,对全面风险管理体系进行自我评估,健全自我约束机制。

第八条 银行业监督管理机构依法对银行业金融机构全面风险管理实施监管。

第九条 银行业金融机构应当按照银行业监督管理机构的规定,向公众披露全面风险管理情况。

第二章 风险治理架构

第十条 银行业金融机构应当建立组织架构健全、职责边界清晰的风险治理架构,明确董事会、监事会、高级管理层、业务部门、风险管理部门和内审部门在风险管理中的职责分工,建立多层次、相互衔接、有效制衡的运行机制。

第十一条 银行业金融机构董事会承担全面风险管理的最终责任,履行以下职责:

(一)建立风险文化;

(二)制定风险管理策略;

(三)设定风险偏好和确保风险限额的设立;

(四)审批重大风险管理政策和程序;

(五)监督高级管理层开展全面风险管理;

(六)审议全面风险管理报告;

(七)审批全面风险和各类重要风险的信息披露;

(八)聘任风险总监(首席风险官)或其他高级管理人员,牵头负责全面风险管理;

(九)其他与风险管理有关的职责。

董事会可以授权其下设的风险管理委员会履行其全面风险管理的部分职责。

第十二条 银行业金融机构应当建立风险管理委员会与董事会下设的战略委员会、审计委员会、提名委员会等其他专门委员会的沟通机制,确保信息充分共享并能够支持风险管理相关决策。

第十三条 银行业金融机构监事会承担全面风险管理的监督责任,负责监督检查董事会和高级管理层在风险管理方面的履职尽责情况并督促整改。相关监督检查情况应当纳入监事会工作报告。

第十四条 银行业金融机构高级管理层承担全面风险管理的实施责任,执行董事会的决议,履行以下职责:

(一)建立适应全面风险管理的经营管理架构,明确全面风险管理职能部门、业务部门以及其他部门在风险管理中的职责分工,建立部门之间相互协调、有效制衡的运行机制;

(二)制定清晰的执行和问责机制,确保风险管理策略、风险偏好和风险限额得到充分传达和有效实施;

(三)根据董事会设定的风险偏好,制定风险限额,包括但不限于行业、区域、客户、产品等维度;

(四)制定风险管理政策和程序,定期评估,必要时予以调整;

(五)评估全面风险和各类重要风险管理状况并向董事会报告;

(六)建立完备的管理信息系统和数据质量控制机制;

(七)对突破风险偏好、风险限额以及违反风险管理政策和程序的情况进行监督,根据董事会的授权进行处理;

(八)风险管理的其他职责。

第十五条 规模较大或业务复杂的银行业金融机构应当设立风险总监(首席风险官)。董事会应当将风险总监(首席风险官)纳入高级管理人员。风险总监(首席风险官)或其他牵头负责全面风险管理的高级管理人员应当保持充分的独立性,独立于操作和经营条线,可以直接向董事会报告全面风险管理情况。

调整风险总监(首席风险官)应当事先得到董事会批准,并公开披露。银行业金融机构应当向银行业监督管理机构报告调整风险总监(首席风险官)的原因。

第十六条 银行业金融机构应当确定业务条线承担风险管理的直接责任;风险管理条线承担制定政策和流程,监测和管理风险的责任;内审部门承担业务部门和风险管理部门履职情况的审计责任。

第十七条 银行业金融机构应当设立或者指定部门负责全面风险管理,牵头履行全面风险的日常管理,包括但不限于以下职责:

(一)实施全面风险管理体系建设;

(二)牵头协调识别、计量、评估、监测、控制或缓释全面风险和各类重要风险,及时向高级管理人员报告;

(三)持续监控风险管理策略、风险偏好、风险限额及风险管理政策和程序的执行情况,对突破风险偏好、风险限额以及违反风险管理政策和程序的情况及时预警、报告并提出处理建议;

(四)组织开展风险评估,及时发现风险隐患和管理漏洞,持续提高风险管理的有效性。

第十八条 银行业金融机构应当采取必要措施,保证全面风险管理的政策流程在基层分支机构得到理解与执行,建立与基层分支机构风险状况相匹配的风险管理架构。

在境外设有机构的银行业金融机构应当建立适当的境外风险管理框架、政策和流程。

第十九条 银行业金融机构应当赋予全面风险管理职能部门和各类风险管理部门充足的资源、独立性、授权,保证其能够及时获得风险管理所需的数据和信息,满足履行风险管理职责的需要。

第三章 风险管理策略、风险偏好和风险限额

第二十条 银行业金融机构应当制定清晰的风险管理策略,至少每年评估一次其有效性。风险管理策略应当反映风险偏好、风险状况以及市场和宏观经济变化,并在银行内部得到充分传导。

第二十一条 银行业金融机构应当制定书面的风险偏好,做到定性指标和定量指标并重。风险偏好的设定应当与战略目标、经营计划、资本规划、绩效考评和薪酬机制衔接,在机构内传达并执行。

银行业金融机构应当每年对风险偏好至少进行一次评估。

第二十二条 银行业金融机构制定的风险偏好,应当包括但不限于以下内容:

(一)战略目标和经营计划的制定依据,风险偏好与战略目标、经营计划的关联性;

(二)为实现战略目标和经营计划愿意承担的风险总量;

(三)愿意承担的各类风险的最大水平;

(四)风险偏好的定量指标,包括利润、风险、资本、流动性以及其他相关指标的目标值或目标区间。上述定量指标通过风险限额、经营计划、绩效考评等方式传导至业务条线、分支机构、附属机构的安排;

(五)对不能定量的风险偏好的定性描述,包括承担此类风险的原因、采取的管理措施;

(六)资本、流动性抵御总体风险和各类风险的水平;

(七)可能导致偏离风险偏好目标的情形和处置方法。

银行业金融机构应当在书面的风险偏好中明确董事会、高级管理层和首席风险官、业务条线、风险部门在制定和实施风险偏好过程中的职责。

第二十三条 银行业金融机构应当建立监测分析各业务条线、分支机构、附属机构执行风险偏好的机制。

当风险偏好目标被突破时,应当及时分析原因,制定解决方案并实施。

第二十四条 银行业金融机构应当建立风险偏好的调整制度。根据业务规模、复杂程度、风险状况的变化,对风险偏好进行调整。

第二十五条 银行业金融机构应当制定风险限额管理的政策和程序,建立风险限额设定、限额调整、超限额报告和处理制度。

银行业金融机构应当根据风险偏好,按照客户、行业、区域、产品等维度设定风险限额。风险限额应当综合考虑资本、风险集中度、流动性、交易目的等。

全面风险管理职能部门应当对风险限额进行监控,并向董事会或高级管理层报送风险限额使用情况。

风险限额临近监管指标限额时,银行业金融机构应当启动相应的纠正措施和报告程序,采取必要的风险分散措施,并向银行业监督管理机构报告。

第四章 风险管理政策和程序

第二十六条 银行业金融机构应当制定风险管理政策和程序,包括但不限于以下内容:

(一)全面风险管理的方法,包括各类风险的识别、计量、评估、监测、报告、控制或缓释,风险加总的方法和程序;

(二)风险定性管理和定量管理的方法;

(三)风险管理报告;

(四)压力测试安排;

（五）新产品、重大业务和机构变更的风险评估；
（六）资本和流动性充足情况评估；
（七）应急计划和恢复计划。

第二十七条 银行业金融机构应当在集团和法人层面对各附属机构、分支机构、业务条线，对表内和表外、境内和境外、本币和外币业务涉及的各类风险，进行识别、计量、评估、监测、报告、控制或缓释。

银行业金融机构应当制定每项业务对应的风险管理政策和程序。未制定的，不得开展该项业务。

银行业金融机构应当有效评估和管理各类风险。对能够量化的风险，应当通过风险计量技术，加强对相关风险的计量、控制、缓释；对难以量化的风险，应当建立风险识别、评估、控制和报告机制，确保相关风险得到有效管理。

第二十八条 银行业金融机构应当建立风险统一集中管理的制度，确保全面风险管理对各类风险管理的统领性、各类风险管理与全面风险管理政策和程序的一致性。

第二十九条 银行业金融机构应当建立风险加总的政策、程序，选取合理可行的加总方法，充分考虑集中度风险及风险之间的相互影响和相互传染，确保在不同层次上和总体上及时识别风险。

第三十条 银行业金融机构采用内部模型计量风险的，应当遵守相关监管要求，确保风险计量的一致性、客观性和准确性。董事会和高级管理层应当理解模型结果的局限性、不确定性和模型使用的固有风险。

第三十一条 银行业金融机构应当建立全面风险管理报告制度，明确报告的内容、频率和路线。

报告内容至少包括总体风险和各类风险的整体状况；风险管理策略、风险偏好和风险限额的执行情况；风险在行业、地区、客户、产品等维度的分布；资本和流动性抵御风险的能力。

第三十二条 银行业金融机构应当建立压力测试体系，明确压力测试的治理结构、政策文档、方法流程、情景设计、保障支持、验证评估以及压力测试结果运用。

银行业金融机构应当定期开展压力测试。压力测试的开展应当覆盖各类风险和表内外主要业务领域，并考虑各类风险之间的相互影响。

压力测试结果应当运用于银行业金融机构的风险管理和各项经营管理决策中。

第三十三条 银行业金融机构应当建立专门的政策和流程，评估开发新产品、对现有产品进行重大改动、拓展新的业务领域、设立新机构、从事重大收购和投资等可能带来的风险，并建立内部审批流程和退出安排。银行业金融机构开展上述活动时，应当经风险管理部门审查同意，并经董事会或董事会指定的专门委员会批准。

第三十四条 银行业金融机构应当根据风险偏好和风险状况及时评估资本和流动性的充足情况，确保资本、流动性能够抵御风险。

第三十五条 银行业金融机构应当制定应急计划，确保能够及时应对和处理紧急或危机情况。应急计划应当说明可能出现的风险以及在压力情况（包括会严重威胁银行生存能力的压力情景）下应当采取的措施。银行业金融机构的应急计划应当涵盖对境外分支机构和附属机构的应急安排。银行业金融机构应当定期更新、演练或测试上述计划，确保其充分性和可行性。

第三十六条 银行业金融机构应当按照相关监管要求，根据风险状况和系统重要性，制定并定期更新完善本机构的恢复计划，明确本机构在压力情况下能够继续提供持续稳定运营的各项关键性金融服务并恢复正常运营的行动方案。

第三十七条 银行业金融机构应当制定覆盖其附属机构的风险管理政策和程序，保持风险管理的一致性、有效性。银行业金融机构应当要求并确保各附属机构在整体风险偏好和风险管理政策框架下，建立自身的风险管理组织架构、政策流程，促进全面风险管理的一致性和有效性。

银行业金融机构应当建立健全风险隔离制度，规范内部交易，防止风险传染。

第三十八条 银行业金融机构应当制定外包风险管理制度，确定与其风险管理水平相适应的外包活动范围。

第三十九条 银行业金融机构应当将风险管理策略、风险偏好、风险限额、风险管理政策和程序等要素与资本管理、业务管理相结合，在战略和经营计划制定、新产品审批、内部定价、绩效考评和薪酬激励等日常经营管理中充分应用并有效实施。

第四十条 银行业金融机构应当对风险管理策略、风险偏好、风险限额、风险管理政策和程序建立规范的文档记录。

第五章 管理信息系统和数据质量

第四十一条 银行业金融机构应当具备完善的风险管理信息系统，能够在集团和法人层面计量、评估、展示、报告所有风险类别、产品和交易对手风险暴露的规模和构成。

第四十二条 银行业金融机构相关风险管理信息系统应当具备以下主要功能，支持风险报告和管理决策的需要：

（一）支持识别、计量、评估、监测和报告所有类别的重要风险；

（二）支持风险限额管理，对超出风险限额的情况进行实时监测、预警和控制；

（三）能够计量、评估和报告所有风险类别、产品和交易对手的风险状况，满足全面风险管理需要；

（四）支持按照业务条线、机构、资产类型、行业、地区、集中度等多个维度展示和报告风险暴露情况；

（五）支持不同频率的定期报告和压力情况下的数据加工和风险加总需求；

（六）支持压力测试工作，评估各种不利情景对银行业金融机构及主要业务条线的影响。

第四十三条 银行业金融机构应当建立与业务规模、风险状况等相匹配的信息科技基础设施。

第四十四条 银行业金融机构应当建立健全数据质量控制机制，积累真实、准确、连续、完整的内部和外部数据，用于风险识别、计量、评估、监测、报告，以及资本和流动性充足情况的评估。

第六章 内部控制和审计

第四十五条 银行业金融机构应当合理确定各项业务活动和管理活动的风险控制点，采取适当的控制措施，执行标准统一的业务流程和管理流程，确保规范运作。

第四十六条 银行业金融机构应当将全面风险管理纳入内部审计范畴，定期审查和评价全面风险管理的充分性和有效性。

银行业金融机构内部审计活动应独立于业务经营、风险管理和合规管理，遵循独立性、客观性原则，不断提升内部审计人员的专业能力和职业操守。

全面风险管理的内部审计报告应当直接提交董事会和监事会。董事会应当针对内部审计发现的问题，督促高级管理层及时采取整改措施。内部审计部门应当跟踪检查整改措施的实施情况，并及时向董事会提交有关报告。

第七章 监督管理

第四十七条 银行业金融机构应当将风险管理策略、风险偏好、重大风险管理政策和程序等报送银行业监督管理机构，并至少按年度报送全面风险管理报告。

第四十八条 银行业监督管理机构应当将银行业金融机构全面风险管理纳入法人监管体系中，并根据本指引全面评估银行业金融机构风险管理体系的健全性和有效性，提出监管意见，督促银行业金融机构持续加以完善。

第四十九条 银行业监督管理机构通过非现场监管和现场检查等实施对银行业金融机构全面风险管理的持续监管，具体方式包括但不限于监管评级、风险提示、现场检查、监管通报、监管会谈、与内外部审计师会谈等。

第五十条 银行业监督管理机构应当就全面风险管理情况与银行业金融机构董事会、监事会、高级管理层等进行充分沟通，并视情况在银行业金融机构董事会、监事会会议上通报。

第五十一条 对不能满足本指引及其他规范性文件中关于全面风险管理要求的银行业金融机构，银行业监督管理机构可以要求其制定整改方案，责令限期改正，并视情况采取相应的监管措施。

第八章 附则

第五十二条 各类具体风险的监管要求按照银行业监督管理机构的有关规定执行。

第五十三条 经银行业监督管理机构批准设立的其他金融机构参照本指引执行。

第五十四条 本指引自2016年11月1日起施行。本指引实施前已有规范性文件如与本指引不一致的，按照本指引执行。

商业银行风险监管核心指标（试行）

· 2005年12月31日

第一章 总则

第一条 为加强对商业银行风险的识别、评价和预警，有效防范金融风险，根据《中华人民共和国银行业监督管理法》、《中华人民共和国商业银行法》和《中华人民共和国外资金融机构管理条例》等法律法规，制定商业银行风险监管核心指标。

第二条 商业银行风险监管核心指标适用于在中华人民共和国境内设立的中资商业银行。

第三条 商业银行风险监管核心指标是对商业银行实施风险监管的基准，是评价、监测和预警商业银行风险的参照体系。

第四条 商业银行应按照规定口径同时计算并表的和未并表的风险监管核心指标。

第五条 银监会对商业银行的各项风险监管核心指标进行水平分析、同组比较分析及检查监督，并根据具体情况有选择地采取监管措施。

第二章 核心指标

第六条 商业银行风险监管核心指标分为三个层次，即风险水平、风险迁徙和风险抵补。

第七条 风险水平类指标包括流动性风险指标、信用风险指标、市场风险指标和操作风险指标，以时点数据为基础，属于静态指标。

第八条 流动性风险指标衡量商业银行流动性状况及其波动性，包括流动性比例、核心负债比例和流动性缺口率，按照本币和外币分别计算。

（一）流动性比例为流动性资产余额与流动性负债余额之比，衡量商业银行流动性的总体水平，不应低于25%。

（二）核心负债比例为核心负债与负债总额之比，不应低于60%。

（三）流动性缺口率为90天内表内外流动性缺口与90天内到期表内外流动性资产之比，不应低于-10%。

第九条 信用风险指标包括不良资产率、单一集团客户授信集中度、全部关联度三类指标。

（一）不良资产率为不良资产与资产总额之比，不应高于4%。该项指标为一级指标，包括不良贷款率一个二级指标；不良贷款率为不良贷款与贷款总额之比，不应高于5%。

（二）单一集团客户授信集中度为最大一家集团客户授信总额与资本净额之比，不应高于15%。该项指标为一级指标，包括单一客户贷款集中度一个二级指标；单一客户贷款集中度为最大一家客户贷款总额与资本净额之比，不应高于10%。

（三）全部关联度为全部关联授信与资本净额之比，不应高于50%。

第十条 市场风险指标衡量商业银行因汇率和利率变化而面临的风险，包括累计外汇敞口头寸比例和利率风险敏感度。

（一）累计外汇敞口头寸比例为累计外汇敞口头寸与资本净额之比，不应高于20%。具备条件的商业银行可同时采用其他方法（比如在险价值法和基本点现值法）计量外汇风险。

（二）利率风险敏感度为利率上升200个基点对银行净值的影响与资本净额之比，指标值将在相关政策出台后根据风险监管实际需要另行制定。

第十一条 操作风险指标衡量由于内部程序不完善、操作人员差错或舞弊以及外部事件造成的风险，表示为操作风险损失率，即操作造成的损失与前三期净利息收入加上非利息收入平均值之比。

银监会将在相关政策出台后另行确定有关操作风险的指标值。

第十二条 风险迁徙类指标衡量商业银行风险变化的程度，表示为资产质量从前期到本期变化的比率，属于动态指标。风险迁徙类指标包括正常贷款迁徙率和不良贷款迁徙率。

（一）正常贷款迁徙率为正常贷款中变为不良贷款的金额与正常贷款之比，正常贷款包括正常类和关注类贷款。该项指标为一级指标，包括正常类贷款迁徙率和关注类贷款迁徙率两个二级指标。正常类贷款迁徙率为正常类贷款中变为后四类贷款的金额与正常类贷款之比，关注类贷款迁徙率为关注类贷款中变为不良贷款的金额与关注类贷款之比。

（二）不良贷款迁徙率包括次级类贷款迁徙率和可疑类贷款迁徙率。次级类贷款迁徙率为次级类贷款中变为可疑类贷款和损失类贷款的金额与次级类贷款之比，可疑类贷款迁徙率为可疑类贷款中变为损失类贷款的金额与可疑类贷款之比。

第十三条 风险抵补类指标衡量商业银行抵补风险损失的能力，包括盈利能力、准备金充足程度和资本充足程度三个方面。

（一）盈利能力指标包括成本收入比、资产利润率和资本利润率。成本收入比为营业费用加折旧与营业收入之比，不应高于45%；资产利润率为税后净利润与平均资产总额之比，不应低于0.6%；资本利润率为税后净利润与平均净资产之比，不应低于11%。

（二）准备金充足程度指标包括资产损失准备充足率和贷款损失准备充足率。资产损失准备充足率为一级指标，为信用风险资产实际计提准备与应提准备之比，不应低于100%；贷款损失准备充足率为贷款实际计提准备与应提准备之比，不应低于100%，属二级指标。

（三）资本充足程度指标包括核心资本充足率和资本充足率，核心资本充足率为核心资本与风险加权资产之比，不应低于4%；资本充足率为核心资本加附属资本与风险加权资产之比，不应低于8%。

第三章 检查监督

第十四条 商业银行应建立与本办法相适应的统计与信息系统，准确反映风险水平、风险迁徙和风险抵补能力。

第十五条 商业银行应参照《贷款风险分类指导原则》将非信贷资产分为正常类资产和不良资产，计量非信贷资产风险，评估非信贷资产质量。

第十六条 商业银行应将各项指标体现在日常风险管理中，完善风险管理方法。

第十七条 商业银行董事会应定期审查各项指标的实际值，并督促管理层采取纠正措施。

第十八条 银监会将通过非现场监管系统定期采集

有关数据,分析商业银行各项监管指标,及时评价和预警其风险水平、风险迁徙和风险抵补。

第十九条 银监会将组织现场检查核实数据的真实性,根据核心指标实际值有针对性地检查商业银行主要风险点,并进行诫勉谈话和风险提示。

第四章 附 则

第二十条 农村合作银行、城市信用社、农村信用社、外资独资银行和中外合资银行参照执行;法律、行政法规另有规定的,适用其规定。

第二十一条 除法律、行政法规和部门规章另有规定外,本核心指标不作为行政处罚的直接依据。

第二十二条 商业银行风险监管核心指标由银监会负责解释。

第二十三条 商业银行风险监管核心指标自2006年1月1日起试行。《商业银行资产负债比例管理监控、监测指标和考核办法》(银发〔1996〕450号)同时废止。

附件:
一、商业银行风险监管核心指标一览表(略)
二、《商业银行风险监管核心指标》口径说明(略)

商业银行市场风险管理指引

· 2004年12月29日中国银行业监督管理委员会令2004年第10号公布
· 自2005年3月1日起施行

第一章 总 则

第一条 为加强商业银行的市场风险管理,根据《中华人民共和国银行业监督管理法》、《中华人民共和国商业银行法》以及其他有关法律和行政法规,制定本指引。

第二条 本指引所称商业银行是指在中华人民共和国境内依法设立的商业银行,包括中资商业银行、外资独资银行和中外合资银行。

第三条 本指引所称市场风险是指因市场价格(利率、汇率、股票价格和商品价格)的不利变动而使银行表内和表外业务发生损失的风险。市场风险存在于银行的交易和非交易业务中。

市场风险可以分为利率风险、汇率风险(包括黄金)、股票价格风险和商品价格风险,分别是指由于利率、汇率、股票价格和商品价格的不利变动所带来的风险。利率风险按照来源的不同,可以分为重新定价风险、收益率曲线风险、基准风险和期权性风险。

前款所称商品是指可以在二级市场上交易的某些实物产品,如农产品、矿产品(包括石油)和贵金属(不包括黄金)等。

第四条 市场风险管理是识别、计量、监测和控制市场风险的全过程。市场风险管理的目标是通过将市场风险控制在商业银行可以承受的合理范围内,实现经风险调整的收益率的最大化。

商业银行应当充分识别、准确计量、持续监测和适当控制所有交易和非交易业务中的市场风险,确保在合理的市场风险水平之下安全、稳健经营。商业银行所承担的市场风险水平应当与其市场风险管理能力和资本实力相匹配。

为了确保有效实施市场风险管理,商业银行应当将市场风险的识别、计量、监测和控制与全行的战略规划、业务决策和财务预算等经营管理活动进行有机结合。

第五条 中国银行业监督管理委员会(以下简称银监会)依法对商业银行的市场风险水平和市场风险管理体系实施监督管理。银监会应当督促商业银行有效地识别、计量、监测和控制各项业务所承担的各类市场风险。

第二章 市场风险管理

第六条 商业银行应当按照本指引要求,建立与本行的业务性质、规模和复杂程度相适应的、完善的、可靠的市场风险管理体系。市场风险管理体系包括如下基本要素:

(一)董事会和高级管理层的有效监控;
(二)完善的市场风险管理政策和程序;
(三)完善的市场风险识别、计量、监测和控制程序;
(四)完善的内部控制和独立的外部审计;
(五)适当的市场风险资本分配机制。

第七条 商业银行实施市场风险管理,应当适当考虑市场风险与其他风险类别,如信用风险、流动性风险、操作风险、法律风险、声誉风险等风险的相关性,并协调市场风险管理与其他类别风险管理的政策和程序。

第一节 董事会和高级管理层的监控

第八条 商业银行的董事会和高级管理层应当对市场风险管理体系实施有效监控。

商业银行的董事会承担对市场风险管理实施监控的最终责任,确保商业银行有效地识别、计量、监测和控制各项业务所承担的各类市场风险。董事会负责审批市场风险管理的战略、政策和程序,确定银行可以承受的市场风险水平,督促高级管理层采取必要的措施识别、计量、监测和控制市场风险,并定期获得关于市场风险性质和水平的报告，监控和评价市场风险管理的全面性、有效性以及高级管理层在市场风险管理方面的履职情况。董事会可以授权其下设的专门委员会履行以上部分职能，获得授权的委员会应当定期向董事会提交有关报告。

商业银行的高级管理层负责制定、定期审查和监督执行市场风险管理的政策、程序以及具体的操作规程，及时了解市场风险水平及其管理状况，并确保银行具备足够的人力、物力以及恰当的组织结构、管理信息系统和技术水平来有效地识别、计量、监测和控制各项业务所承担的各类市场风险。

商业银行的董事会和高级管理层应当对本行与市场风险有关的业务、所承担的各类市场风险以及相应的风险识别、计量和控制方法有足够的了解。

商业银行的监事会应当监督董事会和高级管理层在市场风险管理方面的履职情况。

第九条 商业银行应当指定专门的部门负责市场风险管理工作。负责市场风险管理的部门应当职责明确，与承担风险的业务经营部门保持相对独立，向董事会和高级管理层提供独立的市场风险报告，并且具备履行市场风险管理职责所需要的人力、物力资源。负责市场风险管理部门的工作人员应当具备相关的专业知识和技能，并充分了解本行与市场风险有关的业务、所承担的各类市场风险以及相应的风险识别、计量、控制方法和技术。商业银行应当确保其薪酬制度足以吸引和留住合格的市场风险管理人员。

商业银行负责市场风险管理的部门应当履行下列职责：

（一）拟定市场风险管理政策和程序，提交高级管理层和董事会审查批准；

（二）识别、计量和监测市场风险；

（三）监测相关业务经营部门和分支机构对市场风险限额的遵守情况，报告超限额情况；

（四）设计、实施事后检验和压力测试；

（五）识别、评估新产品、新业务中所包含的市场风险，审核相应的操作和风险管理程序；

（六）及时向董事会和高级管理层提供独立的市场风险报告；

（七）其他有关职责。

业务复杂程度和市场风险水平较高的商业银行应当建立专门的市场风险管理部门负责市场风险管理工作。

第十条 商业银行承担市场风险的业务经营部门应当充分了解并在业务决策中充分考虑所从事业务中包含的各类市场风险，以实现经风险调整的收益率的最大化。业务经营部门应当为承担市场风险所带来的损失承担责任。

第二节 市场风险管理政策和程序

第十一条 商业银行应当制定适用于整个银行机构的、正式的书面市场风险管理政策和程序。市场风险管理政策和程序应当与银行的业务性质、规模、复杂程度和风险特征相适应，与其总体业务发展战略、管理能力、资本实力和能够承担的总体风险水平相一致，并符合银监会关于市场风险管理的有关要求。市场风险管理政策和程序的主要内容包括：

（一）可以开展的业务，可以交易或投资的金融工具，可以采取的投资、保值和风险缓解策略和方法；

（二）商业银行能够承担的市场风险水平；

（三）分工明确的市场风险管理组织结构、权限结构和责任机制；

（四）市场风险的识别、计量、监测和控制程序；

（五）市场风险的报告体系；

（六）市场风险管理信息系统；

（七）市场风险的内部控制；

（八）市场风险管理的外部审计；

（九）市场风险资本的分配；

（十）对重大市场风险情况的应急处理方案。

商业银行应当根据本行市场风险状况和外部市场的变化情况，及时修订和完善市场风险管理政策和程序。

商业银行的市场风险管理政策和程序及其重大修订应当由董事会批准。商业银行的高级管理层应当向与市场风险管理有关的工作人员阐明本行的市场风险管理政策和程序。与市场风险管理有关的工作人员应当充分了解其与市场风险管理有关的权限和职责。

第十二条 商业银行在开展新产品和开展新业务之前应当充分识别和评估其中包含的市场风险，建立相应的内部审批、操作和风险管理程序，并获得董事会或其授权的专门委员会/部门的批准。新产品、新业务的内部审批程序应当包括由相关部门，如业务经营部门、负责市场风险管理的部门、法律部门/合规部门、财务会计部门和结算部门等对其操作和风险管理程序的审核和认可。

第十三条 市场风险管理政策和程序应当在并表基础上应用，并应尽可能适用于具有独立法人地位的附属机构，包括境外附属机构。但是，商业银行应当充分认识到附属机构之间存在的法律差异和资金流动障碍，并对其风险管理政策和程序进行相应调整，以避免在具有法律差异和资金流动障碍的附属机构之间轧差头寸而造成对市场风险的低估。

第十四条 商业银行应当按照银监会关于商业银行资本充足率管理的有关要求划分银行账户和交易账户，并根据银行账户和交易账户的性质和特点，采取相应的市场风险识别、计量、监测和控制方法。

商业银行应当对不同类别的市场风险（如利率风险）和不同业务种类（如衍生产品交易）的市场风险制定更详细和有针对性的风险管理政策和程序，并保持相互之间的一致性。

第三节 市场风险的识别、计量、监测和控制

第十五条 商业银行应当对每项业务和产品中的市场风险因素进行分解和分析，及时、准确地识别所有交易和非交易业务中市场风险的类别和性质。

第十六条 商业银行应当根据本行的业务性质、规模和复杂程度，对银行账户和交易账户中不同类别的市场风险选择适当的、普遍接受的计量方法，基于合理的假设前提和参数，计量承担的所有市场风险。商业银行应当尽可能准确计算可以量化的市场风险和评估难以量化的市场风险。

商业银行可以采取不同的方法或模型计量银行账户和交易账户中不同类别的市场风险。市场风险的计量方式包括缺口分析、久期分析、外汇敞口分析、敏感性分析、情景分析和运用内部模型计算风险价值等。商业银行应当充分认识到市场风险不同计量方法的优势和局限性，并采用压力测试等其他分析手段进行补充。

商业银行应当尽量对所计量的银行账户和交易账户中的市场风险（特别是利率风险）在全行范围内进行加总，以便董事会和高级管理层了解本行的总体市场风险水平。

商业银行的董事会、高级管理层和与市场风险管理有关的人员应当了解本行采用的市场风险计量方法、模型及其假设前提，以便准确理解市场风险的计量结果。

第十七条 商业银行应当采取措施确保假设前提、参数、数据来源和计量程序的合理性和准确性。商业银行应当对市场风险计量系统的假设前提和参数定期进行评估，制定修改假设前提和参数的内部程序。重大的假设前提和参数修改应当由高级管理层审批。

第十八条 商业银行应当对交易账户头寸按市值每日至少重估一次价值。市值重估应当由与前台相独立的中台、后台、财务会计部门或其他相关职能部门或人员负责。用于重估的定价因素应当从独立于前台的渠道获取或者经过独立的验证。前台、中台、后台、财务会计部门、负责市场风险管理的部门等用于估值的方法和假设应当尽量保持一致，在不完全一致的情况下，应当制定并使用一定的校对、调整方法。在缺乏可用于市值重估的市场价格时，商业银行应当确定选用代用数据的标准、获取途径和公允价格计算方法。

第十九条 银监会鼓励业务复杂程度和市场风险水平较高的商业银行逐步开发和使用内部模型计量风险价值，对所承担的市场风险水平进行量化估计。风险价值是指所估计的在一定的持有期和给定的置信水平下，利率、汇率等市场风险要素的变化可能对某项资金头寸、资产组合或机构造成的潜在最大损失。

第二十条 采用内部模型的商业银行应当根据本行的业务规模和性质，参照国际通行标准，合理选择、定期审查和调整模型技术（如方差—协方差法、历史模拟法和蒙特·卡洛法）以及模型的假设前提和参数，并建立和实施引进新模型、调整现有模型以及检验模型准确性的内部政策和程序。模型的检验应当由独立于模型开发和运行的人员负责。

采用内部模型的商业银行应当将模型的运用与日常风险管理相融合，内部模型所提供的信息应当成为规划、监测和控制市场风险资产组合过程的有机组成部分。

采用内部模型的商业银行应当恰当理解和运用市场风险内部模型的计算结果，并充分认识到内部模型的局限性，运用压力测试和其他非统计类计量方法对内部模型方法进行补充。

第二十一条 商业银行应当定期实施事后检验，将市场风险计量方法或模型的估算结果与实际结果进行比较，并以此为依据对市场风险计量方法或模型进行调整和改进。

第二十二条 商业银行应当建立全面、严密的压力测试程序，定期对突发的小概率事件，如市场价格发生剧烈变动，或者发生意外的政治、经济事件可能造成的潜在损失进行模拟和估计，以评估本行在极端不利情况下的亏损承受能力。压力测试应当包含定性和定量分析。

压力测试应当选择对市场风险有重大影响的情景，包括历史上发生过重大损失的情景和假设情景。假设情景包括模型假设和参数不再适用的情形、市场价格发生剧烈变动的情形、市场流动性严重不足的情形，以及外部环境发生重大变化，可能导致重大损失或风险难以控制的情景。商业银行应当使用银监会规定的压力情景和根据本行业务性质、市场环境设计的压力情景进行压力测试。

商业银行应当根据压力测试的结果，对市场风险有

重大影响的情形制定应急处理方案,并决定是否及如何对限额管理、资本配置及市场风险管理的其他政策和程序进行改进。董事会和高级管理层应当定期对压力测试的设计和结果进行审查,不断完善压力测试程序。

第二十三条 商业银行应当对市场风险实施限额管理,制定对各类和各级限额的内部审批程序和操作规程,根据业务性质、规模、复杂程度和风险承受能力设定、定期审查和更新限额。

市场风险限额包括交易限额、风险限额及止损限额等,并可按地区、业务经营部门、资产组合、金融工具和风险类别进行分解。商业银行应当根据不同限额控制风险的不同作用及其局限性,建立不同类型和不同层次的限额相互补充的合理限额体系,有效控制市场风险。商业银行总的市场风险限额以及限额的种类、结构应当由董事会批准。

商业银行在设计限额体系时应当考虑以下因素:

(一)业务性质、规模和复杂程度;
(二)商业银行能够承担的市场风险水平;
(三)业务经营部门的既往业绩;
(四)工作人员的专业水平和经验;
(五)定价、估值和市场风险计量系统;
(六)压力测试结果;
(七)内部控制水平;
(八)资本实力;
(九)外部市场的发展变化情况。

商业银行应当对超限额情况制定监控和处理程序。超限额情况应当及时向相应级别的管理层报告。该级别的管理层应当根据限额管理的政策和程序决定是否批准以及此超限额情况可以保持多长时间。对未经批准的超限额情况应当按照限额管理的政策和程序进行处理。管理层应当根据超限额发生情况决定是否对限额管理体系进行调整。

商业银行应当确保不同市场风险限额之间的一致性,并协调市场风险限额管理与流动性风险限额等其他风险类别的限额管理。

第二十四条 商业银行应当为市场风险的计量、监测和控制建立完备、可靠的管理信息系统,并采取相应措施确保数据的准确、可靠、及时和安全。管理信息系统应当能够支持市场风险的计量及其所实施的事后检验和压力测试,并能监测市场风险限额的遵守情况和提供市场风险报告的有关内容。商业银行应当建立相应的对账程序确保不同部门和产品业务数据的一致性和完整性,并确保向市场风险计量系统输入准确的价格和业务数据。商业银行应当根据需要对管理信息系统及时改进和更新。

第二十五条 商业银行应当对市场风险有重大影响的情形制定应急处理方案,包括采取对冲、减少风险暴露等措施降低市场风险水平,以及建立针对自然灾害、银行系统故障和其他突发事件的应急处理或者备用系统、程序和措施,以减少银行可能发生的损失和银行声誉可能受到的损害。

商业银行应当将压力测试的结果作为制定市场风险应急处理方案的重要依据,并定期对应急处理方案进行审查和测试,不断更新和完善应急处理方案。

第二十六条 有关市场风险情况的报告应当定期、及时向董事会、高级管理层和其他管理人员提供。不同层次和种类的报告应当遵循规定的发送范围、程序和频率。报告应当包括如下全部或部分内容:

(一)按业务、部门、地区和风险类别分别统计的市场风险头寸;
(二)按业务、部门、地区和风险类别分别计量的市场风险水平;
(三)对市场风险头寸和市场风险水平的结构分析;
(四)盈亏情况;
(五)市场风险识别、计量、监测和控制方法及程序的变更情况;
(六)市场风险管理政策和程序的遵守情况;
(七)市场风险限额的遵守情况,包括对超限额情况的处理;
(八)事后检验和压力测试情况;
(九)内部和外部审计情况;
(十)市场风险资本分配情况;
(十一)对改进市场风险管理政策、程序以及市场风险应急方案的建议;
(十二)市场风险管理的其他情况。

向董事会提交的市场风险报告通常包括银行的总体市场风险头寸、风险水平、盈亏状况和对市场风险限额及市场风险管理的其他政策和程序的遵守情况等内容。向高级管理层和其他管理人员提交的市场风险报告通常包括按地区、业务经营部门、资产组合、金融工具和风险类别分解后的详细信息,并具有更高的报告频率。

第四节 内部控制和外部审计

第二十七条 商业银行应当按照银监会关于商业银行内部控制的有关要求,建立完善的市场风险管理内部控制体系,作为银行整体内部控制体系的有机组成部分。

市场风险管理的内部控制应当有利于促进有效的业务运作，提供可靠的财务和监管报告，促使银行严格遵守相关法律、行政法规、部门规章和内部的制度、程序，确保市场风险管理体系的有效运行。

第二十八条　为避免潜在的利益冲突，商业银行应当确保各职能部门具有明确的职责分工，以及相关职能适当分离。商业银行的市场风险管理职能与业务经营职能应当保持相对独立。交易部门应当将前台、后台严格分离，前台交易人员不得参与交易的正式确认、对账、重新估值、交易结算和款项收付；必要时可设置中台监控机制。

第二十九条　商业银行应当避免其薪酬制度和激励机制与市场风险管理目标产生利益冲突。董事会和高级管理层应当避免薪酬制度具有鼓励过度冒险投资的负面效应，防止绩效考核过于注重短期投资收益表现，而不考虑长期投资风险。负责市场风险管理工作人员的薪酬不应当与直接投资收益挂钩。

第三十条　商业银行的内部审计部门应当定期（至少每年一次）对市场风险管理体系各个组成部分和环节的准确、可靠、充分和有效性进行独立的审查和评价。内部审计应当既对业务经营部门，也对负责市场风险管理的部门进行。内部审计报告应当直接提交给董事会。董事会应当督促高级管理层对内部审计所发现的问题提出改进方案并采取改进措施。内部审计部门应当跟踪检查改进措施的实施情况，并向董事会提交有关报告。

商业银行对市场风险管理体系的内部审计应当至少包括以下内容：

（一）市场风险头寸和风险水平；

（二）市场风险管理体系文档的完备性；

（三）市场风险管理的组织结构，市场风险管理职能的独立性，市场风险管理人员的充足性、专业性和履职情况；

（四）市场风险管理所涵盖的风险类别及其范围；

（五）市场风险管理信息系统的完备性、可靠性，市场风险头寸数据的准确性、完整性，数据来源的一致性、时效性、可靠性和独立性；

（六）市场风险管理系统所用参数和假设前提的合理性、稳定性；

（七）市场风险计量方法的恰当性和计量结果的准确性；

（八）对市场风险管理政策和程序的遵守情况；

（九）市场风险限额管理的有效性；

（十）事后检验和压力测试系统的有效性；

（十一）市场风险资本的计算和内部配置情况；

（十二）对重大超限额交易、未授权交易和账目不匹配情况的调查。

商业银行在引入对市场风险水平有重大影响的新产品和新业务、市场风险管理体系出现重大变动或者存在严重缺陷的情况下，应当扩大市场风险内部审计的范围和增加内部审计频率。

商业银行的内部审计人员应当具备相关的专业知识和技能，并经过相应的培训，能够充分理解市场风险识别、计量、监测、控制的方法和程序。

第三十一条　内部审计力量不足的商业银行，应当委托社会中介机构对其市场风险的性质、水平及市场风险管理体系进行审计。

银监会也鼓励其他商业银行委托社会中介机构对其市场风险的性质、水平及市场风险管理体系定期进行审查和评价。

第五节　市场风险资本

第三十二条　商业银行应当按照银监会关于商业银行资本充足率管理的要求，为所承担的市场风险提取充足的资本。

银监会鼓励业务复杂程度和市场风险水平较高的商业银行运用经风险调整的收益率进行内部资本配置和业绩考核，在全行和业务经营部门等各个层次上达到市场风险水平和盈利水平的适当平衡。

第三章　市场风险监管

第三十三条　商业银行应当按照规定向银监会报送与市场风险有关的财务会计、统计报表和其他报告。委托社会中介机构对其市场风险的性质、水平及市场风险管理体系进行审计的，还应当提交外部审计报告。

商业银行的市场风险管理政策和程序应当报银监会备案。

第三十四条　商业银行应当及时向银监会报告下列事项：

（一）出现超过本行内部设定的市场风险限额的严重亏损；

（二）国内、国际金融市场发生的引起市场较大波动的重大事件将对本行市场风险水平及其管理状况产生的影响；

（三）交易业务中的违法行为；

（四）其他重大意外情况。

商业银行应当制定市场风险重大事项报告制度，并报银监会备案。

第三十五条 银监会应当定期对商业银行的市场风险管理状况进行现场检查，检查的主要内容有：

（一）董事会和高级管理层在市场风险管理中的履职情况；

（二）市场风险管理政策和程序的完善性及其实施情况；

（三）市场风险识别、计量、监测和控制的有效性；

（四）市场风险管理系统所用假设前提和参数的合理性、稳定性；

（五）市场风险管理信息系统的有效性；

（六）市场风险限额管理的有效性；

（七）市场风险内部控制的有效性；

（八）银行内部市场风险报告的独立性、准确性、可靠性，以及向银监会报送的与市场风险有关的报表、报告的真实性和准确性；

（九）市场风险资本的充足性；

（十）负责市场风险管理工作人员的专业知识、技能和履职情况；

（十一）市场风险管理的其他情况。

第三十六条 对于银监会在监管中发现的有关市场风险管理的问题，商业银行应当在规定的时限内提交整改方案并采取整改措施。银监会可以对商业银行的市场风险管理体系提出整改建议，包括调整市场风险计量方法、模型、假设前提和参数等方面的建议。

对于在规定的时限内未能有效采取整改措施或者市场风险管理体系存在严重缺陷的商业银行，银监会有权采取下列措施：

（一）要求商业银行增加提交市场风险报告的次数；

（二）要求商业银行提供额外相关资料；

（三）要求商业银行通过调整资产组合等方式适当降低市场风险水平；

（四）《中华人民共和国银行业监督管理法》以及其他法律、行政法规和部门规章规定的有关措施。

第三十七条 商业银行应当按照银监会关于信息披露的有关规定，披露其市场风险状况的定量和定性信息，披露的信息应当至少包括以下内容：

（一）所承担市场风险的类别、总体市场风险水平及不同类别市场风险的风险头寸和风险水平；

（二）有关市场价格的敏感性分析，如利率、汇率变动对银行的收益、经济价值或财务状况的影响；

（三）市场风险管理的政策和程序，包括风险管理的总体理念、政策、程序和方法，风险管理的组织结构，市场风险计量方法及其所使用的参数和假设前提，事后检验和压力测试情况，市场风险的控制方法等；

（四）市场风险资本状况；

（五）采用内部模型的商业银行应当披露所计算的市场风险类别及其范围，计算的总体市场风险水平及不同类别的市场风险水平，报告期内最高、最低、平均和期末的风险价值，以及所使用的模型技术、所使用的参数和假设前提、事后检验和压力测试情况及检验模型准确性的内部程序等信息。

第四章 附 则

第三十八条 政策性银行、金融资产管理公司、城市信用社、农村信用社、信托投资公司、财务公司、金融租赁公司、汽车金融公司邮政储蓄机构等其他金融机构参照本指引执行。

第三十九条 未设立董事会的国有商业银行，应当由其经营决策机构履行本指引规定的董事会的有关市场风险管理职责。

第四十条 在中华人民共和国境内设立的外国银行分行应当遵循其总行制定的市场风险管理政策和程序，定期向总行报送市场风险管理报告，并按照规定向银监会报送市场风险的有关报告。

第四十一条 本指引的《附录》对本指引所涉及的有关名词进行了说明。

第四十二条 国有商业银行和股份制商业银行最迟应于2007年底前，城市商业银行和其他商业银行最迟应于2008年底前达到本指引要求。

第四十三条 本指引由银监会负责解释。

第四十四条 本指引自2005年3月1日起施行。

附录

《商业银行市场风险管理指引》有关名词的说明

一、**重新定价风险**（Repricing Risk）、**收益率曲线风险**（Yield Curve Risk）、**基准风险**（Basis Risk）、**期权性风险**（Optionality）

利率风险按照来源的不同，可以分为重新定价风险、收益率曲线风险、基准风险和期权性风险。

（一）重新定价风险（Repricing Risk）

重新定价风险也称为期限错配风险，是最主要和最常见的利率风险形式，来源于银行资产、负债和表外业务到期期限（就固定利率而言）或重新定价期限（就浮动利率而言）所存在的差异。这种重新定价的不对称性使银行的收益或内在经济价值会随着利率的变动而变化。例如，如果银行以短期存款作为长期固定利率贷款的融资来源，当利率上升时，贷款的利息收入是固定的，但存款的利息支出却会随着利率的上升而增加，从而使银行的未来收益减少和经济价值降低。

（二）收益率曲线风险（Yield Curve Risk）

重新定价的不对称性也会使收益率曲线斜率、形态发生变化，即收益率曲线的非平行移动，对银行的收益或内在经济价值产生不利影响，从而形成收益率曲线风险，也称为利率期限结构变化风险。例如，若以五年期政府债券的空头头寸为10年期政府债券的多头头寸进行保值，当收益率曲线变陡的时候，虽然上述安排已经对收益率曲线的平行移动进行了保值，但该10年期债券多头头寸的经济价值还是会下降。

（三）基准风险（Basis Risk）

基准风险也称为利率定价基础风险，是另一种重要的利率风险来源。在利息收入和利息支出所依据的基准利率变动不一致的情况下，虽然资产、负债和表外业务的重新定价特征相似，但因其现金流和收益的利差发生了变化，也会对银行的收益或内在经济价值产生不利影响。例如，一家银行可能用一年期存款作为一年期贷款的融资来源，贷款按照美国国库券利率每月重新定价一次，而存款则按照伦敦同业拆借市场利率每月重新定价一次。虽然用一年期的存款为来源发放一年期的贷款，由于利率敏感性负债与利率敏感性资产的重新定价期限完全相同而不存在重新定价风险，但因为其基准利率的变化可能不完全相关，变化不同步，仍然会使该银行面临着因基准利率的利差发生变化而带来的基准风险。

（四）期权性风险（Optionality）

期权性风险是一种越来越重要的利率风险，来源于银行资产、负债和表外业务中所隐含的期权。一般而言，期权赋予其持有者买入、卖出或以某种方式改变某一金融工具或金融合同的现金流量的权利，而非义务。期权可以是单独的金融工具，如场内（交易所）交易期权和场外期权合同，也可以隐含于其他的标准化金融工具之中，如债券或存款的提前兑付、贷款的提前偿还等选择性条款。一般而言，期权和期权性条款都是在对买方有利而对卖方不利时执行，因此，此类期权性工具因具有不对称的支付特征而会给卖方带来风险。比如，若利率变动对存款人或借款人有利，存款人就可能选择重新安排存款，借款人可能选择重新安排贷款，从而对银行产生不利影响。如今，越来越多的期权品种因具有较高的杠杆效应，还会进一步增大期权头寸可能会对银行财务状况产生的不利影响。

二、缺口分析（Gap Analysis）

缺口分析是衡量利率变动对银行当期收益的影响的一种方法。具体而言，就是将银行的所有生息资产和付息负债按照重新定价的期限划分到不同的时间段（如1个月以下，1~3个月，3个月~1年，1~5年，5年以上等）。在每个时间段内，将利率敏感性资产减去利率敏感性负债，再加上表外业务头寸，就得到该时间段内的重新定价"缺口"。以该缺口乘以假定的利率变动，即得出这一利率变动对净利息收入变动的大致影响。当某一时段内的负债大于资产（包括表外业务头寸）时，就产生了负缺口，即负债敏感型缺口，此时市场利率上升会导致银行的净利息收入下降。相反，当某一时段内的资产（包括表外业务头寸）大于负债时，就产生了正缺口，即资产敏感型缺口，此时市场利率下降会导致银行的净利息收入下降。缺口分析中的假定利率变动可以通过多种方式来确定，如根据历史经验确定、根据银行管理层的判断确定和模拟潜在的未来利率变动等方式。

缺口分析是对利率变动进行敏感性分析的方法之一，是银行业较早采用的利率风险计量方法。因为其计算简便、清晰易懂，目前仍然被广泛使用。但是，缺口分析也存在一定的局限性。第一，缺口分析假定同一时间段内的所有头寸到期时间或重新定价时间相同，因此忽略了同一时间段内不同头寸的到期时间或利率重新定价期限的差异。在同一时间段内的加总程度越高，对计量结果精确性的影响就越大。第二，缺口分析只考虑了由重新定价期限的不同而带来的利率风险，即重新定价风险，未考虑当利率水平变化时，因各种金融产品基准利率的调整幅度不同而带来的利率风险，即基准风险。同时，缺口分析也未考虑因利率环境改变而引起的支付时间的变化，即忽略了与期权有关的头寸在收入敏感性方面的差异。第三，非利息收入和费用是银行当期收益的重要来源，但大多数缺口分析未能反映利率变动对非利息收入和费用的影响。第四，缺口分析主要衡量利率变动对银行当期收益的影响，未考虑利率变动对银行经济价值的影响，所以只能反映利率变动的短期影响。因此，缺口分析只是一种初级的、粗略的利率风险计量方法。

三、久期分析（Duration Analysis）

久期分析也称为持续期分析或期限弹性分析，是衡量利率变动对银行经济价值影响的一种方法。具体而言，就是对各时段的缺口赋予相应的敏感性权重，得到加权缺口，然后对所有时段的加权缺口进行汇总，以此估算某一给定的小幅（通常小于1%）利率变动可能会对银行经济价值产生的影响（用经济价值变动的百分比表示）。各个时段的敏感性权重通常是由假定的利率变动乘以该时段头寸的假定平均久期来确定。一般而言，金融工具的到期日或距下一次重新定价日的时间越长，并且在到期日之前支付的金额越小，则久期的绝对值越高，表明利率变动将会对银行的经济价值产生较大的影响。久期分析也是对利率变动进行敏感性分析的方法之一。

银行可以对以上的标准久期分析法进行演变，如可以不采用对每一时段头寸使用平均久期的做法，而是通过计算每项资产、负债和表外头寸的精确久期来计量市场利率变化所产生的影响，从而消除加总头寸/现金流量时可能产生的误差。另外，银行还可以采用有效久期分析法，即对不同的时段运用不同的权重，根据在特定的利率变化情况下，假想金融工具市场价值的实际百分比变化，来设计各时段风险权重，从而更好地反映市场利率的显著变动所导致的价格的非线性变化。

与缺口分析相比较，久期分析是一种更为先进的利率风险计量方法。缺口分析侧重于计量利率变动对银行短期收益的影响，而久期分析则能计量利率风险对银行经济价值的影响，即估算利率变动对所有头寸的未来现金流现值的潜在影响，从而能够对利率变动的长期影响进行评估，更为准确地估算利率风险对银行的影响。但是，久期分析仍然存在一定的局限性。第一，如果在计算敏感性权重时对每一时段使用平均久期，即采用标准久期分析法，久期分析仍然只能反映重新定价风险，不能反映基准风险，以及因利率和支付时间的不同而导致的头寸的实际利率敏感性差异，也不能很好地反映期权性风险。第二，对于利率的大幅变动（大于1%），由于头寸价格的变化与利率的变动无法近似为线性关系，因此，久期分析的结果就不再准确。

四、外汇敞口分析（Foreign Currency Exposure Analysis）

外汇敞口分析是衡量汇率变动对银行当期收益的影响的一种方法。外汇敞口主要来源于银行表内外业务中的货币错配。当在某一时段内，银行某一币种的多头头寸与空头头寸不一致时，所产生的差额就形成了外汇敞口。在存在外汇敞口的情况下，汇率变动可能会给银行的当期收益或经济价值带来损失，从而形成汇率风险。

在进行敞口分析时，银行应当分析单一币种的外汇敞口，以及各币种敞口折成报告货币并加总轧差后形成的外汇总敞口。对单一币种的外汇敞口，银行应当分析即期外汇敞口、远期外汇敞口和即期、远期加总轧差后的外汇敞口。银行还应当对交易业务和非交易业务形成的外汇敞口加以区分。对因存在外汇敞口而产生的汇率风险，银行通常采用套期保值和限额管理等方式进行控制。外汇敞口限额包括对单一币种的外汇敞口限额和外汇总敞口限额。外汇敞口分析是银行业较早采用的汇率风险计量方法，具有计算简便、清晰易懂的优点。但是，外汇敞口分析也存在一定的局限性，主要是忽略了各币种汇率变动的相关性，难以揭示由于各币种汇率变动的相关性所带来的汇率风险。

五、敏感性分析（Sensitivity Analysis）

敏感性分析是指在保持其他条件不变的前提下，研究单个市场风险要素（利率、汇率、股票价格和商品价格）的变化可能会对金融工具或资产组合的收益或经济价值产生的影响。例如，缺口分析可用于衡量银行当期收益对利率变动的敏感性；久期分析可用于衡量银行经济价值对利率变动的敏感性。巴塞尔委员会在2004年发布的《利率风险管理与监督原则》中，要求银行评估标准利率冲击（如利率上升或下降200个基点）对银行经济价值的影响，也是一种利率敏感性分析方法，目的是使监管当局能够根据标准利率冲击的评估结果，评价银行的内部计量系统是否能充分反映其实际利率风险水平及其资本充足程度，并对不同机构所承担的利率风险进行比较。如果在标准利率冲击下，银行经济价值的下降幅度超过一级资本、二级资本之和的20%，监管机构就必须关注其资本充足状况，必要时还应要求银行降低风险水平和/或增加资本。

敏感性分析计算简单且便于理解，在市场风险分析中得到了广泛应用。但是敏感性分析也存在一定的局限性，主要表现在对于较复杂的金融工具或资产组合，无法计量其收益或经济价值相对市场风险要素的非线性变化。因此，在使用敏感性分析时要注意其适用范围，并在必要时辅以其他的市场风险分析方法。

六、情景分析（Scenario Analysis）

与敏感性分析对单一因素进行分析不同，情景分析是一种多因素分析方法，结合设定的各种可能情景的发生概率，研究多种因素同时作用时可能产生的影响。在情景分析过程中要注意考虑各种头寸的相关关系和相互作用。情景分析中所用的情景通常包括基准情景、最好的情景和最坏的情景。情景可以人为设定（如直接使用历史上发生过的情景），也可以从对市场风险要素历史数据变动的统计分析中得到，或通过运行描述在特定情况下市场风险要素变动的随机过程得到。如银行可以分析利率、汇率同时发生变化时可能会对其市场风险水平产生的影响，也可以分析在发生历史上出现过的政治、经济事件或金融危机以及一些假设事件时，其市场风险状况可能发生的变化。

七、风险价值（Value at Risk, VaR）

风险价值是指在一定的持有期和给定的置信水平下，利率、汇率等市场风险要素发生变化时可能对某项资金头寸、资产组合或机构造成的潜在最大损失。例如，在持有期为1天、置信水平为99%的情况下，若所计算的风险价值为1万美元，则表明该银行的资产组合在1天中的损失有99%的可能性不会超过1万美元。风险价值通常是由银行的市场风险内部定量管理模型来估算。目前常用的风险价值模型技术主要有三种：方差—协方差法（Variance - Covariance Method）、历史模拟法（Historical Simulation Method）和蒙特·卡洛法（Monte Carlo Simulation Method）。现在，风险价值已成为计量市场风险的主要指标，也是银行采用内部模型计算市场风险资本要求的主要依据。

市场风险内部模型的技术方法、假设前提和参数设置可以有多种选择，在进行内部风险管理时，银行通常都根据本行的发展战略、风险管理目标和业务复杂程度自行设定。只是对于市场风险监管资本的计算，巴塞尔委员会和大多数监管当局才做出了一些统一规定，目的是使不同银行所计算的市场风险监管资本具有一致性和可比性，同时从审慎监管的角度出发，对一些参数，如持有期做出了相对保守的规定。巴塞尔委员会在1996年的《资本协议市场风险补充规定》中对市场风险内部模型主要提出了以下定量要求：置信水平采用99%的单尾置信区间；持有期为10个营业日；市场风险要素价格的历史观测期至少为一年；至少每三个月更新一次数据。但是，在模型技术方面，巴塞尔委员会和各国监管当局均未做出硬性要求，允许银行自行选择三种常用模型技术中的任何一种。即使是对VaR模型参数设置做出的定量规定，也仅限于在计算市场风险监管资本时遵循，商业银行实施内部风险管理完全可以选用不同的参数值。如巴塞尔委员会要求计算监管资本应采用99%的置信水平，而不少银行在内部管理时却选用95%、97.5%的置信水平。此外，考虑到市场风险内部模型本身存在的一些缺陷，巴塞尔委员会要求在计算市场风险监管资本时，必须将计算出来的风险价值乘以一个乘数因子（multiplication factor），使所得出的资本数额足以抵御市场发生不利变化可能对银行造成的损失。乘数因子一般由各国监管当局根据其对银行风险管理体系质量的评估自行确定，巴塞尔委员会规定该值不得低于3。

目前，市场风险内部模型已成为市场风险的主要计量方法。与缺口分析、久期分析等传统的市场风险计量方法相比，市场风险内部模型的主要优点是可以将不同业务、不同类别的市场风险用一个确切的数值（VaR值）表示出来，是一种能在不同业务和风险类别之间进行比较和汇总的市场风险计量方法，而且将隐性风险显性化之后，有利于进行风险的监测、管理和控制。同时，由于风险价值具有高度的概括性，简明易懂，也适宜董事会和高级管理层了解本行市场风险的总体水平。但是，市场风险内部模型法也存在一定的局限性。第一，市场风险内部模型计算的风险水平高度概括，不能反映资产组合的构成及其对价格波动的敏感性，因此对具体的风险管理过程作用有限，需要辅之以敏感性分析、情景分析等非统计类方法。第二，市场风险内部模型方法未涵盖价格剧烈波动等可能会对银行造成重大损失的突发性小概率事件，因此需要采用压力测试对其进行补充。第三，大多数市场风险内部模型只能计量交易业务中的市场风险，不能计量非交易业务中的市场风险。因此，使用市场风险内部模型的银行应当充分认识其局限性，恰当理解和运用模型的计算结果。

八、事后检验（Back Testing）

事后检验是指将市场风险计量方法或模型的估算结果与实际发生的损益进行比较，以检验计量方法或模型的准确性、可靠性，并据此对计量方法或模型进行调整和改进的一种方法。若估算结果与实际结果近似，则表明该风险计量方法或模型的准确性和可靠性较高；若两者差距较大，则表明该风险计量方法或模型的准确性和可靠性较低，或者是事后检验的假设前提存在问题；介于这两种情况之间的检验结果，则暗示该风险计量方法或模型存在问题，但结论不确定。目前，事后检验作为检验市场风险计量方法或模型的一种手段还处在发展过程中。不同银行采用的事后检验方法以及对事后检验结果的解释标准均有所不同。

巴塞尔委员会1996年的《资本协议市场风险补充规定》要求采用内部模型计算市场风险资本的银行对模型进行事后检验，以检验并提高模型的准确性和可靠性。

监管当局应根据事后检验的结果决定是否通过设定附加因子(plus factor)来提高市场风险的监管资本要求。附加因子设定在最低乘数因子(巴塞尔委员会规定为3)之上,取值在0~1之间。如果监管当局对模型的事后检验结果比较满意,模型也满足了监管当局规定的其他定量和定性标准,就可以将附加因子设为0,否则可以设为0~1之间的一个数,即通过增大所计算VaR值的乘数因子,对内部模型存在缺陷的银行提出更高的监管资本要求。

九、压力测试(Stress Testing)

银行不仅应采用各种市场风险计量方法对在一般市场情况下所承受的市场风险进行分析,还应当通过压力测试来估算突发的小概率事件等极端不利情况可能对其造成的潜在损失,如在利率、汇率、股票价格等市场风险要素发生剧烈变动、国内生产总值大幅下降、发生意外的政治和经济事件或者几种情形同时发生的情况下,银行可能遭受的损失。压力测试的目的是评估银行在极端不利情况下的亏损承受能力,主要采用敏感性分析和情景分析方法进行模拟和估计。

在运用敏感性分析方法进行压力测试时,需要回答的问题如:汇率冲击对银行净外汇头寸的影响,利率冲击对银行经济价值或收益产生的影响等等。在运用情景分析方法进行压力测试时,应当选择可能对市场风险产生最大影响的情景,包括历史上发生过重大损失的情景(如1997年的亚洲金融危机)和假设情景。假设情景又包括模型假设和参数不再适用的情形、市场价格发生剧烈变动的情形、市场流动性严重不足的情形,以及外部环境发生重大变化、可能导致重大损失或风险难以控制的情景。这些情景或者由监管当局规定,或者由商业银行根据自己的资产组合特点来设计。在设计压力情景时,既要考虑市场风险要素变动等微观因素,又要考虑一国经济结构和宏观经济政策变化等宏观层面因素。

十、银行账户与交易账户(Banking Book and Trading Book)

银行的表内外资产可分为银行账户和交易账户资产两大类。巴塞尔委员会2004年的《新资本协议》对其1996年《资本协议市场风险补充规定》中的交易账户定义进行了修改,修改后的定义为:交易账户记录的是银行为交易目的或规避交易账户其他项目的风险而持有的可以自由交易的金融工具和商品头寸。记入交易账户的头寸必须在交易方面不受任何条款限制,或者能够完全规避自身风险。而且,银行应当对交易账户头寸经常进行准确估值,并积极管理该项投资组合。为交易目的而持有的头寸是指,在短期内有目的地持有以便转手出售、从实际或预期的短期价格波动中获利或者锁定套利(lock in arbitrage profits)的头寸,如自营头寸、代客买卖头寸和做市交易(market making)形成的头寸。记入交易账户的头寸应当满足以下基本要求:一是具有经高级管理层批准的书面的头寸/金融工具和投资组合的交易策略(包括持有期限);二是具有明确的头寸管理政策和程序;三是具有明确的监控头寸与银行交易策略是否一致的政策和程序,包括监控交易规模和交易账户的头寸余额。是否具有交易目的在交易之初就已确定,此后一般不能随意更改。与交易账户相对应,银行的其他业务归入银行账户,最典型的是存贷款业务。交易账户中的项目通常按市场价格计价(mark-to-market),当缺乏可参考的市场价格时,可以按模型定价(mark-to-model)。按模型定价是指将从市场获得的其他相关数据输入模型,计算或推算出交易头寸的价值。银行账户中的项目则通常按历史成本计价。

商业银行应当制定关于账户划分的内部政策和程序,内容应包括:对交易业务的界定,应列入交易账户的金融工具,对交易和非交易岗位及其职责的严格划分,金融工具或投资组合的交易策略,交易头寸的管理政策和程序,监控交易头寸与交易策略是否一致的程序等。同时,银行应保留完整的交易和账户划分记录,以便进行查询,并接受内部、外部审计和监管当局的监督检查。同时,商业银行应当根据银行账户和交易账户的性质和特点,采取相应的市场风险识别、计量、监测和控制方法。

另外,划分银行账户和交易账户,也是准确计算市场风险监管资本的基础。巴塞尔委员会于1996年1月颁布的《资本协议市场风险补充规定》以及大多数国家据此制定的资本协议将市场风险纳入了资本要求的范围,但未涵盖全部的市场风险,所包括的是在交易账户中的利率和股票价格风险以及在银行和交易账户中的汇率和商品价格风险。因此,若账户划分不当,会影响市场风险资本要求的准确程度;若银行在两个账户之间随意调节头寸,则会为其根据需要调整所计算的资本充足率提供监管套利机会。目前,实行市场风险监管资本要求的国家/地区的银行监管当局都制定了银行账户、交易账户划分的基本原则,并要求商业银行据此制定内部的政策和程序,详细规定账户划分标准和程序。监管当局则定期对银行的账户划分情况进行检查,检查重点是其内部账户划分的政策、程序是否符合监管当局的要求,是否遵守了内部的账户划分政策和程序,是否为减少监管资本要求而人为地在两个账户之间调节头寸等。

十一、限额(Limits)管理

商业银行实施市场风险管理,应当确保将所承担的市场风险控制在可以承受的合理范围内,使市场风险水平与其风险管理能力和资本实力相匹配,限额管理正是对市场风险进行控制的一项重要手段。银行应当根据所采用的市场风险计量方法设定市场风险限额。市场风险限额可以分配到不同的地区、业务单元和交易员,还可以按资产组合、金融工具和风险类别进行分解。银行负责市场风险管理的部门应当监测对市场风险限额的遵守情况,并及时将超限额情况报告给管理层。常用的市场风险限额包括交易限额、风险限额和止损限额等。

交易限额(Limits on Net and Gross Positions)是指对总交易头寸或净交易头寸设定的限额。总头寸限额对特定交易工具的多头头寸或空头头寸给予限制,净头寸限额对多头头寸和空头头寸相抵后的净额加以限制。在实践中,银行通常将这两种交易限额结合使用。

风险限额是指按照一定的计量方法所计量的市场风险设定的限额,如对内部模型计量的风险价值设定的限额(Value-at-Risk Limits)和对期权性头寸设定的期权性头寸限额(Limits on Options Positions)等。期权性头寸限额是指对反映期权价值的敏感性参数设定的限额,通常包括:对衡量期权价值对基准资产价格变动率的 Delta、衡量 Delta 对基准资产价格变动率的 Gamma、衡量期权价值对市场预期的基准资产价格波动性的敏感度的 Vega、衡量期权临近到期日时价值变化的 Theta 以及衡量期权价值对短期利率变动率的 Rho 设定的限额。

止损限额(Stop-Loss Limits)即允许的最大损失额。通常,当某项头寸的累计损失达到或接近止损限额时,就必须对该头寸进行对冲交易或将其变现。典型的止损限额具有追溯力,即止损限额适用于一日、一周或一个月内等一段时间内的累计损失。

十二、按经风险调整的收益率(Risk-Adjusted Rate of Return)

长期以来,衡量企业盈利能力普遍采用的是股本收益率(ROE)和资产收益率(ROA)指标,其缺陷是只考虑了企业的账面盈利而忽略了未充分考虑风险因素。银行是经营特殊商品的高风险企业,以不考虑风险因素的指标衡量其盈利能力,具有很大的局限性。目前,国际银行业的发展趋势是采用按经风险调整的收益率,综合考核银行的盈利能力和风险管理能力。按经风险调整的收益率克服了传统绩效考核中盈利目标未充分反映风险成本的缺陷,使银行的收益与风险直接挂钩、有机结合,体现了业务发展与风险管理的内在统一,实现了经营目标与绩效考核的统一。使用按经风险调整的收益率,有利于在银行内部建立良好的激励机制,从根本上改变银行忽视风险、盲目追求利润的经营方式,激励银行充分了解所承担的风险并自觉地识别、计量、监测和控制这些风险,从而在审慎经营的前提下拓展业务、创造利润。

在按经风险调整的收益率中,目前被广泛接受和普遍使用的是按经风险调整的资本收益率(Risk-Adjusted Return on Capital,RAROC)。按经风险调整的资本收益率是指经预期损失(Expected Loss,EL)和以经济资本(Capital at Risk,CaR)计量的非预期损失(Unexpected Loss,UL)调整后的收益率,其计算公式如下:

RAROC =(收益-预期损失)/ 经济资本(或非预期损失)

经风险调整的收益率,如 RAROC 强调,银行承担风险是有成本的。在 RAROC 计算公式的分子项中,风险带来的预期损失被量化为当期成本,直接对当期盈利进行扣减,以此衡量经风险调整后的收益;在分母项中,则以经济资本,或非预期损失代替传统 ROE 指标中的所有者权益,意即银行应为不可预计的风险提取相应的经济资本。整个公式衡量的是经济资本的使用效益。

目前,RAROC 等按经风险调整的收益率已在国际先进银行中得到了广泛运用,在其内部各个层面的经营管理活动中发挥重要作用。在单笔业务层面上,RAROC 可用于衡量一笔业务的风险与收益是否匹配,为银行决定是否开展该笔业务以及如何进行定价提供依据。在资产组合层面上,银行在考虑单笔业务的风险和资产组合效应之后,可依据 RAROC 衡量资产组合的风险与收益是否匹配,及时对 RAROC 指标呈现明显不利变化趋势的资产组合进行处理,为效益更好的业务腾出空间。在银行总体层面上,RAROC 可用于目标设定、业务决策、资本配置和绩效考核等。高级管理层在确定银行能承担的总体风险水平,即风险偏好之后,计算银行需要的总体经济资本,以此评价自身的资本充足状况;将经济资本在各类风险、各个业务部门和各类业务之间进行分配(资本配置),以有效控制银行的总体风险,并通过分配经济资本优化资源配置;同时,将股东回报要求转化为对全行、各业务部门和各业务线的经营目标,用于绩效考核,使银行实现在可承受风险水平之下的收益最大化,并最终实现股东价值的最大化。

商业银行流动性风险管理办法

- 2018 年 5 月 23 日中国银行保险监督管理委员会令 2018 年第 3 号公布
- 自 2018 年 7 月 1 日起施行

第一章 总 则

第一条 为加强商业银行流动性风险管理,维护银行体系安全稳健运行,根据《中华人民共和国银行业监督管理法》《中华人民共和国商业银行法》《中华人民共和国外资银行管理条例》等法律法规,制定本办法。

第二条 本办法适用于在中华人民共和国境内依法设立的商业银行。

第三条 本办法所称流动性风险,是指商业银行无法以合理成本及时获得充足资金,用于偿付到期债务、履行其他支付义务和满足正常业务开展的其他资金需求的风险。

第四条 商业银行应当按照本办法建立健全流动性风险管理体系,对法人和集团层面、各附属机构、各分支机构、各业务条线的流动性风险进行有效识别、计量、监测和控制,确保其流动性需求能够及时以合理成本得到满足。

第五条 银行业监督管理机构依法对商业银行的流动性风险及其管理体系实施监督管理。

第二章 流动性风险管理

第六条 商业银行应当在法人和集团层面建立与其业务规模、性质和复杂程度相适应的流动性风险管理体系。

流动性风险管理体系应当包括以下基本要素:

(一)有效的流动性风险管理治理结构;

(二)完善的流动性风险管理策略、政策和程序;

(三)有效的流动性风险识别、计量、监测和控制;

(四)完备的管理信息系统。

第一节 流动性风险管理治理结构

第七条 商业银行应当建立有效的流动性风险管理治理结构,明确董事会及其专门委员会、监事会(监事)、高级管理层以及相关部门在流动性风险管理中的职责和报告路线,建立适当的考核和问责机制。

第八条 商业银行董事会应当承担流动性风险管理的最终责任,履行以下职责:

(一)审核批准流动性风险偏好、流动性风险管理策略、重要的政策和程序,流动性风险偏好应当至少每年审议一次;

(二)监督高级管理层对流动性风险实施有效管理和控制;

(三)持续关注流动性风险状况,定期获得流动性风险报告,及时了解流动性风险水平、管理状况及其重大变化;

(四)审批流动性风险信息披露内容,确保披露信息的真实性和准确性;

(五)其他有关职责。

董事会可以授权其下设的专门委员会履行部分职责。

第九条 商业银行高级管理层应当履行以下职责:

(一)制定、定期评估并监督执行流动性风险偏好、流动性风险管理策略、政策和程序;

(二)确定流动性风险管理组织架构,明确各部门职责分工,确保商业银行具有足够的资源,独立、有效地开展流动性风险管理工作;

(三)确保流动性风险偏好、流动性风险管理策略、政策和程序在商业银行内部得到有效沟通和传达;

(四)建立完备的管理信息系统,支持流动性风险的识别、计量、监测和控制;

(五)充分了解并定期评估流动性风险水平及管理状况,及时了解流动性风险的重大变化,并向董事会定期报告;

(六)其他有关职责。

第十条 商业银行应当指定专门部门负责流动性风险管理,其流动性风险管理职能应当与业务经营职能保持相对独立,并且具备履行流动性风险管理职能所需要的人力、物力资源。

商业银行负责流动性风险管理的部门应当具备以下职能:

(一)拟定流动性风险管理策略、政策和程序,提交高级管理层和董事会审核批准;

(二)识别、计量和监测流动性风险,包括持续监控优质流动性资产状况,监测流动性风险限额遵守情况并及时报告超限额情况,组织开展流动性风险压力测试,组织流动性风险应急计划的测试和评估;

(三)识别、评估新产品、新业务和新机构中所包含的流动性风险,审核相关操作和风险管理程序;

(四)定期提交独立的流动性风险报告,及时向高级管理层和董事会报告流动性风险水平、管理状况及其重大变化;

(五)拟定流动性风险信息披露内容,提交高级管理层和董事会审批;

(六)其他有关职责。

第十一条 商业银行应当在内部定价以及考核激励等相关制度中充分考虑流动性风险因素,在考核分支机构或主要业务条线经风险调整的收益时应当考虑流动性风险成本,防止因过度追求业务扩张和短期利润而放松流动性风险管理。

第十二条 商业银行监事会(监事)应当对董事会和高级管理层在流动性风险管理中的履职情况进行监督评价,至少每年向股东大会(股东)报告一次。

第十三条 商业银行应当按照银行业监督管理机构关于内部控制有关要求,建立完善的流动性风险管理内部控制体系,作为银行整体内部控制体系的有机组成部分。

第十四条 商业银行应当将流动性风险管理纳入内部审计范畴,定期审查和评价流动性风险管理的充分性和有效性。

内部审计应当涵盖流动性风险管理的所有环节,包括但不限于:

(一)流动性风险管理治理结构、策略、政策和程序能否确保有效识别、计量、监测和控制流动性风险;

(二)流动性风险管理政策和程序是否得到有效执行;

(三)现金流分析和压力测试的各项假设条件是否合理;

(四)流动性风险限额管理是否有效;

(五)流动性风险管理信息系统是否完备;

(六)流动性风险报告是否准确、及时、全面。

第十五条 流动性风险管理的内部审计报告应当提交董事会和监事会。董事会应当针对内部审计发现的问题,督促高级管理层及时采取整改措施。内部审计部门应当跟踪检查整改措施的实施情况,并及时向董事会提交有关报告。

商业银行境外分支机构或附属机构采用相对独立的本地流动性风险管理模式的,应当对其流动性风险管理单独进行审计。

第二节 流动性风险管理策略、政策和程序

第十六条 商业银行应当根据经营战略、业务特点、财务实力、融资能力、总体风险偏好及市场影响力等因素确定流动性风险偏好。

商业银行的流动性风险偏好应当明确其在正常和压力情景下愿意并能够承受的流动性风险水平。

第十七条 商业银行应当根据流动性风险偏好制定书面的流动性风险管理策略、政策和程序。流动性风险管理策略、政策和程序应当涵盖表内外各项业务以及境内外所有可能对流动性风险产生重大影响的业务部门、分支机构和附属机构,并包括正常和压力情景下的流动性风险管理。

第十八条 商业银行的流动性风险管理策略应当明确流动性风险管理的总体目标、管理模式以及主要政策和程序。

流动性风险管理政策和程序包括但不限于:

(一)流动性风险识别、计量和监测,包括现金流测算和分析;

(二)流动性风险限额管理;

(三)融资管理;

(四)日间流动性风险管理;

(五)压力测试;

(六)应急计划;

(七)优质流动性资产管理;

(八)跨机构、跨境以及重要币种的流动性风险管理;

(九)对影响流动性风险的潜在因素以及其他类别风险对流动性风险的影响进行持续监测和分析。

第十九条 商业银行在开办新产品、新业务和设立新机构之前,应当在可行性研究中充分评估可能对流动性风险产生的影响,完善相应的风险管理政策和程序,并经负责流动性风险管理的部门审核同意。

第二十条 商业银行应当综合考虑业务发展、技术更新及市场变化等因素,至少每年对流动性风险偏好、流动性风险管理策略、政策和程序进行一次评估,必要时进行修订。

第三节 流动性风险识别、计量、监测和控制

第二十一条 商业银行应当根据业务规模、性质、复杂程度及风险状况,运用适当方法和模型,对在正常和压力情景下未来不同时间段的资产负债期限错配、融资来源多元化和稳定程度、优质流动性资产、重要币种流动性风险及市场流动性等进行分析和监测。

商业银行在运用上述方法和模型时应当使用合理的假设条件,定期对各项假设条件进行评估,必要时进行修正,并保留书面记录。

第二十二条 商业银行应当建立现金流测算和分析框架,有效计量、监测和控制正常和压力情景下未来不同时间段的现金流缺口。

现金流测算和分析应当涵盖资产和负债的未来现金流以及或有资产和或有负债的潜在现金流,并充分考虑支付结算、代理和托管等业务对现金流的影响。

商业银行应当对重要币种的现金流单独进行测算和分析。

第二十三条 商业银行应当根据业务规模、性质、复杂程度及风险状况,监测可能引发流动性风险的特定情景或事件,采用适当的预警指标,前瞻性地分析其对流动性风险的影响。可参考的情景或事件包括但不限于:

(一)资产快速增长,负债波动性显著上升;
(二)资产或负债集中度上升;
(三)负债平均期限下降;
(四)批发或零售存款大量流失;
(五)批发或零售融资成本上升;
(六)难以继续获得长期或短期融资;
(七)期限或货币错配程度加剧;
(八)多次接近内部限额或监管标准;
(九)表外业务、复杂产品和交易对流动性的需求增加;
(十)银行资产质量、盈利水平和总体财务状况恶化;
(十一)交易对手要求追加额外抵(质)押品或拒绝进行新交易;
(十二)代理行降低或取消授信额度;
(十三)信用评级下调;
(十四)股票价格下跌;
(十五)出现重大声誉风险事件。

第二十四条 商业银行应当对流动性风险实施限额管理,根据自身业务规模、性质、复杂程度、流动性风险偏好和外部市场发展变化情况,设定流动性风险限额。流动性风险限额包括但不限于现金流缺口限额、负债集中度限额、集团内部交易和融资限额。

商业银行应当制定流动性风险限额管理的政策和程序,建立流动性风险限额设定、调整的授权制度、审批流程和超限额审批程序,至少每年对流动性风险限额进行一次评估,必要时进行调整。

商业银行应当对流动性风险限额遵守情况进行监控,超限额情况应当及时报告。对未经批准的超限额情况应当按照限额管理的政策和程序进行处理。对超限额情况的处理应当保留书面记录。

第二十五条 商业银行应当建立并完善融资策略,提高融资来源的多元化和稳定程度。

商业银行的融资管理应当符合以下要求:

(一)分析正常和压力情景下未来不同时间段的融资需求和来源;
(二)加强负债品种、期限、交易对手、币种、融资抵(质)押品和融资市场等的集中度管理,适当设置集中度限额,对于同业批发融资,应按总量和主要期限分别设定限额;
(三)加强融资渠道管理,积极维护与主要融资交易对手的关系,保持在市场上的适当活跃程度,并定期评估市场融资和资产变现能力;
(四)密切监测主要金融市场的交易量和价格等变动情况,评估市场流动性对商业银行融资能力的影响。

第二十六条 商业银行应当加强融资抵(质)押品管理,确保其能够满足正常和压力情景下日间和不同期限融资交易的抵(质)押品需求,并且能够及时履行向相关交易对手返售抵(质)押品的义务。

商业银行应当区分有变现障碍资产和无变现障碍资产。对可以用作抵(质)押品的无变现障碍资产的种类、数量、币种、所处地域和机构、托管账户,以及中央银行或金融市场对其接受程度进行监测分析,定期评估其资产价值及融资能力,并充分考虑其在融资中的操作性要求和时间要求。

商业银行应当在考虑抵(质)押品的融资能力、价格敏感度、压力情景下的折扣率等因素的基础上提高抵(质)押品的多元化程度。

第二十七条 商业银行应当加强日间流动性风险管理,确保具有充足的日间流动性头寸和相关融资安排,及时满足正常和压力情景下的日间支付需求。

商业银行的日间流动性风险管理应该符合以下要求:

(一)有效计量每日的预期现金流入总量和流出总量,日间各个时点现金流入和流出的规模、缺口等;
(二)及时监测业务行为变化,以及账面资金、日间信用额度、可用押品等可用资金变化等对日间流动性头寸的影响;
(三)具有充足的日间融资安排来满足日间支付需求,必要时可通过管理和使用押品来获取日间流动性;
(四)具有根据日间情况合理管控资金流出时点的能力;
(五)充分考虑非预期冲击对日间流动性的影响。

商业银行应当结合历史数据对日间流动性状况进行回溯分析,并在必要时完善日间流动性风险管理。

第二十八条 商业银行应当加强同业业务流动性风险管理,提高同业负债的多元化和稳定程度,并优化同业资产结构和配置。

第二十九条 商业银行应当建立流动性风险压力测试制度,分析承受短期和中长期压力情景的流动性风险控制能力。

流动性风险压力测试应当符合以下要求：

（一）合理审慎设定并定期审核压力情景，充分考虑影响商业银行自身的特定冲击、影响整个市场的系统性冲击和两者相结合的情景，以及轻度、中度、严重等不同压力程度；

（二）合理审慎设定在压力情景下商业银行满足流动性需求并可持续经营的最短期限，在影响整个市场的系统性冲击情景下该期限应当不少于30天；

（三）充分考虑各类风险与流动性风险的内在关联性和市场流动性对商业银行流动性风险的影响；

（四）定期在法人和集团层面实施压力测试，当存在流动性转移限制等情况时，应当对有关分支机构或附属机构单独实施压力测试；

（五）压力测试频率应当与商业银行的规模、风险水平及市场影响力相适应，常规压力测试应当至少每季度进行一次，出现市场剧烈波动等情况时，应当提高压力测试频率；

（六）在可能情况下，应当参考以往出现的影响银行或市场的流动性冲击，对压力测试结果实施事后检验，压力测试结果和事后检验应当有书面记录；

（七）在确定流动性风险偏好、流动性风险管理策略、政策和程序，以及制定业务发展和财务计划时，应当充分考虑压力测试结果，必要时应当根据压力测试结果对上述内容进行调整。

董事会和高级管理层应当对压力测试的情景设定、程序和结果进行审核，不断完善流动性风险压力测试，充分发挥其在流动性风险管理中的作用。

第三十条 商业银行应当根据其业务规模、性质、复杂程度、风险水平、组织架构及市场影响力，充分考虑压力测试结果，制定有效的流动性风险应急计划，确保其可以应对紧急情况下的流动性需求。商业银行应当至少每年对应急计划进行一次测试和评估，必要时进行修订。

流动性风险应急计划应当符合以下要求：

（一）设定触发应急计划的各种情景；

（二）列明应急资金来源，合理估计可能的筹资规模和所需时间，充分考虑跨境、跨机构的流动性转移限制，确保应急资金来源的可靠性和充分性；

（三）规定应急程序和措施，至少包括资产方应急措施、负债方应急措施、加强内外部沟通和其他减少因信息不对称而给商业银行带来不利影响的措施；

（四）明确董事会、高级管理层及各部门实施应急程序和措施的权限与职责；

（五）区分法人和集团层面应急计划，并视需要针对重要币种和境外主要业务区域制定专门的应急计划，对于存在流动性转移限制的分支机构或附属机构，应当制定专门的应急计划。

第三十一条 商业银行应当持有充足的优质流动性资产，确保其在压力情景下能够及时满足流动性需求。优质流动性资产应当为无变现障碍资产，可以包括在压力情景下能够通过出售或抵（质）押方式获取资金的流动性资产。

商业银行应当根据其流动性风险偏好，考虑压力情景的严重程度和持续时间、现金流缺口、优质流动性资产变现能力等因素，按照审慎原则确定优质流动性资产的规模和构成。

第三十二条 商业银行应当对流动性风险实施并表管理，既要考虑银行集团的整体流动性风险水平，又要考虑附属机构的流动性风险状况及其对银行集团的影响。

商业银行应当设立集团内部的交易和融资限额，分析银行集团内部负债集中度可能对流动性风险产生的影响，防止分支机构或附属机构过度依赖集团内部融资，减少集团内部的风险传导。

商业银行应当充分了解境外分支机构、附属机构及其业务所在国家或地区与流动性风险管理相关的法律、法规和监管要求，充分考虑流动性转移限制和金融市场发展差异程度等因素对流动性风险并表管理的影响。

第三十三条 商业银行应当按照本外币合计和重要币种分别进行流动性风险识别、计量、监测和控制。

第三十四条 商业银行应当审慎评估信用风险、市场风险、操作风险和声誉风险等其他类别风险对流动性风险的影响。

第四节 管理信息系统

第三十五条 商业银行应当建立完备的管理信息系统，准确、及时、全面计量、监测和报告流动性风险状况。

管理信息系统应当至少实现以下功能：

（一）监测日间流动性状况，每日计算各个设定时间段的现金流入、流出及缺口；

（二）计算流动性风险监管和监测指标，并在必要时提高监测频率；

（三）支持流动性风险限额的监测和控制；

（四）支持对大额资金流动的实时监控；

（五）支持对优质流动性资产及其他无变现障碍资产种类、数量、币种、所处地域和机构、托管账户等信息的监测；

（六）支持对融资抵（质）押品种类、数量、币种、所处地域和机构、托管账户等信息的监测；

（七）支持在不同假设情景下实施压力测试。

第三十六条 商业银行应当建立规范的流动性风险报告制度，明确各项流动性风险报告的内容、形式、频率和报送范围，确保董事会、高级管理层和其他管理人员及时了解流动性风险水平及其管理状况。

第三章 流动性风险监管

第一节 流动性风险监管指标

第三十七条 流动性风险监管指标包括流动性覆盖率、净稳定资金比例、流动性比例、流动性匹配率和优质流动性资产充足率。

资产规模不小于 2000 亿元人民币的商业银行应当持续达到流动性覆盖率、净稳定资金比例、流动性比例和流动性匹配率的最低监管标准。

资产规模小于 2000 亿元人民币的商业银行应当持续达到优质流动性资产充足率、流动性比例和流动性匹配率的最低监管标准。

第三十八条 流动性覆盖率监管指标旨在确保商业银行具有充足的合格优质流动性资产，能够在规定的流动性压力情景下，通过变现这些资产满足未来至少 30 天的流动性需求。

流动性覆盖率的计算公式为：

流动性覆盖率＝合格优质流动性资产÷未来 30 天现金净流出量

流动性覆盖率的最低监管标准为不低于 100%。除本办法第六十条第二款规定的情形外，流动性覆盖率应当不低于最低监管标准。

第三十九条 净稳定资金比例监管指标旨在确保商业银行具有充足的稳定资金来源，以满足各类资产和表外风险敞口对稳定资金的需求。

净稳定资金比例的计算公式为：

净稳定资金比例＝可用的稳定资金÷所需的稳定资金

净稳定资金比例的最低监管标准为不低于 100%。

第四十条 流动性比例的计算公式为：

流动性比例＝流动性资产余额÷流动性负债余额

流动性比例的最低监管标准为不低于 25%。

第四十一条 流动性匹配率监管指标衡量商业银行主要资产与负债的期限配置结构，旨在引导商业银行合理配置长期稳定负债、高流动性或短期资产，避免过度依赖短期资金支持长期业务发展，提高流动性风险抵御能力。

流动性匹配率的计算公式为：

流动性匹配率＝加权资金来源÷加权资金运用

流动性匹配率的最低监管标准为不低于 100%。

第四十二条 优质流动性资产充足率监管指标旨在确保商业银行保持充足的、无变现障碍的优质流动性资产，在压力情况下，银行可通过变现这些资产来满足未来 30 天内的流动性需求。

优质流动性资产充足率的计算公式为：

优质流动性资产充足率＝优质流动性资产÷短期现金净流出

优质流动性资产充足率的最低监管标准为不低于 100%。除本办法第六十条第二款规定的情形外，优质流动性资产充足率应当不低于最低监管标准。

第四十三条 商业银行应当在法人和集团层面，分别计算未并表和并表的流动性风险监管指标，并表范围按照银行业监督管理机构关于商业银行资本监管的相关规定执行。

在计算并表流动性覆盖率时，若集团内部存在跨境或跨机构的流动性转移限制，相关附属机构满足自身流动性覆盖率最低监管标准之外的合格优质流动性资产，不能计入集团的合格优质流动性资产。

第二节 流动性风险监测工具

第四十四条 银行业监督管理机构应当从商业银行资产负债期限错配情况、融资来源的多元化和稳定程度、无变现障碍资产、重要币种流动性风险状况以及市场流动性等方面，定期对商业银行和银行体系的流动性风险进行分析和监测。

银行业监督管理机构应当充分考虑单一的流动性风险监管指标或监测工具在反映商业银行流动性风险方面的局限性，综合运用多种方法和工具对流动性风险进行分析和监测。

银行业监督管理机构可结合商业银行的发展战略、市场定位、经营模式、资产负债结构和风险管理能力，对全部或部分监测工具设置差异化的监测预警值或预警区间，适时进行风险提示或要求银行采取相关措施。

第四十五条 银行业监督管理机构应当定期监测商业银行的所有表内外项目在不同时间段的合同期限错配情况，并分析其对流动性风险的影响。合同期限错配情况的分析和监测可以涵盖隔夜、7 天、14 天、1 个月、2 个月、3 个月、6 个月、9 个月、1 年、2 年、3 年、5 年和 5 年以上等多个时间段。相关参考指标包括但不限于各个时间段的流动性缺口和流动性缺口率。

第四十六条　银行业监督管理机构应当定期监测商业银行融资来源的多元化和稳定程度,并分析其对流动性风险的影响。银行业监督管理机构应当按照重要性原则,分析商业银行的表内外负债在融资工具、交易对手和币种等方面的集中度。对负债集中度的分析应当涵盖多个时间段。相关参考指标包括但不限于核心负债比例、同业融入比例、最大十户存款比例和最大十家同业融入比例。

当商业银行出现对短期同业批发融资依赖程度较高、同业批发融资增长较快、发行同业存单增长较快等情况时,或商业银行在上述方面明显高于同质同类银行或全部商业银行平均水平时,银行业监督管理机构应当及时了解原因并分析其反映出的商业银行风险变化,必要时进行风险提示或要求商业银行采取相关措施。

第四十七条　银行业监督管理机构应当定期监测商业银行无变现障碍资产的种类、金额和所在地。相关参考指标包括但不限于超额备付金率、本办法第三十一条所规定的优质流动性资产以及向中央银行或市场融资时可以用作抵(质)押品的其他资产。

第四十八条　银行业监督管理机构应当根据商业银行的外汇业务规模、货币错配情况和市场影响力等因素决定是否对其重要币种的流动性风险进行单独监测。相关参考指标包括但不限于重要币种的流动性覆盖率。

第四十九条　银行业监督管理机构应当密切跟踪研究宏观经济形势和金融市场变化对银行体系流动性的影响,分析、监测金融市场的整体流动性状况。发现市场流动性紧张、融资成本提高、优质流动性资产变现能力下降或丧失、流动性转移受限等情况时,应当及时分析其对商业银行融资能力的影响。

银行业监督管理机构用于分析、监测市场流动性的相关参考指标包括但不限于银行间市场相关利率及成交量、国库定期存款招标利率、票据转贴现利率及证券市场相关指数。

第五十条　银行业监督管理机构应当持续监测商业银行存贷比的变动情况,当商业银行出现存贷比指标波动较大、快速或持续单向变化等情况时,或商业银行的存贷比明显高于同质同类银行或全部商业银行平均水平时,应当及时了解原因并分析其反映出的商业银行风险变化,必要时进行风险提示或要求商业银行采取相关措施。

第五十一条　商业银行应当将流动性风险监测指标全部纳入内部流动性风险管理框架,及时监测指标变化并定期向银行业监督管理机构报告。

第五十二条　除本办法列出的流动性风险监管指标和监测参考指标外,银行业监督管理机构还可根据商业银行的业务规模、性质、复杂程度、管理模式和流动性风险特点,设置其他流动性风险指标工具,实施流动性风险分析和监测。

第三节　流动性风险监管方法和措施

第五十三条　银行业监督管理机构应当通过非现场监管、现场检查以及与商业银行的董事、高级管理人员进行监督管理谈话等方式,运用流动性风险监管指标和监测工具,在法人和集团层面对商业银行的流动性风险水平及其管理状况实施监督管理,并尽早采取措施应对潜在流动性风险。

第五十四条　商业银行应当按照规定向银行业监督管理机构报送与流动性风险有关的财务会计、统计报表和其他报告。委托社会中介机构对其流动性风险水平及流动性风险管理体系进行审计的,还应当报送相关的外部审计报告。流动性风险监管指标应当按月报送,银行业监督管理机构另行规定的除外。

银行业监督管理机构可以根据商业银行的业务规模、性质、复杂程度、管理模式和流动性风险特点,确定商业银行报送流动性风险报表、报告的内容和频率。

第五十五条　商业银行应当于每年4月底前向银行业监督管理机构报送上一年度的流动性风险管理报告,主要内容包括流动性风险偏好、流动性风险管理策略、主要政策和程序、内部风险管理指标和限额、应急计划及其测试情况等。

商业银行对流动性风险偏好、流动性风险管理策略、政策和程序进行重大调整的,应当在1个月内向银行业监督管理机构书面报告调整情况。

第五十六条　商业银行应当按季向银行业监督管理机构报送流动性风险压力测试报告,内容包括压力测试的情景、方法、过程和结果。出现市场剧烈波动等情况时,应当提高压力测试报送频率。商业银行根据压力测试结果对流动性风险偏好、流动性风险管理策略、政策和程序进行重大调整的,应当及时向银行业监督管理机构报告相关情况。

第五十七条　商业银行应当及时向银行业监督管理机构报告下列可能对其流动性风险水平或管理状况产生不利影响的重大事项和拟采取的应对措施:

(一)本机构信用评级大幅下调;

(二)本机构大规模出售资产以补充流动性;

(三)本机构重要融资渠道即将受限或失效;

(四)本机构发生挤兑事件;

（五）母公司或集团内其他机构的经营状况、流动性状况、信用评级等发生重大不利变化；

（六）市场流动性状况发生重大不利变化；

（七）跨境或跨机构的流动性转移政策出现不利于流动性风险管理的重大调整；

（八）母公司、集团经营活动所在国家或地区的政治、经济状况发生重大不利变化；

（九）其他可能对其流动性风险水平或管理状况产生不利影响的重大事件。

如果商业银行的监管指标已经或即将降至最低监管标准以下，应当分析原因及其反映出的风险变化情况，并立即向银行业监督管理机构报告。

商业银行出现监测指标波动较大、快速或持续单向变化的，应当分析原因及其反映出的风险变化情况，并及时向银行业监督管理机构报告。

外商独资银行、中外合资银行境内本外币资产低于境内本外币负债，集团内跨境资金净流出比例超过25%，以及外国银行分行跨境资金净流出比例超过50%的，应当在2个工作日内向银行业监督管理机构报告。

第五十八条 银行业监督管理机构应当根据对商业银行流动性风险水平及其管理状况的评估结果，确定流动性风险现场检查的内容、范围和频率。

第五十九条 商业银行应当按照规定定期披露流动性风险水平及其管理状况的相关信息，包括但不限于：

（一）流动性风险管理治理结构，包括但不限于董事会及其专门委员会、高级管理层及相关部门的职责和作用；

（二）流动性风险管理策略和政策；

（三）识别、计量、监测、控制流动性风险的主要方法；

（四）主要流动性风险管理指标及简要分析；

（五）影响流动性风险的主要因素；

（六）压力测试情况。

第六十条 对于未遵守流动性风险监管指标最低监管标准的商业银行，银行业监督管理机构应当要求其限期整改，并视情形按照《中华人民共和国银行业监督管理法》第三十七条、第四十六条规定采取监管措施或者实施行政处罚。本条第二款规定的情形除外。

当商业银行在压力状况下流动性覆盖率、优质流动性资产充足率低于最低监管标准时，银行业监督管理机构应当考虑当前和未来国内外经济金融状况，分析影响单家银行和金融市场整体流动性的因素，根据商业银行流动性覆盖率、优质流动性资产充足率降至最低监管标准以下的原因、严重程度、持续时间和频率等采取相应措施。

第六十一条 对于流动性风险管理存在缺陷的商业银行，银行业监督管理机构应当要求其限期整改。对于逾期未整改或者流动性风险管理存在严重缺陷的商业银行，银行业监督管理机构有权采取下列措施：

（一）与商业银行董事会、高级管理层进行监督管理谈话；

（二）要求商业银行进行更严格的压力测试、提交更有效的应急计划；

（三）要求商业银行增加流动性风险管理报告的内容，提高报告频率；

（四）增加对商业银行流动性风险现场检查的内容，扩大检查范围，并提高检查频率；

（五）限制商业银行开展收购或其他大规模业务扩张活动；

（六）要求商业银行降低流动性风险水平；

（七）提高商业银行流动性风险监管指标的最低监管标准；

（八）提高商业银行的资本充足率要求；

（九）《中华人民共和国银行业监督管理法》以及其他法律、行政法规和部门规章规定的有关措施。

对于母公司或集团内其他机构出现流动性困难的商业银行，银行业监督管理机构可以对其与母公司或集团内其他机构之间的资金往来提出限制性要求。

银行业监督管理机构可根据外商独资银行、中外合资银行、外国银行分行的流动性风险状况，对其境内资产负债比例或跨境资金净流出比例提出限制性要求。

第六十二条 对于未按照规定提供流动性风险报表或报告、未按照规定进行信息披露或提供虚假报表、报告的商业银行，银行业监督管理机构可以视情形按照《中华人民共和国银行业监督管理法》第四十六条、第四十七条规定实施行政处罚。

第六十三条 银行业监督管理机构应当与境内外相关部门加强协调合作，共同建立信息沟通机制和流动性风险应急处置联动机制，并制定商业银行流动性风险监管应急预案。

发生影响单家机构或市场的重大流动性事件时，银行业监督管理机构应当与境内外相关部门加强协调合作，适时启动流动性风险监管应急预案，降低相关事件对金融体系及宏观经济的负面冲击。

第四章 附 则

第六十四条 国家开发银行及政策性银行、农村合作银行、村镇银行、农村信用社和外国银行分行参照本办

第六十五条　本办法所称流动性转移限制是指由于法律、监管、税收、外汇管制以及货币不可自由兑换等原因，导致资金或融资抵(质)押品在跨境或跨机构转移时受到限制。

第六十六条　本办法所称无变现障碍资产是指未在任何交易中用作抵(质)押品、信用增级或者被指定用于支付运营费用，在清算、出售、转移、转让时不存在法律、监管、合同或操作障碍的资产。

第六十七条　本办法所称重要币种是指以该货币计价的负债占商业银行负债总额5%以上的货币。

第六十八条　本办法中"以上"包含本数。

第六十九条　商业银行的流动性覆盖率应当在2018年底前达到100%。在过渡期内，应当不低于90%。鼓励有条件的商业银行提前达标；对于流动性覆盖率已达到100%的银行，鼓励其流动性覆盖率继续保持在100%之上。

第七十条　商业银行应当自2020年1月1日起执行流动性匹配率监管要求。2020年前，流动性匹配率为监测指标。

第七十一条　商业银行的优质流动性资产充足率应当在2019年6月底前达到100%。在过渡期内，应当在2018年底前达到80%。

第七十二条　对于资产规模首次达到2000亿元人民币的商业银行，在首次达到的当月仍可适用原监管指标；自次月起，无论资产规模是否继续保持在2000亿元人民币以上，均应当适用针对资产规模不小于2000亿元人民币的商业银行的监管指标。

第七十三条　经银行业监督管理机构批准，资产规模小于2000亿元人民币的商业银行可适用流动性覆盖率和净稳定资金比例监管要求，不再适用优质流动性资产充足率监管要求。

商业银行提交的申请调整适用监管指标的报告中，应当至少包括：管理信息系统对流动性覆盖率、净稳定资金比例指标计算、监测、分析、报告的支持情况，流动性覆盖率中稳定存款、业务关系存款的识别方法及数据情况，流动性覆盖率与优质流动性资产充足率的指标差异及原因分析，以及优质流动性资产管理情况等。

商业银行调整适用监管指标后，非特殊原因，不得申请恢复原监管指标。

第七十四条　本办法由国务院银行业监督管理机构负责解释。

第七十五条　本办法自2018年7月1日起施行。《商业银行流动性风险管理办法（试行）》（中国银监会令2015年第9号）同时废止。本办法实施前发布的有关规章及规范性文件如与本办法不一致的，按照本办法执行。

附件：
1. 关于流动性风险管理方法的说明（略）
2. 流动性覆盖率计量标准（略）
3. 净稳定资金比例计量标准（略）
4. 流动性匹配率计量标准（略）
5. 优质流动性资产充足率计量标准（略）
6. 流动性风险监测指标计量标准（略）
7. 外资银行流动性风险相关指标计量标准（略）

商业银行操作风险管理指引

- 2007年5月14日
- 银监发〔2007〕42号

第一章　总　则

第一条　为加强商业银行的操作风险管理，根据《中华人民共和国银行业监督管理法》《中华人民共和国商业银行法》以及其他有关法律法规，制定本指引。

第二条　在中华人民共和国境内设立的中资商业银行、外商独资银行和中外合资银行适用本指引。

第三条　本指引所称操作风险是指由不完善或有问题的内部程序、员工和信息科技系统，以及外部事件所造成损失的风险。本定义所指操作风险包括法律风险，但不包括策略风险和声誉风险。

第四条　中国银行（5.18,0.08,1.57%)业监督管理委员会（以下简称银监会）依法对商业银行的操作风险管理实施监督检查，评价商业银行操作风险管理的有效性。

第二章　操作风险管理

第五条　商业银行应当按照本指引要求，建立与本行的业务性质、规模和复杂程度相适应的操作风险管理体系，有效地识别、评估、监测和控制/缓释操作风险。操作风险管理体系的具体形式不要求统一，但至少应包括以下基本要素：

（一）董事会的监督控制；
（二）高级管理层的职责；
（三）适当的组织架构；
（四）操作风险管理政策、方法和程序；

（五）计提操作风险所需资本的规定。

第六条 商业银行董事会应将操作风险作为商业银行面对的一项主要风险，并承担监控操作风险管理有效性的最终责任。主要职责包括：

（一）制定与本行战略目标相一致且适用于全行的操作风险管理战略和总体政策；

（二）通过审批及检查高级管理层有关操作风险的职责、权限及报告制度，确保全行的操作风险管理决策体系的有效性，并尽可能地确保将本行从事的各项业务面临的操作风险控制在可以承受的范围内；

（三）定期审阅高级管理层提交的操作风险报告，充分了解本行操作风险管理的总体情况、高级管理层处理重大操作风险事件的有效性以及监控和评价日常操作风险管理的有效性；

（四）确保高级管理层采取必要的措施有效地识别、评估、监测和控制/缓释操作风险；

（五）确保本行操作风险管理体系接受内审部门的有效审查与监督；

（六）制定适当的奖惩制度，在全行范围有效地推动操作风险管理体系地建设。

第七条 商业银行的高级管理层负责执行董事会批准的操作风险管理战略、总体政策及体系。主要职责包括：

（一）在操作风险的日常管理方面，对董事会负最终责任；

（二）根据董事会制定的操作风险管理战略及总体政策，负责制定、定期审查和监督执行操作风险管理的政策、程序和具体的操作规程，并定期向董事会提交操作风险总体情况的报告；

（三）全面掌握本行操作风险管理的总体状况，特别是各项重大的操作风险事件或项目；

（四）明确界定各部门的操作风险管理职责以及操作风险报告的路径、频率、内容，督促各部门切实履行操作风险管理职责，以确保操作风险管理体系的正常运行；

（五）为操作风险管理配备适当的资源，包括但不限于提供必要的经费、设置必要的岗位、配备合格的人员、为操作风险管理人员提供培训、赋予操作风险管理人员履行职务所必需的权限等；

（六）及时对操作风险管理体系进行检查和修订，以便有效地应对内部程序、产品、业务活动、信息科技系统、员工及外部事件和其他因素发生变化所造成的操作风险损失事件。

第八条 商业银行应指定部门专门负责全行操作风险管理体系的建立和实施。该部门与其他部门应保持独立，确保全行范围内操作风险管理的一致性和有效性。主要职责包括：

（一）拟定本行操作风险管理政策、程序和具体的操作规程，提交高级管理层和董事会审批；

（二）协助其他部门识别、评估、监测、控制及缓释操作风险；

（三）建立并组织实施操作风险识别、评估、缓释（包括内部控制措施）和监测方法以及全行的操作风险报告程序；

（四）建立适用全行的操作风险基本控制标准，并指导和协调全行范围内的操作风险管理；

（五）为各部门提供操作风险管理方面的培训，协助各部门提高操作风险管理水平、履行操作风险管理的各项职责；

（六）定期检查并分析业务部门和其他部门操作风险的管理情况；

（七）定期向高级管理层提交操作风险报告；

（八）确保操作风险制度和措施得到遵守。

第九条 商业银行相关部门对操作风险的管理情况负直接责任。主要职责包括：

（一）指定专人负责操作风险管理，其中包括遵守操作风险管理的政策、程序和具体的操作规程；

（二）根据本行统一的操作风险管理评估方法，识别、评估本部门的操作风险，并建立持续、有效的操作风险监测、控制/缓释及报告程序，并组织实施；

（三）在制定本部门业务流程和相关业务政策时，充分考虑操作风险管理和内部控制的要求，应保证各级操作风险管理人员参与各项重要的程序、控制措施和政策的审批，以确保与操作风险管理总体政策的一致性；

（四）监测关键风险指标，定期向负责操作风险管理的部门或牵头部门通报本部门操作风险管理的总体状况，并及时通报重大操作风险事件。

第十条 商业银行法律、合规、信息科技、安全保卫、人力资源等部门在管理好本部门操作风险的同时，应在涉及其职责分工及专业特长的范围内为其他部门管理操作风险提供相关资源和支持。

第十一条 商业银行的内审部门不直接负责或参与其他部门的操作风险管理，但应定期检查评估本行的操作风险管理体系运作情况，监督操作风险管理政策的执行情况，对新出台的操作风险管理政策、程序和具体的操作规程进行独立评估,并向董事会报告操作风险管理体系运行效果的评估情况。

鼓励业务复杂程度较高和规模较大的商业银行委托社会中介机构对其操作风险管理体系定期进行审计和评价。

第十二条 商业银行应当制定适用于全行的操作风险管理政策。操作风险管理政策应当与银行的业务性质、规模、复杂程度和风险特征相适应。主要内容包括:

(一)操作风险的定义;

(二)适当的操作风险管理组织架构、权限和责任;

(三)操作风险的识别、评估、监测和控制/缓释程序;

(四)操作风险报告程序,其中包括报告的责任、路径、频率,以及对各部门的其他具体要求;

(五)应针对现有的和新推出的重要产品、业务活动、业务程序、信息科技系统、人员管理、外部因素及其变动,及时评估操作风险的各项要求。

第十三条 商业银行应当选择适当的方法对操作风险进行管理。

具体的方法可包括:评估操作风险和内部控制、损失事件的报告和数据收集、关键风险指标的监测、新产品和新业务的风险评估、内部控制的测试和审查以及操作风险的报告。

第十四条 业务复杂及规模较大的商业银行,应采用更加先进的风险管理方法,如使用量化方法对各部门的操作风险进行评估,收集操作风险损失数据,并根据各业务线操作风险的特点有针对性地进行管理。

第十五条 商业银行应当制定有效的程序,定期监测并报告操作风险状况和重大损失情况。应针对潜在损失不断增大的风险,建立早期的操作风险预警机制,以便及时采取措施控制、降低风险,降低损失事件的发生频率及损失程度。

第十六条 重大操作风险事件应当根据本行操作风险管理政策的规定及时向董事会、高级管理层和相关管理人员报告。

第十七条 商业银行应当将加强内部控制作为操作风险管理的有效手段,与此相关的内部措施至少应当包括:

(一)部门之间具有明确的职责分工以及相关职能的适当分离,以避免潜在的利益冲突;

(二)密切监测遵守指定风险限额或权限的情况;

(三)对接触和使用银行资产的记录进行安全监控;

(四)员工具有与其从事业务相适应的业务能力并接受相关培训;

(五)识别与合理预期收益不符及存在隐患的业务或产品;

(六)定期对交易和账户进行复核和对账;

(七)主管及关键岗位轮岗轮调、强制性休假制度和离岗审计制度;

(八)重要岗位或敏感环节员工八小时内外行为规范;

(九)建立基层员工署名揭发违法违规问题的激励和保护制度;

(十)查案、破案与处分适时、到位的双重考核制度;

(十一)案件查处和相应的信息披露制度;

(十二)对基层操作风险管控奖惩兼顾的激励约束机制。

第十八条 为有效地识别、评估、监测、控制和报告操作风险,商业银行应当建立并逐步完善操作风险管理信息系统。管理信息系统至少应当记录和存储与操作风险损失相关的数据和操作风险事件信息,支持操作风险和控制措施的自我评估,监测关键风险指标,并可提供操作风险报告的有关内容。

第十九条 商业银行应当制定与其业务规模和复杂性相适应的应急和业务连续方案,建立恢复服务和保证业务连续运行的备用机制,并应当定期检查、测试其灾难恢复和业务连续机制,确保在出现灾难和业务严重中断时这些方案和机制的正常执行。

第二十条 商业银行应当制定与外包业务有关的风险管理政策,确保业务外包有严谨的合同和服务协议、各方的责任义务规定明确。

第二十一条 商业银行可购买保险以及与第三方签订合同,并将其作为缓释操作风险的一种方法,但不应因此忽视控制措施的重要作用。

购买保险等方式缓释操作风险的商业银行,应当制定相关的书面政策和程序。

第二十二条 商业银行应当按照银监会关于商业银行资本充足率管理的要求,为所承担的操作风险提取充足的资本。

第三章 操作风险监管

第二十三条 商业银行的操作风险管理政策和程序应报银监会备案。商业银行应按照规定向银监会或其派出机构报送与操作风险有关的报告。委托社会中介机构对其操作风险管理体系进行审计的,还应提交外部审计报告。

第二十四条　商业银行应及时向银监会或其派出机构报告下列重大操作风险事件：

（一）抢劫商业银行或运钞车、盗窃银行业金融机构现金30万元以上的案件，诈骗商业银行或其他涉案金额1000万元以上的案件；

（二）造成商业银行重要数据、账册、重要空白凭证严重损毁、丢失，造成在涉及两个或两个以上省（自治区、直辖市）范围内中断业务3小时以上，在涉及一个省（自治区、直辖市）范围内中断业务6小时以上，严重影响正常工作开展的事件；

（三）盗窃、出卖、泄漏或丢失涉密资料，可能影响金融稳定，造成经济秩序混乱的事件；

（四）高管人员严重违规；

（五）发生不可抗力导致严重损失，造成直接经济损失1000万元以上的事故、自然灾害；

（六）其他涉及损失金额可能超过商业银行资本净额1‰的操作风险事件；

（七）银监会规定其他需要报告的重大事件。

第二十五条　银监会对商业银行有关操作风险管理的政策、程序和做法进行定期的检查评估。主要内容包括：

（一）商业银行操作风险管理程序的有效性；

（二）商业银行监测和报告操作风险的方法，包括关键操作风险指标和操作风险损失数据；

（三）商业银行及时有效处理操作风险事件和薄弱环节的措施；

（四）商业银行操作风险管理程序中的内控、检查和内审程序；

（五）商业银行灾难恢复和业务连续方案的质量和全面性；

（六）计提的抵御操作风险所需资本的充足水平；

（七）操作风险管理的其他情况。

第二十六条　对于银监会在监管中发现的有关操作风险管理的问题，商业银行应当在规定的时限内，提交整改方案并采取整改措施。

对于发生重大操作风险事件而未在规定时限内采取有效整改措施的商业银行，银监会将依法采取相关监管措施。

第四章　附　则

第二十七条　政策性银行、金融资产管理公司、城市信用社、农村信用社、农村合作银行、信托投资公司、财务公司、金融租赁公司、汽车金融公司、货币经纪公司、邮政储蓄机构等其他银行业金融机构参照本指引执行。

第二十八条　未设董事会的银行业金融机构，应当由其经营决策机构履行本指引规定的董事会的有关操作风险管理职责。

第二十九条　在中华人民共和国境内设立的外国银行分行，应当遵循其总行制定的操作风险管理政策和程序，按照规定向银监会或其派出机构报告重大操作风险事件并接受银监会的监管；其总行未制定操作风险管理政策和程序的，按照本指引的有关要求执行。

第三十条　本指引所涉及的有关名词见附录。

第三十一条　本指引自发布之日起施行。

商业银行合规风险管理指引

· 2006年10月20日
· 银监发〔2006〕76号

第一章　总　则

第一条　为加强商业银行合规风险管理，维护商业银行安全稳健运行，根据《中华人民共和国银行业监督管理法》和《中华人民共和国商业银行法》，制定本指引。

第二条　在中华人民共和国境内设立的中资商业银行、外资独资银行、中外合资银行和外国银行分行适用本指引。

在中华人民共和国境内设立的政策性银行、金融资产管理公司、城市信用合作社、农村信用合作社、信托投资公司、企业集团财务公司、金融租赁公司、汽车金融公司、货币经纪公司、邮政储蓄机构以及经银监会批准设立的其他金融机构参照本指引执行。

第三条　本指引所称法律、规则和准则，是指适用于银行业经营活动的法律、行政法规、部门规章及其他规范性文件、经营规则、自律性组织的行业准则、行为守则和职业操守。

本指引所称合规，是指使商业银行的经营活动与法律、规则和准则相一致。

本指引所称合规风险，是指商业银行因没有遵循法律、规则和准则可能遭受法律制裁、监管处罚、重大财务损失和声誉损失的风险。

本指引所称合规管理部门，是指商业银行内部设立的专门负责合规管理职能的部门、团队或岗位。

第四条　合规管理是商业银行一项核心的风险管理活动。商业银行应综合考虑合规风险与信用风险、市场风险、操作风险和其他风险的关联性，确保各项风险管理政策和程序的一致性。

第五条 商业银行合规风险管理的目标是通过建立健全合规风险管理框架,实现对合规风险的有效识别和管理,促进全面风险管理体系建设,确保依法合规经营。

第六条 商业银行应加强合规文化建设,并将合规文化建设融入企业文化建设全过程。

合规是商业银行所有员工的共同责任,并应从商业银行高层做起。

董事会和高级管理层应确定合规的基调,确立全员主动合规、合规创造价值等合规理念,在全行推行诚信与正直的职业操守和价值观念,提高全体员工的合规意识,促进商业银行自身合规与外部监管的有效互动。

第七条 银监会依法对商业银行合规风险管理实施监管,检查和评价商业银行合规风险管理的有效性。

第二章 董事会、监事会和高级管理层的合规管理职责

第八条 商业银行应建立与其经营范围、组织结构和业务规模相适应的合规风险管理体系。

合规风险管理体系应包括以下基本要素:

(一)合规政策;

(二)合规管理部门的组织结构和资源;

(三)合规风险管理计划;

(四)合规风险识别和管理流程;

(五)合规培训与教育制度。

第九条 商业银行的合规政策应明确所有员工和业务条线需要遵守的基本原则,以及识别和管理合规风险的主要程序,并对合规管理职能的有关事项做出规定,至少应包括:

(一)合规管理部门的功能和职责;

(二)合规管理部门的权限,包括享有与银行任何员工进行沟通并获取履行职责所需的任何记录或档案材料的权利等;

(三)合规负责人的合规管理职责;

(四)保证合规负责人和合规管理部门独立性的各项措施,包括确保合规负责人和合规管理人员的合规管理职责与其承担的任何其他职责之间不产生利益冲突等;

(五)合规管理部门与风险管理部门、内部审计部门等其他部门之间的协作关系;

(六)设立业务条线和分支机构合规管理部门的原则。

第十条 董事会应对商业银行经营活动的合规性负最终责任,履行以下合规管理职责:

(一)审议批准商业银行的合规政策,并监督合规政策的实施;

(二)审议批准高级管理层提交的合规风险管理报告,并对商业银行管理合规风险的有效性作出评价,以使合规缺陷得到及时有效的解决;

(三)授权董事会下设的风险管理委员会、审计委员会或专门设立的合规管理委员会对商业银行合规风险管理进行日常监督;

(四)商业银行章程规定的其他合规管理职责。

第十一条 负责日常监督商业银行合规风险管理的董事会下设委员会应通过与合规负责人单独面谈和其他有效途径,了解合规政策的实施情况和存在的问题,及时向董事会或高级管理层提出相应的意见和建议,监督合规政策的有效实施。

第十二条 监事会应监督董事会和高级管理层合规管理职责的履行情况。

第十三条 高级管理层应有效管理商业银行的合规风险,履行以下合规管理职责:

(一)制定书面的合规政策,并根据合规风险管理状况以及法律、规则和准则的变化情况适时修订合规政策,报经董事会审议批准后传达给全体员工;

(二)贯彻执行合规政策,确保发现违规事件时及时采取适当的纠正措施,并追究违规责任人的相应责任;

(三)任命合规负责人,并确保合规负责人的独立性;

(四)明确合规管理部门及其组织结构,为其履行职责配备充分和适当的合规管理人员,并确保合规管理部门的独立性;

(五)识别商业银行所面临的主要合规风险,审核批准合规风险管理计划,确保合规管理部门与风险管理部门、内部审计部门以及其他相关部门之间的工作协调;

(六)每年向董事会提交合规风险管理报告,报告应提供充分依据并有助于董事会成员判断高级管理层管理合规风险的有效性;

(七)及时向董事会或其下设委员会、监事会报告任何重大违规事件;

(八)合规政策规定的其他职责。

第十四条 合规负责人应全面协调商业银行合规风险的识别和管理,监督合规管理部门根据合规风险管理计划履行职责,定期向高级管理层提交合规风险评估报

告。合规负责人不得分管业务条线。

合规风险评估报告包括但不限于以下内容：报告期合规风险状况的变化情况、已识别的违规事件和合规缺陷、已采取的或建议采取的纠正措施等。

第十五条 商业银行应建立对管理人员合规绩效的考核制度。商业银行的绩效考核应体现倡导合规和惩处违规的价值观念。

第十六条 商业银行应建立有效的合规问责制度，严格对违规行为的责任认定与追究，并采取有效的纠正措施，及时改进经营管理流程，适时修订相关政策、程序和操作指南。

第十七条 商业银行应建立诚信举报制度，鼓励员工举报违法、违反职业操守或可疑的行为，并充分保护举报人。

第三章 合规管理部门职责

第十八条 合规管理部门应在合规负责人的管理下协助高级管理层有效识别和管理商业银行所面临的合规风险，履行以下基本职责：

（一）持续关注法律、规则和准则的最新发展，正确理解法律、规则和准则的规定及其精神，准确把握法律、规则和准则对商业银行经营的影响，及时为高级管理层提供合规建议；

（二）制定并执行风险为本的合规管理计划，包括特定政策和程序的实施与评价、合规风险评估、合规性测试、合规培训与教育等；

（三）审核评价商业银行各项政策、程序和操作指南的合规性，组织、协调和督促各业务条线和内部控制部门对各项政策、程序和操作指南进行梳理和修订，确保各项政策、程序和操作指南符合法律、规则和准则的要求；

（四）协助相关培训和教育部门对员工进行合规培训，包括新员工的合规培训，以及所有员工的定期合规培训，并成为员工咨询有关合规问题的内部联络部门；

（五）组织制定合规管理程序以及合规手册、员工行为准则等合规指南，并评估合规管理程序和合规指南的适当性，为员工恰当执行法律、规则和准则提供指导；

（六）积极主动地识别和评估与商业银行经营活动相关的合规风险，包括为新产品和新业务的开发提供必要的合规性审核和测试，识别和评估新业务方式的拓展、新客户关系的建立以及客户关系的性质发生重大变化等所产生的合规风险；

（七）收集、筛选可能预示潜在合规问题的数据，如消费者投诉的增长数、异常交易等，建立合规风险监测指标，按照风险矩阵衡量合规风险发生的可能性和影响，确定合规风险的优先考虑序列；

（八）实施充分且有代表性的合规风险评估和测试，包括通过现场审核对各项政策和程序的合规性进行测试，询问政策和程序存在的缺陷，并进行相应的调查，合规性测试结果应按照商业银行的内部风险管理程序，通过合规风险报告路线向上报告，以确保各项政策和程序符合法律、规则和准则的要求；

（九）保持与监管机构日常的工作联系，跟踪和评估监管意见和监管要求的落实情况。

第十九条 商业银行应为合规管理部门配备有效履行合规管理职能的资源。合规管理人员应具备与履行职责相匹配的资质、经验、专业技能和个人素质。

商业银行应定期为合规管理人员提供系统的专业技能培训，尤其是在正确把握法律、规则和准则的最新发展及其对商业银行经营的影响等方面的技能培训。

第二十条 商业银行各业务条线和分支机构的负责人应对本条线和本机构经营活动的合规性负首要责任。

商业银行应根据业务条线和分支机构的经营范围、业务规模设立相应的合规管理部门。

各业务条线和分支机构合规管理部门应根据合规管理程序主动识别和管理合规风险，按照合规风险的报告路线和报告要求及时报告。

第二十一条 商业银行应建立合规管理部门与风险管理部门在合规管理方面的协作机制。

第二十二条 商业银行合规管理职能应与内部审计职能分离，合规管理职能的履行情况应受到内部审计部门定期的独立评价。

内部审计部门应负责商业银行各项经营活动的合规性审计。内部审计方案应包括合规管理职能适当性和有效性的审计评价，内部审计的风险评估方法应包括对合规风险的评估。

商业银行应明确合规管理部门与内部审计部门在合规风险评估和合规性测试方面的职责。内部审计部门应随时将合规性审计结果告知合规负责人。

第二十三条 商业银行应明确合规风险报告路线以及合规风险报告的要素、格式和频率。

第二十四条 商业银行境外分支机构或附属机构应加强合规管理职能，合规管理职能的组织结构应符合当地的法律和监管要求。

第二十五条 董事会和高级管理层应对合规管理部

门工作的外包遵循法律、规则和准则负责。

商业银行应确保任何合规管理部门工作的外包安排都受到合规负责人的适当监督,不妨碍银监会的有效监管。

第四章 合规风险监管

第二十六条 商业银行应及时将合规政策、合规管理程序和合规指南等内部制度向银监会备案。

商业银行应及时向银监会报送合规风险管理计划和合规风险评估报告。

商业银行发现重大违规事件应按照重大事项报告制度的规定向银监会报告。

第二十七条 商业银行任命合规负责人,应按有关规定报告银监会。商业银行在合规负责人离任后的十个工作日内,应向银监会报告离任原因等有关情况。

第二十八条 银监会应定期对商业银行合规风险管理的有效性进行评价,评价报告作为分类监管的重要依据。

第二十九条 银监会应根据商业银行的合规记录及合规风险管理评价报告,确定合规风险现场检查的频率、范围和深度,检查的主要内容包括:

(一)商业银行合规风险管理体系的适当性和有效性;

(二)商业银行董事会和高级管理层在合规风险管理中的作用;

(三)商业银行绩效考核制度、问责制度和诚信举报制度的适当性和有效性;

(四)商业银行合规管理职能的适当性和有效性。

第五章 附 则

第三十条 本指引由银监会负责解释。

第三十一条 本指引自发布之日起实施。

商业银行大额风险暴露管理办法

- 2018年4月24日中国银行保险监督管理委员会令2018年第1号公布
- 自2018年7月1日起施行

第一章 总 则

第一条 为促进商业银行加强大额风险暴露管理,有效防控客户集中度风险,维护商业银行稳健运行,根据《中华人民共和国银行业监督管理法》《中华人民共和国商业银行法》等法律法规,制定本办法。

第二条 本办法适用于中华人民共和国境内设立的商业银行。

第三条 本办法所称风险暴露是指商业银行对单一客户或一组关联客户的信用风险暴露,包括银行账簿和交易账簿内各类信用风险暴露。

第四条 本办法所称大额风险暴露是指商业银行对单一客户或一组关联客户超过其一级资本净额2.5%的风险暴露。

第五条 商业银行并表和未并表的大额风险暴露均应符合本办法规定的监管要求。

商业银行应按照本办法计算并表和未并表的大额风险暴露。

并表范围与《商业银行资本管理办法(试行)》(以下简称《资本办法》)一致。并表风险暴露为银行集团内各成员对客户的风险暴露简单相加。

第六条 商业银行应将大额风险暴露管理纳入全面风险管理体系,建立完善与业务规模及复杂程度相适应的组织架构、管理制度、信息系统等,有效识别、计量、监测和防控大额风险。

第二章 大额风险暴露监管要求

第七条 商业银行对非同业单一客户的贷款余额不得超过资本净额的10%,对非同业单一客户的风险暴露不得超过一级资本净额的15%。

非同业单一客户包括主权实体、中央银行、公共部门实体、企事业法人、自然人、匿名客户等。匿名客户是指在无法识别资产管理产品或资产证券化产品基础资产的情况下设置的虚拟交易对手。

第八条 商业银行对一组非同业关联客户的风险暴露不得超过一级资本净额的20%。

非同业关联客户包括非同业集团客户、经济依存客户。

第九条 商业银行对同业单一客户或集团客户的风险暴露不得超过一级资本净额的25%。

第十条 全球系统重要性银行对另一家全球系统重要性银行的风险暴露不得超过一级资本净额的15%。

商业银行被认定为全球系统重要性银行后,对其他全球系统重要性银行的风险暴露应在12个月内达到上述监管要求。

第十一条 商业银行对单一合格中央交易对手清算风险暴露不受本办法规定的大额风险暴露监管要求约束,非清算风险暴露不得超过一级资本净额的25%。

第十二条 商业银行对单一不合格中央交易对手清算风险暴露、非清算风险暴露均不得超过一级资本净额的25%。

第十三条 商业银行对下列交易主体的风险暴露不受本办法规定的大额风险暴露监管要求约束：

（一）我国中央政府和中国人民银行；

（二）评级AA-（含）以上的国家或地区的中央政府和中央银行；

（三）国际清算银行及国际货币基金组织；

（四）其他经国务院银行业监督管理机构认定可以豁免的交易主体。

第十四条 商业银行持有的省、自治区、直辖市以及计划单列市人民政府发行的债券不受本办法规定的大额风险暴露监管要求约束。

第十五条 商业银行对政策性银行的非次级债权不受本办法规定的大额风险暴露监管要求约束。

第三章 风险暴露计算

第十六条 商业银行对客户的风险暴露包括：

（一）因各项贷款、投资债券、存放同业、拆放同业、买入返售资产等表内授信形成的一般风险暴露；

（二）因投资资产管理产品或资产证券化产品形成的特定风险暴露；

（三）因债券、股票及其衍生工具交易形成的交易账簿风险暴露；

（四）因场外衍生工具、证券融资交易形成的交易对手信用风险暴露；

（五）因担保、承诺等表外项目形成的潜在风险暴露；

（六）其他风险暴露，指按照实质重于形式的原则，除上述风险暴露外，信用风险仍由商业银行承担的风险暴露。

第十七条 商业银行应按照账面价值扣除减值准备计算一般风险暴露。

第十八条 商业银行应按照本办法计算投资资产管理产品或资产证券化产品形成的特定风险暴露。

第十九条 商业银行应按照本办法计算交易账簿风险暴露。

第二十条 商业银行应按照《资本办法》的规定计算场外衍生工具和证券融资交易的交易对手信用风险暴露。

第二十一条 商业银行应将表外项目名义金额乘以信用转换系数得到等值的表内资产，再按照一般风险暴露的处理方式计算潜在风险暴露。

第二十二条 商业银行应按照以下方法计算中央交易对手清算风险暴露：

（一）衍生工具交易和证券融资交易按照《中央交易对手风险暴露资本计量规则》有关规定计算风险暴露；

（二）非单独管理的初始保证金、预付的违约基金以及股权按照名义金额计算风险暴露；

（三）单独管理的初始保证金以及未付的违约基金不计算风险暴露。

商业银行对中央交易对手非清算风险暴露为对中央交易对手全部风险暴露减去清算风险暴露。

第二十三条 商业银行计算客户风险暴露时，应考虑合格质物质押或合格保证主体提供保证的风险缓释作用，从客户风险暴露中扣减被缓释部分。质物或保证的担保期限短于被担保债权期限的，不具备风险缓释作用。

对于质物，扣减金额为其市场价值，扣减部分计入对质物最终偿付方的风险暴露。对于以特户、封金或保证金等形式特定化后的现金以及黄金等质物，扣减后不计入对质物最终偿付方的风险暴露。

对于保证，扣减金额为保证金额，扣减部分计入对保证人的风险暴露。

第二十四条 商业银行计算客户风险暴露时，可以剔除已从监管资本中扣除的风险暴露、商业银行之间的日间风险暴露以及结算性同业存款。

第二十五条 符合下列条件的商业银行可以采用简化方法计算风险暴露：

（一）资产管理产品及资产证券化产品投资余额合计小于一级资本净额5%的，商业银行可以将所有资产管理产品和资产证券化产品视为一个匿名客户，将投资余额合计视为对匿名客户的风险暴露。

（二）交易账簿总头寸小于70亿元人民币且小于总资产10%的，可以不计算交易账簿风险暴露；

（三）场外衍生工具账面价值合计小于总资产0.5%且名义本金合计小于总资产10%的，可以不计算交易对手信用风险暴露。

第四章 大额风险暴露管理

第二十六条 商业银行应建立健全大额风险暴露管理组织架构，明确董事会、高级管理层、相关部门管理职责，构建相互衔接、有效制衡的运行机制。

第二十七条 董事会应承担大额风险暴露管理最终责任，并履行以下职责：

（一）审批大额风险暴露管理制度；

（二）审阅相关报告，掌握大额风险暴露变动及管理情况；

（三）审批大额风险暴露信息披露内容。

第二十八条　高级管理层应承担大额风险暴露管理实施责任。具体职责包括：

（一）审核大额风险暴露管理制度，提交董事会审批；

（二）推动相关部门落实大额风险暴露管理制度；

（三）持续加强大额风险暴露管理，定期将大额风险暴露变动及管理情况报告董事会；

（四）审核大额风险暴露信息披露内容，提交董事会审批。

第二十九条　商业银行应明确大额风险暴露管理的牵头部门，统筹协调各项工作。具体职责包括：

（一）组织相关部门落实大额风险暴露具体管理职责；

（二）制定、修订大额风险暴露管理制度，提交高级管理层审核；

（三）推动大额风险暴露管理相关信息系统建设；

（四）持续监测大额风险暴露变动及管理情况，定期向高级管理层报告；

（五）确保大额风险暴露符合监管要求及内部限额，对于突破限额的情况及时报告高级管理层；

（六）拟定大额风险暴露信息披露内容，提交高级管理层审核。

第三十条　商业银行应根据本办法制定大额风险暴露管理制度，定期对制度开展评估，必要时应及时修订。制度内容应至少包括：

（一）管理架构与职责分工；

（二）管理政策与工作流程；

（三）客户范围及关联客户认定标准；

（四）风险暴露计算方法；

（五）内部限额与监督审计；

（六）统计报告及信息披露要求。

商业银行制定、修订大额风险暴露管理制度，应及时报银行业监督管理机构备案。

第三十一条　商业银行应根据自身风险偏好、风险状况、管理水平和资本实力，按照大额风险暴露监管要求设定内部限额，并对其进行持续监测、预警和控制。

第三十二条　商业银行应加强信息系统建设，持续收集数据信息，有效支持大额风险暴露管理。相关信息系统应至少实现以下功能：

（一）支持关联客户识别；

（二）准确计量风险暴露；

（三）持续监测大额风险暴露变动情况；

（四）大额风险暴露接近内部限额时，进行预警提示。

第五章　监督管理

第三十三条　银行业监督管理机构依照本办法规定对商业银行大额风险暴露管理进行监督检查，并采取相应监管措施。

第三十四条　银行业监督管理机构定期评估商业银行大额风险暴露管理状况及效果，包括制度执行、系统建设、限额遵守、风险管控等，将评估意见反馈商业银行董事会和高级管理层，并将评估结果作为监管评级的重要参考。

第三十五条　商业银行应于年初30个工作日内向银行业监督管理机构报告上一年度大额风险暴露管理情况。

第三十六条　商业银行应定期向银行业监督管理机构报告并表和未并表的风险暴露情况，具体包括：

（一）所有大额风险暴露；

（二）不考虑风险缓释作用的所有大额风险暴露；

（三）前二十大客户风险暴露，已按第（一）款要求报送的不再重复报送。

并表情况每半年报送一次，未并表情况每季度报送一次。

第三十七条　商业银行突破大额风险暴露监管要求的，应立即报告银行业监督管理机构。

第三十八条　商业银行违反大额风险暴露监管要求的，银行业监督管理机构可采取以下监管措施：

（一）要求商业银行分析大额风险暴露上升的原因，并预测其变动趋势；

（二）与商业银行董事会、高级管理层进行审慎性会谈；

（三）印发监管意见书，内容包括商业银行大额风险暴露管理存在的问题、拟采取的纠正措施和限期达标意见等；

（四）要求商业银行制定切实可行的大额风险暴露限期达标计划，并报银行业监督管理机构备案；

（五）根据违规情况提高其监管资本要求；

（六）责令商业银行采取有效措施降低大额风险暴露。

第三十九条　商业银行违反大额风险暴露监管要求的，除本办法第三十八条规定的监管措施外，银行业监督管理机构还可依据《中华人民共和国银行业监督管理法》等法律法规规定实施行政处罚。

商业银行未按本办法规定管理大额风险暴露、报告大额风险暴露情况的，以及未按规定进行信息披露、提供虚假报告或隐瞒重要事实的，银行业监督管理机构可依据《中华人民共和国银行业监督管理法》等法律法规规定实施行政处罚。

第四十条 在市场流动性较为紧张的情况下，商业银行之间大额风险暴露突破监管要求的，银行业监督管理机构可根据实际情况采取相应监管措施。

第六章 附 则

第四十一条 本办法由国务院银行业监督管理机构负责解释。

第四十二条 农村合作银行、村镇银行、农村信用社参照执行本办法。省联社对同业客户的风险暴露监管要求由国务院银行业监督管理机构另行规定。

第四十三条 非同业集团客户成员包括金融机构的，商业银行对该集团客户的风险暴露限额适用本办法第九条规定。

第四十四条 本办法自2018年7月1日起施行。

商业银行应于2018年12月31日前达到本办法规定的大额风险暴露监管要求。

第四十五条 商业银行对匿名客户的风险暴露应于2019年12月31日前达到本办法规定的大额风险暴露监管要求。

第四十六条 对于2018年底同业客户风险暴露未达到本办法规定的监管要求的商业银行，设置三年过渡期，相关商业银行应于2021年底前达标。过渡期内，商业银行应制定和实施达标规划，报银行业监督管理机构批准，逐步降低同业客户风险暴露，达到本办法规定的分阶段同业客户风险暴露监管要求，鼓励有条件的商业银行提前达标。过渡期内，银行业监督管理机构可根据达标规划实施情况采取相应监管措施。

第四十七条 附件1、附件2、附件3、附件4、附件5和附件6是本办法的组成部分。

（一）附件1　关联客户识别方法；
（二）附件2　特定风险暴露计算方法；
（三）附件3　交易账簿风险暴露计算方法；
（四）附件4　表外项目信用转换系数；
（五）附件5　合格质物及合格保证范围；
（六）附件6　过渡期分阶段达标要求。

附件（略）

商业银行银行账簿利率风险管理指引

- 2018年5月23日
- 银保监发〔2018〕25号

第一章 总 则

第一条 为加强商业银行的银行账簿利率风险管理，维护银行体系安全稳健运行，根据《中华人民共和国银行业监督管理法》《中华人民共和国商业银行法》等法律法规，制定本指引。

第二条 本指引适用于中华人民共和国境内依法设立的商业银行法人机构。

第三条 本指引所称银行账簿利率风险指利率水平、期限结构等不利变动导致银行账簿经济价值和整体收益遭受损失的风险，主要包括缺口风险、基准风险和期权性风险。银行账簿记录的是商业银行未划入交易账簿的相关表内外业务。

第四条 商业银行应将银行账簿利率风险纳入全面风险管理框架，建立与本行系统重要性、风险状况和业务复杂程度相适应的银行账簿利率风险管理体系，加强对银行账簿利率风险的识别、计量、监测、控制和缓释。

第五条 商业银行应在法人和并表层面实施银行账簿利率风险管理。

第六条 银行业监督管理机构依法对商业银行的银行账簿利率风险水平和管理体系实施监督管理。

第二章 风险治理

第七条 商业银行应建立完善的银行账簿利率风险治理架构，制定包括风险策略、风险偏好、限额体系等在内的风险管理政策框架，并定期对银行账簿利率风险管理流程进行评估和完善。

第八条 商业银行董事会承担银行账簿利率风险管理的最终责任，履行以下职责：

（一）制定银行账簿利率风险管理策略，设定风险偏好，并确保风险限额的设立；
（二）审批银行账簿利率风险的风险管理政策和流程；
（三）监督高级管理层建立并实施相关限额体系、风险管理政策和流程，确保其与董事会既定的风险管理策略和风险偏好一致；
（四）审议银行账簿利率风险报告；
（五）负责银行账簿利率风险相关的信息披露；
（六）其他与银行账簿利率风险管理相关的职责。

董事会可以授权下设的专业委员会履行其银行账簿

利率风险管理的部分职责。

第九条　商业银行高级管理层承担银行账簿利率风险管理的实施责任，履行以下职责：

（一）建立银行账簿利率风险管理架构，明确相关部门职责分工，制定清晰的执行和问责机制，确保各项政策有效实施；

（二）建立并实施银行账簿利率风险限额体系、风险管理政策和流程，包括但不限于风险限额、超限额审批流程、风险报告和评估流程等；

（三）建立银行账簿利率风险计量体系，明确利率冲击情景和关键模型假设的管理流程，建立相应的管理信息系统；

（四）建立有效的内控机制；

（五）其他与银行账簿利率风险管理相关的职责。

第十条　商业银行应指定专门部门负责银行账簿利率风险识别、计量、监测、控制和缓释，并确保其具备履行职能所需资源。该部门应独立于业务经营部门（或人员），并直接向高级管理层报告。

第十一条　商业银行应在综合考虑银行风险偏好、风险状况、宏观经济和市场变化等因素基础上制定清晰的银行账簿利率风险管理策略。

第十二条　商业银行应基于银行账簿利率风险对其经济价值和整体收益的影响制定书面的银行账簿利率风险偏好，并及时更新。

第十三条　商业银行应实施银行账簿利率风险限额管理，确保银行账簿利率风险水平与风险偏好一致。银行账簿利率风险限额体系应与商业银行的规模、业务复杂程度、资本充足程度及风险管理能力相匹配，必要时应针对业务部门、投资组合和金融工具类别设定子限额。商业银行实施银行账簿利率风险限额管理应考虑以下因素：

（一）银行账簿利率风险限额设置应基于银行账簿利率风险计量方法；

（二）如银行账簿利率风险限额与特定利率冲击情景相关联，相关利率冲击情景应充分考虑历史利率波动情况和风险缓释所需时间等因素；

（三）通过金融衍生品等工具对银行账簿利率风险开展避险交易，应针对其盯市风险制定专门的风险限额；

（四）具有重大缺口风险、基准风险或期权性风险敞口的商业银行应针对相关风险类型设定风险限额；

（五）应建立超限额或临近限额时的触发机制，明确报告路径和报告方式，确保管理层及时关注并采取措施。

第十四条　商业银行开发新产品、对现有产品进行重大改动、拓展新的业务领域，以及开展新的重大投资和避险交易前，应充分识别和评估银行账簿利率风险，确保其与风险偏好一致。如评估认定新产品和新业务的银行账簿利率风险显著，应经过测试阶段后再全面推开。

第十五条　商业银行应健全内部控制体系，定期评估银行账簿利率风险管理流程，确保其有效性、可靠性和合规性。商业银行应至少每年对银行账簿利率风险管理相关内控机制开展评估，及时完善内控制度。

第十六条　商业银行应将银行账簿利率风险纳入内部审计，向董事会提交审计报告，并及时报送银行业监督管理机构。

第三章　风险计量和压力测试

第十七条　商业银行应采用合理的利率冲击情景和模型假设，基于经济价值变动和收益影响计量银行账簿利率风险。

第十八条　银行账簿利率风险计量应包括银行承担风险的具有利率敏感性的银行账簿资产、负债，以及相关的表外项目。计量应包括缺口风险、基准风险和期权性风险等。其中，期权性风险包括自动期权风险和客户行为性期权风险。商业银行还应尽可能将信用利差风险纳入计量范围。

第十九条　商业银行应对银行账簿资产或负债中余额占比5%以上的币种单独计量银行账簿利率风险，并可根据自身风险管理需要，对占比低于5%的特定币种单独计量银行账簿利率风险。

商业银行对不同币种银行账簿利率风险进行加总时应合理考虑相关性因素。

第二十条　商业银行在计量银行账簿利率风险时应考虑以下利率冲击情景：

（一）银行内部资本充足评估程序中使用的利率冲击情景；

（二）比前款所述情景更为严重的历史或假设的利率压力情景；

（三）监管要求的利率冲击情景，包括但不限于附件5所规定的六种利率冲击情景。

第二十一条　商业银行在确定利率冲击情景和压力情景时应按照附件2的要求，结合当前利率水平和期限结构、历史和隐含利率波动性等因素，综合考虑自身风险特征和来源、风险缓释措施所需时间、调整风险组合头寸并承担损失的能力和意愿等情况。

第二十二条　商业银行应根据银行账簿相关产品的

期权性条款,分析客户行为特点,对产品未来现金流做出假设。具有期权性条款的金融产品包括但不限于:具有提前还款权的固定利率贷款、具有提前支取权的定期存款、无到期日存款、浮动利率贷款中的利率顶和利率底等。

第二十三条 商业银行计量银行账簿利率风险时应合理考虑客户行为假设,包括特定利率冲击情景,不同产品类型下的客户属性、产品属性和宏观经济等因素。基于历史数据的客户行为假设可参考附件3。

第二十四条 商业银行应至少每年对关键客户行为假设进行评估,就其对经济价值和收益的影响进行敏感性分析,并在市场环境快速变化时提高评估频率。

第二十五条 商业银行对实际承担风险的非标准化债权投资,应按照穿透原则,针对底层资产计量银行账簿利率风险。

第二十六条 商业银行应根据规模、风险状况和业务复杂程度制定和实施有效的银行账簿利率风险压力测试框架,定期进行压力测试。压力测试应覆盖银行面临的所有实质性风险源,并制定应急方案。商业银行应确定独立的验证部门或团队对压力测试的有效性进行持续评估,评估原则上不少于每年一次。

第二十七条 商业银行应根据情况开展反向压力测试,识别严重威胁银行资本和收益的利率情景。

第二十八条 商业银行应将压力测试结果纳入董事会和高管层的决策参考因素,在建立银行账簿利率风险限额体系和制定风险管理政策时充分考虑压力测试结果。

第四章 计量系统和模型管理

第二十九条 商业银行应建立银行账簿利率风险计量系统,为银行账簿利率风险全流程管理提供支持。

第三十条 银行账簿利率风险计量系统应采用静态模拟、动态模型等多种方法计量经济价值和收益变化,有效评估各种利率冲击情景和压力情景的潜在影响,识别并计量银行账簿利率风险。该系统应能根据监管要求对内部风险参数进行限制或调整。

第三十一条 商业银行应提高银行账簿利率风险计量系统的数据采集自动化水平,及时、准确收集风险信息,对数据管理进行定期评估和完善。

第三十二条 商业银行应按照附件4的要求,制定银行账簿利率风险计量模型管理政策,明确模型管理和监督职责,规范模型验证、模型风险评估、模型修订以及相关内部审计的流程。

第三十三条 商业银行应做好银行账簿利率风险计量的文档记录,至少包括以下信息:

(一)利率冲击和压力情景,包括无风险收益率曲线的选择和变更、不同收益率曲线间的基差关系、利率冲击和压力情景的选取依据、对本行产品定价的预测等;

(二)计量模型的基本框架和具体内容,包括计量方法、关键假设的设定和调整、模型验证和校准等;

(三)数据管理政策和流程,包括主要数据来源、数据内容、数据存储和数据管理过程等。

第五章 计量结果应用和信息披露

第三十四条 商业银行应确保银行账簿利率风险计量结果在风险管理中得到有效应用。

第三十五条 商业银行银行账簿利率风险管理部门应定期向董事会(或其授权的专业委员会)和高管层报告银行账簿利率风险及其管理状况。报告至少应包括以下内容:

(一)银行账簿利率风险水平和影响因素,报告频度为每半年一次;

(二)限额和风险管理政策的执行情况;

(三)关键模型假设和模型验证结果;

(四)压力测试结果;

(五)对银行账簿利率风险管理政策、流程和计量系统的评估,包括但不限于内控报告和内部审计结果。

第三十六条 商业银行应按照《商业银行资本管理办法(试行)》的相关要求,基于银行账簿利率风险水平和管理状况开展资本充足性评估,并将其纳入内部资本充足评估程序。

第三十七条 商业银行应合理调整银行账簿利率重定价期限结构,适时调整定价方式,有效控制银行账簿利率风险。

第三十八条 商业银行应根据风险状况,运用利率衍生工具、调整投资组合久期等方式,对银行账簿利率风险进行缓释。

第三十九条 商业银行应按照《商业银行信息披露办法》和《商业银行资本管理办法(试行)》等有关规定,披露银行账簿利率风险水平和风险管理状况等定量和定性信息。

第六章 监督检查

第四十条 银行业监督管理机构应将商业银行的银行账簿利率风险水平和风险管理状况纳入持续监管框架,作为现场检查和非现场监管的重要内容。

第四十一条 商业银行应按照监管要求向银行业监

督管理机构按季度报送银行账簿利率风险监管报表,并及时报送银行账簿利率风险管理政策等文件及其调整情况、内部风险管理报告、内控和审计报告等材料。

银行业监督管理机构可要求商业银行提供银行账簿利率风险计量系统和模型的技术信息、使用监管规定以外的利率冲击情景的计量结果,以及针对特定币种的单独计量结果等信息。

第四十二条 系统重要性或业务复杂程度较高的商业银行应按照附件5规定的标准化计量框架向银行业监督管理机构报送相关信息。

第四十三条 银行业监督管理机构应按照附件6的要求,定期评估商业银行银行账簿利率风险水平,以及银行账簿利率风险管理的充分性、完整性和有效性。评估内容包括但不限于:银行账簿利率风险治理架构的完整性和有效性、银行内部计量系统的有效性和关键模型假设的合理性、银行账簿利率风险计量结果的准确性、资本充足性和信息披露的充分性等。

第四十四条 商业银行的银行账簿利率风险管理未能达到监管要求的,银行业监督管理机构应要求商业银行完善风险管理框架、改善内部计量系统、在规定时限内降低银行账簿利率风险敞口、在规定时限内补充资本等,可按照情节依法采取监管会谈、提高检查频度、限制市场准入等监管措施,并实施行政处罚。

第七章 附 则

第四十五条 本指引第四十二条适用于国有控股大型商业银行、全国性股份制商业银行和中国邮政储蓄银行。银行业监督管理机构可根据情况对适用范围做出调整。

第四十六条 商业银行在适用本指引第三、四、五章规定的监管要求时,应遵循匹配性原则,与本行系统重要性、风险状况和业务复杂程度相适应。

第四十七条 经银行业监督管理机构批准设立的其他金融机构参照本指引执行。

第四十八条 本指引自2019年1月1日起施行,《商业银行银行账户利率风险管理指引》(银监发〔2009〕106号)同时废止。

附件1 名词解释(略)
附件2 利率冲击情景设计的具体要求(略)
附件3 客户行为性期权风险的考虑因素(略)
附件4 银行账簿利率风险模型管理要求(略)
附件5 银行账簿利率风险标准化计量框架(略)
附件6 银行账簿利率风险监管评估(略)

商业银行房地产贷款风险管理指引

·2004年8月30日
·银监发〔2004〕57号

第一章 总 则

第一条 为提高商业银行房地产贷款的风险管理能力,根据有关银行监管法律法规和银行审慎监管要求,制定本指引。

第二条 本指引所称房地产贷款是指与房产或地产的开发、经营、消费活动有关的贷款。主要包括土地储备贷款、房地产开发贷款、个人住房贷款、商业用房贷款等。

本指引所称土地储备贷款是指向借款人发放的用于土地收购及土地前期开发、整理的贷款。土地储备贷款的借款人仅限于负责土地一级开发的机构。

房地产开发贷款是指向借款人发放的用于开发、建造向市场销售、出租等用途的房地产项目的贷款。

个人住房贷款是指向借款人发放的用于购买、建造和大修理各类型住房的贷款。

商业用房贷款是指向借款人发放的用于购置、建造和大修理以商业为用途的各类型房产的贷款。

第二章 风险控制

第三条 商业银行应建立房地产贷款的风险政策及其不同类型贷款的操作审核标准,明确不同类型贷款的审批标准、操作程序、风险控制、贷后管理以及中介机构的选择等内容。

商业银行办理房地产业务,要对房地产贷款市场风险、法律风险、操作风险等予以关注,建立相应的风险管理及内控制度。

第四条 商业银行应建立相应的监控流程,确保工作人员遵守上述风险政策及不同类型贷款的操作审核标准。

第五条 商业银行应根据房地产贷款的专业化分工,按照申请的受理、审核、审批、贷后管理等环节分别制定各自的职业道德标准和行为规范,明确相应的权责和考核标准。

第六条 商业银行应对内部职能部门和分支机构房地产贷款进行年度专项稽核,并形成稽核报告。稽核报告应包括以下内容:

(一)内部职能部门和分支机构上年度发放贷款的整体情况;

(二)稽核中发现的主要问题及处理意见;

(三)内部职能部门和分支机构对上次稽核报告中

所提建议的整改情况。

第七条 商业银行对于介入房地产贷款的中介机构的选择，应着重于其企业资质、业内声誉和业务操作程序等方面的考核，择优选用，并签订责任条款，对于因中介机构的原因造成的银行业务损失应有明确的赔偿措施。

第八条 商业银行应建立房地产行业风险预警和评估体系，对房地产行业市场风险予以关注。

第九条 商业银行应建立完善的房地产贷款统计分析平台，对所发放贷款的情况进行详细记录，并及时对相关信息进行整理分析，保证贷款信息的准确性、真实性、完整性，以有效监控整体贷款状况。

第十条 商业银行应逐笔登记房地产贷款详细情况，以确保该信息可以准确录入银行监管部门及其他相关部门的统计或信贷登记咨询系统，以利于各商业银行之间、商业银行与社会征信机构之间的信息沟通，使各行充分了解借款人的整体情况。

第三章 土地储备贷款的风险管理

第十一条 商业银行对资本金没有到位或资本金严重不足、经营管理不规范的借款人不得发放土地储备贷款。

第十二条 商业银行发放土地储备贷款时，应对土地的整体情况调查分析，包括该土地的性质、权属关系、测绘情况、土地契约限制、在城市整体综合规划中的用途与预计开发计划是否相符等。

第十三条 商业银行应密切关注政府有关部门及相关机构对土地经济环境、土地市场发育状况、土地的未来用途及有关规划、计划等方面的政策和研究，实时掌握土地价值状况，避免由于土地价值虚增或其他情况而导致的贷款风险。

第十四条 商业银行应对发放的土地储备贷款设立土地储备机构资金专户，加强对土地经营收益的监控。

第四章 房地产开发贷款的风险管理

第十五条 商业银行对未取得国有土地使用证、建设用地规划许可证、建设工程规划许可证、建筑工程施工许可证的项目不得发放任何形式的贷款。

第十六条 商业银行对申请贷款的房地产开发企业，应要求其开发项目资本金比例不低于35%。

第十七条 商业银行在办理房地产开发贷款时，应建立严格的贷款项目审批机制，对该贷款项目进行尽职调查，以确保该项目符合国家房地产发展总体方向，有效满足当地城市规划和房地产市场的需求，确认该项目的合法性、合规性、可行性。

第十八条 商业银行应对申请贷款的房地产开发企业进行深入调查审核：包括企业的性质、股东构成、资质信用等级等基本背景，近三年的经营管理和财务状况，以往的开发经验和开发项目情况，与关联企业的业务往来等。对资质较差或以往开发经验较差的房地产开发企业，贷款应审慎发放；对经营管理存在问题、不具备相应资金实力或有不良经营记录的，贷款发放应严格限制。对于依据项目而成立的房地产开发项目公司，应根据其自身特点对其业务范围、经营管理和财务状况，以及股东及关联公司的上述情况以及彼此间的法律关系等进行深入调查审核。

第十九条 商业银行应严格落实房地产开发企业贷款的担保，确保担保真实、合法、有效。

第二十条 商业银行应建立完备的贷款发放、使用监控机制和风险防范机制。在房地产开发企业的自有资金得到落实后，可根据项目的进度和进展状况，分期发放贷款，并对其资金使用情况进行监控，防止贷款挪作他用。同时，积极采取措施应对项目开发过程中出现的项目自身的变化、房地产开发企业的变化、建筑施工企业的变化等，及时发现并制止违规使用贷款情况。

第二十一条 商业银行应严密监控建筑施工企业流动资金贷款使用情况，防止用流动资金贷款为房地产开发项目垫资。

第二十二条 商业银行应对有逾期未还款或有欠息现象的房地产开发企业销售款进行监控，在收回贷款本息之前，防止将销售款挪作他用。

第二十三条 商业银行应密切关注房地产开发企业的开发情况，确保对购买主体结构已封顶住房的个人发放个人住房贷款后，该房屋能够在合理期限内正式交付使用。

第二十四条 商业银行应密切关注建筑工程款优于抵押权受偿等潜在的法律风险。

第二十五条 商业银行应密切关注国家政策及市场的变化对房地产开发项目的影响，利用市场风险预警预报机制、区域市场分类的指标体系，建立针对市场风险程度和风险类型的阶段监测方案，并积极采取措施化解因此产生的各种风险。

第五章 个人住房贷款的风险管理

第二十六条 商业银行应严格遵照相关个人住房贷款政策规定，不得违反有关贷款年限和贷款与房产价值比率等方面的规定。

第二十七条 商业银行制定的个人住房贷款申请文件应包括借款人基本情况、借款人收支情况、借款人资产表、借款人现住房情况、借款人购房贷款资料、担保方式、借款人声明等要素(其中具体项目内容参见附件1)。

第二十八条 商业银行应确保贷款经办人员向借款人说明其所提供的个人信息(包括借款人所提交的所有文件资料和个人资产负债情况)将经过贷款审核人员的调查确认,并要求借款人据此签署书面声明。

第二十九条 商业银行应将经贷款审核人员确认后的所有相关信息以风险评估报告的形式记录存档。上述相关信息包括个人信息的确认、银行对申请人偿还能力、偿还意愿的风险审核及对抵押品的评估情况(具体内容参见附件2)。

第三十条 商业银行的贷款经办人员对借款人的借款申请初审同意后,应由贷款审核人员对借款人提交文件资料的完整性、真实性、准确性及合法性进行复审。

第三十一条 商业银行应通过借款人的年龄、学历、工作年限、职业、在职年限等信息判断借款人目前收入的合理性及未来行业发展对收入水平的影响;应通过借款人的收入水平、财务情况和负债情况判断其贷款偿付能力;应通过了解借款人目前居住情况及此次购房的首付支出判断其对于所购房产的目的及拥有意愿等因素,并据此对贷款申请做整体分析。

第三十二条 商业银行应对每一笔贷款申请做内部的信息调查,包括了解借款人在本行的贷款记录及存款情况。

第三十三条 商业银行应通过对包括借款人的聘用单位、税务部门、工商管理部门以及征信机构等独立的第三方进行调查,审核贷款申请的真实性及借款人的信用情况,以了解其本人及家庭的资产、负债情况、信用记录等。

商业银行对自雇人士(即自行成立法人机构或其他经济组织,或在上述机构内持有超过10%股份,或其个人收入的主要来源为上述机构的经营收入者)申请个人住房贷款进行审核时,不能仅凭个人开具的收入证明来判断其还款能力,应通过要求其提供有关资产证明、银行对账单、财务报表、税单证明和实地调查等方式,了解其经营情况和真实财务状况,全面分析其还款能力。

第三十四条 对以个人身份申请的商业用房贷款,如借款人是自雇人士或公司的股东、董事,商业银行应要求借款人提供公司财务报表,业务资料并进行审核。

第三十五条 商业银行应根据各地市场情况的不同制定合理的贷款成数上限,但所有住房贷款的贷款成数不超过80%。

第三十六条 商业银行应着重考核借款人还款能力。应将借款人住房贷款的月房产支出与收入比控制在50%以下(含50%),月所有债务支出与收入比控制在55%以下(含55%)。

房产支出与收入比的计算公式为:(本次贷款的月还款额+月物业管理费)/月均收入

所有债务与收入比的计算公式为:(本次贷款的月还款额+月物业管理费+其他债务月均偿付额)/月均收入

上述计算公式中提到的收入应该是指申请人自身的可支配收入,即单一申请为申请人本人可支配收入,共同申请为主申请人和共同申请人的可支配收入。但对于单一申请的贷款,如商业银行考虑将申请人配偶的收入计算在内,则应该先予以调查核实,同时对于已将配偶收入计算在内的贷款也应相应的把配偶的债务一并计入。

第三十七条 商业银行应通过调查非国内长期居住借款人在国外的工作和收入背景,了解其在华购房的目的,并在对各项信息调查核实的基础上评估借款人的偿还能力和偿还意愿。

第三十八条 商业银行应区别判断抵押物状况。抵押物价值的确定以该房产在该次买卖交易中的成交价或评估价的较低者为准。

商业银行在发放个人住房贷款前应对新建房进行整体性评估,可根据各行实际情况选择内部评估,但要由具有房地产估价师执业资格的专业人士出具意见书,或委托独立的具有房地产价格评估资质的评估机构进行评估;对于精装修楼盘以及售价明显高出周边地区售价的楼盘的评估要重点关注。对再交易房,应对每个用作贷款抵押的房屋进行独立评估。

第三十九条 商业银行在对贷款申请做出最终审批前,贷款经办人员须至少直接与借款人面谈一次,从而基本了解借款人的基本情况及其贷款用途。对于借款人递交的贷款申请表和贷款合同需有贷款经办人员的见证签署。

商业银行应向房地产管理部门查询拟抵押房屋的权属状况,决定发放抵押贷款的,应在贷款合同签署后及时到房地产管理部门办理房地产抵押登记。

第四十条 商业银行对未完全按照前述要求发放的贷款,应有专门的处理方法,除将发放原因和理由记录存档外,还应密切关注及监控该笔贷款的还款记录。

第四十一条 商业银行应建立逾期贷款的催收系统和催收程序。应将本行内相关的个人信用资料包括逾期客户名单等实行行内共享。

第六章 风险监管措施

第四十二条 银监会及其派出机构定期对商业银行房地产贷款发放规模、资产质量、偿付状况及催收情况、风险管理和内部贷款审核控制进行综合评价，并确定监管重点。

第四十三条 银监会及其派出机构根据非现场监管情况，每年至少选择两家商业银行，对房地产贷款的下列事项进行全面或者专项检查：

（一）贷款质量；

（二）偿付状况及催收情况；

（三）内部贷款审核控制；

（四）贷后资产的风险管理；

（五）遵守法律及相关规定；

（六）需要进行检查的其他事项。

第四十四条 银监会及其派出机构对现场检查中发现的房地产贷款管理存在严重问题的商业银行，将组织跟踪检查。

第四十五条 银监会及其派出机构或银行业自律组织对介入房地产贷款的中介机构，一旦发现其有违背行业规定和职业道德的行为，将及时予以通报。

第七章 附 则

第四十六条 本指引由银监会负责解释。

第四十七条 本指引自发布之日起施行。

附件（略）

2. 政策性银行与非银行金融机构

国家开发银行监督管理办法

· 2017年11月15日中国银监会令2017年第2号公布
· 自2018年1月1日起施行

第一章 总 则

第一条 为加强对国家开发银行（以下简称开发银行）的监督管理，督促落实国家战略和政策，规范经营行为，有效防控金融风险，根据《中华人民共和国银行业监督管理法》等法律法规制定本办法。

第二条 开发银行应当坚持依法合规经营、审慎稳健发展，遵守国家法律法规、银行业审慎经营规则，强化资本约束，实现长期可持续发展。

第三条 开发银行应当紧紧围绕服务国家经济重大中长期发展战略，建立市场化运行、约束机制，发展成为资本充足、治理规范、内控严密、运营安全、服务优质、资产优良的开发性金融机构。

第四条 中国银行业监督管理委员会（以下简称银监会）及其派出机构依法对开发银行实施监督管理。

第二章 市场定位

第五条 开发银行应当认真贯彻落实国家经济金融方针政策，充分运用服务国家战略、依托信用支持、市场运作、保本微利的开发性金融功能，发挥中长期投融资作用，加大对经济社会重点领域和薄弱环节的支持力度，促进经济社会持续健康发展。

第六条 开发银行应当坚守开发性金融定位，根据依法确定的服务领域和经营范围开展业务，以开发性业务为主，辅以商业性业务。

第七条 开发银行应当遵守市场秩序，与商业性金融机构建立互补合作关系，积极践行普惠金融，可通过与其他银行业金融机构合作，开展小微企业等经济社会薄弱环节金融服务。

第八条 开发银行董事会应当每三年或必要时对业务开展情况进行评估，制订业务范围和业务划分调整方案，确保符合开发性金融定位，并按规定履行相关程序。

第三章 公司治理

第九条 开发银行党委发挥领导作用，把方向、管大局、保落实，保证监督党和国家的方针、政策得到贯彻执行，把党的领导融入公司治理各个环节。

第十条 开发银行应当按照现代金融企业制度，结合开发性金融机构特点，遵循各治理主体独立运作、有效制衡、相互合作、协调运转的原则，构建决策科学、执行有力、监督有效的公司治理机制。

第十一条 开发银行董事会由执行董事、非执行董事组成。

执行董事指在开发银行担任董事长、行长和其他高级管理职务的董事。非执行董事指在开发银行不担任除董事外其他职务的董事，包括部委董事和股权董事。部委董事由相关部委指派的部委负责人兼任，股权董事由股东单位负责选派。

第十二条 董事会对经营和管理承担最终责任，依照相关法律法规和本行章程履行职责。主要职责包括但不限于下列事项：

（一）制订业务范围和业务划分调整方案、章程修改

方案、注册资本调整方案以及组织形式变更方案,按程序报国务院批准;

(二)审议批准中长期发展战略、年度工作计划、年度经营计划和投资方案、年度债券发行计划、风险偏好书、资本管理规划、薪酬和绩效考核体系设置方案、内部审计章程和内部审计机构、年度报告等;

(三)审议批准重大项目,包括重大收购兼并、重大投资、重大资产购置与处置、重大对外担保(银行担保业务除外)等;

(四)制定年度财务预算方案和决算方案、利润分配和弥补亏损方案;

(五)审议批准风险管理、内部控制等基本管理制度;

(六)制定董事会议事规则及其修订方案;

(七)审议批准内部管理机构以及境内外一级分支机构设置、调整和撤销方案,对附属机构的设立、资本金变动等作出决议,审议附属机构章程;

(八)决定对董事长和经营管理层的授权事项,决定聘任或解聘高级管理人员,决定高级管理人员薪酬、绩效考核和奖惩事项,决定派驻子公司的董事(含董事长)、监事(含监事长)和总经理(行长)人选;

(九)决定聘用、解聘或者不再续聘承办开发银行审计业务的会计师事务所;

(十)制定信息披露政策及制度,对开发银行会计和财务报告的真实性、准确性、完整性和及时性承担最终责任;

(十一)积极发挥对外协调作用,定期听取商业性金融机构、企业和政府部门等各方意见;

(十二)定期评估并完善公司治理,监督并确保高级管理层有效履行管理职责;

(十三)法律法规规定以及国务院赋予的其他职责。

第十三条 董事应当依照相关法律法规及本章程,每年至少出席三分之二的董事会会议,认真履行职责,不得利用职位谋取不正当利益。董事应当具有与职责相适应的专业知识、工作经验、工作能力以及职业操守。

部委董事代表国家利益履行职责,发挥在重大决策方面的统筹协调作用。部委董事不能出席董事会会议时,书面授权本部委其他人员代为出席,并载明授权范围;因退休、调离或其他原因不适合继续履职时,由开发银行提请相关部委推荐继任董事人选。

第十四条 董事会应当建立对高级管理层的授权制度,明确授权范围、授权限额和职责要求等。

第十五条 董事会下设专门委员会,主要包括战略发展和投资管理委员会、风险管理委员会、审计委员会、人事与薪酬委员会、关联交易控制委员会等,其中战略发展和投资管理委员会、审计委员会、人事与薪酬委员会成员原则上应当包含部委董事。各专门委员会向董事会提供专业意见或根据董事会授权就专业事项进行决策,对董事会负责,并承担相应责任。

(一)战略发展和投资管理委员会。主要负责审议开发银行长期发展战略和经营管理目标,提出业务调整建议。负责监督检查年度经营计划、投资方案执行情况以及社会责任履行情况。对服务国家战略情况和配套政策进行研究,向董事会提出政策建议。

(二)风险管理委员会。主要负责审议风险管理战略,监督高级管理层对信用风险、市场风险、流动性风险、操作风险、国别风险、银行账户利率风险、声誉风险和信息科技风险等各类风险的控制及全面风险管理情况,对风险政策、管理状况及风险承受能力进行定期评估,提出完善风险管理和内部控制的意见。风险管理委员会成员应当具有判断和管理各类风险的经验和能力。

(三)审计委员会。经董事会授权,主要负责审核内部审计重要政策和工作报告,审批中长期审计规划和年度审计计划。指导、监督、考核和评价内部审计工作,监督和评价外部审计机构工作,提出外部审计机构聘请与更换建议。审计委员会成员应当具有财务、审计、会计等相关专业知识和工作经验。

(四)人事与薪酬委员会。主要负责审议开发银行激励约束制度和政策,拟定执行董事和高级管理人员的薪酬方案,向董事会提出薪酬方案建议,并监督方案实施。负责拟定董事和高级管理人员的选任程序和标准,对董事和高级管理人员任职资格进行初步审核并向董事会提出建议。

(五)关联交易控制委员会。主要负责关联交易的管理、审查和批准,控制关联交易风险,确保开发银行与其附属机构之间的关联交易符合诚实信用及公允原则。

第十六条 开发银行监事会依照《国有重点金融机构监事会暂行条例》等有关法律法规设置和管理,由国务院派出,对国务院负责。

开发银行监事会代表国家对开发银行的财务管理、资产质量及国有资产保值增值情况实施监督,对董事和高级管理人员的履职行为、尽职情况进行监督,对开发银行经营决策、风险管理和内部控制等情况进行检查监督。

开发银行监事会在履职过程中有权要求董事会和高级管理层提供必要信息，主要包括审计报告、内控评价报告和重大风险事件报告等。监事会主席根据监督检查的需要，可以列席或者委派监事会其他成员列席董事会会议和其他有关会议，可以聘请外部机构就相关工作提供专业协助。

第十七条　高级管理层由总行行长、副行长、董事会秘书以及银监会行政许可的其他高级管理人员组成。开发银行根据经营管理需要可设置首席风险官、首席审计官、首席财务官、首席信息官等职位协助行长工作。

高级管理层按照本行章程及董事会授权开展经营管理活动，对董事会负责。

第四章　风险管理

第十八条　开发银行应当按照分工明确、职责清晰、相互制衡、运行高效的原则构建与开发性金融相适应、覆盖各类风险和业务的全面风险管理体系，制定完善风险管理制度，构建有效的风险管理机制，确保各类业务风险得到有效的识别、计量、监测、控制。

第十九条　开发银行应当建立适应全面风险管理的组织体系，明确董事会、高级管理层、业务部门、风险管理部门和内部审计部门在风险管理中的职责，设立或指定专门部门负责全面风险管理，执行风险管理战略，实施风险管理政策，定期评估风险管理情况。

第二十条　开发银行应当针对各类业务风险建立切实有效的风险管理政策与流程，提高风险管理条线的独立性和专业性；根据开发性业务和商业性业务的不同风险特点，研究制定相应的风险管理模式，明确管理方法和管理责任。

第二十一条　开发银行应当建立全面风险报告体系，明确报告种类、报告内容、报告频率及报告路径等，确保董事会、高级管理层及监事会能够及时了解相关风险信息。风险分析应当按照风险类型、业务种类、支持领域、地区分布等维度进行，至少每季度开展一次。风险分析报告应当至少包括业务经营情况、风险状况、风险发展趋势、异常变化原因和相应的风险管理措施等内容。总行及分支机构的季度和年度风险分析报告应当分别按要求报送银监会及其派出机构。

第二十二条　开发银行应当建立风险评估制度，对信用风险、市场风险、流动性风险、操作风险、国别风险、银行账户利率风险、声誉风险、战略风险、信息科技风险、环境与社会风险以及其他风险等情况进行专项和全面的评估。

第二十三条　开发银行应当根据不同类别的业务特点及本行风险特征，建立健全信用风险管控机制，有效识别、计量、监测和控制信用风险。

（一）建立能够有效识别、量化信用风险的内部信用评级体系，完善客户信用评级和债项评级制度，确保评级结果在风险管理政策制定、信贷审批、资本分配、绩效考核等方面得到充分运用。

（二）建立覆盖表内外、境内外、本外币以及母子公司并表口径的统一授信制度，将具有授信性质的各类业务纳入统一授信管理体系，确定专门部门对客户授信审批进行统一管理。

（三）建立与本行业务特点相适应的评审管理体系，健全信贷审批机制，严格项目授信准入，提高决策的独立性和专业性水平。

（四）按照审慎经营规定开展贷款全流程管理工作，根据项目进度和实际需求发放与支付贷款，通过信贷专户报告、现场核查等多种手段加强风险管控。

（五）制定授信集中度风险管理制度和流程，执行银监会对授信集中度的相关监管要求，定期向银监会报告授信集中度情况。

（六）根据资产风险分类相关规定，结合资产业务特点和风险情况，建立覆盖不同类型业务的资产质量分类制度，真实、全面、动态反映资产质量，按照资产质量状况及时、足额计提减值准备。

（七）严格遵守有关法律法规及相关规定，建立规范的不良资产处置制度，完善决策机制和操作程序，明确内部审核审批权限，确保规范运作、真实出售、风险隔离和公开透明。加强不良资产管理，明确管理职责，做好不良资产档案管理、权益维护、账务管理和风险监测。同时，建立不良资产处置尽职责任追究制度，及时、严格进行责任认定和责任追究。

第二十四条　开发银行应当根据本行的资金来源与运用特点，制定相应的流动性风险管理政策、程序及计量方法，并根据业务发展和市场变化及时进行调整。

开发银行应当做好流动性需求预测，加强现金流缺口和资产负债匹配管理，建立流动性风险缓释机制，确保流动性储备能够覆盖未来一定时间的净现金流出。

第二十五条　开发银行应当建立与本行战略目标、国别风险暴露规模和复杂程度相适应的国别风险管理体系，明确国别风险管理的战略、政策和流程，确保具备足够的资源有效识别、计量、监测和控制国别风险。

（一）对境外借款人进行充分的尽职调查，核查资金实际用途，防止贷款挪用。审慎评估海外抵押品的合法性及其可被强制执行的法律效力。建立完善的贷后管理制度。

（二）完善国别风险评估和内部评级程序，对已经开展和计划开展业务的国家和地区逐一进行风险评估和评级，充分识别业务经营中面临的国别风险，明确在不同情况下应采取的风险缓释措施。

（三）根据风险偏好，合理设定覆盖表内外项目的国别风险限额，有效监控限额管理情况。明确国别风险准备金计提政策，及时足额计提国别风险准备金。

第二十六条　开发银行应当建立与业务性质、规模和复杂程度相适应的市场风险管理体系，充分识别、准确计量、持续监测和有效控制所有交易和非交易业务中的市场风险，确保安全稳健运行。

开发银行应当加强对汇率风险及利率风险的识别与计量，及时评估和应对汇率及利率变化对业务的影响，建立有效的市场风险报告机制和新产品、新业务市场风险管理机制。

第二十七条　开发银行应当建立满足国家金融安全要求的信息科技架构、基础设施和网络信息系统，建立有效的信息科技治理与风险管理机制，实现对信息科技风险的识别、计量、监测和控制，提高信息技术对银行业务和管理的保障水平，确保安全、持续和稳健运行。

第二十八条　开发银行应当根据业务流程、人员岗位、信息科技系统和外包管理等情况建立科学的操作风险管理体系，制定规范员工行为和道德操守的相关制度，加强员工行为管理和案件防控，确保有效识别、评估、监测和控制操作风险。

第二十九条　开发银行应当主动、有效防范声誉风险，加强环境与社会风险评估，制定完善声誉风险监测机制、应急预案和处置措施。

第三十条　开发银行应当树立绿色金融理念，严格遵守环保、产业等领域的法律法规，借鉴赤道原则等国际良好做法，充分评估项目的环境和社会风险，将评估结果作为授信决策的重要依据。

第三十一条　开发银行应当建立与经营范围、组织结构和业务规模相适应的合规管理体系，明确专门负责合规管理的部门、岗位以及相应的权限，制定合规管理政策，优化合规管理流程，强化合规培训和合规文化建设。

第三十二条　开发银行应当遵循风险管理实质性原则，充分考虑金融业务和金融风险的相关性，合理确定并表管理范围，通过并表管理对银行及附属机构的公司治理、资本和财务等进行全面持续的管控，有效识别、计量、监测和控制总体风险。

第三十三条　开发银行应当建立与规模、业务复杂程度和风险状况相适应的压力测试体系，定期开展压力测试，覆盖各类风险和主要业务领域。压力测试结果应当运用于各项经营管理决策。

第三十四条　开发银行应当制定应急计划，说明可能出现的风险以及在压力情况下应采取的措施，涵盖对境内外分支机构和附属机构的应急安排，并定期更新、演练或测试，确保能够及时应对和处理紧急或危机情况。

第五章　内部控制

第三十五条　开发银行应当根据内部控制有关规定，建立健全内部控制与监督评价体系，明确部门职责分工，完善制度建设与业务流程，强化内控保障措施，客观开展内控评价，严格落实问题整改，充分发挥内部控制在经营管理和风险防控中的作用，有效提升自我约束能力。

第三十六条　开发银行应当按照内控优先原则，建立健全科学合理的内部控制组织体系、业务全流程管理措施、会计制度、制衡机制及资产保全机制，加强内控文化建设，确保有效贯彻执行国家法律法规，平稳实现发展战略、经营管理及风险管理目标。

第三十七条　开发银行应当确定内部控制管理工作的牵头部门，明确界定董事会、高级管理层、内控管理牵头部门、内部审计部门及业务部门的内部控制职责，建立全面的内部控制责任制。

第三十八条　开发银行应当坚持制度先行，依照相关法律法规，根据不同业务性质和风险管理需要，事先制定相应的业务规范和管理标准，并根据实施情况不断完善，建立制度后评价机制，确保制度的合规性和有效性。建立完善制度执行监督机制，增强制度执行力，确保各项制度有效落实。

第三十九条　开发银行应当不断优化业务流程，完善前中后台分离制度，制定规范的业务申请、受理和审批规则，形成相互制约的岗位安排，限定重要岗位的最长连续任职期限。

第四十条　开发银行应当按照统一管理、区别授权、权责明确的原则，结合各部门和各分支机构的经营管理水平、服务国家战略情况、资产质量和风险控制能力等建立相应的授权体系，制定授权管理制度，明确各级机构、部门、岗位、人员办理业务和事项的权限，并实施动态调整。

第四十一条　开发银行应当建立健全内部控制信息

系统,真实、准确、全面、及时记录业务信息、会计财务信息和其他管理信息,加强对业务和管理活动的系统自动控制。

第四十二条 开发银行应当建立独立、垂直管理的内部审计体系。内部审计部门应当配备满足审计工作需要的、具备专业资质和职业操守的内部审计人员,内部审计的频率和覆盖面应当符合审慎监管要求。内部审计部门对董事会负责并报告工作,接受监事会指导,并应当加强与银监会及其派出机构之间的沟通。内部审计部门应当跟踪整改措施的实施情况,及时向董事会提交有关报告。开发银行应当向银监会及其派出机构报送审计工作情况和审计报告。

第四十三条 开发银行应当建立定期外部审计制度,聘请符合国家有关规定的会计师事务所,每年对财务会计报告进行审计,将审计结果报送银监会,并按照有关要求对会计师事务所进行轮换。

第四十四条 开发银行应当建立健全内控评价体系,持续开展内控评价,及时发现内控缺陷,并建立纠错整改机制,确保评价结果与绩效考核、授权管理等挂钩。年度内控评价报告应当按要求报送银监会。

第六章　资本管理

第四十五条 开发银行应当建立健全以资本充足率为核心的资本约束机制,完善资本管理政策、制度及流程,确保资本能够充分抵御各项风险。

第四十六条 开发银行应当在充分计提贷款损失准备等各项减值准备的基础上,计算并表和未并表的资本充足率,执行银监会有关资本充足率监管要求。

第四十七条 开发银行应当根据业务发展战略、风险状况、资本监管要求,制定有效的资本规划和资本充足率管理计划,经董事会批准后实施,并定期进行审查评估,确保资本水平持续满足监管要求。

第四十八条 开发银行应当建立稳健的内部资本充足评估程序,明确治理结构和管理职责,确保审慎评估各类风险、资本充足水平和资本质量。至少每年实施一次内部资本充足评估,并将评估结果运用于资本预算与分配、授信决策和战略规划。

第四十九条 开发银行应当建立内源性资本积累与外源性资本补充相结合的动态、可持续的资本补充机制,通过优化资产结构、盘活资产存量、减少或免于分红、利润转增资本、国家追加注资、发行符合监管要求的各类资本补充工具等措施,确保资本充足率达到监管标准。

第五十条 开发银行应当制定并表资本管理制度,将符合条件的附属机构纳入并表范围。在计算资本充足率时合理处理银行及附属机构的对外资本投资,特别关注附属机构的对外投资和对外担保等情况,定期进行资本评估。

第七章　激励约束

第五十一条 开发银行应当围绕服务国家战略和有效防控风险,建立健全适应本行职能定位、覆盖全部机构和人员的考核机制,同时根据业务发展和风险管理需要,建立市场化的人力资源管理体系,实现对决策、监督和执行责任人及全体员工的有效激励和约束。

第五十二条 开发银行应当根据监管要求,结合职能定位、发展战略、风险偏好、业务特点等因素,构建绩效考核体系,确定绩效考核方法、方案以及具体指标和权重,突出对服务国家战略、审慎合规经营和保本微利、长期可持续发展的考核要求。对于开发性业务,应当突出对依法合规、履职尽责、服务国家战略成效的考核;对于商业性业务,应当突出对风险管理、合规经营以及可持续发展能力的考核。

绩效考核指标应当分定性和定量两种,服务国家战略类、合规经营类和风险管理类指标的权重应当高于其他类型指标。

第五十三条 开发银行应当根据开发性金融特点建立科学合理的薪酬管理制度,通过对高级管理人员以及对风险有重要影响的岗位实施薪酬延期支付(国家另有规定的除外)和追索扣回等制度确保激励约束并重。

第五十四条 开发银行应当建立科学有效的责任追究制度和问责机制,明确问责牵头部门、职责划分和问责流程,建立问责台账。对违法违规行为的直接责任人和相应的管理人员进行严肃问责。

第八章　监督管理

第五十五条 银监会依照法律法规制定开发银行监督管理规定。

第五十六条 银监会按照有关规定对开发银行的资本充足率和资本管理情况实施监督检查。银监会有权采取责令暂停部分业务、停止批准开办新业务、限制分配红利和其他收入、停止批准增设机构等监管措施,督促提高资本充足水平。

第五十七条 银监会及其派出机构依照相关行政许可规定对开发银行的机构设立、变更、终止,业务范围以及董事和高级管理人员的任职资格等事项实施行政许可。

第五十八条　银监会及其派出机构依法对开发银行实施持续的非现场监管。包括但不限于：

（一）依法进行信息收集，主要包括各类报表、经营管理资料、内审和外审报告、风险分析报告以及监管需要的其他资料，根据需要列席开发银行相关工作会议等；

（二）定期或不定期对开发银行的业务活动及风险状况进行监管分析，主要包括风险状况、国家战略落实情况等；

（三）结合非现场监管和突发事件情况，预判重大风险变化趋势，及时进行风险提示，依法采取监管措施；

（四）建立监管评估制度和机制，定期或不定期对开发银行公司治理、风险管理、内部控制、资本管理、主要业务风险等情况进行专项或综合评估；

（五）定期总结非现场监管和现场检查工作，对非现场监管数据变化、发展趋势和运行情况以及现场检查情况等进行分析，形成书面监管报告；

（六）定期召开监管通报会，向开发银行通报主要风险和问题，提出监管要求。同时根据风险情况，与开发银行董事会、高级管理层、内设部门等进行监管会谈。

第五十九条　银监会及其派出机构依法对开发银行的公司治理、风险管理、内部控制、资本管理、业务活动和风险状况等开展现场检查。

第六十条　银监会对开发银行及其附属机构实行并表监管，全面掌握银行股权结构，对其从事的银行业务和非银行业务风险进行全面评估，密切关注境外机构、附属非银行金融机构和非金融机构风险对银行的影响。

第六十一条　银监会建立监管联动机制，通过监管联动会议、信息共享等形式与其他金融监管机构、开发银行监事会、外部审计机构进行联动和沟通。

第六十二条　开发银行违反本办法有关规定的，银监会及其派出机构依照《中华人民共和国银行业监督管理法》等法律法规采取审慎监管措施，实施行政处罚，涉嫌犯罪的移送司法机关处理。

第九章　附　则

第六十三条　开发银行应当根据本办法制定和完善内部管理制度。

第六十四条　本办法施行前开发银行相关监管规定与本办法不一致的，以本办法为准。本办法未尽事宜，按银监会相关规定执行。

第六十五条　本办法由银监会负责解释。

第六十六条　本办法自2018年1月1日起施行。

中国进出口银行监督管理办法

· 2017年11月15日中国银监会令2017年第3号公布
· 自2018年1月1日起施行

第一章　总　则

第一条　为加强对中国进出口银行（以下简称进出口银行）的监督管理，督促落实国家战略和政策，规范经营行为，防控金融风险，根据《中华人民共和国银行业监督管理法》等法律法规，制定本办法。

第二条　进出口银行应当坚持依法合规经营、审慎稳健发展，遵守国家法律法规、银行业金融机构审慎经营规则，强化资本约束，实现长期可持续发展。

第三条　进出口银行应当紧紧围绕服务国家战略，建立市场化运行、约束机制，发展成为定位明确、业务清晰、功能突出、资本充足、治理规范、内控严密、运营安全、服务良好的政策性金融机构。

第四条　中国银行业监督管理委员会（以下简称银监会）及其派出机构依法对进出口银行实施监督管理。

第二章　市场定位

第五条　进出口银行应当依托国家信用，紧紧围绕国家战略，充分发挥政策性金融机构在支持国民经济发展方面的重要作用，重点支持外经贸发展、对外开放、国际合作、"走出去"等领域。

第六条　进出口银行应当坚守政策性金融定位，根据依法确定的服务领域和经营范围开展政策性业务和自营性业务。

第七条　进出口银行应当坚持以政策性业务为主体开展经营活动，遵守市场秩序，与商业性金融机构建立互补合作关系。

第八条　进出口银行应当创新金融服务模式，发挥政策性金融作用，加强和改进普惠金融服务，可通过与其他银行业金融机构合作的方式开展小微企业金融服务。

第九条　进出口银行董事会应当每三年或必要时制订业务范围及业务划分调整方案，按规定履行相关程序。

第三章　公司治理

第十条　进出口银行党委发挥领导作用，把方向、管大局、保落实，保证监督党和国家的方针、政策得到贯彻执行，把党的领导融入公司治理各个环节。

第十一条　进出口银行应当构建由董事会、高级管理层和监事会组成的公司治理架构，遵循各治理主体独立运作、有效制衡、相互合作、协调运转的基本原则，形成决策科学、执行有力、监督有效的公司治理机制。

第十二条　进出口银行董事会由执行董事、非执行董事组成。

执行董事指在进出口银行担任董事长、行长和其他高级管理职务的董事。非执行董事指在进出口银行不担任除董事外其他职务的董事，包括部委董事和股权董事。部委董事由相关部委指派的部委负责人兼任，股权董事由股东单位负责选派。

第十三条　董事会对经营和管理承担最终责任，依照相关法律法规和本行章程履行职责。主要职责包括但不限于下列事项：

（一）制订业务范围及业务划分调整方案、章程修改方案、注册资本调整方案以及组织形式变更方案，按程序报国务院批准；

（二）审议批准中长期发展战略、年度经营计划和投资方案、年度债券发行计划、资本管理规划方案、资本补充工具发行方案、薪酬和绩效考核体系设置方案等；

（三）制定年度财务预算方案和决算方案、利润分配和弥补亏损方案；

（四）审议批准风险管理、内部控制等基本管理制度；

（五）审议批准内部审计章程、机构和年度工作计划；

（六）制定董事会议事规则及其修订方案；

（七）审议批准重大项目，包括重大收购兼并、重大投资、重大资产购置与处置、重大对外担保（银行担保业务除外）等；

（八）审议批准内部管理机构以及境内外一级分支机构设置、调整和撤销方案，对一级子行（子公司）的设立、分立、合并、资本金变动等事项作出决议，审议子公司章程；

（九）决定对董事长和经营管理层的授权事项，决定聘任或解聘高级管理人员，决定高级管理人员薪酬、绩效考核和奖惩事项，决定派驻子公司的董事（含董事长）、监事（含监事长）和总经理（行长）人选；

（十）决定聘用、解聘或者不再续聘承办进出口银行审计业务的会计师事务所；

（十一）制定信息披露政策及制度，审议批准年度报告；

（十二）积极发挥部际协调作用，定期听取商业性金融机构、企业和政府部门等各方意见；

（十三）法律法规规定以及国务院赋予的其他职责。

第十四条　董事会应当充分发挥在落实国家政策、制定经营战略、完善公司治理、制定风险管理及资本管理战略、决策重大项目等方面的作用，监督并确保高级管理层有效履行管理职责。

第十五条　董事应当依照相关法律法规及本行章程，勤勉专业履职。董事每年应当至少出席三分之二的董事会会议。

部委董事代表国家利益履行职责，发挥在重大决策方面的统筹协调作用。部委董事不能出席董事会会议时，书面授权本部委其他人员代为出席；出现离职、调任或退休等不适合继续履职情况的，由董事会及时提请派出部委确定继任人选。

第十六条　董事会应当建立对高级管理层的授权制度，明确对高级管理层的授权范围、授权限额和职责要求等。

第十七条　董事会下设专门委员会，负责向董事会提供专业意见或根据董事会授权就专业事项进行决策。专门委员会主要包括战略发展和投资管理委员会、风险管理委员会、审计委员会、人事与薪酬委员会、关联交易控制委员会等，其中战略发展和投资管理委员会、审计委员会、人事与薪酬委员会成员应当包含部委董事。

（一）战略发展和投资管理委员会。负责制定进出口银行经营管理目标和长期发展战略，监督、检查年度经营计划、投资方案的执行情况，对政策性业务开展情况和配套政策进行研究，向董事会提出政策建议。

（二）风险管理委员会。负责监督高级管理层对信用风险、市场风险、流动性风险、操作风险、国别风险、银行账户利率风险、声誉风险和信息科技风险等各类风险的控制及全面风险管理情况，并对风险管理政策、管理状况及风险承受能力进行定期评估，提出完善风险管理和内部控制的意见。

（三）审计委员会。经董事会授权，负责审核内部审计章程等重要制度和工作报告，审批中长期审计规划和年度审计计划。指导、考核和评价内部审计工作，检查风险及合规状况、会计政策、财务报告程序和财务状况，提出外部审计机构聘请与更换建议。

（四）人事与薪酬委员会。负责拟定董事和高级管理人员的选任程序和标准，对董事和高级管理人员任职资格进行初步审核并向董事会提出建议。负责审议全行薪酬管理制度和政策，拟定执行董事和高级管理层成员的薪酬方案，向董事会提出薪酬方案建议，并监督方案实施。

（五）关联交易控制委员会。负责关联交易的管理、审查和批准,控制关联交易风险。

第十八条 专门委员会成员应当具有与专门委员会职责相适应的专业知识和工作经验。各专门委员会负责人原则上不宜相互兼任。

审计委员会成员应当具有财务、审计和会计等专业知识和工作经验。风险管理委员会负责人应当具有对各类风险进行判断与管理的经验。

第十九条 进出口银行监事会依照《国有重点金融机构监事会暂行条例》等有关法律法规设置和管理,由国务院派出,对国务院负责。

第二十条 进出口银行监事会依照《国有重点金融机构监事会暂行条例》等法律法规履行职责,代表国家对进出口银行资产质量及国有资产保值增值情况实施监督,对董事和高级管理人员履职行为和尽职情况进行监督和评价,指导进出口银行内部审计和监察等内部监督部门的工作,并有权要求上述内部监督部门协助监事会履行监督检查职责,对经营决策、风险管理和内部控制等情况进行监督检查并督促整改。

监事会在履职过程中有权要求董事会和高级管理层提供必要信息,主要包括审计报告、内控评价报告和重大风险事件报告等。监事会主席根据监督检查的需要,可以列席或者委派监事会其他成员列席董事会会议和其他有关会议,可以聘请外部机构就相关工作提供专业协助。

第二十一条 高级管理层由行长、副行长、行长助理、董事会秘书及银监会行政许可的其他高级管理人员组成,可根据实际需要设置首席财务官、首席风险官、首席审计官、首席信息官等高级管理人员职位。进出口银行调整首席风险官应当得到董事会批准,并向银监会报告调整原因。

高级管理层对董事会负责,同时接受监事会的监督。高级管理层应当按照进出口银行章程及董事会授权开展经营管理活动,确保进出口银行经营发展与董事会所制定批准的发展战略、风险偏好及其他政策相一致。

第二十二条 高级管理人员应当遵守法律法规及其他相关规定,遵循诚信原则,忠实勤勉履职,不得利用职务上的便利谋取私利或损害本行利益,包括为自己或他人谋取属于本行的商业机会、接受与本行交易有关的利益等。

第四章 风险管理

第二十三条 进出口银行应当建立适合政策性金融机构业务特点的风险管理模式,构建与本行职能定位、风险状况、业务规模和复杂程度相匹配的全面风险管理体系,加强对各类风险的识别、计量、监测、控制和处置。

第二十四条 进出口银行应当建立组织架构健全、职责边界清晰的风险治理体系,明确董事会、高级管理层、业务部门、风险管理部门和内审部门在风险管理中的职责分工,加强对分支机构业务条线、风险条线和内部审计条线的垂直管理,设立独立于业务经营条线的全面风险管理职能部门,由其牵头履行风险管理职责。风险管理职责包括但不限于以下内容:

(一)协助董事会和高级管理层开展全面风险管理体系建设;

(二)识别、计量、监测和控制各类重要风险并报告风险变化及管理情况;

(三)持续监控风险偏好、风险限额以及其他风险管理政策和程序的执行情况,对突破风险偏好、风险限额以及违反风险管理政策和程序的情况及时预警、报告并处理;

(四)组织开展风险评估,及时发现风险隐患和管理漏洞,持续提高风险管理的有效性。

第二十五条 进出口银行应当结合本行业务特点制定风险管理政策,设定风险偏好。风险管理政策应当经董事会批准后实施,并定期进行后评价和必要的调整。

第二十六条 进出口银行应当遵循风险管理实质性原则,充分考虑金融业务和金融风险的相关性,按照相关规定确定会计并表、资本并表和风险并表管理范围,并将各类表内外、境内外、本外币业务纳入并表管理范围。

董事会和高级管理层应当做好进出口银行及附属机构全面风险管理的设计和实施工作,指导附属机构做好风险管理工作,并建立必要的防火墙制度。

第二十七条 进出口银行应当建立覆盖各类风险的风险分析与报告制度,明确报告种类、报告频率,并按规定的报告路径进行报告。风险分析应当按照风险类型、业务种类、支持领域、地区分布等维度进行,至少每季度开展一次。风险分析报告至少包括业务经营情况、风险状况、风险发展趋势、异常变化原因和相应的风险管理措施等内容。总行及分支机构的季度和年度风险分析报告应当按要求分别报送银监会及其派出机构。

第二十八条 进出口银行应当结合业务特点和风险补偿方式,有效识别、计量、监测和控制各项业务面临的信用风险。

(一)建立完整的授信政策、决策机制、决策程序和管理信息系统,明确尽职要求,建立覆盖政策性业务和自营性业务、表内外、境内外、本外币以及并表口径的统一授信制度,将具有授信性质和融资功能的各类业务纳入统一授信管理体系。

树立绿色金融理念,借鉴赤道原则等国际良好做法,严格遵守环保、产业等领域的法律法规,充分评估项目的环境和社会风险,将评估结果作为授信决策的重要依据。

(二)结合职能定位和支持领域,建立涵盖国别、行业和客户的评级体系,将其作为授信客户选择和项目审批的依据,为客户信用风险识别、监测以及制定差别化的授信政策提供基础。

(三)执行银监会有关授信集中度监管要求,并及时向银监会报告授信集中度情况。

(四)建立覆盖政策性业务和自营性业务、表内外业务的全口径资产质量分类及拨备制度,真实、全面、动态地反映资产质量并及时、足额计提减值准备。

(五)综合运用追偿、重组、转让、核销等方式处置不良资产,盘活存量,提高资金使用效率。对于暂时无法处置的政策性不良资产,应当根据政策性业务管理职责认定责任,做好不良资产账务管理,确保不良资产债权法律手续完备。

第二十九条　进出口银行应当根据政策性业务和自营性业务的不同特点,建立与本行职能定位、战略目标、风险敞口规模和业务复杂程度相适应的国别风险管理体系。

(一)完善国别风险评估和内部评级程序,对已经开展和计划开展业务的国家和地区逐一进行风险评估和评级。

(二)建立健全国别风险限额管理制度,在综合考虑跨境业务发展战略、国别风险评级和风险偏好等因素的基础上,合理设定国别风险限额,严格实施限额管理。

(三)加强国别风险的监测、研判,充分识别业务经营中面临的国别风险,明确在不同情况下应当采取的风险缓释措施。

(四)及时足额计提国别风险准备金,并根据国别风险的变化予以动态调整。

(五)加强境外贷款贷后管理,及时了解项目所在地政治、经济、政策、法律法规、市场变化等情况,制定风险防范预案,采取措施加强贷款管理,积极稳妥处置国别风险。

第三十条　进出口银行应当充分识别、准确计量、持续监测和有效控制各项业务的市场风险,确保可持续经营。所承担的市场风险水平应当与市场风险管理能力和资本实力相匹配。

第三十一条　进出口银行应当将银行账户利率风险管理纳入全面风险管理体系,建立与总体发展战略相统一、与业务性质、规模和复杂程度相适应的银行账户利率风险管理体系,采用适当的风险计量技术和方法,计量所承担的银行账户利率风险,运用有效的金融工具进行风险缓释。

第三十二条　进出口银行应当建立与本行业务性质、规模和复杂程度相适应的操作风险管理体系,通过系统收集、跟踪和分析操作风险相关信息,不断提升操作风险管理能力。从事跨业、跨境业务时,应当充分考虑法律、制度等方面差异,建立相应的风险管理政策和程序。

进出口银行应当制定规范员工行为的相关制度,明确对员工的禁止性规定,加强对员工行为的监督,建立员工异常行为举报、排查机制,加大案件查处力度,构建案件专项治理长效机制。

第三十三条　进出口银行应当建立满足国家金融安全要求的信息科技架构、基础设施和网络信息系统,建立有效的信息科技风险管理机制,实现对信息科技风险的识别、计量、监测和控制,提高信息技术对经营管理的保障水平,确保安全、持续、稳健运行。

第三十四条　进出口银行应当监测分析市场流动性情况,合理安排政策性金融债券发行计划和信贷投放计划,控制资产负债期限错配,建立并完善适合本行资金来源和资金运用特点的流动性风险管理体系。

第三十五条　进出口银行应当主动、有效防范声誉风险,制定完善声誉风险监测机制、应急预案和处置措施。

第三十六条　进出口银行应当建立健全境内外合规管理体系,指定专门部门负责合规管理,审核评价本行各项政策、程序和操作指南的合规性,确保合规要求覆盖所有机构、业务、条线、操作环节及人员,实现对合规风险的有效识别和管理。

第三十七条　进出口银行应当建立压力测试体系,定期开展压力测试。压力测试应当覆盖各类风险和表内外主要业务领域,并考虑各类风险间的相互影响。压力测试结果应当运用于风险管理和各项经营管理决策。

第三十八条　进出口银行应当制定应急计划,说明可能出现的风险以及在压力情况下应采取的措施,涵盖对境内外分支机构和附属机构的应急安排,并定期更新、演练或测试,确保能够及时应对和处理紧急或危机情况。

第三十九条　进出口银行应当及时向银监会及其派出机构报告各类重大风险事件,主要包括新增大额不良贷、发生案件及案件风险事件、重要信息系统故障、重大流动性缺口等。

第五章 内部控制

第四十条 进出口银行应当建立由董事会、高级管理层、内控管理职能部门、内部审计部门、业务部门组成的分工合理、相互制约、职责明确、报告关系清晰的内部控制治理和组织架构，健全符合政策性业务和自营性业务特点的内部控制制度体系，落实内部控制管理责任制，完善信息科技控制措施，培育良好的内部控制文化。持续开展内控合规评价和监督，加强总行对分支机构的管理，强化内部控制问题整改和责任追究。

第四十一条 进出口银行应当强化内控管理、风险管理、合规管理、内部审计部门的职能，保障其履职独立性。建立内部控制问题整改机制，明确整改责任部门，规范整改工作流程，确保整改措施有效落实。

第四十二条 进出口银行应当结合政策性业务和自营性业务特点，按照内控先行原则，对各项业务活动和管理活动制定全面、系统、规范的业务制度和管理制度，明确各项业务活动和管理活动的风险控制点，执行标准统一的业务流程和管理流程，采取适当的控制措施，确保规范有效运作。

第四十三条 进出口银行应当根据经营管理需要，合理确定部门、岗位的职责及权限，明确业务流程和管理活动中的重要岗位和不相容岗位。实行重要岗位轮岗或强制休假制度和不相容岗位分离制度，原则上不相容岗位人员之间不得轮岗，形成相互制约的岗位安排。

第四十四条 进出口银行应当按统一管理、差别授权、动态调整、权责一致的原则，建立有利于管控风险和开展政策性业务的授权体系。授权范围和大小应当统筹考虑各分支机构和各部门的经营能力、管理水平、风险状况与业务发展需要。

第四十五条 进出口银行应当建立贯穿各级机构、覆盖所有业务和全部流程的管理信息系统和业务操作系统，及时、准确记录经营管理信息，确保信息完整、连续、准确和可追溯，通过内部控制流程与业务操作系统和管理信息系统的有效结合，加强对业务和管理活动的系统自动控制。

第四十六条 进出口银行应当建立独立、垂直管理的内部审计体系及相应的报告制度和报告路径，审查评价并督促改善经营活动、风险状况、内部控制和治理机制，促进合规经营、履职尽责和稳健发展。内部审计部门应当对董事会负责，按照规定及时向董事会报告工作和审计情况。进出口银行应当向银监会及其派出机构报送审计工作情况和审计报告。

第四十七条 进出口银行根据需要外聘符合国家有关规定的审计机构对公司治理、内部控制、经营管理及财务状况进行审计。审计结果应当报送银监会。

第四十八条 进出口银行应当结合机构层级、人员分布、业务特点等因素，建立内部控制评价制度，明确内部控制评价的实施主体、频率、内容、程序、方法和标准等。内部控制评价由董事会指定的部门组织实施，至少每年开展一次，年度内部控制评价报告应当报送银监会。

第四十九条 进出口银行应当加强分支机构及人员管理，认真执行各项规章制度，加强对分支机构内控制度执行情况的检查监督，提升内部控制有效性。

第六章 资本管理

第五十条 进出口银行应当建立健全资本约束机制，完善资本管理的政策、制度及实施流程，将符合条件的附属机构纳入并表管理范围，确保资本能够充分抵御各项风险，满足业务发展需要。

第五十一条 进出口银行应当在充分计提贷款损失准备等各项减值准备的基础上计算并表和未并表的资本充足率，执行银监会有关资本充足率监管要求。

第五十二条 进出口银行应当明确资本管理目标，结合政策性职能定位及业务发展特点制定有效的资本规划和资本补充计划，并根据资本充足率的变动情况合理确定业务发展规模和速度。资本预算与分配应当优先保障政策性业务。资本规划应当经董事会批准后实施并定期审查。

第五十三条 进出口银行应当建立稳健的内部资本充足评估程序。内部资本充足评估应当至少每年开展一次，评估结果应当作为资本预算与分配、授信决策和战略规划的重要依据。

第五十四条 进出口银行应当建立内源性资本积累与外源性资本补充相结合的动态资本补充机制。当资本充足率不足时，应当通过优化资产结构、盘活资产存量、减少或免于分红、利润转增资本、国家追加注资、发行符合监管要求的各类资本补充工具等措施，确保资本充足率达到监管标准。

第七章 激励约束

第五十五条 进出口银行应当以服务国家战略、实现可持续发展为导向，以保障政策性业务为原则，建立市场化的人力资源管理体制，健全激励约束机制，完善绩效考核和问责机制。

第五十六条 进出口银行应当结合业务发展、风险管理需要和人员结构、薪酬水平等因素，建立健全科学的人才规划、招聘、培养、评估、激励和使用机制，逐步建立市场化的人力资源管理体系，确保本行人员素质、数量与业务发展速度、风险管理需要相适应。

第五十七条 进出口银行应当结合本行职能定位、发展战略、业务特点以及风险偏好等因素，建立科学的绩效考核体系，合理确定绩效考核的定性、定量指标及权重。对于政策性业务，应当侧重对依法合规、履职尽责、服务国家战略成效的考核；对于自营性业务，应当侧重对风险管理、合规经营以及可持续发展能力的考核。绩效考核指标至少包括落实国家政策类、合规经营类和风险管理类，上述三类指标权重应当高于其他类型指标。

第五十八条 进出口银行应当结合本行业务特点，建立健全有利于发挥政策性银行功能的激励约束机制。薪酬水平应当综合考虑政策性业务开展情况、合规情况、风险状况和可持续发展等因素确定，对高级管理人员以及对风险有重要影响的岗位应当实行薪酬延期支付（国家另有规定的除外）和追索扣回制度。

第五十九条 进出口银行应当建立与政策性业务、自营性业务决策机制和管理流程相适应的责任追究和问责机制，完善问责制度，明确问责牵头部门、职责划分和问责流程，对违法违规行为的直接责任人和相应的管理人员进行严肃问责。

第八章 监督管理

第六十条 银监会依照法律法规制定进出口银行监督管理规定。

第六十一条 银监会按照有关规定对进出口银行的资本充足率及其管理情况实施监督检查，主要包括全面风险管理框架、资本充足率计量准确性、各类风险及压力测试情况等。

进出口银行资本充足率未达到监管要求时，银监会有权根据具体情况采取责令控制风险资产增长、责令暂停自营性业务、限制分配红利和其他收入、停止批准增设机构等监管措施。

第六十二条 银监会对进出口银行及其附属机构实行并表监管，综合运用定量和定性方法，重点关注进出口银行及其附属机构的整体资本、财务和风险情况，密切关注跨业经营以及内部交易带来的风险。

第六十三条 银监会及其派出机构依照相关行政许可规定对进出口银行的机构设立、机构变更、机构终止、业务范围以及董事和高级管理人员任职资格等事项实施行政许可。

第六十四条 银监会及其派出机构对进出口银行实施持续的非现场监管。包括但不限于：

（一）依法收集董事会会议记录和决议等文件，要求进出口银行报送各类报表、经营管理资料、内控评价报告、风险分析报告、内审工作计划、内审工作报告、整改报告、外部审计报告以及监管需要的其他资料，派员列席经营管理工作会议和其他重要会议；

（二）对进出口银行的经营状况、风险特点和发展趋势进行监测分析，实现对各类风险的及早发现、及时预警和有效监管；

（三）建立监管评估制度和机制，对进出口银行执行国家政策、公司治理、风险管理、内部控制、资本管理以及问题整改等情况开展专项或综合评估；

（四）通过审慎监管会谈、监管通报、监管意见书等形式向进出口银行反馈监管情况，提出监管要求，并对整改情况进行后续评估；

（五）定期对非现场监管工作进行总结，对进出口银行的经营状况、风险特点和发展趋势进行分析，形成监管报告。

第六十五条 银监会及其派出机构依法对进出口银行的公司治理、风险管理、内部控制、资本管理、业务活动和风险状况等开展现场检查。

第六十六条 银监会建立监管联动机制，通过监管联动会议、信息共享等形式与其他金融监管机构、进出口银行监事会、外部审计机构开展联动和沟通。

第六十七条 进出口银行违反本办法规定的，银监会及其派出机构可以依照《中华人民共和国银行业监督管理法》等法律法规采取审慎监管措施，实施行政处罚，涉嫌犯罪的移送司法机关处理。

第九章 附　则

第六十八条 进出口银行应当根据本办法制定和完善内部管理制度。

第六十九条 本办法施行前进出口银行相关监管规定与本办法不一致的，以本办法为准。本办法未尽事宜，按银监会相关规定执行。

第七十条 本办法由银监会负责解释。

第七十一条 本办法自2018年1月1日起施行。

中国农业发展银行监督管理办法

- 2017年11月15日中国银监会令2017年第4号公布
- 自2018年1月1日起施行

第一章 总 则

第一条 为加强对中国农业发展银行(以下简称农发行)的监督管理,督促落实国家战略和政策,规范经营行为,防控金融风险,根据《中华人民共和国银行业监督管理法》等法律法规,制定本办法。

第二条 农发行应当坚持依法合规经营、审慎稳健发展,遵守国家法律法规、银行业金融机构审慎经营规则,强化资本约束,实现长期可持续发展。

第三条 农发行应当紧紧围绕服务国家战略,建立市场化运行、约束机制,发展成为定位明确、功能突出、业务清晰、资本充足、治理规范、内控严密、运营安全、服务良好的政策性金融机构。

第四条 中国银行业监督管理委员会(以下简称银监会)及其派出机构依法对农发行实施监督管理。

第二章 市场定位

第五条 农发行应当依托国家信用,服务经济社会发展的重点领域和薄弱环节。主要服务维护国家粮食安全、脱贫攻坚、实施乡村振兴战略、促进农业农村现代化、改善农村基础设施建设等领域,在农村金融体系中发挥主体和骨干作用。

第六条 农发行应当坚守政策性金融定位,根据依法确定的服务领域和经营范围开展政策性业务和自营性业务。

第七条 农发行应当坚持以政策性业务为主体开展经营活动,遵守市场秩序,与商业性金融机构建立互补合作关系。

第八条 农发行应当创新金融服务模式,发挥政策性金融作用,加强和改进农村地区普惠金融服务,可通过与其他银行业金融机构合作的方式开展小微企业金融服务和扶贫小额信贷业务。

第九条 农发行董事会应当每三年或必要时制订业务范围及业务划分调整方案,按规定履行相关程序。

第三章 公司治理

第十条 农发行党委发挥领导作用,把方向、管大局、保落实,保证监督党和国家的方针、政策得到贯彻执行,把党的领导融入公司治理各个环节。

第十一条 农发行应当构建由董事会、高级管理层和监事会组成的公司治理架构,遵循各治理主体独立运作、有效制衡、相互合作、协调运转的基本原则,形成决策科学、执行有力、监督有效的公司治理机制。

第十二条 农发行董事会由执行董事、非执行董事组成。

执行董事指在农发行担任董事长、行长和其他高级管理职务的董事。非执行董事指在农发行不担任除董事外其他职务的董事,包括部委董事和股权董事。部委董事由相关部委指派的部委负责人兼任,股权董事由股东单位负责选派。

第十三条 董事会对经营和管理承担最终责任,依照相关法律法规和本行章程履行职责。主要职责包括但不限于下列事项:

(一)制订业务范围及业务划分调整方案、章程修改方案、注册资本调整方案以及组织形式变更方案,按程序报国务院批准;

(二)审议批准中长期发展战略、年度经营计划和投资方案、年度债券发行计划、资本管理规划方案、资本补充工具发行方案、薪酬和绩效考核体系设置方案等;

(三)制定年度财务预算方案和决算方案、利润分配和弥补亏损方案;

(四)审议批准风险管理、内部控制等基本管理制度;

(五)审议批准内部审计章程、机构和年度工作计划;

(六)制定董事会议事规则及其修订方案;

(七)审议批准重大项目,包括重大收购兼并、重大投资、重大资产购置与处置、重大对外担保(银行担保业务除外)等;

(八)审议批准内部管理机构以及境内外一级分支机构设置、调整和撤销方案,对一级子行(子公司)的设立、分立、合并、资本金变动等事项作出决议,审议子公司章程;

(九)决定对董事长和经营管理层的授权事项,决定聘任或解聘高级管理人员,决定高级管理人员薪酬、绩效考核和奖惩事项,决定派驻子公司的董事(含董事长)、监事(含监事长)和总经理(行长)人选;

(十)决定聘用、解聘或者不再续聘承办农发行审计业务的会计师事务所;

(十一)制定信息披露政策及制度,审议批准年度报告;

(十二)积极发挥部际协调作用,定期听取商业性金融机构、企业和政府部门等各方意见;

(十三)法律法规规定以及国务院赋予的其他职责。

第十四条 董事会应当充分发挥在落实国家政策、

制定经营战略、完善公司治理、制定风险管理及资本管理战略、决策重大项目等方面的作用，监督并确保高级管理层有效履行管理职责。

第十五条 董事应当依照相关法律法规及本行章程，勤勉专业履职。董事每年应当至少出席三分之二的董事会会议。

部委董事代表国家利益履行职责，发挥在重大决策方面的统筹协调作用。部委董事不能出席董事会会议时，书面授权本部委其他人员代为出席；出现离职、调任或退休等不适合继续履职情况的，由董事会及时提请派出部委确定继任人选。

第十六条 董事会应当建立对高级管理层的授权制度，明确对高级管理层的授权范围、授权限额和职责要求等。

第十七条 董事会下设专门委员会，负责向董事会提供专业意见或根据董事会授权就专业事项进行决策。专门委员会主要包括战略发展和投资管理委员会、风险管理委员会、审计委员会、人事与薪酬委员会、关联交易控制委员会等，其中战略发展和投资管理委员会、审计委员会、人事与薪酬委员会成员应当包含部委董事。

（一）战略发展和投资管理委员会。负责制定农发行经营管理目标和长期发展战略，监督、检查年度经营计划、投资方案的执行情况，对政策性业务开展情况和配套政策进行研究，向董事会提出政策建议。

（二）风险管理委员会。负责监督高级管理层对信用风险、市场风险、流动性风险、操作风险、国别风险、银行账户利率风险、声誉风险和信息科技风险等各类风险的控制及全面风险管理情况，并对风险管理政策、管理状况及风险承受能力进行定期评估，提出完善风险管理和内部控制的意见。

（三）审计委员会。经董事会授权，负责审核内部审计章程等重要制度和工作报告，审批中长期审计规划和年度审计计划。指导、考核和评价内部审计工作，检查风险及合规状况、会计政策、财务报告程序和财务状况，提出外部审计机构聘请与更换建议。

（四）人事与薪酬委员会。负责拟定董事和高级管理人员的选任程序和标准，对董事和高级管理人员任职资格进行初步审核并向董事会提出建议。负责审议全行薪酬管理制度和政策，拟定执行董事和高级管理层成员的薪酬方案，向董事会提出薪酬方案建议，并监督方案实施。

（五）关联交易控制委员会。负责关联交易的管理、审查和批准，控制关联交易风险。

第十八条 专门委员会成员应当具有与专门委员会职责相适应的专业知识和工作经验。各专门委员会负责人原则上不宜相互兼任。

审计委员会成员应当具有财务、审计和会计等专业知识和工作经验。风险管理委员会负责人应当具有对各类风险进行判断与管理的经验。

第十九条 农发行监事会依照《国有重点金融机构监事会暂行条例》等有关法律法规设置和管理，由国务院派出，对国务院负责。

第二十条 农发行监事会依照《国有重点金融机构监事会暂行条例》等法律法规履行职责，代表国家对农发行资产质量及国有资产保值增值情况实施监督，对董事和高级管理人员履职行为和尽职情况进行监督和评价，指导农发行内部审计和监察等内部监督部门的工作，并有权要求上述内部监督部门协助监事会履行监督检查职责，对经营决策、风险管理和内部控制等情况进行监督检查并督促整改。

监事会在履职过程中有权要求董事会和高级管理层提供必要信息，主要包括审计报告、内控评价报告和重大风险事件报告等。监事会主席根据监督检查的需要，可以列席或者委派监事会其他成员列席董事会会议和其他有关会议，可以聘请外部机构就相关工作提供专业协助。

第二十一条 高级管理层由行长、副行长、行长助理、董事会秘书及银监会行政许可的其他高级管理人员组成，可根据实际需要设置首席财务官、首席风险官、首席审计官、首席信息官等高级管理人员职位。农发行调整首席风险官应当得到董事会批准，并向银监会报告调整原因。

高级管理层对董事会负责，同时接受监事会的监督。高级管理层应当按照农发行章程及董事会授权开展经营管理活动，确保农发行经营发展与董事会所制定批准的发展战略、风险偏好及其他政策相一致。

第二十二条 高级管理人员应当遵守法律法规及其他相关规定，遵循诚信原则，忠实勤勉履职，不得利用职务上的便利谋取私利或损害本行利益，包括为自己或他人谋取属于本行的商业机会、接受与本行交易有关的利益等。

第四章 风险管理

第二十三条 农发行应当深入分析"三农"领域风险特点，构建与本行职能定位、风险状况、业务规模和复杂程度相匹配的全面风险管理体系，加强对各类风险的识别、计量、监测、控制和处置。

第二十四条 农发行应当建立组织架构健全、职责边界清晰的风险治理体系,明确董事会、高级管理层、业务部门、风险管理部门和内审部门在风险管理中的职责分工,加强对分支机构业务条线、风险条线和内部审计条线的垂直管理,设立独立于业务经营条线的全面风险管理职能部门,由其牵头履行风险管理职责。风险管理职责包括但不限于以下内容:

(一)协助董事会和高级管理层开展全面风险管理体系建设;

(二)识别、计量、监测和控制各类重要风险并报告风险变化及管理情况;

(三)持续监控风险偏好、风险限额以及其他风险管理政策和程序的执行情况,对突破风险偏好、风险限额以及违反风险管理政策和程序的情况及时预警、报告并处理;

(四)组织开展风险评估,及时发现风险隐患和管理漏洞,持续提高风险管理的有效性。

第二十五条 农发行应当结合本行业务特点制定风险管理政策,设定风险偏好。风险管理政策应当经董事会批准后实施,并定期进行后评价和必要的调整。

第二十六条 农发行应当遵循风险管理实质性原则,充分考虑金融业务和金融风险的相关性,按照相关规定确定会计并表、资本并表和风险并表管理范围,并将各类表内外、境内外、本外币业务纳入并表管理范围。

董事会和高级管理层应当做好农发行及附属机构全面风险管理的设计和实施工作,指导附属机构做好风险管理工作,并建立必要的防火墙制度。

第二十七条 农发行应当建立覆盖各类风险的风险分析与报告制度,明确报告种类、报告频率,并按规定的报告路径进行报告。风险分析应当按照风险类型、业务种类、支持领域、地区分布等维度进行,至少每季度开展一次。风险分析报告至少包括业务经营情况、风险状况、风险发展趋势、异常变化原因和相应的风险管理措施等内容。总行及分支机构的季度和年度风险分析报告应当按要求分别报送银监会及其派出机构。

第二十八条 农发行应当结合业务特点和风险补偿方式,有效识别、计量、监测和控制各项业务面临的信用风险。

(一)建立完整的授信政策、决策机制、决策程序和管理信息系统,明确尽职要求,建立覆盖政策性业务和自营性业务、表内外、境内外、本外币以及并表口径的统一授信制度,将具有授信性质和融资功能的各类业务纳入统一授信管理体系。

树立绿色金融理念,严格遵守环保、产业等领域的法律法规,充分评估项目的环境和社会风险,将评估结果作为授信决策的重要依据。

(二)结合业务对象的特点建立客户评级体系,将其作为授信客户选择和项目审批的依据,为客户信用风险识别、监测以及制定差别化的授信政策提供基础。

(三)执行银监会有关授信集中度监管要求,并及时向银监会报告授信集中度情况。

(四)建立覆盖政策性业务和自营性业务、表内外业务的全口径资产质量分类及拨备制度,真实、全面、动态地反映资产质量并及时、足额计提减值准备。

(五)综合运用追偿、重组、转让、核销等方式处置不良资产,盘活存量,提高资金使用效率。对于暂时无法处置的政策性不良资产,应当根据政策性业务管理职责认定责任,做好不良资产账务管理,确保不良资产债权法律手续完备。

第二十九条 农发行应当充分识别、准确计量、持续监测和有效控制各项业务的市场风险,确保可持续经营。所承担的市场风险水平应当与市场风险管理能力和资本实力相匹配。

第三十条 农发行应当将银行账户利率风险管理纳入全面风险管理体系,建立与总体发展战略相统一、与业务性质、规模和复杂程度相适应的银行账户利率风险管理体系,采用适当的风险计量技术和方法,计量所承担的银行账户利率风险,运用有效的金融工具进行风险缓释。

第三十一条 农发行应当建立与本行业务性质、规模和复杂程度相适应的操作风险管理体系,通过系统收集、跟踪和分析操作风险相关信息,不断提升操作风险管理能力。从事跨业、跨境业务时,应当充分考虑法律、制度等方面差异,建立相应的风险管理政策和程序。

农发行应当制定规范员工行为的相关制度,明确对员工的禁止性规定,加强对员工行为的监督,建立员工异常行为举报、排查机制,加大案件查处力度,构建案件专项治理长效机制。

第三十二条 农发行应当建立满足国家金融安全要求的信息科技架构、基础设施和网络信息系统,建立有效的信息科技风险管理机制,实现对信息科技风险的识别、计量、监测和控制,提高信息技术对经营管理的保障水平,确保安全、持续、稳健运行。

第三十三条 农发行应当监测分析市场流动性情

况,结合政策性业务资金需求,合理安排政策性金融债券发行计划和信贷投放计划,控制资产负债期限错配,建立并完善适合本行资金来源和资金运用特点的流动性风险管理体系。

第三十四条 农发行应当主动、有效防范声誉风险,制定完善声誉风险监测机制、应急预案和处置措施。

第三十五条 农发行应当建立健全合规管理体系,指定专门部门负责合规管理,审核评价本行各项政策、程序和操作指南的合规性,确保符合法律、政策、规则和准则的要求,实现对合规风险的有效识别和管理。

第三十六条 农发行应当建立压力测试体系,定期开展压力测试。压力测试应当覆盖各类风险和表内外主要业务领域,并考虑各类风险间的相互影响。压力测试结果应当运用于风险管理和各项经营管理决策。

第三十七条 农发行应当制定应急计划,说明可能出现的风险以及在压力情况下应采取的措施,涵盖对境内外分支机构和附属机构的应急安排,并定期更新、演练或测试,确保能够及时应对和处理紧急或危机情况。

第三十八条 农发行应当及时向银监会及其派出机构报告各类重大风险事件,主要包括新增大额不良贷款、发生案件及案件风险事件、重要信息系统故障、重大流动性缺口等。

第五章 内部控制

第三十九条 农发行应当建立由董事会、高级管理层、内控管理职能部门、内部审计部门、业务部门组成的分工合理、相互制约、职责明确、报告关系清晰的内部控制治理和组织架构,健全符合政策性业务和自营性业务特点的内部控制制度体系,落实内部控制管理责任制,完善信息科技控制措施,培育良好的内部控制文化。持续开展内控合规评价和监督,加强总行对分支机构的管理,强化内部控制问题整改和责任追究。

第四十条 农发行应当强化内控管理、风险管理、合规管理、内部审计部门的职能,保障其履职独立性。建立内部控制问题整改机制,明确整改责任部门,规范整改工作流程,确保整改措施有效落实。

第四十一条 农发行应当结合政策性业务和自营性业务特点,按照内控先行原则,对各项业务活动和管理活动制定全面、系统、规范的业务制度和管理制度,明确各项业务活动和管理活动的风险控制点,执行标准统一的业务流程和管理流程,采取适当的控制措施,确保规范有效运作。

第四十二条 农发行应当根据经营管理需要,合理确定部门、岗位的职责及权限,明确业务流程和管理活动中的重要岗位和不相容岗位。实行重要岗位轮岗或强制休假制度和不相容岗位分离制度,原则上不相容岗位人员之间不得轮岗,形成相互制约的岗位安排。

第四十三条 农发行应当按照统一管理、差别授权、动态调整、权责一致的原则,建立有利于管控风险和开展政策性业务的授权体系。授权范围和大小应当统筹考虑各分支机构和各部门的经营能力、管理水平、风险状况与业务发展需要。

第四十四条 农发行应当建立贯穿各级机构、覆盖所有业务和全部流程的管理信息系统和业务操作系统,及时、准确记录经营管理信息,确保信息完整、连续、准确和可追溯,通过内部控制流程与业务操作系统和管理信息系统的有效结合,加强对业务和管理活动的系统自动控制。

第四十五条 农发行应当建立独立、垂直管理的内部审计体系及相应的报告制度和报告路径,审查评价并督促改善经营活动、风险状况、内部控制和治理机制,促进合规经营、履职尽责和稳健发展。内部审计部门应当对董事会负责,按照规定及时向董事会报告工作和审计情况。农发行应当向银监会及其派出机构报送审计工作情况和审计报告。

第四十六条 农发行根据需要外聘符合国家有关规定的审计机构对公司治理、内部控制、经营管理及财务状况进行审计。审计结果应当报送银监会。

第四十七条 农发行应当结合机构层级、人员分布、业务特点等因素,建立内部控制评价制度,明确内部控制评价的实施主体、频率、内容、程序、方法和标准等。内部控制评价由董事会指定的部门组织实施,至少每年开展一次,年度内部控制评价报告应当报送银监会。

第四十八条 农发行应当加强分支机构及人员管理,认真执行各项规章制度,加强对分支机构内控制度执行情况的检查监督,提升内部控制有效性。

第六章 资本管理

第四十九条 农发行应当建立健全资本约束机制,完善资本管理的政策、制度及实施流程,将符合条件的附属机构纳入并表管理范围,确保资本能够充分抵御各项风险,满足业务发展需要。

第五十条 农发行应当在充分计提贷款损失准备等各项减值准备的基础上,计算并表和未并表的资本充足率,执行银监会有关资本充足率监管要求。

第五十一条 农发行应当明确资本管理目标,结合政策性职能定位及业务发展特点制定有效的资本规划和资本补充计划,并根据资本充足率的变动情况合理确定业务发展规模和速度。资本预算与分配应当优先保障政策性业务。资本规划应当经董事会批准后实施并定期审查。

第五十二条 农发行应当建立稳健的内部资本充足评估程序。内部资本充足评估应当至少每年开展一次,评估结果应当作为资本预算与分配、授信决策和战略规划的重要依据。

第五十三条 农发行应当建立内源性资本积累与外源性资本补充相结合的动态资本补充机制。当资本充足率不足时,应当通过优化资产结构、盘活资产存量、减少或免于分红、利润转增资本、国家追加注资、发行符合监管要求的各类资本补充工具等措施,确保资本充足率达到监管标准。

第七章 激励约束

第五十四条 农发行应当以服务国家战略、实现可持续发展为导向,以保障政策性业务为原则,建立市场化的人力资源管理体制,健全激励约束机制,完善绩效考核和问责机制。

第五十五条 农发行应当结合业务发展、风险管理需要和人员结构、薪酬水平等因素,建立健全科学的人才规划、招聘、培养、评估、激励和使用机制,逐步建立市场化的人力资源管理体系,确保本行人员素质、数量与业务发展速度、风险管理需要相适应。

第五十六条 农发行应当结合本行职能定位、发展战略、业务特点以及风险偏好等因素,建立科学的绩效考核体系,合理确定绩效考核的定性、定量指标及权重。对于政策性业务,应当侧重对依法合规、履职尽责、服务国家战略成效的考核;对于自营性业务,应当侧重对风险管理、合规经营以及可持续发展能力的考核。绩效考核指标至少包括落实国家政策类、合规经营类和风险管理类,上述三类指标权重应当高于其他类型指标。

第五十七条 农发行应当结合本行业务特点,建立健全有利于发挥政策性银行功能的激励约束机制。薪酬水平应当综合考虑政策性业务开展情况、合规情况、风险状况和可持续发展等因素确定,对高级管理人员以及对风险有重要影响的岗位应当实行薪酬延期支付(国家另有规定的除外)和追索扣回制度。

第五十八条 农发行应当建立与政策性业务、自营性业务决策机制和管理流程相适应的责任追究和问责机制,完善问责制度,明确问责牵头部门、职责划分和问责流程,对违法违规行为的直接责任人和相应的管理人员进行严肃问责。

第八章 监督管理

第五十九条 银监会依照法律法规制定农发行监督管理规定。

第六十条 银监会按照有关规定对农发行的资本充足率及其管理情况实施监督检查,主要包括全面风险管理框架、资本充足率计量准确性、各类风险及压力测试情况等。

农发行资本充足率未达到监管要求时,银监会有权根据具体情况采取责令控制风险资产增长、责令暂停自营性业务、限制分配红利和其他收入、停止批准增设机构等监管措施。

第六十一条 银监会对农发行及其附属机构实行并表监管,综合运用定量和定性方法,重点关注农发行及其附属机构的整体资本、财务和风险情况,密切关注跨业经营以及内部交易带来的风险。

第六十二条 银监会及其派出机构依照相关行政许可规定对农发行的机构设立、机构变更、机构终止、业务范围以及董事和高级管理人员任职资格等事项实施行政许可。

第六十三条 银监会及其派出机构对农发行实施持续的非现场监管。包括但不限于:

(一)依法收集董事会会议记录和决议等文件,要求农发行报送各类报表、经营管理资料、内控评价报告、风险分析报告、内审工作计划、内审工作报告、整改报告、外部审计报告以及监管需要的其他资料,派员列席经营管理工作会议和其他重要会议;

(二)对农发行的经营状况、风险特点和发展趋势进行监测分析,实现对各类风险的及早发现、及时预警和有效监管;

(三)建立监管评估制度和机制,对农发行执行国家政策、公司治理、风险管理、内部控制、资本管理以及问题整改等情况开展专项或综合评估;

(四)通过审慎监管会谈、监管通报、监管意见书等形式向农发行反馈监管情况,提出监管要求,并对整改情况进行后续评估;

(五)定期对非现场监管工作进行总结,对农发行的经营状况、风险特点和发展趋势进行分析,形成监管报告。

第六十四条 银监会及其派出机构依法对农发行的公司治理、风险管理、内部控制、资本管理、业务活动和风险状况等开展现场检查。

第六十五条 银监会建立监管联动机制,通过监管联动会议、信息共享等形式与其他金融监管机构、农发行监事会、外部审计机构开展联动和沟通。

第六十六条 农发行违反本办法规定的,银监会及其派出机构可以依照《中华人民共和国银行业监督管理法》等法律法规采取审慎监管措施,实施行政处罚,涉嫌犯罪的移送司法机关处理。

第九章 附 则

第六十七条 农发行应当根据本办法制定和完善内部管理制度。

第六十八条 本办法施行前农发行相关监管规定与本办法不一致的,以本办法为准。本办法未尽事宜,按银监会相关规定执行。

第六十九条 本办法由银监会负责解释。

第七十条 本办法自2018年1月1日起施行。

融资担保公司监督管理条例

- 2017年6月21日国务院第177次常务会议通过
- 2017年8月2日中华人民共和国国务院令第683号公布
- 自2017年10月1日起施行

第一章 总 则

第一条 为了支持普惠金融发展,促进资金融通,规范融资担保公司的行为,防范风险,制定本条例。

第二条 本条例所称融资担保,是指担保人为被担保人借款、发行债券等债务融资提供担保的行为;所称融资担保公司,是指依法设立、经营融资担保业务的有限责任公司或者股份有限公司。

第三条 融资担保公司开展业务,应当遵守法律法规,审慎经营,诚实守信,不得损害国家利益、社会公共利益和他人合法权益。

第四条 省、自治区、直辖市人民政府确定的部门(以下称监督管理部门)负责对本地区融资担保公司的监督管理。

省、自治区、直辖市人民政府负责制定促进本地区融资担保行业发展的政策措施、处置融资担保公司风险,督促监督管理部门严格履行职责。

国务院建立融资性担保业务监管部际联席会议,负责拟订融资担保公司监督管理制度,协调解决融资担保公司监督管理中的重大问题,督促指导地方人民政府对融资担保公司进行监督管理和风险处置。融资性担保业务监管部际联席会议由国务院银行业监督管理机构牵头,国务院有关部门参加。

第五条 国家推动建立政府性融资担保体系,发展政府支持的融资担保公司,建立政府、银行业金融机构、融资担保公司合作机制,扩大为小微企业和农业、农村、农民提供融资担保业务的规模并保持较低的费率水平。

各级人民政府财政部门通过资本金投入、建立风险分担机制等方式,对主要为小微企业和农业、农村、农民服务的融资担保公司提供财政支持,具体办法由国务院财政部门制定。

第二章 设立、变更和终止

第六条 设立融资担保公司,应当经监督管理部门批准。

融资担保公司的名称中应当标明融资担保字样。

未经监督管理部门批准,任何单位和个人不得经营融资担保业务,任何单位不得在名称中使用融资担保字样。国家另有规定的除外。

第七条 设立融资担保公司,应当符合《中华人民共和国公司法》的规定,并具备下列条件:

(一)股东信誉良好,最近3年无重大违法违规记录;

(二)注册资本不低于人民币2000万元,且为实缴货币资本;

(三)拟任董事、监事、高级管理人员熟悉与融资担保业务相关的法律法规,具有履行职责所需的从业经验和管理能力;

(四)有健全的业务规范和风险控制等内部管理制度。

省、自治区、直辖市根据本地区经济发展水平和融资担保行业发展的实际情况,可以提高前款规定的注册资本最低限额。

第八条 申请设立融资担保公司,应当向监督管理部门提交申请书和证明其符合本条例第七条规定条件的材料。

监督管理部门应当自受理申请之日起30日内作出批准或者不予批准的决定。决定批准的,颁发融资担保业务经营许可证;不予批准的,书面通知申请人并说明理由。

经批准设立的融资担保公司由监督管理部门予以公告。

第九条 融资担保公司合并、分立或者减少注册资本,应当经监督管理部门批准。

融资担保公司在住所地所在省、自治区、直辖市范围内设立分支机构、变更名称、变更持有 5% 以上股权的股东或者变更董事、监事、高级管理人员，应当自分支机构设立之日起或者变更相关事项之日起 30 日内向监督管理部门备案；变更后的相关事项应当符合本条例第六条第二款、第七条的规定。

第十条　融资担保公司跨省、自治区、直辖市设立分支机构，应当具备下列条件，并经拟设分支机构所在地监督管理部门批准：

（一）注册资本不低于人民币 10 亿元；

（二）经营融资担保业务 3 年以上，且最近 2 个会计年度连续盈利；

（三）最近 2 年无重大违法违规记录。

拟设分支机构所在地监督管理部门审批的程序和期限，适用本条例第八条的规定。

融资担保公司应当自分支机构设立之日起 30 日内，将有关情况报告公司住所地监督管理部门。

融资担保公司跨省、自治区、直辖市设立的分支机构的日常监督管理，由分支机构所在地监督管理部门负责，融资担保公司住所地监督管理部门应当予以配合。

第十一条　融资担保公司解散的，应当依法成立清算组进行清算，并对未到期融资担保责任的承接作出明确安排。清算过程应当接受监督管理部门的监督。

融资担保公司解散或者被依法宣告破产的，应当将融资担保业务经营许可证交监督管理部门注销，并由监督管理部门予以公告。

第三章　经营规则

第十二条　除经营借款担保、发行债券担保等融资担保业务外，经营稳健、财务状况良好的融资担保公司还可以经营投标担保、工程履约担保、诉讼保全担保等非融资担保业务以及与担保业务有关的咨询等服务业务。

第十三条　融资担保公司应当按照审慎经营原则，建立健全融资担保项目评审、担保后管理、代偿责任追偿等方面的业务规范以及风险管理等内部控制制度。

政府支持的融资担保公司应当增强运用大数据等现代信息技术手段的能力，为小微企业和农业、农村、农民的融资需求服务。

第十四条　融资担保公司应当按照国家规定的风险权重，计量担保责任余额。

第十五条　融资担保公司的担保责任余额不得超过其净资产的 10 倍。

对主要为小微企业和农业、农村、农民服务的融资担保公司，前款规定的倍数上限可以提高至 15 倍。

第十六条　融资担保公司对同一被担保人的担保责任余额与融资担保公司净资产的比例不得超过 10%，对同一被担保人及其关联方的担保责任余额与融资担保公司净资产的比例不得超过 15%。

第十七条　融资担保公司不得为其控股股东、实际控制人提供融资担保，为其他关联方提供融资担保的条件不得优于为非关联方提供同类担保的条件。

融资担保公司为关联方提供融资担保的，应当自提供担保之日起 30 日内向监督管理部门报告，并在会计报表附注中予以披露。

第十八条　融资担保公司应当按照国家有关规定提取相应的准备金。

第十九条　融资担保费率由融资担保公司与被担保人协商确定。

纳入政府推动建立的融资担保风险分担机制的融资担保公司，应当按照国家有关规定降低对小微企业和农业、农村、农民的融资担保费率。

第二十条　被担保人或者第三人以抵押、质押方式向融资担保公司提供反担保，依法需要办理登记的，有关登记机关应当依法予以办理。

第二十一条　融资担保公司有权要求被担保人提供与融资担保有关的业务活动和财务状况等信息。

融资担保公司应当向被担保人的债权人提供与融资担保有关的业务活动和财务状况等信息。

第二十二条　融资担保公司自有资金的运用，应当符合国家有关融资担保公司资产安全性、流动性的规定。

第二十三条　融资担保公司不得从事下列活动：

（一）吸收存款或者变相吸收存款；

（二）自营贷款或者受托贷款；

（三）受托投资。

第四章　监督管理

第二十四条　监督管理部门应当建立健全监督管理工作制度，运用大数据等现代信息技术手段实时监测风险，加强对融资担保公司的非现场监管和现场检查，并与有关部门建立监督管理协调机制和信息共享机制。

第二十五条　监督管理部门应当根据融资担保公司的经营规模、主要服务对象、内部管理水平、风险状况等，对融资担保公司实施分类监督管理。

第二十六条　监督管理部门应当按照国家有关融资担保统计制度的要求，向本级人民政府和国务院银行业监督管理机构报送本地区融资担保公司统计数据。

第二十七条　监督管理部门应当分析评估本地区融

资担保行业发展和监督管理情况,按年度向本级人民政府和国务院银行业监督管理机构报告,并向社会公布。

第二十八条 监督管理部门进行现场检查,可以采取下列措施:

(一)进入融资担保公司进行检查;

(二)询问融资担保公司的工作人员,要求其对有关检查事项作出说明;

(三)检查融资担保公司的计算机信息管理系统;

(四)查阅、复制与检查事项有关的文件、资料,对可能被转移、隐匿或者毁损的文件、资料、电子设备予以封存。

进行现场检查,应当经监督管理部门负责人批准。检查人员不得少于2人,并应当出示合法证件和检查通知书。

第二十九条 监督管理部门根据履行职责的需要,可以与融资担保公司的董事、监事、高级管理人员进行监督管理谈话,要求其就融资担保公司业务活动和风险管理的重大事项作出说明。

监督管理部门可以向被担保人的债权人通报融资担保公司的违法违规行为或者风险情况。

第三十条 监督管理部门发现融资担保公司的经营活动可能形成重大风险的,经监督管理部门主要负责人批准,可以区别情形,采取下列措施:

(一)责令其暂停部分业务;

(二)限制其自有资金运用的规模和方式;

(三)责令其停止增设分支机构。

融资担保公司应当及时采取措施,消除重大风险隐患,并向监督管理部门报告有关情况。经监督管理部门验收,确认重大风险隐患已经消除的,监督管理部门应当自验收完毕之日起3日内解除前款规定的措施。

第三十一条 融资担保公司应当按照要求向监督管理部门报送经营报告、财务报告以及注册会计师出具的年度审计报告等文件和资料。

融资担保公司跨省、自治区、直辖市开展业务的,应当按季度向住所地监督管理部门和业务发生地监督管理部门报告业务开展情况。

第三十二条 融资担保公司对监督管理部门依法实施的监督检查应当予以配合,不得拒绝、阻碍。

第三十三条 监督管理部门应当建立健全融资担保公司信用记录制度。融资担保公司信用记录纳入全国信用信息共享平台。

第三十四条 监督管理部门应当会同有关部门建立融资担保公司重大风险事件的预警、防范和处置机制,制定融资担保公司重大风险事件应急预案。

融资担保公司发生重大风险事件的,应当立即采取应急措施,并及时向监督管理部门报告。监督管理部门应当及时处置,并向本级人民政府、国务院银行业监督管理机构和中国人民银行报告。

第三十五条 监督管理部门及其工作人员对监督管理工作中知悉的商业秘密,应当予以保密。

第五章 法律责任

第三十六条 违反本条例规定,未经批准擅自设立融资担保公司或者经营融资担保业务的,由监督管理部门予以取缔或者责令停止经营,处50万元以上100万元以下的罚款,有违法所得的,没收违法所得;构成犯罪的,依法追究刑事责任。

违反本条例规定,未经批准在名称中使用融资担保字样的,由监督管理部门责令限期改正,逾期不改正的,处5万元以上10万元以下的罚款,有违法所得的,没收违法所得。

第三十七条 融资担保公司有下列情形之一的,由监督管理部门责令限期改正,处10万元以上50万元以下的罚款,有违法所得的,没收违法所得;逾期不改正的,责令停业整顿,情节严重的,吊销其融资担保业务经营许可证:

(一)未经批准合并或者分立;

(二)未经批准减少注册资本;

(三)未经批准跨省、自治区、直辖市设立分支机构。

第三十八条 融资担保公司变更相关事项,未按照本条例规定备案,或者变更后的相关事项不符合本条例规定的,由监督管理部门责令限期改正;逾期不改正的,处5万元以上10万元以下的罚款,情节严重的,责令停业整顿。

第三十九条 融资担保公司受托投资的,由监督管理部门责令限期改正,处50万元以上100万元以下的罚款,有违法所得的,没收违法所得;逾期不改正的,责令停业整顿,情节严重的,吊销其融资担保业务经营许可证。

融资担保公司吸收公众存款或者变相吸收公众存款、从事自营贷款或者受托贷款的,依照有关法律、行政法规予以处罚。

第四十条 融资担保公司有下列情形之一的,由监督管理部门责令限期改正;逾期不改正的,处10万元以上50万元以下的罚款,有违法所得的,没收违法所得,并可以责令停业整顿,情节严重的,吊销其融资担保业务经营许可证：

（一）担保责任余额与其净资产的比例不符合规定；

（二）为控股股东、实际控制人提供融资担保，或者为其他关联方提供融资担保的条件优于为非关联方提供同类担保的条件；

（三）未按照规定提取相应的准备金；

（四）自有资金的运用不符合国家有关融资担保公司资产安全性、流动性的规定。

第四十一条　融资担保公司未按照要求向监督管理部门报送经营报告、财务报告、年度审计报告等文件、资料或者业务开展情况，或者未报告其发生的重大风险事件的，由监督管理部门责令限期改正，处5万元以上20万元以下的罚款；逾期不改正的，责令停业整顿，情节严重的，吊销其融资担保业务经营许可证。

第四十二条　融资担保公司有下列情形之一的，由监督管理部门责令限期改正，处20万元以上50万元以下的罚款；逾期不改正的，责令停业整顿，情节严重的，吊销其融资担保业务经营许可证；构成违反治安管理行为的，依照《中华人民共和国治安管理处罚法》予以处罚；构成犯罪的，依法追究刑事责任：

（一）拒绝、阻碍监督管理部门依法实施监督检查；

（二）向监督管理部门提供虚假的经营报告、财务报告、年度审计报告等文件、资料；

（三）拒绝执行监督管理部门依照本条例第三十条第一款规定采取的措施。

第四十三条　依照本条例规定对融资担保公司处以罚款的，根据具体情形，可以同时对负有直接责任的董事、监事、高级管理人员处5万元以下的罚款。

融资担保公司违反本条例规定，情节严重的，监督管理部门对负有直接责任的董事、监事、高级管理人员，可以禁止其在一定期限内担任或者终身禁止其担任融资担保公司的董事、监事、高级管理人员。

第四十四条　监督管理部门的工作人员在融资担保公司监督管理工作中滥用职权、玩忽职守、徇私舞弊的，依法给予处分；构成犯罪的，依法追究刑事责任。

第六章　附　则

第四十五条　融资担保行业组织依照法律法规和章程的规定，发挥服务、协调和行业自律作用，引导融资担保公司依法经营，公平竞争。

第四十六条　政府性基金或者政府部门为促进就业创业等直接设立运营机构开展融资担保业务，按照国家有关规定执行。

农村互助式融资担保组织开展担保业务、林业经营主体间开展林权收储担保业务，不适用本条例。

第四十七条　融资再担保公司的管理办法，由国务院银行业监督管理机构会同国务院有关部门另行制定，报国务院批准。

第四十八条　本条例施行前设立的融资担保公司，不符合本条例规定条件的，应当在监督管理部门规定的期限内达到本条例规定的条件；逾期仍不符合规定条件的，不得开展新的融资担保业务。

第四十九条　本条例自2017年10月1日起施行。

融资担保公司监督管理补充规定

· 2019年10月9日银保监发〔2019〕37号公布
· 根据2021年6月21日《中国银保监会关于清理规章规范性文件的决定》修订

为全面、深入贯彻实施《融资担保公司监督管理条例》（国务院令第683号，以下简称《条例》），实现融资担保机构和融资担保业务监管全覆盖，融资性担保业务监管部际联席会议决定将未取得融资担保业务经营许可证但实际上经营融资担保业务的住房置业担保公司、信用增进公司等机构纳入监管，现将有关事项补充规定如下：

一、从严规范融资担保业务牌照管理

各地融资担保公司监督管理部门（以下简称监督管理部门）要进行全面排查，对实质经营融资担保业务的机构严格实行牌照管理。

（一）依据《关于印发〈住房置业担保管理试行办法〉的通知》（建住房〔2000〕108号）设立的住房置业担保公司（中心）应当纳入融资担保监管。

1. 对本规定印发后继续开展住房置业担保业务的住房置业担保公司（中心），应于2020年6月前向监督管理部门申领融资担保业务经营许可证，经营范围以监督管理部门批准文件为准，并接受监督管理部门的监管，严格执行《条例》及配套制度的监管要求。本规定印发前发生的存量住房公积金贷款担保业务，可不计入融资担保责任余额，但应向监督管理部门单独列示报告。监督管理部门与住房和城乡建设主管部门要加强沟通协调，核实相关情况，积极稳妥推进牌照申领工作。对有存量住房公积金贷款担保业务的住房置业担保公司（中心），监督管理部门可给予不同时限的过渡期安排，达标时限应不晚于2020年末。

2. 对本规定印发后不再新增住房置业担保业务,仍有存量住房置业担保业务的住房置业担保公司(中心),可以不申领融资担保业务经营许可证,但应当根据《中华人民共和国担保法》《中华人民共和国合同法》等法律法规及规章制度要求,依法依规履行担保责任,并接受监督管理部门的监管。

3. 对本规定印发后新设立开展住房置业担保业务的融资担保公司,应当向监督管理部门申领融资担保业务经营许可证,严格执行《条例》及配套制度的监管要求,接受监督管理部门的监管。监督管理部门不得给予过渡期安排。

(二)开展债券发行保证、担保业务的信用增进公司,由债券市场管理部门统筹管理,同时应当按照《条例》规定,向属地监督管理部门申领融资担保业务经营许可证,并接受其对相关业务的监管。

(三)未经监督管理部门批准,汽车经销商、汽车销售服务商等机构不得经营汽车消费贷款担保业务,已开展的存量业务应当妥善结清;确有需要开展相关业务的,应当按照《条例》规定设立融资担保公司经营相关业务。对存在违法违规经营、严重侵害消费者(被担保人)合法权益的融资担保公司,监督管理部门应当加大打击力度,并适时向银行业金融机构通报相关情况,共同保护消费者合法权益。

(四)为各类放贷机构提供客户推介、信用评估等服务的机构,未经批准不得提供或变相提供融资担保服务。对于无融资担保业务经营许可证但实际上经营融资担保业务的,监督管理部门应当按照《条例》规定予以取缔,妥善结清存量业务。拟继续从事融资担保业务的,应当按照《条例》规定设立融资担保公司。

二、做好融资担保名称规范管理工作

监督管理部门要会同市场监督管理部门做好辖内融资担保公司名称规范管理工作。融资担保公司的名称中应当标明融资担保字样;再担保公司应当标明融资再担保或融资担保字样;不持有融资担保业务经营许可证的公司,名称和经营范围中不得标明融资担保字样。

三、关于《融资担保责任余额计量办法》的补充规定

(一)《关于印发〈融资担保公司监督管理条例〉四项配套制度的通知》(银保监发〔2018〕1号)的《融资担保责任余额计量办法》(以下简称《计量办法》)第四条修改为:

"第四条 融资担保公司应当按照本办法的规定计量和管理融资担保责任余额。本办法中的净资产应当根据融资担保公司非合并财务报表计算。"

(二)《计量办法》第六条修改为:

"第六条 单户在保余额500万元人民币以下且被担保人为小微企业的借款类担保业务权重为75%。

单户在保余额200万元人民币以下且被担保人为农户的借款类担保业务权重为75%。

为支持居民购买住房的住房置业担保业务权重为30%。住房置业担保业务仅包括住房公积金贷款担保业务和银行个人住房贷款担保业务。"

(三)《计量办法》第十一条修改为:

"第十一条 借款类担保责任余额=单户在保余额500万元人民币以下的小微企业借款类担保在保余额×75%+单户在保余额200万元人民币以下的农户借款类担保在保余额×75%+住房置业担保在保余额×30%+其他借款类担保在保余额×100%。"

金融资产管理公司条例

· 2000年11月1日国务院第32次常务会议通过
· 2000年11月10日中华人民共和国国务院令第297号公布
· 自公布之日起施行

第一章 总 则

第一条 为了规范金融资产管理公司的活动,依法处理国有银行不良贷款,促进国有银行和国有企业的改革和发展,制定本条例。

第二条 金融资产管理公司,是指经国务院决定设立的收购国有银行不良贷款,管理和处置因收购国有银行不良贷款形成的资产的国有独资非银行金融机构。

第三条 金融资产管理公司以最大限度保全资产、减少损失为主要经营目标,依法独立承担民事责任。

第四条 中国人民银行、财政部和中国证券监督管理委员会依据各自的法定职责对金融资产管理公司实施监督管理。

第二章 公司的设立和业务范围

第五条 金融资产管理公司的注册资本为人民币100亿元,由财政部核拨。

第六条 金融资产管理公司由中国人民银行颁发《金融机构法人许可证》,并向工商行政管理部门依法办理登记。

第七条 金融资产管理公司设立分支机构,须经财政部同意,并报中国人民银行批准,由中国人民银行颁发《金融机构营业许可证》,并向工商行政管理部门依法办

理登记。

第八条　金融资产管理公司设总裁1人、副总裁若干人。总裁、副总裁由国务院任命。总裁对外代表金融资产管理公司行使职权，负责金融资产管理公司的经营管理。

金融资产管理公司的高级管理人员须经中国人民银行审查任职资格。

第九条　金融资产管理公司监事会的组成、职责和工作程序，依照《国有重点金融机构监事会暂行条例》执行。

第十条　金融资产管理公司在其收购的国有银行不良贷款范围内，管理和处置因收购国有银行不良贷款形成的资产时，可以从事下列业务活动：

（一）追偿债务；

（二）对所收购的不良贷款形成的资产进行租赁或者以其他形式转让、重组；

（三）债权转股权，并对企业阶段性持股；

（四）资产管理范围内公司的上市推荐及债券、股票承销；

（五）发行金融债券，向金融机构借款；

（六）财务及法律咨询，资产及项目评估；

（七）中国人民银行、中国证券监督管理委员会批准的其他业务活动。

金融资产管理公司可以向中国人民银行申请再贷款。

第三章　收购不良贷款的范围、额度及资金来源

第十一条　金融资产管理公司按照国务院确定的范围和额度收购国有银行不良贷款；超出确定的范围或者额度收购的，须经国务院专项审批。

第十二条　在国务院确定的额度内，金融资产管理公司按照账面价值收购有关贷款本金和相对应的计入损益的应收未收利息；对未计入损益的应收未收利息，实行无偿划转。

第十三条　金融资产管理公司收购不良贷款后，即取得原债权人对债务人的各项权利。原借款合同的债务人、担保人及有关当事人应当继续履行合同规定的义务。

第十四条　金融资产管理公司收购不良贷款的资金来源包括：

（一）划转中国人民银行发放给国有独资商业银行的部分再贷款；

（二）发行金融债券。

中国人民银行发放给国有独资商业银行的再贷款划转给金融资产管理公司，实行固定利率，年利率为2.25%。

第十五条　金融资产管理公司发行金融债券，由中国人民银行会同财政部审批。

第四章　债权转股权

第十六条　金融资产管理公司可以将收购国有银行不良贷款取得的债权转为对借款企业的股权。

金融资产管理公司持有的股权，不受本公司净资产额或者注册资本的比例限制。

第十七条　实施债权转股权，应当贯彻国家产业政策，有利于优化经济结构，促进有关企业的技术进步和产品升级。

第十八条　实施债权转股权的企业，由国家经济贸易委员会向金融资产管理公司推荐。金融资产管理公司对被推荐的企业进行独立评审，制定企业债权转股权的方案并与企业签订债权转股权协议。债权转股权的方案和协议由国家经济贸易委员会会同财政部、中国人民银行审核，报国务院批准后实施。

第十九条　实施债权转股权的企业，应当按照现代企业制度的要求，转换经营机制，建立规范的公司法人治理结构，加强企业管理。有关地方人民政府应当帮助企业减员增效、下岗分流，分离企业办社会的职能。

第二十条　金融资产管理公司的债权转股权后，作为企业的股东，可以派员参加企业董事会、监事会，依法行使股东权利。

第二十一条　金融资产管理公司持有的企业股权，可以按照国家有关规定向境内外投资者转让，也可以由债权转股权企业依法回购。

第二十二条　企业实施债权转股权后，应当按照国家有关规定办理企业产权变更等有关登记。

第二十三条　国家经济贸易委员会负责组织、指导、协调企业债权转股权工作。

第五章　公司的经营和管理

第二十四条　金融资产管理公司实行经营目标责任制。

财政部根据不良贷款质量的情况，确定金融资产管理公司处置不良贷款的经营目标，并进行考核和监督。

第二十五条　金融资产管理公司应当根据不良贷款的特点，制定经营方针和有关措施，完善内部治理结构，建立内部约束机制和激励机制。

第二十六条 金融资产管理公司管理、处置因收购国有银行不良贷款形成的资产,应当按照公开、竞争、择优的原则运作。

金融资产管理公司转让资产,主要采取招标、拍卖等方式。

金融资产管理公司的债权因债务人破产等原因得不到清偿的,按照国务院的规定处理。

金融资产管理公司资产处置管理办法由财政部制定。

第二十七条 金融资产管理公司根据业务需要,可以聘请具有会计、资产评估和法律服务等资格的中介机构协助开展业务。

第二十八条 金融资产管理公司免交在收购国有银行不良贷款和承接、处置因收购国有银行不良贷款形成的资产的业务活动中的税收。具体办法由财政部会同国家税务总局制定。

金融资产管理公司免交工商登记注册费等行政性收费。

第二十九条 金融资产管理公司应当按照中国人民银行、财政部和中国证券监督管理委员会等有关部门的要求,报送财务、统计报表和其他有关材料。

第三十条 金融资产管理公司应当依法接受审计机关的审计监督。

金融资产管理公司应当聘请财政部认可的注册会计师对其财务状况进行年度审计,并将审计报告及时报送各有关监督管理部门。

第六章 公司的终止和清算

第三十一条 金融资产管理公司终止时,由财政部组织清算组,进行清算。

第三十二条 金融资产管理公司处置不良贷款形成的最终损失,由财政部提出解决方案,报国务院批准执行。

第七章 附 则

第三十三条 金融资产管理公司违反金融法律、行政法规的,由中国人民银行依照有关法律和《金融违法行为处罚办法》给予处罚;违反其他有关法律、行政法规的,由有关部门依法给予处罚;构成犯罪,依法追究刑事责任。

第三十四条 本条例自公布之日起施行。

金融资产管理公司监管办法

· 2014 年 8 月 14 日
· 银监发〔2014〕41 号

第一章 总 则

第一条 为适应金融资产管理公司集团化、多元化发展的监管需要,规范其经营行为,根据《中华人民共和国银行业监督管理法》、《金融资产管理公司条例》等法律、法规,制定本办法。

第二条 本办法适用于金融资产管理公司(以下简称"资产公司")及其附属法人机构等组成的集团的监管。

本办法所称集团是指资产公司、附属法人机构以及特殊目的实体等其他附属经济组织组成的集团。

本办法所称集团母公司是指资产公司总部及分支机构。

本办法所称附属法人机构(不包括政策性债转股企业)是指由资产公司控制的境内外子公司以及其他被投资机构。"控制"概念按照财政部《企业会计准则第33号——合并财务报表》有关标准界定。

当被投资机构不为资产公司所控制,但符合下列情况的应当纳入集团范围监管:被投资机构总体风险足以对集团的财务状况及风险水平造成重大影响;被投资机构合规风险、声誉风险足以对集团声誉造成重大影响。

本办法所称集团层面监管是指对集团母公司的审慎监管以及通过集团母公司对集团内未受监管实体的间接监管。集团未受监管实体是指不直接受到金融分业监管机构审慎监管的附属法人机构以及特殊目的实体等其他附属经济组织。

本办法所称集团范围监管是指通过金融分业监管机构(及其他行业监管机构)之间的协调合作,对集团实施的全面审慎监管。

第三条 根据国家有关法律和国务院的授权,中国银行业监督管理委员会(以下简称银监会)依法监督管理集团母公司和实施集团并表监管,并负责集团层面监管。集团附属法人机构根据法律规定接受相关监管机构或部门的监管。

银监会与财政部、中国人民银行、中国证券监督管理委员会(以下简称证监会)、中国保险监督管理委员会(以下简称保监会)等监管机构和主管部门加强监管合作和信息共享,协调实现集团范围的全面、有效监管。

第四条 银监会建立风险为本的审慎监管框架,并定期评估、及时更新,以确保对资产公司集团监管的有效性。

集团审慎监管侧重于同集团经营相关联的特有风险,包括但不限于:多重杠杆、风险传染、风险集中、利益冲突、内部交易及风险敞口等。

集团审慎监管框架的基本要素包括但不限于:公司治理、风险管控、内部交易、资本充足性、财务稳健性、信息资源管理和信息披露等。

第二章 公司治理
第一节 公司治理框架

第五条 集团应建立全面的公司治理框架。集团母公司及各附属法人机构应当遵循独立运作、有效制衡、相互合作、协调运转的原则,建立合理的治理制衡机制和治理运行机制,确保集团有效履行审慎、合规的义务,治理框架应关注的内容包括但不限于:

(一)集团架构的一致性;

(二)集团组织和管理结构的适当性;

(三)集团重要股东的财务稳健性;

(四)集团母公司董事、高级管理人员和集团风险管理、内部控制等重要部门的主要负责人在集团管理中的适当性;

(五)对集团内部利益冲突的管理;

(六)集团内部控制、风险管理体系、内部审计及合规职能。

第六条 集团母公司应当参照《商业银行公司治理指引》等有关规定,建立健全公司治理机制,满足集团运营的组织、业务和风险管理需要。

集团母公司应规范指导附属法人机构建立和完善与其业务性质、规模相匹配的公司治理机制,并在符合《公司法》等相关法律、法规以及附属法人机构公司章程的前提下,确保附属法人机构的公司治理机制服从集团整体的治理要求。

第七条 集团母公司董事会应对集团管理承担最终责任。董事会下设专业委员会,向董事会提供专业意见或根据董事会授权就专业事项进行决策,包括但不限于:

(一)战略委员会负责制定集团整体发展战略,制定集团战略应当听取主要附属法人机构董事会或类似机构的意见;

(二)审计委员会负责检查集团内部控制及合规情况,评估集团合并财务报告信息的真实性、准确性、完整性和及时性;

(三)风险管理委员会负责督促和指导高级管理层建立集团整体的风险偏好以及有效、适当的内部控制体系和风险隔离机制,风险隔离的具体内容参照《商业银行并表管理及监管指引》执行;

(四)关联交易委员会负责集团关联交易的管理、审查和批准,识别和控制内部关联性引起的合规和风险问题;

(五)薪酬委员会应负责审议集团激励约束制度和政策。

第八条 集团母公司监事会应当履行对集团管理的监督职责,包括但不限于:

(一)监督集团整体发展战略的制定及实施;

(二)监督集团合并财务报告的制定,以及财务报告信息的真实性、准确性、完整性和及时性;

(三)监督集团整体风险、内部控制体系和风险隔离机制;

(四)监督集团关联交易和内部交易的管理、审查、批准及合规情况;

(五)监督集团激励约束机制的建立和实施情况。

第九条 集团母公司高级管理层执行董事会对集团管理的决策,包括但不限于:执行董事会关于集团管理的战略方针和重大决策;制定集团管理制度,对集团的人力资源、财务会计、信息系统、品牌文化等实施有效管理,确保集团管理各项决策的有效实施;确保集团的监管、合规以及审计问题得到及时解决,并落实监事会对集团监督的意见和建议。

第十条 集团公司治理框架应当能够恰当地平衡集团母公司与附属法人机构,以及各附属法人机构之间的利益冲突。集团母公司负责制定能识别和管理集团内部利益冲突的政策和程序。利益冲突来源包括但不限于集团内部交易及定价,母公司和附属法人机构之间的资产转移、利润转移、风险转移等。

第二节 集团组织架构

第十一条 集团应当根据相关法律规定,设定其职能、业务条线和区域组织结构,确保整体的组织架构有助于集团稳健经营,且不影响监管机构对其实施有效监管。

第十二条 集团应当建立健全与业务策略和风险状况相符合的管理架构,明确集团管理的职责、政策、程序和制度,建立清晰的报告路线和完善的信息管理系统,确保集团母公司及附属法人机构的内部控制、风险管理等关键职能的适当性。

第十三条 集团母公司应当在遵守《公司法》等相

关法律、法规的前提下,按照"合规、精简、高效"的原则,控制集团层级及附属法人机构数量,集团层级控制在三级以内,金融监管机构另有规定的除外。附属法人机构的设立需征得股东同意或者根据集团母公司章程及授权制度等规定履行相关程序。

第十四条 银监会评估和监测集团组织管理架构的适当性,尤其是集团母公司审批和控制架构的调整,以及新设附属法人机构的适当性。

银监会对集团的股权结构进行评估,包括但不限于:

(一)股权结构的必要性、合理性和透明度;

(二)入股行为以及入股资金的来源是否依法合规;

(三)控股法人股东的公司治理安排及其影响;

(四)股东对集团的潜在不利影响。

第三节 集团管控

第十五条 集团母公司应当在遵守《公司法》等相关法律、法规,尊重附属法人机构独立地位的前提下,根据集团整体战略和安全稳健运营的需要,并考虑附属法人机构不同的股权结构和治理结构,通过适当的管控模式,规范行使集团母公司的管理职能。

第十六条 集团母公司应当加强对附属法人机构的管理,督促附属法人机构遵守行业监管的相关规定,实现集团经营的协同性。集团母公司主要在战略、财务、经营决策、人事等方面,按照相关法律、法规以及附属法人机构的公司章程或协议规定的程序,对附属法人机构实施控制权,包括但不限于:

(一)加强集团战略管理,指导、检查、监督各附属法人机构贯彻落实集团战略规划;

(二)制定集团整体经营策略,加强附属法人机构之间的业务协同和资源共享;

(三)指导各附属法人机构建立健全财务、业务及会计管理制度,制定经营计划,通过适当的预算管理、绩效考核和激励约束机制,确保各附属法人机构完成计划目标;

(四)优化内部资源配置,根据各附属法人机构的实际运营绩效以及对集团战略目标实现的贡献程度,整合配置资金、资本和人才等核心资源,推动集团的集约化、协同化发展;

(五)构建和实施集团全面的风险管理框架和有效的内部控制体系,指导各附属法人机构制定适当的风险管理程序和执行准则;

(六)通过附属法人机构董事会,加强对附属法人机构的管理;

(七)提高集团支持服务能力,推进产品研发、客户服务、会计核算、人力资源、信息技术、行政后勤等集团统一平台和共享服务中心建设,提升集团协同水平。

第十七条 集团母公司应当在符合《公司法》等相关法律、法规以及附属法人机构公司章程的前提下,通过影响附属法人机构股东大会(股东会)、董事会决策,确保附属法人机构能落实集团管理的制度、政策和要求。

第十八条 集团母公司应当建立责任机制或制衡机制,包括但不限于:

(一)在保证自身安全稳健的前提下,可对附属法人机构提供适当的资金支持;

(二)附属法人机构资本充足率达不到监管要求时,母公司应当督促其补足资本金;

(三)确保母公司的管理控制不会存在损害附属法人机构及其相关利益人权益的行为。

第四节 任职管理

第十九条 集团母公司董事和高级管理人员除达到《银行业金融机构董事(理事)和高级管理人员任职资格管理办法》等相关规定的条件以外,还应当具备与集团组织、管理、业务结构的复杂性相匹配的任职条件,包括但不限于:

(一)拥有足够的知识和经验以便恰当、公平和有效地对集团所有机构实施管理和监督,以及拥有足够的公信力;

(二)完全理解与集团综合经营相关的组织结构、业务管理的复杂性,具有相关的管理能力;

(三)全面掌握集团的业务情况和财务状况,理解与把握集团的风险承受能力、风险偏好以及同集团经营相关的特有风险。负责风险管理的董事和高级管理人员应对集团风险状态和风险类型,以及测量、监控和管理各种风险的技术有深入了解。

第二十条 集团母公司应当确保附属法人机构董事和高级管理人员履职的适当性,并建立持续监测和评估的程序。集团母公司在考核时除评估上述人员对附属法人机构自身发展贡献方面的履职情况外,还应当重点考虑其履职情况是否符合集团整体的发展要求。

第二十一条 集团母公司的董事、高级管理人员以及负责内部控制和风险管理的关键人员原则上不得兼任附属法人机构的董事、高级管理人员等重要职位。如确有兼任必要,应当确保集团安全稳健运行,避免内部利益冲突。

第五节 激励约束机制

第二十二条 集团应当建立和实施适当的激励约束机制。集团母公司对集团范围的激励约束机制承担最终责任,确保集团母公司及各附属法人机构的绩效考核、薪酬政策符合集团整体的长期利益以及集团风险管理的需要。

第二十三条 集团母公司应当参照《商业银行公司治理指引》、《商业银行稳健薪酬监管指引》等相关规定,建立适当的激励约束机制和稳健的薪酬制度,并指导附属法人机构根据各自的行业规定,建立与集团审慎管理相匹配的激励约束机制。集团母公司及各附属法人机构的激励约束机制可根据经营性质及行业监管要求的不同,存在合理差异,但履职评价、绩效考核、薪酬机制的整体目标应当保持一致,确保与绩效考核、薪酬政策相关的风险控制在集团整体的风险管理框架中予以体现,减少由不当激励约束安排引发的风险。

第二十四条 集团母公司应当建立和完善科学、客观、合理的责权利对称、可操作性强的集团综合考评指标体系,形成适当的内部资源配置机制,定期对自身和附属法人机构的经营业绩和发展情况进行全面考核,确保稳健经营和资本合理回报。

集团绩效考评应当建立规范、透明、公开的管理流程,兼顾效益与风险、财务因素与非财务因素,突出合规经营和风险管理的重要性。

第二十五条 承担集团财务管理、内部控制、风险管理等职能的人员的业绩衡量和薪酬应当独立于其所监督管理的业务领域,不得与所监督管理业务领域的经营业绩挂钩。

第三章 风险管控

第一节 风险治理

第二十六条 集团应当整合风险管理资源,建立独立、全面、有效的综合风险管理体系,集团母公司董事会全面负责集团范围的风险管理、内控机制、内部审计和合规管理,确保集团风险管理行为的一致性。

(一)集团母公司董事会应当设立独立的风险管理委员会;

(二)集团母公司董事会应当设立独立的审计委员会,审计委员会成员主要由非兼任高级管理人员职务的董事担任,审计委员会的召集人由独立董事担任;

(三)集团母公司应当建立独立的风险管理部门和内部审计部门,在人员数量和资质、薪酬等激励政策、信息科技系统访问权限、专门的信息系统建设以及集团内部信息渠道等方面给予风险管理部门和内部审计部门必要的支持;集团母公司应当确保风险管理部门和内部审计部门具备向董事会和高级管理层直接报告的渠道和路径;

(四)集团母公司应当规划集团整体经营策略、风险管理政策与指导原则,指导附属法人机构做好风险管理,附属法人机构应当根据集团母公司相关规定拟定自身风险管理程序及执行规则。

第二十七条 集团风险管控机制包括但不限于:

(一)根据集团母公司及各附属法人机构的业务规模、信用风险、市场风险与操作风险等状况及未来发展趋势,监控其资本充足性;

(二)制定适当的长、短期资金调度原则及管理规范,建立衡量及监控集团母公司及各附属法人机构流动性风险的管理机制,衡量、监督、管控集团的流动性风险;

(三)根据集团整体风险情况、自有资本及负债的特征进行各项投资资产配置,建立各项投资风险管理制度;

(四)建立资产性质和分类的评估方法,计算及管控集团母公司及各附属法人机构的大额风险暴露,定期监测、核实并计提损失准备;

(五)针对集团母公司与附属法人机构,以及附属法人机构之间的业务、交易、信息共享等,建立信息安全防护机制及危机管理计划。

第二十八条 集团应当建立健全有效的风险管理流程和内控机制。包括但不限于:

(一)职权与责任的明确安排;

(二)资金管理部门与会计部门的分离;

(三)相关流程的协调机制;

(四)集团的资产保全;

(五)适当的独立内部审计与合规管理,促进上述控制措施、相关法律和监管要求得到遵守。

第二十九条 集团应当建立统一的内部审计制度,检查集团的业务活动、财务信息和内部控制,指导和评估附属法人机构的内部审计工作。

(一)附属法人机构应当向集团母公司上报董事会会议纪录、会计查核报告、金融监管机构非现场监管、现场检查意见书或其他有关资料;

(二)附属法人机构应当设立内部审计部门,并将内部审计报告所提重大缺陷及整改情况上报集团母公司审核;

(三)集团母公司审计部门应当定期对附属法人机

构内部审计的成效进行考核,考核结果经报集团母公司董事会后,送交附属法人机构董事会作为改进工作的参考。

第三十条 集团母公司应当逐步建立与其风险状况相匹配的前瞻性的压力测试方案,并作为其风险管理体系的组成部分。集团母公司应当定期评估集团的压力测试方案,确定其涵盖主要风险来源并采用可能发生的不利情景假设。集团母公司应将压力测试结果应用到决策、风险管理(包括应急计划)以及资本和流动性水平的内部评估中。

如果发现压力测试方案存在实质性缺陷,或者决策过程没有充分考虑压力测试结果,银监会可要求采取纠正措施。

第三十一条 集团应当定期审查集团范围风险管理框架的有效性,并确保恰当地加总风险:

(一)集团母公司风险敞口的计算适用资产公司有关监管规定;

(二)附属金融类法人机构风险敞口的计算适用相关分业监管机构的监管规定,按集团母公司对其享有的权益额和借款额作为计入集团风险敞口的上限;无相关风险敞口计量监管规定的,按集团母公司对其享有的权益额和借款额计算计入集团的风险敞口;

(三)附属非金融类法人机构风险敞口的计算,按集团母公司对其享有的权益额和借款额作为计入集团风险敞口的上限,具体计算根据业务活动类型分别处理,对其从事金融活动的风险敞口参照金融业相关监管规定执行,对其从事非金融活动的风险敞口参照具有专业资质的评估机构或审计机构的公允价值评价结果确定;

(四)集团母公司按照在附属法人机构中的持股比例对风险敞口进行加总,但附属法人机构风险敞口计入集团的总额不得大于集团母公司对附属法人机构享有的权益总额和借款总额。

第三十二条 集团在识别、评估、监测、控制、缓释重大风险时,应当做好危机管理:

(一)危机包括但不限于:大批交易对手破产,导致财务状况恶化;不法行为造成信誉严重丧失;灾害和意外事故,如严重自然灾害或恐怖行为,使经营难以继续;因谣言等各种不利因素造成集团突发性的声誉风险事件,使集团无法及时从外部融入资金,从而导致集团出现流动性问题;

(二)如果其中一家附属法人机构面临风险,可能对集团内其他附属法人机构或整个集团产生损害时,集团应当建立有效管理系统妥善应对此情况;

(三)集团应当制定应急计划以妥善处理危机,应急计划应定义报告和沟通方式;

(四)集团应当根据环境的变化及时审查应急计划;

(五)集团应当做好公共关系管理,应对附属法人机构在财务稳健性和运营适宜性等方面可能产生的重大事件。

第三十三条 集团应当管理特定功能外包风险:

(一)不得将自身权利责任委托给外包机构;

(二)不得将下列管理职能委托给外包机构:集团的计划、协调、控制和管理约定;法律或其他法规已明确分配的管理职能或规范;相关风险敞口决策;

(三)不得影响监管机构对集团的有效监管。

第三十四条 集团应当重点防范风险在集团母公司及各附属法人机构之间的传染。

(一)集团应当制定制度以规范集团内部交易,防范机构之间的投融资以及担保等行为引起风险在集团内部传染;

(二)集团应当避免通过收取不恰当的管理费用或以其他方式挪用集团母公司及附属法人机构的利润来救助面临破产危机的附属法人机构,从而影响集团内部其他实体的清偿力、流动性或盈利性;

(三)集团应当建立和完善人员、资金、业务、信息等方面的防火墙制度,防范风险传染;

(四)集团应当妥善应对因附属法人机构经营不善或倒闭引发的集团债务偿付要求,避免给整个集团带来损失和声誉风险的事件发生。

第三十五条 集团应当建立整体的风险容忍度和风险偏好政策,明确可接受和不可接受的风险承受行为,并与集团的业务战略、风险状况以及资本规划保持一致。集团母公司在考虑整体风险状况的基础上,应当始终确保其风险承受能力可应对重大风险,并考虑风险之间的相关性。

第三十六条 集团母公司应当建立识别、评估、管理和监测风险流程来确保其有足够的风险承受能力。风险管理部门应当明确集团所面临的各类风险,高级管理层应当积极参与集团风险限额的制定和监测。在确定或调整风险管理战略时,应当考虑集团的风险承受能力。

第三十七条 集团母公司董事会和高级管理层应当认真培育风险管理文化,积极采取有效措施建立相关程序和流程形成集团范围内的风险管理文化,措施包括但不限于:

（一）要求集团各个层面、各个阶段（包括产品设计阶段）决策中均应考虑风险管理因素；

（二）风险管理文化应当考虑集团业务的整体性，包括对未受监管实体和金融产品的风险意识；

（三）对员工特别是对董事、高级管理人员、重要部门关键人员等提供风险管理培训；

（四）培育和倡导全员风险管理文化建设，为所有人员特别是基层员工发现风险、防范和管理风险提供正当渠道。

第二节 战略风险

第三十八条 本办法所称战略风险，是指集团因缺乏对市场环境的了解、战略定位不当、关键资源能力不足、集团业务条线和机构之间缺乏战略协同、无法形成有效的盈利模式，以及战略推动力和执行力不足，导致对集团盈利、资本、声誉产生影响的现有或潜在风险。

第三十九条 集团母公司应当在对市场环境和自身关键资源能力分析的基础上制定集团战略规划，明确集团战略定位和集团的盈利模式。集团母公司应当采取措施加强集团战略规划的推动力和执行力，推动集团管理模式、盈利模式和信息技术的创新和融合。

第四十条 集团母公司应当加强战略规划的管控能力，确保业务条线、主要职能部门和附属法人机构的子战略规划服从和符合集团的整体战略规划。

（一）集团应当根据发展战略，制定相应的年度工作计划并分解和落实年度目标；应当完善集团发展战略管理制度，并建立完整的集团战略发展评估体系。附属法人机构应当以集团战略发展规划为指引制定相应的战略规划和工作计划；

（二）战略规划应当覆盖三至五年的时期，并经过董事会批准。集团母公司应当对附属法人机构的战略规划进行定期审查，要求附属法人机构根据环境的变化定期对其战略规划进行评估，依据评估情况确定修订与否及修订方案。

第四十一条 集团战略决策应当反映外部市场环境、监管等方面的变化。在进行战略决策时，集团母公司及各附属法人机构应当关注集团关键资源能力、集团企业文化、协同和考核机制能否支持业务发展战略。

第四十二条 集团母公司应当要求附属法人机构确保其战略目标的设定在符合监管导向的前提下与集团的定位、价值、文化及风险承受能力相一致，并确保其战略风险能被识别、评估、监测、控制和报告。

第四十三条 集团母公司应当加强集团企业文化和激励约束考核机制建设，促进战略协同，加强附属法人机构对集团战略规划的贯彻执行，确保集团整体战略目标的实现。

第四十四条 集团母公司应当确保附属法人机构的组织模式、关键资源能力足以支持集团战略的实施。当附属法人机构的发展战略与集团发生偏差和利益冲突时，集团母公司应当恰当地平衡各方利益，在维护集团整体利益的同时，不得损害子公司及其少数股东的正当权益。

第四十五条 集团母公司战略委员会应当加强对集团战略实施情况的监控，定期收集和分析相关信息，并及时向集团母公司董事会报告明显偏离发展战略的情况。如果董事会在审议方案中发现重大问题和由环境变化所产生的战略风险，应当责成战略委员会对方案做出调整。

附属法人机构应当加强对自身战略实施情况的监控，定期收集和分析相关信息，并及时向集团母公司报告明显偏离发展战略的情况。如果附属法人机构在发展战略中发现因环境变化所产生的战略风险，应当及时向集团母公司反映情况，并根据集团母公司的要求对战略方案做出调整。

第三节 集中度风险

第四十六条 集中度风险是指单个风险暴露或风险暴露组合可能威胁集团整体偿付能力或财务状况，导致集团风险状况发生实质性变化的风险。存在集中度风险的情形包括但不限于：

（一）交易对手集中风险。由于集团母公司及各附属法人机构对同一个交易对手或多个风险高度相关的交易对手有较高的风险暴露而产生的风险。

（二）地区集中风险。集团母公司及各附属法人机构对同一地区交易对手具有较高的风险暴露而产生的风险。

（三）行业集中风险。集团母公司及各附属法人机构对同一经济、金融行业具有较高的风险暴露而产生的风险。

（四）信用风险缓释工具集中风险。集团母公司及各附属法人机构由于采用单一的抵质押品、由单个担保人提供担保而产生的风险。

（五）资产集中风险。集团母公司及各附属法人机构高比例持有特定资产的风险，特定资产包括债权、衍生产品、结构性产品等。

（六）表外项目集中风险。集团母公司及各附属法人机构从事对外担保、承诺所形成的集中风险。

（七）其他集中风险。集团母公司及各附属法人机构其他可能给集团带来损失的单个风险暴露或风险暴露组合。

第四十七条 集团应当逐步采用多种技术手段充分识别、计量和管理信用风险、市场风险和流动性风险的集中度风险。

第四十八条 集团大额风险暴露是指集团并表后的资产组合对单个交易对手或一组有关联的交易对手、行业或地区、特定类别的产品等超过集团资本一定比例的风险集中暴露。集团母公司应当严格按照资产公司有关监管要求，计量管理大额风险暴露。

第四十九条 集团应当建立全面的集中度风险管理框架，集中度风险管理框架至少包括：

（一）书面的集中度风险管理制度。该制度对集团面临的集中度风险做出明确的定义并规定相关的管理措施。

（二）有效地识别、计量、监测和控制集中度风险的方法。

（三）集中度风险限额管理体系。集团根据其经营规模和业务复杂程度对集中度风险确定适当的限额，并采取有效的措施确保限额在经营管理中得到遵守。

（四）定期的集中度风险报告和审查制度。

（五）压力测试制度。集团母公司定期对面临的主要集中度风险进行压力测试，识别可能对集团经营带来不利影响的潜在因素，并根据压力测试结果采取相应的处置措施。

第四节　流动性风险

第五十条 集团母公司及各附属法人机构应当建立与业务规模、性质、复杂程度和经营范围相适应的流动性风险管理体系，从而满足其所承担或可能承担的流动性风险的资金需求。流动性风险管理体系的基本要素包括但不限于：

（一）有效的流动性风险管理治理结构；

（二）完善的流动性风险管理策略、政策和程序；

（三）有效的流动性风险识别、计量、监测和控制；

（四）完善的管理信息系统。

第五十一条 集团应当明确在正常及压力情况下可承受的流动性风险水平，制定流动性风险管理的具体政策及程序。

第五十二条 集团母公司应当要求附属法人机构在流动性策略中明确应对日常经营现金流出以及季节性和周期性现金流波动的主要资金来源。同时，集团母公司应当对流动性风险进行分类管理，持续关注附属法人机构的流动性风险，制定向附属法人机构提供流动性支持的预案，并报银监会、人民银行备案。集团母公司还应当制定向附属法人机构提供处理潜在临时、中期及长期流动性风险情况的计划和流程。

第五十三条 集团应当在策略规划及预算编制流程中将流动性成本、利润以及风险纳入考虑范围。集团附属法人机构应当按照集团母公司的要求进行流动性策略规划，开展重要业务活动时，应当对流动性风险敞口及盈利能力进行评估。

第五十四条 集团应当坚持审慎性原则，充分识别、有效计量、持续监测和控制流动性风险，确保其资产负债结构与流动性要求相匹配。集团母公司及各附属法人机构应当通过设立更加稳定、持久和结构化的融资渠道来提高应对流动性风险的能力。同时，集团母公司应当要求附属法人机构对其在正常和压力情景下未来不同时间段的流动性风险水平及优质流动性资产储备情况进行前瞻性分析评估。

第五十五条 集团应当定期评估集团流动性管理政策的充分性和有效性，以及流动性应急预案的充分性和可操作性；关注并分析集团整体的资产负债状况、现金流状况、融资能力的持续有效性等，特别是负债集中度、资产负债期限错配对流动性可能带来的负面影响。

第五十六条 集团可根据自身发展状况，对集团的流动性风险进行统一的限额管理，充分考虑投、融资和其他业务活动，确保集团母公司及各附属法人机构具有充足的流动性，并充分考虑到实际和潜在的对附属法人机构之间以及各附属法人机构与母公司之间资金流动的限制性因素，包括法律和监管因素。

第五十七条 集团应当对整体的流动性风险状况进行监测分析，具体内容包括但不限于：现金流缺口、现金流预测、重要的流动性风险预警指标、融资可行性、应急资金来源的现状或者抵押品的使用情况等。在正常的业务环境中，流动性风险报告应当及时上报高级管理层，定期上报董事会或董事会专门委员会并抄报监事会，报告次数可依据业务组合及流动性风险状况复杂程度进行调整。

第五节　声誉风险

第五十八条 集团应当建立统一的声誉风险管理机制、相关制度和管理政策，建立集团声誉风险管理体系，持续、有效监控声誉风险管理的总体状况和有效性，防范声誉风险，应对声誉事件，以减少负面影响或损失。

第五十九条 集团应当配备与集团业务规模及复杂

程度相适应的声誉风险管理资源,识别影响集团母公司及各附属法人机构的声誉或业务,或应引起高级管理人员高度重视的主要风险,建立声誉风险或潜在问题的预警指标,及时应对声誉事件。

第六十条 集团应当对母公司及各附属法人机构进行声誉风险排查,查明声誉风险在母公司与附属法人机构之间的传导途径以及发生声誉事件的因素。

第六十一条 集团母公司应当制定自身的声誉风险应急预案,附属法人机构应当根据集团母公司的声誉风险管理要求,制定相应的声誉风险应急预案报集团备案。同时,集团母公司应当提升客户满意度并及时准确地发布信息,提升集团在金融市场中的整体形象。

第六十二条 集团应当对附属法人机构声誉事件实行分类分级管理。附属法人机构应当对声誉事件进行应急处置,并及时向集团母公司报告,防止因声誉风险的传递对集团造成不良影响。

第六十三条 附属法人机构应当按照集团母公司的要求,评估声誉事件应对措施的有效性,及时向集团母公司反馈情况。

集团应当根据附属法人机构发生的声誉风险,动态调整应对方案,发生重大声誉事件应当及时向银监会报告有关情况,并及时上报声誉事件处置和评估报告。

第六节 新业务风险

第六十四条 集团母公司应当制定相关制度对新业务进行定义,明确新业务试点开展的具体流程、风险评估和控制措施,以及实施前的测试工作等要求。对于提交董事会或高级管理层审查的创新试点项目,应当重点审查新业务的创新性及风险管理计划。集团的新业务制度应当随着市场情况、监管法规发生变化而更新。

第六十五条 集团母公司及各附属法人机构应当在新业务已成功实施,且识别、评估、处理、监控风险的流程已就绪的情况下持续开展该业务。新业务运作中所涉及的部门和人员(包括内部审计部门和合规管理部门)应当参与到新业务计划的制定及测试阶段中。

第六十六条 集团母公司及各附属法人机构应当制定防范新业务风险的制度,并对新业务及其风险进行评估,包括但不限于:

(一)分析新业务的法律、法规要求;

(二)分析新业务与集团主业的关联度情况以及新业务收益成本;

(三)描述相关金融产品和相关目标市场;

(四)描述新业务活动可能给集团带来的风险,以及任何已有的风险管理程序和系统的细节,包括风险定义、量化、管理和控制的程序;

(五)评估新业务活动对集团整体财务状况和资本水平影响程度;

(六)描述相关会计核算、交易组织架构以及关键风险控制职能。

第四章 内部交易管理
第一节 定义和原则

第六十七条 集团内部交易是指集团母公司与附属法人机构以及附属法人机构之间发生的包括资产、资金、服务等资源或义务转移的行为。不包括集团母公司及各附属法人机构与对其有直接或间接控制、共同控制、实际控制或重大影响的其他股东之间的交易。

第六十八条 集团内部交易应当遵循诚信、公允、审慎、透明的原则,确保内部交易的必要性、合理性、合规性。

(一)必要性。内部交易应当符合集团及各附属法人机构的战略发展目标,有利于加强集团协同,提高集团的综合经营效益,防止通过内部交易掩盖风险。

(二)合理性。内部交易应当符合商业原则、行业和市场惯例,交易价格应当公允。

(三)合规性。内部交易应当遵守国家法律、法规以及相关行业的监管规定。

第六十九条 集团内部交易范围主要包括:

(一)以资产为基础的内部交易。包括:资产买卖与委托(代理)处置、资产重组(置换)、资产租赁等。

(二)以资金为基础的内部交易。包括:投资、授信、融资(借款、买卖公司债券、股东存款及提供担保等)、理财业务等。

(三)以中间服务为基础的内部交易。包括:提供评级、评估、审计、法律顾问、拍卖、咨询、业务代理、中介服务等。

第二节 内部交易的管理

第七十条 集团母公司及各附属法人机构在依法合规和有效控制风险的前提下,可建立客户、渠道、品牌等方面的共享机制,逐步对会计核算、信息技术、行业研究等后台支持部门进行集中管理,有效配置和使用资源,实现规模效益。

第七十一条 集团母公司及各附属法人机构开展银行、证券、信托、基金、期货、保险等业务的综合营销时,应当符合下列要求:

（一）从事综合营销的业务人员，应当取得监管部门规定的有关业务所需的资质。

（二）集团内部各经营单位代理内部业务应当签订协议，明确各自的权利和义务。确保代理业务前期尽职调查到位，落实项目后期管理责任。

（三）附属法人机构之间进行综合营销时，其营业场所、业务人员及服务项目应当使客户易于识别。

（四）从事综合营销的业务人员办理相关业务时，其行为由开办相关业务的附属法人机构承担法律责任。

（五）集团母公司及附属法人机构之间共享客户资源进行营销时，客户数据的提供、贮存、使用必须符合法律、法规要求，附属法人机构之间应当签订保密协议，建立客户数据库，妥善储存、保管及管理客户相关数据。

第七十二条　集团母公司应当按照相关法律、法规及监管规定，制定集团内部交易管理制度，加强内部交易管理，规范内部交易行为。内部交易管理制度应当报送银监会。

第七十三条　监管机构明确界定的重大关联交易对应的内部交易应当按照相关监管机构规定执行，按照规定需经审批的关联交易对应的内部交易，应当报监管机构批准。

第七十四条　集团母公司应当明确内部交易审议（审查）和决策机构及相应的管理职能，制定并严格履行科学、规范的内部交易审议（审查）和决策程序。

附属法人机构可根据业务开展情况，明确内部交易审议（审查）和决策机构及其对应的职责。

第七十五条　集团母公司应当健全和完善内部交易的定价机制，集团内部交易定价应当以市场交易价格为基础，无法获取市场交易价格的，可按照成本加成定价或协议价定价。集团内部交易按照协议价定价的，业务发生机构应当按照国家法律、法规要求，提供价格形成的有效依据。

第七十六条　集团母公司应当建立健全集团内部交易风险隔离机制，增强内部交易透明度，降低内部交易的复杂程度，防止通过内部交易不当转移利润和转嫁风险，减少利益冲突，避免风险过度集中，保护利益相关者的合法权益，维护公平竞争的市场环境。

第七十七条　集团母公司及各附属法人机构应当对内部交易的成本和收入进行分析，并按照会计准则和有关规定真实、及时地进行会计处理。

第七十八条　集团母公司内部审计部门应当每年至少对集团内部交易情况进行一次审计。审计结果报董事会（或经营决策机构）和监事会，董事会（或经营决策机构）应当每年向股东大会（股东会）报告。

集团母公司应当于每年第一季度末向银监会报送上一年度集团内部交易开展情况的综合报告。

第三节　内部交易的禁止性规定

第七十九条　集团母公司在内部交易中不得利用其控股地位损害附属法人机构、附属法人机构的其他股东和客户的合法权益。

第八十条　不得通过内部交易进行监管套利。

第八十一条　附属法人机构应当遵守所属行业的监管规定，不得违规从事下列事项：

（一）附属银行类机构不得对集团母公司及其他附属法人机构提供无担保授信，或发放无担保贷款。不得对集团母公司及其他附属法人机构的融资行为提供担保，但关联方以银行存单、国债提供足额反担保的除外；

（二）附属信托类机构不得将集合信托资金直接或间接运用于集团母公司及其他附属法人机构，但集合信托资金全部来源于集团母公司及其他附属法人机构的除外；

（三）附属证券类机构不得对集团母公司和其他股东提供融资或担保。附属证券类机构不得持有集团母公司和其他股东的股权（但法律、法规或者证监会另有规定的除外），不得通过购买集团母公司或其他股东持有的证券等方式输送不当利益；

（四）附属保险类机构不得违反保监会有关关联交易的监管要求，违规对集团母公司及其他附属法人机构提供担保和投资。

第五章　特殊目的实体管理

第八十二条　本办法所称特殊目的实体是指为特定目的而建立的法人和其他经济组织。

第八十三条　集团母公司及各附属法人机构以特殊目的实体从事业务时，应当依照有关法律、法规、部门规章的规定和各业务的法律约定履行相应职责，并有效地识别、计量、监测和控制相关风险。

第八十四条　集团母公司及各附属法人机构以特殊目的实体从事业务时，特殊目的实体应当具有良好的公司治理、风险管理体系和内部控制制度，规范的标准和程序等。

第八十五条　集团应当充分认识设立特殊目的实体从事交易而承担的责任，并根据特殊目的实体在所从事交易业务中担当的角色，制定相应的风险管理政策和程序,以确保持续有效地识别、计量、监测和控制特殊目的实体从事交易过程中的风险,避免因特殊目的实体在交易过程中承担多种角色可能产生的利益冲突。

第八十六条 集团对特殊目的实体的设立和运营监管承担以下责任:

(一)集团应当设立评估流程,根据特殊目的实体与集团关系的性质,确定是否全部或部分纳入并表监管;

(二)集团应当在压力测试和情景分析中考虑因特殊目的实体产生的表外业务风险;

(三)集团应当重点评估特殊目的实体所带来的风险传染。

第八十七条 集团应当评估特殊目的实体在交易过程中所承担的风险和商业目的,区分风险转移与风险转化。集团应当确保评估持续进行,且管理层对上述风险充分了解。

第八十八条 集团应当对特殊目的实体中增加交易复杂性的风险管理因素进行评估(如特殊目的实体的结构化特征)。如特殊目的实体交易的复杂程度增加,超出特殊目的实体和投资者对有关风险进行量化的能力,则不得发起该交易。

第八十九条 集团母公司及各附属法人机构应当对其特殊目的实体的资本充足情况、杠杆作用及流动性措施的影响进行分析,对其各类风险进行评估。集团母公司应评估加总、评价和报告所有特殊目的实体的风险敞口,将其与集团内其他所有实体的风险共同考虑并加以管理。

第九十条 集团应当定期监督、监测特殊目的实体活动的开展状况,评估它们对集团的影响,识别可能导致的系统脆弱性及系统性风险传染。

第六章 资本充足性管理
第一节 资本要求

第九十一条 对集团的资本监管分为单一机构监管、同业的并表监管及集团补充资本监管三个层次:

(一)集团母公司及附属金融类法人机构应当分别满足各自监管机构的单一资本监管要求。其中,集团母公司资本充足率不得低于12.5%。

(二)集团母公司、附属银行业金融机构及附属非金融机构应当满足银监会相关并表监管的资本监管要求,附属证券业和保险业金融机构,应当分别满足各自分业并表的资本监管或偿付能力监管要求。

(三)集团应当满足集团补充资本监管要求。

第九十二条 集团补充资本计量方法为,将母公司和附属金融类法人机构的合格资本按持股比例全部相加,从中减去附属法人机构之间及各附属法人机构对其母公司的持股额(包括过度杠杆,即将发债和借入资金以股权或其他方式注资获得的持股额)和经审核无法转移的资本额。然后,将扣除内部持股和无法转移资本后的集团合格资本与母公司及其附属金融类法人机构按持股比例计算的资本监管要求之和进行比较,以确定集团的资本是否充足。

第二节 资本管理

第九十三条 集团应当建立审慎、健全的资本管理政策、制度及实施流程,同时要兼顾未受监管业务的额外风险和跨业经营的复杂情况。可根据集团发展情况,建立资本管理政策委员会,统一负责集团的资本政策、制度和规划管理,也可由集团母公司董事会指定的委员会负责。集团母公司应当保持集团范围的资本充足,缓冲集团经营活动带来的风险。资本管理要考虑和评估集团范围的风险状况。

第九十四条 资本管理政策应当经集团母公司董事会批准并定期审查,资本管理决策应当体现稳健的资本规划要求,并考虑压力情景下的结果。资本规划应当确保集团内部资本充足性评估程序的稳健性。

第九十五条 资本规划流程应当符合对整个集团范围以及单个被监管机构的资本要求。资本规划应当在考虑集团战略重点和经营计划的基础上设定与风险敞口规模和类别对应的资本充足性目标;考虑集团范围的风险状况、风险偏好及重要附属法人机构已暴露的相关业务风险对集团资本状况可能造成的影响;识别和计量重大风险(包括表内、表外业务风险及未受监管实体的业务风险);量化内部资本目标,制定保持内部资本目标水平的管理计划,明确未达标需采取的行动和措施;考虑当前和可预测的商业和宏观经济环境,采用前瞻性的压力测试识别可能的时间或市场状况的变化对集团资本状况带来的不利影响。

集团资本规划主要内容包括:

(一)对规划周期(至少九个季度)内的资本预期使用和补充来源的评估及超过规划周期的资本潜在使用和潜在补充来源的预测评估。包括在预期和压力条件下,集团的规模、复杂性、风险状况和经营范围等。

(二)集团资本充足性评估程序的详细描述。包括但不限于:评价集团活动产生风险的程序,确保资本与风险水平相适应;集团如何保持资本充足的战略;如何设定集团风险状况相关的资本目标、风险偏好；如何在预期和压力条件下保持超过最低监管要求资本；如何加强对附属银行业法人机构资本支持，在偏离监管资本要求时所采取的补救措施；如何加强对特殊目的实体、中间控股公司等未受监管实体的资本缺口管理；集团应当说明如何能够获得足够的合格资本覆盖缺口。

（三）对资本规划、发行、使用和分配的原则和规定的评估。包括内部资本目标，分红和股份回购的定量和定性规定，应对潜在资本不足的策略，围绕资本政策的内部治理程序等。

（四）对集团资本充足性和流动性有重大影响业务规划的任何预期改变。

（五）明确集团母公司与附属法人机构、附属法人机构之间进行转让的资本的性质以及对该类资本如何进行转让的说明。

（六）明确对未受监管实体持有足够的资本或可随时调用足够资本所做的安排。

第九十六条 集团母公司应当识别和明确集团内相互持股产生的双重或多重的资本杠杆，避免资本的重复计算。持续关注对于集团与其他集团之间的相互持股以及集团通过未受监管的中间控股公司对附属法人机构持股，充分考虑上述行为对集团资本管理可能造成的不利影响。

第九十七条 集团母公司应当减少过度资本杠杆对整个集团造成的风险。防范集团母公司将发债或借入资金以股权或其他方式注资附属法人机构，以及附属法人机构将发债或借入资金以股权或其他方式注资集团母公司或其他附属法人机构对整个集团可能造成的不利影响。

第九十八条 集团母公司应当加强对附属法人机构的审慎管理。集团母公司对附属法人机构的持股比例超过20%低于50%，并获得实际控制权时，只有按比例分配的合格资本高于附属法人机构资本要求的超额部分才可用于弥补集团或集团母公司资本。

第九十九条 按照外部监管与内部监管相结合的原则，集团母公司应当通过逐步建立和强化内生经济资本管理，提升外部资本监管的有效性。集团母公司应当加强经济资本管理建设规划，逐步建立有利于经济资本计量的数据采集、模型选取等制度，并在有效计量经济资本的基础上，逐步建立健全经济资本的预算分配制度，以及以经济增加值和经风险调整的资本回报率为核心的绩效考核制度，以提高与集团整体的业务发展及风险相匹配

的资本计量和管理能力，提升资本使用效率。集团母公司应当通过集团内部审计，确保集团整个资本管理过程的完整性。

第一百条 集团母公司应当关注集团经营业绩是否能支持整个风险资本要求，分析资产和权益增长率的水平和趋势对资本补充的影响，持续检查资产损失头寸的现有水平，关注集团母公司依赖的核心盈利或收入是否来自于非主营业务，强化在经营恶化趋势中通过盈利增加资本的管理能力，并提升通过存续股东增加资本、发行新资本工具或使用资本替代来源的能力。

第一百零一条 集团母公司应当促进资本工具的创新，加强对资本工具的有效运用和合规性的管理，拥有分红支付优先权的股票不得作为普通股纳入一级资本。

第三节 资本评估

第一百零二条 集团母公司应当对集团范围内经营活动和交易中的内在风险的资本充足性进行评估，充分考虑整个集团的经营风险，妥善处理第三方参与者与少数股东权益，包括对未受监管实体的资本处理方式以及对重要的风险敞口和特定机构的投资是否需要提出具体的额外资本要求。

集团母公司进行资本评估，应当涵盖集团内所有从事金融和准金融活动的机构（包括受监管实体和未受监管实体），当集团内风险由受监管实体转移至未受监管实体时，应当对未受监管实体的资产数量和质量进行审查。

第一百零三条 集团母公司应当评估计量和扣除资本重复计算采取措施的适当性和一致性。集团资本充足性评估和计量技术应当能解决过度杠杆评估和计量问题，充分考虑资本结构、注资方式、附属法人机构通过分红帮助母公司偿债对资本充足率评估的影响。

第一百零四条 集团母公司应当在不考虑集团内部资本转移能力的情况下，评估集团内部资本分配的适当性。集团资本评估和计量技术应当能够评估集团内部资本转移的限制，判断是否存在影响集团内部资本有效转移的现有或潜在障碍，包括法律限制、税收规定、其他股东利益、资本质量的审慎要求、对未受监管实体出资相关的限制和针对单个附属法人机构的监管要求的限制、外汇管制及所在地的特殊要求等，并考虑上述限制和障碍可能对资本是否纳入集团资本评估产生的影响。

第一百零五条 集团母公司应当明确对附属法人机构资本充足性的具体要求，并对集团内股权投资对集团资本充足性的影响进行持续评估，附属法人机构应当将其重大投资计划提前报告集团母公司。集团母公司应当

评估附属法人机构超额资本的适当性,并确保附属法人机构超额资本由合格资本构成。

第一百零六条 集团母公司应当评估资本规划的合理性,包括但不限于:评估现金或其他价值的分红是否与目前和未来的资本需求相一致,资本需求包括可能的未来储备的增加、资产核销和短期内通过市场增加额外资本的可行性;依据盈利或潜在的资本需求评估是否限制超额分红,消除分红可能导致集团资本结构发生重大不利变化;评估是否建立和完善集团范围内全面的分红政策,为集团资本规划提供帮助;持续关注集团内附属法人机构为适应经济环境改变分红政策可能造成的不利影响;评估股票回购和赎回对资本规划的影响,确保资本能够满足集团持续发展的需要。

第四节 资本质量

第一百零七条 集团母公司应当建立资本的自救安排机制,以抵御系统性风险对集团的影响,提升集团监管资本的损失吸收能力。

银监会在必要时可允许集团母公司根据逆周期管理的需要,适当调整资本监管要求,缓解资本监管的亲经济周期效应。

第一百零八条 集团母公司经批准发行非普通股的各级资本工具的条款必须规定,除非在资本工具持有者承担损失前能够充分吸收集团的损失,否则,根据银监会的相关要求,触发条件一旦发生,资本工具或者经批准核销,或者转为普通股。触发条件为下列两者中较早者:

(一)银监会认定,如不做出核销或转为普通股的决定,集团将无法生存;

(二)财政部、人民银行等国家相关管理部门认定,如不做出公共部门注资或提供同等效力支持的决定,集团将无法生存。

第七章 财务稳健性管理

第一节 资金管理

第一百零九条 集团内部资金管理应当遵循统筹安排、合理使用、提高效益的原则,保障集团母公司及各附属法人机构资金需要,按时编制资金使用计划,提高资金使用的安全性、效益性和流动性。

第一百一十条 资金计划管理是通过编制下达资金计划,运用资金调度手段,对资金总量及结构进行主动调节和量化控制,保证资金支付和收支计划的顺利实施,减少不合理资金占用,提高资金使用效率,监测计划期内资金总量平衡和结构调整状况,指导集团母公司及附属法人机构的资金管理活动。

第一百一十一条 集团应当保持债务规模和期限结构合理适当,新增债务融资应充分评估财务风险。集团应当关注资金的动态情况,实时监控集团的资金头寸(附属信托公司、证券公司、基金管理公司、期货公司等机构受托管理的资金可除外),对集团母公司及各附属法人机构资金运用出现异常情况,应当及时发出预警,向集团母公司高级管理层汇报。

第一百一十二条 集团应当建立内部资金转移定价机制,制定科学合理的内部资金转移利率。集团母公司从其附属金融类法人机构融资必须符合有关法律、法规规定,不得以资金占用等形式侵占附属法人机构及其他利益相关者的合法权益。

第一百一十三条 集团应当对附属法人机构的对外担保业务进行统一管理,制定审慎的审批程序,规范对外担保行为,严格控制对外担保产生的债务风险。

第二节 投资管理

第一百一十四条 集团应当协调附属银行业、证券业、保险业法人机构金融业务发展,提高竞争力和盈利能力,并根据国家宏观政策和集团发展战略,优化金融业务投资布局。

第一百一十五条 集团母公司及各附属法人机构应当对对外投资项目的可行性进行研究,对被投资企业的财务信息进行甄别和分析,并及时进行对外投资项目的效益测算和分析评价。

第一百一十六条 集团母公司及各附属法人机构从事境外投资活动,应当按照国家有关境外投资管理规定和相关要求,履行报批程序。集团应当加强境外业务的管理和协调,及时对形势发展变化,防范和化解财务风险。

第三节 预算与财务控制

第一百一十七条 集团应当根据经济发展状况、市场变化、发展战略和风险偏好等因素,审批确定审慎、可行的年度经营计划。

第一百一十八条 集团应当实施全面预算管理,包括财务预算、业务预算和资本预算;明确集团母公司及各附属法人机构各自的职责和权利,设置专门委员会或明确相应的决策体系,负责预算的编制、审定、组织实施和调整等,以实现集团的整体战略目标。

第一百一十九条 集团母公司及各附属法人机构应当确保其资产、业务增长速度与其资本积累能力和抗风险能力相匹配,确保附属法人机构达到集团母公司规定的风险控制指标要求,不断改善资产负债结构。集团母公司及各附属法人机构应当建立健全动态指标监测系统,及时提示并化解财务风险。

第一百二十条 集团应当全面识别和清理风险隐患,完善财务风险控制制度,建立健全应对财务风险的应急处理机制,有效防范和化解风险。

第一百二十一条 集团应当加强资产质量管理,建立健全资产风险分类管理制度,并逐步实现动态评价。对预计可收回金额低于账面价值的部分,按照有关规定及时足额计提资产减值准备。

第四节 会计信息管理

第一百二十二条 集团母公司及各附属法人机构应当严格依据会计准则进行会计核算,提高会计信息的可靠性、可比性;集团母公司应当定期对附属法人机构重要业务会计政策的准确性和恰当性进行指导和监督。

第一百二十三条 集团母公司应当定期对附属法人机构会计管理工作进行指导和监督,及时纠正不规范会计操作;集团母公司应当规范附属法人机构外部审计机构选聘管理机制,提高附属法人机构所聘用审计机构的资质、独立性和审计水平,提升会计信息质量。具体按照银监会颁布的《银行业金融机构外部审计监管指引》执行。

第一百二十四条 集团应当全面进行财务信息化建设,提高会计信息管理的效率和财务信息的及时性,满足对外及时披露会计信息和报送监管信息、对内提供管理数据的集团财务信息管控要求。集团应当规范会计基础信息的业务标准,支持财务数据的汇总分析,实现集团内部抵消,提高并表效率。

第八章 信息资源管理

第一节 数据管理

第一百二十五条 信息资源管理是指对信息内容及包括应用系统、设备、技术、信息科技人员等在内的与信息内容相关的资源进行管理的过程,包括规划整合相关资源,建设应用系统,建立管理体系,提供信息服务等。集团应当充分认识数据在集团经营决策、内部管理与金融服务中的核心价值和战略意义,从管理体系和技术上不断改进数据的统一管理模式,持续加大数据积累与整合的广度和深度。

第一百二十六条 在符合相关法律、法规前提下,集团应当建设统一的数据管理机制,建立集团管理信息数据库,集中汇总各级附属法人机构的业务、财务和风险管理数据,满足监管信息报送、信息披露、综合营销、集团风险管理、资本管理和经营分析的需求,并持续提升对数据的分析和运用能力。

第一百二十七条 集团母公司应当明确数据统一管理的部门及其职责,负责集团数据管理的领导、组织、协调工作,协调和督促集团母公司各相关部门与各附属法人机构,共同做好数据管理工作,定期检查并发现数据质量存在的问题,提出合理化建议。

第一百二十八条 集团母公司各相关部门及各附属法人机构负责本部门及本机构业务范围内有关数据的日常管理工作,在集团数据统一管理部门的组织协调下,全面开展数据管理工作。

第一百二十九条 集团数据统一管理部门应当牵头建立全面、科学的集团管理信息指标体系,做好信息的监测、分析和风险预警,推进集团管理信息数据库建设,为监管信息报送、经营分析、管理决策、信息披露提供信息分析和支持服务。

第一百三十条 集团母公司应当逐步推进集团数据标准建设,重点加强集团管理信息指标的数据标准建设,推动数据信息逻辑整合,提高监管机构、集团母公司与附属法人机构信息系统之间数据对接的准确性、一致性。

第二节 信息科技治理

第一百三十一条 集团应当逐步健全信息科技治理结构,明确董事会、高级管理层、信息科技管理委员会、信息科技风险管理部门、信息科技管理部门、审计部门的信息科技工作要求和职责。

第一百三十二条 集团母公司应当设立由高级管理层、信息科技部门、主要业务部门和附属法人机构的代表组成的信息科技管理委员会,负责定期向董事会和高级管理层汇报信息科技战略规划执行、信息科技管理与科技风险管理情况。

第一百三十三条 集团母公司应当明确集团的信息科技风险管理部门及其职责,根据集团风险管理体系制定全面的信息科技风险管理策略,建立风险识别和评估流程,持续开展信息科技风险计量和监测。

第一百三十四条 集团母公司应当明确集团信息科技管理部门及其职责,统一负责集团信息系统的规划、信息科技资源的协调与共享、信息科技制度体系建设、信息化需求管理等。

第一百三十五条 集团应当持续提高集团信息技术服务能力,提高信息技术人力资源规划与管理水平,培养专业技术人才，减少关键岗位对外包服务的依赖。

第一百三十六条 集团母公司及各附属法人机构应当将信息科技风险管理审计作为内外部审计的一部分，确保内部审计部门配备足够的资源和具有专业能力的信息科技审计人员，定期进行独立有效的信息科技风险管理审计。

第一百三十七条 集团母公司应当制定信息科技外包管理策略，明确外包管理职责，不能将信息科技管理责任外包，并审慎监督外包职能的履行。

第三节 信息系统建设

第一百三十八条 集团母公司应当制定与其经营战略相适应的信息化建设规划，并结合实际情况，在集团范围内逐步做到"统一规划、统一标准、统一建设、统一管理"。

第一百三十九条 集团母公司应当结合业务实际，制定与附属法人机构业务性质相适应的信息系统技术架构和数据标准，并完善附属法人机构信息系统间的风险隔离机制。

第一百四十条 集团母公司应当建立和完善符合监管要求的管理信息系统，及时、准确、全面获取附属法人机构的相关信息，在集团层面汇总资本、流动性、大额风险暴露、内部交易、盈利、绩效评价等信息，并实现与非现场监管系统的对接。

第一百四十一条 集团母公司应当按照相关法律、法规的要求，集中建设符合专业技术标准的数据中心、灾备中心、开发测试中心和业务后援中心，提高信息技术服务能力，建立健全各项开发测试、运行维护及业务连续性方面的管理措施和应急机制，保障业务持续、安全、稳定运行。

第四节 信息安全管理

第一百四十二条 集团母公司应当研究制定和完善集团信息安全标准规范和信息安全制度体系，落实信息安全管理职责，建立信息安全管理机制，运用各项安全技术，提高员工信息安全意识，依据已确立的法律、法规、内部制度与相关技术标准，定期开展信息安全检查和评估。

第一百四十三条 集团母公司及各附属法人机构对于客户个人资料、往来交易资料及其他相关资料，除法律或监管机构另有规定外，应当保守秘密。集团母公司与附属法人机构之间应当就所集中使用的保密资料签订书面保密承诺，并以监管机构指定的方式，揭示保密措施的重要事项。

第一百四十四条 集团母公司及各附属法人机构进行交叉销售，共同使用客户个人资料时，应当符合为客户保密的监管规定，且事先向客户提示，并经客户同意。集团母公司因法律、监管规定或因内部管理需要，要求附属法人机构将业务或客户信息集中建立数据库并加以应用，不适用本条规定，按本办法第一百四十三条处理。

第一百四十五条 集团应当遵循相关法律、法规对于上市公司未公开信息管理的要求，加强对内幕信息的管理。在符合相关法律、法规的前提下，上市附属法人机构如需向集团披露未公开的业务、财务和风险管理等信息，应当限定集团知悉的人员和内容，签署相关保密及承诺协议，做好内幕信息知情人的登记备案。

第九章 信息披露

第一节 信息披露的基本要求

第一百四十六条 集团信息披露的主体为集团母公司。集团母公司应当建立和完善信息披露制度，规范披露程序，明确内部管理职责，按照相关法律、法规的要求对外披露信息。

第一百四十七条 集团对外披露管理信息应当遵循真实性、准确性、完整性、及时性和公平性原则，对信息披露中的虚假和误导性陈述及重大遗漏等承担相应的法律责任。

第一百四十八条 集团对外披露信息应当严格执行国家保密相关规定，依法确定信息披露的范围和内容，制定合规的披露方式。

第一百四十九条 信息披露内容应当包括：集团法人治理情况、财务状况、风险管理、重大事件等。根据自身实际情况，可以自主增加披露其他相关信息。

第一百五十条 信息披露的方式、途径、频率、对象等，应当遵守监管机构的相关规定。因特殊原因不能按照上述有关规定及时披露的，集团应当遵守监管机构规定合规处理。

第二节 信息披露内容

第一百五十一条 法人治理信息。包括但不限于：

（一）集团概况。包括治理结构、组织结构和股权结构信息。

（二）集团母公司股本变动情况。

（三）集团母公司主要股东及实际控制人基本情况。

第一百五十二条 会计信息。包括但不限于：集团及母公司财务会计报表，包括资产负债表、利润表、现金流量表、所有者权益变动表、财务报表附注和审计报告的主要审计意见。

第一百五十三条　风险信息。包括但不限于：

（一）风险管理体系的组织架构和管理职能；

（二）风险管理的政策和程序，风险计量、监测和管理信息系统，内部控制和全面审计情况等；

（三）根据监管机构规定需要披露的其他风险信息。

第一百五十四条　重大事件信息。集团应当按照相关的法律、法规要求，及时披露可能具有较大影响的重大事件，说明事件的起因、目前的状态和可能产生的影响。重大事件包括但不限于：

（一）控股股东或者实际控制人发生变更；

（二）更换董事长或者总裁；

（三）当年董事会成员发生变动；

（四）公司名称、注册资本或者注册地发生变更；

（五）经营范围发生重大变化；

（六）合并、分立、解散或者申请破产；撤销分支机构信息；

（七）重大交易和关联交易；

（八）董事长、总裁因经济犯罪被判处刑罚；

（九）重大诉讼或者重大仲裁事项；

（十）更换或者提前解聘会计师事务所等。

第一百五十五条　集团应当按照有关法律、法规要求披露的重大交易和关联交易信息，包括但不限于：

（一）交易对手；

（二）定价政策；

（三）交易目的；

（四）交易的内部审批流程；

（五）交易对公司本期和未来财务及经营状况的影响；

（六）独立董事的意见。

第十章　监督管理

第一节　监管协调

第一百五十六条　银监会作为集团层面的监管机构，依法履行监管职责，针对集团范围的有效监管问题，加强与财政部、人民银行、证监会、保监会等监管机构和主管部门的监管协调，最大限度地消除监管空白和减少监管套利。监管协调的内容包括但不限于：

（一）银监会同其他监管机构和主管部门签署监管合作谅解备忘录，明确各相关监管机构和主管部门在集团监管中的职责，明确信息交流的内容、方式和渠道，确定联席工作会议、联系机制、重大紧急问题磋商机制、合作开展检查与联合采取监管措施等协调工作机制。

（二）银监会积极寻求同集团附属非金融法人机构的行业主管部门签署合作谅解备忘录，同该行业的主管部门保持沟通与信息共享。

（三）为避免重复监管，银监会对集团附属金融法人机构的了解和评估，在集团母公司提供的信息之外，主要依赖证监会、保监会等监管机构提供的信息，如有必要，可委托相关监管机构收集附属法人机构的特定信息。在监管协作的范围内，证监会、保监会等监管机构可从银监会获得集团运营中有可能影响到附属法人机构的信息。

（四）如果发现附属法人机构的活动可能会给集团运营带来实质性风险，银监会将与相关监管机构协调，联合开展检查或测试。

（五）银监会促进各相关监管机构就集团范围监管问题形成统一意见。对于金融监管政策等方面的协调，通过金融监管协调部际联席会议协调解决。如存在具体监管分歧，银监会通过与其他监管机构监管合作途径，及时协调解决。

（六）银监会和财政部、人民银行、证监会、保监会等相关监管机构及主管部门建立健全集团监管信息共享平台，包括检查报告、风险评估报告、内外部处罚情况和日常监管情况等信息。

第一百五十七条　银监会与境外监管机构开展监管合作，对集团跨境业务的监管和协调做出安排。

第二节　监管检查

第一百五十八条　银监会通过持续的非现场监管，现场检查以及不定期地对集团重要的风险管理和内部控制进行压力测试及情景分析等方式，持续深入了解集团的运营状况，判断集团是否符合相关法律、法规规定和满足审慎监管要求。

第一百五十九条　银监会持续监测和分析集团信息，评估集团整体的风险状况。集团母公司应当为银监会的持续监管提供必要的信息，并定期报送集团风险评估报告，适时报送集团重大事项以及监管部门要求报送的其他资料。

第一百六十条　银监会和集团母公司董事会、高级管理层之间应当就监管检查中发现的问题深入沟通，确保监管检查取得实效，促进集团母公司董事会和高级管理层及时采取纠正措施。

银监会可对集团的监管检查结果落实情况进行跟踪或实施后续检查。

第三节 监管罚则

第一百六十一条 银监会依法对集团母公司采取监管措施，督促其遵守审慎监管要求，确保集团稳健经营。

对附属法人机构达不到集团审慎监管要求的，银监会可责令集团母公司对附属法人机构提出限期纠正的要求。附属法人机构属于证券业或保险业机构的，银监会进行协调，由证监会、保监会等监管机构对其采取监管措施。

第一百六十二条 对于集团母公司未按照银监会监管要求进行整改，或者严重违反法律、法规的行为，银监会依据《中华人民共和国银行业监督管理法》《中国银行业监督管理委员会行政处罚办法》等相关法律、法规进行处罚或移送司法部门进行处理。

第十一章 附 则

第一百六十三条 本办法中的"以上"、"以内"包括本数或者本级。

第一百六十四条 本办法中董事会、监事会、董事、监事等有关规定不适用于未改制资产公司，信息披露有关规定不适用于未上市资产公司。资产公司可分阶段落实本办法中风险计量及压力测试、数据管理及信息系统建设有关规定，但已改制资产公司至少应在2020年底前达标，未改制资产公司至少应在改制后7年内达标。资产公司应制定分步实施规划。

第一百六十五条 本办法自2015年1月1日起施行。

金融资产管理公司资本管理办法(试行)

· 2017年12月26日
· 银监发〔2017〕56号

第一章 总 则

第一条 为加强金融资产管理公司(以下简称资产公司)资本监管，维护资产公司稳健运行，根据《中华人民共和国银行业监督管理法》《金融资产管理公司条例》等法律法规，制定本办法。

第二条 本办法适用于资产公司及其附属机构组成的集团。

本办法所称集团母公司是指资产公司总部及分支机构。

本办法所称附属机构是指由集团母公司直接或间接持股的、按照本办法第三章第一节规定应当纳入集团资本监管范围的机构，包括附属法人机构以及特殊目的实体等附属经济组织。

第三条 集团及集团母公司应当确保持有的资本能够抵御所面临的风险，包括集团风险、个体风险和系统性风险。

第四条 集团及集团母公司应当持续满足本办法规定的资本充足性监管要求和监管指标。

第五条 本办法所称资本充足率，是指集团母公司持有的符合本办法规定的资本与风险加权资产之间的比率。

一级资本充足率，是指集团母公司持有的符合本办法规定的一级资本与风险加权资产之间的比率。

核心一级资本充足率，是指集团母公司持有的符合本办法规定的核心一级资本与风险加权资产之间的比率。

第六条 本办法所称集团超额资本，是指集团持有的符合本办法规定的合格资本净额超出本办法规定的集团最低资本要求之上的部分。

第七条 本办法所称资本净额，是指从集团母公司及附属机构持有的符合本办法规定的各级资本中对应扣除扣减项(调整项)后的资本余额。

第八条 除上述集团超额资本和资本充足率监管要求外，集团及集团母公司还应当满足杠杆率监管要求。

本办法所称杠杆率，是指集团母公司持有的、符合本办法规定的一级资本净额与调整后的表内外资产余额的比率。

集团财务杠杆率，是指集团合并净资产与符合本办法规定的、经调整后的合并表内外资产的比率。

第九条 集团及集团母公司资本充足性相关监管指标的计算应当建立在充分计提资产减值准备的基础之上。

第十条 集团母公司应当参照国务院银行业监督管理机构关于商业银行资本监管的相关规定，建立全面风险管理架构和内部资本充足性管理及评估程序。

第十一条 集团母公司应当按照本办法披露资本充足性信息。

第十二条 国务院银行业监督管理机构依照本办法对集团及集团母公司资本充足性、杠杆率、资本管理等情况进行日常监管和现场检查，可以视情况采取相应的监管措施。

第十三条 国务院银行业监督管理机构在国务院金融稳定发展委员会的领导下，加强与财政部、人民银行、国务院证券监督管理机构、国务院保险监督管理机构等主管部门和监管机构的监管协调和监管合作，最大限度地消除监管空白和减少监管套利。

第二章 集团母公司资本监管要求

第一节 资本充足率计算及监管要求

第十四条 集团母公司应当按照以下公式计算资本充足率：

$$核心一级资本充足率 = \frac{核心一级资本 - 对应资本扣减项}{风险加权资产} \times 100\%$$

$$一级资本充足率 = \frac{一级资本 - 对应资本扣减项}{风险加权资产} \times 100\%$$

$$资本充足率 = \frac{总资本 - 对应资本扣减项}{风险加权资产} \times 100\%$$

第十五条 集团母公司总资本包括核心一级资本、其他一级资本和二级资本。集团母公司应当按照本章第二节的规定计算各级资本和扣减项。

第十六条 集团母公司风险加权资产包括信用风险加权资产、市场风险加权资产和操作风险加权资产。集团母公司应当按照本章第三节的规定分别计量信用风险加权资产、市场风险加权资产和操作风险加权资产。

第十七条 集团母公司各级资本充足率不得低于如下最低要求：

（一）核心一级资本充足率不得低于 9%。
（二）一级资本充足率不得低于 10%。
（三）资本充足率不得低于 12.5%。

第二节 资本定义

第十八条 核心一级资本包括：

（一）实收资本或普通股。
（二）资本公积。
（三）盈余公积。
（四）一般风险准备。
（五）未分配利润。
（六）其他综合收益。
（七）其他可计入部分。

第十九条 其他一级资本包括：

（一）其他一级资本工具。
（二）其他一级资本工具溢价。

第二十条 二级资本包括：

（一）二级资本工具。
（二）二级资本工具溢价。
（三）超额信用风险类资产减值准备。

1. 集团母公司采用权重法计量信用风险加权资产的，超额信用风险类资产减值准备可计入二级资本，但不得超过信用风险加权资产的 1.25%。

前款所称超额信用风险类资产减值准备是指集团母公司实际计提的信用风险类资产减值准备超过最低要求的部分。信用风险类资产减值准备最低要求是指 100% 拨备覆盖率对应的信用风险类资产减值准备和应计提的信用风险类资产减值准备两者中的较大者。集团母公司信用风险类资产减值准备的计提标准，由国务院银行业监督管理机构另行制定。

2. 集团母公司采用内部评级法计量信用风险加权资产的，超额信用风险类资产减值准备可计入二级资本，但不得超过信用风险加权资产的 0.6%。

前款所称超额信用风险类资产减值准备是指集团母公司实际计提的信用风险类资产减值准备超过预期损失的部分。

第二十一条 计算资本充足率时，集团母公司应当从核心一级资本中全额扣除以下项目：

（一）商誉。
（二）其他无形资产（土地使用权除外）。
（三）由经营亏损引起的净递延税资产。
（四）信用风险类资产减值准备缺口。

1. 集团母公司采用权重法计量信用风险加权资产的，信用风险类资产减值准备缺口是指实际计提的信用风险类资产减值准备低于信用风险类资产减值准备最低要求的部分。

2. 集团母公司采用内部评级法计量信用风险加权资产的，信用风险类资产减值准备缺口是指实际计提的信用风险类资产减值准备低于预期损失的部分。

（五）资产证券化销售利得。
（六）固定收益类的养老金资产净额。
（七）直接或间接持有的本公司股票。
（八）对资产负债表中未按公允价值计量的项目进行套期形成的现金流储备，若为正值，应予以扣除；若为负值，应予以加回。
（九）自身信用风险变化导致负债公允价值变化带来的未实现损益。
（十）对纳入集团资本监管范围的附属机构的核心一级资本投资。

第二十二条 集团母公司与其他金融机构之间通过协议相互持有的各级资本工具，或国务院银行业监督管理机构认定为虚增资本的各级资本投资，应从相应的监管资本中对应扣除。

集团母公司直接或间接持有本公司及附属机构发行

的其他一级资本工具和二级资本工具,应从相应的监管资本中对应扣除。

对应扣除是指从集团母公司自身相应层级资本中一次性全额扣除。集团母公司某级资本净额小于应扣除数额的,缺口部分应从更高一级的资本净额中扣除。

第二十三条 集团母公司对未纳入集团资本监管范围的金融机构的小额少数资本投资,合计超出本公司核心一级资本净额30%的部分,应从各级监管资本中对应扣除。

小额少数资本投资是指集团母公司对金融机构各级资本投资(包括直接和间接投资)占该被投资金融机构实收资本(普通股加普通股溢价)10%(不含)以下,且根据本办法第三章第一节规定可不纳入集团资本监管范围的资本投资。

第二十四条 集团母公司对未纳入集团资本监管范围的金融机构的大额少数资本投资中,核心一级资本投资合计超出本公司核心一级资本净额30%的部分应从本公司核心一级资本中扣除;其他一级资本投资和二级资本投资应从相应层级资本中全额扣除。

大额少数资本投资是指集团母公司对金融机构各级资本投资(包括直接和间接投资)占该被投资金融机构实收资本(普通股加普通股溢价)10%(含)以上,且根据本办法第三章第一节规定可不纳入集团资本监管范围的资本投资。

第二十五条 除本办法第二十一条规定的递延税资产外,其他依赖于本公司未来盈利的净递延税资产,超出本公司核心一级资本净额10%的部分应从核心一级资本中扣除。

第二十六条 根据本办法第二十四条、第二十五条的规定,未在集团母公司核心一级资本中扣除的对金融机构的大额少数资本投资和相应的净递延税资产,合计金额不得超过本公司核心一级资本净额的35%。

第二十七条 计算资本充足率时,其他应在核心一级资本、其他一级资本、二级资本中扣除的项目,应从相应的监管资本中对应扣除。

第三节 风险加权资产计量

第二十八条 集团母公司应采用权重法计量信用风险加权资产,并可结合实际申请采用内部评级法。未经国务院银行业监督管理机构核准,集团母公司不得变更信用风险加权资产计量方法。

第二十九条 权重法下信用风险加权资产为表内资产信用风险加权资产与表外项目信用风险加权资产之和。

第三十条 集团母公司计量各类表内资产的风险加权资产,应首先从资产账面价值中扣除相应的减值准备,然后乘以风险权重。

本办法施行后新增的各类表内资产的风险权重按照本办法附件1的规定执行,存续的表内资产按照《中国银监会办公厅关于印发金融资产管理公司非现场监管报表指标体系的通知》(银监办发〔2016〕38号)规定的集团母公司表内资产的风险权重执行。

第三十一条 集团母公司计量各类表外项目的风险加权资产,应将表外项目名义金额乘以信用风险转换系数得到等值的表内资产,再按表内资产的处理方式计量风险加权资产。

各类表外项目的信用风险转换系数按照本办法附件1的规定执行。

集团母公司应当按照本办法附件2的规定计量资产证券化风险暴露的信用风险加权资产。

第三十二条 集团母公司采用权重法计量信用风险加权资产时,可按照本办法附件1的规定考虑合格质物质押或合格保证主体提供保证的风险缓释作用。

合格质物质押的债权(含证券融资类交易形成的债权),取得与质物相同的风险权重,或取得与对质物发行人或承兑人直接债权相同的风险权重。部分质押的债权(含证券融资类交易形成的债权),受质物保护的部分获得相应的较低风险权重。

合格保证主体提供全额保证的债权,取得与对保证人直接债权相同的风险权重。部分保证的债权,被保证部分获得相应的较低风险权重。

第三十三条 集团母公司采用权重法的,质物或保证的担保期限短于被担保债权期限的,不具备风险缓释作用。

第三十四条 集团母公司应采用标准法计量市场风险资本要求。

第三十五条 集团母公司应当制定清晰的交易账簿和非交易账簿划分标准,明确纳入交易账簿的金融工具和商品头寸以及在交易账簿和非交易账簿间划转的条件,确保执行的一致性。

第三十六条 集团母公司交易账簿总头寸如未达到80亿元或未超过表内外总资产的5%,可不计提市场风险资本。

第三十七条 集团母公司市场风险加权资产为市场风险资本要求的8倍,即:市场风险加权资产=市场风险资本要求×8。

第三十八条 集团母公司应当按照本办法附件3的

规定分别计量利率风险、汇率风险、商品风险和股票风险的资本要求,并单独计量以各类风险为基础的期权工具风险的资本要求。

第三十九条 集团母公司应采用基本指标法计量操作风险资本要求。

第四十条 集团母公司操作风险加权资产为操作风险资本要求的8倍,即:操作风险加权资产=操作风险资本要求×8。

第四十一条 集团母公司应当以集团母公司最近三年平均总收入为基础计量操作风险资本要求。

总收入按照本办法附件4的规定进行确认,包括不良资产经营及处置净收入、手续费及佣金净收入、投资收益、利息净收入以及其他收入。

操作风险资本要求按照以下公式计量:

$$K_{BIA} = \frac{\sum_{i=1}^{n}(GI_i \times \alpha)}{n}$$

其中:

K_{BIA} 为按基本指标法计量的操作风险资本要求。

GI 为过去三年中每年正的总收入。

n 为过去三年中总收入为正的年数。

α 为15%。

第四节 杠杆率计算及监管要求

第四十二条 集团母公司杠杆率的计算公式为:

杠杆率=一级资本净额/(调整后的表内资产余额+衍生产品资产余额+证券融资交易资产余额+调整后的表外项目余额)×100%

第四十三条 调整后的表内资产余额为表内总资产扣减衍生产品资产会计余额、证券融资交易资产会计余额及一级资本扣减项后的表内资产余额。

表内总资产是指扣减针对相关资产计提的准备或会计估值调整后的表内资产余额。

扣减的衍生产品资产是指衍生产品的公允价值及其变动形成的衍生资产会计余额,但不包括作为有效套期的衍生工具。

扣减的证券融资交易资产是指交易合约价值通过市场估值确定且通常要求提供现金或证券作为抵质押品的交易形成的资产会计余额,包括买入返售、卖出回购、证券借贷及保证金贷款交易等。

第四十四条 调整后的表外项目余额为集团母公司表外业务根据相应的信用转换系数计算得到的风险暴露。

第四十五条 集团母公司杠杆率不得低于6%。

第三章 集团资本监管要求

第一节 集团资本监管范围

第四十六条 集团资本监管范围包括集团母公司及其附属机构。

第四十七条 集团应当遵循"实质重于形式"的原则,以控制为基础,兼顾风险相关性,将符合下列条件之一的被投资机构,纳入集团资本监管范围:

(一)集团母公司或其附属机构直接拥有,或与附属机构共同拥有50%以上表决权的被投资机构。

(二)集团母公司拥有50%(含)以下的表决权,但有下列情形之一的被投资机构:

1. 通过与其他投资者之间的协议,拥有该机构50%以上的表决权。

2. 根据章程或协议,有权决定该机构的财务和经营政策。

3. 有权任免该机构董事会或类似权力机构的多数成员。

4. 在该机构董事会或类似权力机构拥有多数表决权。

确定对被投资机构的表决权时,应考虑集团持有的该机构的当期可转换公司债券、当期可执行的认股权证等潜在表决权因素。对于当期可以实现的潜在表决权,应当计入集团母公司对被投资机构的表决权。

(三)其他证据表明受集团母公司实际控制的被投资机构。

控制,是指投资方拥有对被投资方的权力,通过参与被投资方的相关活动而享有可变回报,并且有能力运用对被投资方的权力影响其回报金额。

国务院银行业监督管理机构有权根据集团母公司的股权结构变动、风险类别等确定和调整集团资本监管范围。

第四十八条 集团母公司未拥有被投资机构多数表决权或控制权,具有下列情况之一的,应当纳入集团资本监管范围:

(一)具有业务同质性的多个机构,虽然单个机构资产规模占集团整体资产规模的比例较小,但根据风险相关性,该类机构的总体风险足以对集团母公司的财务状况及风险水平造成重大影响。

(二)被投资机构所产生的合规风险、声誉风险造成的危害和损失足以对集团母公司造成重大影响。

第四十九条 下列被投资机构可以不纳入集团资本

监管范围:

(一)已关闭或已宣告破产的机构。

(二)因终止而进入清算程序的机构。

(三)有证据证明决定在三年内出售的、集团母公司或附属机构的权益性资本在50%以上的被投资机构。

(四)受所在国外汇管制或其他突发事件影响、资金调度受到限制的境外附属机构。

(五)集团母公司或经批准实施债转股的附属机构短期或阶段性持有的债转股企业。

集团母公司或附属机构应制定阶段性持有债转股企业的退出计划,并报国务院银行业监督管理机构备案。超出计划退出期限仍未退出且具有实际控制权的债转股企业,原则上应纳入集团资本监管范围。

(六)符合以下任一条件的附属非金融机构:

1. 金融资产占总资产的比重低于50%(金融资产的范围应符合《企业会计准则第22号——金融工具确认和计量》的相关规定)。

2. 资产负债率低于70%。

3. 经国务院银行业监督管理机构认定不具有投融资功能。

本项规定的条件,主要依据该附属非金融机构最近两年经审计的年末财务报表的算术平均值进行判断,成立不满两年的,可依据自成立之日起至最近一期经审计财务报表进行判断。

第五十条 集团母公司及其附属金融机构对附属非金融机构提供长期清偿担保的,该非金融机构应纳入集团资本监管范围;无清偿担保或清偿担保可无条件撤销的,由集团母公司按审慎原则处理。

第五十一条 集团母公司应当加强附属机构资本管理,根据自身实际情况确定对各级附属非金融机构资本充足性的管理要求,并督促附属机构持续满足资本管理和监管要求。

第二节 集团合格资本计量

第五十二条 集团合格资本包括集团母公司合格资本和附属机构合格资本两部分。集团母公司应当根据集团内部交叉持股、互持资本工具、过度杠杆、未纳入集团资本监管范围的附属机构资本缺口等情况计量集团合格资本调整项,对集团合格资本进行相应调整。

第五十三条 集团合格资本净额按照以下公式计算:

集团合格资本净额=集团母公司合格资本净额+∑(附属机构合格资本净额×集团母公司对该附属机构的持股比例)-集团合格资本调整项

前款公式中的附属机构只包括集团母公司直接持股的一级附属机构(含附属金融机构和非金融机构,并对二级及以下附属机构进行资本并表),对附属机构持股比例应包括直接及间接持股;集团母公司应当按照本办法第二章第二节的规定计算合格资本净额,按照本办法第五十六条的规定计算集团合格资本调整项。

第五十四条 附属金融机构是指由国务院银行业监督管理机构、证券监督管理机构和保险监督管理机构依法监督管理的集团附属机构,其合格资本净额是指在资本并表口径下按照相关行业资本监管规定计量得出的资本净额。

对于相关行业资本监管要求只适用于法人口径的附属金融机构,其合格资本净额按照法人口径计量;若其还存在附属机构,按照相关行业监管规定计量其合格资本,若无资本监管规定的,按本办法第五十五条规定计量其合格资本,并按照第五十六条规定计入二级及以下附属机构的资本缺口调整项。

第五十五条 附属非金融机构是指应纳入集团资本监管范围的除附属金融机构以外的其他附属机构,其合格资本净额是指在资本并表口径下参本办法第二章第二节规定计量得出的合格资本净额,资本并表中产生的少数股东权益可按规定部分计入合格资本。

本办法发布前附属非金融机构已经持有的、按照此前相关监管规定属于合格资本但按照本办法规定不能认定为合格资本的部分,自2018年1月1日起按年递减20%计算,2022年1月1日起不得计入监管资本;因新旧计量规则差异导致集团母公司和附属非金融机构增加资本扣除要求的部分,自2018年1月1日起分五年逐步实施,即第一年扣除20%,第二年扣除40%,第三年扣除60%,第四年扣除80%,第五年全额扣除。

第五十六条 集团合格资本调整项包括:

(一)集团补充资本调整项。该调整项包括集团母公司和各级附属机构之间、各级附属机构之间的持股额及相互持有的其他合格资本工具、经审核无法转移的资本额或国务院银行业监督管理机构认定为虚增资本的其他资本投资。

前款所称持股额主要包括过度杠杆,即将发债和借入资金以股权或其他方式注资获得的持股额;相互持有的其他合格资本工具包括优先股、二级资本债券等被认定为被投资机构合格资本的其他资本工具。但上述两项均不包括已在附属机构按照资本并表口径计量资本数据时合并抵销掉的持股额,以及在集团母公司合格资本中已扣除的各级资本工具。

(二)二级及以下附属机构的资本缺口调整项。该调整项是指,相关行业资本监管要求只适用于法人口径的一级附属金融机构时,该金融机构的附属机构的资本缺口与集团母公司对其持股比例(包括直接及间接持股)的乘积汇总之和。

二级及以下附属机构的资本缺口等于该附属机构的合格资本小于最低资本要求的差额,如合格资本超过最低资本要求,则超额部分在本项目中列为负值,即资本缺口调整项为负值。若相关行业监管机构对二级及以下附属机构有资本监管规定的,按相关规定计量其合格资本及最低资本要求,若无资本监管规定的,按本办法第五十五条、第六十条相关规定计算。

第三节 集团最低资本要求计量

第五十七条 集团最低资本要求包括集团母公司最低资本要求和附属机构最低资本要求两部分。集团应当根据集团内部借款、担保(含等同于担保的或有项目)等情况计量集团最低资本要求调整项,对集团最低资本要求进行相应调整。

第五十八条 集团最低资本要求计算公式如下:

集团最低资本要求 = 集团母公司最低资本要求 + Σ(附属机构最低资本要求×集团母公司对该附属机构的持股比例) - 集团最低资本要求调整项

集团母公司最低资本要求,应取以下二者中较高值:

风险加权资产总额×资本充足率监管要求,(调整后的表内资产余额+衍生产品资产余额+证券融资交易资产余额+调整后的表外项目余额)×杠杆率监管要求。

第五十九条 附属金融机构最低资本要求是指在资本并表口径下按照相关行业资本监管规定计量得出的最低资本要求。对于相关行业资本监管要求只适用于法人口径的附属金融机构,其最低资本要求按照法人口径计量;若其还存在附属机构,按照相关行业监管规定计量其最低资本要求,若无资本监管规定的,按本办法第六十条规定计量其最低资本要求,并按照第五十六条规定计入二级及以下附属机构的资本缺口调整项。

第六十条 附属非金融机构最低资本要求计算公式如下:

附属非金融机构最低资本要求 = 风险加权资产×资本充足率要求×管理层级难度系数

公式中的附属非金融机构最低资本要求是指对一级附属非金融机构在资本并表口径下参照本办法第二章第三节规定计量得出的风险加权资产总额与本办法第二章第一节规定的资本充足率监管要求以及管理层级难度系数三者的乘积。其中,附属非金融机构交易账簿总头寸未超过表内外总资产的5%,可不计提市场风险资本。

管理层级难度系数为(100+N)%,附属非金融机构的集团层级不超过二级时N=0,层级为四级时N=10,层级为五级时N=20,以此类推。集团层级由集团母公司起算,特殊目的实体和项目公司可不纳入层级计算。管理层级难度系数自2018年底开始纳入附属非金融机构最低资本要求计算。

第六十一条 集团最低资本要求调整项,是指由于集团母公司与集团各级附属机构之间的借款、担保及等同于担保的或有项目形成的监管资本要求在集团范围内的重复计算而产生的调整项,等于上述借款、担保余额与集团母公司对附属机构持股比例(包括直接及间接持股)以及对集团母公司的资本充足率监管要求的乘积汇总之和。

第四节 集团超额资本计算及监管要求

第六十二条 集团超额资本计算公式如下:

集团超额资本 = 集团合格资本净额 - 集团最低资本要求

第六十三条 集团超额资本不得低于0。

第六十四条 国务院银行业监督管理机构有权根据集团母公司及其附属机构的股权结构、业务类别及风险状况等确定和调整集团超额资本的计算范围。

第五节 集团财务杠杆率计算及监管要求

第六十五条 集团财务杠杆率的计算公式为:

集团财务杠杆率 = 集团合并净资产/(集团表内总资产+集团表外项目+集团表外管理资产-调整项)×100%

集团表外项目,包括远期收购承诺、信用增级、对外提供融资性担保、非融资性担保、不可撤销的流动性支持承诺及其他或有项目。

集团表外管理资产,包括集团母公司及其附属机构实际进行管理而未纳入资产负债表内的各类资产,主要包括资产证券化资产、银行理财、委托贷款、信托计划、资产管理计划、私募基金等形式的资产。

调整项,包括集团母公司及其附属机构有充分证据证明自身对表外管理资产不承担会计、法律和事实上的本金或收益兑付义务的资产。虽未在合同中约定本金或收益的兑付义务,但根据此类资产的历史兑付情况很有可能履行兑付义务的资产不得列入调整项。国务院银行业监督管理机构有权通过日常监管和现场检查对调整项科目进行核实,如发现集团将不符合规定的资产纳入调整项,可根据有关监管法规及本办法第四章的相关规定对集团采取监管措施。

第六十六条 集团财务杠杆率不得低于8%。

第四章 监督检查

第六十七条 国务院银行业监督管理机构对集团及集团母公司实施资本充足性监督检查,确保资本能够充分覆盖所面临的各类风险。

第六十八条 除最低资本要求外,国务院银行业监督管理机构有权根据日常监管和现场检查情况提出更审慎的附加资本要求,确保资本充分覆盖风险,包括:

(一)根据单家资产公司的功能定位及发展战略执行情况、不良资产主业经营和发展状况、投资设立金融和非金融附属机构以及附属机构经营和发展情况等,提出的集团附加资本要求。

(二)根据对特定资产组合的风险及与主业相关度的判断,通过调整风险权重、相关性系数、有效期限等方法,针对特定资产组合提出的附加资本要求。

(三)根据监督检查结果,针对集团或集团母公司提出的附加资本要求。

(四)根据单家集团母公司未建立内部资本充足评估程序,或内部资本充足评估程序未达到相关要求等情况,结合对风险状况的评估结果,针对集团母公司提出的附加资本要求。

(五)根据单家集团母公司操作风险管理水平及操作风险事件发生情况,针对集团母公司提出的操作风险附加资本要求。

第六十九条 集团母公司应当在年度结束后的四个月内向国务院银行业监督管理机构提交内部资本充足性评估报告。

第七十条 根据资本充足状况,国务院银行业监督管理机构将资产公司分为三类:

(一)第一类资产公司:集团超额资本、资本充足率、一级资本充足率和核心一级资本充足率均达到本办法规定的各级资本要求。

(二)第二类资产公司:集团超额资本、资本充足率、一级资本充足率或核心一级资本充足率均不低于最低资本要求,但未达到附加资本要求。

(三)第三类资产公司:集团超额资本、资本充足率、一级资本充足率和核心一级资本充足率任意一项未达到最低资本要求。

第七十一条 对第一类资产公司,国务院银行业监督管理机构支持其稳健发展业务。为防止其资本充足水平快速下降,国务院银行业监督管理机构可以采取下列预警监管措施:

(一)要求资产公司加强对资本充足水平下降原因的分析及预测。

(二)要求资产公司制定切实可行的资本充足性管理计划。

(三)要求资产公司提高风险控制能力。

第七十二条 对第二类资产公司,除本办法第七十一条规定的监管措施外,国务院银行业监督管理机构还可以采取下列监管措施:

(一)与集团母公司董事会、高级管理层进行审慎性会谈。

(二)印发监管意见书,内容包括:集团资本管理存在的问题、拟采取的纠正措施和限期达标意见等。

(三)要求集团母公司制定切实可行的资本补充计划和限期达标计划。

(四)督促集团母公司对附属机构资本充足状况进行排查,督促资本不足的附属机构尽快提升资本水平。

(五)提高对集团资本充足性的非现场监管和现场检查频率。

(六)要求集团母公司对特定风险领域采取风险缓释措施。

(七)限制集团分配红利和其他收入。

(八)限制集团向董事、高级管理人员实施任何形式的激励。

(九)限制集团进行股权投资或回购资本工具。

(十)限制集团重要资本性支出。

(十一)要求集团控制风险资产增长。

第七十三条 对第三类资产公司,除本办法第七十一条和第七十二条规定的监管措施外,国务院银行业监督管理机构还可以采取以下监管措施:

(一)要求集团大幅降低风险资产的规模。

(二)责令集团停办全部高风险资产业务。

(三)限制或禁止新设机构、开办新业务。

(四)责令集团对附属机构进行清理整合,调整附属机构股权结构或转让资产。

(五)强制要求集团对非普通股的其他各级资本工具进行减记或转为普通股。

(六)责令集团母公司调整董事、高级管理人员或限制其权利。

（七）依法对集团母公司实行接管或者促成机构重组，直至予以撤销。

在处置此类资产公司时，国务院银行业监督管理机构还可以综合考虑外部因素，采取其他必要措施。

第七十四条 对于杠杆率低于最低监管要求的集团母公司，国务院银行业监督管理机构可以采取以下监管措施：

（一）要求集团母公司在限定期限内补充一级资本。

（二）要求集团母公司控制表内外资产增长速度。

（三）要求集团母公司降低表内外资产规模。

第七十五条 对于集团财务杠杆率低于最低监管要求的集团，国务院银行业监督管理机构可以采取以下监管措施：

（一）要求集团在限定期限内补充合格资本。

（二）要求集团控制表内外资产增长速度。

（三）要求集团降低表内外资产规模。

（四）限制或禁止新设机构、开办新业务。

（五）责令集团对附属机构进行清理整合，调整附属机构股权结构或转让资产。

第五章 信息披露

第七十六条 集团母公司应当通过公开渠道，向投资者和社会公众披露相关信息，确保信息披露的集中性、可访问性和公开性。

第七十七条 集团母公司信息披露频率分为临时、半年及年度披露。其中，临时信息应及时披露，半年度信息披露时间为期末后60个工作日内，年度信息披露时间为会计年度终了后四个月内。因特殊原因不能按时披露的，应至少提前15个工作日向国务院银行业监督管理机构申请延迟披露。

第七十八条 集团母公司应当分别按照以下频率披露相关信息：

（一）实收资本或普通股及其他资本工具的变化情况应及时披露。

（二）核心一级资本净额、一级资本净额、资本净额、最低资本要求、附加资本要求、核心一级资本充足率、一级资本充足率、资本充足率、集团合格资本、集团最低资本要求、集团超额资本、杠杆率、集团财务杠杆率等重要信息应每半年披露一次。

（三）资本充足性相关指标的计算范围、信用风险暴露总额、逾期及不良资产总额、信用风险资产减值准备、信用风险资产组合缓释后风险暴露余额、资产证券化风险暴露余额、市场风险资本要求、市场风险期末风险价值及平均风险价值、操作风险情况、股权投资及其损益、非交易账簿利率风险情况等相关重要信息应每年披露一次。

第七十九条 经国务院银行业监督管理机构同意，在满足信息披露总体要求的基础上，未在境内外上市的集团母公司可以适当简化信息披露内容。

第六章 附 则

第八十条 本办法未尽事宜，资产公司应当参照国务院银行业监督管理机构关于商业银行资本监管的相关规定执行。

第八十一条 资产公司应当在2020年底前达到本办法规定的集团超额资本和集团财务杠杆率监管指标要求，鼓励有条件的资产公司提前达标。

第八十二条 集团母公司应当根据本办法制定资本充足性指标计算的内部制度。集团母公司调整本办法规定的资本充足性相关指标计算范围的，应当说明理由，并及时报国务院银行业监督管理机构备案。

第八十三条 本办法由国务院银行业监督管理机构负责解释。

第八十四条 本办法自2018年1月1日起施行。

附件：略

金融资产管理公司资产处置管理办法

· 2008年7月9日
· 财金〔2008〕85号

第一章 总 则

第一条 为规范金融资产管理公司（以下简称资产公司）资产处置管理工作程序和资产处置行为，确保资产处置收益最大化，防范处置风险，根据国家有关规定，制定本办法。

第二条 本办法适用范围为经国务院批准成立的中国华融资产管理公司、中国长城资产管理公司、中国东方资产管理公司、中国信达资产管理公司。

中国建银投资有限责任公司和汇达资产托管有限责任公司比照本办法执行。

第三条 本办法所称资产处置，是指资产公司按照有关法律、法规，综合运用经营范围内的手段和方法，以所收购的不良资产价值变现为目的的经营活动。

资产公司接受委托管理和处置的不良资产可参照本办法执行。委托协议另有约定的，从其约定。

第四条 资产公司资产处置应坚持效益优先、严控风险、竞争择优和公开、公平、公正的原则，按照有关法律、法规的规定进行。

第五条 资产公司资产处置应遵循"评处分离、审处分离、集体审查、分级批准、上报备案"的原则和办法。

第二章 处置审核机构

第六条 资产公司必须设置资产处置专门审核机构，负责对资产处置方案进行审查。资产公司资产处置专门审核机构，由资产处置相关部门人员组成，对资产公司总裁负责。资产公司可建立资产处置专门审核机构后备成员库。资产处置专门审核机构成员和后备成员应具备一定资质，熟悉资产处置工作和相关领域业务，且责任心强。

资产公司分支机构也应健全处置程序，成立相应的资产处置专门审核机构，对分支机构负责人负责。

第七条 资产公司及其分支机构必须完善资产处置内部控制制度和制衡机制，明确参与资产处置各部门的职责，强化资产处置内部监督。

第三章 处置审批

第八条 资产处置方案未经资产处置专门审核机构审核通过，资产公司一律不得进行处置，经人民法院或仲裁机构作出已生效的判决、裁定、裁决的资产处置项目除外。资产处置无论金额大小和损益大小，资产公司任何个人无权单独决定。

第九条 资产处置方案审批工作程序。

（一）分支机构资产管理和处置部门制定处置方案，如有必要，经征询相关部门意见后，将在授权范围内的处置方案及相关资料（如评估报告、法律意见书等）提交分支机构资产处置专门审核机构审查通过后，由分支机构负责人批准实施。对超出授权范围的，上报资产公司审批。

（二）资产公司指定归口部门对分支机构上报的处置方案进行初审，将处置方案及初审意见提交资产公司资产处置专门审核机构审查通过后，由资产公司总裁批准实施。分支机构上报的处置方案提交资产公司资产处置专门审核机构审查前，如有必要，应征询资产评估、资金财务、法律等部门意见。

（三）资产公司资产处置专门审核机构召开资产处置审核会议必须通知全体成员，7人以上（含7人）成员到会，会议审议事项方为有效；分支机构召开资产处置审核会议必须5人以上（含5人）成员到会，会议审议事项方为有效。全体到会人员以记名投票方式对处置方案进行表决，实行一人一票制，获到会人员总数2/3（含2/3）以上票数方可通过。

第十条 审查依据和审查重点。

（一）资产处置方案的审查依据是资产收购成本、评估价值、尽职调查和估值结果、同类资产的市价和国家有关资产管理、资产处置、资产评估、价值认证及商品（产权）交易等方面的法律法规。

（二）资产处置方案的审查重点是处置方案的成本效益性、必要性及可行性、风险的可控性、评估方法的合规性、资产定价和处置费用的合理性、处置行为和程序的公开性和合规性。

第十一条 资产公司法定代表人及分支机构负责人对资产处置的过程和结果负责。

资产公司法定代表人及分支机构负责人不参加资产处置专门审核机构，可以列席资产处置审核会议，不得对审议事项发表意见，但对资产处置专门审核机构审核通过的资产处置方案拥有否决权。如调整处置方案，调整后的处置方案如劣于原处置方案，需按资产处置程序由资产处置专门审核机构重新审核。

资产公司副总裁和分支机构副总经理（副主任）参加资产处置专门审核机构的，出席会议时不得事先对审议事项发表同意与否的个人意见。

直接参与资产处置的部门负责人及有关人员可以列席资产处置专门审核机构资产处置审核会议，介绍资产处置方案的有关情况。

资产公司和分支机构审计与纪检、监察人员应列席资产处置审核会议。

第十二条 资产公司资产处置必须实行回避制度，资产公司任何个人与被处置资产方、资产受让（受托）方、受托资产评估机构等有直系亲属关系的，在整个资产处置过程中必须予以回避。

第十三条 经人民法院或仲裁机构作出已生效的判决、裁定、裁决的资产处置项目，不再经资产处置专门审核机构审核通过。但是，该项目在诉讼或执行中通过调解、和解需放弃全部或部分诉讼权利、申请执行终结、申请破产等方式进行处置时，应事先经资产处置专门审核机构审核通过。

第十四条 分支机构不得向内设机构和项目组转授资产处置审批权。

第十五条 资产公司和分支机构应按规定，逐月分别向财政部和财政部驻各地财政监察专员办事处（以下简称专员办）报告资产处置进度。报告内容包括资产处置项目、全部债权金额、处置方式、回收非现金资产、回收现金等内容。分支机构对单项资产处置项目收购本金在

1000万元以上(含1000万元)和单个资产包收购本金在1亿元以上(含1亿元)的项目,终结处置完成后报专员办备案。

第四章 处置实施

第十六条 资产公司可通过追偿债务、租赁、转让、重组、资产置换、委托处置、债权转股权、资产证券化等多种方式处置资产。资产公司应在金融监管部门批准的业务许可范围内,探索处置方式,以实现处置收益最大化的目标。

第十七条 资产公司可依法通过公告、诉讼等方式维权和向债务人和担保人追偿债务,加强诉讼时效管理,防止各种因素导致时效丧失而形成损失。

资产公司采用诉讼方式应考虑资产处置项目的具体情况,避免盲目性,最大限度降低处置成本。

第十八条 资产公司在资产处置过程中,根据每一个资产处置项目的具体情况,按照公正合理原则、成本效益原则和效率原则确定是否评估和具体评估方式。

资产公司对债权资产进行处置时,可由外部独立评估机构进行偿债能力分析,或采取尽职调查、内部估值方式确定资产价值,不需向财政部办理资产评估的备案手续。

资产公司以债转股、出售股权资产(含国务院批准的债转股项目股权资产,下同)或出售不动产的方式处置资产时,除上市公司可流通股权资产外,均应由外部独立评估机构对资产进行评估。国务院批准的债转股项目股权资产,按照国家国有资产评估项目管理的有关规定进行备案;其他股权资产和不动产处置项目不需报财政部备案,由资产公司办理内部备案手续。

资产公司应参照评估价值或内部估值确定拟处置资产的折股价或底价。

第十九条 资产公司转让资产原则上应采取公开竞价方式,包括但不限于招投标、拍卖、要约邀请公开竞价、公开询价等方式。其中,以招投标方式处置不良资产时,应按照《中华人民共和国招标投标法》的规定组织实施。以拍卖方式处置资产,应选择有资质的拍卖中介机构,按照《中华人民共和国拍卖法》的规定组织实施。招标和拍卖的底价确定按资产处置程序办理。

以要约邀请公开竞价、公开询价等方式处置时,至少要有两人以上参加竞价,当只有一人竞价时,需按照公告程序补登公告,公告7个工作日后,如确定没有新的竞价者参加竞价才能成交。

资产公司未经公开竞价处置程序,不得采取协议转让方式向非国有受让人转让资产。

第二十条 资产公司对持有国有企业(包括国有全资和国有控股企业)的债权资产进行出售时,应提前15天书面告知国有企业及其出资人或国有资产管理部门。

第二十一条 资产公司以出售方式处置股权资产时,非上市公司股权资产(含国务院批准的债转股项目非上市股权,下同)的转让符合以下条件的,资产公司可采取直接协议转让的方式转让给原国有出资人或国资部门指定的企业:

(一)因国家法律、行政法规对受让方有特殊要求的;

(二)从事战略武器生产、关系国家战略安全和涉及国家核心机密的核心重点保军企业的股权资产;

(三)资源型、垄断型等关系国家经济安全和国计民生行业的股权资产;

(四)经相关政府部门认定的其他不宜公开转让的股权资产。

第二十二条 资产公司直接协议转让非上市公司股权资产的,除以下情形外,转让价格不得低于资产评估结果:

(一)资产公司向国务院批准的债转股项目原国有出资人转让股权的,经财政部商国资委审核后,可不进行资产评估,以审计的每股资产净值为基础,由双方依商业原则协商确定收购价格,不得低于最近一期经审计的资产净值。

(二)国务院批准的债转股项目原股东用债转股企业所得税返还购买资产公司持有的债转股企业股权,无须经过处置公告和资产评估,双方应根据企业经审计的每股净资产在协商的基础上确定转让价格,不得低于最近一期经审计的资产净值。

第二十三条 资产公司以出售方式处置股权资产时,除本办法第二十一条、第二十二条规定的情形外,国务院批准的债转股项目股权资产及评估价值在1000万元以上的其他非上市公司股权资产的转让均应按照国家有关规定的程序,在依法设立的省级以上产权交易市场公开进行。首次挂牌价格不得低于资产评估结果。当交易价格低于评估结果的90%时,应当暂停交易,重新履行资产公司内部处置审批程序。

第二十四条 资产公司以出售方式处置股权资产时,上市公司股权资产的转让应按照金融类企业国有资产转让管理的有关规定,通过依法设立的证券交易系统进行,并根据证券交易的相关规定披露转让信息。

第二十五条 除向政府、政府主管部门、出资人及其指定机构、资产公司转让外,资产公司不得对外转让下列资产:债务人或担保人为国家机关的债权;经国务院批准列入全国企业政策性关闭破产计划的国有企业债权;国防军工等涉及国家安全和敏感信息的债权;国家法律法规限制转让的其他债权。

第二十六条　资产公司不得向下列人员转让不良资产:国家公务员、金融监管机构工作人员、政法干警、资产公司工作人员、国有企业债务人管理层以及参与资产处置工作的律师、会计师、评估师等中介机构人员等关联人。资产公司在处置公告中有义务提示以上人员不得购买资产。

第二十七条　资产公司可按资产处置程序自行确定打包转让资产。对于打包处置项目,可采用抽样方式,通过对抽样项目的评估或内部估值,推断资产包的总体价值,确定打包转让的底价。

对于将商业化收购资产与政策性资产混合处置的资产(包),资产公司必须合理确定各类资产的分摊成本,据实分配收益,不得人为调剂。

第二十八条　资产公司必须按规定的范围、内容、程序和时间等要求进行资产处置公告,国家有关政策另有规定除外。特殊情况不宜公告的需由相关政府部门出具证明。

第二十九条　资产公司委托处置资产时,必须遵守回收价值大于处置成本的原则,即回收的价值应足以支付代理处置手续费和代理处置过程中发生的诉讼费、公证费、资产保全费和拍卖佣金等直接费用,并应有结余。

第三十条　资产公司可通过吸收外资对其所拥有的资产进行重组和处置,严格执行我国外商投资的法律和有关法规,处置方案按资产处置程序确定。

资产公司利用外资处置资产应注重引进国外先进技术和管理经验,促进现代企业制度的建设,提升资产价值。

第三十一条　资产公司在资产处置过程中,需注入部分资金提升处置回收价值的,在业务许可范围内,按市场原则和资产处置程序办理。

第三十二条　为避免竞相压价,最大限度地回收资产,减少资产损失,资产公司处置资产中,凡涉及两家或两家以上资产公司的共同资产,应加强沟通和协调,共同做好维权和回收工作,不得相互之间发生恶性竞争。

第三十三条　资产公司应建立资产保全和追收制度,对未处置和未终结处置的资产继续保留追索的权利,并对这部分资产(包括应计利息、表外应收利息等)应得权益继续催收。

资产公司接受抵债资产后,必须保障资产安全,应尽可能及时办理过户手续,并按资产处置程序和回收最大化原则,择机变现,不得故意拖延或违规自用。资产公司应加强抵债资产的维护,建立定期清理制度,避免因管理不当导致资产减值。

第五章　处置管理

第三十四条　资产公司应建立健全资产处置的项目台账,对每一个资产处置项目应实行项目预算管理,加强对回收资产、处置费用及处置损益的计划管理,并持续地跟踪、监测项目进展。对一个资产处置方案(金额按单个债务人全部债务合并计算),如预计其全部回收资产价值小于直接处置费用的,原则上应另行考虑更为经济可行的资产处置方案。

第三十五条　资产公司必须按照国家档案管理的有关规定,严格加强资产处置档案管理。资产处置过程和结果的资料必须完整、真实。对资产处置专门审核机构的资产处置审查意见和表决结果必须如实记录,并形成会议纪要。

第三十六条　资产公司及其任何个人,应对资产处置方案和结果保守秘密。除国家另有规定以及资产公司为了处置资产必须公布有关信息外,严禁对外披露资产公司资产处置信息。

第三十七条　根据国家有关规定,资产处置过程中,任何单位和个人不得对资产处置进行干预,资产公司必须抵制任何单位和个人对资产处置的干预。

第三十八条　资产公司要强化一级法人的管理,建立和完善分工明确的制约机制和授权管理,健全资产处置项目各种可行方案的比较分析机制,严禁采取超授权、越权、逆程序等违规手段处置资产,严禁虚假评估,严禁伪造虚假档案和记录。要采取各种措施从实质上防范商业风险、道德风险,按照最优方案处置资产。

第六章　处置权限划分

第三十九条　资产公司以打包形式收购的资产,应将整包资产的收购成本按照适当的方法分摊至包内的每户单项资产,作为该户单项资产的收购成本入账。

第四十条　资产公司应采取合理、审慎的方法确定资产处置的盈亏平衡点。计算盈亏平衡点时,应考虑资产收购成本、融资成本以及资产收购、管理和处置过程中发生的相关成本和各项税费等因素。资产处置项目的预计回收价值可以弥补或超过上述各项成本及税费的,视为达到或超过盈亏平衡点;不足以弥补各项成本及税费的,视为未达到盈亏平衡点,差额为预计亏损。

第四十一条 对达到或超过盈亏平衡点的资产处置项目,资产公司可按照资产收购成本的一定金额,根据实际情况确定对分支机构的授权额度。授权额度之内的资产处置项目,必须经分支机构资产处置专门审核机构审核通过后,由分支机构负责人批准;超出授权额度的资产处置项目,必须经资产公司资产处置专门审核机构审核通过后,由资产公司总裁批准。

第四十二条 对未达到盈亏平衡点的资产处置项目,资产公司可按照预计亏损的一定金额,根据实际情况确定对分支机构的授权额度。授权额度之内的资产处置项目,必须经分支机构资产处置专门审核机构审核通过后,由分支机构负责人批准;超出授权额度的资产处置项目,必须经资产公司资产处置专门审核机构审核通过后,由资产公司总裁批准。

第四十三条 资产处置过程中,对列入全国企业兼并破产领导小组计划内的兼并、破产等政策性核销债权的处置,资产公司应严格按规定进行审核并出具意见,从相关部门批准或通知之日起,资产公司对相关债权予以处理。

第七章 监督检查

第四十四条 资产公司应建立资产处置尽职调查和事后检查制度,定期或不定期地对分支机构资产处置进行审计。

资产公司审计与纪检、监察部门和专员办设立资产处置公开举报电话,对举报内容如实记录,并进行核实和相关调查。

第四十五条 财政部和专员办定期或不定期组织对资产公司及分支机构资产处置过程的合规性和处置结果进行抽查。

第四十六条 对发生以下行为,造成国有资产损失的,一经查实,按照处理人和处理事相结合的原则和国家有关规定,视情节轻重和损失大小进行相应的经济处罚和行政处理;违反党纪、政纪的,移交有关纪检、监察部门处理;涉嫌违法犯罪的,移交司法机关处理:

(一)未经规定程序审批同意,放弃资产公司应有、应得权益;

(二)超越权限或未经规定程序审批同意擅自处置资产;

(三)未经规定程序审批同意,擅自更改处置方案;

(四)隐瞒或截留处置资产、回收资产和处置收入;

(五)在进行收购成本分摊入账时,未经规定程序审批同意,擅自更改资产公司既定的成本分摊入账原则;

(六)玩忽职守,造成债务人逃废债务;

(七)内外勾结,串通作弊,压价处置资产;

(八)暗箱操作、内部交易、私下处置;

(九)泄露资产公司商业秘密;

(十)抵债资产管理不善,未经规定程序审批同意,擅自使用,造成资产损失;

(十一)谋取小集体利益和个人利益;

(十二)资产处置档案管理混乱;

(十三)其他因自身过错造成资产损失的行为。

第八章 附 则

第四十七条 资产公司资本金项下股权资产应按照金融类企业国有资产的产权登记、资产评估、产权管理的统一规定执行。

第四十八条 资产公司可根据本办法制定资产处置管理实施细则,报财政部备案。

第四十九条 本办法自发布之日起施行。《财政部关于印发〈金融资产管理公司资产处置管理办法(修订)〉的通知》(财金〔2004〕41号)同时废止。以往其他规定与本办法不符的,以本办法为准。

金融资产管理公司资产处置公告管理办法

· 2008年7月11日
· 财金〔2008〕87号

第一条 为进一步规范金融资产管理公司(以下简称资产公司)资产处置行为,增强资产处置透明度,接受社会公众监督,防范道德风险,促进资产公司按照公开、公平、公正和竞争、择优的原则处置不良资产,最大限度提高资产处置收益,减少损失,根据《金融资产管理公司条例》、《金融资产管理公司资产处置管理办法(修订)》等,制定本办法。

第二条 本办法适用范围为经国务院批准成立的中国华融资产管理公司、中国长城资产管理公司、中国东方资产管理公司、中国信达资产管理公司。

中国建银投资有限责任公司处置承继的金融资产,以及汇达资产托管有限责任公司处置金融资产时的处置公告,比照本办法执行。

第三条 资产公司资产处置公告应遵守有关法律法规。公告信息应面向社会,确保及时、有效、真实、完整。

第四条 资产公司资产处置公告适用的资产范围为

资产公司收购(含附带无偿划转,下同)的各类不良资产及依法享有处置权的其他资产,包括但不限于以下资产:

(一)债权类资产:资产公司收购的不良贷款及相应利息;

(二)股权类资产:资产公司持有的债转股企业股权,通过资产置换、资产抵债等其他方式持有的各类企业股权;

(三)实物类资产:资产公司拥有所有权及依法享有处分权的各种实物资产,包括以物抵债实物资产、处置抵(质)押贷款等收回的实物资产等;

(四)其他权益类资产:无形资产等。

第五条 资产公司接受委托代为处置的资产,可参照本办法执行。委托协议另有约定的从其约定。

第六条 资产处置公告应至少包括以下内容:

(一)资产状态描述,包括资产的名称、种类、所在地、标的金额、数量、涉及的抵押、担保及其他情况等;

(二)资产处置的意思表示;

(三)提请对资产处置项目征询或异议的意思表示,征询或异议的有效期限;

(四)对交易对象资格和交易条件的要求;

(五)联系人及联系方式;

(六)对排斥、阻挠征询或异议的举报方式;

(七)公告发布的日期及有效期限;

(八)其他需要说明的情况。

第七条 按照本办法属于公告范围内的资产,在未形成资产处置方案前,除另有规定外,均依据第六条第1款的要求将资产基本情况逐项置于资产公司对外网站,以便社会查阅。

第八条 按照本办法属于公告范围内的资产,在形成资产处置方案后,资产处置公告应采取网站公告和报纸公告两种形式:

(一)网站公告。拟处置项目(含单项处置和打包处置,下同),除另有规定外,均应在资产公司审核处置方案前,在公司对外网站发布处置公告。其中:

——资产处置标的(即截至公告前最近一个结息日的资产整体账面价值,下同)在1000万元(含)以下的处置项目,只需在公司对外网站发布处置公告,不需进行报纸公告。

——网站公告的内容。单个项目的网站公告遵循上述第六条有关规定;打包处置项目除对资产包中每个项目进行公告外,还应在公告中对资产包作总体介绍,披露资产包的户数、金额、资产形态、债务分布地区,投资者向债权人了解债权具体情况的途径和方法等。

——资产公司应将网站公告的网页截图打印成纸质文件,存入资产处置档案,作为资产处置方案的附件备查;并将网站公告的电子文档作为系统备份文件无限期保存。

(二)报纸公告。对资产处置标的超过1000万元的处置项目,除在公司对外网站发布处置公告外,还应当在相应级别的报纸上进行公告。其中:

——资产处置标的在1000万元-5000万元(含)的处置项目,在资产所在地的地市级(含)以上公开发行的经济类或综合类报纸进行公告。资产处置标的超过5000万元的处置项目,在资产所在地的省级(含)以上公开发行的经济类或综合类报纸进行公告。

——报纸公告的内容。单个项目的报纸公告遵循上述第六条有关规定;资产包项目的报纸公告可仅公告资产包总体情况,但应在公告中注明"请投资者登录资产公司对外网站查询或与资产公司有关部门接洽查询"等类似字样,以便投资者了解单个项目情况。跨行政区域的资产包原则上应在较其属地高一级公开发行量最大的经济类或综合类报纸上公告。

——资产公司应将报纸公告的复印件存入资产处置档案,作为资产处置方案的附件备查。

第九条 资产处置公告应当遵循如下时间期限规定:

(一)资产处置标的在1000万元(含)以下的处置项目,应在资产处置审核机构审核日至少7个工作日前刊登公告;

(二)资产处置标的在1000万元-5000万元(含)的处置项目,应在资产处置审核机构审核日至少10个工作日前刊登公告;

(三)资产处置标的在5000万元-10000万元(含)的处置项目,应在资产处置审核机构审核日至少15个工作日前刊登公告;

(四)资产处置标的超过10000万元的处置项目,应在资产处置审核机构审核日至少20个工作日前刊登公告。

对分别采取网站公告和报纸公告两种形式进行公告的资产处置标的,应以时间较迟的公告发布日期计算公告期限。

第十条 以拍卖、招投标等竞价方式处置资产时,须按相关法律法规的规定进行公告。公告内容可比照上述第六条有关规定。

第十一条 在诉讼过程中,债务人自觉履行法院判决或通过强制执行方式结案的处置项目,以及依法破产终结的处置项目,可不按照本办法进行公告。

第十二条 以下符合国家有关规定不宜公开转让的处置项目,可不按照本办法进行公告:

(一)债务人或担保人为国家机关的项目;

(二)经国务院批准列入全国企业政策性关闭破产计划的国有企业项目;

(三)国务院批准的债转股项目原股东用债转股企业所得税返还回购资产公司持有的债转股企业股权;

(四)经相关政府部门出具证明的,国防、军工等涉及国家安全和敏感信息的项目,以及其他特殊情形不宜公开的项目。

第十三条 资产公司应建立资产处置公告的制定、发布等内部工作程序,指定资产处置公告工作的归口管理部门,确保公告工作规范、有序。资产公司应对资产处置公告的媒体选择、发布形式等严格审查把关,并应将选择确定的发布资产处置公告的媒体报财政部驻各地财政监察专员办事处和各地银监局备案。

第十四条 资产公司按资产处置管理规定审核资产处置方案时,网站公告的网页截图打印件和报纸公告的复印件应作为附件与方案一并提交资产处置审核机构审核。

第十五条 资产公司资产处置部门应结合公告反馈情况,完善和优化资产处置方案。资产处置审核机构发现公告情况有可能对资产处置产生重大影响的,应敦促资产处置部门进一步寻求更为合理的资产处置方案。

第十六条 依照本办法已公告的资产处置项目,变更处置方案时,如公告内容不发生变动,原则上可不重新公告;如公告的资产包方案增加项目的,则应在资产处置审核机构审核日至少5个工作日前刊登补充公告,补充公告的内容应包括资产包内有关项目及金额的增加等情况;公告的资产包方案减少项目的,不需进行补充公告。

第十七条 资产公司应按照国家档案管理的有关规定,加强资产处置公告档案管理。有关资产处置公告过程和结果的资料必须记录真实,留存完整。

第十八条 任何单位和个人不得以任何方式干扰资产公司资产处置公告活动,不得限制或者排斥符合条件的法人、其他组织和自然人问询或异议,不得阻挠或者隐瞒社会公众的举报。

资产公司必须抵制任何其他单位和个人对资产公司资产处置公告活动的干扰,并就干扰行为向有关监管部门报告。

第十九条 财政部驻各地财政监察专员办事处、各地银监局、资产公司审计与纪检监察部门对资产公司资产处置公告活动进行监督检查,受理有关排斥、阻挠征询或异议及其他干扰资产处置公告活动的举报,并进行核实和相关调查。

第二十条 对发生以下行为、玩忽职守、违反规定造成国有资产损失的,经查实,按照处理人和处理事相结合的原则,依据有关规定进行相应的经济处罚和行政处分:

(一)对应当予以公告的资产处置项目不予公告或无正当理由擅自免除公告进行处置的;

(二)公告时间不符合规定的;

(三)公告媒体的级别不符合规定的;

(四)公告内容不完整或不真实,影响对资产价值做出正常判断的;

(五)对征询、异议不予受理、消极对待、压制隐瞒的;

(六)资产处置公告档案管理混乱,重要记录、文件缺失的;

(七)违反国家有关保密规定的;

(八)其他干扰资产处置公告的行为。

第二十一条 本办法自印发之日起施行。

金融资产投资公司管理办法(试行)

· 2018年6月29日中国银行保险监督管理委员会令2018年第4号公布
· 自公布之日起施行

第一章 总 则

第一条 为推动市场化、法治化银行债权转股权健康有序开展,规范银行债权转股权(以下简称债转股)业务行为,根据《中华人民共和国银行业监督管理法》《中华人民共和国商业银行法》和《中华人民共和国公司法》等法律法规以及《国务院关于积极稳妥降低企业杠杆率的意见》《中国人民银行 中国银行保险监督管理委员会 中国证券监督管理委员会 国家外汇管理局关于规范金融机构资产管理业务的指导意见》,制定本办法。

第二条 本办法所称金融资产投资公司是指经国务院银行业监督管理机构批准,在中华人民共和国境内设立的,主要从事银行债权转股权及配套支持业务的非银行金融机构。

第三条 金融资产投资公司应当遵循市场化、法治化原则运作,与各参与主体在依法合规前提下,通过自愿平等协商开展债转股业务,确保洁净转让、真实出售,坚持通过市场机制发现合理价格,切实防止企业风险向银行业金融机构和社会公众转移,防止利益冲突和利益输送,防范相关道德风险。

第四条 银行通过金融资产投资公司实施债转股,应当通过向金融资产投资公司转让债权,由金融资产投资公司将债权转为对象企业股权的方式实现。银行不得直接将债权转化为股权,但国家另有规定的除外。

鼓励金融资产投资公司通过先收购银行对企业的债权,再将债权转为股权的形式实施债转股,收购价格由双方按市场化原则自主协商确定。涉及银行不良资产,可以按不良资产处置的有关规定办理。鼓励银行及时利用已计提拨备核销资产转让损失。

第五条 银行、金融资产投资公司应当与债转股对象企业、企业股东等相关方按照公允原则确定股权数量和价格,依法建立合理的损失分担机制,真实降低企业杠杆率,切实化解金融风险。

鼓励通过债转股、原股东资本减记、引进新股东等方式优化企业股权结构。支持金融资产投资公司推动企业改组改制,切实行使股东权利,履行股东义务,提高企业公司治理水平。

第六条 国务院银行业监督管理机构及其派出机构依法对金融资产投资公司及其分支机构和业务活动实施监督管理,对其设立的附属机构实施并表监管。

第二章 设立、变更与终止

第七条 金融资产投资公司应当具备下列条件:

(一)有符合《中华人民共和国公司法》和国务院银行业监督管理机构规定的章程;

(二)有符合本办法要求的股东和注册资本;

(三)有符合任职资格条件的董事、高级管理人员和熟悉业务的合格从业人员;

(四)建立有效的公司治理、内部控制和风险管理制度,有与业务经营相适应的信息科技系统;

(五)有与业务经营相适应的营业场所、安全防范措施和其他设施;

(六)国务院银行业监督管理机构规章规定的其他审慎性条件。

第八条 金融资产投资公司应当由在中华人民共和国境内注册成立的商业银行作为主要股东发起设立。商业银行作为主要股东,应当符合以下条件:

(一)具有良好的公司治理机制、内部控制体系和健全的风险管理制度;

(二)主要审慎监管指标符合所在地监管机构的监管要求;

(三)财务状况良好,最近3个会计年度连续盈利;

(四)监管评级良好,最近2年内无重大违法违规行为;

(五)为金融资产投资公司确定了明确的发展战略和清晰的盈利模式;

(六)入股资金为自有资金,不得以债务资金和委托资金等非自有资金入股;

(七)承诺5年内不转让所持有的股权,不将所持有的股权进行质押或设立信托,并在金融资产投资公司章程中载明;

(八)国务院银行业监督管理机构规章规定的其他审慎性条件。

商业银行作为金融资产投资公司股东应当符合前款第(一)、(二)、(三)、(四)、(六)、(七)、(八)项规定要求。

国有商业银行新设的金融资产投资公司应当依据国有金融资产管理规定做好相关工作。

第九条 其他境内外法人机构作为金融资产投资公司的股东,应当具备以下条件:

(一)具有良好的公司治理机制;

(二)有良好的社会声誉、诚信记录和纳税记录;

(三)其他境内外法人机构为非金融机构的,最近1年年末总资产不低于50亿元人民币或等值自由兑换货币,最近1年年末净资产不得低于总资产的30%;

(四)其他境内外法人机构为非金融机构的,权益性投资余额原则上不超过其净资产的50%(合并会计报表口径);

(五)财务状况良好,最近2个会计年度连续盈利;

(六)经营管理良好,最近2年内无重大违法违规经营记录;

(七)入股资金为自有资金,不得以债务资金和委托资金等非自有资金入股;

(八)承诺5年内不转让所持有的股权,不将所持有的股权进行质押或设立信托,并在金融资产投资公司章程中载明;

(九)国务院银行业监督管理机构规章规定的其他审慎性条件。

其他境内外法人机构为金融机构的,应当同时符合所在地有关法律法规和相关监管规定要求。

第十条 有以下情形之一的企业不得作为金融资产

投资公司的股东：

（一）公司治理结构与机制存在明显缺陷；

（二）股权关系复杂且不透明、关联交易异常；

（三）核心主业不突出且其经营范围涉及行业过多；

（四）现金流量波动受经济景气程度影响较大；

（五）资产负债率、财务杠杆率明显高于行业平均水平；

（六）代他人持有金融资产投资公司股权；

（七）其他可能对金融资产投资公司产生重大不利影响的情形。

第十一条 金融资产投资公司的注册资本应当为一次性实缴货币资本，最低限额为100亿元人民币或等值自由兑换货币。

国务院银行业监督管理机构根据审慎监管要求，可以调整金融资产投资公司注册资本最低限额要求，但不得少于前款规定的限额。

第十二条 金融资产投资公司设立须经筹建和开业两个阶段。

第十三条 筹建金融资产投资公司，应当由作为主要股东的商业银行向国务院银行业监督管理机构提交申请，由国务院银行业监督管理机构按程序受理、审查并决定。国务院银行业监督管理机构自收到完整申请材料之日起4个月内作出批准或不批准的书面决定。

第十四条 金融资产投资公司的筹建期为批准决定之日起6个月。未能按期完成筹建的，应当在筹建期限届满前1个月向国务院银行业监督管理机构提交筹建延期报告。筹建延期不得超过一次，延长期限不得超过3个月。

申请人应当在前款规定的期限届满前提交开业申请，逾期未提交的，筹建批准文件失效，由决定机关注销筹建许可。

第十五条 金融资产投资公司开业，应当由作为主要股东的商业银行向国务院银行业监督管理机构提交申请，由国务院银行业监督管理机构受理、审查并决定。国务院银行业监督管理机构自受理之日起2个月内作出核准或不予核准的书面决定。

第十六条 金融资产投资公司应当在收到开业核准文件并领取金融许可证后，办理工商登记，领取营业执照。

金融资产投资公司应当自领取营业执照之日起6个月内开业。不能按期开业的，应当在开业期限届满前1个月向国务院银行业监督管理机构提交开业延期报告。开业延期不得超过一次，延长期限不得超过3个月。

未在前款规定期限内开业的，开业核准文件失效，由决定机关注销开业许可，发证机关收回金融许可证，并予以公告。

第十七条 金融资产投资公司董事和高级管理人员实行任职资格核准制度，由国务院银行业监督管理机构及其派出机构按照有关金融资产管理公司董事和高级管理人员任职资格的行政许可范围、条件和程序进行审核。

第十八条 金融资产投资公司根据业务发展需要设立分支机构和附属机构，由国务院银行业监督管理机构及其派出机构参照有关金融资产管理公司的行政许可范围、条件和程序进行审核。

第十九条 金融资产投资公司有下列变更事项之一的，应当报经国务院银行业监督管理机构批准：

（一）变更公司名称；

（二）变更注册资本；

（三）变更股权或调整股权结构；

（四）变更公司住所；

（五）修改公司章程；

（六）变更组织形式；

（七）合并或分立；

（八）国务院银行业监督管理机构规定的其他变更事项。

金融资产投资公司股权变更或调整股权结构后持股5%以上的股东应当经股东资格审核。变更或调整股权后的股东应当符合本办法规定的股东资质条件。

经国务院银行业监督管理机构批准，金融资产投资公司可以发行优先股。

第二十条 金融资产投资公司有下列情形之一的，经国务院银行业监督管理机构批准后可以解散：

（一）公司章程规定的营业期限届满或者公司章程规定的其他解散事由出现；

（二）股东会议决议解散；

（三）因公司合并或者分立需要解散；

（四）其他解散事由。

第二十一条 金融资产投资公司因解散、依法被撤销或被宣告破产而终止的，其清算事宜按照国家有关法律法规办理。

第二十二条 金融资产投资公司的机构变更和终止、调整业务范围及增加业务品种等行政许可事项由国务院银行业监督管理机构受理、审查并决定，相关申请材料、许可条件和程序参照适用有关金融资产管理公司行政许可相关规定，本办法另有规定的除外。

第三章　业务范围和业务规则

第二十三条　经国务院银行业监督管理机构批准，金融资产投资公司可以经营下列部分或者全部业务：

（一）以债转股为目的收购银行对企业的债权，将债权转为股权并对股权进行管理；

（二）对于未能转股的债权进行重组、转让和处置；

（三）以债转股为目的投资企业股权，由企业将股权投资资金全部用于偿还现有债权；

（四）依法依规面向合格投资者募集资金，发行私募资产管理产品支持实施债转股；

（五）发行金融债券；

（六）通过债券回购、同业拆借、同业借款等方式融入资金；

（七）对自营资金和募集资金进行必要的投资管理，自营资金可以开展存放同业、拆放同业、购买国债或其他固定收益类证券等业务，募集资金使用应当符合资金募集约定用途；

（八）与债转股业务相关的财务顾问和咨询业务；

（九）经国务院银行业监督管理机构批准的其他业务。

金融资产投资公司应当以前款第（一）、（二）、（三）、（四）项业务为主业。金融资产投资公司全年主营业务占比或者主营业务收入占比原则上不应低于总业务或者总收入的50%。

第二十四条　金融资产投资公司应当建立系统规范的债转股各项业务经营制度，明确尽职调查、审查审批与决策流程，全面准确了解掌握债转股对象企业的真实情况，科学合理评估债权和拟投资股权的价值。

第二十五条　金融资产投资公司可以设立附属机构，由其依据相关行业主管部门规定申请成为私募股权投资基金管理人，设立私募股权投资基金，依法依规面向合格投资者募集资金实施债转股。

金融资产投资公司及其附属机构应当加强投资者适当性管理和信息披露，明确告知投资者募集资金用于债转股项目。

第二十六条　金融资产投资公司申请在银行间市场和交易所市场发行金融债券，应当符合以下条件：

（一）具有良好的公司治理机制、完善的内部控制体系和健全的风险管理制度；

（二）资本充足水平符合审慎监管要求；

（三）风险监管指标符合审慎监管要求；

（四）国务院银行业监督管理机构规章规定的其他审慎性条件。

金融资产投资公司发行金融债券募集的资金，应当主要用于流动性管理和收购银行债权。金融资产投资公司使用发行金融债券募集的资金开展债转股业务，不适用本办法第二十七条第三款和第三十一条。

第二十七条　商业银行控股或者参股的金融资产投资公司应当与该商业银行及其关联机构建立防止利益冲突和利益输送的机制。

金融资产投资公司使用自营资金收购债权和投资企业股权时，鼓励不同商业银行通过所控股或参股的金融资产投资公司交叉实施债转股。

金融资产投资公司使用募集资金收购债权和投资企业股权，应当主要用于交叉实施债转股。

第二十八条　商业银行不得对控股或者参股的金融资产投资公司投资的企业降低授信标准，对其中资产负债率持续超出合理水平的企业不得增加授信。

第二十九条　金融资产投资公司收购银行债权应当严格遵守洁净转让、真实出售的原则，通过评估或估值程序审慎评估债权质量和风险，坚持市场化定价，实现资产和风险的真实完全转移。

银行债权评估或估值可以由金融资产投资公司会同银行对企业进行尽职调查后确定，也可以由独立第三方实施。银行债权转让可以采取招标、拍卖等公开方式，也可在评估或估值基础上自主协商确定公允价格，允许金融资产投资公司折价收购银行债权。

金融资产投资公司对企业进行股权投资后，由企业将股权投资资金全部用于偿还银行债权的，应当与企业约定在合理期间偿还银行债权，并约定所偿还银行债权的定价机制，确保按照实际价值偿还银行债权。金融资产投资公司应当与企业约定必要的资金用途监管措施，严格防止企业挪用股权投资资金。

第三十条　金融资产投资公司收购银行债权不得接受债权出让方银行及其关联机构出具的本金保障和固定收益承诺，不得实施利益输送，不得协助银行掩盖风险和规避监管要求。

金融资产投资公司不得与银行在转让合同等正式法律文件之外签订或达成任何协议或约定，影响资产和风险真实完全转移，改变交易结构、风险承担主体及相关权益转移过程等。

第三十一条　金融资产投资公司收购银行债权，不得由该债权出让方银行使用资本金、自营资金、理财资金或其他表外资金提供任何形式的直接或间接融资，不得由该债权出让方银行以任何方式承担显性或者隐性回购义务。

金融资产投资公司对企业进行股权投资，股权投资资金用于偿还企业银行债权的，不得由该债权人银行使用资本金、自营资金、理财资金或其他表外资金提供任何形式的直接或间接融资。

第三十二条 转股债权标的应当以银行对企业发放贷款形成的债权为主，适当考虑其他类型银行债权和非银行金融机构债权。转股债权资产质量类别由债权银行、企业和金融资产投资公司自主协商确定，包括正常类、关注类和不良类债权。

第三十三条 金融资产投资公司应当加强对所收购债权的管理，认真整理、审查和完善相关债权的法律文件和管理资料，密切关注债务人和担保人的清偿能力和抵质押物价值变化情况，及时采取补救措施，切实维护和主张权利。

第三十四条 债转股对象和条件由金融资产投资公司、债权银行和企业根据国家政策依法自主协商确定，转股债权及股权价格按市场化原则确定。对于涉及多个债权银行的，可以由最大债权银行或主动发起债转股的债权银行牵头成立债权人委员会进行协调。

经过法定程序，债权可以转为普通股，也可以转为优先股。

第三十五条 金融资产投资公司确定作为债转股对象的企业应当具备以下条件：

（一）发展前景良好但遇到暂时困难，具有可行的企业改革计划和脱困安排；

（二）主要生产装备、产品、能力符合国家产业发展方向，技术先进，产品有市场，环保和安全生产达标；

（三）信用状况较好，无恶意违约、转移资产等不良信用记录。

第三十六条 金融资产投资公司开展债转股，应当符合国家产业政策等政策导向，优先考虑对拥有优质优良资产的企业和发展前景良好但遇到暂时困难的优质企业开展市场化债转股，包括：

（一）因行业周期性波动导致困难但仍有望逆转的企业；

（二）因高负债而财务负担过重的成长型企业，特别是战略性新兴产业领域的成长型企业；

（三）高负债居于产能过剩行业前列的关键性企业以及关系国家安全的战略性企业；

（四）其他适合优先考虑实施市场化债转股的企业。

第三十七条 金融资产投资公司不得对下列企业实施债转股：

（一）扭亏无望、已失去生存发展前景的"僵尸企业"；

（二）有恶意逃废债行为的失信企业；

（三）债权债务关系复杂且不明晰的企业；

（四）不符合国家产业政策，助长过剩产能扩张和增加库存的企业；

（五）金融业企业；

（六）其他不适合实施债转股的企业。

第三十八条 金融资产投资公司应当按照公开、公平、公正的原则，根据自身业务经营和风险管理策略，开展市场化债转股业务。

金融资产投资公司应当对债转股对象企业开展尽职调查，合理评估对象企业价值，并与企业、企业股东等利益相关方协商明确转股价格、转股比例、资产负债重组计划、公司治理安排、经营发展规划、股权退出等事宜，签订债转股协议。

金融资产投资公司应当积极争取各级政府和相关部门推动债转股企业改组改制，并在剥离相关社会负担、分流安置富余人员、税收优惠、股权退出等方面给予支持。

第三十九条 金融资产投资公司应当建立严格的关联交易管理制度，关联交易应当遵循商业原则，以市场价格为基础，按照不优于非关联方同类交易的条件进行，防止利益输送，防范掩盖风险、规避监管和监管套利。

金融资产投资公司重大关联交易应当经董事会批准，并进行充分披露。重大关联交易是指金融资产投资公司与一个关联方之间单笔交易使用的自营资金总额占金融资产投资公司净资产5%以上的交易。重大关联交易应当自批准之日起10个工作日内报告监事会，同时报告国务院银行业监督管理机构及其派出机构。

上市商业银行控股或参股的金融资产投资公司，与该上市商业银行及其关联方的关联交易，应当符合证券监管有关规定。

第四十条 金融资产投资公司应当与相关主体在债转股协议中对企业未来债务融资行为进行规范，共同制定合理的债务安排和融资规划，对企业资产负债率作出明确约定，防止企业杠杆率再次超出合理水平。

第四十一条 金融资产投资公司应当建立和完善股权管理制度，明确持股目的和持股策略，确定合理持股份额，并根据《中华人民共和国公司法》等法律法规要求承担责任。金融资产投资公司对于实行债转股的企业，原则上不应当控股。如确有必要，应当制定合理的过渡期限。

债转股企业涉及上市公司和非上市公众公司的,应当符合证券监管有关规定。

第四十二条 金融资产投资公司应当按照法律法规、公司章程要求和合同约定,派员参加企业股东(大)会、董事会、监事会,审议修订公司章程和议事规则,明确重大事项决策程序,依法行使股东权利,参与公司治理和企业重大经营决策,督促持股企业持续改进经营管理。

第四十三条 金融资产投资公司应当依法行使各项股东权利,在法律法规和公司章程规定范围内依法采取措施,制止损害股东权益行为。当持股企业因管理、环境等因素发生不利变化,导致或可能导致持股风险显著增大时,应当及时采取有效措施保障自身合法权益。

第四十四条 鼓励金融资产投资公司建立股权退出策略和机制。对股权有退出预期的,可以与相关主体协商约定所持股权的退出方式。实施股权退出涉及证券发行或交易的,应当符合证券监管的有关规定。涉及国有资产产权登记和转让的,应当符合国有资产管理的有关规定。

第四十五条 鼓励金融资产投资公司通过市场化措施向合格投资者真实转让所持有的债转股企业股权。

第四十六条 金融资产投资公司应当建立履职问责制,规定在债转股业务过程中有关部门和岗位的职责,对违反法律法规、本办法及其他债转股监管规定的行为进行责任认定和处理。

第四十七条 金融资产投资公司开展业务应当遵守法律法规和监管政策,严禁以下违法违规行为:

(一)与债务人等串通,转移资产,逃废债务;

(二)违反规定对禁止性对象企业实施债转股或变相实施债转股;

(三)违规接受银行承诺或签订私下协议;

(四)伪造、篡改、隐匿、毁损债转股相关档案;

(五)其他违法违规及违反本办法要求的行为。

第四章 风险管理

第四十八条 金融资产投资公司应当建立组织健全、职责清晰的公司治理结构,明确股东(大)会、董事会、监事会、高级管理层以及业务部门、风险管理部门和内审部门的职责分工,建立多层次、相互衔接、有效制衡的风险管理机制。金融资产投资公司对其设立的附属机构应当加强并表管理。

控股或参股金融资产投资公司的商业银行与金融资产投资公司之间应当建立防火墙,在资金、人员、业务方面进行有效隔离,防范风险传染。

第四十九条 金融资产投资公司应当建立与其业务规模、复杂程度、风险状况相匹配的有效风险管理框架,制定清晰的风险管理策略,明确风险偏好和风险限额,制定完善风险管理政策和程序,及时有效识别、计量、评估、监测、控制或缓释各举重大风险。

第五十条 金融资产投资公司应当按照国务院银行业监督管理机构的相关规定建立资本管理体系,合理评估资本充足状况,建立审慎、规范的资本补充和约束机制。金融资产投资公司资本充足率、杠杆率和财务杠杆率水平参照金融资产管理公司资本管理相关规定执行。

第五十一条 金融资产投资公司应当严格按照有关规定,对所持有的债权资产进行准确分类,足额计提风险减值准备,确保真实反映风险状况。

第五十二条 金融资产投资公司应当确保其资产负债结构与流动性管理要求相匹配,建立、完善明晰的融资策略和融资渠道,提高融资来源的多元性、稳定性和可持续性,合理控制期限错配,实施流动性风险限额管理,制定有效的流动性风险应急计划。

第五十三条 金融资产投资公司应当加强债转股项目全流程管理,严格落实尽职调查、审查审批、风控措施、后续管理等各项要求,加强监督约束,防范超越权限或者违反程序操作、虚假尽职调查与评估、泄露商业秘密谋取非法利益、利益输送、违规放弃合法权益、截留隐匿或私分资产等操作风险。

第五十四条 金融资产投资公司应当制定合理的业绩考核和奖惩机制,建立市场化的用人机制和薪酬激励约束机制。

第五十五条 金融资产投资公司应当建立健全内部控制和内外部审计制度,完善内控机制,提高内外部审计有效性,持续督促提升业务经营、内控合规、风险管理水平。

第五章 监督管理

第五十六条 国务院银行业监督管理机构及其派出机构通过非现场监管和现场检查等方式对金融资产投资公司及其分支机构(附属机构)实施持续监管。

第五十七条 金融资产投资公司及其分支机构(附属机构)应当按规定向国务院银行业监督管理机构及其派出机构报送监管信息,主要包括:

(一)业务经营和风险管理制度;

(二)组织架构及主要管理人员信息;

(三)财务会计报表、监管统计报表;

(四)信息披露材料;

(五)重大事项报告;

(六)国务院银行业监督管理机构及其派出机构认为必要的其他信息。

金融资产投资公司定期报送上述信息时,应当包括股权投资和管理业务运行及风险情况,作为其主要股东的商业银行及其关联机构对所投资企业及其关联企业的授信、融资及投资变化情况。

金融资产投资公司所投资企业出现杠杆率持续超出合理水平、重大投资风险、重大经营问题和偿付能力问题等重大事项时,应当及时报告。

第五十八条 国务院银行业监督管理机构及其派出机构应当定期对金融资产投资公司及其分支机构(附属机构)开展全面现场检查和股权投资管理等业务的专项检查。

第五十九条 国务院银行业监督管理机构及其派出机构根据履职需要,可与金融资产投资公司董事、高级管理人员及外部审计人员进行监管谈话,要求其就业务活动和风险管理等重大事项作出说明。

第六十条 国务院银行业监督管理机构应当按照法律法规要求,督促金融资产投资公司落实信息披露要求。

第六十一条 金融资产投资公司及其分支机构(附属机构)所投资企业出现企业杠杆率持续超出合理水平、重大投资风险、重大经营问题和偿付能力问题,或者可能对金融行业和金融市场产生不利影响的,国务院银行业监督管理机构及其派出机构可以依据有关法律法规规定对金融资产投资公司采取限期整改、暂停业务、限制股东权利等强制监管手段。

第六十二条 金融资产投资公司及其分支机构(附属机构)违反有关法律法规以及本办法有关规定的,国务院银行业监督管理机构及其派出机构应当依法责令金融资产投资公司限期整改,并可区别情形,依据《中华人民共和国银行业监督管理法》等法律法规,对金融资产投资公司采取暂停业务、限制股东权利等强制监管措施和行政处罚。

第六十三条 国务院银行业监督管理机构对金融资产投资公司及其分支机构(附属机构)业务开展情况和债转股效果定期进行评估,根据降低企业杠杆率实际效果、主营业务占比、购买债权实施转股业务占比、交叉实施债转股占比等情况,研究完善监督管理、激励约束和政策支持措施。

第六章 附 则

第六十四条 金融资产管理公司、信托公司等其他银行业金融机构参与开展市场化债转股,商业银行通过其他符合条件的所属机构参与开展市场化债转股,应当参照适用本办法规定的业务规则和风险管理要求,法律法规和金融监管部门规章另有规定的除外。

金融资产投资公司对非银行金融机构债权实施债转股适用本办法规定,法律法规和金融监管部门规章另有规定的除外。

第六十五条 商业银行已经签订框架性协议尚未实施的债转股项目应当符合本办法相关要求,已实施的债转股项目管理方式不得违反本办法相关要求,法律法规和金融监管部门规章另有规定的除外。

第六十六条 本办法由中国银行保险监督管理委员会负责解释。

第六十七条 本办法自公布之日起施行。

金融资产投资公司资本管理办法(试行)

· 2022年6月17日
· 银保监规〔2022〕12号

第一章 总 则

第一条 为加强金融资产投资公司资本监管,促进金融资产投资公司稳健运行,根据《中华人民共和国银行业监督管理法》、《金融资产投资公司管理办法(试行)》(中国银行保险监督管理委员会令2018年第4号)等法律法规,制定本办法。

第二条 本办法适用于金融资产投资公司及其附属机构组成的集团。

本办法所称金融资产投资公司是指经银保监会批准,在中华人民共和国境内设立的,主要从事银行债权转股权(以下简称债转股)及配套支持业务的非银行金融机构。本办法所称附属机构是指由金融资产投资公司直接或间接持股的、按照本办法第二章第五节规定应当纳入并表资本监管范围的机构。

第三条 金融资产投资公司应当确保持有的资本能够抵御所面临的风险,包括集团风险、个体风险和系统性风险。

第四条 金融资产投资公司应当持续满足本办法规定的资本充足性监管要求和监管指标。

第五条 本办法所称资本充足率,是指金融资产投资公司持有的符合本办法规定的资本与风险加权资产之间的比率。

一级资本充足率,是指金融资产投资公司持有的符合本办法规定的一级资本与风险加权资产之间的比率。

核心一级资本充足率,是指金融资产投资公司持有的符合本办法规定的核心一级资本与风险加权资产之间的比率。

第六条 金融资产投资公司应当按照本办法的规定计算并表和未并表的资本充足率。

第七条 本办法所称资本净额,是指从金融资产投资公司及附属机构持有的符合本办法规定的各级资本中对应扣除扣减项后的资本余额。

第八条 除上述资本充足率监管要求外,金融资产投资公司还应当满足杠杆率监管要求。

本办法所称杠杆率,是指金融资产投资公司持有的、符合本办法规定的一级资本净额与调整后表内资产余额和表外项目余额总和之比。

第九条 金融资产投资公司应当建立全面风险管理架构和内部资本充足性管理及评估程序。

第十条 银保监会及其派出机构依照本办法对金融资产投资公司资本充足性、资本管理等情况进行日常监管和现场检查,可以视情况采取相应的监管措施。

第二章 资本监管要求

第一节 资本充足率计算及监管要求

第十一条 金融资产投资公司资本充足率的计算公式为:

$$核心一级资本充足率 = \frac{核心一级资本 - 对应资本扣减项}{风险加权资产} \times 100\%$$

$$一级资本充足率 = \frac{一级资本 - 对应资本扣减项}{风险加权资产} \times 100\%$$

$$资本充足率 = \frac{总资本 - 对应资本扣减项}{风险加权资产} \times 100\%$$

第十二条 金融资产投资公司总资本包括核心一级资本、其他一级资本和二级资本。金融资产投资公司应当按照本章第二节的规定计算各级资本和扣减项。

第十三条 金融资产投资公司风险加权资产包括信用风险加权资产、市场风险加权资产、操作风险加权资产和资产管理业务风险加权资产。金融资产投资公司应当按照本章第三节的规定分别计量信用风险加权资产、市场风险加权资产、操作风险加权资产和资产管理业务风险加权资产。

第十四条 金融资产投资公司各级资本充足率不得低于以下要求:

(一)核心一级资本充足率不得低于5%;

(二)一级资本充足率不得低于6%;

(三)资本充足率不得低于8%。

第十五条 特定情况下,金融资产投资公司应当在最低资本要求之上计提逆周期资本。逆周期资本要求为风险加权资产的0—2.5%,由核心一级资本来满足。逆周期资本要求由银保监会根据实际情况确定。

第二节 资本定义

第十六条 核心一级资本包括:

(一)实收资本或普通股;

(二)资本公积;

(三)盈余公积;

(四)一般风险准备;

(五)未分配利润;

(六)其他可计入部分。

第十七条 其他一级资本包括:

(一)其他一级资本工具;

(二)其他一级资本工具溢价。

第十八条 二级资本包括:

(一)二级资本工具;

(二)二级资本工具溢价;

(三)超额损失准备。

金融资产投资公司应采用权重法计量信用风险加权资产,超额损失准备可计入二级资本,但不得超过信用风险加权资产的1.25%。

金融资产投资公司应严格按照会计准则要求对需要进行减值会计处理的金融工具进行减值会计处理并确认损失准备。前款所称超额损失准备,是指金融资产投资公司实际计提的损失准备超过不良资产余额的部分。

第十九条 计算资本充足率时,金融资产投资公司应当从核心一级资本中全额扣除以下项目:

(一)商誉;

(二)其他无形资产(土地使用权除外);

(三)由经营亏损引起的净递延所得税资产;

(四)信用风险类资产损失准备缺口。

损失准备缺口是指金融资产投资公司实际计提的损失准备低于不良资产余额的部分。

第二十条 金融资产投资公司与其他金融机构之间通过协议相互持有的各级资本工具,或银保监会及其派出机构认定为虚增资本的各级资本投资,应从相应的监管资本中对应扣除。

金融资产投资公司直接或间接持有本公司发行的各级资本工具,应从相应的监管资本中对应扣除。金融资产投资公司计算未并表资本充足率,应从各级资本中对应扣除对附属机构的资本投资。

对应扣除是指从金融资产投资公司自身相应层级资本中一次性全额扣除。金融资产投资公司某一级资本净额小于应扣除数额的，缺口部分应从更高一级的资本净额中扣除。

第二十一条 金融资产投资公司对未纳入资本监管范围的金融机构的小额少数资本投资，合计超出本公司核心一级资本净额30%的部分，应从各级监管资本中对应扣除。

小额少数资本投资是指金融资产投资公司对金融机构各级资本投资（包括直接和间接投资）占该被投资金融机构实收资本（普通股加普通股溢价）10%（不含）以下，且根据本章第五节规定可不纳入资本监管范围的资本投资。

第二十二条 金融资产投资公司对未纳入资本监管范围的金融机构的大额少数资本投资中，核心一级资本投资合计超出本公司核心一级资本净额30%的部分，应从本公司核心一级资本中扣除；其他一级资本投资和二级资本投资应从相应层级资本中全额扣除。

大额少数资本投资，是指金融资产投资公司对金融机构各级资本投资（包括直接和间接投资）占该被投资金融机构实收资本（普通股加普通股溢价）10%（含）以上，且根据本章第五节规定可不纳入资本监管范围的资本投资。

第二十三条 除本办法第十九条规定的净递延所得税资产外，其他依赖于本公司未来盈利的净递延所得税资产，超出本公司核心一级资本净额10%的部分应从核心一级资本中扣除。

第二十四条 根据本办法第二十二条、第二十三条的规定，未在金融资产投资公司核心一级资本中扣除的对金融机构的大额少数资本投资和相应的净递延所得税资产，合计金额不得超过本公司核心一级资本净额的35%。

第三节 风险加权资产计量

第二十五条 金融资产投资公司采用权重法计量信用风险加权资产。

第二十六条 金融资产投资公司计量各类表内资产的风险加权资产，应首先从资产账面价值中扣除相应的减值准备，然后乘以风险权重。

金融资产投资公司应当按照本办法附件1的规定计量各类表内资产的信用风险加权资产。

第二十七条 金融资产投资公司采用权重法计量信用风险加权资产时，可按照本办法附件1的规定考虑风险缓释条款的风险缓释作用，计算方法如下：

信用风险加权资产=（资产账面价值-减值准备-风险缓释工具账面价值）×资产的风险权重+风险缓释工具账面价值×风险缓释工具风险权重

第二十八条 金融资产投资公司应采用标准法计量市场风险资本要求。

第二十九条 金融资产投资公司应当制定清晰的交易账簿和银行账簿划分标准，明确纳入交易账簿的金融工具头寸以及在交易账簿和银行账簿间划转的条件，并确保执行的一致性。

第三十条 金融资产投资公司市场风险加权资产为市场风险资本要求的12.5倍，即：市场风险加权资产=市场风险资本要求×12.5。

第三十一条 金融资产投资公司应当按照本办法附件2的规定分别计量各类资产市场风险的资本要求。

第三十二条 金融资产投资公司应采用基本指标法计量操作风险资本要求。

第三十三条 金融资产投资公司操作风险加权资产为操作风险资本要求的12.5倍，即：操作风险加权资产=操作风险资本要求×12.5。

第三十四条 金融资产投资公司应当以最近三年平均总收入为基础计量操作风险资本要求。

总收入按照本办法附件3的规定进行确认，包括投资收益、手续费及佣金净收入、利息净收入、不良资产处置净收入以及其他收入。

操作风险资本要求按照以下公式计量：

$$K_{BIA} = \frac{\sum_{i=1}^{n}(GI_i \times \alpha)}{n}$$

其中：

K_{BIA} 为按基本指标法计量的操作风险资本要求；
GI 为过去三年中每年正的总收入；
n 为过去三年中总收入为正的年数；
α 为15%。

第三十五条 金融资产投资公司应计量资产管理业务风险资本要求。

第三十六条 金融资产投资公司资产管理业务风险加权资产为资产管理业务风险资本要求的12.5倍，即：资产管理业务风险加权资产=资产管理业务风险资本要求×12.5。

第三十七条 金融资产投资公司应当按照本办法附件4的规定计量资产管理业务风险资本要求。

第三十八条 金融资产投资公司应当审慎判断其资产管理业务面临的风险状况,确保资本能够覆盖资产管理业务风险。

第四节 杠杆率计算及监管要求

第三十九条 金融资产投资公司杠杆率的计算公式为:

杠杆率＝一级资本净额/(调整后的表内资产余额+表外项目余额)×100%

第四十条 调整后的表内资产余额为表内总资产扣减一级资本扣减项后的表内资产余额。

第四十一条 表外项目不包括资产管理业务。表外项目余额为金融资产投资公司表外业务根据相应的信用转换系数计算得到的风险暴露,各类表外项目的信用转换系数按照本办法附件5执行。

第四十二条 金融资产投资公司杠杆率不得低于6%。

第五节 并表资本监管指标计算范围

第四十三条 并表资本监管指标计算范围应包括金融资产投资公司以及符合本办法规定的其直接或间接投资的机构。

第四十四条 金融资产投资公司应当遵循"实质重于形式"的原则,以控制为基础,兼顾风险相关性,将符合下列条件之一的被投资机构纳入并表计算范围:

(一)金融资产投资公司或其附属机构直接拥有,或与附属机构共同拥有50%以上表决权的被投资机构。

(二)金融资产投资公司拥有50%(含)以下的表决权,但有下列情形之一的被投资机构:

1. 通过与其他投资者之间的协议,拥有该机构50%以上的表决权;

2. 根据章程或协议,有权决定该机构的财务和经营政策;

3. 有权任免该机构董事会或类似权力机构的多数成员;

4. 在该机构董事会或类似权力机构拥有多数表决权。

确定对被投资机构的表决权时,应考虑金融资产投资公司持有的该机构的当期可转换公司债券、当期可执行的认股权证等潜在表决权因素。对于当期可以实现的潜在表决权,应计入金融资产投资公司对被投资机构的表决权。

(三)存在其他证据表明受金融资产投资公司实际控制的被投资机构。

控制,是指投资方拥有对被投资方的权力,通过参与被投资方的相关活动而享有可变回报,并且有能力运用对被投资方的权力影响其回报金额。

第四十五条 金融资产投资公司未拥有被投资机构多数表决权或控制权,具有下列情形之一的,应当纳入并表资本监管指标计算范围:

(一)具有业务同质性的多个机构,虽然单个机构资产规模占金融资产投资公司整体资产规模的比例较小,但根据风险相关性,该类机构的总体风险足以对金融资产投资公司的财务状况及风险水平造成重大影响;

(二)被投资机构合规风险、声誉风险造成的危害和损失足以对金融资产投资公司造成重大影响。

第四十六条 下列被投资机构可以不纳入并表资本监管指标计算范围:

(一)已关闭或已宣告破产的机构;

(二)因终止而进入清算程序的机构;

(三)有证据证明决定在三年内出售的、金融资产投资公司或附属机构的权益性资本在50%以上的被投资机构;

(四)符合以下任一条件的附属非金融机构:

1. 金融资产占总资产的比重低于50%(金融资产的范围应符合《企业会计准则第22号——金融工具确认和计量》的相关规定);

2. 资产负债率低于70%;

3. 经银保监会及其派出机构认定不具有投融资功能。

本款规定的条件,主要依据该附属非金融机构最近两年经审计的年末财务报表的算术平均值进行判断,成立不满两年的,可依据自成立之日起至最近一期经审计财务报表进行判断。

第四十七条 金融资产投资公司及其附属金融机构对附属非金融机构提供长期清偿担保的,该非金融机构应纳入资本监管范围;无清偿担保或清偿担保可无条件撤销的,由金融资产投资公司按审慎原则处理。对于通过资管计划、基金等结构化主体进行的股权投资,应按照穿透原则进行管理。

第四十八条 金融资产投资公司应当加强附属机构资本管理,根据自身实际情况确定对各级附属机构资本充足性的管理要求,并督促附属机构持续满足资本管理和监管要求。

第四十九条 银保监会及其派出机构有权根据金融资产投资公司及其投资机构的股权结构变动、风险类别等确定和调整资本监管范围。

第三章 内部资本充足评估程序

第五十条 金融资产投资公司应当按照监管要求，建立完善的风险管理框架和稳健的内部资本充足评估程序，明确风险治理结构，审慎评估各类风险、资本充足水平和资本质量，制定资本规划和资本管理计划，确保资本能够充分抵御其所面临的风险，满足业务发展的需要。

第五十一条 金融资产投资公司董事会应承担本公司资本管理的首要责任。董事会应当履行以下职责：

（一）设定与公司发展战略和外部环境相适应的风险偏好和资本充足目标，审批内部资本充足评估程序，确保资本充分覆盖主要风险。

（二）审批公司的资本管理制度，确保资本管理政策和控制措施有效。

（三）审批并监督资本规划的实施。至少每年一次审批资本管理计划，审议资本管理报告及内部资本充足评估报告，听取对资本管理和内部资本充足评估程序执行情况的审计报告。

（四）审批资本信息披露政策、程序和内容，并保证披露信息的真实、准确和完整。

（五）确保金融资产投资公司有足够的资源，能够独立、有效地开展资本管理工作。

第五十二条 金融资产投资公司制定资本规划，应当综合考虑风险评估结果、压力测试结果、未来资本需求、资本监管要求和资本可获得性，确保资本水平持续满足监管要求。资本规划应至少设定内部资本水平三年目标。

第五十三条 金融资产投资公司应当健全报告体系，定期监测和报告公司资本水平和主要影响因素的变化趋势，报告应至少包括以下内容：

（一）评估主要风险状况及发展趋势、战略目标和外部环境对资本水平的影响；

（二）评估实际持有的资本是否足以抵御主要风险；

（三）提出确保资本能够充分覆盖主要风险的建议。

根据重要性和报告用途不同，金融资产投资公司应当明确各类报告的发送范围、报告内容及详略程度，确保报告信息与报送频率满足金融资产投资公司资本管理的需要。

金融资产投资公司应当在年度结束后的四个月内向银保监会报送资本管理及内部资本充足评估情况报告。

第四章 监督管理

第五十四条 银保监会及其派出机构对金融资产投资公司实施资本充足性监督检查，确保资本能够充分覆盖所面临的各类风险。

第五十五条 银保监会及其派出机构有权根据日常监管和现场检查情况提出更审慎的附加资本要求，确保资本充分覆盖风险，包括：

（一）根据单家金融资产投资公司的功能定位及发展战略执行情况、债转股主业经营和发展状况等，提出的附加资本要求；

（二）根据对特定资产组合的风险及与主业相关度的判断，通过调整风险权重等方法，针对特定资产组合提出的附加资本要求；

（三）根据单家金融资产投资公司未建立内部资本充足评估程序，或内部资本充足评估程序未达到相关要求等情况，结合对风险状况的评估结果，针对金融资产投资公司提出的附加资本要求；

（四）根据单家金融资产投资公司操作风险管理水平及操作风险事件发生情况，针对金融资产投资公司提出的操作风险附加资本要求；

（五）根据监督检查结果，针对金融资产投资公司提出的附加资本要求。

第五十六条 根据资本充足状况，银保监会及其派出机构将金融资产投资公司分为三类：

（一）第一类金融资产投资公司：资本充足率、一级资本充足率和核心一级资本充足率均达到本办法规定的各级资本要求。

（二）第二类金融资产投资公司：资本充足率、一级资本充足率和核心一级资本充足率均不低于最低资本要求和逆周期资本要求，但任意一项未达到附加资本要求。

（三）第三类金融资产投资公司：资本充足率、一级资本充足率和核心一级资本充足率任意一项未达到最低资本要求和逆周期资本要求。

第五十七条 对于第一类金融资产投资公司，为防止其资本充足水平快速下降，银保监会及其派出机构可以提出下列监管要求：

（一）加强对资本充足水平下降原因的分析及预测；

（二）制定切实可行的资本充足性管理计划；

（三）提高风险控制能力。

第五十八条 对于第二类金融资产投资公司，除本办法第五十七条规定的监管措施外，银保监会还可以区别情形依法采取以下监管措施：

（一）与金融资产投资公司董事会、高级管理层进行审慎性会谈。

（二）印发监管意见书，内容包括：资本管理存在的问题、拟采取的纠正措施和限期达标意见等。

（三）要求金融资产投资公司制定切实可行的资本补充计划和限期达标计划。

（四）增加对金融资产投资公司资本充足的监督检查频率。

（五）要求金融资产投资公司对特定风险领域采取风险缓释措施。

第五十九条 对第三类金融资产投资公司，除本办法第五十七条和第五十八条规定的监管措施外，银保监会还可以区别情形依法采取以下监管措施：

（一）限制金融资产投资公司分配红利和其它收入。红利和其它收入包括：可用于利润分配的项目、股票回购、其他一级资本工具的自主性收益及对员工的自主性支付等项目。

（二）限制金融资产投资公司向董事、高级管理人员实施任何形式的激励。

（三）限制金融资产投资公司进行股权投资或回购资本工具。

（四）限制金融资产投资公司重要资本性支出。

（五）要求金融资产投资公司控制风险资产增长。

在处置此类金融资产投资公司时，银保监会还可综合考虑外部因素，采取其他必要措施。

第六十条 对于杠杆率低于最低监管要求的金融资产投资公司，银保监会可以提出以下监管要求：

（一）在限定期限内补充一级资本；

（二）控制表内外资产增长速度；

（三）降低表内外资产规模。

第五章 信息披露

第六十一条 金融资产投资公司应当通过公开渠道，向投资者和社会公众披露资本充足性相关信息，确保信息披露的集中性、可访问性和公开性。

第六十二条 金融资产投资公司信息披露频率分为临时、半年及年度披露。其中，临时信息应及时披露，半年度信息披露时间为期末后60个工作日内，年度信息披露时间为会计年度终了后四个月内。因特殊原因不能按时披露的，应至少提前15个工作日向银保监会及其派出机构申请延迟披露。

第六十三条 金融资产投资公司应当分别按以下频率披露相关信息：

（一）实收资本或普通股及其他资本工具的变化情况应及时披露。

（二）核心一级资本净额、一级资本净额、资本净额、核心一级资本充足率、一级资本充足率、资本充足率、杠杆率等重要信息应每半年披露一次。

（三）资本充足性相关指标的计算范围、信用风险暴露总额、不良资产总额、信用风险资产减值准备、信用风险资产组合缓释后风险暴露余额、市场风险情况、操作风险情况、资产管理业务风险情况、债转股业务风险情况等相关重要信息应每年披露一次。

第六十四条 经银保监会同意，在满足信息披露总体要求的基础上，可以适当简化信息披露内容。

第六章 附 则

第六十五条 本办法由银保监会负责解释。

第六十六条 本办法自印发之日起施行。

附件：

1. 表内资产信用风险权重及合格股权投资风险缓释工具（略）
2. 市场风险标准法计量规则（略）
3. 操作风险基本指标法计量规则（略）
4. 资产管理业务风险资本计量规则（略）
5. 表外项目信用转换系数（略）

中国银保监会关于金融资产投资公司开展资产管理业务有关事项的通知

· 2020年4月16日
· 银保监发〔2020〕12号

各银保监局，各政策性银行、大型银行、股份制银行，外资银行，各保险集团（控股）公司，保险公司，银行业理财登记托管中心：

为促进市场化债转股健康发展，规范金融资产投资公司资产管理业务，依法保护投资者合法权益，按照《国务院关于积极稳妥降低企业杠杆率的意见》（国发〔2016〕54号）、《关于规范金融机构资产管理业务的指导意见》（银发〔2018〕106号）、《金融资产投资公司管理办法（试行）》（中国银行保险监督管理委员会令2018年第4号）等相关规定，现就金融资产投资公司开展资产管理业务的有关事项通知如下：

一、总体要求

（一）金融资产投资公司开展资产管理业务，是指其接受投资者委托，设立债转股投资计划并担任管理人，依照法律法规和债转股投资计划合同的约定,对受托的投资者财产进行投资和管理。债转股投资计划应当主要投资于市场化债转股资产,包括以实现市场化债转股为目的的债权、可转换债券、债转股专项债券、普通股、优先股、债权优先股等资产。

(二)金融资产投资公司开展资产管理业务,应当遵守成本可算、风险可控、信息充分披露的原则,诚实守信、勤勉尽职地履行职责,按照约定条件和实际投资收益情况向投资者支付收益,不保证本金支付和收益水平,投资者自担投资风险并获得收益。

(三)债转股投资计划财产独立于管理人、托管机构的自有资产,因债转股投资计划财产的管理、运用、处分或者其他情形而取得的财产,均归入债转股投资计划财产。债转股投资计划管理人、托管机构因依法解散、被依法撤销或者被依法宣告破产等原因进行清算的,债转股投资计划财产不属于其清算财产。债转股投资计划管理人管理、运用和处分债转股投资计划财产所产生的债权,不得与管理人、托管机构的自有债务相抵销;管理人管理、运用和处分不同债转股投资计划财产所产生的债权债务,不得相互抵销。

(四)金融资产投资公司债转股投资计划可以依法申请登记成为债转股标的公司股东。

(五)中国银保监会及其派出机构依法对金融资产投资公司资产管理业务活动实施监督管理。

二、资金募集

(六)金融资产投资公司应当通过非公开方式向合格投资者发行债转股投资计划,并加强投资者适当性管理。合格投资者为具备与债转股投资计划相适应的风险识别能力和风险承担能力,并符合下列条件的自然人、法人或者其他组织:

1. 具有 4 年以上投资经历,且满足下列条件之一:家庭金融净资产不低于 500 万元,或者家庭金融资产不低于 800 万元,或者近 3 年本人年均收入不低于 60 万元。

2. 最近 1 年末净资产不低于 2000 万元的法人单位。

3. 中国银保监会视为合格投资者的其他情形。

合格投资者投资单只债转股投资计划的金额不低于 300 万元。金融资产投资公司应当通过金融资产投资公司官方渠道或中国银保监会认可的其他渠道,对投资者风险承受能力进行定期评估。

自然人投资者参与认购的债转股投资计划,不得以银行不良债权为投资标的。

(七)金融资产投资公司可以自行销售债转股投资计划,也可以委托商业银行等中国银保监会认可的机构代理销售或者推介债转股投资计划。

商业银行代理销售债转股投资计划时,应当严格按照《中国银监会关于规范商业银行代理销售业务的通知》(银监发〔2016〕24号)等要求,做好尽职调查、风险隔离和投资者适当性管理。

(八)金融资产管理公司、保险资产管理机构、国有资本投资运营公司等各类市场化债转股实施机构和符合《关于鼓励相关机构参与市场化债转股的通知》(发改办财金〔2018〕1442号)规定的各类相关机构,可以在依法合规的前提下使用自有资金、合法筹集或管理的专项用于市场化债转股的资金投资债转股投资计划。

金融资产投资公司可以使用自有资金、合法筹集或管理的专项用于市场化债转股的资金投资本公司或其他金融资产投资公司作为管理人的债转股投资计划,但不得使用受托管理的资金投资本公司债转股投资计划。

保险资金、养老金等可以依法投资债转股投资计划。

其他投资者可以使用自有资金投资债转股投资计划。

(九)投资者可以通过银行业理财登记托管中心(下称登记机构)以及中国银保监会认可的其他场所和方式,向合格投资者转让其持有的债转股投资计划份额,并按规定办理持有人份额变更登记。转让后,持有债转股投资计划份额的合格投资者合计不得超过200人。

金融资产投资公司应当在债转股投资计划份额转让前,对受让人的合格投资者身份和债转股投资计划的投资者人数进行合规性审查。

任何单位或个人不得以拆分债转股投资计划份额等方式,变相突破合格投资者标准或200人的人数限制。

三、投资运作

(十)债转股投资计划可以投资单笔市场化债转股资产,也可以采用资产组合方式进行投资。资产组合投资中,市场化债转股资产原则上不低于债转股投资计划净资产的60%。

债转股投资计划可以投资的其他资产包括合同约定的存款(包括大额存单)、标准化债权类资产等。

(十一)债转股投资计划应当为封闭式产品,自产品成立日至终止日期间,投资者不得进行认购或者赎回。债转股投资计划直接或间接投资于非标准化债权类资产的,非标准化债权类资产的终止日不得晚于产品到期日。债转股投资计划直接或间接投资于未上市企业股权及其收益权的,未上市企业股权及其收益权的退出日不得晚于产品的到期日。

(十二)债转股投资计划原则上应当为权益类产品或混合类产品,可以进行份额分级,根据所投资资产的风险程度设定分级比例(优先级份额/劣后级份额,中间级份额计入优先级份额)。权益类产品的分级比例不得超过1:1,混合类产品的分级比例不得超过2:1。分级债转股投资计划不得直接或间接对优先级份额认购者提供保本保收益安排。

金融资产投资公司应当对分级债转股投资计划进行自主管理,不得转委托给劣后级投资者。

(十三)债转股投资计划的总资产不得超过该产品净资产的200%。分级债转股投资计划的总资产不得超过该产品净资产的140%。

金融资产投资公司计算债转股投资计划总资产时,应当按照穿透原则合并计算债转股投资计划所投资的底层资产。债转股投资计划投资于资产管理产品的,应当按照持有资产管理产品的比例计算底层资产。

四、登记托管

(十四)金融资产投资公司应当在登记机构对债转股投资计划进行集中登记。金融资产投资公司不得发行未在登记机构进行登记的债转股投资计划。

(十五)金融资产投资公司发行债转股投资计划,应当在相关法律文件中约定投资者委托金融资产投资公司在登记机构开立持有人账户及办理产品份额登记的条款。

(十六)投资者应当向金融资产投资公司提交真实、准确、完整的开户信息,金融资产投资公司应当予以核实并向登记机构提交开户信息。登记机构应当为每个持有人账户设定唯一的账户号码,并出具开户通知书,通过持有人账户记载每个投资者持有债转股投资计划的份额及变动情况。

(十七)金融资产投资公司设立的债转股投资计划,应当选择在商业银行、登记机构等具有相关托管资质的机构托管。

五、信息披露与报送

(十八)金融资产投资公司应当在债转股投资计划产品合同中与投资者约定信息披露方式、内容、频率,主动、真实、准确、完整、及时披露产品募集信息、资金投向、杠杆水平、收益分配、托管安排、投资账户信息和主要投资风险等内容,并且应当至少每季度向投资者披露产品净值和其他重要信息。金融资产投资公司应当通过中国理财网和与投资者约定的其他方式披露产品信息。

(十九)金融资产投资公司、登记机构应当按要求向相关部门报送债转股投资计划产品信息。登记机构应当每月向中国银保监会报告债转股投资计划登记内容、登记质量和登记系统运行等有关情况。

六、其他事项

(二十)债转股投资计划登记的基本要求见附件。在本通知发布前设立的债转股投资计划,应当自本通知发布实施之日起六十日内完成补登记。

(二十一)金融资产投资公司开展资产管理业务,除本通知涉及的事项外,应遵守《关于规范金融机构资产管理业务的指导意见》的相关规定。

附件:债转股投资计划登记的基本要求(略)

银行卡清算机构管理办法

- 2016年6月6日中国人民银行、中国银行业监督管理委员会令〔2016〕第2号公布
- 自公布之日起施行

第一章 总 则

第一条 为促进我国银行卡清算市场健康发展,规范银行卡清算机构管理,保护当事人合法权益,根据《中华人民共和国中国人民银行法》、《国务院关于实施银行卡清算机构准入管理的决定》(国发〔2015〕22号),制定本办法。

第二条 本办法所称银行卡清算机构是指经批准,依法取得银行卡清算业务许可证,专门从事银行卡清算业务的企业法人。

第三条 仅为跨境交易提供外币的银行卡清算服务的境外机构(以下简称境外机构),原则上可以不在中华人民共和国境内设立银行卡清算机构,但对境内银行卡清算体系稳健运行或公众支付信心具有重要影响的,应当在中华人民共和国境内设立法人,依法取得银行卡清算业务许可证。

第四条 银行卡清算机构应当遵守国家安全、国家网络安全相关法律法规,确保银行卡清算业务基础设施的安全、稳定和高效运行。银行卡清算业务基础设施应满足国家信息安全等级保护要求,使用经国家密码管理机构认可的商用密码产品,符合国家及行业相关金融标准,且其核心业务系统不得外包。

第五条 为保障金融信息安全,境内发行的银行卡在境内使用时,其相关交易处理应当通过境内银行卡清

算业务基础设施完成。

第六条 银行卡清算机构与境内入网发卡机构或收单机构(以下简称入网机构)的银行卡交易资金清算应当通过境内银行以人民币完成资金结算,为跨境交易提供外币的银行卡清算服务的情形除外。

第七条 银行卡清算机构和境外机构应当对从银行卡清算服务中获取的身份信息、账户信息、交易信息以及其他相关敏感信息等当事人金融信息予以保密;除法律法规另有规定外,未经当事人授权不得对外提供。

银行卡清算机构和境外机构为处理银行卡跨境交易且经当事人授权,向境外发卡机构或收单机构传输境内收集的相关个人金融信息的,应当通过业务规则及协议等有效措施,要求境外发卡机构或收单机构为所获得的个人金融信息保密。

第八条 银行卡清算机构和境外机构应当遵守法律法规的有关规定,遵循诚信和公平竞争的原则,不得损害国家利益和社会公共利益。

第九条 银行卡清算机构和境外机构应当遵守反洗钱和反恐怖融资法律法规和相关规定,履行反洗钱和反恐怖融资义务。

银行卡清算机构办理银行卡跨境交易,应当遵守国家外汇及跨境人民币管理的有关规定。

第十条 中国人民银行、中国银行业监督管理委员会按照分工,依法对银行卡清算机构和境外机构实施监督管理,并加强沟通协调,共同防范银行卡清算业务系统性风险。

第二章 申请与许可

第十一条 银行卡清算机构的注册资本不低于10亿元人民币,出资人应当以自有资金出资,不得以委托资金、债务资金等非自有资金出资。

第十二条 银行卡清算机构50%以上的董事(含董事长、副董事长)和全部高级管理人员应当具备相应的任职专业知识,5年以上银行、支付或者清算的从业经验和良好的品行、声誉,以及担任职务所需的独立性。

除《中华人民共和国公司法》规定的情形外,有以下情形之一的,不得担任银行卡清算机构的董事、高级管理人员:

(一)有重大过失或犯罪记录的。

(二)因违法行为或者违纪行为被金融监管机构取消任职资格的董事、监事、高级管理人员,自被取消任职资格之日起未逾5年的。

(三)曾经担任被金融监管机构行政处罚单位的董事、监事或者高级管理人员,并对被行政处罚负有个人责任或者直接领导责任,自执行期满未逾2年的。

第十三条 申请人向中国人民银行提出银行卡清算机构筹备申请的,应当提交下列申请材料:

(一)筹备申请书,载明公司的名称、住所、注册资本等。

(二)企业法人营业执照复印件和公司章程,申请人为外商投资企业的,还应当提交外商投资企业批准证书复印件。

(三)证明其资本实力符合要求的材料及相关证明。

(四)真实、完整、公允的最近一年财务会计报告,设立时间不足一年的除外。

(五)出资人出资决议,出资金额、方式及资金来源,以及出资人之间关联关系的说明。

(六)主要出资人和其他单一持股比例超过10%的出资人的资质证明材料,包括但不限于营业执照、最近三年财务会计报告、无重大违法违规记录证明和从业经历证明等。

出资人为境内银行业金融机构的,应当提供金融业务许可证复印件和中国银行业监督管理委员会允许其投资银行卡清算机构的批准文件。

(七)关于公司实际控制人情况的说明。

(八)公司组织架构设置、财务独立性、风控体系构建及合规机制建设等情况说明。

(九)反洗钱和反恐怖融资内部控制制度方案、组织架构方案以及开展相关工作的技术条件说明。

(十)银行卡清算品牌商标标识的商标注册证,使用出资人所有的银行卡清算品牌的,应当提供出资人的商标权属证明、转让协议或授权使用协议,以及申请人经备案的商标使用许可。

(十一)银行卡清算业务可行性研究报告、业务发展规划和基础设施建设计划。

(十二)符合国家标准、行业标准的银行卡清算业务标准体系和业务规则的框架。

(十三)持卡人和商户权益保护策略及机制。

(十四)筹备工作方案及主要工作人员名单、履历。

(十五)其他需专门说明的事项及申请材料真实性声明。

上述材料为外国文字的,应当同时提供中文译本,并以中文译本为准。

经研判,依法需要进行国家安全审查的,在完成国家安全审查后,中国人民银行正式受理上述材料。

第十四条 中国人民银行收到银行卡清算机构筹备申请的,应当自受理之日起10日内,将申请材料送交中国银行业监督管理委员会。中国银行业监督管理委员会应当自收到申请材料之日起30日内出具书面意见,送交中国人民银行。

第十五条 中国人民银行根据有利于银行卡清算市场公平竞争和健康发展的审慎性原则,以及中国银行业监督管理委员会的意见,自受理之日起90日内作出批准或不批准筹备的决定,并书面通知申请人。决定不批准的,应当说明理由。

第十六条 银行卡清算机构筹备期为获准筹备之日起1年。申请人在规定筹备期内未完成筹备工作的,应当说明理由,经中国人民银行批准,可以延长3个月。

第十七条 申请人应当在筹备期届满前向中国人民银行提出开业申请,提交下列申请材料:

(一)开业申请书,载明公司的名称、住所、注册资本及营运资金等。

(二)银行卡清算业务标准体系和业务规则的具体内容及详细说明。

(三)银行卡清算业务基础设施架构报告、建设报告、业务连续性计划及应急预案。

(四)银行卡清算业务基础设施标准符合和技术安全证明材料。

(五)拟任董事和高级管理人员的任职资格申请材料,包括但不限于履历说明及学历、技术职称、具备担任职务所需的独立性说明,无犯罪记录和未受处罚等相关证明材料。

(六)内部控制、风险防范和合规机制材料。

(七)信息安全保障机制材料,包括但不限于银行卡支付网络信息安全标准、入网安全管理机制、个人信息安全保护机制、核心业务系统信息安全等级保护定级和测评报告、独立的信息安全风险评估报告、信息安全管理体系等。

(八)反洗钱和反恐怖融资措施验收材料。

(九)筹备工作完成情况总结报告,包括原筹备申请材料变动情况说明和相关证明材料。

(十)为满足银行卡清算业务专营性要求,剥离其他业务的完成情况。

(十一)申请人拟使用境外银行卡清算品牌,且拥有该品牌的境外机构已为跨境交易提供外币的银行卡清算服务的,还应提供该服务由境外机构向申请人进行迁移的工作计划与方案。

(十二)其他需专门说明的事项及申请材料真实性声明。

逾期未提交开业申请的,筹备批准文件自动失效。

第十八条 中国人民银行和中国银行业监督管理委员会可以采取查询有关国家机关、国家信用信息共享交换平台、征信机构、拟任职人员曾任职机构,开展专业知识能力测试等方式对拟任职董事、高级管理人员是否符合任职资格条件进行审查。

第十九条 中国人民银行收到银行卡清算机构开业申请的,参照本办法第十四条和第十五条的规定,作出批准或不批准开业的决定,并书面通知申请人。决定批准的,颁发开业核准文件和银行卡清算业务许可证,并予以公告;决定不批准的,说明理由。

第二十条 银行卡清算机构未在规定期限内开业的,开业批准文件失效,由中国人民银行办理开业批准注销手续,收回其《银行卡清算业务许可证》,并予以公告。

第二十一条 境外机构为跨境交易提供外币的银行卡清算服务是指:

(一)授权境内收单机构或与境内银行卡清算机构合作,实现境外发行的银行卡在境内的使用。

(二)授权境内发卡机构发行仅限于境外使用的外币银行卡。

第二十二条 境外机构与境内银行卡清算机构合作授权发行银行卡的,应当采用境内银行卡清算机构的发卡行标识代码。境外机构不得通过合作方式变相从事人民币的银行卡清算业务。

第二十三条 境外机构为跨境交易提供外币的银行卡清算服务的,应当在提供服务前30日向中国人民银行和中国银行业监督管理委员会报告,并提交下列材料:

(一)机构基本信息。

(二)在母国接受监管的情况。

(三)参与国家或国际支付系统的说明。

(四)本机构内部控制、风险防范和信息安全保障机制。

(五)本机构反洗钱和反恐怖融资内部控制制度、组织架构以及开展相关工作的情况说明。

(六)银行卡清算业务基础设施运行情况。

(七)银行卡清算业务规则。

(八)业务发展规划、与境内机构合作的情况说明。

(九)持卡人和商户权益保护策略及机制。

(十)其他需专门说明的事项及材料真实性声明。

上述材料为外国文字的,应当同时提供中文译本,并以中文译本为准。境外机构基本信息发生变更的,应当自变更之日起30日内向中国人民银行和中国银行业监督管理委员会报告。

第二十四条 中国人民银行在收到境外机构报告之日起30日内在网站上公示境外机构基本信息。

第三章 变更与终止

第二十五条 银行卡清算机构有下列变更事项之一的,应当按规定向中国人民银行提交变更申请材料:

(一)设立分支机构。

(二)分立或者合并。

(三)变更公司名称或者公司章程。

(四)变更注册资本。

(五)变更主要出资人或其他单一持股比例超过10%的出资人。

(六)变更银行卡清算品牌。

(七)更换董事和高级管理人员。

中国人民银行收到上述申请材料的,应当参照本办法第十四条和第十五条的规定,作出批准或不批准的决定,并书面通知申请人。

银行卡清算机构变更单一持股比例超过5%以上的出资人,且不属于上述第五项所规定情形的,应当提前向中国人民银行和中国银行业监督管理委员会提交变更情况书面报告。

第二十六条 外国投资者并购银行卡清算机构,应当执行外资并购境内基础设施安全审查的管理规定。

第二十七条 银行卡清算机构终止部分或全部银行卡清算业务及解散的,应当向中国人民银行提交下列申请材料:

(一)终止业务申请表,载明机构的名称和住所等。

(二)股东大会(股东会)或董事会终止业务的决议。

(三)终止业务的评估报告。

(四)与入网机构达成的业务终止处置方案。

(五)终止业务的应急预案。

(六)涉及持卡人和商户权益保护的处理措施。

(七)其他需专门说明的事项及申请材料真实性声明。

中国人民银行收到上述申请材料的,应当参照本办法第十四条和第十五条的规定,作出批准或不批准的决定。中国人民银行批准银行卡清算机构终止全部银行卡清算业务及解散的,应当收回银行卡清算业务许可证。

第二十八条 境外机构终止为跨境交易提供外币的银行卡清算服务的,应当至少提前30日向中国人民银行和中国银行业监督管理委员会报告,提交下列材料:

(一)终止业务的评估报告。

(二)与入网机构达成的业务终止处置方案。

(三)终止业务的应急预案。

(四)涉及持卡人和商户权益保护的处理措施。

(五)其他需专门说明的事项及材料真实性声明。

第四章 法律责任

第二十九条 中国人民银行、中国银行业监督管理委员会的工作人员有下列情形之一的,依法给予行政处分。涉嫌犯罪的,依法移送司法机关追究刑事责任:

(一)违反规定审查批准银行卡清算业务的申请、变更、终止等事项的。

(二)泄露知悉的国家秘密或商业秘密的。

(三)滥用职权、玩忽职守等其他违反法律法规的行为。

第三十条 银行卡清算机构有以下情形的,由中国人民银行会同中国银行业监督管理委员会,责令限期改正,并给予警告或者处1万元以上3万元以下的罚款;情节严重的,根据《中华人民共和国中国人民银行法》第四十六条的规定进行处罚:

(一)未按规定建立银行卡清算业务标准体系、业务规则、内部控制、风险防范和信息安全保障机制的。

(二)未按规定报告相关事项的。

(三)转让、出租、出借银行卡清算业务许可证的。

(四)超出规定范围经营业务的。

(五)任命不符合规定的董事、高级管理人员的。

(六)未按规定申请变更事项或擅自设立分支机构的。

(七)拒绝或者阻碍相关检查、监督管理的。

(八)限制发卡机构或收单机构与其他银行卡清算机构合作的。

(九)银行卡清算业务基础设施出现重大风险的。

(十)无正当理由限制、拒绝银行卡交易,或中断、终止银行卡清算业务的。

(十一)提供虚假的或者隐瞒重要事实的信息或资料的。

(十二)违反有关信息安全管理规定的。

(十三)其他损害持卡人和商户合法权益,或违反有关清算管理规定、危害银行卡市场秩序的违法违规行为。

第三十一条 银行卡清算机构和境外机构违反反

洗钱和反恐怖融资规定的,按照有关法律法规进行处理。

第三十二条 申请人隐瞒有关情况或者提供虚假材料申请银行卡清算业务许可的,中国人民银行不予受理或者不予行政许可,并给予警告,申请人在1年内不得再次申请银行卡清算业务许可。

被许可人以欺骗、贿赂等不正当手段取得银行卡清算业务许可的,中国人民银行依法收回银行卡清算业务许可证,并给予行政处罚,申请人在3年内不得再次申请银行卡清算业务许可;涉嫌犯罪的,依法移送司法机关追究刑事责任。

第三十三条 未经中国人民银行批准,擅自从事银行卡清算业务,伪造、变造银行卡清算业务许可证,由中国人民银行责令其终止银行卡清算业务,并依据《中华人民共和国中国人民银行法》第四十六条的规定进行处罚;涉嫌犯罪的,依法移送司法机关追究刑事责任。

第五章 附 则

第三十四条 本办法所称银行卡清算业务标准体系包括卡片标准、受理标准、信息交换标准、业务处理标准和信息安全标准等内容。

第三十五条 本办法所称银行卡清算核心业务系统是指业务处理系统、风险管理系统、差错处理系统、信息服务系统及其灾备系统等。

业务处理系统是指银行卡清算机构提供的银行卡清算交易转接系统和清算系统。

风险管理系统是指银行卡清算机构提供的对银行卡清算业务参与主体和服务内容进行风险识别、评估及管控的系统。

差错处理系统是指银行卡清算机构提供的用于入网机构间提交差错交易、争议案件以解决交易差错、争议及疑问的电子处理系统。

信息服务系统是指银行卡清算机构为入网机构提供当日交易查询、历史交易查询、交易统计分析、清算文件上送与下载、发卡行标识代码信息下发、汇率信息查询与下发等信息服务的辅助系统。

灾备系统是指银行卡清算机构为应对异常灾难的发生提前建立的相关系统的备份系统。

第三十六条 《国务院关于实施银行卡清算机构准入管理的决定》施行前已经依法在中华人民共和国境内从事银行卡清算业务的境内机构,应当凭原批准从事银行卡清算业务的文件,参照本办法第十七条申请银行卡清算业务许可证。

《国务院关于实施银行卡清算机构准入管理的决定》施行前仅为跨境交易提供外币的银行卡清算服务的境外机构,应当参照本办法第二十三条进行报告。

第三十七条 本办法由中国人民银行会同中国银行业监督管理委员会解释。

第三十八条 本办法自发布之日起施行。

信托公司管理办法

- 2007年1月23日中国银行业监督管理委员会令2007年第2号公布
- 自2007年3月1日起施行

第一章 总 则

第一条 为加强对信托公司的监督管理,规范信托公司的经营行为,促进信托业的健康发展,根据《中华人民共和国信托法》、《中华人民共和国银行业监督管理法》等法律法规,制定本办法。

第二条 本办法所称信托公司,是指依照《中华人民共和国公司法》和本办法设立的主要经营信托业务的金融机构。

本办法所称信托业务,是指信托公司以营业和收取报酬为目的,以受托人身份承诺信托和处理信托事务的经营行为。

第三条 信托财产不属于信托公司的固有财产,也不属于信托公司对受益人的负债。信托公司终止时,信托财产不属于其清算财产。

第四条 信托公司从事信托活动,应当遵守法律法规的规定和信托文件的约定,不得损害国家利益、社会公共利益和受益人的合法权益。

第五条 中国银行业监督管理委员会对信托公司及其业务活动实施监督管理。

第二章 机构的设立、变更与终止

第六条 设立信托公司,应当采取有限责任公司或者股份有限公司的形式。

第七条 设立信托公司,应当经中国银行业监督管理委员会批准,并领取金融许可证。

未经中国银行业监督管理委员会批准,任何单位和个人不得经营信托业务,任何经营单位不得在其名称中使用"信托公司"字样。法律法规另有规定的除外。

第八条 设立信托公司,应当具备下列条件:

(一)有符合《中华人民共和国公司法》和中国银行业监督管理委员会规定的公司章程;

(二)有具备中国银行业监督管理委员会规定的入股资格的股东;

(三)具有本办法规定的最低限额的注册资本;

(四)有具备中国银行业监督管理委员会规定任职资格的董事、高级管理人员和与其业务相适应的信托从业人员;

(五)具有健全的组织机构、信托业务操作规程和风险控制制度;

(六)有符合要求的营业场所、安全防范措施和与业务有关的其他设施;

(七)中国银行业监督管理委员会规定的其他条件。

第九条 中国银行业监督管理委员会依照法律法规和审慎监管原则对信托公司的设立申请进行审查,作出批准或者不予批准的决定;不予批准的,应说明理由。

第十条 信托公司注册资本最低限额为3亿元人民币或等值的可自由兑换货币,注册资本为实缴货币资本。

申请经营企业年金基金、证券承销、资产证券化等业务,应当符合相关法律法规规定的最低注册资本要求。

中国银行业监督管理委员会根据信托公司行业发展的需要,可以调整信托公司注册资本最低限额。

第十一条 未经中国银行业监督管理委员会批准,信托公司不得设立或变相设立分支机构。

第十二条 信托公司有下列情形之一的,应当经中国银行业监督管理委员会批准:

(一)变更名称;

(二)变更注册资本;

(三)变更公司住所;

(四)改变组织形式;

(五)调整业务范围;

(六)更换董事或高级管理人员;

(七)变更股东或者调整股权结构,但持有上市公司流通股份未达到公司总股份5%的除外;

(八)修改公司章程;

(九)合并或者分立;

(十)中国银行业监督管理委员会规定的其他情形。

第十三条 信托公司出现分立、合并或者公司章程规定的解散事由,申请解散的,经中国银行业监督管理委员会批准后解散,并依法组织清算组进行清算。

第十四条 信托公司不能清偿到期债务,且资产不足以清偿债务或明显缺乏清偿能力的,经中国银行业监督管理委员会同意,可向人民法院提出破产申请。

中国银行业监督管理委员会可以向人民法院直接提出对该信托公司进行重整或破产清算的申请。

第十五条 信托公司终止时,其管理信托事务的职责同时终止。清算组应当妥善保管信托财产,作出处理信托事务的报告并向新受托人办理信托财产的移交。信托文件另有约定的,从其约定。

第三章 经营范围

第十六条 信托公司可以申请经营下列部分或者全部本外币业务:

(一)资金信托;

(二)动产信托;

(三)不动产信托;

(四)有价证券信托;

(五)其他财产或财产权信托;

(六)作为投资基金或者基金管理公司的发起人从事投资基金业务;

(七)经营企业资产的重组、购并及项目融资、公司理财、财务顾问等业务;

(八)受托经营国务院有关部门批准的证券承销业务;

(九)办理居间、咨询、资信调查等业务;

(十)代保管及保管箱业务;

(十一)法律法规规定或中国银行业监督管理委员会批准的其他业务。

第十七条 信托公司可以根据《中华人民共和国信托法》等法律法规的有关规定开展公益信托活动。

第十八条 信托公司可以根据市场需要,按照信托目的、信托财产的种类或者对信托财产管理方式的不同设置信托业务品种。

第十九条 信托公司管理运用或处分信托财产时,可以依照信托文件的约定,采取投资、出售、存放同业、买入返售、租赁、贷款等方式进行。中国银行业监督管理委员会另有规定的,从其规定。

信托公司不得以卖出回购方式管理运用信托财产。

第二十条 信托公司固有业务项下可以开展存放同业、拆放同业、贷款、租赁、投资等业务。投资业务限定为金融类公司股权投资、金融产品投资和自用固定资产投资。

信托公司不得以固有财产进行实业投资,但中国银行业监督管理委员会另有规定的除外。

第二十一条 信托公司不得开展除同业拆入业务以外的其他负债业务,且同业拆入余额不得超过其净资产的20%。中国银行业监督管理委员会另有规定的除外。

第二十二条　信托公司可以开展对外担保业务,但对外担保余额不得超过其净资产的50%。

第二十三条　信托公司经营外汇信托业务,应当遵守国家外汇管理的有关规定,并接受外汇主管部门的检查、监督。

第四章　经营规则

第二十四条　信托公司管理运用或者处分信托财产,必须恪尽职守,履行诚实、信用、谨慎、有效管理的义务,维护受益人的最大利益。

第二十五条　信托公司在处理信托事务时应当避免利益冲突,在无法避免时,应向委托人、受益人予以充分的信息披露,或拒绝从事该项业务。

第二十六条　信托公司应当亲自处理信托事务。信托文件另有约定或有不得已事由时,可委托他人代为处理,但信托公司应尽足够的监督义务,并对他人处理信托事务的行为承担责任。

第二十七条　信托公司对委托人、受益人以及所处理信托事务的情况和资料负有依法保密的义务,但法律法规另有规定或者信托文件另有约定的除外。

第二十八条　信托公司应当妥善保存处理信托事务的完整记录,定期向委托人、受益人报告信托财产及其管理运用、处分及收支的情况。

委托人、受益人有权向信托公司了解对其信托财产的管理运用、处分及收支情况,并要求信托公司作出说明。

第二十九条　信托公司应当将信托财产与其固有财产分别管理、分别记账,并将不同委托人的信托财产分别管理、分别记账。

第三十条　信托公司应当依法建账,对信托业务与非信托业务分别核算,并对每项信托业务单独核算。

第三十一条　信托公司的信托业务部门应当独立于公司的其他部门,其人员不得与公司其他部门的人员相互兼职,业务信息不得与公司的其他部门共享。

第三十二条　以信托合同形式设立信托时,信托合同应当载明以下事项:

(一)信托目的;

(二)委托人、受托人的姓名或者名称、住所;

(三)受益人或者受益人范围;

(四)信托财产的范围、种类及状况;

(五)信托当事人的权利义务;

(六)信托财产管理中风险的揭示和承担;

(七)信托财产的管理方式和受托人的经营权限;

(八)信托利益的计算,向受益人交付信托利益的形式、方法;

(九)信托公司报酬的计算及支付;

(十)信托财产税费的承担和其他费用的核算;

(十一)信托期限和信托的终止;

(十二)信托终止时信托财产的归属;

(十三)信托事务的报告;

(十四)信托当事人的违约责任及纠纷解决方式;

(十五)新受托人的选任方式;

(十六)信托当事人认为需要载明的其他事项。

以信托合同以外的其他书面文件设立信托时,书面文件的载明事项按照有关法律法规规定执行。

第三十三条　信托公司开展固有业务,不得有下列行为:

(一)向关联方融出资金或转移财产;

(二)为关联方提供担保;

(三)以股东持有的本公司股权作为质押进行融资。

信托公司的关联方按照《中华人民共和国公司法》和企业会计准则的有关标准界定。

第三十四条　信托公司开展信托业务,不得有下列行为:

(一)利用受托人地位谋取不当利益;

(二)将信托财产挪用于非信托目的的用途;

(三)承诺信托财产不受损失或者保证最低收益;

(四)以信托财产提供担保;

(五)法律法规和中国银行业监督管理委员会禁止的其他行为。

第三十五条　信托公司开展关联交易,应以公平的市场价格进行,逐笔向中国银行业监督管理委员会事前报告,并按照有关规定进行信息披露。

第三十六条　信托公司经营信托业务,应依照信托文件约定以手续费或者佣金的方式收取报酬,中国银行业监督管理委员会另有规定的除外。

信托公司收取报酬,应当向受益人公开,并向受益人说明收费的具体标准。

第三十七条　信托公司违反信托目的处分信托财产,或者因违背管理职责、处理信托事务不当致使信托财产受到损失的,在恢复信托财产的原状或者予以赔偿前,信托公司不得请求给付报酬。

第三十八条　信托公司因处理信托事务而支出的费用、负担的债务,以信托财产承担,但应在信托合同中列明或明确告知受益人。信托公司以其固有财产先行支付的,对信托财产享有优先受偿的权利。因信托公司违背管理职责或者管理信托事务不当所负债务及所受到的损害,以其固有财产承担。

第三十九条 信托公司违反信托目的处分信托财产,或者管理运用、处分信托财产有重大过失的,委托人或受益人有权依照信托文件的约定解任该信托公司,或者申请人民法院解任该信托公司。

第四十条 受托人职责依法终止的,新受托人依照信托文件的约定选任;信托文件未规定的,由委托人选任;委托人不能选任的,由受益人选任;受益人为无民事行为能力人或者限制民事行为能力人的,依法由其监护人代行选任。新受托人未产生前,中国银行业监督管理委员会可以指定临时受托人。

第四十一条 信托公司经营信托业务,有下列情形之一的,信托终止:
(一)信托文件约定的终止事由发生;
(二)信托的存续违反信托目的;
(三)信托目的已经实现或者不能实现;
(四)信托当事人协商同意;
(五)信托期限届满;
(六)信托被解除;
(七)信托被撤销;
(八)全体受益人放弃信托受益权。

第四十二条 信托终止的,信托公司应当依照信托文件的约定作出处理信托事务的清算报告。受益人或者信托财产的权利归属人对清算报告无异议的,信托公司就清算报告所列事项解除责任,但信托公司有不当行为的除外。

第五章 监督管理

第四十三条 信托公司应当建立以股东(大)会、董事会、监事会、高级管理层等为主体的组织架构,明确各自的职责划分,保证相互之间独立运行、有效制衡,形成科学高效的决策、激励与约束机制。

第四十四条 信托公司应当按照职责分离的原则设立相应的工作岗位,保证公司对风险能够进行事前防范、事中控制、事后监督和纠正,形成健全的内部约束机制和监督机制。

第四十五条 信托公司应当按规定制订本公司的信托业务及其他业务规则,建立、健全本公司的各项业务管理制度和内部控制制度,并报中国银行业监督管理委员会备案。

第四十六条 信托公司应当按照国家有关规定建立、健全本公司的财务会计制度,真实记录并全面反映其业务活动和财务状况。公司年度财务会计报表应当经具有良好资质的中介机构审计。

第四十七条 中国银行业监督管理委员会可以定期或者不定期对信托公司的经营活动进行检查;必要时,可以要求信托公司提供由具有良好资质的中介机构出具的相关审计报告。

信托公司应当按照中国银行业监督管理委员会的要求提供有关业务、财务等报表和资料,并如实介绍有关业务情况。

第四十八条 中国银行业监督管理委员会对信托公司实行净资本管理。具体办法由中国银行业监督管理委员会另行制定。

第四十九条 信托公司每年应当从税后利润中提取5%作为信托赔偿准备金,但该赔偿准备金累计总额达到公司注册资本的20%时,可不再提取。

信托公司的赔偿准备金应存放于经营稳健、具有一定实力的境内商业银行,或者用于购买国债等低风险高流动性证券品种。

第五十条 中国银行业监督管理委员会对信托公司的董事、高级管理人员实行任职资格审查制度。未经中国银行业监督管理委员会任职资格审查或者审查不合格的,不得任职。

信托公司对拟离任的董事、高级管理人员,应当进行离任审计,并将审计结果报中国银行业监督管理委员会备案。信托公司的法定代表人变更时,在新的法定代表人经中国银行业监督管理委员会核准任职资格前,原法定代表人不得离任。

第五十一条 中国银行业监督管理委员会对信托公司的信托从业人员实行信托业务资格管理制度。符合条件的,颁发信托从业人员资格证书;未取得信托从业人员资格证书的,不得经办信托业务。

第五十二条 信托公司的董事、高级管理人员和信托从业人员违反法律、行政法规或中国银行业监督管理委员会有关规定的,中国银行业监督管理委员会有权取消其任职资格或者从业资格。

第五十三条 中国银行业监督管理委员会根据履行职责的需要,可以与信托公司董事、高级管理人员进行监督管理谈话,要求信托公司董事、高级管理人员就信托公司的业务活动和风险管理的重大事项作出说明。

第五十四条 信托公司违反审慎经营规则的,中国银行业监督管理委员会责令限期改正;逾期未改正的,或者其行为严重危及信托公司的稳健运行、损害受益人合法权益的,中国银行业监督管理委员会可以区别情形,依据《中华人民共和国银行业监督管理法》等法律法规的规定,采取暂停业务、限制股东权利等监管措施。

第五十五条 信托公司已经或者可能发生信用危机,严重影响受益人合法权益的,中国银行业监督管理委员会可以依法对该信托公司实行接管或者督促机构重组。

第五十六条 中国银行业监督管理委员会在批准信托公司设立、变更、终止后,发现原申请材料有隐瞒、虚假的情形,可以责令补正或者撤销批准。

第五十七条 信托公司可以加入中国信托业协会,实行行业自律。

中国信托业协会开展活动,应当接受中国银行业监督管理委员会的指导和监督。

第六章 罚 则

第五十八条 未经中国银行业监督管理委员会批准,擅自设立信托公司的,由中国银行业监督管理委员会依法予以取缔;构成犯罪的,依法追究刑事责任;尚不构成犯罪的,由中国银行业监督管理委员会没收违法所得,违法所得五十万元以上的,并处违法所得一倍以上五倍以下罚款;没有违法所得或者违法所得不足五十万元的,处五十万元以上二百万元以下罚款。

第五十九条 未经中国银行业监督管理委员会批准,信托公司擅自设立分支机构或开展本办法第十九条、第二十条、第二十一条、第二十二条、第三十三条和第三十四条禁止的业务的,由中国银行业监督管理委员会责令改正,有违法所得的,没收违法所得,违法所得五十万元以上的,并处违法所得一倍以上五倍以下罚款;没有违法所得或者违法所得不足五十万元的,处五十万元以上二百万元以下罚款;情节特别严重或者逾期不改正的,责令停业整顿或者吊销其金融许可证;构成犯罪的,依法追究刑事责任。

第六十条 信托公司违反本办法其他规定的,中国银行业监督管理委员会根据《中华人民共和国银行业监督管理法》等法律法规的规定,采取相应的处罚措施。

第六十一条 信托公司有违法经营、经营管理不善等情形,不予撤销将严重危害金融秩序、损害公众利益的,由中国银行业监督管理委员会依法予以撤销。

第六十二条 对信托公司违规负有直接责任的董事、高级管理人员和其他直接责任人员,中国银行业监督管理委员会可以区别不同情形,根据《中华人民共和国银行业监督管理法》等法律法规的规定,采取罚款、取消任职资格或从业资格等处罚措施。

第六十三条 对中国银行业监督管理委员会的处罚决定不服的,可以依法提请行政复议或者向人民法院提起行政诉讼。

第七章 附 则

第六十四条 信托公司处理信托事务不履行亲自管理职责,即不承担投资管理人职责的,其注册资本不得低于1亿元人民币或等值的可自由兑换货币。对该类信托公司的监督管理参照本办法执行。

第六十五条 本办法由中国银行业监督管理委员会负责解释。

第六十六条 本办法自2007年3月1日起施行,原《信托投资公司管理办法》(中国人民银行令〔2002〕第5号)不再适用。

信托公司股权管理暂行办法

· 2020年1月20日中国银行保险监督管理委员会令2020年第4号公布
· 自2020年3月1日起施行

第一章 总 则

第一条 为加强信托公司股权管理,规范信托公司股东行为,保护信托公司、信托当事人等合法权益,维护股东的合法利益,促进信托公司持续健康发展,根据《中华人民共和国公司法》《中华人民共和国银行业监督管理法》《中华人民共和国信托法》等法律法规,制定本办法。

第二条 本办法适用于中华人民共和国境内依法设立的信托公司。

第三条 信托公司股权管理应当遵循分类管理、优良稳定、结构清晰、权责明确、变更有序、透明诚信原则。

第四条 国务院银行业监督管理机构及其派出机构遵循审慎监管原则,依法对信托公司股权实施穿透监管。

股权监管贯穿于信托公司设立、变更股权或调整股权结构、合并、分立、解散、清算以及其他涉及信托公司股权管理事项等环节。

第五条 国务院银行业监督管理机构及其派出机构依法对信托公司股权进行监管,对信托公司及其股东等单位和个人的相关违法违规行为进行查处。

第六条 信托公司及其股东应当根据法律法规和监管要求,充分披露相关信息,接受社会监督。

第七条 信托公司、国务院银行业监督管理机构及其派出机构应当加强对信托公司主要股东的管理。

信托公司主要股东是指持有或控制信托公司百分之五以上股份或表决权，或持有资本总额或股份总额不足百分之五但对信托公司经营管理有重大影响的股东。

前款中的"重大影响"，包括但不限于向信托公司派驻董事、监事或高级管理人员，通过协议或其他方式影响信托公司的财务和经营管理决策，以及国务院银行业监督管理机构及其派出机构认定的其他情形。

第八条 信托公司股东应当核心主业突出，具有良好的社会声誉、公司治理机制、诚信记录、纳税记录、财务状况和清晰透明的股权结构，符合法律法规规定和监管要求。

第九条 信托公司股东的股权结构应逐层追溯至最终受益人，其控股股东、实际控制人、关联方、一致行动人、最终受益人等各方关系应当清晰透明。

股东与其关联方、一致行动人的持股比例合并计算。

第十条 投资人入股信托公司，应当事先报国务院银行业监督管理机构或其派出机构核准，投资人及其关联方、一致行动人单独或合计持有上市信托公司股份未达到该公司股份总额百分之五的除外。

对通过境内外证券市场拟持有信托公司股份总额百分之五以上的行政许可批复，有效期为六个月。

第二章 信托公司股东责任

第一节 股东资质

第十一条 经国务院银行业监督管理机构或其派出机构审查批准，境内非金融机构、境内金融机构、境外金融机构和国务院银行业监督管理机构认可的其他投资人可以成为信托公司股东。

投资人及其关联方、一致行动人单独或合计持有同一上市信托公司股份未达到该信托公司股份总额百分之五的，不受本条前款规定限制。

第十二条 境内非金融机构作为信托公司股东，应当具备以下条件：

（一）依法设立，具有法人资格；

（二）具有良好的公司治理结构或有效的组织管理方式；

（三）具有良好的社会声誉、诚信记录和纳税记录；

（四）经营管理良好，最近 2 年内无重大违法违规经营记录；

（五）财务状况良好，且最近 2 个会计年度连续盈利；如取得控股权，应最近 3 个会计年度连续盈利；

（六）年终分配后净资产不低于全部资产的百分之三十（合并财务报表口径）；如取得控股权，年终分配后净资产应不低于全部资产的百分之四十（合并财务报表口径）；

（七）如取得控股权，权益性投资余额应不超过本企业净资产的百分之四十（含本次投资金额，合并财务报表口径），国务院银行业监督管理机构认可的投资公司和控股公司除外；

（八）国务院银行业监督管理机构规章规定的其他审慎性条件。

第十三条 境内金融机构作为信托公司股东，应当具有良好的内部控制机制和健全的风险管理体系，符合与该类金融机构有关的法律、法规、监管规定以及本办法第十二条（第五项"如取得控股权，应最近 3 个会计年度连续盈利"、第六项和第七项除外）规定的条件。

第十四条 境外金融机构作为信托公司股东，应当具备以下条件：

（一）具有国际相关金融业务经营管理经验；

（二）国务院银行业监督管理机构认可的国际评级机构最近 2 年对其作出的长期信用评级为良好及以上；

（三）财务状况良好，最近 2 个会计年度连续盈利；

（四）符合所在国家或地区法律法规及监管当局的审慎监管要求，最近 2 年内无重大违法违规经营记录；

（五）具有良好的公司治理结构、内部控制机制和健全的风险管理体系；

（六）所在国家或地区金融监管当局已经与国务院银行业监督管理机构建立良好的监督管理合作机制；

（七）具有有效的反洗钱措施；

（八）所在国家或地区经济状况良好；

（九）国务院银行业监督管理机构规章规定的其他审慎性条件。

境外金融机构投资入股信托公司应当遵循长期持股、优化治理、业务合作、竞争回避的原则，并遵守国家关于外国投资者在中国境内投资的有关规定。

第十五条 金融产品可以持有上市信托公司股份，但单一投资人、发行人或管理人及其实际控制人、关联方、一致行动人控制的金融产品持有同一上市信托公司股份合计不得超过该信托公司股份总额的百分之五。

信托公司主要股东不得以发行、管理或通过其他手段控制的金融产品持有该信托公司股份。

自然人可以持有上市信托公司股份，但不得为该信托公司主要股东。国务院银行业监督管理机构另有规定的除外。

第十六条 投资人及其控股股东、实际控制人存在以下情形的,不得作为信托公司主要股东:

(一)关联企业众多、股权关系复杂且不透明、关联交易频繁且异常;

(二)被列为相关部门失信联合惩戒对象;

(三)在公开市场上有不良投资行为记录;

(四)频繁变更股权或实际控制人;

(五)存在严重逃废到期债务行为;

(六)提供虚假材料或者作不实声明,或者曾经投资信托业,存在提供虚假材料或者作不实声明的情形;

(七)对曾经投资的信托公司经营失败或重大违法违规行为负有重大责任,或对曾经投资的其他金融机构经营失败或重大违法违规行为负有重大责任且未满5年;

(八)长期未实际开展业务、停业或破产清算或存在可能严重影响持续经营的担保、诉讼、仲裁或者其他重大事项;

(九)拒绝或阻碍金融管理部门依法实施监管;

(十)因违法违规行为被金融管理部门或政府有关部门查处,造成恶劣影响;

(十一)其他可能对履行股东责任或对信托公司产生重大不利影响的情形。

除本条前款规定外,投资人的控股股东、实际控制人为金融产品的,该投资人不得为信托公司主要股东。

第二节 股权取得

第十七条 投资人可以通过出资设立信托公司、认购信托公司新增资本、以协议或竞价等途径取得信托公司其他股东所持股权等方式入股信托公司。

第十八条 投资人入股信托公司应当履行法律法规和公司章程约定的程序。涉及国有资产管理、金融管理等部门职责的,应当符合相关规定。

第十九条 投资人入股信托公司前应当做好尽职调查工作,充分了解信托公司功能定位、信托业务本质和风险特征以及应当承担的股东责任和义务,充分知悉拟入股信托公司经营管理情况和真实风险底数等信息。

投资人入股信托公司应当入股目的端正,出资意愿真实。

第二十条 投资人入股信托公司时,应当书面承诺遵守法律法规、监管规定和公司章程,并就入股信托公司的目的作出说明。

第二十一条 投资人拟作为信托公司主要股东的,应当具备持续的资本补充能力,并根据监管规定书面承诺在必要时向信托公司补充资本。

第二十二条 投资人拟作为信托公司主要股东的,应当逐层说明其股权结构直至实际控制人、最终受益人,以及与其他股东的关联关系或者一致行动关系。

第二十三条 投资人应当使用来源合法的自有资金入股信托公司,不得以委托资金、债务资金等非自有资金入股,出资金额不得超过其个别财务报表口径的净资产规模。国务院银行业监督管理机构及其派出机构可以按照穿透原则对自有资金来源进行向上追溯认定。

第二十四条 投资人不得委托他人或接受他人委托持有信托公司股权。

第二十五条 同一投资人及其关联方、一致行动人参股信托公司的数量不得超过2家,或控股信托公司的数量不得超过1家。

投资人经国务院银行业监督管理机构批准并购重组高风险信托公司,不受本条前款规定限制。

第三节 股权持有

第二十六条 信托公司股东应当遵守法律法规、监管规定和公司章程,依法行使股东权利,履行法定义务。

第二十七条 信托公司主要股东不得滥用股东权利干预或利用其影响力干预董事会、高级管理层根据公司章程享有的决策权和管理权,不得越过董事会和高级管理层直接干预或利用影响力干预信托公司经营管理,进行利益输送,或以其他方式损害信托当事人、信托公司、其他股东等合法权益。

第二十八条 按照穿透原则,信托公司股东与信托公司之间不得直接或间接交叉持股。

第二十九条 信托公司主要股东根据公司章程约定提名信托公司董事、监事候选人的,应当遵循法律法规和公司章程规定的条件和程序。控股股东不得对股东(大)会人事选举结果和董事会人事聘任决议设置批准程序。

信托公司存在持有或控制信托公司百分之五以下股份或表决权的股东的,至少应有一名独立董事或外部监事由该类股东提名产生。

第三十条 信托公司主要股东应当对其与信托公司和其他关联机构之间董事、监事和高级管理人员的交叉任职进行有效管理,防范利益冲突。

信托公司主要股东及其关联方与信托公司之间的高级管理人员不得相互兼任。

第三十一条　信托公司主要股东应当建立有效的风险隔离机制，防止风险在股东、信托公司以及其他关联机构之间传染和转移。

第三十二条　信托公司股东应当遵守法律法规和信托公司关联交易相关规定，不得与信托公司进行不当关联交易，不得利用其对信托公司经营管理的影响力获取不正当利益，侵占信托公司、其他股东、信托当事人等合法权益。

第三十三条　信托公司股东应当在信托公司章程中承诺不将所持有的信托公司股权进行质押或以股权及其受（收）益权设立信托等金融产品，但国务院银行业监督管理机构或其派出机构采取风险处置或接管措施等特殊情形除外。

投资人及其关联方、一致行动人单独或合计持有同一上市信托公司股份未达到该信托公司股份总额百分之五的，不受本条前款规定限制。

第三十四条　信托公司股东应当自发生以下情况之日起十五日内，书面通知信托公司：

（一）所持信托公司股权被采取诉讼保全措施或者被强制执行；

（二）违反承诺质押信托公司股权或以股权及其受（收）益权设立信托等金融产品；

（三）其控股股东、实际控制人质押所持该股东公司股权或以所持该股东公司股权及其受（收）益权设立信托等金融产品；

（四）取得国务院银行业监督管理机构或其派出机构变更股权或调整股权结构行政许可后，在法定时限内完成股权变更手续存在困难；

（五）名称变更；

（六）合并、分立；

（七）其他可能影响股东资质条件变化或导致所持信托公司股权发生变化的情况。

第三十五条　信托公司主要股东及其控股股东、实际控制人发生本办法第十六条规定的情形的，主要股东应当于发生相关情况之日起十五日内，书面通知信托公司。

信托公司主要股东的控股股东、实际控制人发生变更的，主要股东应当于变更后十五日内准确、完整地向信托公司提供相关材料，包括变更背景、变更后的控股股东、实际控制人、关联方、一致行动人、最终受益人等情况，以及控股股东、实际控制人是否存在本办法第十六条规定情形的说明。

信托公司主要股东应当通过信托公司每年向国务院银行业监督管理机构或其派出机构报告资本补充能力。

第三十六条　信托公司主要股东应当根据本办法第五十三条规定，如实向信托公司提供与股东评估工作相关的材料，配合信托公司开展主要股东的定期评估工作。

第三十七条　信托公司出现资本不足或其他影响稳健运行情形时，信托公司主要股东应当履行入股时承诺，以增资方式向信托公司补充资本。不履行承诺或因股东资质问题无法履行承诺的主要股东，应当同意其他股东或者合格投资人采取合理方案增资。

第三十八条　信托公司发生重大风险事件或重大违法违规行为，被国务院银行业监督管理机构或其派出机构采取风险处置或接管等措施的，股东应当积极配合国务院银行业监督管理机构或其派出机构开展风险处置等工作。

第四节　股权退出

第三十九条　信托公司股东自取得股权之日起五年内不得转让所持有的股权。

经国务院银行业监督管理机构或其派出机构批准采取风险处置措施、国务院银行业监督管理机构或其派出机构责令转让、涉及司法强制执行、在同一投资人控制的不同主体之间转让股权、国务院银行业监督管理机构或其派出机构认定股东无力行使股东职责等特殊情形除外。

投资人及其关联方、一致行动人单独或合计持有同一上市信托公司股份未达到该信托公司股份总额百分之五的，不受本条规定限制。

第四十条　信托公司股东拟转让所持股权的，应当向意向参与方事先告知国务院银行业监督管理机构关于信托公司股东的资质条件规定、与变更股权等事项有关的行政许可程序、以及本办法关于信托公司股东责任和义务的相关规定。

有关主体签署的股权转让协议应当明确变更股权等事项是否需经国务院银行业监督管理机构或其派出机构行政许可，以及因监管部门不予批准等原因导致股权转让失败的后续安排。

第四十一条　股权转让期间，拟转让股权的信托公司股东应当继续承担股东责任和义务，支持并配合信托公司股东（大）会、董事会、监事会、高级管理层依法履职，对公司重大决议事项行使独立表决权，不得在股权转让工作完成前向信托公司推荐股权拟受让方相关人员担任公司董事、监事、高级管理人员或关键岗位人员。

第三章 信托公司职责

第一节 变更期间

第四十二条 信托公司应当如实向拟入股股东说明公司经营管理情况和真实风险底数。

第四十三条 在变更期间，信托公司应当保证股东（大）会、董事会、监事会及高级管理层正常运转，切实防范内部人控制问题。

前款中的"变更"，包括信托公司变更股权或调整股权结构、合并、分立以及其他涉及信托公司股权发生变化的情形。

信托公司不得以变更股权或调整股权结构等为由，致使董事会、监事会、高级管理层人员缺位6个月以上，影响公司治理机制有效运转。有代为履职情形的，应当符合国务院银行业监督管理机构关于代为履职的相关监管规定。

第四十四条 信托公司应当依法依规、真实、完整地向国务院银行业监督管理机构或其派出机构报送与变更股权或调整股权结构等事项相关的行政许可申请材料。

第二节 股权事务管理

第四十五条 信托公司董事会应当勤勉尽责，董事会成员应当对信托公司和全体股东负有忠诚义务。

信托公司董事会承担信托公司股权事务管理最终责任。信托公司董事长是处理信托公司股权事务的第一责任人。董事会秘书协助董事长工作，是处理股权事务的直接责任人。

董事长和董事会秘书应当忠实、诚信、勤勉地履行职责。履职未尽责的，依法承担法律责任。

第四十六条 信托公司应当建立和完善股权管理制度，做好股权信息登记、关联交易管理和信息披露等工作。

第四十七条 信托公司应当建立股权托管制度，原则上将股权在信托登记机构进行集中托管。信托登记机构履行股东名册初始登记和变更登记等托管职责。托管的具体要求由国务院银行业监督管理机构另行规定。

上市信托公司按照法律、行政法规规定股权需集中存管到法定证券登记结算机构的，股权托管工作按照相应的规定进行。

第四十八条 信托公司应当将以下关于股东管理的相关监管要求、股东的权利义务等写入公司章程，在公司章程中载明下列内容：

（一）股东应当遵守法律法规和监管规定；

（二）主要股东应当在必要时向信托公司补充资本；

（三）应经但未经监管部门批准或未向监管部门报告的股东，不得行使股东大会召开请求权、表决权、提名权、提案权、处分权等权利；

（四）对于存在虚假陈述、滥用股东权利或其他损害信托公司利益行为的股东，国务院银行业监督管理机构或其派出机构可以限制或禁止信托公司与其开展关联交易，限制其持有信托公司股权比例等，并可限制其股东大会召开请求权、表决权、提名权、提案权、处分权等权利。

第四十九条 信托公司应当通过半年报或年报在官方网站等渠道真实、准确、完整地披露信托公司股权信息，披露内容包括：

（一）股份有限公司报告期末股份总数、股东总数、报告期间股份变动情况以及前十大股东持股情况；

（二）有限责任公司报告期末股东出资额情况；

（三）报告期末主要股东及其控股股东、实际控制人、关联方、一致行动人、最终受益人情况；

（四）报告期内公司发生的关联交易情况；

（五）报告期内股东违反承诺质押信托公司股权或以股权及其受(收)益权设立信托等金融产品的情况；

（六）报告期内股东提名董事、监事情况；

（七）已向国务院银行业监督管理机构或其派出机构提交行政许可申请但尚未获得批准的事项；

（八）国务院银行业监督管理机构规定的其他信息。

第五十条 信托公司主要股东及其控股股东、实际控制人出现的可能影响股东资质条件或导致所持信托公司股权发生重大变化的事项，信托公司应及时进行信息披露。

第三节 股东行为管理

第五十一条 信托公司应当加强对股东资质的审查，对主要股东及其控股股东、实际控制人、关联方、一致行动人、最终受益人等相关信息进行核实，并掌握其变动情况，就主要股东对信托公司经营管理的影响进行判断。

第五十二条 信托公司股东发生本办法第三十四条、第三十五条前二款规定情形的，信托公司应当自知悉之日起十日内向国务院银行业监督管理机构或其派出机构书面报告。

第五十三条 信托公司董事会应当至少每年对其主要股东的资质情况、履行承诺事项情况、承担股东责任和义务的意愿与能力、落实公司章程或协议条款情况、经营管理情况、财务和风险状况，以及信托公司面临经营困难时，其在信托公司恢复阶段可能采取的救助措施进行评估，并及时将评估报告报送国务院银行业监督管理机构或其派出机构。

第五十四条 信托公司应当将所开展的关联交易分为固有业务关联交易和信托业务关联交易，并按照穿透原则和实质重于形式原则加强关联交易认定和关联交易资金来源与运用的双向核查。

第五十五条 信托公司应当准确识别关联方，及时更新关联方名单，并按季度将关联方名单报送至信托登记机构。

信托公司应当按照穿透原则将主要股东、主要股东的控股股东、实际控制人、关联方、一致行动人、最终受益人作为信托公司的关联方进行管理。

第五十六条 信托公司应当建立关联交易管理制度，严格执行国务院银行业监督管理机构关于关联交易报告等规定，落实信息披露要求，不得违背市场化原则和公平竞争原则开展关联交易，不得隐匿关联交易或通过关联交易隐匿资金真实去向、从事违法违规活动。

信托公司董事会应当设立关联交易控制委员会，负责关联交易的管理，及时审查和批准关联交易，控制关联交易风险。关联交易控制委员会成员不得少于三人，由独立董事担任负责人。

信托公司应当定期开展关联交易内外部审计工作，其内部审计部门应当至少每年对信托公司关联交易进行一次专项审计，并将审计结果报信托公司董事会和监事会；委托外部审计机构每年对信托公司关联交易情况进行年度审计，其中外部审计机构不得为信托公司关联方控制的会计师事务所。

第五十七条 信托公司应当加强公司治理机制建设，形成股东(大)会、董事会、监事会、高级管理层有效制衡的公司治理结构，建立完备的内部控制、风险管理、信息披露体系，以及科学合理的激励约束机制，保障信托当事人等合法权益，保护和促进股东行使权利，确保全体股东享有平等待遇。

信托公司董事会成员应当包含独立董事，独立董事人数不得少于董事会成员总数的四分之一；但单个股东及其关联方、一致行动人合计持有信托公司三分之二以上资本总额或股份总额的信托公司，其独立董事人数不得少于董事会成员总数的三分之一。

信托公司董事会和监事会应当根据法律法规和公司章程赋予的职责，每年向股东(大)会做年度工作报告，并及时将年度工作报告报送国务院银行业监督管理机构或其派出机构。

第四章 监督管理

第五十八条 国务院银行业监督管理机构鼓励信托公司持续优化股权结构，引入注重公司长远发展、管理经验成熟的战略投资者，促进信托公司转型发展，提升专业服务水平。

第五十九条 国务院银行业监督管理机构及其派出机构应当加强对信托公司股东的穿透监管，加强对主要股东及其控股股东、实际控制人、关联方、一致行动人及最终受益人的审查、识别和认定。信托公司主要股东及其控股股东、实际控制人、关联方、一致行动人及最终受益人，以国务院银行业监督管理机构或其派出机构认定为准。

第六十条 国务院银行业监督管理机构及其派出机构有权采取下列措施，了解信托公司股东(含拟入股股东)及其控股股东、实际控制人、关联方、一致行动人及最终受益人信息：

（一）要求股东逐层披露其股东、实际控制人、关联方、一致行动人及最终受益人；

（二）要求股东说明入股资金来源，并提供有关材料；

（三）要求股东报送资产负债表、利润表和其他财务会计报告和统计报表、公司发展战略和经营管理材料以及注册会计师出具的审计报告；

（四）要求股东及相关人员对有关事项作出解释说明；

（五）询问股东及相关人员；

（六）实地走访或调查股东经营情况；

（七）其他监管措施。

对与涉嫌违法事项有关的信托公司股东及其控股股东、实际控制人、关联方、一致行动人及最终受益人，国务院银行业监督管理机构及其派出机构有权依法查阅、复制有关财务会计、财产权登记等文件、资料；对可能被转移、隐匿、毁损或者伪造的文件、资料，予以先行登记保存。

第六十一条 国务院银行业监督管理机构及其派出机构有权采取下列措施，加强信托公司股权穿透监管：

（一）依法对信托公司设立、变更股权或调整股权结构等事项实施行政许可；

（二）要求信托公司及其股东及时报告股权有关信息；

（三）定期评估信托公司主要股东及其控股股东、实际控制人、关联方、一致行动人、最终受益人的经营活动，

以判断其对信托公司稳健运行的影响;

(四)要求信托公司通过年报或半年报披露相关股权信息;

(五)与信托公司董事、监事、高级管理人员以及其他相关当事人进行监管谈话,要求其就相关情况作出说明;

(六)对股东涉及信托公司股权的行为进行调查或者公开质询;

(七)要求股东报送审计报告、经营管理信息、股权信息等材料;

(八)查询、复制股东及相关单位和人员的财务会计报表等文件、资料;

(九)对信托公司进行检查,并依法对信托公司和有关责任人员实施行政处罚;

(十)依法可以采取的其他监管措施。

第六十二条 国务院银行业监督管理机构及其派出机构应当建立股东动态监测机制,至少每年对信托公司主要股东的资质情况、履行承诺事项情况、承担股东责任和义务的意愿与能力、落实公司章程或协议条款情况、经营管理情况、财务和风险状况,以及信托公司面临经营困难时主要股东在信托公司恢复阶段可能采取的救助措施进行评估。

国务院银行业监督管理机构及其派出机构应当将评估工作纳入日常监管,并对评估发现的问题视情形采取限期整改等监管措施。

第六十三条 国务院银行业监督管理机构及其派出机构根据审慎监管的需要,有权依法采取限制同一股东及其关联方、一致行动人入股信托公司的数量、持有信托公司股权比例、与信托公司开展的关联交易额度等审慎监管措施。

第六十四条 信托公司主要股东为金融机构的,国务院银行业监督管理机构及其派出机构应当与该金融机构的监管部门建立有效的信息交流和共享机制。

第六十五条 信托公司在股权管理过程中存在下列情形之一的,国务院银行业监督管理机构或其派出机构应当责令限期改正;逾期未改正,或者其行为严重危及信托公司的稳健运行、损害信托当事人和其他客户合法权益的,经国务院银行业监督管理机构或其省一级派出机构负责人批准,可以区别情形,按照《中华人民共和国银行业监督管理法》第三十七条规定,采取相应的监管措施:

(一)未按要求履行行政许可程序或对有关事项进行报告的;

(二)未按规定开展股东定期评估工作的;

(三)提供虚假的或者隐瞒重要事实的报表、报告等文件、资料的;

(四)未按规定制定公司章程,明确股东权利义务的;

(五)未按规定进行股权托管的;

(六)未按规定进行信息披露的;

(七)未按规定开展关联交易的;

(八)拒绝或阻碍监管部门进行调查核实的;

(九)其他违反股权管理相关要求的。

第六十六条 信托公司股东或其控股股东、实际控制人、关联方、一致行动人、最终受益人等存在下列情形,造成信托公司违反审慎经营规则的,国务院银行业监督管理机构或其派出机构根据《中华人民共和国银行业监督管理法》第三十七条规定,可以限制信托公司股东参与经营管理的相关权利,包括股东大会召开请求权、表决权、提名权、提案权、处分权等;责令信托公司控股股东转让股权,股权转让完成前,限制其股东权利,限期未完成转让的,由符合国务院银行业监督管理机构相关要求的投资人按照评估价格受让股权:

(一)虚假出资、出资不实、抽逃出资或者变相抽逃出资的;

(二)使用委托资金、债务资金或其他非自有资金投资入股的;

(三)委托他人或接受他人委托持有信托公司股权的;

(四)未按规定进行报告的;

(五)拒绝向信托公司、国务院银行业监督管理机构或其派出机构提供文件材料或提供虚假文件材料、隐瞒重要信息以及迟延提供相关文件材料的;

(六)违反承诺、公司章程或协议条款的;

(七)主要股东或其控股股东、实际控制人不符合本办法规定的监管要求的;

(八)违规开展关联交易的;

(九)违反承诺进行股权质押或以股权及其受(收)益权设立信托等金融产品的;

(十)拒绝或阻碍国务院银行业监督管理机构或其派出机构进行调查核实的;

(十一)不配合国务院银行业监督管理机构或其派出机构开展风险处置的;

(十二)在信托公司出现资本不足或其他影响稳健

运行情形时，主要股东拒不补充资本并拒不同意其他股东、投资人增资计划的；

（十三）其他滥用股东权利或不履行股东义务，损害信托公司、信托当事人、其他股东等利益的。

第六十七条　信托公司未遵守本办法规定进行股权管理的，国务院银行业监督管理机构或其派出机构可以调整该信托公司监管评级。

信托公司董事会成员在履职过程中未就股权管理方面的违法违规行为提出异议的，最近一次履职评价不得评为称职。

第六十八条　在行政许可过程中，投资人、股东或其控股股东、实际控制人、信托公司有下列情形之一的，国务院银行业监督管理机构或其派出机构可以中止审查：

（一）相关股权存在权属纠纷；

（二）被举报尚需调查；

（三）因涉嫌违法违规被有关部门调查，或者被司法机关侦查，尚未结案；

（四）被起诉尚未判决；

（五）国务院银行业监督管理机构认定的其他情形。

第六十九条　在实施行政许可或者履行其他监管职责时，国务院银行业监督管理机构或其派出机构可以要求信托公司或者股东就其提供的有关资质、关联关系或者入股资金等信息的真实性作出声明，并承诺承担因提供虚假信息或者不实声明造成的后果。

第七十条　国务院银行业监督管理机构及其派出机构建立信托公司股权管理和股东行为不良记录数据库，通过全国信用信息共享平台与相关部门或政府机构共享信息。

对于存在违法违规行为且拒不改正的股东，或以隐瞒、欺骗等不正当手段获得股权的股东，国务院银行业监督管理机构及其派出机构可以单独或会同相关部门联合予以惩戒，可通报、公开谴责、禁止其一定期限直至终身入股信托公司。

第七十一条　在实施行政许可或者履行监管职责时，国务院银行业监督管理机构及其派出机构应当将存在提供虚假材料、不实声明或者因不诚信行为受到金融管理部门行政处罚等情形的第三方中介机构纳入第三方中介机构诚信档案。自第三方中介机构不诚信行为或受到金融管理部门行政处罚等情形发生之日起五年内，国务院银行业监督管理机构及其派出机构对其出具的报告或作出的声明等不予认可，并可将其不诚信行为通报有关主管部门。

第五章　法律责任

第七十二条　信托公司未按要求对股东及其控股股东、实际控制人、关联方、一致行动人、最终受益人信息进行审查、审核或披露的，由国务院银行业监督管理机构或其派出机构按照《中华人民共和国银行业监督管理法》第四十六条、第四十八条的规定，责令改正，并对信托公司及相关责任人员实施行政处罚。

第七十三条　信托公司存在本办法第六十五条规定的情形之一，情节较为严重的，由国务院银行业监督管理机构或其派出机构按照《中华人民共和国银行业监督管理法》第四十六条、第四十七条、第四十八条规定对信托公司及相关责任人员实施行政处罚。

第七十四条　信托公司股东或其控股股东、实际控制人、关联方、一致行动人、最终受益人等以隐瞒、欺骗等不正当手段获得信托公司股权的，由国务院银行业监督管理机构或其派出机构按照《中华人民共和国行政许可法》的规定，对相关行政许可予以撤销。

依照本条前款撤销行政许可的，被许可人基于行政许可取得的利益不受保护。

第六章　附　则

第七十五条　本办法所称"以上"均含本数，"不足"不含本数，"日"为工作日。

第七十六条　以下用语含义：

（一）控股股东，是指根据《中华人民共和国公司法》第二百一十六条规定，其出资额占有限责任公司资本总额百分之五十以上或者其持有的股份占股份有限公司股本总额百分之五十以上的股东；出资额或者持有股份的比例虽然不足百分之五十，但依其出资额或者持有的股份所享有的表决权已足以对股东会、股东大会的决议产生重大影响的股东。

（二）实际控制人，是指根据《中华人民共和国公司法》第二百一十六条规定，虽不是公司的股东，但通过投资关系、协议或者其他安排，能够实际支配公司行为的人。

（三）关联方，是指根据《企业会计准则第36号关联方披露》规定，一方控制、共同控制另一方或对另一方施加重大影响，以及两方或两方以上同受一方控制、共同控制或重大影响的。但国家控制的企业之间不因为同受国家控股而具有关联关系。

（四）一致行动，是指投资者通过协议、其他安排，与其他投资者共同扩大其所能够支配的一个公司股份表决权数量的行为或者事实。达成一致行动的相关投资者,为一致行动人。

(五)最终受益人,是指实际享有信托公司股权收益的人。

(六)个别财务报表,是相对于合并财务报表而言,指由公司或子公司编制的,仅反映母公司或子公司自身财务状况、经营成果和现金流量的财务报表。

第七十七条 本办法由国务院银行业监督管理机构负责解释。

第七十八条 本办法自2020年3月1日起施行。本办法实施前发布的有关规章及规范性文件与本办法不一致的,按照本办法执行。

信托公司治理指引

- 2007年1月22日
- 银监发〔2007〕4号

第一章 总　则

第一条 为进一步完善信托公司治理,加强风险控制,促进信托公司的规范经营和健康发展,保障信托公司股东、受益人及其他利益相关者的合法权益,根据《中华人民共和国公司法》《中华人民共和国银行业监督管理法》《中华人民共和国信托法》等法律法规,制定本指引。

第二条 信托公司治理应当体现受益人利益最大化的基本原则。股东(大)会、董事会、监事会、高级管理层等组织架构的建立和运作,应当以受益人利益为根本出发点。公司、股东以及公司员工的利益与受益人利益发生冲突时,应当优先保障受益人的利益。

第三条 信托公司治理应当遵循以下原则:

(一)认真履行受托职责,遵循诚实、信用、谨慎、有效管理的原则,恪尽职守,为受益人的最大利益处理信托事务;

(二)明确股东、董事、监事、高级管理人员的职责和权利义务,完善股东(大)会、董事会、监事会、高级管理层的议事制度和决策程序;

(三)建立完备的内部控制、风险管理和信息披露体系,以及合理的绩效评估和薪酬制度;

(四)树立风险管理理念,确定有效的风险管理政策,制订详实的风险管理制度,建立全面的风险管理程序,及时识别、计量、监测和控制各类风险;

(五)积极鼓励引进合格战略投资者、优秀的管理团队和专业管理人才,优化治理结构。

第四条 信托公司应当建立合规管理机制,督促公司董事会、监事会、高级管理层等各个层面在各自职责范围内履行合规职责,使信托公司的经营活动与法律、规则和准则相一致,促使公司合规经营。

第二章 股东和股东(大)会
第一节 股　东

第五条 信托公司股东应当具备法律、行政法规和中国银行业监督管理委员会(以下简称中国银监会)规定的资格条件,并经中国银监会批准。

第六条 信托公司股东应当作出以下承诺:

(一)入股有利于信托公司的持续、稳健发展;

(二)持股未满三年不转让所持股份,但上市信托公司除外;

(三)不质押所持有的信托公司股权;

(四)不以所持有的信托公司股权设立信托;

(五)严格按照法律、行政法规和中国银监会的规定履行出资义务。

第七条 信托公司股东不得有下列行为:

(一)虚假出资、出资不实、抽逃出资或变相抽逃出资;

(二)利用股东地位牟取不当利益;

(三)直接或间接干涉信托公司的日常经营管理;

(四)要求信托公司做出最低回报或分红承诺;

(五)要求信托公司为其提供担保;

(六)与信托公司违规开展关联交易;

(七)挪用信托公司固有财产或信托财产;

(八)通过股权托管、信托文件、秘密协议等形式处分其出资;

(九)损害信托公司、其他股东和受益人合法权益的其他行为。

第八条 股东出现下列情形之一时,应当及时通知信托公司:

(一)所持信托公司股权被采取诉讼保全措施或被强制执行;

(二)转让所持有的信托公司股权;

(三)变更名称;

(四)发生合并、分立;

(五)解散、破产、关闭或被接管;

(六)其他可能导致所持信托公司股权发生变化的情形。

第九条 股东与信托公司之间应在业务、人员、资产、财务、办公场所等方面严格分开,各自独立经营、独立核算、独立承担责任和风险。

第二节 股东(大)会

第十条 信托公司股东(大)会的召集、表决方式和程序、职权范围等内容,应在公司章程中明确规定。

第十一条 股东(大)会议事细则包括通知、文件准备、召开方式、表决形式、会议记录及其签署等内容,由董事会依照公司章程制定,经股东(大)会审议通过后执行。

第十二条 股东(大)会定期会议除审议相关法律法规规定的事项外,还应当将下列事项列入股东(大)会审议范围:

(一)通报监管部门对公司的监管意见及公司执行整改情况;

(二)报告受益人利益的实现情况。

第十三条 信托公司股东单独或与关联方合并持有公司50%以上股权的,股东(大)会选举董事、监事应当实行累积投票制。

本指引所称累积投票制,是指股东(大)会选举董事或者监事时,每一股份拥有与应选董事或者监事人数相同的表决权,股东拥有的表决权可以集中使用。

第十四条 股东(大)会会议记录应做到真实、完整,并自做出之日起至少保存十五年。

股东(大)会的决议及相关文件,应当报中国银监会或其派出机构备案。

第三章 董事和董事会

第一节 董事

第十五条 信托公司董事应当具备法律、行政法规和中国银监会规定的资格条件。

第十六条 公司章程应明确规定董事的人数、产生办法、任免程序、权利义务和任职期限等内容。

第十七条 董事应以认真负责的态度出席董事会,对所议事项表达明确的意见。董事无法亲自出席董事会的,可以书面委托其他董事按其意愿代为投票,并承担相应的法律责任。

第十八条 董事个人直接或者间接与公司已有的或者计划中的合同、交易、安排有关联时,应当及时将其关联关系的性质和程度告知董事会、监事会,并在董事会审议表决该事项时予以回避。

第二节 独立董事

第十九条 信托公司设立独立董事。独立董事要关注、维护中小股东和受益人的利益,与信托公司及其股东之间不存在影响其独立判断或决策的关系。

独立董事人数应不少于董事会成员总数的四分之一;但单个股东及其关联方持有公司总股本三分之二以上的信托公司,其独立董事人数应不少于董事会成员总数的三分之一。

第二十条 信托公司独立董事应有良好的职业操守和道德品质,熟悉信托原理和信托经营规则,并有足够的时间和精力履行职责。

信托公司独立董事不得在其他信托公司中任职。

第二十一条 公司应当明确规定独立董事的产生程序、权利义务等内容。

第二十二条 独立董事享有以下职责或权利:

(一)提议召开股东(大)会临时会议或董事会;

(二)向股东(大)会提交工作报告;

(三)基于履行职责的需要聘请审计机构或咨询机构,费用由信托公司承担;

(四)对重要业务发表独立意见,可就关联交易等情况单独向中国银监会或其派出机构报告;

(五)对公司董事、高级管理人员的薪酬计划、激励计划等事项发表独立意见;

(六)法律法规赋予董事的其他职责或权利。

第二十三条 独立董事在任期内辞职或被免职的,独立董事本人和信托公司应当分别向股东(大)会、中国银监会或其派出机构提供书面说明。

第三节 董事会

第二十四条 董事会对股东(大)会负责,并依据《中华人民共和国公司法》等法律法规的规定和公司章程行使职权。董事会授权董事长在董事会闭会期间行使董事会部分职权的,授权内容应当明确具体。

董事会、董事长依法行使职权,不得越权干预高级管理层的具体经营活动。

第二十五条 董事会应制订信托公司的战略发展目标和相应的发展规划,了解信托公司的风险状况,明确信托公司的风险管理政策和管理规章。

第二十六条 董事会应当制定规范的董事会召集程序、议事表决规则,经股东(大)会表决通过,并报中国银监会或其派出机构备案。

第二十七条 董事会每年至少召开两次会议。董事会会议记录应做到真实、完整,并自做出之日起至少保存十五年。出席会议的董事和记录人应当在会议记录上签字。

董事会决议应当经董事会一半以上董事通过方为有效,但表决重大投资、重大资产处置、变更高级管理人员和利润分配方案等事项,须经董事会三分之二以上董事通过。

第二十八条 有下列情形之一的,董事会应当立即通知全体股东,并向中国银监会或其派出机构报告:

(一)公司或高级管理人员涉嫌重大违法违规行为;

(二)公司财务状况持续恶化或者发生重大亏损;

(三)拟更换董事、监事或者高级管理人员;

(四)其他可能影响公司持续经营的事项。

第二十九条 董事会应当向股东(大)会及中国银监会或其派出机构及时报告一致行动时可以实际上控制信托公司的关联股东名单。

第三十条 董事会应当下设信托委员会,成员不少于三人,由独立董事担任负责人,负责督促公司依法履行受托职责。当信托公司或其股东利益与受益人利益发生冲突时,保证公司为受益人的最大利益服务。

根据公司实际情况和需求,董事会还可以下设人事、薪酬、审计、风险管理等专门委员会。

第三十一条 董事会应当设董事会秘书或专门机构,负责股东(大)会、董事会的筹备、会议记录和会议文件的保管、信息披露及其他日常事务,并负责将股东(大)会、董事会等会议文件报中国银监会或其派出机构备案。

第四章 监事和监事会
第一节 监 事

第三十二条 信托公司监事应当符合法律、行政法规和中国银监会规定的资格条件,具备履行职责所必需的素质。

信托公司董事、高级管理人员及其直系亲属不得担任本公司监事。

第三十三条 监事有权了解公司经营情况,并承担相应的保密义务。

信托公司应当采取措施切实保障监事的知情权,为监事履行职责提供必要的条件。

第三十四条 监事应当列席董事会会议。列席会议的监事有权发表意见,但不享有表决权;发现重大事项可单独向中国银监会或其派出机构报告。

第二节 监事会

第三十五条 信托公司应当设监事会。

监事会应当制定规范的议事规则,经股东(大)会审

议通过后执行,并报中国银监会或其派出机构备案。

第三十六条 监事会由监事会主席负责召集。

监事会可下设专门机构,负责监事会会议的筹备、会议记录和会议文件保管等事项,为监事依法履行职责提供服务。

第三十七条 监事会每年至少召开两次会议。监事会会议记录应当真实、完整,并自做出之日起至少保存十五年。出席会议的监事和记录人应当在会议记录上签字。

第三十八条 监事会可以要求公司董事或高级管理人员出席监事会会议,回答所关注的问题。

公司应将其内部稽核报告、合规检查报告、财务会计报告及其他重大事项及时报监事会。

第三十九条 基于履行职责的需要,监事会经协商一致,可以聘请外部审计机构或咨询机构,费用由信托公司承担。

第五章 高级管理层

第四十条 高级管理人员的任职资格应当符合法律、行政法规和中国银监会的规定。信托公司不得聘任未取得任职资格的人员担任高级管理人员或承担相关工作。

第四十一条 高级管理人员应当遵循诚信原则,谨慎、勤勉地在其职权范围内行使职权,不得为自己或他人谋取属于本公司的商业机会,不得接受与本公司交易有关的利益。

第四十二条 公司总经理和董事长不得为同一人。总经理向董事会负责,未担任董事职务的总经理可以列席董事会会议。

总经理应当根据董事会或监事会的要求,向董事会或监事会报告公司重大合同的签订与执行情况、资金运用情况和盈亏情况。总经理必须保证该报告的真实性。

第四十三条 高级管理层应当为受益人的最大利益认真履行受托职责:

(一)在信托业务与公司其他业务之间建立有效隔离机制,保证其人员、信息、会计账户之间保持相对独立,保障信托财产的独立性;

(二)认真管理信托财产,为每一个集合资金信托计划至少配备一名信托经理。

第四十四条 高级管理层应对公司的各个层面实施风险评估,实施评估的深度和广度应与公司的业务范围和各部门的职责相适应;同时应加强风险管理,有效检测、评估、控制和管理风险,逐步提高风险识别和风险管

理的能力。

第四十五条 高级管理层应当根据公司经营活动需要,建立健全以投资决策系统、内部规章制度、经营风险控制系统、业务审批及操作系统等为主要内容的内部控制机制,并报中国银监会或其派出机构备案。

内控制度应当覆盖信托公司的各项业务、各个部门和各级人员,并融入到决策、执行、监督、反馈等各个经营环节,保证各个部门和岗位既相互独立又相互制约。

第四十六条 信托公司应当设立内部审计部门,对本公司的业务经营活动进行审计和监督。信托公司的内部审计部门应当至少每半年向公司董事会提交内部审计报告,同时向中国银监会或其派出机构报送上述报告的副本。

第四十七条 高级管理层应当设立合规管理部门,负责公司的合规稽核,对公司各部门及其人员行为的合规情况进行全程监控,协助高级管理层有效识别和管理信托公司所面临的合规风险。

第六章 激励与约束机制

第四十八条 信托公司应当依法制订公开、公正的绩效评价标准和程序,建立薪酬与公司效益和个人业绩相联系的激励与约束机制。

第四十九条 信托公司应当与公司员工签订聘任协议,对公司员工的任期、绩效考核、薪酬待遇、解聘事由、双方的权利义务及违约责任等进行约定。

第五十条 信托公司的薪酬分配制度应获得董事会的批准。董事会应当向股东(大)会就公司高级管理人员履行职责的情况、绩效评价情况、薪酬情况做出专项说明。

第五十一条 信托公司应当拟订员工培训计划,定期开展学习培训,提高公司员工的业务能力、合规意识和道德水准等。

第五十二条 信托公司应当建立内部举报机制,鼓励员工举报公司内部运营缺陷或违规行为,并对举报的问题进行独立调查、处理。

第五十三条 信托公司在条件具备时,经股东(大)会批准,可以建立董事、监事和高级管理人员的职业责任保险制度。

第七章 附 则

第五十四条 信托公司应当按照法律法规和有关监管规定,及时披露公司治理方面的信息,并保证披露信息的真实性、准确性和完整性。

第五十五条 本指引由中国银监会负责解释。

第五十六条 本指引自2007年3月1日起施行。

中国银保监会信托公司行政许可事项实施办法

· 2020年11月16日中国银行保险监督管理委员会令2020年第12号公布
· 自2021年1月1日起施行

第一章 总 则

第一条 为规范银保监会及其派出机构实施信托公司行政许可行为,明确行政许可事项、条件、程序和期限,保护申请人合法权益,根据《中华人民共和国银行业监督管理法》《中华人民共和国行政许可法》等法律、行政法规及国务院的有关决定,制定本办法。

第二条 本办法所称信托公司,是指依照《中华人民共和国公司法》《中华人民共和国银行业监督管理法》和《信托公司管理办法》设立的主要经营信托业务的金融机构。

第三条 银保监会及其派出机构根据统一规则、事权分级的原则,依照本办法和行政许可实施程序规定,对信托公司实施行政许可。

第四条 信托公司以下事项须经银保监会及其派出机构行政许可:机构设立,机构变更,机构终止,调整业务范围和增加业务品种,董事和高级管理人员任职资格,以及法律、行政法规规定和国务院决定的其他行政许可事项。

行政许可中应当按照《银行业金融机构反洗钱和反恐怖融资管理办法》要求进行反洗钱和反恐怖融资审查,对不符合条件的,不予批准。

第五条 申请人应按照银保监会行政许可事项申请材料目录和格式要求提交申请材料。

第二章 机构设立

第一节 信托公司法人机构设立

第六条 设立信托公司法人机构应当具备以下条件:

(一)有符合《中华人民共和国公司法》和银保监会规定的公司章程,股东管理、股东的权利义务等相关内容应按规定纳入信托公司章程;

(二)有符合规定条件的出资人,包括境内非金融机构、境内金融机构、境外金融机构和银保监会认可的其他出资人;

(三)注册资本为一次性实缴货币资本,最低限额为

3亿元人民币或等值的可自由兑换货币；

（四）有符合任职资格条件的董事、高级管理人员和与其业务相适应的合格的信托从业人员；

（五）具有健全的公司治理结构、组织机构、管理制度、风险控制机制和投资者保护机制；

（六）具有与业务经营相适应的营业场所、安全防范措施和其他设施；

（七）建立了与业务经营和监管要求相适应的信息科技架构，具有支撑业务经营的必要、安全且合规的信息系统，具备保障业务持续运营的技术与措施；

（八）银保监会规章规定的其他审慎性条件。

第七条 境内非金融机构作为信托公司出资人，应当具备以下条件：

（一）依法设立，具有法人资格；

（二）具有良好的公司治理结构及有效的组织管理方式；

（三）具有良好的社会声誉、诚信记录和纳税记录；

（四）经营管理良好，最近2年内无重大违法违规经营记录；

（五）财务状况良好，且最近2个会计年度连续盈利；如取得控股权，应最近3个会计年度连续盈利；

（六）年终分配后，净资产不低于全部资产的30%；如取得控股权，年终分配后净资产不低于全部资产的40%；

（七）权益性投资余额不超过本企业净资产的50%（含本次投资额）；如取得控股权，权益性投资余额应不超过本企业净资产的40%（含本次投资额）；

（八）入股资金为自有资金，不得以委托资金、债务资金等非自有资金入股，出资金额不得超过其个别财务报表口径的净资产规模；

（九）投资入股信托公司数量符合《信托公司股权管理暂行办法》规定；

（十）承诺不将所持有的信托公司股权进行质押或以股权及其受（收）益权设立信托等金融产品（银保监会采取风险处置或接管措施等特殊情形除外），并在拟设公司章程中载明；

（十一）银保监会规章规定的其他审慎性条件。

第八条 境内金融机构作为信托公司出资人，应当具有良好的内部控制机制和健全的风险管理体系，符合与该类金融机构有关的法律、法规、监管规定以及本办法第七条（第五项"如取得控股权，应最近3个会计年度连续盈利"、第六项和第七项除外）规定的条件。

第九条 境外金融机构作为信托公司出资人，应当具备以下条件：

（一）具有国际相关金融业务经营管理经验；

（二）最近2年长期信用评级为良好及以上；

（三）财务状况良好，最近2个会计年度连续盈利；

（四）符合所在国家或地区法律法规及监管当局的审慎监管要求，最近2年内无重大违法违规经营记录；

（五）具有良好的公司治理结构、内部控制机制和健全的风险管理体系；

（六）入股资金为自有资金，不得以委托资金、债务资金等非自有资金入股，出资金额不得超过其个别财务报表口径的净资产规模；

（七）投资入股信托公司数量符合《信托公司股权管理暂行办法》规定；

（八）承诺不将所持有的信托公司股权进行质押或以股权及其受（收）益权设立信托等金融产品（银保监会采取风险处置或接管措施等特殊情形除外），并在拟设公司章程中载明；

（九）所在国家或地区金融监管当局已经与银保监会建立良好的监督管理合作机制；

（十）所在国家或地区经济状况良好；

（十一）银保监会规章规定的其他审慎性条件。

境外金融机构作为出资人投资入股信托公司应当遵循长期持股、优化治理、业务合作、竞争回避的原则，并应遵守国家关于外国投资者在中国境内投资的有关规定。

银保监会可根据金融业风险状况和监管需要，调整境外金融机构作为出资人的条件。

第十条 有以下情形之一的，不得作为信托公司的出资人：

（一）公司治理结构与管理机制存在明显缺陷；

（二）关联企业众多、股权关系复杂且不透明、关联交易频繁且异常；

（三）核心主业不突出且其经营范围涉及行业过多；

（四）现金流量波动受经济景气影响较大；

（五）资产负债率、财务杠杆率高于行业平均水平；

（六）代他人持有信托公司股权；

（七）其他对信托公司产生重大不利影响的情况。

第十一条 信托公司设立须经筹建和开业两个阶段。

第十二条 筹建信托公司，应当由出资比例最大的出资人作为申请人向拟设地银保监局提交申请，由银保监局受理并初步审查、银保监会审查并决定。决定机关自受理之日起 4 个月内作出批准或不批准的书面决定。

第十三条　信托公司的筹建期为批准决定之日起 6 个月。未能按期完成筹建的，应当在筹建期限届满前 1 个月向银保监会和拟设地银保监局提交筹建延期报告。筹建延期不得超过一次，延长期限不得超过 3 个月。

申请人应当在前款规定的期限届满前提交开业申请，逾期未提交的，筹建批准文件失效，由决定机关注销筹建许可。

第十四条　信托公司开业，应当由出资比例最大的出资人作为申请人向拟设地银保监局提交申请，由银保监局受理、审查并决定。银保监局自受理之日起 2 个月内作出核准或不予核准的书面决定，并抄报银保监会。

第十五条　申请人应当在收到开业核准文件并领取金融许可证后，办理工商登记，领取营业执照。

信托公司应当自领取营业执照之日起 6 个月内开业。不能按期开业的，应当在开业期限届满前 1 个月向拟设地银保监局提交开业延期报告。开业延期不得超过一次，延长期限不得超过 3 个月。

未在前款规定期限内开业的，开业核准文件失效，由决定机关注销开业许可，发证机关收回金融许可证，并予以公告。

第二节　投资设立、参股、收购境外机构

第十六条　信托公司申请投资设立、参股、收购境外机构，申请人应当符合以下条件：

（一）具有良好的公司治理结构，内部控制健全有效，业务条线管理和风险管控能力与境外业务发展相适应；

（二）具有清晰的海外发展战略；

（三）具有良好的并表管理能力；

（四）符合审慎监管指标要求；

（五）权益性投资余额原则上不超过其净资产的 50%；

（六）最近 2 个会计年度连续盈利；

（七）具备与境外经营环境相适应的专业人才队伍；

（八）最近 2 年无严重违法违规行为和因内部管理问题导致的重大案件；

（九）银保监会规章规定的其他审慎性条件。

前款所称境外机构是指银保监会认可的金融机构和信托业务经营机构。

第十七条　信托公司申请投资设立、参股、收购境外机构由所在地银保监局受理、审查，并在征求银保监会意见后决定。银保监局自受理之日起 6 个月内作出批准或不批准的书面决定，并抄报银保监会。

信托公司获得批准文件后应按照拟投资设立、参股、收购境外机构注册地国家或地区的法律法规办理相关法律手续，并在完成相关法律手续后 15 日内向银保监会和所在地银保监局报告其投资设立、参股或收购的境外机构的名称、成立时间、注册地点、注册资本、注资币种。

第三章　机构变更

第十八条　信托公司法人机构变更事项包括：变更名称，变更股权或调整股权结构，变更注册资本，变更住所，修改公司章程，分立或合并，以及银保监会规定的其他变更事项。

第十九条　信托公司变更名称，由银保监分局或所在地银保监局受理、审查并决定。

决定机关自受理之日起 3 个月内作出批准或不批准的书面决定。由银保监局决定的，应将决定抄报银保监会；由银保监分局决定的，应将决定同时抄报银保监局和银保监会。

第二十条　信托公司变更股权或调整股权结构，拟投资入股的出资人应当具备本办法第七条至第十条规定的条件。

投资入股信托公司的出资人，应当及时、完整、真实地披露其关联关系和最终实际控制人。

第二十一条　所有拟投资入股信托公司的出资人的资格以及信托公司变更股权或调整股权结构均应经过审批，但出资人及其关联方、一致行动人单独或合计持有同一上市信托公司股份未达到该信托公司股份总额 5% 的除外。

第二十二条　信托公司由于实际控制人变更所引起的变更股权或调整股权结构，由所在地银保监局受理并初步审查，银保监会审查并决定。决定机关自受理之日起 3 个月内作出批准或不批准的书面决定。

信托公司由于其他原因引起变更股权或调整股权结构的，由银保监分局或所在地银保监局受理并初步审查，银保监局审查并决定。决定机关自受理之日起 3 个月内作出批准或不批准的书面决定，并抄报银保监会。

第二十三条　信托公司申请变更注册资本，应当具备以下条件：

（一）变更注册资本后仍然符合银保监会对信托公司最低注册资本和资本管理的有关规定；

（二）出资人应当符合第二十条规定的条件；

（三）银保监会规章规定的其他审慎性条件。

第二十四条　信托公司申请变更注册资本的许可程

序适用本办法第十九条的规定，变更注册资本涉及变更股权或调整股权结构的，许可程序适用本办法第二十二条的规定。

信托公司通过配股或募集新股份方式变更注册资本的，在变更注册资本前，还应当经过配股或募集新股份方案审批。许可程序同前款规定。

第二十五条 信托公司公开募集股份和上市交易股份的，应当符合国务院及监管部门有关规定，向中国证监会申请之前，应向银保监会派出机构申请并获得批准。

信托公司公开募集股份和上市交易股份的，由银保监分局或所在地银保监局受理并初步审查，银保监局审查并决定。银保监局自受理之日起3个月内作出批准或不批准的书面决定，并抄报银保监会。

第二十六条 信托公司变更住所，应当有与业务发展相符合的营业场所、安全防范措施和其他设施。

信托公司因行政区划调整等原因而引起的行政区划、街道、门牌号等发生变化而实际位置未变化的，不需申请变更住所，但应当于变更后15日内报告其金融许可证发证机关，并换领金融许可证。

信托公司因房屋维修、增扩建等原因临时变更住所6个月以内的，不需申请变更住所，但应当在原住所、临时住所公告，并提前10日向其金融许可证发证机关报告。临时住所应当符合公安、消防部门的相关要求。信托公司回迁原住所，应当在原住所、临时住所公告，并提前10日将公安消防部门出具的消防证明文件等材料抄报其金融许可证发证机关。

信托公司变更住所，由银保监分局或所在地银保监局受理、审查并决定。决定机关自受理之日起2个月内作出批准或不批准的书面决定，并抄报银保监会。

第二十七条 信托公司修改公司章程应当符合《中华人民共和国公司法》《信托公司管理办法》《信托公司股权管理暂行办法》及其他有关法律法规的规定。

第二十八条 信托公司申请修改公司章程的许可程序适用本办法第十九条的规定。

信托公司因发生变更名称、住所、股权、注册资本、业务范围等前置审批事项以及因行政区划调整、股东名称变更等原因而引起公司章程内容变更的，不需申请修改章程，应当在决定机关作出批准决定或发生相关变更事项之日起6个月内修改章程相应条款并报告银保监局。

第二十九条 信托公司分立应当符合有关法律、行政法规和规章的规定。

信托公司分立，应当向所在地银保监局提交申请，由银保监局受理并初步审查，银保监会审查并决定。决定机关自受理之日起3个月内作出批准或不批准的书面决定。

存续分立的，在分立公告期限届满后，存续方应当按照变更事项的条件和程序取得行政许可；新设方应当按照法人机构开业的条件和程序取得行政许可。

新设分立的，在分立公告期限届满后，新设方应当按照法人机构开业的条件和程序取得行政许可；原法人机构应当按照法人机构解散的条件和程序取得行政许可。

第三十条 信托公司合并应当符合有关法律、行政法规和规章的规定。

吸收合并的，由吸收合并方向其所在地银保监局提出申请，并抄报被吸收合并方所在地银保监局，由吸收合并方所在地银保监局受理并初步审查，银保监会审查并决定。决定机关自受理之日起3个月内作出批准或不批准的书面决定。吸收合并方所在地银保监局在将初审意见上报银保监会之前应当征求被吸收合并方所在地银保监局的意见。吸收合并公告期限届满后，吸收合并方应按照变更事项的条件和程序取得行政许可；被吸收合并方应当按照法人机构解散的条件和程序取得行政许可。

新设合并的，由其中一方作为主报机构向其所在地银保监局提交申请，同时抄报另一方所在地银保监局，由主报机构所在地银保监局受理并初步审查，银保监会审查并决定。决定机关自受理之日起3个月内作出批准或不批准的书面决定。主报机构所在地银保监局在将初审意见上报银保监会之前应征求另一方所在地银保监局的意见。新设合并公告期限届满后，新设机构应按照法人机构开业的条件和程序取得行政许可；原法人机构应按照法人机构解散的条件和程序取得行政许可。

第四章　机构终止

第三十一条 信托公司法人机构满足以下情形之一的，可以申请解散：

（一）公司章程规定的营业期限届满或者其他应当解散的情形；

（二）股东会议决定解散；

（三）因公司合并或者分立需要解散；

（四）其他法定事由。

第三十二条 信托公司解散，应当向所在地银保监局提交申请，由银保监局受理并初步审查，银保监会审查并决定。决定机关自受理之日起3个月内作出批准或不批准的书面决定。

第三十三条 信托公司因分立、合并出现解散情形的，与分立、合并一并进行审批。

第三十四条 信托公司有以下情形之一的，向法院申请破产前，应当向银保监会申请并获得批准：

（一）不能清偿到期债务，并且资产不足以清偿全部债务或者明显缺乏清偿能力，自愿或应其债权人要求申请破产的；

（二）已解散但未清算或者未清算完毕，依法负有清算责任的人发现该机构资产不足以清偿债务，应当申请破产的。

第三十五条 信托公司向法院申请破产前，应当向所在地银保监局提交申请，由银保监局受理并初步审查，银保监会审查并决定。决定机关自受理之日起3个月内作出批准或不批准的书面决定。

第五章 调整业务范围和增加业务品种

第三十六条 信托公司依据本办法可申请开办的业务范围和业务品种包括：企业年金基金管理业务资格、特定目的信托受托机构资格、受托境外理财业务资格、股指期货交易等衍生产品交易业务资格、以固有资产从事股权投资业务资格。

信托公司申请开办前款明确的业务范围和业务品种之外的其他业务，相关许可条件和程序由银保监会另行规定。

第一节 信托公司企业年金基金管理业务资格

第三十七条 信托公司申请企业年金基金管理业务资格，应当具备以下条件：

（一）具有良好的公司治理和内部控制体系；

（二）符合审慎监管指标要求；

（三）监管评级良好；

（四）最近2年无重大违法违规经营记录；

（五）具有与开办企业年金基金管理业务相适应的内部控制制度及风险管理制度；

（六）具有与开办企业年金基金管理业务相适应的合格专业人员；

（七）具有与业务经营相适应的安全且合规的信息系统，具备保障业务持续运营的技术与措施；

（八）银保监会规章规定的其他审慎性条件。

第三十八条 信托公司申请企业年金基金管理业务资格，应当向银保监分局或所在地银保监局提交申请，由银保监分局或银保监局受理并初步审查，银保监局审查并决定。决定机关自受理之日起3个月内作出批准或不批准的书面决定，并抄报银保监会。

第二节 信托公司特定目的信托受托机构资格

第三十九条 信托公司申请特定目的信托受托机构资格，应当具备以下条件：

（一）注册资本不低于5亿元人民币或等值的可自由兑换货币，且最近2年年末按要求提足全部准备金后，净资产不低于5亿元人民币或等值的可自由兑换货币；

（二）自营业务资产状况和流动性良好，符合有关监管要求；

（三）具有良好的社会声誉和经营业绩；

（四）符合审慎监管指标要求；

（五）最近2年无重大违法违规经营记录；

（六）具有良好的公司治理和内部控制制度，完善的信托业务操作流程和风险管理体系；

（七）具有履行特定目的信托受托机构职责所需要的专业人员；

（八）具有与业务经营相适应的安全且合规的信息系统，具备保障业务持续运营的技术与措施；

（九）已按照规定披露公司年度报告；

（十）银保监会规章规定的其他审慎性条件。

第四十条 信托公司申请特定目的信托受托机构资格，应当向银保监分局或所在地银保监局提交申请，由银保监分局或银保监局受理并初步审查，银保监局审查并决定。决定机关自受理之日起3个月内作出批准或不批准的书面决定，并抄报银保监会。

第三节 信托公司受托境外理财业务资格

第四十一条 信托公司申请受托境外理财业务资格，应当具备以下条件：

（一）具有良好的公司治理、风险管理体系和内部控制；

（二）注册资本不低于10亿元人民币或等值的可自由兑换货币；

（三）经批准具备经营外汇业务资格，且具有良好的开展外汇业务的经历；

（四）符合审慎监管指标要求；

（五）监管评级良好；

（六）最近2年无重大违法违规经营记录；

（七）最近2个会计年度连续盈利；

（八）配备能够满足受托境外理财业务需要且具有境外投资管理能力和经验的专业人才（从事外币有价证券买卖业务2年以上的专业管理人员不少于2人）；设有独立开展受托境外理财业务的部门，对受托境外理财业务集中受理、统一运作、分账管理；

（九）具备满足受托境外理财业务需要的风险分析技术和风险控制系统；具有满足受托境外理财业务需要的营业场所、安全防范设施和其他相关设施；在信托业务与固有业务之间建立了有效的隔离机制；

（十）具有与业务经营相适应的安全且合规的信息系统，具备保障业务持续运营的技术与措施；

（十一）银保监会规章规定的其他审慎性条件。

第四十二条 信托公司申请受托境外理财业务资格，应当向银保监分局或所在地银保监局提交申请，由银保监分局或银保监局受理并初步审查，银保监局审查并决定。决定机关自受理之日起3个月内作出批准或不批准的书面决定，并抄报银保监会。

第四节 信托公司股指期货交易等衍生产品交易业务资格

第四十三条 信托公司申请股指期货交易业务资格，应当具备以下条件：

（一）符合审慎监管指标要求；

（二）监管评级良好；

（三）最近2年无重大违法违规经营记录；

（四）具有完善有效的股指期货交易内部控制制度和风险管理制度；

（五）具有接受相关期货交易技能专门培训半年以上、通过期货从业资格考试、从事相关期货交易1年以上的交易人员至少2名，相关风险分析和管理人员至少1名，熟悉套期会计操作程序和制度规范的人员至少1名，以上人员相互不得兼任，且无不良记录；期货交易业务主管人员应当具备2年以上直接参与期货交易活动或风险管理的经验，且无不良记录；

（六）具有符合本办法第四十四条要求的信息系统；

（七）具有从事交易所需要的营业场所、安全防范设施和其他相关设施；

（八）具有严格的业务分离制度，确保套期保值类业务与非套期保值类业务的市场信息、风险管理、损益核算有效隔离；

（九）申请开办以投机为目的的股指期货交易，应已开展套期保值或套利业务一年以上；

（十）银保监会规章规定的其他审慎性条件。

第四十四条 信托公司开办股指期货信托业务，信息系统应当符合以下要求：

（一）具备可靠、稳定、高效的股指期货交易管理系统及股指期货估值系统，能够满足股指期货交易及估值的需要；

（二）具备风险控制系统和风险控制模块，能够实现对股指期货交易的实时监控；

（三）将股指期货交易系统纳入风险控制指标动态监控系统，确保各项风险控制指标符合规定标准；

（四）信托公司与其合作的期货公司信息系统至少铺设一条专线连接，并建立备份通道。

第四十五条 信托公司申请股指期货交易等衍生产品交易业务资格应当向银保监分局或所在地银保监局提交申请，由银保监分局或银保监局受理并初步审查，银保监局审查并决定。决定机关自受理之日起3个月内作出批准或不批准的书面决定，并抄报银保监会。

第四十六条 信托公司申请除股指期货交易业务资格外的其他衍生产品交易业务资格，应当符合银保监会相关业务管理规定。

第五节 信托公司以固有资产从事股权投资业务资格

第四十七条 本节所指以固有资产从事股权投资业务，是指信托公司以其固有资产投资于未上市企业股权、上市公司限售流通股或中国银保监会批准可以投资的其他股权的投资业务，不包括以固有资产参与私人股权投资信托、以固有资产投资金融机构股权和上市公司流通股。

前款所称私人股权投资信托，是指信托公司将信托计划项下资金投资于未上市企业股权、上市公司限售流通股或经批准可以投资的其他股权的信托业务。

第四十八条 信托公司以固有资产从事股权投资业务，应遵守以下规定：

（一）不得投资于关联方，但按规定事前报告并进行信息披露的除外；

（二）不得控制、共同控制或实质性影响被投资企业，不得参与被投资企业的日常经营；

（三）持有被投资企业股权不得超过5年。

第四十九条 信托公司应当审慎开展以固有资产从事股权投资业务，加强资本、流动性等管理，确保业务开展过程中相关监管指标满足要求。

第五十条 信托公司以固有资产从事股权投资业务和以固有资产参与私人股权投资信托等的投资总额不得超过其上年末净资产的20%，经银保监会批准的除外。

第五十一条 信托公司申请以固有资产从事股权投资业务资格，应当具备以下条件：

（一）具有良好的公司治理、内部控制及审计、合规和风险管理机制；

(二)符合审慎监管指标要求;

(三)具有良好的社会信誉、业绩和及时、规范的信息披露;

(四)最近3年无重大违法违规经营记录;

(五)监管评级良好;

(六)固有业务资产状况和流动性良好,符合有关监管要求;

(七)具有从事股权投资业务所需的专业团队。负责股权投资业务的人员达到3人以上,其中至少2名具备2年以上股权投资或相关业务经验;

(八)具有能支持股权投资业务的业务处理系统、会计核算系统、风险管理系统及管理信息系统;

(九)银保监会规章规定的其他审慎性条件。

第五十二条 信托公司申请以固有资产从事股权投资业务资格,应当向银保监分局或所在地银保监局提交申请,由银保监分局或银保监局受理并初步审查,银保监局审查并决定。决定机关自受理之日起3个月内作出批准或不批准的书面决定,并抄报银保监会。

第五十三条 信托公司以固有资产从事股权投资业务,应当在签署股权投资协议后10个工作日内向银保监分局、银保监局报告,报告应当包括但不限于项目基本情况及可行性分析、投资运用范围和方案、项目面临主要风险及风险管理说明、股权投资项目管理团队及人员等内容。

第六章 董事和高级管理人员任职资格

第一节 任职资格条件

第五十四条 信托公司董事长、副董事长、独立董事、其他董事会成员以及董事会秘书,须经任职资格许可。

信托公司总经理(首席执行官、总裁)、副总经理(副总裁)、风险总监(首席风险官)、合规总监(首席合规官)、财务总监(首席财务官)、总会计师、总审计师(总稽核)、运营总监(首席运营官)、信息总监(首席信息官)、总经理助理(总裁助理)等高级管理人员,须经任职资格许可。

其他虽未担任上述职务,但实际履行前两款所列董事和高级管理人员职责的人员,须经任职资格许可。

第五十五条 申请信托公司董事和高级管理人员任职资格,拟任人应当具备以下基本条件:

(一)具有完全民事行为能力;

(二)具有良好的守法合规记录;

(三)具有良好的品行、声誉;

(四)具有担任拟任职务所需的相关知识、经验及能力;

(五)具有良好的经济、金融等从业记录;

(六)个人及家庭财务稳健;

(七)具有担任拟任职务所需的独立性;

(八)能够履行对金融机构的忠实与勤勉义务。

第五十六条 拟任人有以下情形之一的,视为不符合本办法第五十五条第(二)项、第(三)项、第(五)项规定的条件,不得担任信托公司董事和高级管理人员:

(一)有故意或重大过失犯罪记录的;

(二)有违反社会公德的不良行为,造成恶劣影响的;

(三)对曾任职机构违法违规经营活动或重大损失负有个人责任或直接领导责任,情节严重的;

(四)担任或曾任被接管、撤销、宣告破产或吊销营业执照机构董事或高级管理人员的,但能够证明本人对曾任职机构被接管、撤销、宣告破产或吊销营业执照不负有个人责任的除外;

(五)因违反职业道德、操守或者工作严重失职,造成重大损失或恶劣影响的;

(六)指使、参与所任职机构不配合依法监管或案件查处的;

(七)被取消终身的董事和高级管理人员任职资格,或者受到监管机构或其他金融管理部门处罚累计达到2次以上的;

(八)不具备本办法规定的任职资格条件,采取不正当手段以获得任职资格核准的。

第五十七条 拟任人有以下情形之一的,视为不符合本办法第五十五条第(六)项、第(七)项、第(八)项规定的条件,不得担任信托公司董事和高级管理人员:

(一)截至申请任职资格时,本人或其配偶仍有数额较大的逾期债务未能偿还,包括但不限于在该信托公司的逾期债务;

(二)本人及其近亲属合并持有该信托公司5%以上股份,且从该信托公司获得的授信总额明显超过其持有的该信托公司股权净值;

(三)本人及其所控股的信托公司股东单位合并持有该信托公司5%以上股份,且从该信托公司获得的授信总额明显超过其持有的该信托公司股权净值;

(四)本人或其配偶在持有该信托公司5%以上股份的股东单位任职,且该股东单位从该信托公司获得的授

信总额明显超过其持有的该信托公司股权净值,但能够证明授信与本人及其配偶没有关系的除外;

(五)存在其他所任职务与其在该信托公司拟任、现任职务有明显利益冲突,或明显分散其在该信托公司履职时间和精力的情形。

第五十八条 申请信托公司董事任职资格,拟任人除应符合第五十五条至第五十七条的规定外,还应当具备以下条件:

(一)具有5年以上的经济、金融、法律、财会或其他有利于履行董事职责的工作经历,其中拟担任独立董事的还应是经济、金融、法律、财会等方面的专业人士;

(二)能够运用信托公司的财务报表和统计报表判断信托公司的经营管理和风险状况;

(三)了解拟任职信托公司的公司治理结构、公司章程以及董事会职责,并熟知董事的权利和义务。

第五十九条 除不得存在第五十六条、第五十七条所列情形外,信托公司独立董事拟任人还不得存在下列情形:

(一)本人及其近亲属合并持有信托公司1%以上股份或股权;

(二)本人或其近亲属在持有该信托公司1%以上股份或股权的股东单位任职;

(三)本人或其近亲属在该信托公司、该信托公司控股或者实际控制的机构任职;

(四)本人或其近亲属在不能按期偿还该信托公司债务的机构任职;

(五)本人或其近亲属任职的机构与本人拟任职信托公司之间存在法律、会计、审计、管理咨询、担保合作等方面的业务联系或债权债务等方面的利益关系,以致妨碍其履职独立性的情形;

(六)本人或其近亲属可能被拟任职信托公司大股东、高管层控制或施加重大影响,以致妨碍其履职独立性的其他情形;

(七)本人已在其他信托公司任职。

独立董事在同一家信托公司任职时间累计不得超过6年。

第六十条 申请信托公司董事长、副董事长和董事会秘书任职资格,拟任人除应当符合第五十五条至第五十八条的规定外,还应当分别符合以下条件:

(一)拟任信托公司董事长、副董事长,应当具备本科以上学历,从事金融工作5年以上,或从事相关经济工作10年以上(其中从事金融工作3年以上);

(二)拟任信托公司董事会秘书,应当具备本科以上学历,从事信托业务5年以上,或从事其他金融工作8年以上。

第六十一条 申请信托公司高级管理人员任职资格,拟任人除应当符合第五十五条至第五十七条的规定外,还应当符合以下条件:

(一)担任总经理(首席执行官、总裁)、副总经理(副总裁),应当具备本科以上学历,从事信托业务5年以上,或从事其他金融工作8年以上;

(二)担任运营总监(首席运营官)和总经理助理(总裁助理)以及实际履行高级管理人员职责的人员,任职资格条件比照总经理(首席执行官、总裁)、副总经理(副总裁)的任职资格条件执行;

(三)担任财务总监(首席财务官)、总会计师、总审计师(总稽核),应当具备本科以上学历,从事财务、会计或审计工作6年以上;

(四)担任风险总监(首席风险官),应当具备本科以上学历,从事金融机构风险管理工作3年以上,或从事其他金融工作6年以上;

(五)担任合规总监(首席合规官),应当具备本科以上学历,从事金融工作6年以上,其中从事法律合规工作2年以上;

(六)担任信息总监(首席信息官),应当具备本科以上学历,从事信息科技工作6年以上。

第六十二条 拟任人未达到第六十条、第六十一条规定的学历要求,但具备以下条件之一的,视同达到规定的学历:

(一)取得国家教育行政主管部门认可院校授予的学士以上学位;

(二)取得注册会计师、注册审计师或与拟(现)任职务相关的高级专业技术职务资格,且相关从业年限超过相应规定4年以上。

第二节 任职资格许可程序

第六十三条 信托公司申请核准董事和高级管理人员任职资格,应当向银保监分局或所在地银保监局提交申请,由银保监分局或银保监局受理并初步审核,银保监局审查并决定。决定机关自受理之日起30日内作出核准或不予核准的书面决定,并抄报银保监会。其中,关于董事长、总经理(首席执行官、总裁)的任职资格许可应在征求银保监会意见后作出决定。

第六十四条 信托公司新设立时,董事和高级管理人员任职资格申请,按照该机构开业的许可程序一并受理、审查并决定。

第六十五条　具有高级管理人员任职资格且未连续中断任职1年以上的拟任人在同一信托公司内及不同信托公司间平级调动职务（平级兼任）或改任（兼任）较低职务的，不需重新申请任职资格。拟任人应当在任职后5日内向任职机构所在地银保监会派出机构报告。拟任人担任董事长、总经理（首席执行官、总裁）的，还应同时向银保监会报告。

第六十六条　信托公司拟任董事长、总经理任职资格未获许可前，信托公司应当在现有董事和高级管理人员中指定符合相应任职资格条件的人员代为履职，并自作出指定决定之日起3日内向任职资格许可决定机关报告并抄报银保监会。代为履职的人员不符合任职资格条件的，监管机构可以责令信托公司限期调整代为履职的人员。

代为履职的时间不得超过6个月。信托公司应当在6个月内选聘具有任职资格的人员正式任职。

第七章　附　则

第六十七条　获准机构变更事项的，信托公司应当自许可决定之日起6个月内完成有关法定变更手续，并向所在地银保监会派出机构报告。获准董事和高级管理人员任职资格的，拟任人应当自许可决定之日起3个月内正式到任，并向所在地银保监会派出机构报告。

未在前款规定期限内完成变更或到任的，行政许可决定文件失效，由决定机关注销行政许可。

第六十八条　信托公司设立、终止事项，涉及工商、税务登记变更等法定程序的，应当在完成有关法定手续后1个月内向银保监会和所在地银保监会派出机构报告。

第六十九条　发生本办法规定事项但未按要求取得行政许可或进行报告的，银保监会或其派出机构依据《中华人民共和国银行业监督管理法》《信托公司管理办法》等法律法规，采取相应处罚措施。

第七十条　本办法所称境外含香港、澳门和台湾地区。

第七十一条　本办法中的"日"均为工作日，"以上"均含本数或本级。

第七十二条　本办法中下列用语的含义：

（一）实际控制人，是指根据《中华人民共和国公司法》第二百一十六条规定，虽不是公司的股东，但通过投资关系、协议或者其他安排，能够实际支配公司行为的人。

（二）关联方，是指根据《企业会计准则第36号关联方披露》规定，一方控制、共同控制另一方或对另一方施加重大影响，以及两方或两方以上同受一方控制、共同控制或重大影响的。但国家控制的企业之间不因为同受国家控股而具有关联关系。银保监会另有规定的从其规定。

（三）一致行动，是指投资者通过协议、其他安排，与其他投资者共同扩大其所能够支配的一个公司股份表决权数量的行为或者事实。达成一致行动的相关投资者，为一致行动人。

（四）个别财务报表，是相对于合并财务报表而言，指由公司或子公司编制的，仅反映母公司或子公司自身财务状况、经营成果和现金流量的财务报表。

第七十三条　除特别说明外，本办法中各项财务指标要求均为合并会计报表口径。

第七十四条　中国信托业保障基金有限责任公司、中国信托登记有限责任公司参照本办法执行。

第七十五条　本办法由银保监会负责解释。银保监会根据法律法规和监管需要，有权对行政许可事项中受理、审查和决定等事权的划分进行动态调整。

根据国务院或地方政府授权，履行国有金融资本出资人职责的各级财政部门及受财政部门委托管理国有金融资本的其他部门、机构，发起设立、投资入股信托公司的资质条件和监管要求等参照本办法有关规定执行，国家另有规定的从其规定。

第七十六条　本办法自2021年1月1日起施行，《中国银监会信托公司行政许可事项实施办法》（中国银监会令2015年第5号）同时废止。

中国银保监会关于规范信托公司
异地部门有关事项的通知

·2023年3月28日
·银保监规〔2023〕3号

各银保监局：

为优化信托公司跨区域经营模式，促进信托行业改革转型发展，更好服务实体经济，现就规范信托公司异地部门有关事项通知如下：

一、本通知所称信托公司异地部门，是指信托公司在住所所在地以外设置的部门。

二、信托公司异地部门包括业务、营销等部门。

三、信托公司根据业务发展需要、中长期发展规划、内部控制水平和风险管理能力等，原则上可在全国 6 个城市设置异地部门。同一城市所设异地部门在同一地址集中办公，数量不超过 5 个。

银保监会将根据信托行业发展实际与改革转型需要，视情调整前款规定。

四、信托公司异地部门不对外挂牌　信托公司应在自身网站公开异地部门名称、地址等信息。

五、属地银保监局应指导辖内信托公司全面梳理报送异地部门情况。异地部门设置不符合本通知要求的，有关信托公司应于 3 个月内报送整改方案，明确整改方式与风险防范措施，经属地银保监局审查后，于 2024 年底前实施完成整改工作。确有困难的，属地银保监局可根据信托公司报告情况适当延期，延长期限不超过 1 年。

六、属地银保监局应切实承担监管主体责任和属地责任，持续提升信托公司异地部门监管质效。

（一）压实信托公司主体责任。督导信托公司有序合规设置异地部门，持续加强异地员工管理，优化完善异地项目尽职调查机制，严格规范异地推介行为，定期开展异地经营风险评估，稳妥做好风险应对与处置工作。

（二）强化信托公司异地部门设置监管。结合属地监管实际，建立完善"清单式"监管机制，持续监测信托公司异地部门设置情况。综合考虑展业管理水平、风险态势和违法违规记录等情况，对信托公司调整异地部门设置提出监管要求。

（三）加强信托公司异地经营行为监测。利用科技赋能，创新监管模式，丰富监管手段，及时发现信托公司异地经营违法违规行为，增强风险防控主动性与前瞻性。畅通监管沟通渠道，加强与信托公司异地部门所在地银保监局的信息共享与监管联动，形成工作合力。

（四）推动落实地方党政主要领导负责的重大财政金融风险处置机制。优化与地方党委和政府的监管信息通报机制，定期与不定期通报信托公司异地经营与风险状况。针对信托公司异地重大风险处置、突发风险事件应对等，构建联动工作机制，协助地方党委和政府制定风险处置方案，合力采取应对措施，筑牢金融风险防线。

七、信托公司异地部门所在地银保监局积极协助属地银保监局开展监管工作，配合了解信托公司在辖内所设异地部门情况，及时沟通违规推介行为、经营风险苗头、舆情等信息，必要时提请地方党委和政府协同处置风险。

八、信托公司不得在住所所在地以外设立异地管理总部。

属地银保监局应于 3 个月内完成信托公司现有异地管理总部监管评估。对确有必要保留的，指导信托公司主动向住所所在地或异地管理总部所在地地方党委和政府报告，明确承担属地风险处置责任、落实风险处置维稳任务意见后，原则上可保留一个异地管理总部。对不予保留的，督促信托公司制定管理总部回迁方案，于 2025 年底前实施完成。

信托公司异地管理总部所在城市与所设业务、营销等部门纳入本通知第三条相关统计，有关监督管理要求参照适用本通知第四条、第六条、第七条规定。

信托公司监管评级与分级分类监管暂行办法

· 2023 年 11 月 7 日
· 金规〔2023〕11 号

第一章　总　则

第一条　为全面评估信托公司的经营稳健情况与系统性影响，有效实施分类监管，促进信托公司持续、健康运行和差异化发展，根据《中华人民共和国银行业监督管理法》、《中华人民共和国信托法》、《信托公司管理办法》（中国银行业监督管理委员会令 2007 年第 2 号）等法律法规，制定本办法。

第二条　本办法适用于在中华人民共和国境内依法设立的信托公司，开业时间不足一个会计年度和已进入破产程序的信托公司不参与监管评级。

第三条　信托公司监管评级是指金融监管总局及其派出机构结合日常监管掌握的情况以及其他相关信息，按照本办法对信托公司的管理状况和整体风险作出评价判断的监管工作。

信托公司系统性影响评估是指金融监管总局结合日常监管掌握的相关信息，按照本办法就单家信托公司经营状况对金融体系整体稳健性和服务实体经济能力的影响程度作出判断的监管工作。

信托公司监管评级和系统性影响评估结果是实施分类监管的基础。

金融监管总局及其派出机构以下统称监管机构。

第四条　分类监管是指监管机构根据信托公司年度监管评级结果及系统性影响评估结果，对不同级别和具有系统性影响的信托公司在市场准入、经营范围、监管标准、监管强度、监管资源配置以及采取特定监管措施等方面实施区别对待的监管政策。

第五条　信托公司的监管评级和系统性影响评估工

作由监管机构按照依法合规、客观公正、全面审慎的原则组织实施。

第二章　监管评级要素与评级方法

第六条　信托公司监管评级包括公司治理、资本要求、风险管理、行为管理、业务转型等五个模块。各模块内设置若干评级要素,由定性要素和定量指标组成。

信托公司监管评级方法主要包含以下内容:

(一)评级模块权重设置。评级满分为100分,各评级模块的分值权重如下:公司治理(20%)、资本要求(20%)、风险管理(20%)、行为管理(30%)、业务转型(10%)。

(二)评级要素得分。对各评级要素设定分值,其中对定性要素设定评价要点和评分原则,对定量指标明确指标值要求。评级要素得分由监管评级人员根据公司实际情况,对照评价要点、评分原则及指标值要求,结合专业判断确定。

(三)评级模块得分。评级模块得分为各评级要素得分加总。

(四)评级得分。评级得分由各评级模块得分按照模块权重加权汇总后获得。

(五)等级确定。根据评级得分确定信托公司监管评级的初步级别。在此基础上,结合监管评级调整因素形成监管评级结果。

第七条　信托公司在评价期内存在下列情形之一的,监管机构可调增其初评得分:

(一)持续正常经营的公司,公司注册资本增加10%(含)以上;

(二)协助监管机构对其他金融机构进行风险处置;

(三)监管机构认可的其他情形。

第八条　信托公司在评价期内存在下列情形的,监管机构应下调其初评结果。

(一)存在下列情形之一的,初评结果下调一个级别:

1. 多次或大量开展为其他金融机构提供监管套利的通道业务;
2. 多次向不合格投资者销售信托产品;
3. 向信托产品投资者大量出具兜底承诺函;
4. 新开展非标资金池业务;
5. 违反资管新规要求对信托产品进行刚性兑付;
6. 违规从事未经批准的业务。

(二)存在下列情形之一的,初评结果下调两个级别:

1. 故意向监管机构隐瞒重大事项或问题,造成严重后果;
2. 多次或大量开展违规关联交易,导致公司资产被占用,或严重损害投资者合法权益;
3. 发生重大涉刑案件,引发重大业务风险或不良社会影响。对自查发现的涉刑案件,公司主动消除或减轻危害后果的,可以下调一个级别。

(三)出现下列重大负面因素之一,导致公司出现重大经营风险的,监管评级结果不得高于5级:党的建设严重弱化,公司治理存在重大缺陷,财务造假、数据造假问题严重等。

(四)监管机构认定的其他应下调监管评级级别的情形,视情节严重程度决定下调幅度。

第九条　信托公司的监管评级结果分为1—6级,数值越大反映机构风险越大,需要越高程度的监管关注。其中,监管评级最终得分在90分(含)以上为1级,80分(含)—90分为2级;70分(含)—80分为3级,60分(含)—70分为4级;40分(含)—60分为5级;40分以下为6级。监管评级结果3级(含)以上为良好。

第十条　金融监管总局每年可根据行业监管要点、信托公司的经营情况和风险特征,适当调整评级要素、评价要点和评分原则,并于每年监管评级工作开展前明确。

第三章　监管评级组织实施

第十一条　信托公司的监管评级周期为一年,评价期间为上一年1月1日至12月31日。上年度评级全部工作原则上应于每年4月底前完成。

第十二条　信托公司监管评级由金融监管总局信托监管部门牵头组织,相关部门协助,各派出机构具体实施。按照派出机构初评、金融监管总局复核、监管评级结果反馈、档案归集的程序进行。

第十三条　金融监管总局有序推动信托公司监管评级工作线上化,进行评级流程跟踪和管理,增强信托公司监管评级工作的规范性和准确性。

第十四条　信托公司应按照本办法如实向金融监管总局派出机构提供相关数据和信息,反映自身情况、存在的问题以及被采取的监管措施,并于每年3月1日前报金融监管总局派出机构。金融监管总局派出机构发现数据和信息失真时,应及时与信托公司核实,并采用修正后的数据和信息进行监管评级。

金融监管总局派出机构应持续、全面、深入收集监管评级所需的各类信息,包括但不限于:非现场监管信息、现场检查报告、监管专项报告,公司有关制度办法、内外部审计报告、年度经营计划等经营管理文件，信访和违法举报信息及其他重要内外部信息等。

第十五条 监管评级初评由金融监管总局派出机构的机构监管部门牵头实施，初评过程中应充分征求现场检查、信息科技、消费者权益保护等相关监管部门意见。金融监管总局派出机构应综合分析信托公司相关信息，按照本办法规定的评级方法和标准，开展监管评级初评，形成初评结果。

初评结果由金融监管总局派出机构于每年3月31日前向金融监管总局报送。

初评对每一项评级要素的评价应分析深入、理由充分、判断合理，准确反映信托公司的实际状况，必要时可以通过现场走访、监管会谈等方式就有关问题进行核查。

第十六条 金融监管总局对监管评级初评结果进行复核，确定信托公司监管评级最终结果，并将最终结果反馈金融监管总局派出机构。

第十七条 金融监管总局派出机构应将信托公司的最终评级结果以及存在的主要风险和问题，通过监管会谈、非现场监管意见书、监管通报等方式通报给信托公司，并提出监管意见和整改要求。

金融监管总局派出机构应加强对信托公司单个模块评级得分情况的持续关注，对于单个模块得分低于该模块满分60%或连续两年得分下降明显的，应视情况督促信托公司制定改善该模块的整改计划，并依法采取相应监管措施和行动。

第十八条 年度监管评级工作结束后，信托公司因公司治理和股权管理出现重大变化、发生重大突发事件或重大涉刑案件、出现流动性危机、发生对监管评级产生实质性影响的其他重大事件等，导致管理状况或风险发生重大变化的，金融监管总局派出机构可申请对监管评级结果进行动态调整。

监管评级动态调整应履行初评、复核、结果反馈和资料存档等程序。

第十九条 评级工作全部结束后，监管机构应做好评级信息、评级工作底稿、评级结果、评级结果反馈等相关文件、材料的存档工作。

第二十条 信托公司的监管评级结果应作为综合衡量信托公司经营状况、管理能力和风险水平的重要依据。

监管评级结果为1级，表示信托公司经营管理各方面较为健全，出现的问题较为轻微，且能够通过改善日常经营管理来解决，具有较强的风险抵御能力。

监管评级结果为2级，表示信托公司经营管理各方面基本健全，风险抵御能力良好，存在一些需要在日常经营管理中予以纠正的问题，需引起公司和监管机构的关注。

监管评级结果为3级，表示信托公司经营管理存在一些明显问题，虽基本能够抵御经营环境变化带来的风险挑战，但存在的问题若未能及时纠正，则可能导致经营困难及风险状况劣化，应给予重点关注并采取必要的监管措施。

监管评级结果为4级，表示信托公司经营管理存在较多或较为严重的问题，且未得到有效处理或解决，很可能影响其持续经营能力，需要监管高度关注，立即采取纠正措施。

监管评级结果为5级，表示信托公司经营管理存在非常严重的问题，风险较高，很可能陷入经营困境，需要加强盯防式监管或贴身监管。监管机构可根据需要，依法对信托公司划拨资金、处置资产、调配人员、使用印章、订立以及履行合同等经营管理活动进行管控。同时，督促公司及股东立即采取自救措施，通过市场化重组、破产重整等措施进行风险处置，以避免经营失败。

监管评级结果为6级，表示信托公司经营管理混乱，风险很高，已经超出机构自身及其股东的自救能力范围，可能或已经发生信用危机，个别机构已丧失持续经营能力，必要时需进行提级监管或行政接管，以避免对金融稳定产生不利影响。被金融监管总局认定为高风险机构的信托公司，无需参与初评，评级结果直接定为6级。

第二十一条 金融监管总局对年度监管评级工作开展情况和评级结果进行分析，并结合实际情况，适时对监管评级工作及效果进行后评价，总结经验和教训，持续改进完善信托公司监管评级体系。

第二十二条 中国信托业保障基金有限责任公司、中国信托登记有限责任公司、中国信托业协会应积极配合监管机构，为监管评级工作提供支持。

第四章 系统性影响评估

第二十三条 信托公司系统性影响评估要素包括公司受托管理的各类信托资产规模，资产管理类信托自然人投资者人数、金融机构投资者数量及相关信托资产规模，同业负债余额等。

第二十四条 金融监管总局牵头开展信托公司系统性影响评估，派出机构负责数值报送、结果运用等工作。金融监管总局选定上一年度末全部信托业务实收信托规模最大的30家信托公司作为参评机构，并按照以下方法对参评机构的行业影响力进行评估：

（一）评估要素及权重设置。各评估要素及权重分配如下：资产管理类信托资产规模（25%）、资产服务类信托资产规模（10%）、公益慈善类信托资产规模（5%）、资产管理类信托自然人投资者人数（25%）、资产管理类信托金融机构投资者数量（15%）及金融机构认购的信托资产规模（15%）、同业负债余额（5%）。金融监管总局可根据行业风险特征和业务复杂程度，每年适当调整评估要素和各要素具体权重。

（二）评估要素得分。对参评机构单一评估要素按数值大小排序后分段给分。

（三）评估总分。评估总分由各评估要素得分加权汇总后获得。

（四）评估结果。评估总分在 85 分以上（含）的为具有系统性影响的信托公司。

第二十五条 金融监管总局派出机构应在向金融监管总局报送监管评级初评结果的同时，报送辖内信托公司系统性影响各评估要素数值。

第二十六条 金融监管总局应及时将信托公司系统性影响评估结果反馈相关派出机构。

第五章 分类监管

第二十七条 监管评级结果和系统性影响评估结果是监管机构确定监管标准和监管强度、配置监管资源、开展市场准入、采取差异化监管措施的重要依据。

金融监管总局派出机构应根据信托公司的监管评级结果，深入分析公司风险状况及其成因，并结合单个模块评估结果和系统性影响评估结果，调整每家信托公司的监管计划，确定非现场监管重点以及现场检查的频率、内容和范围，相应调整监管标准和准入要求，并督促信托公司对发现问题及时整改。

第二十八条 监管机构应依据信托公司的监管评级结果，从 1—6 级，逐步加强非现场监管强度，相应扩大现场检查的频率和范围。对具有系统性影响的信托公司，应进一步强化监管，提高审慎监管标准，加大行为监管力度。

第二十九条 监管机构可根据监管评级结果反映出的信托公司经营情况和风险状况，依法对其业务范围和展业地等增加限制性条件。对于监管评级良好，且具有系统性影响的信托公司，可优先试点创新类业务。

金融监管总局可以根据行业发展情况和风险监管要求对分级分类监管条件进行适当调整。

第三十条 信托公司因监管评级结果下降不再满足本办法第二十九条规定开展相应业务的条件时，可设置一年考察期，下一年度监管评级结果仍不能恢复的，信托公司原则上应按照第二十九条规定落实相关要求，确需个案处理的，信托公司应报属地监管机构同意。

第三十一条 监管评级良好的信托公司应积极承担引领行业转型发展和帮助行业化解风险的社会责任，监管机构在对已出现风险的信托公司进行处置时，可指定监管评级良好的信托公司担任托管机构或承担相应职责。

第三十二条 信托公司缴纳机构监管费和业务监管费时，监管评级结果 1—4 级分别对应监管费计算中风险调整系数的一至四级，监管评级结果 5 级与 6 级对应监管费计算中风险调整系数的五级。信托业保障基金筹集时，不同监管评级结果的信托公司执行差异化标准。

第三十三条 信托公司监管评级和系统性影响评估结果原则上仅供监管机构内部使用，不得对外公布。必要时，监管机构可以采取适当方式向有关政府或金融管理部门通报，但应要求其不得向第三方披露。信托公司应对监管评级结果和系统性影响评估结果严格保密，不得用于广告、宣传、营销等商业目的。

第六章 附 则

第三十四条 本办法由金融监管总局负责解释。

第三十五条 本办法自印发之日起施行。《信托公司监管评级办法》（银监办发〔2016〕187 号）同时废止。

非银行金融机构行政许可事项实施办法

· 2023 年 10 月 9 日国家金融监督管理总局令 2023 年第 3 号公布
· 自 2023 年 11 月 10 日起施行

第一章 总 则

第一条 为规范国家金融监督管理总局及其派出机构非银行金融机构行政许可行为，明确行政许可事项、条件、程序和期限，保护申请人合法权益，根据《中华人民共和国银行业监督管理法》《中华人民共和国行政许可法》等法律、行政法规及国务院有关决定，制定本办法。

第二条 本办法所称非银行金融机构包括：经国家金融监督管理总局批准设立的金融资产管理公司、企业集团财务公司、金融租赁公司、汽车金融公司、货币经纪公司、消费金融公司、境外非银行金融机构驻华代表处等机构。

第三条 国家金融监督管理总局及其派出机构依照国家金融监督管理总局行政许可实施程序相关规定和本

办法,对非银行金融机构实施行政许可。

第四条 非银行金融机构以下事项须经国家金融监督管理总局及其派出机构行政许可:机构设立,机构变更,机构终止,调整业务范围和增加业务品种,董事和高级管理人员任职资格,以及法律、行政法规规定和国务院决定的其他行政许可事项。

行政许可中应当按照《银行业金融机构反洗钱和反恐怖融资管理办法》要求进行反洗钱和反恐怖融资审查,对不符合条件的,不予批准。

第五条 申请人应当按照国家金融监督管理总局行政许可事项申请材料目录及格式要求相关规定提交申请材料。

第二章 机构设立

第一节 企业集团财务公司法人机构设立

第六条 设立企业集团财务公司(以下简称财务公司)法人机构应当具备以下条件:

(一)确有集中管理企业集团资金的需要,经合理预测能够达到一定的业务规模;

(二)有符合《中华人民共和国公司法》和国家金融监督管理总局规定的公司章程;

(三)有符合规定条件的出资人;

(四)注册资本为一次性实缴货币资本,最低限额为10亿元人民币或等值的可自由兑换货币;

(五)有符合任职资格条件的董事、高级管理人员,并且在风险管理、资金管理、信贷管理、结算等关键岗位上至少各有1名具有3年以上相关金融从业经验的人员;

(六)财务公司从业人员中从事金融或财务工作3年以上的人员应当不低于总人数的三分之二、5年以上的人员应当不低于总人数的三分之一,且至少引进1名具有5年以上银行业从业经验的高级管理人员;

(七)建立了有效的公司治理、内部控制和风险管理体系;

(八)建立了与业务经营和监管要求相适应的信息科技架构,具有支撑业务经营的必要、安全且合规的信息系统,具备保障信息系统有效安全运行的技术与措施;

(九)有与业务经营相适应的营业场所、安全防范措施和其他设施;

(十)国家金融监督管理总局规章规定的其他审慎性条件。

第七条 财务公司的出资人主要应为企业集团成员单位,也可包括成员单位以外的具有丰富行业管理经验的投资者,成员单位以外的单个投资者及其关联方(非成员单位)向财务公司投资入股比例不得超过20%。

第八条 申请设立财务公司的企业集团,应当具备以下条件:

(一)符合国家产业政策并拥有核心主业。

(二)具备2年以上企业集团内部财务和资金集中管理经验。

(三)最近1个会计年度末,总资产不低于300亿元人民币或等值的可自由兑换货币,净资产不低于总资产的30%;作为财务公司控股股东,最近1个会计年度末净资产不低于总资产的40%。

(四)财务状况良好,最近2个会计年度营业收入总额每年不低于200亿元人民币或等值的可自由兑换货币,税前利润总额每年不低于10亿元人民币或等值的可自由兑换货币;作为财务公司控股股东的,应最近3个会计年度连续盈利。

(五)现金流量稳定并具有较大规模,最近2个会计年度末的货币资金余额不低于50亿元人民币或等值的可自由兑换货币。

(六)权益性投资余额原则上不得超过本企业净资产的50%(含本次投资金额);作为财务公司控股股东的,权益性投资余额原则上不得超过本企业净资产的40%(含本次投资金额);国务院规定的投资公司和控股公司除外。

(七)正常经营的成员单位数量不低于50家,确需通过财务公司提供资金集中管理和服务。

(八)母公司具有良好的公司治理结构或有效的组织管理方式,无不当关联交易。

(九)母公司有良好的社会声誉、诚信记录和纳税记录,最近2年内无重大违法违规行为。

(十)母公司最近1个会计年度末的实收资本不低于50亿元人民币或等值的可自由兑换货币。

(十一)母公司入股资金为自有资金,不得以委托资金、债务资金等非自有资金入股。

(十二)国家金融监督管理总局规章规定的其他审慎性条件。

第九条 成员单位作为财务公司出资人,应当具备以下条件:

(一)依法设立,具有法人资格。

(二)该项投资符合国家法律法规规定。

(三)具有良好的公司治理结构或有效的组织管理方式。

(四)具有良好的社会声誉、诚信记录和纳税记录。

(五)经营管理良好,最近2年无重大违法违规行为。

(六)财务状况良好,最近2个会计年度连续盈利;作为财务公司控股股东的,最近3个会计年度连续盈利。

(七)最近1个会计年度末净资产不低于总资产的30%;作为财务公司控股股东的,最近1个会计年度末净资产不低于总资产的40%。

(八)入股资金为自有资金,不得以委托资金、债务资金等非自有资金入股。

(九)权益性投资余额原则上不得超过本企业净资产的50%(含本次投资金额);作为财务公司控股股东的,权益性投资余额原则上不得超过本企业净资产的40%(含本次投资金额);国务院规定的投资公司和控股公司除外。

(十)国家金融监督管理总局规章规定的其他审慎性条件。

第十条 成员单位以外的投资者作为财务公司出资人,应为境内外法人金融机构,并具备以下条件:

(一)依法设立,具有法人资格;

(二)有3年以上资金集中管理经验;

(三)资信良好,最近2年未受到境内外监管机构的重大处罚;

(四)具有良好的公司治理结构、内部控制机制和健全的风险管理体系;

(五)满足所在国家或地区监管当局的审慎监管要求;

(六)财务状况良好,最近2个会计年度连续盈利;

(七)入股资金为自有资金,不得以委托资金、债务资金等非自有资金入股。

(八)权益性投资余额原则上不得超过本企业净资产的50%(含本次投资金额),国务院规定的投资公司和控股公司除外;

(九)作为主要股东自取得股权之日起5年内不得转让所持有的股权,经国家金融监督管理总局或其派出机构批准采取风险处置措施、国家金融监督管理总局或其派出机构责令转让、涉及司法强制执行或者在同一出资人控制的不同主体间转让股权等特殊情形除外,并在拟设公司章程中载明;

(十)投资者为境外金融机构的,其最近2年长期信用评级为良好及以上,所在国家或地区金融监管当局已经与国家金融监督管理总局建立良好的监督管理合作机制;

(十一)国家金融监督管理总局规章规定的其他审慎性条件。

第十一条 有以下情形之一的企业不得作为财务公司的出资人:

(一)公司治理结构与机制存在明显缺陷;

(二)股权关系不透明、不规范,关联交易异常;

(三)核心主业不突出且其经营范围涉及行业过多;

(四)现金流量波动受经济景气影响较大;

(五)资产负债率、财务杠杆率高于行业平均水平;

(六)代他人持有财务公司股权;

(七)被列为相关部门失信联合惩戒对象;

(八)存在严重逃废银行债务行为;

(九)提供虚假材料或者作不实声明;

(十)因违法违规行为被金融监管部门或政府有关部门查处,造成恶劣影响;

(十一)其他对财务公司产生重大不利影响的情况。

第十二条 申请设立财务公司,应当遵守并在拟设公司章程中载明下列内容:

(一)股东应当遵守法律法规和监管规定;

(二)应经但未经监管部门批准或未向监管部门报告的股东,不得行使股东大会召开请求权、表决权、提名权、提案权、处分权等权利;

(三)对于存在虚假陈述、滥用股东权利或其他损害财务公司利益行为的股东,国家金融监督管理总局或其派出机构可以限制或禁止财务公司与其开展关联交易,限制其持有财务公司股权的限额等,并可限制其股东大会召开请求权、表决权、提名权、提案权、处分权等权利;

(四)集团母公司及财务公司控股股东应当在必要时向财务公司补充资本;

(五)主要股东承诺不将所持有的财务公司股权质押或设立信托。

第十三条 一家企业集团只能设立一家财务公司。

第十四条 财务公司设立须经筹建和开业两个阶段。

第十五条 企业集团筹建财务公司,应由母公司作为申请人向拟设地省级派出机构提交申请,由省级派出机构受理并初步审查、国家金融监督管理总局审查并决定。决定机关自受理之日起4个月内作出批准或不批准的书面决定。

第十六条 财务公司的筹建期为批准决定之日起6个月。未能按期完成筹建的,应在筹建期限届满前1个月向国家金融监督管理总局和拟设地省级派出机构提交筹建延期报告。筹建延期不得超过一次,延长期限不得超过3个月。

申请人应在前款规定的期限届满前提交开业申请,逾期未提交的,筹建批准文件失效,由决定机关注销筹建许可。

第十七条 财务公司开业,应由母公司作为申请人向拟设地省级派出机构提交申请,由省级派出机构受理、审查并决定。省级派出机构自受理之日起2个月内作出核准或不予核准的书面决定,并抄报国家金融监督管理总局。

第十八条 申请人应在收到开业核准文件并领取金融许可证后,办理工商登记,领取营业执照。

财务公司应自领取营业执照之日起6个月内开业。不能按期开业的,应在开业期限届满前1个月向省级派出机构提交开业延期报告。开业延期不得超过一次,延长期限不得超过3个月。

未在前款规定期限内开业的,开业核准文件失效,由决定机关注销开业许可,发证机关收回金融许可证,并予以公告。

第十九条 外资跨国集团可直接申请设立财务公司,也可通过其在中国境内设立的外资投资性公司申请设立财务公司。

外资跨国集团直接申请设立财务公司的,外资跨国集团适用本办法第八条第(一)(二)(八)(九)(十)(十一)项的规定;其在中国境内投资企业合并口径的收入、利润等指标适用本办法第八条第(四)(五)(六)(七)项的规定,同时其最近1个会计年度末的净资产不低于120亿元人民币或等值的可自由兑换货币,净资产不低于总资产的40%。

通过外资投资性公司申请设立财务公司的,外资投资性公司适用本办法第八条除第(三)项以外的规定,同时其最近1个会计年度末净资产不低于120亿元人民币或等值的可自由兑换货币,净资产不低于总资产的40%。

外资跨国集团申请设立财务公司适用本节规定的程序。

第二节 金融租赁公司法人机构设立

第二十条 设立金融租赁公司法人机构,应当具备以下条件:

(一)有符合《中华人民共和国公司法》和国家金融监督管理总局规定的公司章程;

(二)有符合规定条件的发起人;

(三)注册资本为一次性实缴货币资本,最低限额为1亿元人民币或等值的可自由兑换货币;

(四)有符合任职资格条件的董事、高级管理人员,并且从业人员中具有金融或融资租赁工作经历3年以上的人员应当不低于总人数的50%;

(五)建立了有效的公司治理、内部控制和风险管理体系;

(六)建立了与业务经营和监管要求相适应的信息科技架构,具有支撑业务经营的必要、安全且合规的信息系统,具备保障信息系统有效安全运行的技术与措施;

(七)有与业务经营相适应的营业场所、安全防范措施和其他设施;

(八)国家金融监督管理总局规章规定的其他审慎性条件。

第二十一条 金融租赁公司的发起人包括在中国境内外注册的具有独立法人资格的商业银行,在中国境内注册的、主营业务为制造适合融资租赁交易产品的大型企业,在中国境外注册的具有独立法人资格的融资租赁公司以及国家金融监督管理总局认可的其他发起人。

国家金融监督管理总局规定的其他发起人是指除符合本办法第二十二条至第二十四条规定的发起人以外的其他境内法人机构和境外金融机构。

第二十二条 在中国境内外注册的具有独立法人资格的商业银行作为金融租赁公司发起人,应当具备以下条件:

(一)满足所在国家或地区监管当局的审慎监管要求;

(二)具有良好的公司治理结构、内部控制机制和健全的风险管理体系;

(三)最近1个会计年度末总资产不低于800亿元人民币或等值的可自由兑换货币;

(四)财务状况良好,最近2个会计年度连续盈利;

(五)为拟设立金融租赁公司确定了明确的发展战略和清晰的盈利模式;

(六)遵守注册地法律法规,最近2年内未发生重大案件或重大违法违规行为;

(七)境外商业银行作为发起人的,其所在国家或地区金融监管当局已经与国家金融监督管理总局建立良好的监督管理合作机制;

(八)入股资金为自有资金,不得以委托资金、债务资金等非自有资金入股;

(九)权益性投资余额原则上不得超过本企业净资产的50%(含本次投资金额),国务院规定的投资公司和控股公司除外；

（十）国家金融监督管理总局规章规定的其他审慎性条件。

第二十三条 在中国境内注册的、主营业务为制造适合融资租赁交易产品的大型企业作为金融租赁公司发起人，应当具备以下条件：

（一）有良好的公司治理结构或有效的组织管理方式。

（二）最近1个会计年度的营业收入不低于50亿元人民币或等值的可自由兑换货币。

（三）财务状况良好，最近2个会计年度连续盈利；作为金融租赁公司控股股东的，最近3个会计年度连续盈利。

（四）最近1个会计年度末净资产不低于总资产的30%；作为金融租赁公司控股股东的，最近1个会计年度末净资产不低于总资产的40%。

（五）最近1个会计年度主营业务销售收入占全部营业收入的80%以上。

（六）为拟设立金融租赁公司确定了明确的发展战略和清晰的盈利模式。

（七）有良好的社会声誉、诚信记录和纳税记录。

（八）遵守国家法律法规，最近2年内未发生重大案件或重大违法违规行为。

（九）入股资金为自有资金，不得以委托资金、债务资金等非自有资金入股。

（十）权益性投资余额原则上不得超过本企业净资产的50%（含本次投资金额）；作为金融租赁公司控股股东的，权益性投资余额原则上不得超过本企业净资产的40%（含本次投资金额）；国务院规定的投资公司和控股公司除外。

（十一）国家金融监督管理总局规章规定的其他审慎性条件。

第二十四条 在中国境外注册的具有独立法人资格的融资租赁公司作为金融租赁公司发起人，应当具备以下条件：

（一）具有良好的公司治理结构、内部控制机制和健全的风险管理体系。

（二）最近1个会计年度末总资产不低于100亿元人民币或等值的可自由兑换货币。

（三）财务状况良好，最近2个会计年度连续盈利；作为金融租赁公司控股股东的，最近3个会计年度连续盈利。

（四）最近1个会计年度末净资产不低于总资产的30%；作为金融租赁公司控股股东的，最近1个会计年度末净资产不低于总资产的40%。

（五）遵守注册地法律法规，最近2年内未发生重大案件或重大违法违规行为。

（六）所在国家或地区经济状况良好。

（七）入股资金为自有资金，不得以委托资金、债务资金等非自有资金入股。

（八）权益性投资余额原则上不得超过本企业净资产的50%（含本次投资金额）；作为金融租赁公司控股股东的，权益性投资余额原则上不得超过本企业净资产的40%（含本次投资金额）。

（九）国家金融监督管理总局规章规定的其他审慎性条件。

第二十五条 金融租赁公司至少应当有1名符合第二十二条至第二十四条规定的发起人，且其出资比例不低于拟设金融租赁公司全部股本的30%。

第二十六条 其他境内非金融机构作为金融租赁公司发起人，应当具备以下条件：

（一）有良好的公司治理结构或有效的组织管理方式。

（二）有良好的社会声誉、诚信记录和纳税记录。

（三）经营管理良好，最近2年内无重大违法违规行为。

（四）最近1个会计年度末净资产不低于总资产的30%；作为金融租赁公司控股股东的，最近1个会计年度末净资产不低于总资产的40%。

（五）财务状况良好，最近2个会计年度连续盈利；作为金融租赁公司控股股东的，最近3个会计年度连续盈利。

（六）入股资金为自有资金，不得以委托资金、债务资金等非自有资金入股。

（七）权益性投资余额原则上不得超过本企业净资产的50%（含本次投资金额）；作为金融租赁公司控股股东的，权益性投资余额原则上不得超过本企业净资产的40%（含本次投资金额）；国务院规定的投资公司和控股公司除外。

（八）国家金融监督管理总局规章规定的其他审慎性条件。

第二十七条 其他境内金融机构作为金融租赁公司发起人，应满足第二十二条第一项、第二项、第四项、第六项、第八项、第九项及第十项规定。

第二十八条　其他境外金融机构作为金融租赁公司发起人，应当具备以下条件：
（一）满足所在国家或地区监管当局的审慎监管要求；
（二）具有良好的公司治理结构、内部控制机制和健全的风险管理体系；
（三）最近1个会计年度末总资产原则上不低于10亿美元或等值的可自由兑换货币；
（四）财务状况良好，最近2个会计年度连续盈利；
（五）入股资金为自有资金，不得以委托资金、债务资金等非自有资金入股；
（六）权益性投资余额原则上不得超过本企业净资产的50%（含本次投资金额）；
（七）所在国家或地区金融监管当局已经与国家金融监督管理总局建立良好的监督管理合作机制；
（八）具有有效的反洗钱措施；
（九）所在国家或地区经济状况良好；
（十）国家金融监督管理总局规章规定的其他审慎性条件。

第二十九条　有以下情形之一的企业不得作为金融租赁公司的发起人：
（一）公司治理结构与机制存在明显缺陷；
（二）关联企业众多、股权关系复杂且不透明、关联交易频繁且异常；
（三）核心主业不突出且其经营范围涉及行业过多；
（四）现金流量波动受经济景气影响较大；
（五）资产负债率、财务杠杆率高于行业平均水平；
（六）代他人持有金融租赁公司股权；
（七）被列为相关部门失信联合惩戒对象；
（八）存在严重逃废银行债务行为；
（九）提供虚假材料或者作不实声明；
（十）因违法违规行为被金融监管部门或政府有关部门查处，造成恶劣影响；
（十一）其他对金融租赁公司产生重大不利影响的情况。

第三十条　申请设立金融租赁公司，应当遵守并在拟设公司章程中载明下列内容：
（一）股东应当遵守法律法规和监管规定；
（二）应经但未经监管部门批准或未向监管部门报告的股东，不得行使股东大会召开请求权、表决权、提名权、提案权、处分权等权利；
（三）对于存在虚假陈述、滥用股东权利或其他损害金融租赁公司利益行为的股东，国家金融监督管理总局或其派出机构可以限制或禁止金融租赁公司与其开展关联交易，限制其持有金融租赁公司股权的限额等，并可限制其股东大会召开请求权、表决权、提名权、提案权、处分权等权利；
（四）主要股东承诺不将所持有的金融租赁公司股权质押或设立信托；
（五）主要股东自取得股权之日起5年内不得转让所持有的股权，经国家金融监督管理总局或其派出机构批准采取风险处置措施、国家金融监督管理总局或其派出机构责令转让、涉及司法强制执行或者在同一出资人控制的不同主体间转让股权等特殊情形除外；
（六）主要股东应当在必要时向金融租赁公司补充资本，在金融租赁公司出现支付困难时给予流动性支持。

第三十一条　金融租赁公司设立须经筹建和开业两个阶段。

第三十二条　筹建金融租赁公司，应由出资比例最大的发起人作为申请人向拟设地省级派出机构提交申请，由省级派出机构受理并初步审查、国家金融监督管理总局审查并决定。决定机关自受理之日起4个月内作出批准或不批准的书面决定。

第三十三条　金融租赁公司的筹建期为批准决定之日起6个月。未能按期完成筹建的，应在筹建期限届满前1个月向国家金融监督管理总局和拟设地省级派出机构提交筹建延期报告。筹建延期不得超过一次，延长期限不得超过3个月。

申请人应在前款规定的期限届满前提交开业申请，逾期未提交的，筹建批准文件失效，由决定机关注销筹建许可。

第三十四条　金融租赁公司开业，应由出资比例最大的发起人作为申请人向拟设地省级派出机构提交申请，由省级派出机构受理、审查并决定。省级派出机构自受理之日起2个月内作出核准或不予核准的书面决定，并抄报国家金融监督管理总局。

第三十五条　申请人应在收到开业核准文件并领取金融许可证后，办理工商登记，领取营业执照。

金融租赁公司应当自领取营业执照之日起6个月内开业。不能按期开业的，应在开业期限届满前1个月向省级派出机构提交开业延期报告。开业延期不得超过一次，延长期限不得超过3个月。

未在前款规定期限内开业的，开业核准文件失效，由决定机关注销开业许可，发证机关收回金融许可证，并予以公告。

第三节 汽车金融公司法人机构设立

第三十六条 设立汽车金融公司法人机构应当具备以下条件：

（一）有符合《中华人民共和国公司法》和国家金融监督管理总局规定的公司章程；

（二）有符合规定条件的出资人；

（三）注册资本为一次性实缴货币资本，最低限额为10亿元人民币或等值的可自由兑换货币；

（四）有符合任职资格条件的董事、高级管理人员和熟悉汽车金融业务的合格从业人员；

（五）建立了有效的公司治理、内部控制和风险管理体系；

（六）建立了与业务经营和监管要求相适应的信息科技架构，具有支撑业务经营的必要、安全且合规的信息系统，具备保障信息系统有效安全运行的技术与措施；

（七）有与业务经营相适应的营业场所、安全防范措施和其他设施；

（八）国家金融监督管理总局规章规定的其他审慎性条件。

第三十七条 汽车金融公司的出资人为中国境内外依法设立的非银行企业法人，其中主要出资人须为汽车整车制造企业或非银行金融机构。

前款所称主要出资人是指出资数额最大且出资额不低于拟设汽车金融公司全部股本30%的出资人。

汽车金融公司出资人中至少应当有1名具备5年以上丰富的汽车消费信贷业务管理和风险控制经验；或为汽车金融公司引进合格的专业管理团队，其中至少包括1名有丰富汽车金融从业经验的高级管理人员和1名风险管理专业人员。

第三十八条 非金融机构作为汽车金融公司出资人，应当具备以下条件：

（一）最近1个会计年度营业收入不低于500亿元人民币或等值的可自由兑换货币；作为主要出资人的，还应当具有足够支持汽车金融业务发展的汽车产销规模。

（二）最近1个会计年度末净资产不低于总资产的30%；作为汽车金融公司控股股东的，最近1个会计年度末净资产不低于总资产的40%。

（三）财务状况良好，最近2个会计年度连续盈利；作为汽车金融公司控股股东的，最近3个会计年度连续盈利。

（四）入股资金为自有资金，不得以委托资金、债务资金等非自有资金入股。

（五）权益性投资余额原则上不得超过本企业净资产的50%（含本次投资金额）；作为汽车金融公司控股股东的，权益性投资余额原则上不得超过本企业净资产的40%（含本次投资金额）；国务院规定的投资公司和控股公司除外。

（六）遵守注册地法律法规，最近2年内无重大违法违规行为。

（七）国家金融监督管理总局规章规定的其他审慎性条件。

第三十九条 非银行金融机构作为汽车金融公司出资人，除应具备第三十八条第四项、第六项规定的条件外，还应当具备以下条件：

（一）注册资本不低于3亿元人民币或等值的可自由兑换货币。

（二）具有良好的公司治理结构、内部控制机制和健全的风险管理体系；作为主要出资人的，还应当具有5年以上汽车消费信贷业务管理和风险控制经验。

（三）财务状况良好，最近2个会计年度连续盈利。

（四）权益性投资余额原则上不得超过本企业净资产的50%（含本次投资金额）。

（五）满足所在国家或地区监管当局的审慎监管要求。

第四十条 有以下情形之一的企业不得作为汽车金融公司的出资人：

（一）公司治理结构与机制存在明显缺陷；

（二）关联企业众多、股权关系复杂且不透明、关联交易频繁且异常；

（三）核心主业不突出且其经营范围涉及行业过多；

（四）现金流量波动受经济景气影响较大；

（五）资产负债率、财务杠杆率高于行业平均水平；

（六）代他人持有汽车金融公司股权；

（七）被列为相关部门失信联合惩戒对象；

（八）存在严重逃废银行债务行为；

（九）提供虚假材料或者作不实声明；

（十）因违法违规行为被金融监管部门或政府有关部门查处，造成恶劣影响；

（十一）其他对汽车金融公司产生重大不利影响的情况。

第四十一条 申请设立汽车金融公司，应当遵守并在拟设公司章程中载明下列内容：

（一）股东应当遵守法律法规和监管规定；

（二）应经但未经监管部门批准或未向监管部门报

告的股东,不得行使股东大会召开请求权、表决权、提名权、提案权、处分权等权利;

(三)对于存在虚假陈述、滥用股东权利或其他损害汽车金融公司利益行为的股东,国家金融监督管理总局或其派出机构可以限制或禁止汽车金融公司与其开展关联交易,限制其持有汽车金融公司股权的限额等,并可限制其股东大会召开请求权、表决权、提名权、提案权、处分权等权利;

(四)主要股东自取得股权之日起5年内不得转让所持有的股权,经国家金融监督管理总局或其派出机构批准采取风险处置措施、国家金融监督管理总局或其派出机构责令转让、涉及司法强制执行或者在同一出资人控制的不同主体间转让股权等特殊情形除外;

(五)主要股东应当在必要时向汽车金融公司补充资本;

(六)主要股东承诺不将所持有的汽车金融公司股权进行质押或设立信托。

第四十二条 汽车金融公司设立须经筹建和开业两个阶段。

第四十三条 筹建汽车金融公司,应由主要出资人作为申请人向拟设地省级派出机构提交申请,由省级派出机构受理并初步审查,国家金融监督管理总局审查并决定。决定机关自受理之日起4个月内作出批准或不批准的书面决定。

第四十四条 汽车金融公司的筹建期为批准决定之日起6个月。未能按期完成筹建的,应在筹建期限届满前1个月向国家金融监督管理总局和拟设地省级派出机构提交筹建延期报告。筹建延期不得超过一次,延长期限不得超过3个月。

申请人应在前款规定的期限届满前提交开业申请,逾期未提交的,筹建批准文件失效,由决定机关注销筹建许可。

第四十五条 汽车金融公司开业,应由主要出资人作为申请人向拟设地省级派出机构提交申请,由省级派出机构受理、审查并决定。省级派出机构自受理之日起2个月内作出核准或不予核准的书面决定,并抄报国家金融监督管理总局。

第四十六条 申请人应在收到开业核准文件并领取金融许可证后,办理工商登记,领取营业执照。

汽车金融公司应当自领取营业执照之日起6个月内开业。不能按期开业的,应在开业期限届满前1个月向省级派出机构提交开业延期报告。开业延期不得超过一次,延长期限不得超过3个月。

未在前款规定期限内开业的,开业核准文件失效,由决定机关注销开业许可,发证机关收回金融许可证,并予以公告。

第四节 货币经纪公司法人机构设立

第四十七条 设立货币经纪公司法人机构应当具备以下条件:

(一)有符合《中华人民共和国公司法》和国家金融监督管理总局规定的公司章程;

(二)有符合规定条件的出资人;

(三)注册资本为一次性实缴货币资本,最低限额为2000万元人民币或者等值的可自由兑换货币;

(四)有符合任职资格条件的董事、高级管理人员和熟悉货币经纪业务的合格从业人员;

(五)从业人员中应有60%以上从事过金融工作或相关经济工作;

(六)建立了有效的公司治理、内部控制和风险管理体系;

(七)建立了与业务经营和监管要求相适应的信息科技架构,具有支撑业务经营的必要、安全且合规的信息系统,具备保障信息系统有效安全运行的技术与措施;

(八)有与业务经营相适应的营业场所、安全防范措施和其他设施;

(九)国家金融监督管理总局规章规定的其他审慎性条件。

第四十八条 申请在境内独资或者与境内出资人合资设立货币经纪公司的境外出资人应当具备以下条件:

(一)为所在国家或地区依法设立的货币经纪公司;

(二)所在国家或地区金融监管当局已经与国家金融监督管理总局建立良好的监督管理合作机制;

(三)从事货币经纪业务20年以上,经营稳健,内部控制健全有效;

(四)有良好的社会声誉、诚信记录和纳税记录;

(五)最近2年内无重大违法违规行为;

(六)财务状况良好,最近2个会计年度连续盈利;

(七)权益性投资余额原则上不得超过本企业净资产的50%(含本次投资金额);

(八)有从事货币经纪服务所必需的全球机构网络和资讯通信网络;

(九)具有有效的反洗钱措施;

(十)国家金融监督管理总局规章规定的其他审慎性条件。

第四十九条　申请设立货币经纪公司或者与境外出资人合资设立货币经纪公司的境内出资人应当具备以下条件：

（一）为依法设立的非银行金融机构，符合审慎监管要求；

（二）从事货币市场、外汇市场等代理业务5年以上；

（三）具有良好的公司治理结构、内部控制机制和健全的风险管理体系；

（四）有良好的社会声誉、诚信记录和纳税记录，最近2年内无重大违法违规行为；

（五）财务状况良好，最近2个会计年度连续盈利；

（六）权益性投资余额原则上不得超过本企业净资产的50%（含本次投资金额）；

（七）国家金融监督管理总局规章规定的其他审慎性条件。

第五十条　有以下情形之一的企业不得作为货币经纪公司的出资人：

（一）公司治理结构与机制存在明显缺陷；

（二）关联企业众多、股权关系复杂且不透明、关联交易频繁且异常；

（三）核心主业不突出且其经营范围涉及行业过多；

（四）现金流量波动受经济景气影响较大；

（五）资产负债率、财务杠杆率高于行业平均水平；

（六）代他人持有货币经纪公司股权；

（七）被列为相关部门失信联合惩戒对象；

（八）存在严重逃废银行债务行为；

（九）提供虚假材料或者作不实声明；

（十）因违法违规行为被金融监管部门或政府有关部门查处，造成恶劣影响；

（十一）其他对货币经纪公司产生重大不利影响的情况。

第五十一条　申请设立货币经纪公司，应当遵守并在拟设公司章程中载明下列内容：

（一）股东应当遵守法律法规和监管规定；

（二）应经但未经监管部门批准或未向监管部门报告的股东，不得行使股东大会召开请求权、表决权、提名权、提案权、处分权等权利；

（三）对于存在虚假陈述、滥用股东权利或其他损害货币经纪公司利益行为的股东，国家金融监督管理总局或其派出机构可以限制或禁止货币经纪公司与其开展关联交易，限制其持有货币经纪公司股权的限额等，并可限制其股东大会召开请求权、表决权、提名权、提案权、处分权等权利；

（四）主要股东自取得股权之日起5年内不得转让所持有的股权，经国家金融监督管理总局或其派出机构批准采取风险处置措施、国家金融监督管理总局或其派出机构责令转让、涉及司法强制执行或者在同一出资人控制的不同主体间转让股权等特殊情形除外；

（五）主要股东承诺不将所持有的货币经纪公司股权进行质押或设立信托。

第五十二条　货币经纪公司设立须经筹建和开业两个阶段。

第五十三条　筹建货币经纪公司，应由投资比例最大的出资人作为申请人向拟设地省级派出机构提交申请，由省级派出机构受理并初步审查、国家金融监督管理总局审查并决定。决定机关自受理之日起4个月内作出批准或不批准的书面决定。

第五十四条　货币经纪公司的筹建期为批准决定之日起6个月。未能按期完成筹建的，应在筹建期限届满前1个月向国家金融监督管理总局和拟设地省级派出机构提交筹建延期报告。筹建延期不得超过一次，延长期限不得超过3个月。

申请人应在前款规定的期限届满前提交开业申请，逾期未提交的，筹建批准文件失效，由决定机关注销筹建许可。

第五十五条　货币经纪公司开业，应由投资比例最大的出资人作为申请人向拟设地省级派出机构提交申请，由省级派出机构受理、审查并决定。省级派出机构自受理之日起2个月内作出核准或不予核准的书面决定，并抄报国家金融监督管理总局。

第五十六条　申请人应在收到开业核准文件并领取金融许可证后，办理工商登记，领取营业执照。

货币经纪公司应自领取营业执照之日起6个月内开业。不能按期开业的，应在开业期限届满前1个月向省级派出机构提交开业延期报告。开业延期不得超过一次，延长期限不得超过3个月。

未在前款规定期限内开业的，开业核准文件失效，由决定机关注销开业许可，发证机关收回金融许可证，并予以公告。

第五节　消费金融公司法人机构设立

第五十七条　设立消费金融公司法人机构应当具备以下条件：

（一）有符合《中华人民共和国公司法》和国家金融监督管理总局规定的公司章程；

（二）有符合规定条件的出资人；

（三）注册资本为一次性实缴货币资本，最低限额为3亿元人民币或者等值的可自由兑换货币；

（四）有符合任职资格条件的董事、高级管理人员和熟悉消费金融业务的合格从业人员；

（五）建立了有效的公司治理、内部控制和风险管理体系；

（六）建立了与业务经营和监管要求相适应的信息科技架构，具有支撑业务经营的必要、安全且合规的信息系统，具备保障信息系统有效安全运行的技术与措施；

（七）有与业务经营相适应的营业场所、安全防范措施和其他设施；

（八）国家金融监督管理总局规章规定的其他审慎性条件。

第五十八条 消费金融公司的出资人应当为中国境内外依法设立的企业法人，并分为主要出资人和一般出资人。主要出资人是指出资数额最多并且出资额不低于拟设消费金融公司全部股本30%的出资人，一般出资人是指除主要出资人以外的其他出资人。

前款所称主要出资人须为境内外金融机构或主营业务为提供适合消费贷款业务产品的境内非金融机构。

第五十九条 金融机构作为消费金融公司的主要出资人，应当具备以下条件：

（一）具有5年以上消费金融领域的从业经验；

（二）最近1个会计年度末总资产不低于600亿元人民币或等值的可自由兑换货币；

（三）财务状况良好，最近2个会计年度连续盈利；

（四）信誉良好，最近2年内无重大违法违规行为；

（五）入股资金为自有资金，不得以委托资金、债务资金等非自有资金入股；

（六）权益性投资余额原则上不得超过本企业净资产的50%（含本次投资金额），国务院规定的投资公司和控股公司除外；

（七）具有良好的公司治理结构、内部控制机制和健全的风险管理制度；

（八）满足所在国家或地区监管当局的审慎监管要求；

（九）境外金融机构应对中国市场有充分的分析和研究，且所在国家或地区金融监管当局已经与国家金融监督管理总局建立良好的监督管理合作机制；

（十）国家金融监督管理总局规章规定的其他审慎性条件。

金融机构作为消费金融公司一般出资人，除应具备前款第三项至第九项的条件外，注册资本应不低于3亿元人民币或等值的可自由兑换货币。

第六十条 非金融机构作为消费金融公司主要出资人，应当具备以下条件：

（一）最近1个会计年度营业收入不低于300亿元人民币或等值的可自由兑换货币；

（二）最近1个会计年度末净资产不低于总资产的30%；作为消费金融公司控股股东的，最近1个会计年度末净资产不低于总资产的40%。

（三）财务状况良好，最近3个会计年度连续盈利；

（四）信誉良好，最近2年内无重大违法违规行为；

（五）入股资金为自有资金，不得以委托资金、债务资金等非自有资金入股；

（六）权益性投资余额原则上不得超过本企业净资产的40%（含本次投资金额），国务院规定的投资公司和控股公司除外；

（七）国家金融监督管理总局规章规定的其他审慎性条件。

非金融机构作为消费金融公司一般出资人，除应具备前款第二、四、五项条件外，还应当具备以下条件：

（一）财务状况良好，最近2个会计年度连续盈利；

（二）权益性投资余额原则上不得超过本企业净资产的50%（含本次投资金额），国务院规定的投资公司和控股公司除外。

第六十一条 有以下情形之一的企业不得作为消费金融公司的出资人：

（一）公司治理结构与机制存在明显缺陷；

（二）关联企业众多、股权关系复杂且不透明、关联交易频繁且异常；

（三）核心主业不突出且其经营范围涉及行业过多；

（四）现金流量波动受经济景气影响较大；

（五）资产负债率、财务杠杆率高于行业平均水平；

（六）代他人持有消费金融公司股权；

（七）被列为相关部门失信联合惩戒对象；

（八）存在严重逃废银行债务行为；

（九）提供虚假材料或者作不实声明；

（十）因违法违规行为被金融监管部门或政府有关部门查处，造成恶劣影响；

（十一）其他对消费金融公司产生重大不利影响的情况。

第六十二条 申请设立消费金融公司，应当遵守并在拟设公司章程中载明下列内容：

（一）股东应当遵守法律法规和监管规定；

（二）应经但未经监管部门批准或未向监管部门报告的股东，不得行使股东大会召开请求权、表决权、提名权、提案权、处分权等权利；

（三）对于存在虚假陈述、滥用股东权利或其他损害消费金融公司利益行为的股东，国家金融监督管理总局或其派出机构可以限制或禁止消费金融公司与其开展关联交易，限制其持有消费金融公司股权的限额等，并可限制其股东大会召开请求权、表决权、提名权、提案权、处分权等权利；

（四）主要股东自取得股权之日起5年内不得转让所持有的股权，经国家金融监督管理总局或其派出机构批准采取风险处置措施、国家金融监督管理总局或其派出机构责令转让、涉及司法强制执行或者在同一出资人控制的不同主体间转让股权等特殊情形除外；

（五）主要股东应当在必要时向消费金融公司补充资本，在消费金融公司出现支付困难时给予流动性支持；

（六）主要股东承诺不将所有的消费金融公司股权质押或设立信托。

第六十三条 消费金融公司至少应当有1名具备5年以上消费金融业务管理和风险控制经验，并且出资比例不低于拟设消费金融公司全部股本15%的出资人。

第六十四条 消费金融公司设立须经筹建和开业两个阶段。

第六十五条 筹建消费金融公司，应由主要出资人作为申请人向拟设地省级派出机构提交申请，由省级派出机构受理并初步审查、国家金融监督管理总局审查并决定。决定机关自受理之日起4个月内作出批准或不批准的书面决定。

第六十六条 消费金融公司的筹建期为批准决定之日起6个月。未能按期完成筹建的，应在筹建期限届满前1个月向国家金融监督管理总局和拟设地省级派出机构提交筹建延期报告。筹建延期不得超过一次，延长期限不得超过3个月。

申请人应在前款规定的期限届满前提交开业申请，逾期未提交的，筹建批准文件失效，由决定机关注销筹建许可。

第六十七条 消费金融公司开业，应由主要出资人作为申请人向拟设地省级派出机构提交申请，由省级派出机构受理、审查并决定。省级派出机构自受理之日起2个月内作出核准或不予核准的书面决定，并抄报国家金融监督管理总局。

第六十八条 申请人应在收到开业核准文件并领取金融许可证后，办理工商登记，领取营业执照。

消费金融公司应当自领取营业执照之日起6个月内开业。不能按期开业的，应在开业期限届满前1个月向省级派出机构提交开业延期报告。开业延期不得超过一次，延长期限不得超过3个月。

未在前款规定期限内开业的，开业核准文件失效，由决定机关注销开业许可，发证机关收回金融许可证，并予以公告。

第六节 金融资产管理公司分公司设立

第六十九条 金融资产管理公司申请设立分公司，应当具备以下条件：

（一）具有良好的公司治理结构；

（二）风险管理和内部控制健全有效；

（三）主要审慎监管指标符合监管要求；

（四）具有拨付营运资金的能力；

（五）建立了与业务经营和监管要求相适应的信息科技架构，具有支撑业务经营的必要、安全且合规的信息系统，具备保障信息系统有效安全运行的技术与措施；

（六）最近2年无重大违法违规行为和重大案件；

（七）国家金融监督管理总局规章规定的其他审慎性条件。

第七十条 金融资产管理公司设立的分公司应当具备以下条件：

（一）营运资金到位；

（二）有符合任职资格条件的高级管理人员和熟悉相关业务的从业人员；

（三）有与业务发展相适应的组织机构和规章制度；

（四）具有支撑业务经营的必要、安全且合规的信息系统，具备保障信息系统有效安全运行的技术与措施；

（五）有与业务经营相适应的营业场所、安全防范措施和其他设施；

（六）国家金融监督管理总局规章规定的其他审慎性条件。

第七十一条 金融资产管理公司设立分公司须经筹建和开业两个阶段。

第七十二条 金融资产管理公司筹建分公司，应由金融资产管理公司作为申请人向拟设分公司所在地省级派出机构提交申请，由拟设地省级派出机构受理、审查并决定。省级派出机构自受理之日起4个月内作出批准或不批准的书面决定，并抄报国家金融监督管理总局。

第七十三条　金融资产管理公司分公司的筹建期为批准决定之日起6个月。未能按期完成筹建的，应在筹建期限届满前1个月向国家金融监督管理总局和拟设地省级派出机构提交筹建延期报告。筹建延期不得超过一次，延长期限不得超过3个月。

申请人应在前款规定的期限届满前提交开业申请，逾期未提交的，筹建批准文件失效，由决定机关注销筹建许可。

第七十四条　金融资产管理公司分公司开业，应由金融资产管理公司作为申请人向拟设分公司所在地省级派出机构提交申请，由拟设地省级派出机构受理、审查并决定。拟设分公司所在地省级派出机构自受理之日起2个月内作出核准或不予核准的书面决定，并抄报国家金融监督管理总局。

第七十五条　申请人应在收到开业核准文件并领取金融许可证后，办理工商登记，领取营业执照。

金融资产管理公司分公司应当自领取营业执照之日起6个月内开业。不能按期开业的，应在开业期限届满前1个月向拟设分公司所在地省级派出机构提交开业延期报告。开业延期不得超过一次，延长期限不得超过3个月。

未在前款规定期限内开业的，开业核准文件失效，由决定机关注销开业许可，收回金融许可证，并予以公告。

第七节　金融资产管理公司投资设立、参股（增资）、收购法人金融机构

第七十六条　金融资产管理公司申请投资设立、参股（增资）、收购境内法人金融机构的，应当符合以下条件：

（一）具有良好的公司治理结构；

（二）风险管理和内部控制健全有效；

（三）具有良好的并表管理能力；

（四）主要审慎监管指标符合监管要求；

（五）权益性投资余额原则上不超过其净资产的50%（含本次投资金额）；

（六）建立了与业务经营和监管要求相适应的信息科技架构，具有支撑业务经营的必要、安全且合规的信息系统，具备保障信息系统有效安全运行的技术与措施；

（七）最近2年无重大违法违规行为和重大案件；

（八）最近2个会计年度连续盈利；

（九）国家金融监督管理总局规章规定的其他审慎性条件。

经国家金融监督管理总局认可，金融资产管理公司为重组高风险金融机构而参股（增资）、收购境内法人金融机构的，可不受前款第四项、第五项及第七项规定的限制。

第七十七条　金融资产管理公司申请投资设立、参股（增资）、收购境外法人金融机构，应当符合以下条件：

（一）具有良好的公司治理结构，内部控制健全有效，业务条线管理和风险管控能力与境外业务发展相适应；

（二）具有清晰的海外发展战略；

（三）具有良好的并表管理能力；

（四）主要审慎监管指标符合监管要求；

（五）权益性投资余额原则上不超过其净资产的50%（含本次投资金额）；

（六）最近2个会计年度连续盈利；

（七）最近1个会计年度末资产余额达到1000亿元人民币以上或等值的可自由兑换货币；

（八）最近2年无重大违法违规行为和重大案件；

（九）具备与境外经营环境相适应的专业人才队伍；

（十）建立了与业务经营和监管要求相适应的信息科技架构，具有支撑业务经营的必要、安全且合规的信息系统，具备保障信息系统有效安全运行的技术与措施；

（十一）国家金融监督管理总局规章规定的其他审慎性条件。

经国家金融监督管理总局认可，金融资产管理公司为重组高风险金融机构而参股（增资）、收购境外法人金融机构，可不受前款第四项、第五项、第七项及第八项规定的限制。

第七十八条　金融资产管理公司申请投资设立、参股（增资）、收购法人金融机构由国家金融监督管理总局受理、审查并决定。国家金融监督管理总局自受理之日起6个月内作出批准或不批准的书面决定。

金融资产管理公司申请投资设立、参股（增资）、收购境外法人金融机构的，金融资产管理公司获得国家金融监督管理总局批准文件后应按照拟投资设立、参股（增资）、收购境外法人金融机构注册地国家或地区的法律法规办理相关法律手续，并在完成相关法律手续后15个工作日内向国家金融监督管理总局报告投资设立、参股（增资）、收购的境外法人金融机构的名称、成立时间、注册地点、注册资本、注资币种等。

第七十九条　本节所指投资设立、参股（增资）、收购法人金融机构事项，如需另经国家金融监督管理总局或其派出机构批准设立或进行股东资格审核，则相关许可事项由国家金融监督管理总局或其派出机构在批准设

立或进行股东资格审核时对金融资产管理公司投资设立、参股(增资)、收购行为进行合并审查并做出决定。

金融资产管理公司境外全资附属或控股金融子公司、特殊目的实体投资境外法人金融机构适用本节规定的条件和程序。

第八节 金融租赁公司专业子公司设立

第八十条 金融租赁公司申请设立境内专业子公司,应当具备以下条件:

(一)具有良好的公司治理结构、风险管理和内部控制健全有效;

(二)具有良好的并表管理能力;

(三)各项监管指标符合《金融租赁公司管理办法》的规定;

(四)权益性投资余额原则上不超过净资产的50%(含本次投资金额);

(五)在业务存量、人才储备等方面具备一定优势,在专业化管理、项目公司业务开展等方面具有成熟的经验,能够有效支持专业子公司开展特定领域的融资租赁业务;

(六)入股资金为自有资金,不得以委托资金、债务资金等非自有资金入股;

(七)遵守国家法律法规,最近2年内未发生重大案件或重大违法违规行为;

(八)监管评级良好;

(九)建立了与业务经营和监管要求相适应的信息科技架构,具有支撑业务经营的必要、安全且合规的信息系统,具备保障信息系统有效安全运行的技术与措施;

(十)国家金融监督管理总局规章规定的其他审慎性条件。

第八十一条 金融租赁公司设立境内专业子公司原则上应100%控股,有特殊情况需引进其他投资者的,金融租赁公司的持股比例不得低于51%。引进的其他投资者应符合本办法第二十一条至第二十四条以及第二十六条至第二十九条规定的金融租赁公司发起人条件,且在专业子公司经营的特定领域有所专长,在业务开拓、租赁物管理等方面具有比较优势,有助于提升专业子公司的业务拓展能力和风险管理水平。

第八十二条 金融租赁公司设立的境内专业子公司,应当具备以下条件:

(一)有符合《中华人民共和国公司法》和国家金融监督管理总局规定的公司章程;

(二)有符合规定条件的发起人;

(三)注册资本最低限额为5000万元人民币或等值的可自由兑换货币;

(四)有符合任职资格条件的董事、高级管理人员和熟悉融资租赁业务的从业人员;

(五)有健全的公司治理、内部控制和风险管理体系,具有支撑业务经营的必要、安全且合规的信息系统,具备保障信息系统有效安全运行的技术与措施;

(六)有与业务经营相适应的营业场所、安全防范措施和其他设施;

(七)国家金融监督管理总局规章规定的其他审慎性条件。

第八十三条 金融租赁公司设立境内专业子公司须经筹建和开业两个阶段。

第八十四条 金融租赁公司筹建境内专业子公司,由金融租赁公司作为申请人向拟设地省级派出机构提交申请,同时抄报金融租赁公司所在地省级派出机构,由拟设地省级派出机构受理并初步审查、国家金融监督管理总局审查并决定。决定机关自受理之日起2个月内作出批准或不批准的书面决定。拟设地省级派出机构在将初审意见上报国家金融监督管理总局之前,应征求金融租赁公司所在地省级派出机构的意见。

第八十五条 金融租赁公司境内专业子公司的筹建期为批准决定之日起6个月。未能按期完成筹建的,应在筹建期限届满前1个月向国家金融监督管理总局和拟设地省级派出机构提交筹建延期报告。筹建延期不得超过一次,延长期限不得超过3个月。

申请人应在前款规定的期限届满前提交开业申请,逾期未提交的,筹建批准文件失效,由决定机关注销筹建许可。

第八十六条 金融租赁公司境内专业子公司开业,应由金融租赁公司作为申请人向拟设地省级派出机构提交申请,由拟设地省级派出机构受理、审查并决定。省级派出机构自受理之日起1个月内作出核准或不予核准的书面决定,并抄报国家金融监督管理总局,抄送金融租赁公司所在地省级派出机构。

第八十七条 申请人应在收到开业核准文件并领取金融许可证后,办理工商登记,领取营业执照。

境内专业子公司应当自领取营业执照之日起6个月内开业。不能按期开业的,应在开业期限届满前1个月向拟设地省级派出机构提交开业延期报告。开业延期不得超过一次,延长期限不得超过3个月。

未在前款规定期限内开业的,开业核准文件失效,由决定机关注销开业许可,收回金融许可证,并予以公告。

第八十八条 金融租赁公司申请设立境外专业子公司,除适用本办法第八十条规定的条件外,还应当具备以下条件:

(一)确有业务发展需要,具备清晰的海外发展战略;

(二)内部管理水平和风险管控能力与境外业务发展相适应;

(三)具备与境外经营环境相适应的专业人才队伍;

(四)经营状况良好,最近2个会计年度连续盈利;

(五)所提申请符合有关国家或地区的法律法规。

第八十九条 金融租赁公司设立境外专业子公司,应由金融租赁公司作为申请人向所在地省级派出机构提出申请,由省级派出机构受理并初步审查、国家金融监督管理总局审查并决定。决定机关自受理之日起2个月内作出批准或不批准的书面决定。

金融租赁公司获得国家金融监督管理总局批准文件后应按照拟设子公司注册地国家或地区的法律法规办理境外子公司的设立手续,并在境外子公司成立后15个工作日内向国家金融监督管理总局及金融租赁公司所在地省级派出机构报告境外子公司的名称、成立时间、注册地点、注册资本、注资币种、母公司授权的业务范围等。

第九节 财务公司境外子公司设立

第九十条 财务公司申请设立境外子公司,应当具备以下条件:

(一)确属业务发展和为成员单位提供财务管理服务需要,具备清晰的海外发展战略。

(二)拟设境外子公司所服务的成员单位不少于40家,且前述成员单位资产合计不低于150亿元人民币或等值的可自由兑换货币;或成员单位不少于10家、不足40家,但成员单位资产合计不低于200亿元人民币或等值的可自由兑换货币。

(三)各项审慎监管指标符合有关监管规定。

(四)经营状况良好,最近2个会计年度连续盈利。

(五)权益性投资余额原则上不超过净资产的30%(含本次投资金额)。

(六)内部管理水平和风险管控能力与境外业务发展相适应。

(七)具备与境外经营环境相适应的专业人才队伍。

(八)最近2年内未发生重大案件或重大违法违规行为。

(九)监管评级良好。

(十)建立了与业务经营和监管要求相适应的信息科技架构,具有支撑业务经营的必要、安全且合规的信息系统,具备保障信息系统有效安全运行的技术与措施。

(十一)国家金融监督管理总局规章规定的其他审慎性条件。

第九十一条 财务公司设立境外子公司,应由财务公司作为申请人向所在地省级派出机构提出申请,由省级派出机构受理并初步审查、国家金融监督管理总局审查并决定。决定机关自受理之日起4个月内作出批准或不批准的书面决定。

财务公司获得国家金融监督管理总局批准文件后应按照拟设子公司注册地国家或地区的法律法规办理境外子公司的设立手续,并在境外子公司成立后15个工作日内向国家金融监督管理总局及财务公司所在地省级派出机构报告境外子公司的名称、成立时间、注册地点、注册资本、注资币种、母公司授权的业务范围等。

第十节 财务公司分公司设立

第九十二条 财务公司发生合并与分立、跨省级派出机构迁址,或者所属集团被收购或重组的,可申请设立分公司。申请设立分公司,应当具备以下条件:

(一)确属业务发展和为成员单位提供财务管理服务需要。

(二)拟设分公司所服务的成员单位不少于40家,且前述成员单位资产合计不低于100亿元人民币或等值的可自由兑换货币;或成员单位不少于10家、不足40家,但成员单位资产合计不低于200亿元人民币或等值的可自由兑换货币。

(三)各项审慎监管指标符合有关监管规定。

(四)注册资本不低于20亿元人民币或等值的可自由兑换货币,具有拨付营运资金的能力。

(五)经营状况良好,最近2个会计年度连续盈利。

(六)最近2年内未发生重大案件或重大违法违规行为。

(七)监管评级良好。

(八)建立了与业务经营和监管要求相适应的信息科技架构,具有支撑业务经营的必要、安全且合规的信息系统,具备保障信息系统有效安全运行的技术与措施。

(九)国家金融监督管理总局规章规定的其他审慎性条件。

第九十三条 财务公司与拟设分公司应不在同一省级派出机构管辖范围内,且拟设分公司应当具备以下条件:

（一）营运资金到位；

（二）有符合任职资格条件的高级管理人员和熟悉相关业务的从业人员；

（三）有与业务发展相适应的组织机构和规章制度；

（四）具有支撑业务经营的必要、安全且合规的信息系统，具备保障信息系统有效安全运行的技术与措施；

（五）有与业务经营相适应的营业场所、安全防范措施和其他设施；

（六）国家金融监督管理总局规章规定的其他审慎性条件。

第九十四条 财务公司由于发生合并与分立、跨省级派出机构变更住所而设立分公司的，原则上应与前述变更事项一并提出申请，许可程序分别适用财务公司合并与分立、跨省级派出机构变更住所的规定。

财务公司由于所属集团被收购或重组而设立分公司的，可与重组变更事项一并提出申请或单独提出申请。一并提出申请的许可程序适用财务公司变更股权或调整股权结构引起所属企业集团变更的规定；单独提出申请的，由财务公司向法人机构所在地省级派出机构提交筹建申请，同时应抄报分公司拟设地省级派出机构，由法人机构所在地省级派出机构受理、审查并决定。决定机关自受理之日起4个月内作出批准或不批准的书面决定，并抄报国家金融监督管理总局，抄送拟设地省级派出机构。法人机构所在地省级派出机构在作出批筹决定之前，应征求分公司拟设地省级派出机构的意见。

第九十五条 财务公司分公司的筹建期为批准决定之日起6个月。未能按期完成筹建的，应在筹建期限届满前1个月向法人机构所在地省级派出机构和拟设省级派出机构提交筹建延期报告。筹建延期不得超过一次，延长期限不得超过3个月。

申请人应在前款规定的期限届满前提交分公司开业申请，逾期未提交的，设立分公司批准文件失效，由决定机关注销筹建许可。

第九十六条 财务公司分公司开业，应由财务公司作为申请人向拟设分公司所在地省级派出机构提交申请，由拟设分公司所在地省级派出机构受理、审查并决定。拟设分公司所在地省级派出机构自受理之日起2个月内作出核准或不予核准的书面决定，并抄报国家金融监督管理总局，抄送法人机构所在地省级派出机构。

第九十七条 申请人应在收到开业核准文件并领取金融许可证后，办理工商登记，领取营业执照。

财务公司分公司应当自领取营业执照之日起6个月内开业。不能按期开业的，应在开业期限届满前1个月向拟设分公司所在地省级派出机构提交开业延期报告。开业延期不得超过一次，延长期限不得超过3个月。

未在前款规定期限内开业的，开业核准文件失效，由决定机关注销开业许可，收回金融许可证，并予以公告。

第十一节 货币经纪公司分支机构设立

第九十八条 货币经纪公司分支机构包括分公司、代表处。

第九十九条 货币经纪公司申请设立分公司，应当具备以下条件：

（一）具有良好的公司治理结构、内部控制机制和健全的风险管理体系；

（二）确属业务发展需要，且建立了完善的对分公司的业务授权及管理问责制度；

（三）注册资本不低于5000万元人民币或等值的可自由兑换货币，具有拨付营运资金的能力；

（四）经营状况良好，最近2个会计年度连续盈利；

（五）最近2年无重大案件或重大违法违规行为；

（六）建立了与业务经营和监管要求相适应的信息科技架构，具有支撑业务经营的必要、安全且合规的信息系统，具备保障信息系统有效安全运行的技术与措施；

（七）国家金融监督管理总局规章规定的其他审慎性条件。

第一百条 货币经纪公司设立的分公司应当具备以下条件：

（一）营运资金到位；

（二）有符合任职资格条件的高级管理人员和熟悉相关业务的从业人员；

（三）有与业务发展相适应的组织机构和规章制度；

（四）具有支撑业务经营的必要、安全且合规的信息系统，具备保障信息系统有效安全运行的技术与措施；

（五）有与业务经营相适应的营业场所、安全防范措施和其他设施；

（六）国家金融监督管理总局规章规定的其他审慎性条件。

第一百零一条 货币经纪公司设立分公司须经筹建和开业两个阶段。

第一百零二条 货币经纪公司筹建分公司，应由货币经纪公司作为申请人向法人机构所在地省级派出机构提交申请，同时抄报拟设分公司所在地省级派出机构，由法人机构所在地省级派出机构受理、审查并决定。法人机构所在地省级派出机构自受理之日起4个月内作出批准或不批准的书面决定。法人机构所在地省级派出机构作出决定之前，应征求拟设分公司所在地省级派出机构的意见。

第一百零三条 货币经纪公司分公司的筹建期为批准决定之日起6个月。未能按期完成筹建的，应在筹建期限届满前1个月向法人机构所在地省级派出机构和拟设地省级派出机构提交筹建延期报告。筹建延期不得超过一次，延长期限不得超过3个月。

申请人应在前款规定的期限届满前提交开业申请，逾期未提交的，筹建批准文件失效，由决定机关注销筹建许可。

第一百零四条 货币经纪公司分公司开业，应由货币经纪公司作为申请人向拟设分公司所在地省级派出机构提交申请，由拟设分公司所在地省级派出机构受理、审查并决定。拟设分公司所在地省级派出机构自受理之日起2个月内作出核准或不予核准的书面决定，并抄报国家金融监督管理总局，抄送法人机构所在地省级派出机构。

第一百零五条 申请人应在收到开业核准文件并领取金融许可证后，办理工商登记，领取营业执照。

货币经纪公司分公司自领取营业执照之日起6个月内开业。不能按期开业的，应在开业期限届满前1个月向拟设分公司所在地省级派出机构提交开业延期报告。开业延期不得超过一次，延长期限不得超过3个月。

未在前款规定期限内开业的，开业核准文件失效，由决定机关注销开业许可，收回金融许可证，并予以公告。

第一百零六条 货币经纪公司根据业务开展需要，可以在业务比较集中的地区设立代表处；由货币经纪公司作为申请人向法人机构所在地省级派出机构提交申请，由法人机构所在地省级派出机构受理、审查并决定。法人机构所在地省级派出机构自受理之日起6个月内作出批准或不批准的书面决定。

第十二节 境外非银行金融机构驻华代表处设立

第一百零七条 境外非银行金融机构申请设立驻华代表处，应当具备以下条件：

（一）所在国家或地区有完善的金融监督管理制度；

（二）是由所在国家或地区金融监管当局批准设立的金融机构，或者是金融性行业协会会员；

（三）具有从事国际金融活动的经验；

（四）经营状况良好，最近2年内无重大违法违规行为；

（五）具有有效的反洗钱措施；

（六）有符合任职资格条件的首席代表；

（七）国家金融监督管理总局规章规定的其他审慎性条件。

第一百零八条 境外非银行金融机构设立驻华代表处，应由其母公司向拟设地省级派出机构提交申请，由省级派出机构受理并初步审查、国家金融监督管理总局审查并决定。决定机关自受理之日起6个月内作出批准或不批准的书面决定。

第三章 机构变更

第一节 法人机构变更

第一百零九条 非银行金融机构法人机构变更事项包括：变更名称，变更股权或调整股权结构，变更注册资本，变更住所，修改公司章程，分立或合并，金融资产管理公司变更组织形式，以及国家金融监督管理总局规定的其他变更事项。

第一百一十条 金融资产管理公司变更名称，由国家金融监督管理总局受理、审查并决定。其他非银行金融机构变更名称，由地市级派出机构或所在地省级派出机构受理、审查并决定。决定机关自受理之日起3个月内作出批准或不批准的书面决定。由地市级派出机构或省级派出机构决定的，应将决定抄报上级监管机关。

第一百一十一条 出资人及其关联方、一致行动人单独或合计拟首次持有非银行金融机构资本总额或股份总额5%以上或不足5%但对非银行金融机构经营管理有重大影响的，以及累计增持非银行金融机构资本总额或股份总额5%以上或不足5%但引起实际控制人变更的，均应事先报国家金融监督管理总局或其派出机构核准。

出资人及其关联方、一致行动人单独或合计持有非银行金融机构资本总额或股份总额1%以上、5%以下的，应当在取得相应股权后10个工作日内向国家金融监督管理总局或所在地省级派出机构报告。

第一百一十二条 同一出资人及其控股股东、实际控制人、控股子公司、一致行动人、实际控制人控制或共同控制的其他企业作为主要股东入股非银行金融机构的家数原则上不得超过2家，其中对同一类型非银行金融机构控股不得超过1家或参股不得超过2家。

国务院金融监管部门批准设立的金融控股公司、根据国务院授权持有金融机构股权的投资主体入股非银行金融机构的，投资人经国家金融监督管理总局批准入股或并购重组高风险非银行金融机构的，不受本条前款规定限制。

第一百一十三条 金融资产管理公司以外的非银行金融机构变更股权或调整股权结构须经审批的,拟投资入股的出资人应分别具备以下条件:

(一)财务公司出资人的条件适用本办法第七条至第十二条及第一百一十二条的规定;因企业集团合并重组引起财务公司股权变更的,经国家金融监督管理总局认可,可不受第八条第二项至第六项、第十项,第九条第六项、第七项、第九项以及第十一条第五项规定限制。

(二)金融租赁公司出资人的条件适用本办法第二十一条至第三十条及第一百一十二条的规定。

(三)汽车金融公司出资人的条件适用本办法第三十七条至第四十一条及第一百一十二条的规定。

(四)货币经纪公司出资人的条件适用本办法第四十八条至第五十一条及第一百一十二条的规定。

(五)消费金融公司出资人的条件适用本办法第五十八条至第六十三条及第一百一十二条的规定。消费金融公司开业满5年且不涉及实际控制人变更的,不受本办法第六十三条规定的限制。

本办法施行前已成为非银行金融机构控股股东的,申请变更股权或调整股权结构涉及该控股股东资格审核时,净资产率应不低于30%。

第一百一十四条 金融资产管理公司变更股权或调整股权结构须经审批的,应当有符合条件的出资人,包括境内金融机构、境外金融机构、境内非金融机构、境外非金融机构和国家金融监督管理总局认可的其他出资人。

第一百一十五条 境内金融机构作为金融资产管理公司的出资人,应当具备以下条件:

(一)主要审慎监管指标符合监管要求;

(二)公司治理良好,内部控制健全有效;

(三)财务状况良好,最近2个会计年度连续盈利;

(四)社会声誉良好,最近2年无重大违法违规行为和重大案件;

(五)入股资金为自有资金,不得以委托资金、债务资金等非自有资金入股;

(六)权益性投资余额原则上不得超过本企业净资产的50%(含本次投资金额),国务院规定的投资公司和控股公司除外;

(七)国家金融监督管理总局规章规定的其他审慎性条件。

第一百一十六条 境外金融机构作为金融资产管理公司的出资人,应当具备以下条件:

(一)最近2年长期信用评级为良好。

(二)财务状况良好,最近2个会计年度连续盈利。

(三)商业银行资本充足率应当达到其注册地银行业资本充足率平均水平且不低于10.5%;非银行金融机构资本总额不低于加权风险资产总额的10%。

(四)内部控制健全有效。

(五)注册地金融机构监督管理制度完善。

(六)所在国(地区)经济状况良好。

(七)入股资金为自有资金,不得以委托资金、债务资金等非自有资金入股。

(八)权益性投资余额原则上不得超过本企业净资产的50%(含本次投资金额)。

(九)国家金融监督管理总局规章规定的其他审慎性条件。

第一百一十七条 境内非金融机构作为金融资产管理公司的出资人,应当符合以下条件:

(一)依法设立,具有法人资格。

(二)具有良好的公司治理结构或有效的组织管理方式。

(三)具有良好的社会声誉、诚信记录和纳税记录,能按期足额偿还金融机构的贷款本金和利息,最近2年内无重大违法违规行为。

(四)具有较长的发展期和稳定的经营状况。

(五)具有较强的经营管理能力和资金实力。

(六)财务状况良好,最近2个会计年度连续盈利;作为金融资产管理公司控股股东的,最近3个会计年度连续盈利。

(七)最近1个会计年度末净资产不低于总资产的30%;作为金融资产管理公司控股股东的,最近1个会计年度末净资产不低于总资产的40%;本办法施行前已成为金融资产管理公司控股股东的,申请变更股权或调整股权结构涉及该控股股东资格审核时,净资产率应不低于30%。

(八)入股资金为自有资金,不得以委托资金、债务资金等非自有资金入股。

(九)权益性投资余额原则上不得超过本企业净资产的50%(含本次投资金额);作为金融资产管理公司控股股东的,权益性投资余额原则上不得超过本企业净资产的40%(含本次投资金额);国务院规定的投资公司和控股公司除外。

(十)国家金融监督管理总局规章规定的其他审慎性条件。

第一百一十八条 境外非金融机构作为金融资产管

理公司的出资人,应当符合以下条件:

(一)依法设立,具有法人资格。

(二)具有良好的公司治理结构或有效的组织管理方式。

(三)具有良好的社会声誉、诚信记录和纳税记录,最近2年未受到境内外监管机构的重大处罚。

(四)有10年以上经营管理不良资产投资管理类机构的经验。

(五)满足所在国家或地区监管当局的审慎监管要求。

(六)财务状况良好,最近2个会计年度连续盈利;作为金融资产管理公司控股股东的,最近3个会计年度连续盈利。

(七)最近1个会计年度末净资产不低于总资产的30%;作为金融资产管理公司控股股东的,最近1个会计年度末净资产不低于总资产的40%。

(八)权益性投资余额原则上不得超过本企业净资产的50%(含本次投资金额);作为金融资产管理公司控股股东的,权益性投资余额原则上不得超过本企业净资产的40%(含本次投资金额)。

(九)入股资金为自有资金,不得以委托资金、债务资金等非自有资金入股。

(十)国家金融监督管理总局规章规定的其他审慎性条件。

第一百一十九条 存在以下情形之一的企业不得作为金融资产管理公司的出资人:

(一)公司治理结构与机制存在明显缺陷;

(二)关联企业众多、股权关系复杂且不透明、关联交易频繁且异常;

(三)核心主业不突出且其经营范围涉及行业过多;

(四)现金流量波动受经济景气影响较大;

(五)资产负债率、财务杠杆率高于行业平均水平;

(六)代他人持有金融资产管理公司股权;

(七)被列为相关部门失信联合惩戒对象;

(八)存在严重逃废银行债务行为;

(九)提供虚假材料或作不实声明;

(十)因违法违规行为被金融监管部门或政府有关部门查处,造成恶劣影响;

(十一)其他对金融资产管理公司产生重大不利影响的情况。

第一百二十条 入股金融资产管理公司,应当遵守并在公司章程中载明下列内容:

(一)股东应当遵守法律法规和监管规定;

(二)应经但未经监管部门批准或未向监管部门报告的股东,不得行使股东大会召开请求权、表决权、提名权、提案权、处分权等权利;

(三)对于存在虚假陈述、滥用股东权利或其他损害金融资产管理公司利益行为的股东,国家金融监督管理总局或其派出机构可以限制或禁止金融资产管理公司与其开展关联交易,限制其持有金融资产管理公司股权的限额等,并可限制其股东大会召开请求权、表决权、提名权、提案权、处分权等权利;

(四)主要股东自取得股权之日起5年内不得转让所持有的股权,经国家金融监督管理总局或其派出机构批准采取风险处置措施、国家金融监督管理总局或其派出机构责令转让、涉及司法强制执行或者在同一出资人控制的不同主体间转让股权等特殊情形除外;

(五)主要股东应当在必要时向金融资产管理公司补充资本。

第一百二十一条 涉及处置高风险非银行金融机构的变更股权或调整股权结构的许可事项,可不受出资人类型等相关规定限制。

第一百二十二条 金融资产管理公司变更股权或调整股权结构须经审批的,由国家金融监督管理总局受理、审查并决定。国家金融监督管理总局自受理之日起3个月内作出批准或不批准的书面决定。

金融租赁公司、汽车金融公司、货币经纪公司、消费金融公司变更股权或调整股权结构引起实际控制人变更的,财务公司变更股权或调整股权结构引起所属企业集团变更的,由所在地省级派出机构受理并初步审查、国家金融监督管理总局审查并决定,决定机关自受理之日起3个月内作出批准或不批准的书面决定。

金融租赁公司、汽车金融公司、货币经纪公司、消费金融公司变更股权或调整股权结构须经审批且未引起实际控制人变更的,财务公司变更股权或调整股权结构须经审批且未引起所属企业集团变更的,由地市级派出机构或所在地省级派出机构受理并初步审查、省级派出机构审查并决定,决定机关自受理之日起3个月内作出批准或不批准的书面决定,并抄报国家金融监督管理总局。

第一百二十三条 非银行金融机构申请变更注册资本,应当具备以下条件:

(一)变更注册资本后仍然符合国家金融监督管理总局对该类机构最低注册资本和资本充足性的要求;

(二)增加注册资本涉及出资人资格须经审批的,出资人应符合第一百一十三条至第一百二十一条规定的条件；

（三）国家金融监督管理总局规章规定的其他审慎性条件。

第一百二十四条 非银行金融机构申请变更注册资本的许可程序适用本办法第一百一十条的规定，变更注册资本涉及出资人资格须经审批的，许可程序适用本办法第一百二十二条的规定。

第一百二十五条 非银行金融机构以公开募集和上市交易股份方式，以及已上市的非银行金融机构以配股或募集新股份的方式变更注册资本的，应当符合中国证监会规定的条件。

向中国证监会申请前，有关方案应先获得国家金融监督管理总局或其派出机构的批准，许可程序适用本办法第一百二十二条的规定。

第一百二十六条 非银行金融机构变更住所，应当有与业务发展相符合的营业场所、安全防范措施和其他设施。

非银行金融机构因行政区划调整等原因而引起的行政区划、街道、门牌号等发生变化而实际位置未变化的，不需进行变更住所的申请，但应当于变更后15日内报告为其颁发金融许可证的金融监督管理机构，并换领金融许可证。

非银行金融机构因房屋维修、增扩建等原因临时变更住所6个月以内的，不需进行变更住所申请，但应当在原住所、临时住所公告，并提前10日内向为其颁发金融许可证的金融监督管理机构报告。临时住所应当符合安全、消防主管部门的相关要求。非银行金融机构回迁原住所，应当提前10日将有权部门出具的消防证明文件等材料抄报为其颁发金融许可证的金融监督管理机构。

第一百二十七条 非银行金融机构同城变更住所的许可程序适用本办法第一百一十条的规定。

第一百二十八条 非银行金融机构异地变更住所分为迁址筹建和迁址开业两个阶段。

第一百二十九条 金融资产管理公司异地迁址筹建，向国家金融监督管理总局提交申请，同时抄报拟迁入地省级派出机构，由国家金融监督管理总局受理、审查并决定。国家金融监督管理总局自受理之日起2个月内作出批准或不批准的书面决定，抄送拟迁入地省级派出机构。国家金融监督管理总局在作出书面决定之前，应征求拟迁入地省级派出机构的意见。

金融资产管理公司以外的非银行金融机构跨省级派出机构迁址筹建，向迁出地省级派出机构提交申请，同时抄报拟迁入地省级派出机构，由迁出地省级派出机构受理、审查并决定。迁出地省级派出机构自受理之日起2个月内作出批准或不批准的书面决定，并抄报国家金融监督管理总局，抄送拟迁入地省级派出机构。迁出地省级派出机构在作出书面决定之前，应征求拟迁入地省级派出机构的意见。金融资产管理公司以外的非银行金融机构在省级派出机构辖内跨地市级派出机构迁址筹建，向省级派出机构提交申请，由省级派出机构受理、审查并决定。省级派出机构自受理之日起2个月内作出批准或不批准的书面决定，并抄报国家金融监督管理总局，抄送有关地市级派出机构。省级派出机构在作出书面决定之前，应征求有关地市级派出机构的意见。

非银行金融机构应在收到迁址筹建批准文件之日起6个月内完成异地迁址的准备工作，并在期限届满前提交迁址开业申请，逾期未提交的，迁址筹建批准文件失效。

第一百三十条 非银行金融机构异地迁址开业，向迁入地省级派出机构提交申请，由其受理、审查并决定。省级派出机构自受理之日起1个月内作出批准或不批准的书面决定，并抄报国家金融监督管理总局，抄送迁出地省级派出机构。

第一百三十一条 非银行金融机构修改公司章程应符合《中华人民共和国公司法》《金融资产管理公司监管办法》《企业集团财务公司管理办法》《金融租赁公司管理办法》《汽车金融公司管理办法》《货币经纪公司试点管理办法》《消费金融公司试点管理办法》《商业银行股权管理暂行办法》及其他有关法律法规的规定。

第一百三十二条 非银行金融机构申请修改公司章程的许可程序适用本办法第一百一十条的规定。

非银行金融机构因为发生变更名称、股权、注册资本、住所或营业场所、业务范围等前置审批事项以及因股东名称、住所变更等原因而引起公司章程内容变更的，不需申请修改章程，应将修改后的章程向监管机构报备。

第一百三十三条 非银行金融机构分立应符合有关法律、行政法规和规章的规定。

金融资产管理公司分立，向国家金融监督管理总局提交申请，由国家金融监督管理总局受理、审查并决定。国家金融监督管理总局自受理之日起3个月内作出批准或不批准的书面决定。其他非银行金融机构分立，向所在地省级派出机构提交申请，由省级派出机构受理并初步审查、国家金融监督管理总局审查并决定。决定机关自受理之日起 3 个月内作出批准或不批准的书面决定。

非银行金融机构分立后依然存续的,在分立公告期限届满后,应按照有关变更事项的条件和程序通过行政许可。分立后成为新公司的,在分立公告期限届满后,应按照法人机构开业的条件和程序通过行政许可。

第一百三十四条 非银行金融机构合并应符合有关法律、行政法规和规章的规定。

金融资产管理公司吸收合并,向国家金融监督管理总局提交申请,由国家金融监督管理总局受理、审查并决定。国家金融监督管理总局自受理之日起 3 个月内作出批准或不批准的书面决定。其他非银行金融机构吸收合并,由吸收合并方向其所在地省级派出机构提出申请,并抄报被吸收合并方所在地省级派出机构,由吸收合并方所在地省级派出机构受理并初步审查、国家金融监督管理总局审查并决定。决定机关自受理之日起 3 个月内作出批准或不批准的书面决定。吸收合并方所在地省级派出机构在将初审意见上报国家金融监督管理总局之前,应征求被吸收合并方所在地省级派出机构的意见。

吸收合并事项涉及吸收合并方变更股权或调整股权结构、注册资本、名称,以及被吸收合并方解散或改建为分支机构的,应符合相应事项的许可条件,相应事项的许可程序可按照相关规定执行或与吸收合并事项一并受理、审查并决定。一并受理的,吸收合并方所在地省级派出机构在将初审意见上报国家金融监督管理总局之前,应就被吸收合并方解散或改建分支机构征求其他相关省级派出机构的意见。

金融资产管理公司新设合并,向国家金融监督管理总局提交申请,由国家金融监督管理总局受理、审查并决定。国家金融监督管理总局自受理之日起 3 个月内作出批准或不批准的书面决定。其他非银行金融机构新设合并,由其中一方作为主报机构向其所在地省级派出机构提交申请,同时抄报另一方所在地省级派出机构,由主报机构所在地省级派出机构受理并初步审查、国家金融监督管理总局审查并决定。决定机关自受理之日起 3 个月内作出批准或不批准的书面决定。主报机构所在地省级派出机构在将初审意见上报国家金融监督管理总局之前,应征求另一方所在地省级派出机构的意见。

新设机构应按照法人机构开业的条件和程序通过行政许可。新设合并事项涉及被合并方解散或改建为分支机构的,应符合解散或设立分支机构的许可条件,许可程序可按照相关规定执行或与新设合并事项一并受理、审查并决定。一并受理的,主报机构所在地省级派出机构在将初审意见上报国家金融监督管理总局之前,应就被合并方解散或改建分公司征求其他相关省级派出机构的意见。

第一百三十五条 金融资产管理公司变更组织形式,应当符合《中华人民共和国公司法》《金融资产管理公司监管办法》以及其他法律、行政法规和规章的规定。

第一百三十六条 金融资产管理公司变更组织形式,由国家金融监督管理总局受理、审查并决定。国家金融监督管理总局自受理之日起 3 个月内作出批准或不批准的书面决定。

第二节 子公司变更

第一百三十七条 非银行金融机构子公司须经许可的变更事项包括:金融资产管理公司境外全资附属或控股金融机构变更名称、注册资本、股权或调整股权结构,分立或合并,重大投资事项(指投资额为 1 亿元人民币以上或等值的可自由兑换货币或者投资额占其注册资本 5%以上的股权投资事项);金融租赁公司专业子公司变更名称、注册资本;金融租赁公司境内专业子公司变更股权或调整股权结构,修改公司章程;财务公司境外子公司变更名称、注册资本;以及国家金融监督管理总局规定的其他变更事项。

第一百三十八条 出资人及其关联方、一致行动人单独或合计拟首次持有非银行金融机构子公司资本总额或股份总额 5%以上或不足 5%但对非银行金融机构子公司经营管理有重大影响的,以及累计增持非银行金融机构子公司资本总额或股份总额 5%以上或不足 5%但引起实际控制人变更的,均应事先报国家金融监督管理总局或其派出机构核准。

出资人及其关联方、一致行动人单独或合计持有非银行金融机构子公司股权 1%以上、5%以下的,应当在取得股权后 10 个工作日内向国家金融监督管理总局或所在地省级派出机构报告。

第一百三十九条 金融资产管理公司境外全资附属或控股金融机构变更股权或调整股权结构须经审批的,由金融资产管理公司向国家金融监督管理总局提交申请,由国家金融监督管理总局受理、审查并决定。国家金融监督管理总局自受理之日起 3 个月内作出批准或不批准的书面决定。

第一百四十条 金融资产管理公司境外全资附属或控股金融机构变更名称、注册资本,分立或合并,或进行重大投资,由金融资产管理公司向国家金融监督管理总局提交申请,国家金融监督管理总局受理、审查并决定。

国家金融监督管理总局自受理之日起3个月内作出批准或不批准的书面决定。

第一百四十一条　金融租赁公司境内专业子公司变更股权或调整股权结构须经审批的，拟投资入股的出资人应符合第八十一条规定的条件。

金融租赁公司境内专业子公司变更股权或调整股权结构须经审批的，由境内专业子公司向地市级派出机构或所在地省级派出机构提出申请，地市级派出机构或省级派出机构受理、省级派出机构审查并决定。决定机关自受理之日起3个月内作出批准或不批准的书面决定，并抄报国家金融监督管理总局。

第一百四十二条　金融租赁公司境内专业子公司变更名称，由专业子公司向地市级派出机构或所在地省级派出机构提出申请，金融租赁公司境外专业子公司变更名称，由金融租赁公司向地市级派出机构或所在地省级派出机构提出申请，地市级派出机构或省级派出机构受理、审查并决定。地市级派出机构或省级派出机构应自受理之日起3个月内作出批准或不批准的书面决定，并抄报上级监管机关。

第一百四十三条　金融租赁公司专业子公司变更注册资本，应当具备以下条件：

（一）变更注册资本后仍然符合国家金融监督管理总局的相关监管要求；

（二）增加注册资本涉及出资人资格须经审批的，出资人应符合第八十一条规定的条件；

（三）国家金融监督管理总局规章规定的其他审慎性条件。

金融租赁公司专业子公司变更注册资本的许可程序适用第一百四十二条的规定，变更注册资本涉及出资人资格须经审批的，许可程序适用第一百四十一条的规定。

第一百四十四条　金融租赁公司境内专业子公司修改公司章程应符合《中华人民共和国公司法》《金融租赁公司专业子公司管理暂行规定》的规定。

金融租赁公司境内专业子公司申请修改公司章程的许可程序适用第一百四十二条的规定。金融租赁公司境内专业子公司因为发生变更名称、股权或调整股权结构、注册资本等前置审批事项以及因股东名称、住所变更等原因而引起公司章程内容变更的，不需申请修改章程，应将修改后的章程向地市级派出机构或所在地省级派出机构报备。

第一百四十五条　财务公司境外子公司变更名称、注册资本，由财务公司向地市级派出机构或所在地省级派出机构提出申请，地市级派出机构或省级派出机构受理、审查并决定。地市级派出机构或省级派出机构应自受理之日起3个月内作出批准或不批准的书面决定，并抄报上级监管机关。

第一百四十六条　金融租赁公司境内专业子公司同城变更住所适用报告制，由金融租赁公司在境内专业子公司变更住所30个工作日前向境内专业子公司所在地地市级派出机构或所在地省级派出机构报告。

第三节　分公司和代表处变更

第一百四十七条　非银行金融机构分公司和代表处变更名称，由其法人机构向分公司或代表处所在地地市级派出机构或所在地省级派出机构提出申请，由地市级派出机构或所在地省级派出机构受理、审查并决定。地市级派出机构或省级派出机构应自受理之日起3个月内作出批准或不批准的书面决定，并抄报上级监管机关。

第一百四十八条　境外非银行金融机构驻华代表处申请变更名称，由其母公司向代表处所在地省级派出机构提交申请，由省级派出机构受理、审查并决定。省级派出机构应自受理之日起3个月内作出批准或不批准的决定，并抄报国家金融监督管理总局。

第一百四十九条　非银行金融机构分公司同城变更住所适用报告制，由非银行金融机构在分公司变更住所30个工作日前向分公司所在地地市级派出机构或所在地省级派出机构报告。

非银行金融机构分公司在省级派出机构辖内跨地市级派出机构变更住所适用第一百二十六条、第一百二十八条至第一百三十条的规定。

第四章　机构终止

第一节　法人机构终止

第一百五十条　非银行金融机构法人机构满足以下情形之一的，可以申请解散：

（一）公司章程规定的营业期限届满或者规定的其他解散事由出现时；

（二）股东会议决定解散；

（三）因公司合并或者分立需要解散；

（四）其他法定事由。

组建财务公司的企业集团解散，财务公司应当申请解散。

第一百五十一条　金融资产管理公司解散，向国家金融监督管理总局提交申请，由国家金融监督管理总局受理、审查并决定。国家金融监督管理总局自受理之日起 3 个月内作出批准或不批准的书面决定。

其他非银行金融机构解散，向所在地省级派出机构提交申请，省级派出机构受理并初步审查、国家金融监督管理总局审查并决定。决定机关自受理之日起 3 个月内作出批准或不批准的书面决定。

第一百五十二条 非银行金融机构法人机构有以下情形之一的，向法院申请破产前，应当向国家金融监督管理总局申请并获得批准：

（一）不能清偿到期债务，并且资产不足以清偿全部债务或者明显缺乏清偿能力的，自愿或应其债权人要求申请破产的；

（二）已解散但未清算或者未清算完毕，依法负有清算责任的人发现该机构资产不足以清偿债务，应当申请破产的。

第一百五十三条 金融资产管理公司拟破产，向国家金融监督管理总局提交申请，由国家金融监督管理总局受理、审查并决定。国家金融监督管理总局自受理之日起 3 个月内作出批准或不批准的书面决定。

其他非银行金融机构拟破产，向所在地省级派出机构提交申请，由省级派出机构受理并初步审查、国家金融监督管理总局审查并决定。决定机关自受理之日起 3 个月内作出批准或不批准的书面决定。

第二节 子公司终止

第一百五十四条 金融资产管理公司境外全资附属或控股金融机构、金融租赁公司专业子公司、财务公司境外子公司解散或破产的条件，参照第一百五十条和第一百五十二条的规定执行。

第一百五十五条 金融资产管理公司境外全资附属或控股金融机构解散或拟破产，由金融资产管理公司向国家金融监督管理总局提交申请，国家金融监督管理总局受理、审查并决定。国家金融监督管理总局自受理之日起 3 个月内作出批准或不批准的书面决定。

金融租赁公司境内专业子公司解散或拟破产，由金融租赁公司向专业子公司所在地省级派出机构提出申请，省级派出机构受理并初步审查、国家金融监督管理总局审查并决定。决定机关自受理之日起 3 个月内作出批准或不批准的书面决定。

金融租赁公司境外专业子公司解散或拟破产，由金融租赁公司向其所在地省级派出机构提出申请，省级派出机构受理并初步审查、国家金融监督管理总局审查并决定。决定机关自受理之日起 3 个月内作出批准或不批准的书面决定。

财务公司境外子公司解散或拟破产，由财务公司向其所在地省级派出机构提出申请，省级派出机构受理并初步审查、国家金融监督管理总局审查并决定。决定机关自受理之日起 3 个月内作出批准或不批准的书面决定。

第三节 分公司和代表处终止

第一百五十六条 非银行金融机构分公司、代表处，以及境外非银行金融机构驻华代表处终止营业或关闭（被依法撤销除外），应当提出终止营业或关闭申请。

第一百五十七条 非银行金融机构分公司、代表处申请终止营业或关闭，应当具备以下条件：

（一）公司章程规定的有权决定机构决定该分支机构终止营业或关闭；

（二）分支机构各项业务和人员已依法进行了适当的处置安排；

（三）国家金融监督管理总局规章规定的其他审慎性条件。

第一百五十八条 非银行金融机构分公司或代表处终止营业或关闭，由其法人机构向分公司或代表处地市级派出机构或所在地省级派出机构提交申请，由地市级派出机构或省级派出机构受理并初步审查、省级派出机构审查并决定。决定机关自受理之日起 3 个月内作出批准或不批准的书面决定，并抄报国家金融监督管理总局。

第一百五十九条 境外非银行金融机构驻华代表处申请关闭，由其母公司向代表处所在地省级派出机构提交申请，由省级派出机构受理并初步审查、国家金融监督管理总局审查并决定。决定机关自受理之日起 3 个月内作出批准或不批准的书面决定。

第五章 调整业务范围和增加业务品种

第一节 财务公司从事同业拆借等专项业务资格

第一百六十条 财务公司申请开办同业拆借、成员单位票据承兑、固定收益类有价证券投资业务、成员单位产品的消费信贷、买方信贷业务应当具备以下条件：

（一）财务公司开业 1 年以上，且经营状况良好，具有良好的公司治理结构，风险管理和内部控制健全有效，最近 2 年无重大违法违规行为；

（二）符合审慎监管指标要求；

（三）有比较完善的业务决策机制、风险控制制度、业务操作规程；

（四）具有支撑业务经营的必要、安全且合规的信息系统，具备保障信息系统有效安全运行的技术与措施；

（五）有相应的合格专业人员；
（六）集团经营状况良好，具有良好的社会声誉和信用记录，最近2年内无重大违法违规行为；
（七）监管评级良好；
（八）国家金融监督管理总局规章规定的其他审慎性条件。

第一百六十一条　财务公司申请开办同业拆借业务，除符合第一百六十条规定外，还应当具备以下条件：
（一）最近1年月均存放同业余额不低于10亿元；
（二）最近1年月度贷款比例不超过80%。

第一百六十二条　财务公司申请开办成员单位票据承兑业务，除符合第一百六十条规定外，还应当具备以下条件：
（一）注册资本不低于20亿元人民币或等值的可自由兑换货币；
（二）最近1年月均存放同业余额不低于10亿元；
（三）最近1年月度贷款比例不超过80%；
（四）最近1年季度资本充足率不低于12%；
（五）集团及成员单位具有一定的票据结算交易基础，且根据集团资金结算实际情况，确有开办此项业务的需求，集团最近2年未发生票据持续逾期行为。

第一百六十三条　财务公司申请开办固定收益类有价证券投资业务，除符合第一百六十条规定外，还应当具备以下条件：
（一）注册资本不低于20亿元人民币或等值的可自由兑换货币；
（二）最近1年月均存放同业余额不低于10亿元；
（三）负责投资业务的从业人员中三分之二以上具有相应的专业资格或一定年限的从业经验。

第一百六十四条　财务公司申请开办成员单位产品消费信贷、买方信贷业务，除符合第一百六十条规定外，还应当具备以下条件：
（一）注册资本不低于20亿元人民币或等值的可自由兑换货币；
（二）集团应有适合开办此类业务的产品；
（三）现有信贷业务风险管理情况良好。

第一百六十五条　财务公司申请以上四项业务资格，向地市级派出机构或所在地省级派出机构提交申请，由地市级派出机构或省级派出机构受理并初步审查，省级派出机构审查并决定。决定机关自受理之日起3个月内作出批准或不批准的书面决定，并抄报国家金融监督管理总局。

第二节　金融租赁公司设立项目公司开展融资租赁业务资格

第一百六十六条　金融租赁公司设立项目公司开展融资租赁业务，应当具备以下条件：
（一）符合审慎监管指标要求；
（二）提足各项损失准备金后最近1个会计年度期末净资产不低于10亿元人民币或等值的可自由兑换货币；
（三）具备良好的公司治理和内部控制体系；
（四）具有支撑业务经营的必要、安全且合规的信息系统，具备保障信息系统有效安全运行的技术与措施；
（五）具备开办业务所需要的有关经验的专业人员；
（六）制定了开办业务所需的业务操作流程、风险管理、内部控制和会计核算制度，并经董事会批准；
（七）最近3年内无重大违法违规行为；
（八）监管评级良好；
（九）国家金融监督管理总局规章规定的其他审慎性条件。

第一百六十七条　金融租赁公司设立项目公司开展融资租赁业务资格的许可程序适用本办法第一百六十五条的规定。

第一百六十八条　金融租赁公司为控股子公司、项目公司对外融资提供担保业务资格在批准其设立控股子公司、项目公司开展融资租赁业务资格时一并批准。

第三节　金融资产管理公司、金融租赁公司及其境内专业子公司、消费金融公司、汽车金融公司募集发行债务、资本补充工具

第一百六十九条　金融资产管理公司募集发行优先股、二级资本债券、金融债及依法须经国家金融监督管理总局许可的其他债务、资本补充工具，应当具备以下条件：
（一）具有良好的公司治理机制、完善的内部控制体系和健全的风险管理制度；
（二）风险监管指标符合审慎监管要求，但出于维护金融安全和稳定需要的情形除外；
（三）最近3个会计年度连续盈利；
（四）国家金融监督管理总局规章规定的其他审慎性条件。

第一百七十条　金融租赁公司及其境内专业子公司、消费金融公司、汽车金融公司募集发行优先股、二级资本债券、金融债及依法须经国家金融监督管理总局许

可的其他债务、资本补充工具,应当具备以下条件:

(一)具有良好的公司治理机制、完善的内部控制体系和健全的风险管理制度;

(二)资本充足性监管指标不低于监管部门的最低要求;

(三)最近3个会计年度连续盈利;

(四)风险监管指标符合审慎监管要求;

(五)监管评级良好;

(六)国家金融监督管理总局规章规定的其他审慎性条件。

对于资质良好但成立未满3年的金融租赁公司及其境内专业子公司,可由具有担保能力的担保人提供担保。

第一百七十一条 金融资产管理公司申请资本工具计划发行额度,应由金融资产管理公司作为申请人向国家金融监督管理总局提交申请,由国家金融监督管理总局受理、审查并决定。国家金融监督管理总局自受理之日起3个月内作出批准或不批准的书面决定。

金融租赁公司及其境内专业子公司、消费金融公司、汽车金融公司申请资本工具计划发行额度的许可程序适用本办法第一百六十五条的规定。

金融资产管理公司、金融租赁公司及其境内专业子公司、消费金融公司、汽车金融公司可在批准额度内,自主决定具体工具品种、发行时间、批次和规模,并于批准后的24个月内完成发行,在资本工具募集发行结束后10日内向决定机关报告;如在24个月内再次提交额度申请,则原有剩余额度失效,以最新批准额度为准。决定机关有权对已发行的资本工具是否达到合格资本标准进行认定。

金融资产管理公司、金融租赁公司及其境内专业子公司、消费金融公司、汽车金融公司募集发行非资本类债券不需申请业务资格。金融资产管理公司应在非资本类债券募集发行结束后10日内向国家金融监督管理总局报告。金融租赁公司及其境内专业子公司、消费金融公司、汽车金融公司应在非资本类债券募集发行结束后10日内向地市级派出机构或所在地省级派出机构报告。

第四节 金融资产管理公司、金融租赁公司、消费金融公司、汽车金融公司资产证券化业务资格

第一百七十二条 金融资产管理公司、金融租赁公司、消费金融公司、汽车金融公司申请资产证券化业务资格,应当具备以下条件:

(一)具有良好的社会信誉和经营业绩,最近3年内无重大违法违规行为;

(二)具有良好的公司治理、风险管理体系和内部控制;

(三)对开办资产证券化业务具有合理的目标定位和明确的战略规划,并且符合其总体经营目标和发展战略;

(四)具有开办资产证券化业务所需要的专业人员、业务处理系统、会计核算系统、管理信息系统以及风险管理和内部控制制度;

(五)监管评级良好;

(六)国家金融监督管理总局规章规定的其他审慎性条件。

第一百七十三条 金融资产管理公司申请资产证券化业务资格,应由金融资产管理公司作为申请人向国家金融监督管理总局提交申请,由国家金融监督管理总局受理、审查并决定。国家金融监督管理总局自受理之日起3个月内作出批准或不批准的书面决定。

其他非银行金融机构申请资产证券化资格的许可程序适用本办法第一百六十五条的规定。

第五节 非银行金融机构衍生产品交易业务资格

第一百七十四条 非银行金融机构衍生产品交易业务资格分为基础类资格和普通类资格。

基础类资格只能从事套期保值类衍生产品交易,即非银行金融机构主动发起,为规避自有资产、负债的信用风险、市场风险或流动性风险而进行的衍生产品交易;普通类资格除基础类资格可以从事的衍生产品交易之外,还可以从事由客户发起,非银行金融机构为满足客户需求提供的代客交易和非银行金融机构为对冲前述交易相关风险而进行的交易。

第一百七十五条 非银行金融机构申请基础类衍生产品交易业务资格,应当具备以下条件:

(一)有健全的衍生产品交易风险管理制度和内部控制制度;

(二)具有接受相关衍生产品交易技能专门培训半年以上、从事衍生产品或相关交易2年以上的交易人员至少2名,相关风险管理人员至少1名,风险模型研究或风险分析人员至少1名,熟悉套期会计操作程序和制度规范的人员至少1名,以上人员均需专岗专人,相互不得兼任,且无不良记录;

(三)有适当的交易场所和设备;

(四)有处理法律事务和负责内控合规检查的专业部门及相关专业人员;

(五)符合审慎监管指标要求;

（六）监管评级良好；

（七）具有一定规模的衍生产品交易的真实需求背景，确有开办此项业务的需求；

（八）国家金融监督管理总局规章规定的其他审慎性条件。

第一百七十六条 非银行金融机构申请普通类衍生产品交易业务资格，除符合第一百七十五条规定外，还应当具备以下条件：

（一）完善的衍生产品交易前中后台自动联接的业务处理系统和实时风险管理系统；

（二）衍生产品交易业务主管人员应当具备5年以上直接参与衍生产品交易活动或风险管理的资历，且无不良记录；

（三）严格的业务分离制度，确保套期保值类业务与非套期保值类业务的市场信息、风险管理、损益核算有效隔离；

（四）完善的市场风险、操作风险、信用风险等风险管理框架；

（五）国家金融监督管理总局规章规定的其他审慎性条件。

第一百七十七条 非银行金融机构申请衍生产品交易业务资格的许可程序适用本办法第一百七十三条的规定。

第六节 非银行金融机构开办其他新业务

第一百七十八条 非银行金融机构申请开办其他新业务，应当具备以下基本条件：

（一）有良好的公司治理和内部控制；

（二）经营状况良好，主要风险监管指标符合要求；

（三）具有能有效识别和控制新业务风险的管理制度和健全的新业务操作规程；

（四）具有支撑业务经营的必要、安全且合规的信息系统，具备保障信息系统有效安全运行的技术与措施；

（五）有开办新业务所需的合格管理人员和业务人员；

（六）最近3年内无重大违法违规行为；

（七）监管评级良好；

（八）国家金融监督管理总局规章规定的其他审慎性条件。

前款所称其他新业务，是指除本章第一节至第五节规定的业务以外的现行法律法规中已明确规定可以开办，但非银行金融机构尚未开办的业务。

第一百七十九条 非银行金融机构开办其他新业务的许可程序适用本办法第一百七十三条的规定。

第一百八十条 非银行金融机构申请开办现行法规未明确规定的业务，由国家金融监督管理总局另行规定。

第六章 董事和高级管理人员任职资格许可

第一节 任职资格条件

第一百八十一条 非银行金融机构董事长、副董事长、独立董事和其他董事等董事会成员须经任职资格许可。

非银行金融机构的总经理（首席执行官、总裁）、副总经理（副总裁）、风险总监（首席风险官）、财务总监（首席财务官）、合规总监（首席合规官）、总会计师、总审计师（总稽核）、运营总监（首席运营官）、信息总监（首席信息官）、公司内部按照高级管理人员管理的总经理助理（总裁助理）和董事会秘书，金融资产管理公司分公司总经理、副总经理、总经理助理、风险总监，财务公司、金融租赁公司、货币经纪公司分公司总经理（主任），境外非银行金融机构驻华代表处首席代表等高级管理人员，须经任职资格许可。

金融资产管理公司境外全资附属或控股金融机构从境内聘任的董事长、副董事长、总经理、副总经理、总经理助理，金融租赁公司境内专业子公司的董事长、副董事长、总经理、副总经理及境外专业子公司从境内聘任的董事长、副董事长、总经理、副总经理，财务公司境外子公司从境内聘任的董事长、副董事长、总经理、副总经理，须经任职资格许可。

金融资产管理公司财务部门、内审部门负责人，金融资产管理公司境外全资附属或控股金融机构从境外聘任的董事长、副董事长、总经理、副总经理、总经理助理，金融租赁公司境外专业子公司及财务公司境外子公司从境外聘任的董事长、副董事长、总经理、副总经理不需申请核准任职资格，应当在任职后5日内向监管机构报告。拟任人不符合任职资格条件的，监管机构可以责令该机构限期调整任职人员。

未担任上述职务，但实际履行前四款所列董事和高级管理人员职责的人员，应按国家金融监督管理总局有关规定纳入任职资格管理。

第一百八十二条 申请非银行金融机构董事和高级管理人员任职资格，拟任人应当具备以下基本条件：

（一）具有完全民事行为能力；

（二）具有良好的守法合规记录；

（三）具有良好的品行、声誉；
（四）具有担任拟任职务所需的相关知识、经验及能力；
（五）具有良好的经济、金融从业记录；
（六）个人及家庭财务稳健；
（七）具有担任拟任职务所需的独立性；
（八）履行对金融机构的忠实与勤勉义务。

第一百八十三条 拟任人有以下情形之一的，视为不符合本办法第一百八十二条第（二）项、第（三）项、第（五）项规定的条件，不得担任非银行金融机构董事和高级管理人员：
（一）有故意或重大过失犯罪记录的；
（二）有违反社会公德的不良行为，造成恶劣影响的；
（三）对曾任职机构违法违规经营活动或重大损失负有个人责任或直接领导责任，情节严重的；
（四）担任或曾任被接管、撤销、宣告破产或吊销营业执照的机构的董事或高级管理人员，但能够证明本人对曾任职机构被接管、撤销、宣告破产或吊销营业执照不负有个人责任的除外；
（五）因违反职业道德、操守或者工作严重失职，造成重大损失或恶劣影响的；
（六）指使、参与所任职机构不配合依法监管或案件查处的；
（七）被取消终身的董事和高级管理人员任职资格，或受到监管机构或其他金融管理部门处罚累计达到 2 次以上的；
（八）不具备本办法规定的任职资格条件，采取不正当手段以获得任职资格核准的。

第一百八十四条 拟任人有以下情形之一的，视为不符合本办法第一百八十二条第（六）项、第（七）项规定的条件，不得担任非银行金融机构董事和高级管理人员：
（一）截至申请任职资格时，本人或其配偶仍有数额较大的逾期债务未能偿还，包括但不限于在该金融机构的逾期贷款；
（二）本人及其近亲属合并持有该金融机构 5%以上股份，且从该金融机构获得的授信总额明显超过其持有的该金融机构股权净值；
（三）本人及其所控股的股东单位合并持有该金融机构 5%以上股份，且从该金融机构获得的授信总额明显超过其持有的该金融机构股权净值；

（四）本人或其配偶在持有该金融机构 5%以上股份的股东单位任职，且该股东单位从该金融机构获得的授信总额明显超过其持有的该金融机构股权净值，但能够证明授信与本人及其配偶没有关系的除外；
（五）存在其他所任职务与其在该金融机构拟任、现任职务有明显利益冲突，或明显分散其在该金融机构履职时间和精力的情形。

前款第（四）项不适用于财务公司董事和高级管理人员。

第一百八十五条 申请非银行金融机构董事任职资格，拟任人除应符合第一百八十二条至第一百八十四条的规定外，还应当具备以下条件：
（一）具备本科以上学历，具有 5 年以上的经济、金融、法律、财会或其他有利于履行董事职责的工作经历，其中拟担任独立董事的还应是经济、金融、法律、财会或其他领域的专家；
（二）能够运用非银行金融机构的财务报表和统计报表判断非银行金融机构的经营管理和风险状况；
（三）了解拟任职非银行金融机构的公司治理结构、公司章程以及董事会职责，并熟知董事的权利和义务。

第一百八十六条 拟任人有以下情形之一的，不得担任非银行金融机构独立董事：
（一）本人及其近亲属合并持有该非银行金融机构 1%以上股份或股权；
（二）本人或其近亲属在持有该非银行金融机构 1%以上股份或股权的股东单位任职；
（三）本人或其近亲属在该非银行金融机构、该非银行金融机构控股或者实际控制的机构任职；
（四）本人或其近亲属在不能按期偿还该非银行金融机构贷款的机构任职；
（五）本人或其近亲属任职的机构与本人拟任职非银行金融机构之间存在法律、会计、审计、管理咨询、担保合作等方面的业务联系或债权债务等方面的利益关系，以致于妨碍其履职独立性的情形；
（六）本人或其近亲属可能被拟任职非银行金融机构大股东、高管层控制或施加重大影响，以致于妨碍其履职独立性的其他情形。
（七）本人已在同类型非银行金融机构任职。

第一百八十七条 申请非银行金融机构董事长、副董事长任职资格，拟任人除应符合第一百八十二条至第一百八十五条的规定外，还应分别具备以下条件：
（一）担任金融资产管理公司董事长、副董事长，应

具备本科以上学历,从事金融工作8年以上,或相关经济工作12年以上(其中从事金融工作5年以上);

(二)担任财务公司董事长、副董事长,应具备本科以上学历,从事金融工作5年以上,或从事企业集团财务或资金管理工作8年以上,或从事企业集团核心主业及相关管理工作10年以上;

(三)担任金融租赁公司董事长、副董事长,应具备本科以上学历,从事金融工作或融资租赁工作5年以上,或从事相关经济工作10年以上;

(四)担任汽车金融公司董事长、副董事长,应具备本科以上学历,从事金融工作5年以上,或从事汽车生产销售管理工作10年以上;

(五)担任货币经纪公司董事长、副董事长,应具备本科以上学历,从事金融工作5年以上,或从事相关经济工作10年以上(其中从事金融工作3年以上);

(六)担任消费金融公司董事长、副董事长,应具备本科以上学历,从事金融工作5年以上,或从事相关经济工作10年以上;

(七)担任金融资产管理公司境外全资附属或控股金融机构董事长、副董事长,应具备本科以上学历,从事金融工作6年以上,或从事相关经济工作10年以上(其中从事金融工作3年以上),且能较熟练地运用1门与所任职务相适应的外语;

(八)担任财务公司境外子公司董事长、副董事长,应具备本科以上学历,从事金融工作3年以上,或从事企业集团财务或资金管理工作6年以上,且能较熟练地运用1门与所任职务相适应的外语;

(九)担任金融租赁公司境内外专业子公司董事长、副董事长,应具备本科以上学历,从事金融工作或融资租赁工作3年以上,或从事相关经济工作8年以上(其中从事金融工作或融资租赁工作2年以上),担任境外子公司董事长、副董事长的,还应能较熟练地运用1门与所任职务相适应的外语。

第一百八十八条 申请非银行金融机构法人机构高级管理人员任职资格,拟任人除应符合第一百八十二条至第一百八十四条的规定外,还应分别具备以下条件:

(一)担任金融资产管理公司总裁、副总裁,应具备本科以上学历,从事金融工作8年以上或相关经济工作12年以上(其中从事金融工作4年以上);

(二)担任财务公司总经理(首席执行官、总裁)、副总经理(副总裁),应具备本科以上学历,从事金融工作5年以上,或从事财务或资金管理工作10年以上(财务公司高级管理层中至少应有一人从事金融工作5年以上);

(三)担任金融租赁公司总经理(首席执行官、总裁)、副总经理(副总裁),应具备本科以上学历,从事金融工作或从事融资租赁工作5年以上,或从事相关经济工作10年以上(其中从事金融工作或融资租赁工作3年以上);

(四)担任汽车金融公司总经理(首席执行官、总裁)、副总经理(副总裁),应具备本科以上学历,从事金融工作5年以上,或从事汽车生产销售管理工作10年以上;

(五)担任货币经纪公司总经理(首席执行官、总裁)、副总经理(副总裁),应具备本科以上学历,从事金融工作5年以上,或从事相关经济工作10年以上(其中从事金融工作3年以上);

(六)担任消费金融公司总经理(首席执行官、总裁)、副总经理(副总裁),应具备本科以上学历,从事金融工作5年以上,或从事与消费金融相关领域工作10年以上(消费金融公司高级管理层中至少应有一人从事金融工作5年以上);

(七)担任各类非银行金融机构财务总监(首席财务官)、总会计师、总审计师(总稽核),以及金融资产管理公司财务部门、内审部门负责人的应具备本科以上学历,从事财务、会计或审计工作6年以上;

(八)担任各类非银行金融机构风险总监(首席风险官),应具备本科以上学历,从事金融机构风险管理工作3年以上,或从事其他金融工作6年以上;

(九)担任各类非银行金融机构合规总监(首席合规官),应具备本科以上学历,从事金融或法律工作6年以上;

(十)担任各类非银行金融机构信息总监(首席信息官),应具备本科以上学历,从事信息科技工作6年以上;

(十一)非银行金融机构运营总监(首席运营官)和公司内部按照高级管理人员管理的总经理助理(总裁助理)、董事会秘书以及实际履行高级管理人员职责的人员,任职资格条件比照同类机构副总经理(副总裁)的任职资格条件执行。

第一百八十九条 申请非银行金融机构子公司或分公司高级管理人员任职资格,拟任人除应符合第一百八十二条至第一百八十四条的规定外,还应分别具备以下条件:

(一)担任金融资产管理公司境外全资附属或控股金融机构总经理、副总经理、总经理助理或担任金融资产管理公司分公司总经理、副总经理、总经理助理、风险总监，应具备本科以上学历，从事金融工作6年以上或相关经济工作10年以上（其中从事金融工作3年以上），担任境外全资附属或控股金融机构总经理、副总经理、总经理助理的，还应能较熟练地运用1门与所任职务相适应的外语；

（二）担任财务公司境外子公司总经理、副总经理或担任财务公司分公司总经理（主任），应具备本科以上学历，从事金融工作5年以上，或从事财务或资金管理工作8年以上，担任境外子公司总经理或副总经理的，还应能较熟练地运用1门与所任职务相适应的外语；

（三）担任金融租赁公司境内外专业子公司总经理、副总经理或担任金融租赁公司分公司总经理（主任），应具备本科以上学历，从事金融工作或融资租赁工作3年以上，或从事相关经济工作8年以上（其中从事金融工作或融资租赁工作2年以上），担任境外子公司总经理、副总经理的，还应能较熟练地运用1门与所任职务相适应的外语；

（四）担任货币经纪公司分公司总经理（主任），应具备本科以上学历，从事金融工作5年以上，或从事相关经济工作8年以上（其中从事金融工作2年以上）；

（五）担任境外非银行金融机构驻华代表处首席代表，应具备本科以上学历，从事金融工作或相关经济工作3年以上。

第一百九十条 拟任人未达到第一百八十五条、第一百八十七条至第一百八十九条规定的学历要求，但具备以下条件之一的，视同达到规定的学历：

（一）取得国家教育行政主管部门认可院校授予的学士以上学位；

（二）取得注册会计师、注册审计师或与拟（现）任职务相关的高级专业技术职务资格，且相关从业年限超过相应规定4年以上。

第一百九十一条 拟任董事长、总经理任职资格未获核准前，非银行金融机构应指定符合相应任职资格条件的人员代为履职，并自作出指定决定之日起3日内向监管机构报告。代为履职的人员不符合任职资格条件的，监管机构可以责令非银行金融机构限期调整。非银行金融机构应当在6个月内选聘具有任职资格的人员正式任职。

非银行金融机构分支机构确因特殊原因未能按期选聘正式人员任职的，应在代为履职届满前1个月向任职机构所在地国家金融监督管理总局派出机构提交代为履职延期报告，分支机构代为履职延期不得超过一次，延长期限不得超过6个月。

第二节 任职资格许可程序

第一百九十二条 金融资产管理公司及其境外全资附属或控股金融机构申请核准董事和高级管理人员任职资格，由金融资产管理公司向国家金融监督管理总局提交申请，国家金融监督管理总局受理、审查并决定。国家金融监督管理总局自受理之日起30日内作出核准或不予核准的书面决定。

其他非银行金融机构法人机构申请核准董事和高级管理人员任职资格，向地市级派出机构或所在地省级派出机构提交申请，由地市级派出机构或省级派出机构受理并初步审查、省级派出机构审查并决定。决定机关自受理之日起30日内作出核准或不予核准的书面决定，并抄报国家金融监督管理总局。

财务公司境外子公司申请核准董事和高级管理人员任职资格，由财务公司向地市级派出机构或所在地省级派出机构提交申请，地市级派出机构或省级派出机构受理并初步审查、省级派出机构审查并决定。决定机关自受理之日起30日内作出核准或不予核准的书面决定，并抄报国家金融监督管理总局。

金融租赁公司境内专业子公司申请核准董事和高级管理人员任职资格，由专业子公司向地市级派出机构或所在地省级派出机构提交申请，金融租赁公司境外专业子公司申请核准董事和高级管理人员任职资格，由金融租赁公司向地市级派出机构或所在地省级派出机构提交申请，地市级派出机构或省级派出机构受理并初步审查、省级派出机构审查并决定。决定机关自受理之日起30日内作出核准或不予核准的书面决定，并抄报国家金融监督管理总局。

非银行金融机构分公司申请核准高级管理人员任职资格，由其法人机构向分公司地市级派出机构或所在地省级派出机构提交申请，地市级派出机构或省级派出机构受理并初步审查、省级派出机构审查并决定。决定机关自受理之日起30日内作出核准或不予核准的书面决定，并抄报国家金融监督管理总局，抄送法人机构所在地省级派出机构。

境外非银行金融机构驻华代表处首席代表的任职资格核准，向所在地省级派出机构提交申请，由省级派出机构受理、审查并决定。省级派出机构自受理之日起30日内作出核准或不予核准的书面决定，并抄报国家金融监督管理总局。

第一百九十三条 非银行金融机构或其境内分支机构设立时，董事和高级管理人员的任职资格申请，按照该机构开业的许可程序一并受理、审查并决定。

第一百九十四条 具有董事、高级管理人员任职资格且未连续中断任职1年以上的拟任人在同一法人机构内以及在同质同类机构间，同类性质平级调动职务（平级兼任）或改任（兼任）较低职务的，不需重新申请核准任职资格。拟任人应当在任职后5日内向国家金融监督管理总局或任职机构所在地国家金融监督管理总局派出机构报告。

第七章 附 则

第一百九十五条 获准机构变更事项许可的，非银行金融机构及其分支机构应自许可决定之日起6个月内完成有关法定变更手续，并向决定机关和所在地国家金融监督管理总局派出机构报告。获准董事和高级管理人员任职资格许可的，拟任人应自许可决定之日起3个月内正式到任，并在到任后5日内向决定机关和所在地国家金融监督管理总局派出机构报告。

未在前款规定期限内完成变更或到任的，行政许可决定文件失效，由决定机关注销行政许可。

第一百九十六条 非银行金融机构设立、终止事项，涉及工商、税务登记变更等法定程序的，应当在完成有关法定手续后1个月内向国家金融监督管理总局和所在地国家金融监督管理总局派出机构报告。

第一百九十七条 本办法所称境外含香港、澳门和台湾地区。

第一百九十八条 本办法中的"日"均为工作日，"以上"均含本数或本级。

第一百九十九条 除特别说明外，本办法中各项财务指标要求均为合并会计报表口径。

第二百条 本办法中下列用语的含义：

（一）控股股东，是指根据《中华人民共和国公司法》第二百一十六条规定，其出资额占有限责任公司资本总额百分之五十以上或者其持有的股份占股份有限公司股本总额百分之五十以上的股东；出资额或者持有股份的比例虽然不足百分之五十，但依其出资额或者持有的股份所享有的表决权已足以对股东会、股东大会的决议产生重大影响的股东。

（二）主要股东，是指持有或控制非银行金融机构百分之五以上股份或表决权，或持有资本总额或股份总额不足百分之五但对非银行金融机构经营管理有重大影响的股东。

前款中的"重大影响"，包括但不限于向非银行金融机构派驻董事、监事或高级管理人员，通过协议或其他方式影响非银行金融机构的财务和经营管理决策以及国家金融监督管理总局或其派出机构认定的其他情形。

（三）实际控制人，是指根据《中华人民共和国公司法》第二百一十六条规定，虽不是公司的股东，但通过投资关系、协议或者其他安排，能够实际支配公司行为的人。

（四）关联方，是指根据《企业会计准则第36号关联方披露》规定，一方控制、共同控制另一方或对另一方施加重大影响，以及两方或两方以上同受一方控制、共同控制或重大影响的。但国家控制的企业之间不仅因为同受国家控股而具有关联关系。

（五）一致行动，是指投资者通过协议、其他安排，与其他投资者共同扩大其所能够支配的一个公司股份表决权数量的行为或者事实。达成一致行动的相关投资者，为一致行动人。

（六）重大违法违规行为，应依据违法违规行为的事实、性质、情节、危害后果以及行政处罚轻重程度等因素综合考量。行政处罚轻重程度根据处罚种类、处罚金额以及处罚相较非银行金融机构规模大小、对机构的影响程度等因素判定。

（七）重大案件，是指符合《中国银保监会关于印发银行保险机构涉刑案件管理办法（试行）的通知》（银保监发〔2020〕20号）规定的重大案件。

第二百零一条 其他非银行金融机构相关规则另行制定。

第二百零二条 国家金融监督管理总局根据法律法规和市场准入工作实际，有权对行政许可事项中受理、审查和决定等事权的划分进行动态调整。

第二百零三条 根据国务院或地方政府授权，履行国有金融资本出资人职责的各级财政部门及受财政部门委托管理国有金融资本的其他部门、机构，发起设立、投资入股本办法所列非银行金融机构的资质条件和监管要求等参照本办法有关规定执行，国家另有规定的从其规定。

第二百零四条 本办法由国家金融监督管理总局负责解释。本办法自2023年11月10日起施行，《中国银保监会非银行金融机构行政许可事项实施办法》（中国银行保险监督管理委员会令2020年第6号）同时废止。

中国银保监会农村中小银行机构行政许可事项实施办法

- 中国银行保险监督管理委员会令2019年第9号公布
- 根据2022年9月2日《中国银保监会关于修改部分行政许可规章的决定》修正

第一章 总 则

第一条 为规范银保监会及其派出机构农村中小银行机构行政许可行为,明确行政许可事项、条件、程序和期限,保护申请人合法权益,根据《中华人民共和国银行业监督管理法》《中华人民共和国商业银行法》和《中华人民共和国行政许可法》等法律、行政法规及国务院有关决定,制定本办法。

第二条 本办法所称农村中小银行机构包括:农村商业银行、农村合作银行、农村信用社、村镇银行、贷款公司、农村资金互助社以及经银保监会批准设立的其他农村中小银行机构。

第三条 银保监会及其派出机构依照银保监会行政许可实施程序相关规定和本办法,对农村中小银行机构实施行政许可。

第四条 农村中小银行机构以下事项须经银保监会及其派出机构行政许可:机构设立,机构变更,机构终止,调整业务范围和增加业务品种,董事(理事)和高级管理人员任职资格,以及法律、行政法规规定和国务院决定的其他行政许可事项。

行政许可中应当按照《银行业金融机构反洗钱和反恐怖融资管理办法》进行反洗钱和反恐怖融资审查,对不符合条件的,不予批准。

第五条 申请人应当按照银保监会行政许可事项申请材料目录及格式要求相关规定提交申请材料。

第二章 法人机构设立

第一节 农村商业银行设立

第六条 设立农村商业银行应当符合以下条件:
(一)有符合《中华人民共和国公司法》《中华人民共和国商业银行法》和银保监会有关规定的章程;
(二)在农村商业银行、农村合作银行、农村信用社基础上组建;
(三)注册资本为实缴资本,最低限额为5000万元人民币;
(四)有符合任职资格条件的董事、高级管理人员和熟悉银行业务的合格从业人员;
(五)有健全的组织机构和管理制度;
(六)有与业务经营相适应的营业场所、安全防范措施和其他设施。

第七条 设立农村商业银行,还应符合其他审慎性条件,至少包括:
(一)具有良好的公司治理结构;
(二)具有清晰的农村金融发展战略和成熟的农村金融商业模式;
(三)具有健全的风险管理体系,能有效控制各类风险;
(四)具备有效的资本约束与资本补充机制;
(五)具有科学有效的人力资源管理制度,拥有高素质的专业人才;
(六)建立与业务经营相适应的信息科技架构,具有支撑业务经营的必要、安全且合规的信息科技系统,具备保障信息科技系统有效安全运行的技术与措施;
(七)最近1年无严重违法违规行为和因内部管理问题导致的重大案件,或者相关违法违规及内部管理问题已整改到位并经银保监会或其派出机构认可;
(八)主要审慎监管指标符合监管要求;
(九)所有者权益大于等于股本(即经过清产核资与整体资产评估,且考虑置换不良资产及历年亏损挂账等因素,拟组建机构合并计算所有者权益剔除股本后大于或等于零);
(十)银保监会规章规定的其他审慎性条件。

第八条 设立农村商业银行应有符合条件的发起人,发起人包括:自然人、境内非金融机构、境内银行业金融机构、境内非银行金融机构、境外银行和银保监会认可的其他发起人。

本办法所称境内银行业金融机构指在中华人民共和国境内依法设立的商业银行、农村信用社等吸收公众存款的金融机构以及政策性银行。

第九条 自然人作为发起人,应符合以下条件:
(一)具有完全民事行为能力的中国公民;
(二)有良好的社会声誉和诚信记录,无犯罪记录;
(三)入股资金为自有资金,不得以委托资金、债务资金等非自有资金入股;
(四)银保监会规章规定的其他审慎性条件。

第十条 单个自然人及其近亲属合计投资入股比例不得超过农村商业银行股本总额的2%。职工自然人合计投资入股比例不得超过农村商业银行股本总额的20%。

第十一条 境内非金融机构作为发起人,应符合以下条件：

（一）依法设立，具有法人资格；

（二）具有良好的公司治理结构或有效的组织管理方式；

（三）具有良好的社会声誉、诚信记录和纳税记录，能按期足额偿还金融机构的贷款本金和利息；

（四）具有较长的发展期和稳定的经营状况；

（五）具有较强的经营管理能力和资金实力；

（六）最近2年内无重大违法违规行为；

（七）财务状况良好，最近2个会计年度连续盈利；如取得控股权，应最近3个会计年度连续盈利；

（八）年终分配后，净资产不低于全部资产的30%（合并会计报表口径）；如取得控股权，年终分配后净资产应不低于全部资产的40%（合并会计报表口径）；

（九）权益性投资余额不超过本企业净资产的50%（含本次投资金额，合并会计报表口径）；如取得控股权，权益性投资余额应不超过本企业净资产的40%（含本次投资金额，合并会计报表口径）；

（十）入股资金为自有资金，不得以委托资金、债务资金等非自有资金入股；

（十一）银保监会规章规定的其他审慎性条件。

有以下情形之一的境内非金融机构不得作为发起人：

（一）公司治理结构与机制存在明显缺陷；

（二）关联企业众多、股权关系复杂且不透明、关联交易频繁且异常；

（三）核心主业不突出且其经营范围涉及行业过多；

（四）现金流量波动受经济景气影响较大；

（五）资产负债率、财务杠杆率高于行业平均水平；

（六）代他人持有农村中小银行机构股权；

（七）其他对银行产生重大不利影响的情况。

第十二条 单个境内非金融机构及其关联方、一致行动人合计投资入股比例不得超过农村商业银行股本总额的10%。

第十三条 境内银行业金融机构、境内非银行金融机构作为发起人，应符合以下条件：

（一）主要审慎监管指标符合监管要求；

（二）公司治理良好，内部控制健全有效；

（三）最近2个会计年度连续盈利；

（四）社会声誉良好；最近2年无严重违法违规行为或因内部管理问题导致的重大案件，或者相关违法违规及内部管理问题已整改到位并经银保监会或其派出机构认可；

（五）入股资金为自有资金，不得以委托资金、债务资金等非自有资金入股；

（六）银保监会规章规定的其他审慎性条件。

第十四条 单个境内非银行金融机构及其关联方、一致行动人合计投资入股比例不得超过农村商业银行股本总额的10%。

第十五条 境外银行作为发起人或战略投资者，应符合以下条件：

（一）银保监会认可的国际评级机构最近2年对其长期信用评级为良好；

（二）最近2个会计年度连续盈利；

（三）资本充足率应达到其注册地银行业资本充足率平均水平且不低于10.5%；

（四）内部控制健全有效；

（五）入股资金为自有资金，不得以委托资金、债务资金等非自有资金入股；

（六）所在国家（地区）经济状况良好；

（七）注册地金融机构监督管理制度完善；

（八）银保监会规章规定的其他审慎性条件。

境外银行作为发起人或战略投资者入股应遵循长期持股、优化治理、业务合作、竞争回避的原则。

银保监会根据金融风险状况和监管需要，可以调整境外银行作为发起人的条件。

外商独资银行、中外合资银行作为发起人或战略投资者，参照境外银行作为发起人或战略投资者的相关规定。

第十六条 境外银行投资入股的农村中小银行机构，按照入股时该农村中小银行机构的机构类型实施监督管理。境外银行还应遵守国家关于外国投资者在中国境内投资的有关规定。

第十七条 农村商业银行设立须经筹建和开业两个阶段。

设立农村商业银行应成立筹建工作小组，农村商业银行发起人应委托筹建工作小组作为申请人。

第十八条 农村商业银行的筹建申请，由地市级派出机构或所在城市省级派出机构受理，省级派出机构审查并决定，事后报告银保监会。决定机关自受理之日起4个月内作出批准或不予批准的书面决定。

第十九条 农村商业银行的筹建期为自批准决定之日起6个月。未能按期完成筹建工作的，申请人应在筹建期限届满前1个月向决定机关提交筹建延期报告。

筹建延期不得超过一次，筹建延期的最长期限为3个月。

申请人应在前款规定的期限届满前提交开业申请，逾期未提交的，筹建批准文件失效，由决定机关办理筹建许可注销手续。

第二十条 农村商业银行的开业申请，由地市级派出机构或所在城市省级派出机构受理、审查并决定；决定机关为地市级派出机构的，事后报告省级派出机构。决定机关自受理之日起2个月内作出批准或不予批准的书面决定。

第二十一条 农村商业银行应在收到开业批准文件并领取金融许可证后，到市场监督管理部门办理登记，领取营业执照。

农村商业银行应自领取营业执照之日起6个月内开业。未能按期开业的，申请人应在开业期限届满前1个月向决定机关提交开业延期报告。开业延期不得超过一次，开业延期的最长期限为3个月。

农村商业银行未在前款规定时限内开业的，开业批准文件失效，由决定机关办理开业许可注销手续，收回其金融许可证，并予以公告。

第二节 农村信用合作联社设立

第二十二条 设立农村信用合作联社应符合以下条件：

（一）具有清晰的农村金融发展战略和成熟的农村金融商业模式；

（二）有符合银保监会有关规定的章程；

（三）在农村信用合作社及其联合社基础上以新设合并方式发起设立；

（四）注册资本为实缴资本，最低限额为300万元人民币；

（五）股权设置合理，符合法人治理要求；

（六）有符合任职资格条件的理事、高级管理人员和熟悉银行业务的合格从业人员；

（七）有健全的组织机构、管理制度和风险管理体系；

（八）有与业务经营相适应的营业场所、安全防范措施和其他设施；

（九）建立与业务经营相适应的信息科技架构，具有支撑业务经营的必要、安全且合规的信息科技系统，具备保障信息科技系统有效安全运行的技术与措施；

（十）银保监会规章规定的其他审慎性条件。

第二十三条 设立农村信用合作联社应有符合条件的发起人，发起人包括：自然人、境内非金融机构、境内银行业金融机构、境内非银行金融机构、境外银行和银保监会认可的其他发起人。

发起人应分别符合本办法第九条、第十条、第十一条、第十二条、第十三条、第十四条、第十五条和第十六条的规定。

第二十四条 农村信用合作联社的筹建申请，由地市级派出机构或所在城市省级派出机构受理，省级派出机构审查并决定。决定机关自受理之日起4个月内作出批准或不予批准的书面决定。

农村信用合作联社的开业申请，由地市级派出机构或所在城市省级派出机构受理、审查并决定。决定机关自受理之日起2个月内作出批准或不予批准的书面决定。

筹建和开业的申请人、期限适用本办法第十七条、第十九条和第二十一条的规定。

第二十五条 农村信用合作社及其联合社、农村信用合作联社按照《中华人民共和国公司法》组建农村信用联社，其行政许可条件、程序、事权划分和时限按照农村信用合作联社设立的相关规定执行。

第三节 村镇银行设立

第二十六条 设立村镇银行应符合以下条件：

（一）有符合《中华人民共和国公司法》《中华人民共和国商业银行法》和银保监会有关规定的章程；

（二）发起人应符合规定的条件，且发起人中应至少有1家银行业金融机构；

（三）注册资本为实缴资本，在县（区）设立的，最低限额为300万元人民币；在乡（镇）设立的，最低限额为100万元人民币；

投资管理型村镇银行注册资本最低限额为10亿元人民币；"多县一行"制村镇银行注册资本最低限额为1亿元人民币；

（四）具有符合任职资格条件的董事、高级管理人员和熟悉银行业务的合格从业人员；

（五）具有必需的组织机构、管理制度和风险管理体系；

（六）具有清晰的支持"三农"和小微企业发展的战略；

（七）具有与业务经营相适应的营业场所、安全防范措施和其他设施；

（八）建立与业务经营相适应的信息科技架构，具有支撑业务经营的必要、安全且合规的信息科技系统，具备保障信息科技系统有效安全运行的技术与措施；

（九）银保监会规章规定的其他审慎性条件。

已经设立的村镇银行作为投资管理型村镇银行，还应符合以下条件：主要审慎监管指标符合监管要求；经营管理水平较高，支农支小特色明显。

第二十七条 设立村镇银行应有符合条件的发起人，发起人包括：自然人、境内非金融机构、境内银行业金融机构、境内非银行金融机构、境外银行和银保监会认可的其他发起人。

发起人（投资管理型村镇银行作为主发起人除外）应分别符合本办法第九条、第十一条、第十三条、第十五条和第十六条的规定。

第二十八条 村镇银行主发起人（投资管理型村镇银行作为主发起人除外）除应符合第十三条规定外，还应符合以下条件：

（一）须是银行业金融机构；

（二）监管评级良好；

（三）具有清晰的发展战略规划和可行有效的商业模式；

（四）具备对外投资实力和持续补充资本能力；

（五）具有合格人才储备；

（六）具有充分的并表管理能力及信息科技建设和管理能力。

第二十九条 投资管理型村镇银行作为主发起人，应符合以下条件：

（一）主要审慎监管指标符合监管要求；

（二）公司治理良好，内部控制健全有效；

（三）具有清晰的发展战略规划和可行有效的商业模式；

（四）具备对外投资实力和持续补充资本能力；

（五）具有合格人才储备；

（六）具有充分的并表管理能力及信息科技建设和管理能力；

（七）入股资金为自有资金，不得以委托资金、债务资金等非自有资金入股；

（八）银保监会规章规定的其他审慎性条件。

第三十条 村镇银行主发起人持股比例不得低于村镇银行股本总额的15%。

单个自然人及其近亲属合计投资入股比例不得超过村镇银行股本总额的10%。职工自然人合计投资入股比例不得超过村镇银行股本总额的20%。

单个境内非金融机构及其关联方、一致行动人合计投资入股比例不得超过村镇银行股本总额的10%。单个境内非银行金融机构及其关联方、一致行动人合计投资入股比例不得超过村镇银行股本总额的10%。

第三十一条 村镇银行（投资管理型村镇银行除外）的筹建申请，由地市级派出机构或所在城市省级派出机构受理，省级派出机构审查并决定，事后报告银保监会。投资管理型村镇银行的筹建申请，由省级派出机构受理并初步审查，银保监会审查并决定。决定机关自受理之日起4个月内作出批准或不予批准的书面决定。

村镇银行（投资管理型村镇银行除外）的开业申请，由地市级派出机构或所在城市省级派出机构受理、审查并决定；决定机关为地市级派出机构的，事后报告省级派出机构。投资管理型村镇银行的开业申请，由地市级派出机构或所在城市省级派出机构受理，省级派出机构审查并决定，事后报告银保监会。决定机关自受理之日起2个月内作出批准或不予批准的书面决定。

筹建和开业的申请人、期限适用本办法第十七条、第十九条和第二十一条的规定。筹建一人有限责任公司村镇银行的，可由出资人作为申请人。

第四节 贷款公司设立

第三十二条 在县（市）级及以下地区设立贷款公司应符合以下条件：

（一）有符合银保监会有关规定的章程；

（二）注册资本为实缴资本，最低限额为50万元人民币；

（三）有具备任职专业知识和业务工作经验的高级管理人员和工作人员；

（四）有必需的组织机构和管理制度；

（五）有与业务经营相适应的营业场所、安全防范措施和其他设施。

第三十三条 设立贷款公司，还应符合其他审慎性条件，至少包括：

（一）具有良好的公司治理结构；

（二）具有科学有效的人力资源管理制度和符合条件的专业人才；

（三）具备有效的资本约束和补充机制。

第三十四条 设立贷款公司，应有符合以下条件的出资人：

（一）出资人为境内外银行；

（二）公司治理良好，内部控制健全有效；

（三）主要审慎监管指标符合监管要求；

(四)银保监会规章规定的其他审慎性条件。

第三十五条 贷款公司由单个境内外银行全额出资设立。

第三十六条 贷款公司的筹建申请,由地市级派出机构或所在城市省级派出机构受理,省级派出机构审查并决定。决定机关自受理之日起4个月内作出批准或不予批准的书面决定。

贷款公司的开业申请,由地市级派出机构或所在城市省级派出机构受理、审查并决定。决定机关自受理之日起2个月内作出批准或不予批准的书面决定。

筹建和开业的申请人、期限适用本办法第十七条、第十九条和第二十一条的规定。贷款公司可由出资人作为申请人。

第五节 农村资金互助社设立

第三十七条 设立农村资金互助社应符合以下条件:

(一)有符合银保监会有关规定的章程;

(二)以发起方式设立且发起人不少于10人;

(三)注册资本为实缴资本,在乡(镇)设立的,最低限额为30万元人民币;在行政村设立的,最低限额为10万元人民币;

(四)有符合任职资格的理事、经理和具备从业条件的工作人员;

(五)有必需的组织机构和管理制度;

(六)有与业务经营相适应的营业场所、安全防范措施和其他设施;

(七)银保监会规章规定的其他审慎性条件。

第三十八条 设立农村资金互助社应有符合条件的发起人,发起人包括:乡(镇)、行政村的农民和农村小企业。

第三十九条 农民作为发起人,应符合以下条件:

(一)具有完全民事行为能力的中国公民;

(二)户口所在地或经常居住地(本地有固定住所且居住满3年)在农村资金互助社所在乡(镇)或行政村内;

(三)有良好的社会声誉和诚信记录,无犯罪记录;

(四)入股资金为自有资金,不得以委托资金、债务资金等非自有资金入股;

(五)银保监会规章规定的其他审慎性条件。

第四十条 农村小企业作为发起人,应符合以下条件:

(一)注册地或主要营业场所在农村资金互助社所在乡(镇)或行政村内;

(二)具有良好的信用记录;

(三)最近2年内无重大违法违规行为;

(四)上一会计年度盈利;

(五)年终分配后净资产达到全部资产的10%以上(合并会计报表口径);

(六)入股资金为自有资金,不得以委托资金、债务资金等非自有资金入股;

(七)银保监会规章规定的其他审慎性条件。

第四十一条 单个农民或单个农村小企业向农村资金互助社入股,其持股比例不得超过农村资金互助社股金总额的10%。

第四十二条 农村资金互助社的筹建申请,由地市级派出机构或所在城市省级派出机构受理,省级派出机构审查并决定。决定机关自受理之日起4个月内作出批准或不予批准的书面决定。

农村资金互助社的开业申请,由地市级派出机构或所在城市省级派出机构受理、审查并决定。决定机关自受理之日起2个月内作出批准或不予批准的书面决定。

筹建和开业的申请人、期限适用本办法第十七条、第十九条和第二十一条的规定。

第六节 投资设立、参股、收购境内法人金融机构

第四十三条 农村商业银行投资设立、参股、收购境内法人金融机构(村镇银行除外),申请人应符合以下条件:

(一)监管评级良好;

(二)主要审慎监管指标符合监管要求;

(三)具有良好的公司治理结构;

(四)具有清晰的发展战略和成熟的金融商业模式;

(五)具备对外投资实力和持续补充资本能力;

(六)风险管理和内部控制健全有效,具有良好的对外投资风险的识别、监测、分析和控制能力;

(七)具有良好的并表管理能力;

(八)具有完善、合规的信息科技系统和信息安全体系,具有标准化的数据管理体系,具备保障业务连续有效安全运行的技术与措施;

(九)权益性投资余额原则上不超过其净资产的50%(合并会计报表口径);

(十)最近3个会计年度连续盈利;

(十一)最近2年无严重违法违规行为或因内部管理问题导致的重大案件,或者相关违法违规及内部管理问题已整改到位并经银保监会或其派出机构认可;

(十二)银保监会规章规定的其他审慎性条件。

农村商业银行投资设立、参股村镇银行,申请人应符合第十三条有关规定;作为主发起人投资设立、收购村镇银行,申请人应符合第二十八条有关规定。

投资管理型村镇银行投资设立、收购村镇银行,申请人应符合第二十九条有关规定。

第四十四条 农村商业银行投资设立、参股、收购境内法人金融机构,投资管理型村镇银行投资设立、收购村镇银行,由地市级派出机构或所在城市省级派出机构受理,省级派出机构审查并决定,事后报告银保监会。决定机关自受理之日起6个月内作出批准或不予批准的书面决定。

前款所指投资设立、参股、收购境内法人金融机构事项,如需另经银保监会或其派出机构批准法人机构设立,或者需银保监会或其派出机构进行股东资格审核等,则相关许可事项由银保监会或其派出机构在批准法人机构设立或进行股东资格审核等时,对农村商业银行和投资管理型村镇银行投资设立、参股或收购行为进行合并审查并作出决定。

第三章 分支机构设立

第一节 分行、专营机构设立

第四十五条 农村商业银行设立分行,申请人应符合以下条件:

(一)具有清晰的农村金融发展战略和成熟的农村金融商业模式;

(二)农村商业银行设立满2年以上;

(三)注册资本不低于10亿元人民币;

(四)监管评级良好;

(五)公司治理良好,内部控制健全有效;

(六)主要审慎监管指标符合监管要求,其中不良贷款率低于3%,资本充足率不低于12%;

(七)具有拨付营运资金的能力;

(八)具有完善、合规的信息科技系统和信息安全体系,具有标准化的数据管理体系,具备保障业务连续有效安全运行的技术与措施;

(九)最近2年无严重违法违规行为或因内部管理问题导致的重大案件,或者相关违法违规及内部管理问题已整改到位并经银保监会或其派出机构认可;

(十)银保监会规章规定的其他审慎性条件。

第四十六条 农村商业银行设立信用卡中心、"三农"(小企业)信贷中心、私人银行部、票据中心、资金营运中心等专营机构,申请人除应符合第四十五条有关规定外,还应符合以下条件:

(一)专营业务经营体制改革符合该项业务的发展方向,并进行了详细的可行性研究论证;

(二)专营业务经营体制改革符合其总行的总体战略和发展规划,有利于提高整体竞争能力;

(三)开办专营业务2年以上,有经营专营业务的管理团队和专业技术人员;

(四)专营业务资产质量、服务等指标达到良好水平,专营业务的成本控制水平较高,具有较好的盈利前景。

第四十七条 农村商业银行分行、专营机构的筹建申请由其法人机构提交,由拟设地地市级派出机构或所在城市省级派出机构受理,省级派出机构审查并决定,事后报告银保监会。决定机关自受理之日起4个月内作出批准或不予批准的书面决定。

第四十八条 农村商业银行分行、专营机构的筹建期为自批准决定之日起6个月。未能按期完成筹建工作的,申请人应在筹建期限届满前1个月向决定机关提交筹建延期报告。筹建延期不得超过一次,筹建延期的最长期限为3个月。

申请人应在前款规定的期限届满前提交分行、专营机构开业申请,逾期未提交的,筹建批准文件失效,由决定机关办理筹建许可注销手续。

第四十九条 农村商业银行分行、专营机构的开业申请由拟设地地市级派出机构或所在城市省级派出机构受理、审查并决定。决定机关自受理之日起2个月内作出批准或不予批准的书面决定。

农村商业银行分行、专营机构开业应符合以下条件:

(一)营运资金到位;

(二)具有符合任职资格条件的高级管理人员和熟悉银行业务的合格从业人员;

(三)具有与业务发展相适应的组织机构和规章制度;

(四)具有与业务经营相适应的营业场所、安全防范措施和其他设施;

(五)具有与业务经营相适应的信息科技部门,具有必要、安全且合规的信息科技系统,具备保障本级信息科技系统有效安全运行的技术与措施。

第二节 支行设立

第五十条 农村商业银行、农村合作银行在注册地辖区内设立支行,申请人应符合以下条件:

（一）具有清晰的农村金融发展战略和成熟的农村金融商业模式；

（二）公司治理良好，内部控制健全有效；

（三）主要审慎监管指标符合监管要求；

（四）具有拨付营运资金的能力；

（五）具有完善、合规的信息科技系统和信息安全体系，具有标准化的数据管理体系，具备保障业务连续有效安全运行的技术与措施；

（六）最近1年无严重违法违规行为或因内部管理问题导致的重大案件，或者相关违法违规及内部管理问题已整改到位并经银保监会或其派出机构认可；

（七）银保监会规章规定的其他审慎性条件。

农村商业银行在注册地辖区外设立支行，申请人应符合以下条件：

（一）具有清晰的农村金融发展战略和成熟的农村金融商业模式；

（二）农村商业银行设立满1年以上；

（三）注册资本不低于5亿元人民币；

（四）监管评级良好；

（五）公司治理良好，内部控制健全有效；

（六）主要审慎监管指标符合监管要求；

（七）具有拨付营运资金的能力；

（八）具有完善、合规的信息科技系统和信息安全体系，具有标准化的数据管理体系，具备保障业务连续有效安全运行的技术与措施；

（九）最近2年无严重违法违规行为或因内部管理问题导致的重大案件，或者相关违法违规及内部管理问题已整改到位并经银保监会或其派出机构认可；

（十）银保监会规章规定的其他审慎性条件。

第五十一条 村镇银行设立6个月以上，公司治理良好，主要审慎监管指标符合监管要求的，其法人机构可根据当地金融服务需求申请在注册地辖区内设立支行。

已在中西部地区和老少边穷地区设立的村镇银行，申请作为"多县一行"制村镇银行在邻近县（市、旗）设立注册地辖区外支行，应符合以下条件：

（一）村镇银行设立满1年以上；

（二）注册资本不低于1亿元人民币；

（三）公司治理良好；

（四）主要审慎监管指标符合监管要求；

（五）经营发展稳健，处于当地同业较好水平；

（六）银保监会规章规定的其他审慎性条件。

第五十二条 农村商业银行、农村合作银行、村镇银行设立支行，筹建方案由其法人机构事后报告开业决定机关。

第五十三条 农村商业银行、农村合作银行、村镇银行在注册地辖区内的支行开业申请由其法人机构提交，由地市级派出机构或所在城市省级派出机构受理、审查并决定。农村商业银行、"多县一行"制村镇银行在注册地辖区外的支行开业申请由其法人机构提交，由拟设地地市级派出机构或所在城市省级派出机构受理、审查并决定。决定机关自受理之日起2个月内作出批准或不予批准的书面决定。

支行开业应符合以下条件：

（一）营运资金到位；

（二）具有符合任职资格条件的高级管理人员和熟悉银行业务的合格从业人员；

（三）具有与业务经营相适应的营业场所、安全防范措施和其他设施。

第五十四条 农村商业银行分行在分行所在地辖区内设立支行，其行政许可条件、程序、事权划分和时限按照农村商业银行在注册地辖区内设立支行的相关规定执行。

第三节 分理处、信用社、分社、分公司设立

第五十五条 农村商业银行、农村合作银行、村镇银行设立分理处，农村信用合作联社、农村信用联社设立信用社、分社，贷款公司设立分公司，申请人应符合以下条件：

（一）主要审慎监管指标符合监管要求；

（二）有熟悉银行业务的合格从业人员；

（三）具有拨付营运资金的能力；

（四）具有完善、合规的信息科技系统和信息安全体系，具有标准化的数据管理体系，具备保障业务连续有效安全运行的技术与措施；

（五）最近1年无严重违法违规行为或因内部管理问题导致的重大案件，或者相关违法违规及内部管理问题已整改到位并经银保监会或其派出机构认可；

（六）银保监会规章规定的其他审慎性条件。

第五十六条 农村商业银行、农村合作银行、村镇银行在注册地辖区内设立分理处，农村信用合作联社、农村信用联社在注册地辖区内设立信用社、分社，贷款公司在注册地辖区内设立分公司，筹建方案由其法人机构事后报告开业决定机关。开业申请由法人机构提交，由地市级派出机构或所在城市省级派出机构受理、审查并决定。

农村商业银行、"多县一行"制村镇银行的注册地辖

区外支行在其所在的县(市、旗)内设立分理处,筹建方案由其法人机构事后报告开业决定机关。开业申请由法人机构提交,由拟设地市级派出机构或所在城市省级派出机构受理、审查并决定。

决定机关自受理之日起2个月内作出批准或不予批准的书面决定。

第五十七条 分支机构开业许可事项,申请人应在收到开业批准文件并按规定领取金融许可证后,根据市场监督管理部门的规定办理登记手续,领取营业执照。

分支机构应自领取营业执照之日起6个月内开业。未能按期开业的,申请人应在开业期限届满前1个月向决定机关提交开业延期报告。开业延期不得超过一次,开业延期的最长期限为3个月。

分支机构未在前款规定时限内开业的,开业批准文件失效,由决定机关办理开业许可注销手续,收回其金融许可证,并予以公告。

第四章 机构变更

第一节 法人机构变更

第五十八条 法人机构变更包括:变更名称,变更住所,变更组织形式,变更股权,变更注册资本,修改章程,分立和合并等。

第五十九条 农村中小银行机构法人机构变更名称,名称中应标明"农村商业银行""农村合作银行""信用合作社""联合社""联社""村镇银行""贷款公司"和"农村资金互助社"等机构种类字样,并符合惟一性和商誉保护原则。

农村中小银行机构法人机构变更名称,由地市级派出机构或所在城市省级派出机构受理,省级派出机构审查并决定,事后报告银保监会。

第六十条 法人机构变更住所,应有与业务发展相符的营业场所、安全防范措施和其他设施。

农村中小银行机构(投资管理型村镇银行除外)法人机构变更住所,由地市级派出机构或所在城市省级派出机构受理、审查并决定;决定机关为地市级派出机构的,事后报告省级派出机构。投资管理型村镇银行变更住所,由地市级派出机构或所在城市省级派出机构受理,省级派出机构审查并决定,事后报告银保监会。

法人机构因行政区划调整等原因导致的行政区划、街道、门牌号等发生变化而实际位置未变动的,不需进行变更住所的申请,但应于变更后15日内报告属地监管机构,并换领金融许可证。

法人机构因房屋维修、增扩建等原因临时变更住所6个月以内的,不需进行变更住所申请,但应在原住所、临时住所公告,并提前10日报告属地监管机构。临时住所应符合公安、消防部门的相关要求。回迁原住所,法人机构应提前10日将回迁住所的安全、消防合格证明等材料报告属地监管机构,并予以公告。

第六十一条 农村中小银行机构(省、自治区农村信用社联合社除外)变更组织形式,由地市级派出机构或所在城市省级派出机构受理,省级派出机构审查并决定,事后报告银保监会。省(自治区)农村信用社联合社变更组织形式,由省级派出机构受理并初步审查,银保监会审查并决定。

农村中小银行机构变更组织形式将导致机构类型发生变化的,须按相关金融机构设立条件和程序申请行政许可。

第六十二条 农村中小银行机构股权变更,受让人应符合本办法规定的相应发起人(出资人)资格条件。

农村中小银行机构(地市农村信用合作社联合社、投资管理型村镇银行除外)变更持有股本总额1%以上、5%以下的股东(社员),由法人机构报告地市级派出机构或所在城市省级派出机构。地市农村信用合作社联合社、投资管理型村镇银行变更持有股本总额1%以上、5%以下的股东(社员),由法人机构报告省级派出机构。

农村中小银行机构(地市农村信用合作社联合社、投资管理型村镇银行除外)持有股本总额5%以上、10%以下股东(社员)的变更申请,由地市级派出机构或所在城市省级派出机构受理、审查并决定。地市农村信用合作社联合社、投资管理型村镇银行持有股本总额5%以上股东(社员)的变更申请,由地市级派出机构或所在城市省级派出机构受理,省级派出机构审查并决定。

农村中小银行机构持有股本总额10%以上股东(社员)的变更申请,由地市级派出机构或所在城市省级派出机构受理,省级派出机构审查并决定,事后报告银保监会。

投资人入股农村中小银行机构,应按照有关规定完整、真实地披露其关联关系。

第六十三条 法人机构变更注册资本,其股东(社员)应符合本办法规定的相应发起人(出资人)资格条件。

农村中小银行机构(投资管理型村镇银行除外)变更注册资本,由地市级派出机构或所在城市省级派出机构受理、审查并决定;决定机关为地市级派出机构的,事后报告省级派出机构。投资管理型村镇银行变更注册资本，由地市级派出机构或所在城市省级派出机构受理，省级派出机构审查并决定，事后报告银保监会。

法人机构通过配股或定向募股方式变更注册资本的，在变更注册资本前还应经过配股或募集新股方案审批。方案的受理、审查和决定程序同本条前款规定。

第六十四条　农村中小银行机构在境内外公开募集股份和上市交易股份的，应符合有关法律法规及中国证监会有关监管规定。向证监会申请之前，应向银保监会省级派出机构申请并获得批准。

农村中小银行机构在境内外公开募集股份和上市交易股份的，由地市级派出机构或所在城市省级派出机构受理，省级派出机构审查并决定，事后报告银保监会。

第六十五条　农村中小银行机构（投资管理型村镇银行除外）修改章程，由地市级派出机构或所在城市省级派出机构受理、审查并决定；决定机关为地市级派出机构的，事后报告省级派出机构。投资管理型村镇银行修改章程，由地市级派出机构或所在城市省级派出机构受理，省级派出机构审查并决定，事后报告银保监会。

法人机构变更名称、住所、股权、注册资本或业务范围的，应在决定机关作出批准决定6个月内修改章程相应条款并报告决定机关。

第六十六条　农村商业银行、农村信用联社、村镇银行、贷款公司分立、合并应符合《中华人民共和国公司法》等有关规定；农村合作银行、农村信用合作社、农村信用合作社联合社、农村信用合作社和农村资金互助社分立、合并应参照《中华人民共和国公司法》等有关规定。

法人机构分立、合并，还应符合相应的机构设立条件。

第六十七条　法人机构分立分为存续分立和新设分立。分立须经分立筹备和分立开业两个阶段。

分立筹备阶段，分立筹备事项由地市级派出机构或所在城市省级派出机构受理，省级派出机构审查并决定，事后报告银保监会。法人机构分立将导致机构类型、股权结构等发生变化的，其分立筹备事项须按相关法人机构筹建条件和程序申请行政许可。

分立开业阶段，存续分立的存续方应按照变更事项的条件和程序通过行政许可，新设方应按照法人机构开业的条件和程序通过行政许可。新设分立的新设方应按照法人机构开业的条件和程序通过行政许可，原法人机构应按照法人机构解散的条件和程序通过行政许可。

第六十八条　法人机构合并分为吸收合并和新设合并。合并须经合并筹备和合并开业两个阶段。

合并筹备阶段，合并筹备事项由地市级派出机构或所在城市省级派出机构受理，省级派出机构审查并决定，事后报告银保监会。法人机构合并将导致机构类型、股权结构等发生变化的，其合并筹备事项须按相关法人机构筹建条件和程序申请行政许可。

合并开业阶段，吸收合并的吸收方应按照变更事项的条件和程序通过行政许可，被吸收方按照法人机构解散的条件和程序通过行政许可；被吸收方改建为分支机构的，应按照分支机构开业的条件和程序通过行政许可。新设合并的新设方应按照法人机构开业的条件和程序通过行政许可，原法人机构应按照法人机构解散的条件和程序通过行政许可。

第六十九条　本节所列需审批的变更事项，决定机关自受理之日起3个月内作出批准或不予批准的书面决定。

第二节　分支机构变更

第七十条　分支机构变更包括：变更名称，变更住所，机构升格等。

第七十一条　农村中小银行机构分支机构变更名称，名称中应标明"分行""支行""分理处""信用社""分社""储蓄所"和"分公司"等机构种类字样，并符合惟一性和商誉保护原则。

分支机构变更名称，由其法人机构报告所在地地市级派出机构或所在城市省级派出机构。报告后应及时变更金融许可证。

第七十二条　分支机构变更住所，由其法人机构报告所在地地市级派出机构或所在城市省级派出机构。报告后应及时变更金融许可证。

第七十三条　分支机构升格，应符合拟升格机构的设立条件，并通过行政许可。

农村商业银行支行升格为分行的，由拟升格机构所在地地市级派出机构或所在城市省级派出机构受理，省级派出机构审查并决定；其他情形的分支机构升格，由地市级派出机构或所在城市省级派出机构受理、审查并决定。

因分支机构升格导致的其他变更事项比照相关规定办理。

第七十四条　本节所列需审批的变更事项，由分支机构的法人机构提出申请。决定机关自受理之日起3个月内作出批准或不予批准的书面决定。

第五章 机构终止

第一节 法人机构终止

第七十五条 法人机构有下列情形之一的,应申请解散:

(一)章程规定的营业期限届满或者出现章程规定的其他应解散的情形;

(二)权力机构决议解散的;

(三)因分立、合并需要解散的。

第七十六条 法人机构解散,由地市级派出机构或所在城市省级派出机构受理,省级派出机构审查并决定,事后报告银保监会。决定机关自受理之日起3个月内作出批准或不予批准的书面决定。

法人机构因分立、合并出现解散情形的,与分立、合并一并进行审批。

第七十七条 法人机构有下列情形之一的,在向法院申请破产前,应向银保监会申请并获得批准:

(一)不能支付到期债务,自愿或应其债权人要求申请破产的;

(二)因解散而清算,清算组发现机构财产不足以清偿债务,应申请破产的。

申请破产的,由省级派出机构受理并初步审查,银保监会审查并决定。决定机关自受理之日起3个月内作出批准或不予批准的书面决定。

第二节 分支机构终止

第七十八条 分支机构终止营业的(被依法撤销除外),其法人机构应提交分支机构终止申请。省(自治区)农村信用社联合社办事处改制为区域审计中心的,其法人机构应向属地监管机构提交办事处终止报告。

第七十九条 农村商业银行分行、专营机构的终止申请,由分行、专营机构所在地地市级派出机构或所在城市省级派出机构受理,省级派出机构审查并决定。其他农村中小银行机构分支机构的终止申请,由分支机构所在地地市级派出机构或所在城市省级派出机构受理、审查并决定。

决定机关自受理之日起3个月内作出批准或不予批准的书面决定。

第六章 调整业务范围和增加业务品种

第一节 开办外汇业务和增加外汇业务品种

第八十条 开办除结汇、售汇以外的外汇业务或增加外汇业务品种,申请人应符合以下条件:

(一)依法合规经营,内控制度健全有效,经营状况良好;

(二)主要审慎监管指标符合监管要求;

(三)有与申报外汇业务相应的外汇营运资金和合格的外汇业务从业人员;

(四)有符合开展外汇业务要求的营业场所和相关设施;

(五)银保监会规章规定的其他审慎性条件。

第八十一条 申请开办外汇业务和增加外汇业务品种,由地市级派出机构或所在城市省级派出机构受理,省级派出机构审查并决定。

第二节 募集发行债务、资本补充工具

第八十二条 募集次级定期债务、发行二级资本债券、混合资本债、金融债及须经监管机构许可的其他债务、资本补充工具,申请人应符合以下条件:

(一)具有良好的公司治理结构;

(二)主要审慎监管指标符合监管要求;

(三)贷款风险分类结果真实准确;

(四)拨备覆盖率达标,贷款损失准备计提充足;

(五)银保监会规章规定的其他审慎性条件。

第八十三条 农村中小银行机构申请资本工具计划发行额度,由地市级派出机构或所在城市省级派出机构受理,省级派出机构审查并决定,事后报告银保监会。

农村中小银行机构可在批准额度内,自主决定具体工具品种、发行时间、批次和规模,并于批准后的24个月内完成发行;如在24个月内再次提交额度申请,则原有剩余额度失效,以最新批准额度为准。

农村中小银行机构应在资本工具募集发行结束后10日内向所在地省级派出机构报告。省级派出机构有权对已发行的资本工具是否达到合格资本标准进行认定。

农村中小银行机构应在非资本类债券募集发行结束后10日内向所在地省级派出机构报告。

第三节 开办衍生产品交易业务

第八十四条 开办衍生产品交易业务的资格分为以下两类:

(一)基础类资格:只能从事套期保值类衍生产品交易;

(二)普通类资格:除基础类资格可以从事的衍生产品交易之外,还可以从事非套期保值类衍生产品交易。

第八十五条 开办基础类衍生产品交易业务,应符

合以下条件：

（一）具有健全的衍生产品交易风险管理制度和内部控制制度；

（二）主要审慎监管指标符合监管要求；

（三）具有接受相关衍生产品交易技能专门培训半年以上、从事衍生产品或相关交易2年以上的交易人员至少2名，相关风险管理人员至少1名，风险模型研究人员或风险分析人员至少1名，熟悉套期会计操作程序和制度规范的人员至少1名，以上人员均应无不良记录，且需专岗专人，相互不得兼任；

（四）有与业务相适应的交易场所和设备；

（五）具有处理法律事务和负责内控合规检查的专业部门及相关专业人员；

（六）银保监会规章规定的其他审慎性条件。

第八十六条 开办普通类衍生产品交易业务，除符合本办法第八十五条规定的条件外，还应符合以下条件：

（一）完善的衍生产品交易前、中、后台自动联接的业务处理系统和实时风险管理系统；

（二）衍生产品交易业务主管人员应具备5年以上直接参与衍生产品交易活动或风险管理的资历，且无不良记录；

（三）严格的业务分离制度，确保套期保值类业务与非套期保值类业务的市场信息、风险管理、损益核算有效隔离；

（四）完善的市场风险、操作风险、信用风险等风险管理框架；

（五）银保监会规章规定的其他审慎性条件。

第八十七条 申请开办衍生产品交易业务，由地市级派出机构或所在城市省级派出机构受理，省级派出机构审查并决定，事后报告银保监会。

第四节 开办信用卡业务

第八十八条 申请开办信用卡业务分为申请发卡业务和申请收单业务。申请人应符合以下条件：

（一）公司治理良好，具备与业务发展相适应的组织机构和规章制度，内部制度、风险管理和问责机制健全有效；

（二）主要审慎监管指标符合监管要求；

（三）具备符合任职资格条件的董事、高级管理人员和合格从业人员，高级管理人员中应具有信用卡专业知识和管理经验的人员至少1人，具备开展信用卡业务必须的技术人员和管理人员，并全面实施分级授权管理；

（四）具备与业务经营相适应的营业场所、相关设施和必备的信息技术资源；

（五）已在境内建立符合法律法规和业务管理要求的业务系统，具有保障相关业务系统信息安全和运行质量的技术能力；

（六）信誉良好，具有完善、有效的案件防控体系；最近3年无严重违法违规行为或因内部管理问题导致的重大案件，或者相关违法违规及内部管理问题已整改到位并经银保监会或其派出机构认可；

（七）开办外币信用卡业务的，应具有经国务院外汇管理部门批准的结汇、售汇业务资格；

（八）银保监会规章规定的其他审慎性条件。

第八十九条 开办信用卡发卡业务除应具备本办法第八十八条规定的条件外，申请人还应符合下列条件：

（一）注册资本为实缴资本，且不低于人民币5亿元；

（二）具备办理零售业务的良好基础，最近3年个人存贷款业务规模和业务结构稳定，个人存贷款业务客户规模和客户结构良好，银行卡业务运行情况良好，身份证件验证系统和征信系统的连接和使用情况良好；

（三）具备办理信用卡业务的专业系统，在境内建有发卡业务主机、信用卡业务申请管理系统、信用评估管理系统、信用卡账户管理系统、信用卡交易授权系统、信用卡交易监测和伪冒交易预警系统、信用卡客户服务中心系统、催收业务管理系统等专业化运营基础设施，相关设施通过了必要的安全检测和业务测试，能够保障客户资料和业务数据的完整性和安全性；

（四）符合自身业务经营总体战略和发展规划，有利于提高总体业务竞争能力，能够根据业务发展实际情况持续开展业务成本计量、业务规模监测和基本盈亏平衡测算等工作。

第九十条 开办信用卡收单业务除应具备本办法第八十八条规定的条件外，申请人还应符合下列条件：

（一）注册资本为实缴资本，且不低于人民币1亿元；

（二）具备开办收单业务的良好业务基础，最近3年企业贷款业务规模和业务结构稳定，企业贷款业务客户规模和客户结构较为稳定，身份证件验证系统和征信系统连接和使用情况良好；

（三）具备办理收单业务的专业系统支持，在境内建有收单业务主机、特约商户申请管理系统、特约商户信用评估管理系统、商户结算账户管理系统、账户管理系统、收单交易监测和伪冒交易预警系统、交易授权系统等专业化运营基础设施，相关设施通过了必要的安全检测和

业务测试,能够保障客户资料和业务数据的完整性和安全性;

(四)符合自身业务经营总体战略和发展规划,有利于提高业务竞争能力,能够根据业务发展实际情况持续开展业务成本计量、业务规模监测和基本盈亏平衡测算等工作。

第九十一条 农村商业银行、农村合作银行、农村信用合作联社、农村信用联社、村镇银行申请开办独立品牌信用卡发卡业务、收单业务,由地市级派出机构或所在城市省级派出机构受理,省级派出机构审查并决定。

第九十二条 省(自治区)农村信用社联合社受辖内农村商业银行、农村合作银行、农村信用合作联社、农村信用联社委托,或投资管理型村镇银行受其投资设立的村镇银行委托,申请统一信用卡品牌,应符合以下条件:

(一)使用统一品牌且符合《商业银行信用卡业务监督管理办法》有关规定的农村商业银行、农村合作银行、农村信用合作联社、农村信用联社或村镇银行数量在5家以上;

(二)具备办理信用卡业务的专业系统(包括但不限于自主建设维护的交易授权系统、交易监测系统等),通过了必要的安全检测和业务测试;

(三)信息系统运行良好,具备保障相关业务系统信息安全和运行质量的技术能力;

(四)具备为发卡机构服务的专业客户服务基础设施;

(五)具有专业管理人员和技术人员。

第九十三条 省(自治区)农村信用社联合社、投资管理型村镇银行申请统一信用卡品牌,由地市级派出机构或所在城市省级派出机构受理,省级派出机构审查并决定,事后报告银保监会。

村镇银行主发起人已开办独立品牌信用卡发卡业务,受其投资设立的村镇银行委托作为发卡业务服务机构,授权村镇银行使用主发起人统一信用卡品牌的,由主发起人事前报告银保监会和村镇银行所在地银保监会派出机构。

第九十四条 使用统一信用卡品牌开办发卡业务的农村商业银行、农村合作银行、农村信用合作联社、农村信用联社、村镇银行应符合以下条件:

(一)监管评级良好;

(二)主要审慎监管指标符合监管要求;

(三)具备良好的零售客户基础和较好的个人信贷管理能力及经验;

(四)具有专业的高级管理人才以及业务管理人员和技术人员;

(五)具有使用统一信用卡品牌开展发卡业务的资本实力。

使用统一信用卡品牌开办发卡业务的农村商业银行、农村合作银行、农村信用合作联社、农村信用联社、村镇银行,其注册资本不适用《商业银行信用卡业务监督管理办法》相关规定。

第九十五条 使用省(自治区)农村信用社联合社统一信用卡品牌的农村商业银行、农村合作银行、农村信用合作联社、农村信用联社申请开办信用卡发卡业务,以及使用主发起人统一信用卡品牌的村镇银行申请开办信用卡发卡业务的,由地市级派出机构或所在城市省级派出机构受理、审查并决定。

第五节 开办离岸银行业务

第九十六条 开办离岸银行业务或增加业务品种,应符合以下条件:

(一)主要审慎监管指标符合监管要求;

(二)风险管理和内控制度健全有效;

(三)达到规定的外汇资产规模,且外汇业务经营业绩良好;

(四)外汇业务从业人员符合开展离岸银行业务要求,且在以往经营活动中无不良记录,其中主管人员应从事外汇业务5年以上,其他从业人员中至少50%应从事外汇业务3年以上;

(五)有符合离岸银行业务开展要求的场所和设施;

(六)最近3年无严重违法违规行为或因内部管理问题导致的重大案件,或者相关违法违规及内部管理问题已整改到位并经银保监会或其派出机构认可;

(七)银保监会规章规定的其他审慎性条件。

第九十七条 申请开办离岸银行业务或增加业务品种,由地市级派出机构或所在城市省级派出机构受理,省级派出机构审查并决定,事后报告银保监会。

第六节 申请开办其他业务

第九十八条 农村中小银行机构申请开办现行法规明确规定的其他业务和品种的,由地市级派出机构或所在城市省级派出机构受理,省级派出机构审查并决定。

第九十九条 申请开办现行法规未明确规定的业务和品种的,应符合下列条件:

(一)公司治理良好,具备与业务发展相适应的组织机构和规章制度，内部制度、风险管理和问责机制健全有效；

（二）与现行法律法规不相冲突；

（三）监管评级良好，主要审慎监管指标符合监管要求；

（四）符合本机构战略发展定位与方向；

（五）经董事会同意并出具书面意见；

（六）具备开展业务必需的技术人员和管理人员，并全面实施分级授权管理；

（七）具备与业务经营相适应的营业场所和相关设施；

（八）具有开展该项业务的必要、安全且合规的信息科技系统，具备保障信息科技系统有效安全运行的技术与措施；

（九）最近3年无严重违法违规行为或因内部管理问题导致的重大案件，或者相关违法违规及内部管理问题已整改到位并经银保监会或其派出机构认可；

（十）银保监会规章规定的其他审慎性条件。

农村中小银行机构申请开办本条所述业务和品种的，由地市级派出机构或所在城市省级派出机构受理，省级派出机构审查并决定，事后报告银保监会。

第一百条　本章业务事项，决定机关自受理之日起3个月内作出批准或不予批准的书面决定。

第七章　董事（理事）和高级管理人员任职资格许可

第一节　任职资格条件

第一百零一条　农村商业银行、农村合作银行、农村信用联社、村镇银行的董事长、副董事长、独立董事和其他董事等董事会成员以及董事会秘书，农村信用合作社、农村信用合作社联合社、农村信用合作联社、省（自治区）农村信用社联合社、农村资金互助社的理事长、副理事长、独立理事和其他理事等理事会成员须经任职资格许可。

农村商业银行、农村合作银行、村镇银行的行长、副行长、行长助理、风险总监、财务总监、合规总监、总审计师、总会计师、首席信息官以及同职级高级管理人员，农村信用合作社主任、农村信用合作社联合社、农村信用合作联社、农村信用联社的主任、副主任，省（自治区）农村信用社联合社主任、副主任、主任助理、总审计师以及同职级高级管理人员，办事处（区域审计中心）主任，贷款公司总经理，农村资金互助社经理，农村商业银行分行行长、副行长、行长助理，农村商业银行专营机构总经理、副总经理、总经理助理等高级管理人员须经任职资格许可。

农村商业银行、农村合作银行、村镇银行内审部门负责人、财务部门负责人、合规部门负责人、营业部负责人、支行行长，省（自治区）农村信用社联合社合规部门负责人，县（市、区）农村信用合作社联合社、农村信用合作联社、农村信用联社营业部负责人和信用社主任，地市农村信用合作联社、农村信用联社营业部负责人和信用社主任、副主任，农村商业银行分行营业部负责人应符合拟任人任职资格条件。

其他虽未担任上述职务，但实际履行本条前三款所列董事（理事）和高级管理人员职责的人员，应按银保监会认定的同类人员纳入任职资格管理。

第一百零二条　农村中小银行机构董事（理事）和高级管理人员拟任人应符合以下基本条件：

（一）具有完全民事行为能力；

（二）具有良好的守法合规记录；

（三）具有良好的品行、声誉；

（四）具有担任拟任职务所需的相关知识、经验及能力；

（五）具有良好的经济、金融从业记录；

（六）个人及家庭财务稳健；

（七）具有担任拟任职务所需的独立性；

（八）履行对金融机构的忠实与勤勉义务。

第一百零三条　拟任人有下列情形之一的，视为不符合本办法第一百零二条（二）（三）（五）项规定的条件，不得担任农村中小银行机构董事（理事）和高级管理人员：

（一）有故意或重大过失犯罪记录的；

（二）有违反社会公德的不良行为，造成恶劣影响的；

（三）对曾任职机构违法违规经营活动或重大损失负有个人责任或直接领导责任，情节严重的；

（四）担任或曾任被接管、撤销、宣告破产或吊销营业执照机构的董事（理事）或高级管理人员的，但能够证明本人对曾任职机构被接管、撤销、宣告破产或吊销营业执照不负有个人责任的除外；

（五）因违反职业道德、操守或者工作严重失职，造成重大损失或恶劣影响的；

（六）指使、参与所任职机构不配合依法监管或案件查处的；

（七）被取消终身的董事（理事）和高级管理人员任职资格，或受到监管机构或其他金融管理部门处罚累计达到两次以上的；

（八）不具备本办法规定的任职资格条件，采取不正当手段以获得任职资格核准的。

第一百零四条 拟任人有下列情形之一的，视为不符合本办法第一百零二条(六)(七)项规定的条件，不得担任农村中小银行机构董事（理事）和高级管理人员：

（一）截至申请任职资格时，本人或其配偶仍有数额较大的逾期债务未能偿还，包括但不限于在该金融机构的逾期贷款；

（二）本人或其配偶及其他近亲属合并持有该金融机构5%以上股份或股金，且从该金融机构获得的授信总额明显超过其持有的该金融机构股权净值；

（三）本人及其所控股的股东单位合并持有该金融机构5%以上股份或股金，且从该金融机构获得的授信总额明显超过其持有的该金融机构股权净值；

（四）本人或其配偶在持有该金融机构5%以上股份或股金的股东单位任职，且该股东从该金融机构获得的授信总额明显超过其持有的该金融机构股权净值，但能够证明授信与本人及其配偶没有关系的除外；

（五）存在其他所任职务与其在该金融机构拟任、现任职务有明显利益冲突，或明显分散其在该金融机构履职时间和精力的情形；

（六）银保监会按照实质重于形式原则确定的未达到农村中小银行机构董事（理事）、高级管理人员在财务状况、独立性方面最低监管要求的其他情形。

第一百零五条 申请农村中小银行机构董事（理事）任职资格，拟任人除应符合本办法第一百零二条规定条件外，还应具备以下条件：

（一）5年以上的法律、经济、金融、财务或其他有利于履行董事（理事）职责的工作经历；

（二）能够运用金融机构的财务报表和统计报表判断金融机构的经营管理和风险状况；

（三）了解拟任职机构公司治理结构、公司章程和董事（理事）会职责。

申请农村中小银行机构独立董事（理事）任职资格，拟任人还应是法律、经济、金融、财会方面的专业人员，并符合相关法规规定。

农村资金互助社理事不适用本条规定。

第一百零六条 除不得存在第一百零三条、第一百零四条所列情形外，农村中小银行机构拟任独立董事（理事）还不得存在下列情形：

（一）本人及其近亲属合并持有该金融机构1%以上股份或股金；

（二）本人或其近亲属在持有该金融机构1%以上股份或股金的股东单位任职；

（三）本人或其近亲属在该金融机构、该金融机构控股或者实际控制的机构任职；

（四）本人或其近亲属在不能按期偿还该金融机构贷款的机构任职；

（五）本人或其近亲属任职的机构与本人拟任职金融机构之间存在法律、会计、审计、管理咨询、担保合作等方面的业务联系或债权债务等方面的利益关系，以致妨碍其履职独立性的情形；

（六）本人或其近亲属可能被拟任职金融机构大股东、高管层控制或施加重大影响，以致妨碍其履职独立性的情形；

（七）银保监会按照实质重于形式原则确定的未达到农村中小银行机构独立董事（理事）在独立性方面最低监管要求的其他情形。

独立董事（理事）在同一家农村中小银行机构任职时间累积不得超过6年。

第一百零七条 申请农村中小银行机构董事长（理事长）、副董事长（副理事长）、独立董事（理事）和董事会秘书任职资格，拟任人还应分别符合以下学历和从业年限条件：

（一）拟任农村商业银行、农村合作银行、投资管理型村镇银行的董事长、副董事长，省（自治区）农村信用社联合社理事长、副理事长，地市农村信用联社董事长、副董事长，地市农村信用合作社联合社、地市农村信用合作联社的理事长、副理事长，应具备本科以上学历，从事金融工作6年以上，或从事相关经济工作10年以上（其中从事金融工作3年以上）；

（二）拟任县（市、区）农村信用联社董事长、副董事长，县（市、区）农村信用合作社联合社、县（市、区）农村信用合作联社的理事长、副理事长，农村商业银行、农村合作银行、投资管理型村镇银行、农村信用联社董事会秘书，农村信用合作社理事长、副理事长，村镇银行（投资管理型村镇银行除外）董事长、副董事长、执行董事、董事会秘书，应具备大专以上学历，从事金融工作4年以上，或从事相关经济工作6年以上（其中从事金融工作2年以上）；

（三）拟任农村资金互助社理事长，应具备高中或中专以上学历；

（四）拟任独立董事（理事），应具备本科以上学历。

第一百零八条 农村中小银行机构拟任高级管理人

员应了解拟任职务的职责,熟悉同类型机构的管理框架、盈利模式,熟知同类型机构的内控制度,具备与拟任职务相适应的风险管理能力。

第一百零九条 农村中小银行机构高级管理人员拟任人还应分别符合以下学历和从业年限条件:

(一)拟任农村商业银行、农村合作银行、投资管理型村镇银行的行长、副行长、行长助理、风险总监、财务总监、合规总监,农村商业银行分行行长、副行长、行长助理,农村商业银行专营机构总经理、副总经理、总经理助理,省(自治区)农村信用社联合社主任、副主任、主任助理、总审计师,地市农村信用合作社联合社、地市农村信用合作联社、地市农村信用联社的主任、副主任,应具备本科以上学历,从事金融工作6年以上,或从事相关经济工作10年以上(其中从事金融工作3年以上);

(二)拟任县(市、区)农村信用合作社联合社、县(市、区)农村信用合作联社、农村信用联社主任、副主任、营业部负责人,地市农村信用合作联社、农村信用联社信用社主任、副主任、营业部负责人,农村商业银行、农村合作银行、投资管理型村镇银行营业部负责人,农村商业银行分行营业部负责人,农村商业银行、农村合作银行、投资管理型村镇银行支行行长,村镇银行(投资管理型村镇银行除外)行长、副行长、行长助理、风险总监、财务总监、合规总监、营业部负责人、支行行长,农村信用合作社主任、县(市、区)农村信用合作联社信用社主任、农村信用联社信用社主任,贷款公司总经理,应具备大专以上学历,从事金融工作4年以上,或从事相关经济工作6年以上(其中从事金融工作2年以上);

(三)拟任省(自治区)农村信用社联合社办事处(区域审计中心)主任,应具备本科以上学历,从事财务、会计、审计或稽查工作6年以上(其中从事金融工作2年以上);拟任农村商业银行、农村合作银行、村镇银行的总审计师、总会计师、内审部门负责人、财务部门负责人,应具备大专以上学历,取得国家或国际认可的会计、审计专业技术职称(或通过国家或国际认可的会计、审计专业技术资格考试),并从事财务、会计或审计工作6年以上(其中从事金融工作2年以上);

(四)拟任省(自治区)农村信用社联合社、农村商业银行、农村合作银行、投资管理型村镇银行合规部门负责人,应具备本科以上学历,并从事金融工作4年以上;村镇银行(投资管理型村镇银行除外)合规部门负责人应具备大专以上学历,从事金融工作2年以上;

(五)拟任农村商业银行、农村合作银行、村镇银行首席信息官,应具备本科以上学历,并从事信息科技工作6年以上(其中任信息科技高级管理职务4年以上并从事金融工作2年以上);

(六)拟任农村资金互助社经理,应具备高中或中专以上学历。

第一百一十条 拟任人未达到上述学历要求,但符合以下条件的,视同达到相应学历要求:

(一)取得国家教育行政主管部门认可院校授予的学士以上学位的;

(二)取得注册会计师、注册审计师或与拟任职务相关的高级专业技术职务资格的,视同达到相应学历要求,其任职条件中金融工作年限要求应增加4年;

(三)应具备本科学历要求,现学历为大专的,应相应增加6年以上金融或8年以上相关经济工作经历(其中从事金融工作4年以上);

(四)应具备大专学历要求,现学历为高中或中专的,应相应增加6年以上金融或8年以上相关经济工作经历(其中从事金融工作4年以上)。

第二节 任职资格许可程序

第一百一十一条 董事(理事)和高级管理人员任职资格申请或报告由法人机构提交。

第一百一十二条 以下机构董事(理事)和高级管理人员任职资格申请由地市级派出机构或所在城市省级派出机构受理、审查并决定。

(一)县(市、区)农村商业银行、农村合作银行、农村信用联社、村镇银行(投资管理型村镇银行除外)董事长、副董事长、董事、董事会秘书和高级管理人员,贷款公司总经理;

(二)地市农村商业银行副董事长、董事、董事会秘书、副行长、行长助理、风险总监、财务总监、合规总监、总审计师、总会计师、首席信息官;

(三)农村信用合作社、县(市、区)农村信用合作社联合社、县(市、区)农村信用合作联社、农村资金互助社理事长、副理事长、理事和高级管理人员;

(四)地市农村信用合作社联合社、地市农村信用合作联社副理事长、理事、副主任,地市农村信用联社副董事长、董事、副主任;

(五)农村商业银行分行行长、副行长、行长助理,专营机构总经理、副总经理、总经理助理;

农村商业银行、农村合作银行、村镇银行内审部门负责人、财务部门负责人、合规部门负责人、营业部负责人、支行行长,省(自治区)农村信用社联合社合规部门负责人、县(市、区)农村信用合作社联合社、农村信用合作联社、农村信用联社营业部负责人和信用社主任、地市农村信用合作联社、农村信用联社营业部负责人和信用社主任、副主任、农村商业银行分行营业部负责人任职应报告地市级派出机构或所在城市省级派出机构。

第一百一十三条 以下机构董事(理事)和高级管理人员任职资格申请由地市级派出机构受理并初步审查,省级派出机构审查并决定。

(一)地市农村商业银行董事长、行长;

(二)地市农村信用合作社联合社、地市农村信用合作联社理事长、主任,地市农村信用联社董事长、主任;

第一百一十四条 省(自治区)农村信用社联合社、直辖市农村商业银行和投资管理型村镇银行董事(理事)及高级管理人员任职资格申请,由地市级派出机构或所在城市省级派出机构受理,省级派出机构审查并决定,事后报告银保监会。

第一百一十五条 农村中小银行机构及其分支机构新设立时,董事(理事)和高级管理人员的任职资格申请或报告,与该机构开业申请一并提交。

第一百一十六条 董事(理事)和高级管理人员的任职资格谈话由决定机关或由决定机关委托受理机关进行。

第一百一十七条 拟任人现任或曾任金融机构董事长(理事长)、副董事长(副理事长)和高级管理人员的,法人机构在提交任职资格申请材料或报告时,还应提交该拟任人履职情况的审计报告。

第一百一十八条 具有任职资格且未连续中断任职1年以上的拟任人在同一法人机构内以及在同质同类法人机构间,同类性质平级调动职务或改任较低职务的,不需重新申请核准任职资格。拟任人应当在任职后5日内向任职机构所在地银保监会派出机构报告。

农村中小银行机构董事(理事)和高级管理人员任期届满,被重新选举或聘任为董事(理事)和高级管理人员的,比照前款执行。

第一百一十九条 农村中小银行机构董事长(理事长)、行长(主任)、分支行行长、专营机构总经理、信用社主任缺位时,农村中小银行机构可以按照公司章程等规定指定符合相应任职资格条件的人员代为履职,并自作出决定之日起3日内向监管机构报告。代为履职的人员不符合任职资格条件的,监管机构可以责令农村中小银行机构限期调整代为履职的人员。

代为履职的时间不得超过6个月。农村中小银行机构应在6个月内选聘具有任职资格的人员正式任职。

第一百二十条 董事(理事)和高级管理人员在任职资格获得核准前不得到任履职。

农村商业银行、农村合作银行、村镇银行内审部门负责人、财务部门负责人、合规部门负责人、营业部负责人、支行行长,省(自治区)农村信用社联合社合规部门负责人,县(市、区)农村信用合作社联合社、农村信用合作联社、农村信用联社营业部负责人和信用社主任,地市农村信用合作联社、农村信用联社营业部负责人和信用社主任、副主任,农村商业银行分行营业部负责人在提交任职报告前不得到任履职,拟任人不符合任职资格条件的,监管机构可以责令农村中小银行机构限期调整任职人员。

第一百二十一条 本章所列需审批的任职资格事项,决定机关自受理之日起30日内作出核准或不予核准的书面决定。

第八章 附 则

第一百二十二条 农村信用联社组建农村商业银行事项、农村合作银行设立事项及其行政许可条件、程序、事权划分和时限按照本办法农村商业银行设立的相关规定执行。

农村信用合作社联合社分支机构设立、变更及其高级管理人员任职资格许可条件、程序、事权划分和时限按照本办法农村信用合作联社的有关规定执行。

第一百二十三条 "多县一行"制村镇银行,是指以中西部和老少边穷地区省内多个邻近县(市、旗)中的一个县(市、旗)作为注册地,并在其他县(市、旗)设立支行的村镇银行。

投资管理型村镇银行,是指具有投资设立和收购村镇银行职能,并对所投资的村镇银行实施集约化管理、提供专业化服务的村镇银行。

选择已经设立的村镇银行作为投资管理型村镇银行,涉及机构变更事项适用投资管理型村镇银行相关事项及其行政许可条件、程序、事权划分和时限规定。

第一百二十四条 机构变更许可事项,农村中小银行机构应在决定机关作出行政许可决定之日起6个月内完成变更,并向决定机关和所在地银保监会派出机构书面报告。董事(理事)和高级管理人员任职资格许可事项,拟任人应在决定机关核准任职资格之日起3个月内到任,农村中小银行机构应向决定机关和所在地银保监会派出机构书面报告。法律、行政法规另有规定的除外。

未在前款规定的期限内完成变更或到任的,行政许可决定文件失效,由决定机关办理许可注销手续。

第一百二十五条 农村中小银行机构设立、变更和终止，涉及营业执照变更等法定程序的，应在完成相关变更手续后1个月内向决定机关和所在地银保监会派出机构报告。

第一百二十六条 农村中小银行机构解散后改制为农村商业银行、农村合作银行、农村信用合作联社、农村信用联社分支机构的，该分支机构开业申请及相关高级管理人员任职资格申请或报告应一并提交。

农村商业银行、农村合作银行、农村信用合作联社、农村信用联社设立后，其本部及分支机构均应启用新设机构的金融许可证、营业执照、印章、凭证、牌匾等。

第一百二十七条 香港、澳门和台湾地区的银行投资入股农村中小银行机构，比照适用境外银行有关规定。

第一百二十八条 本办法所称注册地辖区是指城区法人机构所服务的当地市辖区、县域法人机构所服务的当地县域。

第一百二十九条 本办法中"以上"含本数或本级，本办法中的"日"均为工作日。

第一百三十条 银保监会根据法律法规和市场准入工作实际，有权对行政许可事项中受理、审查和决定等事权的划分进行动态调整。

根据国务院或地方政府授权，履行国有金融资本出资人职责的各级财政部门及受财政部门委托管理国有金融资本的其他部门、机构，发起设立、投资入股农村中小银行机构的资质条件和监管要求等参照本办法有关规定执行，国家另有规定的从其规定。

涉及并购重组高风险机构的，相关行政许可条件另行规定。

第一百三十一条 本办法由银保监会负责解释。本办法自公布之日起施行，《中国银监会农村中小金融机构行政许可事项实施办法》（中国银监会令2015年第3号公布，根据2018年8月17日《中国银保监会关于废止和修改部分规章的决定》修正）同时废止。

消费金融公司试点管理办法

· 2013年11月14日中国银行业监督管理委员会令2013年第2号公布
· 自2014年1月1日起施行

第一章 总 则

第一条 为促进消费金融业务发展，规范消费金融公司的经营行为，根据《中华人民共和国银行业监督管理法》、《中华人民共和国公司法》等法律法规，制定本办法。

第二条 本办法所称消费金融公司，是指经银监会批准，在中华人民共和国境内设立的，不吸收公众存款，以小额、分散为原则，为中国境内居民个人提供以消费为目的的贷款的非银行金融机构。

第三条 本办法所称消费贷款是指消费金融公司向借款人发放的以消费（不包括购买房屋和汽车）为目的的贷款。

第四条 消费金融公司名称中应当标明"消费金融"字样。未经银监会批准，任何机构不得在名称中使用"消费金融"字样。

第五条 银行业监督管理机构依法对消费金融公司及其业务活动实施监督管理。

第二章 设立、变更与终止

第六条 申请设立消费金融公司应当具备下列条件：

（一）有符合《中华人民共和国公司法》和银监会规定的公司章程；

（二）有符合规定条件的出资人；

（三）有符合本办法规定的最低限额的注册资本；

（四）有符合任职资格条件的董事、高级管理人员和熟悉消费金融业务的合格从业人员；

（五）建立了有效的公司治理、内部控制和风险管理制度，具备与业务经营相适应的管理信息系统；

（六）有与业务经营相适应的营业场所、安全防范措施和其他设施；

（七）银监会规定的其他审慎性条件。

第七条 消费金融公司的出资人应当为中国境内外依法设立的企业法人，并分为主要出资人和一般出资人。主要出资人是指出资数额最多并且出资额不低于拟设消费金融公司全部股本30%的出资人，一般出资人是指除主要出资人以外的其他出资人。

前款所称主要出资人须为境内外金融机构或主营业务为提供适合消费贷款业务产品的境内非金融企业。

第八条 金融机构作为消费金融公司主要出资人，应当具备下列条件：

（一）具有5年以上消费金融领域的从业经验；

（二）最近1年年末总资产不低于600亿元人民币或等值的可自由兑换货币（合并会计报表口径）；

（三）财务状况良好，最近2个会计年度连续盈利（合并会计报表口径）；

（四）信誉良好，最近2年内无重大违法违规经营记录；

（五）入股资金来源真实合法，不得以借贷资金入股，不得以他人委托资金入股；

（六）承诺5年内不转让所持有的消费金融公司股权（银行业监督管理机构依法责令转让的除外），并在拟设公司章程中载明；

（七）具有良好的公司治理结构、内部控制机制和健全的风险管理制度；

（八）满足住所地国家（地区）监管当局的审慎监管指标要求；

（九）境外金融机构应当在中国境内设立代表处2年以上，或已设有分支机构，对中国市场有充分的分析和研究，所在国家或地区金融监管当局已经与银监会建立良好的监督管理合作机制；

（十）银监会规定的其他审慎性条件。

金融机构作为消费金融公司一般出资人，除应当具备第（三）、（四）、（五）、（六）、（七）、（八）、（九）项规定的条件外，还应当具备注册资本不低于3亿元人民币或等值的可自由兑换货币的条件。

第九条 非金融企业作为消费金融公司主要出资人，应当具备下列条件：

（一）最近1年营业收入不低于300亿元人民币或等值的可自由兑换货币（合并会计报表口径）；

（二）最近1年年末净资产不低于资产总额的30%（合并会计报表口径）；

（三）财务状况良好，最近2个会计年度连续盈利（合并会计报表口径）；

（四）信誉良好，最近2年内无重大违法违规经营记录；

（五）入股资金来源真实合法，不得以借贷资金入股，不得以他人委托资金入股；

（六）承诺5年内不转让所持有的消费金融公司股权（银行业监督管理机构依法责令转让的除外），并在拟设公司章程中载明；

（七）银监会规定的其他审慎性条件。

非金融企业作为消费金融公司一般出资人，应当具备第（二）、（三）、（四）、（五）、（六）项规定的条件。

第十条 消费金融公司主要出资人可以在消费金融公司章程中约定，在消费金融公司出现支付困难时，给予流动性支持；当经营失败导致损失侵蚀资本时，及时补足资本金。

第十一条 消费金融公司至少应当有1名具备5年以上消费金融业务管理和风险控制经验，并且出资比例不低于拟设消费金融公司全部股本15%的出资人。

第十二条 消费金融公司的注册资本应当为一次性实缴货币资本，最低限额为3亿元人民币或等值的可自由兑换货币。

银监会根据消费金融业务的发展情况及审慎监管需要，可以调整注册资本的最低限额。

第十三条 消费金融公司根据业务发展的需要，经银监会批准，可以设立分支机构。设立分支机构的具体条件由银监会另行制定。

第十四条 消费金融公司董事和高级管理人员实行任职资格核准制度。

第十五条 消费金融公司有下列变更事项之一的，应当报经银行业监督管理机构批准：

（一）变更公司名称；

（二）变更注册资本；

（三）变更股权或调整股权结构；

（四）变更公司住所或营业场所；

（五）修改公司章程；

（六）变更董事和高级管理人员；

（七）调整业务范围；

（八）改变组织形式；

（九）合并或分立；

（十）银监会规定的其他变更事项。

第十六条 消费金融公司有下列情况之一的，经银监会批准后可以解散：

（一）公司章程规定的营业期限届满或者公司章程规定的其他解散事由出现；

（二）公司章程规定的权力机构决议解散；

（三）因公司合并或者分立需要解散；

（四）其他法定事由。

第十七条 消费金融公司因解散、依法被撤销或被宣告破产而终止的，其清算事宜按照国家有关法律法规办理。

第十八条 消费金融公司设立、变更、终止和董事及高级管理人员任职资格核准的行政许可程序，按照银监会相关规定执行。

第十九条 消费金融公司设立、变更及业务经营过程中涉及外汇管理事项的，应当遵守国家外汇管理有关规定。

第三章 业务范围及经营规则

第二十条 经银监会批准，消费金融公司可以经营下列部分或者全部人民币业务：

（一）发放个人消费贷款；

（二）接受股东境内子公司及境内股东的存款；

（三）向境内金融机构借款；

（四）经批准发行金融债券；

（五）境内同业拆借；

（六）与消费金融相关的咨询、代理业务；

（七）代理销售与消费贷款相关的保险产品；

（八）固定收益类证券投资业务；

（九）经银监会批准的其他业务。

第二十一条 消费金融公司向个人发放消费贷款不应超过客户风险承受能力且借款人贷款余额最高不得超过人民币20万元。

第四章 监督管理

第二十二条 消费金融公司应当按照银监会有关规定，建立健全公司治理架构和内部控制制度，制定业务经营规则，建立全面有效的风险管理体系。

第二十三条 消费金融公司应当遵守下列监管指标要求：

（一）资本充足率不低于银监会有关监管要求；

（二）同业拆入资金余额不高于资本净额的100%；

（三）资产损失准备充足率不低于100%；

（四）投资余额不高于资本净额的20%。

有关监管指标的计算方法遵照银监会非现场监管报表指标体系的有关规定。银监会视审慎监管需要可以对上述指标做出适当调整。

第二十四条 消费金融公司应当按照有关规定建立审慎的资产损失准备制度，及时足额计提资产损失准备。未提足准备的，不得进行利润分配。

第二十五条 消费金融公司应当建立消费贷款利率的风险定价机制，根据资金成本、风险成本、资本回报要求及市场价格等因素，在法律法规允许的范围内，制定消费贷款的利率水平，确保定价能够全面覆盖风险。

第二十六条 消费金融公司应当建立有效的风险管理体系和可靠的业务操作流程，充分识别虚假的申请信息，防止欺诈行为。

第二十七条 消费金融公司如有业务外包需要，应当制定与业务外包相关的政策和管理制度，包括业务外包的决策程序、对外包方的评价和管理、控制业务信息保密性和安全性的措施和应急计划等。

消费金融公司签署业务外包协议前应当向银行业监督管理机构报告业务外包的主要风险及相应的风险规避措施等。

消费金融公司不得将与贷款决策和风险控制核心技术密切相关的业务外包。

第二十八条 消费金融公司应当按规定编制并报送会计报表及银行业监督管理机构要求的其他报表。

第二十九条 消费金融公司应当建立定期外部审计制度，并在每个会计年度结束后的4个月内，将经法定代表人签名确认的年度审计报告报送银行业监督管理机构。

第三十条 消费金融公司应当接受依法进行的监督检查，不得拒绝、阻碍。

银行业监督管理机构在必要时可以委托会计师事务所对消费金融公司的经营状况、财务状况、风险状况、内部控制制度及执行情况等进行审计。

第三十一条 消费金融公司对借款人所提供的个人信息负有保密义务，不得随意对外泄露。

第三十二条 借款人未按合同约定归还贷款本息的，消费金融公司应当采取合法的方式进行催收，不得采用威胁、恐吓、骚扰等不正当手段。

第三十三条 消费金融公司应当按照法律法规和银监会有关监管要求做好金融消费者权益保护工作，业务办理应当遵循公开透明原则，充分履行告知义务，使借款人明确了解贷款金额、期限、价格、还款方式等内容，并在合同中载明。

第三十四条 消费金融公司违反本办法规定的，银行业监督管理机构可以责令限期整改；逾期未整改的，或者其行为严重危及消费金融公司的稳健运行、损害客户合法权益的，银行业监督管理机构可以区别情形，依照《中华人民共和国银行业监督管理法》等法律法规，采取暂停业务、限制股东权利等监管措施。

第三十五条 消费金融公司已经或者可能发生信用危机，严重影响客户合法权益的，银监会可以依法对其实行接管或者促成机构重组。消费金融公司有违法经营、经营管理不善等情形，不予撤销将严重危害金融秩序、损害公众利益的，银监会有权予以撤销。

第五章 附 则

第三十六条 香港、澳门和台湾地区的出资人设立消费金融公司适用境外出资人的条件。

第三十七条 本办法中"以上"均含本数或本级。

第三十八条 本办法由银监会负责解释。

第三十九条 本办法自 2014 年 1 月 1 日起施行，原《消费金融公司试点管理办法》（中国银监会令 2009 年第 3 号）同时废止。

消费金融公司监管评级办法（试行）

- 2020 年 12 月 30 日
- 银保监办发〔2020〕128 号

第一章 总 则

第一条 为全面评估消费金融公司的经营管理与风险状况，合理配置监管资源，有效实施分类监管，促进消费金融公司持续、健康、规范发展，根据《中华人民共和国银行业监督管理法》《消费金融公司试点管理办法》等法律法规，制定本办法。

第二条 本办法适用于在中华人民共和国境内依法成立时间超过一个完整会计年度的消费金融公司法人机构的监管评级。

第三条 消费金融公司监管评级是指中国银行保险监督管理委员会（以下简称银保监会）及其派出机构根据日常监管掌握的情况以及其他相关信息，按照本办法对消费金融公司的整体状况作出评价判断的监管过程，是实施分类监管的基础。

银保监会及其派出机构以下统称为监管机构。

第四条 消费金融公司监管评级应当遵循全面性、审慎性和公正性原则。

第二章 评级要素与评级方法

第五条 消费金融公司监管评级要素包括五方面内容，分别为：公司治理与内控，资本管理，风险管理，专业服务质量，信息科技管理。评级要素由定量和定性两类评级指标组成。

第六条 消费金融公司监管评级主要包含以下内容：

（一）评级要素权重设置。各评级要素的标准权重分配如下：公司治理与内控（28%），资本管理（12%），风险管理（35%），专业服务质量（15%），信息科技管理（10%）。

（二）评级指标得分。对各评级指标设定分值及若干评价要点。评级指标得分由监管人员按评分标准和评分原则评估后，结合专业判断确定。

（三）评级要素得分。评级要素得分为各评级指标得分加总。每一项评级要素满分均为 100 分。

（四）评级得分。评级得分由各评级要素得分按照要素权重加权汇总后获得。

（五）等级确定。根据分级标准，以评级得分确定消费金融公司的监管评级等级和档次。

第七条 消费金融公司监管评级得分满分为 100 分，根据具体评级得分，分为 1 级、2 级（A、B）、3 级（A、B）、4 级和 5 级，数值越大表示机构风险或问题越大，需要监管关注的程度越高。

监管评级得分在 90 分（含）以上为 1 级；70 分（含）至 90 分为 2 级，其中：80 分（含）至 90 分为 2A 级，70 分（含）至 80 分为 2B 级；50 分（含）至 70 分为 3 级，其中：60 分（含）至 70 分为 3A 级，50 分（含）至 60 分为 3B 级；50 分以下为 4 级；无法正常经营的直接评为 5 级。

第八条 对于发生重大案件、存在严重财务造假、被给予重大行政处罚或监管强制措施的，应区别情形确定是否采取评级下调措施，且监管评级结果应不高于 3 级。

监管机构认定消费金融公司存在其他重大风险问题，足以影响监管评级结果的，可视情节轻重决定下调措施。

第三章 评级程序

第九条 消费金融公司的监管评级周期为一年，评价期间为上一年度 1 月 1 日至 12 月 31 日。监管评级工作原则上应于每年 4 月底前完成。

第十条 消费金融公司监管评级按照银保监会派出机构初评、银保监会复核、评级结果反馈、档案归集的程序进行。

第十一条 银保监会派出机构对辖内消费金融公司进行监管评级初评。初评由派出机构的机构监管部门牵头，其中信息科技管理要素评价由派出机构信息科技风险监管部门完成。初评过程中应征求现场检查和其他功能监管部门意见。

第十二条 初评应当力求广泛地收集评级所需的各类信息，包括但不限于：非现场监管信息，现场检查报告，功能监管部门的专项报告，公司有关制度办法、内外部审计报告、年度经营计划、经营管理文件，以及其他重要外部信息等。

第十三条 初评对每一项评级要素的评价应当分析深入、理由充分、判断客观，准确反映消费金融公司的实际状况，并形成评级工作底稿，必要时可以就有关情况进行现场核查、确认。对于消费金融公司不能提供或者无法证实的信息，应视为对机构不利的信息。

第十四条 按照属地监管原则，银保监会省级派出机构负责审定所辖消费金融公司的监管评级初评结果，并于每年 4 月 10 日前将监管评级报告报送银保监会。

第十五条 银保监会对监管评级初评结果进行复核。复核完成后，银保监会将监管评级最终结果以书面形式反馈相应省级派出机构。

第十六条 银保监会派出机构应当将消费金融公司的最终评级结果以及存在的主要风险和问题，通过会谈、审慎监管会议、监管意见书等途径通报消费金融公司董事会、监事会和高级管理层，并提出整改要求。

第十七条 评级工作结束后，银保监会派出机构应将评级信息、评级工作底稿、评级结果及反馈等文件资料存档。

第四章 评级结果运用

第十八条 消费金融公司的监管评级结果应当作为监管机构衡量公司经营状况、风险管理能力和风险程度，以及在此基础上制定监管规划、配置监管资源、采取监管措施和行动的重要依据，还应作为消费金融公司市场准入事项的参考因素。

第十九条 监管人员应当根据消费金融公司的监管评级结果，深入分析风险及其成因，制定每家消费金融公司的综合监管计划，明确监管重点，确定非现场监测和现场检查的频率、范围，督促公司对问题及时整改并上报整改落实情况。

监管评级为 1 级的消费金融公司，是各方面较为健全的机构，发现的问题较为轻微，能够在正常运营中解决。主要通过非现场监管定期监测各项监管指标和业务数据，一般不需采取特殊的监管行动。

监管评级为 2 级的消费金融公司，在不同程度上存在一些问题或风险，须引起监管关注。对 2A 级的公司，针对问题加强非现场监测，进行窗口指导，督促开展自查；对 2B 级的公司，应加强非现场监管分析，适当增加与董事会和高级管理层的监管会谈频度。对 2 级的公司，可保持一定的现场检查频率，原则上每三年至少开展一次现场检查。

监管评级为 3 级的消费金融公司，表明存在的问题较多或较为严重，整体风险管控能力较弱。对 3A 级的公司，应重点关注公司存在的薄弱环节，进行监管提示或通报，督促公司采取措施改善经营管理；对 3B 级的公司，应给予持续监管关注，提高现场检查频率和深度，并可视情况对业务活动依法采取一定限制措施，积极化解风险。对 3 级的公司，原则上每两年至少开展一次现场检查。

监管评级为 4 级的消费金融公司，表明存在非常严重的问题和风险，甚至危及公司的生存能力。监管中应给予密切关注，增加监管会谈的频率，原则上每年至少开展一次现场检查，督促公司采取有效措施改善经营状况、降低风险水平、补充资本金，必要时可依法采取限制高风险业务活动、限制股东权利、限制分配红利、责令调整董事或高级管理人员等监管措施。

监管评级为 5 级的消费金融公司，表明风险程度超出公司控制纠正能力，公司已不能正常经营，应责令提交合并、收购、重组、引进战略投资者等救助计划，或依法实施接管；对无法采取措施进行救助的公司，可依法实施市场退出。

第二十条 在对监管评级整体情况进行分析的同时，还应关注单项评级要素得分情况，重点针对存在较大问题、得分较低的要素评级情况进行分析，及时采取针对性措施，督促公司改善管理，降低风险水平。

第二十一条 消费金融公司监管评级结果原则上仅供监管机构内部使用，不得对外公布；必要时，监管机构可以采取适当方式向有关政府或监管部门通报，但应要求其不得向第三方披露。消费金融公司不得将监管评级结果用于广告、宣传、营销等商业目的。

第五章 附 则

第二十二条 消费金融公司监管评级指标和评价标准由银保监会另行制定。银保监会根据消费金融公司的风险特征变化情况和监管重点，可于每年开展监管评级工作前对相关评级指标及评价要点进行适当调整。

第二十三条 对于在监管评级工作结束后发现消费金融公司存在重大风险或重大问题的，银保监会派出机构可向银保监会提出下调监管评级结果的建议，银保监会复核后采取相应调整措施。

第二十四条 本办法由银保监会负责解释。

第二十五条 本办法自印发之日起施行。

汽车金融公司管理办法

- 2023 年 7 月 10 日国家金融监督管理总局令 2023 年第 1 号公布
- 自 2023 年 8 月 11 日起施行

第一章 总 则

第一条 为加强对汽车金融公司的监督管理，促进我国汽车金融业的健康发展，依据《中华人民共和国银行业监督管理法》《中华人民共和国公司法》等法律法规，制定本办法。

第二条 本办法所称汽车金融公司，是指经国家金融监督管理总局批准设立的、专门提供汽车金融服务的非银行金融机构。

第三条 汽车金融公司名称中应标明"汽车金融"字样。未经国家金融监督管理总局批准，任何单位和个人不得在机构名称中使用"汽车金融"、"汽车信贷"、"汽车贷款"等字样。

第四条 国家金融监督管理总局及其派出机构依法对汽车金融公司实施监督管理。

第二章　机构设立、变更与终止

第五条 设立汽车金融公司法人机构应具备下列条件：

（一）有符合《中华人民共和国公司法》和国家金融监督管理总局规定的公司章程；

（二）有符合本办法规定的出资人；

（三）有符合本办法规定的注册资本；

（四）有符合任职资格条件的董事、高级管理人员和熟悉汽车金融业务的合格从业人员；

（五）建立了有效的公司治理、内部控制和风险管理体系；

（六）建立了与业务经营和监管要求相适应的信息科技架构，具有支撑业务经营的必要、安全且合规的信息系统，具备保障业务持续运营的技术与措施；

（七）有与业务经营相适应的营业场所、安全防范措施和其他设施；

（八）国家金融监督管理总局规定的其他审慎性条件。

第六条 汽车金融公司的出资人为中国境内外依法设立的非银行企业法人，其中主要出资人须为汽车整车制造企业或非银行金融机构。

前款所称主要出资人是指出资数额最大且出资额不低于拟设汽车金融公司全部股本30%的出资人。

汽车金融公司出资人中至少应当有1名具备5年以上丰富的汽车消费信贷业务管理和风险控制经验，或为汽车金融公司引进合格的专业管理团队，其中至少包括1名有丰富汽车金融从业经验的高级管理人员和1名风险管理专业人员。

第七条 非金融机构作为汽车金融公司出资人，应当具备以下条件：

（一）最近1个会计年度营业收入不低于500亿元人民币或等值的可自由兑换货币；作为主要出资人的，还应当具有足够支持汽车金融业务发展的汽车产销规模。

（二）最近1个会计年度末净资产不低于总资产的30%；作为汽车金融公司控股股东的，最近1个会计年度末净资产不低于总资产的40%。

（三）财务状况良好，且最近2个会计年度连续盈利；作为汽车金融公司控股股东的，最近3个会计年度连续盈利。

（四）入股资金为自有资金，不得以借贷资金入股，不得以他人委托资金入股。

（五）权益性投资余额原则上不得超过本企业净资产的50%（含本次投资金额）；作为汽车金融公司控股股东的，权益性投资余额原则上不得超过本企业净资产的40%（含本次投资金额）；国务院规定的投资公司和控股公司除外。

（六）遵守注册地法律，近2年无重大违法违规行为。

（七）主要股东自取得股权之日起5年内不得转让所持有的股权，承诺不将所持有的汽车金融公司股权进行质押或设立信托，并在拟设公司章程中载明。

（八）国家金融监督管理总局规定的其他审慎性条件。

前款第（一）、（二）、（三）、（五）项涉及的财务指标要求均为合并会计报表口径。

第八条 非银行金融机构作为汽车金融公司出资人，除应具备第七条第（四）、（六）、（七）项规定的条件外，还应当具备以下条件：

（一）注册资本不低于3亿元人民币或等值的可自由兑换货币。

（二）具有良好的公司治理结构、内部控制机制和健全的风险管理体系；作为主要出资人的，还应当具有5年以上汽车消费信贷业务管理和风险控制经验。

（三）财务状况良好，最近2个会计年度连续盈利。

（四）权益性投资余额原则上不得超过本企业净资产的50%（含本次投资金额）。

（五）满足所在国家或地区监管当局的审慎监管要求。

前款第（三）、（四）项涉及的财务指标要求均为合并会计报表口径。

第九条 汽车金融公司注册资本的最低限额为10亿元人民币或等值的可自由兑换货币。注册资本为一次性实缴货币资本。

国家金融监督管理总局可以根据汽车金融业务发展情况及审慎监管需要，调高注册资本的最低限额。

第十条 汽车金融公司可以在全国范围内开展业务。未经国家金融监督管理总局批准,汽车金融公司不得设立分支机构。

第十一条 经国家金融监督管理总局批准,汽车金融公司可以设立境外子公司。具体设立条件、程序及监管要求由国家金融监督管理总局另行制定。

第十二条 国家金融监督管理总局对汽车金融公司董事和高级管理人员实行任职资格核准制度。

第十三条 汽车金融公司有下列变更事项之一的,应依据有关行政许可规定报国家金融监督管理总局或其派出机构批准:
（一）变更公司名称；
（二）变更公司注册资本；
（三）变更住所或营业场所；
（四）调整业务范围；
（五）变更股权或调整股权结构；
（六）修改章程；
（七）变更公司董事及高级管理人员；
（八）合并或分立；
（九）国家金融监督管理总局规定的其他变更事项。

第十四条 汽车金融公司有以下情况之一的,经国家金融监督管理总局批准后可以解散:
（一）公司章程规定的营业期限届满或公司章程规定的其他解散事由出现时；
（二）股东会议决定解散；
（三）因公司合并或分立需要解散；
（四）其他法定事由。

第十五条 汽车金融公司有以下情形之一的,经国家金融监督管理总局批准,可向法院申请破产:
（一）不能清偿到期债务,并且资产不足以清偿全部债务或明显缺乏清偿能力,自愿或应其债权人要求申请破产；
（二）已解散但未清算或者未清算完毕,依法负有清算责任的人发现汽车金融公司财产不足以清偿债务,应当申请破产。

第十六条 汽车金融公司因解散、依法被撤销或被宣告破产而终止的,按照有关法律法规办理。

第十七条 汽车金融公司的设立、变更、终止和董事及高级管理人员任职资格核准的行政许可程序,按照国家金融监督管理总局有关规定执行。

第三章　业务范围与经营规则

第十八条 汽车金融公司可从事下列部分或全部本外币业务:
（一）接受股东及其所在集团母公司和控股子公司的定期存款或通知存款；
（二）接受汽车经销商和售后服务商贷款保证金和承租人汽车租赁保证金；
（三）同业拆借业务；
（四）向金融机构借款；
（五）发行非资本类债券；
（六）汽车及汽车附加品贷款和融资租赁业务；
（七）汽车经销商和汽车售后服务商贷款业务,包括库存采购、展厅建设、零配件和维修设备购买等贷款；
（八）转让或受让汽车及汽车附加品贷款和融资租赁资产；
（九）汽车残值评估、变卖及处理业务；
（十）与汽车金融相关的咨询、代理和服务。

前款所称控股子公司是指股东所在集团母公司持股50%（含）以上的公司。

汽车经销商是指依法取得汽车（含新车及二手车）销售资质的经营者。

汽车售后服务商是指从事汽车售后维护、修理、汽车零配件和附加品销售的经营者。

汽车附加品是指依附于汽车所产生的产品和服务,如导航设备、外观贴膜、充电桩、电池等物理附属设备以及车辆延长质保、车辆保险、车辆软件等与汽车使用相关的服务。

第十九条 符合条件的汽车金融公司,可以向国家金融监督管理总局及其派出机构申请经营下列部分或者全部本外币业务:
（一）发行资本工具；
（二）资产证券化业务；
（三）套期保值类业务；
（四）国家金融监督管理总局批准的其他业务。

汽车金融公司申请开办上述业务的具体条件和程序,按照行政许可有关规定执行。

第二十条 汽车金融公司应当基于真实贸易背景开展贷款和融资租赁业务,严格资金用途管理。

第二十一条 汽车金融公司仅限于向其汽车贷款或融资租赁业务客户（含贷款或融资租赁合同已结清客户）提供汽车附加品融资服务。

第二十二条 汽车金融公司开展融资租赁业务应当合法取得租赁物的所有权；应当按照国家有关规定进行融资租赁登记公示,保障对租赁物的合法权益。

第二十三条 汽车金融公司应当规范开展保证金存款业务,不得从信贷资金中直接扣收保证金。

第二十四条 汽车金融公司发行非资本类债券应当坚持举债同偿债能力相匹配原则,审慎合理安排债券发行计划;发债资金用途应当依法合规并符合国家政策规定。

第二十五条 汽车金融公司转让汽车及汽车附加品贷款和融资租赁资产应当严格遵守法律法规和监管规定,遵守真实、整体和洁净转让原则。

第二十六条 汽车金融公司经营业务中涉及外汇管理事项的,应当遵守国家外汇管理有关规定。

第四章 公司治理与内部控制

第二十七条 汽车金融公司应当根据有关法律法规和监管规定,建立和健全公司治理架构,遵循各治理主体独立运作、有效制衡、相互合作、协调运转的原则,构建决策科学、执行有力、监督有效的公司治理机制。

第二十八条 汽车金融公司应当按照有关监管规定建立和完善股权管理相关制度,加强股权管理,规范股东行为。

汽车金融公司应当在公司章程中载明,主要股东必要时向公司补充资本,在公司出现支付困难时给予流动性支持。

第二十九条 汽车金融公司应当加强董事会建设,建立健全董事履职评价制度。董事会应单独或合并设立审计、关联交易控制、风险管理和消费者权益保护等专门委员会。

第三十条 汽车金融公司应当设立监事会或专职监事,建立健全监事履职评价制度,明确履职标准。法律法规另有规定的除外。

第三十一条 汽车金融公司应当规范高级管理层履职,明确高级管理人员范围、职责,清晰界定董事会与高级管理层之间的关系;完善对高级管理层履职能力的考核评价、监督检查及专业培训,加强对失职或不当履职的责任追究。

第三十二条 汽车金融公司应当根据业务特点建立科学合理的薪酬管理制度,优化薪酬结构,对高级管理人员以及对风险有重要影响的岗位人员实施薪酬延期支付和追索扣回等制度,确保激励约束并重。

第三十三条 汽车金融公司应当制定完善关联交易管理制度,开展关联交易应当遵守法律法规和有关监管规定,遵循诚实信用、公开公允、穿透识别、结构清晰的原则。

第三十四条 汽车金融公司应当建立健全年度信息披露制度,每年4月30日前通过官方网站及其他渠道向社会公众披露机构基本信息、财务会计报告、风险管理信息、股权信息、关联交易信息、消费者咨询投诉渠道信息等相关信息。

第三十五条 汽车金融公司应当建立和完善消费者权益保护工作机制;规范产品和服务信息披露,依法保护消费者个人信息;切实履行消费投诉处理工作主体责任,强化投诉源头治理;加强金融宣传教育,提升消费者金融素养和风险意识。

第三十六条 汽车金融公司应当建立符合自身经营特点的内部控制机制,明确部门、岗位职责分工,加强制度建设,完善操作流程;持续开展内控合规评价和监督,加强内部控制问题整改和责任追究,充分发挥内部控制在经营管理和风险防控中的作用,确保安全稳定运营。

第三十七条 汽车金融公司应当按照国家有关规定建立健全公司财务和会计制度,遵循审慎的会计原则,真实记录并全面反映其业务活动和财务状况。

第三十八条 汽车金融公司应当建立健全内部审计体系,独立、客观审查评价并督促改善公司业务经营、风险管理、内控合规和公司治理效果,促进稳健运行和价值提升。

第三十九条 汽车金融公司应当建立定期外部审计制度,并于每个会计年度结束后的4个月内,将经注册会计师签名确认的年度审计报告报送国家金融监督管理总局派出机构。

第四十条 汽车金融公司应当建立完善数据治理体系,确保数据治理资源配置,制定并实施系统化的制度、流程和方法,建立数据质量控制机制,强化数据安全管理。

第五章 风险管理

第四十一条 汽车金融公司应当建立与业务规模和风险状况相匹配的全面风险管理体系,健全适应业务特点的风险治理架构、风险管理政策和程序,有效识别、计量、监测、控制或缓释各类风险。

第四十二条 汽车金融公司应当建立完善合规管理体系,明确专门负责合规管理的部门、岗位以及相应的权限,制定合规管理政策,优化合规管理流程,加强合规文化建设和合规培训。

第四十三条 汽车金融公司应当不断完善信用风险管理制度和流程,提升风险管理精细化水平。应实行信用风险资产五级分类制度,建立审慎的资产减值损失准备制度，及时足额计提资产减值损失准备。未提足准备的，不得进行利润分配。

第四十四条 汽车金融公司应当建立与自身业务规模相适应的流动性风险管理体系，定期开展流动性压力测试，制定并完善流动性风险应急计划，及时消除流动性风险隐患。

第四十五条 汽车金融公司应当根据业务流程、人员岗位、信息系统和外包管理等情况建立科学的操作风险管理体系，制定规范员工行为和道德操守的相关制度，加强员工行为管理和案件防控，确保有效识别、评估、监测和控制操作风险。

第四十六条 汽车金融公司应当构建欺诈风险防控体系，有效识别欺诈行为，保障信贷资金安全。

第四十七条 汽车金融公司应当建立与信息系统运行管理模式相匹配的信息科技风险管理体系，强化网络安全、数据安全、业务连续性、外包等领域的风险防控，保障信息系统安全、稳定运行。

第四十八条 汽车金融公司应当制定完善声誉风险监测机制、应急预案和处置措施，主动加强舆情监测，有效防范声誉风险。

第四十九条 汽车金融公司应当对合作机构实行名单制管理，建立合作机构准入、退出标准以及合作期间定期评估制度，确保合作机构与合作事项符合法律法规和监管要求。

前款所称合作机构，是指与汽车金融公司在营销获客、共同出资发放贷款、支付结算、风险分担、信息科技、逾期清收等方面开展合作的各类机构。

第五十条 汽车金融公司开展汽车经销商和汽车售后服务商贷款业务，应当对借款人进行信用评级，实施分级管理和授信；持续关注其经营状况、股东、实际控制人和高级管理人员的变化情况；对相关交易的真实性和合理性进行尽职审核与专业判断；建立有效的库存监测和盘点、车辆发票、车辆合格证、二手车产权登记证管理制度等贷后风险监测机制。

第五十一条 汽车金融公司开展汽车及汽车附加品贷款和融资租赁业务，应当通过合法方式获得借款人或承租人的征信信息和其他内外部信息，全面评估借款人或承租人的信用状况；独立有效开展客户身份核实、风险评估、授信审批、合同签订等核心风控工作；建立完善个人或机构客户信贷风险模型，动态监测信贷资产质量。

第五十二条 汽车金融公司开展融资租赁业务应当建立健全融资租赁车辆价值评估和定价体系，密切监测租赁物价值对融资租赁债权的风险覆盖水平，制定有效的风险应对措施；应当加强对租赁期届满返还或因承租人违约而取回的租赁车辆的风险管理，建立完善的租赁车辆处置制度和程序，降低租赁车辆持有期风险。

汽车金融公司售后回租业务的租赁物必须由承租人真实拥有并有权处分，不得接受已设置任何抵押、权属存在争议或已被司法机关查封、扣押的财产或所有权存在瑕疵的租赁物；租赁物的买入价格应当有合理的、不违反会计准则的定价依据作为参考，不得低值高买。

第五十三条 汽车金融公司开展二手车金融业务应当建立二手车市场信息数据库和二手车残值估算体系，严格把控交易真实性和车辆评估价格，防范车辆交易风险和残值风险。

第五十四条 汽车金融公司开展汽车附加品贷款和融资租赁业务应当客观评估汽车附加品价值，制定单类附加品融资限额。

汽车附加品融资金额不得超过附加品合计售价的80%；合计售价超过20万元人民币的，融资金额不得超过合计售价的70%。

汽车金融公司应当加强对汽车附加品交易真实性和合理性的审核与判断，收集附加品相关交易资料或凭证，并加强贷款资金支付和用途管理。

第五十五条 汽车金融公司应当遵守以下监管指标：

（一）资本充足率、杠杆率不低于国家金融监督管理总局的最低监管要求；

（二）对单一借款人的授信余额不得超过资本净额的15%；

（三）对单一集团客户的授信余额不得超过资本净额的50%；

（四）对单一股东及其关联方的授信余额不得超过该股东在汽车金融公司的出资额；

（五）自用固定资产比例不得超过资本净额的40%；

（六）流动性比例不得低于50%。

国家金融监督管理总局可根据监管需要对上述指标做出适当调整。

前款所称关联方是指《企业会计准则》关联方披露所界定的关联方。

第六章 监督管理

第五十六条 汽车金融公司应按规定向国家金融监督管理总局及其派出机构报送有关报告、监管报表及其他资料，并确保所提供报告、报表、资料真实、准确和完整。

第五十七条 汽车金融公司在经营中出现或者可能出现重大风险和损失时，应当立即采取应急措施并及时向国家金融监督管理总局派出机构报告。

第五十八条 国家金融监督管理总局及其派出机构根据审慎监管的要求，有权依照有关程序和规定对汽车金融公司进行现场检查，有权依法对与涉嫌违法事项有关的单位和个人进行调查。

第五十九条 国家金融监督管理总局及其派出机构必要时可指定外部审计机构对汽车金融公司的经营状况、财务状况、风险状况、内部控制制度及执行情况等进行审计。国家金融监督管理总局及其派出机构可要求汽车金融公司对专业技能和独立性不满足监管要求的外部审计机构进行更换。

第六十条 国家金融监督管理总局及其派出机构应加强与汽车金融公司以及外部审计机构的信息交流，定期开展三方会谈或者直接与外部审计机构进行会谈，及时发现和解决汽车金融公司存在的相关问题。

第六十一条 汽车金融公司违反本办法规定的，国家金融监督管理总局及其派出机构将责令限期整改；逾期未整改的，或其行为严重危及公司稳健运行、损害客户合法权益的，国家金融监督管理总局及其派出机构可区别情形，依照《中华人民共和国银行业监督管理法》等法律法规的规定，采取责令暂停部分业务、限制股东权利等监管措施以及实施行政处罚。

第六十二条 汽车金融公司已经或可能发生信用危机，严重影响债权人和其他客户合法权益的，国家金融监督管理总局可依法对其实行接管或促成机构重组。汽车金融公司有违法经营、经营管理不善等情形，不撤销将严重危害金融秩序、损害公众利益的，国家金融监督管理总局有权依法予以撤销。

汽车金融公司符合《中华人民共和国企业破产法》规定的破产情形的，经国家金融监督管理总局同意，汽车金融公司或其债权人可以向人民法院提出重整、和解或者破产清算申请。破产重整的汽车金融公司，其重整后的股东应符合汽车金融公司的出资人条件。国家金融监督管理总局派出机构应根据进入破产程序的汽车金融公司的业务活动和风险状况，对其采取暂停相关业务等监管措施。

第六十三条 汽车金融公司可成立行业性自律组织，实行自律管理。自律组织开展活动，应当接受国家金融监督管理总局的指导和监督。

第七章 附 则

第六十四条 本办法第二十八条所称主要股东，是指持有或控制汽车金融公司 5% 以上股份或表决权，或持有资本总额或股份总额不足 5%，但对汽车金融公司经营管理有重大影响的股东。

前款所称重大影响，包括但不限于向汽车金融公司派驻董事、监事或高级管理人员，通过协议或其他方式影响汽车金融公司的财务和经营管理决策，以及国家金融监督管理总局或其派出机构认定的其他情形。

第六十五条 中国境内设立的汽车金融公司仅限于向境内客户提供金融服务。境内是指中国大陆，不包括港、澳、台地区。

第六十六条 汽车金融公司开展专用汽车、农用运输车、摩托车、推土机、挖掘机、搅拌机、泵机等车辆金融服务的，适用本办法相关规定。

第六十七条 本办法由国家金融监督管理总局负责解释。

第六十八条 本办法自 2023 年 8 月 11 日起施行。原《汽车金融公司管理办法》（中国银监会令 2008 年第 1 号）废止。

融资租赁公司监督管理暂行办法

- 2020 年 5 月 26 日
- 银保监发〔2020〕22 号

第一章 总 则

第一条 为落实监管责任，规范监督管理，引导融资租赁公司合规经营，促进融资租赁行业规范发展，根据有关法律法规，制定本办法。

第二条 本办法所称融资租赁公司，是指从事融资租赁业务的有限责任公司或者股份有限公司（不含金融租赁公司）。

本办法所称融资租赁业务，是指出租人根据承租人对出卖人、租赁物的选择，向出卖人购买租赁物，提供给承租人使用，承租人支付租金的交易活动。

第三条 从事融资租赁活动应当遵守法律法规，遵循诚实信用原则和公平原则，不得损害国家利益、社会公共利益和他人合法权益。

第四条 鼓励各地加大政策扶持力度，引导融资租赁公司在推动装备制造业发展、企业技术升级改造、设备进出口等方面发挥重要作用，更好地服务实体经济，实现行业高质量发展。

第二章 经营规则

第五条 融资租赁公司可以经营下列部分或全部业务：

（一）融资租赁业务；

（二）租赁业务；

（三）与融资租赁业务相关的租赁物购买、残值处理与维修、租赁交易咨询、接受租赁保证金；

（四）转让与受让融资租赁或租赁资产；

（五）固定收益类证券投资业务。

第六条 融资租赁公司的融资行为必须符合相关法律法规规定。

第七条 适用于融资租赁交易的租赁物为固定资产，另有规定的除外。

融资租赁公司开展融资租赁业务应当以权属清晰、真实存在且能够产生收益的租赁物为载体。融资租赁公司不得接受已设置抵押、权属存在争议、已被司法机关查封、扣押的财产或所有权存在瑕疵的财产作为租赁物。

第八条 融资租赁公司不得有下列业务或活动：

（一）非法集资、吸收或变相吸收存款；

（二）发放或受托发放贷款；

（三）与其他融资租赁公司拆借或变相拆借资金；

（四）通过网络借贷信息中介机构、私募投资基金融资或转让资产；

（五）法律法规、银保监会和省、自治区、直辖市（以下简称省级）地方金融监管部门禁止开展的其他业务或活动。

第九条 融资租赁公司进口租赁物涉及配额、许可等管理的，由租赁物购买方或产权所有方按有关规定办理手续，另有约定的除外。

融资租赁公司经营业务过程中涉及外汇管理事项的，应当遵守国家外汇管理有关规定。

第十条 融资租赁公司应当建立完善以股东或股东（大）会、董事会（执行董事）、监事（会）、高级管理层等为主体的组织架构，明确职责分工，保证相互之间独立运行、有效制衡，形成科学高效的决策、激励和约束机制。

第十一条 融资租赁公司应当按照全面、审慎、有效、独立原则，建立健全内部控制制度，保障公司安全稳健运行。

第十二条 融资租赁公司应当根据其组织架构、业务规模和复杂程度，建立全面风险管理体系，识别、控制和化解风险。

第十三条 融资租赁公司应当建立关联交易管理制度，其关联交易应当遵循商业原则，独立交易、定价公允，以不优于非关联方同类交易的条件进行。

融资租赁公司在对承租人为关联企业的交易进行表决或决策时，与该关联交易有关联关系的人员应当回避。融资租赁公司的重大关联交易应当经股东（大）会、董事会或其授权机构批准。

融资租赁公司与其设立的控股子公司、项目公司之间的交易，不适用本办法对关联交易的监管要求。

第十四条 融资租赁公司应当合法取得租赁物的所有权。

第十五条 按照国家法律法规规定租赁物的权属应当登记的，融资租赁公司须依法办理相关登记手续。若租赁物不属于需要登记的财产类别，融资租赁公司应当采取有效措施保障对租赁物的合法权益。

第十六条 融资租赁公司应当在签订融资租赁合同或明确融资租赁业务意向的前提下，按照承租人要求购置租赁物。特殊情况下需要提前购置租赁物的，应当与自身现有业务领域或业务规划保持一致，且与自身风险管理能力和专业化经营水平相符。

第十七条 融资租赁公司应当建立健全租赁物价值评估和定价体系，根据租赁物的价值、其他成本和合理利润等确定租金水平。

售后回租业务中，融资租赁公司对租赁物的买入价格应当有合理的、不违反会计准则的定价依据作为参考，不得低值高买。

第十八条 融资租赁公司应当重视租赁物的风险缓释作用，密切监测租赁物价值对融资租赁债权的风险覆盖水平，制定有效的风险应对措施。

第十九条 融资租赁公司应当加强租赁物未担保余值管理，定期评估未担保余值是否存在减值，及时按照会计准则的要求计提减值准备。

第二十条 融资租赁公司应当加强对租赁期限届满返还或因承租人违约而取回的租赁物的风险管理，建立完善的租赁物处置制度和程序，降低租赁物持有期风险。

第二十一条 融资租赁公司对转租赁等形式的融资租赁资产应当分别管理，单独建账。转租赁应当经出租人同意。

第二十二条 融资租赁公司应当严格按照会计准则等相关规定，真实反映融资租赁资产转让和受让业务的实质和风险状况。

第二十三条 融资租赁公司应当建立资产质量分类制度和准备金制度。在准确分类的基础上及时足额计提资产减值损失准备，增强风险抵御能力。

第二十四条 融资租赁公司按照有关规定可以向征信机构提供和查询融资租赁相关信息。

第二十五条 融资租赁公司和承租人应对与融资租赁业务有关的担保、保险等事项进行充分约定，维护交易安全。

第三章 监管指标

第二十六条 融资租赁公司融资租赁和其他租赁资产比重不得低于总资产的60%。

第二十七条 融资租赁公司的风险资产总额不得超过净资产的8倍。风险资产总额按企业总资产减去现金、银行存款和国债后的剩余资产确定。

第二十八条 融资租赁公司开展的固定收益类证券投资业务，不得超过净资产的20%。

第二十九条 融资租赁公司应当加强对重点承租人的管理，控制单一承租人及承租人为关联方的业务比例，有效防范和分散经营风险。融资租赁公司应当遵守以下监管指标：

（一）单一客户融资集中度。融资租赁公司对单一承租人的全部融资租赁业务余额不得超过净资产的30%。

（二）单一集团客户融资集中度。融资租赁公司对单一集团的全部融资租赁业务余额不得超过净资产的50%。

（三）单一客户关联度。融资租赁公司对一个关联方的全部融资租赁业务余额不得超过净资产的30%。

（四）全部关联度。融资租赁公司对全部关联方的全部融资租赁业务余额不得超过净资产的50%。

（五）单一股东关联度。对单一股东及其全部关联方的融资余额，不得超过该股东在融资租赁公司的出资额，且同时满足本办法对单一客户关联度的规定。

银保监会可以根据监管需要对上述指标作出调整。

第四章 监督管理

第三十条 银保监会负责制定融资租赁公司的业务经营和监督管理规则。

第三十一条 省级人民政府负责制定促进本地区融资租赁行业发展的政策措施，对融资租赁公司实施监督管理，处置融资租赁公司风险。省级地方金融监管部门具体负责对本地区融资租赁公司的监督管理。

第三十二条 地方金融监管部门应当根据融资租赁公司的经营规模、风险状况、内控管理等情况，对融资租赁公司实施分类监管。

第三十三条 地方金融监管部门应当建立非现场监管制度，利用信息系统对融资租赁公司按期分析监测，重点关注相关指标偏高、潜在经营风险较大的公司。省级地方金融监管部门应当于每年4月30日前向银保监会报送上一年度本地区融资租赁公司发展情况以及监管情况。

第三十四条 地方金融监管部门应当建立现场检查制度，对融资租赁公司的检查包括但不限于下列措施：

（一）进入融资租赁公司以及有关场所进行现场检查；

（二）询问有关单位或者个人，要求其对有关检查事项作出说明；

（三）查阅、复制有关文件资料，对可能被转移、销毁、隐匿或者篡改的文件资料，予以先行登记保存；

（四）检查相关信息系统。

进行现场检查，应当经地方金融监管部门负责人批准。现场检查时，检查人员不得少于2人，并应当出示合法证件和检查通知书。有关单位和个人应当配合地方金融监管部门依法进行监督检查，如实提供有关情况和文件、资料，不得拒绝、阻碍或者隐瞒。

第三十五条 地方金融监管部门根据履行职责需要，可以与融资租赁公司的董事、监事、高级管理人员进行监督管理谈话，要求其就融资租赁公司业务活动和风险管理的重大事项作出说明。

第三十六条 地方金融监管部门应当建立融资租赁公司重大风险事件预警、防范和处置机制，制定融资租赁公司重大风险事件应急预案。

融资租赁公司发生重大风险事件的，应当立即采取应急措施，并及时向地方金融监管部门报告，地方金融监管部门应当及时处置。

第三十七条 地方金融监管部门应当建立融资租赁公司及其主要股东、董事、监事、高级管理人员违法经营融资租赁业务行为信息库，如实记录相关违法行为信息；给予行政处罚的，应当依法向社会公示。

第三十八条 融资租赁公司应定期向地方金融监管部门和同级人民银行分支机构报送信息资料。

第三十九条 融资租赁公司应当建立重大事项报告制度，下列事项发生后5个工作日内向地方金融监管部门报告；重大关联交易，重大待决诉讼、仲裁及地方金融监管部门规定需要报送的其他重大事项。

第四十条 地方金融监管部门应当与有关部门建立监督管理协调机制和信息共享机制，研究解决辖内融资租赁行业重大问题，加强监管联动，形成监管合力。

第四十一条 地方金融监管部门应当加强监管队伍建设，按照监管要求和职责配备专职监管员，专职监管员的人数、能力要与被监管对象数量相匹配。

第四十二条 融资租赁行业协会是融资租赁行业的自律组织，是社会团体法人。

依法成立的融资租赁行业协会按照章程发挥沟通协调和行业自律作用，履行协调、维权、自律、服务职能，开展行业培训、理论研究、纠纷调解等活动，配合地方金融监管部门，引导融资租赁公司诚信经营、公平竞争、稳健运行。

第四十三条 地方金融监管部门要通过信息交叉比对、实地走访、接受信访投诉等方式，准确核查辖内融资租赁公司经营和风险状况，按照经营风险、违法违规情形划分为正常经营、非正常经营和违法违规经营等三类。

第四十四条 正常经营类是指依法合规经营的融资租赁公司。地方金融监管部门要对正常经营类融资租赁公司按其注册地审核营业执照、公司章程、股东名单、高级管理人员名单和简历、经审计的近两年资产负债表、利润表、现金流量表及规定的其他资料。

对于接受并配合监管、在注册地有经营场所且如实完整填报信息的企业，省级地方金融监管部门要在报银保监会同意后及时纳入监管名单。

第四十五条 非正常经营类主要是指"失联"和"空壳"等经营异常的融资租赁公司。

"失联"是指满足以下条件之一的融资租赁公司：无法取得联系；在企业登记住所实地排查无法找到；虽然可以联系到企业工作人员，但其并不知情也不能联系到企业实际控制人；连续3个月未按监管要求报送监管信息。

"空壳"是指满足以下条件之一的融资租赁公司：未依法通过国家企业信用信息公示系统报送并公示上一年度年度报告；近6个月监管信息显示无经营；近6个月无纳税记录或"零申报"；近6个月无社保缴纳记录。

地方金融监管部门要督促非正常经营类企业整改。非正常经营类企业整改验收合格的，可纳入监管名单；拒绝整改或整改验收不合格的，纳入非正常经营名录，劝导其申请变更企业名称和业务范围、自愿注销。

第四十六条 违法违规经营类是指经营行为违反法律法规和本办法规定的融资租赁公司。违法违规情节较轻且整改验收合格的，可纳入监管名单；整改验收不合格或违法违规情节严重的，地方金融监管部门要依法处罚、取缔或协调市场监管部门依法吊销其营业执照；涉嫌违法犯罪的及时移送公安机关依法查处。

第四十七条 省级地方金融监管部门要与市场监管部门建立会商机制，严格控制融资租赁公司及其分支机构的登记注册。融资租赁公司变更公司名称、组织形式、公司住所或营业场所、注册资本、调整股权结构等，应当事先与省级地方金融监管部门充分沟通，达成一致意见。

第五章 法律责任

第四十八条 融资租赁公司违反法律法规和本办法规定，有关法律法规有处罚规定的，依照其规定给予处罚；有关法律法规未作处罚规定的，地方金融监管部门可以采取监管谈话、出具警示函、责令限期改正、通报批评等监管措施；构成犯罪的，依法追究刑事责任。

第四十九条 依照法律法规对融资租赁公司进行处罚的，地方金融监管部门可以根据具体情形对有关责任人员采取通报批评、责令改正、纳入警示名单或违法失信名单等监管措施；法律法规有处罚规定的，依照法律法规予以处罚；构成犯罪的，依法追究刑事责任。

第五十条 融资租赁公司吸收或变相吸收公众存款以及以其他形式非法集资的，依照法律、行政法规和国家有关规定给予处罚；构成犯罪的，依法追究刑事责任。

第六章 附则

第五十一条 省级人民政府应当依据本办法制定本辖区融资租赁公司监督管理实施细则，视监管实际情况，对租赁物范围、特定行业的集中度和关联度要求进行适当调整，并报银保监会备案。

第五十二条 本办法施行前已经设立的融资租赁公司，应当在省级地方金融监管部门规定的过渡期内达到本办法规定的各项要求，原则上过渡期不超过三年。省级地方金融监管部门可以根据特定行业的实际情况，适当延长过渡期安排。

第五十三条 本办法中下列用语的含义：

（一）关联方可依据《企业会计准则第36号关联方披露》的规定予以认定。

（二）重大关联交易是指融资租赁公司与一个关联方之间单笔交易金额占融资租赁公司净资产5%以上，或者融资租赁公司与一个关联方发生交易后融资租赁公司与该关联方的交易余额占融资租赁公司净资产10%以上的交易。

第五十四条 本办法由银保监会负责解释。

第五十五条 本办法自印发之日起施行。本办法施行前有关规定与本办法不一致的，以本办法为准。

关于进一步明确国有金融企业直接股权投资有关资产管理问题的通知

- 2014年6月6日
- 财金〔2014〕31号

各中央管理金融企业，各省、自治区、直辖市、计划单列市财政厅（局），新疆生产建设兵团财务局：

为进一步明确国有及国有控股金融企业（以下简称国有金融企业）直接股权投资行为中涉及的资产管理事宜，规范相关股权资产的管理，厘清投资责任，确保国有金融资产安全和保值增值，根据国家有关法律、行政法规，现就国有金融企业开展直接股权投资涉及的有关资产管理问题通知如下：

一、本通知适用于国有金融企业，包括所有获得金融业务许可证的国有企业、国有金融控股公司、国有担保公司以及其他金融类国有企业。

本通知所称直接股权投资，是指国有金融企业依据《中华人民共和国公司法》、相关行业监管法律法规等规定，以自有资金和其他合法来源资金，通过对非公开发行上市企业股权进行的不以长期持有为目的、非控股财务投资的行为。

本通知所称投资机构，是指在中国境内外依法注册登记，从事直接股权投资的机构；所称专业服务机构，是指经国家有关部门认可，具有相应专业资质，为投资非上市企业股权提供投资咨询、财务审计、资产评估和法律意见等服务的机构。

二、国有金融企业开展直接股权投资业务，应当遵守法律、行政法规的规定，遵循稳健、安全原则，综合考虑效益和风险，建立完备的决策程序，审慎运作。直接股权投资项目应符合国家产业、投资、宏观调控政策。

三、国有金融企业开展直接股权投资业务，可以按照监管规定组建内部投资管理团队实施，也可以通过委托外部投资机构管理运作。内部投资管理团队和受托外部投资机构应当符合监管部门要求的资质条件，建立完善的管理制度、决策流程和内控体系，设立资产托管和风险隔离机制。

四、国有金融企业通过内部投资管理团队开展直接股权投资业务的，应当按照风险控制的要求，规范完善决策程序和授权机制，确定股东（大）会、董事会和经营管理层的决策及批准权限，并根据投资方式、目标和规模等因素，做好相关制度安排。

五、国有金融企业开展直接股权投资，可以聘请符合相关资质条件的专业服务机构，提供尽职调查和估值、投资咨询及法律咨询等专业服务，对拟投资企业的经营资质、股权结构、财务状况、法律风险等进行清查、评价。

六、国有金融企业开展直接股权投资，应当根据拟投资项目的具体情况，采用国际通用的估值方法，对拟投资企业的投资价值进行评估，得出审慎合理的估值结果。估值方法包括：账面价值法、重置成本法、市场比较法、现金流量折现法以及倍数法等。

国有金融企业可以按照成本效益和效率原则，自主确定是否聘请专业机构对拟投资企业进行资产评估，资产评估结果由企业履行内部备案程序。

国有金融企业应参照估值结果或评估结果确定拟投资企业的底价，供投资决策参考。

七、国有金融企业开展直接股权投资，应当根据尽职调查情况、行业分析、财务分析、估值或评估结果，撰写投资项目分析报告，并按公司章程、管理协议等有关规定履行投资决策程序。决策层在对投资方案进行审核时，应着重考虑项目的投资成本、估值或评估结果、项目的预计收益、风险的可控性等因素，并结合自身的市场定位和经营情况统筹决策。

八、国有金融企业开展直接股权投资，应当加强项目投后管理，充分行使股东权利，通过向被投资企业提供综合增值服务，提高企业核心竞争力和市场价值。

进行直接股权投资所形成的不享有控股权的股权类资产，不属于金融类企业国有资产产权登记的范围，但国有金融企业应当建立完备的股权登记台账制度，并做好管理工作。

九、国有金融企业开展直接股权投资，应当建立有效的退出机制，包括：公开发行上市、并购重组、协议转让、股权回购等方式。

按照投资协议约定的价格和条件、以协议转让或股权回购方式退出的，按照公司章程的有关规定，由国有金融企业股东（大）会、董事会或其他机构自行决策，并办理股权转让手续；以其他方式进行股权转让的，遵照国有金融资产管理相关规定执行。

十、国有金融企业所投资企业通过公开发行上市方式退出的,应按国家有关规定履行国有股减转持义务。可豁免国有股转持义务的,应按相关规定向有关部门提出豁免申请。

十一、国有金融企业应当根据本通知要求,加强对直接股权投资业务的管理。各地方财政部门可依据本通知制定相关实施细则。

十二、本通知自印发之日起30日后施行。

网络借贷信息中介机构业务活动管理暂行办法

· 2016年8月17日中国银行业监督管理委员会、工业和信息化部、公安部、国家互联网信息办公室令2016年第1号公布
· 自公布之日起施行

第一章 总 则

第一条 为规范网络借贷信息中介机构业务活动,保护出借人、借款人、网络借贷信息中介机构及相关当事人合法权益,促进网络借贷行业健康发展,更好满足中小微企业和个人投融资需求,根据《关于促进互联网金融健康发展的指导意见》提出的总体要求和监管原则,依据《中华人民共和国民法通则》、《中华人民共和国公司法》、《中华人民共和国合同法》等法律法规,制定本办法。

第二条 在中国境内从事网络借贷信息中介业务活动,适用本办法,法律法规另有规定的除外。

本办法所称网络借贷是指个体和个体之间通过互联网平台实现的直接借贷。个体包含自然人、法人及其他组织。网络借贷信息中介机构是指依法设立,专门从事网络借贷信息中介业务活动的金融信息中介公司。该类机构以互联网为主要渠道,为借款人与出借人(即贷款人)实现直接借贷提供信息搜集、信息公布、资信评估、信息交互、借贷撮合等服务。

本办法所称地方金融监管部门是指各省级人民政府承担地方金融监管职责的部门。

第三条 网络借贷信息中介机构按照依法、诚信、自愿、公平的原则为借款人和出借人提供信息服务,维护出借人与借款人合法权益,不得提供增信服务,不得直接或间接归集资金,不得非法集资,不得损害国家利益和社会公共利益。

借款人与出借人遵循借贷自愿、诚实守信、责任自负、风险自担的原则承担借贷风险。网络借贷信息中介机构承担客观、真实、全面、及时进行信息披露的责任,不承担借贷违约风险。

第四条 按照《关于促进互联网金融健康发展的指导意见》中"鼓励创新、防范风险、趋利避害、健康发展"的总体要求和"依法监管、适度监管、分类监管、协同监管、创新监管"的监管原则,落实各方管理责任。国务院银行业监督管理机构及其派出机构负责制定网络借贷信息中介机构业务活动监督管理制度,并实施行为监管。各省级人民政府负责本辖区网络借贷信息中介机构的机构监管。工业和信息化部负责对网络借贷信息中介机构业务活动涉及的电信业务进行监管。公安部牵头负责对网络借贷信息中介机构的互联网服务进行安全监管,依法查处违反网络安全监管的违法违规活动,打击网络借贷涉及的金融犯罪及相关犯罪。国家互联网信息办公室负责对金融信息服务、互联网信息内容等业务进行监管。

第二章 备案管理

第五条 拟开展网络借贷信息中介服务的网络借贷信息中介机构及其分支机构,应当在领取营业执照后,于10个工作日以内携带有关材料向工商登记注册地地方金融监管部门备案登记。

地方金融监管部门负责为网络借贷信息中介机构办理备案登记。地方金融监管部门应当在网络借贷信息中介机构提交的备案登记材料齐备时予以受理,并在各省(区、市)规定的时限内完成备案登记手续。备案登记不构成对网络借贷信息中介机构经营能力、合规程度、资信状况的认可和评价。

地方金融监管部门有权根据本办法和相关监管规则对备案登记后的网络借贷信息中介机构进行评估分类,并及时将备案登记信息及分类结果在官方网站上公示。

网络借贷信息中介机构完成地方金融监管部门备案登记后,应当按照通信主管部门的相关规定申请相应的电信业务经营许可;未按规定申请电信业务经营许可的,不得开展网络借贷信息中介业务。

网络借贷信息中介机构备案登记、评估分类等具体细则另行制定。

第六条 开展网络借贷信息中介业务的机构,应当在经营范围中实质明确网络借贷信息中介,法律、行政法规另有规定的除外。

第七条 网络借贷信息中介机构备案登记事项发生变更的,应当在5个工作日以内向工商登记注册地地方金融监管部门报告并进行备案信息变更。

第八条 经备案的网络借贷信息中介机构拟终止网

络借贷信息中介服务的，应当在终止业务前提前至少10个工作日，书面告知工商登记注册地地方金融监管部门，并办理备案注销。

经备案登记的网络借贷信息中介机构依法解散或者依法宣告破产的，除依法进行清算外，由工商登记注册地地方金融监管部门注销其备案。

第三章 业务规则与风险管理

第九条 网络借贷信息中介机构应当履行下列义务：

（一）依据法律法规及合同约定为出借人与借款人提供直接借贷信息的采集整理、甄别筛选、网上发布，以及资信评估、借贷撮合、融资咨询、在线争议解决等相关服务；

（二）对出借人与借款人的资格条件、信息的真实性、融资项目的真实性、合法性进行必要审核；

（三）采取措施防范欺诈行为，发现欺诈行为或其他损害出借人利益的情形，及时公告并终止相关网络借贷活动；

（四）持续开展网络借贷知识普及和风险教育活动，加强信息披露工作，引导出借人以小额分散的方式参与网络借贷，确保出借人充分知悉借贷风险；

（五）按照法律法规和网络借贷有关监管规定要求报送相关信息，其中网络借贷有关债权债务信息要及时向有关数据统计部门报送并登记；

（六）妥善保管出借人与借款人的资料和交易信息，不得删除、篡改，不得非法买卖、泄露出借人与借款人的基本信息和交易信息；

（七）依法履行客户身份识别、可疑交易报告、客户身份资料和交易记录保存等反洗钱和反恐怖融资义务；

（八）配合相关部门做好防范查处金融违法犯罪相关工作；

（九）按照相关要求做好互联网信息内容管理、网络与信息安全相关工作；

（十）国务院银行业监督管理机构、工商登记注册地省级人民政府规定的其他义务。

第十条 网络借贷信息中介机构不得从事或者接受委托从事下列活动：

（一）为自身或变相为自身融资；

（二）直接或间接接受、归集出借人的资金；

（三）直接或变相向出借人提供担保或者承诺保本保息；

（四）自行或委托、授权第三方在互联网、固定电话、移动电话等电子渠道以外的物理场所进行宣传或推介融资项目；

（五）发放贷款，但法律法规另有规定的除外；

（六）将融资项目的期限进行拆分；

（七）自行发售理财等金融产品募集资金，代销银行理财、券商资管、基金、保险或信托产品等金融产品；

（八）开展类资产证券化业务或实现以打包资产、证券化资产、信托资产、基金份额等形式的债权转让行为；

（九）除法律法规和网络借贷有关监管规定允许外，与其他机构投资、代理销售、经纪等业务进行任何形式的混合、捆绑、代理；

（十）虚构、夸大融资项目的真实性、收益前景，隐瞒融资项目的瑕疵及风险，以歧义性语言或其他欺骗性手段等进行虚假片面宣传或促销等，捏造、散布虚假信息或不完整信息损害他人商业信誉，误导出借人或借款人；

（十一）向借款用途为投资股票、场外配资、期货合约、结构化产品及其他衍生品等高风险的融资提供信息中介服务；

（十二）从事股权众筹等业务；

（十三）法律法规、网络借贷有关监管规定禁止的其他活动。

第十一条 参与网络借贷的出借人与借款人应当为网络借贷信息中介机构核实的实名注册用户。

第十二条 借款人应当履行下列义务：

（一）提供真实、准确、完整的用户信息及融资信息；

（二）提供在所有网络借贷信息中介机构未偿还借款信息；

（三）保证融资项目真实、合法，并按照约定用途使用借贷资金，不得用于出借等其他目的；

（四）按照约定向出借人如实报告影响或可能影响出借人权益的重大信息；

（五）确保自身具有与借款金额相匹配的还款能力并按照合同约定还款；

（六）借贷合同及有关协议约定的其他义务。

第十三条 借款人不得从事下列行为：

（一）通过故意变换身份、虚构融资项目、夸大融资项目收益前景等形式的欺诈借款；

（二）同时通过多个网络借贷信息中介机构，或者通过变换项目名称、对项目内容进行非实质性变更等方式，就同一融资项目进行重复融资；

（三）在网络借贷信息中介机构以外的公开场所发布同一融资项目的信息；

（四）已发现网络借贷信息中介机构提供的服务中含有本办法第十条所列内容，仍进行交易；

（五）法律法规和网络借贷有关监管规定禁止从事的其他活动。

第十四条　参与网络借贷的出借人，应当具备投资风险意识、风险识别能力，拥有非保本类金融产品投资的经历并熟悉互联网。

第十五条　参与网络借贷的出借人应当履行下列义务：

（一）向网络借贷信息中介机构提供真实、准确、完整的身份等信息；

（二）出借资金为来源合法的自有资金；

（三）了解融资项目信贷风险，确认具有相应的风险认知和承受能力；

（四）自行承担借贷产生的本息损失；

（五）借贷合同及有关协议约定的其他义务。

第十六条　网络借贷信息中介机构在互联网、固定电话、移动电话等电子渠道以外的物理场所只能进行信用信息采集、核实、贷后跟踪、抵质押管理等风险管理及网络借贷有关监管规定明确的部分必要经营环节。

第十七条　网络借贷金额应当以小额为主。网络借贷信息中介机构应当根据本机构风险管理能力，控制同一借款人在同一网络借贷信息中介机构平台及不同网络借贷信息中介机构平台的借款余额上限，防范信贷集中风险。

同一自然人在同一网络借贷信息中介机构平台的借款余额上限不超过人民币20万元；同一法人或其他组织在同一网络借贷信息中介机构平台的借款余额上限不超过人民币100万元；同一自然人在不同网络借贷信息中介机构平台借款总余额不超过人民币100万元；同一法人或其他组织在不同网络借贷信息中介机构平台借款总余额不超过人民币500万元。

第十八条　网络借贷信息中介机构应当按照国家网络安全相关规定和国家信息安全等级保护制度的要求，开展信息系统定级备案和等级测试，具有完善的防火墙、入侵检测、数据加密以及灾难恢复等网络安全设施和管理制度，建立信息科技管理、科技风险管理和科技审计有关制度，配置充足的资源，采取完善的管理控制措施和技术手段保障信息系统安全稳健运行，保护出借人与借款人的信息安全。

网络借贷信息中介机构应当记录并留存借贷双方上网日志信息，信息交互内容等数据，留存期限为自借贷合同到期起5年；每两年至少开展一次全面的安全评估，接受国家或行业主管部门的信息安全检查和审计。

网络借贷信息中介机构成立两年以内，应当建立或使用与其业务规模相匹配的应用级灾备系统设施。

第十九条　网络借贷信息中介机构应当为单一融资项目设置募集期，最长不超过20个工作日。

第二十条　借款人支付的本金和利息应当归出借人所有。网络借贷信息中介机构应当与出借人、借款人另行约定费用标准和支付方式。

第二十一条　网络借贷信息中介机构应当加强与金融信用信息基础数据库运行机构、征信机构等的业务合作，依法提供、查询和使用有关金融信用信息。

第二十二条　各方参与网络借贷信息中介机构业务活动，需要对出借人与借款人的基本信息和交易信息等使用电子签名、电子认证时，应当遵守法律法规的规定，保障数据的真实性、完整性及电子签名、电子认证的法律效力。

网络借贷信息中介机构使用第三方数字认证系统，应当对第三方数字认证机构进行定期评估，保证有关认证安全可靠并具有独立性。

第二十三条　网络借贷信息中介机构应当采取适当的方法和技术，记录并妥善保存网络借贷业务活动数据和资料，做好数据备份。保存期限应当符合法律法规及网络借贷有关监管规定的要求。借贷合同到期后应当至少保存5年。

第二十四条　网络借贷信息中介机构暂停、终止业务时应当至少提前10个工作日通过官方网站等有效渠道向出借人与借款人公告，并通过移动电话、固定电话等渠道通知出借人与借款人。网络借贷信息中介机构业务暂停或者终止，不影响已经签订的借贷合同当事人有关权利义务。

网络借贷信息中介机构因解散或宣告破产而终止的，应当在解散或破产前，妥善处理已撮合存续的借贷业务，清算事宜按照有关法律法规的规定办理。

网络借贷信息中介机构清算时，出借人与借款人的资金分别属于出借人与借款人，不属于网络借贷信息中介机构的财产，不列入清算财产。

第四章　出借人与借款人保护

第二十五条　未经出借人授权，网络借贷信息中介机构不得以任何形式代出借人行使决策。

第二十六条　网络借贷信息中介机构应当向出借人以醒目方式提示网络借贷风险和禁止性行为，并经出借人确认。

网络借贷信息中介机构应当对出借人的年龄、财务状况、投资经验、风险偏好、风险承受能力等进行尽职评估，不得向未进行风险评估的出借人提供交易服务。

网络借贷信息中介机构应当根据风险评估结果对出借人实行分级管理，设置可动态调整的出借限额和出借标的限制。

第二十七条 网络借贷信息中介机构应当加强出借人与借款人信息管理，确保出借人与借款人信息采集、处理及使用的合法性和安全性。

网络借贷信息中介机构及其资金存管机构、其他各类外包服务机构等应当为业务开展过程中收集的出借人与借款人信息保密，未经出借人与借款人同意，不得将出借人与借款人提供的信息用于所提供服务之外的目的。

在中国境内收集的出借人与借款人信息的储存、处理和分析应当在中国境内进行。除法律法规另有规定外，网络借贷信息中介机构不得向境外提供境内出借人和借款人信息。

第二十八条 网络借贷信息中介机构应当实行自身资金与出借人和借款人资金的隔离管理，并选择符合条件的银行业金融机构作为出借人与借款人的资金存管机构。

第二十九条 出借人与网络借贷信息中介机构之间、出借人与借款人之间、借款人与网络借贷信息中介机构之间等纠纷，可以通过以下途径解决：

（一）自行和解；
（二）请求行业自律组织调解；
（三）向仲裁部门申请仲裁；
（四）向人民法院提起诉讼。

第五章 信息披露

第三十条 网络借贷信息中介机构应当在其官方网站上向出借人充分披露借款人基本信息、融资项目基本信息、风险评估及可能产生的风险结果、已撮合未到期融资项目资金运用情况等有关信息。

披露内容应符合法律法规关于国家秘密、商业秘密、个人隐私的有关规定。

第三十一条 网络借贷信息中介机构应当及时在其官方网站显著位置披露本机构所撮合借贷项目等经营管理信息。

网络借贷信息中介机构应当在其官方网站上建立业务活动经营管理信息披露专栏，定期以公告形式向公众披露年度报告、法律法规、网络借贷有关监管规定。

网络借贷信息中介机构应当聘请会计师事务所定期对本机构出借人与借款人资金存管、信息披露情况、信息科技基础设施安全、经营合规性等重点环节实施审计，并且应当聘请有资质的信息安全测评认证机构定期对信息安全实施测评认证，向出借人与借款人等披露审计和测评认证结果。

网络借贷信息中介机构应当引入律师事务所、信息系统安全评价等第三方机构，对网络信息中介机构合规和信息系统稳健情况进行评估。

网络借贷信息中介机构应当将定期信息披露公告文稿和相关备查文件报送工商登记注册地地方金融监管部门，并置备于机构住所供社会公众查阅。

第三十二条 网络借贷信息中介机构的董事、监事、高级管理人员应当忠实、勤勉地履行职责，保证披露的信息真实、准确、完整、及时、公平，不得有虚假记载、误导性陈述或者重大遗漏。

借款人应当配合网络借贷信息中介机构及出借人对融资项目有关信息的调查核实，保证提供的信息真实、准确、完整。

网络借贷信息披露具体细则另行制定。

第六章 监督管理

第三十三条 国务院银行业监督管理机构及其派出机构负责制定统一的规范发展政策措施和监督管理制度，负责网络借贷信息中介机构的日常行为监管，指导和配合地方人民政府做好网络借贷信息中介机构的机构监管和风险处置工作，建立跨部门跨地区监管协调机制。

各地方金融监管部门具体负责本辖区网络借贷信息中介机构的机构监管，包括对本辖区网络借贷信息中介机构的规范引导、备案管理和风险防范、处置工作。

第三十四条 中国互联网金融协会从事网络借贷行业自律管理，并履行下列职责：

（一）制定自律规则、经营细则和行业标准并组织实施，教育会员遵守法律法规和网络借贷有关监管规定；
（二）依法维护会员的合法权益，协调会员关系，组织相关培训，向会员提供行业信息、法律咨询等服务，调解纠纷；
（三）受理有关投诉和举报，开展自律检查；
（四）成立网络借贷专业委员会；
（五）法律法规和网络借贷有关监管规定赋予的其他职责。

第三十五条 借款人、出借人、网络借贷信息中介机构、资金存管机构、担保人等应当签订资金存管协议，明确各自权利义务和违约责任。

资金存管机构对出借人与借款人开立和使用资金账户进行管理和监督，并根据合同约定，对出借人与借款人的资金进行存管、划付、核算和监督。

资金存管机构承担实名开户和履行合同约定及借贷交易指令表面一致性的形式审核责任，但不承担融资项目及借贷交易信息真实性的实质审核责任。

资金存管机构应当按照网络借贷有关监管规定报送数据信息并依法接受相关监督管理。

第三十六条 网络借贷信息中介机构应当在下列重大事件发生后，立即采取应急措施并向工商登记注册地地方金融监管部门报告：

（一）因经营不善等原因出现重大经营风险；

（二）网络借贷信息中介机构或其董事、监事、高级管理人员发生重大违法违规行为；

（三）因商业欺诈行为被起诉，包括违规担保、夸大宣传、虚构隐瞒事实、发布虚假信息、签订虚假合同、错误处置资金等行为。

地方金融监管部门应当建立网络借贷行业重大事件的发现、报告和处置制度，制定处置预案，及时、有效地协调处置有关重大事件。

地方金融监管部门应当及时将本辖区网络借贷信息中介机构重大风险及处置情况信息报送省级人民政府、国务院银行业监督管理机构和中国人民银行。

第三十七条 除本办法第七条规定的事项外，网络借贷信息中介机构发生下列情形的，应当在5个工作日以内向工商登记注册地地方金融监管部门报告：

（一）因违规经营行为被查处或被起诉；

（二）董事、监事、高级管理人员违反境内外相关法律法规行为；

（三）国务院银行业监督管理机构、地方金融监管部门等要求的其他情形。

第三十八条 网络借贷信息中介机构应当聘请会计师事务所进行年度审计，并在上一会计年度结束之日起4个月内向工商登记注册地地方金融监管部门报送年度审计报告。

第七章 法律责任

第三十九条 地方金融监管部门存在未依照本办法规定报告重大风险和处置情况，未依照本办法规定向国务院银行业监督管理机构提供行业统计或行业报告等违反法律法规及本办法规定情形的，应当对有关责任人依法给予行政处分；构成犯罪的，依法追究刑事责任。

第四十条 网络借贷信息中介机构违反法律法规和网络借贷有关监管规定，有关法律法规有处罚规定的，依照其规定给予处罚；有关法律法规未作处罚规定的，工商登记注册地地方金融监管部门可以采取监管谈话、出具警示函、责令改正、通报批评、将其违法违规和不履行公开承诺等情况入诚信档案并公布等监管措施，以及给予警告、人民币3万元以下罚款和依法可以采取的其他处罚措施；构成犯罪的，依法追究刑事责任。

网络借贷信息中介机构违反法律规定从事非法集资活动或欺诈的，按照相关法律法规和工作机制处理；构成犯罪的，依法追究刑事责任。

第四十一条 网络借贷信息中介机构的出借人及借款人违反法律法规和网络借贷有关监管规定，依照有关规定给予处罚；构成犯罪的，依法追究刑事责任。

第八章 附 则

第四十二条 银行业金融机构及国务院银行业监督管理机构批准设立的其他金融机构和省级人民政府批准设立的融资担保公司、小额贷款公司等投资设立具有独立法人资格的网络借贷信息中介机构，设立办法另行制定。

第四十三条 中国互联网金融协会网络借贷专业委员会按照《关于促进互联网金融健康发展的指导意见》和协会章程开展自律并接受相关监管部门指导。

第四十四条 本办法实施前设立的网络借贷信息中介机构不符合本办法规定的，除违法犯罪行为按照本办法第四十条处理外，由地方金融监管部门要求其整改，整改期不超过12个月。

第四十五条 省级人民政府可以根据本办法制定实施细则，并报国务院银行业监督管理机构备案。

第四十六条 本办法解释权归国务院银行业监督管理机构、工业和信息化部、公安部、国家互联网信息办公室。

第四十七条 本办法所称不超过、以下、以内，包括本数。

中国银保监会办公厅关于加强小额贷款公司监督管理的通知

· 2020年9月7日
· 银保监办发〔2020〕86号

各省（自治区、直辖市、计划单列市）、新疆生产建设兵团地方金融监督管理局：

为进一步加强监督管理、规范经营行为、防范化解风险，促进小额贷款公司行业规范健康发展，现就有关事项通知如下：

一、规范业务经营，提高服务能力

（一）改善金融服务。小额贷款公司应当依法合规开展业务，提高对小微企业、农民、城镇低收入人群等普惠金融重点服务对象的服务水平，践行普惠金融理念，支持实体经济发展。

（二）坚守放贷主业。小额贷款公司应当主要经营放贷业务。经营管理较好、风控能力较强、监管评价良好的小额贷款公司，经地方金融监管部门批准可依法开展发行债券、以本公司发放的贷款为基础资产发行资产证券化产品、股东借款等业务。

（三）适度对外融资。小额贷款公司通过银行借款、股东借款等非标准化融资形式融入资金的余额不得超过其净资产的1倍；通过发行债券、资产证券化产品等标准化债权类资产形式融入资金的余额不得超过其净资产的4倍。地方金融监管部门根据监管需要，可以下调前述对外融资余额与净资产比例的最高限额。

（四）坚持小额分散。小额贷款公司发放贷款应当遵循小额、分散的原则，根据借款人收入水平、总体负债、资产状况、实际需求等因素，合理确定贷款金额和期限，使借款人还款额不超过其还款能力。小额贷款公司对同一借款人的贷款余额不得超过小额贷款公司净资产的10%；对同一借款人及其关联方的贷款余额不得超过小额贷款公司净资产的15%。地方金融监管部门根据监管需要，可以下调前述贷款余额最高限额。

（五）监控贷款用途。小额贷款公司应当与借款人明确约定贷款用途，并且按照合同约定监控贷款用途，贷款用途应当符合法律法规、国家宏观调控和产业政策。小额贷款公司贷款不得用于以下事项：股票、金融衍生品等投资；房地产市场违规融资；法律法规、银保监会和地方金融监管部门禁止的其他用途。

（六）注重服务当地。小额贷款公司原则上应当在公司住所所属县级行政区域内开展业务。对于经营管理较好、风控能力较强、监管评价良好的小额贷款公司，经地方金融监管部门同意，可以放宽经营区域限制，但不得超出公司住所所属省级行政区域。经营网络小额贷款业务等另有规定的除外。

（七）合理确定利率。小额贷款公司不得从贷款本金中先行扣除利息、手续费、管理费、保证金等，违规预先扣除的，应当按照扣除后的实际借款金额还款和计算利率。鼓励小额贷款公司降低贷款利率，降低实体经济融资成本。

（八）严守行为底线。小额贷款公司不得有下列行为：吸收或者变相吸收公众存款；通过互联网平台或者地方各类交易场所销售、转让本公司除不良信贷资产以外的其他信贷资产；发行或者代理销售理财、信托计划等资产管理产品；法律法规、银保监会和地方金融监管部门禁止的其他行为。

二、改善经营管理，促进健康发展

（九）强化资金管理。小额贷款公司应当强化资金管理，对放贷资金（含自有资金及外部融入资金）实施专户管理，所有资金必须进入放贷专户方可放贷。放贷专户需具备支撑小额贷款业务的出入金能力，应当向地方金融监管部门报备，并按地方金融监管部门要求定期提供放贷专户运营报告和开户银行出具的放贷专户资金流水明细。地方金融监管部门根据监管需要，可以限定放贷专户数量。

（十）完善经营制度。小额贷款公司应当按照稳健经营原则制定符合本公司业务特点的经营制度，包含贷款"三查"、审贷分离、贷款风险分类制度等。贷款风险分类应当划分为正常、关注、次级、可疑和损失五类，后三类合称不良贷款。

（十一）规范债务催收。小额贷款公司应当按照法律法规和地方金融监管部门的要求，规范债务催收程序和方式。小额贷款公司及其委托的第三方催收机构，不得以暴力或者威胁使用暴力，故意伤害他人身体，侵犯人身自由，非法占有被催收人的财产，侮辱、诽谤、骚扰等方式干扰他人正常生活，违规散布他人隐私等非法手段进行债务催收。

（十二）加强信息披露。小额贷款公司应当充分履行告知义务，使借款人明确了解贷款金额、期限、利率、还款方式等内容。小额贷款公司应当在债务到期前的合理时间内，告知借款人应当偿还本金及利息的金额、时间、方式以及未到期偿还的责任。

（十三）保管客户信息。小额贷款公司应当妥善保管依法获取的客户信息，不得未经授权或者同意收集、存储、使用客户信息，不得非法买卖或者泄露客户信息。

（十四）积极配合监管。小额贷款公司应当按监管要求报送数据信息、经营报告、财务报告等资料；配合地方金融监管部门依法进行的监督检查，提供有关情况和文件、资料，并如实就业务活动和风险管理的重大事项作出说明。

三、加强监督管理,整顿行业秩序

(十五)明确监管责任。省(自治区、直辖市)人民政府负责对辖内小额贷款公司进行监管和风险处置,地方金融监管部门具体落实。除设立、终止等重大事项外,省级地方金融监管部门可以委托地级、县级地方金融监管部门开展非现场监管、现场检查、违法违规行为查处等部分监管工作。

(十六)完善准入管理。地方金融监管部门应当按照现有规定,严格标准、规范流程,加强与市场监管部门的沟通协调,严把小额贷款公司准入关,对股东资信水平、入股资金来源、风险管控能力等加强审查,促进行业高质量发展;同时,寓监管于服务、提高审核效率,为市场主体减负。

(十七)实施非现场监管。地方金融监管部门应当加强对小额贷款公司的非现场监管,依法收集小额贷款公司财务报表、经营管理资料、审计报告等数据信息,定期向银保监会报送监管数据信息;对小额贷款公司的业务活动及风险状况进行监管分析和评估。

(十八)开展现场检查。地方金融监管部门应当依法对小额贷款公司开展现场检查,采取进入小额贷款公司的办公场所或者营业场所进行检查,询问与被检查事项有关的人员,查阅、复制与被检查事项有关的文件、资料,复制业务系统有关数据资料等措施,深入了解公司运营状况,查清违法违规行为。

(十九)加大监管力度。地方金融监管部门应当按照现有规定,暂停新增小额贷款公司从事网络小额贷款业务及其他跨省(自治区、直辖市)业务。对依照《关于网络借贷信息中介机构转型为小额贷款公司试点的指导意见》(整治办函〔2019〕83号)转型的机构,要严格审查资质,加强事中事后监管。

(二十)建设监管队伍。地方金融监管部门应当加强监管队伍建设,提高监管专业化水平,按照监管要求和职责配备专职监管员,专职监管员的人数、能力应当与监管对象数量、业务规模相匹配。

(二十一)实施分类监管。地方金融监管部门应当建立小额贷款公司监管评价制度,根据小额贷款公司的经营规模、管理水平、合规情况、风险状况等对小额贷款公司进行监管评级,并根据评级结果对小额贷款公司实施分类监督管理。

(二十二)加大处置力度。小额贷款公司违法违规经营,有关法律法规有处罚规定的,地方金融监管部门应当协调有关部门依照规定给予处罚;有关法律法规未作处罚规定及未达到处罚标准的,地方金融监管部门可以采取监管谈话、出具警示函、责令改正、通报批评、将其违法违规情况记入违法违规经营行为信息库并公布等监管措施;涉嫌犯罪的,移交公安机关查处。

(二十三)净化行业环境。对"失联"或者"空壳"公司,地方金融监管部门应当协调市场监管等部门将其列入经营异常名录、依法吊销其营业执照,劝导其申请变更企业名称和业务范围、自愿注销,或以其他方式引导其退出小额贷款公司行业。

满足以下条件之一的公司,应当认定为"失联"公司:无法取得联系;在公司住所实地排查无法找到;虽然可以联系到公司工作人员,但其并不知情也不能联系公司实际控制人;连续3个月未按监管要求报送数据信息。

满足以下条件之一的公司,应当认定为"空壳"公司:近6个月无正当理由自行停业(未开展发放贷款等业务);近6个月无纳税记录或"零申报"(享受国家税收优惠政策免税的除外);近6个月无社保缴纳记录。

(二十四)开展风险处置。针对信用风险高企、资本及拨备严重不足、经营持续恶化等存在重大经营风险的小额贷款公司,地方金融监管部门应当依法组织开展风险处置。

(二十五)依法市场退出。小额贷款公司解散或被依法宣告破产的,应当依法进行清算并注销,清算过程接受地方金融监管部门监督。针对存在严重违法违规行为的小额贷款公司,地方金融监管部门可以依据有关法律法规和监管规定取消其小额贷款公司试点资格,并协调市场监管部门变更其名称、业务范围或者注销。

四、加大支持力度,营造良好环境

(二十六)加强政策扶持。鼓励各地通过风险补偿、风险分担、专项补贴等方式,引导和支持小额贷款公司加大对小微企业和"三农"等领域的信贷支持力度,降低贷款成本,改善金融服务。

(二十七)银行合作支持。银行可以与小额贷款公司依法合规开展合作,按照平等、自愿、公平、诚实信用原则提供融资。

(二十八)加强行业自律。中国小额贷款公司协会等小额贷款公司行业自律组织应当积极发挥作用,加强行业自律管理,提高从业人员素质,加大行业宣传力度,维护行业合法权益,促进行业规范健康发展。

本通知印发前有关规定与本通知不一致的,以本通知为准。

3. 外资及境外金融机构

中华人民共和国外资银行管理条例

- 2006年11月11日中华人民共和国国务院令第478号公布
- 根据2014年7月29日《国务院关于修改部分行政法规的决定》第一次修订
- 根据2014年11月27日《国务院关于修改〈中华人民共和国外资银行管理条例〉的决定》第二次修订
- 根据2019年9月30日《国务院关于修改〈中华人民共和国外资保险公司管理条例〉和〈中华人民共和国外资银行管理条例〉的决定》第三次修订

第一章 总 则

第一条 为了适应对外开放和经济发展的需要,加强和完善对外资银行的监督管理,促进银行业的稳健运行,制定本条例。

第二条 本条例所称外资银行,是指依照中华人民共和国有关法律、法规,经批准在中华人民共和国境内设立的下列机构:

(一)1家外国银行单独出资或者1家外国银行与其他外国金融机构共同出资设立的外商独资银行;

(二)外国金融机构与中国的公司、企业共同出资设立的中外合资银行;

(三)外国银行分行;

(四)外国银行代表处。

前款第一项至第三项所列机构,以下统称外资银行营业性机构。

第三条 本条例所称外国金融机构,是指在中华人民共和国境外注册并经所在国家或者地区金融监管当局批准或者许可的金融机构。

本条例所称外国银行,是指在中华人民共和国境外注册并经所在国家或者地区金融监管当局批准或者许可的商业银行。

第四条 外资银行必须遵守中华人民共和国法律、法规,不得损害中华人民共和国的国家利益、社会公共利益。

外资银行的正当活动和合法权益受中华人民共和国法律保护。

第五条 国务院银行业监督管理机构及其派出机构(以下统称银行业监督管理机构)负责对外资银行及其活动实施监督管理。法律、行政法规规定其他监督管理部门或者机构对外资银行及其活动实施监督管理的,依照其规定。

第六条 国务院银行业监督管理机构根据国家区域经济发展战略及相关政策制定有关鼓励和引导的措施,报国务院批准后实施。

第二章 设立与登记

第七条 设立外资银行及其分支机构,应当经银行业监督管理机构审查批准。

第八条 外商独资银行、中外合资银行的注册资本最低限额为10亿元人民币或者等值的自由兑换货币。注册资本应当是实缴资本。

外商独资银行、中外合资银行在中华人民共和国境内设立的分行,应当由其总行无偿拨给人民币或者自由兑换货币的营运资金。外商独资银行、中外合资银行拨给各分支机构营运资金的总和,不得超过总行资本金总额的60%。

外国银行分行应当由其总行无偿拨给不少于2亿元人民币或者等值的自由兑换货币的营运资金。

国务院银行业监督管理机构根据外资银行营业性机构的业务范围和审慎监管的需要,可以提高注册资本或者营运资金的最低限额,并规定其中的人民币份额。

第九条 拟设外商独资银行、中外合资银行的股东或者拟设分行、代表处的外国银行应当具备下列条件:

(一)具有持续盈利能力,信誉良好,无重大违法违规记录;

(二)拟设外商独资银行的股东、中外合资银行的外方股东或者拟设分行、代表处的外国银行具有从事国际金融活动的经验;

(三)具有有效的反洗钱制度;

(四)拟设外商独资银行的股东、中外合资银行的外方股东或者拟设分行、代表处的外国银行受到所在国家或者地区金融监管当局的有效监管,并且其申请经所在国家或者地区金融监管当局同意;

(五)国务院银行业监督管理机构规定的其他审慎性条件。

拟设外商独资银行的股东、中外合资银行的外方股东或者拟设分行、代表处的外国银行所在国家或者地区应当具有完善的金融监督管理制度,并且其金融监管当局已经与国务院银行业监督管理机构建立良好的监督管理合作机制。

第十条 拟设外商独资银行的股东应当为金融机构,除应当具备本条例第九条规定的条件外,其中唯一或者控股股东还应当具备下列条件:

(一)为商业银行;

(二)资本充足率符合所在国家或者地区金融监管当局以及国务院银行业监督管理机构的规定。

第十一条 拟设中外合资银行的股东除应当具备本条例第九条规定的条件外,其中外方股东应当为金融机构,且外方唯一或者主要股东还应当具备下列条件:

(一)为商业银行;

(二)资本充足率符合所在国家或者地区金融监管当局以及国务院银行业监督管理机构的规定。

第十二条 拟设分行的外国银行除应当具备本条例第九条规定的条件外,其资本充足率还应当符合所在国家或者地区金融监管当局以及国务院银行业监督管理机构的规定。

第十三条 外国银行在中华人民共和国境内设立营业性机构的,除已设立的代表处外,不得增设代表处,但符合国家区域经济发展战略及相关政策的地区除外。

代表处经批准改制为营业性机构的,应当依法办理原代表处的注销登记手续。

第十四条 设立外资银行营业性机构,应当先申请筹建,并将下列申请资料报送拟设机构所在地的银行业监督管理机构:

(一)申请书,内容包括拟设机构的名称、所在地、注册资本或者营运资金、申请经营的业务种类等;

(二)可行性研究报告;

(三)拟设外商独资银行、中外合资银行的章程草案;

(四)拟设外商独资银行、中外合资银行各方股东签署的经营合同;

(五)拟设外商独资银行、中外合资银行的股东或者拟设分行的外国银行的章程;

(六)拟设外商独资银行、中外合资银行的股东或者拟设分行的外国银行及其所在集团的组织结构图、主要股东名单、海外分支机构和关联企业名单;

(七)拟设外商独资银行、中外合资银行的股东或者拟设分行的外国银行最近3年的年报;

(八)拟设外商独资银行、中外合资银行的股东或者拟设分行的外国银行的反洗钱制度;

(九)拟设外商独资银行的股东、中外合资银行的外方股东或者拟设分行的外国银行所在国家或者地区金融监管当局核发的营业执照或者经营金融业务许可文件的复印件及对其申请的意见书;

(十)国务院银行业监督管理机构规定的其他资料。

拟设机构所在地的银行业监督管理机构应当将申请资料连同审核意见,及时报送国务院银行业监督管理机构。

第十五条 国务院银行业监督管理机构应当自收到设立外资银行营业性机构完整的申请资料之日起6个月内作出批准或者不批准筹建的决定,并书面通知申请人。决定不批准的,应当说明理由。

特殊情况下,国务院银行业监督管理机构不能在前款规定期限内完成审查并作出批准或者不批准筹建决定的,可以适当延长审查期限,并书面通知申请人,但延长期限不得超过3个月。

申请人凭批准筹建文件到拟设机构所在地的银行业监督管理机构领取开业申请表。

第十六条 申请人应当自获准筹建之日起6个月内完成筹建工作。在规定期限内未完成筹建工作的,应当说明理由,经拟设机构所在地的银行业监督管理机构批准,可以延长3个月。在延长期内仍未完成筹建工作的,国务院银行业监督管理机构作出的批准筹建决定自动失效。

第十七条 经验收合格完成筹建工作的,申请人应当将填写好的开业申请表连同下列资料报送拟设机构所在地的银行业监督管理机构:

(一)拟设机构的主要负责人名单及简历;

(二)对拟任该机构主要负责人的授权书;

(三)法定验资机构出具的验资证明;

(四)安全防范措施和与业务有关的其他设施的资料;

(五)设立分行的外国银行对该分行承担税务、债务的责任保证书;

(六)国务院银行业监督管理机构规定的其他资料。

拟设机构所在地的银行业监督管理机构应当将申请资料连同审核意见,及时报送国务院银行业监督管理机构。

第十八条 国务院银行业监督管理机构应当自收到完整的开业申请资料之日起2个月内,作出批准或者不批准开业的决定,并书面通知申请人。决定批准的,应当颁发金融许可证;决定不批准的,应当说明理由。

第十九条 经批准设立的外资银行营业性机构,应当凭金融许可证向市场监督管理部门办理登记,领取营业执照。

第二十条 设立外国银行代表处,应当将下列申请资料报送拟设代表处所在地的银行业监督管理机构:

(一)申请书,内容包括拟设代表处的名称、所在地等;

(二)可行性研究报告；
(三)申请人的章程；
(四)申请人及其所在集团的组织结构图、主要股东名单、海外分支机构和关联企业名单；
(五)申请人最近3年的年报；
(六)申请人的反洗钱制度；
(七)拟任该代表处首席代表的身份证明和学历证明的复印件、简历以及拟任人有无不良记录的陈述书；
(八)对拟任该代表处首席代表的授权书；
(九)申请人所在国家或者地区金融监管当局核发的营业执照或者经营金融业务许可文件的复印件及对其申请的意见书；
(十)国务院银行业监督管理机构规定的其他资料。
拟设代表处所在地的银行业监督管理机构应当将申请资料连同审核意见，及时报送国务院银行业监督管理机构。

第二十一条 国务院银行业监督管理机构应当自收到设立外国银行代表处完整的申请资料之日起6个月内作出批准或者不批准设立的决定，并书面通知申请人。决定不批准的，应当说明理由。

第二十二条 经批准设立的外国银行代表处，应当凭批准文件向市场监督管理部门办理登记，领取外国企业常驻代表机构登记证。

第二十三条 本条例第十四条、第十七条、第二十条所列资料，除年报外，凡用外文书写的，应当附有中文译本。

第二十四条 按照合法性、审慎性和持续经营原则，经国务院银行业监督管理机构批准，外国银行可以将其在中华人民共和国境内设立的分行改制为由其单独出资的外商独资银行。申请人应当按照国务院银行业监督管理机构规定的审批条件、程序、申请资料提出设立外商独资银行的申请。

第二十五条 外国银行可以在中华人民共和国境内同时设立外商独资银行和外国银行分行，或者同时设立中外合资银行和外国银行分行。

第二十六条 外资银行董事、高级管理人员、首席代表的任职资格应当符合国务院银行业监督管理机构规定的条件，并经国务院银行业监督管理机构核准。

第二十七条 外资银行有下列情形之一的，应当经国务院银行业监督管理机构批准，并按照规定提交申请资料，依法向市场监督管理部门办理有关登记：
(一)变更注册资本或者营运资金；
(二)变更机构名称、营业场所或者办公场所；
(三)调整业务范围；
(四)变更股东或者调整股东持股比例；
(五)修改章程；
(六)国务院银行业监督管理机构规定的其他情形。
外资银行更换董事、高级管理人员、首席代表，应当报经国务院银行业监督管理机构核准其任职资格。

第二十八条 外商独资银行、中外合资银行变更股东的，变更后的股东应当符合本条例第九条、第十条或者第十一条关于股东的条件。

第三章 业务范围

第二十九条 外商独资银行、中外合资银行按照国务院银行业监督管理机构批准的业务范围，可以经营下列部分或者全部外汇业务和人民币业务：
(一)吸收公众存款；
(二)发放短期、中期和长期贷款；
(三)办理票据承兑与贴现；
(四)代理发行、代理兑付、承销政府债券；
(五)买卖政府债券、金融债券，买卖股票以外的其他外币有价证券；
(六)提供信用证服务及担保；
(七)办理国内外结算；
(八)买卖、代理买卖外汇；
(九)代理收付款项及代理保险业务；
(十)从事同业拆借；
(十一)从事银行卡业务；
(十二)提供保管箱服务；
(十三)提供资信调查和咨询服务；
(十四)经国务院银行业监督管理机构批准的其他业务。
外商独资银行、中外合资银行经中国人民银行批准，可以经营结汇、售汇业务。

第三十条 外商独资银行、中外合资银行的分支机构在总行授权范围内开展业务，其民事责任由总行承担。

第三十一条 外国银行分行按照国务院银行业监督管理机构批准的业务范围，可以经营下列部分或者全部外汇业务以及对除中国境内公民以外客户的人民币业务：
(一)吸收公众存款；
(二)发放短期、中期和长期贷款；
(三)办理票据承兑与贴现；
(四)代理发行、代理兑付、承销政府债券；

（五）买卖政府债券、金融债券，买卖股票以外的其他外币有价证券；

（六）提供信用证服务及担保；

（七）办理国内外结算；

（八）买卖、代理买卖外汇；

（九）代理收付款项及代理保险业务；

（十）从事同业拆借；

（十一）提供保管箱服务；

（十二）提供资信调查和咨询服务；

（十三）经国务院银行业监督管理机构批准的其他业务。

外国银行分行可以吸收中国境内公民每笔不少于50万元人民币的定期存款。

外国银行分行经中国人民银行批准，可以经营结汇、售汇业务。

第三十二条 外国银行分行及其分支机构的民事责任由其总行承担。

第三十三条 外国银行代表处可以从事与其代表的外国银行业务相关的联络、市场调查、咨询等非经营性活动。

外国银行代表处的行为所产生的民事责任，由其所代表的外国银行承担。

第三十四条 外资银行营业性机构经营本条例第二十九条或者第三十一条规定业务范围内的人民币业务的，应当符合国务院银行业监督管理机构规定的审慎性要求。

第四章 监督管理

第三十五条 外资银行营业性机构应当按照有关规定，制定本行的业务规则，建立、健全风险管理和内部控制制度，并遵照执行。

第三十六条 外资银行营业性机构应当遵守国家统一的会计制度和国务院银行业监督管理机构有关信息披露的规定。

第三十七条 外资银行营业性机构举借外债，应当按照国家有关规定执行。

第三十八条 外资银行营业性机构应当按照有关规定确定存款、贷款利率及各种手续费率。

第三十九条 外资银行营业性机构经营存款业务，应当按照中国人民银行的规定交存存款准备金。

第四十条 外商独资银行、中外合资银行应当遵守《中华人民共和国商业银行法》关于资产负债比例管理的规定。外国银行分行变更的由其总行单独出资的外商独资银行以及本条例施行前设立的外商独资银行、中外合资银行，其资产负债比例不符合规定的，应当在国务院银行业监督管理机构规定的期限内达到规定要求。

国务院银行业监督管理机构可以要求风险较高、风险管理能力较弱的外商独资银行、中外合资银行提高资本充足率。

第四十一条 外资银行营业性机构应当按照规定计提呆账准备金。

第四十二条 外商独资银行、中外合资银行应当遵守国务院银行业监督管理机构有关公司治理的规定。

第四十三条 外商独资银行、中外合资银行应当遵守国务院银行业监督管理机构有关关联交易的规定。

第四十四条 外国银行分行应当按照国务院银行业监督管理机构的规定，持有一定比例的生息资产。

第四十五条 外国银行分行营运资金加准备金等项之和中的人民币份额与其人民币风险资产的比例不得低于8%。

资本充足率持续符合所在国家或者地区金融监管当局以及国务院银行业监督管理机构规定的外国银行，其分行不受前款规定的限制。

国务院银行业监督管理机构可以要求风险较高、风险管理能力较弱的外国银行分行提高本条第一款规定的比例。

第四十六条 外国银行分行应当确保其资产的流动性。流动性资产余额与流动性负债余额的比例不得低于25%。

第四十七条 外国银行分行境内本外币资产余额不得低于境内本外币负债余额。

第四十八条 在中华人民共和国境内设立2家及2家以上分行的外国银行，应当授权其中1家分行对其他分行实施统一管理。

国务院银行业监督管理机构对外国银行在中华人民共和国境内设立的分行实行合并监管。

第四十九条 外资银行营业性机构应当按照国务院银行业监督管理机构的有关规定，向其所在地的银行业监督管理机构报告跨境大额资金流动和资产转移情况。

第五十条 国务院银行业监督管理机构根据外资银行营业性机构的风险状况，可以依法采取责令暂停部分业务、责令撤换高级管理人员等特别监管措施。

第五十一条 外资银行营业性机构应当聘请在中华人民共和国境内依法设立的会计师事务所对其财务会计报告进行审计，并应当向其所在地的银行业监督管理机构报告。解聘会计师事务所的，应当说明理由。

第五十二条　外资银行营业性机构应当按照规定向银行业监督管理机构报送财务会计报告、报表和有关资料。

外国银行代表处应当按照规定向银行业监督管理机构报送资料。

第五十三条　外资银行应当接受银行业监督管理机构依法进行的监督检查，不得拒绝、阻碍。

第五十四条　外商独资银行、中外合资银行应当设置独立的内部控制系统、风险管理系统、财务会计系统、计算机信息管理系统。

第五十五条　外国银行在中华人民共和国境内设立的外商独资银行、中外合资银行的董事长、高级管理人员和外国银行分行的高级管理人员不得相互兼职。

第五十六条　外国银行在中华人民共和国境内设立的外商独资银行、中外合资银行与外国银行分行之间进行的交易必须符合商业原则，交易条件不得优于与非关联方进行交易的条件。外国银行对其在中华人民共和国境内设立的外商独资银行与外国银行分行之间的资金交易，应当提供全额担保。

第五十七条　外国银行代表处及其工作人员，不得从事任何形式的经营性活动。

第五章　终止与清算

第五十八条　外资银行营业性机构自行终止业务活动的，应当在终止业务活动30日前以书面形式向国务院银行业监督管理机构提出申请，经审查批准予以解散或者关闭并进行清算。

第五十九条　外资银行营业性机构已经或者可能发生信用危机，严重影响存款人和其他客户合法权益的，国务院银行业监督管理机构可以依法对该外资银行营业性机构实行接管或者促成机构重组。

第六十条　外资银行营业性机构因解散、关闭、依法被撤销或者宣告破产而终止的，其清算的具体事宜，依照中华人民共和国有关法律、法规的规定办理。

第六十一条　外资银行营业性机构清算终结，应当在法定期限内向原登记机关办理注销登记。

第六十二条　外国银行代表处自行终止活动的，应当经国务院银行业监督管理机构批准予以关闭，并在法定期限内向原登记机关办理注销登记。

第六章　法律责任

第六十三条　未经国务院银行业监督管理机构审查批准，擅自设立外资银行或者非法从事银行业金融机构的业务活动的，由国务院银行业监督管理机构予以取缔，自被取缔之日起5年内，国务院银行业监督管理机构不受理该当事人设立外资银行的申请；构成犯罪的，依法追究刑事责任；尚不构成犯罪的，由国务院银行业监督管理机构没收违法所得，违法所得50万元以上的，并处违法所得1倍以上5倍以下罚款；没有违法所得或者违法所得不足50万元的，处50万元以上200万元以下罚款。

第六十四条　外资银行营业性机构有下列情形之一的，由国务院银行业监督管理机构责令改正，没收违法所得，违法所得50万元以上的，并处违法所得1倍以上5倍以下罚款；没有违法所得或者违法所得不足50万元的，处50万元以上200万元以下罚款；情节特别严重或者逾期不改正的，可以责令停业整顿或者吊销其金融许可证；构成犯罪的，依法追究刑事责任：

（一）未经批准设立分支机构的；

（二）未经批准变更、终止的；

（三）违反规定从事未经批准的业务活动的；

（四）违反规定提高或者降低存款利率、贷款利率的。

第六十五条　外资银行有下列情形之一的，由国务院银行业监督管理机构责令改正，处20万元以上50万元以下罚款；情节特别严重或者逾期不改正的，可以责令停业整顿、吊销其金融许可证、撤销代表处；构成犯罪的，依法追究刑事责任：

（一）未按照有关规定进行信息披露的；

（二）拒绝或者阻碍银行业监督管理机构依法进行的监督检查的；

（三）提供虚假的或者隐瞒重要事实的财务会计报告、报表或者有关资料的；

（四）隐匿、损毁监督检查所需的文件、证件、账簿、电子数据或者其他资料的；

（五）未经任职资格核准任命董事、高级管理人员、首席代表的；

（六）拒绝执行本条例第五十条规定的特别监管措施的。

第六十六条　外资银行营业性机构违反本条例有关规定，未按期报送财务会计报告、报表或者有关资料，或者未按照规定制定有关业务规则、建立健全有关管理制度的，由国务院银行业监督管理机构责令限期改正；逾期不改正的，处10万元以上30万元以下罚款。

第六十七条　外资银行营业性机构违反本条例第四

章有关规定从事经营或者严重违反其他审慎经营规则的，由国务院银行业监督管理机构责令改正，处20万元以上50万元以下罚款；情节特别严重或者逾期不改正的，可以责令停业整顿或者吊销其金融许可证。

第六十八条 外资银行营业性机构违反本条例规定，国务院银行业监督管理机构除依照本条例第六十二条至第六十七条规定处罚外，还可以区别不同情形，采取下列措施：

（一）责令外资银行营业性机构撤换直接负责的董事、高级管理人员和其他直接责任人员；

（二）外资银行营业性机构的行为尚不构成犯罪的，对直接负责的董事、高级管理人员和其他直接责任人员给予警告，并处5万元以上50万元以下罚款；

（三）取消直接负责的董事、高级管理人员一定期限直至终身在中华人民共和国境内的任职资格，禁止直接负责的董事、高级管理人员和其他直接责任人员一定期限直至终身在中华人民共和国境内从事银行业工作。

第六十九条 外国银行代表处违反本条例规定，从事经营性活动的，由国务院银行业监督管理机构责令改正，给予警告，没收违法所得，违法所得50万元以上的，并处违法所得1倍以上5倍以下罚款；没有违法所得或者违法所得不足50万元的，处50万元以上200万元以下罚款；情节严重的，由国务院银行业监督管理机构予以撤销；构成犯罪的，依法追究刑事责任。

第七十条 外国银行代表处有下列情形之一的，由国务院银行业监督管理机构责令改正，给予警告，并处10万元以上30万元以下罚款；情节严重的，取消首席代表一定期限在中华人民共和国境内的任职资格或者要求其代表的外国银行撤换首席代表；情节特别严重的，由国务院银行业监督管理机构予以撤销：

（一）未经批准变更办公场所的；

（二）未按照规定向国务院银行业监督管理机构报送资料的；

（三）违反本条例或者国务院银行业监督管理机构的其他规定的。

第七十一条 外资银行违反中华人民共和国其他法律、法规的，由有关主管机关依法处理。

第七章 附 则

第七十二条 香港特别行政区、澳门特别行政区和台湾地区的金融机构在内地（大陆）设立的银行机构，比照适用本条例。国务院另有规定的，依照其规定。

第七十三条 本条例自2006年12月11日起施行。

2001年12月20日国务院公布的《中华人民共和国外资金融机构管理条例》同时废止。

中华人民共和国外资银行管理条例实施细则

- 2006年11月24日中国银行业监督管理委员会令2006年第6号公布
- 2015年7月1日中国银行业监督管理委员会令2015年第7号第一次修订
- 2019年12月18日中国银行保险监督管理委员会令2019年第6号第二次修订
- 自公布之日起施行

第一章 总 则

第一条 根据《中华人民共和国银行业监督管理法》、《中华人民共和国商业银行法》和《中华人民共和国外资银行管理条例》（以下简称《条例》），制定本细则。

第二条 《条例》所称国务院银行业监督管理机构是指中国银行保险监督管理委员会（以下简称银保监会），所称银行业监督管理机构是指银保监会及其派出机构。

第二章 设立与登记

第三条 《条例》和本细则所称审慎性条件，至少包括下列内容：

（一）具有良好的行业声誉和社会形象；

（二）具有良好的持续经营业绩，资产质量良好；

（三）管理层具有良好的专业素质和管理能力；

（四）具有健全的风险管理体系，能够有效控制各类风险；

（五）具有健全的内部控制制度和有效的管理信息系统；

（六）按照审慎会计原则编制财务会计报告，且会计师事务所对财务会计报告持无保留意见；

（七）无重大违法违规记录和因内部管理问题导致的重大案件；

（八）具有有效的人力资源管理制度，拥有高素质的专业人才；

（九）具有对中国境内机构活动进行管理、支持的经验和能力；

（十）具备有效的资本约束与资本补充机制；

（十一）具有健全的公司治理结构；

（十二）法律、行政法规和银保监会规定的其他审慎性条件。

本条第（九）项、第（十）项、第（十一）项仅适用于外商独资银行及其股东、中外合资银行及其股东以及外国银行。

第四条 《条例》第十一条所称主要股东，是指持有拟设中外合资银行资本总额或者股份总额50%以上，或者不持有资本总额或者股份总额50%以上，但依据拟设中外合资银行章程，符合下列情形的商业银行：

（一）持有拟设中外合资银行半数以上的表决权；

（二）有权控制拟设中外合资银行的财务和经营政策；

（三）有权任免拟设中外合资银行董事会或者类似权力机构的多数成员；

（四）在拟设中外合资银行董事会或者类似权力机构有半数以上投票权。

拟设中外合资银行的主要股东应当将拟设中外合资银行纳入其并表范围。

第五条 有下列情形之一的，不得作为拟设外商独资银行、中外合资银行的股东：

（一）公司治理结构与机制存在明显缺陷；

（二）股权关系复杂或者透明度低；

（三）关联企业众多，关联交易频繁或者异常；

（四）核心业务不突出或者经营范围涉及行业过多；

（五）现金流量波动受经济环境影响较大；

（六）资产负债率、财务杠杆率高于行业平均水平；

（七）以不符合法律、行政法规及监管规定的资金入股；

（八）代他人持有外商独资银行、中外合资银行股权；

（九）其他对拟设银行产生重大不利影响的情形。

第六条 外国银行已在中国境内设立外商独资银行或中外合资银行的，在设立外国银行分行时，除应当具备《条例》和本细则规定的相应条件外，其在中国境内已设外商独资银行或中外合资银行应当具备银保监会规定的审慎性条件。

外国银行已在中国境内设立外国银行分行的，在设立外商独资银行或中外合资银行时，除应当具备《条例》和本细则规定的相应条件外，其在中国境内已设外国银行分行应当具备银保监会规定的审慎性条件。

第七条 外国银行在中国境内增设分行，除应当具备《条例》第九条、第十二条规定的条件外，其在中国境内已设分行应当具备银保监会规定的审慎性条件。

外国银行在中国境内增设代表处，除应当具备《条例》第九条规定的条件外，其在中国境内已设代表处应当

无重大违法违规记录。

第八条 外国银行向中国境内分行拨付的营运资金合并计算。外国银行在中国境内增设分行，如合并计算的营运资金满足最低限额及监管指标要求，该外国银行可以授权中国境内分行按法规规定向增设分行拨付营运资金。

第九条 外商独资银行、中外合资银行设立分行，应当具备银保监会规定的审慎性条件。

第十条 设立外资银行营业性机构，申请人应当自接到批准筹建通知书之日起15日内到拟设机构所在地银保监会派出机构领取开业申请表，开始筹建工作。

逾期未领取开业申请表的，自批准其筹建之日起1年内，银保监会及其派出机构不受理该申请人在中国境内同一城市设立营业性机构的申请。

第十一条 设立外资银行营业性机构，申请人在筹建期内应当完成下列工作：

（一）建立健全公司治理结构，并将公司治理结构说明报送所在地银保监会派出机构（仅限外商独资银行、中外合资银行）；

（二）建立内部控制制度，包括内部组织结构、授权授信、信贷资金管理、资金交易、会计核算、计算机信息管理系统的控制制度和操作规程，并将内控制度和操作规程报送所在地银保监会派出机构；

（三）配备符合业务发展需要的、适当数量的且已接受政策法规及业务知识等相关培训的业务人员，以满足对主要业务风险有效监控、业务分级审批和复查、关键岗位分工和相互牵制等要求；

（四）印制拟对外使用的重要业务凭证和单据，并将样本报送所在地银保监会派出机构；

（五）配备经有关部门认可的安全防范设施，并将有关说明报送所在地银保监会派出机构；

（六）应当聘请在中国境内依法设立的会计师事务所对其内部控制系统、会计系统、计算机系统等进行开业前审计，并将审计报告报送所在地银保监会派出机构。

第十二条 拟设外资银行营业性机构在筹建事项完成后，筹备组负责人应当向拟设机构所在地银保监会派出机构提出开业前验收。拟设机构所在地银保监会派出机构应当在10日内进行验收。验收合格的，应当发给验收合格意见书。验收不合格的，应当书面通知申请人，申请人可以自接到通知书之日起10日后向拟设机构所在地银保监会派出机构提出复验。

第十三条 经验收合格完成筹建工作的，申请人应

当按照外资银行行政许可规章的规定向银保监会或拟设机构所在地银保监会派出机构提交开业申请资料。

第十四条 外资银行营业性机构获准开业后,应当按照有关规定领取金融许可证。

第十五条 外资银行营业性机构应当在规定的期限内开业。逾期未开业的,开业批准文件失效,由开业决定机关注销开业许可,收回其金融许可证,并予以公告。自开业批准文件失效之日起1年内,开业决定机关不受理该申请人在同一城市设立营业性机构的申请。

第十六条 外资银行营业性机构在开业前应当将开业日期书面报送所在地银保监会派出机构。外资银行营业性机构开业前应当予以公告。

第十七条 外国银行将其在中国境内的分行改制为由其总行单独出资的外商独资银行,应当符合《条例》和本细则有关设立外商独资银行的条件,并且具备在中国境内长期持续经营以及对拟设外商独资银行实施有效管理的能力。

第十八条 外国银行将其在中国境内的分行改制为由其总行单独出资的外商独资银行的,经银保监会批准,原外国银行分行的营运资金经合并验资可以转为外商独资银行的注册资本,也可以转回其总行。

第十九条 外国银行将其在中国境内的分行改制为由其总行单独出资的外商独资银行的,应当在拟设外商独资银行筹建期间、办理注册登记手续后予以公告。

第二十条 外国银行代表处应当在办理注册登记手续后予以公告。

外国银行代表处应当自所在地银保监会派出机构批准设立之日6个月内迁入固定的办公场所,超出6个月后仍未迁入固定办公场所办公的,代表处设立批准决定失效。

第二十一条 外国银行代表处迁入固定办公场所后,应当向所在地银保监会派出机构报送下列资料:
(一)代表处基本情况登记表;
(二)外国企业常驻代表机构登记证复印件;
(三)内部管理制度,内容包括代表处的职责安排、内部分工以及内部报告制度等;
(四)办公场所的租赁合同或者产权证明复印件;
(五)配备办公设施以及租赁电信部门数据通讯线路的情况;
(六)公章、公文纸样本以及工作人员对外使用的名片样本;
(七)银保监会要求的其他资料。

第二十二条 外资银行营业性机构合并、分立后的注册资本或者营运资金、业务范围由银保监会重新批准。

第二十三条 外资银行营业性机构临时停业3日以上(含3日)6个月以下,应当及时向银保监会或所在地银保监会派出机构报告,说明临时停业时间、理由及停业期间安排。外资银行营业性机构临时停业的,应当在营业场所外公告,说明临时停业期间的安排。所在地银保监会派出机构应当及时将辖内外资银行营业性机构临时停业情况逐级报送银保监会。

第二十四条 临时停业期限届满或者导致临时停业的原因消除,临时停业机构应当复业。外资银行营业性机构应当在复业后5日内向银保监会或所在地银保监会派出机构报告。营业场所重新修建的,外资银行营业性机构应当向银保监会或所在地银保监会派出机构报送营业场所的租赁或者购买合同意向书的复印件、安全和消防合格情况的说明方可复业。

特殊情况需要延长临时停业期限的,应当按照本细则第二十三条规定重新办理。

第二十五条 外资银行营业性机构有《条例》第二十七条所列情形须变更金融许可证所载内容的,应当根据金融许可证管理的有关规定办理变更事宜。

需要验资的,外资银行营业性机构应当将在中国境内依法设立的会计师事务所出具的验资证明报送银保监会或所在地银保监会派出机构。需要验收的,外资银行营业性机构所在地银保监会派出机构应当进行验收。

外资银行营业性机构持银保监会或所在地银保监会派出机构的批准文件向市场监督管理部门办理变更登记,换领营业执照。

外资银行营业性机构有《条例》第二十七条第(一)项至第(三)项所列情形之一的,应当予以公告。公告应当自营业执照生效之日起30日内完成。

第二十六条 外国银行代表处发生更名、变更办公场所等变更事项,应当在办理变更工商登记手续后予以公告。

第三章 业务范围

第二十七条 《条例》第二十九条第一款第(四)项、第三十一条第一款第(四)项所称承销政府债券包括承销外国政府在中国境内发行的债券。

第二十八条 《条例》第二十九条第一款第(五)项、第三十一条第一款第(五)项所称买卖政府债券、金融债券,买卖股票以外的其他外币有价证券包括但不限于下列外汇投资业务:在中国境外发行的中国和外国政府债券、中国金融机构债券和中国非金融机构债券。

第二十九条 《条例》第二十九条第一款第（十三）项和第三十一条第一款第（十二）项所称资信调查和咨询服务是指与银行业务有关的资信调查和咨询服务。

第三十条 外资银行营业性机构经营下列业务，适用报告制：

（一）托管、存管、保管；

（二）财务顾问等咨询服务；

（三）代客境外理财；

（四）银保监会认可适用报告制的其他业务。

外资银行营业性机构应在开办第一款所列业务后5日内向银保监会或所在地银保监会派出机构报告，提交该项业务的展业计划、风险控制制度、操作规程和系统建设等情况的书面材料。

外资银行营业性机构经营第一款所列业务，依法应获得其他部门许可的，依照其规定办理。

第三十一条 外资银行营业性机构可以依法与母行集团开展境内外业务协作，发挥全球服务优势，为客户在境外发债、上市、并购、融资等活动提供综合金融服务。

外资银行营业性机构应明确自身在母行集团内提供业务协作服务的职责、利润分配机制，并于每年一季度末将上一年度与母行集团业务协作开展情况向银保监会或所在地银保监会派出机构报告。

第三十二条 外国银行分行经营《条例》第三十一条规定的外汇业务，营运资金应当不少于2亿元人民币或者等值的自由兑换货币。

第三十三条 外国银行分行经营《条例》第三十一条规定的外汇业务和人民币业务，营运资金应当不少于3亿元人民币或者等值的自由兑换货币，其中人民币营运资金应当不少于1亿元人民币，外汇营运资金应当不少于2亿元人民币等值的自由兑换货币。

外商独资银行分行、中外合资银行分行营运资金应当与业务规模相适应且拨付到位。

第三十四条 外国银行分行在开办存款业务时应当向客户声明本行存款是否投保存款保险。

第三十五条 外国银行分行改制的由其总行单独出资的外商独资银行可以承继原外国银行分行已经获准经营的全部业务。

第三十六条 外商独资银行、中外合资银行在获准的业务范围内授权其分支机构开展业务。

外国银行分行在获准的业务范围内授权其支行开展业务。

第三十七条 外国银行在中国境内设立多家分行的，如管理行已获准开办衍生产品交易业务，该管理行可以履行管理职责，在评估并确保中国境内其他拟开办衍生产品交易业务的分行满足条件的前提下，授权其开办衍生产品交易业务，并向管理行所在地银保监会派出机构报告。

经管理行授权开办衍生产品交易业务的分行应当满足银行业金融机构开办衍生产品交易业务的相关规定，向所在地银保监会派出机构报告，提供管理行出具的授权书以及开办衍生产品交易业务所需的材料后方可开办衍生产品交易业务。

第三十八条 外资银行营业性机构经营《条例》第二十九条或者第三十一条规定业务范围内的人民币业务，应当进行筹备，并在筹备期内完成以下工作：

（一）配备符合业务发展需要的、适当数量的业务人员；

（二）印制拟对外使用的重要业务凭证和单据；

（三）配备经有关部门认可的安全防范设施；

（四）建立人民币业务的内部控制制度和操作规程；

（五）外资银行营业性机构经营人民币业务需要增加注册资本或者营运资金的，应当聘请在中国境内依法设立的会计师事务所验资，并将验资证明报送所在地银保监会派出机构。

第三十九条 拟设外资银行营业性机构可在筹备开业的同时进行人民币业务的筹备，在提交开业申请时一并提交人民币业务筹备情况的说明。

外资银行营业性机构开业后拟经营人民币业务的，应当在完成人民币业务筹备后，向所在地银保监会派出机构提交人民币业务筹备情况的说明，并按程序办理营业执照变更事宜。

第四十条 外商独资银行分行、中外合资银行分行在其总行业务范围内经授权经营人民币业务。在开展业务前，应当进行筹备，并将总行对其经营人民币业务的授权书报送所在地银保监会派出机构。

第四十一条 外资银行营业性机构在经营人民币业务前，存在股东资质不合规等重大公司治理缺陷或其他重大违法违规情形的，应当在完成整改并经所在地银保监会派出机构认可后方可经营人民币业务。

第四十二条 外资银行营业性机构及其分支机构经营业务范围内的新产品，应当在经营业务后5日内向银保监会或所在地银保监会派出机构书面报告，内容包括新产品介绍、风险特点、内部控制制度和操作规程等。

第四十三条 外资银行营业性机构可以按照有关规定开办同业业务。

第四章 任职资格管理

第四十四条 外资银行的董事、高级管理人员、首席代表在银保监会或者所在地银保监会派出机构核准其任职资格前不得履职。

第四十五条 拟任人有下列情形之一的,不得担任外资银行的董事、高级管理人员和首席代表:

(一)有故意或者重大过失犯罪记录的;

(二)有违反社会公德的不良行为,造成恶劣影响的;

(三)对曾任职机构违法违规经营活动或者重大损失负有个人责任或者直接领导责任,情节严重的;

(四)担任或者曾任被接管、撤销、宣告破产或者吊销营业执照的机构的董事或者高级管理人员的,但能够证明本人对曾任职机构被接管、撤销、宣告破产或者吊销营业执照不负有个人责任的除外;

(五)因违反职业道德、操守或者工作严重失职,造成重大损失或者恶劣影响的;

(六)指使、参与所任职机构不配合依法监管或者案件查处的;

(七)被取消终身的董事和高级管理人员任职资格,或者受到监管机构或者其他金融管理部门处罚累计达到两次以上的;

(八)本人或者配偶负有数额较大的债务且到期未偿还的,包括但不限于在该外资银行的逾期贷款;

(九)存在其他所任职务与拟任职务有明显利益冲突,或者明显分散其履职时间和精力的情形;

(十)不具备本办法规定的任职资格条件,采取不正当手段以获得任职资格核准的;

(十一)法律、行政法规、部门规章规定的不得担任金融机构董事、高级管理人员或者首席代表的;

(十二)银保监会认定的其他情形。

第四十六条 外资银行董事、高级管理人员、首席代表须经任职资格核准的,按照外资银行行政许可规章的规定执行。

第四十七条 拟任人在中国境内的银行业金融机构担任过董事、高级管理人员和首席代表的,银保监会或者所在地银保监会派出机构在核准其任职资格前,可以根据需要征求拟任人原任职机构监管机构的意见。

拟任人原任职机构监管机构应当及时提供反馈意见。

第四十八条 外资银行递交任职资格核准申请资料后,银保监会以及所在地银保监会派出机构可以约见拟任人进行任职前谈话。

第四十九条 银保监会直接监管的外资银行营业性机构董事长、行长离岗连续1个月以上的,应当向银保监会书面报告;其他外资银行营业性机构董事长、行长、分行行长、支行行长、外国银行代表处首席代表离岗连续1个月以上的,应当向所在地银保监会派出机构书面报告。外资银行在提交上述报告的同时,应指定专人代行其职,代为履职时间不得超过6个月。外资银行应当在6个月内选聘符合任职资格条件的人员正式任职。

第五十条 外资银行董事、高级管理人员和首席代表存在下列情形之一的,银保监会及其派出机构可以视情节轻重,取消其一定期限直至终身的任职资格:

(一)被依法追究刑事责任的;

(二)拒绝、干扰、阻挠或者严重影响银保监会及其派出机构依法监管的;

(三)因内部管理与控制制度不健全或者执行监督不力,造成所任职机构重大财产损失,或者导致重大金融犯罪案件发生的;

(四)因严重违法违规经营、内控制度不健全或者长期经营管理不善,造成所任职机构被接管、兼并或者被宣告破产的;

(五)因长期经营管理不善,造成所任职机构严重亏损的;

(六)对已任职的外资银行董事、高级管理人员、首席代表,银保监会及其派出机构发现其任职前有违法、违规或者其他不宜担任所任职务的行为的;

(七)银保监会认定的其他情形。

第五章 监督管理

第五十一条 外资银行营业性机构应当建立与其业务发展相适应的内部控制制度和业务操作规程,并于每年3月末前将内部控制制度和业务操作规程的修订内容报送银保监会或所在地银保监会派出机构。

第五十二条 外商独资银行、中外合资银行应当设置独立的风险管理部门、合规管理部门和内部审计部门。

外国银行分行应当指定专门部门或者人员负责合规工作。

第五十三条 外资银行营业性机构结束内部审计后,应当及时将内审报告报送银保监会或所在地银保监会派出机构,银保监会或所在地银保监会派出机构可以采取适当方式与外资银行营业性机构的内审人员沟通。

第五十四条　外资银行营业性机构应当建立贷款风险分类制度，并将贷款风险分类标准与银保监会规定的分类标准的对应关系报送银保监会或所在地银保监会派出机构。

第五十五条　《条例》第四十条所称资产负债比例管理的规定是指《中华人民共和国商业银行法》第三十九条的规定。

外商独资银行、中外合资银行有关资产负债比例的计算方法执行银行业监管报表指标体系的规定。

第五十六条　外商独资银行、中外合资银行应当建立关联交易管理制度，关联交易必须符合商业原则，交易条件不得优于与非关联方进行交易的条件。

银保监会及其派出机构按照商业银行关联交易有关管理办法的规定对关联方及关联交易进行认定。

第五十七条　外资银行营业性机构应当制定与业务外包相关的政策和管理制度，包括业务外包的决策程序、对外包方的评价和管理、控制银行信息保密性和安全性的措施和应急计划等。

外资银行营业性机构在开展外包活动时，应当定期向银保监会或所在地银保监会派出机构递交外包活动的评估报告。

外资银行营业性机构在开展外包活动时如遇到对业务经营、客户信息安全、声誉等产生重大影响事件，应当及时向银保监会或所在地银保监会派出机构报告。

第五十八条　《条例》第四十四条所称外国银行分行应当按照规定持有一定比例的生息资产是指外国银行分行应按不低于公众负债额的5%持有银保监会指定的生息资产。当外国银行分行持有的银保监会指定的生息资产余额达到营运资金的30%时可以不再增持，但银保监会及其派出机构根据外国银行分行风险状况另有要求的除外。

第一款所称银保监会指定的生息资产包括中国财政部发行的国债、中国人民银行发行的票据、中国政策性银行和开发性银行发行的金融债，在指定机构的1个月以上（含1个月）的定期同业存款，以及银保监会指定的其他资产。上述各项资产不包括已进行质押或者采取其他影响资产支配权处理方式的资产。

第一款所称的公众负债指外国银行分行的各项存款、同业存放（不含境外金融机构存放）、同业拆入（不含从境外金融机构拆入），以及银保监会指定的其他负债。

第二款所称的指定机构是指在中国境内设立的、经营稳健且具有一定实力的、非关联的中资商业银行、外商独资银行、中外合资银行。外国银行分行以定期同业存款形式存在的生息资产应当存放在3家或3家以下指定机构。

外国银行分行应当每日计算并保持规定的生息资产比例，按照外国银行在中国境内分行合并考核。

外国银行分行管理行应当每月向所在地银保监会派出机构报告在中国境内分行持有银保监会指定的生息资产的存在情况。报告内容包括定期同业存款的存放银行、金额、期限和利率，其他生息资产的金额、形式和到期日等。

第五十九条　《条例》第四十五条所称营运资金加准备金等项之和是指营运资金、未分配利润和贷款损失一般准备之和，所称风险资产是指按照有关加权风险资产的规定计算的表内、表外加权风险资产。

《条例》第四十五条所规定的比例，按照外国银行在中国境内分行合并计算，按季末余额考核。外国银行分行管理行应当每季向所在地银保监会派出机构报告。

第六十条　外国银行分行的流动性资产包括现金、黄金、在中国人民银行存款、存放同业、1个月内到期的拆放同业、1个月内到期的借出同业、1个月内到期的境外联行往来及附属机构往来的资产方净额、1个月内到期的应收利息及其他应收款、1个月内到期的贷款、1个月内到期的债券投资、在国内外二级市场上可随时变现的其他债券投资，其他1个月内可变现的资产。上述各项资产中应当扣除预计不可收回的部分。生息资产中用于满足本细则第五十八条最低监管要求的部分不计入流动性资产。

外国银行分行的流动性负债包括活期存款、1个月内到期的定期存款、同业存放、1个月内到期的同业拆入、1个月内到期的借入同业、1个月内到期的境外联行往来及附属机构往来的负债方净额、1个月内到期的应付利息及其他应付款，其他1个月内到期的负债。冻结存款不计入流动性负债。

外国银行分行应当每日计算并保持《条例》第四十六条规定的流动性比例，按照外国银行在中国境内分行合并考核。外国银行分行管理行应当每月向所在地银保监会派出机构报告。

第六十一条　《条例》第四十七条所称境内本外币资产余额、境内本外币负债余额按照以下方法计算：

境内本外币资产余额＝本外币资产总额－境外联行往来（资产）－境外附属机构往来（资产）－境外贷款－存放境外同业－拆放境外同业－买入境外返售资产－境外投

资-其他境外资产。

下列投资不列入境外投资:购买在中国境外发行的中国政府债券、中国金融机构债券和中国非金融机构的债券。

境内本外币负债余额=本外币负债总额-境外联行往来(负债)-境外附属机构往来(负债)-境外存款-境外同业存放-境外同业拆入-卖出境外回购款项-其他境外负债。

《条例》第四十七条的规定按照外国银行在中国境内分行合并考核。

第六十二条 外资银行营业性机构不得虚列、多列、少列资产、负债和所有者权益。

第六十三条 在中国境内设立2家及2家以上外国银行分行的,应当由外国银行总行或者经授权的地区总部指定其中1家分行作为管理行,统筹负责中国境内业务的管理以及中国境内所有分行的合并财务信息和综合信息的报送工作。

外国银行或者经授权的地区总部应当指定管理行行长负责中国境内业务的管理工作,并指定合规负责人负责中国境内业务的合规工作。

第六十四条 外资银行营业性机构应当按照银保监会的规定,每季度末将跨境大额资金流动和资产转移情况报送银保监会或所在地银保监会派出机构。

第六十五条 外资银行营业性机构由总行或者联行转入信贷资产,应当在转入信贷资产后5日内向银保监会或所在地银保监会派出机构报告,提交关于转入信贷资产的金额、期限、分类及担保等情况的书面材料。

第六十六条 外国银行分行有下列情形之一的,应当向该分行或者管理行所在地银保监会派出机构报告:

(一)外国银行分行未分配利润与本年度纯损益之和为负数,且该负数绝对值与贷款损失准备尚未提足部分之和超过营运资金30%的,应当每季度末报告;

(二)外国银行分行对所有大客户的授信余额超过其营运资金8倍的,应当每季度末报告,大客户是指授信余额超过外国银行分行营运资金10%的客户,该指标按照外国银行在中国境内分行季末余额合并计算;

(三)外国银行分行境外联行及附属机构往来的资产方余额超过境外联行及附属机构往来的负债方余额与营运资金之和的,应当每月末报告,该指标按照外国银行在中国境内分行合并计算;

(四)银保监会认定的其他情形。

第六十七条 银保监会及其派出机构对外资银行营业性机构采取的特别监管措施包括以下内容:

(一)约见有关负责人进行警诫谈话;

(二)责令限期就有关问题报送书面报告;

(三)对资金流出境外采取限制性措施;

(四)责令暂停部分业务或者暂停受理经营新业务的申请;

(五)责令出具保证书;

(六)对有关风险监管指标提出特别要求;

(七)要求保持一定比例的经银保监会认可的资产;

(八)责令限期补充资本金或者营运资金;

(九)责令限期撤换董事或者高级管理人员;

(十)暂停受理增设机构的申请;

(十一)对利润分配和利润汇出境外采取限制性措施;

(十二)派驻特别监管人员,对日常经营管理进行监督指导;

(十三)提高有关监管报告与报表的报送频度;

(十四)银保监会采取的其他特别监管措施。

第六十八条 外国银行在中国境内同时设有外商独资银行(或中外合资银行)和外国银行分行的,应当明确各自的功能定位与治理架构,避免利益冲突,建立管理、业务、人员和信息等风险隔离机制,确保各自的机构名称、产品和对外营业场所有所区分,实行自主管理和自主经营。

第六十九条 外资银行营业性机构应当向银保监会或所在地银保监会派出机构及时报告下列重大事项:

(一)财务状况和经营活动出现重大问题;

(二)经营策略的重大调整;

(三)除不可抗力原因外,外资银行营业性机构在法定节假日以外的日期暂停营业2日以内,应当向银保监会或所在地银保监会派出机构书面报告;

(四)外商独资银行、中外合资银行的重要董事会决议;

(五)外国银行分行的总行、外商独资银行或者中外合资银行股东的章程、注册资本和注册地址的变更;

(六)外国银行分行的总行、外商独资银行或者中外合资银行股东的合并、分立等重组事项以及董事长或者行长(首席执行官、总经理)的变更;

(七)外国银行分行的总行、外商独资银行或者中外合资银行股东的财务状况和经营活动出现重大问题;

(八)外国银行分行的总行、外商独资银行或者中外合资银行股东发生重大案件;

（九）外国银行分行的总行、外商独资银行或者中外合资银行外方股东所在国家或者地区以及其他海外分支机构所在国家或者地区金融监管当局对其实施的重大监管措施；

（十）外国银行分行的总行、外商独资银行或者中外合资银行外方股东所在国家或者地区金融监管法规和金融监管体系的重大变化；

（十一）银保监会要求报告的其他事项。

第七十条 外国银行代表处应当及时向所在地银保监会派出机构报告其所代表的外国银行发生的下列重大事项：

（一）章程、注册资本或者注册地址变更；

（二）外国银行的合并、分立等重组事项以及董事长或者行长（首席执行官、总经理）变更；

（三）财务状况或者经营活动出现重大问题；

（四）发生重大案件；

（五）所在国家或者地区金融监管当局对其实施的重大监管措施；

（六）其他对外国银行经营产生重大影响的事项。

第七十一条 非外资银行在中国境内机构正式员工，在该机构连续工作超过20日或者在90日内累计工作超过30日的，外资银行应当向银保监会或所在地银保监会派出机构报告。

第七十二条 外商独资银行、中外合资银行和在中国境内设立2家及2家以上分行的外国银行，应当在每个会计年度结束后聘请在中国境内依法设立的会计师事务所对该机构在中国境内所有营业性机构进行并表或者合并审计，并在会计年度结束后4个月内将审计报告和管理建议书报送银保监会或外商独资银行、中外合资银行总行或者管理行所在地银保监会派出机构。

外国银行分行应当在每个会计年度结束后聘请在中国境内依法设立的会计师事务所进行审计，并在会计年度结束后4个月内将审计报告和管理建议书报送所在地银保监会派出机构。

第七十三条 外资银行营业性机构聘请在中国境内依法设立的会计师事务所进行年度或者其他项目审计1个月前，应当将会计师事务所及其参加审计的注册会计师的基本资料报送银保监会或所在地银保监会派出机构。

第七十四条 外商独资银行、中外合资银行的年度审计应当包括以下内容：资本充足情况、资产质量、公司治理情况、内部控制情况、盈利情况、流动性和市场风险管理情况等。

外国银行分行的年度审计应当包括以下内容：财务报告、风险管理、营运控制、合规经营情况和资产质量等。

第七十五条 银保监会及其派出机构在必要时可以指定会计师事务所对外资银行营业性机构的经营状况、财务状况、风险状况、内部控制制度及执行情况等进行审计。

第七十六条 银保监会及其派出机构可以要求外资银行营业性机构更换专业技能和独立性达不到监管要求的会计师事务所。

第七十七条 外商独资银行、中外合资银行应当在会计年度结束后6个月内向银保监会或其总行所在地银保监会派出机构报送外商独资银行及其股东、中外合资银行及其股东的年报。

外国银行分行及外国银行代表处应当在其总行会计年度结束后6个月内向所在地银保监会派出机构报送其总行的年报。

第七十八条 外国银行代表处应当于每年2月末前按照银保监会规定的格式向所在地银保监会派出机构报送上年度工作报告和本年度工作计划。

第七十九条 外国银行代表处应当具备独立的办公场所、办公设施和专职工作人员。

第八十条 外国银行代表处应当配备合理数量的工作人员，工作人员的职务应当符合代表处工作职责。

第八十一条 外国银行代表处应当建立会计账簿，真实反映财务收支情况，其成本以及费用开支应当符合代表处工作职责。

外国银行代表处不得使用其他企业、组织或者个人的账户。

第八十二条 外国银行代表处不得在其电脑系统中使用与代表处工作职责不符的业务处理系统。

第八十三条 本细则要求报送的资料，除年报外，凡用外文书写的，应当附有中文译本。外资银行营业性机构的内部控制制度、业务操作规程、业务凭证样本应当附有中文译本；其他业务档案和管理档案相关文件如监管人员认为有必要的，也应当附有中文译本。特殊情况下，银保监会及其派出机构可以要求有关中文译本经外国银行分行的总行、外商独资银行或者中外合资银行的外方股东所在国家或者地区认可的机构公证，并且经中国驻该国使馆、领馆认证。

第八十四条 外资银行应当遵守反洗钱和反恐怖融资相关法律法规。

第六章 终止与清算

第八十五条 《条例》第五十八条所称自行终止包括下列情形：

（一）外商独资银行、中外合资银行章程规定的营业期限届满或者其他解散事由出现的；

（二）外商独资银行、中外合资银行股东会决定解散的；

（三）外商独资银行、中外合资银行因合并或者分立需要解散的；

（四）外国银行、外商独资银行、中外合资银行关闭在中国境内分行的。

第八十六条 自银保监会批准外商独资银行、中外合资银行解散或者外国银行、外商独资银行、中外合资银行关闭在中国境内分行的决定生效之日起，被批准解散、关闭的机构应当立即停止经营活动，交回金融许可证，并在15日内成立清算组。

第八十七条 清算组成员包括行长（总经理）、会计主管、中国注册会计师以及银保监会指定的其他人员。外商独资银行、中外合资银行清算组还应当包括股东代表和董事长。清算组成员应当报经银保监会或所在地银保监会派出机构同意。

第八十八条 清算组应当书面通知市场监督管理部门、税务机关、人力资源社会保障部门等有关部门。

第八十九条 外商独资银行、中外合资银行自行解散或者外商独资银行、中外合资银行和外国银行关闭其在中国境内分行涉及的其他清算事宜按照《中华人民共和国公司法》的有关规定执行。

第九十条 银保监会或其派出机构负责监督被解散或者关闭的外资银行营业性机构及其分支机构解散与清算过程。重大事项和清算结果应逐级报至银保监会。

第九十一条 清算组应当自成立之日起30日内聘请在中国境内依法设立的会计师事务所进行审计，自聘请之日起60日内向银保监会或所在地银保监会派出机构报送审计报告。

第九十二条 解散或者关闭清算过程中涉及外汇审批或者核准事项的，应当经国家外汇管理局及其分局批准。

第九十三条 清算组在清偿债务过程中，应当在支付清算费用、所欠职工工资和劳动保险费后，优先支付个人储蓄存款的本金和利息。

第九十四条 清算组应当在每月10号前向银保监会或所在地银保监会派出机构报送有关债务清偿、资产处置、贷款清收、销户等情况的报告。

第九十五条 外国银行分行完成清算后，应当在提取生息资产5日前向所在地银保监会派出机构报告，提交清算完成情况的报告、税务注销证明等书面材料。

第九十六条 清算工作结束后，清算组应当制作清算报告，报送银保监会或所在地银保监会派出机构确认，报送市场监督管理部门申请注销工商登记，并予以公告。清算组应当将公告内容在公告日3日前书面报至银保监会或所在地银保监会派出机构。

第九十七条 清算后的会计档案及业务资料依照有关规定处理。

第九十八条 自外国银行分行清算结束之日起2年内，银保监会及其派出机构不受理该外国银行在中国境内同一城市设立营业性机构的申请。

第九十九条 外商独资银行、中外合资银行有违法违规经营、经营管理不善等情形，不予撤销将严重危害金融秩序、损害社会公众利益的，由银保监会依法予以撤销。

银保监会责令关闭外国银行分行的，按照《中华人民共和国公司法》的有关规定执行。

第一百条 外商独资银行、中外合资银行因不能支付到期债务，自愿或者应其债权人要求申请破产，或者因解散而清算，清算组在清理财产、编制资产负债表和财产清单后，发现外商独资银行、中外合资银行财产不足清偿债务须申请破产的，经银保监会批准，应当立即向人民法院申请宣告破产。外商独资银行、中外合资银行经人民法院裁定宣告破产后，清算组应当将清算事务移交给人民法院。

第一百零一条 外国银行将其在中国境内的分行改制为由其总行单独出资的外商独资银行的，原外国银行分行应当在外商独资银行开业后交回金融许可证，并依法向市场监督管理部门办理注销登记。

第一百零二条 经批准关闭的代表处应当在依法办理注销登记手续后15日内予以公告，并将公告内容报送所在地银保监会派出机构。

第七章 附　则

第一百零三条 本细则中的"日"指工作日。

第一百零四条 银保监会对直接监管的外资银行承担监管主体责任，并指导派出机构开展外资银行监管工作。

第一百零五条 外资银行违反本细则的，银保监会按照《条例》和其他有关规定对其进行处罚。

外资金融机构驻华代表机构管理办法

- 2002年6月13日中国人民银行令〔2002〕第8号公布
- 自2002年7月18日起施行

第一章 总 则

第一条 为适应对外开放和经济发展的需要,加强对外资金融机构驻华代表机构的管理,根据《中华人民共和国外资金融机构管理条例》的有关规定,制定本办法。

第二条 本办法所称外资金融机构,包括外国金融机构和在中国境内注册设立的外资金融机构。

外国金融机构是指在中华人民共和国境外注册并经所在国家或地区金融监管当局或行业协会认可的金融机构。

在中国境内注册设立的外资金融机构包括:总行在中国境内的外国资本的银行,外国的金融机构同中国的公司、企业在中国境内合资经营的银行,总公司在中国境内的外国资本的财务公司、货币经纪公司、信用卡公司,外国的金融机构同中国的公司、企业在中国境内合资经营的财务公司、货币经纪公司、信用卡公司以及其他经中国人民银行批准成立的外资金融机构。

本办法所称外资金融机构代表机构(以下简称"代表机构"),包括外资金融机构在中国境内设立并从事咨询、联络和市场调查等非经营性活动的代表处、总代表处。代表处的主要负责人称首席代表,总代表处的主要负责人称总代表。

第三条 代表机构必须遵守中华人民共和国法律、法规,其合法权益受中华人民共和国法律保护。

第二章 申请与设立

第四条 外国金融机构设立代表处,申请人应当具备下列条件:

(一)申请人所在国家或地区有完善的金融监督管理制度;

(二)申请人是由其所在国家或地区金融监管当局批准设立的金融机构,或者是金融性行业协会会员;

(三)申请人经营状况良好,无重大违法违规记录;

(四)中国人民银行规定的其他审慎性条件。

在中国境内注册设立的外资金融机构设立代表处,申请人应具备上述(三)、(四)项条件。

第五条 申请设立代表处,申请人应向拟设机构所在地中国人民银行分支机构领取申请表,并将填写好的申请表附下列资料提交拟设机构所在地中国人民银行分支机构:

(一)由董事长或行长(首席执行官、总经理)签署的致中国人民银行行长的申请书;

(二)所在国家或地区有关主管当局核发的营业执照(复印件)或合法开业证明(复印件);

(三)公司章程、董事会成员及最大10家股东名单或主要合伙人名单;

(四)申请前3年的年报;

(五)由所在国家或地区金融监管当局出具的对其在中国境内设立代表处的意见书,或者由所在行业协会出具的推荐信;

(六)拟任首席代表的身份证明、学历证明、简历及由拟任人签字的有无不良记录的陈述书;

(七)由董事长或行长(首席执行官、总经理)或其授权签字人签署的委任首席代表的授权书;

(八)中国人民银行要求提交的其他资料。

在中国境内注册的外资金融机构提交的资料中不包括本条第(五)项规定的资料。

第六条 本办法要求提交的资料,除年报外,凡用外文书写的,应当附有中文译本。

其中"授权书"、"营业执照(复印件)"或"开业证明(复印件)"须经所在国家或地区认可的公证机构公证,或经中国驻该国大使馆或领事馆认证。

第七条 中国人民银行分支机构对外资金融机构提交的申请资料初审后,报中国人民银行总行审查批准。

第八条 代表处的名称由下列部分组成,依次为:外资金融机构名称、所在城市名称和"代表处"字样。

第九条 在中国境内已设立5个或5个以上分支机构的外国金融机构,可申请设立总代表处。

总代表处的申请设立程序及管理与代表处相同。

总代表处的名称由下列部分组成,依次为:外国金融机构名称、"驻中国总代表处"字样。

第十条 总代表处总代表以及代表处首席代表的任职资格适用核准制。

中国人民银行总行负责核准或取消总代表处总代表、代表处首席代表的任职资格。

第十一条 担任总代表处总代表、代表处首席代表应具备下列条件:

(一)担任总代表处总代表,一般应具有5年以上从事金融或相关经济工作经历,并有3年以上担任业务部门经理或相当于业务部门经理以上职位的经验;

(二)担任代表处首席代表,一般应具有3年以上的金融或相关经济工作经历;

（三）具备大学本科以上（包括本科）学历。若不具备大学本科及以上学历，担任总代表处总代表须相应增加6年从事金融或相关经济工作经历的年限；担任代表处首席代表须相应增加3年从事金融或相关经济工作经历的年限。

第十二条　申请更换代表机构总代表、首席代表的，应由外资金融机构向代表机构所在地中国人民银行分支机构提交以下资料：

（一）外资金融机构授权签字人签署的致中国人民银行行长的申请书；

（二）外资金融机构授权签字人签署的授权书；

（三）拟任人的简历；

（四）拟任人身份证明、学历证明的复印件；

（五）由拟任人签字的有无不良记录的陈述书；

（六）中国人民银行要求的其他资料。

第十三条　中国人民银行分支机构对外资金融机构提交的申请更换代表机构总代表、首席代表的资料初审后，报中国人民银行总行核准。

第十四条　经批准设立的代表机构，由中国人民银行总行颁发批准证书，有效驻在期限为6年。

代表机构应当在获得批准证书后按有关规定到工商行政管理部门办理登记注册。代表机构未在规定期限内办理的，须向中国人民银行提交由其代表的外资金融机构董事长或行长（首席执行官、总经理）签署的重新办理申请书，重新办理批准证书。

代表机构必须在得到中国人民银行批准之日起6个月内迁入固定的办公场所，超出6个月后原设立批准自动失效。

第三章　监督管理

第十五条　代表机构及其工作人员，不得与任何单位或自然人签订可能给代表机构或其代表的外资金融机构带来收入的协议或契约，不得从事任何形式的经营性活动。

第十六条　代表机构设立、终止、变更和展期应于办理工商登记后15日内在中国人民银行总行指定的报纸上公告，并向所在地中国人民银行分支机构报告。

第十七条　代表机构须有独立的办公场所、办公设施和专职工作人员。

第十八条　代表机构总代表、首席代表的任职期限一般应在2年以上，任职期内不得兼任其他经营性组织的管理职务。

总代表、首席代表应当常驻代表机构主持日常工作，离职连续1个月以上，应当指定专人代行其职，并报告所在地中国人民银行分支机构。离职连续3个月以上的，如无特殊理由，其所任职务须更换人选，并报中国人民银行总行核准。

第十九条　代表机构应于每年2月底前向所在地中国人民银行分支机构提交上年度工作报告，由中国人民银行分支机构转报中国人民银行总行。

代表机构工作报告应当按照中国人民银行规定的格式用中文填写。

第二十条　代表机构应在其代表的外资金融机构会计年度结束后6个月内向所在地中国人民银行分支机构提供该外资金融机构年报。

第二十一条　设立代表机构的外国金融机构发生下列重大事项，代表机构应及时向其所在地中国人民银行分支机构报告，由所在地中国人民银行分支机构转报中国人民银行总行：

（一）章程、注册资本或注册地址变更；

（二）机构重组、股权变更或主要负责人变更；

（三）经营发生严重损失；

（四）发生重大案件；

（五）外国金融机构所在国家或地区监管当局对其实施的重大监管措施；

（六）其他对外国金融机构经营产生重大影响的事项。

第二十二条　外资金融机构因合并、分立等重组原因成立新机构而变更其在中国境内代表机构名称的，应事先向中国人民银行总行提出申请，并提交以下资料：

（一）由新机构董事长或行长（首席执行官、总经理）签署的申请书；

（二）新机构所在国家或地区金融监管当局同意其机构重组的批准书；

（三）新机构合并财务报表；

（四）新机构的章程、董事会成员及最大十家股东或主要合伙人名单；

（五）新机构所在国家或地区有关主管当局核发的营业执照（复印件）或合法开业证明（复印件）；

（六）新机构在中国境内代表机构的首席代表或总代表的简历、学历、身份证明以及有无不良记录的陈述书；

（七）新机构董事长或行长（首席执行官、总经理）或其授权签字人签署的对中国境内代表机构首席代表或总代表的授权书；

（八）中国人民银行要求提交的其他资料。

外资金融机构应同时将上述资料（复印件）报代表机构所在地中国人民银行分支机构。

第二十三条 外资金融机构因其他原因变更其在中国境内代表机构名称的，须向中国人民银行总行提交由外资金融机构董事长或行长（首席执行官、总经理）签署的申请书，同时将申请书复印件提交代表机构所在地中国人民银行分支机构。

第二十四条 外资金融机构获得中国人民银行同意其变更中国境内代表机构名称的批准书后，应按有关规定到工商行政管理部门办理变更登记手续。

第二十五条 代表机构有下列情况之一的，应当报所在地中国人民银行分行批准：

（一）代表机构展期。应当在该代表机构有效驻在期满前2个月提交由该外资金融机构授权签字人签署的申请书和由代表机构首席代表或总代表签署的该代表机构最近3年的工作报告，报所在地中国人民银行分行、营业管理部审批。代表处每次展期时限为6年。

（二）变更地址。应提交由代表机构首席代表或总代表签署的地址迁移申请书，由所在地中国人民银行分行、营业管理部审批，并报告中国人民银行总行。代表机构须在获得批准后3个月内迁入新址。

第四章　代表机构终止

第二十六条 申请关闭代表机构，应将由外资金融机构董事长或行长（首席执行官、总经理）签署的致中国人民银行行长的申请书提交其所在地中国人民银行分支机构，所在地中国人民银行分支机构初审后，转报中国人民银行总行审查批准。经批准后，向工商行政管理部门申请注销登记，并到有关部门办理相关手续。

第二十七条 代表处经中国人民银行批准升格为营业性分支机构或总代表处后，原代表处自行关闭，并向工商行政管理部门申请注销登记。

第二十八条 代表处关闭或被中国人民银行依法撤销后，凡设有总代表处的，由其总代表处负责未了事宜；总代表处以及没有设立总代表处的代表处关闭或被中国人民银行依法撤销后，其未了事宜由其代表的外资金融机构负责处理。

第五章　罚　则

第二十九条 单位或自然人违反本办法规定，未经中国人民银行批准擅自设立外资金融机构驻华代表机构的，包括在固定办公场所悬挂本办法第九条规定的名称匾牌的，由中国人民银行依法予以取缔；构成犯罪的，依法追究其刑事责任。

第三十条 外资金融机构未经中国人民银行批准擅自设立代表机构的，中国人民银行自该代表机构被取缔之日起5年内不受理其提出在中国境内设立代表机构或其他营业性机构的申请。

第三十一条 代表机构未按规定期限向所在地中国人民银行分支机构提交本办法第十九条、第二十条、第二十一条规定的报告或材料的，由所在地中国人民银行分支机构给予警告；连续2年内不提供报告或材料的，由所在地中国人民银行分支机构报请中国人民银行总行予以撤销。

第三十二条 代表机构及其工作人员违反本办法第十五条规定从事金融业务活动的，由中国人民银行按《金融违法行为处罚办法》的有关规定给予处罚；从事金融业务以外的经营性活动，由中国人民银行给予警告，情节严重的，撤销该代表机构。

第三十三条 代表机构未在有效驻在期满2个月前提交展期申请的，应向所在地中国人民银行分支机构提交其代表的外资金融机构出具的道歉函，解释未在规定期限内提出展期申请的原因。

代表机构所在地中国人民银行分行（营业管理部）根据具体情况作出是否批准展期的决定。

第三十四条 有下列情形之一的，中国人民银行可视情节轻重及后果，取消代表机构首席代表或总代表一定期限直至终身的任职资格：

（一）代表机构或其工作人员从事金融业务活动或其他经营性活动；

（二）代表机构提供虚假信息或隐瞒重要事实的资料，情节严重的；

（三）代表机构违反本办法第二十条、第二十一条规定，不按时向中国人民银行报送年度报告及代表的外资金融机构发生的重大事项；

（四）首席代表或总代表被依法追究刑事责任；

（五）代表机构拒绝、干扰、阻挠或严重影响中国人民银行依法监管；

（六）对已任职的总代表、首席代表，中国人民银行如发现其任职前有违法、违规或其他不宜担任高级管理人员的情形。

第三十五条 代表机构提供虚假信息或隐瞒重要事实的资料，由中国人民银行予以警告。

第三十六条 违反本办法其他规定的，由中国人民银行予以警告或建议其代表的外资金融机构更换首席代表或总代表。

第六章 附 则

第三十七条 香港特别行政区、澳门特别行政区和台湾地区的金融机构及其在内地设立的独资银行、合资银行、独资财务公司、合资财务公司设立代表机构,比照适用本办法。

第三十八条 本办法自 2002 年 7 月 18 日起施行。中国人民银行 1996 年 4 月 29 日发布的《外国金融机构驻华代表机构管理办法》同时废止。

第三十九条 本办法由中国人民银行负责解释。

中国银保监会外资银行行政许可事项实施办法

· 2019 年 12 月 26 日中国银行保险监督管理委员会令 2019 年第 10 号公布
· 根据 2022 年 9 月 2 日《中国银保监会关于修改部分行政许可规章的决定》修正

第一章 总 则

第一条 为规范银保监会及其派出机构实施外资银行行政许可行为,明确行政许可事项、条件、程序和期限,保护申请人合法权益,根据《中华人民共和国银行业监督管理法》《中华人民共和国商业银行法》《中华人民共和国行政许可法》和《中华人民共和国外资银行管理条例》等法律、行政法规及国务院有关决定,制定本办法。

第二条 本办法所称外资银行包括:外商独资银行、中外合资银行、外国银行分行和外国银行代表处。外商独资银行、中外合资银行、外国银行分行统称外资银行营业性机构。外国银行代表处是指受银保监会监管的银行类代表处。

第三条 银保监会及其派出机构依照本办法和银保监会有关行政许可实施程序的规定,对外资银行实施行政许可。

第四条 外资银行下列事项应当经银保监会及其派出机构行政许可:机构设立、机构变更、机构终止、业务范围、董事和高级管理人员任职资格,以及法律、行政法规规定和国务院决定的其他行政许可事项。

第五条 本办法所称审慎性条件,至少包括下列内容:

(一)具有良好的行业声誉和社会形象;
(二)具有良好的持续经营业绩,资产质量良好;
(三)管理层具有良好的专业素质和管理能力;
(四)具有健全的风险管理体系,能够有效控制各类风险;
(五)具有健全的内部控制制度和有效的管理信息系统;
(六)按照审慎会计原则编制财务会计报告,且会计师事务所对财务会计报告持无保留意见;
(七)无重大违法违规记录和因内部管理问题导致的重大案件;
(八)具有有效的人力资源管理制度,拥有高素质的专业人才;
(九)具有对中国境内机构活动进行管理、支持的经验和能力;
(十)具备有效的资本约束与资本补充机制;
(十一)具有健全的公司治理结构;
(十二)法律、行政法规和银保监会规定的其他审慎性条件。

本条第(九)项、第(十)项、第(十一)项仅适用于外商独资银行及其股东、中外合资银行及其股东以及外国银行。

第六条 外资银行名称应当包括中文名称和外文名称。外国银行分行和外国银行代表处的中文名称应当标明该外国银行的国籍及责任形式。国籍以外国银行注册地为准,如外国银行名称已体现国籍,可不重复。如外国银行的责任形式为无限责任,可在中文名称中省略责任形式部分。香港特别行政区、澳门特别行政区、台湾地区的银行在内地(大陆)设立的分支机构的中文名称只须标明责任形式。

第七条 本办法要求提交的资料,除年报外,凡用外文书写的,应当附有中文译本。以中文和英文以外文字印制的年报应当附有中文或者英文译本。

本办法所称年报应当经审计,并附申请人所在国家或者地区认可的会计师事务所出具的审计意见书。

第八条 本办法要求提交的资料,如要求由授权签字人签署,应当一并提交该授权签字人的授权书,但授权签字人为董事长或行长(首席执行官、总经理)的除外。

本办法要求提交的营业执照复印件、经营金融业务许可文件复印件、授权书、外国银行对其在中国境内分行承担税务和债务责任的保证书,应当经所在国家或者地区认可的机构公证,并且经中国驻该国使馆、领馆认证,法律法规另有规定的,依照其规定。中国境内公证机构出具的公证材料无须认证。

银保监会视情况需要,可以要求申请人报送的其他申请资料经所在国家或者地区认可的机构公证,并且经中国驻该国使馆、领馆认证。

第二章 机构设立

第一节 外商独资银行、中外合资银行设立

第九条 拟设立的外商独资银行、中外合资银行应当具备下列条件:

(一)具有符合《中华人民共和国公司法》《中华人民共和国商业银行法》和《中华人民共和国外资银行管理条例》规定的章程;

(二)注册资本应当为实缴资本,最低限额为10亿元人民币或者等值的自由兑换货币,资金来源合法;

(三)具有符合任职资格条件的董事、高级管理人员和熟悉银行业务的合格从业人员;

(四)具有健全的组织机构和管理制度;

(五)具有有效的反洗钱和反恐怖融资内部控制制度;

(六)具有与业务经营相适应的营业场所、安全防范措施和其他设施;

(七)具有与业务经营相适应的信息科技架构,具有支撑业务经营的必要、安全且合规的信息科技系统,具备保障信息科技系统有效安全运行的技术与措施。

第十条 拟设外商独资银行、中外合资银行的股东,应当具备下列条件:

(一)具有持续盈利能力,信誉良好,无重大违法违规记录;

(二)具备有效的反洗钱制度,但中方非金融机构股东除外;

(三)外方股东具有从事国际金融活动的经验,受到所在国家或者地区金融监管机构的有效监管,并且其申请经所在国家或者地区金融监管机构同意;

(四)本办法第五条规定的审慎性条件。

拟设外商独资银行的股东、中外合资银行的外方股东所在国家或者地区应当经济状况良好,具有完善的金融监督管理制度,并且其金融监管机构已经与银保监会建立良好的监督管理合作机制。

第十一条 拟设外商独资银行的股东应当为金融机构,除应当具备本办法第十条规定的条件外,其中唯一或者控股股东还应当具备下列条件:

(一)为商业银行;

(二)资本充足率符合所在国家或者地区金融监管机构以及银保监会的规定。

第十二条 拟设中外合资银行的股东除应当具备本办法第十条规定的条件外,外方股东应当为金融机构,且外方唯一或者主要股东还应当具备下列条件:

(一)为商业银行;

(二)资本充足率符合所在国家或者地区金融监管机构以及银保监会的规定。

第十三条 本办法第十二条所称外方唯一或者主要股东,是指持有中外合资银行资本总额或者股份总额50%以上的商业银行,或者不持有资本总额或者股份总额50%以上,但依据拟设中外合资银行章程,符合下列情形的商业银行:

(一)持有拟设中外合资银行半数以上的表决权;

(二)有权控制拟设中外合资银行的财务和经营政策;

(三)有权任免拟设中外合资银行董事会或者类似权力机构的多数成员;

(四)在拟设中外合资银行董事会或者类似权力机构有半数以上投票权。

中外合资银行应当由其主要股东纳入并表范围。

第十四条 拟设中外合资银行的中方股东为金融机构的,除应当具备本办法第十条规定的条件外,还应当具备下列条件:

(一)主要审慎监管指标符合监管要求;

(二)公司治理良好,内部控制健全有效;

(三)最近3个会计年度连续盈利;

(四)社会声誉良好,无重大违法违规记录和因内部管理问题导致的重大案件,或者相关违法违规及内部管理问题已整改到位并经金融监管机构认可;

(五)受到金融监管机构的有效监管,并且其申请经相关金融监管机构同意;

(六)银保监会规章规定的其他审慎性条件。

第十五条 拟设中外合资银行的中方股东为非金融机构的,除应当具备本办法第十条规定的条件外,还应当具备下列条件:

(一)具有良好的公司治理结构;

(二)具有良好的社会声誉、诚信记录和纳税记录,能按期足额偿还金融机构的债务本金和利息;

(三)具有较强的经营管理能力和资金实力;

(四)财务状况良好,最近3个会计年度连续盈利;

(五)年终分配后,净资产达到全部资产的30%(合并会计报表口径);

(六)权益性投资余额不超过本企业净资产的50%

(合并会计报表口径),银保监会认可的投资公司和控股公司等除外;

(七)入股资金为自有资金,不得以委托资金、债务资金等非自有资金入股,法律法规另有规定的除外;

(八)银保监会规章规定的其他审慎性条件。

第十六条 单一中方非金融机构在中外合资银行的持股比例应当符合银保监会的规定。股东及其关联方、一致行动人在中外合资银行的持股比例合并计算。

第十七条 有下列情形之一的,不得作为外商独资银行、中外合资银行的股东:

(一)公司治理结构与机制存在明显缺陷;

(二)股权关系复杂或者透明度低;

(三)关联企业众多,关联交易频繁或者异常;

(四)核心业务不突出或者经营范围涉及行业过多;

(五)现金流量波动受经济环境影响较大;

(六)资产负债率、财务杠杆率高于行业平均水平;

(七)以不符合法律、行政法规及监管规定的资金入股;

(八)代他人持有外商独资银行、中外合资银行股权;

(九)其他对拟设银行产生重大不利影响的情形。

第十八条 设立外商独资银行、中外合资银行分为筹建和开业两个阶段。

第十九条 筹建外商独资银行、中外合资银行的申请,由拟设机构所在地银保监局受理和初审,银保监会审查和决定。

申请筹建外商独资银行、中外合资银行,申请人应当向拟设机构所在地银保监局提交申请资料,同时抄送拟设机构所在地银保监分局。

拟设机构所在地银保监局应当自受理之日起 20 日内将申请资料连同审核意见报送银保监会。银保监会应当自银保监局受理之日起 6 个月内,作出批准或者不批准筹建的决定,并书面通知申请人。决定不批准的,应当说明理由。特殊情况下,银保监会可以适当延长审查期限,并书面通知申请人,但延长期限不得超过 3 个月。

第二十条 申请筹建外商独资银行、中外合资银行,申请人应当向拟设机构所在地银保监局提交下列申请资料(一式两份),同时抄送拟设机构所在地银保监分局(一份):

(一)各股东董事长或者行长(首席执行官、总经理)联合签署的筹建申请书,内容包括拟设机构的名称、所在地、注册资本、申请经营的业务种类、各股东名称和出资比例等;

(二)可行性研究报告及筹建计划书,内容至少包括申请人的基本情况、对拟设机构的市场前景分析、业务发展规划、组织管理结构、开业后 3 年的资产负债规模和盈亏预测,与业务经营相关的信息系统、数据中心及网络建设初步规划,以及筹建期内完成各项筹建工作的安排。

申请人在中国境内已设立外国银行分行的,应当确保拟设外商独资银行或者中外合资银行与已设外国银行分行在机构名称、营业地址、业务系统、人员配备等方面有所区分,并在筹建计划书中说明;

(三)拟设机构的章程草案;

(四)拟设机构各股东签署的合资经营合同,但单一股东的外商独资银行除外;

(五)拟设机构各股东的章程;

(六)拟设机构各股东及其所在集团的组织结构图,主要股东及其控股股东、实际控制人、最终受益人名单及其无故意或者重大过失犯罪记录的声明,海外分支机构和关联企业名单;

(七)拟设机构各股东最近 3 年的年报;

(八)拟设机构各股东的反洗钱制度,中方股东为非金融机构的,可不提供反洗钱制度;

(九)拟设机构各股东签署的在中国境内长期持续经营并对拟设机构实施有效管理的承诺函;

(十)拟设机构外方股东所在国家或者地区金融监管机构核发的营业执照或者经营金融业务许可文件的复印件及对其申请的意见书;拟设机构中方股东为金融机构的,应当提交相关金融监管机构对其申请的意见书;

(十一)初次设立外商独资银行、中外合资银行的,应当报送外方股东所在国家或者地区金融体系情况和有关金融监管法规的摘要;

(十二)银保监会要求的其他资料。

第二十一条 申请人应当自收到筹建批准文件之日起 15 日内到拟设机构所在地银保监局领取开业申请表,开始筹建工作。筹建期为自获准筹建之日起 6 个月。

申请人未在 6 个月内完成筹建工作,应当在筹建期届满前 1 个月向拟设机构所在地银保监局报告。筹建延期的最长期限为 3 个月。

申请人应当在前款规定的期限届满前提交开业申请,逾期未提交的,筹建批准文件失效。

第二十二条 拟设外商独资银行、中外合资银行完成筹建工作后,应当向拟设机构所在地银保监局申请验收。经验收合格的,可以申请开业。外商独资银行、中外合资银行开业的申请,由拟设机构所在地银保监局受理、审查和决定。

拟设外商独资银行、中外合资银行申请开业,应当向拟设机构所在地银保监局提交申请资料,同时抄送拟设机构所在地银保监分局。拟设机构所在地银保监局应当自受理之日起 2 个月内,作出批准或者不批准开业的决定,并书面通知申请人,同时抄报银保监会。决定不批准的,应当说明理由。

第二十三条 拟设外商独资银行、中外合资银行申请开业,应当将下列申请资料报送拟设机构所在地银保监局(一式两份),同时抄送拟设机构所在地银保监分局(一份):

(一)筹备组负责人签署的开业申请书,内容包括拟设机构的名称、住所、注册资本、业务范围、各股东及其持股比例、拟任董事长和行长(首席执行官)的姓名等;与拟设外商独资银行、中外合资银行在同一城市设有代表处的,应当同时申请关闭代表处;

(二)开业申请表;

(三)拟任董事长、行长(首席执行官)任职资格核准所需的相关资料;

(四)开业前审计报告和法定验资机构出具的验资证明;

(五)拟设机构组织结构图、各岗位职责描述、内部授权和汇报路线;

(六)拟在开业时经营人民币业务的,还应当提交人民币业务筹备情况的说明,包括内部控制制度和操作规程等;

(七)拟设机构人员名单、简历和培训记录;

(八)拟设机构的章程草案以及在中国境内依法设立的律师事务所出具的对章程草案的法律意见书;

(九)营业场所安全、消防设施合格情况的说明;

(十)营业场所的所有权证明、使用权证明或者租赁合同的复印件;

(十一)拟设机构反洗钱和反恐怖融资相关材料,包括出资资金来源情况说明和出资资金来源合法的声明,反洗钱和反恐怖融资内部控制制度材料,反洗钱和反恐怖融资管理部门设置情况报告,反洗钱和反恐怖融资专业人员配备情况及接受培训情况报告,信息系统反洗钱和反恐怖融资功能报告等;

(十二)银保监会要求的其他资料。

第二十四条 外商独资银行、中外合资银行应当在收到开业批准文件并领取金融许可证后,到市场监督管理部门办理登记,领取营业执照。

外商独资银行、中外合资银行应当自领取营业执照之日起 6 个月内开业。未能按期开业的,应当在开业期限届满前 1 个月向外商独资银行或者中外合资银行所在地银保监局报告。开业延期的最长期限为 3 个月。

外商独资银行、中外合资银行未在前款规定期限内开业的,开业批准文件失效,由开业决定机关注销开业许可,收回其金融许可证,并予以公告。

第二节 外国银行分行改制为外商独资银行

第二十五条 外国银行申请将其在中国境内分行改制为由其单独出资的外商独资银行,应当符合本办法有关设立外商独资银行的条件,承诺在中国境内长期持续经营并且具备对拟设外商独资银行实施有效管理的能力。

第二十六条 外国银行将其在中国境内分行改制为由其单独出资的外商独资银行,分为改制筹建和开业两个阶段。

第二十七条 外国银行将其在中国境内分行改制为由其单独出资的外商独资银行的申请,由拟设机构所在地银保监局受理和初审,银保监会审查和决定。

申请改制筹建外商独资银行,申请人应当向拟设机构所在地银保监局提交改制筹建申请资料,同时抄送该外国银行在中国境内所有分行所在地银保监局。

拟设机构所在地银保监局应当自受理之日起 20 日内将申请资料连同审核意见报送银保监会。银保监会应当自银保监局受理之日起 6 个月内,作出批准或者不批准改制筹建的决定,并书面通知申请人。决定不批准的,应当说明理由。特殊情况下,银保监会可以适当延长审查期限,并书面通知申请人,但延长期限不得超过 3 个月。

第二十八条 申请改制筹建外商独资银行,申请人应当向拟设机构所在地银保监局提交下列改制筹建申请资料(一式两份),同时抄送该外国银行在中国境内所有分行所在地银保监局(各一份):

(一)申请人董事长或者行长(首席执行官、总经理)签署的申请书,内容包括拟设外商独资银行及其分支机构的名称、所在地、注册资本或者营运资金、申请经营的业务种类等;如同时申请增加注册资本,应当标明拟增加的注册资本金额及币种;

(二)可行性研究报告及筹建计划书,内容至少包括申请人的基本情况、对拟设机构的市场前景分析、业务发展规划、组织管理结构、开业后 3 年的资产负债规模和盈

亏预测、与业务经营相关的信息系统、数据中心及网络建设初步规划,以及筹建期内完成各项筹建工作的安排;

(三)拟设机构的章程草案;

(四)申请人关于将中国境内分行改制为由其单独出资的外商独资银行的董事会决议;

(五)申请人董事长或者行长(首席执行官、总经理)签署的同意由拟设外商独资银行承继中国境内分行债权、债务及税务的意见函以及对改制前中国境内分行的债权、债务及税务承担连带责任的承诺函;

(六)申请人董事长或者行长(首席执行官、总经理)签署的在中国境内长期持续经营并对拟设外商独资银行实施有效管理的承诺函,内容包括允许拟设外商独资银行使用其商誉、对拟设外商独资银行提供资本、管理和技术支持等;

(七)申请人提出申请前2年在中国境内所有分行经审计的合并财务会计报告;

(八)申请人所在国家或者地区金融监管机构对其中国境内分行改制的意见书;

(九)申请人最近3年年报;

(十)银保监会要求的其他资料。

第二十九条 申请人应当自收到改制筹建批准文件之日起15日内到拟设外商独资银行所在地银保监局领取开业申请表,开始筹建工作。筹建期为自获准改制筹建之日起6个月。

申请人未在6个月内完成改制筹建工作,应当在筹建期届满前1个月向拟设外商独资银行所在地银保监局报告,并抄送该外国银行在中国境内所有分行所在地银保监局。筹建延期的最长期限为3个月。

申请人应当在前款规定的期限届满前提交开业申请,逾期未提交的,改制筹建批准文件失效。

第三十条 拟设外商独资银行完成筹建工作后,应当向拟设机构所在地银保监局申请验收。经验收合格的,可以申请开业。开业申请由拟设机构所在地银保监局受理和初审,银保监会审查和决定。

由外国银行在中国境内分行改制的外商独资银行申请开业,应当向拟设机构所在地银保监局提交申请资料,同时抄送该外国银行在中国境内所有分行所在地银保监局。

拟设机构所在地银保监局应当自受理之日起20日内将申请资料连同审核意见报送银保监会。银保监会应当自银保监局受理之日起2个月内,作出批准或者不批准开业的决定,并书面通知申请人。决定不批准的,应当说明理由。

第三十一条 由外国银行在中国境内分行改制的外商独资银行申请开业,应当将下列申请资料报送拟设机构所在地银保监局(一式两份),同时抄送该外国银行在中国境内所有分行所在地银保监局(各一份):

(一)筹备组负责人签署的开业申请书,内容包括拟设外商独资银行及其分支机构的名称、住所或者营业地址、注册资本及营运资金、申请经营的业务种类、拟任董事长、行长(首席执行官)及分支行行长的姓名等;

(二)拟转入拟设外商独资银行的资产、负债和所有者权益的清单,拟设外商独资银行的模拟资产负债表、损益表、贷款质量五级分类情况表、贷款损失准备数额;

(三)改制完成情况的说明;

(四)律师事务所出具的关于合同转让法律意见书,对于不具备转让条件的合同,应当对银行制定的紧急预案提出法律意见;

(五)开业前审计报告和法定验资机构出具的验资证明;

(六)拟设外商独资银行的章程草案以及在中国境内依法设立的律师事务所出具的对章程草案的法律意见书;

(七)拟设外商独资银行组织结构图、各岗位职责描述、内部授权和汇报路线;

(八)拟设外商独资银行人员名单、简历和培训记录;

(九)拟任外商独资银行董事长、行长(首席执行官)以及外商独资银行分行行长任职资格核准所需的相关资料;

(十)改制后新增营业场所的所有权证明、使用权证明或者租赁合同的复印件和营业场所安全、消防设施合格情况的说明;

(十一)拟设机构反洗钱和反恐怖融资相关材料,包括出资资金来源情况说明和出资资金来源合法的声明,反洗钱和反恐怖融资内部控制制度材料,反洗钱和反恐怖融资管理部门设置情况报告,反洗钱和反恐怖融资专业人员配备情况及接受培训情况报告,信息系统反洗钱和反恐怖融资功能报告等;

(十二)银保监会要求的其他资料。

第三十二条 外国银行将其在中国境内分行改制为由其单独出资的外商独资银行,应当在收到开业批准文件后交回原外国银行分行的金融许可证,领取新的金融许可证,到市场监督管理部门办理登记,领取营业执照。

原外国银行分行应当依法向市场监督管理部门办理注销登记。

第三十三条 由外国银行分行改制的外商独资银行应当自领取营业执照之日起6个月内开业。未能按期开业的，应当在开业期限届满前1个月向外商独资银行所在地银保监局报告。开业延期的最长期限为3个月。

外商独资银行未在前款规定期限内开业的，开业批准文件失效，由开业决定机关注销开业许可，收回其金融许可证，并予以公告。

第三节 外国银行分行设立

第三十四条 设立外国银行分行，申请人应当具备下列条件：

（一）具有持续盈利能力，信誉良好，无重大违法违规记录；

（二）具有从事国际金融活动的经验；

（三）具有有效的反洗钱制度；

（四）受到所在国家或者地区金融监管机构的有效监管，并且其申请经所在国家或者地区金融监管机构同意；

（五）资本充足率符合所在国家或者地区金融监管机构以及银保监会的规定；

（六）本办法第五条规定的审慎性条件。

设立外国银行分行，申请人应当无偿拨给或者授权境内已设分行无偿拨给拟设分行不少于2亿元人民币或者等值自由兑换货币的营运资金。

拟设分行的外国银行所在国家或者地区应当经济状况良好，具有完善的金融监督管理制度，并且其金融监管机构已经与银保监会建立良好的监督管理合作机制。

第三十五条 外国银行在中国境内增设分行，除应当具备本办法第三十四条规定的条件外，其在中国境内已设分行应当经营状况良好，主要监管指标达到监管要求，并符合银保监会规章规定的审慎性条件。

第三十六条 设立外国银行分行分为筹建和开业两个阶段。

第三十七条 筹建外国银行分行的申请，由拟设机构所在地银保监局受理和初审，银保监会审查和决定。

申请筹建外国银行分行，申请人应当向拟设机构所在地银保监局提交申请资料，同时抄送拟设机构所在地银保监分局。

拟设机构所在地银保监局应当自受理之日起20日内将申请资料连同审核意见报送银保监会。银保监会应当自银保监局受理之日起6个月内，作出批准或者不批准筹建的决定，并书面通知申请人。决定不批准的，应当说明理由。特殊情况下，银保监会可以适当延长审查期限，并书面通知申请人，但延长期限不得超过3个月。

第三十八条 申请筹建外国银行分行，申请人应当向拟设机构所在地银保监局报送下列申请资料（一式两份），同时抄送拟设机构所在地银保监分局（一份）：

（一）申请人董事长或者行长（首席执行官、总经理）签署的筹建申请书，内容包括拟设机构的名称、所在地、营运资金、申请经营的业务种类等；

（二）可行性研究报告及筹建计划书，内容包括申请人的基本情况、对拟设机构的市场前景分析、业务发展规划、开业后3年的资产负债规模和盈亏预测、组织管理结构、信息科技系统部署及管理情况等，以及筹建期内完成各项筹建工作的安排。

申请人在中国境内已设立外商独资银行或者中外合资银行的，应当确保拟设外国银行分行与已设外商独资银行或者中外合资银行在机构名称、营业地址、业务系统、人员配备等方面有所区分，并在筹建计划书中说明；

（三）申请人章程；

（四）申请人及其所在集团的组织结构图，主要股东及其控股股东、实际控制人、最终受益人名单及其无故意或者重大过失犯罪记录的声明，海外分支机构和关联企业名单；

（五）申请人最近3年年报；

（六）申请人的反洗钱和反恐怖融资相关材料，包括反洗钱和反恐怖融资内部控制制度材料，信息系统反洗钱和反恐怖融资功能报告；

（七）申请人所在国家或者地区金融监管机构核发的营业执照或者经营金融业务许可文件的复印件及对其申请的意见书；

（八）初次设立外国银行分行的，申请人应当报送所在国家或者地区金融体系情况和有关金融监管法规的摘要；

（九）银保监会要求的其他资料。

第三十九条 申请人应当自收到筹建批准文件之日起15日内到拟设机构所在地银保监局领取开业申请表，开始筹建工作。筹建期为自获准筹建之日起6个月。

申请人未在6个月内完成筹建工作，应当在筹建期届满前1个月向拟设机构所在地银保监局报告。筹建延期的最长期限为3个月。

申请人应当在前款规定的期限届满前提交开业申

请。逾期未提交的，筹建批准文件失效。

第四十条 拟设外国银行分行完成筹建工作后，应当向拟设机构所在地银保监局或者经授权的银保监分局申请验收。经验收合格的，可以申请开业。外国银行分行的开业申请，由拟设机构所在地银保监局受理、审查和决定。

拟设外国银行分行申请开业，应当向拟设机构所在地银保监局提交申请资料，同时抄送拟设机构所在地银保监分局。拟设机构所在地银保监局应当自受理之日起2个月内，作出批准或者不批准开业的决定，并书面通知申请人，同时抄报银保监会。决定不批准的，应当说明理由。

第四十一条 拟设外国银行分行申请开业，应当将下列申请资料报送拟设机构所在地银保监局（一式两份），同时抄送拟设机构所在地银保监分局（一份）：

（一）筹备组负责人签署的开业申请书，内容包括拟设机构的名称、营业地址、营运资金、业务范围、拟任分行行长姓名等；在拟设分行同一城市设有代表处的，应当同时申请关闭代表处；

（二）开业申请表；

（三）拟任外国银行分行行长任职资格核准所需的相关资料；

（四）开业前审计报告和法定验资机构出具的验资证明；出资资金来源情况说明和出资资金来源合法的声明；

（五）外国银行对拟设分行承担税务、债务责任的保证书；

（六）拟设分行组织结构图、各岗位职责描述、内部授权和汇报路线；

（七）拟在开业时经营人民币业务的，还应当提交人民币业务筹备情况的说明，包括内部控制制度和操作规程等；

（八）拟设分行人员名单、简历和培训记录以及反洗钱和反恐怖融资管理部门设置情况报告、专业人员配备情况及接受培训情况报告；

（九）营业场所安全、消防设施合格情况的说明；

（十）营业场所的所有权证明、使用权证明或者租赁合同的复印件；

（十一）银保监会要求的其他资料。

第四十二条 外国银行分行应当在收到开业批准文件并领取金融许可证后，到市场监督管理部门办理登记，领取营业执照。外国银行分行应当自领取营业执照之日起6个月内开业。未能按期开业的，应当在开业期限届满前1个月向所在地银保监局报告。开业延期的最长期限为3个月。

外国银行分行未在前款规定期限内开业的，开业批准文件失效，由开业决定机关注销开业许可，收回其金融许可证，并予以公告。

第四节　外商独资银行、中外合资银行的下设分行及分行级专营机构设立

第四十三条 外商独资银行、中外合资银行设立分行及信用卡中心、小企业信贷中心、私人银行部、票据中心、资金营运中心、贵金属业务部等分行级专营机构的，申请人应当具备下列条件：

（一）具有拨付营运资金的能力，拨给各分行及分行级专营机构营运资金的总和，不得超过总行资本金总额的60%；

（二）主要监管指标达到监管要求；

（三）银保监会规章规定的审慎性条件。

第四十四条 外商独资银行、中外合资银行设立分行级专营机构的，申请人除应当具备本办法第四十三条规定的条件外，还应当具备以下条件：

（一）专营机构符合该项业务的发展方向，符合银行的总体战略和发展规划，有利于提高银行整体竞争能力；

（二）开办专营业务2年以上，有经营专营业务的管理团队和专业技术人员；

（三）专营业务资产质量、服务水平、成本控制能力及盈利性良好；

（四）银保监会规章规定的其他审慎性条件。

第四十五条 外商独资银行、中外合资银行设立分行或者分行级专营机构，分为筹建和开业两个阶段。

第四十六条 银保监会直接监管的外商独资银行、中外合资银行申请筹建一级分行或者分行级专营机构，由银保监会受理、审查和决定。银保监会直接监管的外商独资银行、中外合资银行申请筹建二级分行，其他外商独资银行、中外合资银行申请筹建分行或者分行级专营机构，由拟设机构所在地银保监局受理、审查和决定。

申请筹建外商独资银行、中外合资银行的分行或者分行级专营机构，申请人应当向银保监会或者拟设机构所在地银保监局提交申请资料，同时抄送拟设机构所在地银保监分局。

银保监会或者拟设机构所在地银保监局应当自受理之日起4个月内，作出批准或者不批准筹建的决定，并书面通知申请人。决定不批准的，应当说明理由。特殊情

况下,银保监会或者拟设机构所在地银保监局可以适当延长审查期限,并书面通知申请人,但延长期限不得超过3个月。

第四十七条 外商独资银行、中外合资银行申请筹建分行或者分行级专营机构,申请人应当向银保监会或者拟设机构所在地银保监局报送下列申请资料(一式两份),同时抄送拟设机构所在地银保监分局(一份):

(一)申请人董事长或者行长(首席执行官)签署的筹建申请书,内容包括拟设机构的名称、所在地、营运资金、申请经营的业务种类等;

(二)可行性研究报告及筹建计划书,内容包括申请人的基本情况、对拟设机构的市场前景分析、业务发展规划、组织管理结构、开业后3年的资产负债规模和盈亏预测等,以及筹建期内完成各项筹建工作的安排;

(三)申请人章程;

(四)申请人年报;

(五)申请人反洗钱和反恐怖融资相关材料,包括反洗钱和反恐怖融资内部控制制度材料、信息系统反洗钱和反恐怖融资功能报告;

(六)申请人关于同意设立分行或者分行级专营机构的董事会决议;

(七)银保监会要求的其他资料。

第四十八条 申请人应当自收到筹建批准文件之日起15日内到拟设机构所在地银保监局领取开业申请表,开始筹建工作。筹建期为自获准筹建之日起6个月。

申请人未在6个月内完成筹建工作,应当在筹建期届满前1个月向拟设机构所在地银保监局报告。筹建延期的最长期限为3个月。

申请人应当在前款规定的期限届满前提交开业申请,逾期未提交的,筹建批准文件失效。

第四十九条 拟设外商独资银行、中外合资银行的分行或者分行级专营机构完成筹建工作后,应当向拟设机构所在地银保监局或者经授权的银保监分局申请验收。经验收合格的,可以申请开业。外商独资银行、中外合资银行的分行或者分行级专营机构的开业申请,由拟设机构所在地银保监局受理、审查和决定。

拟设外商独资银行、中外合资银行的分行或者分行级专营机构申请开业,应当向拟设机构所在地银保监局提交申请资料,同时抄送拟设机构所在地银保监分局。

拟设机构所在地银保监局应当自受理之日起2个月内,作出批准或者不批准开业的决定,并书面通知申请人,同时抄报银保监会。决定不批准的,应当说明理由。

第五十条 拟设外商独资银行、中外合资银行的分行或者分行级专营机构申请开业,应当将下列申请资料报送拟设机构所在地银保监局(一式两份),同时抄送拟设机构所在地银保监分局(一份):

(一)筹备组负责人签署的开业申请书,内容包括拟设机构的名称、营业地址、营运资金、业务范围、拟任分行行长或者分行级专营机构总经理姓名等;

(二)开业申请表;

(三)拟任分行行长或者分行级专营机构总经理任职资格核准所需的相关资料;

(四)开业前审计报告和法定验资机构出具的验资证明;

(五)营业场所安全、消防设施合格情况的说明;

(六)拟设机构组织结构图、各岗位职责描述、内部授权和汇报路线;

(七)拟设机构人员名单、简历和培训记录以及反洗钱和反恐怖融资管理部门设置情况报告、专业人员配备情况及接受培训情况报告;

(八)营业场所的所有权证明、使用权证明或者租赁合同的复印件;

(九)银保监会要求的其他资料。

第五十一条 外商独资银行、中外合资银行的支行升格为分行的,应当符合本办法关于外商独资银行、中外合资银行下设分行的条件,申请人应当在筹建开始前3日内向所在地银保监局提交筹建报告,领取开业申请表。拟升格的支行应当在提交筹建报告之日起6个月内完成筹建工作,特殊情况下可延长3个月。申请人在完成筹建工作后,按照外商独资银行、中外合资银行下设分行开业的条件和程序,向所在地银保监局提交支行升格分行的申请。

第五十二条 外商独资银行、中外合资银行的分行或者分行级专营机构应当在收到开业批准文件并领取金融许可证后,到市场监督管理部门办理登记,领取营业执照。

外商独资银行、中外合资银行的分行或者分行级专营机构应当自领取营业执照之日起6个月内开业。未能按期开业的,应当在开业期限届满前1个月向所在地银保监局报告。开业延期的最长期限为3个月。

外商独资银行、中外合资银行的分行或者分行级专营机构未在前款规定期限内开业的,开业批准文件失效,由开业决定机关注销开业许可,收回金融许可证,并予以公告。

第五节 支行设立

第五十三条 设立支行,申请人应当在拟设支行所在城市同一行政区划内设有分行或者分行以上机构。所在城市同一行政区划是指所在城市及以下行政区划。

香港特别行政区、澳门特别行政区的银行在广东省内设立的分行可以申请在广东省内设立异地支行。香港特别行政区、澳门特别行政区的银行在内地设立的外商独资银行在广东省内设立的分行,可以申请在广东省内设立异地支行。

第五十四条 设立支行,申请人应当具备下列条件:

(一)正式营业1年以上,资产质量良好;香港特别行政区、澳门特别行政区的银行在广东省内分行或者香港特别行政区、澳门特别行政区的银行在内地设立的外商独资银行在广东省内分行正式营业1年以上,资产质量良好;

(二)具有较强的内部控制能力,最近1年无重大违法违规行为和因内部管理问题导致的重大案件;香港特别行政区、澳门特别行政区的银行在广东省内分行或者香港特别行政区、澳门特别行政区的银行在内地设立的外商独资银行在广东省内分行具有较强的内部控制能力,最近1年无重大违法违规行为和因内部管理问题导致的重大案件;

(三)具有拨付营运资金的能力;

(四)已建立对高级管理人员考核、监督、授权和调整的制度和机制,并有足够的专业经营管理人才;

(五)银保监会规定的其他审慎性条件。

第五十五条 拟设立支行的申请人应在支行筹建3日前向拟设地银保监局或者经授权的银保监分局提交筹建报告并领取开业申请表,开始筹建工作。

第五十六条 拟设立支行的申请人应在提交筹建报告之日9个月内完成筹建工作。拟设支行完成筹建工作后,应当向拟设机构所在地银保监局或者经授权的银保监分局申请验收。经验收合格的,可以申请开业。

支行开业申请,由拟设机构所在地银保监局或者经授权的银保监分局受理、审查和决定。

拟设支行申请开业,应当向拟设机构所在地银保监局或者经授权的银保监分局提交申请资料。拟设机构所在地银保监局或者银保监分局应当自受理之日起30日内,作出批准或者不批准开业的决定,并书面通知申请人。同时抄送银保监会和拟设机构所在地银保监局或者银保监分局。决定不批准的,应当说明理由。

申请人逾期未提交开业申请的,应及时向拟设地银保监局或者经授权的银保监分局报告。

第五十七条 拟设支行申请开业,应当将下列申请资料报送拟设机构所在地银保监局或者经授权的银保监分局(一式两份):

(一)筹备组负责人签署的开业申请书,内容包括拟设机构的名称、营业地址、营运资金、业务范围、拟任支行行长的姓名等;

(二)开业申请表;

(三)与业务规模相适应的营运资金已拨付到位,法定验资机构出具的验资证明;

(四)拟任支行行长简历、商业银行从业及相关管理经验、履职计划等详细说明;

(五)拟设支行的组织结构图、各岗位职责描述、内部授权和汇报路线;

(六)拟设支行人员名单、简历、培训记录以及反洗钱和反恐怖融资管理部门设置情况报告、专业人员配备情况及接受培训情况报告;

(七)营业场所的所有权证明、使用权证明或者租赁合同的复印件;

(八)营业场所的安全、消防设施合格情况的说明;

(九)银保监会要求的其他资料。

支行应当在收到开业批准文件并领取金融许可证后,到市场监督管理部门办理登记,领取营业执照。

第五十八条 支行应当自领取营业执照之日起6个月内开业。未能按期开业的,应当在开业期限届满前1个月向所在地银保监局或者银保监分局报告。开业延期的最长期限为3个月。

支行未在前款规定期限内开业的,开业批准文件失效,由开业决定机关注销开业许可,收回其金融许可证,并予以公告。

第六节 外国银行代表处设立

第五十九条 设立外国银行代表处,申请人应当具备下列条件:

(一)具有持续盈利能力,信誉良好,无重大违法违规记录;

(二)具有从事国际金融活动的经验;

(三)具有有效的反洗钱制度;

(四)受到所在国家或者地区金融监管机构的有效监管,并且其申请经所在国家或者地区金融监管机构同意;

(五)本办法第五条规定的审慎性条件。

拟设代表处的外国银行所在国家或者地区应当经济

状况良好,具有完善的金融监督管理制度,并且其金融监管机构已经与银保监会建立良好的监督管理合作机制。

第六十条 外国银行在中国境内已设立营业性机构的,除已设立的代表处外,不得增设代表处,但拟设代表处所在地为符合国家区域经济发展战略及相关政策的地区除外。

外国银行在中国境内增设代表处,除应当具备本办法第五十九条规定的条件外,其在中国境内已设机构应当无重大违法违规记录。

外国银行在同一城市不得同时设有营业性机构和代表处。

第六十一条 外国银行设立代表处的申请,由拟设机构所在地银保监局受理、审查和决定。

外国银行申请设立代表处,应当向拟设机构所在地银保监局提交申请资料,同时抄送拟设机构所在地银保监分局。拟设机构所在地银保监局应当自受理之日起6个月内作出批准或者不批准设立的决定,并书面通知申请人,同时抄报银保监会。决定不批准的,应当说明理由。

第六十二条 申请设立外国银行代表处,申请人应当向拟设机构所在地银保监局提交下列申请资料(一式两份),同时抄送拟设机构所在地银保监分局(一份):

(一)申请人董事长或者行长(首席执行官、总经理)签署的申请书,内容包括拟设代表处的名称、所在地、拟任首席代表姓名等;

(二)代表处设立申请表;

(三)可行性研究报告,内容包括申请人的基本情况、拟设代表处的目的和计划等;

(四)申请人章程;

(五)申请人及其所在集团的组织结构图,主要股东及其控股股东、实际控制人、最终受益人名单及其无故意或者重大过失犯罪记录的声明,海外分支机构和关联企业名单;

(六)申请人最近3年年报;

(七)申请人反洗钱制度;

(八)申请人所在国家或者地区金融监管机构核发的营业执照或者经营金融业务许可文件的复印件及对其申请的意见书;

(九)拟任首席代表任职资格核准所需的相关资料;

(十)初次设立代表处的,申请人应当报送由在中国境内注册的银行业金融机构出具的与该外国银行已经建立代理行关系的证明,以及申请人所在国家或者地区金融体系情况和有关金融监管法规的摘要;

(十一)银保监会要求的其他资料。

第六十三条 经批准设立的外国银行代表处,应当凭批准文件到市场监督管理部门办理登记。

外国银行代表处应当自拟设机构所在地银保监局批准设立之日起6个月内迁入固定的办公场所。迁入固定办公场所后5日内应当向所在地银保监局或者银保监分局报送相关资料。

外国银行代表处未在前款规定期限内迁入办公场所的,代表处设立批准文件失效。

第七节 投资设立、入股境内银行业金融机构

第六十四条 外商独资银行、中外合资银行申请投资设立、入股境内银行业金融机构的,应当具备下列条件:

(一)具有良好的公司治理结构;

(二)风险管理和内部控制健全有效;

(三)具有良好的并表管理能力;

(四)主要审慎监管指标符合监管要求;

(五)权益性投资余额原则上不超过其净资产的50%(合并会计报表口径);

(六)具有完善、合规的信息科技系统和信息安全体系,具有标准化的数据管理体系,具备保障业务连续有效安全运行的技术与措施;

(七)最近2年无严重违法违规行为和因内部管理问题导致的重大案件,或者相关违法违规及内部管理问题已整改到位并经银保监会或者其派出机构认可;

(八)最近3个会计年度连续盈利;

(九)监管评级良好;

(十)银保监会规章规定的其他审慎性条件。

第六十五条 外商独资银行、中外合资银行申请投资设立、入股境内银行业金融机构由银保监会受理、审查并决定。银保监会自受理之日起6个月内作出批准或者不批准的书面决定。

前款所指投资设立、入股境内银行业金融机构事项,如需另经银保监会或者银保监局批准设立,或者需银保监会或者银保监局进行股东资格审核等,则相关许可事项由银保监会或者银保监局在批准设立或者进行股东资格审核等事项时对外商独资银行、中外合资银行设立、入股行为进行合并审查并作出决定。

第六十六条 申请投资设立、入股境内银行业金融机构,申请人应当向银保监会提交下列对外投资申请资料(一式两份):

（一）申请书，内容至少包括：被投资方的基本情况、投资方进行股权投资的必要性和可行性、股权投资及后续整合方案、发展计划、存在的风险及应对措施等；

（二）申请人股东同意投资境内银行业金融机构的决议；

（三）被投资方股东（大）会同意吸收商业银行投资的决议；

（四）股权投资协议；

（五）可行性研究报告，内容至少包括：被投资方基本情况，投资方进行股权投资的必要性和可行性以及股权投资前后资本充足率、流动性、盈利性等经营状况的分析和对比，交易结构和后续安排，整合方案，发展计划，存在的风险及应对措施等；

（六）申请人最近3年经审计的财务报告和业务发展情况报告；

（七）被投资方最近3年经审计的财务报告和业务发展情况报告；

（八）合作股东的基本情况；

（九）申请人与被投资的境内银行业金融机构关于风险隔离制度、并表管理制度及关联交易实施细则等情况；

（十）申请人投资境内银行业金融机构战略及执行情况；

（十一）申请人最近2年存在严重违法违规行为和因内部管理问题导致重大案件的，应提交整改情况的说明；

（十二）银保监会要求的其他资料。

本条第（三）项、第（七）项不适用申请人发起设立机构的情形。

第六十七条 外商独资银行、中外合资银行作为发起人或者战略投资者投资设立、入股境内银行业金融机构，参照关于境外金融机构作为发起人或者战略投资者投资设立、入股境内银行业金融机构的相关规定。

本节所称银行业金融机构，是指在中国境内设立的商业银行、农村合作银行、农村信用合作社等吸收公众存款的金融机构以及政策性银行。

在中国境内设立的金融资产管理公司、信托公司、企业集团财务公司、金融租赁公司、汽车金融公司、货币经纪公司、消费金融公司等，适用本节对银行业金融机构的规定。

第三章 机构变更

第一节 变更注册资本或者营运资金

第六十八条 外商独资银行、中外合资银行申请变更注册资本、外国银行分行申请变更营运资金，应当具备下列条件：

（一）外商独资银行及其股东、中外合资银行及其股东以及外国银行的董事会已决议通过变更事项；

（二）外商独资银行股东、中外合资银行股东、外国银行所在国家或者地区金融监管机构同意其申请，但外国银行分行营运资金总额不变仅变更币种的除外。

第六十九条 银保监会直接监管的外商独资银行、中外合资银行变更注册资本由银保监会受理、审查和决定。其他外商独资银行、中外合资银行变更注册资本、外国银行分行变更营运资金的申请，由所在地银保监局受理、审查和决定。

外商独资银行、中外合资银行申请变更注册资本、外国银行分行申请变更营运资金，应当向银保监会或者所在地银保监局提交申请资料，同时抄送所在地银保监分局。

银保监会或者所在地银保监局应当自受理之日起3个月内，作出批准或者不批准变更的决定，并书面通知申请人。决定不批准的，应当说明理由。

第七十条 外商独资银行、中外合资银行申请变更注册资本、外国银行分行申请变更营运资金，应当向银保监会或者所在地银保监局提交下列申请资料（一式两份），同时抄送所在地银保监分局（一份）：

（一）申请人董事长或者行长（首席执行官）签署的申请书；

（二）可行性研究报告，内容包括变更注册资本或者营运资金后的业务发展规划、资金用途、对主要监管指标的影响；

（三）增加注册资本或者营运资金的，应提交出资资金来源情况说明和出资资金来源合法的声明；

（四）申请人及其股东关于变更注册资本的董事会决议，外国银行关于变更分行营运资金的董事会决议；

（五）申请人股东及外国银行应当提交所在国家或者地区金融监管机构关于变更事项的意见书，中外合资银行中方股东为非金融机构的无须提交；

（六）银保监会要求的其他资料。

第七十一条 外商独资银行、中外合资银行获准变更注册资本、外国银行分行获准变更营运资金，应当自银保监会或者所在地银保监局作出批准决定之日起30日内，向银保监会或者所在地银保监局报送法定验资机构出具的验资证明，同时抄送所在地银保监分局。

第二节 变更股东

第七十二条 银保监会直接监管的外商独资银行、中外合资银行变更股东或者调整股东持股比例的申请，由银保监会受理、审查和决定。其他外商独资银行、中外合资银行变更股东或者调整股东持股比例的申请，由所在地银保监局受理和初审，银保监会审查和决定。本条所称变更股东包括股东转让股权、股东因重组或被收购等发生变更以及银保监会认定的其他股东变更情形。外商独资银行、中外合资银行的股东仅因商号、责任形式等变更引起更名，而股东主体未变更的，无须申请变更股东，但应在变更事项完成后1年内，就变更事项申请修改章程。

外商独资银行、中外合资银行变更股东，拟受让方或者承继方应当符合本办法第十条至第十七条规定的条件。

外商独资银行、中外合资银行申请变更股东或者调整股东持股比例，应当向银保监会或者所在地银保监局提交申请资料，同时抄送所在地银保监分局。由所在地银保监局受理和初审的，所在地银保监局应当自受理之日起20日内将申请资料连同审核意见报送银保监会。银保监会应当自申请受理之日起3个月内，作出批准或者不批准变更的决定，并书面通知申请人。决定不批准的，应当说明理由。

第七十三条 外商独资银行、中外合资银行申请变更股东或者调整股东持股比例，应当向银保监会或者所在地银保监局提交下列申请资料（一式两份），同时抄送所在地银保监分局（一份）：

（一）申请人董事长或者行长（首席执行官）签署的申请书；

（二）申请人关于变更事项的董事会决议；

（三）申请人股东、拟受让方或者承继方关于变更事项的董事会决议；

（四）申请人股东、拟受让方或者承继方是金融机构的，应当提交所在国家或者地区金融监管机构关于变更事项的意见书；

（五）申请人股权转让方与拟受让方或者承继方签署的转让（变更）协议；

（六）各股东与拟受让方或者承继方签署的合资经营合同，但单一股东的外商独资银行除外；

（七）拟受让方或者承继方的章程、组织结构图、主要股东名单、海外分支机构和关联企业名单、最近3年年报、所在国家或者地区金融监管机构核发的营业执照或者经营金融业务许可文件的复印件；

（八）拟受让方或者承继方反洗钱反恐怖融资材料，包括出资资金来源情况说明和出资资金来源合法的声明，股东及其控股股东、实际控制人、最终受益人名单及其无故意或者重大过失犯罪记录的声明、反洗钱制度等。中外合资银行拟受让中方股东为非金融机构的，无须提交反洗钱制度；

（九）拟受让方或者承继方为外方股东的，应当提交所在国家或者地区金融体系情况和有关金融监管法规的摘要；

（十）银保监会要求的其他资料。

第七十四条 外商独资银行、中外合资银行获准变更股东或者调整股东持股比例，应当自银保监会作出批准决定之日起30日内，向银保监会或者所在地银保监局报送法定验资机构出具的验资证明以及相关交易的证明文件，同时抄报所在地银保监分局。

第七十五条 外商独资银行、中外合资银行变更组织形式、合并、分立应当符合《中华人民共和国公司法》《中华人民共和国商业银行法》以及其他法律、行政法规和规章的规定，并具备下列条件：

（一）外商独资银行及其股东、中外合资银行及其股东的董事会已决议通过变更事项；

（二）变更事项的申请已经股东所在国家或者地区金融监管机构同意；

（三）外商独资银行、中外合资银行已就变更事项制定具体方案。

外商独资银行、中外合资银行因股东发生合并、分立等变更事项的，该外商独资银行、中外合资银行应当根据银保监会的要求进行相关调整。

第七十六条 外商独资银行、中外合资银行变更组织形式、合并、分立的申请，由银保监会受理、审查和决定。

外商独资银行、中外合资银行申请变更组织形式、合并、分立，应当向银保监会提交申请资料。

银保监会应当自受理之日起3个月内，作出批准或者不批准变更的决定，并书面通知申请人。决定不批准的，应当说明理由。

第七十七条 外商独资银行、中外合资银行合并分为吸收合并和新设合并。合并须经合并筹备和合并开业两个阶段。

吸收合并的，吸收合并方应当按照变更的条件和材料要求向银保监会提交合并筹备和合并开业的申请；被吸收方自行终止的,应当按照终止的条件和材料要求向银保监会提交申请;被吸收方变更为分支机构的,应当按照设立的条件和材料要求向银保监会提交申请。

新设合并的,新设方应当按照设立的条件和材料要求向银保监会提交合并筹备和合并开业的申请;原外商独资银行、中外合资银行应当按照终止的条件和材料要求向银保监会提交申请。

第七十八条　外商独资银行、中外合资银行分立分为存续分立和新设分立。分立须经分立筹备和分立开业两个阶段。

存续分立的,存续方应当按照变更的条件和材料要求向银保监会提交分立筹备和分立开业的申请;新设方应当按照设立的条件和材料要求向银保监会提交申请。

新设分立的,新设方应当按照设立的条件和材料要求向银保监会提交分立筹备和分立开业的申请;原外商独资银行、中外合资银行应当按照解散的条件和材料要求向银保监会提交申请。

第七十九条　外商独资银行、中外合资银行申请变更组织形式、合并、分立,除应当按照本办法第七十七条、第七十八条的规定提交申请资料外,还应当向银保监会提交下列申请资料(一式两份):

(一)申请人董事长或者行长(首席执行官)签署的申请书;

(二)关于变更组织形式、合并、分立的方案;

(三)申请人各方股东关于变更事项的董事会决议;

(四)申请人各方股东应当提交所在国家或者地区金融监管机构关于变更事项的意见书,中外合资银行中方股东为非金融机构的无须提交;

(五)申请人各方股东签署的合并、分立协议;申请人各方股东签署的合资经营合同,但单一股东的外商独资银行除外;申请人各方股东的章程、组织结构图、董事会及主要股东名单、最近1年年报;

(六)申请人各方股东反洗钱反恐怖融资材料,包括出资资金来源情况说明和出资资金来源合法的声明、股东及其控股股东、实际控制人、最终受益人名单及其无故意或者重大过失犯罪记录的声明、反洗钱制度等。中外合资银行中方股东为非金融机构的,无须提交反洗钱制度;

(七)变更组织形式、合并、分立后银行的章程草案以及在中国境内依法设立的律师事务所出具的对章程草案的法律意见书;

(八)银保监会要求的其他资料。

申请人应当将申请书和关于变更组织形式、合并、分立的方案抄送申请人及其分支机构所在地银保监局(各一份)。

第三节　修改章程

第八十条　外商独资银行、中外合资银行应当在其章程所列内容发生变动后1年内提出修改章程的申请。

外商独资银行、中外合资银行修改章程仅涉及名称、住所、股权、注册资本、业务范围且变更事项已经银保监会或者所在地银保监局批准的,不需进行修改章程的申请,但应当在银保监会或者所在地银保监局作出上述变更事项批准决定之日起6个月内将修改后的章程报送银保监会或者所在地银保监局。

第八十一条　外商独资银行、中外合资银行申请修改章程,应当具备下列条件:

(一)外商独资银行、中外合资银行的董事会已决议通过修订章程;

(二)外商独资银行、中外合资银行股东的董事会已决议通过或者经股东有权部门履行法定程序同意修改章程;

(三)章程的修改符合中国相关法律法规要求。

第八十二条　银保监会直接监管的外商独资银行、中外合资银行修改章程的申请,由银保监会受理、审查和决定。其他外商独资银行、中外合资银行修改章程的申请,由所在地银保监局受理、审查和决定。

外商独资银行、中外合资银行申请修改章程,应当向银保监会或者所在地银保监局提交申请资料,同时抄送所在地银保监分局。

银保监会或者所在地银保监局应当自受理之日起3个月内,作出批准或者不批准修改章程的决定,并书面通知申请人。决定不批准的,应当说明理由。

第八十三条　外商独资银行、中外合资银行申请修改章程,应当向银保监会或者所在地银保监局提交下列申请资料(一式两份),同时抄送所在地银保监分局(一份):

(一)申请人董事长或者行长(首席执行官)签署的申请书;

(二)申请人关于修改章程的董事会决议;

(三)申请人股东授权签字人签署的关于修改章程的意见书;

(四)申请人的原章程和新章程草案;

(五)原章程与新章程草案变动对照表;

(六)在中国境内依法设立的律师事务所或者申请

人法律部门出具的对新章程草案的法律合规意见函；

（七）银保监会要求的其他资料。

第四节　变更名称

第八十四条　申请变更外资银行在中国境内机构名称，应当具备下列条件：

（一）变更事项已获得申请人所在国家或者地区金融监管机构的批准；

（二）申请人已获得所在国家或者地区金融监管机构核发的新营业执照或者经营金融业务的许可文件；

（三）申请人已承诺承担其在中国境内分行的税务和债务责任。

本条第（一）项、第（二）项不适用外资银行名称未变更、仅申请变更其在中国境内机构名称的情形。

外国银行单独出资设立的外商独资银行申请变更名称的，拟变更的名称应当反映股东的商誉。

第八十五条　外商独资银行、中外合资银行、外国银行分行变更名称的申请，由银保监会受理、审查和决定。外国银行代表处变更名称的申请，由所在地银保监局受理、审查和决定。

申请变更外资银行名称，应当向银保监会或者所在地银保监局提交申请资料，同时抄送外资银行在中国境内机构所在地银保监分局。银保监会或者所在地银保监局应当自受理之日起3个月内，作出批准或者不批准变更的决定，并书面通知申请人。决定不批准的，应当说明理由。

第八十六条　外商独资银行股东、中外合资银行股东、外国银行因合并、分立、重组等原因申请变更其在中国境内机构名称，应当在合并、分立、重组等变更事项发生5日内，向银保监会或者所在地银保监局、银保监分局报告，并于30日内将下列申请资料报送银保监会或者所在地银保监局（一式两份），同时抄送所在地银保监局或者银保监分局（一份）：

（一）申请人董事长或者行长（首席执行官）签署的申请书；

（二）变更名称申请表；

（三）外商独资银行股东、中外合资银行股东、外国银行的章程；

（四）外商独资银行股东、中外合资银行股东、外国银行的组织结构图、董事会以及主要股东名单；

（五）外国银行董事长或者行长（首席执行官、总经理）签署的对其在中国境内分行承担税务、债务责任的保证书；

（六）外商独资银行股东、中外合资银行股东、外国银行的合并财务会计报告；

（七）外商独资银行股东、中外合资银行股东及外国银行的反洗钱反恐怖融资材料，包括股东及其控股股东、实际控制人、最终受益人名单及其无故意或者重大过失犯罪记录的声明、反洗钱制度等。中外合资银行中方股东为非金融机构的，无须提交反洗钱制度；

（八）外商独资银行股东、中外合资银行股东、外国银行所在国家或者地区金融监管机构对变更事项的批准书或者意见书；

（九）外商独资银行股东、中外合资银行股东、外国银行更名后，所在国家或者地区金融监管机构核发的营业执照或者经营金融业务许可文件的复印件；

（十）银保监会要求的其他资料。

第八十七条　外商独资银行股东、中外合资银行股东、外国银行因其他原因申请变更在中国境内机构名称的，应当在变更事项发生5日内，向银保监会或者所在地银保监局、银保监分局报告，并于30日内将下列申请资料报送银保监会或者所在地银保监局（一式两份），同时抄送外资银行在中国境内机构所在地银保监局或者银保监分局（一份）：

（一）申请人董事长或者行长（首席执行官）签署的申请书；

（二）外商独资银行股东、中外合资银行股东、外国银行更名后所在国家或者地区金融监管机构核发的营业执照复印件或者经营金融业务许可文件复印件；

（三）外商独资银行股东、中外合资银行股东、外国银行所在国家或者地区金融监管机构对变更事项的批准书；

（四）银保监会要求的其他资料。

本条第（二）项、第（三）项不适用外资银行名称未变更、仅变更在中国境内机构名称的情形。

外资银行支行因营业场所变更等自身原因拟变更名称的，不需进行更名的申请，但应当于变更后15日内向开业决定机关换领金融许可证。

第五节　在同城内变更住所或者办公场所

第八十八条　银保监会直接监管的外商独资银行、中外合资银行在同城内变更住所由银保监会受理、审查和决定。其他外商独资银行、中外合资银行在同城内变更住所、外国银行代表处在同城内变更办公场所的申请，由所在地银保监局受理、审查和决定。

外商独资银行、中外合资银行申请在同城内变更住所、外国银行代表处申请在同城内变更办公场所,应当向银保监会或者所在地银保监局提交申请资料。

银保监会或者所在地银保监局应当自受理之日起3个月内,作出批准或者不批准变更的决定,并书面通知申请人。决定不批准的,应当说明理由。

第八十九条　外商独资银行、中外合资银行在同城内变更住所、外国银行代表处在同城内变更办公场所,应当向银保监会或者所在地银保监局提交下列申请资料(一式两份):

(一)申请人授权签字人签署的申请书;

(二)拟迁入住所或者办公场所的所有权证明、使用权证明或者租赁合同的复印件;

(三)拟迁入住所的安全、消防设施合格情况的说明;

(四)银保监会要求的其他资料。

第九十条　外商独资银行、中外合资银行、外国银行代表处因行政区划调整等原因导致的行政区划、街道、门牌号等发生变化而实际位置未变化的,以及外资银行分支机构在所在城市的行政区划内变更营业场所的,不需进行变更住所或者办公场所的申请,但外资银行营业性机构应当于变更后15日内向开业决定机关换领金融许可证。

第四章　机构终止

第一节　外商独资银行、中外合资银行解散

第九十一条　外商独资银行、中外合资银行有下列情形之一的,经银保监会批准后解散:

(一)章程规定的营业期限届满或者出现章程规定的其他解散事由;

(二)股东会决议解散;

(三)因合并或者分立需要解散。

第九十二条　外商独资银行、中外合资银行申请解散,应当具备下列条件:

(一)外商独资银行及其股东、中外合资银行及其股东的董事会已决议通过解散;

(二)外商独资银行股东、中外合资银行股东所在国家或者地区金融监管机构已同意其申请;

(三)具有有效的资产处置、债务清偿、人员安置、客户身份资料和业务档案存放的方案。

第九十三条　银保监会直接监管的外商独资银行、中外合资银行解散的申请,由银保监会受理、审查和决定。其他外商独资银行、中外合资银行解散的申请,由所在地银保监局受理和初审,银保监会审查和决定。

外商独资银行、中外合资银行申请解散,应当向银保监会或者所在地银保监局提交申请资料,同时抄送所在地银保监分局。

所在地银保监局应当自受理之日起20日内将申请资料连同审核意见报送银保监会。银保监会应当自银保监局受理之日起3个月内,作出批准或者不批准解散的决定,并书面通知申请人。决定不批准的,应当说明理由。

第九十四条　外商独资银行、中外合资银行申请解散,应当向银保监会或者所在地银保监局提交下列申请资料(一式两份),同时抄送所在地银保监分局(一份):

(一)申请人董事长或者行长(首席执行官)签署的申请书;

(二)申请人关于解散的董事会决议;

(三)申请人各股东关于外商独资银行、中外合资银行解散的董事会决议;

(四)外商独资银行股东、中外合资银行股东所在国家或者地区金融监管机构关于该机构解散的意见书;

(五)关于外商独资银行、中外合资银行解散后资产处置、债务清偿、人员安置的计划和负责后续事项的人员名单及联系方式;客户身份资料和业务档案移交在中国境内依法设立的档案保管机构的相关说明;

(六)银保监会要求的其他资料。

第二节　破　产

第九十五条　外商独资银行、中外合资银行因解散而清算,清算组发现该机构财产不足以清偿债务的,或者因不能支付到期债务,自愿或者应其债权人要求申请破产的,在向法院申请破产前,应当向银保监会提出申请。

第九十六条　银保监会直接监管的外商独资银行、中外合资银行破产的申请,由银保监会受理、审查和决定。其他外商独资银行、中外合资银行破产的申请,由所在地银保监局受理和初审,银保监会审查和决定。

外商独资银行、中外合资银行申请破产,应当向银保监会或者所在地银保监局提交申请资料,同时抄送所在地银保监分局。所在地银保监局应当自受理之日起20日内将申请资料连同审核意见报送银保监会。银保监会应当自所在地银保监局受理之日起3个月内,作出批准或者不批准破产的决定,并书面通知申请人。决定不批准的,应当说明理由。

第九十七条　外商独资银行、中外合资银行申请破产,应当向银保监会或者所在地银保监局提交下列申请

资料(一式两份),同时抄送所在地银保监分局(一份):

(一)申请人董事长、行长(首席执行官)或者清算组组长签署的申请书;

(二)申请人关于破产的董事会决议;

(三)各股东关于外商独资银行、中外合资银行破产的董事会决议;

(四)客户身份资料和业务档案移交在中国境内依法设立的档案保管机构的相关说明;

(五)银保监会要求的其他资料。

本条第(二)项、第(三)项不适用由清算组提出破产申请的情形。

第三节 分行及分行级专营机构关闭

第九十八条 外商独资银行、中外合资银行申请关闭分行或者分行级专营机构,外国银行申请关闭分行,应当具备下列条件:

(一)申请人董事会已决议通过关闭分行或者分行级专营机构;

(二)外国银行关闭分行已经所在国家或者地区金融监管机构同意;

(三)具有有效的资产处置、债务清偿、人员安置及客户身份资料和业务档案在中国境内保存的方案。

第九十九条 银保监会直接监管的外商独资银行、中外合资银行申请关闭一级分行或者分行级专营机构,由银保监会受理、审查和决定。银保监会直接监管的外商独资银行、中外合资银行申请关闭二级分行,其他外商独资银行、中外合资银行申请关闭分行或者分行级专营机构,由拟关闭机构所在地银保监局受理、审查和决定。外国银行分行的关闭申请,由拟关闭机构所在地银保监局受理和初审,银保监会审查和决定。

外商独资银行、中外合资银行申请关闭分行或者分行级专营机构,外国银行申请关闭分行,应当向银保监会或者拟关闭机构所在地银保监局提交申请资料,同时抄送拟关闭机构所在地银保监分局。

由拟关闭机构所在地银保监局受理和初审的,拟关闭机构所在地银保监局应当自受理之日起20日内将申请资料连同审核意见报送银保监会。银保监会或者拟关闭机构所在地银保监局应当自申请受理之日起3个月内,作出批准或者不批准关闭的决定,并书面通知申请人。决定不批准的,应当说明理由。

第一百条 外商独资银行、中外合资银行申请关闭分行或者分行级专营机构,外国银行申请关闭分行,应当向银保监会或者拟关闭机构所在地银保监局提交下列申请资料(一式两份),同时抄送拟关闭机构所在地银保监分局(一份):

(一)申请人董事长或者行长(首席执行官)签署的申请书;

(二)申请人关于关闭分行或者分行级专营机构的董事会决议;

(三)外国银行所在国家或者地区金融监管机构对其申请的意见书;

(四)拟关闭机构的资产处置、债务清偿、人员安置的计划,客户身份资料和业务档案在中国境内保存方案和负责后续事项的人员名单及联系方式;

(五)银保监会要求的其他资料。

第四节 分行关闭并在同一城市设立代表处

第一百零一条 外国银行关闭中国境内分行并在同一城市设立代表处的申请,由拟关闭机构所在地银保监局受理和初审,银保监会对拟关闭分行的申请进行审查和决定;在经银保监会批准外国银行关闭中国境内分行后,所在地银保监局对该外国银行在同一城市设立代表处的申请进行审查和决定。

外国银行关闭中国境内分行并申请在同一城市设立代表处,应当向拟关闭机构所在地银保监局提交申请资料,同时抄送拟关闭机构所在地银保监分局。所在地银保监局应当自受理之日起20日内将申请材料连同关于外国银行关闭中国境内分行的初审意见报送银保监会。

银保监会及拟关闭机构所在地银保监局应当自受理之日起3个月内,作出批准或者不批准的决定,并书面通知申请人。决定不批准的,应当说明理由。

第一百零二条 外国银行申请关闭在中国境内分行并在同一城市设立代表处的,应当具备本办法第五十九条、第九十八条规定的条件,并应当在终止业务活动前将下列申请资料报送拟关闭机构所在地银保监局(一式两份),同时抄送拟关闭机构所在地银保监分局(一份):

(一)申请人董事长或者行长(首席执行官、总经理)签署的申请书;

(二)申请人关于关闭分行并在同一城市设立代表处的董事会决议;

(三)外国银行所在国家或者地区金融监管机构对其申请的意见书;

(四)拟关闭分行资产处置、债务清偿、人员安置的计划,客户身份资料和业务档案在中国境内保存方案和负责后续事项的人员名单及联系方式;

（五）拟任首席代表任职资格核准所需的相关资料；
（六）银保监会要求的其他资料。

第五节 支行关闭

第一百零三条 外商独资银行、中外合资银行、外国银行申请关闭支行，应当具备下列条件：
（一）外商独资银行、中外合资银行、外国银行的董事会或者有权部门已决议通过关闭支行；
（二）具有有效的资产处置、债务清偿、人员安置的方案。

第一百零四条 外商独资银行、中外合资银行、外国银行关闭支行的申请，由拟关闭机构所在地银保监局或者经授权的银保监分局受理、审查和决定。

外商独资银行、中外合资银行、外国银行申请关闭支行，应当向拟关闭机构所在地银保监局或者经授权的银保监分局提交申请资料，同时抄送拟关闭机构所在地银保监分局。拟关闭机构所在地银保监局或者经授权的银保监分局应当自受理之日起3个月内，作出批准或者不批准关闭的决定，并书面通知申请人。决定不批准的，应当说明理由。

第一百零五条 外商独资银行、中外合资银行、外国银行申请关闭支行，应当在终止业务活动前将下列申请资料报送拟关闭机构所在地银保监局或者经授权的银保监分局（一式两份）：
（一）申请人授权签字人签署的申请书；
（二）申请人关于关闭支行的董事会决议或者内部有权部门的决定；
（三）拟关闭支行资产处置、债务清偿、人员安置的计划和负责后续事项的人员名单及联系方式；
（四）银保监会要求的其他资料。

第六节 外国银行代表处关闭

第一百零六条 外国银行申请关闭代表处，应当具备下列条件：
（一）申请人董事会已决议通过关闭代表处；
（二）申请人所在国家或者地区金融监管机构已同意其申请；
（三）具有有效的关闭方案及人员安置计划。

第一百零七条 外国银行关闭代表处的申请，由拟关闭机构所在地银保监局受理、审查和决定。

外国银行申请关闭代表处，应当向拟关闭机构所在地银保监局提交申请资料，并同时抄送拟关闭机构所在地银保监分局。拟关闭机构所在地银保监局应当自受理之日起3个月内，作出批准或者不批准关闭的决定，并书面通知申请人。决定不批准的，应当说明理由。

第一百零八条 外国银行申请关闭代表处，应当将下列申请资料报送拟关闭机构所在地银保监局（一式两份），同时抄送拟关闭机构所在地银保监分局（一份）：
（一）申请人董事长或者行长（首席执行官、总经理）签署的申请书，特殊情况下，该申请书可以由授权签字人签署；
（二）申请人关于关闭代表处的董事会决议；
（三）所在国家或者地区金融监管机构对其申请的意见书；
（四）代表处关闭方案、人员安置计划和负责后续事项的人员名单及联系方式；
（五）银保监会要求的其他资料。

第五章 业务范围

第一节 发行债务、资本补充工具

第一百零九条 外商独资银行、中外合资银行申请在境内外发行须经银保监会许可的债务、资本补充工具，应当具备下列条件：
（一）具有良好的公司治理结构；
（二）主要审慎监管指标符合监管要求；
（三）贷款风险分类结果真实准确；
（四）贷款损失准备计提充足；
（五）银保监会规章规定的其他审慎性条件。

第一百一十条 银保监会直接监管的外商独资银行、中外合资银行申请资本工具计划发行额度，由银保监会受理、审查和决定，其他外商独资银行、中外合资银行申请资本工具计划发行额度，由所在地银保监局受理和初审，由银保监会审查和决定。

外商独资银行、中外合资银行申请资本工具计划发行额度，申请人应当向银保监会或所在地银保监局提交申请资料。所在地银保监局应当自受理之日起20日内将申请资料连同审核意见报送银保监会。银保监会应自申请受理之日起3个月内，作出批准或不批准的书面决定，并书面通知申请人。决定不批准的，应当说明理由。

外商独资银行、中外合资银行可在批准额度内，自主决定具体工具品种、发行时间、批次和规模，并自批准之日起24个月内完成发行；如在24个月内再次提交额度申请，则原有剩余额度失效，以最新批准额度为准。

银保监会直接监管的外商独资银行、中外合资银行应在资本工具募集发行结束后10日内向银保监会报告，其他外商独资银行、中外合资银行应在资本工具募集发行结束后10日内向所在地银保监局报告。银保监会或所在地银保监局有权对已发行的资本工具是否达到合格资本标准进行认定。

银保监会直接监管的外商独资银行、中外合资银行应在非资本类债券募集发行结束后10日内向银保监会报告，其他外商独资银行、中外合资银行应在非资本类债券募集发行结束后10日内向所在地银保监局报告。

第一百一十一条 外商独资银行、中外合资银行申请资本工具计划发行额度，应当向银保监会或者所在地银保监局提交下列申请资料（一式两份）：

（一）申请人董事长或者行长（首席执行官）签署的申请书；

（二）可行性研究报告及洗钱和恐怖融资风险评估报告；

（三）资本工具计划发行额度登记表；

（四）申请人关于资本工具计划发行额度的董事会决议；

（五）申请人股东关于资本工具计划发行额度的决议；

（六）申请人最近3年经审计的财务会计报告；

（七）募集说明书；

（八）发行公告或者发行章程；

（九）申请人关于债券偿债计划及保障措施的专项报告；

（十）信用评级机构出具的资本补充工具信用评级报告及有关持续跟踪评级安排的说明，但申请人赴境外发行资本补充工具的除外；

（十一）银保监会要求的其他资料。

第二节 开办衍生产品交易业务

第一百一十二条 外资银行营业性机构开办衍生产品交易业务的资格分为下列两类：

（一）基础类资格：只能从事套期保值类衍生产品交易；

（二）普通类资格：除基础类资格可以从事的衍生产品交易之外，还可以从事非套期保值类衍生产品交易。

第一百一十三条 外资银行营业性机构申请开办基础类衍生产品交易业务，应当具备下列条件：

（一）具有健全的衍生产品交易风险管理制度和内部控制制度；

（二）具有接受相关衍生产品交易技能专门培训半年以上且从事衍生产品或者相关交易2年以上的交易人员至少2名，相关风险管理人员至少1名，风险模型研究人员或者风险分析人员至少1名，熟悉套期会计操作程序和制度规范的人员至少1名，以上人员应当专岗专人，相互不得兼任，且无不良记录；

（三）有适当的交易场所和设备；

（四）具有处理法律事务和负责内控合规检查的专业部门及相关专业人员；

（五）主要审慎监管指标符合监管要求；

（六）银保监会规章规定的其他审慎性条件。

第一百一十四条 外资银行营业性机构申请开办普通类衍生产品交易业务，除具备本办法第一百一十三条规定的条件外，还应当具备下列条件：

（一）具有完善的衍生产品交易前台、中台、后台自动联接的业务处理系统和实时风险管理系统；

（二）衍生产品交易业务主管人员应当具备5年以上直接参与衍生产品交易活动或者风险管理的资历，且无不良记录；

（三）具有严格的业务分离制度，确保套期保值类业务与非套期保值类业务的市场信息、风险管理、损益核算有效隔离；

（四）具有完善的市场风险、操作风险、信用风险等风险管理框架；

（五）银保监会规章规定的其他审慎性条件。

第一百一十五条 外国银行分行申请开办衍生产品交易业务，应当获得其总行（地区总部）的正式授权，其母国应当具备对衍生产品交易业务进行监管的法律框架，其母国监管机构应当具备相应的监管能力。

外国银行分行申请开办衍生产品交易业务，若不具备本办法第一百一十三条或者第一百一十四条规定的条件，其总行（地区总部）应当具备上述条件。同时该分行还应当具备下列条件：

（一）其总行（地区总部）对该分行从事衍生产品交易等方面的正式授权应当对交易品种和限额作出明确规定；

（二）除总行另有明确规定外，该分行的全部衍生产品交易统一通过对其授权的总行（地区总部）系统进行实时平盘，并由其总行（地区总部）统一进行平盘、敞口管理和风险控制。

第一百一十六条 银保监会直接监管的外商独资银行、中外合资银行开办衍生产品交易业务的申请，由银保监会受理、审查和决定。其他外资银行营业性机构开办衍生产品交易业务的申请，由所在地银保监局受理、审查和决定。

外资银行营业性机构申请开办衍生产品交易业务，应当向银保监会或者所在地银保监局提交申请资料。银保监会或者所在地银保监局应当自受理之日起3个月内，作出批准或者不批准开办衍生产品交易业务的决定，并书面通知申请人。决定不批准的，应当说明理由。

第一百一十七条 外资银行营业性机构申请开办衍生产品交易业务，应当向银保监会或者所在地银保监局报送下列申请资料（一式两份）：

（一）申请人授权签字人签署的申请书；

（二）可行性研究报告及业务计划书或者展业计划及洗钱和恐怖融资风险评估报告；

（三）衍生产品交易业务内部管理规章制度，内容包括：

1. 衍生产品交易业务的指导原则、操作规程（操作规程应当体现交易前台、中台、后台分离的原则）和针对突发事件的应急计划；

2. 新业务、新产品审批制度及流程；

3. 交易品种及其风险控制制度；

4. 衍生产品交易的风险模型指标及量化管理指标；

5. 风险管理制度和内部审计制度；

6. 衍生产品交易业务研究与开发的管理制度及后评价制度；

7. 交易员守则；

8. 交易主管人员岗位职责制度，对各级主管人员与交易员的问责制度和激励约束机制；

9. 对前台、中台、后台主管人员及工作人员的培训计划；

（四）衍生产品交易会计制度；

（五）主管人员和主要交易人员名单、履历；

（六）衍生产品交易风险管理制度，包括但不限于：风险敞口量化规则或者风险限额授权管理制度；

（七）第三方独立出具的交易场所、设备和系统的安全性和稳定性测试报告；

（八）银保监会要求的其他资料。

外国银行分行申请开办衍生产品交易业务，若不具备本办法第一百一十三条或者第一百一十四条所列条件，除报送其总行（地区总部）的上述文件和资料外，同时还应当报送下列申请资料：

（一）外国银行总行（地区总部）对该分行从事衍生产品交易品种和限额等方面的正式书面授权文件；

（二）除外国银行总行另有明确规定外，外国银行总行（地区总部）出具的确保该分行全部衍生产品交易通过总行（地区总部）交易系统进行实时平盘，并由其总行（地区总部）负责进行平盘、敞口管理和风险控制的承诺函。

第一百一十八条 外国银行在中国境内设立多家分行的，如管理行已获准开办衍生产品交易业务，该管理行可以履行管理职责，在评估并确保中国境内其他拟开办衍生产品交易业务的分行满足条件的前提下，授权其开办衍生产品交易业务。

经管理行授权开办衍生产品交易业务的分行应满足银行业金融机构开办衍生产品交易业务的相关规定，向所在地银保监局报告，提交管理行出具的授权书以及开办衍生产品交易业务所需的材料后方可开办衍生产品交易业务。

第三节 开办信用卡业务

第一百一十九条 外商独资银行、中外合资银行申请开办信用卡业务分为申请开办发卡业务和申请开办收单业务。申请人应当具备下列条件：

（一）公司治理良好，主要审慎监管指标符合银保监会有关规定，具备与业务发展相适应的组织机构和规章制度，内部控制、风险管理和问责机制健全有效；

（二）信誉良好，具有完善、有效的内控机制和案件防控体系，最近3年内无重大违法违规行为和重大恶性案件；

（三）具备符合任职资格条件的董事、高级管理人员和合格从业人员。高级管理人员中应当有具备信用卡业务专业知识和管理经验的人员至少1名，具备开展信用卡业务必需的技术人员和管理人员，并全面实施分级授权管理；

（四）具备与业务经营相适应的营业场所、相关设施和必备的信息技术资源；

（五）已在中国境内建立符合法律法规和业务管理要求的业务系统，具有保障相关业务系统信息安全和运行质量的技术能力；

（六）开办外币信用卡业务的，应当具有结汇、售汇业务资格；

（七）银保监会规章规定的其他审慎性条件。

第一百二十条 外商独资银行、中外合资银行申请开办信用卡发卡业务，除应当具备本办法第一百一十九条规定的条件外，还应当具备下列条件：

（一）具备办理零售业务的良好基础。最近3年个人存贷款业务规模和业务结构稳定，个人存贷款业务客户

规模和客户结构良好,银行卡业务运行情况良好,身份证件验证系统和征信系统的连接和使用情况良好;

(二)具备办理信用卡业务的专业系统。在中国境内建有发卡业务主机、信用卡业务申请管理系统、信用评估管理系统、信用卡账户管理系统、信用卡交易授权系统、信用卡交易监测和伪冒交易预警系统、信用卡客户服务中心系统、催收业务管理系统等专业化运营基础设施,相关设施通过了必要的安全检测和业务测试,能够保障客户资料和业务数据的完整性和安全性;

(三)符合外商独资银行、中外合资银行业务经营总体战略和发展规划,有利于提高总体业务竞争能力。能够根据业务发展实际情况持续开展业务成本计量、业务规模监测和基本盈亏平衡测算等工作。

第一百二十一条 外商独资银行、中外合资银行申请开办信用卡收单业务,除应当具备本办法第一百一十九条规定的条件外,还应当具备下列条件:

(一)具备开办收单业务的良好基础。最近3年企业贷款业务规模和业务结构稳定,企业贷款业务客户规模和客户结构较为稳定,身份证件验证系统和征信系统连接和使用情况良好;

(二)具备办理收单业务的专业系统。在中国境内建有收单业务主机、特约商户申请管理系统、特约商户信用评估管理系统、特约商户结算账户管理系统、账务管理系统、收单交易监测和伪冒交易预警系统、交易授权系统等专业化运营基础设施,相关设施通过了必要的安全检测和业务测试,能够保障客户资料和业务数据的完整性和安全性;

(三)符合外商独资银行、中外合资银行业务经营总体战略和发展规划,有利于提高业务竞争能力。能够根据业务发展实际情况持续开展业务成本计量、业务规模监测和基本盈亏平衡测算等工作。

第一百二十二条 银保监会直接监管的外商独资银行、中外合资银行开办信用卡业务的申请,由银保监会受理、审查和决定。其他外商独资银行、中外合资银行开办信用卡业务的申请,由所在地银保监局受理、审查和决定。

外商独资银行、中外合资银行申请开办信用卡业务,应当向银保监会或者所在地银保监局提交申请资料,同时抄送所在地银保监分局。银保监会或者所在地银保监局应当自受理之日起3个月内,作出批准或者不批准开办信用卡业务的决定,并书面通知申请人。决定不批准的,应当说明理由。

第一百二十三条 外商独资银行、中外合资银行申请开办信用卡业务,应当向银保监会或者所在地银保监局提交下列申请资料(一式两份),同时抄送所在地银保监分局(一份):

(一)申请人董事长或者行长(首席执行官)签署的申请书;

(二)可行性研究报告及洗钱和恐怖融资风险评估报告;

(三)信用卡业务发展规划;

(四)信用卡业务管理制度;

(五)信用卡章程,内容至少包括信用卡的名称、种类、功能、用途、发行对象、申领条件、申领手续、使用范围(包括使用方面的限制)及使用方法、信用卡账户适用的利率、面向持卡人的收费项目和收费水平、发卡银行、持卡人及其他有关当事人的权利、义务;

(六)信用卡卡样设计草案或者可受理信用卡种类;

(七)信用卡业务运营设施、业务系统和灾备系统介绍;

(八)相关身份证件验证系统和征信系统连接情况和使用情况介绍;

(九)信用卡业务系统和灾备系统的测试报告和安全评估报告;

(十)信用卡业务运行应急方案和业务连续性计划;

(十一)信用卡业务风险管理体系建设和相应的规章制度;

(十二)信用卡业务的管理部门、职责分工、主要负责人介绍;

(十三)申请机构联系人、联系电话、联系地址、传真、电子邮箱等联系方式;

(十四)银保监会要求的其他资料。

第四节 开办其他业务

第一百二十四条 外资银行营业性机构申请开办其他业务,是指申请开办《中华人民共和国外资银行管理条例》第二十九条第(十四)项或者第三十一条第(十三)项所指的业务。

第一百二十五条 外资银行营业性机构申请开办其他业务,应当具备下列条件:

(一)具有与业务发展相适应的组织结构和规章制度、内控制度、风险管理和问责机制健全有效;

(二)与现行法律法规不相冲突;

(三)主要审慎监管指标达到监管要求;

(四)符合外资银行战略发展定位与方向;

(五)经内部决策程序通过;

(六)具备开展业务必需的技术人员和管理人员,并全面实施分级授权管理;

(七)具备与业务经营相适应的营业场所和相关设施;

(八)具备开展该项业务的必要、安全且合规的信息科技系统,具备保障信息科技系统有效安全运行的技术与措施;

(九)无重大违法违规记录和因内部管理问题导致的重大案件;

(十)银保监会规章规定的其他审慎性条件。

第一百二十六条 银保监会直接监管的外商独资银行、中外合资银行开办其他业务的申请,由银保监会受理、审查和决定。其他外资银行营业性机构开办其他业务的申请,由所在地银保监局受理、审查和决定。

外资银行营业性机构申请开办其他业务,应当向银保监会或者所在地银保监局提交申请资料,同时抄送所在地银保监分局。银保监会或者所在地银保监局应当自受理之日起3个月内,作出批准或者不批准开办拟经营业务的决定,并书面通知申请人。决定不批准的,应当说明理由。

第一百二十七条 外资银行营业性机构申请开办其他业务,应当向银保监会或者所在地银保监局报送下列申请资料(一式两份),同时抄送所在地银保监分局(一份):

(一)申请人授权签字人签署的申请书;

(二)拟经营业务的详细介绍和可行性研究报告及洗钱和恐怖融资风险评估报告;

(三)拟经营业务的内部控制制度和操作规程;

(四)拟经营业务的人员配备情况及业务系统的介绍;

(五)银保监会要求的其他资料。

第六章 董事和高级管理人员任职资格核准

第一百二十八条 申请担任外资银行董事、高级管理人员和首席代表,拟任人应当是具有完全民事行为能力的自然人,并具备下列基本条件:

(一)熟悉并遵守中国法律、行政法规和规章;

(二)具有良好的职业道德、操守、品行和声誉,有良好的守法合规记录,无不良记录;

(三)具备大学本科以上(包括大学本科)学历,且具有与担任职务相适应的专业知识、工作经验和组织管理能力;不具备大学本科学历的,应当相应增加6年以上从事金融或者8年以上从事相关经济工作经历(其中从事金融工作4年以上);

(四)具有履职所需的独立性。

外资银行董事、高级管理人员和首席代表在银保监会或者所在地银保监局核准其任职资格前不得履职。

第一百二十九条 拟任人有下列情形之一的,不得担任外资银行的董事、高级管理人员和首席代表:

(一)有故意或者重大过失犯罪记录的;

(二)有违反社会公德的不良行为,造成恶劣影响的;

(三)对曾任职机构违法违规经营活动或者重大损失负有个人责任或者直接领导责任,情节严重的;

(四)担任或者曾任被接管、撤销、宣告破产或者吊销营业执照的机构的董事或者高级管理人员的,但能够证明本人对曾任职机构被接管、撤销、宣告破产或者吊销营业执照不负有个人责任的除外;

(五)因违反职业道德、操守或者工作严重失职,造成重大损失或者恶劣影响的;

(六)指使、参与所任职机构不配合依法监管或者案件查处的;

(七)被取消终身的董事和高级管理人员任职资格,或者受到监管机构或者其他金融管理部门处罚累计达到两次以上的;

(八)本人或者其配偶负有数额较大的债务且到期未偿还的,包括但不限于在该外资银行的逾期贷款;

(九)存在其他所任职务与拟任职务有明显利益冲突,或者明显分散其履职时间和精力的情形;

(十)不具备本办法规定的任职资格条件,采取不正当手段以获得任职资格核准的;

(十一)法律、行政法规、部门规章规定的不得担任金融机构董事、高级管理人员或者首席代表的;

(十二)银保监会认定的其他情形。

第一百三十条 外国银行在中国境内设立的外商独资银行或者中外合资银行的董事长、高级管理人员和该外国银行在中国境内设立的分行的高级管理人员不得相互兼职。

第一百三十一条 外资银行董事长、行长(首席执行官)、分行行长、分行级专营机构总经理、支行行长、外国银行代表处首席代表缺位时,外资银行应当指定符合任职资格条件的人员代为履职,并自指定之日起3日内向银保监会或者任职机构所在地银保监局或者银保监分局报告代为履职人员的简历、商业银行从业及相关管理经验、履职计划等详细说明。

代为履职的人员不符合任职资格条件的，监管机构可以责令外资银行限期调整代为履职的人员。代为履职的时间不得超过6个月。外资银行应当在6个月内选聘符合任职资格条件的人员正式任职。

第一百三十二条 具有高级管理人员任职资格且未连续中断任职1年以上的拟任人在同质同类外资银行间平级调动职务（平级兼任）或者改任（兼任）较低职务的，无需重新申请核准任职资格。

拟任人应当在任职后5日内向银保监会或者任职机构所在地银保监局或者银保监分局报告。

第一百三十三条 担任下列职务的外资银行董事、高级管理人员和首席代表除应当具备本办法第一百二十八条所列条件外，还应当分别具备下列条件：

（一）担任外商独资银行、中外合资银行董事长，应当具有8年以上金融工作或者12年以上相关经济工作经历（其中从事金融工作5年以上）；

（二）担任外商独资银行、中外合资银行副董事长，应当具有5年以上金融工作或者10年以上相关经济工作经历（其中从事金融工作3年以上）；

（三）担任外商独资银行、中外合资银行行长（首席执行官），应当具有8年以上金融工作或者12年以上相关经济工作经历（其中从事金融工作4年以上）；

（四）担任外商独资银行、中外合资银行董事会秘书、副行长、行长助理、首席运营官、首席风险控制官、首席财务官（财务总监、财务负责人）、首席技术官（首席信息官），外商独资银行分行行长、中外合资银行分行行长、分行级专营机构总经理、外国银行分行行长，应当具有5年以上金融工作或者10年以上相关经济工作经历（其中从事金融工作3年以上）；

（五）担任外商独资银行、中外合资银行董事，应当具有5年以上与经济、金融、法律、财务有关的工作经历，能够运用财务报表和统计报表判断银行的经营、管理和风险状况，理解银行的公司治理结构、公司章程、董事会职责以及董事的权利和义务；

（六）担任外商独资银行分行、中外合资银行分行、外国银行分行副行长，分行级专营机构副总经理，应当具有4年以上金融工作或者6年以上相关经济工作经历（其中从事金融工作2年以上）；

（七）担任外商独资银行、中外合资银行内审负责人和合规负责人，应当具有4年以上金融工作经历；

（八）担任外商独资银行分行、中外合资银行分行、分行级专营机构、外国银行分行合规负责人，应当具有3年以上金融工作经历；

（九）担任外国银行代表处首席代表，应当具有3年以上金融工作或者6年以上相关经济工作经历（其中从事金融工作1年以上）。

第一百三十四条 外资银行下列人员的任职资格核准的申请，由银保监会受理、审查和决定：银保监会直接监管的外商独资银行、中外合资银行董事长、行长（首席执行官）、董事、副董事长、董事会秘书、副行长、行长助理、首席运营官、首席风险控制官、首席财务官（财务总监、财务负责人）、首席技术官（首席信息官）、内审负责人、合规负责人，以及其他对经营管理具有决策权或者对风险控制起重要作用的人员。

外资银行下列人员的任职资格核准的申请，由拟任职机构所在地银保监局受理、审查和决定：其他外商独资银行、中外合资银行董事长、行长（首席执行官）、董事、副董事长、董事会秘书、副行长、行长助理、首席运营官、首席风险控制官、首席财务官（财务总监、财务负责人）、首席技术官（首席信息官）、内审负责人、合规负责人，以及其他对经营管理具有决策权或者对风险控制起重要作用的人员。

外资银行下列人员的任职资格核准的申请，由拟任职机构所在地银保监局或者经授权的银保监分局受理、审查和决定：外商独资银行分行、中外合资银行分行、外国银行分行的行长、副行长、合规负责人；分行级专营机构总经理、副总经理、合规负责人；外国银行代表处首席代表；以及其他对经营管理具有决策权或者对风险控制起重要作用的人员。

第一百三十五条 银保监会或者所在地银保监局或者经授权的银保监分局应当自受理之日起30日内，作出核准或者不核准的决定，并书面通知申请人。决定不核准的，应当说明理由。

随机构设立初次任命的董事长、行长（首席执行官）、分行行长、分行级专营机构总经理任职资格核准的申请，由开业决定机构自受理之日起2个月内，随机构开业批复作出核准或者不核准的决定；随代表处设立初次任命的首席代表任职资格核准的申请，由拟任职机构所在地银保监局自受理之日起6个月内，随代表处设立批复作出核准或者不核准的决定，并书面通知申请人。决定不核准的，应当说明理由。

第一百三十六条 申请核准外资银行董事、高级管理人员和首席代表任职资格，申请人应当将下列申请资料报送银保监会或者拟任职机构所在地银保监局或者经

授权的银保监分局(一式两份),同时抄送拟任职机构所在地银保监分局(一份):

(一)申请人授权签字人签署的申请书,申请书中应当说明拟任人拟任的职务、职责、权限,及该职务在本机构组织结构中的位置,拟任人为董事长或行长(首席执行官)的,无需说明拟任职务在本机构组织结构中的位置;

(二)申请人授权签字人签署的对拟任人的授权书及该签字人的授权书,拟任人为董事长或行长(首席执行官)且章程已对其职责作出规定的,无需提供对拟任人的授权书;

(三)经授权签字人签字的拟任人简历、身份证明和学历证明复印件;

(四)拟任人商业银行从业及相关管理经验、履职计划的详细说明;

(五)拟任人签署的无不良记录陈述书以及任职后将守法尽责的承诺书;

(六)拟任人接受反洗钱和反恐怖融资培训情况报告及本人签字的履行反洗钱和反恐怖融资义务的承诺书;

(七)外商独资银行、中外合资银行章程规定应当召开股东会或者董事会会议的,还应当报送相应的会议决议;

(八)拟任人履职情况的审计报告或者原任职机构出具的履职评价;

(九)拟任人在银行、银行集团及其关联企业中担任、兼任其他职务的情况说明;

(十)银保监会要求的其他资料。

第七章 附 则

第一百三十七条 本办法中的"日"指工作日。

第一百三十八条 本办法中"以上"均含本数或者本级。

第一百三十九条 本办法中银保监会直接监管的外资银行是指在15个以上省(区、市)设立一级分支机构的外资法人银行。

第一百四十条 香港特别行政区、澳门特别行政区和台湾地区的金融机构在内地(大陆)设立的银行机构,比照适用本办法。国务院另有规定的,依照其规定。

第一百四十一条 国务院在自由贸易试验区等特定区域对行政许可事项另有规定的,依照其规定。

第一百四十二条 银保监会负责其直接监管的外资法人银行金融许可证的颁发与管理;所在地银保监局或者经授权的银保监分局负责其他外资银行营业性机构金融许可证的颁发与管理。

第一百四十三条 银保监会根据法律法规和市场准入工作实际,有权对行政许可事项的受理、审查和决定机关进行动态调整。

第一百四十四条 本办法由银保监会负责解释。

第一百四十五条 本办法自公布之日起施行,《中国银监会外资银行行政许可事项实施办法》(中国银监会令2018年第3号)同时废止。

三、金融业务

1. 存款、借款业务

储蓄管理条例

- 1992年12月11日中华人民共和国国务院令第107号发布
- 根据2011年1月8日《国务院关于废止和修改部分行政法规的决定》修订

第一章 总 则

第一条 为了发展储蓄事业,保护储户的合法权益,加强储蓄管理,制定本条例。

第二条 凡在中国境内办理储蓄业务的储蓄机构和参加储蓄的个人,必须遵守本条例的规定。

第三条 本条例所称储蓄是指个人将属于其所有的人民币或者外币存入储蓄机构,储蓄机构开具存折或者存单作为凭证,个人凭存折或者存单可以支取存款本金和利息,储蓄机构依照规定支付存款本金和利息的活动。

任何单位和个人不得将公款以个人名义转为储蓄存款。

第四条 本条例所称储蓄机构是指经中国人民银行或其分支机构批准,各银行、信用合作社办理储蓄业务的机构,以及邮政企业依法办理储蓄业务的机构。

第五条 国家保护个人合法储蓄存款的所有权及其他合法权益,鼓励个人参加储蓄。

储蓄机构办理储蓄业务,必须遵循"存款自愿,取款自由,存款有息,为储户保密"的原则。

第六条 中国人民银行负责全国储蓄管理工作。

中国人民银行及其分支机构负责储蓄机构和储蓄业务的审批、协调、仲裁有关储蓄机构之间在储蓄业务方面的争议,监督、稽核储蓄机构的业务工作,纠正和处罚违反国家储蓄法律、法规和政策的行为。

第七条 中国人民银行经国务院批准,可以采取适当措施稳定储蓄,保护储户利益。

第八条 除储蓄机构外,任何单位和个人不得办理储蓄业务。

第二章 储蓄机构

第九条 储蓄机构的设置,应当遵循统一规划,方便群众,注重实效,确保安全的原则。

第十条 储蓄机构的设置,应当按照国家有关规定报中国人民银行或其分支机构批准,并申领《经营金融业务许可证》,但国家法律、行政法规另有规定的除外。

第十一条 储蓄机构的设置必须具备下列条件:
(一)有机构名称、组织机构和营业场所;
(二)熟悉储蓄业务的工作人员不少于四人;
(三)有必要的安全防范设备。

第十二条 经当地中国人民银行分支机构批准,储蓄机构可以设立储蓄代办点。储蓄代办点的管理办法,由中国人民银行规定。

第十三条 储蓄机构应当按照规定时间营业,不得擅自停业或者缩短营业时间。

第十四条 储蓄机构应当保证储蓄存款本金和利息的支付,不得违反规定拒绝支付储蓄存款本金和利息。

第十五条 储蓄机构不得使用不正当手段吸收储蓄存款。

第三章 储蓄业务

第十六条 储蓄机构可以办理下列人民币储蓄业务:
(一)活期储蓄存款;
(二)整存整取定期储蓄存款;
(三)零存整取定期储蓄存款;
(四)存本取息定期储蓄存款;
(五)整存零取定期储蓄存款;
(六)定活两便储蓄存款;
(七)华侨(人民币)整存整取定期储蓄存款;
(八)经中国人民银行批准开办的其他种类的储蓄存款。

第十七条 经外汇管理部门批准,储蓄机构可以办理下列外币储蓄业务:
(一)活期储蓄存款;
(二)整存整取定期储蓄存款;
(三)经中国人民银行批准开办的其他种类的外币储蓄存款。

办理外币储蓄业务,存款本金和利息应当用外币支付。

第十八条 储蓄机构办理定期储蓄存款时,根据储户的意愿,可以同时为储户办理定期储蓄存款到期自动转存业务。

第十九条 根据国家住房改革的有关政策和实际需要,经当地中国人民银行分支机构批准,储蓄机构可以办理个人住房储蓄业务。

第二十条 经中国人民银行或其分支机构批准,储蓄机构可以办理下列金融业务:

(一)发售和兑付以居民个人为发行对象的国库券、金融债券、企业债券等有价证券;

(二)个人定期储蓄存款存单小额抵押贷款业务;

(三)其他金融业务。

第二十一条 储蓄机构可以办理代发工资和代收房租、水电费等服务性业务。

第四章 储蓄存款利率和计息

第二十二条 储蓄存款利率由中国人民银行拟订,经国务院批准后公布,或者由国务院授权中国人民银行制定、公布。

第二十三条 储蓄机构必须挂牌公告储蓄存款利率,不得擅自变动。

第二十四条 未到期的定期储蓄存款,全部提前支取的,按支取日挂牌公告的活期储蓄存款利率计付利息;部分提前支取的,提前支取的部分按支取日挂牌公告的活期储蓄存款利率计付利息,其余部分到期时按存单开户日挂牌公告的定期储蓄存款利率计付利息。

第二十五条 逾期支取的定期储蓄存款,其超过原定存期的部分,除约定自动转存的外,按支取日挂牌公告的活期储蓄存款利率计付利息。

第二十六条 定期储蓄存款在存期内遇有利率调整,按存单开户日挂牌公告的相应的定期储蓄存款利率计付利息。

第二十七条 活期储蓄存款在存入期间遇有利率调整,按结息日挂牌公告的活期储蓄存款利率计付利息。全部支取活期储蓄存款,按清户日挂牌公告的活期储蓄存款利率计付利息。

第二十八条 储户认为储蓄存款利息支付有错误时,有权向经办的储蓄机构申请复核;经办的储蓄机构应当及时受理、复核。

第五章 提前支取、挂失、查询和过户

第二十九条 未到期的定期储蓄存款,储户提前支取的,必须持存单和存款人的身份证明办理;代储户支取的,代支取人还必须持其身份证明。

第三十条 存单、存折分为记名式和不记名式。记名式的存单、存折可以挂失,不记名式的存单、存折不能挂失。

第三十一条 储户遗失存单、存折或者预留印鉴的印章的,必须立即持本人身份证明,并提供储户的姓名、开户时间、储蓄种类、金额、账号及住址等有关情况,向其开户的储蓄机构书面申请挂失。在特殊情况下,储户可以用口头或者函电形式申请挂失,但必须在5天内补办书面申请挂失手续。

储蓄机构受理挂失后,必须立即停止支付该储蓄存款;受理挂失前该储蓄存款已被他人支取的,储蓄机构不负赔偿责任。

第三十二条 储蓄机构及其工作人员对储户的储蓄情况负有保密责任。

储蓄机构不代任何单位和个人查询、冻结或者划拨储蓄存款,国家法律、行政法规另有规定的除外。

第三十三条 储蓄存款的所有权发生争议,涉及办理过户的,储蓄机构依据人民法院发生法律效力的判决书、裁定书或者调解书办理过户手续。

第六章 法律责任

第三十四条 违反本条例规定,有下列行为之一的单位和个人,由中国人民银行或其分支机构责令其纠正,并可以根据情节轻重处以罚款、停业整顿、吊销《经营金融业务许可证》;情节严重,构成犯罪的,依法追究刑事责任:

(一)擅自开办储蓄业务的;

(二)擅自设置储蓄机构的;

(三)储蓄机构擅自开办新的储蓄种类的;

(四)储蓄机构擅自办理本条例规定以外的其他金融业务的;

(五)擅自停业或者缩短营业时间的;

(六)储蓄机构采取不正当手段吸收储蓄存款的;

(七)违反国家利率规定,擅自变动储蓄存款利率的;

(八)泄露储户储蓄情况或者未经法定程序代为查询、冻结、划拨储蓄存款的;

(九)其他违反国家储蓄法律、法规和政策的。

违反本条例第三条第二款规定的,依照国家有关规定予以处罚。

第三十五条 对处罚决定不服的,当事人可以依照

《中华人民共和国行政复议法》的规定申请复议。对复议决定不服的，当事人可以依照《中华人民共和国行政诉讼法》的规定向人民法院提起诉讼。

第三十六条 复议申请人逾期不起诉又不履行复议决定的，依照《中华人民共和国行政复议法》的规定执行。

第三十七条 储蓄机构违反国家有关规定，侵犯储户合法权益，造成损失的，应当依法承担赔偿责任。

第七章 附 则

第三十八条 本条例施行前的定期储蓄存款，在原定存期内，依照本条例施行前国家有关规定办理计息事宜。

第三十九条 本条例由中国人民银行负责解释，实施细则由中国人民银行制定。

第四十条 本条例自1993年3月1日起施行。1980年5月28日中国人民银行发布的《中国人民银行储蓄存款章程》同时废止。

存款保险条例

- 2014年10月29日国务院第67次常务会议通过
- 2015年2月17日中华人民共和国国务院令第660号公布
- 自2015年5月1日起施行

第一条 为了建立和规范存款保险制度，依法保护存款人的合法权益，及时防范和化解金融风险，维护金融稳定，制定本条例。

第二条 在中华人民共和国境内设立的商业银行、农村合作银行、农村信用合作社等吸收存款的银行业金融机构（以下统称投保机构），应当依照本条例的规定投保存款保险。

投保机构在中华人民共和国境外设立的分支机构，以及外国银行在中华人民共和国境内设立的分支机构不适用前款规定。但是，中华人民共和国与其他国家或者地区之间对存款保险制度另有安排的除外。

第三条 本条例所称存款保险，是指投保机构向存款保险基金管理机构交纳保费，形成存款保险基金，存款保险基金管理机构依照本条例的规定向存款人偿付被保险存款，并采取必要措施维护存款以及存款保险基金安全的制度。

第四条 被保险存款包括投保机构吸收的人民币存款和外币存款。但是，金融机构同业存款、投保机构的高级管理人员在本投保机构的存款以及存款保险基金管理机构规定不予保险的其他存款除外。

第五条 存款保险实行限额偿付，最高偿付限额为人民币50万元。中国人民银行会同国务院有关部门可以根据经济发展、存款结构变化、金融风险状况等因素调整最高偿付限额，报国务院批准后公布执行。

同一存款人在同一家投保机构所有被保险存款账户的存款本金和利息合并计算的资金数额在最高偿付限额以内的，实行全额偿付；超出最高偿付限额的部分，依法从投保机构清算财产中受偿。

存款保险基金管理机构偿付存款人的被保险存款后，即在偿付金额范围内取得该存款人对投保机构相同清偿顺序的债权。

社会保险基金、住房公积金存款的偿付办法由中国人民银行会同国务院有关部门另行制定，报国务院批准。

第六条 存款保险基金的来源包括：
（一）投保机构交纳的保费；
（二）在投保机构清算中分配的财产；
（三）存款保险基金管理机构运用存款保险基金获得的收益；
（四）其他合法收入。

第七条 存款保险基金管理机构履行下列职责：
（一）制定并发布与其履行职责有关的规则；
（二）制定和调整存款保险费率标准，报国务院批准；
（三）确定各投保机构的适用费率；
（四）归集保费；
（五）管理和运用存款保险基金；
（六）依照本条例的规定采取早期纠正措施和风险处置措施；
（七）在本条例规定的限额内及时偿付存款人的被保险存款；
（八）国务院批准的其他职责。

存款保险基金管理机构由国务院决定。

第八条 本条例施行前已开业的吸收存款的银行业金融机构，应当在存款保险基金管理机构规定的期限内办理投保手续。

本条例施行后开业的吸收存款的银行业金融机构，应当自工商行政管理部门颁发营业执照之日起6个月内，按照存款保险基金管理机构的规定办理投保手续。

第九条 存款保险费率由基准费率和风险差别费率构成。费率标准由存款保险基金管理机构根据经济金融发展状况、存款结构情况以及存款保险基金的累积水平等因素制定和调整,报国务院批准后执行。

各投保机构的适用费率,由存款保险基金管理机构根据投保机构的经营管理状况和风险状况等因素确定。

第十条 投保机构应当交纳的保费,按照本投保机构的被保险存款和存款保险基金管理机构确定的适用费率计算,具体办法由存款保险基金管理机构规定。

投保机构应当按照存款保险基金管理机构的要求定期报送被保险存款余额、存款结构情况以及与确定适用费率、核算保费、偿付存款相关的其他必要资料。

投保机构应当按照存款保险基金管理机构的规定,每6个月交纳一次保费。

第十一条 存款保险基金的运用,应当遵循安全、流动、保值增值的原则,限于下列形式:

(一)存放在中国人民银行;

(二)投资政府债券、中央银行票据、信用等级较高的金融债券以及其他高等级债券;

(三)国务院批准的其他资金运用形式。

第十二条 存款保险基金管理机构应当自每一会计年度结束之日起3个月内编制存款保险基金收支的财务会计报告、报表,并编制年度报告,按照国家有关规定予以公布。

存款保险基金的收支应当遵守国家统一的财务会计制度,并依法接受审计机关的审计监督。

第十三条 存款保险基金管理机构履行职责,发现有下列情形之一的,可以进行核查:

(一)投保机构风险状况发生变化,可能需要调整适用费率的,对涉及费率计算的相关情况进行核查;

(二)投保机构保费交纳基数可能存在问题的,对其存款的规模、结构以及真实性进行核查;

(三)对投保机构报送的信息、资料的真实性进行核查。

对核查中发现的重大问题,应当告知银行业监督管理机构。

第十四条 存款保险基金管理机构参加金融监督管理协调机制,并与中国人民银行、银行业监督管理机构等金融管理部门、机构建立信息共享机制。

存款保险基金管理机构应当通过信息共享机制获取有关投保机构的风险状况、检查报告和评级情况等监督管理信息。

前款规定的信息不能满足控制存款保险基金风险、保证及时偿付、确定差别费率等需要的,存款保险基金管理机构可以要求投保机构及时报送其他相关信息。

第十五条 存款保险基金管理机构发现投保机构存在资本不足等影响存款安全以及存款保险基金安全的情形的,可以对其提出风险警示。

第十六条 投保机构因重大资产损失等原因导致资本充足率大幅度下降,严重危及存款安全以及存款保险基金安全的,投保机构应当按照存款保险基金管理机构、中国人民银行、银行业监督管理机构的要求及时采取补充资本、控制资产增长、控制重大交易授信、降低杠杆率等措施。

投保机构有前款规定情形,且在存款保险基金管理机构规定的期限内未改进的,存款保险基金管理机构可以提高其适用费率。

第十七条 存款保险基金管理机构发现投保机构有《中华人民共和国银行业监督管理法》第三十八条、第三十九条规定情形的,可以建议银行业监督管理机构依法采取相应措施。

第十八条 存款保险基金管理机构可以选择下列方式使用存款保险基金,保护存款人利益:

(一)在本条例规定的限额内直接偿付被保险存款;

(二)委托其他合格投保机构在本条例规定的限额内代为偿付被保险存款;

(三)为其他合格投保机构提供担保、损失分摊或者资金支持,以促成其收购或者承担被接管、被撤销或者申请破产的投保机构的全部或者部分业务、资产、负债。

存款保险基金管理机构在拟订存款保险基金使用方案选择前款规定方式时,应当遵循基金使用成本最小的原则。

第十九条 有下列情形之一的,存款人有权要求存款保险基金管理机构在本条例规定的限额内,使用存款保险基金偿付存款人的被保险存款:

(一)存款保险基金管理机构担任投保机构的接管组织;

(二)存款保险基金管理机构实施被撤销投保机构的清算;

(三)人民法院裁定受理对投保机构的破产申请;

(四)经国务院批准的其他情形。

存款保险基金管理机构应当依照本条例的规定,在前款规定情形发生之日起7个工作日内足额偿付存款。

第二十条 存款保险基金管理机构的工作人员有下列行为之一的,依法给予处分:

(一)违反规定收取保费;

(二)违反规定使用、运用存款保险基金;
(三)违反规定不及时、足额偿付存款。
存款保险基金管理机构的工作人员滥用职权、玩忽职守、泄露国家秘密或者所知悉的商业秘密的,依法给予处分;构成犯罪的,依法追究刑事责任。

第二十一条 投保机构有下列情形之一的,由存款保险基金管理机构责令限期改正;逾期不改正或者情节严重的,予以记录并作为调整该投保机构的适用费率的依据:
(一)未依法投保;
(二)未依法及时、足额交纳保费;
(三)未按照规定报送信息、资料或者报送虚假的信息、资料;
(四)拒绝或者妨碍存款保险基金管理机构依法进行的核查;
(五)妨碍存款保险基金管理机构实施存款保险基金使用方案。
投保机构有前款规定情形的,存款保险基金管理机构可以对投保机构的主管人员和直接责任人员予以公示。投保机构有前款第二项规定情形的,存款保险基金管理机构还可以按日加收未交纳保费部分0.05%的滞纳金。

第二十二条 本条例施行前,已被国务院银行业监督管理机构依法决定接管、撤销或者人民法院已受理破产申请的吸收存款的银行业金融机构,不适用本条例。

第二十三条 本条例自2015年5月1日起施行。

个人存款账户实名制规定

·2000年3月20日中华人民共和国国务院令第285号发布
·自2000年4月1日起施行

第一条 为了保证个人存款账户的真实性,维护存款人的合法权益,制定本规定。

第二条 中华人民共和国境内的金融机构和在金融机构开立个人存款账户的个人,应当遵守本规定。

第三条 本规定所称金融机构,是指在境内依法设立和经营个人存款业务的机构。

第四条 本规定所称个人存款账户,是指个人在金融机构开立的人民币、外币存款账户,包括活期存款账户、定期存款账户、定活两便存款账户、通知存款账户以及其他形式的个人存款账户。

第五条 本规定所称实名,是指符合法律、行政法规和国家有关规定的身份证件上使用的姓名。下列身份证件为实名证件:
(一)居住在境内的中国公民,为居民身份证或者临时居民身份证;
(二)居住在境内的16周岁以下的中国公民,为户口簿;
(三)中国人民解放军军人,为军人身份证;中国人民武装警察,为武装警察身份证;
(四)香港、澳门居民,为港澳居民往来内地通行证;台湾居民,为台湾居民来往大陆通行证或者其他有效旅行证件;
(五)外国公民,为护照。
前款未作规定的,依照有关法律、行政法规和国家有关规定执行。

第六条 个人在金融机构开立个人存款账户时,应当出示本人身份证件,使用实名。
代理他人在金融机构开立个人存款账户的,代理人应当出示被代理人和代理人的身份证件。

第七条 在金融机构开立个人存款账户的,金融机构应当要求其出示本人身份证件,进行核对,并登记其身份证件上的姓名和号码。代理他人在金融机构开立个人存款账户的,金融机构应当要求其出示被代理人和代理人的身份证件,进行核对,并登记被代理人和代理人的身份证件上的姓名和号码。
不出示本人身份证件或者不使用本人身份证件上的姓名的,金融机构不得为其开立个人存款账户。

第八条 金融机构及其工作人员负有为个人存款账户的情况保守秘密的责任。
金融机构不得向任何单位或者个人提供有关个人存款账户的情况,并有权拒绝任何单位或者个人查询、冻结、扣划个人在金融机构的款项;但是,法律另有规定的除外。

第九条 金融机构违反本规定第七条规定的,由中国人民银行给予警告,可以处1000元以上5000元以下的罚款;情节严重的,可以并处责令停业整顿,对直接负责的主管人员和其他直接责任人员依法给予纪律处分;构成犯罪的,依法追究刑事责任。

第十条 本规定施行前,已经在金融机构开立的个人存款账户,按照本规定施行前国家有关规定执行;本规定施行后,在原账户办理第一笔个人存款时,原账户没有使用实名的,应当依照本规定使用实名。

第十一条 本规定由中国人民银行组织实施。

第十二条 本规定自2000年4月1日起施行。

对储蓄存款利息所得征收个人所得税的实施办法

- 1999年9月30日中华人民共和国国务院令第272号发布
- 根据2007年7月20日《国务院关于修改〈对储蓄存款利息所得征收个人所得税的实施办法〉的决定》修订

　　第一条　根据《中华人民共和国个人所得税法》第十二条的规定，制定本办法。

　　第二条　从中华人民共和国境内的储蓄机构取得人民币、外币储蓄存款利息所得的个人，应当依照本办法缴纳个人所得税。

　　第三条　对储蓄存款利息所得征收个人所得税的计税依据为纳税人取得的人民币、外币储蓄存款利息所得。

　　第四条　对储蓄存款利息所得征收个人所得税，减按5%的比例税率执行。减征幅度的调整由国务院决定。

　　第五条　对个人取得的教育储蓄存款利息所得以及国务院财政部门确定的其他专项储蓄存款或者储蓄性专项基金存款的利息所得，免征个人所得税。

　　前款所称教育储蓄是指个人按照国家有关规定在指定银行开户、存入规定数额资金、用于教育目的的专项储蓄。

　　第六条　对储蓄存款利息所得，按照每次取得的利息所得额计征个人所得税。

　　第七条　对储蓄存款利息所得征收个人所得税，以结付利息的储蓄机构为扣缴义务人，实行代扣代缴。

　　第八条　扣缴义务人在向储户结付利息时，依法代扣代缴税款。

　　前款所称结付利息，包括储户取款时结付利息、活期存款结息日结付利息和办理储蓄存款自动转存业务时结付利息等。

　　扣缴义务人代扣税款，应当在给储户的利息结付单上注明。

　　第九条　扣缴义务人每月代扣的税款，应当在次月7日内缴入中央国库，并向当地主管税务机关报送代扣代缴税款报告表；代扣的税款为外币的，应当折合成人民币缴入中央国库。

　　第十条　对扣缴义务人按照所扣缴的税款，付给2%的手续费。

　　第十一条　税务机关应当加强对扣缴义务人代扣代缴税款情况的监督和检查，扣缴义务人应当积极予以配合，如实反映情况，提供有关资料，不得拒绝、隐瞒。

　　第十二条　对储蓄存款利息所得征收的个人所得税，由国家税务局依照《中华人民共和国税收征收管理法》、《中华人民共和国个人所得税法》及本办法的规定负责征收管理。

　　第十三条　本办法所称储蓄机构，是指经国务院银行业监督管理机构批准的商业银行、城市信用合作社和农村信用合作社等吸收公众存款的金融机构。

　　第十四条　储蓄存款在1999年10月31日前孳生的利息所得，不征收个人所得税；储蓄存款在1999年11月1日至2007年8月14日孳生的利息所得，按照20%的比例税率征收个人所得税；储蓄存款在2007年8月15日后孳生的利息所得，按照5%的比例税率征收个人所得税。

　　第十五条　本办法自1999年11月1日起施行。

人民币单位存款管理办法

- 1997年11月15日
- 银发〔1997〕485号

第一章　总　则

　　第一条　为加强单位存款的管理，规范金融机构的单位存款业务，根据《中华人民共和国中国人民银行法》、《中华人民共和国商业银行法》及其他有关法律、行政法规，制订本办法。

　　第二条　凡在中华人民共和国境内办理人民币单位存款业务的金融机构和参加人民币存款的单位，必须遵守本办法的规定。

　　第三条　本办法所称单位存款是指企业、事业、机关、部队和社会团体等单位在金融机构办理的人民币存款，包括定期存款、活期存款、通知存款、协定存款及经中国人民银行批准的其他存款。

　　第四条　中国人民银行负责金融机构单位存款业务的管理、监督和稽核工作，协调存款单位与金融机构的争议。

　　第五条　除经中国人民银行批准办理单位存款业务的金融机构外，其他任何单位和个人不得办理此项业务。

　　第六条　经批准的金融机构吸收单位存款应不超过中国人民银行核定的范围，同时遵守本办法的有关规定。

　　第七条　财政拨款、预算内资金及银行贷款不得作为单位定期存款存入金融机构。

　　第八条　任何单位和个人不得将公款以个人名义转为储蓄存款。

任何个人不得将私款以单位名义存入金融机构；任何单位不得将个人或其他单位的款项以本单位名义存入金融机构。

第二章 单位定期存款及计息

第九条 单位定期存款的期限分3个月、半年、1年三个档次。起存金额1万元，多存不限。

第十条 金融机构对单位定期存款实行账户管理（大额可转让定期存款除外）。存款时单位须提交开户申请书、营业执照正本等，并预留印鉴。印鉴应包括单位财务专用章、单位法定代表人章（或主要负责人印章）和财会人员章。由接受存款的金融机构给存款单位开出"单位定期存款开户证实书"（以下简称"证实书"），证实书仅对存款单位开户证实，不得作为质押的权利凭证。

第十一条 存款单位支取定期存款只能以转账方式将存款转入其基本存款账户，不得将定期存款用于结算或从定期存款账户中提取现金。支取定期存款时，须出具证实书并提供预留印鉴，存款所在金融机构审核无误后为其办理支取手续，同时收回证实书。

第十二条 单位定期存款在存期内按存款存入日挂牌公告的定期存款利率计付利息，遇利率调整，不分段计息。

第十三条 单位定期存款可以全部或部分提前支取，但只能提前支取一次。全部提前支取的，按支取日挂牌公告的活期存款利率计息；部分提前支取的，提前支取的部分按支取日挂牌公告的活期存款利率计息，其余部分如不低于起存金额由金融机构按原存期开具新的证实书，按原存款开户日挂牌公告的同档次定期存款利率计息；不足起存金额则予以清户。

第十四条 单位定期存款到期不取，逾期部分按支取日挂牌公告的活期存款利率计付利息。

第十五条 金融机构办理大额可转让定期存单业务按照《大额可转让定期存单管理办法》执行。

第三章 单位活期存款、通知存款、协定存款及计息

第十六条 金融机构对单位活期存款实行账户管理。金融机构和开立活期存款账户的单位必须遵守《银行账户管理办法》。

第十七条 单位活期存款按结息日挂牌公告的活期存款利率计息，遇利率调整不分段计息。

第十八条 金融机构开办单位通知存款须经中国人民银行批准，并遵守经人民银行核准的通知存款章程。通知存款按支取日挂牌公告的同期同档次通知存款利率计息。

第十九条 金融机构开办协定存款须经中国人民银行批准，并遵守经人民银行核准的协定存款章程。协定存款利率由中国人民银行确定并公布。

第四章 单位存款的变更、挂失及查询

第二十条 因存款单位人事变动，需要更换单位法定代表人章（或单位负责人章）或财会人员印章时，必须持单位公函及经办人身份证件向存款所在金融机构办理更换印鉴手续，如为单位定期存款，应同时出示金融机构为其开具的证实书。

第二十一条 因存款单位机构合并或分立，其定期存款需要过户或分户，必须持原单位公函、工商部门的变更、注销或设立登记证明及新印鉴（分户时还须提供双方同意的存款分户协议）等有关证件向存款所在金融机构办理过户或分户手续，由金融机构换发新证实书。

第二十二条 存款单位的密码失密或印鉴遗失、损毁，必须持单位公函，向存款所在金融机构申请挂失。

金融机构受理挂失后，挂失生效。如存款在挂失生效前已被人按规定手续支取，金融机构不负赔偿责任。

第二十三条 存款单位迁移时，其定期存款如未到期转移，应办理提前支取手续，按支取日挂牌公布的活期利率一次性结清。

第二十四条 金融机构应对存款单位的存款保密，有权拒绝除法律、行政法规另有规定以外的任何单位或个人查询；有权拒绝除法律另有规定以外的任何单位冻结、扣划。

第五章 法律责任

第二十五条 未经中国人民银行批准，擅自开办单位存款业务的单位或个人，按照《中华人民共和国商业银行法》第七十九条予以处罚。

第二十六条 商业银行违反国家利率政策提高或降低利率以及采用其他不正当手段吸收存款，或者超范围吸收单位存款的，按照《中华人民共和国商业银行法》第七十五条、第七十六条及《中国人民银行利率管理规定》的有关条款予以处罚。

第二十七条 商业银行违反本办法第十一条规定，为存款单位支付现金的，或办理活期存款业务时违反《银行账户管理办法》的，按照《现金管理暂行条例》、《大额现金支付登记备案制度》、《关于大额现金支付管理的通知》及《银行账户管理办法》的有关规定予以处罚。

第二十八条 商业银行违反本办法第二十四条规

定,泄漏存款单位的存款情况或未经法定程序代为查询、冻结、扣划单位存款的,按照《中华人民共和国商业银行法》第七十三条予以处罚。

第二十九条 非银行金融机构违反本办法规定的,按有关法律法规及金融管理规定予以处罚。

第三十条 对处罚决定不服的,当事人可以依照《行政复议条例》的规定申请复议。对复议决定不服的,当事人可以依照《中华人民共和国行政诉讼法》的规定向人民法院提起诉讼。

第六章 附 则

第三十一条 本办法由中国人民银行负责解释。

第三十二条 本办法从发布之日起执行。中国人民银行1982年制订的《单位定期存款暂行办法》(银发〔1982〕165号)同时废止。

通知存款管理办法

· 1999年1月3日
· 银发〔1999〕414号

第一条 为进一步规范通知存款业务,维护存款人的利益,根据《中华人民共和国中国人民银行法》及其他相关法规,制定本办法。

第二条 本办法所称通知存款,是指存款人在存入款项时不约定存期,支取时需提前通知金融机构,约定支取存款日期和金额方能支取的存款。

第三条 凡在中华人民共和国境内的个人、法人和其他组织,均可到经中国人民银行批准开办通知存款业务的金融机构办理该项存款。

第四条 通知存款不论实际存期多长,按存款人提前通知的期限长短划分为一天通知存款和七天通知存款两个品种。一天通知存款必须提前一天通知约定支取存款,七天通知存款必须提前七天通知约定支取存款。

第五条 通知存款的最低起存金额:个人为5万元,单位为50万元;最低支取金额:个人为5万元;单位为10万元。存款人需一次性存入,可以一次或分次支取。

第六条 通知存款为记名式存款。个人通知存款采用记名存单形式,单位通知存款采用记名存款凭证形式。存单或存款凭证须注明"通知存款"字样。

第七条 存款人提前通知金融机构约定支取通知存款的方式由金融机构与存款人自行约定。

第八条 通知存款存入时,存款人自由选择通知存款品种(一天通知存款或七天通知存款),但存单或存款凭证上不注明存期和利率,金融机构按支取日挂牌公告的相应利率水平和实际存期计息,利随本清。

第九条 通知存款如遇以下情况,按活期存款利率计息:

(一)实际存期不足通知期限的,按活期存款利率计息;

(二)未提前通知而支取的,支取部分按活期存款利率计息;

(三)已办理通知手续而提前支取或逾期支取的,支取部分按活期存款利率计息;

(四)支取金额不足或超过约定金额的,不足或超过部分按活期存款利率计息;

(五)支取金额不足最低支取金额的,按活期存款利率计息。

第十条 通知存款如已办理通知手续而不支取或在通知期限内取消通知的,通知期限内不计息。

第十一条 通知存款部分支取,留存部分高于最低起存金额的,需重新填写通知存款单或凭证,从原开户日计算存期;留存部分低于起存金额的予以清户,按清户日挂牌公告的活期存款利率计息,或根据存款人意愿转为其他存款。

第十二条 邮政储蓄部门办理通知存款业务,按本办法执行。

第十三条 金融机构或邮政储蓄部门违反本办法办理通知存款业务的,由中国人民银行按照有关规定进行相应的处罚。

第十四条 本办法仅适用于人民币业务,自颁布之日起执行。

凡与本办法内容不一致的,以本办法为准。

第十五条 本办法由中国人民银行总行解释和修改。

同业存单管理暂行办法

· 2013年12月7日中国人民银行公告〔2013〕第20号公布
· 根据2017年8月30日中国人民银行公告〔2017〕第12号修订

第一条 为规范同业存单业务,拓展银行业存款类金融机构的融资渠道,促进货币市场发展,根据《中华人民共和国中国人民银行法》及相关法律法规,制定本办法。

第二条 本办法所称同业存单是指由银行业存款类

金融机构法人(以下简称存款类金融机构)在全国银行间市场上发行的记账式定期存款凭证,是一种货币市场工具。

前款所称存款类金融机构包括政策性银行、商业银行、农村合作金融机构以及中国人民银行认可的其他金融机构。

第三条 存款类金融机构发行同业存单应当具备以下条件:

(一)是市场利率定价自律机制成员单位;
(二)已制定本机构同业存单管理办法;
(三)中国人民银行要求的其他条件。

第四条 同业存单的投资和交易主体为全国银行间同业拆借市场成员、基金管理公司及基金类产品。

第五条 存款类金融机构发行同业存单,应当于每年首只同业存单发行前,向中国人民银行备案年度发行计划。

第六条 存款类金融机构可以在当年发行备案额度内,自行确定每期同业存单的发行金额、期限,但单期发行金额不得低于5000万元人民币。发行备案额度实行余额管理,发行人年度内任何时点的同业存单余额均不得超过当年备案额度。

第七条 同业存单发行采取电子化的方式,在全国银行间市场上公开发行或定向发行。全国银行间同业拆借中心(以下简称同业拆借中心)提供同业存单的发行、交易和信息服务。

第八条 同业存单的发行利率、发行价格等以市场化方式确定。其中,同业存单期限不超过1年,为1个月、3个月、6个月、9个月和1年,可按固定利率或浮动利率计息,并参考同期限上海银行间同业拆借利率定价。

第九条 同业存单在银行间市场清算所股份有限公司登记、托管、结算。

第十条 公开发行的同业存单可以进行交易流通,并可以作为回购交易的标的物。

定向发行的同业存单只能在该只同业存单初始投资人范围内流通转让。

同业存单二级市场交易通过同业拆借中心的电子交易系统进行。

第十一条 发行人不得认购或变相认购自己发行的同业存单。

第十二条 建立同业存单市场做市商制度。同业存单做市商由市场利率定价自律机制核心成员担任,根据同业存单市场的发展变化,中国人民银行将适时调整做市商范围。做市商应当通过同业拆借中心交易系统连续报出相应同业存单的买、卖双边价格,并按其报价与其他市场参与者达成交易。

第十三条 同业存单发行人应当按照发行文件的约定,按期兑付同业存单本息,不得擅自变更兑付日期。

第十四条 存款类金融机构发行同业存单应当在中国货币网和银行间市场清算所股份有限公司官方网站上披露相关信息。信息披露应当遵循诚实信用原则,不得有虚假记载、误导性陈述或重大遗漏。

第十五条 发行人应当于每年首只同业存单发行前,向市场披露该年度的发行计划。若在该年度内发生重大或实质性变化的,发行人应当及时重新披露更新后的发行计划。

第十六条 发行人应当于每期同业存单发行前和发行后分别披露该期同业存单的发行要素公告和发行情况公告。

第十七条 同业存单存续期间,发生任何影响发行人履行债务的重大事件的,发行人应当及时进行披露。

第十八条 同业存单在会计上单独设立科目进行管理核算;在统计上单独设立存单发行及投资统计指标进行反映。

第十九条 中国人民银行依据本办法及其他相关规定,对同业存单的发行与交易实施监督管理。

同业拆借中心和银行间市场清算所股份有限公司每月分别汇总同业存单发行、交易情况和登记、托管、结算、兑付情况,报送中国人民银行。

第二十条 本办法由中国人民银行负责解释。

第二十一条 本办法自2013年12月9日起施行。

关于完善商业银行存款偏离度管理有关事项的通知

· 2018年6月8日
· 银保监办发〔2018〕48号

各银监局,中国人民银行上海总部、各分行、营业管理部、各省会(首府)城市中心支行、各副省级城市中心支行,各大型银行、股份制银行,邮储银行,外资银行:

为贯彻落实《国务院办公厅关于多措并举着力缓解企业融资成本高问题的指导意见》(国办发〔2014〕39号)有关要求,相关部门联合建立了加强商业银行存款偏离度管理相关制度。结合近年来商业银行业务经营新特点、风险管理新情况,为进一步督导商业银行合规发展、有效防控风险,现将有关事项通知如下:

一、改进绩效考评

商业银行应完善薪酬管理制度，改进绩效考评体系，加强存款的基础性工作，强化存款日均贡献考评，从根源上约束存款"冲时点"行为。商业银行应继续加强对分支机构的绩效考评管理，合理分解考评任务。

商业银行不得设立时点性存款规模考评指标，也不得设定以存款市场份额、排名或同业比较为要求的考评指标，分支机构不得层层加码提高考评标准及相关指标要求。

二、强化合规经营

商业银行应进一步规范吸收存款行为，不得采取以下手段违规吸收和虚假增加存款：

（一）违规返利吸存。通过返还现金或有价证券、赠送实物等不正当手段吸收存款。

（二）通过第三方中介吸存。通过个人或机构等第三方资金中介吸收存款。

（三）延迟支付吸存。通过设定不合理的取款用款限制、关闭网上银行、压票退票等方式拖延、拒绝支付存款本金和利息。

（四）以贷转存吸存。强制设定条款或协商约定将贷款资金转为存款；以存款作为审批和发放贷款的前提条件；向"空户"虚假放贷、虚假增存。

（五）以贷开票吸存。将贷款资金作为保证金循环开立银行承兑汇票并贴现，虚增存贷款。

（六）通过理财产品倒存。理财产品期限结构设计不合理，发行和到期时间集中于每月下旬，于月末、季末等关键时点将理财资金转为存款。

（七）通过同业业务倒存。将同业存款纳入一般性存款科目核算；将财务公司等同业存放资金于月末、季末等关键时点临时调作一般对公存款，虚假增加存款。

三、增强自律意识

商业银行应强化自律意识，培育合规文化，倡导公平竞争，抵制不当交易。商业银行应督促员工遵守行业行为规范，恪守职业道德操守、廉洁从业，严禁采取不正当竞争方式，甚至欺骗、行贿、其他方面利益交换和远期利益输送等方式获取存款。商业银行应充分尊重存款主体意愿和服务要求，按照公开、公平、公正原则与存款主体开展业务。

四、加强存款偏离度管理

商业银行应加强存款稳定性管理，约束月末存款"冲时点"行为。商业银行的月末存款偏离度不得超过4%。

月末存款偏离度=（月末最后一日各项存款-本月日均存款）/本月日均存款 * 100%。

五、加强监督检查

（一）银行保险监督管理机构应督促并指导银行落实有关要求，发现商业银行违反本通知规定的，按照违反审慎经营规则，依据《中华人民共和国银行业监督管理法》有关规定及时采取监管措施。

（二）银行保险监督管理机构应严格落实监管责任，对存款偏离度不达标银行，区分情节采取有关措施。对自然年内月末存款偏离度首次超过4%的银行给予风险提示。对自然年内月末存款偏离度超过4%两次（含）以上的银行，自下月起按照《中华人民共和国银行业监督管理法》有关规定采取暂停部分准入事项等监管措施，并且作为其年度监管评级参考因素。对自然年内月末存款偏离度超过5%两次（含）以上的银行，自下月起按照《中华人民共和国银行业监督管理法》等有关规定采取暂停或限制其部分业务等监管措施；并要求其自下月起连续3个月以上提高90天以上存款比例，提高基数为本月90天以上存款比例，提高幅度为月末存款偏离度超出5%的部分。90天以上存款比例=剩余期限在90天以上存款/各项存款 * 100%。

（三）银行保险监督管理机构应密切跟踪、及时通报和纠正存款异动较大的银行。要求存款偏离度超过要求或存款管理不规范的银行制定详尽的整改计划，明确具体的整改措施和时间表，严格落实整改方案和责任。

（四）银行保险监督管理机构负责督促并指导商业银行将存款偏离度作为扣分项纳入绩效考核评价体系，区分严重程度相应扣减绩效考核评价得分。

本通知所称存款为一般性存款，不包含非存款类金融机构存放款项。本通知适用于在中华人民共和国境内依法设立的商业银行，农村合作银行、农村信用社、村镇银行参照执行。银行保险监督管理机构对特定机构的存款偏离度监管另有规定的，依照相关规定执行。2014年9月11日印发的《中国银监会办公厅 财政部办公厅 人民银行办公厅关于加强商业银行存款偏离度管理有关事项的通知》（银监办发〔2014〕236号）同时废止。

中国银监会关于进一步规范银行业金融机构吸收公款存款行为的通知

- 2017年6月21日
- 银监发〔2017〕30号

各银监局，各大型银行、股份制银行，邮储银行，外资银行，中国银行业协会：

为整顿规范银行业金融机构吸收公款存款行为，强化廉洁从业，严禁利益输送，防范道德风险，提升服务水平，现就有关事项作出通知。

本通知所指公款是指财政专户资金、预算单位银行账户资金和国有企事业单位银行账户资金。

一、加强业务管理

银行业金融机构应明确规定吸收公款存款的具体形式、费用标准和管理流程，加强相关费用支出的财务管理。

银行业金融机构应完善薪酬管理制度，改进绩效考评体系，不得设立时点性存款规模、市场份额或排名等指标。

银行业金融机构应强化吸收公款存款行为的审计监督，对违规问题严格问责和整改，涉嫌违纪违法的，应移交有关部门处理。

二、严禁利益输送

银行业金融机构应督促员工遵守行业行为规范，恪守职业道德操守、廉洁从业。

银行业金融机构办理公款存款业务，不得向公款存放主体相关负责人员赠送现金、有价证券与实物等；不得通过安排公款存放主体相关负责人员的配偶、子女及其配偶和其他直接利益相关人员就业、升职，或向上述人员发放奖酬等方式进行利益输送。若公款存放主体相关负责人员的配偶、子女及其配偶和其他直接利益相关人员为银行业金融机构员工，该员工应实行回避，对不按规定回避的，所在机构要作出严肃处理。

银行业金融机构应根据《关于进一步加强财政部门和预算单位资金存放管理的指导意见》(财库〔2017〕76号)有关规定，按照公款存放主体的要求出具廉政承诺书。

三、提升服务水平

银行业金融机构应充分尊重公款存放主体的意愿和服务需求，按照公开、公平、公正原则与公款存放主体开展业务合作。银行业金融机构应积极主动参加公款存放银行的评选，持续优化业务流程，丰富产品种类，不断提升存款综合服务水平。要尽可能减少额外的手续和费用，尽可能避免不必要的公款存款大规模搬家。

银行业金融机构应通过质量优、效益好、安全性高的服务，盘活相关银行账户存量资金，增加资金存放综合效益，提高客户资金的保值增值水平。

四、强化行业自律

银行业协会应督促会员单位强化自律意识，培育合规文化，倡导公平竞争，抵制不当交易，共同遵守《中国银行业反商业贿赂承诺》《中国银行业反不正当竞争公约》等行业规约。

对于违反行业规约的会员单位，银行业协会按规定作出处理，情节严重的，相关情况应报送银行业监管部门。

五、加强监督检查

各级银行业监管部门应加强对银行业金融机构吸收公款存款业务的监督检查。

对于银行业金融机构吸收公款存款业务中的违法违规行为，各级监管部门应依法予以提示和纠正，并采取相应的监管措施和行政处罚。发现银行业金融机构借吸收公款存款进行利益输送的，应通报同级财政部门和相关纪检监察机关。

重大风险隐患或重大风险事件应及时向银监会报告。

个人养老金实施办法

· 2022年10月26日
· 人社部发〔2022〕70号

第一章　总　则

第一条　为贯彻落实《国务院办公厅关于推动个人养老金发展的意见》(国办发〔2022〕7号)，加强个人养老金业务管理，规范个人养老金运作流程，制定本实施办法。

第二条　个人养老金是指政府政策支持、个人自愿参加、市场化运营、实现养老保险补充功能的制度。个人养老金实行个人账户制，缴费完全由参加人个人承担，自主选择购买符合规定的储蓄存款、理财产品、商业养老保险、公募基金等金融产品（以下统称个人养老金产品），实行完全积累，按照国家有关规定享受税收优惠政策。

第三条　本实施办法适用于个人养老金的参加人、人力资源社会保障部组织建设的个人养老金信息管理服务平台(以下简称信息平台)、金融行业平台、参与金融机构和相关政府部门等。

个人养老金的参加人应当是在中国境内参加城镇职工基本养老保险或者城乡居民基本养老保险的劳动者。金融行业平台为金融监管部门组织建设的业务信息平台。参与金融机构包括经中国银行保险监督管理委员会确定开办个人养老金资金账户业务的商业银行(以下简称商业银行)，以及经金融监管部门确定的个人养老金产品发行机构和销售机构。

第四条　信息平台对接商业银行和金融行业平台，以及相关政府部门，为个人养老金实施、参与部门职责内监管和政府宏观指导提供支持。

信息平台通过国家社会保险公共服务平台、全国人力资源和社会保障政务服务平台、电子社保卡、掌上12333APP等全国统一线上服务入口或者商业银行等渠道,为参加人提供个人养老金服务,支持参加人开立个人养老金账户、查询个人养老金资金账户缴费额度、个人资产信息和个人养老金产品等信息,根据参加人需要提供涉税凭证。

第五条 各参与部门根据职责,对个人养老金的实施情况、参与金融机构和个人养老金产品等进行监管。各地区要加强领导、周密部署、广泛宣传,稳妥有序推动个人养老金发展。

第二章 参加流程

第六条 参加人参加个人养老金,应当通过全国统一线上服务入口或者商业银行渠道,在信息平台开立个人养老金账户;其他个人养老金产品销售机构可以通过商业银行渠道,协助参加人在信息平台在线开立个人养老金账户。

个人养老金账户用于登记和管理个人身份信息,并与基本养老保险关系关联,记录个人养老金缴费、投资、领取、抵扣和缴纳个人所得税等信息,是参加人参加个人养老金、享受税收优惠政策的基础。

第七条 参加人可以选择一家商业银行开立或者指定本人唯一的个人养老金资金账户,也可以通过其他符合规定的个人养老金产品销售机构指定。

个人养老金资金账户作为特殊专用资金账户,参照个人人民币银行结算账户项下Ⅱ类户进行管理。个人养老金资金账户与个人养老金账户绑定,为参加人提供资金缴存、缴费额度登记、个人养老金产品投资、个人养老金支付、个人所得税税款支付、资金与相关权益信息查询等服务。

第八条 参加人每年缴纳个人养老金额度上限为12000元,参加人每年缴费不得超过该缴费额度上限。人力资源社会保障部、财政部根据经济社会发展水平、多层次养老保险体系发展情况等因素适时调整缴费额度上限。

第九条 参加人可以按月、分次或者按年度缴费,缴费额度按自然年度累计,次年重新计算。

第十条 参加人自主决定个人养老金资金账户的投资计划,包括个人养老金产品的投资品种、投资金额等。

第十一条 参加人可以在不同商业银行之间变更其个人养老金资金账户。参加人办理个人养老金资金账户变更时,应向原商业银行提出,经信息平台确认后,在新商业银行开立新的个人养老金资金账户。

参加人在个人养老金资金账户变更后,信息平台向原商业银行提供新的个人养老金资金账户及开户行信息,向新商业银行提供参加人当年剩余缴费额度信息。参与金融机构按照参加人的要求和相关业务规则,为参加人办理原账户内资金划转及所持有个人养老金产品转移等手续。

第十二条 个人养老金资金账户封闭运行,参加人达到以下任一条件的,可以按月、分次或者一次性领取个人养老金。

(一)达到领取基本养老金年龄;
(二)完全丧失劳动能力;
(三)出国(境)定居;
(四)国家规定的其他情形。

第十三条 参加人已领取基本养老金的,可以向商业银行提出领取个人养老金。商业银行受理后,应通过信息平台核验参加人的领取资格,获取参加人本人社会保障卡银行账户,按照参加人选定的领取方式,完成个人所得税代扣后,将资金划转至参加人本人社会保障卡银行账户。

参加人符合完全丧失劳动能力、出国(境)定居或者国家规定的其他情形等领取个人养老金条件的,可以凭劳动能力鉴定结论书、出国(境)定居证明等向商业银行提出。商业银行审核并报送信息平台核验备案后,为参加人办理领取手续。

第十四条 鼓励参加人长期领取个人养老金。

参加人按月领取时,可以按照基本养老保险确定的计发月数逐月领取,也可以按照自己选定的领取月数逐月领取,领完为止;或者按照自己确定的固定额度逐月领取,领完为止。

参加人选取分次领取的,应选定领取期限,明确领取次数或方式,领完为止。

第十五条 参加人身故的,其个人养老金资金账户内的资产可以继承。

参加人出国(境)定居、身故等原因社会保障卡被注销的,商业银行将参加人个人养老金资金账户内的资金转至其本人或者继承人指定的资金账户。

第十六条 参加人完成个人养老金资金账户内资金(资产)转移,或者账户内的资金(资产)领取完毕的,商业银行注销该资金账户。

第三章 信息报送和管理

第十七条 信息平台对个人养老金账户及业务数

据实施统一集中管理,与基本养老保险信息、社会保障卡信息关联,支持制度实施监控、决策支持等。

第十八条　商业银行应及时将个人养老金资金账户相关信息报送至信息平台。具体包括:

(一)个人基本信息。包括个人身份信息、个人养老金资金账户信息等;

(二)相关产品投资信息。包括产品交易信息、资产信息;

(三)资金信息。包括缴费信息、资金划转信息、相关资产转移信息、领取信息、缴纳个人所得税信息、资金余额信息等。

第十九条　商业银行根据业务流程和信息的时效性需要,按照实时核验、定时批量两类时效与信息平台进行交互,其中:

(一)商业银行在办理个人养老金资金账户开立、变更、注销和资金领取等业务时,实时核验参加人基本养老保险参保状态、个人养老金账户和资金账户唯一性,并报送有关信息;

(二)商业银行在办理完个人养老金资金账户开立、缴费、资金领取,以及提供与个人养老金产品交易相关的资金划转等服务后,定时批量报送相关信息。

第二十条　金融行业平台应及时以下数据报送至信息平台。

(一)个人养老金产品发行机构、销售机构的基本信息;

(二)个人养老金产品的基本信息;

(三)参加人投资相关个人养老金产品的交易信息、资产信息数据等。

第二十一条　信息平台应当及时向商业银行和金融行业平台提供技术规范,确保对接顺畅。

推进信息平台与相关部门共享信息,为规范制度实施、实施业务监管、优化服务体验提供支持。

第四章　个人养老金资金账户管理

第二十二条　商业银行应完成与信息平台、金融行业平台的系统对接,经验收合格后办理个人养老金业务。

第二十三条　商业银行可以通过本机构柜面或者电子渠道,为参加人开立个人养老金资金账户。

商业银行为参加人开立个人养老金资金账户,应当通过信息平台完成个人养老金账户核验。

商业银行也可以核对参加人提供的由社会保险经办机构出具的基本养老保险参保证明或者个人权益记录单等相关材料,报经信息平台开立个人养老金账户后,为参加人开立个人养老金资金账户,并与个人养老金账户绑定。

第二十四条　参加人开立个人养老金资金账户时,应当按照金融监管部门要求向商业银行提供有效身份证件等材料。

商业银行为参加人开立个人养老金资金账户,应当严格遵守相关规定。

第二十五条　个人养老金资金账户应支持参加人通过商业银行结算账户、非银行支付机构、现金等途径缴费。商业银行应为参加人、个人养老金产品销售机构等提供与个人养老金产品交易相关的资金划转服务。

第二十六条　商业银行应实时登记个人养老金资金账户的缴费额度,对于超出当年缴费额度上限的,应予以提示,并不予受理。

第二十七条　商业银行应根据相关个人养老金产品交易结果,记录参加人交易产品信息。

第二十八条　商业银行应为参加个人养老金资金账户提供变更服务,并协助做好新旧账户衔接和旧账户注销。原商业银行、新商业银行应通过信息平台完成账户核验、账户变更、资产转移、信息报送等工作。

第二十九条　商业银行应当区别处理转移资金,转移资金中的本年度缴费额度累计计算。

第三十条　个人养老金资金账户当日发生缴存业务的,商业银行不应为其办理账户变更手续。办理资金户变更业务期间,原个人养老金资金账户不允许办理缴存、投资以及支取等业务。

第三十一条　商业银行开展个人养老金资金账户业务,应当公平对待符合规定的个人养老金产品发行机构和销售机构。

第三十二条　商业银行应保存个人养老金资金账户全部信息自账户注销日起至少十五年。

第五章　个人养老金机构与产品管理

第三十三条　个人养老金产品及其发行、销售机构由相关金融监管部门确定。个人养老金产品及其发行机构信息应当在信息平台和金融行业平台同日发布。

第三十四条　个人养老金产品应当具备运作安全、成熟稳定、标的规范、侧重长期保值等基本特征。

第三十五条　商业银行、个人养老金产品发行机构和销售机构应根据有关规定,建立健全业务管理制度,包括但不限于个人养老金资金账户服务、产品管理、销售管理、合作机构管理、信息披露等。商业银行发现个人养老金实施中存在违规行为、相关风险或者其他问题的,应及时向监管部门报告并依规采取措施。

第三十六条 个人养老金产品交易所涉及的资金往来，除另有规定外必须从个人养老金资金账户发起，并返回个人养老金资金账户。

第三十七条 个人养老金产品发行、销售机构应为参加人提供便利的购买、赎回等服务，在符合监管规则及产品合同的前提下，支持参加人进行产品转换。

第三十八条 个人养老金资金账户内未进行投资的资金按照商业银行与个人约定的存款利率及计息方式计算利息。

第三十九条 个人养老金产品销售机构要以"销售适当性"为原则，依法了解参加人的风险偏好、风险认知能力和风险承受能力，做好风险提示，不得主动向参加人推介超出其风险承受能力的个人养老金产品。

第六章 信息披露

第四十条 人力资源社会保障部、财政部汇总并披露个人养老金实施情况，包括但不限于参加人数、资金积累和领取、个人养老金产品的投资运作数据等情况。

第四十一条 信息披露应当以保护参加人利益为根本出发点，保证所披露信息的真实性、准确性、完整性，不得有虚假记载、误导性陈述和重大遗漏。

第七章 监督管理

第四十二条 人力资源社会保障部、财政部根据职责对个人养老金的账户设置、缴费额度、领取条件、税收优惠等制定具体政策并进行运行监管。税务部门依法对个人养老金实施税收征管。

第四十三条 人力资源社会保障部对信息平台的日常运行履行监管职责，规范信息平台与商业银行、金融行业平台、有关政府部门之间的信息交互流程。

第四十四条 人力资源社会保障部、财政部、税务部门在履行日常监管职责时，可依法采取以下措施：

（一）查询、记录、复制与被调查事项有关的个人养老金业务的各类合同等业务资料；

（二）询问与调查事项有关的机构和个人，要求其有关问题做出说明、提供有关证明材料；

（三）其他法律法规和国家规定的措施。

第四十五条 中国银行保险监督管理委员会、中国证券监督管理委员会根据职责，分别制定配套政策，明确参与金融机构的名单、业务流程、个人养老金产品条件、监管信息报送等要求，规范银行保险机构个人养老金业务和个人养老金投资公募基金业务，对参与金融机构发行、销售个人养老金产品等经营活动依法履行监管职责，督促参与金融机构优化产品和服务，做好产品风险提示，加强投资者教育。

参与金融机构违反本实施办法的，中国银行保险监督管理委员会、中国证券监督管理委员会依法依规采取措施。

第四十六条 中国银行保险监督管理委员会、中国证券监督管理委员会对金融行业平台有关个人养老金业务的日常运营履行监管职责。

第四十七条 各参与部门要加强沟通，通过线上线下等多种途径，及时了解社会各方面对个人养老金的意见建议，处理个人养老金实施过程中的咨询投诉。

第四十八条 各参与机构应当积极配合检查，如实提供有关资料，不得拒绝、阻挠或者逃避检查，不得谎报、隐匿或者销毁相关证据材料。

第四十九条 参与机构违反本实施办法规定或者相关法律法规的，人力资源社会保障部、财政部、税务部门按照职责依法依规采取措施。

第八章 附 则

第五十条 中国银行保险监督管理委员会、人力资源社会保障部会同相关部门做好个人税收递延型商业养老保险试点与个人养老金的衔接。

第五十一条 本实施办法自印发之日起施行。

第五十二条 人力资源社会保障部、财政部、国家税务总局、中国银行保险监督管理委员会、中国证券监督管理委员会根据职责负责本实施办法的解释。

商业银行和理财公司个人养老金业务管理暂行办法

- 2022 年 11 月 17 日
- 银保监规〔2022〕16 号

第一章 总 则

第一条 为推进第三支柱养老保险体系建设，规范商业银行和理财公司个人养老金业务，根据《中华人民共和国商业银行法》《中华人民共和国银行业监督管理法》《中华人民共和国保险法》等法律法规以及《国务院办公厅关于推动个人养老金发展的意见》（国办发〔2022〕7号），制定本办法。

第二条 本办法所称个人养老金业务，是指商业银行和理财公司按照国家有关规定开展、市场化运营、政府提供政策支持、实现养老保险补充功能的业务。

第三条 本办法所称参加人，是指符合国家有关规定,在中国境内参加城镇职工基本养老保险或者城乡居民基本养老保险的劳动者。

第四条 本办法所称个人养老金资金账户(以下简称资金账户),是指具有个人养老金缴费、交易资金划转、收益归集、支付和缴纳个人所得税、信息查询等功能的特殊专用账户,参照个人人民币银行结算账户项下Ⅱ类户管理(以下简称Ⅱ类户)。未达到国家规定领取条件的,资金账户封闭运行。

第五条 本办法所称个人养老金产品,是指符合金融监管机构要求、运作安全、成熟稳定、标的规范、侧重长期保值的金融产品。包括个人养老储蓄、个人养老金理财产品、个人养老金保险产品、个人养老金公募基金产品等。

第六条 中国银行保险信息技术管理有限公司和银行业理财登记托管中心有限公司分别建立个人养老金银行保险行业信息平台(以下简称银保行业平台)和个人养老金理财产品行业信息平台(以下简称理财行业平台)。

银保行业平台和理财行业平台按照个人养老金制度要求和实际业务情况,与人力资源社会保障部建立的个人养老金信息管理服务平台(以下简称人社信息平台)、银保监会确定可开展个人养老金业务的商业银行、理财公司,以及其他经金融监管机构确定的个人养老金产品发行、销售、托管等机构建立系统对接,为个人养老金业务提供支持,并制定行业平台业务细则。

第七条 商业银行、理财公司应当建立健全消费者权益保护机制,完善消费者权益保护内部考核体系,构建便捷高效的投诉处理渠道,将消费者权益保护要求嵌入个人养老金业务全流程管理体系。

第八条 开办个人养老金业务的商业银行和理财公司名单由银保监会确定。银保监会及其派出机构依照本办法,对商业银行和理财公司个人养老金业务经营活动进行监督管理。

第二章 商业银行个人养老金业务

第一节 一般规定

第九条 商业银行个人养老金业务包括:
(一)资金账户业务;
(二)个人养老储蓄业务;
(三)个人养老金产品代销业务,包括代销个人养老金理财产品、个人养老金保险产品、个人养老金公募基金产品等,国务院金融监管机构另有规定的除外;
(四)个人养老金咨询业务;
(五)银保监会规定的其他个人养老金业务。

第十条 开办个人养老金业务的商业银行应当建立个人养老金业务管理系统,与人社信息平台、银保行业平台、理财行业平台对接,取得验收合格意见或符合相关要求。

商业银行应当定期对个人养老金业务管理系统开展技术评估,确保基础设施水平、网络承载能力、技术人员保障能力、运营服务能力与业务规模相匹配。

第十一条 商业银行应当建立健全个人养老金业务管理制度和操作规程,将个人养老金业务风险管理纳入商业银行全面风险管理体系,确保业务经营符合法律法规及相关监管规定。

商业银行负责个人养老金业务的部门以及内部审计、内控管理等职能部门应当根据职责分工,建立并有效实施个人养老金业务内部监督检查和跟踪整改制度。

第十二条 商业银行应当建立个人养老金业务档案管理制度,按照规定保存业务相关的个人信息、缴费和养老金领取等账务交易信息,以及在个人养老金产品销售环节涉及的文件、记录等资料。

第十三条 商业银行应当通过公开渠道,公布个人养老金业务基本情况、办理要求、业务流程、服务内容、咨询和投诉方式、客户服务联系方式等信息,并提供个人养老金信息查询、交易办理等服务。

第二节 个人养老金资金账户

第十四条 商业银行提供以下资金账户服务:
(一)提供资金账户开立或指定、注销、变更服务,资金账户不受参加人持有的Ⅱ类户数量限制;
(二)提供个人养老金缴费和领取服务;
(三)可以为参加人通过其他银行账户、非银行支付机构、现金等途径缴费提供划转服务(不受Ⅱ类户非绑定账户资金转入限制),为参加人、个人养老金产品销售机构等提供与个人养老金产品交易相关的资金划转服务(不受Ⅱ类户划转金额限制);
(四)提供资金账户信息管理服务,完整记录资金账户基础信息、缴费信息、资金结算信息、扣缴税款信息等;
(五)提供资金账户信息查询服务;
(六)银保监会规定的其他事项。

资金账户缴费上限按照国家有关规定执行,商业银行不得为参加人提供超过额度上限的缴费服务。

第十五条 商业银行对资金账户免收年费、账户管理费、短信费、转账手续费。

第十六条 个人养老金缴费归集、交易资金划转等,以资金账户为唯一载体。个人养老金产品相关交易行为涉及的资金往来,除另有规定外,应当从资金账户发起,并返回资金账户。

第十七条 资金账户可以由参加人在开办个人养老金业务的商业银行开立或指定,也可以由参加人通过其他符合规定的个人养老金产品销售机构,在开办个人养老金业务的商业银行指定,但不得由个人养老金产品销售机构直接在商业银行开立。

商业银行可以通过柜面或电子渠道为参加人办理资金账户开立或指定服务。资金账户不受六个月未发生交易暂停非柜面服务限制。

第十八条 资金账户具有唯一性,参加人只能选择一家符合条件的商业银行确定一个资金账户,商业银行只能为同一参加人开立一个资金账户。

第十九条 商业银行应当为参加人提供资金账户变更服务,并做好新旧账户衔接和旧账户注销。账户变更涉及资金转入或转出的,不受Ⅱ类户划转金额限制。因账户变更导致旧账户资金转入新账户的,资金转入不计入当年缴费额度。

资金账户发生缴存业务当日,商业银行不得办理账户变更手续。账户变更期间,原资金账户不允许办理缴存、投资以及支取等业务。

第二十条 参加人向商业银行申请开立资金账户,可以由本人办理或委托他人办理,也可以委托在职单位批量办理。

参加人委托他人或单位开立资金账户后,应当按照账户实名制要求,及时办理账户激活手续并设置交易密码。

第二十一条 代理开立资金账户的,商业银行应当要求代理人提供代理人、被代理人有效身份证件的复印件、合法的授权委托书等。商业银行对代理人身份信息的核验应比照本人申请开立资金账户进行,并联系被代理人进行核实。无法确认代理关系的,商业银行不得办理该资金账户开立业务。

商业银行应当登记代理人和被代理人的身份信息,留存代理人和被代理人有效身份证件的复印件或影印件、以电子方式存储的身份信息以及授权委托书原件等,有条件的可以留存开户过程的音频或视频等资料。

第二十二条 单位代理职工开立资金账户的,应当提供单位证明材料、被代理人有效身份证件的复印件或影印件等材料。

单位代理开立资金账户的,在参加人持本人有效身份证件到开户银行营业网点办理身份确认、密码设(重)置等激活手续前,商业银行可以向参加人提供资金转入、产品购买等服务,但不得提供资金领取服务。

第二十三条 商业银行开立资金账户,应当严格落实个人账户实名制要求,做好客户身份信息收集与核查、反洗钱和反恐怖融资筛查、涉赌涉诈筛查等,并完成手机短信验证等必要身份核验工作。

商业银行为参加人办理在线开户服务时,应当将相关有效的生物特征识别技术或其他安全有效的技术作为身份核验的辅助手段,核实身份信息。

第二十四条 商业银行开立资金账户,应当登记开户人的基本信息、辅助身份证明文件信息、核验记录等,以电子或纸质方式留存开户人身份信息。

第二十五条 商业银行应当加强异常开户行为审核,有下列情形之一的,不应办理开户手续:

(一)对单位和个人身份信息存在合理疑问,要求出示其他必要的可证明身份的辅助证件,单位和个人拒绝出示的;

(二)代理开立资金账户时,无法提供单位证明、被代理人有效身份证件的复印件或影印件等材料的;

(三)有理由怀疑开立资金账户从事违法活动的。

第二十六条 商业银行发现资金账户为假名或虚假代理开户的,应当对该资金账户予以临时止付,重新进行身份识别,并在征得被冒用人或被代理人同意后予以销户。账户资金列入专户管理。重新进行身份识别后确定资金账户确为参加人开立的,应当及时解除临时止付措施。

第二十七条 资金账户封闭运行。符合国家规定的领取条件后,经参加人提出,商业银行审核并报人社信息平台核验,可以为参加人办理按月、分次或一次性领取服务,将资金划转至参加人本人社会保障卡银行账户。资金领取时,不受Ⅱ类户转出金额限制。

参加人身故的,资金账户的资产可以依法被继承,商业银行按照继承人要求办理产品赎回等。参加人因出国(境)定居、身故等原因,无社会保障卡的,商业银行审查后,在符合有关规定的前提下,可以将资金账户内资金转移至参加人本人或继承人指定的其他银行账户。

第二十八条 存在以下情形的,商业银行应当注销资金账户:

(一)资金账户已变更,相关资产已转移完成的;

(二)参加人达到养老金领取条件,相关资金已领取完毕,且完成个人所得税代扣代缴的;

(三)法律法规或银保监会规定的其他情形。

在发生前款第(一)项和第(二)项情形时,商业银行应当告知参加人。

第二十九条 商业银行应当在网络查控平台、电子化专线信息传输系统等相关平台和系统对资金账户进行特殊标识，并作出在符合国家规定的领取条件前，限制冻结、扣划的设置。

第三节 个人养老金产品

第三十条 银保监会及其派出机构对个人养老储蓄、个人养老金理财等个人养老金产品进行动态监管，对不满足个人养老金业务监管要求的产品实施退出。

第三十一条 商业银行发行与代销的个人养老金产品，应当符合金融监管机构有关规定。商业银行不得向参加人推荐和销售不符合金融监管机构规定的个人养老金产品。

第三十二条 商业银行应当为金融监管机构确定的个人养老金产品提供投资交易和购买服务，并做好产品交易信息核对。资金账户的资金只能用于购买金融监管机构确定的个人养老金产品，无法确认是否在购买范围内或缺少销售机构等必要信息的，不允许办理交易手续。

商业银行应当按照产品交易规则，为参加人提供个人养老金产品的各类交易、查询等服务。商业银行向参加人提供的个人养老金产品信息，包括但不限于管理人或保险人情况、投资策略、投资范围、历史投资业绩、保险责任、除外责任等。

参加人自主选择购买个人养老金产品，并依法承担投资风险。

第三十三条 商业银行应当按照监管规定，对其发行和代销的个人养老金产品按照统一制度、标准、流程进行管理。商业银行应当建立健全内部管理制度，包括合作机构管理、产品准入管理、投资人适当性管理、销售管理、全面风险管理、信息披露和保密管理、投诉和应急处理、销售系统支持等，并及时对存在严重违规行为、重大风险或其他不符合合作标准的机构与产品实施退出。

第三十四条 商业银行应当建立利益冲突防范机制，公平对待符合规定的个人养老金产品发行机构和销售机构。

第三十五条 开办个人养老金业务的商业银行所发行的储蓄存款（包括特定养老储蓄，不包括其他特定目的储蓄）可纳入个人养老金产品范围，由参加人通过资金账户购买。参加人仅可购买其本人资金账户开户行所发行的储蓄产品。

第三十六条 资金账户开户行可开办个人养老金咨询业务，为参加人提供个人养老金产品投资咨询服务。个人养老金咨询业务所涉及的产品标的，应当为金融监管机构确定的个人养老金产品。涉及个人养老金公募基金产品的，还应当符合证监会有关规定。

第三章 理财公司个人养老金业务

第三十七条 本办法所称个人养老金理财产品是指符合金融监管机构相关监管规定，由符合条件的理财公司发行的，可供资金账户投资的公募理财产品。

个人养老金理财产品应在销售文件中明确标识"个人养老金理财"字样。

第三十八条 理财公司作为个人养老金理财产品发行机构，应当符合相关审慎监管要求，建立完善、有效的公司治理、内部控制和风险管理体系，制定完备的个人养老金理财产品内部管理制度，具备与开展个人养老金理财业务相适应的信息系统，与理财行业平台对接，能够提供相应的技术支持和运营保障。

理财公司可以销售本机构发行的个人养老金理财产品。

第三十九条 个人养老金理财产品应当符合法律法规及相关监管规定，具备运作安全、成熟稳定、标的规范、侧重长期保值等特征，包括：

（一）养老理财产品；

（二）投资风格稳定、投资策略成熟、运作合规稳健，适合个人养老金长期投资或流动性管理需要的其他理财产品；

（三）银保监会规定的其他理财产品。

第四十条 个人养老金理财产品允许投资者通过资金账户购买的同时，还允许通过其他账户购买的，应符合以下要求：

（一）针对通过资金账户购买份额设置单独的份额类别，并在销售文件中进行明确标识；

（二）公平对待通过资金账户或其他账户购买的所有投资者。

第四十一条 开办个人养老金业务的商业银行应当建设与个人养老金理财产品相适应的信息系统，与理财行业平台对接，根据人社信息平台和理财行业平台发布的信息，通过适当方式向参加人完整披露个人养老金理财产品名单，保障参加人的合法权益。

第四十二条 对于本办法施行后新发行的个人养老金理财产品，理财公司应当委托与本机构不存在关联关系且符合以下条件的商业银行为其提供托管服务：

（一）具有全国社会保障基金、基本养老保险基金和企业年金基金托管业务资格；

(二) 具有养老理财产品托管业务经验；

(三) 具备与托管个人养老金理财产品相适应的信息系统，与理财行业平台对接，能够提供相应的技术支持和运营保障；

(四) 银保监会规定的其他条件。

第四十三条 个人养老金理财产品发行机构、销售机构和托管机构在商业可持续基础上，可以对个人养老金理财产品的销售费、管理费和托管费实施一定的费率优惠。

第四十四条 个人养老金理财产品发行机构和销售机构应当引导投资者树立长期投资、合理回报的投资理念。

第四十五条 个人养老金理财产品发行机构和销售机构应当按照法律法规及相关监管规定，通过公开渠道，真实准确、合理客观、简明扼要地披露个人养老金理财产品相关信息，不得宣传策略保本，不得承诺或宣传保本保收益。

个人养老金理财产品发行机构和销售机构为投资者提供产品份额转换、默认投资选择等服务的，应当符合个人养老金相关制度和监管规定，并向投资者充分披露信息和揭示风险。

第四十六条 个人养老金理财产品发行机构、销售机构和托管机构应当在人员数量和资质、激励和考核机制以及信息系统建设等方面给予个人养老金理财产品业务足够支持，确保业务开展具备所需要的各类资源。

个人养老金理财产品发行机构应当建立专门的个人养老金理财产品投资研究团队，优选投资经验丰富、投资业绩良好、无重大管理失当行为或重大违法违规记录的投资人员担任投资经理。

个人养老金理财产品发行机构和销售机构应当完善个人养老金理财产品内部考核机制，强化激励约束，建立兼顾收益与风险的长周期绩效考核机制，将长期投资收益等纳入投资经理和销售人员考核评价和薪酬体系。

第四章 信息报送

第四十七条 个人养老储蓄、个人养老金保险产品的信息交互和数据交换通过银保行业平台进行。个人养老金理财产品的信息交互和数据交换通过理财行业平台进行。商业银行和理财公司按照要求分别向银保行业平台和理财行业平台报送信息。

第四十八条 商业银行为参加人开立资金账户后，应当及时将以下信息报送至银保行业平台：

(一) 个人基本信息，包括个人身份信息、资金账户信息等；

(二) 产品投资信息，包括产品交易信息、资产信息等；

(三) 资金信息，包括缴费信息、资金划转信息、相关资产转移信息、领取信息、资金余额信息、缴纳个人所得税信息等。

第四十九条 涉及个人养老金理财产品的，商业银行或理财公司应当及时将以下信息报送至理财行业平台：

(一) 由商业银行和直接销售个人养老金理财产品的理财公司报送个人基本信息；

(二) 由商业银行报送资金信息，包括缴费信息、资金划转信息、相关资产转移信息、领取信息、资金余额信息、缴纳个人所得税信息等；

(三) 由提供托管服务的商业银行报送产品托管信息；

(四) 由理财公司报送产品投资信息，包括产品交易信息、资产信息、投资者交易明细和持仓情况等。

第五十条 根据业务流程和信息时效性需要，商业银行按照实时、定期批量两类时效，向银保行业平台报送信息，其中：

(一) 商业银行办理资金账户开立、变更、注销等服务时，应当实时报送信息；

(二) 商业银行办理完资金账户缴费、资金领取，以及个人养老金产品相关交易服务后，应当定期批量报送信息；

(三) 商业银行发行个人养老储蓄和代销个人养老金保险产品的，应当定期批量报送信息。

第五十一条 涉及个人养老金理财产品交易的，商业银行应当将资金账户变更、注销等账户信息以及个人养老金理财产品相关交易信息实时报送理财行业平台，将资金账户缴费、领取等资金信息定期批量报送理财行业平台。理财公司应当将发行的个人养老金理财产品及销售机构、托管机构、投资者信息定期批量报送理财行业平台。

第五十二条 发生可能对资金账户和个人养老金产品运营产生重大影响的事件时，商业银行应当立即将事件起因、现状和可能产生的后果等，报告相关金融监管机构和人力资源社会保障部门，并积极采取应对措施。

第五十三条 商业银行开展个人养老金业务，发现参加人有涉嫌洗钱、逃避税收管理等违法违规行为的，应当按照国家有关规定及时向相关部门报告。

第五十四条 商业银行、理财公司、银保行业平台、理财行业平台应当于每年1月31日前,向银保监会或其派出机构报送上一年度个人养老金业务情况报告。

第五章 监督管理

第五十五条 银保监会根据本办法,向社会公布可开办个人养老金业务的商业银行和理财公司名单。理财行业平台定期向社会公布个人养老金理财产品名单。

第五十六条 银保监会对开办个人养老金业务的商业银行和理财公司进行持续监管。对于不满足个人养老金业务监管要求的商业银行和理财公司,银保监会及其派出机构有权责令该机构改正。逾期未改正或存在其他严重情节的,银保监会及其派出机构有权停止该机构新开展个人养老金业务,并视情况将其移出名单。对于不满足监管要求的个人养老金理财产品,将不定期移出名单。

商业银行被停止新开展个人养老金业务期间,应当做好存量业务缴费、产品转换、个人养老金领取等服务和数据报送工作。

理财公司被停止新开展个人养老金业务期间,应当暂停已发行个人养老金理财产品的申购。

个人养老金理财产品被移出名单后,理财公司和个人养老金理财产品销售机构应当暂停该产品申购并妥善处理,充分保障投资者合法权益。

第五十七条 商业银行有下列行为之一的,由银保监会及其派出机构依照有关法律法规,对商业银行和(或)直接负责的董事、高级管理人员和其他直接责任人员采取相应措施:

(一)未建立或执行资金账户相关业务管理、操作规程、风险防控、信息保密等制度的;

(二)违反规定为个人办理资金账户开立、变更、个人养老金缴费及领取、个人养老金产品销售等业务的;

(三)未按规定对资金账户开户申请人身份信息进行审核和验证,造成虚假开户或冒用开户的;

(四)未按规定及时向人社信息平台和银保行业平台、理财行业平台报送信息的;

(五)其他违反本办法及有关规定的行为。

第五十八条 商业银行工作人员泄露资金账户信息等内容的,按照有关法律法规等进行处罚。构成犯罪的,依法追究刑事责任。

第五十九条 商业银行应当审慎经营资金账户业务,若因违反规定等被移出可开办个人养老金业务机构名单,或商业银行因解散、被撤销和被宣告破产而终止的,其资金账户及资金应转让给其他可开办个人养老金业务的商业银行。

不能与其他商业银行达成转让协议的,由银保监会按照有关法律法规,将资金账户及资金有序转至其他可开办个人养老金业务的商业银行。

第六章 附则

第六十条 资金账户与个人人民币银行结算账户项下Ⅱ类户有关管理要求不一致的,按照本办法执行。

第六十一条 本办法由银保监会负责解释。

第六十二条 本办法自印发之日起施行。

2. 同业拆借业务

同业拆借管理办法

· 2007年7月3日中国人民银行令〔2007〕第3号公布
· 自2007年8月6日起施行

第一章 总则

第一条 为进一步发展货币市场、规范同业拆借交易、防范同业拆借风险、维护同业拆借各方当事人的合法权益,根据《中华人民共和国中国人民银行法》、《中华人民共和国商业银行法》等有关法律、行政法规,制定本办法。

第二条 本办法适用于在中华人民共和国境内依法设立的金融机构之间进行的人民币同业拆借交易。

第三条 本办法所称同业拆借,是指经中国人民银行批准进入全国银行间同业拆借市场(以下简称同业拆借市场)的金融机构之间,通过全国统一的同业拆借网络进行的无担保资金融通行为。全国统一的同业拆借网络包括:

(一)全国银行间同业拆借中心的电子交易系统;

(二)中国人民银行分支机构的拆借备案系统;

(三)中国人民银行认可的其他交易系统。

第四条 中国人民银行依法对同业拆借市场进行监督管理。金融机构进入同业拆借市场必须经中国人民银行批准,从事同业拆借交易接受中国人民银行的监督和检查。

第五条 同业拆借交易应遵循公平自愿、诚信自律、风险自担的原则。

第二章 市场准入管理

第六条 下列金融机构可以向中国人民银行申请进入同业拆借市场:

(一)政策性银行;

(二)中资商业银行；

(三)外商独资银行、中外合资银行；

(四)城市信用合作社；

(五)农村信用合作社县级联合社；

(六)企业集团财务公司；

(七)信托公司；

(八)金融资产管理公司；

(九)金融租赁公司；

(十)汽车金融公司；

(十一)证券公司；

(十二)保险公司；

(十三)保险资产管理公司；

(十四)中资商业银行(不包括城市商业银行、农村商业银行和农村合作银行)授权的一级分支机构；

(十五)外国银行分行；

(十六)中国人民银行确定的其他机构。

第七条 申请进入同业拆借市场的金融机构应当具备以下条件：

(一)在中华人民共和国境内依法设立；

(二)有健全的同业拆借交易组织机构、风险管理制度和内部控制制度；

(三)有专门从事同业拆借交易的人员；

(四)主要监管指标符合中国人民银行和有关监管部门的规定；

(五)最近二年未因违法、违规行为受到中国人民银行和有关监管部门处罚；

(六)最近二年未出现资不抵债情况；

(七)中国人民银行规定的其他条件。

第八条 下列金融机构申请进入同业拆借市场，除具备本办法第七条所规定的条件外，还应具备以下条件：

(一)外商独资银行、中外合资银行、外国银行分行经国务院银行业监督管理机构批准获得经营人民币业务资格；

(二)企业集团财务公司、信托公司、金融资产管理公司、金融租赁公司、汽车金融公司、保险资产管理公司在申请进入同业拆借市场前最近两个年度连续盈利；

(三)证券公司应在申请进入同业拆借市场前最近两个年度连续盈利,同期未出现净资本低于2亿元的情况；

(四)保险公司应在申请进入同业拆借市场前最近四个季度连续的偿付能力充足率在120%以上。

第九条 金融机构申请进入同业拆借市场，应按照中国人民银行规定的程序向中国人民银行或其分支机构提交申请材料。

第十条 中国人民银行及其分支机构审核金融机构进入同业拆借市场申请的期限,适用《中国人民银行行政许可实施办法》第二十八条和第二十九条的规定。

第十一条 已进入同业拆借市场的金融机构决定退出同业拆借市场时,应至少提前30日报告中国人民银行或其分支机构,并说明退出同业拆借市场的原因,提交债权债务清理处置方案。

金融机构退出同业拆借市场必须采取有效措施保证债权债务关系顺利清理,并针对可能出现的问题制定有效的风险处置预案。

第十二条 中国人民银行及其分支机构批准金融机构进入同业拆借市场或者接到金融机构退出同业拆借市场的报告后,应以适当方式向同业拆借市场发布公告。在中国人民银行或其分支机构正式发布公告之前,任何机构不得擅自对市场发布相关信息。

第十三条 中国人民银行及其分支机构自发布金融机构退出同业拆借市场公告之日起两年之内不再受理该金融机构进入同业拆借市场的申请。

第三章 交易和清算

第十四条 同业拆借交易必须在全国统一的同业拆借网络中进行。

政策性银行、企业集团财务公司、信托公司、金融资产管理公司、金融租赁公司、汽车金融公司、证券公司、保险公司、保险资产管理公司以法人为单位,通过全国银行间同业拆借中心的电子交易系统进行同业拆借交易。

通过中国人民银行分支机构拆借备案系统进行同业拆借交易的金融机构应按照中国人民银行当地分支机构的规定办理相关手续。

第十五条 同业拆借交易以询价方式进行,自主谈判、逐笔成交。

第十六条 同业拆借利率由交易双方自行商定。

第十七条 金融机构进行同业拆借交易,应逐笔订立交易合同。交易合同的内容应当具体明确,详细约定同业拆借双方的权利和义务。合同应包括以下内容：

(一)同业拆借交易双方的名称、住所及法定代表人的姓名；

(二)同业拆借成交日期；

(三)同业拆借交易金额；

(四)同业拆借交易期限；

(五)同业拆借利率、利率计算规则和利息支付规则；

（六）违约责任；
（七）中国人民银行要求载明的其他事项。

第十八条 交易合同可采用全国银行间同业拆借中心电子交易系统生成的成交单，或者采取合同书、信件和数据电文等书面形式。

第十九条 同业拆借的资金清算涉及不同银行的，应直接或委托开户银行通过中国人民银行大额实时支付系统办理。同业拆借的资金清算可以在同一银行完成的，应以转账方式进行。任何同业拆借清算均不得使用现金支付。

第四章 风险控制

第二十条 金融机构应当将同业拆借风险管理纳入本机构风险管理的总体框架之中，并根据同业拆借业务的特点，建立健全同业拆借风险管理制度，设立专门的同业拆借风险管理机构，制定同业拆借风险管理内部操作规程和控制措施。

第二十一条 金融机构应当依法妥善保存其同业拆借交易的所有交易记录和与交易记录有关的文件、账目、原始凭证、报表、电话录音等资料。

第二十二条 商业银行同业拆借的拆入资金用途应符合《中华人民共和国商业银行法》的有关规定。

第二十三条 同业拆借的期限在符合以下规定的前提下，由交易双方自行商定：

（一）政策性银行、中资商业银行、中资商业银行授权的一级分支机构、外商独资银行、中外合资银行、外国银行分行、城市信用合作社、农村信用合作社县级联合社拆入资金的最长期限为1年；

（二）金融资产管理公司、金融租赁公司、汽车金融公司、保险公司拆入资金的最长期限为3个月；

（三）企业集团财务公司、信托公司、证券公司、保险资产管理公司拆入资金的最长期限为7天；

（四）金融机构拆出资金的最长期限不得超过对手方由中国人民银行规定的拆入资金最长期限。

中国人民银行可以根据市场发展和管理的需要调整金融机构的拆借资金最长期限。

第二十四条 同业拆借到期后不得展期。

第二十五条 对金融机构同业拆借实行限额管理，拆借限额由中国人民银行及其分支机构按照以下原则核定：

（一）政策性银行的最高拆入限额和最高拆出限额均不超过该机构上年末待偿还金融债券余额的8%；

（二）中资商业银行、城市信用合作社、农村信用合作社县级联合社的最高拆入限额和最高拆出限额均不超过该机构各项存款余额的8%；

（三）外商独资银行、中外合资银行的最高拆入限额和最高拆出限额均不超过该机构实收资本的2倍；

（四）外国银行分行的最高拆入限额和最高拆出限额均不超过该机构人民币营运资金的2倍；

（五）企业集团财务公司、金融资产管理公司、金融租赁公司、汽车金融公司、保险公司的最高拆入限额和最高拆出限额均不超过该机构实收资本的100%；

（六）信托公司、保险资产管理公司的最高拆入限额和最高拆出限额均不超过该机构净资产的20%；

（七）证券公司的最高拆入限额和最高拆出限额均不超过该机构净资本的80%；

（八）中资商业银行（不包括城市商业银行、农村商业银行和农村合作银行）授权的一级分支机构的最高拆入限额和最高拆出限额由该机构的总行授权确定，纳入总行法人统一考核。

中国人民银行可以根据市场发展和管理的需要调整金融机构的同业拆借资金限额。

第二十六条 金融机构申请调整拆借资金限额，应比照申请进入同业拆借市场的程序向中国人民银行或其分支机构提交申请材料。

第二十七条 中国人民银行可以根据金融机构的申请临时调整拆借资金限额。

中国人民银行分支机构可在总行授权的范围内临时调整辖内金融机构的拆借资金限额。

第五章 信息披露管理

第二十八条 进入同业拆借市场的金融机构承担向同业拆借市场披露信息的义务。金融机构的董事或法定代表人应当保证所披露的信息真实、准确、完整、及时。

第二十九条 中国人民银行负责制定同业拆借市场中各类金融机构的信息披露规范并监督实施。

第三十条 全国银行间同业拆借中心是同业拆借市场的中介服务机构，为金融机构在同业拆借市场的交易和信息披露提供服务。

全国银行间同业拆借中心应依据本办法制定同业拆借市场交易和信息披露操作规则，报中国人民银行批准后实施。

第三十一条 全国银行间同业拆借中心应及时向市场公布利率、交易量、重大异常交易等市场信息和统计数据。

第三十二条 全国银行间同业拆借中心负责同业拆

借市场日常监测和市场统计,定期向中国人民银行上报同业拆借市场统计数据,向中国人民银行省一级分支机构提供备案系统统计信息,发现同业拆借市场异常情况及时向中国人民银行报告并通知中国人民银行相关省一级分支机构。

第三十三条　金融机构未按照中国人民银行的规定向同业拆借市场披露信息,或者所披露信息有虚假记载、误导性陈述或重大遗漏的,中国人民银行有权对该金融机构采取限期补充信息披露、核减同业拆借限额、缩短同业拆借最长期限、限制同业拆借交易范围、暂停或停止与全国银行间同业拆借中心交易联网等约束措施。

第六章　监督管理

第三十四条　中国人民银行依法对同业拆借交易实施非现场监管和现场检查,并对同业拆借市场的行业自律组织进行指导和监督。

第三十五条　中国人民银行省一级分支机构负责拟定辖区同业拆借备案管理实施办法,并对辖区内金融机构通过拆借备案系统进行的同业拆借交易进行监管。

第三十六条　中国人民银行或者其省一级分支机构根据履行同业拆借市场监管职责的需要,可以采取下列措施进行同业拆借现场检查:

(一)进入金融机构进行检查;

(二)询问金融机构的工作人员,要求其对有关检查事项作出说明;

(三)查阅、复制金融机构与检查事项有关的文件、资料,并对可能被转移、销毁、隐匿或者篡改的文件资料予以封存;

(四)检查金融机构运用电子计算机管理业务数据的系统。

第三十七条　中国人民银行地市中心支行发现同业拆借异常交易,认为有必要进行同业拆借现场检查的,应报告有管辖权的中国人民银行省一级分支机构批准后实施。

第三十八条　中国人民银行及其地市中心支行以上分支机构进行同业拆借现场检查的,应当遵守中国人民银行有关监督检查程序的规定。

第三十九条　中国人民银行及其地市中心支行以上分支机构根据履行同业拆借市场监管职责的需要,可以与金融机构董事、高级管理人员谈话,要求其就金融机构执行同业拆借市场管理规定的重大事项作出说明。

第四十条　中国人民银行及其地市中心支行以上分支机构对金融机构实施同业拆借现场检查,必要时将检查情况通报有关监管部门。

第七章　法律责任

第四十一条　金融机构有下列行为之一的,由中国人民银行或者其地市中心支行以上分支机构实施处罚:

(一)不具有同业拆借业务资格而从事同业拆借业务;

(二)与不具备同业拆借业务资格的机构进行同业拆借;

(三)在全国统一同业拆借市场网络之外从事同业拆借业务;

(四)拆入资金用途违反相关法律规定;

(五)同业拆借超过中国人民银行规定的拆借资金最长期限;

(六)同业拆借资金余额超过中国人民银行核定的限额;

(七)未按照中国人民银行的规定向同业拆借市场披露信息;

(八)违反同业拆借市场规定的其他行为。

第四十二条　商业银行有本办法第四十一条规定情形之一的,由中国人民银行或者其地市中心支行以上分支机构按照《中华人民共和国商业银行法》第七十六条的规定处罚。

第四十三条　政策性银行、信用合作社、企业集团财务公司、信托公司、金融租赁公司有本办法第四十一条规定情形之一的,由中国人民银行或者其地市中心支行以上分支机构按照《金融违法行为处罚办法》第十七条的规定处罚。

第四十四条　证券公司、保险公司、保险资产管理公司、金融资产管理公司、汽车金融公司有本办法第四十一条规定情形之一的,由中国人民银行或者其地市中心支行以上分支机构按照《中华人民共和国中国人民银行法》第四十六条规定处罚。

第四十五条　对本办法第四十一条所列行为负有直接责任的金融机构董事、高级管理人员和其他直接责任人员,按照《中华人民共和国中国人民银行法》第四十六条的规定处罚。

第四十六条　全国银行间同业拆借中心有下列行为之一的,由中国人民银行按照《中华人民共和国中国人民银行法》第四十六条的规定处罚:

(一)不按照规定及时发布市场信息、发布虚假信息或泄露非公开信息;

(二)交易系统和信息系统发生严重安全事故,对市场造成重大影响;

（三）因不履行职责，给市场参与者造成严重损失或对市场造成重大影响；

（四）为金融机构同业拆借违规行为提供便利；

（五）不按照规定报送统计数据或未及时上报同业拆借市场异常情况；

（六）违反同业拆借市场规定的其他行为。

对前款所列行为负有直接责任的高级管理人员和其他直接责任人员，按照《中华人民共和国中国人民银行法》第四十六条的规定处罚。

第四十七条 为金融机构向同业拆借市场披露信息提供专业化服务的注册会计师、律师、信用评级机构等专业机构和人员出具的文件含有虚假记载、误导性陈述或重大遗漏的，不得再为同业拆借市场提供专业化服务。违反有关法律规定的，应当承担相应的法律责任。

第四十八条 中国人民银行或者其地市中心支行以上分支机构对违反本办法的金融机构进行处罚后，应当通报有关监管部门。中国人民银行县(市)支行发现金融机构违反本办法的，应报告上一级分支机构，由其按照本办法规定进行处罚。

第四十九条 中国人民银行及其地市中心支行以上分支机构对金融机构违反本办法的行为给予行政处罚的，应当遵守《中国人民银行行政处罚程序规定》的有关规定。

第五十条 中国人民银行及其分支机构从事同业拆借市场监督管理的行为依法接受监督并承担法律责任。

第八章 附 则

第五十一条 本办法所称中国人民银行省一级分支机构包括中国人民银行各分行、营业管理部、省会(首府)城市中心支行和副省级城市中心支行。

第五十二条 金融机构进行外汇同业拆借由中国人民银行另行规定。

第五十三条 本办法由中国人民银行负责解释，并由中国人民银行上海总部组织实施。

第五十四条 本办法自2007年8月6日起施行，1990年3月8日中国人民银行发布的《同业拆借管理试行办法》同时废止。其他有关同业拆借的规定与本办法相抵触的，适用本办法的规定。

全国银行间同业拆借市场夜盘交易操作细则

·2018年4月27日

第一条 为保证全国银行间同业拆借市场夜盘交易规范、有序开展，提高参与机构的交易结算效率，保护参与机构的合法权益，根据中国人民银行《同业拆借管理办法》(中国人民银行令〔2007〕第3号，以下简称《管理办法》)等有关规定，制定本细则。

第二条 本细则所称全国银行间同业拆借市场夜盘交易(以下简称同业拆借夜盘交易)是指参与机构通过全国银行间同业拆借中心(以下简称交易中心)交易系统在夜盘交易时段达成的同业拆借交易。

第三条 同业拆借夜盘交易的参与机构为人民币跨境支付系统(Cross-border Interbank Payment System, 以下简称 CIPS)直接参与者(中央国债登记结算有限责任公司和银行间市场清算所股份有限公司除外)。

第四条 交易中心为参与机构提供报价、成交以及信息等服务，履行市场日常监测和统计职责，接受中国人民银行的监管。

第五条 同业拆借夜盘交易时段为前一自然日20:30至当日(T日)08:30(T日为法定工作日、每个周末或法定节假日期间的首日)，交易日统一为T日，交易方式为询价，交易期限为1天，清算速度为T+0。

第六条 参与机构开展同业拆借夜盘交易，应符合《管理办法》关于资金拆入和拆出的政策要求。

第七条 参与机构开展同业拆借夜盘交易，需于成交单约定本机构在大额支付系统的清算账户作为付款和收款账户。拆入方收到拆借资金后仅限向其 CIPS 账户注资，不得挪作他用。

第八条 交易中心根据市场情况经中国人民银行同意后调整夜盘交易时段、参与机构、交易方式、交易期限、清算速度的，另行向市场通知。

第九条 本细则未规定事宜，应遵照《管理办法》和交易中心发布的《同业拆借交易操作规则》(中汇交发〔2009〕315号)等有关规定执行。

第十条 本细则由交易中心负责解释和修订，自发布之日起实施。

全国银行间同业拆借中心回购违约处置实施细则(试行)

·2019年6月16日

第一章 总 则

第一条 为进一步提升银行间市场回购违约处置效率，保障银行间债券市场交易平稳有序开展，全国银行间同业拆借中心(以下简称交易中心)根据《中华人民共和国物权法》《中华人民共和国担保法》《全国银行间债券市场交易管理办法》和《中国人民银行金融市场司关于依法做好债券回购违约处置有关工作的通知》等有关法律法规和监管规定，制定本细则。

第二条 参与机构应遵守本细则、签署的回购主协议及交易中心和银行间市场登记托管机构发布的其他相关规则，遵循市场化、法制化和诚信自律的原则参与回购违约处置，不得从事欺诈、内幕交易、利益输送和市场操纵等违反法律、监管要求、影响银行间市场交易秩序和损害相关市场参与者合法权益的行为。

第三条 本细则所称回购违约处置指因银行间市场质押式回购交易中正回购方（以下简称违约方）触发违约事件且交易双方未能就违约处置协商一致，逆回购方（以下简称守约方）委托交易中心通过匿名拍卖等市场化机制处置相关回购债券的机制。

银行间市场买断式回购正回购方触发违约事件时，回购债券可参照本细则进行违约处置。

第四条 本细则所称回购债券匿名拍卖，是指交易中心组织市场参与者在特定时间，通过交易中心系统进行回购债券集中匿名交易的行为。

第二章 处置申请

第五条 守约方拟委托交易中心开展回购违约处置的，应向交易中心提交下列材料：

（一）《全国银行间同业拆借中心回购违约处置申请表》；

（二）已违约回购交易的成交单；

（三）交易违约的证明材料；

（四）交易中心要求的其他材料。

申请材料经与银行间市场登记托管机构核对无误的，交易中心将申请受理和处置安排场次通知守约方和违约方。若两名及以上守约方申请对同一只回购债券进行回购违约处置的，交易中心根据受理先后顺序安排处置场次。

第六条 守约方须承诺申请回购违约处置所依据的债权和质权等权利基础不存在瑕疵，且拟处置回购债券不存在任何权属争议或权利瑕疵，并承担相应法律责任。交易中心依守约方委托开展的回购违约处置不表明对回购债券的权属、风险或收益做出判断或保证，相关风险由回购违约处置参与各方及相关权利人自行承担。

第七条 参与机构开展回购债券匿名拍卖应满足和遵守以下要求：

（一）具备必要的业务资质和有效、充分的机构内部许可，具备完善的内部风险管理机制和内部操作流程；

（二）充分了解并愿意自行承担参与债券匿名拍卖的各类风险；

（三）所提交的材料和信息内容真实、完整、合法、有效，不存在虚假记载、误导性陈述或重大遗漏；

（四）所开展的债券匿名拍卖行为均为基于独立判断作出的真实意愿表示，不存在任何胁迫和违规代理行为；

（五）严格按照交易中心成交单履行成交义务；

（六）接受和配合中国人民银行的监督管理和交易中心的监测检查。

交易中心为符合条件的机构开通匿名拍卖权限，机构管理员为本机构交易员开通交易权限。

第三章 处置流程

第八条 交易中心于回购违约处置受理日向市场发布回购债券匿名拍卖公告，内容包括匿名拍卖申报日期、拍卖日期、拍卖各阶段有效时间等信息。

第九条 申报日，意向参与机构向交易中心进行回购债券匿名拍卖申报。

第十条 交易中心于拍卖日向市场公告拟拍卖回购债券的最低成交价格，最低成交价按以下方式确定：

（一）回购债券在银行间债券市场拍卖日前三十个交易日的平均成交价格的80%；

（二）回购债券在拍卖日前三十个工作日内无成交价格的，或计算样本数过少的，按回购债券在拍卖日前一交易日交易中心估值价格的80%确定。

第十一条 拍卖日，参与机构可在预设区间内报价。交易中心系统按价格优先、时间优先原则计算统一成交价，拍卖持续时间以交易中心公告为准。

第十二条 参与匿名拍卖应需满足交易中心设定的交易参数，单笔报价量最小为人民币100万元整，券面总额最小变动单位为人民币100万元整，清算速度为T+1。如有变化，以交易中心公告为准。

第十三条 回购债券匿名拍卖期间发生以下情形的，交易中心视情况终止拍卖：

（一）回购债券发行人披露重大事件；

（二）相关权利方提出书面异议；

（三）守约方和违约方就违约处置达成一致，并书面通知交易中心；

（四）其他交易中心认定应当终止拍卖的情形。

第十四条 回购债券匿名拍卖结束后，交易中心将出具拍卖成交信息及违约方相关信息等信息的成交单。成交单具有法律约束力，守约方和回购债券买方（以下简称买方)应按照成交单约定完成交易结算。

一方未按成交单履行成交义务的,应按《全国银行间同业拆借中心匿名拍卖实施细则(试行)》规定的违约处理方式处理。

第十五条 回购债券未全部拍卖成功且已成交的匿名拍卖金额不足以偿还违约方债务的,守约方可就未处置回购债券再次向交易中心提交回购违约处置申请。

第四章 结算安排

第十六条 匿名拍卖结束后,交易中心将处置结果传至银行间市场登记托管机构,并通知违约方。

第十七条 银行间市场登记托管机构根据处置结果完成回购债券的质押登记解除、债券过户和款项支付等工作,并将处理结果告知交易中心。

第十八条 若回购违约处置所得款项大于违约方债务的,由守约方自行或根据银行间市场登记托管机构相关规定返还违约方。

第十九条 若发生结算失败,且结算完成款项不足以偿还违约方债务的,守约方可就未处置回购债券再次向交易中心提交回购违约处置申请。

第五章 监督管理

第二十条 交易中心根据中国人民银行有关规定履行回购违约处置业务日常监测职责。

第二十一条 参加回购违约处置的机构应当遵循保密义务,不得向第三方透露任何与对手方有关信息。

第二十二条 交易中心发现参与机构存在以下情形的,有权要求参与机构立即停止相关行为,根据情节轻重予以警告、通报、约谈和服务禁止等处理,并视情节严重向中国人民银行报告:

(一)随意报价或者有意误导市场,扰乱正常交易秩序;

(二)采取欺诈、胁迫、隐瞒重要信息等手段,妨碍公平交易;

(三)私下达成交易,通过合谋、串通、哄抬价格等方式干预市场价格;

(四)买方不按成交单约定履行合同;

(五)所提交的材料和信息内容存在虚假记载、误导性陈述或重大遗漏;

(六)其他违反法律法规、本细则和相关银行间市场交易、结算规则的行为。

第六章 附 则

第二十三条 回购违约处置过程中,发生不可抗力、意外事件、系统故障等异常情况,交易中心应尽合理努力采取相应措施,但对于因此给任何方造成的损失,交易中心不承担责任。

第二十四条 守约方、违约方以及买方之间因回购违约处置发生纠纷的,各方可以自行协商解决,协商无法解决的,可以按照相关法律规定或者约定解决。

第二十五条 本细则由交易中心负责修订和解释。

第二十六条 本细则自发布之日起施行。

全国银行间同业拆借中心同业存款交易指引

· 2020 年 10 月 25 日

第一章 总 则

1.1 为规范参与机构之间开展同业存款交易的报价成交行为,确保业务有序开展,特制定本指引。

1.2 本指引所称同业存款交易是指参与机构之间通过全国银行间同业拆借中心(以下简称交易中心)本币交易系统开展的同业资金存入与存出业务。

1.3 本币交易系统是指由交易中心管理运作的,向参与机构提供报价、成交、信息和其他交易服务功能的计算机处理系统和数据通讯网络。

1.4 参与机构开展同业存款交易应遵循公平、诚信、自律的原则,签署《全国银行间同业拆借中心同业存款交易主协议》(以下简称《主协议》)和《关于开展同业存款交易的承诺函》,并遵守其相关约定与承诺。

第二章 基本规则

2.1 参与机构

2.1.1 参与机构是指使用交易中心本币交易系统开展同业存款交易的机构投资者。

2.1.2 参与机构应在本币交易系统中创建交易用户并为其设定相应权限。参与机构通过其创建的交易用户在本币交易系统中进行同业存款交易。

2.1.3 参与机构在本币交易系统中的所有操作应以本币交易系统记录为准。

2.2 交易用户

2.2.1 交易用户是指由参与机构创建并支配的,用以在本币交易系统中进行同业存款交易的系统操作账号。

2.2.2 任何通过交易用户在本币交易系统中进行的操作,均被视为是该交易用户所属的参与机构的行为,由该参与机构承担相应的行为后果。

2.3 交易要素

交易要素是指同业存款交易报价和成交的具体条

款,由本币交易系统赋予固定的名称及相关参数。具体见第五章。

2.4 交易方式

本币交易系统为同业存款交易提供询价交易方式。询价交易方式是指交易双方自行协商确定交易价格以及其他交易要素的交易方式,包括报价、格式化询价和确认成交三个步骤。本币交易系统提供其他交易方式的,交易中心将另行通知。

2.5 交易协议

《主协议》、交易双方就《主协议》签署的补充协议和本币交易系统出具的成交单构成一笔同业存款交易的完整协议,对交易双方具有法律约束力,交易双方不得擅自变更或者解除。

2.6 交易时间

本币交易系统的交易日为国家法定工作日。T+0结算的同业存款交易的交易时间为9:00-12:00、13:30-16:50;T+1结算的同业存款交易的交易时间为9:00-12:00、13:30-17:00。如遇变更,交易中心将另行通知。

第三章 交易流程

3.1 经办行/产品设置

参与机构可在本币交易系统设置本机构的经办分支行或非法人产品。

3.2 资金账户设置与确认

存出方应在本币交易系统设置本方存出资金账户;存入方应在本币交易系统设置对手方在本方的存入资金账户,由存出方确认后生效。

3.3 限额设置

参与机构可根据内部风险管理制度在本币交易系统中预先设定各类限额,包括但不限于对手方限额、单笔交易限额、交易员限额。

3.4 报价

本币交易系统为同业存款交易提供对话报价方式。对话报价是指交易成员为达成交易,向特定交易成员的特定交易用户发出的交易要素具体明确的报价,受价方可以直接确认成交。

3.5 格式化询价

格式化询价是指交易成员与对手方相互发送的一系列对话报价所组成的交易磋商过程。交易成员可在交易系统允许的轮次内询价。超过允许轮次而仍未确认成交的,格式化询价结束。

3.6 确认成交

参与机构就交易要素、补充条款以及资金账户信息达成一致后可向本币交易系统提交成交请求,若符合本指引规定的,本币交易系统予以确认成交并生成成交单。成交单应以本币交易系统中的最新记录为准。

交易双方可于成交前在补充条款内约定其他未尽事宜。交易达成后,补充条款的内容列示于成交单上。补充条款不得与成交单上的其他要素相冲突。

根据参与机构在本币交易系统中提交的成员资料,成交单自动显示交易双方的机构信息和资金账户信息。机构信息包括参与机构名称、法定代表人姓名、公司住所、达成交易的交易员姓名及联系电话、传真;资金账户信息包括存出资金账户和存入资金账户的资金账户户名、资金开户行、资金账号、支付系统行号。

3.7 提交首次结算状态

同业存款交易首次结算后,存入方可在本币交易系统中提交首次结算状态信息以确认收到存出方划付的存款本金,本币交易系统据以更新成交单。

3.8 补充定期存款账户

存入资金账户不属于定期存款账户的,在同业存款交易首次结算后,存入方应将存入资金账户里的存款本金转存至存出方的定期存款账户,并应及时在本币交易系统补充定期存款账户信息,本币交易系统据以更新成交单。

3.9 成交修改或撤销

交易双方应根据成交单履行合同义务,不得擅自变更或解除。若交易双方确需变更或解除已达成的交易的,应按照《全国银行间同业拆借中心本币交易应急服务规则》(中汇交发〔2010〕283号)向交易中心申请修改或撤销成交单。

第四章 交易结算

4.1 首次结算

存出方应于首次结算日按照成交单上约定的存款金额由存出资金账户向存入资金账户划付存款本金。

4.2 到期结算

存入方应于到期支取日按照成交单上约定的到期支取金额向存出资金账户划付存款本金和利息。若交易双方约定不开具纸质"单位定期存款开户证实书"的,到期支取时由存入方按照包含定期存款账户的成交单直接向存出资金账户划付存款本金和利息。

4.3 期间付息

非到期一次还本付息的,存入方应按成交单上约定的付息日和对应的应计利息向存出资金账户划付利息。

4.4 提前支取

交易双方可在交易时约定提前支取相关要素,包括是否允许提前支取、允许全额提前支取或允许全额及部分提前支取。

对于交易时约定允许提前支取的同业存款交易,存出方可于交易存续期通过本币交易系统向存入方申请提前支取一次,约定提前支取补偿金额或重新约定该笔交易的存款利率,存入方通过本币交易系统确认后达成提前支取合同,本币交易系统据以更新成交单。交易时约定仅允许全部提前支取的,需一次提前支取全部存款本金;交易时约定允许全部及部分提前支取的,可一次提前支取全部或部分存款本金。存入方应在提前支取日将提前支取本金和利息扣除提前支取补偿金额(如有)后一并支付。提前支取参照到期支取的流程执行。

第五章 交易要素定义

5.1 成交日期
交易双方就一笔具体同业存款交易达成交易合同的日期。

5.2 经办行/产品
交易双方指定的本方经办分支行或本方管理的非法人产品。

5.3 存款金额
交易双方约定的存款本金,单位为万元。每笔存款交易的最低存款金额为人民币100万元,最小存款金额变动量为人民币10万元。

5.4 存款利率
以年利率表示,保留小数点后4位。

5.5 存款期限
同业存款期限最短为1天,最长为1年。

5.6 清算速度
成交日期(T)与首次结算日之间的工作日天数(N),包括T+0和T+1两种。

5.7 付息频率
包括到期一次还本付息、按季付息和按月付息三种。

5.8 首次结算日
首期资金支付的日期,即存出方将资金由存出资金账户划至存入资金账户的日期。首次结算日=成交日期+清算速度(遇节假日顺延至下一工作日,节假日发生调整的相应更新)。

5.9 首次结算状态
首期资金是否已结算,即存入方是否已收到存出方从存出资金账户划至存入资金账户的资金。

5.10 到期支取日
到期资金支取的日期,即存入方将资金划至存出资金账户的日期。到期支取日=首次结算日+存款期限(遇节假日顺延至下一工作日,节假日发生调整的相应更新)。

5.11 实际占款天数
实际占款天数=到期支取日-首次结算日。

5.12 交易品种
本币交易系统定义的期限品种,包括IBD001、IBD007、IBD014、IBD021、IBD1M、IBD2M、IBD3M、IBD4M、IBD6M、IBD9M、IBD1Y,对应的期限分别为1天、2天-7天、8天-14天、15天-21天、22天-1个月、1个月零1天-2个月、2个月零1天-3个月、3个月零1天-4个月、4个月零1天-6个月、6个月零1天-9个月、9个月零1天-1年。

5.13 应计利息总额
存入方对存入资金支付的利息总和,单位为元,精确到分。应计利息总额=存款金额×存款利率×实际占款天数/360。

5.14 到期支取金额
到期支取日存入方向存出方划付的资金总额,单位为元,精确到分。

到期一次还本付息的,到期支取金额=存款金额+应计利息总额;

按季或按月付息的,到期支取金额=存款金额+最后一个付息日的应计利息;

达成全部提前支取的,到期支取金额为零;

达成部分提前支取且到期一次还本付息的,到期支取金额=(存款金额-提前支取金额)×(1+存款利率×首次结算日至到期支取日的实际天数/360)

达成部分提前支取且按季或按月付息的,到期支取金额=(存款金额-提前支取金额)×(1+存款利率×倒数第二个付息日至到期支取日的实际天数/360)

5.15 首次付息日
按季或按月付息的交易,交易双方约定的存款期内存入方第一次支付利息的日期。

5.16 付息日
按季或按月付息的交易,为按照付息频率推算的相应月份中与首次付息日相同的一日。若按照付息频率推算的相应月份中没有与首次付息日相同的一日,则为该月的最后一日。付息日遇节假日顺延至下一工作日,节假日发生调整的相应更新。

5.17 应计利息

按季或按月付息的交易,每个付息日存入方应向存出方支付的利息(最后一个付息日的应计利息计入到期支取金额,不再另外支付),单位为元,精确到分。应计利息=存款金额×存款利率×上一付息日(无上一付息日的取首次结算日)至本次付息日的实际天数/360。

5.18 提前支取日

交易双方约定提前支取存款本金的日期。

5.19 提前支取补偿类型

交易双方约定针对提前支取,存出方对存入方的补偿方式,包括约定新利率和约定补偿金额两种。

5.20 提前支取利率

约定新利率的,提前支取利率为交易双方重新约定的利率;约定补偿金额的,提前支取利率为原存款利率。提前支取利率以年利率表示,保留小数点后4位。

5.21 提前支取补偿金额

针对提前支取,交易双方约定的存出方须向存入方支付的补偿金额,单位为元,精确到分。

5.22 提前支取本金

交易双方约定的提前支取的存款本金。

5.23 提前支取应计利息

提前支取日存入方向存出方支付的利息,单位为元,精确到分。

到期一次还本付息的,提前支取应计利息=提前支取本金×首次结算日至提前支取日的实际天数×提前支取利率/360。

按季付息或按月付息的,提前支取应计利息=提前支取本金×上一付息日(无上一付息日的取首次结算日)至提前支取日的实际天数×提前支取利率/360

5.24 提前支取结算金额:提前支取结算金额=提前支取本金+提前支取应计利息-提前支取补偿金额(如有),单位为元,精确到分。

第六章 附 则

6.1 交易中心提供同业存款交易的应急成交、应急修改和应急撤销服务。参与机构因系统或网络故障而无法利用交易系统成交的,或者在交易达成后确有需要进行修改或撤销的,可根据《全国银行间同业拆借中心本币交易应急服务规则》向交易中心申请进行应急服务。参与机构可从中国货币网下载应急表单。

6.2 本指引由交易中心负责解释和修订。

6.3 本指引自发布之日起施行。原《全国银行间同业拆借中心同业存款交易指引》(2018年版)同时废止。

关于规范金融机构同业业务的通知

- 2014年4月24日
- 银发〔2014〕127号

近年来,我国金融机构同业业务创新活跃、发展较快,在便利流动性管理、优化金融资源配置、服务实体经济发展等方面发挥了重要作用,但也存在部分业务发展不规范、信息披露不充分、规避金融监管和宏观调控等问题。为进一步规范金融机构同业业务经营行为,有效防范和控制风险,引导资金更多流向实体经济,降低企业融资成本,促进多层次资本市场发展,更好地支持经济结构调整和转型升级,现就有关事项通知如下:

一、本通知所称的同业业务是指中华人民共和国境内依法设立的金融机构之间开展的以投融资为核心的各项业务,主要业务类型包括:同业拆借、同业存款、同业借款、同业代付、买入返售(卖出回购)等同业融资业务和同业投资业务。

金融机构开展的以投融资为核心的同业业务,应当按照各项交易的业务实质归入上述基本类型,并针对不同类型同业业务实施分类管理。

二、同业拆借业务是指经中国人民银行批准,进入全国银行间同业拆借市场的金融机构之间通过全国统一的同业拆借网络进行的无担保资金融通行为。

同业拆借应当遵循《同业拆借管理办法》(中国人民银行令〔2007〕第3号发布)及有关办法相关规定。同业拆借相关款项在拆出和拆入资金会计科目核算,并在上述会计科目下单独设立二级科目进行管理核算。

三、同业存款业务是指金融机构之间开展的同业资金存入与存出业务,其中资金存入方仅为具有吸收存款资格的金融机构。同业存款业务按照期限、业务关系和用途分为结算性同业存款和非结算性同业存款。同业存款相关款项在同业存放和存放同业会计科目核算。

同业借款是指现行法律法规赋予此项业务范围的金融机构开展的同业资金借出和借入业务。同业借款相关款项在拆出和拆入资金会计科目核算。

四、同业代付是指商业银行(受托方)接受金融机构(委托方)的委托向企业客户付款,委托方在约定还款日偿还代付款项本息的资金融通行为。受托方同业代付款项在拆出资金会计科目核算,委托方同业代付相关款项在贷款会计科目核算。

同业代付原则上仅适用于银行业金融机构办理跨境

贸易结算。境内信用证、保理等贸易结算原则上应通过支付系统汇划款项或通过本行分支机构支付，委托方不得在同一市、县有分支机构的情况下委托当地其他金融机构代付，不得通过同业代付变相融资。

五、买入返售（卖出回购）是指两家金融机构之间按照协议约定先买入（卖出）金融资产，再按约定价格于到期日将该项金融资产返售（回购）的资金融通行为。买入返售（卖出回购）相关款项在买入返售（卖出回购）金融资产会计科目核算。三方或以上交易对手之间的类似交易不得纳入买入返售或卖出回购业务管理和核算。

买入返售（卖出回购）业务项下的金融资产应当为银行承兑汇票，债券、央票等在银行间市场、证券交易所市场交易的具有合理公允价值和较高流动性的金融资产。卖出回购方不得将业务项下的金融资产从资产负债表转出。

六、同业投资是指金融机构购买（或委托其他金融机构购买）同业金融资产（包括但不限于金融债、次级债等在银行间市场或证券交易所市场交易的同业金融资产）或特定目的载体（包括但不限于商业银行理财产品、信托投资计划、证券投资基金、证券公司资产管理计划、基金管理公司及子公司资产管理计划、保险业资产管理机构资产管理产品等）的投资行为。

七、金融机构开展买入返售（卖出回购）和同业投资业务，不得接受和提供任何直接或间接、显性或隐性的第三方金融机构信用担保，国家另有规定的除外。

八、金融机构开展同业业务，应遵守国家法律法规及政策规定，建立健全相应的风险管理和内部控制体系，遵循协商自愿、诚信自律和风险自担原则，加强内部监督检查和责任追究，确保各类风险得到有效控制。

九、金融机构开展同业业务，应当按照国家有关法律法规和会计准则的要求，采用正确的会计处理方法，确保各类同业业务及其交易环节能够及时、完整、真实、准确地在资产负债表内或表外记载和反映。

十、金融机构应当合理配置同业业务的资金来源及运用，将同业业务置于流动性管理框架之下，加强期限错配管理，控制好流动性风险。

十一、各金融机构开展同业业务应当符合所属金融监管部门的规范要求。分支机构开展同业业务的金融机构应当建立健全本机构统一的同业业务授信管理政策，并将同业业务纳入全机构统一授信体系，由总部自上而下实施授权管理，不得办理无授信额度或超授信额度的同业业务。

金融机构应当根据同业业务的类型及其品种、定价、额度、不同类型金融资产标的以及分支机构的风控能力等进行区别授权，至少每年度对授权进行一次重新评估和核定。

十二、金融机构同业投资应严格风险审查和资金投向合规性审查，按照"实质重于形式"原则，根据所投资基础资产的性质，准确计量风险并计提相应资本与拨备。

十三、金融机构办理同业业务，应当合理审慎确定融资期限。其中，同业借款业务最长期限不得超过三年，其他同业融资业务最长期限不得超过一年，业务到期后不得展期。

十四、单家商业银行对单一金融机构法人的不含结算性同业存款的同业融出资金，扣除风险权重为零的资产后的净额，不得超过该银行一级资本的50%。其中，一级资本、风险权重为零的资产按照《商业银行资本管理办法（试行）》（中国银行业监督管理委员会令2012年第1号发布）的有关要求计算。单家商业银行同业融入资金余额不得超过该银行负债总额的三分之一，农村信用社省联社、省内二级法人社及村镇银行暂不执行。

十五、金融机构在规范发展同业业务的同时，应加快推进资产证券化业务常规发展，盘活存量、用好增量。积极参与银行间市场的同业存单业务试点，提高资产负债管理的主动性、标准化和透明度。

十六、特定目的载体之间以及特定目的载体与金融机构之间的同业业务，参照本通知执行。

十七、中国人民银行和各金融监管部门依照法定职责，全面加强对同业业务的监督检查，对业务结构复杂、风险管理能力与业务发展不相适应的金融机构加大现场检查和专项检查力度，对违规开展同业业务的金融机构依法进行处罚。

十八、本通知自发布之日起实施。金融机构于通知发布之日前开展的同业业务，在业务存续期间内向中国人民银行和相关监管部门报告管理状况，业务到期后结清。

请中国人民银行上海总部，各分行、营业管理部、省会（首府）城市中心支行、副省级城市中心支行会同所在省（区、市）银监局、证监局、保监局、国家外汇管理局分局将本通知联合转发至辖区内相关机构。

3. 金融债券业务

全国银行间债券市场债券交易管理办法

- 2000年4月30日中国人民银行令〔2000〕第2号发布
- 自发布之日起施行

第一章 总 则

第一条 为规范全国银行间债券市场债券交易行为，防范交易风险，维护交易各方合法权益，促进全国银行间债券市场健康发展，根据国家有关法律法规，制定本办法。

第二条 本办法所指全国银行间债券市场债券交易（以下称债券交易）是指以商业银行等金融机构为主的机构投资者之间以询价方式进行的债券交易行为。

第三条 债券交易品种包括回购和现券买卖两种。

回购是交易双方进行的以债券为权利质押的一种短期资金融通业务，指资金融入方（正回购方）在将债券出质给资金融出方（逆回购方）融入资金的同时，双方约定在将来某一日期由正回购方按约定回购利率计算的资金额向逆回购方返还资金，逆回购方向正回购方返还原出质债券的融资行为。

现券买卖是指交易双方以约定的价格转让债券所有权的交易行为。

第四条 本办法所称债券是指经中国人民银行批准可用于在全国银行间债券市场进行交易的政府债券、中央银行债券和金融债券等记账式债券。

第五条 债券交易应遵循公平、诚信、自律的原则。

第六条 中央国债登记结算有限责任公司（简称中央结算公司）为中国人民银行指定的办理债券的登记、托管与结算机构。

第七条 中国人民银行是全国银行间债券市场的主管部门。中国人民银行各分支机构对辖内金融机构的债券交易活动进行日常监督。

第二章 参与者与中介服务机构

第八条 下列机构可成为全国银行间债券市场参与者，从事债券交易业务：

（一）在中国境内具有法人资格的商业银行及其授权分支机构；

（二）在中国境内具有法人资格的非银行金融机构和非金融机构；

（三）经中国人民银行批准经营人民币业务的外国银行分行。

第九条 上述机构进入全国银行间债券市场，应签署债券回购主协议。

第十条 金融机构可直接进行债券交易和结算，也可委托结算代理人进行债券交易和结算；非金融机构应委托结算代理人进行债券交易和结算。

第十一条 结算代理人系指经中国人民银行批准代理其他参与者办理债券交易、结算等业务的金融机构。其有关规定由中国人民银行另行制定。

第十二条 双边报价商系指经中国人民银行批准的，在进行债券交易时同时连续报出现券买、卖双边价格，承担维持市场流动性等有关义务的金融机构。双边报价商有关规定由中国人民银行另行制定。

第十三条 全国银行间同业拆借中心（简称同业中心）为参与者的报价、交易提供中介及信息服务，中央结算公司为参与者提供托管、结算和信息服务。

经中国人民银行授权，同业中心和中央结算公司可披露市场有关信息。

第十四条 债券交易的资金清算银行为参与者提供资金清算服务。

第三章 债券交易

第十五条 债券交易以询价方式进行，自主谈判，逐笔成交。

第十六条 进行债券交易，应订立书面形式的合同。合同应对交易日期、交易方向、债券品种、债券数量、交易价格或利率、账户与结算方式、交割金额和交割时间等要素作出明确的约定，其书面形式包括同业中心交易系统生成的成交单、电报、电传、传真、合同书和信件等。

债券回购主协议和上述书面形式的回购合同构成回购交易的完整合同。

第十七条 以债券为质押进行回购交易，应办理登记；回购合同在办理质押登记后生效。

第十八条 合同一经成立，交易双方应全面履行合同规定的义务，不得擅自变更或解除合同。

第十九条 债券交易现券买卖价格或回购利率由交易双方自行确定。

第二十条 参与者进行债券交易不得在合同约定的价款或利息之外收取未经批准的其他费用。

第二十一条 回购期间，交易双方不得动用质押的债券。

第二十二条 回购期限最长为365天。回购到期应按照合同约定全额返还回购项下的资金，并解除质押关系，不得以任何方式展期。

第二十三条 参与者不得从事借券、租券等融券业务。

第二十四条 金融机构应每季定期以书面形式向人民银行当地分支行报告其在全国银行间债券市场的活动情况。

第二十五条 同业中心和中央结算公司应定期向中国人民银行报告债券交易、交割有关情况。

第四章 托管与结算

第二十六条 参与者应在中央结算公司开立债券托管账户,并将持有的债券托管于其账户。

第二十七条 债券托管账户按功能实行分类管理,其管理规定另行制定。

第二十八条 债券交易的债券结算通过中央结算公司的中央债券簿记系统进行。

第二十九条 债券交易的资金结算以转账方式进行。

商业银行应通过其准备金存款账户和人民银行资金划拨清算系统进行债券交易的资金结算,商业银行与其他参与者、其他参与者之间债券交易的资金结算途径由双方自行商定。

第三十条 债券交易结算方式包括券款对付、见款付券、见券付款和纯券过户四种。具体方式由交易双方协商选择。

第三十一条 交易双方应按合同约定及时发送债券和资金的交割指令,在约定交割日有用于交割的足额债券和资金,不得买空或卖空。

第三十二条 中央结算公司应按照交易双方发送的诸要素相匹配的指令按时办理债券交割。

资金清算银行应及时为参与者办理债券交易的资金划拨和转账。

第三十三条 中央结算公司应定期向中国人民银行报告债券托管、结算有关情况,及时为参与者提供债券托管、债券结算、本息兑付和账务查询等服务;应建立严格的内部稽核制度,对债券账务数据的真实性、准确性和完整性负责,并为账户所有人保密。

第五章 罚则

第三十四条 参与者有下列行为之一的,由中国人民银行给予警告,并可处三万元人民币以下的罚款,可暂停或取消其债券交易业务资格;对直接负责的主管人员和直接责任人员由其主管部门给予纪律处分;违反中国人民银行有关金融机构高级管理人员任职资格管理规定的,按其规定处理。

（一）擅自从事借券、租券等融券业务;
（二）擅自交易未经批准上市债券;
（三）制造并提供虚假资料和交易信息;
（四）恶意操纵债券交易价格,或制造债券虚假价格;
（五）不遵守有关规则或协议并造成严重后果;
（六）违规操作对交易系统和债券簿记系统造成破坏;
（七）其他违反本办法的行为。

第三十五条 结算代理人和双边报价商违反规定的,按中国人民银行的有关规定处理。

第三十六条 同业中心和中央结算公司有下列行为之一的,由中国人民银行给予警告,并可处三万元人民币以下的罚款;对直接负责的主管人员和直接责任人员由其主管部门给予纪律处分。

（一）工作失职,给参与者造成严重损失;
（二）发布虚假信息或泄露非公开信息;
（三）欺诈或误导参与者,并造成损失;
（四）为参与者恶意操纵市场和融券等违规行为提供便利;
（五）其他违反本办法的行为。

第三十七条 债券交易的资金清算银行不及时为参与者划拨资金和转账,给参与者造成损失的,应承担相应的民事责任。

第六章 附则

第三十八条 同业中心和中央结算公司应依据本办法制订相应的业务规则和实施细则,报中国人民银行批准或备案,并组织实施。

第三十九条 本办法施行前制定的有关规定,与本办法相抵触的,以本办法为准。

第四十条 本办法由中国人民银行负责解释。

第四十一条 本办法自发布之日起施行。

全国银行间债券市场债券远期交易管理规定

· 2005年5月11日中国人民银行公告〔2005〕第9号公布
· 自2005年6月15日起施行

第一条 为规范债券远期交易,维护市场参与者合法权益,促进债券市场健康发展,根据《中华人民共和国中国人民银行法》等有关法律、行政法规,制定本规定。

第二条 本规定所称债券远期交易(以下简称远期

交易)是指交易双方约定在未来某一日期,以约定价格和数量买卖标的债券的行为。

第三条 远期交易标的债券券种应为已在全国银行间债券市场进行现券交易的中央政府债券、中央银行债券、金融债券和经中国人民银行批准的其他债券券种。

第四条 远期交易应遵循公开、公正、公平的原则。

第五条 远期交易的市场参与者应为进入全国银行间债券市场的机构投资者。

第六条 市场参与者进行远期交易应建立、健全内部管理制度和风险防范机制,并采取切实有效的措施对远期交易风险进行监控与管理。

市场参与者在开展远期交易业务前应将其远期交易内部管理办法报送相关监管部门,同时,抄送全国银行间同业拆借中心(以下简称同业中心)和中央国债登记结算有限责任公司(以下简称中央结算公司)。

第七条 市场参与者进行远期交易应签订远期交易主协议。

第八条 市场参与者开展远期交易应通过同业中心交易系统进行,并逐笔订立书面形式的合同,其书面形式的合同为同业中心交易系统生成的成交单。交易双方认为必要时,可签订补充合同。

远期交易主协议、同业中心交易系统生成的成交单和补充合同构成远期交易的完整合同。

第九条 依法成立的远期交易合同,对交易双方具有法律约束力,交易双方不得擅自变更或者解除。

第十条 远期交易双方可按对手的信用状况协商建立履约保障机制。

第十一条 远期交易从成交日至结算日的期限(含成交日不含结算日)由交易双方确定,但最长不得超过365天。

第十二条 远期交易实行净价交易,全价结算。

第十三条 远期交易双方应于成交日或者次一工作日将结算指令及辅助指令发送至中央结算公司。

第十四条 远期交易到期应实际交割资金和债券。

第十五条 任何一家市场参与者(基金管理公司运用基金财产进行远期交易的,为单只基金)单只债券的远期交易卖出与买入总余额分别不得超过该只债券流通量的20%,远期交易卖出总余额不得超过其可用自有债券总余额的200%。

第十六条 市场参与者中,任何一只基金的远期交易净买入总余额不得超过其基金资产净值的100%,任何一家外资金融机构在中国境内的分支机构的远期交易净买入总余额不得超过其人民币营运资金的100%,其他机构的远期交易净买入总余额不得超过其实收资本金或者净资产的100%。

第十七条 市场参与者不得以任何手段操纵标的债券远期交易价格或者通过远期交易操纵标的债券现券价格。

第十八条 同业中心和中央结算公司应按照中国人民银行的规定和授权,及时向市场披露远期交易、结算等有关信息,但不得泄漏非公开信息或者误导市场参与者。

第十九条 同业中心负责远期交易的日常监控工作,中央结算公司负责远期交易结算的日常监控工作,发现异常交易和结算情况应启动相应的应急机制,并向中国人民银行报告。

第二十条 同业中心和中央结算公司应依据本规定分别制定远期交易、结算规则。

第二十一条 中国人民银行各分支机构应加强与同业中心和中央结算公司的沟通,对辖区内市场参与者的远期交易进行日常监督和检查。

第二十二条 市场参与者进行远期交易除遵守本规定外,还应遵守全国银行间债券市场其他有关规定。

第二十三条 远期交易发生违约,对违约事实或违约责任存在争议的,交易双方可以协议申请仲裁或者向人民法院提起诉讼,并于接到仲裁或诉讼最终结果的次一工作日12:00之前,将最终结果送达同业中心和中央结算公司,同业中心和中央结算公司应在接到最终结果的当日将其予以公告。

第二十四条 市场参与者以及同业中心和中央结算公司违反本规定的,由中国人民银行按照《中华人民共和国中国人民银行法》第四十六条的规定予以处罚。

第二十五条 中国人民银行可视远期交易业务发展情况适时对本规定第十一条、第十四条、第十五条、第十六条等条款的相关内容进行调整。

第二十六条 本规定由中国人民银行负责解释。

第二十七条 本规定自2005年6月15日起施行。

银行间债券市场债券借贷业务管理办法

·2022年1月30日中国人民银行公告〔2022〕第1号公布
·自2022年7月1日起实施

第一条 为规范银行间债券市场债券借贷业务,保护市场参与者(以下简称参与者)合法权益,提高市场流动性,根据《中华人民共和国中国人民银行法》和其他有关法律、行政法规，制定本办法。

第二条 本办法所称债券借贷是指债券融入方提供一定数量的履约保障品，从债券融出方借入标的债券，同时约定在未来某一日期归还所借入标的债券，并由债券融出方返还履约保障品的债券融通行为。

第三条 参与者应为银行间债券市场法人类金融机构或外国银行分行，应遵循公平、诚信、风险自担的原则，建立相应的内部管理制度和操作规程，加强风险管理，健全风险防范机制。

金融机构作为资产管理产品管理人参与债券借贷的，应按照诚实信用、勤勉尽责的原则履行受托管理职责。资产管理产品管理人借入债券的，应债权债务关系清晰，有明确的授权和责任承担机制，严格履行信息披露义务。

第四条 债券借贷的标的债券应为在银行间债券市场交易流通的债券。

第五条 债券融入方应向债券融出方提供约定的履约保障品。债券借贷存续期间，履约保障品市值应满足双方约定条件。

第六条 债券借贷的期限由债券借贷双方协商确定，但最长不得超过 365 天。

第七条 债券借贷期间，如果发生标的债券付息，债券融入方应及时向债券融出方返还相关的债券利息。

第八条 债券融入方向债券融出方支付债券借贷费用的标准由双方协商确定。

第九条 债券借贷的成交安排应遵循银行间债券市场相关管理规定。中国人民银行认可的债券登记结算机构及托管银行（以下统称债券结算服务机构）负责债券借贷的结算。

第十条 参与者进行债券借贷应当签署中国人民银行认可的债券借贷交易主协议（以下简称主协议）。

第十一条 集中债券借贷业务是指债券结算服务机构根据与参与者的事先约定，在债券结算日参与者应付债券不足额时，根据参与者在中国人民银行认可的电子交易平台（以下简称交易平台）发起的债券借贷指令，受托按照统一规则与其他参与者进行匹配，并达成债券融通的行为。集中债券借贷交易达成后，债券结算服务机构应将相关结算数据传输至交易平台。

债券结算服务机构应当确定并公布集中债券借贷业务的可出借债券范围、公布借贷费率、履约保障品范围、折扣率及替换标准。中国人民银行可根据宏观审慎管理需要，要求债券结算服务机构对上述业务参数进行评估调整。

参与者进行集中债券借贷业务前，应与债券结算服务机构通过协议约定履约保障品管理相关事项。

第十二条 债券借贷发生违约时，债券借贷双方应根据主协议相关条款处置，或者申请仲裁、向人民法院提起诉讼，并于处置完成、接到生效的仲裁或诉讼裁判结果的次一工作日 12:00 前，将最终结果送达交易平台和债券结算服务机构。

第十三条 同一参与者通过债券借贷融入标的债券的余额超过其自有债券托管总量的 20%（含 20%）或单只标的债券融入余额超过该只债券发行量的 10%（含 10%）起，每增加 5 个百分点，应在次一工作日 12:00 前向交易平台和债券结算服务机构书面报告并说明原因。

交易平台和债券结算服务机构应根据中国人民银行的规定和授权，及时向市场公开披露债券借贷有关信息，包括但不限于符合上述情况的相关信息，不得泄漏非公开信息或者误导参与者。

第十四条 银行间债券市场自律组织应依据本办法，制定债券借贷主协议，报中国人民银行备案。

交易平台、债券结算服务机构应根据本办法，为参与者进行债券借贷提供违约处置和安全、高效的电子化交易与结算服务，制定相关业务规则，报中国人民银行备案。

第十五条 交易平台、债券结算服务机构应及时、准确、完整地记录债券借贷的交易、登记、存管、托管、结算等数据，建立健全风险监测和预警指标体系，加强数据共享机制，按照银行间债券市场交易报告有关机制安排做好数据报备工作，发现异常情况及时启动应急处理程序，向中国人民银行报告，同时抄送相关机构监管部门。

交易平台、债券结算服务机构应于每季度结束后的 10 个工作日内向中国人民银行提交该季度债券借贷运行情况分析的书面报告。

第十六条 中国人民银行依法对债券借贷业务参与者、银行间债券市场自律组织、交易平台、债券结算服务机构进行监督管理。

对违反法律法规、本办法等有关规定的，由中国人民银行依照《中华人民共和国中国人民银行法》《中华人民共和国行政处罚法》等法律法规进行行政处罚。

第十七条 银行间债券市场自律组织对债券借贷业务进行自律管理，并对参与者违规行为进行自律处分，切实维护市场秩序。发现重大问题的，应及时向中国人民银行报告。

第十八条 本办法由中国人民银行负责解释。

第十九条　本办法自 2022 年 7 月 1 日起施行。《全国银行间债券市场债券借贷业务管理暂行规定》（中国人民银行公告〔2006〕第 15 号公布）同时废止。

银行间债券市场债券估值业务管理办法

· 2023 年 12 月 1 日中国人民银行公告〔2023〕第 19 号公布
· 自 2024 年 1 月 1 日起施行

第一条　为规范银行间债券市场债券估值业务，保护投资者合法权益，促进债券市场平稳健康发展，根据《中华人民共和国中国人民银行法》等法律法规，制定本办法。

第二条　本办法所称估值业务，是指在银行间债券市场为提供债券估值和债券收益率曲线而开展的研发、编制、发布等活动。

本办法所称估值产品，是指估值机构对外发布的，以债券为编制对象，对市场定价有重要影响且应用广泛的债券估值和债券收益率曲线。

第三条　中国人民银行对银行间债券市场估值业务进行监督管理。

第四条　估值机构应始终保持客观中立，持续提升估值产品的公允性，并具备以下基本条件：

（一）长期稳定运营的能力。

（二）清晰的组织架构、完善的内部管理流程和有效的监督机制。

（三）稳定、可靠的数据来源，完备的数据采集和处理流程。

（四）科学的估值技术和方法，完善的估值产品研发、编制、发布和质量监控流程。

（五）配备开展估值业务所需的经验丰富的专业人员和高效完备的信息技术设施。

（六）中国人民银行要求的其他条件。

第五条　估值机构应当建立清晰、规范、透明的数据使用标准和层级，所选用的数据能真实反映市场情况。

（一）对于市场成交活跃的债券，应当优先选取债券成交或可交易报价等市场数据。

（二）对于成交不活跃或因市场环境发生重大变化，市场价格发生剧烈变动的债券，在选用市场成交数据时，应当充分考虑成交规模、成交目的等多种因素，审慎评估成交和报价价格的合理性和适用性，优先采用市场参与者认同度高、可靠性高的市场数据。

（三）市场数据确实无法使用的，可通过模型或组织专家判断、报价团报价等综合确定适用市场情况的合理数据，相关判断及报价应保证客观性和合理性。

第六条　估值产品的编制方法应当具有科学性、可比性、可校验性和可回溯性，能够广泛适用于各类场景。

（一）债券估值应当以准确计量债券公允价值为目标，债券估值方法和估值模型应当充分考虑债券条款、发行人财务信用状况、市场流动性等因素；对于证券化类产品的估值，还需考虑基础资产的估值与信用状况。

（二）债券收益率曲线的编制应当选取科学可靠的曲线构造模型，能够充分反映所衡量对象的真实收益率水平。

（三）债券指数的编制应当充分考虑指数标的债券的市场情况和产品特征，及时、准确反映指数标的债券的价格走势。

第七条　估值机构应当至少公开披露以下信息，并保证披露信息的真实性、准确性、完整性、及时性和有效性：

（一）估值产品信息，包括估值产品名称、发布方式、传输渠道、发布频率等。

（二）估值方法，包括计算模型、关键假设等信息；涉及筛选样本的，应当明确样本筛选标准和规则。

（三）数据来源及使用层次，使用专家报价、报价团报价的，应当披露采用专家报价、报价团报价的适用条件和具体规则。

（四）内部控制、内部监督安排及重大利益冲突情况。

（五）估值产品质量年度检验报告。

（六）编制方法修订的，应当提前披露拟修订的具体内容、修订原因、预计修订时间、对用户意见的采纳情况等。

（七）传输方式发生调整的，应提前告知用户并合理设置过渡期或并行期。

（八）其他对估值产品有重要影响的信息。

第八条　估值机构应当建立包括事前分析、事中监控和事后检验在内的估值产品质量监测机制和内部评审机制，定期对估值产品的可靠性、估值方法的合理性和编制流程的合规性进行检查。

对编制方法新增或进行实质性修订的，应在发布前广泛征求市场机构意见，并经内部评审机制审议。内部评审机制人员应当由独立于估值业务的编制人员组成。

第九条　估值机构应当建立完善的利益冲突避免机制，包括但不限于：

（一）估值机构及其所属人员不得参与所估值资产的交易，不得与相关市场机构进行不当利益交换或操纵估值。

（二）估值业务与其他业务应当相隔离，确保估值业务不受其他商业行为的不当影响。

（三）估值机构应当制定估值业务编制人员和质量监控人员的隔离措施，建立可靠的授权程序和监督机制。

（四）估值业务相关人员应当独立于估值产品的直接利益相关方，且其薪酬不直接或间接地与估值产品结果相关联。

（五）市场机构认为与估值机构利益冲突的其他行为。

第十条 估值机构应当建立用户对估值产品的咨询和反馈机制，明确咨询与投诉结果的反馈渠道和反馈时间。对所咨询的估值结果，应提供可回溯、可校验的相关信息，保留咨询与投诉相关文档，确保投诉处理人员与估值业务编制人员相独立。

对市场机构反馈集中的问题，估值机构应当公开反馈意见，并定期开展用户估值业务满意度调查，不断优化咨询与投诉流程。

第十一条 估值机构应当针对市场中断、不可抗力、系统故障等可能导致估值产品中断的极端情形制定应急处置方案。估值产品发生中断的，估值机构应及时披露有关原因和处置方案并尽快恢复。

估值产品发生错误的，估值机构应当及时向用户披露，并说明原因及修正方案。

第十二条 估值机构因市场环境、产品变化等原因暂停、变更、终止估值产品的，应当充分征求市场机构意见，并经内部评审机制通过后实施。

估值机构因破产导致无法继续开展估值业务的，估值机构应及时向市场投资者告知。破产估值机构转让估值产品的，受让机构应满足本办法对估值机构的要求，破产估值机构应与受让机构签订协议，并移交相关文档。

第十三条 估值机构应妥善保存估值业务相关文档，文档保留期限为估值产品终止后至少20年。相关文档包括但不限于编制估值产品所用数据、编制方法及修订情况、编制人员信息、咨询与投诉记录。

第十四条 估值产品用户应定期评估所使用估值产品的质量，并择优选择估值机构。鼓励用户加强内部估值体系和质量建设，鼓励选择多家估值机构的产品，发挥不同估值的交叉验证作用，防范单一估值产品错漏或终止的风险。

估值产品用户发生估值机构变更的，应当充分评估变更的合理性，及时向客户披露并说明原因，不得通过随意变更估值产品来源调节投资损益。

第十五条 鼓励估值机构聘请独立且具有丰富经验和能力的审计机构，在充分防范利益冲突的前提下，对估值机构内控机制、估值产品编制流程等的遵循情况进行定期评估。

第十六条 估值机构应根据本办法要求制定完善内部管理流程，按年向中国人民银行报告估值产品质量报告。发生重大问题的，应当第一时间向中国人民银行报告。

第十七条 中国银行间市场交易商协会依据章程和自律规则对估值业务进行自律管理，开展自律调查和业务检查，要求提供估值业务相关信息。违反相关自律规则的，由中国银行间市场交易商协会进行自律处分。

第十八条 违反本办法有关规定的，由中国人民银行依照《中华人民共和国中国人民银行法》等法律法规实施行政处罚。

第十九条 本办法由中国人民银行负责解释。

第二十条 本办法自2024年1月1日起施行。

关于完善银行间债券市场现券做市商管理有关事宜的公告

· 2020年12月23日中国人民银行公告〔2020〕第21号公布
· 自2021年4月1日起施行

为贯彻落实《国务院关于取消和下放一批行政许可事项的决定》（国发〔2020〕13号），做好取消银行间债券市场双边报价商行政许可审批后的制度衔接，加强事中事后管理，推动债券市场健康发展，根据《中华人民共和国中国人民银行法》，现就完善银行间债券市场现券做市商管理有关事宜公告如下：

一、本公告所称现券做市商（以下简称做市商）是指在银行间债券市场开展做市业务的商业银行、证券公司等境内金融机构法人。做市商应当具有较强的定价能力和与拟开展做市业务相匹配的资本实力和风险管理能力，具备支持做市业务开展的业务系统和专业人才队伍。

做市业务是指通过持续向市场提供现券双边买卖报价、回复市场询价请求等为市场提供流动性的行为。

二、中国人民银行对银行间债券市场做市业务进行监督管理，根据有关规定对做市业务开展现场和非现场检查。

中国银行间市场交易商协会（以下简称交易商协会）对银行间债券市场做市商进行自律管理，对违规行为进行自律处分,定期对做市业务开展评价,并向市场披露评价结果。交易商协会应当根据本公告完善相关评价体系和自律指引,报中国人民银行备案后实施。

全国银行间同业拆借中心等中国人民银行认可的交易平台(以下简称交易平台)应当加强交易系统建设,健全信息披露、交易相关服务和应急处置机制,为做市业务提供服务支持和便利。

三、交易平台应当与符合本公告第一条规定且具有做市意愿的境内金融机构法人签署做市业务协议。境内金融机构法人在与交易平台签署做市业务协议后,即可开展做市业务。交易平台应当根据本公告要求制定相关做市业务操作指引,报中国人民银行备案后实施。

本公告实施前已在银行间债券市场开展做市业务和尝试做市业务的境内金融机构在与交易平台签署做市业务协议后,可继续开展做市业务。

四、做市商享有以下权利:

(一)将做市业务表现作为国债承销团成员、非金融企业债务融资工具主承销商的重要参考指标;

(二)将做市业务表现作为公开市场业务一级交易商的重要参考指标;

(三)将做市业务表现作为参与随买随卖业务的重要参考指标;

(四)优先开展银行间债券市场现券交易净额清算业务;

(五)获得交易平台提供的交易信息便利;

(六)优先参与衍生品等市场创新业务。

五、做市商应当积极维护市场价格稳定,促进市场价格发现,切实履行以下义务:

(一)在约定时间内,持续提供双边报价,积极回复市场机构询价需求;

(二)报价应当处于市场合理水平,双边报价价差应处于市场合理范围;

(三)提供本机构所能提供的做市最优价格;

(四)严格履行交易义务。

鼓励债券承销商在依法合规的前提下,主动为所承销债券做市。

六、做市商应当遵守银行间债券市场的法律法规和自律规则,妥善保管与做市业务相关的询价及交易记录,履行信息保密义务,建立健全防范做市业务风险和利益冲突的内控机制和操作流程。

七、做市商开展做市业务应当遵循公平、公正、诚信原则,不得有以下行为:

(一)操纵或者以其他不正当方式影响市场公允价格形成;

(二)利用内幕信息进行决策和交易;

(三)向第三方泄露投资者信息;

(四)通过不当利用做市业务信息等向自身或者利益相关方进行利益输送;

(五)缺乏真实意图的频繁撤改报价或者开展虚假交易,扰乱或者误导市场;

(六)故意向投资者提供误导性报价或者建议,获取不正当利益;

(七)达成做市交易后无正当理由拒绝履行;

(八)与其他做市商、货币经纪商等中介机构串通谋取不正当利益;

(九)其他扰乱市场秩序或者利用做市业务损害投资者利益的行为。

交易平台对做市业务履行一线监测职能,发现异常情况应当及时处理,并向中国人民银行报告,同时抄送交易商协会。

八、交易商协会、交易平台应当建立做市信息共享和沟通机制,及时在各自官方网站上发布最新做市商名单及做市商详细信息,便利境内外投资者查询。

九、中国人民银行指导交易商协会、交易平台持续完善做市商激励约束机制,优化做市商管理。

十、做市商等机构违反本公告规定的,由中国人民银行依据《中华人民共和国中国人民银行法》予以处罚。

十一、中国人民银行负责对本公告进行解释。

十二、本公告自2021年4月1日起施行。《全国银行间债券市场做市商管理规定》(中国人民银行公告〔2007〕第1号公布)同时废止。

全国银行间债券市场柜台业务管理办法

· 2016年2月14日中国人民银行公告〔2016〕第2号公布
· 自公布之日起施行

第一章 总　则

第一条 为促进债券市场发展,扩大直接融资比重,根据《中华人民共和国中国人民银行法》、《银行间债券市场债券登记托管结算管理办法》(中国人民银行令〔2009〕第1号),制定本办法。

第二条 本办法所称全国银行间债券市场柜台业务(以下简称柜台业务)是指金融机构通过其营业网点、电子渠道等方式为投资者开立债券账户、分销债券、开展债券交易提供服务,并相应办理债券托管与结算、质押登记、代理本息兑付、提供查询等。

第三条 金融机构开办柜台业务应当遵循诚实守信原则,充分揭示风险,保护投资者合法权益,不得利用非公开信息谋取不正当利益,不得与发行人或者投资者串通进行利益输送或者其他违法违规行为。

第二章 柜台业务开办机构

第四条 开办柜台业务的金融机构(以下简称开办机构)应当满足下列条件:

(一)是全国银行间债券市场交易活跃的做市商或者结算代理人;

(二)具备安全、稳定的柜台业务计算机处理系统并已接入全国银行间同业拆借中心、全国银行间债券市场债券登记托管结算机构(以下简称债券登记托管结算机构);

(三)具有健全的柜台业务管理制度、风险防范机制、投资者适当性管理制度及会计核算办法等;

(四)有专门负责柜台交易的业务部门和合格专职人员;

(五)最近三年没有重大违法、违规行为。

第五条 符合条件的金融机构应当于柜台业务开办之日起1个月内向中国人民银行备案,并提交以下材料:

(一)柜台业务开办方案和系统实施方案;

(二)负责柜台业务的机构设置和人员配备情况;

(三)柜台业务管理制度、风险防范机制、投资者适当性管理制度及会计核算办法;

(四)全国银行间同业拆借中心及债券登记托管结算机构出具的系统接入验收证明;

(五)中国人民银行要求的其他材料。

开办机构应当将开办柜台业务的营业网点通过网点柜台、电子渠道等方式向社会公开。

第三章 柜台业务债券品种及交易品种

第六条 柜台业务交易品种包括现券买卖、质押式回购、买断式回购以及经中国人民银行认可的其他交易品种。

柜台业务债券品种包括经发行人认可的已发行国债、地方政府债券、国家开发银行债券、政策性银行债券和发行对象包括柜台业务投资者的新发行债券。

第七条 开办机构与投资者开展柜台业务应当遵循银行间债券市场相关规定,双方开展债券回购等交易品种时应当签署相关主协议、约定权利义务。

开办机构与投资者开展质押式回购时应当确保足额质押,开办机构应当对质押券价值进行持续监控,建立风险控制机制,防范相关风险。

第四章 投资者适当性管理

第八条 开办机构应当建立投资者适当性管理制度,了解投资者风险识别及承受能力,向具备相应能力的投资者提供适当债券品种的销售和交易服务。开办机构应当充分揭示产品或者服务的风险,不得诱导投资者投资与其风险承受能力不相适应的债券品种和交易品种。

第九条 经开办机构审核认定至少满足以下条件之一的投资者可投资柜台业务的全部债券品种和交易品种:

(一)国务院及其金融行政管理部门批准设立的金融机构;

(二)依法在有关管理部门或者其授权的行业自律组织完成登记,所持有或者管理的金融资产净值不低于一千万元的投资公司或者其他投资管理机构;

(三)上述金融机构、投资公司或者投资管理机构管理的理财产品、证券投资基金和其他投资性计划;

(四)净资产不低于人民币一千万元的企业;

(五)年收入不低于五十万元,名下金融资产不少于三百万元,具有两年以上证券投资经验的个人投资者;

(六)符合中国人民银行其他规定并经开办机构认可的机构或者个人投资者。

不满足上述条件的投资者只能买卖发行人主体评级或者债项评级较低者不低于AAA的债券,以及参与债券回购交易。

第十条 开办机构认定投资者符合第九条规定条件的,应当向投资者揭示产品或者服务的风险、与投资者签署风险揭示书。投资者不满足第九条规定条件,开办机构应当向投资者履行以下义务:

(一)了解投资者的相关情况并评估其风险承受能力;

(二)向投资者提供与其风险承受能力相匹配的债券品种与交易品种,并进行持续跟踪和管理;

(三)提供产品或者服务前,向投资者介绍产品或者服务的内容、性质、特点、业务规则等,进行有针对性的投资者教育;

(四)充分揭示产品或者服务的风险,与投资者签署风险揭示书。

第十一条 投资者情况变动或者债券评级变动导致投资者持有债券不符合第九条规定的,投资者可以选择卖出债券或者持有债券到期。

第五章　柜台业务规则

第十二条　开办机构可以通过以下方式为投资者提供报价交易服务：

（一）双边报价，即开办机构主动面向投资者持续、公开报出可成交价格。

（二）请求报价，即由投资者发起，向开办机构提出特定券种交易请求，并由开办机构报出合理的可成交价格。开办机构应当结合客户需求及自身经营的实际情况，合理确定双边报价券种及可接受请求报价的交易要素标准。

开办机构可以代理投资者与全国银行间债券市场其他投资者开展债券交易，开办机构应当采用适当风险防范机制，防范代理交易模式下的相关风险。

第十三条　开办机构及投资者的债券交易行为应当遵守全国银行间债券市场及其机构监管部门关于关联交易的规定。

第十四条　开办机构应当及时将柜台业务投资者信息及报价成交信息传至全国银行间同业拆借中心进行备案。开办机构与投资者达成债券交易后，应当及时采用券款对付的方式为投资者办理资金清算和债券结算。

全国银行间同业拆借中心应当及时将柜台业务成交信息传输至债券登记托管结算机构。

第十五条　投资者应当在开办机构开立债券账户，用于记载所持有债券的品种、数量及相关权利。开户时，投资者应当向开办机构提交真实、准确、完整的开户材料。

投资者可以在不同开办机构开立债券账户，并可以在已开立的债券账户之间申请债券的转托管。

未经中国人民银行同意，已在债券登记托管结算机构开户的机构投资者，不能在开办机构开立债券账户。债券登记托管结算机构应当为开办机构查询开户情况提供便利。

第十六条　开办机构应当在债券登记托管结算机构开立代理总账户，记载由其托管、属于柜台业务投资者的债券总额。

开办机构应当严格区分自有债券和投资者托管的债券，不得挪用投资者的债券。开办机构应当每日及时向债券登记托管结算机构发送结算指令和柜台业务托管明细数据。

第十七条　债券登记托管结算机构应当建立柜台债券账务复核查询系统，方便投资者查询债券账户余额。

债券登记托管结算机构应当根据开办机构发送的有关数据及结算指令，每日及时完成开办机构自营账户与代理总账户之间的债券结算。

第十八条　发行人应当于债券付息日或者到期日（如遇节假日顺延）前不少于一个工作日将兑付利息或者本金划至债券登记托管结算机构指定账户，债券登记托管结算机构收到上述款项后应当立即向开办机构划付，开办机构应当于债券付息日或者到期日（如遇节假日顺延）一次、足额将兑付资金划入投资者资金账户。

第十九条　开办机构应当在其柜台业务系统中保留完整的报价、报价请求、成交指令、交易记录、结算记录、转托管记录，并为投资者查询交易、结算、转托管记录提供便利。

第二十条　开办机构应当将与柜台债券相关的披露信息及时、完整、准确、有效地通过网点柜台或者电子渠道向投资者传递。开办机构应当向投资者特别提示本息兑付条款及与还本付息有关的附加条款、额外费用、税收政策等重要信息。

发行人、信用评级机构等信息披露义务人应当按照相关规定做好信息披露工作，保证信息披露真实、准确、完整、及时，不得有虚假记载、误导性陈述和重大遗漏，披露内容应当充分揭示风险。

第二十一条　开办机构应当做好柜台业务计算机处理系统的维护工作。开展柜台业务创新时，开办机构应当与全国银行间同业拆借中心、债券登记托管结算机构进行联网测试，确保系统接驳的安全、顺畅。

第二十二条　开办机构应当向中国人民银行报送柜台业务年度报告以及重大事项报告。其中，年度报告应当于每个自然年度结束之日起2个月内报送，内容包括但不限于：柜台业务总体情况、交易、托管、报价质量、结算代理情况、风险及合规管理、投资者数量、投资者保护等情况。

柜台业务发生对业务开展、投资者权益、整体风险等产生重大影响的事项时，如系统重大故障等，开办机构应当在该事项发生后1个交易日内向中国人民银行报告，并尽快提交书面重大事项报告。

开办机构投资者适当性管理制度应当根据实际情况适时更新，并及时向中国人民银行备案。

前款所述报告、备案文件应当同时抄送中国银行间市场交易商协会。

第六章　监督管理

第二十三条　中国人民银行及其分支机构可以对开办机构、全国银行间同业拆借中心和债券登记托管结算机构就柜台业务进行现场检查或者非现场检查，前述机构及相关人员应当予以配合，并按照要求提供有关文件和资料、接受问询。

第二十四条 全国银行间同业拆借中心、债券登记托管结算机构应当按照中国人民银行有关规定，加强柜台业务的监测、统计和分析，定期向中国人民银行提交柜台业务统计分析报告并抄送中国银行间市场交易商协会。

全国银行间同业拆借中心、债券登记托管结算机构对柜台业务进行日常监测，发现异常情况和违规情况应当及时处理，并向中国人民银行报告。

第二十五条 全国银行间同业拆借中心、债券登记托管结算机构应当依据本办法，制定柜台业务细则并规范相关数据交换，向中国人民银行备案后实施。

第二十六条 中国银行间市场交易商协会应当就柜台业务制定主协议文本和具体指引，对投资者适当性管理、开办机构的柜台业务报价、投资者保护、信息披露等行为提出自律要求，进行自律管理并开展定期评估。定期评估情况应向中国人民银行报告。

第二十七条 开办机构有下列行为之一的，中国人民银行根据《中华人民共和国中国人民银行法》第四十六条予以处理：

（一）不符合本办法第四条所规定条件开办柜台业务或者未按本办法规定向中国人民银行备案、报告的；

（二）不了解投资者风险识别和风险承受能力或者向投资者提供与其风险承受能力不相适应的债券销售、交易服务的；

（三）欺诈或者误导投资者的；

（四）未按投资者指令办理债券登记、过户、质押、转托管的；

（五）伪造投资者交易记录或者债券账户记录的；

（六）泄露投资者账户信息的；

（七）挪用投资者债券的；

（八）其他违反本办法规定的行为。

第二十八条 全国银行间同业拆借中心和债券登记托管结算机构有下列行为之一的，中国人民银行根据《中华人民共和国中国人民银行法》第四十六条予以处理：

（一）工作失职造成投资者或者开办机构损失的；

（二）发布虚假信息或者泄露非公开信息的；

（三）为开办机构恶意操纵市场、利益输送或者其他违法违规行为提供便利的；

（四）其他违反本办法规定的行为。

第七章 附 则

第二十九条 本办法由中国人民银行负责解释。本办法未尽事宜按照中国人民银行相关规定执行。中国人民银行关于柜台业务的其他规定与本办法冲突的，适用本办法。

第三十条 本办法自公布之日起执行。

银行间债券市场非金融企业债务融资工具管理办法

· 2008年4月9日中国人民银行令〔2008〕第1号公布
· 自2008年4月15日起施行

第一条 为进一步完善银行间债券市场管理，促进非金融企业直接债务融资发展，根据《中华人民共和国中国人民银行法》及相关法律、行政法规，制定本办法。

第二条 本办法所称非金融企业债务融资工具（以下简称债务融资工具），是指具有法人资格的非金融企业（以下简称企业）在银行间债券市场发行的，约定在一定期限内还本付息的有价证券。

第三条 债务融资工具发行与交易应遵循诚信、自律原则。

第四条 企业发行债务融资工具应在中国银行间市场交易商协会（以下简称交易商协会）注册。

第五条 债务融资工具在中央国债登记结算有限责任公司（以下简称中央结算公司）登记、托管、结算。

第六条 全国银行间同业拆借中心（以下简称同业拆借中心）为债务融资工具在银行间债券市场的交易提供服务。

第七条 企业发行债务融资工具应在银行间债券市场披露信息。信息披露应遵循诚实信用原则，不得有虚假记载、误导性陈述或重大遗漏。

第八条 企业发行债务融资工具应由金融机构承销。企业可自主选择主承销商。需要组织承销团的，由主承销商组织承销团。

第九条 企业发行债务融资工具应由在中国境内注册且具备债券评级资质的评级机构进行信用评级。

第十条 为债务融资工具提供服务的承销机构、信用评级机构、注册会计师、律师等专业机构和人员应勤勉尽责，严格遵守执业规范和职业道德，按规定和约定履行义务。

上述专业机构和人员所出具的文件含有虚假记载、误导性陈述和重大遗漏的，应当就其负有责任的部分承担相应的法律责任。

第十一条 债务融资工具发行利率、发行价格和所涉费率以市场化方式确定，任何商业机构不得以欺诈、操纵市场等行为获取不正当利益。

第十二条 债务融资工具投资者应自行判断和承担投资风险。

第十三条 交易商协会依据本办法及中国人民银行相关规定对债务融资工具的发行与交易实施自律管理。交易商协会应根据本办法制定相关自律管理规则，并报中国人民银行备案。

第十四条 同业拆借中心负责债务融资工具交易的日常监测，每月汇总债务融资工具交易情况向交易商协会报送。

第十五条 中央结算公司负责债务融资工具登记、托管、结算的日常监测，每月汇总债务融资工具发行、登记、托管、结算、兑付等情况向交易商协会报送。

第十六条 交易商协会应每月向中国人民银行报告债务融资工具注册汇总情况、自律管理工作情况、市场运行情况及自律管理规则执行情况。

第十七条 交易商协会对违反自律管理规则的机构和人员，可采取警告、诫勉谈话、公开谴责等措施进行处理。

第十八条 中国人民银行依法对交易商协会、同业拆借中心和中央结算公司进行监督管理。

交易商协会、同业拆借中心和中央结算公司应按照中国人民银行的要求，及时向中国人民银行报送与债务融资工具发行和交易等有关的信息。

第十九条 对违反本办法规定的机构和人员，中国人民银行可依照《中华人民共和国中国人民银行法》第四十六条规定进行处罚，构成犯罪的，依法追究刑事责任。

第二十条 短期融资券适用本办法。

第二十一条 本办法自2008年4月15日起施行。《短期融资券管理办法》（中国人民银行令〔2005〕第2号）、《短期融资券承销规程》和《短期融资券信息披露规程》（中国人民银行公告〔2005〕第10号）同时终止执行。

全国银行间债券市场金融债券发行管理操作规程

· 2009年3月25日中国人民银行公告〔2009〕第6号公布
· 自2009年5月15日起施行

第一条 为进一步规范全国银行间债券市场金融债券发行行为，根据《中华人民共和国中国人民银行法》和《全国银行间债券市场金融债券发行管理办法》（中国人民银行令〔2005〕第1号发布，以下简称《办法》），制定本规程。

第二条 本规程所称金融债券，包括在全国银行间债券市场发行的人民币金融债券和外币金融债券。

第三条 金融机构申请在全国银行间债券市场发行金融债券，按《办法》要求向中国人民银行提交申请材料，并提交《金融债券发行登记表》（格式见附1）；金融债券以协议承销方式发行的，主承销商应提交尽职调查报告。

第四条 一次足额发行或限额内分期发行金融债券，发行人应在本次或每期债券发行前5个工作日，按《办法》要求将有关文件报中国人民银行备案，并提交《金融债券备案登记表》（格式见附2）。

政策性银行应在每期金融债券发行前5个工作日，按《办法》要求将有关文件报中国人民银行备案。

第五条 一次足额发行或限额内分期发行金融债券，如果发生下列情况之一，应在向中国人民银行报送备案文件时进行书面报告并说明原因：

（一）发行人业务、财务等经营状况发生重大变化；

（二）高级管理人员变更；

（三）控制人变更；

（四）发行人作出新的债券融资决定；

（五）发行人变更承销商、会计师事务所、律师事务所或信用评级机构等专业机构；

（六）是否分期发行、每期发行安排等金融债券发行方案变更；

（七）其他可能影响投资人作出正确判断的重大变化。

第六条 金融债券发行方案一经公布不得随意变更。若发生可能影响债券发行的重大事件而确需变更的，发行人应向中国人民银行书面报告，经中国人民银行同意后方可变更发行方案，同时应对外公布变更原因及变更后的发行方案，并提示投资人查看。

第七条 金融机构申请发行金融债券及发行前备案时向中国人民银行报送的各项书面材料，应同时提交PDF格式电子版文件光盘，其中主要财务数据、监管指标等还应提交EXCEL格式电子版文件。

第八条 发行金融债券时，发行人应组建承销团，金融债券的承销可以采用招标承销或协议承销等方式。

以招标承销方式发行金融债券的，发行人应与承销团成员签订承销主协议。

以协议承销方式发行金融债券的，发行人应聘请主承销商，由发行人与主承销商协商安排有关发行工作。主承销商应与承销团成员签订承销团协议。

第九条 以定向形式发行金融债券的，应优先选择协议承销方式。定向发行对象不超过两家，可不聘请主承销商，由发行人与认购机构签订协议安排发行。

第十条 采用簿记建档方式协议承销发行的金融债券，发行人应选定簿记管理人；在簿记建档前，簿记管理人应向承销团成员公布簿记标的、中标确定方式等簿记建档规则；在簿记建档过程中，簿记管理人应确保簿记建档过程的公平、公正和有序，并对簿记建档所涉及的有关文件予以妥善保存。

第十一条 发行人和承销商应对债券发行、登记、托管等环节中可能出现的风险进行预防和规避，并在有关协议中明确纠纷的处理方式。

第十二条 主承销商应满足《办法》第十七条所要求的条件，熟悉全国银行间债券市场有关法律制度和管理政策，具有社会责任感，为债券市场投资者所认可。

第十三条 主承销商应切实履行以下职责：

（一）以行业公认的业务标准和道德规范，对金融债券发行人进行全面尽职调查，充分了解发行人的经营情况及其面临的风险和问题；

（二）为发行人提供必要的专业服务，确保发行人充分了解有关法律制度和市场管理政策，以及所应承担的相关责任；

（三）会同律师事务所、会计师事务所核查发行人申请材料的真实性、准确性和完整性；

（四）督促发行人按照有关要求进行信息披露，并会同律师事务所、会计师事务所核查信息披露文件的真实性、准确性和完整性；

（五）按照签订协议，做好金融债券推介和销售工作，主承销商应具备对所承销金融债券做市的能力；

（六）金融债券发行结束后10个工作日内，应向中国人民银行书面报告当期债券承销情况。

第十四条 金融债券发行结束后10个工作日内，发行人应向中国人民银行书面报告当期金融债券发行情况。

第十五条 为金融债券发行提供专业服务的承销商、信用评级机构、会计师事务所、律师事务所等专业机构及有关人员，应当按照本行业公认的业务标准和道德规范，对提供服务所涉及的文件进行认真审阅，确认其不存在虚假记载、误导性陈述或重大遗漏，并出具有关专业报告或意见，同时应出具承诺函，确认已履行上述义务。

第十六条 信用评级机构在信用评级过程中应恪守执业操守，保证评级结果的客观公正，充分揭示金融债券的投资风险。

在信用评级过程中，信用评级机构不得与发行人、主承销商或其他当事人协商信用级别，或以价定级。

第十七条 投资人应理性对待第三方对发行人资信状况作出的评价，在进行金融债券投资时，独立判断金融债券投资价值，自主作出金融债券投资决定，自行承担金融债券投资风险。

第十八条 发行人应按照有关规定向投资者披露信息。发行人应保证信息披露真实、准确、完整、及时，不得有虚假记载、误导性陈述或重大遗漏。

第十九条 全国银行间同业拆借中心（以下简称同业拆借中心）和中央国债登记结算有限责任公司（以下简称中央结算公司）应根据有关规定制定并对外公布信息披露工作的操作细则，并做好信息披露的服务工作。

第二十条 在金融债券发行前和存续期间，发行人应按照有关要求及时向同业拆借中心和中央结算公司报送信息披露文件。同业拆借中心和中央结算公司应对信息披露文件进行形式审核，确保信息披露文件的完整、合规。同业拆借中心和中央结算公司应将发行人信息披露情况定期向中国人民银行报告，并向市场成员公布。

第二十一条 金融债券信息披露文件一经公布，不得随意变更。如确需变更的，发行人需报中国人民银行备案后，按照中国人民银行指定的方式对外公布变更原因及变更后的信息，并提示投资人查看。

第二十二条 当金融债券发行人信息披露违规或信息披露文件的真实性、准确性、完整性存在问题时，银行间债券市场参与者可以向同业拆借中心、中央结算公司或直接向中国人民银行反映或举报。

第二十三条 符合《国际开发机构人民币债券发行管理暂行办法》（中国人民银行财政部国家发展和改革委员会中国证券监督管理委员会公告〔2005〕第5号发布）有关规定的国际开发机构，在全国银行间债券市场发行人民币债券的相关事宜，参照本规程执行。

第二十四条 商业银行在全国银行间债券市场发行次级债券适用本规程，本规程未规定事项适用《商业银行次级债券发行管理办法》（中国人民银行中国银行业监督管理委员会公告〔2004〕第4号发布）。

第二十五条 本规程由中国人民银行负责解释。

第二十六条 本规程自2009年5月15日起施行。

附件（略）

银行间债券市场债券登记托管结算管理办法

- 2009年3月26日中国人民银行令〔2009〕第1号公布
- 自2009年5月4日起施行

第一章 总 则

第一条 为规范债券登记、托管和结算行为，保护投资者合法权益，维护债券登记、托管和结算秩序，促进债券市场健康发展，依据《中华人民共和国中国人民银行法》等有关法律法规，制定本办法。

第二条 固定收益类有价证券（以下简称债券）在银行间债券市场的登记、托管和结算适用本办法。

商业银行柜台记账式国债的登记、托管和结算适用《商业银行柜台记账式国债交易管理办法》。

第三条 债券登记、托管和结算业务遵循安全、高效的原则，采取全国统一的运营管理模式。

第四条 中国人民银行依法对银行间债券市场债券登记托管结算机构和债券登记、托管和结算业务进行监督管理。

第二章 债券登记托管结算机构

第五条 本办法所称债券登记托管结算机构是指在银行间债券市场专门办理债券登记、托管和结算业务的法人。

中央国债登记结算有限责任公司是中国人民银行指定的债券登记托管结算机构。

第六条 债券登记托管结算机构承担债券中央登记、一级托管及结算职能；经中国人民银行批准的柜台交易承办银行承担商业银行柜台记账式国债的二级托管职能。

第七条 债券登记托管结算机构在债券登记、托管和结算业务中履行下列职能：

（一）设立和管理债券账户；

（二）债券登记；

（三）债券托管；

（四）债券结算；

（五）代理拨付债券兑付本息和相关收益资金；

（六）跨市场交易流通债券的总托管；

（七）提供债券等质押物的管理服务；

（八）代理债券持有人向债券发行人依法行使债券权利；

（九）依法提供与债券登记、托管和结算相关的信息、查询、咨询、培训服务；

（十）监督柜台交易承办银行的二级托管业务；

（十一）中国人民银行规定的其他职能。

第八条 债券登记托管结算机构应当采取下列措施保证业务的正常开展：

（一）具有专用的债券登记、托管、结算系统和设备，强化技术手段以保障数据安全；

（二）建立系统故障应急处理机制和灾难备份机制；

（三）完善公司治理，建立健全内部控制机制和风险管理制度，定期对登记、托管和结算情况进行内部稽核和检查；

（四）制定债券登记、托管和结算相关业务规则与操作规程，加强对关键岗位的管理。

第九条 下列事项，债券登记托管结算机构应当报中国人民银行批准：

（一）章程的制定和修改，并购、合并、重组、分立等重大事项；

（二）内部控制制度、风险管理制度、业务规则以及应急预案的制定和修改；

（三）开展新业务，变更登记、托管和结算业务模式；

（四）与境内外其他市场中介机构有关债券登记、托管和结算的业务合作；

（五）中国人民银行要求的其他事项。

第十条 下列事项，债券登记托管结算机构应当报中国人民银行备案：

（一）制定和修改中长期业务发展规划；

（二）高级管理人员变动；

（三）中国人民银行要求的其他事项。

第十一条 债券登记托管结算机构应当妥善保存债券登记、托管和结算的原始凭证及债券账务数据等有关文件和资料，其保存时间至少为债券到期后20年。

第十二条 债券登记托管结算机构根据业务发展需要，可以编制并定期发布债券登记、托管和结算业务相关信息。债券登记托管结算机构向其他组织和个人提供上述信息须符合中国人民银行有关规定。

第十三条 债券登记托管结算机构对债券持有人有关债券登记、托管和结算的数据和资料负有保密义务，但有下列情形的，应当依法予以办理：

（一）债券持有人查询本人的债券账务资料；

（二）受托人持债券持有人的书面委托查询有关债券账务资料；

（三）人民法院、人民检察院、公安机关等依照法定的程序和条件进行查询和取证；

（四）法律法规规定的其他情形。

债券登记托管结算机构应当方便债券持有人及时获得其债券账户记录。

第十四条 债券登记托管结算机构应当公开与债券登记、托管和结算业务相关的收费项目和标准。

债券登记托管结算机构制定或者调整收费项目和标准时，应当充分征求中国银行间市场交易商协会（以下简称交易商协会）、债券发行人和债券持有人的意见，并将征求意见的情况向中国人民银行报告。

第十五条 债券登记托管结算机构应当与债券发行人和债券持有人分别签订相关服务协议，明确双方的权利义务。

债券登记托管结算机构应当在充分征求交易商协会、债券发行人和债券持有人意见的基础上制定相关服务协议的文本，并将征求意见的情况向中国人民银行报告。

第十六条 债券登记托管结算机构应当对债券登记、托管和结算活动进行日常监测，发现异常情况、重大业务风险和技术风险以及重大违法违规行为的，应当及时向中国人民银行报告并进行相应处理，同时抄送交易商协会。

债券登记托管结算机构应当与全国银行间同业拆借中心相互配合，建立债券市场一线监控制度。

第十七条 债券登记托管结算机构应当于每月前5个工作日内向中国人民银行报送上月债券发行、登记、托管、结算等有关数据和统计信息，并于每年度结束后20个工作日内向中国人民银行报送债券登记、托管和结算业务的年度工作报告。

交易商协会、债券登记托管结算机构和全国银行间同业拆借中心应当按照中国人民银行有关规定建立信息和数据交流机制。

第十八条 债券登记托管结算机构应当按有关规定及时公布债券登记、托管和结算业务有关统计信息，但不得泄露非公开信息。

第三章 债券账户

第十九条 债券账户是指在债券登记托管结算机构开立的用以记载债券持有人所持有债券的品种、数量及其变动等情况的电子簿记账户。

第二十条 债券持有人通过债券账户持有债券。债券持有人持有债券以其债券账户内记载的债券托管余额为准。债券持有人对债券账户记载内容有异议的，债券登记托管结算机构应当及时查并予以答复；因债券登记托管结算机构工作失误造成数据差错并给债券持有人带来损失的，债券登记托管结算机构应当承担相应法律责任。

第二十一条 债券登记托管结算机构应当根据分类设置、集中管理的原则制定债券账户管理制度。

第二十二条 债券持有人开立债券账户应当按照中国人民银行的规定向债券登记托管结算机构提出申请，且应当保证所提交的开户资料真实、准确、完整。

债券账户采用实名制，不得出租、出借或转让。

第二十三条 债券账户分为自营账户和代理总账户。

第二十四条 一个投资者只能开立一个自营账户，中国人民银行另有规定的除外。

具有法人资格的投资者应当以法人名义开立自营账户；经法人授权的商业银行分支机构可以分支机构的名义开立自营账户；证券投资基金等非法人机构投资者可按中国人民银行规定单独开立自营账户。

第二十五条 柜台交易承办银行和其他交易场所证券登记托管结算机构等可以在债券登记托管结算机构开立代理总账户，用于记载其二级托管的全部债券余额。

柜台交易承办银行和其他交易场所证券登记托管结算机构等为二级托管账户持有人确认的托管债券总额应当与其代理总账户记载的债券余额相等，且代理总账户内的债券应当与其自营的债券严格分开。

第二十六条 债券持有人可申请注销其账户。申请注销时，债券登记托管结算机构应当在确定该账户已无债券托管，且无未到期的回购等未了结的债权债务、质押以及冻结等情形时方可予以办理。

第四章 债券登记

第二十七条 债券登记是指债券登记托管结算机构以簿记方式依法确认债券持有人持有债券事实的行为。

第二十八条 债券发行结束后，债券发行人应当向债券登记托管结算机构提供相关机构和组织出具的债券发行审批、核准、注册等文件复印件、有关发行文件及相关资料。债券登记托管结算机构应当根据债券发行募集资金收讫确认及时办理债券登记。涉及二级托管账户的，柜台交易承办银行和其他交易场所证券登记托管结算机构等为二级托管账户持有人办理债券登记。

第二十九条 债券存续期内，因债券发行人预先约定或债券持有人合法要求而派生的债券，债券登记托管结算机构应当根据发行文件和债券持有人的委托，办理派生债券的登记。

第三十条 债券因交易结算、非交易过户、选择权行使等原因引起债券账户余额变化的，债券登记托管结算机构应当办理变更登记。涉及二级托管账户的，柜台交易承办银行和其他交易场所证券登记托管结算机构等应当为二级托管账户持有人办理变更登记。

因分立、合并或解散等原因导致债券发行人变更的，债务承继人应当及时向债券登记托管结算机构提交相关证明材料,债券登记托管结算机构应当依法及时办理变更登记。

第三十一条 债券登记托管结算机构可依法为债券持有人提供债券质押登记服务,对相应债券进行冻结;或依照法律法规对债券进行冻结。债券被冻结时,债券登记托管结算机构应当在相应债券账户内加以明确标记,以表明债券权利受到限制。

第三十二条 因到期兑付、提前兑付、选择权行使等原因导致债权债务终止的,债券登记托管结算机构应当办理债券注销登记;涉及二级托管账户的,柜台交易承办银行和其他交易场所证券登记托管结算机构等应当及时办理托管债券余额注销。

仍处于冻结状态的债到期兑付时,债券登记托管结算机构应当提存其本息,待相关当事人出具有效法律文件后,按有关规定办理。

第五章 债券托管

第三十三条 债券托管是指债券登记托管结算机构对债券持有人持有的债券进行集中保管,并对其持有券的相关权益进行管理和维护的行为。

第三十四条 债券持有人应当委托债券登记托管结算机构托管其持有的债券。

债券托管关系自债券登记托管结算机构为债券持有人开立债券账户后成立,至债券账户注销终止。

第三十五条 债券登记托管结算机构应当对债券持有人托管的债券采取安全有效的管理措施,保证其托管账务的真实、准确、完整和安全。债券登记托管结算机构对所托管的债券不享有任何性质的所有权,不得挪用所托管的债券。

债券登记托管结算机构出现破产、解散、分立、合并及撤销等情况时,债券持有人在该机构所托管的债券和其他资产不参与资产清算。

第三十六条 跨市场交易的债券持有人可将其持有的跨市场交易流通债券进行转托管。债券登记托管结算机构应当及时为其提供转托管服务。

第三十七条 债券发行人委托债券登记托管结算机构办理债券兑付本息或相关收益资金分配时,债券发行人应当及时、足额向债券登记托管结算机构支付相关款项,债券登记托管结算机构收到相关款项后应当及时办理;债券发行人未履行上述支付义务的,债券登记托管结算机构有权推迟办理,债券发行人应当及时向市场说明有关情况。

第六章 债券结算

第三十八条 债券结算是指在确认结算指令的基础上进行的债券过户。

第三十九条 投资者或其代理人应当根据债券交易合同的约定及时发送债券结算指令,其相应的债券账户应当有足够余额用于结算。

第四十条 债券登记托管结算机构应当明确结算指令的形式和传递方式,并对其采取有效的识别措施。

债券登记托管结算机构应当根据有效结算指令及时为投资者或其代理人办理债券结算,债券结算一旦完成不可撤销。

第四十一条 银行间债券市场债券结算机制包括全额和净额两种。净额业务有关规定由中国人民银行另行规定。

第四十二条 债券结算和资金结算可采用券款对付、见券付款、见款付券和纯券过户等结算方式。

券款对付是指结算双方同步办理债券过户和资金支付并互为条件的结算方式。

见券付款是指收券方以付券方应付债券足额为资金支付条件的结算方式。

见款付券是指付券方以收到收券方支付的足额资金为债券过户条件的结算方式。

纯券过户是指结算双方的债券过户与资金支付相互独立的结算方式。

债券结算和资金结算的风险由结算双方自行承担。

第四十三条 已进入债券结算过程处于待付状态的资金和债券,以及该笔结算涉及的担保物只能用于该笔结算,不能被强制执行。

第四十四条 债券登记托管结算机构可为投资者的债券借贷提供便利,以保证债券结算的顺利进行,有关办法由中国人民银行另行规定。

第四十五条 交易流通受到限制的债券办理转让过户,应当符合相关法律、法规和有关主管部门的规定。

第四十六条 办理扣划、继承、抵债、赠与等非交易过户的,债券登记托管结算机构应当要求当事人提交合法有效的法律文件。

第七章 法律责任

第四十七条 债券登记托管结算机构及相关工作人员有下列情形之一的,由中国人民银行按照《中华人民共和国中国人民银行法》第四十六条的规定进行处罚:

(一)工作失职,给债券发行人和债券持有人造成严重损失；

（二）挪用债券持有人托管债券和资金；

（三）篡改债券账户有关账务数据；

（四）泄露债券持有人账户信息；

（五）其他违反本办法的行为。

违反本办法，构成犯罪的，依法追究刑事责任。

第四十八条　债券发行人和债券持有人违反本办法，由中国人民银行按照《中华人民共和国中国人民银行法》第四十六条的规定进行处罚，构成犯罪的，依法追究刑事责任。

第八章　附　则

第四十九条　本办法由中国人民银行负责解释。

第五十条　本办法自 2009 年 5 月 4 日起施行。

内地与香港债券市场互联互通合作管理暂行办法

·2017 年 6 月 21 日中国人民银行令〔2017〕第 1 号公布
·自发布之日起施行

第一条　为规范开展内地与香港债券市场互联互通合作相关业务，保护境内外投资者合法权益，维护债券市场秩序，根据《中华人民共和国中国人民银行法》和其他有关法律、行政法规，制定本办法。

第二条　本办法所称内地与香港债券市场互联互通合作是指境内外投资者通过香港与内地债券市场基础设施机构连接，买卖香港与内地债券市场交易流通债券的机制安排，即"债券通"，包括"北向通"及"南向通"。

本办法适用于"北向通"。"北向通"是指香港及其他国家与地区的境外投资者（以下简称境外投资者）经由香港与内地基础设施机构之间在交易、托管、结算等方面互联互通的机制安排，投资于内地银行间债券市场。

"南向通"有关办法另行制定。

第三条　"北向通"遵循香港与内地市场现行法律法规，相关交易结算活动遵守交易结算发生地的监管规定及业务规则。本办法另有规定的除外。

第四条　符合中国人民银行要求的境外投资者可通过"北向通"投资内地银行间债券市场，标的债券为可在内地银行间债券市场交易流通的所有券种。

中国人民银行认可的电子交易平台和其他机构可代境外投资者向中国人民银行上海总部备案。

第五条　香港金融管理局认可的香港地区债券登记托管机构（以下简称境外托管机构），应在中国人民银行认可的境内债券登记托管机构（以下简称境内托管机构）开立名义持有人账户，用于记载名义持有的全部债券余额。

境内托管机构为境外托管机构办理债券登记托管，境外托管机构为在其开立名义持有人债券账户和自营债券账户的债券持有人办理债券登记托管。

境外托管机构为在其开立债券账户的债券持有人登记的债券总额应当与境内托管机构为其名义持有人账户登记的债券余额相等。

境外投资者通过"北向通"买入的债券应当登记在境外托管机构名下，并依法享有证券权益。

本条所称名义持有人，是指受他人指定并代表他人持有债券的机构。

第六条　境外投资者可通过"北向通"参与内地银行间债券市场发行认购。境内外托管机构应做好衔接，确保在确认债权债务关系后，及时为债券持有人办理登记托管。

第七条　境外投资者通过中国人民银行认可的境外电子交易平台发送交易指令，并在中国人民银行认可的境内电子交易平台与其他投资者达成交易。境内电子交易平台应将交易结果发送至境内托管机构进行结算。

第八条　境内托管机构为在其开立债券账户的内地银行间债券市场投资者和境外托管机构提供券款对付结算服务。债券过户通过境内托管机构的债券账务系统办理，资金支付通过人民币跨境支付系统办理。

境外托管机构为在其开立债券账户的债券持有人提供债券结算服务。

第九条　境内外电子交易平台、境内外托管机构应及时、准确、完整地记录境外投资者的交易、托管、结算等数据。

托管机构应当逐级签订协议，约定债券本息兑付有关事宜，明确各方责任，确保债券本息资金按时足额支付到每一位投资者，下一级托管机构应逐级向上一级托管机构按时上报境外投资者信息和其托管结算数据，下一级托管机构对上报数据的真实性、准确性、完整性负责。

境内托管机构或中国人民银行指定的其他机构应及时、准确、完整地向人民币跨境收付信息管理系统（RCP-MIS）报送跨境人民币收支信息。

第十条　境外投资者可使用自有人民币或外汇投资。使用外汇投资的，可通过债券持有人在香港人民币业务清算行及香港地区经批准可进入境内银行间外汇市场进行交易的境外人民币业务参加行（以下统称香港结算行)办理外汇资金兑换。香港结算行由此所产生的头寸可到境内银行间外汇市场平盘。

使用外汇投资的,其投资的债券到期或卖出后不再投资的,原则上应兑换回外汇汇出,并通过香港结算行办理。

第十一条 使用外汇投资的,债券持有人应在家香港结算行开立人民币资金账户,专门用于办理"北向通"下的资金汇兑和结算业务。

第十二条 境外投资者可通过债券持有人在香港结算行办理"北向通"下的外汇风险对冲业务。香港结算行由此所产生的头寸可到境内银行间外汇市场平盘。

第十三条 "北向通"下的资金兑换纳入人民币购售业务管理。香港结算行应遵守反洗钱和反恐怖融资、人民币购售业务等相关规定,履行反洗钱和反恐怖融资、真实性审核、信息统计和报送等义务,并对债券持有人的自有人民币和购售人民币以适当方式进行分账。

香港结算行在境内银行间外汇市场平盘头寸时,应确保与其相关的境外投资者在本机构的资金兑换和外汇风险对冲,是基于"北向通"下的真实合理需求。

第十四条 中国人民银行依法对"北向通"进行监督管理,并与香港金融管理局及其他有关国家或地区的相关监督管理机构建立监管合作安排,共同维护投资者跨境投资的合法权益,加强反洗钱监管。

中国人民银行会同国家外汇管理部门依法对"北向通"下人民币购售业务、资金汇出入、外汇风险对冲、信息统计和报送等实施监督管理,并与香港金融管理局及其他有关国家或地区的相关监督管理机构加强跨境监管合作,防范利用"北向通"进行违法违规套利套汇等活动。

中国人民银行及相关监管部门有权及时调取"北向通"境外投资者数据。

第十五条 对违反法律法规、本办法以及内地银行间债券市场、银行间外汇市场等有关规定的,中国人民银行会同国家外汇管理部门依法采取监督管理措施;依法应予行政处罚的,依照《中华人民共和国中国人民银行法》《中华人民共和国行政处罚法》《中华人民共和国外汇管理条例》等法律法规进行处罚;涉嫌犯罪的,移送司法机关依法追究刑事责任。

第十六条 中国人民银行认可的电子交易平台和托管机构应依据本办法制定"北向通"相关业务规则,报中国人民银行批准后实施。

第十七条 本办法由中国人民银行负责解释。

第十八条 本办法自发布之日起施行。

关于国有金融企业发行可转换公司债券有关事宜的通知

- 2013年11月16日
- 财金〔2013〕116号

各中央管理金融企业,各省、自治区、直辖市、计划单列市财政厅(局),新疆生产建设兵团财务局:

为规范国有金融企业发行可转换公司债券行为,促进证券市场健康发展,根据《中华人民共和国公司法》和《中华人民共和国证券法》等法律规定,现就有关事项通知如下:

一、国有金融企业发行可转换公司债券,发行主体应当为境内外上市公司,同时符合以下原则:

(一)审慎性原则。国有金融企业发行可转换公司债券,要综合考虑经济形势、产业发展前景、外部融资环境、长期发展战略等因素,分析论证各种融资方式后统筹进行决策。

(二)控制力原则。国有金融企业发行可转换公司债券,要切实维护国有出资人权益,保持国有控制力。可转换公司债券行权后,原则上国有控股地位应当保持不变。

(三)合理布局原则。国有金融企业发行可转换公司债券,要坚持以金融为主业的发展方向,募集资金投向应当符合宏观经济政策和国家产业政策,满足公司业务布局调整和优化的需要。

(四)保护投资者权益原则。国有金融企业发行可转换公司债券,应当严格遵守有关法律法规,有利于提高上市公司的核心竞争力和可持续发展能力,保障投资者的合法权益。

二、国有金融企业发行可转换公司债券,应当满足上市公司证券发行管理相关规定的要求。发行认股权和债券分离交易的可转换公司债券的,还应当同时满足以下要求:

(一)公司最近一期末经审计的净资产不低于人民币50亿元。

(二)最近3个会计年度实现的可分配利润均不低于公司发行债券1年的利息。

(三)本次发行后,累计公司债券余额不得超过最近一期末净资产额的20%,预计所附认股权全部行权后募集资金总额,不得超过本次拟发行可转换公司债券的金额。

三、国有金融企业发行可转换公司债券,应当根据国家有关产业政策规定、资本市场状况以及公司发展需要,进行充分的可行性研究,严格履行内部决策程序。

四、国有金融企业发行可转换公司债券,应当按照市场化原则,综合考虑银行贷款利率、同类债券利率以及上市公司未来发展前景等因素,合理确定债券利率和转股价格。

五、可转换公司债券转股价格应不低于债券募集说明书公告日前1个交易日、前20个交易日、前30个交易日该公司股票均价中的最高者。

六、可转换公司债券发行后,因配股、增发、送股、派息、分立及其他原因引起公司股份变动的,国有金融企业应当同时调整转股价格。

七、国有金融企业发行可转换公司债券,应当设定有条件赎回条款。在转股期内,公司股票在任何连续30个交易日中超过15个交易日(含)的收盘价格高于(含)当期转股价格的130%(含)时,国有金融企业控股股东有权通过公司治理程序,要求以约定价格赎回全部或部分未转股债券。

八、完成公司制改革的中央直接管理国有金融企业及其子公司发行可转换公司债券,按照公司治理程序进行决策,并报财政部备案;未完成公司制改革的中央直接管理国有金融企业,其子公司发行可转换公司债券,报财政部审核。

九、地方管理的国有金融企业及其子公司发行可转换公司债券,参照中央直接管理国有金融企业的做法,报省级财政部门备案或者审核。

十、国有金融企业发行可转换公司债券,须履行审核手续的,相关申请材料应在上市公司股东大会的20个工作日前报送财政部门;履行备案手续的,应在可转换公司债券发行前、上市公司股东大会召开后20个工作日内,将备案材料报送至财政部门。

十一、国有金融企业发行可转换公司债券,应当向财政部门报送以下材料:

(一)发行可转换公司债券的请示或报告,以及公司董事会关于发行可转换公司债券的决议。履行备案手续的,还需提供股东大会关于发行可转换公司债券的决议。

(二)可转换公司债券发行方案,以及国有金融企业关于上市公司发行可转换公司债券对控股股东地位、上市公司股价和资本市场影响的分析及应对预案。

(三)国有金融企业和上市公司控股股东基本情况、营业执照、公司章程、国有资产产权登记文件、认购股份情况及上一年度经会计师事务所审计的财务会计报告。

(四)公司基本情况、最近一期年度财务会计报告和中期财务会计报告,以及上市公司前次募集资金使用情况的报告及本次募集资金使用方向是否符合国家相关政策规定。

(五)上市公司发行可转换公司债券投资项目可行性报告,以及上市公司发行可转换公司债券的风险评估论证情况、还本付息的具体方案以及发生债务风险的应对预案。

(六)律师事务所出具的法律意见书,以及财政部门要求提供的其他材料。

十二、国有金融企业发行可转换公司债券,须履行审核手续的,财政部门应在20个工作日内作出答复。在召开股东大会时,国有控股股东应当按照财政部门出具的意见对方案进行表决。股东大会召开前尚未取得财政部门意见的,国有控股股东应当按照规定,提议延期召开股东大会。

十三、国有金融企业不得发行可交换公司债券。本通知所称可交换公司债券是指公司发行的在一定期限内依据约定的条件可以交换成该公司所持特定公司股份的债券。

十四、可转换公司债券行权后,国有金融企业应当按照国家有关规定及时办理国有产权变更登记手续。年度终了后3个月内,省级财政部门和中央直接管理金融企业应将上一年度国有金融企业发行可转换公司债券情况统计汇总后报财政部。

十五、本通知适用的国有金融企业,是指依法设立的国有独资及国有控股金融企业(含实业类子公司),包括政策性银行、国有商业银行、股份制商业银行、城市商业银行、农村商业银行、农村合作银行、农村信用合作社、城市信用合作社、新型农村金融机构、信托公司、金融资产管理公司、金融租赁公司、财务公司、保险类公司、证券类公司、期货公司、基金管理公司,以及金融控股公司、融资性担保公司等。其他金融类企业参照执行。

十六、本通知自公布之日起30日后施行。

商业银行次级债券发行管理办法

·2004年6月17日中国人民银行、中国银行业监督管理委员会公告〔2004〕第4号发布
·自发布之日起施行

第一章 总 则

第一条 为规范商业银行发行次级债券行为,维护投资者合法权益,促进商业银行资产负债结构的改善和

自我发展能力的提高,根据《中华人民共和国中国人民银行法》、《中华人民共和国银行业监督管理法》和《中华人民共和国商业银行法》等法律,制定本办法。

第二条 本办法所称商业银行次级债券(以下简称"次级债券")是指商业银行发行的、本金和利息的清偿顺序列于商业银行其他负债之后、先于商业银行股权资本的债券。

经中国银行业监督管理委员会批准,次级债券可以计入附属资本。

第三条 次级债券可在全国银行间债券市场公开发行或私募发行。

商业银行也可以私募方式募集次级定期债务,商业银行募集次级定期债务应遵循中国银行业监督管理委员会发布的相关规定。

第四条 次级债券发行人(以下简称发行人)为依法在中国境内设立的商业银行法人。

第五条 次级债券的发行遵循公开、公平、公正、诚信的原则,并充分披露有关信息和提示次级债券投资风险。

第六条 次级债券的投资风险由投资者自行承担。

第七条 中国人民银行和中国银行业监督管理委员会依法对次级债券发行进行监督管理。中国银行业监督管理委员会负责对商业银行发行次级债券资格进行审查,并对次级债券计入附属资本的方式进行监督管理;中国人民银行对次级债券在银行间债券市场的发行和交易进行监督管理。

第二章 次级债券发行申请及批准

第八条 商业银行发行次级债券应由国家授权投资机构出具核准证明;或提交发行次级债券的股东大会决议。股东大会决议应包括以下内容:

(一)发行规模、期限;
(二)募集资金用途;
(三)批准或决议的有效期。

第九条 商业银行公开发行次级债券应具备以下条件:

(一)实行贷款五级分类,贷款五级分类偏差小;
(二)核心资本充足率不低于5%;
(三)贷款损失准备计提充足;
(四)具有良好的公司治理结构与机制;
(五)最近三年没有重大违法、违规行为。

第十条 商业银行以私募方式发行次级债券或募集次级定期债务应符合以下条件:

(一)实行贷款五级分类,贷款五级分类偏差小;
(二)核心资本充足率不低于4%;
(三)贷款损失准备计提充足;
(四)具有良好的公司治理结构与机制;
(五)最近三年没有重大违法、违规行为。

第十一条 商业银行发行次级债券应分别向中国银行业监督管理委员会、中国人民银行提交申请并报送有关文件(申请材料格式见附1),主要包括:

(一)次级债券发行申请报告;
(二)国家授权投资机构出具的发行核准证明或股东大会通过的专项决议;
(三)次级债券发行可行性研究报告;
(四)发行人近三年经审计的财务报表及附注;
(五)发行章程、公告(格式要求见附2.3);
(六)募集说明书(格式要求见附4);
(七)承销协议、承销团协议;
(八)次级债券信用评级报告及跟踪评级安排的说明;
(九)发行人律师出具的法律意见书。

第十二条 中国银行业监督管理委员会应当自受理商业银行发行次级债券申请之日起3个月内,对商业银行发行次级债券进行资格审查,并做出批准或不批准的书面决定,同时抄送中国人民银行。中国人民银行应当自收到中国银行业监督管理委员会做出的批准文件之日起5个工作日内决定是否受理申请,中国人民银行决定受理的,应当自受理申请之日起20日内做出批准或不批准的决定。

未经中国人民银行批准,商业银行不得在全国银行间债券市场发行次级债券。

第十三条 商业银行持有的其他银行发行的次级债券余额不得超过其核心资本的20%。

第十四条 次级债券计入商业银行附属资本的条件按照中国银行业监督管理委员会发布的相关监管规定执行。

第三章 次级债券的发行

第十五条 商业银行发行次级债券应聘请证券信用评级机构进行信用评级。证券信用评级机构对评级的客观、公正和及时性承担责任。

第十六条 商业银行次级债券的发行可采取一次足额发行或限额内分期发行的方式。发行人根据需要,分期发行同一类次级债券,应在募集说明书中详细说明每期发行时间及发行额度。若有变化,发行人应在每期次级债券发行15日前将修改的有关文件报中国人民银行备案,并按中国人民银行的要求披露有关信息。

第十七条 发行次级债券时,发行人应组成承销团,承销团在发行期内向其他投资者分销次级债券。

第十八条 次级债券的承销可采用包销、代销和招标承销等方式;承销人应为金融机构,并须具备下列条件:

(一)注册资本不低于2亿元人民币;

(二)具有较强的债券分销能力;

(三)具有合格的从事债券市场业务的专业人员和债券分销渠道;

(四)最近两年内没有重大违法、违规行为;

(五)中国人民银行要求的其他条件。

第十九条 以招标承销方式发行次级债券,发行人应向承销人发布下列信息:

(一)招标前,至少提前3个工作日向承销人公布招标具体时间、招标方式、招标标的、中标确定方式和应急招投标方案等内容;

(二)招标开始时,向承销人发出招标书;

(三)招标结束后,发行人应立即向承销人公布中标结果,并于次日通过中国人民银行指定的媒体向社会公布招标结果。

第二十条 招投标通过中国人民银行债券发行系统进行,发行人不得透露投标情况,不得干预投标过程。中国人民银行监督招标过程。

第二十一条 发行人应在中国人民银行批准次级债券发行之日起60个工作日内开始发行次级债券,并在规定期限内完成发行。

发行人未能在规定期限内完成发行时,原批准文件自动失效,发行人如仍需发行次级债券,应另行申请。

第二十二条 次级债券发行结束后5个工作日内,发行人应向中国人民银行、中国银行业监督管理委员会报告次级债券发行情况。

第二十三条 次级债券私募发行时,发行人可以免于信用评级;私募发行的次级债券只能在认购人之间进行转让。次级定期债务,经批准可比照私募发行的次级债券转让方式进行转让。

第二十四条 次级债券的交易按照全国银行间债券市场债券交易的有关规定执行。

第四章 登记、托管与兑付

第二十五条 中央国债登记结算有限责任公司(以下简称"中央结算公司")为次级债券的登记、托管机构。

第二十六条 发行期结束后,发行人应及时向中央结算公司确认债权。在债权确认完成后,中央结算公司应及时完成债权登记工作。

第二十七条 发行人应向中央结算公司缴付登记托管费。

第二十八条 发行人应于次级债券还本或付息日前10个工作日,通过中国人民银行指定的新闻媒体向投资者公布次级债券兑付公告。

第二十九条 次级债券还本或付息日前,发行人应将兑付资金划入中央结算公司指定的账户。

第三十条 发行人应向中央结算公司支付兑付手续费。

第五章 信息披露

第三十一条 商业银行公开发行次级债券时,发行人应在中国人民银行批准发行次级债券后,在发行次级债券前5个工作日将发行公告报中国人民银行备案,并刊登于中国人民银行指定的媒体,同时印制、散发募集说明书。

经中国人民银行批准分期发行次级债券的,发行人应在每期次级债券发行前5个工作日在中国人民银行指定的媒体公布发行公告,并披露本次发行与上次发行之间发生的重大事件。

发行人应公告中国人民银行要求披露的其他信息。

第三十二条 发行人应保证发行公告没有虚假、误导性陈述或者重大遗漏,并保证对其承担责任。发行人应当在发行公告的显著位置提示投资者:"投资者购买本期债券,应当认真阅读本发行公告及有关的信息披露文件,进行独立的投资判断。主管部门对本期债券发行的批准,并不表明对本期债券的投资价值做出了任何评价,也不表明对本期债券的投资风险做出了任何判断"。

第三十三条 发行人应在发行公告与募集说明书中说明次级债券的清偿顺序,并向投资者说明次级债券的投资风险。

第三十四条 次级债券到期前,发行人应于每年4月30日前向中国人民银行提交经注册会计师审计的发行人上一年度的年度报告。公开发行次级债券的,发行人应通过有关的媒体披露年度报告。

第三十五条 对发行人进行财务审计、法律咨询评估及债券信用评级的会计师事务所、律师事务所和证券信用评级机构应客观、公正地出具有关报告文件并承担相应责任。

第三十六条 对影响发行人履行债务的重大事件,发行人应在第一时间将该事件有关情况报告中国人民银行、中国银行业监督管理委员会,并按照中国人民银行指定的方式向投资者披露。

第三十七条 中央结算公司应为银行间债券市场主管部门和投资者了解次级债券信息提供服务,并及时向银行间债券市场主管部门报告各种违反信息披露规定的行为。

第三十八条 商业银行次级债券私募发行时,其信息披露的内容与形式,应在发行章程与募集说明书中约定;信息披露的对象限于其次级债券的认购人。

第六章 附 则

第三十九条 对于违反本办法的行为,中国人民银行和中国银行业监督管理委员会按照《中华人民共和国中国人民银行法》、《中华人民共和国银行业监督管理法》《中华人民共和国商业银行法》的有关规定给予处罚。

第四十条 政策性银行发行次级债券适用本办法。

第四十一条 本办法由中国人民银行、中国银行业监督管理委员会负责解释。

第四十二条 本办法自发布之日起施行。

储蓄国债(凭证式)管理办法

- 2021年1月20日
- 银发〔2021〕20号

第一章 总 则

第一条 为规范储蓄国债(凭证式)管理,保障储蓄国债投资者和储蓄国债承销团成员(以下简称承销团成员)合法权益,根据《中华人民共和国预算法》《中华人民共和国中国人民银行法》等有关法律,制定本办法。

第二条 本办法所称储蓄国债(凭证式)是指财政部在中华人民共和国境内发行,通过承销团成员面向个人投资者销售的,采用填制"中华人民共和国储蓄国债(凭证式)收款凭证"方式记录债权关系的不可流通人民币国债。

"中华人民共和国储蓄国债(凭证式)收款凭证"是储蓄国债(凭证式)的债权确认依据,是确认投资者债权的唯一合法凭证,也是承销团成员为投资者提供的交易凭证,其印制、使用和管理应当符合中国人民银行和财政部的相关规定。

第三条 中国人民银行及其分支机构、财政部及地方财政部门对承销团成员的储蓄国债(凭证式)相关业务进行监督管理。

第二章 基本规定

第四条 储蓄国债(凭证式)采用代销方式发行,每期储蓄国债(凭证式)的发行数量不超过当期国债最大发行额。

第五条 储蓄国债(凭证式)发行对象为个人。承销团成员不得向政府机关、企事业单位和社会团体等任何机构销售储蓄国债(凭证式)。

第六条 储蓄国债(凭证式)以人民币100元面值为起点,以100元的整数倍发行。

第七条 中国人民银行和财政部可以设置储蓄国债(凭证式)个人单笔(或者单期)购买限额,具体限额由储蓄国债(凭证式)发行文件规定。

第八条 储蓄国债(凭证式)是附息式国债,自购买之日开始计息,不计复利,到期一次还本付息,逾期不加计利息。

第九条 储蓄国债(凭证式)为记名国债,记名方式采用实名制,记名办法参照《个人存款账户实名制规定》办理,投资者办理储蓄国债(凭证式)相关业务时,需出示本人有效身份证件。

第十条 储蓄国债(凭证式)不得更名,不可流通转让,可以挂失、提前兑取、质押贷款、约定转存等。

第十一条 储蓄国债(凭证式)通过承销团成员营业网点柜台销售,其他销售渠道须符合中国人民银行和财政部的相关规定。

第十二条 储蓄国债(凭证式)销售后,债权债务关系由承销团成员负责记录。

第十三条 储蓄国债(凭证式)须按照"中华人民共和国储蓄国债(凭证式)收款凭证"的票面金额办理全额提前兑取或者到期还本付息,不得部分提前兑取或者部分到期还本付息。

第三章 业务管理

第十四条 投资者购买储蓄国债(凭证式),可以在发行期内持本人有效身份证件到承销团成员营业网点柜台或者符合中国人民银行和财政部相关规定的其他销售渠道办理认购,投资者可以采取转账或者支付现金等方式认购。

投资者成功认购储蓄国债(凭证式)后,承销团成员应当为投资者填制"中华人民共和国储蓄国债(凭证式)收款凭证",并加盖业务印章(或者打印电子印章),不得使用其他凭证。

投资者可以委托他人代办储蓄国债(凭证式)认购。

代办认购时,代办人除须提供投资者本人有效身份证件外,还须提供代办人有效身份证件。

16岁以下投资者应当由监护人代理认购,监护人应当出具监护人和投资者的有效身份证件。

第十五条 储蓄国债(凭证式)到期前(发行期的最后一日除外),投资者可以凭"中华人民共和国储蓄国债(凭证式)收款凭证"及本人有效身份证件,到原购买国债的承销团成员营业网点提前兑取其持有的储蓄国债(凭证式),如果原购买国债的承销团成员营业网点发生撤并或者该承销团成员已开办国债通兑业务,投资者可以到该承销团成员指定的营业网点或者通兑范围内的任一营业网点办理。投资者办理提前兑取业务时,只能按照规定的当期国债提前兑取条件计息,并且投资者按照规定的当期国债提前兑取本金的一定比例向承销团成员支付手续费。承销团成员审核"中华人民共和国储蓄国债(凭证式)收款凭证",并确认相关手续无误后,须立即向投资者支付本金利息,不得无故拒绝办理。

储蓄国债(凭证式)到期后,投资者可以凭"中华人民共和国储蓄国债(凭证式)收款凭证"及本人有效身份证件,到原购买国债的承销团成员营业网点办理到期还本付息业务,如果原购买国债的承销团成员营业网点发生撤并或者该承销团成员已开办国债通兑业务,投资者可以到该承销团成员指定的营业网点或者通兑范围内的任一营业网点办理。承销团成员审核"中华人民共和国储蓄国债(凭证式)收款凭证",并确认相关手续无误后,须立即向投资者支付本金利息,不得收取手续费,不得无故拒绝办理。

投资者可以委托他人代办其持有的储蓄国债(凭证式)提前兑取和到期还本付息,代办人除提供"中华人民共和国储蓄国债(凭证式)收款凭证"、投资者本人有效身份证件外,还须提供代办人有效身份证件。

第十六条 投资者持有的"中华人民共和国储蓄国债(凭证式)收款凭证"如有遗失,应当在发现遗失后,及时办理挂失。各承销团成员应当及时为投资者办理挂失,并为投资者补制"中华人民共和国储蓄国债(凭证式)收款凭证"。

第十七条 因人民法院判决将储蓄国债(凭证式)资金扣划给其他个人或者单位的,承销团成员应当按"中华人民共和国储蓄国债(凭证式)收款凭证"的票面金额一次性全部办理提前兑取或者到期还本付息后,依据有关规定和人民法院判决结果划转资金,划转后如有剩余,剩余部分按规定返还原投资者。

第十八条 承销团成员可以按照《凭证式国债到期资金约定转存业务工作指引》(银发〔2016〕206号文印发)的有关要求,为投资者办理约定转存业务。

第四章 发行兑付管理

第十九条 承销团成员按规定履行以下储蓄国债(凭证式)业务相关职责:

(一)为投资者办理储蓄国债(凭证式)认购、到期还本付息、提前兑取、开立财产证明、质押贷款等业务,并根据本单位情况开展约定转存业务。

(二)制定储蓄国债内部管理规章制度,明确部门分工和岗位职责,建立风险防范机制。

(三)开展储蓄国债(凭证式)政策宣传,对储蓄国债(凭证式)的认购、到期还本付息、提前兑取、开立财产证明、质押贷款、约定转存等业务开展信息咨询等服务。

储蓄国债(凭证式)发行期间,承销团成员要在营业网点准确公示当期国债发行品种、时间、期限、利率等信息;销售现场应当配备专职咨询人员;额度售罄后和发行结束时应当及时对外张贴售罄公告或发行结束公告。

(四)承销团成员应当按照规定的核算手续办理储蓄国债(凭证式)相关销售业务。

(五)向中国人民银行及其分支机构、财政部及地方财政部门报送储蓄国债(凭证式)销售、到期还本付息、提前兑取、质押贷款、约定转存等业务数据信息。

(六)配合中国人民银行及其分支机构、财政部及地方财政部门开展储蓄国债巡查工作。

第二十条 投资者在办理储蓄国债(凭证式)认购、到期还本付息、提前兑取、开立财产证明、质押贷款、约定转存等业务时,承销团成员应当及时在其业务处理系统中准确记录储蓄国债(凭证式)变动情况,办理完上述业务后,可以为投资者提供电子渠道查询业务办理结果,也可以根据投资者需要提供纸质业务单据确认业务办理结果。

第二十一条 承销团成员应当做好储蓄国债(凭证式)销售额度管理,避免出现实际销售额超出自身获得额度的情况。

发行期内,承销团成员对投资者提前兑取当期国债产生的额度可以继续销售。发行期结束后,承销团成员对投资者提前兑取当期国债产生的额度自行持有至到期,不得再行销售;未售出的额度由财政部收回注销,不得自行持有或者继续销售。

第二十二条 承销团成员应当合理设置和使用会计科目、账户对储蓄国债(凭证式)的销售、兑付等业务进行记录和核算。

第二十三条　承销团成员应当按每期储蓄国债（凭证式）发行文件规定的时间、收款账户及缴纳方式，及时、准确、足额缴纳发行款。

第二十四条　承销团成员在非工作日期间应当为投资者办理储蓄国债（凭证式）认购、到期还本付息和提前兑取业务。

非工作日期间，承销团成员可以根据本单位实际情况，适当安排部分营业网点营业，并做好相关告知宣传工作，不营业的网点须在醒目位置张贴公告，公告中明示附近可以办理储蓄国债（凭证式）相关业务网点的地址、电话等信息，确保投资者能够正常办理储蓄国债（凭证式）相关业务。

第二十五条　承销团成员应当按照普惠原则销售储蓄国债（凭证式），统筹规划销售网点，合理分配额度，方便投资者购买。

第二十六条　承销团成员应当依法为投资者购买储蓄国债（凭证式）相关信息保密。

第二十七条　承销团成员为投资者办理提前兑取、"中华人民共和国储蓄国债（凭证式）收款凭证"的挂失补办和开立财产证明时，可以向投资者收取手续费。其中，提前兑取手续费率由财政部和中国人民银行统一规定。

第二十八条　承销团成员不得占压、挪用储蓄国债（凭证式）发行、兑付款项，必须确保投资者持有储蓄国债（凭证式）的正常兑付。

承销团成员不得违规提前预约销售，不得委托其他机构（不含邮政代办机构）代理销售，不得违规向特定用户提前销售，不得利用国债名义揽储，不得与其他银行产品"捆绑"销售。

第二十九条　承销团成员若发现有伪造、涂改"中华人民共和国储蓄国债（凭证式）收款凭证"和冒名办理提前兑取和到期还本付息的，应当拒绝办理相关业务，并及时向当地中国人民银行分支机构和财政部门报告。

第五章　附　则

第三十条　本办法下列用语的含义是：

（一）发行期，是指对于具体期次的储蓄国债（凭证式），中国人民银行和财政部规定承销团成员向投资者销售当期国债的时间。

（二）提前兑取，是指投资者可以在购买后至到期前的规定时间内，到原购买储蓄国债（凭证式）的承销团成员相关网点办理兑取未到期国债的行为。

（三）到期还本付息，是指投资者从购买国债的日期算起，在到国债期限届满之日后，一次性全部兑取本金和利息的行为。

（四）约定转存，是指投资者通过与承销团成员签订相关协议，委托承销团成员办理其持有的储蓄国债（凭证式）到期还本付息手续，并将相应本金利息款转存为个人储蓄存款的业务。

第三十一条　本办法由中国人民银行和财政部负责解释。

第三十二条　本办法自2021年3月1日起施行。

国债做市支持操作规则

- 2016年9月30日
- 财库〔2016〕154号

第一条　为规范国债做市支持操作行为，促进债券市场健康发展，根据国债管理和全国银行间债券市场有关规定，制定本规则。

第二条　国债做市支持运用随买、随卖等工具操作。其中随买是财政部在债券二级市场买入国债，随卖是财政部在债券二级市场卖出国债。

第三条　国债做市支持操作通过国债做市支持操作平台（以下简称操作平台）进行，国债做市支持参与机构（以下简称参与机构）通过操作平台客户端参与。

第四条　财政部、中国人民银行根据中央库款预测、银行体系流动性等情况，确定国债做市支持操作日期、操作额等。操作日前第6个工作日为国债做市支持需求申报日，参与机构于申报日通过操作平台申报国债做市支持需求意向。

参与机构申报需求意向前，应通过中国外汇交易中心暨全国银行间同业拆借中心（以下简称同业拆借中心）本币交易系统现券匿名买卖匹配功能满足本机构国债交易需求。

第五条　开展国债做市支持的条件为每次对至少一只国债申报随买（或者随卖）需求意向的参与机构不少于5家（含5家），同时申报总额不低于2亿元（含2亿元）。

第六条　按照国债发行计划经过续发之后并在做市的国债，列为随卖操作券种。如有多只国债符合国债做市支持条件时，每次按照参与机构申报家数由多到少、申报总额由大到小、申报券种前一个月做市成交量由大到小、申报券种剩余期限由长到短顺序，选定国债做市支持操作方向、券种。

第七条　做市支持国债选定后，如单只国债申报随买需求总额小于20亿元时，申报总额为该只国债当次最大随买额；如单只国债申报随买需求总额大于或等于20亿元时，该只国债当次最大随买额为20亿元。单只国债随买操作总额累计不超过该只国债余额的10%(含10%)。

如单只国债申报随卖需求总额小于30亿元时，申报总额为该只国债当次最大随卖额；当单只国债申报随卖需求总额大于或等于30亿元时，该只国债当次最大随卖额为30亿元。

财政部、中国人民银行综合考虑中央库款、国债发行兑付、银行体系流动性等情况，在单只国债当次最大随买额、最大随卖额以内，决定单只国债当次操作方向、券种、规模。

第八条 财政部和中国人民银行协商一致后，财政部制定国债做市支持操作通知，并于操作日前一个工作日通过财政部网站、中国货币网、中国债券信息网发布。

第九条 操作日上午11:05—11:35，申报需求意向的机构通过操作平台参与随买、随卖操作。未申报需求意向的机构不得参与操作。

第十条 国债做市支持操作采用单一价格方式定价，标的为价格。随买操作时，最高中标价格为国债随买价格。随卖操作时，最低中标价格为国债随卖价格。

第十一条 参与机构应在规定的价格区间内投标。国债做市支持操作价格区间为操作日前5个工作日(含第1和第5个工作日)国债收益率曲线中，相近剩余期限的国债收益率算术平均值上下各浮动3%(四舍五入计算到0.01%)所对应的净价(四舍五入计算到0.01元)区间。其中国债收益率曲线是由中央国债登记结算有限责任公司(以下简称国债登记公司)编制，并在财政部网站公布的中国国债收益率曲线。

第十二条 如做市支持国债剩余期限在1年以下(含1年)，参与机构竞标标位变动幅度为0.01元；剩余期限在1年至3年(含3年)，标位变动幅度为0.03元；剩余期限在3年至5年(含5年)，标位变动幅度为0.05元；剩余期限在5年至7年(含7年)，标位变动幅度为0.06元；剩余期限在7年至10年(含10年)标位变动幅度为0.08元。

第十三条 国债做市支持操作时，参与机构在单一标位最低投标额为1000万元，最高投标额为单只国债做市支持操作额的10%。参与机构投标量为1000万元的整数倍，无最高投标额限定。

第十四条 随买(或随卖)操作时，按照价格从低到高(或从高到低)原则对有效投标逐笔募入，直到募满单只国债做市支持操作额或将全部有效标位募完为止。如最高(或最低)中标价格标位上的投标额大于剩余单只国债做市支持操作额，以参与机构在该标位投标额为权重平均分配，取整至1000万元，尾数按投标时间优先原则分配。

第十五条 国债做市支持操作结束后，财政部通过财政部网站发布操作结果公告。同业拆借中心及时将国债做市支持数据发给国债登记公司，并根据财政部、中国人民银行确认的操作结果，通过中国货币网发布国债做市支持操作结果信息。

第十六条 随买操作采用见券付款结算方式，结算价格为全价。操作日下午2:00前，中标的参与机构将国债交付至财政部设在国债登记公司的国债做市支持债券账户，财政部不迟于操作日后第4个工作日将随买国债资金交付国债登记公司，国债登记公司不迟于操作日后第5个工作日将随买国债资金交付中标的参与机构。

随卖操作采用见款付券结算方式，结算价格为全价。操作日后第1个工作日为随卖操作缴款截止日，参与机构于缴款截止日前缴纳购买国债资金，财政部收到随卖国债资金后，通知国债登记公司办理债权登记和托管。

第十七条 不迟于操作日后第5个工作日，财政部对买入的国债债权予以注销，不迟于操作日后第3个工作日，随卖国债与之前发行的同期国债合并上市交易。

第十八条 国债做市支持参与机构应当与财政部签署国债做市支持操作协议，明确双方的权利、义务。

第十九条 财政部会同中国人民银行可根据市场情况对国债做市支持操作时间、单只国债最大操作额等予以调整。

第二十条 本规则由财政部会同中国人民银行负责解释。

第二十一条 本规则自公布之日起施行。

国债做市支持操作现场管理办法

- 2017年1月20日
- 财库[2017]26号

第一章 总 则

第一条 为规范国债做市支持操作现场管理，保障国债做市支持工作公平、公正、有序，根据《财政部中国人民银行关于印发〈国债做市支持操作规则〉的通知》(财库[2016]154号)等有关制度，制定本办法。

第二条 本办法所称国债做市支持操作现场(以下简称操作现场)，是指在规定的操作时间内，按照财政部和中国人民银行指令，通过国债做市支持操作平台完成国债做市支持相关操作的区域。

第三条 本办法所称国债做市支持操作现场管理，是指对操作现场人员和操作等方面的管理，包括操作现场人员管理、操作现场出入管理、操作现场通讯管理和技术支持管理。

第二章 操作现场人员管理

第四条 操作现场人员包括财政部、中国人民银行和中国外汇交易中心暨全国银行间同业拆借中心（以下简称同业拆借中心）派出的相关工作人员。每次操作财政部、中国人民银行和同业拆借中心原则上各派出1至2人进入操作现场。财政部、中国人民银行和同业拆借中心应当于每年年初确定当年操作现场人员名单（格式见附1），名单由同业拆借中心保管，用于进行操作现场出入登记管理。名单上未列示人员原则上不得进入操作现场。有关单位名单如有调整，应及时更新。

第五条 财政部操作现场人员负责组织操作现场各项工作。中国人民银行操作现场人员负责监督操作现场相关工作合规有序进行。

第六条 同业拆借中心操作现场人员负责保障国债做市支持操作平台及操作现场设备正常运行。

第七条 竞价结果需经财政部、中国人民银行操作现场人员共同签字确认后方能生效。财政部、中国人民银行操作现场人员如发现有违反本办法有关规定且拒不改正情形的，有权拒绝在竞价结果上签字。

第八条 同业拆借中心操作现场人员应当如实填写操作现场情况记录表（格式见附2），记录国债做市支持操作现场情况，并由财政部、中国人民银行操作现场人员签字确认后妥善存档保存。

第九条 国债做市支持操作竞价期间，操作现场人员不得以任何方式泄露国债做市支持相关竞价信息，不得以任何方式明示或暗示参与机构修改竞价价位、增加或减少申购或申售量及进行其他有违国债做市支持操作公平、公正、有序原则的行为。

第三章 操作现场出入管理

第十条 同业拆借中心应当在操作现场入口设置值守区，不迟于国债做市支持操作竞价开始前半小时派员值守，办理操作现场出入登记手续等相关工作。

第十一条 操作现场人员应当于国债做市支持操作竞价开始前在值守区履行登记手续，记录本人姓名和进入时间，并于国债做市支持操作竞价开始前进入操作现场。

第十二条 国债做市支持操作竞价期间，所有进入操作现场的人员原则上不得离开操作现场。如因身体严重不适等特殊原因必须离开操作现场的，必须由非本单位的其他操作现场人员中1人全程陪同。

第四章 操作现场通讯管理

第十三条 操作现场应当与其他区域严格隔离，并全程实施无线电屏蔽。

第十四条 操作现场应当配备国债做市支持操作平台的监测端、专用固定电话、专用打印机等必要设备。操作现场所有专用固定电话应当实行通话录音。

第十五条 操作现场人员禁止携带任何有通讯功能的设备进入操作现场。操作现场人员应当在进入操作现场前，将随身携带的手机等有通讯功能的设备存放于值守区的专用保管箱，同业拆借中心值守人员应当登记手机等通讯设备存取情况。

第五章 技术支持管理

第十六条 同业拆借中心应当做好国债做市支持操作平台技术支持工作，确保国债做市支持操作平台等相关系统能够实现国债做市支持操作竞价所需各项功能。

第十七条 同业拆借中心应当确保操作现场专用固定电话等设备运行正常，通讯线路畅通，并有效实施无线电屏蔽。

第十八条 同业拆借中心操作现场人员确需其他技术支持人员协助解决问题时，经财政部、中国人民银行操作现场人员同意后，可使用专用固定电话通知相关技术支持人员进入操作现场。技术支持人员进入操作现场应当履行登记手续。

第十九条 同业拆借中心应当按规定核对进入操作现场的人员，并在值守区配备专用保管箱，妥善保管操作现场人员的手机等通讯设备。

第二十条 同业拆借中心应当保存操作现场情况记录表、操作现场专用固定电话录音等资料，保存期限不少于10年。

第二十一条 同业拆借中心及其相关人员应当依法严格履行国债做市支持操作相关信息保密义务。

第六章 附 则

第二十二条 操作现场如发生本办法规定情形之外的其他情况，由财政部操作现场人员商中国人民银行操作现场人员采取措施处理。

第二十三条 本办法自2017年3月1日起施行。

附：

1. ××年国债做市支持操作现场人员名单（略）
2. ××年国债做市支持操作现场情况记录表（略）

4. 信贷业务

中华人民共和国民法典(节录)

- 2020年5月28日第十三届全国人民代表大会第三次会议通过
- 2020年5月28日中华人民共和国主席令第45号公布
- 自2021年1月1日起施行

……

第四分编 担保物权

第十六章 一般规定

第三百八十六条 【担保物权的定义】担保物权人在债务人不履行到期债务或者发生当事人约定的实现担保物权的情形,依法享有就担保财产优先受偿的权利,但是法律另有规定的除外。

第三百八十七条 【担保物权适用范围及反担保】债权人在借贷、买卖等民事活动中,为保障实现其债权,需要担保的,可以依照本法和其他法律的规定设立担保物权。

第三人为债务人向债权人提供担保的,可以要求债务人提供反担保。反担保适用本法和其他法律的规定。

第三百八十八条 【担保合同及其与主合同的关系】设立担保物权,应当依照本法和其他法律的规定订立担保合同。担保合同包括抵押合同、质押合同和其他具有担保功能的合同。担保合同是主债权债务合同的从合同。主债权债务合同无效的,担保合同无效,但是法律另有规定的除外。

担保合同被确认无效后,债务人、担保人、债权人有过错的,应当根据其过错各自承担相应的民事责任。

第三百八十九条 【担保范围】担保物权的担保范围包括主债权及其利息、违约金、损害赔偿金、保管担保财产和实现担保物权的费用。当事人另有约定的,按照其约定。

第三百九十条 【担保物权的物上代位性】担保期间,担保财产毁损、灭失或者被征收等,担保物权人可以就获得的保险金、赔偿金或者补偿金等优先受偿。被担保债权的履行期限未届满的,也可以提存该保险金、赔偿金或者补偿金等。

第三百九十一条 【债务转让对担保物权的效力】第三人提供担保,未经其书面同意,债权人允许债务人转移全部或者部分债务的,担保人不再承担相应的担保责任。

第三百九十二条 【人保和物保并存时的处理规则】被担保的债权既有物的担保又有人的担保的,债务人不履行到期债务或者发生当事人约定的实现担保物权的情形,债权人应当按照约定实现债权;没有约定或者约定不明确,债务人自己提供物的担保的,债权人应当先就该物的担保实现债权;第三人提供物的担保的,债权人可以就物的担保实现债权,也可以请求保证人承担保证责任。提供担保的第三人承担担保责任后,有权向债务人追偿。

第三百九十三条 【担保物权消灭的情形】有下列情形之一的,担保物权消灭:

(一)主债权消灭;
(二)担保物权实现;
(三)债权人放弃担保物权;
(四)法律规定担保物权消灭的其他情形。

第十七章 抵押权

第一节 一般抵押

第三百九十四条 【抵押权的定义】为担保债务的履行,债务人或者第三人不转移财产的占有,将该财产抵押给债权人的,债务人不履行到期债务或者发生当事人约定的实现抵押权的情形,债权人有权就该财产优先受偿。

前款规定的债务人或者第三人为抵押人,债权人为抵押权人,提供担保的财产为抵押财产。

第三百九十五条 【可抵押财产的范围】债务人或者第三人有权处分的下列财产可以抵押:

(一)建筑物和其他土地附着物;
(二)建设用地使用权;
(三)海域使用权;
(四)生产设备、原材料、半成品、产品;
(五)正在建造的建筑物、船舶、航空器;
(六)交通运输工具;
(七)法律、行政法规未禁止抵押的其他财产。

抵押人可以将前款所列财产一并抵押。

第三百九十六条 【浮动抵押】企业、个体工商户、农业生产经营者可以将现有的以及将有的生产设备、原材料、半成品、产品抵押,债务人不履行到期债务或者发生当事人约定的实现抵押权的情形,债权人有权就抵押财产确定时的动产优先受偿。

第三百九十七条 【建筑物和相应的建设用地使用权一并抵押规则】以建筑物抵押的,该建筑物占用范围内的建设用地使用权一并抵押。以建设用地使用权抵押的,该土地上的建筑物一并抵押。

抵押人未依据前款规定一并抵押的，未抵押的财产视为一并抵押。

第三百九十八条 【乡镇、村企业的建设用地使用权与房屋一并抵押规则】乡镇、村企业的建设用地使用权不得单独抵押。以乡镇、村企业的厂房等建筑物抵押的，其占用范围内的建设用地使用权一并抵押。

第三百九十九条 【禁止抵押的财产范围】下列财产不得抵押：

（一）土地所有权；

（二）宅基地、自留地、自留山等集体所有土地的使用权，但是法律规定可以抵押的除外；

（三）学校、幼儿园、医疗机构等为公益目的成立的非营利法人的教育设施、医疗卫生设施和其他公益设施；

（四）所有权、使用权不明或者有争议的财产；

（五）依法被查封、扣押、监管的财产；

（六）法律、行政法规规定不得抵押的其他财产。

第四百条 【抵押合同】设立抵押权，当事人应当采用书面形式订立抵押合同。

抵押合同一般包括下列条款：

（一）被担保债权的种类和数额；

（二）债务人履行债务的期限；

（三）抵押财产的名称、数量等情况；

（四）担保的范围。

第四百零一条 【流押条款的效力】抵押权人在债务履行期限届满前，与抵押人约定债务人不履行到期债务时抵押财产归债权人所有的，只能依法就抵押财产优先受偿。

第四百零二条 【不动产抵押登记】以本法第三百九十五条第一款第一项至第三项规定的财产或者第五项规定的正在建造的建筑物抵押的，应当办理抵押登记。抵押权自登记时设立。

第四百零三条 【动产抵押的效力】以动产抵押的，抵押权自抵押合同生效时设立；未经登记，不得对抗善意第三人。

第四百零四条 【动产抵押权对抗效力的限制】以动产抵押的，不得对抗正常经营活动中已经支付合理价款并取得抵押财产的买受人。

第四百零五条 【抵押权和租赁权的关系】抵押权设立前，抵押财产已经出租并转移占有的，原租赁关系不受该抵押权的影响。

第四百零六条 【抵押期间抵押财产转让应当遵循的规则】抵押期间，抵押人可以转让抵押财产。当事人另有约定的，按照其约定。抵押财产转让的，抵押权不受影响。

抵押人转让抵押财产的，应当及时通知抵押权人。抵押权人能够证明抵押财产转让可能损害抵押权的，可以请求抵押人将转让所得的价款向抵押权人提前清偿债务或者提存。转让的价款超过债权数额的部分归抵押人所有，不足部分由债务人清偿。

第四百零七条 【抵押权的从属性】抵押权不得与债权分离而单独转让或者作为其他债权的担保。债权转让的，担保该债权的抵押权一并转让，但是法律另有规定或者当事人另有约定的除外。

第四百零八条 【抵押财产价值减少时抵押权人的保护措施】抵押人的行为足以使抵押财产价值减少的，抵押权人有权请求抵押人停止其行为；抵押财产价值减少的，抵押权人有权请求恢复抵押财产的价值，或者提供与减少的价值相应的担保。抵押人不恢复抵押财产的价值，也不提供担保的，抵押权人有权请求债务人提前清偿债务。

第四百零九条 【抵押权人放弃抵押权或抵押权顺位的法律后果】抵押权人可以放弃抵押权或者抵押权的顺位。抵押权人与抵押人可以协议变更抵押权顺位以及被担保的债权数额等内容。但是，抵押权的变更未经其他抵押权人书面同意的，不得对其他抵押权人产生不利影响。

债务人以自己的财产设定抵押，抵押权人放弃该抵押权、抵押权顺位或者变更抵押权的，其他担保人在抵押权人丧失优先受偿权益的范围内免除担保责任，但是其他担保人承诺仍然提供担保的除外。

第四百一十条 【抵押权实现的方式和程序】债务人不履行到期债务或者发生当事人约定的实现抵押权的情形，抵押权人可以与抵押人协议以抵押财产折价或者以拍卖、变卖该抵押财产所得的价款优先受偿。协议损害其他债权人利益的，其他债权人可以请求人民法院撤销该协议。

抵押权人与抵押人未就抵押权实现方式达成协议的，抵押权人可以请求人民法院拍卖、变卖抵押财产。

抵押财产折价或者变卖的，应当参照市场价格。

第四百一十一条 【浮动抵押财产的确定】依据本法第三百九十六条规定设定抵押的，抵押财产自下列情形之一发生时确定：

（一）债务履行期限届满，债权未实现；

（二）抵押人被宣告破产或者解散；

（三）当事人约定的实现抵押权的情形；

(四)严重影响债权实现的其他情形。

第四百一十二条 【抵押财产孳息归属】债务人不履行到期债务或者发生当事人约定的实现抵押权的情形,致使抵押财产被人民法院依法扣押的,自扣押之日起,抵押权人有权收取该抵押财产的天然孳息或者法定孳息,但是抵押权人未通知应当清偿法定孳息义务人的除外。

前款规定的孳息应当先充抵收取孳息的费用。

第四百一十三条 【抵押财产变价款的归属原则】抵押财产折价或者拍卖、变卖后,其价款超过债权数额的部分归抵押人所有,不足部分由债务人清偿。

第四百一十四条 【同一财产上多个抵押权的效力顺序】同一财产向两个以上债权人抵押的,拍卖、变卖抵押财产所得的价款依照下列规定清偿:

(一)抵押权已经登记的,按照登记的时间先后确定清偿顺序;

(二)抵押权已经登记的先于未登记的受偿;

(三)抵押权未登记的,按照债权比例清偿。

其他可以登记的担保物权,清偿顺序参照适用前款规定。

第四百一十五条 【既有抵押权又有质权的财产的清偿顺序】同一财产既设立抵押权又设立质权的,拍卖、变卖该财产所得的价款按照登记、交付的时间先后确定清偿顺序。

第四百一十六条 【买卖价款抵押权】动产抵押担保的主债权是抵押物的价款,标的物交付后十日内办理抵押登记的,该抵押权人优先于抵押物买受人的其他担保物权人受偿,但是留置权人除外。

第四百一十七条 【抵押权对新增建筑物的效力】建设用地使用权抵押后,该土地上新增的建筑物不属于抵押财产。该建设用地使用权实现抵押权时,应当将该土地上新增的建筑物与建设用地使用权一并处分。但是,新增建筑物所得的价款,抵押权人无权优先受偿。

第四百一十八条 【集体所有土地使用权抵押权的实现效果】以集体所有土地的使用权依法抵押的,实现抵押权后,未经法定程序,不得改变土地所有权的性质和土地用途。

第四百一十九条 【抵押权的存续期间】抵押权人应当在主债权诉讼时效期间行使抵押权;未行使的,人民法院不予保护。

第二节 最高额抵押权

第四百二十条 【最高额抵押规则】为担保债务的履行,债务人或者第三人对一定期间内将要连续发生的债权提供担保财产的,债务人不履行到期债务或者发生当事人约定的实现抵押权的情形,抵押权人有权在最高债权额限度内就该担保财产优先受偿。

最高额抵押权设立前已经存在的债权,经当事人同意,可以转入最高额抵押担保的债权范围。

第四百二十一条 【最高额抵押权担保的部分债权转让效力】最高额抵押担保的债权确定前,部分债权转让的,最高额抵押权不得转让,但是当事人另有约定的除外。

第四百二十二条 【最高额抵押合同条款变更】最高额抵押担保的债权确定前,抵押权人与抵押人可以通过协议变更债权确定的期间、债权范围以及最高债权额。但是,变更的内容不得对其他抵押权人产生不利影响。

第四百二十三条 【最高额抵押所担保债权的确定事由】有下列情形之一的,抵押权人的债权确定:

(一)约定的债权确定期间届满;

(二)没有约定债权确定期间或者约定不明确,抵押权人或者抵押人自最高额抵押权设立之日起满二年后请求确定债权;

(三)新的债权不可能发生;

(四)抵押权人知道或者应当知道抵押财产被查封、扣押;

(五)债务人、抵押人被宣告破产或者解散;

(六)法律规定债权确定的其他情形。

第四百二十四条 【最高额抵押的法律适用】最高额抵押权除适用本节规定外,适用本章第一节的有关规定。

第十八章 质 权

第一节 动产质权

第四百二十五条 【动产质权概念】为担保债务的履行,债务人或者第三人将其动产出质给债权人占有的,债务人不履行到期债务或者发生当事人约定的实现质权的情形,债权人有权就该动产优先受偿。

前款规定的债务人或者第三人为出质人,债权人为质权人,交付的动产为质押财产。

第四百二十六条 【禁止出质的动产范围】法律、行政法规禁止转让的动产不得出质。

第四百二十七条 【质押合同形式及内容】设立质权,当事人应当采用书面形式订立质押合同。

质押合同一般包括下列条款:

(一)被担保债权的种类和数额;

(二)债务人履行债务的期限;

（三）质押财产的名称、数量等情况；
（四）担保的范围；
（五）质押财产交付的时间、方式。

第四百二十八条　【流质条款的效力】质权人在债务履行期限届满前，与出质人约定债务人不履行到期债务时质押财产归债权人所有的，只能依法就质押财产优先受偿。

第四百二十九条　【质权的设立】质权自出质人交付质押财产时设立。

第四百三十条　【质权人的孳息收取权】质权人有权收取质押财产的孳息，但是合同另有约定的除外。

前款规定的孳息应当先充抵收取孳息的费用。

第四百三十一条　【质权人对质押财产处分的限制及其法律责任】质权人在质权存续期间，未经出质人同意，擅自使用、处分质押财产，造成出质人损害的，应当承担赔偿责任。

第四百三十二条　【质物保管义务】质权人负有妥善保管质押财产的义务；因保管不善致使质押财产毁损、灭失的，应当承担赔偿责任。

质权人的行为可能使质押财产毁损、灭失的，出质人可以请求质权人将质押财产提存，或者请求提前清偿债务并返还质押财产。

第四百三十三条　【质押财产保全】因不可归责于质权人的事由可能使质押财产毁损或者价值明显减少，足以危害质权人权利的，质权人有权请求出质人提供相应的担保；出质人不提供的，质权人可以拍卖、变卖质押财产，并与出质人协议将拍卖、变卖所得的价款提前清偿债务或者提存。

第四百三十四条　【转质】质权人在质权存续期间，未经出质人同意转质，造成质押财产毁损、灭失的，应当承担赔偿责任。

第四百三十五条　【放弃质权】质权人可以放弃质权。债务人以自己的财产出质，质权人放弃该质权的，其他担保人在质权人丧失优先受偿权益的范围内免除担保责任，但是其他担保人承诺仍然提供担保的除外。

第四百三十六条　【质物返还与质权实现】债务人履行债务或者出质人提前清偿所担保的债权的，质权人应当返还质押财产。

债务人不履行到期债务或者发生当事人约定的实现质权的情形，质权人可以与出质人协议以质押财产折价，也可以就拍卖、变卖质押财产所得的价款优先受偿。

质押财产折价或者变卖的，应当参照市场价格。

第四百三十七条　【出质人请求质权人及时行使质权】出质人可以请求质权人在债务履行期限届满后及时行使质权；质权人不行使的，出质人可以请求人民法院拍卖、变卖质押财产。

出质人请求质权人及时行使质权，因质权人怠于行使权利造成出质人损害的，由质权人承担赔偿责任。

第四百三十八条　【质押财产变价款归属原则】质押财产折价或者拍卖、变卖后，其价款超过债权数额的部分归出质人所有，不足部分由债务人清偿。

第四百三十九条　【最高额质权】出质人与质权人可以协议设立最高额质权。

最高额质权除适用本节有关规定外，参照适用本编第十七章第二节的有关规定。

第二节　权利质权

第四百四十条　【可出质的权利的范围】债务人或者第三人有权处分的下列权利可以出质：
（一）汇票、本票、支票；
（二）债券、存款单；
（三）仓单、提单；
（四）可以转让的基金份额、股权；
（五）可以转让的注册商标专用权、专利权、著作权等知识产权中的财产权；
（六）现有的以及将有的应收账款；
（七）法律、行政法规规定可以出质的其他财产权利。

第四百四十一条　【有价证券质权】以汇票、本票、支票、债券、存款单、仓单、提单出质的，质权自权利凭证交付质权人时设立；没有权利凭证的，质权自办理出质登记时设立。法律另有规定的，依照其规定。

第四百四十二条　【有价证券质权人行使权利的特别规定】汇票、本票、支票、债券、存款单、仓单、提单的兑现日期或者提货日期先于主债权到期的，质权人可以兑现或者提货，并与出质人协议将兑现的价款或者提取的货物提前清偿债务或者提存。

第四百四十三条　【基金份额质权、股权质权】以基金份额、股权出质的，质权自办理出质登记时设立。

基金份额、股权出质后，不得转让，但是出质人与质权人协商同意的除外。出质人转让基金份额、股权所得的价款，应当向质权人提前清偿债务或者提存。

第四百四十四条　【知识产权质权】以注册商标专用权、专利权、著作权等知识产权中的财产权出质的，质权自办理出质登记时设立。

知识产权中的财产权出质后,出质人不得转让或者许可他人使用,但是出质人与质权人协商同意的除外。出质人转让或者许可他人使用出质的知识产权中的财产权所得的价款,应当向质权人提前清偿债务或者提存。

第四百四十五条 【应收账款质权】以应收账款出质的,质权自办理出质登记时设立。

应收账款出质后,不得转让,但是出质人与质权人协商同意的除外。出质人转让应收账款所得的价款,应当向质权人提前清偿债务或者提存。

第四百四十六条 【权利质权的法律适用】权利质权除适用本节规定外,适用本章第一节的有关规定。

第十九章 留置权

第四百四十七条 【留置权的定义】债务人不履行到期债务,债权人可以留置已经合法占有的债务人的动产,并有权就该动产优先受偿。

前款规定的债权人为留置权人,占有的动产为留置财产。

第四百四十八条 【留置财产与债权的关系】债权人留置的动产,应当与债权属于同一法律关系,但是企业之间留置的除外。

第四百四十九条 【留置权适用范围的限制性规定】法律规定或者当事人约定不得留置的动产,不得留置。

第四百五十条 【可分留置物】留置财产为可分物的,留置财产的价值应当相当于债务的金额。

第四百五十一条 【留置权人保管义务】留置权人负有妥善保管留置财产的义务;因保管不善致使留置财产毁损、灭失的,应当承担赔偿责任。

第四百五十二条 【留置财产的孳息收取】留置权人有权收取留置财产的孳息。

前款规定的孳息应当先充抵收取孳息的费用。

第四百五十三条 【留置权的实现】留置权人与债务人应当约定留置财产后的债务履行期限;没有约定或者约定不明确的,留置权人应当给债务人六十日以上履行债务的期限,但是鲜活易腐等不易保管的动产除外。

债务人逾期未履行的,留置权人可以与债务人协议以留置财产折价,也可以就拍卖、变卖留置财产所得的价款优先受偿。

留置财产折价或者变卖的,应当参照市场价格。

第四百五十四条 【债务人请求留置权人行使留置权】债务人可以请求留置权人在债务履行期限届满后行使留置权;留置权人不行使的,债务人可以请求人民法院拍卖、变卖留置财产。

第四百五十五条 【留置权实现方式】留置财产折价或者拍卖、变卖后,其价款超过债权数额的部分归债务人所有,不足部分由债务人清偿。

第四百五十六条 【留置权优先于其他担保物权效力】同一动产上已经设立抵押权或者质权,该动产又被留置的,留置权人优先受偿。

第四百五十七条 【留置权消灭】留置权人对留置财产丧失占有或者留置权人接受债务人另行提供担保的,留置权消灭。

……

第三编 合 同

第一分编 通 则

第一章 一般规定

第四百六十三条 【合同编的调整范围】本编调整因合同产生的民事关系。

第四百六十四条 【合同的定义及身份关系协议的法律适用】合同是民事主体之间设立、变更、终止民事法律关系的协议。

婚姻、收养、监护等有关身份关系的协议,适用有关该身份关系的法律规定;没有规定的,可以根据其性质参照适用本编规定。

第四百六十五条 【依法成立的合同受法律保护及合同相对性原则】依法成立的合同,受法律保护。

依法成立的合同,仅对当事人具有法律约束力,但是法律另有规定的除外。

第四百六十六条 【合同的解释规则】当事人对合同条款的理解有争议的,应当依据本法第一百四十二条第一款的规定,确定争议条款的含义。

合同文本采用两种以上文字订立并约定具有同等效力的,对各文本使用的词句推定具有相同含义。各文本使用的词句不一致的,应当根据合同的相关条款、性质、目的以及诚信原则等予以解释。

第四百六十七条 【非典型合同及特定涉外合同的法律适用】本法或者其他法律没有明文规定的合同,适用本编通则的规定,并可以参照适用本编或者其他法律最相类似合同的规定。

在中华人民共和国境内履行的中外合资经营企业合同、中外合作经营企业合同、中外合作勘探开发自然资源合同,适用中华人民共和国法律。

第四百六十八条 【非合同之债的法律适用】非因

合同产生的债权债务关系,适用有关该债权债务关系的法律规定;没有规定的,适用本编通则的有关规定,但是根据其性质不能适用的除外。

第二章 合同的订立

第四百六十九条 【合同形式】当事人订立合同,可以采用书面形式、口头形式或者其他形式。

书面形式是合同书、信件、电报、电传、传真等可以有形地表现所载内容的形式。

以电子数据交换、电子邮件等方式能够有形地表现所载内容,并可以随时调取查用的数据电文,视为书面形式。

第四百七十条 【合同主要条款及示范文本】合同的内容由当事人约定,一般包括下列条款:

(一)当事人的姓名或者名称和住所;

(二)标的;

(三)数量;

(四)质量;

(五)价款或者报酬;

(六)履行期限、地点和方式;

(七)违约责任;

(八)解决争议的方法。

当事人可以参照各类合同的示范文本订立合同。

第四百七十一条 【订立合同的方式】当事人订立合同,可以采取要约、承诺方式或者其他方式。

第四百七十二条 【要约的定义及其构成】要约是希望与他人订立合同的意思表示,该意思表示应当符合下列条件:

(一)内容具体确定;

(二)表明经受要约人承诺,要约人即受该意思表示约束。

第四百七十三条 【要约邀请】要约邀请是希望他人向自己发出要约的表示。拍卖公告、招标公告、招股说明书、债券募集办法、基金招募说明书、商业广告和宣传、寄送的价目表等为要约邀请。

商业广告和宣传的内容符合要约条件的,构成要约。

第四百七十四条 【要约的生效时间】要约生效的时间适用本法第一百三十七条的规定。

第四百七十五条 【要约的撤回】要约可以撤回。要约的撤回适用本法第一百四十一条的规定。

第四百七十六条 【要约不得撤销情形】要约可以撤销,但是有下列情形之一的除外:

(一)要约人以确定承诺期限或者其他形式明示要约不可撤销;

(二)受要约人有理由认为要约是不可撤销的,并已经为履行合同做了合理准备工作。

第四百七十七条 【要约撤销条件】撤销要约的意思表示以对话方式作出的,该意思表示的内容应当在受要约人作出承诺之前为受要约人所知道;撤销要约的意思表示以非对话方式作出的,应当在受要约人作出承诺之前到达受要约人。

第四百七十八条 【要约失效】有下列情形之一的,要约失效:

(一)要约被拒绝;

(二)要约被依法撤销;

(三)承诺期限届满,受要约人未作出承诺;

(四)受要约人对要约的内容作出实质性变更。

第四百七十九条 【承诺的定义】承诺是受要约人同意要约的意思表示。

第四百八十条 【承诺的方式】承诺应当以通知的方式作出;但是,根据交易习惯或者要约表明可以通过行为作出承诺的除外。

第四百八十一条 【承诺的期限】承诺应当在要约确定的期限内到达要约人。

要约没有确定承诺期限的,承诺应当依照下列规定到达:

(一)要约以对话方式作出的,应当即时作出承诺;

(二)要约以非对话方式作出的,承诺应当在合理期限内到达。

第四百八十二条 【承诺期限的起算】要约以信件或者电报作出的,承诺期限自信件载明的日期或者电报交发之日开始计算。信件未载明日期的,自投寄该信件的邮戳日期开始计算。要约以电话、传真、电子邮件等快速通讯方式作出的,承诺期限自要约到达受要约人时开始计算。

第四百八十三条 【合同成立时间】承诺生效时合同成立,但是法律另有规定或者当事人另有约定的除外。

第四百八十四条 【承诺生效时间】以通知方式作出的承诺,生效的时间适用本法第一百三十七条的规定。

承诺不需要通知的,根据交易习惯或者要约的要求作出承诺的行为时生效。

第四百八十五条 【承诺的撤回】承诺可以撤回。承诺的撤回适用本法第一百四十一条的规定。

第四百八十六条 【逾期承诺及效果】受要约人超过承诺期限发出承诺,或者在承诺期限内发出承诺,按照通常情形不能及时到达要约人的,为新要约;但是,要约人及时通知受要约人该承诺有效的除外。

第四百八十七条 【迟到的承诺】受要约人在承诺期限内发出承诺,按照通常情形能够及时到达要约人,但是因其他原因致使承诺到达要约人时超过承诺期限的,除要约人及时通知受要约人因承诺超过期限不接受该承诺外,该承诺有效。

第四百八十八条 【承诺对要约内容的实质性变更】承诺的内容应当与要约的内容一致。受要约人对要约的内容作出实质性变更的,为新要约。有关合同标的、数量、质量、价款或者报酬、履行期限、履行地点和方式、违约责任和解决争议方法等的变更,是对要约内容的实质性变更。

第四百八十九条 【承诺对要约内容的非实质性变更】承诺对要约的内容作出非实质性变更的,除要约人及时表示反对或者要约表明承诺不得对要约的内容作出任何变更外,该承诺有效,合同的内容以承诺的内容为准。

第四百九十条 【采用书面形式订立合同的成立时间】当事人采用合同书形式订立合同的,自当事人均签名、盖章或者按指印时合同成立。在签名、盖章或者按指印之前,当事人一方已经履行主要义务,对方接受时,该合同成立。

法律、行政法规规定或者当事人约定合同应当采用书面形式订立,当事人未采用书面形式但是一方已经履行主要义务,对方接受时,该合同成立。

第四百九十一条 【签订确认书的合同及电子合同成立时间】当事人采用信件、数据电文等形式订立合同要求签订确认书的,签订确认书时合同成立。

当事人一方通过互联网等信息网络发布的商品或者服务信息符合要约条件的,对方选择该商品或者服务并提交订单成功时合同成立,但是当事人另有约定的除外。

第四百九十二条 【合同成立的地点】承诺生效的地点为合同成立的地点。

采用数据电文形式订立合同的,收件人的主营业地为合同成立的地点;没有主营业地的,其住所地为合同成立的地点。当事人另有约定的,按照其约定。

第四百九十三条 【采用合同书订立合同的成立地点】当事人采用合同书形式订立合同的,最后签名、盖章或者按指印的地点为合同成立的地点,但是当事人另有约定的除外。

第四百九十四条 【强制缔约义务】国家根据抢险救灾、疫情防控或者其他需要下达国家订货任务、指令性任务的,有关民事主体之间应当依照有关法律、行政法规规定的权利和义务订立合同。

依照法律、行政法规的规定负有发出要约义务的当事人,应当及时发出合理的要约。

依照法律、行政法规的规定负有作出承诺义务的当事人,不得拒绝对方合理的订立合同要求。

第四百九十五条 【预约合同】当事人约定在将来一定期限内订立合同的认购书、订购书、预订书等,构成预约合同。

当事人一方不履行预约合同约定的订立合同义务的,对方可以请求其承担预约合同的违约责任。

第四百九十六条 【格式条款】格式条款是当事人为了重复使用而预先拟定,并在订立合同时未与对方协商的条款。

采用格式条款订立合同的,提供格式条款的一方应当遵循公平原则确定当事人之间的权利和义务,并采取合理的方式提示对方注意免除或者减轻其责任等与对方有重大利害关系的条款,按照对方的要求,对该条款予以说明。提供格式条款的一方未履行提示或者说明义务,致使对方没有注意或者理解与其有重大利害关系的条款的,对方可以主张该条款不成为合同的内容。

第四百九十七条 【格式条款无效的情形】有下列情形之一的,该格式条款无效:

(一)具有本法第一编第六章第三节和本法第五百零六条规定的无效情形;

(二)提供格式条款一方不合理地免除或者减轻其责任、加重对方责任、限制对方主要权利;

(三)提供格式条款一方排除对方主要权利。

第四百九十八条 【格式条款的解释方法】对格式条款的理解发生争议的,应当按照通常理解予以解释。对格式条款有两种以上解释的,应当作出不利于提供格式条款一方的解释。格式条款和非格式条款不一致的,应当采用非格式条款。

第四百九十九条 【悬赏广告】悬赏人以公开方式声明对完成特定行为的人支付报酬的,完成该行为的人可以请求其支付。

第五百条 【缔约过失责任】当事人在订立合同过程中有下列情形之一,造成对方损失的,应当承担赔偿责任:

(一)假借订立合同,恶意进行磋商;

(二)故意隐瞒与订立合同有关的重要事实或者提供虚假情况;

(三)有其他违背诚信原则的行为。

第五百零一条　【合同缔结人的保密义务】当事人在订立合同过程中知悉的商业秘密或者其他应当保密的信息,无论合同是否成立,不得泄露或者不正当地使用;泄露、不正当地使用该商业秘密或者信息,造成对方损失的,应当承担赔偿责任。

第三章　合同的效力

第五百零二条　【合同生效时间及未办理批准手续的处理规则】依法成立的合同,自成立时生效,但是法律另有规定或者当事人另有约定的除外。

依照法律、行政法规的规定,合同应当办理批准等手续的,依其规定。未办理批准等手续影响合同生效的,不影响合同中履行报批等义务条款以及相关条款的效力。应当办理申请批准等手续的当事人未履行义务的,对方可以请求其承担违反该义务的责任。

依照法律、行政法规的规定,合同的变更、转让、解除等情形应当办理批准等手续的,适用前款规定。

第五百零三条　【被代理人以默示方式追认无权代理】无权代理人以被代理人的名义订立合同,被代理人已经开始履行合同义务或者接受相对人履行的,视为对合同的追认。

第五百零四条　【超越权限订立合同的效力】法人的法定代表人或者非法人组织的负责人超越权限订立的合同,除相对人知道或者应当知道其超越权限外,该代表行为有效,订立的合同对法人或者非法人组织发生效力。

第五百零五条　【超越经营范围订立的合同效力】当事人超越经营范围订立的合同的效力,应当依照本法第一编第六章第三节和本编的有关规定确定,不得仅以超越经营范围确认合同无效。

第五百零六条　【免责条款无效情形】合同中的下列免责条款无效:

(一)造成对方人身损害的;

(二)因故意或者重大过失造成对方财产损失的。

第五百零七条　【争议解决条款的独立性】合同不生效、无效、被撤销或者终止的,不影响合同中有关解决争议方法的条款的效力。

第五百零八条　【合同效力适用指引】本编对合同的效力没有规定的,适用本法第一编第六章的有关规定。

第四章　合同的履行

第五百零九条　【合同履行的原则】当事人应当按照约定全面履行自己的义务。

当事人应当遵循诚信原则,根据合同的性质、目的和交易习惯履行通知、协助、保密等义务。

当事人在履行合同过程中,应当避免浪费资源、污染环境和破坏生态。

第五百一十条　【约定不明时合同内容的确定】合同生效后,当事人就质量、价款或者报酬、履行地点等内容没有约定或者约定不明确的,可以协议补充;不能达成补充协议的,按照合同相关条款或者交易习惯确定。

第五百一十一条　【质量、价款、履行地点等内容的确定】当事人就有关合同内容约定不明确,依据前条规定仍不能确定的,适用下列规定:

(一)质量要求不明确的,按照强制性国家标准履行;没有强制性国家标准的,按照推荐性国家标准履行;没有推荐性国家标准的,按照行业标准履行;没有国家标准、行业标准的,按照通常标准或者符合合同目的的特定标准履行。

(二)价款或者报酬不明确的,按照订立合同时履行地的市场价格履行;依法应当执行政府定价或者政府指导价的,依照规定履行。

(三)履行地点不明确,给付货币的,在接受货币一方所在地履行;交付不动产的,在不动产所在地履行;其他标的,在履行义务一方所在地履行。

(四)履行期限不明确的,债务人可以随时履行,债权人也可以随时请求履行,但是应当给对方必要的准备时间。

(五)履行方式不明确的,按照有利于实现合同目的的方式履行。

(六)履行费用的负担不明确的,由履行义务一方负担;因债权人原因增加的履行费用,由债权人负担。

第五百一十二条　【电子合同交付时间的认定】通过互联网等信息网络订立的电子合同的标的为交付商品并采用快递物流方式交付的,收货人的签收时间为交付时间。电子合同的标的为提供服务的,生成的电子凭证或者实物凭证中载明的时间为提供服务时间;前述凭证没有载明时间或者载明时间与实际提供服务时间不一致的,以实际提供服务的时间为准。

电子合同的标的物为采用在线传输方式交付的,合同标的物进入对方当事人指定的特定系统且能够检索识别的时间为交付时间。

电子合同当事人对交付商品或者提供服务的方式、时间另有约定的,按照其约定。

第五百一十三条　【执行政府定价或指导价的合同价格确定】执行政府定价或者政府指导价的,在合同约定的交付期限内政府价格调整时,按照交付时的价格计价。逾期交付标的物的,遇价格上涨时,按照原价格执行;价格下降时,按照新价格执行。逾期提取标的物或者逾期付款的,遇价格上涨时,按照新价格执行;价格下降时,按照原价格执行。

第五百一十四条 【金钱之债给付货币的确定规则】以支付金钱为内容的债,除法律另有规定或者当事人另有约定外,债权人可以请求债务人以实际履行地的法定货币履行。

第五百一十五条 【选择之债中债务人的选择权】标的有多项而债务人只需履行其中一项的,债务人享有选择权;但是,法律另有规定、当事人另有约定或者另有交易习惯的除外。

享有选择权的当事人在约定期限内或者履行期限届满未作选择,经催告后在合理期限内仍未选择的,选择权转移至对方。

第五百一十六条 【选择权的行使】当事人行使选择权应当及时通知对方,通知到达对方时,标的确定。标的确定后不得变更,但是经对方同意的除外。

可选择的标的发生不能履行情形的,享有选择权的当事人不得选择不能履行的标的,但是该不能履行的情形是由对方造成的除外。

第五百一十七条 【按份债权与按份债务】债权人为二人以上,标的可分,按照份额各自享有债权的,为按份债权;债务人为二人以上,标的可分,按照份额各自负担债务的,为按份债务。

按份债权人或者按份债务人的份额难以确定的,视为份额相同。

第五百一十八条 【连带债权与连带债务】债权人为二人以上,部分或者全部债权人均可以请求债务人履行债务的,为连带债权;债务人为二人以上,债权人可以请求部分或者全部债务人履行全部债务的,为连带债务。

连带债权或者连带债务,由法律规定或者当事人约定。

第五百一十九条 【连带债务份额的确定及追偿】连带债务人之间的份额难以确定的,视为份额相同。

实际承担债务超过自己份额的连带债务人,有权就超出部分在其他连带债务人未履行的份额范围内向其追偿,并相应地享有债权人的权利,但是不得损害债权人的利益。其他连带债务人对债权人的抗辩,可以向该债务人主张。

被追偿的连带债务人不能履行其应分担份额的,其他连带债务人应当在相应范围内按比例分担。

第五百二十条 【连带债务人之一所生事项涉他效力】部分连带债务人履行、抵销债务或者提存标的物的,其他债务人对债权人的债务在相应范围内消灭;该债务人可以依据前条规定向其他债务人追偿。

部分连带债务人的债务被债权人免除的,在该连带债务人应当承担的份额范围内,其他债务人对债权人的债务消灭。

部分连带债务人的债务与债权人的债权同归于一人的,在扣除该债务人应当承担的份额后,债权人对其他债务人的债权继续存在。

债权人对部分连带债务人的给付受领迟延的,对其他连带债务人发生效力。

第五百二十一条 【连带债权内外部关系】连带债权人之间的份额难以确定的,视为份额相同。

实际受领债权的连带债权人,应当按比例向其他连带债权人返还。

连带债权参照适用本章连带债务的有关规定。

第五百二十二条 【向第三人履行】当事人约定由债务人向第三人履行债务,债务人未向第三人履行债务或者履行债务不符合约定的,应当向债权人承担违约责任。

法律规定或者当事人约定第三人可以直接请求债务人向其履行债务,第三人未在合理期限内明确拒绝,债务人未向第三人履行债务或者履行债务不符合约定的,第三人可以请求债务人承担违约责任;债务人对债权人的抗辩,可以向第三人主张。

第五百二十三条 【第三人履行】当事人约定由第三人向债权人履行债务,第三人不履行债务或者履行债务不符合约定的,债务人应当向债权人承担违约责任。

第五百二十四条 【第三人代为履行】债务人不履行债务,第三人对履行该债务具有合法利益的,第三人有权向债权人代为履行;但是,根据债务性质、按照当事人约定或者依照法律规定只能由债务人履行的除外。

债权人接受第三人履行后,其对债务人的债权转让给第三人,但是债务人和第三人另有约定的除外。

第五百二十五条 【同时履行抗辩权】当事人互负债务,没有先后履行顺序的,应当同时履行。一方在对方履行之前有权拒绝其履行请求。一方在对方履行债务不符合约定时,有权拒绝其相应的履行请求。

第五百二十六条 【后履行抗辩权】当事人互负债务,有先后履行顺序,应当先履行债务一方未履行的,后履行一方有权拒绝其履行请求。先履行一方履行债务不符合约定的，后履行一方有权拒绝其相应的履行请求。

第五百二十七条 【不安抗辩权】 应当先履行债务的当事人，有确切证据证明对方有下列情形之一的，可以中止履行：

（一）经营状况严重恶化；

（二）转移财产、抽逃资金，以逃避债务；

（三）丧失商业信誉；

（四）有丧失或者可能丧失履行债务能力的其他情形。

当事人没有确切证据中止履行的，应当承担违约责任。

第五百二十八条 【不安抗辩权的行使】 当事人依据前条规定中止履行的，应当及时通知对方。对方提供适当担保的，应当恢复履行。中止履行后，对方在合理期限内未恢复履行能力且未提供适当担保的，视为以自己的行为表明不履行主要债务，中止履行的一方可以解除合同并可以请求对方承担违约责任。

第五百二十九条 【因债权人原因致债务履行困难的处理】 债权人分立、合并或者变更住所没有通知债务人，致使履行债务发生困难的，债务人可以中止履行或者将标的物提存。

第五百三十条 【债务人提前履行债务】 债权人可以拒绝债务人提前履行债务，但是提前履行不损害债权人利益的除外。

债务人提前履行债务给债权人增加的费用，由债务人负担。

第五百三十一条 【债务人部分履行债务】 债权人可以拒绝债务人部分履行债务，但是部分履行不损害债权人利益的除外。

债务人部分履行债务给债权人增加的费用，由债务人负担。

第五百三十二条 【当事人变化不影响合同效力】 合同生效后，当事人不得因姓名、名称的变更或者法定代表人、负责人、承办人的变动而不履行合同义务。

第五百三十三条 【情势变更】 合同成立后，合同的基础条件发生了当事人在订立合同时无法预见的、不属于商业风险的重大变化，继续履行合同对于当事人一方明显不公平的，受不利影响的当事人可以与对方重新协商；在合理期限内协商不成的，当事人可以请求人民法院或者仲裁机构变更或者解除合同。

人民法院或者仲裁机构应当结合案件的实际情况，根据公平原则变更或者解除合同。

第五百三十四条 【合同监督】 对当事人利用合同实施危害国家利益、社会公共利益行为的，市场监督管理和其他有关行政主管部门依照法律、行政法规的规定负责监督处理。

第五章 合同的保全

第五百三十五条 【债权人代位权】 因债务人怠于行使其债权或者与该债权有关的从权利，影响债权人的到期债权实现的，债权人可以向人民法院请求以自己的名义代位行使债务人对相对人的权利，但是该权利专属于债务人自身的除外。

代位权的行使范围以债权人的到期债权为限。债权人行使代位权的必要费用，由债务人负担。

相对人对债务人的抗辩，可以向债权人主张。

第五百三十六条 【保存行为】 债权人的债权到期前，债务人的债权或者与该债权有关的从权利存在诉讼时效期间即将届满或者未及时申报破产债权等情形，影响债权人的债权实现的，债权人可以代位向债务人的相对人请求其向债务人履行、向破产管理人申报或者作出其他必要的行为。

第五百三十七条 【代位权行使后的法律效果】 人民法院认定代位权成立的，由债务人的相对人向债权人履行义务，债权人接受履行后，债权人与债务人、债务人与相对人之间相应的权利义务终止。债务人对相对人的债权或者与该债权有关的从权利被采取保全、执行措施，或者债务人破产的，依照相关法律的规定处理。

第五百三十八条 【撤销债务人无偿行为】 债务人以放弃其债权、放弃债权担保、无偿转让财产等方式无偿处分财产权益，或者恶意延长其到期债权的履行期限，影响债权人的债权实现的，债权人可以请求人民法院撤销债务人的行为。

第五百三十九条 【撤销债务人有偿行为】 债务人以明显不合理的低价转让财产、以明显不合理的高价受让他人财产或者为他人的债务提供担保，影响债权人的债权实现，债务人的相对人知道或者应当知道该情形的，债权人可以请求人民法院撤销债务人的行为。

第五百四十条 【撤销权的行使范围】 撤销权的行使范围以债权人的债权为限。债权人行使撤销权的必要费用，由债务人负担。

第五百四十一条 【撤销权的行使期间】 撤销权自债权人知道或者应当知道撤销事由之日起一年内行使。自债务人的行为发生之日起五年内没有行使撤销权的，该撤销权消灭。

第五百四十二条 【债务人行为被撤销的法律效果】债务人影响债权人的债权实现的行为被撤销的,自始没有法律约束力。

第六章 合同的变更和转让

第五百四十三条 【协议变更合同】当事人协商一致,可以变更合同。

第五百四十四条 【合同变更不明确推定为未变更】当事人对合同变更的内容约定不明确的,推定为未变更。

第五百四十五条 【债权转让】债权人可以将债权的全部或者部分转让给第三人,但是有下列情形之一的除外:
(一)根据债权性质不得转让;
(二)按照当事人约定不得转让;
(三)依照法律规定不得转让。
当事人约定非金钱债权不得转让的,不得对抗善意第三人。当事人约定金钱债权不得转让的,不得对抗第三人。

第五百四十六条 【债权转让的通知义务】债权人转让债权,未通知债务人的,该转让对债务人不发生效力。
债权转让的通知不得撤销,但是经受让人同意的除外。

第五百四十七条 【债权转让从权利一并转让】债权人转让债权的,受让人取得与债权有关的从权利,但是该从权利专属于债权人自身的除外。
受让人取得从权利不因该从权利未办理转移登记手续或者未转移占有而受到影响。

第五百四十八条 【债权转让中债务人抗辩】债务人接到债权转让通知后,债务人对让与人的抗辩,可以向受让人主张。

第五百四十九条 【债权转让中债务人的抵销权】有下列情形之一的,债务人可以向受让人主张抵销:
(一)债务人接到债权转让通知时,债务人对让与人享有债权,且债务人的债权先于转让的债权到期或者同时到期;
(二)债务人的债权与转让的债权是基于同一合同产生。

第五百五十条 【债权转让费用的承担】因债权转让增加的履行费用,由让与人负担。

第五百五十一条 【债务转移】债务人将债务的全部或者部分转移给第三人的,应当经债权人同意。
债务人或者第三人可以催告债权人在合理期限内予以同意,债权人未作表示的,视为不同意。

第五百五十二条 【债务加入】第三人与债务人约定加入债务并通知债权人,或者第三人向债权人表示愿意加入债务,债权人未在合理期限内明确拒绝的,债权人可以请求第三人在其愿意承担的债务范围内和债务人承担连带债务。

第五百五十三条 【债务转移时新债务人抗辩】债务人转移债务的,新债务人可以主张原债务人对债权人的抗辩;原债务人对债权人享有债权的,新债务人不得向债权人主张抵销。

第五百五十四条 【从债务随主债务转移】债务人转移债务的,新债务人应当承担与主债务有关的从债务,但是该从债务专属于原债务人自身的除外。

第五百五十五条 【合同权利义务的一并转让】当事人一方经对方同意,可以将自己在合同中的权利和义务一并转让给第三人。

第五百五十六条 【一并转让的法律适用】合同的权利和义务一并转让的,适用债权转让、债务转移的有关规定。

第七章 合同的权利义务终止

第五百五十七条 【债权债务终止的法定情形】有下列情形之一的,债权债务终止:
(一)债务已经履行;
(二)债务相互抵销;
(三)债务人依法将标的物提存;
(四)债权人免除债务;
(五)债权债务同归于一人;
(六)法律规定或者当事人约定终止的其他情形。
合同解除的,该合同的权利义务关系终止。

第五百五十八条 【后合同义务】债权债务终止后,当事人应当遵循诚信等原则,根据交易习惯履行通知、协助、保密、旧物回收等义务。

第五百五十九条 【从权利消灭】债权债务终止时,债权的从权利同时消灭,但是法律另有规定或者当事人另有约定的除外。

第五百六十条 【数项债务的清偿抵充顺序】债务人对同一债权人负担的数项债务种类相同,债务人的给付不足以清偿全部债务的,除当事人另有约定外,由债务人在清偿时指定其履行的债务。
债务人未作指定的,应当优先履行已经到期的债务;

数项债务均到期的,优先履行对债权人缺乏担保或者担保最少的债务;均无担保或者担保相等的,优先履行债务人负担较重的债务;负担相同的,按照债务到期的先后顺序履行;到期时间相同的,按照债务比例履行。

第五百六十一条 【费用、利息和主债务的清偿抵充顺序】债务人在履行主债务外还应当支付利息和实现债权的有关费用,其给付不足以清偿全部债务的,除当事人另有约定外,应当按照下列顺序履行:

(一)实现债权的有关费用;
(二)利息;
(三)主债务。

第五百六十二条 【合同的约定解除】当事人协商一致,可以解除合同。

当事人可以约定一方解除合同的事由。解除合同的事由发生时,解除权人可以解除合同。

第五百六十三条 【合同的法定解除】有下列情形之一,当事人可以解除合同:

(一)因不可抗力致使不能实现合同目的;
(二)在履行期限届满前,当事人一方明确表示或者以自己的行为表明不履行主要债务;
(三)当事人一方迟延履行主要债务,经催告后在合理期限内仍未履行;
(四)当事人一方迟延履行债务或者有其他违约行为致使不能实现合同目的;
(五)法律规定的其他情形。

以持续履行的债务为内容的不定期合同,当事人可以随时解除合同,但是应当在合理期限之前通知对方。

第五百六十四条 【解除权行使期限】法律规定或者当事人约定解除权行使期限,期限届满当事人不行使的,该权利消灭。

法律没有规定或者当事人没有约定解除权行使期限,自解除权人知道或者应当知道解除事由之日起一年内不行使,或者经对方催告后在合理期限内不行使的,该权利消灭。

第五百六十五条 【合同解除权的行使规则】当事人一方依法主张解除合同的,应当通知对方。合同自通知到达对方时解除;通知载明债务人在一定期限内不履行债务则合同自动解除,债务人在该期限内未履行债务的,合同自通知载明的期限届满时解除。对方对解除合同有异议的,任何一方当事人均可以请求人民法院或者仲裁机构确认解除行为的效力。

当事人一方未通知对方,直接以提起诉讼或者申请仲裁的方式依法主张解除合同,人民法院或者仲裁机构确认该主张的,合同自起诉状副本或者仲裁申请书副本送达对方时解除。

第五百六十六条 【合同解除的法律后果】合同解除后,尚未履行的,终止履行;已经履行的,根据履行情况和合同性质,当事人可以请求恢复原状或者采取其他补救措施,并有权请求赔偿损失。

合同因违约解除的,解除权人可以请求违约方承担违约责任,但是当事人另有约定的除外。

主合同解除后,担保人对债务人应当承担的民事责任仍应当承担担保责任,但是担保合同另有约定的除外。

第五百六十七条 【结算、清理条款效力的独立性】合同的权利义务关系终止,不影响合同中结算和清理条款的效力。

第五百六十八条 【法定抵销】当事人互负债务,该债务的标的物种类、品质相同的,任何一方可以将自己的债务与对方的到期债务抵销;但是,根据债务性质、按照当事人约定或者依照法律规定不得抵销的除外。

当事人主张抵销的,应当通知对方。通知自到达对方时生效。抵销不得附条件或者附期限。

第五百六十九条 【约定抵销】当事人互负债务,标的物种类、品质不相同的,经协商一致,也可以抵销。

第五百七十条 【提存的条件】有下列情形之一,难以履行债务的,债务人可以将标的物提存:

(一)债权人无正当理由拒绝受领;
(二)债权人下落不明;
(三)债权人死亡未确定继承人、遗产管理人,或者丧失民事行为能力未确定监护人;
(四)法律规定的其他情形。

标的物不适于提存或者提存费用过高的,债务人依法可以拍卖或者变卖标的物,提存所得的价款。

第五百七十一条 【提存的成立】债务人将标的物或者将标的物依法拍卖、变卖所得价款交付提存部门时,提存成立。

提存成立的,视为债务人在其提存范围内已经交付标的物。

第五百七十二条 【提存的通知】标的物提存后,债务人应当及时通知债权人或者债权人的继承人、遗产管理人、监护人、财产代管人。

第五百七十三条 【提存期间风险、孳息和提存费用负担】标的物提存后,毁损、灭失的风险由债权人承担。提存期间,标的物的孳息归债权人所有。提存费用由债权人负担。

第五百七十四条 【提存物的领取与取回】债权人可以随时领取提存物。但是，债权人对债务人负有到期债务的，在债权人未履行债务或者提供担保之前，提存部门根据债务人的要求应当拒绝其领取提存物。

债权人领取提存物的权利，自提存之日起五年内不行使而消灭，提存物扣除提存费用后归国家所有。但是，债权人未履行对债务人的到期债务，或者债权人向提存部门书面表示放弃领取提存物权利的，债务人负担提存费用后有权取回提存物。

第五百七十五条 【债的免除】债权人免除债务人部分或者全部债务的，债权债务部分或者全部终止，但是债务人在合理期限内拒绝的除外。

第五百七十六条 【债权债务混同的处理】债权和债务同归于一人的，债权债务终止，但是损害第三人利益的除外。

第八章 违约责任

第五百七十七条 【违约责任的种类】当事人一方不履行合同义务或者履行合同义务不符合约定的，应当承担继续履行、采取补救措施或者赔偿损失等违约责任。

第五百七十八条 【预期违约责任】当事人一方明确表示或者以自己的行为表明不履行合同义务的，对方可以在履行期限届满前请求其承担违约责任。

第五百七十九条 【金钱债务的继续履行】当事人一方未支付价款、报酬、租金、利息，或者不履行其他金钱债务的，对方可以请求其支付。

第五百八十条 【非金钱债务的继续履行】当事人一方不履行非金钱债务或者履行非金钱债务不符合约定的，对方可以请求履行，但是有下列情形之一的除外：

（一）法律上或者事实上不能履行；

（二）债务的标的不适于强制履行或者履行费用过高；

（三）债权人在合理期限内未请求履行。

有前款规定的除外情形之一，致使不能实现合同目的的，人民法院或者仲裁机构可以根据当事人的请求终止合同权利义务关系，但是不影响违约责任的承担。

第五百八十一条 【替代履行】当事人一方不履行债务或者履行债务不符合约定，根据债务的性质不得强制履行的，对方可以请求其负担由第三人替代履行的费用。

第五百八十二条 【瑕疵履行违约责任】履行不符合约定的，应当按照当事人的约定承担违约责任。对违约责任没有约定或者约定不明确，依据本法第五百一十条的规定仍不能确定的，受损害方根据标的的性质以及损失的大小，可以合理选择请求对方承担修理、重作、更换、退货、减少价款或者报酬等违约责任。

第五百八十三条 【违约损害赔偿责任】当事人一方不履行合同义务或者履行合同义务不符合约定的，在履行义务或者采取补救措施后，对方还有其他损失的，应当赔偿损失。

第五百八十四条 【法定的违约赔偿损失】当事人一方不履行合同义务或者履行合同义务不符合约定，造成对方损失的，损失赔偿额应当相当于因违约所造成的损失，包括合同履行后可以获得的利益；但是，不得超过违约一方订立合同时预见到或者应当预见到的因违约可能造成的损失。

第五百八十五条 【违约金的约定】当事人可以约定一方违约时应当根据违约情况向对方支付一定数额的违约金，也可以约定因违约产生的损失赔偿额的计算方法。

约定的违约金低于造成的损失的，人民法院或者仲裁机构可以根据当事人的请求予以增加；约定的违约金过分高于造成的损失的，人民法院或者仲裁机构可以根据当事人的请求予以适当减少。

当事人就迟延履行约定违约金的，违约方支付违约金后，还应当履行债务。

第五百八十六条 【定金】当事人可以约定一方向对方给付定金作为债权的担保。定金合同自实际交付定金时成立。

定金的数额由当事人约定；但是，不得超过主合同标的额的百分之二十，超过部分不产生定金的效力。实际交付的定金数额多于或者少于约定数额的，视为变更约定的定金数额。

第五百八十七条 【定金罚则】债务人履行债务的，定金应当抵作价款或者收回。给付定金的一方不履行债务或者履行债务不符合约定，致使不能实现合同目的的，无权请求返还定金；收受定金的一方不履行债务或者履行债务不符合约定，致使不能实现合同目的的，应当双倍返还定金。

第五百八十八条 【违约金与定金竞合选择权】当事人既约定违约金，又约定定金的，一方违约时，对方可以选择适用违约金或者定金条款。

定金不足以弥补一方违约造成的损失的，对方可以请求赔偿超过定金数额的损失。

第五百八十九条 【债权人受领迟延】债务人按照约定履行债务,债权人无正当理由拒绝受领的,债务人可以请求债权人赔偿增加的费用。

在债权人受领迟延期间,债务人无须支付利息。

第五百九十条 【因不可抗力不能履行合同】当事人一方因不可抗力不能履行合同的,根据不可抗力的影响,部分或者全部免除责任,但是法律另有规定的除外。因不可抗力不能履行合同的,应当及时通知对方,以减轻可能给对方造成的损失,并应当在合理期限内提供证明。

当事人迟延履行后发生不可抗力的,不免除其违约责任。

第五百九十一条 【非违约方防止损失扩大义务】当事人一方违约后,对方应当采取适当措施防止损失的扩大;没有采取适当措施致使损失扩大的,不得就扩大的损失请求赔偿。

当事人因防止损失扩大而支出的合理费用,由违约方负担。

第五百九十二条 【双方违约和与有过错规则】当事人都违反合同的,应当各自承担相应的责任。

当事人一方违约造成对方损失,对方对损失的发生有过错的,可以减少相应的损失赔偿额。

第五百九十三条 【因第三人原因造成违约情况下的责任承担】当事人一方因第三人的原因造成违约的,应当依法向对方承担违约责任。当事人一方和第三人之间的纠纷,依照法律规定或者按照约定处理。

第五百九十四条 【国际贸易合同诉讼时效和仲裁时效】因国际货物买卖合同和技术进出口合同争议提起诉讼或者申请仲裁的时效期间为四年。

……

第十二章 借款合同

第六百六十七条 【借款合同的定义】借款合同是借款人向贷款人借款,到期返还借款并支付利息的合同。

第六百六十八条 【借款合同的形式和内容】借款合同应当采用书面形式,但是自然人之间借款另有约定的除外。

借款合同的内容一般包括借款种类、币种、用途、数额、利率、期限和还款方式等条款。

第六百六十九条 【借款合同借款人的告知义务】订立借款合同,借款人应当按照贷款人的要求提供与借款有关的业务活动和财务状况的真实情况。

第六百七十条 【借款利息不得预先扣除】借款的利息不得预先在本金中扣除。利息预先在本金中扣除的,应当按照实际借款数额返还借款并计算利息。

第六百七十一条 【提供及收取借款迟延责任】贷款人未按照约定的日期、数额提供借款,造成借款人损失的,应当赔偿损失。

借款人未按照约定的日期、数额收取借款的,应当按照约定的日期、数额支付利息。

第六百七十二条 【贷款人对借款使用情况检查、监督的权利】贷款人按照约定可以检查、监督借款的使用情况。借款人应当按照约定向贷款人定期提供有关财务会计报表或者其他资料。

第六百七十三条 【借款人违约使用借款的后果】借款人未按照约定的借款用途使用借款的,贷款人可以停止发放借款、提前收回借款或者解除合同。

第六百七十四条 【借款利息支付期限的确定】借款人应当按照约定的期限支付利息。对支付利息的期限没有约定或者约定不明确,依据本法第五百一十条的规定仍不能确定,借款期间不满一年的,应当在返还借款时一并支付;借款期间一年以上的,应当在每届满一年时支付,剩余期间不满一年的,应当在返还借款时一并支付。

第六百七十五条 【还款期限的确定】借款人应当按照约定的期限返还借款。对借款期限没有约定或者约定不明确,依据本法第五百一十条的规定仍不能确定的,借款人可以随时返还;贷款人可以催告借款人在合理期限内返还。

第六百七十六条 【借款合同违约责任承担】借款人未按照约定的期限返还借款的,应当按照约定或者国家有关规定支付逾期利息。

第六百七十七条 【提前偿还借款】借款人提前返还借款的,除当事人另有约定外,应当按照实际借款的期间计算利息。

第六百七十八条 【借款展期】借款人可以在还款期限届满前向贷款人申请展期;贷款人同意的,可以展期。

第六百七十九条 【自然人之间借款合同的成立】自然人之间的借款合同,自贷款人提供借款时成立。

第六百八十条 【借款利率和利息】禁止高利放贷,借款的利率不得违反国家有关规定。

借款合同对支付利息没有约定的,视为没有利息。

借款合同对支付利息约定不明确,当事人不能达成补充协议的,按照当地或者当事人的交易方式、交易习惯、市场利率等因素确定利息;自然人之间借款的,视为没有利息。

第十三章　保证合同
第一节　一般规定

第六百八十一条　【保证合同的概念】保证合同是为保障债权的实现，保证人和债权人约定，当债务人不履行到期债务或者发生当事人约定的情形时，保证人履行债务或者承担责任的合同。

第六百八十二条　【保证合同的附从性及被确认无效后的责任分配】保证合同是主债权债务合同的从合同。主债权债务合同无效的，保证合同无效，但是法律另有规定的除外。

保证合同被确认无效后，债务人、保证人、债权人有过错的，应当根据其过错各自承担相应的民事责任。

第六百八十三条　【保证人的资格】机关法人不得为保证人，但是经国务院批准为使用外国政府或者国际经济组织贷款进行转贷的除外。

以公益为目的的非营利法人、非法人组织不得为保证人。

第六百八十四条　【保证合同的一般内容】保证合同的内容一般包括被保证的主债权的种类、数额，债务人履行债务的期限，保证的方式、范围和期间等条款。

第六百八十五条　【保证合同的订立】保证合同可以是单独订立的书面合同，也可以是主债权债务合同中的保证条款。

第三人单方以书面形式向债权人作出保证，债权人接收且未提出异议的，保证合同成立。

第六百八十六条　【保证方式】保证的方式包括一般保证和连带责任保证。

当事人在保证合同中对保证方式没有约定或者约定不明确的，按照一般保证承担保证责任。

第六百八十七条　【一般保证及先诉抗辩权】当事人在保证合同中约定，债务人不能履行债务时，由保证人承担保证责任的，为一般保证。

一般保证的保证人在主合同纠纷未经审判或者仲裁，并就债务人财产依法强制执行仍不能履行债务前，有权拒绝向债权人承担保证责任，但是有下列情形之一的除外：

（一）债务人下落不明，且无财产可供执行；

（二）人民法院已经受理债务人破产案件；

（三）债权人有证据证明债务人的财产不足以履行全部债务或者丧失履行债务能力；

（四）保证人书面表示放弃本款规定的权利。

第六百八十八条　【连带责任保证】当事人在保证合同中约定保证人和债务人对债务承担连带责任的，为连带责任保证。

连带责任保证的债务人不履行到期债务或者发生当事人约定的情形时，债权人可以请求债务人履行债务，也可以请求保证人在其保证范围内承担保证责任。

第六百八十九条　【反担保】保证人可以要求债务人提供反担保。

第六百九十条　【最高额保证合同】保证人与债权人可以协商订立最高额保证的合同，约定在最高债权额限度内就一定期间连续发生的债权提供保证。

最高额保证除适用本章规定外，参照适用本法第二编最高额抵押权的有关规定。

第二节　保证责任

第六百九十一条　【保证责任的范围】保证的范围包括主债权及其利息、违约金、损害赔偿金和实现债权的费用。当事人另有约定的，按照其约定。

第六百九十二条　【保证期间】保证期间是确定保证人承担保证责任的期间，不发生中止、中断和延长。

债权人与保证人可以约定保证期间，但是约定的保证期间早于主债务履行期限或者与主债务履行期限同时届满的，视为没有约定；没有约定或者约定不明确的，保证期间为主债务履行期限届满之日起六个月。

债权人与债务人对主债务履行期限没有约定或者约定不明确的，保证期间自债权人请求债务人履行债务的宽限期届满之日起计算。

第六百九十三条　【保证期间届满的法律效果】一般保证的债权人未在保证期间对债务人提起诉讼或者申请仲裁的，保证人不再承担保证责任。

连带责任保证的债权人未在保证期间请求保证人承担保证责任的，保证人不再承担保证责任。

第六百九十四条　【保证债务的诉讼时效】一般保证的债权人在保证期间届满前对债务人提起诉讼或者申请仲裁的，从保证人拒绝承担保证责任的权利消灭之日起，开始计算保证债务的诉讼时效。

连带责任保证的债权人在保证期间届满前请求保证人承担保证责任的，从债权人请求保证人承担保证责任之日起，开始计算保证债务的诉讼时效。

第六百九十五条　【主合同变更对保证责任影响】债权人和债务人未经保证人书面同意，协商变更主债权债务合同内容，减轻债务的，保证人仍对变更后的债务承担保证责任；加重债务的，保证人对加重的部分不承担保证责任。

债权人和债务人变更主债权债务合同的履行期限,未经保证人书面同意的,保证期间不受影响。

第六百九十六条　【债权转让时保证人的保证责任】债权人转让全部或者部分债权,未通知保证人的,该转让对保证人不发生效力。

保证人与债权人约定禁止债权转让,债权人未经保证人书面同意转让债权的,保证人对受让人不再承担保证责任。

第六百九十七条　【债务承担对保证责任的影响】债权人未经保证人书面同意,允许债务人转移全部或者部分债务,保证人对未经其同意转移的债务不再承担保证责任,但是债权人和保证人另有约定的除外。

第三人加入债务的,保证人的保证责任不受影响。

第六百九十八条　【一般保证人免责】一般保证的保证人在主债务履行期限届满后,向债权人提供债务人可供执行财产的真实情况,债权人放弃或者怠于行使权利致使该财产不能被执行的,保证人在其提供可供执行财产的价值范围内不再承担保证责任。

第六百九十九条　【共同保证】同一债务有两个以上保证人的,保证人应当按照保证合同约定的保证份额,承担保证责任;没有约定保证份额的,债权人可以请求任何一个保证人在其保证范围内承担保证责任。

第七百条　【保证人的追偿权】保证人承担保证责任后,除当事人另有约定外,有权在其承担保证责任的范围内向债务人追偿,享有债权人对债务人的权利,但是不得损害债权人的利益。

第七百零一条　【保证人的抗辩权】保证人可以主张债务人对债权人的抗辩。债务人放弃抗辩的,保证人仍有权向债权人主张抗辩。

第七百零二条　【抵销权或撤销权范围内的免责】债务人对债权人享有抵销权或者撤销权的,保证人可以在相应范围内拒绝承担保证责任。

……

第十五章　融资租赁合同

第七百三十五条　【融资租赁合同的概念】融资租赁合同是出租人根据承租人对出卖人、租赁物的选择,向出卖人购买租赁物,提供给承租人使用,承租人支付租金的合同。

第七百三十六条　【融资租赁合同的内容】融资租赁合同的内容一般包括租赁物的名称、数量、规格、技术性能、检验方法,租赁期限,租金构成及其支付期限和方式、币种,租赁期限届满租赁物的归属等条款。

融资租赁合同应当采用书面形式。

第七百三十七条　【融资租赁通谋虚伪表示】当事人以虚构租赁物方式订立的融资租赁合同无效。

第七百三十八条　【特定租赁物经营许可对合同效力影响】依照法律、行政法规的规定,对于租赁物的经营使用应当取得行政许可的,出租人未取得行政许可不影响融资租赁合同的效力。

第七百三十九条　【融资租赁标的物的交付】出租人根据承租人对出卖人、租赁物的选择订立的买卖合同,出卖人应当按照约定向承租人交付标的物,承租人享有与受领标的物有关的买受人的权利。

第七百四十条　【承租人的拒绝受领权】出卖人违反向承租人交付标的物的义务,有下列情形之一的,承租人可以拒绝受领出卖人向其交付的标的物:

(一)标的物严重不符合约定;

(二)未按照约定交付标的物,经承租人或者出租人催告后在合理期限内仍未交付。

承租人拒绝受领标的物的,应当及时通知出租人。

第七百四十一条　【承租人的索赔权】出租人、出卖人、承租人可以约定,出卖人不履行买卖合同义务的,由承租人行使索赔的权利。承租人行使索赔权利的,出租人应当协助。

第七百四十二条　【承租人行使索赔权的租金支付义务】承租人对出卖人行使索赔权利,不影响其履行支付租金的义务。但是,承租人依赖出租人的技能确定租赁物或者出租人干预选择租赁物的,承租人可以请求减免相应租金。

第七百四十三条　【承租人索赔不能的违约责任承担】出租人有下列情形之一,致使承租人对出卖人行使索赔权利失败的,承租人有权请求出租人承担相应的责任:

(一)明知租赁物有质量瑕疵而不告知承租人;

(二)承租人行使索赔权利时,未及时提供必要协助。

出租人怠于行使只能由其对出卖人行使的索赔权利,造成承租人损失的,承租人有权请求出租人承担赔偿责任。

第七百四十四条　【出租人不得擅自变更买卖合同内容】出租人根据承租人对出卖人、租赁物的选择订立的买卖合同,未经承租人同意,出租人不得变更与承租人有关的合同内容。

第七百四十五条 【租赁物的登记对抗效力】出租人对租赁物享有的所有权,未经登记,不得对抗善意第三人。

第七百四十六条 【租金的确定规则】融资租赁合同的租金,除当事人另有约定外,应当根据购买租赁物的大部分或者全部成本以及出租人的合理利润确定。

第七百四十七条 【租赁物瑕疵担保责任】租赁物不符合约定或者不符合使用目的的,出租人不承担责任。但是,承租人依赖出租人的技能确定租赁物或者出租人干预选择租赁物的除外。

第七百四十八条 【出租人保证承租人占有和使用租赁物】出租人应当保证承租人对租赁物的占有和使用。

出租人有下列情形之一的,承租人有权请求其赔偿损失:

(一)无正当理由收回租赁物;

(二)无正当理由妨碍、干扰承租人对租赁物的占有和使用;

(三)因出租人的原因致使第三人对租赁物主张权利;

(四)不当影响承租人对租赁物占有和使用的其他情形。

第七百四十九条 【租赁物致人损害的责任承担】承租人占有租赁物期间,租赁物造成第三人人身损害或者财产损失的,出租人不承担责任。

第七百五十条 【租赁物的保管、使用、维修】承租人应当妥善保管、使用租赁物。

承租人应当履行占有租赁物期间的维修义务。

第七百五十一条 【承租人占有租赁物毁损、灭失的租金承担】承租人占有租赁物期间,租赁物毁损、灭失的,出租人有权请求承租人继续支付租金,但是法律另有规定或者当事人另有约定的除外。

第七百五十二条 【承租人支付租金的义务】承租人应当按照约定支付租金。承租人经催告后在合理期限内仍不支付租金的,出租人可以请求支付全部租金;也可以解除合同,收回租赁物。

第七百五十三条 【承租人擅自处分租赁物时出租人的解除权】承租人未经出租人同意,将租赁物转让、抵押、质押、投资入股或者以其他方式处分的,出租人可以解除融资租赁合同。

第七百五十四条 【出租人或承租人均可解除融资租赁合同情形】有下列情形之一的,出租人或者承租人可以解除融资租赁合同:

(一)出租人与出卖人订立的买卖合同解除、被确认无效或者被撤销,且未能重新订立买卖合同;

(二)租赁物因不可归责于当事人的原因毁损、灭失,且不能修复或者确定替代物;

(三)因出卖人的原因致使融资租赁合同的目的不能实现。

第七百五十五条 【承租人承担出租人损失赔偿责任情形】融资租赁合同因买卖合同解除、被确认无效或者被撤销而解除,出卖人、租赁物系由承租人选择的,出租人有权请求承租人赔偿相应损失;但是,因出租人原因致使买卖合同解除、被确认无效或者被撤销的除外。

出租人的损失已经在买卖合同解除、被确认无效或者被撤销时获得赔偿的,承租人不再承担相应的赔偿责任。

第七百五十六条 【租赁物意外毁损灭失】融资租赁合同因租赁物交付承租人后意外毁损、灭失等不可归责于当事人的原因解除的,出租人可以请求承租人按照租赁物折旧情况给予补偿。

第七百五十七条 【租赁期满租赁物的归属】出租人和承租人可以约定租赁期限届满租赁物的归属;对租赁物的归属没有约定或者约定不明确,依据本法第五百一十条的规定仍不能确定的,租赁物的所有权归出租人。

第七百五十八条 【承租人请求部分返还租赁物价值】当事人约定租赁期限届满租赁物归承租人所有,承租人已经支付大部分租金,但是无力支付剩余租金,出租人因此解除合同收回租赁物,收回的租赁物的价值超过承租人欠付的租金以及其他费用的,承租人可以请求相应返还。

当事人约定租赁期限届满租赁物归出租人所有,因租赁物毁损、灭失或者附合、混合于他物致使承租人不能返还的,出租人有权请求承租人给予合理补偿。

第七百五十九条 【支付象征性价款时的租赁物归属】当事人约定租赁期限届满,承租人仅需向出租人支付象征性价款的,视为约定的租金义务履行完毕后租赁物的所有权归承租人。

第七百六十条 【融资租赁合同无效时租赁物的归属】融资租赁合同无效,当事人就该情形下租赁物的归属有约定的,按照其约定;没有约定或者约定不明确的,租赁物应当返还出租人。但是,因承租人原因致使合同无效,出租人不请求返还或者返还后会显著降低租赁物效用的,租赁物的所有权归承租人,由承租人给予出租人合理补偿。

……

最高人民法院关于适用《中华人民共和国民法典》合同编通则若干问题的解释

- 2023 年 5 月 23 日最高人民法院审判委员会第 1889 次会议通过
- 2023 年 12 月 4 日最高人民法院公告公布
- 自 2023 年 12 月 5 日起施行
- 法释〔2023〕13 号

为正确审理合同纠纷案件以及非因合同产生的债权债务关系纠纷案件,依法保护当事人的合法权益,根据《中华人民共和国民法典》《中华人民共和国民事诉讼法》等相关法律规定,结合审判实践,制定本解释。

一、一般规定

第一条 人民法院依据民法典第一百四十二条第一款、第四百六十六条第一款的规定解释合同条款时,应当以词句的通常含义为基础,结合相关条款、合同的性质和目的、习惯以及诚信原则,参考缔约背景、磋商过程、履行行为等因素确定争议条款的含义。

有证据证明当事人之间对合同条款有不同于词句的通常含义的其他共同理解,一方主张按照词句的通常含义理解合同条款的,人民法院不予支持。

对合同条款有两种以上解释,可能影响该条款效力的,人民法院应当选择有利于该条款有效的解释;属于无偿合同的,应当选择对债务人负担较轻的解释。

第二条 下列情形,不违反法律、行政法规的强制性规定且不违背公序良俗的,人民法院可以认定为民法典所称的"交易习惯":

(一)当事人之间在交易活动中的惯常做法;

(二)在交易行为当地或者某一领域、某一行业通常采用并为交易对方订立合同时所知道或者应当知道的做法。

对于交易习惯,由提出主张的当事人一方承担举证责任。

二、合同的订立

第三条 当事人对合同是否成立存在争议,人民法院能够确定当事人姓名或者名称、标的和数量的,一般应当认定合同成立。但是,法律另有规定或者当事人另有约定的除外。

根据前款规定能够认定合同已经成立的,对合同欠缺的内容,人民法院应当依据民法典第五百一十条、第五百一十一条等规定予以确定。

当事人主张合同无效或者请求撤销、解除合同等,人民法院认为合同不成立的,应当依据《最高人民法院关于民事诉讼证据的若干规定》第五十三条的规定将合同是否成立作为焦点问题进行审理,并可以根据案件的具体情况重新指定举证期限。

第四条 采取招标方式订立合同,当事人请求确认合同自中标通知书到达中标人时成立的,人民法院应予支持。合同成立后,当事人拒绝签订书面合同的,人民法院应当依据招标文件、投标文件和中标通知书等确定合同内容。

采取现场拍卖、网络拍卖等公开竞价方式订立合同,当事人请求确认合同自拍卖师落槌、电子交易系统确认成交时成立的,人民法院应予支持。合同成立后,当事人拒绝签订成交确认书的,人民法院应当依据拍卖公告、竞买人的报价等确定合同内容。

产权交易所等机构主持拍卖、挂牌交易,其公布的拍卖公告、交易规则等文件公开确定了合同成立需要具备的条件,当事人请求确认合同自该条件具备时成立的,人民法院应予支持。

第五条 第三人实施欺诈、胁迫行为,使当事人在违背真实意思的情况下订立合同,受到损失的当事人请求第三人承担赔偿责任的,人民法院依法予以支持;当事人亦有违背诚信原则的行为的,人民法院应当根据各自的过错确定相应的责任。但是,法律、司法解释对当事人与第三人的民事责任另有规定的,依照其规定。

第六条 当事人以认购书、订购书、预订书等形式约定在将来一定期限内订立合同,或者为担保在将来一定期限内订立合同交付了定金,能够确定将来所要订立合同的主体、标的等内容的,人民法院应当认定预约合同成立。

当事人通过签订意向书或者备忘录等方式,仅表达交易的意向,未约定在将来一定期限内订立合同,或者虽然有约定但是难以确定将来所要订立合同的主体、标的等内容,一方主张预约合同成立的,人民法院不予支持。

当事人订立的认购书、订购书、预订书等已就合同标的、数量、价款或者报酬等主要内容达成合意,符合本解释第三条第一款规定的合同成立条件,未明确约定在将来一定期限内另行订立合同,或者虽然有约定但是当事人一方已实施履行行为且对方接受的,人民法院应当认定本约合同成立。

第七条 预约合同生效后,当事人一方拒绝订立本约合同或者在磋商订立本约合同时违背诚信原则导致未能订立本约合同的,人民法院应当认定该当事人不履行预约合同约定的义务。

人民法院认定当事人一方在磋商订立本约合同时是否违背诚信原则，应当综合考虑该当事人在磋商时提出的条件是否明显背离预约合同约定的内容以及是否已尽合理努力进行协商等因素。

第八条 预约合同生效后，当事人一方不履行订立本约合同的义务，对方请求其赔偿因此造成的损失的，人民法院依法予以支持。

前款规定的损失赔偿，当事人有约定的，按照约定；没有约定的，人民法院应当综合考虑预约合同在内容上的完备程度以及订立本约合同的条件的成就程度等因素酌定。

第九条 合同条款符合民法典第四百九十六条第一款规定的情形，当事人仅以合同系依据合同示范文本制作或者双方已经明确约定合同条款不属于格式条款为由主张该条款不是格式条款的，人民法院不予支持。

从事经营活动的当事人一方仅以未实际重复使用为由主张其预先拟定且未与对方协商的合同条款不是格式条款的，人民法院不予支持。但是，有证据证明该条款不是为了重复使用而预先拟定的除外。

第十条 提供格式条款的一方在合同订立时采用通常足以引起对方注意的文字、符号、字体等明显标识，提示对方注意免除或者减轻其责任、排除或者限制对方权利等与对方有重大利害关系的异常条款的，人民法院可以认定其已经履行民法典第四百九十六条第二款规定的提示义务。

提供格式条款的一方按照对方的要求，就与对方有重大利害关系的异常条款的概念、内容及其法律后果以书面或者口头形式向对方作出通常能够理解的解释说明的，人民法院可以认定其已经履行民法典第四百九十六条第二款规定的说明义务。

提供格式条款的一方对其已经尽到提示义务或者说明义务承担举证责任。对于通过互联网等信息网络订立的电子合同，提供格式条款的一方仅以采取了设置勾选、弹窗等方式为由主张其已经履行提示义务或者说明义务的，人民法院不予支持，但是其举证符合前两款规定的除外。

三、合同的效力

第十一条 当事人一方是自然人，根据该当事人的年龄、智力、知识、经验并结合交易的复杂程度，能够认定其对合同的性质、合同订立的法律后果或者交易中存在的特定风险缺乏应有的认知能力的，人民法院可以认定该情形构成民法典第一百五十一条规定的"缺乏判断能力"。

第十二条 合同依法成立后，负有报批义务的当事人不履行报批义务或者履行报批义务不符合合同的约定或者法律、行政法规的规定，对方请求其继续履行报批义务的，人民法院应予支持；对方主张解除合同并请求其承担违反报批义务的赔偿责任的，人民法院应予支持。

人民法院判决当事人一方履行报批义务后，其仍不履行，对方主张解除合同并参照违反合同的违约责任请求其承担赔偿责任的，人民法院应予支持。

合同获得批准前，当事人一方起诉请求对方履行合同约定的主要义务，经释明后拒绝变更诉讼请求的，人民法院应当判决驳回其诉讼请求，但是不影响其另行提起诉讼。

负有报批义务的当事人已经办理申请批准等手续或者已经履行生效判决确定的报批义务，批准机关决定不予批准，对方请求其承担赔偿责任的，人民法院不予支持。但是，因迟延履行报批义务等可归责于当事人的原因导致合同未获批准，对方请求赔偿因此受到的损失的，人民法院应当依据民法典第一百五十七条的规定处理。

第十三条 合同存在无效或者可撤销的情形，当事人以该合同已在有关行政管理部门办理备案、已经批准机关批准或者已依据该合同办理财产权利的变更登记、移转登记等为由主张合同有效的，人民法院不予支持。

第十四条 当事人之间就同一交易订立多份合同，人民法院应当认定其中以虚假意思表示订立的合同无效。当事人为规避法律、行政法规的强制性规定，以虚假意思表示隐藏真实意思表示的，人民法院应当依据民法典第一百五十三条第一款的规定认定被隐藏合同的效力；当事人为规避法律、行政法规关于合同应当办理批准等手续的规定，以虚假意思表示隐藏真实意思表示的，人民法院应当依据民法典第五百零二条第二款的规定认定被隐藏合同的效力。

依据前款规定认定被隐藏合同无效或者确定不发生效力的，人民法院应当以被隐藏合同为事实基础，依据民法典第一百五十七条的规定确定当事人的民事责任。但是，法律另有规定的除外。

当事人就同一交易订立的多份合同均系真实意思表示，且不存在其他影响合同效力情形的，人民法院应当在查明各合同成立先后顺序和实际履行情况的基础上，认定合同内容是否发生变更。法律、行政法规禁止变更合同内容的，人民法院应当认定合同的相应变更无效。

第十五条 人民法院认定当事人之间的权利义务关系，不应当拘泥于合同使用的名称，而应当根据合同约定的内容。当事人主张的权利义务关系与根据合同内容认定的权利义务关系不一致的，人民法院应当结合缔约背景、交易目的、交易结构、履行行为以及当事人是否存在虚构交易标的等事实认定当事人之间的实际民事法律关系。

第十六条 合同违反法律、行政法规的强制性规定，有下列情形之一，由行为人承担行政责任或者刑事责任能够实现强制性规定的立法目的的，人民法院可以依据民法典第一百五十三条第一款关于"该强制性规定不导致该民事法律行为无效的除外"的规定认定该合同不因违反强制性规定无效：

（一）强制性规定虽然旨在维护社会公共秩序，但是合同的实际履行对社会公共秩序造成的影响显著轻微，认定合同无效将导致案件处理结果有失公平公正；

（二）强制性规定旨在维护政府的税收、土地出让金等国家利益或者其他民事主体的合法利益而非合同当事人的民事权益，认定合同有效不会影响该规范目的的实现；

（三）强制性规定旨在要求当事人一方加强风险控制、内部管理等，对方无能力或者无义务审查合同是否违反强制性规定，认定合同无效将使其承担不利后果；

（四）当事人一方虽然在订立合同时违反强制性规定，但是在合同订立后其已经具备补正违反强制性规定的条件却违背诚信原则不予补正；

（五）法律、司法解释规定的其他情形。

法律、行政法规的强制性规定旨在规制合同订立后的履行行为，当事人以合同违反强制性规定为由请求认定合同无效的，人民法院不予支持。但是，合同履行必然导致违反强制性规定或者法律、司法解释另有规定的除外。

依据前两款认定合同有效，但是当事人的违法行为未经处理的，人民法院应当向有关行政管理部门提出司法建议。当事人的行为涉嫌犯罪的，应当将案件线索移送刑事侦查机关；属于刑事自诉案件的，应当告知当事人可以向有管辖权的人民法院另行提起诉讼。

第十七条 合同虽然不违反法律、行政法规的强制性规定，但是有下列情形之一，人民法院应当依据民法典第一百五十三条第二款的规定认定合同无效：

（一）合同影响政治安全、经济安全、军事安全等国家安全的；

（二）合同影响社会稳定、公平竞争秩序或者损害社会公共利益等违背社会公共秩序的；

（三）合同背离社会公德、家庭伦理或者有损人格尊严等违背善良风俗的。

人民法院在认定合同是否违背公序良俗时，应当以社会主义核心价值观为导向，综合考虑当事人的主观动机和交易目的、政府部门的监管强度、一定期限内当事人从事类似交易的频次、行为的社会后果等因素，并在裁判文书中充分说理。当事人确因生活需要进行交易，未给社会公共秩序造成重大影响，且不影响国家安全，也不违背善良风俗的，人民法院不应当认定合同无效。

第十八条 法律、行政法规的规定虽然有"应当""必须"或者"不得"等表述，但是该规定旨在限制或者赋予民事权利，行为人违反该规定将构成无权处分、无权代理、越权代表等，或者导致合同相对人、第三人因此获得撤销权、解除权等民事权利的，人民法院应当依据法律、行政法规规定的关于违反该规定的民事法律后果认定合同效力。

第十九条 以转让或者设定财产权利为目的订立的合同，当事人或者真正权利人仅以让与人在订立合同时对标的物没有所有权或者处分权为由主张合同无效的，人民法院不予支持；因未取得真正权利人事后同意或者让与人事后未取得处分权导致合同不能履行，受让人主张解除合同并请求让与人承担违反合同的赔偿责任的，人民法院依法予以支持。

前款规定的合同被认定有效，且让与人已经将财产交付或者移转登记至受让人，真正权利人请求认定财产权利未发生变动或者请求返还财产的，人民法院应予支持。但是，受让人依据民法典第三百一十一条等规定善意取得财产权利的除外。

第二十条 法律、行政法规为限制法人的法定代表人或者非法人组织的负责人的代表权，规定合同所涉事项应当由法人、非法人组织的权力机构或者决策机构决议，或者应当由法人、非法人组织的执行机构决定，法定代表人、负责人未取得授权而以法人、非法人组织的名义订立合同，未尽到合理审查义务的相对人主张该合同对法人、非法人组织发生效力并由其承担违约责任的，人民法院不予支持，但是法人、非法人组织有过错的，可以参照民法典第一百五十七条的规定判决其承担相应的赔偿责任。相对人已尽到合理审查义务，构成表见代表的，人民法院应当依据民法典第五百零四条的规定处理。

合同所涉事项未超越法律、行政法规规定的法定代表人或者负责人的代表权限，但是超越法人、非法人组织的章程或者权力机构等对代表权的限制，相对人主张该合同对法人、非法人组织发生效力并由其承担违约责任的，人民法院依法予以支持。但是，法人、非法人组织举证证明相对人知道或者应当知道该限制的除外。

法人、非法人组织承担民事责任后,向有过错的法定代表人、负责人追偿因越权代表行为造成的损失的,人民法院依法予以支持。法律、司法解释对法定代表人、负责人的民事责任另有规定的,依照其规定。

第二十一条 法人、非法人组织的工作人员就超越其职权范围的事项以法人、非法人组织的名义订立合同,相对人主张该合同对法人、非法人组织发生效力并由其承担违约责任的,人民法院不予支持。但是,法人、非法人组织有过错的,人民法院可以参照民法典第一百五十七条的规定判决其承担相应的赔偿责任。前述情形,构成表见代理的,人民法院应当依据民法典第一百七十二条的规定处理。

合同所涉事项有下列情形之一的,人民法院应当认定法人、非法人组织的工作人员在订立合同时超越其职权范围:

(一)依法应当由法人、非法人组织的权力机构或者决策机构决议的事项;

(二)依法应当由法人、非法人组织的执行机构决定的事项;

(三)依法应当由法定代表人、负责人代表法人、非法人组织实施的事项;

(四)不属于通常情形下依其职权可以处理的事项。

合同所涉事项未超越依据前款确定的职权范围,但是超越法人、非法人组织对工作人员职权范围的限制,相对人主张该合同对法人、非法人组织发生效力并由其承担违约责任的,人民法院应予支持。但是,法人、非法人组织举证证明相对人知道或者应当知道该限制的除外。

法人、非法人组织承担民事责任后,向故意或者有重大过失的工作人员追偿的,人民法院依法予以支持。

第二十二条 法定代表人、负责人或者工作人员以法人、非法人组织的名义订立合同且未超越权限,法人、非法人组织仅以合同加盖的印章不是备案印章或者系伪造的印章为由主张该合同对其不发生效力的,人民法院不予支持。

合同系以法人、非法人组织的名义订立,但是仅有法定代表人、负责人或者工作人员签名或者按指印而未加盖法人、非法人组织的印章,相对人能够证明法定代表人、负责人或者工作人员在订立合同时未超越权限的,人民法院应当认定合同对法人、非法人组织发生效力。但是,当事人约定以加盖印章作为合同成立条件的除外。

合同仅加盖法人、非法人组织的印章而无人员签名或者按指印,相对人能够证明合同系法定代表人、负责人或者工作人员在其权限范围内订立的,人民法院应当认定该合同对法人、非法人组织发生效力。

在前三款规定的情形下,法定代表人、负责人或者工作人员在订立合同时虽然超越代表或者代理权限,但是依据民法典第五百零四条的规定构成表见代表,或者依据民法典第一百七十二条的规定构成表见代理的,人民法院应当认定合同对法人、非法人组织发生效力。

第二十三条 法定代表人、负责人或者代理人与相对人恶意串通,以法人、非法人组织的名义订立合同,损害法人、非法人组织的合法权益,法人、非法人组织主张不承担民事责任的,人民法院应予支持。法人、非法人组织请求法定代表人、负责人或者代理人与相对人对因此受到的损失承担连带赔偿责任的,人民法院应予支持。

根据法人、非法人组织的举证,综合考虑当事人之间的交易习惯、合同在订立时是否显失公平、相关人员是否获取了不正当利益、合同的履行情况等因素,人民法院能够认定法定代表人、负责人或者代理人与相对人存在恶意串通的高度可能性的,可以要求前述人员就合同订立、履行的过程等相关事实作出陈述或者提供相应的证据。其无正当理由拒绝作出陈述,或者所作陈述不具合理性又不能提供相应证据的,人民法院可以认定恶意串通的事实成立。

第二十四条 合同不成立、无效、被撤销或者确定不发生效力,当事人请求返还财产,经审查财产能够返还的,人民法院应当根据案件具体情况,单独或者合并适用返还占有的标的物、更正登记簿册记载等方式;经审查财产不能返还或者没有必要返还的,人民法院应当以认定合同不成立、无效、被撤销或者确定不发生效力之日该财产的市场价值或者以其他合理方式计算的价值为基准判决折价补偿。

除前款规定的情形外,当事人还请求赔偿损失的,人民法院应当结合财产返还或者折价补偿的情况,综合考虑财产增值收益和贬值损失、交易成本的支出等事实,按照双方当事人的过错程度及原因力大小,根据诚信原则和公平原则,合理确定损失赔偿额。

合同不成立、无效、被撤销或者确定不发生效力,当事人的行为涉嫌违法且未经处理,可能导致一方或者双方通过违法行为获得不当利益的,人民法院应当向有关行政管理部门提出司法建议。当事人的行为涉嫌犯罪的,应当将案件线索移送刑事侦查机关;属于刑事自诉案件的,应当告知当事人可以向有管辖权的人民法院另行提起诉讼。

第二十五条 合同不成立、无效、被撤销或者确定不发生效力，有权请求返还价款或者报酬的当事人一方请求对方支付资金占用费的，人民法院应当在当事人请求的范围内按照中国人民银行授权全国银行间同业拆借中心公布的一年期贷款市场报价利率（LPR）计算。但是，占用资金的当事人对于合同不成立、无效、被撤销或者确定不发生效力没有过错，应当以中国人民银行公布的同期同类存款基准利率计算。

双方互负返还义务，当事人主张同时履行的，人民法院应予支持；占有标的物的一方对标的物存在使用或者依法可以使用的情形，对方请求将其应支付的资金占用费与应收取的标的物使用费相互抵销的，人民法院应予支持，但是法律另有规定的除外。

四、合同的履行

第二十六条 当事人一方未根据法律规定或者合同约定履行开具发票、提供证明文件等非主要债务，对方请求继续履行该债务并赔偿因怠于履行该债务造成的损失的，人民法院依法予以支持；对方请求解除合同的，人民法院不予支持，但是不履行该债务致使不能实现合同目的或者当事人另有约定的除外。

第二十七条 债务人或者第三人与债权人在债务履行期限届满后达成以物抵债协议，不存在影响合同效力情形的，人民法院应当认定该协议自当事人意思表示一致时生效。

债务人或者第三人履行以物抵债协议后，人民法院应当认定相应的原债务同时消灭；债务人或者第三人未按照约定履行以物抵债协议，经催告后在合理期限内仍不履行，债权人选择请求履行原债务或者以物抵债协议的，人民法院应予支持，但是法律另有规定或者当事人另有约定的除外。

前款规定的以物抵债协议经人民法院确认或者人民法院根据当事人达成的以物抵债协议制作成调解书，债权人主张财产权利自确认书、调解书生效时发生变动或者具有对抗善意第三人效力的，人民法院不予支持。

债务人或者第三人以自己不享有所有权或者处分权的财产权利订立以物抵债协议的，依据本解释第十九条的规定处理。

第二十八条 债务人或者第三人与债权人在债务履行期限届满前达成以物抵债协议的，人民法院应当在审理债权债务关系的基础上认定该协议的效力。

当事人约定债务人到期没有清偿债务，债权人可以对抵债财产拍卖、变卖、折价以实现债权的，人民法院应当认定该约定有效。当事人约定债务人到期没有清偿债务，抵债财产归债权人所有的，人民法院应当认定该约定无效，但是不影响其他部分的效力；债权人请求对抵债财产拍卖、变卖、折价以实现债权的，人民法院应予支持。

当事人订立前款规定的以物抵债协议后，债务人或者第三人未将财产权利转移至债权人名下，债权人主张优先受偿的，人民法院不予支持；债务人或者第三人已将财产权利转移至债权人名下的，依据《最高人民法院关于适用〈中华人民共和国民法典〉有关担保制度的解释》第六十八条的规定处理。

第二十九条 民法典第五百二十二条第二款规定的第三人请求债务人向自己履行债务的，人民法院应予支持；请求行使撤销权、解除权等民事权利的，人民法院不予支持，但是法律另有规定的除外。

合同依法被撤销或者被解除，债务人请求债权人返还财产的，人民法院应予支持。

债务人按照约定向第三人履行债务，第三人拒绝受领，债权人请求债务人向自己履行债务的，人民法院应予支持，但是债务人已经采取提存等方式消灭债务的除外。第三人拒绝受领或者受领迟延，债务人请求债权人赔偿因此造成的损失的，人民法院依法予以支持。

第三十条 下列民事主体，人民法院可以认定为民法典第五百二十四条第一款规定的对履行债务具有合法利益的第三人：

（一）保证人或者提供物的担保的第三人；

（二）担保财产的受让人、用益物权人、合法占有人；

（三）担保财产上的后顺位担保权人；

（四）对债务人的财产享有合法权益且该权益将因财产被强制执行而丧失的第三人；

（五）债务人为法人或者非法人组织的，其出资人或者设立人；

（六）债务人为自然人的，其近亲属；

（七）其他对履行债务具有合法利益的第三人。

第三人在其已经代为履行的范围内取得对债务人的债权，但是不得损害债权人的利益。

担保人代为履行债务取得债权后，向其他担保人主张担保权利的，依据《最高人民法院关于适用〈中华人民共和国民法典〉有关担保制度的解释》第十三条、第十四条、第十八条第二款等规定处理。

第三十一条 当事人互负债务，一方以对方没有履行非主要债务为由拒绝履行自己的主要债务的，人民法院不予支持。但是,对方不履行非主要债务致使不能实现合同目的或者当事人另有约定的除外。

当事人一方起诉请求对方履行债务,被告依据民法典第五百二十五条的规定主张双方同时履行的抗辩且抗辩成立,被告未提起反诉的,人民法院应当判决被告在原告履行债务的同时履行自己的债务,并在判项中明确原告申请强制执行的,人民法院应当在原告履行自己的债务后对被告采取执行行为;被告提起反诉的,人民法院应当判决双方同时履行自己的债务,并在判项中明确任何一方申请强制执行的,人民法院应当在该当事人履行自己的债务后对对方采取执行行为。

当事人一方起诉请求对方履行债务,被告依据民法典第五百二十六条的规定主张原告应先履行的抗辩且抗辩成立的,人民法院应当驳回原告的诉讼请求,但是不影响原告履行债务后另行提起诉讼。

第三十二条　合同成立后,因政策调整或者市场供求关系异常变动等原因导致价格发生当事人在订立合同时无法预见的、不属于商业风险的涨跌,继续履行合同对于当事人一方明显不公平的,人民法院应当认定合同的基础条件发生了民法典第五百三十三条第一款规定的"重大变化"。但是,合同涉及市场属性活跃、长期以来价格波动较大的大宗商品以及股票、期货等风险投资型金融产品的除外。

合同的基础条件发生了民法典第五百三十三条第一款规定的重大变化,当事人请求变更合同的,人民法院不得解除合同;当事人一方请求变更合同,对方请求解除合同的,或者当事人一方请求解除合同,对方请求变更合同的,人民法院应当结合案件的实际情况,根据公平原则判决变更或者解除合同。

人民法院依据民法典第五百三十三条的规定判决变更或者解除合同的,应当综合考虑合同基础条件发生重大变化的时间、当事人重新协商的情况以及因合同变更或者解除给当事人造成的损失等因素,在判项中明确合同变更或者解除的时间。

当事人事先约定排除民法典第五百三十三条适用的,人民法院应当认定该约定无效。

五、合同的保全

第三十三条　债务人不履行其对债权人的到期债务,又不以诉讼或者仲裁方式向相对人主张其享有的债权或者与该债权有关的从权利,致使债权人的到期债权未能实现的,人民法院可以认定为民法典第五百三十五条规定的"债务人怠于行使其债权或者与该债权有关的从权利,影响债权人的到期债权实现"。

第三十四条　下列权利,人民法院可以认定为民法典第五百三十五条第一款规定的专属于债务人自身的权利:

(一)抚养费、赡养费或者扶养费请求权;

(二)人身损害赔偿请求权;

(三)劳动报酬请求权,但是超过债务人及其所扶养家属的生活必需费用的部分除外;

(四)请求支付基本养老保险金、失业保险金、最低生活保障金等保障当事人基本生活的权利;

(五)其他专属于债务人自身的权利。

第三十五条　债权人依据民法典第五百三十五条的规定对债务人的相对人提起代位权诉讼的,由被告住所地人民法院管辖,但是依法应当适用专属管辖规定的除外。

债务人或者相对人以双方之间的债权债务关系订有管辖协议为由提出异议的,人民法院不予支持。

第三十六条　债权人提起代位权诉讼后,债务人或者相对人以双方之间的债权债务关系订有仲裁协议为由对法院主管提出异议的,人民法院不予支持。但是,债务人或者相对人在首次开庭前就债务人与相对人之间的债权债务关系申请仲裁的,人民法院可以依法中止代位权诉讼。

第三十七条　债权人以债务人的相对人为被告向人民法院提起代位权诉讼,未将债务人列为第三人的,人民法院应当追加债务人为第三人。

两个以上债权人以债务人的同一相对人为被告提起代位权诉讼的,人民法院可以合并审理。债务人对相对人享有的债权不足以清偿其对两个以上债权人负担的债务的,人民法院应当按照债权人享有的债权比例确定相对人的履行份额,但是法律另有规定的除外。

第三十八条　债权人向人民法院起诉债务人后,又向同一人民法院对债务人的相对人提起代位权诉讼,属于该人民法院管辖的,可以合并审理。不属于该人民法院管辖的,应当告知其向有管辖权的人民法院另行起诉;在起诉债务人的诉讼终结前,代位权诉讼应当中止。

第三十九条　在代位权诉讼中,债务人对超过债权人代位请求数额的债权部分起诉相对人,属于同一人民法院管辖的,可以合并审理。不属于同一人民法院管辖的,应当告知其向有管辖权的人民法院另行起诉;在代位权诉讼终结前,债务人对相对人的诉讼应当中止。

第四十条　代位权诉讼中,人民法院经审理认为债权人的主张不符合代位权行使条件的,应当驳回诉讼请求,但是不影响债权人根据新的事实再次起诉。

债务人的相对人仅以债权人提起代位权诉讼时债权人与债务人之间的债权债务关系未经生效法律文书确认为由,主张债权人提起的诉讼不符合代位权行使条件的,人民法院不予支持。

第四十一条 债权人提起代位权诉讼后,债务人无正当理由减免相对人的债务或者延长相对人的履行期限,相对人以此向债权人抗辩的,人民法院不予支持。

第四十二条 对于民法典第五百三十九条规定的"明显不合理"的低价或者高价,人民法院应当按照交易当地一般经营者的判断,并参考交易时交易地的市场交易价或者物价部门指导价予以认定。

转让价格未达到交易时交易地的市场交易价或者指导价百分之七十的,一般可以认定为"明显不合理的低价";受让价格高于交易时交易地的市场交易价或者指导价百分之三十的,一般可以认定为"明显不合理的高价"。

债务人与相对人存在亲属关系、关联关系的,不受前款规定的百分之七十、百分之三十的限制。

第四十三条 债务人以明显不合理的价格,实施互易财产、以物抵债、出租或者承租财产、知识产权许可使用等行为,影响债权人的债权实现,债务人的相对人知道或者应当知道该情形,债权人请求撤销债务人的行为的,人民法院应当依据民法典第五百三十九条的规定予以支持。

第四十四条 债权人依据民法典第五百三十八条、第五百三十九条的规定提起撤销权诉讼的,应当以债务人和债务人的相对人为共同被告,由债务人或者相对人的住所地人民法院管辖,但是依法应当适用专属管辖规定的除外。

两个以上债权人就债务人的同一行为提起撤销权诉讼的,人民法院可以合并审理。

第四十五条 在债权人撤销权诉讼中,被撤销行为的标的可分,当事人主张在受影响的债权范围内撤销债务人的行为的,人民法院应予支持;被撤销行为的标的不可分,债权人主张将债务人的行为全部撤销的,人民法院应予支持。

债权人行使撤销权所支付的合理的律师代理费、差旅费等费用,可以认定为民法典第五百四十条规定的"必要费用"。

第四十六条 债权人在撤销权诉讼中同时请求债务人的相对人向债务人承担返还财产、折价补偿、履行到期债务等法律后果的,人民法院依法予以支持。

债权人请求受理撤销权诉讼的人民法院一并审理其与债务人之间的债权债务关系,属于该人民法院管辖的,可以合并审理。不属于该人民法院管辖的,应当告知其向有管辖权的人民法院另行起诉。

债权人依据其与债务人的诉讼、撤销权诉讼产生的生效法律文书申请强制执行的,人民法院可以就债务人对相对人享有的权利采取强制执行措施以实现债权人的债权。债权人在撤销权诉讼中,申请对相对人的财产采取保全措施的,人民法院依法予以准许。

六、合同的变更和转让

第四十七条 债权转让后,债务人向受让人主张其对让与人的抗辩的,人民法院可以追加让与人为第三人。

债务转移后,新债务人主张原债务人对债权人的抗辩的,人民法院可以追加原债务人为第三人。

当事人一方将合同权利义务一并转让后,对方就合同权利义务向受让人主张抗辩或者受让人就合同权利义务向对方主张抗辩的,人民法院可以追加让与人为第三人。

第四十八条 债务人在接到债权转让通知前已经向让与人履行,受让人请求债务人履行的,人民法院不予支持;债务人接到债权转让通知后仍然向让与人履行,受让人请求债务人履行的,人民法院应予支持。

让与人未通知债务人,受让人直接起诉债务人请求履行债务,人民法院经审理确认债权转让事实的,应当认定债权转让自起诉状副本送达时对债务人发生效力。债务人主张因未通知而给其增加的费用或者造成的损失从认定的债权数额中扣除的,人民法院依法予以支持。

第四十九条 债务人接到债权转让通知后,让与人以债权转让合同不成立、无效、被撤销或者确定不发生效力为由请求债务人向其履行的,人民法院不予支持。但是,该债权转让通知被依法撤销的除外。

受让人基于债务人对债权真实存在的确认受让债权后,债务人又以该债权不存在为由拒绝向受让人履行的,人民法院不予支持。但是,受让人知道或者应当知道该债权不存在的除外。

第五十条 让与人将同一债权转让给两个以上受让人,债务人以已经向最先通知的受让人履行为由主张其不再履行债务的,人民法院应予支持。债务人明知接受履行的受让人不是最先通知的受让人,最先通知的受让人请求债务人继续履行债务或者依据债权转让协议请求让与人承担违约责任的,人民法院应予支持;最先通知的受让人请求接受履行的受让人返还其接受的财产的,人民法院不予支持,但是接受履行的受让人明知该债权在其受让前已经转让给其他受让人的除外。

前款所称最先通知的受让人,是指最先到达债务人的转让通知中载明的受让人。当事人之间对通知到达时间有争议的,人民法院应当结合通知的方式等因素综合判断,而不能仅根据债务人认可的通知时间或者通知记载的时间予以认定。当事人采用邮寄、通讯电子系统等方式发出通知的,人民法院应当以邮戳时间或者通讯电子系统记载的时间等作为认定通知到达时间的依据。

第五十一条 第三人加入债务并与债务人约定了追偿权,其履行债务后主张向债务人追偿的,人民法院应予支持;没有约定追偿权,第三人依照民法典关于不当得利等的规定,在其已经向债权人履行债务的范围内请求债务人向其履行的,人民法院应予支持,但是第三人知道或者应当知道加入债务会损害债务人利益的除外。

债务人就其对债权人享有的抗辩向加入债务的第三人主张的,人民法院应予支持。

七、合同的权利义务终止

第五十二条 当事人就解除合同协商一致时未对合同解除后的违约责任、结算和清理等问题作出处理,一方主张合同已经解除的,人民法院应予支持。但是,当事人另有约定的除外。

有下列情形之一的,除当事人一方另有意思表示外,人民法院可以认定合同解除:

(一)当事人一方主张行使法律规定或者合同约定的解除权,经审理认为不符合解除权行使条件但是对方同意解除;

(二)双方当事人均不符合解除权行使的条件但是均主张解除合同。

前两款情形下的违约责任、结算和清理等问题,人民法院应当依据民法典第五百六十六条、第五百六十七条和有关违约责任的规定处理。

第五十三条 当事人一方以通知方式解除合同,并以对方未在约定的异议期限或者其他合理期限内提出异议为由主张合同已经解除的,人民法院应当对其是否享有法律规定或者合同约定的解除权进行审查。经审查,享有解除权的,合同自通知到达对方时解除;不享有解除权的,不发生合同解除的效力。

第五十四条 当事人一方未通知对方,直接以提起诉讼的方式主张解除合同,撤诉后再次起诉主张解除合同,人民法院经审理支持该主张的,合同自再次起诉的起诉状副本送达对方时解除。但是,当事人一方撤诉后又通知对方解除合同且该通知已经到达对方的除外。

第五十五条 当事人一方依据民法典第五百六十八条的规定主张抵销,人民法院经审理认为抵销权成立的,应当认定通知到达对方时双方互负的主债务、利息、违约金或者损害赔偿金等债务在同等数额内消灭。

第五十六条 行使抵销权的一方负担的数项债务种类相同,但是享有的债权不足以抵销全部债务,当事人因抵销的顺序发生争议的,人民法院可以参照民法典第五百六十条的规定处理。

行使抵销权的一方享有的债权不足以抵销其负担的包括主债务、利息、实现债权的有关费用在内的全部债务,当事人因抵销的顺序发生争议的,人民法院可以参照民法典第五百六十一条的规定处理。

第五十七条 因侵害自然人人身权益,或者故意、重大过失侵害他人财产权益产生的损害赔偿债务,侵权人主张抵销的,人民法院不予支持。

第五十八条 当事人互负债务,一方以其诉讼时效期间已经届满的债权通知对方主张抵销,对方提出诉讼时效抗辩的,人民法院对该抗辩应予支持。一方的债权诉讼时效期间已经届满,对方主张抵销的,人民法院应予支持。

八、违约责任

第五十九条 当事人一方依据民法典第五百八十条第二款的规定请求终止合同权利义务关系的,人民法院一般应当以起诉状副本送达对方的时间作为合同权利义务关系终止的时间。根据案件的具体情况,以其他时间作为合同权利义务关系终止的时间更加符合公平原则和诚信原则的,人民法院可以以该时间作为合同权利义务关系终止的时间,但是应当在裁判文书中充分说明理由。

第六十条 人民法院依据民法典第五百八十四条的规定确定合同履行后可以获得的利益时,可以在扣除非违约方为订立、履行合同支出的费用等合理成本后,按照非违约方能够获得的生产利润、经营利润或者转售利润等计算。

非违约方依法行使合同解除权并实施了替代交易,主张按照替代交易价格与合同价格的差额确定合同履行后可以获得的利益的,人民法院依法予以支持;替代交易价格明显偏离替代交易发生时当地的市场价格,违约方主张按照市场价格与合同价格的差额确定合同履行后可以获得的利益的,人民法院应予支持。

非违约方依法行使合同解除权但是未实施替代交易,主张按照违约行为发生后合理期间内合同履行地的市场价格与合同价格的差额确定合同履行后可以获得的利益的,人民法院应予支持。

第六十一条 在以持续履行的债务为内容的定期合同中,一方不履行支付价款、租金等金钱债务,对方请求解除合同,人民法院经审理认为合同应当依法解除的,可以根据当事人的主张,参考合同主体、交易类型、市场价格变化、剩余履行期限等因素确定非违约方寻找替代交易的合理期限,并按照该期限对应的价款、租金等扣除非违约方应当支付的相应履约成本确定合同履行后可以获得的利益。

非违约方主张按照合同解除后剩余履行期限相应的价款、租金等扣除履约成本确定合同履行后可以获得的利益的,人民法院不予支持。但是,剩余履行期限少于寻找替代交易的合理期限的除外。

第六十二条 非违约方在合同履行后可以获得的利益难以根据本解释第六十条、第六十一条的规定予以确定的,人民法院可以综合考虑违约方因违约获得的利益、违约方的过错程度、其他违约情节等因素,遵循公平原则和诚信原则确定。

第六十三条 在认定民法典第五百八十四条规定的"违约一方订立合同时预见到或者应当预见到的因违约可能造成的损失"时,人民法院应当根据当事人订立合同的目的,综合考虑合同主体、合同内容、交易类型、交易习惯、磋商过程等因素,按照与违约方处于相同或者类似情况的民事主体在订立合同时预见到或者应当预见到的损失予以确定。

除合同履行后可以获得的利益外,非违约方主张还有其向第三人承担违约责任应当支出的额外费用等其他因违约所造成的损失,并请求违约方赔偿,经审理认为该损失系违约一方订立合同时预见到或者应当预见到的,人民法院应予支持。

在确定违约损失赔偿额时,违约方主张扣除非违约方未采取适当措施导致的扩大损失、非违约方也有过错造成的相应损失、非违约方因违约获得的额外利益或者减少的必要支出的,人民法院依法予以支持。

第六十四条 当事人一方通过反诉或者抗辩的方式,请求调整违约金的,人民法院依法予以支持。

违约方主张约定的违约金过分高于违约造成的损失,请求予以适当减少的,应当承担举证责任。非违约方主张约定的违约金合理的,也应当提供相应的证据。

当事人仅以合同约定不得对违约金进行调整为由主张不予调整违约金的,人民法院不予支持。

第六十五条 当事人主张约定的违约金过分高于违约造成的损失,请求予以适当减少的,人民法院应当以民法典第五百八十四条规定的损失为基础,兼顾合同主体、交易类型、合同的履行情况、当事人的过错程度、履约背景等因素,遵循公平原则和诚信原则进行衡量,并作出裁判。

约定的违约金超过造成损失的百分之三十的,人民法院一般可以认定为过分高于造成的损失。

恶意违约的当事人一方请求减少违约金的,人民法院一般不予支持。

第六十六条 当事人一方请求对方支付违约金,对方以合同不成立、无效、被撤销、确定不发生效力、不构成违约或者非违约方不存在损失等为由抗辩,未主张调整过高的违约金的,人民法院应当就若不支持该抗辩,当事人是否请求调整违约金进行释明。第一审人民法院认为抗辩成立且未予释明,第二审人民法院认为应当判决支付违约金的,可以直接释明,并根据当事人的请求,在当事人就是否应当调整违约金充分举证、质证、辩论后,依法判决适当减少违约金。

被告因客观原因在第一审程序中未到庭参加诉讼,但是在第二审程序中到庭参加诉讼并请求减少违约金的,第二审人民法院可以在当事人就是否应当调整违约金充分举证、质证、辩论后,依法判决适当减少违约金。

第六十七条 当事人交付留置金、担保金、保证金、订约金、押金或者订金等,但是没有约定定金性质,一方主张适用民法典第五百八十七条规定的定金罚则的,人民法院不予支持。当事人约定了定金性质,但是未约定定金类型或者约定不明,一方主张为违约定金的,人民法院应予支持。

当事人约定以交付定金作为订立合同的担保,一方拒绝订立合同或者在磋商订立合同时违背诚信原则导致未能订立合同,对方主张适用民法典第五百八十七条规定的定金罚则的,人民法院应予支持。

当事人约定以交付定金作为合同成立或者生效条件,应当交付定金的一方未交付定金,但是合同主要义务已经履行完毕并为对方所接受的,人民法院应当认定合同在对方接受履行时已经成立或者生效。

当事人约定定金性质为解约定金,交付定金的一方主张以丧失定金为代价解除合同的,或者收受定金的一方主张以双倍返还定金为代价解除合同的,人民法院应予支持。

第六十八条 双方当事人均具有致使不能实现合同目的的违约行为,其中一方请求适用定金罚则的,人民法院不予支持。当事人一方仅有轻微违约,对方具有致使不能实现合同目的的违约行为,轻微违约方主张适用定金罚则,对方以轻微违约方也构成违约为由抗辩的,人民法院对该抗辩不予支持。

当事人一方已经部分履行合同,对方接受并主张按照未履行部分所占比例适用定金罚则的,人民法院应予支持。对方主张按照合同整体适用定金罚则的,人民法院不予支持,但是部分未履行致使不能实现合同目的的除外。

因不可抗力致使合同不能履行,非违约方主张适用定金罚则的,人民法院不予支持。

九、附 则

第六十九条 本解释自2023年12月5日起施行。

民法典施行后的法律事实引起的民事案件,本解释施行后尚未终审的,适用本解释;本解释施行前已经终审,当事人申请再审或者按照审判监督程序决定再审的,不适用本解释。

最高人民法院关于适用《中华人民共和国民法典》有关担保制度的解释

· 2020年12月25日最高人民法院审判委员会第1824次会议通过
· 2020年12月31日最高人民法院公告公布
· 自2021年1月1日起施行
· 法释〔2020〕28号

为正确适用《中华人民共和国民法典》有关担保制度的规定,结合民事审判实践,制定本解释。

一、关于一般规定

第一条 因抵押、质押、留置、保证等担保发生的纠纷,适用本解释。所有权保留买卖、融资租赁、保理等涉及担保功能发生的纠纷,适用本解释的有关规定。

第二条 当事人在担保合同中约定担保合同的效力独立于主合同,或者约定担保人对主合同无效的法律后果承担担保责任,该有关担保独立性的约定无效。主合同有效的,有关担保独立性的约定无效不影响担保合同的效力;主合同无效的,人民法院应当认定担保合同无效,但是法律另有规定的除外。

因金融机构开立的独立保函发生的纠纷,适用《最高人民法院关于审理独立保函纠纷案件若干问题的规定》。

第三条 当事人对担保责任的承担约定专门的违约责任,或者约定的担保责任范围超出债务人应当承担的责任范围,担保人主张仅在债务人应当承担的责任范围内承担责任的,人民法院应予支持。

担保人承担的责任超出债务人应当承担的责任范围,担保人向债务人追偿,债务人主张仅在其应当承担的责任范围内承担责任的,人民法院应予支持;担保人请求债权人返还超出部分的,人民法院依法予以支持。

第四条 有下列情形之一,当事人将担保物权登记在他人名下,债务人不履行到期债务或者发生当事人约定的实现担保物权的情形,债权人或者其受托人主张就该财产优先受偿的,人民法院依法予以支持:

(一)为债券持有人提供的担保物权登记在债券受托管理人名下;

(二)为委托贷款人提供的担保物权登记在受托人名下;

(三)担保人知道债权人与他人之间存在委托关系的其他情形。

第五条 机关法人提供担保的,人民法院应当认定担保合同无效,但是经国务院批准为使用外国政府或者国际经济组织贷款进行转贷的除外。

居民委员会、村民委员会提供担保的,人民法院应当认定担保合同无效,但是依法代行村集体经济组织职能的村民委员会,依照村民委员会组织法规定的讨论决定程序对外提供担保的除外。

第六条 以公益为目的的非营利性学校、幼儿园、医疗机构、养老机构等提供担保的,人民法院应当认定担保合同无效,但是有下列情形之一的除外:

(一)在购入或者以融资租赁方式承租教育设施、医疗卫生设施、养老服务设施和其他公益设施时,出卖人、出租人为担保价款或者租金实现而在该公益设施上保留所有权;

(二)以教育设施、医疗卫生设施、养老服务设施和其他公益设施以外的不动产、动产或者财产权利设立担保物权。

登记为营利法人的学校、幼儿园、医疗机构、养老机构等提供担保,当事人以其不具有担保资格为由主张担保合同无效的,人民法院不予支持。

第七条 公司的法定代表人违反公司法关于公司对外担保决议程序的规定,超越权限代表公司与相对人订立担保合同,人民法院应当依照民法典第六十一条和第五百零四条等规定处理:

(一)相对人善意的,担保合同对公司发生效力;相对人请求公司承担担保责任的,人民法院应予支持。

(二)相对人非善意的,担保合同对公司不发生效力;相对人请求公司承担赔偿责任的,参照适用本解释第十七条的有关规定。

法定代表人超越权限提供担保造成公司损失,公司请求法定代表人承担赔偿责任的,人民法院应予支持。

第一款所称善意,是指相对人在订立担保合同时不知道且不应当知道法定代表人超越权限。相对人有证据证明对公司决议进行了合理审查,人民法院应当认定其构成善意,但是公司有证据证明相对人知道或者应当知道决议系伪造、变造的除外。

第八条 有下列情形之一,公司以其未依照公司法关于公司对外担保的规定作出决议为由主张不承担担保责任的,人民法院不予支持:

(一)金融机构开立保函或者担保公司提供担保;

(二)公司为其全资子公司开展经营活动提供担保;

(三)担保合同系由单独或者共同持有公司三分之二以上对担保事项有表决权的股东签字同意。

上市公司对外提供担保,不适用前款第二项、第三项的规定。

第九条 相对人根据上市公司公开披露的关于担保事项已经董事会或者股东大会决议通过的信息,与上市公司订立担保合同,相对人主张担保合同对上市公司发生效力,并由上市公司承担担保责任的,人民法院应予支持。

相对人未根据上市公司公开披露的关于担保事项已经董事会或者股东大会决议通过的信息,与上市公司订立担保合同,上市公司主张担保合同对其不发生效力,且不承担担保责任或者赔偿责任的,人民法院应予支持。

相对人与上市公司已公开披露的控股子公司订立的担保合同,或者相对人与股票在国务院批准的其他全国性证券交易场所交易的公司订立的担保合同,适用前两款规定。

第十条 一人有限责任公司为其股东提供担保,公司以违反公司法关于公司对外担保决议程序的规定为由主张不承担担保责任的,人民法院不予支持。公司因承担担保责任导致无法清偿其他债务,提供担保时的股东不能证明公司财产独立于自己的财产,其他债权人请求该股东承担连带责任的,人民法院应予支持。

第十一条 公司的分支机构未经公司股东(大)会或者董事会决议以自己的名义对外提供担保,相对人请求公司或者其分支机构承担担保责任的,人民法院不予支持,但是相对人不知道且不应当知道分支机构对外提供担保未经公司决议程序的除外。

金融机构的分支机构在其营业执照记载的经营范围内开立保函,或者经有权从事担保业务的上级机构授权开立保函,金融机构或者其分支机构以违反公司法关于公司对外担保决议程序的规定为由主张不承担担保责任的,人民法院不予支持。金融机构的分支机构未经金融机构授权提供保函之外的担保,金融机构或者其分支机构主张不承担担保责任的,人民法院应予支持,但是相对人不知道且不应当知道分支机构对外提供担保未经金融机构授权的除外。

担保公司的分支机构未经担保公司授权对外提供担保,担保公司或者其分支机构主张不承担担保责任的,人民法院应予支持,但是相对人不知道且不应当知道分支机构对外提供担保未经担保公司授权的除外。

公司的分支机构对外提供担保,相对人非善意,请求公司承担赔偿责任的,参照本解释第十七条的有关规定处理。

第十二条 法定代表人依照民法典第五百五十二条的规定以公司名义加入债务的,人民法院在认定该行为的效力时,可以参照本解释关于公司为他人提供担保的有关规则处理。

第十三条 同一债务有两个以上第三人提供担保,担保人之间约定相互追偿及分担份额,承担了担保责任的担保人请求其他担保人按照约定分担份额的,人民法院应予支持;担保人之间约定承担连带共同担保,或者约定相互追偿但是未约定分担份额的,各担保人按照比例分担向债务人不能追偿的部分。

同一债务有两个以上第三人提供担保,担保人之间未对相互追偿作出约定且未约定承担连带共同担保,但是各担保人在同一份合同书上签字、盖章或者按指印,承担了担保责任的担保人请求其他担保人按照比例分担向债务人不能追偿部分的,人民法院应予支持。

除前两款规定的情形外,承担了担保责任的担保人请求其他担保人分担向债务人不能追偿部分的,人民法院不予支持。

第十四条 同一债务有两个以上第三人提供担保,担保人受让债权的,人民法院应当认定该行为系承担担保责任。受让债权的担保人作为债权人请求其他担保人承担担保责任的,人民法院不予支持;该担保人请求其他担保人分担相应份额的,依照本解释第十三条的规定处理。

第十五条 最高额担保中的最高债权额,是指包括主债权及其利息、违约金、损害赔偿金、保管担保财产的费用、实现债权或者实现担保物权的费用等在内的全部债权，但是当事人另有约定的除外。

登记的最高债权额与当事人约定的最高债权额不一致的，人民法院应当依据登记的最高债权额确定债权人优先受偿的范围。

第十六条 主合同当事人协议以新贷偿还旧贷，债权人请求旧贷的担保人承担担保责任的，人民法院不予支持；债权人请求新贷的担保人承担担保责任的，按照下列情形处理：

（一）新贷与旧贷的担保人相同的，人民法院应予支持；

（二）新贷与旧贷的担保人不同，或者旧贷无担保新贷有担保的，人民法院不予支持，但是债权人有证据证明新贷的担保人提供担保时以新贷偿还旧贷的事实知道或者应当知道的除外。

主合同当事人协议以新贷偿还旧贷，旧贷的物的担保人在登记尚未注销的情形下同意继续为新贷提供担保，在订立新的贷款合同前又以该担保财产为其他债权人设立担保物权，其他债权人主张其担保物权顺位优先于新贷债权人的，人民法院不予支持。

第十七条 主合同有效而第三人提供的担保合同无效，人民法院应当区分不同情形确定担保人的赔偿责任：

（一）债权人与担保人均有过错的，担保人承担的赔偿责任不应超过债务人不能清偿部分的二分之一；

（二）担保人有过错而债权人无过错的，担保人对债务人不能清偿的部分承担赔偿责任；

（三）债权人有过错而担保人无过错的，担保人不承担赔偿责任。

主合同无效导致第三人提供的担保合同无效，担保人无过错的，不承担赔偿责任；担保人有过错的，其承担的赔偿责任不应超过债务人不能清偿部分的三分之一。

第十八条 承担了担保责任或者赔偿责任的担保人，在其承担责任的范围内向债务人追偿的，人民法院应予支持。

同一债权既有债务人自己提供的物的担保，又有第三人提供的担保，承担了担保责任或者赔偿责任的第三人，主张行使债权人对债务人享有的担保物权的，人民法院应予支持。

第十九条 担保合同无效，承担了赔偿责任的担保人按照反担保合同的约定，在其承担赔偿责任的范围内请求反担保人承担担保责任的，人民法院应予支持。

反担保合同无效的，依照本解释第十七条的有关规定处理。当事人仅以担保合同无效为由主张反担保合同无效的，人民法院不予支持。

第二十条 人民法院在审理第三人提供的物的担保纠纷案件时，可以适用民法典第六百九十五条第一款、第六百九十六条第一款、第六百九十七条第二款、第六百九十九条、第七百条、第七百零一条、第七百零二条等关于保证合同的规定。

第二十一条 主合同或者担保合同约定了仲裁条款的，人民法院对约定仲裁条款的合同当事人之间的纠纷无管辖权。

债权人一并起诉债务人和担保人的，应当根据主合同确定管辖法院。

债权人依法可以单独起诉担保人且仅起诉担保人的，应当根据担保合同确定管辖法院。

第二十二条 人民法院受理债务人破产案件后，债权人请求担保人承担担保责任，担保人主张担保债务自人民法院受理破产申请之日起停止计息的，人民法院对担保人的主张应予支持。

第二十三条 人民法院受理债务人破产案件，债权人在破产程序中申报债权后又向人民法院提起诉讼，请求担保人承担担保责任的，人民法院依法予以支持。

担保人清偿债权人的全部债权后，可以代替债权人在破产程序中受偿；在债权人的债权未获全部清偿前，担保人不得代替债权人在破产程序中受偿，但是有权就债权人通过破产分配和实现担保债权等方式获得清偿总额中超出债权的部分，在其承担担保责任的范围内请求债权人返还。

债权人在债务人破产程序中未获全部清偿，请求担保人继续承担担保责任的，人民法院应予支持；担保人承担担保责任后，向和解协议或者重整计划执行完毕后的债务人追偿的，人民法院不予支持。

第二十四条 债权人知道或者应当知道债务人破产，既未申报债权也未通知担保人，致使担保人不能预先行使追偿权的，担保人就该债权在破产程序中可能受偿的范围内免除担保责任，但是担保人因自身过错未行使追偿权的除外。

二、关于保证合同

第二十五条 当事人在保证合同中约定了保证人在债务人不能履行债务或者无力偿还债务时才承担保证责任等类似内容，具有债务人应当先承担责任的意思表示的，人民法院应当将其认定为一般保证。

当事人在保证合同中约定了保证人在债务人不履行

债务或者未偿还债务时即承担保证责任、无条件承担保证责任等类似内容,不具有债务人应当先承担责任的意思表示的,人民法院应当将其认定为连带责任保证。

第二十六条 一般保证中,债权人以债务人为被告提起诉讼的,人民法院应予受理。债权人未就主合同纠纷提起诉讼或者申请仲裁,仅起诉一般保证人的,人民法院应当驳回起诉。

一般保证中,债权人一并起诉债务人和保证人的,人民法院可以受理,但是在作出判决时,除有民法典第六百八十七条第二款但书规定的情形外,应当在判决书主文中明确,保证人仅对债务人财产依法强制执行后仍不能履行的部分承担保证责任。

债权人未对债务人的财产申请保全,或者保全的债务人的财产足以清偿债务,债权人申请对一般保证人的财产进行保全的,人民法院不予准许。

第二十七条 一般保证的债权人取得对债务人赋予强制执行效力的公证债权文书后,在保证期间内向人民法院申请强制执行,保证人以债权人未在保证期间内对债务人提起诉讼或者申请仲裁为由主张不承担保证责任的,人民法院不予支持。

第二十八条 一般保证中,债权人依据生效法律文书对债务人的财产依法申请强制执行,保证债务诉讼时效的起算时间按照下列规则确定:

(一)人民法院作出终结本次执行程序裁定,或者依照民事诉讼法第二百五十七条第三项、第五项的规定作出终结执行裁定的,自裁定送达债权人之日起开始计算;

(二)人民法院自收到申请执行书之日起一年内未作出前项裁定的,自人民法院收到申请执行书满一年之日起开始计算,但是保证人有证据证明债务人仍有财产可供执行的除外。

一般保证的债权人在保证期间届满前对债务人提起诉讼或者申请仲裁,债权人举证证明存在民法典第六百八十七条第二款但书规定情形的,保证债务的诉讼时效自债权人知道或者应当知道该情形之日起开始计算。

第二十九条 同一债务有两个以上保证人,债权人以其已经在保证期间内依法向部分保证人行使权利为由,主张已经在保证期间内向其他保证人行使权利的,人民法院不予支持。

同一债务有两个以上保证人,保证人之间相互有追偿权,债权人未在保证期间内依法向部分保证人行使权利,导致其他保证人在承担保证责任后丧失追偿权,其他保证人主张在其不能追偿的范围内免除保证责任的,人民法院应予支持。

第三十条 最高额保证合同对保证期间的计算方式、起算时间等有约定的,按照其约定。

最高额保证合同对保证期间的计算方式、起算时间等没有约定或者约定不明,被担保债权的履行期限均已届满的,保证期间自债权确定之日起开始计算;被担保债权的履行期限尚未届满的,保证期间自最后到期债权的履行期限届满之日起开始计算。

前款所称债权确定之日,依照民法典第四百二十三条的规定认定。

第三十一条 一般保证的债权人在保证期间内对债务人提起诉讼或者申请仲裁后,又撤回起诉或者仲裁申请,债权人在保证期间届满前未再行提起诉讼或者申请仲裁,保证人主张不再承担保证责任的,人民法院应予支持。

连带责任保证的债权人在保证期间内对保证人提起诉讼或者申请仲裁后,又撤回起诉或者仲裁申请,起诉状副本或者仲裁申请书副本已经送达保证人的,人民法院应当认定债权人已经在保证期间内向保证人行使了权利。

第三十二条 保证合同约定保证人承担保证责任直至主债务本息还清时为止等类似内容的,视为约定不明,保证期间为主债务履行期限届满之日起六个月。

第三十三条 保证合同无效,债权人未在约定或者法定的保证期间内依法行使权利,保证人主张不承担赔偿责任的,人民法院应予支持。

第三十四条 人民法院在审理保证合同纠纷案件时,应当将保证期间是否届满、债权人是否在保证期间内依法行使权利等事实作为案件基本事实予以查明。

债权人在保证期间内未依法行使权利的,保证责任消灭。保证责任消灭后,债权人书面通知保证人要求承担保证责任,保证人在通知书上签字、盖章或者按指印,债权人请求保证人继续承担保证责任的,人民法院不予支持,但是债权人有证据证明成立了新的保证合同的除外。

第三十五条 保证人知道或者应当知道主债权诉讼时效期间届满仍然提供保证或者承担保证责任,又以诉讼时效期间届满为由拒绝承担保证责任或者请求返还财产的,人民法院不予支持;保证人承担保证责任后向债务人追偿的,人民法院不予支持,但是债务人放弃诉讼时效抗辩的除外。

第三十六条 第三人向债权人提供差额补足、流动性支持等类似承诺文件作为增信措施,具有提供担保的意思表示,债权人请求第三人承担保证责任的,人民法院应当依照保证的有关规定处理。

第三人向债权人提供的承诺文件,具有加入债务或者与债务人共同承担债务等意思表示的,人民法院应当认定为民法典第五百五十二条规定的债务加入。

前两款中第三人提供的承诺文件难以确定是保证还是债务加入的,人民法院应当将其认定为保证。

第三人向债权人提供的承诺文件不符合前三款规定的情形,债权人请求第三人承担保证责任或者连带责任的,人民法院不予支持,但是不影响其依据承诺文件请求第三人履行约定的义务或者承担相应的民事责任。

三、关于担保物权

(一)担保合同与担保物权的效力

第三十七条 当事人以所有权、使用权不明或者有争议的财产抵押,经审查构成无权处分的,人民法院应当依照民法典第三百一十一条的规定处理。

当事人以依法被查封或者扣押的财产抵押,抵押权人请求行使抵押权,经审查查封或者扣押措施已经解除的,人民法院应予支持。抵押人以抵押权设立时财产被查封或者扣押为由主张抵押合同无效的,人民法院不予支持。

以依法被监管的财产抵押的,适用前款规定。

第三十八条 主债权未受全部清偿,担保物权人主张就担保财产的全部行使担保物权的,人民法院应予支持,但是留置权人行使留置权的,应当依照民法典第四百五十条的规定处理。

担保财产被分割或者部分转让,担保物权人主张就分割或者转让后的担保财产行使担保物权的,人民法院应予支持,但是法律或者司法解释另有规定的除外。

第三十九条 主债权被分割或者部分转让,各债权人主张就其享有的债权份额行使担保物权的,人民法院应予支持,但是法律另有规定或者当事人另有约定的除外。

主债务被分割或者部分转移,债务人自己提供物的担保,债权人请求以该担保财产担保全部债务履行的,人民法院应予支持;第三人提供物的担保,主张对未经其书面同意转移的债务不再承担担保责任的,人民法院应予支持。

第四十条 从物产生于抵押权依法设立前,抵押权人主张抵押权的效力及于从物的,人民法院应予支持,但是当事人另有约定的除外。

从物产生于抵押权依法设立后,抵押权人主张抵押权的效力及于从物的,人民法院应予支持,但是在抵押权实现时可以一并处分。

第四十一条 抵押权依法设立后,抵押财产被添附,添附物归第三人所有,抵押权人主张抵押权效力及于补偿金的,人民法院应予支持。

抵押权依法设立后,抵押财产被添附,抵押人对添附物享有所有权,抵押权人主张抵押权的效力及于添附物的,人民法院应予支持,但是添附导致抵押财产价值增加的,抵押权的效力不及于增加的价值部分。

抵押权依法设立后,抵押人与第三人因添附成为添附物的共有人,抵押权人主张抵押权的效力及于抵押人对共有物享有的份额的,人民法院应予支持。

本条所称添附,包括附合、混合与加工。

第四十二条 抵押权依法设立后,抵押财产毁损、灭失或者被征收等,抵押权人请求按照原抵押权的顺位就保险金、赔偿金或者补偿金等优先受偿的,人民法院应予支持。

给付义务人已经向抵押人给付了保险金、赔偿金或者补偿金,抵押权人请求给付义务人向其给付保险金、赔偿金或者补偿金的,人民法院不予支持,但是给付义务人接到抵押权人要求向其给付的通知后仍然向抵押人给付的除外。

抵押权人请求给付义务人向其给付保险金、赔偿金或者补偿金的,人民法院可以通知抵押人作为第三人参加诉讼。

第四十三条 当事人约定禁止或者限制转让抵押财产但是未将约定登记,抵押人违反约定转让抵押财产,抵押权人请求确认转让合同无效的,人民法院不予支持;抵押财产已经交付或者登记,抵押权人请求确认转让不发生物权效力的,人民法院不予支持,但是抵押权人有证据证明受让人知道的除外;抵押权人请求抵押人承担违约责任的,人民法院依法予以支持。

当事人约定禁止或者限制转让抵押财产且已经将约定登记,抵押人违反约定转让抵押财产,抵押权人请求确认转让合同无效的,人民法院不予支持;抵押财产已经交付或者登记,抵押权人主张转让不发生物权效力的,人民法院应予支持,但是因受让人代替债务人清偿债务导致抵押权消灭的除外。

第四十四条 主债权诉讼时效期间届满后,抵押权人主张行使抵押权的,人民法院不予支持;抵押人以主债权诉讼时效期间届满为由,主张不承担担保责任的,人民法院应予支持。主债权诉讼时效期间届满前,债权人仅对债务人提起诉讼,经人民法院判决或者调解后未在民事诉讼法规定的申请执行时效期间内对债务人申请强制执行,其向抵押人主张行使抵押权的,人民法院不予支持。

主债权诉讼时效期间届满后,财产被留置的债务人或者对留置财产享有所有权的第三人请求债权人返还留置财产的,人民法院不予支持;债务人或者第三人请求拍卖、变卖留置财产并以所得价款清偿债务的,人民法院应予支持。

主债权诉讼时效期间届满的法律后果,以登记作为公示方式的权利质权,参照适用第一款的规定;动产质权、以交付权利凭证作为公示方式的权利质权,参照适用第二款的规定。

第四十五条 当事人约定当债务人不履行到期债务或者发生当事人约定的实现担保物权的情形,担保物权人有权将担保财产自行拍卖、变卖并就所得的价款优先受偿的,该约定有效。因担保人的原因导致担保物权人无法自行对担保财产进行拍卖、变卖,担保物权人请求担保人承担因此增加的费用的,人民法院应予支持。

当事人依照民事诉讼法有关"实现担保物权案件"的规定,申请拍卖、变卖担保财产,被申请人以担保合同约定仲裁条款为由主张驳回申请,人民法院经审查后,应当按照以下情形分别处理:

(一)当事人对担保物权无实质性争议且实现担保物权条件已经成就的,应当裁定准许拍卖、变卖担保财产;

(二)当事人对实现担保物权有部分实质性争议的,可以就无争议的部分裁定准许拍卖、变卖担保财产,并告知可以就有争议的部分申请仲裁;

(三)当事人对实现担保物权有实质性争议的,裁定驳回申请,并告知可以向仲裁机构申请仲裁。

债权人以诉讼方式行使担保物权的,应当以债务人和担保人作为共同被告。

(二)不动产抵押

第四十六条 不动产抵押合同生效后未办理抵押登记手续,债权人请求抵押人办理抵押登记手续的,人民法院应予支持。

抵押财产因不可归责于抵押人自身的原因灭失或者被征收等导致不能办理抵押登记,债权人请求抵押人在约定的担保范围内承担责任的,人民法院不予支持;但是抵押人已经获得保险金、赔偿金或者补偿金等,债权人请求抵押人在其所获金额范围内承担赔偿责任的,人民法院依法予以支持。

因抵押人转让抵押财产或者其他可归责于抵押人自身的原因导致不能办理抵押登记,债权人请求抵押人在约定的担保范围内承担责任的,人民法院依法予以支持,但是不得超过抵押权能够设立时抵押人应当承担的责任范围。

第四十七条 不动产登记簿就抵押财产、被担保的债权范围等所作的记载与抵押合同约定不一致的,人民法院应当根据登记簿的记载确定抵押财产、被担保的债权范围等事项。

第四十八条 当事人申请办理抵押登记手续时,因登记机构的过错致使其不能办理抵押登记,当事人请求登记机构承担赔偿责任的,人民法院依法予以支持。

第四十九条 以违法的建筑物抵押的,抵押合同无效,但是一审法庭辩论终结前已经办理合法手续的除外。抵押合同无效的法律后果,依照本解释第十七条的有关规定处理。

当事人以建设用地使用权依法设立抵押,抵押人以土地上存在违法的建筑物为由主张抵押合同无效的,人民法院不予支持。

第五十条 抵押人以划拨建设用地上的建筑物抵押,当事人以该建设用地使用权不能抵押或者未办理批准手续为由主张抵押合同无效或者不生效的,人民法院不予支持。抵押权依法实现时,拍卖、变卖建筑物所得的价款,应当优先用于补缴建设用地使用权出让金。

当事人以划拨方式取得的建设用地使用权抵押,抵押人以未办理批准手续为由主张抵押合同无效或者不生效的,人民法院不予支持。已经依法办理抵押登记,抵押权人主张行使抵押权的,人民法院应予支持。抵押权依法实现时所得的价款,参照前款有关规定处理。

第五十一条 当事人仅以建设用地使用权抵押,债权人主张抵押权的效力及于土地上已有的建筑物以及正在建造的建筑物已完成部分的,人民法院应予支持。债权人主张抵押权的效力及于正在建造的建筑物的续建部分以及新增建筑物的,人民法院不予支持。

当事人以正在建造的建筑物抵押,抵押权的效力范围限于已办理抵押登记的部分。当事人按照担保合同的约定,主张抵押权的效力及于续建部分、新增建筑物以及规划中尚未建造的建筑物的,人民法院不予支持。

抵押人将建设用地使用权、土地上的建筑物或者正在建造的建筑物分别抵押给不同债权人的,人民法院应当根据抵押登记的时间先后确定清偿顺序。

第五十二条 当事人办理抵押预告登记后,预告登记权利人请求就抵押财产优先受偿,经审查存在尚未办理建筑物所有权首次登记、预告登记的财产与办理建物所有权首次登记时的财产不一致、抵押预告登记已经失效等情形，导致不具备办理抵押登记条件的，人民法院不予支持；经审查已经办理建筑物所有权首次登记，且不存在预告登记失效等情形的，人民法院应予支持，并应当认定抵押权自预告登记之日起设立。

当事人办理了抵押预告登记，抵押人破产，经审查抵押财产属于破产财产，预告登记权利人主张就抵押财产优先受偿的，人民法院应当在受理破产申请时抵押财产的价值范围内予以支持，但是在人民法院受理破产申请前一年内，债务人对没有财产担保的债务设立抵押预告登记的除外。

（三）动产与权利担保

第五十三条 当事人在动产和权利担保合同中对担保财产进行概括描述，该描述能够合理识别担保财产的，人民法院应当认定担保成立。

第五十四条 动产抵押合同订立后未办理抵押登记，动产抵押权的效力按照下列情形分别处理：

（一）抵押人转让抵押财产，受让人占有抵押财产后，抵押权人向受让人请求行使抵押权的，人民法院不予支持，但是抵押权人能够举证证明受让人知道或者应当知道已经订立抵押合同的除外；

（二）抵押人将抵押财产出租给他人并移转占有，抵押权人行使抵押权的，租赁关系不受影响，但是抵押权人能够举证证明承租人知道或者应当知道已经订立抵押合同的除外；

（三）抵押人的其他债权人向人民法院申请保全或者执行抵押财产，人民法院已经作出财产保全裁定或者采取执行措施，抵押权人主张对抵押财产优先受偿的，人民法院不予支持；

（四）抵押人破产，抵押权人主张对抵押财产优先受偿的，人民法院不予支持。

第五十五条 债权人、出质人与监管人订立三方协议，出质人以通过一定数量、品种等概括描述能够确定范围的货物为债务的履行提供担保，当事人有证据证明监管人系受债权人的委托监管并实际控制该货物的，人民法院应当认定质权于监管人实际控制货物之日起设立。监管人违反约定向出质人或者其他人放货、因保管不善导致货物毁损灭失，债权人请求监管人承担违约责任的，人民法院依法予以支持。

在前款规定情形下，当事人有证据证明监管人系受出质人委托监管该货物，或者虽然受债权人委托但是未实际履行监管职责，导致货物仍由出质人实际控制的，人民法院应当认定质权未设立。债权人可以基于质押合同的约定请求出质人承担违约责任，但是不得超过质权有效设立时出质人应当承担的责任范围。监管人未履行监管职责，债权人请求监管人承担责任的，人民法院依法予以支持。

第五十六条 买受人在出卖人正常经营活动中通过支付合理对价取得已被设立担保物权的动产，担保物权人请求就该动产优先受偿的，人民法院不予支持，但是有下列情形之一的除外：

（一）购买商品的数量明显超过一般买受人；

（二）购出卖人的生产设备；

（三）订立买卖合同的目的在于担保出卖人或者第三人履行债务；

（四）买受人与出卖人存在直接或者间接的控制关系；

（五）买受人应当查询抵押登记而未查询的其他情形。

前款所称出卖人正常经营活动，是指出卖人的经营活动属于其营业执照明确记载的经营范围，且出卖人持续销售同类商品。前款所称担保物权人，是指已经办理登记的抵押权人、所有权保留买卖的出卖人、融资租赁合同的出租人。

第五十七条 担保人在设立动产浮动抵押并办理抵押登记后又购入或者以融资租赁方式承租新的动产，下列权利人为担保价款债权或者租金的实现而订立担保合同，并在该动产交付后十日内办理登记，主张其权利优先于在先设立的浮动抵押权的，人民法院应予支持：

（一）在该动产上设立抵押权或者保留所有权的出卖人；

（二）为价款支付提供融资而在该动产上设立抵押权的债权人；

（三）以融资租赁方式出租该动产的出租人。

买受人取得动产但未付清价款或者承租人以融资租赁方式占有租赁物但是未付清全部租金，又以标的物为他人设立担保物权，前款所列权利人为担保价款债权或者租金的实现而订立担保合同，并在该动产交付后十日内办理登记，主张其权利优先于买受人为他人设立的担保物权的，人民法院应予支持。

同一动产上存在多个价款优先权的，人民法院应当按照登记的时间先后确定清偿顺序。

第五十八条 以汇票出质，当事人以背书记载"质押"字样并在汇票上签章，汇票已经交付质权人的，人民法院应当认定质权自汇票交付质权人时设立。

第五十九条 存货人或者仓单持有人在仓单上以背书记载"质押"字样,并经保管人签章,仓单已经交付质权人的,人民法院应当认定质权自仓单交付质权人时设立。没有权利凭证的仓单,依法可以办理出质登记的,仓单质权自办理出质登记时设立。

出质人既以仓单出质,又以仓储物设立担保,按照公示的先后确定清偿顺序;难以确定先后的,按照债权比例清偿。

保管人为同一货物签发多份仓单,出质人在多份仓单上设立多个质权,按照公示的先后确定清偿顺序;难以确定先后的,按照债权比例受偿。

存在第二款、第三款规定的情形,债权人举证证明其损失系由出质人与保管人的共同行为所致,请求出质人与保管人承担连带赔偿责任的,人民法院应予支持。

第六十条 在跟单信用证交易中,开证行与开证申请人之间约定以提单作为担保的,人民法院应当依照民法典关于质权的有关规定处理。

在跟单信用证交易中,开证行依据其与开证申请人之间的约定或者跟单信用证的惯例持有提单,开证申请人未按照约定付款赎单,开证行主张对提单项下货物优先受偿的,人民法院应予支持;开证行主张对提单项下货物享有所有权的,人民法院不予支持。

在跟单信用证交易中,开证行依据其与开证申请人之间的约定或者跟单信用证的惯例,通过转让提单或者提单项下货物取得价款,开证申请人请求返还超出债权部分的,人民法院应予支持。

前三款规定不影响合法持有提单的开证行以提单持有人身份主张运输合同项下的权利。

第六十一条 以现有的应收账款出质,应收账款债务人向质权人确认应收账款的真实性后,又以应收账款不存在或者已经消灭为由主张不承担责任的,人民法院不予支持。

以现有的应收账款出质,应收账款债务人未确认应收账款的真实性,质权人以应收账款债务人为被告,请求就应收账款优先受偿,能够举证证明办理出质登记时应收账款真实存在的,人民法院应予支持;质权人不能举证证明办理出质登记时应收账款真实存在,仅以已经办理出质登记为由,请求就应收账款优先受偿的,人民法院不予支持。

以现有的应收账款出质,应收账款债务人已经向应收账款债权人履行了债务,质权人请求应收账款债务人履行债务的,人民法院不予支持,但是应收账款债务人接到质权人要求向其履行的通知后,仍然向应收账款债权人履行的除外。

以基础设施和公用事业项目收益权、提供服务或者劳务产生的债权以及其他将有的应收账款出质,当事人为应收账款设立特定账户,发生法定或者约定的质权实现事由时,质权人请求就该特定账户内的款项优先受偿的,人民法院应予支持。特定账户内的款项不足以清偿债务或者未设立特定账户,质权人请求折价或者拍卖、变卖项目收益权等将有的应收账款,并以所得的价款优先受偿的,人民法院依法予以支持。

第六十二条 债务人不履行到期债务,债权人因同一法律关系留置合法占有的第三人的动产,并主张就该留置财产优先受偿的,人民法院应予支持。第三人以该留置财产并非债务人的财产为由请求返还的,人民法院不予支持。

企业之间留置的动产与债权并非同一法律关系,债务人以该债权不属于企业持续经营中发生的债权为由请求债权人返还留置财产的,人民法院应予支持。

企业之间留置的动产与债权并非同一法律关系,债权人留置第三人的财产,第三人请求债权人返还留置财产的,人民法院应予支持。

四、关于非典型担保

第六十三条 债权人与担保人订立担保合同,约定以法律、行政法规尚未规定可以担保的财产权利设立担保,当事人主张合同无效的,人民法院不予支持。当事人未在法定的登记机构依法进行登记,主张该担保具有物权效力的,人民法院不予支持。

第六十四条 在所有权保留买卖中,出卖人依法有权取回标的物,但是与买受人协商不成,当事人请求参照民事诉讼法"实现担保物权案件"的有关规定,拍卖、变卖标的物的,人民法院应予准许。

出卖人请求取回标的物,符合民法典第六百四十二条规定的,人民法院应予支持;买受人以抗辩或者反诉的方式主张拍卖、变卖标的物,并在扣除买受人未支付的价款以及必要费用后返还剩余款项的,人民法院应当一并处理。

第六十五条 在融资租赁合同中,承租人未按照约定支付租金,经催告后在合理期限内仍不支付,出租人请求承租人支付全部剩余租金,并以拍卖、变卖租赁物所得的价款受偿的,人民法院应予支持;当事人请求参照民事诉讼法"实现担保物权案件"的有关规定,以拍卖、变卖租赁物所得价款支付租金的,人民法院应予准许。

出租人请求解除融资租赁合同并收回租赁物,承租人以抗辩或者反诉的方式主张返还租赁物价值超过欠付租金以及其他费用的,人民法院应当一并处理。当事人对租赁物的价值有争议的,应当按照下列规则确定租赁物的价值:

(一)融资租赁合同有约定的,按照其约定;

(二)融资租赁合同未约定或者约定不明的,根据约定的租赁物折旧以及合同到期后租赁物的残值来确定;

(三)根据前两项规定的方法仍然难以确定,或者当事人认为根据前两项规定的方法确定的价值严重偏离租赁物实际价值的,根据当事人的申请委托有资质的机构评估。

第六十六条 同一应收账款同时存在保理、应收账款质押和债权转让,当事人主张参照民法典第七百六十八条的规定确定优先顺序的,人民法院应予支持。

在有追索权的保理中,保理人以应收账款债权人或者应收账款债务人为被告提起诉讼,人民法院应予受理;保理人一并起诉应收账款债权人和应收账款债务人的,人民法院可以受理。

应收账款债权人向保理人返还保理融资款本息或者回购应收账款债权后,请求应收账款债务人向其履行应收账款债务的,人民法院应予支持。

第六十七条 在所有权保留买卖、融资租赁等合同中,出卖人、出租人的所有权未经登记不得对抗的"善意第三人"的范围及其效力,参照本解释第五十四条的规定处理。

第六十八条 债务人或者第三人与债权人约定将财产形式上转移至债权人名下,债务人不履行到期债务,债权人有权对财产折价或者以拍卖、变卖该财产所得价款偿还债务的,人民法院应当认定该约定有效。当事人已经完成财产权利变动的公示,债务人不履行到期债务,债权人请求参照民法典关于担保物权的有关规定就该财产优先受偿的,人民法院应予支持。

债务人或者第三人与债权人约定将财产形式上转移至债权人名下,债务人不履行到期债务,财产归债权人所有的,人民法院应当认定该约定无效,但是不影响当事人有关提供担保的意思表示的效力。当事人已经完成财产权利变动的公示,债务人不履行到期债务,债权人请求对该财产享有所有权的,人民法院不予支持;债权人请求参照民法典关于担保物权的规定对财产折价或者以拍卖、变卖该财产所得的价款优先受偿的,人民法院应予支持。

债务人履行债务后请求返还财产,或者请求对财产折价或者以拍卖、变卖所得的价款清偿债务的,人民法院应予支持。

债务人与债权人约定将财产转移至债权人名下,在一定期间后再由债务人或者其指定的第三人以交易本金加上溢价款回购,债务人到期不履行回购义务,财产归债权人所有的,人民法院应当参照第二款规定处理。回购对象自始不存在的,人民法院应当依照民法典第一百四十六条第二款的规定,按照其实际构成的法律关系处理。

第六十九条 股东以将其股权转移至债权人名下的方式为债务履行提供担保,公司或者公司的债权人以股东未履行或者未全面履行出资义务、抽逃出资等为由,请求作为名义股东的债权人与股东承担连带责任的,人民法院不予支持。

第七十条 债务人或者第三人为担保债务的履行,设立专门的保证金账户并由债权人实际控制,或者将其资金存入债权人设立的保证金账户,债权人主张就账户内的款项优先受偿的,人民法院应予支持。当事人以保证金账户内的款项浮动为由,主张实际控制该账户的债权人对账户内的款项不享有优先受偿权的,人民法院不予支持。

在银行账户下设立的保证金分户,参照前款规定处理。

当事人约定的保证金并非为担保债务的履行设立,或者不符合前两款规定的情形,债权人主张就保证金优先受偿的,人民法院不予支持,但是不影响当事人依照法律的规定或者按照当事人的约定主张权利。

五、附　则

第七十一条 本解释自 2021 年 1 月 1 日起施行。

动产和权利担保统一登记办法

· 2021 年 12 月 28 日中国人民银行令〔2021〕第 7 号发布
· 自 2022 年 2 月 1 日起施行

第一章　总　则

第一条 为规范动产和权利担保统一登记,保护担保当事人和利害关系人的合法权益,根据《中华人民共和国民法典》《优化营商环境条例》《国务院关于实施动产和权利担保统一登记的决定》(国发〔2020〕18 号)等相关法律法规规定,制定本办法。

第二条 纳入动产和权利担保统一登记范围的担保类型包括:

(一)生产设备、原材料、半成品、产品抵押;

(二)应收账款质押;
(三)存款单、仓单、提单质押;
(四)融资租赁;
(五)保理;
(六)所有权保留;
(七)其他可以登记的动产和权利担保,但机动车抵押、船舶抵押、航空器抵押、债券质押、基金份额质押、股权质押、知识产权中的财产权质押除外。

第三条 本办法所称应收账款是指应收账款债权人因提供一定的货物、服务或设施而获得的要求应收账款债务人付款的权利以及依法享有的其他付款请求权,包括现有的以及将有的金钱债权,但不包括因票据或其他有价证券而产生的付款请求权,以及法律、行政法规禁止转让的付款请求权。

本办法所称的应收账款包括下列权利:
(一)销售、出租产生的债权,包括销售货物,供应水、电、气、暖,知识产权的许可使用,出租动产或不动产等;
(二)提供医疗、教育、旅游等服务或劳务产生的债权;
(三)能源、交通运输、水利、环境保护、市政工程等基础设施和公用事业项目收益权;
(四)提供贷款或其他信用活动产生的债权;
(五)其他以合同为基础的具有金钱给付内容的债权。

第四条 中国人民银行征信中心(以下简称征信中心)是动产和权利担保的登记机构,具体承担服务性登记工作,不开展事前审批性登记,不对登记内容进行实质审查。

征信中心建立基于互联网的动产融资统一登记公示系统(以下简称统一登记系统)为社会公众提供动产和权利担保登记和查询服务。

第五条 中国人民银行对征信中心登记和查询服务有关活动进行督促指导。

第二章 登记与查询

第六条 纳入统一登记范围的动产和权利担保登记通过统一登记系统办理。

第七条 担保权人办理登记。担保权人办理登记前,应当与担保人就登记内容达成一致。

担保权人也可以委托他人办理登记。委托他人办理登记的,适用本办法关于担保权人办理登记的规定。

第八条 担保权人办理登记时,应当注册为统一登记系统的用户。

第九条 登记内容包括担保权人和担保人的基本信息、担保财产的描述、登记期限。

担保权人或担保人为法人、非法人组织的,应当填写法人、非法人组织的法定注册名称、住所、法定代表人或负责人姓名,金融机构编码、统一社会信用代码、全球法人识别编码等机构代码或编码以及其他相关信息。

担保权人或担保人为自然人的,应当填写有效身份证件号码、有效身份证件载明的地址等信息。

担保权人可以与担保人约定将主债权金额、担保范围、禁止或限制转让的担保财产等项目作为登记内容。对担保财产进行概括性描述的,应当能够合理识别担保财产。

最高额担保应登记最高债权额。

第十条 担保权人应当将填写完毕的登记内容提交统一登记系统。统一登记系统记录提交时间并分配登记编号,生成初始登记证明和修改码提供给担保权人。

第十一条 担保权人应当根据主债权履行期限合理确定登记期限。登记期限最短1个月,最长不超过30年。

第十二条 在登记期限届满前,担保权人可以申请展期。

担保权人可以多次展期,每次展期期限最短1个月,最长不超过30年。

第十三条 登记内容存在遗漏、错误等情形或登记内容发生变化的,担保权人应当办理变更登记。

担保权人在原登记中增加新的担保财产的,新增加的部分视为新的登记。

第十四条 担保权人办理登记时所填写的担保人法定注册名称或有效身份证件号码变更的,担保权人应当自变更之日起4个月内办理变更登记。

第十五条 担保权人办理展期、变更登记的,应当与担保人就展期、变更事项达成一致。

第十六条 有下列情形之一的,担保权人应当自该情形发生之日起10个工作日内办理注销登记:
(一)主债权消灭;
(二)担保权利实现;
(三)担保权人放弃登记载明的担保财产之上的全部担保权;
(四)其他导致所登记权利消灭的情形。

担保权人迟延办理注销登记,给他人造成损害的,应当承担相应的法律责任。

第十七条 担保权人凭修改码办理展期、变更登记、注销登记。

第十八条 担保人或其他利害关系人认为登记内容

错误的,可以要求担保权人办理变更登记或注销登记。担保权人不同意变更或注销的,担保人或其他利害关系人可以办理异议登记。

办理异议登记的担保人或其他利害关系人可以自行注销异议登记。

第十九条 担保人或其他利害关系人应当自异议登记办理完毕之日起7日内通知担保权人。

第二十条 担保人或其他利害关系人自异议登记之日起30日内,未就争议起诉或提请仲裁并在统一登记系统提交案件受理通知的,征信中心撤销异议登记。

第二十一条 应担保人或其他利害关系人、担保权人的申请,征信中心根据对担保人或其他利害关系人、担保权人生效的人民法院判决、裁定或仲裁机构裁决等法律文书撤销相关登记。

第二十二条 担保权人办理变更登记和注销登记、担保人或其他利害关系人办理异议登记后,统一登记系统记录登记时间、分配登记编号,并生成变更登记、注销登记或异议登记证明。

第二十三条 担保权人开展动产和权利担保融资业务时,应当严格审核确认担保财产的真实性,并在统一登记系统中查询担保财产的权利负担状况。

第二十四条 担保权人、担保人和其他利害关系人应当按照统一登记系统提示项目如实登记,并对登记内容的真实性、完整性和合法性负责。因担保权人或担保人名称填写错误,担保财产描述不能够合理识别担保财产等情形导致不能正确公示担保权利的,其法律后果由当事人自行承担。办理登记时,存在提供虚假材料等行为给他人造成损害的,应当承担相应的法律责任。

第二十五条 任何法人、非法人组织和自然人均可以在注册为统一登记系统的用户后,查询动产和权利担保登记信息。

第二十六条 担保人为法人、非法人组织的,查询人以担保人的法定注册名称进行查询。

担保人为自然人的,查询人以担保人的身份证件号码进行查询。

第二十七条 征信中心根据查询人的申请,提供查询证明。

第二十八条 担保权人、担保人或其他利害关系人、查询人可以通过证明编号在统一登记系统对登记证明和查询证明进行验证。

第三章 征信中心的职责

第二十九条 征信中心应当建立登记信息内部控制制度,采取技术措施和其他必要措施,做好统一登记系统建设和维护工作,保障系统安全、稳定运行,建立高效运转的服务体系,不断提高服务效率和质量,防止登记信息泄露、丢失,保护当事人合法权益。

第三十条 征信中心应当制定登记操作规则和内部管理制度,并报中国人民银行备案。

第三十一条 登记注销、登记期限届满或登记撤销后,征信中心应当对登记记录进行电子化离线保存,保存期限为15年。

第四章 附 则

第三十二条 征信中心按照国务院价格主管部门批准的收费标准收取登记服务费用。

第三十三条 本办法由中国人民银行负责解释。

第三十四条 本办法自2022年2月1日起施行。《应收账款质押登记办法》(中国人民银行令〔2019〕第4号发布)同时废止。

城市房地产抵押管理办法

- 1997年5月9日建设部令第56号发布
- 根据2001年8月15日《建设部关于修改〈城市房地产抵押管理办法〉的决定》第一次修正
- 根据2021年3月30日《住房和城乡建设部关于修改〈建筑工程施工许可管理办法〉等三部规章的决定》第二次修正

第一章 总 则

第一条 为了加强房地产抵押管理,维护房地产市场秩序,保障房地产抵押当事人的合法权益,根据《中华人民共和国城市房地产管理法》、《中华人民共和国担保法》,制定本办法。

第二条 凡在城市规划区国有土地范围内从事房地产抵押活动的,应当遵守本办法。

地上无房屋(包括建筑物、构筑物及在建工程)的国有土地使用权设定抵押的,不适用本办法。

第三条 本办法所称房地产抵押,是指抵押人以其合法的房地产以不转移占有的方式向抵押权人提供债务履行担保的行为。债务人不履行债务时,债权人有权依法以抵押的房地产拍卖所得的价款优先受偿。

本办法所称抵押人,是指将依法取得的房地产提供给抵押权人,作为本人或者第三人履行债务担保的公民、法人或者其他组织。

本办法所称抵押权人,是指接受房地产抵押作为债务人履行债务担保的公民、法人或者其他组织。

本办法所称预购商品房贷款抵押,是指购房人在支付首期规定的房价款后,由贷款银行代其支付其余的购房款,将所购商品房抵押给贷款银行作为偿还贷款履行担保的行为。

本办法所称在建工程抵押,是指抵押人为取得在建工程继续建造资金的贷款,以其合法方式取得的土地使用权连同在建工程的投入资产,以不转移占有的方式抵押给贷款银行作为偿还贷款履行担保的行为。

第四条 以依法取得的房屋所有权抵押的,该房屋占用范围内的土地使用权必须同时抵押。

第五条 房地产抵押,应当遵循自愿、互利、公平和诚实信用的原则。

依法设定的房地产抵押,受国家法律保护。

第六条 国家实行房地产抵押登记制度。

第七条 国务院建设行政主管部门归口管理全国城市房地产抵押管理工作。

省、自治区建设行政主管部门归口管理本行政区域内的城市房地产抵押管理工作。

直辖市、市、县人民政府房地产行政主管部门(以下简称房地产管理部门)负责管理本行政区域内的房地产抵押管理工作。

第二章 房地产抵押权的设定

第八条 下列房地产不得设定抵押:

(一)权属有争议的房地产;

(二)用于教育、医疗、市政等公共福利事业的房地产;

(三)列入文物保护的建筑物和有重要纪念意义的其他建筑物;

(四)已依法公告列入拆迁范围的房地产;

(五)被依法查封、扣押、监管或者以其他形式限制的房地产;

(六)依法不得抵押的其他房地产。

第九条 同一房地产设定两个以上抵押权的,抵押人应当将已经设定过的抵押情况告知抵押权人。

抵押人所担保的债权不得超出其抵押物的价值。

房地产抵押后,该抵押房地产的价值大于所担保债权的余额部分,可以再次抵押,但不得超出余额部分。

第十条 以两宗以上房地产设定同一抵押权的,视为同一抵押房地产。但抵押当事人另有约定的除外。

第十一条 以在建工程已完工部分抵押的,其土地使用权随之抵押。

第十二条 以享受国家优惠政策购买的房地产抵押的,其抵押额以房地产权利人可以处分和收益的份额比例为限。

第十三条 国有企业、事业单位法人以国家授予其经营管理的房地产抵押的,应当符合国有资产管理的有关规定。

第十四条 以集体所有制企业的房地产抵押的,必须经集体所有制企业职工(代表)大会通过,并报其上级主管机关备案。

第十五条 以外商投资企业的房地产抵押的,必须经董事会通过,但企业章程另有规定的除外。

第十六条 以有限责任公司、股份有限公司的房地产抵押的,必须经董事会或者股东大会通过,但企业章程另有规定的除外。

第十七条 有经营期限的企业以其所有的房地产设定抵押的,所担保债务的履行期限不应当超过该企业的经营期限。

第十八条 以具有土地使用年限的房地产设定抵押的,所担保债务的履行期限不得超过土地使用权出让合同规定的使用年限减去已经使用年限后的剩余年限。

第十九条 以共有的房地产抵押的,抵押人应当事先征得其他共有人的书面同意。

第二十条 预购商品房贷款抵押的,商品房开发项目必须符合房地产转让条件并取得商品房预售许可证。

第二十一条 以已出租的房地产抵押的,抵押人应当将租赁情况告知抵押权人,并将抵押情况告知承租人。原租赁合同继续有效。

第二十二条 设定房地产抵押时,抵押房地产的价值可以由抵押当事人协商议定,也可以由房地产价格评估机构评估确定。

法律、法规另有规定的除外。

第二十三条 抵押当事人约定对抵押房地产保险的,由抵押人为抵押的房地产投保,保险费由抵押人负担。抵押房地产投保的,抵押人应当将保险单移送抵押权人保管。在抵押期间,抵押权人为保险赔偿的第一受益人。

第二十四条 企业、事业单位法人分立或者合并后,原抵押合同继续有效,其权利和义务由变更后的法人享有和承担。

抵押人死亡、依法被宣告死亡或者被宣告失踪时,其房地产合法继承人或者代管人应当继续履行原抵押合同。

第三章 房地产抵押合同的订立

第二十五条 房地产抵押,抵押当事人应当签订书面抵押合同。

第二十六条　房地产抵押合同应当载明下列主要内容：

（一）抵押人、抵押权人的名称或者个人姓名、住所；
（二）主债权的种类、数额；
（三）抵押房地产的处所、名称、状况、建筑面积、用地面积以及四至等；
（四）抵押房地产的价值；
（五）抵押房地产的占用管理人、占用管理方式、占用管理责任以及意外损毁、灭失的责任；
（六）债务人履行债务的期限；
（七）抵押权灭失的条件；
（八）违约责任；
（九）争议解决方式；
（十）抵押合同订立的时间与地点；
（十一）双方约定的其他事项。

第二十七条　以预购商品房贷款抵押的，须提交生效的预购房屋合同。

第二十八条　以在建工程抵押的，抵押合同还应当载明以下内容：

（一）《国有土地使用权证》、《建设用地规划许可证》和《建设工程规划许可证》编号；
（二）已交纳的土地使用权出让金或需交纳的相当于土地使用权出让金的款额；
（三）已投入在建工程的工程款；
（四）施工进度及工程竣工日期；
（五）已完成的工作量和工程量。

第二十九条　抵押权人要求抵押房地产保险的，以及要求在房地产抵押后限制抵押人出租、转让抵押房地产或者改变抵押房地产用途的，抵押当事人应当在抵押合同中载明。

第四章　房地产抵押登记

第三十条　房地产抵押合同自签订之日起 30 日内，抵押当事人应当到房地产所在地的房地产管理部门办理房地产抵押登记。

第三十一条　房地产抵押合同自抵押登记之日起生效。

第三十二条　办理房地产抵押登记，应当向登记机关交验下列文件：

（一）抵押当事人的身份证明或法人资格证明；
（二）抵押登记申请书；
（三）抵押合同；
（四）《国有土地使用权证》、《房屋所有权证》或《房地产权证》，共有的房屋还必须提交《房屋共有权证》和其他共有人同意抵押的证明；
（五）可以证明抵押人有权设定抵押权的文件与证明材料；
（六）可以证明抵押房地产价值的资料；
（七）登记机关认为必要的其他文件。

第三十三条　登记机关应当对申请人的申请进行审核。凡权属清楚、证明材料齐全的，应当在受理登记之日起 7 日内决定是否予以登记，对不予登记的，应当书面通知申请人。

第三十四条　以依法取得的房屋所有权证书的房地产抵押的，登记机关应当在原《房屋所有权证》上作他项权利记载后，由抵押人收执。并向抵押权人颁发《房屋他项权证》。

以预售商品房或者在建工程抵押的，登记机关应当在抵押合同上作记载。抵押的房地产在抵押期间竣工的，当事人应当在抵押人领取房地产权属证书后，重新办理房地产抵押登记。

第三十五条　抵押合同发生变更或者抵押关系终止时，抵押当事人应当在变更或者终止之日起 15 日内，到原登记机关办理变更或者注销抵押登记。

因依法处分抵押房地产而取得土地使用权和土地建筑物、其他附着物所有权的，抵押当事人应当自处分行为生效之日起 30 日内，到县级以上地方人民政府房地产管理部门申请房屋所有权转移登记，并凭变更后的房屋所有权证书向同级人民政府土地管理部门申请土地使用权变更登记。

第五章　抵押房地产的占用与管理

第三十六条　已作抵押的房地产，由抵押人占用与管理。

抵押人在抵押房地产占用与管理期间应当维护抵押房地产的安全与完好。抵押权人有权按照抵押合同的规定监督、检查抵押房地产的管理情况。

第三十七条　抵押权可以随债权转让。抵押权转让时，应当签订抵押权转让合同，并办理抵押权变更登记。抵押权转让后，原抵押权人应当告知抵押人。

经抵押权人同意，抵押房地产可以转让或者出租。

抵押房地产转让或者出租所得价款，应当向抵押权人提前清偿所担保的债权。超过债权数额的部分，归抵押人所有，不足部分由债务人清偿。

第三十八条　因国家建设需要，将已设定抵押权的房地产列入拆迁范围的，抵押人应当及时书面通知抵押权人;抵押双方可以重新设定抵押房地产,也可以依法清理债权债务,解除抵押合同。

第三十九条 抵押人占用与管理的房地产发生损毁、灭失的,抵押人应当及时将情况告知抵押权人,并应当采取措施防止损失的扩大。抵押的房地产因抵押人的行为造成损失使抵押房地产价值不足以作为履行债务的担保时,抵押权人有权要求抵押人重新提供或者增加担保以弥补不足。

抵押人对抵押房地产价值减少无过错的,抵押权人只能在抵押人因损害而得到的赔偿的范围内要求提供担保。抵押房地产价值未减少的部分,仍作为债务的担保。

第六章 抵押房地产的处分

第四十条 有下列情况之一的,抵押权人有权要求处分抵押的房地产:

(一)债务履行期满,抵押权人未受清偿的,债务人又未能与抵押权人达成延期履行协议的;

(二)抵押人死亡,或者被宣告死亡而无人代为履行到期债务的;或者抵押人的合法继承人、受遗赠人拒绝履行到期债务的;

(三)抵押人被依法宣告解散或者破产的;

(四)抵押人违反本办法的有关规定,擅自处分抵押房地产的;

(五)抵押合同约定的其他情况。

第四十一条 有本办法第四十条规定情况之一的,经抵押当事人协商可以通过拍卖等合法方式处分抵押房地产。协议不成的,抵押权人可以向人民法院提起诉讼。

第四十二条 抵押权人处分抵押房地产时,应当事先书面通知抵押人;抵押房地产为共有或者出租的,还应当同时书面通知共有人或承租人;在同等条件下,共有人或承租人依法享有优先购买权。

第四十三条 同一房地产设定两个以上抵押权时,以抵押登记的先后顺序受偿。

第四十四条 处分抵押房地产时,可以依法将土地上新增的房屋与抵押财产一同处分,但对处分新增房屋所得,抵押权人无权优先受偿。

第四十五条 以划拨方式取得的土地使用权连同地上建筑物设定的房地产抵押进行处分时,应当从处分所得的价款中缴纳相当于应当缴纳的土地使用权出让金的款额后,抵押权人方可优先受偿。

法律、法规另有规定的依照其规定。

第四十六条 抵押权人对抵押房地产的处分,因下列情况而中止:

(一)抵押权人请求中止的;

(二)抵押人申请愿意并证明能够及时履行债务,并经抵押权人同意的;

(三)发现被拍卖抵押物有权属争议的;

(四)诉讼或仲裁中的抵押房地产;

(五)其他应当中止的情况。

第四十七条 处分抵押房地产所得金额,依下列顺序分配:

(一)支付处分抵押房地产的费用;

(二)扣除抵押房地产应缴纳的税款;

(三)偿还抵押权人债权本息及支付违约金;

(四)赔偿由债务人违反合同而对抵押权人造成的损害;

(五)剩余金额交还抵押人。

处分抵押房地产所得金额不足以支付债务和违约金、赔偿金时,抵押权人有权向债务人追索不足部分。

第七章 法律责任

第四十八条 抵押人隐瞒抵押的房地产存在共有、产权争议或者被查封、扣押等情况的,抵押人应当承担由此产生的法律责任。

第四十九条 抵押人擅自以出售、出租、交换、赠与或者以其他方式处分抵押房地产的,其行为无效;造成第三人损失的,由抵押人予以赔偿。

第五十条 抵押当事人因履行抵押合同或者处分抵押房地产发生争议的,可以协商解决;协商不成的,抵押当事人可以根据双方达成的仲裁协议向仲裁机构申请仲裁;没有仲裁协议的,也可以直接向人民法院提起诉讼。

第五十一条 因国家建设需要,将已设定抵押权的房地产列入拆迁范围时,抵押人违反前述第三十八条的规定,不依法清理债务,也不重新设定抵押房地产的,抵押权人可以向人民法院提起诉讼。

第五十二条 登记机关工作人员玩忽职守、滥用职权,或者利用职务上的便利,索取他人财物,或者非法收受他人财物为他人谋取利益的,依法给予行政处分;构成犯罪的,依法追究刑事责任。

第八章 附 则

第五十三条 在城市规划区外国有土地上进行房地产抵押活动的,参照本办法执行。

第五十四条 本办法由国务院建设行政主管部门负责解释。

第五十五条 本办法自1997年6月1日起施行。

证券质押登记业务实施细则

· 2020 年 4 月 3 日

第一条 为规范证券质押登记行为，维护质押双方的合法权益，根据《证券法》《公司法》《物权法》《担保法》《证券登记结算管理办法》等法律、行政法规和部门规章，以及中国证券登记结算有限责任公司（以下简称"本公司"）《证券登记规则》等有关业务规则相关规定，制定本细则。

第二条 本细则适用于登记在本公司开立的证券账户中的股票、债券和基金（限于登记在本公司证券登记结算系统内份额）等证券的质押登记业务。

证券公司根据《证券公司股票质押贷款管理办法》以自营证券质押的，适用该办法及本公司相关业务规定。

债券质押式回购、股票质押式回购、交收担保品业务等涉及的证券质押按本公司相关业务规定办理。

第三条 本公司采取证券质押登记申报制度，对质押登记申请人提供的申请材料进行形式审核，质押登记申请人应当保证其所提供的证券质押登记要素、质押合同等申请材料真实、准确、完整、合法，以及证券质押行为、内容、程序符合法律、行政法规和部门规章等有关规定。

因证券质押登记要素、质押合同等申请材料内容违法、违规及其他原因导致质押登记无效而产生的纠纷和法律责任，由质押登记申请人承担，本公司不承担任何责任。

第四条 质押双方向本公司申请办理证券质押登记，应提交以下材料：

（一）证券质押登记申请，其中：

对于融资类质押（初始质押），应列明质权人名称、质权人身份证件类型、质权人身份证件号码、出质人名称、出质人证券账户、证券代码、证券简称、托管单元、证券类别、质押证券数量、业务类型、融资金额、年化融资利率、融资期限、融资投向、预警线（如有）、平仓线（如有）、质押合同编号；

对于融资类质押（补充质押），应列明质权人名称、质权人身份证件类型、质权人身份证件号码、出质人名称、出质人证券账户、证券代码、证券简称、托管单元、证券类别、质押证券数量、业务类型、补充质押对应的初始质押证券所属市场、对应的初始质押业务登记编号、质押合同编号；

对于非融资类质押，应列明质权人名称、质权人身份证件类型、质权人身份证件号码、出质人名称、出质人证券账户、证券代码、证券简称、托管单元、证券类别、质押证券数量、业务类型、质押合同编号；

（二）质押合同原件；

（三）质押双方有效身份证明文件及复印件；

（四）质押证券登记在证券期货经营机构单一资产管理计划专用证券账户中，且资产委托人为个人或机构的，应当由管理人提交有关业务申请材料，并提供委托人、托管人（如有）出具的知晓办理证券质押登记的相关文件；

（五）证券质押行为需经国有资产监督管理机构等主管部门批准或备案的，应当提供相关批准或备案文件原件及复印件；

（六）本公司要求提供的其他材料。

第五条 本公司对质押双方提交的质押登记申请材料审核通过后，根据受理日日终对出质人证券持有的核查结果进行质押登记。质押登记的生效日以证券质押登记证明上载明的质押登记日为准。

第六条 证券质押登记不设具体期限，解除质押登记，需由质权人申请办理。

第七条 质权人向本公司申请解除质押登记，除需提交质权人、经办人有效身份证明文件及复印件外，还需提交以下材料：

（一）解除证券质押登记申请，申请中应列明出质人名称、出质人证券账户、质权人名称、质押合同编号、质押登记编号、拟解除质押证券代码、证券简称、证券数量等内容；

（二）证券质押登记证明原件（原件遗失的，应提供在符合中国证监会规定条件的信息披露媒体之一上刊登的遗失作废声明）或本公司认可的其他证明材料；

（三）申请部分解除质押登记的，申请中还应列明剩余融资金额等相关信息，并由质押双方共同签字盖章；

（四）本公司要求提供的其他材料。

第八条 本公司对质权人提交的解除质押登记申请材料审核通过后，于受理日日终解除质押登记。质押登记解除的生效日以解除证券质押登记通知上载明的质押登记解除日为准。

部分解除质押登记的，本公司同时向质权人出具剩余质物的质押登记证明。

第九条 对于质物已在证券公司托管的，本公司于办理完质押登记或解除质押登记的下一个交易日开市前，将质押登记或解除质押登记数据发送证券公司。

第十条 证券一经质押登记，在解除质押登记前不得重复设置质押。

第十一条 对于已被司法冻结、已作回购质押、已提交证券公司或本公司作为担保品等证券,不得申请办理质押登记。

第十二条 已被司法冻结的质押证券需要重新办理质押登记的,需由原司法机关解除司法冻结后,本公司方可为其办理重新质押登记手续。

第十三条 证券质押登记期间产生的通过本公司派发的孳息,本公司一并予以质押登记。

第十四条 证券质押登记期间发生配股(即向原股东配售股份)时,配股权仍由出质人行使。质押双方有质押配股需要的,应在出质人获配股份后提出质押登记申请。

第十五条 质押合同被依法确认无效或者被撤销的,质押当事人应当申请办理解除质押登记。

第十六条 质权人在提交本细则第七条第(二)项材料、质权人有效身份证明文件及复印件以及本公司要求提供的其他材料后,可以向本公司申请查询质物的数量和状态。

第十七条 债务人不履行到期债务或者发生当事人约定的实现质权的情形,除了通过司法途径实现质权外,本公司提供以下质物处置方式:

(一)质押当事人可根据办理证券质押登记业务时提交的质押合同或另行签订的质押证券处置协议的约定,向本公司申请办理证券质押登记状态调整业务,并以质押证券卖出所得优先偿付质权人,调整证券质押登记状态时应遵守相关法律法规、部门规章及本公司业务规则的规定;

(二)质押双方可根据质押证券处置协议约定,向本公司申请办理质押证券处置过户业务,转让质押证券时应遵守相关法律法规、部门规章、证券交易场所及本公司业务规则的规定;

(三)符合相关规定的其他方式。

第十八条 申请办理证券质押登记状态调整业务或质押证券处置过户业务的证券,仅限于无限售流通股或流通债券、基金(限于登记在本公司证券登记结算系统内份额)等流通证券,且除质权外无其他权利瑕疵。董事、监事、高级管理人员持有的在股份锁定期内的质押证券不得申请办理质押证券处置过户业务。

第十九条 质押当事人向本公司申请办理证券质押登记状态调整业务时,应提交以下材料:

(一)证券质押登记状态调整申请表;

(二)质押合同或质押证券处置协议;

(三)本公司出具的证券质押登记证明原件(原件遗失的,应提供在符合中国证监会规定条件的信息披露媒体之一上刊登的遗失作废声明)或本公司认可的其他证明材料;

(四)申请方有效身份证明文件及复印件;

(五)本公司要求提供的其他材料。

第二十条 办理质押证券处置过户业务时,拟过户证券处置价格、质押时长等要求应符合证券交易场所证券协议转让相关业务规定;证券交易场所未规定的,按本公司相关要求办理。

第二十一条 质押双方向本公司申请办理质押证券处置过户业务时,应提交以下材料:

(一)质押证券处置过户申请;

(二)质押证券处置协议原件;

(三)证券质押登记证明原件(原件遗失的,应提供在符合中国证监会规定条件的信息披露媒体之一上刊登的遗失作废声明)或本公司认可的其他证明材料;

(四)本次质押证券处置过户的公告(如有);

(五)质押双方有效身份证明文件及复印件;

(六)质押证券处置过户行为须经国有资产监督管理机构等主管部门批准或备案的,应当提供相关批文或备案文件原件及复印件;

(七)出质人因质押证券处置过户行为应缴纳个人所得税的,需提供主管税务机关出具的纳税记录以及个人所得税清算申报表等相关文件;

(八)本公司要求提交的其他材料。

第二十二条 质押登记申请人可以通过本公司代理机构或直接向本公司申请办理证券质押登记、解除(含部分解除)质押登记、质押登记状态调整业务。

第二十三条 质押登记申请人应按照本公司规定的收费项目和标准缴纳质押登记费。质押证券处置过户业务申请人应按照本公司证券非交易过户业务相关规定缴纳过户登记手续费。质押证券处置过户业务涉及税收的,按国家有关规定执行。

第二十四条 本细则要求提交的材料应采用中文;申请人所提交的材料为外文的,还需提交经我国驻该国(地区)使、领馆认证或境内公证机构公证的与外文一致的中文译本。

第二十五条 本细则由本公司负责解释。

第二十六条 本细则自发布之日起实施。

商业银行押品管理指引

- 2017年4月26日
- 银监发〔2017〕16号

第一章 总 则

第一条 为规范商业银行押品管理,根据《中华人民共和国银行业监督管理法》、《中华人民共和国商业银行法》、《中华人民共和国物权法》和《中华人民共和国担保法》等法律法规,制定本指引。

第二条 中华人民共和国境内依法设立的商业银行适用本指引。

第三条 本指引所称押品是指债务人或第三方为担保商业银行相关债权实现,抵押或质押给商业银行,用于缓释信用风险的财产或权利。

第四条 商业银行应将押品管理纳入全面风险管理体系,完善与押品管理相关的治理架构、管理制度、业务流程、信息系统等。

第五条 商业银行押品管理应遵循以下原则:
(一)合法性原则。押品管理应符合法律法规规定。
(二)有效性原则。抵质押担保手续完备,押品估值合理并易于处置变现,具有较好的债权保障作用。
(三)审慎性原则。充分考虑押品本身可能存在的风险因素,审慎制定押品管理政策,动态评估押品价值及风险缓释作用。
(四)从属性原则。商业银行使用押品缓释信用风险应以全面评估债务人的偿债能力为前提。

第六条 中国银监会对商业银行押品管理进行监督检查,对不能满足本指引要求的商业银行,视情况采取相应的监管措施。

第二章 管理体系

第七条 商业银行应健全押品管理的治理架构,明确董事会、高级管理层、相关部门和岗位人员的押品管理职责。

第八条 董事会应督促高级管理层在全面风险管理体系框架下构建押品管理体系,切实履行押品管理职责。

第九条 高级管理层应规范押品管理制度流程,落实各项押品管理措施,确保押品管理体系与业务发展、风险管理水平相适应。

第十条 商业银行应明确前、中、后台各业务部门的押品管理职责,内审部门应将押品管理纳入内部审计范畴定期进行审计。

商业银行应确定押品管理牵头部门,统筹协调押品管理,包括制定押品管理制度、推动信息化建设、开展风险监测、组织业务培训等。

第十一条 商业银行应根据需要,设置押品价值评估、抵质押登记、保管等相关业务岗位,明确岗位职责,配备充足人员,确保相关人员具备必要的专业知识和业务能力。同时,应采取建立回避制度、流程化管理等措施防范操作风险。

第十二条 商业银行应健全押品管理制度和流程,明确可接受的押品类型、目录、抵质押率、估值方法及频率、担保设立及变更、存续期管理、返还和处置等相关要求。

第十三条 商业银行应建立押品管理信息系统,持续收集押品类型、押品估值、抵质押率等相关信息,支持对押品及相关担保业务开展统计分析,动态监控押品债权保障作用和风险缓释能力,将业务管控规则嵌入信息系统,加强系统制约,防范抵质押业务风险。

第十四条 商业银行应真实、完整保存押品管理过程中产生的各类文档,包括押品调查文档、估值文档、存续期管理记录等相关资料,并易于检索和查询。

第三章 风险管理

第十五条 商业银行接受的押品应符合以下基本条件:
(一)押品真实存在;
(二)押品权属关系清晰,抵押(出质)人对押品具有处分权;
(三)押品符合法律法规规定或国家政策要求;
(四)押品具有良好的变现能力。

第十六条 商业银行应至少将押品分为金融质押品、房地产、应收账款和其他押品等类别,并在此基础上进一步细分。同时,应结合本行业务实践和风控水平,确定可接受的押品目录,且至少每年更新一次。

第十七条 商业银行应遵循客观、审慎原则,依据评估准则及相关规程、规范,明确各类押品的估值方法,并保持连续性。原则上,对于有活跃交易市场、有明确交易价格的押品,应参考市场价格确定押品价值。采用其他方法估值时,评估价值不能超过当前合理市场价格。

第十八条 商业银行应根据不同押品的价值波动特性,合理确定价值重估频率,每年应至少重估一次。价格波动较大的押品应适当提高重估频率,有活跃交易市场的金融质押品应进行盯市估值。

第十九条 商业银行应明确押品估值的责任主体以及估值流程,包括发起、评估、确认等相关环节。对于外部估值情形,其评估结果应由内部审核确认。

第二十条 商业银行应审慎确定各类押品的抵质押率上限，并根据经济周期、风险状况和市场环境及时调整。

抵质押率指押品担保本金余额与押品估值的比率：

抵质押率＝押品担保本金余额÷押品估值×100％。

第二十一条 商业银行应建立动态监测机制，跟踪押品相关政策及行业、地区环境变化，分析其对押品价值的影响，及时发布预警信息，必要时采取相应措施。

第二十二条 商业银行应加强押品集中度管理，采取必要措施，防范因单一押品或单一种类押品占比过高产生的风险。

第二十三条 商业银行应根据押品重要程度和风险状况，定期对押品开展压力测试，原则上每年至少进行一次，并根据测试结果采取应对措施。

第四章 押品调查与评估

第二十四条 商业银行各类表内外业务采用抵质押担保的，应对押品情况进行调查与评估，主要包括受理、调查、估值、审批等环节。

第二十五条 商业银行应明确抵押（出质）人需提供的材料范围，及时、全面收集押品相关信息和材料。

第二十六条 商业银行应对抵押（出质）人以及押品情况进行调查并形成书面意见，内容包括但不限于押品权属及抵质押行为的合法性、押品及其权属证书的真实性、押品变现能力、押品与债务人风险的相关性，以及抵押（出质）人的担保意愿、与债务人的关联关系等。

第二十七条 押品调查方式包括现场调查和非现场调查，原则上以现场调查为主，非现场调查为辅。

第二十八条 商业银行应按照既定的方法、频率、流程对押品进行估值，并将评估价值和变现能力作为业务审批的参考因素。

第二十九条 下列情形下，押品应由外部评估机构进行估值：

（一）法律法规及政策规定、人民法院、仲裁机关等要求必须由外部评估机构估值的押品；

（二）监管部门要求由外部评估机构估值的押品；

（三）因估值技术性要求较高，本行不具备评估专业能力的押品；

（四）其他确需外部评估机构估值的押品。

第三十条 商业银行应明确外部评估机构的准入条件，选择符合法定要求、取得相应专业资质的评估机构，实行名单制管理，定期开展后评价，动态调整合作名单。原则上不接受名单以外的外部评估机构的估值结果，确需名单以外的外部评估机构估值的，应审慎控制适用范围。

第三十一条 商业银行应参考押品调查意见和估值结果，对抵质押业务进行审批。

第五章 抵质押设立与存续期管理

第三十二条 商业银行办理抵质押担保业务时，应签订合法、有效的书面主合同及抵质押从合同，押品存续期限原则上不短于主债权期限。主从合同合一的，应在合同中明确抵质押担保事项。

第三十三条 对于法律法规规定抵质押权经登记生效或未经登记不得对抗善意第三人的押品，应按登记部门要求办理抵质押登记，取得他项权利证书或其他抵质押登记证明，确保抵质押登记真实有效。

第三十四条 对于法律规定以移交占有为质权生效要件的押品和应移交商业银行保管的权属证书，商业银行应办理转移占有的交付或止付手续，并采取必要措施，确保押品真实有效。

第三十五条 押品由第三方监管的，商业银行应明确押品第三方监管的准入条件，对合作的监管方实行名单制管理，加强日常监控，全面评价其管理能力和资信状况。对于需要移交第三方保管的押品，商业银行应与抵押（出质）人、监管方签订监管合同或协议，明确监管方的监管责任和违约赔偿责任。监管方应将押品与其他资产相分离，不得重复出具仓储单据或类似证明。

第三十六条 商业银行应明确押品及其权属证书的保管方式和操作要求，妥善保管抵押（出质）人依法移交的押品或权属证书。

第三十七条 商业银行应按规定频率对押品进行价值重估。出现下列情形之一的，即使未到重估时点，也应重新估值：

（一）押品市场价格发生较大波动；

（二）发生合同约定的违约事件；

（三）押品担保的债权形成不良；

（四）其他需要重估的情形。

第三十八条 发生可能影响抵质押权实现或出现其他需要补充变更押品的情形时，商业银行应及时采取补充担保等相关措施防范风险。

第三十九条 抵质押合同明确约定警戒线或平仓线的押品，商业银行应加强押品价格监控，触及警戒线时要及时采取防控措施，触及强制平仓条件时应按合同约定平仓。

第四十条 商业银行在对押品相关主合同办理展期、重组、担保方案变更等业务时，应确保抵质押担保的连续性和有效性，防止债权悬空。

第四十一条 商业银行应对押品管理情况进行定期或不定期检查,重点检查押品保管情况以及权属变更情况,排查风险隐患,评估相关影响,并以书面形式在相关报告中反映。原则上不低于每年一次。

第六章 押品返还与处置

第四十二条 出现下列情形之一的,商业银行应办理抵质押注销登记手续,返还押品或权属证书:
(一)抵质押担保合同履行完毕,押品所担保的债务已经全部清偿;
(二)人民法院解除抵质押担保裁判生效;
(三)其他法定或约定情形。

第四十三条 商业银行向受让方转让抵质押担保债权的,应协助受让方办理担保变更手续。

第四十四条 债务人未能按期清偿押品担保的债务或发生其他风险状况的,商业银行应根据合同约定,按照损失最小化原则,合理选择行使抵质押权的时机和方式,通过变卖、拍卖、折价等合法方式及时行使抵质押权,或通过其他方式保障合同约定的权利。

第四十五条 处置押品回收的价款超过合同约定主债权金额、利息、违约金、损害赔偿金和实现债权的相关费用的,商业银行应依法将超过部分退还抵押(出质)人;价款低于合同约定主债权本息及相关费用的,不足部分依法由债务人清偿。

第七章 附则

第四十六条 本指引由中国银监会负责解释。

第四十七条 中国银监会监管的其他银行业金融机构参照本指引执行。

第四十八条 本指引自印发之日起施行。

贷款风险分类指引

· 2007年7月3日
· 银监发〔2007〕54号

第一条 为促进商业银行完善信贷管理,科学评估信贷资产质量,根据《中华人民共和国银行业监督管理法》《中华人民共和国商业银行法》及其他法律、行政法规,制定本指引。

第二条 本指引所指的贷款分类,是指商业银行按照风险程度将贷款划分为不同档次的过程,其实质是判断债务人及时足额偿还贷款本息的可能性。

第三条 通过贷款分类应达到以下目标:
(一)揭示贷款的实际价值和风险程度,真实、全面、动态地反映贷款质量。
(二)及时发现信贷管理过程中存在的问题,加强贷款管理。
(三)为判断贷款损失准备金是否充足提供依据。

第四条 贷款分类应遵循以下原则:
(一)真实性原则。分类应真实客观地反映贷款的风险状况。
(二)及时性原则。应及时、动态地根据借款人经营管理等状况的变化调整分类结果。
(三)重要性原则。对影响贷款分类的诸多因素,要根据本指引第五条的核心定义确定关键因素进行评估和分类。
(四)审慎性原则。对难以准确判断借款人还款能力的贷款,应适度下调其分类等级。

第五条 商业银行应按照本指引,至少将贷款划分为正常、关注、次级、可疑和损失五类,后三类合称为不良贷款。

正常:借款人能够履行合同,没有足够理由怀疑贷款本息不能按时足额偿还。

关注:尽管借款人目前有能力偿还贷款本息,但存在一些可能对偿还产生不利影响的因素。

次级:借款人的还款能力出现明显问题,完全依靠其正常营业收入无法足额偿还贷款本息,即使执行担保,也可能会造成一定损失。

可疑:借款人无法足额偿还贷款本息,即使执行担保,也肯定要造成较大损失。

损失:在采取所有可能的措施或一切必要的法律程序之后,本息仍然无法收回,或只能收回极少部分。

第六条 商业银行对贷款进行分类,应注意考虑以下因素:
(一)借款人的还款能力。
(二)借款人的还款记录。
(三)借款人的还款意愿。
(四)贷款项目的盈利能力。
(五)贷款的担保。
(六)贷款偿还的法律责任。
(七)银行的信贷管理状况。

第七条 对贷款进行分类时,要以评估借款人的还款能力为核心,把借款人的正常营业收入作为贷款的主要还款来源,贷款的担保作为次要还款来源。

借款人的还款能力包括借款人现金流量、财务状况、影响还款能力的非财务因素等。

不能用客户的信用评级代替对贷款的分类,信用评级只能作为贷款分类的参考因素。

第八条 对零售贷款如自然人和小企业贷款主要采取脱期法,依据贷款逾期可同时结合信用等级、担保情况等进行风险分类。

第九条 同一笔贷款不得进行拆分分类。

第十条 下列贷款应至少归为关注类:

(一)本金和利息虽尚未逾期,但借款人有利用兼并、重组、分立等形式恶意逃废银行债务的嫌疑。

(二)借新还旧,或者需通过其他融资方式偿还。

(三)改变贷款用途。

(四)本金或者利息逾期。

(五)同一借款人对本行或其他银行的部分债务已经不良。

(六)违反国家有关法律和法规发放的贷款。

第十一条 下列贷款应至少归为次级类:

(一)逾期(含展期后)超过一定期限,其应收利息不再计入当期损益。

(二)借款人利用合并、分立等形式恶意逃废银行债务,本金或者利息已经逾期。

第十二条 需要重组的贷款应至少归为次级类。

重组贷款是指银行由于借款人财务状况恶化,或无力还款而对借款合同还款条款作出调整的贷款。

重组后的贷款(简称重组贷款)如果仍然逾期,或者借款人仍然无力归还贷款,应至少归为可疑类。

重组贷款的分类档次在至少6个月的观察期内不得调离,观察期结束后,应严格按照本指引规定进行分类。

第十三条 商业银行在贷款分类中应当做到:

(一)制定和修订信贷资产风险分类的管理政策、操作实施细则或业务操作流程。

(二)开发和运用信贷资产风险分类操作实施系统和信息管理系统。

(三)保证信贷资产分类人员具备必要的分类知识和业务素质。

(四)建立完整的信贷档案,保证分类资料信息准确、连续、完整。

(五)建立有效的信贷组织管理体制,形成相互监督制约的内部控制机制,保证贷款分类的独立、连续、可靠。

商业银行高级管理层要对贷款分类制度的执行、贷款分类的结果承担责任。

第十四条 商业银行应至少每季度对全部贷款进行一次分类。

如果影响借款人财务状况或贷款偿还因素发生重大变化,应及时调整对贷款的分类。

对不良贷款应严密监控,加大分析和分类的频率,根据贷款的风险状况采取相应的管理措施。

第十五条 逾期天数是分类的重要参考指标。商业银行应加强对贷款的期限管理。

第十六条 商业银行内部审计部门应对信贷资产分类政策、程序和执行情况进行检查和评估,将结果向上级行或董事会作出书面汇报,并报送中国银行业监督管理委员会或其派出机构。

检查、评估的频率每年不得少于一次。

第十七条 本指引规定的贷款分类方式是贷款风险分类的最低要求,各商业银行可根据自身实际制定贷款分类制度,细化分类方法,但不得低于本指引提出的标准和要求,并与本指引的贷款风险分类方法具有明确的对应和转换关系。

商业银行制定的贷款分类制度应向中国银行业监督管理委员会或其派出机构进行报备。

第十八条 对贷款以外的各类资产,包括表外项目中的直接信用替代项目,也应根据资产的净值、债务人的偿还能力、债务人的信用评级情况和担保情况划分为正常、关注、次级、可疑、损失五类,其中后三类合称为不良资产。

分类时,要以资产价值的安全程度为核心,具体可参照贷款风险分类的标准和要求。

第十九条 中国银行业监督管理委员会及其派出机构通过现场检查和非现场监管对贷款分类及其质量进行监督管理。

第二十条 商业银行应当按照相关规定,向中国银行业监督管理委员会及其派出机构报送贷款分类的数据资料。

第二十一条 商业银行应在贷款分类的基础上,根据有关规定及时足额计提贷款损失准备,核销贷款损失。

第二十二条 商业银行应依据有关信息披露的规定,披露贷款分类方法、程序、结果及贷款损失计提、贷款损失核销等信息。

第二十三条 本指引适用于各类商业银行、农村合作银行、村镇银行、贷款公司和农村信用社。

政策性银行和经中国银行业监督管理委员会批准经营信贷业务的其他金融机构可参照本指引建立各自的分类制度,但不应低于本指引所提出的标准和要求。

第二十四条 本指引由中国银行业监督管理委员会

负责解释和修改。

第二十五条 本指引自发布之日起施行，在本指引发布施行前有关规定与本指引相抵触的，以本指引为准。

商业银行委托贷款管理办法

- 2018年1月5日
- 银监发〔2018〕2号

第一章 总 则

第一条 为规范商业银行委托贷款业务经营，加强委托贷款业务管理，促进委托贷款业务健康发展，根据《中华人民共和国银行业监督管理法》《中华人民共和国商业银行法》等法律法规，制定本办法。

第二条 中华人民共和国境内依法设立的商业银行办理委托贷款业务应遵守本办法。

第三条 本办法所称委托贷款，是指委托人提供资金，由商业银行（受托人）根据委托人确定的借款人、用途、金额、币种、期限、利率等代为发放、协助监督使用、协助收回的贷款，不包括现金管理项下委托贷款和住房公积金项下委托贷款。

委托人是指提供委托贷款资金的法人、非法人组织、个体工商户和具有完全民事行为能力的自然人。

现金管理项下委托贷款是指商业银行在现金管理服务中，受企业集团客户委托，以委托贷款的形式，为客户提供的企业集团内部独立法人之间的资金归集和划拨业务。

住房公积金项下委托贷款是指商业银行受各地住房公积金管理中心委托，以住房公积金为资金来源，代为发放的个人住房消费贷款和保障性住房建设项目贷款。

第四条 委托贷款业务是商业银行的委托代理业务。商业银行依据本办法规定，与委托贷款业务相关主体通过合同约定各方权利义务，履行相应职责，收取代理手续费，不承担信用风险。

第五条 商业银行办理委托贷款业务，应当遵循依法合规、平等自愿、责利匹配、审慎经营的原则。

第二章 业务管理

第六条 商业银行应依据本办法制定委托贷款业务管理制度，合理确定部门、岗位职责分工，明确委托人范围、资质和准入条件，以及委托贷款业务流程和风险控制措施等，并定期评估，及时改进。

第七条 商业银行受理委托贷款业务申请，应具备以下前提：

（一）委托人与借款人就委托贷款条件达成一致。

（二）委托人或借款人为非自然人的，应出具其有权机构同意办理委托贷款业务的决议、文件或具有同等法律效力的证明。

商业银行不得接受委托人为金融资产管理公司和经营贷款业务机构的委托贷款业务申请。

第八条 商业银行受托办理委托贷款业务，应要求委托人承担以下职责，并在合同中作出明确约定。

（一）自行确定委托贷款的借款人，并对借款人资质、贷款项目、担保人资质、抵质押物等进行审查。

（二）确保委托资金来源合法合规且委托人有权自主支配，并按合同约定及时向商业银行提供委托资金。

（三）监督借款人按照合同约定使用贷款资金，确保贷款用途合法合规，并承担借款人的信用风险。

第九条 商业银行审查委托人资金来源时，应要求委托人提供证明其资金来源合法合规的相关文件或具有同等法律效力的相关证明，对委托人的财务报表、信用记录等进行必要的审核，重点加强对以下内容的审查和测算：

（一）委托人的委托资金是否超过其正常收入来源和资金实力。

（二）委托人在银行有授信余额的，商业银行应合理测算委托人自有资金，并将测算情况作为发放委托贷款的重要依据。

第十条 商业银行不得接受委托人下述资金发放委托贷款：

（一）受托管理的他人资金。

（二）银行的授信资金。

（三）具有特定用途的各类专项基金（国务院有关部门另有规定的除外）。

（四）其他债务性资金（国务院有关部门另有规定的除外）。

（五）无法证明来源的资金。

企业集团发行债券筹集并用于集团内部的资金，不受本条规定限制。

第十一条 商业银行受托发放的贷款应有明确用途，资金用途应符合法律法规、国家宏观调控和产业政策。资金用途不得为以下方面：

（一）生产、经营或投资国家禁止的领域和用途。

（二）从事债券、期货、金融衍生品、资产管理产品等投资。

（三）作为注册资本金、注册验资。

（四）用于股本权益性投资或增资扩股（监管部门另有规定的除外）。

（五）其他违反监管规定的用途。

第十二条　商业银行应按照"谁委托谁付费"的原则向委托人收取代理手续费。

第十三条　商业银行与委托人、借款人就委托贷款事项达成一致后,三方应签订委托贷款借款合同。合同中应载明贷款用途、金额、币种、期限、利率、还款计划等内容,并明确委托人、受托人、借款人三方的权利和义务。

第十四条　委托贷款采取担保方式的,委托人和担保人应就担保形式和担保人(物)达成一致,并签订委托贷款担保合同。

第十五条　商业银行应要求委托人开立专用于委托贷款的账户。委托人应在委托贷款发放前将委托资金划入该账户,商业银行按合同约定方式发放委托贷款。商业银行不得串用不同委托人的资金。

第十六条　商业银行应同委托人、借款人在委托贷款借款合同中明确协助监督使用的主要内容和具体措施,并按合同约定履行相应职责。

第十七条　商业银行应按照委托贷款借款合同约定,协助收回委托贷款本息,并及时划付到委托人账户。对于本息未能及时到账的,应及时告知委托人。

第十八条　委托贷款到期后,商业银行应根据委托贷款借款合同约定或委托人的书面通知,终止履行受托人的责任和义务,并进行相应账务处理;委托贷款到期后未还款的,商业银行应根据委托贷款借款合同约定,为委托人依法维权提供协助。

第三章　风险管理

第十九条　商业银行应严格隔离委托贷款业务与自营业务的风险,严禁以下行为：

（一）代委托人确定借款人。

（二）参与委托人的贷款决策。

（三）代委托人垫付资金发放委托贷款。

（四）代借款人确定担保人。

（五）代借款人垫付资金归还委托贷款,或者用信贷、理财资金直接或间接承接委托贷款。

（六）为委托贷款提供各种形式的担保。

（七）签订改变委托贷款业务性质的其他合同或协议。

（八）其他代为承担风险的行为。

第二十条　商业银行应对委托贷款业务与自营贷款业务实行分账核算,严格按照会计核算制度要求记录委托贷款业务,同时反映委托贷款和委托资金,二者不得轧差后反映,确保委托贷款业务核算真实、准确、完整。

第二十一条　委托贷款的借款人是商业银行存量授信客户的,商业银行应综合考虑借款人取得委托贷款后,信用风险敞口扩大对本行授信业务带来的风险影响,并采取相应风险管控措施。

第二十二条　商业银行应对委托贷款业务实行分级授权管理,商业银行分支机构不得未经授权或超授权办理委托贷款业务。

第二十三条　商业银行应制定统一制式的委托贷款借款合同。因业务需要使用非统一制式合同的,须经总行审查同意。

第二十四条　商业银行应建立健全委托贷款管理信息系统,登记资金来源、投向、期限、利率以及委托人和借款人等相关信息,确保该项业务信息完整、连续、准确和可追溯。

商业银行应及时、完整地在征信系统登记委托贷款相关信息。

第二十五条　商业银行应按照监管要求建立委托贷款业务统计制度,做好委托贷款业务的分类统计、汇总分析和数据报送。

第二十六条　商业银行应定期分析委托贷款业务风险,并组织开展业务检查。

第四章　监督管理

第二十七条　中国银监会按照本办法对商业银行委托贷款业务实施监督管理。

第二十八条　商业银行违反本办法办理委托贷款业务的,由银监会或其派出机构责令限期改正。逾期未改正,或其行为严重危及商业银行稳健运行、损害客户合法权益的,银监会或其派出机构可根据《中华人民共和国银行业监督管理法》第三十七条的规定采取相应的监管措施;严重违反本办法的,可根据《中华人民共和国银行业监督管理法》第四十六条的规定实施行政处罚。

第二十九条　商业银行发放委托贷款后,应严格按照相关监管统计制度要求,准确报送委托贷款明细信息。

第三十条　商业银行违反本办法第二十九条规定,未及时、准确向监管部门报送委托贷款业务信息的,由银监会或其派出机构责令限期改正。逾期未改正的,银监会或其派出机构可根据《中华人民共和国银行业监督管理法》第四十七条的规定实施行政处罚。

第五章　附　则

第三十一条　银监会依法批准设立的具有贷款业务资格的其他金融机构办理委托贷款业务适用本办法。

第三十二条　本办法由银监会负责解释。

个人贷款管理暂行办法

- 2010年2月12日中国银行业监督管理委员会令2010年第2号公布
- 自公布之日起施行

第一章 总 则

第一条 为规范银行业金融机构个人贷款业务行为,加强个人贷款业务审慎经营管理,促进个人贷款业务健康发展,依据《中华人民共和国银行业监督管理法》、《中华人民共和国商业银行法》等法律法规,制定本办法。

第二条 中华人民共和国境内经中国银行业监督管理委员会批准设立的银行业金融机构(以下简称贷款人)经营个人贷款业务,应遵守本办法。

第三条 本办法所称个人贷款,是指贷款人向符合条件的自然人发放的用于个人消费、生产经营等用途的本外币贷款。

第四条 个人贷款应当遵循依法合规、审慎经营、平等自愿、公平诚信的原则。

第五条 贷款人应建立有效的个人贷款全流程管理机制,制订贷款管理制度及每一贷款品种的操作规程,明确相应贷款对象和范围,实施差别风险管理,建立贷款各操作环节的考核和问责机制。

第六条 贷款人应按区域、品种、客户群等维度建立个人贷款风险限额管理制度。

第七条 个人贷款用途应符合法律法规规定和国家有关政策,贷款人不得发放无指定用途的个人贷款。

贷款人应加强贷款资金支付管理,有效防范个人贷款业务风险。

第八条 个人贷款的期限和利率应符合国家相关规定。

第九条 贷款人应建立借款人合理的收入偿债比例控制机制,结合借款人收入、负债、支出、贷款用途、担保情况等因素,合理确定贷款金额和期限,控制借款人每期还款额不超过其还款能力。

第十条 中国银行业监督管理委员会依照本办法对个人贷款业务实施监督管理。

第二章 受理与调查

第十一条 个人贷款申请应具备以下条件:

(一)借款人为具有完全民事行为能力的中华人民共和国公民或符合国家有关规定的境外自然人;

(二)贷款用途明确合法;

(三)贷款申请数额、期限和币种合理;

(四)借款人具备还款意愿和还款能力;

(五)借款人信用状况良好,无重大不良信用记录;

(六)贷款人要求的其他条件。

第十二条 贷款人应要求借款人以书面形式提出个人贷款申请,并要求借款人提供能够证明其符合贷款条件的相关资料。

第十三条 贷款人受理借款人贷款申请后,应履行尽职调查职责,对个人贷款申请内容和相关情况的真实性、准确性、完整性进行调查核实,形成调查评价意见。

第十四条 贷款调查包括但不限于以下内容:

(一)借款人基本情况;

(二)借款人收入情况;

(三)借款用途;

(四)借款人还款来源、还款能力及还款方式;

(五)保证人担保意愿、担保能力或抵(质)押物价值及变现能力。

第十五条 贷款调查应以实地调查为主、间接调查为辅,采取现场核实、电话查问以及信息咨询等途径和方法。

第十六条 贷款人在不损害借款人合法权益和风险可控的前提下,可将贷款调查中的部分特定事项审慎委托第三方代为办理,但必须明确第三方的资质条件。

贷款人不得将贷款调查的全部事项委托第三方完成。

第十七条 贷款人应建立并严格执行贷款面谈制度。

通过电子银行渠道发放低风险质押贷款的,贷款人至少应当采取有效措施确定借款人真实身份。

第三章 风险评价与审批

第十八条 贷款审查应对贷款调查内容的合法性、合理性、准确性进行全面审查,重点关注调查人的尽职情况和借款人的偿还能力、诚信状况、担保情况、抵(质)押比率、风险程度等。

第十九条 贷款风险评价应以分析借款人现金收入为基础,采取定量和定性分析方法,全面、动态地进行贷款审查和风险评估。

贷款人应建立和完善借款人信用记录和评价体系。

第二十条 贷款人应根据审慎性原则,完善授权管理制度,规范审批操作流程,明确贷款审批权限,实行审贷分离和授权审批,确保贷款审批人员按照授权独立审批贷款。

第二十一条 对未获批准的个人贷款申请,贷款人应告知借款人。

第二十二条 贷款人应根据重大经济形势变化、违约率明显上升等异常情况,对贷款审批环节进行评价分析,及时、有针对性地调整审批政策,加强相关贷款的管理。

第四章 协议与发放

第二十三条 贷款人应与借款人签订书面借款合同,需担保的应同时签订担保合同。贷款人应要求借款人当面签订借款合同及其他相关文件,但电子银行渠道办理的贷款除外。

第二十四条 借款合同应符合《中华人民共和国合同法》的规定,明确约定各方当事人的诚信承诺和贷款资金的用途、支付对象(范围)、支付金额、支付条件、支付方式等。

借款合同应设立相关条款,明确借款人不履行合同或怠于履行合同时应当承担的违约责任。

第二十五条 贷款人应建立健全合同管理制度,有效防范个人贷款法律风险。

借款合同采用格式条款的,应当维护借款人的合法权益,并予以公示。

第二十六条 贷款人应依照《中华人民共和国物权法》、《中华人民共和国担保法》等法律法规的相关规定,规范担保流程与操作。

按合同约定办理抵押登记的,贷款人应当参与。贷款人委托第三方办理的,应对抵押物登记情况予以核实。

以保证方式担保的个人贷款,贷款人应由不少于两名信贷人员完成。

第二十七条 贷款人应加强对贷款的发放管理,遵循审贷与放贷分离的原则,设立独立的放款管理部门或岗位,负责落实放款条件、发放满足约定条件的个人贷款。

第二十八条 借款合同生效后,贷款人应按合同约定及时发放贷款。

第五章 支付管理

第二十九条 贷款人应按照借款合同约定,通过贷款人受托支付或借款人自主支付的方式对贷款资金的支付进行管理与控制。

贷款人受托支付是指贷款人根据借款人的提款申请和支付委托,将贷款资金支付给符合合同约定用途的借款人交易对象。

借款人自主支付是指贷款人根据借款人的提款申请将贷款资金直接发放至借款人账户,并由借款人自主支付给符合合同约定用途的借款人交易对象。

第三十条 个人贷款资金应当采用贷款人受托支付方式向借款人交易对象支付,但本办法第三十三条规定的情形除外。

第三十一条 采用贷款人受托支付的,贷款人应要求借款人在使用贷款时提出支付申请,并授权贷款人按合同约定方式支付贷款资金。

贷款人应在贷款资金发放前审核借款人相关交易资料和凭证是否符合合同约定条件,支付后做好有关细节的认定记录。

第三十二条 贷款人受托支付完成后,应详细记录资金流向,归集保存相关凭证。

第三十三条 有下列情形之一的个人贷款,经贷款人同意可以采取借款人自主支付方式:

(一)借款人无法事先确定具体交易对象且金额不超过三十万元人民币的;

(二)借款人交易对象不具备条件有效使用非现金结算方式的;

(三)贷款资金用于生产经营且金额不超过五十万元人民币的;

(四)法律法规规定的其他情形的。

第三十四条 采用借款人自主支付的,贷款人应与借款人在借款合同中事先约定,要求借款人定期报告或告知贷款人贷款资金支付情况。

贷款人应当通过账户分析、凭证查验或现场调查等方式,核查贷款支付是否符合约定用途。

第六章 贷后管理

第三十五条 个人贷款支付后,贷款人应采取有效方式对贷款资金使用、借款人的信用及担保情况变化等进行跟踪检查和监控分析,确保贷款资产安全。

第三十六条 贷款人应区分个人贷款的品种、对象、金额等,确定贷款检查的相应方式、内容和频度。贷款人内部审计等部门应对贷款检查职能部门的工作质量进行抽查和评价。

第三十七条 贷款人应定期跟踪分析评估借款人履行借款合同约定内容的情况,并作为与借款人后续合作的信用评价基础。

第三十八条 贷款人应当按照法律法规规定和借款合同的约定,对借款人未按合同承诺提供真实、完整信息和未按合同约定用途使用、支付贷款等行为追究违约责任。

第三十九条 经贷款人同意,个人贷款可以展期。

一年以内(含)的个人贷款,展期期限累计不得超过原贷款期限;一年以上的个人贷款,展期期限累计与原贷款期限相加,不得超过该贷款品种规定的最长贷款期限。

第四十条 贷款人应按照借款合同约定,收回贷款本息。

对于未按照借款合同约定偿还的贷款,贷款人应采取措施进行清收,或者协议重组。

第七章 法律责任

第四十一条 贷款人违反本办法规定办理个人贷款业务的,中国银行业监督管理委员会应当责令其限期改正。贷款人有下列情形之一的,中国银行业监督管理委员会可采取《中华人民共和国银行业监督管理法》第三十七条规定的监管措施:

(一)贷款调查、审查未尽职的;

(二)未按规定建立、执行贷款面谈、借款合同面签制度的;

(三)借款合同采用格式条款未公示的;

(四)违反本办法第二十七条规定的;

(五)支付管理不符合本办法要求的。

第四十二条 贷款人有下列情形之一的,中国银行业监督管理委员会除按本办法第四十一条采取监管措施外,还可根据《中华人民共和国银行业监督管理法》第四十六条、第四十八条规定对其进行处罚:

(一)发放不符合条件的个人贷款的;

(二)签订的借款合同不符合本办法规定的;

(三)违反本办法第七条规定的;

(四)将贷款调查的全部事项委托第三方完成的;

(五)超越或变相超越贷款权限审批贷款的;

(六)授意借款人虚构情节获得贷款的;

(七)对借款人违背借款合同约定的行为应发现而未发现,或虽发现但未采取有效措施的;

(八)严重违反本办法规定的审慎经营规则的其他情形。

第八章 附 则

第四十三条 以存单、国债或者中国银行业监督管理委员会认可的其他金融产品作质押发放的个人贷款,消费金融公司、汽车金融公司等非银行金融机构发放的个人贷款,可参照本办法执行。

银行业金融机构发放给农户用于生产性贷款等国家有专门政策规定的特殊类个人贷款,暂不执行本办法。

信用卡透支,不适用本办法。

第四十四条 个体工商户和农村承包经营户申请个人贷款用于生产经营且金额超过五十万元人民币的,按贷款用途适用相关贷款管理办法的规定。

第四十五条 贷款人应依照本办法制定个人贷款业务管理细则及操作规程。

第四十六条 本办法由中国银行业监督管理委员会负责解释。

第四十七条 本办法自发布之日起施行。

流动资金贷款管理暂行办法

· 2010年2月12日中国银行业监督管理委员会令2010年第1号公布
· 自公布之日起施行

第一章 总 则

第一条 为规范银行业金融机构流动资金贷款业务经营行为,加强流动资金贷款审慎经营管理,促进流动资金贷款业务健康发展,依据《中华人民共和国银行业监督管理法》、《中华人民共和国商业银行法》等有关法律法规,制定本办法。

第二条 中华人民共和国境内经中国银行业监督管理委员会批准设立的银行业金融机构(以下简称贷款人)经营流动资金贷款业务,应遵守本办法。

第三条 本办法所称流动资金贷款,是指贷款人向企(事)业法人或国家规定可以作为借款人的其他组织发放的用于借款人日常生产经营周转的本外币贷款。

第四条 贷款人开展流动资金贷款业务,应当遵循依法合规、审慎经营、平等自愿、公平诚信的原则。

第五条 贷款人应完善内部控制机制,实行贷款全流程管理,全面了解客户信息,建立流动资金贷款风险管理制度和有效的岗位制衡机制,将贷款管理各环节的责任落实到具体部门和岗位,并建立各岗位的考核和问责机制。

第六条 贷款人应合理测算借款人营运资金需求,审慎确定借款人的流动资金授信总额及具体贷款的额度,不得超过借款人的实际需求发放流动资金贷款。

贷款人应根据借款人生产经营的规模和周期特点,合理设定流动资金贷款的业务品种和期限,以满足借款人生产经营的资金需求,实现对贷款资金回笼的有效控制。

第七条　贷款人应将流动资金贷款纳入对借款人及其所在集团客户的统一授信管理，并按区域、行业、贷款品种等维度建立风险限额管理制度。

第八条　贷款人应根据经济运行状况、行业发展规律和借款人的有效信贷需求等，合理确定内部绩效考核指标，不得制订不合理的贷款规模指标，不得恶性竞争和突击放贷。

第九条　贷款人应与借款人约定明确、合法的贷款用途。

流动资金贷款不得用于固定资产、股权等投资，不得用于国家禁止生产、经营的领域和用途。

流动资金贷款不得挪用，贷款人应按照合同约定检查、监督流动资金贷款的使用情况。

第十条　中国银行业监督管理委员会依照本办法对流动资金贷款业务实施监督管理。

第二章　受理与调查

第十一条　流动资金贷款申请应具备以下条件：

（一）借款人依法设立；

（二）借款用途明确、合法；

（三）借款人生产经营合法、合规；

（四）借款人具有持续经营能力，有合法的还款来源；

（五）借款人信用状况良好，无重大不良信用记录；

（六）贷款人要求的其他条件。

第十二条　贷款人应对流动资金贷款申请材料的方式和具体内容提出要求，并要求借款人恪守诚实守信原则，承诺所提供材料真实、完整、有效。

第十三条　贷款人应采取现场与非现场相结合的形式履行尽职调查，形成书面报告，并对其内容的真实性、完整性和有效性负责。尽职调查包括但不限于以下内容：

（一）借款人的组织架构、公司治理、内部控制及法定代表人和经营管理团队的资信等情况；

（二）借款人的经营范围、核心主业、生产经营、贷款期内经营规划和重大投资计划等情况；

（三）借款人所在行业状况；

（四）借款人的应收账款、应付账款、存货等真实财务状况；

（五）借款人营运资金总需求和现有融资性负债情况；

（六）借款人关联方及关联交易等情况；

（七）贷款具体用途及与贷款用途相关的交易对手资金占用等情况；

（八）还款来源情况，包括生产经营产生的现金流、综合收益及其他合法收入等；

（九）对有担保的流动资金贷款，还需调查抵（质）押物的权属、价值和变现难易程度，或保证人的保证资格和能力等情况。

第三章　风险评价与审批

第十四条　贷款人应建立完善的风险评价机制，落实具体的责任部门和岗位，全面审查流动资金贷款的风险因素。

第十五条　贷款人应建立和完善内部评级制度，采用科学合理的评级和授信方法，评定客户信用等级，建立客户资信记录。

第十六条　贷款人应根据借款人经营规模、业务特征及应收账款、存货、应付账款、资金循环周期等要素测算其营运资金需求（测算方法参考附件），综合考虑借款人现金流、负债、还款能力、担保等因素，合理确定贷款结构，包括金额、期限、利率、担保和还款方式等。

第十七条　贷款人应根据贷审分离、分级审批的原则，建立规范的流动资金贷款评审制度和流程，确保风险评价和信贷审批的独立性。

贷款人应建立健全内部审批授权与转授权机制。审批人员应在授权范围内按规定流程审批贷款，不得越权审批。

第四章　合同签订

第十八条　贷款人应和借款人及其他相关当事人签订书面借款合同及其他相关协议，需担保的应同时签订担保合同。

第十九条　贷款人应在借款合同中与借款人明确约定流动资金贷款的金额、期限、利率、用途、支付、还款方式等条款。

第二十条　前条所指支付条款，包括但不限于以下内容：

（一）贷款资金的支付方式和贷款人受托支付的金额标准；

（二）支付方式变更及触发变更条件；

（三）贷款资金支付的限制、禁止行为；

（四）借款人应及时提供的贷款资金使用记录和资料。

第二十一条　贷款人应在借款合同中约定由借款人承诺以下事项：

（一）向贷款人提供真实、完整、有效的材料；
（二）配合贷款人进行贷款支付管理、贷后管理及相关检查；
（三）进行对外投资、实质性增加债务融资，以及进行合并、分立、股权转让等重大事项前征得贷款人同意；
（四）贷款人有权根据借款人资金回笼情况提前收回贷款；
（五）发生影响偿债能力的重大不利事项时及时通知贷款人。

第二十二条　贷款人应与借款人在借款合同中约定，出现以下情形之一时，借款人应承担的违约责任和贷款人可采取的措施：
（一）未按约定用途使用贷款的；
（二）未按约定方式进行贷款资金支付的；
（三）未遵守承诺事项的；
（四）突破约定财务指标的；
（五）发生重大交叉违约事件的；
（六）违反借款合同约定的其他情形的。

第五章　发放和支付

第二十三条　贷款人应设立独立的责任部门或岗位，负责流动资金贷款发放和支付审核。

第二十四条　贷款人在发放贷款前应确认借款人满足合同约定的提款条件，并按照合同约定通过贷款人受托支付或借款人自主支付的方式对贷款资金的支付进行管理与控制，监督贷款资金按约定用途使用。

贷款人受托支付是指贷款人根据借款人的提款申请和支付委托，将贷款通过借款人账户支付给符合合同约定用途的借款人交易对象。

借款人自主支付是指贷款人根据借款人的提款申请将贷款资金发放至借款人账户后，由借款人自主支付给符合合同约定用途的借款人交易对象。

第二十五条　贷款人应根据借款人的行业特征、经营规模、管理水平、信用状况等因素和贷款业务品种，合理约定贷款资金支付方式及贷款人受托支付的金额标准。

第二十六条　具有以下情形之一的流动资金贷款，原则上应采用贷款人受托支付方式：
（一）与借款人新建立信贷业务关系且借款人信用状况一般；
（二）支付对象明确且单笔支付金额较大；
（三）贷款人认定的其他情形。

第二十七条　采用贷款人受托支付的，贷款人应根据约定的贷款用途，审核借款人提供的支付申请所列支付对象、支付金额等信息是否与相应的商务合同等证明材料相符。审核同意后，贷款人应将贷款资金通过借款人账户支付给借款人交易对象。

第二十八条　采用借款人自主支付的，贷款人应按借款合同约定要求借款人定期汇总报告贷款资金支付情况，并通过账户分析、凭证查验或现场调查等方式核查贷款支付是否符合约定用途。

第二十九条　贷款支付过程中，借款人信用状况下降、主营业务盈利能力不强、贷款资金使用出现异常的，贷款人应与借款人协商补充贷款发放和支付条件，或根据合同约定变更贷款支付方式、停止贷款资金的发放和支付。

第六章　贷后管理

第三十条　贷款人应加强贷款资金发放后的管理，针对借款人所属行业及经营特点，通过定期与不定期现场检查与非现场监测，分析借款人经营、财务、信用、支付、担保及融资数量和渠道变化等状况，掌握各种影响借款人偿债能力的风险因素。

第三十一条　贷款人应通过借款合同的约定，要求借款人指定专门资金回笼账户并及时提供该账户资金进出情况。

贷款人可根据借款人信用状况、融资情况等，与借款人协商签订账户管理协议，明确约定对指定账户回笼资金进出的管理。

贷款人应关注大额及异常资金流入流出情况，加强对资金回笼账户的监控。

第三十二条　贷款人应动态关注借款人经营、管理、财务及资金流向等重大预警信号，根据合同约定及时采取提前收贷、追加担保等有效措施防范化解贷款风险。

第三十三条　贷款人应评估贷款品种、额度、期限与借款人经营状况、还款能力的匹配程度，作为与借款人后续合作的依据，必要时及时调整与借款人合作的策略和内容。

第三十四条　贷款人应根据法律法规规定和借款合同的约定，参与借款人大额融资、资产出售以及兼并、分立、股份制改造、破产清算等活动，维护贷款人债权。

第三十五条　流动资金贷款需要展期的，贷款人应审查贷款所对应的资产转换周期的变化原因和实际需要，决定是否展期，并合理确定贷款展期期限，加强对展期贷款的后续管理。

第三十六条　流动资金贷款形成不良的，贷款人应对其进行专门管理,及时制定清收处置方案。对借款人确因暂时经营困难不能按期归还贷款本息的,贷款人可与其协商重组。

第三十七条 对确实无法收回的不良贷款,贷款人按照相关规定对贷款进行核销后,应继续向债务人追索或进行市场化处置。

第七章 法律责任

第三十八条 贷款人违反本办法规定经营流动资金贷款业务的,中国银行业监督管理委员会应当责令其限期改正。贷款人有下列情形之一的,中国银行业监督管理委员会可采取《中华人民共和国银行业监督管理法》第三十七条规定的监管措施:

(一)流动资金贷款业务流程有缺陷的;

(二)未将贷款管理各环节的责任落实到具体部门和岗位的;

(三)贷款调查、风险评价、贷后管理未尽职的;

(四)对借款人违反合同约定的行为应发现而未发现,或虽发现但未及时采取有效措施的。

第三十九条 贷款人有下列情形之一的,中国银行业监督管理委员会除按本办法第三十八条采取监管措施外,还可根据《中华人民共和国银行业监督管理法》第四十六条、第四十八条对其进行处罚:

(一)以降低信贷条件或超过借款人实际资金需求发放贷款的;

(二)未按本办法规定签订借款合同的;

(三)与借款人串通违规发放贷款的;

(四)放任借款人将流动资金贷款用于固定资产投资、股权投资以及国家禁止生产、经营的领域和用途的;

(五)超越或变相超越权限审批贷款的;

(六)未按本办法规定进行贷款资金支付管理与控制的;

(七)严重违反本办法规定的审慎经营规则的其他情形的。

第八章 附则

第四十条 贷款人应依据本办法制定流动资金贷款管理实施细则及操作规程。

第四十一条 本办法由中国银行业监督管理委员会负责解释。

第四十二条 本办法自发布之日起施行。

附件:流动资金贷款需求量的测算参考(略)

商业银行贷款损失准备管理办法

- 2011年7月27日中国银行业监督管理委员会令2011年第4号公布
- 自2012年1月1日起施行

第一章 总则

第一条 为加强审慎监管,提升商业银行贷款损失准备的动态性和前瞻性,增强商业银行风险防范能力,促进商业银行稳健运行,根据《中华人民共和国银行业监督管理法》和《中华人民共和国商业银行法》,制定本办法。

第二条 本办法适用于中华人民共和国境内依法设立的商业银行,包括中资银行、外商独资银行和中外合资银行。

第三条 本办法所称贷款损失准备是指商业银行在成本中列支、用以抵御贷款风险的准备金,不包括在利润分配中计提的一般风险准备。

第四条 中国银行业监督管理委员会及其派出机构(以下简称银行业监管机构)根据本办法对商业银行贷款损失准备实施监督管理。

第五条 商业银行贷款损失准备不得低于银行业监管机构设定的监管标准。

第二章 监管标准

第六条 银行业监管机构设置贷款拨备率和拨备覆盖率指标考核商业银行贷款损失准备的充足性。

贷款拨备率为贷款损失准备与各项贷款余额之比;拨备覆盖率为贷款损失准备与不良贷款余额之比。

第七条 贷款拨备率基本标准为2.5%,拨备覆盖率基本标准为150%。该两项标准中的较高者为商业银行贷款损失准备的监管标准。

第八条 银行业监管机构依据经济周期、宏观经济政策、产业政策、商业银行整体贷款分类偏离度、贷款损失变化趋势等因素对商业银行贷款损失准备监管标准进行动态调整。

第九条 银行业监管机构依据业务特点、贷款质量、信用风险管理水平、贷款分类偏离度、呆账核销等因素对单家商业银行应达到的贷款损失准备监管标准进行差异化调整。

第十条 商业银行应当按照银行业监管机构资本充足率管理有关规定确定贷款损失准备的资本属性。

第三章 管理要求

第十一条 商业银行董事会对管理层制定的贷款损

失准备管理制度及其重大变更进行审批,并对贷款损失准备管理负最终责任。

第十二条 商业银行管理层负责建立完备的识别、计量、监测和报告贷款风险的管理制度,审慎评估贷款风险,确保贷款损失准备能够充分覆盖贷款风险。

第十三条 商业银行贷款损失准备管理制度应当包括:

(一)贷款损失准备计提政策、程序、方法和模型;

(二)职责分工、业务流程和监督机制;

(三)贷款损失、呆账核销及准备计提等信息统计制度;

(四)信息披露要求;

(五)其他管理制度。

第十四条 商业银行应当建立完善的贷款风险管理系统,在风险识别、计量和数据信息等方面为贷款损失准备管理提供有效支持。

第十五条 商业银行应当定期对贷款损失准备管理制度进行检查和评估,及时完善相关管理制度。

第十六条 商业银行应当在半年度、年度财务报告中披露贷款损失准备相关信息,包括但不限于:

(一)本期及上年同期贷款拨备率和拨备覆盖率;

(二)本期及上年同期贷款损失准备余额;

(三)本期计提、转回、核销数额。

第四章 监管措施

第十七条 银行业监管机构定期评估商业银行贷款损失准备制度与相关管理系统的科学性、完备性、有效性和可操作性,并将评估情况反馈董事会和管理层。

第十八条 商业银行应当按月向银行业监管机构提供贷款损失准备相关信息,包括但不限于:

(一)贷款损失准备期初、期末余额;

(二)本期计提、转回、核销数额;

(三)贷款拨备率、拨备覆盖率期初、期末数值。

第十九条 银行业监管机构定期与外部审计机构沟通信息,掌握外部审计机构对商业银行贷款损失准备的调整情况和相关意见。

第二十条 银行业监管机构应当建立商业银行贷款损失数据统计分析制度,对贷款损失数据进行跟踪、统计和分析,为科学设定和动态调整贷款损失准备监管标准提供数据支持。

第二十一条 银行业监管机构按月对商业银行贷款拨备率和拨备覆盖率进行监测和分析,对贷款损失准备异常变化进行调查或现场检查。

第二十二条 银行业监管机构应当将商业银行贷款损失准备制度建设和执行情况作为风险监管的重要内容。

第二十三条 商业银行贷款损失准备连续三个月低于监管标准的,银行业监管机构向商业银行发出风险提示,并提出整改要求;连续六个月低于监管标准的,银行业监管机构根据《中华人民共和国银行业监督管理法》的规定,采取相应监管措施。

第二十四条 银行业监管机构经检查认定商业银行以弄虚作假手段达到监管标准的,责令其限期整改,并按照《中华人民共和国银行业监督管理法》相关规定实施行政处罚。

第五章 附则

第二十五条 商业银行之外的银行业金融机构参照执行本办法。

第二十六条 银行业监管机构确定的系统重要性银行应当于2013年底前达标。非系统重要性银行应当于2016年底前达标,2016年底前未达标的,应当制定达标规划,并向银行业监管机构报告,最晚于2018年底达标。

第二十七条 本办法由中国银行业监督管理委员会负责解释。

第二十八条 本办法自2012年1月1日起施行。

银团贷款业务指引

· 2011年8月1日
· 银监发〔2011〕85号

第一章 总则

第一条 为促进和规范银团贷款业务,分散授信风险,推动银行同业合作,根据《中华人民共和国银行业监督管理法》、《中华人民共和国商业银行法》等法律法规,制定本指引。

第二条 本指引适用于在中国境内依法设立并经营贷款业务的银行业金融机构(以下简称银行)。

第三条 银团贷款是指由两家或两家以上银行基于相同贷款条件,依据同一贷款合同,按约定时间和比例,通过代理行向借款人提供的本外币贷款或授信业务。

第四条 银行开办银团贷款业务,应当遵守国家有关法律法规,符合国家信贷政策,坚持平等互利、公平协商、诚实履约、风险自担的原则。

第五条 银行业协会负责维护银团贷款市场秩序,推进市场标准化建设,推动银团贷款与交易系统平台搭建、协调银团贷款与交易中发生的问题,收集和披露有关银团贷款信息,制定行业公约等行业自律工作。

第二章 银团成员

第六条 参与银团贷款的银行均为银团成员。银团成员应按照"信息共享、独立审批、自主决策、风险自担"的原则自主确定各自授信行为,并按实际承担份额享有银团贷款项下相应的权利,履行相应的义务。

第七条 按照在银团贷款中的职能和分工,银团成员通常分为牵头行、代理行和参加行等角色,也可根据实际规模与需要在银团内部增设副牵头行、联合牵头行等,并按照银团贷款合同履行相应职责。

第八条 银团贷款牵头行是指经借款人同意,负责发起组织银团、分销银团贷款份额的银行。

牵头行主要履行以下职责:

(一)发起和筹组银团贷款,分销银团贷款份额;

(二)对借款人进行贷前尽职调查,草拟银团贷款信息备忘录,并向潜在的参加行推荐;

(三)代表银团与借款人谈判确定银团贷款条件;

(四)代表银团聘请相关中介机构起草银团贷款法律文本;

(五)组织银团成员与借款人签订书面银团贷款合同;

(六)银团贷款合同确定的其他职责。

第九条 单家银行担任牵头行时,其承贷份额原则上不得少于银团融资总金额的20%;分销给其他银团成员的份额原则上不得低于50%。

第十条 按照牵头行对贷款最终安排额所承担的责任,银团牵头行分销银团贷款可以分为全额包销、部分包销和尽最大努力推销三种类型。

第十一条 银团代理行是指银团贷款合同签订后,按相关贷款条件确定的金额和进度归集资金向借款人提供贷款,并接受银团委托按银团贷款合同约定进行银团贷款事务管理和协调活动的银行。

对担保结构比较复杂的银团贷款,可以指定担保代理行,由其负责落实银团贷款的各项担保及抵(质)押物登记、管理等工作。

代理行经银团成员协商确定,可以由牵头行或者其他银行担任。银团代理行应当代表银团利益,借款人的附属机构或关联机构不得担任代理行。

第十二条 代理行应当依据银团贷款合同的约定履行代理行职责。其主要职责包括:

(一)审查、督促借款人落实贷款条件,提供贷款或办理其他授信业务;

(二)办理银团贷款的担保抵押手续,负责抵(质)押物的日常管理工作;

(三)制定账户管理方案,开立专门账户管理银团贷款资金,对专户资金的变动情况进行逐笔登记;

(四)根据约定用款日期或借款人的用款申请,按照银团贷款合同约定的承贷份额比例,通知银团成员将款项划到指定账户;

(五)划收银团贷款本息和代收相关费用,并按承贷比例和银团贷款合同约定及时划转到银团成员指定账户;

(六)根据银团贷款合同,负责银团贷款资金支付管理、贷后管理和贷款使用情况的监督检查,并定期向银团成员通报;

(七)密切关注借款人财务状况,对贷款期间发生的企业并购、股权分红、对外投资、资产转让、债务重组等影响借款人还款能力的重大事项,在借款人通知后按银团贷款合同约定尽早通知各银团成员;

(八)根据银团贷款合同,在借款人出现违约事项时,及时组织银团成员对违约贷款进行清收、保全、追偿或其他处置;

(九)根据银团贷款合同,负责组织召开银团会议,协调银团成员之间的关系;

(十)接受各银团成员不定期的咨询与核查,办理银团会议委托的其他事项等。

第十三条 代理行应当勤勉尽责。因代理行行为导致银团利益受损的,银团成员有权根据银团贷款合同约定的方式更换代理行,并要求代理行赔偿相关损失。

第十四条 参加行是指接受牵头行邀请,参加银团并按照协商确定的承贷份额向借款人提供贷款的银行。参加行应当按照约定及时足额划拨资金至代理行指定的账户,参加银团会议,做好贷后管理,了解掌握借款人日常经营与信用状况的变化情况,及时向代理行通报借款人的异常情况。

第三章 银团贷款的发起和筹组

第十五条 有下列情形之一的大额贷款,鼓励采取银团贷款方式:

(一)大型集团客户、大型项目融资和大额流动资金融资;

(二)单一企业或单一项目融资总额超过贷款行资本净额10%的;

(三)单一集团客户授信总额超过贷款行资本净额15%的;

(四)借款人以竞争性谈判选择银行业金融机构进行项目融资的。

各地银行业协会可以根据以上原则,结合本地区实际情况,组织辖内会员银行共同确定银团贷款额度的具体下限。

第十六条 银团贷款由借款人或银行发起。牵头行应当与借款人谈妥银团贷款的初步条件,并获得借款人签署的银团贷款委任书。

第十七条 牵头行应当按照授信工作尽职的相关要求,对借款人或贷款项目进行贷前尽职调查,并在此基础上与借款人进行前期谈判,商谈贷款的用途、额度、利率、期限、担保形式、提保条件、还款方式和相关费用等,并据此编制银团贷款信息备忘录。

第十八条 银团贷款信息备忘录由牵头行分发给潜在参加行,作为潜在参加行审贷和提出修改建议的重要依据。

银团贷款信息备忘录内容主要包括:银团贷款的基本条件、借款人的法律地位及概况、借款人的财务状况、项目概况及市场分析、项目财务现金流量分析、担保人和担保物介绍、风险因素及避险措施、项目的准入审批手续及有资质环保机构出具的环境影响监测评估文件等。

第十九条 牵头行在编制银团贷款信息备忘录过程中,应如实向潜在参加行披露其知悉的借款人全部真实信息。牵头行在向其他银行发送银团贷款信息备忘录前,应要求借款人审阅该银团贷款信息备忘录,并由借款人签署"对信息备忘录所载内容的真实性、完整性负责"的声明。必要时,牵头行也可以要求担保人审阅银团贷款信息备忘录并签署上述声明。

第二十条 为提高银团贷款信息备忘录等银团贷款资料的独立性、公正性和真实性,牵头行可以聘请外部中介机构如会计师事务所、资产评估事务所、律师事务所及相关技术专家负责评审编写有关信息及资料、出具意见书。

第二十一条 牵头行与借款人协商后,向潜在参加行发出银团贷款邀请函,并随附贷款条件清单、信息备忘录、保密承诺函、贷款承诺函等文件。

第二十二条 收到银团贷款邀请函的银行应按照"信息共享、独立审贷、自主决策、风险自担"的原则,在全面掌握借款人相关信息的基础上做出是否参加银团贷款的决定。银团贷款信息备忘录信息不能满足潜在参加行审批要求的,潜在参加行可要求牵头行补充提供相关信息、提出工作建议或者直接进行调查。

第二十三条 牵头行应根据潜在参加行实际反馈情况,合理确定各银团成员的贷款份额。在超额认购或认购不足的情况下,牵头行可按事先约定的条件或与借款人协商后重新确定各银团成员的承贷份额。

第二十四条 在牵头行有效委任期间,其他未获委任的银行不得与借款人就同一项目进行委任或开展融资谈判。

第四章 银团贷款合同

第二十五条 银团贷款合同是银团成员与借款人、担保人根据有关法律法规,经过协商后共同签订,主要约定银团成员与借款人、担保人之间权利义务关系的法律文本。银团贷款合同应当包括以下主要条款:

(一)当事人基本情况;

(二)定义及解释;

(三)与贷款有关的约定,包括贷款金额与币种、贷款期限、贷款利率、贷款用途、支付方式、还款方式及还款资金来源、贷款担保组合、贷款展期条件、提前还款约定等;

(四)银团各成员承诺的贷款额度及贷款划拨的时间;

(五)提款先决条件;

(六)费用条款;

(七)税务条款;

(八)财务约束条款;

(九)非财务承诺,包括资产处置限制、业务变更和信息披露等条款;

(十)违约事件及处理;

(十一)适用法律;

(十二)其他约定及附属文件。

第二十六条 银团成员之间权利义务关系可以在银团贷款合同中约定,也可以另行签订《银团内部协议》(或称为《银团贷款银行间协议》等)加以约定。银团成员间权利义务关系主要包括:银团成员内部分工、权利与义务、银团贷款额度的分配、银团贷款额度的转让;银团会议的议事规则;银团成员的退出和银团解散;违约行为及责任;解决争议的方式;银团成员认为有必要约定的其他事项。

第二十七条 银团成员应严格按照银团贷款合同的约定,及时足额划付贷款款项,履行合同规定的职责和义务。

第二十八条 借款人应严格按照银团贷款合同的约定,保证贷款用途,及时向代理行划转贷款本息,如实向银团成员提供有关情况。

第二十九条 银行开展银团贷款业务可以依据中国银行业协会制定的银团贷款合同示范文本,制定银团贷款合同。

第五章 银团贷款管理

第三十条 银团贷款的日常管理工作主要由代理行负责。代理行应在银团贷款存续期内跟踪了解项目的进展情况,及时发现银团贷款可能出现的问题,并以书面形式尽快通报银团成员。

第三十一条 银团贷款存续期间,银团会议由代理行负责定期召集,或者根据银团贷款合同的约定由一定比例的银团成员提议召开。银团会议的主要职能是讨论、协商银团贷款管理中的重大事项。

第三十二条 银团会议商议的重大事项主要包括:修改银团贷款合同、调整贷款额度、变更担保、变动利率、终止银团贷款、通报企业并购和重大关联交易、认定借款人违约事项、贷款重组和调整代理行等。

第三十三条 银团贷款出现违约风险时,代理行应当根据银团贷款合同的约定,负责及时召集银团会议,并可成立银团债权委员会,对贷款进行清收、保全、重组和处置。必要时可以申请仲裁或向人民法院提起诉讼。

第三十四条 银团贷款存续期间,银团成员原则上不得在银团之外向同一项目提供有损银团其他成员利益的贷款或其他授信。

第三十五条 银团成员在办理银团贷款业务过程中发现借款人有下列行为,经指正不改的,代理行应当根据银团贷款合同的约定,负责召集银团会议,追究其违约责任,并以书面形式通知借款人及其保证人:

(一)所提供的有关文件被证实无效;
(二)未能履行和遵守贷款合同约定的义务;
(三)未能按贷款合同规定支付利息和本金;
(四)以假破产等方式逃废银行债务;
(五)贷款合同约定的其他违约事项。

第三十六条 银团成员在开展银团贷款业务过程中有以下行为,经银团会议审核认定违约的,可以要求其承担违约责任:

(一)银团成员收到代理行按合同规定时间发出的通知后,未按合同约定时限足额划付款项的;
(二)银团成员擅自提前收回贷款或违约退出银团的;
(三)不执行银团会议决议的;
(四)借款人归还银团贷款本息而代理未如约及时划付银团成员的;
(五)其他违反银团贷款合同、本业务指引以及法律法规的行为。

银团成员之间的上述纠纷,不影响银团与借款人所定贷款合同的执行。

第三十七条 开办银团贷款业务的银行应当定期向当地银行业协会报送银团贷款有关信息。内容包括:银团贷款一级市场的包销量及持有量、二级市场的转让量,银团贷款的利率水平、费率水平、贷款期限、担保条件、借款人信用评级等。

第三十八条 开办银团贷款业务的银行应当依据本指引,结合自身经营管理水平制定银团贷款业务管理办法,建立与银团贷款业务风险相适应的管理机制,并指定相关部门和专人负责银团贷款的日常管理工作。

第三十九条 银行向大型集团客户发放银团贷款,应当注意防范集团客户内部关联交易及关联方之间相互担保的风险。对集团客户内部关联交易频繁、互相担保严重的,应当加强对其资信的审核,并严格控制贷款发放。

第六章 银团贷款收费

第四十条 银团贷款收费是指银团成员接受借款人委托,为借款人提供银团筹组、包销安排、贷款承诺、银团事务管理等服务而收取的相关中间业务费用,纳入商业银行中间业务收费管理。

银团贷款收费应当按照"自愿协商、公平合理、质价相符"的原则由银团成员和借款人协商确定,并在贷款合同或费用函中载明。

第四十一条 银团贷款收费的具体项目可以包括安排费、承诺费、代理费等。银团费用仅限为借款人提供相应服务的银团成员享有。

安排费一般按银团贷款总额的一定比例一次性支付;承诺费一般按未用余额的一定比例每年根据银团贷款合同约定的方式收取;代理费可以根据代理行的工作量按年支付。

第四十二条 银团贷款的收费应当遵循"谁借款、谁付费"的原则,由借款人支付。

第四十三条 牵头行不得向银团成员提出任何不合理条件,不得以免予收费的手段,开展银团贷款业务竞争,不得借筹组银团贷款向银团成员和借款人搭售其他金融产品或收取其他费用。

第七章 银团贷款转让交易

第四十四条 银团贷款转让交易是指银团贷款项下

的贷款人作为出让方,将其持有的银团贷款份额转让给作为受让方的其他贷款人或第三方,并由受让方向出让方支付转让价款的交易。

银团贷款转让交易不得违反贷款转让的相关监管规定。

第四十五条 转让交易的定价由交易双方根据转让标的、市场等情况自行协商、自主定价。

第四十六条 转让交易的出让方应当确保与转让标的相关的贷款合同及其他文件已由各方有效签署,其对转让的份额拥有合法的处分权,且转让标的之上不存在包括债务人抵销权在内的任何可能造成转让标的价值减损的其他权利。

出让方应当为转让交易之目的向受让方充分披露信息,不得提供明知为虚假或具有误导性的信息,不得隐瞒转让标的相关负面信息。

第四十七条 转让交易的受让方应当按照转让合同的约定,受让转让标的并支付转让价款,不得将出让方提供的相关信息用于任何非法目的,或违反保密义务使用该信息。

第四十八条 代理行应当按照银团贷款合同的约定及时履行转让交易相关义务;其他银团成员、担保人等相关各方应当按照银团贷款合同的约定履行相关义务,协助转让交易的顺利进行。

第八章 附 则

第四十九条 依法设立的非银行金融机构开办银团贷款业务适用本指引。

第五十条 本指引由银监会负责解释。

第五十一条 本指引自公布之日起实施。2007年8月11日印发的《银团贷款业务指引》(银监发〔2007〕68号)同时废止。

单位定期存单质押贷款管理规定

- 2007年7月3日中国银行业监督管理委员会令2007年第9号公布
- 根据2021年6月21日《中国银保监会关于清理规章规范性文件的决定》修正

第一章 总 则

第一条 为加强单位定期存单质押贷款管理,根据《中华人民共和国银行业监督管理法》、《中华人民共和国商业银行法》、《中华人民共和国民法典》及其他有关法律、行政法规,制定本规定。

第二条 在中华人民共和国境内从事单位定期存单质押贷款活动适用本规定。

本规定所称单位包括企业、事业单位、社会团体以及其他组织。

第三条 本规定所称单位定期存单是指借款人为办理质押贷款而委托贷款人依据开户证实书向接受存款的金融机构(以下简称存款行)申请开具的人民币定期存款权利凭证。

单位定期存单只能以质押贷款为目的开立和使用。

单位在金融机构办理定期存款时,金融机构为其开具的《单位定期存款开户证实书》不得作为质押的权利凭证。

金融机构应制定相应的管理制度,加强对开具《单位定期存款开户证实书》和开立、使用单位定期存单的管理。

第四条 单位定期存单质押贷款活动应当遵守国家法律、行政法规,遵循平等、自愿、诚实信用的原则。

第二章 单位定期存单的开立与确认

第五条 借款人办理单位定期存单质押贷款,除按其他有关规定提交文件、资料外,还应向贷款人提交下列文件、资料:

(一)开户证实书,包括借款人所有的或第三人所有而向借款人提供的开户证实书;

(二)存款人委托贷款人向存款行申请开具单位定期存单的委托书;

(三)存款人在存款行的预留印鉴或密码。

开户证实书为第三人向借款人提供的,应同时提交第三人同意由借款人为质押贷款目的而使用其开户证实书的协议书。

第六条 贷款人经审查同意借款人的贷款申请的,应将开户证实书和开具单位定期存单的委托书一并提交给存款行,向存款行申请开具单位定期存单和确认书。

贷款人经审查不同意借款人的贷款申请的,应将开户证实书和委托书及时退还给借款人。

第七条 存款行收到贷款人提交的有关材料后,应认真审查开户证实书是否真实,存款人与本行是否存在真实的存款关系,以及开具单位定期存单的申请书上的预留印鉴或提供的密码是否和存款人在存款时预留的印鉴或密码一致。必要时,存款行可以向存款人核实有关情况。

第八条 存款行经过审查认为开户证实书证明的存款属实的,应保留开户证实书及第三人同意由借款人使用其开户证实书的协议书,并在收到贷款人的有关材料后3个工作日内开具单位定期存单。

存款行不得开具没有存款关系的虚假单位定期存单或与真实存款情况不一致的单位定期存单。

第九条 存款行在开具单位定期存单的同时,应对单位定期存单进行确认,确认后认为存单内容真实的,应出具单位定期存单确认书。确认书应由存款行的负责人签字并加盖单位公章,与单位定期存单一并递交给贷款人。

第十条 存款行对单位定期存单进行确认的内容包括:

(一)单位定期存单所载开立机构、户名、账号、存款数额、存单号码、期限、利率等是否真实准确;

(二)借款人提供的预留印鉴或密码是否一致;

(三)需要确认的其他事项。

第十一条 存款行经过审查,发现开户证实书所载事项与账户记载不符的,不得开具单位定期存单,并及时告知贷款人,认为有犯罪嫌疑的,应及时向司法机关报案。

第十二条 经确认后的单位定期存单用于贷款质押时,其质押的贷款数额一般不超过确认数额的90%。各行也可以根据存单质押担保的范围合理确定贷款金额,但存单金额应能覆盖贷款本息。

第十三条 贷款人不得接受未经确认的单位定期存单作为贷款的担保。

第十四条 贷款人对质押的单位定期存单及借款人或第三人提供的预留印鉴和密码等应妥善保管,因保管不善造成其丢失、毁损或泄密的,由贷款人承担责任。

第三章 质押合同

第十五条 办理单位定期存单质押贷款,贷款人和出质人应当订立书面质押合同。在借款合同中订立质押条款的,质押条款应符合本章的规定。

第十六条 质押合同应当载明下列内容:

(一)出质人、借款人和质权人名称、住址或营业场所;

(二)被担保的贷款的种类、数额、期限、利率、贷款用途以及贷款合同号;

(三)单位定期存单号码及所载存款的种类、户名、账户、开立机构、数额、期限、利率;

(四)质押担保的范围;

(五)存款行是否对单位定期存单进行了确认;

(六)单位定期存单的保管责任;

(七)质权的实现方式;

(八)违约责任;

(九)争议的解决方式;

(十)当事人认为需要约定的其他事项。

第十七条 质押合同应当由出质人和贷款人签章。签章为其法定代表人、经法定代表人授权的代理人或主要负责人的签字并加盖单位公章。

第十八条 质押期间,除法律另有规定外,任何人不得擅自动用质押款项。

第十九条 出质人和贷款人可以在质押合同中约定,当借款人没有依约履行合同的,贷款人可直接将存单兑现以实现质权。

第二十条 存款行应对其开具并经过确认的单位定期存单进行登记备查,并妥善保管有关文件和材料。质押的单位定期存单被退回时,也应及时登记注销。

第四章 质权的实现

第二十一条 单位定期存单质押担保的范围包括贷款本金和利息、罚息、损害赔偿金、违约金和实现质权的费用。质押合同另有约定的,按照约定执行。

第二十二条 贷款期满借款人履行债务的,或者借款人提前偿还所担保的贷款的,贷款人应当及时将质押的单位定期存单退还存款行。存款行收到退回的单位定期存单后,应将开户证实书退还贷款人并由贷款人退还借款人。

第二十三条 有下列情形之一的,贷款人可依法定方式处分单位定期存单:

(一)质押贷款合同期满,借款人未按期归还贷款本金和利息的;

(二)借款人或出质人违约,贷款人需依法提前收回贷款的;

(三)借款人或出质人被宣告破产或解散的。

第二十四条 有第二十三条所列情形之一的,贷款人和出质人可以协议以单位定期存单兑现或以法律规定的其他方式处分单位定期存单。以单位定期存单兑现时,贷款人应向存款行提交单位定期存单和其与出质人的协议。

单位定期存单处分所得不足偿付第二十一条规定的款项的,贷款人应当向借款人另行追偿;偿还第二十一条规定的款项后有剩余的,其超出部分应当退还出质人。

第二十五条 质押存单期限先于贷款期限届满的,贷款人可以提前兑现存单,并与出质人协议将兑现的款项提前清偿借款或向与出质人约定的第三人提存,质押合同另有约定的,从其约定。提存的具体办法由各当事人自行协商确定。

贷款期限先于质押的单位定期存单期限届满,借款人未履行其债务的,贷款人可以继续保管定期存单,在存单期限届满时兑现用于抵偿贷款本息。

第二十六条 经与出质人协商一致,贷款人提前兑现或提前支取的,应向存款行提供单位定期存单、质押合同、需要提前兑现或提前支取的有关协议。

第二十七条 用于质押的单位定期存单项下的款项在质押期间被司法机关或法律规定的其他机关采取冻结、扣划等强制措施的,贷款人应当在处分此定期存款时优先受偿。

第二十八条 用于质押的单位定期存单在质押期间丢失,贷款人应立即通知借款人和出质人,并申请挂失;单位定期存单毁损的,贷款人应持有关证明申请补办。

质押期间,存款行不得受理存款人提出的挂失申请。

第二十九条 贷款人申请挂失时,应向存款行提交挂失申请书,并提供贷款人的营业执照复印件、质押合同副本。

挂失申请应采用书面形式。在特殊情况下,可以用口头或函电形式,但必须在五个工作日内补办书面挂失手续。

挂失生效,原单位定期存单所载的金额及利息应继续作为出质资产。

第三十条 出质人合并、分立或债权债务发生变更时,贷款人仍然拥有单位定期存单所代表的质权。

第五章 罚 则

第三十一条 存款行出具虚假的单位定期存单或单位定期存单确认书的,依照《金融违法行为处罚办法》第十三条的规定对存款行及相关责任人予以处罚。

第三十二条 存款行不按本规定对质物进行确认或贷款行接受未经确认的单位定期存单质押的,由中国银行业监督管理委员会给予警告,并处以三万元以下的罚款,并责令对其主要负责人和直接责任人员依法给予行政处分。

第三十三条 贷款人不按规定及时向存款行退回单位定期存单的,由中国银行业监督管理委员会给予警告,并处以三万元以下罚款。给存款人造成损失的,依法承担相应的民事责任。构成犯罪的,由司法机关依法追究刑事责任。

第六章 附 则

第三十四条 个人定期储蓄存款存单质押贷款不适用本规定。

第三十五条 中华人民共和国境内的国际结算和融资活动中需用单位定期存单作质押担保的,参照本规定执行。

第三十六条 本规定由中国银行业监督管理委员会负责解释和修改。

第三十七条 本规定自公布之日起施行。本规定公布施行前的有关规定与本规定有抵触的,以本规定为准。

固定资产贷款管理暂行办法

- 2009年7月23日中国银行业监督管理委员会令2009年第2号发布
- 自2009年10月23日起施行

第一章 总 则

第一条 为规范银行业金融机构固定资产贷款业务经营行为,加强固定资产贷款审慎经营管理,促进固定资产贷款业务健康发展,依据《中华人民共和国银行业监督管理法》、《中华人民共和国商业银行法》等法律法规,制定本办法。

第二条 中华人民共和国境内经国务院银行业监督管理机构批准设立的银行业金融机构(以下简称贷款人),经营固定资产贷款业务应遵守本办法。

第三条 本办法所称固定资产贷款,是指贷款人向企(事)业法人或国家规定可以作为借款人的其他组织发放的,用于借款人固定资产投资的本外币贷款。

第四条 贷款人开展固定资产贷款业务应当遵循依法合规、审慎经营、平等自愿、公平诚信的原则。

第五条 贷款人应完善内部控制机制,实行贷款全流程管理,全面了解客户和项目信息,建立固定资产贷款风险管理制度和有效的岗位制衡机制,将贷款管理各环节的责任落实到具体部门和岗位,并建立各岗位的考核和问责机制。

第六条 贷款人应将固定资产贷款纳入对借款人及借款人所在集团客户的统一授信额度管理,并按区域、行业、贷款品种等维度建立固定资产贷款的风险限额管理制度。

第七条 贷款人应与借款人约定明确、合法的贷款用途,并按照约定检查、监督贷款的使用情况,防止贷款被挪用。

第八条 银行业监督管理机构依照本办法对贷款人固定资产贷款业务实施监督管理。

第二章 受理与调查

第九条 贷款人受理的固定资产贷款申请应具备以下条件：

（一）借款人依法经工商行政管理机关或主管机关核准登记；

（二）借款人信用状况良好，无重大不良记录；

（三）借款人为新设项目法人的，其控股股东应有良好的信用状况，无重大不良记录；

（四）国家对拟投资项目有投资主体资格和经营资质要求的，符合其要求；

（五）借款用途及还款来源明确、合法；

（六）项目符合国家的产业、土地、环保等相关政策，并按规定履行了固定资产投资项目的合法管理程序；

（七）符合国家有关投资项目资本金制度的规定；

（八）贷款人要求的其他条件。

第十条 贷款人应对借款人提供申请材料的方式和具体内容提出要求，并要求借款人恪守诚实守信原则，承诺所提供材料真实、完整、有效。

第十一条 贷款人应落实具体的责任部门和岗位，履行尽职调查并形成书面报告。尽职调查的主要内容包括：

（一）借款人及项目发起人等相关关系人的情况；

（二）贷款项目的情况；

（三）贷款担保情况；

（四）需要调查的其他内容。

尽职调查人员应当确保尽职调查报告内容的真实性、完整性和有效性。

第三章 风险评价与审批

第十二条 贷款人应落实具体的责任部门和岗位，对固定资产贷款进行全面的风险评价，并形成风险评价报告。

第十三条 贷款人应建立完善的固定资产贷款风险评价制度，设置定量或定性的指标和标准，从借款人、项目发起人、项目合规性、项目技术和财务可行性、项目产品市场、项目融资方案、还款来源可靠性、担保、保险等角度进行贷款风险评价。

第十四条 贷款人应按照审贷分离、分级审批的原则，规范固定资产贷款审批流程，明确贷款审批权限，确保审批人员按照授权独立审批贷款。

第四章 合同签订

第十五条 贷款人应与借款人及其他相关当事人签订书面借款合同、担保合同等相关合同。合同中应详细规定各方当事人的权利、义务及违约责任，避免对重要事项未约定、约定不明或约定无效。

第十六条 贷款人应在合同中与借款人约定具体的贷款金额、期限、利率、用途、支付、还贷保障及风险处置等要素和有关细节。

第十七条 贷款人应在合同中与借款人约定提款条件以及贷款资金支付接受贷款人管理和控制等与贷款使用相关的条款，提款条件应包括与贷款同比例的资本金已足额到位、项目实际进度与已投资额相匹配等要求。

第十八条 贷款人应在合同中与借款人约定对借款人相关账户实施监控，必要时可约定专门的贷款发放账户和还款准备金账户。

第十九条 贷款人应要求借款人在合同中对与贷款相关的重要内容作出承诺，承诺内容应包括：贷款项目及其借款事项符合法律法规的要求；及时向贷款人提供完整、真实、有效的材料；配合贷款人对贷款的相关检查；发生影响其偿债能力的重大不利事项及时通知贷款人；进行合并、分立、股权转让、对外投资、实质性增加债务融资等重大事项前征得贷款人同意等。

第二十条 贷款人应在合同中与借款人约定，借款人出现未按约定用途使用贷款、未按约定方式支用贷款资金、未遵守承诺事项、申贷文件信息失真、突破约定的财务指标约束等情形时借款人应承担的违约责任和贷款人可采取的措施。

第五章 发放与支付

第二十一条 贷款人应设立独立的责任部门或岗位，负责贷款发放和支付审核。

第二十二条 贷款人在发放贷款前应确认借款人满足合同约定的提款条件，并按照合同约定的方式对贷款资金的支付实施管理与控制，监督贷款资金按约定用途使用。

第二十三条 合同约定专门贷款发放账户的，贷款发放和支付应通过该账户办理。

第二十四条 贷款人应通过贷款人受托支付或借款人自主支付的方式对贷款资金的支付进行管理与控制。

贷款人受托支付是指贷款人根据借款人的提款申请和支付委托，将贷款资金支付给符合合同约定用途的借款人交易对手。

借款人自主支付是指贷款人根据借款人的提款申请将贷款资金发放至借款人账户后，由借款人自主支付给符合合同约定用途的借款人交易对手。

第二十五条　单笔金额超过项目总投资5%或超过500万元人民币的贷款资金支付,应采用贷款人受托支付方式。

第二十六条　采用贷款人受托支付的,贷款人应在贷款资金发放前审核借款人相关交易资料是否符合合同约定条件。贷款人审核同意后,将贷款资金通过借款人账户支付给借款人交易对手,并应做好有关细节的认定记录。

第二十七条　采用借款人自主支付的,贷款人应要求借款人定期汇总报告贷款资金支付情况,并通过账户分析、凭证查验、现场调查等方式核查贷款支付是否符合约定用途。

第二十八条　固定资产贷款发放和支付过程中,贷款人应确认与拟发放贷款同比例的项目资本金足额到位,并与贷款配套使用。

第二十九条　在贷款发放和支付过程中,借款人出现以下情形的,贷款人应与借款人协商补充贷款发放和支付条件,或根据合同约定停止贷款资金的发放和支付:

(一)信用状况下降;

(二)不按合同约定支付贷款资金;

(三)项目进度落后于资金使用进度;

(四)违反合同约定,以化整为零方式规避贷款人受托支付。

第六章　贷后管理

第三十条　贷款人应定期对借款人和项目发起人的履约情况及信用状况、项目的建设和运营情况、宏观经济变化和市场波动情况、贷款担保的变动情况等内容进行检查与分析,建立贷款质量监控制度和贷款风险预警体系。

出现可能影响贷款安全的不利情形时,贷款人应对贷款风险进行重新评价并采取针对性措施。

第三十一条　项目实际投资超过原定投资金额,贷款人经重新风险评价和审批决定追加贷款的,应要求项目发起人配套追加不低于项目资本金比例的投资和相应担保。

第三十二条　贷款人应对抵(质)押物的价值和担保人的担保能力建立贷后动态监测和重估制度。

第三十三条　贷款人应对固定资产投资项目的收入现金流以及借款人的整体现金流进行动态监测,对异常情况及时查明原因并采取相应措施。

第三十四条　合同约定专门还款准备金账户的,贷款人应按约定根据需要对固定资产投资项目或借款人的收入现金流进入该账户的比例和账户内的资金平均存量提出要求。

第三十五条　借款人出现违反合同约定情形的,贷款人应及时采取有效措施,必要时应依法追究借款人的违约责任。

第三十六条　固定资产贷款形成不良贷款的,贷款人应对其进行专门管理,并及时制定清收或盘活措施。

对借款人确因暂时经营困难不能按期归还贷款本息的,贷款人可与借款人协商进行贷款重组。

第三十七条　对确实无法收回的固定资产不良贷款,贷款人按照相关规定对贷款进行核销后,应继续向债务人追索或进行市场化处置。

第七章　法律责任

第三十八条　贷款人违反本办法规定经营固定资产贷款业务的,银行业监督管理机构应当责令其限期改正。贷款人有下列情形之一的,银行业监督管理机构可根据《中华人民共和国银行业监督管理法》第三十七条的规定采取监管措施:

(一)固定资产贷款业务流程有缺陷的;

(二)未按本办法要求将贷款管理各环节的责任落实到具体部门和岗位的;

(三)贷款调查、风险评价未尽职的;

(四)未按本办法规定对借款人和项目的经营情况进行持续有效监控的;

(五)对借款人违反合同约定的行为未及时采取有效措施的。

第三十九条　贷款人有下列情形之一的,银行业监督管理机构除按本办法第三十八条规定采取监管措施外,还可根据《中华人民共和国银行业监督管理法》第四十六条、第四十八条规定对其进行处罚:

(一)受理不符合条件的固定资产贷款申请并发放贷款的;

(二)与借款人串通,违法违规发放固定资产贷款的;

(三)超越、变相超越权限或不按规定流程审批贷款的;

(四)未按本办法规定签订贷款协议的;

(五)与贷款同比例的项目资本金到位前发放贷款的;

(六)未按本办法规定进行贷款资金支付管理与控制的;

(七)有其他严重违反本办法规定的行为的。

第八章 附 则

第四十条 全额保证金类质押项下的固定资产贷款参照本办法执行。

第四十一条 贷款人应依照本办法制定固定资产贷款管理细则及操作规程。

第四十二条 本办法由中国银行业监督管理委员会负责解释。

第四十三条 本办法自发布之日起三个月后施行。

凭证式国债质押贷款办法

- 1999年7月9日
- 银发〔1999〕231号

第一条 为了满足凭证式国债投资者的融资需求,促进国债市场发展,特制定本办法。

第二条 本办法所称的凭证式国债,是指1999年后(含1999年)财政部发行,各承销银行以"中华人民共和国凭证式国债收款凭证"方式销售的国债(以下简称"凭证式国债"),不包括1999年以前发行的凭证式国债。

第三条 凭证式国债质押贷款,是指借款人以未到期的凭证式国债作质押,从商业银行取得人民币贷款,到期归还贷款本息的一种贷款业务。

第四条 经中国人民银行批准,允许办理个人定期储蓄存款存单小额抵押贷款业务,并承担凭证式国债发行业务的商业银行,均可以办理凭证式国债质押贷款业务。

第五条 作为质押贷款质押品的凭证式国债,应是未到期的凭证式国债。凡所有权有争议、已作挂失或被依法止付的凭证式国债,不得作为质押品。

第六条 借款人申请办理质押贷款业务时,应向其原认购国债银行提出申请,经对申请人的债权进行确认并审核批准后,由借贷双方签订质押贷款合同。作为质押品的凭证式国债交贷款机构保管,由贷款机构出具保管收据。保管收据是借款人办理凭证式国债质押贷款的凭据,不准转让、出借和再抵押。各商业银行之间不得跨系统办理凭证式国债质押贷款业务。不承办凭证式国债发行业务的商业银行,不得受理此项业务。

第七条 借款人申请办理凭证式国债质押贷款业务时,必须持本人名下的凭证式国债和能证明本人身份的有效证件。使用第三人的凭证式国债办理质押业务的,需以书面形式征得第三人同意,并同时出示本人和第三人的有效身份证件。

第八条 凭证式国债质押贷款期限由贷款机构与借款人自行商定,但最长不得超过凭证式国债的到期日。若用不同期限的多张凭证式国债作质押,以距离到期日最近者确定贷款期限。

第九条 凭证式国债质押贷款额度起点为5000元,每笔贷款应不超过质押品面额的90%。

第十条 凭证式国债质押贷款利率,按照同期同档次法定贷款利率(含浮动)和有关规定执行。贷款期限不足6个月的,按6个月的法定贷款利率确定。如借款人提前还贷,贷款利率按合同利率和实际借款天数计算。凭证式国债质押贷款实行利随本清。在贷款期限内如遇利率调整,贷款利率不变。

第十一条 凭证式国债质押贷款应按期归还。逾期1个月以内(含1个月)的,自逾期之日起,贷款机构按法定罚息利率向借款人计收罚息。逾期超过1个月,贷款机构有权处理质押的凭证式国债,抵偿贷款本息。贷款机构在处理逾期的凭证式国债质押贷款时,如凭证式国债尚未到期,贷款机构可按提前兑付的正常程序办理兑付(提前兑取时,银行按国债票面值收取2‰的手续费,手续费由借款人承担),在抵偿了贷款本息及罚息后,应将剩余款项退还借款人。

第十二条 借款人按质押贷款合同约定还清贷款本息后,凭保管收据取回质押的凭证式国债。若借款人将保管收据丢失,可向贷款机构申请补办。

第十三条 贷款机构应妥善保管质押品。因保管不善如丢失、损坏等造成的损失,由贷款机构承担相应的责任。贷款机构要建立健全保管收据的开具、收回、补办等制度,做好保管收据的管理工作。

第十四条 质押贷款履行期间,如借款人死亡,可依据《中华人民共和国继承法》及其他有关法律规定,处理有关债务继承问题。

第十五条 质押贷款合同发生纠纷时,任何一方均可向仲裁机构申请仲裁,也可向人民法院起诉。

第十六条 各商业银行应根据本办法制定实施细则并报中国人民银行总行和财政部备案。

第十七条 商业银行所属机构在办理凭证式国债质押贷款业务时应严格遵守本办法。如有违反本办法的行为,人民银行将根据《金融违法行为处罚办法》的有关规定予以处罚。

第十八条 本办法由中国人民银行负责解释。

第十九条 本办法自发布之日起执行。

个人定期存单质押贷款办法

- 2007年7月3日中国银行业监督管理委员会令2007年第4号公布
- 根据2021年6月21日《中国银保监会关于清理规章规范性文件的决定》修正

第一条 为加强个人定期存单质押贷款管理，根据《中华人民共和国商业银行法》、《中华人民共和国民法典》及其他有关法律、行政法规，制定本办法。

第二条 个人定期存单质押贷款（以下统称存单质押贷款）是指借款人以未到期的个人定期存单作质押，从商业银行（以下简称贷款人）取得一定金额的人民币贷款，到期由借款人偿还本息的贷款业务。

第三条 本办法所称借款人，是指中华人民共和国境内具有相应民事行为能力的自然人、法人和其他组织。

外国人、无国籍人以及港、澳、台居民为借款人的，应在中华人民共和国境内居住满一年并有固定居所和职业。

第四条 作为质押品的定期存单包括未到期的整存整取、存本取息和外币定期储蓄存款存单等具有定期存款性质的权利凭证。

所有权有争议、已作担保、挂失、失效或被依法止付的存单不得作为质押品。

第五条 借款人以本人名下定期存单作质押的小额贷款（以下统称小额存单质押贷款），存单开户银行可授权办理储蓄业务的营业网点直接受理并发放。

各商业银行总行可根据本行实际，确定前款小额存单质押贷款额度。

第六条 以第三人存单作质押的，贷款人应制定严格的内部程序，认真审查存单的真实性、合法性和有效性，防止发生权利瑕疵的情形。对于借款人以公开向不特定的自然人、法人和其他组织募集的存单申请质押贷款的，贷款人不得向其发放贷款。

第七条 存单质押担保的范围包括贷款本金和利息、罚息、损害赔偿金、违约金和实现质权的费用。

存单质押贷款金额原则上不超过存单本金的90%（外币存款按当日公布的外汇（钞）买入价折成人民币计算）。各行也可以根据存单质押担保的范围合理确定贷款金额，但存单金额应能覆盖贷款本息。

第八条 存单质押贷款期限不得超过质押存单的到期日。若为多张存单质押，以距离到期日时间最近者确定贷款期限，分笔发放的贷款除外。

第九条 存单质押贷款利率按国家利率管理规定执行，计、结息方式由借贷双方协商确定。

第十条 在贷款到期日前，借款人可申请展期。贷款人办理展期应当根据借款人资信状况和生产经营实际需要，按审慎管理原则，合理确定贷款展期期限，但累计贷款期限不得超过质押存单的到期日。

第十一条 质押存单存期内按正常存款利率计息。存本取息定期存款存单用于质押时，停止取息。

第十二条 凭预留印鉴或密码支取的存单作为质押时，出质人须向发放贷款的银行提供印鉴或密码；以凭有效身份证明支取的存单作为质押时，出质人应转为凭印鉴或密码支取，否则银行有权拒绝发放贷款。

以存单作质押申请贷款时，出质人应委托贷款行申请办理存单确认和登记止付手续。

第十三条 办理存单质押贷款，贷款人和出质人应当订立书面质押合同，或者贷款人、借款人和出质人在借款合同中订立符合本办法规定的质押条款。

第十四条 质押合同应当载明下列内容：

（一）出质人、借款人和质权人姓名（名称）、住址或营业场所；

（二）被担保的贷款的种类、数额、期限、利率、贷款用途以及贷款合同号；

（三）定期存单号码及所载存款的种类、户名、开立机构、数额、期限、利率；

（四）质押担保的范围；

（五）定期存单确认情况；

（六）定期存单的保管责任；

（七）质权的实现方式；

（八）违约责任；

（九）争议的解决方式；

（十）当事人认为需要约定的其他事项。

第十五条 质押存续期间，除法律另有规定外，任何人不得擅自动用质押存单。

第十六条 出质人和贷款人可以在质押合同中约定，当借款人没有依法履行合同的，贷款人可直接将存单兑现以实现质权。存单到期日后于借款到期日的，贷款人可继续保管质押存单，在存单到期日兑现以实现质权。

第十七条 存单开户行（以下简称存款行）应根据出质人的申请及质押合同办理存单确认和登记止付手续，并妥善保管有关文件和资料。

第十八条 贷款人应妥善管理质押存单及出质人提供的预留印鉴或密码。因保管不善造成丢失、损坏，由贷款人承担责任。

用于质押的定期存单在质押期间丢失、毁损的，贷款人应立即通知借款人和出质人，并与出质人共同向存款开户行申请挂失、补办。补办的存单仍应继续作为质物。

质押存单的挂失申请应采用书面形式。在特殊情况下，可以用口头或函电形式，但必须在五个工作日内补办书面挂失手续。

申请挂失时，除出质人应按规定提交的申请资料外，贷款人应提交营业执照复印件、质押合同副本。

挂失生效，原定期存单所载的金额及利息应继续作为出质资产。

质押期间，未经贷款人同意，存款行不得受理存款人提出的挂失申请。

第十九条 质押存续期间如出质人死亡，其合法继承人依法办理存款过户和继承手续，并继续履行原出质人签订的质押合同。

第二十条 贷款期满借款人履行债务的，或者借款人提前偿还质押贷款的，贷款人应当及时将质押的定期存单退还出质人，并及时到存单开户行办理登记注销手续。

第二十一条 借款人按贷款合同约定还清贷款本息后，出质人凭存单保管收据取回质押存单。若出质人将存单保管收据丢失，由出质人、借款人共同出具书面证明，并凭合法身份证明到贷款行取回质押存单。

第二十二条 有下列情形之一的，贷款人可依第十六条的约定方式或其他法定方式处分质押的定期存单：

（一）质押贷款合同期满，借款人未按期归还贷款本金和利息的；

（二）借款人或出质人违约，贷款人需依法提前收回贷款的；

（三）借款人或出质人被宣告破产的；

（四）借款人或出质人死亡而无继承人履行合同的。

第二十三条 质押合同、贷款合同发生纠纷时，各方当事人均可按协议向仲裁机构申请调解或仲裁，或者向人民法院起诉。

第二十四条 存款行出具虚假的个人定期储蓄存单或个人定期储蓄存单确认书的，依照《金融违法行为处罚办法》第十三条的规定予以处罚。

第二十五条 存款行不按本办法规定对质物进行确认，或者贷款行接受未经确认的个人定期储蓄存单质押的，由中国银行业监督管理委员会给予警告，并处三万元以下的罚款，并责令对其主要负责人和直接责任人员依法给予行政处分。

第二十六条 借款人已履行合同，贷款人不按规定及时向出质人退回个人定期储蓄存单或在质押存续期间，未经贷款人同意，存款行受理存款人提出的挂失申请并挂失的，由中国银行业监督管理委员会给予警告，并处三万元以下罚款。构成犯罪的，由司法机关依法追究刑事责任。

第二十七条 各商业银行总行可根据本办法制定实施细则，并报中国银业监督管理委员会或其派出机构备案。

第二十八条 城市信用社、农村信用社、村镇银行、贷款公司、农村资金互助社办理个人存单质押贷款业务适用本办法。

第二十九条 本办法由中国银行业监督管理委员会负责解释和修改。

第三十条 本办法自公布之日起施行，本办法施行之前有关规定与本办法相抵触的，以本办法为准。

中国银监会、国土资源部关于金融资产管理公司等机构业务经营中不动产抵押权登记若干问题的通知

- 2017年5月15日
- 银监发〔2017〕20号

各银监局，各省、自治区、直辖市国土资源主管部门，新疆生产建设兵团国土资源局，各政策性银行、大型银行、股份制银行，邮储银行，外资银行，金融资产管理公司：

为贯彻落实党中央、国务院"三去一降一补"工作的决策部署，进一步发挥好金融资产管理公司服务实体经济发展、防范和化解金融风险的重要作用，根据《中华人民共和国物权法》、《中华人民共和国担保法》、《中华人民共和国城市房地产管理法》、《不动产登记暂行条例》等法律法规，现就金融资产管理公司等机构经营活动中涉及不动产抵押权登记的有关问题通知如下：

一、金融资产管理公司是经国家有关部门依法批准设立的非银行金融机构。金融资产管理公司及其分支机构（以下统称"金融资产管理公司"）在法定经营范围内开展经营活动，需要以不动产抵押担保方式保障其债权实现的，可依法申请办理不动产抵押权登记。

二、金融资产管理公司收购不良资产后重组的，与债务人等交易相关方签订的债务重组协议、还款协议或其他反映双方债权债务内容的合同，可作为申请办理不动产抵押权登记的主债权合同。金融资产管理公司收购不

良资产涉及大量办理不动产抵押权转移登记或者变更登记的,不动产登记机构要积极探索批量办理的途径和方法,切实依法规范、高效便利,为金融资产管理公司健康发展提供有力保障。

三、金融资产管理公司收购不良资产后重组的,需要以在建建筑物、房屋、土地使用权抵押担保其债权实现的,不动产登记机构应根据当事人的申请依法予以登记。

四、金融资产管理公司、银行等依法批准设立的金融机构与抵押人持不动产权属证书、主债权合同和抵押合同等必要材料可以直接向不动产登记机构申请不动产抵押权登记,不动产登记机构应当依法受理、及时办理,不得要求金融资产管理公司、银行或者抵押人提供没有法律法规依据的确认单、告知书等材料,不得将没有法律法规依据的审核、备案等手续作为不动产登记的前置条件或纳入不动产登记流程。

五、各省、自治区、直辖市人民政府(含计划单列市人民政府)按照规定设立或授权,并经中国银监会公布的地方资产管理公司,在从事金融企业不良资产批量转让、收购和处置业务活动中需办理抵押权登记的,参照本通知执行。

商业银行互联网贷款管理暂行办法

- 2020年7月12日中国银行保险监督管理委员会令2020年第9号公布
- 根据2021年6月21日《中国银保监会关于清理规章规范性文件的决定》修正

第一章 总 则

第一条 为规范商业银行互联网贷款业务经营行为,促进互联网贷款业务健康发展,依据《中华人民共和国银行业监督管理法》《中华人民共和国商业银行法》等法律法规,制定本办法。

第二条 中华人民共和国境内依法设立的商业银行经营互联网贷款业务,应遵守本办法。

第三条 本办法所称互联网贷款,是指商业银行运用互联网和移动通信等信息通信技术,基于风险数据和风险模型进行交叉验证和风险管理,线上自动受理贷款申请及开展风险评估,并完成授信审批、合同签订、贷款支付、贷后管理等核心业务环节操作,为符合条件的借款人提供的用于消费、日常生产经营周转等的个人贷款和流动资金贷款。

第四条 本办法所称风险数据,是指商业银行在对借款人进行身份确认,以及贷款风险识别、分析、评价、监测、预警和处置等环节收集、使用的各类内外部数据。

本办法所称风险模型,是指应用于互联网贷款业务全流程的各类模型,包括但不限于身份认证模型、反欺诈模型、反洗钱模型、合规模型、风险评价模型、风险定价模型、授信审批模型、风险预警模型、贷款清收模型等。

本办法所称合作机构,是指在互联网贷款业务中,与商业银行在营销获客、共同出资发放贷款、支付结算、风险分担、信息科技、逾期清收等方面开展合作的各类机构,包括但不限于银行业金融机构、保险公司等金融机构和小额贷款公司、融资担保公司、电子商务公司、非银行支付机构、信息科技公司等非金融机构。

第五条 下列贷款不适用本办法:

(一)借款人虽在线上进行贷款申请等操作,商业银行线下或主要通过线下进行贷前调查、风险评估和授信审批,贷款授信核心判断来源于线下的贷款;

(二)商业银行发放的抵质押贷款,且押品需进行线下或主要经过线下评估登记和交付保管;

(三)中国银行保险监督管理委员会规定的其他贷款。

上述贷款适用其他相关监管规定。

第六条 互联网贷款应当遵循小额、短期、高效和风险可控的原则。

单户用于消费的个人信用贷款授信额度应当不超过人民币20万元,到期一次性还本的,授信期限不超过一年。中国银行保险监督管理委员会可以根据商业银行的经营管理情况、风险水平和互联网贷款业务开展情况等对上述额度进行调整。商业银行应在上述规定额度内,根据本行客群特征、客群消费场景等,制定差异化授信额度。

商业银行应根据自身风险管理能力,按照互联网贷款的区域、行业、品种等,确定单户用于生产经营的个人贷款和流动资金贷款授信额度上限。对期限超过一年的上述贷款,至少每年对该笔贷款对应的授信进行重新评估和审批。

第七条 商业银行应当根据其市场定位和发展战略,制定符合自身特点的互联网贷款业务规划。涉及合作机构的,应当明确合作方式。

第八条 商业银行应当对互联网贷款业务实行统一管理,将互联网贷款业务纳入全面风险管理体系,建立健全适应互联网贷款业务特点的风险治理架构、风险管理政策和程序、内部控制和审计体系,有效识别、评估、监测和控制互联网贷款业务风险,确保互联网贷款业务发展与自身风险偏好、风险管理能力相适应。

互联网贷款业务涉及合作机构的,授信审批、合同签订等核心风控环节应当由商业银行独立有效开展。

第九条 地方法人银行开展互联网贷款业务,应主要服务于当地客户,审慎开展跨注册地辖区业务,有效识别和监测跨注册地辖区业务开展情况。无实体经营网点,业务主要在线上开展,且符合中国银行保险监督管理委员会其他规定条件的除外。

在外省(自治区、直辖市)设立分支机构的,对分支机构所在地行政区域内客户开展的业务,不属于前款所称跨注册地辖区业务。

第十条 商业银行应当建立健全借款人权益保护机制,完善消费者权益保护内部考核体系,切实承担借款人数据保护的主体责任,加强借款人隐私数据保护,构建安全有效的业务咨询和投诉处理渠道,确保借款人享有不低于线下贷款业务的相应服务,将消费者保护要求嵌入互联网贷款业务全流程管理体系。

第十一条 中国银行保险监督管理委员会及其派出机构(以下简称银行业监督管理机构)依照本办法对商业银行互联网贷款业务实施监督管理。

第二章 风险管理体系

第十二条 商业银行应当建立健全互联网贷款风险治理架构,明确董事会和高级管理层对互联网贷款风险管理的职责,建立考核和问责机制。

第十三条 商业银行董事会承担互联网贷款风险管理的最终责任,应当履行以下职责:

(一)审议批准互联网贷款业务规划、合作机构管理政策以及跨区域经营管理政策;

(二)审议批准互联网贷款风险管理制度;

(三)监督高级管理层对互联网贷款风险实施管理和控制;

(四)定期获取互联网贷款业务评估报告,及时了解互联网贷款业务经营管理、风险水平、消费者保护等情况;

(五)其他有关职责。

第十四条 商业银行高级管理层应当履行以下职责:

(一)确定互联网贷款经营管理架构,明确各部门职责分工;

(二)制定、评估和监督执行互联网贷款业务规划、风险管理政策和程序,合作机构管理政策和程序以及跨区域经营管理政策;

(三)制定互联网贷款业务的风险管控指标,包括但不限于互联网贷款限额、与合作机构共同出资发放贷款的限额及出资比例、合作机构集中度、不良贷款率等;

(四)建立互联网贷款业务的风险管理机制,持续有效监测、控制和报告各类风险,及时应对风险事件;

(五)充分了解并定期评估互联网贷款业务发展情况、风险水平及管理状况、消费者保护情况,及时了解其重大变化,并向董事会定期报告;

(六)其他有关职责。

第十五条 商业银行应当确保具有足够的资源,独立、有效开展互联网贷款风险管理,确保董事会和高级管理层能及时知悉风险状况,准确理解风险数据和风险模型的作用与局限。

第十六条 商业银行互联网贷款风险管理制度应当涵盖营销、调查、授信、签约、放款、支付、跟踪、收回等贷款业务全流程。

第十七条 商业银行应当通过合法渠道和方式获取目标客户数据,开展贷款营销,并充分评估目标客户的资金需求、还款意愿和还款能力。商业银行应当在贷款申请流程中,加入强制阅读贷款合同环节,并设置合理的阅读时间限制。

商业银行自身或通过合作机构向目标客户推介互联网贷款产品时,应当在醒目位置充分披露贷款主体、贷款条件、实际年利率、年化综合资金成本、还本付息安排、逾期清收、咨询投诉渠道和违约责任等基本信息,保障客户的知情权和自主选择权,不得采取默认勾选、强制捆绑销售等方式剥夺消费者意愿表达的权利。

第十八条 商业银行应当按照反洗钱和反恐怖融资等要求,通过构建身份认证模型,采取联网核查、生物识别等有效措施识别客户,线上对借款人的身份数据、借款意愿进行核验并留存,确保借款人的身份数据真实有效,借款人的意思表示真实。商业银行对借款人的身份核验不得全权委托合作机构办理。

第十九条 商业银行应当建立有效的反欺诈机制,实时监测欺诈行为,定期分析欺诈风险变化情况,不断完善反欺诈的模型审核规则和相关技术手段,防范冒充他人身份、恶意骗取银行贷款的行为,保障信贷资金安全。

第二十条 商业银行应当在获得授权后查询借款人的征信信息,通过合法渠道和手段线上收集、查询和验证借款人相关定性和定量信息,可以包括但不限于税务、社会保险基金、住房公积金等信息,全面了解借款人信用状况。

第二十一条　商业银行应当构建有效的风险评估、授信审批和风险定价模型,加强统一授信管理,运用风险数据,结合借款人已有债务情况,审慎评估借款人还款能力,确定借款人信用等级和授信方案。

第二十二条　商业银行应当建立人工复核验证机制,作为对风险模型自动审批的必要补充。商业银行应当明确人工复核验证的触发条件,合理设置人工复核验证的操作规程。

第二十三条　商业银行应当与借款人及其他当事人采用数据电文形式签订借款合同及其他文书。借款合同及其他文书应当符合《中华人民共和国民法典》《中华人民共和国电子签名法》等法律法规的规定。

第二十四条　商业银行应当与借款人约定明确、合法的贷款用途。贷款资金不得用于以下事项:

(一)购房及偿还住房抵押贷款;

(二)股票、债券、期货、金融衍生产品和资产管理产品等投资;

(三)固定资产、股本权益性投资;

(四)法律法规禁止的其他用途。

第二十五条　商业银行应当按照相关法律法规的要求,储存、传递、归档以数据电文形式签订的借款合同、信贷流程关键环节和节点的数据。已签订的借款合同及相关数据应可供借款人随时调取查用。

第二十六条　授信与首笔贷款发放时间间隔超过1个月的,商业银行应当在贷款发放前对借款人信用状况进行再评估,根据借款人特征、贷款金额,确定跟踪其信贷记录的频率,以保证及时获取其全面信用状况。

第二十七条　商业银行应当按照借款合同约定,对贷款资金的支付进行管理与控制,贷款支付应由具有合法支付业务资质的机构执行。商业银行应加强对支付账户的监测和对账管理,发现风险隐患的,应立即预警并采取相关措施。采用自主支付方式的,应当根据借款人过往行为数据、交易数据和信用数据等,确定单日贷款支付限额。

第二十八条　商业银行应遵守《个人贷款管理暂行办法》和《流动资金贷款管理暂行办法》的受托支付管理规定,同时根据自身风险管理水平、互联网贷款的规模和结构、应用场景、增信手段等确定差异化的受托支付限额。

第二十九条　商业银行应当通过建立风险监测预警模型,对借款人财务、信用、经营等情况进行监测,设置合理的预警指标与预警触发条件,及时发出预警信号,必要时应通过人工核查作为补充手段。

第三十条　商业银行应当采取适当方式对贷款用途进行监测,发现借款人违反法律法规或未按照约定用途使用贷款资金的,应当按照合同约定提前收回贷款,并追究借款人相应责任。

第三十一条　商业银行应当完善内部审计体系,独立客观开展内部审计,审查评价、督促改善互联网贷款业务经营、风险管理和内控合规效果。银行业监督管理机构可以要求商业银行提交互联网贷款专项内部审计报告。

第三十二条　互联网贷款形成不良的,商业银行应当按照其性质及时制定差异化的处置方案,提升处置效率。

第三章　风险数据和风险模型管理

第三十三条　商业银行进行借款人身份验证、贷前调查、风险评估和授信审查、贷后管理时,应当至少包含借款人姓名、身份证号、联系电话、银行账户以及其他开展风险评估所必需的基本信息。如果需要从合作机构获取借款人风险数据,应通过适当方式确认合作机构的数据来源合法合规、真实有效,对外提供数据不违反法律法规要求,并已获得信息主体本人的明确授权。商业银行不得与违规收集和使用个人信息的第三方开展数据合作。

第三十四条　商业银行收集、使用借款人风险数据应当遵循合法、必要、有效的原则,不得违反法律法规和借贷双方约定,不得将风险数据用于从事与贷款业务无关或有损借款人合法权益的活动,不得向第三方提供借款人风险数据,法律法规另有规定的除外。

第三十五条　商业银行应当建立风险数据安全管理的策略与标准,采取有效技术措施,保障借款人风险数据在采集、传输、存储、处理和销毁过程中的安全,防范数据泄漏、丢失或被篡改的风险。

第三十六条　商业银行应当对风险数据进行必要的处理,以满足风险模型对数据精确性、完整性、一致性、时效性、有效性等的要求。

第三十七条　商业银行应当合理分配风险模型开发测试、评审、监测、退出等环节的职责和权限,做到分工明确、责任清晰。商业银行不得将上述风险模型的管理职责外包,并应当加强风险模型的保密管理。

第三十八条　商业银行应当结合贷款产品特点、目标客户特征、风险数据和风险管理策略等因素,选择合适的技术标准和建模方法,科学设置模型参数,构建风险模型,并测试在正常和压力情境下模型的有效性和稳定性。

第三十九条　商业银行应当建立风险模型评审机

制,成立模型评审委员会负责风险模型评审工作。风险模型评审应当独立于风险模型开发,评审工作应当重点关注风险模型有效性和稳定性,确保与银行授信审批条件和风险控制标准相一致。经评审通过后风险模型方可上线应用。

第四十条 商业银行应当建立有效的风险模型日常监测体系,监测至少包括已上线风险模型的有效性与稳定性,所有经模型审批通过贷款的实际违约情况等。监测发现模型缺陷或者已不符合模型设计目标的,应当保证能及时提示风险模型开发和测试部门或团队进行重新测试、优化,以保证风险模型持续适应风险管理要求。

第四十一条 商业银行应当建立风险模型退出处置机制。对于无法继续满足风险管理要求的风险模型,应当立即停止使用,并及时采取相应措施,消除模型退出给贷款风险管理带来的不利影响。

第四十二条 商业银行应当全面记录风险模型开发至退出的全过程,并进行文档化归档和管理,供本行和银行业监督管理机构随时查阅。

第四章 信息科技风险管理

第四十三条 商业银行应当建立安全、合规、高效和可靠的互联网贷款信息系统,以满足互联网贷款业务经营和风险管理需要。

第四十四条 商业银行应当注重提高互联网贷款信息系统的可用性和可靠性,加强对互联网贷款信息系统的安全运营管理和维护,定期开展安全测试和压力测试,确保系统安全、稳定、持续运行。

第四十五条 商业银行应当采取必要的网络安全防护措施,加强网络访问控制和行为监测,有效防范网络攻击等威胁。与合作机构涉及数据交互行为的,应当采取切实措施,实现敏感数据的有效隔离,保证数据交互在安全、合规的环境下进行。

第四十六条 商业银行应当加强对部署在借款人一方的互联网贷款信息系统客户端程序(包括但不限于浏览器插件程序、桌面客户端程序和移动客户端程序等)的安全加固,提高客户端程序的防攻击、防入侵、防篡改、抗反编译等安全能力。

第四十七条 商业银行应当采用有效技术手段,保障借款人数据安全,确保商业银行与借款人、合作机构之间传输数据、签订合同、记录交易等各个环节数据的保密性、完整性、真实性和抗抵赖性,并做好定期数据备份工作。

第四十八条 商业银行应当充分评估合作机构的信息系统服务能力、可靠性和安全性以及敏感数据的安全保护能力,开展联合演练和测试,加强合同约束。

商业银行每年应对与合作机构的数据交互进行信息科技风险评估,并形成风险评估报告,确保不因合作而降低商业银行信息系统的安全性,确保业务连续性。

第五章 贷款合作管理

第四十九条 商业银行应当建立覆盖各类合作机构的全行统一的准入机制,明确相应标准和程序,并实行名单制管理。

商业银行应根据合作内容、对客户的影响范围和程度、对银行财务稳健性的影响程度等,对合作机构实施分层分类管理,并按照其层级和类别确定相应审批权限。

第五十条 商业银行应当按照合作机构资质和其承担的职能相匹配的原则,对合作机构进行准入前评估,确保合作机构与合作事项符合法律法规和监管要求。

商业银行应当主要从经营情况、管理能力、风控水平、技术实力、服务质量、业务合规和机构声誉等方面对合作机构进行准入前评估。选择共同出资发放贷款的合作机构,还应重点关注合作方资本充足水平、杠杆率、流动性水平、不良贷款率、贷款集中度及其变化,审慎确定合作机构名单。

第五十一条 商业银行应当与合作机构签订书面合作协议。书面合作协议应当按照收益和风险相匹配的原则,明确约定合作范围、操作流程、各方权责、收益分配、风险分担、客户权益保护、数据保密、争议解决、合作事项变更或终止的过渡安排、违约责任以及合作机构承诺配合商业银行接受银行业监督管理机构的检查并提供有关信息和资料等内容。

商业银行应当自主确定目标客户群、授信额度和贷款定价标准;商业银行不得向合作机构自身及其关联方直接或变相进行融资用于放贷。除共同出资发放贷款的合作机构以外,商业银行不得将贷款发放、本息回收、止付等关键环节操作全权委托合作机构执行。商业银行应当在书面合作协议中明确要求合作机构不得以任何形式向借款人收取息费,保险公司和有担保资质的机构除外。

第五十二条 商业银行应当在相关页面醒目位置向借款人充分披露自身与合作机构信息、合作类产品的信息、自身与合作各方权利责任,按照适当性原则充分揭示合作业务风险,避免客户产生品牌混同。

商业银行应在借款合同和产品要素说明界面等相关页面中,以醒目方式向借款人充分披露合作类产品的贷款主体、实际年利率、年化综合资金成本、还本付息安排、逾期清收、咨询投诉渠道、违约责任等信息。商业银行需要向借款人获取风险数据授权时,应在线上相关页面醒目位置提示借款人详细阅读授权书内容,并在授权书醒目位置披露授权风险数据内容和期限,确保借款人完成授权书阅读后签署同意。

第五十三条 商业银行与其他有贷款资质的机构共同出资发放互联网贷款的,应当建立相应的内部管理制度,明确本行与合作机构共同出资发放贷款的管理机制,并在合作协议中明确各方的权利义务关系。商业银行应当独立对所出资的贷款进行风险评估和授信审批,并对贷后管理承担主体责任。商业银行不得以任何形式为无放贷业务资质的合作机构提供资金用于发放贷款,不得与无放贷业务资质的合作机构共同出资发放贷款。

商业银行应当按照适度分散的原则审慎选择合作机构,制定因合作机构导致业务中断的应急与恢复预案,避免对单一合作机构过于依赖而产生的风险。

第五十四条 商业银行应当充分考虑自身发展战略、经营模式、资产负债结构和风险管理能力,将与合作机构共同出资发放贷款总额按照零售贷款总额或者贷款总额相应比例纳入限额管理,并加强共同出资发放贷款合作机构的集中度风险管理。商业银行应当对单笔贷款出资比例实行区间管理,与合作方合理分担风险。

第五十五条 商业银行不得接受无担保资质和不符合信用保险和保证保险经营资质监管要求的合作机构提供的直接或变相增信服务。商业银行与有担保资质和符合信用保险和保证保险经营资质监管要求的合作机构合作时应当充分考虑上述机构的增信能力和集中度风险。商业银行不得因引入担保增信放松对贷款质量管控。

第五十六条 商业银行不得委托有暴力催收等违法违规记录的第三方机构进行贷款清收。商业银行应明确与第三方机构的权责,要求其不得对与贷款无关的第三人进行清收。商业银行发现合作机构存在暴力催收等违法违规行为的,应当立即终止合作,并将违法违规线索及时移交相关部门。

第五十七条 商业银行应当持续对合作机构进行管理,及时识别、评估和缓释因合作机构违约或经营失败等导致的风险。对合作机构应当至少每年全面评估一次,发现合作机构无法继续满足准入条件的,应当及时终止合作关系,合作机构在合作期间有严重违法违规行为的,应当及时将其列入本行禁止合作机构名单。

第六章 监督管理

第五十八条 商业银行首次开展互联网贷款业务的,应当于产品上线后10个工作日内,向其监管机构提交书面报告,内容包括:

(一)业务规划情况,包括年度及中长期互联网贷款业务模式、业务对象、业务领域、地域范围和合作机构管理等;

(二)风险管控措施,包括互联网贷款业务治理架构和管理体系,互联网贷款风险偏好、风险管理政策和程序,信息系统建设情况及信息科技风险评估,反洗钱、反恐怖融资制度,互联网贷款合作机构管理政策和程序,互联网贷款业务限额、与合作机构共同出资发放贷款的限额及出资比例、合作机构集中度等重要风险管控指标;

(三)上线的互联网贷款产品基本情况,包括产品合规性评估、产品风险评估,风险数据、风险模型管理情况以及是否符合本办法相关要求;

(四)消费者权益保护及其配套服务情况;

(五)银行业监督管理机构要求提供的其他材料。

第五十九条 银行业监督管理机构应当结合日常监管情况和商业银行风险状况等,对商业银行提交的报告和相关材料进行评估,重点评估:

(一)互联网贷款业务规划与自身业务定位、差异化发展战略是否匹配;

(二)是否独立掌握授信审批、合同签订等核心风控环节;

(三)信息科技风险基础防范措施是否健全;

(四)上线产品的授信额度、期限、放款控制、数据保护、合作机构管理等是否符合本办法要求;

(五)消费者权益保护是否全面有效。

如发现不符合本办法要求的,应当要求商业银行限期整改、暂停业务等。

第六十条 商业银行应当按照本办法要求,对互联网贷款业务开展情况进行年度评估,并于每年4月30日前向银行业监督管理机构报送上一年年度评估报告。年度评估报告包括但不限于以下内容:

(一)业务基本情况;

(二)年度业务经营管理情况分析;

(三)业务风险分析和监管指标表现分析;

(四)识别、计量、监测、控制风险的主要方法及改进情况,信息科技风险防控措施的有效性;

(五)风险模型的监测与验证情况;

(六)合规管理和内控管理情况;

(七)投诉及处理情况;

(八)下一年度业务发展规划;

(九)银行业监督管理机构要求报告的其他事项。

第六十一条 互联网贷款的风险治理架构、风险管理策略和程序、数据质量控制机制、管理信息系统和合作机构管理等在经营期间发生重大调整的,商业银行应当在调整后的10个工作日内向银行业监督管理机构书面报告调整情况。

第六十二条 银行业监督管理机构可以根据商业银行的经营管理情况、风险水平和互联网贷款业务开展情况等对商业银行与合作机构共同出资发放贷款的出资比例及相关集中度风险、跨注册地辖区业务等提出相关审慎性监管要求。

第六十三条 银行业监督管理机构可以通过非现场监管、现场检查等方式,实施对商业银行互联网贷款业务的监督检查。

银行业监督管理机构开展对商业银行互联网贷款业务的数据统计与监测、重要风险因素评估等工作。

第六十四条 商业银行违反本办法规定办理互联网贷款的,银行业监督管理机构可根据《中华人民共和国银行业监督管理法》责令其限期改正;逾期未改正,或其行为严重危及商业银行稳健运行、损害客户合法权益的,应采取相应的监管措施。严重违反本办法的,可根据《中华人民共和国银行业监督管理法》第四十五条、第四十六条、第四十七条、第四十八条规定实施行政处罚。

第七章 附 则

第六十五条 商业银行经营互联网贷款业务,应当依照本办法制定互联网贷款管理细则及操作规程。

第六十六条 本办法未尽事项,按照《个人贷款管理暂行办法》《流动资金贷款管理暂行办法》等相关规定执行。

第六十七条 外国银行分行参照本办法执行。除第六条个人贷款期限要求外,消费金融公司、汽车金融公司开展互联网贷款业务参照本办法执行。

第六十八条 本办法由中国银行保险监督管理委员会负责解释。

第六十九条 本办法自公布之日起施行。

第七十条 过渡期为本办法实施之日起2年。过渡期内新增业务应当符合本办法规定。商业银行和消费金融公司、汽车金融公司应当制定过渡期内的互联网贷款整改计划,明确时间进度安排,并于办法实施之日起1个月内将符合本办法第五十八条规定的书面报告和整改计划报送银行业监督管理机构,由其监督实施。

中国银保监会办公厅关于进一步规范商业银行互联网贷款业务的通知

· 2021年2月19日
· 银保监办发〔2021〕24号

各银保监局,各大型银行、股份制银行、外资银行:

为推动商业银行有效实施《商业银行互联网贷款管理暂行办法》(以下简称《办法》),进一步规范互联网贷款业务行为,促进业务健康发展,经银保监会同意,现就有关事项通知如下:

一、落实风险控制要求。商业银行应强化风险控制主体责任,独立开展互联网贷款风险管理,并自主完成对贷款风险评估和风险控制具有重要影响的风控环节,严禁将贷前、贷中、贷后管理的关键环节外包。

二、加强出资比例管理。商业银行与合作机构共同出资发放互联网贷款的,应严格落实出资比例区间管理要求,单笔贷款中合作方出资比例不得低于30%。

三、强化合作机构集中度管理。商业银行与合作机构共同出资发放互联网贷款的,与单一合作方(含其关联方)发放的本行贷款余额不得超过本行一级资本净额的25%。

四、实施总量控制和限额管理。商业银行与全部合作机构共同出资发放的互联网贷款余额不得超过本行全部贷款余额的50%。

五、严控跨地域经营。地方法人银行开展互联网贷款业务的,应服务于当地客户,不得跨注册地辖区开展互联网贷款业务。无实体经营网点、业务主要在线上开展,且符合银保监会其他规定条件的除外。

六、本通知第二条、第五条自2022年1月1日起执行,存量业务自然结清,其他规定过渡期与《办法》一致。银保监会及其派出机构按照"一行一策、平稳过渡"的原则,督促商业银行对不符合本通知要求的互联网贷款业务制定整改计划,在过渡期内整改完毕。鼓励有条件的商业银行提前达标。

七、银保监会及其派出机构可根据辖内商业银行经营管理、风险水平和业务开展情况等,在本通知规定基础上,对出资比例、合作机构集中度、互联网贷款总量限额提出更严格的审慎监管要求。

八、外国银行分行、信托公司、消费金融公司、汽车金融公司开展互联网贷款业务参照执行本通知和《办法》要求,银保监会另有规定的,从其规定。

中国人民银行、中国银行保险监督管理委员会关于建立银行业金融机构房地产贷款集中度管理制度的通知

· 2020 年 12 月 28 日
· 银发〔2020〕322 号

中国人民银行上海总部,各分行、营业管理部,各省会(首府)城市中心支行,各副省级城市中心支行;各银保监局;国家开发银行,各政策性银行、国有商业银行、股份制商业银行,中国邮政储蓄银行:

为增强银行业金融机构抵御房地产市场波动的能力,防范金融体系对房地产贷款过度集中带来的潜在系统性金融风险,提高银行业金融机构稳健性,人民银行、银保监会决定建立银行业金融机构房地产贷款集中度管理制度。现将有关事项通知如下:

一、本通知所称银行业金融机构是指在中华人民共和国境内设立的中资法人银行业金融机构。

二、本通知所称房地产贷款集中度管理是指银行业金融机构(不含境外分行)房地产贷款余额占该机构人民币各项贷款余额的比例(以下简称房地产贷款占比)和个人住房贷款余额占该机构人民币各项贷款余额的比例(以下简称个人住房贷款占比)应满足人民银行、银保监会确定的管理要求,即不得高于人民银行、银保监会确定的房地产贷款占比上限和个人住房贷款占比上限,开发性银行和政策性银行参照执行。

$$房地产贷款占比 = \frac{房地产贷款余额}{人民币各项贷款余额} \times 100\%$$

$$个人住房贷款占比 = \frac{个人住房贷款余额}{人民币各项贷款余额} \times 100\%$$

三、人民银行、银保监会根据银行业金融机构资产规模及机构类型,分档对房地产贷款集中度进行管理(具体分档及相应管理要求见附件),并综合考虑银行业金融机构的规模发展、房地产系统性金融风险表现等因素,适时调整适用机构覆盖范围、分档设置、管理要求和相关指标的统计口径。

四、人民银行副省级城市中心支行以上分支机构会同所在地银保监会派出机构,可在充分论证的前提下,结合所在地经济金融发展水平、辖区内地方法人银行业金融机构的具体情况和系统性金融风险特点,以本通知第三档、第四档、第五档房地产贷款集中度管理要求为基准,在增减 2.5 个百分点的范围内,合理确定辖区内适用于相应档次的地方法人银行业金融机构房地产贷款集中度管理要求。人民银行、银保监会将对人民银行副省级城市中心支行以上分支机构、银保监会派出机构确定辖区内地方法人银行业金融机构房地产贷款集中度管理要求的行为进行监督管理。

五、2020 年 12 月末,银行业金融机构房地产贷款占比、个人住房贷款占比超出管理要求,超出 2 个百分点以内的,业务调整过渡期为自本通知实施之日起 2 年;超出 2 个百分点及以上的,业务调整过渡期为自本通知实施之日起 4 年。房地产贷款占比、个人住房贷款占比的业务调整过渡期分别设置。

六、房地产贷款集中度超出管理要求的银行业金融机构,须制定业务调整过渡期内逐步达到管理要求的调整方案,明确向管理要求边际收敛的具体举措。适用于第一档和第二档房地产贷款集中度管理要求的银行业金融机构,于本通知实施之日起 1 个月内将调整方案报送人民银行、银保监会,并按季度报告执行情况。适用于第三档、第四档、第五档房地产贷款集中度管理要求的银行业金融机构,于本通知实施之日起 1 个月内将调整方案报送当地人民银行分支机构、银保监会派出机构,并按季度报告执行情况。

七、人民银行、银保监会及人民银行分支机构、银保监会派出机构定期监测、评估执行情况。

八、房地产贷款集中度符合管理要求的银行业金融机构,应稳健开展房地产贷款相关业务,保持房地产贷款占比、个人住房贷款占比基本稳定。

九、业务调整过渡期结束后因客观原因未能满足房地产贷款集中度管理要求的,由银行业金融机构提出申请,经人民银行、银保监会或当地人民银行分支机构、银保监会派出机构评估后认为合理的,可适当延长业务调整过渡期。

十、人民银行、银保监会将对未执行本通知要求的银行业金融机构,采取额外资本要求、调整房地产资产风险权重等措施。

十一、本通知自 2021 年 1 月 1 日起实施。

请人民银行上海总部,各分行、营业管理部,各省会(首府)城市中心支行,各副省级城市中心支行将本通知转发至辖区内人民银行分支机构、城市商业银行、农村商业银行、农村合作银行、农村信用社、村镇银行、民营银行。请各银保监局将本通知转发至辖内各银保监分局。

附件:房地产贷款集中度管理要求(略)

5. 信托业务

中华人民共和国信托法

- 2001年4月28日第九届全国人民代表大会常务委员会第二十一次会议通过
- 2001年4月28日中华人民共和国主席令第50号公布
- 自2001年10月1日起施行

第一章 总 则

第一条 为了调整信托关系，规范信托行为，保护信托当事人的合法权益，促进信托事业的健康发展，制定本法。

第二条 本法所称信托，是指委托人基于对受托人的信任，将其财产权委托给受托人，由受托人按委托人的意愿以自己的名义，为受益人的利益或者特定目的，进行管理或者处分的行为。

第三条 委托人、受托人、受益人（以下统称信托当事人）在中华人民共和国境内进行民事、营业、公益信托活动，适用本法。

第四条 受托人采取信托机构形式从事信托活动，其组织和管理由国务院制定具体办法。

第五条 信托当事人进行信托活动，必须遵守法律、行政法规，遵循自愿、公平和诚实信用原则，不得损害国家利益和社会公共利益。

第二章 信托的设立

第六条 设立信托，必须有合法的信托目的。

第七条 设立信托，必须有确定的信托财产，并且该信托财产必须是委托人合法所有的财产。

本法所称财产包括合法的财产权利。

第八条 设立信托，应当采取书面形式。

书面形式包括信托合同、遗嘱或者法律、行政法规定的其他书面文件等。

采取信托合同形式设立信托的，信托合同签订时，信托成立。采取其他书面形式设立信托的，受托人承诺信托时，信托成立。

第九条 设立信托，其书面文件应当载明下列事项：

（一）信托目的；

（二）委托人、受托人的姓名或者名称、住所；

（三）受益人或者受益人范围；

（四）信托财产的范围、种类及状况；

（五）受益人取得信托利益的形式、方法。

除前款所列事项外，可以载明信托期限、信托财产的管理方法、受托人的报酬、新受托人的选任方式、信托终止事由等事项。

第十条 设立信托，对于信托财产，有关法律、行政法规规定应当办理登记手续的，应当依法办理信托登记。

未依照前款规定办理信托登记的，应当补办登记手续；不补办的，该信托不产生效力。

第十一条 有下列情形之一的，信托无效：

（一）信托目的违反法律、行政法规或者损害社会公共利益；

（二）信托财产不能确定；

（三）委托人以非法财产或者本法规定不得设立信托的财产设立信托；

（四）专以诉讼或者讨债为目的设立信托；

（五）受益人或者受益人范围不能确定；

（六）法律、行政法规规定的其他情形。

第十二条 委托人设立信托损害其债权人利益的，债权人有权申请人民法院撤销该信托。

人民法院依照前款规定撤销信托的，不影响善意受益人已经取得的信托利益。

本条第一款规定的申请权，自债权人知道或者应当知道撤销原因之日起一年内不行使的，归于消灭。

第十三条 设立遗嘱信托，应当遵守继承法关于遗嘱的规定。

遗嘱指定的人拒绝或者无能力担任受托人的，由受益人另行选任受托人；受益人为无民事行为能力人或者限制民事行为能力人的，依法由其监护人代行选任。遗嘱对选任受托人另有规定的，从其规定。

第三章 信托财产

第十四条 受托人因承诺信托而取得的财产是信托财产。

受托人因信托财产的管理运用、处分或者其他情形而取得的财产，也归入信托财产。

法律、行政法规禁止流通的财产，不得作为信托财产。

法律、行政法规限制流通的财产，依法经有关主管部门批准后，可以作为信托财产。

第十五条 信托财产与委托人未设立信托的其他财产相区别。设立信托后，委托人死亡或者依法解散、被依法撤销、被宣告破产时，委托人是唯一受益人的，信托终止，信托财产作为其遗产或者清算财产；委托人不是唯一受益人的，信托存续，信托财产不作为其遗产或者清算财产；但作为共同受益人的委托人死亡或者依法解散、被依法撤销、被宣告破产时，其信托受益权作为其遗产或者清算财产。

第十六条 信托财产与属于受托人所有的财产(以下简称固有财产)相区别,不得归入受托人的固有财产或者成为固有财产的一部分。

受托人死亡或者依法解散、被依法撤销、被宣告破产而终止,信托财产不属于其遗产或者清算财产。

第十七条 除因下列情形之一外,对信托财产不得强制执行:

(一)设立信托前债权人已对该信托财产享有优先受偿的权利,并依法行使该权利的;

(二)受托人处理信托事务所产生债务,债权人要求清偿该债务的;

(三)信托财产本身应担负的税款;

(四)法律规定的其他情形。

对于违反前款规定而强制执行信托财产,委托人、受托人或者受益人有权向人民法院提出异议。

第十八条 受托人管理运用、处分信托财产所产生的债权,不得与其固有财产产生的债务相抵销。

受托人管理运用、处分不同委托人的信托财产所产生的债权债务,不得相互抵销。

第四章 信托当事人
第一节 委托人

第十九条 委托人应当是具有完全民事行为能力的自然人、法人或者依法成立的其他组织。

第二十条 委托人有权了解其信托财产的管理运用、处分及收支情况,并有权要求受托人作出说明。

委托人有权查阅、抄录或者复制与其信托财产有关的信托账目以及处理信托事务的其他文件。

第二十一条 因设立信托时未能预见的特别事由,致使信托财产的管理方法不利于实现信托目的或者不符合受益人的利益时,委托人有权要求受托人调整该信托财产的管理方法。

第二十二条 受托人违反信托目的处分信托财产或者因违背管理职责、处理信托事务不当致使信托财产受到损失的,委托人有权申请人民法院撤销该处分行为,并有权要求受托人恢复信托财产的原状或者予以赔偿;该信托财产的受让人明知是违反信托目的而接受该财产的,应当予以返还或者予以赔偿。

前款规定的申请权,自委托人知道或者应当知道撤销原因之日起一年内不行使的,归于消灭。

第二十三条 受托人违反信托目的处分信托财产或者管理运用、处分信托财产有重大过失的,委托人有权依照信托文件的规定解任受托人,或者申请人民法院解任受托人。

第二节 受托人

第二十四条 受托人应当是具有完全民事行为能力的自然人、法人。

法律、行政法规对受托人的条件另有规定的,从其规定。

第二十五条 受托人应当遵守信托文件的规定,为受益人的最大利益处理信托事务。

受托人管理信托财产,必须恪尽职守,履行诚实、信用、谨慎、有效管理的义务。

第二十六条 受托人除依照本法规定取得报酬外,不得利用信托财产为自己谋取利益。

受托人违反前款规定,利用信托财产为自己谋取利益的,所得利益归入信托财产。

第二十七条 受托人不得将信托财产转为其固有财产。受托人将信托财产转为其固有财产的,必须恢复该信托财产的原状;造成信托财产损失的,应当承担赔偿责任。

第二十八条 受托人不得将其固有财产与信托财产进行交易或者将不同委托人的信托财产进行相互交易,但信托文件另有规定或者经委托人或者受益人同意,并以公平的市场价格进行交易的除外。

受托人违反前款规定,造成信托财产损失的,应当承担赔偿责任。

第二十九条 受托人必须将信托财产与其固有财产分别管理、分别记账,并将不同委托人的信托财产分别管理、分别记账。

第三十条 受托人应当自己处理信托事务,但信托文件另有规定或者有不得已事由的,可以委托他人代为处理。

受托人依法将信托事务委托他人代理的,应当对他人处理信托事务的行为承担责任。

第三十一条 同一信托的受托人有两个以上的,为共同受托人。

共同受托人应当共同处理信托事务,但信托文件规定对某些具体事务由受托人分别处理的,从其规定。

共同受托人共同处理信托事务,意见不一致时,按信托文件规定处理;信托文件未规定的,由委托人、受益人或者其利害关系人决定。

第三十二条 共同受托人处理信托事务对第三人所

负债务,应当承担连带清偿责任。第三人对共同受托人之一所作的意思表示,对其他受托人同样有效。

共同受托人之一违反信托目的处分信托财产或者因违背管理职责、处理信托事务不当致使信托财产受到损失的,其他受托人应当承担连带赔偿责任。

第三十三条 受托人必须保存处理信托事务的完整记录。

受托人应当每年定期将信托财产的管理运用、处分及收支情况,报告委托人和受益人。

受托人对委托人、受益人以及处理信托事务的情况和资料负有依法保密的义务。

第三十四条 受托人以信托财产为限向受益人承担支付信托利益的义务。

第三十五条 受托人有权依照信托文件的约定取得报酬。信托文件未作事先约定的,经信托当事人协商同意,可以作出补充约定;未作事先约定和补充约定的,不得收取报酬。

约定的报酬经信托当事人协商同意,可以增减其数额。

第三十六条 受托人违反信托目的处分信托财产或者因违背管理职责、处理信托事务不当致使信托财产受到损失的,在未恢复信托财产的原状或者未予赔偿前,不得请求给付报酬。

第三十七条 受托人因处理信托事务所支出的费用、对第三人所负债务,以信托财产承担。受托人以其固有财产先行支付的,对信托财产享有优先受偿的权利。

受托人违背管理职责或者处理信托事务不当对第三人所负债务或者自己所受到的损失,以其固有财产承担。

第三十八条 设立信托后,经委托人和受益人同意,受托人可以辞任。本法对公益信托的受托人辞任另有规定的,从其规定。

受托人辞任的,在新受托人选出前仍应履行管理信托事务的职责。

第三十九条 受托人有下列情形之一的,其职责终止:

(一) 死亡或者被依法宣告死亡;

(二) 被依法宣告为无民事行为能力人或者限制民事行为能力人;

(三) 被依法撤销或者被宣告破产;

(四) 依法解散或者法定资格丧失;

(五) 辞任或者被解任;

(六) 法律、行政法规规定的其他情形。

受托人职责终止时,其继承人或者遗产管理人、监护人、清算人应当妥善保管信托财产,协助新受托人接管信托事务。

第四十条 受托人职责终止的,依照信托文件规定选任新受托人;信托文件未规定的,由委托人选任;委托人不指定或者无能力指定的,由受益人选任;受益人为无民事行为能力人或者限制民事行为能力人的,依法由其监护人代行选任。

原受托人处理信托事务的权利和义务,由新受托人承继。

第四十一条 受托人有本法第三十九条第一款第(三)项至第(六)项所列情形之一,职责终止的,应当作出处理信托事务的报告,并向新受托人办理信托财产和信托事务的移交手续。

前款报告经委托人或者受益人认可,原受托人就报告中所列事项解除责任。但原受托人有不正当行为的除外。

第四十二条 共同受托人之一职责终止的,信托财产由其他受托人管理和处分。

第三节 受益人

第四十三条 受益人是在信托中享有信托受益权的人。受益人可以是自然人、法人或者依法成立的其他组织。

委托人可以是受益人,也可以是同一信托的唯一受益人。

受托人可以是受益人,但不得是同一信托的唯一受益人。

第四十四条 受益人自信托生效之日起享有信托受益权。信托文件另有规定的,从其规定。

第四十五条 共同受益人按照信托文件的规定享受信托利益。信托文件对信托利益的分配比例或者分配方法未作规定的,各受益人按照均等的比例享受信托利益。

第四十六条 受益人可以放弃信托受益权。

全体受益人放弃信托受益权的,信托终止。

部分受益人放弃信托受益权的,被放弃的信托受益权按下列顺序确定归属:

(一) 信托文件规定的人;

(二) 其他受益人;

(三) 委托人或者其继承人。

第四十七条 受益人不能清偿到期债务的,其信托受益权可以用于清偿债务,但法律、行政法规以及信托文件有限制性规定的除外。

第四十八条 受益人的信托受益权可以依法转让和继承,但信托文件有限制性规定的除外。

第四十九条 受益人可以行使本法第二十条至第二十三条规定的委托人享有的权利。受益人行使上述权利,与委托人意见不一致时,可以申请人民法院作出裁定。

受托人有本法第二十二条第一款所列行为,共同受益人之一申请人民法院撤销该处分行为的,人民法院所作出的撤销裁定,对全体共同受益人有效。

第五章 信托的变更与终止

第五十条 委托人是唯一受益人的,委托人或者其继承人可以解除信托。信托文件另有规定的,从其规定。

第五十一条 设立信托后,有下列情形之一的,委托人可以变更受益人或者处分受益人的信托受益权:
(一)受益人对委托人有重大侵权行为;
(二)受益人对其他共同受益人有重大侵权行为;
(三)经受益人同意;
(四)信托文件规定的其他情形。

有前款第(一)项、第(三)项、第(四)项所列情形之一的,委托人可以解除信托。

第五十二条 信托不因委托人或者受托人的死亡、丧失民事行为能力、依法解散、被依法撤销或者被宣告破产而终止,也不因受托人的辞任而终止。但本法或者信托文件另有规定的除外。

第五十三条 有下列情形之一的,信托终止:
(一)信托文件规定的终止事由发生;
(二)信托的存续违反信托目的;
(三)信托目的已经实现或者不能实现;
(四)信托当事人协商同意;
(五)信托被撤销;
(六)信托被解除。

第五十四条 信托终止的,信托财产归属于信托文件规定的人;信托文件未规定的,按下列顺序确定归属:
(一)受益人或者其继承人;
(二)委托人或者其继承人。

第五十五条 依照前条规定,信托财产的归属确定后,在该信托财产转移给权利归属人的过程中,信托视为存续,权利归属人视为受益人。

第五十六条 信托终止后,人民法院依据本法第十七条的规定对原信托财产进行强制执行的,以权利归属人为被执行人。

第五十七条 信托终止后,受托人依照本法规定行使请求给付报酬、从信托财产中获得补偿的权利时,可以留置信托财产或者对信托财产的权利归属人提出请求。

第五十八条 信托终止的,受托人应当作出处理信托事务的清算报告。受益人或者信托财产的权利归属人对清算报告无异议的,受托人就清算报告所列事项解除责任。但受托人有不正当行为的除外。

第六章 公益信托

第五十九条 公益信托适用本章规定。本章未规定的,适用本法及其他相关法律的规定。

第六十条 为了下列公共利益目的之一而设立的信托,属于公益信托:
(一)救济贫困;
(二)救助灾民;
(三)扶助残疾人;
(四)发展教育、科技、文化、艺术、体育事业;
(五)发展医疗卫生事业;
(六)发展环境保护事业,维护生态环境;
(七)发展其他社会公益事业。

第六十一条 国家鼓励发展公益信托。

第六十二条 公益信托的设立和确定其受托人,应当经有关公益事业的管理机构(以下简称公益事业管理机构)批准。

未经公益事业管理机构的批准,不得以公益信托的名义进行活动。

公益事业管理机构对于公益信托活动应当给予支持。

第六十三条 公益信托的信托财产及其收益,不得用于非公益目的。

第六十四条 公益信托应当设置信托监察人。

信托监察人由信托文件规定。信托文件未规定的,由公益事业管理机构指定。

第六十五条 信托监察人有权以自己的名义,为维护受益人的利益,提起诉讼或者实施其他法律行为。

第六十六条 公益信托的受托人未经公益事业管理机构批准,不得辞任。

第六十七条 公益事业管理机构应当检查受托人处理公益信托事务的情况及财产状况。

受托人应当至少每年一次作出信托事务处理情况及财产状况报告,经信托监察人认可后,报公益事业管理机构核准,并由受托人予以公告。

第六十八条 公益信托的受托人违反信托义务或者

无能力履行其职责的,由公益事业管理机构变更受托人。

第六十九条 公益信托成立后,发生设立信托时不能预见的情形,公益事业管理机构可以根据信托目的,变更信托文件中的有关条款。

第七十条 公益信托终止的,受托人应当于终止事由发生之日起十五日内,将终止事由和终止日期报告公益事业管理机构。

第七十一条 公益信托终止的,受托人作出的处理信托事务的清算报告,应当经信托监察人认可后,报公益事业管理机构核准,并由受托人予以公告。

第七十二条 公益信托终止,没有信托财产权利归属人或者信托财产权利归属人是不特定的社会公众的,经公益事业管理机构批准,受托人应当将信托财产用于与原公益目的相近似的目的,或者将信托财产转移给具有近似目的的公益组织或者其他公益信托。

第七十三条 公益事业管理机构违反本法规定的,委托人、受托人或者受益人有权向人民法院起诉。

第七章 附 则

第七十四条 本法自2001年10月1日起施行。

信托登记管理办法

- 2017年8月25日
- 银监发〔2017〕47号

第一章 总 则

第一条 为规范信托登记活动,保护信托当事人的合法权益,促进信托业持续健康发展,根据《中华人民共和国信托法》《中华人民共和国银行业监督管理法》等法律法规,制定本办法。

第二条 本办法所称信托登记是指中国信托登记有限责任公司(简称信托登记公司)对信托机构的信托产品及其受益权信息、国务院银行业监督管理机构规定的其他信息及其变动情况予以记录的行为。

本办法所称信托机构,是指依法设立的信托公司和国务院银行业监督管理机构认可的其他机构。

第三条 信托机构开展信托业务,应当办理信托登记,但法律、行政法规或者国务院银行业监督管理机构另有规定的除外。

第四条 信托登记活动应当遵守法律、行政法规和国务院银行业监督管理机构的有关规定,遵循诚实信用原则,不得损害国家利益和社会公共利益。

第五条 信托登记公司以提供信托业基础服务为主要职能,应当坚持依法合规、稳健经营的原则,忠实履行信托登记和其他相关职能。

第六条 信托登记公司应当具有与信托登记活动及履行其他职能相适应的场所、设施和安全防范措施,建立独立、安全、高效的信托登记系统及相关配套系统,强化信息技术保障,切实保护信托当事人及其他相关方的合法权益。

第七条 国务院银行业监督管理机构依法对信托登记及相关活动实施监督管理。

第二章 信托登记申请

第八条 信托登记由信托机构提出申请,但法律、行政法规或者国务院银行业监督管理机构另有规定的除外。

第九条 信托登记信息包括信托产品名称、信托类别、信托目的、信托期限、信托当事人、信托财产、信托利益分配等信托产品及其受益权信息和变动情况。

第十条 信托机构应当在集合资金信托计划发行日五个工作日前或者在单一资金信托和财产权信托成立日两个工作日前申请办理信托产品预登记(简称信托预登记),并在信托登记公司取得唯一产品编码。

申请办理信托预登记的,应当提交下列文件:

(一)信托预登记申请书,包括信托产品名称、信托类别、拟发行或者成立时间、预计存续期限、拟发行或者成立信托规模、信托财产来源、信托财产管理或者运用方向和方式、交易对手、交易结构、风险提示、风控措施、清算方式、异地推介信息、关联交易信息、保管人信息等内容;

(二)法律、行政法规、国务院银行业监督管理机构要求的其他文件。

信托产品在信托预登记后六个月内未成立或者未生效的,或者信托机构未按照本办法办理信托初始登记的,信托机构已办理的信托预登记自动注销,无需办理终止登记。

信托机构办理信托预登记后,信托登记信息发生重大变动的,应当重新申请办理信托预登记。

第十一条 信托机构应当在信托成立或者生效后十个工作日内申请办理信托产品及其受益权初始登记(简称信托初始登记)。

申请办理信托初始登记时,应当提交下列文件:

(一)信托初始登记申请书;

(二)加盖公章的信托文件样本;

(三)法律、行政法规、国务院银行业监督管理机构要求的其他文件。

第十二条　信托存续期间,信托登记信息发生重大变动的,信托机构应当在相关事项发生变动之日起十个工作日内就变动事项申请办理信托产品及其受益权变更登记(简称信托变更登记)。

申请办理信托变更登记时,应当提交下列文件:

(一)信托变更登记申请书;

(二)证明发生变更事实的文件;

(三)法律、行政法规、国务院银行业监督管理机构要求的其他文件。

第十三条　信托终止后,信托机构应当在按照信托合同约定解除受托人责任后十个工作日内申请办理信托产品及其受益权终止登记(简称信托终止登记)。

申请办理信托终止登记的,应当提交下列文件:

(一)信托终止登记申请书;

(二)受托人出具的清算报告;

(三)法律、行政法规、国务院银行业监督管理机构要求的其他文件。

第十四条　信托机构发现信托登记信息错误需要更正的,应当在发现之日起十个工作日内申请办理信托产品及其受益权更正登记(简称信托更正登记)。

申请办理信托更正登记的,应当提交下列文件:

(一)信托更正登记申请书;

(二)证明发生需要更正事实的文件;

(三)法律、行政法规、国务院银行业监督管理机构要求的其他文件。

第十五条　信托机构应当对所提供的信托登记相关文件和信息的真实性、准确性、完整性和及时性负责。

第三章　信托登记办理

第十六条　信托登记公司接受信托机构提出的信托登记申请,依法办理信托登记业务。

第十七条　信托机构申请办理信托登记,应当根据本办法和信托登记公司的规定,通过信托登记公司的信托登记系统提交信托登记信息,并上传相关文件。

信托登记公司与信托机构应当建立专用网络,实现系统对接,确保信托登记信息和相关文件报送安全、高效。

第十八条　信托机构提交的登记申请文件齐全且符合规定的形式要求的,信托登记公司在收到登记申请文件时应当出具受理凭证,该受理凭证的出具日为受理日。

信托机构提交的登记申请文件不齐全或者不符合规定的形式要求的,信托登记公司应当书面告知补正要求,并在收到完整的登记申请文件时出具受理凭证,该受理凭证的出具日为受理日。

第十九条　信托登记公司对信托机构提供的信托登记信息及相关文件进行形式审查。

信托登记和本办法第三十八条规定的信息公示不构成对信托产品持续合规情况、投资价值及投资风险的判断或者保证。

第二十条　对于符合登记条件的,信托登记公司应当自受理之日起两个工作日内完成审查,并准予办理信托登记。对于不符合登记条件的,信托登记公司应当自收到登记申请文件之日起两个工作日内一次性告知信托机构需要补正的全部内容,并自收到完整补正材料之日起两个工作日内完成审查。

第二十一条　信托登记公司应当在完成信托登记当日向信托机构出具统一格式的信托登记证明文书。

第四章　信托受益权账户管理

第二十二条　信托受益权账户是信托登记公司为受益人开立的记载其信托受益权及其变动情况的簿记账户。

委托人或者受益人根据自愿原则申请开立信托受益权账户。

第二十三条　任一民事主体仅可以开立一个信托受益权账户,国务院银行业监督管理机构另有规定的除外。

任一信托产品或者其他承担特定目的载体功能的金融产品仅可以开立一个信托受益权账户,户名应当采用作为管理人的金融机构全称加金融产品全称的模式。

第二十四条　信托受益权账户由信托登记公司集中管理。

第二十五条　委托人或者受益人可以委托信托公司等金融机构代办信托受益权账户开立业务。信托公司可以代办信托受益权账户开立业务;其他金融机构代办信托受益权账户开立业务的,由信托登记公司依申请评估确定。

委托人或者受益人应当向信托登记公司或者代理开户机构提交开户信息,且保证所提交的信息真实、准确、完整。代理开户机构应当核实并向信托登记公司提交委托人或者受益人的开户信息。

第二十六条　信托登记公司为符合条件的受益人开立信托受益权账户,配发唯一账户编码,并出具开户通知书。

信托登记公司和信托受益权账户代理开户机构应当对所知悉的委托人或者受益人开户信息以及信托受益权

账户信息依法保密。

第二十七条 信托受益权账户采用实名制,不得出租、出借或者转让。

第二十八条 受益人可以依法查询其信托受益权账户中记载的信托受益权信息。

第二十九条 受益人可以申请注销或者委托代理开户机构代为申请注销其信托受益权账户。当受益人出现民事行为能力丧失等情形时,信托财产法定继承人或者承继人等利害关系人,可以凭具有法律效力的证明文件,申请注销或者委托代理开户机构代为申请注销其信托受益权账户。

无信托受益权份额的信托受益权账户方可办理注销。

第五章 信托登记信息管理和使用

第三十条 信托登记公司负责管理和维护信托登记信息,确保有关信息的安全、完整和数据的依法、合规使用。

第三十一条 信托登记信息受法律保护,信托登记公司应当对信托登记信息及相关文件依法保密。

除法律、行政法规或者国务院银行业监督管理机构规定可以公开的情形外,任何单位或者个人不得查询或者获取信托登记信息。

第三十二条 除法律、行政法规规定或者国务院银行业监督管理机构同意的情形外,信托登记公司不得将由信托登记信息统计、分析形成的有关信息进行披露或者对外提供。

第三十三条 信托登记公司应当依据有关法律法规,建立保密制度,加强保密教育,采取相应的保密措施。

第三十四条 信托登记公司应当根据法律、行政法规、国务院银行业监督管理机构的规定以及信托文件约定的信托登记信息保密要求,设置不同级别的查询权限:

(一)委托人、受益人仅可以查询与其权利、义务直接相关且不违背信托文件约定的信托登记信息。当委托人、受益人出现民事行为能力丧失等情形时,信托财产法定继承人或者承继人等利害关系人,仅可以凭具有法律效力的证明文件申请查询与其权利、义务直接相关的信托登记信息;

(二)信托机构仅可以查询与其自身业务直接相关的信托登记信息;

(三)银行业监督管理机构和其他有权机关仅可以在法定职责范围内,依法查询相关信托登记信息。

向信托登记公司申请信托登记信息查询的,应当提交有效身份证明文件、授权文件和相关证明材料,并书面说明查询目的。

除法律明确规定或者授权外,任何单位或者个人不得查询受益人的个人基本信息。

第三十五条 信托登记公司应当妥善保存信托登记信息及相关文件,自信托终止之日起至少保存十五年。

第三十六条 信托登记公司应当按月向国务院银行业监督管理机构报告信托登记总体情况、信托业运行情况等信息,并按照国务院银行业监督管理机构的要求定期或者不定期报告其他有关信息。

第三十七条 对信托机构未按规定办理信托登记或者在信托登记中存在信息严重错报、漏报的行为,信托登记公司应当及时将有关情况报告银行业监督管理机构。

第六章 监督管理

第三十八条 集合资金信托计划的信托登记基本信息应当在信托初始登记后五个工作日内在信托登记公司官方网站公示。

前款所称信托登记基本信息包括集合资金信托计划名称、登记时间、产品编码、信托类别、受托人名称、预计存续期限、信托财产主要运用领域等内容,国务院银行业监督管理机构另有规定的除外。

财产权信托进行受益权拆分转让或者对外发行受益权的,参照集合资金信托计划进行公示。

第三十九条 银行业监督管理机构对信托产品的发行、公示和管理履行日常监管职责,可以根据信托公司监管评级、净资本状况、风险及合规情况等采取必要的监管措施。

履行法人监管职责的银行业监督管理机构发现信托产品存在违法违规情形的,应当立即依法进行处理。

第四十条 信托公司应当按照监管要求,定期更新并向信托登记公司报送有关的信托业务信息,以满足信息披露和持续监管的需要。

第四十一条 信托登记公司、信托机构违反本办法有关规定的,银行业监督管理机构应当责令限期改正;逾期未改正的,或者其行为严重危及信托机构的稳健运行、损害受益人合法权益的,银行业监督管理机构可以依据《中华人民共和国银行业监督管理法》等法律法规,采取相应的监管措施。

第四十二条 信托机构或者其工作人员伪造、变造登记申请文件,或者提交的登记申请文件存在重大错误给当事人或者利害关系人造成损失的,应当依法承担相应法律责任。

第四十三条 信托机构或者其工作人员伪造、变造信托登记证明文件的,应当依法承担相应法律责任。

第四十四条 信托登记公司或者其工作人员违反本办法规定,导致信托登记错误或者泄露保密信息的,信托登记公司应当采取内部问责措施,信托登记公司或者有关责任人员应当依法承担相应法律责任。

第七章 附 则

第四十五条 信托登记公司应当根据相关法律法规以及本办法制定信托登记业务细则,报国务院银行业监督管理机构批准后实施。

第四十六条 本办法由国务院银行业监督管理机构负责解释。

第四十七条 本办法自 2017 年 9 月 1 日起施行。

信托公司净资本管理办法

- 2010 年 8 月 24 日中国银行业监督管理委员会令 2010 年第 5 号公布
- 自公布之日起施行

第一章 总 则

第一条 为加强对信托公司的风险监管,促进信托公司安全、稳健发展,根据《中华人民共和国银行业监督管理法》、《中华人民共和国信托法》等有关法律法规,制定本办法。

第二条 本办法适用于在中华人民共和国境内依法设立的信托公司。

第三条 本办法所称净资本,是指根据信托公司的业务范围和公司资产结构的特点,在净资产的基础上对各固有资产项目、表外项目和其他有关业务进行风险调整后得出的综合性风险控制指标。对信托公司实施净资本管理的目的,是确保信托公司固有资产充足并保持必要的流动性,以满足抵御各项业务不可预期损失的需要。

本办法所称风险资本,是指信托公司按照一定标准计算并配置给某项业务用于应对潜在风险的资本。

第四条 信托公司应当按照本办法的规定计算净资本和风险资本。

第五条 信托公司应当根据自身资产结构和业务开展情况,建立动态的净资本管理机制,确保净资本等各项风险控制指标符合规定标准。

第六条 中国银行业监督管理委员会可以根据市场发展情况和审慎监管原则,对信托公司净资本计算标准及最低要求、风险控制指标、风险资本计算标准等进行调整。

对于本办法未规定的新产品、新业务,信托公司在设计该产品或开展该业务前,应当按照规定事前向中国银行业监督管理委员会报告。中国银行业监督管理委员会根据信托公司新产品、新业务的特点和风险状况,审慎确定相应的比例和计算标准。

第七条 中国银行业监督管理委员会按照本办法对信托公司净资本管理及相关风险控制指标状况进行监督检查。

第二章 净资本计算

第八条 净资本计算公式为:净资本=净资产－各类资产的风险扣除项－或有负债的风险扣除项－中国银行业监督管理委员会认定的其他风险扣除项。

第九条 信托公司应当在充分计提各类资产减值准备的基础上,按照中国银行业监督管理委员会规定的信托公司净资本计算标准计算净资本。

第十条 信托公司应当根据不同资产的特点和风险状况,按照中国银行业监督管理委员会规定的系数对资产项目进行风险调整。信托公司计算净资本时,应当将不同科目中核算的同类资产合并计算,按照资产的属性统一进行风险调整。

(一)金融产品投资应当根据金融产品的类别和流动性特点按照规定的系数进行调整。信托公司以固有资金投资集合资金信托计划或其他理财产品的,应当根据承担的风险相应进行风险调整。

(二)股权投资应当根据股权的类别和流动性特点按照规定的系数进行调整。

(三)贷款等债权类资产应当根据到期日的长短和可回收情况按照规定的系数进行风险调整。

资产的分类中同时符合两个或两个以上分类标准的,应当采用最高的扣除比例进行调整。

第十一条 对于或有事项,信托公司在计算净资本时应当根据出现损失的可能性按照规定的系数进行风险调整。

信托公司应当对期末或有事项的性质(如未决诉讼、未决仲裁、对外担保等)、涉及金额、形成原因和进展情况、可能发生的损失和预计损失的会计处理情况等在净资本计算表的附注中予以充分披露。

第三章 风险资本计算

第十二条 由于信托公司开展的各项业务存在一定风险并可能导致资本损失,所以应当按照各项业务规模的一定比例计算风险资本并与净资本建立对应关系,确保各项业务的风险资本有相应的净资本来支撑。

第十三条 信托公司开展固有业务、信托业务和其他业务,应当计算风险资本。

风险资本计算公式为:风险资本＝固有业务风险资本＋信托业务风险资本＋其他业务风险资本。

固有业务风险资本＝固有业务各项资产净值＊风险系数。

信托业务风险资本＝信托业务各项资产余额＊风险系数。

其他业务风险资本＝其他各项业务余额＊风险系数。

各项业务的风险系数由中国银行业监督管理委员会另行发布。

第十四条 信托公司应当按照有关业务的规模和规定的风险系数计算各项业务风险资本。

第四章 风险控制指标

第十五条 信托公司净资本不得低于人民币2亿元。

第十六条 信托公司应当持续符合下列风险控制指标:

(一)净资本不得低于各项风险资本之和的100%;

(二)净资本不得低于净资产的40%。

第十七条 信托公司可以根据自身实际情况,在不低于中国银行业监督管理委员会规定标准的基础上,确定相应的风险控制指标要求。

第五章 监督检查

第十八条 信托公司董事会承担本公司净资本管理的最终责任,负责确定净资本管理目标,审定风险承受能力,制定并监督实施净资本管理规划。

第十九条 信托公司高级管理人员负责净资本管理的实施工作,包括制定本公司净资本管理的规章制度、完善风险识别、计量和报告程序,定期评估净资本充足水平,并建立相应的净资本管理机制。

第二十条 信托公司应当编制净资本计算表、风险资本计算表和风险控制指标监管报表。

中国银行业监督管理委员会可以根据监管需要,要求信托公司以合并数据为基础编制净资本计算表、风险资本计算表和风险控制指标监管报表。

第二十一条 信托公司应当在每季度结束之日起18个工作日内,向中国银行业监督管理委员会报送季度净资本计算表、风险资本计算表和风险控制指标监管报表。如遇影响净资本等风险控制指标的特别重大事项,应当及时向中国银行业监督管理委员会报告。

第二十二条 信托公司总经理应当至少每年将净资本管理情况向董事会书面报告一次。

第二十三条 信托公司董事长、总经理应当对公司年度净资本计算表、风险资本计算表和风险控制指标监管报表签署确认意见,并保证报表真实、准确、完整,不存在虚假记载、误导性陈述和重大遗漏。

第二十四条 信托公司应当在年度报告中披露净资本、风险资本以及风险控制指标等情况。

第二十五条 信托公司净资本等相关风险控制指标与上季度相比变化超过30%或不符合规定标准的,应当在该情形发生之日起5个工作日内,向中国银行业监督管理委员会书面报告。

第二十六条 信托公司净资本等相关风险控制指标不符合规定标准的,中国银行业监督管理委员会可以视情况采取下列措施:

(一)要求信托公司制定切实可行的整改计划、方案,明确整改期限;

(二)要求信托公司采取措施调整业务和资产结构或补充资本,提高净资本水平;

(三)限制信托公司信托业务增长速度。

第二十七条 对未按要求完成整改的信托公司,中国银行业监督管理委员会可以进一步采取下列措施:

(一)限制分配红利;

(二)限制信托公司开办新业务;

(三)责令暂停部分或全部业务。

第二十八条 对信托公司净资本等风险控制指标继续恶化,严重危及该信托公司稳健运行的,除采取第二十七条规定的相关措施外,中国银行业监督管理委员会还可以采取下列措施:

(一)责令调整董事、监事及高级管理人员;

(二)责令控股股东转让股权或限制有关股东行使股东权利;

(三)责令停业整顿;

(四)依法对信托公司实行接管或督促机构重组,直至予以撤销。

第六章 附　则

第二十九条 本办法由中国银行业监督管理委员会负责解释。

第三十条 本办法自公布之日起施行。

信托公司集合资金信托计划管理办法

- 2007年1月23日中国银行业监督管理委员会令2007年第3号公布
- 根据2009年2月4日《中国银行业监督管理委员会关于修改〈信托公司集合资金信托计划管理办法〉的决定》修正

第一章 总 则

第一条 为规范信托公司集合资金信托业务的经营行为,保障集合资金信托计划各方当事人的合法权益,根据《中华人民共和国信托法》、《中华人民共和国银行业监督管理法》等法律法规,制定本办法。

第二条 在中华人民共和国境内设立集合资金信托计划(以下简称信托计划),由信托公司担任受托人,按照委托人意愿,为受益人的利益,将两个以上(含两个)委托人交付的资金进行集中管理、运用或处分的资金信托业务活动,适用本办法。

第三条 信托计划财产独立于信托公司的固有财产,信托公司不得将信托计划财产归入其固有财产;信托公司因信托计划财产的管理、运用或者其他情形而取得的财产和收益,归入信托计划财产;信托公司因依法解散、被依法撤销或者被依法宣告破产等原因进行清算的,信托计划财产不属于其清算财产。

第四条 信托公司管理、运用信托计划财产,应当恪尽职守,履行诚实信用、谨慎勤勉的义务,为受益人的最大利益服务。

第二章 信托计划的设立

第五条 信托公司设立信托计划,应当符合以下要求:

(一)委托人为合格投资者;
(二)参与信托计划的委托人为惟一受益人;
(三)单个信托计划的自然人人数不得超过50人,但单笔委托金额在300万元以上的自然人投资者和合格的机构投资者数量不受限制;
(四)信托期限不少于一年;
(五)信托资金有明确的投资方向和投资策略,且符合国家产业政策以及其他有关规定;
(六)信托受益权划分为等额份额的信托单位;
(七)信托合同应约定受托人报酬,除合理报酬外,信托公司不得以任何名义直接或间接以信托财产为自己或他人牟利;
(八)中国银行业监督管理委员会规定的其他要求。

第六条 前条所称合格投资者,是指符合下列条件之一,能够识别、判断和承担信托计划相应风险的人:

(一)投资一个信托计划的最低金额不少于100万元人民币的自然人、法人或者依法成立的其他组织;
(二)个人或家庭金融资产总计在其认购时超过100万元人民币,且能提供相关财产证明的自然人;
(三)个人收入在最近三年内每年收入超过20万元人民币或者夫妻双方合计收入在最近三年内每年收入超过30万元人民币,且能提供相关收入证明的自然人。

第七条 信托公司推介信托计划,应有规范和详尽的信息披露材料,明示信托计划的风险收益特征,充分揭示参与信托计划的风险及风险承担原则,如实披露专业团队的履历、专业培训及从业经历,不得使用任何可能影响投资者进行独立风险判断的误导性陈述。

信托公司异地推介信托计划的,应当在推介前向注册地、推介地的中国银行业监督管理委员会省级派出机构报告。

第八条 信托公司推介信托计划时,不得有以下行为:

(一)以任何方式承诺信托资金不受损失,或者以任何方式承诺信托资金的最低收益;
(二)进行公开营销宣传;
(三)委托非金融机构进行推介;
(四)推介材料含有与信托文件不符的内容,或者存在虚假记载、误导性陈述或重大遗漏等情况;
(五)对公司过去的经营业绩作夸大介绍,或者恶意贬低同行;
(六)中国银行业监督管理委员会禁止的其他行为。

第九条 信托公司设立信托计划,事前应进行尽职调查,就可行性分析、合法性、风险评估、有无关联方交易等事项出具尽职调查报告。

第十条 信托计划文件应当包含以下内容:

(一)认购风险申明书;
(二)信托计划说明书;
(三)信托合同;
(四)中国银行业监督管理委员会规定的其他内容。

第十一条 认购风险申明书至少应当包含以下内容:

(一)信托计划不承诺保本和最低收益,具有一定的投资风险,适合风险识别、评估、承受能力较强的合格投资者。
(二)委托人应当以自己合法所有的资金认购信托单位,不得非法汇集他人资金参与信托计划。
(三)信托公司依据信托计划文件管理信托财产所

产生的风险,由信托财产承担。信托公司因违背信托计划文件、处理信托事务不当而造成信托财产损失的,由信托公司以固有财产赔偿;不足赔偿时,由投资者自担。

（四）委托人在认购风险申明书上签字,即表明已认真阅读并理解所有的信托计划文件,并愿意依法承担相应的信托投资风险。

认购风险申明书一式二份,注明委托人认购信托单位的数量,分别由信托公司和受益人持有。

第十二条　信托计划说明书至少应当包括以下内容：

（一）信托公司的基本情况；

（二）信托计划的名称及主要内容；

（三）信托合同的内容摘要；

（四）信托计划的推介日期、期限和信托单位价格；

（五）信托计划的推介机构名称；

（六）信托经理人员名单、履历；

（七）律师事务所出具的法律意见书；

（八）风险警示内容；

（九）中国银行业监督管理委员会规定的其他内容。

第十三条　信托合同应当载明以下事项：

（一）信托目的；

（二）受托人、保管人的姓名(或者名称)、住所；

（三）信托资金的币种和金额；

（四）信托计划的规模与期限；

（五）信托资金管理、运用和处分的具体方法或安排；

（六）信托利益的计算、向受益人交付信托利益的时间和方法；

（七）信托财产税费的承担、其他费用的核算及支付方法；

（八）受托人报酬计算方法、支付期间及方法；

（九）信托终止时信托财产的归属及分配方式；

（十）信托当事人的权利、义务；

（十一）受益人大会召集、议事及表决的程序和规则；

（十二）新受托人的选任方式；

（十三）风险揭示；

（十四）信托当事人的违约责任及纠纷解决方式；

（十五）信托当事人约定的其他事项。

第十四条　信托合同应当在首页右上方用醒目字体载明下列文字:信托公司管理信托财产应恪尽职守,履行诚实、信用、谨慎、有效管理的义务。信托公司依据本信托合同约定管理信托财产所产生的风险,由信托财产承担。信托公司因违背本信托合同、处理信托事务不当而造成信托财产损失的,由信托公司以固有财产赔偿;不足赔偿时,由投资者自担。

第十五条　委托人认购信托单位前,应当仔细阅读信托计划文件的全部内容,并在认购风险申明书中签字,申明愿意承担信托计划的投资风险。

信托公司应当提供便利,保证委托人能够查阅或者复制所有的信托计划文件,并向委托人提供信托合同文本原件。

第十六条　信托公司推介信托计划时,可与商业银行签订信托资金代理收付协议。委托人以现金方式认购信托单位,可由商业银行代理收付。信托公司委托商业银行办理信托计划收付业务时,应明确界定双方的权利义务关系,商业银行只承担代理资金收付责任,不承担信托计划的投资风险。

信托公司可委托商业银行代为向合格投资者推介信托计划。

第十七条　信托计划推介期限届满,未能满足信托文件约定的成立条件的,信托公司应当在推介期限届满后三十日内返还委托人已缴付的款项,并加计银行同期存款利息。由此产生的相关债务和费用,由信托公司以固有财产承担。

第十八条　信托计划成立后,信托公司应当将信托计划财产存入信托财产专户,并在五个工作日内向委托人披露信托计划的推介、设立情况。

第三章　信托计划财产的保管

第十九条　信托计划的资金实行保管制。对非现金类的信托财产,信托当事人可约定实行第三方保管,但中国银行业监督管理委员会另有规定的,从其规定。

信托计划存续期间,信托公司应当选择经营稳健的商业银行担任保管人。信托财产的保管账户和信托财产专户应当为同一账户。

信托公司依信托计划文件约定需要运用信托资金时,应当向保管人书面提供信托合同复印件及资金用途说明。

第二十条　保管协议至少应包括以下内容：

（一）受托人、保管人的名称、住所；

（二）受托人、保管人的权利义务；

（三）信托计划财产保管的场所、内容、方法、标准；

（四）保管报告内容与格式；

（五）保管费用；

（六）保管人对信托公司的业务监督与核查；
（七）当事人约定的其他内容。

第二十一条 保管人应当履行以下职责：
（一）安全保管信托财产；
（二）对所保管的不同信托计划分别设置账户，确保信托财产的独立性；
（三）确认与执行信托公司管理运用信托财产的指令，核对信托财产交易记录、资金和财产账目；
（四）记录信托资金划拨情况，保存信托公司的资金用途说明；
（五）定期向信托公司出具保管报告；
（六）当事人约定的其他职责。

第二十二条 遇有信托公司违反法律法规和信托合同、保管协议操作时，保管人应当立即以书面形式通知信托公司纠正；当出现重大违法违规或者发生严重影响信托财产安全的事件时，保管人应及时报告中国银行业监督管理委员会。

第四章 信托计划的运营与风险管理

第二十三条 信托公司管理信托计划，应设立为信托计划服务的信托资金运用、信息处理等部门，并指定信托经理及其相关的工作人员。

每个信托计划至少配备一名信托经理。担任信托经理的人员，应当符合中国银行业监督管理委员会规定的条件。

第二十四条 信托公司对不同的信托计划，应当建立单独的会计账户分别核算、分别管理。

第二十五条 信托资金可以进行组合运用，组合运用应有明确的运用范围和投资比例。

信托公司运用信托资金进行证券投资，应当采用资产组合的方式，事先制定投资比例和投资策略，采取有效措施防范风险。

第二十六条 信托公司可以运用债权、股权、物权及其他可行方式运用信托资金。

信托公司运用信托资金，应当与信托计划文件约定的投资方向和投资策略相一致。

第二十七条 信托公司管理信托计划，应当遵守以下规定：
（一）不得向他人提供担保；
（二）向他人提供贷款不得超过其管理的所有信托计划实收余额的30%，但中国银行业监督管理委员会另有规定的除外；
（三）不得将信托资金直接或间接运用于信托公司的股东及其关联人，但信托资金全部来源于股东或其关联人的除外；
（四）不得以固有财产与信托财产进行交易；
（五）不得将不同信托财产进行相互交易；
（六）不得将同一公司管理的不同信托计划投资于同一项目。

第二十八条 信托公司管理信托计划而取得的信托收益，如果信托计划文件没有约定其他运用方式的，应当将该信托收益交由保管人保管，任何人不得挪用。

第五章 信托计划的变更、终止与清算

第二十九条 信托计划存续期间，受益人可以向合格投资者转让其持有的信托单位。信托公司应为受益人办理受益权转让的有关手续。

信托受益权进行拆分转让的，受让人不得为自然人。机构所持有的信托受益权，不得向自然人转让或拆分转让。

第三十条 有下列情形之一的，信托计划终止：
（一）信托合同期限届满；
（二）受益人大会决定终止；
（三）受托人职责终止，未能按照有关规定产生新受托人；
（四）信托计划文件约定的其他情形。

第三十一条 信托计划终止，信托公司应当于终止后十个工作日内做出处理信托事务的清算报告，经审计后向受益人披露。信托文件约定清算报告不需要审计的，信托公司可以提交未经审计的清算报告。

第三十二条 清算后的剩余信托财产，应当依照信托合同约定按受益人所持信托单位比例进行分配。分配方式可采取现金方式、维持信托终止时财产原状方式或者两者的混合方式。

采取现金方式的，信托公司应当于信托计划文件约定的分配日前或者信托期满日前变现信托财产，并将现金存入受益人账户。

采取维持信托终止时财产原状方式的，信托公司应于信托期满后的约定时间内，完成与受益人的财产转移手续。信托财产转移前，由信托公司负责保管。保管期间，信托公司不得运用该财产。保管期间的收益归属于信托财产，发生的保管费用由被保管的信托财产承担。因受益人原因导致信托财产无法转移的，信托公司可以按照有关法律法规进行处理。

第三十三条 信托公司应当用管理信托计划所产生的实际信托收益进行分配，严禁信托公司将信托收益归

入其固有财产,或者挪用其他信托财产垫付信托计划的损失或收益。

第六章 信息披露与监督管理

第三十四条 信托公司应当依照法律法规的规定和信托计划文件的约定按时披露信息,并保证所披露信息的真实性、准确性和完整性。

第三十五条 受益人有权向信托公司查询与其信托财产相关的信息,信托公司应在不损害其他受益人合法权益的前提下,准确、及时、完整地提供相关信息,不得拒绝、推诿。

第三十六条 信托计划设立后,信托公司应当依信托计划的不同,按季制作信托资金管理报告、信托资金运用及收益情况表。

第三十七条 信托资金管理报告至少应包含以下内容:
(一)信托财产专户的开立情况;
(二)信托资金管理、运用、处分和收益情况;
(三)信托经理变更情况;
(四)信托资金运用重大变动说明;
(五)涉及诉讼或者损害信托计划财产、受益人利益的情形;
(六)信托计划文件约定的其他内容。

第三十八条 信托计划发生下列情形之一的,信托公司应当在获知有关情况后三个工作日内向受益人披露,并自披露之日起七个工作日内向受益人书面提出信托公司采取的应对措施:
(一)信托财产可能遭受重大损失;
(二)信托资金使用方的财务状况严重恶化;
(三)信托计划的担保方不能继续提供有效的担保。

第三十九条 信托公司应当妥善保存管理信托计划的全部资料,保存期自信托计划结束之日起不得少于十五年。

第四十条 中国银行业监督管理委员会依法对信托公司管理信托计划的情况实施现场检查和非现场监管,并要求信托公司提供管理信托计划的相关资料。

中国银行业监督管理委员会在现场检查或非现场监管中发现信托公司存在违法违规行为的,应当根据《中华人民共和国银行业监督管理法》等法律法规的规定,采取暂停业务、限制股东权利等监管措施。

第七章 受益人大会

第四十一条 受益人大会由信托计划的全体受益人组成,依照本办法规定行使职权。

第四十二条 出现以下事项而信托计划文件未有事先约定的,应当召开受益人大会审议决定:
(一)提前终止信托合同或者延长信托期限;
(二)改变信托财产运用方式;
(三)更换受托人;
(四)提高受托人的报酬标准;
(五)信托计划文件约定需要召开受益人大会的其他事项。

第四十三条 受益人大会由受托人负责召集,受托人未按规定召集或不能召集时,代表信托单位百分之十以上的受益人有权自行召集。

第四十四条 召集受益人大会,召集人应当至少提前十个工作日公告受益人大会的召开时间、会议形式、审议事项、议事程序和表决方式等事项。

受益人大会不得就未经公告的事项进行表决。

第四十五条 受益人大会可以采取现场方式召开,也可以采取通讯等方式召开。

每一信托单位具有一票表决权,受益人可以委托代理人出席受益人大会并行使表决权。

第四十六条 受益人大会应当有代表百分之五十以上信托单位的受益人参加,方可召开;大会就审议事项作出决定,应当经参加大会的受益人所持表决权的三分之二以上通过;但更换受托人、改变信托财产运用方式、提前终止信托合同,应当经参加大会的受益人全体通过。

受益人大会决定的事项,应当及时通知相关当事人,并向中国银行业监督管理委员会报告。

第八章 罚 则

第四十七条 信托公司设立信托计划不遵守本办法有关规定的,由中国银行业监督管理委员会责令改正;逾期不改正的,处十万元以上三十万元以下罚款;情节特别严重的,可以责令停业整顿或者吊销其金融许可证。

第四十八条 信托公司推介信托计划违反本办法有关规定的,由中国银行业监督管理委员会责令停止,返还所募资金并加计银行同期存款利息,并处二十万元以上五十万元以下罚款;构成犯罪的,依法追究刑事责任。

第四十九条 信托公司管理信托计划违反本办法有关规定的,由中国银行业监督管理委员会责令改正;有违法所得的,没收违法所得,并处违法所得一倍以上五倍以下罚款;没有违法所得的,处二十万元以上五十万元以下罚款;情节特别严重或者逾期不改正的,可以责令停业整顿或者吊销其金融许可证;构成犯罪的,依法追究刑事责任。

第五十条　信托公司不依本办法进行信息披露或者披露的信息有虚假记载、误导性陈述或者重大遗漏的，由中国银行业监督管理委员会责令改正，并处二十万元以上五十万元以下罚款；给受益人造成损害的，依法承担赔偿责任。

第五十一条　信托公司设立、管理信托计划存在其他违法违规行为的，中国银行业监督管理委员会可以根据《中华人民共和国银行业监督管理法》等法律法规的规定，采取相应的处罚措施。

第九章　附　则

第五十二条　两个以上(含两个)单一资金信托用于同一项目的，委托人应当为符合本办法规定的合格投资者，并适用本办法规定。

第五十三条　动产信托、不动产信托以及其他财产和财产权信托进行受益权拆分转让的，应当遵守本办法的相关规定。

第五十四条　本办法由中国银行业监督管理委员会负责解释。

第五十五条　本办法自2007年3月1日起施行，原《信托投资公司资金信托管理暂行办法》(中国人民银行令〔2002〕第7号)不再适用。

银行与信托公司业务合作指引

·2008年12月4日
·银监发〔2008〕83号

第一章　总　则

第一条　为规范银行与信托公司开展业务合作的经营行为，引领银行、信托公司依法创新，促进银信合作健康、有序发展，保护银信合作相关当事人的合法权益，根据《中华人民共和国银行业监督管理法》、《中华人民共和国商业银行法》和《中华人民共和国信托法》等法律，以及银行、信托公司的有关监管规章，制定本指引。

第二条　银行、信托公司在中华人民共和国境内开展业务合作，适用本指引。

第三条　本指引所称银行，包括中华人民共和国境内依法设立的商业银行、农村合作银行、城市信用合作社、农村信用合作社等吸收公众存款的金融机构以及政策性银行。

本指引所称信托公司是指中华人民共和国境内依法设立的主要经营信托业务的金融机构。

第四条　银行、信托公司开展业务合作，应当遵守国家宏观政策、产业政策和环境保护政策等要求，充分发挥银行和信托公司的各自优势，平等协商、互惠互利、公开透明、防范风险，实现合作双方的优势互补和双赢。

第五条　中国银监会对银行、信托公司开展业务合作实施监督管理。

第二章　银信理财合作

第六条　本指引所称银信理财合作，是指银行将理财计划项下的资金交付信托，由信托公司担任受托人并按照信托文件的约定进行管理、运用和处分的行为。

第七条　银信理财合作应当符合以下要求：
(一)坚持审慎原则，遵守相关法律法规和监管规定；
(二)银行、信托公司应各自独立核算，并建立有效的风险隔离机制；
(三)信托公司应当勤勉尽责独立处理信托事务，银行不得干预信托公司的管理行为；
(四)依法、及时、充分披露银信理财的相关信息；
(五)中国银监会规定的其他要求。

第八条　银行、信托公司应当建立与银信理财合作相适应的管理制度，包括但不限于业务立项审批制度、合规管理和风险管理制度、信息披露制度等，并建立完善的前、中、后台管理系统。

第九条　银行开展银信理财合作，应当有清晰的战略规划，制定符合本行实际的合作战略并经董事会或理事会通过，同时遵守以下规定：
(一)严格遵守《商业银行个人理财业务管理暂行办法》等监管规定；
(二)充分揭示理财计划风险，并对客户进行风险承受度测试；
(三)理财计划推介中，应明示理财资金运用方式和信托财产管理方式；
(四)未经严格测算并提供测算依据和测算方式，理财计划推介中不得使用"预期收益率"、"最高收益率"或意思相近的表述；
(五)书面告知客户信托公司的基本情况，并在理财协议中载明其名称、住所等信息；
(六)银行理财计划的产品风险和信托投资风险相适应；
(七)每一只理财计划至少配备一名理财经理，负责该理财计划的管理、协调工作，并于理财计划结束时制作运行效果评价书；
(八)依据监管规定编制相关理财报告并向客户披露。

第十条 信托公司开展银信理财合作,应当和银行订立信托文件,并遵守以下规定:

(一)严格遵守《信托公司管理办法》、《信托公司集合资金信托计划管理办法》等监管规定;

(二)认真履行受托职责,严格管理信托财产;

(三)为信托财产开立信托财产专户,并将信托财产与固有财产分别管理、分别记账;

(四)每一只银信理财合作产品至少配备一名信托经理;

(五)按照信托文件约定向银行披露信托事务处理情况。

第十一条 信托公司应自己履行管理职责。出现信托文件约定的特殊事由需要将部分信托事务委托他人代为处理的,信托公司应当于事前十个工作日告知银行并向监管部门报告;应自行向他人支付代理费用,对他人代为处分的行为承担责任。

第十二条 信托公司开展银信理财合作,可以将理财资金进行组合运用,组合运用应事先明确运用范围和投资策略。

第十三条 银行开展银信理财合作,应当按照现有法律法规的规定和理财协议约定,及时、准确、充分、完整地向客户披露信息,揭示风险。

信托公司开展银信理财合作,应当按照现有法律法规的规定和信托文件约定,及时、准确、充分、完整地向银行披露信息,揭示风险。

第十四条 信托公司除收取信托文件约定的信托报酬外,不得从信托财产中谋取任何利益。信托终止后,信托公司应当将信托财产及其收益全部转移给银行。

银行按照理财协议收取费用后,应当将剩余的理财资产全部向客户分配。

第三章 银信其他合作

第十五条 银行和信托公司开展信贷资产证券化合作业务,应当遵守以下规定:

(一)符合《信贷资产证券化试点管理办法》、《金融机构信贷资产证券化试点监督管理办法》等规定;

(二)拟证券化信贷资产的范围、种类、标准和状况等事项要明确,且与实际披露的资产信息相一致。信托公司可以聘请中介机构对该信贷资产进行审计;

(三)信托公司应当自主选择贷款服务机构、资金保管机构、证券登记托管机构,以及律师事务所、会计师事务所、评级机构等其他为证券化交易提供服务的机构,银行不得代为指定;

(四)银行不得干预信托公司处理日常信托事务;

(五)信贷资产实施证券化后,信托公司应当随时了解信贷资产的管理情况,并按规定向资产支持证券持有人披露。贷款服务机构应按照约定及时向信托公司报告信贷资产的管理情况,并接受信托公司核查。

第十六条 信托公司委托银行代为推介信托计划的,信托公司应当向银行提供完整的信托文件,并对银行推介人员开展推介培训;银行应向合格投资者推介,推介内容不应超出信托文件的约定,不得夸大宣传,并充分揭示信托计划的风险,提示信托投资风险自担原则。

银行接受信托公司委托代为推介信托计划,不承担信托计划的投资风险。

第十七条 信托公司可以与银行签订信托资金代理收付协议。

代理收付协议应明确界定信托公司与银行的权利义务关系,银行只承担代理信托资金收付责任,不承担信托计划的投资风险。

第十八条 信托财产为资金的,信托公司应当按照有关规定,在银行开立信托财产专户。银行为信托资金开立信托财产专户时,应要求信托公司提供相关开户材料。

第十九条 信托公司设立信托计划,应当选择经营稳健的银行担任保管人。受托人、保管人的权利义务关系,应当遵守《信托公司集合资金信托计划管理办法》的有关规定。

第二十条 信托公司可以将信托财产投资于金融机构股权。

信托公司将信托财产投资于与自身存在关联关系的金融机构的股权时,应当以公平的市场价格进行,并逐笔向中国银监会报告。

第二十一条 银行、信托公司开展银信合作业务过程中,可以订立协议,为对方提供投资建议、财务分析与规划等专业化服务。

第四章 风险管理与控制

第二十二条 银行、信托公司开展业务合作,应当制订合作伙伴的选择标准,并在各自职责范围内建立相应的风险管理体系,完善风险管理制度。

第二十三条 银行、信托公司开展业务合作,应当各自建立产品研发、营销管理、风险控制等部门间的分工与协作机制。

第二十四条 银行应当根据客户的风险偏好、风险认知能力和承受能力,为客户提供与其风险承受力相适应的理财服务。

信托公司发现信托投资风险与理财协议约定的风险水平不适应时，应当向银行提出相关建议。

第二十五条 银信合作过程中，银行、信托公司应当注意银行理财计划与信托产品在时点、期限、金额等方面的匹配。

第二十六条 银行不得为银信理财合作涉及的信托产品及该信托产品项下财产运用对象等提供任何形式担保。

第二十七条 信托公司投资于银行所持的信贷资产、票据资产等资产的，应当采取买断方式，且银行不得以任何形式回购。

第二十八条 银行以卖断方式向信托公司出售信贷资产、票据资产等资产的，事先应通过发布公告、书面通知等方式，将出售信贷资产、票据资产等资产的事项，告知相关权利人。

第二十九条 在信托文件有效期内，信托公司发现作为信托财产的信贷资产、票据资产等资产在入库起算日不符合信托文件约定的范围、种类、标准和状况，可以要求银行予以置换。

第三十条 信托公司买断银行所持的信贷资产、票据资产等资产的，应当为该资产建立相应的档案，制订完整的资产清收和管理制度，并依据有关规定进行资产风险分类。

信托公司可以委托银行代为管理买断的信贷、票据资产等资产。

第三十一条 银行、信托公司进行业务合作应该遵守关联交易的相关规定，并按规定进行信息披露。

第三十二条 中国银监会依法对银行、信托公司开展业务合作实施现场检查和非现场监管，可以要求银行、信托公司提供相关业务合作材料，核对双方账目，保障客户的合法权益。

第三十三条 中国银监会依法对银行、信托公司开展业务合作中违法违规行为进行处罚。

信托投资公司信息披露管理暂行办法

·2005年1月18日银监发〔2005〕1号公布
·根据2020年2月4日《中国银保监会关于废止和修改部分规范性文件的通知》修订

第一章 总 则

第一条 为加强对信托投资公司的市场约束，规范其营业信托行为和信息披露行为，维护客户和相关利益人的合法权益，促进信托业健康发展，依据《中华人民共和国银行业监督管理法》《中华人民共和国信托法》《企业财务会计报告条例》等法律法规，制定本办法。

第二条 本办法适用于在中华人民共和国境内依法设立的信托投资公司。中国银行业监督管理委员会（以下简称银监会）依照法律、法规及本办法的规定对信托投资公司的信息披露行为进行监督管理。

第三条 本办法中信息披露是指信托投资公司依法将反映其经营状况的主要信息，如财务会计报告、公司治理、业务经营、风险管理、关联交易及其他重大事项等真实、准确、及时、完整地向客户及相关利益人予以公开的过程。

第四条 信托投资公司披露信息应当遵守法律法规、国家统一的会计制度和银监会的有关规定。

第五条 信托投资公司应当遵循真实性、准确性、完整性和可比性原则，规范、及时地披露信息。

第六条 本办法规定为信托投资公司信息披露的最低要求，信托投资公司可在遵守本办法规定的基础上自行决定披露更多信息。

上市信托投资公司除应遵守本办法规定披露信息外，还应遵守证券监督管理机关有关信息披露的规定。

第七条 信托投资公司披露的年度财务会计报告须经会计师事务所审计，其中信托财产是否需要审计，视信托文件约定。

第二章 信息披露的内容

第八条 信托投资公司按照本办法规定披露的信息包括：

（一）年度报告。信托投资公司在会计年度结束后应就公司概况、公司治理、经营概况、会计报表、财务情况说明、重大事项等信息编制年度报告。年度报告摘要是对年度报告全文重点的摘录。

（二）重大事项临时报告。对发生可能影响本公司财务状况、经营成果、客户和相关利益人权益的重大事项，信托投资公司应当制作重大事项临时报告，并向社会披露。

（三）法律、行政法规以及银监会规定应予披露的其他信息。

第九条 信托投资公司应当按照本办法的要求编制和披露年度报告和年度报告摘要。年度报告和年度报告摘要应按本办法附件要求的内容与格式进行编制。

第十条 信托投资公司年度报告至少包括以下内容：

(一)公司概况
(二)公司治理
(三)经营概况
(四)会计报表
(五)会计报表附注
(六)财务情况说明书
(七)特别事项揭示

第十一条 信托投资公司应在经营概况中披露下列各类风险和风险管理情况：

(一)风险管理概况。信托投资公司应披露风险和风险管理的情况，包括风险管理的基本原则和控制政策、风险管理的组织结构和职责划分、经营活动中可能遇到的风险及产生风险的业务活动等情况。

(二)信用风险管理。信托投资公司应披露可能面临的信用风险和相应的控制策略，风险评级及使用外部评级公司的名称、依据，信用风险暴露期末数，信用风险资产分类情况，不良资产的期初、期末数、一般准备、专项准备的计提方法和统计方法，抵押品确认的主要原则及内部确定的抵押品与贷款本金之比，有关保证贷款管理原则等。

(三)市场风险管理。信托投资公司应披露因股价、市场汇率、利率及其他价格因素变动而产生和可能产生的风险及其量值估算，分析上述价格的变化对公司盈利能力和财务状况的影响，说明公司的市场风险管理和控制策略。

(四)操作风险管理。信托投资公司应披露由于内部程序、人员、系统的不完善或失误，或外部事件造成的风险，并就公司对该类风险的控制系统及风险管理策略的完整性、合法性和有效性做出说明。

(五)其他风险管理。信托投资公司应披露其他可能对公司、客户和相关利益人造成严重不利影响的风险，并说明公司对该类风险的管理策略。

第十二条 信托投资公司应当披露下列公司治理信息：

(一)年度内召开股东大会(股东会)情况；
(二)董事会及其下属委员会履行职责的情况；
(三)监事会及其下属委员会履行职责的情况；
(四)高级管理层履行职责的情况；
(五)内部控制情况。

第十三条 对会计师事务所出具的有解释性说明、保留意见、拒绝表示意见或否定意见的审计报告，信托投资公司董事会应就所涉及事项做出说明。

第十四条 信托投资公司监事会应当对本公司依法运作情况、财务报告是否真实反映公司的财务状况和经营成果等发表独立意见。

第十五条 信托投资公司应在会计报表附注中披露关联交易的总量及重大关联交易的情况。未与信托投资公司发生关联交易的关联方，信托投资公司可以不予披露。

重大关联交易应当逐笔披露，包括关联交易方、交易内容、定价原则、交易方式、交易金额及报告期内逾期没有偿还的有关情况等。关联交易方是信托投资公司股东的，还应披露该股东对信托投资公司的持股金额和持股比例。

重大关联交易是指信托投资公司固有财产与一个关联方之间、信托投资公司信托财产与一个关联方之间、信托投资公司固有财产与信托财产之间、信托财产之间单笔交易金额占信托投资公司注册资本 5% 以上，或信托投资公司与一个关联方发生交易后，信托投资公司与该关联方的交易余额占信托投资公司注册资本 20% 以上的交易。

计算关联自然人与信托投资公司的交易余额时，其近亲属与该信托投资公司的交易应当合并计算；计算关联法人或其他组织与信托投资公司的交易余额时，与其构成集团客户的法人或其他组织与该信托投资公司的交易应当合并计算。

第十六条 本办法所称关联方、控制、共同控制是指《企业会计准则－关联方关系及其交易的披露》所作的相关定义。

本办法所称近亲属包括父母、配偶、兄弟姐妹及其配偶、成年子女及其配偶、配偶的父母、配偶的兄弟姐妹及其配偶、父母的兄弟姐妹及其配偶、父母的兄弟姐妹的成年子女及其配偶。

本办法所称关联法人或其他组织包括：
(一)信托投资公司的非自然人股东；
(二)与信托投资公司同受某一企业直接、间接控制的法人或其他组织；
(三)信托投资公司的内部人与自然人股东及其近亲属直接、间接、共同控制或可施加重大影响的法人或其他组织；
(四)其他可直接、间接、共同控制信托投资公司或可对信托投资公司施加重大影响的法人或其他组织。

本办法所称集团客户是指同受某一企业直接、间接控制的两个或多个企业或组织。

第十七条 信托投资公司披露的年度特别事项，至少应包括下列内容：

（一）前五名股东报告期内变动情况及原因；

（二）高级管理人员变动情况及原因；

（三）变更注册资本、变更注册地或公司名称、公司分立合并事项；

（四）公司的重大诉讼事项；

（五）公司及其高级管理人员受到处罚的情况；

（六）银监会及其派出机构对公司检查后提出整改意见的，应简单说明整改情况；

（七）本年度重大事项临时报告的简要内容、披露时间、所披露的媒体名称及版面；

（八）银监会及其省级派出机构认定的其他有必要让客户及相关利益人了解的重要信息。

第十八条　信托投资公司发生重大事项，应当制作重大事项临时报告并向社会披露。重大事项包括（但不限于）下列情况：

（一）公司第一大股东变更及原因；

（二）公司董事长、总经理变动及原因；

（三）公司董事报告期内累计变更超过50%；

（四）信托经理和信托业务人员报告期内累计变更超过30%；

（五）公司章程、注册资本、注册地和公司名称的变更；

（六）公司合并、分立、解散等事项；

（七）公司更换为其审计的会计师事务所；

（八）公司更换为其服务的律师事务所；

（九）法律法规规定的其他重要事项。

第十九条　信托投资公司披露重大事项临时报告应包括（但不限于）下列内容：

（一）董事会及董事承诺所披露的信息真实、准确、完整，并就其保证承担相应的法律责任；

（二）需披露的重大事件发生的时间、地点、当事人、事件内容、原因分析、对公司今后发展影响的估计、公司拟采取的应对措施。

第二十条　信托投资公司发生如下事件，应当出具由公司董事会负责的情况报告，在事件发生的2日内报所在地银监会派出机构。情况报告应说明事件发生的时间、地点、内容、原因、对公司影响的估计、公司拟采取的应对措施及董事会对该事件的披露意见，并附律师事务所法律意见书。

（一）重大经营损失，足以影响公司支付能力和持续经营能力的；

（二）与公司及公司员工有关的刑事案件；

（三）受到工商、税务、审计、海关、证券管理、外汇管理等职能部门风险提示、公开谴责或行政处罚；

（四）银监会及其省级派出机构认为需报告的其他突发事件。

第三章　信息披露的管理

第二十一条　信托投资公司应当有专门人员负责信息披露事务，包括建立信息披露制度、接待来访、回答咨询，以及负责与银监会、客户、新闻机构等的联系。

信托投资公司应当将负责信息披露事务人员的姓名、联系电话、电子邮件、图文传真等信息报公司所在地银监会派出机构备案，并在年度报告和年度报告摘要中载明。

第二十二条　信托投资公司应于每个会计年度结束后的四个月内披露年度报告和年度报告摘要。因特殊原因不能按时披露的，应至少提前15日向银监会申请延迟。

第二十三条　信托投资公司应当将书面年度报告全文及摘要备置于公司主要营业场所，供客户及相关利益人查阅。信托投资公司应将年度报告全文登载于本公司的网站上，将年度报告摘要刊登在至少一种具有较大影响力的全国性报纸上。

第二十四条　信托投资公司应将重大事项临时报告自事实发生之日后5个工作日内刊登在至少一种具有较大影响力的全国性报纸上。

第二十五条　信托投资公司除在具有较大影响力的全国性报纸上披露信息外，还可以根据需要在其他报刊上披露信息，但必须保证在不同报刊上披露同一信息的文字一致。

第二十六条　信托投资公司应当在年度报告公布后5个工作日内，将书面年度报告全文及摘要报送公司所在地的银监会派出机构，并应在年度报告公布后15个工作日内，将年度报告全文及摘要文本送达银监会。

第二十七条　信托投资公司董事会负责公司的信息披露。董事会及其董事应当保证所披露的信息真实、准确、完整，承诺其中不存在虚假记载、误导性陈述或重大遗漏，并就其保证承担相应的法律责任。

对公司所披露信息的真实性、准确性、完整性无法保证或存在异议的董事，应当单独陈述理由和发表意见。未参会董事应当单独列示其姓名。

公司设立独立董事的，独立董事应就公司所披露信息的真实性、准确性、完整性发表意见并单独列示。

第四章 附 则

第二十八条 对违反本办法规定,在信息披露中提供虚假信息或隐瞒重要事实的机构及有关责任人员,按照《中华人民共和国银行业监督管理法》、《金融违法行为处罚办法》等有关法律法规的规定进行处罚,构成犯罪的,依法追究刑事责任。

第二十九条 本办法由银监会负责解释。

第三十条 信托投资公司自2005年1月1日起到2008年1月1日分步实施本办法。

附件:
一、年度报告内容与格式(略)
二、年度报告摘要内容与格式(略)
三、首批进行信息披露的信托投资公司名单(略)

慈善信托管理办法

- 2017年7月7日
- 银监发〔2017〕37号

第一章 总 则

第一条 为规范慈善信托,保护慈善信托当事人的合法权益,促进慈善事业发展,根据《中华人民共和国慈善法》(简称《慈善法》)、《中华人民共和国信托法》(简称《信托法》)、《中华人民共和国银行业监督管理法》(简称《银行业监督管理法》)等法律法规,制定本办法。

第二条 本办法所称慈善信托属于公益信托,是指委托人基于慈善目的,依法将其财产委托给受托人,由受托人按照委托人意愿以受托人名义进行管理和处分,开展慈善活动的行为。

第三条 开展慈善信托,应当遵循合法、自愿、诚信的原则,不得违背社会公德、危害国家安全、损害社会公共利益和他人合法权益。

第四条 国家鼓励发展慈善信托,支持自然人、法人和其他组织践行社会主义核心价值观,弘扬中华民族传统美德,依法开展慈善活动。

第五条 慈善信托的委托人、受托人、受益人以及监察人在中华人民共和国境内开展慈善信托,适用本办法。

第六条 国务院银行业监督管理机构及其派出机构、国务院民政部门及县级以上地方各级人民政府民政部门根据各自法定职责对慈善信托实施监督管理。

第二章 慈善信托的设立

第七条 设立慈善信托,必须有合法的慈善信托目的。

以开展下列慈善活动为目的而设立的信托,属于慈善信托:
(一)扶贫、济困;
(二)扶老、救孤、恤病、助残、优抚;
(三)救助自然灾害、事故灾难和公共卫生事件等突发事件造成的损害;
(四)促进教育、科学、文化、卫生、体育等事业的发展;
(五)防治污染和其他公害,保护和改善生态环境;
(六)符合《慈善法》规定的其他公益活动。

第八条 慈善信托的委托人应当是具有完全民事行为能力的自然人、法人或者依法成立的其他组织。

第九条 慈善信托的受托人可以由委托人确定其信赖的慈善组织或者信托公司担任。

第十条 慈善信托的委托人不得指定或者变相指定与委托人或受托人具有利害关系的人作为受益人。

第十一条 慈善信托的委托人根据需要,可以确定监察人。

监察人对受托人的行为进行监督,依法维护委托人和受益人的权益。监察人发现受托人违反信托义务或者难以履行职责的,应当向委托人报告,并有权以自己的名义向人民法院提起诉讼。

第十二条 设立慈善信托,必须有确定的信托财产,并且该信托财产必须是委托人合法所有的财产。

前款所称财产包括合法的财产权利。

第十三条 设立慈善信托、确定受托人和监察人,应当采取书面形式。

书面形式包括信托合同、遗嘱或者法律、行政法规规定的其他书面文件等。

第十四条 慈善信托文件应当载明下列事项:
(一)慈善信托名称;
(二)慈善信托目的;
(三)委托人、受托人的姓名或者名称、住所,如设置监察人,监察人的姓名或者名称、住所;
(四)受益人范围及选定的程序和方法;
(五)信托财产的范围、种类、状况和管理方法;
(六)年度慈善支出的比例或数额;
(七)信息披露的内容和方式;
(八)受益人取得信托利益的形式和方法;
(九)信托报酬收取标准和方法。

除前款所列事项外,可以载明信托期限、新受托人的选任方式、信托终止事由、争议解决方式等事项。

第三章 慈善信托的备案

第十五条 受托人应当在慈善信托文件签订之日起7日内,将相关文件向受托人所在地县级以上人民政府民政部门备案。

未按照前款规定将相关文件报民政部门备案的,不享受税收优惠。

第十六条 信托公司担任受托人的,由其登记注册地设区市的民政部门履行备案职责;慈善组织担任受托人的,由准予其登记或予以认定的民政部门履行备案职责。

第十七条 同一慈善信托有两个或两个以上的受托人时,委托人应当确定其中一个承担主要受托管理责任的受托人按照本章规定进行备案。备案的民政部门应当将备案信息与其他受托人所在地的县级以上人民政府民政部门共享。

第十八条 慈善信托的受托人向民政部门申请备案时,应当提交以下书面材料:

(一)备案申请书;

(二)委托人身份证明(复印件)和关于信托财产合法性的声明;

(三)担任受托人的信托公司的金融许可证或慈善组织准予登记或予以认定的证明材料(复印件);

(四)信托文件;

(五)开立慈善信托专用资金账户证明、商业银行资金保管协议,非资金信托除外;

(六)信托财产交付的证明材料(复印件);

(七)其他材料。

以上材料一式四份,由受托人提交履行备案职责的民政部门指定的受理窗口。

第十九条 备案后,发生第三十八条规定的部分变更事项时,慈善信托的受托人应当在变更之日起7日内按照第十八条的规定向原备案的民政部门申请备案,并提交发生变更的相关书面材料。

如当月发生两起或两起以上变更事项的,可以在下月10日前一并申请备案。

第二十条 慈善信托的受托人违反信托义务或者难以履行职责的,委托人可以变更受托人。变更后的受托人应当在变更之日起7日内,将变更情况报原备案的民政部门重新备案。

申请重新备案时,应当提交以下书面材料:

(一)原备案的信托文件和备案回执;

(二)重新备案申请书;

(三)原受托人出具的慈善信托财产管理处分情况报告;

(四)作为变更后受托人的信托公司的金融许可证或慈善组织准予登记或予以认定的证明材料(复印件);

(五)重新签订的信托合同等信托文件;

(六)开立慈善信托专用资金账户证明、商业银行资金保管协议,非资金信托除外;

(七)其他材料。

以上书面材料一式四份,由变更后的受托人提交原备案的民政部门受理窗口。

第二十一条 慈善信托备案申请符合《慈善法》、《信托法》和本办法规定的,民政部门应当在收到备案申请材料之日起7日内出具备案回执;不符合规定的,应当在收到备案申请材料之日起7日内一次性书面告知理由和需要补正的相关材料。

第二十二条 信托公司新设立的慈善信托项目应当按照监管要求及时履行报告或产品登记义务。

第四章 慈善信托财产的管理和处分

第二十三条 慈善信托财产及其收益,应当全部用于慈善目的。

第二十四条 受托人管理和处分慈善信托财产,应当按照慈善信托目的,恪尽职守,履行诚信、谨慎管理的义务。

第二十五条 受托人除依法取得信托报酬外,不得利用慈善信托财产为自己谋取利益。

第二十六条 慈善信托财产与受托人固有财产相区别,受托人不得将慈善信托财产转为其固有财产。

任何组织和个人不得私分、挪用、截留或者侵占慈善信托财产。

第二十七条 受托人必须将慈善信托财产与其固有财产分别管理、分别记账,并将不同慈善信托的财产分别管理、分别记账。

第二十八条 对于资金信托,应当委托商业银行担任保管人,并且依法开立慈善信托资金专户;对于非资金信托,当事人可以委托第三方进行保管。

第二十九条 受托人应当自己处理慈善信托事务,但信托文件另有规定或者有不得已事由的,可以委托他人代为处理。

受托人依法将慈善信托事务委托他人代理的,应当对他人处理慈善信托事务的行为承担责任。

受托人因依法将慈善信托事务委托他人代理而向他人支付的报酬,在其信托报酬中列支。

第三十条 慈善信托财产运用应当遵循合法、安全、有效的原则,可以运用于银行存款、政府债券、中央银行票据、金融债券和货币市场基金等低风险资产,但委托人和信托公司另有约定的除外。

第三十一条　受托人不得将其固有财产与慈善信托财产进行交易或者将不同委托人的信托财产进行相互交易,但信托文件另有规定或者经委托人同意,并以公平的市场价格进行交易的除外。

第三十二条　委托人、受托人及其管理人员不得利用其关联关系,损害慈善信托利益和社会公共利益,有关交易情况应当向社会公开。

第三十三条　受托人应当根据信托文件和委托人的要求,及时向委托人报告慈善信托事务处理情况、信托财产管理使用情况。

第三十四条　慈善信托的受托人应严格按照有关规定管理和处分慈善信托财产,不得借慈善信托名义从事非法集资、洗钱等活动。

第三十五条　受托人应当妥善保存管理慈善信托事务的全部资料,保存期自信托终止之日起不少于十五年。

第三十六条　受托人违反法律、行政法规和信托文件的规定,造成慈善信托财产损失的,应当以其固有财产承担相应的赔偿责任。

第五章　慈善信托的变更和终止

第三十七条　慈善信托的受托人违反信托文件义务或者出现依法解散、法定资格丧失、被依法撤销、被宣告破产或者其他难以履行职责的情形时,委托人可以变更受托人。

第三十八条　根据信托文件约定或者经原委托人同意,可以变更以下事项:
(一)增加新的委托人;
(二)增加信托财产;
(三)变更信托受益人范围及选定的程序和方法;
(四)国务院民政部门和国务院银行业监督管理机构规定的其他情形。

第三十九条　慈善信托的受托人不得自行辞任,信托文件另有规定的除外。

第四十条　有下列情形之一的,慈善信托终止:
(一)信托文件规定的终止事由出现;
(二)信托的存续违反信托目的;
(三)信托目的已经实现或者不能实现;
(四)信托当事人协商同意;
(五)信托被撤销;
(六)信托被解除。

第四十一条　自慈善信托终止事由发生之日起15日内,受托人应当将终止事由、日期、剩余信托财产处分方案和有关情况报告备案的民政部门。

第四十二条　慈善信托终止的,受托人应当在30日内作出处理慈善信托事务的清算报告,向备案的民政部门报告后,由受托人予以公告。

慈善信托若设置信托监察人,清算报告应事先经监察人认可。

第四十三条　慈善信托终止,没有信托财产权利归属人或者信托财产权利归属人是不特定的社会公众,经备案的民政部门批准,受托人应当将信托财产用于与原慈善目的相近似的目的,或者将信托财产转移给具有近似目的的其他慈善信托或者慈善组织。

第六章　促进措施

第四十四条　慈善信托的委托人、受托人和受益人按照国家有关规定享受税收优惠。

第四十五条　信托公司开展慈善信托业务免计风险资本,免予认购信托业保障基金。

第四十六条　鼓励地方各级人民政府根据经济社会发展情况,制定和出台促进慈善信托事业发展的政策和措施。

第七章　监督管理和信息公开

第四十七条　银行业监督管理机构负责信托公司慈善信托业务和商业银行慈善信托账户资金保管业务的监督管理工作。县级以上人民政府民政部门负责慈善信托备案和相关监督管理工作。

第四十八条　民政部门和银行业监督管理机构应当建立经常性的监管协作机制,加强事中、事后监管,切实提高监管有效性。

第四十九条　民政部门和银行业监督管理机构根据各自法定管理职责,对慈善信托的受托人应当履行的受托职责、管理慈善信托财产及其收益的情况、履行信息公开和告知义务以及其他与慈善信托相关的活动进行监督检查。

第五十条　民政部门和银行业监督管理机构根据各自法定管理职责,联合或委托第三方机构对慈善信托的规范管理、慈善目的的实现和慈善信托财产的运用效益等进行评估。

第五十一条　民政部门和银行业监督管理机构根据履行职责的需要,可以与受托人的主要负责人和相关人员进行监督管理谈话,要求就受托人的慈善信托活动和风险管理的重大事项作出说明。

第五十二条 除依法设立的信托公司或依法予以登记或认定的慈善组织外,任何单位和个人不得以"慈善信托"等名义开展活动。

第五十三条 行业组织应当加强行业自律,反映行业诉求,推动行业交流,提高慈善信托公信力,促进慈善信托事业发展。

第五十四条 任何单位和个人发现慈善信托违法违规行为的,可以向民政部门、银行业监督管理机构和其他有关部门进行投诉、举报。民政部门、银行业监督管理机构和其他有关部门接到投诉、举报后,应当及时调查处理。

国家鼓励公众、媒体对慈善信托活动进行监督,对慈善信托违法违规行为予以曝光,发挥舆论和社会监督作用。

第五十五条 民政部门和银行业监督管理机构应当及时向社会公开下列慈善信托信息:

(一)慈善信托备案事项;

(二)慈善信托终止事项;

(三)对慈善信托检查、评估的结果;

(四)对慈善信托受托人的行政处罚和监管措施的结果;

(五)法律法规规定应当公开的其他信息。

第五十六条 受托人应当在民政部门提供的信息平台上,发布以下慈善信息,并对信息的真实性负责。

(一)慈善信托设立情况说明;

(二)信托事务处理情况报告、财产状况报告;

(三)慈善信托变更、终止事由;

(四)备案的民政部门要求公开的其他信息。

第五十七条 涉及国家秘密、商业秘密、个人隐私的信息以及慈善信托的委托人不同意公开的姓名、名称、住所、通讯方式等信息,不得公开。

第五十八条 慈善信托的受托人应当于每年3月31日前向备案的民政部门报送慈善信托事务处理情况和慈善信托财产状况的年度报告。

第八章 法律责任

第五十九条 慈善信托的受托人有下列情形之一的,由民政部门予以警告,责令限期改正;有违法所得的,由民政部门予以没收;对直接负责的主管人员和其他直接责任人员处二万元以上二十万元以下罚款:

(一)将信托财产及其收益用于非慈善目的的;

(二)未按照规定将信托事务处理情况及财务状况向民政部门报告或者向社会公开的。

第六十条 信托公司违反本办法规定的,银行业监督管理机构可以根据《银行业监督管理法》等法律法规,采取相应的行政处罚和监管措施。

第六十一条 慈善信托的当事人违反《慈善法》有关规定,构成违反治安管理行为的,依法移送公安机关给予治安管理处罚;构成犯罪的,依法移送公安、司法机关追究刑事责任。

第九章 附则

第六十二条 本办法由国务院银行业监督管理机构与国务院民政部门共同负责解释。

第六十三条 此前有关慈善信托的相关规定与本办法不一致的,以本办法为准。

第六十四条 省、自治区、直辖市、计划单列市人民政府民政部门和国务院银行业监督管理机构的省一级派出机构可以按照本办法规定结合当地实际联合制定实施细则,但不得设置或变相设置限制性条件。

第六十五条 本办法自印发之日起施行。

6. 授信业务

商业银行实施统一授信制度指引(试行)

·1999年1月20日
·银发〔1999〕31号

第一条 为在商业银行推行统一授信制度,在加强对信用风险控制与管理的基础上,进一步改善金融服务,在我国建立审慎高效的现代银行制度,根据《商业银行法》和《商业银行授权、授信管理暂行办法》,特制定本指引。

第二条 统一授信是指商业银行对单一法人客户或地区统一确定最高综合授信额度,并加以集中统一控制的信用风险管理制度。包括贷款、贸易融资(如打包放款、进出口押汇等)、贴现、承兑、信用证、保函、担保等表内外信用发放形式的本外币统一综合授信。

第三条 最高综合授信额度是指商业银行在对单一法人客户的风险和财务状况进行综合评估的基础上,确定的能够和愿意承担的风险总量。银行对该客户提供的各类信用余额之和不得超过该客户的最高综合授信额度。

第四条 商业银行实施统一授信制度,要做到四个方面的统一:

(一)授信主体的统一。商业银行应确定一个管理部门或委员会统一审核批准对客户的授信,不能由不同部门分别对同一或不同客户,不同部门分别对同一或不同信贷品种进行授信。

(二)授信形式的统一。商业银行对同一客户不同形式的信用发放都应置于该客户的最高授信限额以内,即要做到表内业务授信与表外业务授信统一,对表内的贷款业务、打包放款、进出口押汇、贴现等业务和表外的信用证、保函、承兑等信用发放业务进行一揽子授信。

(三)不同币种授信的统一,要做到本外币授信的统一,将对本币业务的授信和外币业务的授信置于同一授信额度之下。

(四)授信对象的统一。商业银行授信的对象是法人,不允许商业银行在一个营业机构或系统内对不具备法人资格的分支公司客户授信。

第五条 商业银行对每一个法人客户都应确定一个最高授信额度。商业银行在确定对法人客户的最高授信额度的同时,应根据风险程度获得相应的担保。

第六条 对由多个法人组成的集团公司客户、尤其是跨国集团公司客户,商业银行应确定一个对该集团客户的总体最高授信额度,银行全系统对该集团各个法人设定的最高授信额度之和不得超过总体最高授信额度。

第七条 商业银行应及时掌握最高授信额度的执行情况,对最高授信额度的执行情况进行集中控制和监测,不允许有擅自超越授信额度办理业务的情况。

第八条 商业银行应根据市场和客户经营情况,适时审慎调整最高风险控制限额。但额度一旦确定,在一定时间内,应相对稳定,银行不应随意向上调整额度。

第九条 商业银行应设计科学的风险分析评估模型或方法,以确定对某一客户的最高授信限额。风险分析、评估模型应定性与定量标准相结合。定性标准应至少包括以下四方面的内容:

(一)客户的风险状况。包括客户的财务状况、发展前景、信誉状况、授信项目的具体情况、提供的抵押担保情况。

(二)银行的风险状况。包括对银行的授权、目前的资产质量状况、资金来源或资本充足程度、银行当前的财务状况。对银行自身风险状况的分析在银团贷款或大型项目贷款时尤其重要。

(三)外部经济、金融环境。包括客户行业的发展现状和前景、市场所占份额、国家风险等。

(四)自然因素,包括地理位置、交通状况、资源条件等。

第十条 商业银行应根据统一授信管理制度的要求设置相应的组织机构和职能部门,有利于科学决策和风险控制。组织机构的设置应体现审贷分离原则,保证授信额度审批部门与执行部门相互独立,形成健全的内部制约机制。

第十一条 商业银行统一授信审核、批准部门与执行部门要分清责任、协调运作。

最高授信额度确定后,各种具体授信形式的发放仍应由信贷管理部门逐笔审批,授信额度执行部门如国际业务部门,主要负责授信形式发放的业务操作和相应的风险防范及处置。

第十二条 商业银行应确定统一授信的审批程序,审批程序应规范、透明,包括信息收集、核实,授信审核、审批的全过程。

第十三条 商业银行应建立有效的信息管理系统,设置专门部门进行管理,保证内部管理信息的充分流动,保证管理层能够随时了解授信额度的执行情况、客户的风险状况,保证统一授信管理的有效性。

第十四条 商业银行应制定适当的信用授权制度。商业银行确定最高授信限额,应保证在规定的授权范围之内。

第十五条 商业银行应建立识别、监测、控制和管理信用风险的系统,以精确地确定授信的最高限额。

第十六条 商业银行董事会或高级管理层应重视统一授信的管理方式,严格监督客户最高授信额度的制定和执行情况,应对风险的发生负最终责任。

第十七条 商业银行应围绕统一授信制度,完善业务规章制度建设,制定统一授信管理办法及实施细则,以及相关的业务管理制度和风险管理办法。

商业银行制定的统一授信管理办法和制度应报中国人民银行备案。

第十八条 商业银行内部应加强对最高授信额度和授权制定和执行情况的监督和检查,对超越授权和授信额度开展业务的行为,应进行严肃处理。

第十九条 中国人民银行应加强对商业银行统一授信管理方式的监督,重点审查商业银行内部控制机制的建设和执行情况。

第二十条 对没有实行统一授信管理方式的商业银行,中国人民银行将根据情况采取以下处理措施:

(一)停办部分现有业务;

(二)不予批准新的授信业务;

(三)根据风险状况对资本充足率作相应调整。

第二十一条　本指引由中国人民银行负责解释。
第二十二条　本指引自发布之日起实施。

商业银行授权、授信管理暂行办法

· 1996年11月11日
· 银发〔1996〕403号

第一章　总　则

第一条　为保障我国商业银行有效实行一级法人体制，强化商业银行的统一管理与内部控制，增强商业银行防范和控制风险的能力，保护社会公众和商业银行自身的合法权益，根据《中华人民共和国民法通则》、《中华人民共和国商业银行法》和《中华人民共和国经济合同法》等有关法律法规，制定本办法。

第二条　商业银行实行一级法人体制，必须建立法人授权管理制度。商业银行应在法定经营范围内对有关业务职能部门、分支机构及关键业务岗位进行授权。商业银行业务职能部门和分支机构以及关键业务岗位应在授予的权限范围内开展业务活动，严禁越权从事业务活动。

第三条　商业银行应根据国家货币信贷政策、各地区金融风险及客户信用状况，规定对各地区及客户的最高授信额度。商业银行各级业务职能部门及分支机构必须在规定的授信额度内对各地区及客户进行授信。

第四条　本办法适用于所有在中华人民共和国境内批准设立、具有独立法人地位的中资商业银行，包括城市合作银行和农村合作银行。

第五条　本办法所称授权，是指商业银行对其所属业务职能部门、分支机构和关键业务岗位开展业务权限的具体规定。

第六条　本办法所称授信，是指商业银行对其业务职能部门和分支机构所辖服务区及其客户所规定的内部控制信用高限额度。具体范围包括贷款、贴现、承兑和担保。

第七条　本办法所称授权人为商业银行总行。受权人为商业银行业务职能部门和商业银行分支机构。

第八条　本办法所称授信人为商业银行业务职能部门及分支机构。受信人为商业银行业务职能部门及分支机构所辖服务区及其客户。

第九条　商业银行对其业务职能部门和分支机构授权应遵循以下原则：

（一）应在法定经营范围内，对其业务职能部门和分支机构实行逐级有限授权。

（二）应根据各业务职能部门和分支机构的经营管理水平、风险控制能力、主要负责人业绩等，实行区别授权。

（三）应根据各业务职能部门和分支机构的经营管理业绩、风险状况、授权制度执行情况及主要负责人任职情况，及时调整授权。

（四）业务职能部门和分支机构超越授权，应视越权行为性质和所造成的经济损失，追究主要负责人及直接责任人相应的责任。要实现权责一致。主要负责人离开现职时，必须要有上级部门做出的离任审计报告。

第十条　商业银行对其业务职能部门和分支机构所辖服务区及其客户授信，应遵循以下原则：

（一）应根据不同地区的经济发展水平、经济和金融管理能力、信贷资金占用和使用情况、金融风险状况等因素，实行区别授信。

（二）应根据不同客户的经营管理水平、资产负债比例情况、贷款偿还能力等因素，确定不同的授信额度。

（三）应根据各地区的金融风险和客户的信用变化情况，及时调整对各地区和客户的授信额度。

（四）应在确定的授信额度内，根据当地及客户的实际资金需要、还款能力、信贷政策和银行提供贷款的能力，具体确定每笔贷款的额度和实际贷款总额。授信额度不是计划贷款额度，也不是分配的贷款规模，而是商业银行为控制地区和客户风险所实施的内部控制贷款额度。

第二章　授权、授信的方式

第十一条　商业银行授权、授信分为基本授权、授信和特别授权、授信两种方式。

基本授权是指对法定经营范围内的常规业务经营所规定的权限。

特别授权是指对法定经营范围内的特殊业务，包括创新业务、特殊融资项目以及超过基本授权范围的业务所规定的权限。

基本授信是指商业银行根据国家信贷政策和每个地区、客户的基本情况所确定的信用额度。

特别授信是指商业银行根据国家政策、市场情况变化及客户特殊需要，对特殊融资项目及超过基本授信额度所给予的授信。

第十二条　商业银行的授权分为直接授权和转授权两个层次。

直接授权是指商业银行总行对总行有关业务职能部门和管辖分行的授权。

转授权是指管辖分行在总行授权权限内对本行有关业务职能处室（部门）和所辖分支行的授权。

第十三条 商业银行的授权不得超过中国人民银行核准的业务经营范围,转授权不得大于原授权。

第十四条 商业银行的授权、授信,应有书面形式的授权书和授信书。授权人与受权人应当在授权书上签字和盖章。

第十五条 授权书应包括以下内容:
(一)授权人全称和法定代表人姓名;
(二)受权人全称和主要负责人姓名;
(三)授权范围;
(四)授权期限;
(五)对限制越权的规定及授权人认为需要规定的其他内容。

前款规定适用于转授权书。

第十六条 授信书应包括以下内容:
(一)授信人全称;
(二)受信人全称;
(三)授信的类别及期限;
(四)对限制超额授信的规定及授信人认为需要规定的其他内容。

第十七条 商业银行的授权书和授信书应报中国人民银行同级管辖行备案。涉及外汇业务的授权书和授信书,应报外汇管理局同级管辖局备案,转授权还应同时报商业银行总行备案。

第十八条 商业银行业务职能部门和各级分支机构与客户签订业务合同时,须向其出示授权书或授信书,双方应按授权书和授信书规定的授权、授信范围签订合同。

第三章 授权、授信的范围

第十九条 商业银行应根据总则中所确定的原则,具体规定授权、授信的范围。

第二十条 基本授权的范围包括:
(一)营运资金的经营权限;
(二)同业资金融通权限;
(三)单笔贷款(贴现)及贷款总额审批权限;
(四)对单个客户的贷款(贴现)额度审批权限;
(五)单笔承兑和承兑总额审批权限;
(六)单笔担保和担保总额审批权限;
(七)签发单笔信用证和签发信用证总额审批权限;
(八)现金支付审批权限;
(九)证券买卖权限;
(十)外汇买卖权限;
(十一)信用卡业务审批权限;
(十二)辖区内资金调度权限;
(十三)利率浮动权限;
(十四)经济纠纷处理权限;
(十五)其他业务权限。

第二十一条 特别授权的范围包括:
(一)业务创新权限;
(二)特殊项目融资权限;
(三)超出基本授权的权限。

第二十二条 基本授信的范围应包括:
(一)全行对各个地区的最高授信额度;
(二)全行对单个客户的最高授信额度;
(三)单个分支机构对所辖服务区的最高授信额度;
(四)单个营业部门和分支机构对单个客户的最高授信额度;
(五)对单个客户分别以不同方式(贷款、贴现、担保、承兑等)授信的额度。

第二十三条 各商业银行应建立对客户授信的报告、统计、监督制度,各行不同业务部门和分支机构对同一地区及同一客户的授信额度之和,不得超过全行对该地区及客户的最高授信额度。

第二十四条 特别授信范围包括:
(一)因地区、客户情况的变化需要增加的授信;
(二)因国家货币信贷政策和市场的变化,超过基本授信所追加的授信;
(三)特殊项目融资的临时授信。

第二十五条 各商业银行要加强对各地区及客户特别授信的监督管理,其业务职能部门和分支机构在基本授信范围以外的附加授信,必须事先经其总行批准。

第四章 授权、授信的期限、调整与终止

第二十六条 商业银行总行应根据总则中确定的授权、授信原则,建立对业务职能部门、分支机构和各地区及客户进行综合考核的指标体系,根据其有关指标考核情况,及时调整授权。

第二十七条 商业银行授权和授信的有效期均为1年。

第二十八条 如发生下列情况之一,授权人应调整以至撤销授权:
(一)受权人发生重大越权行为;
(二)受权人失职造成重大经营风险;
(三)经营环境发生重大变化;
(四)内部机构和管理制度发生重大调整;
(五)其他不可预料的情况。

前款规定适用于转授权。

第二十九条　如发生下列情况之一,原授权应终止：
（一）实行新的授权制度或办法；
（二）受权权限被撤销；
（三）受权人发生分立、合并或被撤销；
（四）授权期限已满。

第三十条　在授信实施过程中,如发生下列情况,商业银行应调整直至取消授信额度：
（一）受信地区发生或潜伏重大金融风险；
（二）受信企业发生重大经营困难和风险；
（三）市场发生重大变化；
（四）货币政策发生重大调整；
（五）企业机制发生重大变化（包括分立、合并、终止等）；
（六）企业还款信用下降,贷款风险增加；
（七）其他应改变授信额度的情况。

第三十一条　在授权、授信有效期内,商业银行对授权、授信进行调整或授权、授信终止,应及时报中国人民银行备案,并同时将新的授权书或授信书报中国人民银行备案。涉及外汇业务授权、授信的调整或终止时,应同时报外汇管理局同级机构备案。

第三十二条　商业银行法定代表人变更或任免分支机构主要负责人时,如果授权范围等内容不变,原授权书及转授权书继续有效。

第五章　授权、授信的监督管理

第三十三条　中国人民银行应监督各商业银行制定和实施授权、授信制度的情况,中国人民银行稽核监察部门要加强对商业银行执行授权、授信制度的检查。

第三十四条　商业银行的法律部门,应负责本行授权、授信方面的法律事务。

第三十五条　商业银行每年必须至少一次对其内部授权执行情况进行全面检查,并将检查结果报中国人民银行。

第三十六条　商业银行稽核监察部门要把检查监督业务职能部门和分支机构执行授权、授信制度作为一项重要职责,并有权对调整授权提出意见。

第三十七条　商业银行业务职能部门和分支机构对其总行,商业银行对中国人民银行管辖行,每个季度应报送授权、授信实施及风险情况的报告。临时发生超越授权和重大风险情况,应及时快速上报。

第三十八条　商业银行制定授权、授信制度应与其他内部管理制度相协调,形成权责一致、相互约束、相互补充的内部控制制度。

第六章　罚　则

第三十九条　商业银行违反本办法有关规定,中国人民银行应依据《中华人民共和国行政处罚法》、《中华人民共和国商业银行法》、《全国人民代表大会常务委员会关于惩治破坏金融秩序犯罪的决定》和《金融机构高级管理人员任职资格管理暂行规定》等有关法律、法规及规章,追究其法定代表人、主要负责人及直接责任人的行政责任。构成犯罪的,依法追究其刑事责任。

第四十条　中国人民银行或中国人民银行督促商业银行,对受权人超越授权范围从事业务经营的行为,视越权行为的性质和造成的经济损失,对其主要负责人和直接责任人予以下列处分：
（一）警告；
（二）通报批评；
（三）限期纠正或补救；
（四）停办或部分停办业务；
（五）调整或取消授权；
（六）取消其主要负责人和直接责任人1年至终生在金融机构的任职资格。

第四十一条　如授权不明确,受权人未经请示擅自开展业务活动,造成经济损失,应追究主要负责人和直接责任人的行政与经济责任。构成犯罪的,应追究有关人员刑事责任。

第七章　附　则

第四十二条　商业银行应根据本办法及中国人民银行的有关规定,制定本行的授权、授信管理办法。

第四十三条　商业银行对其境外分支机构,应根据我国和驻在国（地区）的有关法律、法规和国际惯例另行授权,并报中国人民银行总行有关监管部门备案。

第四十四条　商业银行各项规章制度中有关授权、授信规定与本办法相抵触的,以本办法为准。

第四十五条　本办法由中国人民银行负责解释。

第四十六条　本办法自颁布之日起实施。

银行业金融机构联合授信管理办法(试行)

- 2018年5月22日
- 银保监发〔2018〕24号

第一章　总　则

第一条　为进一步优化银企合作关系,提高金融资源配置效率,有效防控重大信用风险,根据《中华人民共和国银行业监督管理法》《中华人民共和国商业银行法》

等法律法规,制定本办法。

第二条 本办法适用于经银行业监督管理机构批准设立的金融机构。

第三条 本办法所称联合授信是指拟对或已对同一企业(含企业集团,下同)提供债务融资的多家银行业金融机构,通过建立信息共享机制,改进银企合作模式,提升银行业金融服务质效和信用风险防控水平的运作机制。

本办法所称融资均指债务融资。

第四条 联合授信机制应坚持以下基本原则:

依法合规。联合授信机制运行中,应遵守国家有关法律法规,符合国家信贷政策。

市场导向。联合授信机制运作应充分发挥市场机制的决定性作用,注重平等协商,明晰权利义务,坚守契约精神,尊重各方合法权益。

公开透明。联合授信机制各参与主体应按照约定及时完整真实地披露信息,加强信息共享,提高信息透明度。

第二章 联合授信管理架构

第五条 多家银行业金融机构对同一企业进行授信时,可建立信息共享机制,共同收集汇总、交叉验证企业经营和财务信息。

第六条 对在3家以上银行业金融机构有融资余额,且融资余额合计在50亿元以上的企业,银行业金融机构应建立联合授信机制。

对在3家以上的银行业金融机构有融资余额,且融资余额合计在20~50亿元之间的企业,银行业金融机构可自愿建立联合授信机制。

第七条 银行业金融机构发现企业符合第六条明确的建立联合授信机制条件时,应通知银行业协会。银行业协会协调企业的债权银行业金融机构在1个月内建立联合授信机制。

第八条 企业债权银行业金融机构应签署联合授信成员银行协议(以下简称"成员银行协议"),并组建联合授信委员会。成员银行协议内容包括但不限于:联合授信委员会的组织架构、议事规则、运作方式,成员银行的权利义务和违约责任,联合风险防控、风险预警、风险处置的工作规则等。

第九条 联合授信委员会应履行以下职能:

(一)共同收集汇总、交叉验证企业经营和财务信息,防止企业隐藏真实信息或提供虚假信息,规避银行授信管理要求;

(二)共同挖掘企业内外部信息源,运用必要技术手段,汇总梳理企业关联关系,识别隐性关联企业和实际控制人;

(三)联合评估企业的整体负债状况、实际融资需求和经营状况,测算企业可承受的最高债务水平,设置企业融资风险预警线;

(四)与企业就确定联合授信额度和风险管理要求等进行协商并签订相关协议。其中,联合授信额度包括企业在银行业金融机构、非银行业金融机构、其他渠道的债务融资,以及对集团外企业的担保;

(五)协同监测企业履约情况,发现企业存在不当行为,或出现风险信号时,联合采取风险防控、风险预警和风险处置措施。

第十条 联合授信委员会全体成员银行和企业之间应签署联合授信框架协议(以下简称"银企协议")。银企协议内容应包括但不限于以下内容:

(一)成员银行应按融资合同和相关协议的约定向企业提供融资,满足企业合理融资需求;

(二)成员银行调低对企业授信额度时应提前1个月告知企业;

(三)成员银行在与企业约定的联合授信额度内向企业提供融资;

(四)企业在联合授信额度内,可自主选择成员银行作为融资业务合作对象,协商确定融资条件;

(五)企业应及时完整地向联合授信委员会披露所有关联方及关联交易情况,提供真实财务报表,在各类融资行为发生后5个工作日内告知联合授信委员会;

(六)企业通过联合授信委员会外的其他渠道,进行可能实质性改变企业债务状况的重大融资和重大对外担保前,应征得联合授信委员会同意;

(七)企业应允许在成员银行范围内共享企业提供的各类信息,并在银行业金融机构范围内共享企业融资台账信息,成员银行不得在约定的信息共享范围外泄露和滥用企业提供的信息。

银企协议中的约定事项应在成员银行与企业签订的融资合同中予以体现。

第十一条 联合授信委员会应建立联席会议制度,负责审议决定重大事项。联席会议是联合授信委员会的决策机构,其决议对全体成员银行有约束力。联席会议应制定明确的议事规则和工作流程。

第十二条 联席会议原则上每个季度召开一次。如遇重大事项,由牵头银行或占成员银行债权总金额三分之一以上比例成员银行提请,可召开临时联席会议。

第十三条 联席会议审议批准事项,涉及设定和调整企业联合授信额度、启动和解除风险预警、制定和修订成员银行协议和银企协议等重大事项，应经占成员银行债权总金额三分之二以上比例成员银行及全体成员银行过半数同意；其他事项应经占成员银行债权总金额二分之一以上比例成员银行同意。

第十四条 银行业金融机构向企业提供融资前，应查询该企业和企业所在集团联合授信机制的建立情况。已建立联合授信机制的企业，银行业金融机构应在成为联合授信委员会成员银行后，方可在联合授信额度内向该企业提供融资。

银行业金融机构在签署成员银行协议或以其他适当形式认可并承诺遵守成员银行协议后，自动加入联合授信委员会。牵头银行应做好相关登记和报备工作。

第十五条 对企业的存量融资额以及拟新增融资额合计不超过企业融资总额5‰的银行业金融机构，在企业不突破联合授信额度的前提下，可不加入联合授信委员会向企业提供融资。但应在每次融资行为发生或融资余额发生变动5个工作日内向联合授信委员会报告该笔融资的相关信息。

第十六条 对企业融资余额为零的成员银行可主动退出该企业的联合授信委员会。连续12个月对企业融资余额为零的成员银行，自动退出该企业的联合授信委员会。牵头银行应做好相关登记和报备工作。

第十七条 成员银行具有以下权利和义务：
（一）获得其他成员银行共享的企业信息；
（二）向联席会议提交议案；
（三）提请召开临时联席会议；
（四）遵守成员银行协议、银企协议和联席会议形成的各项决议；
（五）向成员银行真实全面地共享本行对企业的融资信息，以及企业向其报送的其他与融资相关的信息；
（六）调查收集企业其他相关信息，并及时与各成员银行共享；
（七）成员银行协议中约定的其他权利或义务。

第十八条 联合授信委员会应从成员银行中推选产生一家牵头银行，并可增设副牵头银行。担任牵头银行应符合以下条件：
（一）向企业提供的实际融资额居所有债权银行业金融机构前三位；
（二）与企业无关联关系。

第十九条 牵头银行不再符合作为牵头银行条件或不愿意继续履行牵头银行职责的，联席会议应改选牵头银行。牵头银行履职不到位，可由二分之一以上成员银行提议改选牵头银行。

第二十条 牵头银行应牵头履行以下职责：
（一）制定联合授信机制的各项工作制度；
（二）召集成员银行联席会议；
（三）研究认定企业集团的全部成员，提交联席会议审议；
（四）测算企业联合授信额度，设置融资风险预警线，提交联席会议审议；
（五）建立和维护企业融资台账，监测企业整体负债水平，监督企业银企协议履行情况；
（六）监督成员银行协议和联席会议各项决议的执行，向联席会议或银行业协会提出违约成员银行处理建议；
（七）按照本办法要求，代表联合授信委员会向银行业协会报送融资台账等应报送或备案的信息；
（八）成员银行协议中约定的其他权利和义务。

第三章 联合风险防控

第二十一条 联合授信委员会应对企业运行管理、经营效益、重大项目投资、对外担保、关联交易、交叉违约等信用风险有关情况进行监测。

信息搜集、共享工作由牵头银行组织实施。各成员银行应按照成员银行协议，向牵头银行提供相关信息；牵头银行应及时向各成员银行分发相关信息。

第二十二条 各成员银行应健全信用风险管理体系，落实统一授信、穿透管理等要求，确保向联合授信机制报送信息真实准确。

第二十三条 联合授信委员会可以根据企业的风险状况提出风险防控要求，但不得统一规定对企业的利率、期限、抵（质）押要求等融资条件。成员银行在不违反成员银行协议的前提下，自行确定融资条件，自主作出授信决策、独立进行审批，并按照本行对企业风险的评估，实施后续管理和资产分类。

第二十四条 联合授信委员会应根据企业经营和财务情况测算其可承受的最高债务水平，就测算依据和测算结果与企业充分沟通，协商一致后共同确认企业联合授信额度。企业实际融资总额不得超过双方确认的联合授信额度。

联合授信委员会测算企业联合授信额度时应至少考虑以下要素：资产负债水平、利润及其增长率水平、经营现金流、所属行业、所在区域、还款历史、经营年限等。

第二十五条 联合授信委员会应会同企业定期复评

企业联合授信额度，企业因经营需要需调整联合授信额度的，可向联合授信委员会申请复评。

第二十六条 计算企业集团实际融资总额时，应包括各成员银行认定的该企业集团所有成员（不含集团内金融类子公司）的融资。

第二十七条 联合授信机制建立后，由牵头银行牵头组建专职小组，建立并维护企业融资台账。

融资台账应至少包括企业联合授信额度、实际融资和对外担保情况、剩余融资额度、融资违约情况等内容。

已确认的企业实际融资及对集团外企业担保，应在企业融资额度使用台账中逐笔登记，并等额扣减企业剩余融资额度。

第二十八条 牵头银行应在成员银行间共享融资台账，并报送银行业协会。

第四章 联合风险预警处置

第二十九条 当企业发生以下情况之一时，进入企业融资风险预警状态：

（一）企业实际融资达到联合授信额度90%或联合授信委员会设置的融资风险预警线；

（二）银行对企业融资中出现数额较大的不良资产，企业发行的债券违约或出现其他重大风险事件；

（三）企业所处外部环境、公司治理、经营管理、对外投资、对外担保、关联交易等方面出现重大变化，有可能引发企业偿付困难的。

第三十条 进入风险预警状态后，牵头银行要组织召开联席会议，研究应对方案。对企业可能加大成员银行债权风险的新增融资，银行业金融机构要采取更加审慎严格的信贷审批标准、风险管控措施和相应风险缓释手段。

第三十一条 当预警情形已消除，或联合授信委员会认定相关预警信息对各成员银行债权不构成重大风险时，可解除风险预警状态。

第三十二条 当企业可能发生偿债风险时，联合授信委员会应与企业的其他债权人联合组建债权人委员会，集体研究债务重组等措施，有序开展债务重组、资产保全等相关工作。

第五章 联合惩戒及监督管理

第三十三条 银行业协会应建立配套的统计信息系统，监测联合授信机制建立和运行情况，动态更新企业融资信息，并向银行业金融机构提供信息查询服务。

第三十四条 联合授信委员会授权牵头银行向银行业协会备案以下事项：

（一）联合授信机制成立后应在5个工作日内报备；

（二）修改银企协议或成员银行协议，做出调整联合授信额度等重大决策的，应于10个工作日内报备；

（三）企业进入风险预警状态应立即报备。

第三十五条 银行业协会应向银行业监督管理机构全面开放相关统计信息系统，并定期报告联合授信机制建立和运行情况。

第三十六条 对于违反银企协议，提供虚假信息，超出联合授信额度对外融资，逃废成员银行债务的企业，可由牵头银行组织成员银行按银企协议约定进行联合惩戒。情况严重的，银行业协会可将企业列入失信企业名单，并推送至全国信用信息共享平台，按照有关规定实现跨领域联合惩戒。

第三十七条 对不履行约定义务的成员银行，联合授信委员会可依据成员银行协议予以处理。

第三十八条 对存在以下行为之一的银行业金融机构，银行业协会可采取相应的自律惩戒措施。对拒不纠正整改，影响联合授信机制运行，可能引发重大风险事件的，银行业协会应向银行业监督管理机构报告，银行业监督管理机构可依据有关规定采取监管措施或依法实施行政处罚：

（一）银行业金融机构在未加入联合授信委员会前向已建立联合授信委员会的企业提供融资，符合第十五条规定情形的除外；

（二）成员银行违反成员银行协议，并未按照联合授信委员会要求采取纠正措施；

（三）成员银行违反银企协议，损害企业合法权益；

（四）未按要求向银行业协会报送和备案相关信息。

第六章 附 则

第三十九条 本办法由中国银行保险监督管理委员会负责解释。

第四十条 按照本办法规定应建立联合授信机制的企业，相关债权银行业金融机构应在本办法实施3个月内建立联合授信机制。

第四十一条 联合授信机制建立时，若企业存量实际融资总额超过联合授信机制确定的联合授信额度，联合授信委员会应与企业协商确定达标过渡期，报银行业协会备案。过渡期原则上不超过3年。

超过联合授信额度的存量融资由联合授信委员会成员银行协商确定退出次序。

第四十二条 本办法自印发之日起施行。

7. 不良资产管理

商业银行不良资产监测和考核暂行办法

- 2004年3月25日
- 银监发〔2004〕7号

第一章 总 则

第一条 为加强商业银行持续、审慎、有效监管，促进商业银行完善内控制度，提高资产质量，防范风险，根据《中华人民共和国银行业监督管理法》、《中华人民共和国商业银行法》及其他有关法律、行政法规，制定本办法。

第二条 本办法适用于中国银行业监督管理委员会（以下简称银监会）各级监管机构对商业银行及其分支机构不良资产的监测和考核。

第三条 商业银行不良资产的监测和考核包括对不良贷款、非信贷资产和表外业务风险的全面监测和考核。

第四条 不良贷款严格按照贷款五级分类标准执行，非信贷不良资产分类标准另行制定，制定前可参照贷款五级分类标准掌握。

第二章 不良资产的监测

第五条 商业银行应采取有效方式，做到对不良贷款的逐笔、实时监控，以及非信贷资产、表外业务风险变化情况的监测，并对重点机构和客户进行直接监测。

银监会各级监管机构应建立和完善对不良资产监测、考核制度。

第六条 重点机构包括：不良贷款率前5名的银行分支机构；不良贷款余额不减反增或不良贷款率不降反升的银行分支机构；非信贷资产预计损失率前5名的银行分支机构；表外业务管理混乱、发生违法违规行为的银行分支机构。

重点客户包括：不良贷款余额在亿元以上的客户及拥有5家以上关联企业、合计贷款余额在亿元以上的集团客户。

第三章 不良资产的分析

第七条 银监会各级监管机构、商业银行及其分支机构要按月对不良贷款、按季对不良资产进行分析，对银行风险状况和变化趋势作出总体判断和评价，对风险状况严重和变化明显的要重点说明，并形成分析报告。不良资产分析包括不良贷款分析、非信贷资产风险分析和表外业务风险分析三个部分。

第八条 不良贷款分析。主要包括以下内容：

（一）基本情况。本期贷款余额、不良贷款余额及比例以及与上期和年初比较的变化情况。如在整体趋势、地区分布及行业分布方面出现了重大变动和异常情况，应对其原因进行重点分析。

（二）地区和客户结构情况。各商业银行分别列表说明和分析不良贷款余额、不良贷款比例较高的前10名一级分行，以及贷款余额、不良贷款余额最大的10家客户。各银监局根据实际情况自行确定地区和客户数。

（三）不良贷款清收转化情况。可分别按现金清收、贷款核销、以资抵债和其他方式进行分析。

（四）新发放贷款质量情况。对2003年以来发放贷款质量和当年新发放贷款情况进行持续监测和分析。

（五）新发生不良贷款的内、外部原因分析及典型案例。外部原因包括企业经营管理不善或破产倒闭、企业逃废银行债务、企业违法违规、地方政府行政干预等；内部原因包括违反贷款"三查"制度、违反贷款授权授信规定、银行员工违法等。

（六）对不良贷款的变化趋势进行预测，提出继续抓好不良贷款管理或监管工作的措施和意见。

第九条 非信贷资产风险分析。主要包括以下内容：

（一）基本情况。本期非信贷资产余额，不良资产、预计损失余额及比例，以及与上期和年初比较的变化情况。如本期非信贷不良资产及预计损失变动较大，应对其原因进行分析，特别是各类待处理资产、待清理资产、应收科目核算的资金变化情况。

（二）地区结构分析。各商业银行分别列表说明和分析非信贷不良资产、预计损失余额及占比较高的前10名一级分行。各银监局可根据实际情况自行确定地区数。

（三）清收、处置非信贷不良资产分析。

（四）2003年以来新发生非信贷不良资产原因分析，特别是内部风险控制方面存在的问题及典型案例。

（五）非信贷不良资产及预计损失变化趋势的预测，以及继续抓好非信贷资产管理或监管工作的措施和意见。

第十条 表外业务风险分析。主要包括以下内容：

（一）基本情况。本期各项表外业务余额，垫款（或损失）余额及占比，以及与上期和年初比较的变化情况；对垫款余额上升的表外业务要重点说明。

（二）地区结构分析。各商业银行分别列表说明和分析表外业务发展较快和发生垫款较多的前10名一级分行。各银监局可根据实际情况自行确定地区数。

（三）表外业务垫款形成原因的分析，特别是内部风险控制方面存在的问题及典型案例。

（四）表外业务垫款变化趋势的预测，以及继续抓好表外业务管理或监管的措施和意见。

第四章 不良资产的考核

第十一条 银监会各级监管机构要按季对商业银行及其分支机构不良资产及管理情况进行考核。

第十二条 不良资产考核分为对贷款质量、非信贷资产质量和表外业务质量的考核。考核内容包括对不良资产的余额和比例的考核,并从横比、纵比两方面反映被考核银行的进步度。

第十三条 贷款质量考核指标包括不良贷款比例、不良贷款比例变化、不良贷款余额变化、不良贷款余额变化率、不良贷款余额变化幅度、不良贷款比例变化幅度和现金清收进步率。

非信贷资产质量考核指标包括非信贷不良资产比例、非信贷不良资产比例变化、非信贷不良资产余额变化、非信贷不良资产余额变化率、非信贷不良资产余额变化幅度和非信贷不良资产比例变化幅度。

表外业务质量考核指标包括表外业务垫款比例、垫款比例变化、垫款余额变化、垫款余额变化率、垫款余额变化幅度和垫款比例变化幅度。

第十四条 银监会各级监管机构根据对商业银行不良资产考核进步度情况,按季对商业银行不良资产及管理情况作出综合评价,并按季上报不良资产考核报告。

不良资产考核结果将作为商业银行年度考核评价的重要参考。

第十五条 银监会各级监管机构应每季度或根据风险状况不定期采取约见会谈的形式,听取辖内商业银行不良资产变化情况的汇报,并向其通报不良资产考核结果,提出防范化解不良资产的意见。

第五章 数据、资料来源及分析、考核报告的上报时间

第十六条 不良资产分析和考核报告的数据和资料来源于非现场监管统计报表、银监会要求的其他统计报表以及商业银行报送的不良资产分析报告。

第十七条 银监会各级监管机构根据日常掌握的情况,并通过现场检查对重点数据进行核实。如有重大调整,应在分析考核报告中予以说明。

第十八条 各商业银行总行每月15日前向银监会报送上月不良贷款分析报告,并分别于季后20日之前、年后30日之前上报不良资产季度、年度分析报告。

各银监局每月15日前向银监会报送上月不良贷款分析报告,并分别于季后20日之前、年后30日之前上报不良资产季度、年度分析和考核报告。如辖内不良资产情况出现重大变动,应及时报告。商业银行分支机构分析报告的上报时间由各银监局确定。

第六章 不良资产管理及监管责任

第十九条 商业银行应加强不良资产管理,按时向银监会各级监管机构报送不良资产分析报告,重大情况及时上报,并确保不良资产数据真实、准确,原因分析全面、深入,趋势分析合理、科学,措施及时、有效。

第二十条 对商业银行及其分支机构不按本办法要求及时报送报告或对重大问题隐瞒不报的,银监会按照《中华人民共和国银行业监督管理法》、《中华人民共和国商业银行法》、《金融违法行为处罚办法》等法律、法规及相关金融规章的规定,予以处罚。

对发生违法违规行为的机构主要负责人及有关责任人,银监会将依据有关规定给予警告、罚款、取消高级管理人员任职资格,或按干部管理权限责令商业银行给予纪律处分;构成违法犯罪的,依法追究责任。

第二十一条 银监会各级监管机构应按照信贷资产、非信贷资产和表外业务建立专业化监管人员责任制,及时向上级机构报送辖内商业银行不良资产分析和考核报告。

第二十二条 对不良资产严重、经营管理不善、发生重大案件等问题的商业银行及其分支机构,银监会各级监管机构应采取有效的监管措施,包括暂停审批机构设立、升格、新业务开办等。

第二十三条 对不按要求及时上报不良资产分析和考核报告的监管部门,上级机构将对其通报批评;对重大问题隐瞒不报的,依据有关规定给予行政处分;对构成犯罪的,依法追究责任。

第七章 附 则

第二十四条 各商业银行可根据本办法制定相应的实施细则。

第二十五条 银监会可根据监管的实际情况,对本办法进行调整和修改,以保证监管的有效性。

第二十六条 本办法由银监会负责解释。

第二十七条 本办法自公布之日起施行。

金融企业准备金计提管理办法

· 2012年3月30日
· 财金〔2012〕20号

第一章 总 则

第一条 为了防范金融风险,增强金融企业风险抵御能力,促进金融企业稳健经营和健康发展,根据《金融

企业财务规则》等有关规定,制定本办法。

第二条 经中国银行业监督管理委员会批准,在中华人民共和国境内依法设立的政策性银行、商业银行、信托投资公司、财务公司、金融租赁公司、金融资产管理公司、村镇银行和城乡信用社等经营金融业务的企业(以下简称金融企业)适用本办法。

第三条 本办法所称准备金,又称拨备,是指金融企业对承担风险和损失的金融资产计提的准备金,包括资产减值准备和一般准备。

本办法所称资产减值准备,是指金融企业对债权、股权等金融资产(不包括以公允价值计量并且其变动计入当期损益的金融资产)进行合理估计和判断,对其预计未来现金流量现值低于账面价值部分计提的,计入金融企业成本的,用于弥补资产损失的准备金。

本办法所称一般准备,是指金融企业运用动态拨备原理,采用内部模型法或标准法计算风险资产的潜在风险估计值后,扣减已计提的资产减值准备,从净利润中计提的、用于部分弥补尚未识别的可能性损失的准备金。

动态拨备是金融企业根据宏观经济形势变化,采取的逆周期计提拨备的方法,即在宏观经济上行周期、风险资产违约率相对较低时多计提拨备,增强财务缓冲能力;在宏观经济下行周期、风险资产违约率相对较高时少计提拨备,并动用积累的拨备吸收资产损失的做法。

本办法所称内部模型法,是指具备条件的金融企业使用内部开发的模型对风险资产计算确定潜在风险估计值的方法。

本办法所称标准法,是指金融企业根据金融监管部门确定的标准对风险资产进行风险分类后,按财政部制定的标准风险系数计算确定潜在风险估计值的方法。

本办法所称不良贷款拨备覆盖率,是指金融企业计提的贷款损失准备与不良贷款余额之比。

本办法所称贷款拨备率,是指金融企业计提的与贷款损失相关的资产减值准备与各项贷款余额之比,也称拨贷比。

本办法所称贷款总拨备率,是指金融企业计提的与贷款损失相关的各项准备(包括资产减值准备和一般准备)与各项贷款余额之比。

第二章 准备金的计提

第四条 金融企业承担风险和损失的资产应计提准备金,具体包括发放贷款和垫款、可供出售类金融资产、持有至到期投资、长期股权投资、存放同业、拆出资金、抵债资产、其他应收款项等。

对由金融企业转贷并承担对外还款责任的国外贷款,包括国际金融组织贷款、外国买方信贷、外国政府贷款、日本国际协力银行不附条件贷款和外国政府混合贷款等资产,应当计提准备金。

金融企业不承担风险的委托贷款、购买的国债等资产,不计提准备金。

第五条 金融企业应当在资产负债表日对各项资产进行检查,分析判断资产是否发生减值,并根据谨慎性原则,计提资产减值准备。对发放贷款和垫款,至少应当按季进行分析,采取单项或组合的方式进行减值测试,计提贷款损失准备。

第六条 金融企业应当于每年年度终了对承担风险和损失的资产计提一般准备。一般准备由金融企业总行(总公司)统一计提和管理。

金融企业应当根据自身实际情况,选择内部模型法或标准法对风险资产所面临的风险状况定量分析,确定潜在风险估计值。对于潜在风险估计值高于资产减值准备的差额,计提一般准备。当潜在风险估计值低于资产减值准备时,可不计提一般准备。一般准备余额原则上不得低于风险资产期末余额的 1.5%。

第七条 具备条件的金融企业可采用内部模型法确定潜在风险估计值。运用内部模型法时应当使用至少包括一个完整经济周期的历史数据,综合考虑风险资产存量及其变化、风险资产长期平均损失率、潜在损失平均覆盖率、较长时期平均资产减值准备等因素,建立内部模型,并通过对银行自身风险资产损失历史数据的回归分析或其他合理方法确定潜在风险估计值。

第八条 金融企业采用内部模型法的,已改制金融企业履行董事会审批程序后实施,未改制金融企业由行长(总经理、总裁)办公会审批后实施。

金融企业采用内部模型法的,应将内部模型及详细说明报同级财政部门备案。

第九条 金融企业不采用内部模型法的,应当根据标准法计算潜在风险估计值,按潜在风险估计值与资产减值准备的差额,对风险资产计提一般准备。其中,信贷资产根据金融监管部门的有关规定进行风险分类,标准风险系数暂定为:正常类 1.5%,关注类 3%,次级类 30%,可疑类 60%,损失类 100%;对于其他风险资产可参照信贷资产进行风险分类,采用的标准风险系数不得低于上述信贷资产标准风险系数。

第十条 金融企业对非信贷资产未实施风险分类

的,可按非信贷资产余额的1%-1.5%计提一般准备。

标准法潜在风险估计值计算公式:

潜在风险估计值=正常类风险资产×1.5%+关注类风险资产×3%+次级类风险资产×30%+可疑类风险资产×60%+损失类风险资产×100%

财政部将根据宏观经济形势变化,参考金融企业不良贷款额、不良贷款率、不良贷款拨备覆盖率、贷款拨备率、贷款总拨备率等情况,适时调整计提一般准备的风险资产范围、标准风险系数、一般准备占风险资产的比例要求。

第十一条 金融企业应当根据资产的风险程度及时、足额计提准备金。准备金计提不足的,原则上不得进行税后利润分配。

第十二条 金融企业应当于每季度终了后60天内向同级财政部门提供其准备金计提情况(包括计提准备金的资产分项、分类情况、资产风险评估方法),并按类别提供相关准备金余额变动情况(期初、本期计提、本期转回、本期核销、期末数),以及不良资产和不良贷款拨备覆盖率情况。

中央金融企业将准备金计提情况报送财政部,中央金融企业在各地分支机构报送财政部驻当地财政监察专员办事处,地方金融企业报送同级财政部门。准备金由总行(总公司)统一计提和管理的金融企业,由总行(总公司)向同级财政部门统一提供准备金计提情况。

第十三条 财政部驻当地财政监察专员办事处负责对当地中央管理的金融企业分支机构准备金计提的监督管理,对未按规定足额计提准备金的,应当及时进行制止和纠正。

第三章 财务处理

第十四条 金融企业按规定计提的一般准备作为利润分配处理,一般准备是所有者权益的组成部分。金融企业在年度终了后,按照本办法提出当年一般准备计提方案,履行公司治理程序后执行。

金融企业履行公司治理程序,并报经同级财政部门备案后,可用一般准备弥补亏损,但不得用于分红。因特殊原因,经履行公司治理程序,并报经同级财政部门备案后,金融企业可将一般准备转为未分配利润。

第十五条 金融企业计提的相关资产减值准备计入当期损益。已计提资产减值准备的资产质量提高时,应在已计提的资产减值准备范围内转回,增加当期损益。

第十六条 对符合条件的资产损失经批准核销后,冲减已计提的相关资产减值准备。对经批准核销的表内应收利息,已纳入损益核算的,无论其本金或利息是否已逾期,均作冲减利息收入处理。

已核销的资产损失,以后又收回的,其核销的相关资产减值准备予以转回。已核销的资产收回金额超过本金的部分,计入利息收入等。转回的资产减值准备作增加当期损益处理。

第十七条 资产减值准备以原币计提,按即期汇率折算为记账本位币后确认。

第四章 附 则

第十八条 金融企业可以根据本办法制定具体办法,报同级财政部门备案。

第十九条 金融企业一般准备余额占风险资产期末余额的比例,难以一次性达到1.5%的,可以分年到位,原则上不得超过5年。

第二十条 本办法自2012年7月1日起施行,《金融企业呆账准备提取管理办法》(财金〔2005〕49号)同时废止。

最高人民法院关于审理金融资产管理公司利用外资处置不良债权案件涉及对外担保合同效力问题的通知

· 2010年7月1日
· 法发〔2010〕25号

各省、自治区、直辖市高级人民法院,解放军军事法院,新疆维吾尔自治区高级人民法院生产建设兵团分院:

为正确审理金融资产管理公司利用外资处置不良债权的案件,充分保护各方当事人的权益,经征求国家有关主管部门意见,现将利用外资处置不良债权涉及担保合同效力的有关问题通知如下,各级人民法院在审理本通知发布后尚未审结及新受理的案件时应遵照执行:

一、2005年1月1日之后金融资产管理公司利用外资处置不良债权,向外国投资者出售或转让不良资产,外国投资者受让债权之后向人民法院提起诉讼,要求债务人及担保人直接向其承担责任的案件,由于债权人变更为外国投资者,使得不良资产中含有的原国内性质的担保具有了对外担保的性质,该类担保有其自身的特性,国家有关主管部门对该类担保的审查采取较为宽松的政策。如果当事人提供证据证明依照《国家外汇管理局关于金融资产管理公司利用外资处置不良资产有关外汇管理问题的通知》(汇发〔2004〕119号)第六条规定,金融资产管理公司通知了原债权债务合同的担保人,外国投资者或其代理人在办理不良资产转让备案登记时提交的材料中注明了担保的具体情况,并经国家外汇管理局分局、管理部审核后办理不良资产备案登记的,人民法院不应以转让未经担保人同意或者未经国家有关主管部门批准或者登记为由认定担保合同无效。

二、外国投资者或其代理人办理不良资产转让备案登记时,向国家外汇管理局分局、管理部提交的材料中应逐笔列明担保的情况,未列明的,视为担保未予登记。当事人在一审法庭辩论终结前向国家外汇管理局分局、管理部补交了注明担保具体情况的不良资产备案资料的,人民法院不应以未经国家有关主管部门批准或者登记为由认定担保合同无效。

三、对于因2005年1月1日之前金融资产管理公司利用外资处置不良债权而产生的纠纷案件,如果当事人能够提供证据证明依照当时的规定办理了相关批准、登记手续的,人民法院不应以未经国家有关主管部门批准或者登记为由认定担保合同无效。

8. 支付结算业务

中华人民共和国票据法

- 1995年5月10日第八届全国人民代表大会常务委员会第十三次会议通过
- 根据2004年8月28日第十届全国人民代表大会常务委员会第十一次会议《关于修改〈中华人民共和国票据法〉的决定》修正

第一章　总　则

第一条　【立法宗旨】为了规范票据行为,保障票据活动中当事人的合法权益,维护社会经济秩序,促进社会主义市场经济的发展,制定本法。

第二条　【适用范围】在中华人民共和国境内的票据活动,适用本法。

本法所称票据,是指汇票、本票和支票。

第三条　【基本原则】票据活动应当遵守法律、行政法规,不得损害社会公共利益。

第四条　【票据权利与票据责任】票据出票人制作票据,应当按照法定条件在票据上签章,并按照所记载的事项承担票据责任。

持票人行使票据权利,应当按照法定程序在票据上签章,并出示票据。

其他票据债务人在票据上签章的,按照票据所记载的事项承担票据责任。

本法所称票据权利,是指持票人向票据债务人请求支付票据金额的权利,包括付款请求权和追索权。

本法所称票据责任,是指票据债务人向持票人支付票据金额的义务。

第五条　【票据代理】票据当事人可以委托其代理人在票据上签章,并应当在票据上表明其代理关系。

没有代理权而以代理人名义在票据上签章的,应当由签章人承担票据责任;代理人超越代理权限的,应当就其超越权限的部分承担票据责任。

第六条　【非完全行为能力人签章的效力】无民事行为能力人或者限制民事行为能力人在票据上签章的,其签章无效,但是不影响其他签章的效力。

第七条　【票据签章】票据上的签章,为签名、盖章或者签名加盖章。

法人和其他使用票据的单位在票据上的签章,为该法人或者该单位的盖章加其法定代表人或者其授权的代理人的签章。

在票据上的签名,应当为该当事人的本名。

第八条　【票据金额的记载】票据金额以中文大写和数码同时记载,二者必须一致,二者不一致的,票据无效。

第九条　【票据的记载事项及其更改】票据上的记载事项必须符合本法的规定。

票据金额、日期、收款人名称不得更改,更改的票据无效。

对票据上的其他记载事项,原记载人可以更改,更改时应当由原记载人签章证明。

第十条　【票据的基础关系】票据的签发、取得和转让,应当遵循诚实信用的原则,具有真实的交易关系和债权债务关系。

票据的取得,必须给付对价,即应当给付票据双方当事人认可的相对应的代价。

第十一条　【无对价的票据取得】因税收、继承、赠与可以依法无偿取得票据的,不受给付对价的限制。但是,所享有的票据权利不得优于其前手的权利。

前手是指在票据签章人或者持票人之前签章的其他票据债务人。

第十二条　【非法、恶意或重大过失取得票据的效力】以欺诈、偷盗或者胁迫等手段取得票据的,或者明知有前列情形,出于恶意取得票据的,不得享有票据权利。

持票人因重大过失取得不符合本法规定的票据的,也不得享有票据权利。

第十三条　【票据抗辩】票据债务人不得以自己与

出票人或者与持票人的前手之间的抗辩事由,对抗持票人。但是,持票人明知存在抗辩事由而取得票据的除外。

票据债务人可以对不履行约定义务的与自己有直接债权债务关系的持票人,进行抗辩。

本法所称抗辩,是指票据债务人根据本法规定对票据债权人拒绝履行义务的行为。

第十四条 【伪造和变造票据的效力】票据上的记载事项应当真实,不得伪造、变造。伪造、变造票据上的签章和其他记载事项的,应当承担法律责任。

票据上有伪造、变造的签章的,不影响票据上其他真实签章的效力。

票据上其他记载事项被变造的,在变造之前签章的人,对原记载事项负责;在变造之后签章的人,对变造之后的记载事项负责;不能辨别是在票据被变造之前或者之后签章的,视同在变造之前签章。

第十五条 【票据丧失及其救济】票据丧失,失票人可以及时通知票据的付款人挂失止付,但是,未记载付款人或者无法确定付款人及其代理付款人的票据除外。

收到挂失止付通知的付款人,应当暂停支付。

失票人应当在通知挂失止付后3日内,也可以在票据丧失后,依法向人民法院申请公示催告,或者向人民法院提起诉讼。

第十六条 【行使或保全票据权利的场所和时间】持票人对票据债务人行使票据权利,或者保全票据权利,应当在票据当事人的营业场所和营业时间内进行,票据当事人无营业场所的,应当在其住所进行。

第十七条 【票据时效】票据权利在下列期限内不行使而消灭:

(一)持票人对票据的出票人和承兑人的权利,自票据到期日起2年。见票即付的汇票、本票,自出票日起2年;

(二)持票人对支票出票人的权利,自出票日起6个月;

(三)持票人对前手的追索权,自被拒绝承兑或者被拒绝付款之日起6个月;

(四)持票人对前手的再追索权,自清偿日或者被提起诉讼之日起3个月。

票据的出票日、到期日由票据当事人依法确定。

第十八条 【票据利益的返还请求权】持票人因超过票据权利时效或因票据记载事项欠缺而丧失票据权利的,仍享有民事权利,可以请求出票人或者承兑人返还其与未支付的票据金额相当的利益。

第二章 汇 票
第一节 出 票

第十九条 【汇票的定义和种类】汇票是出票人签发的,委托付款人在见票时或者在指定日期无条件支付确定的金额给收款人或者持票人的票据。

汇票分为银行汇票和商业汇票。

第二十条 【出票的定义】出票是指出票人签发票据并将其交付给收款人的票据行为。

第二十一条 【出票行为的有效条件】汇票的出票人必须与付款人具有真实的委托付款关系,并且具有支付汇票金额的可靠资金来源。

不得签发无对价的汇票用以骗取银行或者其他票据当事人的资金。

第二十二条 【汇票的绝对必要记载事项】汇票必须记载下列事项:

(一)表明"汇票"的字样;
(二)无条件支付的委托;
(三)确定的金额;
(四)付款人名称;
(五)收款人名称;
(六)出票日期;
(七)出票人签章。

汇票上未记载前款规定事项之一的,汇票无效。

第二十三条 【汇票的相对必要记载事项】汇票上记载付款日期、付款地、出票地等事项的,应当清楚、明确。

汇票上未记载付款日期的,为见票即付。

汇票上未记载付款地的,付款人的营业场所、住所或者经常居住地为付款地。

汇票上未记载出票地的,出票人的营业场所、住所或者经常居住地为出票地。

第二十四条 【不具票据上效力的记载事项】汇票上可以记载本法规定事项以外的其他出票事项,但是该记载事项不具有汇票上的效力。

第二十五条 【付款日期的记载形式】付款日期可以按照下列形式之一记载:

(一)见票即付;
(二)定日付款;
(三)出票后定期付款;
(四)见票后定期付款。

前款规定的付款日期为汇票到期日。

第二十六条 【出票的效力】出票人签发汇票后，即承担保证该汇票承兑和付款的责任。出票人在汇票得不到承兑或者付款时，应当向持票人清偿本法第七十条、第七十一条规定的金额和费用。

第二节 背 书

第二十七条 【汇票权利转让】持票人可以将汇票权利转让给他人或者将一定的汇票权利授予他人行使。

出票人在汇票上记载"不得转让"字样的，汇票不得转让。

持票人行使第一款规定的权利时，应当背书并交付汇票。

背书是指在票据背面或者粘单上记载有关事项并签章的票据行为。

第二十八条 【粘单】票据凭证不能满足背书人记载事项的需要，可以加附粘单，粘附于票据凭证上。

粘单上的第一记载人，应当在汇票和粘单的粘接处签章。

第二十九条 【背书的记载事项】背书由背书人签章并记载背书日期。

背书未记载日期的，视为在汇票到期日前背书。

第三十条 【记名背书】汇票以背书转让或者以背书将一定的汇票权利授予他人行使时，必须记载被背书人名称。

第三十一条 【背书的连续】以背书转让的汇票，背书应当连续。持票人以背书的连续，证明其汇票权利；非经背书转让，而以其他合法方式取得汇票的，依法举证，证明其汇票权利。

前款所称背书连续，是指在票据转让中，转让汇票的背书人与受让汇票的被背书人在汇票上的签章依次前后衔接。

第三十二条 【后手及其责任】以背书转让的汇票，后手应当对其直接前手背书的真实性负责。

后手是指在票据签章人之后签章的其他票据债务人。

第三十三条 【附条件背书、部分背书、分别背书的效力】背书不得附有条件。背书时附有条件的，所附条件不具有汇票上的效力。

将汇票金额的一部分转让的背书或者将汇票金额分别转让给2人以上的背书无效。

第三十四条 【背书人的禁止行为】背书人在汇票上记载"不得转让"字样，其后手再背书转让的，原背书人对后手的被背书人不承担保证责任。

第三十五条 【委托收款背书和质押背书及其效力】背书记载"委托收款"字样的，被背书人有权代背书人行使被委托的汇票权利。但是，被背书人不得再以背书转让汇票权利。

汇票可以设定质押；质押时应当以背书记载"质押"字样。被背书人依法实现其质权时，可以行使汇票权利。

第三十六条 【不得背书转让的情形】汇票被拒绝承兑、被拒绝付款或者超过付款提示期限的，不得背书转让；背书转让的，背书人应当承担汇票责任。

第三十七条 【背书人的责任】背书人以背书转让汇票后，即承担保证其后手所持汇票承兑和付款的责任。背书人在汇票得不到承兑或者付款时，应当向持票人清偿本法第七十条、第七十一条规定的金额和费用。

第三节 承 兑

第三十八条 【承兑的定义】承兑是指汇票付款人承诺在汇票到期日支付汇票金额的票据行为。

第三十九条 【定日付款或出票后定期付款的汇票的提示承兑】定日付款或者出票后定期付款的汇票，持票人应当在汇票到期日前向付款人提示承兑。

提示承兑是指持票人向付款人出示汇票，并要求付款人承诺付款的行为。

第四十条 【见票后定期付款汇票的提示承兑】见票后定期付款的汇票，持票人应当自出票日起1个月内向付款人提示承兑。

汇票未按照规定期限提示承兑的，持票人丧失对其前手的追索权。

见票即付的汇票无需提示承兑。

第四十一条 【付款人的承兑期间】付款人对向其提示承兑的汇票，应当自收到提示承兑的汇票之日起3日内承兑或者拒绝承兑。

付款人收到持票人提示承兑的汇票时，应当向持票人签发收到汇票的回单。回单上应当记明汇票提示日期并签章。

第四十二条 【承兑的记载】付款人承兑汇票的，应当在汇票正面记载"承兑"字样和承兑日期并签章；见票后定期付款的汇票，应当在承兑时记载付款日期。

汇票上未记载承兑日期的，以前条第一款规定期限的最后1日为承兑日期。

第四十三条 【承兑不得附有条件】付款人承兑汇票，不得附有条件；承兑附有条件的，视为拒绝承兑。

第四十四条 【付款人承兑后的责任】付款人承兑汇票后，应当承担到期付款的责任。

第四节 保 证

第四十五条 【汇票保证】汇票的债务可以由保证人承担保证责任。

保证人由汇票债务人以外的他人担当。

第四十六条 【汇票保证的记载事项】保证人必须在汇票或者粘单上记载下列事项：

（一）表明"保证"的字样；
（二）保证人名称和住所；
（三）被保证人的名称；
（四）保证日期；
（五）保证人签章。

第四十七条 【未记载事项的处理】保证人在汇票或者粘单上未记载前条第（三）项的，已承兑的汇票，承兑人为被保证人；未承兑的汇票，出票人为被保证人。

保证人在汇票或者粘单上未记载前条第（四）项的，出票日期为保证日期。

第四十八条 【票据保证不得附有条件】保证不得附有条件；附有条件的，不影响对汇票的保证责任。

第四十九条 【票据保证人的责任】保证人对合法取得汇票的持票人所享有的汇票权利，承担保证责任。但是，被保证人的债务因汇票记载事项欠缺而无效的除外。

第五十条 【保证人和被保证人的连带责任】被保证的汇票，保证人应当与被保证人对持票人承担连带责任。汇票到期后得不到付款的，持票人有权向保证人请求付款，保证人应当足额付款。

第五十一条 【共同保证人的连带责任】保证人为2人以上的，保证人之间承担连带责任。

第五十二条 【保证人的追索权】保证人清偿汇票债务后，可以行使持票人对被保证人及其前手的追索权。

第五节 付 款

第五十三条 【提示付款的期限】持票人应当按照下列期限提示付款：

（一）见票即付的汇票，自出票日起1个月内向付款人提示付款；
（二）定日付款、出票后定期付款或者见票后定期付款的汇票，自到期日起10日内向承兑人提示付款。

持票人未按照前款规定期限提示付款的，在作出说明后，承兑人或者付款人仍应当继续对持票人承担付款责任。

通过委托收款银行或者通过票据交换系统向付款人提示付款的，视同持票人提示付款。

第五十四条 【付款人当日足额付款】持票人依照前条规定提示付款的，付款人必须在当日足额付款。

第五十五条 【汇票签收】持票人获得付款的，应当在汇票上签收，并将汇票交给付款人。持票人委托银行收款的，受委托的银行将代收的汇票金额转账收入持票人账户，视同签收。

第五十六条 【收款银行和受托付款银行的责任】持票人委托的收款银行的责任，限于按照汇票上记载事项将汇票金额转入持票人账户。

付款人委托的付款银行的责任，限于按照汇票上记载事项从付款人账户支付汇票金额。

第五十七条 【付款人的审查义务】付款人及其代理付款人付款时，应当审查汇票背书的连续，并审查提示付款人的合法身份证明或者有效证件。

付款人及其代理付款人以恶意或者有重大过失付款的，应当自行承担责任。

第五十八条 【提前付款的责任承担】对定日付款、出票后定期付款或者见票后定期付款的汇票，付款人在到期日前付款的，由付款人自行承担所产生的责任。

第五十九条 【付款的币种】汇票金额为外币的，按照付款日的市场汇价，以人民币支付。

汇票当事人对汇票支付的货币种类另有约定的，从其约定。

第六十条 【付款的效力】付款人依法足额付款后，全体汇票债务人的责任解除。

第六节 追索权

第六十一条 【行使追索权的情形】汇票到期被拒绝付款的，持票人可以对背书人、出票人以及汇票的其他债务人行使追索权。

汇票到期日前，有下列情形之一的，持票人也可以行使追索权：

（一）汇票被拒绝承兑的；
（二）承兑人或者付款人死亡、逃匿的；
（三）承兑人或者付款人被依法宣告破产的或者因违法被责令终止业务活动的。

第六十二条 【追索权的行使】持票人行使追索权时，应当提供被拒绝承兑或者被拒绝付款的有关证明。

持票人提示承兑或者提示付款被拒绝的，承兑人或者付款人必须出具拒绝证明，或者出具退票理由书。未出具拒绝证明或者退票理由书的，应当承担由此产生的民事责任。

第六十三条 【不能取得拒绝证明的处理】持票人因承兑人或者付款人死亡、逃匿或者其他原因,不能取得拒绝证明的,可以依法取得其他有关证明。

第六十四条 【法院司法文书、行政处罚决定具有拒绝证明的效力】承兑人或者付款人被人民法院依法宣告破产的,人民法院的有关司法文书具有拒绝证明的效力。

承兑人或者付款人因违法被责令终止业务活动的,有关行政主管部门的处罚决定具有拒绝证明的效力。

第六十五条 【追索权的丧失】持票人不能出示拒绝证明、退票理由书或者未按照规定期限提供其他合法证明的,丧失对其前手的追索权。但是,承兑人或者付款人仍应当对持票人承担责任。

第六十六条 【拒绝事由的通知】持票人应当自收到被拒绝承兑或者被拒绝付款的有关证明之日起 3 日内,将被拒绝事由书面通知其前手;其前手应当自收到通知之日起 3 日内书面通知其再前手。持票人也可以同时向各汇票债务人发出书面通知。

未按照前款规定期限通知的,持票人仍可以行使追索权。因延期通知给其前手或者出票人造成损失的,由没有按照规定期限通知的汇票当事人,承担对该损失的赔偿责任,但是所赔偿的金额以汇票金额为限。

在规定期限内将通知按照法定地址或者约定的地址邮寄的,视为已经发出通知。

第六十七条 【拒绝事由通知的记载】依照前条第一款所作的书面通知,应当记明汇票的主要记载事项,并说明该汇票已被退票。

第六十八条 【连带债务人追索权的行使】汇票的出票人、背书人、承兑人和保证人对持票人承担连带责任。

持票人可以不按照汇票债务人的先后顺序,对其中任何一人、数人或者全体行使追索权。

持票人对汇票债务人中的 1 人或者数人已经进行追索的,对其他汇票债务人仍可以行使追索权。被追索人清偿债务后,与持票人享有同一权利。

第六十九条 【追索权的限制】持票人为出票人的,对其前手无追索权。持票人为背书人的,对其后手无追索权。

第七十条 【追索金额和费用】持票人行使追索权,可以请求被追索人支付下列金额和费用:

(一)被拒绝付款的汇票金额;

(二)汇票金额自到期日或者提示付款日至清偿日止,按照中国人民银行规定的利率计算的利息;

(三)取得有关拒绝证明和发出通知书的费用。

被追索人清偿债务时,持票人应当交出汇票和有关拒绝证明,并出具所收到利息和费用的收据。

第七十一条 【再追索权及再追索金额】被追索人依照前条规定清偿后,可以向其他汇票债务人行使再追索权,请求其他汇票债务人支付下列金额和费用:

(一)已清偿的全部金额;

(二)前项金额自清偿日起至再追索清偿日止,按照中国人民银行规定的利率计算的利息;

(三)发出通知书的费用。

行使再追索权的被追索人获得清偿时,应当交出汇票和有关拒绝证明,并出具所收到利息和费用的收据。

第七十二条 【被追索人清偿债务的效力】被追索人依照前二条规定清偿债务后,其责任解除。

第三章 本 票

第七十三条 【本票的定义】本票是出票人签发的,承诺自己在见票时无条件支付确定的金额给收款人或者持票人的票据。

本法所称本票,是指银行本票。

第七十四条 【出票人资格】本票的出票人必须具有支付本票金额的可靠资金来源,并保证支付。

第七十五条 【本票绝对记载事项】本票必须记载下列事项:

(一)表明"本票"的字样;

(二)无条件支付的承诺;

(三)确定的金额;

(四)收款人名称;

(五)出票日期;

(六)出票人签章。

本票上未记载前款规定事项之一的,本票无效。

第七十六条 【本票相对记载事项】本票上记载付款地、出票地等事项的,应当清楚、明确。

本票上未记载付款地的,出票人的营业场所为付款地。

本票上未记载出票地的,出票人的营业场所为出票地。

第七十七条 【提示见票的效力】本票的出票人在持票人提示见票时,必须承担付款的责任。

第七十八条 【付款期限】本票自出票日起,付款期限最长不得超过 2 个月。

第七十九条 【逾期提示见票的法律后果】本票的

持票人未按照规定期限提示见票的,丧失对出票人以外的前手的追索权。

第八十条 【汇票有关规定对本票的适用】本票的背书、保证、付款行为和追索权的行使,除本章规定外,适用本法第二章有关汇票的规定。

本票的出票行为,除本章规定外,适用本法第二十四条关于汇票的规定。

第四章 支 票

第八十一条 【支票的定义】支票是出票人签发的,委托办理支票存款业务的银行或者其他金融机构在见票时无条件支付确定的金额给收款人或者持票人的票据。

第八十二条 【支票存款账户的开立】开立支票存款账户,申请人必须使用其本名,并提交证明其身份的合法证件。

开立支票存款账户和领用支票,应当有可靠的资信,并存入一定的资金。

开立支票存款账户,申请人应当预留其本名的签名式样和印鉴。

第八十三条 【现金支票与转账支票】支票可以支取现金,也可以转账,用于转账时,应当在支票正面注明。

支票中专门用于支取现金的,可以另行制作现金支票,现金支票只能用于支取现金。

支票中专门用于转账的,可以另行制作转账支票,转账支票只能用于转账,不得支取现金。

第八十四条 【支票绝对记载事项】支票必须记载下列事项:

(一)表明"支票"的字样;
(二)无条件支付的委托;
(三)确定的金额;
(四)付款人名称;
(五)出票日期;
(六)出票人签章。

支票上未记载前款规定事项之一的,支票无效。

第八十五条 【支票金额的授权补记】支票上的金额可以由出票人授权补记,未补记前的支票,不得使用。

第八十六条 【支票相对记载事项】支票上未记载收款人名称的,经出票人授权,可以补记。

支票上未记载付款地的,付款人的营业场所为付款地。

支票上未记载出票地的,出票人的营业场所、住所或者经常居住地为出票地。

出票人可以在支票上记载自己为收款人。

第八十七条 【支票金额与空头支票的禁止】支票的出票人所签发的支票金额不得超过其付款时在付款人处实有的存款金额。

出票人签发的支票金额超过其付款时在付款人处实有的存款金额的,为空头支票。禁止签发空头支票。

第八十八条 【支票的签章与预留签名印鉴一致】支票的出票人不得签发与其预留本名的签名式样或者印鉴不符的支票。

第八十九条 【支票出票的效力】出票人必须按照签发的支票金额承担保证向该持票人付款的责任。

出票人在付款人处的存款足以支付支票金额时,付款人应当在当日足额付款。

第九十条 【支票见票即付】支票限于见票即付,不得另行记载付款日期。另行记载付款日期的,该记载无效。

第九十一条 【提示付款期限】支票的持票人应当自出票日起10日内提示付款;异地使用的支票,其提示付款的期限由中国人民银行另行规定。

超过提示付款期限的,付款人可以不予付款;付款人不予付款的,出票人仍应当对持票人承担票据责任。

第九十二条 【支票付款的效力】付款人依法支付支票金额的,对出票人不再承担受委托付款的责任,对持票人不再承担付款的责任。但是,付款人以恶意或者有重大过失付款的除外。

第九十三条 【汇票有关规定对支票的适用】支票的背书、付款行为和追索权的行使,除本章规定外,适用本法第二章有关汇票的规定。

支票的出票行为,除本章规定外,适用本法第二十四条、第二十六条关于汇票的规定。

第五章 涉外票据的法律适用

第九十四条 【涉外票据及其法律适用】涉外票据的法律适用,依照本章的规定确定。

前款所称涉外票据,是指出票、背书、承兑、保证、付款等行为中,既有发生在中华人民共和国境内又有发生在中华人民共和国境外的票据。

第九十五条 【国际条约和国际惯例的适用】中华人民共和国缔结或者参加的国际条约同本法有不同规定的,适用国际条约的规定。但是,中华人民共和国声明保留的条款除外。

本法和中华人民共和国缔结或者参加的国际条约没有规定的,可以适用国际惯例。

第九十六条 【票据行为能力的准据法】票据债务

人的民事行为能力,适用其本国法律。

票据债务人的民事行为能力,依照其本国法律为无民事行为能力或者为限制民事行为能力而依照行为地法律为完全民事行为能力的,适用行为地法律。

第九十七条 【票据形式的准据法】汇票、本票出票时的记载事项,适用出票地法律。

支票出票时的记载事项,适用出票地法律,经当事人协议,也可以适用付款地法律。

第九十八条 【票据行为的准据法】票据的背书、承兑、付款和保证行为,适用行为地法律。

第九十九条 【票据追索权行使期限的准据法】票据追索权的行使期限,适用出票地法律。

第一百条 【票据提示期限的准据法】票据的提示期限、有关拒绝证明的方式、出具拒绝证明的期限,适用付款地法律。

第一百零一条 【票据权利保全的准据法】票据丧失时,失票人请求保全票据权利的程序,适用付款地法律。

第六章 法律责任

第一百零二条 【票据欺诈行为的刑事责任】有下列票据欺诈行为之一的,依法追究刑事责任:

(一) 伪造、变造票据的;

(二) 故意使用伪造、变造的票据的;

(三) 签发空头支票或者故意签发与其预留的本名签名式样或者印鉴不符的支票,骗取财物的;

(四) 签发无可靠资金来源的汇票、本票,骗取资金的;

(五) 汇票、本票的出票人在出票时作虚假记载,骗取财物的;

(六) 冒用他人的票据,或者故意使用过期或者作废的票据,骗取财物的;

(七) 付款人同出票人、持票人恶意串通,实施前六项所列行为之一的。

第一百零三条 【票据欺诈行为的行政责任】有前条所列行为之一,情节轻微,不构成犯罪的,依照国家有关规定给予行政处罚。

第一百零四条 【票据业务中玩忽职守的法律责任】金融机构工作人员在票据业务中玩忽职守,对违反本法规定的票据予以承兑、付款或者保证的,给予处分;造成重大损失,构成犯罪的,依法追究刑事责任。

由于金融机构工作人员因前款行为给当事人造成损失的,由该金融机构和直接责任人员依法承担赔偿责任。

第一百零五条 【付款人故意压票的法律责任】票据的付款人对见票即付或者到期的票据,故意压票,拖延支付的,由金融行政管理部门处以罚款,对直接责任人员给予处分。

票据的付款人故意压票,拖延支付,给持票人造成损失的,依法承担赔偿责任。

第一百零六条 【其他违法行为的民事责任】依照本法规定承担赔偿责任以外的其他违反本法规定的行为,给他人造成损失的,应当依法承担民事责任。

第七章 附则

第一百零七条 【期限计算】本法规定的各项期限的计算,适用民法通则关于计算期间的规定。

按月计算期限的,按到期月的对日计算;无对日的,月末日为到期日。

第一百零八条 【票据的格式与印制】汇票、本票、支票的格式应当统一。

票据凭证的格式和印制管理办法,由中国人民银行规定。

第一百零九条 【实施办法的制定】票据管理的具体实施办法,由中国人民银行依照本法制定,报国务院批准后施行。

第一百一十条 【施行日期】本法自1996年1月1日起施行。

票据管理实施办法

- 1997年6月23日国务院批准
- 1997年8月21日中国人民银行令第2号发布
- 根据2011年1月8日《国务院关于废止和修改部分行政法规的决定》修订

第一条 为了加强票据管理,维护金融秩序,根据《中华人民共和国票据法》(以下简称票据法)的规定,制定本办法。

第二条 在中华人民共和国境内的票据管理,适用本办法。

第三条 中国人民银行是票据的管理部门。

票据管理应当遵守票据法和本办法以及有关法律、行政法规的规定,不得损害票据当事人的合法权益。

第四条 票据当事人应当依法从事票据活动,行使票据权利,履行票据义务。

第五条 票据当事人应当使用中国人民银行规定的统一格式的票据。

第六条 银行汇票的出票人,为经中国人民银行批准办理银行汇票业务的银行。

第七条 银行本票的出票人,为经中国人民银行批准办理银行本票业务的银行。

第八条 商业汇票的出票人,为银行以外的企业和其他组织。

向银行申请办理汇票承兑的商业汇票的出票人,必须具备下列条件:

(一)在承兑银行开立存款账户;

(二)资信状况良好,并具有支付汇票金额的可靠资金来源。

第九条 承兑商业汇票的银行,必须具备下列条件:

(一)与出票人具有真实的委托付款关系;

(二)具有支付汇票金额的可靠资金。

第十条 向银行申请办理票据贴现的商业汇票的持票人,必须具备下列条件:

(一)在银行开立存款账户;

(二)与出票人、前手之间具有真实的交易关系和债权债务关系。

第十一条 支票的出票人,为在经中国人民银行批准办理支票存款业务的银行、城市信用合作社和农村信用合作社开立支票存款账户的企业、其他组织和个人。

第十二条 票据法所称"保证人",是指具有代为清偿票据债务能力的法人、其他组织或者个人。

国家机关、以公益为目的的事业单位、社会团体、企业法人的分支机构和职能部门不得为保证人;但是,法律另有规定的除外。

第十三条 银行汇票上的出票人的签章、银行承兑商业汇票的签章,为该银行的汇票专用章加其法定代表人或者其授权的代理人的签名或者盖章。

银行本票上的出票人的签章,为该银行的本票专用章加其法定代表人或者其授权的代理人的签名或者盖章。

银行汇票专用章、银行本票专用章须经中国人民银行批准。

第十四条 商业汇票上的出票人的签章,为该单位的财务专用章或者公章加其法定代表人或者其授权的代理人的签名或者盖章。

第十五条 支票上的出票人的签章,出票人为单位的,为与该单位在银行预留签章一致的财务专用章或者公章加其法定代表人或者其授权的代理人的签名或者盖章;出票人为个人的,为与该个人在银行预留签章一致的签名或者盖章。

第十六条 票据法所称"本名",是指符合法律、行政法规以及国家有关规定的身份证件上的姓名。

第十七条 出票人在票据上的签章不符合票据法和本办法规定的,票据无效;背书人、承兑人、保证人在票据上的签章不符合票据法和本办法规定的,其签章无效,但是不影响票据上其他签章的效力。

第十八条 票据法所称"代理付款人",是指根据付款人的委托,代其支付票据金额的银行、城市信用合作社和农村信用合作社。

第十九条 票据法规定可以办理挂失止付的票据丧失的,失票人可以依照票据法的规定及时通知付款人或者代理付款人挂失止付。

失票人通知票据的付款人或者代理付款人挂失止付时,应当填写挂失止付通知书并签章。挂失止付通知书应当记载下列事项:

(一)票据丧失的时间和事由;

(二)票据种类、号码、金额、出票日期、付款日期、付款人名称、收款人名称;

(三)挂失止付人的名称、营业场所或者住所以及联系方法。

第二十条 付款人或者代理付款人收到挂失止付通知书,应当立即暂停支付。付款人或者代理付款人自收到挂失止付通知书之日起 12 日内没有收到人民法院的止付通知书的,自第 13 日起,挂失止付通知书失效。

第二十一条 付款人或者代理付款人在收到挂失止付通知书前,已经依法向持票人付款的,不再接受挂失止付。

第二十二条 申请人申请开立支票存款账户的,银行、城市信用合作社和农村信用合作社可以与申请人约定在支票上使用支付密码,作为支付支票金额的条件。

第二十三条 保证人应当依照票据法的规定,在票据或者其粘单上记载保证事项。保证人为出票人、付款人、承兑人保证的,应当在票据的正面记载保证事项;保证人为背书人保证的,应当在票据的背面或者其粘单上记载保证事项。

第二十四条 依法背书转让的票据,任何单位和个人不得冻结票据款项;但是,法律另有规定的除外。

第二十五条 票据法第五十五条所称"签收",是指持票人在票据的正面签章,表明持票人已经获得付款。

第二十六条 通过委托收款银行或者通过票据交换系统向付款人提示付款的,持票人向银行提交票据日为提示付款日。

第二十七条　票据法第六十二条所称"拒绝证明"应当包括下列事项：
（一）被拒绝承兑、付款的票据的种类及其主要记载事项；
（二）拒绝承兑、付款的事实依据和法律依据；
（三）拒绝承兑、付款的时间；
（四）拒绝承兑人、拒绝付款人的签章。
票据法第六十二条所称"退票理由书"应当包括下列事项：
（一）所退票据的种类；
（二）退票的事实依据和法律依据；
（三）退票时间；
（四）退票人签章。

第二十八条　票据法第六十三条规定的"其他有关证明"是指：
（一）医院或者有关单位出具的承兑人、付款人死亡的证明；
（二）司法机关出具的承兑人、付款人逃匿的证明；
（三）公证机关出具的具有拒绝证明效力的文书。

第二十九条　票据法第七十条第一款第（二）项、第七十一条第一款第（二）项规定的"利率"，是指中国人民银行规定的流动资金贷款利率。

第三十条　有票据法第一百零二条所列行为之一，情节轻微，不构成犯罪的，由公安机关依法予以处罚。

第三十一条　签发空头支票或者签发与其预留的签章不符的支票，不以骗取财物为目的的，由中国人民银行处以票面金额5%但不低于1000元的罚款；持票人有权要求出票人赔偿支票金额2%的赔偿金。

第三十二条　金融机构的工作人员在票据业务中玩忽职守，对违反票据法和本办法规定的票据予以承兑、付款、保证或者贴现的，对直接负责的主管人员和其他直接责任人员给予警告、记过、撤职或者开除的处分；造成重大损失，构成犯罪的，依法追究刑事责任。

第三十三条　票据的付款人对见票即付或者到期的票据，故意压票、拖延支付的，由中国人民银行处以压票、拖延支付期间内每日票据金额0.7‰的罚款；对直接负责的主管人员和其他直接责任人员给予警告、记过、撤职或者开除的处分。

第三十四条　违反中国人民银行规定，擅自印制票据的，由中国人民银行责令改正，处以1万元以上20万元以下的罚款；情节严重的，中国人民银行有权提请有关部门吊销其营业执照。

第三十五条　票据的格式、联次、颜色、规格及防伪技术要求和印制，由中国人民银行规定。
中国人民银行在确定票据格式时，可以根据少数民族地区和外国驻华使领馆的实际需要，在票据格式中增加少数民族文字或者外国文字。

第三十六条　本办法自1997年10月1日起施行。

票据交易管理办法

· 2016年12月5日中国人民银行公告〔2016〕第29号公布
· 自公布之日起施行

第一章　总　则

第一条　为规范票据市场交易行为，防范交易风险，维护交易各方合法权益，促进票据市场健康发展，依据《中华人民共和国中国人民银行法》、《中华人民共和国票据法》、《中华人民共和国电子签名法》等有关法律法规，制定本办法。

第二条　市场参与者从事票据交易应当遵守本办法，本办法所称票据包括但不限于纸质或者电子形式的银行承兑汇票、商业承兑汇票等可交易票据。

第三条　票据交易应当遵循公平自愿、诚信自律、风险自担的原则。

第四条　中国人民银行依法对票据市场进行监督管理，并根据宏观调控需要对票据市场进行宏观审慎管理。

第二章　票据市场参与者

第五条　票据市场参与者是指可以从事票据交易的市场主体，包括：
（一）法人类参与者。指金融机构法人，包括政策性银行、商业银行及其授权的分支机构，农村信用社、企业集团财务公司、信托公司、证券公司、基金管理公司、期货公司、保险公司等经金融监督管理部门许可的金融机构。
（二）非法人类参与者。指金融机构等作为资产管理人，在依法合规的前提下，接受客户的委托或者授权，按照与客户约定的投资计划和方式开展资产管理业务所设立的各类投资产品，包括证券投资基金、资产管理计划、银行理财产品、信托计划、保险产品、住房公积金、社会保障基金、企业年金、养老基金等。
（三）中国人民银行确定的其他市场参与者。

第六条　法人类参与者应当符合以下条件：
（一）依法合规设立。
（二）已制定票据业务内部管理制度和操作规程，具有健全的公司治理结构和完善的内部控制、风险管理机制。

（三）有熟悉票据市场和专门从事票据交易的人员。

（四）具备相应的风险识别和承担能力，知悉并承担票据投资风险。

（五）中国人民银行要求的其他条件。

第七条　非法人类参与者应当符合以下条件：

（一）产品设立符合相关法律法规和监管规定，并已依法在相关金融监督管理部门获得批准或者完成备案。

（二）产品已委托具有托管资格的金融机构（以下简称托管人）进行独立托管，托管人对委托人资金实行分账管理、单独核算。

（三）产品管理人具有相关金融监督管理部门批准的资产管理业务资格。

第八条　法人类参与者开展票据交易，应当遵守有关法律法规，强化内控制度建设，完善部门和岗位设置，并采取切实措施持续提高相关人员业务能力。

第九条　非法人类参与者开展票据交易，由其资产管理人代表其行使票据权利并以受托管理的资产承担相应的民事责任。资产管理人从事票管业务的部门、岗位、人员及其管理的资产应当与其自营业务相互独立。

第三章　票据市场基础设施

第十条　票据市场基础设施是指提供票据交易、登记托管、清算结算、信息服务的机构。

第十一条　票据市场基础设施应当经中国人民银行认可。中国人民银行对票据市场基础设施开展票据相关业务进行监督管理。

第十二条　票据市场基础设施可以为市场参与者提供以下服务：

（一）组织票据交易，公布票据交易即时行情。

（二）票据登记托管。

（三）票据交易的清算结算。

（四）票据信息服务。

（五）中国人民银行认可的其他服务。

第十三条　票据市场基础设施按照金融市场基础设施建设有关标准进行系统建设与管理。

第十四条　票据市场基础设施应当从其业务收入中提取一定比例的金额设立风险基金并存入开户银行专门账户，用于弥补因违约交收、技术故障、操作失误、不可抗力等造成的相关损失。

第十五条　上海票据交易所是中国人民银行指定的提供票据交易、登记托管、清算结算和信息服务的机构。

第四章　票据信息登记与电子化

第十六条　纸质票据贴现前，金融机构办理承兑、质押、保证等业务，应当不晚于业务办理的次一工作日在票据市场基础设施完成相关信息登记工作。

纸质商业承兑汇票完成承兑后，承兑人开户行应当根据承兑人委托代其进行承兑信息登记。承兑信息未能及时登记的，持票人有权要求承兑人补充登记承兑信息。

纸质票据票面信息与登记信息不一致的，以纸质票据票面信息为准。

第十七条　贴现人办理纸质票据贴现时，应当通过票据市场基础设施查询票据承兑信息，并在确认纸质票据必须记载事项与已登记承兑信息一致后，为贴现申请人办理贴现，贴现申请人无需提供合同、发票等资料；信息不存在或者纸质票据必须记载事项与已登记承兑信息不一致的，不得办理贴现。

本款所称纸质票据必须记载事项指《中华人民共和国票据法》第二十二条规定的票据必须记载事项。

第十八条　贴现人完成纸质票据贴现后，应当不晚于贴现次一工作日在票据市场基础设施完成贴现信息登记。

第十九条　承兑人或者承兑人开户行收到挂失止付通知或者公示催告等司法文书并确认相关票据未付款的，应当于当日依法暂停支付并在票据市场基础设施登记或者委托开户行在票据市场基础设施登记相关信息。

第二十条　金融机构通过票据市场基础设施进行相关业务信息登记，因信息登记错误给他人造成损失的，应当承担赔偿责任。

第二十一条　贴现人办理纸质票据贴现后，应当在票据上记载"已电子登记权属"字样，该票据不再以纸质形式进行背书转让、设立质押或者其他交易行为。贴现人应当对纸质票据妥善保管。

第二十二条　已贴现票据背书通过电子形式办理。电子形式背书是指在票据市场基础设施以数据电文形式记载的背书，和纸质形式背书具有同等法律效力。

第二十三条　纸质票据电子形式背书后，由票据权利人通过票据市场基础设施通知保管人变更寄存人的方式完成交付。

第二十四条　贴现人可以按市场化原则选择商业银行对纸质票据进行保证增信。

保证增信行对纸质票据进行保管并为贴现人的偿付责任进行先行偿付。

第二十五条　已贴现票据应当通过票据市场基础设

施办理背书转让、质押、保证、提示付款等票据业务。

第二十六条　纸质票据贴现后,其保管人可以向承兑人发起付款确认。付款确认可以采用实物确认或者影像确认。

实物确认是指票据保管人将票据实物送达承兑人或者承兑人开户行,由承兑人在对票据真实性和背书连续性审查的基础上对到期付款责任进行确认。

影像确认是指票据保管人将票据影像信息发送至承兑人或者承兑人开户行,由承兑人在对承兑信息和背书连续性审查的基础上对到期付款责任进行确认。

承兑人要求实物确认的,银行承兑汇票保管人应当将票据送达承兑人,实物确认后,纸质票据由其承兑人代票据权利人妥善保管;商业承兑汇票保管人应当将票据通过承兑人开户行送达承兑人进行实物确认,实物确认后,纸质票据由商业承兑汇票开户行代票据权利人妥善保管。

第二十七条　实物确认与影像确认具有同等效力。承兑人或者承兑人开户行进行付款确认后,除挂失止付、公示催告等合法抗辩情形外,应当在持票人提示付款后付款。

第二十八条　承兑人收到票据影像确认请求或者票据实物后,应当在3个工作日内做出或者委托其开户行做出同意或者拒绝到期付款的应答。拒绝到期付款的,应当说明理由。

第二十九条　票据保管人应当采取切实措施保证纸质票据不被挪用、污损、涂改和灭失,并承担因保管不善引发的相关法律责任。

第三十条　电子商业汇票签发、承兑、质押、保证、贴现等信息应当通过电子商业汇票系统同步传送至票据市场基础设施。

第三十一条　电子商业汇票一经承兑即视同承兑人已进行付款确认。

第五章　票据登记与托管

第三十二条　票据登记是指金融机构将票据权属在票据市场基础设施电子簿记系统予以记载的行为。

第三十三条　票据托管是指票据市场基础设施根据票据权利人委托对其持有票据的相关权益进行管理和维护的行为。

第三十四条　市场参与者应当在票据市场基础设施开立票据托管账户。

市场参与者开立票据托管账户时,应当向票据市场基础设施提出申请,并保证所提交的开户资料真实、准确、完整。

第三十五条　票据托管账户采用实名制,不得出租、出借或者转让。

第三十六条　一个市场参与者只能开立一个票据托管账户,中国人民银行另有规定的除外。

具有法人资格的市场参与者应当以法人名义开立票据托管账户;经法人授权的分支机构应当以分支机构名义开立票据托管账户;非法人市场参与者应当以产品名义单独开立票据托管账户。

第三十七条　贴现人应当于票据交易前在票据市场基础设施完成纸质票据登记工作,确保其提交的票据登记信息真实、有效,并承担相应法律责任。

第三十八条　票据市场基础设施依据电子商业汇票系统相关信息为持票人完成电子票据登记。

第三十九条　因票据的交易过户、非交易过户等原因引起票据托管账户余额变化的,票据市场基础设施应当为权利人办理票据变更登记。

第六章　票据交易

第四十条　票据交易采取全国统一的运营管理模式,通过票据市场基础设施进行。

第四十一条　票据交易包括转贴现、质押式回购和买断式回购等。

转贴现是指卖出方将未到期的已贴现票据向买入方转让的交易行为。

质押式回购是指正回购方在将票据出质给逆回购方融入资金的同时,双方约定在未来某一日期由正回购方按约定金额向逆回购方返还资金、逆回购方向正回购方返还原出质票据的交易行为。

买断式回购是指正回购方将票据卖给逆回购方的同时,双方约定在未来某一日期,正回购方再以约定价格从逆回购方买回票据的交易行为。

第四十二条　市场参与者完成票据登记后即可以开展交易,或者在付款确认、保证增信后开展交易。贴现人申请保证增信的,应当在首次交易前完成。

第四十三条　票据到期后偿付顺序如下:

(一)票据未经承兑人付款确认和保证增信即交易的,若承兑人未付款,应当由贴现人先行偿付。该票据在交易后又经承兑人付款确认的,应当由承兑人付款;若承兑人未付款,应当由贴现人先行偿付。

(二)票据经承兑人付款确认且未保证增信即交易的,应当由承兑人付款;若承兑人未付款,应当由贴现人先行偿付。

(三)票据保证增信后即交易且未经承兑人付款确认的,若承兑人未付款,应当由保证增信行先行偿付;保证增信行未偿付的,应当由贴现人先行偿付。

(四)票据保证增信后且经承兑人付款确认的,应当由承兑人付款;若承兑人未付款,应当由保证增信行先行偿付;保证增信行未偿付的,应当由贴现人先行偿付。

第四十四条 票据交易应当通过票据市场基础设施进行并生成成交单。成交单应当对交易日期、交易品种、交易利率等要素做出明确约定。

票据成交单、票据交易主协议及补充协议(若有)构成交易双方完整的交易合同。

票据交易合同一经成立,交易双方应当认真履行,不得擅自变更或者解除合同。

第四十五条 票据交易无需提供转贴现凭证、贴现凭证复印件、查询查复书及票面复印件等纸质资料。

第四十六条 票据贴现、转贴现的计息期限,从贴现、转贴现之日起至票据到期日止,到期日遇法定节假日的顺延至下一工作日。

第四十七条 质押式回购和买断式回购最短期限为1天,并应当小于票据剩余期限。

第四十八条 质押式回购的回购金额不得超过质押票据的票面总额。

第七章 票据交易结算与到期处理

第四十九条 票据交易的结算通过票据市场基础设施电子簿记系统进行,包括票款对付和纯票过户。

票款对付是指结算双方同步办理票据过户和资金支付并互为条件的结算方式。

纯票过户是指结算双方的票据过户与资金支付相互独立的结算方式。

第五十条 市场参与者开展票据交易应当采用票款对付,同一法人分支机构间的票据交易可以采用纯票过户。

第五十一条 已在大额支付系统开立清算账户的市场参与者,应当通过其在大额支付系统的清算账户办理票款对付的资金结算。

未在大额支付系统开立清算账户的市场参与者,应当委托票据市场基础设施代理票款对付的资金结算。

第五十二条 票据市场基础设施代理票款对付的资金结算时,应当通过其在大额支付系统的清算账户进行。票据市场基础设施应当在该账户下,为委托其代理资金结算的市场参与者开立票据结算资金专户。

第五十三条 交易双方应当根据合同约定,确保在约定结算日有用于结算的足额票据和资金。

第五十四条 在票据交易达成后结算完成之前,不得动用该笔交易项下用于结算的票据、资金或者担保物。

第五十五条 办理法院强制执行、税收、债权债务承继、赠与等非交易票据过户的,票据市场基础设施应当要求当事人提交合法有效的法律文件。

第五十六条 持票人在提示付款期内通过票据市场基础设施提示付款的,承兑人应当在提示付款当日进行应答或者委托其开户行进行应答。

承兑人存在合法抗辩事由拒绝付款的,应当在提示付款当日出具或者委托其开户行出具拒绝付款证明,并通过票据市场基础设施通知持票人。

承兑人或者承兑人开户行在提示付款当日未做出应答的,视为拒绝付款,票据市场基础设施提供拒绝付款证明并通知持票人。

第五十七条 商业承兑汇票承兑人在提示付款当日同意付款的,承兑人开户行应当根据承兑人账户余额情况予以处理。

(一)承兑人账户余额足够支付票款的,承兑人开户行应当代承兑人做出同意付款应答,并于提示付款日向持票人付款。

(二)承兑人账户余额不足以支付票款的,则视同承兑人拒绝付款。承兑人开户行应当于提示付款日代承兑人做出拒付应答并说明理由,同时通过票据市场基础设施通知持票人。

第五十八条 银行承兑汇票的承兑人已于到期前进行付款确认的,票据市场基础设施应当根据承兑人的委托于提示付款日代承兑人发送指令划付资金至持票人资金账户。

商业承兑汇票的承兑人已于到期前进行付款确认的,承兑人开户行应当根据承兑人委托于提示付款日扣划承兑人账户资金,并将相应款项划付至持票人资金账户。

第五十九条 保证增信行或者贴现人承担偿付责任时,应当委托票据市场基础设施代其发送指令划付资金至持票人资金账户。

第六十条 承兑人或者出票人付款后,票据保管人应当参照会计档案保管要求对票据进行保管。承兑人进行影像确认并付款的,可以凭票据市场基础设施的提示付款通知、划款通知以及留存的票据底卡联作为会计记账凭证。

第六十一条 票据发生法律纠纷时,依据有权申请人的请求,票据市场基础设施应当出具票据登记、托管和交易流转记录;票据保管人应当提供相应票据实物。

第八章 附 则

第六十二条 票据市场基础设施依照本办法及中国人民银行有关规定制定相关业务规则,报中国人民银行同意后施行。

第六十三条 本办法施行前制定的相关规定,与本办法相抵触的,以本办法为准。

第六十四条 本办法由中国人民银行负责解释。

第六十五条 本办法自公布之日起施行,过渡期按照《中国人民银行办公厅关于做好票据交易平台接入准备工作的通知》(银办发〔2016〕224号)执行。

支付结算办法

- 1997年9月19日
- 银发〔1997〕393号

第一章 总 则

第一条 为了规范支付结算行为,保障支付结算活动中当事人的合法权益,加速资金周转和商品流通,促进社会主义市场经济的发展,依据《中华人民共和国票据法》(以下简称《票据法》)和《票据管理实施办法》以及有关法律、行政法规,制定本办法。

第二条 中华人民共和国境内人民币的支付结算适用本办法,但中国人民银行另有规定的除外。

第三条 本办法所称支付结算是指单位、个人在社会经济活动中使用票据、信用卡和汇兑、托收承付、委托收款等结算方式进行货币给付及其资金清算的行为。

第四条 支付结算工作的任务,是根据经济往来组织支付结算,准确、及时、安全办理支付结算,按照有关法律、行政法规和本办法的规定管理支付结算,保障支付结算活动的正常进行。

第五条 银行、城市信用合作社、农村信用合作社(以下简称银行)以及单位和个人(含个体工商户),办理支付结算必须遵守国家的法律、行政法规和本办法的各项规定,不得损害社会公共利益。

第六条 银行是支付结算和资金清算的中介机构。未经中国人民银行批准的非银行金融机构和其他单位不得作为中介机构经营支付结算业务。但法律、行政法规另有规定的除外。

第七条 单位、个人和银行应当按照《银行账户管理办法》的规定开立、使用账户。

第八条 在银行开立存款账户的单位和个人办理支付结算,账户内须有足够的资金保证支付,本办法另有规定的除外。没有开立存款账户的个人向银行交付款项后,也可以通过银行办理支付结算。

第九条 票据和结算凭证是办理支付结算的工具。单位、个人和银行办理支付结算,必须使用按中国人民银行统一规定印制的票据凭证和统一规定的结算凭证。

未使用按中国人民银行统一规定印制的票据,票据无效;未使用中国人民银行统一规定格式的结算凭证,银行不予受理。

第十条 单位、个人和银行签发票据、填写结算凭证,应按照本办法和附一《正确填写票据和结算凭证的基本规定》记载,单位和银行的名称应当记载全称或者规范化简称。

第十一条 票据和结算凭证上的签章,为签名、盖章或者签名加盖章。

单位、银行在票据上的签章和单位在结算凭证上的签章,为该单位、银行的盖章加其法定代表人或其授权的代理人的签名或盖章。

个人在票据和结算凭证上的签章,应为该个人本名的签名或盖章。

第十二条 票据和结算凭证的金额、出票或签发日期、收款人名称不得更改,更改的票据无效;更改的结算凭证,银行不予受理。

对票据和结算凭证上的其他记载事项,原记载人可以更改,更改时应当由原记载人在更改处签章证明。

第十三条 票据和结算凭证金额以中文大写和阿拉伯数码同时记载,二者必须一致,二者不一致的票据无效;二者不一致的结算凭证,银行不予受理。

少数民族地区和外国驻华使领馆根据实际需要,金额大写可以使用少数民族文字或者外国文字记载。

第十四条 票据和结算凭证上的签章和其他记载事项应当真实,不得伪造、变造。

票据上有伪造、变造的签章的,不影响票据上其他当事人真实签章的效力。

本条所称的伪造是指无权限人假冒他人或虚构人名义签章的行为。签章的变造属于伪造。

本条所称的变造是指无权更改票据内容的人,对票据上签章以外的记载事项加以改变的行为。

第十五条 办理支付结算需要交验的个人有效身份证件是指居民身份证、军官证、警官证、文职干部证、士兵证、户口簿、护照、港澳台同胞回乡证等符合法律、行政法

第十六条　单位、个人和银行办理支付结算必须遵守下列原则：

一、恪守信用，履约付款；

二、谁的钱进谁的账，由谁支配；

三、银行不垫款。

第十七条　银行以善意且符合规定和正常操作程序审查、对伪造、变造的票据和结算凭证上的签章以及需要交验的个人有效身份证件，未发现异常而支付金额的，对出票人或付款人不再承担受委托付款的责任，对持票人或收款人不再承担付款的责任。

第十八条　依法背书转让的票据，任何单位和个人不得冻结票据款项。但是法律另有规定的除外。

第十九条　银行依法为单位、个人在银行开立的基本存款账户、一般存款账户、专用存款账户和临时存款账户的存款保密，维护其资金的自主支配权。对单位、个人在银行开立上述存款账户的存款，除国家法律、行政法规另有规定外，银行不得为任何单位或者个人查询；除国家法律另有规定外，银行不代任何单位或者个人冻结、扣款，不得停止单位、个人存款的正常支付。

第二十条　支付结算实行集中统一和分级管理相结合的管理体制。

中国人民银行总行负责制定统一的支付结算制度，组织、协调、管理、监督全国的支付结算工作，调解、处理银行之间的支付结算纠纷。

中国人民银行省、自治区、直辖市分行根据统一的支付结算制度制定实施细则，报总行备案；根据需要可以制定单项支付结算办法，报经中国人民银行总行批准后执行。中国人民银行分、支行负责组织、协调、管理、监督本辖区的支付结算工作，调解、处理本辖区银行之间的支付结算纠纷。

政策性银行、商业银行总行可以根据统一的支付结算制度，结合本行情况，制定具体管理实施办法，报经中国人民银行总行批准后执行。政策性银行、商业银行负责组织、管理、协调本行内的支付结算工作，调解、处理本行内分支机构之间的支付结算纠纷。

第二章　票　据
第一节　基本规定

第二十一条　本办法所称票据，是指银行汇票、商业汇票、银行本票和支票。

第二十二条　票据的签发、取得和转让，必须具有真实的交易关系和债权债务关系。

票据的取得，必须给付对价。但因税收、继承、赠与可以依法无偿取得票据的，不受给付对价的限制。

第二十三条　银行汇票的出票人在票据上的签章，应为经中国人民银行批准使用的该银行汇票专用章加其法定代表人或其授权经办人的签名或者盖章。银行承兑商业汇票、办理商业汇票转贴现、再贴现时的签章，应为经中国人民银行批准使用的该银行汇票专用章加其法定代表人或其授权经办人的签名或者盖章。银行本票的出票人在票据上的签章，应为经中国人民银行批准使用的该银行本票专用章加其法定代表人或其授权经办人的签名或者盖章。

单位在票据上的签章，应为该单位的财务专用章或者公章加其法定代表人或其授权的代理人的签名或者盖章。个人在票据上的签章，应为该个人的签名或者盖章。

支票的出票人和商业承兑汇票的承兑人在票据上的签章，应为其预留银行的签章。

第二十四条　出票人在票据上的签章不符合《票据法》、《票据管理实施办法》和本办法规定的，票据无效；承兑人、保证人在票据上的签章不符合《票据法》、《票据管理实施办法》和本办法规定的，其签章无效，但不影响其他符合规定签章的效力；背书人在票据上的签章不符合《票据法》、《票据管理实施办法》和本办法规定的，其签章无效，但不影响其前手符合规定签章的效力。

第二十五条　出票人在票据上的记载事项必须符合《票据法》、《票据管理实施办法》和本办法的规定。票据上可以记载《票据法》和本办法规定事项以外的其他出票事项，但是该记载事项不具有票据上的效力，银行不负审查责任。

第二十六条　区域性银行汇票仅限于出票人向本区域内的收款人出票，银行本票和支票仅限于出票人向其票据交换区域内的收款人出票。

第二十七条　票据可以背书转让，但填明"现金"字样的银行汇票、银行本票和用于支取现金的支票不得背书转让。

区域性银行汇票仅限于在本区域内背书转让。银行本票、支票仅限于在其票据交换区域内背书转让。

第二十八条　区域性银行汇票和银行本票、支票出票人向规定区域以外的收款人出票的，背书人向规定区域以外的被背书人转让票据的，区域外的银行不予受理，但出票人、背书人仍应承担票据责任。

第二十九条　票据背书转让时，由背书人在票据背面签章、记载被背书人名称和背书日期。背书未记载日期的,视为在票据到期日前背书。

持票人委托银行收款或以票据质押的,除按上款规定记载背书外,还应在背书人栏记载"委托收款"或"质押"字样。

第三十条 票据出票人在票据正面记载"不得转让"字样的,票据不得转让;其直接后手再背书转让的,出票人对其直接后手的被背书人不承担保证责任,对被背书人提示付款或委托收款的票据,银行不予受理。

票据背书人在票据背面背书人栏记载"不得转让"字样的,其后手再背书转让的,记载"不得转让"字样的背书人对其后手的被背书人不承担保证责任。

第三十一条 票据被拒绝承兑、拒绝付款或者超过付款提示期限的,不得背书转让。背书转让的,背书人应当承担票据责任。

第三十二条 背书不得附有条件。背书附有条件的,所附条件不具有票据上的效力。

第三十三条 以背书转让的票据,背书应当连续。持票人以背书的连续,证明其票据权利。非经背书转让,而以其他合法方式取得票据的,依法举证,证明其票据权利。

背书连续,是指票据第一次背书转让的背书人是票据上记载的收款人,前次背书转让的被背书人是后一次背书转让的背书人,依次前后衔接,最后一次背书转让的被背书人是票据的最后持票人。

第三十四条 票据的背书人应当在票据背面的背书栏依次背书。背书栏不敷背书的,可以使用统一格式的粘单,粘附于票据凭证上规定的粘接处。粘单上的第一记载人,应当在票据和粘单的粘接处签章。

第三十五条 银行汇票、商业汇票和银行本票的债务可以依法由保证人承担保证责任。

保证人必须按照《票据法》的规定在票据上记载保证事项。保证人为出票人、承兑人保证的,应将保证事项记载在票据的正面;保证人为背书人保证的,应将保证事项记载在票据的背面或粘单上。

第三十六条 商业汇票的持票人超过规定期限提示付款的,丧失对其前手的追索权,持票人在作出说明后,仍可以向承兑人请求付款。

银行汇票、银行本票的持票人超过规定期限提示付款的,丧失对出票人以外的前手的追索权,持票人在作出说明后,仍可以向出票人请求付款。

支票的持票人超过规定的期限提示付款的,丧失对出票人以外的前手的追索权。

第三十七条 通过委托收款银行或者通过票据交换系统向付款人或代理付款人提示付款的,视同持票人提示付款;其提示付款日期以持票人向开户银行提交票据日为准。

付款人或代理付款人应于见票当日足额付款。

本条所称"代理付款人"是指根据付款人的委托,代理其支付票据金额的银行。

第三十八条 票据债务人对下列情况的持票人可以拒绝付款:

(一)对不履行约定义务的与自己有直接债权债务关系的持票人;

(二)以欺诈、偷盗或者胁迫等手段取得票据的持票人;

(三)对明知有欺诈、偷盗或者胁迫等情形,出于恶意取得票据的持票人;

(四)明知债务人与出票人或者持票人的前手之间存在抗辩事由而取得票据的持票人;

(五)因重大过失取得不符合《票据法》规定的票据的持票人;

(六)对取得背书不连续票据的持票人;

(七)符合《票据法》规定的其他抗辩事由。

第三十九条 票据债务人对下列情况不得拒绝付款:

(一)与出票人之间有抗辩事由;

(二)与持票人的前手之间有抗辩事由。

第四十条 票据到期被拒绝付款或者在到期前被拒绝承兑,承兑人或付款人死亡、逃匿的,承兑人或付款人被依法宣告破产的或者因违法被责令终止业务活动的,持票人可以对背书人、出票人以及票据的其他债务人行使追索权。

持票人行使追索权,应当提供被拒绝承兑或者被拒绝付款的拒绝证明或者退票理由书以及其他有关证明。

第四十一条 本办法所称"拒绝证明"应当包括下列事项:

(一)被拒绝承兑、付款的票据种类及其主要记载事项;

(二)拒绝承兑、付款的事实依据和法律依据;

(三)拒绝承兑、付款的时间;

(四)拒绝承兑人、拒绝付款人的签章。

第四十二条 本办法所称退票理由书应当包括下列事项:

(一)所退票据的种类;

(二)退票的事实依据和法律依据；
(三)退票时间；
(四)退票人签章。

第四十三条 本办法所称的其他证明是指：
(一)医院或者有关单位出具的承兑人、付款人死亡证明；
(二)司法机关出具的承兑人、付款人逃匿的证明；
(三)公证机关出具的具有拒绝证明效力的文书。

第四十四条 持票人应当自收到被拒绝承兑或者被拒绝付款的有关证明之日起3日内，将被拒绝事由书面通知其前手；其前手应当自收到通知之日起3日内书面通知其再前手。持票人也可以同时向各票据债务人发出书面通知。

未按照前款规定期限通知的，持票人仍可以行使追索权。

第四十五条 持票人可以不按照票据债务人的先后顺序，对其中任何一人、数人或者全体行使追索权。

持票人对票据债务人中的一人或者数人已经进行追索的，对其他票据债务人仍可以行使追索权。被追索人清偿债务后，与持票人享有同一权利。

第四十六条 持票人行使追索权，可以请求被追索人支付下列金额和费用：
(一)被拒绝付款的票据金额；
(二)票据金额自到期日或者提示付款日起至清偿日止按照中国人民银行规定的同档次流动资金贷款利率计算的利息。
(三)取得有关拒绝证明和发出通知书的费用。

被追索人清偿债务时，持票人应当交出票据和有关拒绝证明，并出具所收到利息和费用的收据。

第四十七条 被追索人依照前条规定清偿后，可以向其他票据债务人行使再追索权，请求其他票据债务人支付下列金额和费用：
(一)已清偿的全部金额；
(二)前项金额自清偿日起至再追索清偿日止，按照中国人民银行规定的同档次流动资金贷款利率计算的利息；
(三)发出通知书的费用。

行使再追索权的被追索人获得清偿时，应当交出票据和有关拒绝证明，并出具所收到利息和费用的收据。

第四十八条 已承兑的商业汇票、支票、填明"现金"字样和代理付款人的银行汇票以及填明"现金"字样的银行本票丧失，可以由失票人通知付款人或者代理付款人挂失止付。

未填明"现金"字样和代理付款人的银行汇票以及未填明"现金"字样的银行本票丧失，不得挂失止付。

第四十九条 允许挂失止付的票据丧失，失票人需要挂失止付的，应填写挂失止付通知书并签章。挂失止付通知书应当记载下列事项：
(一)票据丧失的时间、地点、原因；
(二)票据的种类、号码、金额、出票日期、付款日期、付款人名称、收款人名称；
(三)挂失止付人的姓名、营业场所或者住所以及联系方法。

欠缺上述记载事项之一的，银行不予受理。

第五十条 付款人或者代理付款人收到挂失止付通知书后，查明挂失票据确未付款时，应立即暂停支付。付款人或者代理付款人自收到挂失止付通知书之日起12日内没有收到人民法院的止付通知书的，自第13日起，持票人提示付款并依法向持票人付款的，不再承担责任。

第五十一条 付款人或者代理付款人在收到挂失止付通知书之前，已经向持票人付款的，不再承担责任。但是，付款人或者代理付款人以恶意或者重大过失付款的除外。

第五十二条 银行汇票的付款地为代理付款人或出票人所在地，银行本票的付款地为出票人所在地，商业汇票的付款地为承兑人所在地，支票的付款地为付款人所在地。

第二节 银行汇票

第五十三条 银行汇票是出票银行签发的，由其在见票时按照实际结算金额无条件支付给收款人或者持票人的票据。

银行汇票的出票银行为银行汇票的付款人。

第五十四条 单位和个人各种款项结算，均可使用银行汇票。

银行汇票可以用于转账，填明"现金"字样的银行汇票也可以用于支取现金。

第五十五条 银行汇票的出票和付款，全国范围限于中国人民银行和各商业银行参加"全国联行往来"的银行机构办理。跨系统银行签发的转账银行汇票的付款，应通过同城票据交换将银行汇票和解讫通知提交给同城的有关银行审核支付后抵用。代理付款人不得受理未在本行开立存款账户的持票人为单位直接提交的银行汇票。省、自治区、直辖市内和跨省、市的经济区域内银行汇票的出票和付款，按照有关规定办理。

银行汇票的代理付款人是代理本系统出票银行或跨系统签约银行审核支付汇票款项的银行。

第五十六条 签发银行汇票必须记载下列事项：

（一）表明"银行汇票"的字样；

（二）无条件支付的承诺；

（三）出票金额；

（四）付款人名称；

（五）收款人名称；

（六）出票日期；

（七）出票人签章。

欠缺记载上列事项之一的，银行汇票无效。

第五十七条 银行汇票的提示付款期限自出票日起1个月。

持票人超过付款期限提示付款的，代理付款人不予受理。

第五十八条 申请人使用银行汇票，应向出票银行填写"银行汇票申请书"，填明收款人名称、汇票金额、申请人名称、申请日期等事项并签章，签章为其预留银行的签章。

申请人和收款人均为个人，需要使用银行汇票向代理付款人支取现金的，申请人须在"银行汇票申请书"上填明代理付款人名称，在"汇票金额"栏先填写"现金"字样，后填写汇票金额。

申请人或者收款人为单位的，不得在"银行汇票申请书"上填明"现金"字样。

第五十九条 出票银行受理银行汇票申请书，收妥款项后签发银行汇票，并用压数机压印出票金额，将银行汇票和解讫通知一并交给申请人。

签发转账银行汇票，不得填写代理付款人名称，但由人民银行代理兑付银行汇票的商业银行，向设有分支机构地区签发转账银行汇票的除外。

签发现金银行汇票，申请人和收款人必须均为个人，收妥申请人交存的现金后，在银行汇票"出票金额"栏先填写"现金"字样，后填写出票金额，并填写代理付款人名称。申请人或者收款人为单位的，银行不得为其签发现金银行汇票。

第六十条 申请人应将银行汇票和解讫通知一并交付给汇票上记明的收款人。

收款人受理银行汇票时，应审查下列事项：

（一）银行汇票和解讫通知是否齐全、汇票号码和记载的内容是否一致；

（二）收款人是否确为本单位或本人；

（三）银行汇票是否在提示付款期限内；

（四）必须记载的事项是否齐全；

（五）出票人签章是否符合规定，是否有压数机压印的出票金额，并与大写出票金额一致；

（六）出票金额、出票日期、收款人名称是否更改，更改的其他记载事项是否由原记载人签章证明。

第六十一条 收款人受理申请人交付的银行汇票时，应在出票金额以内，根据实际需要的款项办理结算，并将实际结算金额和多余金额准确、清晰地填入银行汇票和解讫通知的有关栏内。未填明实际结算金额和多余金额或实际结算金额超过出票金额的，银行不予受理。

第六十二条 银行汇票的实际结算金额不得更改，更改实际结算金额的银行汇票无效。

第六十三条 收款人可以将银行汇票背书转让给被背书人。

银行汇票的背书转让以不超过出票金额的实际结算金额为准。未填写实际结算金额或实际结算金额超出票金额的银行汇票不得背书转让。

第六十四条 被背书人受理银行汇票时，除按照第六十条的规定审查外，还应审查下列事项：

（一）银行汇票是否记载实际结算金额，有无更改，其金额是否超过出票金额；

（二）背书是否连续，背书人签章是否符合规定，背书使用粘单的是否按规定签章；

（三）背书人为个人的身份证件。

第六十五条 持票人向银行提示付款时，必须同时提交银行汇票和解讫通知，缺少任何一联，银行不予受理。

第六十六条 在银行开立存款账户的持票人向开户银行提示付款时，应在汇票背面"持票人向银行提示付款签章"处签章，签章须与预留银行签章相同，并将银行汇票和解讫通知、进账单送交开户银行。银行审查无误后办理转账。

第六十七条 未在银行开立存款账户的个人持票人，可以向选择的任何一家银行机构提示付款。提示付款时，应在汇票背面"持票人向银行提示付款签章"处签章，并填明本人身份证件名称、号码及发证机关，由其本人向银行提交身份证件及其复印件。银行审核无误后，将其身份证件复印件留存备查，并以持票人的姓名开立应解汇款及临时存款账户，该账户只付不收，付完清户，不计付利息。

转账支付的，应由原持票人向银行填制支款凭证，并由本人交验其身份证件办理支付款项。该账户的款项只能转入单位或个体工商户的存款账户,严禁转入储蓄和信用卡账户。

支取现金的,银行汇票上必须有出票银行按规定填明的"现金"字样,才能办理。未填明"现金"字样,需要支取现金的,由银行按照国家现金管理规定审查支付。

持票人对填明"现金"字样的银行汇票,需要委托他人向银行提示付款的,应在银行汇票背面背书栏签章,记载"委托收款"字样、被委托人姓名和背书日期以及委托人身份证件名称、号码、发证机关。被委托人向银行提示付款时,也应在银行汇票背面"持票人向银行提示付款签章"处签章,记载证件名称、号码及发证机关,并同时向银行交验委托人和被委托人的身份证件及其复印件。

第六十八条 银行汇票的实际结算金额低于出票金额的,其多余金额由出票银行退交申请人。

第六十九条 持票人超过期限向代理付款银行提示付款不获付款的,须在票据权利时效内向出票银行作出说明,并提供本人身份证件或单位证明,持银行汇票和解讫通知向出票银行请求付款。

第七十条 申请人因银行汇票超过付款提示期限或其他原因要求退款时,应将银行汇票和解讫通知同时提交到出票银行。申请人为单位的,应出具该单位的证明;申请人为个人的,应出具该本人的身份证件。对于代理付款银行查询的该张银行汇票,应在汇票提示付款期满后方能办理退款。出票银行对于转账银行汇票的退款,只能转入原申请人账户;对于符合规定填明"现金"字样银行汇票的退款,才能退付现金。

申请人缺少解讫通知要求退款的,出票银行应于银行汇票提示付款期满1个月后办理。

第七十一条 银行汇票丧失,失票人可以凭人民法院出具的其享有票据权利的证明,向出票银行请求付款或退款。

第三节 商业汇票

第七十二条 商业汇票是出票人签发的,委托付款人在指定日期无条件支付确定的金额给收款人或者持票人的票据。

第七十三条 商业汇票分为商业承兑汇票和银行承兑汇票。

商业承兑汇票由银行以外的付款人承兑。

银行承兑汇票由银行承兑。

商业汇票的付款人为承兑人。

第七十四条 在银行开立存款账户的法人以及其他组织之间,必须具有真实的交易关系或债权债务关系,才能使用商业汇票。

第七十五条 商业承兑汇票的出票人,为在银行开立存款账户的法人以及其他组织,与付款人具有真实的委托付款关系,具有支付汇票金额的可靠资金来源。

第七十六条 银行承兑汇票的出票人必须具备下列条件:

(一)在承兑银行开立存款账户的法人以及其他组织;

(二)与承兑银行具有真实的委托付款关系;

(三)资信状况良好,具有支付汇票金额的可靠资金来源。

第七十七条 出票人不得签发无对价的商业汇票用以骗取银行或者其他票据当事人的资金。

第七十八条 签发商业汇票必须记载下列事项:

(一)表明"商业承兑汇票"或"银行承兑汇票"的字样;

(二)无条件支付的委托;

(三)确定的金额;

(四)付款人名称;

(五)收款人名称;

(六)出票日期;

(七)出票人签章。

欠缺记载上列事项之一的,商业汇票无效。

第七十九条 商业承兑汇票可以由付款人签发并承兑,也可以由收款人签发交由付款人承兑。

银行承兑汇票应由在承兑银行开立存款账户的存款人签发。

第八十条 商业汇票可以在出票时向付款人提示承兑后使用,也可以在出票后先使用再向付款人提示承兑。

定日付款或者出票后定期付款的商业汇票,持票人应当在汇票到期日前向付款人提示承兑。见票后定期付款的汇票,持票人应当自出票日起1个月内向付款人提示承兑。

汇票未按照规定期限提示承兑的,持票人丧失对其前手的追索权。

第八十一条 商业汇票的付款人接到出票人或持票人向其提示承兑的汇票时,应当向出票人或持票人签发收到汇票的回单,记明汇票提示承兑日期并签章。付款人应当在自收到提示承兑的汇票之日起3日内承兑或者拒绝承兑。

付款人拒绝承兑的,必须出具拒绝承兑的证明。

第八十二条　商业汇票的承兑银行,必须具备下列条件:
(一)与出票人具有真实的委托付款关系;
(二)具有支付汇票金额的可靠资金;
(三)内部管理完善,经其法人授权的银行审定。

第八十三条　银行承兑汇票的出票人或持票人向银行提示承兑时,银行的信贷部门负责按照有关规定和审批程序,对出票人的资格、资信、购销合同和汇票记载的内容进行认真审查,必要时可由出票人提供担保。符合规定和承兑条件的,与出票人签订承兑协议。

第八十四条　付款人承兑商业汇票,应当在汇票正面记载"承兑"字样和承兑日期并签章。

第八十五条　付款人承兑商业汇票,不得附有条件;承兑附有条件的,视为拒绝承兑。

第八十六条　银行承兑汇票的承兑银行,应按票面金额向出票人收取5‰的手续费。

第八十七条　商业汇票的付款期限,最长不得超过6个月。

定日付款的汇票付款期限自出票日起计算,并在汇票上记载具体的到期日。

出票后定期付款的汇票付款期限自出票日起按月计算,并在汇票上记载。

见票后定期付款的汇票付款期限自承兑或拒绝承兑日起按月计算,并在汇票上记载。

第八十八条　商业汇票的提示付款期限,自汇票到期日起10日。

持票人应在提示付款期限内通过开户银行委托收款或直接向付款人提示付款。对异地委托收款的,持票人可匡算邮程,提前通过开户银行委托收款。持票人超过提示付款期限提示付款的,持票人开户银行不予受理。

第八十九条　商业承兑汇票的付款人开户银行收到通过委托收款寄来的商业承兑汇票,将商业承兑汇票留存,并及时通知付款人。

(一)付款人收到开户银行的付款通知,应在当日通知银行付款。付款人在接到通知日的次日起3日内(遇法定休假日顺延,下同)未通知银行付款的,视同付款人承诺付款,银行应于付款人接到通知日的次日起第4日(法定休假日顺延,下同)上午开始营业时,将票款划给持票人。

付款人提前收到由其承兑的商业汇票,应通知银行于汇票到期日付款。付款人在接到通知日的次日起3日内未通知银行付款的,付款人接到通知日的次日起第4日在汇票到期日之前的,银行应于汇票到期日将票款划给持票人。

(二)银行在办理划款时,付款人存款账户不足支付的,应填制付款人未付票款通知书,连同商业承兑汇票邮寄持票人开户银行转交持票人。

(三)付款人存在合法抗辩事由拒绝支付的,应自接到通知日的次日起3日内,作成拒绝付款证明送交开户银行,银行将拒绝付款证明和商业承兑汇票邮寄持票人开户银行转交持票人。

第九十条　银行承兑汇票的出票人应于汇票到期前将票款足额交存其开户银行。承兑银行应在汇票到期日或到期日后的见票当日支付票款。

承兑银行存在合法抗辩事由拒绝支付的,应自接到商业汇票的次日起3日内,作成拒绝付款证明,连同商业银行承兑汇票邮寄持票人开户银行转交持票人。

第九十一条　银行承兑汇票的出票人于汇票到期日未能足额交存票款时,承兑银行除凭票向持票人无条件付款外,对出票人尚未支付的汇票金额按照每天5‰计收利息。

第九十二条　商业汇票的持票人向银行办理贴现必须具备下列条件:
(一)在银行开立存款账户的企业法人以及其他组织;
(二)与出票人或者直接前手之间具有真实的商品交易关系;
(三)提供与其直接前手之间的增值税发票和商品发运单据复印件。

第九十三条　符合条件的商业汇票的持票人可持未到期的商业汇票连同贴现凭证向银行申请贴现。贴现银行可持未到期的商业汇票向其他银行转贴现,也可向中国人民银行申请再贴现。贴现、转贴现、再贴现时,应作成转让背书,并提供贴现申请人与其直接前手之间的增值税发票和商品发运单据复印件。

第九十四条　贴现、转贴现和再贴现的期限从其贴现之日起至汇票到期日止。实付贴现金额按票面金额扣除贴现日至汇票到期前1日的利息计算。

承兑人在异地的,贴现、转贴现和再贴现的期限以及贴现利息的计算应另加3天的划款日期。

第九十五条　贴现、转贴现、再贴现到期,贴现、转贴现、再贴现银行应向付款人收取票款。不获付款的,贴现、转贴现、再贴现银行应向其前手追索票款。贴现、再贴现银行追索票款时可从申请人的存款账户收取票款。

第九十六条 存款人领购商业汇票,必须填写"票据和结算凭证领用单"并签章,签章应与预留银行的签章相符。存款账户结清时,必须将全部剩余空白商业汇票交回银行注销。

第四节 银行本票

第九十七条 银行本票是银行签发的,承诺自己在见票时无条件支付确定的金额给收款人或者持票人的票据。

第九十八条 单位和个人在同一票据交换区域需要支付各种款项,均可以使用银行本票。

银行本票可以用于转账,注明"现金"字样的银行本票可以用于支取现金。

第九十九条 银行本票分为不定额本票和定额本票两种。

第一百条 银行本票的出票人,为经中国人民银行当地分支行批准办理银行本票业务的银行机构。

第一百零一条 签发银行本票必须记载下列事项:

(一)表明"银行本票"的字样;
(二)无条件支付的承诺;
(三)确定的金额;
(四)收款人名称;
(五)出票日期;
(六)出票人签章。

欠缺记载上列事项之一的,银行本票无效。

第一百零二条 定额银行本票面额为1千元、5千元、1万元和5万元。

第一百零三条 银行本票的提示付款期限自出票日起最长不得超过2个月。

持票人超过付款期限提示付款的,代理付款人不予受理。

银行本票的代理付款人是代理出票银行审核支付银行本票款项的银行。

第一百零四条 申请人使用银行本票,应向银行填写"银行本票申请书",填明收款人名称、申请人名称、支付金额、申请日期等事项并签章。申请人和收款人均为个人需要支取现金的,应在"支付金额"栏先填写"现金"字样,后填写支付金额。

申请人或收款人为单位的,不得申请签发现金银行本票。

第一百零五条 出票银行受理银行本票申请书,收妥款项签发银行本票。用于转账的,在银行本票上划去"现金"字样;申请人和收款人均为个人需要支取现金的,在银行本票上划去"转账"字样。不定额银行本票用压数机压印出票金额。出票银行在银行本票上签章后交给申请人。

申请人或收款人为单位的,银行不得为其签发现金银行本票。

第一百零六条 申请人应将银行本票交付给本票上记明的收款人。

收款人受理银行本票时,应审查下列事项:

(一)收款人是否确为本单位或本人;
(二)银行本票是否在提示付款期限内;
(三)必须记载的事项是否齐全;
(四)出票人签章是否符合规定,不定额银行本票是否有压数机压印的出票金额,并与大写出票金额一致;
(五)出票金额、出票日期、收款人名称是否更改,更改的其他记载事项是否由原记载人签章证明。

第一百零七条 收款人可以将银行本票背书转让给被背书人。

被背书人受理银行本票时,除按照第一百零六条的规定审查外,还应审查下列事项:

(一)背书是否连续,背书人签章是否符合规定,背书使用粘单的是否按规定签章;
(二)背书人为个人的身份证件。

第一百零八条 银行本票见票即付。跨系统银行本票的兑付,持票人开户银行可根据中国人民银行规定的金融机构同业往来利率向出票银行收取利息。

第一百零九条 在银行开立存款账户的持票人向开户银行提示付款时,应在银行本票背面"持票人向银行提示付款签章"处签章,签章须与预留银行签章相同,并将银行本票、进账单送交开户银行。银行审查无误后办理转账。

第一百一十条 未在银行开立存款账户的个人持票人,凭注明"现金"字样的银行本票向出票银行支取现金的,应在银行本票背面签章,记载本人身份证件名称、号码及发证机关,并交验本人身份证件及其复印件。

持票人对注明"现金"字样的银行本票需要委托他人向出票银行提示付款的,应在银行本票背面"持票人向银行提示付款签章"处签章,记载"委托收款"字样、被委托人姓名和背书日期以及委托人身份证件名称、号码、发证机关。被委托人向出票银行提示付款时,也应在银行本票背面"持票人向银行提示付款签章"处签章,记载证件名称、号码及发证机关,并同时交验委托人和被委托人的身份证件及其复印件。

第一百一十一条 持票人超过提示付款期限不获付款的,在票据权利时效内向出票银行作出说明,并提供本人身份证件或单位证明,可持银行本票向出票银行请求付款。

第一百一十二条 申请人因银行本票超过提示付款期限或其他原因要求退款时,应将银行本票提交到出票银行,申请人为单位的,应出具该单位的证明;申请人为个人的,应出具该本人的身份证件。出票银行对于在本行开立存款账户的申请人,只能将款项转入原申请人账户;对于现金银行本票和未在本行开立存款账户的申请人,才能退付现金。

第一百一十三条 银行本票丧失,失票人可以凭人民法院出具的其享有票据权利的证明,向出票银行请求付款或退款。

第五节 支 票

第一百一十四条 支票是出票人签发的,委托办理支票存款业务的银行在见票时无条件支付确定的金额给收款人或者持票人的票据。

第一百一十五条 支票上印有"现金"字样的为现金支票,现金支票只能用于支取现金。

支票上印有"转账"字样的为转账支票,转账支票只能用于转账。

支票上未印有"现金"或"转账"字样的为普通支票,普通支票可以用于支取现金,也可以用于转账。在普通支票左上角划两条平行线的,为划线支票,划线支票只能用于转账,不得支取现金。

第一百一十六条 单位和个人在同一票据交换区域的各种款项结算,均可以使用支票。

第一百一十七条 支票的出票人,为在经中国人民银行当地分支行批准办理支票业务的银行机构开立可以使用支票的存款账户的单位和个人。

第一百一十八条 签发支票必须记载下列事项:
(一)表明"支票"的字样;
(二)无条件支付的委托;
(三)确定的金额;
(四)付款人名称;
(五)出票日期;
(六)出票人签章。
欠缺记载上列事项之一的,支票无效。
支票的付款人为支票上记载的出票人开户银行。

第一百一十九条 支票的金额、收款人名称,可以由出票人授权补记。未补记前不得背书转让和提示付款。

第一百二十条 签发支票应使用炭素墨水或墨汁填写,中国人民银行另有规定的除外。

第一百二十一条 签发现金支票和用于支取现金的普通支票,必须符合国家现金管理的规定。

第一百二十二条 支票的出票人签发支票的金额不得超过付款时在付款人处实有的存款金额。禁止签发空头支票。

第一百二十三条 支票的出票人预留银行签章是银行审核支票付款的依据。银行也可以与出票人约定使用支付密码,作为银行审核支付支票金额的条件。

第一百二十四条 出票人不得签发与其预留银行签章不符的支票;使用支付密码的,出票人不得签发支付密码错误的支票。

第一百二十五条 出票人签发空头支票、签章与预留银行签章不符的支票、使用支付密码地区,支付密码错误的支票,银行应予以退票,并按票面金额处以5%但不低于1000元的罚款;持票人有权要求出票人赔偿支票金额2%的赔偿金。对屡次签发的,银行应停止其签发支票。

第一百二十六条 支票的提示付款期限自出票日起10日,但中国人民银行另有规定的除外。超过提示付款期限提示付款的,持票人开户银行不予受理,付款人不予付款。

第一百二十七条 持票人可以委托开户银行收款或直接向付款人提示付款。用于支取现金的支票仅限于收款人向付款人提示付款。

持票人委托开户银行收款的支票,银行应通过票据交换系统收妥后入账。

持票人委托开户银行收款时,应作委托收款背书,在支票背面背书人签章栏签章、记载"委托收款"字样、背书日期,在被背书人栏记载开户银行名称,并将支票和填制的进账单送交开户银行。持票人持用于转账的支票向付款人提示付款时,应在支票背面背书人签章栏签章,并将支票和填制的进账单交送出票人开户银行。收款人持用于支取现金的支票向付款人提示付款时,应在支票背面"收款人签章"处签章,持票人为个人的,还需交验本人身份证件,并在支票背面注明证件名称、号码及发证机关。

第一百二十八条 出票人在付款人处的存款足以支付支票金额时,付款人应当在见票当日足额付款。

第一百二十九条 存款人领购支票,必须填写"票据和结算凭证领用单"并签章,签章应与预留银行的签章相符。存款账户结清时,必须将全部剩余空白支票交回银行注销。

第三章 信用卡

第一百三十条 信用卡是指商业银行向个人和单位发行的,凭以向特约单位购物、消费和向银行存取现金,且具有消费信用的特制载体卡片。

第一百三十一条 信用卡按使用对象分为单位卡和个人卡;按信誉等级分为金卡和普通卡。

第一百三十二条 商业银行(包括外资银行、合资银行)、非银行金融机构未经中国人民银行批准不得发行信用卡。

非金融机构、境外金融机构的驻华代表机构不得发行信用卡和代理收单结算业务。

第一百三十三条 申请发行信用卡的银行、非银行金融机构,必须具备下列条件:

(一)符合中国人民银行颁布的商业银行资产负债比例监控指标;

(二)相应的管理机构;

(三)合格的管理人员和技术人员;

(四)健全的管理制度和安全制度;

(五)必要的电信设备和营业场所;

(六)中国人民银行规定的其他条件。

第一百三十四条 商业银行、非银行金融机构开办信用卡业务须报经中国人民银行总行批准;其所属分、支机构开办信用卡业务,须报经辖区内中国人民银行分、支行备案。

第一百三十五条 凡在中国境内金融机构开立基本存款账户的单位可申领单位卡。单位卡可申领若干张,持卡人资格由申领单位法定代表人或其委托的代理人书面指定和注销。

凡具有完全民事行为能力的公民可申领个人卡。个人卡的主卡持卡人可为其配偶及年满18周岁的亲属申领附属卡,申领的附属卡最多不得超过两张,也有权要求注销其附属卡。

第一百三十六条 单位或个人申领信用卡,应按规定填制申请表,连同有关资料一并送交发卡银行。符合条件并按银行要求交存一定金额的备用金后,银行为申领人开立信用卡存款账户,并发给信用卡。

第一百三十七条 单位卡账户的资金一律从其基本存款账户转账存入,不得交存现金,不得将销货收入的款项存入其账户。

个人卡账户的资金以其持有的现金存入或以其工资性款项及属于个人的劳务报酬收入转账存入。严禁将单位的款项存入个人卡账户。

第一百三十八条 发卡银行可根据申请人的资信程度,要求其提供担保。担保的方式可采用保证、抵押或质押。

第一百三十九条 信用卡备用金存款利息,按照中国人民银行规定的活期存款利率及计息办法计算。

第一百四十条 信用卡仅限于合法持卡人本人使用,持卡人不得出租或转借信用卡。

第一百四十一条 发卡银行应建立授权审批制度;信用卡结算超过规定限额的必须取得发卡银行的授权。

第一百四十二条 持卡人可持信用卡在特约单位购物、消费。单位卡不得用于10万元以上的商品交易、劳务供应款项的结算。

第一百四十三条 持卡人凭卡购物、消费时,需将信用卡和身份证件一并交特约单位。智能卡(下称IC卡)、照片卡可免验身份证件。

特约单位不得拒绝受理持卡人合法持有的、签约银行发行的有效信用卡,不得因持卡人使用信用卡而向其收取附加费用。

第一百四十四条 特约单位受理信用卡时,应审查下列事项:

(一)确为本单位可受理的信用卡;

(二)信用卡在有效期内,未列入"止付名单";

(三)签名条上没有"样卡"或"专用卡"等非正常签名的字样;

(四)信用卡无打孔、剪角、毁坏或涂改的痕迹;

(五)持卡人身份证件或卡片上的照片与持卡人相符,但使用IC卡、照片卡或持卡人凭密码在销售点终端上消费、购物,可免验身份证件(下同);

(六)卡片正面的拼音姓名与卡片背面的签名和身份证件上的姓名一致。

第一百四十五条 特约单位受理信用卡审查无误的,在签购单上压卡,填写实际结算金额、用途、持卡人身份证件号码、特约单位名称和编号。如超过支付限额的,应向发卡银行索权并填写授权号码,交持卡人签名确认,同时核对其签名与卡片背面签名是否一致。无误后,对同意按经办人填写的金额和用途付款的,由持卡人在签购单上签名确认,并将信用卡、身份证件和第一联签购单交还给持卡人。

审查发现问题的,应及时与签约银行联系,征求处理意见。对止付的信用卡,应收回并交还发卡银行。

第一百四十六条 特约单位不得通过压卡、签单和退货等方式支付持卡人现金。

第一百四十七条 特约单位在每日营业终了,应将当日受理的信用卡签购单汇总,计算手续费和净计金额,并填写汇(总)计单和进账单,连同签购单一并送交收单银行办理进账。

第一百四十八条 收单银行接到特约单位送交的各种单据,经审查无误后,为特约单位办理进账。

第一百四十九条 持卡人要求退货的,特约单位应使用退货单办理压(刷)卡,并将退货单金额从当日签购单累计金额中抵减,退货单随签购单一并送交收单银行。

第一百五十条 单位卡一律不得支取现金。

第一百五十一条 个人卡持卡人在银行支取现金时,应将信用卡和身份证件一并交发卡银行或代理银行。IC卡、照片卡以及凭密码在POS上支取现金的可免验身份证件。

发卡银行或代理银行压(刷)卡后,填写取现单,经审查无误,交持卡人签名确认。超过支付限额的,代理银行应向发卡银行索权,并在取现单上填写授权号码。办理付款手续后,将现金、信用卡、身份证件和取现单回单联交给持卡人。

第一百五十二条 发卡银行收到代理银行通过同城票据交换或本系统联行划转的各种单据审核无误后办理付款。

第一百五十三条 信用卡透支额,金卡最高不得超过1万元,普通卡最高不得超过5000元。

信用卡透支期限最长为60天。

第一百五十四条 信用卡透支利息,自签单日或银行记账日起15日内按日息5‰计算,超过15日按日息10‰计算,超过30日或透支金额超过规定限额,按日息15‰计算。透支计息不分段,按最后期限或者最高透支额的最高利率档次计息。

第一百五十五条 持卡人使用信用卡不得发生恶意透支。

恶意透支是指持卡人超过规定限额或规定期限,并且经发卡银行催收无效的透支行为。

第一百五十六条 单位卡在使用过程中,需要向其账户续存资金的,一律从其基本存款账户转账存入。

个人卡在使用过程中,需要向其账户续存资金的,只限于其持有的现金存入和工资性款项以及属于个人的劳务报酬收入转账存入。

第一百五十七条 个人卡持卡人或其代理人交存现金,应在发卡银行或其代理银行办理。

持卡人凭信用卡在发卡银行或代理银行交存现金的,银行经审查并收妥现金后,在存款单上压卡,将存款单回单联及信用卡交给持卡人。

持卡人委托他人在不压卡的情况下代为办理交存现金的,代理人应在信用卡存款单上填写持卡人的卡号、姓名、存款金额等内容,并将现金送交银行办理交存手续。

第一百五十八条 发卡银行收到代理银行通过同城票据交换或本系统联行划转的各种单据审核无误后,为持卡人办理收款。

第一百五十九条 持卡人不需要继续使用信用卡的,应持信用卡主动到发卡银行办理销户。

销户时,单位卡账户余额转入其基本存款账户,不得提取现金;个人卡账户可以转账结清,也可以提取现金。

第一百六十条 持卡人还清透支本息后,属于下列情况之一的,可以办理销户:

(一)信用卡有效期满45天后,持卡人不更换新卡的;

(二)信用卡挂失满45天后,没有附属卡又不更换新卡的;

(三)信用卡被列入止付名单,发卡银行已收回其信用卡45天的;

(四)持卡人死亡,发卡银行已收回其信用卡45天的;

(五)持卡人要求销户或担保人撤销担保,并已交回全部信用卡45天的;

(六)信用卡账户两年(含)以上未发生交易的;

(七)持卡人违反其他规定,发卡银行认为应该取消资格的。

发卡银行办理销户,应当收回信用卡。有效信用卡无法收回的,应当将其止付。

第一百六十一条 信用卡丧失,持卡人应立即持本人身份证件或其他有效证明,并按规定提供有关情况,向发卡银行或代办银行申请挂失。发卡银行或代办银行审核后办理挂失手续。

第四章 结算方式

第一节 基本规定

第一百六十二条 本办法所称结算方式,是指汇兑、托收承付和委托收款。

第一百六十三条 单位在结算凭证上的签章,应为该单位的财务专用章或者公章加其法定代表人或者其授权的代理人的签名或者盖章。

第一百六十四条 银行办理结算,给单位或个人的收、付款通知和汇兑回单,应加盖该银行的转讫章;银行给单位或个人的托收承付、委托收款的回单和向付款人发出的承付通知,应加盖该银行的业务公章。

第一百六十五条 结算凭证上的记载事项,必须符合本办法的规定。结算凭证上可以记载本办法规定以外的其他记载事项,除国家和中国人民银行另有规定外,该记载事项不具有支付结算的效力。

第一百六十六条 按照本办法的规定必须在结算凭证上记载汇款人、付款人和收款人账号的,账号与户名必须一致。

第一百六十七条 银行办理结算向外发出的结算凭证,必须于当日至迟次日寄发;收到的结算凭证,必须及时将款项支付给结算凭证上记载的收款人。

第二节 汇 兑

第一百六十八条 汇兑是汇款人委托银行将其款项支付给收款人的结算方式。

第一百六十九条 单位和个人的各种款项的结算,均可使用汇兑结算方式。

第一百七十条 汇兑分为信汇、电汇两种,由汇款人选择使用。

第一百七十一条 签发汇兑凭证必须记载下列事项:

(一)表明"信汇"或"电汇"的字样;
(二)无条件支付的委托;
(三)确定的金额;
(四)收款人名称;
(五)汇款人名称;
(六)汇入地点、汇入行名称;
(七)汇出地点、汇出行名称;
(八)委托日期;
(九)汇款人签章。

汇兑凭证上欠缺上列记载事项之一的,银行不予受理。

汇兑凭证记载的汇款人名称、收款人名称,其在银行开立存款账户的,必须记载其账号。欠缺记载的,银行不予受理。

委托日期是指汇款人向汇出银行提交汇兑凭证的当日。

第一百七十二条 汇兑凭证上记载收款人为个人的,收款人需要到汇入银行领取汇款,汇款人应在汇兑凭证上注明"留行待取"字样;留行待取的汇款,需要指定单位的收款人领取汇款的,应注明收款人的单位名称;信汇凭收款人签章支取的,应在信汇凭证上预留其签章。

汇款人确定不得转汇的,应在汇兑凭证备注栏注明"不得转汇"字样。

第一百七十三条 汇款人和收款人均为个人,需要在汇入银行支取现金的,应在信、电汇凭证的"汇款金额"大写栏,先填写"现金"字样,后填写汇款金额。

第一百七十四条 汇出银行受理汇款人签发的汇兑凭证,经审查无误后,应及时向汇入银行办理汇款,并向汇款人签发汇款回单。

汇款回单只能作为汇出银行受理汇款的依据,不能作为该笔汇款已转入收款人账户的证明。

第一百七十五条 汇入银行对开立存款账户的收款人,应将汇给其的款项直接转入收款人账户,并向其发出收账通知。

收账通知是银行将款项确已收入收款人账户的凭据。

第一百七十六条 未在银行开立存款账户的收款人,凭信、电汇的取款通知或"留行待取"的,向汇入银行支取款项,必须交验本人的身份证件,在信、电汇凭证上注明证件名称、号码及发证机关,并在"收款人签盖章"处签章;信汇凭签章支取的,收款人的签章必须与预留信汇凭证上的签章相符。银行审查无误后,以收款人的姓名开立应解汇款及临时存款账户,该账户只付不收,付完清户,不计付利息。

支取现金的,信、电汇凭证上必须有按规定填明的"现金"字样,才能办理。未填明"现金"字样,需要支取现金的,由汇入银行按照国家现金管理规定审查支付。

收款人需要委托他人向汇入银行支取款项的,应在取款通知上签章,注明本人身份证件名称、号码、发证机关和"代理"字样以及代理人姓名。代理人代理取款时,也应在取款通知上签章,注明其身份证件名称、号码及发证机关,并同时交验代理人和被代理人的身份证件。

转账支付的,应由原收款人向银行填制支款凭证,并由本人交验其身份证件办理支付款项。该账户的款项只能转入单位或个体工商户的存款账户,严禁转入储蓄和信用卡账户。

转汇的,应由原收款人向银行填制信、电汇凭证,并由本人交验其身份证件。转汇的收款人必须是原收款人。原汇入银行必须在信、电汇凭证上加盖"转汇"戳记。

第一百七十七条 汇款人对汇出银行尚未汇出的款

项可以申请撤销。申请撤销时，应出具正式函件或本人身份证件及原信、电汇回单。汇出银行查明确未汇出款项的，收回原信、电汇回单，方可办理撤销。

第一百七十八条 汇款人对汇出银行已经汇出的款项可以申请退汇。对在汇入银行开立存款账户的收款人，由汇款人与收款人自行联系退汇；对未在汇入银行开立存款账户的收款人，汇款人应出具正式函件或本人身份证件以及原信、电汇回单，由汇出银行通知汇入银行，经汇入银行核实汇款确未支付，并将款项汇回汇出银行，方可办理退汇。

第一百七十九条 转汇银行不得受理汇款人或汇出银行对汇款的撤销或退汇。

第一百八十条 汇入银行对于收款人拒绝接受的汇款，应即办理退汇。汇入银行对于向收款人发出取款通知，经过2个月无法交付的汇款，应主动办理退汇。

第三节 托收承付

第一百八十一条 托收承付是根据购销合同由收款人发货后委托银行向异地付款人收取款项，由付款人向银行承认付款的结算方式。

第一百八十二条 使用托收承付结算方式的收款单位和付款单位，必须是国有企业、供销合作社以及经营管理较好，并经开户银行审查同意的城乡集体所有制工业企业。

第一百八十三条 办理托收承付结算的款项，必须是商品交易，以及因商品交易而产生的劳务供应的款项。代销、寄销、赊销商品的款项，不得办理托收承付结算。

第一百八十四条 收付双方使用托收承付结算必须签有符合《经济合同法》的购销合同，并在合同上订明使用托收承付结算方式。

第一百八十五条 收付双方办理托收承付结算，必须重合同、守信用。收款人对同一付款人发货托收累计3次收不回货款的，收款人开户银行应暂停收款人向该付款人办理托收；付款人累计3次提出无理拒付的，付款人开户银行应暂停其向外办理托收。

第一百八十六条 收款人办理托收，必须具有商品确已发运的证件（包括铁路、航运、公路等运输部门签发运单、运单副本和邮局包裹回执）。

没有发运证件，属于下列情况的，可凭其他有关证件办理托收：

（一）内贸、外贸部门系统内商品调拨，自备运输工具发送或自提的；易燃、易爆、剧毒、腐蚀性强的商品，以及电、石油、天然气等必须使用专用工具或线路、管道运输的，可凭付款人确已收到商品的证明（粮食部门凭提货单及发货明细表）。

（二）铁道部门的材料厂向铁道系统供应专用器材，可凭其签发注明车辆号码和发运日期的证明。

（三）军队使用军列整车装运物资，可凭注明车辆号码、发运日期的单据；军用仓库对军内发货，可凭总后勤部签发的提货单副本，各大军区、省军区也可比照办理。

（四）收款人承造或大修理船舶、锅炉和大型机器等，生产周期长，合同规定按工程进度分次结算的，可凭工程进度完工证明书。

（五）付款人购进的商品，在收款人所在地转厂加工、配套的，可凭付款人和承担加工、配套单位的书面证明。

（六）合同规定商品由收款人暂时代为保管的，可凭寄存证及付款人委托保管商品的证明。

（七）使用"铁路集装箱"或将零担凑整车发运商品的，由于铁路只签发一张运单，可凭持有发运证件单位出具的证明。

（八）外贸部门进口商品，可凭国外发来的账单、进口公司开出的结算账单。

第一百八十七条 托收承付结算每笔的金额起点为1万元。新华书店系统每笔的金额起点为1000元。

第一百八十八条 托收承付结算款项的划回方法，分邮寄和电报两种，由收款人选用。

第一百八十九条 签发托收承付凭证必须记载下列事项：

（一）表明"托收承付"的字样；
（二）确定的金额；
（三）付款人名称及账号；
（四）收款人名称及账号；
（五）付款人开户银行名称；
（六）收款人开户银行名称；
（七）托收附寄单证张数或册数；
（八）合同名称、号码；
（九）委托日期；
（十）收款人签章。

托收承付凭证上欠缺记载上列事项之一的，银行不予受理。

第一百九十条 托收。收款人按照签订的购销合同发货后，委托银行办理托收。

（一）收款人应将托收凭证并附发运证件或其他符合托收承付结算的有关证明和交易单证送交银行。收款人如需取回发运证件,银行应在托收凭证上加盖"已验发运证件"戳记。

对于军品托收,有驻厂军代表检验产品或有指定专人负责财务监督的,收款人还应当填制盖有驻厂军代表或指定人员印章(要在银行预留印模)的结算通知单,将交易单证和发运证件装入密封袋,并在密封袋上填明托收号码;同时,在托收凭证上填明结算通知单和密封袋的号码。然后,将托收凭证和结算通知单送交银行办理托收。

没有驻厂军代表使用代号明件办理托收的,不填结算通知单,但应在交易单证上填写保密代号,按照正常托收办法处理。

(二)收款人开户银行接到托收凭证及其附件后,应当按照托收的范围、条件和托收凭证记载的要求认真进行审查,必要时,还应查收付款人签订的购销合同。凡不符合要求或违反购销合同发货的,不能办理。审查时间最长不得超过次日。

第一百九十一条 承付。付款人开户银行收到托收凭证及其附件后,应当及时通知付款人。通知的方法,可以根据具体情况与付款人签订协议,采取付款人来行自取、派人送达、对距离较远的付款人邮寄等。付款人应在承付期内审查核对,安排资金。

承付货款分为验单付款和验货付款两种,由收付双方商量选用,并在合同中明确规定。

(一)验单付款。验单付款的承付期为3天,从付款人开户银行发出承付通知的次日算起(承付期内遇法定休假日顺延)。

付款人在承付期内,未向银行表示拒绝付款,银行即视作承付,并在承付期满的次日(法定休假日顺延)上午银行开始营业时,将款项主动从付款人的账户内付出,按照收款人指定的划款方式,划给收款人。

(二)验货付款。验货付款的承付期为10天,从运输部门向付款人发出提货通知的次日算起。对收付双方在合同中明确规定,并在托收凭证上注明验货付款期限的,银行从其规定。

付款人收到提货通知后,应即向银行交验提货通知。付款人在银行发出承付通知的次日起10天内,未收到提货通知的,应在第10天将货物尚未到达的情况通知银行。在第10天付款人没有通知银行的,银行即视作已经验货,于10天期满的次日上午银行开始营业时,将款项划给收款人;在第10天付款人通知银行货物未到,而以后收到提货通知没有及时送交银行,银行仍按10天期满的次日作为划款日期,并按超过的天数,计扣逾期付款赔偿金。

采用验货付款的,收款人必须在托收凭证上加盖明显的"验货付款"字样戳记。托收凭证未注明验货付款,经付款人提出合同证明是验货付款的,银行可按验货付款处理。

(三)不论验单付款还是验货付款,付款人都可以在承付期内提前向银行表示承付,并通知银行提前付款,银行应立即办理划款;因商品的价格、数量或金额变动,付款人应多承付款项的,须在承付期内向银行提出书面通知,银行据以随同当次托收款项划给收款人。

付款人不得在承付货款中,扣抵其他款项或以前托收的货款。

第一百九十二条 逾期付款。付款人在承付期满日银行营业终了时,如无足够资金支付,其不足部分,即为逾期未付款项,按逾期付款处理。

(一)付款人开户银行对付款人逾期支付的款项,应当根据逾期付款金额和逾期天数,按每天5‰计算逾期付款赔偿金。

逾期付款天数从承付期满日算起。承付期满日银行营业终了时,付款人如无足够资金支付,其不足部分,应当算作逾期1天,计算1天的赔偿金。在承付期满的次日(遇法定休假日,逾期付款赔偿金的天数计算相应顺延,但在以后遇法定休假日应当照算逾期天数)银行营业终了时,仍无足够资金支付,其不足部分,应当算作逾期2天,计算2天的赔偿金。余类推。

银行审查拒绝付款期间,不能算作付款人逾期付款,但对无理的拒绝付款,而增加银行审查时间的,应从承付期满日起计算逾期付款赔偿金。

(二)赔偿金实行定期扣付,每月计算一次,于次月3日内单独划给收款人。在月内有部分付款的,其赔偿金随同部分支付的款项划给收款人,对尚未支付的款项,月终再计算赔偿金,于次月3日内划给收款人;次月又有部分付款时,从当月1日起计算赔偿金,随同部分支付的款项划给收款人,对尚未支付的款项,从当月1日起至月终再计算赔偿金,于第3月3日内划给收款人。第3月仍有部分付款的,按照上述方法计扣赔偿金。

赔偿金的扣付列为企业销货收入扣款顺序的首位。付款人账户余额不足全额支付时,应排列在工资之前,并对该账户采取"只收不付"的控制办法,待一次足额扣付赔偿金后,才准予办理其他款项的支付。因此而产生的经济后果,由付款人自行负责。

(三)付款人开户银行对付款人逾期未能付款的情

况,应当及时通知收款人开户银行,由其转知收款人。

(四)付款人开户银行要随时掌握付款人账户逾期未付的资金情况,俟账户有款时,必须将逾期未付款项和应付的赔偿金及时扣划给收款人,不得拖延扣划。在各单位的流动资金账户内扣付货款,要严格按照国务院关于国营企业销货收入扣款顺序的规定(即从企业销货收入中预留工资后,按照应缴纳税款、到期贷款、应偿付货款、应上缴利润的顺序)扣款;同类性质的款项按照应付时间的先后顺序扣款。

(五)付款人开户银行对不执行合同规定、三次拖欠货款的付款人,应当通知收款人开户银行转知收款人,停止对该付款人办理托收。收款人不听劝告,继续对该付款人办理托收,付款人开户银行对发出通知的次日起1个月之后收到的托收凭证,可以拒绝受理,注明理由,原件退回。

(六)付款人开户银行对逾期未付的托收凭证,负责进行扣款的期限为3个月(从承付期满日算起)。在此期限内,银行必须按照扣款顺序陆续扣款。期满时,付款人仍无足够资金支付该笔尚未付清的欠款,银行应于次日通知付款人将有关交易单证(单证已作账务处理或已部分支付的,可以填制应付款项证明单)在2日内退回银行。银行将有关结算凭证连同交易单证或应付款项证明单退回收款人开户银行转交收款人,并将应付的赔偿金划给收款人。

对付款人逾期不退回单证的,开户银行应当自发出通知的第3天起,按照该笔尚未付清欠款的金额,每天处以5‰但不低于50元的罚款,并暂停付款人向外办理结算业务,直到退回单证时止。

第一百九十三条 拒绝付款。对下列情况,付款人在承付期内,可向银行提出全部或部分拒绝付款:

(一)没有签订购销合同或购销合同未订明托收承付结算方式的款项。

(二)未经双方事先达成协议,收款人提前交货或因逾期交货付款人不再需要该项货物的款项。

(三)未按合同规定的到货地址发货的款项。

(四)代销、寄销、赊销商品的款项。

(五)验单付款,发现所列货物的品种、规格、数量、价格与合同规定不符,或货物已到,经查验货物与合同规定或发货清单不符的款项。

(六)验货付款,经查验货物与合同规定或与发货清单不符的款项。

(七)货款已经支付或计算有错误的款项。

不属于上述情况的,付款人不得向银行提出拒绝付款。

外贸部门托收进口商品的款项,在承付期内,订货部门除因商品的质量问题不能提出拒绝付款,应当另行向外贸部门提出索赔外,属于上述其他情况,可以向银行提出全部或部分拒绝付款。

付款人对以上情况提出拒绝付款时,必须填写"拒付款理由书"并签章,注明拒绝付款理由,涉及合同的应引证合同上的有关条款。属于商品质量问题,需要提出商品检验部门的检验证明;属于商品数量问题,需要提出数量问题的证明及其有关数量的记录;属于外贸部门进口商品,应当提出国家商品检验或运输等部门出具的证明。

开户银行必须认真审查拒绝付款理由,查验合同。对于付款人提出拒绝付款的手续不全、依据不足、理由不符合规定和不属于本条七种拒绝付款情况的,以及超过承付期拒付和应当部分拒付提为全部拒付的,银行均不得受理,应实行强制扣款。

对于军品的拒绝付款,银行不审查拒绝付款理由。

银行同意部分或全部拒绝付款的,应在拒绝付款理由书上签注意见。部分拒绝付款,除办理部分付款外,应将拒绝付款理由书连同拒付证明和拒付商品清单邮寄收款人开户银行转交收款人。全部拒绝付款,应将拒绝付款理由书连同拒付证明和有关单证邮寄收款人开户银行转交收款人。

第一百九十四条 重办托收。收款人对被无理拒绝付款的托收款项,在收到退回的结算凭证及其所附单证后,需要委托银行重办托收,应当填写四联"重办托收理由书",将其中三联连同购销合同、有关证据和退回的原托收凭证及交易单证,一并送交银行。经开户银行审查,确属无理拒绝付款,可以重办托收。

第一百九十五条 收款人开户银行对逾期尚未划回,又未收到付款人开户银行寄来逾期付款通知或拒绝付款理由书的托收款项,应当及时发出查询。付款人开户银行要积极查明,及时答复。

第一百九十六条 付款人提出的拒绝付款,银行按照本办法规定审查无法判明是非的,应由收付双方自行协商处理,或向仲裁机关,人民法院申请调解或裁决。

第一百九十七条 未经开户银行批准使用托收承付结算方式的城乡集体所有制工业企业,收款人开户银行不得受理其办理托收;付款人开户银行对其承付的款项应按规定支付款项外,还要对该付款人按结算金额处以5%罚款。

第四节 委托收款

第一百九十八条 委托收款是收款人委托银行向付款人收取款项的结算方式。

第一百九十九条 单位和个人凭已承兑商业汇票、债券、存单等付款人债务证明办理款项的结算,均可以使用委托收款结算方式。

第二百条 委托收款在同城、异地均可以使用。

第二百零一条 委托收款结算款项的划回方式,分邮寄和电报两种,由收款人选用。

第二百零二条 签发委托收款凭证必须记载下列事项:

(一)表明"委托收款"的字样;
(二)确定的金额;
(三)付款人名称;
(四)收款人名称;
(五)委托收款凭据名称及附寄单证张数;
(六)委托日期;
(七)收款人签章。

欠缺记载上列事项之一的,银行不予受理。

委托收款以银行以外的单位为付款人的,委托收款凭证必须记载付款人开户银行名称;以银行以外的单位或在银行开立存款账户的个人为收款人的,委托收款凭证必须记载收款人开户银行名称;未在银行开立存款账户的个人为收款人的,委托收款凭证必须记载被委托银行名称。欠缺记载的,银行不予受理。

第二百零三条 委托。收款人办理委托收款应向银行提交委托收款凭证和有关的债务证明。

第二百零四条 付款。银行接到寄来的委托收款凭证及债务证明,审查无误办理付款。

(一)以银行为付款人的,银行应在当日将款项主动支付给收款人。

(二)以单位为付款人的,银行应及时通知付款人,按照有关办法规定,需要将有关债务证明交给付款人的应交给付款人,并签收。

付款人应于接到通知的当日书面通知银行付款。

按照有关办法规定,付款人未在接到通知日的次日起 3 日内通知银行付款的,视同付款人同意付款,银行应于付款人接到通知日的次日起第 4 日上午开始营业时,将款项划给收款人。

付款人提前收到由其付款的债务证明的,应通知银行于债务证明的到期日付款。付款人未于接到通知日的次日起 3 日内通知银行付款,付款人接到通知日的次日起

第 4 日在债务证明到期日之前的,银行应于债务证明到期日将款项划给收款人。

银行在办理划款时,付款人存款账户不足支付的,应通过被委托银行向收款人发出未付款项通知书。按照有关办法规定,债务证明留存付款人开户银行的,应将其债务证明连同未付款项通知书邮寄被委托银行转交收款人。

第二百零五条 拒绝付款。付款人审查有关债务证明后,对收款人委托收取的款项需要拒绝付款的,可以办理拒绝付款。

(一)以银行为付款人的,应自收到委托收款及债务证明的次日起 3 日内出具拒绝证明连同有关债务证明、凭证寄给被委托银行,转交收款人。

(二)以单位为付款人的,应在付款人接到通知日的次日起 3 日内出具拒绝证明,持有债务证明的,应将其送交开户银行。银行将拒绝证明、债务证明和有关凭证一并寄给被委托银行,转交收款人。

第二百零六条 在同城范围内,收款人收取公用事业费或根据国务院的规定,可以使用同城特约委托收款。

收取公用事业费,必须具有收付双方事先签订的经济合同,由付款人向开户银行授权,并经开户银行同意,报经中国人民银行当地分支行批准。

第五章 结算纪律与责任

第二百零七条 单位和个人办理支付结算,不准签发没有资金保证的票据或远期支票,套取银行信用;不准签发、取得和转让没有真实交易和债权债务的票据,套取银行和他人资金;不准无理拒绝付款,任意占用他人资金;不准违反规定开立和使用账户。

第二百零八条 银行办理支付结算,不准以任何理由压票、任意退票、截留挪用客户和他行资金;不准无理拒绝支付应由银行支付的票据款项;不准受理无理拒付、不扣少扣滞纳金;不准违章签发、承兑、贴现票据,套取银行资金;不准签发空头银行汇票、银行本票和办理空头汇款;不准在支付结算制度之外规定附加条件,影响汇路畅通;不准违反规定为单位和个人开立账户;不准拒绝受理、代理他行正常结算业务;不准放弃对企事业单位和个人违反结算纪律的制裁;不准逃避向人民银行转汇大额汇划款项。

第二百零九条 单位、个人和银行按照法定条件在票据上签章的,必须按照所记载的事项承担票据责任。

第二百一十条 单位签发商业汇票后,必须承担保证该汇票承兑和付款的责任。

单位和个人签发支票后，必须承担保证该支票付款的责任。

银行签发银行汇票、银行本票后，即承担该票据付款的责任。

第二百一十一条　商业汇票的背书人背书转让票据后，即承担保证其后手所持票据承兑和付款责任。

银行汇票、银行本票或支票的背书人背书转让票据后，即承担保证其后手所持票据付款的责任。

单位或银行承兑商业汇票后，必须承担该票据付款的责任。

第二百一十二条　票据的保证人应当与被保证人对持票人承担连带责任。

第二百一十三条　变造票据除签章以外的记载事项的，在变造之前签章的人，对原记载事项负责、在变造之后签章的人，对变造之后的记载事项负责；不能辨别在票据被变造之前或者之后签章的，视同在变造之前签章。

第二百一十四条　持票人超过规定期限提示付款的，银行汇票、银行本票的出票人、商业汇票的承兑人，在持票人作出说明后，仍应当继续对持票人承担付款责任；支票的出票人对持票人的追索，仍应当承担清偿责任。

第二百一十五条　付款人及其代理付款人以恶意或者重大过失付款的，应当自行承担责任。

第二百一十六条　商业汇票的付款人在到期前付款的，由付款人自行承担所产生的责任。

第二百一十七条　承兑人或者付款人拒绝承兑或拒绝付款，未按规定出具拒绝证明、或者出具退票理由书的，应当承担由此产生的民事责任。

第二百一十八条　持票人不能出示拒绝证明、退票理由书或者未按规定期限提供其他合法证明丧失对其前手追索权的，承兑人或者付款人应对持票人承担责任。

第二百一十九条　持票人因不获承兑或不获付款，对其前手行使追索权时，票据的出票人、背书人和保证人对持票人承担连带责任。

第二百二十条　持票人行使追索权时，持票人及其前手未按《票据法》规定期限将被拒绝事由书面通知其前手的，因延期通知给其前手或者出票人造成损失的，由没有按照规定期限通知的票据当事人，在票据金额内承担对该损失的赔偿责任。

第二百二十一条　票据债务人在持票人不获付款或不获承兑时，应向持票人清偿《票据法》规定的金额和费用。

第二百二十二条　单位和个人签发空头支票、签章与预留银行签章不符或者支付密码错误的支票，应按照《票据管理实施办法》和本办法的规定承担行政责任。

第二百二十三条　单位为票据的付款人，对见票即付或者到期的票据，故意压票、拖延支付的，应按照《票据管理实施办法》的规定承担行政责任。

第二百二十四条　持卡人必须妥善保管和正确使用其信用卡，否则，应按规定承担因此造成的资金损失。

第二百二十五条　持卡人使用单位卡发生透支的，由其单位承担透支金额的偿还和支付透支利息的责任。持卡人使用个人卡附属卡发生透支的，由其主卡持卡人承担透支金额的偿还和支付透支利息的责任；主卡持卡人丧失偿还能力的，由其附属卡持卡人承担透支金额的偿还和支付透支利息的责任。

第二百二十六条　持卡人办理挂失后，被冒用造成的损失，有关责任人按照信用卡章程的规定承担责任。

第二百二十七条　持卡人违反本办法规定使用信用卡进行商品交易、套取现金以及出租或转借信用卡的，应按规定承担行政责任。

第二百二十八条　单位卡持卡人违反本办法规定，将基本存款账户以外的存款和销货款收入的款项转入其信用卡账户的；个人卡持卡人违反本办法规定，将单位的款项转入其信用卡账户的，应按规定承担行政责任。

第二百二十九条　特约单位受理信用卡时，应当按照规定的操作程序办理，否则，由其承担因此造成的资金损失。

第二百三十条　发卡银行未按规定时间将止付名单发至特约单位的，应由其承担因此造成的资金损失。

第二百三十一条　银行违反本办法规定，未经批准发行信用卡的；帮助持卡人将其基本存款账户以外的存款或其他款项转入单位卡账户，将单位的款项转入个人卡账户的；违反规定帮助持卡人提取现金的，应按规定承担行政责任。

第二百三十二条　非金融机构、非银行金融机构、境外金融机构驻华代表机构违反规定，经营信用卡业务的，应按规定承担行政责任。

第二百三十三条　付款单位对收款单位托收的款项逾期付款，应按照规定承担赔偿责任；付款单位变更开户银行、账户名称和账号，未能及时通知收款单位，影响收取款项的，由付款单位承担逾期付款赔偿责任；付款单位提出的无理拒绝付款，对收款单位重办的托收，应承担自第一次托收承付期满日起逾期付款赔偿责任。

第二百三十四条 单位和个人办理支付结算,未按照本办法的规定填写票据或结算凭证或者填写有误,影响资金使用或造成资金损失;票据或印章丢失,造成资金损失的,由其自行负责。

第二百三十五条 单位和个人违反本办法的规定,银行停止其使用有关支付结算工具,因此造成的后果,由单位和个人自行负责。

第二百三十六条 付款单位到期无款支付,逾期不退回托收承付有关单证的,应按规定承担行政责任。

第二百三十七条 城乡集体所有制工业企业未经银行批准,擅自办理托收承付结算的,应按规定承担行政责任。

第二百三十八条 单位和个人违反《银行账户管理办法》开立和使用账户的,应按规定承担行政责任。

第二百三十九条 对单位和个人承担行政责任的处罚,由中国人民银行委托商业银行执行。

第二百四十条 收款人或持票人委托的收款银行的责任,限于收到付款人支付的款项后按照票据和结算凭证上记载的事项将票据或结算凭证记载的金额转入收款人或持票人账户。

付款人委托的付款银行的责任,限于按照票据和结算凭证上记载事项从付款人账户支付金额。但托收承付结算中的付款人开户银行,应按照托收承付结算方式有关规定承担责任。

第二百四十一条 银行办理支付结算,因工作差错发生延误,影响客户和他行资金使用的,按中国人民银行规定的同档次流动资金贷款利率计付赔偿金。

第二百四十二条 银行违反规定故意压票、退票、拖延支付,受理无理拒付、擅自拒付退票、有款不扣以及不扣、少扣赔偿金,截留挪用结算资金,影响客户和他行资金使用的,要按规定承担赔偿责任。因重大过失错付或被冒领的,要负责资金赔偿。

第二百四十三条 银行违反本办法规定将支付结算的款项转入储蓄和信用卡账户的,应按规定承担行政责任。

第二百四十四条 银行违反规定签发空头银行汇票、银行本票和办理空头汇款的,应按规定承担行政责任。

第二百四十五条 银行违反规定故意压票、退票、拖延支付,受理无理拒付、擅自拒付退票、有款不扣以及不扣、少扣赔偿金,截留、挪用结算资金的,应按规定承担行政责任。

第二百四十六条 银行未按规定通过人民银行办理大额转汇的,应按规定承担行政责任。

第二百四十七条 银行在结算制度之外规定附加条件,影响汇路畅通的,应按规定承担行政责任。

第二百四十八条 银行违反《银行账户管理办法》开立和管理账户的,应按规定承担行政责任。

第二百四十九条 违反国家法律、法规和未经中国人民银行批准,作为中介机构经营结算业务的;未经中国人民银行批准,开办银行汇票、银行本票、支票、信用卡业务的,应按规定承担行政责任。

第二百五十条 金融机构的工作人员在票据业务中玩忽职守,对违反规定的票据予以承兑、付款、保证或者贴现的,应按照《票据管理实施办法》的规定承担行政责任或刑事责任。

第二百五十一条 违反本办法规定擅自印制票据的,应按照《票据管理实施办法》的规定承担行政责任。

第二百五十二条 邮电部门在传递票据、结算凭证和拍发电报中,因工作差错而发生积压、丢失、错投、错拍、漏拍、重拍等,造成结算延误,影响单位、个人和银行资金使用或造成资金损失的,由邮电部门负责。

第二百五十三条 伪造、变造票据和结算凭证上的签章或其他记载事项的,应当承担民事责任或刑事责任。

第二百五十四条 有利用票据、信用卡、结算凭证欺诈的行为,构成犯罪的,应依法承担刑事责任。情节轻微,不构成犯罪的,应按照规定承担行政责任。

第六章 附 则

第二百五十五条 本办法规定的各项期限的计算,适用民法通则关于计算期间的规定。期限最后一日是法定休假日的,以休假日的次日为最后一日。

按月计算期限的,按到期月的对日计算;无对日的,月末日为到期日。

本办法所规定的各项期限,可以因不可抗力的原因而中止。不可抗力的原因消失时,期限可以顺延。

第二百五十六条 银行汇票、商业汇票由中国人民银行总行统一格式、联次、颜色、规格,并在中国人民银行总行批准的印制厂印制。由各家银行总行组织定货和管理。

银行本票、支票由中国人民银行总行统一格式、联次、颜色、规格,并在中国人民银行总行批准的印制厂印制,由中国人民银行各省、自治区、直辖市、计划单列市分行负责组织各商业银行定货和管理。

信用卡按中国人民银行的有关规定印制,信用卡结算凭证的格式、联次、颜色、规格由中国人民银行总行统一规定，各发卡银行总行负责印制。

汇兑凭证、托收承付凭证、委托款凭证由中国人民银行总行统一格式、联次、颜色、规格，由各行负责印制和管理。

第二百五十七条 银行办理各项支付结算业务，根据承担的责任和业务成本以及应付给有关部门的费用，分别收取邮费、电报费、手续费、凭证工本费（信用卡卡片费）、挂失手续费，以及信用卡年费、特约手续费、异地存取款手续费。收费范围，除财政金库全部免收、存款不计息账户免收邮费、手续费外，对其他单位和个人都要按照规定收取费用。

邮费，单程的每笔按邮局挂号信每件收费标准收取；双程的每笔按邮局挂号信二件收费标准收取；客户要求使用特快专递的，按邮局规定的收费标准收取；超重部分按邮局规定的标准加收。

电报费，每笔按四十五个字照电报费标准收取，超过的字数按每字收费的标准加收。急电均加倍收取电报费。

手续费，按银行规定的标准收取。

银行办理支付结算业务按照附二《支付结算业务收费表》收取手续费和邮电费。

信用卡统一的收费标准，中国人民银行将另行规定。

支票的手续费由经办银行向购买人收取，其他结算的手续费、邮电费一律由经办银行向委托人收取。

凭证工本费，按照不同凭证的成本价格，向领用人收取。

第二百五十八条 各部门、各单位制定的有关规定，涉及支付结算而与本办法有抵触的，一律按照本办法的规定执行。

中国人民银行过去有关支付结算的规定与本办法有抵触的，以本办法为准。

第二百五十九条 本办法由中国人民银行总行负责解释、修改。

第二百六十条 本办法自1997年12月1日起施行。

非银行支付机构客户备付金存管办法

· 2021年1月19日中国人民银行令〔2021〕第1号发布
· 自2021年3月1日起施行

第一章 总 则

第一条 为规范非银行支付机构客户备付金管理，保障当事人合法权益，促进支付行业健康有序发展，根据《中华人民共和国中国人民银行法》《中华人民共和国电子商务法》《中华人民共和国网络安全法》《非金融机构支付服务管理办法》（中国人民银行令〔2010〕第2号发布）等法律法规规章，制定本办法。

第二条 本办法适用于客户备付金的存放、归集、使用、划转等有管活动。

第三条 本办法下列用语的含义：

客户备付金，是指非银行支付机构为办理客户委托的支付业务而实际收到的预收待付货币资金。

备付金集中存管账户，是指非银行支付机构在中国人民银行开立的专门存放客户备付金的账户。

特定业务待结算资金，是指非银行支付机构为客户办理跨境人民币支付、基金销售支付、跨境外汇支付等特定业务时，已从备付金集中存管账户付出或者尚未向备付金集中存管账户归集的待付资金。

特定业务银行，是指满足本办法第二十三条的规定，具备相关业务资质，为非银行支付机构提供特定业务待结算资金存管等服务的商业银行。

特定业务待结算资金专用存款账户，是指非银行支付机构在特定业务银行开立的专门存放特定业务待结算资金的账户。

备付金银行，是指符合本办法要求，与非银行支付机构签订协议，为非银行支付机构开立预付卡备付金专用存款账户，并提供客户备付金存管服务的商业银行。

预付卡备付金专用存款账户，是指非银行支付机构因开展预付卡发行与受理业务，在备付金银行开立的专门存放客户备付金的账户。

备付金账户，备付金集中存管账户及预付卡备付金专用存款账户统称为备付金账户。

备付金主监督机构，是指符合本办法第二十一条的规定，负责对非银行支付机构所有客户备付金信息进行归集、核对并监督的清算机构。

中国人民银行分支机构，是指中国人民银行副省级城市中心支行以上分支机构。

第四条 非银行支付机构接收的客户备付金应当直接全额交存至中国人民银行或者符合要求的商业银行。

非银行支付机构因发行预付卡或者为预付卡充值所直接接收的客户备付金应当通过预付卡备付金专用存款账户统一交存至备付金集中存管账户。

第五条 客户备付金只能用于办理客户委托的支付业务和本办法规定的其他情形。

任何单位和个人不得挪用、占用、借用客户备付金，不得以客户备付金提供担保。

第六条 客户备付金的划转应当通过符合本办法第二十一条规定的清算机构办理。

第七条 非银行支付机构、清算机构和备付金银行应当按照法律法规、本办法以及双方协议约定，开展客户备付金存管业务，保障客户备付金安全完整，维护客户合法权益。

清算机构、备付金银行依照本办法对客户备付金业务实行监督的，非银行支付机构应当配合。

第八条 中国人民银行及其分支机构对客户备付金存管业务活动进行监督管理。

第二章 账户管理

第九条 非银行支付机构应当在中国人民银行开立一个备付金集中存管账户。

非银行支付机构携备付金集中存管账户开立申请书、营业执照、《支付业务许可证》（副本）、法定代表人或者负责人身份证件原件和复印件及其他开户所需材料到住所地中国人民银行分支机构开立备付金集中存管账户。

备付金集中存管账户的管理应当遵守中国人民银行会计核算相关规定。

第十条 开展跨境人民币支付业务的非银行支付机构，可以选择一家特定业务银行开立一个特定业务待结算资金专用存款账户，仅用于办理跨境人民币支付结算业务。非银行支付机构确有特殊需要的，可以再选择一家特定业务银行开立一个特定业务待结算资金专用存款账户作为备用账户。

第十一条 开展基金销售支付业务的非银行支付机构，可以选择一家特定业务银行开立一个特定业务待结算资金专用存款账户，仅用于办理基金销售支付结算业务。

第十二条 开展跨境外汇支付业务的非银行支付机构，原则上可以选择不超过两家特定业务银行，每家特定业务银行可以开立一个特定业务待结算资金专用存款账户（一家特定业务银行的多个币种跨境外汇待结算资金专用存款账户视作一个特定业务待结算资金专用存款账户），仅用于办理跨境外汇支付结算业务。

第十三条 非银行支付机构特定业务待结算资金专用存款账户与其中华人民共和国境内客户、商户银行结算账户之间的资金划转应当由清算机构通过备付金集中存管账户办理。

特定业务待结算资金专用存款账户的管理，以及境内和跨境资金划转应当遵守中国人民银行和相关监管部门的规定。

第十四条 开展预付卡发行与受理业务的非银行支付机构，可以选择一家备付金银行开立一个预付卡备付金专用存款账户，该账户性质为专用存款账户，仅用于收取客户的购卡、充值资金，不可以办理现金支取或者向备付金集中存管账户以外的账户转账。预付卡备付金专用存款账户资金交存备付金集中存管账户前发起、经由备付金银行审核确认的当日误入款的原路退回交易除外。

非银行支付机构开立预付卡备付金专用存款账户，应当遵守中国人民银行关于开立专用存款账户的相关规定，并出具《支付业务许可证》（副本）和备付金协议。

预付卡备付金专用存款账户的名称应当标明非银行支付机构名称和"客户备付金"字样。非银行支付机构其他银行账户不得使用"备付金"字样。

预付卡备付金专用存款账户内资金应当于每个工作日大额支付系统业务截止前全部交存至备付金集中存管账户。

第十五条 非银行支付机构的分支机构应当将接收的客户备付金存放在以非银行支付机构名义开立的备付金账户，不得以该分支机构名义开立备付金账户。

第十六条 非银行支付机构名称发生变更的，应当在名称变更手续完成之日起2个工作日内，到住所地中国人民银行分支机构办理备付金集中存管账户名称变更。

非银行支付机构因迁址等原因需变更备付金集中存管账户的，应当在非银行支付机构住所变更等手续完成后，按照本办法第九条的规定，到迁址后住所地中国人民银行分支机构开立新备付金集中存管账户，并于新备付金集中存管账户开立之日起2个工作日内将原备付金集中存管账户资金全部划转至新备付金集中存管账户，并办理原备付金集中存管账户销户手续。

第十七条 非银行支付机构名称发生变更的，应当在名称变更手续完成之日起2个工作日内，到备付金银行办理预付卡备付金专用存款账户名称变更。

非银行支付机构拟撤销预付卡备付金专用存款账户的，应当书面告知备付金银行或者其授权分支机构，并于拟撤销账户内的资金全部划转至备付金集中存管账户之日起2个工作日内，办理销户手续。

第十八条 非银行支付机构终止支付业务的，应当在按照规定提交的客户权益保障方案中说明备付金账户及特定业务待结算资金专用存款账户撤销事项，并在中国人民银行决定终止相关业务后办理销户手续。

第十九条　非银行支付机构应当提前2个工作日将开立、变更和撤销备付金账户和特定业务待结算资金专用存款账户原因及后续安排报告住所地中国人民银行分支机构。

非银行支付机构、备付金银行和特定业务银行应当在备付金账户和特定业务待结算资金专用存款账户开立、变更或者撤销当日分别向非银行支付机构住所地中国人民银行分支机构备案，同时书面告知清算机构。

第二十条　非银行支付机构应当确定一个自有资金账户，向住所地中国人民银行分支机构备案，并将账户信息书面告知清算机构。非银行支付机构应当将备案自有资金账户与其预付卡备付金专用存款账户、特定业务待结算资金专用存款账户分户管理。

非银行支付机构拟变更备案自有资金账户的，应当提前2个工作日向住所地中国人民银行分支机构报告变更原因、变更后的自有资金账户、变更时间等事项，并书面告知清算机构。

第二十一条　非银行支付机构应当选择符合以下要求的清算机构：

（一）依法成立的清算机构；

（二）具备监督客户备付金的能力和条件，包括但不限于有健全的客户备付金业务操作办法和规程，熟悉客户备付金存管业务的管理人员，监测、核对客户备付金信息的技术能力，能够按规定建立客户备付金监测系统；

（三）具有满足国家和金融领域相关技术标准要求的业务设施，具备与非银行支付机构业务规模相匹配的系统处理能力，以及保障清算服务安全稳定运行所需的应急处置、灾难恢复和网络安全保障能力；

（四）满足中国人民银行基于保护客户备付金安全、维护消费者合法权益所规定的其他要求。

第二十二条　非银行支付机构拟变更清算机构的，应当提前10个工作日向住所地中国人民银行分支机构报告变更方案。变更方案应当包括变更理由、时间安排、变更后的清算机构、业务合作情况、系统对接方式、应急处置预案等内容。

第二十三条　非银行支付机构开展预付卡发行与受理业务时，应当选择符合以下要求的商业银行作为备付金银行：

（一）总资产不得低于1000亿元，有关资本充足率、杠杆率、流动性等风险控制指标符合监管规定；

（二）具备监督客户备付金的能力和条件，包括健全的客户备付金业务操作办法和规程，熟悉客户备付金存管业务的管理人员，监测、核对客户备付金信息的技术能力，能够按规定建立客户备付金存管系统；

（三）境内分支机构数量和网点分布能够满足非银行支付机构的支付业务需要，并具有与非银行支付机构业务规模相匹配的系统处理能力；

（四）具备必要的灾难恢复处理能力和应急处理能力，能够确保业务的连续性；

（五）满足中国人民银行基于保护客户备付金安全、维护消费者合法权益所规定的其他要求。

第二十四条　开展预付卡发行与受理业务的非银行支付机构拟变更备付金银行（包括同一备付金银行的不同分支机构）的，应当提前10个工作日向住所地中国人民银行分支机构报告变更方案，变更方案应当包括变更理由、时间安排、变更后的备付金银行等内容，并按照本办法第十四条、第十七条第二款的规定，开立新预付卡备付金专用存款账户，撤销原预付卡备付金专用存款账户。

第二十五条　非银行支付机构应当分别与清算机构、备付金银行或者其授权的一个境内分支机构签订备付金协议，约定双方的权利、义务和责任，保障客户备付金安全。

备付金协议应当约定非银行支付机构划转客户备付金的支付指令，以及客户备付金发生损失时双方应当承担的偿付责任和相关偿付方式。

备付金协议对客户备付金安全保障责任约定不明的，非银行支付机构、备付金银行和清算机构应当优先保证客户备付金的安全及支付业务的连续性，不得因争议影响客户合法权益。

第二十六条　非银行支付机构与清算机构、备付金银行或者其授权的分支机构应当自备付金协议签订之日起2个工作日内，分别向非银行支付机构住所地中国人民银行分支机构备案。

备付金协议内容发生变更的，按照前款规定办理。

第二十七条　非银行支付机构、清算机构和备付金银行应当妥善保管备付金账户信息及交易信息，保障客户信息安全和交易安全。

第三章　客户备付金的使用与划转

第二十八条　非银行支付机构应当在收到客户备付金或者客户划转客户备付金不可撤销的支付指令后，办理客户委托的支付业务。

第二十九条　非银行支付机构应当基于真实交易信息发送划转客户备付金的支付指令，确保支付指令的完整性、一致性、可跟踪稽核和不可篡改，并确保相关资金划转事项的真实性、合规性。

清算机构应当及时对支付指令进行审核，审核无误后及时办理资金划转，必要时可以要求非银行支付机构提交与交易相关的材料。

清算机构有权拒绝执行非银行支付机构未按约定或者违反本办法发送的支付指令。

第三十条 非银行支付机构之间的合作应当符合中国人民银行有关规定。

非银行支付机构之间因合作产生的、基于真实交易的客户备付金划转应当通过清算机构在备付金集中存管账户之间进行，发起支付业务的非银行支付机构应当提供交易流水、收付款人信息等表明交易实际发生的材料。

非银行支付机构之间不得相互直接开放支付业务接口，不得相互开立支付账户。

第三十一条 开展预付卡发行与受理业务的非银行支付机构应当在预付卡章程、协议、售卡网点、公司网站等以显著方式向客户告知用于接收购卡、充值资金的预付卡备付金专用存款账户的开户银行、户名和账号。

第三十二条 非银行支付机构通过非现金方式接收的预付卡业务客户备付金应当直接交存至预付卡备付金专用存款账户；按规定可以通过现金形式接收的预付卡业务客户备付金，应当在收讫日起2个工作日内全额交存至预付卡备付金专用存款账户。

第三十三条 在符合相关业务规定的情形下，非银行支付机构备付金集中存管账户中的资金仅能向其商户和客户指定的银行结算账户、备案自有资金账户和特定业务待结算资金专用存款账户、存在合规业务合作关系的其他非银行支付机构备付金集中存管账户，以及中国人民银行基于保障消费者合法权益而认可的其他账户划转。

非银行支付机构开展合规业务，需要向备付金集中存管账户划转自有资金的，应当通过清算机构从备案自有资金账户办理。

第三十四条 非银行支付机构按规定通过非现金方式为客户办理备付金赎回的，应当通过清算机构从备付金集中存管账户划转资金；按规定通过现金形式为客户办理备付金赎回的，应当先通过备案自有资金账户办理，再通过备付金主监督机构从备付金集中存管账户将相应额度的客户备付金划转至备案自有资金账户。

第三十五条 非银行支付机构应当缴纳行业保障基金，用于弥补客户备付金特定损失以及中国人民银行规定的其他用途。

行业保障基金管理办法由中国人民银行另行制定。

第三十六条 非银行支付机构提取划转至备付金集中存管账户的手续费收入、因办理合规业务转入的自有资金等资金的，应当向备付金主监督机构提交表明相关资金真实性、合理性的材料，经备付金主监督机构审查通过后划转至备案自有资金账户。

第三十七条 非银行支付机构因办理客户备付金划转产生的手续费费用，不得使用客户备付金支付。

第四章　监督管理

第三十八条 中国人民银行及其分支机构依法对非银行支付机构、清算机构以及备付金银行的客户备付金存管业务活动实施非现场监管以及现场检查。

中国人民银行及其分支机构有权根据监管需要，调阅非银行支付机构、清算机构、备付金银行和特定业务银行的相关交易、会计处理和档案等资料，要求非银行支付机构对其客户备付金等相关项目进行外部专项审计。

中国人民银行分支机构应当设置风险监测专岗，持续监测辖区内非银行支付机构客户备付金风险情况，建立备付金风险处置机制，及时发现、处置、化解非银行支付机构客户备付金风险。

中国人民银行负责组织建设客户备付金管理系统，组织建立中国人民银行分支机构与清算机构之间、各清算机构之间、清算机构与备付金银行和特定业务银行之间的信息共享机制，指导清算机构建立非银行支付机构客户备付金信息核对校验机制和风险监测体系。

第三十九条 清算机构和备付金银行应当分别对备付金集中存管账户、预付卡备付金专用存款账户中客户备付金的存放、使用、划转实行监督，建立和完善客户备付金相关交易的事前、事中、事后监测及监督机制，指定专人实时监测备付金风险，及时核实异常交易。

第四十条 非银行支付机构、清算机构、备付金银行和特定业务银行应当建立自查机制，定期按照要求对自身业务合规性、流程可靠性、系统连续性、客户信息安全性等进行自查。

非银行支付机构应当聘请独立的、具有专业资质的审计机构，按年对备付金业务进行审计。

第四十一条 非银行支付机构应当与清算机构、备付金银行建立客户备付金信息核对校验机制，逐日核对客户备付金的存放、使用、划转等信息，并至少保存核对记录5年。非银行支付机构应当与特定业务银行定期核对特定业务待结算资金的存放、使用、划转等信息，并至少保存核对记录5年。

第四十二条 非银行支付机构应当选择一家清算机

构作为备付金主监督机构，并在备付金协议中予以明确；其他清算机构、备付金银行应当配合备付金主监督机构进行备付金监督，定期向备付金主监督机构报送客户备付金业务及风险信息，备付金主监督机构收集汇总后与非银行支付机构进行核对，并向非银行支付机构住所地中国人民银行分支机构报送核对校验结果。

非银行支付机构拟变更备付金主监督机构的，按照本办法第二十二条的规定办理，同时向住所地中国人民银行分支机构报告变更后的备付金主监督机构及客户备付金核对校验安排等事项。

第四十三条 中国支付清算协会对非银行支付机构客户备付金存管业务活动进行自律管理。

第四十四条 清算机构、备付金银行、特定业务银行应当加强客户备付金和特定业务待结算资金管理，发现客户备付金或者特定业务待结算资金异常的，应当立即督促非银行支付机构纠正，并向非银行支付机构住所地中国人民银行分支机构报告，由其进行核查。经核查确实存在风险的，中国人民银行分支机构应当立即启动风险处置机制，并上报中国人民银行。

第四十五条 备付金银行、特定业务银行与非银行支付机构不在同一省、自治区、直辖市、计划单列市的，备付金银行、特定业务银行向非银行支付机构住所地中国人民银行分支机构报送各类信息、材料时，还应当抄送其住所地中国人民银行分支机构。

第四十六条 非银行支付机构、清算机构、备付金银行、特定业务银行应当于每月前5个工作日内，向中国人民银行分支机构提交上一月其辖区内各非银行支付机构客户备付金业务以及跨境人民币支付、基金销售支付和跨境外汇支付业务报告，包括客户备付金和特定业务待结算资金的存放、使用、余额、风险和处置情况等内容。

中国人民银行分支机构、清算机构应当于每月前10个工作日内，向中国人民银行提交非银行支付机构客户备付金业务以及跨境人民币支付、基金销售支付和跨境外汇支付业务报告，包括客户备付金和特定业务待结算资金的存放、使用、余额、风险和处置情况，以及对非银行支付机构业务合规性评价等内容。

第五章 罚　则

第四十七条 非银行支付机构、备付金银行、清算机构、特定业务银行有下列情形之一，情节轻微的，由中国人民银行及其分支机构进行约谈，责令限期改正；情节严重或者逾期未改正的，依据《中华人民共和国中国人民银行法》第四十六条的规定进行处罚：

（一）未按本办法规定存放、使用或者划转客户备付金的；

（二）未按本办法规定发送客户备付金支付指令的；

（三）未按本办法规定签订备付金协议的；

（四）未按本办法规定选择备付金银行、清算机构开展备付金业务的；

（五）未按本办法规定开立、变更、撤销备付金账户、特定业务待结算资金专用存款账户和备案自有资金账户的；

（六）未按本办法规定缴纳行业保障基金的；

（七）未按本办法规定划转手续费收入的；

（八）未按本办法规定办理备付金银行、清算机构、备付金主监督机构变更事项的；

（九）未按本办法规定办理备案事项或者报送、告知相关信息的；

（十）未按本办法规定建立客户备付金信息核对校验机制、自查机制等客户备付金管理相关工作机制或者未按本办法规定开展客户备付金信息核对校验、自查等客户备付金管理相关工作的；

（十一）拒绝配合清算机构、备付金银行依照本办法规定对客户备付金业务进行监督的；

（十二）未按本办法规定履行客户备付金信息共享机制义务的；

（十三）未按本办法规定监测、监督客户备付金交易的；

（十四）未按本办法规定核对特定业务待结算资金账务的；

（十五）其他危害客户备付金安全、损害客户合法权益、扰乱清算秩序的违法违规行为。

第四十八条 商业银行、清算机构违反本办法，擅自从事或者变相从事客户备付金相关业务活动的，中国人民银行及其分支机构责令终止相关业务，并依据《中华人民共和国中国人民银行法》第四十六条的规定进行处罚。

第四十九条 任何单位和个人挪用、占用、借用客户备付金的，中国人民银行及其分支机构依据《中华人民共和国中国人民银行法》第四十六条的规定进行处罚。

第五十条 拒绝、阻挠、逃避中国人民银行及其分支机构检查监督，或者谎报、隐匿、销毁相关证据材料的，有关法律、行政法规有处罚规定的，依照其规定给予处罚；有关法律、行政法规未作处罚规定的，中国人民银行及其分支机构给予警告，并处3万元以下罚款。

第五十一条 中国人民银行及其分支机构的工作人员滥用职权、玩忽职守、徇私舞弊，不依法履行客户备付金监督管理职责,或者泄露工作秘密、商业秘密的,依法给予处分;涉嫌构成犯罪的,移送司法机关依法追究刑事责任。

第六章 附 则

第五十二条 本办法由中国人民银行负责解释。

第五十三条 自本办法施行之日起的6个月为过渡期。过渡期内,非银行支付机构应当按照本办法规定,理顺相关账户体系,选定备付金主监督机构,完成业务流程及系统改造、备付金信息核对校验机制建立等工作。

第五十四条 本办法自2021年3月1日起施行,《支付机构客户备付金存管办法》(中国人民银行公告〔2013〕第6号公布)同时废止。本办法施行之前的客户备付金相关管理规定与本办法不一致的,以本办法为准。

支付机构预付卡业务管理办法

- 2012年9月27日中国人民银行公告〔2012〕第12号公布
- 自2012年11月1日起施行

第一章 总 则

第一条 为规范支付机构预付卡业务管理,防范支付风险,维护持卡人合法权益,根据《中华人民共和国中国人民银行法》、《非金融机构支付服务管理办法》(中国人民银行令〔2010〕第2号公布),制定本办法。

第二条 支付机构在中华人民共和国境内从事预付卡业务,适用本办法。

本办法所称支付机构,是指取得《支付业务许可证》,获准办理"预付卡发行与受理"业务的发卡机构和获准办理"预付卡受理"业务的受理机构。

本办法所称预付卡,是指发卡机构以特定载体和形式发行的、可在发卡机构之外购买商品或服务的预付价值。

第三条 支付机构应当依法维护相关当事人的合法权益,保障信息安全和交易安全。

第四条 支付机构应当严格按照《支付业务许可证》核准的业务类型和业务覆盖范围从事预付卡业务,不得在未设立省级分支机构的省(自治区、直辖市、计划单列市)从事预付卡业务。

第五条 支付机构应当严格执行中国人民银行关于支付机构客户备付金管理等规定,履行反洗钱和反恐怖融资义务。

第二章 发 行

第六条 预付卡分为记名预付卡和不记名预付卡。

记名预付卡是指预付卡业务处理系统中记载持卡人身份信息的预付卡。

不记名预付卡是指预付卡业务处理系统中不记载持卡人身份信息的预付卡。

第七条 发卡机构发行的预付卡应当以人民币计价,单张记名预付卡资金限额不超过5000元,单张不记名预付卡资金限额不超过1000元。

中国人民银行可视情况调整预付卡资金限额。

第八条 记名预付卡应当可挂失,可赎回,不得设置有效期。

不记名预付卡不挂失,不赎回,本办法另有规定的除外。不记名预付卡有效期不得低于3年。

预付卡不得具有透支功能。

发卡机构发行销售预付卡时,应向持卡人告知预付卡的有效期及计算方法。超过有效期尚有资金余额的预付卡,发卡机构应当提供延期、激活、换卡等服务,保障持卡人继续使用。

第九条 预付卡卡面应当记载预付卡名称、发卡机构名称、是否记名、卡号、有效期限或有效期截止日、持卡人注意事项、客户服务电话等要素。

第十条 个人或单位购买记名预付卡或一次性购买不记名预付卡1万元以上的,应当使用实名并提供有效身份证件。

发卡机构应当识别购卡人、单位经办人的身份,核对有效身份证件,登记身份基本信息,并留存有效身份证件的复印件或影印件。代理他人购买预付卡的,发卡机构应当采取合理方式确认代理关系,核对代理人和被代理人的有效身份证件,登记代理人和被代理人的身份基本信息,并留存代理人和被代理人的有效身份证件的复印件或影印件。

第十一条 使用实名购买预付卡的,发卡机构应当登记购卡人姓名或单位名称、单位经办人姓名、有效身份证件名称和号码、联系方式、购卡数量、购卡日期、购卡总金额、预付卡卡号及金额等信息。

对于记名预付卡,发卡机构还应当在预付卡核心业务处理系统中记载持卡人的有效身份证件信息、预付卡卡号、金额等信息。

第十二条 单位一次性购买预付卡5000元以上,个人一次性购买预付卡5万元以上的,应当通过银行转账等非现金结算方式购买,不得使用现金。

购卡人不得使用信用卡购买预付卡。

第十三条 采用银行转账等非现金结算方式购买预付卡的,付款人银行账户名称和购卡人名称应当一致。

发卡机构应当核对账户信息和身份信息的一致性，在预付卡核心业务处理系统中记载付款人银行账户名称和账号、收款人银行账户名称和账号、转账金额等信息。

第十四条　发卡机构应当向购卡人公示、提供预付卡章程或签订协议。

预付卡章程或协议应当包括但不限于以下内容：

（一）预付卡的名称、种类和功能；

（二）预付卡的有效期及计算方法；

（三）预付卡购买、使用、赎回、挂失的条件和方法；

（四）为持卡人提供的消费便利或优惠内容；

（五）预付卡发行、延期、激活、换发、赎回、挂失等服务的收费项目和收费标准；

（六）有关当事人的权利、义务和违约责任；

（七）交易、账务纠纷处理程序。

发卡机构变更预付卡章程或协议文本的，应当提前30日在其网点、网站显著位置进行公告。新章程或协议文本中涉及新增收费项目、提高收费标准、降低优惠条件等内容的，发卡机构在新章程或协议文本生效之日起180日内，对原有客户应当按照原章程或协议执行。

第十五条　发卡机构应当采取有效措施加强对购卡人和持卡人信息的保护，确保信息安全，防止信息泄露和滥用。未经购卡人和持卡人同意，不得用于与购卡人和持卡人的预付卡业务无关的目的。法律法规另有规定的除外。

第十六条　发卡机构应当按照实收人民币资金等值发行预付卡，严格按照《中华人民共和国发票管理办法》等有关规定开具发票。

第十七条　发卡机构应当通过实体网点发行销售预付卡。除单张资金限额200元以下的预付卡外，不得采取代理销售方式。

发卡机构委托销售合作机构代理销售的，应当建立代销风险控制机制。销售资金应当直接存入发卡机构备付金银行账户。发卡机构应当要求销售合作机构在购卡人达到本办法实名购卡要求时，参照相关规定销售预付卡。

发卡机构作为预付卡发行主体的所有责任和义务不因代理销售而转移。

第十八条　发卡机构应当在中华人民共和国境内拥有并自主运行独立、安全的预付卡核心业务处理系统，建立突发事件应急处置机制，确保预付卡业务处理的及时性、准确性和安全性。

预付卡核心业务处理系统包含但不限于发卡系统、账务主机系统、卡片管理系统及客户信息管理系统。

预付卡核心业务处理系统不得外包或变相外包。

第十九条　发卡机构不得发行或代理销售采用或变相采用银行卡清算机构分配的发卡机构标识代码的预付卡，卡面上不得使用银行卡清算机构品牌标识；不得与其他支付机构合作发行预付卡；不同的发卡机构不得采用具有统一识别性的品牌标识。

第三章　受　理

第二十条　发卡机构应当为其发行的预付卡提供受理服务，其自行拓展、签约和管理的特约商户数不低于受理该预付卡全部特约商户数的70%。

第二十一条　受理机构只能受理发卡机构按照本办法规定发行的预付卡，受理范围不得超过发卡机构获准办理"预付卡发行与受理"的业务覆盖范围。

受理机构应当获得发卡机构的委托，并参照本办法第二十五条的规定，与发卡机构、特约商户签订三方合作协议。受理机构不得将发卡机构委托其开展的预付卡受理业务外包。

预付卡只能在本发卡机构参与签署合作协议的特约商户使用，卡面上不得使用发卡机构委托的受理机构的品牌标识。发卡机构对特约商户应承担的资金结算与风险管理责任不因受理机构参与预付卡受理而转移。

第二十二条　预付卡可与银行卡共用受理终端，但应当使用与银行卡不同的应用程序和受理网络，并采取安全隔离措施，与银行卡交易分别处理和管理。

第二十三条　发卡机构、受理机构不得发展非法设立、非法经营或无实体经营场所的特约商户。

发卡机构、受理机构拓展特约商户时应当严格审核特约商户营业执照、税务登记证、法定代表人或负责人的有效身份证件，留存相关证件的复印件或影印件，并对商户的经营场所进行现场核实、拍照留存。

第二十四条　发卡机构应当通过其客户备付金存管银行直接向特约商户划转结算资金，受理机构不得参与资金结算。

特约商户只能指定其一个单位银行结算账户进行收款。发卡机构应当核验特约商户指定的单位银行结算账户开户许可证或其开户银行出具的开户证明，留存加盖公章的复印件。

第二十五条　发卡机构应当与特约商户签订预付卡受理协议。受理协议应当包括但不限于以下内容：

（一）特约商户基本信息；

（二）收费项目和标准；

（三）持卡人用卡权益的保障要求；
（四）卡片信息、交易数据、受理终端、交易凭证的管理要求；
（五）特约商户收款账户名称、开户行、账号及资金结算周期；
（六）账务核对、差错处理和业务纠纷的处置要求；
（七）相关业务风险承担和违约责任的承担机制；
（八）协议终止条件、终止后的债权债务清偿方式。

第二十六条 发卡机构、受理机构应当在中华人民共和国境内拥有并自主运行独立、安全的预付卡受理系统，建立突发事件应急处置机制，确保预付卡业务处理的及时性、准确性和安全性。

发卡机构、受理机构应当分别建立特约商户信息管理系统及业务风险防控系统。受理机构不得以任何形式存储与受理业务无关的预付卡信息。

第二十七条 特约商户向持卡人办理退货，只能通过发卡机构将资金退回到原预付卡。无法退回的，发卡机构应当将资金退回至持卡人提供的同一发卡机构的同类预付卡。

预付卡接受退货后的卡内资金余额不得超过规定限额。

第二十八条 发卡机构、受理机构应当加强对特约商户的巡检和监控，要求特约商户在营业场所显著位置标明受理的预付卡名称和种类，按照预付卡受理协议的要求受理预付卡，履行相关义务。

特约商户不得以任何形式存储与商户结算、对账无关的预付卡信息。

特约商户出现损害当事人合法权益及其他严重违规违约操作的，发卡机构、受理机构应当立即终止其预付卡受理服务。

特约商户不得协助持卡人进行任何形式的预付卡套现。

第四章 使用、充值和赎回

第二十九条 预付卡不得用于或变相用于提取现金；不得用于购买、交换非本发卡机构发行的预付卡、单一行业卡及其他商业预付卡或向其充值；卡内资金不得向银行账户或向非本发卡机构开立的网络支付账户转移。

第三十条 预付卡不得用于网络支付渠道，下列情形除外：
（一）缴纳公共事业费；
（二）在本发卡机构合法拓展的实体特约商户的网络商店中使用；
（三）同时获准办理"互联网支付"业务的发卡机构，其发行的预付卡可向在本发卡机构开立的实名网络支付账户充值，但同一客户的所有网络支付账户的年累计充值金额合计不超过 5000 元。

以上情形下的预付卡交易，均应当由发卡机构自主受理，不得由受理机构受理。

第三十一条 发卡机构办理记名预付卡或一次性金额 1 万元以上不记名预付卡充值业务的，应当参照本办法第十条、第十一条的规定办理。

第三十二条 预付卡只能通过现金、银行转账方式进行充值。同时获准办理"互联网支付"业务的发卡机构，还可通过持卡人在本发卡机构开立的实名网络支付账户进行充值。

不得使用信用卡为预付卡充值。

办理一次性金额 5000 元以上预付卡充值业务的，不得使用现金。

单张预付卡充值后的资金余额不得超过规定限额。

第三十三条 预付卡现金充值应当通过发卡机构网点进行，但单张预付卡同日累计现金充值在 200 元以下的，可通过自助充值终端、销售合作机构代理等方式充值，收取的现金应当直接存入发卡机构备付金银行账户。

第三十四条 发卡机构应当向记名预付卡持卡人提供紧急挂失服务，并提供至少一种 24 小时免费紧急挂失渠道。正式挂失和补卡应当在约定时间内通过网点，以书面形式办理。以书面形式挂失的，发卡机构应当要求持卡人出示有效身份证件，并按协议约定办理挂失手续。

发卡机构应当免费向持卡人提供特约商户名录、卡内资金余额及一年以内的交易明细查询服务，并提供至少一种 24 小时免费查询渠道。

第三十五条 记名预付卡可在购卡 3 个月后办理赎回，赎回时，持卡人应当出示预付卡及持卡人和购卡人的有效身份证件。由他人代理赎回的，应当同时出示代理人和被代理人的有效身份证件。单位购买的记名预付卡，只能由单位办理赎回。发卡机构应当参照本办法第十条、第十一条的规定，识别、核对赎回人及代理人的身份信息，确保与购卡时登记的持卡人和购卡人身份信息一致，并保存赎回记录。

第三十六条 发行可在公共交通领域使用的预付卡发卡机构，其在公共交通领域实现的当年累计预付卡交易总额不得低于同期发卡总金额的 70%；其发行的不记名预付卡，单张卡片余额在 100 元以下的，可按约定赎回。

第三十七条 发卡机构按照规定终止预付卡业务

的,应当向持卡人免费赎回所发行的全部记名、不记名预付卡。

赎回不记名预付卡的,发卡机构应当核实和登记持卡人的身份信息,采用密码验证方式的预付卡还应当核验密码,并保存赎回记录。

第三十八条 发卡机构办理赎回业务的网点数应当不低于办理发行销售业务网点数的70%。预付卡赎回业务营业时间应当不短于发行销售业务的营业时间。

第三十九条 预付卡赎回应当使用银行转账方式,由发卡机构将赎回资金退至原购卡银行账户。用现金购买或原购卡银行账户已撤销的,赎回资金应当退至持卡人提供的与购卡人同名的单位或个人银行账户。

单张预付卡赎回金额在100元以下的,可使用现金。

第五章 监督管理

第四十条 中国人民银行及其分支机构依法对支付机构的预付卡业务活动、内部控制及风险状况等进行非现场监管及现场检查。

支付机构应当按照中国人民银行及其分支机构的相关规定履行报告义务。

第四十一条 支付机构应当加入中国支付清算协会。中国支付清算协会应当组织制定预付卡行业自律规范,并按照中国人民银行有关要求,对支付机构执行中国人民银行规定和行业自律规范的情况进行检查。

第四十二条 支付机构不得为任何单位或个人查询、冻结、扣划预付卡内资金,国家法律法规另有规定或得到持卡人授权的除外。

第四十三条 支付机构办理预付卡发行业务活动获得和产生的相关信息,应当保存至该预付卡实收人民币资金全部结算后5年以上;办理预付卡受理、使用、充值和赎回等业务活动获得和产生的相关信息,应当保存至该业务活动终止后5年以上。

第四十四条 支付机构不得以股权合作、业务合作及其他任何形式,出租、出借、转让或变相出租、出借、转让预付卡业务资质。

第四十五条 支付机构及其分支机构违反本办法的,中国人民银行可依据《非金融机构支付服务管理办法》等法律法规规章的规定,给予警告、限期改正、罚款、暂停部分或全部业务等处罚;情节严重的,依法注销其《支付业务许可证》。

支付机构违反本办法规定,涉嫌犯罪的,依法移送公安机关处理。

第四十六条 特约商户有下列情形之一的,中国人民银行及其分支机构责令支付机构取消其特约商户资格,其他支付机构不得再将其发展为特约商户;涉嫌犯罪的,依法移送公安机关处理。

(一)为持卡人进行洗钱、赌博等犯罪活动提供协助的;

(二)使用虚假材料申请受理终端后进行欺诈活动,或转卖、提供机具给他人使用的;

(三)违规存储、泄露、转卖预付卡信息或交易信息的;

(四)以虚构交易、虚开价格、现金退货等方式为持卡人提供预付卡套现的;

(五)在持卡人不知情的情况下,编造虚假交易或重复刷卡盗取资金的;

(六)具有其他危害持卡人权益、市场秩序或社会稳定行为的。

第四十七条 任何单位和个人不得私自设立预付卡交易场所;不得以牟利为目的倒卖预付卡,不得伪造、变造预付卡,不得使用明知是伪造、变造的预付卡。涉嫌犯罪的,依法移送公安机关处理。

第六章 附 则

第四十八条 本办法所称中国人民银行分支机构,是指中国人民银行上海总部,各分行、营业管理部、省会(首府)城市中心支行、副省级城市中心支行。

第四十九条 本办法所称个人有效身份证件包括居民身份证件、军人身份证件、武警身份证件、港澳台居民通行证、外国公民护照等;单位有效身份证件包括营业执照、有关政府部门的批文、登记证书或其他能证实其合法真实身份的证明等。

第五十条 本办法所称"以上"、"以下"、"不超过"、"不低于"均包含本数。

第五十一条 本办法由中国人民银行负责解释。

第五十二条 本办法自2012年11月1日起施行。

国内信用证结算办法

- 2016年4月27日中国人民银行、中国银行业监督管理委员会公告〔2016〕第10号公布
- 自2016年10月8日起施行

第一章 总 则

第一条 为适应国内贸易活动需要,促进经济发展,依据《中华人民共和国中国人民银行法》、《中华人民共和国银行业监督管理法》、《中华人民共和国商业银行

法》以及有关法律法规,制定本办法。

第二条 本办法所称国内信用证(以下简称信用证),是指银行(包括政策性银行、商业银行、农村合作银行、村镇银行和农村信用社)依照申请人的申请开立的、对相符交单予以付款的承诺。

前款规定的信用证是以人民币计价、不可撤销的跟单信用证。

第三条 本办法适用于银行为国内企事业单位之间货物和服务贸易提供的信用证服务。服务贸易包括但不限于运输、旅游、咨询、通讯、建筑、保险、金融、计算机和信息、专有权利使用和特许、广告宣传、电影音像等服务项目。

第四条 信用证业务的各方当事人应当遵守中华人民共和国的法律、法规以及本办法的规定,遵守诚实信用原则,认真履行义务,不得利用信用证进行欺诈等违法犯罪活动,不得损害社会公共利益。

第五条 信用证的开立和转让,应当具有真实的贸易背景。

第六条 信用证只限于转账结算,不得支取现金。

第七条 信用证与作为其依据的贸易合同相互独立,即使信用证含有对此类合同的任何援引,银行也与该合同无关,且不受其约束。

银行对信用证作出的付款、确认到期付款、议付或履行信用证项下其他义务的承诺,不受申请人与开证行、申请人与受益人之间关系而产生的任何请求或抗辩的制约。

受益人在任何情况下,不得利用银行之间或申请人与开证行之间的契约关系。

第八条 在信用证业务中,银行处理的是单据,而不是单据所涉及的货物或服务。

第二章 定 义

第九条 信用证业务当事人

(一)申请人指申请开立信用证的当事人,一般为货物购买方或服务接受方。

(二)受益人指接受信用证并享有信用证权益的当事人,一般为货物销售方或服务提供方。

(三)开证行指应申请人申请开立信用证的银行。

(四)通知行指应开证行的要求向受益人通知信用证的银行。

(五)交单行指向信用证有效地点提交信用证项下单据的银行。

(六)转让行指开证行指定的办理信用证转让的银行。

(七)保兑行指根据开证行的授权或要求对信用证加具保兑的银行。

(八)议付行指开证行指定的为受益人办理议付的银行,开证行应指定一家或任意银行作为议付信用证的议付行。

第十条 信用证的有关日期和期限

(一)开证日期指开证行开立信用证的日期。信用证未记载生效日的,开证日期即为信用证生效日期。

(二)有效期指受益人向有效地点交单的截止日期。

(三)最迟货物装运日或服务提供日指信用证规定的货物装运或服务提供的截止日期。最迟货物装运日或服务提供日不得晚于信用证有效期。信用证未作规定的,有效期视为最迟货物装运日或服务提供日。

(四)付款期限指开证行收到相符单据后,按信用证条款规定进行付款的期限。信用证按付款期限分为即期信用证和远期信用证。

即期信用证,开证行应在收到相符单据次日起5个营业日内付款。

远期信用证,开证行应在收到相符单据次日起5个营业日内确认到期付款,并在到期日付款。远期的表示方式包括:单据日后定期付款、见单后定期付款、固定日付款等可确定到期日的方式。信用证付款期限最长不超过1年。

(五)交单期指信用证项下所要求的单据提交到有效地的有效期限,以当次货物装运日或服务提供日开始计算。未规定该期限的,默认为货物装运日或服务提供日后15天。任何情况下,交单不得迟于信用证有效期。

第十一条 信用证有效地点

信用证有效地点指信用证规定的单据提交地点,即开证行、保兑行(转让行、议付行)所在地。如信用证规定有效地点为保兑行(转让行、议付行)所在地,则开证行所在地也视为信用证有效地点。

第十二条 转运、分批装运或分次提供服务、分期装运或分期提供服务

(一)转运指信用证项下货物在规定的装运地(港到卸货地、港)的运输途中,将货物从一运输工具卸下再装上另一运输工具。

(二)分批装运或分次提供服务指信用证规定的货物或服务在信用证规定的数量、内容或金额内部分或分次交货或部分或分次提供。

(三)分期装运或分期提供服务指信用证规定的货物或服务在信用证规定的分期时间表内装运或提供。任

何一期未按信用证规定期限装运或提供的,信用证对该期及以后各期均告失效。

第三章 信用证业务办理
第一节 开 证

第十三条 开证银行与申请人在开证前应签订明确双方权利义务的协议。开证行可要求申请人交存一定数额的保证金,并可根据申请人资信情况要求其提供抵押、质押、保证等合法有效的担保。

开证申请人申请开立信用证,须提交其与受益人签订的贸易合同。

开证行应根据贸易合同及开证申请书等文件,合理、审慎设置信用证付款期限、有效期、交单期、有效地点。

第十四条 信用证的基本条款
信用证应使用中文开立,记载条款包括:
(一)表明"国内信用证"的字样。
(二)开证申请人名称及地址。
(三)开证行名称及地址。
(四)受益人名称及地址。
(五)通知行名称。
(六)开证日期。开证日期格式应按年、月、日依次书写。
(七)信用证编号。
(八)不可撤销信用证。
(九)信用证有效期及有效地点。
(十)是否可转让。可转让信用证须记载"可转让"字样并指定一家转让行。
(十一)是否可保兑。保兑信用证须记载"可保兑"字样并指定一家保兑行。
(十二)是否可议付。议付信用证须记载"议付"字样并指定一家或任意银行作为议付行。
(十三)信用证金额。金额须以大、小写同时记载。
(十四)付款期限。
(十五)货物或服务描述。
(十六)溢短装条款(如有)。
(十七)货物贸易项下的运输交货或服务贸易项下的服务提供条款。

货物贸易项下运输交货条款:
1. 运输或交货方式。
2. 货物装运地(港)、目的地、交货地(港)。
3. 货物是否分批装运、分期装运和转运,未作规定的,视为允许货物分批装运和转运。
4. 最迟货物装运日。

服务贸易项下服务提供条款:
1. 服务提供方式。
2. 服务提供地点。
3. 服务是否分次提供、分期提供,未作规定的,视为允许服务分次提供。
4. 最迟服务提供日。
5. 服务贸易项下双方认为应记载的其他事项。

(十八)单据条款,须注明据以付款或议付的单据,至少包括发票,表明货物运输或交付、服务提供的单据,如运输单据或货物收据、服务接受方的证明或服务提供方或第三方的服务履约证明。
(十九)交单期。
(二十)信用证项下相关费用承担方。未约定费用承担方时,由业务委托人或申请人承担相应费用。
(二十一)表明"本信用证依据《国内信用证结算办法》开立"的开证行保证文句。
(二十二)其他条款。

第十五条 信用证开立方式
开立信用证可以采用信开和电开方式。信开信用证,由开证行加盖业务用章(信用证专用章或业务专用章,下同),寄送通知行,同时应视情况需要以双方认可的方式证实信用证的真实有效性;电开信用证,由开证行以数据电文发送通知行。

第十六条 开证行的义务
开证行自开立信用证之时起,即受信用证内容的约束。

第二节 保 兑

第十七条 保兑是指保兑行根据开证行的授权或要求,在开证行承诺之外做出的对相符交单付款、确认到期付款或议付的确定承诺。

第十八条 保兑行自对信用证加具保兑之时起即不可撤销地承担对相符交单付款、确认到期付款或议付的责任。

第十九条 指定银行拒绝按照开证行授权或要求对信用证加具保兑时,应及时通知开证行,并可仅通知信用证而不加具保兑。

第二十条 开证行对保兑行的偿付义务不受开证行与受益人关系的约束。

第三节 修 改

第二十一条 信用证的修改
(一)开证申请人需对已开立的信用证内容修改的,

应向开证行提出修改申请,明确修改的内容。

(二)增额修改的,开证行可要求申请人追加增额担保;付款期限修改的,不得超过本办法规定的信用证付款期限的最长期限。

(三)开证行发出的信用证修改书中应注明本次修改的次数。

(四)信用证受益人同意或拒绝接受修改的,应提供接受或拒绝修改的通知。如果受益人未能给予通知,当交单与信用证以及尚未接受的修改的要求一致时,即视为受益人已做出接受修改的通知,并且该信用证修改自此对受益人形成约束。

对同一修改的内容不允许部分接受,部分接受将被视作拒绝接受修改。

(五)开证行自开出信用证修改书之时起,即不可撤销地受修改内容的约束。

第二十二条 保兑行有权选择是否将其保兑扩展至修改。保兑行将其保兑扩展至修改的,自作出此类扩展通知时,即不可撤销地受其约束;保兑行不对修改加具保兑的,应及时告知开证行并在给受益人的通知中告知受益人。

第四节 通 知

第二十三条 信用证及其修改的通知

(一)通知行的确定。

通知行可由开证申请人指定,如开证申请人没有指定,开证行有权指定通知行。通知行可自行决定是否通知。通知行同意通知的,应于收到信用证次日起 3 个营业日内通知受益人;拒绝通知的,应于收到信用证次日起 3 个营业日内告知开证行。

开证行发出的信用证修改书,应通过原信用证通知行办理通知。

(二)通知行的责任。

1. 通知行收到信用证或信用证修改书,应认真审查内容表面是否完整、清楚,核验开证行签字、印章、所用密押是否正确等表面真实性,或另以电讯方式证实。核验无误的,应填制信用证通知书或信用证修改通知书,连同信用证或信用证修改书正本交付受益人。

通知行通知信用证或信用证修改的行为,表明其已确信信用证或修改的表面真实性,而且其通知准确反映了其收到的信用证或修改的内容。

2. 通知行确定信用证或信用证修改书签字、印章、密押不符的,应即时告知开证行;表面内容不清楚、不完整的,应即时向开证行查询补正。

3. 通知行在收到开证行回复前,可先将收到的信用证或信用证修改书通知受益人,并在信用证通知书或信用证修改通知书上注明该通知仅供参考,通知行不负任何责任。

第二十四条 开证行应于收到通知行查询次日起 2 个营业日内,对通知行做出答复或提供其所要求的必要内容。

第二十五条 通知行应于收到受益人同意或拒绝修改通知书次日起 3 个营业日内告知开证行,在受益人告知通知行其接受修改或以交单方式表明接受修改之前,原信用证(或含有先前被接受的修改的信用证)条款对受益人仍然有效。

开证行收到通知行发来的受益人拒绝修改的通知,信用证视为未做修改,开证行应于收到通知次日起 2 个营业日内告知开证申请人。

第五节 转 让

第二十六条 转让是指由转让行应第一受益人的要求,将可转让信用证的部分或者全部转为可由第二受益人兑用。

可转让信用证指特别标注"可转让"字样的信用证。

第二十七条 对于可转让信用证,开证行必须指定转让行,转让行可为开证行。转让行无办理信用证转让的义务,除非其明确同意。转让行仅办理转让,并不承担信用证项下的付款责任,但转让行是保兑行或开证行的除外。

第二十八条 可转让信用证只能转让一次,即只能由第一受益人转让给第二受益人,已转让信用证不得应第二受益人的要求转让给任何其后的受益人,但第一受益人不视为其后的受益人。

已转让信用证指已由转让行转为可由第二受益人兑用的信用证。

第二十九条 第二受益人拥有收取转让后信用证款项的权利并承担相应的义务。

第三十条 已转让信用证必须转载原证条款,包括保兑(如有),但下列项目除外:

可用第一受益人名称替代开证申请人名称;如果原信用证特别要求开证申请人名称应在除发票以外的任何单据中出现时,转让行转让信用证时须反映该项要求。

信用证金额、单价可以减少,有效期、交单期可以缩短,最迟货物装运日或服务提供日可以提前。

投保比例可以增加。

有效地点可以修改为转让行所在地。

第三十一条 转让交单

(一)第一受益人有权以自己的发票替换第二受益人的发票后向开证行或保兑行索偿,以支取发票间的差额,但第一受益人以自己的发票索偿的金额不得超过原信用证金额。

(二)转让行应于收到第二受益人单据次日起2个营业日内通知第一受益人换单,第一受益人须在收到转让行换单通知次日起5个营业日内且在原信用证交单期和有效期内换单。

(三)若第一受益人提交的发票导致了第二受益人的交单中本不存在的不符点,转让行应在发现不符点的下一个营业日内通知第一受益人在5个营业日内且在原信用证交单期和有效期内修正。

(四)如第一受益人未能在规定的期限内换单,或未对其提交的发票导致的第二受益人交单中本不存在的不符点予以及时修正的,转让行有权将第二受益人的单据随附已转让信用证副本、信用证修改书副本及修改确认书(如有)直接寄往开证行或保兑行,并不再对第一受益人承担责任。

开证行或保兑行将依据已转让信用证副本、信用证修改书副本及修改确认书(如有)来审核第二受益人的交单是否与已转让信用证相符。

(五)第二受益人或者代表第二受益人的交单行的交单必须交给转让行,信用证另有规定的除外。

第三十二条 部分转让

若原信用证允许分批装运或分次提供服务,则第一受益人可将信用证部分或全部转让给一个或数个第二受益人,并由第二受益人分批装运或分次提供服务。

第三十三条 第一受益人的任何转让要求说明是否允许以及在何条件下允许将修改通知第二受益人。已转让信用证须明确说明该项条款。

如信用证转让的第二受益人为多名,其中一名或多名第二受益人对信用证修改的拒绝不影响其他第二受益人接受修改。对接受者而言,该已转让信用证即被相应修改,而对拒绝修改的第二受益人而言,该信用证未被修改。

第三十四条 开证行或保兑行对第二受益人提交的单据不得以索款金额与单价的减少、投保比例的增加,以及受益人名称与原信用证规定的受益人名称不同而作为不符交单予以拒付。

转让行应在收到开证行付款、确认到期付款函(电)次日起2个营业日内对第二受益人付款、发出开证行已确认到期付款的通知。

转让行可按约定向第一受益人收取转让费用,并在转让信用证时注明须由第二受益人承担的费用。

第六节 议 付

第三十五条 议付指可议付信用证项下单证相符或在开证行或保兑行已确认到期付款的情况下,议付行在收到开证行或保兑行付款前购买单据、取得信用证项下索款权利,向受益人预付或同意预付资金的行为。

议付行审核并转递单据而没有预付或没有同意预付资金不构成议付。

第三十六条 信用证未明示可议付,任何银行不得办理议付;信用证明示可议付,如开证行仅指定一家议付行,未被指定为议付行的银行不得办理议付,被指定的议付行可自行决定是否办理议付。

保兑行对以其为议付行的议付信用证加具保兑,在受益人请求议付时,须承担对受益人相符交单的议付责任。

指定议付行非保兑行且未议付时,保兑行仅承担对受益人相符交单的付款责任。

第三十七条 受益人可对议付信用证在信用证交单期和有效期内向议付行提示单据、信用证正本、信用证通知书、信用证修改书正本及信用证修改通知书(如有),并填制交单委托书和议付申请书,请求议付。

议付行在受理议付申请的次日起5个营业日内审核信用证规定的单据并决定议付的,应在信用证正本背面记明议付日期、业务编号、议付金额、到期日并加盖业务用章。

议付行拒绝议付的,应及时告知受益人。

第三十八条 索偿

议付行将注明付款提示的交单面函(寄单通知书)及单据寄开证行或保兑行索偿资金。除信用证另有约定外,索偿金额不得超过单据金额。

开证行、保兑行负有对议付行符合本办法的议付行为的偿付责任,该偿付责任独立于开证行、保兑行对受益人的付款责任并不受其约束。

第三十九条 追索权的行使

议付行议付时,必须与受益人书面约定是否有追索权。若约定有追索权,到期不获付款议付行可向受益人追索。若约定无追索权,到期不获付款议付行不得向受益人追索,议付行与受益人约定的例外情况或受益人存在信用证欺诈的情形除外。

保兑行议付时,对受益人不具有追索权,受益人存在信用证欺诈的情形除外。

第七节 寄单索款

第四十条 受益人委托交单行交单，应在信用证交单期和有效期内填制信用证交单委托书，并提交单据和信用证正本及信用证通知书、信用证修改书正本及信用证修改通知书（如有）。交单行应在收单次日起5个营业日内对其审核相符的单据寄出。

第四十一条 交单行应合理谨慎地审查单据是否相符，但非保兑行的交单行对单据相符性不承担责任，交单行与受益人另有约定的除外。

第四十二条 交单行在交单时，应附寄一份交单面函（寄单通知书），注明单据金额、索偿金额、单据份数、寄单编号、索款路径、收款账号、受益人名称、申请人名称、信用证编号等信息，并注明此次交单是在正本信用证项下进行并已在信用证正本背面批注交单情况。

受益人直接交单时，应提交信用证正本及信用证通知书、信用证修改书正本及信用证修改通知书（如有）、开证行（保兑行、转让行、议付行）认可的身份证明文件。

第四十三条 交单行在确认受益人交单无误后，应在发票的"发票联"联次批注"已办理交单"字样或加盖"已办理交单"戳记，注明交单日期及交单行名称。

交单行寄单后，须在信用证正本背面批注交单日期、交单金额和信用证余额等交单情况。

第八节 付 款

第四十四条 开证行或保兑行在收到交单行寄交的单据及交单面函（寄单通知书）或受益人直接递交的单据的次日起5个营业日内，及时核对是否为相符交单。单证相符或单证不符但开证行或保兑行接受不符点的，对即期信用证，应于收到单据次日起5个营业日内支付相应款项给交单行或受益人（受益人直接交单时，本节下同）；对远期信用证，应于收到单据次日起5个营业日内发出到期付款确认书，并于到期日支付款项给交单行或受益人。

第四十五条 开证行或保兑行付款后，应在信用证相关业务系统或信用证正本或副本背面记明付款日期、业务编号、来单金额、付款金额、信用证余额，并将信用证有关单据交开证申请人或寄证行。

若受益人提交了相符单据或开证行已发出付款承诺，即使申请人交存的保证金及其存款账户余额不足支付，开证行仍应在规定的时间内付款。对申请人提供抵押、质押、保函等担保的，按《中华人民共和国担保法》、《中华人民共和国物权法》的有关规定索偿。

第四十六条 开证行或保兑行审核单据发现不符并决定拒付的，应在收到单据的次日起5个营业日内一次性将全部不符点以电子方式或其他快捷方式通知交单行或受益人。如开证行或保兑行未能按规定通知不符点，则无权宣称交单不符。

开证行或保兑行审核单据发现不符并拒付后，在收到交单行或受益人退单的要求之前，开证申请人接受不符点的，开证行或保兑行独立决定是否付款、出具到期付款确认书或退单；开证申请人不接受不符点的，开证行或保兑行可将单据退交单行或受益人。

第四十七条 开证行或保兑行拒付时，应提供书面拒付通知。拒付通知应包括如下内容：

（一）开证行或保兑行拒付。

（二）开证行或保兑行拒付所依据的每一个不符点。

（三）开证行或保兑行拒付后可选择以下意见处理单据：

1. 开证行或保兑行留存单据听候交单行或受益人的进一步指示。

2. 开证行留存单据直到其从开证申请人处收到放弃不符点的通知并同意接受该放弃，或者其同意接受对不符点的放弃之前从交单行或受益人处收到进一步指示。

3. 开证行或保兑行将退回单据。

4. 开证行或保兑行将按之前从交单行或受益人处获得的指示处理。

第四十八条 开证行或保兑行付款后，对受益人不具有追索权，受益人存在信用证欺诈的情形除外。

第九节 注 销

第四十九条 信用证注销是指开证行对信用证未支用的金额解除付款责任的行为。

（一）开证行、保兑行、议付行未在信用证有效期内收到单据的，开证行可在信用证逾有效期一个月后予以注销。具体处理办法由各银行自定。

（二）其他情况下，须经开证行、已办理过保兑的保兑行、已办理过议付的议付行、已办理过转让的转让行与受益人协商同意，或受益人、上述保兑行（议付行、转让行）声明同意注销信用证，并与开证行就全套正本信用证收回达成一致后，信用证方可注销。

第四章 单据审核标准

第五十条 银行收到单据时，应仅以单据本身为依据，认真审核信用证规定的所有单据，以确定是否为相符交单。

相符交单指与信用证条款、本办法的相关适用条款、信用证审单规则及单据之内、单据之间相互一致的交单。

第五十一条 银行只对单据进行表面审核。

银行不审核信用证没有规定的单据。银行收到此类单据,应予退还或将其照转。

如信用证含有一项条件,却未规定用以表明该条件得到满足的单据,银行将视为未作规定不予理会,但提交的单据中显示的相关信息不得与上述条件冲突。

第五十二条 信用证要求提交运输单据、保险单据和发票以外的单据时,应对单据的出单人及其内容作出明确规定。未作规定的,只要所提交的单据内容表面形式满足单据功能且与信用证及其他规定单据不矛盾,银行可予接受。

除发票外,其他单据中的货物或服务或行为描述可使用统称,但不得与信用证规定的描述相矛盾。

发票须是税务部门统一监制的原始正本发票。

第五十三条 信用证要求某种单据提交多份的,所提交的该种单据中至少应有一份正本。

除信用证另有规定外,银行应将任何表面上带有出单人的原始签名或印章的单据视为正本单据(除非单据本身表明其非正本),但此款不适用于增值税发票或其他类型的税务发票。

第五十四条 所有单据的出单日期均不得迟于信用证的有效期、交单期截止日以及实际交单日期。

受益人和开证申请人的开户银行、账号和地址出现在任何规定的单据中时,无须与信用证或其他规定单据中所载相同。

第五十五条 信用证审单规则由行业协会组织会员单位拟定并推广执行。行业协会应根据信用证业务开展实际,适时修订审单规则。

第五章 附 则

第五十六条 信用证凭证、信用证修改书、交单面函(寄单通知书)等格式、联次由行业协会制定并推荐使用,各银行参照其范式制作。

第五十七条 银行办理信用证业务的各项手续费收费标准,由各银行按照服务成本、依据市场定价原则制定,并遵照《商业银行服务价格管理办法》(中国银监会国家发展改革委令2014年第1号)相关要求向客户公示并向管理部门报告。

第五十八条 本办法规定的各项期限的计算,适用民法通则关于计算期间的规定。期限最后一日是法定节假日的,顺延至下一个营业日,但信用证规定的装运日或服务提供日不得顺延。

本办法规定的营业日指可办理信用证业务的银行工作日。

第五十九条 本办法由中国人民银行会同中国银行业监督管理委员会解释。

第六十条 本办法自2016年10月8日起施行。

银行卡收单业务管理办法

· 2013年7月5日中国人民银行公告〔2013〕第9号公布
· 自公布之日起施行

第一章 总 则

第一条 为规范银行卡收单业务,保障各参与方合法权益,防范支付风险,促进银行卡业务健康有序发展,根据《中华人民共和国中国人民银行法》、《非金融机构支付服务管理办法》等规定,制定本办法。

第二条 本办法所称银行卡收单业务,是指收单机构与特约商户签订银行卡受理协议,在特约商户按约定受理银行卡并与持卡人达成交易后,为特约商户提供交易资金结算服务的行为。

第三条 收单机构在中华人民共和国境内从事银行卡收单业务,适用本办法。

本办法所称收单机构,包括从事银行卡收单业务的银行业金融机构,获得银行卡收单业务许可、为实体特约商户提供银行卡受理并完成资金结算服务的支付机构,以及获得网络支付业务许可、为网络特约商户提供银行卡受理并完成资金结算服务的支付机构。

第四条 收单机构应当依法维护当事人的合法权益,保障信息安全和交易安全。

第五条 收单机构应当遵守反洗钱法律法规要求,履行反洗钱和反恐怖融资义务。

第六条 收单机构为境外特约商户提供银行卡收单服务,适用本办法,并应同时符合业务开办国家(地区)的监管要求。

业务开办国家(地区)法律禁止或者限制收单机构实施本办法的,收单机构应当及时向中国人民银行报告。

第二章 特约商户管理

第七条 收单机构拓展特约商户,应当遵循"了解你的客户"原则,确保所拓展特约商户是依法设立、从事合法经营活动的商户,并承担特约商户收单业务管理责任。

第八条 商户及其法定代表人或负责人在中国人民

银行指定的风险信息管理系统中存在不良信息的,收单机构应当谨慎或拒绝为该商户提供银行卡收单服务。

第九条 收单机构应当对特约商户实行实名制管理,严格审核特约商户的营业执照等证明文件,以及法定代表人或负责人有效身份证件等申请材料。特约商户为自然人的,收单机构应当审核其有效身份证件。

特约商户使用单位银行结算账户作为收单银行结算账户的,收单机构还应当审核其合法拥有该账户的证明文件。

第十条 收单机构应当制定特约商户资质审核流程和标准,明确资质审核权限。负责特约商户拓展和资质审核的岗位人员不得兼岗。

第十一条 收单机构应当与特约商户签订银行卡受理协议,就可受理的银行卡种类、开通的交易类型、收单银行结算账户的设置和变更、资金结算周期、结算手续费标准、差错和争议处理等事项,明确双方的权利、义务和违约责任。

第十二条 收单机构在银行卡受理协议中,应当要求特约商户履行以下基本义务:

(一)基于真实的商品或服务交易背景受理银行卡,并遵守相应银行卡品牌的受理要求,不得歧视和拒绝同一银行卡品牌的不同发卡银行的持卡人;

(二)按规定使用受理终端(网络支付接口)和收单银行结算账户,不得利用其从事或协助他人从事非法活动;

(三)妥善处理交易数据信息、保存交易凭证,保障交易信息安全;

(四)不得因持卡人使用银行卡而向持卡人收取或变相收取附加费用,或降低服务水平。

第十三条 收单机构应当在提供收单服务前对特约商户开展业务培训,并根据特约商户的经营特点和风险等级,定期开展后续培训,保存培训记录。

第十四条 对特约商户申请材料、资质审核材料、受理协议、培训和检查记录、信息变更、终止合作等档案资料,收单机构应当至少保存至收单服务终止后5年。

第十五条 收单机构应当建立特约商户信息管理系统,记录特约商户名称和经营地址、特约商户身份资料信息、特约商户类别、结算手续费标准、收单银行结算账户信息、开通的交易类型和开通时间、受理终端(网络支付接口)类型和安装地址等信息,并及时进行更新。其中网络支付接口的安装地址为特约商户的办公地址和从事经营活动的网络地址。

第十六条 收单机构应当对实体特约商户收单业务进行本地化经营和管理,通过在特约商户及其分支机构所在省(区、市)域内的收单机构或其分支机构提供收单服务,不得跨省(区、市)域开展收单业务。

对于连锁式经营或集团化管理的特约商户,收单机构或经其授权的特约商户所在地的分支机构可与特约商户签订总对总银行卡受理协议,并按照前款规定落实本地化服务和管理责任。

第十七条 收单机构应当按照有关规定向特约商户收取结算手续费,不得变相向持卡人转嫁结算手续费,不得采取不正当竞争手段损害他人合法权益。

第十八条 收单机构与特约商户终止银行卡受理协议的,应当及时收回受理终端或关闭网络支付接口,进行账务清理,妥善处理后续事项。

第三章 业务与风险管理

第十九条 收单机构应当综合考虑特约商户的区域和行业特征、经营规模、财务和资信状况等因素,对实体特约商户、网络特约商户分别进行风险评级。

对于风险等级较高的特约商户,收单机构应当对其开通的受理卡种和交易类型进行限制,并采取强化交易监测、设置交易限额、延迟结算、增加检查频率、建立特约商户风险准备金等风险管理措施。

第二十条 收单机构应当建立特约商户检查制度,明确检查频率、检查内容、检查记录等管理要求,落实检查责任。对于实体特约商户,收单机构应当进行现场检查;对于网络特约商户,收单机构应当采取有效的检查措施和技术手段对其经营内容和交易情况进行检查。

第二十一条 收单机构应当针对风险较高的交易类型制定专门的风险管理制度。

对无卡、无密交易,以及预授权、消费撤销、退货等交易类型,收单机构应当强化风险管理措施。

第二十二条 收单机构应当建立收单交易风险监测系统,对可疑交易及时核查并采取有效措施。

第二十三条 收单机构应当建立覆盖受理终端(网络支付接口)审批、使用、撤销等各环节的风险管理制度,明确受理终端(网络支付接口)的使用范围、交易类型、交易限额、审批权限,以及相关密钥的管理要求。

第二十四条 收单机构为特约商户提供的受理终端(网络支付接口)应当符合国家、金融行业技术标准和相关信息安全管理要求。

第二十五条 收单机构应当根据特约商户受理银行卡交易的真实场景,按照相关银行卡清算机构和发卡银行的业务规则和管理要求，正确选用交易类型，准确标识交易信息并完整发送，确保交易信息的完整性、真实性和可追溯性。

交易信息至少应包括：直接提供商品或服务的商户名称、类别和代码，受理终端（网络支付接口）类型和代码，交易时间和地点（网络特约商户的网络地址），交易金额，交易类型和渠道，交易发起方式等。网络特约商户的交易信息还应当包括商品订单号和网络交易平台名称。

特约商户和受理终端（网络支付接口）的编码应当具有唯一性。

第二十六条 收单机构将交易信息直接发送发卡银行的，应当在发卡银行遵守与相关银行卡清算机构的协议约定下，与其签订合作协议，明确交易信息和资金安全、持卡人和商户权益保护等方面的权利、义务和违约责任。

第二十七条 收单机构应当对发送的收单交易信息采用加密和数据校验措施。

第二十八条 收单机构不得以任何形式存储银行卡磁道信息或芯片信息、卡片验证码、卡片有效期、个人标识码等敏感信息，并应采取有效措施防止特约商户和外包服务机构存储银行卡敏感信息。

因特殊业务需要，收单机构确需存储银行卡敏感信息的，应当经持卡人本人同意、确保存储的信息仅用于持卡人指定用途，并承担相应信息安全管理责任。

第二十九条 收单机构应当建立特约商户收单银行结算账户设置和变更审核制度，严格审核设置和变更申请材料的真实性、有效性。

特约商户的收单银行结算账户应当为其同名单位银行结算账户，或其指定的、与其存在合法资金管理关系的单位银行结算账户。特约商户为个体工商户和自然人的，可使用其同名个人银行结算账户作为收单银行结算账户。

第三十条 收单机构应按协议约定及时将交易资金结算到特约商户的收单银行结算账户，资金结算时限最迟不得超过持卡人确认可直接向特约商户付款的支付指令生效之日起30个自然日，因涉嫌违法违规等风险交易需延迟结算的除外。

第三十一条 收单机构应当建立资金结算风险管理制度，不得挪用特约商户待结算资金。

第三十二条 收单机构应当根据交易发生时的原交易信息发起银行卡交易差错处理、退货交易，将资金退至持卡人原银行卡账户。若持卡人原银行卡账户已撤销的，应当退至持卡人指定的本人其他银行账户。

第三十三条 收单机构应当及时调查核实、妥善处理并如实反馈发卡银行的调单、协查要求和银行卡清算机构发出的风险提示。

第三十四条 收单机构发现特约商户发生疑似银行卡套现、欺诈、账户、伪卡、留存或泄露持卡人账户信息等风险事件的，应当对特约商户采取延迟资金结算、暂停银行卡交易或收回受理终端（关闭网络支付接口）等措施，并承担因未采取措施导致的风险损失责任；发现涉嫌违法犯罪活动的，应当及时向公安机关报案。

第三十五条 收单机构应当自主完成特约商户资质审核、受理协议签订、收单业务交易处理、资金结算、风险监测、受理终端主密钥生成和管理、差错和争议处理等业务活动。

第三十六条 收单机构应当在收单业务外包前制定收单业务外包管理办法，明确外包的业务范围、外包服务机构的准入标准及管理要求、外包业务风险管理和应急预案等内容。收单机构作为收单业务主体的管理责任和风险承担责任不因外包关系而转移。

第三十七条 收单机构同时提供收单外包服务的，应当对收单业务和外包服务业务分别进行管理。

第三十八条 收单机构应当制定突发事件应急预案，建立灾难备份系统，确保收单业务的连续性和收单业务系统安全运行。

第四章 监督管理

第三十九条 中国人民银行依法对收单机构进行监督和管理。

第四十条 银行业金融机构开办、终止收单业务，应当向中国人民银行及其分支机构报告。

第四十一条 收单机构应当加入中国支付清算协会，接受行业协会自律管理。中国支付清算协会应当根据本办法，制定银行卡收单业务行业自律规范，向中国人民银行备案后组织实施。

第四十二条 中国人民银行及其分支机构可以采取如下措施，对收单机构进行现场检查：

（一）进入与收单活动相关的经营场所进行检查；

（二）查阅、复制与检查事项有关的文件、资料；

（三）询问有关工作人员，要求其对有关事项进行说明；

（四）检查有关系统和设施，复制有关数据资料。

第四十三条 收单机构应当配合中国人民银行及其分支机构依法开展的现场检查及非现场监管，及时报送收单业务统计信息和管理信息,并按照规定将收单业务发展和管理情况的年度专项报告于次年3月31日前报送中国人民银行及其分支机构。报告内容至少应包括收单机构组织架构、收单业务运营状况、创新业务、外包业务、风险管理等情况及下一年度业务发展规划。

收单机构开展跨境或境外收单业务的,专项报告内容还应包括跨境或境外收单业务模式、清算安排及结算币种、合作方基本情况、业务管理制度、业务开办国家(地区)监管要求等。

第四十四条 支付机构拟成立分支机构开展收单业务的,应当提前向法人所在地中国人民银行分支机构及拟成立分支机构所在地中国人民银行分支机构备案。

第四十五条 收单机构布放新型受理终端、开展收单创新业务、与境外机构合作开展跨境银行卡收单业务等,应当至少提前30日向中国人民银行及其分支机构备案。

第四十六条 收单机构应当在收单业务外包前,将收单业务外包管理办法和所选择的外包服务机构相关情况,向中国人民银行及其分支机构报告。

第四十七条 收单机构或其外包服务机构、特约商户发生涉嫌银行卡违法犯罪案件或重大风险事件的,收单机构应当于2个工作日内向中国人民银行及其分支机构报告。

第五章 罚 则

第四十八条 支付机构从事收单业务有下列情形之一的,由中国人民银行分支机构按照《非金融机构支付服务管理办法》第四十二条的规定责令其限期改正,并给予警告或处1万元以上3万元以下罚款:

(一)未按规定建立并落实特约商户实名制、资质审核、风险评级、收单银行结算账户管理、档案管理、外包业务管理、交易和信息安全管理等制度的;

(二)未按规定建立特约商户培训、检查制度和交易风险监测系统,发现特约商户疑似或涉嫌违法违规行为未采取有效措施的;

(三)未按规定对高风险交易实行分类管理、落实风险防范措施的;

(四)未按规定建立受理终端(网络支付接口)管理制度,或未能采取有效管理措施造成特约商户违规使用受理终端(网络支付接口)的;

(五)未按规定收取特约商户结算手续费的;

(六)未按规定落实收单业务本地化经营和管理责任的。

第四十九条 支付机构从事收单业务有下列情形之一的,由中国人民银行分支机构按照《非金融机构支付服务管理办法》第四十三条的规定责令其限期改正,并处3万元罚款;情节严重的,中国人民银行注销其《支付业务许可证》;涉嫌犯罪的,依法移送公安机关:

(一)未按规定设置、反达收单交易信息的;

(二)无故未按约定时限为特约商户办理资金结算,或截留、挪用特约商户或持卡人待结算资金的;

(三)对发卡银行的调单、协查和银行卡清算机构发出的风险提示,未尽调查等处理职责,或导致发生风险事件并造成持卡人或发卡银行资金损失的;

(四)对外包业务疏于管理,造成他人利益损失的;

(五)支付机构或其特约商户、外包服务机构发生账户信息泄露事件的。

第五十条 银行业金融机构从事收单业务,有第四十八条、第四十九条所列行为之一的,由中国人民银行给予通报批评,并可建议银行业金融机构对直接负责的董事、高级管理人员和其他直接责任人员给予纪律处分;情节严重或拒不改正的,中国人民银行可以责成银行卡清算机构停止为其服务,并向中国银行业监督管理委员会及其分支机构建议采取下列处罚措施:

(一)责令银行业金融机构限期整改、暂停收单业务或注销金融业务经营许可证;

(二)取消银行业金融机构直接负责的董事、高级管理人员和其他直接责任人员的任职资格。

第六章 附 则

第五十一条 本办法相关用语含义如下:

特约商户,是指与收单机构签订银行卡受理协议、按约定受理银行卡并委托收单机构为其完成交易资金结算的企事业单位、个体工商户或其他组织,以及按照国家工商行政管理机关有关规定,开展网络商品交易等经营活动的自然人。实体特约商户,是指通过实体经营场所提供商品或服务的特约商户。网络特约商户,是指基于公共网络信息系统提供商品或服务的特约商户。

受理终端,是指通过银行卡信息(磁条、芯片或银行卡账户信息)读取、采集或录入装置生成银行卡交易指令,能够保证银行卡交易信息处理安全的各类实体支付终端。

网络支付接口,是指收单机构与网络特约商户基于约定的业务规则,用于网络支付数据交换的规范和技术实现。

银行卡清算机构,是指经中国人民银行批准,通过设立银行卡清算标准和规则，运营银行卡业务系统，为发卡机构和收单机构提供银行卡交易处理，协助完成资金结算服务的机构。

第五十二条 中国人民银行分支机构可根据本办法，结合辖区实际制订实施细则，向中国人民银行备案后组织实施。

第五十三条 本办法由中国人民银行负责解释。

第五十四条 本办法自发布之日起施行。中国人民银行此前发布的银行卡收单业务有关规定，与本办法不一致的，以本办法为准。

商业汇票承兑、贴现与再贴现管理办法

- 2022年11月11日中国人民银行、中国银行保险监督管理委员会令〔2022〕第4号发布
- 自2023年1月1日起施行

第一章 总 则

第一条 为了规范商业汇票承兑、贴现与再贴现业务，根据《中华人民共和国票据法》《中华人民共和国中国人民银行法》《中华人民共和国银行业监督管理法》《中华人民共和国商业银行法》等有关法律法规，制定本办法。

第二条 本办法所称商业汇票是出票人签发的，委托付款人在见票时或者在指定日期无条件支付确定的金额给收款人或者持票人的票据，包括但不限于纸质或电子形式的银行承兑汇票、财务公司承兑汇票、商业承兑汇票等。

第三条 电子商业汇票的出票、承兑、贴现、贴现前的背书、质押、保证、提示付款和追索等业务，应当通过人民银行认可的票据市场基础设施办理。供应链票据属于电子商业汇票。

第四条 本办法所称承兑是指付款人承诺在商业汇票到期日无条件支付汇票金额的票据行为。

第五条 本办法所称贴现是指持票人在商业汇票到期日前，贴付一定利息将票据转让至具有贷款业务资质机构的行为。持票人持有的票据应为依法合规取得，具有真实交易关系和债权债务关系，因税收、继承、赠与依法无偿取得票据的除外。

第六条 本办法所称再贴现是指人民银行对金融机构持有的已贴现未到期商业汇票予以贴现的行为，是中央银行的一种货币政策工具。

第七条 商业汇票的承兑、贴现和再贴现，应当遵循依法合规、公平自愿、诚信自律、风险自担的原则。

第二章 承 兑

第八条 银行承兑汇票是指银行和农村信用合作社承兑的商业汇票。银行主要包括政策性开发性银行、商业银行和农村合作银行。银行承兑汇票承兑人应在中华人民共和国境内依法设立，具有银保监会或其派出机构颁发的金融许可证，且业务范围包含票据承兑。

第九条 财务公司承兑汇票是指企业集团财务公司承兑的商业汇票。财务公司承兑汇票承兑人应在中华人民共和国境内依法设立，具有银保监会或其派出机构颁发的金融许可证，且业务范围包含票据承兑。

第十条 商业承兑汇票是由银行、农村信用合作社、财务公司以外的法人或非法人组织承兑的商业汇票。商业承兑汇票承兑人应为在中华人民共和国境内依法设立的法人及其分支机构和非法人组织。

第十一条 银行、农村信用合作社、财务公司承兑人开展承兑业务时，应当严格审查出票人的真实交易关系和债权债务关系以及承兑风险，出票人应当具有良好资信。承兑的金额应当与真实交易关系和债权债务关系、承兑申请人的偿付能力相匹配。

第十二条 银行、农村信用合作社、财务公司承兑的担保品应当严格管理。担保品为保证金的，保证金账户应当独立设置，不得挪用或随意提前支取保证金。

第十三条 银行、农村信用合作社、财务公司承兑业务应当纳入存款类金融机构统一授信管理和风险管理框架。

第三章 贴现和再贴现

第十四条 商业汇票的贴现人应为在中华人民共和国境内依法设立的、具有贷款业务资质的法人及其分支机构。申请贴现的商业汇票持票人应为自然人、在中华人民共和国境内依法设立的法人及其分支机构和非法人组织。

第十五条 申请贴现的持票人取得贴现票据应依法合规，与出票人或前手之间具有真实交易关系和债权债务关系，因税收、继承、赠与依法无偿取得票据的除外。

第十六条 持票人申请贴现，须提交贴现申请、持票人背书的未到期商业汇票以及能够反映真实交易关系和债权债务关系的材料。

第十七条 持票人可以通过票据经纪机构进行票据贴现询价和成交，贴现撮合交易应当通过人民银行认可的票据市场基础设施开展。

第十八条 票据经纪机构应为市场信誉良好、票据

业务活跃的金融机构。票据经纪机构应当具有独立的票据经纪部门和完善的内控管理机制，具有专门的经纪渠道，票据经纪业务与自营业务严格隔离。票据经纪机构应当具有专业的从业人员。

第十九条 转贴现业务按照人民银行和银保监会票据交易有关规定执行。

第二十条 办理商业汇票贴现业务的金融机构，可以申请办理再贴现业务。再贴现业务办理的条件、利率、期限和方式，按照人民银行有关规定执行。

第四章 风险控制

第二十一条 金融机构应当具备健全的票据业务管理制度和内部控制制度，审慎开展商业汇票承兑和贴现业务，采取有效措施防范市场风险、信用风险和操作风险。

第二十二条 商业汇票的承兑人和贴现人应当具备良好的经营和财务状况，最近二年不得发生票据持续逾期或者未按规定披露信息的行为。商业汇票承兑人对承兑的票据应当具备到期付款的能力。

第二十三条 财务公司承兑人所属的集团法人应当具备良好的经营和财务状况，最近二年不得发生票据持续逾期或者未按规定披露信息的行为，最近二年不得发生重大违法行为，以及其他严重损害市场主体合法权益或社会公共利益的行为。

第二十四条 银行承兑汇票和财务公司承兑汇票的最高承兑余额不得超过该承兑人总资产的15%。银行承兑汇票和财务公司承兑汇票保证金余额不得超过该承兑人吸收存款规模的10%。人民银行和银保监会可以根据金融机构内控情况设置承兑余额与贷款余额比例上限等其他监管指标。

第二十五条 商业汇票的付款期限应当与真实交易的履行期限相匹配，自出票日起至到期日止，最长不得超过6个月。

第五章 信息披露

第二十六条 商业汇票信息披露按照人民银行有关规定执行，应当遵循及时、真实、准确、完整的原则。

第二十七条 商业承兑汇票承兑人和财务公司承兑汇票承兑人应当按照人民银行规定披露票据主要要素及信用信息。银行承兑汇票承兑人应当披露承兑人信用信息。

第二十八条 贴现人办理商业汇票贴现的，应当按照人民银行规定核对票据披露信息，信息不存在或者记载事项与披露信息不一致的，不得为持票人办理贴现。

第二十九条 商业汇票背书转让时，被背书人可以按照人民银行规定核对票据信息，信息不存在或者记载事项与披露信息不一致的，可以采取有效措施识别票据信息真伪及信用风险，加强风险防范。

第三十条 商业汇票承兑人为非上市公司、在债券市场无信用评级的，鼓励商业汇票流通前由信用评级机构对承兑人进行主体信用评级，并按照人民银行有关规定披露相关信息。

第三十一条 票据市场基础设施按人民银行有关要求对承兑人信息披露情况进行监测，承兑人存在票据持续逾期或披露信息存在虚假、遗漏、延迟的，票据市场基础设施应根据业务规则采取相应处置措施，并向人民银行报告。

第六章 监督管理

第三十二条 人民银行依法监测商业汇票承兑和贴现的运行情况，依法对票据市场进行管理。

第三十三条 人民银行、银保监会按照法定职责对商业汇票的承兑、贴现、风险控制和信息披露进行监督管理。人民银行对再贴现进行监督管理。

第三十四条 票据市场基础设施和办理商业汇票承兑、贴现、再贴现业务的主体，应当按规定和监管需要向人民银行和银保监会报送有关业务数据。

第七章 法律责任

第三十五条 银行承兑汇票、财务公司承兑汇票的承兑限额、付款期限超出规定的，由人民银行及其分支机构、银保监会及其派出机构对承兑人进行警告、通报批评，并由银保监会及其派出机构依法处以罚款。

第三十六条 商业汇票承兑人最近二年发生票据持续逾期或者未按规定披露信息的，金融机构不得为其办理票据承兑、贴现、保证、质押等业务。

第三十七条 金融机构为不具有真实交易关系和债权债务关系（因税收、继承、赠与依法无偿取得票据的除外）的出票人、持票人办理商业汇票承兑、贴现的，由银保监会及其派出机构根据不同情形依法采取暂停其票据业务等监管措施或者实施行政处罚；对直接负责的董事、高级管理人员和其他直接责任人员，依法追究相关责任。

第三十八条 商业汇票出票人、持票人通过欺诈手段骗取金融机构承兑、贴现的，依法承担相应责任；涉嫌构成犯罪的，移送司法机关依法追究刑事责任。

第三十九条 未经依法许可或者违反国家金融管理

规定,擅自从事票据贴现的,依照有关法律法规进行处置。

第八章 附 则

第四十条 本办法由人民银行、银保监会负责解释。

第四十一条 本办法第二十四条规定自2024年1月1日起实施。

第四十二条 本办法自2023年1月1日起施行。《商业汇票承兑、贴现与再贴现管理暂行办法》(银发〔1997〕216号文印发)、《中国人民银行关于切实加强商业汇票承兑贴现和再贴现业务管理的通知》(银发〔2001〕236号)同时废止。

最高人民法院关于审理信用证纠纷案件若干问题的规定

- 2005年10月24日最高人民法院审判委员会第1368次会议通过
- 根据2020年12月23日最高人民法院审判委员会第1823次会议通过的《最高人民法院关于修改〈最高人民法院关于破产企业国有划拨土地使用权应否列入破产财产等问题的批复〉等二十九件商事类司法解释的决定》修正
- 2020年12月29日最高人民法院公告公布
- 自2021年1月1日起施行
- 法释〔2020〕18号

根据《中华人民共和国民法典》《中华人民共和国涉外民事关系法律适用法》《中华人民共和国民事诉讼法》等法律,参照国际商会《跟单信用证统一惯例》等相关国际惯例,结合审判实践,就审理信用证纠纷案件的有关问题,制定本规定。

第一条 本规定所指的信用证纠纷案件,是指在信用证开立、通知、修改、撤销、保兑、议付、偿付等环节产生的纠纷。

第二条 人民法院审理信用证纠纷案件时,当事人约定适用相关国际惯例或者其他规定的,从其约定;当事人没有约定的,适用国际商会《跟单信用证统一惯例》或者其他相关国际惯例。

第三条 开证申请人与开证行之间因申请开立信用证而产生的欠款纠纷、委托人和受托人之间因委托开立信用证产生的纠纷、担保人为申请开立信用证或者委托开立信用证提供担保而产生的纠纷以及信用证项下融资产生的纠纷,适用本规定。

第四条 因申请开立信用证而产生的欠款纠纷、委托开立信用证纠纷和因此产生的担保纠纷以及信用证项下融资产生的纠纷应当适用中华人民共和国相关法律。涉外合同当事人对法律适用另有约定的除外。

第五条 开证行在作出付款、承兑或者履行信用证项下其他义务的承诺后,只要单据与信用证条款、单据与单据之间在表面上相符,开证行应当履行在信用证规定的期限内付款的义务。当事人以开证申请人与受益人之间的基础交易提出抗辩的,人民法院不予支持。具有本规定第八条的情形除外。

第六条 人民法院在审理信用证纠纷案件中涉及单证审查的,应当根据当事人约定适用的相关国际惯例或者其他规定进行;当事人没有约定的,应当按照国际商会《跟单信用证统一惯例》以及国际商会确定的相关标准,认定单据与信用证条款、单据与单据之间是否在表面上相符。

信用证项下单据与信用证条款之间、单据与单据之间在表面上不完全一致,但并不导致相互之间产生歧义的,不应认定为不符点。

第七条 开证行有独立审查单据的权利和义务,有权自行作出单据与信用证条款、单据与单据之间是否在表面上相符的决定,并自行决定接受或者拒绝接受单据与信用证条款、单据与单据之间的不符点。

开证行发现信用证项下存在不符点后,可以自行决定是否联系开证申请人接受不符点。开证申请人决定是否接受不符点,并不影响开证行最终决定是否接受不符点。开证行和开证申请人另有约定的除外。

开证行向受益人明确表示接受不符点的,应当承担付款责任。

开证行拒绝接受不符点时,受益人以开证申请人已接受不符点为由要求开证行承担信用证项下付款责任的,人民法院不予支持。

第八条 凡有下列情形之一的,应当认定存在信用证欺诈:

(一)受益人伪造单据或者提交记载内容虚假的单据;

(二)受益人恶意不交付货物或者交付的货物无价值;

(三)受益人和开证申请人或者其他第三方串通提交假单据,而没有真实的基础交易;

(四)其他进行信用证欺诈的情形。

第九条 开证申请人、开证行或者其他利害关系人发现有本规定第八条的情形,并认为将会给其造成难以弥补的损害时,可以向有管辖权的人民法院申请中止支付信用证项下的款项。

第十条　人民法院认定存在信用证欺诈的,应当裁定中止支付或者判决终止支付信用证项下款项,但有下列情形之一的除外:

(一)开证行的指定人、授权人已按照开证行的指令善意地进行了付款;

(二)开证行或者其指定人、授权人已对信用证项下票据善意地作出了承兑;

(三)保兑行善意地履行了付款义务;

(四)议付行善意地进行了议付。

第十一条　当事人在起诉前申请中止支付信用证项下款项符合下列条件的,人民法院应予受理:

(一)受理申请的人民法院对该信用证纠纷案件享有管辖权;

(二)申请人提供的证据材料证明存在本规定第八条的情形;

(三)如不采取中止支付信用证项下款项的措施,将会使申请人的合法权益受到难以弥补的损害;

(四)申请人提供了可靠、充分的担保;

(五)不存在本规定第十条的情形。

当事人在诉讼中申请中止支付信用证项下款项的,应当符合前款(二)、(三)、(四)、(五)项规定的条件。

第十二条　人民法院接受中止支付信用证项下款项申请后,必须在四十八小时内作出裁定;裁定中止支付的,应当立即开始执行。

人民法院作出中止支付信用证项下款项的裁定,应当列明申请人、被申请人和第三人。

第十三条　当事人对人民法院作出中止支付信用证项下款项的裁定有异议的,可以在裁定书送达之日起十日内向上一级人民法院申请复议。上一级人民法院应当自收到复议申请之日起十日内作出裁定。

复议期间,不停止原裁定的执行。

第十四条　人民法院在审理信用证欺诈案件过程中,必要时可以将信用证纠纷与基础交易纠纷一并审理。

当事人以基础交易欺诈为由起诉的,可以将与案件有关的开证行、议付行或者其他信用证法律关系的利害关系人列为第三人;第三人可以申请参加诉讼,人民法院也可以通知第三人参加诉讼。

第十五条　人民法院通过实体审理,认定构成信用证欺诈并且不存在本规定第十条的情形的,应当判决终止支付信用证项下的款项。

第十六条　保证人以开证行或者开证申请人接受不符点未征得其同意为由请求免除保证责任的,人民法院不予支持。保证合同另有约定的除外。

第十七条　开证申请人与开证行对信用证进行修改未征得保证人同意的,保证人只在原保证合同约定的或者法律规定的期间和范围内承担保证责任。保证合同另有约定的除外。

第十八条　本规定自2006年1月1日起施行。

最高人民法院关于审理票据纠纷案件若干问题的规定

- 2000年2月24日最高人民法院审判委员会第1102次会议通过
- 根据2020年12月23日最高人民法院审判委员会第1823次会议通过的《最高人民法院关于修改〈最高人民法院关于破产企业国有划拨土地使用权应否列入破产财产等问题的批复〉等二十九件商事类司法解释的决定》修正
- 2020年12月29日最高人民法院公告公布
- 自2021年1月1日起施行
- 法释〔2020〕18号

为了正确适用《中华人民共和国票据法》(以下简称票据法),公正、及时审理票据纠纷案件,保护票据当事人的合法权益,维护金融秩序和金融安全,根据票据法及其他有关法律的规定,结合审判实践,现对人民法院审理票据纠纷案件的若干问题规定如下:

一、受理和管辖

第一条　因行使票据权利或者票据法上的非票据权利而引起的纠纷,人民法院应当依法受理。

第二条　依照票据法第十条的规定,票据债务人(即出票人)以在票据未转让时的基础关系违法、双方不具有真实的交易关系和债权债务关系、持票人应付对价而未付对价为由,要求返还票据而提起诉讼的,人民法院应当依法受理。

第三条　依照票据法第三十六条的规定,票据被拒绝承兑、被拒绝付款或者汇票、支票超过提示付款期限后,票据持有人背书转让的,被背书人以背书人为被告行使追索权而提起诉讼的,人民法院应当依法受理。

第四条　持票人不先行使付款请求权而先行使追索权遭拒绝提起诉讼的,人民法院不予受理。除有票据法第六十一条第二款和本规定第三条所列情形外,持票人只能在首先向付款人行使付款请求权而得不到付款时,才可以行使追索权。

第五条　付款请求权是持票人享有的第一顺序权

利,追索权是持票人享有的第二顺序权利,即汇票到期被拒绝付款或者具有票据法第六十一条第二款所列情形的,持票人请求背书人、出票人以及汇票的其他债务人支付票据法第七十条第一款所列金额和费用的权利。

第六条 因票据纠纷提起的诉讼,依法由票据支付地或者被告住所地人民法院管辖。

票据支付地是指票据上载明的付款地,票据上未载明付款地的,汇票付款人或者代理付款人的营业场所、住所或者经常居住地,本票出票人的营业场所,支票付款人或者代理付款人的营业场所所在地为票据付款地。代理付款人即付款人的委托代理人,是指根据付款人的委托代为支付票据金额的银行、信用合作社等金融机构。

二、票据保全

第七条 人民法院在审理、执行票据纠纷案件时,对具有下列情形之一的票据,经当事人申请并提供担保,可以依法采取保全措施或者执行措施:

(一)不履行约定义务,与票据债务人有直接债权债务关系的票据当事人所持有的票据;

(二)持票人恶意取得的票据;

(三)应付对价而未付对价的持票人持有的票据;

(四)记载有"不得转让"字样而用于贴现的票据;

(五)记载有"不得转让"字样而用于质押的票据;

(六)法律或者司法解释规定有其他情形的票据。

三、举证责任

第八条 票据诉讼的举证责任由提出主张的一方当事人承担。

依照票据法第四条第二款、第十条、第十二条、第二十一条的规定,向人民法院提起诉讼的持票人有责任提供诉争票据。该票据的出票、承兑、交付、背书转让涉嫌欺诈、偷盗、胁迫、恐吓、暴力等非法行为的,持票人对票据的合法性应当负责举证。

第九条 票据债务人依照票据法第十三条的规定,对与其有直接债权债务关系的持票人提出抗辩,人民法院合并审理票据关系和基础关系的,持票人应当提供相应的证据证明已经履行了约定义务。

第十条 付款人或者承兑人被人民法院依法宣告破产,持票人因行使追索权而向人民法院提起诉讼时,应当向受理法院提供人民法院依法作出的宣告破产裁定书或者能够证明付款人或者承兑人破产的其他证据。

第十一条 在票据诉讼中,负有举证责任的票据当事人应当在一审人民法院法庭辩论结束以前提供证据。因客观原因不能在上述举证期限以内提供的,应当在举证期限届满以前向人民法院申请延期。延长的期限由人民法院根据案件的具体情况决定。

票据当事人在一审人民法院审理期间隐匿票据、故意有证不举,应当承担相应的诉讼后果。

四、票据权利及抗辩

第十二条 票据法第十七条第一款第(一)、(二)项规定的持票人对票据的出票人和承兑人的权利,包括付款请求权和追索权。

第十三条 票据债务人以票据法第十条、第二十一条的规定为由,对业经背书转让票据的持票人进行抗辩的,人民法院不予支持。

第十四条 票据债务人依照票据法第十二条、第十三条的规定,对持票人提出下列抗辩的,人民法院应予支持:

(一)与票据债务人有直接债权债务关系并且不履行约定义务的;

(二)以欺诈、偷盗或者胁迫等非法手段取得票据,或者明知有前列情形,出于恶意取得票据的;

(三)明知票据债务人与出票人或者与持票人的前手之间存在抗辩事由而取得票据的;

(四)因重大过失取得票据的;

(五)其他依法不得享有票据权利的。

第十五条 票据债务人依照票据法第九条、第十七条、第十八条、第二十二条和第三十一条的规定,对持票人提出下列抗辩的,人民法院应予支持:

(一)欠缺法定必要记载事项或者不符合法定格式的;

(二)超过票据权利时效的;

(三)人民法院作出的除权判决已经发生法律效力的;

(四)以背书方式取得但背书不连续的;

(五)其他依法不得享有票据权利的。

第十六条 票据出票人或者背书人被宣告破产的,而付款人或者承兑人不知其事实而付款或者承兑,因此所产生的追索权可以登记为破产债权,付款人或者承兑人为债权人。

第十七条 票据法第十七条第一款第(三)、(四)项规定的持票人对前手的追索权,不包括对票据出票人的追索权。

第十八条 票据法第四十条第二款和第六十五条规定的持票人丧失对其前手的追索权,不包括对票据出票人的追索权。

第十九条 票据法第十七条规定的票据权利时效发生中断的,只对发生时效中断事由的当事人有效。

第二十条 票据法第六十六条第一款规定的书面通知是否逾期,以持票人或者其前手发出书面通知之日为准;以信函通知的,以信函投寄邮戳记载之日为准。

第二十一条 票据法第七十条、第七十一条所称中国人民银行规定的利率,是指中国人民银行规定的企业同期流动资金贷款利率。

第二十二条 代理付款人在人民法院公示催告公告发布以前按照规定程序善意付款后,承兑人或者付款人以已经公示催告为由拒付代理付款人已经垫付的款项的,人民法院不予支持。

五、失票救济

第二十三条 票据丧失后,失票人直接向人民法院申请公示催告或者提起诉讼的,人民法院应当依法受理。

第二十四条 出票人已经签章的授权补记的支票丧失后,失票人依法向人民法院申请公示催告的,人民法院应当依法受理。

第二十五条 票据法第十五条第三款规定的可以申请公示催告的失票人,是指按照规定可以背书转让的票据在丧失票据占有以前的最后合法持票人。

第二十六条 出票人已经签章但未记载代理付款人的银行汇票丧失后,失票人依法向付款人即出票银行所在地人民法院申请公示催告的,人民法院应当依法受理。

第二十七条 超过付款提示期限的票据丧失以后,失票人申请公示催告的,人民法院应当依法受理。

第二十八条 失票人通知票据付款人挂失止付后三日内向人民法院申请公示催告的,公示催告申请书应当载明下列内容:

(一)票面金额;

(二)出票人、持票人、背书人;

(三)申请的理由、事实;

(四)通知票据付款人或者代理付款人挂失止付的时间;

(五)付款人或者代理付款人的名称、通信地址、电话号码等。

第二十九条 人民法院决定受理公示催告申请,应当同时通知付款人及代理付款人停止支付,并自立案之日起三日内发出公告。

第三十条 付款人或者代理付款人收到人民法院发出的止付通知,应当立即停止支付,直至公示催告程序终结。非经发出止付通知的人民法院许可擅自解付的,不得免除票据责任。

第三十一条 公告应当在全国性报纸或者其他媒体上刊登,并于同日公布于人民法院公告栏内。人民法院所在地有证券交易所的,还应当同日在该交易所公布。

第三十二条 依照《中华人民共和国民事诉讼法》(以下简称民事诉讼法)第二百一十九条的规定,公告期间不得少于六十日,且公示催告期间届满日不得早于票据付款日后十五日。

第三十三条 依照民事诉讼法第二百二十条第二款的规定,在公示催告期间,以公示催告的票据质押、贴现,因质押、贴现而接受该票据的持票人主张票据权利的,人民法院不予支持,但公示催告期间届满以后人民法院作出除权判决以前取得该票据的除外。

第三十四条 票据丧失后,失票人在票据权利时效届满以前请求出票人补发票据,或者请求债务人付款,在提供相应担保的情况下因债务人拒绝付款或者出票人拒绝补发票据提起诉讼的,由被告住所地或者票据支付地人民法院管辖。

第三十五条 失票人因请求出票人补发票据或者请求债务人付款遭到拒绝而向人民法院提起诉讼的,被告为与失票人具有票据债权债务关系的出票人、拒绝付款的票据付款人或者承兑人。

第三十六条 失票人为行使票据所有权,向非法持有票据人请求返还票据的,人民法院应当依法受理。

第三十七条 失票人向人民法院提起诉讼的,应向人民法院说明曾经持有票据及丧失票据的情形,人民法院应当根据案件的具体情况,决定当事人是否应当提供担保以及担保的数额。

第三十八条 对于伪报票据丧失的当事人,人民法院在查明事实,裁定终结公示催告或者诉讼程序后,可以参照民事诉讼法第一百一十一条的规定,追究伪报人的法律责任。

六、票据效力

第三十九条 依照票据法第一百零八条以及经国务院批准的《票据管理实施办法》的规定,票据当事人使用的不是中国人民银行规定的统一格式票据的,按照《票据管理实施办法》的规定认定,但在中国境外签发的票据除外。

第四十条 票据出票人在票据上的签章上不符合票据法以及下述规定的,该签章不具有票据法上的效力:

(一)商业汇票上的出票人的签章,为该法人或者该单位的财务专用章或者公章加其法定代表人、单位负责人或者其授权的代理人的签名或者盖章;

(二)银行汇票上的出票人的签章和银行承兑汇票的承兑人的签章,为该银行汇票专用章加其法定代表人或者其授权的代理人的签名或者盖章;

(三)银行本票上的出票人的签章,为该银行的本票专用章加其法定代表人或者其授权的代理人的签名或者盖章;

(四)支票上的出票人的签章,出票人为单位的,为与该单位在银行预留签章一致的财务专用章或者公章加其法定代表人或者其授权的代理人的签名或者盖章;出票人为个人的,为与该个人在银行预留签章一致的签名或者盖章。

第四十一条 银行汇票、银行本票的出票人以及银行承兑汇票的承兑人在票据上未加盖规定的专用章而加盖该银行的公章,支票的出票人在票据上未加盖与该单位在银行预留签章一致的财务专用章而加盖该出票人公章的,签章人应当承担票据责任。

第四十二条 依照票据法第九条以及《票据管理实施办法》的规定,票据金额的中文大写与数码不一致,或者票据载明的金额、出票日期或者签发日期、收款人名称更改,或者违反规定加盖银行部门印章代替专用章,付款人或者代理付款人对此类票据付款的,应当承担责任。

第四十三条 因更改银行汇票的实际结算金额引起纠纷而提起诉讼,当事人请求认定汇票效力的,人民法院应当认定该银行汇票无效。

第四十四条 空白授权票据的持票人行使票据权利时未对票据必须记载事项补充完全,因付款人或者代理付款人拒绝接收该票据而提起诉讼的,人民法院不予支持。

第四十五条 票据的背书人、承兑人、保证人在票据上的签章不符合票据法以及《票据管理实施办法》规定的,或者无民事行为能力人、限制民事行为能力人在票据上签章的,其签章无效,但不影响人民法院对票据上其他签章效力的认定。

七、票据背书

第四十六条 因票据质权人以质押票据再行背书质押或者背书转让引起纠纷而提起诉讼的,人民法院应当认定背书行为无效。

第四十七条 依照票据法第二十七条的规定,票据的出票人在票据上记载"不得转让"字样,票据持有人背书转让的,背书行为无效。背书转让后的受让人不得享有票据权利,票据的出票人、承兑人对受让人不承担票据责任。

第四十八条 依照票据法第二十七条和第三十条的规定,背书人未记载被背书人名称即将票据交付他人的,持票人在票据被背书人栏内记载自己的名称与背书人记载具有同等法律效力。

第四十九条 依照票据法第三十一条的规定,连续背书的第一背书人应当是在票据上记载的收款人,最后的票据持有人应当是最后一次背书的被背书人。

第五十条 依照票据法第三十四条和第三十五条的规定,背书人在票据上记载"不得转让""委托收款""质押"字样,其后手再背书转让、委托收款或者质押的,原背书人对后手的被背书人不承担票据责任,但不影响出票人、承兑人以及原背书人之前手的票据责任。

第五十一条 依照票据法第五十七条第二款的规定,贷款人恶意或者有重大过失从事票据质押贷款的,人民法院应当认定质押行为无效。

第五十二条 依照票据法第二十七条的规定,出票人在票据上记载"不得转让"字样,其后手以此票据进行贴现、质押的,通过贴现、质押取得票据的持票人主张票据权利的,人民法院不予支持。

第五十三条 依照票据法第三十四条和第三十五条的规定,背书人在票据上记载"不得转让"字样,其后手以此票据进行贴现、质押的,原背书人对后手的被背书人不承担票据责任。

第五十四条 依照票据法第三十五条第二款的规定,以汇票设定质押时,出质人在汇票上只记载了"质押"字样未在票据上签章的,或者出票人未在汇票、粘单上记载"质押"字样而另行签订质押合同、质押条款的,不构成票据质押。

第五十五条 商业汇票的持票人向其非开户银行申请贴现,与向自己开立存款账户的银行申请贴现具有同等法律效力。但是,持票人有恶意或者与贴现银行恶意串通的除外。

第五十六条 违反规定区域出票,背书转让银行汇票,或者违反票据管理规定跨越票据交换区域出票、背书转让银行本票、支票的,不影响出票人、背书人依法应当承担的票据责任。

第五十七条 依照票据法第三十六条的规定,票据被拒绝承兑、被拒绝付款或者超过提示付款期限,票据持有人背书转让的,背书人应当承担票据责任。

第五十八条 承兑人或者付款人依照票据法第五十三条第二款的规定对逾期提示付款的持票人付款与按照规定的期限付款具有同等法律效力。

八、票据保证

第五十九条 国家机关、以公益为目的的事业单位、社会团体作为票据保证人的,票据保证无效,但经国务院批准为使用外国政府或者国际经济组织贷款进行转贷,国家机关提供票据保证的除外。

第六十条 票据保证无效的,票据的保证人应当承担与其过错相应的民事责任。

第六十一条 保证人未在票据或者粘单上记载"保证"字样而另行签订保证合同或者保证条款的,不属于票据保证,人民法院应当适用《中华人民共和国民法典》的有关规定。

九、法律适用

第六十二条 人民法院审理票据纠纷案件,适用票据法的规定;票据法没有规定的,适用《中华人民共和国民法典》等法律以及国务院制定的行政法规。

中国人民银行制定并公布施行的有关行政规章与法律、行政法规不抵触的,可以参照适用。

第六十三条 票据当事人因对金融行政管理部门的具体行政行为不服提起诉讼的,适用《中华人民共和国行政处罚法》、票据法以及《票据管理实施办法》等有关票据管理的规定。

中国人民银行制定并公布施行的有关行政规章与法律、行政法规不抵触的,可以参照适用。

第六十四条 人民法院对票据法施行以前已经作出终审裁决的票据纠纷案件进行再审,不适用票据法。

十、法律责任

第六十五条 具有下列情形之一的票据,未经背书转让的,票据债务人不承担票据责任;已经背书转让的,票据无效不影响其他真实签章的效力:

(一)出票人签章不真实的;

(二)出票人为无民事行为能力人的;

(三)出票人为限制民事行为能力人的。

第六十六条 依照票据法第十四条、第一百零二条、第一百零三条的规定,伪造、变造票据者除应当依法承担刑事、行政责任外,给他人造成损失的,还应当承担民事赔偿责任。被伪造签章者不承担票据责任。

第六十七条 对票据未记载事项或者未完全记载事项作补充记载,补充事项超出授权范围的,出票人对补充后的票据应当承担票据责任。给他人造成损失的,出票人还应当承担相应的民事责任。

第六十八条 付款人或者代理付款人未能识别出伪造、变造的票据或者身份证件而错误付款,属于票据法第五十七条规定的"重大过失",给持票人造成损失的,应当依法承担民事责任。付款人或者代理付款人承担责任后有权向伪造者、变造者依法追偿。

持票人有过错的,也应当承担相应的民事责任。

第六十九条 付款人及其代理付款人有下列情形之一的,应当自行承担责任:

(一)未依照票据法第五十七条的规定对提示付款人的合法身份证明或者有效证件以及汇票背书的连续性履行审查义务而错误付款的;

(二)公示催告期间对公示催告的票据付款的;

(三)收到人民法院的止付通知后付款的;

(四)其他以恶意或者重大过失付款的。

第七十条 票据法第六十三条所称"其他有关证明"是指:

(一)人民法院出具的宣告承兑人、付款人失踪或者死亡的证明、法律文书;

(二)公安机关出具的承兑人、付款人逃匿或者下落不明的证明;

(三)医院或者有关单位出具的承兑人、付款人死亡的证明;

(四)公证机构出具的具有拒绝证明效力的文书。

承兑人自己作出并发布的表明其没有支付票款能力的公告,可以认定为拒绝证明。

第七十一条 当事人因申请票据保全错误而给他人造成损失的,应当依法承担民事责任。

第七十二条 因出票人签发空头支票、与其预留本名的签名式样或者印鉴不符的支票给他人造成损失的,支票的出票人和背书人应当依法承担民事责任。

第七十三条 人民法院在审理票据纠纷案件时,发现与本案有牵连但不属同一法律关系的票据欺诈犯罪嫌疑线索的,应当及时将犯罪嫌疑线索提供给有关公安机关,但票据纠纷案件不应因此而中止审理。

第七十四条 依据票据法第一百零四条的规定,由于金融机构工作人员在票据业务中玩忽职守,对违反票据法规定的票据予以承兑、付款、贴现或者保证,给当事人造成损失的,由该金融机构与直接责任人员依法承担连带责任。

第七十五条 依照票据法第一百零六条的规定,由于出票人制作票据,或者其他票据债务人未按照法定条件在票据上签章,给他人造成损失的,除应当按照所记载事项承担票据责任外,还应当承担相应的民事责任。

持票人明知或者应当知道前款情形而接受的,可以适当减轻出票人或者票据债务人的责任。

最高人民法院关于审理银行卡民事纠纷案件若干问题的规定

- 2019年12月2日最高人民法院审判委员会第1785次会议通过
- 2021年5月24日最高人民法院公告公布
- 自2021年5月25日起施行
- 法释〔2021〕10号

为正确审理银行卡民事纠纷案件,保护当事人的合法权益,根据《中华人民共和国民法典》《中华人民共和国民事诉讼法》等规定,结合司法实践,制定本规定。

第一条 持卡人与发卡行、非银行支付机构、收单行、特约商户等当事人之间因订立银行卡合同、使用银行卡等产生的民事纠纷,适用本规定。

本规定所称银行卡民事纠纷,包括借记卡纠纷和信用卡纠纷。

第二条 发卡行在与持卡人订立银行卡合同时,对收取利息、复利、费用、违约金等格式条款未履行提示或者说明义务,致使持卡人没有注意或者理解该条款,持卡人主张该条款不成为合同的内容、对其不具有约束力的,人民法院应予支持。

发卡行请求持卡人按照信用卡合同的约定给付透支利息、复利、违约金等,或者给付分期付款手续费、利息、违约金等,持卡人以发卡行主张的总额过高为由请求予以适当减少的,人民法院应当综合考虑国家有关金融监管规定、未还款的数额及期限、当事人过错程度、发卡行的实际损失等因素,根据公平原则和诚信原则予以衡量,并作出裁决。

第三条 具有下列情形之一的,应当认定发卡行对持卡人享有的债权请求权诉讼时效中断:

(一)发卡行按约定在持卡人账户中扣划透支款本息、违约金等;

(二)发卡行以向持卡人预留的电话号码、通讯地址、电子邮箱发送手机短信、书面信件、电子邮件等方式催收债权;

(三)发卡行以持卡人恶意透支存在犯罪嫌疑为由向公安机关报案;

(四)其他可以认定为诉讼时效中断的情形。

第四条 持卡人主张争议交易为伪卡盗刷交易或者网络盗刷交易的,可以提供生效法律文书、银行卡交易时真卡所在地、交易行为地、账户交易明细、交易通知、报警记录、挂失记录等证据材料进行证明。

发卡行、非银行支付机构主张争议交易为持卡人本人交易或者其授权交易的,应当承担举证责任。发卡行、非银行支付机构可以提供交易单据、对账单、监控录像、交易身份识别信息、交易验证信息等证据材料进行证明。

第五条 在持卡人告知发卡行其账户发生非因本人交易或者本人授权交易导致的资金或者透支数额变动后,发卡行未及时向持卡人核实银行卡的持有及使用情况,未及时提供或者保存交易单据、监控录像等证据材料,导致有关证据材料无法取得的,应承担举证不能的法律后果。

第六条 人民法院应当全面审查当事人提交的证据,结合银行卡交易行为地与真卡所在地距离、持卡人是否进行了基础交易、交易时间和报警时间、持卡人用卡习惯、银行卡被盗刷的次数及频率、交易系统、技术和设备是否具有安全性等事实,综合判断是否存在伪卡盗刷交易或者网络盗刷交易。

第七条 发生伪卡盗刷交易或者网络盗刷交易,借记卡持卡人基于借记卡合同法律关系请求发卡行支付被盗刷存款本息并赔偿损失的,人民法院依法予以支持。

发生伪卡盗刷交易或者网络盗刷交易,信用卡持卡人基于信用卡合同法律关系请求发卡行返还扣划的透支款本息、违约金并赔偿损失的,人民法院依法予以支持;发卡行请求信用卡持卡人偿还透支款本息、违约金等的,人民法院不予支持。

前两款情形,持卡人对银行卡、密码、验证码等身份识别信息、交易验证信息未尽妥善保管义务具有过错,发卡行主张持卡人承担相应责任的,人民法院应予支持。

持卡人未及时采取挂失等措施防止损失扩大,发卡行主张持卡人自行承担扩大损失责任的,人民法院应予支持。

第八条 发卡行在与持卡人订立银行卡合同或者在开通网络支付业务功能时,未履行告知持卡人银行卡具有相关网络支付功能义务,持卡人以其未与发卡行就争议网络支付条款达成合意为由请求不承担因使用该功能而导致网络盗刷责任的,人民法院应予支持,但有证据证明持卡人同意使用该网络支付功能的,适用本规定第七条规定。

非银行支付机构新增网络支付业务类型时,未向持卡人履行前款规定义务的,参照前款规定处理。

第九条 发卡行在与持卡人订立银行卡合同或者新增网络支付业务时,未完全告知某一网络支付业务持卡人身份识别方式、交易验证方式、交易规则等足以影响持卡人决定是否使用该功能的内容,致使持卡人没有全面准确理解该功能,持卡人以其未与发卡行就相关网络支付条款达成合意为由请求不承担因使用该功能而导致网络盗刷责任的,人民法院应予支持,但持卡人对于网络盗刷具有过错的,应当承担相应过错责任。发卡行虽然未尽前述义务,但是有证据证明持卡人知道并理解该网络支付功能的,适用本规定第七条规定。

非银行支付机构新增网络支付业务类型时,存在前款未完全履行告知义务情形,参照前款规定处理。

第十条 发卡行或者非银行支付机构向持卡人提供的宣传资料载明其承担网络盗刷先行赔付责任,该允诺具体明确,应认定为合同的内容。持卡人据此请求发卡行或者非银行支付机构承担先行赔付责任的,人民法院应予支持。

因非银行支付机构相关网络支付业务系统、设施和技术不符合安全要求导致网络盗刷,持卡人请求判令该机构承担先行赔付责任的,人民法院应予支持。

第十一条 在收单行与发卡行不是同一银行的情形下,因收单行未尽保障持卡人用卡安全义务或者因特约商户未尽审核持卡人签名真伪、银行卡真伪等审核义务导致发生伪卡盗刷交易,持卡人请求收单行或者特约商户承担赔偿责任的,人民法院应予支持,但持卡人对伪卡盗刷交易具有过错,可以减轻或者免除收单行或者特约商户相应责任。

持卡人请求发卡行承担责任,发卡行申请追加收单行或者特约商户作为第三人参加诉讼的,人民法院可以准许。

发卡行承担责任后,可以依法主张存在过错的收单行或者特约商户承担相应责任。

第十二条 发卡行、非银行支付机构、收单行、特约商户承担责任后,请求盗刷者承担侵权责任的,人民法院应予支持。

第十三条 因同一伪卡盗刷交易或者网络盗刷交易,持卡人向发卡行、非银行支付机构、收单行、特约商户、盗刷者等主体主张权利,所获赔偿数额不应超过其因银行卡被盗刷所致损失总额。

第十四条 持卡人依据其对伪卡盗刷交易或者网络盗刷交易不承担或者不完全承担责任的事实,请求发卡行及时撤销相应不良征信记录的,人民法院应予支持。

第十五条 本规定所称伪卡盗刷交易,是指他人使用伪造的银行卡刷卡进行取现、消费、转账等,导致持卡人账户发生非基于本人意思的资金减少或者透支数额增加的行为。

本规定所称网络盗刷交易,是指他人盗取并使用持卡人银行卡网络交易身份识别信息和交易验证信息进行网络交易,导致持卡人账户发生非因本人意思的资金减少或者透支数额增加的行为。

第十六条 本规定施行后尚未终审的案件,适用本规定。本规定施行前已经终审,当事人申请再审或者按照审判监督程序决定再审的案件,不适用本规定。

人民币银行结算账户管理办法[①]

- 2003年4月10日中国人民银行令〔2003〕第5号公布
- 根据2020年4月29日《中国人民银行关于修改〈教育储蓄管理办法〉等规章的决定》修正

第一章 总 则

第一条 为规范人民币银行结算账户(以下简称银行结算账户)的开立和使用,加强银行结算账户管理,维护经济金融秩序稳定,根据《中华人民共和国中国人民银行法》和《中华人民共和国商业银行法》等法律法规,制定本办法。

第二条 存款人在中国境内的银行开立的银行结算账户适用本办法。

本办法所称存款人,是指在中国境内开立银行结算账户的机关、团体、部队、企业、事业单位、其他组织(以下统称单位)、个体工商户和自然人。

本办法所称银行,是指在中国境内经中国人民银行批准经营支付结算业务的政策性银行、商业银行(含外资独资银行、中外合资银行、外国银行分行)、城市信用合作社、农村信用合作社。

本办法所称银行结算账户,是指银行为存款人开立的办理资金收付结算的人民币活期存款账户。

---

① 本办法第六条、第二十九条、第三十一条、第三十八条规定,以及第十八条、第十九条、第二十一条、第二十三条、第二十八条、第三十二条、第三十六条、第五十四条、第五十五条、第六十三条涉及银行账户核准以及开户许可证(开户登记证)的相关规定已被《中国人民银行关于取消企业银行账户许可的决定》宣布不再执行。

第三条　银行结算账户按存款人分为单位银行结算账户和个人银行结算账户。

（一）存款人以单位名称开立的银行结算账户为单位银行结算账户。单位银行结算账户按用途分为基本存款账户、一般存款账户、专用存款账户、临时存款账户。

个体工商户凭营业执照以字号或经营者名义开立的银行结算账户纳入单位银行结算账户管理。

（二）存款人凭个人身份证件以自然人名称开立的银行结算账户为个人银行结算账户。

邮政储蓄机构办理银行卡业务开立的账户纳入个人银行结算账户管理。

第四条　单位银行结算账户的存款人只能在银行开立一个基本存款账户。

第五条　存款人应在注册地或住所地开立银行结算账户。符合本办法规定可以在异地（跨省、市、县）开立银行结算账户的除外。

第六条　存款人开立基本存款账户、临时存款账户和预算单位开立专用存款账户实行核准制度，经中国人民银行核准后由开户银行核发开户登记证。但存款人因注册验资需要开立的临时存款账户除外。

第七条　存款人可以自主选择银行开立银行结算账户。除国家法律、行政法规和国务院规定外，任何单位和个人不得强令存款人到指定银行开立银行结算账户。

第八条　银行结算账户的开立和使用应当遵守法律、行政法规，不得利用银行结算账户进行偷逃税款、逃废债务、套取现金及其他违法犯罪活动。

第九条　银行应依法为存款人的银行结算账户信息保密。对单位银行结算账户的存款和有关资料，除国家法律、行政法规另有规定外，银行有权拒绝任何单位或个人查询。对个人银行结算账户的存款和有关资料，除国家法律另有规定外，银行有权拒绝任何单位或个人查询。

第十条　中国人民银行是银行结算账户的监督管理部门。

第二章　银行结算账户的开立

第十一条　基本存款账户是存款人因办理日常转账结算和现金收付需要开立的银行结算账户。下列存款人，可以申请开立基本存款账户：

（一）企业法人。
（二）非法人企业。
（三）机关、事业单位。
（四）团级（含）以上军队、武警部队及分散执勤的支（分）队。
（五）社会团体。
（六）民办非企业组织。
（七）异地常设机构。
（八）外国驻华机构。
（九）个体工商户。
（十）居民委员会、村民委员会、社区委员会。
（十一）单位设立的独立核算的附属机构。
（十二）其他组织。

第十二条　一般存款账户是存款人因借款或其他结算需要，在基本存款账户开户银行以外的银行营业机构开立的银行结算账户。

第十三条　专用存款账户是存款人按照法律、行政法规和规章，对其特定用途资金进行专项管理和使用而开立的银行结算账户。对下列资金的管理与使用，存款人可以申请开立专用存款账户：

（一）基本建设资金。
（二）更新改造资金。
（三）财政预算外资金。
（四）粮、棉、油收购资金。
（五）证券交易结算资金。
（六）期货交易保证金。
（七）信托基金。
（八）金融机构存放同业资金。
（九）政策性房地产开发资金。
（十）单位银行卡备用金。
（十一）住房基金。
（十二）社会保障基金。
（十三）收入汇缴资金和业务支出资金。
（十四）党、团、工会设在单位的组织机构经费。
（十五）其他需要专项管理和使用的资金。

收入汇缴资金和业务支出资金，是指基本存款账户存款人附属的非独立核算单位或派出机构发生的收入和支出的资金。

因收入汇缴资金和业务支出资金开立的专用存款账户，应使用隶属单位的名称。

第十四条　临时存款账户是存款人因临时需要并在规定期限内使用而开立的银行结算账户。有下列情况的，存款人可以申请开立临时存款账户：

（一）设立临时机构。
（二）异地临时经营活动。

(三)注册验资。

第十五条　个人银行结算账户是自然人因投资、消费、结算等而开立的可办理支付结算业务的存款账户。有下列情况的,可以申请开立个人银行结算账户:

(一)使用支票、信用卡等信用支付工具的。

(二)办理汇兑、定期借记、定期贷记、借记卡等结算业务的。

自然人可根据需要申请开立个人银行结算账户,也可以在已开立的储蓄账户中选择并向开户银行申请确认为个人银行结算账户。

第十六条　存款人有下列情形之一的,可以在异地开立有关银行结算账户:

(一)营业执照注册地与经营地不在同一行政区域(跨省、市、县)需要开立基本存款账户的。

(二)办理异地借款和其他结算需要开立一般存款账户的。

(三)存款人因附属的非独立核算单位或派出机构发生的收入汇缴或业务支出需要开立专用存款账户的。

(四)异地临时经营活动需要开立临时存款账户的。

(五)自然人根据需要在异地开立个人银行结算账户的。

第十七条　存款人申请开立基本存款账户,应向银行出具下列证明文件:

(一)企业法人,应出具企业法人营业执照正本。

(二)非法人企业,应出具企业营业执照正本。

(三)机关和实行预算管理的事业单位,应出具政府人事部门或编制委员会的批文或登记证书和财政部门同意其开户的证明;非预算管理的事业单位,应出具政府人事部门或编制委员会的批文或登记证书。

(四)军队、武警团级(含)以上单位以及分散执勤的支(分)队,应出具军队军级以上单位财务部门、武警总队财务部门的开户证明。

(五)社会团体,应出具社会团体登记证书,宗教组织还应出具宗教事务管理部门的批文或证明。

(六)民办非企业组织,应出具民办非企业登记证书。

(七)外地常设机构,应出具其驻在地政府主管部门的批文。

(八)外国驻华机构,应出具国家有关主管部门的批文或证明;外资企业驻华代表处、办事处应出具国家登记机关颁发的登记证。

(九)个体工商户,应出具个体工商户营业执照正本。

(十)居民委员会、村民委员会、社区委员会,应出具其主管部门的批文或证明。

(十一)独立核算的附属机构,应出具其主管部门的基本存款账户开户登记证和批文。

(十二)其他组织,应出具政府主管部门的批文或证明。

本条中的存款人为从事生产、经营活动纳税人的,还应出具税务部门颁发的税务登记证。

第十八条　存款人申请开立一般存款账户,应向银行出具其开立基本存款账户规定的证明文件、基本存款账户开户登记证和下列证明文件:

(一)存款人因向银行借款需要,应出具借款合同。

(二)存款人因其他结算需要,应出具有关证明。

第十九条　存款人申请开立专用存款账户,应向银行出具其开立基本存款账户规定的证明文件、基本存款账户开户登记证和下列证明文件:

(一)基本建设资金、更新改造资金、政策性房地产开发资金、住房基金、社会保障基金,应出具主管部门批文。

(二)财政预算外资金,应出具财政部门的证明。

(三)粮、棉、油收购资金,应出具主管部门批文。

(四)单位银行卡备用金,应按照中国人民银行批准的银行卡章程的规定出具有关证明和资料。

(五)证券交易结算资金,应出具证券公司或证券管理部门的证明。

(六)期货交易保证金,应出具期货公司或期货管理部门的证明。

(七)金融机构存放同业资金,应出具其证明。

(八)收入汇缴资金和业务支出资金,应出具基本存款账户存款人有关的证明。

(九)党、团、工会设在单位的组织机构经费,应出具该单位或有关部门的批文或证明。

(十)其他按规定需要专项管理和使用的资金,应出具有关法规、规章或政府部门的有关文件。

第二十条　合格境外机构投资者在境内从事证券投资开立的人民币特殊账户和人民币结算资金账户纳入专用存款账户管理。其开立人民币特殊账户时应出具国家外汇管理部门的批复文件,开立人民币结算资金账户时应出具证券管理部门的证券投资业务许可证。

第二十一条　存款人申请开立临时存款账户,应向银行出具下列证明文件:

(一)临时机构,应出具其驻在地主管部门同意设立临时机构的批文。

（二）异地建筑施工及安装单位，应出具其营业执照正本或其隶属单位的营业执照正本，以及施工及安装地建设主管部门核发的许可证或建筑施工及安装合同。

（三）异地从事临时经营活动的单位，应出具其营业执照正本以及临时经营地工商行政管理部门的批文。

（四）注册验资资金，应出具工商行政管理部门核发的企业名称预先核准通知书或有关部门的批文。

本条第二、三项还应出具其基本存款账户开户登记证。

第二十二条 存款人申请开立个人银行结算账户，应向银行出具下列证明文件：

（一）中国居民，应出具居民身份证或临时身份证。

（二）中国人民解放军军人，应出具军人身份证件。

（三）中国人民武装警察，应出具武警身份证件。

（四）香港、澳门居民，应出具港澳居民往来内地通行证；台湾居民，应出具台湾居民来往大陆通行证或者其他有效旅行证件。

（五）外国公民，应出具护照。

（六）法律、法规和国家有关文件规定的其他有效证件。

银行为个人开立银行结算账户时，根据需要还可要求申请人出具户口簿、驾驶执照、护照等有效证件。

第二十三条 存款人需要在异地开立单位银行结算账户，除出具本办法第十七条、十八条、十九条、二十一条规定的有关证明文件外，应出具下列相应的证明文件：

（一）异地借款的存款人，在异地开立一般存款账户的，应出具在异地取得贷款的借款合同。

（二）因经营需要在异地办理收入汇缴和业务支出的存款人，在异地开立专用存款账户的，应出具隶属单位的证明。

属本条所列情况的，还应出具其基本存款账户开户登记证。

存款人需要在异地开立个人银行结算账户，应出具本办法第二十二条规定的证明文件。

第二十四条 单位开立银行结算账户的名称应与其提供的申请开户的证明文件的名称全称相一致。有字号的个体工商户开立银行结算账户的名称应与其营业执照的字号相一致；无字号的个体工商户开立银行结算账户的名称，由"个体户"字样和营业执照记载的经营者姓名组成。自然人开立银行结算账户的名称应与其提供的有效身份证件中的名称全称相一致。

第二十五条 银行为存款人开立一般存款账户、专用存款账户和临时存款账户的，应自开户之日起3个工作日内书面通知基本存款账户开户银行。

第二十六条 存款人申请开立单位银行结算账户时，可由法定代表人或单位负责人直接办理，也可授权他人办理。

由法定代表人或单位负责人直接办理的，除出具相应的证明文件外，还应出具法定代表人或单位负责人的身份证件；授权他人办理的，除出具相应的证明文件外，还应出具其法定代表人或单位负责人的授权书及其身份证件，以及被授权人的身份证件。

第二十七条 存款人申请开立银行结算账户时，应填制开户申请书。开户申请书按照中国人民银行的规定记载有关事项。

第二十八条 银行应对存款人的开户申请书填写的事项和证明文件的真实性、完整性、合规性进行认真审查。

开户申请书填写的事项齐全，符合开立基本存款账户、临时存款账户和预算单位专用存款账户条件的，银行应将存款人的开户申请书、相关的证明文件和银行审核意见等开户资料报送中国人民银行当地分支行，经其核准后办理开户手续；符合开立一般存款账户、其他专用存款账户和个人银行结算账户条件的，银行应办理开户手续，并于开户之日起5个工作日内向中国人民银行当地分支行备案。

第二十九条 中国人民银行应于2个工作日内对银行报送的基本存款账户、临时存款账户和预算单位专用存款账户的开户资料的合规性予以审核，符合开户条件的，予以核准；不符合开户条件的，应在开户申请书上签署意见，连同有关证明文件一并退回报送银行。

第三十条 银行为存款人开立银行结算账户，应与存款人签订银行结算账户管理协议，明确双方的权利与义务。除中国人民银行另有规定的以外，应建立存款人预留签章卡片，并将签章式样和有关证明文件的原件或复印件留存归档。

第三十一条 开户登记证是记载单位银行结算账户信息的有效证明，存款人应按本办法的规定使用，并妥善保管。

第三十二条 银行在为存款人开立一般存款账户、专用存款账户和临时存款账户时，应在其基本存款账户开户登记证上登记账户名称、账号、账户性质、开户银行、开户日期，并签章。但临时机构和注册验资需要开立的临时存款账户除外。

第三章 银行结算账户的使用

第三十三条 基本存款账户是存款人的主办账户。存款人日常经营活动的资金收付及其工资、奖金和现金的支取,应通过该账户办理。

第三十四条 一般存款账户用于办理存款人借款转存、借款归还和其他结算的资金收付。该账户可以办理现金缴存,但不得办理现金支取。

第三十五条 专用存款账户用于办理各项专用资金的收付。

单位银行卡账户的资金必须由其基本存款账户转账存入。该账户不得办理现金收付业务。

财政预算外资金、证券交易结算资金、期货交易保证金和信托基金专用存款账户不得支取现金。

基本建设资金、更新改造资金、政策性房地产开发资金、金融机构存放同业资金账户需要支取现金的,应在开户时报中国人民银行当地分支行批准。中国人民银行当地分支行应根据国家现金管理的规定审查批准。

粮、棉、油收购资金、社会保障基金、住房基金和党、团、工会经费等专用存款账户支取现金应按照国家现金管理的规定办理。

收入汇缴账户除向其基本存款账户或预算外资金财政专用存款户划缴款项外,只收不付,不得支取现金。业务支出账户除从其基本存款账户拨入款项外,只付不收,其现金支取必须按照国家现金管理的规定办理。

银行应按照本条的各项规定和国家对粮、棉、油收购资金使用管理规定加强监督,对不符合规定的资金收付和现金支取,不得办理。但对其他专用资金的使用不负监督责任。

第三十六条 临时存款账户用于办理临时机构以及存款人临时经营活动发生的资金收付。

临时存款账户应根据有关开户证明文件确定的期限或存款人的需要确定其有效期限。存款人在账户的使用中需要延长期限的,应在有效期限内向开户银行提出申请,并由开户银行报中国人民银行当地分支行核准后办理展期。临时存款账户的有效期最长不得超过2年。

临时存款账户支取现金,应按照国家现金管理的规定办理。

第三十七条 注册验资的临时存款账户在验资期间只收不付,注册验资资金的汇缴人应与出资人的名称一致。

第三十八条 存款人开立单位银行结算账户,自正式开立之日起3个工作日后,方可办理付款业务。但注册验资的临时存款账户转为基本存款账户和因借款转存开立的一般存款账户除外。

第三十九条 个人银行结算账户用于办理个人转账收付和现金存取。下列款项可以转入个人银行结算账户:

(一)工资、奖金收入。
(二)稿费、演出费等劳务收入。
(三)债券、期货、信托等投资的本金和收益。
(四)个人债权或产权转让收益。
(五)个人贷款转存。
(六)证券交易结算资金和期货交易保证金。
(七)继承、赠与款项。
(八)保险理赔、保费退还等款项。
(九)纳税退还。
(十)农、副、矿产品销售收入。
(十一)其他合法款项。

第四十条 单位从其银行结算账户支付给个人银行结算账户的款项,每笔超过5万元的,应向其开户银行提供下列付款依据:

(一)代发工资协议和收款人清单。
(二)奖励证明。
(三)新闻出版、演出主办等单位与收款人签订的劳务合同或支付给个人款项的证明。
(四)证券公司、期货公司、信托投资公司、奖券发行或承销部门支付或退还给自然人款项的证明。
(五)债权或产权转让协议。
(六)借款合同。
(七)保险公司的证明。
(八)税收征管部门的证明。
(九)农、副、矿产品购销合同。
(十)其他合法款项的证明。

从单位银行结算账户支付给个人银行结算账户的款项应纳税的,税收代扣单位付款时应向其开户银行提供完税证明。

第四十一条 有下列情形之一的,个人应出具本办法第四十条规定的有关收款依据。

(一)个人持出票人为单位的支票向开户银行委托收款,将款项转入其个人银行结算账户的。
(二)个人持申请人为单位的银行汇票和银行本票向开户银行提示付款,将款项转入其个人银行结算账户的。

第四十二条 单位银行结算账户支付给个人银行

结算账户款项的,银行应按第四十条、第四十一条规定认真审查付款依据或收款依据的原件,并留存复印件,按会计档案保管。未提供相关依据或相关依据不符合规定的,银行应拒绝办理。

第四十三条　储蓄账户仅限于办理现金存取业务,不得办理转账结算。

第四十四条　银行应按规定与存款人核对账务。银行结算账户的存款人收到对账单或对账信息后,应及时核对账务并在规定期限内向银行发出对账回单或确认信息。

第四十五条　存款人应按照本办法的规定使用银行结算账户办理结算业务。

存款人不得出租、出借银行结算账户,不得利用银行结算账户套取银行信用。

第四章　银行结算账户的变更与撤销

第四十六条　存款人更改名称,但不改变开户银行及账号的,应于5个工作日内向开户银行提出银行结算账户的变更申请,并出具有关部门的证明文件。

第四十七条　单位的法定代表人或主要负责人、住址以及其他开户资料发生变更时,应于5个工作日内书面通知开户银行并提供有关证明。

第四十八条　银行接到存款人的变更通知后,应及时办理变更手续,并于2个工作日内向中国人民银行报告。

第四十九条　有下列情形之一的,存款人应向开户银行提出撤销银行结算账户的申请:

(一)被撤并、解散、宣告破产或关闭的。

(二)注销、被吊销营业执照的。

(三)因迁址需要变更开户银行的。

(四)其他原因需要撤销银行结算账户的。

存款人有本条第一、二项情形的,应于5个工作日内向开户银行提出撤销银行结算账户的申请。

本条所称撤销是指存款人因开户资格或其他原因终止银行结算账户使用的行为。

第五十条　存款人因本办法第四十九条第一、二项原因撤销基本存款账户的,存款人基本存款账户的开户银行应自撤销银行结算账户之日起2个工作日内将撤销该基本存款账户的情况书面通知该存款人其他银行结算账户的开户银行;存款人其他银行结算账户的开户银行,应自收到通知之日起2个工作日内通知存款人撤销有关银行结算账户;存款人应自收到通知之日起3个工作日内办理其他银行结算账户的撤销。

第五十一条　银行得知存款人有本办法第四十九条第一、二项情况,存款人超过规定期限未主动办理撤销银行结算账户手续的,银行有权停止其银行结算账户的对外支付。

第五十二条　未获得工商行政管理部门核准登记的单位,在验资期满后,应向银行申请撤销注册验资临时存款账户,其账户资金应退还给原汇款人账户。注册验资资金以现金方式存入,出资人需提取现金的,应出具缴存现金时的现金缴款单原件及其有效身份证件。

第五十三条　存款人尚未清偿其开户银行债务的,不得申请撤销该账户。

第五十四条　存款人撤销银行结算账户,必须与开户银行核对银行结算账户存款余额,交回各种重要空白票据及结算凭证和开户登记证,银行核对无误后方可办理销户手续。存款人未按规定交回各种重要空白票据及结算凭证的,应出具有关证明,造成损失的,由其自行承担。

第五十五条　银行撤销单位银行结算账户时应在其基本存款账户开户登记证上注明销户日期并签章,同时于撤销银行结算账户之日起2个工作日内,向中国人民银行报告。

第五十六条　银行对一年未发生收付活动且未欠开户银行债务的单位银行结算账户,应通知单位自发出通知之日起30日内办理销户手续,逾期视同自愿销户,未划转款项列入久悬未取专户管理。

第五章　银行结算账户的管理

第五十七条　中国人民银行负责监督、检查银行结算账户的开立和使用,对存款人、银行违反银行结算账户管理规定的行为予以处罚。

第五十八条　中国人民银行对银行结算账户的开立和使用实施监控和管理。

第五十九条　中国人民银行负责基本存款账户、临时存款账户和预算单位专用存款账户开户登记证的管理。

任何单位及个人不得伪造、变造及私自印制开户登记证。

第六十条　银行负责所属营业机构银行结算账户开立和使用的管理,监督和检查其执行本办法的情况,纠正违规开立和使用银行结算账户的行为。

第六十一条　银行应明确专人负责银行结算账户的开立、使用和撤销的审查和管理,负责对存款人开户申请资料的审查,并按照本办法的规定及时报送存款人开销户信息资料，建立健全开销户登记制度，建立银行结算账户管理档案，按会计档案进行管理。

银行结算账户管理档案的保管期限为银行结算账户撤销后10年。

第六十二条　银行应对已开立的单位银行结算账户实行年检制度，检查开立的银行结算账户的合规性，核实开户资料的真实性；对不符合本办法规定开立的单位银行结算账户，应予以撤销。对经核实的各类银行结算账户的资料变动情况，应及时报告中国人民银行当地分支行。

银行应对存款人使用银行结算账户的情况进行监督，对存款人的可疑支付应按照中国人民银行规定的程序及时报告。

第六十三条　存款人应加强对预留银行签章的管理。单位遗失预留公章或财务专用章的，应向开户银行出具书面申请、开户登记证、营业执照等相关证明文件；更换预留公章或财务专用章时，应向开户银行出具书面申请、原预留签章的式样等相关证明文件。个人遗失或更换预留个人印章或更换签字人时，应向开户银行出具经签名确认的书面申请，以及原预留印章或签字人的个人身份证件。银行应留存相应的复印件，并凭以办理预留银行签章的变更。

第六章　罚　则

第六十四条　存款人开立、撤销银行结算账户，不得有下列行为：

（一）违反本办法规定开立银行结算账户。

（二）伪造、变造证明文件欺骗银行开立银行结算账户。

（三）违反本办法规定不及时撤销银行结算账户。

非经营性的存款人，有上述所列行为之一的，给予警告并处以1000元的罚款；经营性的存款人有上述所列行为之一的，给予警告并处以1万元以上3万元以下的罚款；构成犯罪的，移交司法机关依法追究刑事责任。

第六十五条　存款人使用银行结算账户，不得有下列行为：

（一）违反本办法规定将单位款项转入个人银行结算账户。

（二）违反本办法规定支取现金。

（三）利用开立银行结算账户逃废银行债务。

（四）出租、出借银行结算账户。

（五）从基本存款账户之外的银行结算账户转账存入，将销货收入存入或现金存入单位信用卡账户。

（六）法定代表人或主要负责人、存款人地址以及其他开户资料的变更事项未在规定期限内通知银行。

非经营性的存款人有上述所列一至五项行为的，给予警告并处以1000元罚款；经营性的存款人有上述所列一至五项行为的，给予警告并处以5000元以上3万元以下的罚款；存款人有上述所列第六项行为的，给予警告并处以1000元的罚款。

第六十六条　银行在银行结算账户的开立中，不得有下列行为：

（一）违反本办法规定为存款人多头开立银行结算账户。

（二）明知或应知是单位资金，而允许以自然人名称开立账户存储。

银行有上述所列行为之一的，给予警告，并处以5万元以上30万元以下的罚款；对该银行直接负责的高级管理人员、其他直接负责的主管人员、直接责任人员按规定给予纪律处分；情节严重的，中国人民银行有权停止对其开立基本存款账户的核准，责令该银行停业整顿或者吊销经营金融业务许可证；构成犯罪的，移交司法机关依法追究刑事责任。

第六十七条　银行在银行结算账户的使用中，不得有下列行为：

（一）提供虚假开户申请资料欺骗中国人民银行许可开立基本存款账户、临时存款账户、预算单位专用存款账户。

（二）开立或撤销单位银行结算账户，未按本办法规定在其基本存款账户开户登记证上予以登记、签章或通知相关开户银行。

（三）违反本办法第四十二条规定办理个人银行结算账户转账结算。

（四）为储蓄账户办理转账结算。

（五）违反规定为存款人支付现金或办理现金存入。

（六）超过期限或未向中国人民银行报送账户开立、变更、撤销等资料。

银行有上述所列行为之一的，给予警告，并处以5000元以上3万元以下的罚款；对该银行直接负责的高级管理人员、其他直接负责的主管人员、直接责任人员按规定给予纪律处分；情节严重的，中国人民银行有权停止对其开立基本存款账户的核准，构成犯罪的，移交司法机关依法追究刑事责任。

第六十八条　违反本办法规定，伪造、变造、私自印制开户登记证的存款人，属非经营性的处以1000元罚款;属经营性的处以 1 万元以上 3 万元以下的罚款;构成犯罪,移交司法机关依法追究刑事责任。

第七章 附 则

第六十九条 开户登记证由中国人民银行总行统一式样,中国人民银行各分行、营业管理部、省会(首府)城市中心支行负责监制。

第七十条 本办法由中国人民银行负责解释、修改。

第七十一条 本办法自 2003 年 9 月 1 日起施行。1994 年 10 月 9 日中国人民银行发布的《银行账户管理办法》同时废止。

人民币银行结算账户管理办法实施细则

· 2005 年 1 月 19 日银发〔2005〕16 号公布
· 根据 2020 年 6 月 2 日《关于修订〈非金融机构支付服务管理办法实施细则〉等 5 件规范性文件的公告》修订

第一章 总 则

第一条 为加强人民币银行结算账户(以下简称"银行结算账户")管理,维护经济金融秩序稳定,根据《人民币银行结算账户管理办法》(以下简称《办法》),制定本实施细则。

第二条 《办法》和本实施细则所称银行,是指在中华人民共和国境内依法经批准设立,可经营人民币支付结算业务的银行业金融机构。

第三条 中国人民银行是银行结算账户的监督管理部门,负责对银行结算账户的开立、使用、变更和撤销进行检查监督。

第四条 中国人民银行通过人民币银行结算账户管理系统(以下简称"账户管理系统")和其他合法手段,对银行结算账户的开立、使用、变更和撤销实施监控和管理。

第五条 中国人民银行对下列单位银行结算账户实行核准制度:

(一)基本存款账户;
(二)临时存款账户(因注册验资和增资验资开立的除外);
(三)预算单位专用存款账户;
(四)合格境外机构投资者在境内从事证券投资开立的人民币特殊账户和人民币结算资金账户(以下简称"QFII 专用存款账户")。

上述银行结算账户统称核准类银行结算账户。

第六条 《办法》中"开户登记证"全部改为开户许可证。开户许可证是中国人民银行依法准予申请人在银行开立核准类银行结算账户的行政许可证件,是核准类银行结算账户合法性的有效证明。

中国人民银行在核准开立基本存款账户、临时存款账户(因注册验资和增资验资开立的除外)、预算单位专用存款账户和 QFII 专用存款账户时分别颁发基本存款账户开户许可证、临时存款账户开户许可证和专用存款账户开户许可证(附式 1)。

第七条 人民银行在颁发开户许可证时,应在开户许可证中载明下列事项:

(一)"开户许可证"字样;
(二)开户许可证编号;
(三)开户核准号;
(四)中国人民银行当地分支行账户管理专用章;
(五)核准日期;
(六)存款人名称;
(七)存款人的法定代表人或单位负责人姓名;
(八)开户银行名称;
(九)账户性质;
(十)账号。

临时存款账户开户许可证除记载上述事项外,还应记载临时存款账户的有效期限。

第八条 《办法》和本实施细则所称"注册地"是指存款人的营业执照等开户证明文件上记载的住所地。

第二章 银行结算账户的开立

第九条 存款人应以实名开立银行结算账户,并对其出具的开户申请资料实质内容的真实性负责,法律、行政法规另有规定的除外。银行应负责对存款人开户申请资料的真实性、完整性和合规性进行审查。中国人民银行应负责对银行报送的核准类银行结算账户的开户资料的合规性以及存款人开立基本存款账户的唯一性进行审核。

第十条 境外(含港澳台地区)机构在境内从事经营活动的,或境内单位在异地从事临时活动的,持政府有关部门批准其从事该项活动的证明文件,经中国人民银行当地分支行核准后可开立临时存款账户。

第十一条 单位存款人因增资验资需要开立银行结算账户的,应持其基本存款账户开户许可证、股东会或董事会决议等证明文件,在银行开立一个临时存款账户。该账户的使用和撤销比照因注册验资开立的临时存款账户管理。

第十二条 存款人为临时机构的,只能在其驻在地开立一个临时存款账户,不得开立其他银行结算账户。

存款人在异地从事临时活动的,只能在其临时活动地开立一个临时存款账户。

建筑施工及安装单位企业在异地同时承建多个项目的,可根据建筑施工及安装合同开立不超过项目合同个数的临时存款账户。

第十三条 《办法》第十七条所称"税务登记证"是指国税登记证或地税登记证。

存款人为从事生产、经营活动的纳税人,根据国家有关规定无法取得税务登记证的,在申请开立基本存款账户时可不出具税务登记证。

第十四条 存款人凭《办法》第十九条规定的同一证明文件,只能开立一个专用存款账户。

合格境外机构投资者申请开立 QFII 专用存款账户应根据《办法》第二十条的规定出具证明文件,无须出具基本存款账户开户许可证。

第十五条 自然人除可凭《办法》第二十二条规定的证明文件申请开立个人银行结算账户外,还可凭下列证明文件申请开立个人银行结算账户:

(一)居住在境内的中国公民,可出具户口簿或护照。

(二)军队(武装警察)离退休干部以及在解放军军事院校学习的现役军人,可出具离休干部荣誉证、军官退休证、文职干部退休证或军事院校学员证。

(三)居住在境内或境外的中国籍的华侨,可出具中国护照。

(四)外国边民在我国边境地区的银行开立个人银行账户,可出具其所在国制发的《边民出入境通行证》。

(五)获得在中国永久居留资格的外国人,可出具外国人永久居留证。

第十六条 《办法》第二十三条第(一)项所称出具"未开立基本存款账户的证明"(附式 2)适用以下三种情形:

(一)注册地已运行账户管理系统,但经营地尚未运行账户管理系统的;

(二)经营地已运行账户管理系统,但注册地尚未运行账户管理系统的;

(三)注册地和经营地均未运行账户管理系统的。

第十七条 存款人为单位的,其预留签章为该单位的公章或财务专用章加其法定代表人(单位负责人)或其授权的代理人的签名或者盖章。存款人为个人的,其预留签章为该个人的签名或者盖章。

第十八条 存款人在申请开立单位银行结算账户时,其申请开立的银行结算账户的账户名称、出具的开户证明文件上记载的存款人名称以及预留银行签章中公章或财务专用章的名称应保持一致,但下列情形除外:

(一)因注册验资开立的临时存款账户,其账户名称为工商行政管理部门核发的"企业名称预先核准通知书"或政府有关部门批文中注明的名称,其预留银行签章中公章或财务专用章的名称应是存款人与银行在银行结算账户管理协议中约定的出资人名称;

(二)预留银行签章中公章或财务专用章的名称依法可使用简称的,账户名称应与其保持一致;

(三)没有字号的个体工商户开立的银行结算账户,其预留签章中公章或财务专用章应是个体户字样加营业执照上载明的经营者的签字或盖章。

第十九条 存款人因注册验资或增资验资开立临时存款账户后,需要在临时存款账户有效期届满前退还资金的,应出具工商行政管理部门的证明;无法出具证明的,应于账户有效期届满后办理销户退款手续。

第二十条 《办法》第二十七条所称"填制开户申请书"是指,存款人申请开立单位银行结算账户时,应填写"开立单位银行结算账户申请书"(附式 3),并加盖单位公章。存款人有组织机构代码、上级法人或主管单位的,应在"开立单位银行结算账户申请书"上如实填写相关信息。存款人有关联企业的,应填写"关联企业登记表"(附式 4)。存款人申请开立个人银行结算账户时,应填写"开立个人银行结算账户申请书"(附式 5),并加其个人签章。

第二十一条 中国人民银行当地分支行在核准存款人开立基本存款账户后,应为存款人打印初始密码,由开户银行转交存款人。

存款人可到中国人民银行当地分支行或基本存款账户开户银行,提交基本存款账户开户许可证,使用密码查询其已经开立的所有银行结算账户的相关信息。

第二十二条 开户银行和存款人签订的银行结算账户管理协议的内容可在开户申请书中列明,也可由开户银行与存款人另行约定。

第二十三条 存款人符合《办法》和本实施细则规定的开户条件的,银行应为其开立银行结算账户。

第三章 银行结算账户的使用

第二十四条 《办法》第三十六条所称"临时存款账户展期"的具体办理程序是,存款人在临时存款账户有效期届满前申请办理展期时,应填写"临时存款账户展期申请书"(附式6),并加盖单位公章,连同临时存款账户开户许可证及开立临时存款账户时需要出具的相关证明文件一并通过开户银行报送中国人民银行当地分支行。

符合展期条件的,中国人民银行当地分支行应核准其展期,收回原临时存款账户开户许可证,并颁发新的临时存款账户开户许可证。不符合展期条件的,中国人民银行当地分支行不核准其展期申请,存款人应及时办理该临时存款账户的撤销手续。

第二十五条 《办法》第三十八条所称"正式开立之日"具体是指:对于核准类银行结算账户,"正式开立之日"为中国人民银行当地分支行的核准日期;对于非核准类单位银行结算账户,"正式开立之日"为银行为存款人办理开户手续的日期。

第二十六条 当存款人在同一银行营业机构撤销银行结算账户后重新开立银行结算账户时,重新开立的银行结算账户可自开立之日起办理付款业务。

第二十七条 《办法》第四十一条所称"有下列情形之一的",是指"有下列情形之一",且符合"单位从其银行结算账户支付给个人银行结算账户的款项每笔超过5万元"的情形。

第二十八条 《办法》第四十二条所称"银行应按第四十条、第四十一条规定认真审查付款依据或收款依据的原件,并留存复印件"是指:对于《办法》第四十条规定的情形,单位银行结算账户的开户银行应认真审查付款依据的原件,并留存复印件;对于《办法》第四十一条规定的情形,个人银行结算账户的开户银行应认真审查收款依据的原件,并留存复印件。

存款人应对其提供的收款依据或付款依据的真实性、合法性负责,银行应按会计档案管理规定保管收款依据、付款依据的复印件。

第二十九条 个人持出票人(或申请人)为单位且一手或多手背书人为单位的支票、银行汇票或银行本票,向开户银行提示付款并将款项转入其个人银行结算账户的,应按《办法》第四十一条和本实施细则第二十八条的规定,向开户银行出具最后一手背书人为单位且被背书人为个人的收款依据。

第三十条 《办法》第四十四条所称"规定期限"是指银行与存款人约定的期限。

第四章 银行结算账户的变更与撤销

第三十一条 《办法》第四十六条所称"提出银行结算账户的变更申请"是指,存款人申请办理银行结算账户信息变更时,应填写"变更银行结算账户申请书"(附式7)。属于申请变更单位银行结算账户的,应加盖单位公章;属于申请变更个人银行结算账户的,应加其个人签章。

第三十二条 存款人申请变更核准类银行结算账户的存款人名称、法定代表人或单位负责人的,银行应在收到变更申请后的2个工作日内,将存款人的"变更银行结算账户申请书"、开户许可证以及有关证明文件报送中国人民银行当地分支行。

符合变更条件的,中国人民银行当地分支行核准其变更申请,收回原开户许可证,颁发新的开户许可证。不符合变更条件的,中国人民银行当地分支行不核准其变更申请。

第三十三条 存款人因《办法》第四十九条第(一)、(二)项原因撤销银行结算账户的,应先撤销一般存款账户、专用存款账户、临时存款账户,将账户资金转入基本存款账户后,方可办理基本存款账户的撤销。

第三十四条 存款人因《办法》第四十九条第(三)、(四)项原因撤销基本存款账户后,需要重新开立基本存款账户的,应在撤销其原基本存款账户后10日内申请重新开立基本存款账户。

存款人在申请重新开立基本存款账户时,除应根据《办法》第十七条的规定出具相关证明文件外,还应出具"已开立银行结算账户清单"(附式8)。

第三十五条 存款人申请撤销银行结算账户时,应填写"撤销银行结算账户申请书"(附式9)。属于申请撤销单位银行结算账户的,应加盖单位公章;属于申请撤销个人银行结算账户的,应加其个人签章。

第三十六条 银行在收到存款人撤销银行结算账户的申请后,对于符合销户条件的,应在2个工作日内办理撤销手续。

第三十七条 《办法》第五十四条所称交回"开户登记证"是指存款人撤销核准类银行结算账户时应交回开户许可证。

第三十八条 存款人申请临时存款账户展期、变更、撤销单位银行结算账户以及补(换)发开户许可证时,可由法定代表人或单位负责人直接办理,也可授权他人办理。

由法定代表人或单位负责人直接办理的,除出具相应的证明文件外,还应出具法定代表人或单位负责人的身份证件;授权他人办理的,除出具相应的证明文件外,还应出具法定代表人或单位负责人的身份证件及其出具的授权书,以及被授权人的身份证件。

第三十九条 对于按照《办法》和本实施细则规定应撤销而未办理销户手续的单位银行结算账户,银行应通知该单位银行结算账户的存款人自发出通知之日起30日内办理销户手续,逾期视同自愿销户,未划转款项列入久悬未取专户管理。

第五章 银行结算账户的管理

第四十条 中国人民银行当地分支行通过账户管理系统与支付系统、同城票据交换系统等系统的连接,实现相关银行结算账户信息的比对,依法监测和查处未经中国人民银行核准或未向中国人民银行备案的银行结算账户。

第四十一条 账户管理系统中的银行机构代码是按照中国人民银行规定的编码规则为银行编制的,用于识别银行身份的唯一标识,是账户管理系统的基础数据。

中国人民银行负责银行机构代码信息的统一管理和维护。银行应按要求准确、完整、及时地向中国人民银行当地分支行申报银行机构代码信息。

第四十二条 中国人民银行应将开户许可证作为重要空白凭证进行管理,建立健全开户许可证的印制、保管、领用、颁发、收缴和销毁制度。

第四十三条 开户许可证遗失或毁损时,存款人应填写"补(换)发开户许可证申请书"(附式10),并加盖单位公章,比照《办法》和本实施细则有关开立银行结算账户的规定,通过开户银行向中国人民银行当地分支行提出补(换)发开户许可证的申请。申请换发开户许可证的,存款人应缴回原开户许可证。

第四十四条 单位存款人申请更换预留公章或财务专用章,应向开户银行出具书面申请、原预留公章或财务专用章等相关证明材料。

单位存款人申请更换预留公章或财务专用章但无法提供原预留公章或财务专用章的,应当向开户银行出具原印签卡片、开户许可证、营业执照正本等相关证明文件。

单位存款人申请变更预留公章或财务专用章,可由法定代表人或单位负责人直接办理,也可授权他人办理。由法定代表人或单位负责人直接办理的,除出具相应的证明文件外,还应出具法定代表人或单位负责人的身份证件;授权他人办理的,除出具相应的证明文件外,还应出具法定代表人或单位负责人的身份证件及其出具的授权书,以及被授权人的身份证件。

第四十五条 单位存款人申请更换预留个人签章,可由法定代表人或单位负责人直接办理,也可授权他人办理。

由法定代表人或单位负责人直接办理的,应出具加盖该单位公章的书面申请以及法定代表人或单位负责人的身份证件。

授权他人办理的,应出具加盖该单位公章的书面申请、法定代表人或单位负责人的身份证件及其出具的授权书、被授权人的身份证件。无法出具法定代表人或单位负责人的身份证件的,应出具加盖该单位公章的书面申请、该单位出具的授权书以及被授权人的身份证件。

第四十六条 存款人应妥善保管其密码。存款人在收到开户银行转交的初始密码之后,应到中国人民银行当地分支行或基本存款账户开户银行办理密码变更手续。

存款人遗失密码的,应持其开户时需要出具的证明文件和基本存款账户开户许可证到中国人民银行当地分支行申请重置密码。

第六章 附 则

第四十七条 本实施细则所称各类申请书,可由银行参照本实施细则所附申请书式样,结合本行的需要印制,但必须包含本实施细则所附申请书式样中列明的记载事项。

第四十八条 《办法》和本实施细则所称身份证件,是指符合《办法》第二十二条和本实施细则第十五条规定的身份证件。

第四十九条 本实施细则由中国人民银行负责解释、修改。

第五十条 本实施细则自2005年1月31日起施行。

非金融机构支付服务管理办法

- 2010年6月14日中国人民银行令〔2010〕第2号公布
- 根据2020年4月29日《中国人民银行关于修改〈教育储蓄管理办法〉等规章的决定》修正

第一章 总 则

第一条 为促进支付服务市场健康发展,规范非金融机构支付服务行为,防范支付风险,保护当事人的合法权益,根据《中华人民共和国中国人民银行法》等法律法规,制定本办法。

第二条 本办法所称非金融机构支付服务,是指非金融机构在收付款人之间作为中介机构提供下列部分或全部货币资金转移服务：

（一）网络支付；

（二）预付卡的发行与受理；

（三）银行卡收单；

（四）中国人民银行确定的其他支付服务。

本办法所称网络支付，是指依托公共网络或专用网络在收付款人之间转移货币资金的行为，包括货币汇兑、互联网支付、移动电话支付、固定电话支付、数字电视支付等。

本办法所称预付卡，是指以营利为目的发行的、在发行机构之外购买商品或服务的预付价值，包括采取磁条、芯片等技术以卡片、密码等形式发行的预付卡。

本办法所称银行卡收单，是指通过销售点（POS）终端等为银行卡特约商户代收货币资金的行为。

第三条 非金融机构提供支付服务，应当依据本办法规定取得《支付业务许可证》，成为支付机构。

支付机构依法接受中国人民银行的监督管理。

未经中国人民银行批准，任何非金融机构和个人不得从事或变相从事支付业务。

第四条 支付机构之间的货币资金转移应当委托银行业金融机构办理，不得通过支付机构相互存放货币资金或委托其他支付机构等形式办理。

支付机构不得办理银行业金融机构之间的货币资金转移，经特别许可的除外。

第五条 支付机构应当遵循安全、效率、诚信和公平竞争的原则，不得损害国家利益、社会公共利益和客户合法权益。

第六条 支付机构应当遵守反洗钱的有关规定，履行反洗钱义务。

第二章　申请与许可

第七条 中国人民银行负责《支付业务许可证》的颁发和管理。

申请《支付业务许可证》的，需经所在地中国人民银行分支机构审查后，报中国人民银行批准。

本办法所称中国人民银行分支机构，是指中国人民银行副省级城市中心支行以上的分支机构。

第八条 《支付业务许可证》的申请人应当具备下列条件：

（一）在中华人民共和国境内依法设立的有限责任公司或股份有限公司，且为非金融机构法人；

（二）有符合本办法规定的注册资本最低限额；

（三）有符合本办法规定的出资人；

（四）有5名以上熟悉支付业务的高级管理人员；

（五）有符合要求的反洗钱措施；

（六）有符合要求的支付业务设施；

（七）有健全的组织机构、内部控制制度和风险管理措施；

（八）有符合要求的营业场所和安全保障措施；

（九）申请人及其高级管理人员最近3年内未因利用支付业务实施违法犯罪活动或为违法犯罪活动办理支付业务等受到处罚。

第九条 申请人拟在全国范围内从事支付业务的，其注册资本最低限额为1亿元人民币；拟在省（自治区、直辖市）范围内从事支付业务的，其注册资本最低限额为3千万元人民币。注册资本最低限额为实缴货币资本。

本办法所称在全国范围内从事支付业务，包括申请人跨省（自治区、直辖市）设立分支机构从事支付业务，或客户可跨省（自治区、直辖市）办理支付业务的情形。

中国人民银行根据国家有关法律法规和政策规定，调整申请人的注册资本最低限额。

外商投资支付机构的业务范围、境外出资人的资格条件和出资比例等，由中国人民银行另行规定，报国务院批准。

第十条 申请人的主要出资人应当符合以下条件：

（一）为依法设立的有限责任公司或股份有限公司；

（二）截至申请日，连续为金融机构提供信息处理支持服务2年以上，或连续为电子商务活动提供信息处理支持服务2年以上；

（三）截至申请日，连续盈利2年以上；

（四）最近3年内未因利用支付业务实施违法犯罪活动或为违法犯罪活动办理支付业务等受过处罚。

本办法所称主要出资人，包括拥有申请人实际控制权的出资人和持有申请人10%以上股权的出资人。

第十一条 申请人应当向所在地中国人民银行分支机构提交下列文件、资料：

（一）书面申请，载明申请人的名称、住所、注册资本、组织机构设置、拟申请支付业务等；

（二）公司营业执照（副本）复印件；

（三）公司章程；

（四）验资证明；

（五）经会计师事务所审计的财务会计报告；

（六）支付业务可行性研究报告；

(七)反洗钱措施验收材料;
(八)技术安全检测认证证明;
(九)高级管理人员的履历材料;
(十)申请人及其高级管理人员出具的无犯罪记录承诺书;
(十一)主要出资人的相关材料;
(十二)申请资料真实性声明。

第十二条 申请人应当在收到受理通知后按规定公告下列事项:
(一)申请人的注册资本及股权结构;
(二)主要出资人的名单、持股比例及其财务状况;
(三)拟申请的支付业务;
(四)申请人的营业场所;
(五)支付业务设施的技术安全检测认证证明。

第十三条 中国人民银行分支机构依法受理符合要求的各项申请,并将初审意见和申请资料报送中国人民银行。中国人民银行审查批准的,依法颁发《支付业务许可证》,并予以公告。

《支付业务许可证》自颁发之日起,有效期5年。支付机构拟于《支付业务许可证》期满后继续从事支付业务的,应当在期满前6个月内向所在地中国人民银行分支机构提出续展申请。中国人民银行准予续展的,每次续展的有效期为5年。

第十四条 支付机构变更下列事项之一的,应当在向公司登记机关申请变更登记前报中国人民银行同意:
(一)变更公司名称、注册资本或组织形式;
(二)变更主要出资人;
(三)合并或分立;
(四)调整业务类型或改变业务覆盖范围。

第十五条 支付机构申请终止支付业务的,应当向所在地中国人民银行分支机构提交下列文件、资料:
(一)公司法定代表人签署的书面申请,载明公司名称、支付业务开展情况、拟终止支付业务及终止原因等;
(二)公司营业执照(副本)复印件;
(三)《支付业务许可证》复印件;
(四)客户合法权益保障方案;
(五)支付业务信息处理方案。

准予终止的,支付机构应当按照中国人民银行的批复完成终止工作,交回《支付业务许可证》。

第十六条 本章对许可程序未作规定的事项,适用《中国人民银行行政许可实施办法》(中国人民银行令〔2004〕第3号)。

第三章 监督与管理

第十七条 支付机构应当按照《支付业务许可证》核准的业务范围从事经营活动,不得从事核准范围之外的业务,不得将业务外包。

支付机构不得转让、出租、出借《支付业务许可证》。

第十八条 支付机构应当按照审慎经营的要求,制订支付业务办法及客户权益保障措施,建立健全风险管理和内部控制制度,并报所在地中国人民银行分支机构备案。

第十九条 支付机构应当确定支付业务的收费项目和收费标准,并报所在地中国人民银行分支机构备案。

支付机构应当公开披露其支付业务的收费项目和收费标准。

第二十条 支付机构应当按规定向所在地中国人民银行分支机构报送支付业务统计报表和财务会计报告等资料。

第二十一条 支付机构应当制定支付服务协议,明确其与客户的权利和义务、纠纷处理原则、违约责任等事项。

支付机构应当公开披露支付服务协议的格式条款,并报所在地中国人民银行分支机构备案。

第二十二条 支付机构的分公司从事支付业务的,支付机构及其分公司应当分别到所在地中国人民银行分支机构备案。

支付机构的分公司终止支付业务的,比照前款办理。

第二十三条 支付机构接受客户备付金时,只能按收取的支付服务费向客户开具发票,不得按接受的客户备付金金额开具发票。

第二十四条 支付机构接受的客户备付金不属于支付机构的自有财产。

支付机构只能根据客户发起的支付指令转移备付金。禁止支付机构以任何形式挪用客户备付金。

第二十五条 支付机构应当在客户发起的支付指令中记载下列事项:
(一)付款人名称;
(二)确定的金额;
(三)收款人名称;
(四)付款人的开户银行名称或支付机构名称;
(五)收款人的开户银行名称或支付机构名称;
(六)支付指令的发起日期。

客户通过银行结算账户进行支付的,支付机构还应当记载相应的银行结算账号。客户通过非银行结算账户进行支付的,支付机构还应当记载客户有效身份证件上的名称和号码。

第二十六条 支付机构接受客户备付金的,应当在商业银行开立备付金专用存款账户存放备付金。中国人民银行另有规定的除外。

支付机构只能选择一家商业银行作为备付金存管银行,且在该商业银行的一个分支机构只能开立一个备付金专用存款账户。

支付机构应当与商业银行的法人机构或授权的分支机构签订备付金存管协议,明确双方的权利、义务和责任。

支付机构应当向所在地中国人民银行分支机构报送备付金存管协议和备付金专用存款账户的信息资料。

第二十七条 支付机构的分公司不得以自己的名义开立备付金专用存款账户,只能将接受的备付金存放在支付机构开立的备付金专用存款账户。

第二十八条 支付机构调整不同备付金专用存款账户头寸的,由备付金存管银行的法人机构对支付机构拟调整的备付金专用存款账户的余额情况进行复核,并将复核意见告知支付机构及有关备付金存管银行。

支付机构应当持备付金存管银行的法人机构出具的复核意见办理有关备付金专用存款账户的头寸调拨。

第二十九条 备付金存管银行应当对存放在本机构的客户备付金的使用情况进行监督,并按规定向备付金存管银行所在地中国人民银行分支机构及备付金存管银行的法人机构报送客户备付金的存管或使用情况等信息资料。

对支付机构违反第二十五条至第二十八条相关规定使用客户备付金的申请或指令,备付金存管银行应当予以拒绝;发现客户备付金被违法使用或有其他异常情况的,应当立即向备付金存管银行所在地中国人民银行分支机构及备付金存管银行的法人机构报告。

第三十条 支付机构的实缴货币资本与客户备付金日均余额的比例,不得低于10%。

本办法所称客户备付金日均余额,是指备付金存管银行的法人机构根据最近90日内支付机构每日日终的客户备付金总量计算的平均值。

第三十一条 支付机构应当按规定核对客户的有效身份证件或其他有效身份证明文件,并登记客户身份基本信息。

支付机构明知或应知客户利用其支付业务实施违法犯罪活动的,应当停止为其办理支付业务。

第三十二条 支付机构应当具备必要的技术手段,确保支付指令的完整性、一致性和不可抵赖性,支付业务处理的及时性、准确性和支付业务的安全性;具备灾难恢复处理能力和应急处理能力,确保支付业务的连续性。

第三十三条 支付机构应当依法保守客户的商业秘密,不得对外泄露。法律法规另有规定的除外。

第三十四条 支付机构应当按规定妥善保管客户身份基本信息、支付业务信息、会计档案等资料。

第三十五条 支付机构应当接受中国人民银行及其分支机构定期或不定期的现场检查和非现场检查,如实提供有关资料,不得拒绝、阻挠、逃避检查,不得谎报、隐匿、销毁相关证据材料。

第三十六条 中国人民银行及其分支机构依据法律、行政法规、中国人民银行的有关规定对支付机构的公司治理、业务活动、内部控制、风险状况、反洗钱工作等进行定期或不定期现场检查和非现场检查。

中国人民银行及其分支机构依法对支付机构进行现场检查,适用《中国人民银行执法检查程序规定》(中国人民银行令〔2010〕第1号发布)。

第三十七条 中国人民银行及其分支机构可以采取下列措施对支付机构进行现场检查:

(一)询问支付机构的工作人员,要求其对被检查事项作出解释、说明;

(二)查阅、复制与被检查事项有关的文件、资料,对可能被转移、藏匿或毁损的文件、资料予以封存;

(三)检查支付机构的客户备付金专用存款账户及相关账户;

(四)检查支付业务设施及相关设施。

第三十八条 支付机构有下列情形之一的,中国人民银行及其分支机构有权责令其停止办理部分或全部支付业务:

(一)累计亏损超过其实缴货币资本的50%;

(二)有重大经营风险;

(三)有重大违法违规行为。

第三十九条 支付机构因解散、依法被撤销或被宣告破产而终止的,其清算事宜按照国家有关法律规定办理。

第四章 罚 则

第四十条 中国人民银行及其分支机构的工作人员有下列情形之一的,依法给予行政处分;构成犯罪的,依法追究刑事责任:

(一)违反规定审查批准《支付业务许可证》的申请、

变更、终止等事项的;

(二)违反规定对支付机构进行检查的;

(三)泄露知悉的国家秘密或商业秘密的;

(四)滥用职权、玩忽职守的其他行为。

第四十一条 商业银行有下列情形之一的,中国人民银行及其分支机构责令其限期改正,并给予警告或处1万元以上3万元以下罚款;情节严重的,中国人民银行责令其暂停或终止客户备付金存管业务:

(一)未按规定报送客户备付金的存管或使用情况等信息资料的;

(二)未按规定对支付机构调整备付金专用存款账户头寸的行为进行复核的;

(三)未对支付机构违反规定使用客户备付金的申请或指令予以拒绝的。

第四十二条 支付机构有下列情形之一的,中国人民银行分支机构责令其限期改正,并给予警告或处1万元以上3万元以下罚款:

(一)未按规定建立有关制度办法或风险管理措施的;

(二)未按规定办理相关备案手续的;

(三)未按规定公开披露相关事项的;

(四)未按规定报送或保管相关资料的;

(五)未按规定办理相关变更事项的;

(六)未按规定向客户开具发票的;

(七)未按规定保守客户商业秘密的。

第四十三条 支付机构有下列情形之一的,中国人民银行分支机构责令其限期改正,并处3万元罚款;情节严重的,中国人民银行注销其《支付业务许可证》;涉嫌犯罪的,依法移送公安机关立案侦查;构成犯罪的,依法追究刑事责任:

(一)转让、出租、出借《支付业务许可证》的;

(二)超出核准业务范围或将业务外包的;

(三)未按规定存放或使用客户备付金的;

(四)未遵守实缴货币资本与客户备付金比例管理规定的;

(五)无正当理由中断或终止支付业务的;

(六)拒绝或阻碍相关检查监督的;

(七)其他危及支付机构稳健运行、损害客户合法权益或危害支付服务市场的违法违规行为。

第四十四条 支付机构未按规定履行反洗钱义务的,中国人民银行及其分支机构依据国家有关反洗钱法律法规等进行处罚;情节严重的,中国人民银行注销其《支付业务许可证》。

第四十五条 支付机构超出《支付业务许可证》有效期限继续从事支付业务的,中国人民银行及其分支机构责令其终止支付业务;涉嫌犯罪的,依法移送公安机关立案侦查;构成犯罪的,依法追究刑事责任。

第四十六条 以欺骗等不正当手段申请《支付业务许可证》但未获批准的,申请人及持有其5%以上股权的出资人3年内不得再次申请或参与申请《支付业务许可证》。

以欺骗等不正当手段申请《支付业务许可证》且已获批准的,由中国人民银行及其分支机构责令其终止支付业务,注销其《支付业务许可证》;涉嫌犯罪的,依法移送公安机关立案侦查;构成犯罪的,依法追究刑事责任;申请人及持有其5%以上股权的出资人不得再次申请或参与申请《支付业务许可证》。

第四十七条 任何非金融机构和个人未经中国人民银行批准擅自从事或变相从事支付业务的,中国人民银行及其分支机构责令其终止支付业务;涉嫌犯罪的,依法移送公安机关立案侦查;构成犯罪的,依法追究刑事责任。

第五章 附 则

第四十八条 本办法实施前已经从事支付业务的非金融机构,应当在本办法实施之日起1年内申请取得《支付业务许可证》。逾期未取得的,不得继续从事支付业务。

第四十九条 本办法由中国人民银行负责解释。

第五十条 本办法自2010年9月1日起施行。

支付结算违法违规行为举报奖励办法

· 2016年4月5日中国人民银行公告〔2016〕第7号公布
· 自2016年7月1日起施行

第一章 总 则

第一条 为鼓励举报支付结算违法违规行为,维护支付结算市场秩序,根据《中华人民共和国中国人民银行法》、《中华人民共和国商业银行法》、《支付结算办法》(银发〔1997〕393号文印发)、《非金融机构支付服务管理办法》(中国人民银行令〔2010〕第2号发布)等法律制度,制定本办法。

第二条 本办法所称支付结算违法违规行为是指违反支付结算有关法律制度和行业自律规范,违法违规开展有关银行账户、支付账户、支付工具、支付系统等领域支付结算业务的行为。

违法违规主体为银行业金融机构、非银行支付机构、清算机构或者非法从事支付结算业务的单位和个人。

第三条 任何单位和个人均有权举报支付结算违法违规行为。举报应当采用实名举报方式。

第四条 中国支付清算协会（以下简称协会）负责支付结算违法违规行为举报奖励的具体实施，包括举报的受理、调查、处理、奖励等。

第五条 协会依照本办法组织获准从事支付结算业务的各银行业金融机构、非银行支付机构、清算机构设立专项奖励基金，并建立对支付结算违法违规行为的行业自律惩戒机制。

第六条 举报奖励的实施应当遵循为举报人保密原则。未经举报人同意，不得以任何方式将举报人姓名、身份及举报材料公开或泄漏给被举报单位和其他无关人员。

第二章 奖励条件与标准

第七条 举报人实名向协会举报支付结算违法违规行为，并同时符合以下条件的，依照本办法给予奖励：

（一）有明确的举报对象、具体的举报事实及证据；

（二）举报内容事先未被监管部门和协会掌握；

（三）举报内容经查证属实且经协会认定对规范市场有积极作用。

第八条 有下列情形之一的，不予奖励：

（一）举报人采取盗窃、欺诈或者法律、法规禁止的其他手段获取支付结算违法违规行为证据；

（二）国家机关工作人员利用工作便利获取信息用以举报支付结算违法违规行为；

（三）协会规定不予奖励的其他情形。

第九条 同一行为由两个以上举报人分别举报的，奖励第一时间举报人。其他举报人提供的举报内容对举报事项查处有帮助的，可以酌情给予奖励。

两人以上联名举报同一事项的，按同一举报奖励，奖金由举报人协商分配，由实名举报的第一署名人领取奖金。

第十条 举报奖励标准根据举报事项的违法违规性质及程度、举报人所提供线索和证据对举报事项查处所起的作用等因素综合评定，具体举报奖励标准由协会制定并对外公布。

第三章 举报奖励程序

第十一条 举报人可以通过书面、电子邮件、网络举报平台等方式进行举报。具体举报方式由协会制定并对外公布。

第十二条 举报人应当提交举报材料，至少包括以下内容：

（一）能够证明被举报人违法违规行为的相关证据，包括书面证据、电子证据及其他形式证据等；

（二）举报情况说明，包括支付结算违法违规行为发生的时间、地点、主要事实等；

（三）举报人对举报事项、内容和证据的真实性承诺；

（四）举报人的姓名、有效身份证明与联系方式等。

第十三条 协会收到举报材料后，应当在5个工作日内决定是否受理并告知举报人。不予受理的，应当向举报人说明理由。

第十四条 协会受理举报后，应当及时组织对举报事项调查核实，被调查单位应当予以配合。

举报事项应当自受理之日起30个工作日内完成调查。案情复杂的，经协会负责人批准，可以适当延长，但最长不得超过60个工作日。

第十五条 协会根据调查情况，依据本办法和行业自律管理规范对被举报事项作出处理，对违规主体采取自律惩戒措施。

对于可能涉及行政处罚或刑事犯罪的，分别移交人民银行或公安机关。

第十六条 协会应当在作出处理结果之日起10个工作日内告知举报人。符合本办法奖励条件的，还应当通知举报人领取奖励。

无正当理由逾期未领取奖励的，视为放弃奖励权利。

第十七条 协会应当建立公开、透明、高效的举报奖励实施机制，公布举报受理、调查处理结果等举报事项。

第四章 纪律监督

第十八条 协会应当建立举报奖励档案，存储举报材料、举报受理、举报核实、举报处理、奖励领取等记录。

第十九条 协会应当严格执行举报奖励制度，加强资金管理。因玩忽职守、徇私舞弊致使奖金被骗取的，移送司法机关依法追究有关人员的法律责任。

第二十条 协会工作人员有下列情况的，视情节轻重给予纪律处分；涉嫌构成犯罪的，移送司法机关依法追究法律责任：

（一）未经举报人同意，擅自对外透露举报人身份、举报内容和奖励等情况；

（二）对举报人或举报情况敷衍了事，未认真核实查处；

（三）向被举报人通风报信，帮助其逃避查处。

第二十一条 举报人不得捏造、歪曲事实，不得诬告、陷害他人，或者弄虚作假骗取奖励资金。涉嫌构成犯罪的，移送司法机关依法追究法律责任；尚不构成犯罪的，移送公安机关依法给予治安管理处罚。

第五章 附 则

第二十二条 协会应当根据本办法，制定支付结算违法违规行为举报奖励实施细则和举报奖励基金管理办法。

第二十三条 本办法由中国人民银行负责解释和修订。

第二十四条 本办法自2016年7月1日起施行。

中国人民银行关于支持外贸新业态跨境人民币结算的通知

- 2022年6月16日
- 银发〔2022〕139号

中国人民银行上海总部，各分行、营业管理部，各省会（首府）城市中心支行，各副省级城市中心支行；国家开发银行、各政策性银行、国有商业银行、中国邮政储蓄银行，各股份制商业银行；中国银联、跨境清算公司、网联清算有限公司：

为贯彻落实《国务院办公厅关于加快发展外贸新业态新模式的意见》（国办发〔2021〕24号），进一步发挥跨境人民币结算业务服务实体经济、促进贸易投资便利化的作用，支持外贸新业态发展，现将有关事项通知如下：

一、在"了解你的客户""了解你的业务"和"尽职审查"三原则的基础上，境内银行可与依法取得互联网支付业务许可的非银行支付机构（以下简称支付机构）、具备合法资质的清算机构合作，为市场交易主体及个人提供经常项下跨境人民币结算服务。

本通知所称市场交易主体是指跨境电子商务、市场采购贸易、海外仓和外贸综合服务企业等外贸新业态经营者、购买商品或服务的消费者。

二、与支付机构合作的境内银行应具备3年以上开展跨境人民币结算业务的经验，满足备付金银行相关要求，具备审核支付机构跨境人民币结算业务真实性、合法性的能力，具备适应支付机构跨境人民币结算业务特点的反洗钱、反恐怖融资、反逃税系统处理能力。

三、参与提供本通知规定的跨境人民币结算服务的支付机构应满足以下条件：

（一）在境内注册并依法取得互联网支付业务许可。

（二）具有使用人民币进行跨境结算的真实跨境业务需求。

（三）具备健全的跨境业务相关内部控制制度和专职人员，能够按本通知要求及相关规定做好商户信息采集和准入管理，交易信息采集，跨境业务真实性、合法性审核等。

（四）具备跨境人民币结算服务相关反洗钱、反恐怖融资、反逃税等具体制度和措施；具备高效的跨境人民币结算服务相关反洗钱、反恐怖融资、反逃税系统处理和对接能力。

（五）遵守国家有关法律法规，合规经营，风险控制能力较强，近两年未发生严重违规情况。

四、境内银行在为支付机构办理跨境人民币结算业务时，应按本通知第三条规定评估支付机构展业能力，与支付机构签署跨境人民币结算业务协议，明确双方权利和义务，并于10个工作日内向所在地中国人民银行副省级城市中心支行以上分支机构（以下简称中国人民银行分支机构）备案。境内银行应每年对已备案支付机构展业能力进行评估并定期报送所在地中国人民银行分支机构。跨境人民币结算业务协议发生变更的，境内银行应于10个工作日内向所在地中国人民银行分支机构备案。对于经评估不满足本通知第三条相关要求的支付机构或跨境人民币结算业务协议终止的，境内银行应于10个工作日内向所在地中国人民银行分支机构报告并办理撤销备案。

五、开展本通知规定的跨境人民币结算业务应具有真实、合法的交易基础，且符合国家有关法律法规规定。境内银行与支付机构合作开展本通知规定的跨境人民币结算业务的，双方应协商建立业务真实性审核机制，共同做好业务背景真实性、合法性审核，不得以任何形式为非法交易提供跨境人民币结算服务。

（一）境内银行、支付机构应加强市场交易主体管理，依法采集市场交易主体基本信息，并定期核验更新，建立市场交易主体负面清单。

（二）境内银行、支付机构应根据市场交易主体类别、交易特征等，合理确定各类跨境人民币结算业务的单笔交易限额。

（三）境内银行、支付机构应建立健全跨境人民币结算业务事中审核和事后抽查制度，加强对大额交易、可疑交易、高频交易等异常交易的监测，相关信息至少留存5年备查。

（四）支付机构应制定交易信息采集及验证制度，对于违规风险较高的交易，支付机构应要求市场交易主体提供相关单证材料；不能确认交易真实合法的，应拒绝办理相关跨境人民币结算业务。

（五）与支付机构合作的境内银行发现异常情况的，应及时采取相应措施，包括但不限于要求支付机构及交易相关方就可疑交易提供真实合法的单证材料；确认发生异常情况的，境内银行应于5个工作日内向所在地中国人民银行分支机构报告。境内银行对支付机构违规业务依法承担连带责任。

境内银行直接为市场交易主体提供本通知规定的跨境人民币结算服务的，参照本通知办理。

六、境内银行和支付机构提供跨境人民币结算服务时，应依法履行反洗钱、反恐怖融资、反逃税义务，遵守打击跨境赌博、电信网络诈骗及非法从事支付机构业务等相关规定。

七、境内银行应按照人民币跨境收付信息管理系统（RCPMIS）信息报送相关要求，及时、准确、完整地报送跨境收付数据，轧差净额结算应还原为收款和付款信息报送。境内银行、支付机构应妥善保存集中收付或轧差净额结算前境内实际收付款机构或个人的逐笔原始收付款数据备查。

八、中国人民银行及其分支机构可依法对境内银行和支付机构开展的外贸新业态跨境人民币结算业务开展非现场监测，境内银行和支付机构应予以配合。

九、支持境内银行和支付机构提升服务能力，加大对外贸新业态跨境人民币结算业务的支持力度，丰富外贸新业态跨境人民币结算业务配套产品，降低市场交易主体业务办理成本。

十、本通知自2022年7月21日起施行。《中国人民银行关于贯彻落实〈国务院办公厅关于支持外贸稳定增长的若干意见〉的指导意见》（银发〔2014〕168号）第七条等规定与本通知不一致的，以本通知为准。

9. 外汇业务

中华人民共和国外汇管理条例

- 1996年1月29日中华人民共和国国务院令第193号公布
- 根据1997年1月14日《国务院关于修改〈中华人民共和国外汇管理条例〉的决定》修订
- 2008年8月1日国务院第20次常务会议修订通过
- 2008年8月5日中华人民共和国国务院令第532号公布
- 自公布之日起施行

第一章 总 则

第一条 为了加强外汇管理，促进国际收支平衡，促进国民经济健康发展，制定本条例。

第二条 国务院外汇管理部门及其分支机构（以下统称外汇管理机关）依法履行外汇管理职责，负责本条例的实施。

第三条 本条例所称外汇，是指下列以外币表示的可以用作国际清偿的支付手段和资产：

（一）外币现钞，包括纸币、铸币；

（二）外币支付凭证或者支付工具，包括票据、银行存款凭证、银行卡等；

（三）外币有价证券，包括债券、股票等；

（四）特别提款权；

（五）其他外汇资产。

第四条 境内机构、境内个人的外汇收支或者外汇经营活动，以及境外机构、境外个人在境内的外汇收支或者外汇经营活动，适用本条例。

第五条 国家对经常性国际支付和转移不予限制。

第六条 国家实行国际收支统计申报制度。

国务院外汇管理部门应当对国际收支进行统计、监测，定期公布国际收支状况。

第七条 经营外汇业务的金融机构应当按照国务院外汇管理部门的规定为客户开立外汇账户，并通过外汇账户办理外汇业务。

经营外汇业务的金融机构应当依法向外汇管理机关报送客户的外汇收支及账户变动情况。

第八条 中华人民共和国境内禁止外币流通，并不得以外币计价结算，但国家另有规定的除外。

第九条 境内机构、境内个人的外汇收入可以调回境内或者存放境外；调回境内或者存放境外的条件、期限等，由国务院外汇管理部门根据国际收支状况和外汇管理的需要作出规定。

第十条 国务院外汇管理部门依法持有、管理、经营国家外汇储备,遵循安全、流动、增值的原则。

第十一条 国际收支出现或者可能出现严重失衡,以及国民经济出现或者可能出现严重危机时,国家可以对国际收支采取必要的保障、控制等措施。

第二章 经常项目外汇管理

第十二条 经常项目外汇收支应当具有真实、合法的交易基础。经营结汇、售汇业务的金融机构应当按照国务院外汇管理部门的规定,对交易单证的真实性及其与外汇收支的一致性进行合理审查。

外汇管理机关有权对前款规定事项进行监督检查。

第十三条 经常项目外汇收入,可以按照国家有关规定保留或者卖给经营结汇、售汇业务的金融机构。

第十四条 经常项目外汇支出,应当按照国务院外汇管理部门关于付汇与购汇的管理规定,凭有效单证以自有外汇支付或者向经营结汇、售汇业务的金融机构购汇支付。

第十五条 携带、申报外币现钞出入境的限额,由国务院外汇管理部门规定。

第三章 资本项目外汇管理

第十六条 境外机构、境外个人在境内直接投资,经有关主管部门批准后,应当到外汇管理机关办理登记。

境外机构、境外个人在境内从事有价证券或者衍生产品发行、交易,应当遵守国家关于市场准入的规定,并按照国务院外汇管理部门的规定办理登记。

第十七条 境内机构、境内个人向境外直接投资或者从事境外有价证券、衍生产品发行、交易,应当按照国务院外汇管理部门的规定办理登记。国家规定需要事先经有关主管部门批准或者备案的,应当在外汇登记前办理批准或者备案手续。

第十八条 国家对外债实行规模管理。借用外债应当按照国家有关规定办理,并到外汇管理机关办理外债登记。

国务院外汇管理部门负责全国的外债统计与监测,并定期公布外债情况。

第十九条 提供对外担保,应当向外汇管理机关提出申请,由外汇管理机关根据申请人的资产负债等情况作出批准或者不批准的决定;国家规定其经营范围需经有关主管部门批准的,应当在向外汇管理机关提出申请前办理批准手续。申请人签订对外担保合同后,应当到外汇管理机关办理对外担保登记。

经国务院批准为使用外国政府或者国际金融组织贷款进行转贷提供对外担保的,不适用前款规定。

第二十条 银行业金融机构在经批准的经营范围内可以直接向境外提供商业贷款。其他境内机构向境外提供商业贷款,应当向外汇管理机关提出申请,外汇管理机关根据申请人的资产负债等情况作出批准或者不批准的决定;国家规定其经营范围需经有关主管部门批准的,应当在向外汇管理机关提出申请前办理批准手续。

向境外提供商业贷款,应当按照国务院外汇管理部门的规定办理登记。

第二十一条 资本项目外汇收入保留或者卖给经营结汇、售汇业务的金融机构,应当经外汇管理机关批准,但国家规定无需批准的除外。

第二十二条 资本项目外汇支出,应当按照国务院外汇管理部门关于付汇与购汇的管理规定,凭有效单证以自有外汇支付或者向经营结汇、售汇业务的金融机构购汇支付。国家规定应当经外汇管理机关批准的,应当在外汇支付前办理批准手续。

依法终止的外商投资企业,按照国家有关规定进行清算、纳税后,属于外方投资者所有的人民币,可以向经营结汇、售汇业务的金融机构购汇汇出。

第二十三条 资本项目外汇及结汇资金,应当按照有关主管部门及外汇管理机关批准的用途使用。外汇管理机关有权对资本项目外汇及结汇资金使用和账户变动情况进行监督检查。

第四章 金融机构外汇业务管理

第二十四条 金融机构经营或者终止经营结汇、售汇业务,应当经外汇管理机关批准;经营或者终止经营其他外汇业务,应当按照职责分工经外汇管理机关或者金融业监督管理机构批准。

第二十五条 外汇管理机关对金融机构外汇业务实行综合头寸管理,具体办法由国务院外汇管理部门制定。

第二十六条 金融机构的资本金、利润以及因本外币资产不匹配需要进行人民币与外币间转换的,应当经外汇管理机关批准。

第五章 人民币汇率和外汇市场管理

第二十七条 人民币汇率实行以市场供求为基础的、有管理的浮动汇率制度。

第二十八条 经营结汇、售汇业务的金融机构和符合国务院外汇管理部门规定条件的其他机构,可以按照国务院外汇管理部门的规定在银行间外汇市场进行外汇交易。

第二十九条　外汇市场交易应当遵循公开、公平、公正和诚实信用的原则。

第三十条　外汇市场交易的币种和形式由国务院外汇管理部门规定。

第三十一条　国务院外汇管理部门依法监督管理全国的外汇市场。

第三十二条　国务院外汇管理部门可以根据外汇市场的变化和货币政策的要求，依法对外汇市场进行调节。

第六章　监督管理

第三十三条　外汇管理机关依法履行职责，有权采取下列措施：

（一）对经营外汇业务的金融机构进行现场检查；

（二）进入涉嫌外汇违法行为发生场所调查取证；

（三）询问有外汇收支或者外汇经营活动的机构和个人，要求其对与被调查外汇违法事件直接有关的事项作出说明；

（四）查阅、复制与被调查外汇违法事件直接有关的交易单证等资料；

（五）查阅、复制被调查外汇违法事件的当事人和直接有关的单位、个人的财务会计资料及相关文件，对可能被转移、隐匿或者毁损的文件和资料，可以予以封存；

（六）经国务院外汇管理部门或者省级外汇管理机关负责人批准，查询被调查外汇违法事件的当事人和直接有关的单位、个人的账户，但个人储蓄存款账户除外；

（七）对有证据证明已经或者可能转移、隐匿违法资金等涉案财产或者隐匿、伪造、毁损重要证据的，可以申请人民法院冻结或者查封。

有关单位和个人应当配合外汇管理机关的监督检查，如实说明有关情况并提供有关文件、资料，不得拒绝、阻碍和隐瞒。

第三十四条　外汇管理机关依法进行监督检查或者调查，监督检查或者调查的人员不得少于2人，并应当出示证件。监督检查、调查的人员少于2人或者未出示证件的，被监督检查、调查的单位和个人有权拒绝。

第三十五条　有外汇经营活动的境内机构，应当按照国务院外汇管理部门的规定报送财务会计报告、统计报表等资料。

第三十六条　经营外汇业务的金融机构发现客户有外汇违法行为的，应当及时向外汇管理机关报告。

第三十七条　国务院外汇管理部门为履行外汇管理职责，可以从国务院有关部门、机构获取所必需的信息，国务院有关部门、机构应当提供。

国务院外汇管理部门应当向国务院有关部门、机构通报外汇管理工作情况。

第三十八条　任何单位和个人都有权举报外汇违法行为。

外汇管理机关应当为举报人保密，并按照规定对举报人或者协助查处外汇违法行为有功的单位和个人给予奖励。

第七章　法律责任

第三十九条　有违反规定将境内外汇转移境外，或者以欺骗手段将境内资本转移境外等逃汇行为的，由外汇管理机关责令限期调回外汇，处逃汇金额30%以下的罚款；情节严重的，处逃汇金额30%以上等值以下的罚款；构成犯罪的，依法追究刑事责任。

第四十条　有违反规定以外汇收付应当以人民币收付的款项，或者以虚假、无效的交易单证等向经营结汇、售汇业务的金融机构骗购外汇等非法套汇行为的，由外汇管理机关责令对非法套汇资金予以回兑，处非法套汇金额30%以下的罚款；情节严重的，处非法套汇金额30%以上等值以下的罚款；构成犯罪的，依法追究刑事责任。

第四十一条　违反规定将外汇汇入境内的，由外汇管理机关责令改正，处违法金额30%以下的罚款；情节严重的，处违法金额30%以上等值以下的罚款。

非法结汇的，由外汇管理机关责令对非法结汇资金予以回兑，处违法金额30%以下的罚款。

第四十二条　违反规定携带外汇出入境的，由外汇管理机关给予警告，可以处违法金额20%以下的罚款。法律、行政法规规定由海关予以处罚的，从其规定。

第四十三条　有擅自对外借款、在境外发行债券或者提供对外担保等违反外债管理行为的，由外汇管理机关给予警告，处违法金额30%以下的罚款。

第四十四条　违反规定，擅自改变外汇或者结汇资金用途的，由外汇管理机关责令改正，没收违法所得，处违法金额30%以下的罚款；情节严重的，处违法金额30%以上等值以下的罚款。

有违反规定以外币在境内计价结算或者划转外汇等非法使用外汇行为的，由外汇管理机关责令改正，给予警告，可以处违法金额30%以下的罚款。

第四十五条　私自买卖外汇、变相买卖外汇、倒买倒卖外汇或者非法介绍买卖外汇数额较大的，由外汇管理机关给予警告，没收违法所得，处违法金额30%以下的罚款；情节严重的，处违法金额30%以上等值以下的罚款；构成犯罪的，依法追究刑事责任。

第四十六条 未经批准擅自经营结汇、售汇业务的,由外汇管理机关责令改正,有违法所得的,没收违法所得,违法所得50万元以上的,并处违法所得1倍以上5倍以下的罚款;没有违法所得或者违法所得不足50万元的,处50万元以上200万元以下的罚款;情节严重的,由有关主管部门责令停业整顿或者吊销业务许可证;构成犯罪的,依法追究刑事责任。

未经批准经营结汇、售汇业务以外的其他外汇业务的,由外汇管理机关或者金融业监督管理机构依照前款规定予以处罚。

第四十七条 金融机构有下列情形之一的,由外汇管理机关责令限期改正,没收违法所得,并处20万元以上100万元以下的罚款;情节严重或者逾期不改正的,由外汇管理机关责令停止经营相关业务:

(一)办理经常项目资金收付,未对交易单证的真实性及其与外汇收支的一致性进行合理审查的;

(二)违反规定办理资本项目资金收付的;

(三)违反规定办理结汇、售汇业务的;

(四)违反外汇业务综合头寸管理的;

(五)违反外汇市场交易管理的。

第四十八条 有下列情形之一的,由外汇管理机关责令改正,给予警告,对机构可以处30万元以下的罚款,对个人可以处5万元以下的罚款:

(一)未按照规定进行国际收支统计申报的;

(二)未按照规定报送财务会计报告、统计报表等资料的;

(三)未按照规定提交有效单证或者提交的单证不真实的;

(四)违反外汇账户管理规定的;

(五)违反外汇登记管理规定的;

(六)拒绝、阻碍外汇管理机关依法进行监督检查或者调查的。

第四十九条 境内机构违反外汇管理规定的,除依照本条例给予处罚外,对直接负责的主管人员和其他直接责任人员,应当给予处分;对金融机构负有直接责任的董事、监事、高级管理人员和其他直接责任人员给予警告,处5万元以上50万元以下的罚款;构成犯罪的,依法追究刑事责任。

第五十条 外汇管理机关工作人员徇私舞弊、滥用职权、玩忽职守,构成犯罪的,依法追究刑事责任;尚不构成犯罪的,依法给予处分。

第五十一条 当事人对外汇管理机关作出的具体行政行为不服的,可以依法申请行政复议;对行政复议决定仍不服的,可以依法向人民法院提起行政诉讼。

第八章 附 则

第五十二条 本条例下列用语的含义:

(一)境内机构,是指中华人民共和国境内的国家机关、企业、事业单位、社会团体、部队等,外国驻华外交领事机构和国际组织驻华代表机构除外。

(二)境内个人,是指中国公民和在中华人民共和国境内连续居住满1年的外国人,外国驻华外交人员和国际组织驻华代表除外。

(三)经常项目,是指国际收支中涉及货物、服务、收益及经常转移的交易项目等。

(四)资本项目,是指国际收支中引起对外资产和负债水平发生变化的交易项目,包括资本转移、直接投资、证券投资、衍生产品及贷款等。

第五十三条 非金融机构经营结汇、售汇业务,应当由国务院外汇管理部门批准,具体管理办法由国务院外汇管理部门另行制定。

第五十四条 本条例自公布之日起施行。

银行间外汇市场管理暂行规定

· 1996年11月29日
· 银发〔1996〕423号

第一章 总 则

第一条 为规范和发展我国银行间外汇市场,维护交易当事人的合法权益,根据《中华人民共和国外汇管理条例》,特制定本规定。

第二条 本规定所称银行间外汇市场(以下简称外汇市场)是指经国家外汇管理局批准可以经营外汇业务的境内金融机构(包括银行、非银行金融机构和外资金融机构)之间通过中国外汇交易中心(以下简称交易中心)进行人民币与外币之间的交易市场。

任何境内金融机构之间不得在交易中心之外进行人民币与外币之间的交易。

第三条 外汇市场由中国人民银行授权国家外汇管理局进行监管。

第四条 交易中心在国家外汇管理局的监管下,负责外汇市场的组织和日常业务管理。

第五条 从事外汇交易,必须遵守法律、行政法规,遵守公开、公平、公正和诚实信用的原则。

第二章 市场组织机构的设立与监管

第六条 交易中心是中国人民银行领导下的独立核算、非盈利性的事业法人。

第七条 交易中心的主要职能是：
（一）提供并维护银行间外汇交易系统；
（二）组织外汇交易币种、品种的买卖；
（三）办理外汇交易的清算交割；
（四）提供外汇市场信息服务；
（五）国家外汇管理局授权的其他职能。

第八条 根据业务需要，交易中心可以设立分中心、分中心的设立或撤销须报经国家外汇管理局批准。

第九条 交易中心实行会员制，只有会员才能参与外汇市场的交易。

第十条 会员大会是交易中心的最高权力机构，每年召开一次。会议由交易中心理事会负责召集。

第十一条 交易中心设立理事会，为会员大会闭会期间会员大会的常设机构。

第十二条 理事会成员不得少于9人，其中非会员理事人数不得少于理事会成员的1/3；会员理事中中资机构会员人数不得少于理事会成员的1/3；理事会每届任期2年，每位会员理事连任不得超过两届。

第十三条 会员理事由会员大会选举产生，非会员理事由国家外汇管理局提名，会员大会选举产生。

第十四条 理事会设理事长1人，由非会员理事担任，经国家外汇管理局提名，理事会选举产生；副理事长3人，其中非会员理事长1人，会员理事长2人，由理事会选举产生。

第三章 对会员的管理

第十五条 境内金融机构提出申请，经交易中心理事会批准、并报国家外汇管理局备案后，可成为交易中心的会员；会员申请退会的，亦须经交易中心理事会批准并报国家外汇管理局备案。

第十六条 会员选派的交易员必须经过交易中心培训并颁发许可证方可上岗参加交易。

第十七条 会员须按规定向交易中心缴纳席位费。

第十八条 会员应当遵守国家有关外汇管理法规，接受交易中心的管理。

第四章 对交易行为的监管

第十九条 会员之间的外汇交易必须通过交易中心进行，非会员的外汇交易必须通过有代理资格的会员进行。

交易中心自身不得从事外汇交易。

第二十条 会员代理非会员的外汇交易的资格应当得到交易中心的批准。

第二十一条 交易价格采用直接标价法。

第二十二条 市场交易中的下列事项，应当报经国家外汇管理局批准：
（一）交易方式；
（二）交易时间；
（三）交易币种及品种；
（四）清算方式；
（五）国家外汇管理局规定的其他事项。

第二十三条 交易中心和会员单位应当保证用于清算的外汇和人民币资金在规定时间内办理交割入账。

第二十四条 交易中心可以向交易双方收取手续费，收取手续费的标准须报经国家外汇管理局批准。

第二十五条 中国人民银行授权国家外汇管理局规定和调整每日外汇市场交易价格的最大浮动幅度。

第二十六条 中国人民银行根据外汇市场形成的价格，公布当日人民币市场汇率，外汇交易应当根据当日市场汇率并在规定的每日最大价格浮动幅度内进行。

第二十七条 中国人民银行可以根据货币政策的要求，在外汇市场内买卖外汇，调节外汇供求，平抑外汇市场价格。

第五章 法律责任

第二十八条 会员违反国家外汇管理规定、交易中心章程和业务规则的，国家外汇管理局有权对其处以通报批评、暂停交易或取消会员资格，由此造成的经济损失由会员承担。

第二十九条 交易员若违反交易中心的交易规则，交易中心有权给予警告、通报批评、取消交易资格等处罚，造成经济损失的，应承担民事责任，经济损失由其会员单位承担。

第三十条 交易中心有以下行为的，造成经济损失的由交易中心承担，同时追究主管人员的责任：
（一）擅自改变交易时间、交易方式、交易币种及品种、清算方式的；
（二）无故拖延清算资金划拨的；
（三）向上级主管机关上报虚假交易情况的；
（四）违反中国人民银行及国家外汇管理局的其他规定的。

第三十一条 交易中心工作人员有以下行为的，交易中心理事会有权给予警告、通报批评或开除等行政处分,造成经济损失的,应承担民事责任,构成犯罪的,应当依法追究刑事责任。

(一)利用职务便利贪污、挪用或其他非法占有公共财物的行为的;

(二)玩忽职守给外汇市场造成损失的;

(三)泄露不准对外公布的内部信息的。

第六章 附 则

第三十二条 交易中心依照本规定制定交易中心章程、业务规则,报国家外汇管理局批准后实施。

第三十三条 本规定由国家外汇管理局负责解释。

第三十四条 本规定自印发之日起实施。

银行间外汇市场做市商指引

· 2021年1月2日汇发〔2021〕1号公布
· 根据2023年3月23日《国家外汇管理局关于废止和失效15件外汇管理规范性文件及调整14件外汇管理规范性文件条款的通知》修订

第一条 为促进外汇市场可持续发展,根据《中华人民共和国外汇管理条例》《银行间外汇市场管理暂行规定》(银发〔1996〕423号),制定《银行间外汇市场做市商指引》(以下简称《指引》)。

第二条 《指引》所称银行间外汇市场做市商,是指在我国银行间外汇市场进行人民币与外币交易时,承担向会员持续提供买、卖价格义务的银行间外汇市场会员。

第三条 银行间外汇市场做市商可根据自身做市能力在即期、远期、掉期、期权等外汇市场开展做市。

第四条 银行间外汇市场做市商依法享有以下权利:

(一)适度扩大结售汇综合头寸限额区间,实行较灵活的头寸管理;

(二)交易系统、交易手续费、交易数据等方面获得更多支持;

(三)享有向中国人民银行(以下简称人民银行)申请外汇一级交易商的资格;

(四)在银行间外汇市场进行创新业务的政策支持。

第五条 银行间外汇市场做市商依法应履行以下义务:

(一)在规定的交易时间内,在银行间外汇市场连续提供人民币对主要交易货币的买、卖双向价格,所报价格应是有效的可成交价格;

(二)银行间外汇市场报价不得超过人民银行规定的银行间外汇市场交易汇价的浮动幅度;

(三)遵守外汇市场自律机制相关自律规范,在外汇市场规范交易方面发挥市场引领作用,诚实交易,不利用非法或其他不当手段从事虚假交易、操纵市场价格;

(四)遵守结售汇综合头寸管理规定和要求;

(五)积极引导客户树立汇率风险中性意识,不得在市场营销中误导或诱导客户预期;

(六)按照国家外汇管理局(以下简称外汇局)要求及时报告外汇市场运行和做市情况,并报送人民银行。

第六条 银行间外汇市场做市商需具备以下条件:

(一)前一个评选周期内,依据《银行间外汇市场评优办法》计算的客观指标评分和外汇局评分两项综合得分,排名靠前;上述综合得分涵盖各会员在即期、远掉期、期权等市场的综合做市表现;

(二)遵守人民银行和外汇局的有关规定,外汇市场行为符合自律机制相关要求。前一个评选周期内,外汇业务管理与审慎经营评估考核等级出现一次C级,或外汇市场自律机制评估出现一次严重不达标的,自动丧失评选资格;其他会员按照排名先后依次递补。

第七条 普通会员可根据自身做市意愿申请成为尝试做市机构,为即期、远期、掉期、期权的一种或多种外汇产品提供报价服务。尝试做市机构的市场准入退出和日常管理由中国外汇交易中心(以下简称交易中心)具体实施。

第八条 外汇局每两个年度进行一次做市商评选,参与排名的会员为做市商和尝试做市机构,考核评分标准按照考评周期对应时段《银行间外汇市场评优办法》执行。第一个评选周期为2019-2020年。

第九条 评选周期结束后,外汇局根据评选结果确定和公布做市商名单,并抄送人民银行和交易中心。外汇局公布做市商评选结果时,一并调整新准入和退出的做市商结售汇综合头寸限额。

第十条 发生放弃做市商资格、股权重大变动、外资银行法人化改制资格承继、其他资格承继等机构变更情况的做市商,应在变更后30日内经交易中心提交外汇局登记备案。

第十一条 外汇局对做市商做市情况实施监测,并接受市场会员对不履行本《指引》第五条所列做市义务行为的举报。

第十二条 交易中心根据外汇局要求和市场反馈,完善《银行间外汇市场评优办法》,并定期向外汇局报送做市商评估指标情况,同时报送人民银行。

第十三条 做市商未认真履行做市义务或存在严重扰乱外汇市场行为的,外汇局可以依法约谈、风险提示,并依据《外汇管理条例》进行处罚。

第十四条 银行间外汇市场直接交易做市商及小币种做市商,遵照人民银行有关规定执行。

第十五条 本《指引》由外汇局负责解释。

第十六条 本《指引》自公布之日起施行,《银行间外汇市场做市商指引》(汇发〔2013〕13号)同时废止。

个人外汇管理办法

- 2006年12月25日中国人民银行令〔2006〕第3号公布
- 自2007年2月1日起施行

第一章 总 则

第一条 为便利个人外汇收支,简化业务手续,规范外汇管理,根据《中华人民共和国外汇管理条例》和《结汇、售汇及付汇管理规定》等相关法规,制定本办法。

第二条 个人外汇业务按照交易主体区分境内与境外个人外汇业务,按照交易性质区分经常项目和资本项目个人外汇业务。按上述分类对个人外汇业务进行管理。

第三条 经常项目项下的个人外汇业务按照可兑换原则管理,资本项目项下的个人外汇业务按照可兑换进程管理。

第四条 国家外汇管理局及其分支机构(以下简称外汇局)按照本办法规定,对个人在境内及跨境外汇业务进行监督和管理。

第五条 个人应当按照本办法规定办理有关外汇业务。银行应当按照本办法规定为个人办理外汇收付、结售汇及开立外汇账户等业务,对个人提交的有效身份证件及相关证明材料的真实性进行审核。汇款机构及外币兑换机构(含代兑点)按照本办法规定为个人办理个人外汇业务。

第六条 银行应通过外汇局指定的管理信息系统办理个人购汇和结汇业务,真实、准确录入相关信息,并将办理个人业务的相关材料至少保存5年备查。

第七条 银行和个人在办理个人外汇业务时,应当遵守本办法的相关规定,不得以分拆等方式逃避限额监管,也不得使用虚假商业单据或者凭证逃避真实性管理。

第八条 个人跨境收支,应当按照国际收支统计申报的有关规定办理国际收支统计申报手续。

第九条 对个人结汇和境内个人购汇实行年度总额管理。年度总额内的,凭本人有效身份证件在银行办理;超过年度总额的,经常项目项下凭本人有效身份证件和有交易额的相关证明等材料在银行办理,资本项目项下按照第三章有关规定办理。

第二章 经常项目个人外汇管理

第十条 从事货物进出口的个人对外贸易经营者,在商务部门办理对外贸易经营权登记备案后,其贸易外汇资金的收支按照机构的外汇收支进行管理。

第十一条 个人进行工商登记或者办理其他执业手续后,可以凭有关单证办理委托具有对外贸易经营权的企业代理进出口项下及旅游购物、边境小额贸易等项下外汇资金收付、划转及结汇。

第十二条 境内个人外汇汇出境外用于经常项目支出,单笔或当日累计汇出在规定金额以下的,凭本人有效身份证件在银行办理;单笔或当日累计汇出在规定金额以上的,凭本人有效身份证件和有交易额的相关证明等材料在银行办理。

第十三条 境外个人在境内取得的经常项目项下合法人民币收入,可以凭本人有效身份证件及相关证明材料在银行办理购汇及汇出。

第十四条 境外个人未使用的境外汇入外汇,可以凭本人有效身份证件在银行办理原路汇回。

第十五条 境外个人将原兑换未使用完的人民币兑回外币现钞时,小额兑换凭本人有效身份证件在银行或外币兑换机构办理;超过规定金额的,可以凭原兑换水单在银行办理。

第三章 资本项目个人外汇管理

第十六条 境内个人对外直接投资符合有关规定的,经外汇局核准可以购汇或以自有外汇汇出,并应当办理境外投资外汇登记。

第十七条 境内个人购买B股,进行境外权益类、固定收益类以及国家批准的其他金融投资,应当按相关规定通过具有相应业务资格的境内金融机构办理。

第十八条 境内个人向境内保险经营机构支付外汇人寿保险项下保险费,可以购汇或以自有外汇支付。

第十九条 境内个人在境外获得的合法资本项目收入经外汇局核准后可以结汇。

第二十条 境内个人对外捐赠和财产转移需购付汇的,应当符合有关规定并经外汇局核准。

第二十一条 境内个人向境外提供贷款、借用外债、提供对外担保和直接参与境外商品期货和金融衍生产品交易,应当符合有关规定并到外汇局办理相应登记手续。

第二十二条　境外个人购买境内商品房,应当符合自用原则,其外汇资金的收支和汇兑应当符合相关外汇管理规定。境外个人出售境内商品房所得人民币,经外汇局核准可以购汇汇出。

第二十三条　除国家另有规定外,境外个人不得购买境内权益类和固定收益类等金融产品。境外个人购买B股,应当按照国家有关规定办理。

第二十四条　境外个人在境内的外汇存款应纳入存款金融机构短期外债余额管理。

第二十五条　境外个人对境内机构提供贷款或担保,应当符合外债管理的有关规定。

第二十六条　境外个人在境内的合法财产对外转移,应当按照个人财产对外转移的有关外汇管理规定办理。

第四章　个人外汇账户及外币现钞管理

第二十七条　个人外汇账户按主体类别区分为境内个人外汇账户和境外个人外汇账户;按账户性质区分为外汇结算账户、资本项目账户及外汇储蓄账户。

第二十八条　银行按照个人开户时提供的身份证件等证明材料确定账户主体类别,所开立的外汇账户应使用与本人有效身份证件记载一致的姓名。境内个人和境外个人外汇账户境内划转按跨境交易进行管理。

第二十九条　个人进行工商登记或者办理其他执业手续后可以开立外汇结算账户。

第三十条　境内个人从事外汇买卖等交易,应当通过依法取得相应业务资格的境内金融机构办理。

第三十一条　境外个人在境内直接投资,经外汇局核准,可以开立外国投资者专用外汇账户。账户内资金经外汇局核准可以结汇。直接投资项目获得国家主管部门批准后,境外个人可以将外国投资者专用外汇账户内的外汇资金划入外商投资企业资本金账户。

第三十二条　个人可以凭本人有效身份证件在银行开立外汇储蓄账户。外汇储蓄账户的收支范围为非经营性外汇收付、本人或与其直系亲属之间同一主体类别的外汇储蓄账户间的资金划转。境内个人和境外个人开立的外汇储蓄联名账户按境内个人外汇储蓄账户进行管理。

第三十三条　个人携带外币现钞出入境,应当遵守国家有关管理规定。

第三十四条　个人购汇提钞或从外汇储蓄账户中提钞,单笔或当日累计在有关规定允许携带外币现钞出境金额之下的,可以在银行直接办理;单笔或当日累计提钞超过上述金额的,凭本人有效身份证件、提钞用途证明材料向当地外汇局事前报备。

第三十五条　个人外币现钞存入外汇储蓄账户,单笔或当日累计在有关规定允许携带外币现钞入境免申报金额之下的,可以在银行直接办理;单笔或当日累计存钞超过上述金额的,凭本人有效身份证件、携带外币现钞入境申报单或本人原存款金融机构外币现钞提取单据在银行办理。

第三十六条　银行应根据有关反洗钱规定对大额、可疑外汇交易进行记录、分析和报告。

第五章　附　则

第三十七条　本办法下列用语的含义:

(一)境内个人是指持有中华人民共和国居民身份证、军人身份证件、武装警察身份证件的中国公民。

(二)境外个人是指持护照、港澳居民来往内地通行证、台湾居民来往大陆通行证的外国公民(包括无国籍人)以及港澳台同胞。

(三)经常项目项下非经营性外汇是指除贸易外汇之外的其他经常项目外汇。

第三十八条　个人旅行支票按照外币现钞有关规定办理;个人外币卡业务,按照外币卡管理的有关规定办理。

第三十九条　对违反本办法规定的,由外汇局依据《中华人民共和国外汇管理条例》及其他相关规定予以处罚;构成犯罪的,依法移送司法机关追究刑事责任。

第四十条　国家外汇管理局负责制定本办法相应的实施细则,确定年度总额、规定金额等。

第四十一条　本办法由国家外汇管理局负责解释。

第四十二条　本办法自2007年2月1日起施行。以前规定与本办法不一致的,按本办法执行。附件所列外汇管理规定自本办法施行之日起废止。

附:废止规定目录

1.《关于居民、非居民个人大额外币现钞存取款有关问题的通知》(〔97〕汇管函字第123号)

2.《境内居民个人外汇管理暂行办法》(汇发〔1998〕11号)

3.《关于修改〈境内居民个人外汇管理暂行办法〉的通知》(汇发〔1999〕133号)

4.《关于修改〈关于境内居民个人因私用汇有关问题的通知〉》和《关于印发〈境内居民个人外汇管理暂行办法〉的通知》(汇发〔1999〕305号)

5.《关于自费出境留学人员预交人民币保证金购付汇的通知》(汇发〔2000〕82号)

6.《关于境内居民个人外汇存款汇出和外汇存款账户更名有关问题的批复》(汇发〔2000〕291 号)

7.《国家外汇管理局关于调整对境内居民个人自费出国(境)留学购付汇政策有关问题的通知》(汇发〔2001〕185 号)

8.《国家外汇管理局关于下发〈境内居民个人购汇管理实施细则〉的通知》(汇发〔2002〕68 号)

9.《国家外汇管理局关于对境内居民个人前往邻国边境地区旅游进行售汇业务试点的通知》(汇发〔2002〕121 号)

10.《国家外汇管理局关于调整境内居民个人经常项目下购汇政策的通知》(汇发〔2003〕104 号)

11.《国家外汇管理局关于在华留学人员办理退学换汇有关问题的通知》(汇发〔2003〕62 号)

12.《国家外汇管理局综合司关于停止报送〈居民、非居民个人大额(等值 1 万美元以上)现钞存取款和境内居民个人外币划转情况登记表〉的通知》(汇综函〔2003〕14 号)

13.《国家外汇管理局关于调整境内居民个人自费出国(境)留学购汇指导性限额的通知》(汇发〔2004〕111 号)

14.《国家外汇管理局关于规范居民个人外汇结汇管理有关问题的通知》(汇发〔2004〕18 号)

15.《国家外汇管理局关于规范非居民个人外汇管理有关问题的通知》(汇发〔2004〕6 号)

16.《国家外汇管理局关于调整境内居民个人经常项目下因私购汇限额及简化相关手续的通知》(汇发〔2005〕60 号)

个人外汇管理办法实施细则

· 2007 年 1 月 5 日汇发〔2007〕1 号公布
· 根据 2016 年 5 月 29 日《国家外汇管理局关于宣布废止失效 14 件和修改 1 件外汇管理规范性文件的通知》第一次修订
· 根据 2023 年 3 月 23 日《国家外汇管理局关于废止和失效 15 件外汇管理规范性文件及调整 14 件外汇管理规范性文件条款的通知》第二次修订

第一章 总 则

第一条 为规范和便利银行及个人的外汇业务操作,根据《个人外汇管理办法》,制定本细则。

第二条 对个人结汇和境内个人购汇实行年度总额管理。年度总额分别为每人每年等值 5 万美元。国家外汇管理局可根据国际收支状况,对年度总额进行调整。

个人年度总额内的结汇和购汇,凭本人有效身份证件在银行办理;超过年度总额的,经常项目项下按本细则第十条、第十一条、第十二条办理,资本项目项下按本细则"资本项目个人外汇管理"有关规定办理。

第三条 个人所购外汇,可以汇出境外、存入本人外汇储蓄账户,或按照有关规定携带出境。

第四条 个人年度总额内购汇、结汇,可以委托其直系亲属代为办理;超过年度总额的购汇、结汇以及境外个人购汇,可以按本细则规定,凭相关证明材料委托他人办理。

第五条 个人携带外币现钞出入境,应当遵守国家有关管理规定。

第六条 各外汇指定银行(以下简称银行)应按照本细则规定对个人外汇业务进行真实性审核,不得伪造、变造交易。

银行应通过个人结售汇管理信息系统(以下简称个人结售汇系统)办理个人购汇和结汇业务,真实、准确、完整录入相关信息。

第七条 国家外汇管理局及其分支机构(以下简称外汇局)负责对个人外汇业务进行统计、监测、管理和检查。

第二章 经常项目个人外汇管理

第八条 个人经常项目项下外汇收支分为经营性外汇收支和非经营性外汇收支。

第九条 个人经常项目项下经营性外汇收支按以下规定办理:

(一)个人对外贸易经营者办理对外贸易购付汇、收结汇应通过本人的外汇结算账户进行;其外汇收支、进出口核销、国际收支申报按机构管理。

个人对外贸易经营者指依法办理工商登记或者其他执业手续,取得个人工商营业执照或者其他执业证明,并按照国务院商务主管部门的规定,办理备案登记,取得对外贸易经营权,从事对外贸易经营活动的个人。

(二)个体工商户委托有对外贸易经营权的企业办理进口的,本人凭其与代理企业签定的进口代理合同或协议购汇,所购外汇通过本人的外汇结算账户直接划转至代理企业经常项目外汇账户。

个体工商户委托有对外贸易经营权的企业办理出口的,可通过本人的外汇结算账户收汇、结汇。结汇凭合同及物流公司出具的运输单据等商业单证办理。代理企业将个体工商户名称、账号以及核销规定的其他材料向所在地外汇局报备后,可以将个体工商户的收账通知作为核销凭证。

（三）境外个人旅游购物贸易方式项下的结汇，凭本人有效身份证件及个人旅游购物报关单办理。

第十条 境内个人经常项目下非经营性结汇超过年度总额的，凭本人有效身份证件及以下证明材料在银行办理：

（一）捐赠：经公证的捐赠协议或合同。捐赠须符合国家规定；

（二）赡家款：直系亲属关系证明或经公证的赡养关系证明、境外给付人相关收入证明，如银行存款证明、个人收入纳税凭证等；

（三）遗产继承收入：遗产继承法律文书或公证书；

（四）保险外汇收入：保险合同及保险经营机构的付款证明。投保外汇保险须符合国家规定；

（五）专有权利使用和特许收入：付款证明、协议或合同；

（六）法律、会计、咨询和公共关系服务收入：付款证明、协议或合同；

（七）职工报酬：雇佣合同及收入证明；

（八）境外投资收益：境外投资外汇登记证明文件、利润分配决议或红利支付书或其他收益证明；

（九）其他：相关证明及支付凭证。

第十一条 境外个人经常项目项下非经营性结汇超过年度总额的，凭本人有效身份证件及以下证明材料在银行办理：

（一）房租类支出：房屋管理部门登记的房屋租赁合同、发票或支付通知；

（二）生活消费类支出：合同或发票；

（三）就医、学习等支出：境内医院（学校）收费证明；

（四）其他：相关证明及支付凭证。

上述结汇单笔等值5万美元以上的，应将结汇所得人民币资金直接划转至交易对方的境内人民币账户。

第十二条 境内个人经常项目项下非经营性购汇超过年度总额的，凭本人有效身份证件和有交易额的相关证明材料在银行办理。

第十三条 境外个人经常项目合法人民币收入购汇及未用完的人民币兑回，按以下规定办理：

（一）在境内取得的经常项目合法人民币收入，凭本人有效身份证件和有交易额的相关证明材料（含税务凭证）办理购汇。

（二）原兑换未用完的人民币兑回外汇，凭本人有效身份证件和原兑换水单办理，原兑换水单的兑回有效期为自兑换日起24个月；对于当日累计兑换不超过等值500美元（含）以及离境前在境内关外场所当日累计不超过等值1000美元（含）的兑换，可凭本人有效身份证件办理。

第十四条 境内个人外汇汇出境外用于经常项目支出，按以下规定办理：

外汇储蓄账户内外汇汇出境外当日累计等值5万美元以下（含）的，凭本人有效身份证件在银行办理；超过上述金额的，凭经常项目项下有交易额的真实性凭证办理。

手持外币现钞汇出当日累计等值1万美元以下（含）的，凭本人有效身份证件在银行办理；超过上述金额的，凭经常项目项下有交易额的真实性凭证、经海关签章的《中华人民共和国海关进境旅客行李物品申报单》或本人原存款银行外币现钞提取单据办理。

第十五条 境外个人经常项目外汇汇出境外，按以下规定在银行办理：

（一）外汇储蓄账户内外汇汇出，凭本人有效身份证件办理。

（二）手持外币现钞汇出，当日累计等值1万美元以下（含）的，凭本人有效身份证件办理；超过上述金额的，还应提供经海关签章的《中华人民共和国海关进境旅客行李物品申报单》或本人原存款银行外币现钞提取单据办理。

第三章 资本项目个人外汇管理

第十六条 境内个人对外直接投资应按国家有关规定办理。所需外汇经所在地外汇局核准后可以购汇或以自有外汇汇出，并办理相应的境外投资外汇登记手续。

境内个人及因经济利益关系在中国境内习惯性居住的境外个人，在境外设立或控制特殊目的公司并返程投资的，所涉外汇收支按《国家外汇管理局关于境内居民通过境外特殊目的公司融资及返程投资外汇管理有关问题的通知》等有关规定办理。

第十七条 境内个人可以使用外汇或人民币，并通过银行、基金管理公司等合格境内机构投资者进行境外固定收益类、权益类等金融投资。

第十八条 境内个人参与境外上市公司员工持股计划、认股期权计划等所涉外汇业务，应通过所属公司或境内代理机构统一向外汇局申请获准后办理。

境内个人出售员工持股计划、认股期权计划等项下股票以及分红所得外汇收入，汇回所属公司或境内代理机构开立的境内专用外汇账户后，可以结汇，也可以划入员工个人的外汇储蓄账户。

第十九条 境内个人向境内经批准经营外汇保险业务的保险经营机构支付外汇保费，应持保险合同、保险经营机构付款通知书办理购付汇手续。

境内个人作为保险受益人所获外汇保险项下赔偿或退回的保险金，可以存入本人外汇储蓄账户，也可以结汇。

第二十条 移居境外的境内个人将其取得合法移民身份前境内财产对外转移以及外国公民依法继承境内遗产的对外转移，按《个人财产对外转移售付汇管理暂行办法》等有关规定办理。

第二十一条 境外个人在境内买卖商品房及通过股权转让等并购境内房地产企业所涉外汇管理，按《国家外汇管理局 建设部关于规范房地产市场外汇管理有关问题的通知》等有关规定办理。

第二十二条 境外个人可按相关规定投资境内B股；投资其他境内发行和流通的各类金融产品，应通过合格境外机构投资者办理。

第二十三条 根据人民币资本项目可兑换的进程，逐步放开对境内个人向境外提供贷款、借用外债、提供对外担保以及直接参与境外商品期货和金融衍生产品交易的管理，具体办法另行制定。

第四章 个人外汇账户及外币现钞管理

第二十四条 外汇局按账户主体类别和交易性质对个人外汇账户进行管理。银行为个人开立外汇账户，应区分境内个人和境外个人。账户按交易性质分为外汇结算账户、外汇储蓄账户、资本项目账户。

第二十五条 外汇结算账户是指个人对外贸易经营者、个体工商户按照规定开立的用以办理经常项目项下经营性外汇收支的账户。其开立、使用和关闭按机构账户进行管理。

第二十六条 个人在银行开立外汇储蓄账户应当出具本人有效身份证件，所开立账户户名应与本人有效身份证件记载的姓名一致。

第二十七条 个人开立外国投资者投资专用账户、特殊目的公司专用账户及投资并购专用账户等资本项目外汇账户及账户内资金的境内划转、汇出境外应经外汇局核准。

第二十八条 个人外汇储蓄账户资金境内划转，按以下规定办理：

（一）本人账户间的资金划转，凭有效身份证件办理；

（二）个人与其直系亲属账户间的资金划转，凭双方有效身份证件、直系亲属关系证明办理；

（三）境内个人和境外个人账户间的资金划转按跨境交易进行管理。

第二十九条 本人外汇结算账户与外汇储蓄账户间资金可以划转，但外汇储蓄账户向外汇结算账户的划款限于划款当日的对外支付，不得划转后结汇。

第三十条 个人提取外币现钞当日累计等值1万美元以下（含）的，可以在银行直接办理；超过上述金额的，凭本人有效身份证件、提钞用途证明等材料向银行所在地外汇局事前报备。银行凭本人有效身份证件和经外汇局签章的《提取外币现钞备案表》（附1）为个人办理提取外币现钞手续。

第三十一条 个人向外汇储蓄账户存入外币现钞，当日累计等值5000美元以下（含）的，可以在银行直接办理；超过上述金额的，凭本人有效身份证件、经海关签章的《中华人民共和国海关进境旅客行李物品申报单》或本人原存款银行外币现钞提取单据在银行办理。银行应在相关单据上标注存款银行名称、存款金额及存款日期。

第五章 个人结售汇管理信息系统

第三十二条 具有结售汇业务经营资格并已接入和使用个人结售汇系统的银行，直接通过个人结售汇系统办理个人结售汇业务。

第三十三条 各银行总行及分支机构申请接入个人结售汇系统，应满足个人结售汇管理信息系统技术接入条件（附2），具备经培训的技术人员和业务操作人员，并能维护系统的正常运行。

第三十四条 银行应按规定填写个人结售汇系统银行网点信息登记表，向外汇局提出系统接入申请。外汇局在对银行申请验收合格后，予以准入。

第三十五条 除以下情况外，银行办理个人结售汇业务都应纳入个人结售汇系统：

（一）通过外币代兑点发生的结售汇；

（二）通过银行柜台尾零结汇、转利息结汇等小于等值100美元（含100美元）的结汇；

（三）外币卡境内消费结汇；

（四）境外卡通过自助银行设备提取人民币现钞；

（五）境内卡境外使用购汇还款。

第三十六条 银行为个人办理结售汇业务时，应当按照下列流程办理：

（一）通过个人结售汇系统查询个人结售汇情况；

（二）按规定审核个人提供的证明材料；

（三）在个人结售汇系统上逐笔录入结售汇业务数据；

（四）通过个人结售汇系统打印"结汇/购汇通知单"，作为会计凭证留存备查。

第三十七条 外汇局负责对辖内银行业务操作的规范性、业务数据录入的完整性和准确性等进行考核和检查。

第六章 附 则

第三十八条 个人委托其直系亲属代为办理年度总额内的购汇、结汇，应分别提供委托人和受托人的有效身份证件、委托人的授权书、直系亲属关系证明；其他情况代办的，除需提供双方有效身份证件、授权书外，还应提供本细则规定的相关证明材料。

直系亲属指父母、子女、配偶。直系亲属关系证明指能证明直系亲属关系的户口簿、结婚证或街道办事处等政府基层组织或公安部门、公证部门出具的有效亲属关系证明。

第三十九条 本细则由国家外汇管理局负责解释。

第四十条 本细则自 2007 年 2 月 1 日起施行。

离岸银行业务管理办法

- 1997 年 10 月 23 日
- 银发〔1997〕438 号

第一章 总 则

第一条 为规范银行经营离岸银行业务的行为，根据《中华人民共和国外汇管理条例》，特制定本办法。

第二条 本办法所称"银行"是指经国家外汇管理局批准经营外汇业务的中资银行及其分支行。

第三条 本办法所称"离岸银行业务"是指银行吸收非居民的资金，服务于非居民的金融活动。

第四条 本办法所称"非居民"是指在境外（含港、澳、台地区）的自然人、法人（含在境外注册的中国境外投资企业）、政府机构、国际组织及其他经济组织，包括中资金融机构的海外分支机构，但不包括境内机构的境外代表机构和办事机构。

第五条 离岸银行业务经营币种仅限于可自由兑换货币。

第六条 国家外汇管理局及其分局（以下简称"外汇局"）是银行经营离岸银行业务的监管机关，负责离岸银行业务的审批、管理、监督和检查。

第七条 银行应当按照本办法经营离岸银行业务，并参照国际惯例为客户提供服务。

第二章 离岸银行业务的申请

第八条 银行经营离岸银行业务，应当经国家外汇管理局批准，并在批准的业务范围内经营。未经批准，不得擅自经营或者超范围经营离岸银行业务。

第九条 符合下列条件的银行可以申请经营离岸银行业务：

（一）遵守国家金融法律法规，近 3 年内无重大违法违规行为；

（二）具有规定的外汇资产规模，且外汇业务经营业绩良好；

（三）具有相应素质的外汇从业人员，并在以往经营活动中无不良记录。其中主管人员应当具备 5 年以上经营外汇业务的资历，其他从业人员中至少应当有 50%具备 3 年以上经营外汇业务的资历；

（四）具有完善的内部管理规章制度和风险控制制度；

（五）具有适合开展离岸业务的场所和设施；

（六）国家外汇管理局要求的其他条件。

第十条 银行申请经营离岸银行业务，应当向外汇局提交下列文件和资料：

（一）经营离岸银行业务申请书；

（二）经营离岸银行业务的可行性报告；

（三）经营外汇业务许可证的正本复印件；

（四）经营离岸银行业务的内部管理规章制度和风险控制制度；

（五）近 3 年资产负债表和损益表（外币合并表、人民币和外币合并表）；

（六）离岸银行业务主管人员和其他从业人员名单、履历，外汇局核发的外汇从业人员资格证书；

（七）经营离岸银行业务的场所和设施情况简介；

（八）国家外汇管理局要求的其他文件和资料。

银行分行申请开办离岸银行业务除提交上述文件和资料外，还应当提交其总行同意其开办离岸银行业务的文件、总行出具的经营离岸银行业务的授权书和筹备离岸银行业务的验收报告。

第十一条 银行总行申请经营离岸银行业务，由国家外汇管理局审批；银行分行申请经营离岸银行业务，由当地外汇局初审后，报国家外汇管理局审批。

第十二条 国家外汇管理局收到银行经营离岸银行业务的申请后，应当予以审核，并自收到申请报告之日起 4 个月内予以批复。对于不符合开办离岸银行业务条件的银行，国家外汇管理局将其申请退回。自退回之日起，6 个月内银行不得就同一内容再次提出申请。

第十三条 经批准经营离岸的银行自批准之日起6个月内不开办业务的,视同自动终止离岸银行业务。国家外汇管理局有权取消其经营离岸银行业务的资格。

第十四条 银行申请停办离岸银行业务,应当向外汇局提交下列文件和资料:

(一)停办离岸银行业务的申请报告;

(二)停办离岸银行业务的详细说明(包括停办离岸银行业务原因和停办离岸银行业务后债权债务清理措施、步骤);

(三)国家外汇管理局要求的其他文件和资料。

银行分行申请停办离岸银行业务除提交上述文件和资料外,还应当提交其总行同意其停办离岸银行业务的文件。

第十五条 国家外汇管理局收到银行停办离岸银行业务的申请后,应当自收到申请之日起4个月内予以批复。银行经国家外汇管理局审查批准后方可停办离岸银行业务。

第十六条 银行可以申请下列部分或者全部离岸银行业务:

(一)外汇存款;

(二)外汇贷款;

(三)同业外汇拆借;

(四)国际结算;

(五)发行大额可转让存款证;

(六)外汇担保;

(七)咨询、见证业务;

(八)国家外汇管理局批准的其他业务。

第十七条 本办法所称"外汇存款"有以下限制:

(一)非居民法人最低存款额为等值5万美元的可自由兑换货币,非居民自然人最低存款额为等值1万美元的可自由兑换货币。

(二)非现钞存款。

本办法所称"同业外汇拆借"是指银行与国际金融市场及境内其他银行离岸资金间的同业拆借。

本办法所称"发行大额可转让存款证"是指以总行名义发行的大额可转让存款证。

第十八条 国家外汇管理局对申请开办离岸银行业务的银行实行审批前的面谈制度。

第三章 离岸银行业务管理

第十九条 银行对离岸银行业务应当与在岸银行业务实行分离型管理,设立独立的离岸银行业务部门,配备专职业务人员,设立单独的离岸银行业务账户,并使用离岸银行业务专用凭证和业务专用章。

第二十条 经营离岸银行业务的银行应当建立、健全离岸银行业务财务、会计制度。离岸业务与在岸业务分账管理,离岸业务的资产负债和损益年终与在岸外汇业务税后并表。

第二十一条 银行应当对离岸银行业务风险单独监测。外汇局将银行离岸银行业务资产负债计入外汇资产负债表中进行总体考核。

第二十二条 离岸银行业务的外汇存款、外汇贷款利率可以参照国际金融市场利率制定。

第二十三条 银行吸收离岸存款免交存款准备金。

第二十四条 银行发行大额可转让存款证应当报国家外汇管理局审批。由国家外汇管理局核定规模和入市条件。

第二十五条 离岸账户抬头应当注明"OSA"(OFF-SHORE ACCOUNT)。

第二十六条 非居民资金汇往离岸账户和离岸账户资金汇往境外账户以及离岸账户之间的资金可以自由进出;

离岸账户和在岸账户间的资金往来,银行应当按照以下规定办理:

(一)在岸账户资金汇往离岸账户的,汇出行应当按照结汇、售汇及付汇管理规定和贸易进口付汇核销监管规定,严格审查有效商业单据和有效凭证,并且按照《国际收支统计申报办法》进行申报。

(二)离岸账户资金汇往在岸账户的,汇入行应当按照结汇、售汇及付汇管理规定和出口收汇核销管理规定,严格审查有效商业单据和有效凭证,并且按照《国际收支统计申报办法》进行申报。

第二十七条 银行离岸账户头寸与在岸账户头寸相互抵补的限额和期限由国家外汇管理局核定。未经批准,银行不得超过核定的限额和期限。

第二十八条 经营离岸银行业务的银行应当按照规定向外汇局报送离岸银行业务财务报表和统计报表。

第二十九条 经营离岸银行业务的银行发生下列情况,应当在1个工作日内主动向外汇局报告,并且及时予以纠正:

(一)离岸账户与在岸账户的头寸抵补超过规定限额;

(二)离岸银行业务的经营出现重大亏损;

(三)离岸银行业务发生其他重大异常情况;

(四)银行认为应当报告的其他情况。

第三十条 外汇局定期对银行经营离岸银行业务的

情况进行检查和考评,检查和考评的内容包括:

(一)离岸银行资产质量情况;

(二)离岸银行业务收益情况;

(三)离岸银行业务内部管理规章制度和风险控制制度的执行情况;

(四)国家外汇管理局规定的其他情况。

第四章 附 则

第三十一条 未经国家外汇管理局批准,擅自经营和超范围经营离岸银行业务的,由外汇局根据《中华人民共和国外汇管理条例》第四十一条的规定进行处罚;构成犯罪的,依法追究刑事责任。

第三十二条 银行违反本办法第二十二条规定的,由外汇局根据《中华人民共和国外汇管理条例》第四十三条的规定进行处罚。

第三十三条 银行违反本办法第二十四条、二十七条规定的,由外汇局根据《中华人民共和国外汇管理条例》第四十四条的规定进行处罚;构成犯罪的,依法追究刑事责任。

第三十四条 银行违反本办法第二十六条规定的,由外汇局根据《中华人民共和国外汇管理条例》第三十九、四十、四十八条的规定进行处罚;构成犯罪的,依法追究刑事责任。

第三十五条 银行违反本办法第二十八、二十九条规定或者不配合外汇局检查和考评的,由外汇局根据《中华人民共和国外汇管理条例》第四十九条的规定进行处罚。

第三十六条 外资金融机构经营离岸银行业务,另行规定。

第三十七条 本办法由国家外汇管理局负责解释。

第三十八条 本办法自1998年1月1日起施行。

离岸银行业务管理办法实施细则

·1998年5月13日
·(98)汇管发字第09号

第一章 总 则

第一条 为进一步规范银行经营离岸银行业务,为开办离岸银行业务的银行提供更为详实的业务指引,根据《离岸银行业务管理办法》(以下简称《办法》),特制定本细则。

第二条 本细则所称"离岸银行"是指经国家外汇管理局批准经营离岸银行业务的中资银行及其分支机构。

第二章 离岸银行业务的申请

第三条 《办法》第九条(三)所指具有相应素质的外汇从业人员是指经外汇局考核并取得离岸银行业务从业人员资格证书的人员,人数应当不少于5名。

第四条 《办法》第九条(四)所指内部管理规章制度和风险控制制度必须包括:

(一)与申请业务对应的各项业务内部管理规章制度及操作办法;

(二)各项业务风险防范措施;

(三)资金管理制度;

(四)会计核算制度;

(五)内部报告制度。

第五条 《办法》第九条(五)所指适合开展离岸银行业务的场所和设施必须包括:

(一)离岸业务部具有独立的营业场所;

(二)离岸业务部须配置齐全的电脑和通讯设施。

第六条 《办法》第十条(一)经营离岸银行业务申请书必须包括以下内容:

(一)申办离岸银行业务的主要理由;

(二)申办离岸银行业务的范围;

(三)离岸银行业务的筹备情况,如人员、设备、场所准备情况等。

第七条 《办法》第十条(二)经营离岸银行业务的可行性报告必须包括以下主要内容:

(一)经营离岸银行业务的必要性和可行性;

(二)当地经济发展状况及开办离岸银行业务的业务量预测。

第八条 《办法》第十条(五)所指外币合并表应当以美元表示,人民币和外币合并表应当以人民币表示。折算汇率为:

(一)外币对外币按制表前一营业日香港金融市场收盘价;

(二)人民币对外币按制表前一营业日中国外汇交易中心收盘价。

第九条 《办法》第十条所指验收报告应当保证申办银行各项筹备工作符合《办法》及本细则规定的各项要求并填报验收报告表。

第十条 经批准经营离岸银行业务的银行的分支机构不得代办离岸银行业务。

第十一条 外汇担保是指岸银行以本行名义为非居民提供的对非居民的担保。

离岸银行经营外汇担保业务应当遵守《境内机构对

外担保管理办法》及其实施细则的规定。

第十二条 《办法》第十八条所指面谈制度的面谈对象是指离岸业务部的主要负责人及分管离岸银行业务的行长或副行长；其面谈内容主要包括：

（一）对金融、外汇管理政策法规的掌握程度；
（二）对当地离岸市场发展的认识；
（三）本行离岸银行业务经营方针及内控制度；
（四）离岸业务部机构设置及筹备情况；
（五）国家外汇管理局要求的其他内容。

第三章 离岸银行业务管理

第十三条 离岸银行业务实行独立核算，其账务处理采取借贷记账法和外汇分账制，应分币种单独填制会计凭证，设置单独账簿，并编制单独的财务报表和统计报表。

第十四条 离岸银行对离岸银行业务风险按以下比例进行单独监测：

（一）离岸流动资产与流动负债比例不低于60%；
（二）离岸流动资产与离岸总资产比例不低于30%；
（三）对单个客户的离岸贷款和担保（按担保余额的50%折算）之和不得超过该行自有外汇资金的30%；
（四）离岸外币有价证券（蓝筹证券和政府债券除外）占款不得超过该行离岸总资产的20%。

第十五条 离岸银行离岸头寸与在岸头寸相互抵补量不得超过上年离岸总资产月平均余额的10%。

离岸头寸与在岸头寸抵补后的外汇净流入不得超过国家外汇管理局当年核定的银行短期外债指标。

第十六条 离岸银行发行大额可转让存款证的余额不得超过上年离岸负债月平均余额的40%。

第十七条 境内机构向离岸银行申请离岸贷款，视同国际商业贷款，按照《境内机构借用国际商业贷款管理办法》管理。

第十八条 境内机构作为担保人，为非居民向离岸银行提供担保，必须遵守《境内机构对外担保管理办法》及其实施细则的规定。

第十九条 离岸银行依法处理境内抵押物所得人民币需要兑换成外汇的必须逐笔报当地外汇局审批。

第二十条 离岸银行发行大额可转让存款证，须符合以下条件：

（一）银行遵守国家金融法规，近三年无重大违法违规行为；
（二）开办离岸银行业务一年以上，经营状况良好；
（三）离岸银行业务总资产规模在1亿美元以上；
（四）国家外汇管理局规定的其他条件。

第二十一条 离岸银行发行大额可转让存款证应当由其总行向国家外汇管理局提交书面申请材料，申请材料应当包括以下内容：

（一）申请书，说明所筹资金用途、发行方案、还款计划等；
（二）市场分析及可行性报告；
（三）离岸银行业务经营状况分析报告；
（四）国家外汇管理局要求的其他文件。

第二十二条 客户开立离岸账户时必须向离岸银行提供有效文件。

（一）非居民法人客户开立离岸账户时必须提供下列文件：

1、商业登记证影印本或社团登记证明文件；
2、主要经营人员身份证或护照影印本；
3、机构组织大纲及章程影印本；
4、开户委托书；
5、印鉴卡。

（二）非居民自然人开户时，应提供能证明其为非居民身份的有效法律文件。

离岸银行应当核实非居民提供的开户资料，并复印留底。

第二十三条 经营境内外销楼宇的境内发展商经当地外汇局批准可以在离岸业务部开立专用账户，业务结束，取消账户。

第二十四条 离岸银行应当定期向当地外汇局报送离岸银行业务财务报表和统计报表及业务状况分析报告，并保证所报资料的真实性和完整性。

报表种类包括：

1.财务报表：《离岸银行业务资产负债表》（月报）、《离岸银行业务损益表》（季报）；

2.统计报表：《离岸贷款业务统计表》（月报）、《离岸结算业务统计表》（月报）、《离岸不良贷统计表》（月报）、《离岸大额贷款统计表》（月报）、《离岸担保统计表》（月报）、《离岸同业拆借统计表》（月报）。

第二十五条 离岸银行发生《办法》第二十九条规定情况的，当地外汇局须对其实行特别监控，督促其及时纠正，并视情节轻重及时通报国家外汇管理局及其总行。

第二十六条 当地外汇管理局根据《离岸银行业务管理办法》及本细则每年对离岸银行经营离岸银行业务的情况进行检查和考评。

第四章 附 则

第二十七条 离岸银行可依照本细则制定本行离岸

业务管理办法,并报所辖外汇局及国家外汇管理局备案。

第二十八条 本细则由国家外汇管理局负责解释。

第二十九条 本细则自1998年5月13日起施行。

境内机构境外直接投资外汇管理规定

· 2009年7月13日
· 汇发〔2009〕30号

第一章 总 则

第一条 为促进和便利境内机构境外直接投资活动,规范境外直接投资外汇管理,促进我国国际收支基本平衡,根据《中华人民共和国外汇管理条例》等相关法规,制定本规定。

第二条 本规定所称境外直接投资是指境内机构经境外直接投资主管部门核准,通过设立(独资、合资、合作)、并购、参股等方式在境外设立或取得既有企业或项目所有权、控制权或经营管理权等权益的行为。

第三条 国家外汇管理局及其分支机构(以下简称外汇局)对境内机构境外直接投资的外汇收支、外汇登记实施监督管理。

第四条 境内机构可以使用自有外汇资金、符合规定的国内外汇贷款、人民币购汇或实物、无形资产及经汇局核准的其他外汇资产来源等进行境外直接投资。境内机构境外直接投资所得利润也可留存境外用于其境外直接投资。

上款所称自有外汇资金包括:经常项目外汇账户、外商投资企业资本金账户等账户内的外汇资金。

第五条 国家外汇管理局可以根据我国国际收支形势和境外直接投资情况,对境内机构境外直接投资外汇资金来源范围、管理方式及其境外直接投资所得利润留存境外的相关政策进行调整。

第二章 境外直接投资外汇登记和资金汇出

第六条 外汇局对境内机构境外直接投资及其形成的资产、相关权益实行外汇登记及备案制度。

境内机构在向所在地外汇局办理境外直接投资外汇登记时,应说明其境外投资外汇资金来源情况。

第七条 境内机构境外直接投资获得境外直接投资主管部门核准后,持下列材料到所在地外汇局办理境外直接投资外汇登记:

(一)书面申请并填写《境外直接投资外汇登记申请表》(格式见附件1);

(二)外汇资金来源情况的说明材料;

(三)境内机构有效的营业执照或注册登记证明及组织机构代码证;

(四)境外直接投资主管部门对该项投资的核准文件或证书;

(五)如果发生前期费用汇出的,提供相关说明文件及汇出凭证;

(六)外汇局要求的其他材料。

外汇局审核上述材料无误后,在相关业务系统中登记有关情况,并向境内机构颁发境外直接投资外汇登记证。境内机构应凭其办理境外直接投资项下的外汇收支业务。

多个境内机构共同实施一项境外直接投资的,由境内机构所在地外汇局分别向相关境内机构颁发境外直接投资外汇登记证,并在相关业务系统中登记有关情况。

第八条 境内机构应凭境外直接投资主管部门的核准文件和境外直接投资外汇登记证,在外汇指定银行办理境外直接投资资金汇出手续。外汇指定银行进行真实性审核后为其办理。

外汇指定银行为境内机构办理境外直接投资资金汇出的累计金额,不得超过该境内机构事先已经外汇局在相关业务系统中登记的境外直接投资外汇资金总额。

第九条 境内机构应在如下情况发生之日起60天内,持境外直接投资外汇登记证、境外直接投资主管部门的核准或者备案文件及相关真实性证明材料到所在地外汇局办理境外直接投资外汇登记、变更或备案手续:

(一)境内机构将其境外直接投资所得利润以及其所投资境外企业减资、转股、清算等所得资本项下外汇收入留存境外,用于设立、并购或参股未登记的境外企业的,应就上述直接投资活动办理境外直接投资外汇登记手续;

(二)已登记境外企业发生名称、经营期限、合资合作伙伴及合资合作方式等基本信息变更,或发生增资、减资、股权转让或置换、合并或分立等情况,境内机构应就上述变更情况办理境外直接投资外汇登记变更手续;

(三)已登记境外企业发生长期股权或债权投资、对外担保等不涉及资本变动的重大事项,境内机构应就上述重大事项办理境外直接投资外汇备案手续。

第十条 境内机构持有的境外企业股权因转股、破产、解散、清算、经营期满等原因注销的,境内机构应在取得境外直接投资主管部门相关证明材料之日起60天内,凭相关材料到所在地外汇局办理注销境外直接投资外汇登记手续。

第十一条 境内机构可以按照《中华人民共和国外汇管理条例》和其他相关规定,向境外直接投资企业提供商业贷款或融资性对外担保。

第十二条 境内机构在外汇管制国家或地区投资的,可按规定在其他非外汇管制国家或地区开立专用外汇账户,用于与该项投资相关外汇资金的收付。

第三章 境外直接投资前期费用汇出

第十三条 境外直接投资前期费用是指境内机构在境外投资设立项目或企业前,需要向境外支付的与境外直接投资有关的费用,包括但不限于：

（一）收购境外企业股权或境外资产权益,按项目所在地法律规定或出让方要求需缴纳的保证金；

（二）在境外项目招投标过程中,需支付的投标保证金；

（三）进行境外直接投资前,进行市场调查、租用办公场地和设备、聘用人员,以及聘请境外中介机构提供服务所需的费用。

第十四条 境内机构向境外汇出的前期费用,一般不得超过境内机构已向境外直接投资主管部门申请的境外直接投资总额（以下简称境外直接投资总额）的15%（含）,并持下列材料向所在地外汇局申请：

（一）书面申请（包括境外直接投资总额、各方出资额、出资方式,以及所需前期费用金额、用途和资金来源说明等）；

（二）境内机构有效的营业执照或注册登记证明及组织机构代码证；

（三）境内机构参与投标、并购或合资合作项目的相关文件（包括中外双方签署的意向书、备忘录或框架协议等）；

（四）境内机构已向境外直接投资主管部门报送的书面申请；

（五）境内机构出具的前期费用使用书面承诺函；

（六）外汇局要求的其他相关材料。

对于汇出的境外直接投资前期费用确需超过境外直接投资总额15%的,境内机构应当持上述材料向所在地国家外汇管理局分局（含外汇管理部）提出申请。

外汇指定银行凭外汇局出具的核准件为境内机构办理购付汇手续,并及时向外汇局反馈有关信息。

第十五条 境内机构已汇出境外的前期费用,应列入境内机构境外直接投资总额。外汇指定银行在办理境内机构境外直接投资资金汇出时,应扣减已汇出的前期费用金额。

第十六条 境内机构自汇出前期费用之日起6个月内仍未完成境外直接投资项目核准程序的,应将境外账户剩余资金调回原汇出资金的境内外汇账户。所汇回的外汇资金如属人民币购汇的,可持原购汇凭证,到外汇指定银行办理结汇。

所在地外汇局负责监督境内机构调回剩余的前期费用。如确因前期工作需要,经原作出核准的外汇局核准,上述6个月的期限可适当延长,但最长不超过12个月。

第四章 境外直接投资项下资金汇入及结汇

第十七条 境内机构将其所得的境外直接投资利润汇回境内的,可以保存在其经常项目外汇账户或办理结汇。

外汇指定银行在审核境内机构的境外直接投资外汇登记证、境外企业的相关财务报表及其利润处置决定、上年度年检报告书等相关材料无误后,为境内机构办理境外直接投资利润入账或结汇手续。

第十八条 境内机构因所设境外企业减资、转股、清算等所得资本项下外汇收入,通过资产变现专用外汇账户办理入账,或经外汇局批准留存境外。资产变现专用外汇账户的开立及入账经所在地外汇局按照相关规定核准,账户内资金的结汇,按照有关规定直接向外汇指定银行申请办理。

第十九条 境内机构将其境外直接投资的企业股权全部或者部分转让给其他境内机构的,相关资金应在境内以人民币支付。股权出让方应到所在地外汇局办理境外直接投资外汇登记的变更或注销手续,股权受让方应到所在地外汇局办理受让股权的境外直接投资外汇登记手续。

第五章 附 则

第二十条 境内机构（金融机构除外）应按照境外投资联合年检的相关规定参加年检。多个境内机构共同实施一项境外直接投资的,应分别到所在地外汇局参加外汇年检。

第二十一条 境内机构在香港特别行政区、澳门特别行政区和台湾地区进行直接投资的,参照本规定进行管理。

第二十二条 境内金融机构境外直接投资外汇管理,参照本规定执行。相关监管部门对境内金融机构境外直接投资的资金运用另有规定的,从其规定。

第二十三条 境内机构办理境外直接投资项下外汇收支及外汇登记等业务,应按相关规定通过相关业务系统办理。

外汇指定银行应将境外直接投资项下外汇收支信息通过相关业务系统向外汇局反馈。

第二十四条 境内机构违反本规定的,外汇局根据《中华人民共和国外汇管理条例》及其他相关规定进行处罚;构成犯罪的,依法追究刑事责任。

第二十五条 本规定由国家外汇管理局负责解释。

第二十六条 本规定自二〇〇九年八月一日起施行。附件2所列其他规范性文件同时废止。以前规定与本规定不一致的,按本规定执行。

附件一:境外直接投资外汇登记申请表(略)

附件二:废止文件目录(略)

境内外汇账户管理规定

- 1997年10月7日
- 银发〔1997〕416号

第一章 总 则

第一条 为规范外汇账户的开立和使用,加强外汇账户的监督管理,根据《中华人民共和国外汇管理条例》和《结汇、售汇及付汇管理规定》,特制定本规定。

第二条 国家外汇管理局及其分、支局(以下简称"外汇局")为外汇账户的管理机关。

第三条 境内机构、驻华机构、个人及来华人员开立、使用、关闭外汇账户适用本规定。

开户金融机构应当按照本规定办理外汇账户的开立、关闭手续并监督收付。

第四条 本规定下列用语的含义:

"开户金融机构"是指经批准经营外汇业务的银行和非银行金融机构。

"外汇账户"是指境内机构、驻华机构、个人及来华人员以可自由兑换货币在开户金融机构开立的账户。

第五条 境内机构、驻华机构一般不允许开立外币现钞账户。个人及来华人员一般不允许开立用于结算的外汇账户。

第二章 经常项目外汇账户及其开立、使用

第六条 下列经常项目外汇,可以开立外汇账户保留外汇:

(一)经营境外承包工程、向境外提供劳务、技术合作的境内机构,在其业务项目进行过程中发生的业务往来外汇;

(二)从事代理对外或者境外业务的境内机构代收代付的外汇;

(三)境内机构暂收待付或者暂收待结项下的外汇,包括境外汇入的投标保证金、履约保证金、先收后支的转口贸易收汇、邮电部门办理国际汇兑业务的外汇汇兑款、铁路部门办理境外保价运输业务收取的外汇、海关收取的外汇保证金、抵押金等;

(四)经交通部批准从事国际海洋运输业务的远洋运输公司,经外经贸部批准从事国际货运的外运公司和租船公司的业务往来外汇;

(五)保险机构受理外汇保险、需向境外分保以及尚未结算的保费;

(六)根据协议规定需用于境外支付的境外捐赠、资助或者援助的外汇;

(七)免税品公司经营免税品业务收入的外汇;

(八)有进出口经营权的企业从事大型机电产品出口项目,该项目总金额和执行期达到规定标准的,或者国际招标项目过程中收到的预付款及进度款;

(九)国际旅行社收取的、国外旅游机构预付的、在外汇局核定保留比例内的外汇;

(十)外商投资企业在外汇局核定的最高金额以内的经常项目项下外汇;

(十一)境内机构用于偿付境内外外汇债务利息及费用的外汇;

(十二)驻华机构由境外汇入的外汇经费;

(十三)个人及来华人员经常项目项下收入的外汇;

(十四)境内机构经外汇局批准允许保留的经常项目项下的其他外汇。

第七条 境内机构按照本规定第六条(一)至(十)及(十四)规定开立的外汇账户,其收入为来源于经常项目的外汇,支出用于经常项目支出或者经外汇局批准的资本项目支出。

第八条 驻华机构按照本规定第六条(十二)开立的外汇账户,其收入为来源于境外汇入的办公经费,支出用于办公费用。

第九条 个人及来华人员可以按照本规定第六条(十三)开立个人外汇或者外币现钞存款账户。

第十条 境内机构开立经常项目外汇账户应当经外汇局批准。

第十一条 境内机构(外商投资企业除外)应当持下列材料向外汇局申请开户,并填写《国家外汇管理局开立外汇账户批准书》(附表一),经批准后在中资开户金融机构开立外汇账户,开户后5日内凭开户回执向外汇

局领取《外汇账户使用证》(附表二)：

（一）申请开立外汇账户的报告；

（二）根据开户单位性质分别提供工商行政管理部门颁发的营业执照，或者民政部门颁发的社团登记证，或者国家授权机关批准成立的有效批件；

（三）国务院授权机关批准经营业务的批件；

（四）外汇局要求提供的相应合同、协议或者其他有关材料。

中资开户金融机构为境内机构开立外汇账户后，应当在开户回执上注明账号、币种和开户日期，并加盖该金融机构戳记。

第十二条 外商投资企业开立经常项目下外汇账户应当持申请开立外汇账户的报告、《外商投资企业外汇登记证》向外汇局申请，持外汇局核发的"开户通知书"和《外商投资企业外汇登记证》到开户金融机构办理开户手续。开户金融机构为外商投资企业开立外汇账户后，应当在《外商投资企业外汇登记证》相应栏目中注明账号、币种和开户日期，并加盖该金融机构戳记。

第十三条 境内机构申请开户时，外汇局应当根据外汇账户的用途，规定账户的收支范围、使用期限及相应的结汇方式或者核定最高金额，并在《外汇账户使用证》或者《外商投资企业外汇登记证》中注明。

第十四条 驻华机构应当持有关部门批准设立机构的文件及工商登记证到外汇局登记备案，领取《驻华机构外汇账户备案表》(附表三)后，凭《驻华机构外汇账户备案表》到开户银行办理开户手续。

第十五条 个人及来华人员外汇或者外币现钞存取自由，对于超过等值1万美元以上的大额外币现钞存取，应当向开户银行提供身份证或者护照，开户银行应当逐笔登记备案。

第十六条 境内机构、驻华机构开立的经常项目外汇账户，应当按照《外汇账户使用证》、《外商投资企业外汇登记证》或者《驻华机构外汇账户备案表》规定的收支范围办理收付。

第十七条 外商投资企业经常项目外汇收入进入外汇结算账户的，在外汇局核定的最高金额内保留外汇；超过最高金额的外汇，应当卖给外汇指定银行或者通过外汇调剂中心卖出。

开户金融机构收到外商投资企业超过外汇结算账户最高金额的经常项目外汇，可以暂时予以入账，同时通知外商投资企业在5个工作日内办理结汇或者通过外汇调剂中心卖出。逾期不办理的，开户金融机构应当抄报当地外汇局，由外汇局责令强制结汇。

外汇局根据外商投资企业实投资本和经常项目外汇资金周转的需要，调整核定外汇结算账户最高金额的原则。

第十八条 其他境内机构应当按照《外汇账户使用证》规定的结汇方式办理外汇账户内资金的结汇。

第十九条 开户金融机构应当制定外汇开证保证金账户统一管理办法，报外汇局备案，并根据风险控制的需要按照报备的管理办法为境内机构开立外汇开证保证金账户。

外汇开证保证金账户不得用于其他任何用途。

第三章 资本项目外汇账户及其开立、使用

第二十条 下列资本项目外汇，可以开立外汇账户保留外汇：

（一）境内机构借用的外债、外债转贷款和境内中资金融机构的外汇贷款；

（二）境内机构用于偿付境内外外汇债务本金的外汇；

（三）境内机构发行股票收入的外汇；

（四）外商投资企业中外投资方以外汇投入的资本金；

（五）境外法人或者自然人为筹建外商投资企业汇入的外汇；

（六）境内机构资产存量变现取得的外汇；

（七）境外法人或者自然人在境内买卖B股的外汇；

（八）经外汇局批准的其他资本项目下的外汇。

第二十一条 按照本规定第二十条(一)开立的贷款专户，其收入为外债、外债转贷款或者外汇贷款的合同款；支出用于贷款协议规定的用途。

第二十二条 按照本规定第六条(十一)、第二十条(二)开立的还贷专户，其收入为经批准用人民币购买的外汇、经批准的贷款专户转入的资金及经批准保留的外汇收入；支出用于偿还债务本息及相关费用。

第二十三条 按照本规定第二十条(三)开立的外币股票专户，其收入为外币股票发行收入，支出用于经证券监督管理部门批准的招股说明书规定的用途。

第二十四条 按照本规定第二十条(四)开立的外商投资企业外汇资本金账户，其收入为外商投资企业中外投资方以外汇投入的资本金；支出为外商投资企业经常项目外汇支出和经外汇局批准的资本项目外汇支出。

第二十五条 按照本规定第二十条(五)开立的临时专户，其收入为境外法人或者自然人为筹建外商投资企业汇入的外汇;支出为筹建外商投资企业的开办费用及其他相关费用。企业成立后,临时账户的资金余额可以转为外商投资款划入企业资本金账户。如果企业未成立,经外汇局核准资金可以汇出境外。

第二十六条 按照本规定第二十条(六)开立的外汇账户,其收入为境内机构转让现有资产收入的外汇;支出为经批准的资金用途。

第二十七条 按照本规定第二十条(七)开立的外汇账户,其收入为境外法人或者自然人买卖股票收入的外汇和境外汇入或者携入的外汇,支出用于买卖股票。

第二十八条 开立资本项目外汇账户(按照本规定第二十条(七)开立的外汇账户除外)应当持开立外汇账户的申请报告和下列相关文件及资料向外汇局申请,经批准后持外汇局核发的"开户通知书"到开户金融机构办理开户手续:

(一)境内机构开立贷款专户和还贷专户,持借款合同正本、外债登记凭证或者《外汇(转)贷款登记证》;

(二)境内机构申请开立股票专户,持证券监督管理部门批准的招股说明书等资料;

(三)外商投资企业申请开立资本金账户,持《外商投资企业外汇登记证》和其他资料;

(四)境外法人或者自然人申请开立临时专户,持汇款凭证和签订的投资意向书;

(五)境内机构按照本规定第二十条;

(六)开立的外汇账户,持有权批准机构的批准转让文件、转让协议、资金使用计划等文件向外汇局申请。

第二十九条 境外法人或者自然人按照本规定第二十条(七)开立的B股账户,持境外机构法人资格证明或者境外个人身份证明直接到证券公司开户。

第三十条 境内机构申请开立资本项目外汇账户时,外汇局应当规定外汇账户的收支范围、使用期限和核定账户最高金额,并在"开户通知书"中注明。

第三十一条 开户金融机构为外商投资企业开立资本项目外汇账户后,应当在《外商投资企业外汇登记证》相应栏目中注明账号、币种和开户日期,并加盖该金融机构戳记。

第三十二条 境内机构可以根据贷款协议中规定的用途使用贷款专户资金,不需经外汇局批准。

还贷专户的资金余额不得超过最近两期偿还本息总额,支出应当逐笔报外汇局审批。

第三十三条 境内机构通过还贷专户偿还外债、外债转贷款本息及费用,应当持外债登记凭证、债权人还本付息通知单,提前5个工作日向所在地外汇局申请,领取"还本付息核准件"。开户金融机构凭外汇局核发的"还本付息核准件"办理支付手续。

第三十四条 境内机构通过还贷专户偿还境内中资金融机构外汇贷款本息及费用,可以持《外汇(转)贷款登记证》、债权人还本付息通知单、借款合同直接到开户金融机构办理。

第三十五条 境内机构资本项目外汇账户内资金转换为人民币,应当报外汇局批准;境外法人或者自然人按照第二十条(七)开立的外汇账户内的资金,不得转换为人民币使用。

第四章 外汇账户的监管

第三十六条 境内机构、驻华机构应当向注册地外汇局申请开户。需要在境内其他地区开立外汇账户的,按照以下规定办理:

(一)外商投资企业应当向注册地外汇局提出申请,凭注册地外汇局核发的"开户通知书"到开户地外汇局备案,经开户地外汇局审核并加盖戳记后,到开户金融机构办理手续;

(二)其他境内机构按照本规定开立的经常项目外汇账户,凭注册地外汇局的批准文件及有关材料向开户地外汇局申请,由开户地外汇局核发《开立外汇账户批准书》及《外汇账户使用证》;

(三)其他境内机构按照本规定开立的资本项目外汇账户,凭注册地外汇局核发的"开户通知书"到开户地外汇局备案,经开户地外汇局审核并加盖戳记后,到开户金融机构开立外汇账户;

(四)驻华机构应当分别向注册地和开户地外汇局领取《驻华机构外汇账户备案表》。

第三十七条 境内机构、驻华机构如需变更《外汇账户使用证》、《外商投资企业外汇登记证》或者《驻华机构外汇账户备案表》"开户通知书"中外汇账户相关内容的,应当持有关材料向外汇局提出申请,办理变更手续。

第三十八条 境内机构、驻华机构如需关闭外汇账户,应当在办理清户手续后10个工作日内将开户金融机构关闭账户的证明及《外汇账户使用证》、外债登记凭证、《外商投资企业外汇登记证》或者《驻华机构外汇账户备案表》送交外汇局,办理关闭账户手续。

境内机构关闭外汇账户后,其外汇账户余额属于外商投资者所有的或者经批准可以保留的,可以转移或者汇出;其余外汇应当全部结汇。

驻华机构关闭外汇账户后,其外汇账户余额可以转移或者汇出。

第三十九条　外汇局对境内机构及驻华机构的外汇账户实行年检制度。

第四十条　开户金融机构应当根据外汇局要求向所在地外汇局报送外汇账户变动情况。

第四十一条　凡应当撤销的外汇账户，由外汇局对开户金融机构及开户单位下达《撤销外汇账户通知书》，并按照规定对该外汇账户余额做出明确处理，限期办理撤户手续。

第四十二条　境内机构、驻华机构应当按照本规定申请和办理开户手续，并按外汇局核定的收支范围、使用期限、最高金额使用外汇账户。不得擅自开立外汇账户；不得出租、出借或者串用外汇账户；不得利用外汇账户代其他单位或者个人收付、保存或者转让外汇；不得将单位外汇以个人名义私存；不得擅自超出外汇局核定的使用期限、最高金额使用外汇账户。

第四十三条　开户金融机构应当按照本规定为境内机构、驻华机构、个人及来华人员办理账户的开立、收付及关闭手续，监督开户单位及个人对其外汇账户的使用。不得擅自为境内机构、驻华机构、个人及来华人员开立外汇账户或者超范围办理资金收付。

第四十四条　境内机构、驻华机构、个人及来华人员有下列违反外汇账户管理规定行为的，由外汇局责令改正，撤销外汇账户，通报批评，并处 5 万元以上 30 万元以下的罚款：

（一）擅自在境内开立外汇账户；

（二）出借、串用、转让外汇账户；

（三）擅自改变外汇账户使用范围；

（四）擅自超出外汇局核定的外汇账户最高金额、使用期限使用外汇账户；

（五）其他违反本规定行为。

第四十五条　开户金融机构擅自为境内机构、驻华机构、个人及来华人员开立外汇账户，擅自超出外汇局核定内容办理账户收付或者违反其他外汇账户管理规定，由外汇局责令改正，通报批评，并处 10 万元以上 30 万元以下的罚款。

第五章　附　则

第四十六条　境内持有工商营业执照的外资非法人经济组织外汇账户的开立、使用，按照本规定有关外商投资企业条款办理。

第四十七条　以下账户不适用本规定：

（一）金融机构同业外汇存款账户。

（二）具有外交豁免权的外国使领馆、国际组织驻华代表机构在境内开立的外汇账户。

第四十八条　本规定由国家外汇管理局负责解释。

第四十九条　本规定自 1997 年 10 月 15 日起施行。中国人民银行 1994 年 4 月 1 日发布的《外汇账户管理暂行办法》、国家外汇管理局 1994 年 5 月 30 日发布的《关于〈外汇账户管理暂行办法〉有关问题的通知》、1994 年 6 月 22 日发布的《外债、外汇（转）贷款还本付息开立账户操作规程》、1996 年 6 月 28 日发布的《外商投资企业境内外汇账户管理暂行办法》同时废止。

跨境担保外汇管理规定

· 2014 年 5 月 12 日
· 汇发〔2014〕29 号

第一章　总　则

第一条　为完善跨境担保外汇管理，规范跨境担保项下收支行为，促进跨境担保业务健康有序发展，根据《中华人民共和国物权法》、《中华人民共和国担保法》及《中华人民共和国外汇管理条例》等法律法规，特制定本规定。

第二条　本规定所称的跨境担保是指担保人向债权人书面作出的、具有法律约束力、承诺按照担保合同约定履行相关付款义务并可能产生资金跨境收付或资产所有权跨境转移等国际收支交易的担保行为。

第三条　按照担保当事各方的注册地，跨境担保分为内保外贷、外保内贷和其他形式跨境担保。

内保外贷是指担保人注册地在境内、债务人和债权人注册地均在境外的跨境担保。

外保内贷是指担保人注册地在境外、债务人和债权人注册地均在境内的跨境担保。

其他形式跨境担保是指除前述内保外贷和外保内贷以外的其他跨境担保情形。

第四条　国家外汇管理局及其分支局（以下简称外汇局）负责规范跨境担保产生的各类国际收支交易。

第五条　境内机构提供或接受跨境担保，应当遵守国家法律法规和行业主管部门的规定，并按本规定办理相关外汇管理手续。

担保当事各方从事跨境担保业务，应当恪守商业道德，诚实守信。

第六条　外汇局对内保外贷和外保内贷实行登记管理。

境内机构办理内保外贷业务，应按本规定要求办理内保外贷登记；经外汇局登记的内保外贷，发生担保履约的，担保人可自行办理；担保履约后应按本规定要求办理对外债权登记。

境内机构办理外保内贷业务，应符合本规定明确的相关条件；经外汇局登记的外保内贷，债权人可自行办理与担保履约相关的收款；担保履约后境内债务人应按本规定要求办理外债登记手续。

第七条 境内机构提供或接受其他形式跨境担保，应符合相关外汇管理规定。

第二章　内保外贷

第八条 担保人办理内保外贷业务，在遵守国家法律法规、行业主管部门规定及外汇管理规定的前提下，可自行签订内保外贷合同。

第九条 担保人签订内保外贷合同后，应按以下规定办理内保外贷登记。

担保人为银行的，由担保人通过数据接口程序或其他方式向外汇局报送内保外贷业务相关数据。

担保人为非银行金融机构或企业（以下简称非银行机构）的，应在签订担保合同后15个工作日内到所在地外汇局办理内保外贷签约登记手续。担保合同主要条款发生变更的，应当办理内保外贷签约变更登记手续。

外汇局按照真实、合规原则对非银行机构担保人的登记申请进行程序性审核并办理登记手续。

第十条 银行、非银行金融机构作为担保人提供内保外贷，按照行业主管部门规定，应具有相应担保业务经营资格。

第十一条 内保外贷项下资金用途应当符合以下规定：

（一）内保外贷项下资金仅用于债务人正常经营范围内的相关支出，不得用于支持债务人从事正常业务范围以外的相关交易，不得虚构贸易背景进行套利，或进行其他形式的投机性交易。

（二）未经外汇局批准，债务人不得通过向境内进行借贷、股权投资或证券投资等方式将担保项下资金直接或间接调回境内使用。

第十二条 担保人办理内保外贷业务时，应对债务人主体资格、担保项下资金用途、预计的还款资金来源、担保履约的可能性及相关交易背景进行审核，对是否符合境内外相关法律法规进行尽职调查，并以适当方式监督债务人按照其申明的用途使用担保项下资金。

第十三条 内保外贷项下担保人付款责任到期、债务人清偿担保项下债务或发生担保履约后，担保人应办理内保外贷登记注销手续。

第十四条 如发生内保外贷履约，担保人为银行的，可自行办理担保履约项下对外支付。

担保人为非银行机构的，可凭担保登记文件直接到银行办理担保履约项下购汇及对外支付。在境外债务人偿清因担保人履约而对境内担保人承担的债务之前，未经外汇局批准，担保人须暂停签订新的内保外贷合同。

第十五条 内保外贷业务发生担保履约的，成为对外债权人的境内担保人或反担保人应当按规定办理对外债权登记手续。

第十六条 境内个人可作为担保人并参照非银行机构办理内保外贷业务。

第三章　外保内贷

第十七条 境内非金融机构从境内金融机构借用贷款或获得授信额度，在同时满足以下条件的前提下，可以接受境外机构或个人提供的担保，并自行签订外保内贷合同：

（一）债务人为在境内注册经营的非金融机构；

（二）债权人为在境内注册经营的金融机构；

（三）担保标的为金融机构提供的本外币贷款（不包括委托贷款）或有约束力的授信额度；

（四）担保形式符合境内、外法律法规。

未经批准，境内机构不得超出上述范围办理外保内贷业务。

第十八条 境内债务人从事外保内贷业务，由发放贷款或提供授信额度的境内金融机构向外汇局集中报送外保内贷业务相关数据。

第十九条 外保内贷业务发生担保履约的，在境内债务人偿清其对境外担保人的债务之前，未经外汇局批准，境内债务人应暂停签订新的外保内贷合同；已经签订外保内贷合同但尚未提款或尚未全部提款的，未经所在地外汇局批准，境内债务人应暂停办理新的提款。

境内债务人因外保内贷项下担保履约形成的对外负债，其未偿本金余额不得超过其上年度末经审计的净资产数额。

境内债务人向债权人申请办理外保内贷业务时，应真实、完整地向债权人提供其已办理外保内贷业务的债务违约、外债登记及债务清偿情况。

第二十条 外保内贷业务发生境外担保履约的，境内债务人应到所在地外汇局办理短期外债签约登记及相关信息备案手续。外汇局在外债签约登记环节对债务人外保内贷业务的合规性进行事后核查。

第四章 物权担保的外汇管理

第二十一条 外汇局不对担保当事各方设定担保物权的合法性进行审查。担保当事各方应自行确认担保合同内容符合境内外相关法律法规和行业主管部门的规定。

第二十二条 担保人与债权人之间因提供抵押、质押等物权担保而产生的跨境收支和交易事项，已存在限制或程序性外汇管理规定的，应当符合规定。

第二十三条 当担保人与债权人分属境内、境外，或担保物权登记地（或财产所在地、收益来源地）与担保人、债权人的任意一方分属境内、境外时，境内担保人或境内债权人应按下列规定办理相关外汇管理手续：

（一）当担保人、债权人注册地或担保物权登记地（或财产所在地、收益来源地）至少有两项分属境内外时，担保人实现担保物权的方式应当符合相关法律规定。

（二）除另有明确规定外，担保人或债权人申请汇出或收取担保财产处置收益时，可直接向境内银行提出申请；在银行审核担保履约真实性、合规性并留存必要材料后，担保人或债权人可以办理相关购汇、结汇和跨境收支。

（三）相关担保财产所有权在担保人、债权人之间发生转让，按规定需要办理跨境投资外汇登记的，当事人应办理相关登记或变更手续。

第二十四条 担保人为第三方债务人向债权人提供物权担保，构成内保外贷或外保内贷的，应当按照内保外贷或外保内贷相关规定办理担保登记手续，并遵守相关规定。

经外汇局登记的物权担保因任何原因而未合法设立，担保人应到外汇局注销相关登记。

第五章 附 则

第二十五条 境内机构提供或接受除内保外贷和外保内贷以外的其他形式跨境担保，在符合境内外法律法规和本规定的前提下，可自行签订跨境担保合同。除外汇局另有明确规定外，担保人、债务人不需要就其他形式跨境担保到外汇局办理登记或备案。

境内机构办理其他形式跨境担保，可自行办理担保履约。担保项下对外债权债务需要事前审批或核准，或因担保履约发生对外债权债务变动的，应按规定办理相关审批或登记手续。

第二十六条 境内债务人对外支付担保费，可按照服务贸易外汇管理有关规定直接向银行申请办理。

第二十七条 担保人、债务人不得在明知或者应知担保履约义务确定发生的情况下签订跨境担保合同。

第二十八条 担保人、债务人、债权人向境内银行申请办理与跨境担保相关的购付汇或收结汇业务时，境内银行应当对跨境担保交易的背景进行尽职审查，以确定该担保合同符合中国法律法规和本规定。

第二十九条 外汇局对跨境担保合同的核准、登记或备案情况以及本规定明确的其他管理事项与管理要求，不构成跨境担保合同的生效要件。

第三十条 外汇局定期分析内保外贷和外保内贷整体情况，密切关注跨境担保对国际收支的影响。

第三十一条 外汇局对境内机构跨境担保业务进行核查和检查，担保当事各方、境内银行应按照外汇局要求提供相关资料。对未按本规定及相关规定办理跨境担保业务的，外汇局根据《中华人民共和国外汇管理条例》进行处罚。

第三十二条 国家外汇管理局可出于保障国际收支平衡的目的，对跨境担保管理方式适时进行调整。

第三十三条 本规定由国家外汇管理局负责解释。

结汇、售汇及付汇管理规定

· 1996 年 6 月 20 日
· 银发〔1996〕210 号

第一章 总 则

第一条 为规范结汇、售汇及付汇行为，实现人民币在经常项目下可兑换，特制定本规定。

第二条 经营外汇业务的银行应当按照本规定和中国人民银行、国家外汇管理局批准的业务范围办理结汇、售汇、开立外汇账户及对外支付业务。

第三条 境内机构外汇收入，除国家另有规定外应当及时调回境内。

第四条 境内机构、居民个人、驻华机构及来华人员应当按照本规定办理结汇、购汇、开立外汇账户及对外支付。

第五条 境内机构和居民个人通过经营外汇业务的银行办理对外收支时，应当按照《国际收支统计申报办法》及有关规定办理国际收支统计申报。

第二章 经常项目下的结汇、售汇与付汇

第六条 除本规定第七条、第八条、第十条限定的范围和数量外，境内机构取得的下列外汇应当结汇：

（一）出口或者先支后收转口货物及其他交易行为收入的外汇。其中用跟单信用证/保函和跟单托收方式

结算的贸易出口外汇可以凭有效商业单据结汇,用汇款方式结算的贸易出口外汇持出口收汇核销单结汇;

(二)境外贷款项下国际招标中标收入的外汇;

(三)海关监管下境内经营免税商品收入的外汇;

(四)交通运输(包括各种运输方式)及港口(含空港)、邮电(不包括国际汇兑款)、广告、咨询、展览、寄售、维修等行业及各类代理业务提供商品或者服务收入的外汇;

(五)行政、司法机关收入的各项外汇规费、罚没款等;

(六)土地使用权、著作权、商标权、专利权、非专利技术、商誉等无形资产转让收入的外汇,但上述无形资产属于个人所有的,可不结汇;

(七)境外投资企业汇回的外汇利润、对外经援项下收回的外汇和境外资产的外汇收入;

(八)对外索赔收入的外汇、退回的外汇保证金等;

(九)出租房地产和其他外汇资产收入的外汇;

(十)保险机构受理外汇保险所得外汇收入;

(十一)取得《经营外汇业务许可证》的金融机构经营外汇业务的净收入;

(十二)国外捐赠、资助及援助收入的外汇;

(十三)国家外汇管理局规定的其他应当结汇的外汇。

第七条 境内机构(不含外商投资企业)的下列外汇,可以向国家外汇管理局及其分支局(以下简称"外汇局")申请,在经营外汇业务的银行开立外汇账户,按照规定办理结汇:

(一)经营境外承包工程、向境外提供劳务、技术合作及其他服务业务的公司,在上述业务项目进行过程中收到的业务往来外汇;

(二)从事代理对外或者境外业务的机构代收代付的外汇;

(三)暂收待付或者暂收待结项下的外汇,包括境外汇入的投标保证金、履约保证金、先收后支的转口贸易收汇、邮电部门办理国际汇兑业务的外汇汇兑款、一类旅行社收取的国外旅游机构预付的外汇、铁路部门办理境外保价运输业务收取的外汇、海关收取的外汇保证金、抵押金等;

(四)保险机构受理外汇保险、需向境外分保以及尚未结算的保费。

上述各项外汇的净收入,应当按照规定的时间全部卖给外汇指定银行。

第八条 捐赠、资助及援助合同规定用于境外支付的外汇,经外汇局批准后方可保留。

第九条 下列范围的外汇,可以保留:

(一)外国驻华使领馆、国际组织及其他境外法人驻华机构的外汇;

(二)居民个人及来华人员的外汇。

第十条 外商投资企业经常项目下外汇收入可在外汇局核定的最高金额以内保留外汇,超出部分应当卖给外汇指定银行,或者通过外汇调剂中心卖出。

第十一条 超过等值1万美元的现钞结汇,结汇人应当向外汇指定银行提供真实的身份证明和外汇来源证明,外汇指定银行予以结汇登记后报外汇局备案。

第十二条 本规定第七、八、九、十条允许开立外汇账户的境内机构和居民个人、驻华机构及来华人员,应当按照外汇账户管理的有关规定,到经营外汇业务的银行办理开户手续。

第十三条 境内机构下列贸易及非贸易经营性对外支付用汇,持与支付方式相应的有效商业单据和所列有效凭证从其外汇账户中支付或者到外汇指定银行兑付:

(一)用跟单信用证/保函方式结算的贸易进口,如需在开证时购汇,持进口合同、进口付汇核销单、开证申请书;如需在付汇时购汇,还应当提供信用证结算方式要求的有效商业单据。核销时必须凭正本进口货物报关单办理;

(二)用跟单托收方式结算的贸易进口,持进口合同、进口付汇核销单、进口付汇通知书及跟单托收结算方式要求的有效商业单据。核销时必须凭正本进口货物报关单办理;

(三)用汇款方式结算的贸易进口,持进口合同、进口付汇核销单、发票、正本进口货物报关单、正本运输单据,若提单上的"提货人"和报关单上的"经营单位"与进口合同中列明的买方名称不一致,还应当提供两者间的代理协议;

(四)进口项下不超过合同总金额的15%或者虽超过15%但未超过等值10万美元的预付货款,持进口合同、进口付汇核销单;

上述(一)至(四)项下进口,实行进口配额管理或者特定产品进口管理的货物,还应当提供有关部门签发的许可证或者进口证明;进口实行自动登记制的货物,还应当提供填好的登记表格。

(五)进口项下的运输费、保险费,持进口合同、正本运输费收据和保险费收据;

（六）出口项下不超过合同总金额2%的暗佣（暗扣）和5%的明佣（明扣）或者虽超过上述比例但未超过等值1万美元的佣金，持出口合同或者佣金协议、结汇水单或者收账通知；出口项下的运输费、保险费，持出口合同、正本运输费收据和保险费收据；

（七）进口项下的尾款，持进口合同、进口付汇核销单、验货合格证明；

（八）进出口项下的资料费、技术费、信息费等从属费用，持进口合同或者出口合同、进口付汇核销单或者出口收汇核销单、发票或者收费单据及进或者出口单位负责人签字的说明书；

（九）从保税区购买商品以及购买国外入境展览展品的用汇，持（一）至（八）项规定的有效凭证和有效商业单据；

（十）专利权、著作权、商标、计算机软件等无形资产的进口，持进口合同或者协议；

（十一）出口项下对外退赔外汇，持结汇水单或者收账通知、索赔协议、理赔证明和已冲减出口收汇核销的证明；

（十二）境外承包工程所需的投标保证金持投标文件，履约保证金及垫付工程款项持合同。

第十四条 境内机构下列贸易及非贸易经营性对外支付，经营外汇业务的银行凭用户提供的支付清单先从其外汇账户中支付或者兑付，事后核查：

（一）经国务院批准的免税品公司按照规定范围经营免税商品的进口支付；

（二）民航、海运、铁道部门（机构）支付境外国际联运费、设备维修费、站场港口使用费、燃料供应费、保险费、非融资性租赁费及其他服务费用；

（三）民航、海运、铁道部门（机构）支付国际营运人员伙食、津贴补助；

（四）邮电部门支付国际邮政、电信业务费用。

第十五条 境内机构下列对外支付用汇，由外汇局审核其真实性后，从其外汇账户中支付或者到外汇指定银行兑付：

（一）超过本规定第十三条（四）规定比例和金额的预付货款；

（二）超过本规定第十三条（六）规定比例和金额的佣金；

（三）转口贸易项下先支后收的对外支付；

（四）偿还外债利息；

（五）超过等值1万美元的现钞提取。

第十六条 境内机构偿还境内中资金融机构外汇贷款利息，持《外汇（转）贷款登记证》、借贷合同及债权人的付息通知单，从其外汇账户中支付或者到外汇指定银行兑付。

第十七条 财政预算内的机关、事业单位和社会团体的非贸易非经营性用汇，按照《非贸易非经营性外汇财务管理暂行规定》办理。

第十八条 财政预算外的境内机构下列非经营性用汇，持所列有效凭证从其外汇账户中支付或者到外汇指定银行兑付：

（一）在境外举办展览、招商、培训及拍摄影视片等用汇，持合同、境外机构的支付通知书及主管部门批准文件；

（二）对外宣传费、对外援助费、对外捐赠外汇、国际组织会费、参加国际会议的注册费、报名费，持主管部门的批准文件及有关函件；

（三）在境外设立代表处或者办事机构的开办费和年度预算经费，持主管部门批准设立该机构的批准文件和经费预算书；

（四）国家教委国外考试协调机构支付境外的考试费，持对外合同和国外考试机构的账单或者结算通知书；

（五）在境外办理商标、版权注册、申请专利和法律、咨询服务等所需费用，持合同和发票；

（六）因公出国费用，持国家授权部门出国任务批件。

上述（一）至（六）项以外的非经营性用汇，由外汇局审核其真实性以后，从其外汇账户中支付或者到外汇指定银行兑付。

第十九条 居民个人的因私用汇，按照《境内居民因私兑换外汇办法》和《境内居民外汇存款汇出境外的规定》办理。

第二十条 居民个人移居出境后，下列合法人民币收益，持本人身份证明和所列有效凭证到外汇局授权的外汇指定银行兑付：

（一）人民币存款利息，持人民币存款利息清单；

（二）房产出租收入的租金，持房产租赁合同和房产出租管理部门的证明；

（三）其他资产的收益，持有关的证明材料和收益清单。

第二十一条 外商投资企业外方投资者依法纳税后的利润、红利的汇出，持董事会利润分配决议书，从其外汇账户中支付或者到外汇指定银行兑付。

外商投资企业中外籍、华侨、港澳台职工依法纳税后的人民币工资及其他正当收益,持证明材料到外汇指定银行兑付。

第二十二条 按照规定应当以外币支付的股息,依法纳税后持董事会利润分配决议书从其外汇账户中支付或者到外汇指定银行兑付。

第二十三条 驻华机构及来华人员的合法人民币收入,需汇出境外时,持证明材料和收费清单到外汇局授权的外汇指定银行兑付。

第二十四条 驻华机构及来华人员从境外携入或者在境内购买的自用物品、设备、用具等,出售后所得人民币款项,需汇出境外时,持工商登记证或者本人身份证明和出售凭证到外汇局授权的外汇指定银行兑付。

第二十五条 临时来华的外国人、华侨、港澳台同胞出境时未用完的人民币,可以凭本人护照、原兑换水单(有效期为6个月)兑回外汇,携出境外。

第三章 资本项目下的结汇、售汇与付汇

第二十六条 境内机构资本项目下的外汇应当在经营外汇业务的银行开立外汇账户。

第二十七条 境内机构下列范围内的外汇,未经外汇局批准,不得结汇:

(一)境外法人或自然人作为投资汇入的外汇;

(二)境外借款及发行外币债券、股票取得的外汇;

(三)经国家外汇管理局批准的其他资本项目下外汇收入。

除出口押汇外的国内外汇贷款和中资企业借入的国际商业贷款不得结汇。

第二十八条 境内机构向境外出售房地产及其他资产收入的外汇,除本规定第十条限定的数额外应当卖给外汇指定银行。

第二十九条 境内机构偿还境内中资金融机构外汇贷款本金,持《外汇(转)贷款登记证》、借贷合同及债权机构的还本通知单,从其外汇账户中支付或者到外汇指定银行兑付。

第三十条 境内机构资本项目下的下列用汇,持所列有效凭证向外汇局申请,凭外汇局的核准件从其外汇账户中支付或者到外汇指定银行兑付:

(一)偿还外债本金,持《外债登记证》、借贷合同及债权机构还本通知单;

(二)对外担保履约用汇,持担保合同、外汇局核发的《外汇担保登记证》及境外机构支付通知;

(三)境外投资资金的汇出,持国家主管部门的批准文件和投资合同;

(四)外商投资企业的中方投资者经批准需以外汇投入的注册资金,持国家主管部门的批准文件和合同。

第三十一条 外商投资企业的外汇资本金的增加、转让或者以其他方式处置,持董事会决议,经外汇局核准后,从其外汇账户中支付或者持外汇局核发的售汇通知单到外汇指定银行兑付。

投资性外商投资企业外汇资本金在境内投资及外方所得利润在境内增资或者再投资持外汇局核准件办理。

第四章 结汇、售汇及付汇的监管

第三十二条 外商投资企业可以在外汇指定银行办理结汇和售汇,也可以在外汇调剂中心买卖外汇,其他境内机构、居民个人、驻华机构及来华人员只能在外汇指定银行办理结汇和售汇。

第三十三条 从外汇账户中对外支付时,经营外汇业务的银行应当根据规定的外汇账户收支范围及本规定第二、三章相应的规定进行审核,办理支付。

第三十四条 外汇指定银行办理售汇和付汇后,应当在相应的有效凭证和有效商业单据上签章后留存备查。

第三十五条 外汇指定银行应当根据中国人民银行每日公布的人民币汇率中间价和规定的买卖差价幅度,确定对客户的外汇买卖价格,办理结汇和售汇业务。

第三十六条 从外汇账户中支付或者购汇支付,应当在有关结算方式或者合同规定的日期办理,不得提前对外付款;除用于还本付息的外汇和信用证/保函保证金外,不得提前购汇。

第三十七条 为使有远期支付合同或者偿债协议的用汇单位避免汇率风险,外汇指定银行可以按照有关规定为其办理人民币与外币的远期买卖及其他保值业务。

第三十八条 易货贸易项下进口,未经外汇局批准,不得购汇或者从外汇账户支付。

第三十九条 经营外汇业务的银行应当按照规定向外汇局报送结汇、售汇及付汇情况报表。

外汇指定银行应当建立结售汇内部监管制度,遇有结售汇异常情况,应当及时向国家外汇管理局当地分支局报告。

第四十条 境内机构应当在其注册地选择经营外汇业务的银行开立外汇账户,按照本规定办理结汇、购汇、付汇业务。境内机构在异地和境外开立外汇账户,应当向外汇局申请。

外商投资企业经常项下的外汇收入,经批准可以在注册地选择经营外汇业务的银行开立外汇结算账户。

第四十一条 经营外汇业务的银行和有结汇、购汇、

付汇业务的境内机构,应当无条件接受外汇局的监督、检查,并出示、提供有关材料。对违反本规定的,外汇局可对其处以警告、没收违法所得、罚款的处罚;对违反本规定,情节严重的经营外汇业务的银行,外汇局可对其处以暂停结售汇业务的处罚。

第五章 附 则

第四十二条 本规定由国家外汇管理局负责解释。

第四十三条 本规定自1996年7月1日起施行。1994年3月26日发布的《结汇、售汇及付汇管理暂行规定》同时废止。其他规定与本规定相抵触的,以本规定为准。

银行办理结售汇业务管理办法

- 2014年6月22日中国人民银行令〔2014〕第2号公布
- 自2014年8月1日起施行

第一章 总 则

第一条 为了规范银行办理结售汇业务,保障外汇市场平稳运行,根据《中华人民共和国中国人民银行法》、《中华人民共和国外汇管理条例》(以下简称《外汇管理条例》),制定本办法。

第二条 中国人民银行及其分支机构、国家外汇管理局及其分支局(以下简称外汇局)是银行结售汇业务的监督管理机关。

第三条 本办法下列用语的含义:

(一)银行是指在中华人民共和国境内依法设立的商业银行、城市信用合作社、农村信用合作社等吸收公众存款的金融机构以及政策性银行;

(二)结售汇业务是指银行为客户或因自身经营活动需求办理的人民币与外汇之间兑换的业务,包括即期结售汇业务和人民币与外汇衍生产品业务;

(三)即期结售汇业务是指在交易订立日之后两个工作日内完成清算,且清算价格为交易订立当日汇价的结售汇交易;

(四)人民币与外汇衍生产品业务是指远期结售汇、人民币与外汇期货、人民币与外汇掉期、人民币与外汇期权等业务及其组合;

(五)结售汇综合头寸是指银行持有的,因银行办理对客和自身结售汇业务、参与银行间外汇市场交易等人民币与外汇间交易而形成的外汇头寸。

第四条 银行办理结售汇业务,应当经外汇局批准。

第五条 银行办理结售汇业务,应当遵守本办法和其他有关结售汇业务的管理规定。

第二章 市场准入与退出

第六条 银行申请办理即期结售汇业务,应当具备下列条件:

(一)具有金融业务资格;

(二)具备完善的业务管理制度;

(三)具备办理业务所必需的软硬件设备;

(四)拥有具备相应业务工作经验的高级管理人员和业务人员。

第七条 银行申请办理人民币与外汇衍生产品业务,应当具备下列条件:

(一)具有即期结售汇业务资格;

(二)具备完善的业务管理制度;

(三)拥有具备相应业务工作经验的高级管理人员和业务人员;

(四)符合银行业监督管理机构对从事金融衍生产品交易的有关规定。

第八条 银行可以根据经营需要一并申请即期结售汇业务和人民币与外汇衍生产品业务资格。

第九条 银行申请即期结售汇业务或人民币与外汇衍生产品业务资格,应当由其总行统一提出申请,外国银行分行除外。

政策性银行、全国性商业银行申请即期结售汇业务或人民币与外汇衍生产品业务资格,由国家外汇管理局审批;其他银行由所在地国家外汇管理局分局、外汇管理部审批。

第十条 银行分支机构办理即期结售汇业务或人民币与外汇衍生产品业务,应当取得已具备相应业务资格的上级机构授权,并报所在地国家外汇管理局分支局备案。

第十一条 银行办理结售汇业务期间,发生合并或者分立的,新设立的银行应当向外汇局重新申请结售汇业务资格;发生变更名称、变更营业地址、经营结售汇业务的分支机构合并或者分立等情况的,应当自变更之日起30日内报外汇局备案。

第十二条 银行停止办理即期结售汇业务或人民币与外汇衍生产品业务的,应当自停办业务之日起30日内报外汇局备案。

第十三条 银行被依法撤销或者宣告破产的,其结售汇业务资格自动丧失。

第三章 监督管理

第十四条 银行应当建立、健全本行结售汇业务风险管理制度,并建立结售汇业务经营和风险管理定期评估机制。

外汇局对银行办理结售汇业务中执行外汇管理规定的情况实行定期评估。

第十五条 银行应当指定专门部门作为结售汇业务的牵头管理部门,负责督导、协调本行及其分支机构的外汇管理规定执行工作。

第十六条 银行应当加强对结售汇业务管理人员、经办人员、销售人员、交易员以及其他相关业务人员的外汇管理政策培训,确保其具备必要的政策法规知识。

第十七条 银行应当建立结售汇会计科目,区分即期结售汇和人民币与外汇衍生产品,分别核算对客结售汇、自身结售汇和银行间市场交易业务。

第十八条 银行办理结售汇业务时,应当按照"了解业务、了解客户、尽职审查"的原则对相关凭证或商业单据进行审核。国家外汇管理局有明确规定的,从其规定。

第十九条 银行办理人民币与外汇衍生产品业务时,应当与有真实需求背景的客户进行与其风险能力相适应的衍生产品交易,并遵守国家外汇管理局关于客户、产品、交易头寸等方面的规定。

第二十条 银行应当遵守结售汇综合头寸管理规定,在规定时限内将结售汇综合头寸保持在核定限额以内。

银行结售汇综合头寸限额根据国际收支状况、银行外汇业务经营情况以及宏观审慎管理等因素,按照法人监管原则统一核定,外国银行分行视同法人管理。

第二十一条 尚未取得人民币业务资格的外资银行,在取得即期结售汇业务资格以后,应当向中国人民银行当地分支机构申请开立结售汇人民币专用账户,专门用于结售汇业务的人民币往来,不适用本办法第二十条结售汇综合头寸管理规定。

第二十二条 银行办理结售汇业务时,可以根据经营需要自行决定挂牌货币,并应当执行中国人民银行和国家外汇管理局关于银行汇价管理的相关规定。

第二十三条 银行应当及时、准确、完整地向外汇局报送结售汇、综合头寸等数据以及国家外汇管理局规定的其他相关报表和资料,并按要求定期核对和及时纠错。

第二十四条 银行应当建立结售汇单证保存制度,区分业务类型分别保存有关单证,保存期限不得少于5年。

第二十五条 银行应当配合外汇局的监督检查,如实说明有关情况,提供有关文件、资料,不得拒绝、阻碍和隐瞒。

第二十六条 外汇局通过非现场监管和现场检查等方式,加强对银行结售汇业务的监督管理,建立健全银行结售汇业务监管信息档案。

第四章 罚 则

第二十七条 银行未经批准擅自办理结售汇业务的,由外汇局或者有关主管部门依照《外汇管理条例》第四十六条第一款予以处罚。

第二十八条 银行有下列情形之一的,由外汇局依照《外汇管理条例》第四十七条予以处罚:

(一)办理结售汇业务,未按规定审核相关凭证或商业单据的;

(二)未按规定将结售汇综合头寸保持在核定限额内的;

(三)未按规定执行中国人民银行和国家外汇管理局汇价管理规定的。

第二十九条 银行未按规定向外汇局报送结售汇、综合头寸等数据以及国家外汇管理局规定的其他相关报表和资料的,由外汇局依照《外汇管理条例》第四十八条予以处罚。

第五章 附 则

第三十条 未取得结售汇业务资格的银行因自身需要进行结售汇的,应当通过具有结售汇业务资格的银行办理。

第三十一条 非银行金融机构办理结售汇业务,参照本办法执行,国家外汇管理局另有规定的除外。

第三十二条 本办法由中国人民银行负责解释。

第三十三条 本办法自2014年8月1日起施行。此前规定与本办法不一致的,以本办法为准。《外汇指定银行办理结、售汇业务管理暂行办法》(中国人民银行令〔2002〕4号发布)、《中国人民银行关于结售汇业务管理工作的通知》(银发〔2004〕62号)同时废止。

银行办理结售汇业务管理办法实施细则

· 2014年12月25日汇发〔2014〕53号公布
· 根据2023年3月23日《国家外汇管理局关于废止和失效15件外汇管理规范性文件及调整14件外汇管理规范性文件条款的通知》修订

第一章 总 则

第一条 为便利银行办理结售汇业务,根据《银行办理结售汇业务管理办法》,制订本实施细则。

第二条 银行办理结售汇业务,应当遵守本细则和其他有关结售汇业务的管理规定。

第三条 结售汇业务包括即期结售汇业务和人民币与外汇衍生产品(以下简称衍生产品)业务。衍生产品业务限于人民币外汇远期、掉期和期权业务。

第四条 银行办理结售汇业务,应当遵循"了解业务、了解客户、尽职审查"的原则。

(一)客户调查:对客户提供的身份证明、业务状况等资料的合法性、真实性和有效性进行认真核实,将核实过程和结果以书面形式记载。

(二)业务受理:执行但不限于国家外汇管理局的现有法规,对业务的真实性与合规性进行审核,了解业务的交易目的和交易性质。

(三)持续监控:及时监测客户的业务变化情况,对客户进行动态管理。

(四)问题业务:对于业务受理或后续监测中发现异常迹象的,应及时报告国家外汇管理局及其分支局(以下简称外汇局)。

第五条 银行应当建立与"了解业务、了解客户、尽职审查"原则相适应的内部管理制度。

(一)建立完整的审核政策、决策机制、管理信息系统和统一的业务操作程序,明确尽职要求。

(二)采取培训等各种有效方式和途径,使工作人员明确结售汇业务风险控制要求,熟悉工作职责和尽职要求。

(三)建立工作尽职问责制,明确规定各个部门、岗位的职责,对违法、违规造成的风险进行责任认定,并进行相应处理。

第二章 市场准入与退出

第六条 银行申请办理即期结售汇业务,应当具备下列条件:

(一)具有金融业务资格。

(二)具备完善的业务管理制度。

(三)具备办理业务所必需的软硬件设备。

(四)拥有具备相应业务工作经验的高级管理人员和业务人员。

银行需银行业监督管理部门批准外汇业务经营资格的,还应具备相应的外汇业务经营资格。

第七条 银行申请办理衍生产品业务,应当具备下列条件:

(一)取得即期结售汇业务资格。

(二)有健全的衍生产品交易风险管理制度和内部控制制度及适当的风险识别、计量、管理和交易系统,配备开展衍生产品业务所需要的专业人员。

(三)符合银行业监督管理部门有关金融衍生产品交易业务资格的规定。

第八条 银行可以根据自身经营需要一并申请即期结售汇业务和衍生产品业务资格。

(一)对于即期结售汇业务,可以分别或者一并申请对公和对私结售汇业务。开办对私结售汇业务的,应遵守以下规定:

1. 按照《个人外汇管理办法》及其实施细则的管理规定,具备与国家外汇管理局个人外汇业务监测系统的网络接入条件,依法合规办理个人结售汇业务。

2. 应在营业网点、自助外币兑换机等的醒目位置设置个人本外币兑换标识。个人本外币兑换标识式样由银行自行确定。

(二)对于衍生产品业务,可以一次申请开办全部衍生产品业务,或者分次申请远期和期权业务资格。取得远期业务资格后,银行可自行开办外汇掉期和货币掉期业务。

第九条 银行总行申请即期结售汇业务,应提交下列文件和资料:

(一)办理结售汇业务的申请报告。

(二)《金融许可证》复印件。

(三)办理结售汇业务的内部管理规章制度,应至少包括以下内容:结售汇业务操作规程、结售汇业务单证管理制度、结售汇业务统计报告制度、结售汇综合头寸管理制度、结售汇业务会计科目和核算办法、结售汇业务内部审计制度和从业人员岗位责任制度、结售汇业务授权管理制度。

(四)具备办理业务所必需的软硬件设备的说明材料。

(五)拥有具备相应业务工作经验的高级管理人员和业务人员的说明材料。

(六)需要经银行业监督管理部门批准外汇业务经营资格的,还应提交外汇业务许可文件的复印件。

第十条 银行总行申请衍生产品业务,应提交下列文件和资料:

(一)申请报告、可行性报告及业务计划书。

(二)衍生产品业务内部管理规章制度,应当至少包括以下内容:

1. 业务操作规程,包括交易受理、客户评估、单证审核等业务流程和操作标准;

2. 产品定价模型,包括定价方法和各项参数的选取标准及来源;

3. 风险管理制度,包括风险管理架构、风险模型指标

及量化管理指标、风险缓释措施、头寸平盘机制;

4.会计核算制度,包括科目设置和会计核算方法;

5.统计报告制度,包括数据采集渠道和操作程序。

(三)主管人员和主要交易人员名单、履历。

(四)符合银行业监督管理部门有关金融衍生产品交易业务资格规定的证明文件。

银行应当根据拟开办各类衍生产品业务的实际特征,提交具有针对性与适用性的文件和资料。

第十一条 银行总行申请办理即期结售汇业务和衍生产品业务,按照下列程序申请和受理:

(一)政策性银行、全国性商业银行向国家外汇管理局直接申请,由国家外汇管理局审批。其他银行向所在地国家外汇管理局分局、外汇管理部(以下简称外汇分局)申请,如处于市(地、州、区)、县,应向所在地国家外汇管理局中心支局或支局申请,并逐级上报至外汇分局审批。

(二)外国银行分行视同总行管理。外国银行拟在境内两家以上分行开办衍生产品业务的,可由其境内管理行统一向该行所在地外汇分局提交申请材料,该外汇分局应将受理结果抄送该外国银行其他境内分行所在地外汇分局。

(三)外汇局受理结果应通过公文方式正式下达;仅涉及衍生产品业务的,可适当从简,通过备案通知书方式下达。

第十二条 银行分支机构申请办理即期结售汇业务,按照下列规定执行:

(一)银行总行及申请机构的上级分支行应具备完善的结售汇业务管理制度,即执行外汇管理规定情况考核等级最近一次为B级以上。

(二)银行分支机构应持下列材料履行事前备案手续:

1.银行分行办理即期结售汇业务,持《银行办理即期结售汇业务备案表》(见附1)一式两份,总行及上级分行执行外汇管理规定情况考核等级证明材料,并按照第九条(一)、(二)、(四)、(五)提供材料,向所在地外汇局分支局备案。

2.银行支行及下辖机构办理即期结售汇业务,持《银行办理即期结售汇业务备案表》一式两份,金融许可证复印件、总行及上级分支行执行外汇管理规定情况考核等级证明材料,向所在地外汇局分支局备案。其中,下辖机构可以由支行集中办理备案手续,但只能在下辖机构所在地外汇局分支局办理。

3.外汇局分支局收到银行内容齐全的即期结售汇业务备案材料后,在《银行办理即期结售汇业务备案表》上加盖银行结售汇业务管理专用章予以确认,并将其中的一份备案表退还银行保存。

第十三条 银行分支机构开办衍生产品业务,经上级有权机构授权后,持授权文件和上级机构业务筹办情况说明(包括但不限于人员配备、业务培训、内部管理),于开办业务前至少20个工作日向所在地外汇局书面报告并确认收到后即可开办业务。

银行应当加强对分支机构办理衍生产品业务的授权与管理。对于衍生产品经营能力较弱、风险防范及管理水平较低的分支机构,应当上收或取消其授权和交易权限。

第十四条 外汇局受理银行即期结售汇业务和衍生产品业务申请时,应按照行政许可的相关程序办理。其中,外汇局在受理银行总行申请及银行分行即期结售汇业务申请时,可以采取必要的措施核实其软硬件设备、人员情况。

第十五条 银行办理结售汇业务期间,发生合并或者分立,以及重要信息变更的,按照下列规定执行:

(一)发生合并或者分立的,新设立的银行总行应当向外汇局申请结售汇业务资格。吸收合并的,银行无需再申请结售汇业务资格,其各项外汇业务额度原则上合并计算,但结售汇综合头寸应执行本细则第五章的相关规定。

(二)发生名称变更、营业地址变更的,银行应持《银行办理结售汇业务机构信息变更备案表》(见附2)和变更后金融许可证复印件,在变更之日起30日内向批准其结售汇业务资格的外汇局备案。其中,涉及名称变更的,受理备案的外汇局应以适当方式告知银行下辖机构所在地外汇局;银行办理备案后,即可自然承继其在外汇局获得的各项业务资格和有关业务额度。

第十六条 银行分支机构办理结售汇业务期间,发生合并或者分立,以及重要信息变更的,按照下列规定执行:

(一)发生合并或者分立的,新设立的银行分支机构应当向外汇局申请结售汇业务资格。

(二)银行分行发生名称变更、营业地址变更的,应持《银行办理结售汇业务机构信息变更备案表》(见附2)和变更后金融许可证复印件,在变更之日起30日内向所在地外汇局备案。

(三)银行支行及下辖机构发生名称变更、营业地址变更的,在1-6月和7-12月期间的变更,分别于当年8月底前和次年2月底前经管辖行向所在地外汇局备案(见附3)。

第十七条 银行停止办理结售汇业务,应当自停办业务之日起30日内,由停办业务行或者其上级行持《银行停办结售汇业务备案表》(见附4),向批准或备案其结售汇业务资格的外汇局履行停办备案手续。

第十八条 银行被依法撤销或者宣告破产的,其结售汇业务资格自动丧失。

第十九条 外汇局应根据本细则要求,按照操作简便、监管有效原则,完善即期结售汇业务和衍生产品业务市场准入管理的内部操作;并妥善保管银行申请、备案、报告等相关材料。

第三章 即期结售汇业务管理

第二十条 银行办理代客即期结售汇业务应遵守国家外汇管理局的有关规定;办理自身即期结售汇业务应遵守本章的相关规定,本章未明确规定的,参照境内其他机构办理。

第二十一条 银行经营业务中获得的外汇收入,扣除支付外汇开支和结汇支付境内外汇业务日常经营所需人民币开支,应统一纳入外汇利润管理,不得单独结汇。

第二十二条 外资银行结汇支付境内外汇业务日常经营所需人民币开支的,应自行审核并留存有关真实性单证后依法办理。结汇方式可选择按月预结或按照实际开支结汇。按月预结的,预结金额不得超过上月实际人民币开支的105%,不足部分可继续按照实际开支结汇;当月预结未使用部分应结转下月。

第二十三条 银行利润的本外币转换按照下列规定,由银行总行统一办理:
(一)当年外汇利润(包括境内机构外汇利润、境外分支机构分配的利润、参股境外机构分配的利润)可以在本年每季度后按照财务核算结果自行办理结汇,并应按经审计的年度会计决算结果自动调整。但往年有亏损的,应先冲抵亏损,方可办理结汇。
(二)外汇亏损可以挂账并使用以后年度外汇利润补充,或者以人民币利润购汇进行对冲。
(三)历年留存外汇利润结汇可在后续年度自行办理。

第二十四条 银行支付外方股东的股息、红利或外资银行利润汇出,可以用历年累积外汇利润或用人民币购汇后自行支付,并留存下列资料备查。
(一)资产负债表、损益表及本外币合并审计报告;
(二)税务备案表;
(三)董事会或股东大会的相关决议,或外资银行总行的划账通知。

第二十五条 银行资本金(或营运资金)本外币转换应按照如下规定,报所在地外汇分局批准后办理:
(一)银行申请本外币转换的金额应满足下列要求:
1. 完成本外币转换后的"(外汇所有者权益+外汇营运资金)/外汇资产"与"(人民币所有者权益+人民币营运资金)/人民币资产"基本相等。
2. 以上数据按银行境内机构的资产负债表计算,不包括境外关联行。计算外汇资产可扣除部分政策性因素形成的外汇资产;计算人民币资产,应对其中的存放同业和拆放同业取结汇申请前四个季度末的平均数。营运资金和所有者权益不重复计算;人民币营运资金是指外国银行向境内分行拨付的人民币营运资金(含结汇后人民币营运资金);外汇营运资金是外国银行向境内分行拨付的外汇营运资金,以及境内法人银行以自有人民币购买并在外汇营运资金科目核算的资金。计算外汇所有者权益时应扣除未分配外汇利润,但未分配外汇利润为亏损的,不得扣除。
3. 新开办外汇业务的中资银行或新开办人民币业务的外资银行,首次可申请将不超过10%的资本金进行本外币转换。
4. 银行购买外汇资本金或外汇营运资金发展外汇业务的,可依据实际需要申请,不受前述第1和3项条件限制。
5. 银行业监督管理部门对资本金币种有明确要求或其他特殊情况的,可不受前述第1和3项条件限制。
(二)银行申请时应提供下列材料:
1. 申请报告。
2. 人民币和外币资产负债表。
3. 本外币转换金额的测算依据。
4. 相关交易需经银行业监督管理部门批准的,应提供相应批准文件的复印件。
(三)银行申请原则上每年不得超过一次。
(四)银行购汇用于境外直接投资按照境内银行境外直接投资相关外汇管理规定执行,不适用本条前述规定。

第二十六条 银行经营业务过程中收回资金(含利息)与原始发放资金本外币不匹配,满足下列条件的,可以自行代债务人结售汇(外汇局另有规定除外),并留存与债务人债权关系、结售汇资金来源等的书面证明材料备查。
(一)债务人因破产、倒闭、停业整顿、经营不善或与银行法律纠纷等而不能自行办理结售汇交易。

(二)银行从债务人或其担保人等处获得的资金来源合法,包括但不限于:法院判决、仲裁机构裁决;抵押或质押非货币资产变现(若自用应由相关评估部门评估价值);扣收保证金等。

(三)不存在协助债务人规避外汇管理规定的情况。

境外银行境内追索贷款等发生资产币种与回收币种本外币不匹配的,可委托境内关联行按本条规定代债务人结售汇。关联行包括具有总分行关系、母子行关系的银行;同属一家机构的分行或子行;同一银团贷款项下具有合作关系的银行等。

银行依法转让境内股权发生本外币不匹配的,可参照本条办理相应的结售汇业务。

第二十七条 银行经营外汇贷款等业务,因无法回收或转让债权造成银行损失的,银行应按照有关会计制度用外汇呆账准备金或等值人民币呆账准备金自行购汇冲抵。

第二十八条 银行若以外币计提营业税、利息税或其他税款,且需要结为人民币缴纳税务部门,应当自行审核并留存有关真实性单证后办理。属于银行自身应缴纳的税收,计入自身结售汇;属于依法代扣代缴的税收,计入代客结售汇。

第二十九条 不具备结售汇业务资格银行的自身结售汇业务,必须通过其他具备结售汇业务资格的银行办理;具备结售汇业务资格银行的自身结售汇业务,不得通过其他银行办理。

第四章 衍生产品业务管理

第三十条 银行应当提高自主创新能力和交易管理能力,建立完善的风险管理制度和内部控制制度,审慎开展与自身风险管理水平相适应的衍生产品交易。

第三十一条 银行对客户办理衍生产品业务,应当坚持实需交易原则。客户办理衍生产品业务具有对冲外汇风险敞口的真实需求背景,并且作为交易基础所持有的外汇资产负债、预期未来的外汇收支按照外汇管理规定可以办理即期结售汇业务。

第三十二条 与客户达成衍生产品交易前,银行应确认客户办理衍生产品业务符合实需交易原则,并获取由客户提供的声明、确认函等能够证明其真实需求背景的书面材料,内容包括但不限于:

(一)与衍生产品交易直接相关的基础外汇资产负债或外汇收支的真实性与合规性。

(二)客户进行衍生产品交易的目的或目标。

(三)是否存在与本条第一款确认的基础外汇资产负债或外汇收支相关的尚未结清的衍生产品交易敞口。

第三十三条 远期业务应遵守以下规定:

(一)远期合约到期时,银行应比照即期结售汇管理规定为客户办理交割,交割方式为全额结算,不允许办理差额结算。

(二)远期合约到期前或到期时,如果客户因真实需求背景发生变更而无法履约,银行在获取由客户提供的声明、确认函等能够予以证明的书面材料后,可以为客户办理对应金额的平仓或按照客户实际需要进行展期,产生的损益按照商业原则处理,并以人民币结算。

第三十四条 期权业务应遵守以下规定:

(一)银行可以基于普通欧式期权基础,为客户办理买入或卖出期权业务,以及包含两个或多个期权的期权组合业务,期权费币种为人民币。银行可以为客户的期权合约办理反向平仓、全额或差额结算,反向平仓和差额结算的货币为人民币。

(二)银行对客户办理的单个期权或期权组合业务的主要风险特征,应当与客户真实需求背景具有合理的相关度。期权合约行权所产生的客户外汇收支,不得超出客户真实需求背景所支持的实际规模。

第三十五条 外汇掉期业务应遵守以下规定:

(一)对于近端结汇/远端购汇的外汇掉期业务,客户近端结汇的外汇资金应为按照外汇管理规定可以办理即期结汇的外汇资金。

(二)对于近端购汇/远端结汇的外汇掉期业务,客户近端可以直接以人民币购入外汇,并进入经常项目外汇账户留存或按照规定对外支付;远端结汇的外汇资金应为按照外汇管理规定可以办理即期结汇的外汇资金。因经常项目外汇账户留存的外汇资金所产生的利息,银行可以为客户办理结汇。

(三)外汇掉期业务中因客户远端无法履约而形成的银行外汇敞口,应纳入结售汇综合头寸统一管理。

第三十六条 货币掉期业务应遵守以下规定:

(一)货币掉期业务的本金交换包括合约生效日和到期日两次均实际交换本金、两次均不实际交换本金、仅一次交换本金等形式。

(二)货币掉期业务中客户在合约生效日和到期日两次均实际交换本金所涉及的结汇或购汇,遵照外汇掉期业务的管理规定。对于一次交换本金所涉及的结汇或购汇,遵照实需交易原则,银行由此形成的外汇敞口应纳入结售汇综合头寸统一管理。

(三)货币掉期业务的利率由银行与客户按照商业

原则协商确定,但应符合中国人民银行的利率管理规定。

(四)货币掉期业务中银行从客户获得的外币利息应纳入本行外汇利润统一管理,不得单独结汇。

第三十七条 银行对客户办理衍生产品业务的币种、期限、价格等交易要素,由双方依据真实需求背景按照商业原则协商确定。

期权业务采用差额结算时,用于确定轧差金额使用的参考价应是境内真实、有效的市场汇率。

第三十八条 银行办理衍生产品业务的客户范围限于境内机构(暂不包括银行自身),个体工商户视同境内机构。

境内个人开展符合外汇管理规定的对外投资形成外汇风险敞口,银行可以按照实需交易原则为其办理衍生产品业务。

第三十九条 银行应当高度重视衍生产品业务的客户管理,在综合考虑衍生产品分类和客户分类的基础上,开展持续、充分的客户适合度评估和风险揭示。银行应确认客户进行衍生产品交易已获得内部有效授权及所必需的上级主管部门许可,并具备足够的风险承受能力。

对于虚构真实需求背景开展衍生产品业务、重复进行套期保值的客户,银行应依法终止已与其开展的交易,并通过信用评级等内部管理制度,限制此类客户后续开展衍生产品业务。

第四十条 银行开展衍生产品业务应遵守结售汇综合头寸管理规定,准确、合理计量和管理衍生产品交易头寸。银行分支机构办理代客衍生产品业务应由其总行(部)统一进行平盘、敞口管理和风险控制。

第四十一条 银行、境内机构参与境外市场衍生产品交易,应符合外汇管理规定。

第四十二条 国家外汇管理局组织银行等外汇市场参与者建立市场自律机制,完善衍生产品的客户管理、风险控制等行业规范,维护外汇市场公平竞争环境。

第五章 银行结售汇综合头寸管理

第四十三条 银行结售汇综合头寸按下列原则管理:

(一)法人统一核定。银行头寸按照法人监管原则统一核定,不对银行分支机构另行核定(外国银行分行除外)。

(二)限额管理。银行结售汇综合头寸实行正负区间限额管理。

(三)按权责发生制原则管理。银行应将对客户结售汇业务、自身结售汇业务和参与银行间外汇市场交易在交易订立日(而不是资金实际收付日)计入头寸。

(四)按周考核和监管。银行应按周(自然周)管理头寸,周内各个工作日的平均头寸应保持在外汇局核定限额内。

(五)头寸余额应定期与会计科目核对。对于两者之间的差额,银行可按年向外汇局申请调整。对于因汇率折算差异等合理原因导致的差额,外汇局可直接核准调整;对于因统计数据错报、漏报等其他原因导致的差额,外汇局可以核准调整,但应对银行违规的情况进行处理。

第四十四条 政策性银行、全国性银行以及在银行间外汇市场行使做市商职能的银行,由国家外汇管理局根据银行的结售汇业务规模和银行间市场交易规模等统一核定头寸限额,并按年度或定期调整。

第四十五条 第四十四条以外的银行由所在地外汇分局负责核定头寸限额,并按年度调整。

(一)上一年度结售汇业务量低于1亿美元,以及新取得结售汇业务资格的,结售汇综合头寸上限为5000万美元,下限为-300万美元。

(二)上一年度结售汇业务量介于1亿至10亿美元,结售汇综合头寸上限为3亿美元,下限为-500万美元。

(三)上一年度结售汇业务量10亿美元以上,结售汇综合头寸上限为10亿美元,下限为-1000万美元。

依照前述标准核定结售汇综合头寸上限无法满足银行实际需要的,可根据实际需要向外汇分局申请,外汇分局可适当提高上限。

第四十六条 国家外汇管理局因国际收支和外汇市场状况需要,对结售汇综合头寸限额临时调控的,应适用相关规定,暂停按照第四十四条、第四十五条核定的综合头寸限额。

第四十七条 新申请即期结售汇业务资格的银行(未开办人民币业务的外资银行除外),外汇局应同时核定其结售汇综合头寸限额。

已获得即期结售汇业务资格但新开办人民币业务的外资银行,应在经银监会批准办理人民币业务后30个工作日内向所在地外汇局申请核定银行结售汇综合头寸限额,申请时应提交银监会批准其办理人民币业务的许可文件。

第四十八条 银行主动申请停办结售汇业务或因违规经营被外汇局取消结售汇业务资格的,应在停办业务前将其结售汇业务综合头寸余额清零。

第四十九条 在境内有两家以上分行的外国银行,可由该外国银行总行或地区总部,授权一家境内分行(以下简称集中管理行),对境内各分行头寸实行集中管理。

(一)集中管理行及纳入集中管理的分支行,应在集中管理决定实施前10个工作日内分别向各自所在地外汇局报备。

(二)外国银行分行实行头寸集中管理后,境内所有分支行原有头寸纳入集中管理行的头寸管理,由集中管理行统一平盘和管理。若有新增外国银行分支行纳入头寸集中管理,集中管理行及新增分支行应在新增决定实施前10个工作日内分别向各自所在地外汇局报备。

(三)外国银行分行实行头寸集中管理后,按照第四十四条、第四十五条核定头寸限额并进行日常管理。其中,涉及业务数据测算的应使用该外国银行境内全部分支行的汇总数据。

(四)外国银行分行实行头寸集中管理后,若集中管理行和纳入集中管理的其他分支行均未开办人民币业务,则适用结售汇人民币专用账户的相关规定。若集中管理行已开办人民币业务,境内其他分支行尚未开办人民币业务,则未开办人民币业务的分支行仍适用结售汇人民币专用账户的相关规定,但其结售汇人民币专用账户余额应折算为美元以负值计入集中管理行的头寸。

第六章 附 则

第五十条 银行应按照国家外汇管理局的规定报送银行结售汇统计、衍生产品业务统计、银行结售汇综合头寸等相关报表和资料,具体统计报告制度另行规定。

第五十一条 各外汇分局应按年以电子邮件方式向国家外汇管理局报送《(地区)结售汇业务金融机构信息表》(附5)、《(地区)辖内金融机构结售汇综合头寸限额核定情况表》(见附6)。报送时间为每年1月底前。电子信箱为:manage@bop.safe。

第五十二条 挂牌汇价、未开办人民币业务的外资银行结售汇人民币专用账户等管理规定,由中国人民银行或国家外汇管理局另行规范。

第五十三条 银行办理结售汇业务违反本细则相关规定的,外汇局将依据《中华人民共和国外汇管理条例》等相关规定予以处罚。

第五十四条 非银行金融机构办理结售汇业务,参照本细则执行,国家外汇管理局另有规定的除外。

第五十五条 本细则自2015年1月1日起实施。

附件(略)

银行外汇业务合规与审慎经营评估办法

- 2019年5月15日
- 汇发〔2019〕15号

第一条 为激励银行认真贯彻和实施外汇管理规定,促进合规与审慎经营,维护金融体系稳定,根据《中华人民共和国外汇管理条例》和《银行办理结售汇业务管理办法》等相关规定,制定本办法。

第二条 国家外汇管理局及其分支局(以下简称外汇局)对银行外汇业务合规与审慎经营情况按年度进行评估。评估周期为上年10月1日至本年9月30日。

第三条 评估内容、方法和标准由国家外汇管理局统一制定。外汇局设立评估工作小组,负责具体实施评估工作。

第四条 评估内容及分值:

(一)合规经营评估

评估银行日常外汇业务依法合规经营情况,具体包括两类指标:

1. 一般性评估指标,用于评估银行各级机构执行外汇管理规定的情况。

2. 总行单独评估指标,用于评估银行总行(外国银行分行头寸集中管理行、主报告行、外债宏观审慎管理行等视为总行,下同)在拥有单独管理权的相关业务方面执行外汇管理规定的情况,以及对全系统执行外汇管理规定的内部控制管理情况等。

(二)审慎经营评估

评估银行外汇业务经营稳健性及其对我国跨境资本流动宏观风险的影响情况。审慎经营评估指标以银行全行为主体进行评估,不作为对银行分支机构的评估内容。

合规与审慎经营评估的具体指标与分值设置情况详见《银行外汇业务合规与审慎经营评估内容及评分标准》(见附表)。

第五条 外汇局以日常监管中所发现银行存在的问题作为依据,对各项评估指标进行评分。对于银行主动发现并能够及时纠正,且未造成不良后果的问题,不予扣分。

第六条 对于评估期内发现的历史违规问题,相关检查或核查人员应在银行确认后及时通知评估工作小组,由评估工作小组组织相关业务部门进行记录并判定是否计入该银行当期的评估成绩。

判定的标准为:评估期内以及上一评估期内发生的违规问题,计入该银行当期的评估成绩,同一违规问题不重复录入;其他评估期内发生的违规问题,不计入当期的评估成绩。

第七条 对于银行没有开办相应业务的评估指标,不予评估。为保持与开办相应业务银行的可比性,在计算此类银行总分值时,该评估项目的得分按照全国或同一地区内其他开办此项业务的银行在该项目上的平均分予以调整。

开办业务的判定标准为:取得业务资格的,认定为该业务已开办;未取得业务资格的,则认定为该业务未开办。

第八条 外汇局按法人和属地相结合方式对银行进行评估。

(一)政策性银行和全国性商业银行总行由国家外汇管理局负责。

(二)上述银行的分支机构、城市商业银行、农村商业银行、外商独资银行、中外合资银行、外国银行分行以及农村合作金融机构等,由所在地外汇局负责。

(三)外汇管理权限下放的,由所在地外汇局负责评估。

第九条 评估成绩汇总方式:

(一)最终评估得分计算

外汇局辖内的被评估银行为银行总行的,银行最终评估得分=合规经营评估指标汇总得分×(100-本评估期最终确定的审慎经营评估指标分值)%+审慎经营评估指标得分

外汇局辖内的被评估银行为分支机构的,银行最终评估得分=一般性评估指标得分

(二)合规经营评估指标得分计算

1. 合规经营评估指标汇总得分

合规经营评估指标汇总得分=一般性评估指标得分+总行单独评估指标得分

2. 一般性评估指标得分

一般性评估指标得分=∑一般性评估单项指标得分

一般性评估单项指标得分=(下级行1得分×下级行1国际收支申报笔数+下级行2得分×下级行2国际收支申报笔数+……)/(下级行1国际收支申报笔数+下级行2国际收支申报笔数+……)

对于上级管辖行和下级行共有的评估指标,将上级管辖行视为一家分支机构,与其他分支机构的得分一并汇总。

3. 总行单独评估指标得分

总行单独评估指标得分=∑总行单独评估单项指标得分

(三)审慎经营评估指标得分计算

为提高外汇管理有效性,国家外汇管理局将根据当期最新跨境资本流动风险状况,对审慎经营评估指标分值进行动态调整。具体情况将通过《银行外汇业务合规与审慎经营评估内容及评分标准》,或其他形式及时告知被评估银行。

第十条 外汇局根据银行最终评估得分,将被评估银行评定为 A、B+、B、B-、C 五类,并就银行外汇业务合规与审慎经营情况形成整体评估报告。在外汇局确定评级过程中,被评估银行存在影响评级结果公正性、严肃性行为的,最终评级结果为 C 类。

国家外汇管理局各分局、外汇管理部应于每年 10 月 31 日前,通过相关评估系统完成关于辖内被评估银行的评估信息录入、计算和提交工作,并于 11 月 30 日前向国家外汇管理局评估工作小组提交对辖内银行的年度评估报告。评估报告应包括但不限于以下内容:辖内银行外汇业务合规与审慎经营基本情况、评分及评级结果,评估中反映的主要问题等。

第十一条 外汇局应于每年 12 月 31 日前,将银行前一评估年度的评估结果和评定等级,以适当方式通知被评估银行,并视情况将银行外汇业务合规与审慎经营的整体评估情况予以公布。被评估银行应于次年 3 月 31 日前,结合年度评估结果向外汇局提交整改报告。

外汇局将综合考虑评估成绩与评定等级对银行进行监管,并将其作为判断银行是否享有外汇管理政策先行先试资格的重要参考。外汇局还将向中国人民银行、中国银行保险监督委员会提供年度评估成绩与评定等级结果,以供其在日常监管中参考。

第十二条 外汇局对银行进行评估,应及时将评估信息录入相关评估系统,同时留存相应业务记录。保留记录的期限为 24 个月。

第十三条 外汇局应在每个评估年度中期,向辖内银行通报评估中发现的问题。银行应根据通报情况及时制定整改措施并做好与外汇局的后续沟通。

第十四条 国家外汇管理局各业务部门应对下级外汇局的评估工作予以监督指导。

第十五条 新开设的银行自下一评估年度起参加评估。

第十六条 本办法由国家外汇管理局负责解释。

附表:银行外汇业务合规与审慎经营评估内容及评估标准(2019)(略)

境内银行涉外及境内收付凭证管理规定

- 2020 年 10 月 23 日
- 汇发〔2020〕17 号

第一章 总 则

第一条 为加强涉外资金流动统计监测,规范境内银行涉外及境内收付凭证的管理,根据《中华人民共和国外汇管理条例》《国际收支统计申报办法》制定本规定。

第二条 境内银行涉外收付凭证包括《境外汇款申请书》《对外付款/承兑通知书》和《涉外收入申报单》,境内收付凭证包括《境内汇款申请书》《境内付款/承兑通知书》和《境内收入申报单》。

第三条 境内银行的会计以及业务系统相关信息应与涉外及境内收付凭证所包含的信息保持一致。

第二章 涉外收付凭证管理

第四条 通过境内银行发生涉外付款或涉外收入的非银行机构和个人(以下简称申报主体),应根据具体业务填报《境外汇款申请书》《对外付款/承兑通知书》或《涉外收入申报单》。涉外付款和涉外收入的范围及涉外收付凭证的填报要求按照《国家外汇管理局关于印发〈通过银行进行国际收支统计申报业务实施细则〉的通知》(汇发〔2020〕16 号,以下简称《实施细则》)及配套业务指引的有关规定执行。

第五条 《境外汇款申请书》和《对外付款/承兑通知书》是申报主体通过境内银行办理涉外付款业务、国际收支统计申报的必要凭证,及办理经常和资本项目相关业务的重要凭证。

第六条 申报主体以汇款或内部转账方式通过境内银行办理涉外付款业务时,应当填报《境外汇款申请书》;以信用证、托收、保函等方式通过境内银行办理涉外付款业务时,应当填报《对外付款/承兑通知书》。

第七条 《涉外收入申报单》是申报主体通过境内银行收到涉外收入款项时办理国际收支统计申报的必要凭证,及办理经常和资本项目相关业务的重要凭证。

第八条 申报主体可通过境内银行填写涉外收付纸质凭证或者通过境内银行提供的电子凭证办理国际收支统计申报,也可通过"数字外管"平台互联网版办理涉外收入网上申报。凡为申报主体提供电子凭证方式办理涉外收付款业务的境内银行,应按照《实施细则》要求及本规定所确立的原则设置和管理涉外收付款业务的电子凭证界面及填报格式。使用电子凭证或通过"数字外管"平台互联网版进行国际收支统计申报,无需使用或打印留存涉外收付纸质凭证。境内银行及申报主体需妥善保管相关电子数据信息至少24 个月。

第三章 境内收付凭证管理

第九条 境内非银行机构和个人之间通过境内银行办理的外汇和部分人民币付款或收款,应填报《境内汇款申请书》《境内付款/承兑通知书》或《境内收入申报单》。具体的收付款申报范围及填报方法按照《国家外汇管理局关于发布〈金融机构外汇业务数据采集规范(1.2 版)〉的通知》(汇发〔2019〕1 号)等有关规定执行。

第十条 《境内汇款申请书》和《境内付款/承兑通知书》是境内非银行机构和个人分别以汇款方式和以信用证、托收、保函等方式通过境内银行办理上述第九条所涉境内付款业务的必要凭证。《境内收入申报单》是境内非银行机构和个人通过境内银行办理上述第九条所涉境内收入款项业务的必要凭证。

第十一条 境内银行、境内非银行机构和个人可比照本规定第八条提供或使用境内收付纸质凭证、电子凭证和"数字外管"平台互联网版,并妥善保管相关信息。

第四章 凭证印制

第十二条 国家外汇管理局负责境内银行涉外及境内收付凭证标准内容和格式(《境内银行涉外及境内收付凭证标准样式》,见附 1)的制定和修改。

第十三条 境内银行应按照《境内银行涉外及境内收付凭证印制要求及说明》(见附 2)印制相关的境内银行涉外及境内收付凭证,并提供给申报主体和办理相关境内收付款业务的境内非银行机构和个人使用。境内银行在参考国家外汇管理局关于涉外及境内收付凭证的标准样式,并确保涉外及境内收付基础信息、申报信息和管理信息完整的前提下,为适应业务发展和有关监管机构的要求,可适当调整凭证的内容和格式,同时应尽可能保持客户跨行办理业务的便利性。

第十四条 境内银行可根据自身业务需要,在涉外及境内收付凭证的规定联数后适当增加联次。银行自行增加的联次应与规定的纸张大小保持一致,增加联次的式样、条款内容、字体等应与前面联次一致。

第十五条 境内银行可在收付凭证的规定位置加印银行自身标识。该标识应与收付凭证的印制风格保持协调。

第十六条 境内银行全行系统内应使用统一格式的境内银行涉外及境内收付凭证,各银行总行应加强对系统内收付凭证的管理。

第五章 凭证备案

第十七条 境内银行按本规定制定的境内银行涉外及境内收付纸质或电子凭证应于制定完成之日起三十日内向国家外汇管理局或其分支局(以下简称外汇局)备案。如后续发生调整,银行应于调整完成之日起三十日内向外汇局备案。对于银行制定的涉外及境内收付凭证不符合本规定要求的,外汇局有权责成其改正。银行应及时按要求对相关收付凭证进行改正,并将改正后的收付凭证于改正完成之日起三十日内报外汇局备案。

第十八条 全国性中资银行应由其总行将涉外及境内收付凭证向国家外汇管理局备案,其分支行无需再向所在地国家外汇管理局分支局、外汇管理部(以下简称所在地外汇局)进行备案。

第十九条 城市商业银行、农村商业银行、农村合作金融机构等地方性银行以及外资银行(外商独资银行、中外合资银行、外国银行分行)应由其法人或外国银行分行境内牵头行将其涉外及境内收付凭证向所在地外汇局备案。

第二十条 境内银行所在地外汇局负责对辖内银行备案的涉外及境内收付凭证进行存档,无需再报送至国家外汇管理局。

第二十一条 国家外汇管理局各分局、外汇管理部应于每月初五个工作日内汇总辖内上月新增或调整的境内银行总行凭证备案情况,填写《境内银行凭证备案情况表》(见附3),并逐级报送至国家外汇管理局国际收支司,无新增或调整情况不需要报送。

第六章 附则

第二十二条 对于违反本规定的行为,由外汇局根据《中华人民共和国外汇管理条例》《国际收支统计申报办法》等法规进行处罚。

第二十三条 本规定由国家外汇管理局负责解释和组织实施。

第二十四条 本规定自发布之日起施行,境内银行已印制的涉外及境内收付凭证可继续使用。《国家外汇管理局关于印发〈境内银行涉外收付凭证管理规定〉的通知》(汇发〔2014〕19号)同时废止。

支付机构外汇业务管理办法

·2019年4月29日
·汇发〔2019〕13号

第一章 总则

第一条 为便利跨境电子商务结算,促进支付机构外汇业务健康发展,防范跨境资金流动风险,根据《中华人民共和国电子商务法》《中华人民共和国外汇管理条例》《非金融机构支付服务管理办法》等有关法律法规,制定本办法。

第二条 支付机构开展外汇业务适用本办法。

本办法所称支付机构外汇业务,是指支付机构通过合作银行为市场交易主体跨境交易提供的小额、快捷、便民的经常项下电子支付服务,包括代理结售汇及相关资金收付服务。

本办法所称市场交易主体,是指电子商务经营者、购买商品或服务的消费者(以下简称消费者)。

第三条 支付机构依据本办法办理贸易外汇收支企业名录登记(以下简称名录登记)后方可开展外汇业务。支付机构应遵循"了解客户""了解业务"及"尽职审查"原则,在登记的业务范围内开展经营活动。

第四条 支付机构应尽职核验市场交易主体身份的真实性、合法性。为市场交易主体办理的外汇业务应当具有真实、合法的交易基础,且符合国家有关法律法规,不得以任何形式为非法交易提供服务。支付机构应对交易的真实性、合法性及其与外汇业务的一致性进行审查。

第五条 银行应审慎选择合作支付机构,客观评估拟合作支付机构的外汇业务能力等,并对合作支付机构办理的外汇业务的真实性、合规性进行合理审核。未进行合理审核导致违规的,合作银行依法承担连带责任。合作银行可根据支付机构风险控制能力等情况在经登记的单笔交易限额内确定实际的单笔交易限额。合作银行要求支付机构提供必要相关信息的,支付机构应积极配合。

第六条 市场交易主体、支付机构及合作银行应遵守国家有关法律法规,不得以虚构交易、分拆等方式逃避监管。

第七条 国家外汇管理局及其分支机构(以下简称外汇局)依法对支付机构开展外汇业务进行监督管理。支付机构、合作银行及市场交易主体应予以配合。

第八条 支付机构及合作银行应依法履行反洗钱、反恐怖融资义务,依法维护市场交易主体合法权益,对市场交易主体身份和交易信息等依法严格保密。

第二章 登记管理

第九条 国家外汇管理局分局、外汇管理部(以下简称分局)负责支付机构名录登记管理。

第十条 支付机构申请办理名录登记,应具备下列条件:

(一)具有相关支付业务合法资质；

(二)具有开展外汇业务的内部管理制度和相应技术条件；

(三)申请外汇业务的必要性和可行性；

(四)具有交易真实性、合法性审核能力和风险控制能力；

(五)至少5名熟悉外汇业务的人员(其中1名为外汇业务负责人)；

(六)与符合第十一条要求的银行合作。

第十一条 支付机构应与具备下列条件的银行签约,并通过合作银行办理相关外汇业务:

(一)具有经营结售汇业务资格；

(二)具有审核支付机构外汇业务真实性、合规性的能力；

(三)至少5名熟悉支付机构外汇业务的人员；

(四)已接入个人外汇业务系统并开通相关联机接口。

支付机构应根据外汇业务规模等因素,原则上选择不超过2家银行开展合作。

第十二条 支付机构申请办理名录登记,应按照本办法向注册地分局提交下列申请材料:

(一)书面申请,包括但不限于公司基本情况(如治理结构、机构设置等)、合作银行情况、申请外汇业务范围及可行性研究报告、与主要客户的合作意向协议、业务流程、信息采集及真实性审核方案、抽查机制、风控制度模型及系统情况等；

(二)行业主管部门颁发的开展支付业务资质证明文件复印件、营业执照(副本)复印件、法定代表人有效身份证件复印件等；

(三)与银行的合作协议(包括但不限于双方责任与义务,汇率报价规则,服务费收取方式,利息计算方式与归属,纠纷处理流程,合作银行对支付机构外汇业务合规审核能力、风险管理能力以及相关技术条件的评估认可情况等)；

(四)外汇业务人员履历及其外汇业务能力核实情况；

(五)承诺函,包括但不限于承诺申请材料真实可信、按时履行报告义务、积极配合外汇局监督管理等。

如有其他有助于说明合规、风控能力的材料,也可提供。

第十三条 注册地分局应在支付机构提交合格完整申请材料之日起20个工作日内,为获准登记的支付机构出具正式书面文件,为其办理名录登记,并按规定公开许可结果,同时报备国家外汇管理局。

第十四条 支付机构名录登记的有效期为5年。期满后,支付机构拟继续开展外汇业务的,应在距到期日至少3个月前向注册地分局提出延续登记的申请。继续开展外汇业务应符合本办法第十条所列条件,并按照本办法第十二条提交材料。

违反《中华人民共和国行政许可法》相关规定,或行业主管部门终止支付机构支付业务,支付机构名录登记相应失效。

第十五条 支付机构变更下列事项之一的,应事前向注册地分局提出登记变更申请,并提供相关说明材料:

(一)业务范围或业务子项；

(二)合作银行；

(三)业务流程；

(四)风控方案；

(五)单笔交易金额限额(特定交易限额变更理由及相应风险控制措施)；

(六)交易信息采集及验证方案；

(七)公司外汇业务负责人。

注册地分局同意变更的,为支付机构办理登记变更,其有效期与原登记有效期一致。

支付机构变更公司名称、实际控制人或法定代表人等公司基本信息,应于变更后30日内向注册地分局报备。注册地分局需评估公司变更情况对持续经营外汇业务能力的影响。

第十六条 支付机构主动终止外汇业务,应在公司作出终止决定之日起5个工作日内向注册地分局提出注销登记申请及终止外汇业务方案。业务处置完毕后,外汇局注销其登记。

第十七条 支付机构办理名录登记,因隐瞒有关情况或提供虚假材料等未获批准的,自收到不予批准决定之日起1年内不得再次提出申请。

第三章 市场交易主体管理

第十八条 支付机构应尽职审核市场交易主体的真实性、合法性,并定期核验更新,相关材料(含电子影像等)留存5年备查。审核的市场主体信息原则上包括但不限于名称、国别、有效证件号码、联系方式等可校验身份的信息。

第十九条 支付机构应区分电子商务经营者和消费者,对市场交易主体进行管理,并建立健全市场交易主体管理制度。市场交易主体为境外主体的,支付机构应对其身份进行分类标识,相关外汇业务按现行有关规定办理。

第二十条 支付机构应建立市场交易主体负面清单管理制度,将拒绝服务的市场交易主体列入负面清单,并每月将负面清单及拒绝服务原因报合作银行,相关材料留存 5 年备查。

合作银行应建立支付机构服务的市场交易主体随机抽查机制,抽查情况留存备查。

第四章 交易审核

第二十一条 支付机构应制定交易信息采集制度,按照真实、可跟踪稽核、不可篡改原则采集交易信息,确保交易信息来源客观、可信、合法。交易信息原则上应包括商品或服务名称及种类、数量、交易币种、金额、交易双方及国别、订单时间等必要信息。

支付机构应建立交易信息验证及抽查机制,通过适当方式对采集的交易信息进行持续随机验证,可通过物流等信息进行辅助验证,相关资料留存 5 年备查。

第二十二条 支付机构为市场交易主体提供外汇服务时,应确保资金收付与交易在主体、项目、金额等方面一致,另有规定的除外。

第二十三条 对于违规风险较高的交易,支付机构应要求市场交易主体提供相关单证材料。不能确认交易真实合规的,应拒绝办理。相关材料留存 5 年备查。

第二十四条 支付机构外汇业务的单笔交易金额原则上不得超过等值 5 万美元。对于有真实、合法超限额需求的,支付机构应按照本办法第十五条向注册地分局提出登记变更申请。

第二十五条 支付机构应通过合作银行为市场交易主体办理结售汇及相关资金收付服务,并按照本办法要求实现交易信息的逐笔还原,除退款外不得办理轧差结算。支付机构应在收到资金之日(T)后的第 1 个工作日(T+1)内完成结售汇业务办理。

第二十六条 消费者可用人民币或自有外汇进行支付。消费者向支付机构划转外汇时,应向外汇划出银行提供包含有交易金额、支付机构名称等信息的交易真实性材料。外汇划出银行核对支付机构账户名称和金额后办理,并在交易附言中注明"支付机构外汇支付划转"。

第二十七条 支付机构应事前与市场交易主体就汇率标价、手续费、清算时间、汇兑损益等达成协议。支付机构应向市场交易主体明示合作银行提供的汇率标价,不得擅自调整汇率标价,不得利用汇率价差非法牟利。

第二十八条 支付机构应建立健全外汇业务风控制度和技术系统,设立外汇业务合规管理岗,并对制度和技术系统进行持续评估完善。

第二十九条 合作银行应对支付机构外汇业务真实性、合规性进行合理审核,建立业务抽查机制,随机抽查部分业务,并留存相关材料 5 年备查。

合作银行可要求支付机构及交易相关方就可疑交易提供真实合法的单证材料。不能确认交易真实合法,合作银行应拒绝办理。支付机构不配合合作银行审核或抽查,合作银行应拒绝为其办理外汇业务。

第五章 账户管理

第三十条 支付机构应按照外汇账户管理有关规定,在每家合作银行开立一个外汇备付金账户(一家合作银行的多个币种外汇备付金账户视作一个外汇备付金账户),账户名称结尾标注"PIA"(Payment Institute Account)。外汇备付金账户用于收付市场交易主体暂收待付的外汇资金。

第三十一条 支付机构为市场交易主体办理的外汇业务均应通过外汇备付金账户进行。同名外汇备付金账户之间可划转外汇资金。

第三十二条 支付机构应将外汇备付金账户资金与自有外汇资金严格区分,不得混用。外汇备付金账户不得提取或存入现钞。

支付机构自有外汇资金账户的开立、使用应遵循现行外汇管理规定。

第三十三条 支付机构和合作银行应建立外汇备付金信息核对机制,逐日核对外汇备付金的存放、使用、划转等信息,并保存核对记录。

第三十四条 支付机构外汇备付金账户纳入外汇账户管理信息系统管理,合作银行应及时按照规定将数据报送外汇局。

第三十五条 支付机构不得在境外开立外汇备付金账户,或将市场交易主体资金存放境外,另有规定的除外。

第六章 信息采集与报送

第三十六条 支付机构应根据本办法要求报送相关业务数据和信息,并保证数据的及时性、准确性、完整性和一致性。

第三十七条 支付机构应按照《通过银行进行国际收支统计申报业务实施细则》(汇发〔2015〕27 号印发)、《通过银行进行国际收支统计申报业务指引(2016 年版)》(汇发〔2016〕4 号印发)等国际收支申报相关规定,在跨境交易环节(即实际涉外收付款项时)对两类数据进行间接申报:一类是集中收付或轧差净额结算时支付机构的实际涉外收付款数据;另一类是逐笔还原集中收付或轧差净额结算前境内实际收付款机构或个人的原始收付款数据。

第三十八条 支付机构应按现行结售汇管理规定,在规定时间提供通过合作银行办理的逐笔购汇或结汇信息,合作银行应按照现行规定报送结售汇统计报表。个人项下结售汇业务,合作银行应根据支付机构的数据,在办理结售汇之日(T)后的第1个工作日(T+1)内对于单笔金额等值500美元(含)以下的区分币种和交易性质汇总后以支付机构名义逐笔录入个人外汇业务系统,对于单笔金额等值500美元以上的逐笔录入个人外汇业务系统。支付机构外汇业务项下的个人结售汇不计入个人年度结售汇便利化额度。

第三十九条 支付机构应妥善保存办理外汇业务产生的各类信息。客户登记有效期内应持续保存,客户销户后,相关材料和数据至少保存5年。

第四十条 支付机构应通过支付机构跨境支付业务报表系统于每月10日前向注册地分局报送客户外汇收支业务金额、笔数、外汇备付金余额等数据,并对每月累计外汇收支总额超过等值20万美元的及单笔交易金额超过等值5万美元的客户交易情况报送大额收支交易报告,如发现异常或高风险交易,应在采取相应措施后及时向合作银行及注册地分局报告。

第七章 监督与管理

第四十一条 支付机构开展外汇业务依法接受注册地与经营地分局的监管。注册地与经营地分局之间应加强监管协调。

第四十二条 外汇局依法要求支付机构和合作银行报送有关业务资料、对相关事项作出说明,支付机构和合作银行应积极配合,并及时提供相关材料。

第四十三条 支付机构有下列情形之一的,外汇局对其实施风险提示、责令整改、调整大额收支交易报告要求等措施:

(一)外汇业务管理制度和政策落实存在问题;
(二)交易真实性、合法性审核能力不足;
(三)外汇备付金管理存在风险隐患;
(四)不配合合作银行审核、核查;
(五)频繁变更外汇业务高级管理人员;
(六)其他可能危及支付机构稳健运行、损害客户合法权益或危害外汇市场的情形。

第四十四条 银行有下列情形之一的,外汇局责令整改:

(一)审核支付机构外汇业务真实合规性能力不足;
(二)外汇备付金账户管理存在风险隐患;
(三)发现异常情况未督促支付机构改正;
(四)支付机构外汇业务出现重大违规或纵容支付机构开展违规交易;
(五)其他可能损害客户合法权益或危害外汇市场的情形。

第四十五条 支付机构以欺骗等不正当手段获取名录登记,外汇局依法撤销其登记,该支付机构自被撤销名录登记之日起3年内不得再次提出登记申请。

第八章 罚 则

第四十六条 支付机构、银行有下列情形之一的,外汇局依法责令整改、暂停相关业务进行整顿,并依照《中华人民共和国外汇管理条例》进行处罚:

(一)支付机构未按规定审核外汇业务真实性、合规性;
(二)银行未按规定审核支付机构外汇业务真实性、合规性;
(三)银行未按规定办理结汇、售汇业务;
(四)未按规定报送相关数据;
(五)违反相关外汇账户管理规定;
(六)不配合外汇局监督管理、检查核查;
(七)其他违规行为。

支付机构存在未经名录登记或超过登记范围开展外汇业务等违规行为,外汇局将依法实施调整、注销名录登记等措施。

第四十七条 外汇局依法将违规情况向社会通报。涉嫌犯罪的,依法移送公安机关,追究刑事责任。

第九章 附 则

第四十八条 本办法所称外汇备付金,是指支付机构为办理市场交易主体委托的外汇支付业务而实际收到的暂收待付外汇资金。

第四十九条 支付机构自身外汇业务按照一般企业外汇管理有关规定办理。

第五十条 外汇局可根据形势变化及业务发展等情况对本办法中的相关金额标准进行调整。

第五十一条 本办法由国家外汇管理局负责解释。

个人财产对外转移售付汇管理暂行办法

· 2004年11月8日中国人民银行公告〔2004〕第16号公布
· 自2004年12月1日起施行

第一条 为便利和规范个人财产对外转移行为,根据《中华人民共和国外汇管理条例》、《中华人民共和国国务院令第412号》及其他法律、法规的有关规定,特制定本办法。

第二条 本办法所称个人财产对外转移包括移民财产转移(以下简称移民转移)和继承财产转移(以下简称继承转移)。移民转移是指从中国内地移居外国,或者赴香港特别行政区、澳门特别行政区及台湾地区定居的自然人(以下简称移民),将其在取得移民身份之前在中国境内拥有的合法财产变现,通过外汇指定银行购汇和汇出境外的行为。继承转移是指外国公民或香港特别行政区、澳门特别行政区及台湾地区居民(以下简称继承人)将依法在中国境内继承的遗产变现将依法继承的境内遗产变现,通过外汇指定银行购汇和汇出境外的行为。

第三条 申请人申请对外转移的财产应是本人所有的合法财产,且不得与第三人有权益的争议且不得与他人有权益的争议。

第四条 国家外汇管理局及其分、支局支机构(以下统称外汇局以下简称外汇局)负责个人财产对外转移的外汇管理工作。

第五条 申请人办理移民转移需向移民原户籍所在地外汇管理分局、外汇管理部(以下简称所在地外汇局)申请;申请人办理继承转移需向被继承人生前户籍所在地外汇局申请。申请人所在地国家外汇管理局中心支局可以代为接受申请材料。

第六条 移民转移必须一次性申请拟转移出境的全部财产金额,分步汇出。首次可汇出金额不得超过全部申请转移财产的一半;自首次汇出满一年后,可汇出不超过剩余财产的一半;自首次汇出满两年后,可汇出全部剩余财产。(对于金额较小的移民转移,经批准后可一次性汇出。)全部申请转移财产在等值人民币20万元以下(含20万元)的,经批准后可一次性汇出。

从同一被继承人继承的全部财产变现后拟转移出境的,必须一次性申请,可一次或分次汇出。继承人从不同被继承人处继承的财产应分别申请,分别汇出。

第七条 申请财产对外转移,可由本人办理,也可委托他人办理。委托他人办理的,需提交由申请人与受托人签订的委托代理协议。

第八条 申请人申请办理移民转移,需向所在地外汇局提交以下材料:

(一)书面申请。内容包括:申请移民转移的原因;财产收入来源和财产变现的详细说明等。

(二)由申请人本人签名的《移民财产对外转移申请人情况表》。

(三)由申请人或其代理人签名的《个人财产对外转移外汇业务申请表》。

(四)申请人身份证明文件。

移居外国的,应当提供公安机关出具的中国户籍注销证明和中国驻外使领馆出具或认证的申请人在国外定居证明。

赴香港特别行政区或者澳门特别行政区定居的,应提交公安机关出具的内地户籍注销证明、香港特别行政区或者澳门特别行政区的居民身份证以及回乡证或者特区护照。

(五)申请人财产权利证明文件。如房屋产权证复印件、房地产买卖契约或拆迁补偿安置协议书、存款证明以及其他证明文件。

(六)申请转移财产所在地或收入来源地主管税务机关开具的税收证明或完税凭证。

(七)外汇局要求提供的其他资料。

委托他人办理的,还需提供委托代理协议和代理人身份证明。

委托代理协议、相关财产权利证明应当按照国家有关公证的规定进行公证。

申请人办理第二次(包括第二次)以后资金汇出的,需提交所在地外汇局向申请人出具的批准复函、申请人前一次办理汇出时所在地外汇局核发的《资本项目外汇业务核准件》(以下简称"核准件"),向原批准地外汇局申请购汇、汇出核准。委托他人办理的,还需提供代理人身份证明文件和经公证的委托代理协议。

委托他人办理的,还需提供委托代理协议和代理人身份证明。

委托代理协议、相关财产权利证明,未经公证的,应当进行公证。

第九条 申请人申请办理继承转移,需向所在地外汇局提交以下材料:

(一)书面申请。内容包括:申请继承转移的原因;申请人与被继承人之间的关系;被继承人财产来源和变现的详细书面说明等。

(二)由申请人或其代理人签名的《个人财产对外转

移外汇业务申请表》。

(三)申请人身份证明文件。

申请人为外国公民的,应当提供中国驻外使领馆出具或认证的申请人在国外定居证明;申请人为香港特别行政区、澳门特别行政区居民的,应提供香港特别行政区或者澳门特别行政区的居民身份证以及回乡证或护照。

(四)申请人获得继承财产的证明文件。

(五)被继承人财产权利证明文件和被继承人财产所在地主管税务机关开具的税收证明或完税证明或凭证。

(六)外汇局要求提供的其他资料。

委托他人办理的还需提供委托代理协议和代理人身份证明。

委托代理协议、继承人获得继承财产的证明文件、被继承人财产权利证明文件,未经公证的,应当进行公证。

第十条 申请财产对外转移总金额在等值人民币50万元以下(含50万元)的,由所在地外汇局审批。经批准后,所在地外汇局向申请人出具批准复函和核准件,申请人持核准件到当地外汇指定银行办理购付汇手续。

超过上述金额的,由所在地外汇局初审后,报国家外汇管理局审批。所在地外汇局凭国家外汇管理局的批准文件,向申请人出具批准复函和核准件,申请人持核准件到当地外汇指定银行办理购付汇手续。

第十一条 外汇指定银行办理售汇后,应直接将外汇汇往移民或继承人居住国或地区申请人本人的账户,不得在境内提取外币现钞。

第十二条 司法、纪检监察等部门依法限制对外转移的财产的对外转移申请,外汇局不予受理。

涉及国内刑事、民事诉讼案件的财产对外转移申请,在案件审结前,外汇局不予受理。

涉及国内刑事、民事案件人员的近亲属申请对外转移财产,应提供案件管辖机关出具的该财产与案件无关的证明。

法律规定不得对外转移的财产、不能证明合法来源财产等的对外转移申请,外汇局不予受理。

第十三条 申请人通过提供虚假材料、以同一财产重复提出申请等手段非法套取外汇或者骗购外汇对外转移财产的,外汇局按照《中华人民共和国外汇管理条例》第四十条的规定给予处罚。

外汇指定银行未按照本办法办理个人财产对外转移的售汇、付汇业务的,外汇局按照《中华人民共和国外汇管理条例》有关规定给予处罚。

第十四条 从中国内地大陆赴台湾地区定居的自然人的有关财产转移,或台湾地区居民继承内地财产的对外转移,比照适用本办法。

申请人身份证明文件,系指公安机关出具的大陆户籍注销证明、大陆居民往来台湾通行证、台湾居民往来大陆通行证、在台湾地区居住的有效身份证明和其他出入境证件。

第十五条 本办法由中国人民银行负责解释。

第十六条 本办法自2004年12月1日起施行。

中国人民银行关于银行间外汇市场交易汇价和银行挂牌汇价管理有关事项的通知

·2014年7月1日
·银发〔2014〕188号

上海总部,各分行、营业管理部,各省会(首府)城市中心支行,各副省级城市中心支行;国家外汇管理局各省、自治区、直辖市分局、外汇管理部,深圳、大连、青岛、厦门、宁波市分局,各中资外汇指定银行;中国外汇交易中心:

为进一步完善人民币汇率市场化形成机制,现就银行间外汇市场交易汇价和银行挂牌汇价管理有关事项通知如下:

一、中国人民银行授权中国外汇交易中心于每个工作日上午9:15对外公布当日人民币对美元、欧元、日元、港币、英镑、马来西亚林吉特、俄罗斯卢布、澳大利亚元、加拿大元和新西兰元汇率中间价,作为当日银行间即期外汇市场(含询价交易方式和撮合方式)交易汇率的中间价。中国人民银行授权中国外汇交易中心公布的当日汇率中间价适用于该中间价发布后到下一个汇率中间价发布前。

二、人民币对美元汇率中间价的形成方式为:中国外汇交易中心于每日银行间外汇市场开盘前向银行间外汇市场做市商询价,并将做市商报价作为人民币对美元汇率中间价的计算样本,去掉最高和最低报价后,将剩余做市商报价加权平均,得到当日人民币对美元汇率中间价,权重由中国外汇交易中心根据报价方在银行间外汇市场的交易量及报价情况等指标综合确定。

三、人民币对欧元、港币和加拿大元汇率中间价由中国外汇交易中心分别根据当日人民币对美元汇率中间价与上午9:00国际外汇市场欧元、港币和加拿大元对美元汇率套算确定。人民币对日元、英镑、澳大利亚元、新西兰元、马来西亚林吉特和俄罗斯卢布汇率中间价由中国外汇交易中心根据每日银行间外汇市场开盘前银行间外汇市场相应币种的直接交易做市商报价平均得出。

四、每日银行间即期外汇市场人民币对美元的交易价可在中国外汇交易中心对外公布的当日人民币对美元汇率中间价上下2%的幅度内浮动。人民币对欧元、日元、港币、英镑、澳人利亚元、加拿大元和新西兰元交易价在中国外汇交易中心公布的人民币对该货币汇率中间价上下3%的幅度内浮动。人民币对马来西亚林吉特、俄罗斯卢布交易价在中国外汇交易中心公布的人民币对该货币汇率中间价上下5%的幅度内浮动。人民币对其他非美元货币交易价的浮动幅度另行规定。

五、银行可基于市场需求和定价能力对客户自主挂牌人民币对各种货币汇价，现汇、现钞挂牌买卖价没有限制，根据市场供求自主定价。银行应建立健全挂牌汇价的内部管理制度，有效防范风险，避免不正当竞争。

六、本通知自发布之日起施行。《中国人民银行关于银行间外汇市场交易汇价和外汇指定银行挂牌汇价管理有关事项的通知》(银发〔2005〕183号)、《中国人民银行关于进一步改善银行间外汇市场交易汇价和外汇指定银行挂牌汇价管理的通知》(银发〔2005〕250号)、《中国人民银行关于银行间外汇市场交易汇价和外汇指定银行挂牌汇价管理有关问题的通知》(银发〔2010〕325号)同时废止，中国人民银行和国家外汇管理局其他文件中涉及银行间外汇市场交易汇价和银行挂牌汇价管理规定的有关事项以本通知为准。

国家外汇管理局关于调整金融机构进入银行间外汇市场有关管理政策的通知

- 2014年12月5日
- 汇发〔2014〕48号

国家外汇管理局各省、自治区、直辖市分局、外汇管理部，深圳、大连、青岛、厦门、宁波市分局，各全国性银行：

为进一步简政放权，丰富市场参与主体，促进外汇市场发展，根据《中华人民共和国外汇管理条例》，现就调整境内金融机构进入银行间外汇市场有关管理政策通知如下：

一、境内金融机构经国家外汇管理局批准取得即期结售汇业务资格和相关金融监管部门批准取得衍生产品交易业务资格后，在满足银行间外汇市场相关业务技术规范条件下，可以成为银行间外汇市场会员，相应开展人民币对外汇即期和衍生产品交易，国家外汇管理局不实施银行间外汇市场事前入市资格许可。金融机构应将本机构在银行间外汇市场进行人民币对外汇即期和衍生产品交易的内部操作规程和风险管理制度送中国外汇交易中心(以下简称交易中心)备案。

二、金融机构在银行间外汇市场开展人民币对外汇交易，应基于对冲代客和自身结售汇业务风险、在结售汇综合头寸限额内开展做市和自营交易、从事付息实走自身套期保值等需要，并遵守银行间外汇市场交易、清算、信息等法规、规则及有关金融监管部门的规定。

三、经银行业监督管理部门批准设立的货币经纪公司(含分支机构)，可以在银行间外汇市场开展人民币对外汇衍生产品交易、外汇对外汇交易、外汇拆借等外汇管理规定的外汇经纪业务，国家外汇管理局不实施事前资格许可。货币经纪公司开展外汇经纪业务，应遵守银行间外汇市场有关法规、规则。

四、交易中心和银行间市场清算所股份有限公司(以下简称上海清算所)应根据本通知要求，相应调整有关业务规则及系统，做好技术支持与服务工作。交易中心和上海清算所负责银行间人民币对外汇交易、清算的日常监控工作，发现异常交易、清算情况应及时向国家外汇管理局报告。

五、金融机构应遵守职业操守和市场惯例，促进外汇市场自律管理和规范发展。

六、本通知自2015年1月1日起实施。《国家外汇管理局关于中国银行在银行间外汇市场开展人民币与外币掉期交易有关问题的批复》(汇复〔2006〕61号)、《国家外汇管理局关于推出人民币对外汇期权交易有关问题的通知》(汇发〔2011〕8号)、《国家外汇管理局关于调整银行间外汇市场部分业务管理的通知》(汇发〔2012〕30号)、《国家外汇管理局关于调整人民币外汇衍生产品业务管理的通知》(汇发〔2013〕46号)同时废止，其他文件中涉及银行间外汇市场准入管理规定的有关事项以本通知为准。

国家外汇管理局各分局、外汇管理部接到本通知后，应即转发辖内金融机构。

特此通知。

内地与香港利率互换市场互联互通合作管理暂行办法

- 2023年4月28日中国人民银行公告〔2023〕第8号公布
- 自2023年4月28日起施行

第一条 为规范开展内地与香港利率互换市场互联互通合作相关业务，保护境内外投资者合法权益，维护利率互换市场秩序，根据《中华人民共和国中国人民银行法》《中华人民共和国期货和衍生品法》和其他有关法律、行政法规，制定本办法。

第二条 本办法所称"互换通"是指，境内外投资者通过香港与内地基础设施机构连接，参与香港金融衍生品市场和内地银行间金融衍生品市场的机制安排。

本办法适用于"北向互换通"，即香港及其他国家和地区的境外投资者（以下简称境外投资者）经由香港与内地基础设施机构之间在交易、清算、结算等方面互联互通的机制安排，参与内地银行间金融衍生品市场。

"南向互换通"有关规定另行制定。

第三条 "北向互换通"遵循内地与香港市场现行法律法规，相关交易、清算、结算活动遵守交易、清算、结算发生地的监管规定及业务规则。本办法另有规定的除外。

第四条 符合中国人民银行要求并完成银行间债券市场准入备案的境外机构投资者，可以通过"北向互换通"参与内地银行间金融衍生品市场，开展以风险管理为目的的衍生品交易。

第五条 参与"北向互换通"的境内投资者应当是具有较强定价、报价和风险管理能力，具备良好国际声誉，具备支持开展"北向互换通"报价交易的业务系统和专业人才队伍的境内金融机构法人。境内投资者开展"北向互换通"业务前，应当与中国人民银行认可的境内电子交易平台（以下简称境内电子交易平台）签署"互换通"报价商协议。

第六条 境内外投资者开展"北向互换通"交易，可以与交易对手签署经中国人民银行认可的主协议或其他协议。境内投资者应当就协议签署情况进行备案。

第七条 "北向互换通"初期可交易品种为利率互换产品。"北向互换通"利率互换的报价、交易及结算币种为人民币。

第八条 境外投资者可通过中国人民银行认可的境外电子交易平台（以下简称境外电子交易平台）与境内电子交易平台的连接，向境内电子交易平台发送交易指令。

"北向互换通"交易在境内电子交易平台达成，交易一经达成即视为交易已完成确认。存续合约的转让应当通过境内电子交易平台开展，中国人民银行另有规定的除外。

第九条 中国人民银行认可的中央对手方清算机构（以下简称境内清算机构）和香港证券及期货事务监察委员会（以下简称香港证监会）认可的结算所（以下简称境外清算机构）通过清算机构互联互通，共同向境内外投资者提供清算、结算服务。

境内电子交易平台应当及时将适用集中清算的交易结果发送至境内外清算机构进行清算、结算。境内清算机构应当及时通过境内电子交易平台向境内外投资者反馈交易是否已进入集中清算。被境内外清算机构拒绝进入集中清算的交易，应当根据交易双方在交易达成前在境内电子交易平台的约定进行处置。

第十条 境内清算机构和境外清算机构共同进行集中清算交易的跨境资金结算。其中，境外清算机构负责境外参与者的资金结算，境内清算机构负责境内参与者的资金结算和境外清算机构的跨境资金结算。跨境资金支付主要通过人民币跨境支付系统办理。

第十一条 境内外清算机构之间建立中央对手方清算机构互联，根据金融市场基础设施原则要求及各自中央对手清算风险管理制度分别管理境内、境外两端清算参与者风险，并共同管理相互之间的净额风险，其中包括建立特殊风险准备资源覆盖境内外任一清算机构违约场景下的潜在损失，建立相应违约处置安排控制溢出风险。

任一清算机构违约的，另一清算机构应当按照业务规则及双方之间的清算协议动用风险准备资源完成对违约清算机构的违约处置。守约清算机构可就使用的自有及由其清算参与者出资的风险准备资源向违约清算机构进行追偿。

第十二条 "北向互换通"实行额度管理，并根据市场情况适时调整。

第十三条 境内外投资者和相关金融市场基础设施应当向中国人民银行认可的交易报告库报告"北向互换通"交易相关数据，并妥善保存所有交易相关数据、交流信息记录等。

境内外投资者通过境内电子交易平台达成交易的，可由境内电子交易平台代为报告。境内电子交易平台为中国人民银行认可的交易报告库的，无需另行报告。

第十四条 境内外电子交易平台和境内外清算机构应当及时、准确、完整地记录并传输交易、清算等数据，根据法律法规、"北向互换通"相关的监管要求和业务规则规范使用境内外投资者"北向互换通"数据。

境内清算机构等有汇报责任的机构应当及时、准确、完整地向人民币跨境收付信息管理系统（RCPMIS）报送跨境人民币收支信息。境内清算机构、境内投资者等相关主体应当按照《国际收支统计申报办法》及有关规定，进行国际收支统计申报。

第十五条　境内外电子交易平台和清算机构应当共同对"北向互换通"相关交易、清算活动进行监测，监控跨境异常交易行为。境内电子交易平台履行交易监测职能，境内清算机构履行清算监测职能，境外电子交易平台、境外清算机构应当配合内地基础设施机构开展市场监测。

境外投资者应当强化风险意识，健全风险管理，配合境内电子交易平台开展市场监测，防范交易风险。

第十六条　境外投资者可使用自有人民币或外汇参与"北向互换通"交易和清算。使用外汇参与交易和清算的，可在香港人民币业务清算行及香港地区经批准可进入境内银行间外汇市场进行交易的境外人民币业务参加行（以下统称香港结算行）办理外汇资金兑换。香港结算行由此所产生的头寸可到境内银行间外汇市场平盘。使用外汇参与交易的，其交易到期或不再继续参与的，原则上应当通过香港结算行兑换回外汇。境外投资者应当在一家香港结算行开立人民币资金账户，用于办理"北向互换通"下的资金汇兑和结算业务。

第十七条　"北向互换通"下的资金兑换纳入人民币购售业务管理。香港结算行应当遵守反洗钱和反恐怖融资、人民币购售业务等相关规定，履行反洗钱和反恐怖融资、真实性审核、信息统计和报送等义务，并对境外投资者的自有人民币和购售人民币以适当方式进行分账。

香港结算行在境内银行间外汇市场平盘头寸时，应当确保与其相关的境外投资者在本机构的资金兑换，是基于"北向互换通"下的真实合理需求。

第十八条　中国人民银行依法对"北向互换通"进行监督管理，并与香港证监会、香港金融管理局及其他有关国家或地区的相关监督管理机构建立监管合作安排，共同维护投资者跨境投资的合法权益，加强反洗钱监管。

中国人民银行会同国家外汇管理局依法对"北向互换通"下人民币购售业务、资金汇出入、信息统计和报送等实施监督管理，并与香港证监会、香港金融管理局及其他有关国家或地区的相关监督管理机构加强跨境监管合作，防范利用"北向互换通"进行违法违规套利套汇等活动。

中国人民银行及相关监管部门有权调取境外投资者交易、清算等与"北向互换通"投资活动相关的数据。

第十九条　对违反法律法规、本办法以及内地银行间债券市场、银行间外汇市场等有关规定的，中国人民银行会同国家外汇管理局依法采取监督管理措施；依法应予行政处罚的，依照《中华人民共和国中国人民银行法》《中华人民共和国期货和衍生品法》《中华人民共和国外汇管理条例》等法律法规进行处罚；涉嫌犯罪的，移送司法机关依法追究刑事责任。

第二十条　境内电子交易平台和境内清算机构应当依据本办法制定"北向互换通"相关业务规则。

第二十一条　中国人民银行将根据市场发展情况，对"互换通"有关交易清算结算等安排进行调整。

第二十二条　本办法由中国人民银行负责解释。

第二十三条　本办法自2023年4月28日起施行。

境外机构投资者投资中国债券市场资金管理规定

- 2022年11月10日
- 银发〔2022〕258号

第一条　为支持和规范境外机构投资者投资中国债券市场，根据《中华人民共和国中国人民银行法》《中华人民共和国外汇管理条例》等相关法律法规，制定本规定。

第二条　本规定所称境外机构投资者是指符合《中国人民银行 中国证券监督管理委员会 国家外汇管理局公告》（〔2022〕第4号）规定，通过多级托管、结算代理等模式直接投资中国债券市场的境外机构。

第三条　本规定所称中国债券市场包括中国境内银行间债券市场和交易所债券市场。

第四条　境外机构投资者可自主选择汇入币种投资中国债券市场。鼓励境外机构投资者投资中国债券市场使用人民币跨境收付，并通过人民币跨境支付系统（CIPS）完成跨境人民币资金结算。

第五条　境外机构投资者的境内托管人（以下简称托管人）、结算代理人等应按本规定相关要求代境外机构投资者办理有关事项。

第六条　中国人民银行、国家外汇管理局及其分支机构依法对境外机构投资者投资中国债券市场涉及的账户、资金收付及汇兑等实施监督管理和检查。

第七条　国家外汇管理局对境外机构投资者投资中国债券市场资金实行登记管理。

境外机构投资者应在取得相关金融监管部门出具的中国债券市场投资备案通知书或其他同等效力文件后10个工作日内，指定托管人或结算代理人凭上述文件通过国家外汇管理局资本项目信息系统(以下简称资本项目信息系统)代境外机构投资者办理登记。

第八条 托管人或结算代理人应凭在资本项目信息系统生成的业务登记凭证,为境外机构投资者开立中国债券市场投资专用资金(人民币或/和外汇)账户(以下简称债券市场资金专户)。

债券市场资金专户的收入范围是:境外机构投资者从境外汇入的本金和相关税费(税款、托管费、审计费、管理费等),出售债券所得价款,债券到期收回的本金、利息收入,符合规定的债券和外汇衍生产品交易相关资金划入,境内办理结售汇相关资金划入,同名债券市场资金专户内资金相互划转,同名合格境外机构投资者(QFII)/人民币合格境外机构投资者(RQFII)境内专用账户内资金划入,以及符合中国人民银行和国家外汇管理局规定的其他收入。

债券市场资金专户的支出范围是:支付债券交易价款和相关税费,投资本金、收益汇出境外,符合规定的债券和外汇衍生产品交易相关资金划出,境内办理结售汇相关资金划出,同名债券市场资金专户内资金相互划转,同名QFII/RQFII境内专用账户内资金划出,以及符合中国人民银行和国家外汇管理局规定的其他支出。

债券市场资金专户内的资金不得用于投资中国债券市场以外的其他用途。

第九条 境外机构投资者名称、托管人或结算代理人等重要信息发生变更的,应由相关托管人或结算代理人代境外机构投资者在资本项目信息系统办理变更登记。

境外机构投资者退出中国债券市场并关闭相关资金账户的,应在关闭相关资金账户后30个工作日内通过托管人或结算代理人代境外机构投资者办理注销登记。

第十条 同一境外机构投资者的QFII/RQFII境内专用账户内资金与债券市场资金专户内资金可在境内直接双向划转并用于境内证券投资,后续交易及资金使用、汇兑等遵循划转后渠道的相关管理要求。

第十一条 境外机构投资者投资中国债券市场汇出与汇入资金币种原则上应保持一致,不得进行人民币与外币之间的跨币种套利。同时汇入"人民币+外币"进行投资的,累计汇出外币金额不得超过累计汇入外币金额的1.2倍(投资清盘汇出除外)。长期投资中国债券市场的,上述比例可适当放宽。

第十二条 境外机构投资者可按套期保值原则开展境内人民币对外汇衍生产品交易,管理投资中国债券市场所产生的外汇风险敞口。

第十三条 境外银行类机构投资者可选择下列一种渠道开展即期结售汇和外汇衍生产品交易:

(一)作为客户与托管人、结算代理人或境内其他金融机构直接交易。

(二)申请成为中国外汇交易中心(以下简称外汇交易中心)会员直接进入银行间外汇市场交易。

(三)申请成为外汇交易中心会员通过主经纪业务进入银行间外汇市场交易。

第十四条 境外非银行类机构投资者可选择下列一种渠道开展即期结售汇和外汇衍生产品交易:

(一)作为客户与托管人、结算代理人或境内其他金融机构直接交易。

(二)申请成为外汇交易中心会员通过主经纪业务进入银行间外汇市场交易。

第十五条 境外机构投资者选择本规定第十三条第一项、第十四条第一项规定的渠道的,如需在托管人或结算代理人以外的其他境内金融机构开立专用外汇账户,可凭业务登记凭证办理。该专用外汇账户专项用于办理即期结售汇和外汇衍生产品交易项下的资金交割、损益处理、保证金管理等,跨境资金收付应统一通过债券市场资金专户办理。

第十六条 境外机构投资者选择第十三条第一项、第十四条第一项规定的渠道开展外汇衍生产品交易的,应自行或通过托管人、结算代理人将金融机构名单事先向外汇交易中心备案;调整金融机构的,应事先向外汇交易中心备案。

第十七条 境外机构投资者开展外汇衍生产品交易应遵照以下规定:

(一)外汇衍生产品敞口与外汇风险敞口具有合理的相关度。外汇风险敞口包括债券投资的本金、利息以及市值变化等。

(二)当债券投资发生变化而导致外汇风险敞口变化时,在5个工作日内或下月初5个工作日内对相应持有的外汇衍生产品敞口进行调整。

(三)根据外汇风险管理的实际需要,可灵活选择展期、反向平仓、全额或差额结算等交易机制,并以人民币或外币结算损益。

(四)首次开展外汇衍生产品交易前,境外机构投资者应向境内金融机构或外汇交易中心提交遵守套期保值原则的书面承诺。

第十八条 托管人或结算代理人在为境外机构投资

者办理资金汇出汇入时，应对相应的资金收付进行真实性与合规性审查，并切实履行反洗钱和反恐怖融资等义务。境外机构投资者应配合托管人或结算代理人履行上述责任，并向托管人或结算代理人提供真实完整的资料和信息。

第十九条 托管人、结算代理人、相关境内金融机构等应按照《人民币银行结算账户管理办法》（中国人民银行令〔2003〕第5号发布）、《人民币跨境收付信息管理系统管理办法》（银发〔2017〕126号文印发）、《中国人民银行办公厅关于完善人民币跨境收付信息管理系统银行间业务数据报送流程的通知》（银办发〔2017〕118号）等相关规定，报送境外机构投资者相关信息数据。

境外机构投资者、托管人、结算代理人、相关境内金融机构等应按照《通过银行进行国际收支统计申报业务实施细则》（汇发〔2022〕22号文印发）、《通过银行进行国际收支统计申报业务指引（2019版）》（汇发〔2019〕25号文印发）、《对外金融资产负债及交易统计制度》（汇发〔2021〕36号文印发）、《国家外汇管理局关于发布〈金融机构外汇业务数据采集规范（1.3版）〉的通知》（汇发〔2022〕13号）等相关规定，报送相关信息数据。

第二十条 境内金融机构依照本规定第十三条第一项、第十四条第一项规定的渠道为境外机构投资者办理即期结售汇的，按照对客户即期结售汇业务向国家外汇管理局履行统计和报告义务；依照本规定第十三条第二项、第三项、第十四条第二项规定的渠道为境外机构投资者办理即期结售汇，按照银行间外汇市场交易进行统计。

境内金融机构依照本规定第十三条第一项、第十四条第一项规定的渠道为境外机构投资者办理外汇衍生产品业务的，应遵守以下规定：

（一）按照外汇交易中心规定每日报送境外机构投资者外汇衍生产品交易信息。

（二）作为对客户外汇衍生产品业务向国家外汇管理局履行统计和报告义务。

境外机构投资者选择银行间外汇市场直接入市模式或主经纪模式开展外汇衍生产品交易的，应按照外汇交易中心规定报送有关交易信息。

境内金融机构依照本规定第十三条第一项、第十四条第一项规定的渠道为境外机构投资者办理即期结售汇和外汇衍生产品业务的，若使用本机构内部交易系统以外的第三方交易系统、平台或设施，应符合有关监管规定。

第二十一条 境外机构投资者、托管人、结算代理人、相关境内金融机构等有以下相关行为的，中国人民银行、国家外汇管理局分别依据《中华人民共和国中国人民银行法》和《中华人民共和国外汇管理条例》等法律法规予以处罚：

（一）未按规定办理登记的。

（二）未按规定办理资金结售汇、收付汇或资金汇出汇入的。

（三）未按规定办理账户开立或关闭，或未按规定使用账户的。

（四）未按规定办理外汇衍生产品业务的。

（五）未按规定报告信息和数据，或报告的信息和数据内容不全、不实，或提供虚假材料、数据或证明等。

（六）未按规定进行国际收支统计申报及有关结售汇统计报告的。

第二十二条 境外央行或货币当局、其他官方储备管理机构、国际金融组织以及主权财富基金通过托管人或结算代理人（商业银行）投资中国债券市场的，适用本规定。

第二十三条 境外机构投资者根据本规定报送的材料应为中文文本。同时报送中文文本和外文文本的，以中文文本为准。

第二十四条 本规定由中国人民银行、国家外汇管理局负责解释。

第二十五条 本规定自2023年1月1日起实施。《国家外汇管理局关于境外中央银行类机构投资银行间市场外汇账户管理有关问题的通知》（汇发〔2015〕43号）、《国家外汇管理局关于境外机构投资者投资银行间债券市场有关外汇管理问题的通知》（汇发〔2016〕12号）、《国家外汇管理局关于完善银行间债券市场境外机构投资者外汇风险管理有关问题的通知》（汇发〔2020〕2号）同时废止。

中国人民银行、国家外汇管理局关于境外机构境内发行债券资金管理有关事宜的通知

· 2022年11月23日
· 银发〔2022〕272号

为规范境外机构境内发行债券资金管理，根据《中华人民共和国中国人民银行法》《中华人民共和国外汇管理条例》等法律法规，现就境外机构境内发行债券有关事宜通知如下：

一、本通知所称境外机构境内发行债券是指境外机构依据《全国银行间债券市场境外机构债券发行管理暂行办法》（中国人民银行 财政部公告〔2018〕第16号公布）、《公司债券发行与交易管理办法》（中国证券监督管理委员会令第180号发布）等相关规定，经监管部门核准、注册或备案等，在境内银行间债券市场、交易所债券市场等公开或非公开发行债券的行为。

二、中国人民银行、国家外汇管理局及其分支机构依法对境外机构境内发行债券涉及的账户、资金收付及汇兑等实施监督管理。

三、国家外汇管理局对境外机构境内发行债券资金实行登记管理。境外机构应委托境内主承销商代为办理相关手续。

境外机构应在获得债券发行核准、注册或备案后且首期发行前，委托其境内主承销商凭以下材料，到为该境外机构开立相关募集资金账户的境内银行业金融机构（以下简称开户银行）办理登记：

（一）《境外机构境内发行债券基本信息登记表》（附件1）。

（二）发行核准、注册或备案等相关文件。

（三）募集说明文件或定向发行协议等相关文件。

开户银行应认真履行职责，严格审核境外机构所提供材料的真实性，并留存上述材料。开户银行按规定为境外机构办理登记后，应将加盖银行业务印章的业务登记凭证反馈境外机构的境内主承销商。

境外机构应在每期债券发行结束后20个工作日内，委托当期境内主承销商，凭业务登记凭证、《境外机构境内发行债券募集资金信息登记表》（附件2），到当期开户银行更新实际募集资金登记信息。

四、境外机构凭业务登记凭证开立境内发行债券专用资金（人民币或/和外汇）账户（以下简称发债专户）。开立人民币账户的，可开立人民币银行结算账户或委托其主承销商开立托管账户，账户性质为专用存款账户。

发债专户的收入范围是：境内发行债券募集资金划入；还本付息和支付相关税费（税款、手续费等）资金划入；账户利息收入；发行债券募集资金按规定向境内主体放款产生的本息偿还收入；发行债券募集资金按规定投资于境内后产生的减资、撤资、股权转让及利润、分红等收入；同一境外机构境内发行债券募集资金相关账户内资金相互划转；中国人民银行、国家外汇管理局规定的其他收入。

发债专户的支出范围是：发行债券募集资金汇出或购汇汇出境外；支付或结汇支付发行债券本息和相关税费；发行债券募集资金按规定向境内主体放款；向境内主体放款产生的本息偿还收入汇出或购汇汇出境外；发行债券募集资金按规定投资于境内；投资于境内后产生的减资、撤资、股权转让及利润、分红等收入汇出或购汇汇出境外；同一境外机构境内发行债券募集资金相关账户内资金相互划转；中国人民银行、国家外汇管理局规定的其他支出。

五、境外机构境内发行债券募集资金可汇往境外，也可留存境内使用，资金用途应与募集资金说明文件等所列内容一致。留存境内使用的，应符合直接投资、外债等管理规定。

鼓励境外机构境内发行债券募集资金以人民币形式跨境收付及使用。

六、境外机构可通过具备代客人民币对外汇衍生品业务资格的境内金融机构，按照实需交易原则办理外汇衍生品业务，管理境内发行债券相关汇率风险。

七、境外机构偿还境内发行债券本金、利息、支付相关税费的，资金可从境外或境内汇入发债专户。还本付息资金需结汇的，应按照债券还本付息计划进行。

八、相关银行应按照《人民币银行结算账户管理办法》（中国人民银行令〔2003〕第5号发布）、《人民币跨境收付信息管理系统管理办法》（银发〔2017〕126号文印发）、《中国人民银行办公厅关于完善人民币跨境收付信息管理系统银行间业务数据报送流程的通知》（银办发〔2017〕118号）等规定，报送境外机构境内发行债券相关监督和统计数据。

九、境外机构境内发行债券相关涉外收付款境内主体、境内登记结算机构应按照本通知和《通过银行进行国际收支统计申报业务实施细则》（汇发〔2022〕22号文印发）、《通过银行进行国际收支统计申报业务指引（2019版）》（汇发〔2019〕25号文印发）、《对外金融资产负债及交易统计制度》（汇发〔2021〕36号文印发）、《国家外汇管理局关于发布〈金融机构外汇业务数据采集规范（1.3版）〉的通知》（汇发〔2022〕13号）等规定，及时、准确进行国际收支统计申报。

十、境外机构根据本通知报送的材料应为中文文本。同时报送中文文本和外文文本的，以中文文本为准。

十一、本通知发布前已在境内发行债券且债券仍在存续期，但未办理登记的境外机构，应委托其境内主承销商参照本通知第三条的规定及时补办登记。

十二、本通知由中国人民银行、国家外汇管理局负责解释。

十三、本通知自 2023 年 1 月 1 日起实施。《中国人民银行办公厅关于境外机构在境内发行人民币债务融资工具跨境人民币结算有关事宜的通知》(银办发〔2011〕221 号)和《中国人民银行办公厅关于境外机构境内发行人民币债券跨境人民币结算业务有关事宜的通知》(银办发〔2016〕258 号)同时废止。

附件：

1. 境外机构境内发行债券基本信息登记表(略)

2. 境外机构境内发行债券募集资金信息登记表(略)

四、金融犯罪

中华人民共和国刑法（节录）

- 1979年7月1日第五届全国人民代表大会第二次会议通过
- 1997年3月14日第八届全国人民代表大会第五次会议修订
- 根据1998年12月29日第九届全国人民代表大会常务委员会第六次会议通过的《全国人民代表大会常务委员会关于惩治骗购外汇、逃汇和非法买卖外汇犯罪的决定》、1999年12月25日第九届全国人民代表大会常务委员会第十三次会议通过的《中华人民共和国刑法修正案》、2001年8月31日第九届全国人民代表大会常务委员会第二十三次会议通过的《中华人民共和国刑法修正案（二）》、2001年12月29日第九届全国人民代表大会常务委员会第二十五次会议通过的《中华人民共和国刑法修正案（三）》、2002年12月28日第九届全国人民代表大会常务委员会第三十一次会议通过的《中华人民共和国刑法修正案（四）》、2005年2月28日第十届全国人民代表大会常务委员会第十四次会议通过的《中华人民共和国刑法修正案（五）》、2006年6月29日第十届全国人民代表大会常务委员会第二十二次会议通过的《中华人民共和国刑法修正案（六）》、2009年2月28日第十一届全国人民代表大会常务委员会第七次会议通过的《中华人民共和国刑法修正案（七）》、2009年8月27日第十一届全国人民代表大会常务委员会第十次会议通过的《全国人民代表大会常务委员会关于修改部分法律的决定》、2011年2月25日第十一届全国人民代表大会常务委员会第十九次会议通过的《中华人民共和国刑法修正案（八）》、2015年8月29日第十二届全国人民代表大会常务委员会第十六次会议通过的《中华人民共和国刑法修正案（九）》、2017年11月4日第十二届全国人民代表大会常务委员会第三十次会议通过的《中华人民共和国刑法修正案（十）》和2020年12月26日第十三届全国人民代表大会常务委员会第二十四次会议通过的《中华人民共和国刑法修正案（十一）》修正①

……

第四节 破坏金融管理秩序罪

第一百七十条【伪造货币罪】伪造货币的，处三年以上十年以下有期徒刑，并处罚金；有下列情形之一的，处十年以上有期徒刑或者无期徒刑，并处罚金或者没收财产：

（一）伪造货币集团的首要分子；
（二）伪造货币数额特别巨大的；
（三）有其他特别严重情节的。

第一百七十一条【出售、购买、运输假币罪】出售、购买伪造的货币或者明知是伪造的货币而运输，数额较大的，处三年以下有期徒刑或者拘役，并处二万元以上二十万元以下罚金；数额巨大的，处三年以上十年以下有期徒刑，并处五万元以上五十万元以下罚金；数额特别巨大的，处十年以上有期徒刑或者无期徒刑，并处五万元以上五十万元以下罚金或者没收财产。

【金融工作人员购买假币、以假币换取货币罪】银行或者其他金融机构的工作人员购买伪造的货币或者利用职务上的便利，以伪造的货币换取货币的，处三年以上十年以下有期徒刑，并处二万元以上二十万元以下罚金；数额巨大或者有其他严重情节的，处十年以上有期徒刑或者无期徒刑，并处二万元以上二十万元以下罚金或者没收财产；情节较轻的，处三年以下有期徒刑或者拘役，并处或者单处一万元以上十万元以下罚金。

伪造货币并出售或者运输伪造的货币的，依照本法第一百七十条的规定定罪从重处罚。

第一百七十二条【持有、使用假币罪】明知是伪造的货币而持有、使用，数额较大的，处三年以下有期徒刑或者拘役，并处或者单处一万元以上十万元以下罚金；数额巨大的，处三年以上十年以下有期徒刑，并处二万元以上二十万元以下罚金；数额特别巨大的，处十年以上有期徒刑，并处五万元以上五十万元以下罚金或者没收财产。

第一百七十三条【变造货币罪】变造货币，数额较大的，处三年以下有期徒刑或者拘役，并处或者单处一万元以上十万元以下罚金；数额巨大的，处三年以上十年以下有期徒刑，并处二万元以上二十万元以下罚金。

第一百七十四条【擅自设立金融机构罪】未经国家

---

① 刑法、历次刑法修正案、涉及修改刑法的决定的施行日期，分别依据各法律所规定的施行日期确定。

有关主管部门批准,擅自设立商业银行、证券交易所、期货交易所、证券公司、期货经纪公司、保险公司或者其他金融机构的,处三年以下有期徒刑或者拘役,并处或者单处二万元以上二十万元以下罚金;情节严重的,处三年以上十年以下有期徒刑,并处五万元以上五十万元以下罚金。

【伪造、变造、转让金融机构经营许可证、批准文件罪】伪造、变造、转让商业银行、证券交易所、期货交易所、证券公司、期货经纪公司、保险公司或者其他金融机构的经营许可证或者批准文件的,依照前款的规定处罚。

单位犯前两款罪的,对单位判处罚金,并对其直接负责的主管人员和其他直接责任人员,依照第一款的规定处罚。

第一百七十五条 【高利转贷罪】以转贷牟利为目的,套取金融机构信贷资金高利转贷他人,违法所得数额较大的,处三年以下有期徒刑或者拘役,并处违法所得一倍以上五倍以下罚金;数额巨大的,处三年以上七年以下有期徒刑,并处违法所得一倍以上五倍以下罚金。

单位犯前款罪的,对单位判处罚金,并对其直接负责的主管人员和其他直接责任人员,处三年以下有期徒刑或者拘役。

第一百七十五条之一 【骗取贷款、票据承兑、金融票证罪】以欺骗手段取得银行或者其他金融机构贷款、票据承兑、信用证、保函等,给银行或者其他金融机构造成重大损失的,处三年以下有期徒刑或者拘役,并处或者单处罚金;给银行或者其他金融机构造成特别重大损失或者有其他特别严重情节的,处三年以上七年以下有期徒刑,并处罚金。

单位犯前款罪的,对单位判处罚金,并对其直接负责的主管人员和其他直接责任人员,依照前款的规定处罚。

第一百七十六条 【非法吸收公众存款罪】非法吸收公众存款或者变相吸收公众存款,扰乱金融秩序的,处三年以下有期徒刑或者拘役,并处或者单处罚金;数额巨大或者有其他严重情节的,处三年以上十年以下有期徒刑,并处罚金;数额特别巨大或者有其他特别严重情节的,处十年以上有期徒刑,并处罚金。

单位犯前款罪的,对单位判处罚金,并对其直接负责的主管人员和其他直接责任人员,依照前款的规定处罚。

有前两款行为,在提起公诉前积极退赃退赔,减少损害结果发生的,可以从轻或者减轻处罚。

第一百七十七条 【伪造、变造金融票证罪】有下列情形之一,伪造、变造金融票证的,处五年以下有期徒刑或者拘役,并处或者单处二万元以上二十万元以下罚金;情节严重的,处五年以上十年以下有期徒刑,并处五万元以上五十万元以下罚金;情节特别严重的,处十年以上有期徒刑或者无期徒刑,并处五万元以上五十万元以下罚金或者没收财产:

(一)伪造、变造汇票、本票、支票的;
(二)伪造、变造委托收款凭证、汇款凭证、银行存单等其他银行结算凭证的;
(三)伪造、变造信用证或者附随的单据、文件的;
(四)伪造信用卡的。

单位犯前款罪的,对单位判处罚金,并对其直接负责的主管人员和其他直接责任人员,依照前款的规定处罚。

第一百七十七条之一 【妨害信用卡管理罪】有下列情形之一,妨害信用卡管理的,处三年以下有期徒刑或者拘役,并处或者单处一万元以上十万元以下罚金;数量巨大或者有其他严重情节的,处三年以上十年以下有期徒刑,并处二万元以上二十万元以下罚金:

(一)明知是伪造的信用卡而持有、运输的,或者明知是伪造的空白信用卡而持有、运输,数量较大的;
(二)非法持有他人信用卡,数量较大的;
(三)使用虚假的身份证明骗领信用卡的;
(四)出售、购买、为他人提供伪造的信用卡或者以虚假的身份证明骗领的信用卡的。

【窃取、收买、非法提供信用卡信息罪】窃取、收买或者非法提供他人信用卡信息资料的,依照前款规定处罚。

银行或者其他金融机构的工作人员利用职务上的便利,犯第二款罪的,从重处罚。

第一百七十八条 【伪造、变造国家有价证券罪】伪造、变造国库券或者国家发行的其他有价证券,数额较大的,处三年以下有期徒刑或者拘役,并处或者单处二万元以上二十万元以下罚金;数额巨大的,处三年以上十年以下有期徒刑,并处五万元以上五十万元以下罚金;数额特别巨大的,处十年以上有期徒刑或者无期徒刑,并处五万元以上五十万元以下罚金或者没收财产。

【伪造、变造股票、公司、企业债券罪】伪造、变造股票或者公司、企业债券,数额较大的,处三年以下有期徒刑或者拘役,并处或者单处一万元以上十万元以下罚金;数额巨大的,处三年以上十年以下有期徒刑,并处二万元以上二十万元以下罚金。

单位犯前两款罪的,对单位判处罚金,并对其直接负责的主管人员和其他直接责任人员,依照前款的规定处罚。

第一百七十九条 【擅自发行股票、公司、企业债券罪】未经国家有关主管部门批准,擅自发行股票或者公司、企业债券,数额巨大、后果严重或者有其他严重情节的,处五年以下有期徒刑或者拘役,并处或者单处非法募集资金金额百分之一以上百分之五以下罚金。

单位犯前款罪的,对单位判处罚金,并对其直接负责的主管人员和其他直接责任人员,处五年以下有期徒刑或者拘役。

第一百八十条 【内幕交易、泄露内幕信息罪】证券、期货交易内幕信息的知情人员或者非法获取证券、期货交易内幕信息的人员,在涉及证券的发行,证券、期货交易或者其他对证券、期货交易价格有重大影响的信息尚未公开前,买入或者卖出该证券,或者从事与该内幕信息有关的期货交易,或者泄露该信息,或者明示、暗示他人从事上述交易活动,情节严重的,处五年以下有期徒刑或者拘役,并处或者单处违法所得一倍以上五倍以下罚金;情节特别严重的,处五年以上十年以下有期徒刑,并处违法所得一倍以上五倍以下罚金。

单位犯前款罪的,对单位判处罚金,并对其直接负责的主管人员和其他直接责任人员,处五年以下有期徒刑或者拘役。

内幕信息、知情人员的范围,依照法律、行政法规的规定确定。

【利用未公开信息交易罪】证券交易所、期货交易所、证券公司、期货经纪公司、基金管理公司、商业银行、保险公司等金融机构的从业人员以及有关监管部门或者行业协会的工作人员,利用因职务便利获取的内幕信息以外的其他未公开的信息,违反规定,从事与该信息相关的证券、期货交易活动,或者明示、暗示他人从事相关交易活动,情节严重的,依照第一款的规定处罚。

第一百八十一条 【编造并传播证券、期货交易虚假信息罪】编造并且传播影响证券、期货交易的虚假信息,扰乱证券、期货交易市场,造成严重后果的,处五年以下有期徒刑或者拘役,并处或者单处一万元以上十万元以下罚金。

【诱骗投资者买卖证券、期货合约罪】证券交易所、期货交易所、证券公司、期货经纪公司的从业人员,证券业协会、期货业协会或者证券期货监督管理部门的工作人员,故意提供虚假信息或者伪造、变造、销毁交易记录,诱骗投资者买卖证券、期货合约,造成严重后果的,处五年以下有期徒刑或者拘役,并处或者单处一万元以上十万元以下罚金;情节特别恶劣的,处五年以上十年以下有期徒刑,并处二万元以上二十万元以下罚金。

单位犯前两款罪的,对单位判处罚金,并对其直接负责的主管人员和其他直接责任人员,处五年以下有期徒刑或者拘役。

第一百八十二条 【操纵证券、期货市场罪】有下列情形之一,操纵证券、期货市场,影响证券、期货交易价格或者证券、期货交易量,情节严重的,处五年以下有期徒刑或者拘役,并处或者单处罚金;情节特别严重的,处五年以上十年以下有期徒刑,并处罚金:

(一)单独或者合谋,集中资金优势、持股或者持仓优势或者利用信息优势联合或者连续买卖的;

(二)与他人串通,以事先约定的时间、价格和方式相互进行证券、期货交易的;

(三)在自己实际控制的帐户之间进行证券交易,或者以自己为交易对象,自买自卖期货合约的;

(四)不以成交为目的,频繁或者大量申报买入、卖出证券、期货合约又撤销申报的;

(五)利用虚假或者不确定的重大信息,诱导投资者进行证券、期货交易的;

(六)对证券、证券发行人、期货交易标的公开作出评价、预测或者投资建议,同时进行反向证券交易或者相关期货交易的;

(七)以其他方法操纵证券、期货市场的。

单位犯前款罪的,对单位判处罚金,并对其直接负责的主管人员和其他直接责任人员,依照前款的规定处罚。

第一百八十三条 【职务侵占罪】保险公司的工作人员利用职务上的便利,故意编造未曾发生的保险事故进行虚假理赔,骗取保险金归自己所有的,依照本法第二百七十一条的规定定罪处罚。

【贪污罪】国有保险公司工作人员和国有保险公司委派到非国有保险公司从事公务的人员有前款行为的,依照本法第三百八十二条、第三百八十三条的规定定罪处罚。

第一百八十四条 【金融机构工作人员受贿犯罪如何定罪处罚的规定】银行或者其他金融机构的工作人员在金融业务活动中索取他人财物或者非法收受他人财物,为他人谋取利益的,或者违反国家规定,收受各种名义的回扣、手续费,归个人所有的,依照本法第一百六十三条的规定定罪处罚。

国有金融机构工作人员和国有金融机构委派到非国有金融机构从事公务的人员有前款行为的,依照本法第三百八十五条、第三百八十六条的规定定罪处罚。

第一百八十五条 【挪用资金罪】商业银行、证券交易所、期货交易所、证券公司、期货经纪公司、保险公司或者其他金融机构的工作人员利用职务上的便利，挪用本单位或者客户资金的，依照本法第二百七十二条的规定定罪处罚。

【挪用公款罪】国有商业银行、证券交易所、期货交易所、证券公司、期货经纪公司、保险公司或者其他国有金融机构的工作人员和国有商业银行、证券交易所、期货交易所、证券公司、期货经纪公司、保险公司或者其他国有金融机构委派到前款规定中的非国有机构从事公务的人员有前款行为的，依照本法第三百八十四条的规定定罪处罚。

第一百八十五条之一 【背信运用受托财产罪】商业银行、证券交易所、期货交易所、证券公司、期货经纪公司、保险公司或者其他金融机构，违背受托义务，擅自运用客户资金或者其他委托、信托的财产，情节严重的，对单位判处罚金，并对其直接负责的主管人员和其他直接责任人员，处三年以下有期徒刑或者拘役，并处三万元以上三十万元以下罚金；情节特别严重的，处三年以上十年以下有期徒刑，并处五万元以上五十万元以下罚金。

【违法运用资金罪】社会保障基金管理机构、住房公积金管理机构等公众资金管理机构，以及保险公司、保险资产管理公司、证券投资基金管理公司，违反国家规定运用资金的，对直接负责的主管人员和其他直接责任人员，依照前款的规定处罚。

第一百八十六条 【违法发放贷款罪】银行或者其他金融机构的工作人员违反国家规定发放贷款，数额巨大或者造成重大损失的，处五年以下有期徒刑或者拘役，并处一万元以上十万元以下罚金；数额特别巨大或者造成特别重大损失的，处五年以上有期徒刑，并处二万元以上二十万元以下罚金。

银行或者其他金融机构的工作人员违反国家规定，向关系人发放贷款的，依照前款的规定从重处罚。

单位犯前两款罪的，对单位判处罚金，并对其直接负责的主管人员和其他直接责任人员，依照前两款的规定处罚。

关系人的范围，依照《中华人民共和国商业银行法》和有关金融法规确定。

第一百八十七条 【吸收客户资金不入账罪】银行或者其他金融机构的工作人员吸收客户资金不入帐，数额巨大或者造成重大损失的，处五年以下有期徒刑或者拘役，并处二万元以上二十万元以下罚金；数额特别巨大或者造成特别重大损失的，处五年以上有期徒刑，并处五万元以上五十万元以下罚金。

单位犯前款罪的，对单位判处罚金，并对其直接负责的主管人员和其他直接责任人员，依照前款的规定处罚。

第一百八十八条 【违规出具金融票证罪】银行或者其他金融机构的工作人员违反规定，为他人出具信用证或者其他保函、票据、存单、资信证明，情节严重的，处五年以下有期徒刑或者拘役；情节特别严重的，处五年以上有期徒刑。

单位犯前款罪的，对单位判处罚金，并对其直接负责的主管人员和其他直接责任人员，依照前款的规定处罚。

第一百八十九条 【对违法票据承兑、付款、保证罪】银行或者其他金融机构的工作人员在票据业务中，对违反票据法规定的票据予以承兑、付款或者保证，造成重大损失的，处五年以下有期徒刑或者拘役；造成特别重大损失的，处五年以上有期徒刑。

单位犯前款罪的，对单位判处罚金，并对其直接负责的主管人员和其他直接责任人员，依照前款的规定处罚。

第一百九十条 【逃汇罪】公司、企业或者其他单位，违反国家规定，擅自将外汇存放境外，或者将境内的外汇非法转移到境外，数额较大的，对单位判处逃汇数额百分之五以上百分之三十以下罚金，并对其直接负责的主管人员和其他直接责任人员处五年以下有期徒刑或者拘役；数额巨大或者有其他严重情节的，对单位判处逃汇数额百分之五以上百分之三十以下罚金，并对其直接负责的主管人员和其他直接责任人员处五年以上有期徒刑。

第一百九十一条 【洗钱罪】为掩饰、隐瞒毒品犯罪、黑社会性质的组织犯罪、恐怖活动犯罪、走私犯罪、贪污贿赂犯罪、破坏金融管理秩序犯罪、金融诈骗犯罪的所得及其产生的收益的来源和性质，有下列行为之一的，没收实施以上犯罪的所得及其产生的收益，处五年以下有期徒刑或者拘役，并处或者单处罚金；情节严重的，处五年以上十年以下有期徒刑，并处罚金：

（一）提供资金帐户的；
（二）将财产转换为现金、金融票据、有价证券的；
（三）通过转帐或者其他支付结算方式转移资金的；
（四）跨境转移资产的；
（五）以其他方法掩饰、隐瞒犯罪所得及其收益的来源和性质的。

单位犯前款罪的，对单位判处罚金，并对其直接负责的主管人员和其他直接责任人员，依照前款的规定处罚。

第五节 金融诈骗罪

第一百九十二条 【集资诈骗罪】以非法占有为目的,使用诈骗方法非法集资,数额较大的,处三年以上七年以下有期徒刑,并处罚金;数额巨大或者有其他严重情节的,处七年以上有期徒刑或者无期徒刑,并处罚金或者没收财产。

单位犯前款罪的,对单位判处罚金,并对其直接负责的主管人员和其他直接责任人员,依照前款的规定处罚。

第一百九十三条 【贷款诈骗罪】有下列情形之一,以非法占有为目的,诈骗银行或者其他金融机构的贷款,数额较大的,处五年以下有期徒刑或者拘役,并处二万元以上二十万元以下罚金;数额巨大或者有其他严重情节的,处五年以上十年以下有期徒刑,并处五万元以上五十万元以下罚金;数额特别巨大或者有其他特别严重情节的,处十年以上有期徒刑或者无期徒刑,并处五万元以上五十万元以下罚金或者没收财产:

(一)编造引进资金、项目等虚假理由的;
(二)使用虚假的经济合同的;
(三)使用虚假的证明文件的;
(四)使用虚假的产权证明作担保或者超出抵押物价值重复担保的;
(五)以其他方法诈骗贷款的。

第一百九十四条 【票据诈骗罪】有下列情形之一,进行金融票据诈骗活动,数额较大的,处五年以下有期徒刑或者拘役,并处二万元以上二十万元以下罚金;数额巨大或者有其他严重情节的,处五年以上十年以下有期徒刑,并处五万元以上五十万元以下罚金;数额特别巨大或者有其他特别严重情节的,处十年以上有期徒刑或者无期徒刑,并处五万元以上五十万元以下罚金或者没收财产:

(一)明知是伪造、变造的汇票、本票、支票而使用的;
(二)明知是作废的汇票、本票、支票而使用的;
(三)冒用他人的汇票、本票、支票的;
(四)签发空头支票或者与其预留印鉴不符的支票,骗取财物的;
(五)汇票、本票的出票人签发无资金保证的汇票、本票或者在出票时作虚假记载,骗取财物的。

【金融凭证诈骗罪】使用伪造、变造的委托收款凭证、汇款凭证、银行存单等其他银行结算凭证的,依照前款的规定处罚。

第一百九十五条 【信用证诈骗罪】有下列情形之一,进行信用证诈骗活动的,处五年以下有期徒刑或者拘役,并处二万元以上二十万元以下罚金;数额巨大或者有其他严重情节的,处五年以上十年以下有期徒刑,并处五万元以上五十万元以下罚金;数额特别巨大或者有其他特别严重情节的,处十年以上有期徒刑或者无期徒刑,并处五万元以上五十万元以下罚金或者没收财产:

(一)使用伪造、变造的信用证或者附随的单据、文件的;
(二)使用作废的信用证的;
(三)骗取信用证的;
(四)以其他方法进行信用证诈骗活动的。

第一百九十六条 【信用卡诈骗罪】有下列情形之一,进行信用卡诈骗活动,数额较大的,处五年以下有期徒刑或者拘役,并处二万元以上二十万元以下罚金;数额巨大或者有其他严重情节的,处五年以上十年以下有期徒刑,并处五万元以上五十万元以下罚金;数额特别巨大或者有其他特别严重情节的,处十年以上有期徒刑或者无期徒刑,并处五万元以上五十万元以下罚金或者没收财产:

(一)使用伪造的信用卡,或者使用以虚假的身份证明骗领的信用卡的;
(二)使用作废的信用卡的;
(三)冒用他人信用卡的;
(四)恶意透支的。

前款所称恶意透支,是指持卡人以非法占有为目的,超过规定限额或者规定期限透支,并且经发卡银行催收后仍不归还的行为。

盗窃信用卡并使用的,依照本法第二百六十四条的规定定罪处罚。

第一百九十七条 【有价证券诈骗罪】使用伪造、变造的国库券或者国家发行的其他有价证券,进行诈骗活动,数额较大的,处五年以下有期徒刑或者拘役,并处二万元以上二十万元以下罚金;数额巨大或者有其他严重情节的,处五年以上十年以下有期徒刑,并处五万元以上五十万元以下罚金;数额特别巨大或者有其他特别严重情节的,处十年以上有期徒刑或者无期徒刑,并处五万元以上五十万元以下罚金或者没收财产。

第一百九十八条 【保险诈骗罪】有下列情形之一,进行保险诈骗活动,数额较大的,处五年以下有期徒刑或者拘役,并处一万元以上十万元以下罚金;数额巨大或者有其他严重情节的,处五年以上十年以下有期徒刑,并处二万元以上二十万元以下罚金;数额特别巨大或者有其

他特别严重情节的,处十年以上有期徒刑,并处二万元以上二十万元以下罚金或者没收财产:

(一)投保人故意虚构保险标的,骗取保险金的;

(二)投保人、被保险人或者受益人对发生的保险事故编造虚假的原因或者夸大损失的程度,骗取保险金的;

(三)投保人、被保险人或者受益人编造未曾发生的保险事故,骗取保险金的;

(四)投保人、被保险人故意造成财产损失的保险事故,骗取保险金的;

(五)投保人、受益人故意造成被保险人死亡、伤残或者疾病,骗取保险金的。

有前款第四项、第五项所列行为,同时构成其他犯罪的,依照数罪并罚的规定处罚。

单位犯第一款罪的,对单位判处罚金,并对其直接负责的主管人员和其他直接责任人员,处五年以下有期徒刑或者拘役;数额巨大或者有其他严重情节的,处五年以上十年以下有期徒刑;数额特别巨大或者有其他特别严重情节的,处十年以上有期徒刑。

保险事故的鉴定人、证明人、财产评估人故意提供虚假的证明文件,为他人诈骗提供条件的,以保险诈骗的共犯论处。

第一百九十九条 (根据《中华人民共和国刑法修正案(九)》删去本条内容)

第二百条 【单位犯金融诈骗罪的处罚规定】单位犯本节第一百九十四条、第一百九十五条规定之罪的,对单位判处罚金,并对其直接负责的主管人员和其他直接责任人员,处五年以下有期徒刑或者拘役,可以并处罚金;数额巨大或者有其他严重情节的,处五年以上十年以下有期徒刑,并处罚金;数额特别巨大或者有其他特别严重情节的,处十年以上有期徒刑或者无期徒刑,并处罚金。

……

全国人民代表大会常务委员会关于《中华人民共和国刑法》有关信用卡规定的解释

· 2004年12月29日第十届全国人民代表大会常务委员会第十三次会议通过

全国人民代表大会常务委员会根据司法实践中遇到的情况,讨论了刑法规定的"信用卡"的含义问题,解释如下:

刑法规定的"信用卡",是指由商业银行或者其他金融机构发行的具有消费支付、信用贷款、转账结算、存取现金等全部功能或者部分功能的电子支付卡。

现予公告。

银行保险机构涉刑案件管理办法(试行)

· 2020年5月22日
· 银保监发〔2020〕20号

第一章 总 则

第一条 为进一步规范和加强银行保险机构涉刑案件(以下简称案件)管理工作,建立责任明确、协调有序的工作机制,依法、及时、稳妥处置案件,依据《中华人民共和国银行业监督管理法》、《中华人民共和国商业银行法》、《中华人民共和国保险法》等法律法规,制定本办法。

第二条 本办法所称银行保险机构包括银行机构和保险机构。

银行机构,是指在中华人民共和国境内依法设立的商业银行、农村合作银行、农村信用社、村镇银行等吸收公众存款的金融机构以及政策性银行。

保险机构,是指在中华人民共和国境内依法设立的保险集团(控股)公司、保险公司、保险资产管理公司。

在中华人民共和国境内依法设立的金融资产管理公司、信托公司、财务公司、金融租赁公司以及中国银行保险监督管理委员会(以下简称银保监会)批准设立的其他金融机构,适用本办法。

保险专业中介机构适用本办法。

第三条 本办法所称案件管理工作包括案件分类、信息报送、案件处置和监督管理等。

第四条 案件管理工作坚持机构为主、属地监管、分级负责、分类查处原则。

第五条 银行保险机构承担案件管理的主体责任,应当建立与本机构资产规模、业务复杂程度和内控管理要求相适应的案件管理体系,制定本机构的案件管理制度,并有效执行。

第六条 银保监会负责指导、督促银保监会派出机构(以下简称派出机构)和银行保险机构的案件管理工作;负责银保监会直接监管的银行保险机构法人总部案件的查处工作;负责银行保险机构案件管理的信息化建设和统计分析等工作。

银保监会案件管理部门可以直接查处派出机构管辖的案件,也可以指定派出机构查处银保监会管辖的案件。

第七条　银保监会省级派出机构(以下简称银保监局)按照属地监管原则,负责本辖区案件管理工作,并承担银保监会授权或指定的相关工作。

第八条　银行保险机构、银保监会及其派出机构应当按照要求对案件准确分类,区分不同类型案件开展查处工作。

第二章　案件定义、分类及信息报送

第九条　案件类别分为业内案件和业外案件。

第十条　业内案件是指银行保险机构及其从业人员独立实施或参与实施,侵犯银行保险机构或客户合法权益,已由公安、司法、监察等机关立案查处的刑事犯罪案件。

银行保险机构及其从业人员在案件中不涉嫌刑事犯罪,但存在违法违规行为且该行为与案件发生存在直接因果关系,已由公安、司法、监察等机关立案查处的刑事犯罪案件,按照业内案件管理。

银行保险机构从业人员违规使用银行保险机构重要空白凭证、印章、营业场所等,套取银行保险机构信用参与非法集资活动,以及保险机构从业人员虚构保险合同实施非法集资活动,已由公安、司法、监察等机关立案查处的刑事犯罪案件,按照业内案件管理。

第十一条　业外案件是指银行保险机构以外的单位、人员,直接利用银行保险机构产品、服务渠道等,以诈骗、盗窃、抢劫等方式严重侵犯银行保险机构或客户合法权益,或在银行保险机构场所内,以暴力等方式危害银行保险机构场所安全及其从业人员、客户人身安全,已由公安、司法等机关立案查处的刑事犯罪案件。

第十二条　有下列情形之一的案件,属于重大案件:

(一)银行机构案件涉案金额等值人民币一亿元以上,保险机构案件涉案金额等值人民币一千万元以上的;

(二)自案件确认后至案件审结期间任一时点,风险敞口金额(指涉案金额扣除已回收的现金或等同现金的资产)占案发银行保险法人机构总资产百分之十以上的;

(三)性质恶劣、引发重大负面舆情、造成挤兑或集中退保以及可能诱发区域性或系统性风险等具有重大社会不良影响的;

(四)银保监会及其派出机构认定的其他属于重大案件的情形。

第十三条　案发银行保险机构在知悉或应当知悉案件发生后,应于三个工作日内将案件确认报告分别报送法人总部和属地派出机构。派出机构收到案发银行保险机构案件确认报告后,应审核报告内容,于三个工作日内逐级上报至银保监会案件管理部门,抄报银保监会机构监管部门。

银保监会直接监管的银行保险机构在知悉或应当知悉法人总部案件发生后,应于三个工作日内将案件确认报告报送银保监会案件管理部门,抄报银保监会机构监管部门。派出机构负责监管的银行保险机构法人总部收到其分支机构案件确认报告后,应审核报告内容,于三个工作日内报送属地派出机构。

对符合《银行业保险业突发事件信息报告办法》的案件,应于报送突发事件信息后24小时内报送案件确认报告。

第十四条　案件应当年报告、当年统计,按照案件确认报告报送时间纳入年度统计。案件性质、案件分类及涉案金额等依据公安、司法、监察等机关的立案相关信息确定;不能知悉相关信息的,按照监管权限,由银保监会案件管理部门或银保监局初步核查并认定。

第十五条　案件处置过程中,案件性质、案件分类、涉案金额、涉案机构、涉案人员等发生重大变化的,银行保险机构、派出机构应当及时报送案件确认报告续报,报送路径与案件确认报告一致。

第十六条　对于公安、司法、监察等机关依法撤案、检察机关不予起诉、审判机关判决无罪或经银保监局核查确认不符合案件定义的,银行保险机构、银保监局应当及时撤销案件,案件撤销报告报送路径与案件确认报告一致。

对于已撤销的案件,银行保险机构和相关责任人员存在违法违规问题的,应当依法查处。

第三章　案件风险事件定义及信息报送

第十七条　案件风险事件是指可能演化为案件,但尚未达到案件确认标准的有关事件。

第十八条　有下列情形之一,可能演化为案件的事件,属于案件风险事件:

(一)银行机构从业人员、保险机构高管人员因不明原因离岗、失联的;

(二)客户反映非自身原因账户资金、保单状态出现异常的;

(三)大额授信企业及其法定代表人或实际控制人失联或被采取强制措施的;

(四)同业业务发生重大违约的;

(五)银行保险机构向公安、司法、监察等机关报案但尚未立案,或者银保监会派出机构向公安、司法、监察等机关移送案件线索但尚未立案的;

（六）引发重大负面舆情的；

（七）其他可能演化为案件但尚未达到确认标准的情形。

第十九条 事发银行保险机构在知悉或应当知悉案件风险事件后，应于五个工作日内将案件风险事件报告分别报送法人总部和属地派出机构。

派出机构收到事发银行保险机构案件风险事件报告后，应审核报告内容，于五个工作日内逐级上报至银保监会案件管理部门，抄报银保监会机构监管部门。派出机构向公安、司法、监察等机关移送案件线索且尚未立案的，按"谁移送、谁报告"原则报送案件风险事件报告。

银保监会直接监管的银行保险机构在知悉或应当知悉法人总部案件风险事件后，应于五个工作日内将案件风险事件报告报送银保监会案件管理部门，抄报银保监会机构监管部门。派出机构负责监管的银行保险机构法人总部收到其分支机构案件风险事件报告后，应审核报告内容，于五个工作日内报送属地派出机构。

对符合《银行业保险业突发事件信息报告办法》的案件风险事件，应于报送突发事件信息后24小时内报送案件风险事件报告。

第二十条 银行保险机构、派出机构在报送案件风险事件报告后，应当立即开展核查，涉及金额、涉及机构、涉及人员等发生重大变化的，应当及时报送案件风险事件续报。经核查认定符合案件定义的，及时确认为案件；不符合案件定义的，及时撤销。案件风险事件续报和撤销报告报送路径与案件风险事件报告一致。

对于已撤销的案件风险事件，银行保险机构和相关责任人员存在违法违规问题的，应当依法查处。

第二十一条 案件风险事件自报送之日起超过一年仍不能确认为案件的，应予以撤销。

第四章 案件处置

第一节 业内案件处置工作职责

第二十二条 业内案件处置工作包括机构调查、监管督查、机构内部问责、行政处罚、案件审结等。

第二十三条 银行保险机构对案件处置工作负主体责任，具体承担以下职责：

（一）开展案件调查工作，按规定提交机构调查报告；

（二）对案件责任人员进行责任认定并开展内部问责；

（三）排查并整改内部管理漏洞；

（四）及时向地方政府报告重大案件情况；

（五）按规定提交案件审结报告。

第二十四条 银保监会案件管理部门负责指导、督促各银行保险机构和银保监局开展案件处置工作，具体承担以下职责：

（一）负责银保监会直接监管的银行保险机构法人总部案件的督查和行政处罚立案调查工作，指导、督促上述机构开展内部问责；

（二）指导、督促、统筹、协调银保监局开展案件督查和行政处罚工作；

（三）对重大案件实施现场或非现场督导。

第二十五条 派出机构对本辖区的案件处置工作负监管责任，具体承担以下职责：

（一）指导、督促或直接开展辖内案件调查工作；

（二）成立督查组开展监管督查工作，按规定提交监管督查报告；

（三）指导、督促银行保险机构开展内部问责；

（四）对涉案机构和案件责任人员的违法违规行为实施行政处罚；

（五）必要时向地方政府报告重大案件情况；

（六）按规定提交案件审结报告。

派出机构在案件处置过程中发现辖区外案件线索的，应及时向相关派出机构移交。

第二节 业内案件机构调查

第二十六条 银行保险机构应成立调查组并开展案件调查工作。银行保险机构分支机构发生案件的，调查组组长由其上级机构负责人担任；银行保险机构法人总部发生案件或分支机构发生重大案件的，调查组组长由法人总部负责人担任。案件调查工作包括：

（一）对涉案人员经办的业务进行全面排查，制定处置预案；

（二）最大限度保全资产，依法维护消费者权益；

（三）做好舆情管理，必要时争取地方政府支持，维护案发机构正常经营秩序；

（四）积极配合公安、司法、监察等机关侦办案件；

（五）查清基本案情，确定案件性质，明确案件分类，总结发案原因，查找内控管理存在的问题；

（六）对自查发现的案件，提出意见和理由。

第二十七条 银行保险机构自查发现的案件，是指银行保险机构在日常经办业务或日常经营管理中，通过内部审计监督、纪检监察、巡视巡察等途径，主动发现线索、主动报案并及时向银保监会案件管理部门或属地派出机构报送案件确认报告的案件。

银行保险机构通过外部举报、外部信访、外部投诉、外部审计、监管检查、舆情监测等外部渠道发现的，不属于自查发现案件。

第二十八条 银行保险机构应于案件确认后四个月内报送机构调查报告，报送路径与案件确认报告一致。不能按期报送的，应书面说明延期理由，每次延期时间原则上不超过三个月。

第三节 业内案件监管督查

第二十九条 银保监会案件管理部门或派出机构在监管督查阶段应开展以下工作：

（一）指导、督促并跟踪银行保险机构做好案件应急处置与调查工作，及时掌握案件调查和侦办情况，协调做好跨机构资金核查，必要时可以直接调查或开展延伸调查。

（二）对银行保险机构和案件责任人员的违法违规行为进行调查。

（三）督促银行保险机构配合公安、司法、监察等机关侦办案件。

（四）确定案件性质、案件分类和涉案金额。

（五）根据案件情况组织辖内银行保险机构对相关业务进行排查。

（六）必要时发布风险提示，向银行保险机构通报作案手法和风险点、提出监管意见。银保监局发布的风险提示应抄报银保监会案件管理部门和机构监管部门。

银保监会案件管理部门和银保监局应按照监管权限，对案件是否属于自查发现作出结论。

第三十条 派出机构应于案件确认后五个月内逐级向银保监会案件管理部门报送监管督查报告，抄报银保监会机构监管部门；不能按期报送的，应书面说明延期理由，每次延期时间原则上不超过三个月。

第四节 业内案件内部问责

第三十一条 银行保险法人机构应当制定与本机构资产规模和业务复杂程度相适应的内部责任追究制度，报送银保监会案件管理部门或属地派出机构。在机构调查工作完成后，银行保险机构应对案件责任人员作出责任认定，根据责任认定情况进行内部问责。内部问责方案应当按照监管权限与银保监会案件管理部门或派出机构沟通。

银保监会案件管理部门或派出机构应当按照监管权限指导、监督银行保险机构开展内部问责工作。

第三十二条 内部问责工作由案发机构的上级机构牵头负责，案发机构人员不得参与具体问责工作，但案发机构为法人总部的除外。银行保险机构分支机构发生重大案件的，由法人总部牵头组织开展问责工作。

第三十三条 银行保险机构应追究案发机构案件责任人员的责任，并对其上一级机构相关条线部门负责人、机构分管负责人、机构主要负责人及其他案件责任人员进行责任认定，根据责任认定情况进行问责。

发生重大案件的，银行保险机构除对案发机构及其上一级机构案件责任人员进行责任认定外，还应对其上一级机构的上级机构相关条线部门负责人、机构分管负责人、机构主要负责人等进行责任认定，根据责任认定情况进行问责。

银行保险机构组织架构和层级不适用本条有关问责要求的，法人总部应向银保监会案件管理部门或属地派出机构提出申请，由银保监会案件管理部门或属地派出机构根据实际情况决定。

第三十四条 案件内部问责包括但不限于以下方式：

（一）警告、记过、记大过、降级、撤职、开除等纪律处分；

（二）罚款、扣减绩效工资、降低薪酬级次、要求赔偿经济损失等经济处理；

（三）通报批评、调离、停职、引咎辞职、责令辞职、用人单位单方解除劳动合同等其他问责方式。

案件问责方式可以合并使用。应予纪律处分的，不得以经济处理或其他问责方式替代。

第三十五条 有下列情形之一的，银行保险机构可以对案件责任人员从轻或减轻问责：

（一）认为上级的决定或命令有错误，已向上级提出改正或撤销意见，但上级仍要求其执行的；

（二）符合第二十七条规定自查发现的案件的；

（三）积极配合案件调查，主动采取有效措施，且消除或减轻危害后果的；

（四）受他人胁迫实施违法违规行为，且事后及时报告并积极采取补救措施的；

（五）其他可以从轻、减轻问责的情形。

第三十六条 有下列情形之一的，银行保险机构可以免于追究案件责任人员的责任：

（一）因紧急避险，被迫采取非常规手段处置突发事件，且所造成的损害明显小于不采取紧急避险措施可能造成的损害的；

（二）受他人胁迫实施违法违规行为，事后及时报告并积极采取补救措施，且未造成损害的；

（三）在集体决策的违法违规行为中明确表达不同意意见且有证据予以证实的；

（四）违法行为轻微并及时纠正，没有造成危害后果的；

（五）其他可以免责的情形。

第三十七条 有下列情形之一的，银行保险机构应对案件责任人员从重问责：

（一）发生重大案件的；

（二）对一年内发生的两起以上案件负有责任的；

（三）管理严重失职，内部控制严重失效，导致案件发生的；

（四）指使、授意、教唆或胁迫他人违法违规操作，导致案件发生的；

（五）对违法违规事实或发现的重要案件线索不及时报告、制止、处理，导致案件发生或案件后果进一步加重的；

（六）对上级机构或监管部门指出的内部控制薄弱环节或提出的整改意见，未采取整改措施或整改不到位，导致案件发生的；

（七）隐瞒案件事实或隐匿、伪造、篡改、毁灭证据，抗拒、妨碍、不配合案件调查和处理的；

（八）对检举人、证人、鉴定人、调查处理人实施威胁、恐吓或打击报复的；

（九）瞒报或多次迟报、漏报案件信息的；

（十）其他应从重问责的情形。

第三十八条 银行保险机构离职人员对离职前的案件负有责任的，银行保险机构应做出责任认定，并按照监管权限报告银保监会案件管理部门或派出机构。该人员离职后仍在银行业保险业任职的，原任职单位应将责任认定结果及拟处理意见送交离职人员现任职单位。

第五节 业内案件行政处罚

第三十九条 银保监会及其派出机构应当按照监管权限，及时对业内案件开展立案调查，实施行政处罚。

银保监局辖区内发生的重大案件，由银保监局实施行政处罚。

第四十条 案件的行政处罚应坚持依法从严、过罚相当原则，除对涉案机构的违法违规行为依法予以行政处罚外，还应对案件责任人员予以行政处罚。

第四十一条 对涉及多家银行保险机构的案件，按照穿透原则，依法对相关机构及责任人员的违法违规行为进行查处。

第四十二条 有下列情形之一的，应依法对涉案机构和案件责任人员从轻或减轻处罚：

（一）主动消除或者减轻违法行为危害后果的；

（二）受他人胁迫有违法行为的；

（三）配合行政机关查处违法行为有立功表现的；

（四）其他依法从轻或者减轻行政处罚的情形。

对自查发现的案件，在法律法规规定的范围内，可以对涉案机构和案件责任人员从轻处罚。

违法行为轻微并及时纠正，没有造成危害后果的，不予行政处罚。

第四十三条 有下列情形之一的，应依法对涉案机构和案件责任人员从重处罚：

（一）严重违反审慎经营规则，导致重大案件发生的；

（二）严重违反市场公平竞争规定，影响金融市场秩序稳定的；

（三）严重损害消费者权益，社会关注度高、影响恶劣的；

（四）拒绝或阻碍监管执法的；

（五）多次违法违规的；

（六）性质恶劣、情节严重的其他违法违规行为。

第六节 业内案件审结

第四十四条 银行保险机构应于案件确认后八个月内报送案件审结报告，报送路径与案件确认报告一致。不能按期报送的，应当书面说明延期理由，每次延期时间原则上不超过三个月。

第四十五条 派出机构应于案件确认后一年内逐级向银保监会案件管理部门报送案件审结报告，抄报银保监会机构监管部门。不能按期报送的，应当书面说明延期理由，每次延期时间原则上不超过三个月。

对作出不予立案调查决定或经立案调查决定不予处罚的案件，应在审结报告中予以明确。

第四十六条 银行保险机构、银保监会及其派出机构应分别建立档案，在案件处置工作结束后，将有关案卷材料立卷存档。

第七节 业外案件处置要求

第四十七条 对符合重大案件定义的业外案件，参照业内案件进行机构调查、监管督查和案件审结，必要时可以督导机构内部问责，开展行政处罚。

第五章 监督管理

第四十八条 银行保险机构应针对案件制定整改方案,建立整改台账,明确整改措施,确定整改期限,落实整改责任。整改完成后,银行保险机构向案发机构属地派出机构报告整改落实情况;银保监会直接监管的银行保险机构法人总部向银保监会机构监管部门报告整改落实情况,抄报银保监会案件管理部门。

第四十九条 银保监会及其派出机构在对案发银行保险机构进行监管评级、市场准入、偿付能力评估、现场检查计划制定时,应体现差异化监管原则,综合参考机构业内案件发生、内部问责、整改落实和是否属于自查发现的案件等情况。

第五十条 银行保险机构应按本办法开展案件管理工作。违反本办法的,由银保监会及其派出机构依据《中华人民共和国银行业监督管理法》、《中华人民共和国商业银行法》、《中华人民共和国保险法》等法律法规予以处罚。

第五十一条 派出机构违反本办法,不及时报告辖内银行保险机构案件,或未按规定处置案件的,由上级单位责令其改正;造成重大不良后果或影响的,依据相关问责和纪律处分规定,追究相关单位和人员的责任。

第五十二条 银行保险机构、银保监会及其派出机构应保守案件管理过程中获悉的国家秘密、商业秘密和个人隐私。对违反保密规定,造成重大不良影响的,应依法处理。

第六章 附 则

第五十三条 本办法所称"案件责任人员"是指在违法违规行为发生时,负有责任的银行保险机构从业人员,包括相关违法违规行为的实施人或参与人,以及对案件发生负有管理、领导、监督等责任的人员。

本办法所称"违法违规行为"是指违反法律、行政法规、规章和规范性文件中有关银行业保险业监督管理规定的行为。

第五十四条 银保监会对农村信用社省联社履行辖内农村合作金融机构案件管理有关职责以及对保险机构案件责任追究另有规定的,从其规定。

第五十五条 本办法由银保监会负责解释,自2020年7月1日起施行。

附件:报告模板(略)

最高人民法院关于审理骗购外汇、非法买卖外汇刑事案件具体应用法律若干问题的解释

- 1998年8月28日最高人民法院审判委员会第1018次会议通过
- 1998年8月28日最高人民法院公告公布
- 自1998年9月1日起施行
- 法释〔1998〕20号

为依法惩处骗购外汇、非法买卖外汇的犯罪行为,根据刑法的有关规定,现对审理骗购外汇、非法买卖外汇案件具体应用法律的若干问题解释如下:

第一条 以进行走私、逃汇、洗钱、骗税等犯罪活动为目的,使用虚假、无效的凭证、商业单据或者采取其他手段向外汇指定银行骗购外汇的,应当分别按照刑法分则第三章第二节、第一百九十条、第一百九十一条和第二百零四条等规定定罪处罚。

非国有公司、企业或者其他单位,与国有公司、企业或者其他国有单位勾结逃汇的,以逃汇罪的共犯处罚。

第二条 伪造、变造、买卖海关签发的报关单、进口证明、外汇管理机关的核准件等凭证或者购买伪造、变造的上述凭证的,按照刑法第二百八十条第一款的规定定罪处罚。

第三条 在外汇指定银行和中国外汇交易中心及其分中心以外买卖外汇,扰乱金融市场秩序,具有下列情形之一的,按照刑法第二百二十五条第(三)项的规定定罪处罚:

(一) 非法买卖外汇20万美元以上的;
(二) 违法所得5万元人民币以上的。

第四条 公司、企业或者其他单位,违反有关外贸代理业务的规定,采用非法手段,或者明知是伪造、变造的凭证、商业单据,为他人向外汇指定银行骗购外汇,数额在500万美元以上或者违法所得50万元人民币以上的,按照刑法第二百二十五条第(三)项的规定定罪处罚。

居间介绍骗购外汇100万美元以上或者违法所得10万元人民币以上的,按照刑法第二百二十五条第(三)项的规定定罪处罚。

第五条 海关、银行、外汇管理机关工作人员与骗购外汇的行为人通谋,为其提供购买外汇的有关凭证,或者明知是伪造、变造的凭证和商业单据而出售外汇,构成犯罪的,按照刑法的有关规定从重处罚。

第六条 实施本解释规定的行为,同时触犯2个以上罪名的,择一重罪从重处罚。

第七条　根据刑法第六十四条规定，骗购外汇、非法买卖外汇的，其违法所得予以追缴，用于骗购外汇、非法买卖外汇的资金予以没收，上缴国库。

第八条　骗购、非法买卖不同币种的外汇的，以案发时国家外汇管理机关制定的统一折算率折合后依照本解释处罚。

最高人民法院、最高人民检察院关于办理非法从事资金支付结算业务、非法买卖外汇刑事案件适用法律若干问题的解释

- 2019年9月17日最高人民法院审判委员会第1749次会议、2018年12月12日最高人民检察院第十三届检察委员会第十一次会议通过
- 2019年1月31日最高人民法院、最高人民检察院公告公布
- 自2019年2月11日起施行
- 法释〔2019〕1号

为依法惩治非法从事资金支付结算业务、非法买卖外汇犯罪活动，维护金融市场秩序，根据《中华人民共和国刑法》《中华人民共和国刑事诉讼法》的规定，现就办理非法从事资金支付结算业务、非法买卖外汇刑事案件适用法律的若干问题解释如下：

第一条　违反国家规定，具有下列情形之一的，属于刑法第二百二十五条第三项规定的"非法从事资金支付结算业务"：

（一）使用受理终端或者网络支付接口等方法，以虚构交易、虚开价格、交易退款等非法方式向指定付款方支付货币资金的；

（二）非法为他人提供单位银行结算账户套现或者单位银行结算账户转个人账户服务的；

（三）非法为他人提供支票套现服务的；

（四）其他非法从事资金支付结算业务的情形。

第二条　违反国家规定，实施倒买倒卖外汇或者变相买卖外汇等非法买卖外汇行为，扰乱金融市场秩序，情节严重的，依照刑法第二百二十五条第四项的规定，以非法经营罪定罪处罚。

第三条　非法从事资金支付结算业务或者非法买卖外汇，具有下列情形之一的，应当认定为非法经营行为"情节严重"：

（一）非法经营数额在五百万元以上的；

（二）违法所得数额在十万元以上的。

非法经营数额在二百五十万元以上，或者违法所得数额在五万元以上，且具有下列情形之一的，可以认定为非法经营行为"情节严重"：

（一）曾因非法从事资金支付结算业务或者非法买卖外汇犯罪行为受过刑事追究的；

（二）二年内因非法从事资金支付结算业务或者非法买卖外汇违法行为受过行政处罚的；

（三）拒不交代涉案资金去向或者拒不配合追缴工作，致使赃款无法追缴的；

（四）造成其他严重后果的。

第四条　非法从事资金支付结算业务或者非法买卖外汇，具有下列情形之一的，应当认定为非法经营行为"情节特别严重"：

（一）非法经营数额在二千五百万元以上的；

（二）违法所得数额在五十万元以上的。

非法经营数额在一千二百五十万元以上，或者违法所得数额在二十五万元以上，且具有本解释第三条第二款规定的四种情形之一的，可以认定为非法经营行为"情节特别严重"。

第五条　非法从事资金支付结算业务或者非法买卖外汇，构成非法经营罪，同时又构成刑法第一百二十条之一规定的帮助恐怖活动罪或者第一百九十一条规定的洗钱罪的，依照处罚较重的规定定罪处罚。

第六条　二次以上非法从事资金支付结算业务或者非法买卖外汇，依法应予行政处理或者刑事处理而未经处理的，非法经营数额或者违法所得数额累计计算。

同一案件中，非法经营数额、违法所得数额分别构成情节严重、情节特别严重的，按照处罚较重的数额定罪处罚。

第七条　非法从事资金支付结算业务或者非法买卖外汇违法所得数额难以确定的，按非法经营数额的千分之一认定违法所得数额，依法并处或者单处违法所得一倍以上五倍以下罚金。

第八条　符合本解释第三条规定的标准，行为人如实供述犯罪事实，认罪悔罪，并积极配合调查，退缴违法所得的，可以从轻处罚；其中犯罪情节轻微的，可以依法不起诉或者免予刑事处罚。

符合刑事诉讼法规定的认罪认罚从宽适用范围和条件的，依照刑事诉讼法的规定处理。

第九条　单位实施本解释第一条、第二条规定的非法从事资金支付结算业务、非法买卖外汇行为，依照本解释规定的定罪量刑标准，对单位判处罚金，并对其直接负责的主管人员和其他直接责任人员定罪处罚。

第十条 非法从事资金支付结算业务、非法买卖外汇刑事案件中的犯罪地，包括犯罪嫌疑人、被告人用于犯罪活动的账户开立地、资金接收地、资金过渡账户开立地、资金账户操作地，以及资金交易对手资金交付和汇出地等。

第十一条 涉及外汇的犯罪数额，按照案发当日中国外汇交易中心或者中国人民银行授权机构公布的人民币对该货币的中间价折合成人民币计算。中国外汇交易中心或者中国人民银行授权机构未公布汇率中间价的境外货币，按照案发当日境内银行人民币对该货币的中间价折算成人民币，或者该货币在境内银行、国际外汇市场对美元汇率，与人民币对美元汇率中间价进行套算。

第十二条 本解释自2019年2月1日起施行。《最高人民法院关于审理骗购外汇、非法买卖外汇刑事案件具体应用法律若干问题的解释》（法释〔1998〕20号）与本解释不一致的，以本解释为准。

最高人民法院关于审理洗钱等刑事案件具体应用法律若干问题的解释

- 2009年9月21日最高人民法院审判委员会第1474次会议通过
- 2009年11月4日最高人民法院公告公布
- 自2009年11月11日起施行
- 法释〔2009〕15号

为依法惩治洗钱、掩饰、隐瞒犯罪所得、犯罪所得收益，资助恐怖活动等犯罪活动，根据刑法有关规定，现就审理此类刑事案件具体应用法律的若干问题解释如下：

第一条 刑法第一百九十一条、第三百一十二条规定的"明知"，应当结合被告人的认知能力、接触他人犯罪所得及其收益的情况，犯罪所得及其收益的种类、数额，犯罪所得及其收益的转换、转移方式以及被告人的供述等主、客观因素进行认定。

具有下列情形之一的，可以认定被告人明知系犯罪所得及其收益，但有证据证明确实不知道的除外：

（一）知道他人从事犯罪活动，协助转换或者转移财物的；

（二）没有正当理由，通过非法途径协助转换或者转移财物的；

（三）没有正当理由，以明显低于市场的价格收购财物的；

（四）没有正当理由，协助转换或者转移财物，收取明显高于市场的"手续费"的；

（五）没有正当理由，协助他人将巨额现金散存于多个银行账户或者在不同银行账户之间频繁划转的；

（六）协助近亲属或者其他关系密切的人转换或者转移与其职业或者财产状况明显不符的财物的；

（七）其他可以认定行为人明知的情形。

被告人将刑法第一百九十一条规定的某一上游犯罪的犯罪所得及其收益误认为刑法第一百九十一条规定的上游犯罪范围内的其他犯罪所得及其收益的，不影响刑法第一百九十一条规定的"明知"的认定。

第二条 具有下列情形之一的，可以认定为刑法第一百九十一条第一款第（五）项规定的"以其他方法掩饰、隐瞒犯罪所得及其收益的来源和性质"：

（一）通过典当、租赁、买卖、投资等方式，协助转移、转换犯罪所得及其收益的；

（二）通过与商场、饭店、娱乐场所等现金密集型场所的经营收入相混合的方式，协助转移、转换犯罪所得及其收益的；

（三）通过虚构交易、虚设债权债务、虚假担保、虚报收入等方式，协助将犯罪所得及其收益转换为"合法"财物的；

（四）通过买卖彩票、奖券等方式，协助转换犯罪所得及其收益的；

（五）通过赌博方式，协助将犯罪所得及其收益转换为赌博收益的；

（六）协助将犯罪所得及其收益携带、运输或者邮寄出入境的；

（七）通过前述规定以外的方式协助转移、转换犯罪所得及其收益的。

第三条 明知是犯罪所得及其产生的收益而予以掩饰、隐瞒，构成刑法第三百一十二条规定的犯罪，同时又构成刑法第一百九十一条或者第三百四十九条规定的犯罪的，依照处罚较重的规定定罪处罚。

第四条 刑法第一百九十一条、第三百一十二条、第三百四十九条规定的犯罪，应当以上游犯罪事实成立为认定前提。上游犯罪尚未依法裁判，但查证属实的，不影响刑法第一百九十一条、第三百一十二条、第三百四十九条规定的犯罪的审判。

上游犯罪事实可以确认，因行为人死亡等原因依法不予追究刑事责任的，不影响刑法第一百九十一条、第三百一十二条、第三百四十九条规定的犯罪的认定。

上游犯罪事实可以确认，依法以其他罪名定罪处罚的,不影响刑法第一百九十一条、第三百一十二条、第三百四十九条规定的犯罪的认定。

本条所称"上游犯罪",是指产生刑法第一百九十一条、第三百一十二条、第三百四十九条规定的犯罪所得及其收益的各种犯罪行为。

第五条　刑法第一百二十条之一规定的"资助",是指为恐怖活动组织或者实施恐怖活动的个人筹集、提供经费、物资或者提供场所以及其他物质便利的行为。

刑法第一百二十条之一规定的"实施恐怖活动的个人",包括预谋实施、准备实施和实际实施恐怖活动的个人。

最高人民法院、最高人民检察院关于办理妨害信用卡管理刑事案件具体应用法律若干问题的解释

- 2009年12月3日法释〔2009〕19号公布
- 根据2018年7月30日最高人民法院审判委员会第1745次会议、2018年10月19日最高人民检察院第十三届检察委员会第七次会议通过的《最高人民法院、最高人民检察院关于修改〈关于办理妨害信用卡管理刑事案件具体应用法律若干问题的解释〉的决定》修正
- 2018年11月28日最高人民法院、最高人民检察院公告公布
- 自2018年12月1日起施行
- 法释〔2018〕19号

为依法惩治妨害信用卡管理犯罪活动,维护信用卡管理秩序和持卡人合法权益,根据《中华人民共和国刑法》规定,现就办理这类刑事案件具体应用法律的若干问题解释如下:

第一条　复制他人信用卡、将他人信用卡信息资料写入磁条介质、芯片或者以其他方法伪造信用卡一张以上的,应当认定为刑法第一百七十七条第一款第四项规定的"伪造信用卡",以伪造金融票证罪定罪处罚。

伪造空白信用卡十张以上的,应当认定为刑法第一百七十七条第一款第四项规定的"伪造信用卡",以伪造金融票证罪定罪处罚。

伪造信用卡,有下列情形之一的,应当认定为刑法第一百七十七条规定的"情节严重":

(一)伪造信用卡五张以上不满二十五张的;
(二)伪造的信用卡内存款余额、透支额度单独或者合计数额在二十万元以上不满一百万元的;
(三)伪造空白信用卡五十张以上不满二百五十张的;
(四)其他情节严重的情形。

伪造信用卡,有下列情形之一的,应当认定为刑法第一百七十七条规定的"情节特别严重":

(一)伪造信用卡二十五张以上的;
(二)伪造的信用卡内存款余额、透支额度单独或者合计数额在一百万元以上的;
(三)伪造空白信用卡二百五十张以上的;
(四)其他情节特别严重的情形。

本条所称"信用卡内存款余额、透支额度",以信用卡被伪造后发卡行记录的最高存款余额、可透支额度计算。

第二条　明知是伪造的空白信用卡而持有、运输十张以上不满一百张的,应当认定为刑法第一百七十七条之一第一款第一项规定的"数量较大";非法持有他人信用卡五张以上不满五十张的,应当认定为刑法第一百七十七条之一第一款第二项规定的"数量较大"。

有下列情形之一的,应当认定为刑法第一百七十七条之一第一款规定的"数量巨大":

(一)明知是伪造的信用卡而持有、运输十张以上的;
(二)明知是伪造的空白信用卡而持有、运输一百张以上的;
(三)非法持有他人信用卡五十张以上的;
(四)使用虚假的身份证明骗领信用卡十张以上的;
(五)出售、购买、为他人提供伪造的信用卡或者以虚假的身份证明骗领的信用卡十张以上的。

违背他人意愿,使用其居民身份证、军官证、士兵证、港澳居民往来内地通行证、台湾居民来往大陆通行证、护照等身份证明申领信用卡的,或者使用伪造、变造的身份证明申领信用卡的,应当认定为刑法第一百七十七条之一第一款第三项规定的"使用虚假的身份证明骗领信用卡"。

第三条　窃取、收买、非法提供他人信用卡信息资料,足以伪造可进行交易的信用卡,或者足以使他人以信用卡持卡人名义进行交易,涉及信用卡一张以上不满五张的,依照刑法第一百七十七条之一第二款的规定,以窃取、收买、非法提供信用卡信息罪定罪处罚;涉及信用卡五张以上的,应当认定为刑法第一百七十七条之一第一款规定的"数量巨大"。

第四条　为信用卡申请人制作、提供虚假的财产状况、收入、职务等资信证明材料,涉及伪造、变造、买卖国家机关公文、证件、印章,或者涉及伪造公司、企业、事业单位、人民团体印章,应当追究刑事责任的,依照刑法第二百八十条的规定,分别以伪造、变造、买卖国家机关公

文、证件、印章罪和伪造公司、企业、事业单位、人民团体印章罪定罪处罚。

承担资产评估、验资、验证、会计、审计、法律服务等职责的中介组织或其人员,为信用卡申请人提供虚假的财产状况、收入、职务等资信证明材料,应当追究刑事责任的,依照刑法第二百二十九条的规定,分别以提供虚假证明文件罪和出具证明文件重大失实罪定罪处罚。

第五条 使用伪造的信用卡、以虚假的身份证明骗领的信用卡、作废的信用卡或者冒用他人信用卡,进行信用卡诈骗活动,数额在五千元以上不满五万元的,应当认定为刑法第一百九十六条规定的"数额较大";数额在五万元以上不满五十万元的,应当认定为刑法第一百九十六条规定的"数额巨大";数额在五十万元以上的,应当认定为刑法第一百九十六条规定的"数额特别巨大"。

刑法第一百九十六条第一款第三项所称"冒用他人信用卡",包括以下情形:

(一)拾得他人信用卡并使用的;

(二)骗取他人信用卡并使用的;

(三)窃取、收买、骗取或者以其他非法方式获取他人信用卡信息资料,并通过互联网、通讯终端等使用的;

(四)其他冒用他人信用卡的情形。

第六条 持卡人以非法占有为目的,超过规定限额或者规定期限透支,经发卡银行两次有效催收后超过三个月仍不归还的,应当认定为刑法第一百九十六条规定的"恶意透支"。

对于是否以非法占有为目的,应当综合持卡人信用记录、还款能力和意愿、申领和透支信用卡的状况、透支资金的用途、透支后的表现、未按规定还款的原因等情节作出判断。不得单纯依据持卡人未按规定还款的事实认定非法占有目的。

具有以下情形之一的,应当认定为刑法第一百九十六条第二款规定的"以非法占有为目的",但有证据证明持卡人确实不具有非法占有目的的除外:

(一)明知没有还款能力而大量透支,无法归还的;

(二)使用虚假资信证明申领信用卡后透支,无法归还的;

(三)透支后通过逃匿、改变联系方式等手段,逃避银行催收的;

(四)抽逃、转移资金,隐匿财产,逃避还款的;

(五)使用透支的资金进行犯罪活动的;

(六)其他非法占有资金,拒不归还的情形。

第七条 催收同时符合下列条件的,应当认定为本解释第六条规定的"有效催收":

(一)在透支超过规定限额或者规定期限后进行;

(二)催收应当采用能够确认持卡人收悉的方式,但持卡人故意逃避催收的除外;

(三)两次催收至少间隔三十日;

(四)符合催收的有关规定或者约定。

对于是否属于有效催收,应当根据发卡银行提供的电话录音、信息送达记录、信函送达回执、电子邮件送达记录、持卡人或者其家属签字以及其他催收原始证据材料作出判断。

发卡银行提供的相关证据材料,应当有银行工作人员签名和银行公章。

第八条 恶意透支,数额在五万元以上不满五十万元的,应当认定为刑法第一百九十六条规定的"数额较大";数额在五十万元以上不满五百万元的,应当认定为刑法第一百九十六条规定的"数额巨大";数额在五百万元以上的,应当认定为刑法第一百九十六条规定的"数额特别巨大"。

第九条 恶意透支的数额,是指公安机关刑事立案时尚未归还的实际透支的本金数额,不包括利息、复利、滞纳金、手续费等发卡银行收取的费用。归还或者支付的数额,应当认定为归还实际透支的本金。

检察机关在审查起诉、提起公诉时,应当根据发卡银行提供的交易明细、分类账单(透支账单、还款账单)等证据材料,结合犯罪嫌疑人、被告人及其辩护人所提辩解、辩护意见及相关证据材料,审查认定恶意透支的数额;恶意透支的数额难以确定的,应当依据司法会计、审计报告,结合其他证据材料审查认定。人民法院在审判过程中,应当在对上述证据材料查证属实的基础上,对恶意透支的数额作出认定。

发卡银行提供的相关证据材料,应当有银行工作人员签名和银行公章。

第十条 恶意透支数额较大,在提起公诉前全部归还或者具有其他情节轻微情形的,可以不起诉;在一审判决前全部归还或者具有其他情节轻微情形的,可以免予刑事处罚。但是,曾因信用卡诈骗受过两次以上处罚的除外。

第十一条 发卡银行违规以信用卡透支形式变相发放贷款,持卡人未按规定归还的,不适用刑法第一百九十六条"恶意透支"的规定。构成其他犯罪的,以其他犯罪论处。

第十二条 违反国家规定,使用销售点终端机具

(POS机)等方法,以虚构交易、虚开价格、现金退货等方式向信用卡持卡人直接支付现金,情节严重的,应当依照刑法第二百二十五条的规定,以非法经营罪定罪处罚。

实施前款行为,数额在一百万元以上的,或者造成金融机构资金二十万元以上逾期未还的,或者造成金融机构经济损失十万元以上的,应当认定为刑法第二百二十五条规定的"情节严重";数额在五百万元以上的,或者造成金融机构资金一百万元以上逾期未还的,或者造成金融机构经济损失五十万元以上的,应当认定为刑法第二百二十五条规定的"情节特别严重"。

持卡人以非法占有为目的,采用上述方式恶意透支,应当追究刑事责任的,依照刑法第一百九十六条的规定,以信用卡诈骗罪定罪处罚。

第十三条 单位实施本解释规定的行为,适用本解释规定的相应自然人犯罪的定罪量刑标准。

最高人民法院关于审理非法集资刑事案件具体应用法律若干问题的解释

- 2010年11月22日最高人民法院审判委员会第1502次会议通过
- 根据2021年12月30日最高人民法院审判委员会第1860次会议通过的《最高人民法院关于修改〈最高人民法院关于审理非法集资刑事案件具体应用法律若干问题的解释〉的决定》修正
- 2022年2月23日最高人民法院公告公布
- 自2022年3月1日起施行
- 法释〔2022〕5号

为依法惩治非法吸收公众存款、集资诈骗等非法集资犯罪活动,根据《中华人民共和国刑法》的规定,现就审理此类刑事案件具体应用法律的若干问题解释如下:

第一条 违反国家金融管理法律规定,向社会公众(包括单位和个人)吸收资金的行为,同时具备下列四个条件的,除刑法另有规定的以外,应当认定为刑法第一百七十六条规定的"非法吸收公众存款或者变相吸收公众存款":

(一)未经有关部门依法许可或者借用合法经营的形式吸收资金;

(二)通过网络、媒体、推介会、传单、手机信息等途径向社会公开宣传;

(三)承诺在一定期限内以货币、实物、股权等方式还本付息或者给付回报;

(四)向社会公众即社会不特定对象吸收资金。

未向社会公开宣传,在亲友或者单位内部针对特定对象吸收资金的,不属于非法吸收或者变相吸收公众存款。

第二条 实施下列行为之一,符合本解释第一条第一款规定的条件的,应当依照刑法第一百七十六条的规定,以非法吸收公众存款罪定罪处罚:

(一)不具有房产销售的真实内容或者不以房产销售为主要目的,以返本销售、售后包租、约定回购、销售房产份额等方式非法吸收资金的;

(二)以转让林权并代为管护等方式非法吸收资金的;

(三)以代种植(养殖)、租种植(养殖)、联合种植(养殖)等方式非法吸收资金的;

(四)不具有销售商品、提供服务的真实内容或者不以销售商品、提供服务为主要目的,以商品回购、寄存代售等方式非法吸收资金的;

(五)不具有发行股票、债券的真实内容,以虚假转让股权、发售虚构债券等方式非法吸收资金的;

(六)不具有募集基金的真实内容,以假借境外基金、发售虚构基金等方式非法吸收资金的;

(七)不具有销售保险的真实内容,以假冒保险公司、伪造保险单据等方式非法吸收资金的;

(八)以网络借贷、投资入股、虚拟币交易等方式非法吸收资金的;

(九)以委托理财、融资租赁等方式非法吸收资金的;

(十)以提供"养老服务"、投资"养老项目"、销售"老年产品"等方式非法吸收资金的;

(十一)利用民间"会""社"等组织非法吸收资金的;

(十二)其他非法吸收资金的行为。

第三条 非法吸收或者变相吸收公众存款,具有下列情形之一的,应当依法追究刑事责任:

(一)非法吸收或者变相吸收公众存款数额在100万元以上的;

(二)非法吸收或者变相吸收公众存款对象150人以上的;

(三)非法吸收或者变相吸收公众存款,给存款人造成直接经济损失数额在50万元以上的。

非法吸收或者变相吸收公众存款数额在50万元以上或者给存款人造成直接经济损失数额在25万元以上,同时具有下列情节之一的,应当依法追究刑事责任:

（一）曾因非法集资受过刑事追究的；
（二）二年内曾因非法集资受过行政处罚的；
（三）造成恶劣社会影响或者其他严重后果的。

第四条 非法吸收或者变相吸收公众存款，具有下列情形之一的，应当认定为刑法第一百七十六条规定的"数额巨大或者有其他严重情节"：
（一）非法吸收或者变相吸收公众存款数额在500万元以上的；
（二）非法吸收或者变相吸收公众存款对象500人以上的；
（三）非法吸收或者变相吸收公众存款，给存款人造成直接经济损失数额在250万元以上的。

非法吸收或者变相吸收公众存款数额在250万元以上或者给存款人造成直接经济损失数额在150万元以上，同时具有本解释第三条第二款第三项情节的，应当认定为"其他严重情节"。

第五条 非法吸收或者变相吸收公众存款，具有下列情形之一的，应当认定为刑法第一百七十六条规定的"数额特别巨大或者有其他特别严重情节"：
（一）非法吸收或者变相吸收公众存款数额在5000万元以上的；
（二）非法吸收或者变相吸收公众存款对象5000人以上的；
（三）非法吸收或者变相吸收公众存款，给存款人造成直接经济损失数额在2500万元以上的。

非法吸收或者变相吸收公众存款数额在2500万元以上或者给存款人造成直接经济损失数额在1500万元以上，同时具有本解释第三条第二款第三项情节的，应当认定为"其他特别严重情节"。

第六条 非法吸收或者变相吸收公众存款的数额，以行为人所吸收的资金全额计算。在提起公诉前积极退赃退赔，减少损害结果发生的，可以从轻或者减轻处罚；在提起公诉后退赃退赔的，可以作为量刑情节酌情考虑。

非法吸收或者变相吸收公众存款，主要用于正常的生产经营活动，能够在提起公诉前清退所吸收资金，可以免予刑事处罚；情节显著轻微危害不大的，不作为犯罪处理。

对依法不需要追究刑事责任或者免予刑事处罚的，应当依法将案件移送有关行政机关。

第七条 以非法占有为目的，使用诈骗方法实施本解释第二条规定所列行为的，应当依照刑法第一百九十二条的规定，以集资诈骗罪定罪处罚。

使用诈骗方法非法集资，具有下列情形之一的，可以认定为"以非法占有为目的"：
（一）集资后不用于生产经营活动或者用于生产经营活动与筹集资金规模明显不成比例，致使集资款不能返还的；
（二）肆意挥霍集资款，致使集资款不能返还的；
（三）携带集资款逃匿的；
（四）将集资款用于违法犯罪活动的；
（五）抽逃、转移资金、隐匿财产，逃避返还资金的；
（六）隐匿、销毁账目，或者搞假破产、假倒闭，逃避返还资金的；
（七）拒不交代资金去向，逃避返还资金的；
（八）其他可以认定非法占有目的的情形。

集资诈骗罪中的非法占有目的，应当区分情形进行具体认定。行为人部分非法集资行为具有非法占有目的的，对该部分非法集资行为所涉集资款以集资诈骗罪定罪处罚；非法集资共同犯罪中部分行为人具有非法占有目的，其他行为人没有非法占有集资款的共同故意和行为的，对具有非法占有目的的行为人以集资诈骗罪定罪处罚。

第八条 集资诈骗数额在10万元以上的，应当认定为"数额较大"；数额在100万元以上的，应当认定为"数额巨大"。

集资诈骗数额在50万元以上，同时具有本解释第三条第二款第三项情节的，应当认定为刑法第一百九十二条规定的"其他严重情节"。

集资诈骗的数额以行为人实际骗取的数额计算，在案发前已归还的数额应予扣除。行为人为实施集资诈骗活动而支付的广告费、中介费、手续费、回扣，或者用于行贿、赠与等费用，不予扣除。行为人为实施集资诈骗活动而支付的利息，除本金未归还可予折抵本金以外，应当计入诈骗数额。

第九条 犯非法吸收公众存款罪，判处三年以下有期徒刑或者拘役，并处或者单处罚金的，处五万元以上一百万元以下罚金；判处三年以上十年以下有期徒刑的，并处十万元以上五百万元以下罚金；判处十年以上有期徒刑的，并处五十万元以上罚金。

犯集资诈骗罪，判处三年以上七年以下有期徒刑的，并处十万元以上五百万元以下罚金；判处七年以上有期徒刑或者无期徒刑的，并处五十万元以上罚金或者没收财产。

第十条 未经国家有关主管部门批准，向社会不特定对象发行、以转让股权等方式变相发行股票或者公司、企业债券，或者向特定对象发行、变相发行股票或者公司、企业债券累计超过 200 人的，应当认定为刑法第一百七十九条规定的"擅自发行股票或者公司、企业债券"。构成犯罪的，以擅自发行股票、公司、企业债券罪定罪处罚。

第十一条 违反国家规定，未经依法核准擅自发行基金份额募集基金，情节严重的，依照刑法第二百二十五条的规定，以非法经营罪定罪处罚。

第十二条 广告经营者、广告发布者违反国家规定，利用广告为非法集资活动相关的商品或者服务作虚假宣传，具有下列情形之一的，依照刑法第二百二十二条的规定，以虚假广告罪定罪处罚：

（一）违法所得数额在 10 万元以上的；
（二）造成严重危害后果或者恶劣社会影响的；
（三）二年内利用广告作虚假宣传，受过行政处罚二次以上的；
（四）其他情节严重的情形。

明知他人从事欺诈发行证券、非法吸收公众存款、擅自发行股票、公司、企业债券、集资诈骗或者组织、领导传销活动等集资犯罪活动，为其提供广告等宣传的，以相关犯罪的共犯论处。

第十三条 通过传销手段向社会公众非法吸收资金，构成非法吸收公众存款罪或者集资诈骗罪，同时又构成组织、领导传销活动罪的，依照处罚较重的规定定罪处罚。

第十四条 单位实施非法吸收公众存款、集资诈骗犯罪的，依照本解释规定的相应自然人犯罪的定罪量刑标准，对单位判处罚金，并对其直接负责的主管人员和其他直接责任人员定罪处罚。

第十五条 此前发布的司法解释与本解释不一致的，以本解释为准。

最高人民法院关于非法集资刑事案件性质认定问题的通知

· 2011 年 8 月 18 日
· 法〔2011〕262 号

各省、自治区、直辖市高级人民法院，解放军军事法院，新疆维吾尔自治区高级人民法院生产建设兵团分院：
为依法、准确、及时审理非法集资刑事案件，现就非法集资性质认定的有关问题通知如下：
一、行政部门对于非法集资的性质认定，不是非法集资案件进入刑事程序的必经程序。行政部门未对非法集资作出性质认定的，不影响非法集资刑事案件的审判。
二、人民法院应当依照刑法和最高人民法院《关于审理非法集资刑事案件具体应用法律若干问题的解释》等有关规定认定案件事实的性质，并认定相关行为是否构成犯罪。
三、对于案情复杂、性质认定疑难的案件，人民法院可以在有关部门关于是否符合行业技术标准的行政认定意见的基础上，根据案件事实和法律规定作出性质认定。
四、非法集资刑事案件的审判工作涉及领域广、专业性强，人民法院在审理此类案件当中要注意加强与有关行政主（监）管部门以及公安机关、人民检察院的配合。审判工作中遇到重大问题难以解决的，请及时报告最高人民法院。

最高人民法院、最高人民检察院、公安部关于办理非法集资刑事案件若干问题的意见

· 2019 年 1 月 30 日
· 高检会〔2019〕2 号

为依法惩治非法吸收公众存款、集资诈骗等非法集资犯罪活动，维护国家金融管理秩序，保护公民、法人和其他组织合法权益，根据刑法、刑事诉讼法等法律规定，结合司法实践，现就办理非法吸收公众存款、集资诈骗等非法集资刑事案件有关问题提出以下意见：

一、关于非法集资的"非法性"认定依据问题
人民法院、人民检察院、公安机关认定非法集资的"非法性"，应当以国家金融管理法律法规作为依据。对于国家金融管理法律法规仅作原则性规定的，可以根据法律规定的精神并参考中国人民银行、中国银行保险监督管理委员会、中国证券监督管理委员会等行政主管部门依照国家金融管理法律法规制定的部门规章或者国家有关金融管理的规定、办法、实施细则等规范性文件的规定予以认定。

二、关于单位犯罪的认定问题
单位实施非法集资犯罪活动，全部或者大部分违法所得归单位所有的，应当认定为单位犯罪。
个人为进行非法集资犯罪活动而设立的单位实施犯罪的，或者单位设立后，以实施非法集资犯罪活动为主要活动的，不以单位犯罪论处，对单位中组织、策划、实施非法集资犯罪活动的人员应当以自然人犯罪依法追究刑事责任。
判断单位是否以实施非法集资犯罪活动为主要活动，应当根据单位实施非法集资的次数、频度、持续时间、资金

规模、资金流向、投入人力物力情况、单位进行正当经营的状况以及犯罪活动的影响、后果等因素综合考虑认定。

三、关于涉案下属单位的处理问题

办理非法集资刑事案件中,人民法院、人民检察院、公安机关应当全面查清涉案单位,包括上级单位(总公司、母公司)和下属单位(分公司、子公司)的主体资格、层级、关系、地位、作用、资金流向等,区分情况依法作出处理。

上级单位已被认定为单位犯罪,下属单位实施非法集资犯罪活动,且全部或者大部分违法所得归下属单位所有的,对该下属单位也应当认定为单位犯罪。上级单位和下属单位构成共同犯罪的,应当根据犯罪单位的地位、作用,确定犯罪单位的刑事责任。

上级单位已被认定为单位犯罪,下属单位实施非法集资犯罪活动,但全部或者大部分违法所得归上级单位所有的,对下属单位不单独认定为单位犯罪。下属单位中涉嫌犯罪的人员,可以作为上级单位的其他直接责任人员依法追究刑事责任。

上级单位未被认定为单位犯罪,下属单位被认定为单位犯罪的,对上级单位中组织、策划、实施非法集资犯罪的人员,一般可以与下属单位按照自然人与单位共同犯罪处理。

上级单位与下属单位均未被认定为单位犯罪的,一般以上级单位与下属单位中承担组织、领导、管理、协调职责的主管人员和发挥主要作用的人员作为主犯,以其他积极参加非法集资犯罪的人员作为从犯,按照自然人共同犯罪处理。

四、关于主观故意的认定问题

认定犯罪嫌疑人、被告人是否具有非法吸收公众存款的犯罪故意,应当依据犯罪嫌疑人、被告人的任职情况、职业经历、专业背景、培训经历、本人因同类行为受到行政处罚或者刑事追究情况以及吸收资金方式、宣传推广、合同资料、业务流程等证据,结合其供述,进行综合分析判断。

犯罪嫌疑人、被告人使用诈骗方法非法集资,符合《最高人民法院关于审理非法集资刑事案件具体应用法律若干问题的解释》第四条规定的,可以认定为集资诈骗罪中"以非法占有为目的"。

办案机关在办理非法集资刑事案件中,应当根据案件具体情况注意收集运用涉及犯罪嫌疑人、被告人的以下证据:是否使用虚假身份信息对外开展业务;是否虚假订立合同、协议;是否虚假宣传,明显超出经营范围或者夸大经营、投资、服务项目及盈利能力;是否吸收资金后隐匿、销毁合同、协议、账目;是否传授或者接受规避法律、逃避监管的方法,等等。

五、关于犯罪数额的认定问题

非法吸收或者变相吸收公众存款构成犯罪,具有下列情形之一的,向亲友或者单位内部人员吸收的资金应当与向不特定对象吸收的资金一并计入犯罪数额:

(一)在向亲友或者单位内部人员吸收资金的过程中,明知亲友或者单位内部人员向不特定对象吸收资金而予以放任的;

(二)以吸收资金为目的,将社会人员吸收为单位内部人员,并向其吸收资金的;

(三)向社会公开宣传,同时向不特定对象、亲友或者单位内部人员吸收资金的。

非法吸收或者变相吸收公众存款的数额,以行为人所吸收的资金全额计算。集资参与人收回本金或者获得回报后又重复投资的数额不予扣除,但可以作为量刑情节酌情考虑。

六、关于宽严相济刑事政策把握问题

办理非法集资刑事案件,应当贯彻宽严相济刑事政策,依法合理把握追究刑事责任的范围,综合运用刑事手段和行政手段处置和化解风险,做到惩处少数、教育挽救大多数。要根据行为人的客观行为、主观恶性、犯罪情节及其地位、作用、层级、职务等情况,综合判断行为人的责任轻重和刑事追究的必要性,按照区别对待原则分类处理涉案人员,做到罚当其罪、罪责刑相适应。

重点惩处非法集资犯罪活动的组织者、领导者和管理人员,包括单位犯罪中的上级单位(总公司、母公司)的核心层、管理层和骨干人员,下属单位(分公司、子公司)的管理层和骨干人员,以及其他发挥主要作用的人员。

对于涉案人员积极配合调查、主动退赃退赔、真诚认罪悔罪的,可以依法从轻处罚;其中情节轻微的,可以免除处罚;情节显著轻微、危害不大的,不作为犯罪处理。

七、关于管辖问题

跨区域非法集资刑事案件按照《国务院关于进一步做好防范和处置非法集资工作的意见》(国发〔2015〕59号)确定的工作原则办理。如果合并侦查、诉讼更为适宜的,可以合并办理。

办理跨区域非法集资刑事案件,如果多个公安机关都有权立案侦查的,一般由主要犯罪地公安机关作为案件主办地,对主要犯罪嫌疑人立案侦查和移送审查起诉;由其他犯罪地公安机关作为案件分办地根据案件具体情况,对本地区犯罪嫌疑人立案侦查和移送审查起诉。

管辖不明或者有争议的，按照有利于查清犯罪事实、有利于诉讼的原则，由其共同的上级公安机关协调确定或者指定有关公安机关作为案件主办地立案侦查。需要提请批准逮捕、移送审查起诉、提起公诉的，由分别立案侦查的公安机关所在地的人民检察院、人民法院受理。

对于重大、疑难、复杂的跨区域非法集资刑事案件，公安机关应当在协调确定或者指定案件主办地立案侦查的同时，通报同级人民检察院、人民法院。人民检察院、人民法院参照前款规定，确定主要犯罪地作为案件主办地，其他犯罪地作为案件分办地，由所在地的人民检察院、人民法院负责起诉、审判。

本条规定的"主要犯罪地"，包括非法集资活动的主要组织、策划、实施地，集资行为人的注册地、主要营业地、主要办事机构所在地，集资参与人的主要所在地等。

八、关于办案工作机制问题

案件主办地和其他涉案地办案机关应当密切沟通协调，协同推进侦查、起诉、审判、资产处置工作，配合有关部门最大限度追赃挽损。

案件主办地办案机关应当统一负责主要犯罪嫌疑人、被告人涉嫌非法集资全部犯罪事实的立案侦查、起诉、审判，防止遗漏犯罪事实；并应就全案处理政策、追诉主要犯罪嫌疑人、被告人的证据要求及诉讼时限、追赃挽损、资产处置等工作要求，向其他涉案地办案机关进行通报。其他涉案地办案机关应当对本地区犯罪嫌疑人、被告人涉嫌非法集资的犯罪事实及时立案侦查、起诉、审判，积极协助主办地处置涉案资产。

案件主办地和其他涉案地办案机关应当建立和完善证据交换共享机制。对涉及主要犯罪嫌疑人、被告人的证据，一般由案件主办地办案机关负责收集，其他涉案地提供协助。案件主办地办案机关应当及时通报接收涉及主要犯罪嫌疑人、被告人的证据材料的程序及要求。其他涉案地办案机关需要案件主办地提供证据材料的，应当向案件主办地办案机关提出证据需求，由案件主办地收集并依法移送。无法移送证据原件的，应当在移送复制件的同时，按照相关规定作出说明。

九、关于涉案财物追缴处置问题

办理跨区域非法集资刑事案件，案件主办地办案机关应当及时归集涉案财物，为统一资产处置做好基础性工作。其他涉案地办案机关应当及时查明涉案财物，明确其来源、去向、用途、流转情况，依法办理查封、扣押、冻结手续，并制作详细清单，对扣押款项应当设立明细账，在扣押后立即存入办案机关唯一合规账户，并将有关情况提供案件主办地办案机关。

人民法院、人民检察院、公安机关应当严格依照刑事诉讼法和相关司法解释的规定，依法移送、审查、处理查封、扣押、冻结的涉案财物。对审判时尚未追缴到案或者尚未足额退赔的违法所得，人民法院应当判决继续追缴或者责令退赔，并由人民法院负责执行，处置非法集资职能部门、人民检察院、公安机关等应当予以配合。

人民法院对涉案财物依法作出判决后，有关地方和部门应当在处置非法集资职能部门统筹协调下，切实履行协作义务，综合运用多种手段，做好涉案财物清运、财产变现、资金归集、资金清退等工作，确保最大限度减少实际损失。

根据有关规定，查封、扣押、冻结的涉案财物，一般应在诉讼终结后返还集资参与人。涉案财物不足全部返还的，按照集资参与人的集资额比例返还。退赔集资参与人的损失一般优先于其他民事债务以及罚金、没收财产的执行。

十、关于集资参与人权利保障问题

集资参与人，是指向非法集资活动投入资金的单位和个人，为非法集资活动提供帮助并获取经济利益的单位和个人除外。

人民法院、人民检察院、公安机关应当通过及时公布案件进展、涉案资产处置情况等方式，依法保障集资参与人的合法权利。集资参与人可以推选代表人向人民法院提出相关意见和建议；推选不出代表人的，人民法院可以指定代表人。人民法院可以视案件情况决定集资参与人代表人参加或者旁听庭审，对集资参与人提起附带民事诉讼等请求不予受理。

十一、关于行政执法与刑事司法衔接问题

处置非法集资职能部门或者有关行政主管部门，在调查非法集资行为或者行政执法过程中，认为案情重大、疑难、复杂的，可以商请公安机关就追诉标准、证据固定等问题提出咨询或者参考意见；发现非法集资行为涉嫌犯罪的，应当按照《行政执法机关移送涉嫌犯罪案件的规定》等规定，履行相关手续，在规定的期限内将案件移送公安机关。

人民法院、人民检察院、公安机关在办理非法集资刑事案件过程中，可商请处置非法集资职能部门或者有关行政主管部门指派专业人员配合开展工作，协助查阅、复制有关专业资料，就案件涉及的专业问题出具认定意见。涉及需要行政处理的事项，应当及时移交处置非法集资职能部门或者有关行政主管部门依法处理。

十二、关于国家工作人员相关法律责任问题

国家工作人员具有下列行为之一,构成犯罪的,应当依法追究刑事责任:

(一)明知单位和个人所申请机构或者业务涉嫌非法集资,仍为其办理行政许可或者注册手续的;

(二)明知所主管、监管的单位有涉嫌非法集资行为,未依法及时处理或者移送处置非法集资职能部门的;

(三)查处非法集资过程中滥用职权、玩忽职守、徇私舞弊的;

(四)徇私舞弊不向司法机关移交非法集资刑事案件的;

(五)其他通过职务行为或者利用职务影响,支持、帮助、纵容非法集资的。

最高人民检察院关于拾得他人信用卡并在自动柜员机(ATM机)上使用的行为如何定性问题的批复

- 2008年2月19日最高人民检察院第十届检察委员会第九十二次会议通过
- 2008年4月18日最高人民检察院公告公布
- 自2008年5月7日起施行
- 高检发释字〔2008〕1号

浙江省人民检察院:

你院《关于拾得他人信用卡并在ATM机上使用的行为应如何定性的请示》(浙检研〔2007〕227号)收悉。经研究,批复如下:

拾得他人信用卡并在自动柜员机(ATM机)上使用的行为,属于刑法第一百九十六条第一款第(三)项规定的"冒用他人信用卡"的情形,构成犯罪的,以信用卡诈骗罪追究刑事责任。

此复。

最高人民法院、最高人民检察院、公安部、司法部关于办理"套路贷"刑事案件若干问题的意见

- 2019年2月28日
- 法发〔2019〕11号

为持续深入开展扫黑除恶专项斗争,准确甄别和依法严厉惩处"套路贷"违法犯罪分子,根据刑法、刑事诉讼法、有关司法解释以及最高人民法院、最高人民检察院、公安部、司法部《关于办理黑恶势力犯罪案件若干问题的指导意见》等规范性文件的规定,现对办理"套路贷"刑事案件若干问题提出如下意见:

一、准确把握"套路贷"与民间借贷的区别

1. "套路贷",是对以非法占有为目的,假借民间借贷之名,诱使或迫使被害人签订"借贷"或变相"借贷""抵押""担保"等相关协议,通过虚增借贷金额、恶意制造违约、肆意认定违约、毁匿还款证据等方式形成虚假债权债务,并借助诉讼、仲裁、公证或者采用暴力、威胁以及其他手段非法占有被害人财物的相关违法犯罪活动的概括性称谓。

2. "套路贷"与平等主体之间基于意思自治而形成的民事借贷关系存在本质区别,民间借贷的出借人是为了到期按照协议约定的内容收回本金并获取利息,不具有非法占有他人财物的目的,也不会在签订、履行借贷协议过程中实施虚增借贷金额、制造虚假给付痕迹、恶意制造违约、肆意认定违约、毁匿还款证据等行为。

司法实践中,应当注意非法讨债引发的案件与"套路贷"案件的区别,犯罪嫌疑人、被告人不具有非法占有目的,也未使用"套路"与借贷人形成虚假债权债务,不应视为"套路贷"。因使用暴力、威胁以及其他手段强行索债构成犯罪的,应当根据具体案件事实定罪处罚。

3. 实践中,"套路贷"的常见犯罪手法和步骤包括但不限于以下情形:

(1)制造民间借贷假象。犯罪嫌疑人、被告人往往以"小额贷款公司""投资公司""咨询公司""担保公司""网络借贷平台"等名义对外宣传,以低息、无抵押、无担保、快速放款等为诱饵吸引被害人借款,继而以"保证金""行规"等虚假理由诱使被害人基于错误认识签订金额虚高的"借贷"协议或相关协议。有的犯罪嫌疑人、被告人还会以被害人先前借贷违约等理由,迫使对方签订金额虚高的"借贷"协议或相关协议。

(2)制造资金走账流水等虚假给付事实。犯罪嫌疑人、被告人按照虚高的"借贷"协议金额将资金转入被害人账户,制造已将全部借款交付被害人的银行流水痕迹,随后便采取各种手段将其中全部或者部分资金收回,被害人实际上并未取得或者完全取得"借贷"协议、银行流水上显示的钱款。

(3)故意制造违约或者肆意认定违约。犯罪嫌疑人、被告人往往会以设置违约陷阱、制造还款障碍等方式,故意造成被害人违约,或者通过肆意认定违约,强行要求被害人偿还虚假债务。

(4)恶意垒高借款金额。当被害人无力偿还时,有的犯罪嫌疑人、被告人会安排其所属公司或者指定的关联公司、关联人员为被害人偿还"借款",继而与被害人签

订金额更大的虚高"借贷"协议或相关协议,通过这种"转单平账""以贷还贷"的方式不断垒高"债务"。

(5)软硬兼施"索债"。在被害人未偿还虚高"借款"的情况下,犯罪嫌疑人、被告人借助诉讼、仲裁、公证或者采用暴力、威胁以及其他手段向被害人或者被害人的特定关系人索取"债务"。

二、依法严惩"套路贷"犯罪

4. 实施"套路贷"过程中,未采用明显的暴力或者威胁手段,其行为特征从整体上表现为以非法占有为目的,通过虚构事实、隐瞒真相骗取被害人财物的,一般以诈骗罪定罪处罚;对于在实施"套路贷"过程中多种手段并用,构成诈骗、敲诈勒索、非法拘禁、虚假诉讼、寻衅滋事、强迫交易、抢劫、绑架等多种犯罪的,应当根据具体案件事实,区分不同情况,依照刑法及有关司法解释的规定数罪并罚或者择一重处。

5. 多人共同实施"套路贷"犯罪,犯罪嫌疑人、被告人在所参与的犯罪中起主要作用的,应当认定为主犯,对其参与或组织、指挥的全部犯罪承担刑事责任;起次要或辅助作用的,应当认定为从犯。

明知他人实施"套路贷"犯罪,具有以下情形之一的,以相关犯罪的共犯论处,但刑法和司法解释等另有规定的除外:

(1)组织发送"贷款"信息、广告,吸引、介绍被害人"借款"的;

(2)提供资金、场所、银行卡、账号、交通工具等帮助的;

(3)出售、提供、帮助获取公民个人信息的;

(4)协助制造走账记录等虚假给付事实的;

(5)协助办理公证的;

(6)协助以虚假事实提起诉讼或者仲裁的;

(7)协助套现、取现、办理动产或不动产过户等,转移犯罪所得及其产生的收益的;

(8)其他符合共同犯罪规定的情形。

上述规定中的"明知他人实施'套路贷'犯罪",应当结合行为人的认知能力、既往经历、行为次数和手段、与同案人、被害人的关系、获利情况、是否曾因"套路贷"受过处罚、是否故意规避查处等主客观因素综合分析认定。

6. 在认定"套路贷"犯罪数额时,应当与民间借贷相区别,从整体上予以否定性评价,"虚高债务"和以"利息""保证金""中介费""服务费""违约金"等名目被犯罪嫌疑人、被告人非法占有的财物,均应计入犯罪数额。

犯罪嫌疑人、被告人实际给付被害人的本金数额,不计入犯罪数额。

已经着手实施"套路贷",但因意志以外原因未得逞的,可以根据相关罪名所涉及的刑法、司法解释规定,按照已着手非法占有的财物数额认定犯罪未遂。既有既遂,又有未遂,犯罪既遂部分与未遂部分分别对应不同法定刑幅度的,应当先决定对未遂部分是否从轻处罚,确定未遂部分对应的法定刑幅度,再与既遂部分对应的法定刑幅度进行比较,选择处罚较重的法定刑幅度,并酌情从重处罚;二者在同一量刑幅度的,以犯罪既遂的情从重处罚。

7. 犯罪嫌疑人、被告人实施"套路贷"违法所得的一切财物,应当予以追缴或者责令退赔;对被害人的合法财产,应当及时返还。有证据证明是犯罪嫌疑人、被告人为实施"套路贷"而交付给被害人的本金,赔偿被害人损失后如有剩余,应依法予以没收。

犯罪嫌疑人、被告人已将违法所得的财物用于清偿债务、转让或者设置其他权利负担,具有下列情形之一的,应当依法追缴:

(1)第三人明知是违法所得财物而接受的;

(2)第三人无偿取得或者以明显低于市场的价格取得违法所得财物的;

(3)第三人通过非法债务清偿或者违法犯罪活动取得违法所得财物的;

(4)其他应当依法追缴的情形。

8. 以老年人、未成年人、在校学生、丧失劳动能力的人为对象实施"套路贷",或者因实施"套路贷"造成被害人或其特定关系人自杀、死亡、精神失常、为偿还"债务"而实施犯罪活动的,除刑法、司法解释另有规定的外,应当酌情从重处罚。

在坚持依法从严惩处的同时,对于认罪认罚、积极退赃、真诚悔罪或者具有其他法定、酌定从轻处罚情节的被告人,可以依法从宽处理。

9. 对于"套路贷"犯罪分子,应当根据其所触犯的具体罪名,依法加大财产刑适用力度。符合刑法第三十七条之一规定的,可以依法禁止从事相关职业。

10. 三人以上为实施"套路贷"而组成的较为固定的犯罪组织,应当认定为犯罪集团。对首要分子应按照集团所犯全部罪行处罚。

符合黑恶势力认定标准的,应当按照黑社会性质组织、恶势力或者恶势力犯罪集团侦查、起诉、审判。

三、依法确定"套路贷"刑事案件管辖

11. "套路贷"犯罪案件一般由犯罪地公安机关侦查,如果由犯罪嫌疑人居住地公安机关立案侦查更为适宜的,可以由犯罪嫌疑人居住地公安机关立案侦查。犯罪地包括犯罪行为发生地和犯罪结果发生地。

"犯罪行为发生地"包括为实施"套路贷"所设立的公司所在地、"借贷"协议或相关协议签订地、非法讨债行为实施地、为实施"套路贷"而进行诉讼、仲裁、公证的受案法院、仲裁委员会、公证机构所在地,以及"套路贷"行为的预备地、开始地、途经地、结束地等。

"犯罪结果发生地"包括违法所得财物的支付地、实际取得地、藏匿地、转移地、使用地、销售地等。

除犯罪地、犯罪嫌疑人居住地外,其他地方公安机关对于公民扭送、报案、控告、举报或者犯罪嫌疑人自首的"套路贷"犯罪案件,都应当立即受理,经审查认为有犯罪事实,移送有管辖权的公安机关处理。

黑恶势力实施的"套路贷"犯罪案件,由侦办黑社会性质组织、恶势力或者恶势力犯罪集团案件的公安机关进行侦查。

12. 具有下列情形之一的,有关公安机关可以在其职责范围内并案侦查:

(1)一人犯数罪的;

(2)共同犯罪的;

(3)共同犯罪的犯罪嫌疑人还实施其他犯罪的;

(4)多个犯罪嫌疑人实施的犯罪存在直接关联,并案处理有利于查明案件事实的。

13. 本意见自2019年4月9日起施行。

最高人民法院、最高人民检察院关于办理利用未公开信息交易刑事案件适用法律若干问题的解释

- 2018年9月10日最高人民法院审判委员会第1748次会议、2018年11月30日最高人民检察院第十三届检察委员会第十次会议通过
- 2019年6月27日最高人民法院、最高人民检察院公告公布
- 自2019年7月1日起施行
- 法释〔2019〕10号

为依法惩治证券、期货犯罪,维护证券、期货市场管理秩序,促进证券、期货市场稳定健康发展,保护投资者合法权益,根据《中华人民共和国刑法》《中华人民共和国刑事诉讼法》的规定,现就办理利用未公开信息交易刑事案件适用法律的若干问题解释如下:

第一条 刑法第一百八十条第四款规定的"内幕信息以外的其他未公开的信息",包括下列信息:

(一)证券、期货的投资决策、交易执行信息;

(二)证券持仓数量及变化、资金数量及变化、交易动向信息;

(三)其他可能影响证券、期货交易活动的信息。

第二条 内幕信息以外的其他未公开的信息难以认定的,司法机关可以在有关行政主(监)管部门的认定意见的基础上,根据案件事实和法律规定作出认定。

第三条 刑法第一百八十条第四款规定的"违反规定",是指违反法律、行政法规、部门规章、全国性行业规范有关证券、期货未公开信息保护的规定,以及行为人所在的金融机构有关信息保密、禁止交易、禁止利益输送等规定。

第四条 刑法第一百八十条第四款规定的行为人"明示、暗示他人从事相关交易活动",应当综合以下方面进行认定:

(一)行为人具有获取未公开信息的职务便利;

(二)行为人获取未公开信息的初始时间与他人从事相关交易活动的初始时间具有关联性;

(三)行为人与他人之间具有亲友关系、利益关联、交易终端关联等关联关系;

(四)他人从事相关交易的证券、期货品种、交易时间与未公开信息所涉证券、期货品种、交易时间等方面基本一致;

(五)他人从事的相关交易活动明显不具有符合交易习惯、专业判断等正当理由;

(六)行为人对明示、暗示他人从事相关交易活动没有合理解释。

第五条 利用未公开信息交易,具有下列情形之一的,应当认定为刑法第一百八十条第四款规定的"情节严重":

(一)违法所得数额在一百万元以上的;

(二)二年内三次以上利用未公开信息交易的;

(三)明示、暗示三人以上从事相关交易活动的。

第六条 利用未公开信息交易,违法所得数额在五十万元以上,或者证券交易成交额在五百万元以上,或者期货交易占用保证金数额在一百万元以上,具有下列情形之一的,应当认定为刑法第一百八十条第四款规定的"情节严重":

(一)以出售或者变相出售未公开信息等方式,明示、暗示他人从事相关交易活动的;

(二)因证券、期货犯罪行为受过刑事追究的;

(三)二年内因证券、期货违法行为受过行政处罚的;

(四)造成恶劣社会影响或者其他严重后果的。

第七条　刑法第一百八十条第四款规定的"依照第一款的规定处罚"，包括该条第一款关于"情节特别严重"的规定。

利用未公开信息交易，违法所得数额在一千万元以上的，应当认定为"情节特别严重"。

违法所得数额在五百万元以上，或者证券交易成交额在五千万元以上，或者期货交易占用保证金数额在一千万元以上，具有本解释第六条规定的四种情形之一的，应当认定为"情节特别严重"。

第八条　二次以上利用未公开信息交易，依法应予行政处理或者刑事处理而未经处理的，相关交易数额或者违法所得数额累计计算。

第九条　本解释所称"违法所得"，是指行为人利用未公开信息从事与该信息相关的证券、期货交易活动所获利益或者避免的损失。

行为人明示、暗示他人利用未公开信息从事相关交易活动，被明示、暗示人员从事相关交易活动所获利益或者避免的损失，应当认定为"违法所得"。

第十条　行为人未实际从事与未公开信息相关的证券、期货交易活动的，其罚金数额按照被明示、暗示人员从事相关交易活动的违法所得计算。

第十一条　符合本解释第五条、第六条规定的标准，行为人如实供述犯罪事实，认罪悔罪，并积极配合调查，退缴违法所得的，可以从轻处罚；其中犯罪情节轻微的，可以依法不起诉或者免予刑事处罚。

符合刑事诉讼法规定的认罪认罚从宽适用范围和条件的，依照刑事诉讼法的规定处理。

第十二条　本解释自 2019 年 7 月 1 日起施行。

最高人民法院、最高人民检察院关于办理操纵证券、期货市场刑事案件适用法律若干问题的解释

- 2018 年 9 月 3 日最高人民法院审判委员会第 1747 次会议、2018 年 12 月 12 日最高人民检察院第十三届检察委员会第十一次会议通过
- 2019 年 6 月 27 日最高人民法院、最高人民检察院公告公布
- 自 2019 年 7 月 1 日起施行
- 法释〔2019〕9 号

为依法惩治证券、期货犯罪，维护证券、期货市场管理秩序，促进证券、期货市场稳定健康发展，保护投资者合法权益，根据《中华人民共和国刑法》《中华人民共和国刑事诉讼法》的规定，现就办理操纵证券、期货市场刑事案件适用法律的若干问题解释如下：

第一条　行为人具有下列情形之一的，可以认定为刑法第一百八十二条第一款第四项规定的"以其他方法操纵证券、期货市场"：

（一）利用虚假或者不确定的重大信息，诱导投资者作出投资决策，影响证券、期货交易价格或者证券、期货交易量，并进行相关交易或者谋取相关利益的；

（二）通过对证券及其发行人、上市公司、期货交易标的公开作出评价、预测或者投资建议，误导投资者作出投资决策，影响证券、期货交易价格或者证券、期货交易量，并进行与其评价、预测、投资建议方向相反的证券交易或者相关期货交易的；

（三）通过策划、实施资产收购或者重组、投资新业务、股权转让、上市公司收购等虚假重大事项，误导投资者作出投资决策，影响证券交易价格或者证券交易量，并进行相关交易或者谋取相关利益的；

（四）通过控制发行人、上市公司信息的生成或者控制信息披露的内容、时点、节奏，误导投资者作出投资决策，影响证券交易价格或者证券交易量，并进行相关交易或者谋取相关利益的；

（五）不以成交为目的，频繁申报、撤单或者大额申报、撤单，误导投资者作出投资决策，影响证券交易价格或者证券、期货交易量，并进行与申报相反的交易或者谋取相关利益的；

（六）通过囤积现货，影响特定期货品种市场行情，并进行相关期货交易的；

（七）以其他方法操纵证券、期货市场的。

第二条　操纵证券、期货市场，具有下列情形之一的，应当认定为刑法第一百八十二条第一款规定的"情节严重"：

（一）持有或者实际控制证券的流通股份数量达到该证券的实际流通股份总量百分之十以上，实施刑法第一百八十二条第一款第一项操纵证券市场行为，连续十个交易日的累计成交量达到同期该证券总成交量百分之二十以上的；

（二）实施刑法第一百八十二条第一款第二项、第三项操纵证券市场行为，连续十个交易日的累计成交量达到同期该证券总成交量百分之二十以上的；

（三）实施本解释第一条第一项至第四项操纵证券市场行为，证券交易成交额在一千万元以上的；

（四）实施刑法第一百八十二条第一款第一项及本解释第一条第六项操纵期货市场行为，实际控制的账户

合并持仓连续十个交易日的最高值超过期货交易所限仓标准的二倍,累计成交量达到同期该期货合约总成交量百分之二十以上,且期货交易占用保证金数额在五百万元以上的;

(五)实施刑法第一百八十二条第一款第二项、第三项及本解释第一条第一项、第二项操纵期货市场行为,实际控制的账户连续十个交易日的累计成交量达到同期该期货合约总成交量百分之二十以上,且期货交易占用保证金数额在五百万元以上的;

(六)实施本解释第一条第五项操纵证券、期货市场行为,当日累计撤回申报量达到同期该证券、期货合约总申报量百分之五十以上,且证券撤回申报额在一千万元以上、撤回申报的期货合约占用保证金数额在五百万元以上的;

(七)实施操纵证券、期货市场行为,违法所得数额在一百万元以上的。

第三条 操纵证券、期货市场,违法所得数额在五十万元以上,具有下列情形之一的,应当认定为刑法第一百八十二条第一款规定的"情节严重":

(一)发行人、上市公司及其董事、监事、高级管理人员、控股股东或者实际控制人实施操纵证券、期货市场行为的;

(二)收购人、重大资产重组的交易对方及其董事、监事、高级管理人员、控股股东或者实际控制人实施操纵证券、期货市场行为的;

(三)行为人明知操纵证券、期货市场行为被有关部门调查,仍继续实施的;

(四)因操纵证券、期货市场行为受过刑事追究的;

(五)二年内因操纵证券、期货市场行为受过行政处罚的;

(六)在市场出现重大异常波动等特定时段操纵证券、期货市场的;

(七)造成恶劣社会影响或者其他严重后果的。

第四条 具有下列情形之一的,应当认定为刑法第一百八十二条第一款规定的"情节特别严重":

(一)持有或者实际控制证券的流通股份数量达到该证券的实际流通股份总量百分之十以上,实施刑法第一百八十二条第一款第一项操纵证券市场行为,连续十个交易日的累计成交量达到同期该证券总成交量百分之五十以上的;

(二)实施刑法第一百八十二条第一款第二项、第三项操纵证券市场行为,连续十个交易日的累计成交量达到同期该证券总成交量百分之五十以上的;

(三)实施本解释第一条第一项至第四项操纵证券市场行为,证券交易成交额在五千万元以上的;

(四)实施刑法第一百八十二条第一款第一项及本解释第一条第六项操纵期货市场行为,实际控制的账户合并持仓连续十个交易日的最高值超过期货交易所限仓标准的五倍,累计成交量达到同期该期货合约总成交量百分之五十以上,且期货交易占用保证金数额在二千五百万元以上的;

(五)实施刑法第一百八十二条第一款第二项、第三项及本解释第一条第一项、第二项操纵期货市场行为,实际控制的账户连续十个交易日的累计成交量达到同期该期货合约总成交量百分之五十以上,且期货交易占用保证金数额在二千五百万元以上的;

(六)实施操纵证券、期货市场行为,违法所得数额在一千万元以上的。

实施操纵证券、期货市场行为,违法所得数额在五百万元以上,并具有本解释第三条规定的七种情形之一的,应当认定为"情节特别严重"。

第五条 下列账户应当认定为刑法第一百八十二条中规定的"自己实际控制的账户":

(一)行为人以自己名义开户并使用的实名账户;

(二)行为人向账户转入或者从账户转出资金,并承担实际损益的他人账户;

(三)行为人通过第一项、第二项以外的方式管理、支配或者使用的他人账户;

(四)行为人通过投资关系、协议等方式对账户内资产行使交易决策权的他人账户;

(五)其他有证据证明行为人具有交易决策权的账户。

有证据证明行为人对前款第一项至第三项账户内资产没有交易决策权的除外。

第六条 二次以上实施操纵证券、期货市场行为,依法应予行政处理或者刑事处理而未经处理的,相关交易数额或者违法所得数额累计计算。

第七条 符合本解释第二条、第三条规定的标准,行为人如实供述犯罪事实,认罪悔罪,并积极配合调查,退缴违法所得的,可以从轻处罚;其中犯罪情节轻微的,可以依法不起诉或者免予刑事处罚。

符合刑事诉讼法规定的认罪认罚从宽适用范围和条件的,依照刑事诉讼法的规定处理。

第八条 单位实施刑法第一百八十二条第一款行为

的,依照本解释规定的定罪量刑标准,对其直接负责的主管人员和其他直接责任人员定罪处罚,并对单位判处罚金。

第九条 本解释所称"违法所得",是指通过操纵证券、期货市场所获利益或者避免的损失。

本解释所称"连续十个交易日",是指证券、期货市场开市交易的连续十个交易日,并非指行为人连续交易的十个交易日。

第十条 对于在全国中小企业股份转让系统中实施操纵证券市场行为,社会危害性大,严重破坏公平公正的市场秩序的,比照本解释的规定执行,但本解释第二条第一项、第二项和第四条第一项、第二项除外。

第十一条 本解释自2019年7月1日起施行。

五、人大代表建议、政协委员提案答复

对十三届全国人大四次会议第2992号建议的答复
——关于出台中小企业中长期流动资金贷款政策的建议

- 2021年7月16日
- 银保监函〔2021〕98号

您提出的关于出台中小企业中长期流动资金贷款政策的建议收悉。经商人民银行，现答复如下：

一、关于出台《加强中长期流动资金贷款服务 合理确定贷款期限的指导意见》的建议

为不断提升金融服务实体经济水平，有效满足企业贷款期限需求，银保监会印发《关于进一步做好信贷工作提升服务实体经济质效的通知》（银保监办发〔2018〕76号，以下简称《通知》），明确要求商业银行要根据企业生产、建设、销售的周期和行业特征，合理确定贷款期限、还款方式，适当提高中长期贷款比例，合理确定考核指标，避免贷款在同一时间特别是月末、季末集中到期而引发企业资金紧张。相关银保监局也积极推动相关政策落地，如浙江银保监局结合上述《通知》和《流动资金贷款管理暂行办法》（中国银行业监督管理委员会令2010年第1号），印发了《关于深化中期流动资金贷款服务 科学匹配企业生产经营周期的指导意见》（浙银保监发〔2019〕12号），要求辖内金融机构不断深化中期流动资金贷款服务，有效满足企业合理中期流动资金贷款需求，优化中期流动资金贷款服务模式，并从制定配套制度、明确业务流程、加强风险管控、强化考核激励等方面明确落地措施，积极支持辖内机构开展中期流动资金贷款业务。

2021年4月，银保监会印发《关于2021年进一步推动小微企业金融服务高质量发展的通知》（银保监办发〔2021〕49号）和《关于做好2021年制造业金融服务有关工作的通知》（银保监办发〔2021〕54号），要求银行业金融机构结合小微企业所在行业资金需求特点，合理设置贷款期限，重点增加对先进制造业、战略性新兴产业和产业链供应链自主可控的中长期信贷支持。

目前，银保监会正在研究修订《固定资产贷款管理暂行办法》（中国银行业监督管理委员会令2009年第2号）、《流动资金贷款管理暂行办法》（中国银行业监督管理委员会令2010年第1号）、《个人贷款管理暂行办法》（中国银行业监督管理委员会令2010年第2号）等相关信贷管理制度，拟进一步提高有关政策的灵活性，支持商业银行开展相关业务创新，进一步提高融资便利性，引导商业银行对接满足企业实际需求，不断提高金融服务水平。

二、关于完善中长期流动资金贷款考核评价的建议

近年来，银保监会出台多项政策措施，引导银行业金融机构根据小微企业发展阶段、经营周期及融资需求特点适度增加中长期贷款投放，缓解小微企业流动资金周转压力。印发《关于2021年进一步推动小微企业金融服务高质量发展的通知》（银保监办发〔2021〕49号），要求银行业金融机构结合小微企业所在行业资金需求特点，合理设置贷款期限；加大小微企业首贷、续贷、信用贷款投放力度，重点增加对先进制造业、战略性新兴产业和产业链供应链自主可控的中长期信贷支持。印发《关于做好2021年制造业金融服务有关工作的通知》（银保监办发〔2021〕54号），鼓励银行机构优化信贷结构，增加制造业中长期贷款和信用贷款。印发《商业银行小微企业金融服务监管评价办法（试行）》（银保监发〔2020〕29号），将"合理设置贷款期限和还款方式"及"小微企业中长期贷款占比"纳入专门评价指标，鼓励银行机构创设期限灵活的贷款产品，加大对小微企业中长期贷款的投放。

2020年6月，人民银行联合银保监会等部门印发《关于进一步强化中小微企业金融服务的指导意见》（银发〔2020〕120号），完善货币、监管、财税等政策激励，优化地方信用信息共享、贷款风险分担补偿机制，开展商业银行中小微企业金融服务能力提升工程，鼓励商业银行加大中长期贷款投放力度。

下一步，银保监会将继续推动普惠型小微企业贷款增量扩面降本，着力提升小微企业金融服务效能，为实体经济持续恢复和高质量发展提供有力支撑。

三、关于修改还款规定，改变机械单一还款方式的建议

银保监会一直高度重视引导银行业金融机构加大小

微产品和服务方式创新，探索开发还款方式多样的金融产品，满足小微企业融资需求。《商业银行小微企业金融服务监管评价办法（试行）》（银保监发〔2020〕29号）将"合理设置贷款期限和还款方式"纳入专门评价指标，运用监管的"指挥棒"鼓励银行机构根据小微企业发展阶段、经营周期、资金需求特点合理设置贷款期限和还款方式，创设丰富多样的贷款产品。

在监管的大力引领下，许多商业银行探索推出还款方式多样的金融产品，满足小微企业融资需求。如可采用等额本息、等额本金、按计划还款、按月付息到期还本、一次性还本付息、按月还本付息、按季还本、随借随还等多种还款方式。

下一步，银保监会将加强监管引领，引导银行机构提供期限灵活、本金偿还方式多样的贷款产品，更好地满足小微企业融资需求。

感谢您对银行业和保险业监管工作的关心与支持！

对政协十三届全国委员会第四次会议第0070号提案的答复

——关于建立完善商业银行服务小微企业发展机制的提案

- 2021年7月16日
- 银保监函〔2021〕108号

您提出的关于建立完善商业银行服务小微企业发展机制的提案收悉。经商发展改革委、财政部、人民银行，现答复如下：

一、关于建立金融服务差异化监管机制的建议

（一）关于适当调高对小微企业不良贷款容忍度的建议

银保监会持续加强监管引领，督促银行业金融机构完善内部机制体制，强化对小微企业"敢贷愿贷"的内生动力。2016年即出台《关于进一步加强商业银行小微企业授信尽职免责工作的通知》（银监发〔2016〕56号），明确了授信尽职免责有关政策和管理规范，指导银行业金融机构完善绩效考核机制，调动和保护从业人员积极性。近年来陆续印发一系列文件，进一步细化落实不良容忍度和授信尽职免责规定，切实保护基层积极性；要求认真执行"普惠型小微企业贷款不良率不高于各项贷款不良率3个百分点以内"的容忍度标准，在内部考核中明确区分不良贷款容忍度与贷款质量管理目标，准确向基层传达政策导向；要求将授信尽职免责与不良容忍度有机结合，普惠型小微企业贷款实际不良率在容忍度以内的分支机构，对分支机构负责人、小微业务部门和从业人员，无违反法律法规和监管规章制度行为的，可免予追责。

下一步，银保监会将结合商业银行小微业务金融服务监管评价工作，继续督促银行业金融机构完善内部"敢贷、愿贷"机制，强化对小微企业业务的差异化考核和支持，加强正向激励力度，充分调动银行基层开展小微业务的积极性。

（二）关于对存贷比实行动态化监管的建议2015年，全国人大常委会修改了《中华人民共和国商业银行法》第八章第七十五条第（三）点，删除了"存贷比例"相关内容。2015年9月，原银监会修订了《商业银行流动性风险管理办法（试行）》（中国银行业监督管理委员会令2015年第9号），将存贷比由监管指标调整为监测指标。2018年，银保监会发布《商业银行流动性风险管理办法》（中国银行保险监督管理委员会令2018年第3号），延续了存贷比作为监测指标的相关要求。

监管指标调整后，存贷比水平整体上升，2020年末商业银行调整后存贷比较2015年提升了10.85个百分点。其中，存贷比计算公式中的分子为小微企业贷款做了专项剔除调整，支持银行业金融机构将更多信贷资源投向小微企业。

二、关于完善小微企业信用担保体系的建议

（一）关于加强小微企业征信体系建设的建议

人民银行加强小微企业征信体系建设，引导市场化征信机构运用大数据技术，挖掘分析中小微企业注册登记、资质许可认证、行政司法处罚等非信贷数据，开发企业信用报告、信用评分等产品，服务范围全面覆盖金融交易、商事活动、社会管理等领域。截至2020年末，在人民银行备案的企业征信机构131家，累计向金融机构及商事主体提供各类征信服务86.32亿余次。其中，纳入专项监测范围的7家市场化征信机构累计帮助234.55万户小微企业获得融资1.41万亿元，获贷率20%，其中信用贷款占比42.03%；平均贷款利率6.99%，贷款不良率1.16%。

（二）关于加强小微企业信用体系建设的建议

银保监会积极推进小微企业信用信息共享与整合工作。在中央层面，联合税务总局深化"银税互动"，联合市场监管总局开展"银商合作"，联合发展改革委推进"信易贷"，指导银行将企业纳税信用评价结果、纳税信息、工商年检、行政处罚等信息作为授信审批、风险预警、贷后管理等的依据。在地方层面，推动地方政府整合小微企业信用信息，建设区域性信用信息共享平台和综合金融服务平台。浙江、河南、重庆、江苏、广东等多地信息

整合已见成效。

发展改革委建立了全国中小企业融资综合信用服务平台，加强小微企业等普惠金融重点群体信用信息共享，深化"银税互动"和"银商合作"，提高信用信息共享效率，更大范围推广"信易贷"模式。截至2021年3月末，全国"信易贷"平台联通地方平台或站点总数达220个，累计注册企业615.4万家，通过相关平台发放贷款突破2万亿元。

人民银行积极推动中小微企业信用体系建设。截至2021年3月末，全国共建设有中小微企业信用信息系统209个。各地建设的系统采集数据类型多为企业登记注册信息、政务信息、公共事业信息等，采集范围已基本覆盖当地的中小微企业，主要对外提供信用报告、信用状况分析等服务。

下一步，银保监会将继续配合推动信息整合和共享，及时总结推广地方典型经验做法，为小微企业金融服务创造更好的外部环境。

（三）关于逐步提高小微企业信用贷款占比的建议

2020年5月，银保监会与人民银行等八部门联合印发《关于进一步强化中小微企业金融服务的指导意见》（银发〔2020〕120号），明确要求商业银行大幅增加小微企业信用贷款、首贷、续贷，银行机构要优化风险评估机制，注重审核第一还款来源，减少对抵押担保的依赖，在风险可控的前提下，力争实现新发放信用贷款占比显著提高。2020年6月，银保监会印发《商业银行小微企业金融服务监管评价办法（试行）》（银保监发〔2020〕29号），将小微企业信用贷款占比情况及产品模式创新纳入专门评价指标，鼓励和引导商业银行加大对小微企业信用贷款投放，积极发展面向小微企业的供应链融资、知识产权、股权、仓单、存货、保单等新型质押类信贷业务。

2021年4月，银保监会印发《关于2021年进一步推动小微企业金融服务高质量发展的通知》（银保监办发〔2021〕49号），要求银行业金融机构继续加大小微企业首贷、续贷、信用贷款投放力度，重点增加对先进制造业、战略性新兴产业和产业链供应链自主可控的中长期信贷支持；地方性法人银行要用好用足普惠小微信用贷款支持计划，配套投入自有资金，加大对小微企业的信用贷款投放。

下一步，银保监会将继续推动普惠型小微企业贷款增量扩面降本，着力提升小微企业、制造业金融服务效能，为实体经济持续恢复和高质量发展提供有力支撑。

三、关于完善风险共担机制的建议

（一）关于建立专门的小微企业担保公司的建议

银保监会作为融资性担保业务监管部际联席会议的牵头单位，加快健全融资担保行业监管规制，推进政府性融资担保体系建设，支持小微企业发展。2020年8月，银保监会会同部分融资性担保业务监管部际联席会议成员单位，印发了《关于做好政府性融资担保机构监管工作的通知》（银保监发〔2020〕39号），提出政府性融资担保机构应当坚守准公共定位，弥补市场不足，降低服务门槛，以贷款担保业务为主，聚焦支小支农主业，稳步提高小微企业和"三农"融资担保在保余额占比。各地政府性融资担保机构加大对小微企业的支持力度，减少或取消反担保要求，降低担保费率，为小微企业复工复产、渡过难关提供了重要保障。下一步，银保监会将持续推进融资担保行业体系建设，不断完善融资担保行业监管规制，指导各地持续做好政府性融资担保机构名单确认工作，加大对小微企业的支持力度，促进融资担保行业扩大融资担保规模，提升服务质效。

（二）关于适当引入保险公司，完善小微企业贷款保险制度的建议

近年来，银保监会认真贯彻落实党中央、国务院系列决策部署，引导保险行业积极开展小微企业金融服务。2020年，贷款保证保险累计服务小微企业118.32万家，其中，协助小微企业获得银行贷款1861.7亿元。

一是创新服务方式。2009年以来，宁波地区试行"政府+银行+保险"合作模式（以下简称政银保模式）。在此基础上，各地金融机构勇于探索，不断创新，结合贷款贴息、保费补贴等支持政策，强化政府、银行、保险等多方联动、协同互补机制，努力降低贫困地区小微企业贷款门槛，逐步形成了苏州科技贷、湖北城乡创业小额贷、广东佛山中小企业贷、产业扶贫"台江模式"等经验和模式。

二是加强政策引导。印发《中国银保监会办公厅关于2019年进一步提升小微企业金融服务质效的通知》（银保监办发〔2019〕48号），鼓励保险公司在风险可控的情况下，为小微企业获得银行贷款提供增信支持，提供更灵活的小微企业贷款保证保险产品。2020年，印发《信用保险和保证保险业务监管办法》（银保监办发〔2020〕39号，以下简称《办法》），通过设置弹性承保限额，即"融资性信保业务中承保普惠型小微企业贷款余额占比达到30%以上时，承保倍数上限可提高至6倍"，鼓励保险公司更好地服务小微企业。

三是鼓励银保合作。《办法》明确要求，保险公司承保融资性信保业务的被保险人为银行等具有合法融资服务资质的资金方。目前，保险公司相关业务70%左右的被保险人为银行机构，银保合作不断深化。

四、关于完善小微企业利率优惠政策的建议

近年来，银保监会持续引导银行业加大对小微企业金融支持力度，出台一系列措施，推动降低小微企业融资成本，促进小微企业健康发展。要求商业银行以贷款市场报价利率（LPR）形成机制为基础，用好普惠金融定向降准政策，合理确定小微企业贷款利率；鼓励政策性银行发挥资金成本优势，以转贷款方式与中小银行合作，向小微客户精准"滴灌"低成本资金；督促商业银行将普惠金融有关监管、货币、财税倾斜政策获得的优惠，体现在内部定价和考核机制中，确保政策红利传导给小微企业。

2020年以来，人民银行坚持稳健的货币政策灵活精准、合理适度，保持货币政策的连续性、稳定性、可持续性，持续释放贷款市场报价利率（LPR）改革红利，切实打破贷款利率隐性下限，推动企业综合融资成本明显下降，引导金融资源更多配置至小微企业。按照市场化、法治化原则，2020年8月末顺利完成存量浮动利率贷款定价基准转换，有效降低了企业实际利率水平。2020年12月发布的1年期LPR为3.85%，自2019年8月改革以来累计下降0.4个百分点；2020年12月份企业贷款平均利率为4.61%，较2019年末下降0.51个百分点，降幅明显大于同期LPR降幅；2020年新发放的普惠小微企业贷款利率为5.88%，较2019年全年水平下降0.82个百分点。

财政部会同有关部门出台了一类列税收优惠政策，激发了金融服务小微企业的积极性，推动降低小微企业融资成本。对金融机构向小型、微型企业和个体工商户发放1000万元以下小额贷款取得的利息收入，免征增值税；对金融机构与小型、微型企业签订的借款合同免征印花税；允许金融企业按年末贷款余额的1%计提贷款损失准备金并在税前扣除，同时金融企业涉农贷款和中小企业贷款在按规定风险分类后，对关注类、次级类、可疑类和损失类贷款，分别按照2%、25%、50%和100%的比例计提的专项贷款损失准备金，也允许在税前全额抵扣等。

感谢您对银行业和保险业监管工作的关心与支持！

对十三届全国人大四次会议第3395号建议的答复
——关于完善商业银行市场化债转股的建议

- 2021年7月24日
- 银保监函〔2021〕149号

您提出的关于完善商业银行市场化债转股的建议收悉。经商发展改革委、财政部、人民银行、证监会，现答复如下：

一、关于健全债转股定价机制的建议

2016年国务院印发的《关于积极稳妥降低企业杠杆率的意见》及附件《关于市场化银行债权转股权的指导意见》指出"由银行、实施机构和企业依据国家政策导向自主协商确定转股价格，经批准，允许参考股票二级市场交易价格确定国有上市公司转股价格，允许参考竞争性市场报价或其他公允价格确定国有非上市公司转股价格"。

上述规定明确市场化债转股的转股定价由银行、实施机构和企业自主协商确定，并允许参考有关市场价格确定转股价格。在企业债务处置过程中，有关部门推动金融机构成立债权人委员会，协调一致，与企业自主协商确定债务处置方式，参考市场价格合理确定转股价格，保护债权人合法权益。

下一步，银保监会等部门将按照市场化债转股政策要求，进一步完善市场化债转股有关政策和转股定价机制，推动建立银企命运共同体，有效防范企业债务风险。

二、关于完善债转股补偿机制的建议

（一）关于给予债转股损失确认的过渡期优惠政策的建议

开展债转股应严格遵守市场化、法治化原则。债转股过程中，债权人出让债权过程与一般金融债权转让的性质并无明显不同，其导致的相关资产损失的确认，应按照《企业会计准则第8号——资产减值》《企业会计准则第22号——金融工具确认和计量》《企业会计准则第23号——金融资产转移》有关规定执行。

（二）关于调整或降低债转股资本计提监管标准的建议

2012年原银监会印发的《商业银行资本管理办法（试行）》规定，商业银行被动持有的对工商企业股权投资在法律规定处分期限内的风险权重为400%，商业银行对工商企业其它股权投资的风险权重为1250%。2018年8月银保监会印发的《关于市场化债转股股权风险权重的通知》（以下简称《通知》）明确商业银行因市场化债转股持有上市公司股权的风险权重为250%，持有非上市公司股权的风险权重为400%。

因此，商业银行对市场化债转股股权投资的风险权重较一般股权投资已有降低，有助于激励商业银行及其所属实施机构开展市场化债转股业务。同时，《通知》也明确金融资产管理公司市场化债转股股权投资适用与商业银行相同的风险权重，两者标准一致。另外，资本计提

的风险权重适用标准和范围是统一的,与国际监管规则总体一致。给予特定企业一定的风险权重折扣,可能增加银行和实施机构对相关企业的集中度风险,为保证公平性,也不宜单独设定特殊的风险权重。

(三)关于给予差异化监管支持的建议

为推动市场化债转股,相关部门已经实施了一系列政策,支持银行和实施机构获得稳定、持续、低成本的资金来源。比如,2018年7月,人民银行实施定向降准支持市场化债转股,下调国有大型银行、股份制银行人民币存款准备金率0.5个百分点,支持相关银行运用定向降准资金和从市场上筹集的资金实施市场化债转股项目。又如,银保监会2018年印发的《金融资产投资公司管理办法(试行)》、2020年印发的《关于金融资产投资公司开展资产管理业务有关事项的通知》《关于保险资金投资债转股投资计划有关事项的通知》等监管规则,允许金融资产投资公司通过设立私募股权投资基金、债转股投资计划及发行金融债券等方式,依法合规向社会投资者募集资金用于市场化债转股项目,并将债转股投资计划纳入保险资金投资范围。因此,实施机构获得各类社会资金的渠道是畅通的。

三、关于畅通退出渠道的建议

(一)关于延长处置期的建议

《中华人民共和国商业银行法》第四十二条规定"商业银行因行使抵押权、质权而取得的不动产或者股权,应当自取得之日起二年内予以处分",处置期的设定需符合法律规定。

(二)关于引入股权回购机制的建议

股权回购是实现债转股股权退出的一种方式,在现有债转股案例中已经得到了有效运用。《中华人民共和国企业破产法》指出,重整计划草案需由管理人和债务人提出,债权人会议认可,经法院批准方可生效。相关企业和实施机构在协商一致情况下,可以依法在重整计划中约定采取股权回购或者其他多种有效的股权退出机制,经法院批准后生效。在实施过程中,需要严格按照会计准则要求设计相关条款,杜绝"明股实债"现象。

(三)关于利用优先股股东优先分配收益的权利实现股权退出的建议

2018年,发展改革委等七部门印发的《关于市场化银行债权转股权实施中有关具体政策问题的通知》指出,允许以试点方式开展非上市非公众公司银行债权转为优先股。实践中,已有部分债转股项目试点采取了债转优先股方式,并相应约定了股权退出安排。

(四)关于建立多层次资本市场拓宽退出渠道的建议

区域性股权市场是主要服务于所在省级行政区域内中小微企业的私募股权市场,是多层次资本市场体系的重要组成部分。新修订的《中华人民共和国证券法》已在法律层面明确了区域性股权市场的功能定位。经过多年发展,区域性股权市场服务中小微企业、支持科技创新的包容度和覆盖面持续拓展,市场功能作用不断增强,在拓宽中小微企业融资渠道、支持科技创新等方面发挥了积极作用。

2019年5月,国务院常务会议提出"允许通过具备条件的交易场所开展债转股资产交易"。2019年12月,积极稳妥降低企业杠杆率工作部际联席会议同意北京金融资产交易所、北京股权交易中心和上海股权托管交易中心等三家交易场所依法依规开展市场化债转股的转股资产交易,提高转股资产流动性,拓宽实施机构的股权退出渠道,并明确了合格投资者范围。2020年9月,首单转股资产交易在北京金融资产交易所完成。

四、关于保障债权人担保权利的建议

关于有担保物权的债权的转股份额和对债权人的损失补偿事项,应由债转股债权债务双方,在法律规定范围内,自主协商确定。对于已经将债权转为股权的,则应按照"同股同权"原则确定受偿顺序,公平保障转股股东权益。

感谢您对银行业和保险业监管工作的关心与支持!

对十三届全国人大五次会议第5798号建议的答复

——关于大力发展绿色金融的建议

· 2022年11月7日

您提出的关于大力发展绿色金融的建议收悉,经商发展改革委、生态环境部、银保监会、证监会,现答复如下:

一、关于完善绿色金融相关法律法规的建议

人民银行高度重视绿色金融发展中的法律法规和配套政策体系建设,2016年8月牵头印发《关于构建绿色金融体系的指导意见》(银发〔2016〕228号文),明确绿色金融发展方向和目标任务,将"依据我国相关法律法规,借鉴环境法律责任相关国际经验,立足国情探索研究明确贷款人尽职免责要求和环境保护法律责任,适时提出相关立法建议"等纳入工作计划。截至目前,浙江湖州、广东深圳、上海已先后出台绿色金融地方立法,为

金融支持绿色低碳发展提供了法律依据。人民银行正会同有关部门研究制定金融支持绿色低碳发展的专项政策，为金融助力实现碳达峰碳中和目标提出新的任务要求。

此外，国务院已将《碳排放权交易管理暂行条例》纳入 2022 年度立法工作计划。2022 年 7 月，最高人民法院发布《最高人民法院关于为加快建设全国统一大市场提供司法服务和保障的意见》（法发〔2022〕22 号文），提出研究发布司法助力实现碳达峰碳中和目标的政策，妥善审理涉碳排放配额、核证自愿减排量交易、碳交易产品担保以及企业环境信息公开、涉碳绿色信贷、绿色金融等纠纷案件，助力完善碳排放权交易机制，从司法层面为绿色金融健康发展提供法律保障。

下一步，人民银行将会同有关部门继续完善绿色金融相关法律法规，为支持绿色金融产品服务创新、完善绿色金融发展的激励约束机制、防范"洗绿"风险，更好发挥金融支持绿色低碳转型发展等提供法律法规保障。

二、关于复制推广绿色金融改革创新试验区经验的建议

人民银行高度重视绿色金融改革创新试验区建设有关工作，鼓励有条件、有意愿的地方申建绿色金融改革创新试验区，积极探索开展绿色金融改革创新实践，为全国其他地区发展绿色金融、更好支持当地绿色低碳发展总结积累可复制推广经验。2017 年以来，我国在浙江、江西、广东、贵州、新疆和甘肃等六省（区）相继设立九个绿色金融改革创新试验区，在绿色金融产品与服务创新、激励约束机制探索、环境信息披露、绿色项目库建设、科技赋能绿色金融发展等领域进行了大量探索创新，并取得一系列可复制推广的经验，越来越多的经验做法已在全国其他地区落地实施并取得积极成效。

下一步，人民银行将会同有关部门，加快对已批复试验区绿色金融改革创新经验的总结梳理工作，力争将更多成果和经验向全国复制推广。人民银行也将在尊重各地意愿的基础上，有序做好试验区升级扩容工作，支持更多地方探索开展绿色金融改革创新实践。

三、关于建立绿色金融统一标准体系的建议

2018 年，经全国金融标准化技术委员会同意，人民银行成立绿色金融标准工作组，牵头制定绿色金融领域的国家标准和行业标准。按照"国内统一、国际接轨"原则，绿色金融标准工作组已建立起科学完整的绿色金融标准体系，目前已正式发布 3 项行业标准，10 余项绿色金融国家标准和行业标准已进入立项、送审或报批等环节。

2019 年 2 月，人民银行配合发展改革委等部门印发《绿色产业指导目录（2019 年版）》（发改环资〔2019〕293 号文），进一步厘清产业边界。2021 年，人民银行、发展改革委、证监会联合发布《绿色债券支持项目目录（2021 年版）》（银发〔2021〕96 号文），统一绿色债券支持范围。2021 年 12 月，组织业务将绿色贷款统计纳入 2022 年银行业非现场监管报表，进一步拓宽绿色信贷报送机构范围，提高了绿色信贷报送频度，更有利于全面、准确反映银行业金融机构绿色金融发展成效。证监会按照"需求导向、急用先行"原则，大力推动《绿色私募股权投资基金基本要求》《碳金融产品》《上市公司环境信息披露》等绿色金融行业标准制定。同时，人民银行正会同有关部门着手推动绿色票据、绿色租赁、绿色保险等绿色金融产品标准的研究制定工作。

此外，人民银行高度重视绿色金融标准领域的国际合作与对接工作，积极参与相关国际标准制定。2021 年 11 月，人民银行与欧盟委员会相关部门制定并发布《可持续金融共同分类目录》，并于 2022 年 6 月对目录内容进行了补充修订，为境内外机构依托该共同分类目录发行绿色债券、推动绿色资本跨境流动、更好服务我国碳达峰碳中和目标提供了标准依据。人民银行会同财政部、生态环境部、证监会等部门积极参与国际可持续准则理事会（ISSB）可持续信息披露一般要求和气候相关信息披露准则的研究制定工作，积极向 ISSB 反馈有关意见建议。

下一步，人民银行将会同有关部门继续推动绿色金融标准体系建设，加快研究完善细化绿色金融领域相关标准，为绿色金融健康规范发展提供标准依据。

四、关于完善环境信息披露制度的建议

为确保绿色债券募集资金用于绿色项目，2018 年 3 月，人民银行印发《关于加强绿色金融债券存续期监督管理有关事宜的通知》（银发〔2018〕29 号文），对绿色金融债券存续期募集资金投向和用途等信息披露做出明确规范。2021 年 3 月，人民银行发布《金融机构环境信息披露指南》（银发〔2021〕199 号文），成为国内绿色金融标准领域最早发布的行业标准之一，为金融机构开展环境信息披露提供依据。

下一步，人民银行将会同有关部门加快完善金融机构、发债企业和重点排污单位等环境信息依法披露工作，证监会也将统筹考虑我国上市公司和监管工作的基础和条件，分阶段、分步骤完善上市公司碳排放信息披露规则，鼓励上市公司强化相关信息披露，发挥好环境信息披露对开展绿色金融工作的激励约束作用。

五、关于研究设立国家低碳转型基金的建议

2020年7月,财政部、生态环境部、上海市人民政府共同发起设立国家绿色发展基金,对支持长江经济带沿线绿色发展重点领域发挥了积极作用。2022年5月,财政部印发《财政支持做好碳达峰碳中和工作的意见》(财资环〔2022〕53号文),明确健全市场化多元化投入机制,研究设立国家低碳转型基金,支持传统产业和资源富集地区绿色转型;充分发挥包括国家绿色发展基金在内的现有政府投资基金的引导作用,鼓励社会资本以市场化方式设立绿色低碳产业投资基金,将符合条件的绿色低碳发展项目纳入地方政府专项债券支持范围,采取多种方式支持生态环境领域政府和社会资本合作(PPP)项目,规范地方政府对PPP项目履约行为。

下一步,人民银行将会同财政部等有关部门,加快研究设立国家低碳转型基金有关工作,提高财政资金支出效率,引导更多社会资本参与支持传统产业和资源富集地区绿色低碳转型。

六、关于加快建设全国碳排放权交易市场的建议

各相关部门高度重视全国碳排放权交易市场(以下简称"全国碳市场")建设,将全国碳市场定位为利用市场机制控制和减少温室气体排放、推动绿色低碳发展的重大制度创新,并成为落实我国碳排放达峰目标与碳中和愿景的重要政策工具。2018年以来,生态环境部在碳排放权交易试点探索和前期工作基础上,从制度体系、基础设施、数据管理和能力建设等方面入手,扎实推进全国碳市场建设各项工作,并于2021年7月顺利启动全国碳市场上线交易,覆盖2162家发电行业重点排放单位。截至2022年7月14日,碳排放配额累计成交量1.94亿吨,累计成交额84.92亿元。总体看,全国碳市场基本框架初步建立,价格发现机制初步完善,企业减排意识和能力水平得到有效提高,促进企业减排温室气体和加快绿色低碳转型的作用初步显现。人民银行等金融管理部门积极探索碳排放权市场的金融属性,研究金融机构参与碳市场交易、创新碳金融产品的可行性问题,更好发挥碳市场价格发现功能。

下一步,人民银行将会同有关部门继续完善全国碳市场建设,在发电行业配额现货市场运行良好基础上,逐步将市场覆盖范围扩大到更多高排放行业,丰富交易品种和交易方式,注重防范和化解金融等方面风险,有效发挥市场机制在控制温室气体排放、促进绿色低碳技术创新等方面的重要作用。

对政协十三届全国委员会第五次会议第04710号(财税金融类318号)提案的答复
——关于促进银行业金融机构服务乡村振兴的提案

·2022年11月10日

您提出的关于促进银行业金融机构服务乡村振兴的提案收悉,经商发展改革委、财政部、银保监会,现答复如下:

一、关于构建多层次、全方位的农村金融支持体系的建议

近年来,人民银行、银保监会加强政策指导,鼓励银行业金融机构建立服务乡村振兴的内设机构,督促国有商业银行和股份制商业银行设立专门的乡村振兴金融部门或设立乡村振兴金融服务条线。银保监会印发《关于2022年银行业保险业服务全面推进乡村振兴重点工作的通知》(银保监办发〔2022〕35号文),要求银行保险机构把服务乡村振兴与自身发展战略相结合,持续优化多元化、有序竞争、互相补充的涉农金融供给体系,避免过度竞争、不当竞争。大中型商业银行要结合业务特长开展农村金融服务,加大首贷户拓展力度,积极填补农村金融服务市场空白。开发性、政策性银行要结合自身职能定位,细化明确服务乡村振兴的业务范围和边界,强化对农业产业发展、农村基础设施建设的信贷支持。农村中小银行要坚守支农支小定位,深化改革,充分发挥深耕当地的优势,不断提高"三农"金融供给能力。

下一步,人民银行、银保监会将继续推动已出台的各项政策措施落实落地,强化对金融机构的督促指导,构建层次分明、优势互补的农村金融支持体系。

二、关于完善金融服务体系,构建高效率低成本服务渠道的建议

一是推进金融产品和服务创新。人民银行、银保监会积极引导金融机构针对各类农业经营主体融资需求特点,创新专属金融产品,简化贷款审批流程,在贷款利率、担保条件、贷款期限等方面制定差异化政策,合理增加与需求相匹配的中长期信贷供给,适度提高信用贷和"首贷户"占比,鼓励发展"一次授信、随借随还、循环使用"的小额信贷模式。

二是积极推进金融科技和数字化技术在涉农金融领域的应用。人民银行、银保监会引导银行业金融机构在依法合规、风险可控的前提下,基于大数据和特定场景进行批量获客、精准画像、自动化审批,切实提高农村地区客户服务效率,提升涉农主体融资便利度。银保监会鼓励保险机构探索利用互联网、卫星遥感、远程视频等科技手段,开展线上承保理赔工作,提高农业保险的数字化、智能化经营水平。

三是推动开展线上应收账款融资业务。人民银行指导应收账款融资服务平台(以下简称"平台")为涉农主体开展线上应收账款融资业务,充分发挥农业核心企业带动作用,通过"核心企业+平台+农户"在线供应链融资模式,缓解抵质押物不足问题,扶持当地特色产业核心企业发展,带动当地农户增收。2021年末,平台形成涉农供应链329条,共带动794家上游企业及农户融资1439笔,融资金额116.7亿元。

下一步,人民银行、银保监会将继续引导金融机构创新金融产品和服务方式,深化金融和数字化技术在涉农金融领域的应用,优化应收账款融资服务平台功能,持续构建高效率低成本"三农"金融服务渠道。

三、关于依靠政府引导,构建良性互动的政策保障体系的建议

一是完善农村金融发展的顶层设计。2021年6月,人民银行联合银保监会、证监会、财政部等部门印发《关于金融支持巩固拓展脱贫攻坚成果 全面推进乡村振兴的意见》(银发〔2021〕171号文),调整优化金融帮扶政策,明确金融支持巩固拓展脱贫攻坚成果同乡村振兴有效衔接的工作重点和主要举措,健全农村金融组织体系,整合优化金融支农产品,拓宽涉农领域直接融资渠道;出台金融机构服务乡村振兴考核评估办法,强化考核激励约束作用,引导金融机构不断加大对乡村振兴领域金融资源投入。财政部综合运用融资担保、奖补支持等手段,加强财政金融政策协同,引导撬动金融资源更多流向小微企业和"三农"主体。自2022年起,中央财政每年安排奖补资金支持地方因地制宜打造各具特色的普惠金融发展示范区。其中,奖补资金可由示范区统筹用于支农支小贷款贴息和风险补偿、政府融资担保机构涉农业务降费奖补、资本金补充、风险补偿等方面。

二是发挥好货币政策工具精准滴灌和正向激励作用。人民银行持续加大支农支小再贷款、再贴现支持力度,增强政策直达性、普惠性、有效性,引导金融机构加大对国民经济重点领域、薄弱环节和区域协调发展的支持力度。截至2022年7月末,全国支农再贷款余额5517亿元,支小再贷款余额14111亿元。

三是适当提高涉农不良贷款容忍度。银保监会指导金融机构持续完善"三农"金融尽职免责制度,合理界定尽职认定标准和免责情形,将涉农信贷不良容忍度政策嵌入内部考核评价之中,营造"敢贷、会贷、愿贷"的良好环境。对于涉农贷款不良率高出自身各项贷款不良率年度目标2个百分点(含)以内,以及普惠型涉农贷款不良率高于自身各项贷款不良率年度目标3个百分点(含)以内的,可不作为监管评级和银行内部考核评价的扣分因素。

四是积极拓宽农村抵质押物范围。2016-2018年,经全国人大授权,人民银行牵头完成农村承包土地的经营权和农民住房财产权(以下简称"两权")抵押贷款试点,推动试点地区"两权"抵押贷款累计发放超过1600亿元。试点结束后,推动有关部门继续夯实已有制度安排,持续完善农村产权交易平台建设、抵押登记、抵押物价值评估和处置、风险补偿基金等配套措施,稳妥推进农地抵押贷款业务。同时,指导金融机构探索创新林业经营收益权、公益林补偿收益权和林业碳汇收益权等质押贷款业务。

五是深入推进农村信用体系建设。人民银行持续推动农村信用信息服务平台建设,不断扩展农户信用信息采集覆盖面,逐步纳入新型农业经营主体相关信息。大力推进"信用户""信用村""信用乡(镇)"评定和创建。截至2021年末,全国共建设涉农信用信息系统276个,累计为1.56亿农户开展信用评定;评定"信用户"1.07亿个、"信用村"24.5万个、"信用乡(镇)"1.29万个,有条件地区评定"信用县"192个。同时,强化信用评价结果运用,对信用评价良好的农村经济主体,在授信额度、贷款利率、贷款手续等方面给予政策倾斜,充分发挥示范效应,带动更多农村经济主体主动守信,营造诚实守信的良好信用环境。

下一步,人民银行、发展改革委、财政部、银保监会将进一步加强政策协同,引导金融机构加大乡村振兴支持力度,继续扩展归集新型农业经营主体信用信息,建设好地方征信平台,为金融服务提供信息支撑。

对十三届全国人大五次会议第7127号建议的答复

——关于推进乡村金融深度赋能的建议

·2022年11月10日

您提出的关于推进乡村金融深度赋能的建议收悉,经商发展改革委、财政部、农业农村部、银保监会、证监会,现答复如下:

一、关于进一步健全乡村金融服务体系的建议

一是健全制度保障。2021 年 6 月,人民银行联合相关部门印发《关于金融支持巩固拓展脱贫攻坚成果 全面推进乡村振兴的意见》(银发〔2021〕171 号文),对支持巩固拓展脱贫攻坚成果、持续提升金融服务乡村振兴能力和水平提出具体政策要求。2022 年 3 月,人民银行印发《关于做好 2022 年金融支持全面推进乡村振兴重点工作的意见》(银发〔2022〕74 号文),指导金融机构围绕粮食安全、重要农产品供保、现代农业基础支撑、乡村产业、乡村建设等领域加大金融支持力度,运用考核评估手段,强化对银行业金融机构服务乡村振兴的激励约束。证监会将乡村振兴等社会责任履行情况、落实国家重大战略情况纳入行业机构分类评价,提升行业机构支农积极性。

二是强化组织体系建设。人民银行、银保监会加强政策指导,鼓励银行业金融机构建立服务乡村振兴的内设机构,督促国有商业银行和股份制商业银行设立专门的乡村振兴金融部或在相关部门下单列乡村振兴金融服务条线。督促大中型商业银行结合业务特长开展农村金融服务;加大首贷户拓展力度,积极填补农村金融服务市场空白。指导开发性、政策性银行结合自身职能定位,细化明确服务乡村振兴的业务范围和边界,强化对农业产业发展、农村基础设施建设的信贷支持。保持商业可持续的县域法人地位长期总体稳定,坚持服务当地、服务小微和"三农"、服务城乡居民的定位,优化资金投向,合理控制用于非信贷业务的资金比例,加大涉农贷款投放力度。

三是推进市场体系建设。银保监会印发《关于 2022 年银行业保险业服务全面推进乡村振兴重点工作的通知》(银保监办发〔2022〕35 号文),要求银行保险机构把服务乡村振兴与自身发展战略相结合,持续优化多元化、有序竞争、互相补充的涉农金融供给体系,避免过度竞争、不当竞争。鼓励保险公司开发适合乡村振兴的商业保险产品,引导政策性保险积极争取财政支持政策,完善产品条款,科学拟定费率,更好发挥保险功能作用。2021 年,财政部通过农业生产发展资金安排 32.86 亿元,较上年增加 4.21 亿元,支持省级农担公司稳步做大农业信贷担保业务,推动农业信贷担保服务网络向市县延伸,逐步实现重点县网点和业务全覆盖。证监会不断深化资本市场改革,持续优化企业股权融资制度环境,积极提升证券基金经营机构赋能乡村金融的能力和水平。2021 年以来,10 家农业企业首发上市,合计融资 91.51 亿元;17 家农业上市公司再融资 383.7 亿元。

四是深化金融服务和产品体系建设。人民银行鼓励金融机构拓宽农村资产抵质押物范围,开展农机具和大棚设施、活体畜禽、养殖设施等抵质押贷款。截至 2022 年 6 月末,全口径涉农贷款余额 47.1 万亿元,同比增长 13.1%。持续巩固优化银行卡助农取款业务,着力解决偏远农村地区取款、汇款、缴费等基础支付服务难问题,打通支付服务"最后一公里"。截至 2021 年末,农村地区银行卡助农取款服务点数量达 81.12 万个,以银行卡助农取款服务为主题的基础支付服务基本实现村级行政区全覆盖。

下一步,人民银行等相关部门将继续推动已出台的各项政策措施落实落地,强化对金融机构的督促指导,健全金融服务乡村振兴的制度保障、组织体系、市场体系、产品体系,不断拓宽融资渠道,持续加大对乡村振兴领域的金融资源投入。

二、关于进一步优化乡村金融的生态环境的建议

一是推进农村信用体系建设。人民银行持续推动农村信用信息平台建设,不断拓展农户信用信息采集覆盖面,逐步纳入新型农业经营主体相关信息,推动农村信用信息共享。2021 年末,全国共建设涉农信用信息系统 276 个,累计为全国 1.56 亿农户开展信用评定,累计提供 9223 余万次查询服务。大力推进"信用户""信用村""信用乡(镇)"的评定和创建。2021 年末,评定信用户 1.07 亿个,信用村 24.5 万个,信用乡(镇)1.29 万个,有条件地区评定信用县 192 个。同时,强化信用评价结果运用,对于信用评价良好的农村经济主体,在授信额度、贷款利率、贷款手续等方面给予政策倾斜,充分发挥示范效应,带动更多农村经济主体主动授信,营造诚实守信的良好信用环境。

二是强化金融科技赋能乡村振兴。人民银行联合农业农村部等部门启动金融科技赋能乡村振兴示范工程,探索运用新一代信息技术因地制宜打造惠农利民金融产品服务,加快金融服务渠道融合发展,推动金融与民生系统互联互通,全面提升农业产业现代化水平、农村金融承载能力和农民金融服务可得性,为乡村振兴战略实施提供坚实金融保障。

三是加强农村金融知识普及宣传。人民银行积极开展农村金融知识普及活动,结合农村居民需求,有针对性设计金融知识普及内容,帮助其掌握基础金融知识,学会使用相关金融产品和工具,增强风险责任意识和自我保护能力,远离非法集资、高息借贷等非法金融活动。同时,积极推进农村地区金融知识纳入国民教育体系工作、培育创建农村金融教育示范基地建设试点,为农村地区

提供常态化、阵地化的金融知识普及宣传活动。

下一步，人民银行将继续深入开展农村信用体系建设，加强农村金融知识普及宣传，保护农村金融消费群体合法权益。同时，会同相关部门继续深入开展金融赋能乡村振兴示范工程，促进涉农信用信息共享，持续优化乡村金融的生态环境。

三、关于推进乡村金融赋能乡村振兴重点工作的建议

一是助力乡村产业可持续发展。人民银行推动银行业金融机构发挥优质核心企业作用，加强金融机构与核心企业协同配合，针对新型农业经营主体和小农户的需求特点，创新专属金融产品，合理增加与需求相匹配的信贷供给。建设供应链票据平台，完善应收账款融资服务平台，支持中小微企业票据贴现和应收账款融资。截至2022年4月末，供应链票据平台上共有479家企业签发供应链票据367.3亿元，603家企业获得贴现融资281.8亿元；应收账款融资服务平台累计支持中小微企业融资16.3万亿元。

二是提升乡村基础设施建设金融服务水平。人民银行指导金融机构围绕农业农村基础设施建设、人居环境改造等重点领域，根据借款人资信状况和偿债能力、项目投资回报周期等，探索开发合适的金融产品和融资模式，加大对乡村道路建设、供水工程改造、农村电网巩固提升等项目的信贷支持力度，积极投放中长期贷款。截至2022年5月末，农村基础设施建设贷款余额8.4万亿元，同比增长14.7%；农田基本建设贷款余额3164亿元，同比增长19.3%。

三是推进县域基本公共服务与金融服务融合发展。人民银行指导金融机构依托线下网点，积极整合普惠金融、便民服务、农资农技等资源，加快涉农场景建设推广，增强网点综合化服务能力，提升缴费、查询、远程服务等便捷性。推动加强金融与教育、社保、医疗、交通、社会救助等民生系统互联互通，推进县域基本公共服务便利化。

下一步，人民银行将会同有关部门持续做好乡村产业发展、乡村基础设施建设等金融服务工作，推进县域基本公共服务和金融服务融合发展，助力全面推进乡村振兴。

四、关于推进乡村金融赋能农村重大改革的建议

一是完善农村产权登记颁证、评估、交易机制。人民银行积极配合相关部门继续完善确权登记、价值评估、流转交易、抵押物处置等配套机制，加大动产和权利担保统一登记业务推广力度，畅通农村资产抵押质押融资链条。

二是支持农村集体经济组织发展壮大。人民银行、农业农村部、发展改革委、财政部等部门积极推动《农村集体经济组织法》起草工作，进一步健全农村集体经济组织的运行机制和相关扶持政策，激活其组织成员利用集体资源的功能，实现集体资产的保值增值和集体经济的可持续发展。金融机构积极行动，围绕集体经济组织特点创新专属金融产品，有力支持集体经济发展。

下一步，人民银行将会同有关部门继续推动完善农村产权登记颁证、评估、交易机制，逐步完善农村产权交易市场，提高金融支持的便利性和精准性。同时，做好农村集体经济组织立法相关工作，为农村集体经济发展壮大贡献更多金融力量。

五、关于为乡村金融提供更适配的政策与指引的建议

一是发挥好货币政策工具精准滴灌和正向激励作用。人民银行持续加大支农支小再贷款、再贴现支持力度，增强政策直达性、普惠性、有效性，引导金融机构加大对国民经济重点领域、薄弱环节和区域协调发展的支持力度。截至2022年7月末，全国支农再贷款余额5517亿元，支小再贷款余额14111亿元。

二是落实好财税奖补政策和风险分担机制。财政部会同有关方面推动农业保险扩面、增品、提标，稳定种粮农户收益，保障国家粮食安全。2021年，中央财政安排农业保险保费补贴333.45亿元，为1.88亿户(次)农户提供风险保障4.78万亿元。

三是强化涉农信贷市场化分担和补偿机制。财政部积极发挥政府性融资担保增信作用，会同农业农村部、银保监会、人民银行推动农业信贷担保规模不断扩大，支持省级农担公司逐步实现重点县网点和业务全覆盖。2021年末，全国农担体系净资产放大倍数近5倍，支农作用凸显。此外，财政部实施农村金融机构定向费用补贴政策，对符合条件的金融机构按不超过当年贷款平均余额的2%给予补贴，引导金融机构下沉网点和服务。

四是推动金融产品和服务创新。人民银行、银保监会推动金融机构大力开展小额信用贷款业务，拓宽农村资产抵质押物范围，增加农业农村基础设施建设中长期信贷投放。银保监会加强督促指导，推动保险机构创新产品和服务，进一步发挥保险保障作用。证监会指导鼓励证券公司、期货公司的风险管理子公司利用场外期权、仓单服务、销售回购、现货购销等方式，助力涉农企业稳定经营。2021年以来，指导3家商品期货交易所在29个省(市、区)开展322个"保险+期货"项目，保障现货规模约 456.87 万吨,承保土地面积约 950.41 万亩,服务农户约 68.33 万户。

五是完善适配乡村金融的差异化政策。人民银行积极运用差别化存款准备金率政策,加大对农村金融机构的支持。对服务县域的农村金融机构实施最低至 5% 的优惠存款准备金率,保证农村金融机构流动性充足,有效引导农村金融机构加大对"三农"的信贷支持。银保监会指导金融机构持续完善"三农"金融尽职免责制度,合理界定尽职认定标准和免责情形,营造信贷人员"敢贷、会贷、愿贷"的良好环境。对于涉农贷款不良率高出自身各项贷款不良率年度目标 2 个百分点(含)以内,以及普惠型涉农贷款不良率高于自身各项贷款不良率年度目标 3 个百分点(含)以内的,可不作为监管评级和银行内部考核评价的扣分因素。

下一步,人民银行、发展改革委、财政部、农业农村部、银保监会、证监会将继续推动完善适配乡村金融的政策体系,进一步加强财政金融政策协同,加大财政支持农村金融发展力度,引导金融机构强化乡村振兴资源倾斜,推进乡村金融深度赋能乡村振兴。

图书在版编目（CIP）数据

中华人民共和国金融法律法规全书：含相关政策：2024年版／中国法制出版社编．—北京：中国法制出版社，2024.1
（法律法规全书系列）
ISBN 978-7-5216-4056-4

Ⅰ．①中… Ⅱ．①中… Ⅲ．①金融法-汇编-中国 Ⅳ．①D922.280.9

中国国家版本馆CIP数据核字（2023）第244274号

策划编辑：袁笋冰　　　　责任编辑：李槟红　　　　封面设计：李　宁

中华人民共和国金融法律法规全书：含相关政策：2024年版
ZHONGHUA RENMIN GONGHEGUO JINRONG FALÜ FAGUI QUANSHU：
HAN XIANGGUAN ZHENGCE：2024 NIAN BAN

经销/新华书店
印刷/三河市紫恒印装有限公司
开本/787毫米×960毫米　16开　　　　　　　　　　　印张/54.5　字数/1562千
版次/2024年1月第1版　　　　　　　　　　　　　　　2024年1月第1次印刷

中国法制出版社出版
书号 ISBN 978-7-5216-4056-4　　　　　　　　　　　　定价：115.00元

北京市西城区西便门西里甲16号西便门办公区
邮政编码：100053　　　　　　　　　　　　　　　　　传真：010-63141600
网址：http：//www.zgfzs.com　　　　　　　　　**编辑部电话：010-63141671**
市场营销部电话：010-63141612　　　　　　　　　**印务部电话：010-63141606**

（如有印装质量问题，请与本社印务部联系。）